concorsi
superiori

Laurina
M Teresa

W0340129

Concorso
CARRIERA PREFETTIZIA
180 posti

MANUALE COMPLETO + QUIZ

per la prova **PRESELETTIVA** e per la prima prova **SCRITTA**

NLD
CONCORSI

FINITO DI STAMPARE NEL MESE DI DICEMBRE 2021 DA:
Torgraf
Galatina (LE)

Via San Francesco d'Assisi, n. 51 - 70056 Molfetta (BA)

ISBN 978-88-3358-773-8

L'elaborazione dei testi, anche se curata con scrupolosa attenzione, non può comportare specifiche responsabilità per eventuali involontari errori o inesattezze.

L'autore e l'editore declinano, pertanto, ogni responsabilità, anche in relazione all'elaborazione dei testi normativi e per eventuali modifiche e/o variazioni degli schemi e delle tabelle allegate.

L'autore, pur garantendo la massima affidabilità dell'opera, non risponde di eventuali danni derivanti dai dati e delle notizie ivi contenute.

L'editore non risponde di eventuali danni causati da involontari errori o refusi di stampa.

I lettori che desiderano essere informati sulle novità di NLD CONCORSI possono visitare il sito web **shop.enneditore.it** o scrivere a **info@nldconcorsi.it**

PREMESSA

In data **28 dicembre 2021**, sulla Gazzetta Ufficiale, è stato pubblicato il bando di concorso per l'assunzione di **180** posti per l'accesso alla qualifica iniziale della **carriera prefettizia**.
Il concorso si articola in **una prova preselettiva**, **tre prove scritte** ed **una prova orale**.

La prova preselettiva consiste nella risoluzione di **quesiti a risposta multipla** relativi ad argomenti che potranno essere scelti tra le seguenti discipline: **diritto costituzionale; diritto amministrativo; diritto civile; diritto dell'Unione europea; economia politica; storia contemporanea**.

La prima delle tre prove scritte consiste nello svolgimento di tre elaborati, rispettivamente, su **diritto amministrativo e/o diritto costituzionale**; **diritto civile**; **storia contemporanea e della pubblica amministrazione italiana**.

Il presente volume costituisce un valido ed efficace strumento per la preparazione alla prova preselettiva ed alla prima prova scritta del concorso, contenendo una sintetica ma **dettagliata trattazione teorica** delle suddette materie, accompagnata da una **accurata selezione dei quesiti a risposta multipla**.

Completa il volume l'innovativo **simulatore online** con il quale è possibile esercitarsi con batterie di domande a risposta multipla, aventi ad oggetto ciascuna delle materie oggetto del volume, consultabile con apposita password presente nel retro del testo.

Dicembre 2021

SOMMARIO

PARTE V - ECONOMIA POLITICA

PARTE I
DIRITTO COSTITUZIONALE

Capitolo 1 ORDINAMENTO GIURIDICO E NORME GIURIDICHE

SEZIONE I ▶ LO STATO

SOMMARIO:
1. Premessa: il diritto costituzionale. - **2.** L'ordinamento giuridico. - **3.** Le norme giuridiche.

1. Premessa: il diritto costituzionale.

Il **diritto costituzionale** è quella branca del diritto pubblico che ha ad oggetto la **Costituzione**, ossia il testo che racchiude le norme fondamentali che governano un determinato gruppo sociale.
Il **termine "costituzione"** viene impiegato nel linguaggio giuridico con significati diversi (BIN-PITRUZZELLA):

1. come **organizzazione di un determinato sistema politico**: in questo senso la Costituzione indica come il potere viene distribuito tra i vari organi, i rapporti tra Governo e cittadini, o l'iter di formazione degli atti vincolanti per i consociati. Sposando questa definizione, può ben dirsi che ogni società, del passato così come del presente, ha una sua Costituzione;
2. come **manifesto politico**: in questo senso la costituzione è il testo che delinea i grandi obiettivi che una società si pone. È in questa accezione che il termine viene usato nel linguaggio contemporaneo;
3. come testo normativo: in questo senso la Costituzione è la più importante delle **fonti del diritto,** il complesso di norme che regolano l'organizzazione dei poteri dello Stato e i diritti fondamentali dei cittadini.

L'oggetto specifico del **diritto costituzionale** può essere diviso in **quattro argomenti** (BIN-PITRUZZELLA):

- le **fonti del diritto**, ossia gli atti e i fatti idonei a produrre norme giuridiche;
- l'**organizzazione costituzionale dello Stato**, ossia i rapporti tra i vari organi costituzionali (Parlamento, Governo, Presidente della Repubblica, etc.) e tra l'apparato dello Stato e i cittadini;
- le **libertà** ed i **diritti costituzionali**;
- la **giustizia costituzionale**.

2. L'ordinamento giuridico.

A) Definizione

L'ordinamento giuridico è il complesso delle **regole di condotta** che si applicano all'interno di un determinato **gruppo sociale**, entro un determinato **ambito territoriale** di riferimento. Esso si compone di un insieme di **norme vincolanti,** ossia **obbligatorie** per tutti i consociati, **giuridiche** nei termini in cui qualificano le varie condotte umane, determinando ciò che è lecito, illecito, doveroso, obbligatorio, permesso o vietato.
L'**ordinamento giuridico** può essere inteso:

1) **come insieme di norme**, ognuna delle quali trova la propria legittimazione in una norma superiore = questa concezione (c.d. **normativismo**) deriva dalla teoria di Kelsen, secondo la quale è possibile ricostruire l'ordinamento ricorrendo ad una struttura piramidale al vertice della quale vi è una norma - la c.d. *Grundnorm* - dalla quale discendono tutte le altre norme;

2) **come corpo sociale intesto come istituzione**, secondo l'impostazione seguita da Santi Romano (c.d. **istituzionalismo**), l'ordinamento si identifica in un corpo sociale effettivo dotato di una propria organizzazione;
3) infine, secondo il c.d. **decisionismo**, risalente a Carl Schmitt, l'origine dell'ordinamento sarebbe "la decisione politica fondamentale", nel senso che il potere è esercitato da chi possiede l'autorità di decidere le regole della convivenza.

B) Caratteri

Un ordinamento giuridico deve possedere i seguenti **caratteri**:

- **Plurisoggettività** = pluralità di soggetti destinatari del sistema regolatorio;
- **Normazione** = complesso ordinato di regole giuridiche (KELSEN) che debbono essere mediamente osservate e applicate perché l'ordinamento sia caratterizzato dalla **effettività**;
- **Organizzazione** = presenza di un apparato organizzativo e di soggetti istituzionali che assicurino la produzione, l'applicazione e l'osservanza dell'insieme di regole giuridiche (SANTI ROMANO);
- **Coerenza** = assenza di situazioni di incompatibilità;
- **Completezza** = mancanza di lacune nell'ordinamento giuridico.

C) Criteri di classificazione

È possibile distinguere gli ordinamenti giuridici utilizzando alcuni criteri di classificazione:

- a seconda del **grado e** dell'**intensità del vincolo che lega gli associati dell'ordinamento** (il legame di un individuo con l'ordinamento statale è evidentemente diverso dal legame tra lo stesso individuo e, ad esempio, un'associazione sportiva);
- a seconda della **natura del vincolo che lega i soggetti dell'associazione**, il quale può essere necessario (nel caso dell'ordinamento statale) o volontario (nel caso di un'associazione sportiva);
- a seconda dell'**esistenza, o meno, di un collegamento tra l'ordinamento e un determinato territorio**;
- a seconda del **fine perseguito dall'ordinamento**, che può essere ad esempio morale, religioso, ricreativo, etc.;
- a seconda della **fonte dell'ordinamento**, il quale può essere **originario**, cioè sorto indipendentemente da ordinamenti precedenti (come lo Stato), oppure **derivato**.

3. Le norme giuridiche.

A) Definizione

La **norma giuridica** è una **regola di condotta**, volta a disciplinare in astratto i comportamenti dei consociati. Le norme giuridiche compongono il **diritto positivo** dettato dal Legislatore, che si distingue dal c.d. **diritto naturale**, le cui norme fanno invece parte del patrimonio etico-culturale-religioso di ciascun individuo e/o comunità.

B) Elementi essenziali

La struttura di una **norma** giuridica si caratterizza per la presenza di un precetto e di una sanzione:

- **precetto**: parte della norma giuridica che esprime la regola di comportamento (ad esempio "*non rubare*");
- **sanzione**: parte della norma che prevede la reazione dell'ordinamento a fronte della mancata osservanza, da parte di uno dei consociati, del precetto (sempre mantenendo lo stesso esempio, l'art. 624 del Codice penale prevede la pena da applicarsi a chi commette un furto).

C) Caratteri

Le norme giuridiche sono caratterizzate da:

- **generalità** = si rivolgono ad un numero indeterminato ed indeterminabile di consociati;
- **astrattezza** = disciplinano fattispecie astratte;

- **coattività (o coercibilità)** = esistenza di meccanismi sanzionatori volti a reprimerne le violazioni;
- **novità** = pongono prescrizioni o determinazioni prima inesistenti o, se queste erano già vigenti, le ripropongono mutandone la fonte (MAZZIOTTI);
- **positività** = sono effettivamente vigenti.

D) Classificazione

Le norme giuridiche possono essere:

- **proibitive**, **precettive** o **permissive** a seconda che contengano un divieto ("non rubare"), un comando ("paga le tasse"), o concedono una facoltà;
- **dispositive**, **suppletive** o **cogenti (o imperative)** a seconda che possano o meno essere derogate su accordo di due o più consociati;
- **perfette** o **imperfette**, a seconda che siano o meno dotate di una sanzione.

Capitolo 2 GLI ELEMENTI COSTITUTIVI DELLO STATO

SOMMARIO:

1. Il concetto di Stato.

A) Definizione

Lo Stato è l'ordinamento giuridico sovrano, ossia **originario** (SANTI ROMANO), a **fini generali** e a **base territoriale**, dotato di un **apparato autoritario** che si pone in una **posizione di supremazia** (MARTINES).
Lo Stato è dunque l'ente o gruppo territoriale, temporale, sovrano, il cui ordinamento è originario, ossia incondizionato, autolegittimantesi e potenzialmente onnicomprensivo (MODUGNO).
Con il termine Stato si intende una **particolare forma storica di organizzazione del potere politico**, che esercita il **monopolio dell'uso legittimo della forza** in un determinato **territorio** ed è dotato di un proprio **apparato amministrativo** (BIN-PITRUZZELLA).

B) Caratteri

Lo Stato si caratterizza in quanto è un ordinamento:
- **giuridico** = regolato da un complesso di norme che regolano l'agire dei consociati;
- **originario** = a differenza delle altre organizzazioni che esistono in seno allo Stato, le quali derivano i propri poteri dallo stesso Stato che ne riconosce la legittimità, quest'ultimo non conosce ordinamenti superiori dai quali derivare il fondamento della propria validità;
- **indipendente** = non riconosce nessuna autorità sovraordinata;
- **sovrano** = detiene una forma di potere supremo in grado di imporsi all'interno del territorio nei confronti di tutti i consociati;
- **politico** = diretto a soddisfare gli interessi che possono emergere in un gruppo sociale.

C) Il significato del termine Stato

Nel linguaggio giuridico il **termine "Stato"** può assumere diversi significati:
- lo **Stato inteso come ordinamento** è l'ordinamento giuridico che si colloca in una posizione di **supremazia** rispetto a tutti i soggetti che vivono in un determinato **ambito spaziale,** rivendicando l'**originarietà** del proprio potere. Secondo l'impostazione tradizionale, lo Stato-ordinamento si compone di tre **elementi costitutivi**: il **popolo** (elemento personale), il **territorio** (elemento spaziale) e la **sovranità** (elemento organizzativo);
- lo **Stato inteso come apparato, o come persona**, indica invece il complesso di norme che determinano l'organizzazione, la struttura e il funzionamento concreto dello Stato. Lo **Stato-persona** ha **rilevanza giuridica verso l'esterno** nei rapporti internazionali con gli altri Stati e **verso l'interno** nei confronti di qualsiasi soggetto. Nell'ordinamento italiano, lo **Stato-apparato**, in quanto **titolare di situazioni attive e passive** nei confronti dei cittadini e degli altri soggetti, pubblici e privati, è **persona giuridica**.

D) Gli elementi costitutivi dello Stato

Lo Stato si compone di tre elementi costitutivi, che devono **necessariamente coesistere** affinché possa parlarsi di ordinamento statale:

- il **popolo** (elemento personale);
- il **territorio** (elemento spaziale);
- la **sovranità** (elemento organizzativo).

2. Il popolo.

A) Il concetto di popolo

Il termine **popolo** indica la comunità di individui ai quali l'ordinamento statale attribuisce **lo *status* di cittadini** (MARTINES). Ed infatti, la **cittadinanza** è la condizione alla quale la Costituzione riconnette una serie di diritti e doveri dei cittadini (BIN-PITRUZZELLA).

Perché si abbia un ordinamento statale, la sottoposizione del popolo al potere deve essere **permanente, necessaria e generale** (CRISAFULLI). Da ciò deriva che **non fanno parte del popolo di un determinato Stato**:

- tutti coloro i quali solo **occasionalmente e temporaneamente** si trovano sottoposti al potere di quello Stato (si pensi agli stranieri di passaggio);
- i residenti stabili in un determinato territorio, ma **privi di cittadinanza** (ad esempio gli stranieri residenti), in quanto il loro rapporto di subordinazione al potere è permanente, ma non necessario;
- coloro che sono stati sottoposti al potere dello Stato per una parte soltanto dei loro rapporti o per motivi contingenti e particolari (si pensi allo straniero che contragga matrimonio nel territorio dello Stato), posto che per essi il vincolo di subordinazione al potere non è generale, pur essendo, per quel determinato rapporto, necessario.

Dal concetto di popolo occorre distinguere:

- la **popolazione**, che comprende tutti i soggetti stabilmente residenti sul territorio a prescindere dalla cittadinanza (cittadini, stranieri, apolidi);
- la **nazione**, intesa come entità etnico-sociale preesistente allo Stato, caratterizzata dalla **comunione di razza, di lingua, di cultura, di costumi, di tradizioni, di religione** fra coloro che la compongono;
- **l'etnia**, da intendersi come comunanza di radici storiche, culturali o linguistiche.

B) La cittadinanza

L'**appartenenza di un individuo ad uno Stato** si definisce **cittadinanza**, che rappresenta la condizione cui vengono ricondotti i diritti ed i doveri dei cittadini di un determinato Stato.

Si parla di **apolide** per definire un soggetto che ha perso la cittadinanza del proprio Stato e di **bipolide** per riferirsi a chi ha la cittadinanza di due diversi Stati.

C) Acquisto della cittadinanza italiana

La Costituzione italiana non detta le condizioni per l'acquisto e la perdita dello *status* di cittadino, bensì si limita a statuire che nessuno può essere privato per motivi politici della cittadinanza (art. 22 Cost.).

La materia è disciplinata dalla **l. 5 febbraio 1992, n. 91**, recante *"Nuove norme sulla cittadinanza"*, secondo la quale la cittadinanza italiana si acquista:

• **per nascita** (art. 1):
- è cittadino italiano il figlio di padre o di madre cittadini;
- chi è nato nel territorio della Repubblica se entrambi i genitori sono ignoti o apolidi, ovvero se il figlio non segue la cittadinanza dei genitori secondo la legge dello Stato al quale questi appartengono;
- il figlio di ignoti trovato nel territorio della Repubblica, se non venga provato il possesso di altra cittadinanza;

• **per estensione**:

- è cittadino italiano il figlio riconosciuto o dichiarato giudizialmente durante la minore età (art. 2);
- il minore straniero adottato da cittadino italiano (art. 3);
- il coniuge, straniero o apolide, di cittadino italiano quando, dopo aver contratto matrimonio, risieda legalmente da almeno due anni nel territorio dello Stato oppure dopo tre anni se risiede all'estero (termini ridotti della metà in presenza di figli nati o adottati dai coniugi) (art. 5).

• **per beneficio di legge:**
- è cittadino italiano lo straniero o l'apolide quando il padre o la madre, o uno degli ascendenti in linea retta di secondo grado sono stati cittadini per nascita a condizione che (art. 4)
  a) presti servizio militare per lo Stato italiano dichiarando preventivamente di voler acquistare la cittadinanza;
  b) assuma un pubblico impiego alle dipendenze dello Stato dichiarando preventivamente di voler acquistare la cittadinanza;
  c) al raggiungimento della maggiore età risieda legalmente da almeno due anni nel territorio dello Stato e dichiari, entro l'anno, di voler acquistare la cittadinanza italiana
- è cittadino italiano lo straniero nato in Italia, che vi abbia risieduto legalmente senza interruzioni fino al raggiungimento della maggiore età, se dichiara di voler acquistare la cittadinanza italiana entro un anno dalla suddetta data;

• **per naturalizzazione**:
quando ricorrano i presupposti di cui all'art. 9, il quale stabilisce che la cittadinanza italiana può essere concessa con decreto del Presidente della Repubblica, sentito il Consiglio di Stato, su proposta del Ministro dell'interno:
- allo straniero del quale il padre o la madre o uno degli ascendenti in linea retta di secondo grado sono stati cittadini per nascita, o che è nato nel territorio della Repubblica e, in entrambi i casi, vi risiede legalmente da almeno tre anni;
- allo straniero maggiorenne adottato da cittadino italiano che risiede legalmente nel territorio della Repubblica da almeno cinque anni successivamente alla adozione;
- allo straniero che ha prestato servizio, anche all'estero, per almeno cinque anni alle dipendenze dello Stato;
- al cittadino di uno Stato membro delle Comunità europee se risiede legalmente da almeno quattro anni nel territorio della Repubblica;
- all'apolide che risiede legalmente da almeno cinque anni nel territorio della Repubblica;
- allo straniero che risiede legalmente da almeno dieci anni nel territorio della Repubblica;
- allo straniero quando questi abbia reso eminenti servizi all'Italia, ovvero quando ricorra un eccezionale interesse dello Stato (in questo ultimo caso la cittadinanza è concessa con decreto del Presidente della Repubblica, sentito il Consiglio di Stato e previa deliberazione del Consiglio dei Ministri, su proposta del Ministro dell'interno, di concerto con il Ministro degli affari esteri).

• Il **Trattato di Parigi del 10 febbraio 1947** e quello di **Osimo del 10 novembre 1975** riconoscono inoltre la cittadinanza italiana ai cittadini italiani residenti nei territori facenti parte dello Stato italiano successivamente ceduti alla Repubblica Jugoslava.
Con il d.l. 4 ottobre 2018, n. 113, conv. nella l. 1 dicembre 2018, n. 132, (che ha introdotto l'art. 9.1 alla l. n. 91/1992), il legislatore ha richiesto per l'acquisto della cittadinanza italiana per matrimonio e per concessione di legge anche il possesso da parte dell'interessato di un'**adeguata conoscenza della lingua italiana**: invero, i richiedenti, che non abbiano sottoscritto l'accordo di integrazione o che non siano titolari di permesso di soggiorno UE per soggiornanti di lungo periodo, sono tenuti, all'atto della presentazione dell'istanza, ad attestare il possesso di un titolo di studio rilasciato da un istituto di istruzione pubblico o paritario ovvero a produrre apposita certificazione rilasciata da un ente certificatore riconosciuto dal Ministero dell'istruzione, dell'università e della ricerca e dal Ministero degli affari esteri e della cooperazione internazionale.

● ***Ius soli***
Come esaminato, la cittadinanza italiana si acquista *iure sanguinis*, cioè se si nasce o si è adottati da

cittadini italiani. Esiste una possibilità residuale di acquisto *iure soli*, se si nasce sul territorio italiano da genitori apolidi o se i genitori sono ignoti o non possono trasmettere la propria cittadinanza al figlio secondo la legge dello Stato di provenienza.
Negli ultimi anni, dato il massiccio aumento dei flussi migratori, la questione della riforma della legge sulla cittadinanza è al centro del dibattito politico: in particolare, si discute sulla possibilità di estendere i casi di acquisizione della cittadinanza per nascita a favore di chi è nato nel territorio della Repubblica da genitori stranieri, di cui almeno uno soggiornante regolarmente e da lungo periodo in Italia (cd. *ius soli*), nonchè sull'introduzione di una nuova forma di acquisto della cittadinanza a seguito di un percorso scolastico (*ius culturae*).

D) Preclusione, perdita e riacquisto della cittadinanza italiana

La **legge n. 91/1992** prevede altresì i casi in cui l'acquisto della cittadinanza può essere **precluso** e quelli in cui la cittadinanza può essere **perduta** o ad essa si può **rinunciare**:

- **precludono** l'acquisto della cittadinanza (art. 6)
  a) le condanne per determinati delitti particolarmente gravi o offensivi di beni giuridici riconducibili allo Stato (la norma fa riferimento al libro secondo, titolo I, capi I, II e III del Codice penale);
  b) la condanna per un delitto non colposo per il quale la legge preveda una pena edittale non inferiore nel massimo a tre anni di reclusione; ovvero la condanna per un reato non politico ad una pena detentiva superiore ad un anno da parte di una autorità giudiziaria straniera, quando la sentenza sia stata riconosciuta in Italia;
  c) la sussistenza, nel caso specifico, di comprovati motivi inerenti alla sicurezza della Repubblica;
- si determina invece la **perdita della cittadinanza** quando (art. 12):
  a) il cittadino, avendo accettato un impiego pubblico o una carica pubblica da uno Stato o ente pubblico estero o da un ente internazionale cui non partecipi l'Italia, ovvero prestando servizio militare per uno Stato estero, non ottempera, nel termine fissato, all'intimazione che il Governo italiano può rivolgergli di abbandonare l'impiego, la carica o il servizio militare;
  b) il cittadino che, durante lo stato di guerra con uno Stato estero, abbia accettato o non abbia abbandonato un impiego pubblico od una carica pubblica, od abbia prestato servizio militare per tale Stato senza esservi obbligato, ovvero ne abbia acquistato volontariamente la cittadinanza.

Inoltre, l'art. 14 del d.l. 4 ottobre 2018, n. 113, conv. nella l. 1° dicembre 2018, n. 132, ha previsto la revoca della cittadinanza (acquisita per matrimonio o naturalizzazione o concessa allo straniero nato e residente in Italia fino alla maggiore età) in caso di condanna definitiva per gravi reati, quali ad esempio di terrorismo ed eversione (art. 10-bis).
È comunque possibile **ri-acquistare** la cittadinanza italiana:

- prestando servizio militare o assumendo un impiego pubblico alle dipendenze dello Stato italiano, dichiarando preventivamente di voler acquistare la cittadinanza;
- rinunciando all'impiego o servizio militare presso lo Stato estero con contestuale trasferimento, per almeno due anni, della propria residenza in Italia;
- dichiarando di riacquistare la cittadinanza e stabilendosi, entro un anno, in Italia ovvero dopo un anno da quando l'*ex* cittadino si è ristabilito in Italia, salvo abbia espressamente rinunciato al riacquisto della cittadinanza.

Il cittadino (art. 11) che possiede, acquista o riacquista una cittadinanza straniera conserva quella italiana (diventando **bipolide**), ma può ad essa **rinunciare** qualora risieda o stabilisca la residenza all'estero; anche i figli minori di chi acquista o riacquista la cittadinanza italiana, se convivono con esso, acquistano la cittadinanza italiana, ma, divenuti maggiorenni, possono rinunciarvi, se in possesso di altra cittadinanza (art. 14).

E) La cittadinanza europea

Nel 1992 il Trattato di Maastricht ha introdotto la **cittadinanza europea**, che si acquista automaticamente con l'acquisizione della cittadinanza di uno Stato membro dell'Unione e **si aggiunge** (e non si sostituisce) alla cittadinanza nazionale. Dall'essere cittadino europeo derivano diritti civili e politici che sono elencati agli artt. 20 e ss. del TFUE:

- l'art. 22 TFUE prevede che i cittadini europei possono **votare ed essere eletti nello Stato membro di residenza in occasione dell'elezione del Parlamento europeo**;
- l'art. 23 TFUE garantisce la **tutela diplomatica e consolare** da parte di Stati membri diversi da quello di residenza, qualora quest'ultimo non fosse rappresentato in un determinato Stato esterno all'Unione;
- l'art. 24 TFUE riconosce il diritto dei cittadini europei di **presentare petizioni** al Parlamento europeo, ricorrere al **mediatore europeo**, rivolgersi alle istituzioni e agli organi consultivi dell'Unione.

3. Il territorio.

A) Definizione

Il territorio è l'**ambito spazio-temporale di efficacia dell'ordinamento statale** e quindi la *"misura della sovranità"* (MODUGNO): il concetto stesso di sovranità implica che lo Stato eserciti il supremo potere di comando in un determinato ambito spaziale, in modo indipendente da qualsiasi altro Stato (BIN-PITRUZZELLA).

B) Gli elementi che compongono il territorio

Fanno parte del territorio dello Stato:

- la **terraferma**;
- le **acque interne** (fiumi, laghi, mari interni);
- lo **spazio aereo sovrastante**;
- il **sottosuolo**;
- il **mare territoriale,** cioè quella fascia di mare costiero interamente sottoposta alla sovranità dello Stato: secondo il codice della navigazione italiano si tratta di 12 miglia, al di là delle quali si estende il mare libero o alto mare, non soggetto alla sovranità di alcuno Stato;
- la **zona economica esclusiva**, cioè una parte di mare adiacente al mare territoriale nella quale lo Stato costiero gode di una serie di diritti di carattere prettamente economico disciplinati dall'art. 56 della Convenzione di Montego Bay;
- la **piattaforma continentale**, cioè la parte del fondo marino contigua al territorio continentale degli Stati (c.d. zoccolo continentale).

C) Eccezioni al principio della territorialità

Eccezioni al principio della territorialità (MARTINES) sono rappresentate:

- dall'**extraterritorialità**, finzione giuridica in base alla quale le navi e gli aeromobili militari (c.d. **territorio fluttuante**) sono assoggettati alle leggi dello Stato del quale battono bandiera;
- dall'**immunità territoriale,** che si ha quando una porzione del territorio statale risulta parzialmente immune od esente dalla potestà d'imperio dello Stato (si pensi alle sedi delle rappresentanze diplomatiche straniere, per le quali vale la norma consuetudinaria internazionale espressa dal brocardo "*ne impediatur legatio*").

4. La sovranità.

A) Nozione

La sovranità dello Stato consiste nel **potere supremo originario** di cui è titolare all'interno dei propri confini territoriali e nella sua **indipendenza** rispetto a qualsiasi altro Stato.

La sovranità tradizionalmente si scinde in tre aspetti:
- **sovranità esterna** = indipendenza assoluta dall'esterno;
- **sovranità interna** = **supremazia all'interno del territorio**, che si esprime tramite il **monopolio dell'uso legittimo** della forza;
- **originarietà** = negazione di **qualsiasi derivazione, dipendenza, legittimazione delle sue norme da quelle di altri sistemi normativi** (MODUGNO).

Dopo la nascita dello Stato moderno, la sovranità è stata progressivamente riconosciuta al **sovrano**, alla **Nazione** e, infine, al **popolo**. **Formalmente** la sovranità spetta al soggetto-Stato, perché è questo a fare le leggi, le sentenze e gli atti amministrativi, e perché ad esso si riferiscono giuridicamente leggi, sentenze ed ordinanze. **Sostanzialmente**, tuttavia, la sovranità va riconosciuta non più allo Stato-soggetto, bensì a quel complesso di persone alle quali l'ordinamento giuridico conferisce istituzionalmente il potere supremo di decidere per lo Stato, vale a dire il **popolo quale titolare effettivo della sovranità** (art. 1, comma 2 Cost.).

B) Limiti

La sovranità degli Stati contemporanei è soggetta ad alcuni **limiti** derivanti dall'**appartenenza degli Stati ad ordinamenti internazionali o sovranazionali**, quali ad esempio l'Unione Europea, le cui norme travalicano i confini nazionali ed incidono sempre di più sul funzionamento degli ordinamenti nazionali (v. art. 11 Cost.). Inoltre, anche il processo di **globalizzazione** ha, di fatto, determinato una sostanziale perdita di controllo da parte degli Stati rispetto a molti fenomeni che, con il trascorrere del tempo e con il progredire delle tecniche, hanno assunto una dimensione transnazionale.

Capitolo 3 FORME DI STATO E FORME DI GOVERNO

SOMMARIO:
1. Le forme di Stato. - **2.** Le forme di Governo. - **3.** Il modello italiano.

1. Le forme di Stato.

A) Definizione

L'espressione "**forma di Stato**" indica **il rapporto che intercorre tra titolari dei poteri supremi (governanti) e società civile (governati)** e si distingue dall'espressione "**forma di governo**", che indica invece i modi in cui il potere è distribuito fra gli organi dello Stato-apparato e i rapporti che tra essi si instaurano (MODUGNO).

B) *Excursus* storico

Nel corso del tempo si sono susseguite diverse forme di Stato, poiché diversi sono stati i rapporti tra governanti e governati, tra autorità e libertà dei singoli (MORTATI).
Nel **Medioevo** erano presenti sul territorio una molteplicità di centri di potere: si parla a questo proposito di **particolarismo dell'ordine giuridico medievale**. Solo successivamente a partire dall'**XI secolo**, il contesto storico ha offerto le premesse sociali, economiche e culturali che hanno portato al superamento della frammentazione medievale e all'affermazione di centri autonomi di potere. Lo **Stato moderno**, inteso come soggetto politico che rivendica l'esercizio esclusivo delle funzioni pubbliche, è una creazione dell'epoca moderna, si è affermato **tra il XV ed il XVII secolo** e si fa risalire alla **pace di Vestfalia del 1648**.

C) Classificazione

La dottrina costituzionalistica ha elaborato dei modelli ideali di *forme di Stato*, che tradizionalmente vengono **classificate** (PIZZORUSSO) in relazione:

a) all'organizzazione interna dello Stato;
b) al modo di configurare i rapporti governanti/governati con riferimento alla definizione dell'indirizzo politico statale;
c) alla tutela dei diritti dei cittadini nel loro rapporto con l'autorità;
d) al modo di determinare l'interesse pubblico, al cui perseguimento lo Stato è votato, con particolare riguardo ai rapporti economici.

Una **premessa** è d'obbligo: anche se queste classificazioni consentono, come si vedrà a brevissimo, di delineare una serie di **modelli** di Stato, non va dimenticato, tuttavia, che ogni modello è una sorta di riassunto dei tratti distintivi dei concreti sistemi costituzionali e che la realtà storica di ogni Stato è infinitamente più ricca (BIN-PITRUZZELLA).
a) Stato unitario e Stato composto.
Seguendo il **criterio di cui alla lettera a)** è possibile **distinguere a seconda della dislocazione del potere sul territorio tra:**

- **Stato unitario** = esercita la potestà di imperio su tutto il territorio, si definisce **accentrato** quando le tre funzioni fondamentali (legislativa, esecutivo-amministrativa e giudiziaria) sono concentrate a livello centrale, e **decentrato**, quando, invece, si assiste ad un parziale dislocamento delle funzioni legislativa ed amministrativa a livello locale. Si pensi alla forma di **Stato regionale** prevista dalla Costituzione italiana agli artt. 5, 114 commi 1 e 2, 117 comma 1 Cost.;
- **Stato composto** = si caratterizza perché al Governo centrale si affiancano un certo numero di

Governi locali che hanno natura statale. Nell'età contemporanea l'unico esempio di questo tipo è lo **Stato federale**, nel quale gli Stati membri – prima indipendenti e sovrani – si uniscono ma conservano tutti i poteri non espressamente trasferiti al centro, acquisendo nel contempo la possibilità di partecipare alla formazione della volontà della Federazione attraverso la seconda Camera di rappresentanza locale e prendendo parte al procedimento di revisione costituzionale. Nell'alveo dello Stato federale è possibile **distinguere** forme di **federalismo duale**, caratterizzate dalla rigida separazione delle competenze tra centro e strutture locali, da forme di **federalismo cooperativo**.

Secondo alcuni Autori è molto difficile distinguere **gli Stati unitari ad alto tasso di decentramento da quelli federali**. Di contro, va tuttavia rilevato che sussistono **diverse differenze tra queste due forme di Stato**: ad esempio, mentre lo Stato federale è normalmente articolato in **due soli livelli di Governo**, quello federale e quello degli Stati membri, il modello regionale italiano si caratterizza per la presenza di **più "controparti" dello Stato centrale**: Regioni, Province, Comuni e Città metropolitane (cfr. art. 114 Cost.). Inoltre, nello Stato federale c'è una **Camera di rappresentanza territoriale** (detta anche seconda Camera o Camera delle Regioni) compartecipe della funzione legislativa, mentre negli Stati regionali **non esistono organi simili.**

b) Stati a struttura democratica e Stati a struttura autocratica.

Seguendo **il criterio di cui alla lettera *b)*** è possibile distinguere le forme di Stato a seconda del modo di configurare **i rapporti governanti/governati con riferimento alla definizione dell'indirizzo politico statale**. Così si differenziano:

- gli Stati che hanno una **struttura democratica**, nei quali il fondamento della titolarità del potere sta nella rappresentanza politica;
- gli Stati che, invece, hanno una **struttura autocratica**, nei quali il fondamento della titolarità del potere sta in altri fattori, quali l'ereditarietà.

c) Stato patrimoniale feudale, Stato assoluto, Stato di polizia e Stato di diritto.

Il terzo criterio di classificazione delle diverse forme di Stato è relativo alla **tutela che viene garantita ai diritti dei cittadini nei confronti dell'Autorità** (lettera *c*). Tale criterio permette di distinguere:

- lo **Stato patrimoniale feudale**, affermatosi tra il tardo XII secolo ed il Trecento, nel quale risulta assente il perseguimento di un interesse di carattere generale. Questo tipo di Stato si compone di una serie di comunità autonome, nell'ambito delle quali il diritto del singolo non trova forme di garanzia perfezionate, non configurandosi vere e proprie situazioni giuridiche soggettive in capo al singolo, anche se è ipotizzabile una qualche forma di intervento dell'autorità pubblica che impedisca la degenerazione nella totale anarchia (MODUGNO);
- lo **Stato assoluto**, affermatosi in Europa tra il Quattrocento e il Cinquecento come reazione al particolarismo giuridico tipico del periodo feudale, che si caratterizza per una accentuata centralizzazione del potere ed una notevole contrazione dei poteri delle comunità intermedie, oscurate dall'affermarsi di un potere sovrano, ritenuto di origine divina, distaccato e distante dalla società. Nel percorso di affermazione dello Stato assoluto giocano un ruolo fondamentale le grandi monarchie europee, i cui sovrani avviano quel processo di ricomposizione territoriale e concentrazione dei poteri in capo alla corona che si rivelerà la spina dorsale di questa forma di Stato. Nello Stato assoluto la fonte primaria del diritto è la volontà del Re (*quod principi placuit legis habet vigorem*), che è anche *legibus solutus* ("sciolto dal vincolo di obbedienza alle leggi"). Che sia puro o illuminato, l'assolutismo vede comunque l'esclusione dei sudditi da qualsiasi forma di partecipazione al Governo dello Stato.

Lo Stato assoluto si **caratterizza** in quanto:

- il **potere viene concentrato in mano al sovrano**, che è tale per volontà divina e dunque titolare di una autorità originaria ed esclusiva;
- si definisce un **territorio** sul quale il sovrano esercita i propri poteri;
- viene creato un **apparato burocratico** composto da funzionari che esercitano le funzioni pubbliche sul territorio per conto del sovrano;
- vengono creati degli **eserciti permanenti**, finalizzati al mantenimento dell'ordine interno ed alla protezione dei confini;

- si sviluppa un **sistema fiscale** che garantisce alla corona i mezzi necessari al mantenimento dell'apparato burocratico e dell'esercito attraverso l'applicazione di tributi sui sudditi;
- la vecchia nobiltà feudale viene sostituita dalla **classe borghese** che emerge con lo sviluppo economico di questo momento storico.

Lo Stato assoluto conclude la sua esperienza con la **fine del Settecento**, quando la **Rivoluzione francese** apre le porte allo Stato liberale, preceduto in alcuni territori e per un periodo di transizione dallo Stato di polizia.

- lo **Stato di polizia**, affermatosi durante il XVIII secolo in determinati contesti geo-politici (es: la Prussia di Federico il Grande, l'Austria di Giuseppe II ed i minori Stati tedeschi), nel quale emerge per la prima volta la tendenza a tutelare le esigenze della collettività (MODUGNO). Questa forma di Stato rappresenta il tentativo di alcune monarchie del tempo di rimanere in vita, cercando di conciliare i principi dello Stato assoluto con le idee alla base dell'illuminismo (si parla infatti di **assolutismo illuminato**). In questo contesto viene istituito il fisco e si afferma il **principio di legalità dell'amministrazione**, anche se il Re, cui fanno capo tanto il potere legislativo quanto il potere esecutivo, si considera ancora *legibus solutus;* non si assiste al riconoscimento di veri e propri diritti dei cittadini, ma di **concessioni** ai sudditi da parte del monarca;
- lo **Stato di diritto (o liberale)**, con il quale si afferma per la prima volta compiutamente la necessità di limitare il potere regio attraverso il **riconoscimento dei diritti fondamentali dei consociati**. Fanno così il loro ingresso nella storia i **Parlamenti**, organi preposti a tutelare gli interessi degli individui rappresentati, che a seguito della Rivoluzione francese diventano i veri titolari della sovranità. Per la prima volta si affermano il principio della **soggezione dei pubblici poteri alla legge** e **il principio di legalità**. Lo Stato liberale si caratterizza in quanto:
  - si afferma una nuova concezione della sovranità, che comincia ad appartenere al **popolo** e non più al sovrano;
  - nascono i **primi testi costituzionali**, a garanzia del nuovo equilibrio sociale e dei diritti conquistati dai cittadini;
  - si afferma il moderno concetto di **rappresentanza politica** e le elezioni divengono il veicolo per esprimere la volontà popolare;
  - si affermano i citati principi di **supremazia della legge, legalità e separazione dei poteri.**

Già alla fine della Prima guerra mondiale lo Stato liberale entra in crisi, lasciando aperte strade diverse:

- in alcuni Paesi si assiste all'avvento dello **Stato autoritario (o totalitario)**, caratterizzato dalla totale soppressione delle libertà fondamentali e dalla sovrapposizione delle strutture del partito unico di massa con quelle che caratterizzavano il precedente Stato di diritto. Alcuni Autori distinguono **autoritarismo e totalitarismo**, sottolineando che il regime autoritario è un sistema a pluralismo politico limitato e come tale si contrappone al totalitarismo, caratterizzato dalla presenza di un unico partito. I regimi totalitari affermatisi in Italia e in Germania hanno alcuni **tratti comuni**:
  - l'esistenza di un **unico partito politico**, le cui strutture si sovrappongono a quelle statali;
  - una forma di **controllo repressivo delle forme di dissenso ideologico e culturale**;
  - la **supremazia indiscussa del Capo di Governo**;
  - l'uso della **propaganda** per indottrinare le masse, anche attraverso il monopolio dei mezzi di comunicazione.

In altri Paesi, invece, la crisi dello Stato liberale porta all'avvento dello **Stato democratico-pluralistico** nel quale si assiste all'estensione dei diritti fondamentali e delle libertà già affermatisi anche a classi sociali prima escluse e all'affermazione di diritti del tutto nuovi (politici e sociali), garantiti dalla presenza di una **costituzione *rigida*** e di organi giuridici destinati al controllo della costituzionalità delle leggi (le **Corti costituzionali**).

d) Stato liberale, Stato socialista e Stato sociale.

Il quarto criterio di classificazione delle diverse forme di Stato si basa **sull'interesse pubblico in campo**

economico (lettera *d*) e consente di distinguere lo **Stato liberale da quello socialista e da quello sociale**:

- secondo la **concezione liberale** l'intervento dello Stato nel settore economico deve limitarsi alla determinazione di un nucleo minimo di regole, lasciando per il resto che la libera concorrenza determini la massimizzazione del livello di benessere sociale;
- nello **Stato socialista**, invece, la gestione dei mezzi di produzione del reddito è affidata alla pubblica autorità, in vista di una sua equa distribuzione tra tutti i cittadini (MODUGNO). Si tratta della forma di Stato propria, sino a qualche tempo addietro, soprattutto degli Stati dell'Est europeo e nota anche come **Stato del socialismo reale**. Essa è ispirata alla dottrina marxista-leninista diffusasi in seguito al colpo di stato russo del 1917 che, spazzata via la figura dello Zar, proclamò la dittatura del proletariato, poi Stato socialista degli operai e dei contadini. Si tratta di una forma di Stato che si caratterizza per:
  - la **collettivizzazione dei mezzi di produzione** (con la conseguente incisiva **limitazione del diritto di proprietà privata**);
  - una **pianificazione economica fortemente centralizzata**;
  - l'esistenza di un **partito unico**, quello Comunista;
  - la prevalenza assegnata al **principio di eguaglianza sostanziale** rispetto a quello delle libertà civili e politiche.
- nello **Stato sociale**, infine, il compito dell'azione politica è quello di **rimuovere le diseguaglianze di fatto esistenti tra i cittadini** per garantire l'effettivo godimento dei diritti civili e politici e la concreta partecipazione dei consociati all'organizzazione politica, economica e sociale del Paese. In questo contesto, accanto alla tradizionale tutela delle libertà individuali, si delinea una nuova attenzione per i cd. **diritti sociali**, che garantiscono ai soggetti delle posizioni attive di pretesa nei confronti dei poteri pubblici (es: diritto alla salute, diritto all'istruzione).

La **Costituzione italiana**, a differenza di quella tedesca o di quella spagnola, non usa espressamente la formula "Stato sociale"; eppure, tra le pagine della nostra Carta fondamentale viene delineato uno Stato che corregge il mercato e compensa con i suoi interventi i risultati derivanti dalla sola logica economica dello scambio (BIN-PITRUZZELLA). Ed infatti, mentre da un lato essa riconosce e garantisce la proprietà privata e l'iniziativa economica privata, dall'altro impone doveri di solidarietà politica, economica e sociale (si vedano gli artt. 2, co. 2, 3, co. 2, 41, co. 1, e 42, co. 2, Cost.).

Autorevole dottrina (BIN-PITRUZZELLA) propone un **sistema di classificazione delle forme di Stato dell'età moderna parzialmente diverso** rispetto a quello fin qui analizzato, distinguendo:

- lo **Stato assoluto** = modello di Stato in cui il potere sovrano, di origine divina, è concentrato nelle mani del Re, il quale esercita sia la funzione legislativa che quella esecutiva e nomina i tribunali ai quali spetta l'esercizio del potere giudiziario. Questa forma di Stato si è affermata in maniera diversa in Francia, dove l'antica nobiltà feudale venne sottomessa al sovrano entrando a far parte della corte di Versailles; in Inghilterra, dove invece il sistema feudale aveva lasciato una nobiltà non sottomessa, che si oppose strenuamente all'accentramento del potere nelle mani del Re; in Prussia e in Austria, dove si affermò l'assolutismo illuminato, secondo cui il compito del Sovrano era quello di promuovere il benessere dei sudditi. Il modello di Stato assoluto è entrato in crisi poiché il costo del funzionamento dell'apparato statale aveva determinato sui sudditi un peso fiscale insopportabile, tale da innescare i moti rivoluzionari che caratterizzarono il passaggio tra '600 e '700. Anche l'avvento di una economia di mercato connessa a un modo di produzione capitalistico mise in crisi l'assolutismo regio, in quanto incompatibile con alcuni dogmi dello Stato assoluto, quali i privilegi ed i monopoli pubblici;
- lo **Stato liberale** = modello caratterizzato dalla visione dello Stato come strumento per la tutela della libertà e dei diritti degli individui (primo tra tutti il diritto di proprietà). Si caratterizza per l'avvento delle codificazioni costituzionali e civili e per l'idea dello Stato minimo, cui riconoscere tanti poteri quanti ne servono per assicurare quel suo unico ruolo di garante dei diritti. Con lo Stato liberale si affermano il principio di libertà individuale, la separazione dei poteri, il principio di legalità e quello rappresentativo. Lo Stato liberale subisce con il tempo una serie di trasformazioni:

lentamente, infatti, da Stato monoclasse si trasforma in Stato pluriclasse;

- lo **Stato di democrazia pluralista** = proprio dall'allargamento della base sociale dello Stato liberale nasce lo Stato di democrazia pluralista, fondato sul riconoscimento e sulla garanzia della pluralità di gruppi, interessi, idee e valori che compongono la società e che, come tali, debbono essere rappresentati in seno al Parlamento. Si assiste ad un allargamento dell'elettorato attivo, fino al raggiungimento del **suffragio universale**, e alla corrispondente affermazione dei **partiti di massa**. Nonostante le eccezioni - spesso temporanee - di cui si dirà a breve, i principi dello Stato di democrazia pluralista hanno trovato conferma al termine del secondo conflitto mondiale in diverse aree. In alcuni casi il processo di sviluppo costituzionale si era solo interrotto ed è stato ripreso (si pensi all'Italia dopo l'esperienza fascista), in altri casi i principi liberali e democratici sacrificati dalla guerra o dall'occupazione straniera sono stati rivitalizzati (si pensi alla Francia), in altri casi ancora il modello politico costituzionale è stato imposto da parte delle potenze vincitrici ai Paesi vinti (si pensi alla Germania);
- lo **Stato totalitario** = in alcuni Paesi, come la Germania e l'Italia, l'affermazione dei partiti di massa non ha portato all'affermazione di un sistema democratico pluralista. Al contrario, per determinati archi di tempo il pluralismo politico è stato soppresso e la società è stata unificata politicamente attraverso l'affermazione dello Stato totalitario, che concentrava il potere politico in un unico organo - il Capo del Governo - che deteneva la funzione legislativa e quella esecutiva;
- lo **Stato socialista** = anche lo Stato socialista, caratterizzato da un'economia collettivistica, ha rappresentato un'alternativa alla democrazia pluralista, un modello riconducibile all'Unione delle Repubbliche Socialiste Sovietiche che affonda le sue radici nella dottrina marxista-leninista. Questa forma di Stato trova origine nella c.d. dittatura del proletariato e postula l'abolizione della proprietà privata e l'attribuzione allo Stato dei mezzi di produzione.

2. Le forme di Governo.

A) Definizione

L'espressione **"forma di Governo"** sta ad indicare i diversi **modi in cui il potere è distribuito fra gli organi dello Stato-apparato e i rapporti che si instaurano fra questi ultimi** (MODUGNO).

Il principio della **separazione dei poteri legislativo, esecutivo e giudiziario** - la cui prima teorizzazione si deve a Montesquieu, illustre filosofo francese vissuto tra il Seicento e il Settecento, ed al suo libro *Lo spirito delle leggi* del 1748 - è uno dei fondamenti delle democrazie contemporanee e si pone come obiettivo quello di **impedire la concentrazione del potere in capo ad un unico soggetto**. Un'**applicazione pura della separazione dei poteri** non è, tuttavia, pensabile nelle democrazie contemporanee, nelle quali:

1) si va affermando una crescente commistione tra le competenze del potere legislativo e quelle del potere esecutivo: si pensi prima di tutto alla possibilità che il Governo adotti atti con forza di legge (i decreti-legge e i decreti legislativi), ma anche alla possibilità, per il Parlamento, di esercitare funzioni di tipo amministrativo;
2) si sono affermate alcune funzioni che esulano dalla tradizionale tripartizione del potere: si pensi alle funzioni costituzionali, quali la funzione di revisione costituzionale;
3) sono emersi poteri che non sono riconducibili alla tripartizione tradizionale: si pensi alle Corti costituzionali;
4) sono emersi organi di garanzia che non possono essere ricondotti all'alveo dei tre tradizionali poteri: si pensi alle autorità amministrative indipendenti.

Ciononostante, la separazione dei poteri conserva ancora oggi un'importanza illuminante in quanto è **l'esercizio delle funzioni** che viene nettamente separato, sempre conservando il sistema di ***checks and balances*** (pesi e contrappesi) che garantisce i controlli reciproci.

B) Classificazione

Le forme di Governo conosciute dallo Stato liberale sono:

1. le **monarchie costituzionali**;

2.i **governi presidenziali** (puri e semi presidenziali);
3.i **governi direttoriali**;
4.i **governi parlamentari.**

Attenta dottrina ha suggerito di fare ricorso a **due criteri per distinguere le varie forme di governo** (VOLPI):

- un primo criterio basato sull'**analisi del rapporto tra Governo e Parlamento** consente di distinguere le forme di Governo a seconda che sussista o meno un rapporto fiduciario. È così possibile distinguere tra:
  a) **monarchie costituzionali** - nell'ambito delle quali il Governo non è legato da un rapporto fiduciario con il Parlamento in quanto risponde unicamente al Sovrano che è a capo dell'esecutivo e decide l'indirizzo politico del paese;
  b) **governi parlamentari** - nell'ambito dei quali, invece, Governo e Parlamento sono legati da un rapporto fiduciario. Più precisamente è il Governo che si obbliga a seguire il programma politico sulla base del quale è stato eletto e del quale risponde innanzi al Parlamento che può revocargli in qualsiasi momento la fiducia. In questo sistema si inserisce la figura del Capo dello Stato che si pone come organo di controllo e garanzia.
- un secondo criterio basato sul **ruolo assunto dal Capo dello Stato e sulla derivazione dei suoi poteri**. Le forme di Governo in questo caso si distinguono a seconda di come il Capo di Stato assume la carica, come viene eletto, in che modo partecipa alla determinazione delle scelte politiche di guida del Paese. Si distinguono così:
  a) **governi presidenziali** - nell'ambito dei quali il Presidente viene eletto direttamente dal popolo, non è legato da alcun rapporto fiduciario con il Parlamento ed inoltre riveste la duplice carica di Capo dello Stato e Capo del Governo;
  b) **governi semi-presidenziali** - nell'ambito dei quali il Presidente è eletto direttamente dal popolo ed è titolare di ampi poteri quanto all'indirizzo politico del paese. In questo modello vi è un doppio rapporto di fiducia: il Governo, infatti, da un lato viene nominato dal Presidente della Repubblica, ma dall'altro deve godere della fiducia del Parlamento. Si tratta con evidenza di una forma di governo intermedia, che si pone tra i governi parlamentari e quelli presidenziali;
  c) **governi direttoriali** - nell'ambito dei quali il Direttorio (denominazione del Governo) viene nominato dal Parlamento, che tuttavia non può revocarlo tramite voto di sfiducia. Il Direttorio, inoltre, assume la veste di Capo dello Stato.

a) La monarchia costituzionale

La **monarchia costituzionale** si è affermata in Inghilterra dove, dopo le rivoluzioni del XVII secolo, il Parlamento vide riconosciuti anche formalmente i suoi poteri. Questa forma di governo si caratterizza per la presenza di **due organi fondamentali:**

- **il Re,** la cui legittimazione si fonda sul principio monarchico-ereditario, che esercita il **potere esecutivo** gestito attraverso **Ministri di nomina regia**;
- **il Parlamento,** la cui legittimazione si fonda invece sul principio elettivo, che esercita il **potere legislativo.** In realtà, in un primo momento questo potere viene condiviso con il Re e si parla di *King in Parliament*; con il tempo, tuttavia, il Sovrano viene ad assumere un ruolo via via meno rilevante, fino a diventare un mero ratificatore che, di fatto, non entra nel merito delle scelte legislative.

Accanto al Re ed al Parlamento, in maniera molto graduale si viene ad inserire un nuovo organo, il **Governo**, e la monarchia costituzionale nel tempo si trasforma nella forma di Governo parlamentare (passando attraverso la monarchia costituzionale parlamentare), caratterizzato dal legame fiduciario tra l'assemblea parlamentare e gli organi dell'esecutivo.

b) I Governi presidenziali

La forma di Governo presidenziale si caratterizza per la coesistenza di due organi fondamentali, entrambi **eletti dal popolo**:

- il **Presidente**, al quale sono affidate la funzione esecutiva e quella di indirizzo politico;

- **le assemblee elettive,** alle quali sono affidati la funzione legislativa e alcuni poteri di controllo.

Con il termine **presidenzialismo** si indica una forma di governo rispetto alla quale il principio della separazione dei poteri viene applicato in maniera estremamente rigida: il Presidente, a capo del Governo da lui nominato, ed il Parlamento traggono entrambi la propria legittimazione diretta dalla collettività nazionale e questo implica una netta separazione tra i due poteri. Non esiste il voto di sfiducia, in modo tale che il Presidente resta in carica indipendentemente dall'appoggio del Parlamento; né il primo può interferire con l'attività del secondo, sciogliendolo anticipatamente.

Gli **elementi** che caratterizzano questa forma di Governo sono:

- il Presidente eletto direttamente dal popolo;
- la doppia veste che assume il Presidente, il quale è Capo dello Stato e Capo del Governo;
- l'inesistenza di una mozione di sfiducia che consenta al Parlamento di determinare le dimissioni dell'esecutivo.

L'**esempio classico di sistema presidenziale** è rappresentato dagli **Stati Uniti**.

c) I Governi semi-presidenziali

La forma di Governo semi-presidenziale (si pensi alla **Francia**) si caratterizza per la compresenza di elementi dei modelli presidenziale e parlamentare. Come nel modello presidenziale, il **Presidente è indipendente dal Parlamento, non necessitando della fiducia delle Camere, e viene eletto direttamente dal popolo**; al contempo, però, vige un **rapporto fiduciario tra Parlamento e Governo**, come nei modelli parlamentari. Si parla di cd. **struttura diarchica o bicefala dell'esecutivo, che infatti ha due teste: il Presidente della Repubblica e il Primo Ministro** (BIN-PITRUZZELLA). Nella pratica questo cd. **bicefalismo** può determinare diversi panorami:

1) se il Presidente vanta una maggioranza in seno all'Assemblea nazionale egli si trova anche, di fatto, a dirigere il Governo e il Primo ministro si trasforma in una specie di "comandante in seconda" (VOLPI), che si limita a provvedere alle scelte politiche quotidiane e copre politicamente l'irresponsabilità del Presidente;

2) se, invece, la maggioranza parlamentare non riflette l'orientamento politico presidenziale si determina il fenomeno della cd. **coabitazione**, che vede il Presidente "contrapposto" a un Governo e a un Primo ministro che rappresentano l'espressione di una nuova maggioranza. In questa situazione si rivaluta la figura del Primo ministro che può effettivamente dirigere la politica governativa, sempre però nei limiti del sistema semi-presidenziali, nel senso che il Presidente non si riduce mai ad essere un Capo di Stato come quello dei sistemi parlamentari, mantenendo il suo ruolo decisivo nel **campo della politica estera e della difesa**, nonché i vari poteri che gli consentono di incidere sulla politica governativa, non ultimo il **rifiuto di firmare ordinanze e decreti deliberati dal Consiglio dei ministri** e il **deferimento al Consiglio costituzionale** di leggi approvate dalla maggioranza prima della promulgazione (VOLPI).

d) I Governi direttoriali

Nella forma di Governo direttoriale (es: la Svizzera) non è prevista la figura del Capo dello Stato, mentre due sono gli organi costituzionali necessari:

- il **Parlamento** (la cd. Assemblea federale)
- il **Direttorio** (il cd. Consiglio federale), che svolge contemporaneamente le funzioni di Governo e di Capo dello Stato.

Il Governo direttoriale si distingue nettamente dal Governo parlamentare, sia perché il Governo, dopo l'elezione, **non è revocabile** (e non sono possibili crisi ministeriali), sia perché **non si danno scioglimenti anticipati delle assemblee** (MORTATI).

e) I Governi parlamentari

La forma di Governo parlamentare, nata in Inghilterra nella seconda metà del Settecento, si caratterizza per l'emersione, accanto al monarca e alle Camere, del "potere ministeriale". In questo modello sono presenti quattro elementi:

1) il **Capo dello Stato;**
2) il collegio dei Ministri, o Gabinetto (**Governo**);
3) il **Parlamento;**

4) il **corpo elettorale** (che elegge il Parlamento).

La caratteristica fondamentale di questa forma di Governo, comune a tutti i sistemi parlamentari, è il **rapporto di fiducia che lega il Parlamento e il Governo,** per cui quest'ultimo deve ottenere la fiducia delle Camere **per potere iniziare a svolgere la sua attività** di indirizzo politico e deve **mantenere tale fiducia per poter restare in carica.** Dirette conseguenze di questo rapporto fiduciario sono:

- il **potere di controllo attribuito al Parlamento** sull'attività politico-amministrativa e finanziaria del Governo;
- l'obbligo del Governo di **dimettersi in seguito al voto di sfiducia** delle Camere.

Proprio nel contesto di crisi che scaturisce dal venir meno del rapporto di fiducia tra Parlamento e Governo subentra il **Capo dello Stato**, chiamato a nominare un nuovo Governo o, qualora le Camere non siano comunque in grado di esprimere una maggioranza che possa votare la fiducia ad una compagine governativa, sciogliere il ramo o i rami elettivi del Parlamento.

3. Il modello italiano.

La Costituzione italiana ci consegna un **particolare sistema di tipo parlamentare**. I Costituenti, memori dell'esperienza fascista, non si indirizzarono verso la forma di Governo presidenziale nel timore che potesse degenerare in una dittatura; né poterono prescindere dalla forma repubblicana, che era stata scelta dal popolo italiano con il referendum istituzionale del 1946.

Il modello italiano **si ispira ai caratteri tipici dei Governi parlamentari**:

- la **funzione legislativa** è riservata collettivamente alle Camere (art. 70 Cost.), secondo il modello del bicameralismo perfetto;
- il **potere esecutivo** è attribuito al Governo, che lo esercita collegialmente, sotto la direzione e la responsabilità del Presidente del Consiglio (art. 95 Cost.);
- esiste un **rapporto di fiducia** fra Parlamento e Governo e ne consegue la responsabilità politica del secondo nei confronti del primo (art. 94).

Oltre a questi caratteri che l'Italia condivide con altri Paesi che hanno scelto il sistema parlamentare, la nostra Costituzione adotta **alcune misure che vanno a mitigare, razionalizzandolo, il parlamentarismo cd. "puro" e rendono peculiare la forma di Governo italiana**. Si pensi, ad esempio, alla specificità del ruolo del Presidente della Repubblica, collocato in posizione di imparzialità rispetto ai tre tradizionali poteri dello Stato, senza alcuna connotazione politica, escluso dalla determinazione dell'indirizzo politico e, perciò, politicamente irresponsabile, motivo per cui i suoi atti debbono essere controfirmati dai ministri proponenti. Ancora, sono caratteristici del sistema italiano la presenza di un quarto organo costituzionale, la Corte costituzionale, a cui viene affidato il compito di pronunciarsi sulla legittimità delle leggi e degli atti aventi forza di legge statali e regionali; l'introduzione del *referendum* abrogativo, tipico istituto di democrazia diretta, attraverso il quale è dato ai cittadini il potere di opporsi alle leggi del Parlamento o il decentramento politico-amministrativo avanzato.

Capitolo 4 L'ORDINAMENTO COSTITUZIONALE ITALIANO

SOMMARIO:
1. La Costituzione. - **2.** L'ordinamento costituzionale italiano.

1. La Costituzione.

A) Definizione

La **Costituzione** è il **complesso di regole che esprimono, in un sistema unitario e armonico, i principi e gli istituti fondamentali dell'assetto di uno Stato** (MARTINES).

L'**ordinamento costituzionale** racchiude tutte quelle norme, scritte (**costituzione formale**) e non scritte (**costituzione materiale**), che determinano la stessa identità statale. In alcuni Paesi il progetto costituente viene consacrato in testi quali atti costitutivi, o statuti, che vengono comunemente definiti "Costituzione"; in altri Paesi, invece, pur essendoci un ordinamento costituzionale, manca la Costituzione (si pensi all'esperienza inglese).

B) Distinzioni

Dal **punto di vista formale** è possibile distinguere:

- le Costituzioni **scritte, dette anche formali**, da quelle **non scritte, o consuetudinarie**. Soltanto per le prime i principi fondamentali sono contenuti in un documento, chiamato Costituzione, Statuto o Carta fondamentale, che viene adottato con un procedimento solenne e diverso da quello che serve per l'adozione di altri atti normativi. Le Costituzioni scritte si definiscono **corte** quando si limitano a disciplinare le materie strettamente costituzionali, quali l'organizzazione dello Stato, i rapporti fra governanti e governati, i diritti e i doveri dei cittadini; si dicono, invece, **lunghe** quando disciplinano anche aspetti ulteriori del diritto nazionale;
- le Costituzioni **rigide** da quelle **flessibili**: per modificare le prime è necessario ricorrere a una procedura aggravata rispetto a quella utilizzabile per le leggi ordinarie. Una Costituzione rigida assume nella gerarchia delle fonti una posizione superiore rispetto a quella delle leggi ordinarie, le quali sono soggette alla declaratoria di incostituzionalità se contrastano con il testo costituzionale. La flessibilità pone invece la Costituzione allo stesso livello della legge ordinaria e i rapporti tra le due fonti vengono disciplinati secondo gli ordinari principi della successione delle leggi nel tempo.

Dal **punto di vista sostanziale** è possibile distinguere:

- le **Costituzioni-bilancio** dalle **Costituzioni-programma.** Le prime sono dirette alla regolamentazione di una realtà preesistente, mentre le seconde si propongono anche l'obiettivo di promuovere la trasformazione della realtà attuale, indicando gli obiettivi da raggiungere e gli strumenti idonei a tale scopo.

Infine, le Costituzioni possono essere distinte **in base al procedimento di formazione**:

- si definiscono **ottriate** le Costituzioni concesse dal Sovrano e **votate** quelle di emanazione popolare, redatte e approvate dai rappresentanti del popolo, riuniti in **Assemblea costituente.**

Autorevole Dottrina distingue anche tra le diverse accezioni di:

- **Costituzione in senso materiale**, che identifica i principi fondamentali di un determinato ordinamento, principi di natura tale che, se venissero sovvertiti, cesserebbe di esistere lo stesso ordinamento;
- **Costituzione formale**, che è il documento in cui vengono racchiuse le norme costituzionali.

Le due Costituzioni – materiale e formale - possono **divergere** in tutto o in parte e in questa situazione è necessario intervenire per risolvere il momento di frattura, modificando la Costituzione formale per adeguarla a quella materiale, nel caso in cui quest'ultima sia superata, ovvero affermando la forza e la preminenza della costituzione formale, qualora le sue previsioni conservino tutta la loro vigenza ma non vengano attuate o vengano attuate in modo distorto dalle forze politiche che hanno assunto il governo.

C) Il potere costituente

L'espressione **potere costituente** ha una **duplice valenza**, potendo indicare sia il soggetto che instaura il nuovo ordinamento costituzionale, sia il fondamento di validità e legittimità dello stesso. Quanto alla prima accezione, il **titolare del potere costituente** viene oggi identificato con il popolo, il quale nella sua veste di corpo elettorale esprime la volontà politica che assicura la vita dello Stato.

2. L'ordinamento costituzionale italiano.

A) La Costituzione italiana: storia

La **Costituzione italiana** segna la fine di un travagliato percorso iniziato con la crisi dello Stato liberale-ottocentesco:

- in principio fu lo **Statuto Albertino**, concesso nel 1848 da Carlo Alberto e, in quanto tale, riconducibile al concetto di **Costituzioni ottriate**. Si trattava di un testo modificabile attraverso il procedimento legislativo e, pertanto, appartenente alla categoria delle costituzioni **flessibili**. Inoltre, lo Statuto si limitava ad elencare i diritti e le libertà dei cittadini rinviando al legislatore la disciplina attuativa, il che ovviamente determinava una pressoché totale assenza di intangibilità a tutela di quei diritti. Lo Statuto Albertino prevedeva una forma di governo di tipo dualista che vedeva protagonisti il Parlamento e la Corona. Il Re era titolare del potere esecutivo (art. 5 Statuto), esercitato attraverso Ministri di sua fiducia che poteva nominare e revocare (art. 65 Statuto), nonché capo del potere giudiziario in quanto sceglieva i giudici, i quali si inserivano in una gerarchia al cui vertice era posto il Ministro di Grazia e Giustizia. Al Parlamento, formato da un Senato del Regno eletto dal Sovrano e da una Camera bassa eletta dal popolo, era attribuito il potere legislativo.

Il 27 ottobre del 1922 il **colpo di Stato fascista** sovvertì l'ordine costituzionale italiano del tempo e il regime parlamentare degenerò in una forma di dittatura determinata dal radicale mutamento del ruolo del Presidente del Consiglio, in capo al quale venne riconosciuto un vero e proprio potere di indirizzo politico sull'attività delle Camere. I grandi partiti di massa (popolare e socialista) avevano fatto il loro ingresso sulla scena politica italiana con le elezioni del 1919, seguite alla **riforma del sistema elettorale** che aveva esteso il diritto di voto a tutti i cittadini maschi che avessero compiuto 21 anni o avessero prestato il servizio militare e introdotto il sistema proporzionale. Dopo essere stato nominato Capo del Governo, **Mussolini** mise in atto una serie di riforme istituzionali:

- a capo del Paese fu collocato il Duce, che condivideva soltanto formalmente la sua posizione con la Corona;
- il Parlamento perse progressivamente il suo carattere rappresentativo;
- fu imposto un solo partito, quello nazionale fascista, l'unico ad essere riconosciuto;
- le libertà civili furono gravemente limitate, talvolta proprio soppresse.

Dopo la caduta del fascismo, il 25 luglio del 1943, fu istituito un governo di transizione presieduto dal Maresciallo Badoglio e ad ottobre l'esarchia (i sei partiti rappresentati nei Comitati di liberazione nazionale: Democrazia Cristiana, Partito comunista, Partito socialista, Partito d'azione, Partito liberale e Democrazia del lavoro) chiese una consultazione popolare che si pronunciasse sulla forma di Stato che l'Italia avrebbe dovuto assumere (cd. **questione istituzionale**). L'allora monarca Vittorio Emanuele III si ritirò a vita privata, lasciando una luogotenenza del regno al figlio Umberto e affidando a un'assemblea costituente la scelta tra monarchia e repubblica. Il 2 giugno del 1946 si svolse il **referendum istituzionale**, che vide la vittoria dei sostenitori della Repubblica a scapito di quelli della monarchia. Nella stessa data furono **eletti i 556 membri all'Assemblea costituente** che si riunì per la prima volta il

25 giugno 1946 e in seguito elesse Enrico De Nicola Capo provvisorio dello Stato; il 15 luglio, l'Assemblea nominò una **Commissione ristretta di 75 deputati** incaricata di elaborare e proporre il progetto di Costituzione. La Commissione dei 75 (suddivisa in tre sottocommissioni: diritti e doveri dei cittadini, organizzazione costituzionale dello Stato, diritti e doveri nel campo economico e sociale) presentò il progetto il 31 gennaio 1947 all'Assemblea costituente. La **discussione del progetto in Assemblea** si concluse nella seduta pomeridiana del 22 dicembre 1947, con la votazione finale dell'intera Costituzione a scrutinio segreto (453 voti favorevoli e 62 contrari). La Costituzione fu poi promulgata dal Capo provvisorio dello Stato il 27 dicembre ed entrò in vigore il **1° gennaio 1948**.

B) La Costituzione italiana: struttura e caratteri

La Costituzione italiana si compone di 139 articoli e di 18 disposizioni transitorie e finali; si apre con l'enunciazione dei **Principi fondamentali** ed è strutturata in:

- 12 articoli che si occupano dei **Principi fondamentali**;
- una **Parte I**, dedicata ai **Diritti e doveri dei cittadini**, a loro volta distinti in
  - Rapporti civili (artt. 13-28)
  - Rapporti etico-sociali (artt. 29-34)
  - Rapporti economici (artt. 35-47)
  - Rapporti politici (artt. 48-54)
- una **Parte II** (artt. 55-139), dedicata all'**Ordinamento della Repubblica**, in cui sono stabiliti:
- la **composizione e i compiti degli organi costituzionali e degli organi di rilievo costituzionale**. Sono **organi costituzionali**:
  - Parlamento (Camera dei Deputati e Senato della Repubblica)
  - Presidente della Repubblica
  - Governo
  - Corte costituzionale.

Gli **organi di rilievo costituzionale** (organi che non sono essenziali per quanto riguarda la struttura costituzionale dello Stato, ma vengono individuati dalla Costituzione) sono:

- Consiglio Nazionale dell'economia e del lavoro
- la Corte dei conti
- il Consiglio di Stato
- il Consiglio Supremo di difesa
- il Consiglio superiore della Magistratura.

- le norme **sull'ordinamento giurisdizionale e sulla giurisdizione**;
- l'assetto delle **autonomie territoriali**: Regioni, Province, Comuni;
- le **modalità e i limiti alla revisione della Costituzione**.

Quanto ai **caratteri**, la costituzione italiana è:

- **scritta** perché le sue disposizioni sono consacrate in un documento (il testo costituzionale) e perché è espressamente prevista (art. 138 Cost.) la forma scritta per le leggi che regolano la materia costituzionale;
- **rigida** perché alle norme in essa contenute è stata assegnata una efficacia superiore a quella delle leggi ordinarie, di modo che le leggi che modificano la Costituzione e le leggi in materia costituzionale devono essere adottate dal Parlamento non con il procedimento di formazione delle leggi ordinarie, ma con una procedura aggravata stabilita dall'art. 138 Cost.;
- **votata** perché è stata redatta ed approvata dai rappresentanti del popolo eletti all'Assemblea costituente.

Si ritiene inoltre che la Costituzione sia

- **lunga e garantista** = poiché disciplina dettagliatamente i diritti dei cittadini garantendoli attraverso apposite riserve di legge;
- **programmatica** = poiché stabilisce gli obiettivi alla cui realizzazione deve tendere l'attività

della Repubblica, non limitandosi a disciplinare l'organizzazione e il funzionamento dei pubblici poteri o i rapporti tra questi ed i cittadini;
- **convenzionale** = in quanto costituisce un compromesso tra le diverse forze politiche (cattoliche, marxiste e liberali) che l'hanno redatta ed approvata in Assemblea costituente. Ciò a differenza delle costituzioni **ordinative**, espressione di un'unica forza politica, che detiene il potere o perché è storicamente sola in quel dato periodo o perché è prevalsa sulle altre (GIANNINI).

C) Le leggi di revisione costituzionale e le altre leggi costituzionali

Le **leggi di revisione costituzionale** sono quelle che modificano il testo della Carta fondamentale, eliminando, modificando o aggiungendo le disposizioni che esso contiene. Sono, invece, annoverate tra le "**altre leggi costituzionali**":
- quelle che la Costituzione definisce espressamente tali (si pensi alle leggi costituzionali con le quali si può disporre la fusione di Regioni esistenti o la creazione di nuove Regioni secondo il disposto dell'art. 132 Cost. oppure alla legge costituzionale che, ai sensi dell'art. 137 Cost., è chiamata a stabilire le condizioni, le forme e i termini di proponibilità dei giudizi di legittimità costituzionale, e le garanzie d'indipendenza dei giudici della Corte);
- quelle leggi che derogano ad una norma costituzionale, senza tuttavia modificarla in via definitiva;
- quelle leggi che assolvono alle riserve di legge costituzionale.

Attesa l'identicità del procedimento di formazione previsto per le leggi di revisione costituzionale e per le altre leggi costituzionali, la dottrina ha dubitato che esse costituiscano due tipi diversi di fonte. In realtà, la distinzione sussiste proprio perché si tratta di fonti diverse dal punto di vista del contenuto (MODUGNO).
I **rapporti tra Costituzione, leggi di revisione e altre leggi costituzionali** si risolvono nel senso che la Costituzione può essere modificata - eccezion fatta per il nucleo irrivedibile dei principi e valori supremi dell'ordinamento - con leggi di revisione e che le altre leggi costituzionali sono tra loro fungibili e accomunate da una medesima forma e da una medesima forza (capacità di modificare la Costituzione, resistenza all'abrogazione da parte di leggi ordinarie) (MODUGNO).

D) I limiti alla revisione costituzionale

Nel nostro ordinamento la **revisione costituzionale incontra dei limiti**:
- vi è prima di tutto un **limite esplicito**, sancito dall'art. **139** Cost. il quale prevede che la forma repubblicana non può essere oggetto di revisione costituzionale. Il 2 giugno del 1946 il popolo italiano fu chiamato a scegliere tra monarchia e repubblica attraverso il referendum istituzionale di cui sopra, da cui per l'appunto discende il limite previsto dall'art. 139 Cost. (BIN-PITRUZZELLA).
- Vi sono poi diversi **limiti impliciti alla revisione costituzionale** che non vengono sanciti espressamente - come invece accade per la forma repubblicana - ma che sono ricavabili dai principi generali custoditi nella Costituzione:

a) **l'art. 1 Cost**. - secondo il quale l'Italia è una Repubblica democratica - impone di non toccare tutti quei diritti elencati nella Carta che si rivelano fondamentali nelle Repubbliche democratiche: libertà personale, libertà di manifestazione del pensiero, diritto di riunione e associazione, diritto di associarsi in partiti politici, diritto di voto;
b) non possono essere modificati i diritti inviolabili cui fa riferimento **l'art. 2 Cost**. Essi, infatti, appartengono al c.d. nucleo fondamentale non passibile di revisione costituzionale.

SCHEMA DI RIEPILOGO
L'ORDINAMENTO COSTITUZIONALE ITALIANO

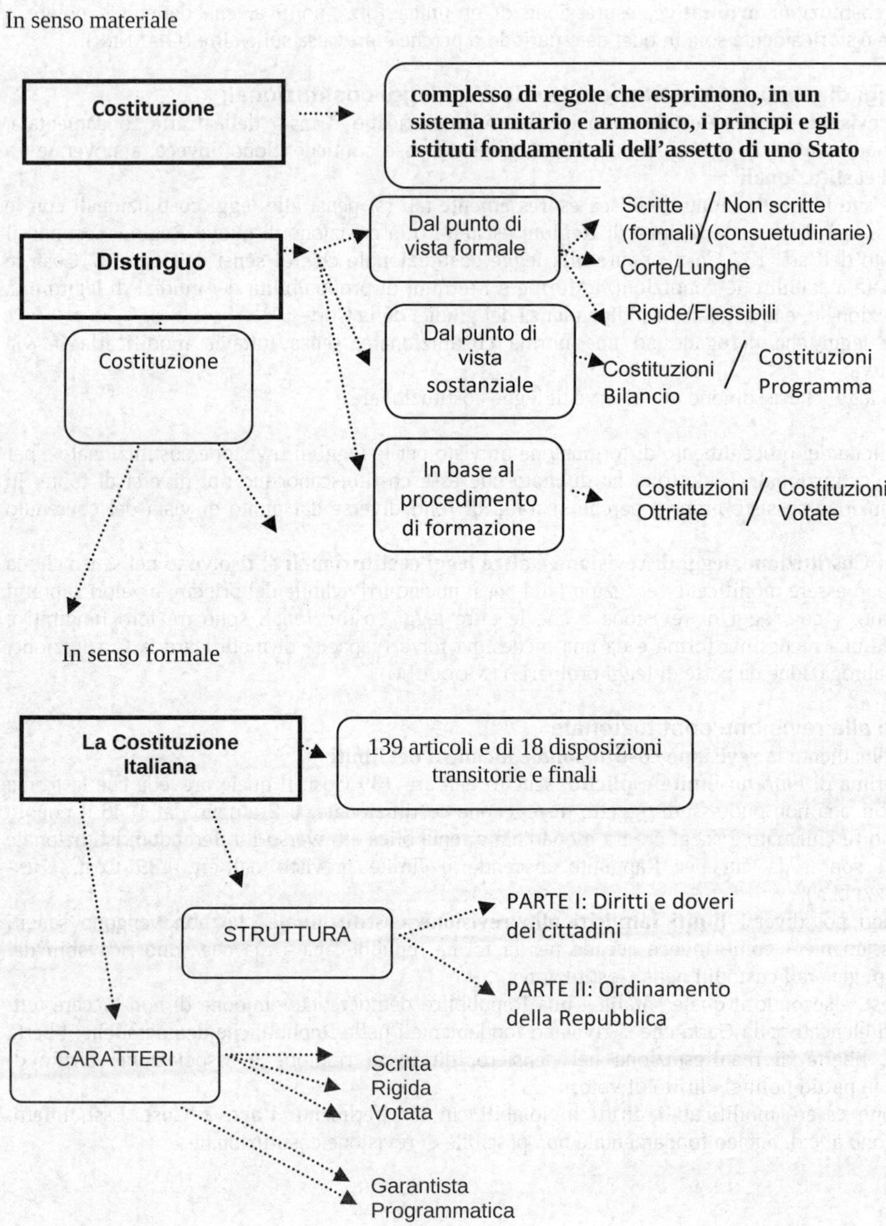

Capitolo 5 | LE FONTI DEL DIRITTO

I ▶ LE FONTI IN GENERALE

Premessa.

Le **fonti del diritto** sono tutti quegli **atti** e **fatti** idonei a **produrre le norme giuridiche** che compongono un ordinamento.
Gli ordinamenti giuridici contemporanei si caratterizzano per la pluralità delle fonti e per il diverso livello di provenienza delle stesse (nazionale, sovranazionale ed internazionale): si parla a questo proposito di **fonti multilivello**. Alcuni Autori hanno sottolineato come il diverso livello delle fonti che governano i sistemi giuridici contemporanei conduca ad una nuova dimensione della teoria di Montesquieu sulla separazione dei poteri. Non sembra, infatti, più opportuno parlare di una tripartizione dei poteri legislativo, amministrativo e giudiziario (e delle corrispondenti funzioni pubbliche), ma sarebbe piuttosto necessario pensare a una dislocazione delle funzioni pubbliche sui diversi livelli (SCUDIERO).
Anticipando brevemente quanto verrà spiegato nel prosieguo è possibile precisare che le fonti del diritto **vengono tradizionalmente distinte** in:

- **fonti di produzione** = quelle che creano, modificano o estinguono le norme giuridiche e che a loro volta si suddividono in:
  - **fonti fatto**: accadimenti naturali idonei, secondo l'ordinamento, a generare conseguenze sul piano giuridico;
  - **fonti atto**: provvedimenti normativi che creano, modificano o estinguono norme giuridiche;
- **fonti sulla produzione** = disciplinano il procedimento di formazione della norma giuridica;
- **fonti di cognizione** = permettono di conoscere le fonti di produzione. Si distinguono in:
  - **fonti di cognizione necessarie**: condizionano l'entrata in vigore di una norma, si pensi alla pubblicazione in Gazzetta ufficiale (dopo l'approvazione delle Camere il testo di legge deve essere promulgato dal Presidente della Repubblica e poi pubblicato in Gazzetta; salvo eccezioni, entrerà in vigore decorso un termine di 15 giorni - c.d. *vacatio legis* - dalla pubblicazione);
  - **fonti di cognizione non necessarie (o notiziali)** = svolgono una mera funzione pubblicitaria.

1. Norma e disposizione.

La **norma giuridica** è una *"prescrizione generale ed astratta che identifica ed enuncia gli interessi vigenti in un gruppo sociale od appresta le procedure per la loro tutela ed il loro concreto soddisfacimento e della quale, pertanto, deve essere garantita l'osservanza"* (MARTINES).

Una norma si definisce **giuridica** quando si è in presenza di determinate **caratteristiche**:

- **esteriorità** = *eteronomia* (la norma giuridica è posta in essere da un soggetto diverso dal suo destinatario) ed *oggettività* (la condotta qualificata dalla norma giuridica, a differenza di quella morale, è valutata oggettivamente, al netto cioè degli elementi intenzionali che ne costituiscono il movente soggettivo) (MODUGNO);
- **coercibilità** = presenza per ogni norma di una **sanzione** che si applica in caso di trasgressione. Su questo punto va detto, tuttavia, che alcune norme giuridiche – le cd. **norme non coattive** - non esprimono un comando; si pensi alle norme che attribuiscono **capacità, diritti, potestà, situazioni giuridiche attive in genere**, a quelle **istituzionali,** a quelle **organizzative, permissive, definitorie, promozionali** o **programmatiche,** o, ancora, a quelle **d'incentivazione;**
- **generalità** = attitudine della norma a regolare categorie di fatti o di comportamenti senza riferimento a situazioni o soggetti determinati;
- **astrattezza** = le previsioni contenute nell'atto sono suscettibili di indefinita ripetibilità ed applicabilità ai casi concreti (CRISAFULLI);
- **innovatività** = attitudine dell'atto a modificare definitivamente l'ordinamento giuridico.

La norma deve essere distinta dalla **disposizione**, la quale rappresenta l' "unità minima" di un atto normativo (MODUGNO). La **disposizione** è un **enunciato normativo dotato di senso autonomo, contenuto nel testo di un atto normativo**. Ad esempio, l'art. 12 Cost. (*"La bandiera della Repubblica è il tricolore italiano, verde, bianco e rosso, a tre bande verticali di uguali dimensioni"*) è un articolo, composto da un solo comma, contenente una sola disposizione. La **norma**, invece, è la disposizione interpretata, ossia è il **significato di una disposizione**. Ogni disposizione può produrre **più norme**, le quali possono essere tra di loro:

- **compatibili**, come ad esempio l'art. 9, co. 1, Cost. (*"La Repubblica promuove lo sviluppo della cultura e la ricerca scientifica e tecnica"*), in cui ritroviamo:
- norma 1. la Repubblica promuove lo sviluppo della cultura;
- norma 2. la Repubblica promuove la ricerca scientifica;
- norma 3. la Repubblica promuove la ricerca tecnica.
- Oppure **incompatibili,** come ad esempio l'art. 59, co. 2, Cost. secondo cui *"il Presidente della Repubblica può nominare senatori a vita cinque cittadini che hanno illustrato la Patria per altissimi meriti nel campo sociale, scientifico, artistico e letterario"*, da cui si ricavano due norme tra loro incompatibili:
    - <u>norma 1:</u> il limite di cinque senatori a vita è il limite massimo di nomine a disposizione di ciascun Presidente (indipendentemente dal numero complessivo di senatori a vita presenti in Senato);
    - <u>norma 2:</u> il limite di cinque senatori a vita è il limite massimo di senatori a vita presenti complessivamente in Senato (la questione è, per vero, controversa e i diversi Presidenti della Repubblica succedutisi hanno interpretato la disposizione costituzionale nell'uno o nell'altro senso).

Una norma può anche nascere dal **combinato disposto** di più disposizioni. Prendiamo ad esempio l'art. 2 c.c.: *"La maggiore età si acquista al compimento del diciottesimo anno"* e l'art. 48, co. 1, Cost.: *"Sono elettori tutti i cittadini che hanno raggiunto la maggiore età"*. Dal combinato disposto di queste due disposizioni risulta la norma secondo la quale sono elettori tutti i cittadini che hanno compiuto diciotto anni.

2. L'interpretazione delle disposizioni giuridiche e il ricorso all'analogia.

A) Definizione

L'**interpretazione** è l'operazione intellettiva necessaria per trarre dagli enunciati normativi (disposizioni) il loro significato (per l'appunto, la norma).

B) Classificazione

L'interpretazione dei testi normativi deve svolgersi secondo regole predeterminate o ricavabili dal sistema. Più precisamente si può far ricorso a:

- **α) Interpretazione letterale** = L'interprete di un testo normativo deve tener conto innanzitutto del significato grammaticale delle parole, non isolatamente considerate bensì secondo la loro connessione sintattica (*interpretazione letterale*), come prescritto dall'art. 12, co. 1, delle Disposizioni sulla legge in generale;
- **β) *Ratio legis*** = l'interprete deve inoltre prendere in considerazione l'**intenzione del legislatore** (la cd. *mens* o *ratio legis*), intesa come elemento obiettivo da riferire alla norma in quanto immessa nel sistema. Anche l'esame dei lavori preparatori o di altri elementi subiettivi (quali il titolo dato alla legge od i motivi in essa espressamente enunciati) possono in alcuni casi, quali elementi sussidiari, aiutare ad individuare il fondamento della norma (MARTINES);
- **γ) Interpretazione sistematica** = l'interprete deve leggere la norma in coordinamento con le altre norme e, in particolare, con i principi fondamentali dell'ordinamento complessivamente considerato, *in primis* quelli costituzionali. All'esito dell'interpretazione sistematica potrà avvenire che il significato della norma si estenda (**interpretazione estensiva**), oppure che si restringa (**interpretazione restrittiva**);
- **δ) Interpretazione adeguatrice** = si è già osservato che dallo stesso testo possono trarsi norme in tutto o in parte diverse. Si ha interpretazione adeguatrice quando l'attività ermeneutica adegua il significato di una disposizione ad un principio o ad una norma di rango superiore (previamente identificata), in modo da evitare il sorgere di conflitti. Questo tipo di attività ermeneutica è assai frequente nei **rapporti fra Costituzione e leggi ordinarie** (si consideri che il giudice *a quo* può sollevare questione di legittimità costituzionale solo nel caso in cui sia impossibile pervenire ad una interpretazione adeguatrice) o con riferimento al **diritto comunitario** (in virtù della quale, cioè, il giudice nazionale è tenuto ad interpretare, ove possibile, il proprio diritto conformemente alla normativa comunitaria e più in generale ai **trattati internazionali**);
- **ε) Interpretazione autentica** = si ha interpretazione autentica quando interviene il legislatore per chiarire e precisare con legge (o con atto avente forza di legge) il significato del testo, vincolando in tal modo gli interpreti. La legge di interpretazione autentica è dotata di una **efficacia retroattiva** che incontra il limite delle sentenze passate in giudicato (Corte cost. sent. n. 374/2000) e, nella materia penale, quello del divieto di interpretazione più sfavorevole al reo.

Dal punto di vista del **soggetto che compie l'attività interpretativa**, l'interpretazione si distingue in:
- **giudiziale** = quando è compiuta dal giudice;
- **autentica** = quando è operata dal legislatore;
- **dottrinale** = se a fornire l'interpretazione sono gli studiosi;
- **burocratica** = quando la fonte dell'interpretazione è ministeriale.

C) Il ricorso all'analogia

Può avvenire che l'interprete – **pur ricorrendo ai vari criteri interpretativi** sopra enunciati – **non trovi la norma da applicare a una determinata fattispecie**. La mancanza di una norma per la risoluzione di una qualsiasi questione giuridica è detta **"lacuna"**. In tal caso spetterà all'interprete ricavare la norma applicabile, mediante un processo logico che viene definito **applicazione analogica** e che prevede di fare ricorso a **disposizioni che disciplinano casi simili o materie analoghe** o, in mancanza, a **principi generali dell'ordinamento giuridico** (**analogia *iuris***). Il procedimento di integrazione per analogia si articola dunque in **due momenti**:
- un primo momento nell'ambito del quale il giudice può avvalersi del ragionamento analogico, cercando di applicare alla fattispecie oggetto del suo giudizio la disciplina prevista per un'altra fattispecie che egli ritenga di poter accomunare sotto la stessa *ratio*;
- un secondo momento nell'ambito del quale, fallito il tentativo di applicazione analogica, il giudice deve ricorrere ai principi generali dell'ordinamento giuridico.

Si veda, a questo riguardo, **l'art. 12, co. 2**, delle Preleggi secondo il quale *"Se una controversia non può*

essere decisa con una precisa disposizione, si ha riguardo alle disposizioni che regolano casi simili o materie analoghe; se il caso rimane ancora dubbio, si decide secondo principi generali dell'ordinamento giuridico dello Stato".
L'interpretazione analogica **non è consentita**, ai sensi dell'art. 14 delle Preleggi:

a) **in materia penale**, nella quale vige il principio di legalità per cui un fatto, per essere punito come reato, deve essere espressamente previsto come illecito da una legge (art. 25, co. 2, Cost.);
b) quando si tratti di **rapporti o situazioni ritenuti eccezionali**, giacché per la singolarità della fattispecie l'estensione analogica della norma regolatrice confliggerebbe con l'eccezionalità della stessa.

3. Le fonti del diritto.

A) Definizione

Sono **fonti del diritto gli atti o i fatti abilitati dall'ordinamento giuridico a produrre norme giuridiche** (BIN-PITRUZZELLA).

B) Distinzioni

È necessario operare una **distinzione** tra:

Fonti-Atto e Fonti-Fatto:

- le **fonti-atto** = manifestazioni di volontà espresse da un organo dello Stato-soggetto o di altro ente a ciò legittimato dalla Costituzione; trovano, di regola, la loro formulazione in un testo normativo (**fonti scritte**);
- le **fonti-fatto** = comportamenti oggettivi (consuetudine od uso) o atti di produzione giuridica esterni al nostro ordinamento e che per ciò solo vengono assunti come fatti (Es: un trattato internazionale reso esecutivo in Italia) (**fonti non scritte**).

Fonti di produzione, di cognizione e sulla produzione:

- le **fonti di produzione**, che **dettano le regole** (regole di condotta e norme costitutive) che vanno a comporre il diritto oggettivo;
- le **fonti di cognizione**, consistenti in **atti scritti, formati da pubbliche autorità, ma privi di contenuto normativo,** esclusivamente volti a realizzare condizioni di **conoscibilità del diritto oggettivo vigente** (CRISAFULLI), come ad esempio la Gazzetta Ufficiale. In tema di fonti di cognizione, è opportuno poi distinguere tra **forme di pubblicazione necessarie** (prodromiche all'entrata in vigore di una norma) e **non necessarie, o notiziali** (che svolgono una mera funzione pubblicitaria);
- le **fonti sulla produzione**, che **regolano altre fonti**, ad esempio dettandone il procedimento di formazione, il contenuto, le modalità di interpretazione. Tra esse rientrano le cd. **norme di riconoscimento**, ossia quelle che definiscono i requisiti formali di una fonte.

I principali **criteri** proposti in dottrina e giurisprudenza per **distinguere le fonti del diritto** dagli altri atti giuridici sono essenzialmente due:

1) il **criterio formale**, attento al *nomen* assegnato all'atto, al procedimento seguito per la sua adozione, alle modalità di pubblicazione, al tipo di soggetti competenti ad adottare l'atto;
2) il **criterio sostanziale**, che ravvisa nei **caratteri della generalità, astrattezza ed innovatività** i tratti ineludibilmente presenti nell'atto normativo.

L'orientamento oggi prevalente, ritenendo non sufficiente l'applicazione del primo criterio, propende per l'applicazione di quello sostanziale. Individuare quali atti e fatti sono fonti e quali non lo sono è un'attività che ha notevoli **risvolti pratici,** in primis in punto di disciplina applicabile. In particolare:

a) le fonti del diritto vengono **interpretate** secondo i criteri individuati nel paragrafo precedente, diversi rispetto a quelli prescritti per altri atti giuridici e, in particolare, per gli atti giuridici espressivi dell'autonomia privata, come i contratti;

b) è proprio delle fonti del diritto l'essere **esenti da onere della prova**, in quanto le si presume conosciute dal giudice;

c) soltanto le norme di diritto costituiscono **parametro del giudizio**: nelle singole controversie, non solo il giudice "conosce" il diritto ma "giudica solo secondo il diritto" (l'eccezione, rappresentata dal giudizio di equità, è possibile solo a determinate condizioni, specificate nell'art. 113 c.p.c.);

d) soltanto le norme giuridiche sono capaci di determinare l'insorgere di due particolari qualificazioni dei fatti:
- l'**antigiuridicità**, quando il fatto realizza i presupposti cui l'ordinamento ricollega una sanzione (il furto è un fatto antigiuridico perché il diritto prevede che, qualora venga manifestato un comportamento che integri gli estremi del furto, ne segue una data sanzione);
- l'**illegittimità**, quando un fatto si manifesta in modi o forme diversi da quelli che sono per esso prescritte da una norma. Rientrano tipicamente in questa figura i vizi degli atti amministrativi e normativi;

e) soltanto alle norme del diritto oggettivo si rivolge la **funzione nomofilattica della Corte di cassazione**, diretta ad assicurare *"l'esatta osservanza e l'uniforme applicazione della legge"* (art. 65 della legge sull'ordinamento giudiziario).

4. Il sistema delle fonti del diritto e i criteri di risoluzione delle antinomie.

A) Definizione di antinomie

L'**antinomia** (dal greco *anti-nomoi*) è una **situazione di incompatibilità tra due norme** che pongono conseguenze giuridiche diverse ed incompatibili per una medesima fattispecie, per cui l'applicazione dell'una esclude l'applicazione dell'altra (CELOTTO). Affinché possa parlarsi di antinomie è necessario che le norme in conflitto siano entrambe **giuridiche** e **vigenti**; inoltre, dette norme devono **appartenere allo stesso ordinamento** e devono **avere lo stesso ambito di validità sotto i profili temporale, spaziale, personale e materiale** (CELOTTO).

B) I criteri di risoluzione delle antinomie

Spesso le norme sono soltanto apparentemente contraddittorie e le antinomie si dissolvono mediante l'**interpretazione**. Quando ciò non accade, tuttavia, spetta all'interprete il compito di stabilire quale sia la norma applicabile al caso concreto, operando una vera e propria **scelta** in applicazione dei **criteri di risoluzione delle antinomie:**

α) Il criterio cronologico

In applicazione del **criterio cronologico**, espresso dal brocardo latino *lex posterior derogat priori*, tra due norme in contrasto si deve preferire quella più recente, la quale produce l'**abrogazione** di quella più antica. Il criterio cronologico opera per risolvere i conflitti tra norme poste da fonti dello stesso tipo ma non si applica nel momento in cui la norma precedente ha carattere speciale o eccezionale. L'abrogazione della norma posteriore può essere (**art. 15 Preleggi**):
- **espressa**, quando avviene *"per dichiarazione espressa del legislatore"* o a seguito di referendum;
- **tacita per incompatibilità**, quando le nuove disposizioni sono incompatibili con le precedenti,
- **implicita (per nuova disciplina dell'intera materia)**, quando la nuova normativa regola l'intera materia già regolata dalla legge anteriore.

• Si presti attenzione a **non confondere l'abrogazione con**:
- la **deroga**, che riguarda il rapporto tra una norma generale e una norma particolare che funge da *eccezione alla regola* (BIN-PITRUZZELLA);
- la **sospensione,** che è limitata a un determinato contesto (temporale o spaziale);
- la **disapplicazione**, che avviene ad esempio in presenza di una fonte comunitaria che detta una disciplina contrastante con quella dettata da una norma dell'ordinamento interno.

A seguito dell'**abrogazione**, di regola, la norma precedente perde **efficacia** a decorrere dal giorno dell'entrata in vigore di quella nuova (*ex nunc*), anche se non è escluso che una *lex posterior* possa espressamente abrogare anche retroattivamente (*ex tunc*) una legge anteriore (si parla in questo caso di effetto abrogativo anticipato).
Il criterio cronologico, ancor prima di essere un principio di carattere positivo, è un postulato di teoria generale del diritto (MODUGNO) e, **insieme a quello di specialità,** viene ricondotto ai cd **criteri logico-teoretici**, quei criteri connaturati all'idea stessa di ordinamento, che operano a prescindere da ogni eventuale riconoscimento e si distinguono dai criteri cd **positivi**, che, invece, operano solo e in quanto positivamente previsti (CELOTTO).

β) Il criterio gerarchico

In applicazione del **criterio gerarchico**, espresso dal brocardo latino *lex superior derogat legi inferiori*, tra due norme in contrasto si deve preferire quella gerarchicamente superiore:

- la **Costituzione** prevale sulle leggi e sugli atti aventi forza di legge (si veda l'art. 134 Cost.);
- le **leggi** prevalgono sui regolamenti (art. 4 Preleggi);
- i **regolamenti** sulle **consuetudini** (art. 8 Preleggi).

Il criterio gerarchico si applica a fronte di conflitti tra norme che provengono da fonti diverse, cioè quando norme poste da fonti di rango inferiore contrastano con norme di rango superiore. Il risultato dell'applicazione del criterio gerarchico è il giudizio di **validità o invalidità** di una norma. La norma inferiore gerarchicamente è invalida, viene dichiarata illegittima e annullata. L'**annullamento** di regola spiega i suoi **effetti *erga omnes*** e, diversamente dall'abrogazione, non opera solo per il futuro, ma anche per il passato (*ex tunc*). Altra differenza tra annullamento e abrogazione è che il primo riguarda la **validità** della norma, mentre la seconda si esprime con riferimento alla sua **efficacia** (BIN-PITRUZZELLA).
La validità consiste nella conformità dell'atto rispetto alle norme che lo disciplinano; l'efficacia, invece, consiste nell'idoneità di un atto a produrre effetti giuridici, costituendo, modificando o estinguendo una situazione giuridica preesistente.

γ) Il criterio di specialità

In applicazione del **criterio di specialità**, espresso dal brocardo latino *lex specialis derogat generali; lex posterior generalis non derogat legi priori speciali*, tra due norme in contrasto si deve preferire quella speciale, anche se quella generale è successiva. Il criterio in esame, come quello cronologico, viene ricondotto ai **criteri logico-teoretici**, rispondendo al naturale processo di differenziazione delle categorie cui consegue l'esigenza di trattare in maniera diversa coloro che appartengono a categorie diverse (CELOTTO). Proprio perché riconducibile ai criteri logico-teoretici, quello di specialità non necessita di una positivizzazione, ma ciononostante esso è enunciato in generale nell'art. 3 Cost., che distingue l'eguaglianza formale da quella sostanziale, e in materia penale, nell'art. 15 Cod. pen.
L'operatività del criterio di specialità non comporta l'eliminazione della disposizione generale derogata nel caso di specie, che potrà applicarsi ad altre fattispecie. In questo caso, infatti, non vengono in rilievo né l'**efficacia** (come per l'abrogazione), né la **validità** (come per l'annullamento) della norma generale, che semplicemente "non è applicata" dall'interprete: si può affermare che proprio la **deroga** sia l'effetto tipico della prevalenza della norma speciale su quella generale (BIN-PITRUZZELLA).
Resta, tuttavia, che la deroga non è l'unico possibile esito di un conflitto tra norma generale e norma speciale: può, infatti, accadere che la norma speciale sia successiva rispetto a quella generale, caso in cui il criterio di specialità si risolve nel criterio cronologico, o che una delle due norme sia gerarchicamente superiore all'altra, caso in cui prevale comunque la norma sovraordinata, in quanto si dovrà fare sempre applicazione del criterio gerarchico, rispetto al quale quello di specialità è ritenuto recessivo (CELOTTO).

δ) Il criterio della competenza

Il **criterio della competenza** prevede che tra due norme tra loro incompatibili, poste la prima da una fonte competente e la seconda da fonte incompetente, sia valida, e dunque applicabile, la prima. L'incompetenza comporta per l'atto emanato un vizio che può essere rilevato soltanto da determinati organi che ne dichiareranno l'invalidità, a seconda dei casi annullandolo con efficacia *ex tunc* e portata *erga omnes*, o disapplicandolo (CELOTTO). Secondo alcuni Autori il criterio della competenza può assumere **due diverse forme**:

- in alcuni casi la diversità di competenza può derivare da una diversità della **materia o dell'ambito territoriale** di applicazione delle due norme, come nel caso di leggi ordinarie e regolamenti parlamentari (l'organizzazione interna delle Camere è disciplinata da questi ultimi per espressa previsione costituzionale - si vedano gli artt. 64 e 72 Cost.);
- in altri casi la **Costituzione mostra di preferire**, per disciplinare una determinata materia, una fonte piuttosto che un'altra. Si pensi ai rapporti tra legge statale e legge regionale: lo Stato può disciplinare le materie di competenza regionale solo fino a quando non lo fanno le singole Regioni (v. Riforma Titolo V Costituzione).

Autorevole Dottrina (BIN-PITRUZZELLA) sottolinea che il criterio in questione non sembra avere una propria autonomia rispetto agli altri criteri in quanto la prevalenza della norma competente si esprime attraverso l'applicazione del criterio gerarchico o di quello di specialità. Tuttavia, si tratta di un criterio largamente utilizzato dalla Corte costituzionale nei casi che concernono i rapporti tra norme statali e norme regionali o tra ordinamento italiano e comunitario.

Si tratta di un **criterio *esplicativo***, nel senso che serve a spiegare come è organizzato il sistema delle fonti e non a indicare all'interprete come risolvere le antinomie (BIN-PITRUZZELLA). Ed infatti, nel nostro ordinamento, caratterizzato da una Costituzione rigida, sono presenti leggi (si pensi alle leggi regionali) e atti equiparati alla legge (si pensi ai regolamenti parlamentari) che condividono la stessa posizione nella piramide delle fonti, e dunque lo stesso grado gerarchico, ma ad ognuno di questi atti corrispondono particolari e distinte sfere di competenza.

C) I conflitti tra criteri di risoluzione delle antinomie

Può accadere che, a fronte di un'antinomia, si possa far ricorso a più criteri risolutivi che portano alla stessa soluzione (**concorso di criteri**) o a soluzioni diverse (**conflitto tra criteri**). Si parla in questo caso di **antinomie di secondo grado** (CELOTTO).

Per quanto riguarda i **rapporti tra criterio cronologico e gerarchico,** è pacifico che, se una norma posteriore di grado inferiore confligge con una norma precedente di grado superiore, prevale il criterio gerarchico tramite annullamento della norma inferiore. Se, invece, è una norma posteriore di grado superiore ad essere in conflitto con una norma precedente di grado inferiore, prevale il criterio cronologico se le norme sono omogenee e quello gerarchico se sono disomogenee e la norma precedente è inferiore e di dettaglio (BIN-PITRUZZELLA).

Per quanto riguarda i **rapporti tra il criterio di specialità e gli altri criteri** deve essere sottolineato che, a parità gerarchica, se la norma generale è successiva allora è preferita quella speciale precedente; inoltre, se la norma generale successiva è gerarchicamente superiore essa prevale; infine, se la norma generale successiva è gerarchicamente inferiore prevale la norma precedente speciale di grado superiore.

II ▶ IL SISTEMA DELLE FONTI DELL'ORDINAMENTO ITALIANO

1. Le fonti sulla produzione nell'ordinamento italiano.

A) Elencazione

Nella Costituzione italiana manca un'elencazione esplicita, completa e tassativa delle fonti del diritto che compongono il nostro ordinamento. Per una prima ed orientativa individuazione di tali fonti è possibile fare riferimento all'elenco contenuto nell'**art. 1 delle disposizioni preliminari al Codice civile**, secondo il quale sono fonti del diritto:

- le **leggi**
- i **regolamenti**
- le "**norme corporative**"
- gli **usi**.

Prima dell'entrata in vigore della Costituzione del 1948 questa elencazione poteva considerarsi

pressoché esaustiva; tale completezza, tuttavia, è stata certamente superata dall'avvento della **Costituzione repubblicana**, che disciplina una serie di **fonti nuove** rispetto a quelle elencate nell'art. 1 delle disposizioni preliminari.
Vi sono diversi **motivi alla base del superamento dell'elencazione di cui all'articolo in esame**:

1) la classificazione offerta dalle disposizioni preliminari (risalente al 1942, anno di entrata in vigore del Codice civile) non teneva conto della Costituzione (la quale risale al 1948), un testo sovraordinato rispetto a tutti gli altri, che certamente rompe gli equilibri normativi precedenti;
2) l'adesione dell'Italia all'Unione europea, che ha determinato l'ingresso nel nostro ordinamento delle **fonti comunitarie**;
3) hanno fatto il loro ingresso tra i centri di produzione del diritto anche gli enti territoriali;
4) uno dei quattro tipi di fonti elencati nell'art. 1 delle disposizioni preliminari - le **"norme corporative"** - è **scomparso** con il venir meno dell'ordinamento corporativo istituito dal regime fascista. Oggi, al posto delle norme corporative, è possibile rinvenire nella Costituzione i **contratti collettivi** con efficacia *erga omnes* (art. 39 Cost.).

Pertanto, oggi si considerano **fonti sulla produzione**:
- art. 10 (*norme del diritto internazionale generalmente riconosciute*);
- art. 39 (*contratti collettivi di lavoro*);
- art. 64 (*regolamenti parlamentari*);
- art. 70 (*legge ordinaria*);
- art. 75 (*referendum abrogativo di leggi statali o di atti aventi valore legge*);
- art. 76 (*decreto legislativo*);
- art. 77 (*decreto-legge*);
- art. 80 (*legge di autorizzazione alla ratifica dei trattati internazionali*);
- art. 87 (*regolamenti governativi*);
- art. 116 (*Statuti delle Regioni speciali*, i quali a loro volta prevedono l'emanazione di leggi e di regolamenti delle Regioni a statuto speciale);
- art. 117 (*leggi delle Regioni a Statuto ordinario*);
- art. 121 (*regolamenti delle Regioni a Statuto ordinario*);
- art. 123 (*Statuti delle Regioni ordinarie*);
- art. 137 (*regolamenti della Corte costituzionale*);
- art. 138 (*leggi costituzionali*).

B) Classificazione

Autorevole dottrina ha proposto di **classificare le fonti del diritto italiane facendo riferimento al momento della produzione delle fonti stesse** (BARBERA-FUSARO). In questo modo è possibile distinguere tra:
- fonti costituzionali;
- fonti dell'Unione europea;
- fonti internazionali;
- fonti statali;
- fonti regionali;
- fonti locali.

Peraltro, l'intervento della Costituzione repubblicana non esaurisce né preclude la **nascita di nuove fonti**. Si ritiene, infatti, che **le fonti di livello primario possano essere create con legge costituzionale** e che **la legge e gli atti aventi forza di legge (cd. fonti di livello primario) possano creare a loro volta fonti di livello secondario**, cioè di livello inferiore a sé stesse.

2. La gerarchia delle fonti nell'ordinamento italiano.

Secondo la **dottrina tradizionale**, le **fonti** di un ordinamento sono organizzate in un **sistema gerarchico**, all'interno del quale ogni fonte occupa una posizione determinata dalla propria **"forza"**, ossia della propria efficacia. In tal senso, occorre distinguere fra:

- ***forza attiva***, ossia la capacità innovativa della fonte;
- ***forza passiva***, la capacità della stessa di resistere rispetto a fonti successive (CRISAFULLI).

Si tenga presente che dalla forza va distinto, quanto meno in linea teorica, il cd. **"valore"**, inteso come il **regime giuridico cui è sottoposta la fonte**.
Nel sistema gerarchico le fonti che hanno la stessa forza sono raggruppate all'interno dello stesso **grado gerarchico.** Graficamente ne deriva una **figura a forma di piramide**, alla cui sommità è posta la **norma fondamentale** (*Grundnorm*), la quale riconduce ad unità tutte le altre norme e incarna il principio costitutivo di ogni ordinamento giuridico. Questa impostazione affonda le proprie radici nella **costruzione gradualistica dell'ordinamento**, secondo cui ciascuna norma deriva la propria validità dalla conformità ad una norma superiore e - mediatamente - alla norma fondamentale (KELSEN).
Nel nostro ordinamento positivo **un rapporto gerarchico** sussiste (CELOTTO):

- **tra norme costituzionali e norme legislative ordinarie**, in forza dell'art. 134 Cost., che attribuisce alla Corte Costituzionale la competenza a dichiarare l'illegittimità costituzionale delle leggi e degli atti aventi valore di legge contrastanti con la Costituzione;
- **tra leggi ordinarie e norme regolamentari** ai sensi dell'art. 4 disp. prel. cod. civ., secondo cui *"i regolamenti non possono contenere norme contrarie alle disposizioni delle leggi"*;
- **tra regolamenti governativi e regolamenti di altre autorità** (ministeriali, interministeriali etc.), in forza dello stesso art. 4 disp. prel. (ribadito dall'art. 17, co. 3, l. n. 400/1988), ove si vieta che tali regolamenti dettino norme contrarie a quelle dei regolamenti emanati dal Governo;
- **tra norme di diritto oggettivo e provvedimenti giurisdizionali**, ai sensi dell'art. 111 Cost., che ammette sempre il ricorso in Cassazione *"per violazione di legge"* contro le sentenze e contro i provvedimenti sulla libertà personale, pronunciati dagli organi giurisdizionali ordinari o speciali, dell'art. 360 c.p.c., che tra i motivi di ricorso in Cassazione prevede la *"violazione o falsa applicazione di norme di diritto"* e dalla speculare disposizione dell'art. 606 c.p.p., che tra i motivi di ricorso in Cassazione riporta la *"inosservanza o erronea applicazione della legge penale o di altre norme giuridiche, di cui si deve tener conto nell'applicazione della legge penale"*;
- **tra norme legislative e atti della Pubblica amministrazione** *ex* art. 26 del testo unico sul Consiglio di Stato (r.d. n. 1054/1924) e artt. 2 e 3 della legge sui Tribunali amministrativi regionali (l. n. 1034/1971), che attribuivano agli organi di giustizia amministrativa la competenza a conoscere dei ricorsi avverso atti e provvedimenti amministrativi che abbiano violato la legge (articoli ora confluiti sostanzialmente nell'art. 29 c.p.a.);
- **tra norme legislative e atti autonomia privata**, in forza dell'art. 1343 c.c., che considera come causa illecita di un contratto la contrarietà "a norme imperative";
- **tra norme legislative e regolamentari e consuetudini** ai sensi dell'art. 8 disp. prel. cod. civ., secondo cui *"nelle materie regolate dalle leggi e dai regolamenti gli usi hanno efficacia solo in quanto sono da essi richiamati"*.

Con il trascorrere del tempo, l'ordinamento giuridico italiano è divenuto sempre più complesso, tanto che parte della dottrina ritiene superata la **visione gerarchica del sistema delle fonti,** a vantaggio di una ricostruzione dei rapporti tra le fonti **in termini di competenza**, come se si dovesse far riferimento a **tanti diversi sistemi** (o microsistemi) **in relazione alle singole materie** che vengono di volta in volta esaminate, in ordine alle quali l'ordinamento offre un diverso panorama quantitativo e qualitativo di norme primarie (MODUGNO). Nonostante ciò, il tradizionale schema gerarchico-piramidale si rivela ancora oggi utile per spiegare il sistema delle fonti dell'ordinamento italiano.
Per questo motivo nel prosieguo della trattazione si prenderà in considerazione la tradizionale tripartizione delle fonti:

- **livello costituzionale;**
- **livello ordinario;**
- **livello secondario.**

Sulle singole fonti si tornerà più dettagliatamente nei prossimi capitoli, ma appare tanto opportuno quanto necessario presentare sin da subito una panoramica sulla "piramide" dell'ordinamento italiano.

3. Le fonti di livello costituzionale.

Appartengono al **livello costituzionale**:

- **la Costituzione repubblicana del 1947**. Essa è anzitutto **norma o principio costitutivo** del nostro ordinamento e proprio in quanto **legge fondamentale** si colloca in posizione eminente rispetto alle altre fonti. Nell'ordinamento italiano la **carta costituzionale** è un **documento solenne** frutto del **potere costituente** esauritosi con la definitiva approvazione del 22 dicembre 1947;
- **le leggi di revisione della Costituzione.** La Costituzione italiana può essere modificata esclusivamente seguendo il **procedimento aggravato** indicato nell'art. 138 Cost. ed entro precisi **limiti**, alcuni indicati espressamente nel testo costituzionale, altri individuati dalla giurisprudenza costituzionale;
- **le "altre" leggi costituzionali.** Anche queste ultime sono adottate secondo il **procedimento di cui all'art. 138 Cost.** e per questo motivo la dottrina ha dubitato che esse costituissero un tipo di fonte diverso dalle leggi di revisione della Costituzione. In realtà, la distinzione sussiste nel senso che si tratta di fonti **diverse dal punto di vista del contenuto**: le leggi di revisione possono modificare la Costituzione, le "altre leggi costituzionali", invece, possono **integrare o derogare** la Costituzione, o **assolvere alle riserve di legge costituzionale** (MODUGNO);
- A queste figure va aggiunta una figura *sui generis* di legge costituzionale, la cd. **legge costituzionale provvedimento**: la legge n. 2 del 1989 per l'indizione di un *referendum* costituzionale sul conferimento di "*un mandato costituente al Parlamento europeo*".

Per quanto riguarda i **rapporti** che intercorrono tra le fonti che appartengono al livello costituzionale, in via generale è possibile affermare che la Costituzione – o almeno una parte di essa – può essere modificata con leggi di revisione costituzionale e che le leggi di revisione e le altre leggi costituzionali sono accomunate da una medesima forma e da una medesima forza sia *attiva* (come capacità di modificare la costituzione) che *passiva* (come resistenza all'abrogazione da parte di leggi ordinarie). All'interno del **testo costituzionale** sono contenuti **i principi "supremi" o fondamentali o inderogabili dell'ordinamento**, e le **norme di riconoscimento dei diritti inviolabili:** queste categorie di norme **non** sono in alcun modo modificabili. Sono riconducibili ad un **livello che può definirsi superprimario** anche una vasta serie di atti (o fatti) normativi, imputabili a soggetti extra-statali quali:

- gli **atti normativi dell'Unione europea**, in quanto, anche se fonti appartenenti ad un ordinamento diverso da quello statale, prevalgono sul diritto interno anche di livello costituzionale, salvo i "*controlimiti*" individuati dalla giurisprudenza costituzionale nei principi supremi e nei diritti inviolabili dell'uomo;
- le **norme internazionali generalmente riconosciute**, recepite nel nostro ordinamento in virtù del cd. adattamento automatico *ex* art. 10 Cost.;
- le **consuetudini e convenzioni costituzionali.**

4. Le fonti ordinarie.

Appartengono al **livello c.d. primario**:

A) **Le leggi ordinarie dello Stato;**
B) **Gli atti aventi forza di legge (decreto-legge e decreto legislativo);**

C) **Il *referendum* popolare;**
D) **I regolamenti parlamentari e i regolamenti degli altri organi costituzionali;**
E) **Le fonti regionali.**

A) Le leggi ordinarie

Il termine "legge" ha **diversi significati**:
- legge è prima di tutto l'atto normativo-fonte del diritto di cui ci si occupa nel presente paragrafo;
- legge è, inoltre, termine con cui si può indicare genericamente il diritto oggettivo nella sua globalità;
- il termine legge può, infine, essere utilizzato per indicare in generale tutte le fonti del diritto.

Per **leggi ordinarie** si intendono gli atti deliberati dal Parlamento secondo il procedimento disciplinato dagli artt. 70 e seguenti Cost. È possibile distinguere tra:
- **leggi in senso formale**, ossia gli atti normativi adottati ai sensi degli artt. 70 ss. Cost.;
- **leggi in senso materiale**, ossia tutti gli atti che presentano un contenuto normativo (nel senso di generalità, astrattezza, innovatività), indipendentemente da chi li abbia adottati. In questa nozione rientrano anche gli atti con forza di legge adottati dal Governo (decreti legislativi e decreti-legge).

Le leggi ordinarie hanno **forza o valore di legge** e ciò significa che:
- la legge può modificare o abrogare qualsiasi disposizione vigente, eccezion fatta per quelle di rango costituzionale;
- la legge non può essere modificata né tantomeno abrogata da fonti di livello inferiore;
- le leggi sono soggette al controllo di costituzionalità della Corte costituzionale;
- le leggi possono essere oggetto di referendum abrogativo *ex* art. 75 Cost.

La potestà legislativa primaria è attribuita "collettivamente" alle **due Camere** del **Parlamento** (art. 70 Cost.) che la esercitano **nei casi, nei modi e nelle forme indicati dalla Costituzione** (artt. 71-74 Cost.), la quale rinvia per una più compiuta disciplina del procedimento di formazione ai **regolamenti parlamentari** (art. 72 Cost.).

B) Gli atti aventi forza di legge (decreto-legge e decreto legislativo)

La regola generale secondo cui la funzione legislativa è esercitata collettivamente dalle due Camere (art. 70 Cost.) è derogata in alcune ipotesi eccezionali in cui tale funzione è esercitata dal **Governo**. Tali ipotesi sono quelle previste:

1) dall'art. 76 Cost., secondo il quale il Governo tramite l'emanazione di **decreti legislativi** può esercitare la funzione legislativa a condizione di riceverne la **delega** da parte delle Camere;
2) dall'art. 77 Cost., secondo il quale il Governo può auto-assumersi la potestà legislativa *"in casi straordinari di necessità e urgenza"* emanando atti dotati di efficacia temporanea e precaria (i **decreti-legge**), che necessitano di essere **convertiti in legge** dal Parlamento per stabilizzarne gli effetti.

→ **Decreti-legge e decreti legislativi** sono da comprendere, peraltro, tra *"gli atti, aventi forza di legge, dello Stato"* **sottoponibili al sindacato di legittimità costituzionale** ai sensi dell'art. 134 Cost.;

3) dall'art. 78 Cost., che disciplina gli **atti adottati dal Governo in caso di guerra** sul fondamento delle leggi di conferimento di "poteri necessari" (art. 78 Cost.);
4) vi sono infine i **decreti legislativi di attuazione degli Statuti regionali speciali**: si tratta di una "competenza riservata" (PALADIN, CRISAFULLI) attribuita al Governo da disposizioni di rango costituzionale (quali gli Statuti speciali). Le norme di attuazione sono perciò considerate **fonti atipiche o a procedimento rinforzato** (PIZZORUSSO), anche in quanto adottate con un procedimento particolare nel quale è previsto il **parere di commissioni paritetiche statali-regionali**. Tali decreti di attuazione sono stati ritenuti **sindacabili dalla Corte costituzionale** (non possono infatti prescindere da un qualsiasi collegamento con le disposizioni statutarie di cui costituiscono

attuazione, pena la loro illegittimità) e possono in alcuni casi costituire **"parametro" di legittimità nel giudizio costituzionale** (rispetto alle altre leggi regionali e statali).

C) Il *referendum* popolare

Si tratta di un tipico istituto di **democrazia diretta** attraverso il quale il corpo elettorale è chiamato – su iniziativa di cinquecentomila elettori o di cinque Consigli regionali – a deliberare sull'abrogazione *"totale o parziale di una legge o di un atto avente valore di legge"* (art. 75 Cost.). Il *referendum* abrogativo si configura come **fonte del diritto** in quanto è un atto **produttivo di effetti modificativi** nell'ordinamento, seppur limitatamente all'abrogazione di norme.

D) I regolamenti parlamentari e i regolamenti degli altri organi costituzionali

Possono essere collocate al cd. livello primario anche alcune **fonti a competenza costituzionalmente riservata**, quali:

- **α) I regolamenti parlamentari** = la nostra Costituzione contempla espressamente i **regolamenti parlamentari** come atti distinti delle due Camere, stabilendo per la loro adozione (e per le eventuali modifiche), la maggioranza assoluta (art. 64 Cost.). Il rapporto tra la legge e i regolamenti parlamentari può essere ricostruito in termini di **competenza**. Ai regolamenti parlamentari è, infatti, riservata la competenza **in materia di organizzazione e funzionamento delle Camere e la disciplina del procedimento legislativo**: gli artt. 64 e 72 Cost. istituiscono una vera e propria **"riserva"** in favore dei regolamenti parlamentari, nella quale neppure la legge ordinaria potrebbe validamente interferire. I regolamenti parlamentari non sono soggetti al sindacato della Corte costituzionale.
- **β) I regolamenti degli altri organi costituzionali:**
  - **Regolamenti della Corte costituzionale** = affini ai regolamenti parlamentari possono ritenersi i **regolamenti della Corte costituzionale**, in quanto espressione dell'autonomia normativa di un organo supremo. I regolamenti della Corte non trovano però il loro fondamento espresso nella Costituzione, bensì nella legge ordinaria di attuazione dell'art. 137 Cost., la l. 11 marzo 1953, n. 87, la quale prescrive, all'art. 14, che *"la Corte può disciplinare l'esercizio delle sue funzioni con regolamento approvato a maggioranza dei suoi componenti"*, e, all'art. 22, che *"norme integrative possono essere stabilite dalla Corte nel suo regolamento"* con riferimento ai procedimenti che si svolgono davanti ad essa. Risulta inoltre prescritta l'approvazione a maggioranza dei suoi membri e la sottoposizione all'obbligo di pubblicazione.
  - **Regolamenti del Presidente della Repubblica** = Per quanto riguarda la **potestà regolamentare del Presidente della Repubblica**, rivolta a disciplinare l'organizzazione e il funzionamento dell'organo, **non sembra possa ritenersi dotata di "valore" normativo primario**, non solo perché il suo fondamento si trova nella legge ordinaria (art. 3 l. n. 1077 del 1948), ma, soprattutto, perché non si rinviene in Costituzione o in altra legge costituzionale alcuna previsione relativa all'istituzione e all'organizzazione dell'ufficio in quanto apparato strumentale e operativo (segretariato generale) dell'organo Presidente della Repubblica. La competenza dello stesso Presidente sembra perciò ridursi alla **produzione di norme di dettaglio**, come tali – in mancanza di diversa qualificazione costituzionale – prive di "valore" primario (MODUGNO).
  - **Regolamenti delle Autorità indipendenti** = Altra ipotesi problematica è costituita dai **regolamenti delle Autorità amministrative indipendenti**. Tuttavia, nonostante tali Autorità dispongano solitamente di significative potestà normative, i loro atti **non hanno un fondamento nella Costituzione** e ciò induce ad escludere che abbiano un valore normativo.
  - **Altri regolamenti interni degli organi a rilevanza costituzionale** = Va ricordato che:
  - la l. 24 marzo 1958, n. 195, dispone che il **Consiglio superiore della magistratura** *"può disciplinare con regolamento interno il funzionamento del Consiglio"* (art. 20) e stabilire *"le norme dirette a disciplinare la gestione delle spese"* (art. 9);
  - l'art. 20 della l. 30 dicembre 1986, n. 936, prevede che il **Consiglio nazionale dell'economia e del lavoro** possa adottare propri regolamenti che, limitatamente ad alcune materie, sono approvati, su proposta del Presidente del Consiglio dei ministri e previa deliberazione del Consiglio dei ministri, con decreto del Presidente della Repubblica;

- l'art. 4, co. 3, l. n. 400/1988 stabilisce che il **Consiglio dei ministri** può darsi un regolamento interno per disciplinare i modi di esercizio dei propri lavori e le modalità di informazione sui lavori del Consiglio (tale regolamento è stato emanato con d.P.C.m. del 10 novembre 1993).

E) Le fonti regionali

Appartengono al livello primario delle fonti anche le **fonti regionali**. Le Regioni rientrano, infatti, tra i centri di produzione normativa posto che la Costituzione attribuisce loro il potere di:

- approvare uno **Statuto (autonomia statutaria)** = Lo Statuto è la fonte principale dell'ordinamento regionale, tramite il quale le Regioni disciplinano la propria organizzazione e il proprio funzionamento;
- emanare **leggi regionali (autonomia legislativa)** =Le Regioni possono legiferare, con efficacia limitata al territorio regionale, nelle materie indicate dall'art. 117 Cost. il quale distingue le materie di legislazione esclusiva dello Stato da quelle di legislazione concorrente tra Stato e Regioni e prevede una legislazione residuale in capo alle Regioni;
- dare esecuzione alle leggi regionali tramite **regolamenti regionali (autonomia amministrativa)** = L'art. 117 comma 6 Cost. attribuisce alle Regioni una potestà regolamentare, prevedendo che tali enti possano esercitarla nelle materie per le quali non è prevista una competenza legislativa esclusiva dello Stato (salva delega, nel senso che anche per le materie da ultimo citate lo Stato potrebbe delegare le Regioni per l'adozione di regolamenti).

F) Fonti di incerta collocazione

a) Ordinanze di necessità e urgenza.

Le ordinanze contingibili e urgenti sono atti a contenuto atipico che l'amministrazione, sulla base di specifiche previsioni legislative, è abilitata ad adottare per fronteggiare situazioni eccezionali, anche derogando alla disciplina normativa di rango primario, ma pur sempre nel rispetto della Costituzione e dei principi generali dell'ordinamento.

L'attitudine delle ordinanze in esame a derogare alla disciplina di rango primario (sia pure in via provvisoria) ha fatto dubitare della relativa natura giuridica.

Diverse le tesi emerse sul punto:

1) per un primo indirizzo, le ordinanze in questione hanno natura normativa e vanno inquadrate tra le fonti di secondo grado, cui la legge consente in via del tutto eccezionale di derogare alle norme primarie (CASETTA).

Gli argomenti addotti a sostegno sono: il carattere generale ed astratto delle ordinanze, idonee a trovare applicazione in un numero di casi non predeterminato né determinabile, rivolgendosi alla generalità dei consociati; la capacità di tali ordinanze di derogare alle leggi, pur se per periodi brevi e determinati;

2) per differente ricostruzione, avallata anche dalla giurisprudenza costituzionale,
sono provvedimenti amministrativi.

Gli argomenti addotti a sostegno sono: la mancanza dell'innovatività, carattere ineludibile delle fonti normative; il frequente contenuto a carattere concreto delle ordinanze, idonee ad incidere su situazioni giuridiche soggettive; l'eccezionalità del potere, temporalmente limitato, conferito all'amministrazione, abilitata solo ad introdurre una deroga alla disciplina di rango primario, giammai ad abrogarla o modificarla;

3) per un terzo orientamento, occorre evitare generalizzazioni, dovendosi attendere al riscontro della natura giuridica dell'ordinanza di necessità non in astratto, ma in concreto, verificando quindi l'effettiva consistenza del relativo contenuto caso per caso.

Peraltro, la Corte costituzionale è intervenuta a precisare i rapporti tra potere di ordinanza e principio di legalità.

b) Bandi militari.

I bandi militari (disciplinati dal r.d. 8 luglio 1938, n. 1415 e dal r.d. 20 febbraio 1941, n. 302) sono atti emanati dal comandante supremo delle forze armate nella zona di operazioni o in parti del territorio minacciate da un pericolo esterno grave e imminente ovvero ancora nel caso di occupazione militare di territori oltre confine, ai quali l'ordinamento attribuisce forza di legge. Al pari delle ordinanze di necessità ed urgenza, anche i bandi sono volti a fronteggiare situazioni eccezionali e non completamente

prevedibili.
Poiché, dunque, presupposto per l'emanazione dei bandi è lo stato di guerra, alcuni autori hanno ritenuto che la loro legittimità costituzionale possa giustificarsi sulla base dell'art. 78 Cost., a norma del quale "Le Camere deliberano lo stato di guerra e conferiscono al Governo i poteri necessari". Si tratterebbe, ad ogni modo, sempre di una legittimazione indiretta (MARTINES), poiché il Governo cui le Camere, in caso di guerra, conferiscono i poteri necessari non può essere inteso se non come organo complesso composto dal Presidente del Consiglio dei ministri, dai ministri e dal Consiglio dei ministri e non già come l'insieme degli organi e delle istituzioni che costituiscono il potere esecutivo (e dei quali fanno parte le forze armate).
Quanto alla natura, a chi ne ha sostenuto la connotazione "ibrida", rimarcando la sussistenza negli stessi di una parte normativa e di una amministrativa, si è contrapposto chi, invece, ha assimilato i bandi alle ordinanze di necessità, ritenendoli quindi veri e propri atti amministrativi. Prevale, tuttavia, l'orientamento che li considera atti normativi, valorizzando, in uno alla qualificazione in tal senso contenuta negli stessi bandi militari, la forza derogatoria di cui gli stessi dispongono rispetto alla normativa generale.
c) Contratti collettivi di lavoro.
Tali atti "con efficacia obbligatoria per tutti gli appartenenti alle categorie alle quali il contratto collettivo si riferisce" si sarebbero, probabilmente, collocati al livello primario, qualora fosse stata data attuazione all'art. 39 Cost. Invero, occorre notare che, a tutt'oggi, non essendo stata ancora emanata la cd. legge sindacale che dovrebbe regolare, fra l'altro, la procedura di registrazione dei sindacati, non esistono sindacati-persone giuridiche e, di conseguenza, contratti collettivi di lavoro di diritto pubblico.
Si tratterebbe comunque di fonti del diritto non statali, la cui formazione è riservata dalla Costituzione alla determinazione autonoma delle associazioni contrapposte dei lavoratori e dei datori di lavoro; per cui, si inserirebbero nel sistema delle fonti secondo il criterio della separazione delle competenze, in quanto leggi e regolamenti non possono disciplinare nei dettagli la materia (rapporti fra categorie di lavoratori e datori di lavoro) oggetto della contrattazione collettiva (MARTINES). Attualmente i contratti stipulati dalle contrapposte associazioni (contratti collettivi di diritto comune) dovrebbero acquistare la normale efficacia dei contratti, valere cioè soltanto fra le parti (in questo caso gli iscritti ai sindacati stipulanti), secondo quanto disposto dall'art. 1372 c.c. ("Il contratto ha forza di legge tra le parti"). Tuttavia, l'efficacia di tali contratti è stata estesa a tutti i lavoratori della categoria interessata, anche in presenza di contratti di lavoro individuali stipulati da datori di lavoro e da lavoratori non iscritti ad alcun sindacato, al fine di assicurare ai lavoratori i minimi inderogabili di trattamento economico, onde evitare inaccettabili disparità di trattamento.

▶4.1. Le fonti rinforzate e atipiche.

Fra le **leggi formali**, la dottrina (MODUGNO) distingue:

A) Le leggi rinforzate, che presentano **elementi aggiuntivi e caratteristici** rispetto alla figura tradizionale delle leggi formali. Ne sono esempio:
- le **leggi che disciplinano i rapporti con lo Stato delle confessioni religiose diverse dalla cattolica**, che devono essere precedute dalle relative intese *ex* art. 8 Cost.;
- le **leggi di modifica dei Patti Lateranensi** precedute da nuovi accordi *ex* art. 7 Cost.;
- la **legge di amnistia e indulto** che, in base all'art. 79 Cost. come revisionato dalla l. cost. n. 1/1992, deve essere deliberata a maggioranza di 2/3 dei componenti di ciascuna Camera, in ogni suo articolo e nella votazione finale. In particolare, le leggi di amnistia e indulto sarebbero "rafforzatissime" (MODUGNO), in quanto per esse è richiesta, oltre ad una implicita **riserva d'assemblea**, una **maggioranza qualificata** addirittura superiore a quella prevista per le leggi costituzionali. D'altro canto, le leggi di amnistia e indulto si presentano anche come leggi a **contenuto parzialmente vincolato**, essendo prescritto che esse fissino il termine per la loro applicazione e che tale termine non sia comunque anteriore alla presentazione del disegno di legge;

- le **leggi che dispongono modificazioni di enti territoriali**, relativamente alle quali l'art. 132, co. 2, Cost. dispone che *"Si può, con l'approvazione della maggioranza delle popolazioni della Provincia o delle Province interessate e del Comune o dei Comuni interessati espressa mediante referendum e con legge della Repubblica, sentiti i Consigli regionali, consentire che Provincie e Comuni, che ne facciano richiesta, siano staccati da una Regione e aggregati ad un'altra"*;
- le **leggi che attribuiscono forme rafforzate di autonomia a determinate Regioni**, che, ai sensi dell'art. 116, co. 2, Cost., vanno approvate a maggioranza assoluta, su iniziativa della Regione interessata e sentiti gli enti locali, sulla base di intesa fra lo Stato e la Regione interessata.

B) Le **leggi "atipiche", vincolate ad essere meramente formali o comunque a competenza limitata**, quali:

- le *leggi di approvazione* che presuppongono un atto il cui contenuto è fatto proprio dalla legge (es. leggi di bilancio e di rendiconto consuntivo *ex* art. 81 Cost.);
- le *leggi di autorizzazione alla ratifica dei trattati internazionali* (art. 80 Cost.) e, in generale, le *leggi che danno esecuzione ad accordi internazionali*;
- la *legge che trasferisce allo Stato o ad enti pubblici o a singole comunità di lavoratori o utenti determinate categorie di imprese* (art. 43 Cost.);
- le *leggi condizionate a disporre solo in generale*;
- le *leggi sottratte a referendum* (a norma dell'art. 75 Cost., le leggi tributarie e di bilancio, di amnistia e di indulto, di autorizzazione a ratificare trattati internazionali), le quali hanno una forza passiva potenziata;
- la *"legge comunitaria"* annuale (oggi peraltro sostituita dalla legge di delegazione europea e dalla legge europea ad opera della l. 234 del 2012) che è una legge ordinaria dello Stato avente l'obiettivo di assicurare il periodico adeguamento dell'ordinamento nazionale all'ordinamento comunitario.

▶4.2. Principio di legalità e riserva di legge.

Per concludere in tema di livello primario delle fonti, è necessario soffermarsi sul principio di legalità e sulla riserva di legge.

Il principio di legalità regola **i rapporti tra potere legislativo e potere esecutivo** e impone che **ogni atto (sia amministrativo che normativo) dell'Esecutivo debba essere adottato sulla base di una previa norma di legge**, cioè di una precedente norma emanata dal potere legislativo, che stabilisca preventivamente e in modo generale e astratto i casi in cui quel provvedimento può essere adottato. Il principio in esame può essere inteso in due accezioni:

- **principio di legalità *in senso formale***, per cui è sufficiente che i poteri dell'Esecutivo siano basati su una norma di legge che li preveda e li autorizzi, senza bisogno che questa norma disciplini, altresì, le modalità di esercizio del potere;
- **principio di legalità *in senso sostanziale***, secondo cui non solo ogni atto del potere esecutivo deve essere emanato sulla base di una norma di legge che previamente lo preveda e lo autorizzi, ma questa norma deve definire anche **criteri e modalità** di esercizio del potere.

In applicazione del principio di legalità la nostra Costituzione prevede espressamente alcune ipotesi di **riserva di legge**, che ricorre tutte le volte in cui l'unica fonte abilitata, dalla Costituzione, a disciplinare una determinata materia è la legge. La *ratio* dell'istituto della riserva di legge è da individuare innanzitutto nella **garanzia per i cittadini** che determinate materie siano normate soltanto dal Parlamento eletto dal popolo stesso.

Si parla di **riserva di legge formale** qualora una determinata materia deve essere regolata esclusivamente tramite la fonte "legge", come accade nel caso della legge di sanatoria degli effetti del decreto-legge non convertito *ex* art. 77, ult. co., Cost., della legge di autorizzazione alla ratifica dei trattati internazionali *ex* art. 80 Cost., o della legge di approvazione del bilancio *ex* art. 81 Cost. Più spesso, tuttavia, si ammette che la materia coperta da riserva di legge possa essere disciplinata **anche da altri atti con forza di legge (decreto-legge e decreto legislativo;** si veda *Corte cost. n. 39/1971*).

È invece ormai pacifico nella giurisprudenza costituzionale che la riserva di legge possa essere assolta anche dalle **leggi regionali**, vieppiù dopo la Riforma del Titolo V che ha attribuito alle Regioni una potestà legislativa generale e residuale in tutte le materie che non siano oggetto di potestà legislativa statale esclusiva o concorrente.
La riserva di legge può essere assoluta, relativa o rinforzata:

- per le materie coperte da **riserva di legge assoluta** è necessario che la legge ordinaria disciplini integralmente la materia (ne sia esempio l'art. 13 Cost.);
- per le materie coperte da **riserva di legge relativa** è sufficiente che la legge ordinaria disciplini i soli principi, lasciando la disciplina più specifica alle fonti secondarie quali i regolamenti di delegificazione, di organizzazione ed i regolamenti di attuazione (si veda l'art. 41 Cost. o l'art. 97 Cost.);
- per le materie coperte da **riserva di legge rinforzata** la Costituzione non si limita a riservare la disciplina alla legge ordinaria, ma indica anche **i fini della disciplina legislativa o i modi di intervento** (si consideri l'art. 16 Cost., che prevede che la libertà di circolazione e soggiorno possa essere limitata, con legge *"per soli fini di sanità e sicurezza"*).

5. Le fonti secondarie.

Le fonti che appartengono al livello secondario sono dotate di una **forza attiva e passiva minore di quella della legge**: perché vengano emanate è necessario che intervenga un'**attribuzione per via legislativa di potere normativo** e sono **subordinate alla legge,** che ne costituisce **parametro di legittimità**. L'art. 4 delle preleggi prevede infatti che *"I regolamenti non possono contenere norme contrarie alle disposizioni delle leggi"*, i regolamenti delle autorità diverse dal Governo *"non possono nemmeno dettare norme contrarie a quelle dei regolamenti emanati dal Governo"*.
Gli atti secondari **non sono sottoponibili al giudizio di legittimità costituzionale** che, a norma dell'art. 134 della Costituzione, può essere promosso soltanto nei confronti degli atti aventi forza di legge e sono, pertanto, soggetti solo al **giudizio di legittimità da parte degli organi della giustizia amministrativa**.
Sul piano positivo, la tipologia delle fonti "secondarie" si presenta straordinariamente variegata e più complessa della formula accolta dalle disposizioni preliminari, in base alla quale il livello "secondario" dovrebbe accogliere i regolamenti del Governo e delle "altre autorità". Invero, si è assistito ad una **pluralizzazione del tipo "fonte secondaria"** che oramai comprende: le diverse tipologie di regolamenti del Governo, i regolamenti ministeriali ed interministeriali, i regolamenti delle "altre autorità", gli statuti comunali e provinciali, i regolamenti locali (regionali, provinciali e comunali).
La **collocazione dei citati atti nella gerarchia delle fonti** è diversa:

- i **regolamenti statali non governativi** possono essere emanati dai singoli ministri (regolamenti ministeriali), da più ministri (regolamenti interministeriali), da organi centrali (comitati interministeriali) o locali (ad esempio, i comandanti di porto) e sono **subordinati alle fonti primarie ed ai regolamenti governativi**;
- gli **statuti di Province e Comuni** devono essere emanati nell'ambito dei **principi fissati dalla legge**;
- i **regolamenti degli enti locali** sono tenuti al **rispetto della legge e dello statuto** (regionale, provinciale e comunale a seconda dell'ente da cui provengono).

6. Le fonti-fatto.

La Costituzione italiana si occupa quasi esclusivamente delle fonti-atto di livello costituzionale e primario, lasciando implicitamente la disciplina delle altre fonti alla legge ordinaria e agli atti ad essa equiparati.

• LA CONSUETUDINE
La consuetudine è una **fonte non scritta** e, al tempo stesso, una **fonte-fatto** che consiste nella

ripetizione costante ed uniforme nel tempo di un certo comportamento accompagnato dalla convinzione della sua doverosità giuridica. Sono elementi costitutivi della consuetudine:

- quello **oggettivo**, dato dalla **uniformità e costante diffusione nel tempo e nello spazio del comportamento** (cd. ***diuturnitas***);
- quello **soggettivo**, della ***opinio iuris ac necessitatis***, da intendersi come **convinzione che quel comportamento sia obbligatorio.**

L'art. 8 disp. prel. riconosce la consuetudine quale fonte di rango subordinato sia alle norme primarie che a quelle secondarie: *"Nelle materie regolate dalle leggi e dai regolamenti, gli usi hanno efficacia solo in quanto da essi richiamati"*. Dalla lettura della norma in esame sembrano, pertanto, essere ammesse nel nostro ordinamento due tipi di **consuetudini:**

- ***secundum legem*** (quelle, cioè, che integrano e specificano il dettato legislativo);
- ***praeter legem*** (che disciplinano materie non regolate da una legge o da un regolamento).

Diverso il discorso per quanto riguarda le **consuetudini *contra legem*** (contrarie a leggi e regolamenti), che non sono da ritenersi ammissibili.

• LE CONSUETUDINI COSTITUZIONALI

Le **consuetudini costituzionale** disciplinano i **rapporti tra gli organi costituzionali e alcuni aspetti degli istituti costituzionali, colmando le eventuali lacune della Costituzione**. Nella piramide gerarchica delle fonti del diritto italiano questo tipo di consuetudine **concorre con le fonti di carattere costituzionale** (la Costituzione e le leggi formalmente costituzionali) rispetto alle quali ha valore esclusivamente ***praeter constitutionem***, prevalendo invece sulle fonti di valore legislativo ordinario, le quali possono intervenire nella materia costituzionale solo ove espressamente o implicitamente autorizzate da una fonte formalmente costituzionale.

Un esempio significativo di consuetudine costituzionale si ha nel **procedimento di formazione del Governo**, rispetto al quale soltanto la fase di nomina e quella del giuramento sono previste dalla Costituzione (si vedano gli artt. 92, co. 3, e 93 Cost.), mentre le due fasi delle consultazioni e del conferimento dell'incarico sono disciplinate da norme convenzionali e consuetudinarie che possono ritenersi inderogabili anche ad opera della legge ordinaria.

• CONSUETUDINE, USO DI FATTO E CONVENZIONE

Problematica è la tradizionale **distinzione tra consuetudine, uso di fatto e convenzione**:

- nella **consuetudine** sarebbero rinvenibili i due elementi della *diuturnitas* di una certa situazione storico-ambientale e della decisione-convinzione che ne emerga una norma giuridica (*opinio iuris ac necessitatis*);
- nell'**uso di fatto** sarebbe riscontrabile solo l'elemento della *diuturnitas*;

nella convenzione sarebbe riscontrabile solo il secondo elemento dell'*opinio iuris ac necessitatis*. In quest'ottica, le convenzioni possono trasformarsi in consuetudini qualora si stabilizzino uniformemente nel tempo, acquisendo anche l'elemento della *diuturnitas*.

MAPPA CONCETTUALE

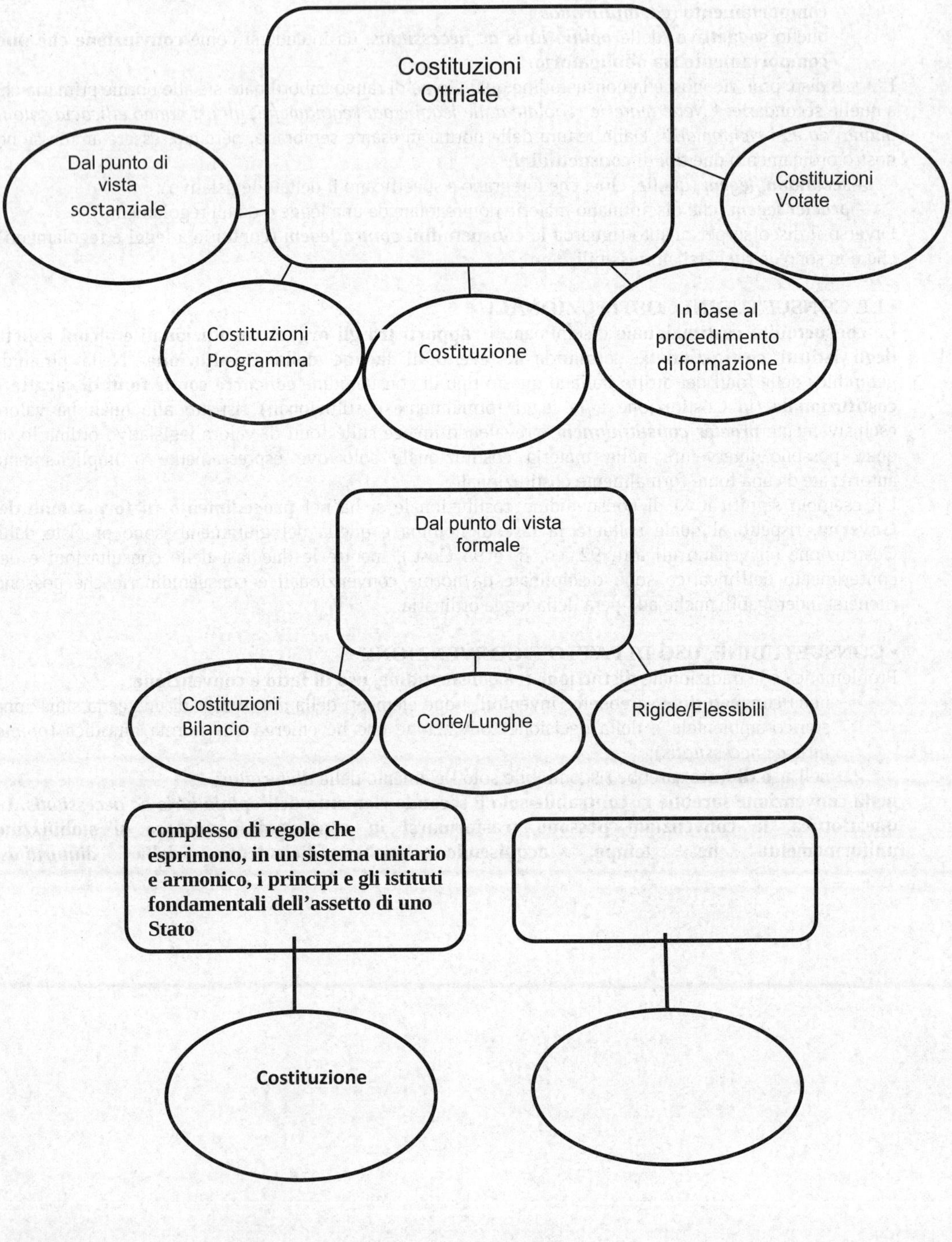

Capitolo 6 GLI ORDINAMENTI E LE FONTI SOVRANAZIONALI

I ▶ L'ORDINAMENTO INTERNAZIONALE

1. L'ordinamento internazionale.

A) La Comunità internazionale

Il **diritto internazionale** è il complesso di norme e principi che regolano i rapporti intercorrenti tra gli Stati e le organizzazioni internazionali, ossia tra i **soggetti della Comunità internazionale.**

Storicamente la nascita della Comunità internazionale viene fatta risalire alla pace di Vestfalia, del 1648: proprio in quel momento, infatti, all'esito della guerra dei Trent'anni il vecchio assetto medievale veniva superato e facevano il loro ingresso nella storia gli Stati nazionali, entità sovrane e indipendenti che, nel corso del tempo, hanno dettato spontaneamente alcune regole per garantire una pacifica convivenza.

L'ordinamento internazionale si distingue da quello nazionale per alcuni caratteri peculiari:

1) non è strutturato gerarchicamente: tutti gli Stati della Comunità internazionale sono **enti sovrani in una condizione di parità**;
2) sono gli stessi enti sovrani che lo compongono a imporre regole di convivenza e dar loro esecuzione, in quanto non vi è un organo superiore - come il Parlamento nell'ordinamento nazionale - titolare del potere legislativo;
3) il rispetto delle norme internazionai è affidato all'**autotutela**, nel senso che è il singolo ente sovrano che deve agire per la tutela dei propri diritti, anche con la forza.

B) I soggetti dell'ordinamento internazionale

Sono soggetti dell'ordinamento internazionale quelle entità giuridiche capaci di operare sul piano internazionale in maniera effettiva ed indipendente, ossia:

- α) **gli Stati**, che acquistanola **soggettività giuridica internazionale** in presenza di **due requisiti**:
  - l'**effettività**, ossia la capacità di esercitare effettivamente la propria supremazia sulla comunità di soggetti stanziata sul territorio nazionale;
  - l'**indipendenza**, ossia la posizione di parità nei confronti degli altri enti internazionali.
- β) **le Organizzazioni internazionali**: **associazioni tra Stati** finalizzate al perseguimento di interessi comuni, dotate di uno **Statuto** e di **organi propri** e istituite facendo ricorso ai trattati internazionali. Ne sia esempio l'**Organizzazione delle Nazioni Unite (ONU)**, che è stata istituita nel giugno del 1945, alla fine della Seconda guerra mondiale, e si avvale di una complessa struttura organizzativa di cui fanno parte diversi organi, tra i quali:
  - il **Consiglio di Sicurezza**, composto da 10 membri eletti dall'Assemblea generale e da 5 membri permanenti con diritto di veto (USA, Gran Bretagna, Cina, Russia e Francia), è l'organo che si occupa delle questioni riguardanti il mantenimento della pace e della sicurezza internazionale;

- l'**Assemblea generale delle Nazioni Unite**, organo plenario nel quale sono rappresentati tutti gli Stati membri. L'Assemblea può discutere di qualsiasi questione che rientri nei fini delle Nazioni Unite e indirizzare raccomandazioni agli Stati, membri e non membri dell'Organizzazione, nonché agli altri organi dell'ONU;
- la **Corte internazionale di Giustizia**, formata da 15 giudici eletti dall'Assemblea, che hanno il compito di risolvere le controversie giuridiche sottoposte dagli Stati membri;
- il **Segretario Generale delle Nazioni Unite**, il più alto funzionario amministrativo, eletto dall'Assemblea generale su proposta del Consiglio di sicurezza e posto a capo del Segretariato generale. Al Segretario generale sono attribuiti i compiti rientranti nella sfera organizzativa, tecnica, finanziaria e di rappresentanza delle Nazioni Unite.
- **gli individui:** secondo alcuni Autori sarebbe necessario annoverare tra i soggetti di diritto internazionale anche gli **individui** in forza della capacità riconosciuta a questi ultimi di vedere tutelati i propri diritti anche a livello sovranazionale (FOCARELLI).

C) Le fonti internazionali

Tradizionalmente le **fonti dell'ordinamento giuridico internazionale** vengono distinte in:
- **norme consuetudinarie** e **principi generali** di diritto riconosciuti dalle nazioni civili;
- **norme convenzionali** dei Trattati internazionali;
- **atti vincolanti** delle organizzazioni internazionali.

D) Costituzione italiana e ordinamento internazionale

L'**art. 11 Cost.** rappresenta il **fondamento costituzionale per la partecipazione dell'Italia alle organizzazioni internazionali** ed è stato utilizzato prima per l'adesione all'ONU e poi per giustificare la cessione di competenze e di poteri a beneficio della Comunità e dell'Unione europea.
Per quanto attiene le **fonti di diritto internazionale**, la nostra Costituzione disciplina:

1) Le **norme internazionali di carattere consuetudinario** = regole generali non scritte che vincolano tutti gli appartenenti alla Comunità internazionale in forza dell'art. 10, co. 1 Cost.
2) Le **norme internazionali pattizie** = contenute nei **trattati** o negli **accordi internazionali**, vincolano soltanto gli Stati che partecipano all'accordo stesso. Per quanto attiene la **formazione dei trattati**, va rilevato che lo scambio del consenso tra gli Stati può avvenire:
   - *in forma semplificata*, attraverso la mera firma del trattato o lo scambio di strumenti quali note o lettere;
   - *in forma solenne*, attraverso un procedimento suddiviso in quattro fasi: la **fase della negoziazione (I fase) e quella della firma (II fase)** sono rimesse sostanzialmente al **Governo,** che si avvale di appositi rappresentanti autorizzati**,** mentre la **ratifica** (**III fase**) spetta al **Presidente della Repubblica**, in qualità di Capo dello Stato e rappresentante della Nazione, *ex* art. 87, co. 8, Cost., previa, quando occorra, l'**autorizzazione delle Camere** (si rinvia a tal proposito all'**art. 80 Cost.** che disciplina i casi in cui le Camere debbono autorizzare con legge la ratifica); infine si ha lo **scambio** o **deposito delle ratifiche (IV fase)**, l'atto finale che consente al trattato di entrare in vigore. La **legge che autorizza la ratifica ed ordina l'esecuzione del trattato** internazionale ha una **speciale forza di resistenza** nell'ordinamento italiano, stante l'obbligo per il legislatore nazionale di rispettare i **vincoli derivanti dagli obblighi internazionali**, sancito dall'art. 117, co. 1, Cost. Ne deriva che, in caso di **contrasto tra una norma interna e una norma contenuta in un trattato internazionale ratificato e reso esecutivo** nell'ordinamento nazionale, dovrà essere sollevata **questione di legittimità costituzionale per asserita violazione dell'art. 117, co. 1, Cost.**

2. L'adattamento del diritto italiano all'ordinamento internazionale.

A) Diritto internazionale generale

L'**adattamento dell'ordinamento italiano al diritto internazionale generale** è garantito dall'art. 10, primo comma, Cost. Tale norma viene definita **"trasformatore permanente"** del diritto internazionale in diritto interno (PERASSI) poiché prevede un **meccanismo di adattamento automatico** che opera mediante un **rinvio formale** (o **mobile**), ossia rinviando direttamente alla fonte internazionale, e che consente alle norme internazionali generali di avere efficacia anche nell'ordinamento interno, nel quale producono **direttamente** effetti di tipo normativo.

L'art. 10 Cost. opera esclusivamente per **diritto internazionale generale, consuetudini universali** e **principi generali del diritto internazionale**, (CONDORELLI, CATALDI), compresi i **principi generali di diritto comuni alle nazioni civili** (in questo senso *Corte cost. n. 48/1967* e n. *69/1976*). Queste norme internazionali, in forza dell'art. 10, primo comma, Cost., assumono nel nostro ordinamento il **rango costituzionale**; ciò significa che una **legge interna in contrasto con il diritto internazionale generale sarà viziata di illegittimità costituzionale** e, più in generale, che **tutte le norme interne debbono essere interpretate conformemente** alle norme di diritto internazionale generale.

B) Diritto internazionale pattizio

Diverso il discorso per quanto riguarda il diritto internazionale pattizio, rispetto al quale non opera il meccanismo di adattamento automatico previsto dall'art. 10, primo comma, Cost.

Perché le norme contenute in un **trattato** entrino a far parte dell'ordinamento interno, è necessario procedere ad un'**operazione di adattamento**, che può avvenire:

- secondo il **procedimento ordinario** = adozione di un atto (di regola una legge ordinaria) le cui norme replicano quelle della normativa internazionale;
- secondo il **procedimento speciale** = adozione di un atto (di norma una legge ordinaria, ma anche una legge costituzionale, o un decreto del Presidente della Repubblica, o perfino un atto amministrativo) contenente il cd. **ordine di esecuzione**, attraverso il quale, grazie alla formula "*piena ed intera esecuzione è data al trattato*", si recepisce il testo dello specifico trattato.

A differenza del rinvio mobile previsto dall'art. 10 Cost. che opera per le norme di diritto internazionale generale, nel caso del diritto internazionale convenzionale si parla di **rinvio materiale (o fisso, o recettizio)**, in quanto ad essere recepito è **uno specifico e singolo atto**, con la conseguenza che eventuali modifiche della disciplina internazionale non saranno direttamente recepite nell'ordinamento nazionale, posto che il rinvio opera nei confronti delle disposizioni di una determinata fonte e non nei confronti della fonte in sé e per sé considerata.

II ▶ L'UNIONE EUROPEA

1. L'ordinamento dell'Unione europea.

L'Italia appartiene al sistema delle Comunità europee con altri ventisette Stati e, precisamente, assieme a **Belgio**, **Francia**, **Germania**, **Lussemburgo** e **Paesi Bassi**, è uno dei sei paesi fondatori, ai quali si sono aggiunti, negli anni, **Danimarca**, **Irlanda** e **Gran Bretagna** (dal 1° gennaio 1973); **Grecia** (dal 1° gennaio 1981); **Spagna** e **Portogallo** (dal 1° gennaio 1986); **Austria**, **Finlandia** e **Svezia** (dal 1° gennaio 1995); **Cipro**, **Estonia**, **Lettonia**, **Lituania**, **Malta**, **Polonia**, **Repubblica Ceca**, **Slovacchia**, **Slovenia** e **Ungheria** (dal 1° maggio 2004); **Romania** e **Bulgaria** (dal 1° gennaio 2007) e **Croazia** (dal 1° luglio 2013).

Con la ratifica dei trattati comunitari da parte dei primi Stati membri è stato istituito un **nuovo tipo di ordinamento giuridico sovranazionale**: per la prima volta i rapporti tra Paesi membri delle Comunità non erano più volti al mero coordinamento, bensì si assisteva ad una **vera e propria subordinazione degli Stati** stessi rispetto all'ente sovranazionale che andavano costituendo. L'ordinamento comunitario è, infatti, **in grado di imporsi** sui "suoi" Stati membri e questo rappresenta una vera rivoluzione nell'assetto dei rapporti tra Stati sovrani: gli atti adottati a livello comunitario si applicano nell'ordinamento nazionale anche - ma lo si vedrà meglio nel prosieguo - senza un intervento recettivo da parte dello Stato. L'ordinamento comunitario comporta, in questo senso, una **limitazione della sovranità** di quegli Stati.

2. Dai Trattati istitutivi al Trattato di Lisbona.

Vediamo le tappe fondamentali del percorso che ha portato alla creazione dell'Unione europea:

A) La nascita delle Comunità europee

Il primo concreto passo è certamente rappresentato dalla **dichiarazione di Schuman del 9 maggio del 1950** con la quale Robert Schuman, l'allora Ministro degli esteri francese, propose di mettere in comune le produzioni di carbone e acciaio. La scelta del settore carbo-siderurgico non era casuale: i principali giacimenti (Ruhr e Saar) di queste materie prime erano, infatti, localizzati in una zona di confine tra Francia e Germania e i conflitti tra le due potenze erano stati determinanti per lo scoppio dei conflitti mondiali. Inoltre, carbone ed acciaio erano le principali risorse necessarie per l'armamento bellico.

La dichiarazione di Schuman ha portato alla firma da parte di Belgio, Francia, Germania, Italia, Lussemburgo e Paesi Bassi del Trattato istitutivo della **Comunità Europea del Carbone e dell'Acciaio** (la CECA), firmato a Parigi il 18 gennaio 1951 e che ha esaurito la propria durata cinquantennale nel luglio del 2002.

L'esperienza fu certamente positiva e pochi anni dopo alla CECA si sono affiancate la **Comunità economica europea** (CEE) e la **Comunità europea dell'energia atomica** (CEEA o, anche, Euratom), istituite con il Trattato di Roma del 25 marzo 1957.

Il primo gennaio del 1968 è stata istituita una tariffa doganale esterna unica, realizzando l'obiettivo perseguito dalla CEE e cioè la realizzazione dell'**unione doganale**. A partire dal primo gennaio 1993, inoltre, è stato realizzato il **mercato interno** attraverso l'eliminazione delle barriere che ostacolavano la libera circolazione di persone, merci e servizi tra gli Stati membri.

Il processo di integrazione economica è stato accompagnato dal **progressivo aumento del numero di Stati membri** (*enlargement*).

I tre Trattati istitutivi di CECA, CEE ed Euratom racchiudevano in sé l'ambizioso programma di creare **un'unica area economica fra gli Stati membri delle Comunità**, in cui si potesse realizzare la libera circolazione delle persone, dei servizi e dei capitali, nonché delle merci, con la creazione di un sistema di tariffe doganali esterne comuni (area Schengen).

Il sistema delle Comunità europee rappresenta il **superamento del metodo della cooperazione intergovernativa**, nell'ambito del quale gli Stati cooperano tra loro come soggetti integralmente sovrani ed in cui le deliberazioni comuni vengono assunte esclusivamente o prevalentemente all'unanimità, di modo che ciascuno Stato conservi il diritto di veto. Il **metodo comunitario** è, invece, una forma di integrazione ben più forte, che si caratterizza per diversi aspetti: la maggior parte degli organi comunitari sono composti da **soggetti indipendenti**, che agiscono nell'**interesse generale della Comunità** e non come rappresentanti dei singoli Stati membri di provenienza; le **Istituzioni**, composte da rappresentanti degli Stati membri, deliberano generalmente secondo il criterio della **maggioranza**, con la conseguenza che le rispettive deliberazioni sono vincolanti anche per la minoranza di Stati membri che avessero votato contro; l'organismo comunitario è legittimato all'adozione di **atti vincolanti** nei confronti degli Stati membri, in alcuni casi suscettibili di applicazione diretta ed immediata negli ordinamenti nazionali; gli atti delle istituzioni comunitarie sono sottoposti ad un **sistema di controllo giurisdizionale** ad opera della Corte di Giustizia dell'Unione europea.

In conseguenza dell'adesione all'Unione europea gli Stati membri **rinunciano a parte della loro sovranità** in favore delle Istituzioni comunitarie. Le norme emanate dagli organi comunitari – con le precisazioni di cui si dirà a breve – hanno **effetti diretti ed immediati negli ordinamenti giuridici dei singoli Stati membri**, senza la necessaria mediazione di uno specifico atto interno e senza che allo Stato sia offerta la possibilità di non ottemperare alla norma comunitaria.

B) L'Unione europea

Con il passare degli anni, gli Stati membri hanno avvertito il bisogno di estendere la loro cooperazione in settori che inizialmente non rientravano nel campo di applicazione dei Trattati istitutivi. Quest'ultimo obiettivo si è realizzato soprattutto mediante l'adozione di ulteriori Trattati:

- l'**Atto unico europeo** del 1986;
- il **Trattato sull'Unione europea** firmato a Maastricht il 7 febbraio 1992;
- il **Trattato di Amsterdam** stipulato il 2 ottobre 1998;
- il **Trattato di Nizza** firmato il 26 febbraio 2001;
- il **Trattato di Lisbona** firmato il 13 dicembre 2007.

C) La Carta di Nizza

Nel 2000 è stata emanata la Carta dei diritti fondamentali dell'Unione europea (cd. **Carta di Nizza**), che sancisce il formale interesse del sistema comunitario nei confronti della **tutela dei diritti dell'uomo**, tematica tradizionalmente riservata alle Costituzioni nazionali e trascurata dagli originari Trattati istitutivi.
La Carta dei diritti fondamentali rappresenta un documento di estrema importanza, anche se soltanto **con il Trattato di Lisbona**, firmato il 13 dicembre 2007, è stata incorporata nel diritto comunitario primario, assumendo **forza giuridica vincolante**.

D) Il fallimento del progetto di Costituzione europea

Il Consiglio di Laeken del dicembre 2001 ha avviato un **"processo costituente europeo"**, istituendo una **Convenzione sull'avvenire dell'Europa**. In meno di due anni la Convenzione ha redatto un **progetto di Trattato che istituisce una Costituzione per l'Europa**, ufficialmente firmato a Roma il 29 ottobre 2004. Tuttavia, la Costituzione europea non ha mai visto la luce perché nel 2005 la Francia e i Paesi Bassi, bocciando l'approvazione del Trattato con *referendum* popolari, **hanno bloccato il processo di ratifica**.

E) Il Trattato di Lisbona

Dopo la mancata adozione della Costituzione europea è stato adottato un **nuovo Trattato di riforma**, firmato il 13 dicembre 2007 (ed entrato in vigore il 1° gennaio 2009) a Lisbona. L'Italia ha ratificato il Trattato con la legge n. 130 del 2008.
Con il nuovo Trattato viene a cadere la distinzione tra Comunità europea e Unione europea e si fa riferimento a una personalità giuridica autonoma, l'Unione europea, che si sostituisce e succede alla Comunità europea. A differenza della Costituzione europea – un testo molto complesso costituito da 448 articoli – il Trattato di Lisbona si limita, in 70 articoli, a **riformare i precedenti Trattati**, vale a dire, il **Trattato sull'Unione europea** (**TUE**) e il Trattato che istituisce la Comunità europea (TCE), ridenominato **Trattato sul funzionamento dell'Unione** (**TFUE**).
Con il Trattato di Lisbona sono stati introdotti nuovi strumenti ed istituti volti a garantire all'Unione **maggiore democrazia, efficienza, tutela dei diritti e poteri sul piano internazionale**. In particolare:

- nell'ottica di assicurare una maggiore democrazia e trasparenza, vengono **incrementati i poteri del Parlamento europeo e il ruolo dei parlamenti nazionali**, che risultano maggiormente coinvolti nell'attività dell'Unione;
- viene disciplinata la cd. **iniziativa dei cittadini**, ovvero la possibilità consentita ad un gruppo di almeno un milione di cittadini di un certo numero di Stati membri di sollecitare la Commissione al fine di avanzare proposte normative;
- per definire in modo più lineare le relazioni tra Unione e Stati, viene introdotta una più chiara e specifica **classificazione delle competenze**;
- per la prima volta, il Trattato di Lisbona riconosce espressamente agli Stati membri la possibilità, in qualsiasi momento, di **recedere dall'Unione**;
- al fine di garantire un'Europa più efficiente, vengono **accelerati i metodi di lavoro e semplificate le norme di voto** introducendo, ad esempio, il criterio della maggioranza qualificata (55% degli Stati membri che rappresentino il 65% della popolazione dell'Unione) per l'adozione degli atti in seno al Consiglio;
- viene introdotta la figura dell'**Alto rappresentante dell'UE per gli affari esteri e la politica di sicurezza comune** e una nuova figura permanente, ovvero il **Presidente del Consiglio europeo**. A partire poi dal 2014 verrà ridotto il numero dei commissari e il Parlamento europeo non avrà

più di 751 membri;
- quanto alla **tutela dei diritti fondamentali**, al fine di garantire una migliore protezione dei cittadini europei, la **Carta di Nizza** viene inserita tra il diritto comunitario primario, rendendo giuridicamente vincolanti i diritti in essa sanciti, e viene prevista l'**adesione dell'UE alla CEDU**;
- viene istituito l'**Alto rappresentante dell'Unione**, coadiuvato peraltro da un nuovo servizio europeo per l'azione esterna, e viene riconosciuta la **personalità giuridica in capo all'Unione**, incrementando il ruolo dell'Europa sul piano internazionale;
- infine, viene consacrato espressamente per la prima volta il **primato del diritto dell'Unione** sul diritto interno di ciascuno Stato membro.

3. Le istituzioni europee.

Inizialmente ognuno dei tre Trattati comunitari prevedeva distinte **istituzioni comuni agli Stati membri**, dotate di un potere normativo di tipo legislativo. Con un accordo sottoscritto a Bruxelles l'8 aprile 1965, gli organi delle tre Comunità sono stati **unificati**, dando vita ad un **quadro istituzionale unitario**. Le **istituzioni europee** si distinguono in:
1) istituzioni politiche → Parlamento europeo, Consiglio e Commissione: svolgono funzioni di politica attiva, partecipando all'adozione di atti normativi e/o amministrativi che modificano o integrano l'ordinamento comunitario;
2) istituzioni di controllo → Corte di giustizia e Corte dei Conti: svolgono funzioni di controllo giurisdizionale e contabile.

A) Il Parlamento europeo

Il Parlamento europeo è l'istituzione comunitaria che esprime democraticamente la **volontà dei cittadini dell'Unione** e ne rappresenta gli interessi; si compone di membri eletti a **suffragio universale diretto** in ciascuno Stato, che restano in carica per una durata di cinque anni. Quanto all'elezione dei suoi membri, è necessario precisare che la **legge n. 65 del 2014** ha imposto alcune norme a garanzia della parità di genere. Già dalle prime elezioni successive all'entrata in vigore della legge in questione è necessario che, nel caso di tre preferenze espresse, queste riguardino candidati di sesso diverso, pena l'annullamento della terza preferenza.
Quanto alle **funzioni**, il Parlamento europeo:
- **partecipa all'adozione degli atti legislativi** = sul punto è importante rilevare che gli atti giuridici dell'Unione non sono l'opera di una sola istituzione, ma risultano dalla combinazione degli interventi di più istituzioni politiche. Dall'avvento del Trattato di Lisbona le principali procedure legislative interistituzionali sono la **procedura di cooperazione** e la **procedura di codecisione**. Soltanto nella seconda **(che è la procedura legislativa ordinaria)** è previsto un parere obbligatorio e vincolante del Parlamento sull'atto normativo, rispetto al quale è necessario che Consiglio e Parlamento raggiungano un accordo;
- **esercita una funzione di controllo sulle altre istituzioni dell'Unione europea** = in questo contesto esamina costantemente le relazioni che la Commissione è tenuta ad inviargli (relazione annuale generale, relazioni sull'esecuzione del bilancio, ecc.), può sottoporre Commissione e Consiglio a delle interrogazioni e può arrivare ad approvare, a maggioranza di due terzi dei voti espressi e a maggioranza dei membri dell'Assemblea, una **mozione di censura** alla Commissione;
- **congiuntamente al Consiglio, svolge la funzione di approvazione del bilancio annuale** dell'Unione europea.

B) Il Consiglio dell'Unione europea

Il Consiglio è l'istituzione che rappresenta i governi degli Stati membri: è composto da un **rappresentante di ciascuno Stato membro a livello ministeriale**, abilitato ad impegnare il governo di detto Stato membro.
Diversamente dal Parlamento europeo e dalla Commissione, il Consiglio non è un organo permanente, in

quanto esso **si riunisce di volta in volta**, con la conseguenza che uno Stato membro può designare persone diverse a seconda della riunione. Di regola viene designato il **ministro competente per la materia iscritta all'ordine del giorno** (anche se non sussiste un obbligo in tal senso). Nella prassi si parla di **formazioni specializzate**; in particolare, il Consiglio si riunisce nelle formazioni: Affari generali e relazioni esterne, Affari economici e finanziari (ECOFIN), Giustizia e affari interni (GAI), Occupazione, politica sociale, salute e tutela dei consumatori, Concorrenza, Trasporti, telecomunicazioni ed energia, Agricoltura e pesca, Ambiente, Istruzione, gioventù e cultura.
Le principali **funzioni** del Consiglio sono:
- **l'esercizio del potere legislativo e di bilancio**, unitamente al Parlamento europeo;
- il **coordinamento delle politiche economiche generali degli Stati membri**;
- la **conclusione di accordi internazionali** tra l'Unione ed altri Stati o organizzazioni internazionali;
- **l'elaborazione della politica estera e di sicurezza comune dell'Unione europea;**
- il **coordinamento fra i tribunali e le forze di polizia in materia penale**.

La **presidenza del Consiglio** viene assunta a turno dagli Stati membri ogni sei mesi secondo un sistema di rotazione paritaria stabilito dal Consiglio stesso all'unanimità.

C) Il Consiglio europeo

Il Consiglio europeo – che va distinto dal Consiglio dell'Unione europea – è un organo **di cooperazione politica** la cui funzione principale è quella di dare all'Unione europea gli **impulsi politici** necessari al suo sviluppo e di definirne gli orientamenti e le priorità politiche generali, in particolare nei settori della politica estera e di sicurezza comune. Si tratta dell'istituzione europea titolare del **potere di indirizzo politico**.
Il Consiglio europeo ha una **duplice funzione**:
- definire gli **orientamenti e le priorità politiche generali dell'UE**;
- gestire questioni complesse o delicate che non possono essere risolte a livello di cooperazione intergovernativa.

Sebbene influenzi l'agenda politica dell'UE, il Consiglio europeo **non può approvare atti legislativi**.
Il Consiglio europeo nasce **nel 1974 come sede informale di discussione tra i leader dell'UE** ed è stato riconosciuto come vera e propria istituzione soltanto con il Trattato di Lisbona. Il nuovo art. 15 TUE prevede che esso è composto dai **Capi di Stato o di governo degli Stati membri**, dal suo **Presidente** e dal **Presidente della Commissione** e che si riunisce due volte a semestre.

Il Consiglio dell'Unione e il Consiglio europeo devono essere distinti dal **Consiglio d'Europa**, che **non è un organo comunitario**, bensì una organizzazione internazionale finalizzata a garantire la **salvaguardia dei principi di democrazia e rispetto dei diritti dell'uomo** e a favorire il progresso economico e sociale degli Stati membri. È in seno al Consiglio d'Europa che è stato elaborato l'accordo alla base della **Convenzione europea per la tutela dei diritti dell'uomo e delle libertà fondamentali (CEDU)**, firmata a Roma il 4 novembre 1950.

D) La Commissione europea

La **Commissione** è il perno del **sistema amministrativo** dell'Unione europea; è composta dal **Collegio dei Commissari**, con a capo il **Presidente**, scelti con l'approvazione del Parlamento europeo tra persone che **non** sono legate da un vincolo di rappresentanza ad uno Stato membro, ma portano nell'istituzione la propria esperienza professionale e la propria facoltà autonoma di giudizio.
Tra i principali **compiti della Commissione** rientrano:
- quello di **vigilare sull'applicazione del diritto europeo**, delle disposizioni dei trattati e delle disposizioni adottate dalle istituzioni;
- la **funzione di iniziativa legislativa**;
- il compito di **dirigere ed eseguire le strategie politiche e di bilancio** dell'Unione;
- più in generale, le **funzioni di coordinamento, di esecuzione e di gestione**.

E) La Corte di giustizia dell'Unione europea

La Corte di giustizia dell'Unione europea, insieme al Tribunale di primo grado, esercita la **funzione giurisdizionale** e ha l'alto compito di **garantire che la legislazione dell'Unione europea sia interpretata e applicata in modo uniforme in tutti i paesi dell'Unione**.

I giudici nazionali possono ricorrere **in via pregiudiziale** alla Corte quando, per decidere una controversia, hanno necessità di sottoporle una questione sull'interpretazione dei Trattati e degli altri atti delle istituzioni dell'Unione.

La Commissione o uno Stato membro possono inoltre instaurare la **procedura di infrazione**, chiamando la Corte a pronunciarsi, eventualmente anche irrogando sanzioni pecuniarie, sulle violazioni perpetrate da parte degli Stati membri rispetto agli obblighi nascenti dai Trattati.

La Corte, infine, esercita un **controllo di legittimità** sugli atti delle istituzioni europee. In questo contesto, la legittimazione a proporre ricorso spetta non solo alle istituzioni comunitarie e agli Stati membri, ma anche alle persone fisiche o giuridiche.

F) Altri organi: Corte dei Conti e Banca centrale europea

La **Corte dei conti** esercita una funzione di controllo contabile; il **Comitato economico e sociale europeo e il Comitato delle regioni** hanno funzioni consultive; la **Banca centrale europea** si occupa di autorizzare l'emissione dell'euro e, insieme alle banche nazionali, costituisce il **Sistema europeo delle banche centrali**, cui è demandata la gestione della politica monetaria dell'Unione.

4. Le fonti dell'Unione europea.

Nell'ordinamento europeo si distinguono:

- il **diritto comunitario originario**, che comprende i **trattati** istitutivi delle Comunità originarie, i **trattati** di modifica e – secondo alcuni – i **principi generali** del diritto;
- **il diritto comunitario derivato**, che comprende tutti gli **atti giuridici emanati dalle istituzioni europee**, primi tra tutti **regolamenti, direttive, decisioni, raccomandazioni** e **pareri**.

A) Trattati

I trattati si collocano al vertice della piramide delle fonti dell'Unione europea. Con il Trattato di Lisbona l'originaria Comunità europea è stata sostituita dall'Unione europea e oggi i trattati in vigore sono il **Trattato sull'Unione europea (TUE)** e il **Trattato sul funzionamento dell'Unione europea (TFUE)**. Il primo contiene le disposizioni di natura "costitutiva" e "organizzativa", mentre nel TFUE sono confluite disposizioni applicative del TUE e disposizioni che riguardano le singole politiche dell'Unione.

La **natura giuridica** da riconoscere ai trattati è un argomento molto discusso, considerando che questi documenti affiancano a caratteristiche tipiche degli accordi internazionali alcuni tratti propri delle **norme costituzionali**. Si pensi al fatto che contengono le norme fondamentali dell'ordinamento comunitario, o al fatto che si rivolgono non solo agli Stati membri, ma anche ai loro cittadini.

È fondamentale rilevare che i trattati hanno un'**efficacia diretta** all'interno degli ordinamenti dei Paesi membri:

- tutte le norme dei Trattati producono **effetti cd. verticali**, cioè riconoscono, in capo a persone fisiche e giuridiche, situazioni giuridiche attive azionabili nei confronti degli Stati membri;
- alcune norme dei Trattati, quelle a carattere assoluto ed incondizionato, producono anche **effetti cd. orizzontali**, così che il cittadino può invocarle anche nei confronti di un'altra persona fisica o giuridica.

B) Principi generali

Del diritto comunitario primario, secondo l'interpretazione dottrinaria maggioritaria, fanno parte anche i **principi generali del diritto comunitario**, nella gran parte dei casi frutto dell'**elaborazione giurisprudenziale**, i quali hanno una **triplice funzione**, potendo rappresentare:

- **parametri di legittimità** degli atti adottati dalle istituzioni comunitarie;
- **criteri interpretativi**;
- **strumenti per integrare o colmare eventuali lacune normative.**

C) Diritto derivato

Con l'espressione **diritto derivato** si indicano gli atti che gli organi dell'Unione sono abilitati ad emanare per attuare e rendere concretamente operative le previsioni contenute nel Trattato istitutivo. Per la precisione, gli atti delle istituzioni espressamente previsti dall'**art. 288 TFUE** (già art. 249 TCE) sono:

- i **regolamenti**,
- le **direttive**,
- le **decisioni**,
- le **raccomandazioni,**
- i **pareri**.

5. I rapporti tra l'ordinamento italiano e l'Unione europea.

A) Il recepimento con legge ordinaria

I Trattati istitutivi delle Comunità sono stati resi esecutivi dall'Italia **con due leggi ordinarie**; specificamente, il Trattato CECA con la legge n. 766 del 1952 ed i Trattati CEE ed Euratom con la legge n. 1203 del 1957. Per via di questo recepimento tramite legge ordinaria i Trattati sono entrati a far parte del nostro ordinamento con il rango di fonti legislative ordinarie. Perciò, sin dai primi passi del processo di integrazione europea, la dottrina e la giurisprudenza si sono impegnate per ricercare nella nostra Costituzione una norma che potesse dare adeguata **"copertura"** alle leggi di esecuzione dei Trattati, che altrimenti avrebbero potute essere modificate da qualsiasi altro atto normativo interno che fosse successivo e di pari grado in applicazione dell'ordinario criterio cronologico.

B) L'art. 10 Cost. come copertura costituzionale

In un primo tempo la **copertura costituzionale per i Trattati** è stata trovata nell'art. **10 Cost**., sostenendosi che tra le **norme del diritto internazionale generalmente riconosciute**, cui l'ordinamento giuridico italiano si conforma, rientrasse anche il principio ***pacta sunt servanda***. Pertanto, tutti i Trattati internazionali, e di conseguenza anche quelli comunitari, dovrebbero trovare attuazione nell'ordinamento interno indipendentemente dall'ordine di esecuzione ed acquisirebbero rango costituzionale, in quanto direttamente immessi mediante una norma della Costituzione.
Questa tesi, tuttavia, aveva portata eccessivamente ampia in quanto conferiva copertura costituzionale a qualsivoglia trattato internazionale.

C) L'art. 11 Cost. come copertura costituzionale

L'attenzione della Dottrina si è, dunque, concentrata sull'art. **11 Cost**., nella parte in cui prevede che l'Italia *consente, in condizioni di parità con gli altri Stati, alle limitazioni di sovranità necessarie ad un ordinamento che assicuri la pace e la giustizia tra le nazioni; promuove e favorisce le organizzazioni internazionali rivolte a tale scopo*. Nonostante l'art. 11 Cost. fosse stato pensato dai Costituenti in riferimento ad organizzazioni di respiro mondiale (ad esempio, l'ONU), questa è la tesi da ultimo fatta propria anche dalla **giurisprudenza costituzionale.**

D) I rapporti tra ordinamento interno e ordinamento europeo

Due tesi si scontrano in tema di **rapporti tra ordinamento interno e ordinamento europeo**:

- la **tesi monista,** da sempre caldeggiata dalla **Corte di giustizia dell'Unione europea**, secondo la quale l'ordinamento comunitario si configura come integrato nell'ordinamento giuridico degli Stati membri, con la conseguenza che fonti comunitarie e nazionali sono configurate come **integrate** in un solo sistema. Ne consegue che le norme di diritto comunitario sono fonte immediata di diritti e obblighi per tutti coloro cui esse fanno riferimento e **prevalgono**, in forza del principio della *primauté* del diritto comunitario, su qualsiasi disposizione contrastante della legislazione nazionale preesistente. Qualsiasi giudice nazionale ha quindi l'obbligo di applicare integralmente il diritto comunitario e di tutelare i diritti che lo stesso attribuisce ai singoli, **disapplicando le disposizioni eventualmente contrastanti della legge interna**, sia anteriore sia successiva alla norma comunitaria, senza doverne chiedere o attendere la previa rimozione in via legislativa o mediante qualsiasi altro procedimento costituzionale. Questa posizione è stata espressamente abbracciata dalla Corte di giustizia nella nota **sentenza Simmenthal** (*sentenza 9 marzo 1978, in causa 106/77*), nella quale è stata teorizzata per la prima volta la disapplicazione del diritto interno contrastante con le norme di diritto comunitario.

- secondo la **tesi dualista**, invece, i due sistemi normativi comunitario e nazionale sono **autonomi e distinti, ancorché coordinati**.

6. L'incidenza sul sistema delle fonti degli atti comunitari.

A) Introduzione

Gli atti comunitari - regolamenti, direttive, decisioni, raccomandazioni e pareri - possono essere **direttamente applicabili** e **non direttamente applicabili**. Si tratta di una distinzione che assume una rilevanza decisiva per verificare l'impatto delle fonti dell'Unione europea sul sistema delle fonti nazionali.

B) I regolamenti

I **regolamenti** sono disciplinati dall'**art. 288 TFUE**, secondo il quale il regolamento ha portata generale, è obbligatorio in tutti i suoi elementi e direttamente applicabile in ciascuno degli Stati membri.

Caratteristiche fondamentali del regolamento sono:

1) **portata generale** = capacità di produrre effetti nei confronti di Stati membri, persone fisiche ivi risiedenti e persone giuridiche ivi operanti;
2) **obbligatorietà** = i regolamenti sono **obbligatori in tutte le loro parti**;
3) **diretta applicabilità** = i regolamenti sono **direttamente applicabili**, senza bisogno di essere recepiti negli ordinamenti nazionali. Ciò significa che i regolamenti producono i loro effetti nei confronti degli Stati, dei loro organi e dei privati.

C) Le direttive

Anche le direttive sono disciplinate dall'attuale art. **288 TFUE**, secondo il quale la direttiva vincola lo Stato membro cui è rivolta per quanto riguarda il **risultato** da raggiungere, salva restando la competenza degli organi nazionali in merito alla forma e ai mezzi.

Le direttive che presentano un contenuto dettagliato, non limitandosi a dettare i principi ed i criteri direttivi di una determinata materia destinati al legislatore nazionale, sono note come **direttive *self-executing***. Esse di fatto limitano la discrezionalità degli Stati membri quanto al contenuto dell'atto di recepimento. La Corte di Giustizia ha riconosciuto l'idoneità delle **direttive *self executing* o dettagliate** ad esplicare **effetti diretti esclusivamente** nei cd. **rapporti verticali** (vale a dire tra i cittadini e lo Stato) in presenza dei seguenti presupposti:

a) le disposizioni della direttiva devono essere **chiare e precise** nella determinazione dei diritti in capo ai soggetti;
b) le disposizioni devono essere suscettibili di **applicazione immediata**, ossia la rivendicazione dei diritti da parte dei soggetti non deve essere vincolata ad obblighi o condizioni;
c) il legislatore nazionale **non deve avere margini di manovra riguardo al contenuto**;
d) deve essere **scaduto il termine di recepimento** della direttiva.

D) Le decisioni

La decisione è un atto obbligatorio in tutti i suoi elementi, **a portata individuale**, ossia vincolante solo

per coloro cui è indirizzata. Può indirizzarsi sia agli Stati membri, sia a persone fisiche o giuridiche. In alcuni casi, la decisione non indica i propri destinatari, configurandosi, più genericamente, come un atto vincolante emanato da una istituzione dell'UE.
Secondo quanto disposto dall'art. 288 TFUE, la decisione è obbligatoria in tutti i suoi elementi. Se designa i destinatari è obbligatoria soltanto nei confronti di questi.

E) Le raccomandazioni e i pareri

Le raccomandazioni e i pareri **sono atti non vincolanti**. Essi non creano alcun diritto o obbligo per i rispettivi destinatari, ma possono fornire indicazioni sull'interpretazione e il contenuto del diritto dell'Unione.
Le **raccomandazioni** sono indirizzate a singoli Stati e rappresentano uno strumento per avvicinare le legislazioni nazionali. Non hanno portata obbligatoria, quindi di fatto operano come un monito, un avvertimento da parte dell'Unione cui non conseguono effetti, ma che lo Stato ben dovrebbe tener presente in ossequio al principio di leale collaborazione di cui all'art. 4 TUE.
I **pareri** hanno le stesse caratteristiche, ma non sono indirizzati a un singolo Stato membro, esprimendo piuttosto il parere di una Istituzione a proposito di un determinato argomento.

F) I rapporti tra diritto dell'Unione e diritto interno

• Atti direttamente applicabili

Per quanto riguarda gli **atti comunitari direttamente applicabili**, quali **i regolamenti e le direttive *self-executing*** (quelle, cioè, che impongono obblighi chiari, precisi e incondizionati), viene loro riconosciuta in forza dell'art. 11 Cost. **immediata e completa prevalenza sulle norme interne confliggenti**, anche di rango costituzionale, salve le ipotesi-limite dei **"contro limiti"** rappresentati dai principi supremi dell'ordinamento e dei diritti inviolabili dell'uomo. Si tratta di atti ai quali deve esser riconosciuta una **forza para-costituzionale**, posto che si collocano in una "**posizione mediana**" tra i superiori **principi fondamentali** e le **"comuni" norme costituzionali**, inferiori.
La capacità delle norme comunitarie di produrre effetti diretti negli ordinamenti nazionali si salda con il **principio della *primauté***: quando una norma comunitaria direttamente efficace "incontra" una norma interna incompatibile, la *primauté* impone che la norma comunitaria prevalga su quella interna. La prevalenza del diritto comunitario comporta la **disapplicazione delle norme nazionali ad opera di ogni operatore del diritto**, e, dunque, non solo da parte dei **giudici**, ma anche da parte dei **pubblici funzionari** che si trovino a doverle applicare. Inoltre, il primato del diritto comunitaria opera anche nei confronti degli **organi legislativi**, non tanto nel senso di creare un obbligo di vera e propria disapplicazione, ma piuttosto nel senso di imporre la **non adozione di atti in contrasto con norme comunitarie**, anche rispetto alle direttive non ancora recepite, precludendo l'emanazione di disposizioni che possano comprometterne il risultato.
La disapplicazione produce **uno stato di quiescenza della norma nazionale incompatibile**, che impedisce che tale norma venga in rilievo per la definizione della controversia innanzi al giudice nazionale, non esimendo lo Stato interessato dal provvedere all'**abrogazione della norma incompatibile** o alla sua modifica.

• Atti non direttamente applicabili

Le norme comunitarie **non direttamente applicabili** pongono un **obbligo di risultato** per gli Stati membri, che devono **recepirle** entro un termine fissato dall'atto stesso, secondo le forme e i mezzi ritenuti più idonei, in armonia con i principi fondamentali stabiliti dai Trattati.
Gli atti comunitari non direttamente applicabili producono, inoltre, l'obbligo per i giudici nazionali di **interpretare la normativa nazionale conformemente alle disposizioni comunitarie** prive di effetto diretto e, in particolare, alle direttive non attuate e fondano la **responsabilità patrimoniale degli Stati** nei confronti dei singoli per i **danni provocati dalla mancata (o cattiva) attuazione**. Infatti, a fronte dell'inadempimento dello Stato rispetto all'obbligo di recepire il provvedimento comunitario, è ormai riconosciuto il diritto del privato al **risarcimento per mancata attuazione della direttiva** stessa (Corte di Giustizia, *sentenza 19 novembre 1991, in cause riunite C-6/90 e C-9/90*, caso *"Francovich"*).

Al fine di **recepire** le **fonti comunitarie non direttamente applicabili**, superando quella lentezza che per lungo tempo ha caratterizzato il sistema italiano, il nostro Legislatore ha scelto di ricorrere allo strumento della "**legge comunitaria**", introdotta dalla legge 9 marzo 1989, n. 86, attraverso la quale si assicura l'**adeguamento periodico dell'ordinamento nazionale all'ordinamento comunitario**. La legge n. 234 del 2012 ha sostituito la legge comunitaria con la **legge di delegazione europea** e la **legge europea**, la prima per il recepimento delle direttive e degli altri atti dell'Unione europea; la seconda per prevedere norme di diretta attuazione degli obblighi derivanti dall'appartenenza alla UE. Entro il 28 febbraio di ogni anno il Governo, dopo avere effettuato una ricognizione della normativa comunitaria emana una legge di delegazione europea, cui può seguirne un'altra entro il 31 luglio relativamente al secondo semestre. Rispetto ai singoli atti comunitari da attuare, quindi, si provvederà:

a) **direttamente**, allorquando siano sufficienti mere abrogazioni o l'emanazione di disposizioni che non prevedano difficoltà nell'elaborazione;
b) con **delegazione legislativa**, nei casi in cui i provvedimenti attuativi presentino profili tecnici di rilievo, ma il legislatore voglia comunque mantenere la propria competenza nella materia;
c) con la **delegificazione**, per direttive a carattere tecnico che incidano in materie non coperte da riserva di legge, ma già legiferate;
d) **in via amministrativa**, nelle materie di potestà legislativa statale esclusiva, non disciplinate dalla legge o da regolamento governativo e non coperte da riserva di legge;
e) se si tratta di materie di **competenza regionale**, dettando disposizioni di principio non derogabili dalla legge regionale, disposizioni nell'esercizio del potere sostitutivo del Governo e conferendo deleghe all'Esecutivo per l'emanazione dei decreti legislativi recanti sanzioni penali.

Per facilitare il recepimento della normativa comunitaria, si è posta attenzione anche alla **fase ascendente del diritto comunitario**, ossia al momento della sua formazione. In un primo tempo, infatti, la lentezza del recepimento era in parte dovuta all'insufficiente partecipazione italiana alla formazione delle norme comunitarie; così è stato istituito, nel 2005, il **Comitato interministeriale per gli affari comunitari europei (CIACE)** che ha il compito di consentire, attraverso uno strumento sufficientemente snello e di facile convocazione, l'approfondimento delle tematiche riguardanti la partecipazione dell'Italia all'Unione Europea.

G) Il ruolo delle Regioni nella formazione e attuazione del diritto comunitario

L'art. 117, quinto comma, Cost. disciplina il **ruolo delle Regioni** nella formazione e attuazione del diritto comunitario, mentre l'art. 120, secondo comma, Cost., si occupa del **potere sostitutivo.** Si rinvia alla lettura delle due norme.

SCHEMA DI RIEPILOGO
GLI ORDINAMENTI E LE FONTI SOVRANAZIONALI

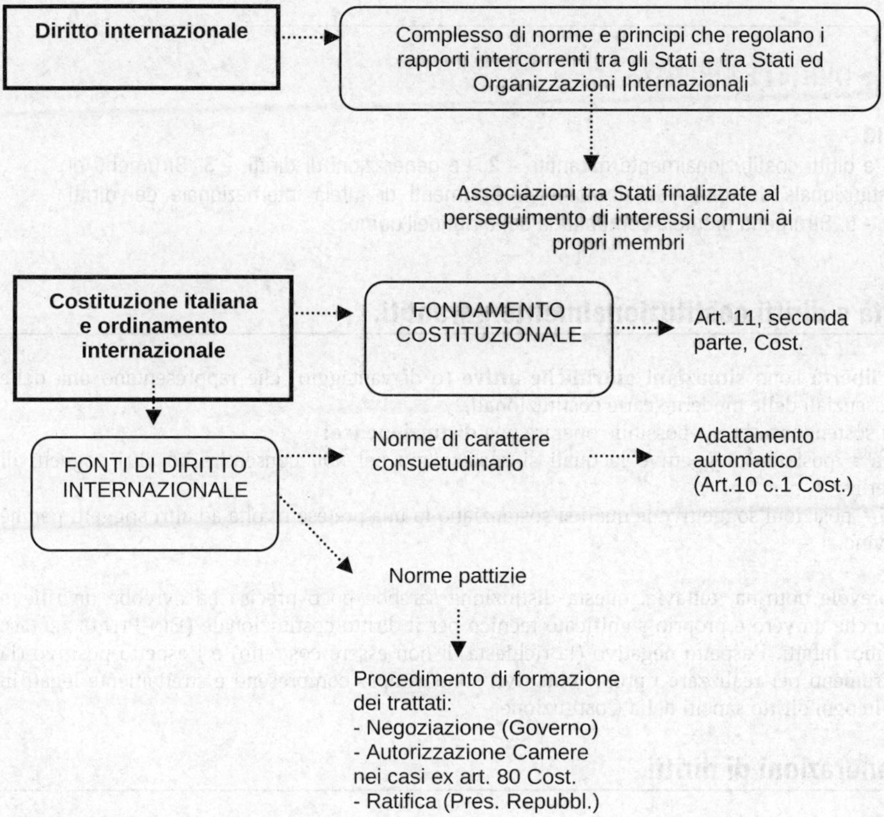

Capitolo 7 | DIRITTI E LIBERTÀ

SEZIONE II ▶ DIRITTI E LIBERTÀ

SOMMARIO

1. Libertà e diritti costituzionalmente garantiti.

I **diritti e le libertà** sono **situazioni giuridiche attive** (o di vantaggio) che rappresentano una delle componenti essenziali delle moderne carte costituzionali.
Alcuni Autori sostengono che sia possibile operare una **distinzione tra:**

- **libertà** = posizioni soggettive le quali si sostanziano nel *non* consentire ad altri soggetti di interferire;
- **diritti** = posizioni soggettive le quali si sostanziano in una pretesa rivolta ad altri soggetti perché si attivino.

Secondo autorevole dottrina, tuttavia, questa distinzione sarebbe poco precisa ed avrebbe un rilievo ideologico più che un vero e proprio significato tecnico per il diritto costituzionale (BIN-PITRUZZELLA). Per quest'ultimo, infatti, l'aspetto negativo (la richiesta di non essere costretto) e l'aspetto positivo (la richiesta di strumenti per realizzare i propri obiettivi) sono sempre compresenti e strettamente legati in ogni libertà e in ogni diritto sanciti dalla Costituzione.

2. Le generazioni di diritti.

In base al periodo storico nell'ambito del quale si sono affermati, è possibile distinguere diverse generazioni di diritti.

A) I diritti di **prima generazione** ricomprendono libertà a carattere individuale che possono essere suddivise in civili e politiche. In questa categoria rientrano il diritto alla vita, all'integrità fisica e alla libertà personale e i diritti legati alla libertà di pensiero, di religione, di espressione, di stampa, di associazione e di partecipazione politica.

B) Nei diritti di **seconda generazione** sono invece ricompresi i diritti economici, sociali e culturali che si sono affermati nel passaggio dallo Stato liberale allo Stato sociale. Si pensi al diritto alla salute o al diritto al lavoro.

C) Tra i diritti di **terza generazione** vi è, per esempio, il diritto all'autodeterminazione dei popoli, alla pace, alla difesa dell'ambiente.

D) Tra i diritti di **quarta generazione**, infine, rientrano diritti ancora in fase di riconoscimento relativi, ad esempio, al campo della bioetica.

3. Strumenti di tutela costituzionale dei diritti dell'uomo.

Le moderne costituzioni contengono un ampio **catalogo** dei diritti e delle libertà fondamentali, disciplinando anche gli **strumenti di tutela** volti ad impedire che diritti e libertà possano essere ridimensionati o addirittura soppressi.
La **tutela dei diritti dell'uomo** è garantita a livello costituzionale da:
a) la **rigidità delle costituzioni**: le costituzioni sono lo scrigno dei diritti e delle libertà fondamentali, che in questo senso risultano protetti anche dalla previsione di un procedimento aggravato per la modifica del testo costituzionale;
b) la **riserva di legge e la riserva di giurisdizione** sono ulteriori meccanismi di tutela volti ad impedire limitazioni dei diritti e delle libertà fondamentali. La riserva di legge garantisce che sia solo il legislatore, forte della sua investitura democratica, a poter disciplinare i diritti. La riserva di giurisdizione, inoltre, riserva al giudice ogni decisione sull'applicazione dei principi fondamentali;
c) l'obbligo in capo alle Pubbliche Amministrazioni di organizzarsi in base ai principi di buon andamento, legalità e imparzialità (**art. 97 Cost.**), che garantisce la tutela dei diritti tutte le volte in cui il loro riconoscimento è connesso ad una prestazione da parte della Pubblica Amministrazione;
d) la previsione (**art. 24 Cost.**) del diritto di agire in giudizio per la tutela dei propri diritti e interessi legittimi, ricorrendo ad un corpo di giudici ai quali la Costituzione stessa - **artt. 101 e 104 Cost.** - garantisce indipendenza, imparzialità e sottoposizione solo alla legge;
e) la possibilità di ricorrere al **sindacato di legittimità costituzionale** delle leggi che assicura la preminenza della Costituzione, e quindi dei valori, delle libertà e dei diritti fondamentali che essa custodisce, rispetto a tutte le fonti di rango inferiore.

4. Strumenti di tutela internazionale dei diritti dell'uomo.

A) La Dichiarazione universale dei diritti dell'uomo

Vi sono poi strumenti di tutela dei diritti dell'uomo che travalicano i confini nazionali delle carte costituzionali.
Viene prima di tutto alla mente la **Dichiarazione Universale dei diritti dell'uomo**, approvata a **Parigi il 10 dicembre 1948**, che riconosce a tutti gli uomini una serie di diritti fondamentali. La redazione della Dichiarazione è stata promossa dalle **Nazioni Unite** affinché trovasse applicazione in tutti gli Stati membri dell'Organizzazione. Grazie a questo documento, per la prima volta sono stati sanciti a livello universale i diritti che spettano ad ogni individuo come essere umano.

B) La Corte penale internazionale

Dopo l'approvazione della Dichiarazione Universale dei diritti dell'uomo, l'ONU ha promosso anche l'istituzione di un **organismo di giustizia internazionale permanente**. Nel 1947 furono, così, avviati i lavori preparatori per la creazione della Corte penale internazionale, il cui Statuto è stato firmato a Roma il 17 luglio del 1998, entrando in vigore il primo luglio del 2002.
La **Corte penale internazionale giudica** i crimini di aggressione, genocidio, i crimini contro l'umanità ed i crimini di guerra. La Corte ha sede all'Aja ed è composta da 18 magistrati che rimangono in carica per 9 anni. Essa non rientra tra gli organi delle Nazioni Unite, bensì costituisce un'istituzione autonoma che non solo stabilisce le proprie regole di funzionamento adottando un apposito regolamento, ma può anche liberamente disporre delle risorse finanziarie necessarie per il suo funzionamento.

5. Strumenti di tutela comunitaria dei diritti dell'uomo.

A) La Convenzione europea dei diritti dell'uomo

Una tutela decisiva per i diritti dell'uomo proviene senza dubbio dagli strumenti di matrice comunitaria, prima tra tutti la Convenzione europea dei diritti dell'uomo (CEDU), firmata a Roma il **4 novembre del 1950 ed entrata in vigore il 3 settembre del 1953.** Il Titolo I della Convenzione elenca i diritti tutelati;

in caso di lamentata violazione è possibile ricorrere alla **Corte europea dei diritti dell'Uomo** e ottenere, citando in giudizio lo Stato, un risarcimento.

B) La Corte europea dei diritti dell'Uomo

La Corte EDU ha sede a **Strasburgo** e si compone di giudici che siedono a titolo individuale, eletti per una durata di 6 anni. La Corte può essere adita da uno **Stato contraente**, da una **persona fisica**, da un'**associazione non governativa** o da un **gruppo di privati** per tutte le questioni riguardanti **presunte violazioni della Convenzione o dei suoi Protocolli**.

C) La carta dei diritti fondamentali dell'Unione europea

Il 7 dicembre del 2000 è stata ufficialmente proclamata a **Nizza** la **Carta dei diritti fondamentali dell'Unione europea**. Essa riunisce in un unico documento i diritti (personali, civili, politici, economici e sociali) dei cittadini e dei residenti dell'Unione Europea, prima dispersi in vari strumenti legislativi, tra i quali le legislazioni nazionali e comunitarie, le convenzioni internazionali del Consiglio d'Europa, delle Nazioni Unite (ONU) e dell'Organizzazione internazionale del lavoro (OIL).
Alla sua nascita la Carta era un documento certamente importante, ma **privo di efficacia vincolante**. La **Costituzione per l'Europa** - mai entrata in vigore a causa del rifiuto in sede referendaria espresso dai cittadini di alcuni Paesi membri - prevedeva l'inclusione della Carta nel testo del Trattato, rendendone il testo vincolante per i Paesi dell'Unione. Questo risultato è stato, infine, raggiunto, con la firma del **Trattato di Lisbona,** con cui l'Unione ha espressamente riconosciuto all'art. **6 TUE** il valore giuridico vincolante della Carta di Nizza.

MAPPA CONCETTUALE

Diritti e Libertà

I diritti e le libertà sono situazioni giuridiche attive (o di vantaggio) che rappresentano una delle componenti essenziali delle moderne carte costituzionali.

libertà = posizioni soggettive le quali si sostanziano nel non consentire ad altri soggetti di interferire

diritti = posizioni soggettive le quali si sostanziano in una pretesa rivolta ad altri soggetti perché si attivino.

La tutela dei diritti dell'uomo è garantita a livello costituzionale da:
- a rigidità delle costituzioni
- riserva di legge e la riserva di giurisdizione
- obbligo in capo alle Pubbliche Amministrazioni di organizzarsi in base ai principi di buon andamento, legalità e imparzialità (art. 97 Cost.)
- la previsione (art. 24 Cost.) del diritto di agire in giudizio per la tutela dei propri diritti e interessi legittimi, ricorrendo ad un corpo di giudici ai quali la Costituzione stessa - artt. 101 e 104 Cost. - garantisce indipendenza, imparzialità e sottoposizione solo alla legge
- la possibilità di ricorrere al sindacato di legittimità costituzionale

Strumenti di tutela comunitaria dei diritti dell'uomo

La Convenzione europea dei diritti dell'uomo

La Corte europea dei diritti dell'Uomo

La carta dei diritti fondamentali dell'Unione europea

Capitolo 8 PRINCIPI FONDAMENTALI

Introduzione.

I primi **12 articoli** della Costituzione italiana enunciano i **principi fondamentali** dell'ordinamento giuridico della Repubblica. Non è un caso che tali principi si trovino in apertura, in quanto l'Assemblea Costituente ha voluto chiaramente individuare i valori sui quali si fonda la nostra democrazia.

1. Il principio democratico.

La Costituzione si apre affermando, all'art. 1 Cost., che l'Italia è una **Repubblica democratica** e si chiude disponendo, all'art. 139 Cost., che la forma repubblicana **non** può essere oggetto di revisione costituzionale.
Il secondo comma dell'art. 1 Cost. ci trasmette il senso di questo spirito democratico, spiegando che *"La sovranità appartiene al popolo, che la esercita nelle forme e nei limiti della Costituzione"*.
Il **principio democratico**, enunciato dal primo articolo della Costituzione, si concretizza nella previsione di **una serie di istituti giuridici** che permettono al popolo di partecipare direttamente – strumenti di **democrazia diretta** – o indirettamente – strumenti di **democrazia rappresentativa** - al governo dello Stato. Gli strumenti della **democrazia diretta** sono:

- il **referendum abrogativo** delle leggi ordinarie e degli atti aventi valore di legge (art. 75 Cost.);
- il **referendum costituzionale** che può inserirsi nel procedimento di formazione delle leggi di revisione costituzionale e delle leggi costituzionali (art. 138 Cost.) e dei referendum in materia di creazione, fusione o modifiche territoriali di Regioni ed in materia di creazione o di modifiche territoriali (con legge regionale) dei Comuni (artt. 132 e 133 Cost.);
- l'**iniziativa popolare delle leggi** (art. 71 Cost.);
- la **petizione** (art. 50 Cost.), mediante la quale i cittadini possono rivolgersi alle Camere per proporre provvedimenti legislativi o esporre comuni necessità.

2. I diritti inviolabili.

A) Caratteri

L'art. **2 Cost**. dispone che la Repubblica **riconosce** e **garantisce** i diritti inviolabili dell'uomo: si tratta dei cd. **diritti fondamentali**, che ruotano attorno al perno del **libero sviluppo della personalità**. I diritti inviolabili si distinguono in quanto:
1) **non** possono essere oggetto di **revisione costituzionale** (si veda la sentenza n. 366 del 1991 della Corte costituzionale);
2) sono **indisponibili, intrasmissibili e irrinunciabili**;
3) sono **imprescrittibili**.

B) Funzione della norma

L'art. 2 Cost. racchiude in sé diversi principi:
1) il **principio personalistico**, che si attua nel riconoscimento e nella garanzia dei diritti inviolabili dell'uomo come **singolo (libertà individuali)**;
2) il **principio pluralistico**, che invece si attua nel riconoscimento e nella garanzia dei diritti inviolabili dell'uomo **nelle formazioni sociali ove si svolge la sua personalità (libertà collettive e diritti sociali)**;
3) il **principio solidaristico,** che impone *"l'adempimento dei doveri inderogabili di solidarietà politica, economica e sociale"*.
L'art. 2 Cost. prevede espressamente che i diritti inviolabili dell'uomo sono riconosciuti **e garantiti**; dal punto di vista delle **modalità di garanzia** di tali diritti vengono in rilievo alcuni istituti fondamentali quali la **riserva di legge**, la **riserva di giurisdizione**, la **tutela giurisdizionale** e il **sindacato di legittimità costituzionale**.

C) Bilanciamento dei diritti

Quando si registra un contrasto tra diritti tra loro diversi, ma egualmente tutelati, la Corte costituzionale opera un **bilanciamento** tra essi, facendo recedere uno dei diritti in questione, senza tuttavia annullarlo (BIN-PITRUZZELLA). Il bilanciamento tra diritti deve avvenire nel rispetto di tre regole (BARBERA-FUSARO):
1) deve avere ad oggetto **conflitti tra diritti costituzionalmente garantiti**;
2) la compressione del diritto che deve recedere deve essere **proporzionata**;
3) il **nocciolo duro** del diritto sacrificato deve comunque essere **tutelato**.

D) Protezione multilivello

Il riconoscimento e la garanzia dei diritti inviolabili dell'uomo - già tutelati a livello nazionale dall'art. 2 Cost. - vengono rafforzati con il graduale affermarsi dell'idea della **protezione dei diritti** come specifico **compito della Comunità internazionale**. Si parla a questo proposito di **processo di sovranazionalizzazione dei diritti**. Un passo molto importante in questo senso è stato compiuto in ambito europeo con l'adozione della **Convenzione europea per la salvaguardia dei diritti dell'uomo e delle libertà fondamentali (CEDU)**, entrata in vigore il 3 settembre 1953 e ratificata dall'Italia con la legge 4 agosto 1955, n. 848. La CEDU riconosce, tra gli altri, il diritto alla vita e alla protezione della persona umana, alla libertà e alla sicurezza, ad un processo equo, al rispetto della vita privata e familiare, alla libertà di pensiero, di coscienza e di religione, di riunione e di associazione, di sposarsi e di fondare una famiglia, di circolazione e di soggiorno. Questi diritti sono assistiti da specifiche **garanzie giurisdizionali**: ed infatti, le Parti contraenti, ogni persona fisica, ogni organizzazione non governativa o gruppo di privati che pretenda di essere vittima di una violazione compiuta da uno degli Stati contraenti dei diritti riconosciuti dalla Convenzione possono adire la **Corte europea dei diritti dell'uomo** (cd. **Corte di Strasburgo**). La centralità assunta dalla Convenzione EDU nell'ordinamento dell'Unione europea oggi è significativamente riconosciuta nell'**art. 6, par. 2 e 3, TUE**, che prevede che *"2. L'Unione aderisce alla Convenzione europea per la salvaguardia dei diritti dell'uomo e delle libertà fondamentali. Tale adesione non modifica le competenze dell'Unione definite nei trattati. 3. I diritti fondamentali, garantiti dalla Convenzione europea per la salvaguardia dei diritti dell'uomo e delle libertà fondamentali e risultanti dalle tradizioni costituzionali comuni agli Stati membri, fanno parte del diritto dell'Unione in quanto principi generali."*.
Nel contesto dell'esperienza europea, i diritti dell'uomo hanno avuto in origine un riconoscimento solo parziale nei Trattati istitutivi delle Comunità europee e, risultando in larga parte collegati alle **finalità economiche** delle Comunità. Tuttavia, a partire dalla metà degli anni '60, grazie all'opera della **giurisprudenza della Corte di giustizia**, i **diritti fondamentali** sono stati progressivamente riconosciuti come **parte integrante del diritto comunitario** in quanto **principi generali** risultanti dalle tradizioni costituzionali degli Stati membri e dai Trattati internazionali relativi alla tutela dei diritti dell'uomo, specie dalla CEDU, come interpretata dalla giurisprudenza della Corte europea dei diritti dell'uomo. In questo processo si inserisce anche la **"Carta dei diritti fondamentali dell'Unione europea"**, adottata a Nizza il 7 dicembre 2000.
Per quanto riguarda i **diritti fondamentali,** dunque, oggi si profila **una tutela multilivello** che si articola

su tre piani:
a) livello europeo (Corte di Giustizia);
b) livello CEDU (Corte europea dei diritti dell'Uomo);
c) livello nazionale (Corti nazionali).

3. Il principio di eguaglianza.

L'art. 3 della nostra Costituzione è lo scrigno del **principio di eguaglianza**, nelle sue due articolazioni di **eguaglianza formale** ed **eguaglianza sostanziale.**

A) Il principio di eguaglianza formale

Il **primo comma dell'art. 3 Cost.** contiene la proclamazione del **principio di eguaglianza formale**, secondo il quale tutti sono eguali davanti alla legge, e detta **sei specifici e tassativi divieti di discriminazione**:

1) Il divieto di discriminazione in base al sesso: posto a tutela sia dell'uomo che della donna, questo divieto trova applicazione nell'ambito della **famiglia** – fondata sul principio dell'eguaglianza morale e giuridica dei coniugi *ex* art. 29 Cost. –, nei **rapporti di lavoro** – stante il riconoscimento della parità di trattamento tra lavoratori di sesso diverso, *ex* art. 37, comma 1, Cost. –, nonché nella previsione dell'**accesso agli uffici pubblici ed alle cariche elettive** in condizioni di eguaglianza di tutti i cittadini dell'uno e dell'altro sesso;

2) Il divieto di discriminazione fondato sulla razza: si tratta di un divieto più rigoroso del precedente, determinando un limite ritenuto di carattere **assoluto**, dal momento che non incontra deroghe in altre norme costituzionali (cfr. *Corte cost., sent. n. 239/1984*);

3) Il divieto di discriminazione per motivi linguistici: anche questo divieto trova il suo fondamento nella presa di coscienza del pluralismo etnico e ad esso si affianca l'obbligo assunto dalla Repubblica di **tutelare le minoranze linguistiche** *ex* art. 6 Cost., a garanzia della difesa dell'identità culturale delle diverse comunità, impegno a cui è stato dato seguito legislativo con la legge n. 482/1999, recante "Norme in materia di minoranze linguistiche storiche";

4) Il divieto di discriminazione in ragione della religione: a tale divieto è sottesa l'idea di una piena parità di tutti i cittadini, qualunque sia la fede professata ed anche se non credenti. Esso va letto in stretta connessione con il **principio dell'eguale libertà di tutte le confessioni religiose davanti alla legge** (art. 8, comma 1, Cost.), il **principio della libertà religiosa** (art. 19 Cost.), il **divieto di sottoporre a "speciali limitazioni legislative"**, ovvero a **"speciali gravami fiscali", associazioni o istituzioni ecclesiastiche o con fini di religione o di culto** (art. 20 Cost.);

5) Divieto di discriminazione in ragione delle proprie opinioni politiche: corollari di tale divieto sono la libertà di manifestazione del pensiero (art. 21 Cost.), il divieto di privare il cittadino della propria capacità giuridica, della cittadinanza e del nome per motivi politici *ex* art. 22 Cost., il riconoscimento dell'eguaglianza formale e sostanziale del voto (art. 48 Cost.).

Specifici **limiti al principio della libertà politica** possono derivare:
- dal divieto di associazioni che, ai sensi del 2° comma dell'art. 18 Cost., *"perseguono, anche indirettamente, scopi politici mediante organizzazioni di carattere militare"*;
- dalle limitazioni che incontra la libertà di manifestazione del pensiero (art. 21, co. 3, 4 e 6, Cost.);
- dal vincolo gravante sui partiti politici di rispettare il metodo democratico nell'organizzazione interna (art. 49 Cost., con il conseguente divieto di riorganizzazione, sotto qualsiasi forma, del disciolto partito fascista, ai sensi della XII disposizione transitoria e finale);
- dalla possibilità, prevista dall'art. 98, co. 3 Cost. di stabilire con legge limitazioni al diritto di iscriversi ai partiti politici per alcune categorie di cittadini (es: i magistrati);
- dal dovere di fedeltà dei cittadini alla Repubblica, osservandone la Costituzione e le leggi ed adempiendo con disciplina ed onore alle funzioni pubbliche (art. 54 Cost.).

6) Il divieto di discriminazione in base alle condizioni personali e sociali: questo divieto è considerato una "norma di chiusura del sistema dell'eguaglianza formale", con ambito di applicazione residuale (MOSCARINI).

B) Il principio di eguaglianza sostanziale

Il **secondo comma dell'art. 3 Cost.** contiene la proclamazione del **principio di eguaglianza sostanziale,** che si pone l'obiettivo di eliminare **le disuguaglianze** per rendere possibile l'accesso ad eguali *chances* di libertà e l'effettivo godimento dei diritti da parte dei singoli svantaggiati. Il riferimento è a quelle misure legislative dirette al **riequilibrio delle posizioni** in funzione compensativa o correttiva della disuguaglianza, che danno vita a quella che viene definita la **politica delle discriminazioni "alla rovescia"**, ed il cui strumento normativo tipico è rappresentato dalle cd. **azioni positive** (ad esempio, gli interventi diretti a favorire le pari opportunità tra i sessi o a garantire cure sanitarie gratuite agli indigenti).

C) Ambito soggettivo di applicazione

Quanto all'**ambito soggettivo** di applicazione del principio di eguaglianza, è necessario precisare che, sulla base di un'interpretazione strettamente letterale dell'art. 3 Cost., tale principio andrebbe applicato ai soli **cittadini**. Tuttavia, si preferisce un'interpretazione sistematica, illuminata dall'art. 2 Cost., che sancisce il riconoscimento e la garanzia dei diritti inviolabili dell' "uomo" e non del solo "cittadino", e dall'art. 10, comma 2, Cost., che riserva alla legge la disciplina dello *status* giuridico dello straniero *"in conformità delle norme e dei trattati internazionali"*. In questo modo, accanto ai cittadini beneficiano del principio di eguaglianza anche **stranieri, apolidi e persone giuridiche**, siano esse private o pubbliche.

4. Il principio lavorista.

L'**art. 1 Cost.** custodisce – oltre al principio democratico già esaminato – il principio lavorista, cui è collegata la disposizione che enuncia il **diritto-dovere al lavoro** (art. 4 Cost.). La norma in esame dispone infatti che **l'Italia è una Repubblica democratica, fondata sul lavoro.**

A) Il lavoro come diritto

Da un lato, la Repubblica riconosce *"a tutti i cittadini"* il ***diritto*** al lavoro, considerato un mezzo necessario per l'affermazione della personalità dell'individuo (MORTATI) e come strumento di progresso materiale e sociale. Per questo, la Repubblica si impegna a promuovere le condizioni che rendano il diritto al lavoro effettivo (art. 4, comma 1 Cost.).
Il diritto al lavoro non è un diritto soggettivo perfetto, nel senso che non è azionabile in giudizio. La sua affermazione rappresenta piuttosto un indirizzo per il legislatore ordinario, affinché promuova le condizioni che rendano effettivo tale diritto.

B) Il lavoro come dovere

Dall'altro lato, il lavoro si configura nella nostra Costituzione anche come specifico ***dovere*** dei cittadini, che sono tenuti a *"svolgere, secondo le proprie possibilità e la propria scelta, un'attività o una funzione che concorra al progresso materiale o spirituale della società"*. Si tratta, come sottolineato da autorevole dottrina (CRISAFULLI), di un dovere che ha contenuto meramente programmatico, nel senso che non sono previste sanzioni per chi non vi si conforma.

5. Il principio autonomistico.

L'art. 5 Cost. fa dell'Italia uno **Stato unitario politicamente decentrato** nel quale si contrappongono e, nel contempo, si armonizzano due tendenze fondamentali: **unità e indivisibilità della Repubblica**, da un lato, e **autonomie locali e decentramento amministrativo**, dall'altro. L'art. 114 Cost. elenca gli enti autonomi con propri statuti, poteri e funzioni:

- **Comuni**, ai quali è attribuita una competenza generale a svolgere le funzioni amministrative, salvo quelle conferite a Province, Città metropolitane, Regioni e Stato, sulla base dei *principi di sussidiarietà, differenziazione e adeguatezza* (art. 118 Cost.);

- **Provincie**, le quali godono di potestà regolamentare e statutaria nelle materie riservate alla loro competenza. Si tenga presente che la disciplina delle province è stata profondamente modificata nel 2014 con la Riforma Del Rio;
- **Città metropolitane,** enti di area vasta, disciplinati compiutamente dalla legge n. 56 del 2014, che ha previsto l'istituzione nelle regioni a statuto ordinario di 10 città metropolitane, in sostituzione delle relative Province contestualmente soppresse (Roma, Torino, Milano, Venezia, Genova, Bologna, Firenze, Bari, Napoli e Reggio Calabria);
- **Regioni**, alle quali è attribuito il potere di emanare norme legislative entro certi limiti. Per l'esame degli enti locali si rinvia oltre. Giova, peraltro, ricordare fin da subito che l'ordinamento regionale è stato integralmente attuato soltanto nel 1971 con la costituzione delle *15 Regioni di diritto comune*, che si sono affiancate alle preesistenti *5 Regioni a Statuto speciale*. Lo stesso ordinamento regionale è stato riformato profondamente in senso "federalistico" con la Riforma del Titolo V.

6. La tutela delle minoranze linguistiche.

Le **minoranze linguistiche** devono essere tutelate *"con apposite norme"* ai sensi dell'art. **6 Cost.**, posto che costituiscono beni culturali da salvaguardare e promuovere nell'ottica dello **sviluppo della cultura** (art. 9, comma 1, Cost.). L'art. 6 Cost. esprime un principio innovativo rispetto al precedente **regime fascista**, che esaltava ossessivamente i valori di unità della nazione e si era caratterizzato per una politica repressiva nei confronti delle minoranze linguistiche.
La legge n. **482 del 1999** impegna la Repubblica alla tutela della lingua e della cultura delle popolazioni albanesi, catalane, germaniche, greche, slovene, croate e di quelle parlanti il francese, il franco-provenzale, il friulano, il ladino, l'occitano e il sardo. L'attribuzione dello *status* di **minoranze linguistiche riconosciute** ad opera della legge in esame comporta la titolarità di **un'ampia gamma di diritti linguistici**, come ad esempio la possibilità di impiegare la lingua come strumento di insegnamento o come materia curricolare nelle scuole materne, elementari e secondarie inferiori, nelle pubbliche adunanze; per gli atti ufficiali dello Stato, delle Regioni, degli enti locali territoriali e non territoriali; nei rapporti con l'amministrazione locale e davanti alla autorità giudiziaria, nonché nelle indicazioni topografiche e per il ripristino dei cognomi, eventualmente modificati durante il regime fascista. Va, tuttavia, segnalato che la particolare tutela accordata a queste minoranze linguistiche riconosciute non comporta una "parificazione" con la ***lingua italiana***, la quale continua ad essere l'unico idioma a godere dell'**ufficialità** nella nostra Repubblica (a parte i casi eccezionali di bilinguismo riconosciuto, ad esempio in Alto Adige).

7. Il principio di laicità.

A) Laicità

Alcune norme della Costituzione italiana riconoscono la più ampia **libertà di religione** e **l'eguale libertà di tutte le confessioni religiose**, sancendo il **carattere non confessionale** dello Stato. Si tratta delle norme su cui si fonda il **principio di laicità:**

- l'art. **8, comma 1, Cost.**,*"Tutte le confessioni religiose sono egualmente libere davanti alla legge"*;
- l'**art. 19 Cost.** *"Tutti hanno diritto di professare liberamente la propria fede religiosa in qualsiasi forma, individuale o associata, di farne propaganda e di esercitarne in privato o in pubblico il culto, purché non si tratti di riti contrari al buon costume"*;
- il già citato **art. 3 Cost.**, secondo cui tutti i cittadini hanno pari dignità sociale e sono eguali davanti alla legge senza distinzione di religione;
- l'**art. 20 Cost.**, che stabilisce che *"Il carattere ecclesiastico e il fine di religione o di culto d'una*

associazione od istituzione non possono essere causa di speciali limitazioni legislative né di speciali gravami fiscali per la sua costituzione, capacità giuridica e ogni forma di attività".

Si è osservato che lo Stato italiano è uno Stato laico non già nel senso che si disinteressa del problema religioso considerandolo fatto privato dei suoi cittadini, bensì nel senso che riconosce **l'eguale libertà di tutte le confessioni religiose davanti alla legge e la più ampia libertà di coscienza e di culto** e che, agli effetti civili, non opera alcuna discriminazione fra i suoi cittadini in base alla religione da essi professata (MARTINES).

B) Stato italiano e Chiesa cattolica

A norma dell'art. **8, comma 1, Cost.,** *"Tutte le confessioni religiose sono egualmente libere davanti alla legge"*. Nonostante ciò, la **Chiesa cattolica** gode in Italia di una posizione diversa rispetto alle altre confessioni, come emerge dall'analisi degli artt. 7 e 8 Cost., dedicati ai **rapporti tra lo Stato e la Chiesa cattolica**.

Il primo comma dell'art. 7 Cost. stabilisce che *"Lo Stato e la Chiesa cattolica sono, ciascuno nel proprio ordine, indipendenti e sovrani"*. I rapporti tra le due istituzioni sono regolati dai **Patti Lateranensi**, un *Trattato* (fonte tipica di diritto internazionale, con cui si pose fine alla questione romana e si costituì lo Stato Città del Vaticano) con un'allegata *Convenzione finanziaria*; e un *Concordato* (ora modificato dall'Accordo di Villa Madama fra la Repubblica italiana e la Santa Sede, firmato a Roma il 18 febbraio 1984 e dal relativo *Protocollo addizionale*). Al Trattato, agli allegati annessi ed al Concordato fu data esecuzione in Italia con la legge 27 maggio 1929, n. 810. Si ritiene che il citato art. 7 Cost. non abbia costituzionalizzato i Patti lateranensi del 1929 – come sosteneva una tesi ormai superata secondo cui i Patti Lateranensi prevarrebbero non solo nei confronti delle norme ordinarie di legge, ma altresì nei confronti della Costituzione (DEL GIUDICE, CAPPELLO, AMORTH, PERGOLESI) – bensì il **principio concordatario** (MARTINES).

In base a tale principio, lo Stato sarebbe vincolato a disciplinare *bilateralmente* i propri rapporti con la Chiesa cattolica; qualora, invece, l'accordo non fosse raggiungibile, la modifica *unilaterale* delle norme concordatarie richiederebbe il ricorso alla procedura aggravata di cui all'art. 138 Cost.

C) Stato italiano e confessioni religiose diverse da quella cattolica

Si è già anticipato che l'**art. 8, comma 1, Cost**. sancisce il **principio del pluralismo delle confessioni religiose**, affermando che *"Tutte le confessioni sono egualmente libere dinanzi alla legge"*.

L'**art. 8, comma 2, Cost.** riconosce il diritto delle confessioni religiose diverse da quella Cattolica di organizzarsi secondo **propri statuti, purché non contrastanti con l'ordinamento giuridico italiano**, cioè - per l'orientamento prevalente in dottrina – con i **principi fondamentali dell'ordinamento**, con particolare riguardo all'**ordine pubblico** ed al **buon costume**.

Il **terzo comma dell'art. 8 Cost**. statuisce che i **rapporti fra la Repubblica italiana e le religioni acattoliche** *"sono regolati per legge sulla base di* ***intese*** *con le relative rappresentanze"*. La norma, nel sancire il **principio di bilateralità in materia ecclesiastica**, ha la funzione di equiparare il trattamento delle confessioni religiose "di minoranza" a quello previsto per la Chiesa cattolica con l'art. 7 Cost., pur nella diversità delle leggi che danno esecuzione alle intese (legge ordinaria) rispetto a quelle che danno esecuzione agli accordi con la Santa Sede (concordato). Quanto al **rapporto tra le intese e la legge statale**, occorre evidenziare che lo Stato non può disciplinare i rapporti con confessioni religiose diverse dalla Cattolica senza una previa intesa, pena l'incostituzionalità della legge eventualmente approvata per violazione dell'art. 8, comma 3, Cost. Qualora lo Stato, in esecuzione dell'intesa, emani una **legge che ne recepisca il contenuto**, quest'ultima sarà caratterizzata da una **particolare forza di resistenza passiva** all'abrogazione o alla modifica da parte di una legge successiva, qualificandosi come **fonte atipica o rinforzata** (MORTATI).

8. Lo Stato di cultura.

L'**art. 9 Cost.** custodisce la c.d. **Costituzione culturale** e contiene alcune norme programmatiche volte a:

- promuovere lo **sviluppo della cultura e della ricerca scientifica e tecnica**, specificando in

successivi articoli le misure effettivamente predisposte a tal fine dalla Repubblica;
- tutelare il **paesaggio e il patrimonio artistico** della Nazione, relativamente ai quali va rilevato, da un lato, l'emersione, tra i cd. "nuovi diritti", del **diritto all'ambiente salubre** e, dall'altro, il peculiare regime cui sono sottoposti i **beni culturali.**

9. La condizione giuridica dello straniero.

A) Lo straniero

In linea generale è possibile affermare che **lo straniero** è colui che è privo della cittadinanza. Sul territorio dello Stato, accanto ai cittadini, possono esserci:
- gli *"italiani non appartenenti alla Repubblica"*, vale a dire coloro che appartengono alla nazione italiana, ma che non fanno più parte del popolo italiano perché hanno perso la cittadinanza;
- i *cittadini di Stati membri dell'Unione europea,* titolari di una cittadinanza comunitaria disciplinata dal diritto europeo;
- coloro che, ai sensi dell'art. 10, terzo co., Cost. godono del *diritto di asilo* nel territorio della Repubblica e, più in generale, coloro che possono definirsi *"rifugiati"* ai termini dell'art. 1 della Convenzione di Ginevra del 28 luglio 1951;
- gli *apolidi,* cioè coloro i quali, per la combinazione sfavorevole dei criteri di acquisto della cittadinanza, non sono cittadini di alcuno Stato;
- infine, gli *stranieri extracomunitari,* i quali si differenziano a seconda che siano regolari o irregolari in quanto, mentre i primi hanno uno *status* caratterizzato dall'applicazione integrale della normativa in tema di condizione giuridica dello straniero, ai secondi, invece, è riconosciuta soltanto una protezione minima da parte dell'ordinamento italiano, circoscritta ai *"diritti fondamentali della persona umana previsti dalle norme di diritto interno, dalle convenzioni internazionali in vigore e dai principi di diritto internazionale generalmente riconosciuti"* (art. 2, comma 1, del decreto legislativo 25 luglio 1998, n. 286, recante Testo unico delle disposizioni concernenti la disciplina dell'immigrazione e norme sulla condizione dello straniero).

B) La disciplina costituzionale

L'art. **10, commi secondo, terzo e quarto, Cost.** è dedicato agli **stranieri**.
La disciplina di principio è stabilita dal **secondo comma**, nel quale si afferma che *"La condizione giuridica dello straniero è regolata dalla legge in conformità delle norme e dei trattati internazionali"*.
Il **terzo comma** è specificamente dedicato ai titolari del **diritto di asilo**: *"Lo straniero, al quale sia impedito nel suo paese l'effettivo esercizio delle libertà democratiche garantite dalla Costituzione italiana, ha diritto d'asilo nel territorio della Repubblica secondo le condizioni stabilite dalla legge"*. Condizione perché lo straniero assuma la qualità di **rifugiato politico** (e dunque acquisti il diritto di asilo) è che egli non possa, di fatto, esercitare nel suo Paese le libertà democratiche che la nostra Costituzione garantisce. Il **quarto comma** dell'art. 10 Cost. pone il **divieto di estradizione dello straniero per reati politici**, ad esclusione dei delitti di genocidio, in base alla legge cost. n. 1/1967.
La normativa costituzionale in tema di stranieri, letta in combinato con quella dedicata ai diritti ed alle libertà fondamentali riconosciuti genericamente a tutti, estende anche al "non cittadino" il cd. **"nucleo irriducibile" di ogni diritto**, il quale costituisce l'invalicabile limite posto alla discrezionalità del legislatore, pur in assenza di norme costituzionali particolarmente rigide sulla condizione giuridica dello straniero.

C) Il Testo Unico sull'immigrazione

A livello di **legislazione ordinaria** viene in rilievo il Testo Unico in materia di immigrazione (d.lgs. 286 del 25 luglio 1998), che disciplina la condizione dei cittadini di Stati non appartenenti all'Unione europea. Quanto a questi soggetti l'art. 4, commi 1 e 2 del TU consente l'ingresso nel territorio italiano allo straniero in possesso di
- **passaporto valido** o documento equipollente;

- **visto d'ingresso**.

Il TU Immigrazione prevede anche la disciplina del rilascio del **permesso di soggiorno**. Si tenga presente che allo straniero che si trova comunque presente in Italia - anche se entrato clandestinamente - deve essere garantito il **rispetto dei diritti fondamentali** della persona umana, come espressamente previsto dall'art. 2 del TU Immigrazione.

Per quanto attiene i **cittadini di Stati membri dell'Unione europea,** va ricordato che l'art. 21 TFUE riconosce il diritto di circolare e soggiornare liberamente nel territorio degli Stati membri.

D) Cittadini europei

Un discorso a parte va fatto, a seguito del consolidarsi del processo di integrazione europea, per quel che concerne la posizione giuridica degli stranieri che siano cittadini di uno degli Stati membri dell'Unione europea, dal momento che essi godono della cittadinanza europea, che si acquisisce in ragione del possesso della cittadinanza di uno degli Stati membri, venendo così a completare la cittadinanza nazionale, senza tuttavia sostituirla. La cittadinanza dell'Unione si sostanzia nel riconoscimento di tutta una serie di diritti che ogni Stato membro deve garantire ai cittadini degli altri Stati dell'Unione che si trovino nel proprio territorio, primo fra tutti il diritto di elettorato attivo e passivo nello Stato in cui si risiede, a parità di condizioni con i cittadini di quello Stato, seppur limitatamente alle elezioni comunali ed a quelle per il Parlamento europeo.

10. La bandiera della Repubblica italiana (art. 12 Cost.).

L'art. 12 Cost. inserisce nella Carta fondamentale la descrizione del principale segno distintivo dello Stato sul piano internazionale: la bandiera, individuata nel tricolore italiano a tre bande verticali di eguali dimensioni di colore verde, bianco e rosso.

La bandiera è l'unico dei simboli della Repubblica che trova menzione in Costituzione (solo con la riforma del Titolo V si è aggiunta la citazione di Roma Capitale); da ciò dovrebbe discendere il divieto per lo Stato dell'uso pubblico di altri simboli (ad es., per una parte della dottrina, del crocefisso nei luoghi pubblici). Inoltre, si ritiene che la bandiera faccia parte dei principi fondamentali costituenti un limite alla revisione costituzionale, data la collocazione dell'art. 12 Cost. e il suo ideale collegamento con gli artt. 1 e 139 Cost.

Con la l. n. 22/1998 è stato disciplinato l'uso pubblico del tricolore, prevedendo l'imbandieramento permanente di una serie di edifici pubblici e l'affiancamento al tricolore nazionale della bandiera dell'Unione europea.

Il corpus normativo relativo all'uso della bandiera nazionale comprende anche un apparato sanzionatorio per il vilipendio del tricolore (artt. 292 e 299 c.p.); mentre l'originario divieto dell'esposizione delle bandiere degli Stati esteri è venuto meno ad opera della Corte costituzionale che ha fondato il cd. diritto alla bandiera, per cui ogni cittadino o suo ente esponenziale ha diritto di esprimere la propria soggettività attraverso stemmi, insegne, bandiere, o altri simboli, coincidenti o meno con quelle di uno Stato estero (sent. n. 198/1987).

MAPPA CONCETTUALE

Il principio di eguaglianza (art. 3 Cost)

Pr. Democratico [Artt.1 e 139 Cost.]

Tutela dei diritti inviolabili [Art.2] Cost.]

Il principio lavorista [Artt.1 e 4 cost.]

Tutela delle minoranze linguistiche [Art.6 Cost.]

PRINCIPI FONDAMENTALI

Il principio di laicità [Artt.8 comma 1, 19, 3 e 20 Cost.]

Il principio autonomistico [Art.5 cost.]

La condizione giuridica dello straniero [Art.10 Cost.]

Lo stato di cultura [Art.9 Cost.]

La bandiera della Repubblica [Art.12 Cost.]

Capitolo 9 | DIRITTI E DOVERI DEI CITTADINI

SOMMARIO:

I ▶ RAPPORTI CIVILI

1. Premessa.

È a questo punto necessario passare all'esame dei **diversi diritti di libertà costituzionalmente garantiti**.

Il **Titolo I** della Costituzione è dedicato ai "Rapporti civili"; nell'ambito dei **diritti civili** vanno distinte le **libertà individuali** dalle **libertà collettive**. Sono **libertà individuali**:

- la libertà personale (art. 13 Cost.),
- la libertà di domicilio (art. 14 Cost.),
- la libertà e segretezza delle comunicazioni (art. 15 Cost.),
- la libertà di circolazione e soggiorno (art. 16 Cost.),
- la libertà religiosa (art. 19 Cost.),
- la libertà di manifestazione del pensiero (art. 21 Cost.), cui è correlata la libertà dell'arte, della scienza e dell'insegnamento (art. 33 Cost.).

Sono, invece, **libertà collettive:**

- la libertà di riunione (art. 17 Cost.),
- la libertà di associazione (art. 18 Cost.), cui sono ancorate tanto la libertà di associazione sindacale (art. 39 Cost.), quanto la libertà di associazione in partiti politici (art. 49 Cost.).

Di queste, alcune (la libertà personale e di domicilio, la libertà e la segretezza della corrispondenza, la

libertà di religione, la libertà di manifestazione del pensiero) sono riconosciute **sia ai cittadini sia ai non cittadini**; altre (le libertà di circolazione e soggiorno, di riunione e di associazione) **soltanto ai cittadini**.
Si parla anche di **libertà negative**, in quanto esse consistono essenzialmente nella pretesa ad un comportamento omissivo da parte dei pubblici poteri (le autorità, i governanti), i quali non devono interferire nella sfera privata dei singoli, comprensiva tanto della coscienza interiore quanto dell'ambito esterno in cui si estrinseca la personalità umana (cd. libertà dallo Stato).
Sono da includere nei **diritti sociali**:

- il *diritto al lavoro* (art. 4 Cost.);
- il *diritto alla salute* (art. 32 Cost.), che si specifica, fra l'altro, nel garantire cure gratuite agli indigenti ed implica il diritto alla salubrità dell'ambiente;
- il *diritto allo studio* e, per i capaci e meritevoli, il diritto di raggiungere i gradi più alti degli studi (art. 34 Cost.);
- il *diritto del lavoratore ad una retribuzione* proporzionata alla quantità e qualità del suo lavoro ed in ogni caso sufficiente ad assicurare a sé ed alla sua famiglia un'esistenza libera e dignitosa (art. 36, co. 1 Cost.);
- il diritto del lavoratore al *riposo settimanale ed a ferie annuali retribuite* (art. 36, comma 3, Cost.);
- la *parità dei diritti della donna lavoratrice rispetto al lavoratore* e, a parità di lavoro, il diritto alla stessa retribuzione (art. 37, co. 1, Cost.);
- il *diritto dei minori-lavoratori*, a parità di lavoro, alla parità di retribuzione (art. 37, comma 3, Cost.);
- il *diritto al mantenimento ed all'assistenza sociale* dei cittadini inabili al lavoro, e sprovvisti dei mezzi necessari per vivere (art. 38, co. 1, Cost.);
- il diritto dei lavoratori a che siano preveduti ed assicurati *mezzi adeguati alle loro esigenze di vita in caso di infortunio, malattia, invalidità e vecchiaia, disoccupazione involontaria* (art. 38, co. 2, Cost.);
- il *diritto degli inabili e dei minorati all'educazione ed all'avviamento professionale* (art. 38, co. 3, Cost.).

Infine, nell'ambito delle **libertà economiche** assume particolare rilievo la disciplina costituzionale del diritto di proprietà e la libertà di iniziativa economica privata (artt. 41 e 42 Cost.).

2. La libertà personale.

A) Fondamento costituzionale

La classica e primaria libertà individuale è la **libertà personale**, disciplinata dall'art. 13 Cost., la quale consiste sia nella **libertà da ogni coercizione fisica**, sia nella **libertà morale** intesa come autodeterminazione dei singoli. Si tratta di un "*diritto fondamentalissimo della persona*" che il primo comma dell'art. 13 Cost. consacra come "***inviolabile***". Alla libertà personale **possono ricondursi tanto i singoli diritti personali enumerati in Costituzione, quanto la gran parte dei "nuovi diritti emergenti"**. Vengono in evidenza i **diritti di identità personale:** dal **diritto al nome**, oggetto di tutela anche da parte dell'art. 22 Cost.; al **diritto all'immagine**; per finire con il **diritto all'identità sessuale** e con il **diritto alla cd. libertà sessuale**. Ancora, devono essere ricondotti alla libertà personale i **diritti all'integrità psicofisica della persona** e i **diritti all'interiorità e della coscienza**: tra gli altri il **diritto all'onore e alla reputazione**; il **diritto alla rettifica** di notizie che riguardano il singolo; il diritto al proprio **decoro**, alla propria **rispettabilità**, alla **riservatezza**, all'**intimità; la libertà di coscienza; il diritto alla privacy.**

B) Le garanzie che assistono la libertà personale

L'art. 13 Cost. prevede specifiche **garanzie** a tutela della libertà personale. Il secondo comma dell'articolo prevede che qualsiasi restrizione della libertà personale possa essere disposta **soltanto per atto motivato**

dell'autorità giudiziaria (trattasi della cd. **riserva di giurisdizione**) e **nei soli casi e modi previsti dalla legge** (si parla a tal proposito di **riserva di legge assoluta**). I **casi eccezionali di necessità ed urgenza** nei quali, secondo la previsione dell'art. **13, terzo comma, Cost**., l'autorità di pubblica sicurezza può limitare la libertà personale di un individuo senza l'intervento dell'autorità giudiziaria sono tassativamente disciplinati dal **Codice di procedura penale** nel rispetto delle indicazioni dettate dal legislatore costituzionale, secondo il quale i provvedimenti restrittivi adottati dall'autorità pubblica sicurezza devono essere ***comunicati entro quarantotto ore all'autorità giudiziaria e, se questa non li convalida nelle successive quarantotto ore, si intendono revocati e restano privi di ogni effetto.***

Oltre alla riserva di legge e di giurisdizione imposte dall'art. 13 Cost., anche altre norme costituzionali compongono, direttamente o indirettamente, il **sistema delle garanzie della libertà personale**:

- l'art. **13, comma 4**, Cost. prevede che sia *"punita ogni **violenza fisica e morale** sulle persone comunque sottoposte a restrizioni di libertà"*;
- il **comma 5 dell'art. 13 Cost**. attribuisce alla legge la determinazione dei limiti massimi della **carcerazione preventiva**, o **custodia cautelare**, cioè della misura restrittiva della libertà personale cui può essere sottoposto colui che è in attesa di una sentenza definitiva;
- l'**art. 23 Cost.** prevede un'ulteriore riserva di legge stabilendo che *"nessuna **prestazione personale**... può essere imposta se non in base alla legge"*;
- l'**art. 24, comma 4**, riserva alla legge il compito di determinare le condizioni e i modi per la riparazione degli **errori giudiziari**;
- l'art. **25, comma 2**, pone specifiche garanzie a limite della potestà punitiva dello Stato;
- l'**art. 26 Cost.** pone dei limiti all'**estradizione del cittadino** che può essere consentita soltanto ove sia espressamente prevista dalle convenzioni internazionali e non può in alcun caso essere ammessa per reati politici;
- l'**art. 27, comma 3, Cost.**, sancisce il **principio di umanizzazione della pena** e del **finalismo rieducativo** della pena stessa, stabilendo che *"le pene non devono consistere in trattamenti contrari al senso di umanità e devono tendere alla rieducazione del condannato"*. Ulteriore corollario di tali principi si rinviene nel **divieto della pena di morte** contenuto nel successivo comma 4 dell'art. 27 Cost.;
- diverse previsioni costituzionali riguardano la **tutela giurisdizionale dei diritti**: da quelle che riconoscono la **difesa** come diritto inviolabile in ogni stato e grado del procedimento (**art. 24, comma 1**), a quelle che introducono i principi della **precostituzione del giudice**, ovvero del *giudice naturale* (**art. 25, comma 1**), per arrivare, infine, alla disposizione introdotta più di recente, diretta a garantire che la giurisdizione si attui mediante il **giusto processo** regolato dalla legge (**art. 111, comma 1, Cost**.);
- l'**art. 32, comma 2, Cost.** stabilisce che nessuno può essere obbligato ad un determinato **trattamento sanitario** se non per disposizione di legge, che non può in nessun caso violare i limiti imposti dal rispetto della persona umana;
- infine, si segnala la previsione, contenuta nell'art. **111, comma 7, Cost**., secondo cui contro i provvedimenti motivati sulla libertà personale *"pronunciati dagli organi giurisdizionali ordinari o speciali, è sempre ammesso **ricorso in Cassazione** per violazione di legge"*.

C) Limiti alla libertà personale

Come anticipato, l'art. 13 Cost. proclama l'inviolabilità della libertà personale, ma ne ammette la **limitazione per atto motivato dell'Autorità Giudiziaria nei casi e modi previsti dalla legge**. In questo contesto, l'Autorità Giudiziaria può adottare le **misure cautelari**, provvedimenti che consistono nella limitazione della libertà o della sfera giuridica dell'individuo. Le misure cautelari possono essere:

- **personali** (coercitive o interdittive);
- **reali** (quando hanno ad oggetto il patrimonio).

I **presupposti** per l'applicazione di queste misure sono il *fumus* del reato ed il *periculum in mora*. In casi eccezionali di necessità ed urgenza anche la **Polizia Giudiziaria** può adottare provvedimenti limitativi della libertà personale, che debbono tuttavia essere convalidati dall'Autorità Giudiziaria in termini perentori. Si pensi al fermo di indiziato di delitto e all'arresto in flagranza.

3. La libertà di domicilio.

L'art. 14 Cost. custodisce la libertà di **domicilio**, inteso come **proiezione spaziale della persona.** La Costituzione estende alla libertà di domicilio, qualificata anch'essa come **inviolabile**, le stesse garanzie prescritte per la libertà personale: le restrizioni di tale libertà (**ispezioni, perquisizioni** e **sequestri**) possono essere effettuate soltanto sotto la duplice garanzia fondamentale della **riserva assoluta di legge** e della **riserva di giurisdizione (art. 14, comma 2, Cost.)**. Tuttavia, il terzo comma prevede che taluni atti limitativi del domicilio, quali gli **accertamenti** e le **ispezioni**, possono essere imposti da **leggi speciali**, per soli *"motivi di sanità e incolumità pubblica o per fini economici o fiscali"* (**riserva di legge assoluta**, **rinforzata per contenuto**). Ciò significa che, in deroga alla disciplina generale, le leggi speciali possono disporre che accertamenti ed ispezioni per i motivi sopra indicati avvengano **senza l'intervento dell'autorità giudiziaria**, ponendo in tal modo delle deroghe alla garanzia della libertà domiciliare.

4. La libertà e la segretezza della corrispondenza.

Anche la **libertà e la segretezza della corrispondenza e degli altri mezzi di comunicazione**, disciplinate dall'art. **15 Cost**., sono **inviolabili**. La protezione costituzionale offerta dalla norma in esame si estende ad **ogni forma di comunicazione**, comprese anche la posta elettronica e le altre forme di comunicazione tramite internet, e non alla sola corrispondenza epistolare. Come per la libertà personale e per il domicilio, anche in questo caso è prevista una **doppia riserva, di giurisdizione e di legge:** le limitazioni alla libertà e segretezza delle comunicazioni possono infatti avvenire mediante il **sequestro** e l'**intercettazione telefonica**, *"soltanto per atto motivato dell'autorità giudiziaria con le garanzie stabilite dalla legge"*. Peraltro, la tutela costituzionale offerta dall'art. 15 è ancora più intensa rispetto a quella assicurata dai precedenti artt. 13 e 14, dal momento che esclude, anche in casi eccezionali di necessità ed urgenza predeterminati dal legislatore, la possibilità di qualsiasi intervento dell'autorità di pubblica sicurezza (fatto salvo il caso del fermo postale della corrispondenza, di cui all'art. 11 del d.p.r. n. 156/1973, e della previsione contenuta nell'art. 353, terzo comma, c.p.p., che disciplina l'ipotesi di sospensione dell'inoltro della corrispondenza).

5. La libertà di circolazione.

La cd. **proiezione spaziale della persona** trova tutela nell'art. 16 Cost., che garantisce al cittadino la **libertà di circolare e soggiornare in qualsiasi parte del territorio nazionale**. La norma in esame deve essere letta in correlazione con il primo comma dell'art. 120 Cost., che impedisce l'apposizione di ostacoli alla **libera circolazione delle persone tra le Regioni.**

A differenza della libertà personale, l'art. 16 Cost. si rivolge **esclusivamente ai cittadini** e non prevede alcuna riserva di giurisdizione, ma semplicemente una **riserva di legge rinforzata** (ritenuta unanimemente **relativa**).

Il comma 2 dell'art. 16 Cost. garantisce la **libertà di espatrio**, ovvero la libertà *"di uscire dal territorio della Repubblica e di rientrarvi"*, alla quale è strettamente collegata la **libertà di emigrazione**, riconosciuta dall'art. 35, comma 4, Cost.

La **libertà di circolazione e soggiorno nel territorio degli Stati membri dell'Unione europea** è oggi riconosciuta ad ogni cittadino dell'Unione (ed anche ai cittadini dei paesi terzi che risiedono legalmente nel territorio di uno Stato membro) dall'art. 45 della Carta dei diritti fondamentali dell'Unione europea, che la inserisce nel **Capo relativo ai diritti della cittadinanza**.

Costituiscono **limitazioni** alla libertà in esame:

- la misura di prevenzione del cd. **foglio di via obbligatorio**, disposta dal questore nelle ipotesi oggi previste dall'art. 2 del cd. Codice antimafia (d.lgs. n. 159 del 2011);
- la misura di sicurezza del **divieto di soggiorno** (art. 233 c.p.), la quale consiste nel divieto di

soggiornare in uno o più comuni o province, designati dal giudice, previo accertamento della pericolosità sociale del soggetto in relazione a un determinato ambiente.

6. La libertà di riunione.

Una riunione è data dalla **volontaria compresenza di più persone**, in un **medesimo luogo**, per il perseguimento di uno **scopo comune**. Nel diritto di riunione vanno fatti rientrare il diritto di riunirsi in **assemblea** e la libertà di **corteo.** La **libertà di riunione**, garantita dall'art. 17 Cost., fa parte delle cd. libertà collettive (si veda la premessa del presente capitolo). Secondo la norma in esame i cittadini hanno diritto di riunirsi pacificamente e senza armi. Se la riunione avviene in luoghi privati o aperti al pubblico non è necessario il preavviso, che invece serve nel caso in cui la riunione avvenga in luogo pubblico.
La riunione si differenzia dal mero **assembramento di persone** (caratterizzato dall'occasionalità) e dall'**associazione**, con la quale ha in comune i caratteri della **plurisoggettività** e dello **scopo comune**, ma non il **vincolo ideale** intercorrente tra i componenti di una associazione né la **stabilità** dell'organizzazione.
Le riunioni si differenziano a seconda del luogo in cui si svolgono:

- se si tratta di un **luogo privato**, vi si potrà accedere soltanto con il consenso del soggetto che ne ha la disponibilità giuridica;
- se, invece, si tratta di un **luogo aperto al pubblico**, vi può accedere chiunque, anche se a determinate condizioni fissate da chi ne ha la disponibilità giuridica (es: il pagamento di un biglietto);
- se, infine, si tratta di un **luogo pubblico**, vi è l'obbligo **del preavviso** almeno tre giorni prima al questore – preavviso che non significa richiesta di autorizzazione, e che non costituisce neppure una condizione di legittimità della riunione (*Corte cost. sent. n. 11/1979*) – ed è possibile il **divieto preventivo** *"soltanto per comprovati motivi di sicurezza e di incolumità pubblica"* (*Corte cost. sentt. nn. 54/1961 e 27/1958*).

7. La libertà di associazione.

A) Il diritto di associazione

Dalla lettura dell'art. **18 Cost**., fondamento della libertà di associazione, emerge che soltanto la legge penale può imporre dei divieti in questa materia, in virtù della **riserva di legge rinforzata** prevista dal comma 1 della norma.
Le associazioni sono **formazioni sociali stabilmente organizzate** costituite al fine di soddisfare determinati interessi, non contingenti, comuni a tutti coloro che ne fanno parte. Si differenziano dalle **riunioni** perché l'interesse che accomuna gli associati può essere perseguito solo in forma collettiva e mediante una organizzazione avente il carattere della stabilità.
La libertà di associazione si specifica:
a) nella libertà di <u>costituire</u> un'associazione;
b) nella libertà di <u>aderire</u> ad una associazione;
c) nella libertà di <u>recedere</u> da una associazione e di non associarsi.
Oltre che nell'art. 18 Cost., il fenomeno associativo trova specifica attuazione anche in alcune disposizioni costituzionali dedicate alle associazioni a fini *politici* (i partiti: art. 49 Cost.), *sociali* (la famiglia, la scuola: artt. 29 e 33 Cost.), *economico-sociali* (istituti di assistenza, sindacati, cooperative: artt. 38, 39, 45 Cost.), *religiosi* (artt. 8, 20 Cost.).

B) Limiti

Il **comma 2 dell'art. 18 Cost.** introduce **alcuni limiti specifici** alla libertà di associazione, vietando espressamente:
a) le **associazioni segrete**: al disposto costituzionale relativo alle associazioni segrete è stata data

attuazione con molto ritardo, soltanto per effetto della legge n. 17/1982, occasionata dalla necessità di procedere allo scioglimento della loggia massonica "Propaganda due" (cd. Loggia P2), con la quale il legislatore ha chiarito, dando un'interpretazione restrittiva della "segretezza", che ad essere vietate non sono le associazioni segrete in sé, ma soltanto quelle associazioni che perseguono il **fine di condizionare i pubblici poteri**, svolgendo un'attività di interferenza illecita sui processi di decisione politica. Tali associazioni, qualora con sentenza irrevocabile ne sia accertata la costituzione, sono sciolte con decreto del Presidente del Consiglio dei ministri, previa deliberazione del Consiglio stesso;

b) le **associazioni paramilitari**, ovvero quelle che perseguono, anche indirettamente, scopi politici mediante organizzazioni di carattere militare (cui va aggiunto il divieto di riorganizzazione, sotto qualsiasi forma, del disciolto **partito fascista**, ai sensi della XII disposizione transitoria e finale). Il d.lgs. n. 43/1948 (poi abrogato dal d.lgs. 15 marzo 2010, n. 66, Codice dell'ordinamento militare) ha precisato che perché si abbia un'associazione paramilitare è necessario che l'associazione sia organizzata sulla base di una **struttura gerarchica interna di tipo militare**, e, sotto il profilo finalistico, persegua, anche indirettamente, **scopi politici** (cfr., in questo senso, anche *Corte cost. sent. n. 26/1976*).

8. La libertà religiosa.

La **libertà di religione** consiste nel diritto a "*tutti*" riconosciuto dall'art. 19 Cost. di:

1) **professare liberamente la propria fede religiosa** in qualsiasi forma, individuale o associata (*libertà di professione*);
2) **farne propaganda** (*libertà di propaganda o di proselitismo*);
3) **esercitarne in privato o in pubblico il culto**, purché non si tratti di riti contrari al buon costume (*libertà di esercizio del culto*).

Nella libertà di religione va fatta rientrare (in negativo) anche quella di **non essere costretti a professare una fede religiosa, a farne propaganda, a esercitare alcun culto** nonché la **libertà di non essere credenti** (Corte costituzionale, *sent. 117/1979*).

L'unico **limite** espressamente previsto dall'art. 19 Cost. è il **divieto di riti contrari al buon costume.**

Al fine di garantire una piena tutela della libertà di religione, l'**art. 20 Cost.** prevede un **divieto di discriminazione** così formulato: "*Il carattere ecclesiastico e il fine di religione o di culto d'una associazione od istituzione non possono essere causa di speciali limitazioni legislative, né di speciali gravami fiscali per la sua costituzione, capacità giuridica e ogni forma di attività*".

9. La libertà di manifestazione del pensiero.

A) Concetto

L'**art. 21 Cost.** tutela la libertà di manifestare il proprio pensiero, alla quale è collegato il **libero uso dei mezzi di divulgazione**, ossia la parola, lo scritto (in primo luogo la stampa), la radio, la televisione (ed, in genere, i mezzi di comunicazione di massa: i cd. mass media), lo spettacolo.

B) Limiti

La norma in esame non integra una tutela incondizionata ed illimitata della libertà di manifestazione del pensiero, la quale incontra il **limite esplicito** del **buon costume:** l'art. 21, ultimo comma, Cost. dispone infatti che "*Sono vietate le pubblicazioni a stampa, gli spettacoli e tutte le altre manifestazioni **contrarie al buon costume***".

Vi sono inoltre ulteriori **limiti impliciti** derivanti dall'esistenza di beni o interessi diversi parimenti garantiti o protetti dalla Costituzione, quali l'onore, la reputazione o la riservatezza altrui, il segreto di Stato o il diritto d'autore. Si ritiene che sia implicitamente tutelata proprio dall'art. 21 Cost. la **libertà di informazione,** ovvero l'**interesse generale della collettività all'informazione** (**ad informare**, e **ad**

essere informati). In particolare, il diritto all'informazione implica la presenza di una pluralità di fonti di informazione, il libero accesso alle medesime, l'assenza di ingiustificati ostacoli legali, anche temporanei, alla circolazione delle notizie e delle idee (principio del **pluralismo dell'informazione**).

C) La libertà di stampa

L'art. 21 Cost. tutela uno dei più importanti mezzi di manifestazione del pensiero: la **stampa**. La norma costituzionale in esame prevede infatti:

1) che sia esclusa ogni forma di autorizzazione preventiva per la stampa;
2) che sia esclusa ogni forma di censura successiva alla redazione e precedente alla pubblicazione dello stampato;
3) che sussistano dei parametri perché il sequestro degli stampati sia ammissibile. In questa parte, la norma prevede che il sequestro è possibile solo per atto motivato dell'Autorità giudiziaria e nel caso di delitti per il quale la legge sulla stampa espressamente lo autorizzi. Il sequestro, in caso di assoluta urgenza, può essere eseguito da ufficiali di polizia giudiziaria, ma va convalidato in termini perentori;
4) una dettagliata disciplina per controllare i mezzi di finanziamento della stampa periodica;
5) controlli preventivi e mezzi repressivi contro la stampa offensiva del buoncostume.

In tema di stampa va ricordato che il **diritto di cronaca** è una specificazione della libertà di manifestazione del pensiero. Detto diritto incontra alcuni **limiti**:

- affinché il giornalista non venga accusato di diffamazione a mezzo stampa è necessario che ricorrano i requisiti di verità, pertinenza e continenza: la notizia divulgata deve cioè essere vera, avere una rilevanza pubblica e deve essere riferita con una forma non offensiva;
- esistono poi alcuni limiti al diritto di cronaca imposti a tutela di altri interessi rilevanti: si pensi al segreto garantito in determinate fasi processuali o pre-processuali o al segreto di Stato che può operare nell'interesse della difesa nazionale.

10. Il diritto alla capacità giuridica, alla cittadinanza e al nome.

L'art. **22 Cost**. stabilisce che nessuno può essere privato, per motivi politici, della capacità giuridica, della cittadinanza, del nome. Si tratta dei **presupposti** dei diritti fondamentali (MAZZIOTTI DE CELSO-SALERNO). La norma in esame impone un triplice divieto:

1) vieta la privazione della **capacità giuridica**, intesa sia come privazione integrale della soggettività giuridica sia come privazione più circoscritta, riferita a determinati ambiti di rapporti (accesso ad uffici pubblici e cariche elettive, voto, accesso ad impieghi o professioni, assunzione di vincoli familiari, ecc.) (DE SIERVO);
2) vieta la privazione della **cittadinanza**: la perdita della cittadinanza può avvenire, infatti, soltanto per una delle cause previste dalla legge;
3) vieta la privazione del **nome**: a questo proposito, tuttavia, va detto che quando la giurisprudenza costituzionale ha introdotto il concetto di identità personale la garanzia del nome è stata progressivamente ricondotta indirettamente all'art. 2 Cost.

11. Riserva di legge in tema di prestazioni personali e patrimoniali.

Rientra genericamente tra i doveri incombenti sul cittadino, l'**obbligo di prestazioni personali e patrimoniali**, le quali, ai sensi dell'**art. 23 Cost.**, sono oggetto di una **riserva relativa di legge**, secondo il **principio dell'autoimposizione**, che richiama la nota formula di matrice anglosassone "*no taxation without representation*", in un'ottica garantista delle libertà personali e patrimoniali dei privati.
L'**art. 23 Cost.** trova specificazioni in tutta una serie di altre disposizioni costituzionali, prime fra tutte quelle di cui agli artt. 52 Cost., il quale sancisce l'**obbligatorietà del servizio militare** (nei limiti e modi

stabiliti dalla legge) e 53 Cost., che impone, invece, il **dovere di concorrere alle spese pubbliche in ragione della propria capacità contributiva**.

12. I principi costituzionali in tema di funzione giurisdizionale: il diritto di difesa.

L'art. **24, secondo comma, Cost.** tutela il **diritto alla difesa**, definendolo *"inviolabile in ogni stato e grado del procedimento"*; ad esso è strettamente connesso il diritto riconosciuto a tutti di **agire in giudizio per la tutela dei propri diritti e interessi legittimi** (art. 24, comma 1 Cost.). Speculare al diritto di azione si configura **l'obbligo in capo al giudice di decidere,** senza possibilità alcuna di sottrarsi al giudizio (cd. "divieto di *non liquet*") ed in tempi ragionevoli. Su quest'ultimo profilo deve sottolinearsi una stretta connessione tra il diritto all'azione ed il principio del **"giusto processo"** sancito dall'**art. 111 Cost.**, come novellato dalla legge cost. n. 2 del 1999, il quale prevede espressamente il principio della **ragionevole durata dei processi**.
Quanto al **diritto di difesa**, specificazioni di tale diritto sono contenute nelle vigenti **norme processuali in ambito civile, penale ed amministrativo**, quali: il diritto dell'imputato all'assistenza di un difensore, quello di essere ascoltati prima dell'emanazione di un provvedimento definitivo, il diritto di notificazione degli atti processuali quale strumento necessario ed indispensabile per instaurare il contraddittorio, ecc.
Inoltre, l'**art. 24, comma 3, Cost.** si preoccupa di rendere effettivo il diritto in esame, disponendo che siano assicurati ai **non abbienti**, con appositi istituti, i mezzi per agire e difendersi davanti ad ogni giurisdizione. Il **patrocinio gratuito per i non abbienti** è disciplinato dal D.P.R. 30 maggio 2002 n. 115 (Testo unico delle disposizioni legislative e regolamentari in materia di spese di giustizia).

▶12.1. Il diritto al giudice naturale.

L'art. **25, primo comma, Cost.**, sancisce un principio fondamentale del nostro ordinamento, secondo il quale *"Nessuno può essere distolto dal giudice naturale precostituito per legge"*. La norma tutela il cittadino facendo sì che la decisione della causa spetti a "*un **organo già preventivamente stabilito** dall'ordinamento e **indipendente** da ogni influenza esterna, proprio perché istituito sulla base di criteri generali fissati in anticipo dalla legge, e non già in vista di singole controversie*" (Corte costituzionale, *sent. n. 272/1998*). Vengono, inoltre, tutelati gli stessi organi giudiziari perché non si vedano sottratti processi, a danno della propria **indipendenza**.

13. Il principio di legalità e di irretroattività in ambito penale.

A) Disciplina costituzionale

I **commi 2 e 3 dell'art. 25 Cost**. enunciano il **principio di legalità in materia penale**.

B) Accezione formale e sostanziale

Inteso nell'**accezione formale**, questo principio comporta che solo il legislatore può stabilire ciò che è reato ed individuare le pene e le misure di sicurezza. Inteso nell'**accezione sostanziale**, invece, lo stesso principio implica che il legislatore, nel formulare il precetto penale e nell'individuare le conseguenze sanzionatorie, è tenuto a rispettare taluni parametri e vincoli costituzionali, tra cui il **principio di necessaria materialità del reato** di cui all'art. 25, comma 2, Cost., **l'inviolabilità della libertà personale** di cui all'art. 13 Cost., il **principio della natura personale della responsabilità personale** di cui all'art. 27 Cost.

C) Corollari

Dal principio di legalità derivano alcuni **corollari**, posti a garanzia del cittadino contro eventuali arbitri del potere legislativo e giudiziario:

- il principio di **riserva di legge**, in forza del quale il monopolio della criminalizzazione spetta al potere legislativo statuale;

- il principio di **irretroattività** della legge penale, secondo cui la stessa ha valore solo per l'avvenire e non può applicarsi a fatti anteriori alla sua entrata in vigore; si tenga presente che alcuni Autori ritengono si tratti di un principio autonomo e distinto da quello di legalità, pur se sorretto dalla stessa *ratio* garantista. L'**irretroattività della norma penale** è disciplinata dai primi due commi dell'art. **2 c.p.** La norma in esame, rubricata "*Successione di leggi penali*", disciplina l'efficacia della legge penale nel tempo e prevede, accanto al **principio di irretroattività sfavorevole al reo** – che vieta di punire una persona per un fatto che, secondo la legge del tempo in cui fu commesso, non costituiva reato –, il **principio di retroattività favorevole al reo.** Secondo questo secondo principio deve applicarsi retroattivamente la norma più favorevole per il reo intervenuta successivamente alla commissione del fatto;
- il principio di **tassatività** (o di **determinatezza** o ancora di **precisione**), in base al quale la proposizione normativa generale ed astratta in materia penale deve rispondere a requisiti di chiarezza, comprensività e precisione;
- il **divieto di analogia** in materia penale, che impone al giudice di non applicare le norme penali (in specie quelle di sfavore) a comportamenti non espressamente previsti come reato dalla legge.

14. Il divieto di estradizione per motivi politici.

A) Nozione

L'**estradizione** è uno strumento di cooperazione internazionale in materia penale e consiste propriamente nella **consegna** da parte di uno Stato ad un altro di un individuo accusato o condannato affinché nello Stato ricevente sia sottoposto al processo (**estradizione processuale**) o all'attuazione della pena (**estradizione esecutiva**).

B) Estradizione attiva e passiva

L'estradizione viene definita **attiva** – ove si analizzi la vicenda estradizionale dal lato dello Stato che presenta la domanda di estradizione – ovvero **passiva**, se si fa riferimento alla posizione dello Stato richiesto.

C) Limiti

La nostra Costituzione pone dei precisi limiti all'estradizione:
- ai sensi dell'art. 26 Cost. "*L'estradizione del **cittadino** può essere consentita soltanto ove sia espressamente prevista dalle convenzioni internazionali*"; limite ribadito dall'art. 13, co. 4, c.p. ("*non è ammessa l'estradizione del cittadino, salvo che sia espressamente consentita nelle convenzioni internazionali*");
- l'art. 10, co. 4, Cost. sancisce il **divieto di estradizione per reati politici.**

D) Mandato d'arresto europeo

Nel contesto europeo l'estradizione è stata entro certi limiti sostituita dal **mandato d'arresto europeo (m.a.e.)**, introdotto con la Decisione quadro 2002/584/GAI, alla quale l'Italia ha dato esecuzione con la legge 69 del 2005. Il m.a.e. è un documento emesso dall'Autorità giudiziaria di un Paese membro, con il quale si chiede ad altro Paese di arrestare e consegnare persone ricercate che si trovino sul suo territorio. Il sistema si basa sul principio del **mutuo riconoscimento delle decisioni giudiziarie**, considerando che l'emissione di un m.a.e. "impone" all'Autorità giudiziaria dell'esecuzione, *ipso facto* e dopo controlli minimi, di dar seguito alla richiesta.

15. I principi sanciti dall'art. 27 Cost.: personalità della responsabilità penale, presunzione di non colpevolezza, finalismo rieducativo della pena.

L'**art. 27 Cost.** custodisce alcuni principi fondamentali per l'ordinamento penale:

1) La **personalità della responsabilità penale.** L'art. 27 Cost. enunciando, al comma 1, che "*La*

responsabilità penale è personale" costituzionalizza il **principio della personalità della responsabilità penale**, in base al quale nessuno può essere ritenuto responsabile penalmente, se non per un fatto commissivo od omissivo a lui direttamente imputabile. Tale principio comporta, innanzi tutto, il **divieto di responsabilità penale per fatto altrui**. Inoltre, dalla stessa norma deriva anche il **ripudio di ogni forma di responsabilità oggettiva**, fondata esclusivamente sul dato della produzione materiale dell'evento causalmente collegato al comportamento dell'autore. La responsabilità penale, in altri termini, è **responsabilità colpevole** (***nullum crimen sine culpa***).

2) La **presunzione di non colpevolezza.** In base alla cd. presunzione di non colpevolezza, *"L'imputato non è considerato colpevole sino alla condanna definitiva"* (**art. 27, comma 2**).

3) La finalità **rieducativa della pena**. Ai sensi del comma 3 dell'art. 27 Cost., *"Le pene non possono consistere in trattamenti contrari al senso di umanità e devono tendere alla rieducazione del condannato"*. La Corte costituzionale (*sent. n. 264 del 1974,* in tema di legittimità costituzionale dell'ergastolo) ha precisato che la **rieducazione del condannato** non è l'unica funzione della pena, facendovi rientrare anche la **funzione general-preventiva** (cd. efficacia deterrente della pena) e **special-preventiva** (cd. efficacia remunerativa).

16. La responsabilità dei pubblici dipendenti.

Il Titolo I della Costituzione, dedicato ai *Rapporti civili,* si chiude con l'art. 28 Cost. che afferma la **responsabilità dei dipendenti della Pubblica amministrazione per danni cagionati a terzi**. La norma dispone che il privato danneggiato da un illecito civile del pubblico dipendente può decidere di agire in via risarcitoria **nei confronti della P.A.** (che, se condannata al risarcimento, può rivalersi nei confronti del pubblico dipendente) ovvero direttamente **nei confronti del dipendente** autore dell'illecito. La responsabilità amministrativa del pubblico dipendente è anche nota come **responsabilità per "danno erariale"**, in quanto presuppone un pregiudizio alle finanze pubbliche. Rientra, in particolare, nel danno erariale il **danno all'immagine della P.A.**, inteso come grave perdita di prestigio e grave detrimento dell'immagine e della personalità pubblica che concretamente incide sulla fiducia che lega la cittadinanza agli amministratori ed in via mediata sulla capacità di realizzazione dei fini istituzionali, minando la base del buon funzionamento dell'istituzione. Quanto al lato passivo dell'obbligo risarcitorio, dal disposto dell'art. 28 Cost. risulta evidente che il pubblico dipendente è responsabile *"degli* ***atti compiuti in violazione di diritti****"* sia nei confronti dei privati, sotto forma di **responsabilità civile o penale**, sia nei confronti della stessa P.A., sotto forma di **responsabilità amministrativa e contabile**.

II ▶ RAPPORTI ETICO-SOCIALI

Premessa.

Il **Titolo II della Costituzione** è dedicato ai Rapporti etico-sociali; qui, oltre alle principali formazioni sociali nelle quali si articola la Repubblica, ossia la **famiglia** (artt. da 29 a 31) e la **scuola** (art. 34), sono disciplinati i diritti sociali alla **salute** (art. 32) e allo **studio** (art. 33 e 34).
I **compiti delle istituzioni statali** sono profondamente cambiati nel passaggio dallo Stato liberale allo Stato sociale. Nel momento in cui l'industrializzazione ha modificato l'assetto sociale è stato necessario un **intervento statale a sostegno dei soggetti economicamente e socialmente più deboli**, onde garantire piena attuazione al principio di uguaglianza di cui all'art. 3 Cost. Sono stati così riconosciuti i **diritti sociali**, destinati a garantire bisogni minimi vitali necessari ad assicurare un'esistenza libera e dignitosa. I diritti sociali sono quelli **riconosciuti all'uomo in qualità di membro di una formazione sociale**. La Costituzione, infatti, garantisce e tutela i diritti inviolabili dell'uomo non solo come singolo, ma anche nelle formazioni sociali nel cui ambito la sua personalità può trovare piena applicazione. I rapporti che rilevano sotto il profilo etico-sociale come culla dei principali diritti sociali sono dunque:

1) i **rapporti familiari**;
2) i rapporti relativi al mondo dell'**istruzione** che si affianca alla famiglia nella formazione della personalità dell'individuo.

Sono considerati diritti sociali anche i **diritti alla salute ed all'ambiente**, che rappresentano interessi preminenti della collettività poiché assicurano la salute psico-fisica dei suoi membri.

1. La famiglia.

A) Principi costituzionali

La primigenia formazione sociale in cui si svolge la personalità dell'uomo è indubbiamente la **famiglia**. Nella nostra Carta fondamentale si rinvengono specificamente tre articoli relativi alla famiglia:

- l'**art. 29 Cost.** pone a fondamento della famiglia il **matrimonio**, stabilendo che *"La Repubblica riconosce i diritti della famiglia come società naturale fondata sul matrimonio"* (comma 1). Il successivo comma 2 enuncia il principio dell'**eguaglianza morale e materiale dei coniugi**, la quale può essere tuttavia limitata dalla legge a garanzia dell'unità familiare;
- l'**art. 30 Cost.** è invece dedicato alla **condizione dei figli**, nei confronti dei quali è sancito il diritto-dovere dei genitori **al mantenimento, all'istruzione e all'educazione**;
- infine, l'**art. 31 Cost.**, a tutela della famiglia ed in particolare delle **famiglie numerose**, prevede che la Repubblica le agevoli tramite **misure economiche ed altre provvidenze.**

La materia è ispirata ai seguenti **principi generali**:

1) il riconoscimento della **famiglia come società naturale fondata sul matrimonio** alla quale sono riconosciuti **diritti e doveri** che prescindono da quelli dei suoi membri (art. 28, primo comma, Cost.);
2) la **libertà di scelta del proprio coniuge**;
3) l'**eguaglianza morale e giuridica dei coniugi**;
4) la tutela dell'**unità familiare**;
5) il **diritto-dovere** dei genitori di **mantenere**, **istruire** ed **educare** i propri **figli**.

B) Legislazione ordinaria

Dal punto di vista della legislazione ordinaria va sottolineato che la **legge 151 del 1975** ha modificato la disciplina dei rapporti familiari tenendo conto del principio dell'eguaglianza giuridica dei coniugi. In tale contesto, è stata abolita la potestà maritale, è stato esteso ad entrambi i coniugi il dovere di fedeltà e la patria potestà è stata sostituita dalla potestà parentale. Sempre in questo senso la **legge n. 54 del 2006** ha disciplinato l'affidamento condiviso dei figli.

Anche con riferimento alla filiazione nella legislazione ordinaria sono stati fatti molti passi avanti: già dal 1975 era stata abolita la denominazione di "**figlio illegittimo**", denominazione infamante che distingueva i bambini nati fuori dal matrimonio, da allora chiamati "**figli naturali**". Più di recente, la **legge n. 219 del 2012** ha eliminato qualsiasi forma di discriminazione tra figli legittimi e figli naturali, in nome del principio secondo il quale tutti i figli hanno lo stesso stato giuridico. La stessa legge ha anche sostituito la potestà parentale con la responsabilità genitoriale.

C) La famiglia di fatto

Anche la **famiglia di fatto** viene ricompresa nelle "formazioni sociali" tutelate dall'art. 2 Cost. A differenza di quella legittima, la famiglia di fatto è costituita da persone che, pur non essendo legate tra loro da alcun vincolo matrimoniale, convivono insieme agli eventuali figli nati dalla loro unione. In essa, dunque, manca un atto formale (il matrimonio), cui ricollegare il rapporto per qualificarlo giuridicamente.

D) Le unioni omosessuali

Con l'ormai celebre sentenza n. 138 del 2010 la Corte costituzionale ha affermato che nella nozione di "formazione sociale" di cui all'art. 2 Cost. è da annoverare anche l'unione omosessuale, intesa come "*stabile convivenza tra due persone dello stesso sesso, cui spetta il diritto fondamentale di vivere liberamente una condizione di coppia, ottenendone nei tempi, modi e limiti stabiliti dalla legge il riconoscimento con i connessi diritti e doveri*". Il regime giuridico applicabile alle coppie omosessuali è stato successivamente compiutamente disciplinato dalla **Legge Cirinnà** (L. 20 maggio 2016, n. 76), che ha introdotto nel nostro ordinamento l'istituto delle **unioni civili tra persone dello stesso sesso**, disciplinando altresì le **convivenze di fatto**. In particolare, l'art. 1 di tale legge stabilisce che l'unione civile è l'unione di due persone maggiorenni dello stesso sesso, costituita mediante dichiarazione di fronte all'ufficiale di stato civile e alla presenza di due testimoni.

2. Il diritto alla salute.

A) Definizione

Il **diritto alla salute**, l'unico diritto che la Costituzione definisce espressamente come "fondamentale", è tutelato dall'art. **32, comma 1, Cost.**, che lo rappresenta allo stesso tempo come un *diritto dell'individuo* e come *interesse della collettività*.

La giurisprudenza costituzionale fa riferimento al diritto alla salute come un **valore costituzionale primario**, "*sia per la sua inerenza alla persona umana, sia per la sua valenza di diritto sociale, caratterizzante la forma di Stato sociale disegnata dalla Costituzione*" (Corte costituzionale, *sent. n. 37/1991*).

Il diritto alla salute viene inteso:

- come **diritto alla complessiva situazione di integrità psico-fisica:** un **diritto primario ed assoluto**, pienamente operante anche **nei rapporti tra privati**; ne deriva un **obbligo alla riparazione** in caso di violazione del diritto stesso;
- come **diritto ai trattamenti sanitari**: in quest'ottica la Repubblica è chiamata a garantire "*cure gratuite agli indigenti*". Va tuttavia rilevato che il diritto ai trattamenti sanitari è garantito ad ogni persona come un diritto costituzionale ***condizionato*** all'attuazione che il legislatore ordinario ne dà attraverso il **bilanciamento dell'interesse tutelato da quel diritto con gli altri interessi costituzionalmente protetti**, tenuto conto dei limiti oggettivi che lo stesso legislatore incontra nella sua opera di attuazione, in relazione alle **risorse organizzative e finanziarie** di cui dispone (*sent. n. 304/1994*).

B) I trattamenti sanitari obbligatori

Il secondo comma dell'art. 32 Cost. introduce il tema dei **trattamenti sanitari obbligatori,** un'eccezione rispetto al principio generale, solennemente proclamato nella prima parte di questa stessa disposizione, secondo cui "*Nessuno può essere obbligato a un determinato trattamento sanitario se non per disposizione di legge*". Le condizioni di legittimità costituzionale alle quali deve sottostare qualsiasi legge impositiva di trattamenti sanitari obbligatori vanno rinvenute oltre che nella **riserva di legge statale** (generalmente ritenuta **relativa**), anche in un limite di contenuto alla legge, rappresentato dal rispetto del **limite irriducibile della persona umana**, posto che "*la legge non può in nessun caso violare i limiti imposti dal rispetto della persona umana*".

C) Il diritto ad un ambiente salubre

Nell'evoluzione della giurisprudenza costituzionale il diritto alla salute, come valore costituzionale primario, si estende, inoltre, fino a configurarsi – nel suo collegamento con l'art. 9, comma 2, Cost., ormai comunemente interpretato nel senso che prescrive non solo la tutela del paesaggio, ma anche del sistema ecologico – come **diritto ad un ambiente salubre**. Alla base di questa ricostruzione vi è un concetto di "salute" come **situazione generale di benessere dell'individuo** derivante anche, se non soprattutto, dal godimento di un ambiente salubre (MODUGNO).

3. La libertà dell'arte, della scienza e dell'insegnamento. La scuola.

A) Principi costituzionali

Anche la **libertà dell'arte e quella della scienza** sono protette dalla Costituzione rispetto a indebite ingerenze da parte dello Stato: ciò significa non solo che non possono esistere un'arte od una scienza di Stato (ossia orientate dallo Stato verso il conseguimento di determinate finalità), ma anche che all'artista e allo scienziato è concessa la massima libertà di espressione.

B) Libertà di insegnamento

La libertà dell'arte e della scienza rappresentano un presupposto, logico prima ancora che giuridico, della **libertà d'insegnamento** artistico e scientifico, che consiste nel garantire il docente contro ogni costrizione o condizionamento da parte dei pubblici poteri, assicurandogli un'assoluta autonomia circa gli indirizzi e gli orientamenti culturali da elaborare o da seguire. A questo proposito, deve essere rilevato che l'art. 33, ultimo comma, Cost. assicura alle **istituzioni di alta cultura, università ed accademie** il diritto di darsi **ordinamenti autonomi**; in questo contesto assume particolare importanza la **potestà statutaria** riconosciuta dal legislatore a garanzia dell'**autonomia universitaria.**
La libertà di insegnamento e l'autonomia delle istituzioni di alta cultura devono essere coordinate con la previsione secondo la quale il compito di **promuovere lo sviluppo della cultura e della ricerca scientifica e tecnologica** spetta alla Repubblica (art. 9, comma 1, Cost.): allo Stato, infatti, da un lato viene riconosciuto il potere di dettare le "norme generali sull'istruzione" (art. 33, comma 2, Cost.) e dall'altro viene imposto l'obbligo di istituire **scuole statali per tutti gli ordini e gradi** (art. 33, comma 2) con il correlato diritto, riconosciuto ad **enti e privati** dall'art. 33, comma 3, di istituire, purché *"senza oneri per lo Stato"*, scuole ed istituti di educazione (la cd. **libertà della scuola**), che, ai sensi del successivo comma 4 dell'art. 33, possono, con legge, essere **"parificati"** a quelli statali. A questo proposito, va sottolineato che l'esigenza di fornire agli scolari degli istituti cd. parificati una adeguata istruzione (analoga a quella degli scolari di istituti statali) è fatta salva sia attraverso l'imposizione a carico delle scuole non statali dell'obbligo di assicurare *"un **trattamento scolastico equipollente a quello degli alunni di scuole statali**"* (art. 33, comma 4), sia, e soprattutto, prescrivendo *"un **esame di Stato** per l'ammissione ai vari ordini e gradi di scuole o per la conclusione di essi e per l'abilitazione all'esercizio professionale"* (art. 33, comma 5).

C) Diritto allo studio

Viene infine in rilievo il **diritto allo studio,** riconosciuto dall'art. 34 Cost. a tutti i cittadini. L'intero articolo in esame è strutturato in maniera tale da garantire l'**effettività del diritto all'istruzione**: *"La scuola è aperta a tutti. L'istruzione inferiore, impartita per almeno otto anni, è obbligatoria e gratuita. I capaci e meritevoli, anche se privi di mezzi, hanno diritto di raggiungere i gradi più alti degli studi. La Repubblica rende effettivo questo diritto con borse di studio, assegni alle famiglie ed altre provvidenze, che devono essere attribuite per concorso"*.

Da ultimo, si deve ricordare che il sistema nazionale di istruzione e formazione è stato riformato, di recente, con la l. 13 luglio 2015, n. 107, **(c.d. "La Buona scuola")**, con lo scopo di operare una riforma significativa nel grande universo della scuola, focalizzandosi in modo maggiore su studenti e docenti, considerati i due protagonisti principali del processo di insegnamento-apprendimento.

4. Il diritto all'ambiente.

Il **diritto all'ambiente** viene oggi considerato a pieno titolo un diritto fondamentale dell'individuo, poiché è garantendo un ambiente salubre che si consente di mantenere le condizioni necessarie alla sopravvivenza. Nonostante ciò, il diritto all'ambiente non è annoverato tra i diritti fondamentali tutelati dalla Costituzione e per questo motivo è stata necessaria un'operazione interpretativa, all'esito della quale dottrina e giurisprudenza hanno ritenuto di ricondurlo nell'alveo degli artt. **2, 9 e 32 Cost.**

III ▶ RAPPORTI ECONOMICI

Premessa.

La cd. **Costituzione economica** comprende l'insieme delle disposizioni costituzionali del **Titolo III, Parte Prima**, dedicato appunto alla disciplina dei **rapporti economici.** Un primo gruppo di norme riguarda i **rapporti di lavoro** (artt. 35-40 Cost.), mentre altre disposizioni disciplinano le **libertà economiche** (libertà di iniziativa economica, esercizio del diritto di proprietà, disciplina dell'intervento pubblico nell'economia, artt. 41-47 Cost.).

1. Il diritto al lavoro, all'assistenza e alla previdenza sociale.

A) I diritti sociali dei lavoratori

Il **diritto al lavoro** è un fondamentale diritto di libertà della persona umana; l'importanza che gli è riconosciuta nella nostra società appare evidente già solo dalla lettura dell'art. 1 della nostra Costituzione: "*L'Italia è una Repubblica democratica, fondata sul lavoro*".

Al diritto al lavoro dei cittadini corrisponde, per quanto riguarda lo Stato, l'obbligo di indirizzare l'attività di tutti i pubblici poteri alla **creazione di condizioni economiche, sociali e giuridiche che consentano l'impiego di tutti i cittadini idonei al lavoro**. Eppure, il disposto costituzionale non contempla alcun riconoscimento né del diritto al conseguimento di un posto di lavoro, né di quello alla sua conservazione.

Il diritto al lavoro costituisce il principio ispiratore e nel contempo la norma fondamentale dell'insieme dei diritti e delle disposizioni costituzionali attinenti ai **rapporti di lavoro**. Al riguardo, vengono in rilievo:

- l'art. 35, comma 1, Cost., che impone ai pubblici poteri la **tutela del lavoro in tutte le sue forme ed applicazioni**, perseguendo, in particolare, la **cura della formazione e dell'elevazione professionale dei lavoratori**, nonché la **promozione degli accordi e delle organizzazioni internazionali** intese ad affermare e regolare i diritti del lavoro (art. 35, co. 2 e 3 Cost.);
- l'art. 36 Cost. che detta la regolamentazione di taluni punti essenziali del rapporto di lavoro (**retribuzione, durata della giornata lavorativa, riposi settimanali e ferie annuali**), offrendo in questo modo una garanzia ai più importanti diritti sociali interni al rapporto di lavoro stesso;
- l'art. 37 Cost. che introduce il **divieto** di operare nell'ambito del rapporto di lavoro **discriminazioni a danno delle donne e dei minori**, imponendo nel contempo una particolare tutela per la **lavoratrice madre**; la disposizione prosegue, ai commi 2 e 3, con l'impegno della Repubblica ad assicurare con "norme speciali" la **tutela del lavoro dei minori**, avendo particolare riguardo *"al limite minimo di età per il lavoro salariato"*. Il Codice delle pari opportunità tra uomo e donna (d.lgs. n. 5 del 2010) vieta qualsiasi discriminazione per quanto riguarda l'accesso al lavoro.

B) Tutela legislativa e giudiziaria del lavoro

Accanto alle norme costituzionali che tutelano il lavoratore come parte economica debole sullo scenario dell'economia di mercato - il riferimento è in particolare all'art. 38 Cost., il quale impone una retribuzione sufficiente, una limitazione dell'orario di lavoro, il diritto al riposo e alle ferie - dal punto di vista della legislazione ordinaria viene certamente in rilievo lo **Statuto dei lavoratori (legge n. 300 del 1970)**. La legge in questione detta alcuni principi fondamentali per la disciplina del lavoro:

- la **libertà di opinione** del lavoratore e il diritto di manifestare il proprio pensiero anche sul luogo di lavoro;
- il **divieto di sorvegliare i propri dipendenti**;
- l'obbligo per il datore di lavoro di procedere alla **contestazione** di eventuali infrazioni commesse dal lavoratore prima di comminare una sanzione;

- il divieto per il datore di lavoro di assegnare il lavoratore a mansioni inferiori rispetto a quelle per cui è stato assunto e il corrispondente diritto del lavoratore a non essere dequalificato;
- il diritto dei dipendenti di associarsi in sindacati e di svolgere attività sindacale libera, con corrispondente divieto per il datore di lavoro di operare discriminazioni fondate sull'attività sindacale del lavoratore.

Le norme costituzionali e quelle ordinarie ricevono una concreta tutela anche dal punto di vista giurisdizionale in quanto, a partire dal 1973, il legislatore ha introdotto un rito specifico per le vertenze in materia di lavoro - il **processo del lavoro** - ispirato a criteri di snellezza e semplicità e caratterizzato da:

- **oralità**;
- **immediatezza**;
- **massima concentrazione**;
- ampiezza dei **poteri istruttori del giudice**.

C) La sicurezza sociale

Per quanto attiene il **sistema di sicurezza sociale di cui all'art. 38 Cost.** è necessario distinguere tra **assistenza e previdenza sociale**, in quanto:

- il *rapporto giuridico assistenziale* prevede, dal lato attivo, il diritto del cittadino al mantenimento ed all'assistenza sociale e, dal lato passivo, l'obbligo di prestazioni assistenziali dirette a provvedere ai mezzi necessari per vivere, fondate unicamente sulla **solidarietà generale**;
- il *rapporto giuridico previdenziale* prevede, dal lato attivo, il diritto dei lavoratori, in quanto tali, ad essere forniti dei mezzi adeguati alle loro esigenze di vita e, dal lato passivo, l'obbligo di prestazioni previdenziali idonee a garantire la realizzazione di tale diritto, alimentate principalmente, ma non esclusivamente, dalle **contribuzioni versate** durante i periodi lavorativi, e dunque attraverso un **modello di tipo mutualistico-assicurativo**, che non esclude comunque il possibile ricorso alla solidarietà generale (COLAPIETRO-RUOTOLO).

Ai cittadini che versano **in stato di bisogno** viene accordata una tutela generale collegata alla **mancanza di mezzi necessari per vivere (assistenza sociale)**; ai lavoratori, invece, viene riconosciuta una tutela preferenziale, ovvero il diritto di avere *"mezzi adeguati alle loro esigenze di vita"*, al verificarsi delle specifiche condizioni costituzionalmente previste (**infortunio, malattia, invalidità e vecchiaia, disoccupazione involontaria**), che sono all'origine del rapporto giuridico previdenziale.

D) Autotutela dei lavoratori: organizzazione sindacale e diritto di sciopero

● L'organizzazione sindacale

Il **sindacato** è una libera organizzazione di lavoratori (subordinati o autonomi) o di datori di lavoro, avente per fine la tutela degli interessi collettivi degli associati. L'**art. 39, comma 1, Cost**. dispone che *"L'organizzazione sindacale è libera"*, riconoscendo così nel sindacato una manifestazione associativa rientrante nella **sfera dell'autonomia privata**. Questa solenne proclamazione della libertà dell'organizzazione sindacale comporta il riconoscimento della libertà di costituire una **pluralità di associazioni sindacali per ogni categoria economica e professionale** (cd. **pluralismo sindacale**) e di aderirvi o meno, essendo costituzionalmente tutelata anche la **libertà sindacale negativa**. La tutela dei diritti dei lavoratori è stata rafforzata con l'approvazione della legge n. 300 del 1970, il cd. **Statuto dei lavoratori**, che tra l'altro garantisce a tutti i lavoratori la libertà di *"costituire associazioni sindacali, di aderirvi e di svolgere attività sindacale all'interno dei luoghi di lavoro"* (art. 14), reprimendo nel contempo la condotta antisindacale del datore di lavoro.

● Il diritto di sciopero

Si definisce **sciopero** ogni astensione collettiva dal lavoro promossa dai sindacati - ma è ammesso che sia proclamato anche da gruppi intra-aziendali - e posta in essere da lavoratori subordinati, avente la finalità di ottenere, facendo pressione sugli imprenditori, miglioramenti della situazione economica e delle condizioni di lavoro rispetto a quelle disciplinate nel contratto collettivo (Martines). **L'art. 40**

Cost. statuisce che *"Il diritto di sciopero si esercita nell'ambito delle leggi che lo regolano"*. La disciplina legislativa del diritto di sciopero è stata introdotta soltanto nel 1990 relativamente allo **sciopero nei servizi pubblici essenziali** (legge n. 146 del 1990); nel frattempo dottrina e giurisprudenza hanno determinato l'ampiezza costituzionale di questo diritto. In particolare, in dottrina il diritto di sciopero è stato qualificato come **diritto individuale ad esercizio collettivo**, condizionato sì all'esistenza di un contratto di lavoro, ma non necessariamente relativo al rapporto giuridico instaurato con il datore di lavoro, tanto da risultare esercitabile anche nei confronti di altri soggetti, ed al fine di soddisfare **rivendicazioni di carattere più generale** (Colapietro-Ruotolo). Dal canto suo la giurisprudenza costituzionale ha ritenuto legittimo lo sciopero anche nelle ipotesi del cd. **sciopero di solidarietà** (cfr. Corte costituzionale, *sent. n. 123/1962*) e del cd. **sciopero economico-politico** (cfr. Corte costituzionale *sentt. n. 290/1974 e n. 165/1983*).
Come anticipato, nel 1990 è intervenuto il Legislatore, che tra l'altro ha riconosciuto uno "statuto" speciale per due forme di **sciopero riferibili proprio alla dimensione politica** – lo sciopero effettuato a difesa dell'ordine costituzionale e lo sciopero posto in essere per gravi eventi lesivi dell'incolumità e della sicurezza dei lavoratori – esonerandoli dall'osservanza degli obblighi di preavviso e di comunicazione della durata previsti per tutti gli scioperi nei servizi pubblici. Per quel che riguarda i **servizi pubblici essenziali**, ossia quelli volti a garantire il godimento dei diritti della persona, costituzionalmente tutelati, alla vita, alla salute, alla libertà ed alla sicurezza, alla libertà di circolazione, all'assistenza ed alla previdenza sociale, all'istruzione ed alla libertà di comunicazione (art. 1), la legge 146/1990 è stata modificata dalla legge 11 aprile 2000 n. 83 che ha introdotto l'obbligo di rispettare **l'erogazione delle prestazioni indispensabili**, imponendo peraltro il **preavviso** minimo non inferiore a dieci giorni e l'indicazione della **durata** dell'astensione dal lavoro.

2. L'iniziativa economica privata.

A) Libertà e limiti

L'art. **41 Cost**. sancisce la **libertà di iniziativa economica privata** - ossia la libertà di intraprendere un'attività economica e di organizzare le risorse umane e materiali necessarie per svolgere tali attività - sottoponendola, tuttavia, a penetranti vincoli:

- **limiti negativi**: secondo il dettato costituzionale l'iniziativa economica **non può** contrastare con l'utilità sociale né può recare danno alla sicurezza, alla libertà e alla dignità umana;
- **limite positivo**: la finalità sociale di cui al terzo comma dell'art. 41 Cost. A questo proposito deve essere rilevato che in un primo momento si è fatto ricorso allo strumento, rivelatosi peraltro fallimentare, della **programmazione economica nazionale;** solo nel 1990, con la legge n. 287, il legislatore italiano ha introdotto una **legislazione generale *antitrust***, diretta ad impedire la formazione di posizioni dominanti sul mercato, che possano falsare il libero gioco della concorrenza fra imprese;
- ulteriori vincoli: art. 43 Cost., alla cui lettura si rinvia, il quale disciplina **le nazionalizzazioni** o **le collettivizzazioni** di determinate imprese o categorie di imprese di **"preminente interesse generale".**

B) La libera concorrenza

Dall'alveo della libertà di iniziativa economica sono **escluse** tutte quelle pratiche volte a creare **distorsioni del mercato e pregiudizio per i consumatori**. Si pensi alle intese tra imprese, agli abusi di posizione dominante e alle operazioni di concentrazione. Lo Stato si riserva una forma di intervento per garantire la **tutela della concorrenza**, che rientra tra le materie di competenza esclusiva statale secondo l'art. 117 Cost. Dal punto di vista della legislazione ordinaria la **legge n. 287 del 1990** vieta tutte le pratiche volte a falsare, limitare o impedire il gioco della concorrenza all'interno del mercato. Inoltre, la stessa legge **ha istituito l'Autorità Garante della concorrenza e del mercato**, i cui compiti sono garantire la tutela della concorrenza e del mercato, contrastare le pratiche commerciali scorrette nei confronti dei consumatori e delle microimprese, tutelare le imprese dalla pubblicità ingannevole e comparativa, nonché vigilare affinché nei rapporti contrattuali tra aziende e consumatori non vi siano clausole vessatorie; vigilare sui conflitti di interesse in cui possono incorrere i titolari di cariche di Governo; attribuire alle imprese che ne facciano richiesta il *rating* di legalità. Inoltre, le competenze dell'Autorità comprendono anche: la repressione degli abusi di dipendenza economica che abbiano rilevanza per la tutela della concorrenza e del mercato, l'applicazione della normativa nazionale relativa al ritardo nei pagamenti; il potere di vigilanza sulla commercializzazione dei diritti sportivi; i poteri consultivi previsti dal Codice delle comunicazioni elettroniche in materia di trasferimento delle radiofrequenze e di analisi dei mercati rilevanti dei prodotti e servizi relativi alle comunicazioni elettroniche.

C) Impresa cooperativa e impresa artigiana

L'art. 45 Cost. disciplina due forme particolari di organizzazione produttiva:

- **l'impresa cooperativa:** la norma in esame tutela la **cooperazione a carattere di mutualità e senza fini di speculazione privata**. Il riferimento è alle cooperative aperte a chiunque, secondo il c.d. principio della porta aperta, all'interno delle quali sia garantita la pariteticità della partecipazione degli aderenti, secondo il c.d. principio dell'una testa un voto (NIGRO). A fronte di queste caratteristiche lo Stato riconosce a queste formazioni sociali agevolazioni fiscali ed incentivi conseguenti alla gestione democratica dell'attività economica;
- **l'impresa artigiana**: viene invece tutelata a prescindere dal riconoscimento di una concreta funzione sociale, come forma di produzione debole e particolare ipotesi di piccola impresa.

3. La disciplina costituzionale della proprietà.

A) Proprietà pubblica e privata

La nostra Costituzione si occupa della proprietà privata agli artt. 42, 43, 44 e 47 Cost. Al primo comma dell'art. 42 Cost. la proprietà viene distinta in **pubblica e privata** e si dispone che i beni economici appartengono allo Stato, ad enti o a privati.

I **beni pubblici** si distinguono da quelli privati per il loro diverso regime giuridico. Essi possono essere di proprietà dello Stato, delle Regioni, delle Province, dei Comuni o di altri enti pubblici. Le due tradizionali categorie nelle quali è diviso il **patrimonio pubblico** sono quelle dei beni demaniali e dei beni patrimoniali. I beni demaniali **si distinguono** in:

- **beni demaniali necessari,** che, per qualità intrinseche, possono appartenere solo allo Stato o agli enti territoriali. Tradizionalmente si è fatto rientrare in tale categoria: il demanio marittimo (il lido del mare, la spiaggia, i porti e le rade, le lagune, i canali utilizzabili per uso pubblico marittimo e infine le pertinenze del demanio marittimo); il demanio idrico (i fiumi, i torrenti, i laghi e le altre acque sorgenti, gli acquedotti, i canali e i bacini artificiali, i porti destinati alla navigazione interna); il demanio militare (le opere permanenti destinate alla difesa nazionale, quali le fortezze, le piazzeforti, le linee fortificate e trincerate, nonché le opere destinate al servizio delle comunicazioni militari, quali porti, aerodromi, strade, ferrovie, funivie, linee telegrafiche e telefoniche, stazioni radio, meteorologiche e radar, ecc., e i ricoveri antiaerei);
- **beni demaniali eventuali o accidentali**: si tratta di beni che possono essere di proprietà privata ma che, se appartengono ad un ente territoriale, entrano a far parte del demanio. Fanno parte della categoria i beni del demanio stradale, ferroviario, aeronautico, storico, archeologico, artistico, bibliografico, archivistico.

Ai sensi dell'art. 822 c.c. **appartengono allo Stato e fanno parte del demanio pubblico:** il lido del mare, la spiaggia, le rade e i porti; i fiumi, i torrenti, i laghi e le altre acque definite pubbliche dalle leggi in materia; le opere destinate alla difesa nazionale. Fanno, invece, parte del demanio **soltanto se appartengono allo Stato** le strade, le autostrade e le strade ferrate; gli aerodromi; gli acquedotti; gli immobili riconosciuti d'interesse storico, archeologico e artistico a norma delle leggi in materia, le raccolte dei musei, delle pinacoteche degli archivi, delle biblioteche; gli altri beni che sono dalla legge assoggettati al regime proprio del demanio pubblico. Tutti i beni demaniali, a norma dell'art. 823 c.c., *"sono inalienabili e non possono formare oggetto di diritti a favore di terzi, se non nei modi e nei limiti stabiliti dalle leggi che li riguardano"*.

I **beni patrimoniali** si distinguono in:

- **beni del patrimonio indisponibile**, a loro volta distinti nelle due sottocategorie dei beni indisponibili **per natura**, che per le proprie caratteristiche appartengono istituzionalmente allo Stato e sono destinati a pubblico servizio - le miniere, le acque minerali e termali; le cave e le torbiere sottratte al proprietario del fondo; le foreste dello Stato – e dei beni indisponibili **per destinazione**, che sono asserviti a finalità pubbliche **per legge o per provvedimento amministrativo**. L'art. 828 c.c. dispone che gli stessi *"non possono essere sottratti alla loro destinazione, se non nei modi stabiliti dalle leggi che li riguardano"*;
- **beni del patrimonio disponibile**, individuati in via residuale rispetto ai precedenti, di **proprietà di enti pubblici** ma assoggettati al **regime ordinario della proprietà privata.**

B) Caratteri e limiti

La disciplina della proprietà ha subito una profonda **evoluzione** nel corso del tempo: inizialmente concepita come inviolabile (Statuto Albertino), già con il Codice civile del 1942 essa era stata limitata e, infine, nella **Costituzione** repubblicana ha perso la sua connotazione soggettivistica per assurgere a **strumento di realizzazione della funzione sociale** nei limiti stabiliti dal legislatore (art. 42, comma 2 Cost.).

L'art. **44 Cost**. dispone, in ordine alla **proprietà terriera**, che la legge, al fine di conseguire il razionale sfruttamento del suolo e di stabilire equi rapporti sociali (e, dunque, al fine di assicurare la **funzione sociale della proprietà**) impone obblighi e vincoli alla proprietà terriera privata, fissa limiti alla sua estensione secondo le Regioni e le zone agrarie, promuove ed impone la bonifica delle terre, la trasformazione del latifondo e la ricostituzione delle unità produttive e aiuta la piccola e media proprietà.

Infine, a norma dell'art. **47, comma 2 Cost**. la legge, sempre al fine di assicurare la **funzione sociale della proprietà**, favorisce l'accesso del **risparmio popolare** alla proprietà dell'abitazione, alla proprietà diretta coltivatrice e al diretto e indiretto investimento azionario nei grandi complessi produttivi del Paese. La norma si inserisce nella più generale previsione, espressa nel comma 1, della **tutela del risparmio** in tutte le sue forme e nel controllo dell'**esercizio del credito** (*"La Repubblica incoraggia e tutela il risparmio in tutte le sue forme; disciplina, coordina e controlla l'esercizio del credito"*).

C) Espropriazioni e indennizzo

L'**art. 42 Cost.** dispone che la proprietà può essere **espropriata** solo dietro **indennizzo**. Una disciplina organica dell'espropriazione è stata dettata nel 2001, con il DPR n. 327 (**Testo Unico delle espropriazioni**). Si tenga presente che solo **concrete ragioni di pubblica utilità** possono giustificare un esproprio.

D) Le collettivizzazioni

L'**art. 43 Cost.** dispone che *"A fini di utilità generale la legge può riservare originariamente o trasferire, mediante espropriazione e salvo indennizzo, allo Stato, ad enti pubblici o a comunità di lavoratori o di utenti determinate imprese o categorie di imprese, che si riferiscano a servizi pubblici essenziali o a fonti di energia o a situazioni di monopolio ed abbiano carattere di preminente interesse generale*". Autorevole dottrina ha ritenuto che tutte le operazioni previste dall'art. 43 Cost. possano essere ricondotte al comune alveo delle "**collettivizzazioni**", macrocategoria all'interno della quale possono distinguersi:

- **statalizzazioni/regionalizzazioni/municipalizzazioni** = nel caso in cui la collettivizzazione è posta in essere da un ente territoriale;
- **nazionalizzazioni** = se operate da un organismo centrale, come accaduto nel settore dell'energia elettrica.

4. La tutela del risparmio.

La nostra Costituzione incoraggia sia i singoli che le famiglie al **risparmio in tutte le sue forme** e presenta un modello di Repubblica che favorisce l'accesso del risparmio popolare, alla proprietà dell'abitazione, alla proprietà diretta coltivatrice e al diretto e indiretto investimento azionario nei grandi complessi produttivi del Paese. Il **settore bancario**, sicuramente tra i protagonisti nelle vicende dei risparmiatori, viene sottoposto a pregnanti controlli da parte di organi quali il Comitato interministeriale per il credito e il risparmio, il Ministro dell'Economia e delle Finanze e la Banca d'Italia.

IV ▶ RAPPORTI POLITICI

1. Premessa. Democrazia rappresentativa e democrazia diretta.

Nell'ordinamento italiano il **Parlamento**, i cui membri risultano designati direttamente da parte dal corpo elettorale, è l'unico **organo a legittimazione democratica.** Le sole **eccezioni** alla designazione elettiva riguardano, ai sensi dell'art. 59 Cost., i Senatori a vita.
È importante sottolineare sin da subito che il fatto che la Costituzione italiana sposi il sistema della **democrazia rappresentativa** non esclude la presenza di alcuni **istituti di democrazia diretta**: invero, il popolo partecipa alla funzione legislativa, oltre che attraverso i suoi rappresentanti in Parlamento, anche **direttamente** mediante i ***referendum***, abrogativo e costituzionale, e l'**iniziativa legislativa**; inoltre, tradizionalmente tra gli istituti di democrazia diretta si annovera anche il diritto di presentare **petizioni** alle Camere.

2. L'elettorato attivo e passivo.

A) Il diritto di elettorato attivo (art. 48 Cost.)

Possono eleggere i membri della Camera e del Senato i cittadini che godono del **diritto di elettorato attivo.** Più nello specifico, sono elettori:
1) della **Camera dei deputati** i cittadini maggiorenni (art. 48, co. 1 Cost.);
2) del **Senato della Repubblica**, a seguito della recente riforma costituzionale, ad opera della l.c. 18 ottobre 2021, n. 1, i cittadini maggiorenni; prima di detta modifica l'elettorato attivo per il Senato era riconosciuto a coloro che avevano superato il venticinquesimo anno di età (art. 58, co. 1 Cost.).
Il diritto di voto consiste essenzialmente nel diritto di essere **iscritto nelle liste elettorali, partecipare alle elezioni degli organi rappresentativi dello Stato e degli enti pubblici territoriali** e **votare nei vari referendum** previsti nella Costituzione. È importante sottolineare che, pur non essendo un obbligo giuridico, l'esercizio del diritto di voto si configura come ***"dovere civico"***.
Il riconoscimento della capacità elettorale è legato a determinati requisiti:

- positivi: per votare è necessario avere la **cittadinanza** ed essere **maggiorenni**. Il riferimento alla cittadinanza fa del diritto di voto un tipico diritto politico. Sulla maggiore età va tenuto presente che la stessa Costituzione prevede una deroga per l'elezione dei Senatori, alla quale possono partecipare i cittadini che abbiano compiuto i 25 anni;
- negativi: l'art. 48, comma 4, Cost., stabilisce che *"Il diritto di voto non può essere limitato se non per **incapacità civile** o per effetto di **sentenza penale irrevocabile** o nei casi di **indegnità morale** indicati dalla legge"*. Nell'ordinamento italiano sono considerati **incapaci** i minori, gli interdetti e parzialmente gli inabilitati, ma il legislatore ordinario ha riconosciuto ai ricoverati in ospedali psichiatrici, agli interdetti e agli inabilitati la capacità elettorale (art. 11, legge n. 180/1978).

Si definisce **corpo elettorale** l'insieme degli individui dotati della **cittadinanza** e del **diritto di elettorato attivo** (MAZZIOTTI).

B) L'elettorato passivo

Sono eleggibili e, dunque, godono del **diritto di elettorato passivo,** per quanto riguarda la **Camera** tutti gli elettori che nel giorno delle elezioni hanno compiuto venticinque anni di età (art. 56, comma 3, Cost.) e per quanto riguarda il **Senato** quelli che hanno compiuto il quarantesimo anno (art. 58, comma 2, Cost.).
Con legge cost. 17 gennaio 2000, n. 1 è stato modificato l'art. 48 della Costituzione, con l'inserimento di un nuovo comma 3, che così dispone: *"La legge stabilisce requisiti e modalità per l'esercizio del* ***diritto di voto dei cittadini residenti all'estero*** *e ne assicura l'effettività. A tal fine è istituita una circoscrizione Estero per l'elezione delle Camere, alla quale sono assegnati seggi nel numero stabilito da norma costituzionale e secondo criteri stabiliti dalla legge"*. Con legge cost. 23 gennaio 2001, n. 1 (e da ultimo, con l. cost. 19 ottobre 2020, n. 1), sono stati modificati gli artt. 56 e 57 Cost., mediante attribuzione di otto (dodici prima della l. cost. del 2020) deputati alla circoscrizione Estero della Camera e di quattro (sei prima della l. cost. del 2020) senatori alla corrispondente circoscrizione del Senato. A queste disposizioni costituzionali è stata data attuazione con legge 27 dicembre 2001, n. 459, recante norme per l'esercizio del diritto di voto dei cittadini italiani residenti all'estero.
Le cause di esclusione dall'elettorato attivo di cui all'ultimo comma dell'art. 48 Cost. - ***incapacità civile***, ***sentenza penale irrevocabile***, *casi di* ***indegnità morale*** *indicati dalla legge* - valgono, al tempo stesso, per **l'elettorato passivo**, posto che per acquisire quest'ultimo è necessario essere iscritti nelle liste elettorali di un Comune.
In tema di elettorato passivo è necessario distinguere **tre situazioni che possono in qualche modo interferire**:
1) **Ineleggibilità** → non può partecipare alle elezioni chi si trova in una posizione di vantaggio determinata da una carica ricoperta che potrebbe influenzare gli elettori. Si faccia l'esempio dei magistrati, i quali non possono candidarsi nelle circoscrizioni sottoposte alla giurisdizione degli uffici cui sono assegnati. In caso di violazione di norme relative all'ineleggibilità determina la **nullità** della relativa elezione.
2) **Incompatibilità** → ricoprire determinate cariche può determinare la necessità, qualora il candidato risulti vincitore delle elezioni, di scegliere se mantenere la propria carica oppure accedere alla nuova. A titolo di esempio, sono incompatibili con lo *status* di parlamentare:
- la carica di Presidente della Repubblica (art. 84 Cost.);
- la carica di Parlamentare europeo (art. 5 bis della legge 18/1979);
- gli incarichi amministrativi di vertice nelle amministrazioni statali, regionali e locali (d.lgs. n. 39 del 2013).

3) **Incandidabilità** → il d.lgs. 235 del 2012 - *Testo unico delle disposizioni in materia di incandidabilità e di divieto di ricoprire cariche elettive e di Governo conseguenti a sentenze definitive di condanna per delitti non colposi* - ha disciplinato alcune ipotesi di incandidabilità che conseguono alla pronuncia di sentenze definitive di condanna per determinati delitti. Queste le categorie che l'art. 1 del decreto in esame esclude dall'accesso alle elezioni:
a) coloro che hanno riportato condanne definitive a pene superiori a due anni di reclusione per i delitti, consumati o tentati, previsti dall'articolo 51, commi 3-*bis* e 3-*quater*, del codice di procedura penale;
b) coloro che hanno riportato condanne definitive a pene superiori a due anni di reclusione per i delitti, consumati o tentati, previsti nel libro II, titolo II, capo I, del codice penale;
c) coloro che hanno riportato condanne definitive a pene superiori a due anni di reclusione, per delitti non colposi, consumati o tentati, per i quali sia prevista la pena della reclusione non inferiore nel massimo a quattro anni, determinata ai sensi dell'articolo 278 del codice di procedura penale.

C) La parità di accesso alle cariche elettive

Ai sensi **dell'art. 51 Cost**. *"Tutti i cittadini dell'uno o dell'altro sesso possono accedere agli uffici pubblici e alle cariche elettive in condizioni di eguaglianza, secondo i requisiti stabiliti dalla legge"*.
In passato sono state approvate alcune leggi che riservavano delle quote delle assemblee elettive alle donne (si vedano le leggi nn. 81 e 415 del 1993). La Corte costituzionale, tuttavia, è intervenuta per dichiarare l'illegittimità costituzionale di queste previsioni legislative che - secondo i giudici delle leggi - violavano l'uguaglianza imposta dall'art. 51 Cost., ispirata a un'assoluta parità che non poteva trovare riflesso in un sistema preferenziale per le donne. Nonostante ciò, **la legge costituzionale n. 3 del 2001**,

nell'ambito della riforma del Titolo V, ha disposto che "*le leggi regionali rimuovono ogni ostacolo che impedisce la piena parità degli uomini e delle donne nella vita sociale, culturale ed economica e promuovono la parità di accesso tra donne e uomini alle cariche elettive*" (art. 117, comma 7 Cost.). Si tratta di una norma che, per la prima volta, pone basi costituzionali per le azioni positive consistenti - stando alla nozione sposata dal Codice delle pari opportunità - *in misure volte alla rimozione degli ostacoli che di fatto impediscono la realizzazione di pari opportunità, nell'ambito della competenza statale, sono dirette a favorire l'occupazione femminile e realizzare l'uguaglianza sostanziale tra uomini e donne nel lavoro*. In linea con ciò, la legge costituzionale n. 1 del 2003 è intervenuta direttamente sull'art. 51 Cost., aggiungendo una nuova parte al primo comma dell'articolo che oggi dispone: "*A tal fine la Repubblica promuove con appositi provvedimenti le pari opportunità tra donne e uomini*".

D) Caratteri del voto e rapporto rappresentativo

Quanto ai **caratteri del voto**, il comma 2 dell'art. 48 Cost. dispone che il voto è:

- **personale**: deve essere esercitato personalmente, non essendo ammesso il voto "per procura";
- **eguale**: ciascun voto ha lo stesso valore di tutti gli altri, quale che sia la posizione personale, sociale ed economica dell'elettore;
- **libero:** l'ordinamento deve impedire che l'elettore subisca pressioni o coazioni;
- **segreto:** a garanzia della libertà dell'elettore.

Tra **eletti ed elettori** si instaura il cd. **"rapporto rappresentativo"**, che si caratterizza per l'inesistenza, in capo agli elettori, di revocare gli eletti e per il fatto che questi ultimi non rappresentano i loro elettori, ma una entità astratta, la Nazione. L'art. 67 Cost. prevede espressamente il cd. **divieto del mandato imperativo**, sancendo che "*Ogni membro del Parlamento rappresenta la Nazione ed esercita le sue funzioni senza vincolo di mandato*". Ciò significa che i membri del Parlamento, rappresentando l'intera Nazione e non i singoli elettori, e ancor meno i partiti, hanno unicamente una **responsabilità politica** nei confronti del corpo elettorale e non già giuridica, sicché agli stessi va riconosciuta la più ampia libertà di espressione e di azione nell'esercizio della funzione, potendo anche passare nel corso della legislatura a gruppo parlamentare diverso da quello originario relativo alla lista di elezione.

E) Il voto degli italiani all'estero

Con la legge costituzionale n. 1 del 2000 è stata apportata una modifica all'art. 48 Cost., che da allora assicura ai **cittadini italiani residenti all'estero** l'esercizio del diritto di voto mediante l'introduzione della c.d. Circoscrizione Estero per l'elezione delle Camere.

3. I sistemi elettorali.

A) Nozione

La locuzione **sistemi elettorali** sta ad indicare il complesso di norme che regolano la ripartizione dei seggi per la rappresentanza di un determinato corpo elettorale (MARTINES). La nostra Costituzione non menziona i sistemi elettorali per la formazione delle due Camere perché l'Assemblea costituente non volle prendere posizione al riguardo, preferendo riservare queste scelte al Parlamento.

B) Sistemi maggioritari

In linea generale, è possibile **distinguere i sistemi elettorali maggioritari da quelli non maggioritari.** Nel **sistema maggioritario** i seggi attribuiti al collegio vengono assegnati ai candidati che abbiano ottenuto la maggioranza dei voti (relativa, assoluta o qualificata). Nei sistemi a maggioranza assoluta possono essere introdotti correttivi volti a far fronte all'eventualità in cui nessuno dei candidati ottenga la maggioranza prevista per l'assegnazione dei seggi. Ad esempio, con il cd. **sistema a doppio turno** il mancato raggiungimento della maggioranza richiesta comporta un secondo passaggio elettorale che vede in lizza i candidati che abbiano ottenuto il maggior numero dei voti o, comunque, raggiunto una certa soglia (cd. **voto di ballottaggio**): risulterà eletto chi al ballottaggio otterrà più voti. I sistemi di questo

tipo presentano diversi **vantaggi**:
- assicurano il massimo collegamento fra gli elettori ed i candidati;
- evitano l'eccessivo frazionamento del sistema partitico;
- facilitano l'accesso al Parlamento di spiccate personalità;
- impediscono gli accessi della partitocrazia (MARTINES)

Vi sono, tuttavia, anche alcuni **inconvenienti:**
- favoriscono la polarizzazione fra i due partiti maggiori;
- sotto-rappresentano i partiti minori, a danno della rappresentatività delle minoranze politiche.

C) Sistemi proporzionali

Con i **sistemi proporzionali** si assicura alle diverse parti politiche un numero di seggi in proporzione ai voti ottenuti. Ciò avviene essenzialmente mediante la determinazione della **cifra elettorale circoscrizionale**, pari al numero dei voti validamente espressi nella circoscrizione, che, divisa per il numero dei seggi da assegnare in quella circoscrizione, dà il **quoziente elettorale circoscrizionale**, il quale costituisce il patrimonio di voti che ciascuna lista deve aver conseguito per ottenere il seggio. Tutte le liste che raggiungono tale quoziente partecipano alla ripartizione dei seggi: determinata, infatti, la **cifra elettorale di lista**, data dal numero dei voti ottenuti nella circoscrizione da ciascuna lista, i seggi verranno distribuiti in base al rapporto instauratosi fra quoziente e cifra elettorale di lista.
Nel dettaglio, l'assegnazione dei seggi nei sistemi proporzionali può avvenire in base a diversi criteri:
- ***metodo del quoziente***: i seggi vengono assegnati a ciascuna lista in misura pari al risultato della divisione fra cifra e quoziente (così, dato il quoziente elettorale pari a 100, se la lista A ha ottenuto 500 voti, ad essa verranno assegnati cinque seggi, ecc.);
- ***metodo d'Hondt***: stabilita la cifra elettorale di ciascuna lista, si provvede a dividerla per 1, 2, 3, ecc. sino alla concorrenza del numero dei seggi: se i seggi da assegnare saranno 5, la cifra elettorale sarà conseguentemente divisa per cinque volte; fatto questo si procederà ad individuare i quozienti più alti ed in base a ciò attribuire i seggi alle liste cui appartengono quei quozienti.

Anche i sistemi proporzionali presentano **vantaggi e inconvenienti**: il Parlamento che ne risulta rispecchia più fedelmente la volontà degli elettori, ma viene favorito il frazionamento fra diversi partiti, con la conseguenza che i risultati delle elezioni potrebbero rendere difficile la formazione di stabili maggioranze di governo.

Onde attenuare l'effetto di frammentazione che può accompagnarsi all'utilizzo di sistemi elettorali proporzionali, sono previsti **correttivi** come:
- la previsione di **clausole di sbarramento**, che consentono di partecipare alla ripartizione dei seggi soltanto alle forze politiche che abbiano raggiunto un *quorum* minimo di suffragi, ritenuto significativo in termini di consenso;
- l'introduzione di un **premio di maggioranza** mediante il quale si attribuisce alle forze che abbiano superato un certo *quorum* di voti di vedersi attribuito un numero di seggi ulteriore di modo da ottenere la maggioranza dei seggi in Parlamento.

Tendenzialmente, i sistemi maggioritari privilegiano la **stabilità politica** rispetto alla **rappresentatività** delle assemblee elettive, al contrario di quanto accade con i sistemi proporzionali (MARTINES).

D) Individuazione dei candidati

Qualunque sia il sistema prescelto, al fine di **individuare** quali **candidati** di ogni lista andranno a sedere in Parlamento, si possono seguire diverse strade:
a) tener conto delle **preferenze** che ciascun elettore avrà indicato nella scheda elettorale in favore di un candidato della lista e considerare eletti i candidati con maggior numero di preferenze, fino alla concorrenza del numero dei seggi assegnati alla lista;
b) tener conto dell'ordine dei candidati della lista, laddove non sia data all'elettore la possibilità di esprimere delle preferenze (cd. **lista bloccata**) e ritenere eletti progressivamente i candidati posti in posizione più elevata nella lista (il primo, il secondo, ecc.), sempre sino alla concorrenza del numero dei

seggi attribuiti alla lista (è quanto oggi prevede la vigente legge elettorale per la Camera e per il Senato).
Tutte le caratteristiche fin qui indicate possono variamente combinarsi tra loro e dar vita a **sistemi elettorali misti**.
Occorre infine rimarcare la **differenza tra sistemi imperniati su collegi uninominali o su collegi plurinominali:**

- si parla di *collegi uninominali* in presenza di circoscrizioni elettorali nelle quali gli elettori sono chiamati a scegliere un solo rappresentante fra i vari candidati in lizza, in quanto è uno solo il seggio che in quel collegio si assegna;
- per converso, il *collegio plurinominale* si caratterizza per il fatto che gli elettori sono chiamati a scegliere in quella circoscrizione due o più rappresentanti, in ragione del numero (plurale, appunto) dei seggi imputati al collegio.

► 3.1. Il sistema elettorale italiano

A) Premessa

È fondamentale rilevare sin da subito che il sistema elettorale italiano è stato da ultimo modificato con il c.d. **Rosatellum,** dal nome del deputato relatore, Ettore Rosato (anche noto agli organi di stampa come Rosatellum *bis*), la **legge 3 novembre 2017, n. 165**.
In precedenza, con la **sentenza n. 1 del 2014** la Corte costituzionale aveva tacciato di illegittimità costituzionale la disciplina elettorale allora vigente. A seguito della pronuncia era stata approvata la **legge n. 52 del 6 maggio 2015, il c.d. Italicum**, a sua volta colpita da sentenza di incostituzionalità **(*Corte costituzionale, sentenza n. 35 del 2017*)**.
Nei prossimi paragrafi saranno analizzati i passaggi fondamentali che hanno portato all'attuale sistema elettorale.

B) La riforma del 1993

Dalle prime elezioni repubblicane e fino al 1993 i sistemi elettorali per l'elezione della Camera e del Senato in Italia sono stati sostanzialmente **proporzionali**, al fine di garantire una effettiva **rappresentatività** a tutti i movimenti politici attivi.
Dopo l'entrata in vigore della Costituzione, per le elezioni politiche del 18 aprile 1948 venne adottato, per il **Senato**, un sistema formalmente fondato su collegi uninominali, ma in sostanza proporzionale puro (legge n. 29 del 1948). Va ricordato che la composizione del primo Senato fu stabilita in parte dalla stessa Costituzione e precisamente dalla III disposizione transitoria, in base alla quale furono nominati senatori, con decreto del Presidente della Repubblica, i Costituenti appartenenti a particolari categorie, fra le quali gli *ex* senatori, i deputati aventiniani e i condannati al carcere dal Tribunale speciale: in tutto 106 senatori non elettivi.
Nel 1953 l'allora presidente del Consiglio De Gasperi volle introdurre una riforma elettorale in senso maggioritario finalizzata a ridurre l'instabilità dei Governi di coalizione: la legge n. 148 del 1953 (anche nota come c.d. Legge truffa, per l'epiteto con cui fu additata dai parlamentari dell'opposizione) assegnava un premio di maggioranza, costituito dal 65% dei seggi parlamentari, ai partiti apparentati che avessero superato il 50% più uno dei voti validi. Alle elezioni del 7 giugno 1953, i partiti apparentati non raggiunsero il 50 % e quindi il premio di maggioranza non scattò e la legge venne abrogata l'anno successivo.
Per le successive 9 tornate elettorali (dal 25 maggio 1958 al 5 aprile 1992) si tornò al sistema proporzionale.
Nel 1990 sono stati promossi tre *referendum* in materia elettorale, tra cui quelli per modificare in senso uninominale maggioritario la legge elettorale del Senato e per abolire la preferenza multipla per i candidati di lista della Camera.
La Corte costituzionale, tuttavia, con la sentenza n. 47 del 1991 ammise solo il *referendum* sulla preferenza unica alla **Camera**, che si è svolto il successivo 9 giugno 1991 e ha visto trionfare il sì (98 % dei votanti).
In seguito, il comitato promotore chiese una nuova consultazione referendaria sulla legge elettorale del

Senato, che si svolse il 18 aprile 1993. Il quesito fu approvato dall'82 % dei votanti.
In seguito, furono approvate **le leggi elettorali nn. 276 e 277 del 1993** (la riforma del 1993 è anche nota come c.d. **Mattarellum**), che introdussero un sistema misto a prevalenza maggioritaria nell'ambito del quale 3/4 dei deputati e dei senatori erano eletti in collegi uninominali secondo la regola della *plurality*, che assegna il seggio al candidato che ottiene più voti rispetto agli altri (sistema maggioritario), mentre i restanti erano eletti secondo il metodo D'Hondt (sistema proporzionale).

C) La riforma del 2005

Nel **2005**, con la legge n. 270 – comunemente nota come Legge Calderoli, o ***Porcellum*** - il sistema elettorale è stato nuovamente modificato ed è stato reintrodotto il **sistema proporzionale, a liste bloccate, con soglia di sbarramento e premi di maggioranza** (nazionale alla Camera, regionale per il Senato).
Nel sistema adottato nel 2005 il procedimento elettorale si apre con il decreto del Presidente della Repubblica (art. 87, comma 3, Cost.) che, su deliberazione del Consiglio dei ministri (art. 4 d.lgs. n. 533 del 1993 e art. 11 d.P.R. n. 361 del 1957), indice le elezioni (**indizione delle elezioni**).
A questo punto i partiti formano e presentano le liste dei candidati (**Formazione e presentazione delle liste**) e devono depositare, presso il Ministero dell'Interno, il contrassegno con il quale dichiarano di voler distinguere le liste nelle singole circoscrizioni. Contestualmente al deposito del contrassegno, i partiti o i gruppi politici che si candidano a governare depositano il programma elettorale, nel quale dichiarano il nome e cognome della persona da loro indicata come capo della forza politica o, nel caso di collegamento di liste, come unico capo della coalizione.
Con la presentazione e la pubblicazione delle candidature si apre la **campagna elettorale** che dura sino al giorno precedente la votazione e che è regolata, in nome della *par condicio* fra candidati, dalle leggi 10 dicembre 1993, n. 515 e 22 febbraio 2000, n. 28, mentre la disciplina delle affissioni e degli stampati è ancora dettata dalla legge 4 aprile 1956, n. 212. Le elezioni si svolgono in due giorni (domenica e lunedì) come previsto a partire dalla legge n. 62 del 2002, presso le varie sezioni in cui è costituito un seggio elettorale. Subito dopo si procede alla **ripartizione dei seggi**.
Sempre la **disciplina del 2005** prevede che le **elezioni del Senato e della Camera** vengano disciplinate, rispettivamente, dal d.lgs. 20 dicembre 1993, n. 533 e dal d.P.R. 30 marzo 1957, n. 361, come modificati dalla legge 21 dicembre 2005, n. 270. Secondo tali norme, alla **Camera dei deputati**, partecipano al riparto dei seggi:

- le **coalizioni** che abbiano conseguito sul piano nazionale almeno il 10% dei voti validi espressi, a condizione che almeno una tra le liste collegate abbia ottenuto almeno il 2% dei voti (oppure una lista collegata che sia rappresentativa di minoranze linguistiche, presente esclusivamente in un'unica circoscrizione, e che abbia ottenuto in quella circoscrizione almeno il 20% dei voti validi). All'interno di ciascuna coalizione accedono al riparto dei seggi solo quelle liste che abbiano superato lo sbarramento del 2% dei voti su scala nazionale, con la sola eccezione della lista che, fra quelle che non hanno raggiunto il suddetto *quorum* minimo, abbia avuto il maggior numero di voti (miglior perdente);
- le singole **liste non collegate**, che abbiano conseguito sul piano nazionale almeno il 4% dei voti validi espressi, nonché le liste delle coalizioni che non hanno superato il 10%, ma che abbiano conseguito sul piano nazionale il 4% dei voti. Inoltre, partecipano alla ripartizione anche le liste espressione di minoranze linguistiche, pur non collegate alle condizioni suindicate.

Il **premio di maggioranza** viene attribuito alla coalizione o alla singola lista che ottenga il maggior numero di voti validi espressi e che non abbia già conseguito almeno 340 seggi. Alla coalizione o alla lista vincitrice viene ulteriormente attribuito il numero di seggi necessario per raggiungere quota 340.
Sulla base dei **quozienti elettorali** (calcolati dividendo il totale delle cifre elettorali nazionali delle liste per il numero dei seggi complessivi), si procede infine alla **ripartizione dei seggi** tra le diverse liste ammesse alla distribuzione, attribuendo gli eventuali seggi residui alle liste che hanno ottenuto i **maggiori resti** o, in caso di parità, a quelle che hanno ottenuto la maggior cifra elettorale nazionale; a parità di quest'ultima si procede a sorteggio.

I candidati vengono eletti, nei limiti dei seggi ai quali ciascuna lista ha diritto, **secondo l'ordine di presentazione nella lista medesima**.
Il sistema elettorale previsto per il **Senato della Repubblica** è simile a quello della Camera, con l'importante differenza che il premio di maggioranza viene assegnato su **scala regionale** alla coalizione o alla lista che abbia ottenuto il maggior numero di voti, ma non abbia raggiunto il 55% dei seggi assegnati alla Regione. Per quanto riguarda le **soglie di sbarramento**, accedono al riparto dei seggi soltanto le coalizioni di liste che avessero conseguito perlomeno il 20% dei voti validamente espressi nella Regione, a condizione che comprendessero almeno una lista collegata che avesse conseguito sul piano regionale non meno del 3% dei voti validi.

D) La declaratoria di incostituzionalità del *Porcellum*

La disciplina dettata nel 2005 è stata **dichiarata costituzionalmente illegittima con la sentenza n. 1 del 2014** dalla Corte costituzionale. Nell'ambito del relativo giudizio si dubitava della costituzionalità delle disposizioni relative all'attribuzione del premio di maggioranza su scala nazionale alla Camera e su scala regionale al Senato, nonché di quelle che, disciplinando le modalità di espressione del voto come voto di lista, non consentivano all'elettore di esprimere alcuna preferenza.
Quanto al **premio**, il dubbio sorgeva poiché, non subordinando l'attribuzione di esso al raggiungimento di una soglia minima di voti, si determinava irragionevolmente una oggettiva e grave alterazione della rappresentanza democratica, senza peraltro garantire alcuna stabilità posto che eventuali coalizioni create *ad hoc* ben potevano sciogliersi subito dopo.
Il meccanismo della **lista bloccata**, invece, veniva censurato in quanto, non consentendo all'elettore di esprimere alcuna preferenza per i candidati, ma solo di scegliere una lista di partito, rendeva il voto sostanzialmente "indiretto", quando invece i partiti non potrebbero sostituirsi al corpo elettorale, posto che l'art. 67 Cost. presuppone l'esistenza di un mandato conferito direttamente dagli elettori. Inoltre, sottraendo all'elettore la facoltà di scegliere l'eletto, faceva sì che il voto non fosse libero, né personale.
La Corte costituzionale ha ritenuto **fondata** la questione di legittimità relativa alle norme sul premio di maggioranza. Prima di tutto, i Giudici delle leggi hanno affermato che il sistema elettorale, pur costituendo espressione dell'ampia discrezionalità parlamentare, non è esente da controllo, essendo sempre censurabile in sede di giudizio di costituzionalità quando risulti manifestamente irragionevole. In seconda battuta, gli stessi hanno ricordato di aver già segnalato in passato al Parlamento i punti problematici della disciplina elettorale: quegli stessi rilievi, nella perdurante inerzia del legislatore ordinario, hanno determinato la fondatezza delle censure relative alla disciplina del premio di maggioranza. Le disposizioni censurate sono, infatti, dirette ad agevolare la formazione di una adeguata maggioranza parlamentare, allo scopo di garantire la stabilità del governo del Paese e di rendere più rapido il processo decisionale, e ciò costituisce senz'altro un obiettivo costituzionalmente legittimo. Tuttavia, secondo la Corte, esse rovesciano la *ratio* della formula elettorale prescelta dallo stesso legislatore del 2005, che è quella di assicurare la rappresentatività dell'assemblea parlamentare così producendo una eccessiva divaricazione tra la composizione dell'organo della rappresentanza politica - che è al centro del sistema di democrazia rappresentativa e della forma di governo parlamentare prefigurati dalla Costituzione - e la volontà dei cittadini espressa attraverso il voto, che costituisce il principale strumento di manifestazione della sovranità popolare.
Il meccanismo di attribuzione del premio di maggioranza prefigurato dalle norme censurate, inserite nel sistema proporzionale introdotto con la legge n. 270 del 2005, in quanto combinato con l'assenza di una ragionevole soglia di voti minima per competere all'assegnazione del premio, è pertanto ritenuto tale da determinare un'alterazione del circuito democratico definito dalla Costituzione, basato sul principio fondamentale di eguaglianza del voto. In definitiva, detta disciplina non è ritenuta proporzionata rispetto all'obiettivo perseguito, posto che determina una compressione della funzione rappresentativa dell'assemblea, nonché dell'eguale diritto di voto, eccessiva e tale da produrre **un'alterazione profonda della composizione della rappresentanza democratica**, sulla quale si fonda l'intera architettura dell'ordinamento costituzionale vigente.
Quanto al **meccanismo della lista bloccata**, anche in questo caso la Corte ha accolto la censura prospettata dal remittente, con alcune precisazioni. La Corte, sul punto, ha affermato che le disposizioni

censurate, nello stabilire che il voto espresso dall'elettore, destinato a determinare per intero la composizione della Camera e del Senato, è un voto per la scelta della lista, escludono ogni facoltà dell'elettore di incidere sull'elezione dei propri rappresentanti, la quale dipende, oltre che, ovviamente, dal numero dei seggi ottenuti dalla lista di appartenenza, dall'ordine di presentazione dei candidati nella stessa, ordine di presentazione che è sostanzialmente deciso dai partiti.
In definitiva, secondo la Corte è la circostanza che alla totalità dei parlamentari eletti, senza alcuna eccezione, manca il sostegno della indicazione personale dei cittadini, che ferisce la logica della rappresentanza consegnata nella Costituzione. Simili condizioni di voto, sono tali da alterare per l'intero complesso dei parlamentari il rapporto di rappresentanza fra elettori ed eletti. Anzi, impedendo che esso si costituisca correttamente e direttamente, coartano la libertà di scelta degli elettori nell'elezione dei propri rappresentanti in Parlamento, che costituisce una delle principali espressioni della sovranità popolare, e pertanto contraddicono il principio democratico, incidendo sulla stessa libertà del voto.
Dichiarata in questi termini l'illegittimità costituzionale del premio di maggioranza e del meccanismo delle liste bloccate, la Corte ha concluso ricordando che la normativa che è rimasta in vigore a seguito della pronuncia stabilisce un meccanismo di trasformazione dei voti in seggi che consente l'attribuzione di tutti i seggi, in relazione a circoscrizioni elettorali che rimangono immutate, sia per la Camera che per il Senato: si tratta precisamente del meccanismo in ragione proporzionale delineato dall'art. 1 del d.P.R. n. 361 del 1957 e dall'art. 1 del d.lgs. n. 533 del 1993, depurato dell'attribuzione del premio di maggioranza.

E) L'Italicum

● 1. Premessa

Con la **legge n. 52 del 6 maggio 2015** - comunemente nota come **Italicum** – è stato approvato un nuovo sistema elettorale, relativo all**a sola Camera dei Deputati** in quanto la parte relativa all'elezione del Senato fu stralciata durante i lavori parlamentari per confluire in una riforma di più ampio spessore. La legge era applicabile a decorrere dal **1° luglio 2016,** ma **il 25 gennaio 2017 la Corte costituzionale è intervenuta con una ulteriore pronuncia di incostituzionalità (*Corte costituzionale, sentenza n. 35 del 2017*)**.
La legge n. 52/2015 nella sua formulazione originaria prevedeva un sistema proporzionale a doppio turno, con correzione maggioritaria, premio di maggioranza, soglia di sbarramento e collegi plurinominali con capilista bloccati.

● 2. Le liste

Nella originaria formulazione le liste dovevano essere composte da un **capolista**, seguito da un elenco di candidati presentati secondo un **ordine numerico che vedeva i candidati collocati secondo un ordine alternato di genere**; il **numero dei candidati** doveva essere almeno pari alla metà e comunque non superiore al numero dei seggi assegnati al collegio plurinominale. Nelle liste nessuno dei due sessi poteva essere rappresentato in misura superiore al 50% (con arrotondamento all'unità superiore); la lista era inammissibile se più del 60% dei candidati era dello stesso sesso. Nessuno poteva essere candidato in più collegi, neppure di altra circoscrizione, salvo i capolista nel limite di 10 collegi.

● 3. La presentazione delle liste

Per la **presentazione delle liste** dei candidati, la legge 52/2015 nella versione originaria identificava 20 **circoscrizioni elettorali** (elencate nella tabella allegata al DPR n. 361 del 1957); **l'assegnazione del numero di seggi** alle singole circoscrizioni era effettuata con Decreto del Presidente della Repubblica, su richiesta del Ministro dell'Interno, sulla base dell'ultimo censimento generale della popolazione. I seggi spettanti a ciascuna circoscrizione erano assegnati in **collegi plurinominali** nei quali veniva assegnato un numero di seggi non inferiore a tre e non superiore a nove.
Erano previste disposizioni particolari per la **Valle d'Aosta e il Trentino-Alto Adige** e venivano fatti salvi in quelle circoscrizioni i collegi uninominali. I **collegi** erano determinati con decreto legislativo da emanare entro il termine e secondo i principi e i criteri direttivi stabiliti dalla legge elettorale 2015.
La **presentazione delle liste di candidati** per l'attribuzione dei seggi nei collegi plurinominali doveva essere sottoscritta da almeno **1.500 elettori** iscritti nelle liste elettorali di comuni compresi nei collegi o nelle sezioni elettorali dei collegi compresi in un unico comune. Con il **deposito del contrassegno** i

partiti o i gruppi politici organizzati dovevano procedere anche a depositare il **programma elettorale**, nel quale andava dichiarato il nome ed il cognome del **capo della forza politica**.

● 4. L'espressione del voto

Ogni elettore disponeva di un **voto** per la scelta della lista, espresso su una scheda unica sulla quale comparivano i contrassegni delle liste e il nominativo dei capolista. A destra del contrassegno sono riportate due linee orizzontali per l'espressione, rispettivamente, della prima e della seconda preferenza. L'elettore può esprimere una o due preferenze, ma qualora volesse esprimere anche la seconda preferenza, doveva scegliere un candidato di sesso opposto rispetto al primo a pena di nullità della preferenza stessa.

● 5. La circoscrizione estero

I cittadini italiani che si trovano all'estero per motivi di lavoro, studio o cure mediche per un periodo di almeno 3 mesi, nel quale ricade la data di svolgimento delle elezioni, potevano votare come i loro familiari conviventi per corrispondenza nella circoscrizione estero.

È necessaria la previa opzione, valida per un'unica consultazione elettorale, redatta su carta libera, sottoscritta dall'elettore e corredata di copia di valido documento di identità, che doveva pervenire al comune di iscrizione elettorale entro i dieci giorni successivi alla convocazione dei comizi elettorali.

Non era ammesso il voto per corrispondenza negli Stati con cui l'Italia non intrattiene relazioni diplomatiche, nonché negli Stati nei quali la situazione politica o sociale non garantisce neanche temporaneamente che l'esercizio del voto per corrispondenza si svolga in condizioni di eguaglianza, di libertà e di segretezza, ovvero che nessun pregiudizio possa derivare per il posto di lavoro e per i diritti individuali degli elettori e degli altri cittadini italiani in conseguenza della loro partecipazione a tutte le attività previste dalla presente legge.

● 6. La soglia di sbarramento e il ballottaggio

Come anticipato, l'Italicum prevedeva una **soglia di sbarramento**: ed infatti, solo le liste che su base nazionale avessero ottenuto almeno il 3% dei voti validi avrebbero potuto accedere alla ripartizione dei seggi.

In caso di svolgimento del **ballottaggio**, nella scheda unica erano riprodotti in due distinti rettangoli i contrassegni delle liste ammesse, il cui ordine era stabilito con sorteggio da effettuare presso l'Ufficio centrale nazionale.

● 7. Il premio di maggioranza

Quanto al **premio di maggioranza,** l'Italicum nella sua versione originaria prevedeva che alla lista che avesse ottenuto su base nazionale almeno il 40% dei voti validi - o, in mancanza, alla lista che avesse vinto al ballottaggio – fossero attribuiti 340 seggi. Veniva espressamente esclusa ogni forma di collegamento tra liste o di apparentamento tra i due turni di elezione.

● 8. L'attribuzione dei seggi: metodo dei quozienti interi e dei più alti resti

Secondo l'Italicum i **seggi venivano attribuiti** su base nazionale con il metodo dei **quozienti interi e dei più alti resti**.

Si procedeva al **riparto dei seggi** in base alla cifra nazionale di ciascuna lista tra quelle che avessero conseguito sul piano nazionale almeno il 3% dei voti e quelle rappresentative di minoranze linguistiche riconosciute – in questo caso doveva trattarsi di liste presentate nelle regioni ad autonomia speciale il cui statuto preveda una particolare tutela di tali minoranze linguistiche - che avessero conseguito almeno il 20 % dei voti validi espressi a livello regionale. Il totale delle cifre elettorali di ciascuna di queste liste veniva diviso per il numero dei seggi da attribuire, ottenendo così il quoziente elettorale nazionale. A questo punto, la cifra elettorale nazionale di ciascuna lista veniva divisa per il quoziente e la parte intera del quoziente risultante rappresentava il numero dei seggi da assegnare a ciascuna lista. I seggi che rimanevano ancora da attribuire erano rispettivamente assegnati alle liste per le quali queste ultime divisioni avessero dato i maggiori resti e, in caso di parità di resti, a quelle che avessero conseguito la maggiore cifra elettorale nazionale; a parità di quest'ultima si procedeva a sorteggio.

Si procedeva poi alla distribuzione nelle singole circoscrizioni dei seggi assegnati alle liste: per ciascuna di esse la cifra elettorale circoscrizionale veniva divisa per il quoziente elettorale nazionale, ottenendo così l'indice relativo ai seggi da attribuire nella circoscrizione alla singola lista. Ognuno degli indici così ottenuti veniva moltiplicato per il numero dei seggi assegnati alla determinata circoscrizione; il prodotto veniva a sua volta diviso per la somma di tutti gli indici. La parte intera dei quozienti di attribuzione così ottenuti rappresentava il numero dei seggi da attribuire ad ogni lista nella circoscrizione presa in considerazione. I seggi che rimanevano ancora da attribuire venivano assegnati alle liste con le maggiori parti decimali dei quozienti di attribuzione; in caso di parità a quelle che avessero conseguito la maggiore cifra elettorale circoscrizionale; a parità si procedeva a sorteggio.

● 9. La proclamazione: capilista bloccati

All'esito delle elezioni venivano **proclamati eletti** dall'Ufficio centrale circoscrizionale prima di tutto i capolista nei collegi, seguiti dai candidati che avessero ottenuto il maggior numero di preferenze, fino a concorrenza dei seggi spettanti a ciascuna lista in ogni circoscrizione.

● 10. L'incostituzionalità dell'Italicum: la sentenza n. 35 del 2017

Per chiarezza espositiva, appare opportuno riportare il testo del comunicato diffuso dalla Corte costituzionale che, anticipando il deposito delle motivazioni della pronuncia di illegittimità costituzionale dell'Italicum, non solo ha dato atto delle modifiche, ma ha anche spiegato la risultante normativa: "Oggi, 25 gennaio 2017, la Corte costituzionale si è pronunciata sulle questioni di legittimità costituzionale della legge elettorale n. 52 del 2015 (c.d. Italicum), sollevate da cinque diversi Tribunali ordinari. La Corte ha respinto le eccezioni di inammissibilità proposte dall'Avvocatura generale dello Stato. Ha inoltre ritenuto inammissibile la richiesta delle parti di sollevare di fronte a sé stessa la questione sulla costituzionalità del procedimento di formazione della legge elettorale, ed è quindi passata all'esame delle singole questioni sollevate dai giudici.

Nel merito, ha rigettato la questione di costituzionalità relativa alla previsione del premio di maggioranza al primo turno, sollevata dal Tribunale di Genova, e ha invece accolto le questioni, sollevate dai Tribunali di Torino, Perugia, Trieste e Genova, relative al turno di ballottaggio, dichiarando l'illegittimità costituzionale delle disposizioni che lo prevedono.

Ha inoltre accolto la questione, sollevata dagli stessi Tribunali, relativa alla disposizione che consentiva al capolista eletto in più collegi di scegliere a sua discrezione il proprio collegio d'elezione. A seguito di questa dichiarazione di incostituzionalità, sopravvive comunque, allo stato, il criterio residuale del sorteggio previsto dall'ultimo periodo, non censurato nelle ordinanze di rimessione, dell'art. 85 del d.p.r. n. 361 del 1957.

Ha dichiarato inammissibili o non fondate tutte le altre questioni.

All'esito della sentenza, la legge elettorale è suscettibile di immediata applicazione".

A febbraio del 2017 sono state depositate le motivazioni della sentenza n. 35/2017.

La Corte ha sposato le censure relative all'incompatibilità con gli artt. 1, secondo comma, 3 e 48, secondo comma, Cost. delle disposizioni della legge n. 52 del 2015, nelle parti in cui prevedono – se nessuna lista ha raggiunto, al primo turno, almeno il 40 per cento del totale dei voti validi espressi – un turno di ballottaggio fra le liste che abbiano superato la soglia di sbarramento nazionale del 3% e abbiano ottenuto, al primo turno, le due maggiori cifre elettorali nazionali (art. 1, comma 1, lettera f, della legge n. 52 del 2015 e art. 83, comma 5, del d.P.R. n. 361 del 1957, come sostituito dall'art. 2, comma 25, della legge n. 52 del 2015). I giudici costituzionali hanno affermato che il legislatore può innestare un premio di maggioranza in un sistema elettorale ispirato al criterio del riparto proporzionale di seggi, purché tale meccanismo premiale non sia foriero di un'eccessiva sovrarappresentazione della lista di maggioranza relativa. Nel sistema delineato dall'Italicum – spiega la Corte – invece una lista può accedere al turno di ballottaggio anche avendo conseguito, al primo turno, un consenso esiguo, e ciononostante ottenere il premio, vedendo più che raddoppiati i seggi che avrebbe conseguito sulla base dei voti ottenuti al primo turno. Le disposizioni censurate riproducono così, seppure al turno di ballottaggio, un effetto distorsivo analogo a quello che la Corte aveva già censurato, nella sentenza 1/2014, in relazione alla legislazione elettorale previgente.

La Corte costituzionale non ha invece ritenuto fondate le censure relative all'assegnazione dei seggi e proclamazione degli eletti, precisando che il meccanismo di riparto dei seggi previsto dall'art. 83, comma 1, numero 8), del d.P.R. n. 361 del 1957, non viola l'art. 56, quarto comma, Cost., poiché la traslazione di un seggio da una circoscrizione ad un'altra costituisce, nella procedura di assegnazione dei seggi, un'ipotesi residuale, che può verificarsi, per ragioni matematiche e casuali, solo quando non sia

stato possibile, applicando le disposizioni vigenti, individuare una circoscrizione in cui siano compresenti una lista eccedentaria ed una deficitaria con parti decimali dei quozienti non utilizzati.
Quanto alle liste bloccate – il riferimento è alle questioni di legittimità costituzionale sollevate in merito alle previsioni in base alle quali le liste, nei singoli collegi, sono composte da un candidato capolista e da un elenco di candidati, tra i quali l'elettore può esprimere fino a due preferenze per candidati di sesso diverso scelti tra quelli non capilista – la Corte ha ritenuto la questione non fondata, precisando che, mentre lede la libertà del voto un sistema elettorale con liste bloccate di candidati, essendo in radice esclusa, per la totalità degli eletti, qualunque indicazione di consenso degli elettori (il riferimento è alla precedente pronuncia di incostituzionalità, v. sentenza 1/2014), il legislatore gode di discrezionalità nella scelta della più opportuna disciplina per la composizione delle liste e per l'indicazione delle modalità attraverso le quali prevedere che gli elettori esprimano il proprio sostegno ai candidati.
Infine, la Corte ha accolto la questione relativa all'incostituzionalità dell'art. 85 del d.P.R. n. 361 del 1957 (come modificato dall'art. 2, comma 27, della legge n. 52 del 2015), il quale prevede che il deputato eletto in più collegi plurinominali deve dichiarare alla Presidenza della Camera dei deputati, entro otto giorni dalla data dell'ultima proclamazione, quale collegio plurinominale prescelga. L'assenza nella disposizione censurata di un criterio oggettivo, rispettoso della volontà degli elettori e idoneo a determinare la scelta del capolista eletto in più collegi, è in contraddizione manifesta con la logica dell'indicazione personale dell'eletto da parte dell'elettore, che pure la legge n. 52 del 2015 ha in parte accolto, permettendo l'espressione del voto di preferenza. L'opzione arbitraria consente al capolista bloccato eletto in più collegi di essere titolare non solo del potere di prescegliere il collegio d'elezione, ma altresì, indirettamente, anche di un improprio potere di designazione del rappresentante di un dato collegio elettorale, secondo una logica idonea, in ultima analisi, a condizionare l'effetto utile dei voti di preferenza espressi dagli elettori.

F) Il Rosatellum

Il 26 ottobre 2017 è stata approvata in via definitiva al Senato la nuova legge elettorale italiana (legge n. 165 del 3 novembre 2017 recante "Modifiche al sistema di elezione della Camera dei deputati e del Senato della Repubblica. Delega al Governo per la determinazione dei collegi elettorali uninominali e plurinominali", c.d. *Rosatellum* o *Rosatellum bis*), che ha trovato applicazione per la prima volta alle elezioni politiche del 4 marzo 2018.
La riforma segue le pronunce di incostituzionalità delle quali si è dato atto nei precedenti paragrafi e va a sostituire il sistema del c.d. *Italicum*, in vigore per la Camera dei Deputati, e la Legge Calderoli, che era rimasta applicabile per il Senato. In estrema sintesi, il Rosatellum bis introduce per entrambi i rami del Parlamento **un sistema misto proporzionale e maggioritario**, in cui un terzo dei candidati viene eletto con il maggioritario in collegi uninominali e due terzi, con listini bloccati (da un minimo di 2 a un massimo di 4 candidati), con il proporzionale.

Liste e coalizioni: sia alla Camera che al Senato i partiti – o i gruppi politici organizzati – possono presentarsi come singola lista oppure come coalizione (unica a livello nazionale).
L'assegnazione dei seggi: sia per la Camera che per il Senato il **37% dei seggi** viene assegnato con un **sistema maggioritario a turno unico**: in ciascuno dei collegi uninominali viene eletto il candidato che ottiene la maggioranza di voti validi (*sistema uninominale secco*).
Il **61% dei seggi** viene invece ripartito **proporzionalmente** tra le coalizioni e le liste che superano le soglie di sbarramento imposte dalla legge (3% per le singole liste – 10% per le coalizioni). Per quanto riguarda la Camera dei Deputati questi seggi vengono ripartiti a livello nazionale, mentre per il Senato vengono ripartiti a livello regionale.
Il restante **2% dei seggi** è destinato al voto degli **italiani residenti all'estero** e viene assegnato con un sistema di tipo proporzionale con voto di preferenza.
Non sono previsti premi di maggioranza, con tutte le ovvie ripercussioni in punto di governabilità del Paese e stabilità degli Esecutivi.

Le circoscrizioni: con la nuova legge ai fini dell'elezione dei Deputati il territorio viene suddiviso in

maniera diversa, prevedendosi 28 circoscrizioni per l'elezione della Camera. Rimangono invece invariate le 20 circoscrizioni – coincidenti con le Regioni – per l'elezione dei Senatori, nonché le 4 ripartizioni della circoscrizione estero.
Ciascuna circoscrizione è suddivisa in collegi uninominali ed in collegi plurinominali: per il Senato sono previsti 116 collegi uninominali, mentre per la Camera sono previsti 232 collegi uninominali. I restanti collegi plurinominali vengono costituiti mediante aggregazione di collegi uninominali contigui in modo tale da esprimere un numero di seggi non inferiore a due (per il Senato) o tre (per la Camera) e non superiore a otto. La regione Molise dispone di tre collegi uninominali: due per la Camera ed uno per il Senato.
La determinazione dei collegi elettorali, uninominali e plurinominali, è stata invero effettuata, sulla base della delega legislativa prevista dalla stessa legge elettorale, con il **decreto legislativo n. 189 del 2017**, adottato previo parere delle competenti Commissioni parlamentari.

Le soglie di sbarramento: il *Rosatellum* prevede diverse soglie di sbarramento:
- le singole liste devono ottenere a livello nazionale almeno il 3% dei voti;
- per quanto riguarda il Senato, le singole liste devono ottenere a livello regionale almeno il 20% dei voti;
- le liste rappresentative di minoranze linguistiche riconosciute presentate nelle regioni a statuto speciale in cui sia prevista una particolare tutela di tali minoranze devono ottenere a livello regionale almeno il 20% dei voti;
- le coalizioni, ammesso che almeno una delle liste che le compongono abbia superato una delle altre tre soglie di cui si è appena detto, devono ottenere a livello nazionale almeno il 10% dei voti.

Assegnazione dei seggi: il *Rosatellum* prevede che nei collegi uninominali il seggio venga assegnato al candidato che ha conseguito il maggior numero di voti (in caso di parità al candidato più giovane).
Per i collegi plurinominali, invece, la nuova legge prevede che per ottenere il numero di seggi da assegnare si debba dividere la cifra elettorale di ciascuna coalizione o singola lista non collegata per il quoziente elettorale. I seggi restanti sono attribuiti alle coalizioni o singole liste che dispongano dei maggiori resti, secondo l'ordine decrescente dei medesimi.

4. La verifica delle elezioni.

I candidati eletti deputati o senatori entrano nel pieno esercizio delle loro funzioni all'atto della **proclamazione** dei risultati elettorali.
Tuttavia, per assicurare il rispetto della Costituzione e delle norme di legge, l'elezione viene sottoposta a un **controllo** che ha ad oggetto:
- **sussistenza** dei **requisiti per la validità dell'ammissione nell'ufficio** (capacità elettorale passiva e inesistenza di cause di ineleggibilità);
- **regolarità delle operazioni elettorali** (cd. verifica delle elezioni, o verifica dei poteri, o verifica dei titoli di ammissione). Quest'ultimo controllo è esercitato dalla **Giunta delle elezioni alla Camera e dalla Giunta delle elezioni e delle immunità parlamentari al Senato** e si svolge attraverso **due fasi**:

a) controllo di delibazione: mira ad accertare la validità della elezione. Se la Giunta delibera di **convalidare** l'elezione, ne dà comunicazione all'assemblea alla quale non rimane che prendere atto della convalida; se la Giunta, invece, ritiene l'elezione non regolare, la **contesta;**
b) eventuale giudizio di contestazione: iniziale **discussione innanzi alla Giunta**, alla quale sono ammessi i sottoscrittori delle proteste, il parlamentare la cui elezione è stata contestata ed i loro rappresentanti e che si conclude con una **deliberazione** a favore o contro la convalida. Successivamente, questa deliberazione viene discussa di fronte a tutta **l'assemblea**, che decide **definitivamente**, a scrutinio segreto, se convalidare o meno l'elezione.

Si ricordi che il **d.lgs. n. 235/2012** («*Testo unico in materia di incandidabilità e di divieto di ricoprire cariche elettive e di Governo conseguenti a sentenze definitive di condanna per delitti non colposi*») prevede quale ipotesi di incandidabilità alle elezioni politiche l'aver riportato condanne definitive per determinati delitti e per determinate soglie di pena. Il decreto in esame rimette l'accertamento di tale incandidabilità alle Giunte elettorali di Camera e Senato e prevede come conseguenza la cancellazione dalle liste dei candidati.

5. La libertà di associazione in partiti politici.

A) I partiti politici

La **libertà di associarsi in partiti politici** è un diritto riconosciuto a tutti i cittadini al fine di "*concorrere con metodo democratico a determinare la politica nazionale*" (art. 49 Cost.). La disposizione in esame costituisce un'evidente specificazione dell'art. 18 Cost., il quale sancisce la libertà di associazione in generale. I partiti politici sono associazioni di persone con comunanza di ideologia e interessi che, attraverso una stabile organizzazione, mirano ad esercitare una influenza fondamentale sulla determinazione dell'indirizzo politico del Paese (VIRGA). Sono **elementi costitutivi del partito**:

- la **pluralità di persone**,
- l'**organizzazione**,
- il **patrimonio**,
- lo **scopo** (o l'ideologia in senso lato).

Nonostante la rilevanza costituzionale dei partiti quali formazioni sociali *ex* art. 2 Cost., i partiti politici, da un punto di vista strettamente civilistico, sono da ritenersi **associazioni non riconosciute**.

Finanziamento dei partiti

Va rilevato però che, a tutt'oggi, le uniche forme di controllo sulla vita interna dei partiti sono di carattere strettamente finanziario e sono previste dalla disciplina sul finanziamento dei partiti. Al riguardo, va segnalato un processo, sviluppatosi negli ultimi anni, di progressiva riduzione dell'entità dei contributi diretti ai partiti, istituiti dalla l. n. 195/1974 ed erogati, a partire dal 1993, esclusivamente sotto forma di contributi per le spese delle campagne elettorali (cd. rimborsi elettorali), fino a giungere al d.l. n. 149/2013, conv. in l. 21 febbraio 2014, n. 13, che ha abrogato il finanziamento pubblico diretto dei partiti politici (progressivamente ridotto fino a cessare completamente nel 2017) e lo ha sostituito con un sistema di finanziamento basato su agevolazioni fiscali per la contribuzione volontaria dei cittadini (detrazioni per le erogazioni liberali e destinazione volontaria del 2 per mille IRPEF). L'accesso a queste forme di contribuzione è condizionato al rispetto di requisiti di trasparenza e democraticità indicati dal decreto-legge, in cui si prevede anche l'adozione da parte dei partiti di statuti, recanti necessari elementi procedurali e sostanziali che garantiscano la democrazia interna, e l'istituzione di un registro dei partiti politici, ai fini dell'accesso ai benefici.

Ulteriori limitazioni sono state introdotte dalla **l. 9 gennaio 2019, n. 3**, la quale rafforza gli **obblighi di trasparenza**: è previsto, in tale quadro, per i partiti e i movimenti politici, nonché per le liste e per i candidati alla carica di sindaco nei Comuni con più di 15.000 abitanti, l'obbligo di annotare in un apposito registro, per ogni contributo ricevuto, l'identità dell'erogante, l'entità del contributo o il valore della prestazione o di altra forma di sostegno e la data dell'erogazione. È inoltre introdotto il divieto di ricevere contributi, prestazioni o altre forme di sostegno provenienti da Governi o enti pubblici di Stati esteri e da persone giuridiche aventi sede in uno Stato estero, nonché il divieto per le persone fisiche maggiorenni non iscritte nelle liste elettorali di elargire contributi. In occasione di competizioni elettorali, è altresì previsto per i partiti, movimenti politici e liste che si presentano alle elezioni l'obbligo di pubblicare sul proprio sito internet il curriculum vitae fornito dai propri candidati e il relativo certificato penale.

B) Limitazioni

Sono previsti alcuni **limiti** per l'associazione in partiti:

- l'art. 18 Cost. proibisce la costituzione di associazioni segrete;
- la medesima norma proibisce le associazioni che perseguono, anche indirettamente, scopi politici mediante organizzazioni di carattere militare;
- l'art. 98 Cost. prevede che "*Si possono con legge stabilire limitazioni al diritto d'iscriversi ai partiti politici per i magistrati, i militari di carriera in servizio attivo, i funzionari ed agenti di polizia, i rappresentanti diplomatici e consolari all'estero*";
- la XII disposizione transitoria e finale vieta di ricostituire il **disciolto partito fascista;**
- il DPR 361 del 1975 vieta ai partiti di presentare contrassegni confondibili con quelli di altri partiti oppure riproducenti immagini o soggetti religiosi.

6. Il diritto di petizione e gli istituti di democrazia diretta.

A) Il diritto di petizione

Il diritto di petizione è sancito dall'art. 50 Cost., secondo il quale tutti i cittadini possono rivolgere petizioni alle Camere **per chiedere provvedimenti legislativi** o **esporre comuni necessità**. Come anticipato, secondo la tradizionale ricostruzione, si tratta di uno degli istituti di **democrazia diretta** presenti nel nostro ordinamento, che, tuttavia, a differenza del referendum abrogativo, si caratterizza per essere uno strumento non particolarmente utilizzato.

B) Il referendum

Ben più incisivo rispetto al diritto di petizione attribuito ai cittadini è senza dubbio il **referendum**, istituto tipico di democrazia diretta, grazie al quale l'intero corpo elettorale è chiamato ad una consultazione che produce effetti giuridici.

Considerando che l'abrogazione, totale o parziale, di una legge o di un atto avente forza di legge determina pur sempre una modifica dell'ordinamento, il referendum è considerato in dottrina come una **fonte del diritto** e, precisamente, come una **fonte-atto di rango primario**, dato che abrogare significa disporre diversamente (CRISAFULLI). Occorre, tuttavia, precisare che il referendum è stato concepito dai costituenti come strumento **eccezionale** e **secondario**, avente **carattere negativo e unidirezionale**, idoneo cioè soltanto ad eliminare una normativa. Ciò non toglie, però, che il referendum sia uno strumento di creazione di nuove norme per effetto della **manipolazione del testo normativo** risultante all'esito della consultazione popolare.

Tuttavia, ben presto il ricorso al referendum è divenuto incalzante e sistematico, giungendo in alcuni casi a vere e proprie forme di **abuso** di tale strumento non solo sul piano **quantitativo**, inteso come uso sovrabbondante rispetto alla caratteristica di eccezionalità dell'istituto, ma anche su quello **qualitativo**, come dimostrano richieste referendarie su disposizioni legislative non sempre di grandissimo rilievo, che spiegherebbero, peraltro, il "fallimento" di numerose proposte referendarie degli ultimi anni per mancato raggiungimento del *quorum*.

Peraltro, sempre più frequente è stato il ricorso a **referendum manipolativi**, volti cioè all'abrogazione di **singoli frammenti di testo di per sé privi di significato**, la cui soppressione finisce tuttavia per **modificare e stravolgere la ratio del restante testo normativo rimasto in vigore**. Tale tipologia di referendum è stata ammessa dalla giurisprudenza costituzionale, con l'unico limite del divieto di introdurre così surrettiziamente nuove disposizioni del tutto estranee al contesto su cui incide il quesito, nel senso che la normativa applicabile all'esito del referendum deve derivare "*dalla fisiologica espansione delle norme residue o dai consueti criteri di autointegrazione dell'ordinamento*" (Corte cost., sent. n. 36/1997).

— α) Tipi di referendum

La Costituzione prevede espressamente **quattro tipologie di referendum:**

1) il **referendum abrogativo** di cui all'art. 75 Cost., per mezzo del quale gli elettori possono deliberare l'abrogazione, totale o parziale, di una legge o di un atto avente valore di legge;

2) il **referendum consultivo a livello territoriale** per la modificazione circoscrizionale di Regioni, Province e Comuni (art. 132 e 133 Cost.);
3) i referendum **abrogativi o consultivi su leggi e provvedimenti amministrativi delle Regioni;**
4) il **referendum costituzionale** (detto anche sospensivo), che si colloca come fase eventuale dell'*iter* di approvazione delle leggi di revisione costituzionale o delle altre leggi costituzionali ai sensi dell'art. 138 Cost.

Vi sono poi altre due tipologie di referendum: i **referendum consultivi** che l'art. 8 TU enti locali riserva alla competenza degli Statuti dei Comuni relativi a materie di esclusivo interesse locale e il **referendum di indirizzo**, introdotto dalla l. cost. n. 2/1989 per chiamare il corpo elettorale ad esprimersi su un progetto politico da realizzare.

— β) Limiti del referendum abrogativo

L'ammissibilità del referendum incontra alcuni limiti. Vengono prima di tutto in rilievo i **limiti desumibili direttamente dall'art. 75, comma 2**, **Cost.**, secondo il quale il referendum non è ammesso per:

- le leggi tributarie e di bilancio,
- di amnistia e di indulto,
- di autorizzazione a ratificare trattati internazionali.

Esistono, inoltre, dei **limiti impliciti**, ricavabili dall'intero ordinamento e individuati dalla Corte costituzionale. Prima di tutto, la Corte ha **interpretato estensivamente le categorie di leggi elencate nel secondo comma dell'art. 75 Cost**. Ciò è accaduto in riferimento alle altre leggi in materia finanziaria, diverse ma collegate a quelle tributarie e di bilancio come la legge di bilancio pluriennale e la legge finanziaria; o per le leggi non solo di autorizzazione alla ratifica, ma anche di esecuzione o di attuazione dei trattati internazionali, valorizzando l'esigenza di adempimento degli obblighi internazionali. Inoltre, la Corte ha individuato delle **caratteristiche dei quesiti referendari**, in assenza delle quali non sono ammissibili. In particolare, il quesito deve essere:

- omogeneo
- coerente
- intelligibile.

Pertanto, non è ammissibile un quesito che, contenendo una pluralità di domande eterogenee, non consenta agli elettori di votare per il sì o per il no in modo chiaro.

Infine, la Corte ha escluso la possibilità di effettuare consultazioni referendarie rispetto a **ulteriori leggi o materie,** quali le disposizioni di rango formalmente costituzionale (Costituzione e leggi approvate con il procedimento di cui all'art. 138 Cost.) ovvero gli atti legislativi dello Stato dotati di una forza passiva peculiare (ad es. le leggi di esecuzione dei Patti lateranensi).

— γ) Il procedimento referendario

L'ultimo comma dell'art. 75 Cost. prevede che "*La legge determina le modalità di attuazione del referendum*". Viene a questo proposito in rilievo la **l. 352/1970** che ha disciplinato il **procedimento referendario**, distinguendolo in **quattro fasi**:

1) la **fase preparatoria:** l'iniziativa referendaria spetta, ai sensi del primo comma dell'art. 75 Cost., a **500.000 elettori** o a **5 Consigli regionali**.
   - Per quanto attiene la richiesta popolare, va sottolineato che un comitato di promotori (un gruppo di almeno dieci cittadini iscritti nelle liste elettorali) raccoglie le firme in appositi fogli vidimati e deposita il quesito referendario presso la cancelleria della Corte di Cassazione.
   - Nel caso di richiesta regionale, il quesito va approvato dai Consigli di almeno cinque Regioni e depositato presso la medesima cancelleria tramite appositi delegati.
   - In entrambi i casi, i quesiti devono essere depositati dal 1° gennaio al 30 settembre di ogni anno; la richiesta di referendum non può essere presentata nell'anno precedente alla scadenza ordinaria della legislatura né durante i sei mesi successivi alla convocazione dei comizi elettorali. In caso di scioglimento anticipato delle Camere, il procedimento viene sospeso e i relativi termini riprendono a decorrere dopo un anno dalle elezioni.
2) la **fase del controllo** una prima forma di controllo, esclusivamente di **legittimità**, è esercitata

dall'**Ufficio centrale presso la Corte di Cassazione** che esamina le richieste referendarie per giudicarne la conformità alle norme di legge e valuta l'eventuale uniformità o analogia di materia fra le varie richieste depositate, provvedendo in tal caso alla loro concentrazione. L'Ufficio centrale per il referendum ha anche il potere di interrompere il procedimento referendario nell'ipotesi in cui la normativa oggetto del quesito sia stata abrogata o modificata dal Parlamento prima della consultazione popolare.

- Entro il 15 dicembre, l'Ufficio centrale decide sulla legittimità dei quesiti con ordinanza comunicata alla Corte costituzionale.
- A questo punto si ha un **secondo controllo, questa volta di ammissibilità, da parte della Corte costituzionale** (art. 2 della l. cost. 1/1953). Tale controllo si incentra essenzialmente sulla verifica del rispetto dei limiti (sia testuali che implicitamente ricavati dalla stessa giurisprudenza della Corte) di cui si è già detto. La Corte decide con **sentenza** da pubblicarsi entro il 10 febbraio sulla Gazzetta Ufficiale.

3) la **fase costitutiva:** superata la fase del controllo, il referendum viene indetto con decreto del Presidente della Repubblica, su deliberazione del Consiglio dei ministri, in una data compresa tra il 15 aprile ed il 15 giugno.
   - Effettuate le votazioni, spetta all'Ufficio centrale procedere ad un nuovo controllo sul raggiungimento del **doppio *quorum*, partecipativo e deliberativo,** richiesto a fini di validità. In caso di esito positivo, l'Ufficio stesso procede alla proclamazione dei risultati del referendum.
4) la **fase dichiarativa** del risultato referendario: se il risultato del referendum è **favorevole**, il Presidente della Repubblica dichiara con proprio decreto l'intervenuta abrogazione dell'atto oggetto del quesito referendario. Il decreto viene immediatamente pubblicato sulla Gazzetta Ufficiale e l'abrogazione opera dal giorno successivo a quello della pubblicazione del d.P.R., a meno che il Capo dello Stato non disponga che abbia effetto in un momento successivo ma comunque non oltre il 60° giorno dalla citata pubblicazione.

Se, invece, l'esito è **negativo** (perché non viene raggiunto il *quorum* partecipativo o perché il risultato è contrario all'abrogazione), il Ministro della Giustizia né dà notizia sulla Gazzetta Ufficiale e il quesito non può essere riproposto prima che siano trascorsi cinque anni.

— δ) Referendum abrogativo e attività del Parlamento

La Corte costituzionale ha affermato in più occasioni che sussiste un **vincolo giuridico** consistente nel divieto di ripristinare la disciplina abrogata dal popolo; un eventuale ripristino sarebbe oggetto di scrutinio nel giudizio di legittimità costituzionale in via incidentale, in quanto la normativa riproduttiva sarebbe costituzionalmente illegittima per violazione degli artt. 1 e 75 Cost., stante l'elusione della volontà popolare sovrana.

Prima dello svolgimento del referendum abrogativo, anche dopo la presentazione della richiesta referendaria, il **potere legislativo del Parlamento non viene limitato**; ed infatti, è possibile che le norme oggetto della richiesta referendaria vengano abrogate prima dello svolgimento della consultazione.

In questo caso possono prodursi situazioni diverse:

- il **procedimento referendario si arresta** quando la legge abrogata dal parlamento non viene sostituita da una nuova disciplina. Questa ipotesi è prevista dall'art. 39 della legge n. 352 del 1970: in questo caso l'Ufficio centrale per il referendum dichiara che le operazioni non hanno più corso;
- **non si procede alla consultazione referendaria** se, dopo l'abrogazione, viene adottata una disciplina della materia in linea con l'obiettivo che i promotori del referendum perseguivano;
- nel caso in cui dopo l'abrogazione da parte del parlamento o del Governo intervenga una disciplina che, nella sostanza, riproduce le norme oggetto di richiesta di referendum abrogativo, allora il referendum si sposta sulle nuove disposizioni legislative perché si è avuta una abrogazione solo formale della legge che altrimenti impedirebbe al corpo elettorale di pronunciarsi come è invece nei suoi diritti.

7. L'accesso ai pubblici uffici e alle cariche elettive.

Il **diritto all'accesso agli uffici pubblici ed alle cariche elettive**, riconosciuto a *"tutti i cittadini"* dall'art. 51, comma 1, Cost., è un'applicazione del principio di eguaglianza e si specifica:
- nel diritto di proporre la **propria candidatura** nelle elezioni politiche ed amministrative;
- nel diritto a **partecipare ai pubblici concorsi**;
- nel **cd.** ***ius ad officium***, consistente nel diritto ad essere investito della carica elettiva e dell'ufficio, in seguito ad un regolare atto di elezione e di nomina;
- nel **cd.** ***ius in officio***, consistente nel diritto ad essere mantenuto nella carica elettiva e nell'ufficio e ad esercitare le relative funzioni.

La legge cost. n. 1 del 2003 ha inserito nell'art. 51 Cost., il **principio delle pari opportunità tra donne e uomini** nell'accesso agli uffici pubblici ed alle cariche elettive. Infine, il comma 3 del medesimo art. 51 riconosce il diritto, per chi è chiamato a svolgere **funzioni pubbliche elettive**, di disporre del **tempo necessario al loro adempimento** e di conservare il proprio **posto di lavoro**.

8. I doveri costituzionali.

A conclusione dell'analisi sui diritti e le libertà riconosciuti dalla Costituzione, giova passare in rassegna i *"doveri inderogabili di solidarietà politica, economica e sociale"* di cui la Repubblica, ai sensi dell'art. 2 Cost., richiede l'adempimento. I richiamati doveri costituzionali vengono tradizionalmente distinti in **doveri di solidarietà in campo economico-sociale** e **doveri di solidarietà politica** (COLAPIETRO-RUOTOLO). Tra i primi la Costituzione annovera:
- il **dovere del lavoro**, posto dall'art. 4, comma 2, Cost., quale *"dovere di svolgere, secondo le proprie possibilità e la propria scelta, un'attività o una funzione che concorra al progresso materiale o spirituale della società"*, che si ricollega tanto con la previsione di cui al medesimo art. 4, comma 1, che riconosce il "diritto al lavoro", quanto con quella di cui all'art. 1 Cost., che pone il lavoro a fondamento della nostra Repubblica;
- l'**obbligo di prestazioni personali e patrimoniali**, ai sensi dell'art. 23 Cost.;
- i **doveri dei genitori nei confronti dei figli**, di mantenerli, istruirli ed educarli, anche se nati fuori del matrimonio, ai sensi dell'art. 30, comma 1, Cost.;
- il **dovere di sottoporsi ai trattamenti sanitari** previsti dalla legge a tutela del diritto fondamentale alla salute, nei limiti imposti dal rispetto della persona umana, sancito dall'art. 32, comma 2, Cost.;
- il **dovere di istruzione** nell'ambito della cd. scuola dell'obbligo, posto dall'art. 34, comma 2, Cost., secondo cui *"l'istruzione inferiore, impartita per almeno otto anni, è obbligatoria e gratuita"*, che va posto in relazione con l'obbligo gravante sulla Repubblica, *ex* art. 33, comma 2, Cost., di istituire *"scuole statali per tutti gli ordini e gradi"*;
- il **dovere di contribuire alle spese pubbliche**, previsto dall'art. 53 Cost. anche per i non cittadini, a conferma del principio dell'universalità del dovere tributario, secondo il duplice criterio della *proporzionalità* in ragione della capacità contributiva di ciascuno e della *progressività delle imposte*.

Nell'ambito dei **doveri costituzionali di solidarietà politica** si fanno rientrare invece:
- il **dovere di voto**, il cui esercizio è qualificato dall'art. 48, comma 2, Cost. quale "dovere civico", anche se l'eventuale mancato adempimento di tale "dovere", allo stato della legislazione vigente, non comporta alcuna conseguenza sanzionatoria;
- il **dovere di difesa della Patria**, che l'art. 52, comma 1, Cost. definisce *"sacro dovere del cittadino"*. In attuazione di tale dovere è previsto l'**obbligo del servizio militare**, che in ogni caso non può pregiudicare *"la posizione di lavoro del cittadino, né l'esercizio dei diritti politici"*

e deve avvenire nei *"limiti e modi stabiliti dalla legge"* (art. 52, comma 2, Cost.). Il legislatore ha poi introdotto l'istituto dell'**obiezione di coscienza** (legge n. 772/1972, successivamente modificata, sino alla più recente legge n. 230/1998), sull'assunto che, a determinate condizioni, il servizio militare armato può essere sostituito con altre prestazioni di portata equivalente, riconducibili anch'esse all'idea di difesa della Patria.

Sulla base del medesimo fondamento, ossia del fatto che l'obbligatorietà del servizio militare non costituisce un vincolo per il legislatore, il Parlamento ha istituto il **servizio militare professionale** (legge n. 331/2000, cui ha dato attuazione il d.lgs. n. 215/2001, come modificato e integrato dal d.lgs. n. 236/2003), finendo con l'incidere significativamente sulla stessa obbligatorietà del servizio, che per effetto poi della legge n. 226/2004 è stato definitivamente sospeso a partire dal 1° gennaio 2005. Pertanto, l'obbligatorietà del servizio militare rimane confinata a due ipotesi: 1) qualora sia deliberato lo stato di guerra ai sensi dell'art. 78 Cost.; 2) qualora una grave crisi internazionale, nella quale l'Italia sia coinvolta direttamente o in ragione della sua appartenenza ad una organizzazione internazionale, giustifichi un aumento della consistenza numerica delle forze armate (MARTINES).

L'art. 52, comma 3, Cost., richiede infine il necessario adeguamento dell'**ordinamento delle Forze armate** *"allo spirito democratico della Repubblica"*, realizzato con la legge n. 382/1978, che opera un'ampia riforma dell'organizzazione delle Forze armate in conformità ai nuovi principi costituzionali;

- il **dovere di fedeltà alla Repubblica e di osservanza della Costituzione e delle leggi**, sancito dall'art. 54, comma 1, Cost. Tale dovere si impone, innanzitutto, ai cittadini, anche se si ritiene che l'osservanza delle leggi è imposta anche ai non cittadini (stranieri e apolidi) che siano soggetti alla potestà d'imperio dello Stato (MARTINES).

  Infine, il successivo comma 2 del medesimo art. 54 Cost. pone a carico dei cittadini cui sono affidati compiti pubblici il **dovere di adempiere con disciplina ed onore le funzioni pubbliche**, prestando giuramento nei casi stabiliti dalla legge.

MAPPA CONCETTUALE

DIRITTI E DOVERI DEI CITTADINI

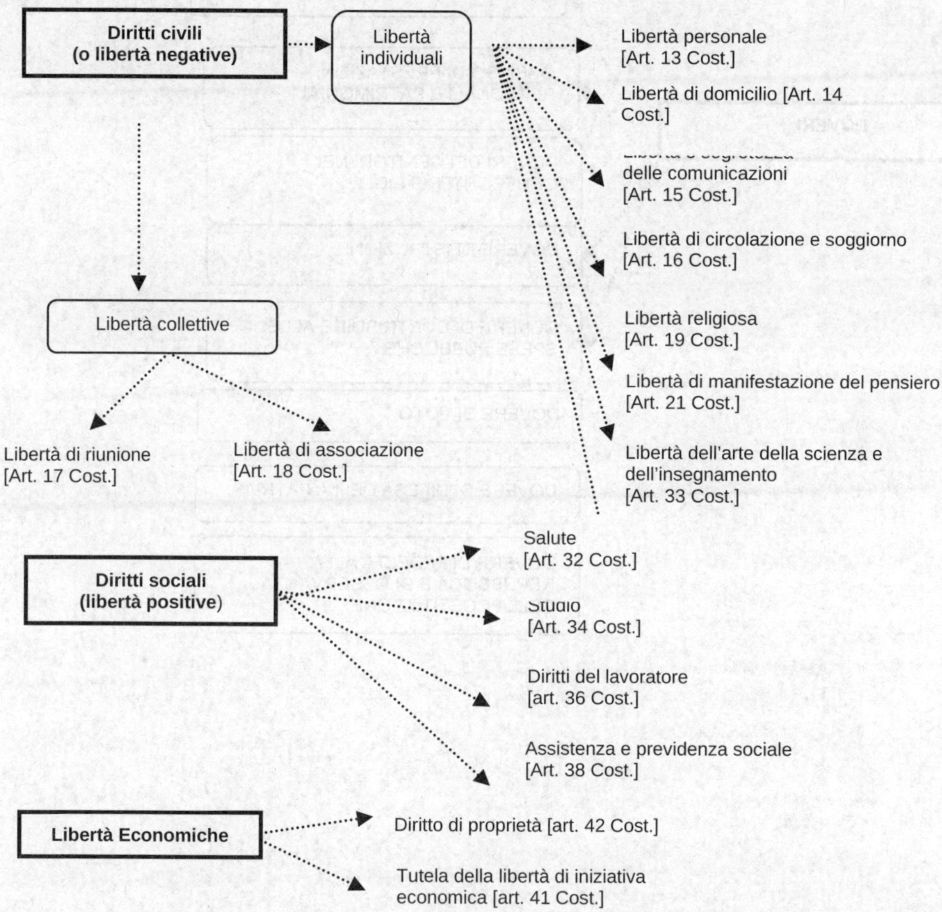

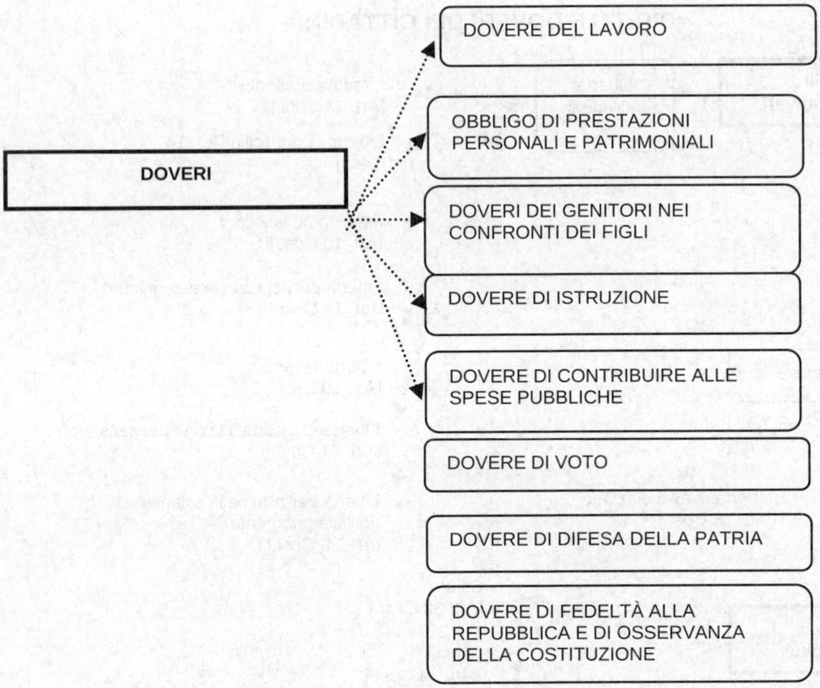
DOVERI
DOVERE DEL LAVORO
OBBLIGO DI PRESTAZIONI PERSONALI E PATRIMONIALI
DOVERI DEI GENITORI NEI CONFRONTI DEI FIGLI
DOVERE DI ISTRUZIONE
DOVERE DI CONTRIBUIRE ALLE SPESE PUBBLICHE
DOVERE DI VOTO
DOVERE DI DIFESA DELLA PATRIA
DOVERE DI FEDELTÀ ALLA REPUBBLICA E DI OSSERVANZA DELLA COSTITUZIONE

Capitolo 10 | IL PARLAMENTO

SEZIONE III ▶ L'ORDINAMENTO DELLA REPUBBLICA ITALIANA

I ▶ LA STRUTTURA E L'ORGANIZZAZIONE DEL PARLAMENTO

Premessa.

Il Parlamento italiano si compone di Camera e Senato e ha tre principali funzioni:

- **legislativa** = ai sensi dell'art. 70 Cost. *"la funzione legislativa è esercitata collettivamente dalle due Camere"*
- **di controllo politico** = nei confronti del Governo, che deve godere costantemente della **fiducia** del Parlamento;
- **giurisdizionale** = nelle ipotesi di messa in stato di accusa del Presidente della Repubblica per alto tradimento o attentato alla Costituzione *ex* art. 90 Cost.

Il Parlamento italiano è un organo:

- **complesso** = poiché formato da Camera e Senato, due rami in piena parità giuridica;
- **rappresentativo** = poiché rappresenta il corpo elettorale;
- **elettivo** = poiché i suoi componenti vengono eletti a suffragio universale diretto;
- **costituzionale** = perché, in qualità di titolare della funzione legislativa, partecipa all'esercizio della sovranità.

1. La struttura del Parlamento: il bicameralismo.

Il **Parlamento**, a norma dell'art. 55 Cost., si compone della **Camera dei deputati** e del **Senato della Repubblica**. La nostra Costituzione ha infatti adottato un **sistema** fondato sul **bicameralismo perfetto**, nel quale, a differenza dei sistemi improntati al **bicameralismo imperfetto o limitato**, le due Camere sono in posizione di parità funzionale.
Bicameralismo perfetto significa principalmente tre cose:

1) la **funzione legislativa** è esercitata collettivamente da entrambe le Camere (art. 70 Cost.);
2) la **relazione fiduciaria** è nelle mani di entrambe le Camere le quali, ai sensi dell'art. 94 Cost.,

debbono conferire congiuntamente la fiducia al Governo, potendola tuttavia revocare ciascuna per proprio conto, con le medesime conseguenze giuridiche (dimissioni del Presidente del Consiglio);
3) le **prerogative** connesse allo *status* di parlamentare sono identiche per senatori e deputati.

Ciò non toglie, tuttavia, che nel nostro sistema tra le due Camere esistono alcune **differenze**:
1) **età richiesta per l'acquisto del diritto di elettorato passivo**: per la **Camera dei deputati** si richiede il compimento dei venticinque anni per essere eletto (elettorato passivo); per il **Senato** è necessario il compimento del quarantesimo anno di età. Prima della recente riforma costituzionale, ad opera della **l.c. 18 ottobre 2021, n. 1**, l'elettorato attivo per il Senato era riconosciuto ai cittadini che avevano compiuto i venticinque anni di età. Oggi è richiesta la maggiore età sia per la Camera per il Senato (art. 58, co. 1 Cost.);
2) **numero dei membri**: fino al 2020, la Camera dei deputati era composta da **630** membri; il Senato da **315**, più i senatori di diritto e quelli a vita. Con la riforma operata dalla l. cost. 19 ottobre 2020, n. 1, la Camera dei deputati e il Senato saranno composti (a decorrere dalla data del primo scioglimento o della prima cessazione delle Camere successiva alla data di entrata in vigore della suddetta l. cost. n. 1/2020), rispettivamente, da **400** membri e da **200** membri più i senatori di diritto e quelli a vita;
3) **composizione:** la Camera dei deputati è interamente elettiva mentre nel Senato vi è una limitata **componente non elettiva** costituita dai **senatori di diritto** (gli ex-Presidenti della Repubblica *ex* art. 59, co. 1, Cost.) e dai cinque **senatori a vita**, nominati dal Capo dello Stato fra i cittadini che abbiano illustrato la Patria per altissimi meriti nel campo sociale, scientifico, artistico e letterario (art. 59, co. 2, Cost.);
4) sono parzialmente diversi **i sistemi elettorali** per l'elezione delle due Camere;
5) infine, va segnalata una differenza tra i **ruoli dei Presidenti delle due Camere**: il Presidente del Senato è la seconda carica dello Stato, dopo il Presidente della Repubblica, di cui esercita le funzioni in supplenza: invero, il Presidente del Senato è l'organo chiamato sostituire il Capo dello Stato in ogni caso in cui egli non possa adempiere alle sue funzioni (art. 86, co. 1, Cost.); mentre è il Presidente della Camera che indice le elezioni del nuovo Presidente della Repubblica (art. 85, co. 2, e 86, co. 2, Cost.) e ad esso spetta la presidenza del Parlamento in seduta comune (art. 63, co. 2, Cost.);
6) altri tratti distintivi, relativi alla **organizzazione interna** ed al modo di **esercizio delle funzioni**, sono poi contenuti nei regolamenti parlamentari. Invero, differenze sul piano funzionale fra i due rami del Parlamento possono discendere solo dall'autonomia normativa costituzionalmente riconosciuta a ciascuna Camera (art. 64 Cost.).

▶ 1.1. La Riforma Costituzionale e la riduzione del numero di Parlamentari

Nell'arco della XVIII legislatura, venne presentata una proposta di riforma costituzionale finalizzata a:
- modificare l'articolo 56 della Costituzione **riducendo il numero dei deputati da 630 a 400**. Il numero dei deputati eletti nella circoscrizione Esteros da 12 a 8;
- modificare l'articolo 57 della Costituzione **riducendo il numero dei senatori elettivi da 315 a 200**. Il numero dei senatori eletti nella circoscrizione Estero passa da 6 a 4. Il numero minimo di senatori assegnato a ogni regione si abbassa da 7 a 3. Nel nuovo testo, inoltre, le due province autonome di Trento e Bolzano vengono equiparate alle regioni, assicurandosi tre senatori a testa. Rimangono invece invariati i seggi assegnati al Molise (2) e alla Valle d'Aosta (1);
- modificare l'articolo 59 della Costituzione chiarendo che il numero massimo di senatori a vita di nomina del presidente della Repubblica **non possa in alcun caso essere superiore a 5**. In tal modo viene eliminata l'ambiguità del precedente testo costituzionale in cui il limite di 5 senatori a vita poteva intendersi come limite massimo di senatori a vita presenti in Senato oppure come limite massimo di nomine a disposizione di ciascun presidente della Repubblica.

La riforma completò il suo iter parlamentare in data 8 ottobre 2019, senza però riuscire ad ottenere la maggioranza assoluta dei due terzi in tutti i passaggi, lasciando così aperta la possibilità di richiedere il referendum costituzionale.
Il suddetto referendum si svolse in data 20 e 21 settembre 2020 (rimandato dalla primavera 2020 a causa dell'emergenza Covid-19). **I "sì" vinsero con una percentuale del 69,96%.**

Pertanto, il 19 ottobre 2020 il presidente della Repubblica ha promulgato la **legge costituzionale** n. 1/2020 (pubblicata nella Gazzetta ufficiale del 21 ottobre 2020) che novella gli articoli 56, 57 e 59 della Costituzione. Ai sensi dell'articolo 4 della riforma, le disposizioni di modifica degli articoli 56 e 57 concernenti il numero dei parlamentari troveranno applicazione a partire dal 4 gennaio 2021 (sessantesimo giorno successivo al 5 novembre 2020, data di entrata in vigore della legge di revisione costituzionale). La disposizione di modifica dell'articolo 59, che stabilisce il limite di cinque in tutto per i senatori di nomina presidenziale, entra in vigore il 5 novembre 2020.

2. Il Parlamento in seduta comune.

Dal Parlamento come organo complesso (composto dalle due Camere) deve essere tenuto distinto il **Parlamento in seduta comune dei membri delle due Camere**, un organo a sé stante, collegiale e permanente, il quale non esercita la funzione legislativa, bensì **funzioni di diversa natura, tassativamente indicate nella Costituzione** (art. 55, co. 2, Cost.):
a) **elezione del Presidente della Repubblica** (art. 83);
b) **giuramento del Presidente della Repubblica** (art. 91);
c) **messa in stato di accusa del Presidente della Repubblica** (art. 90);
d) **elezione di 1/3 dei componenti il Consiglio superiore della magistratura** (art. 104);
e) **elezione di 5 giudici costituzionali** e compilazione ogni nove anni di un elenco di persone fra le quali sono sorteggiati, in caso di necessità, i 6 giudici aggregati alla Corte costituzionale per i giudizi in materia penale che riguardano il Presidente della Repubblica (art. 135).

Quando il Parlamento si riunisce in seduta comune il **potere di convocazione** spetta al Presidente della Camera dei deputati; il **Presidente**, **l'Ufficio di presidenza, il regolamento applicabile** e la **sede** della seduta comune sono quelli della Camera. Le sedute del Parlamento in seduta comune sono **pubbliche**, salvo quanto previsto dall'art. 64, co. 2, Cost., secondo cui *"Ciascuna delle due Camere e il Parlamento a Camere riunite possono deliberare di adunarsi in seduta segreta"*.

3. Le fonti del diritto parlamentare: i regolamenti parlamentari.

Le norme relative all'organizzazione interna delle Camere e allo svolgimento delle loro funzioni sono contenute nella **Costituzione** e nei **regolamenti parlamentari**. Questi ultimi sono adottati dalla Camera e dal Senato a maggioranza assoluta dei propri componenti (art. 64, comma 1, Cost.) nell'esercizio del **potere di auto-normazione** attribuito dalla Costituzione e contengono:
1) una prima parte dedicata all'**organizzazione** e al **funzionamento** delle Camere, nella quale assumono particolare rilievo le norme relative al **procedimento di formazione delle leggi;**
2) una seconda parte dedicata alle **procedure di indirizzo, di controllo e di informazione** che riguardano, prevalentemente, i rapporti Camere-Governo (si pensi alle mozioni di fiducia e di sfiducia, agli istituti dell'interrogazione e dell'interpellanza, ecc.).
I regolamenti parlamentari sono **fonti del diritto;** più nello specifico, si tratta di **fonti separate a competenza costituzionalmente riservata a ciascuna Camera.** Quanto alla loro **collocazione nella scala gerarchica delle fonti**, i regolamenti in esame non possono ritenersi subordinati alla legge, giacché nel campo loro riservato si pongono come **fonte esclusiva**, di primo grado, **subordinata soltanto alle norme costituzionali**. Peraltro, alla luce della giurisprudenza costituzionale i regolamenti parlamentari **non possono costituire né oggetto né parametro** dei giudizi di legittimità costituzionale.

4. L'organizzazione interna delle Camere.

A) L'Ufficio di Presidenza ed il Presidente

L'**Ufficio di Presidenza,** che al Senato prende il nome di **Consiglio di presidenza**, è l'organo cui spetta,

insieme al Presidente, la conduzione amministrativa del Parlamento ed è composto da:
- **4 vicepresidenti**, con potere di sostituzione del Presidente in caso di assenza o impedimento;
- **almeno 8 segretari**, cui spetta, fra l'altro, di sovrintendere alla redazione dei processi verbali delle sedute e di coadiuvare il Presidente nelle operazioni di voto;
- **3 questori**, cui compete la cura del buon andamento dell'amministrazione delle Camere e il mantenimento dell'ordine nella sede di ciascuna Camera, oltreché la funzione di sovrintendere alle spese e redigere il progetto di bilancio ed il conto consuntivo.

Il **Presidente** è **organo** ***super partes*** che rappresenta la Camera, rivestendo una posizione costituzionale che lo vede garante, allo stesso tempo, dei diritti delle minoranze e del corretto svolgimento delle attività parlamentari nel quadro dei rapporti maggioranza-opposizione ed interprete e custode delle prerogative e delle attribuzioni delle Camere (MARTINES).
L'**elezione del Presidente**:
- alla **Camera**, ha luogo a scrutinio segreto, a maggioranza dei due terzi dei propri componenti; ove non si raggiunga tale *quorum* in sede di prima votazione, a partire dalla seconda la maggioranza necessaria per l'elezione si riduce ai due terzi dei votanti; per passare, dal terzo scrutinio in poi, alla maggioranza dei voti;
- al **Senato**, invece, il regolamento prevede che, sempre a scrutinio segreto, venga eletto Presidente il candidato senatore che abbia ottenuto la maggioranza assoluta dei voti dei componenti del Senato; in caso di esito negativo, a partire dalla terza votazione il *quorum* richiesto si abbassa alla maggioranza dei presenti; laddove neppure nella terza votazione vi sia un candidato che raggiunga la maggioranza richiesta, si procede al ballottaggio fra i due candidati che abbiano conseguito più voti nello scrutinio precedente e risulterà eletto colui che otterrà la maggioranza.

Spetta al Presidente assicurare il buon andamento dei lavori dell'assemblea, facendo osservare il regolamento. In applicazione delle norme del regolamento, il Presidente dà la parola, dirige e modera la discussione, mantiene l'ordine, pone le questioni, stabilisce l'ordine delle votazioni, chiarisce il significato del voto e ne annuncia il risultato. In particolare, ad esso sono attribuiti compiti di:
a) rappresentanza e di esternazione della volontà dell'organo che presiede;
b) direzione dei lavori parlamentari e di salvaguardia circa il loro buon andamento;
c) presidio del rispetto delle norme regolamentari;
d) vigilanza e di garanzia del buon andamento dell'amministrazione interna.
La Costituzione attribuisce espressamente ai Presidenti di Camera e Senato **ulteriori funzioni**:
- il **Presidente del Senato** esercita le funzioni del Presidente della Repubblica, in ogni caso in cui quest'ultimo non possa adempierle (art. 86 Cost.);
- il **Presidente della Camera** presiede il Parlamento in seduta comune (art. 63, comma 2, Cost.);
- **entrambi i Presidenti**, ai sensi dell'art. 88 Cost., debbono essere sentiti dal Capo dello Stato prima di procedere allo scioglimento delle Camere. Per prassi ormai consolidata gli stessi vengono altresì ascoltati nel corso delle consultazioni per la risoluzione delle crisi di governo.

B) I gruppi parlamentari
I **gruppi parlamentari** sono unioni di deputati o senatori, costituiti tendenzialmente sulla base dell'appartenenza ad un medesimo partito o movimento politico, che danno vita ad organi interni alle Camere. I Regolamenti di Camera e Senato impongono sia ai Deputati che ai Senatori di dichiarare a quale gruppo appartengono, in forza del **principio dell'appartenenza necessaria del parlamentare ad un gruppo**. Poiché i parlamentari iscritti ad un partito aderiranno allo stesso gruppo, si avranno, di regola, tanti gruppi parlamentari quanti sono i partiti politici rappresentati alle Camere.
Alla **Camera** ogni gruppo parlamentare è composto da almeno 20 Deputati, al **Senato** da almeno 10 Senatori; al **gruppo "misto"** aderiscono gli indipendenti ed i parlamentari la cui forza numerica non è sufficiente a formare un gruppo.
Ogni gruppo si dà una **organizzazione interna** con la nomina di un presidente, di uno o più

vicepresidenti, di un comitato direttivo (alla Camera), di uno o più segretari (al Senato) e con l'approvazione di un proprio regolamento.
Ai gruppi parlamentari è assicurata la **disponibilità di locali ed attrezzature** delle Camere e vengono assegnati contributi a carico del bilancio delle Camere stesse, differenziati a seconda della loro consistenza numerica.
I gruppi designano i membri delle commissioni parlamentari; **la Conferenza dei Presidenti di gruppo** stabilisce il **programma** e il **calendario** dei lavori della Camera.

C) Le commissioni parlamentari

Le **commissioni parlamentari** sono organi interni delle Camere composte, di regola, in modo da rispecchiarne la composizione politica.
Accanto alle **Commissioni permanenti**, organi necessari con specifiche competenze per materia, che restano in carica per tutta la Legislatura, vi sono anche le **Commissioni temporanee**, costituite *ad hoc* per l'esame di questioni particolari.
Le Commissioni parlamentari possono essere **monocamerali o bicamerali**, a seconda che siano composte da membri di una sola o di entrambe le Camere (es: Commissione bicamerale per la vigilanza RAI).
Quanto alle **funzioni** attribuite alle Commissioni è solito distinguersi tra:

- **funzioni afferenti al procedimento legislativo**, tra le quali rientrano quella di riunirsi in sede referente (per l'esame delle questioni sulle quali devono riferire all'assemblea); in sede legislativa (per l'esame e l'approvazione dei progetti di legge); in sede redigente (per la formulazione degli articoli di un progetto di legge);
- **funzioni di indirizzo**, mediante l'approvazione di apposite risoluzioni volte a manifestare orientamenti ed indirizzi su specifici argomenti, e **di controllo**, attraverso la quale far valere la responsabilità politica del Governo;
- **funzioni di tipo consultivo**, esercitate ogniqualvolta sia necessario acquisire il parere di una Commissione per gli aspetti di sua specifica competenza od anche su sollecitazione del Governo, ovvero in adempimento di specifiche previsioni normative;
- funzioni **conoscitive** esercitate attraverso la promozione di specifiche **indagini**.

Un posto a parte è occupato dalle **commissioni di inchiesta** - previste dall'art. 82 Cost. - che sono organi straordinari, che vengono istituiti ogni qualvolta se ne presenti la necessità *"su **materie di pubblico interesse**"*. Le commissioni d'inchiesta devono essere composte **in modo da rispecchiare la proporzione dei vari gruppi parlamentari**. Le stesse godono di ampi poteri nello svolgimento della loro attività se si considera che l'art. 82, comma 2, Cost. stabilisce che le stesse procedano *"alle indagini e agli esami **con gli stessi poteri e le stesse limitazioni dell'autorità giudiziaria**"*.

D) Le Giunte

Anche le **Giunte** sono **organi collegiali permanenti;** i loro membri, tuttavia, non sono designati dai rispettivi Gruppi parlamentari, ma sono **nominati direttamente dal Presidente di ciascuna Camera**.
Alla **Camera** vi sono:

1) la Giunta per il regolamento;
2) la Giunta delle elezioni;
3) la Giunta per le autorizzazioni;

Al **Senato**:

1) la Giunta per il regolamento;
2) la Giunta delle elezioni e delle immunità parlamentari.

Alla **Giunta per il regolamento** in entrambe le Camere è affidato il compito di elaborare e proporre all'Assemblea le modifiche da apportare al regolamento, nonché di esprimere, su sollecitazione dello stesso Presidente, il proprio parere su questioni relative all'interpretazione delle disposizioni regolamentari.
La **Giunta delle elezioni** - che al Senato si occupa anche delle immunità - ha la funzione di riferire all'Assemblea sulla regolarità delle operazioni elettorali e sui titoli di ammissione di ogni parlamentare

eletto, formulando le proprie proposte di convalida, di annullamento o di decadenza.
Infine, alla **Giunta per le autorizzazioni** spetta il compito di istruire le richieste di autorizzazione *ex* art. 68 Cost. inviate dall'autorità giudiziaria al Presidente di ciascuna Camera. È affidato alla stessa anche il compito di esaminare le richieste di autorizzazione a procedere nei confronti del Presidente del Consiglio e dei Ministri nelle ipotesi di "reati ministeriali", ai sensi della normativa recata dalla l. cost. n. 1/1989.

5. Le prerogative e il funzionamento delle Camere.

A) Prerogative delle Camere

Le Camere, considerate nel loro complesso, godono di talune **guarentigie**:

- **autonomia regolamentare**: ciascuna Camera, al fine di tutelare la propria indipendenza ha il potere di adottare a maggioranza assoluta dei propri componenti (art. 64, primo comma, Cost.) il proprio **regolamento,** contenente la disciplina inerente l'organizzazione e il funzionamento dell'Assemblea;
- **autonomia finanziaria**: le Camere determinano in autonomia il loro fabbisogno finanziario e gestiscono i fondi somministrati dal Tesoro dello Stato senza essere sottoposte ad alcun controllo esterno. Inoltre, non sono assoggettate all'obbligo di rendicontazione delle spese alla Corte dei conti;
- **autodichia** (o giurisdizione domestica): potestà assegnata a ciascuna Camera di decidere tramite gli Uffici di Presidenza sulle controversie relative allo stato giuridico ed economico dei propri dipendenti;
- **inviolabilità degli edifici**: divieto che grava sulla forza pubblica - compresa la polizia giudiziaria - di entrare nelle sedi in cui le Camere svolgono i loro lavori se non per ordine del Presidente dell'Assemblea. A questo proposito si parla anche di **immunità della sede**;
- **particolare tutela penale**: diverse norme penali puniscono, infatti, gli attentati diretti ad impedire alle Camere l'esercizio delle loro funzioni (art. 289 c.p.), nonché il vilipendio di esse (art. 290 c.p.).

B) Il funzionamento delle Camere

Convocazione delle Camere

Esse sono **convocate**:

- **su mozione di aggiornamento** al termine delle sedute;
- **di diritto**:
  a) non oltre il ventesimo giorno dalle elezioni (art. 61 Cost.) in una data fissata nel decreto del Presidente della Repubblica che indice le elezioni;
  b) il primo giorno non festivo di febbraio e di ottobre (art. 62 Cost.);
  c) quando una Camera si riunisce in via straordinaria, è convocata di diritto anche l'altra, e ciò al fine di permettere il contemporaneo svolgersi dei lavori delle due Camere (art. 62, co. 3, Cost.). Ciascuna Camera può essere convocata **in via straordinaria** per iniziativa del suo Presidente o del Presidente della Repubblica o di 1/3 dei suoi componenti (art. 62, co. 2, Cost.) e su **mozione di aggiornamento** quando l'assemblea, sospendendo i lavori, indica la data della loro ripresa.

● **Pubblicità dei lavori**

Le **sedute** delle Camere sono **pubbliche** in modo da consentire un controllo dei lavori parlamentari da parte dell'opinione pubblica. Tuttavia, ciascuna delle due Camere, o il Parlamento in seduta comune, possono deliberare di riunirsi in **seduta segreta** (art. 64 Cost.).

● **Deliberazioni**

Le **deliberazioni delle Camere,** ai sensi dell'art. 64 Cost., non sono valide se non è presente la maggioranza dei componenti (***quorum* strutturale o numero legale**, che individua il numero minimo di parlamentari sufficienti perché la seduta si costituisca validamente) e se non sono adottate a maggioranza dei presenti (***quorum* funzionale**, che individua il numero di senatori o deputati in grado di dar luogo

alla maggioranza sufficiente a far ritenere approvata una deliberazione delle Camere), salvo che la Costituzione non preveda una maggioranza speciale.
A tal riguardo, va precisato che gli **astenuti** alla Camera sono considerati come assenti ai fini della determinazione della maggioranza, mentre al Senato vengono calcolati, perché ogni deliberazione del Senato è presa a maggioranza dei senatori che partecipano alla votazione. Le conseguenze sono di grande rilievo, poiché alla Camera i deputati che si astengono producono l'effetto di abbassare la maggioranza richiesta per l'approvazione; laddove, al Senato, l'astensione determina la conseguenza contraria di rendere più difficoltoso, innalzandolo, il raggiungimento del *quorum* deliberativo (tanto che si suole affermare che, al Senato, l'astensione valga sostanzialmente come voto contrario).

● **Votazioni**

Le votazioni delle Camere possono essere **palesi o segrete**. La **votazione palese** può avvenire:

- per alzata di mano (da parte di chi approva la proposta);
- per divisione (in due distinti settori dell'aula dei favorevoli e dei contrari alla proposta);
- con procedimento elettronico (con registrazione dei nomi);
- per **appello nominale** ("sì", "no", "mi astengo"): quest'ultima forma di votazione è sempre richiesta per accordare o revocare la fiducia al Governo (art. 94, co. 2, Cost.) e, alla Camera, espressamente (art. 116, co. 3, del suo regolamento), per il voto sulla questione di fiducia.

La **votazione segreta** può avvenire:

- per schede (quando si tratta di eleggere una o più persone: ad esempio, il Presidente della Repubblica, i cinque componenti la Corte costituzionale);
- a scrutinio segreto (ha luogo normalmente, secondo i nuovi regolamenti, con procedimento elettronico).

Il ricorso al **voto segreto** è **obbligatorio** nel caso di elezioni e di votazioni **sulle persone**; mentre nelle ipotesi di approvazione di leggi che incidono sui diritti di libertà, sui diritti di famiglia e, infine, sui diritti della persona, come pure di proposte di modifica al regolamento, il voto segreto può essere richiesto da un prescritto quorum di membri della Camera (venti deputati) o del Senato (quindici senatori). Peraltro, entrambi i regolamenti statuiscono il **divieto di voto segreto** per l'approvazione di **leggi finanziarie, di bilancio; per le leggi cd. collegate alla manovra di bilancio** e per qualsiasi deliberazione che abbia **conseguenze di ordine finanziario**.

● **Ordine del giorno e calendario dei lavori**

Le Camere non possono, normalmente, discutere o deliberare su materie che non siano all'**ordine del giorno** e questo rende molto importante la **programmazione dei lavori**: il **programma** definisce l'elenco delle questioni che ciascuna Camera è chiamata ad affrontare nel corso dei successivi due mesi o tre mesi, stabilendo ordine di priorità e periodo di trattazione, mentre il **calendario** ne specifica tempi e modalità di esecuzione, per un lasso temporale di tre o quattro settimane.
Per l'approvazione della **programmazione** al Senato vige ancora la regola dell'**unanimità**, mentre alla Camera è sufficiente la **maggioranza qualificata**, pari al consenso dei Presidenti dei gruppi che siano rappresentativi di almeno 3/4 dei membri dell'Assemblea.

● **Partecipazione dei membri del Governo**

Il Presidente del Consiglio dei Ministri e i Ministri hanno **diritto** di assistere ai lavori parlamentari e sono **obbligati** a farlo nel caso in cui venga loro richiesto. Devono altresì essere sentiti ogni volta che lo richiedano (art. 64, ult. co. Cost.).

● **Il mantenimento dell'ordine durante i lavori parlamentari**

Mantenere l'ordine e garantire il regolare svolgimento dei lavori parlamentari è compito del **Presidente dell'Assemblea**, che viene coadiuvato a tal fine dai questori. Il **potere disciplinare del Presidente** comporta che egli può infliggere alcune sanzioni:

- **richiamo all'ordine** del parlamentare per comportamenti sconvenienti o espressioni non idonee;

- **esclusione dall'aula** del parlamentare recidivo per tutta la durata della seduta;
- **interdizione** a partecipare ai lavori da 2 a 15 giorni per comportamenti particolarmente gravi.

6. La durata delle Camere: la legislatura, la proroga e la prorogatio.

A) Legislatura

Con il termine **legislatura** si indica il periodo che va dalla prima riunione delle Camere al giorno del loro scioglimento "normale". A partire dall'entrata in vigore della Costituzione le legislature sono state contraddistinte dall'apposizione di un numero romano, con numerazione progressiva crescente.

B) Scioglimento anticipato

Le Camere durano ordinariamente in carica **cinque anni**, anche se questa durata può essere abbreviata in caso di **scioglimento anticipato** ad opera del Capo dello Stato, ai sensi dell'**art. 88 Cost.** Le **ipotesi** più comuni di scioglimento delle Camere sono:
- perdita della capacità di rappresentare il corpo elettorale;
- impossibilità di mantenere una maggioranza stabile e conseguente paralisi dei lavori;
- contrasto insanabile tra i due rami del Parlamento.

C) Proroga e *prorogatio*

La Costituzione prevede un **termine massimo per l'elezione delle nuove Camere** - pari a settanta giorni dalla fine delle Camere scadute – e, nel frattempo, dispone la proroga dei poteri delle precedenti per la normale amministrazione costituzionale e l'esercizio della funzione legislativa indefettibile o urgente (cd. ***prorogatio***, espressione tipica del principio di continuità di funzionamento). L'art. **61 Cost.** stabilisce, infatti, che "*Finché non siano riunite le nuove Camere sono prorogati i poteri delle precedenti*". La *prorogatio* è, dunque, finalizzata a garantire una **continuità temporanea** dei poteri delle Camere.
L'istituto della ***prorogatio*** non va, quindi, confuso con quello della **proroga**, il quale risponde alla diversa esigenza che le Camere stesse prolunghino il proprio mandato oltre il limite temporale massimo ordinario unicamente nelle **ipotesi eccezionali di guerra**. L'art. 60, comma 2, Cost. stabilisce, infatti, che "*La durata di ciascuna Camera non può essere prorogata se non* ***per legge*** *e soltanto* ***in caso di guerra***".

7. Lo status di parlamentare.

A) Rapporto tra parlamentare, corpo elettorale e partito

Con la proclamazione delle elezioni, i neoeletti acquistano lo ***status*** **di parlamentare.**
Prima di analizzare le guarentigie connesse a questa posizione, è necessario premettere che la nostra Costituzione prevede all'art. 67 il cd. **divieto di mandato imperativo**. Ciò significa che il parlamentare, in quanto rappresentante dell'intera nazione e non già dei suoi elettori, non può ricevere da queste ultime disposizioni vincolanti circa le modalità di svolgimento del suo mandato. Da questo divieto discende l'**irresponsabilità politica** dei parlamentari, non solo nei confronti del corpo elettorale, ma anche del proprio partito, posto che mancano di fatto gli strumenti per revocare il mandato. L'autonomia del singolo parlamentare rispetto ai partiti nello svolgimento del mandato è implicitamente riconosciuta anche dagli stessi regolamenti parlamentari: l'art. 83, co. 1, Reg. Cam. attribuisce ai "*deputati che intendano esporre posizioni dissenzienti rispetto a quelle dei propri gruppi*" il diritto a prendere la parola nella discussione sulle linee generali di un progetto di legge, nonché nel corso della votazione sulla questione di fiducia (art. 116, co. 3, Reg. Cam.). In modo analogo, l'art. 84, co. 1, Reg. Sen. prevede che "*i senatori che dissentano dalle posizioni assunte dal gruppo di appartenenza sull'argomento in discussione hanno facoltà di iscriversi a parlare direttamente*".

B) Prerogative dei parlamentari

Tra le guarentigie parlamentari vengono innanzitutto in rilievo le **immunità** riconosciute dall'**art. 68 Cost.**, il cui fondamento è rinvenuto nella **garanzia di indipendenza** delle Camere e nella **libertà di espressione** del rappresentante, riconducibile al più generale principio di libertà di espressione di cui all'art. 21 Cost.
L'immunità parlamentare comprende due diverse tipologie di prerogative:

1) l'insindacabilità per le opinioni espresse ed i voti dati nell'esercizio delle funzioni: trattasi di una scriminante della responsabilità civile, penale, amministrativa e disciplinare del parlamentare (e dei consiglieri regionali, *ex* **art. 122, co. 4, Cost**.) **di tipo assoluto**, in quanto esclude che il deputato o senatore possa rispondere dei comportamenti coperti da immunità **anche alla cessazione dalla carica**. Questa insindacabilità è sancita dall'art. **68, co. 1, Cost**.: *"I membri del Parlamento non possono essere chiamati a rispondere delle opinioni espresse o dei voti dati nell'esercizio delle loro funzioni"*. Un temperamento alla regola della insindacabilità – che peraltro è limitata alle opinioni e ai voti espressi *nell'esercizio delle funzioni* – è contenuto nei regolamenti della Camera e del Senato, a norma dei quali, quando nel corso di una discussione un deputato od un senatore sia accusato di fatti che ledano la sua onorabilità, può chiedere al Presidente dell'assemblea di nominare una commissione (il cd. **giurì d'onore**), chiamata a giudicare sul fondamento dell'accusa.
La competenza a decidere sull'insindacabilità del parlamentare spetta alla Camera di appartenenza, il cui intervento, tramite **deliberazione di insindacabilità**, preclude all'autorità giudiziaria la possibilità di adottare una pronunzia difforme. Questa delibera è poi sottoposta al **controllo della Corte costituzionale** che può essere adita in sede di conflitto di attribuzione per verificare l'assenza di vizi *in procedendo* e la sua eventuale arbitrarietà, senza per questo addentrarsi nel riesame nel merito della correttezza della valutazione sottesa alla decisione.
Circa l'estensione ascrivibile alla nozione di ***"opinioni espresse nell'esercizio delle funzioni"***, sono emerse diverse tesi:

- la ***tesi estensiva***, secondo cui l'art. 68 avrebbe ad oggetto, oltre alle opinioni espresse nell'esercizio della funzione tipicamente parlamentare (interpellanze, interrogazioni, ecc.), anche quelle esternate nello svolgimento di **attività *lato sensu* politica in contesti extraparlamentari** (comizi, riunioni di partito, incontri con la stampa o con gli elettori, ecc.);
- la ***tesi restrittiva***, che, valorizzando anche il dato spaziale, ricomprende nell'ambito di efficacia dell'art. 68 solo gli specifici atti verificatisi in occasione dell'assolvimento delle tipiche funzioni connesse alla carica, nell'ambito del **Parlamento** ovvero anche *extra moenia*, ma in stretta relazione al compimento di atti (missioni, inchieste, ecc.) che, posti in essere fuori dalle Camere, si connettono all'adempimento di funzioni inerenti all'incarico, **con esclusione dell'attività politica extra-parlamentare** (ad es. quella esplicata all'interno dei partiti);
- la ***tesi intermedia***, che fa invece perno sulla **relazione atto-funzione**, così sussumendo tra le condotte insindacabili quelle che, pur non rientranti nel nocciolo duro degli atti tipici, presentino tuttavia un nesso con la funzione demandata al membro della Camera. È la **tesi del cd. "nesso funzionale"** fatta propria dalla **Corte costituzionale** (fin dalle *sentt. nn. 10 e 11/2000*), secondo cui il nesso suddetto sussiste solo ove la dichiarazione incriminata sia, per **sostanziale corrispondenza di contenuti con l'atto parlamentare**, espressione dell'attività parlamentare; non si ritiene, viceversa, sufficiente la mera comunanza di tematiche ovvero il collegamento di argomento o di contesto tra le dichiarazioni e la medesima attività. Alla tesi del cd. nesso funzionale ha mostrato, da ultimo, di aderire anche la Corte di Giustizia dell'Unione europea (*sentenza 6 settembre 2011, C-163/10*).

2) l'inviolabilità della persona, del domicilio e della corrispondenza: a differenza dell'insindacabilità, **l'inviolabilità della persona, del domicilio e della corrispondenza** offre al parlamentare una tutela che è **temporalmente circoscritta** alla durata del mandato parlamentare, in quanto pone solo un ostacolo procedurale allo svolgimento dell'azione penale. Quest'ultima, pertanto, potrà liberamente svolgersi, se del caso, alla scadenza del mandato del parlamentare non rieletto, anche se riferita a fatti e comportamenti tenuti dallo stesso quando era in carica. L'inviolabilità è prevista dall'art. 68, commi 2 e

3 Cost. (così come modificato dalla l. cost. n. 3 del 1993), secondo il quale nessun membro del Parlamento, senza **autorizzazione della Camera alla quale appartiene**, può essere:

a) sottoposto a *perquisizione personale o domiciliare*;
b) *arrestato o altrimenti privato della libertà personale o mantenuto in detenzione*, salvo che in esecuzione di una sentenza irrevocabile di condanna ovvero se sia colto nell'atto di commettere un delitto per il quale è previsto l'arresto obbligatorio in flagranza. Sul punto va rilevato che la riforma del 1993 ha **abolito** la discussa **autorizzazione per sottoporre il parlamentare a processo penale**;
c) sottoposto ad *intercettazioni*, in qualsiasi forma, di conversazioni o comunicazioni ed a *sequestro di corrispondenza*.

La ***ratio*** di questa forma di immunità è quella di **proteggere il parlamentare da interventi dell'autorità giudiziaria che abbiano intento intimidatorio o persecutorio** (ispirati al cd. *Fumus persecutionis*), mediante l'accertamento ad opera della Camera di appartenenza del parlamentare della manifesta infondatezza dell'accusa ovvero del carattere politico della stessa.

C) Indennità

A norma dell'art. 69 Cost.,*"I membri del Parlamento ricevono una **indennità** stabilita dalla legge"*. L'art. 1 della l. 31 ottobre 1965, n. 1261, ha disposto che tale indennità è costituita da quote mensili comprensive anche del rimborso di spese di segreteria e di rappresentanza. L'ammontare di dette quote è determinato dagli uffici di presidenza delle due Camere in misura tale da non superare il dodicesimo del trattamento complessivo massimo annuo lordo dei magistrati con funzioni di presidente di sezione della Corte di Cassazione ed equiparate.
A tale indennità fissa vanno aggiunti:

- una **diaria** a titolo di rimborso delle spese di soggiorno a Roma. Gli uffici di presidenza delle due Camere ne determinano l'ammontare sulla base di 15 giorni di presenza per ogni mese ed in misura non superiore all'indennità di missione giornaliera prevista per i magistrati con funzioni di presidente di sezione della Corte di Cassazione ed equiparate; possono altresì stabilire le modalità per le ritenute da effettuarsi per ogni assenza dalle sedute dell'assemblea e delle commissioni;
- la **carta di libera circolazione** sulle linee delle ferrovie dello Stato e sulle linee aeree;
- un **assistente** pagato con fondi appositamente stanziati dalle Camere;
- un **assegno vitalizio** ai parlamentari cessati dal mandato che abbiano compiuto sessantacinque anni di età ed abbiano corrisposto i contributi per un periodo di almeno cinque anni di mandato.

D) Cessazione dell'ufficio

L'ufficio di parlamentare può **cessare** per:

- **fine della Legislatura** = si tratta della "scadenza" naturale del mandato;
- **dimissioni volontarie**;
- **decadenza** per sopravvenuta incompatibilità, se viene meno uno dei requisiti di eleggibilità;
- **annullamento delle elezioni**;
- **morte**.

8. Ineleggibilità e incompatibilità dei parlamentari.

L'art. 65 Cost. si limita a vietare espressamente la contemporanea appartenenza alle due Camere, demandando, per il resto, alla legge ordinaria il compito di individuare i casi di ineleggibilità e di incompatibilità con l'ufficio di deputato o di senatore. Pertanto, il legislatore ha escluso alcune categorie di persone che ricoprono determinati uffici dall'elezione dall'ufficio di deputato o senatore (ineleggibilità), mentre per i componenti di altre categorie è stato stabilito che essi non possono ricoprire contemporaneamente l'ufficio di parlamentare e un altro ufficio e debbano, pertanto, scegliere fra i due (incompatibilità).

A) Ineleggibilità

L'**ineleggibilità** è la condizione soggettiva di **impedimento all'elezione** che incide sulla capacità elettorale e causa l'**invalidità** dell'elezione stessa, qualora questa abbia avuto luogo. Quanto alle **cause di ineleggibilità**, il T.U. 30 marzo 1957, n. 361, fa riferimento a tre situazioni:
a) persone che ricoprono **determinati uffici**, avvalendosi dei quali potrebbero esercitare a loro favore **pressioni su alcuni elettori** (ad es., i sindaci dei comuni con popolazione superiore ai 20.000 abitanti, i capi di Gabinetto, il capo e vicecapo della polizia, i prefetti, i viceprefetti ed i funzionari di P.S., gli ufficiali generali, gli ammiragli e gli ufficiali superiori delle forze armate dello Stato, limitatamente alla circoscrizione del loro comando territoriale, ecc.);
b) persone che abbiano impiego da **governi esteri**, al fine di impedire possibili interferenze straniere nello svolgimento delle elezioni;
c) persone che sono legate allo Stato da **particolari rapporti economici**, in modo da evitare che i loro interessi personali possano interferire con lo svolgimento del mandato parlamentare (ad es., i concessionari di pubblici servizi, i dirigenti di società sussidiate dallo Stato, ecc.).

A tali categorie vanno aggiunti i **giudici della Corte costituzionale** che non possono essere candidati in elezioni amministrative o politiche (art. 7, co. 5, l. 11 marzo 1953, n. 87) ed i **magistrati** - esclusi quelli in servizio presso le giurisdizioni superiori - a meno che non si trovino in **aspettativa** all'atto dell'accettazione della candidatura. In ogni caso, i magistrati non sono eleggibili nelle circoscrizioni sottoposte, in tutto o in parte, alla giurisdizione degli uffici ai quali si sono trovati assegnati o presso i quali hanno esercitato le loro funzioni in un periodo compreso nei sei mesi antecedenti la data di accettazione della candidatura.

B) Incompatibilità

L'**incompatibilità** è la situazione in cui versa l'eletto in ragione del fatto di esercitare funzioni o ricoprire cariche che non risultano cumulabili con il mandato parlamentare. L'incompatibilità di un candidato non inficia la validità dell'elezione (né, tantomeno, costituisce causa di limitazione della capacità elettorale), bensì più riduttivamente impone all'interessato un'**opzione fra le due cariche incompatibili**, per non pregiudicare l'imparziale svolgimento della funzione parlamentare.
Quanto alle **cause di incompatibilità**, alcune di esse sono previste nella stessa Costituzione:
- fra *senatore e deputato* (art. 65 Cost.);
- fra *membro del Parlamento e Presidente della Repubblica* (art. 84 Cost.);
- fra *membro del Parlamento e membro del Consiglio superiore della magistratura* (art. 104 Cost.);
- fra *membro del Parlamento e giudice della Corte costituzionale* (art. 135 Cost.).

Altre cause di incompatibilità sono previste nella l. 13 febbraio 1953, n. 60, diretta in massima parte ad impedire che membri del Parlamento ricoprano **cariche in enti controllati dallo Stato**. Così, i membri del Parlamento non possono:
- ricoprire cariche o uffici di qualsiasi specie in **enti pubblici o privati**, per **nomina o designazione del Governo o di organi dell'amministrazione dello Stato**;
- ricoprire cariche o esercitare funzioni di amministratore, presidente, liquidatore, sindaco o revisore, ecc., in **associazioni o enti che gestiscano servizi di qualunque genere per conto dello Stato o della Pubblica amministrazione** ai quali lo Stato contribuisca in via ordinaria, direttamente o indirettamente;
- ricoprire le cariche, né esercitare le funzioni succitate **in istituti bancari o in società per azioni** che abbiano, come scopo prevalente, l'esercizio di attività finanziarie, ad eccezione degli istituti di credito a carattere cooperativo;
- assumere il **patrocinio professionale**, né in qualsiasi forma, prestare **assistenza o consulenza** ad **imprese di carattere finanziario od economico** in loro vertenze o rapporti di affari con lo Stato.

Inoltre, l'ufficio di deputato o di senatore o di componente del Governo è incompatibile con l'ufficio di

componente di assemblee legislative o di organi esecutivi, nazionali o regionali, in **Stati esteri**.
Infine, a seguito di *Corte cost., sent. n. 277/2011*, risulta incompatibile la carica di parlamentare e quella di **sindaco di Comune con popolazione superiore ai 20.000 abitanti** (si tratta dell'ipotesi speculare a quella di ineleggibilità prevista per i medesimi sindaci alla carica di parlamentare).
È da ricordare, poi, che i **professori universitari** di ruolo eletti al Parlamento sono collocati d'ufficio in aspettativa per la durata del mandato (art. 13 d.P.R. 11 luglio 1980, n. 382). Gli Statuti delle maggiori confederazioni sindacali dispongono, inoltre, che non si possono contemporaneamente ricoprire alcune **cariche sindacali** e l'ufficio di parlamentare. La l. 30 dicembre 1986, n. 936, ha infine disposto l'incompatibilità fra l'ufficio di **componente del Consiglio nazionale dell'economia e del lavoro** e quello di parlamentare.

II - LE FUNZIONI DEL PARLAMENTO

Premessa.

È possibile schematizzare in questo modo le **funzioni esercitate dalle Camere**:
1) **Funzione legislativa** = Camera dei Deputati e Senato della Repubblica partecipano paritariamente al procedimento di formazione delle leggi;
2) **Funzione di indirizzo e controllo politico** = nei confronti dell'attività del Governo;
3) **Funzioni elettorali** = collegate alla partecipazione dei rami del Parlamento all'elezione del Presidente della Repubblica, di 5 giudici della Corte costituzionale e di 8 componenti del Consiglio superiore della magistratura;
4) **Funzioni giurisdizionali** = messa in stato d'accusa del Presidente della Repubblica per alto tradimento e attentato alla Costituzione (art. 90 Cost.).

1. La funzione legislativa.

La principale funzione riservata al Parlamento è quella legislativa, che l'art. 70 Cost. attribuisce collettivamente alle due Camere. Le Camere, all'esito del procedimento legislativo (il cd. *Iter legis*), adottano le cd. **leggi formali**, ossia quegli atti con una particolare efficacia, detta forza di legge, che consiste in una **forza attiva**, data dalla prevalenza rispetto alle leggi precedenti, e **passiva**, data dalla resistenza rispetto agli atti gerarchicamente subordinati (es: regolamenti). Si suole distinguere la forza di legge dal **valore di legge,** ossia il regime giuridico della legge e degli atti ad essa equiparati, consistente principalmente nella loro sottoposizione al controllo di legittimità della Corte costituzionale.

▶ 1.1. Il procedimento di formazione delle leggi ordinarie.

Il procedimento legislativo è costituito da una **sequenza predeterminata di atti** volta alla formazione dell'atto finale "legge". Le **fasi** in cui si articola l'*iter* legislativo sono: la fase dell'**iniziativa**; la fase **istruttoria**; la fase **deliberativa**; la fase **integrativa dell'efficacia.**

A) Fase dell'iniziativa

Ai sensi dell'art. 71 Cost.,*"L'iniziativa legislativa appartiene al Governo, a ciascun membro delle Camere ed agli organi ed enti ai quali sia conferita da legge costituzionale"*.
Vediamo più nello specifico le singole ipotesi:
a) **Governo** (cd. iniziativa governativa): l'iniziativa governativa è la più rilevante (e numericamente la più consistente), sia perché il Governo è l'organo meglio in grado di valutare l'opportunità o la necessità di interventi nei vari campi della vita nazionale, sia perché i progetti di legge di iniziativa governativa hanno maggiori probabilità di essere approvati, potendo, di regola, il Governo contare sul voto favorevole della maggioranza dei parlamentari (Martines). L'iniziativa governativa si esercita con la presentazione ad una delle Camere di un **disegno di legge**, previa **deliberazione del Consiglio dei**

ministri e **decreto del Presidente della Repubblica di autorizzazione alla presentazione**. Se mancano i requisiti essenziali dell'atto o se il suo contenuto può determinare gli estremi della responsabilità presidenziale *ex* art. 90 Cost., il Presidente della Repubblica può rifiutarsi di concedere l'autorizzazione; se non condivide il merito - ipotesi invero eccezionale – o se dubita della legittimità costituzionale del testo, egli può invitare il Governo ad un riesame;

b) **Ciascun membro delle camere** (cd. *iniziativa parlamentare*): ogni parlamentare può presentare una proposta di legge alla camera di appartenenza;

c) **CNEL** (Consiglio nazionale dell'economia e del lavoro): L'iniziativa legislativa è attribuita a tale organo ai sensi dell'art. 99, comma 3 Cost., che demanda alla legge la possibilità di stabilire principi e limiti entro il quale quel potere può essere esercitato. Tuttavia, in sede di riforma dell'organo (ad opera della l. n. 936/1986) il legislatore non si è avvalso di questa facoltà, per cui il potere di iniziativa riconosciuto al CNEL è attualmente del tutto libero, anche se si ritiene che, per la composizione dell'organo e le funzioni ad esso attribuite, l'iniziativa possa essere assunta soltanto nel campo economico-sociale (MARTINES);

d) **50.000 elettori** (cd. *iniziativa popolare*): l'iniziativa popolare è esercitata mediante la proposta, da parte di almeno 50.000 elettori, di un **progetto** redatto in articoli (art. 71, comma 2, Cost.). Si tratta - assieme al *referendum* ed alla petizione - di uno dei tradizionali **istituti di democrazia diretta,** che ha trovato attuazione negli artt. 48 e 49 della l. 25 maggio 1970, n. 352, a norma dei quali la proposta, accompagnata da una relazione illustrativa, deve essere presentata al Presidente di una delle due camere;

e) **Regioni**: ai sensi dell'art. 121, comma 2, Cost. l'iniziativa è esercitata dai singoli Consigli regionali; di regola ha per oggetto materie che interessano la Regione o i rapporti con lo Stato (come nel caso di leggi-cornice).

Dalla lettura del dettato costituzionale i soggetti titolari dell'iniziativa legislativa sembrano essere in una posizione di sostanziale parità, eppure esistono alcune ipotesi di cd. **iniziativa riservata**, in cui cioè l'iniziativa può essere esercitata **soltanto da uno o più soggetti determinati**. Si pensi alle ipotesi di iniziativa riservata al **Governo** per i disegni di legge relativi al bilancio di previsione e al rendiconto generale, per il disegno di legge di conversione di un decreto-legge, o per le leggi regolatrici dei rapporti tra lo Stato e le confessioni religiose. Attenzione a non confondere l'iniziativa riservata con i casi di **iniziativa vincolata**, in cui l'atto di iniziativa **deve essere necessariamente presentato** (es.: disegni di legge di conversione dei decreti-legge).

Giova precisare, infine, che non c'è alcuna differenza sostanziale tra ***disegno, proposta* o *progetto* di legge**. Tuttavia, nella prassi, gli atti d'iniziativa governativa vengono denominati "disegni" di legge, gli atti d'iniziativa parlamentare "proposte" di legge e gli atti d'iniziativa di altri soggetti o in generale tutti gli altri atti "progetti" di legge.

Disegni, proposte o progetti di legge devono essere **scritti** e suddivisi in **articoli** e vanno accompagnati da una **relazione** scritta che ne illustri oggetto e finalità (richiesta per prassi) e da una **relazione tecnica** (art. 7 l. n. 362/1988 in attuazione dell'art. 81, co. 3, Cost. secondo cui *"ogni legge che importi nuovi o maggiori oneri provvede ai mezzi per farvi fronte"*). Tutti **decadono** a fine legislatura, ad **eccezione** dei progetti di iniziativa popolare; dei progetti approvati da entrambi i rami del Parlamento, ma rinviati dal Presidente della Repubblica per una nuova deliberazione a norma dell'art. 74 Cost. e dei disegni di legge di conversione dei decreti-legge. È, inoltre, previsto che i progetti di legge decaduti per fine della legislatura, ma già approvati da una Camera, godono di un **iter accelerato**, qualora siano ripresentati entro i primi sei mesi della nuova legislatura.

B) Fase istruttoria

Dopo la presentazione del progetto di legge ad una delle Camere, esso viene assegnato **ad una o più (riunite) commissioni competenti *ratione materiae***. A seconda del ruolo esercitato dalla Commissione è possibile operare una distinzione - sulla quale si tornerà nel prossimo sotto-paragrafo a proposito della fase deliberativa - tra **tre tipi di procedimento**:

- commissioni in sede referente (ordinario);
- commissione in sede redigente (misto);
- commissione in sede deliberante (decentrato).

C) Fase deliberativa

L'approvazione del progetto di legge da parte di ciascuna camera può avvenire secondo tre distinti procedimenti:

1) Il **procedimento legislativo ordinario** è descritto dall'art. 72, co. 1 Cost. ai sensi del quale *"Ogni disegno di legge, presentato ad una Camera è (…) esaminato da una commissione e poi dalla Camera stessa, che l'approva articolo per articolo e con votazione finale"*. Il progetto di legge viene preliminarmente esaminato e discusso dalla **commissione legislativa competente** che, in questo caso, svolge il suo lavoro **in sede referente**, con lo scopo di preparare il lavoro che successivamente si svolgerà in assemblea, alla quale trasmette il testo del disegno di legge accompagnato dalla relazione di maggioranza, da eventuali relazioni di minoranza, nonché dal testo dei pareri espressi da altre commissioni. A questo punto, l'**assemblea** procede con la **discussione** sulle linee generali del testo nel suo complesso, alla quale intervengono i relatori, il rappresentante del Governo e i singoli parlamentari con possibilità di repliche. Spetta a ciascun parlamentare o al Governo presentare **proposte emendative** al testo. Si passa, quindi, alla **votazione articolo per articolo** e poi alla **votazione finale** sull'intero testo del progetto, la quale avviene a scrutinio palese (tranne che sia richiesto lo scrutinio segreto). Il testo risulta approvato se ha ottenuto il voto favorevole della maggioranza richiesta per l'approvazione di quel disegno di legge. Il progetto approvato è **trasmesso dal Presidente all'altra camera**; se la seconda camera lo approva senza modificazioni, il testo - come vedremo - sarà trasmesso al Presidente della Repubblica per la promulgazione; se, invece, **la seconda camera introduce delle modifiche al progetto**, allora il testo dovrà essere **ritrasmesso alla prima camera** (cd. *navette*) e così fin quando entrambe le Camere non abbiano approvato il medesimo testo (in ossequio al **principio del bicameralismo perfetto**). Tuttavia, per evitare che i tempi di approvazione di un progetto di legge si dilunghino eccessivamente, è previsto che, quando il testo ritorna modificato alla Camera che l'ha già approvato, il riesame **si limita ai soli articoli emendati**.

Il procedimento ordinario è obbligatorio (cd. **riserva di assemblea**), ai sensi dell'art. 72, co. 4, Cost., per:

- i d.d.l. in materia *costituzionale*;
- i d.d.l. in materia *elettorale*;
- i d.d.l. di *delegazione legislativa*;
- i d.d.l. di *autorizzazione a ratificare trattati internazionali*;
- i d.d.l. di approvazione di *bilanci e consuntivi*;
- altri casi sono poi previsti dai regolamenti parlamentari, come per i d.d.l. di conversione dei decreti-legge, i d.d.l. rinviati alle Camere dal Presidente della Repubblica, i d.d.l. di legge comunitaria, i d.d.l. per la concessione dell'amnistia e dell'indulto.

L'art. 72, comma 2, Cost. dispone che i regolamenti parlamentari possono stabilire **procedimenti abbreviati** per i progetti di legge dei quali è dichiarata l'**urgenza**. In realtà, non si tratta di un procedimento distinto da quello ordinario, ma soltanto di una **riduzione dei suoi termini interni**.

2) Il **procedimento decentrato** risulta caratterizzato dal fatto che la commissione (stavolta ***in sede deliberante o legislativa***) non si limita ad esaminare e discutere il progetto, ma **lo approva** anche. Pertanto, questo procedimento si svolge in tutte le sue fasi all'interno della commissione, con esclusione dell'intervento dell'assemblea. Tale possibilità è concessa direttamente dalla Costituzione, posto che l'art. 72, comma 3, Cost. concede al regolamento la possibilità di stabilire *"in quali casi e forme l'esame e l'approvazione dei disegni di legge sono deferiti a commissioni"*. L'assegnazione del progetto alla commissione in sede deliberante è proposta alla Camera (qualora ricorrano determinate condizioni) dal suo Presidente e deve essere approvata dall'assemblea (art. 92 Reg. Cam.); mentre al Senato è decisa dal suo Presidente, che ne dà comunicazione all'assemblea (art. 35 Reg. Sen.). Tuttavia, il citato art. 72, comma 3, Cost. prevede anche la **richiesta di rimessione in assemblea**: fino al momento della sua approvazione definitiva, il progetto può infatti essere **trasferito dalla procedura speciale a quella ordinaria**, qualora lo richiedano:

- il Governo;
- 1/10 dei componenti della camera;
- 1/5 della commissione.

3) Il **procedimento misto** - anch'esso indirettamente previsto dall'art. 72, comma 3, Cost. - è caratterizzato dalla **ripartizione di funzioni** tra commissione (***in sede redigente***) e assemblea in ordine alla fase deliberativa: in linea generale, alla **commissione** è affidata la **redazione e l'approvazione dei singoli articoli,** mentre all'**assemblea** l'approvazione del **testo finale**.

D) Fase integrativa dell'efficacia

- **PROMULGAZIONE:** la legge approvata da ambedue le Camere viene trasmessa, a cura del Presidente della camera che l'ha approvata per ultima, al **Presidente della Repubblica** per la **promulgazione**. Si ritiene che la promulgazione, assieme alla pubblicazione, costituisca l'ultima fase del procedimento di formazione della legge, quella **integrativa dell'efficacia**. Ai sensi dell'art. 73 Cost., la promulgazione delle leggi deve avvenire **entro un mese dall'approvazione** (salvo che, in caso di urgenza, le Camere stabiliscano un termine inferiore) e consiste in un **decreto del Presidente della Repubblica,** il quale **non è tuttavia obbligato a promulgare la legge**. Avvalendosi del potere espressamente conferitogli dall'art. 74 Cost., egli può, infatti, **rinviare la legge alle Camere** con un **messaggio,** contenente i motivi per cui ha ritenuto di non doverla promulgare, e chiedere una **nuova deliberazione** (cd. **potere di rinvio**). A seguito del rinvio presidenziale, le Camere sono assolutamente libere di accogliere o meno i rilievi del Presidente della Repubblica; tuttavia, se dovessero riapprovare la legge senza modifiche e quindi inviarla di nuovo al Presidente per la promulgazione, **il Presidente della Repubblica sarà a questo punto obbligato a promulgarla** (art. 74, co. 2, Cost.), salvo si tratti di leggi che, per il loro contenuto globale o parziale, configurino gli estremi dell'alto tradimento o dell'attentato alla Costituzione (art. 90 Cost.). Il Capo dello Stato dispone, dunque, di un **mero potere di rinvio e <u>non già di un potere di veto</u>**, il quale avrebbe invero comportato una pesante violazione del principio di separazione dei poteri, nella misura in cui avrebbe, in ultima analisi, reso possibile una pesante compressione del potere legislativo attribuito nel nostro sistema unicamente al Parlamento.
- **PUBBLICAZIONE:** alla promulgazione segue la **pubblicazione** della legge. I testi originali sono trasmessi al **Ministro della giustizia** che appone il **visto** (attestazione della regolarità formale del documento) e il **sigillo** (autenticazione in forma solenne) dello Stato. Il nostro sistema prevede la **doppia pubblicazione** nella Raccolta ufficiale degli atti normativi e nella Gazzetta Ufficiale della Repubblica italiana. Il T.U. sulla promulgazione e la pubblicazione approvato con d.P.R. n. 1092/1985 ha stabilito che la pubblicazione non deve comunque avvenire oltre 30 giorni dalla promulgazione.
- ***VACATIO LEGIS* ED ENTRATA IN VIGORE:** la legge **entra in vigore** (e diviene, quindi, obbligatoria per tutti i soggetti ai quali è indirizzata) nel **quindicesimo giorno successivo a quello della pubblicazione nella Gazzetta Ufficiale** (cd. ***vacatio legis***), a meno che la legge stessa non prescriva un **termine minore o maggiore**. Decorso il termine di *vacatio*, sorge la presunzione assoluta di conoscenza in capo a tutti i destinatari della legge, sicchè gli stessi sono tenuti in ogni caso ad osservarla senza poter invocare a loro scusante la mancata conoscenza della norma secondo il noto principio ***ignorantia legis non excusat*** (eccetto il caso di ignoranza inevitabile, come affermato dalla Corte costituzionale con la celebre sentenza n. 364 del 1988).

▶ 1.2. Il procedimento di formazione delle leggi costituzionali.

La revisione costituzionale è affidata allo stesso organo al quale spetta la funzione legislativa ordinaria, ossia al **Parlamento**, ma con un **procedimento aggravato** disciplinato dall'art. 138 Cost. Tale procedura ha in comune con quella diretta alla formazione delle leggi ordinarie la fase dell'**iniziativa** - che spetta a tutti i soggetti titolari dell'iniziativa legislativa ordinaria *ex* art. 71 Cost. - ma ne differisce, sostanzialmente, per quanto attiene alla fase **deliberativa**.

Il **procedimento di formazione delle leggi costituzionali** si articola in:

1) una **prima deliberazione**, nella quale si applicano tutte le norme che disciplinano il procedimento legislativo ordinario (in particolare, si noti l'obbligo di seguire la **procedura normale di esame e di approvazione** e quindi quella caratterizzata dall'intervento della commissione **in sede referente** *ex* art. 72, co. 4, Cost.);

2) una **seconda deliberazione**, dopo un **intervallo non inferiore a tre mesi** a decorrere dalla prima deliberazione definitiva.

Al termine dell'*iter* di approvazione in seconda deliberazione possono ricorrere diverse ipotesi:

1) **se il progetto è approvato a maggioranza semplice** (metà più uno dei presenti), esso si intende **respinto** posto che l'art. 138 Cost. richiede per la seconda deliberazione **almeno** la maggioranza assoluta;
2) **se il progetto è approvato a maggioranza assoluta** (metà più uno dei votanti), la legge costituzionale risulta approvata, ma non viene ancora promulgata. Essa, infatti, viene soltanto pubblicata tramite la cd. **Pubblicazione "anomala",** dalla quale decorre il **termine di tre mesi entro il quale può essere chiesta l'indizione del *referendum*** da 500.000 elettori, 1/5 dei membri di ciascuna camera o 5 Consigli regionali (art. 138, co. 2, Cost.).

Anche a questo punto possono ricorrere diverse ipotesi:

- se non viene richiesta l'indizione del referendum entro il termine di tre mesi dalla pubblicazione, la legge costituzionale viene **promulgata dal Presidente della Repubblica** ed entra in vigore, una volta decorso il termine di *vacatio legis*;
- se viene richiesta l'indizione del referendum, la sorte della legge costituzionale dipenderà dall'**esito della consultazione referendaria** posto che:
  - in caso di *esito contrario,* la legge non sarà approvata;
  - in caso di *esito favorevole,* la legge sarà promulgata dal Presidente della Repubblica ed entrerà in vigore secondo le regole ordinarie.

Va rilevato che, a differenza del *referendum* abrogativo *ex* art. 75 Cost., **non è prescritto un *quorum* di partecipazione** per la validità del *referendum costituzionale*, per cui è sufficiente che la legge sia approvata dalla maggioranza dei voti validi;

3) se il progetto viene approvato con la **maggioranza qualificata dei 2/3**, **è esclusa la possibilità di richiedere il *referendum* e la legge sarà immediatamente promulgata**.

Non tutte le disposizioni costituzionali possono essere modificate, sia pure ricorrendo alla procedura aggravata. Esistono, invero, dei **limiti alla revisione**, che possono essere variamente classificati.
Invero, la dottrina (CICCONETTI) individua:

a) **Limiti testuali espressi.**
L'unico limite di tal genere è quello sancito dall'art. 139 Cost., secondo cui "*La forma repubblicana non può essere oggetto di revisione costituzionale*".
b) **Limiti testuali impliciti.**
Tali limiti non sono espressamente affermati in Costituzione ma sono da essa deducibili: si pensi ai diritti inviolabili dell'uomo *ex* art. 2 Cost., per cui "inviolabilità" equivarrebbe a "immodificabilità", o ancora ai limiti ricavabili dall'art. 139 Cost., posto che il divieto di trasformare la repubblica in monarchia comporta innanzitutto il divieto di eliminare la carica di Presidente della Repubblica ritornando alla figura del monarca oppure di trasformarla in carica ereditaria e vitalizia.
c) **Limiti taciti.**
Sono tutti quelli che sarebbero per definizione connaturati al concetto stesso di ordinamento giuridico statale, tanto che sussisterebbero sempre e comunque, del tutto indipendentemente dal fatto di essere o meno esplicitati nel testo della Costituzione. Si pensi, a titolo meramente esemplificativo, al principio democratico (art. 1); al principio lavorista (art. 1, art. 4); al principio della inviolabilità della persona umana (art. 13); al principio di eguaglianza (art. 3); al principio di unicità ed indivisibilità della Repubblica (art. 5); al principio di libertà, che si riflette nei vari diritti civili e politici riconosciuti e garantiti ai cittadini, ecc. Ebbene, se le disposizioni nelle quali questi principi sono contenuti fossero abrogate o subissero rilevanti deroghe, verrebbe meno quella parte dell'ordinamento che su di esso si fonda (MARTINES).

2. La funzione di indirizzo e controllo nei confronti del Governo.

Nel nostro sistema costituzionale le Camere sono titolari, oltre che della funzione legislativa, anche di quella di indirizzo e controllo nei confronti del Governo, in virtù del **rapporto fiduciario** che lega Parlamento e Esecutivo. Per **indirizzo**, si intende l'intervento di orientamento e direzione dell'azione del Governo che le Camere sono chiamate a svolgere in qualità di contitolari della funzione di indirizzo politico; per **controllo**, invece, si intende l'azione di accertamento e verifica dell'operato del Governo che le Camere possono esercitare essenzialmente al fine di far valere la responsabilità politica dell'Esecutivo nei loro confronti. Tale attività di indirizzo e controllo si sostanzia nell'approvazione di alcune leggi dal contenuto peculiare, nonché nell'adozione di alcuni atti espressamente rivolti al Governo.

A) Le leggi di indirizzo politico: autorizzazione alla ratifica dei trattati internazionali, concessione di amnistia e indulto, legge di bilancio e legge di stabilità.

Con l'espressione "**leggi di indirizzo politico**" si indicano tradizionalmente quelle leggi mediante le quali il Parlamento partecipa direttamente alla direzione politica dello Stato. Sposando questo criterio identificativo, leggi di indirizzo politico sono le leggi di autorizzazione alla ratifica dei trattati internazionali, le leggi di concessione dell'amnistia e dell'indulto, la legge di approvazione del bilancio dello Stato e la legge di stabilità (che ha sostituito la vecchia legge finanziaria).

- **Legge di autorizzazione alla ratifica dei trattati internazionali:** come si è già avuto modo di rilevare quando si è parlato dell'esecuzione dei trattati internazionali, al **Parlamento** spetta, attraverso le **leggi di autorizzazione alla ratifica**, una funzione di **controllo nei confronti dell'Esecutivo** - cui spetta, invece, il potere di concludere i trattati - e cioè il compito di esprimere un giudizio sull'opportunità dell'atto di cui l'Esecutivo richiede l'autorizzazione. L'**autorizzazione parlamentare**, ai sensi dell'art. 80 Cost., è necessaria per la ratifica dei:

a. **trattati che abbiano natura politica** (ad es. trattati di alleanza, di adesione ad organizzazioni internazionali, di pace, che comportano la partecipazione dello Stato ad operazioni militari in territori stranieri);
b. **trattati che prevedano arbitrati o regolamenti giudiziari** (quelli che comportano l'obbligo di sottoporsi al giudizio di organi giudiziari internazionali per la soluzione di determinate controversie);
c. **trattati che importino variazioni del territorio** (quelli da cui derivano mutamenti dei confini, vuoi in forza della cessione di parte del territorio statale vuoi in forza dell'acquisto di parte del territorio di uno Stato altrui);
d. **trattati che importino oneri alle finanze** (quelli la cui esecuzione implica per lo Stato la necessità di sostenere delle spese);
e. **trattati che importino modificazioni di leggi** (quelli la cui esecuzione comporta il mutamento della legislazione vigente al momento della loro stipulazione e quindi la necessità che il diritto interno sia ad essi adattato tramite atti legislativi).

La legge di autorizzazione alla ratifica, nella quale è di regola contenuto anche l'**ordine di esecuzione** del trattato, è soggetta ad un **duplice limite**:

- è approvata necessariamente in assemblea secondo il **procedimento ordinario** ai sensi dell'art. 72, co. 4, Cost.;
- non può essere oggetto di ***referendum*** **abrogativo** ai sensi dell'art. 75, co. 2, Cost. Tale limite, espressamente previsto solo per le leggi di autorizzazione alla ratifica *ex* art. 80 Cost. è stato esteso dalla Corte costituzionale (*Corte cost., sent. n. 31/1981*) anche alle leggi di adattamento tramite procedimento ordinario, stante l'identità di *ratio* tra le due tipologie di leggi.

La legge che autorizza la ratifica ed ordina l'esecuzione del trattato internazionale ha, inoltre, una **speciale forza di resistenza** nell'ordinamento interno, stante l'obbligo per il legislatore nazionale di rispettare i **vincoli derivanti dagli obblighi internazionali**, sancito dall'art. 117, co. 1, Cost. Ne deriva che, in caso di **contrasto tra una norma interna e una norma contenuta in un trattato internazionale** ratificato e reso esecutivo nell'ordinamento nazionale, dovrà essere sollevata **questione di legittimità costituzionale per asserita violazione dell'art. 117, co. 1, Cost**.

- **Legge di concessione dell'amnistia e dell'indulto:** a norma dell'art. 79, comma 1, Cost. (così come modificato dalla l. cost. 6 marzo 1992, n. 1), *"L'amnistia e l'indulto sono concessi con legge deliberata a maggioranza dei due terzi dei componenti di ciascuna Camera, in ogni suo articolo e nella votazione finale"*. Invero, amnistia e indulto, secondo la vecchia formulazione dell'art. 79, comma 1, Cost., erano concessi con decreto del Presidente della Repubblica su legge di delegazione delle Camere. Ora, invece, per effetto della l. cost. n. 1/1992, l'art. 79 Cost. prevede che amnistia e indulto siano concessi mediante una **legge rinforzata**, in quanto è richiesta la **maggioranza speciale dei 2/3** sia per la votazione dei singoli articoli che per la votazione finale.
- **L'amnistia** estingue il reato e, se vi è stata condanna, l'esecuzione della stessa e delle pene accessorie; **l'indulto** condona in tutto o in parte la pena (senza estinguere il reato) o la commuta in altra minore. In ogni caso, per espressa previsione dell'art. 79, co. 3, Cost., l'amnistia e l'indulto non si applicano ai reati commessi successivamente alla presentazione del disegno di legge.
- **Leggi del ciclo di bilancio**: il bilancio dello Stato è un atto contabile destinato a rappresentare annualmente il **quadro delle entrate e delle uscite** che lo Stato prevede di incassare e spendere nel corso dell'anno finanziario (che corrisponde a quello solare). La **l. cost. 20 aprile 2012, n. 1** ha introdotto il **principio del pareggio di bilancio** in attuazione di una delle cd. "regole d'oro" contenute nel ***Fiscal compact***, il patto di bilancio firmato dai Paesi membri dell'Unione europea ed entrato ufficialmente in vigore il 1° gennaio 2013. La stessa legge ha anche significativamente novellato l'**art. 81 Cost.**, che detta regole sulla finanza pubblica e sulla formazione del bilancio. Le nuove disposizioni si applicano **a decorrere dall'esercizio finanziario relativo all'anno 2014**, ma appare ugualmente utile esaminare l'art. 81 Cost. anche nella originaria formulazione:
- **Art. 81 Cost. formulazione originaria (vigente fino al 2014)**: la norma prevede **l'approvazione annuale dei bilanci e del rendiconto consultivo presentati dal Governo**; si tratta di una legge la cui iniziativa è, al tempo stesso, **vincolata** (deve verificarsi ogni anno) e **riservata** (in quanto solo il Governo è legittimato ad esercitare il relativo potere) (co. 1); **l'esercizio provvisorio del bilancio** (qualora le camere non facciano in tempo ad approvare il bilancio di previsione prima della data di inizio dell'anno finanziario), stabilendo che tale esercizio *"non può essere concesso se non per legge e per periodi non superiori complessivamente a quattro mesi"* (co. 2); il **divieto di stabilire *"nuovi tributi e nuove spese"*** con la legge di approvazione del bilancio (co. 3); **l'obbligo di copertura finanziaria** di *"ogni altra legge che importi nuove o maggiori spese"*, la quale deve indicare *"i mezzi per farvi fronte"* ("altra" va inteso come "ogni legge diversa dalla legge di bilancio") (co. 4).
- **Art. 81 Cost. nuova formulazione:** la norma prevede
  - al comma 1, l'obbligo per lo Stato di assicurare *"**l'equilibrio tra le entrate e le spese**"*, in modo da tenere conto *"delle fasi avverse e delle fasi favorevoli del ciclo economico"*;
  - al comma 2, una **deroga** alla regola generale dell'equilibrio tra le entrate e le spese, stabilendo che il **ricorso all'indebitamento** è consentito solo al fine di considerare gli effetti del ciclo economico e, previa autorizzazione delle camere adottata a maggioranza assoluta dei rispettivi componenti, al verificarsi di eventi eccezionali;
  - al comma 3, l'**obbligo di copertura finanziaria delle leggi**, disponendo che **ogni legge** (*e non più ogni "altra" legge*) che importi nuovi o maggiori **oneri** (*e non più "spese"*) **provveda** ai mezzi per farvi fronte (*anziché limitarsi ad indicare i mezzi stessi*);
  - al comma 4, l'**approvazione annuale del bilancio e del rendiconto consuntivo**, stabilendo che *"le Camere ogni anno approvano con legge il bilancio e il rendiconto consuntivo presentati dal Governo"*;
  - al comma 5, l'**esercizio provvisorio del bilancio** (riproducendolo senza modifiche);
  - al comma 6, l'**adozione di una apposita legge** - oggetto di approvazione a maggioranza assoluta dei componenti di ciascuna camera - cui è demandato il compito di stabilire **il contenuto della legge di bilancio, le norme fondamentali e i criteri volti ad assicurare l'equilibrio dei bilanci**

e la sostenibilità del debito del complesso delle pubbliche amministrazioni, nel rispetto dei principi definiti con legge costituzionale (principi effettivamente stabiliti dall'art. 5 l. cost. n. 1/2012). In attuazione di tale disposizione è stata adottata la **l. 24 dicembre 2012, n. 243** (*Disposizioni per l'attuazione del principio del pareggio di bilancio ai sensi dell'articolo 81, sesto comma, della Costituzione*).

Il bilancio sia annuale che pluriennale (che copre un periodo di tre anni), oltre ad indicare l'ammontare delle entrate che si prevede di accertare o delle spese che si prevede di impegnare (**bilancio di competenza**), indica anche l'ammontare delle entrate che si prevede di incassare o delle spese che si prevede di pagare (**bilancio di cassa**).
La legge di stabilità e la legge di bilancio contengono la **manovra triennale di finanza pubblica**, che stabilisce le misure qualitative e quantitative necessarie a realizzare gli obiettivi programmatici indicati nel DEF.
Quanto al **procedimento di approvazione**, la legge di bilancio rientra fra quelle leggi coperte dalla **riserva d'assemblea**, che devono dunque essere esaminate ed approvate con la **procedura ordinaria**, ai sensi dell'art. 72, co. 4, Cost.
L'esame in commissione ed in assemblea del disegno di legge di bilancio e di quello di legge di stabilità si svolge secondo alcune **disposizioni particolari** dettate nei regolamenti parlamentari. In particolare, l'esame del disegno di legge di stabilità (e prima della legge finanziaria), del disegno di legge di approvazione dei bilanci di previsione, annuale e pluriennale, dello Stato e dei documenti connessi ha luogo - al fine di consentirne l'approvazione nei termini stabiliti - nell'ambito di un'apposita **sessione parlamentare di bilancio**.
Relativamente agli **esercizi precedenti**, invece, il Ministro dell'economia e delle finanze presenta alle Camere, entro il mese di aprile, la **Relazione generale sulla situazione economica del Paese per l'anno precedente**.
Inoltre, entro il mese di giugno, il Ministro dell'economia e delle finanze deve presentare al Parlamento un disegno di legge contenente il **rendiconto generale dell'esercizio scaduto** il 31 dicembre dell'anno precedente. Tale rendiconto, prima della presentazione al Parlamento, deve essere trasmesso alla **Corte dei Conti** per la **parificazione**.

B) Gli strumenti di indirizzo e controllo

Accanto alle leggi di indirizzo politico fin qui esaminate, esistono atti mediante i quali le Camere esercitano la loro attività di direzione e controllo politico nei confronti del Governo:
— **α) Interrogazioni:** l'interrogazione consiste nella semplice **domanda**, rivolta **da un parlamentare per iscritto al Governo (o ad un singolo ministro)** per essere informato sulla veridicità di un fatto specifico o di una notizia e sui provvedimenti che il Governo intende adottare o ha già adottato in merito. La risposta può essere orale o - su richiesta dell'interrogante - scritta. Sono previste anche interrogazioni a risposta immediata (cd. *question time*). In ogni caso, il Governo può dichiarare di non poter rispondere o di dover differire la risposta ad altro giorno determinato.
— **β) Interpellanze:** l'interpellanza consiste nella **domanda** rivolta **per iscritto** al Governo (o ad un singolo ministro) circa **i motivi o gli intendimenti della condotta del Governo in questioni che riguardino determinati aspetti della sua politica**. Lo scopo, pertanto, a differenza dell'interrogazione, non è quello di conoscere ed acquisire informazioni su di un fatto, quanto di costringere il Governo ad esporre la propria posizione e il proprio indirizzo in merito all'oggetto dell'interpellanza.
— **γ) Mozioni:** la mozione - che può essere presentata alla Camera da un Presidente di gruppo o da 10 deputati ed al Senato da almeno 8 senatori - ha il fine di **promuovere una deliberazione dell'assemblea su un determinato argomento.** Si tratta di un **atto di impulso** di un dibattito destinato a concludersi con una presa di posizione dell'organo parlamentare.
— **δ) Risoluzioni:** la risoluzione è **diretta a manifestare orientamenti o a definire indirizzi su specifici argomenti**. Essa si caratterizza, innanzitutto, per essere utilizzabile in sede di commissione parlamentare; è previsto, inoltre, l'obbligo per la commissione di invitare un rappresentante del Governo alla discussione, in modo da evitare che si possa arrivare all'approvazione di risoluzioni ignote al Governo.
— **ε) Ordini del giorno:** si tratta di un atto scritto, proposto da ciascun parlamentare, teso ad **esprimere**

una direttiva politica al Governo; esso, tuttavia, si differenzia dai precedenti istituti per il fatto di intervenire su di **un aspetto o argomento accessorio** rispetto a quello in discussione. Esso può derivare, ad esempio, dal ritiro di un emendamento ad un progetto di legge conseguente all'opposizione manifestata dal Governo, laddove quest'ultimo abbia manifestato il proprio consenso ad una sua trasformazione in ordine del giorno. L'ordine del giorno, approvato dall'assemblea o dalla commissione, ovvero accettato dal Governo, vincola quest'ultimo a darvi seguito, secondo un grado di intensità che discende immediatamente dalla formula utilizzata (l'o.d.g. "impegna" o "invita" il Governo).

— **ζ) Indagini conoscitive:** le commissioni possono disporre indagini conoscitive dirette ad **acquisire notizie, informazioni e documenti utili alle attività delle Camere**. Nelle sedute dedicate a tali indagini possono essere chiamati ad intervenire i ministri competenti, funzionari ministeriali, amministratori di enti pubblici, rappresentanti di enti territoriali, di organismi privati, di associazioni di categoria ed altre persone esperte nella materia in esame o comunque qualsiasi persona in grado di fornire elementi utili ai fini dell'indagine.

Al fine di sottolineare che l'attività delle commissioni è **meramente conoscitiva**, l'art. 48 Reg. Sen. precisa che, nello svolgimento delle indagini, le commissioni non hanno i poteri dell'autorità giudiziaria (a differenza delle speciali commissioni d'inchiesta *ex* art. 82 Cost.), né hanno facoltà di esercitare alcun sindacato politico, emanare direttive o procedere ad imputazioni di responsabilità.

— **η) Inchieste:** le inchieste possono essere disposte, a norma dell'art. 82 Cost., da ciascuna Camera su **materie di pubblico interesse**, attraverso la creazione di apposite **commissioni d'inchiesta**. L'inchiesta può essere **politica**, se è diretta ad accertare la situazione dell'ordine pubblico in una determinata parte del Paese (ad es., l'inchiesta sul fenomeno della mafia e delle altre associazioni criminali) o le responsabilità di funzionari e di uomini politici in relazione ad una certa situazione di pubblico interesse, o **legislativa** se mira ad acquisire dati ed informazioni per un migliore svolgimento dell'attività legislativa, assumendo un valore essenzialmente conoscitivo. La commissione procede alle indagini e agli esami **con gli stessi poteri e le stesse limitazioni dell'autorità giudiziaria** (art. 82, co. 2, Cost.). Va precisato, tuttavia, che il principio di parallelismo fra poteri dell'autorità giudiziaria e potestà parlamentare d'inchiesta riguarda solo e soltanto i **poteri di tipo istruttorio e non quelli di tipo decisorio** (come l'interrogare testimoni, l'acquisire documenti, il disporre sequestro di materiale, perquisizioni, ecc.), non essendo la commissione un organo giudicante, ma un organo inquirente deputato a fornire le proprie conclusioni all'assemblea, cui spetta, invece, il compito di adottare eventualmente decisioni.

3. La messa in stato d'accusa del Presidente della Repubblica.

Il **Parlamento in seduta comune** ha tra i suoi compiti quello di mettere in stato d'accusa il Presidente della Repubblica che si sia macchiato di alto tradimento o attentato alla Costituzione. La deliberazione di messa in stato d'accusa viene adottata su relazione di un **Comitato** previsto dalla legge costituzionale n. 1 del 1989, composto dai membri delle Giunte per le autorizzazioni a procedere di Camera e Senato, che svolge preventivamente indagini che possono durare fino a 5 mesi.

4. La deliberazione dello stato di guerra.

A norma dell'art. 78 Cost., la **deliberazione** dello stato di guerra spetta alle Camere, mentre, ai sensi dell'art. 87 Cost., spetta al Presidente della Repubblica **dichiarare** lo stato di guerra. Una volta deliberato lo stato di guerra, il Parlamento deve **conferire al Governo i poteri necessari**: si tratta di poteri *extra ordinem* che potrebbero giungere - data la eccezionalità della situazione - sino a limitare l'esercizio di alcuni diritti fondamentali (si pensi, ad es., alla libertà di circolazione e soggiorno ed alla libertà e segretezza della corrispondenza). In caso di guerra, i poteri delle Camere possono essere eccezionalmente **prorogati per legge** (art. 60, co. 2 Cost.).

MAPPA CONCETTUALE

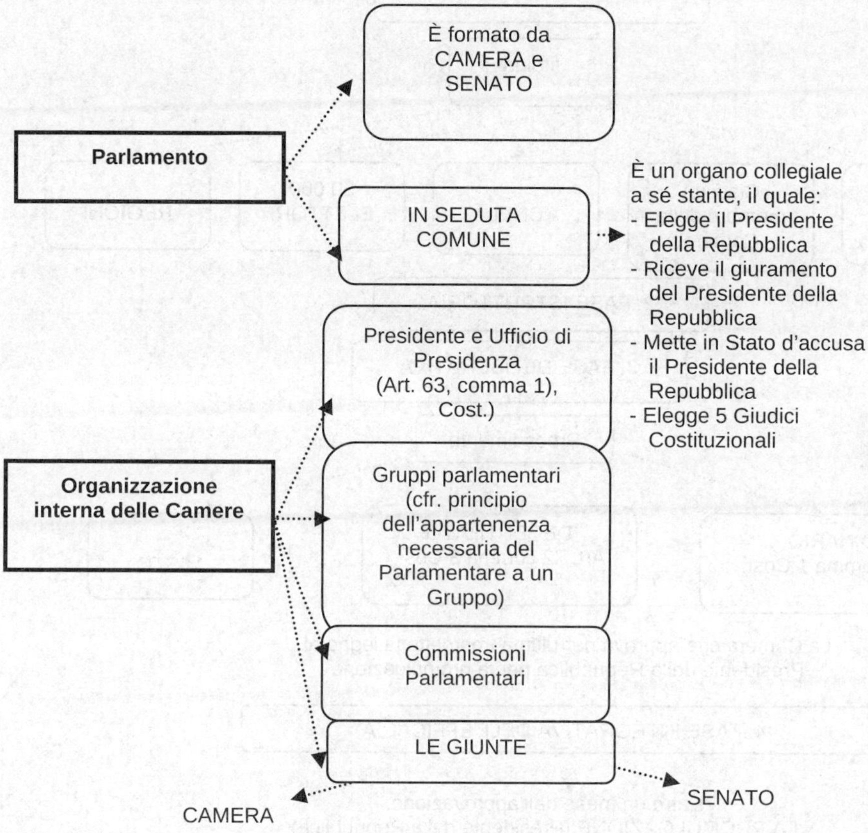

PROCEDIMENTO DI FORMAZIONE LEGGI ORDINARIE

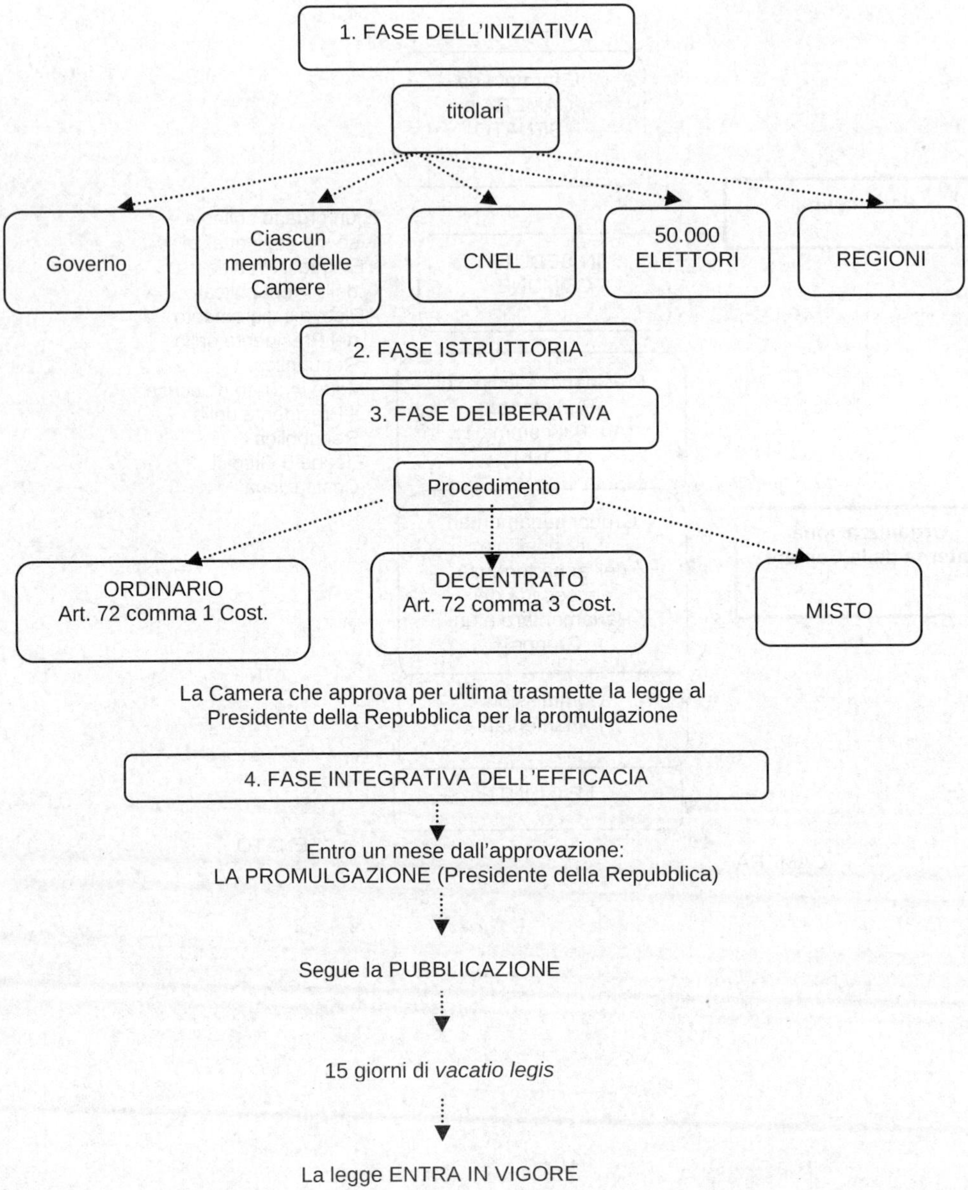

Capitolo 11 | IL PRESIDENTE DELLA REPUBBLICA

SOMMARIO:
Premessa. **1.** Le attribuzioni del Presidente della Repubblica. - **2.** Le vicende della carica. - **3.** La controfirma. - **4.** La responsabilità del Presidente della Repubblica.

Premessa.

L'art. 87 Cost., co. 1, stabilisce che "*Il Presidente della Repubblica è il Capo dello Stato e rappresenta l'unità nazionale*".
Le due formule utilizzate dai Costituenti definiscono la posizione costituzionale che il Presidente occupa nel nostro ordinamento:

- egli è il **Capo dello Stato** perché a lui sono conferite le attribuzioni che richiedono la presenza dello Stato nella sua maestà ed unità e perché occupa una posizione al di sopra delle parti e degli altri poteri;
- egli **rappresenta l'unità**, poiché è il garante dell'organizzazione costituzionale e, per quanto riguarda specificamente le caratteristiche della sua carica, è indipendente dalle parti ed è legato esclusivamente alla sua funzione.

Rispetto agli altri poteri dello Stato, il Presidente della Repubblica riveste un ruolo autonomo ed indipendente, e dunque una posizione di organo *super partes*, fornito di attribuzioni volte a controllare, influenzare e coordinare le attività degli altri organi a fini di suprema garanzia costituzionale, sì da assicurare quell'equidistanza che la funzione di rappresentanza dell'unità nazionale richiede.
In effetti, il Presidente, pur non essendo parte di alcuno dei poteri dello Stato, partecipa all'azione di questi. Egli, infatti, come esamineremo, interviene nell'azione:

- del *potere esecutivo*, mediante l'emanazione e l'assunzione formale dei più importanti atti spettanti a tale potere;
- del *potere legislativo*, mediante la partecipazione, divisa col Governo, all'iniziativa e alla promulgazione delle leggi;
- del *potere giudiziario*, mediante la presidenza del Consiglio Superiore della magistratura.

Tuttavia, la sua partecipazione ai diversi poteri non risulta mai ultimativa né determinante, configurandosi sempre come intervento volto a garantire in via preventiva il regolare svolgimento del sistema costituzionale. Da questa sua posizione di indipendenza e di sostanziale estraneità dai tre poteri tradizionali dello Stato discende anche che il Presidente della Repubblica non interviene mai direttamente a delineare l'indirizzo politico generale, sul quale può influire eventualmente in via mediata, con un'azione ora di freno e di controllo, ora anche di stimolo e di propulsione.

1. Le attribuzioni del Presidente della Repubblica.

Le attribuzioni del Capo dello Stato sono state **elencate tassativamente dalla Costituzione** e possono essere **classificate** secondo criteri diversi. Si tratta di criteri elaborati in dottrina, posto che gli articoli 87 e 88 Cost. elencano i poteri senza dare un ordine. Per chiarezza va precisato che nell'ordinamento italiano il Presidente della Repubblica non esercita in via diretta nessuno dei tre poteri (legislativo, esecutivo o giudiziario) e che egli non vanta neanche poteri di indirizzo politico. Ciò non toglie che al

Presidente sia riconosciuto il ruolo di garante della Costituzione e, per questo motivo, egli concentra nelle sue mani poteri di:

- controllo = può richiamare l'attenzione degli organi competenti sulla legittimità costituzionale o sull'opportunità politica di atti in corso di approvazione;
- garanzia = agisce come vertice del Consiglio Superiore della Magistratura e del Consiglio Supremo di Difesa.

Le attribuzioni del Presidente della Repubblica possono essere **ripartite secondo il potere (legislativo, esecutivo o giudiziario) su cui vanno ad incidere**. Rispetto al **potere legislativo**, il Presidente della Repubblica:

- può rivolgere messaggi alle camere (art. 87, co. 2, Cost.);
- indice le elezioni delle nuove Camere e ne fissa la prima riunione (art. 87, co. 3, Cost.);
- può convocare le Camere in via straordinaria (art. 62, co. 2, Cost.);
- può, sentiti i loro Presidenti, sciogliere le Camere o anche una sola di esse (art. 88 Cost.);
- autorizza la presentazione alle Camere dei disegni di legge d'iniziativa del Governo (art. 87, co. 4, Cost.);
- promulga le leggi (art. 87, co. 5, Cost. e 73 Cost.) ed emana i decreti aventi valore di legge ed i regolamenti;
- può sospendere la promulgazione e rinviare la legge alle Camere con un suo messaggio motivato per chiedere una nuova deliberazione (art. 74 Cost.);
- indice il referendum popolare nei casi previsti dalla Costituzione (art. 87, co. 6, Cost.);
- può nominare (*non più di*) cinque senatori a vita (*in carica*) (art. 59, co. 2, Cost.).

In riferimento al **potere esecutivo**, il Capo dello Stato:

- nomina il Presidente del Consiglio dei ministri e, su proposta di questo, i ministri (art. 92 Cost.);
- nomina, nei casi indicati dalla legge, i funzionari dello Stato (art. 87, co. 7, Cost.);
- emana i decreti aventi valore di legge e i regolamenti (art. 87, co. 5, Cost.);
- accredita e riceve i rappresentanti diplomatici, ratifica i trattati internazionali, previa, quando occorra, l'autorizzazione delle Camere (art. 87, co. 8, Cost.);
- ha il comando delle Forze armate, presiede il Consiglio supremo di difesa costituito secondo la legge, dichiara lo stato di guerra, deliberato dalle camere (art. 87, co. 9, Cost.);
- conferisce onorificenze (art. 87, co. 12, Cost.).
- in caso di atti contrari alla Costituzione o gravi violazioni di legge, nonché per ragioni di sicurezza nazionale, il governo delibera lo scioglimento dei Consigli regionali o la rimozione del Presidente della giunta e il Presidente della Repubblica emette il decreto formale in questo senso (art. 126 comma 1, Cost.)

Rispetto al **potere giudiziario**, il Presidente della Repubblica:

- presiede il Consiglio superiore della magistratura (art. 87, co. 10, Cost.);
- può concedere grazia e commutare pene (art. 87, co. 11, Cost.);
- nomina cinque giudici della Corte costituzionale (art. 135 Cost.).

Il presidente della Repubblica ha, infine, anche delle **attribuzioni di carattere amministrativo:**

- emana il decreto di annullamento degli atti amministrativi illegittimi;
- emana il decreto di decisione dei ricorsi straordinari amministrativi.

2. Le vicende della carica.

A) Elezione

A norma dell'art. 83 Cost., il Presidente della Repubblica è eletto dal **Parlamento in seduta comune**, integrato da **tre delegati per ogni Regione** eletti dal Consiglio regionale in modo che sia assicurata la rappresentanza delle minoranze. La Valle d'Aosta ha un solo delegato. La **convocazione** del Parlamento in seduta comune e dei delegati regionali per l'elezione del Presidente della Repubblica è fatta dal Presidente della Camera **trenta giorni prima** che scada il mandato del Presidente in carica. Se le Camere sono sciolte, o mancano meno di tre mesi alla loro cessazione, l'elezione ha luogo entro quindici giorni dalla riunione delle Camere nuove. Nel frattempo, sono prorogati i poteri del Presidente in carica (art. 85, comma 3 Cost.). L'elezione del Presidente della Repubblica ha luogo per **scrutinio segreto**. È richiesta la **maggioranza di due terzi** dell'assemblea; a partire dal **terzo scrutinio** è sufficiente per l'elezione, nei successivi scrutini, la **maggioranza assoluta**.

B) Eleggibilità e incompatibilità

I **requisiti** per essere eletto Presidente della Repubblica sono:

- la cittadinanza italiana;
- il compimento di **cinquanta anni** di età;
- il godimento dei diritti civili e politici.

A norma dell'art. 84, comma 2, Cost.,*"L'ufficio di Presidente della Repubblica è **incompatibile con qualsiasi altra carica**"*.

C) Carica

Il Presidente della Repubblica dura in carica **sette anni**, che cominciano a decorrere dal giorno in cui egli presta **giuramento di fedeltà alla Repubblica e di osservanza della Costituzione** innanzi al Parlamento in seduta comune, poiché è da quel momento che il Presidente entra nell'esercizio delle sue funzioni (art. 91 Cost.).
L'art. 84, ult. co., Cost. demanda alla legge la fissazione dell'**assegno** e della **dotazione** del Presidente, consistente quest'ultima nell'uso di beni patrimoniali indisponibili destinati alla residenza ed agli uffici del Presidente (il palazzo del Quirinale, le tenute di Castelporziano e di Capocotta ed altri immobili) e nell'assegnazione di una somma annua per le spese della Presidenza.
La **cessazione dall'ufficio** può avvenire, oltre che (in via normale) per la scadenza del settennato:

a) per impedimento permanente;
b) per morte o dimissioni (si pensi a quanto avvenuto con le dimissioni del Presidente Napolitano);
c) per decadenza dalla carica (in seguito, ad es., alla perdita della cittadinanza o dei diritti civili o politici).

In caso di **cessazione anticipata** dall'ufficio, il Presidente della Camera indice l'elezione del nuovo Presidente della Repubblica entro quindici giorni, salvo il maggior termine previsto se le Camere sono sciolte o manca meno di tre mesi alla loro cessazione.
Qualora il Presidente sia **permanentemente o temporaneamente impedito** ad adempiere le sue funzioni, queste vengono esercitate dal **Presidente del Senato** (cd. **supplenza**). **L'impedimento** del Presidente può essere:

- **permanente** nel caso in cui:
  1) l'infermità si protragga in modo irreversibile;
  2) decadenza dalla carica per intervenuta condanna per alto tradimento o attentato alla Costituzione da parte della Corte costituzionale;
  3) perdita del godimento dei diritti civili e politici.

- **temporaneo** nel caso in cui:
  1) la Corte costituzionale sospenda il Presidente in pendenza del giudizio conseguente alla messa in stato d'accusa;
  2) malattia;
  3) viaggio all'estero.

3. La controfirma.

La controfirma richiesta dall'art. 89 Cost. per tutti gli atti presidenziali ha una duplice funzione: da un lato, è strumento idoneo a **far assumere la responsabilità di tali atti al ministro firmatario**, dall'altro è **requisito di validità degli atti stessi.**
Due sono le tesi emerse in dottrina in merito alla funzione della controfirma:
a) secondo il primo orientamento (Esposito), la controfirma, qualunque sia l'atto cui viene apposta, verrebbe ad assumere **sempre una medesima valenza**: essa avrebbe il significato di una **certificazione che il ministro ha personalmente collaborato col Capo dello Stato** ed esercitato la propria influenza su di esso, quando il Capo dello Stato compiva l'atto;
b) il secondo orientamento (Balladore Pallieri), di contro, afferma l'esistenza di una **diversificazione sostanziale nei rapporti di collaborazione intercorrenti tra Capo dello Stato e Governo** ed ha, perciò, individuato all'interno della categoria, formalmente omogenea, degli atti sottoscritti ed emanati dal Presidente della Repubblica due specie ben distinte di atti: **atti presidenziali** che rientrano prevalentemente nella competenza del Capo dello Stato, nel senso che il Capo dello Stato medesimo, oltre a partecipare alla loro emanazione, ne ha l'iniziativa, e il Ministro si limita a controfirmarli; **atti governativi** che, invece, rientrano nella prevalente competenza del Ministro, che da questo sono proposti e predisposti e che il Capo dello Stato acconsente a firmare. A tali categorie si è aggiunta, poi, quella degli **atti complessi eguali**, frutto della collaborazione su di un piano paritario della volontà presidenziale con quella ministeriale. Pertanto, alla luce di tale secondo orientamento, la controfirma assumerebbe una **valenza diversa** a seconda dell'atto venuto in rilievo, ed in particolare:
1) negli *atti propriamente presidenziali*, la firma sarebbe destinata a rappresentare l'espressione dell'iniziativa e della volontà preminente realizzata nell'atto, mentre la controfirma attesterebbe una forma particolare di verifica o controllo costituzionale esercitato dal Governo sull'azione del Presidente;
2) negli *atti governativi* questo rapporto si invertirebbe, nel senso che sarebbe la controfirma ministeriale a manifestare il potere di iniziativa e di determinazione preminente, mentre attraverso la firma del Presidente si realizzerebbe una forma speciale di controllo costituzionale sull'azione di Governo;
3) infine, negli *atti complessi*, firma e controfirma verrebbero a esprimere l'esistenza di un consenso sul contenuto dell'atto, cioè un apporto paritario dei due organi.

Restano **esclusi dalla controfirma** gli **atti strettamente personali**, come ad esempio l'atto con cui il Capo dello Stato rassegna le proprie dimissioni, ovvero gli atti compiuti in veste di Presidente di organi collegiali (es: gli atti del CSM o del Consiglio supremo di difesa, la cui responsabilità ricade direttamente sull'organo che ha emanato l'atto).

Tradizionalmente, la dottrina ha distinto le attribuzioni presidenziali anche in relazione alle facoltà decisionali che il Presidente della Repubblica conserva rispetto all'atto, adottato in concomitanza con altri organi costituzionali, segnatamente il Governo (GUARINO, MORTATI, BALLADORE PALLIERI, BIN-PITRUZZELLA, LAVAGNA); si è delineata così la classificazione tra:
1. atti formalmente presidenziali e sostanzialmente governativi
2. atti formalmente e sostanzialmente presidenziali
3. atti complessi eguali.

1) Atti formalmente presidenziali e sostanzialmente governativi
Nella prima categoria degli atti formalmente presidenziali e sostanzialmente governativi o atti ministeriali, i quali, pur essendo imputati formalmente al Capo dello Stato, sono riconducibili nella sostanza alla volontà del ministro proponente cui spetta la relativa decisione, rientrerebbero:
- i decreti presidenziali contenenti norme giuridiche sia aventi efficacia di legge formale (decreti-legge e decreti legislativi) sia aventi efficacia subordinata a quella della legge formale (regolamenti);
- la nomina dei ministri e degli alti funzionari dello Stato;

- l'autorizzazione alla presentazione alle Camere dei disegni di legge di iniziativa governativa.

Rispetto a tali atti, il Presidente della Repubblica potrebbe esercitare soltanto un controllo di legittimità e richiederne il riesame, senza poter incidere sulla determinazione di volontà del Governo.

2) Atti formalmente e sostanzialmente presidenziali
Apparterrebbero alla seconda categoria degli atti formalmente e sostanzialmente presidenziali:
- la nomina dei 5 senatori a vita;
- la nomina dei 5 giudici costituzionali;
- la nomina di 8 esperti componenti il Consiglio nazionale dell'economia e del lavoro;
- il rinvio al Parlamento di una legge;
- la promulgazione delle leggi;
- i messaggi alle Camere;
- la concessione della grazia.

Rispetto a tali atti, il Presidente della Repubblica godrebbe di un'ampia sfera di discrezionalità, o perché il contenuto dell'atto viene determinato esclusivamente dal Capo dello Stato, o perché, rispetto alla loro adozione, la determinazione della volontà presidenziale è del tutto autonoma.

3) Atti complessi eguali
Infine, la categoria degli atti complessi eguali risulterebbe composta:
- dalla nomina del Presidente del consiglio;
- dallo scioglimento delle Camere.

Questi ultimi atti presidenziali sono il frutto di una decisione del Presidente della Repubblica con la necessaria collaborazione di altri soggetti o organi costituzionali e sono anche definiti atti duumvirali, poiché essi attesterebbero in sostanza la collaborazione personale, sostanzialmente paritaria, fra il Capo dello Stato e gli altri organi interessati.

4. La responsabilità del Presidente della Repubblica.

A) Responsabilità politica
Grazie alla controfirma, nel sistema italiano il Presidente della Repubblica è **politicamente irresponsabile** in via istituzionale, giacché la responsabilità politica degli atti presidenziali è assunta dai ministri proponenti (o dai ministri competenti, nel caso in cui l'atto manchi di una proposta) che li controfirmano, tenendo presente che gli atti che hanno valore legislativo e gli altri indicati dalla legge sono controfirmati anche dal Presidente del Consiglio dei ministri (art. 89 Cost.).
Pertanto, come già esaminato, i ministri assumono la responsabilità degli atti presidenziali innanzi alle Camere, secondo una regola propria della forma di governo parlamentare.

B) Responsabilità giuridica
Quanto alla **responsabilità giuridica**, il Presidente della Repubblica non è responsabile, sia penalmente che civilmente, per gli atti compiuti nell'esercizio delle sue funzioni, tranne che per **alto tradimento** o per **attentato alla Costituzione** (art. 90 Cost.).
Per **alto tradimento** deve intendersi ogni comportamento doloso concretizzatosi in una **violazione del giuramento di fedeltà alla Repubblica** (ad es., l'attentato all'integrità e all'indipendenza dello Stato o ancora l'intelligenza con lo Stato nemico in caso di conflitto bellico); per **attentato alla Costituzione** ogni comportamento, egualmente doloso, diretto a **sovvertire le istituzioni costituzionali** (ad es., un colpo di Stato) o a violare deliberatamente la Costituzione.
Spetta al **Parlamento in seduta comune** mettere **in stato di accusa**, a maggioranza assoluta dei suoi membri, il Presidente della Repubblica, qualora ritenga che l'atto da lui compiuto integri il reato di alto

tradimento o di attentato alla Costituzione; in tal caso, il Presidente è sottoposto al **giudizio della Corte costituzionale** (art. 134 Cost.). La Corte, integrata per l'occasione da **sedici membri** estratti a sorte da un elenco di **cittadini** aventi i requisiti per l'eleggibilità a senatore, che il Parlamento in seduta comune compila ogni nove anni, nel pronunciare sentenza di condanna, determina le **sanzioni penali** nei limiti del massimo di pena previsto dalle leggi vigenti, nonché le sanzioni costituzionali, amministrative e civili adeguate al fatto (art. 15, l. cost. 11 marzo 1953, n. 1).

C) Procedimento per messa in stato d'accusa

Spetta al Parlamento in seduta comune mettere in stato di accusa, a maggioranza assoluta dei suoi membri, il Presidente della Repubblica, qualora ritenga che l'atto da lui compiuto integri il reato di alto tradimento o di attentato alla Costituzione (art. 90, co. 2, Cost.); in tal caso, il Presidente è sottoposto al giudizio della Corte costituzionale (art. 134 Cost.). Il successivo art. 135, co. 7, prevede che la Corte, nei giudizi d'accusa contro il Presidente della Repubblica, è integrata da sedici membri tratti a sorte da un elenco di cittadini aventi i requisiti per l'eleggibilità a senatore, che il Parlamento compila ogni 9 anni mediante elezione con le stesse modalità stabilite per la nomina dei giudici ordinari della Corte costituzionale (ossia in seduta comune, a scrutinio segreto e con maggioranza qualificata).

A norma, poi, dell'art. 15 della l. cost. 11 marzo 1953, n. 1, la Corte costituzionale, nel pronunciare sentenza di condanna, determina le sanzioni penali nei limiti del massimo di pena previsto dalle leggi vigenti, nonché le sanzioni costituzionali, amministrative e civili adeguate al fatto.

MAPPA CONCETTUALE

IL PRESIDENTE DELLA REPUBBLICA

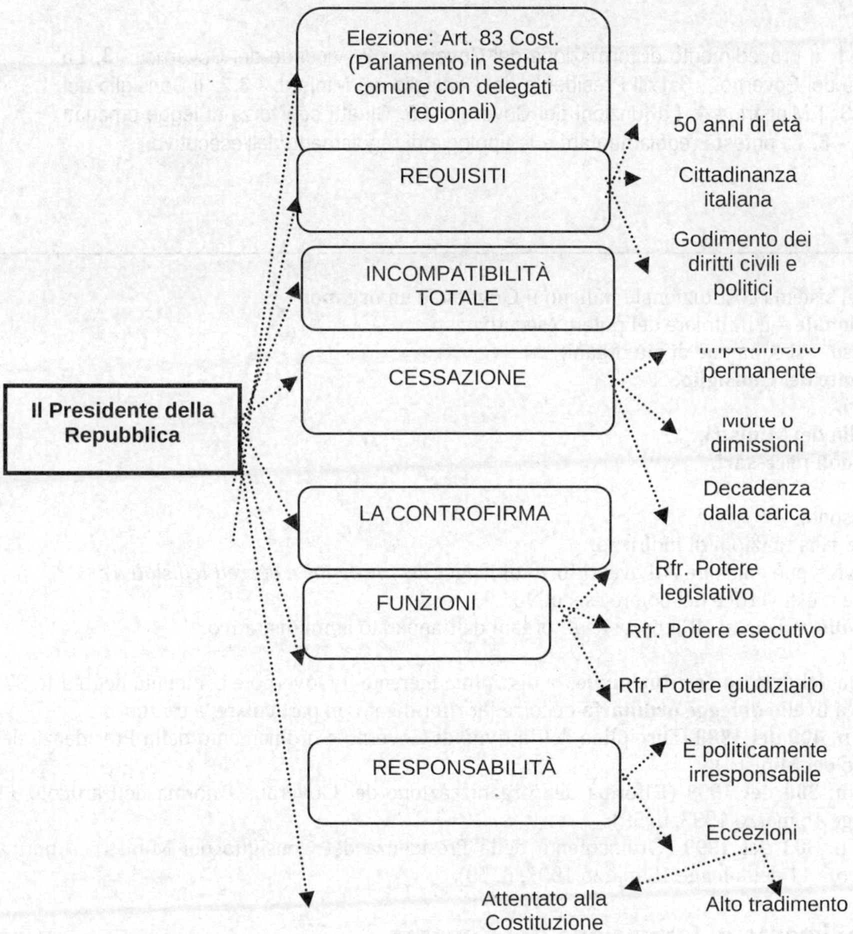

Capitolo 12 | IL GOVERNO

Premessa.

Nell'impianto del sistema costituzionale italiano il Governo è un **organo:**
- **costituzionale** = è il titolare del potere esecutivo;
- **complesso** = si compone di più organi:
  -Presidente del Consiglio,
  -Ministri,
  -Consiglio dei Ministri,
  -organi non necessari.

Le sue **funzioni** sono:
- **politiche** = ha funzioni di indirizzo;
- **legislative** = può emanare atti aventi forza di legge (*decreti-legge e decreti legislativi*);
- **esecutive** = è al vertice del potere esecutivo;
- **di controllo** = rispetto all'attività degli organi dell'apparato amministrativo.

Dal punto di vista del **dettato costituzionale**, la disciplina inerente il Governo è contenuta negli artt. 92-96 Cost., mentre a livello di **legge ordinaria** occorre far riferimento, in particolare, a tre fonti:
1) le **legge n. 400 del 1988** (Disciplina dell'attività di Governo e ordinamento della Presidenza del Consiglio dei Ministri);
2) il **d.lgs. n. 300 del 1999** (Riforma dell'organizzazione del Governo, a norma dell'articolo 11 della legge 15 marzo 1997, n. 59);
3) il **d.lgs. n. 303 del 1999** (Ordinamento della Presidenza del Consiglio dei Ministri, a norma dell'articolo 11 della legge 15 marzo 1997, n. 59).

1. Il procedimento di formazione del Governo.

Il procedimento di formazione del Governo consiste in una **sequenza di atti** (consultazioni, incarico, nomina e giuramento) soltanto parzialmente disciplinati dalla nostra Costituzione, che si limita a disporre, all'art. 92, co. 2, che *"Il Presidente della Repubblica nomina il Presidente del Consiglio dei ministri e, su proposta di questo, i ministri"*. Le altre fasi, per così dire preparatorie, ossia quella delle **consultazioni** e quella dell'**incarico**, sono rimesse ad una **prassi costituzionale sorta convenzionalmente** e trasformatasi nel tempo in una vera e propria **consuetudine costituzionale**.
- **CONSULTAZIONI:** Il procedimento di formazione del Governo si apre con le **consultazioni**, fase durante la quale il Presidente della Repubblica incontra una serie di personalità istituzionali (es. i Presidenti delle Camere) e politiche (le delegazioni dei partiti, i rappresentanti dei gruppi parlamentari) e raccoglie elementi utili diretti a verificare la **sussistenza di una maggioranza**

parlamentare, sulla cui base poi individuare il personaggio politicamente più idoneo al quale conferire l'incarico di formare un Governo che possa concretamente ottenere la fiducia dalle Camere.

- **CONFERIMENTO DELL'INCARICO:** Al termine delle consultazioni, il Presidente della Repubblica procede al **conferimento in forma orale dell'incarico**, che generalmente viene **accettato con riserva** dal prescelto, per valutare l'effettiva possibilità di coagulare una maggioranza parlamentare intorno ad un **programma di governo** e ad una **compagine ministeriale** da proporre al Presidente della Repubblica per la successiva nomina. Qualora, all'esito delle consultazioni, il Capo dello Stato non abbia tutti gli elementi sufficienti per individuare un soggetto cui affidare l'incarico, può conferire un **mandato esplorativo** (istituto anch'esso non espressamente disciplinato in Costituzione) per lo svolgimento di ulteriori indagini ad una personalità politica di sua fiducia, che verosimilmente non sarà il soggetto incaricato all'esito delle ulteriori consultazioni, dovendo svolgere un'attività finalizzata non già a formare il Governo, ma ad acquisire informazioni da riportare al Presidente stesso. Tale istituto, peraltro, non va confuso con il cd. **preincarico**, cui il Capo dello Stato può fare ricorso qualora voglia riservarsi di decidere definitivamente solo in un secondo momento sul conferimento dell'incarico vero e proprio, attendendo gli esiti delle indagini svolte dal preincaricato.
  Una volta sciolta positivamente la riserva da parte dell'incaricato, si perviene all'**emanazione contestuale di tre decreti** da parte del Presidente della Repubblica, tutti **controfirmati dal nuovo Presidente del Consiglio** (ai sensi dell'art. 1, co. 2, l. n. 400/1988):
  1) il decreto di accettazione delle dimissioni del precedente Governo;
  2) il decreto di nomina del nuovo Presidente del Consiglio;
  3) il decreto di nomina dei ministri, sulla base delle proposte formulate dal Presidente del Consiglio.
- **GIURAMENTO:** Dopo la firma di questi decreti il procedimento di formazione del Governo si conclude con l'ultima fase, ossia con il **giuramento nelle mani del Presidente della Repubblica**, in forma separata, del Presidente del Consiglio e poi dei ministri, per i quali tale atto assume anche il significato di **accettazione della nomina** (art. 96 Cost.).
  Il Governo dimissionario resta in carica fino alla nomina dei nuovi ministri unicamente per il **disbrigo degli affari correnti**, non potendo più compiere atti di indirizzo politico essendo venuto meno il rapporto fiduciario che lo legava al Parlamento.
- **LA FIDUCIA:** Con il giuramento il nuovo Governo **entra in carica** ed entro dieci giorni deve **presentarsi alle Camere per ottenerne la fiducia**, esponendo, a mezzo del Presidente del Consiglio, il suo **programma**.

2. Vicende del Governo.

A) Crisi di Governo

Il Governo rimane in carica sin quando le Camere **non gli revocano la fiducia**, salvo **decida di dimettersi** laddove emerga evidentemente che **non gode più della fiducia della maggioranza**. Il voto di sfiducia delle Camere apre la cd. **crisi di Governo** (c.d. *parlamentare*) e quest'ultimo ha **l'obbligo giuridico di dimettersi**, come si deduce *ex adverso* dalla norma contenuta nell'art. 94, co. 1, Cost. secondo la quale *"Il Governo deve avere la fiducia delle due Camere"*. Ad ogni modo, il Governo **può dimettersi** anche per cause indipendenti da situazioni di crisi parlamentari, quali, ad esempio, la morte del Presidente del Consiglio ovvero la cessazione o la sospensione dalla carica per motivi inerenti la propria persona (cd. crisi di governo *extraparlamentari*).

B) Le mozioni di fiducia e di sfiducia

Come anticipato, entro 10 giorni dal giuramento il nuovo Governo deve presentarsi alle Camere per ottenerne la fiducia. Nel caso di **mancata fiducia iniziale**, anche in relazione a una sola delle due Camere, **il Governo è obbligato a dimettersi**. La **mozione di fiducia** deve essere:

- **motivata**, con indicazione delle ragioni del consenso parlamentare che portano a condividere l'indirizzo politico espresso dal Governo;
- **votata per appello nominale**, ossia a scrutinio palese, per contrastare anche il fenomeno dei cd. **franchi tiratori** (parlamentari della maggioranza che non si conformano alle indicazioni di voto della propria coalizione), con pubblica assunzione di responsabilità da parte di ciascun parlamentare per la posizione assunta nei confronti del Governo;
- **votata a maggioranza semplice** dei presenti, secondo la regola generale richiesta per tutte le deliberazioni assembleari, ai sensi dell'art. 64, co. 3, Cost.

Il rapporto di fiducia tra il Governo e il Parlamento è un pilastro del nostro sistema costituzionale e, pertanto, il Governo non deve ottenere la fiducia solo al momento della sua nascita, ma deve essere conservata anche per tutta la sua durata. Tale rapporto fiduciario può, infatti, interrompersi nell'ipotesi in cui il Parlamento approvi una **mozione di sfiducia**, la quale, ai sensi dell'art. 94, co. 2 e 5, Cost. deve essere presentata da almeno un decimo dei componenti della Camera, deve essere motivata e votata per appello nominale non prima di 3 giorni dalla sua presentazione.
La Costituzione non prevede espressamente la possibilità di votare una **mozione di sfiducia individuale** nei confronti di un singolo ministro, possibilità che è stata successivamente ammessa e chiarita dalla Corte costituzionale con la sentenza n. 7 del 1996 in riferimento all'allora Ministro della giustizia Mancuso. La sfiducia individuale mira ad evitare l'apertura di una crisi di Governo nel caso in cui il rapporto di fiducia tra il Parlamento e l'Esecutivo sia minato esclusivamente dal comportamento di un singolo ministro, obbligato a dimettersi a seguito dell'approvazione della mozione.
A garanzia della stabilità del Governo, è inoltre posta la disposizione contenuta nell'art. 94, comma 4, Cost., secondo cui **il voto contrario di una o entrambe le Camere su una proposta del Governo non comporta l'obbligo delle sue dimissioni**. Tuttavia, il fatto che il Governo non sia costituzionalmente obbligato a dimettersi, non esclude che possa ugualmente farlo, qualora attribuisca una particolare importanza al voto contrario espresso dalle Camere. Ciò ha condotto all'affermarsi dell'istituto della **questione di fiducia**, non contemplato dalla Costituzione, ma prima regolato in via di prassi e successivamente disciplinato dall'art. 116 del Regolamento della Camera, dall'art. 161, co. 4, del Regolamento del Senato, nonché dall'art. 2, co. 2, l. n. 400/1988. L'iniziativa di porre la questione di fiducia è assunta dal **Presidente del Consiglio**, previo assenso del Consiglio dei ministri, ed è diretta a **subordinare la permanenza in carica del Governo al voto parlamentare favorevole sulle proposte governative sulle quali la questione è posta** (ad eccezione di quelle espressamente escluse dai regolamenti parlamentari). In altri termini, il **voto contrario del Parlamento** sul testo sul quale è posta la fiducia **obbliga il Governo a dimettersi**. Di regola la questione è posta, invero, su proposte ritenute dal Governo fondamentali per l'attuazione dell'indirizzo politico concordato in sede di conferimento della fiducia parlamentare.
Sulla questione di fiducia si vota **per appello nominale**, non prima di ventiquattro ore, ed è **precluso il voto degli emendamenti** presentati al testo su cui il Governo ha posto la fiducia, i quali si intendono respinti all'esito del voto favorevole dell'assemblea sulla fiducia.

3. La composizione del Governo.

La struttura del **Governo** è disciplinata dalla Costituzione, dalla l. n. 400/1988, nonché dai d.lgs. 30 luglio 1999, nn. 300 e 303; si tratta di un **organo complesso**, costituito:
- da più organi individuali (il **Presidente del Consiglio** ed i singoli **Ministri**);
- da un organo collegiale (il **Consiglio dei Ministri**) composto dai titolari dei richiamati organi monocratici.

In via di estrema sintesi, può affermarsi che spetta al Presidente del Consiglio la **direzione della politica generale** del Governo e al Consiglio dei ministri, quale organo collegiale, la **determinazione** della stessa.

A) Il conflitto di interessi

La legge n. 215 del 2004 disciplina il **conflitto di interessi** delle cariche di Governo, stabilendo il principio secondo cui Presidente del Consiglio, Ministri, Vice-Ministri, Sottosegretari di Stato e Commissari straordinari del Governo debbono dedicarsi esclusivamente alla cura degli interessi pubblici.
La **vigilanza** sugli atti del Governo in relazione ad eventuali conflitti di interesse è affidata all'Autorità garante della concorrenza e del mercato, che ha la facoltà di riferire al Parlamento eventuali situazioni patologiche e di intimare all'impresa di astenersi da comportamenti che potrebbero recarle un vantaggio in conseguenza di un atto adottato in conflitto di interessi da parte di una carica del governo.
La stessa legge n. 215 del 2004 stabilisce che sussiste situazione di conflitto di interessi quando il titolare di cariche di Governo partecipa all'adozione di un atto, o omette un atto dovuto, che ha un'incidenza specifica e preferenziale sul suo patrimonio o su quello dei congiunti.

B) Gli organi di Governo necessari e non necessari

Sono considerati **organi governativi necessari:**

- Governo
- Presidente del Consiglio
- Ministri
- Consiglio dei Ministri.

Accanto a questi, vi sono altri organi che concorrono a completare la struttura governativa. Si tratta degli **organi governativi non necessari,** collegiali o individuali:

- Consiglio di Gabinetto
- Comitati di Ministri
- Comitati interministeriali
- Vicepresidenti del Consiglio
- Ministri senza portafoglio
- Sottosegretari di Stato
- Vice-Ministri
- Commissari straordinari.

C) Consiglio di Gabinetto

Il **Consiglio di Gabinetto** è stato istituito, per la prima volta, con formale deliberazione del Consiglio dei Ministri nell'agosto 1983 ed ora è previsto nell'art. 6 della l. n. 400/1988, a norma del quale il Presidente del Consiglio, nello svolgimento delle funzioni di cui all'art. 95, co. 1, Cost., può essere coadiuvato da un Comitato che prende il nome di Consiglio di Gabinetto, composto dai Ministri da lui designati, sentito il Consiglio dei Ministri.

D) Comitati interministeriali

I **Comitati interministeriali** sono costituiti da **più Ministri** e, alcuni di essi, anche da funzionari ed esperti. Il loro compito dovrebbe essere quello di **preparare e coordinare l'attività del Consiglio dei Ministri in determinati settori**. Tra quelli tuttora operanti meritano di essere ricordati il **CIPE** (Comitato interministeriale per la programmazione economica, diventato dal primo gennaio 2021 Comitato interministeriale per la programmazione economica e lo sviluppo sostenibile **CIPESS**), il **CICR** (Comitato interministeriale per il credito ed il risparmio), il **CIAE** (Comitato interministeriale per gli affari europei) ed il **CIS** (Comitato interministeriale per l'informazione e la sicurezza). Inoltre, a norma dell'art. 5, co. 2, lett. h), della l. n. 400/1988, il Presidente del Consiglio può disporre, con proprio decreto, l'istituzione di particolari **comitati di Ministri**, con il compito di esaminare, in via preliminare, questioni di comune competenza, di esprimere parere su direttive dell'attività di Governo e su problemi di rilevante importanza da sottoporre al Consiglio dei Ministri, eventualmente anche avvalendosi di esperti non appartenenti alla Pubblica amministrazione.

E) Vicepresidente del Consiglio

Il **Vicepresidente del Consiglio dei Ministri**, organo affermatosi inizialmente in via di convenzione, oggi è formalmente previsto dall'art. 8, l. n. 400/1988, che conferisce al Presidente del Consiglio il potere di proporre al Consiglio dei Ministri l'attribuzione ad uno o più Ministri delle funzioni di Vicepresidente del Consiglio dei Ministri. La figura riveste un **ruolo squisitamente politico**, posto che ad essa spettano soltanto **funzioni di supplenza del Presidente** in caso di assenza o impedimento temporaneo ed è equiparata per il resto agli altri Ministri.

F) Ministri senza portafoglio

I **Ministri senza portafoglio** – oggi disciplinati dall'art. 9 della l. n. 400/1988 – possono essere nominati all'atto della costituzione del Governo, senza tuttavia essere preposti ad alcun dicastero, avendo il compito di svolgere solo le **funzioni loro delegate dal Presidente del Consiglio dei Ministri**; per l'espletamento di tali funzioni si avvalgono del supporto organizzativo di apposite **strutture della Presidenza** nonché di uffici di diretta collaborazione. La nomina di tali Ministri – con decreto del Presidente della Repubblica, su proposta del Presidente del Consiglio dei Ministri, sentito il Consiglio dei Ministri – è, dunque, sempre **eventuale**, nel senso che, in mancanza, le relative funzioni si intendono attribuite al Presidente del Consiglio, salvo che questi non voglia delegarle ad altro Ministro.

G) Sottosegretari di Stato

I **Sottosegretari di Stato**, istituiti originariamente con la l. 12 febbraio 1888, n. 5195, sono attualmente disciplinati dall'art. 10 della l. n. 400/1988. Essi, previa delega, **coadiuvano il Ministro** (o il Presidente del Consiglio) ed esercitano i compiti che questi conferisce loro con decreto ministeriale pubblicato nella Gazzetta Ufficiale; non fanno parte del Consiglio dei Ministri (ad eccezione del Sottosegretario di Stato alla Presidenza del Consiglio, che vi partecipa soltanto con funzioni di segretario verbalizzante), ma possono intervenire, in qualità di rappresentanti del Governo, ai lavori parlamentari. Le **nomine** dei Sottosegretari di Stato vengono disposte con **decreto del Presidente della Repubblica**, su proposta del Presidente del Consiglio dei Ministri, di concerto con il Ministro con cui dovranno collaborare, sentito il Consiglio dei Ministri nella sua prima seduta; prima di assumere le funzioni, i Sottosegretari devono prestare **giuramento** nelle mani del Presidente del Consiglio con la stessa formula utilizzata dai Ministri. Fra i vari sottosegretari, si riconosce una posizione particolare è venuto al **Sottosegretario alla Presidenza del Consiglio**, che svolge le funzioni di **segretario del Consiglio dei Ministri** ed è preposto al **Segretariato generale della Presidenza del Consiglio**.

H) Viceministro

Il **Viceministro** è una figura introdotta più di recente, con l. n. 81/2001; possono essere nominati Viceministri al massimo dieci sottosegretari, se ad essi sono conferite **deleghe relative ad aree o progetti di competenza di una o più strutture dipartimentali ovvero di più direzioni generali.** In tal caso la delega, conferita dal Ministro competente, è approvata dal Consiglio dei Ministri, su proposta del Presidente del Consiglio dei Ministri. I Viceministri possono essere invitati dal Presidente del Consiglio dei Ministri, d'intesa con il Ministro competente, a partecipare alle sedute del Consiglio dei Ministri, senza diritto di voto, per riferire su argomenti e questioni attinenti alla materia loro delegata.

I) Commissari straordinari

I **Commissari straordinari del Governo** sono nominati con decreto del Presidente della Repubblica, su proposta del Presidente del Consiglio, previa deliberazione del Consiglio dei Ministri, al fine di *"realizzare **specifici obiettivi** determinati in relazione a programmi o indirizzi deliberati dal Parlamento o dal Consiglio dei Ministri o **per particolari e temporanee esigenze di coordinamento operativo tra amministrazioni statali**"*, ferme restando le attribuzioni dei ministeri interessati (art. 11, l. n. 400/1988).

▶ 3.1. Il Presidente del Consiglio dei Ministri.

A) Attribuzioni

La **direzione della politica generale** del Governo che la Costituzione riserva al Presidente del Consiglio implica una **serie di poteri**, oggi specificati nell'art. 5 della l. n. 400/1988, che ne fanno l'organo al

quale spetta di assicurare che il programma enunciato dal Governo innanzi alle Camere venga effettivamente realizzato.
Le più importanti competenze presidenziali, come disciplinate principalmente dalla l. n. 400/1988, possono essere classificate (COLAPIETRO) in:

● **Poteri di rappresentanza**:
- comunicazione alle Camere della **composizione del Governo** e di ogni mutamento in essa intervenuto;
- richiesta alle Camere della **fiducia** o apposizione della **questione di fiducia**;
- richiesta al Presidente della Repubblica dell'autorizzazione alla **presentazione di un disegno di legge** o all'emanazione di un **atto normativo del Governo**;
- **controfirma** delle leggi e degli atti aventi valore di legge;
- presentazione alle Camere dei **disegni di legge di iniziativa governativa** e richiesta di trasferimento di sede nel corso dei procedimenti legislativi;
- **rappresentanza processuale** del Governo dinanzi alla Corte costituzionale, ai sensi della l. 11 marzo 1953, n. 87.

● **Poteri di promozione e coordinamento dell'attività dei Ministri**:
- adozione di **direttive politiche ed amministrative** rivolte ai Ministri in attuazione delle deliberazioni del Consiglio dei Ministri, oltre che di quelle connesse alla responsabilità presidenziale di direzione della politica generale del Governo;
- **coordinamento e promozione dell'attività** dei Ministri in ordine agli atti che riguardano la politica generale del Governo;
- **sospensione dell'adozione di atti** da parte dei Ministri competenti in ordine a questioni politiche e amministrative, per sottoporle al Consiglio dei Ministri;
- deferimento al Consiglio dei Ministri della decisione inerente questioni sulle quali siano emerse **valutazioni contrastanti** tra le amministrazioni pubbliche coinvolte;
- accordo con i Ministri interessati sulle **pubbliche dichiarazioni** che essi intendano rendere qualora possano impegnare la politica generale del Governo;
- adozione delle **direttive per assicurare l'imparzialità, il buon andamento e l'efficienza della Pubblica amministrazione**;
- istituzione di **Comitati di Ministri**, nonché di gruppi di studio e di lavoro composti in modo da assicurare la presenza di tutte le componenti dicasteriali interessate, ed eventualmente anche di esperti esterni.

● **Poteri di direzione di organi collegiali**:
- **presiede il Consiglio dei Ministri**, e il regolamento consiliare interno gli attribuisce tutti i poteri relativi al funzionamento del Consiglio, primi fra tutti quelli di **convocarne le riunioni, di fissarne l'ordine del giorno, di dirigerne i lavori e di aprirne e chiuderne le riunioni**;
- **presiede** altresì **il Consiglio di Gabinetto, i Comitati di Ministri e quelli interministeriali, le Conferenze permanenti e la Conferenza unificata per i rapporti con il sistema delle autonomie territoriali**;
- ha inoltre la **Vice-Presidenza del Consiglio supremo di difesa**, ed esercita i relativi poteri d'intesa con il Presidente della Repubblica, ai sensi del d.p.r. 4 agosto 1990, n. 251.

Infine, si ricordano le attribuzioni conferite al Presidente del Consiglio dalla l. 24 ottobre 1977, n. 801 in materia di **servizi di sicurezza e segreto di Stato**, nonché i poteri del Presidente del Consiglio di promozione e coordinamento dell'azione del Governo per quanto attiene i **rapporti con le istituzioni comunitarie e con il sistema delle autonomie territoriali**.

B) Nomina

Il Presidente del Consiglio dei Ministri viene nominato con un **decreto del Capo dello Stato**, che egli stesso deve controfirmare *ex* art. 1 della legge 400 del 1988.
Il Presidente dura in carica finché il Governo gode della fiducia del Parlamento.

C) Presidente del Consiglio e Ministri

Nonostante l'art. 95 Cost. professi l'indipendenza dei Ministri, di fatto il Presidente del Consiglio riveste una posizione sovraordinata rispetto a questi ultimi: è lui che li sceglie e ne propone la nomina al Presidente della Repubblica (modello del *primus inter pares*).

D) Responsabilità

Alla posizione di preminenza del Presidente del Consiglio corrisponde la **sua responsabilità politica**, che scatta nel caso in cui le Camere ritengano che la politica generale del Governo non rispetti gli impegni che questo ha assunto al momento della sua formazione o nel corso della sua attività. L'art. 95, primo comma, Cost. prevede espressamente che il **Presidente dirige la politica generale del Governo e ne è responsabile**.
Accanto a questa responsabilità politica, in capo al Presidente vi è anche una **responsabilità civile** - comune a quella di qualsivoglia cittadino - che, ai sensi dell'art. 2043 cc., gli impone il risarcimento dei danni in caso di violazione dei diritti soggettivi.
Dal punto di vista penalistico, l'art. 96 Cost. dispone che il Presidente del Consiglio, anche se cessato dalla carica, è sottoposto per i reati commessi nell'esercizio delle sue funzioni (cd. *reati propri*) alla giurisdizione ordinaria, previa autorizzazione del Senato della Repubblica o della Camera dei deputati, secondo le norme stabilite con legge costituzionale. Egli, inoltre, risponde presso i tribunali ordinari anche dei *reati comuni*, cioè dei reati che possono essere commessi da qualsiasi soggetto, indipendentemente dal possesso di determinati requisiti soggettivi (es: omicidio, furto).

▶ 3.2. Il Consiglio dei Ministri.

A) Nozione

Il Consiglio dei Ministri è un organo collegiale composto da tutti i **Ministri,** che vi partecipano in posizione paritaria, e dal **Presidente del Consiglio,** che lo presiede.
Alle riunioni del Consiglio assiste il **Sottosegretario di Stato alla Presidenza del Consiglio**, che svolge funzioni di Segretario del Consiglio, e possono altresì partecipare, senza diritto di voto e su invito del Presidente del Consiglio d'intesa con il Ministro competente, i **Viceministri**, per riferire su argomenti e questioni attinenti alla materia loro delegata (art. 10, co. 4, l. n. 400/1988).

B) Attribuzioni

Il Consiglio dei Ministri assume innanzitutto la **titolarità di tutte le funzioni che la Costituzione e le leggi costituzionali assegnano genericamente al Governo**, ossia:

- l'**iniziativa legislativa**, ivi compresa quella inerente la manovra di bilancio, ai sensi degli artt. 72, co. 3, e 81 Cost.;
- l'**adozione di decreti legislativi e decreti-legge**, ai sensi degli artt. 76 e 77 Cost.;
- l'**esercizio dei poteri necessari in caso di guerra**, ai sensi dell'art. 78 Cost.;
- l'**esercizio del potere sostitutivo**, ai sensi degli artt. 117, co. 5, e 120, co. 2;
- il **promovimento delle questioni di costituzionalità in via principale**, ai sensi degli artt. 123 e 127 Cost.

Inoltre, esso rappresenta la sede in cui si elabora **la politica generale del Governo**, nonché **l'indirizzo generale dell'azione amministrativa**, ed è chiamato altresì a **deliberare su ogni questione relativa all'indirizzo politico** ed a **dirimere i conflitti di attribuzione tra i Ministri**.
Più in particolare, il Consiglio dei Ministri, ai sensi della l. n. 400/1988, si pronuncia, tra l'altro, in ordine:

- all'iniziativa del Presidente del Consiglio di porre la **questione di fiducia** innanzi alle Camere e alle dichiarazioni relative all'indirizzo politico e agli impegni programmatici;
- ai **disegni di legge** ed alle **proposte di ritiro** dei disegni di legge già presentati in Parlamento, nonché all'adozione degli **atti normativi del Governo**;
- alle proposte di sollevare **conflitti di attribuzione** o di resistere nei confronti degli altri poteri dello Stato, delle Regioni e delle Province autonome;
- alle linee di indirizzo in tema di **politica internazionale e comunitaria**;

- agli atti concernenti i **rapporti con le confessioni religiose** di cui agli artt. 7 e 8 Cost.;
- al rilascio dell'autorizzazione, nei confronti del Ministro competente, a disattendere **il parere del Consiglio di Stato**, ed alla richiesta motivata di **registrazione di un decreto alla Corte dei conti**, a seguito di un suo diniego;
- al **potere straordinario di annullamento**, a tutela dell'unità dell'ordinamento, degli atti amministrativi illegittimi di tutte le pubbliche amministrazioni;
- alle **nomine** alla presidenza di enti, istituti, ed aziende di carattere nazionale (ad eccezione degli enti pubblici creditizi) di competenza dell'amministrazione statale, ed al **conferimento degli incarichi dirigenziali apicali**. Inoltre, al Consiglio spetta tanto di deliberare, su proposta del Presidente del Consiglio, l'attribuzione ad uno o più Ministri delle funzioni di Vicepresidente del Consiglio ovvero la nomina di Commissari straordinari del Governo, quanto di essere sentito sulla delega di funzioni a Ministri senza portafoglio e sul conferimento di incarichi speciali ad un Ministro, nonché sulla nomina di Sottosegretari di Stato e Viceministri.

▶ 3.3. I Ministri.

A) Attribuzioni

I Ministri svolgono una duplice funzione: come **componenti del Consiglio dei Ministri** partecipano alla determinazione dell'indirizzo politico, come singoli ognuno è al vertice **di un particolare settore dell'amministrazione statale**. Questa loro duplice natura si riflette anche sul tipo di **responsabilità** gravante sui ministri, i quali, ai sensi dell'art. 95, comma 2 Cost. sono responsabili "*collegialmente degli atti del Consiglio dei ministri e individualmente degli atti dei loro dicasteri*".

Nell'ambito delle **funzioni costituzionali** dei Ministri rientrano:

- il diritto di iniziativa legislativa custodito dall'art. 71 Cost. che prevede in capo ad ogni membro del Governo la possibilità di presentare disegno di legge al Consiglio dei Ministri;
- la controfirma degli atti del Presidente della Repubblica di cui si assumono la responsabilità.

Nell'ambito delle **funzioni di carattere amministrativo** dei Ministri sono, invece, ricompresi:

- le funzioni amministrative connesse alla posizione di Ministri di vertice di ogni Ministero, inteso come apparato burocratico;
- il potere di iniziativa della semplificazione e del riassetto normativo nelle materie di loro competenza riconosciuto dalla legge n. 229 del 2003.

B) Nomina

I Ministri sono nominati con decreto del Presidente della Repubblica su proposta del Presidente del Consiglio (art. 92, comma 2 Cost.).

C) Responsabilità

Come per il Presidente del Consiglio, anche per i Ministri è possibile individuare una **responsabilità giuridica ed una responsabilità politica**. La **responsabilità giuridica** può essere distinta a sua volta in:

- **responsabilità civile**: i Ministri e il Presidente del Consiglio, al pari degli altri funzionari dello Stato, sono direttamente responsabili per i danni arrecati a terzi nell'esercizio delle loro funzioni (art. 28 Cost.);
- **responsabilità penale**: penalmente sono responsabili, oltre che per i reati comuni, anche per i cd. **reati ministeriali**, vale a dire per quei reati propri (ad es., i reati contro la Pubblica amministrazione: peculato, malversazione, concussione, corruzione, ecc.) commessi dai Ministri in occasione ed a causa dell'esercizio delle loro funzioni, abusando del potere loro conferito;
- **responsabilità amministrativa**: i titolari degli organi del Governo sono responsabili, come tutti i funzionari, innanzi alla Corte dei conti per danni arrecati alla Pubblica amministrazione (cd. responsabilità da *danno erariale*).

La **responsabilità politica** dei Ministri e del Presidente del Consiglio si fonda sul **rapporto fiduciario**

che lega il Governo alle Camere e discende dall'art. 95 Cost.; come anticipato, può essere **collegiale o individuale**, a seconda che a rispondere innanzi alle Camere degli atti o dei comportamenti posti in essere sia, rispettivamente, l'intero Governo o il singolo Ministro.

D) Il procedimento per i reati ministeriali

Il Presidente del Consiglio e i Ministri, **anche se cessati dalla carica**, sono sottoposti, per i **reati commessi nell'esercizio delle loro funzioni**, alla **giurisdizione ordinaria**, **previa autorizzazione della Camera di appartenenza**. In questi casi, la competenza a giudicare, originariamente riservata alla Corte costituzionale, a partire dalla **l. cost. n. 1/1989** spetta al cd. **Tribunale dei Ministri,** un apposito collegio istituito presso il tribunale del capoluogo di distretto della Corte d'appello. Le Camere possono, a maggioranza assoluta, **negare l'autorizzazione** ove reputino, con **valutazione insindacabile**, (fermo restando la possibilità per il magistrato competente di sollevare poi **conflitto di attribuzione tra poteri dello Stato** innanzi alla Corte costituzionale), che l'inquisito abbia agito:
a) per la **tutela di un interesse dello Stato** costituzionalmente rilevante;
b) per il perseguimento di un preminente **interesse pubblico** nell'esercizio della funzione di governo.

4. Le funzioni del Governo.

funzioni del Governo possono essere ripartite in tre principali gruppi:
- **funzioni di indirizzo politico;**
- **funzioni amministrative;**
- **funzioni normative**.

A) Funzioni di indirizzo politico

Il Governo, in quanto espressione di una determinata maggioranza, è l'organo al quale nel nostro sistema costituzionale è affidata, assieme alle Camere, l'attività di **direzione politica** ed al quale spetta di determinare collegialmente la **politica generale dell'Esecutivo**. In particolare, tra i settori di attività del Governo maggiormente rilevanti ai fini dell'attuazione del programma, devono segnalarsi:
- la **politica economica e finanziaria**, le cui scelte sono adottate con la complessiva manovra di bilancio;
- la **politica estera**, sia per quel che concerne i rapporti internazionali – nei quali il Governo ha il compito della concreta negoziazione e stipula dei trattati internazionali – sia per quel che riguarda i rapporti con le istituzioni comunitarie (ivi compresa dunque la **politica dell'Unione europea**);
- la **politica militare e di difesa**, di cui il Governo è sostanzialmente il titolare e risponde dell'esercizio dei relativi poteri dinanzi alle Camere;
- la **politica informativa e di sicurezza pubblica**, la cui disciplina è contenuta nella l. n. 801/1977, che ne affida l'alta direzione, la responsabilità politica generale e il coordinamento al Presidente del Consiglio dei Ministri.

B) Funzioni amministrative

La funzione amministrativa del Governo si esplica attraverso **organi statali e organi periferici centrali.** Accanto a questa ordinaria attività, bisogna menzionare quella cd. di **alta amministrazione**, al confine fra l'attività di indirizzo politico e quella propriamente amministrativa. Fra gli atti di alta amministrazione vanno compresi, ad es., il conferimento degli uffici più elevati della gerarchia statale, degli enti pubblici e delle amministrazioni speciali, la dichiarazione di pericolo pubblico, gli atti di preparazione dei trattati e degli accordi internazionali di natura politica e militare, gli atti concernenti i rapporti con la Chiesa cattolica e le confessioni diverse dalla cattolica, le proposte motivate per lo scioglimento dei Consigli regionali.

C) Funzioni normative

Il potere esecutivo, nei limiti stabiliti dalla Costituzione, esercita eccezionalmente anche la funzione legislativa.
In particolare, gli atti normativi del potere esecutivo si distinguono a seconda che abbiano o non abbiano la stessa efficacia formale della legge:
- sono equiparati alla legge i *decreti-legge* ed i *decreti legislativi*;
- costituiscono atti normativi, ma non anche legislativi, i *regolamenti*, i quali, come noto, hanno un'efficacia inferiore a quella della legge.

5. Gli atti con forza di legge emanati dal Governo.

La regola generale che vige nel nostro ordinamento è quella secondo la quale la funzione legislativa è esercitata **collettivamente dalle Camere (art. 70 Cost**.). Tuttavia, la stessa Costituzione ammette la possibilità che sia **l'Esecutivo** ad esercitare questo potere attraverso l'emanazione di decreti-legge e decreti legislativi.

A) Il decreto legislativo.

— α) Nozione

Il Governo può emanare atti con forza di legge denominati decreti legislativi quando l'esercizio della funzione legislativa gli venga **espressamente delegato** dalle Camere a mezzo di una legge che assume il nome di **legge delega** (o legge di delegazione). La **legge delega** e il **decreto legislativo** sono due atti successivi tra loro collegati. La prima è la legge con la quale le Camere delegano al Governo l'esercizio della funzione legislativa. Ai sensi dell'art. 72, co. 4, Cost. deve essere approvata tramite il **procedimento ordinario** (vige, infatti, la cd. **riserva di assemblea**) e, ai sensi dell'art. 76 Cost., deve contenere a pena di incostituzionalità:
1) la **determinazione dei principi e dei criteri direttivi** ai quali il Governo dovrà attenersi nel predisporre i decreti legislativi;
2) l'indicazione del **limite di tempo** entro il quale il Governo dovrà emanare i suddetti decreti; ove il termine previsto per l'esercizio della delega ecceda i due anni (cd. **delega ultrabiennale**), il Governo è tenuto a richiedere il parere delle Camere sugli schemi di decreti delegati;
3) l'**oggetto "definito"** sul quale il Governo potrà legiferare; ai sensi dell'art. 14 della l. n. 400/1988, è possibile il cd. **esercizio frazionato della delega**, ossia, se la delega si riferisce ad una pluralità di oggetti distinti suscettibili di separata disciplina, il Governo può esercitarla mediante più atti successivi per uno o più degli oggetti predetti.

Il **decreto legislativo** è, invece, l'atto adottato dal Governo a seguito della delega. Esso viene emanato dal Presidente della Repubblica e la sua validità è subordinata al **rispetto dei limiti prefissati dalla legge di delegazione** all'esercizio del potere delegato, oltre che al rispetto di ogni altro limite derivante da norme costituzionali. Questo significa che la legge di delegazione è **norma interposta** tra la previsione costituzionale dell'art. 76 Cost. e il singolo decreto legislativo delegato, sicché la violazione di essa determina l'incostituzionalità del decreto per effetto della indiretta violazione degli artt. 76 e 77, co. 1, Cost.

— β) Limiti della delega

Il potere legislativo delegato è sottoposto ad alcuni limiti, espressamente disciplinati dall'art. 76 Cost. o ricavabili dall'analisi di alcuni spunti di carattere procedurale:
1) la delega può essere conferita esclusivamente con legge;
2) la delega deve essere indirizzata al Governo nel suo complesso e non può essere rivolta, ad esempio, ad un Ministro;
3) la delega deve espressamente definire l'**oggetto** sul quale il Governo è chiamato a legiferare;
4) la delega deve essere svolta entro il **termine** fissato dalla legge di delegazione;
5) la delega deve contenere i **principi e i criteri ispiratori** della materia della cui disciplina viene

incaricato il Governo;
6) non può riguardare atti che costituiscono ad esempio conversione di atti dell'Esecutivo: il Governo, infatti, non potrebbe essere delegato a convertire in legge un proprio decreto-legge;
7) la legge di delegazione è coperta dalla **riserva di assemblea**;
8) la delega non può riguardare materie che devono essere disciplinate da legge costituzionale.

È importante precisare che **nella piramide delle fonti del diritto la legge di delegazione si trova ad un livello superiore rispetto al decreto legislativo**.
La legge di delega è, infatti, rispetto al decreto legislativo una norma interposta che funge da parametro nel giudizio di legittimità costituzionale su quest'ultimo.

— γ) Istantaneità e obbligatorietà della delega
In linea teorica si ritiene che la delega debba esaurirsi in un **unico atto**; spesso, tuttavia, le leggi di delegazione contengono una sorta di autorizzazione all'**esercizio frazionato della delega**. Qualora, ad esempio, la delega legislativa si riferisca ad una pluralità di oggetti, il Governo può emanare più decreti distinti, informando periodicamente le Camere rispetto all'organizzazione dell'esercizio della delega. In questo secondo caso, è comunque necessario che tutti i decreti legislativi vengano adottati entro il termine previsto nella legge delega. A tal riguardo, spesso nella prassi le leggi di delegazione stabiliscono un termine per l'esercizio "normale" della delega ed un termine successivo entro il quale il Governo può adottare uno o più **decreti correttivi** per modificare la disciplina introdotta con il primo decreto, ove ciò si renda necessario sulla base delle prime esperienze applicative.

— δ) Modalità di emanazione del decreto legislativo
Il procedimento di emanazione dei decreti legislativi viene descritto dalla **legge n. 400 del 1988** (*Disciplina dell'attività di Governo e ordinamento della Presidenza del Consiglio dei Ministri*).
Dopo **l'adozione da parte del Governo** dei decreti legislativi, questi ultimi vengono **deliberati dal Consiglio dei Ministri** ed **emanati con Decreto del Presidente della Repubblica** con la denominazione di "decreto legislativo". Il testo del decreto legislativo approvato dal Governo deve essere trasmesso al Presidente della Repubblica **almeno 20 giorni prima** della scadenza del termine imposto nella legge di delegazione: in questo modo si garantisce il tempo per un controllo da parte del Capo dello Stato (art. 14, comma 2, legge 400 del 1988).
I decreti legislativi, non essendo atti amministrativi, **non sono soggetti al previo controllo della Corte dei Conti**. Il Presidente di quest'ultima, tuttavia, se richiesto dalla Presidenza di una delle Camere, è tenuto - ai sensi dell'art. 16 legge n. 400 del 1988 - a comunicare le valutazioni della Corte in merito all'impatto economico dell'emanazione del decreto. Resta inteso, invece, che i decreti, in quanto atti aventi forza di legge, sono **sottoposti al controllo di legittimità costituzionale** ai sensi dell'art. 134 Cost.

B) Il decreto-legge

— α) Nozione e disciplina
L'esercizio della funzione legislativa da parte dell'Esecutivo si ha anche nel caso dei **decreti-legge**. A norma dell'art. 77 Cost., il Governo, **in casi straordinari di necessità e di urgenza**, può adottare, sotto la sua responsabilità, **provvedimenti provvisori con forza di legge**. Il provvedimento governativo deliberato dal Consiglio dei Ministri ed emanato con decreto del Presidente della Repubblica **entra immediatamente in vigore** - senza attendere quindi alcun termine di *vacatio* - ma deve, il giorno stesso della sua pubblicazione in Gazzetta Ufficiale, essere presentato per la **conversione** alle Camere che, anche se sciolte, sono appositamente convocate e si riuniscono entro cinque giorni. Più esattamente, il Governo presenterà alle Camere un **disegno di legge di conversione in legge del decreto-legge** (ipotesi di **iniziativa legislativa riservata e necessaria**).
I decreti-legge hanno **un'efficacia limitata a 60 giorni** dalla loro pubblicazione in Gazzetta Ufficiale. Le Camere, entro tale termine, potranno:

a) non prendere in esame il disegno di legge di conversione, ovvero prenderlo in esame ma non esaurire il procedimento di formazione della legge: **il decreto-legge non convertito in legge perde efficacia sin dall'inizio** (cioè **retroattivamente**, dal momento della sua entrata in vigore) ed è da considerare come mai esistito quale fonte a livello legislativo;

b) prenderlo in esame e non approvarlo: anche in tal caso il decreto-legge non convertito in legge (*rectius* **respinto**) **decade retroattivamente**;

c) prenderlo in esame ed approvarlo convertendo in legge formale il decreto-legge (apportandovi eventualmente tutte le **modifiche** ritenute opportune): il decreto-legge **convertito** viene **sostituito dalla legge** approvata dalle Camere, che, pertanto, ne stabilizza gli effetti.

Nell'ipotesi in cui il decreto non sia convertito, ai sensi dell'ult. co. dell'art. 77 Cost., le Camere possono regolare con legge i **rapporti giuridici sorti sulla base dei decreti non convertiti**: si parla di cd. **legge di sanatoria** degli effetti del decreto-legge non convertito.
Stando al dettato costituzionale, il Governo dovrebbe poter adottare un decreto-legge **soltanto** in presenza di un **caso straordinario di necessità e di urgenza**, cioè quando la straordinarietà del caso e la necessità ed urgenza di provvedere impediscano alle Camere di intervenire tempestivamente (attraverso il lungo procedimento di formazione della legge). Si pensi a quando occorre far fronte a calamità naturali. Nella prassi, tuttavia, si è assistito ad un **abuso di questo strumento**, tanto che può essere oramai considerato un ordinario strumento di normazione. Sul punto, deve essere rilevato che la Corte costituzionale è dovuta fermamente intervenire in più occasioni per porre fine al fenomeno della **reiterazione** dei decreti-legge, consistente nel rinnovare le disposizioni di un decreto-legge non convertito riproducendole in identico testo in un nuovo decreto-legge. In tali ipotesi, il decreto-legge non convertito e reiterato, in tutto o in parte, dal Governo è ritenuto incostituzionale per violazione dell'art. 77 Cost., salvo i casi di diversità sostanziale dei contenuti normativi o presupposti giustificativi nuovi di natura straordinaria.

— β) Il controllo sui presupposti

Le **Camere** esercitano - in sede di **conversione in legge del decreto** - un **controllo** (essenzialmente politico) **sull'esistenza dei presupposti** richiesti dal comma 2 dell'art. 77 Cost. per l'adozione dei decreti-legge.
Anche il **Presidente della Repubblica** può di fatto esercitare un controllo sui decreti-legge nel momento in cui è chiamato ad emanarli. Per fare un esempio, si ricordi che, nel febbraio del 2009, l'allora Presidente della Repubblica Giorgio Napolitano, nell'ambito del caso Englaro, rifiutò di emanare il decreto-legge del Governo Berlusconi con il quale veniva disposto il divieto che "*l'alimentazione e l'idratazione quali forme di sostegni vitali potessero essere sospese da chi assiste soggetti non in grado di provvedere a sé stessi*".
La **Corte costituzionale** ha affermato la propria competenza a verificare il rispetto dei requisiti di validità costituzionale relativi alla preesistenza dei presupposti di necessità e urgenza, curando di precisare che il proprio controllo di legittimità differisce da quello operato dal Parlamento in sede di conversione, che ha un carattere squisitamente politico. La mancanza dei presupposti determina non solo l'invalidità originaria del decreto, ma anche della eventuale **legge di conversione**, in quanto **vizio *in procedendo***.

— γ) Limiti alla decretazione di urgenza

La **legge n. 400 del 1988** ha posto una serie di **limitazioni all'adozione dei decreti-legge**, precisando innanzitutto che i decreti **devono indicare, nel preambolo, le circostanze straordinarie di necessità e di urgenza** che ne giustificano l'adozione. Inoltre, **il Governo non può, mediante decreto-legge**:

a) conferire deleghe legislative;
b) provvedere nelle materie indicate nell'art. 72, co. 4, Cost.;
c) rinnovare le disposizioni di decreti-legge dei quali sia stata negata la conversione in legge con il voto di una delle due Camere;
d) regolare i rapporti giuridici sorti sulla base dei decreti non convertiti;
e) ripristinare l'efficacia di disposizioni dichiarate illegittime dalla Corte costituzionale per vizi non attinenti al procedimento.

Infine, i decreti devono contenere misure di immediata applicazione ed il loro contenuto deve essere **specifico, omogeneo e corrispondente al titolo** (art. 15, comma 3, legge 400 del 1988).

— δ) La conversione dei decreti-legge

Il destino di ogni decreto-legge è quello di essere **convertito in legge**: se ciò non accade, infatti, esso **perde efficacia sin dall'inizio** - cioè retroattivamente, dal momento della sua entrata in vigore (*ex tunc*) - per espressa previsione dell'art. 77 Cost. Si tratta, dunque, di una **fonte ad efficacia limitata nel tempo** che le Camere devono approvare, convertendola in legge.

La legge di conversione ha una **duplice portata**: da un lato stabilizza gli effetti prodotti dal decreto-legge nei 60 giorni della sua vigenza, dall'altro garantisce l'applicazione delle norme in esso contenute per il futuro (Celotto).

Autorevole dottrina ha sostenuto che la legge di conversione prenda il posto del decreto-legge, verificandosi una **novazione della fonte**.

— ε) Procedimento

Il decreto-legge deve essere **deliberato dal Consiglio dei Ministri**, **emanato dal Presidente della Repubblica** ed immediatamente **pubblicato in Gazzetta Ufficiale**.

L'art. **15 della legge 400/1988** impone che il decreto-legge venga pubblicato con la **denominazione di decreto-legge e con l'indicazione, nel preambolo, delle circostanze straordinarie di necessità e urgenza** che ne giustificano l'adozione. Deve, inoltre, essere indicata l'**avvenuta deliberazione del Consiglio dei Ministri**. Sempre ai sensi dell'articolo in esame, il decreto-legge deve contenere la **clausola di presentazione al Parlamento per la conversione in legge**.

Il giorno stesso della pubblicazione il **Governo presenta il decreto-legge alle Camere** che, anche se sciolte, sono appositamente convocate e si riuniscono entro 5 giorni. La conversione del decreto-legge rientra, infatti, tra le attività possibili anche in regime di *prorogatio*.

Con questa presentazione, il Governo chiede al Parlamento di adottare la legge di conversione: di fatto, viene presentato un disegno di legge che ha un'unica disposizione - "*è convertito in legge il decreto-legge XY*" - al quale viene allegato il decreto-legge. Comincia, così, comincia un **procedimento legislativo - il procedimento di conversione - che deve concludersi entro 60 giorni**. Si tratta di un *iter* che ha alcune particolarità rispetto al procedimento legislativo ordinario, finalizzate a garantire tempi certi e brevi.

— ζ) La legge di sanatoria degli effetti del decreto-legge non convertito

Il **decreto-legge non convertito decade retroattivamente**. In questo caso, il legislatore ordinario può intervenire per disciplinare i rapporti sorti sulla base del decreto non convertito ricorrendo allo strumento della **legge di sanatoria (o convalida).** Per capire l'importanza di questo strumento basti fare un **esempio**: si pensi al caso in cui il decreto-legge abbia aumentato il prezzo della benzina da 90 centesimi a 1 euro al litro. Nei 60 giorni di vigenza del decreto automobilisti e motociclisti avranno, così, pagato 1 euro e, nel momento in cui il decreto-legge non dovesse essere convertito, vorranno vedersi rimborsato il prezzo. Una situazione del genere creerebbe evidentemente **notevoli problemi pratici**. Proprio con riferimento a queste ipotesi, lo stesso testo costituzionale prevede la possibilità di ricorrere alla **legge di sanatoria degli effetti del decreto-legge non convertito**. L'art. **77 Cost**. prevede infatti all'**ultimo comma** che, in questi casi, le Camere possono regolare con legge i rapporti giuridici sorti sulla base dei decreti non convertiti, stabilizzando così gli effetti giuridici che si sono verificati. Tornando all'esempio, ciò significa che chi ha pagato la benzina a 1 euro al litro non potrà chiedere il rimborso.

La **sanatoria è un fenomeno ben diverso dalla conversione**:

a) la **conversione** consolida le norme del decreto sia per il passato che per il futuro;
b) la **sanatoria** si limita a sanare i singoli rapporti sorti sulla base del decreto non convertito, ma non ne stabilizza le norme.

— η) La reiterazione dei decreti-legge

Secondo la definizione della **Corte costituzionale** si ha **reiterazione** quando il decreto-legge riproduce senza variazioni sostanziali il contenuto di un decreto non convertito oppure quando esso non risulta fondato su autonomi, e pur sempre straordinari, motivi di necessità ed urgenza. È evidente come tale prassi finisca per **stravolgere profondamente la natura del decreto-legge** che, da fonte eccezionale, diventa una sorta di disegno di legge rinforzato dall'immediata entrata in vigore (Celotto). A partire dagli anni '70 si sono avute delle forme di **grave abuso del decreto-legge.** Da un lato, in vari anni il numero dei decreti-legge emanati è stato superiore a quello delle leggi ordinarie, dato che certamente fa riflettere laddove si consideri che il decreto-legge dovrebbe essere uno strumento cui ricorrere in casi straordinari di necessità ed urgenza. Dall'altro, si è spesso fatto ricorso alla **reiterazione dei decreti-legge**, che, sempre a partire dalla fine degli anni Settanta, ha rappresentato una prassi fin troppo frequente. In quel periodo, soprattutto a causa delle lungaggini parlamentari e delle divisioni in seno alla maggioranza, le Camere difficilmente riuscivano a approvare nei 60 giorni la legge di conversione. Così, **il Governo riproduceva le disposizioni di un decreto-legge non convertito nel testo identico di un nuovo decreto-legge che veniva approvato prima della scadenza del precedente**. Il fenomeno assumeva **proporzioni preoccupanti**, anche perché la catena dei decreti-legge si componeva financo di una decina/quindicina di provvedimenti, con la conseguenza che una disciplina che avrebbe dovuto essere provvisoria perdurava per uno o due anni.

6. La potestà regolamentare e le tipologie di regolamenti dell'esecutivo.

A) Nozione

I **regolamenti** sono fonti di rango secondario; si tratta di atti **formalmente amministrativi**, in quanto promananti da organi del potere esecutivo, ma **sostanzialmente normativi**, in quanto idonei ad innovare, con prescrizioni generali ed astratte, l'ordinamento giuridico. Secondo l'orientamento prevalente, il **fondamento** del potere regolamentare va sempre rinvenuto nella **legge,** con la conseguenza che il regolamento adottato dall'amministrazione in mancanza di copertura legislativa risulta invalido, in quanto adottato in carenza di potere (Rescigno).
Prima della riforma del Titolo V, la **Costituzione** dedicava ai regolamenti esclusivamente l'art. 87, comma 5 Cost. che, con riferimento ai soli regolamenti statali, attribuisce al **Capo dello Stato** la competenza ad emanarli. Un esplicito riferimento alla **potestà regolamentare** è ora, invece, contenuto anche nel riscritto art. 117, comma 6, Cost. il quale si occupa del riparto fra Stato e Regioni di tale potestà.
Attualmente la principale **norma attributiva del potere regolamentare** è costituita dall'**art. 17 della l. 23 agosto 1988, n. 400**, che, come vedremo, indica i diversi tipi di regolamento.
Quanto al **procedimento di approvazione**, i regolamenti statali sono adottati dall'**Esecutivo** ed emanati dal **Capo dello Stato** (art. 87, co. 5, Cost.).

B) Limiti della potestà regolamentare

Per quanto riguarda i **limiti** che incontra la potestà regolamentare, deve essere sottolineato che tali atti **non possono**:

- **derogare alla Costituzione** e ai principi in essa contenuti;
- **derogare o contrastare con le leggi ordinarie** (tranne che ciò non sia previsto dalla legge per un settore ed un caso determinati, come si verifica allorché vi sia stata la cd. delegificazione della materia), oltre che, a maggior ragione, con le fonti del diritto comunitario;
- regolare materie che la Costituzione **riserva alla legge costituzionale o ordinaria** (ciò non è consentito neppure ove sia una legge ordinaria ad attribuire tale potere, ponendosi altrimenti essa stessa in contrasto con la Carta costituzionale);
- prevedere **fattispecie o sanzioni penali**, stante il principio di riserva tendenzialmente assoluta di legge in ambito penale di cui all'art. 25, co. 2, Cost.;
- **derogare al principio di irretroattività** che, fissato dall'art. 11 delle disposizioni preliminari al Codice civile, può essere derogato solo con norma di pari rango;
- i regolamenti emanati da **autorità inferiori** non possono contenere previsioni confliggenti con

quelle dettate da **autorità superiori** (sicché ai regolamenti ministeriali ed interministeriali non è consentito introdurre disposizioni contrastanti con quelli governativi *ex* art. 17, co. 3, l. n. 400/1988).

C) Classificazione

È possibile distinguere:

- i **regolamenti del Governo**, adottati dall'organo collegiale nel suo complesso. In particolare, i regolamenti governativi sono adottati con **decreto del Presidente della Repubblica**, previa **deliberazione del Consiglio dei Ministri**, sentito il **parere del Consiglio di Stato** (obbligatorio ma non vincolante), e sono sottoposti al visto ed alla registrazione della **Corte dei Conti** e pubblicati nella **Gazzetta Ufficiale**;
- i **regolamenti ministeriali**, adottati dai **singoli Ministri**; l'art. 17, co.3, della l. n. 400/1988, attribuisce, infatti, la potestà regolamentare anche ai singoli organi del potere esecutivo. Tali regolamenti possono essere emanati esclusivamente se una legge di volta in volta lo autorizzi e solo nelle materie di competenza del singolo Ministro (compreso il Presidente del Consiglio) o di **più Ministri insieme** nel caso dei regolamenti **interministeriali.** Sotto il profilo procedimentale, i regolamenti in oggetto si differenziano da quelli governativi perché non sono deliberati dal Consiglio dei Ministri, ma semplicemente comunicati al Presidente del Consiglio e perché, invece di essere emanati dal Presidente della Repubblica, sono adottati con **decreti ministeriali ovvero interministeriali**;
- i **regolamenti interministeriali**, adottati da **due o più Ministri** congiuntamente.

Dal punto di vista del **contenuto**, i regolamenti possono suddividersi in:
a) **Regolamenti esecutivi** (art. 17, co. 1, lett. *a*): adottati per *"l'esecuzione delle leggi e dei decreti legislativi, nonché dei regolamenti comunitari"*.

b) **Regolamenti attuativi ed integrativi** (art. 17, co. 1, lett. *b*): adottati per *"l'attuazione e l'integrazione delle leggi e dei decreti legislativi recanti norme di principio, esclusi quelli relativi a materie riservate alla competenza regionale"*. A differenza dei regolamenti esecutivi, i quali si limitano a specificare il contenuto della legge o a stabilirne le modalità attuative, essi sono dotati di **forza innovativa**, ancorché nel rispetto delle disposizioni di principio da attuare, nella misura in cui assicurano l'applicazione e l'integrazione delle leggi. Di conseguenza, **solo i regolamenti esecutivi**, destinati a specificare una norma legislativa con norme di dettaglio che rendano quest'ultima concretamente eseguibile, possono essere adottati anche in materie coperte da **riserva assoluta di legge**.

c) **Regolamenti indipendenti** (art. 17, co. 1, lett. *c*): destinati ad intervenire in materie *"in cui manchi la disciplina da parte di leggi o di atti aventi forza di legge, sempre che non si tratti di materie comunque riservate alla legge"*. La previsione riconosce al Governo una sorta di "autorizzazione generale" ad emanare regolamenti indipendenti **laddove manchi una disciplina di legge**. Si è posto, in dottrina, il problema della compatibilità con il principio di legalità dell'attribuzione legislativa di un potere regolamentare indipendente a carattere generale, non accompagnata dall'elaborazione di criteri di disciplina ulteriori. Tuttavia, nella prassi applicativa il dibattito non pare avere ripercussioni concrete di particolare rilievo, attesa la difficoltà di rinvenire materie davvero non coperte da riserva di legge e, al contempo, in alcun modo disciplinate da fonti di rango primario.

d) **Regolamenti di organizzazione** (art. 17, co. 1, lett. *d*): adottati per *"l'organizzazione ed il funzionamento delle amministrazioni pubbliche secondo le disposizioni dettate dalla legge"*. Alla stregua dell'attuale impianto costituzionale, invero, l'organizzazione degli uffici è coperta da **riserva relativa di legge** *ex* art. 97 Cost. (*"i pubblici uffici sono organizzati secondo disposizioni di legge, in modo che siano assicurati il buon andamento e l'imparzialità dell'amministrazione"*); sicché è nell'atto primario che vanno enunciati i principi della disciplina, non potendo i regolamenti di organizzazione, pertanto, atteggiarsi ed operare come regolamenti indipendenti.

e) **Regolamenti di delegificazione** (art. 17, co. 2): emanati *"per la disciplina delle materie, non coperte da riserva assoluta di legge prevista dalla Costituzione, per le quali le leggi della Repubblica, autorizzando l'esercizio della potestà regolamentare del Governo, determinano le norme generali regolatrici della materia e dispongono l'abrogazione delle norme vigenti, con effetto dall'entrata in vigore delle norme regolamentari"*.
Sono adottati, pertanto, sulla base di una legge nell'ambito di un modello di delegificazione, per tale intendendosi il trasferimento di certe discipline dalla sede legislativa a quella regolamentare, affidato allo strumento del regolamento governativo ed in forza del quale:

- nelle **materie non coperte da riserva assoluta di legge**, la legge può autorizzare il Governo ad esercitare la potestà regolamentare in ambiti prima occupati da fonti primarie;
- la legge di delegificazione deve fissare le "**norme generali regolatrici della materia**";
- la stessa legge deve altresì disporre l'**abrogazione delle leggi preesistenti** con effetto a far data dall'entrata in vigore dei regolamenti, secondo il meccanismo dell'**abrogazione condizionata o differita.**

f) **Regolamenti di organizzazione ministeriale** (art. 17, co. 4-*bis*): adottati in attuazione della delegificazione della materia dell'organizzazione di tutti gli apparati ministeriali, oltre che delle amministrazioni statali ad ordinamento autonomo (art. 6, co. 3, d.lgs. n. 165/2001). Si distinguono tanto da quelli di organizzazione, che comunque presuppongono la presenza di disposizioni di legge cui il regolamento deve attenersi, quanto da quelli di delegificazione cd. di prima generazione, perché non richiedono che una legge indichi norme regolatrici, al contempo disponendo l'abrogazione delle norme preesistenti. Infine, l'art. 5, l. 18 giugno 2009, n. 69 ha inserito il co. 4-*ter* all'art. 17, l. n. 400/1988, introducendo i cd. ***regolamenti di riordino***, con i quali si provvede al periodico riordino delle **disposizioni regolamentari** vigenti, alla ricognizione di quelle che sono state oggetto di abrogazione implicita e all'espressa abrogazione di quelle che hanno esaurito la loro funzione o sono prive di effettivo contenuto normativo o sono comunque obsolete.

Capitolo 13 | LA PUBBLICA AMMINISTRAZIONE

SOMMARIO:

1. La Pubblica amministrazione nel modello costituzionale.

La Pubblica amministrazione è l'insieme degli organi statali preposti allo svolgimento dell'attività amministrativa. Per **Pubblica amministrazione** si intende:
- **in senso soggettivo** = l'insieme delle strutture burocratiche costituite per lo svolgimento di pubbliche funzioni (**cd. amministrazione-apparato o organizzazione amministrativa o amministrazione in senso formale**);
- **in senso oggettivo** = l'amministrazione-attività, ovvero la cura degli interessi pubblici (**cd. amministrazione in senso sostanziale**).

Dalle norme costituzionali – tra le quali non è dato rinvenire una definizione di Pubblica Amministrazione – non emerge un unico modello di amministrazione, bensì **diversi modelli**, differenziati a seconda del fine in vista del quale il relativo concetto viene in considerazione, nessuno dei quali, pertanto, può dirsi principale (NIGRO). In questo senso vengono in rilievo:

A) P.A. come apparato dipendente dal Governo.

Vista la **collocazione sistematica** delle norme sulla P.A. – inserite nel **titolo dedicato al Governo** (Sezione II del Titolo III della Parte II) – emerge innanzitutto una concezione dell'amministrazione quale apparato dipendente dal Governo. Ciò trova conferma anche nel **principio di responsabilità dei Ministri, vertici dell'apparato appunto, per gli atti dei rispettivi dicasteri.**

B) P.A. come apparato indipendente dal potere politico e regolato direttamente dalla legge.

Alla concezione dell'amministrazione come apparato dipendente dal Governo se ne affianca una che vede nell'amministrazione un **apparato a sé, separato dal Governo ed in genere dal potere politico**, e **regolato direttamente dalla legge**. Elementi a sostegno di questa ricostruzione si rinvengono in diverse norme costituzionali:
- nell'**art. 97, co. 2**, e quindi nella previsione della **riserva di legge in materia di organizzazione dei pubblici uffici** e nei **principi di buon andamento e di imparzialità dell'amministrazione**;
- nell'**art. 97, co. 4**, che impone **l'osservanza delle procedure concorsuali per l'accesso ai pubblici impieghi**;
- nell'**art. 98**, che espressamente pone **i pubblici impiegati al servizio esclusivo della Nazione**; previsione cui si affianca il **principio di responsabilità dei pubblici dipendenti**, ricavabile dall'art. 28 Cost., ai sensi del quale *"I funzionari e i dipendenti dello Stato e degli enti pubblici sono direttamente responsabili secondo le leggi penali, civili e amministrative, degli atti compiuti in violazione di diritti. In tali casi la responsabilità civile si estende allo Stato e agli enti pubblici"*;

- nella riserva di legge *ex* **art. 95, co. 3, Cost.**: *"La legge provvede all'ordinamento della Presidenza del Consiglio e determina il numero, le attribuzioni e l'organizzazione dei ministeri"*.

C) P.A. come apparato decentrato territorialmente.

Su altro versante vanno poi tenuti in considerazione quei riferimenti costituzionali dai quali si evince il favore dei costituenti per un **modello di amministrazione decentrata territorialmente**:

- **l'art. 5 Cost.**, che propugna il **principio del decentramento amministrativo in favore degli enti locali**;
- **l'art. 114 Cost.**, secondo cui, a seguito della riforma costituzionale del 2001, **Comuni, Province, Città metropolitane e Regioni** sono **enti autonomi dotati di propri statuti, poteri e funzioni**, nei limiti stabiliti dalla stessa Costituzione;
- **l'art. 118 Cost.**, che attribuisce ai **Comuni** la generale **titolarità delle funzioni amministrative**, salvo che le stesse, allorché necessario per assicurarne l'esercizio unitario, siano conferite a Province, Città metropolitane, Regioni e Stato sulla base dei **principi di sussidiarietà, differenziazione e adeguatezza.**

2. I principi costituzionali sull'amministrazione.

Numerosi sono i principi che la Carta costituzionale riferisce all'attività amministrativa:

- **Il principio di legalità**: l'art. 97 Cost., fondamento del principio di legalità, pone anzitutto una **riserva di legge** in materia di **organizzazione amministrativa**. Sebbene la riserva sia espressamente riferita al solo profilo organizzativo, la si ritiene pacificamente **estesa anche all'attività della P.A.**, anch'essa **assoggettata alla legge**. Scendendo dal piano costituzionale a quello della **normazione primaria**, il principio di legalità è enunciato dall'art. 1, co. 1, l. n. 241/1990, a tenore del quale *"L'attività amministrativa persegue i fini determinati dalla legge"*. Molteplici i **corollari applicativi** del principio di legalità:
  - **tipicità dei provvedimenti amministrativi**, non ammessi al di fuori dei casi previsti e disciplinati dalla legge;
  - possibilità di **portare ad esecuzione coattivamente i provvedimenti amministrativi**, ammessa solo **nei casi e secondo le modalità stabilite dalla legge** (art. 21-*ter*, l. n. 241/1990, introdotto dalla l. n. 15/2005, a tenore del quale *"Nei casi e con le modalità stabilite dalla legge, le Pubbliche amministrazioni possono imporre coattivamente l'adempimento degli obblighi nei loro confronti")*;
  - **eccezionalità** degli atti amministrativi destinati a formare **certezza legale privilegiata**, ammessi nei soli casi previsti e disciplinati dalla legge.

- **Il principio di imparzialità:** anche il **principio di imparzialità** trova il suo referente normativo fondamentale nell'art. 97 Cost. Così come il principio di legalità, anche quello di imparzialità, pure **espressamente riferito all'organizzazione** dei pubblici uffici, è dai più ritenuto **destinato a conformare l'attività amministrativa in generale**. Questo principio impone all'amministrazione:
  - *in negativo*, un'**equidistanza** rispetto ai soggetti, pubblici o privati, che con essa vengano in contatto;
  - *in positivo*, l'obbligo di **ponderare comparativamente tutti gli interessi coinvolti** dall'azione amministrativa, dando la prevalenza a quello pubblico affidato alle sue cure solo se il sacrificio delle altre posizioni, pubbliche e/o private coinvolte, possa dirsi il frutto di una scelta coerente e proporzionata.

Da questo punto di vista, il principio di imparzialità trova espressione a livello legislativo non soltanto nelle norme che **vietano favoritismi e disparità di trattamento** tra coloro che vengono in contatto con la P.A., ma anche in quelle che impongono ai pubblici funzionari di **astenersi dal compimento di atti e**

attività in cui essi abbiano direttamente o indirettamente un interesse idoneo a comprometterne la serenità di valutazione, nonché nelle norme che impongono alla P.A. la **ponderazione degli interessi** che possono essere pregiudicati dalla sua azione (cfr., in tal senso, gli istituti di partecipazione di cui alla l. n. 241/1990).
Dal concetto di imparzialità come ora delineato va invece distinto quello di **neutralità**, che indica l'**indifferenza** di un organo o di un'autorità rispetto agli interessi che è chiamato a regolare e comporre (come accade ad es. per le Autorità amministrative indipendenti). La P.A., infatti, ha l'obbligo di essere imparziale nell'esercizio della sua attività ma **non** anche neutrale, dovendo sempre agire per la tutela del **pubblico interesse** di cui è portatrice.

- **La regola del pubblico concorso:** corollario del canone dell'imparzialità è l'imposizione dell'obbligo per le amministrazioni di assumere personale tramite **concorso**, anch'esso previsto dall'art. 97 Cost. La giurisprudenza costituzionale ha rilevato che il pubblico concorso - quale meccanismo imparziale di selezione tecnica e neutrale dei più capaci sulla base del **criterio del merito** - costituisce la **forma generale e ordinaria di reclutamento** per le Pubbliche amministrazioni, attesa la necessità di soddisfare principalmente **esigenze di imparzialità ed efficienza** dell'azione amministrativa. La stessa Corte costituzionale ammette la possibilità che la regola del pubblico concorso subisca **deroghe**, consentite solo ove trovino **fondamento in una legge** e nel contempo rispondano a **peculiari e straordinarie esigenze di interesse pubblico**.
  La regola del pubblico concorso si estende anche alle ipotesi di **passaggio da un'area funzionale all'altra** ed alle **progressioni di carriera**; tuttavia, è fatta salva la possibilità per l'amministrazione di destinare al **personale interno**, in possesso dei titoli di studio richiesti per l'accesso dall'esterno, una **riserva di posti, comunque, non superiore al 50 %** di quelli messi a concorso.

- **Il principio di ragionevolezza:** strettamente connesso a quello di imparzialità è il principio di ragionevolezza, che impone alla P.A. di seguire un **canone di razionalità operativa** nello svolgimento della propria azione, onde evitare decisioni arbitrarie e irrazionali. La ragionevolezza impone in particolare la **corrispondenza dell'azione amministrativa ai fini indicati dalla legge**, la **coerenza con i presupposti di fatto** assunti a base della decisione amministrativa, la **logicità** della stessa oltre che la **proporzionalità** dei **mezzi rispetto ai fini**. La violazione del principio di ragionevolezza può ripercuotersi anche sulla validità del provvedimento amministrativo, in quanto indice sintomatico del vizio di **eccesso di potere**, ove si traduca in un difetto di motivazione o in una disparità di trattamento tra situazioni analoghe.

- **Il principio di buon andamento della Pubblica amministrazione:** il principio di buon andamento della P.A., enunciato dall'art. 97 Cost., è stato preso in considerazione dal legislatore ordinario a partire dal t.u. sugli impiegati civili dello Stato (10 gennaio 1957, n. 3), che ha imposto l'obbligo per i funzionari amministrativi e, più in generale, per gli organi dell'amministrazione di uniformarsi, nell'espletamento della propria attività, a parametri di:
  - **economicità**, implicante l'ottimizzazione dei **risultati in relazione ai mezzi** a disposizione;
  - **efficacia** che, inerendo invece al **rapporto tra obiettivi e risultati**, implica che l'azione amministrativa sia idonea a perseguire gli obiettivi prefissati;
  - **efficienza** che, afferendo infine al **rapporto tra risorse impiegate e risultati conseguiti**, richiede l'adeguatezza delle risorse impiegate rispetto alla consistenza degli obiettivi da conseguire.

- **Il principio del pareggio di bilancio:** la **l. cost. 20 aprile 2012, n. 1**, ha introdotto nella Carta costituzionale il principio del pareggio di bilancio in applicazione dei principi europei derivanti dal *Fiscal Compact*. La novella costituzionale modifica (con decorrenza dall'esercizio finanziario **2014**), innanzitutto, l'art. 81 Cost. che detta regole sulla finanza pubblica e sulla formazione del bilancio, ponendo l'obbligo per lo Stato di assicurare per il proprio bilancio ***"l'equilibrio tra le entrate e le***

spese", in modo da tenere conto *"delle fasi avverse e delle fasi favorevoli del ciclo economico"*. Inoltre, l'art. 2 della l. cost. n. 1/2012, introduce nell'art. 97 Cost. un nuovo comma, secondo il quale *"Le pubbliche amministrazioni, in coerenza con l'ordinamento dell'Unione europea, assicurano l'**equilibrio dei bilanci** e la **sostenibilità del debito pubblico**"*.

- **Il principio di pubblicità:** è considerato riconducibile al disposto dell'art. 97 Cost. anche il principio di pubblicità dell'azione amministrativa, che impone alla P.A. di rendere **visibile e controllabile dall'esterno il proprio operato**. Il principio di pubblicità ha come corollario quello della **trasparenza** dell'azione amministrativa, che trova le sue più significative espressioni nella possibilità di **accesso ai documenti amministrativi**, ma anche nell'**obbligo di motivazione** dei provvedimenti amministrativi e nei vari istituti di **partecipazione al procedimento** amministrativo. Si consideri, peraltro, che l'obbligo di trasparenza dell'azione amministrativa, sebbene pacificamente riconosciuto da tempo nel nostro ordinamento, è stato espressamente codificato solo con la l. n. 15/2005, di modifica della l. n. 241/1990, il cui art. 1, co. 1, prevede ora che *"L'attività amministrativa persegue i fini determinati dalla legge ed è retta da criteri di pubblicità e di trasparenza"*.

La crescente attenzione del legislatore per i principi in esame si è manifestata con l'adozione del d.lgs. 14 marzo 2013, n. 33, volto al riordino della disciplina riguardante gli **obblighi di pubblicità, trasparenza e diffusione di informazioni** da parte delle pubbliche amministrazioni. In tale ottica, la trasparenza è intesa come accessibilità totale delle informazioni concernenti l'organizzazione e l'attività delle p.a., per favorire un controllo diffuso sul perseguimento delle funzioni istituzionali e sull'utilizzo delle risorse pubbliche. Invero, all'obbligo di pubblicazione di documenti, informazioni o dati in capo alle amministrazioni corrisponde il diritto di chiunque di richiederli nei casi di omissione della pubblicazione (cd. accesso civico). Il successivo d.lgs. 25 maggio 2016, n. 97 ha introdotto il nuovo **diritto di accesso** ai documenti delle pubbliche amministrazioni - sul modello del *Freedom of Information Act* FOIA statunitense - basato sulla possibilità di chiunque di accedere alle informazioni detenute dalle autorità pubbliche (cd. accesso civico libero).

- **Il principio di sussidiarietà:** tra i principi che conformano l'azione amministrativa viene in rilievo quello di sussidiarietà, codificato dapprima a livello comunitario e poi mutuato nell'ordinamento interno sul piano costituzionale con la l. cost. 18 ottobre 2001, n. 3, di modifica del Titolo V della Costituzione. Si tratta in pratica di un **criterio di ripartizione delle funzioni amministrative**, che suggerisce l'allocazione delle stesse al livello di governo più vicino ai cittadini, salvo che l'adeguato esercizio sia incompatibile con le dimensioni dell'ente locale o con le possibilità organizzative dell'ente (cd. **sussidiarietà verticale**). La sussidiarietà, inoltre, è stata recepita dalla riforma costituzionale del 2001 anche in senso **orizzontale**, quale criterio di regolamentazione dei rapporti tra privati ed enti, che impone a questi ultimi di "ritrarsi" ogni qualvolta il loro intervento non sia necessario per la realizzazione di un determinato obiettivo (art. 118, co. 4 Cost.).
- **Il principio del contraddittorio**: ancora, tra i principi che reggono l'azione amministrativa, viene in rilievo il principio del contraddittorio, che impone alla P.A., prima dell'adozione di un provvedimento individuale sfavorevole, di **ascoltare l'interessato**, riconoscendogli la possibilità di far valere le proprie ragioni.

- **Il principio di responsabilità:** infine, principio informatore dell'azione amministrativa è quello di **responsabilità della P.A.**, cui si affianca la previsione della **tutela giurisdizionale contro gli atti della Pubblica amministrazione**. Ai sensi dell'art. 113 Cost., infatti, *"Contro gli atti della Pubblica amministrazione è sempre ammessa la tutela giurisdizionale dei diritti e degli interessi legittimi dinanzi agli organi di giurisdizione ordinaria o amministrativa"* e *"Tale tutela giurisdizionale non può essere esclusa o limitata a particolari mezzi di impugnazione o per determinate categorie di atti"*.

3. L'organizzazione della Pubblica amministrazione.

La Pubblica amministrazione si articola in:
- un **livello centrale**: costituito essenzialmente dalla Presidenza del Consiglio dei Ministri e dai Ministeri, cui si affiancano le **Agenzie e le Aziende autonome**, nonché gli enti pubblici operanti al di fuori dell'articolazione ministeriale;
- un **livello periferico**: costituito da uffici ministeriali decentrati sul territorio nazionale.

La riforma della Pubblica Amministrazione
Prima di procedere con l'analisi degli apparati amministrativi centrali e periferici, è necessario dare atto del fatto che l'assetto della Pubblica Amministrazione è stato profondamente e continuamente modificato nel corso degli anni. In particolare, il **decreto-legge 24 giugno 2014 n. 90** (*Misure urgenti per la semplificazione e la trasparenza amministrativa e per l'efficienza degli uffici giudiziari*), **convertito con modificazioni dalla L. 11 agosto 2014, n. 114**, ha introdotto misure di semplificazione degli apparati burocratici statali per garantire l'accesso dei cittadini ai servizi della P.A.
Al predetto intervento normativo ha da ultimo fatto seguito la **l. 7 agosto 2015, n. 124** (in materia di "*Deleghe al Governo in materia di riorganizzazione delle amministrazioni pubbliche*", anche nota come "Riforma Madia").

A) L'apparato amministrativo centrale dello Stato

La struttura centrale dell'organizzazione dello Stato è costituita dal complesso dei **Ministeri**, ai quali si affianca la **Presidenza del Consiglio dei Ministri**.

I **Ministeri** sono uffici complessi, dotati di personale e mezzi propri, diversi tra loro per le funzioni che esercitano; ogni Ministero dipende dal Ministro, il quale non solo è **capo dell'amministrazione**, ma, allo stesso tempo, è anche **componente del Consiglio dei Ministri**. Questo "carattere bifronte" della posizione del Ministro emerge dal dettato dell'art. 95, comma 2, Cost., secondo il quale *"I Ministri sono responsabili collegialmente degli atti del Consiglio dei Ministri, e individualmente degli atti dei loro dicasteri"*. In posizione di *primus inter pares* opera poi il **Presidente del Consiglio** che, ai sensi del co. 1 del medesimo articolo, da un lato, *"dirige la politica generale del Governo e ne è responsabile"*, mentre dall'altro, *"mantiene l'unità di indirizzo politico ed amministrativo, promuovendo e coordinando l'attività dei Ministri"*.

Diversi sono stati gli **interventi legislativi che hanno portato all'attuale compagine dei Ministeri italiani**:
- d.lgs. n. 300 del 1999 (c.d. Riforma Bassanini);
- d.l. n. 217/2001, convertito nella legge n. 317/2001;
- d.l. n. 181/2006 convertito nella legge 233/2006;
- la Finanziaria del 2008 (L. n. 244 del 2007) dispose un ritorno alla riforma Bassanini;
- l. 13 novembre 2009 n. 172.

Oggi i Ministeri sono:
- **Affari Esteri e cooperazione internazionale**
- **Interno**
- **Giustizia**
- **Difesa**
- **Affari Europei**
- **Economia e Finanze**
- **Sviluppo economico**
- **Politiche agricole alimentari e forestali**
- **Ambiente, Tutela del Territorio e del Mare**

- **Infrastrutture e Trasporti**
- **Lavoro e Politiche Sociali**
- **Salute**
- **Istruzione**
- **Università e Ricerca**
- **Beni e Attività Culturali e Turismo**
- **Pari Opportunità e Famiglia**
- **Politiche giovanili e Sport**
- **Sud e la coesione territoriale**
- **Innovazione tecnologica e la Digitalizzazione**
- **Pubblica Amministrazione**
- **Affari regionali e Autonomie**
- **Rapporti con il Parlamento**

L'**organizzazione interna dei singoli ministeri** è di tipo **divisionale**: le unità elementari vengono progressivamente aggregate, sulla base di esigenze funzionali, in uffici intermedi (divisioni) e questi, a loro volta, in uffici generali (dipartimenti o direzioni, a seconda del modello prescelto), territorialmente ordinati dal centro alla periferia.

I ministeri, al di là delle specifiche caratteristiche proprie delle singole strutture organizzative, sono composti:

- da un Ministro, che è, come detto, organo politico costituzionale di vertice del Ministero;
- da uno o più **sottosegretari di Stato**, nominati con decreto del Presidente della Repubblica, su proposta del Presidente del Consiglio dei Ministri, di concerto con il Ministro che il sottosegretario è chiamato a coadiuvare, sentito il Consiglio dei Ministri (art. 10 della l. n. 400/1988), i quali sono organi politici che coadiuvano il Ministro ed esercitano le funzioni amministrative che esso delega loro;
- da **uffici di diretta collaborazione col Ministro**, legati a quest'ultimo da un rapporto essenzialmente fiduciario ed aventi esclusive competenze di supporto e di raccordo con l'amministrazione, quali l'**ufficio legislativo** e l'**ufficio di gabinetto**;
- a seconda del modello prescelto, dalle **direzioni** (a loro volta articolate in divisioni, suddivise eventualmente in altrettante sezioni) o dai **dipartimenti** (a loro volta articolati in uffici dirigenziali generali);
- da un **ufficio centrale del bilancio**, che dipende dalla Ragioneria generale presso il Ministero dell'economia e delle finanze;
- da un **ufficio per le relazioni con il pubblico**;
- da un **servizio di controllo interno di gestione**;
- da due organi collegiali con attribuzioni in materia di **gestione del personale**, e cioè il **consiglio di amministrazione**, con funzioni consultive, e la **commissione di disciplina**, con funzioni contenziose;
- da un'**articolazione periferica**, per i ministeri che ne siano dotati.

La **Presidenza del Consiglio dei Ministri** è un organo strutturato secondo un modello organizzativo parzialmente differente rispetto a quello tipico dei Ministeri ed è disciplinato dalla l. n. 400/1988 e dal d.lgs. n. 303/1999, che ne descrive l'articolazione in dipartimenti ed uffici posti alle dipendenze del Segretariato generale, con l'eccezione di quelli che di volta in volta vengono affidati a Ministri senza portafoglio.

Gli uffici della Presidenza costituiscono, nel loro insieme, il **Segretariato generale**, cui è preposto il **Segretario generale**, nominato con decreto del Presidente del Consiglio dei Ministri tra i magistrati delle giurisdizioni superiori ordinaria ed amministrativa, gli avvocati dello Stato, i dirigenti generali dello Stato, i professori universitari di ruolo ovvero tra estranei alla Pubblica amministrazione (art. 18, c. 2, della l. n. 400/1988).

L'organizzazione dell'apparato della Presidenza del Consiglio è ispirata al **principio della flessibilità dell'organizzazione**.
L'organizzazione statale, accanto ai ministeri, conosce come modello tipico le **agenzie e le aziende autonome**. Le **agenzie**, disciplinate dal d.lgs. n. 300/1999, sono strutture strettamente collegate ai singoli ministeri, dato che sono sottoposte a **poteri di indirizzo e di vigilanza del Ministro**, cui è altresì rimesso il compito di approvare programmi, bilanci e rendiconti delle stesse. Tuttavia, le agenzie nello svolgimento della loro **attività a carattere tecnico-operativo** di interesse nazionale sono dotate di notevole **autonomia organizzativa e funzionale.**
Accanto alle agenzie operano le **aziende autonome**, incardinate nell'amministrazione dello Stato per lo svolgimento di **attività di tipo essenzialmente produttivo.** Esse, pur non essendo dotate di personalità giuridica, godono di una spiccata **autonomia amministrativa, contabile e finanziaria**. Costituendo una delle tradizionali manifestazioni dell'**intervento pubblico in campo economico** (assieme alle partecipazioni statali e agli enti pubblici economici), negli ultimi anni sono state investite dal fenomeno delle **privatizzazioni**, a seguito delle quali molte aziende sono state trasformate in enti pubblici economici, prima, e in società per azioni, poi (ad es. l'*ex* Azienda autonoma delle ferrovie dello Stato, ora Ferrovie dello Stato s.p.a. e l'*ex* Amministrazione delle poste e telecomunicazioni, ora Poste italiane s.p.a.).

B) L'amministrazione periferica dello Stato

Tutti i ministeri hanno **un'organizzazione centrale** (con sede nella capitale della Repubblica); molti di essi hanno anche **un'organizzazione periferica**.

Prefetture-Uffici territoriali del Governo: storicamente il principale organo di amministrazione periferica dello Stato è rappresentato dal **Prefetto (titolare della Prefettura)**. Anche l'amministrazione periferica, tuttavia, ha subito negli anni profonde modifiche: il d.P.R. n. 180/2006 ha disposto il **riordino** secondo criteri di omogeneità, complementarietà ed organicità, attribuendo **agli enti regionali e locali** una **competenza amministrativa generale** e riconoscendo in capo all'amministrazione centrale solo funzioni tassativamente individuate. In questo senso si è assistito ad una riorganizzazione delle Prefetture, trasformate ad opera del d.lgs. n. 300/1999 (cui è stata data attuazione con il DPR n. 180 del 2006) in Prefetture-Uffici territoriali del Governo (UTG) che, ai sensi del DPR n. 180 del 2006, sono organi di rappresentanza generale del Governo sul territorio. Gli **Uffici territoriali del Governo** sono strutture con **competenze generali**, le cui funzioni di coordinamento dell'attività amministrativa, espletata in periferia dagli uffici dello Stato, sono garantite attraverso una **conferenza permanente**, nella quale sono rappresentate tutte le amministrazioni periferiche dello Stato. In particolare, la Prefettura-Ufficio territoriale del Governo, quale organo di rappresentanza generale del Governo sul territorio, svolge **compiti di amministrazione generale e di tutela dell'ordine e della sicurezza pubblica** ed assicura **il coordinamento dell'attività amministrativa e la leale collaborazione** degli uffici periferici dello Stato sul territorio con i diversi livelli di governo esistenti sul territorio. **Il decreto-legge n. 95 del 2012, convertito nella legge n. 135 del 2012 (c.d. *spending review*)** ha attribuito alla Prefettura-Ufficio territoriale del Governo funzioni di rappresentanza unitaria dello Stato sul territorio. Presso ogni Prefettura è stato così istituito un ufficio unico di garanzia dei rapporti tra i cittadini e lo Stato.

Sindaco: anche il **Sindaco** rientra tra gli organi di amministrazione periferica statale. Come organo eletto dai cittadini egli è posto al vertice dell'amministrazione comunale, ma al contempo è un ufficiale del Governo sul territorio. Mentre rispetto al primo aspetto non deve rispondere del suo operato al Governo, per quanto attiene le sue funzioni di organo periferico egli dipende dal Prefetto e dal Ministero dell'Interno.

4. Gli enti pubblici.

Per effetto del principio di pluralismo della Pubblica amministrazione, accanto allo **Stato**, che è l'ente pubblico per eccellenza, operano **altri soggetti dotati di capacità giuridica di diritto pubblico** e deputati al perseguimento di finalità di pubblico interesse. Volendo tentare una **classificazione delle numerose tipologie di enti pubblici**, giova distinguere tra:

- **corporazioni** (persone giuridiche in cui prevale l'aspetto personale) ed **istituzioni** (in cui prevale, invece, l'aspetto patrimoniale);
- **enti territoriali** (enti rispetto ai quali il territorio è elemento costitutivo, necessario per la loro stessa esistenza) ed **enti non territoriali** (definibili, in negativo, come enti che non hanno il territorio come elemento costituivo);
- **enti nazionali** (che, pur potendo operare a livello meramente locale, perseguono interessi destinati ad assumere rilevanza sull'intero territorio nazionale) ed **enti locali** (che agiscono per il perseguimento di interessi propri della circoscrizione in cui operano);
- **enti necessari** (che devono cioè necessariamente esistere per l'organizzazione amministrativa del nostro ordinamento, come ad es. gli enti territoriali) ed **enti ad appartenenza necessaria** (di cui si fa parte indipendentemente da qualsiasi manifestazione volontà: ad es., ancora una volta, gli enti territoriali, cui si appartiene per il solo fatto di risiedere sul loro territorio);
- **enti autarchici** (che operano in regime di diritto amministrativo) ed **enti pubblici economici** (che operano invece in veste imprenditoriale).

Gli enti pubblici possono poi costituirsi in **forme associative**, quali:

- le **federazioni**, costituite a fini di coordinamento e di indirizzo dell'attività degli enti federati nonché a fini di rappresentanza unitaria degli stessi, pur non potendosi sostituirsi agli enti federati nello svolgimento dei loro compiti istituzionali (ad es. l'ACI che raggruppa gli Automobil Club provinciali; il CONI che rappresenta le federazioni sportive nazionali; le federazioni nazionali di ordini e collegi);
- i **consorzi**, strutture stabilmente costituite al fine di realizzare finalità comuni agli enti consorziati. I consorzi, inoltre, possono essere costituiti anche per la realizzazione o gestione di opere e servizi, diventando, in tal caso, strutture strumentali rispetto ai compiti dei consorziati. Con riferimento agli **enti locali** è lo stesso legislatore a prevedere che possano essere costituiti consorzi, *"per la gestione associata di uno o più servizi e l'esercizio associato di funzioni"* (art. 31, TUEL). Figura affine è, poi, **l'unione di comuni**, prevista e disciplinata dall'art. 32, d.lgs. n. 267/2000, che le qualifica come *"enti locali costituiti da due o più comuni di norma contermini finalizzato all'esercizio associato di funzioni e servizi"*.

Gli enti pubblici sono assoggettati a un **regime giuridico peculiare** rispetto agli enti privati, tradizionalmente riassunto in **quattro caratteristiche**:

1. **AUTARCHIA**: **potere degli enti pubblici di amministrare i propri interessi** attraverso un'attività avente gli stessi caratteri e la stessa efficacia dell'attività amministrativa dello Stato. Secondo un'impostazione minoritaria, l'autarchia indica, invece, la capacità degli enti diversi dallo Stato di disporre di potestà pubbliche, esercitando pubblici poteri, in specie **con l'emanazione di atti equiparati agli atti amministrativi dello Stato;**
2. **AUTOTUTELA:** potere della P.A. di **risolvere autonomamente i conflitti**, attuali o potenziali, relativi ai suoi provvedimenti o alle sue pretese, salvo, comunque, il sindacato giurisdizionale;
3. **AUTONOMIA:** in senso ampio intesa, l'autonomia designa la **libertà di determinazione** di cui gode l'ente nella cura dei propri interessi e nell'**indipendenza** nell'esercizio di determinate attività giuridiche. In particolare, si distingue tradizionalmente tra:
   a) l'***autonomia politica*** è la libertà di cui l'ente gode nel compimento delle **scelte politiche**, nell'individuazione, quindi, dei **fini** che l'ente stesso deve perseguire. Si tratta della capacità riconosciuta allo **Stato** e alle **Regioni**;
   b) l'***autonomia giuridica*** è invece la capacità dell'ente di **autodeterminarsi per il raggiungimento dei fini** che è chiamato a perseguire. L'autonomia giuridica a sua volta assume varie configurazioni:
   - ***autonomia normativa***, quale capacità dell'ente di porre in essere **norme giuridiche vincolanti** per una generalità di soggetti, sotto forma di **leggi, regolamenti o statuti**. In particolare,

godono di **autonomia legislativa**, oltre allo Stato, le Regioni e le Province autonome di Trento e Bolzano; godono di **autonomia statutaria** gli enti territoriali e altri enti quali le Camere di commercio; godono di **autonomia regolamentare** gli enti territoriali e gli enti o organi cui la legge attribuisce tale facoltà: ad es. i prefetti, le autorità amministrative indipendenti ecc.;

- ***autonomia organizzatoria e amministrativa***, che è la capacità dell'ente di definire o concorrere alla definizione della propria struttura organizzatoria, in genere mediante l'emanazione di propri **regolamenti**;
- ***autonomia finanziaria***, consistente nella capacità dell'ente di imporre **tributi propri**: tale facoltà è riconosciuta dall'art. 119 Cost., come novellato dalla riforma costituzionale del 2001, a Regioni, Province, Città metropolitane e Comuni;
- ***autonomia di gestione***, consistente nella capacità dell'ente di avere un **bilancio proprio**, diverso da quello dello Stato.

4. **AUTOGOVERNO**: la nozione di autogoverno, infine, si realizza quando gli organi di governo dell'ente sono composti da **soggetti scelti dagli stessi governati**. In una differente accezione, l'autogoverno ricorre quando l'ente è diretto o governato da **persone che fanno parte della compagine sociale di cui l'ente è esponenziale**, come accade nel caso dei Comuni o dei collegi professionali.

Dall'autogoverno occorre distinguere l'**autodichia**, che consiste nella possibilità, riconosciuta ad alcuni organi costituzionali, di **sottrarsi alla giurisdizione comune**, esercitando essi stessi la **funzione giurisdizionale rispetto alle controversie con i propri dipendenti** (ad es. l'autodichia costituzionalmente riconosciuta alla Camera dei deputati e al Senato della Repubblica).

Capitolo 14 LA MAGISTRATURA

SOMMARIO:

Premessa.

La **Magistratura** è il complesso degli organi che esercitano la giustizia civile, amministrativa e penale e, così, costituiscono il potere giudiziario stante nella potestà di dare applicazione al diritto, ove questo venga violato o sia controverso nell'ambito dei rapporti tra individui.

1. La funzione giurisdizionale.

A) La giurisdizione

La nostra Costituzione non ci consegna una definizione di "funzione giurisdizionale", ma detta un insieme di principi e regole destinati a disciplinare l'organizzazione del potere giudiziario, distinto tra **giurisdizione ordinaria** (*civile* e *penale*) e **giurisdizioni speciali** (*amministrativa, contabile, militare*) alle quali, nel momento dell'entrata in vigore della Costituzione, si è aggiunta la **giurisdizione costituzionale.**

B) Giurisdizione ordinaria

Il sistema costituzionale, ispirato al principio di **unicità della giurisdizione**, pone al centro dell'esercizio della funzione giurisdizionale la **magistratura ordinaria**, che si ripartisce in **due settori**:

a) la **giurisdizione penale**, avente ad oggetto la decisione sulla fondatezza o meno dell'azione penale promossa dal **pubblico ministero** nei confronti di un determinato soggetto;

b) la **giurisdizione civile**, diretta alla tutela giuridica dei diritti inerenti a rapporti tra privati o tra questi e la Pubblica amministrazione, quando essa nell'esercizio dei propri compiti leda il **diritto soggettivo** di altra persona.

La **giustizia**, nelle materie civili e penali, è amministrata da Giudice di pace, Tribunale ordinario, Corte d'appello, Corte di Cassazione, Tribunale per i minorenni, Magistrato di sorveglianza e Tribunale di sorveglianza (art. 1 ord. Giudiziario, r.d. 30 gennaio 1941, n. 12). Le Corti di Assise (di primo grado e di appello) rientrano in quei casi in cui la Costituzione (art. 102, comma 3, Cost.) ammette la partecipazione diretta del popolo all'amministrazione della giustizia. Esse sono composte da due magistrati ordinari e da sei giudici popolari. In caso di parità di voto, prevale la decisione più favorevole all'imputato.
A garanzia dell'**indipendenza dei magistrati ordinari** la Costituzione pone specifiche guarentigie, nonché la loro sottoposizione al potere del **Consiglio Superiore della magistratura**, che ne costituisce l'organo di autogoverno.

C) Giurisdizioni speciali

La Costituzione **vieta l'istituzione di nuovi giudici "straordinari o speciali"**, consentendo, nell'ambito della giurisdizione ordinaria, l'istituzione di **sezioni specializzate** in determinati settori, quali ad es. i *Tribunali per i minorenni*, i *Tribunali regionali delle acque pubbliche*, le *sezioni specializzate in materia agraria*. La ***ratio* del divieto** di istituire giudici speciali discende direttamente dal principio secondo il quale ciascun individuo deve **preventivamente conoscere quale sarà il suo giudice naturale**, vale a dire il giudice **precostituito per legge** dal quale sarà giudicato e dal quale - a norma dell'**art. 25 Cost**. - non può essere distolto. Ciononostante, la scelta dei costituenti fu quella di **mantenere i giudici speciali preesistenti all'entrata in vigore della Costituzione (art. 103 Cost.),** quali i giudici amministrativi (Tribunali amministrativi regionali e Consiglio di Stato), la Corte dei conti e il giudice militare. Essi sono disciplinati da **apposite leggi** che, per ciascuno, prevedono non solo l'ambito delle materie che è loro riservato, ma anche gli organi di autogoverno, l'organizzazione interna, i meccanismi di reclutamento e di carriera dei magistrati, nonché le norme processuali che disciplinano i giudizi che si svolgono dinanzi a tali organi.

- **Giurisdizione amministrativa:** mentre la giurisdizione ordinaria tutela i **diritti soggettivi**, la giurisdizione amministrativa (tribunali amministrativi regionali, quali giudici di primo grado, e Consiglio di Stato, quale giudice di secondo grado), tutela (salvo eccezioni) gli **interessi legittimi dei cittadini** che siano stati lesi da un atto della Pubblica amministrazione. Si rinvia alla lettura dell'art. 103 Cost., con particolare riferimento al primo comma. Il ricorso davanti all'organo di giustizia amministrativa è tradizionalmente volto ad ottenere l'**annullamento giurisdizionale dell'atto amministrativo** che si assume **viziato per incompetenza, violazione di legge** o **eccesso di potere**.
- **Corte dei conti:** è composta da **magistrati contabili** e presso di essa è istituita una Procura generale cui sono attribuite funzioni requirenti. Oltre alla competenza in materia di controllo preventivo di legittimità su atti del Governo e di altri organi pubblici e di controllo successivo sulla gestione del bilancio e del patrimonio delle amministrazioni pubbliche, alla Corte dei conti sono affidati i **giudizi in materia di contabilità pubblica, pensionistica e di responsabilità degli impiegati e funzionari dello Stato o di altri enti pubblici.**
- **Giudici militari:** in *tempo di guerra* esercitano la giurisdizione loro attribuita dalla legge, mentre in *tempo di pace* sono competenti soltanto a giudicare dei **reati militari commessi dagli appartenenti alle forze armate**.
- **Altro:** quanto alle **altre giurisdizioni speciali** vanno ricordati il **Tribunale Superiore delle acque pubbliche** e le **Commissioni tributarie** (provinciali e regionali).

2. L'autonomia e l'indipendenza della magistratura.

Premessa

La Costituzione – **art. 104 comma 1 Cost**. – ha voluto assicurare ai ***magistrati ordinari*** una **posizione di autonomia e di indipendenza nei confronti degli altri poteri dello Stato** (ed, in particolare, del potere esecutivo).

Strumento essenziale di siffatta **autonomia** sono le competenze attribuite al **Consiglio Superiore della magistratura** (CSM) dagli artt. 105, 106 e 107 Cost. per l'esame delle quali si rinvia al prosieguo della trattazione. Mentre l'indipendenza dei giudici ordinari è garantita direttamente dalla Costituzione, quella dei **giudici delle giurisdizioni speciali**, pur prevista dalla Costituzione (art. 108, co. 2), è affidata dalla stessa alla **legge**. A tale disposizione costituzionale si è data attuazione con l'istituzione degli **organi di autogoverno delle magistrature speciali**:

- con le l. n. 186/1982 e n. 205/2000 (per il *Consiglio di Presidenza della giustizia amministrativa*); con la l. n. 1171/1988 (per il *Consiglio di presidenza della Corte dei Conti*);
- con la l. n. 561/1988 (per il *Consiglio superiore della magistratura militare*);
- con il d.lgs. n. 545/1992 (per il *Consiglio di presidenza degli organi della giustizia tributaria*).

Inoltre, l'art. 100, co. 3, Cost., espressamente prevede che la legge debba assicurare **l'indipendenza del Consiglio di Stato e della Corte dei Conti** e dei loro componenti di fronte al Governo. Quanto, invece, all'**indipendenza**, si suole distinguere:

- l'indipendenza **esterna**, riferita all'esigenza di garantire ogni possibile forma di dipendenza della magistratura dal potere esecutivo;

- l'indipendenza **interna**, la quale, invece, si traduce nell'impedire ogni interferenza tra giudici ed evitare così che tra gli stessi magistrati possano ipotizzarsi forme di condizionamento.

Autonomia e indipendenza si realizzano grazie ad alcune previsioni costituzionali:
- **la sottoposizione dei giudici alla legge;**
- **l'inamovibilità;**
- **la regola del concorso;**
- **riserva di legge in tema di ordinamento giudiziario;**
- **la possibilità di disporre della polizia giudiziaria.**

A) La sottoposizione dei giudici alla legge

L'art. 101, comma 2, Cost. dichiara che *"I giudici sono **soggetti soltanto alla legge**"*. In questo caso il **termine "legge"** assume un significato, per così dire, atecnico in quanto esso è riferibile a qualsiasi norma di diritto e non già alla sola legge formale prodotta dal Parlamento (SERGES). La soggezione solo alla legge esclude la soggezione del giudice rispetto ad altri poteri dello Stato o nei confronti di altri giudici. Questa norma va, infatti, integrata con quella contenuta nell'art. 107, co. 3, Cost. secondo la quale *"I magistrati si distinguono fra loro soltanto per **diversità di funzioni**"*, il cui fine è quello di sottrarre i giudici a rapporti di tipo gerarchico (**indipendenza interna**).

B) L'inamovibilità

Un'altra garanzia dell'indipendenza degli appartenenti al potere giudiziario è l'inamovibilità di cui all'art. 107 Cost. Più in particolare, l'art. 2 del r.d.lgs. 31 maggio 1946, n. 511 (*Guarentigie della magistratura*) ha disposto che i magistrati **non possono essere trasferiti ad altra sede o destinati ad altre funzioni se non col loro consenso** (sempre previa deliberazione del Consiglio Superiore della magistratura). Il consenso non è tuttavia richiesto, ai sensi dell'art. 2, co. 2, del medesimo decreto (come modificato dal d.lgs. n. 109/2006):
- quando i magistrati si trovino in uno dei casi di **incompatibilità** previsti dalla legge sull'ordinamento giudiziario;
- quando, per qualsiasi causa, anche indipendente da loro colpa, **non possono, nella sede che occupano, svolgere le proprie funzioni con piena indi pendenza e imparzialità**.

C) La regola del concorso

A norma dell'art. 106, comma 1, Cost. le **nomine dei magistrati hanno luogo per concorso**; in tal modo, si assicura la selezione dei migliori e si sottraggono i magistrati ad influenze che potrebbero derivare da altri sistemi di designazione d'ufficio (ad es., l'elezione) (MARTINES). Il medesimo **art. 106 Cost., ai commi 2 e 3**, prevede due deroghe alla regola del concorso, prevedendo la *nomina, anche elettiva, di **magistrati onorari** per tutte le funzioni attribuite a giudici singoli* – è questo il caso dei giudici di pace – e la possibilità di *chiamati all'ufficio di consiglieri di cassazione, per meriti insigni, professori ordinari di università in materie giuridiche e avvocati che abbiano quindici anni d'esercizio e siano iscritti negli albi speciali per le giurisdizioni superiori*.

D) Riserva di legge in tema di ordinamento giudiziario

Un'ulteriore, rilevantissima, garanzia è poi rappresentata dalla **riserva di legge** fissata dall'art. 108 Cost. secondo cui "*Le norme sull'ordinamento giudiziario e su ogni magistratura sono stabilite con legge*". La Costituzione attribuisce alla **legge sull'ordinamento giudiziario** il ruolo di una legge specificamente ed organicamente rivolta alla disciplina dell'esercizio della funzione giurisdizionale da parte dei magistrati ordinari. Il disegno costituzionale è completato dalla **VII disp. trans.**, la quale esplicitamente prevedeva che fosse applicata la vecchia legge (risalente a prima dell'entrata in vigore della Costituzione: **r.d. 30 gennaio 1941, n. 12**) fino all'approvazione di una nuova legge sull'ordinamento giudiziario "*in conformità con la Costituzione*". Tuttavia, il legislatore non ha mai provveduto all'approvazione di una nuova legge organica, preferendo modificare con interventi specifici e puntuali l'impianto della legislazione anteriore alla Costituzione.

E) La possibilità di disporre della polizia giudiziaria

A norma dell'art. 109 Cost., *"L'autorità giudiziaria dispone direttamente della polizia giudiziaria"*. Le autorità di pubblica sicurezza adibite alla repressione dei reati, che costituiscono la polizia giudiziaria, sono, dunque, alle dipendenze dirette - quanto al loro impiego funzionale - della magistratura, che può disporne **indipendentemente dagli organi del potere esecutivo**, dai quali tali autorità continuano tuttavia a dipendere sotto l'aspetto organizzativo e disciplinare.

2.1. La responsabilità dei giudici.

L'autonomia e l'indipendenza della magistratura si riflettono anche nella particolare disciplina della **responsabilità, penale e civile**, dei magistrati.

A) Responsabilità penale

Quanto alla **responsabilità penale dei magistrati**, deve essere prima di tutto evidenziato che essi sono **pubblici ufficiali ai sensi dell'art. 357 c.p.** Si applica, pertanto, l'art. **328 c.p.** che punisce il pubblico ufficiale o l'incaricato di un pubblico servizio, il quale indebitamente rifiuti un atto del suo ufficio che, per ragioni di giustizia o di sicurezza pubblica, o di ordine pubblico o di igiene e sanità, deve essere compiuto senza ritardo. Inoltre, l'art. 319-*ter* c.p. sanziona la **corruzione in atti giudiziari**, configurabile quando la corruzione per l'esercizio della funzione (art. 318 c.p.) o per un atto contrario ai doveri d'ufficio (art. 319 c.p.) sia commessa per favorire o danneggiare una parte in un processo civile, penale o amministrativo. Si applicano, poi, altri reati c.d. propri che possono essere commessi dal pubblico ufficiale.

B) Responsabilità civile

Il tema della responsabilità civile dei magistrati è stato sensibilmente modificato nel febbraio del 2015 (**legge n. 18/2015**).

- **Vecchia disciplina**: la **l. 13 aprile 1988, n. 117** prevedeva, all'art. 2, che chi avesse subito un **danno ingiusto** per effetto di un comportamento, di un atto o di un provvedimento giudiziario posto in essere dal magistrato con **dolo o colpa grave** nell'esercizio delle sue funzioni ovvero per **diniego di giustizia** poteva agire contro lo Stato per ottenere il **risarcimento dei danni** patrimoniali e anche di quelli non patrimoniali derivanti da **privazione della libertà personale**. Lo Stato era chiamato ad esercitare l'azione di rivalsa nei confronti del magistrato entro un anno dal risarcimento (art. 7). La misura della rivalsa non poteva superare una somma pari al terzo di una annualità dello stipendio, al netto delle trattenute fiscali, percepito dal magistrato al tempo in cui l'azione di risarcimento era stata proposta (art. 8). Tale limite non si applicava al fatto commesso con dolo.
- **Nuova disciplina**: la legge 27 febbraio 2015, n. 18 ha riformato la previgente legge Vassalli del 1988, che a sua volta era stata approvata dopo i risultati del referendum dell'8 novembre 1987. La nuova legge mantiene la forma della **responsabilità indiretta** dei magistrati: il cittadino, infatti, potrà citare unicamente lo Stato, che può poi rivalersi nei confronti del giudice.

Rispetto alla vecchia disciplina vi sono, tuttavia, **novità di rilievo**:

1) viene ampliata la possibilità per il cittadino di fare ricorso;
2) è innalzata la soglia economica di rivalsa del danno, che può arrivare fino alla metà dello stipendio del magistrato;
3) viene eliminato il filtro di ammissibilità dei ricorsi;
4) il termine per l'esercizio dell'azione di rivalsa è aumentato a due anni;
5) la responsabilità è collegata anche alle ipotesi di colpa grave (ivi compresa la violazione manifesta della legge, nonché del diritto dell'Unione europea) e travisamento del fatto e delle prove.

C) Responsabilità disciplinare

L'**azione disciplinare** nei confronti dei magistrati può essere promossa o dal **Ministro della giustizia** (art. 107, co. 2, Cost.) o dal **Procuratore generale presso la Corte di cassazione** (art. 14 d.lgs. n. 109/2006) ed è fatta valere dalla **sezione disciplinare del Consiglio Superiore della magistratura** quando i magistrati, nell'esercizio delle loro funzioni, manchino ai doveri di imparzialità, correttezza, diligenza, laboriosità, riserbo, equilibrio e rispetto della dignità della persona (art. 1, d.lgs. n. 109/2006).

3. I principi in tema di giusto processo.

La **l. cost. n. 2/1999** ha introdotto nell'**art. 111 Cost.** una serie di principi volti a garantire il **"giusto processo"**. La norma in questione si apre con la solenne affermazione secondo cui *"La giurisdizione si attua mediante il* ***giusto processo*** *regolato dalla legge"*. Tra i principi elencati, alcuni riguardano soltanto il processo penale, quali quelli che prevedono:

- che la persona accusata di un reato sia *informata nel più breve tempo possibile, ed in forma riservata, circa la natura ed i motivi dell'accusa*;
- che la medesima *disponga del tempo e delle condizioni necessari per preparare la sua difesa*;
- la facoltà concessa all'accusato *di interrogare o di far interrogare la persona che renda dichiarazioni a suo carico*;
- la facoltà di ottenere la convocazione e l'interrogatorio di *persone a sua difesa* nelle stesse condizioni dell'accusa e l'acquisizione di ogni altro mezzo di prova a suo favore;
- il diritto all'assistenza di un *interprete* se l'accusato non parla o non comprende la lingua italiana;
- che la *formazione della prova* avvenga secondo il principio del contraddittorio; tuttavia, la legge regola i casi in cui la formazione della prova non ha luogo in contraddittorio per consenso dell'imputato o per accertata impossibilità di natura oggettiva o per effetto di provata condotta illecita;
- la garanzia che la *colpevolezza non possa essere provata sulla base di dichiarazioni di chi, per libera scelta, si è sempre volutamente sottratto all'interrogatorio* da parte dell'imputato o di un suo difensore.

Assumono, invece, un **rilievo di carattere generale**:

- la nuova e più ampia formulazione del **principio del contraddittorio** (principio già ritenuto di rango costituzionale ed implicitamente desumibile dall'art. 24, co. 2, Cost., specie in lettura combinata con il principio di eguaglianza);
- il **principio concernente la terzietà ed imparzialità del giudice**;
- il **principio di ragionevole durata del processo**;
- **l'obbligo di motivazione di tutti i provvedimenti giurisdizionali**. La motivazione garantisce la **trasparenza** della decisione del giudice, consente **il pieno esercizio delle impugnazioni** e agevola il **controllo democratico diffuso**, da parte di tutta l'opinione pubblica, sulle decisioni giudiziali.

4. L'obbligatorietà dell'azione penale.

Il **principio dell'obbligatorietà dell'azione penale** previsto dall'art. 112 Cost. pone a carico del **pubblico ministero (P.M.)** l'obbligo di attivare l'azione penale dinanzi a tutte le **notizie di reato**, senza che possa essere esercitata alcuna discrezionalità. L'obbligatorietà dell'azione penale serve anche a garantire **l'indipendenza funzionale del P.M.** evitando che questi possa subire condizionamenti o influenze nella decisione sull'esercizio dell'azione. Questo principio trova il suo esplicito fondamento nella previsione contenuta nell'art. 108, co. 2, Cost. ove è previsto che **al PM sia assicurata dalla legge l'indipendenza**. Tuttavia, questa indipendenza viene a scontrarsi con **la struttura di tipo gerarchico che caratterizza l'organizzazione delle Procure della Repubblica**, fortemente improntate al potere di coordinamento e di direzione dei capi dell'ufficio.

5. Il Consiglio Superiore della magistratura.

A) Funzioni

L'istituzione del **Consiglio Superiore della magistratura** (CSM) rientra tra le **garanzie specificamente rivolte a realizzare i principi di autonomia e di indipendenza della magistratura ordinaria.** Il CSM – disciplinato dall'**art. 105 Cost.** – gestisce ed amministra l'intero ordine giudiziario nel suo complesso in quanto gli spetta in via esclusiva di deliberare tutti i **provvedimenti relativi allo stato giuridico dei magistrati**. Viene in tal modo assicurato **l'autogoverno dei giudici**, in rottura con il passato ordinamento, in cui tali provvedimenti erano assunti con **decreto reale su proposta del Ministro della giustizia**, e, dunque, dal potere esecutivo. Inoltre, il CSM:

a) nomina e revoca i **giudici di pace**, nonché i **componenti estranei alla magistratura** delle sezioni specializzate;

b) designa per la nomina a **magistrato di Corte di cassazione**, per meriti insigni, i professori ordinari di università in materie giuridiche e gli avvocati che abbiano quindici anni di esercizio e siano iscritti negli albi speciali per le giurisdizioni superiori (art. 106, co. 3, Cost.);

c) nomina le **commissioni di concorso per le assunzioni in magistratura**.

Il Consiglio, inoltre, può fare **proposte al Ministro della giustizia** sulle modificazioni delle circoscrizioni giudiziarie e su tutte le materie riguardanti l'organizzazione e il funzionamento dei servizi relativi alla giustizia e può dare **pareri** al Ministro sui disegni di legge concernenti l'ordinamento giudiziario, l'amministrazione della giustizia e su ogni altro oggetto comunque attinente alle predette materie.

Le deliberazioni del Consiglio costituiscono **veri e propri atti amministrativi** – come tali **impugnabili dinanzi al giudice amministrativo** – e vengono adottate, ora con decreto del Presidente della Repubblica, ora (nei casi previsti dalla legge) dal Ministro della giustizia, pur rimanendo il loro contenuto frutto di una esclusiva decisione del CSM.

Soltanto per quanto riguarda i giudizi in tema di **responsabilità disciplinare** dei magistrati, l'attività del CSM non appare assimilabile all'attività amministrativa, risultando sostanzialmente coincidente con quella giurisdizionale. Ed infatti, le decisioni in questo caso sono **impugnabili dinanzi alle Sezioni Unite civili della Corte di Cassazione**.

B) Composizione

Quanto alla **composizione**, a norma dell'art. 104 Cost., il Consiglio superiore è **presieduto dal Presidente della Repubblica** e ne fanno parte di diritto il **primo presidente** e il **procuratore generale della Corte di cassazione**. Gli altri componenti sono eletti: per *2/3* da tutti i **magistrati ordinari** fra gli appartenenti alle varie categorie e per *1/3* dal **Parlamento in seduta comune** fra professori ordinari di università in materie giuridiche ed avvocati dopo quindici anni di esercizio della professione. La l. n. 44/2002 ha fissato in **ventiquattro** il numero dei componenti elettivi del Consiglio: *sedici membri togati* (dieci tra i giudici di merito, quattro tra i p.m., due tra i magistrati di cassazione) eletti dai magistrati ordinari e *otto membri laici* eletti dal Parlamento in seduta comune e scelti fra teorici e pratici del diritto particolarmente qualificati.

I membri elettivi del Consiglio superiore della magistratura durano in carica **quattro anni** e **non sono immediatamente rieleggibili.**

C) Incompatibilità

Quanto al regime delle **incompatibilità**, previsto dall'art. 33 l. n. 195/1958 (*Norme sulla costituzione e sul funzionamento del Consiglio superiore della Magistratura*), i membri del CSM:

- non possono far parte del Parlamento, dei Consigli regionali, provinciali e comunali, della Corte costituzionale e del Governo;
- se eletti dal Parlamento non possono, sinché sono in carica, essere iscritti negli albi professionali;
- non possono essere titolari di imprese commerciali, né far parte di consigli di amministrazione di società commerciali, né far parte di organi di gestione di unità sanitarie locali, di comunità montane o

di consorzi, nonché di consigli di amministrazione o di collegi sindacali di enti pubblici, di società commerciali e di banche;
- non possono svolgere attività proprie degli iscritti ad un partito politico.

I componenti il Consiglio, infine, **non sono punibili per le opinioni espresse nell'esercizio delle loro funzioni**; tuttavia, rispetto alla più ampia insindacabilità dei parlamentari e dei giudici costituzionali, le opinioni scriminate devono essere concernenti l'**oggetto della discussione** (art. 5 l. 3 gennaio 1981, n. 1).

D) Scioglimento

In caso di **impossibilità di funzionamento dell'organo**, l'art. 31 della legge n. 195 del 1958 prevede in capo al Presidente della Repubblica il potere di scioglimento del CSM.

MAPPA CONCETTUALE

LA MAGISTRATURA

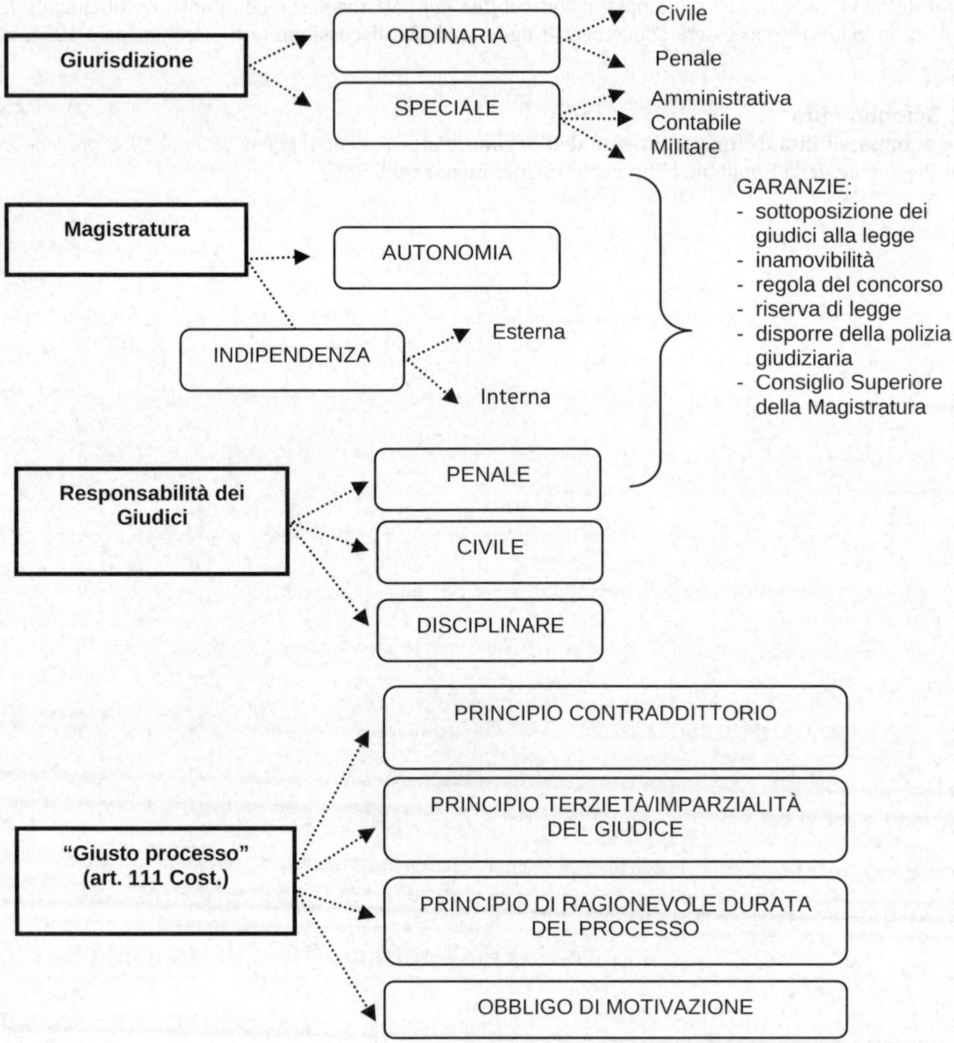

Capitolo 15 | LA CORTE COSTITUZIONALE

SOMMARIO:

1. Le origini e i modelli di giustizia costituzionale.

A) Modelli

I sistemi di controllo di costituzionalità sulle leggi (cd. **modelli di giustizia costituzionale**) possono essere suddivisi in **due fondamentali categorie**:

- **sistemi a sindacato "diffuso"**, in cui non esiste una Corte che esercita questo specifico compito, ma **ogni giudice**, nell'esercizio della propria giurisdizione, è chiamato a valutare se gli atti legislativi da applicare siano o meno conformi alla Costituzione;
- **sistemi a sindacato "accentrato"**, nei quali il sindacato di costituzionalità è affidato ad un **apposito organo**.

Una differenza fondamentale tra queste due forme di controllo riguarda gli **effetti della decisione di incostituzionalità**, che solo nel modello accentrato ha **effetti generali** (*erga omnes*), nel senso che annulla una volta per tutte, in tutte le possibili applicazioni, l'atto dall'ordinamento, sia per il futuro, sia – generalmente – per il passato (efficacia retroattiva). Nel modello diffuso, invece, la decisione di incostituzionalità vale **solo rispetto alle parti del singolo giudizio** in cui è stata pronunciata (effetto di disapplicazione *inter-partes*).
Il sindacato di costituzionalità, inoltre, può svolgersi:

a) in **forma successiva**, quando avviene dopo l'entrata in vigore della legge, o **preventiva**, quando costituisce l'ultima fase dell'*iter legis*;
b) in **via principale**, su ricorso di soggetti specificamente legittimati (Stato, Regioni, enti territoriali minori, minoranze parlamentari e così via), o **incidentale**, per cui la questione di costituzionalità deve nascere nel corso di un processo davanti ad un giudice che, dovendo applicare una legge di sospetta costituzionalità, sospende il proprio giudizio e investe del problema la Corte costituzionale (il giudice che solleva la questione viene comunemente definito come "giudice *a quo*");
c) con il filtro di **organi determinati** o su richiesta **diretta dei cittadini** alla Corte costituzionale.

Uno dei principali esempi di **controllo di costituzionalità diffuso** è rappresentato dal sistema statunitense. Qui, nel 1803, la Corte Suprema pronunciò la celebre sentenza *Marbury VS Madison*, primo giudizio di costituzionalità di una legge. Per la prima volta la Corte disapplicò una legge federale che ritenne illegittima per contrasto con la Costituzione degli Stati Uniti. Un esempio di **controllo di costituzionalità in forma preventiva** è quello esercitato dal Consiglio costituzionale francese. in Italia, in passato, lo Stato poteva effettuare un controllo preventivo sulle leggi regionali, adducendone l'illegittimità innanzi alla Corte costituzionale. Esempi di ricorso diretto alla Corte da parte dei cittadini sono il *recurso de amparo* spagnolo e il *verfassungsbeschwerde* tedesco.

B) Il modello italiano

Per quanto concerne **l'ordinamento italiano**, i Costituenti hanno optato per un **modello accentrato** attraverso la creazione di un organo *ad hoc*, quale appunto la **Corte costituzionale** (artt. 134 e ss.). Tuttavia, non tutte le previsioni inerenti la Corte sono contenute nella nostra Costituzione posto che l'art. 137 Cost. ha demandato:

- ad una legge costituzionale, la disciplina inerente le condizioni, le forme, i termini di proponibilità dei giudizi di legittimità costituzionale e le garanzie di indipendenza dei giudici della Corte;
- ad una legge ordinaria, l'introduzione delle altre norme necessarie per la costituzione e il funzionamento della Corte.

Pertanto, **l'entrata in vigore della Costituzione repubblicana, il 1° gennaio 1948, non comportò l'immediata entrata in funzione della Corte costituzionale**, per la quale si dovettero attendere ben otto anni (**l. cost. n. 1/1948; l. cost. n. 1/1953; l. ord. n. 87/1953**); nel frattempo **temporaneamente**, si abilitava la magistratura ordinaria ad effettuare una **forma di controllo diffuso di costituzionalità** (co. 2 della VII disposizione transitoria e finale della Costituzione), che tuttavia non fu adeguatamente sfruttato.

2. Composizione e funzionamento della corte costituzionale.

A) Composizione ordinaria

La Corte è **composta** da **quindici giudici** i quali, ai sensi dell'art. 135, co. 1, Cost.:

- per 1/3 sono nominati dal **Presidente della Repubblica**;
- per 1/3 sono eletti dal **Parlamento in seduta comune**;
- per 1/3 sono eletti dalle **supreme magistrature ordinaria ed amministrative**.

Ai sensi del **comma 2 dell'art. 135 Cost**., i giudici della Corte costituzionale, quale che sia l'organo che li nomina o li elegge, **sono scelti**:

a) fra i **magistrati**, anche a riposo, delle giurisdizioni superiori, ordinaria e amministrative;
b) fra i **professori ordinari** di università in materie giuridiche;
c) fra gli **avvocati** dopo venti anni di esercizio della professione.

B) Composizione per i giudizi d'accusa

Nei giudizi sulle accuse contro il Presidente della Repubblica, la composizione ordinaria della Corte viene **integrata** con l'aggiunta di altri 16 membri (**giudici aggregati**) estratti a sorte da un elenco di persone compilato, con le stesse modalità stabilite per l'elezione dei cinque giudici ordinari, ogni 9 anni, dal Parlamento in seduta comune, fra i cittadini aventi i requisiti per l'eleggibilità a senatore (art. 135, ult. co., Cost.).

C) Durata e vicende della carica

I **giudici ordinari della Corte** sono nominati **per 9 anni**, decorrenti, per ciascuno di essi, dal giorno del giuramento e non possono essere nuovamente nominati (art. 135, co. 3, Cost.). Alla scadenza del termine, il giudice cessa dalla carica e dall'esercizio delle funzioni. Una ipotesi di *prorogatio*, definita "speciale", è però disciplinata dall'art. 26 della l. 25 gennaio 1962, n. 20 (contenente norme sui procedimenti e giudizi di accusa), il quale dispone che *"I giudici ordinari e aggregati che costituiscono il Collegio giudicante continuano a farne parte sino all'esaurimento del giudizio, anche se sia sopravvenuta la scadenza del loro incarico"*.
I giudici della Corte, prima di assumere le funzioni, prestano **giuramento** di osservare la Costituzione e le leggi nelle mani del Presidente della Repubblica, alla presenza dei Presidenti delle due Camere.

D) Lo *status* di giudice costituzionale

L'ufficio di giudice della Corte è **incompatibile** con quello di membro del Parlamento o di un Consiglio regionale, con l’esercizio della professione di avvocato e con ogni carica ed ufficio indicati dalla legge (art. 135, co. 6, Cost.).

I giudici costituzionali sono assistiti da una serie di **garanzie di indipendenza**. In particolare:

a) **non possono essere rimossi o sospesi dal loro ufficio** se non con decisione della Corte, per sopravvenuta incapacità fisica o civile o per gravi mancanze nell’esercizio delle loro funzioni;
b) finché durano in carica godono delle **guarentigie previste nell’art. 68, co. 2, Cost.** per i membri delle due Camere, ivi compresa quella per la sottoposizione a giudizio penale (ormai abolita per i parlamentari);
c) **non sono sindacabili né possono essere perseguiti per le opinioni espresse ed i voti dati nell’esercizio delle loro funzioni**;
d) **spetta alla Corte accertare l’esistenza dei requisiti soggettivi di ammissione** dei propri componenti e dei cittadini eletti dal Parlamento ai sensi dell’art. 135, ult. co., Cost., deliberando a maggioranza assoluta dei suoi componenti;
e) i giudici ordinari hanno una **retribuzione** mensile che non può essere inferiore a quella del più alto magistrato della giurisdizione ordinaria ed è determinata con legge.

Inoltre, a completare il quadro delle **guarentigie di indipendenza della Corte nel suo complesso** vanno ricordate:

- la **immunità della sede**, in cui non può accedere la forza pubblica senza il consenso del Presidente;
- la **autonomia organizzativa, finanziaria e contabile** dell’organo;
- la cd. **giurisdizione domestica**, cioè la competenza della stessa Corte a giudicare sui ricorsi dei propri dipendenti, al pari di quanto avviene per il Parlamento.

L’ufficio di giudice della Corte è incompatibile con quello di membro del Parlamento o di un Consiglio regionale, con l’esercizio della professione di avvocato e con ogni carica ed ufficio indicati dalla legge (art. 135, co. 6, Cost.).

● **Incompatibilità**

In particolare, la l. n. 87/1953 ha stabilito che:

- i giudici non possono assumere o conservare altri uffici o impieghi pubblici o privati, né esercitare attività professionali, commerciali o industriali, funzioni di amministratore o sindaco in società che abbiano fine di lucro;
- durante il periodo di appartenenza alla Corte, i giudici che siano magistrati in servizio o professori universitari non potranno continuare nell’esercizio delle loro funzioni;
- i giudici non possono essere candidati in elezioni amministrative o politiche, né svolgere attività inerente ad una associazione o partito politico.

E) Presidente

Una particolare posizione assume, in seno alla Corte, il suo Presidente, che, a norma dell’art. 135, co. 5, Cost., è eletto dalla Corte tra i suoi componenti e rimane in carica per un triennio ed è rieleggibile, fermi restando, in ogni caso, i termini di scadenza dell’ufficio di giudice. La sua posizione può considerarsi quella di un ***primus inter pares***, tale da consentirgli di svolgere un ruolo di impulso e di coordinamento dei lavori della Corte oltre che di esercitare la sua influenza nello svolgimento e nella decisione dei giudizi, pur sempre nel rispetto del principio di collegialità che presiede allo svolgimento dell’attività della Corte.

F) Funzionamento e votazione

Per quel che riguarda il **funzionamento della Corte costituzionale**, le udienze sono **pubbliche**, ma il Presidente può disporre che si svolgano a porte chiuse quando la pubblicità può nuocere alla sicurezza dello Stato o all’ordine pubblico o alla morale, ovvero quando avvengano, da parte del pubblico, manifestazioni che possano turbare la serenità dei giudici; la Corte funziona con l’intervento di **almeno undici giudici**; le decisioni sono deliberate in Camera di consiglio dai giudici presenti a tutte le udienze in cui si è svolto il giudizio e vengono prese a **maggioranza assoluta dei votanti**.

3. Le attribuzioni della corte costituzionale.

La Corte costituzionale italiana svolge **quattro funzioni**, tre delle quali sono individuate dall'**art. 134 Cost**. In particolare, essa è chiamata a giudicare:
a) *"sulle controversie relative alla **legittimità costituzionale delle leggi e degli atti, aventi forza di legge, dello Stato e delle Regioni**"*;
b) *"sui **conflitti di attribuzione tra i poteri dello Stato e su quelli tra lo Stato e le Regioni e tra le Regioni**"*;
c) *"sulle **accuse promosse contro il Presidente della Repubblica**"*.
d) Una quarta funzione della Corte è stata aggiunta dall'art. 2, l. cost. n. 1/1953, relativamente al controllo: *"se le **richieste di referendum abrogativo presentate a norma dell'art. 75 Cost. siano ammissibili** ai sensi del 2° comma dell'articolo stesso"*.

4. Il giudizio di legittimità costituzionale.

A) Concetto

Il controllo di costituzionalità è rivolto a verificare la **conformità di leggi e atti con forza di legge dello Stato e delle Regioni rispetto ad una norma costituzionale**. L'ordinamento italiano prevede **due tipi di giudizio di legittimità costituzionale**:

- il **giudizio in via principale** = quando il ricorso è proposto direttamente alla Corte costituzionale;
- il **giudizio in via incidentale** = che nasce nell'ambito di una controversia giudiziaria durante la quale viene eccepita l'incostituzionalità di un atto normativo da applicare.

B) Norma oggetto e norma parametro

Nel giudizio di legittimità costituzionale vengono in rilievo una **norma oggetto** e una **norma parametro**. È **oggetto** la legge o l'atto ad essa equiparato della quale si giudica la conformità al dettato costituzionale. È **parametro**, invece, la norma della costituzione che si assume violata. Quanto all'**oggetto**, sono assoggettati al sindacato della Corte:

- le **leggi ordinarie**, sia statali sia regionali (e delle Province autonome di Trento e di Bolzano), cioè quelle approvate dal Parlamento o dai Consigli regionali e promulgate dal Presidente della Repubblica o dai Presidenti delle Regioni;
- le **leggi costituzionali e di revisione costituzionale;**
- **gli atti aventi forza di legge (decreto legislativo decreto-legge, decreto legislativo di attuazione degli statuti speciali, decreto del Presidente della Repubblica che proclama l'abrogazione di una legge** a seguito di *referendum* abrogativo popolare ai sensi dell'art. 75 Cost., alcuni **atti di ordinamenti provvisori o precedenti)**.

Non sono, invece, sindacabili sotto il profilo della costituzionalità:

- regolamenti parlamentari;
- regolamenti della stessa Corte;
- contratti collettivi di lavoro;
- fonti comunitarie direttamente applicabili ed in particolare i regolamenti comunitari;
- regolamenti amministrativi.

Quanto al **parametro**, trattandosi di un giudizio di legittimità costituzionale, esso è rappresentato – ovviamente ed innanzitutto – dalla **Costituzione**, come precisa anche l'art. 23, l. n. 87/1953; vi sono poi **tutte le norme di rango formalmente costituzionale**, cioè le leggi costituzionali e le leggi di revisione costituzionale approvate con lo speciale procedimento di cui all'138 Cost. Il parametro così identificato può, tuttavia, essere **ampliato** in tutti i casi in cui la violazione di una norma costituzionale può avvenire non solo in modo diretto, ma anche **in modo indiretto**; è l'ipotesi delle cd. norme interposte che opera,

ad esempio, a fronte di un decreto legislativo che violi i limiti posti dalla **legge di delega** e, quindi, indirettamente l'art. 76 Cost., configurando il cd. vizio di eccesso di delega (Corte costituzionale, *sent. n. 3/1957*) ovvero nell'ipotesi in cui una legge contrasti con una **legge di recepimento di una intesa fra lo Stato e le confessioni diverse dalla cattolica**, violando indirettamente anche l'art. 8, co. 2, Cost.
Il parametro può, inoltre, essere **ristretto:** possono esistere atti che la Corte sindaca non rispetto a qualsiasi disposizione della Costituzione, ma solo rispetto a parti di essa. È il caso, ad esempio, delle **leggi di revisione costituzionale**, che pur essendo abilitate a modificare la Costituzione, debbono comunque rispettare il procedimento aggravato di cui all'art. 138 Cost., il limite della forma repubblicana sancito dall'art. 139 Cost. e – secondo la più volte richiamata giurisprudenza costituzionale – i principi supremi dell'ordinamento e i diritti inviolabili dell'uomo. Pertanto, le leggi costituzionali avranno un parametro limitato alle sole norme appena indicate.

C) Vizi

Si distinguono **tre diversi tipi di vizi di costituzionalità** da cui possono essere affette le leggi e gli altri atti oggetto del giudizio di legittimità:

a) **vizi formali**, che attengono al procedimento con il quale l'atto è stato posto in essere;
b) **vizi materiali o sostanziali**, relativi al **contenuto** dell'atto;
c) **vizi di incompetenza**, che si hanno quando non viene rispettata la distribuzione delle competenze legislative fra i diversi organi costituzionali.

▶ 4.1. Il giudizio di legittimità costituzionale in via incidentale.

A) Il giudice *a quo*

La **via generale d'accesso** al processo costituzionale è quella **incidentale**; ciò significa che la questione di legittimità costituzionale nasce **nel corso di un giudizio**. Il giudice del processo (detto **giudice *a quo***), rilevato che la questione riguarda una norma applicabile al giudizio (cd. **rilevanza** della questione) e ritenuto che si dubiti motivatamente della sua legittimità costituzionale (cd. **non manifesta infondatezza** della questione), sospende il processo e rimette la questione alla Corte.
Legittimati ad instaurare un giudizio di costituzionalità – cioè ad essere "**giudice *a quo***" – sono non soltanto i **giudici appartenenti all'autorità giudiziaria ordinaria** (civile, penale e amministrativa), ma tutti gli organi che presentano **i requisiti oggettivi e soggettivi della giurisdizione**, quelli cioè che:
a) **decidano definitivamente** sull'applicazione di una norma legislativa;
b) in posizione di assoluta **terzietà** rispetto alle parti ed **in contraddittorio** con esse.

B) Verifiche

Prima di investire la Corte (giudice *ad quem*) della questione di legittimità costituzionale, il giudice *a quo* deve effettuare **due importanti verifiche, più una**:

- accertare che *"il giudizio non possa essere definito indipendentemente dalla risoluzione della questione di legittimità costituzionale"* (cd. **rilevanza della questione**);
- accertare che la questione *"non... sia manifestamente infondata"* (cd. **non manifesta infondatezza** della questione) (art. 23, co. 2, l. n. 87/1953);
- l'orientamento ormai prevalente della giurisprudenza della Corte costituzionale è nel senso di esigere anche un **terzo controllo**, pretendendo che il giudice *a quo* sollevi la questione solo se sia risultato impossibile dar luogo ad **un'interpretazione conforme a Costituzione** (detta anche adeguatrice) della disposizione da applicare nel giudizio.

C) Ordinanza di remissione

Qualora il giudice *a quo* ritenga la questione rilevante e non manifestamente infondata, emette **ordinanza** con la quale dispone l'immediata **trasmissione degli atti alla Corte costituzionale** e **sospende il giudizio in corso** (art. 2, co. 2, l. n. 87/1953). L'ordinanza di rimessione deve indicare:

a) le disposizioni della legge o dell'atto avente forza di legge che **si assumono viziate**;
b) le disposizioni della Costituzione o delle leggi costituzionali che **si assumono violate**.

D) Ordinanza che respinge l'eccezione

Se, invece, il giudice **respinge l'eccezione**, la relativa ordinanza deve essere - a norma dell'art. 24 della l. n. 87/1953 - adeguatamente motivata in punto di (ir)rilevanza e manifesta infondatezza. L'ordinanza non è impugnabile, ma l'eccezione può essere riproposta all'inizio di ogni grado ulteriore del processo.

E) Procedimento

Dopo l'ordinanza di remissione, trascorso il termine di venti giorni entro il quale le parti possono costituirsi ed i Presidenti (del Consiglio dei ministri o della Giunta regionale) intervenire, il **Presidente della Corte** nomina un **giudice per l'istruzione e la relazione** e convoca entro i successivi venti giorni la Corte per la discussione. Qualora non si costituisca alcuna parte o in caso di manifesta infondatezza (o ancora in caso di manifesta inammissibilità, di estinzione ovvero di restituzione degli atti al giudice rimettente), la Corte può decidere in **camera di consiglio**.

Come già detto, la Corte funziona con l'intervento di **almeno undici giudici** e le decisioni sono deliberate in camera di consiglio dai giudici presenti a tutte le udienze in cui si è svolto il giudizio e vengono prese con la **maggioranza assoluta dei votanti**; l'eventuale **"opinione dissenziente"** dei giudici che vi partecipano non può essere resa pubblica.

Nel caso di parità di voto prevale quello del Presidente (art. 16, l. n. 87/1953).

▶ 4.2. Il giudizio di legittimità costituzionale in via diretta.

A) Il ricorso in via principale

Il **ricorso in via principale** alla Corte costituzionale è attivabile:

- **dallo Stato**, rispetto a leggi regionali ritenute **eccedenti** le loro attribuzioni;
- **dalle Regioni**, rispetto a leggi statali (o di altre Regioni) ritenute **lesive** delle proprie competenze.

L'attuale disciplina è figlia della riforma operata con l. cost. n. 3/2001 che ha posto sullo stesso piano Stato e Regioni; prima, invece, le Regioni, a differenza dello Stato, potevano impugnare una legge statale o di altre Regioni **solo per invasione della propria sfera di competenza** e non per altri vizi di legittimità costituzionale.

L'atto introduttivo del giudizio dinanzi alla Corte costituzionale è sia per lo Stato che per le Regioni un **ricorso**, preceduto per lo Stato da una delibera del Consiglio dei ministri e per la Regione da una delibera della Giunta regionale.

B) L'impugnativa del Governo

Quanto all'**impugnativa del Governo,** l'art. 127, comma 1, Cost. prevede che il Governo può promuovere la questione di legittimità costituzionale dinanzi alla Corte costituzionale quando ritenga che **una legge regionale ecceda la competenza** della Regione. La questione è sollevata, previa deliberazione del Consiglio dei ministri, dal Presidente del Consiglio entro 60 giorni dalla pubblicazione della legge regionale stessa. Nel precedente assetto il Governo poteva proporre la questione di legittimità non solo nell'ipotesi di invasione della sfera di competenze dello Stato da parte della Regione, ma **per qualsiasi violazione di norme costituzionali.**

C) L'impugnativa delle Regioni

Quanto all'**impugnativa delle Regioni,** esse possono ricorrere alla Corte quando ritengano che una legge o un atto avente forza di legge dello Stato o di un'altra Regione **leda la propria sfera di competenza**, sempre nel termine di 60 giorni dalla pubblicazione della legge impugnata.

5. Le tipologie di pronunce della corte costituzionale.

A norma dell'art. 18 della l. n. 87/1953, la Corte giudica in via definitiva con **sentenza**; tutti gli altri provvedimenti di sua competenza sono, invece, adottati con **ordinanza**. Di regola, le **ordinanze** si limitano ad esaminare una questione superficialmente (con motivazione succinta), spesso considerando

solo profili processuali, mentre le **sentenze** effettuano una analisi più approfondita sulla conformità o meno a Costituzione della norma censurata. Sia le sentenze sia le ordinanze sono composte da un **dispositivo** e da una **motivazione**, sono **numerate progressivamente** in una numerazione unica annuale e **non sono impugnabili** in alcun modo (art. 137, co. 3, Cost.), salva la possibilità di correggere errori materiali con ordinanza.
La linea di demarcazione tra le due forme di pronuncia non è tuttavia univoca, fermo restando che:
- le decisioni che **accolgono la questione** sono sempre adottate con **sentenza**;
- le decisioni che **non la accolgono**, per ragioni sostanziali o per ragioni procedurali, possono essere adottate **in entrambe le forme**.

A) Ordinanze

Le **ordinanze** sono differenziabili in tre tipologie:
1) ordinanze a carattere interlocutorio: non decidono nel merito la questione di costituzionalità, ma:
- restituiscono gli atti al giudice *a quo* al fine di compiere ulteriori attività e, quindi, eventualmente, risollevare la questione (**ordinanze di restituzione degli atti al giudice *a quo***), come nel caso di *ius superveniens* in cui il giudice è chiamato a valutare se, alla luce della nuova disciplina sopravvenuta nelle more del giudizio, la questione continui ad avere rilevanza;
- dispongono incombenti probatori per acquisire una migliore conoscenza dei fatti che hanno portato al giudizio (**ordinanze istruttorie**), ad esempio, le ordinanze in tema di notificazioni o quelle dirette ad integrare il regolare contraddittorio;

2) ordinanze di inammissibilità: rilevano la sussistenza di una **causa d'ordine processuale che impedisce la decisione della questione nel merito.** Per esempio, la Corte rileva che l'autorità remittente non è giudice, che è stato impugnato un atto che non ha forza di legge, che non è stato individuato un parametro idoneo di legittimità costituzionale, oppure che la questione non appare rilevante nel giudizio *a quo*, per cui non si può procedere ad un esame sostanziale del dubbio di costituzionalità o, ancora, che il giudice non ha esperito il tentativo di "interpretazione adeguatrice" della legge impugnata;

3) ordinanze di manifesta infondatezza: **decisioni di merito** che risolvono in via definitiva il giudizio, senza bisogno di verifiche approfondite. Per esempio, quando il caso è identico o analogo ad altro già deciso in precedenza con sentenza di rigetto; oppure quando il giudice *a quo* abbia impropriamente sollevato una questione chiaramente priva di ogni fondatezza.

B) Sentenze

Le **sentenze** sono pronunciate in nome del popolo italiano e devono contenere, oltre alle indicazioni dei motivi di fatto e di diritto, il dispositivo, la data della decisione e la sottoscrizione del Presidente e del giudice che le ha redatte. La Corte può in via definitiva:
a) dichiarare **l'illegittimità costituzionale** della disposizione legislativa (sentenze di **accoglimento**);
b) dichiarare **l'infondatezza** della questione (sentenze di **rigetto**).

SENTENZE DICHIARATIVE DELL'ILLEGITTIMITÀ COSTITUZIONALE: quando la Corte **accoglie la questione**, dichiara l'**illegittimità costituzionale** delle norme oggetto del giudizio. Le sentenze di accoglimento della Corte hanno **efficacia *erga omnes*** ed acquistano il valore di sentenze di accertamento costitutivo, con l'effetto di **annullare le norme dichiarate illegittime**. Il tenore letterale dell'art. 136 Cost. lascia intendere che la norma oggetto del giudizio viene eliminata con effetti soltanto nel futuro, come se fosse abrogata, divenendo inapplicabile solo ai rapporti giuridici realizzatisi dopo la pubblicazione della decisione costituzionale. Tuttavia, tale disposizione costituzionale va letta in combinato disposto con l'art. 30, co. 3, l. n. 87/1953, a norma del quale *"Le norme dichiarate incostituzionali non possono avere applicazione dal giorno successivo alla pubblicazione della decisione"*. In tal senso, la decisione di illegittimità costituzionale si configura come una **sentenza di annullamento retroattivo (*ex tunc*) con efficacia *erga omnes***, che elimina una volta per tutte la norma

dichiarata incostituzionale dall'ordinamento, **nel futuro e nel passato**. Non tutti i rapporti verificatisi nel passato vengono però travolti, in quanto si ritiene che un limite naturale alla retroattività della pronuncia di incostituzionalità sia rappresentato dai **rapporti esauriti**, cioè dai rapporti definiti in maniera irretrattabile dal punto di vista giuridico. Le principali cause di esaurimento sono rappresentate dal **passaggio "in giudicato" della sentenza** che impedisce l'instaurazione di nuovi giudizi sul medesimo rapporto giuridico e dal **decorso del tempo**, quando la legge assegna ad esso l'effetto di bloccare irrimediabilmente la situazione giuridica (ad es. in caso di decadenza dall'esercizio di un potere, di prescrizione di un diritto, di preclusioni processuali e così via). Eccezionalmente, **in ambito penale**, l'art. 30, ult. co., della l. n. 87/1953 dispone, in applicazione del più generale principio del *favor rei*, che *"Quando in applicazione della norma dichiarata incostituzionale è stata pronunciata sentenza irrevocabile di condanna, ne cessano l'esecuzione e tutti gli effetti penali"*.
Gli effetti della **sentenza di accoglimento** valgono, invece, per tutti i rapporti nei quali la norma censurata sarebbe ancora applicabile (cd. **rapporti pendenti**), a cominciare dal giudizio *a quo*.
La Corte può dichiarare altresì incostituzionali *"le altre disposizioni legislative la cui illegittimità deriva come conseguenza dalla decisione adottata"*: si tratta della cd. **illegittimità costituzionale consequenziale**, con cui si può estendere d'ufficio l'incostituzionalità a disposizioni identiche, confermative, applicative, collegate, o anche analoghe rispetto a quella impugnata ed annullata.
Le sentenze della Corte vengono **pubblicate** nelle forme proprie di tutte le sentenze, vale a dire con il deposito nella cancelleria della Corte stessa. Peraltro, il dispositivo delle sentenze di accoglimento è inserito nella **Raccolta ufficiale degli atti normativi della Repubblica italiana** e le pronunce vengono pubblicate nel testo integrale nella prima parte della **Gazzetta Ufficiale della Repubblica**. Le sentenze sono **comunicate**, entro due giorni dalla data del deposito, **alle Camere ed ai Consigli regionali interessati** affinché, ove lo ritengano necessario, adottino i provvedimenti di loro competenza. Scopo di tale comunicazione è quello di consentire a questi organi di colmare - con l'approvazione di una nuova legge - il vuoto legislativo determinatosi in seguito alla sentenza della Corte.

SENTENZE CHE RIGETTANO LA QUESTIONE DI ILLEGITTIMITÀ COSTITUZIONALE: le **sentenze di rigetto** sono quelle con le quali la Corte dichiara **infondata la questione di legittimità costituzionale**, escludendo la sussistenza dei vizi di legittimità così come formulati dal giudice *a quo* e denunciati nell'ordinanza di rimessione. Ben può accadere, pertanto, sia che la Corte dichiari, in un nuovo giudizio, l'illegittimità costituzionale di norme rispetto alle quali si era già pronunciata con una sentenza di rigetto, qualora siano denunciati **nuovi o diversi vizi**; sia che la Corte dichiari l'illegittimità costituzionale di norme denunciate per **quei medesimi vizi** di incostituzionalità dei quali precedentemente, con una sentenza di rigetto, aveva escluso la sussistenza, ma rispetto a parametri diversi. Le sentenze di rigetto **non hanno, dunque, efficacia *erga omnes***. La loro efficacia vale soltanto (nel procedimento in via incidentale) **nel giudizio *a quo***, nel senso che il giudice sarà tenuto ad applicare la legge rispetto alla quale era stata formulata la questione e non potrà più continuare a dubitarne nei termini in cui ne dubitava, essendogli impedito di risollevare la medesima questione di costituzionalità.

ULTERIORI TIPOLOGIE DI SENTENZE: accanto alle sentenze di accoglimento e di rigetto ci sono **ulteriori tipologie** di pronunce che **la Corte costituzionale ha "inventato"** nel tempo per svolgere al meglio il suo ruolo di custode della Costituzione:

- le **sentenze interpretative**: utilizzate dalla Corte per reinterpretare il testo legislativo di quelle disposizioni alle quali sia possibile ascrivere significati diversi, anche fra di loro incompatibili. In questo caso, a conclusione del giudizio si avrà una sentenza **interpretativa** che, a sua volta, può essere **di accoglimento o di rigetto**. Sarà di rigetto quando la Corte, avendo tratto dal testo legislativo una norma in tutto od in parte diversa da quella tratta dalle parti e dal giudice, dichiara che, rispetto a questa norma, non sussistono vizi di legittimità costituzionale, facendo in tal modo salvo il testo legislativo. Sarà, invece, di accoglimento quando la Corte dichiara (*"nei sensi e nei limiti indicati nella motivazione"*) l'illegittimità costituzionale di un testo **se ed in quanto si ricavi da esso una determinata norma**. In tal modo vengono fatte salve tutte le altre possibili interpretazioni del testo;

- le **sentenze manipolative**: la Corte interviene operando positivamente, eliminando solo parti della disposizione (**sentenze parziali**) oppure aggiungendo norme non testualmente previste, ma ricavabili dal testo (**sentenze additive**) o, ancora, sostituendo un frammento di norma nella disposizione (**sentenze sostitutive**). La tipologia delle sentenze manipolative comprende:
- le **sentenze di accoglimento parziale o riduttive**, che eliminano dal testo normativo impugnato un inciso, una frase, una congiunzione;
- le **sentenze additive**, con le quali la Corte dichiara la illegittimità di un testo nella parte in cui non contiene una previsione normativa, che doveva invece necessariamente esserci. In altri termini, con esse viene dichiarata l'illegittimità costituzionale della **omessa previsione** di qualcosa che avrebbe dovuto essere previsto dalla legge. In tal modo, la Corte costituzionale **"aggiunge"** a una disposizione una norma necessaria perché l'enunciato normativo sia conforme a Costituzione. Può anche accadere che la Corte non immetta nell'ordinamento una regola immediatamente applicabile, ma solo un **principio** derivante dalla Costituzione, cui il legislatore dovrà attenersi nella disciplina futura del medesimo oggetto: queste sentenze sono state definite, perciò, **additive di principio**;
- le **sentenze sostitutive**, in cui si dichiara l'illegittimità costituzionale di un frammento del testo della disposizione, nella parte in cui dice qualcosa anziché qualcos'altro.
- le **sentenze-indirizzo o sentenze-monito**, tramite le quali la Corte, rilevata la mancanza in una determinata legge di disposizioni che dovrebbero esserci perché ritenute essenziali al fine di assicurare il rispetto della Costituzione, **si indirizza al legislatore** e detta essa stessa i criteri ai quali dovrà uniformarsi per adeguare la disciplina della materia ai precetti costituzionali. In altre parole, con le sentenze monitorie, la Corte invita il legislatore a rendere la disciplina di un dato oggetto conforme a Costituzione.

6. Il giudizio sui conflitti di attribuzione tra poteri e tra stato e regioni.

I **conflitti di attribuzione** sono controversie instaurate per rivendicare o tutelare le competenze costituzionali, lese da atti o da comportamenti di altri organi. I conflitti di attribuzione possono sorgere (art. 134, comma 3, Cost.):
- fra Stato e Regioni (detti anche **conflitti intersoggettivi o tra enti**);
- fra poteri dello Stato (detti anche **conflitti inter-organici**).

Il conflitto può essere:
- **per *vindicatio potestatis***, cioè per **rivendicare il proprio potere** (es. il Parlamento adisce la Corte, assumendo che il Presidente della Repubblica non poteva ratificare un determinato trattato senza l'autorizzazione delle Camere, perché rientrante fra quelli previsti nell'art. 80 Cost.);
- **per menomazione**, cioè per **contestare l'illegittimo esercizio del potere altrui** (es. le Camere lamentano che il Presidente della Repubblica, non promulgando una legge entro un mese dall'approvazione, ha impedito la tempestiva entrata in vigore della legge).

A) Conflitto tra poteri dello Stato

Ai sensi dell'art. 37 l. n. 87/1953, un conflitto tra poteri dello Stato sorge tra *"organi competenti a dichiarare definitivamente la volontà del potere cui appartengono e per la delimitazione della sfera di attribuzioni determinata per i vari poteri da norme costituzionali"*. Pertanto, il conflitto:
a) deve sorgere fra **organi appartenenti a poteri diversi**;
b) deve sorgere fra **organi competenti a dichiarare definitivamente la volontà del potere cui appartengono**;
c) deve sorgere per la **delimitazione della sfera di attribuzioni determinata per i vari poteri da norme costituzionali**.
Nella giurisprudenza costituzionale si è ammesso che **sono "poteri dello Stato"** ai fini del conflitto, fra gli altri:

- *ciascun singolo* giudice nell'esercizio della propria funzione giudicante (essendo la magistratura un potere "diffuso");
- il *Presidente della Repubblica* (e l'*ex* Presidente della Repubblica, laddove intenda tutelare prerogative di quando era in carica);
- la *Corte dei conti*;
- l'*Ufficio centrale per il referendum presso la Corte di cassazione*;
- una *singola Camera* e le *due Camere* congiuntamente;
- il *Governo*, ma anche *un singolo ministro* ove abbia competenze proprie;
- le *Commissioni parlamentari d'inchiesta*;
- il *Consiglio Superiore della magistratura*;
- la stessa *Corte costituzionale* (quanto meno come parte passiva);
- il *Comitato promotore di referendum abrogativo* (a partire dalla *sent. n. 69/1978*), che pur non essendo nominato in Costituzione, ha la titolarità e l'esercizio di funzioni pubbliche costituzionalmente rilevanti e garantite, concorrenti con quelle attribuite a poteri ed organi statali in senso proprio.

È stata, invece, **esclusa** la legittimazione dei partiti politici, negando per essi l'esistenza di attribuzioni costituzionali (*sent. n. 79/2006 e 120/2009*) e dei sindacati.

Il **procedimento** è suddiviso in **due fasi distinte**:

1) una volta depositato il ricorso in cancelleria, la Corte delibera in camera di consiglio, con ordinanza, sulla sua **ammissibilità**, valutando i requisiti soggettivi ed oggettivi; soltanto se ritiene che *"esiste la materia di un conflitto la cui risoluzione spetti alla sua competenza"* (art. 37, co. 4, l. n. 87/1953), la Corte ammette il ricorso e dispone le notifiche agli interessati;

2) nella seconda fase, la Corte **risolve il conflitto** *"dichiarando il potere al quale spettano le attribuzioni in contestazione"* e, ove sia stato emanato un atto viziato di incompetenza, lo annulla (artt. 37 e 38 l. n. 87/1953).

B) Conflitto tra Stato e Regioni e tra Regioni

Secondo quanto disposto dall'art. 39 l. n. 87/1953, tale conflitto sorge quando una Regione invade con un suo atto la sfera di competenza assegnata dalla Costituzione allo Stato o ad altra Regione e, viceversa, quando lo Stato invade con un suo atto la sfera di competenza costituzionale di una Regione. Si noti che l'articolo in esame espressamente dispone che, perché sorga conflitto, si deve avere una **invasione** della sfera di competenza. Invero, il conflitto non può essere meramente "virtuale" (nel senso, almeno, di preventivo, rispetto ad una lesione della competenza costituzionale non ancora verificatasi), dovendo presentare i **caratteri della attualità e della concretezza**, nel senso che deve riguardare una **lesione reale** della sfera giuridico-costituzionale altrui.

I conflitti in esame presentano notevoli **analogie con il giudizio di costituzionalità in via principale**:

a) entrambi sono attivati su **ricorso in via d'azione**;

b) dai **medesimi soggetti** (lo Stato, le Regioni e le Province autonome);

c) per la tutela delle **competenze** costituzionalmente garantite.

La differenza risiede essenzialmente nei tipi di **atti impugnabili**:

- oggetto del *giudizio di costituzionalità in via principale* sono gli **atti legislativi**;
- mentre, residualmente, **ogni altro tipo di atto (non legislativo)** può essere oggetto dei *conflitti*, come si desume dall'art. 39, l. n. 87/1953, dove si parla genericamente di "atti", da impugnare entro 60 giorni dall'avvenuta conoscenza. Ne consegue che l'atto che dà luogo al conflitto può essere un qualunque atto che non sia una legge formale (dello Stato o di una Regione) o un atto avente forza di legge; e cioè o un *atto amministrativo* o un *regolamento* o, anche, un *atto giurisdizionale* dello Stato.

Il **ricorso** è proposto - **entro 60 giorni** dall'avvenuta conoscenza dell'atto asseritamente lesivo - per lo Stato dal Presidente del Consiglio o da un ministro da lui delegato e per la Regione dal Presidente della Giunta in seguito a deliberazione della Giunta stessa.

Nella sentenza con la quale risolve il conflitto, la Corte costituzionale dichiara a quale dei due enti (Stato o Regione) spetti la competenza e, se è stato emanato un atto viziato da incompetenza, lo annulla.

7. Il giudizio sulle accuse mosse nei confronti del presidente della repubblica.

La Corte costituzionale è, infine, competente a giudicare dei **reati per i quali il Presidente della Repubblica può essere messo in stato d'accusa dal Parlamento in seduta comune**. Si tratta dell'unica competenza della Corte costituzionale che **non è mai stata attivata**. Secondo la normativa, le **indagini** sulla notizia di reato sono svolte da un **Comitato parlamentare** composto dai membri delle Giunte per le autorizzazioni a procedere delle due Camere, che può archiviare il caso oppure presentare una relazione al Parlamento in seduta comune (l. n. 219/1989). Il **Parlamento in seduta comune** vota, a scrutinio segreto e a maggioranza assoluta dei componenti, la **messa in stato d'accusa**, con indicazione degli addebiti e delle prove su cui l'accusa si fonda. A norma dell'art. 13, l. cost. 11 marzo 1953, n. 1, il Parlamento in seduta comune, nel porre in stato di accusa il Presidente della Repubblica, elegge, anche fra i suoi componenti, uno o più **commissari per sostenere l'accusa**, i quali esercitano innanzi alla Corte costituzionale le funzioni di pubblico ministero. A quel punto si avvia il **procedimento davanti alla Corte**, che opera nella **composizione integrata**. Il procedimento prevede una **fase istruttoria** e una **fase dibattimentale**, in contraddittorio fra i difensori degli imputati e i commissari d'accusa. Nelle votazioni per la deliberazione della sentenza, il Presidente della Corte raccoglie i voti cominciando dal giudice meno anziano e vota per ultimo. In caso di parità di voti, **prevale l'opinione più favorevole all'accusato** (art. 28, l. n. 20/1962). La decisione comporta una ampia discrezionalità nella scelta delle **sanzioni** da irrogare, in quanto la Corte può determinare *"le sanzioni penali nei limiti del massimo di pena previsto dalle leggi vigenti al momento del fatto, nonché le sanzioni costituzionali, amministrative e civili adeguate al fatto"* (art. 15, l. cost. n. 1/1953). Oltre alla pena massima dell'ergastolo, la Corte potrà quindi disporre la rimozione dalla carica di Presidente e tutte le sanzioni accessorie necessarie (risarcimento del danno, confisca dei beni, decadenza dal diritto ad essere senatore a vita, ecc.).
La decisione – come tutte le sentenze della Corte – **non è impugnabile**, ma può essere sottoposta a **revisione** davanti alla stessa Corte se, dopo la condanna, sopravvengono o si scoprono nuovi fatti o nuovi elementi di prova i quali, soli o uniti a quelli già esaminati nel procedimento, rendono evidente che il fatto non sussiste ovvero che il condannato non lo ha commesso (art. 29, l. n. 20/1962).

8. Il giudizio sull'ammissibilità del referendum.

Il giudizio di ammissibilità del *referendum* abrogativo si inserisce nel **procedimento referendario sulle leggi previsto dall'art. 75 Cost**. La richiesta di *referendum* abrogativo popolare di una legge deve essere **valutata preventivamente dall'Ufficio centrale per il *referendum* presso la Corte di cassazione** e poi dalla **Corte costituzionale**. Il compito assegnato all'Ufficio centrale è innanzitutto quello di verificare il rispetto dei diversi limiti posti a carico della richiesta referendaria (controllo sulla correttezza e sul numero delle sottoscrizioni costituzionalmente richieste, sull'osservanza delle limitazioni d'ordine temporale, sulla vigenza della normativa oggetto del quesito referendario e sulla sua natura legislativa). A queste si aggiungono le competenze relative:
a) alla concentrazione delle richieste che rivelano uniformità o analogia di materia;
b) alla determinazione, sentiti i promotori, della denominazione della richiesta di *referendum* da riprodurre nella parte interna delle schede di votazione, al fine dell'identificazione dell'oggetto del *referendum*;
c) alla dichiarazione di cessazione delle operazioni referendarie, in caso di sopravvenuta abrogazione ovvero di annullamento della normativa oggetto della richiesta di *referendum*.

Per quanto riguarda le **modalità di svolgimento del giudizio**, la legge prevede che entro il 31 ottobre l'Ufficio si pronunzi con **ordinanza** sulla sussistenza di eventuali irregolarità delle richieste referendarie, assegnando ai promotori (in caso di iniziativa popolare) o ai delegati (in caso di iniziativa regionale) un termine per provvedere alla loro sanatoria (ovvero anche alla loro contestazione). La decisione definitiva circa la legittimità delle richieste di *referendum* deve essere assunta con ordinanza dall'Ufficio entro il *15 dicembre*.

È con la comunicazione dell'ordinanza dichiarativa della legittimità della richiesta referendaria al Presidente della Corte costituzionale che si apre la fase del **giudizio di ammissibilità dinanzi alla Corte costituzionale**. La Corte costituzionale è chiamata a decidere dell'ammissibilità della richiesta di *referendum* con **sentenza** da pubblicarsi entro e non oltre il *10 febbraio*. Tale secondo controllo, diversamente da quello esercitato dall'Ufficio centrale, attiene al rispetto dei **limiti all'ammissibilità del *referendum*** posti direttamente dalla **Costituzione** ed a quelli ricavati implicitamente dalla **giurisprudenza costituzionale**. Della sentenza va data **comunicazione** al Presidente della Repubblica, ai Presidenti delle due Camere, al Presidente del Consiglio dei ministri, allo stesso Ufficio centrale per il referendum costituito presso la Corte di cassazione, nonché ai delegati o ai presentatori entro cinque giorni dalla pubblicazione della sentenza stessa. In caso di pronunzia di ammissibilità, spetta poi al **Presidente della Repubblica** l'**indizione del *referendum***.

MAPPA CONCETTUALE

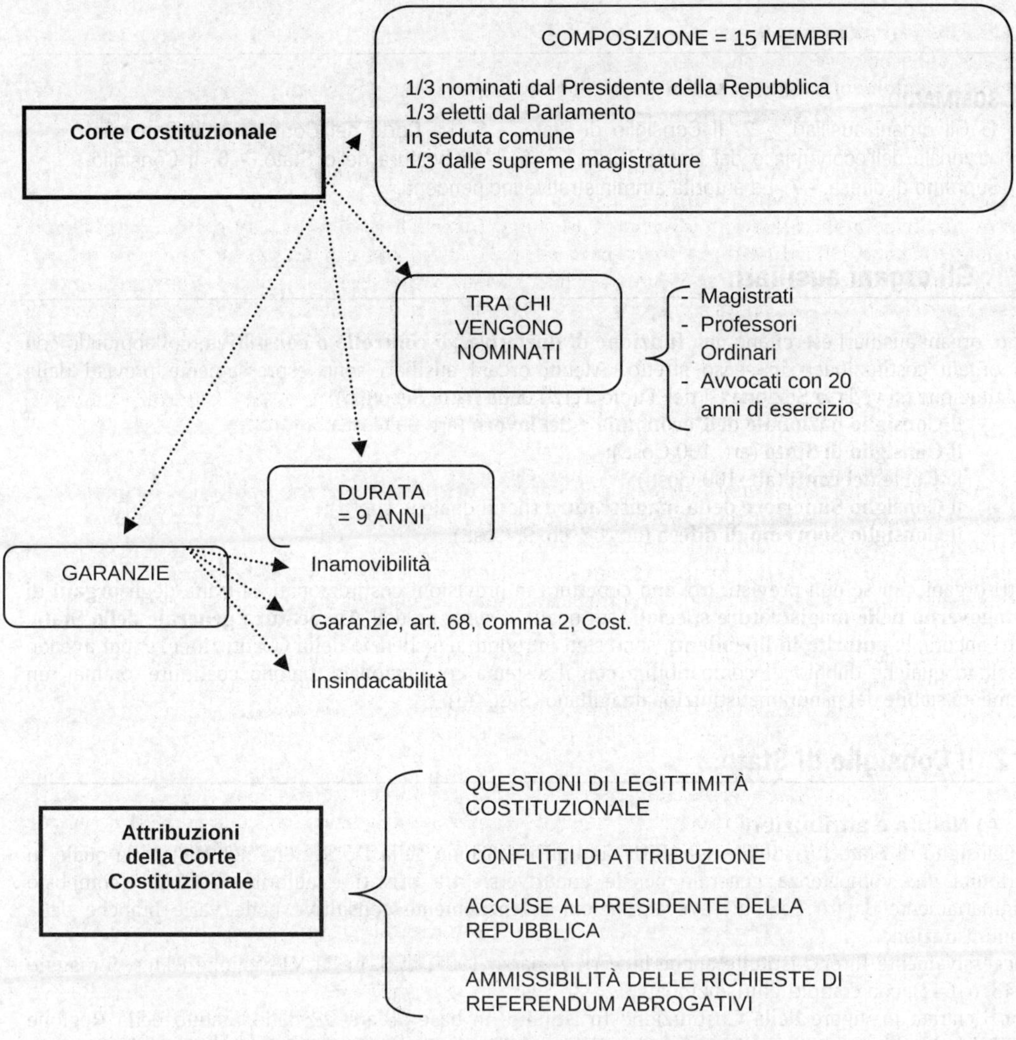

Capitolo 16 GLI ORGANI AUSILIARI

SOMMARIO:

1. Gli organi ausiliari.

I c.d. organi ausiliari esercitano una **funzione di iniziativa, di controllo o consultiva**, collaborando con gli organi costituzionali in senso stretto. Alcuni organi ausiliari sono espressamente previsti dalla Costituzione (si veda la Sezione III del Titolo Terzo della Parte Seconda):
- il **Consiglio nazionale dell'economia e del lavoro** (art. 99 Cost.);
- il **Consiglio di Stato** (art. 100 Cost.);
- la **Corte dei conti** (art. 100 Cost.);
- il **Consiglio Superiore della magistratura** (per il quale v. *supra*);
- il **Consiglio Supremo di difesa** (art. 87, co. 9, Cost.).

Altri organi, pur se non previsti, trovano copertura in previsioni costituzionali: si tratta degli **organi di autogoverno delle magistrature speciali** (sui quali, v. *supra*) e dell'**Avvocatura generale dello Stato**. Altri ancora, le **autorità indipendenti**, sono stati introdotti nel silenzio della Costituzione, e, pur avendo suscitato qualche dubbio di compatibilità con il sistema costituzionale, paiono costituire, oramai, un elemento stabile del panorama istituzionale italiano (SICLARI).

2. Il Consiglio di Stato.

A) Natura e attribuzioni

Il Consiglio di Stato fu istituito nel 1831: fino all'istituzione della IV Sezione nel 1889, alla quale fu attribuita una competenza generale per le controversie tra privati e autorità, l'organo (composto originariamente da tre Sezioni) aveva funzioni essenzialmente consultive nelle varie branche della amministrazione.
Successivamente furono istituite anche la V (l. 7 marzo 1907, n. 62) e la VI Sezione (d.lgs. 5 maggio 1948, n. 642), con compiti giurisdizionali.
Con l'entrata in vigore della Costituzione fu istituito, in base all'art. 23 dello Statuto della Regione siciliana, dal d.lgs. 6 maggio 1948, n. 654, il **Consiglio di Giustizia amministrativa per la Regione siciliana**: a tale organo, tuttora operante, furono attribuite le stesse funzioni – consultive e giurisdizionali – del Consiglio di Stato in ordine agli atti delle autorità della Regione e di quelle aventi sede in Sicilia.
La Costituzione del 1948 ha confermato la duplice funzione attribuita al Consiglio di Stato nell'assetto previgente:
a) **funzione consultiva**: ai sensi dell'art. 100, co. 1, Cost., *"il Consiglio di Stato è organo di consulenza giuridico-amministrativa e di tutela della giustizia nell'amministrazione"*. Il co. 3 del medesimo articolo stabilisce poi una riserva di legge assoluta per assicurare l'indipendenza dell'istituto e dei suoi componenti di fronte al Governo.
Le **funzioni consultive** sono svolte dalle Sezioni I e II, sotto forma di **pareri**, anche in risposta a quesiti generali di una pubblica amministrazione. Esiste, poi, un'apposita Sezione consultiva per l'attività

normativa del Governo, in funzione preliminare alla emanazione di regolamenti governativi e ministeriali (istituita dalla l. n. 127/1997).
Le questioni più importanti in sede consultiva sono esaminate dalla Adunanza generale del Consiglio di Stato;
b) **funzione giurisdizionale**: ai sensi dell'art. 103, co. 1, Cost., *"il Consiglio di Stato e gli altri organi di giustizia amministrativa hanno giurisdizione per la tutela nei confronti della pubblica amministrazione degli interessi legittimi e, in particolari materie indicate dalla legge, anche dei diritti soggettivi"*.
Ai sensi dell'art. 6 c.p.a., il Consiglio di Stato *"è organo di ultimo grado della giurisdizione amministrativa"*. Il giudizio di appello sulle sentenze dei Tribunali amministrativi regionali è compiuto dalle Sezioni III, IV, V e VI, su ricorso dei privati o dell'amministrazione soccombenti in primo grado.
L'ult. co. dell'art. 111 Cost. ammette, peraltro, la ricorribilità in Cassazione delle pronunce del Consiglio di Stato *"per i soli motivi inerenti la giurisdizione"*.
Le questioni più importanti sono risolte dall'Adunanza Plenaria delle Sezioni giurisdizionali del Consiglio di Stato.
A garanzia dell'indipendenza dei magistrati amministrativi, con l. n. 186/1982, è stato istituito un organo di autogoverno, il Consiglio di presidenza della giustizia amministrativa, in prevalenza composto da giudici del Consiglio di Stato e dei Tribunali amministrativi regionali, che svolge funzioni analoghe a quelle esercitate per i magistrati ordinari dal Consiglio Superiore della magistratura e, in particolare, esprime un parere sulle nomine governative.

B) Pareri

Il Consiglio di Stato, quale organo ausiliario, è organo di consulenza giuridico-amministrativa del Governo.
In tale veste, adotta:
- *pareri obbligatori*, quando siano imposti da una disposizione di legge quale requisito per l'adozione di determinati atti;
- *pareri facoltativi*, su richiesta dell'amministrazione statale o regionale interessata.

L'art. 17, co. 25, della l. 15 maggio 1997, n. 127 ha fissato in modo tassativo i casi in cui il parere del Consiglio di Stato è obbligatorio:
a) per l'emanazione degli *atti normativi* del Governo e dei singoli ministri, ai sensi dell'art. 17 della l. 23 agosto 1988, n. 400, nonché per l'emanazione dei *testi unici*;
b) per la decisione dei *ricorsi straordinari* al Presidente della Repubblica;
c) sugli *schemi generali di contratti-tipo, accordi e convenzioni* predisposti da uno o più ministri.
Il parere deve essere reso nel termine di 45 giorni dal ricevimento della richiesta, salva la possibilità di interruzione, per una sola volta, dovuta ad esigenze istruttorie; decorso il termine, l'amministrazione può procedere indipendentemente da esso.

3. La Corte dei Conti.

A) Natura

Anche la Corte dei conti, come il Consiglio di Stato, è organo preesistente alla Costituzione repubblicana ed anch'essa ha una natura complessa poiché svolge sia **funzioni di giurisdizione contabile**, sia attività di **controllo sulle amministrazioni pubbliche**. L'importanza di tale organo è stata riconosciuta dal Costituente, che gli ha attribuito rilevanza costituzionale, stabilendo, all'**art. 100, comma 2, Cost.**, che *"La Corte dei Conti esercita il controllo preventivo di legittimità sugli atti del Governo, e anche quello successivo sulla gestione del bilancio dello Stato. Partecipa, nei casi e nelle forme stabiliti dalla legge, al controllo sulla gestione finanziaria degli enti a cui lo Stato contribuisce in via ordinaria. Riferisce direttamente alle Camere sul risultato del riscontro eseguito."*. Ai sensi del successivo **art. 103**, *"La Corte dei Conti ha giurisdizione nelle materie di contabilità pubblica e nelle altre specificate dalla legge"*.

La Corte dei Conti, in sede di controllo, è dunque un **organo ausiliario sia del Governo che del Parlamento**, operando tuttavia in veste neutrale a tutela della finanza pubblica.

B) Indipendenza

Come per il Consiglio di Stato, anche l'**indipendenza** della Corte dei conti e dei suoi componenti è assistita da una riserva assoluta di legge (art. 100, co. 3, Cost.). A tale previsione è stata data attuazione dalla l. 13 aprile 1988, n. 117, con la quale è stato istituito un apposito organo di autogoverno, il **Consiglio di presidenza della Corte dei conti**, che è competente ad adottare tutti i provvedimenti concernenti lo *status* di magistrato contabile.

C) Funzioni di controllo

- L'**attività della Corte in sede di controllo** si articola in:
  - **controllo preventivo di legittimità,**
  - controllo **successivo sugli atti**,
  - **controllo sul bilancio dello Stato**, comprensivo del cd. giudizio di parificazione,
  - **controllo di gestione sugli enti sovvenzionati e sugli enti locali**.

- **Controllo preventivo di legittimità sugli atti del Governo**: ai sensi della l. n. 20/1994, le **categorie di atti soggetti a controllo** sono, in linea di principio:
  - i provvedimenti emanati su deliberazione del Consiglio dei ministri (anche se, dopo l'entrata in vigore dell'art. 16, co. 1, l. 23 agosto 1988, n. 400, **non sono più soggetti a controllo gli atti del Governo aventi forza di legge**);
  - gli atti che, comportando una spesa, determinano rilevanti incidenze sul bilancio;
  - gli atti "a rischio", vale a dire quelli per dare corso ai quali sia stato necessario un ordine scritto del ministro o che la Corte abbia deciso di sottoporre a controllo avendo rilevato, in sede di controllo successivo, frequenti irregolarità;
  - gli atti volontariamente portati all'attenzione della Corte dal Presidente del Consiglio dei ministri.

Il controllo preventivo è esercitato, inoltre, su contratti collettivi di lavoro pubblici, contratti di lavoro autonomo e atti e contratti concernenti studi e consulenze, conferiti a soggetti estranei all'amministrazione.

Il **procedimento di controllo** si svolge nelle seguenti fasi:

- ha inizio con la **trasmissione** alla Corte, per il **visto**, dell'atto da sottoporre a verifica di legittimità;
- l'**istruttoria** deve concludersi entro **60 giorni**, decorsi i quali l'atto diviene esecutivo; il termine è sospeso, per non più di trenta giorni, qualora la Corte formuli richieste istruttorie (art. 27 l. n. 340/2000);
- in caso di **diniego**, l'amministrazione che ha emesso l'atto può sanare il vizio rilevato oppure non tener conto del rilievo, riproponendo l'atto nella sua formulazione originaria. In tal caso è sollecitato l'intervento della **sezione di controllo**; qualora anche in tale sede si opti per il rifiuto del visto, l'amministrazione che intenda superare detto rifiuto dovrà richiedere un'apposita **deliberazione del Consiglio dei ministri**, cui spetta decidere se l'atto, per superiori interessi pubblici, debba comunque proseguire il suo corso. In tal caso, le Sezioni unite della Corte, ove non ritengano venute meno le ragioni del rifiuto del visto, appongono il visto all'atto e ne ordinano la **registrazione con riserva** (art. 25 t.u. n. 1214/1934). Ogni 15 giorni la Corte trasmette al Parlamento un elenco di tutti i provvedimenti registrati con riserva, affinché lo stesso possa esercitare il **controllo politico sul Governo** e far valere la sua responsabilità, qualora ritenga non sussistenti i superiori interessi posti a base della richiesta di registrazione con riserva.

- **Controllo successivo sugli atti**: il controllo successivo sui singoli atti è analogo al controllo preventivo, concludendosi con l'**apposizione del visto** (e la dichiarazione di regolarità, quando il controllo è esercitato sull'intera gestione) o con la sua **ricusazione**. In questo caso, tuttavia, gli effetti dell'atto si sono già prodotti e non possono più essere paralizzati, sicché l'unica conseguenza del controllo è l'obbligo per l'amministrazione di ripristinare, per quanto possibile, la situazione giuridico-finanziaria precedente.

- **Controllo sul bilancio dello Stato**: in base all'art. 100 Cost., la Corte dei Conti esercita il controllo successivo sul bilancio dello Stato, riferendo direttamente alle Camere sul tipo di riscontro eseguito. In particolare, entro il 31 maggio di ogni anno il Ministero dell'economia trasmette alla Corte il **rendiconto generale dello Stato**, vale a dire il documento contabile nel quale sono riassunti i risultati delle operazioni compiute nel corso del precedente esercizio finanziario. Sulla regolarità del rendiconto la Corte delibera a sezioni unite con le formalità della giurisdizione contenziosa (**giudizio di parificazione**), confrontando tale rendiconto con le proprie scritture e con la legge di bilancio, allegando, altresì, apposita **relazione tecnica**. Il rendiconto e i rispettivi allegati, con la deliberazione e la relazione predette, sono trasmessi dalla Corte al **Ministro dell'economia**, che ne cura la presentazione al **Parlamento**.

- **Controllo sugli enti cui lo Stato contribuisce in via ordinaria**: il controllo sulla gestione finanziaria degli enti cui lo Stato contribuisce in via ordinaria, introdotto dalla Costituzione, è esercitato secondo le modalità e con i limiti previsti dalla l. 21 marzo 1958, n. 259. Sono tali gli enti che ricevono, sotto qualsiasi denominazione e con carattere di continuità, **somme a carico di un'amministrazione dello Stato o di altri enti pubblici** (sovvenzione diretta), o che sono **destinatari di tributi** (sovvenzione indiretta), nonché gli enti che ricevono dallo stato **apporti al capitale o garanzie finanziarie**. Sono esclusi da tale ambito le autonomie locali, gli enti di interesse esclusivamente locale e quelli cui lo Stato eroga prestazioni di particolare tenuità. Sono soggette al controllo in parola anche le società di capitali a prevalente partecipazione pubblica. Il controllo della Corte si esercita sul rendiconto approvato dall'ente, anche in base alle relazioni approvate dagli organi interni di controllo. L'esito del controllo è sintetizzato in una **relazione** che deve essere inviata al **Parlamento** entro sei mesi dal ricevimento dei documenti contabili da parte dell'ente.

- **Controllo sulle autonomie territoriali:** infine, il controllo sugli enti locali, disciplinato dalla l. 26 febbraio 1982, n. 51, che ha istituito, all'uopo, apposita sezione della Corte dei Conti, assume essenzialmente i connotati di un controllo sulla gestione della finanza locale. Tale attività risponde a due finalità:
  - consente di predisporre una **relazione periodica al Parlamento sull'andamento generale della finanza regionale e locale** con riferimento al quadro delle compatibilità generali di finanza pubblica poste dall'Unione europea e dal bilancio dello Stato e agli strumenti di equilibrio interno e di solidarietà definiti dalla Costituzione e dalle leggi dello Stato;
  - inoltre, tale tipo di controllo è finalizzato a stimolare nell'ente o nell'amministrazione **processi di autocorrezione** sia sul piano delle decisioni legislative, dell'organizzazione amministrativa e delle attività regionali, sia sul piano dei controlli interni.

Inoltre, la **l. n. 234/2012** ha previsto che la Corte dei conti, ai fini del coordinamento della finanza pubblica e del rispetto dell'equilibri dei bilanci, può svolgere, anche **in corso di gestione**, il controllo successivo sulla gestione dei bilanci delle Regioni e degli enti locali, nonché delle amministrazioni pubbliche non territoriali.

D) Funzioni giurisdizionali

Oltre alle funzioni ausiliarie, la Corte esercita anche **funzioni giurisdizionali in materia contabile e finanziaria ed in materia di pensioni** (civili e militari). Alla Corte dei conti è stata riconosciuta, quando opera nell'esercizio di tali funzioni, la qualità di **potere dello Stato**, in considerazione della sua posizione di organo terzo estraneo all'apparato amministrativo dello Stato e che svolge la sua funzione in modo autonomo ed in posizione di indipendenza e, dunque, in veste obiettiva e neutrale.

4. Il Consiglio nazionale dell'economia e del lavoro (CNEL).

A) Nozione

Il Consiglio nazionale dell'economia e del lavoro, previsto nell'art. 99 Cost., è stato istituito con la **l. 5 gennaio 1957, n. 33**. A norma del co. 1 dell'art. 99 Cost., il CNEL *"è composto, nei modi stabiliti dalla legge, di esperti e di rappresentanti delle categorie produttive, in misura che tenga conto della loro importanza numerica e qualitativa"*. Quest'organo è stato appositamente voluto dall'Assemblea costituente per immettere nell'apparato dello Stato i **rappresentanti delle varie categorie produttive del Paese** al fine di creare un significativo raccordo fra le forze economico-sociali e le istituzioni (da attivare soprattutto sul piano consultivo e dell'iniziativa legislativa).

B) Composizione

Ai sensi dell'art. 2 della **l. 30 dicembre 1986, n. 936** (*Norme sul Consiglio nazionale dell'economia e del lavoro*), il CNEL si **compone** attualmente di 64 consiglieri e di un Presidente. In particolare, si tratta di:

a) 10 esperti, qualificati esponenti della cultura economica, sociale e giuridica, dei quali 8 nominati dal Presidente della Repubblica e 2 proposti dal Presidente del Consiglio dei ministri;

b) 48 rappresentanti delle categorie produttive, dei quali 22 rappresentanti dei lavoratori dipendenti, di cui 3 in rappresentanza dei dirigenti e quadri pubblici e privati, 9 rappresentanti dei lavoratori autonomi e delle professioni e 17 rappresentanti delle imprese;

c) 6 rappresentanti delle associazioni di promozione sociale e delle organizzazioni di volontariato, dei quali, rispettivamente, 3 designati dall'Osservatorio nazionale dell'associazionismo e 3 designati dall'Osservatorio nazionale per il volontariato.

Gli **esperti** sono nominati con decreto del Presidente della Repubblica su proposta del Presidente del Consiglio dei ministri, previa delibera del Consiglio dei ministri; per i **rappresentanti dei lavoratori, delle imprese e per quelli delle associazioni di promozione sociale e delle organizzazioni del volontariato**, occorre che la proposta governativa per il decreto presidenziale di nomina sia preceduta dalla designazione da parte delle organizzazioni delle categorie interessate. Il **Presidente del CNEL** è nominato al di fuori dei consiglieri del CNEL, con decreto del Presidente della Repubblica, su proposta governativa. Il **mandato** del Presidente e di tutti i componenti del CNEL è quinquennale ed è rinnovabile.

C) Attribuzioni

Quanto alle **attribuzioni**, il CNEL è definito dal comma 2 dell'art. 99 Cost. *"organo di consulenza delle Camere e del Governo per le materie e secondo le funzioni che gli sono attribuite dalla legge"*. Lo stesso art. 99 Cost., al successivo comma 3, conferisce al CNEL l'**iniziativa legislativa** ed il compito di contribuire alla *"elaborazione della legislazione economica e sociale secondo i principi ed entro i limiti stabiliti dalla legge"*. Si tratta dell'attribuzione più rilevante del CNEL, pur se scarsamente esercitata.

● ***Attribuzioni specifiche***

In particolare, in base agli artt. 10 e 10 bis della l. n. 936/1986, è previsto che il CNEL:

- esprima, su richiesta del Governo, valutazioni e proposte sui più importanti documenti ed atti di politica e di programmazione economica e sociale, anche con riferimento alle politiche comunitarie;
- esamini il Documento di economia e finanza e la Nota di aggiornamento del DEF, che il Governo presenta annualmente alle Camere;
- approvi, su richiesta delle Camere o del Governo, rapporti sugli andamenti generali, settoriali e locali del mercato del lavoro e sugli assetti normativi e retributivi espressi dalla contrattazione collettiva;
- esprima proprie valutazioni sull'andamento della congiuntura economica;

- esamini, sulla base dei rapporti predisposti dal Governo, le politiche comunitarie e la loro attuazione;
- contribuisca all'elaborazione della legislazione che comporta indirizzi di politica economica e sociale esprimendo pareri e compiendo studi e indagini su richiesta delle Camere o del Governo o delle Regioni o delle Province autonome;
- rediga una relazione annuale al Parlamento e al Governo sui livelli e la qualità.

5. L'Avvocatura dello Stato.

L'Avvocatura dello Stato, istituita con Regio Decreto 1611 del 1933, è l'organo legale dello Stato e svolge il compito primario di **assistere e difendere in via esclusiva lo Stato e le pubbliche amministrazioni** nei giudizi civili, amministrativi, arbitrali, comunitari e internazionali in cui sono parte. Inoltre, spettano all'Avvocatura compiti di **consulenza giuridica** e ad essa possono chiedere **pareri** anche le pubbliche amministrazioni, gli organi costituzionali o le Autorità amministrative indipendenti. Tra l'altro, l'Avvocatura difende lo Stato (e, per esso, la Presidenza del Consiglio) nei **giudizi innanzi alla Corte costituzionale**. A norma dell'art. 107 del d.P.R. n. 616/1977, anche le **Regioni** possono chiedere il patrocinio dell'Avvocatura.

6. Il Consiglio Supremo di difesa.

A) Nozione

Il Consiglio Supremo di difesa è un organo di rilevanza costituzionale preposto all'esame dei problemi generali politici e tecnici attinenti alla sicurezza e alla difesa nazionale. È **presieduto dal Presidente della Repubblica** ai sensi dell'art. 87, co. 9, Cost. La medesima norma pone una **riserva di legge** per la sua costituzione, alla quale è stata data attuazione con la l. 28 luglio 1950, n. 624 (ora abrogata e confluita nel Codice dell'ordinamento Militare approvato con d.lgs. del 15 marzo 2010, n. 66).

B) Composizione

Quanto alla **composizione**, i componenti di diritto sono, oltre al Capo dello Stato:
- il Presidente del Consiglio dei ministri;
- i Ministri per gli affari esteri, dell'interno, dell'economia e delle finanze, della difesa e dello sviluppo economico;
- il Capo di Stato maggiore della difesa.

C) Funzioni

Quanto alle **funzioni**, il Consiglio costituisce **sede istituzionale permanente per la discussione e l'approfondimento multidisciplinare delle problematiche relative alla sicurezza ed alla difesa**. In particolare, ai sensi dell'art. 2, d.lgs. n. 66/2010, il Consiglio *"esamina i problemi generali politici e tecnici attinenti alla difesa nazionale e determina i criteri e fissa le direttive per l'organizzazione e il coordinamento delle attività che comunque la riguardano"*.
A seconda delle circostanze e della materia trattata, **possono essere chiamati a prendere parte alle riunioni** anche altri ministri, i Capi di stato maggiore di Forza armata, il Comandante generale dell'Arma dei Carabinieri, il Presidente del Consiglio di Stato, nonché ulteriori soggetti e personalità in possesso di particolari competenze in campo scientifico, industriale ed economico ed esperti in problemi militari (componenti eventuali). Inoltre, **partecipano per prassi** alle riunioni del Consiglio il Sottosegretario di Stato alla Presidenza del Consiglio dei ministri, il Segretario generale della Presidenza della Repubblica ed il Segretario del Consiglio supremo di difesa.
Al Presidente della Repubblica competono **la convocazione del Consiglio, la definizione dell'ordine del giorno e la presidenza delle sedute**; mentre agli ulteriori adempimenti relativi alle sedute è preposto il **Segretario del Consiglio supremo di difesa**, nominato dal Consiglio medesimo su proposta del Presidente della Repubblica, d'intesa con il Presidente del Consiglio dei ministri. Sulla base di quanto previsto dal citato d. lgs. n. 66/2010, il Consiglio supremo di difesa viene convocato dal Presidente della

Repubblica **almeno due volte l'anno**, con un ordine del giorno che tiene conto anche delle indicazioni fornite dall'organo stesso ovvero dal Presidente del Consiglio dei ministri.

7. Le autorità amministrative indipendenti.

A) Nozione

Le Autorità indipendenti sono state definite come enti od organi **pubblici** dotati di sostanziale indipendenza dal Governo, caratterizzati da **autonomia organizzativa, finanziaria e contabile** e dalla **mancanza di controlli e di soggezione al potere di direttiva dell'Esecutivo**, forniti di garanzia di autonomia nella nomina, nei requisiti soggettivi e nella durata delle cariche dei vertici ed aventi **funzione tutoria di interessi costituzionali in campi socialmente rilevanti** (AMATO). Si tratta di organi molto diversi dalle pubbliche amministrazioni, sotto il profilo tanto strutturale quanto funzionale; si connotano, infatti – come si avrà modo di approfondire oltre nell'esaminarne struttura, funzioni, natura e collocazione costituzionale – per la **sottrazione ordinamentale e funzionale al potere politico governativo** e ai relativi indirizzi (per vero non omogenea, ma diversa nell'intensità per le singole Autorità), per la tendenziale equidistanza e **neutralità** rispetto agli interessi su cui la loro attività incide, per l'alto tasso di **competenza tecnica** richiesta nell'esercizio delle competenze loro assegnate.
L'istituzione delle Autorità indipendenti risponde a tre ordini di ragioni:

- la **crisi della legge** = le Autorità indipendenti sono istituite per regolare fenomeni e settori di attività soggetti a un'evoluzione tecnologica e di mercato rapidissima, difficilmente regolamentabili quindi con leggi non esposte al rischio di una rapida obsolescenza;
- l'esigenza di svincolare la gestione di determinati **settori sensibili** dal **condizionamento degli organi politici;**
- il processo di **progressiva abdicazione dello Stato dall'intervento diretto nell'economia.**

Si consideri, peraltro, che all'affermarsi del modello organizzativo che ci si accinge ad esaminare ha spesso concorso la **normativa europea**, intervenuta non di rado a chiedere l'istituzione di autorità nazionali di regolazione e a disporne l'integrazione in sistemi a rete coordinati a livello comunitario (la "rete" dei regolatori nazionali).

B) Le singole Autorità indipendenti

In **Italia**, le Autorità amministrative indipendenti sono:

- la **Banca d'Italia** (istituita nel 1893; dal 1926 la Banca d'Italia divenne l'unico istituto autorizzato all'emissione di banconote e le furono affidati poteri di vigilanza sulle altre banche);
- la **Consob** (l. n. 216/1974);
- l'**Isvap** (istituita nel 1981), ora sostituita dall'**Ivass**, a partire dal d.l. n. 95/2012;
- l'**Autorità garante della concorrenza e del mercato** (l. n. 287/1990);
- la **Commissione di garanzia per lo sciopero nei servizi pubblici essenziali** (l. n. 146/1990);
- la **Commissione di vigilanza sui fondi pensione** (d.lgs. n. 124/1993);
- l'**Autorità per l'energia elettrica e per il gas** (l. n. 481/1995);
- l'**Autorità per le garanzie nelle comunicazioni** (l. n. 249/1997);
- l **Garante per la protezione dei dati personali** (l. n. 675/1996, ora confluita nel d.lgs. n. 196/2003);
- l'**Autorità nazionale anticorruzione** che ha incorporato la vecchia Autorità per la vigilanza sui contratti pubblici di lavori, servizi e forniture (AVCP) (l. 114/2014);
- il **Garante per la sorveglianza dei prezzi** (l. n. 244/2007);
- la **Commissione per la valutazione, la trasparenza e l'integrità delle amministrazioni pubbliche** (d.lgs. n. 150/2009);
- l'**Autorità garante per l'infanzia e l'adolescenza** (l. n. 112/2011);
- l'**Autorità per la regolazione dei trasporti** ((d.l. n. 201/2011 cd. decreto Salva-Italia).

Tra le Autorità elencate è possibile distinguere:

- **Autorità di settore**, preposte, in via esclusiva, ad uno specifico settore economico (es. Consob, Ivass, Autorità garante per l'energia elettrica e il gas, Autorità per le garanzie delle comunicazioni);
- **Autorità trasversali**, le quali sono dotate, invece, di competenze non limitate oggettualmente a singoli comparti, in quanto riconosciute a tutela di specifici interessi pubblici di portata generale (es. Autorità garante della concorrenza e del mercato, Garante per la protezione dei dati personali, Commissione di garanzia per l'attuazione della legge sullo sciopero nei servizi pubblici essenziali).

C) Attribuzioni

Le ***funzioni*** attribuite alle Autorità indipendenti non sono sussumibili all'interno di un'unica categoria; anzi, tratto distintivo del loro modo di essere è di costituire una **deroga al principio classico della separazione dei poteri**, essendo le stesse titolari di funzioni che si sovrappongono di volta in volta al potere legislativo, esecutivo e giudiziario. Invero, le Autorità amministrative sono titolari:

- di **poteri amministrativi in senso proprio** (rilascio di autorizzazioni, adozione di provvedimenti di tipo ordinatorio), in passato propri delle amministrazioni in senso classico (in specie, i ministeri);
- di **funzioni arbitrali e contenziose** (o semicontenziose), utili anche nella prospettiva di filtrare, a scopi deflativi, l'accesso alla giurisdizione (compiti di *adjudication*);
- di **funzioni normative**, cosiddette di regolazione; nell'esercizio delle stesse le Autorità adottano misure generali che, volte agli operatori, intervengono in settori connotati da alto tecnicismo e privi di una puntuale disciplina legislativa;
- di **funzioni ausiliarie** esercitate nei confronti di organi costituzionali (in specie il Parlamento e il Governo): è quanto ha luogo allorché le stesse esprimono pareri e segnalazioni nelle materie rientranti nelle loro competenze, o compilano delle relazioni periodiche (cd. attività di *moral suasion*).

SCHEMA DI RIEPILOGO

GLI ORGANI AUSILIARI

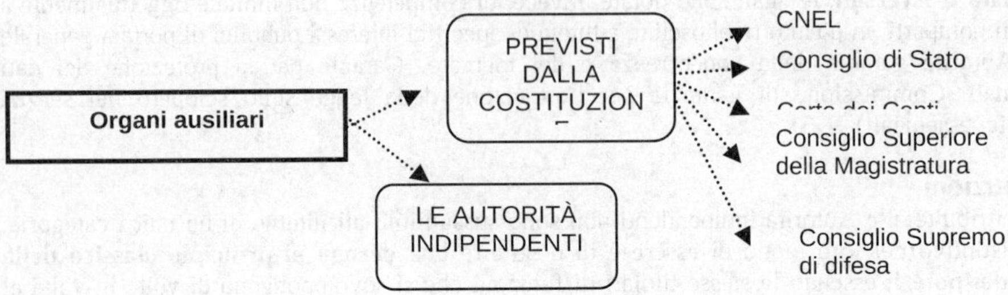

BANCA D'ITALIA

CONSOB

ISVAP (IVASS)

AUTORITÀ GARANTE DELLA CONCORRENZA E DEL MERCATO

COMMISSIONE DI GARANZIA PER LO SCIOPERO NEI SERVIZI ESSENZIALI

COMMISSIONE DI VIGILANZA SUI FONDI PENSIONE

AUTORITÀ PER L'ENERGIA ELETTRICA E PER IL GAS

AUTORITÀ PER LE GARANZIE NELLE COMUNICAZIONI

GARANTE PER LA PROTEZIONE DEI DATI PERSONALI

AUTORITÀ NAZIONALE ANTICORRUZIONE

GARANTE PER LA SORVEGLIANZA DEI PREZZI

AUTORITÀ GARANTE PER L'INFANZIA E L'ADOLESCENZA

AUTORITÀ PER LA REGOLAZIONE DEI TRASPORTI

Capitolo 17 | LE REGIONI

SEZIONE IV ► IL SISTEMA DELLE AUTONOMIE REGIONALI E LOCALI

SOMMARIO:

1. Le vicende del regionalismo italiano.

A) Le scelte dei Costituenti

Le Regioni sono state istituite in Italia con la Costituzione del 1947, che dedica agli enti locali il Titolo V della Parte II [*"Le Regioni, le Province, i Comuni"*], profondamente riformato ad opera della l. cost. 18 ottobre 2001, n. 3. La Carta costituzionale prevede (art. 131 Cost.) **20 Regioni autonome** (si tenga presente che il Molise è stata istituita come Regione autonoma con la l. cost. 27 dicembre 1963, n. 3), di cui **5 Regioni ad autonomia speciale** (Sicilia, Sardegna, Trentino-Alto Adige, Friuli-Venezia Giulia e Valle d'Aosta).

Le Regioni a Statuto speciale si differenziano rispetto a quelle ordinarie per il diverso procedimento di **formazione dei rispettivi Statuti** e per le **forme e condizioni particolari di autonomia** che vengono loro riconosciute. In particolare, gli Statuti speciali sono approvati, *ex* art. 116 Cost., mediante **legge costituzionale**, mentre gli Statuti ordinari seguono l'iter di una legge regionale, secondo quanto previsto dall'art. 123 Cost. La differenza di trattamento è legata a ragioni storiche e geografiche: già nella fase prerepubblicana, infatti, alle Regioni di confine e alle Isole vennero riconosciute speciali autonomie, per arginarne le istanze separatiste. A tal fine, la stessa Assemblea costituente approvò quattro leggi costituzionali (leggi del 26 febbraio 1948, nn. 2, 3, 4 e 5) contenenti gli **statuti speciali** della **Regione Siciliana**, della **Sardegna**, della **Valle d'Aosta** e del **Trentino-Alto Adige** (in quest'ultimo caso, è stata disposta l'istituzione, unitamente ed in seno alla Regione, delle Province autonome di Bolzano e di Trento). Rientra tra le Regioni a statuto speciale anche il **Friuli-Venezia Giulia,** il cui statuto è stato adottato in un momento successivo con la l. cost. 31 gennaio 1963, n. 1.

B) L'attuazione dell'ordinamento regionale

Le Regioni ordinarie, istituite con la Costituzione, sono divenute operative soltanto nel **1970**, quando – in base alla legge elettorale del 17 febbraio 1968, n. 108, e successivamente all'entrata in vigore della cd. legge finanziaria 16 maggio 1970, n. 281 – si sono svolte le prime elezioni dei Consigli regionali (7 giugno 1970). Peraltro, solo con il trasferimento delle funzioni amministrative nelle materie elencate nell'originario art. 117 Cost., dei relativi uffici e del personale ad essi addetto, realizzato con i d.lgs. 14-15 gennaio 1972 (nn. 1-11) e del 24 luglio 1977 (n. 616), le Regioni poterono finalmente esercitare in concreto le competenze legislative e amministrative ad esse riconosciute dalla Costituzione repubblicana.

Con il trascorrere del tempo si è assistito ad un **progressivo ampliamento dell'autonomia regionale**, realizzato, dapprima, "a Costituzione invariata" (con la l. 8 giugno 1990, n. 142, recante il nuovo "ordinamento delle autonomie locali" e, soprattutto, con le cd. **leggi Bassanini,** l. 15 marzo 1997, n. 59; l. 15 maggio 1997, n. 127 e il d.lgs. 31 marzo 1998, n. 112) e in seguito con una vera e propria **riforma del Titolo V, Parte Seconda, della Costituzione**, realizzata con la **l. cost. 18 ottobre 2001, n. 3**.

C) La riforma del 2001

La **riforma del Titolo V della Costituzione operata dalla l. cost. n. 3 del 18 ottobre 2001** ha profondamente mutato l'assetto dei rapporti tra Stato, regioni ed enti locali, accentuando i caratteri del pluralismo politico istituzionale. Giova passare in rassegna i **punti fondamentali della riforma**:

a) modifica nell'assetto dei rapporti tra Stato, Regioni ed enti locali, oggi basato sull'**autonomia** dei diversi livelli di governo e sul **principio di equiordinazione**. Il testo originario dell'art. 114 Cost. prevedeva che *"La Repubblica **si riparte** in Regioni, Province e Comuni"*, mentre quello attuale significativamente dispone che *"La Repubblica è **costituita** dai Comuni, dalle Province, dalle Città metropolitane, dalle Regioni e dallo Stato"*. Dal 2001 Regioni, Comuni, Province e Città metropolitane sono dunque considerati, insieme allo Stato, come **enti costitutivi dell'ordinamento repubblicano** e come *"enti autonomi con propri statuti, poteri e funzioni secondo i principi fissati dalla Costituzione"* (art. 114, co. 2, Cost.);

b) modifica del **riparto di competenze legislative** tra Stato e Regioni (art. 117 Cost.);

c) **abolizione del sistema dei controlli** statali sugli atti normativi di pertinenza regionale;

d) modifica del **riparto delle funzioni amministrative** (art. 118 Cost.);

e) introduzione dell'**autonomia finanziaria** di entrata e di spesa delle regioni e degli altri enti territoriali (art. 119 Cost.);

f) introduzione del c.d. **regionalismo differenziato**: anche le Regioni a statuto ordinario possono godere di *"forme e condizioni particolari di autonomia"*, nell'espletamento della propria funzione legislativa e relativamente a talune delle materie elencate dall'art. 117, co. 2, Cost. (organizzazione della giustizia di pace; norme generali sull'istruzione; tutela dell'ambiente, dell'ecosistema e dei beni culturali), previa approvazione di una legge statale, emanata a maggioranza assoluta dei componenti ciascuna camera e sulla base di una preventiva intesa con la Regione interessata.

D) L'attuazione della riforma costituzionale

L'ordinamento italiano è stato adeguato alla Riforma del 2001 con la **legge n. 131 del 2003**, c.d. legge La Loggia.

2. L'autonomia regionale.

L'**autonomia regionale**, a seguito della riforma del 2001, si articola essenzialmente in:

- esercizio della **potestà normativa (autonomia legislativa)** e di quella **regolamentare (autonomia regolamentare)**;
- esercizio delle **funzioni amministrative (autonomia amministrativa)**;
- **autonomia finanziaria**.

A monte rispetto a queste forme di autonomia vi è ovviamente l'**autonomia statutaria,** già contemplata dalla Carta costituzionale, che consente alle Regioni di organizzarsi sulla base degli Statuti. A ciò va aggiunto che la riforma del 2001 ha significativamente ridotto i **controlli statali** sugli enti locali.

A) Autonomia legislativa

Il **riparto delle competenze legislative tra Stato e Regioni** è stato profondamente modificato dalla **l. cost. n. 3/2001**.

- **Il riparto di competenze legislative prima della riforma del titolo V della Costituzione.**

Nell'originario impianto costituzionale, erano previste tre differenti forme di potestà legislativa regionale:

- una **potestà legislativa esclusiva**, prevista solo **per determinate materie** e solo in favore delle **Regioni a statuto speciale**;
- una **potestà legislativa concorrente**, in forza della quale le Regioni, nelle materie espressamente indicate, potevano legiferare autonomamente ma nel rispetto dei principi fondamentali stabiliti dalle leggi statali (c.d. leggi-quadro o leggi-cornice);
- una **potestà legislativa di mera attuazione delle norme statali**, il cui riconoscimento era

demandato ad apposite leggi statali volte ad assegnare alle Regioni il potere di emanare norme per la loro attuazione (art. 117, co. 2, vecchio testo).

Alle **Regioni a statuto ordinario**, pertanto, sulla base della previgente normativa costituzionale, era riconosciuta la potestà legislativa nelle **sole materie espressamente indicate**, nel rispetto peraltro dei principi fissati dallo Stato con le leggi cornice, fermo in ogni caso il divieto di adottare norme regionali configgenti con l'interesse nazionale e con quello di altre Regioni.

- **Il riparto di competenze legislative dopo la riforma del Titolo V della Costituzione**.

A seguito della riforma del 2001 la potestà legislativa risulta così ripartita:

a) **potestà legislativa esclusiva statale** nelle materie elencate dal nuovo art. 117, co. 2, Cost.

● ***Materie di competenza statale esclusiva***

Nel dettaglio, sono materie di competenza esclusiva statale (art. 117, co. 2):

a) politica estera e rapporti internazionali dello Stato; rapporti dello Stato con l'Unione europea; diritto di asilo e condizione giuridica dei cittadini di Stati non appartenenti all'Unione europea;
b) immigrazione;
c) rapporti tra la Repubblica e le confessioni religiose;
d) difesa e Forze armate; sicurezza dello Stato; armi, munizioni ed esplosivi;
e) moneta, tutela del risparmio e mercati finanziari; tutela della concorrenza; sistema valutario; sistema tributario e contabile dello Stato; perequazione delle risorse finanziarie (a decorrere dall'esercizio finanziario relativo all'anno 2014, in base a quanto disposto dalla l. cost. 20 aprile 2012, n. 1, rientra nella lett. e anche la materia *"armonizzazione dei bilanci pubblici"*, prima di competenza concorrente);
f) organi dello Stato e relative leggi elettorali; *referendum* statali; elezione del Parlamento europeo;
g) ordinamento e organizzazione amministrativa dello Stato e degli enti pubblici nazionali;
h) ordine pubblico e sicurezza, ad esclusione della polizia amministrativa locale;
i) cittadinanza, stato civile e anagrafi;
l) giurisdizione e norme processuali; ordinamento civile e penale; giustizia amministrativa;
m) determinazione dei livelli essenziali delle prestazioni concernenti i diritti civili e sociali che devono essere garantiti su tutto il territorio nazionale;
n) norme generali sull'istruzione;
o) previdenza sociale;
p) legislazione elettorale, organi di governo e funzioni fondamentali di Comuni, Province e Città metropolitane;
q) dogane, protezione dei confini nazionali e profilassi internazionale;
r) pesi, misure e determinazione del tempo; coordinamento informativo statistico e informatico dei dati dell'amministrazione statale, regionale e locale; opere dell'ingegno;
s) tutela dell'ambiente, dell'ecosistema e dei beni culturali.

b) **potestà legislativa concorrente** nelle materie elencate dal nuovo art. 117, comma 3 Cost. In queste materie le Regioni legiferano (cd. **normativa di dettaglio**) nel rispetto dei principi fondamentali posti dalle leggi statali (le cd. **leggi-cornice**).

● ***Materie di competenza concorrente***

Sono materie di competenza concorrente tra Stato e Regioni (art. 117, co. 3):

- rapporti internazionali e con l'Unione europea delle Regioni;
- commercio con l'estero;
- tutela e sicurezza del lavoro;
- istruzione, salva l'autonomia delle istituzioni scolastiche e con esclusione della istruzione e della formazione professionale;
- professioni;

- ricerca scientifica e tecnologica e sostegno all'innovazione per i settori produttivi;
- tutela della salute;
- alimentazione;
- ordinamento sportivo;
- protezione civile;
- governo del territorio;
- porti e aeroporti civili;
- grandi reti di trasporto e di navigazione;
- ordinamento della comunicazione;
- produzione, trasporto e distribuzione nazionale dell'energia;
- previdenza complementare e integrativa;
- armonizzazione dei bilanci pubblici (ma solo fino all'esercizio finanziario relativo all'anno 2014) e coordinamento della finanza pubblica e del sistema tributario;
- valorizzazione dei beni culturali e ambientali e promozione e organizzazione di attività culturali;
- casse di risparmio, casse rurali, aziende di credito a carattere regionale;
- enti di credito fondiario e agrario a carattere regionale.

c) **potestà residuale regionale generale:** tutte le altre materie non espressamente menzionate sono rimesse, invece, alla potestà legislativa residuale – definita anche come esclusiva o piena o primaria (MARTINES) – delle Regioni, in forza del nuovo co. 4 dell'art. 117 Cost. Tale disposizione prevede, infatti, che rientra nella competenza residuale regionale *"ogni materia non espressamente riservata alla legislazione dello Stato"*.

Tra gli elementi caratterizzanti la riforma costituzionale del 2001 si annovera, infine, **l'equiparazione di legge statale e legge regionale sotto il profilo dei limiti**. Infatti, il comma 1 del nuovo art. 117 Cost. stabilisce che entrambe le tipologie di leggi devono rispettare la **Costituzione** e i vincoli derivanti dall'**ordinamento comunitario** e dagli **obblighi internazionali**.

L'estensione della potestà legislativa delle Regioni incontra comunque ancora oggi alcuni **limiti** di carattere generale:

- in primo luogo, lo Stato dispone di un **potere sostituivo**, che gli consente di surrogarsi alla Regione in caso di inadempimento (art. 120 Cost.). Un potere sostitutivo dello Stato rispetto agli organi locali è poi disciplinato anche dal novellato art. 117, co. 5, Cost., per l'ipotesi in cui le Regioni non provvedano ad emanare i provvedimenti attuativi di loro competenza relativi ad accordi internazionali e/o ad atti dell'Unione Europea;
- inoltre, la formulazione non sempre chiara e univoca delle materie di competenza statale finisce per legittimare **interventi "trasversali" dello Stato**, anche in materie che, in forza della clausola di residualità, dovrebbero essere di competenza regionale (si pensi alla **materia "ambiente"** per cui la Corte costituzionale ha riconosciuto in capo al legislatore statale il potere di fissare *standards* minimi ed uniformi di tutela anche in materie ascrivibili alla potestà legislativa regionale);
- ancora, occorre tener conto dell'interpretazione che la Corte costituzionale ha dato del **principio di sussidiarietà**, sancito dall'art. 118 Cost. in relazione alle sole funzioni amministrative, ma che può essere **esteso anche alle funzioni legislative** (cd. **sussidiarietà legislativa**): interpretazione in forza della quale queste ultime, sebbene formalmente attribuite alle Regioni, possono essere esercitate dallo Stato ove ciò sia necessario per assicurarne "**unitarietà a livello nazionale**" (Corte cost., *sent. n. 303/2003*).

B) Autonomia regolamentare

Secondo l'art. 117, co. 6, Cost., la potestà regolamentare spetta allo Stato, alle Regioni e agli enti locali secondo il seguente **riparto**:

- allo Stato nelle materie di **competenza esclusiva statale** (art. 117, co. 2, Cost.);
- alle Regioni nelle materie di **competenza concorrente e residuale** (art. 117, co. 3 e 4, Cost.);
- agli enti locali in ordine alla disciplina e alla organizzazione delle **funzioni pubbliche loro attribuite**.

Le Regioni possono eccezionalmente esercitare la potestà regolamentare nelle materie di competenza esclusiva statale in caso di **delega** da parte dello Stato.
La competenza ad emanare i regolamenti regionali era affidata, prima della riforma del Titolo V della Costituzione, al Consiglio regionale. L'art. 121, co. 2, Cost., difatti, originariamente disponeva che *"il Consiglio regionale esercita le potestà legislative e regolamentari attribuite alla Regione e le altre funzioni conferitegli dalla Costituzione e dalle leggi"*. La l. cost. 22 novembre 1999, n. 1, all'art. 1, ha disposto la soppressione delle parole *"e regolamentari"* dal menzionato art. 121, co. 1, Cost. La giurisprudenza costituzionale ritiene, tuttavia, che, con l'eliminazione dell'esplicita attribuzione di potestà regolamentare al Consiglio, non si è inteso trasferire automaticamente tale potere alla Giunta, ma solo eliminare una riserva di competenza, lasciando la possibilità alle Regioni di operare una diversa scelta organizzativa, in sede di revisione dello Statuto (*sent. n. 87/2001*).

C) Autonomia amministrativa

Prima della riforma del Titolo V, in forza del cd. **principio di parallelismo delle funzioni**, le Regioni, nelle materie affidate alla loro competenza legislativa, disponevano di corrispondenti funzioni amministrative. Le funzioni amministrative rientranti nelle materie di interesse esclusivamente locale potevano, tuttavia, essere attribuite dalle leggi della Repubblica alle Province, ai Comuni e agli altri enti locali (art. 118, co. 1, Cost.), secondo un modello di **decentramento delle funzioni amministrative**. Questa disciplina costituzionale cominciò ad avere attuazione solo nel corso degli **anni '70**, quando le funzioni amministrative dello Stato iniziarono ad essere concretamente **trasferite alle Regioni**. Già prima della riforma del 2001, negli anni '90 le cc.dd. **leggi Bassanini** ribaltarono le prospettive tradizionali, fissando il principio per cui **tutte le funzioni amministrative dovevano considerarsi spettanti alle Regioni e agli enti locali**, salvo quelle **espressamente riservate allo Stato** in considerazione della maggiore attitudine di quest'ultimo al loro espletamento.
Con la **riforma del 2001** risulta definitivamente **superato il principio del parallelismo**, in forza della **nuova formulazione dell'art. 118 Cost**. La *ratio* che ha guidato la riforma – peraltro anticipata, sotto questo profilo, dalla riforma Bassanini del 1997 – è stata quella di allocare l'esercizio delle funzioni amministrative al **livello di governo più vicino a coloro che ne saranno destinatari**.
Nei modelli ispirati a criteri di decentramento, come quello sposato dal nuovo art. 118 Cost., le funzioni amministrative devono essere allocate:

a) al livello istituzionale più decentrato possibile, a condizione che ciò sia compatibile con l'esigenza di assicurare l'efficienza e l'effettività dell'azione dei pubblici poteri (cd. principio di **sussidiarietà verticale**); a tale principio si accompagna quello della cd. **sussidiarietà orizzontale**, rivolto a favorire, a tutti i livelli, l'avvicinamento del cittadino all'amministrazione attraverso *"l'autonoma iniziativa dei cittadini, singoli e associati, per lo svolgimento di attività di interesse generale"* (art. 118, co. 4, Cost.);

b) considerando le diverse caratteristiche (strutturali, demografiche, territoriali, ecc.) degli enti (principio di **differenziazione)**;

c) tenendo conto dell'idoneità organizzativa delle amministrazioni a garantire l'esercizio delle funzioni, se del caso anche in forma associata con altri enti (**adeguatezza**).

D) L'autonomia finanziaria

La riforma costituzionale del 2001 ha apportato profonde innovazioni anche sul piano delle finanze regionali e locali, riconoscendo a tali enti **autonomia di entrata e di spesa**. Ai sensi dell'art. 119 Cost., i Comuni, le Province, le Città metropolitane e le Regioni stabiliscono **tributi ed entrate propri** e **partecipano al gettito tributario erariale** riferibile al loro territorio. Sotto il primo profilo, va rilevato che il potere delle Regioni e degli enti locali di stabilire tributi ed entrate propri incontra un **limite** nel **rispetto della Costituzione** e del **coordinamento con la finanza statale**. La **l. cost. 20 aprile 2012, n. 1 ha peraltro introdotto due ulteriori vincoli** all'autonomia finanziaria degli enti territoriali; invero, il novellato art. 119 Cost. [applicabile dall'esercizio finanziario 2014]:

- in primo luogo, condiziona detta autonomia al *rispetto dell'equilibrio dei relativi bilanci"* (principio del cd. **pareggio di bilancio**);

- in secondo luogo, prescrive che le autonomie territoriali concorrano *"ad assicurare l'osservanza dei **vincoli economici e finanziari derivanti dall'ordinamento dell'Unione europea**"*.

Ulteriore limite è posto dal co. 6 del citato art. 119 Cost., secondo cui il **ricorso all'indebitamento** è consentito *"solo per finanziare spese di investimento"*. Anche sul punto è intervenuta la **l. cost. n. 1/2012**, la quale ha aggiunto **due ulteriori condizioni**:

- la contestuale definizione di **piani di ammortamento**;
- la necessità che, per il complesso degli enti di ciascuna Regione, sia rispettato l'**equilibrio di bilancio**.

Sempre per effetto della riforma è stato poi istituito un **fondo perequativo**, quale misura di sostegno a favore dei territori con minore capacità fiscale per abitante.
Quelle finora esaminate rappresentano le **c.d. risorse ordinarie**, cioè quelle che indefettibilmente spettano alle Regioni e agli enti locali al fine di consentire loro lo svolgimento delle relative funzioni.
L'art. 119 Cost. prevede tuttavia anche **risorse di carattere straordinario**, che lo Stato cioè può erogare alle Regioni e agli altri enti locali in presenza di situazioni di emergenza economica.
Lo strumento scelto per dare piena attuazione all'art. 119 Cost. è stata la delega legislativa, prevista nello specifico dalla l. n. 42 del 5 maggio 2009, recante *"Delega al Governo in materia di* **federalismo fiscale**, *in attuazione dell'articolo 119 della Costituzione"*.
In particolare, i principi ispiratori della delega sono:
a) **autonomia impositiva**, la quale comporta l'introduzione di un'effettiva autonomia di entrata e di spesa, con la previsione di un insieme di tributi regionali e locali, che garantiscano flessibilità, manovrabilità e territorialità;
b) **costi e fabbisogni standard**, come criterio per il superamento del sistema di finanza derivata, ispirata al criterio della spesa storica (erogazione di finanziamenti in misura proporzionale alla spesa già sostenuta in passato), verso il passaggio graduale al criterio dei costi *standard* (i costi sostenibili da un'amministrazione che eroga servizi e svolge funzioni rispettando parametri di media efficienza e i fabbisogni effettivi relativi a ciascun servizio reso);
c) **perequazione** per gli enti con minore capacità fiscale per abitante rispetto alle spese riconducibili ai livelli essenziali, per le regioni, e alle funzioni fondamentali, per gli enti locali;
d) **meccanismi premiali e sanzionatori**, rispettivamente per gli enti "virtuosi" che dimostrino efficienza nell'esercizio della potestà tributaria e nella gestione finanziaria ed economica e per quelli che, invece, non rispettino gli equilibri economico-finanziari o che non assicurino i livelli essenziali delle prestazioni, con l'individuazione delle ipotesi di ineleggibilità per gli amministratori degli enti locali in dissesto, fino alla possibilità da parte dello Stato di esercitare, nei casi più gravi, il potere sostitutivo.

3. Il sistema di governo regionale.

La Regione è un **ente territoriale** perché - al pari dello Stato, ed anche delle Province e dei Comuni, anch'essi enti territoriali - il territorio ne costituisce elemento essenziale. Essa, infatti, è costituita da una **comunità stanziata sul territorio,** la quale elegge il Consiglio regionale, richiede i *referendum* previsti dagli artt. 123 e 132 Cost., oltre che nei singoli Statuti, e presenta proposte di legge e di provvedimenti amministrativi al Consiglio regionale.
La Regione, tuttavia, **non è un ente sovrano**, sia perché il suo ordinamento non è originario (dipendendo la sua validità dall'ordinamento dello Stato-istituzione) sia perché il suo apparato autoritario è subordinato a quello dello Stato-istituzione (in questo senso cfr. anche Corte costituzionale, *sent. n. 365/2007*).
L'**organizzazione regionale** ha subito importanti modifiche a seguito dell'approvazione della **l. cost. n. 1/1999**, che ha fortemente valorizzato l'autonomia di tale ente, rimettendo alla **fonte statutaria** la disciplina della **forma di governo** e dei **principi fondamentali di organizzazione e funzionamento** e ha previsto la possibilità che la Regione si doti di una **propria legislazione elettorale**, sia pure nei limiti dei principi fondamentali stabiliti con legge statale.

Dal punto di vista dell'organizzazione, gli organi fondamentali della Regione sono **Consiglio regionale**, **Giunta** e **Presidente**.

A) Consiglio regionale

Il **Consiglio regionale**, eletto dal corpo elettorale della Regione, esercita le **funzioni legislative** riconducibili alla Regione, nonché le altre funzioni a questa conferite dalla Costituzione e dalle leggi statali (ad es. la funzione di controllo politico sull'operato della Giunta e del Presidente; funzione di indirizzo politico; funzioni amministrative nei casi previsti dallo Statuto).

Il Consiglio può altresì:

- presentare **alle Camere proposte di legge** in materia di interesse regionale;
- esprimere, ai sensi dell'art. 132 Cost., parere sulla **fusione di Regioni** già esistenti o sulla **creazione di nuove Regioni** e sulle modificazioni territoriali delle Regioni;
- designare i tre delegati (uno per la Valle d'Aosta) che vengono ad integrare il Parlamento in seduta comune per **l'elezione del Presidente della Repubblica** (art. 83 Cost.);
- anteriormente alla riforma del 1999, il Consiglio regionale esercitava indefettibilmente anche la **funzione regolamentare**; la riforma ha invece rimesso la decisione sulla titolarità di tale potere alle stesse Regioni, le quali potranno **decidere se attribuirlo al Consiglio ovvero alla Giunta**, o se ripartire la funzione tra tali due organi.

I Consigli, nell'esercizio delle loro funzioni, godono di **autonomia contabile e funzionale** e ad essi è stata estesa la speciale **tutela penale** prevista per le Camere (art. 289 c.p.).

Lo ***status* di consigliere regionale** è disciplinato sia nella Costituzione sia nei singoli Statuti. A norma dell'art. 122, co. 2, Cost., i consiglieri regionali (analogamente ai parlamentari) *"non possono essere chiamati a rispondere **delle opinioni espresse e dei voti dati nell'esercizio delle loro funzioni**"*. I consiglieri regionali non godono, invece, delle immunità previste dai co. 2 e 3 dell'art. 68 Cost., riservate esclusivamente ai membri del Parlamento nazionale. Il **divieto di mandato imperativo** è espressamente previsto dall'art. 1 della l. n. 108/1968, secondo il quale *"I Consiglieri regionali rappresentano l'intera Regione senza vincolo di mandato"*; parimenti, l'art. 4 della l. n. 165/2004 individua, fra i principi fondamentali che limitano la potestà legislativa regionale in materia elettorale, il divieto di mandato imperativo. I consiglieri regionali hanno diritto ad una **indennità** stabilita con legge regionale, il cui ammontare è determinato in relazione alle funzioni ed alle attività svolte in Consiglio.

Nel silenzio della Costituzione in ordine al **numero dei consiglieri** ed alla **durata in carica del Consiglio** viene in rilievo la l. n. 108/1968, la quale dispone che per quanto riguarda le Regioni di diritto comune il Consiglio regionale è composto:

- da 80 membri nelle Regioni con popolazione superiore a 6 milioni di abitanti;
- da 60 membri nelle Regioni con popolazione superiore a 4 milioni di abitanti;
- da 50 membri in quelle con popolazione superiore a 3 milioni di abitanti;
- da 40 membri in quelle con popolazione superiore a 1 milione di abitanti;
- da 30 membri nelle altre Regioni.

Per quanto riguarda le Regioni a Statuto speciale, invece, il numero dei componenti è fisso in Sicilia (90 deputati), nella Valle d'Aosta (35 consiglieri), nel Trentino-Alto Adige (70 consiglieri) ed in Sardegna (80 consiglieri), mentre nel Friuli-Venezia Giulia è determinato proporzionalmente alla popolazione (in particolare, uno ogni 20.000 abitanti o frazioni superiori a 10.000 abitanti).

Quanto alla **durata** in carica, essa è fissata in **cinque anni** dall'art. 3 della l. n. 108/1968 e dall'art. 5 della l. n. 165/2004, per le Regioni di diritto comune, e nello stesso numero di anni dalla l. cost. 12 aprile 1989, n. 3 per i Consigli delle Regioni a Statuto speciale.

B) Giunta regionale

La **Giunta regionale** è l'**organo esecutivo** della Regione, assieme al suo Presidente che *"dirige la politica della Giunta e ne è responsabile"* (art. 122 Cost.). La Giunta provvede alla predisposizione e presentazione del **bilancio** e del **conto consuntivo** regionale, ha potere di **iniziativa legislativa** e provvede all'**esecuzione delle delibere** adottate dal Consiglio regionale. Essa è composta da un

Presidente e da un numero variabile di **assessori**, secondo i diversi Statuti.
La l. cost. n. 1/1999 ha modificato l'art. 122 della Costituzione, nel senso che **il sistema di elezione del Presidente e degli altri componenti della Giunta** sono disciplinati con **legge della Regione** nei limiti dei principi fondamentali stabiliti con legge della Repubblica. Il nuovo testo del co. 5 dell'art. 122 Cost. pone come regola che il **Presidente della Regione** sia eletto **a suffragio universale e diretto** e che lo stesso **nomini e revochi i componenti della Giunta**. Gli Statuti regionali potranno tuttavia delineare un diverso sistema di elezione sia del Presidente che dei componenti la Giunta.

C) Presidente della Regione

Il **Presidente della Giunta** è l'**organo rappresentativo** della Regione (e al tempo stesso capo della Giunta). In questa sua qualità egli **rappresenta la Regione all'esterno**, dirige la politica della Giunta e ne è responsabile, promulga le leggi ed emana i regolamenti regionali, indice i *referendum* previsti dagli Statuti o dalle leggi regionali, rappresenta l'ente in giudizio ed esercita i diritti patrimoniali e non patrimoniali attribuiti alla Regione. Spetta al Presidente della Giunta regionale, quale rappresentante della Regione, promuovere innanzi alla Corte costituzionale, previa deliberazione della Giunta, la **questione di legittimità costituzionale di una legge o di un atto avente forza di legge dello Stato o di altra Regione** che si ritenga abbiano violato la sfera di competenza assegnata alla Regione dalla Costituzione o dallo Statuto speciale (si v. art. 127 Cost.). Allo stesso modo, è il Presidente della Giunta regionale che ricorre alla Corte costituzionale, sempre in seguito a deliberazione della Giunta, nel caso in cui si ritenga che lo Stato o un'altra Regione abbiano, con un atto non legislativo, invaso (o menomato) la sfera di competenza costituzionalmente attribuita alla Regione sollevando **conflitto di poteri**.
Come Presidente di un organo collegiale, spetta al Presidente della Giunta convocarla e fissarne l'ordine del giorno. I Presidenti delle **Regioni a Statuto speciale** partecipano, inoltre, per espressa disposizione degli Statuti stessi, al Consiglio dei ministri, con voto consultivo, quando il Consiglio tratti questioni che riguardano particolarmente la loro Regione.
Come anticipato, in mancanza di diversa previsione statutaria, il Presidente della Giunta regionale è **eletto a suffragio universale e diretto** e provvede **alla nomina e alla revoca dei componenti della Giunta**; i rapporti tra Presidente della Giunta e Consiglio regionale sono invece regolati su **base fiduciaria**, tale per cui gli stessi *aut simul stabent, aut simul cadent*. In particolare, il co. 2 dell'art. 126 Cost., nel testo modificato dalla l. cost. n. 1/1999, attribuisce al **Consiglio regionale** la potestà di esprimere la **sfiducia nei confronti del Presidente della Giunta**, mediante mozione motivata, sottoscritta da almeno 1/5 dei suoi componenti e approvata per appello nominale a maggioranza assoluta dei componenti stessi. La mozione non può essere messa in discussione prima di tre giorni dalla presentazione. L'approvazione di una **mozione di sfiducia** nei confronti del Presidente della Giunta, ovvero la **morte** o le **dimissioni** dello stesso, comportano lo **scioglimento del Consiglio regionale**, così come le **dimissioni contestuali della maggioranza dei componenti il Consiglio** provocano la **caduta dell'esecutivo regionale e del suo Presidente** (art. 126 Cost.).

4. Le forme di controllo statale sugli enti locali e il potere sostitutivo.

A) Controlli sugli atti

La riforma costituzionale del 2001 ha **soppresso** pressoché tutte le forme di controllo **sugli atti** degli enti locali previsti nell'originario assetto costituzionale. **Prima della riforma**, la Costituzione prendeva espressamente:

- che un organo dello Stato (**Commissario di governo**) esercitasse in forma decentrata il controllo di legittimità sugli atti amministrativi delle Regioni (art. 125 Cost.);
- che un **organo della Regione** esercitasse il controllo di legittimità sugli atti dei Comuni e delle Province (art. 130 Cost.).

Per effetto della **riforma del 2001**:

- è stata soppressa la figura del Commissario di governo;

- sono stati inoltre i controlli preventivi di legittimità, e – nei casi previsti dalla legge – di merito sugli atti amministrativi delle Regioni (art. 125 Cost.);
- è stato, altresì, abolito il ricorso preventivo alla Corte costituzionale avverso le leggi regionali. In particolare, a tale ultimo riguardo, l'art. 127 Cost., nell'attuale formulazione, dispone che la **questione di legittimità costituzionale in relazione ad una legge regionale** può essere presentata **solo in via successiva**. Lo stesso articolo, inoltre, riconosce alle Regioni la facoltà di agire con riguardo alle leggi statali ritenute lesive delle rispettive sfere di attribuzioni;
- è stato, infine, abrogato il citato art. 130 Cost., relativo ai controlli di legittimità e di merito della Regione sugli atti di Province, Comuni e altri enti locali.

Tuttavia, va segnalato che risulta ancora oggi attualmente vigente l'**art. 138 TUEL** (d.lgs. 18 agosto 2000, n. 267), ai sensi del quale *"in applicazione dell'art. 2, comma 3, lett. p), l. 23 agosto 1998, n. 400, **il Governo** a tutela dell'unità dell'ordinamento, con decreto del Presidente della Repubblica, previa deliberazione del Consiglio dei Ministri, su proposta del ministro dell'interno, ha facoltà, in qualunque tempo di **annullare**, d'ufficio o su denunzia, sentito il Consiglio di Stato, **gli atti degli enti locali viziati da illegittimità**"*.
A controbilanciare il tenore federalista della riforma, inoltre, rimangono i **poteri di controllo esterno di gestione della Corte dei Conti** sulle autonomie locali, pur se riconfigurati in chiave, essenzialmente, collaborativa.

B) Controlli sugli organi

Restano ferme, invece, diverse forme di controllo **sugli organi** delle Regioni e degli enti locali, che possono condurre alla **sospensione** o allo **scioglimento** dei **Consigli,** ovvero alla **rimozione** o alla **sospensione** degli **amministratori**. Con riguardo alle **Regioni**, l'art. 126 Cost., come modificato dalla l. cost. 22 novembre 1999, n. 1, prevede che con decreto motivato del Presidente della Repubblica sono disposti lo **scioglimento del Consiglio regionale** e la **rimozione del Presidente della Giunta**:
- quando abbiano compiuto **atti contrari alla Costituzione o gravi violazioni di legge**;
- per ragioni di **sicurezza nazionale**.

Il Consiglio è altresì sciolto:
- quando sia stata votata una **mozione di sfiducia** al Presidente della Giunta, ove quest'ultimo sia stato eletto a suffragio universale e diretto;
- per **dimissioni contestuali della maggioranza dei consiglieri**.

Lo scioglimento e la rimozione sono disposti con **decreto motivato del Presidente della Repubblica**, sentita una **Commissione di deputati e senatori per le questioni regionali**.
Il **procedimento di scioglimento** dei Consigli regionali consta di due fasi:
1) una **fase preparatoria**: in cui intervengono il parere della Commissione parlamentare per le questioni regionali, composta da venti deputati e venti senatori designati dalle due Camere con criteri di proporzionalità; la deliberazione del Consiglio dei ministri e la proposta al Capo dello Stato di scioglimento del Consiglio da parte del Presidente del Consiglio dei ministri;
2) una **fase costitutiva**, in cui è emanato il decreto motivato del Presidente della Repubblica con il quale viene disposto lo scioglimento.

Per quanto riguarda gli **enti locali**, invece, ai sensi dell'art. 141 TUEL **i Consigli comunali e provinciali sono sciolti** con **decreto del Presidente della Repubblica**, su proposta del **Ministro dell'Interno**:
- in caso di compimento di **atti contrari alla Costituzione**, di **gravi e persistenti violazioni di legge** o per **gravi motivi di ordine pubblico**;
- in caso di **impossibilità di funzionamento** degli organi e dei servizi per impedimento permanente, rimozione, decadenza o decesso del Sindaco o del Presidente della Provincia o a seguito di loro dimissioni o di dimissioni contemporanee della metà più uno dei componenti il consiglio;
- in caso di **mancata approvazione nei termini del bilancio**;

- nel caso in cui enti locali con più di mille abitanti siano **privi di strumenti urbanistici generali** e gli organi elettivi non provvedano alla loro adozione entro diciotto mesi dall'entrata in carica.

Infine, i consigli comunali e provinciali, ai sensi dell'art. 143 TUEL sono sciolti quando a seguito di accertamenti compiuti dall'autorità giudiziaria *"emergano elementi su collegamenti diretti o indiretti degli amministratori con la* ***criminalità organizzata*** *o su forme di condizionamento degli amministratori stessi che compromettono la libera determinazione degli organi elettivi e il buon andamento delle amministrazioni comunali e provinciali, nonché il regolare funzionamento dei servizi alle stesse affidati ovvero che risultano tali da arrecare grave e perdurante pregiudizio per lo stato della sicurezza pubblica"*. Il decreto di scioglimento è poi pubblicato nella Gazzetta Ufficiale della Repubblica Italiana e contiene anche la nomina di una **commissione straordinaria** destinata a curare la gestione dell'ente (non prevista ove lo scioglimento sia stato determinato da dimissioni, impedimento permanente, rimozione, decadenza e decesso del Sindaco o del Presidente della Provincia, ipotesi in cui le funzioni proprie di questi ultimi sono svolte, rispettivamente, dal Vice-sindaco o dal Vice-presidente della Provincia fino alle successive elezioni).
In ogni caso, a seguito dello scioglimento, le elezioni per il **rinnovo dell'organo disciolto** devono tenersi **entro 90 giorni** dalla pubblicazione del decreto, salva la possibilità di proroga al solo fine di far coincidere le elezioni amministrative con la prima tornata elettorale utile. In tutte le ipotesi in cui è avviata la procedura di scioglimento, inoltre, il **Prefetto** ha la facoltà di disporre, con proprio decreto motivato, la **sospensione** in via cautelativa del Consiglio comunale o provinciale, ove ricorrano **motivi di grave ed urgente necessità**. La sospensione comunque non può durare più di 90 giorni (60 giorni se la procedura è stata avviata *ex* art. 143 TUEL per il sospetto di infiltrazioni mafiose) e con il decreto che la dispone il Prefetto provvede anche alla nomina di un commissario che assicuri la provvisoria amministrazione dell'ente.
Al di là dell'ipotesi di scioglimento dei consigli comunali e provinciali, il TUEL prevede anche la possibilità di **rimuovere dalla carica**, con **decreto del Ministro dell'interno**, il Sindaco, il Presidente della Provincia, i presidenti dei consorzi e delle Comunità montane, i componenti dei consigli e delle giunte, i presidenti dei consigli circoscrizionali, ove tali soggetti compiano **atti contrari alla Costituzione** o pongano in essere **gravi e persistenti violazioni di legge** o ricorrano **gravi motivi di ordine pubblico**. Inoltre, la rimozione è prevista anche in caso di **sospetto di infiltrazioni e condizionamenti di tipo mafioso**. Anche in tali ipotesi, il Prefetto, nelle more della procedura di rimozione, può **sospendere** gli amministratori interessati ove sussistano motivi di grave necessità e urgenza.

C) Potere sostitutivo dello Stato

Con la riforma del Titolo V, lo Stato ha mantenuto significativi **poteri sostitutivi** nei confronti delle Regioni.
In particolare, l'art. 117, comma 5, Cost. riserva allo Stato la possibilità di espletare **attività legislativa di attuazione e di esecuzione degli accordi internazionali e degli atti dell'Unione europea** nelle materie di competenza delle Regioni e delle Province autonome, allorché queste ultime non adempiano gli obblighi sulle stesse derivanti dagli atti suindicati. Le disposizioni sostitutive si configurano comunque come **cedevoli**, perdendo efficacia dalla data di entrata in vigore della (tardiva) normativa regionale di attuazione.
L'art. 120 Cost. prevede altresì che il Governo possa sostituirsi a organi delle Regioni, delle Città metropolitane, delle Province e dei Comuni nel caso di: **mancato rispetto di norme e trattati internazionali o della normativa comunitaria, pericolo grave per l'incolumità e la sicurezza pubblica o** quando lo richiedono la **tutela dell'unità giuridica o dell'unità economica** e in particolare la **tutela dei livelli essenziali delle prestazioni concernenti i diritti civili e sociali**, prescindendo dai confini territoriali dei governi locali.
Peraltro, l'art. 8 della l. n. 131/2003, rivolto all'attuazione dell'art. 120, co. 2, Cost., prevede che l'esercizio dei poteri sostitutivi sia preceduto dall'assegnazione all'ente interessato di un **congruo termine** per adottare i provvedimenti dovuti o necessari. Decorso inutilmente il termine assegnato, il Consiglio dei ministri, sentito l'organo interessato, può adottare i provvedimenti necessari, che devono essere

"proporzionati alle finalità perseguite" ovvero nominare un apposito commissario. Nei **casi di assoluta urgenza** il Consiglio dei ministri può adottare i *"provvedimenti necessari"*, che sono immediatamente comunicati alla Conferenza Stato-Regioni o alla Conferenza Stato-Città e autonomie locali, allargata ai rappresentanti delle Comunità montane, che possono chiederne il riesame.
L'esecuzione dei provvedimenti sostitutivi è rimessa al **Rappresentante dello Stato per i rapporti con il sistema delle autonomie**, che si avvale degli Uffici territoriali del Governo e degli altri uffici statali aventi sede nel territorio regionale.

5. Gli strumenti di raccordo tra lo Stato, le Regioni e gli enti locali.

A) Forme di collaborazione e coordinamento

L'importanza che le Regioni hanno assunto in conseguenza della riforma costituzionale del 2001 ha fatto sorgere l'esigenza di **forme di collaborazione e coordinamento** tra la Regioni stesse e gli altri enti. L'art. 118, co. 3, Cost. prevede queste forme di coordinamento nei confronti dello Stato in determinati settori di competenza esclusiva statale: immigrazione, ordine pubblico e sicurezza. I rapporti tra Stato, Regioni ed enti locali sono improntati al **principio di leale collaborazione**. Tale principio che, prima della riforma del 2001, veniva sostanzialmente ricavato dall'art. 5 Cost., oggi trova espressa menzione anche nella Carta costituzionale agli artt. 116, co. 3, 117, co. 5, 118, co. 3 e 120, comma 2.
Il principale strumento che consente alle Regioni di avere un ruolo nella determinazione del contenuto di taluni atti legislativi statali che incidono su materie di competenza regionale è costituito dal **sistema delle Conferenze**, la cui disciplina è contenuta, tra l'altro, nel decreto legislativo n. 281 del 1997:

- **Conferenza permanente Stato-Regioni**;
- **Conferenza permanente Stato-città e autonomie locali**;
- **Conferenza unificata**.

B) La Conferenza Stato-Regioni

La Conferenza per i rapporti fra lo Stato, le Regioni e le Province autonome è il principale strumento di partecipazione delle Regioni e delle Province autonome di Trento e di Bolzano ai processi decisionali di interesse regionale, interregionale e infra-regionale.
Detta Conferenza, istituita con l'art. 12 della l. n. 400/1988, è stata oggetto di una nuova disciplina ad opera del d.lgs. n. 281/1997.
La Conferenza Stato-Regioni è presieduta dal Presidente del Consiglio dei ministri o, per sua delega, dal Ministro per gli Affari regionali o da altro ministro; ne fanno parte i Presidenti delle Regioni e delle Province autonome di Trento e Bolzano; ai suoi lavori partecipano i ministri interessati agli argomenti iscritti all'ordine del giorno delle sedute.
L'attività della Conferenza è volta sostanzialmente al raggiungimento di una **volontà comune dello Stato e delle Regioni** in merito ad atti o attribuzioni relativi all'esercizio di rispettive competenze amministrative. Quando la volontà comune è prevista dalla legge come elemento necessario per l'adozione della decisione finale, si deve ricorrere all'**intesa**, che assicura alle Regioni un ruolo paritario rispetto a quello statale. Negli altri casi si ricorre agli **accordi** su base volontaria che riguardano lo svolgimento di attività di interesse comune.
Sono **compiti** principali della Conferenza:
a) promuovere e sancire le intese tra Stato, Regioni e Province autonome di Trento e Bolzano previste dalla legislazione vigente;
b) promuovere e sancire gli accordi tra Governo, Regioni e Province autonome di Trento e Bolzano, in attuazione del principio di leale collaborazione e nel perseguimento di obiettivi di funzionalità, economicità ed efficacia dell'azione amministrativa, al fine di coordinare l'esercizio delle rispettive competenze e svolgere attività di interesse comune;
c) nel rispetto delle competenze del CIPE (Comitato interministeriale per la programmazione economica), promuovere il coordinamento della programmazione statale e regionale ed il raccordo di quest'ultima con l'attività degli enti o soggetti, anche privati, che gestiscono funzioni o servizi di pubblico interesse aventi rilevanza nell'ambito territoriale delle Regioni e delle Province autonome di Trento e di Bolzano;

d) acquisire la designazione dei rappresentanti delle Regioni e delle Province autonome di Trento e di Bolzano, nei casi previsti dalla legge;
e) assicurare lo scambio di dati ed informazioni tra il Governo, le Regioni e le Province autonome di Trento e di Bolzano;
f) fermo restando quanto previsto dagli Statuti speciali e dalle relative norme di attuazione, determinare, nei casi previsti dalla legge, i criteri di ripartizione delle risorse finanziarie che la legge assegna alle Regioni e alle Province autonome di Trento e di Bolzano;
g) esprimere parere su tutti gli schemi di disegno di legge, di decreto legislativo o di regolamento del Governo nelle materie di competenza delle Regioni o delle Province autonome di Trento e Bolzano (**pareri obbligatori**), oltre che su ogni altro oggetto di interesse regionale che il Presidente del Consiglio dei Ministri ritiene opportuno sottoporle (**pareri facoltativi**).

C) La Conferenza Stato-città e autonomie locali

La Conferenza Stato-città e autonomie locali è stata istituita con d. P. C. m. 2 luglio 1996 e successivamente disciplinata dal d.lgs. n. 281/1997. Essa è composta dal Presidente del Consiglio dei ministri, che la presiede, dai Ministri dell'interno, per gli affari regionali, del tesoro, del bilancio e della programmazione economica, delle finanze, dei lavori pubblici, della sanità, nonché dal presidente dell'Associazione nazionale dei comuni italiani (ANCI), dal presidente dell'Unione delle Province d'Italia (UPI), dal presidente dell'Unione dei comuni e delle Comunità montane (UNCEM), da 14 Sindaci designati dall'ANCI e da 6 Presidenti di Provincia designati dall'UPI. Tra le sue **funzioni** vi è quella di esprimere **pareri** o di svolgere attività di raccordo (**intese**) con riferimento a schemi di provvedimenti predisposti dalle amministrazioni centrali dello Stato (disegni di legge, decreti legislativi, decreti ministeriali, regolamenti).

D) La Conferenza unificata

La **Conferenza Stato-Regioni** è **unificata**, per le materie ed i compiti di interesse comune delle Regioni, delle Province, dei Comuni e delle Comunità montane con la **Conferenza Stato-Città ed autonomie locali**. Fanno parte della **Conferenza unificata** i componenti della Conferenza Stato-Città e autonomie locali e della Conferenza Stato-Regioni. Alla Conferenza unificata è attribuita:

- l'espressione del **parere** sul disegno di legge finanziaria e sui disegni di legge collegati, nonché sul documento di programmazione economica e finanziaria;
- la promozione di **intese** e **accordi** tra Governo, Regioni, Province, Comuni e Comunità montane al fine di coordinarne le competenze e di svolgere in collaborazione attività di interesse comune.

E) Rappresentante dello Stato per i rapporti con il sistema delle autonomie

Dopo la soppressione del Commissario del Governo, previsto dall'art. 124 Cost. prima della riforma del 2001, è stato introdotto con la l. n. 131/2003 il **Rappresentante dello Stato per i rapporti con il sistema delle autonomie**. Rientrano nella **competenza** del Rappresentante dello Stato:
a) le attività dirette ad assicurare il rispetto del principio di leale collaborazione tra Stato e Regione, nonché il raccordo tra le istituzioni dello Stato presenti sul territorio, al fine di garantire la rispondenza dell'azione amministrativa all'interesse generale, il miglioramento della qualità dei servizi resi al cittadino e di favorire e rendere più agevole il rapporto con il sistema delle autonomie;
b) la tempestiva informazione alla Presidenza del Consiglio dei ministri degli statuti, delle leggi e degli atti amministrativi regionali, ai fini di eventuali impugnative in via principale davanti alla Corte costituzionale o di proposizione di conflitto di attribuzione davanti alla stessa;
c) la promozione dell'attuazione di intese e del coordinamento tra Stato e Regione previsti dalla legislazione statale;
d)l'esecuzione di provvedimenti del Consiglio dei ministri costituenti esercizio del potere sostitutivo dello Stato nei casi consentiti dall'art. 120 Cost.;
e) la verifica dell'interscambio di dati e informazioni rilevanti sull'attività statale, regionale e degli enti locali;
f) l'indizione delle elezioni regionali, la determinazione dei seggi consiliari e l'assegnazione di essi alle

singole circoscrizioni, sino all'entrata in vigore di eventuali norme regionali con diverse previsioni;
g) la raccolta delle notizie utili allo svolgimento delle funzioni degli organi statali, costituendo il tramite per la reciproca informazione nei rapporti con le autorità regionali.

F) Commissione parlamentare per le questioni regionali "integrata"

L'art. 11 della l. cost. n. 3/2001 prevede, in via transitoria (precisamente *"sino alla revisione delle norme del Titolo I della parte seconda della Costituzione"*, dedicato a "Il Parlamento"), che i regolamenti parlamentari possano disporre la "integrazione" della **Commissione parlamentare per le questioni regionali** – organo **bicamerale** con compiti consultivi – con la previsione della **partecipazione di rappresentanti delle Regioni, delle Province autonome e degli enti locali**.
La Commissione "integrata" può essere chiamata ad esprimere il proprio **parere su progetti di legge** riguardanti materie che rientrano nella **potestà concorrente** o relativi all'**autonomia finanziaria** di entrata e di spesa; ove abbia espresso parere contrario o parere favorevole condizionato all'introduzione di modificazioni specificamente formulate, e la Commissione che ha svolto l'esame in sede referente non vi sia adeguata, queste parti del progetto di legge possono essere approvate solamente se l'assemblea delibera a maggioranza assoluta (art. 11, co. 2, l. cost. n. 3/2001).

G) Consiglio delle autonomie locali

Per quanto concerne, infine, i raccordi tra Regione ed enti locali, va menzionata la previsione per cui ogni Regione deve disciplinare, nel proprio statuto, il **Consiglio delle autonomie locali**, "quale organo di consultazione fra le Regioni e gli enti locali" (art. 123, ult. co., Cost.).

6. Le Regioni e il diritto internazionale.

Le Regioni, nelle materie di loro competenza, provvedono all'**attuazione e all'esecuzione degli accordi internazionali** (art. 117, co. 5, Cost.) e possono concludere **accordi con Stati e intese con enti territoriali interni ad altri Stati** *"nei casi e con le forme disciplinati da leggi dello Stato"* (art. 117, co. 9, Cost.). Questo c.d. potere estero delle Regioni deve essere coordinato con **la competenza esclusiva statale in tema di politica estera** (art. 117, co. 2, lett. a, Cost.) e con la previsione della **potestà legislativa concorrente** nella materia "**rapporti internazionali delle Regioni**" (art. 117, co. 3, Cost.).

A) Attuazione ed esecuzione di accordi internazionali

Ai sensi dell'art. 6 della l. n. 131/2003, **l'attuazione e l'esecuzione da parte delle Regioni e delle Province autonome** degli **accordi internazionali** "ratificati" sono limitate esclusivamente alle "**materie di propria competenza legislativa**". Le Regioni devono, in queste ipotesi, dare **preventiva comunicazione** al Ministero degli affari esteri e al Dipartimento per gli affari regionali, i quali, nei successivi trenta giorni possono formulare criteri e osservazioni. In caso di **inadempienza**, ferma restando la responsabilità delle Regioni verso lo Stato, è prevista la possibilità di esercitare i **poteri sostitutivi**.

B) Intese con enti territoriali esteri

Per quanto riguarda la possibilità per le Regioni di stipulare **intese con enti territoriali interni ad altri Stati** o, più in generale, di compiere ogni altra **"attività di mero rilievo internazionale"**, è prevista la limitazione alle **"materie di propria competenza legislativa"** e la necessità della **previa comunicazione** alla Presidenza del Consiglio dei ministri ed al Ministero degli affari esteri ai fini delle eventuali osservazioni di questi ultimi; con questi atti le Regioni non possono esprimere valutazioni relative alla politica estera dello Stato, né assumere impegni da cui derivino obblighi od oneri finanziari per lo Stato o che ledano gli interessi degli altri soggetti di cui all'art. 114, co. 1, Cost. (art. 6, co. 2, l. n. 131/2003).

C) Accordi con Stati esteri

Con riferimento agli "***accordi con Stati***" che le Regioni possono porre in essere, la l. n. 131/2003 prevede un controllo statale molto rigoroso, richiedendo, tra l'altro, che siano preceduti da una

valutazione del Ministero per gli affari esteri circa l'opportunità politica e la legittimità degli stessi, in assenza della quale l'accordo è nullo (art. 6, co. 3, l. n. 131/2003). Ove la Regione si renda inadempiente rispetto ad accordi raggiunti con altri Stati, è prevista la possibilità per il Governo di esercitare i **poteri sostitutivi** (art. 6, co. 6, l. n. 131/2003).
In tutte le ipotesi finora richiamate, il **Ministro degli affari esteri** può "in qualsiasi momento" rappresentare alla Regione o alla Provincia autonoma **questioni di opportunità politica** attinenti all'esigenza di rispetto degli indirizzi di politica estera. In caso di "dissenso", il Ministro, sentito il Dipartimento per gli affari regionali, può chiedere che la "questione" sia portata il **Consiglio dei ministri** che, con l'intervento del Presidente della Giunta regionale o provinciale interessato, delibera su di essa (art. 6, co. 5, l. n. 131/2003).
Infine, giova ricordare che la l. n. 131/2003 fa salva **l'attività di mero rilievo internazionale** di ***Comuni***, ***Province*** *e* ***Città metropolitane*** nelle materie loro attribuite secondo l'ordinamento vigente, limitandosi a richiedere la **comunicazione** di ogni iniziativa alle Regioni, al Ministero degli affari esteri e al Dipartimento per gli affari regionali (art. 6, co. 7, l. n. 131/2003).

7. Le Regioni e l'Unione europea.

L'art. 117, comma 5, Cost. costituzionalizza la **partecipazione delle Regioni nella formazione e nell'attuazione della normativa dell'Unione europea**. In particolare, le Regioni partecipano sia alla fase ascendente che alla fase discendente.
Va fin da subito ricordato che la **legge n. 131 del 2003** ha attribuito alle Regioni il potere di chiedere al Governo di presentare ricorso contro gli atti dell'Unione ritenuti illegittimi alla Corte di Giustizia (il riferimento è alla procedura di cui all'art. 263 TFUE).

A) Fase ascendente

Quanto alla partecipazione delle Regioni e delle Province autonome alla fase ascendente - ossia all'iter procedurale che porta all'adozione da parte delle Istituzioni dell'Unione europea di determinati atti - questa è garantita attraverso le sessioni europee della Conferenza permanente per i rapporti Stato-Regioni-Province autonome e di quella Stato-città e autonomie locali (legge n. 234 del 2012).

B) Fase discendente

Per quanto invece riguarda la fase discendente - ossia il momento di attuazione a livello nazionale del diritto europeo - Stato, Regioni e Province autonome devono dare attuazione agli obblighi comunitari nelle materie di propria competenza.

C) Comitato delle Regioni

Oltre alla partecipazione nei modi di cui si è dato atto, è necessario ricordare che il Trattato di Maastricht ha istituito il **Comitato delle Regioni**, un organo dell'Unione che svolge funzioni consultive rispetto al Parlamento Europeo, al Consiglio e alla Commissione su tutte le proposte che coinvolgono l'attività delle Regioni.
Il Comitato è composto dai rappresentanti - "titolari di un mandato elettorale" - delle collettività regionali e locali.

D) Il potere sostitutivo statale

Il **quinto comma dell'art. 117 Cost.** stabilisce che una legge statale debba disciplinare l'intervento dello Stato in caso di inadempimento degli obblighi europei da parte delle Regioni e degli altri enti. La legge n. 234 del 2012 all'art. 41 prevede che lo Stato possa adottare provvedimenti di attuazione degli atti dell'Unione nelle materie di competenza legislativa delle Regioni e Province autonome al fine di rimediare all'**inerzia** di suddetti enti. A fronte di violazione del diritto dell'Unione o mancata tempestiva esecuzione delle sentenze della Corte di Giustizia da parte delle Regioni e degli enti pubblici, lo Stato ha **diritto di rivalsa**.

Capitolo 18 | GLI ENTI LOCALI

SOMMARIO:

Premessa.

A) Principi costituzionali

La Costituzione riconosce gli enti locali come elementi fondamentali dell'organizzazione dello Stato, tanto da includere la loro tutela tra i principi fondamentali della Repubblica (**art. 5 Cost.**), in accoglimento del **principio del decentramento** dei poteri attraverso la promozione delle autonomie locali. L'**art. 114 Cost.** - modificato dalla legge costituzionale n. 3 del 2001 - elenca gli enti che costituiscono la Repubblica: **Comuni, Province, Città metropolitane, Regioni e Stato**. L'ordine dell'elencazione di cui all'articolo in esame è improntato al **principio di sussidiarietà**, secondo il quale devono essere gli enti più prossimi alla collettività a svolgere le funzioni amministrative. Accanto alla **sussidiarietà**, altri due principi che governano l'assetto delle competenze a livello locale sono quello di **differenziazione**, che impone di tener conto delle differenze tra enti locali nell'allocare le risorse, e quello di **adeguatezza**, che impone di assegnare la funzione all'amministrazione più idonea.
L'autonomia degli enti locali è stata valorizzata dalla riforma costituzionale del 2001, che ha riconosciuto a Comuni, Province e Città metropolitane **autonomia normativa, amministrativa e finanziaria.**

B) Legislazione ordinaria

Dal punto di vista della legislazione ordinaria viene in rilievo il Testo Unico Enti locali (TUEL), d.lgs. 267 del 2000, che detta una disciplina organica della materia. Prima della riforma operata con la **legge n. 56 del 2014 (c.d. Legge Del Rio)**, la Corte costituzionale, chiamata a pronunciarsi sul riordino delle Province operato dal legislatore ordinario (tra gli altri con il **d. l. n. 95 del 2012, c.d. *spending review***, con il quale lo Stato ha provato a ridurre il numero delle Province fissando criteri territoriali e demografici minimi, e con il **d. l. 201/2011, c.d. Salva Italia,** con il quale si è cercato di sottrarre competenze alle Province) ne aveva dichiarato l'illegittimità costituzionale affermando che una modifica inerente a detti enti dovrebbe avvenire con legge costituzionale (si vedano sul punto le **sentenze n. 220 e 236 del 2013**). La **legge n. 56 del 2014 (c.d. Legge Delrio)** ha operato al fine di ottenere una maggiore efficienza nell'esercizio decentrato delle funzioni. Punti fondamentali della legge sono stati l'istituzione delle città metropolitane - già introdotte dalla legge n. 142 del 1990, ma mai di fatto operative - e la riforma dell'ente provinciale.

1. L'ordinamento dei Comuni e delle Province.

La **forma di governo degli enti locali** si fonda **sull'elezione diretta** del **Sindaco** e del **Presidente della Provincia**. *"Legislazione elettorale, organi di governo e funzioni fondamentali di Comuni, Province e Città metropolitane"* sono materie di **competenza legislativa esclusiva** dello Stato (art. 117, co. 2, lett. p, Cost.).

A) I Comuni

Il Comune, ai sensi dell'art. 3 Testo Unico degli enti locali (TUEL) di cui al d.lgs. n. 267/2000, è l'ente locale *"che rappresenta la propria comunità, ne cura gli interessi e ne promuove lo sviluppo"*.
Dal 1° gennaio 2016, per effetto della l. 7 agosto 2012, n. 135 (c.d. *Spending Review*) i comuni italiani sono passati da 8.046 a 8.006 a seguito dell'abolizione dei municipi sotto i cinquemila abitanti, inglobati in fusioni che interessano tutta la Penisola. Nel corso del 2018 sono state poi approvate ulteriori fusioni, tali per cui il numero complessivo dei comuni italiani è sceso a 7954.
Gli organi istituzionali del Comune sono:

- il **Consiglio comunale,** organo **normativo** del Comune;
- la **Giunta,** organo **esecutivo**;
- il **Sindaco**, il quale, oltre ad essere l'**organo di rappresentanza** del Comune, è anche **ufficiale di Governo**, esercitando all'interno del Comune alcune funzioni proprie dello Stato (anagrafe, stato civile, servizi elettorali, vigilanza su sicurezza ed ordine pubblico ecc.); ha inoltre potere di emanare **ordinanze**, sia come organo locale (in caso di emergenze sanitarie o di igiene pubblica a carattere esclusivamente locale, *ex* art. 50, co. 5, TUEL) sia come ufficiale di Governo (al fine di prevenire ed eliminare gravi pericoli che minacciano l'incolumità dei cittadini, *ex* art. 54, co. 4, TUEL).

Quanto ai **meccanismi elettorali**, il Consiglio comunale e il Sindaco, ai sensi del TUEL, sono **eletti dal corpo elettorale** attraverso un sistema maggioritario a turno unico (nei comuni con meno di 15.000 abitanti) o a doppio turno (nei comuni con più di 15.000 abitanti). Va segnalato che la **l. n. 56/2014** (*Disposizioni sulle Città metropolitane, sulle Province, sulle unioni e fusioni di Comuni*) detta alcune misure con riferimento alla disciplina generale dei Comuni.
In particolare:

- viene **modificato il numero di consiglieri e assessori** nei Comuni con popolazione inferiore a 10.000 abitanti (10 consiglieri e numero massimo di 2 assessori nei Comuni fino a 3.000 abitanti; 12 consiglieri e numero massimo di 4 assessori nei Comuni con popolazione tra 3.001 e 10.000 abitanti);
- viene sancito la **parità di genere** nelle Giunte comunali, in cui nessuno dei due sessi può essere rappresentato in misura inferiore al 40% (esclusi i Comuni con popolazione fino a 3.000 abitanti);
- è abolito il divieto del terzo mandato consecutivo per i Sindaci dei Comuni fino a
- abitanti. È comunque posto il limite massimo di tre mandati consecutivi;
- è prevista **l'incompatibilità di parlamentare** (nazionale o europeo) o membro del Governo con altra carica pubblica elettiva di natura monocratica relativa ad organi di governo di enti pubblici territoriali aventi, alla data di indizione delle elezioni o della nomina, popolazione superiore a 15.000 abitanti.

La **Giunta** è **formata dal Sindaco** - che ne nomina e revoca i componenti - e assoggettata al controllo politico del Consiglio, che può approvare nei suoi confronti una **mozione di sfiducia**, all'esito della quale anche il Sindaco è tenuto a dimettersi.
Quanto, infine, alle **funzioni**, ai Comuni spetta la rappresentanza della propria comunità nonché, in via principale, l'esercizio delle **funzioni amministrative** in ossequio al principio di sussidiarietà, trattandosi dell'ente locale più vicino ai cittadini. I Comuni sono, quindi, titolari tanto di *"funzioni proprie"* quanto di *"funzioni conferite da leggi statali o regionali"*:

- le **funzioni proprie** sono quelle che riguardano la popolazione e il territorio comunale (art. 13 TUEL) e identificano, pertanto, il Comune nella sua qualità di ente esponenziale della comunità di riferimento;
- **funzioni conferite con legge statale o regionale** sono, invece, quelle inerenti a materie di competenza esclusiva dello Stato o della Regione, ovvero di competenza concorrente, che in forza di apposito provvedimento sono attribuite ai Comuni quale livello territoriale più vicino ai cittadini.

Le **funzioni fondamentali dei Comuni** sono state individuate dall'art. 19 del d.l. n. 95/2012, conv. in l. 7 agosto del 2012, n. 135 in:
a) organizzazione generale dell'amministrazione, gestione finanziaria e contabile e controllo;
b) organizzazione dei servizi pubblici di interesse generale di ambito comunale, ivi compresi i servizi di trasporto pubblico comunale;
c) catasto, ad eccezione delle funzioni mantenute allo Stato dalla normativa vigente;
d) la pianificazione urbanistica ed edilizia di ambito comunale nonché la partecipazione alla pianificazione territoriale di livello sovracomunale;
e) attività, in ambito comunale, di pianificazione di protezione civile e di coordinamento dei primi soccorsi;
f) l'organizzazione e la gestione dei servizi di raccolta, avvio e smaltimento e recupero dei rifiuti urbani e la riscossione dei relativi tributi;
g) progettazione e gestione del sistema locale dei servizi sociali ed erogazione delle relative prestazioni ai cittadini, secondo quanto previsto dall'articolo 118, co. 4, della Costituzione;
h) edilizia scolastica per la parte non attribuita alla competenza delle province, organizzazione e gestione dei servizi scolastici;
i) polizia municipale e polizia amministrativa locale;
l) tenuta dei registri di stato civile e di popolazione e compiti in materia di servizi anagrafici nonché in materia di servizi elettorali, nell'esercizio delle funzioni di competenza statale;
m) servizi in materia statistica.

B) Le Province

La disciplina delle province è stata riformata dalla citata **legge n. 56 del 2014** (cd. Legge Delrio). Secondo la riforma, sono organi della provincia:
- il **Presidente della provincia**,
- il **Consiglio provinciale**,
- l'**Assemblea dei sindaci**.

Tutti gli incarichi sono a titolo gratuito.
Il **Presidente della provincia** ha la rappresentanza dell'ente, convoca e presiede il Consiglio provinciale e l'Assemblea dei sindaci, sovrintende al funzionamento degli uffici. È eletto, in via indiretta, dai sindaci e dai consiglieri dei comuni della provincia; sono eleggibili i sindaci della provincia il cui mandato scada non prima di 18 mesi dalla data delle elezioni. Il Presidente resta in carica quattro anni, ma è prevista la decadenza automatica in caso di cessazione dalla carica di sindaco. L'elezione avviene sulla base di candidature sottoscritte da almeno il 15 per cento degli aventi diritto al voto. Ogni elettore vota per un solo candidato ed il voto è ponderato. È eletto il candidato che consegue il maggior numero di voti, sulla base della predetta ponderazione.
Il **Consiglio provinciale** è composto dal Presidente della provincia e da un numero di consiglieri variabile in base alla popolazione (16, se la popolazione è superiore a 700.000 abitanti; 12, se è compresa tra 300.000 e 700.000 abitanti; 10, se inferiore a 300.000). Svolge funzioni di indirizzo e controllo, approva regolamenti, piani, programmi e approva o adotta ogni altro atto ad esso sottoposto dal Presidente della provincia; ha potere di proposta dello Statuto e poteri decisori finali per l'approvazione del bilancio. Il Consiglio provinciale è organo elettivo di secondo grado e dura in carica 2 anni; hanno diritto di elettorato attivo e passivo i sindaci e i consiglieri dei comuni della provincia. Anche per tali cariche è prevista la decadenza da consigliere provinciale in caso di cessazione dalla carica comunale. Il voto anche in questo caso è ponderato. È prevista la presentazione di liste, sottoscritte da almeno il 5 per cento degli aventi diritto al voto. La lista è composta da un numero di candidati non superiore al numero di consiglieri da eleggere né inferiore alla metà. Il voto non è però attribuito alle liste, ma solo ai singoli candidati. Viene dunque stilata un'unica graduatoria e sono eletti i candidati che ottengono il maggior numero di voti, secondo la ponderazione.
L'**Assemblea dei sindaci** è composta dai sindaci dei comuni della provincia. È competente per l'adozione dello statuto e ha potere consultivo per l'approvazione dei bilanci; lo statuto può attribuirle

altri poteri propositivi, consultivi e di controllo.
Per quanto attiene alle funzioni, la citata l. n. 56/2014 ne individua le fondamentali:
a) pianificazione territoriale provinciale di coordinamento, nonché tutela e valorizzazione dell'ambiente, per gli aspetti di competenza;
b) pianificazione dei servizi di trasporto in ambito provinciale, autorizzazione e controllo in materia di trasporto privato, nonché costruzione e gestione delle strade provinciali;
c) programmazione provinciale della rete scolastica;
d) raccolta ed elaborazione dati ed assistenza tecnico-amministrativa agli enti locali;
e) gestione dell'edilizia scolastica;
f) controllo dei fenomeni discriminatori in ambito occupazionale e promozione delle pari opportunità sul territorio provinciale.
Viene inoltre delineato un complesso procedimento per il riordino delle funzioni attualmente esercitate dalle Province, cui lo Stato e le Regioni provvedono sulla base dei seguenti principi: individuazione per ogni funzione dell'ambito territoriale ottimale di esercizio; efficacia nello svolgimento delle funzioni fondamentali da parte dei Comuni; sussistenza di riconosciute esigenze unitarie; adozione di forme di avvalimento e deleghe di esercizio mediante intesa o convenzione.
Norme specifiche riguardano le Province montane, cui le Regioni riconoscono, nelle materie di loro competenza, forme particolari di autonomia.

2. Le Città metropolitane.

Tra gli enti locali consacrati dalla riforma costituzionale del 2001 vi sono anche le **Città metropolitane**, che a differenza di Comuni e Province rappresentano **enti locali non obbligatori**, la cui costituzione è rimessa cioè all'iniziativa degli enti interessati. Si tratta, più specificamente, di enti formati da una **pluralità di Comuni**, affini per contiguità territoriale, relazioni sociali e culturali, caratteri ambientali, ecc., costituiti - con ordinamento differenziato - all'interno delle cd. **aree metropolitane**. Ove il Comune capoluogo e i Comuni ad esso uniti da contiguità territoriale si costituiscano in **Città metropolitana**, questa acquisisce le **funzioni della Provincia** e adotta un **proprio statuto**.
Le Città metropolitane a seguito della loro costituzione, oltre ad acquistare le medesime funzioni della Provincia, possono esercitare anche **le ulteriori funzioni conferite dalle Regioni**.

La **legge n. 56 del 2014 (Delrio)** ha riordinato il sistema delle autonomie locali partendo dalle Città metropolitane, definite enti territoriali di vasta area. La legge in questione individua quali città metropolitane **Torino, Milano, Venezia, Genova, Bologna, Firenze, Bari, Napoli e Reggio Calabria**, cui si aggiunge la Città metropolitana di **Roma capitale**. A queste si aggiungono le Città metropolitane delle Regioni a statuto speciale: **Cagliari, Catania, Messina, Palermo**.
Alla Città metropolitana sono attribuite le **funzioni** fondamentali delle Province, nonché ai sensi dell'articolo 117, secondo comma, lettera p), Cost.:

a) adozione e aggiornamento annuale di un piano strategico triennale del territorio metropolitano, che costituisce atto di indirizzo per l'ente e per l'esercizio delle funzioni dei comuni e delle unioni di comuni compresi nel predetto territorio, anche in relazione all'esercizio di funzioni delegate o assegnate dalle regioni, nel rispetto delle leggi delle regioni nelle materie di loro competenza;
b) pianificazione territoriale generale, ivi comprese le strutture di comunicazione, le reti di servizi e delle infrastrutture appartenenti alla competenza della comunità metropolitana, anche fissando vincoli e obiettivi all'attività e all'esercizio delle funzioni dei comuni compresi nel territorio metropolitano;
c) strutturazione di sistemi coordinati di gestione dei servizi pubblici, organizzazione dei servizi pubblici di interesse generale di ambito metropolitano. D'intesa con i comuni interessati la città metropolitana può esercitare le funzioni di predisposizione dei documenti di gara, di stazione appaltante, di monitoraggio dei contratti di servizio e di organizzazione di concorsi e procedure selettive;

d) mobilità e viabilità, anche assicurando la compatibilità e la coerenza della pianificazione urbanistica comunale nell'ambito metropolitano;
e) promozione e coordinamento dello sviluppo economico e sociale, anche assicurando sostegno e supporto alle attività economiche e di ricerca innovative e coerenti con la vocazione della città metropolitana come delineata nel piano strategico del territorio di cui alla lettera a);
f) promozione e coordinamento dei sistemi di informatizzazione e di digitalizzazione in ambito metropolitano.

La legge n. 56 del 2014 prevede quali **organi della Città metropolitana**:

- **Sindaco metropolitano** = è di diritto il Sindaco del Comune del Capoluogo e svolge funzioni di rappresentanza, convoca e presiede Consiglio e conferenza, sovrintende al funzionamento di organi e uffici e all'esecuzione degli atti, esercita le altre funzioni che lo Statuto gli assegna;
- **Consiglio metropolitano** = è un organo di indirizzo e controllo formato da Sindaco e consiglieri il cui numero varia a seconda del numero di abitanti sul territorio (24, se la popolazione è superiore a 3 milioni di abitanti; 18, se è compresa tra 800.001 e 3 milioni di abitanti; 14, se pari o inferiore a 800.000). Il Consiglio dura in carica **5 anni**. La cessazione dalla carica comunale comporta la decadenza da consigliere metropolitano. In caso di rinnovo del consiglio del Comune capoluogo, si procede comunque a nuove elezioni del consiglio metropolitano entro 60 giorni dalla proclamazione del Sindaco. Il Consiglio è competente per:
  - proporre alla Conferenza lo Statuto e le sue modifiche;
  - approvare regolamenti, piani e programmi;
  - approvare ed adottare atti sottoposti dal Sindaco metropolitano;
  - adottare schemi di bilancio proposti dal Sindaco per poi sottoporli per il parere alla Conferenza ed adottarli definitivamente a seguito di suddetto parere.

- **Conferenza metropolitana** = è composta dal Sindaco metropolitano e dai sindaci dei Comuni del territorio della città metropolitana. Oltre ad adottare lo Statuto e ad adottare o respingere le modifiche del suo testo, la Conferenza ha poteri propositivi e consultivi.

3. Roma capitale.

Ai sensi dell'**art. 114 Cost.** - così come modificato dalla legge costituzionale n. 3 del 2001 - "*Roma è la capitale della Repubblica*". È la legge dello Stato che deve disciplinare l'ordinamento della Capitale, come avvenuto con la legge n. 42 del 2009: si tratta di un ente territoriale con una speciale **autonomia statutaria, amministrativa e finanziaria,** al quale la legge Delrio ha esteso le norme relative alle città metropolitane. Quest'ultima legge, inoltre, è proprio destinata a dettare disposizioni fondamentali sull'ordinamento di Roma Capitale.
Sono **organi di governo** di Roma Capitale:

- **Assemblea capitolina** = organo di indirizzo e controllo politico-amministrativo composta dal sindaco e dai consiglieri e presieduta da un presidente che viene eletto tra i presidenti nella prima seduta;
- **Sindaco** = responsabile dell'Amministrazione di Roma Capitale;
- **Giunta capitolina** = è composta dal Sindaco stesso che la presiede e da assessori in numero pari ad un quarto dei consiglieri dell'Assemblea capitolina; collabora con il Sindaco nel governo di Roma capitale e compie tutti gli atti che non siano di competenza dell'Assemblea o del Sindaco.

4. Gli altri enti locali e le forme di associazionismo tra enti locali.

A) Comunità montane

Le **Comunità montane** sono state istituite – quali enti di diritto pubblico – dalla l. 3 dicembre 1971, n.

1102 recante *"Nuove norme per lo sviluppo della montagna"*.
Per quanto concerne la competenza legislativa in tale materia, l'art. 27, comma 3, del d.lgs. n. 267/2000 afferma che *"La costituzione della comunità montana avviene con* ***provvedimento del presidente della Giunta regionale****"*. Il successivo co. 4 demanda poi alla legge regionale la disciplina delle Comunità montane con specifico riferimento: a) alle modalità di approvazione dello Statuto; b) alle procedure di concertazione; c) alla disciplina dei piani zonali e dei programmi annuali; d) ai criteri di ripartizione tra le Comunità montane dei finanziamenti regionali e di quelli dell'Unione europea; e) ai rapporti con gli altri enti operanti nel territorio.

B) Comunità isolane e dell'arcipelago

Analoghe alle Comunità montane, le Comunità isolane e di arcipelago sono **Unioni di comuni** che possono essere istituiti in ciascuna **isola o arcipelago di isole** (ad eccezione della Sicilia e della Sardegna), ai sensi dell'art. 29 TUEL, il quale estende ad esse la disciplina sulle Comunità montane.

C) Unioni di comuni

L'art. 32, d.lgs. n. 267/2000 disciplina l'Unione di comuni, ossia **enti locali costituiti da due o più Comuni** di norma contermini, allo scopo di **esercitare congiuntamente una pluralità di funzioni** di loro competenza. La disciplina è stata rivista con il decreto-legge n. 95 del 2012 (conv. con modificazioni nella legge n. 135 del 2012) ed in seguito modificata dalla legge n. 56 del 2014.
L'atto costitutivo e lo Statuto dell'Unione sono approvati dai Consigli dei Comuni partecipanti, con le procedure e la maggioranza richieste per le modifiche statutarie. Lo Statuto individua, poi, gli organi dell'Unione e le modalità per la loro costituzione, oltre che le funzioni svolte dall'Unione e le corrispondenti risorse.
Merita segnalare che con l'art. 16, d.l. 13 agosto 2011, n. 138, convertito con la l. 14 settembre 2011, n. 148, il legislatore, con il dichiarato intento di assicurare il conseguimento degli obiettivi di finanza pubblica, l'ottimale coordinamento della finanza pubblica, il contenimento delle spese degli enti territoriali e il migliore svolgimento delle funzioni amministrative e dei servizi pubblici, ha disposto che, a decorrere dal primo rinnovo successivo alla data di entrata in vigore dello stesso decreto, nei **Comuni con popolazione fino a 1.000 abitanti**, tutte le funzioni amministrative e tutti i servizi pubblici sono esercitati **obbligatoriamente** in forma associata mediante un'Unione di Comuni ai sensi dell'art. 32 TUEL. Nella medesima ottica, si colloca l'art. 19 del d.l. n. 95/2012, il quale ha disposto che i **Comuni con popolazione fino a 5.000 abitanti**, ovvero fino a 3.000 abitanti se appartengono o sono appartenuti a Comunità montane (esclusi i Comuni il cui territorio coincide integralmente con quello di una o di più isole e il comune di Campione d'Italia), **esercitano obbligatoriamente in forma associata**, mediante **Unione di comuni o convenzione**, le funzioni fondamentali dei Comuni.
L'art. 32, comma 3, TUEL - come modificato da ultimo dalla legge n. 56 del 2014 -prevede quali organi dell'Unione:

- il **Presidente**, scelto tra i sindaci dei Comuni associati;
- la **Giunta**, i cui membri debbono essere scelti tra gli assessori dei Comuni associati;
- il **Consiglio**, i cui membri sono eletti in seno ai Consigli dei Comuni.

D) Esercizio associato di funzioni e servizi da parte dei comuni

L'art. 33, d.lgs. n. 267/2000, prevede che le **Regioni**, nell'emanazione delle leggi di conferimento delle funzioni ai Comuni, attuino il **trasferimento delle funzioni nei confronti della generalità dei Comuni**. Al fine di favorire l'esercizio associato delle funzioni dei Comuni di minore dimensione demografica, le Regioni individuano livelli ottimali di esercizio delle stesse, concordandoli nelle sedi concertative di cui all'art. 4 del TUEL. Nei limiti delle previsioni regionali, i Comuni esercitano le **funzioni in forma associata**, individuando autonomamente i soggetti, le forme e le metodologie entro il termine temporale indicato dalla legislazione regionale, decorso inutilmente il quale la Regione esercita il **potere sostitutivo** nelle forme stabilite dalla legge stessa.

5. L'autonomia statutaria e regolamentare.

L'**autonomia statutaria di Province e Comuni,** già riconosciuta dalla l. 8 giugno 1990, n. 142 e dal TUEL, ha trovato consacrazione a livello costituzionale con la riforma del 2001. L'art. **114, comma 2, Cost.** prevede infatti che *"I Comuni, le Province, le Città metropolitane e le Regioni sono enti autonomi con propri statuti, poteri e funzioni secondo i principi fissati dalla Costituzione"*. Pertanto, anche i **Comuni**, le **Province** e le **Città metropolitane**, al pari delle Regioni, sono enti autonomi con propri statuti, poteri e funzioni, secondo i principi fissati dalla Costituzione. Gli statuti comunali sono sottoposti al rispetto dei **principi costituzionali**, ma, diversamente dagli statuti regionali, non ne sono definiti **gli ambiti di competenza, i contenuti e le procedure di approvazione**. A tale compito ha provveduto la legge di attuazione della riforma costituzionale (art. 4, l. 5 giugno 2003, n. 131), la quale ha previsto che lo statuto stabilisce i principi di organizzazione e funzionamento dell'ente, le forme di controllo, anche sostitutivo, nonché le garanzie delle minoranze e le forme di partecipazione popolare; ha altresì previsto che gli statuti degli enti locali devono essere in armonia con la Costituzione e con i principi generali in materia di organizzazione pubblica e devono rispettare la riserva di legge statale sulla legislazione elettorale e sulla determinazione degli organi di governo e delle funzioni fondamentali di Comuni, Province e Città metropolitane, posta dall'art. 117, co. 2, lett. p), Cost.
Si segnala che la riforma del 2001 ha anche provveduto a costituzionalizzare la **potestà regolamentare di Comuni, Province e Città metropolitane** cui si demanda *"la disciplina dell'organizzazione e dello svolgimento delle funzioni loro attribuite"* (art. 117, co. 6, Cost.). Si introduce, quindi, un principio di corrispondenza tra la potestà regolamentare ed amministrativa, tale per cui ogni qualvolta siano riconosciuti poteri amministrativi, sussiste anche il potere normativo di disciplinare l'organizzazione e il funzionamento delle correlative funzioni.

6. I controlli sugli organi degli enti locali.

A) Scioglimento e sospensione del Consiglio comunale e provinciale

Su proposta del Ministro dell'Interno, il Presidente della Repubblica può adottare con decreto il provvedimento di scioglimento del Consiglio comunale o provinciale. Il decreto viene pubblicato in Gazzetta Ufficiale e ne è data immediata comunicazione al Parlamento; nel testo del decreto stesso si dispone anche della gestione commissariata dell'ente attraverso la nomina di un commissario e la definizione delle sue attribuzioni. L'**art. 141 TUEL** prevede i **casi di scioglimento** del Consiglio comunale e provinciale:
a) quando compiano atti contrari alla Costituzione o per gravi e persistenti violazioni di legge, nonché per gravi motivi di ordine pubblico;
b) quando non possa essere assicurato il normale funzionamento degli organi e dei servizi per le seguenti cause:

1) impedimento permanente, rimozione, decadenza, decesso del sindaco o del presidente della provincia;
2) dimissioni del sindaco o del presidente della provincia;
3) cessazione dalla carica per dimissioni contestuali, ovvero rese anche con atti separati purché contemporaneamente presentati al protocollo dell'ente, della metà più uno dei membri assegnati, non computando a tal fine il sindaco o il presidente della provincia;
4) riduzione dell'organo assembleare per impossibilità di surroga alla metà dei componenti del consiglio;

c) quando non sia approvato nei termini il bilancio;
c-bis) nelle ipotesi in cui gli enti territoriali al di sopra dei mille abitanti siano sprovvisti dei relativi strumenti urbanistici generali e non adottino tali strumenti entro diciotto mesi dalla data di elezione degli organi. In questo caso, il decreto di scioglimento del consiglio è adottato su proposta del Ministro dell'interno di concerto con il Ministro delle infrastrutture e dei trasporti.

Mentre è pendente il procedimento per lo scioglimento, in presenza di **motivi di grave ed urgente necessità,** il **Prefetto** può **sospendere** il Consiglio fino a 90 giorni, nominando un commissario prefettizio che si occupi dell'amministrazione provvisoria. La **legge n. 94 del 2009** ha introdotto una particolare **causa di scioglimento** dei Consigli comunali e provinciali conseguente a **fenomeni di infiltrazione e di condizionamento di tipo mafioso o similare** (art. 143 TUEL). È possibile sciogliere i Consigli anche quando emergono concreti, univoci e rilevanti elementi su collegamenti diretti o indiretti con la criminalità organizzata di tipo mafioso o similare degli amministratori, ovvero su forme di condizionamento degli stessi, tali da determinare un'alterazione del procedimento di formazione della volontà degli organi elettivi ed amministrativi e da compromettere il buon andamento e l'imparzialità delle amministrazioni comunali e provinciali, nonché il regolare funzionamento dei servizi alle stesse affidati ovvero che risultano tali da arrecare grave e perdurante pregiudizio per lo stato della sicurezza pubblica.

B) Rimozione e sospensione di amministratori locali

L'art. 142 TUEL prevede l'ipotesi di **rimozione e sospensione di amministratori locali.** Detta norma prevede che con decreto del Ministro dell'interno il Sindaco, il Presidente della provincia, i Presidenti dei consorzi e delle comunità montane, i componenti dei Consigli e delle Giunte, nonché i Presidenti dei consigli circoscrizionali possono essere rimossi quando:

- compiano atti contrari alla Costituzione;
- per gravi e persistenti violazioni di legge;
- per gravi motivi di ordine pubblico.

Anche in questo caso, in attesa del decreto di rimozione può intervenire il **Prefetto** e **sospendere** l'amministratore, in presenza di **motivi di grave e urgente necessità**.

Capitolo 19 | IL SISTEMA DELLE FONTI REGIONALI E LOCALI

1. Gli statuti regionali.

A) Gli statuti delle Regioni ad autonomia speciale

Gli Statuti delle Regioni ad autonomia differenziata, o speciale, sono adottati con **legge costituzionale**, ai sensi dell'art. 116, co. 1, Cost., secondo cui il Friuli-Venezia Giulia, la Sardegna, la Sicilia, il Trentino-Alto Adige e la Valle d'Aosta "*dispongono di forme e condizioni particolari di autonomia, secondo i rispettivi statuti speciali adottati con legge costituzionale*".

Dalla natura di legge costituzionale degli Statuti speciali discende che possono essere modificati solo con la procedura di revisione costituzionale prevista nell'art. 138 Cost. Tuttavia, per la modificazione delle disposizioni statutarie, diversamente da quanto disciplinato dall'art. 138 Cost., la l. cost. n. 2/2001 prevede:

- la consultazione della Regione interessata;
- la non esperibilità del referendum costituzionale nazionale.

Inoltre, la l. cost. n. 2/2001 ha attribuito alle Regioni a Statuto speciale la possibilità di modificare la propria forma di governo con leggi regionali approvate secondo una procedura aggravata, operando in tal modo una "decostituzionalizzazione" di tale importante materia.

Peculiarità dell'ordinamento delle Regioni speciali

Le norme contenute negli Statuti speciali devono considerarsi di diritto eccezionale rispetto alle norme costituzionali relative alle Regioni di diritto comune. Si deve, però, ricordare che l'ordinamento delle Regioni a regime differenziato non si esaurisce nelle norme statutarie ma è integrato da quelle norme contenute nel Titolo V che costituiscono dei principi generali comuni ai due tipi di Regione (ad es., l'art. 120, che fa divieto alle Regioni di istituire dazi di importazione o esportazione o transito fra le Regioni o di adottare provvedimenti che limitano la pari condizione giuridica di tutti i cittadini).

Eventuali lacune statutarie, poi, possono essere colmate con il ricorso in via di analogia ai principi ricavabili non solo dalla Costituzione ma anche dagli altri Statuti speciali (MARTINES).

Il nuovo art. 116 Cost., come anticipato, conferma l'attribuzione di forme e condizioni particolari di autonomia alle Regioni speciali.

Va precisato che ulteriori forme e condizioni particolari di autonomia, ai sensi dell'art. 116, co. 3, Cost., possono essere attribuite anche ad altre Regioni (cd. regionalismo differenziato):

– in tutte le materie che l'art. 117 Cost. attribuisce alla competenza concorrente di Stato e Regioni;
– in un altro limitato numero di materie riservate dallo stesso art. 117 alla competenza legislativa esclusiva dello Stato (organizzazione della giustizia di pace, norme generali sull'istruzione, tutela dell'ambiente, dell'ecosistema e dei beni culturali).

L'attribuzione di queste forme rafforzate di autonomia va stabilita con legge dello Stato, da approvare a maggioranza assoluta, su iniziativa della Regione interessata e sentiti gli enti locali, "sulla base di intesa fra lo Stato e la Regione interessata".

B) Gli statuti delle Regioni ordinarie

In base alla nuova formulazione dell'art. 123 Cost., introdotta con la l. cost. 22 novembre 1999, n. 1, lo statuto delle Regioni di diritto comune è deliberato dal **Consiglio regionale** a **maggioranza assoluta** dei suoi componenti, con **due deliberazioni successive** adottate ad **intervallo non minore di due mesi**. Il nuovo art. 123 prevede che *"per tale legge non è richiesta l'apposizione del visto da parte del Commissario del Governo"*; a seguito dell'entrata in vigore della l. cost. n. 3/2001, infatti, è stato **abrogato** l'originario testo dell'art. 124 Cost., che prevedeva il **Commissario del Governo**, ed è stato soppresso il meccanismo relativo all'apposizione del **visto del Commissario** nei confronti delle leggi regionali. È stata **abolita** altresì **l'approvazione successiva dello Statuto con legge del Parlamento nazionale**, prevista dall'art. 123 Cost. nel suo testo originario. Il Governo ha però la possibilità di promuovere la **questione di legittimità costituzionale sugli statuti regionali** dinnanzi alla Corte costituzionale **entro 30 giorni** dalla loro pubblicazione. A questo controllo, eventuale, della Corte sulla legittimità dello statuto se ne può accompagnare un altro, di tipo politico, che si sostanzia nella **sottoposizione a *referendum* popolare** qualora **entro tre mesi** dalla sua pubblicazione ne faccia richiesta **1/50 degli elettori della Regione o 1/5 dei componenti del Consiglio regionale**. Lo statuto sottoposto a *referendum* non è promulgato se non è approvato dalla maggioranza dei voti validi. Lo Statuto è, quindi, senza dubbio un atto rimesso all'autonomia regionale, posto che, in base alla nuova formulazione dell'art. 123 Cost., non è più previsto che lo stesso, pur deliberato dal Consiglio regionale, debba essere approvato con legge della Repubblica.

Lo Statuto deve disciplinare:

a. la **forma di governo** e i **principi fondamentali di organizzazione e funzionamento**;
b. l'esercizio del **diritto di iniziativa** e del **referendum su leggi e provvedimenti amministrativi** della Regione;
c. la **pubblicazione** delle leggi e dei regolamenti regionali;
d. la disciplina del **Consiglio delle autonomie locali**, quale organo di consultazione fra la Regione e gli enti locali.

A ciò si aggiunga la riserva di statuto prevista dall'art. 122 Cost., nella nuova formulazione, per cui il **Presidente della Giunta regionale, salvo che lo statuto regionale disponga diversamente, è eletto a suffragio universale e diretto**.

Quanto al **rapporto con la legge regionale**, si sostiene la **superiorità dello statuto rispetto alla legge regionale** almeno per ciò che concerne i contenuti necessari dello statuto fissati dall'art. 123 Cost.

Per quanto riguarda, invece, il **rapporto tra lo statuto e la legislazione statale**, va rilevato che, in base alla nuova formulazione dell'art. 123, co. 1, Cost., gli statuti debbono essere ***"in armonia con la Costituzione"*** e non più anche, come previsto nella precedente versione, *"con le leggi della Repubblica"*. Si ritiene che i rapporti tra le due fonti vadano ricostruiti, più che in termini di gerarchia, in termini di **competenza** (Modugno), per cui la legge dello Stato non potrebbe comunque disciplinare materie riservate alla competenza statutaria.

Ulteriori forme e condizioni particolari di autonomia, ai sensi dell'art. 116, comma 2, Cost., possono essere attribuite anche a **Regioni diverse da quelle alle quali è riconosciuta la natura di Regioni speciali**:

- in tutte le materie che l'art. 117 Cost. attribuisce alla *competenza concorrente* di Stato e Regioni;
- in un altro limitato numero di materie riservate dallo stesso art. 117 alla competenza legislativa esclusiva dello Stato (*organizzazione della giustizia di pace, norme generali sull'istruzione, tutela dell'ambiente, dell'ecosistema e dei beni culturali*).

L'attribuzione di queste forme rafforzate di autonomia va stabilita con legge dello Stato, da approvare a maggioranza assoluta, su iniziativa della Regione interessata e, sentiti gli enti locali, *"sulla base di intesa fra lo Stato e la Regione interessata"*.

2. Le leggi regionali.

Il tipo "legge regionale" si configura in generale come **fonte a competenza specializzata** (MODUGNO), delimitata non solo **territorialmente** ma anche **in relazione alle materie**, che spettano alla Regione ora in via concorrente, ora in via esclusiva. A ciò si aggiunga la possibile previsione di ulteriori competenze legislative regionali in materie che altrimenti sarebbero di competenza statale, che può essere stabilita da **leggi ordinarie "rinforzate" ai sensi dell'art. 116, co. 2, Cost.** La potestà normativa regionale - notevolmente ampliata con la riforma del titolo V - incontra alcuni **limiti** (Martines) che possono essere individuati in:

- **limiti generali:** quelli posti dal co. 1 dell'art. 117 Cost., ossia il **rispetto della Costituzione**, dei **vincoli derivanti dall'ordinamento comunitario e dagli obblighi internazionali**; quelli rappresentati da alcune **previsioni costituzionali assolutamente inderogabili per tutte le Regioni**; quelli derivanti dal **riparto di competenze per materie**; quello derivante dalla **natura territoriale dell'ente**, che importa che, di regola, la legge regionale esaurisca la sua efficacia entro l'ambito del territorio regionale; quelli indicati nell'**art. 120 Cost.**, secondo cui la Regione non può istituire dazi d'importazione o esportazione o transito fra le Regioni, non può adottare provvedimenti che ostacolino in qualsiasi modo la libera circolazione delle persone e delle cose fra le Regioni e non può, altresì, limitare l'esercizio del diritto al lavoro in qualunque parte del territorio nazionale;
- **limiti speciali**: dati dai principi generali dell'ordinamento giuridico dello Stato; dalle norme fondamentali delle riforme economico-sociali; dagli obblighi internazionali dello Stato e dai vincoli derivanti dall'ordinamento comunitario; dai principi fondamentali stabiliti dalle leggi dello Stato (nell'esercizio della potestà legislativa concorrente).

La funzione legislativa regionale è esercitata da un'unica Camera, il **Consiglio regionale**. Il **procedimento di formazione della legge regionale** si suddivide in tre fasi: fase dell'iniziativa, fase costitutiva e fase integrativa dell'efficacia.

A) Fase dell'iniziativa

L'iniziativa delle leggi regionali spetta alla Giunta, ai singoli consiglieri ed agli elettori della Regione (in numero variabile, a seconda della Regione). Gli statuti ordinari la attribuiscono anche ai Consigli comunali e provinciali (secondo diverse modalità). Alcuni Statuti, poi, hanno esteso il potere di iniziativa ad altri enti (ad es. le organizzazioni sindacali, le Comunità montane, ecc.) e prevedono che ogni cittadino, associazione o ente ha diritto di far pervenire al Consiglio, nei termini stabiliti dal regolamento consiliare, osservazioni o proposte sui progetti di legge presentati al Consiglio medesimo.

B) Fase costitutiva

Ogni progetto di legge, previo esame da parte della commissione legislativa competente per materia, è discusso e votato dal Consiglio articolo per articolo e con votazione finale.

C) Fase integrativa dell'efficacia

Una volta approvata, la legge regionale viene promulgata dal **Presidente della Giunta**, pubblicata nel **Bollettino Ufficiale della Regione** e riprodotta, a fine di conoscenza, nella **Gazzetta Ufficiale** della Repubblica. Il termine di *vacatio* per la sua entrata in vigore è di 15 giorni che decorrono dalla pubblicazione nel Bollettino Ufficiale. Entro **60 giorni dalla pubblicazione** della legge regionale, il Governo, quando ritenga che essa ecceda la competenza della Regione, può promuovere la **questione di legittimità costituzionale** (art. 127, co. 1, Cost.). La stessa possibilità, e negli stessi termini, è data alla Regione, quando ritenga che una legge o un atto avente valore di legge dello Stato o di un'altra Regione leda la sua sfera di competenza.

3. I regolamenti regionali.

I **regolamenti regionali**, menzionati nell'art. 121, co. 2 e 4, nell'art. 123 Cost. e, ora, nella nuova formulazione dell'art. 117, co. 6, Cost., nonché in disposizioni degli statuti regionali speciali, rientrano tra le **fonti di livello cd. secondario**. In base al nuovo testo dell'art. 117 Cost., la potestà regolamentare spetta allo Stato nelle materie di competenza esclusiva, salva la possibilità di delega alle Regioni, e alle Regioni in ogni altra materia.
Nella **originaria formulazione dell'art. 121 Cost.** la potestà regolamentare era attribuita ai Consigli regionali e l'approvazione dei regolamenti avveniva secondo il medesimo *iter* seguito per l'approvazione delle leggi. Nella **nuova formulazione dell'art. 121 Cost.**, introdotta con l'art. 1 l. cost. n. 1/1999, la potestà regolamentare non è più attribuita esplicitamente al Consiglio regionale: è quindi venuta meno **la relativa riserva di competenza**, consentendo alla Regione una diversa scelta organizzativa da adottarsi con disposizione dello statuto regionale.

4. Le fonti locali.

● Gli Statuti
La nuova formulazione dell'art. 114 Cost. fa ora esplicito riferimento agli **statuti degli enti locali** (Comuni, Province e le neoistituite Città metropolitane). A livello primario, la potestà statutaria delle Province e dei Comuni è disciplinata dall'art. 6 del d.lgs. 19 agosto 2000, n. 267 (TUEL). Inoltre, l'art. 4, co. 1, della l. n. 131/2003 dispone ora che i Comuni, le Province e le Città metropolitane hanno **potestà normativa** (da intendersi come **potestà statutaria e regolamentare) secondo i principi fissati dalla Costituzione**.
Lo **statuto** stabilisce, nell'ambito dei principi fissati dal TUEL, le **norme fondamentali dell'organizzazione dell'ente**, specificando le attribuzioni degli organi e le forme di garanzia e di partecipazione delle minoranze, i modi di esercizio della rappresentanza legale dell'ente, anche in giudizio. Lo statuto stabilisce, altresì, le forme di collaborazione fra Comuni e Province, della partecipazione popolare, del decentramento, dell'accesso dei cittadini alle informazioni e ai procedimenti amministrativi.
Il **procedimento di approvazione** dello statuto, applicabile anche alle modifiche statutarie, prevede una deliberazione dei rispettivi Consigli con il voto favorevole dei 2/3 dei consiglieri assegnati; qualora tale maggioranza non venga raggiunta, la votazione è ripetuta in successive sedute da tenersi entro 30 giorni e lo statuto è approvato se ottiene per due volte il voto favorevole della maggioranza assoluta dei consiglieri assegnati.
Lo statuto, pubblicato nel **Bollettino Ufficiale** della Regione, entra in vigore decorsi trenta giorni dall'affissione nell'**albo pretorio** dell'ente.
Il TUEL non prevede più per gli Statuti in esame il generico rispetto dei "principi fissati dalla legge", limitandosi a richiedere che lo statuto *"nell'ambito dei principi fissati dal presente testo unico"* stabilisca le norme fondamentali dell'organizzazione dell'ente.
Rispetto alle altre fonti locali, lo statuto si trova al vertice di una "microgerarchia" di fonti locali (Pegoraro): infatti, *"nel **rispetto dei principi fissati dalla legge e dallo statuto**", "il comune e la provincia adottano regolamenti nelle materie di propria competenza ed in particolare per l'organizzazione ed il funzionamento delle istituzioni e degli organismi di partecipazione, per il funzionamento degli organi e degli uffici e per l'esercizio delle funzioni"* (art. 7, d.lgs. n. 267/2000).

● I regolamenti
In base a questo disposto, i **regolamenti comunali e provinciali** sembrano godere di una "riserva di competenza" (*Corte cost., sent. n. 250/1996*), che ora trova espressione nel co. 5 dell'art. 117, in base al quale *"i Comuni, le Province e le Città metropolitane hanno potestà regolamentare in ordine alla disciplina dell'organizzazione e dello svolgimento delle funzioni loro attribuite"*.

L'art. 4 della l. n. 131/2003 prevede ora che l'**organizzazione degli enti locali** è disciplinata dai regolamenti nel rispetto delle norme statutarie. In particolare, la disciplina dell'organizzazione, dello svolgimento e della gestione delle funzioni dei Comuni, delle Province e delle Città metropolitane è riservata alla potestà regolamentare dell'ente locale, nell'ambito della legislazione dello Stato o della Regione, che ne assicura i requisiti minimi di uniformità, secondo le rispettive competenze, conformemente a quanto previsto dagli artt. 114, 117, co. 6, e 118 Cost.

5. Le modificazioni territoriali.

A) Fusione di Regioni esistenti o la creazione di nuove Regioni

La Costituzione prevede procedure particolari per la **creazione** di nuove Regioni o la **fusione** di Regioni esistenti e per il **distacco** di Comuni o Province da una Regione per la loro **aggregazione** ad un'altra (art. 132).

Per la fusione di Regioni esistenti o la **creazione di nuove Regioni** l'art. 132, co. 1, Cost. richiede:

a) una **legge costituzionale**;

b) un minimo di un **milione di abitanti**;

c) la **richiesta** di tanti **Consigli comunali** che rappresentino almeno 1/3 delle popolazioni interessate;

d) l'approvazione della proposta con ***referendum*** da parte della maggioranza delle **popolazioni interessate**.

B) Distacco di Province e Comuni

Per il distacco di Province e Comuni da una Regione e la loro aggregazione ad un'altra, il co. 2 dell'art. 132 Cost. richiede, invece:

a) una **legge ordinaria**;

b) la **richiesta** delle **Province** o dei **Comuni** interessati;

c) il **parere dei Consigli regionali**;

d) l'approvazione della maggioranza delle popolazioni della Provincia o delle Province interessate e del Comune o dei Comuni interessati espressa mediante ***referendum***.

C) Istituzione di nuove Province o mutamento delle circoscrizioni provinciali

Per quanto riguarda, infine, il **mutamento delle circoscrizioni provinciali** e la **istituzione di nuove Province** nell'ambito di una Regione, l'art. 133, co. 1, Cost. richiede:

a) una **legge ordinaria**;

b) l'**iniziativa dei Comuni** coinvolti;

c) il **parere della Regione.**

D) Istituzione di nuovi Comuni o modificazioni di circoscrizioni e denominazione

Infine, ai sensi del co. 2 dell'art. 133, la **Regione**, sentite le popolazioni interessate, può con **proprie leggi** istituire nel suo territorio **nuovi Comuni** e modificare le loro circoscrizioni e denominazioni.

MAPPA CONCETTUALE

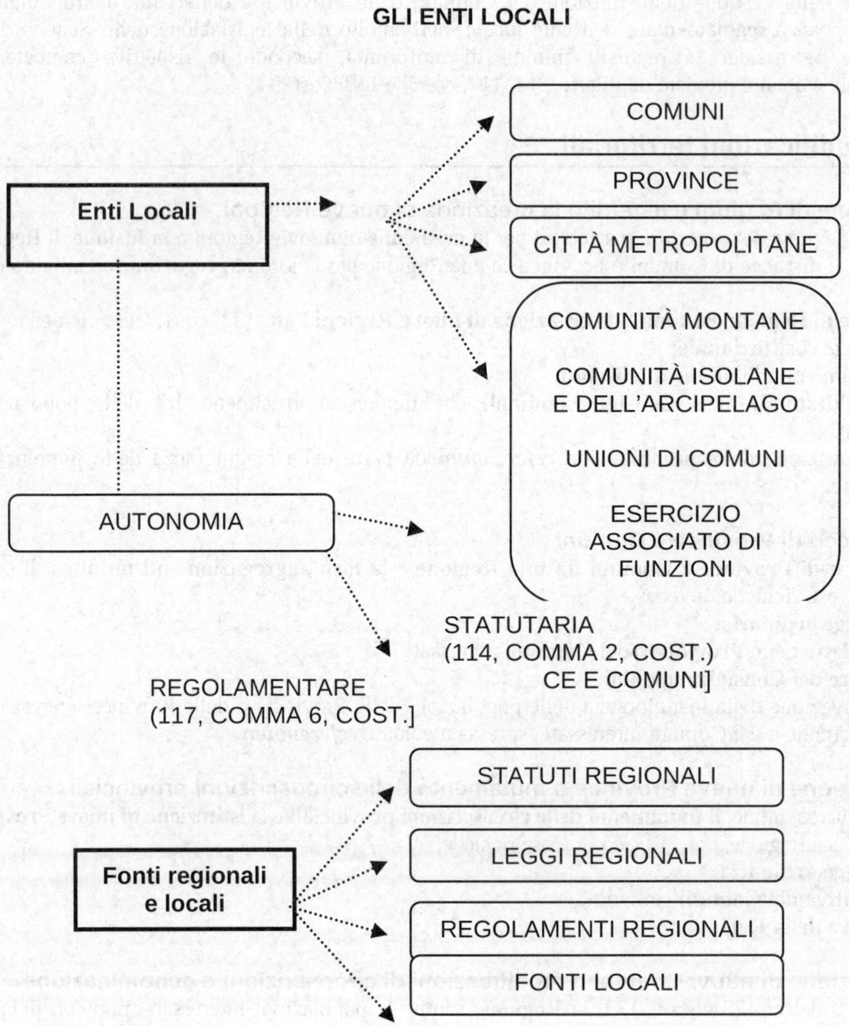

MAPPA CONCETTUALE

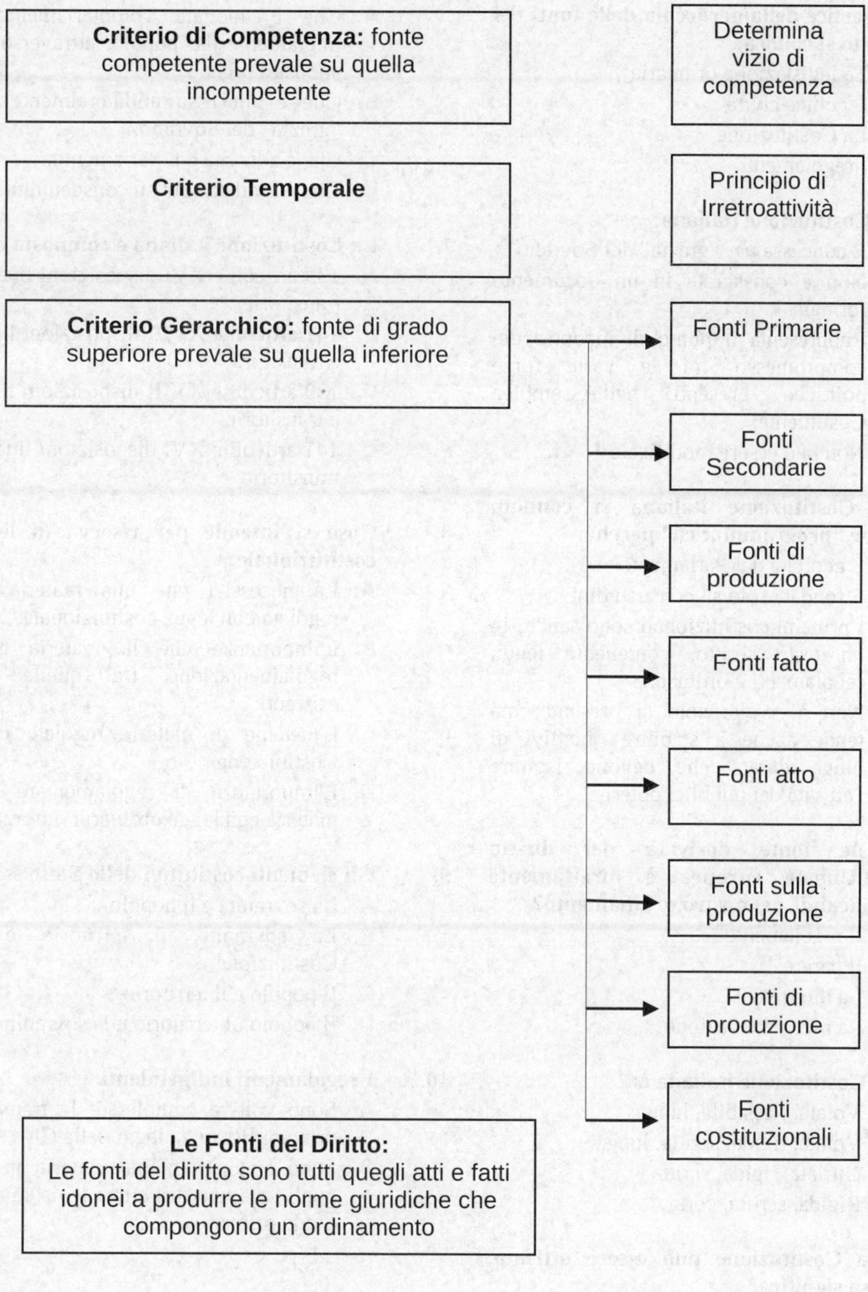

COSTITUZIONE = 139 ARTICOLI + 18 DISPOSIZIONI — XVIII TRANSITORIE E FINALI

50 QUIZ FACILI

1. **Al vertice della gerarchia delle fonti del diritto si colloca:**
   A. La legislazione ordinaria
   B. Il codice civile
   C. La Costituzione
   D. I regolamenti

2. **La Costituzione italiana:**
   A. È concessa per "grazia" del Sovrano
   B. Non è consacrata in un documento formale
   C. Rappresenta il punto di incontro del compromesso fra le varie forze politiche presenti nell'Assemblea Costituente
   D. Non può essere modificata

3. **La Costituzione italiana si connota come "programmatica" perché:**
   A. È adottata dal Parlamento
   B. È fondata solo su consuetudini
   C. I principi costituzionali sono sanciti in un testo scritto, contenente leggi, regolamenti e ordinanze
   D. Non è rivolta solo al presente, ma tende anche a stabilire obiettivi di lunga durata che devono ispirare l'attività dei pubblici poteri

4. **Quale fonte derivata del diritto dell'Unione europea è direttamente applicabile nel nostro ordinamento**?
   A. Il regolamento
   B. Il parere
   C. La direttiva
   D. La raccomandazione

5. **La Costituzione italiana è:**
   A. Votata, flessibile, lunga.
   B. Votata, rigida, scritta, lunga.
   C. Ottriata, rigida, scritta.
   D. Rigida, scritta, corta.

6. **Una Costituzione può essere ottriata. Cosa significa?**
   A. Che è adottata volontariamente e liberamente dal popolo, attraverso un apposito organo.
   B. Che è concessa unilateralmente per "grazia" del Sovrano.
   C. Che è adottata dal Parlamento.
   D. Che è fondata solo su consuetudini.

7. **La Costituzione italiana è composta da:**
   A. 139 articoli e XVI disposizioni finali e transitorie
   B. 141 articoli e XVIII disposizioni finali e transitorie
   C. 139 articoli e XVIII disposizioni finali e transitorie
   D. 141 articoli e XVI disposizioni finali e transitorie

8. **Cosa si intende per riserva di legge costituzionale?**
   A. La necessità che una materia sia regolata con legge costituzionale
   B. L'importanza che la materia trovi regolamentazione tra quelle già esistenti
   C. L'insieme di materie regolate dalla Costituzione
   D. L'importanza di regolamentare una materia con legge ordinaria rinforzata

9. **Gli elementi costitutivi dello Stato sono:**
   A. La sovranità e il popolo
   B. La sovranità, il territorio e la Costituzione
   C. Il popolo e il territorio
   D. Il popolo, il territorio e la sovranità

10. **I regolamenti indipendenti:**
   A. Sono volti a completare la trama di principi fissati da leggi della CE
   B. Sono emanati in una materia in cui non vi sia una disciplina legislativa di grado primario

C. Sono destinati esclusivamente ad attuare una disciplina di rango legislativo con norme di dettaglio
D. Sono emanati dal Governo, volti ad attuare le direttive comunitarie

11. In base all'art. 73 della Costituzione, da chi sono promulgate le leggi dello Stato?
A. Dal Presidente della Repubblica
B. Dal Presidente del Consiglio dei Ministri
C. Dal Presidente della Camera dei Deputati
D. Dal Presidente del Senato

12. Secondo l'art. 97 della Costituzione i pubblici uffici sono organizzati secondo disposizioni di legge in modo da:
A. Non accedervi attraverso concorso
B. Assicurare il buon andamento e l'imparzialità dell'amministrazione
C. Non determinare le responsabilità dei funzionari
D. Assicurare l'accesso attraverso passaparola

13. Secondo l'art. 100 della Costituzione, quale organo esercita funzioni consultive in materia giuridico-amministrativa?
A. Il Senato
B. Il Parlamento
C. Il Governo
D. Il Consiglio di Stato

14. Secondo l'art. 94 della Costituzione, il Governo deve avere la fiducia:
A. Del Presidente della Repubblica
B. Del Senato
C. Delle due Camere
D. Del Presidente del Consiglio

15. Per forma di governo si intende:
A. Il rapporto tra gli organi di vertice dello Stato
B. La procedura di formazione del Governo
C. Il rapporto tra i cittadini e gli organi politici
D. Il rapporto tra Parlamento e Governo

16. I regolamenti di esecuzione:
A. Sono necessari per l'esecuzione della legge e pertanto presuppongono una legge precedente a cui si collegano
B. Sono emanati dal Governo, volti ad attuare le direttive comunitarie
C. Sono emanati dal Governo in materie non soggette a riserva assoluta di legge, volti a sostituire la legge vigente
D. Sono volti a disciplinare il funzionamento delle pubbliche amministrazioni secondo disposizioni dettate dalla legge

17. L'analogia è:
A. Un criterio interpretativo utilizzabile a fronte di lacune dell'ordinamento
B. Sempre utilizzabile in materia penale
C. Un criterio interpretativo utilizzabile solo dai giudici
D. Una fonte del diritto

18. Cosa si intende per ordinamento giuridico?
A. La costituzione di uno Stato
B. L'insieme di norme che regolano i rapporti sociali e giuridici
C. Le disposizioni che disciplinano il funzionamento degli organi amministrativi
D. L'insieme delle istituzioni e norme giuridiche in un gruppo sociale

19. Cosa si intende per legislatura?
A. Il periodo in cui dura in carica il Senatore
B. Il periodo in cui dura in carica il Presidente della Repubblica
C. Il periodo in cui dura in carica il Presidente del Consiglio
D. Il periodo in cui dura in carica il Parlamento

20. La funzione esecutiva è esercitata:
A. Dal Parlamento
B. Dal Governo
C. Dal Presidente della Repubblica
D. Dal Presidente del Consiglio

21. CNEL sta per:

A. Centro Nazionale Energia Elettrica
B. Consiglio Nazionale Enti Locali
C. Centro Nazionale dell'Economia e del Lavoro
D. Consiglio Nazionale dell'Economia e del Lavoro

22. Qual è un istituto di democrazia diretta?

A. L'elezione del Senato della Repubblica
B. L'elezione del Presidente della Giunta regionale
C. Il diritto di iniziativa legislativa popolare
D. L'elezione della Camera dei Deputati

23. Quale organo, secondo l'articolo 112 della Costituzione, ha l'obbligo di esercitare l'azione penale:

A. Il Presidente del Consiglio
B. Il Pubblico Ministero
C. Il Presidente della repubblica
D. Il Presidente del Consiglio di Stato

24. Come si definisce lo Stato?

A. L'unione di un popolo dotato di potestà sovrana
B. Un'entità astratta per esigenze di didattica giuridica
C. Un'organizzazione sociale nata dal raggruppamento politico che detiene il potere
D. L'insieme di individui che appartengono a classi sociali differenti

25. Secondo la costituzione quando sono pubblicate le leggi?

A. Subito dopo l'approvazione
B. Prima dell'approvazione
C. Subito dopo la promulgazione
D. Prima della promulgazione

26. Le dimissioni del Governo in seguito alla sfiducia delle Camere sono:

A. Di rito
B. Facoltative
C. Opportune
D. Obbligatorie

27. L'art. 101 della Costituzione dispone che:

A. La giustizia è amministrata in nome della Repubblica
B. La giustizia è amministrata in nome del popolo
C. La giustizia è amministrata in nome dell'ordinamento giuridico
D. La giustizia è amministrata in nome della Nazione

28. L'art. 87 della Costituzione indica il Presidente della Repubblica quale:

A. Capo dello Stato e rappresentante internazionale dello Stato italiano
B. Rappresentante dei poteri dello Stato
C. Capo dello Stato e rappresentante dell'unità nazionale
D. Capo del Governo.

29. Una volta eletto il Presidente della Repubblica deve prestare giuramento di fedeltà e osservanza della Costituzione davanti:

A. alla Camera dei Deputati
B. al Senato
C. al Parlamento in seduta comune
D. Nessuna delle precedenti

30. Il Presidente della Repubblica:

A. Autorizza il Parlamento a concedere la grazia.
B. Dà validità, con la propria controfirma, a tutti gli atti del Presidente del Consiglio dei Ministri.
C. Può, revocare i Presidenti delle Camere
D. Nomina, nei casi indicati dalla legge, i funzionari dello Stato.

31. Il sistema tributario italiano - dispone l'art. 53 della Costituzione - è informato a criteri:

A. Di progressività.
B. Di proporzionalità.
C. Di pari opportunità.
D. Di economicità.

N.B. → anche i ministri senza portafoglio fanno parte del CDM

32. Fanno parte del Consiglio dei Ministri:
A. I ministri con portafoglio
B. I ministri senza portafoglio
C. I ministri con e senza portafoglio
D. Anche gli aspiranti ministri

33. Che cos'è un decreto delegato?
A. Un decreto avente forza di legge, deliberato dal Governo su delega del Parlamento, emanato dal Presidente della Repubblica
B. Un provvedimento esecutivo emesso dal Governo
C. Un provvedimento urgente emanato dal Presidente della Repubblica e adottato dalle Camere
D. Un provvedimento legislativo emesso per delega del Parlamento

34. La data in cui è entrata in vigore la Costituzione Italiana è:
A. 1^ gennaio 1949
B. 22 dicembre 1947
C. 1^ gennaio 1948
D. 2 giugno 1946

35. Secondo la Costituzione italiana, lo Stato italiano e la Chiesa sono:
A. sovrani e indipendenti, ciascuno nel proprio ordine
B. indipendenti, ma l'ordinamento della Repubblica deve tenere conto dei principi della religione cattolica, che è la religione di Stato
C. dipendenti, nel senso che l'ordinamento della Chiesa deve essere uniforme a quello dello Stato italiano
D. sovrani ciascuno nel proprio ordine, ma la Chiesa dipende economicamente dallo Stato italiano

36. La Costituzione attualmente in vigore fu promulgata dal Capo provvisorio dello Stato:
A. Antonio Segni
B. Alcide De Gasperi
C. Enrico De Nicola
D. Palmiro Togliatti

37. Esiste una disposizione costituzionale che stabilisce che Roma è la capitale della Repubblica?
A. Sì
B. No, è una prassi
C. No, è solo il risultato di eventi storici passati
D. No, il compito è demandato a una legge ordinaria

38. Secondo la Costituzione, in Italia la responsabilità penale è:
A. personale
B. personale e solidale
C. personale e imprescrittibile
D. collettiva

39. Secondo la Costituzione italiana la Repubblica è costituita da:
A. Comuni, Province, Città metropolitane, Regioni e Stato
B. Comuni, Province, Regioni e Stato
C. Comuni, Regioni e Stato
D. Comuni, Province e Regioni

40. Il carattere rigido della Costituzione italiana indica che:
A. il testo della Costituzione italiana non può in alcuna parte subire modificazioni
B. la Costituzione italiana può essere modificata limitatamente al titolo V
C. la Costituzione stessa non può essere modificata da leggi ordinarie dello Stato, ma solo da leggi di revisione costituzionale, ossia da leggi adottate con procedimento aggravato
D. il testo della Costituzione italiana può subire modificazioni con leggi ordinarie dello Stato, purché votate a maggioranza assoluta

41. La Costituzione italiana è stata:
A. adottata dal Governo
B. approvata da un'assemblea costituente appositamente eletta
C. approvata dal popolo con referendum
D. approvata dal Parlamento

42. In base alla Costituzione italiana, la Repubblica agevola con particolare riguardo le famiglie:

A. numerose
B. extracomunitarie
C. contadine
D. con un solo genitore che lavora

43. Le limitazioni alla sovranità nazionale previste dalla Costituzione italiana sono ammissibili:

A. se ciò è necessario per la conclusione di accordi internazionali
B. se ciò è necessario per la costituzione di un ordinamento che assicuri la pace e la giustizia fra le Nazioni
C. se ciò è necessario per la risoluzione delle controversie internazionali
D. se ciò è necessario per la distensione internazionale

44. Che cosa si indica con l'espressione "*vacatio legis*"?

A. La carenza di un testo di legge in una determinata materia che, appunto, rimane priva di regolamentazione normativa
B. L'arco di tempo che va dal momento della pubblicazione della legge sulla Gazzetta Ufficiale fino al quindicesimo giorno successivo, momento in cui, di regola, la legge entra in vigore
C. L'arco di tempo che va dall'approvazione parlamentare del testo di legge fino al momento della sua promulgazione da parte del Presidente della Repubblica
D. Una legge delega, oppure una legge che prevede che determinate materie siano successivamente disciplinate mediante regolamenti

45. Con quale atto si autorizza la ratifica dei trattati internazionali aventi natura politica?

A. Con direttiva dell'Unione europea
B. Con regolamento
C. Con decreto del ministro degli Affari esteri
D. Con legge

46. La legge penale, nell'ordinamento italiano, può essere retroattiva?

A. Si, se è maggiormente favorevole al reo
B. No, mai
C. Si, ma solo per i reati colposi
D. A volte, dipende dalla tipologia e dalla gravità del reato

47. Secondo la Costituzione italiana, il Presidente della Repubblica NON è responsabile degli atti compiuti nell'esercizio delle sue funzioni, tranne per i casi di:

A. violazione di trattati internazionali
B. alto tradimento e terrorismo
C. omicidio non colposo
D. alto tradimento e attentato alla Costituzione

48. In base alla Costituzione italiana, il Presidente del Consiglio dei ministri è nominato:

A. dal Parlamento
B. dal Presidente della Repubblica
C. dal Governo
D. dai Presidenti di Camera e Senato

49. A norma della Costituzione italiana, lo stato di guerra è deliberato:

A. dal Governo
B. dal Presidente della Repubblica
C. dalle Camere
D. dal Presidente del Consiglio dei Ministri

50. Qual è la durata del mandato del Presidente della Repubblica?

A. Cinque anni
B. Sette anni
C. Coincide con la durata della legislatura
D. Sei anni

RISPOSTE

1. C
2. C
3. D
4. A
5. B
6. B
7. C
8. A
9. D
10. B
11. A
12. B
13. D
14. C
15. A
16. A
17. A
18. D
19. D
20. B
21. D
22. C
23. B
24. A
25. C
26. D
27. B
28. C
29. C
30. D
31. A
32. C
33. A
34. C
35. A
36. C
37. A
38. A
39. A
40. C
41. B
42. A
43. B
44. B
45. D
46. A
47. D
48. B
49. C
50. B

50 QUIZ INTERMEDI

1. **Si parla di interpretazione autentica delle fonti legislative quando:**
   A. È compiuta da un organo dello Stato nell'esercizio delle sue funzioni
   B. Viene fatta dallo stesso legislatore con legge successiva.
   C. È proveniente dagli organi giurisdizionali.
   D. Quando è contenuta soprattutto in opere accademiche di professori di diritto.

2. **A quale giurisdizione è sottoposto il Presidente del Consiglio dei ministri per i reati commessi nell'esercizio delle sue funzioni?**
   A. Alla giurisdizione della Corte dei Conti.
   B. Alla giurisdizione ordinaria.
   C. Alla giurisdizione del Consiglio di Stato.
   D. Alla giurisdizione della Corte Costituzionale.

3. **Al termine del suo mandato quale carica spetta di diritto al Presidente della Repubblica?**
   A. Membro della Camera dei deputati
   B. Giudice della Corte costituzionale
   C. Presidente della Corte costituzionale
   D. Senatore a vita

4. **Secondo quanto dispone la Costituzione, chi ha il comando delle forze armate in Italia?**
   A. Il Capo di stato maggiore della difesa
   B. Il Ministro della difesa
   C. Il Presidente della Repubblica
   D. Il Consiglio Supremo di Difesa

5. **Secondo la Costituzione, in caso di morte del Presidente della Repubblica, quale organo ha il potere di esercitarne le funzioni?**
   A. Il Presidente del Senato, sino alla scadenza naturale del mandato
   B. Il Presidente della Corte costituzionale
   C. Il Vice Presidente del Senato
   D. Il Presidente del Senato, sino all'elezione del nuovo Presidente della Repubblica

6. **A norma della Costituzione, il potere di concedere la grazia e commutare le pene è concesso:**
   A. al Parlamento, con legge approvata a maggioranza qualificata
   B. al Presidente del consiglio dei ministri
   C. al Presidente della Repubblica
   D. a nessun organo dello Stato

7. **Secondo la Costituzione, quando viene presentato alle Camere un disegno di legge di iniziativa del Governo chi ne autorizza la presentazione?**
   A. Il Presidente della Repubblica
   B. il ministro della giustizia
   C. Il sottosegretario alla presidenza del Consiglio dei ministri
   D. Il Presidente del Consiglio dei ministri

8. **La libertà personale, ai sensi dell'art. 13 della Costituzione, viene maggiormente tutelata grazie alla previsione di:**
   A. una riserva relativa di legge e una riserva di giurisdizione
   B. una riserva assoluta di legge e una riserva di giurisdizione
   C. di una sola riserva relativa di legge
   D. di una sola riserva assoluta di legge

9. **Quale di queste affermazioni è espressamente contenuta nella Costituzione?**
   A. La scuola è obbligatoria per tutti
   B. L'istruzione inferiore è impartita per almeno cinque anni
   C. La scuola è aperta a tutti
   D. L'istruzione superiore è gratuita

10. **Gli statuti delle Regioni ad autonomia ordinaria sono adottati:**

A. con legge regionale
B. con una deliberazione del Consiglio dei Ministri
C. con legge costituzionale
D. con regolamento

11. Chi svolge le funzioni di Vice Presidente del Parlamento in seduta comune?
A. I Vice Presidenti che compongono l'Ufficio di Presidenza del Senato
B. I Vice Presidenti che compongono l'Ufficio di Presidenza della Camera dei deputati
C. Il Presidente del Senato
D. Il ministro della Funzione pubblica

12. Cosa stabilisce la Costituzione della Repubblica Italiana in merito alla responsabilità civile dei funzionari e dipendenti dello Stato e degli Enti pubblici?
A. Che la responsabilità civile si estende allo Stato e agli Enti pubblici
B. Che la responsabilità civile non si estende in nessuna circostanza allo Stato
C. Che la responsabilità civile si estende allo Stato ma solo per i casi più gravi
D. Che la responsabilità civile si estende allo Stato ma non agli Enti pubblici

13. Ai sensi delle disposizioni costituzionali, qual è l'età minima richiesta per poter essere eletti Deputati?
A. La maggiore età
B. 25 anni
C. 40 anni
D. Per l'elettorato passivo, non è prevista un'età minima ma una massima

14. In quale momento il candidato all'elezione a Deputato deve possedere il requisito dell'età stabilito dall'articolo 56 della Costituzione italiana?
A. Entro l'ultimo giorno di presentazione della candidatura
B. Entro l'ultimo giorno di presentazione delle liste elettorali
C. Nel giorno delle elezioni
D. Entro il giorno della proclamazione degli eletti

15. Secondo la Costituzione italiana, in base a quale principio i Comuni favoriscono l'autonoma iniziativa dei cittadini, singoli e associati, per lo svolgimento di attività di interesse generale?
A. In base al principio di concorrenzialità
B. In base al principio di libertà di iniziativa economica e sociale
C. In base al principio di sussidiarietà
D. In base al principio di libertà

16. La Costituzione italiana stabilisce che le Regioni, in materia di libera circolazione delle cose e delle persone tra di loro:
A. non possono ostacolarla per nessun motivo
B. possono ostacolarla, ma solo con provvedimenti motivati
C. possono ostacolarla, ma solo in casi eccezionali stabiliti con legge dello Stato
D. possono ostacolarla per motivi di ordine pubblico

17. A quale organo la Costituzione attribuisce la competenza alla consultazione tra le Regioni e gli Enti Locali?
A. Al Consiglio delle Autonomie Locali
B. Alla Conferenza Unificata
C. Al Comitato delle Regioni
D. Alla conferenza Stato Regioni

18. Quale significato è ordinariamente attribuito al termine "*prorogatio*"?
A. Il prolungamento dei poteri delle Camere disposta per legge ed in caso di guerra
B. Il prolungamento dei poteri delle Camere scadute o sciolte, sino alla prima riunione delle nuove Camere
C. Il permanere in carica della Corte costituzionale per il disbrigo degli affari correnti
D. Il prolungamento dei poteri delle

Camere durante il periodo estivo, per far fronte a particolari emergenze

19. In base alla Costituzione italiana, quando il Governo ritiene che una legge regionale ecceda la competenza della Regione, di fronte a quale organo la può impugnare?
- A. Alla Corte Costituzionale, entro sessanta giorni dalla pubblicazione
- B. Alla Corte di Cassazione, entro sessanta giorni dalla pubblicazione
- C. Al Consiglio di Stato, entro novanta giorni dalla pubblicazione
- D. Alla Corte Costituzionale, entro sei mesi dalla pubblicazione

20. Secondo la Costituzione italiana, i genitori, nei confronti dei figli nati al di fuori del matrimonio, hanno:
- A. gli stessi diritti e doveri che hanno rispetto ai figli legittimi
- B. gli stessi diritti, ma non gli stessi doveri che hanno rispetto ai figli legittimi
- C. il solo dovere di riconoscerli
- D. il solo dovere di mantenerli

21. La violazione del divieto di pubblicazioni a stampa contraria al buon costume:
- A. può dare solo luogo ad azioni risarcitorie successive
- B. viene impedita con il sequestro delle attrezzature di stampa
- C. viene impedita con il sequestro degli stampati
- D. non prevede alcuno strumento sanzionatorio, posto che la nozione di buon costume è troppo generica per essere determinata

22. In base all'art. 27 della Costituzione, qual è la funzione della pena?
- A. rieducativa
- B. retributiva
- C. di prevenzione generale
- D. Impositiva

23. A norma dell'art. 29 della Costituzione, quali sono i limiti che il matrimonio incontra?
- A. Non ci sono limiti
- B. Sono limiti riguardo all'impossibilità del matrimonio tra persone dello stesso sesso
- C. Sono limiti stabiliti dalla legge a garanzia dell'unità familiare
- D. Sono limiti che riguardano i minori

24. A norma dell'art. 17 della Costituzione si prevede che per le riunioni, anche in luogo aperto al pubblico:
- A. non sia richiesto preavviso
- B. sia richiesto preavviso
- C. non siano ammesse
- D. sia richiesto preavviso almeno dieci giorni prima della riunione

25. L'art. 16 della Costituzione prevede che ogni cittadino possa soggiornare liberamente in qualsiasi parte del territorio nazionale, salvo alcune limitazioni; quali?
- A. Motivi di sanità o di sicurezza
- B. Motivi di sanità o di incolumità pubblica
- C. Motivi di sicurezza o di ordine pubblico
- D. Motivi politici

26. Nel caso di incapacità dei genitori, la Costituzione italiana prevede che siano assolti i loro compiti:
- A. in conformità a quanto stabilito, caso per caso, dal giudice tutelare
- B. in conformità alle disposizioni regolamentari
- C. in conformità a quanto stabilito, caso per caso, dall'autorità competente
- D. in conformità con le disposizioni di legge

27. Secondo la Costituzione, quale organo può procedere a indire il referendum popolare?
- A. Il Presidente della Repubblica
- B. Il Presidente del Consiglio dei ministri
- C. Il Presidente della Corte costituzionale
- D. Il Governo

28. Il principio di laicità del nostro ordinamento:

A. è sancito in una legge dello Stato

B. è sancito esplicitamente in una disposizione costituzionale

C. è affermato in una sentenza della Corte Europea dei diritti dell'uomo

D. Si ricava dalla interpretazione combinata di una serie di disposizioni costituzionali ed è stato affermato anche dalla Corte costituzionale

29. Nella Costituzione italiana è contenuta l'affermazione: "non è ammessa l'estradizione dello straniero per reati politici"?

A. Si, nei Principi fondamentali

B. No, la Costituzione non dice nulla in proposito

C. No, l'estradizione dello straniero non è ammessa solo se la pena prevista per il reato commesso è la pena capitale

D. No, in quanto l'estradizione dello straniero è sempre ammessa

30. Secondo la Costituzione italiana, l'estradizione è:

A. consentita solo da leggi dello Stato

B. decisa dal governo

C. consentita solo da convenzioni internazionali

D. decisa dalle due Camere in seduta congiunta

31. Secondo la Costituzione italiana, le Province:

A. hanno un proprio patrimonio ma non risorse autonome in quanto dispongono di risorse fisse determinate con legge della Regione di appartenenza

B. non hanno né un proprio patrimonio né risorse autonome

C. non hanno un proprio patrimonio ma risorse erogate dalla Regione di appartenenza sulla base della estensione territoriale

D. hanno un proprio patrimonio e risorse autonome in quanto stabiliscono e applicano tributi ed entrate propri

32. Secondo il Titolo V della Costituzione italiana le Regioni hanno potestà regolamentare:

A. in ogni materia

B. in ogni materia che non rientri nella legislazione esclusiva dello Stato, salvo delega

C. esclusivamente nelle materie in relazione alle quali è conferita delega dallo Stato

D. esclusivamente nelle materie relative all'ordinamento e all'organizzazione amministrativa dello Stato

33. A norma dell'art. 79 della Costituzione l'amnistia e l'indulto:

A. Debbono applicarsi in ogni caso ai reati commessi successivamente alla presentazione del disegno di legge

B. Non possono applicarsi ai reati commessi anteriormente alla presentazione del disegno di legge

C. Possono applicarsi ai reati commessi successivamente alla presentazione del disegno di legge, se la presentazione dello stesso avviene almeno a maggioranza dei due terzi dei componenti di ciascuna Camera

D. In ogni caso non possono applicarsi ai reati commessi successivamente alla presentazione del disegno di legge

34. A quale giurisdizione è sottoposto il Presidente del Consiglio dei ministri per i reati commessi nell'esercizio delle sue funzioni?

A. Alla giurisdizione della Corte dei Conti.

B. Alla giurisdizione ordinaria.

C. Alla giurisdizione del Consiglio di Stato.

D. Alla giurisdizione della Corte Costituzionale.

35. Il Parlamento svolge anche atti tipici della funzione di indirizzo politico, ovvero le mozioni e le risoluzioni. Le risoluzioni:

A. Sono dirette a manifestare orientamenti o a definire indirizzi su specifici argomenti.

B. Sono domande rivolte al Governo per conoscere qualche cosa.

C. Sono semplici domande rivolte al Governo su una circostanza determinata, come ad esempio se un fatto è veramente accaduto.

D. Sono gli atti che precedono la messa in stato d'accusa dei membri delle Camere.

36. Il sistema di garanzia previsto dalla Costituzione riguarda in modo particolare la magistratura ordinaria che, a seconda della funzione svolta, è suddivisa in organi giudicanti e requirenti. Sono:

A. Organi giudicanti il giudice di Pace, il Tribunale per i minorenni e la Corte d'assise.

B. Organi giudicanti quelli che operano come pubblici ministeri presso gli organi giudicanti.

C. Organi requirenti quelli che esercitano le funzioni giurisdizionali spettanti alla magistratura ordinaria

D. Organi requirenti il Procuratore della Repubblica presso il Tribunale e la Corte d'assise.

37. Il Presidente della Corte Costituzionale è eletto:

A. Per un triennio ed è rieleggibile.

B. Per un triennio e non è rieleggibile.

C. Per nove anni ed è rieleggibile.

D. Per un biennio ed è rieleggibile.

38. Il referendum di cui all'art. 138 della Costituzione:

A. Può avere per oggetto una legge di revisione della Costituzione.

B. Può avere per oggetto l'abrogazione totale di una legge dello Stato.

C. Può avere per oggetto l'abrogazione parziale di un atto avente forza di legge dello Stato

D. Può avere per oggetto solo una legge costituzionale.

39. Quando la Corte Costituzionale giudica sulle controversie relative alla legittimità costituzionale delle leggi e degli atti aventi forza di legge dello Stato e delle Regioni:

A. Svolge una funzione amministrativa.

B. Svolge una funzione di garanzia.

C. Svolge un controllo di merito.

D. Svolge una funzione arbitrale.

40. Il Presidente della Corte costituzionale:

A. È eletto dalla Corte tra i componenti di nomina del Parlamento

B. È designato dal Parlamento.

C. È nominato dal CSM.

D. È eletto dalla Corte tra i suoi componenti.

41. Il Presidente della Repubblica, prima di promulgare una legge può, con messaggio motivato alle Camere, chiedere una nuova deliberazione. Se queste approvano nuovamente la legge nel medesimo testo, egli:

A. Ha l'obbligo di promulgarla.

B. Può sospendere la promulgazione ed indire un referendum popolare.

C. Può sospendere la promulgazione e chiedere un pronunciamento delle "supreme magistrature"

D. Deve autorizzare la pubblicazione della legge, omettendo la promulgazione.

42. In base alla Costituzione italiana, lo Stato per quali finalità può destinare risorse aggiuntive ed effettuare interventi speciali in favore di determinate Province?

A. Per favorire il risparmio energetico

B. Solo per promuovere le Province autonome di Trento e Bolzano

C. Solo per deliberare lo stato di emergenza

D. Per promuoverne la coesione e la solidarietà sociale

43. A quale organo la Costituzione attribuisce il potere di promuovere la questione della legittimità costituzionale concernente uno statuto regionale?

A. Al Presidente della Camera dei

deputati
B. Al Governo della Repubblica
C. Al Presidente del Senato
D. Alla Corte di Cassazione

44. In base alla Costituzione italiana, il lavoratore può rinunziare alle ferie annuali retribuite?
A. Si, ma solo per straordinarie e comprovate esigenze di produzione
B. Solo fino alla metà e dietro adeguato compenso
C. No, mai
D. Si, ma solo dietro adeguato compenso e comunque non per due anni consecutivi

45. In base alla Costituzione italiana, le associazioni segrete sono:
A. proibite
B. sempre consentite
C. ammesse solo se iscritte in apposito registro
D. vietate solo se hanno carattere militare

46. Quale delle seguenti funzioni NON può essere espletata dal Parlamento?
A. Istituzione di giudici straordinari o speciali
B. Messa in stato d'accusa del Presidente della Repubblica
C. Conferimento dei poteri al Governo, se è stato deliberato lo stato di guerra
D. Disporre inchieste su materie di pubblico interesse

47. In Italia, il Presidente del Senato:
A. adempie le funzioni del Presidente della Repubblica quando questi ne è impedito
B. indice le elezioni
C. presiede l'Assemblea che elegge il Presidente della Repubblica
D. convoca il Parlamento in seduta comune

48. In Italia, chi presiede il Consiglio Superiore della Magistratura?
A. Il Presidente del Consiglio
B. Il Presidente della Repubblica
C. Il Procuratore Generale presso la Corte di Cassazione
D. Un giudice eletto dallo stesso Consiglio

49. A chi è attribuito, ai sensi della Costituzione italiana, il potere di deliberare lo stato di guerra?
A. Al Governo
B. Al Presidente della Repubblica
C. Al Consiglio supremo di difesa
D. Alle Camere

50. Qual è, ai sensi della Costituzione, l'organo di consulenza giuridico amministrativa e di tutela della giustizia nell'amministrazione?
A. La Ragioneria dello Stato
B. Il Consiglio di Stato
C. L'Avvocatura dello Stato
D. La Corte dei Conti

RISPOSTE

1. B
2. D
3. D
4. C
5. D
6. C
7. A
8. B
9. C
10. A
11. B
12. A
13. B
14. C
15. C
16. A
17. A
18. B
19. A
20. A
21. C
22. A
23. C
24. A
25. A
26. D
27. A
28. D
29. A
30. C
31. D
32. B
33. D
34. B
35. A
36. A
37. A
38. A
39. B
40. D
41. A
42. D
43. B
44. C
45. A
46. A
47. A
48. B
49. D
50. B

50 QUIZ DIFFICILI

1. Chi presiede il collegio elettorale investito dell'elezione del Presidente della Repubblica?

A. Il Presidente della Camera dei deputati.

B. Il Presidente del Senato della Repubblica.

C. Il Presidente della Camera dei deputati ed il Presidente del Senato, congiuntamente.

D. Il Presidente della Commissione affari costituzionali del Senato.

2. Chi fissa l'ordine del giorno del Consiglio dei Ministri?

A. Il segretario generale della Presidenza del Consiglio dei Ministri.

B. Il Capo di Gabinetto del Presidente del Consiglio dei Ministri.

C. Il Presidente del Consiglio dei Ministri.

D. Il sottosegretario di Stato alla Presidenza del Consiglio dei Ministri.

3. Non può essere depositata richiesta di referendum popolare:

A. Nell'anno anteriore alla scadenza di una delle due Camere.

B. Nei due anni anteriori alla scadenza di una delle due Camere

C. Nei nove mesi successivi alla data di convocazione dei comizi elettorali per l'elezione di una delle Camere.

D. Nei tre mesi successivi alla data di convocazione dei comizi elettorali per l'elezione di una delle Camere.

4. In quale delle seguenti fattispecie si configura un atto d'iniziativa presidenziale?

A. Nomina dei cinque Senatori a vita.

B. Autorizzazione alle Camere per il conferimento delle onorificenze della Repubblica.

C. Revoca dei Presidenti delle Camere

D. Dichiarazione dello stato di guerra.

5. Un terzo dei componenti il Consiglio superiore della magistratura:

A. È eletto dal Parlamento in seduta comune

B. È designato dal Presidente della Repubblica.

C. È designato da tutti i magistrati appartenenti all'ordine giudiziario.

D. È designato dal Consiglio dei Ministri.

6. Il Senato della Repubblica può autonomamente disporre inchieste su materie di pubblico interesse?

A. No. La Costituzione non consente che siano disposte inchieste su materie di pubblico interesse in mancanza di un'intesa tra i due rami del Parlamento

B. No. Le inchieste su iniziativa di una sola Camera devono essere autorizzate dal Presidente della Repubblica.

C. Si, lo prevede espressamente la Costituzione.

D. Il Senato della Repubblica può autonomamente disporre solo inchieste politiche, nel senso più stretto del termine, in quanto rivolte ad indagare sui comportamenti dell'esecutivo, al fine di eventuali misure sanzionatorie.

7. Quale delle indicazioni che seguono corrisponde alle prescrizioni dell'art. 79 della Costituzione in materia di indulto?

A. L'amnistia e l'indulto sono concessi con legge deliberata a maggioranza dei due terzi dei componenti di ciascuna Camera, in ogni suo articolo e nella votazione finale

B. L'amnistia e l'indulto non possono applicarsi ai reati che prevedono una pena superiore a dieci anni.

C. L'amnistia e l'indulto sono concessi con legge deliberata a maggioranza dei due terzi dei componenti di ciascuna Camera, su proposta del Presidente della Repubblica.

D. L'amnistia e l'indulto non possono essere concessi nell'ultimo anno di durata della legislatura.

8. Per la validità delle deliberazioni di ciascuna Camera occorre il numero legale e la maggioranza semplice ovvero assoluta o qualificata. La maggioranza qualificata:

A. Richiede il voto favorevole della maggioranza dei presenti.

B. È una maggioranza superiore a quella assoluta.

C. Richiede la maggioranza (metà più uno) dei componenti di ciascuna Camera.

D. È una maggioranza inferiore a quella assoluta.

9. È legittimo che un Ministro in carica, ancorché non deputato, assista ai lavori della Camera dei deputati?

A. Si.

B. No, alle sedute del Parlamento possono assistere solo i deputati ed i senatori.

C. Si, ma solo se l'oggetto del dibattito parlamentare sia un disegno di legge d'iniziativa governativa.

D. Si, ma deve essere preventivamente autorizzato dal Presidente dell'Assemblea.

10. La Costituzione riconosce allo Stato una potestà legislativa esclusiva e piena, vincolata ad un limitato genere di materie. Per quale delle seguenti materie lo Stato ha legislazione esclusiva?

A. Politica estera e rapporti internazionali dello Stato.

B. Rapporti internazionali e con l'Unione europea delle Regioni

C. Commercio con l'estero.

D. Ordinamento della comunicazione.

11. Mediante decreto-legge il Governo:

A. Può conferire deleghe legislative.

B. Non può provvedere in materia elettorale

C. Può regolare i rapporti giuridici sorti sulla base dei decreti non convertiti

D. Può rinnovare le disposizioni di decreti-legge dei quali sia stata negata la conversione in legge con voto di una delle due Camere

12. Il decreto di nomina del Presidente del Consiglio dei Ministri è controfirmato:

A. Dallo stesso Presidente del Consiglio dei Ministri, insieme ai decreti di accettazione delle dimissioni del precedente Governo

B. Dal Ministro della giustizia, insieme ai decreti di accettazione delle dimissioni del precedente Governo.

C. Dai Presidenti delle Camere, insieme ai decreti di accettazione delle dimissioni del precedente Governo.

D. Dal Ministro dell'interno, insieme ai decreti di accettazione delle dimissioni del precedente Governo.

13. Nel quadro generale degli atti e delle attività del Governo si possono distinguere funzioni politico-costituzionali, funzioni legislative eccezionali, funzioni di alta amministrazione e funzioni amministrative in senso stretto. Indicare quale tra le seguenti rientra tra le funzioni politico-costituzionali:

A. Decreti-legislativi emanati su legge di delegazione del Parlamento (art. 76 Cost.)

B. Nomina e revoca dei dirigenti o funzionari di enti pubblici o di organi dello Stato (es. Presidente del Consiglio di Stato, del C.N.E.L., della Corte dei Conti etc.)

C. Potere di iniziativa legislativa presso le Camere, che mette in moto il procedimento legislativo ordinario

D. Decisione sui ricorsi amministrativi straordinari al Capo dello Stato

14. I sottosegretari di Stato sono nominati:

A. Con decreto del Presidente del Consiglio dei Ministri, su proposta del

Ministro che il sottosegretario è chiamato a coadiuvare

B. Con decreto del Presidente della Repubblica, su proposta del Presidente del Consiglio dei Ministri, di concerto con il Ministro che il sottosegretario è chiamato a coadiuvare, sentito il Consiglio dei Ministri

C. Con decreto del Ministro che il sottosegretario è chiamato a coadiuvare

D. Con atti interni della Presidenza del Consiglio dei Ministri

15. Entro quanti giorni dalla sua formazione il Governo deve presentarsi alle Camere per ottenerne la fiducia?

A. 7 giorni

B. 10 giorni

C. 15 giorni

D. 30 giorni

16. In caso di morte del Presidente della Repubblica, se le Camere sono state appena elette, il Presidente della Camera in quanto tempo deve indire nuove elezioni?

A. In 10 giorni

B. In 30 giorni

C. In 21 giorni

D. In 15 giorni

17. L'Ufficio centrale per il referendum verifica che la richiesta sia conforme alle norme dell'art. 138 della Costituzione e della legge e decide, con ordinanza, sulla legittimità della richiesta entro 30 giorni dalla sua presentazione. Le eventuali irregolarità devono essere contestate ai presentatori:

A. Entro tre mesi

B. Entro 15 giorni

C. Entro 60 giorni

D. Entro lo stesso termine

18. La Corte dei Conti è un organo che esercita:

A. Il giudizio speciale amministrativo, in posizione di terzietà rispetto alla pubblica amministrazione italiana, ai sensi dell'articolo 103 della Costituzione

B. L'azione penale sui reati tributari

C. Il controllo preventivo di legittimità sugli atti del Governo e quello successivo sulla gestione del bilancio

D. Il giudizio sui ricorsi, proposti contro atti amministrativi, da privati che si ritengano lesi

19. Le pronunce disciplinari del CSM nei confronti dei magistrati sono impugnabili davanti a:

A. Parlamento

B. Corte di Cassazione

C. Corte Costituzionale

D. Consiglio di Stato

20. Secondo la Costituzione italiana, quale tra le seguenti è una materia di legislazione concorrente Stato-Regioni?

A. Norme generali sull'istruzione

B. Tutela dell'ambiente, dell'ecosistema e dei beni culturali

C. Previdenza complementare e integrativa

D. Sistema valutario

21. I delegati regionali che partecipano all'elezione del Presidente della Repubblica sono eletti:

A. dai residenti di ciascuna Regione, in modo che sia assicurata la rappresentanza delle minoranze

B. dai Consigli provinciali di ogni Regione, in modo che sia assicurata la rappresentanza delle minoranze

C. dal Consiglio regionale di ogni Regione, in modo che sia assicurata la rappresentanza delle minoranze

D. dalla Giunta regionale di ogni Regione, in modo che sia assicurata la rappresentanza delle minoranze

22. La Costituzione italiana prevede che le Province possano ricorrere all'indebitamento?

A. Sì, ma solo per promuovere progetti di coordinamento e intese con Stato e

Regioni in materia di tutela dei beni culturali
B. No, non è previsto, essi possono ricorrere al fondo perequativo istituito dallo Stato
C. Sì, ma solo per finanziare spese di investimento
D. No, salvo che la Legge Finanziaria annuale non lo consenta

23. Una Regione può legiferare in merito all'ordinamento civile?
A. Sì, nel rispetto dei principi fondamentali recati dalla legislazione statale
B. Sì, è una materia di competenza esclusiva della Regione
C. Sì, ma solo dietro espressa autorizzazione governativa
D. No, è una materia di competenza esclusiva statale

24. L'art. 23 della Costituzione, in tema di imposizione di prestazioni personali o patrimoniali, esprime una riserva di legge:
A. relativa
B. assoluta
C. rinforzata
D. costituzionale

25. Quale dei seguenti soggetti nomina i componenti della Giunta regionale?
A. Il Consiglio regionale
B. Il Presidente della Giunta regionale
C. Il Prefetto
D. Il Presidente del Consiglio regionale

26. A chi è attribuita la competenza ad istituire nuovi Comuni, ai sensi delle disposizioni costituzionali italiane?
A. Al Parlamento
B. Alla Regione
C. Al presidente del Consiglio dei Ministri, con proprio Decreto
D. Al Presidente della Repubblica

27. Quanti sono i delegati regionali che partecipano all'elezione del Presidente della Repubblica italiana?
A. Trentanove
B. Sessantuno
C. Cinquantotto
D. Venti, uno per Regione

28. Secondo la Costituzione italiana, la sfiducia espressa mediante mozione da un Consiglio regionale nei confronti del Presidente della Giunta deve essere approvata:
A. mediante scrutinio segreto a maggioranza assoluta dei suoi componenti
B. mediante scrutinio segreto a maggioranza dei suoi componenti
C. per appello nominale a maggioranza assoluta dei suoi componenti
D. per appello nominale a maggioranza dei due terzi dei suoi componenti

29. Cosa stabilisce la Costituzione italiana a favore dei territori con minore capacità fiscale per abitante?
A. Che la legge regionale istituisca un fondo perequativo, con vincoli di destinazione
B. Che la legge dello Stato istituisca un fondo perequativo, senza vincoli di destinazione
C. Che la legge dello Stato istituisca un fondo perequativo con vincoli di destinazione
D. Che possono essere istituiti fondi perequativi, con legge delle Regioni interessate, senza vincolo di destinazione

30. In base all'art. 123 della Costituzione, è possibile richiedere un referendum sullo Statuto regionale?
A. No, perché si tratterebbe di referendum costitutivo, ammesso solo nei Comuni
B. No, in quanto lo statuto non è soggetto a referendum
C. Sì, nel caso in cui entro tre mesi dalla sua pubblicazione ne faccia richiesta un cinquantesimo degli elettori della Regione o un quinto dei componenti

del Consiglio regionale

D. No, in quanto è consentita la richiesta solo ad una maggioranza qualificata del Consiglio regionale

31. Ulteriori forme e condizioni particolari di autonomia, concernenti, tra l'altro, le materie di cui al terzo comma dell'articolo 117, possono essere attribuite ad altre Regioni rispetto a quelle a Statuto speciale mediante:

A. decreto del Presidente della Repubblica, su iniziativa della Regione interessata

B. legge dello Stato e su iniziativa della Regione interessata, sentiti gli enti locali, nel rispetto dei principi di cui all'art. 119 Cost.

C. legge regionale, su iniziativa della popolazione interessata

D. referendum propositivo di iniziativa popolare, sentiti gli enti locali

32. In base alla Costituzione italiana, lo Statuto delle Regioni ad autonomia ordinaria è deliberato ed approvato:

A. con decreto della Giunta regionale

B. con legge della Giunta regionale approvata a maggioranza assoluta dei suoi componenti

C. con legge nazionale

D. con legge regionale approvata a maggioranza assoluta dei membri del Consiglio regionale

33. Ai sensi della Costituzione italiana, la Regione ha competenza a legiferare in merito agli organi di governo delle Province?

A. Sì, con riferimento alle Province presenti sul proprio territorio o, se appartenenti ad altre Regioni, alle Province la cui attività economica o sociale ha effetti consistenti sul proprio territorio

B. No, è competenza esclusiva dello Stato

C. Sì, ma solo per le Province presenti sul proprio territorio

D. Sì, ma nell'ambito dei principi fondamentali riservati alla legislazione dello Stato

34. Ai sensi delle vigenti disposizioni costituzionali, potrebbe essere creata una nuova Regione in una zona con 1.200.000 cittadini residenti?

A. No, la Costituzione prevede la creazione di nuove Regioni con entità demografica superiore a un milione e mezzo di abitanti

B. Sì, a condizioni che i Consigli Comunali interessati esprimano il loro consenso

C. Sì, sentiti i Consigli regionali interessati

D. Sì, ma solo per aggregazione ad una Regione a Statuto speciale

35. In base alla Costituzione italiana, è previsto il controllo di legittimità sugli atti amministrativi della Regione?

A. No

B. Sì, da parte del Presidente della Repubblica

C. Sì, da parte di un organo statale

D. Sì, da parte del governo che può impugnare gli atti davanti alla Corte costituzionale per violazione di legge

36. In base alla Costituzione italiana, la Giunta regionale può emettere decreti legislativi?

A. No

B. Sì, purché ne sia informato il Parlamento

C. Sì, se si tratta di una Regione a statuto speciale

D. Sì, a condizione che vengano autorizzati dal Presidente della Regione

37. A chi è attribuita la competenza a modificare la denominazione di un Comune, ai sensi delle disposizioni costituzionali italiane?

A. Alla Provincia cui il Comune appartiene, secondo le recenti modifiche normative

B. Alla Regione cui il Comune appartiene

C. Al Ministro per la semplificazione

della Pubblica Amministrazione
D. Al Presidente della Repubblica, con proprio decreto

38. Quale tra le seguenti è una materia di legislazione concorrente Stato-Regioni?
A. Ordine pubblico e sicurezza
B. Tutela dei beni culturali
C. Tutela della salute
D. Tutela della concorrenza

39. In base alla Costituzione italiana, tra le materie di competenza esclusiva dello Stato rientra la produzione dell'energia?
A. Sì, rientra
B. No, non rientra in quanto si tratta di una competenza esclusiva delle Regioni
C. Sì, ma solo di quella nucleare
D. No, non rientra

40. Cosa dispone la Costituzione italiana in merito alla fusione di due Regioni?
A. Che sia disposta con legge ordinaria
B. Che sia disposta con legge regionale
C. Che sia disposta con Decreto del Capo dello Stato
D. Che sia disposta con legge costituzionale

41. Secondo la Costituzione italiana, lo Statuto regionale:
A. disciplina il sistema elettorale regionale
B. determina la tipologia dei tributi propri e le finalità degli stessi
C. regola i rapporti tra Stato e Regione
D. regola l'esercizio del diritto di iniziativa e del referendum su leggi e provvedimenti amministrativi della Regione

42. La Costituzione italiana ammette che le Regioni possono concludere intese con enti territoriali interni ad altro Stato:
A. esclusivamente nell'ambito di progetti comunitari recepiti dalle Regioni stesse
B. previo parere vincolante del ministero degli Esteri
C. nelle materie di loro competenza, nei casi e con le forme disciplinati da leggi dello Stato
D. previo consenso della Commissione europea con riferimento all'oggetto dell'intesa

43. Secondo la Costituzione italiana, la legge statale disciplina forme di intesa e coordinamento fra Regioni e Stato:
A. in materia di dogane e protezione dei confini
B. in materia di previdenza sociale
C. in materia di difesa e forze armate
D. in materia di tutela dei beni culturali

44. In base al Titolo V della Costituzione italiana, quale tra le seguenti affermazioni è esatta?
A. Le materie di legislazione esclusiva regionale sono specificatamente elencate nella Costituzione
B. L'ordinamento degli enti pubblici nazionali è materia di legislazione concorrente tra Stato e Regione
C. La cittadinanza, lo stato civile e le anagrafi sono materia di legislazione esclusiva statale
D. I porti e gli aeroporti civili sono materia di legislazione esclusiva statale

45. La Costituzione italiana ammette che le Regioni possano istituire dazi verso altre Regioni?
A. Sì, previo accordo con le Regioni interessate
B. Sì, se la Regione è inserita in un programma di coesione dell'Unione Europea
C. Sì, in quanto atto di autonomia politica ed economica
D. No, in nessun caso

46. In base al Titolo V della Costituzione italiana, la sicurezza dello Stato è materia di:
A. legislazione concorrente
B. competenza esclusiva del Governo

C. legislazione esclusiva regionale
D. legislazione esclusiva statale

47. Secondo la Costituzione italiana, chi appartiene ad una Giunta regionale può contemporaneamente appartenere al Parlamento europeo?
A. Si, ma solo previa autorizzazione del Presidente della Repubblica
B. Si, ma solo eccezionalmente, nei casi stabiliti nella legge regionale sul sistema di elezione dei consiglieri regionali
C. Si, se autorizzato dal Parlamento europeo
D. No, in nessun caso

48. In base alla Costituzione italiana, quale dei seguenti compiti spetta al Presidente della Giunta regionale?
A. Controllare l'operato dei Comuni
B. Nominare i giudici del Tribunale Amministrativo Regionale
C. Riferire al Governo circa l'andamento dell'amministrazione regionale e l'indirizzo politico regionale
D. Dirigere le funzioni amministrative delegate dallo Stato alle Regioni

49. Ai sensi dell'articolo 127 della Costituzione, una Regione può promuovere la questione di legittimità costituzionale quando una legge di un'altra Regione leda la sua competenza?
A. Si, previa autorizzazione del Governo
B. Si, entro sessanta giorni dalla pubblicazione della legge
C. No, in quanto può farlo solo nei confronti di leggi emanate dallo Stato
D. Si, tranne nei casi in cui la legge emanata sia in materia tributaria

50. In base alla Costituzione italiana, le Città metropolitane possono avere propri statuti, poteri e funzioni?
A. No, tale previsione vale solo per le Regioni, le Province e i Comuni
B. No solo le Regioni hanno un proprio statuto, con proprie funzioni e poteri
C. Si, a differenza dei Comuni che non hanno alcuna autonomia
D. Si ed è attribuito secondo principi fissati dalla Costituzione

RISPOSTE

1.	A
2.	C
3.	A
4.	A
5.	A
6.	C
7.	A
8.	B
9.	A
10.	A
11.	B
12.	A
13.	C
14.	B
15.	B
16.	D
17.	D
18.	C
19.	B
20.	C
21.	C
22.	C
23.	D
24.	A
25.	B
26.	B
27.	C
28.	C
29.	B
30.	C
31.	B
32.	D
33.	B
34.	C
35.	A
36.	A
37.	B
38.	C
39.	D
40.	D
41.	D
42.	C
43.	D
44.	C
45.	D
46.	D
47.	D
48.	D
49.	B
50.	D

PARTE II
DIRITTO AMMINISTRATIVO

Capitolo 1 NOZIONI DI DIRITTO AMMINISTRATIVO

SOMMARIO:

1. La nozione di pubblica amministrazione.

Nell'ordinamento italiano manca una definizione normativa generale di pubblica amministrazione (P.A.), in quanto le singole leggi identificano e definiscono le Pubbliche amministrazioni solo in relazione a specifici scopi e limitatamente all'ambito di applicazione di singole norme.
In questo contesto, la nozione di Pubblica amministrazione in senso giuridico va ricostruita volta per volta valorizzando le indicazioni delle differenti norme. A tale fine, si può intendere la Pubblica amministrazione:

- **in senso oggettivo**, la c.d. amministrazione in senso sostanziale, quale amministrazione-attività, finalizzata alla cura degli interessi pubblici e operante nel rispetto dei criteri e nei limiti predeterminati dalla legge;
- **in senso soggettivo**, la c.d. amministrazione-apparato (o organizzazione amministrativa o amministrazione in senso formale), quale insieme delle strutture burocratiche costituite per lo svolgimento delle pubbliche funzioni. Gli apparati amministrativi, accanto allo Stato – inteso anch'esso come amministrazione – costituiscono gli enti pubblici (Regioni, Province, Comuni, Autorità indipendenti, ecc.) che svolgono funzioni e compiti amministrativi.

2. I principi che governano l'attività della Pubblica amministrazione.

Gli articoli 3 e 97 della Costituzione, unitamente all'art. 1 della legge n. 241/1990, recante la c.d. "legge sul procedimento amministrativo" (che disciplina il procedimento amministrativo in tutte le sue fasi), individuano una serie di principi e criteri direttivi che governano l'azione amministrativa, sinteticamente riportati di seguito.

▶ 2.1. Il principio di legalità.

Il **principio di legalità** indica la necessità che l'attività amministrativa rispetti le disposizioni di legge e persegua i fini determinati dalla legge.
Tale principio statuisce il primato della legge e la contestuale **subordinazione dell'attività amministrativa alla legge**, chiarendo che i limiti, i fini, gli interessi e i mezzi attraverso cui l'azione amministrativa si deve realizzare devono essere predeterminati dalla legge.
Le conseguenze applicative di questo principio rispetto all'attività amministrativa sono riscontrabili nella:

- **non contraddittorietà** dell'atto amministrativo rispetto alla legge, che si realizza nella disapplicazione da parte del giudice degli atti eventualmente contrari a quanto disposto dalla legge;

- **conformità formale e sostanziale** dell'atto amministrativo alla legge, da intendersi nel senso che l'atto amministrativo deve essere conforme alla legge sia sotto un profilo estrinseco (conformità formale) che sotto un profilo sostanziale, a pena di nullità o annullabilità dell'atto.

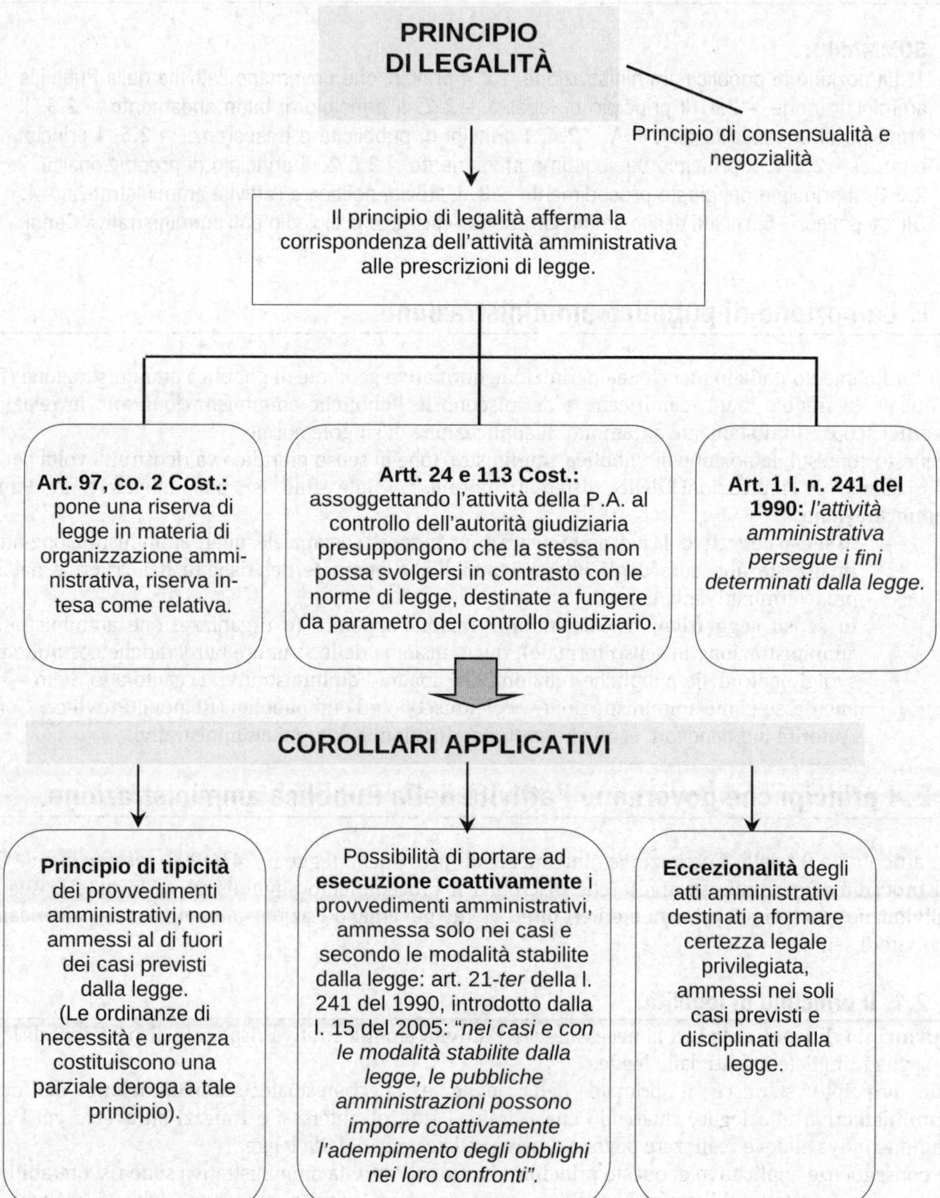

▶ 2.2. Il principio di buon andamento.

Il **principio di buon andamento** della P.A. è sancito dall'art. 97, comma 2, della Costituzione, il quale prevede che *"i pubblici uffici sono organizzati secondo disposizioni di legge, in modo che siano assicurati il **buon andamento e l'imparzialità dell'amministrazione**"*.

Nello specifico, il principio del **buon andamento** dell'attività amministrativa si traduce nel perseguimento di un'attività amministrativa che risponda ai seguenti criteri:

- **economicità,** che descrive l'obbligo di raggiungere il miglior risultato possibile in rapporto alle risorse (strumentali, umane e finanziarie) a disposizione;
- **efficacia,** che si misura nel rapporto tra obiettivi programmati e risultati raggiunti e si sostanzia nel raggiungimento degli obiettivi fissati;
- **efficienza**, che mira al raggiungimento dell'obiettivo prefissato attraverso l'utilizzo del minor numero di risorse possibili e con il minor sacrificio delle posizioni soggettive coinvolte.

▶ 2.3. Il principio di imparzialità della P.A.

Il **principio di imparzialità** – anch'esso sancito dal richiamato art. 97, comma 2, della Costituzione – stabilisce invece che la P.A., nel perseguire l'interesse pubblico, deve svolgere la propria attività in modo imparziale, ovvero operando in una posizione di equidistanza rispetto a tutti gli interessi coinvolti.

Il termine imparzialità si deve intendere **sia come comportamento negativo**, ovvero divieto di qualsiasi forma di favoritismo o discriminazione degli interessi coinvolti nell'azione amministrativa, **sia come comportamento positivo**, inteso come corretta valutazione e contemperamento degli interessi pubblici o privati sui quali l'attività della P.A. incide.

Tale principio, oltre che dall'art. 97, comma 2, viene richiamato anche da altre disposizioni costituzionali:

- la selezione dei pubblici dipendenti mediante concorso pubblico, ai sensi dell'art. 97 Cost., finalizzata ad ottenere una burocrazia imparziale e non politicizzata;
- l'art. 98 Cost., il quale prevede che *"gli impiegati sono al servizio esclusivo della Nazione"*, ponendo come principale obiettivo dei pubblici dipendenti l'obbligo di servire il Paese;
- la parità tra uomo e donna nell'accesso agli uffici pubblici, sancito dall'art. 51, comma 1, Cost.

Il principio di imparzialità – prima richiamato unicamente nell'art. 97 Cost. – è stato poi introdotto espressamente come criterio direttivo dell'azione amministrativa dalla legge n. 69/2009, che ha modificato la legge n. 241/1990, recante la disciplina del procedimento amministrativo.

PRINCIPIO DI IMPARZIALITÀ

↓

Il principio di imparzialità impone all'amministrazione un'equidistanza rispetto ai soggetti, pubblici o privati, che con essa vengano in contatto e l'obbligo di ponderare comparativamente tutti gli interessi coinvolti dall'azione amministrativa, dando la prevalenza a quello pubblico affidato alle sue cure solo se il sacrificio delle altre posizioni possa dirsi il frutto di una scelta coerente e proporzionata. Da ultimo, *Tar Calabria, Reggio Calabria, sez. I, 19 maggio 2016, n. 517*.

PRINCIPIO DI BUON ANDAMENTO

↓

Tale principio, enunciato dall'art. 97 Cost., indica l'obbligo per i funzionari e per tutti gli agenti dell'amministrazione di uniformarsi, nell'espletamento della propria attività, ai parametri di:

- **Economicità** che implica l'ottimizzazione dei risultati in relazione ai mezzi a disposizione.
- **Efficacia,** che, inerendo al rapporto tra obiettivi e risultati, implica che l'azione amministrativa sia idonea a perseguire gli obiettivi prefissati.
- **Efficienza** che, afferendo al rapporto tra risorse impiegate e risultati conseguiti, richiede l'adeguatezza delle risorse impiegate.

▶ 2.4. I principi di pubblicità e trasparenza.

I principi di **pubblicità e trasparenza** dell'azione amministrativa mirano a rendere conoscibile l'operato della pubblica amministrazione e, pertanto, si pongono alla base del rapporto tra P.A. e cittadino.
Il principio della **pubblicità**, esplicitamente introdotto dalla legge n. 241/1990, si sostanzia nell'obbligo dell'amministrazione di rendere accessibili notizie e documenti amministrativi agli interessati mediante la pubblicazione degli stessi, garantendo che l'operato della P.A. sia visibile e controllabile all'esterno. Tale principio consente ai cittadini di esercitare un controllo democratico sullo svolgimento delle attività amministrative e sulla conformità di queste alle norme. La pubblicazione dei provvedimenti, degli atti e dei documenti amministrativi rende più semplice l'esercizio del diritto di accesso, garantendone l'effettività per tutti. Essa costituisce, pertanto, uno strumento di attuazione del principio di trasparenza.
La **trasparenza** dell'azione amministrativa si sostanzia nell'immediata e facile controllabilità dell'operato della pubblica amministrazione. Essa si realizza principalmente attraverso l'**accesso ai documenti amministrativi.**
I principi di pubblicità e trasparenza trovano concreta applicazione in diversi istituti che caratterizzano il procedimento amministrativo, fra cui:

- l'obbligo di motivazione del provvedimento amministrativo di cui all'art. 2, della legge n. 241/1990;
- l'obbligo di comunicazione di avvio del procedimento amministrativo, di cui all'art. 2, della legge n. 241/1990;

PER SAPERNE DI PIÙ

◆ L'ACCESSO AI DOCUMENTI AMMINISTRATIVI

Il diritto di accesso costituisce il diritto degli interessati di prendere visione e di estrarre copia di documenti amministrativi (art. 20 e ss. della legge n. 241/1990).
L'accesso ai documenti amministrativi, poste le sue rilevanti finalità di tutela dell'interesse pubblico, costituisce principio generale dell'attività amministrativa, al fine di favorire la partecipazione e di assicurarne l'imparzialità e la trasparenza.
Il legislatore, difatti, prevede che il diritto di accesso ha un oggetto molto ampio: non l'atto amministrativo, ma il documento amministrativo.
Il documento amministrativo è costituito da ogni rappresentazione grafica, fotocinematografica, elettromagnetica o di qualunque altra specie del contenuto di atti, anche interni o non relativi ad uno specifico procedimento, detenuti da una pubblica amministrazione e concernenti attività di pubblico interesse, indipendentemente dalla natura pubblicistica o privatistica della loro disciplina sostanziale.
Ai fini dell'accesso, è necessario che il richiedente abbia un interesse qualificato, ovvero: diretto (ovvero a lui riferibile), concreto e attuale, nonché corrispondente ad una situazione giuridicamente tutelata e collegata al documento del quale è chiesto l'accesso.

Il decreto legislativo n. 33 del 2013 ha, poi, disciplinato due nuove tipologie di accesso:
- l'**accesso civico**, di cui all'art. 5, comma 1, del d. lgs. 33/2013, come modificato dal d.lgs. n. 97 del 2016. L'accesso civico consente di richiedere i soli documenti e informazioni oggetto di pubblicazione, nei casi in cui sia stata omessa la loro pubblicazione. Solo limitatamente a questi documenti, il soggetto richiedente, anche non titolare di un interesse qualificato, può ottenere copia degli atti che devono essere pubblicati in forza di una norma di legge. Per tale tipologia di accesso, la pubblica amministrazione ha l'obbligo di rispondere entro 30 giorni dalla ricezione della richiesta;
- l'**accesso generalizzato**, di cui all'art. 5, comma 2, del d.lgs. 33/2013, introdotto in seguito alle modifiche apportate dal d.lgs. n. 97 del 2016. Questo tipo di accesso è finalizzato a favorire forme diffuse di controllo sul perseguimento delle funzioni istituzionali e sull'utilizzo delle risorse pubbliche, nonché a promuovere la partecipazione al dibattito pubblico. A tale fine, chiunque ha diritto di accedere ai dati e ai documenti detenuti dalle pubbliche amministrazioni, ulteriori rispetto a quelli oggetto di pubblicazione, nel rispetto dei limiti relativi alla tutela di interessi giuridicamente rilevanti. L'ufficio competente che detiene i dati, le informazioni o i documenti, avrà l'obbligo di rispondere con provvedimento espresso e motivato nel termine di 30 giorni dalla presentazione dell'istanza, con la comunicazione dell'esito al richiedente e agli eventuali controinteressati.

principio di pubblicità

principio di trasparenza

Il principio di **pubblicità** impone all'amministrazione di rendere visibile e controllabile dall'esterno il proprio operato. È inerente al rapporto tra governanti e governati, che attribuisce a questi ultimi un potere di valutazione della legalità dell'azione amministrativa.

Il principio di **trasparenza** sta ad indicare la conoscibilità esterna dell'azione amministrativa e la sua controllabilità.

Conoscibilità e **controllabilità** sono assicurate dalla L. n. 241 del 1990 con la disciplina:

- della motivazione;
- del responsabile del procedimento;
- dell'avvio del procedimento;
- della partecipazione;
- dell'accesso.

La **trasparenza** assume particolare rilievo nel settore degli **appalti,** con particolare riferimento al **principio della non discriminazione,** secondo il quale le amministrazioni devono rendere nota con mezzi idonei la loro intenzione di indire una gara e le condizioni di svolgimento della stessa.

- **Art. 29, d.lgs. 18 aprile 2016, n. 50:** tutti gli atti delle Amministrazioni aggiudicatrici e degli enti aggiudicatori relative alla programmazione di lavori, opere, servizi e forniture, nonché alle procedure di affidamento di appalti pubblici di servizi, forniture, lavori e opere devono essere pubblicati e aggiornati sul profilo del committente, nella sezione "Amministrazione trasparente".
- Principio già enunciato dalla Corte di Giustizia dell'Unione Europea: *sentenza 7 dicembre 2000, C-324/98, Teleaustria c. Post & Telekom Austria*.

LA TRASPARENZA È STATA DA ULTIMO DISCIPLINATA DAL D.LGS. 14 MARZO 2013A N. 33
(*Riordino della disciplina riguardante gli obblighi di pubblicità, trasparenza e diffusione di informazioni da parte delle pubbliche amministrazioni*)

Modificato dall'**art. 29, comma 3, d.l. 21 giugno 2013, n. 69** (c.d. *decreto del fare*), conv., con mod., dalla l. 9 agosto 2013, n. 98 (adottato in attuazione della l. c.d. "anticorruzione" 6 novembre 2012, n. 190).

Modificato successivamente dall'**art. 8, d.l. 24 aprile 2014, n. 66** (*Misure urgenti per la competitività e la giustizia sociale*), conv. con mod., dalla l. 23 giugno 2014, n. 89.

Modificato ancora dall'**art. 24-*bis*, d.l. 24 giugno 2014, n. 90** (*Misure urgenti per la semplificazione e la trasparenza amministrativa e per l'efficienza degli uffici giudiziari*) conv. con mod. dalla l. 11 agosto 2014, n. 114.

Modificato da ultimo dal **d.lgs. 25 maggio 2016, n. 97** recante "*Revisione e semplificazione delle disposizioni in materia di prevenzione della corruzione, pubblicità e trasparenza*".

ASPETTI PIÙ RILEVANTI

La definizione del concetto di trasparenza e la precisazione delle finalità che tale principio mira a realizzare.

L'accessibilità delle informazioni (il c.d. diritto alla conoscibilità) e l'attività amministrativa necessaria ad assicurarla.

L'introduzione di un sistema di valutazione della trasparenza da parte di organismi indipendenti.

Il fondamentale ruolo attribuito alle tecnologie dell'informazione e della comunicazione.

La catalogazione delle informazioni che devono essere pubblicate.

La previsione di un quadro di sanzioni conseguenti al mancato adempimento degli obblighi di pubblicazione.

L'inserimento della trasparenza amministrativa in un sistema generale di programmazione e di verifica, mediante l'adozione di un Programma triennale per la trasparenza e l'integrità da aggiornare annualmente, nonché la nomina di un responsabile per la trasparenza, da identificarsi, di regola, con il responsabile per la prevenzione della corruzione.

In merito alla distinzione tra diritto di accesso ex l. 241 del 1990 e accesso generalizzato di cui al d.lgs. n. 33 del 2013 e ss.mm. e ii., si v. da ultimo ***Cons. St., Sez. VI, 31 gennaio 2018, n. 651 e Cons. St., A.P., 2 aprile 2020, n. 10.***

2.5. I principi europei.

Accanto ai richiamati principi, disciplinati dall'ordinamento giuridico nazionale, vi sono alcuni principi di derivazione europeistica, che hanno avuto un espresso riconoscimento nel diritto nazionale, in quanto richiamati (espressamente o meno) dalla legge n. 241/1990.

2.5.1. Il principio del legittimo affidamento.

Il più rilevante tra tali principi è sicuramente il **principio del legittimo affidamento**; principio nato e consolidato nella giurisprudenza comunitaria, che impone all'amministrazione l'attenta salvaguardia delle situazioni giuridiche soggettive che si sono consolidate per effetto di atti o comportamenti amministrativi idonei a creare un ragionevole affidamento da parte del destinatario.
Tale principio trae origine dall'assunto che gli atti e i provvedimenti della P.A. o anche una condotta materiale tenuta dalla stessa possono ingenerare nei privati un legittimo affidamento circa il conseguimento o il mantenimento di una situazione giuridica di vantaggio.
Il principio del legittimo affidamento presuppone, tendenzialmente, la sussistenza di **tre elementi**:

- **l'elemento oggettivo**, ovvero l'adozione da parte della P.A. di un determinato provvedimento che determina un vantaggio chiaro e univoco per il destinatario;
- **l'elemento soggettivo**, ovvero che sussista la buona fede del destinatario e che la convinzione di avere diritto alla situazione di vantaggio sia plausibile;
- **l'elemento temporale**, ovvero che sia trascorso un lasso di tempo sufficiente da creare nel destinatario la convinzione che il vantaggio raggiunto sia definitivo.

Una eventuale rimozione dell'atto amministrativo che ha ingenerato la situazione di vantaggio (anche nei casi di illegittimità dello stesso), deve essere giustificata da un interesse pubblico concreto e attuale che, dal confronto con gli altri diritti coinvolti, deve risultare maggiormente meritevole di tutela.

2.5.2. Il principio di proporzionalità.

Oltre al principio del legittimo affidamento, la giurisprudenza comunitaria ha sancito anche il **principio di proporzionalità** in virtù del quale l'azione amministrativa, e con essa i provvedimenti adottati, deve conformarsi a criteri di razionalità, al fine di evitare l'assunzione di decisioni non necessarie, arbitrarie, irrazionali e non dirette al raggiungimento dello scopo al quale l'autorità amministrativa è preposta.
In sintesi, tale principio comporta che l'azione amministrativa si basi su scelte ragionevoli. Le autorità amministrative non possono, pertanto, imporre con atti normativi o amministrativi, obblighi o restrizioni ai diritti dei privati in misura superiore a quella strettamente necessaria.

2.5.3. Il principio del giusto procedimento.

Il **principio del giusto procedimento**, anch'esso di origine europeistica, si sostanzia nel diritto dei privati ad essere ascoltati nel corso del procedimento amministrativo.
Esso è stato sancito dalla Corte di Giustizia quale diritto di ogni soggetto a poter partecipare a qualsiasi procedimento amministrativo che possa sfociare in un atto lesivo della propria posizione giuridica.
Tale principio è riprodotto nel nostro ordinamento attraverso la disciplina di istituti che consentono la partecipazione degli interessati al procedimento amministrativo, quali: la comunicazione di avvio del procedimento e il preavviso di rigetto.

I PRINCIPI EUROPEI.
"L'attività amministrativa persegue i fini determinati dalla legge ed è retta… dai principi dell'ordinamento comunitario"
(art. 1, comma 1, l. n. 241 del 1990, come modificato dalla l. n. 15 del 2005).

- **Principio di certezza del diritto:** volto a garantire la conoscibilità e prevedibilità delle situazioni soggettive e dei rapporti giuridici rientranti nella sfera del diritto comunitario, al fine di far seguire alla violazione di una norma le conseguenze previste e disciplinate dalla norma stessa.
- **Principio di legittimo affidamento**, volto a tutelare le situazioni soggettive consolidatesi per effetto di atti o comportamenti della P.A. tali da ingenerare un ragionevole affidamento nel destinatario.
- **Principio del giusto procedimento**, quale diritto per gli interessati e i controinteressati a partecipare alle procedure prodromiche all'emanazione degli atti e provvedimenti amministrativi, al fine di rappresentare e far valere le proprie ragioni e posizioni.
- **Principio di buona amministrazione**, che impone la celerità dell'azione amministrativa e l'imparzialità della stessa.
- **Principio di precauzione**, che trova origine nei procedimenti comunitari posti a tutela dell'ambiente e consente all'amministrazione di adottare provvedimenti nel caso si prospetti il rischio di una lesione di un interesse tutelato ancorché manchi la certezza in merito al prodursi, in assenza dell'intervento amministrativo, di un effettivo pregiudizio, (sul punto, cfr. *Cons. St., sez. IV, 18 luglio 2017, n. 3559*).
- **Principio di proporzionalità**, che vieta alle amministrazioni di comprimere la sfera giuridica dei destinatari della propria azione in misura diversa ed ultronea rispetto a quanto necessario per il raggiungimento dello scopo cui l'azione stessa è preordinata.

3. L'attività politica e l'attività amministrativa.

La definizione di **attività amministrativa** può essere ricavata, a contrario, dal raffronto con la funzione politica.

L'attività politica si sostanzia nell'insieme di atti attraverso cui si realizza, in sede di indirizzo politico, la **direzione suprema della "cosa pubblica"**, quale coordinamento e controllo delle singole attività svolte dalla P.A.

L'attività amministrativa consiste, invece, nella realizzazione degli obiettivi determinati dal potere

politico, che costituiscono:
- il fine che la pubblica amministrazione deve realizzare;
- il vincolo sotto cui l'azione si deve realizzare.

Ciò premesso, il confine che separa l'attività amministrativa da quella politica è costituito dall'esistenza o meno di un **vincolo funzionale**: mentre l'attività amministrativa è funzionalmente vincolata al raggiungimento del fine determinato dall'organo politico, la funzione politica è scevra da tale vincolo. Sussiste, dunque, una stretta correlazione fra le due funzioni in ragione della quale l'identificazione di un atto quale amministrativo o politico assume un rilievo fondamentale.

4. Gli atti politici.

Gli atti politici costituiscono **espressione della libertà politica**, affidata dalla Costituzione ai supremi organi decisionali dello Stato.

La dottrina prevalente identifica gli atti politici come gli atti in cui si estrinsecano: l'attività di direzione suprema della cosa pubblica e l'attività di coordinamento e di controllo delle singole manifestazioni in cui la direzione stessa si realizza.

Il carattere politico dell'atto si desume da tre elementi che l'atto deve contenere:
- **l'elemento soggettivo,** in quanto deve provenire da un organo di massimo livello preposto all'indirizzo e alla direzione della cosa pubblica (come: Governo, Parlamento, Presidente della Repubblica, ecc.);
- **l'elemento oggettivo,** ovvero la necessità che l'atto riguardi la costituzione, la salvaguardia e il funzionamento dei pubblici poteri nella loro struttura organica e coordinata applicazione;
- **la libertà nella scelta del fine**, che costituisce la maggiore distinzione rispetto agli atti amministrativi, i quali sono sempre vincolati ai fini istituzionali attribuiti alla P.A. che li adotta. Gli atti politici devono, invece, armonizzarsi solo con la Costituzione e con le direttive in essa contenute.

In relazione alla loro forma, gli atti politici possono distinguersi in:
- **atti aventi forza di legge** (come le leggi, i decreti-legge, i decreti legislativi e le leggi regionali);
- **atti aventi forza giurisdizionale** (come le sentenze della Corte Costituzionale);
- **atti formalmente amministrativi privi di forza legislativa o giurisdizionale** (come la proposta di nomina di un Ministro, la dichiarazione dello stato di guerra, le nomine dei sottosegretari, ecc.).

Per completezza, va detto che tale classificazione (oggi comunemente accettata dalla dottrina prevalente) non trova riscontro nella giurisprudenza del Consiglio di Stato, che continua a considerare atti politici i soli atti di indirizzo politico emanati dal Governo nell'esercizio del potere politico e che non rivestano natura amministrativa.

PER SAPERNE DI PIÙ

◆ LA TUTELA NEI CONFRONTI DEGLI ATTI POLITICI
GLI ATTI POLITICI, ESSENDO ATTI LIBERI NEL FINE, SONO INSINDACABILI, OVVERO SOTTRATTI AL SINDACATO DELL'AUTORITÀ GIURISDIZIONALE.

L'art. 7, comma 1, del Codice del processo amministrativo (d.lgs. n. 104/2010) esclude espressamente il ricorso al giudice amministrativo contro gli atti e i provvedimenti emanati dal Governo nell'esercizio del potere politico.
In ragione di tale peculiarità, la giurisprudenza prevalente, al fine di limitare al massimo il *deficit* di tutela per i soggetti destinatari di atti politici, ha optato per un'interpretazione restrittiva del concetto di atto politico, riconducendo i casi dubbi alla figura degli atti di alta amministrazione, per loro natura sindacabili in sede giurisdizionale.

L'insindacabilità degli atti politici è, in ogni caso, sottoposta a diversi limiti:

- costituzionali, nel senso che è sempre possibile far valere la contrarietà dell'atto ai precetti costituzionali;
- comunitari, in quanto il principio del primato del diritto comunitario assoggetta non solo l'attività amministrativa ma anche quella legislativa al rispetto dei vincoli comunitari;
- leggi-provvedimento, ovvero negli atti attraverso cui lo Stato o le regioni pongono in essere atti legislativi sotto il *nomen* di atti politici, dando forma di legge ad un atto amministrativo;
- controlli politici, ad opera del corpo elettorale e del Parlamento che possono decidere di non riconfermare gli organi che hanno posto in essere tale attività (per il corpo elettorale) o di censurare, attraverso il voto di sfiducia, se si tratta del controllo parlamentare.

5. Gli atti di alta amministrazione.

Gli **atti di alta amministrazione** si configurano come una **speciale categoria di atti amministrativi** che svolgono un'attività di raccordo fra funzione politica e funzione amministrativa. Essi si collocano, pertanto, in una posizione intermedia tra gli atti politici e gli atti amministrativi.
A differenza degli altri atti amministrativi, gli atti di alta amministrazione sono caratterizzati da un **elevato tasso di discrezionalità**, in quanto la norma che li disciplina si limita a fissare solo il fine del potere esercitato, senza precisarne i presupposti.
Per quanto attiene alla loro disciplina e alla tutela giurisdizionale, gli atti di alta amministrazione sono analoghi agli atti amministrativi:

- ad essi si applica la normativa sul procedimento amministrativo, salvo diversa indicazione (ad esempio, l'art. 13 della legge n. 241/1990 esclude dalle norme sulla partecipazione al procedimento amministrativo *"l'attività della pubblica amministrazione diretta alla emanazione di atti normativi, amministrativi generali, di pianificazione e di programmazione"*);
- avverso gli stessi è sempre possibile la tutela giurisdizionale. Al riguardo, va però rilevato che, essendo comunemente gli stessi *direttive* o *atti programmatici*, difficilmente sono oggetto di impugnazione in quanto, di regola, non sono idonei a incidere direttamente su posizioni giuridiche soggettive.

6. Atti e provvedimenti amministrativi. Cenni.

Nel nostro ordinamento manca una definizione legislativa di atto e di provvedimento amministrativo. Tali nozioni, pertanto, sono state elaborate dalla dottrina che, muovendo da alcune disposizioni normative (fra cui l'art. 1 della legge n. 241/1990 e l'art. 26 del Testo unico delle leggi del Consiglio di Stato, approvato con r.d. n.1054/1924) ha riconosciuto che l'atto amministrativo è l'atto adottato:

- da una **pubblica amministrazione**;
- nell'esercizio di una **potestà amministrativa riconosciuta dalla legge**;
- per la cura di un **interesse pubblico**.

Specificando ulteriormente, si può affermare che l'atto amministrativo è, quindi, lo strumento di cui l'amministrazione si serve per garantire la cura degli interessi pubblici concreti, determinati in sede di indirizzo politico, attraverso una manifestazione autoritaria di volontà e giudizio.
All'interno della macrocategoria degli atti amministrativi, possiamo distinguere: gli atti amministrativi e i provvedimenti amministrativi.
Gli **atti amministrativi**, che comprendono ogni dichiarazione di volontà, di desiderio, di conoscenza e di giudizio posta in essere da un soggetto appartenente all'amministrazione pubblica nell'esercizio di una potestà amministrativa.
Tali atti sono interni al procedimento (c.d. **endoprocedimentali**) e, di regola, strumentali rispetto allo stesso (si pensi, ad esempio, ai pareri facoltativi o obbligatori richiesti dalla pubblica amministrazione al fine di adottare un provvedimento).

Essi, di regola, non sono idonei ad esplicare effetti verso l'esterno e, pertanto, ad incidere (positivamente o negativamente) su situazioni giuridiche soggettive.

I **provvedimenti amministrativi** sono un peculiare tipo di atti amministrativi. Essi consistono in una manifestazione di volontà, adottata dall'amministrazione all'esito di un procedimento amministrativo, indirizzata alla cura di un concreto interesse pubblico e diretta a produrre unilateralmente effetti giuridici nei rapporti esterni con i destinatari.
In sintesi, i provvedimenti amministrativi costituiscono l'atto finale del procedimento attraverso cui la P.A., dopo aver valutato la situazione concreta, gli interessi meritevoli di tutela e l'interesse pubblico, adotta la propria decisione mediante un atto (il provvedimento amministrativo, appunto) idoneo a produrre effetti giuridici verso l'esterno.

Capitolo 2 | LE SITUAZIONI GIURIDICHE SOGGETTIVE

1. Le situazioni giuridiche soggettive nel nostro ordinamento.

Al fine di definire il concetto di situazione giuridica soggettiva, appare preliminare definire la nozione di rapporto giuridico.
Il **rapporto giuridico** è una relazione tra due o più soggetti (detti "parti"), prevista e disciplinata dal diritto: un soggetto "attivo" titolare di una posizione di vantaggio (come: diritto soggettivo o interesse legittimo) e un soggetto "passivo" titolare di una posizione di svantaggio (come: obbligo o dovere).
La **situazione giuridica soggettiva** è la situazione di sostanziale interesse di un soggetto nell'ambito di un determinato rapporto giuridico e alla quale l'ordinamento giuridico riconosce una forma di tutela.
La situazione giuridica soggettiva può essere:

- **attiva** o **di vantaggio**, e consistere quindi nell'attribuzione di una posizione favorevole al relativo titolare, ponendolo in una posizione di prevalenza rispetto ad altri interessi;
- **passiva** o **di svantaggio**, implicando l'attribuzione di una posizione sfavorevole al titolare e determinando una subordinazione dell'interesse di quest'ultimo rispetto a quello di altri soggetti.

Il nostro ordinamento – pur non distinguendole espressamente – tutela due distinte posizioni giuridiche soggettive: il diritto soggettivo e l'interesse legittimo.

PER SAPERNE DI PIÙ

◆ STATUS E SITUAZIONE GIURIDICA

Il concetto di situazione giuridica va tenuto separato da quello di status. La situazione giuridica, sia essa attiva o passiva, attiene a specifici e determinati rapporti, mentre lo status costituisce una condizione, anch'essa relativa ad un determinato soggetto, ma nell'ambito un determinato gruppo.
Un esempio può essere l'appartenenza ad un nucleo familiare che determina nei suoi componenti l'acquisizione di uno status, cui sono riconducibili una serie di diritti e obblighi.

2. Il diritto soggettivo.

Il **diritto soggettivo** è la posizione giuridica soggettiva di vantaggio che l'ordinamento attribuisce ad un determinato soggetto in relazione ad un determinato bene (es: diritto di proprietà).
Essa sussiste in tutti i casi in cui il soggetto titolare del diritto non necessita dell'intermediazione dell'amministrazione per esercitarlo, in quanto vi è una norma che consente al soggetto di godere in modo pieno e immediato del diritto stesso.
La tutela dei diritti soggettivi è rimessa, di regola, al **giudice ordinario** e – solo in casi tassativamente previsti – alla giurisdizione esclusiva del giudice amministrativo.

3. L'interesse legittimo.

L'**interesse legittimo** è la situazione giuridica soggettiva di cui è titolare un soggetto privato in relazione all'esercizio di un potere amministrativo.
Essa è stata riconosciuta nel nostro ordinamento con la legge n. 5992/1889, che ha istituito la IV sezione del Consiglio di Stato quale giudice degli interessi sostanziali diversi dai diritti soggettivi e che, fino a quel momento, erano rimasti sprovvisti di tutela.
In assenza di una chiara e puntuale definizione normativa dell'interesse legittimo, la dottrina ha elaborato diverse teorie al riguardo e, in particolare, ha affermato che l'interesse legittimo è il potere riconosciuto al privato di influire sull'esercizio del potere amministrativo e, dunque, sull'esercizio del potere da parte della P.A., al fine di tutelare la propria posizione giuridica.
A differenza del diritto soggettivo – che costituisce una posizione autonoma e trova compiuto e completo riconoscimento in una norma di legge, senza necessità di intermediazione da parte della pubblica amministrazione – l'interesse legittimo costituisce una posizione giuridica soggettiva "non autonoma", ma necessariamente **correlata all'esercizio del potere amministrativo**, che può ampliare (ad esempio, con il rilascio di un permesso di costruire) o restringere (ad esempio, con un provvedimento espropriazione di proprietà privata) la posizione giuridica soggettiva dell'interessato.

PER SAPERNE DI PIÙ

◆ INTERESSI LEGITTIMI PRETENSIVI E OPPOSITIVI

In relazione alla posizione giuridica vantata, la dottrina è solita distinguere tra due diverse categorie di interessi legittimi:
- interessi legittimi pretensivi, che si configurano ove l'esercizio del potere amministrativo potrebbe determinare un ampliamento della sfera giuridica del destinatario del provvedimento;
- interessi legittimi oppositivi, nel caso in cui l'esercizio del potere amministrativo potrebbe determinare una restrizione della posizione giuridica soggettiva dell'interessato.

4. La tutela delle posizioni giuridiche soggettive.

L'art. 103 della Costituzione dispone espressamente che *"il Consiglio di Stato e gli altri organi di **giustizia amministrativa** hanno **giurisdizione** per la tutela nei confronti della pubblica amministrazione degli **interessi legittimi** e, in **particolari** materie **indicate** dalla legge, **anche dei diritti soggettivi**"*.
In ragione di tale disposizione costituzionale, diversi sono stati i criteri di riparto di giurisdizione elaborati per stabilire la competenza del giudice amministrativo ovvero del giudice ordinario a decidere su una determinata controversia, in relazione alla posizione giuridica soggettiva vantata.

I **principali criteri** adoperati per identificare il tipo di situazione giuridica soggettiva lesa e quindi la competenza della giurisdizione amministrativa o ordinaria sono:
- **criterio dell'attività**, in funzione del quale ad un'attività discrezionale della P.A. può corrispondere solo una violazione di un interesse legittimo, mentre ad una attività vincolata può corrispondere solamente la violazione di un diritto soggettivo;
- **criterio della norma violata,** in relazione al quale dalla violazione di una norma di azione (che disciplina l'azione della P.A. occupandosi, solo in via indiretta degli interessi dei destinatari) può corrispondere solamente una violazione di un interesse legittimo, mentre alla violazione di una norma di relazione (che regola l'azione della P.A. all'interno di rapporti paritari con altri soggetti) corrisponderebbe la violazione di un diritto soggettivo;
- **criterio degli atti**, principalmente seguito dalla giurisprudenza, in ragione del quale gli atti di

imperio incidono su una situazione giuridica soggettiva qualificata come interesse legittimo e gli atti di gestione su una situazione giuridica inquadrata nel diritto soggettivo;

– **criterio del binomio cattivo uso/assenza di potere** che, ponendo l'accento sulla necessaria sussistenza di un potere pubblico ai fini della sussistenza della giurisdizione amministrativa, determina la competenza del giudice amministrativo nei casi in cui si contesti alla P.A. l'uso scorretto di un potere che determini la "degradazione" della posizione soggettiva del privato a interesse legittimo e la giurisdizione del giudice ordinario nei casi in cui il privato neghi l'esistenza potere (c.d. assenza di potere) della P.A. Questo ultimo criterio appare ad oggi quello più idoneo a superare i conflitti di giurisdizione fra giudice amministrativo e giudice ordinario.

PER SAPERNE DI PIÙ

◆ LE POSIZIONI GIURIDICHE SOGGETTIVE NEL DIRITTO COMUNITARIO

Il diritto comunitario non riconosce la distinzione fra diritto soggettivo e interesse legittimo, lasciando libera discrezionalità agli Stati Membri circa eventuali disposizioni nazionali da applicare al fine di rendere maggiormente effettiva la tutela delle posizioni giuridiche soggettive di coloro che, a vario titolo, si interfacciano con la P.A.

5. Interessi semplici e interessi di fatto.

L'**interesse semplice** è la pretesa del singolo a che la P.A., nell'esercizio del suo potere discrezionale, si attenga a quei criteri di opportunità, convenienza e buona amministrazione che afferiscono al c.d. merito amministrativo e che sono tutelati dalle c.d. norme di buona amministrazione.
L'interesse semplice si differenzia dall'interesse legittimo in quanto riceve tutela esclusivamente a livello amministrativo (ad esempio mediante l'esercizio dei ricorsi gerarchici, ovvero rivolgendosi all'organo amministrativo sovraordinato rispetto a quello che ha adottato l'atto).
Diversamente, **l'interesse di fatto** si sostanzia in un interesse non qualificato e non differenziato a che la P.A. osservi i doveri giuridici posti a suo carico e che determinano un vantaggio per la collettività, come ad esempio la manutenzione delle strade. Questo tipo di interesse non riceve alcun tipo di tutela, ma sussiste unicamente la possibilità per il privato di sollecitare l'operato dell'amministrazione tramite mere denunce, a fronte delle quali la P.A. non ha però nessun obbligo di intervenire.
L'unica eccezione a questa assenza di tutela è costituita dalle residuali e tassative ipotesi in cui l'ordinamento riconosce la possibilità di ricorrere all'**azione popolare**.

PER SAPERNE DI PIÙ

◆ L'AZIONE POPOLARE

L'azione popolare mira a garantire una tutela di tipo oggettivo al soggetto privato, al quale, in deroga al generale principio della personalità dell'interesse ad agire in giudizio, è conferita la legittimazione a promuovere un giudizio strumentale alla difesa di un interesse pubblico proprio della collettività.
Attraverso questa azione, infatti, sono legittimati ad agire una cerchia indefinita di soggetti in ragione dell'appartenenza del soggetto ad una categoria identificata o generalizzata a priori dalla legge.
In tali casi tassativi, la legge consente ai cittadini di agire in giudizio o di ottenere la correzione ad errori della P.A. nella tutela di interessi generali.
L'azione popolare può essere:
- **correttiva**, nei casi in cui l'azione è diretta contro la P.A. e mira a correggere errori e illegittimità compiute dalla P.A. stessa. Esempio di queste azioni sono quelle in materia di operazioni elettorali, come quelle di cui all'art. 70 del d.lgs. n.267/2000;

- **suppletiva**, attraverso cui i cittadini sono legittimati a sostituirsi alla rappresentanza dell'ente rimasto inerte nel far valere, nei confronti di un terzo, un diritto o un interesse radicato in capo all'ente stesso. In questi casi, l'azione del cittadino si contrappone all'inerzia dell'amministrazione tenuta, per legge, alla tutela di determinati interessi o diritti. Un esempio è costituito dall'art. 9, comma primo, del d.lgs. n. 267/2000 ai sensi del quale "*ciascun elettore può far valere in giudizio le azioni e i ricorsi che spettano al comune e alla provincia*";
- **atipiche**, ovvero non previste specificamente da una norma dell'ordinamento, ma generate da innovative interpretazioni della giurisprudenza amministrativa.

6. Interessi collettivi e interessi diffusi.

Le posizioni soggettive possono assumere anche una dimensione "superindividuale", come nel caso degli interessi collettivi e diffusi.
Gli **interessi diffusi** costituiscono interessi adespoti, ovvero privi di titolari e, pertanto, non riferibili ad una pluralità determinata di individui ma, al contrario, comuni a tutti gli individui di una collettività, non organizzata e non individuabile autonomamente. Questi interessi riguardano beni insuscettibili di appropriazione individuale, per i quali tutti i soggetti vantano diritti (come la salute, l'ambiente e la qualità della vita).
Gli **interessi collettivi** sono interessi comuni a più soggetti che si associano come categoria o gruppo omogeneo per realizzare i fini del gruppo cui appartengono. Questi interessi sono suscettibili di tutela giurisdizionale in quanto la titolarità della tutela di questi diritti è posta in capo ad enti dotati di capacità di agire, che si distinguono sia dai singoli sia dalla collettività (è il caso degli ordini professionali, delle associazioni private riconosciute, etc.). Tali interessi sono quindi:
- **differenziati**, ovvero riferibili ad una organizzazione o categoria differenziata che, come si è detto, si distingue dalla collettività e dal singolo;
- **qualificati**, nel senso che per essi l'ordinamento prevede una forma di tutela, in quanto la lesione dell'interesse legittima al ricorso l'organizzazione o la categoria interessata che, pertanto, può agire per la tutela dell'interesse del gruppo (e non del singolo).

Affinché l'ente sia effettivamente rappresentativo, lo stesso deve possedere:
- **finalità statutarie**, si deve quindi poter desumere dallo statuto dell'ente la finalità dello stesso alla tutela del bene o dell'interesse sovra individuale;
- **stabilità dell'assetto organizzativo**, in quanto è chiamato a svolgere un'attività continuativa per la protezione della collettività che intende rappresentare;
- la c.d. ***vicinitas*** rispetto all'interesse che mira a tutelare, localizzato o localizzabile in un ambiente relativamente circoscritto.

PER SAPERNE DI PIÙ

◆ LA GIURISPRUDENZA DEL CONSIGLIO DI STATO IN MATERIA DI INTERESSI DIFFUSI

Il Consiglio di Stato, sez. IV, 9 gennaio 2014, n. 36, ha evidenziato la differenza tra interessi diffusi ed interessi collettivi (che costituiscono una "derivazione" dei primi) nel fatto che la definizione di "interesse collettivo" può essere proficuamente utilizzata per definire la posizione giuridica "propria" di un ente che vede la partecipazione (necessitata o volontaria) di singoli non costituenti una aggregazione meramente seriale ed occasionale, ma identificabili in relazione ad un vincolo che, in quanto afferente ad una realtà territoriale o a una medesima manifestazione non occasionale della vita di relazione si presenti come concreto e temporalmente persistente; al contrario, la definizione di interessi diffusi denota interessi latenti nell'ordinamento che si presentano adespoti, indifferenziati, ontologicamente omogenei e la cui "selezione" deriva dal riconoscimento e dalla tutela, costituzionalmente garantiti, di valori imprescindibili della "forma di Stato".

Sempre il Consiglio di Stato, sez. IV, 18 novembre 2013, n. 5451, ha dichiarato che l'interesse collettivo – per esso intendendosi l'interesse diffuso comune a tutti i soggetti facenti parte della collettività e dall'ente rappresentati – proprio perché comune si soggettivizza, con la conseguenza, per un verso, che non costituisce né può mai costituire posizione soggettiva dei singoli ma sorge quale posizione sostanziale direttamente e solo in capo all'ente esponenziale; per altro verso, soggettivizzandosi in capo all'ente esponenziale, costituisce posizione propria (e solo) di questo, e non posizione parallela di un interesse legittimo comunque ascrivibile anche in capo ai singoli componenti della collettività. Di conseguenza, gli enti collettivi, oltre ad avere caratteristiche diverse quanto alla personalità giuridica, possono, al pari dei soggetti singoli, essere titolari sia di posizioni giuridiche proprie (diritti soggettivi ed interessi legittimi), sia di posizioni giuridiche collettive (appunto, interessi collettivi).

7. L'azione di classe (class action).

L'art. 140-*bis* d.lgs. 6 settembre 2005, n. 206, recante il c.d. **"Codice del consumo"**, regola l'istituto della *class action*, disponendo che i diritti individuali omogenei dei consumatori e degli utenti, nonché gli interessi collettivi **sono tutelabili** anche attraverso l'azione di classe.
Essa costituisce uno strumento generale di tutela nel quadro delle misure nazionali volte alla disciplina dei diritti dei consumatori e degli utenti, conformemente ai principi stabiliti dalla normativa comunitaria volti ad innalzare i livelli di tutela.
Lo strumento della *class action* consente a chiunque sia titolare di un diritto uguale a quello di un numero indefinito di altre persone di ricorrere in giudizio nella tutela non solo dell'interesse (proprio) ma anche di quello di tutti gli altri componenti della "classe" che vogliano ottenere la tutela giurisdizionale.
La tutela collettiva della *class action* si realizza per i diritti individuali omogenei dei consumatori e degli utenti i quali, singolarmente o anche conferendo mandato ad associazioni o comitati cui appartengono, possono chiedere l'instaurazione di un giudizio volto ad identificare la sussistenza della responsabilità e l'eventuale tutela risarcitoria ad essa connessa.

La ***class action* tutela:**

- i **diritti contrattuali** di una pluralità di consumatori e utenti che versano nei confronti di una stessa impresa in situazione omogenea, inclusi i diritti relativi a contratti stipulati ai sensi degli artt. 1341 e 1342 c.c.;
- i **diritti omogenei** spettanti ai consumatori finali di un determinato prodotto o servizio nei confronti del relativo produttore, anche a prescindere da un diretto rapporto contrattuale;
- i **diritti omogenei** al ristoro del pregiudizio derivante agli stessi consumatori e utenti da pratiche commerciali scorrette o da comportamenti anticoncorrenziali.

In caso di **accoglimento** del ricorso da parte del tribunale, lo stesso pronuncia una sentenza di condanna con cui **liquida**, ovvero fissa, le somme definitive dovute a coloro che hanno aderito all'azione o stabilisce un criterio omogeneo per il calcolo delle liquidazioni.
Una **peculiarità** della *class action* consiste nell'impossibilità per i soggetti interessati di proporre una nuova *class action* nei confronti del medesimo destinatario e per gli stessi fatti a seguito della scadenza del termine fissato dal giudice per l'adesione alla prima *class action*.
Naturalmente, la sentenza che interviene a seguito della proposizione della *class action* produce i suoi **effetti nei soli confronti degli aderenti** salvo il caso di rinunce o transazioni intervenute tra le parti che, ad ogni modo non pregiudicano i diritti degli aderenti che non vi hanno espressamente acconsentito.

7.1. La *class* action contro la Pubblica Amministrazione.

La *class action* pubblica riguarda il rapporto tra i cittadini e la pubblica amministrazione e interviene sullo stesso processo di produzione del servizio.
In questo caso, la **giurisdizione** è rimessa esclusivamente al **giudice amministrativo** chiamato a giudicare

sulla lesione di interessi giuridicamente rilevanti per una pluralità di utenti, perpetrata da parte di una P.A. o un concessionario di pubblici servizi attraverso la **violazione degli standard di qualità, economicità, tempestività.**

Tali peculiari **violazioni**, si possono sostanziare in:

- **violazione dei termini** che, come specificato dal *Tar Lazio, Roma, sez. II quater, 26 febbraio 2014, n. 2257*, deve essere **costante** in relazione ai tempi di conclusione dei procedimenti amministrativi;
- **mancata emanazione di atti amministrativi generali obbligatori**, a carattere non normativo, e da emanarsi entro i termini indicati da una legge o da un regolamento;
- **violazione degli obblighi contenuti nelle carte dei servizi;**
- **violazione di standard qualitativi ed economici.**

I **presupposti** per l'introduzione di una *class action* contro la P.A. sono riconducibili all'art. 4 della legge delega 4 marzo 2009, n. 15, c.d. **riforma Brunetta**, in attuazione della quale è stata data delega attraverso il d.lgs. 20 dicembre 2009, n.198.

Questa *class action* ha alcune **peculiarità**:

- riguarda violazioni e mancanze da cui derivi una **lesione diretta concreta e attuale** degli interessi che l'azione mira a tutelare;
- il giudice **non può pronunciare condanna al risarcimento** ma può solo limitarsi a ordinare alla P.A. o al concessionario del servizio di porre rimedio, entro un termine, alle inefficienze;
- la legittimazione ad agire attiene ai titolari di **interessi giuridicamente rilevanti ed omogenei per una pluralità di utenti e consumatori**;
- l'azione **non può essere proposta** nei confronti delle Autorità amministrative indipendenti, gli organi giurisdizionali, le assemblee legislative e gli altri organi costituzionali e la Presidenza del Consiglio dei Ministri.

Rispetto alla *class action* disciplinata dall'art. 140-*bis* del codice del consumo e la *class action* contro l'attività della P.A. presenta, quindi, le seguenti caratteristiche:

- **esclusività** della specifica azione contro la P.A. in relazione ai soli rapporti che la stessa intrattiene;
- **finalità**, in quanto mentre la *class action* delineata dal codice del consumatore si pone come istituto volto a tutelare il consumatore dallo squilibrio di posizioni cui si espone il consumatore nell'operare sul mercato, la *class action* istituita dalla riforma Brunetta interviene sul processo di produzione del servizio fornito dalla P.A.;
- **risarcimento,** la cui disciplina risulta esclusa per la *class action* afferente all'attività della Pubblica amministrazione ed è invece possibile nella *class action* delineata dal codice del consumo.

Capitolo 3 L'AMMINISTRAZIONE IN SENSO SOGGETTIVO

1. Modello costituzionale.

La Costituzione prende in considerazione la nozione di pubblica amministrazione in senso soggettivo, delineando tre modelli di organizzazione amministrativa, nessuno dei quali può assurgere a modello principale:

- **P.A. come apparato servente del Governo**: l'art. 95 Cost. enuncia il principio di responsabilità dei Ministri per gli atti dei rispettivi dicasteri, considerati quali settori specifici dell'amministrazione, intesa come organizzazione strumentale;
- **P.A. come apparato indipendente dal potere politico e regolato direttamente dalla legge**: l'art. 97 Cost. esprime il principio della riserva di legge nell'organizzazione dei pubblici uffici, i principi di buon andamento e di imparzialità, il principio del concorso per il reclutamento, nonché, così come introdotti dalla legge cost. n. 1/2012, i principi del pareggio di bilancio e di coerenza della P.A. con l'ordinamento dell'U.E. Inoltre, l'art. 98 pone i pubblici impiegati al servizio esclusivo della Nazione, affiancandosi al principio di responsabilità dei pubblici dipendenti *ex* art. 28 Cost.;
- **P.A. come apparato autonomistico e comunitario, decentrato territorialmente**: gli artt. 5, 114 e 118 Cost., tracciando le coordinate del pluralismo istituzionale, enunciano i principi dell'autonomia e del decentramento amministrativo in favore degli enti locali, nonché i principi di sussidiarietà, adeguatezza e differenziazione.

2. L'organizzazione amministrativa statale: il pluralismo della P.A.

Per la realizzazione di fini istituzionali via via più ampi ed eterogenei, l'organizzazione amministrativa italiana si è trasformata nel tempo sotto il profilo delle strutture e dei modelli, perdendo il suo iniziale carattere unitario (riferibile ad una nozione di P.A. che faceva perno unicamente sullo Stato-apparato) e acquistando in via definitiva un carattere pluralistico (riferibile ad una nozione di P.A. che poggia, oltre che sullo Stato, anche su altri soggetti dotati di capacità giuridica di diritto pubblico, volti al perseguimento di finalità di pubblico interesse).
Essa si struttura in **organizzazione diretta**, quando le strutture operative appartengono direttamente allo Stato, e in **organizzazione indiretta**, quando poggia su soggetti giuridici pubblici, diversi dallo Stato, ai quali sono attribuite funzioni amministrative.
L'organizzazione diretta a sua volta si articola in:

a) **centrale ordinaria**, che realizza il sistema dell'accentramento burocratico; in essa vanno compresi gli organi attivi (Presidenza del Consiglio, Ministeri e Agenzie), consultivi (Consiglio di Stato, Avvocatura dello Stato, CNEL) e di controllo (Corte dei Conti), destinati ad operare sull'interro territorio nazionale;

b) **centrale speciale**, che realizza il c.d. decentramento funzionale di servizi di interesse pubblico, attraverso aziende autonome (oggi in gran parte privatizzate), con competenza nazionale, in posizione di autonomia amministrativa, contabile e finanziaria;

c) **locale o periferica**, che realizza il c.d. decentramento burocratico attraverso l'attribuzione di funzioni proprie degli organi centrali a sedi distaccate a livello periferico, che operano in determinate parti del territorio nazionale (es. Prefetture-Uffici territoriali del Governo, Sindaco in qualità di ufficiale di Governo).

L'organizzazione indiretta realizza il c.d. **decentramento autarchico** tipicamente attraverso:

a) **enti pubblici istituzionali**, che svolgono, con un certo grado di autonomia, una specifica funzione di interesse generale e possono essere sia a carattere nazionale (es. INPS) che locale (es. Camere di Commercio);

b) **enti pubblici territoriali**, che svolgono diverse funzioni su una porzione del territorio nazionale, esprimendo gli interessi della collettività ivi stanziata. Per questi enti il territorio non rappresenta soltanto l'ambito spaziale delle relative attività, ma un vero e proprio elemento costitutivo che ne legittima l'esistenza (es. Regioni, Città metropolitane, Province, Comuni).

La più tangibile manifestazione di questo pluralismo amministrativo è l'attuale compresenza di almeno quattro modelli organizzativi: a) quello **ministeriale**; b) quello dell'**ente pubblico**; c) quello dell'**autorità amministrativa indipendente**; d) quello del **soggetto privato controllato** (società *in house*, società miste).

3. Il modello ministeriale

L'organizzazione per Ministeri è ancora oggi il modello tipico dell'**organizzazione amministrativa diretta**. Ma è un modello nettamente diverso da quello uniforme e gerarchico-piramidale, introdotto da Cavour con le leggi del 1853.

Non è uniforme perché i ministeri di oggi, grazie soprattutto alle riforme degli anni '90 del XX secolo, sono uffici complessi, dotati di personale e mezzi propri, diversificati non solo in base alle funzioni e alle dimensioni, ma anche alle strutture organizzative. Essi, come previsto dal d.lgs. n. 300/1999, si possono infatti organizzare secondo due modelli divisionali differenti:

- **modello dipartimentale**, in cui le articolazioni di primo livello sono i dipartimenti che abbracciano grandi aree di materie omogenee (es. dipartimento del tesoro e dipartimento delle finanze, nell'ambito del Ministero dell'economia e delle finanze). Ciascun dipartimento è guidato dal relativo capo del dipartimento, da cui dipendono gli uffici dirigenziali generali funzionali (solitamente denominati direzioni generali) e il quale è sottoposto al c.d. *spoil system*;
- **modello per direzioni generali**, in cui le articolazioni di primo livello sono le direzioni generali cui vengono affidati ambiti di materie tendenzialmente più ridotti e più specifici rispetto ai dipartimenti (es. direzione generale per la tutela della proprietà industriale nell'ambito del Ministero dello sviluppo economico). Tutte le direzioni generali, suddivise a loro volta in uffici dirigenziali non generali funzionali (solitamente denominati divisioni), sono coordinate nella loro attività dal segretario generale del ministero, il quale opera alle dirette dipendenze del ministro.

Non è gerarchico-piramidale perché – sebbene al vertice del dicastero resti la figura del ministro, il quale non solo è capo di amministrazione, ma, allo stesso tempo, è anche componente del Consiglio dei ministri – il legislatore, da ultimo con il d.lgs. n. 165/2001, nel distinguere chiaramente tra le funzioni del ministro e quelle dei dirigenti, ha accentuato l'autonomia amministrativa nei limiti dell'indirizzo politico e del controllo. Al ministro spettano, infatti, i soli poteri di definizione degli obiettivi e dei programmi da attuare e di verifica della rispondenza dei risultati raggiunti; mentre, ai dirigenti spettano i poteri di gestione finanziaria, tecnica e amministrativa (tra i quali spicca, in particolare, il potere di adottare gli atti che impegnano l'amministrazione verso l'esterno).

L'organizzazione statale diretta, accanto ai ministeri, conosce un altro modello: quello delle **agenzie**, disciplinate dal d.lgs. n. 300/99 e sottoposte ai poteri di indirizzo e di vigilanza del ministro. Le agenzie, nello svolgimento della loro attività a carattere tecnico-operativo di interesse nazionale, sono dotate di autonomia organizzativa e funzionale e, pur mancando di personalità giuridica, dispongono di propri organi di gestione e di controllo interno ed operano al servizio non solo del ministero cui sono collegate, ma di tutte le amministrazioni pubbliche, comprese quelle regionali e locali. Va rilevato che un ordinamento del tutto proprio ed un regime speciale sono dettati per le agenzie fiscali (dotate, invece, di personalità giuridica), che sono le agenzie delle entrate, delle dogane e dei monopoli e del demanio.

4. Il modello dell'ente pubblico

Il modello "ente pubblico" è il modello tipico dell'**organizzazione amministrativa indiretta**. Vi rientrano tutti gli enti pubblici funzionali non economici, che, a differenza degli enti pubblici economici, agiscono in regime di diritto amministrativo. Si tratta di una categoria di enti vasta ed eterogenea la cui qualificazione pubblicistica non sempre è chiaramente esplicitata per legge. Per questo motivo la giurisprudenza ha elaborato una serie di indici di riconoscimento della natura pubblica di tali enti:

- titolarità di poteri autoritativi (come certificazioni, riscossioni di tributi, sanzioni);
- istituzione da parte dello Stato o di altro ente pubblico (c.d. costituzione ad iniziativa pubblica);
- assoggettamento ad un sistema di controlli pubblici;
- ingerenza dello Stato o di altra P.A. nella nomina e nella revoca dei dirigenti dell'ente e/o nella sua amministrazione;
- partecipazione dello Stato o della diversa P.A. alle spese di gestione dell'ente;
- esercizio, da parte dello Stato o della diversa P.A., di un potere di direttiva sugli organi dell'ente, ai fini del perseguimento di determinati obiettivi;
- corresponsione di finanziamenti pubblici (fruizione di agevolazioni o di privilegi tipici delle amministrazioni statali);
- riconoscimento della c.d. operatività necessaria (impossibilità che i compiti attribuiti siano espletati da altro soggetto ovvero impossibilità di fallimento o di estinzione volontaria).

Tali enti si caratterizzano per un regime giuridico peculiare, tradizionalmente riassunto in quattro caratteristiche:

1. **autarchia**: che consiste nel potere di amministrare i propri interessi attraverso un'attività avente gli stessi caratteri e la stessa efficacia dell'attività amministrativa dello Stato;
2. **autotutela**: che indica il potere di risolvere autonomamente i conflitti, attuali o potenziali, relativi ai propri provvedimenti o alle proprie pretese, salvo comunque il sindacato giurisdizionale;
3. **autonomia**: che indica la libertà di determinazione di cui gode l'ente nella cura dei propri interessi, nonché l'indipendenza che caratterizza l'esercizio di alcune delle sue attività;
4. **autogoverno**: che si realizza quando gli organi di governo dell'ente sono composti da soggetti scelti dagli stessi governati.

5. Il modello dell'Autorità amministrativa indipendente

Un modello atipico di amministrazione indiretta è rappresentato dal fenomeno complesso ed eterogeno delle Autorità amministrative indipendenti. Si tratta infatti di enti od organi pubblici che si caratterizzano per una sostanziale **indipendenza** dal Governo, sia perché sottratte al controllo del potere politico-governativo e ai relativi indirizzi sia per la tendenziale equidistanza e **neutralità** rispetto agli interessi su cui la loro attività incide, nonché per l'**alto tasso di competenza tecnica** richiesta nell'esercizio delle competenze loro assegnate.

La loro istituzione risponde ad almeno tre ragioni, oltre che talvolta a veri e propri vincoli di derivazione europea, riconducibili:

1. al fenomeno che si suole indicare con l'espressione di "**crisi della legge**", intesa come incapacità della stessa di predefinire – in settori caratterizzati da elevato tecnicismo e soggetti a continua evoluzione – un sistema completo e preciso di regole e di comportamenti tali da consentire ai destinatari di valutare *ex ante* i propri e gli altrui comportamenti in termini di liceità o illiceità;

2. all'esigenza di svincolare la gestione di determinati **settori sensibili** – implicante una posizione, non già di imparzialità amministrativa, quanto di **neutralità** rispetto agli interessi in gioco – dal **condizionamento degli organi politici**, onde la necessità di assegnare funzioni, spesso non amministrative in senso classico, ma di tipo regolatorio, contenzioso e sanzionatorio, a soggetti in grado di assicurarne un esercizio "terzo", tecnicamente adeguato;

3. al processo di **progressiva abdicazione** dello **Stato** dall'**intervento diretto** nell'**economia mediante l'assunzione del diverso ruolo di arbitro e regolatore**.

Le funzioni attribuite alle Autorità indipendenti non sono sussumibili all'interno di un'unica categoria. Le Autorità, infatti, sono titolari di **funzioni**:

- **amministrative in senso proprio** (es. rilascio di autorizzazioni), in passato attribuite alle amministrazioni in senso classico (in specie, i Ministeri);
- **arbitrali e contenziose (o semi-contenziose)**, utili anche nella prospettiva di filtrare, a scopi deflattivi, l'accesso alla giurisdizione (queste funzioni hanno alimentato il dibattito circa la natura giuridica delle Autorità all'esito del quale la giurisprudenza di legittimità ne ha riconosciuto la natura di pubblica amministrazione);
- **normative, cc.dd. di regolamentazione**, nell'esercizio delle quali le Autorità adottano misure generali volte agli operatori, in settori di alto tecnicismo e privi di una puntuale disciplina legislativa, nel rispetto delle garanzie del giusto procedimento e del controllo giurisdizionale;
- **ausiliarie,** esercitate nei confronti di organi costituzionali (in specie il Parlamento e il Governo) attraverso pareri, segnalazioni e relazioni periodiche nelle materie rientranti nelle loro competenze (c.d. attività di *moral suasion*).

In sintesi, le Autorità indipendenti sono titolari di poteri: ispettivi e di indagine; sanzionatori e di sollecitazione; decisori; regolamentari.

Tra le Autorità amministrative indipendenti che operano nel nostro ordinamento è possibile distinguere:

- **Autorità di settore**, preposte, in via esclusiva, ad uno specifico settore economico (es. Consob, Ivass, Autorità per le garanzie nelle comunicazioni);
- **Autorità trasversali**, dotate, invece, di competenze non limitate a singoli comparti, in quanto riconosciute a tutela di specifici interessi pubblici di portata generale (es. Autorità garante della concorrenza e del mercato, Garante per la protezione dei dati personali, Commissione di garanzia per l'attuazione della legge sullo sciopero nei servizi pubblici essenziali).

6. Il modello delle società a partecipazione pubblica

Dopo essersi manifestato, in passato, prima nelle forme dell'amministrazione autonoma, poi in quelle dell'ente pubblico economico, oggi lo "Stato-imprenditore" si manifesta principalmente nella forma societaria delle società a partecipazione pubblica.

6.1 Natura giuridica

Con riferimento a questi soggetti – che, pur rivestendo una forma tipicamente privatistica, sono sottoposti ad una disciplina per larga parte derogatoria rispetto a quella del codice civile – si è posto il problema della natura giuridica, pubblica o privata.

Secondo l'**impostazione privatistica**, lo scopo lucrativo non viene mai meno nelle società in mano pubblica: la "pubblicizzazione" delle stesse potrebbe ammettersi solo allorché sia la legge stessa ad escludere espressamente la causa lucrativa; secondo l'**impostazione pubblicistica**, oggi prevalente, occorre prendere atto della cosiddetta **neutralità del modello societario** rispetto alle finalità perseguite. Ciò che rileva, dunque, sarebbe lo speciale regime giuridico cui sono sottoposte; al riguardo, si sono registrati due fondamentali indirizzi:

- per l'**orientamento estensivo**, va riconosciuta natura pubblicistica a tutte le società per azioni istituite con atto legislativo che ne determini la denominazione, lo scopo e la necessaria pertinenza ad un soggetto pubblico per una quota almeno maggioritaria;

- per l'**orientamento più restrittivo**, non appare sufficiente l'istituzione per legge o la determinazione in via legislativa di denominazione e scopo, o la partecipazione pubblica maggioritaria, ma è necessario che il regime giuridico cui la singola società è sottoposta si caratterizzi per la previsione di regole che, oltre a costituire una consistente alterazione del modello societario tipico (con compressione dell'autonomia funzionale e statutaria degli organismi societari), ne rivelino, al tempo stesso, la completa attrazione nell'orbita pubblicistica.

▶ 6.2. La disciplina recata dal T.U. società partecipate (d.lgs. n. 175/2016)

Con il d.lgs. **19 agosto 2016, n. 175**, il legislatore ha raccolto in un unico testo la disciplina organica del fenomeno, caratterizzato fino a quel momento da una abbondante stratificazione normativa, con l'obiettivo di ridurre il numero delle società partecipate e, al contempo, razionalizzare il quadro delle regole vigenti.

Quanto all'**ambito di applicazione soggettivo**, le disposizioni del testo unico si applicano *"alla costituzione di società da parte di P.A., nonché all'acquisto e alla gestione di partecipazioni, da parte di tali amministrazioni, in società a totale o parziale partecipazione pubblica diretta o indiretta"*. Il decreto distingue poi tra **società controllate** e **società partecipate**: sono controllate da una P.A. tutte le società che si trovino in una delle situazioni di controllo descritte dall'art. 2359 del c.c.; viceversa, una società può definirsi "partecipata" da una P.A. qualora quest'ultima sia titolare di *"rapporti comportanti la qualità di socio in società o la titolarità di strumenti finanziari che attribuiscono diritti amministrativi"*, potendo detta partecipazione anche essere indiretta, qualora sia detenuta per il tramite di una società o di un altro organismo sottoposto al controllo della medesima Pubblica amministrazione.

Quanto al **regime giuridico**, il testo unico registra una decisiva spinta verso il modello privatistico nella misura in cui dispone che tutte le società partecipate *"sono disciplinate secondo le norme sulle società contenute nel codice civile e le norme generali di diritto privato, salve le espresse deroghe previste dal decreto"*.

Per quanto concerne il **perimetro delle attività consentite**, il testo unico vieta alle PP.AA., direttamente o indirettamente, di costituire società aventi per oggetto attività di produzione di beni e servizi **non strettamente necessarie** per il perseguimento dei propri scopi istituzionali, né acquisire o mantenere partecipazioni, anche di minoranza, in tali società. Una ricognizione, in positivo, delle attività strettamente necessarie è offerta dallo stesso decreto che annovera:

a) la produzione di un servizio di interesse generale;

b) la progettazione e realizzazione di un'opera pubblica sulla base di un accordo di programma fra Amministrazioni pubbliche;

c) la realizzazione e gestione di un'opera pubblica ovvero l'organizzazione e la successiva gestione di un servizio d'interesse generale attraverso un contratto di partenariato con un imprenditore privato selezionato con una procedura di gara a doppio oggetto;

d) l'autoproduzione di beni o servizi strumentali all'ente o agli enti pubblici partecipanti;

e) servizi di committenza, ivi incluse le attività di committenza ausiliarie, apprestati a supporto di enti senza scopo di lucro e di amministrazioni aggiudicatrici.

7. I soggetti pubblici di matrice europea

La natura pubblica di una struttura societaria può anche conseguire alla riconduzione della stessa in talune figure soggettive pubbliche di derivazione comunitaria, ormai da tempo entrate a far parte della disciplina nazionale. Si tratta: dell'**organismo di diritto pubblico**; dell'**impresa pubblica**; dei **soggetti *in house***.

▶ 7.1 Organismi di diritto pubblico

Riproducendo il contenuto delle direttive 2014/23/UE, 2014/24/UE, 2014/25/UE, l'art. 3, comma 1, lett. d) del d.lgs. n. 50/2016 individua le caratteristiche del c.d. "organismo di diritto pubblico", quale soggetto incluso nella categoria delle c.d. "Amministrazioni aggiudicatrici".

In particolare, gli organismi di diritto pubblico:

a. sono istituiti per soddisfare specificatamente **esigenze di interesse generale**, aventi carattere non industriale o commerciale;

b. sono dotati di **personalità giuridica**;

c. sono finanziati per la maggior parte dallo Stato, dalle autorità regionali o locali o da altri organismi di diritto pubblico; o la loro gestione è posta sotto la vigilanza di tali autorità o organismi; o il loro organo di amministrazione, di direzione o di vigilanza è costituito da membri più della metà dei quali è designata dallo Stato, da autorità regionali o locali o da altri organismi di diritto pubblico (requisito della c.d. **influenza pubblica** dominante).

Secondo il costante insegnamento della CGUE (inaugurato con la sentenza C-44/96, Mannesman), abbracciato dalle Sezioni Unite della Corte di Cassazione da ultimo con la pronuncia n. 8673 dell'8 marzo 2019, tali elementi (personalità giuridica, influenza pubblica dominante e requisito teleologico) devono sussistere necessariamente in modo cumulativo, sicché in assenza di una sola di tali tre condizioni, un organismo non può essere considerato di diritto pubblico, e dunque operare come amministrazione aggiudicatrice.

▶ 7.2 Imprese pubbliche

La nozione di **impresa pubblica**, invece, viene in rilievo in relazione all'ambito soggettivo di applicazione della disciplina comunitaria e nazionale degli appalti nei c.d. settori speciali ed è l'"*impresa su cui le amministrazioni aggiudicatrici possono esercitare, direttamente o indirettamente, un'influenza dominante o perché ne sono proprietarie, o perché vi hanno una partecipazione finanziaria, o in virtù delle norme che disciplinano dette imprese*" (art. 3, co. 1, lett. t), d. lgs. n. 50 del 2016).

A differenza di quanto previsto per l'organismo di diritto pubblico, quindi, si prescinde in questo caso dal fine perseguito (che può anche essere lucrativo), riconoscendosi valenza decisiva al legame tra l'impresa e la Pubblica amministrazione "dominante".

▶ 7.3 Soggetti in house

L'*in house providing* è un istituto di origine europea, che rappresenta una **modalità alternativa** all'applicazione della disciplina comunitaria di evidenza pubblica in materia di appalti e servizi pubblici.

È un **modello organizzatorio** per mezzo del quale la P.A., al fine di reperire determinati beni e servizi ovvero per erogare alla collettività prestazioni di pubblico servizio, si avvale di un soggetto sottoposto al suo penetrante controllo, cioè di un ente strumentale, distinto sul piano formale, ma non su quello sostanziale, per cui l'ente può essere considerato parte integrante e prolungamento organizzativo della P.A.

Frutto dell'elaborazione giurisprudenziale della Corte di Giustizia UE (a partire dalla sentenza **Teckal**, causa C-107/98), l'istituto è stato codificato ad opera delle direttive 2014/24/UE, 2014/23/UE e 2014/25/UE ed è stato, poi, recepito in sede nazionale con l'**art. 5 del d.lgs. n. 50 del 2016** (c.d. **Codice dei contratti**).

Le condizioni di ammissibilità dell'*in house providing* ricorrono quando:

1. l'amministrazione aggiudicatrice eserciti sul soggetto aggiudicatario un "**controllo analogo**" a quello esercitato sui propri servizi (**elemento strutturale**): il Codice considera un siffatto controllo sussistente esclusivamente ove l'Amministrazione aggiudicatrice "*eserciti un'influenza determinante sia sugli **obiettivi strategici** che sulle **decisioni significative** della persona giuridica controllata*";

2. il soggetto aggiudicatario svolga la **maggior parte della propria attività in favore dell'ente pubblico di appartenenza** (**elemento funzionale**): il Codice ritiene necessario, a tal riguardo, che il soggetto affidatario svolga almeno l'80% delle proprie attività in esecuzione di compiti ad esso affidati dall'Amministrazione aggiudicatrice controllante o da altri soggetti a propria volta controllati dal medesimo soggetto pubblico;

3. la **partecipazione pubblica** sia **quasi totalitaria:** sul punto, il Codice richiede che, nella persona giuridica controllata, non vi sia alcuna partecipazione diretta di capitali privati, ad eccezione di forme di partecipazione di capitali privati previste dalla legislazione nazionale, in conformità dei trattati, che non esercitino un'influenza determinante sulla persona giuridica controllata.

Il **d.l. 31 maggio 2021, n. 77, pubblicato in GU n. 129 del 31 maggio 2021, c.d. decreto semplificazioni**, all'art. 10, rubricato "Misure per accelerare la realizzazione degli investimenti pubblici", prevede delle modifiche in tema di società *in house*.
In particolare, nell'intento di «sostenere la definizione e l'avvio delle procedure di affidamento ed accelerare l'attuazione degli investimenti pubblici in particolare di quelli previsti dal PNRR e dai cicli di programmazione nazionale e comunitaria 2014-2020 e 2021-2027», si prevede la possibilità per le «amministrazioni interessate», tramite apposite convenzioni, di avvalersi del supporto tecnico-operativo di società *in house*, qualificate ai sensi dell'art. 38 del c.c.p.
Tale attività di supporto riguarda «anche le fasi di definizione, attuazione, monitoraggio e valutazione degli interventi e comprende azioni di rafforzamento della capacità amministrativa, anche attraverso la messa a disposizione di esperti particolarmente qualificati».
La norma in esame legittima fra l'altro le Regioni, le Province autonome di Trento e di Bolzano e gli enti locali, per il tramite delle amministrazioni centrali dello Stato, ad avvalersi del supporto tecnico-operativo delle società *in house* per la promozione e la realizzazione di progetti disviluppo territoriale finanziati da fondi europei e nazionali.

Capitolo 4 L'AMMINISTRAZIONE IN SENSO OGGETTIVO

1. Attività amministrativa attiva, consultiva e di controllo.

L'attività amministrativa è la manifestazione della funzione pubblica, esercitata nei limiti del potere normativamente attribuito, mediante la quale i soggetti preposti dall'amministrazione provvedono alla cura concreta degli interessi pubblici.
Come anticipato al secondo capitolo, l'individuazione del fine da perseguire, la sua qualificazione come pubblico e l'assegnazione della tutela dello stesso alla P.A. sono operate in sede di indirizzo politico.
L'attività amministrativa si occupa, invece, di curare direttamente gli interessi pubblici alla cui tutela ogni ente pubblico è preposto sulla base delle competenze attribuitegli dalla legge.
Essa si svolge secondo **criteri organizzativi** volti a differenziare e ripartire le singole attribuzioni al fine di assicurare i necessari livelli di competenza e specializzazione e di evitare l'accentramento del potere in capo ad un solo organo.
L'attività amministrativa costituisce un fenomeno unitario: i suoi criteri organizzativi e la predetta ripartizione delle funzioni non danno quindi luogo a differenti qualifiche giuridiche dei soggetti o degli atti attraverso i quali è posta in essere.
Ciononostante, è possibile distinguere, dal punto di vista teorico, le seguenti **tipologie di attività amministrativa**:

- **amministrazione attiva,** costituita da tutte le attività attraverso cui la pubblica amministrazione realizza i propri fini nel rispetto delle indicazioni fornite dagli organi politici e di governo (principalmente: attività deliberative ed esecutive);
- **amministrazione consultiva,** che comprende le attività – realizzate nelle forme di pareri, direttive, orientamenti, chiarimenti – che l'amministrazione fornisce ai diversi soggetti dell'amministrazione attiva o di controllo;
- **amministrazione di controllo,** che si realizza nelle attività con cui l'amministrazione esprime un giudizio (sindacato) in relazione alle attività dei soggetti che svolgono funzioni di amministrazione attiva. Quando il sindacato è espresso secondo diritto, si avrà un *controllo di legittimità*, se, invece, è espresso secondo le regole della buona amministrazione, si avrà un *controllo di merito*.

Nello svolgimento delle predette attività amministrative, la pubblica amministrazione può porre in essere diverse tipologie di atto:

- **di diritto pubblico,** che la pubblica amministrazione realizza in qualità di soggetto dotato di poteri di imperio, ovvero di poteri che lo pongono in posizione di supremazia rispetto ai destinatari dell'atto;
- **di diritto privato,** ovvero i diversi negozi di diritto privato in cui l'amministrazione agisce in posizione pari ordinata rispetto ai destinatari dell'atto.

2. L'attività discrezionale e vincolata.

Come più volte detto, il potere amministrativo trova il proprio fondamento nella legge. La subordinazione dell'attività amministrativa alla legge (principio di legalità) implica che l'azione dell'amministrazione non sia mai completamente libera, perché vincolata al raggiungimento dell'interesse pubblico perseguito.
Dipendentemente dalle modalità con cui le disposizioni di legge vincolano l'esercizio del potere amministrativo, la dottrina distingue tra: **attività vincolata e attività discrezionale**.

Si parla di **attività vincolata** quando la legge indica specificamente le modalità di esercizio dell'attività amministrativa, senza lasciare all'amministrazione alcuna possibilità di scegliere quale possa essere il provvedimento più idoneo da adottare ai fini del raggiungimento dell'interesse pubblico.
In tal caso, è la legge stessa che (a monte) opera un contemperamento di interessi, indicando all'amministrazione che tipologia di provvedimento adottare a fronte di determinati accadimenti (ad esempio, nel caso in cui per la violazione di una disposizione del codice della strada, la legge disponga l'applicazione di una sanzione amministrativa, non lasciando discrezionalità all'amministrazione in ordine alla tipologia di provvedimento da adottare per contrastare il comportamento vietato).

Diversamente, la **discrezionalità amministrativa** si sostanzia nella facoltà dell'amministrazione di scegliere tra più comportamenti giuridicamente leciti per il soddisfacimento dell'interesse pubblico.
In tal caso, spetta all'amministrazione operare (a valle) una ponderazione comparativa degli interessi secondari (pubblici e privati) ai fini del raggiungimento di un interesse primario: l'interesse pubblico tutelato dalla norma di legge.
La discrezionalità si pone quindi come modalità di interazione fra l'azione pubblica e la legge, e presuppone uno spazio valutativo e decisionale che la pubblica amministrazione esercita nello svolgimento delle proprie funzioni.
A seconda del margine di discrezionalità attribuito all'amministrazione dalla legge, possono essere individuati quattro oggetti su cui l'amministrazione può esercitare (in tutto o in parte) la propria discrezionalità:
- l'***an***, ovvero la scelta circa l'emanazione o meno di un provvedimento amministrativo;
- il ***quid***, inteso quale contenuto del provvedimento;
- il ***quomodo***, ovvero le modalità di adozione e la forma del provvedimento;
- il ***quando***, ossia il momento in cui adottare il provvedimento.

La discrezionalità amministrativa viene esercitata principalmente nel corso della fase istruttoria del procedimento amministrativo, durante la quale l'amministrazione effettua una ponderazione degli interessi pubblici e privati coinvolti.
Come evidenziato nel tempo dalla giurisprudenza del Consiglio di Stato, la discrezionalità amministrativa deve, comunque, rispettare determinati limiti:
- **interesse pubblico**, ovvero l'interesse della collettività, fissato dalla legge;
- **principio di imparzialità e ragionevolezza**, il quale impone che le scelte dell'amministrazione siano adottate in posizione di equidistanza tra i diversi interessi coinvolti e che perseguano l'interesse pubblico attraverso il minor sacrificio possibile delle posizioni giuridiche contrapposte;
- **principio dell'esatta e completa informazione,** il quale presuppone che il provvedimento amministrativo sia il risultato di un completo processo istruttorio composto dall'esame di diversi documenti e atti intermedi e che dovrebbe determinare un risultato (tendenzialmente) privo di errori.

3. Legittimità e merito dell'azione amministrativa.

A fronte della distinzione tra attività vincolata e discrezionale della pubblica amministrazione, l'impostazione tradizionale contrappone i concetti di legittimità e merito dell'azione amministrativa.

La **valutazione della legittimità** riguarda la corrispondenza fra l'atto e le norme che regolano l'esercizio del potere amministrativo in forza del quale l'atto è stato adottato e si sostanzia nella conformità dell'atto rispetto alle disposizioni di legge. La violazione dei criteri di legittimità determina un vizio dell'atto (vizio di legittimità) che espone lo stesso al sindacato del giudice amministrativo.
La valutazione di legittimità, in quanto conformità del provvedimento alle norme di legge, può avvenire sia ove l'amministrazione eserciti un'attività vincolata, che nei casi in cui sussista discrezionalità amministrativa.

La **valutazione del merito** dell'azione amministrativa riguarda, invece, la conformità del-la scelta discrezionale operata dalla P.A. alle regole non giuridiche di buona amministra-zione, che attengono ai profili di opportunità e convenienza dell'atto amministrativo.
Il problema di una valutazione di merito del provvedimento si pone con specifico riferimento all'esercizio della discrezionalità amministrativa: ovvero nei casi in cui il contemperamento tra interessi pubblici e privati coinvolti nel procedimento amministrativo non sia avvenuto *ex lege*, ma residui in capo all'amministrazione procedente.

La legge n. 241/1990, avendo codificato le regole del giusto procedimento, ha attratto espressamente i criteri di economicità, efficienza ed efficacia dell'azione amministrativa nell'alveo della legittimità dell'atto: una eventuale violazione delle stesse, quindi, non rappresenta più un problema di inopportunità del provvedimento, bensì una vera e propria illegittimità dell'atto amministrativo, adottato in violazione di legge.

▶ 3.1. La discrezionalità tecnica.

Nell'ambito della discrezionalità amministrativa, la giurisprudenza ha distinto il concetto di **discrezionalità tecnica** intesa quale esame di fatti o situazioni, da parte della pubblica amministrazione (non sulla base di regole che appartengono al diritto ma) sulla base di cognizioni tecniche e scientifiche di carattere specialistico, quali la medicina, la fisica, l'ingegneria (es. valutazione della fatiscenza di un ponte).
L'esercizio della discrezionalità tecnica è caratterizzato dalla sussistenza di una specifica fase di giudizio, nell'ambito della quale la pubblica amministrazione procede all'analisi dei fatti e sceglie il **criterio scientifico** da utilizzare al fine di adottare la decisione.
Nelle ipotesi in cui la P.A. eserciti allo stesso tempo discrezionalità tecnica e amministrativa, si parla di **discrezionalità mista**. In tal caso, effettuata la verifica tecnica (esaminati gli atti e individuato il criterio tecnico da applicare), l'autorità amministrativa competente non è vincolata nell'atto da adottare, ma ha il potere di scegliere l'atto più idoneo alla cura dell'interesse pubblico primario.

PER SAPERNE DI PIÙ

◆ IL SINDACATO GIURISDIZIONALE

A seguito del susseguirsi di posizioni divergenti, la dottrina prevalente afferma che la discrezionalità tecnica e la discrezionalità mista possano essere sindacabili dal giudice amministrativo (Cons. Stato, sent. n. 601 del 1999).
Tale sindacabilità può avvenire anche attraverso lo strumento della consulenza tecnica d'ufficio che consente al giudice amministrativo di valutare la correttezza delle decisioni tecniche.
Naturalmente, le valutazioni espressione di discrezionalità tecnica potranno essere sindacabili in sede giurisdizionale sia sotto un profilo estrinseco e formale, sia sotto un profilo sostanziale, qualora risulti palese la loro inattendibilità sotto un profilo tecnico.

ATTIVITÀ DI DIRITTO PUBBLICO E ATTIVITÀ DI DIRITTO PRIVATO.

l'attività amministrativa può essere definita come l'attività con cui la P.A. provvede in concreto alla cura degli interessi ad essa affidati.

1) Atti di diritto pubblico

La P.A. agisce adottando **provvedimenti unilaterali** che, in quanto espressione di una posizione di supremazia dell'amministrazione, sono destinati a modificare la sfera giuridica del destinatario anche in assenza o contro la sua volontà.

2) Atti di diritto privato

Alla P.A. è riconosciuta **capacità di diritto privato** potendo la stessa ricorrere allo strumento negoziale che la pone così in posizione di parità con gli altri soggetti dell'ordinamento, tendenzialmente alla stregua delle ordinarie regole proprie del diritto civile.

L'amministrazione dispone di un duplice strumentario concorrente per l'esercizio di un'attività pure assoggettata ad un vincolo di scopo: quello del potere autoritativo e quello del diritto civile[1].

Per la giurisprudenza **l'intera attività dell'amministrazione** – al di là della veste soggettiva dell'autore e della forma giuridica degli atti – **è funzionalizzata**, in quanto volta al perseguimento dell'interesse pubblico, così ricadendo sotto il governo dell'art. 97 Cost.

[1] SANDULLI, *Manuale di diritto amministrativo,* Napoli, 1989, vol. II, 942.

CLASSIFICAZIONE.

AMMINISTRAZIONE

ATTIVA

Comprende tutte le attività attraverso le quali la P.A. mira a **realizzare i propri fini**, in fase sia deliberativa che esecutiva.

CONSULTIVA

Consiste nell'emanazione di **pareri**, ossia di consigli, direttive, orientamenti e chiarimenti in favore di organi o autorità chiamati a provvedere in ordine ad un determinato oggetto.

DI CONTROLLO

Consiste nel **sindacato delle attività di amministrazione attiva**, effettuato secondo diritto (controllo di legittimità) o in applicazione delle regole della buona amministrazione (controllo di merito).

ATTIVITÀ NEUTRE

Sono quelle attività non riconducibili alle categorie indicate in quanto non esclusive del potere esecutivo e comuni anche a quello legislativo e giurisdizionale (ad es. notifiche, registrazioni).

ATTIVITÀ

- **SOSTANZIALE**: finalizzata alla cura degli interessi affidati all'amministrazione.
- **ORGANIZZATIVA**: finalizzata all'individuazione e alla disciplina di strutture che tali interessi devono soddisfare.

- **GIURIDICA:** con la quale sono posti in essere atti e negozi giuridici di diritto pubblico e privati.
- **MATERIALE:** volta a dare esecuzione alle disposizioni contenute in atti amministrativi.

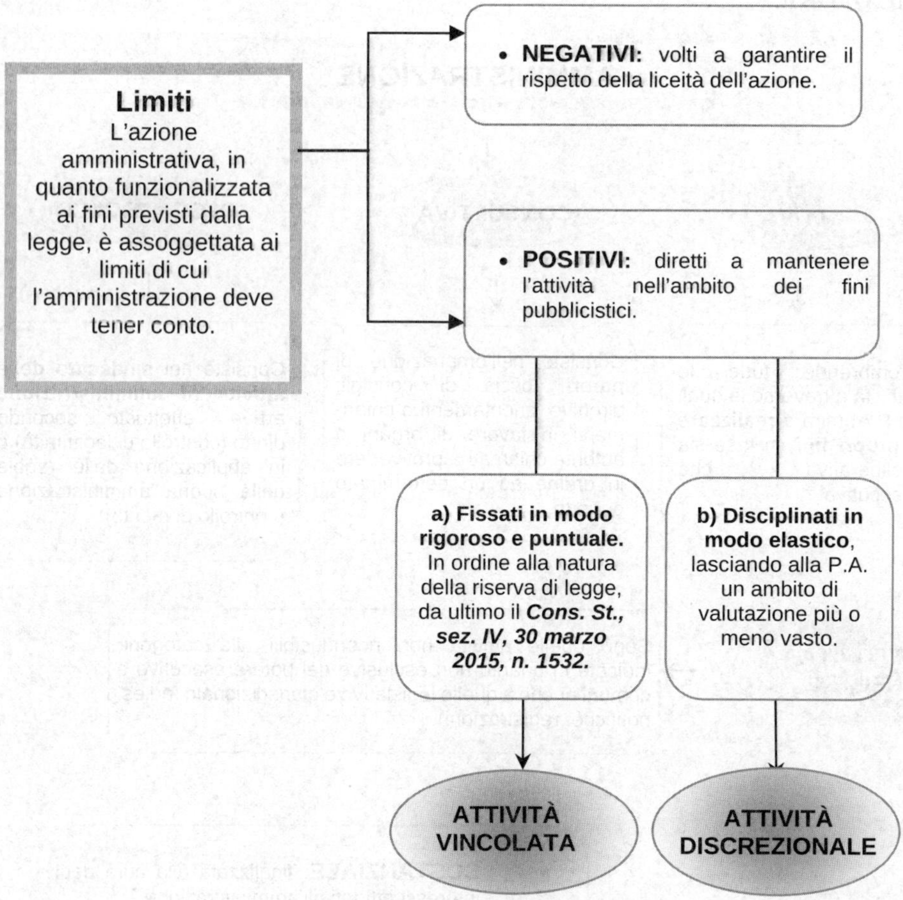
Limiti
L'azione amministrativa, in quanto funzionalizzata ai fini previsti dalla legge, è assoggettata ai limiti di cui l'amministrazione deve tener conto.
• NEGATIVI: volti a garantire il rispetto della liceità dell'azione.
• POSITIVI: diretti a mantenere l'attività nell'ambito dei fini pubblicistici.
a) Fissati in modo rigoroso e puntuale. In ordine alla natura della riserva di legge, da ultimo il Cons. St., sez. IV, 30 marzo 2015, n. 1532.
b) Disciplinati in modo elastico, lasciando alla P.A. un ambito di valutazione più o meno vasto.
ATTIVITÀ VINCOLATA
ATTIVITÀ DISCREZIONALE

4. L'atto amministrativo.

L'atto amministrativo è qualsiasi manifestazione di volontà, di conoscenza e di giudizio posta in essere da un'autorità amministrativa **nell'esercizio di una funzione amministrativa** per un caso concreto e per destinatari determinati o determinabili.
Tali atti si caratterizzano per la loro **strumentalità**, in quanto di regola sono adottati nel corso di un procedimento amministrativo (c.d. **atti endoprocedimentali**) finalizzato all'emanazione di un provvedimento amministrativo (si pensi, ad esempio, ai pareri facoltativi o obbligatori richiesti dalla pubblica amministrazione al fine di adottare un provvedimento).
Essi, di regola, non sono idonei ad esplicare effetti verso l'esterno e, pertanto, ad incidere (positivamente o negativamente) su situazioni giuridiche soggettive.

L'atto amministrativo, per essere considerato tale, deve essere composto dai seguenti elementi essenziali:

- **soggetto**; l'atto amministrativo deve essere necessariamente adottato da un soggetto che, per la sua natura pubblica o per i poteri ad esso conferiti dalla legge, sia titolare di un potere amministrativo. Non sono, quindi, atti amministrativi gli atti degli organi costituzionali, nonché gli atti adottati dagli organi amministrativi al di fuori delle competenze agli stessi attribuiti;
- **l'oggetto**; la situazione giuridica e materiale su cui l'atto è destinato a produrre i propri effetti, che può essere costituito da un comportamento, da un fatto o da un bene;
- **contenuto**; è peculiare per ogni atto, varia in relazione alle ragioni per cui l'atto viene chiesto all'amministrazione;
- **finalità**; lo scopo perseguito dall'atto al fine di tutelare l'interesse pubblico primario (ad esempio infliggere una sanzione);
- **forma**; è il modo di manifestazione, verso l'esterno, dell'atto stesso.
- **destinatario**; è l'organo pubblico o il soggetto privato nei cui confronti il provvedimento produce effetti.

Di regola, l'atto amministrativo adottato completo dei richiamati **elementi essenziali** è da considerarsi **perfetto** e, pertanto, **valido.**

5. I pareri.

Tra gli atti amministrativi che non costituiscono provvedimenti amministrativi, particolare rilevanza assumono i **pareri.**
Essi sono **manifestazioni di giudizio** con cui gli organi consultivi dell'amministrazione esprimono ad un altro organo la loro posizione su determinate questioni, atti o fatti, affinché il secondo possa emanare i provvedimenti amministrativi di propria competenza.
I pareri non costituiscono provvedimenti amministrativi, in quanto non sono idonei ad esplicare autonoma efficacia verso l'esterno.
Essi sono atti **privi di autonomia funzionale**, emanati nell'ambito di un procedimento amministrativo, ai fini dell'adozione del successivo provvedimento conclusivo del procedimento.

In relazione alla necessità o meno di acquisire un parere, i pareri si distinguono in facoltativi e obbligatori.
Si parla di **pareri facoltativi**, quando l'espressione di un parere non è richiesta dalla legge, ma l'amministrazione procedente che ha facoltà di richiederlo. Una volta richiesti essi entrano a far parte degli atti istruttori da valutare ai fini dell'emanazione del provvedimento conclusivo e, pertanto, la P.A. deve tenerne conto.
I pareri facoltativi devono essere resi nel **termine massimo di 20 giorni** dal ricevimento della richiesta e, nel caso in cui non siano resi nei termini, l'amministrazione ha **l'obbligo di proseguire** l'*iter* procedimentale, prescindendo dall'espressione del parere.

I **pareri** sono **obbligatori** quando la legge impone all'amministrazione procedente di acquisire un parere ai fini del corretto esercizio dell'attività amministrativa di competenza.
Anche in tal caso, il parere deve essere reso **entro 20 giorni** dal ricevimento della richiesta, ma il mancato rilascio dello stesso determina solo **la facoltà** (e non l'obbligo) dell'amministrazione di proseguire l'*iter* procedimentale anche in assenza del parere.

I richiamati termini non si applicano (e, quindi, la P.A. deve attendere che il parere venga reso) ai pareri che devono essere rilasciati da amministrazioni preposte alla **tutela ambientale, paesaggistica, territoriale e della salute dei cittadini**. In tali casi, in relazione ai rilevanti interessi da valutare nell'ambito del procedimento amministrativo, non è previsto un termine di 20 giorni per l'adozione del parere.

Inoltre, nel caso in cui l'organo che debba rendere il parere abbia rappresentato esigenze istruttorie, i termini citati possono essere **interrotti per una sola volta** e il parere deve essere reso definitivamente **entro 15 giorni** dalla ricezione degli elementi istruttori da parte delle amministrazioni interessate.

I pareri obbligatori, in relazione al valore giuridico che possono assumere nel procedimento amministrativo nell'ambito del quale sono resi, si distinguono in:

- **vincolanti**, nel caso in cui l'organo amministrativo obbligato a richiedere il parere sia anche tenuto ad uniformarsi ad esso. Essi costituiscono, di fatto, **atti decisori** (e non meramente consultivi), in quanto l'amministrazione procedente ha l'obbligo di provvedere conformandosi al parere e non può discostarsi dallo stesso. Pertanto, i pareri vincolanti, una volta adottati, determinano il contenuto del provvedimento amministrativo;
- **non vincolanti**, ove l'organo di amministrazione attiva sia tenuto unicamente a richiedere il parere, ma possa anche discostarsi dallo stesso fornendo adeguata motivazione nel provvedimento amministrativo.

PER SAPERNE DI PIÙ

◆ **COSA ACCADE SE UN PARERE È VIZIATO?**

Come sopra anticipato, il parere costituisce un atto amministrativo endoprocedimentale, che si colloca nell'ambito di un più ampio procedimento amministrativo e che viene reso ai fini dell'adozione del provvedimento conclusivo del procedimento.
Il parere – sia esso obbligatorio o facoltativo – costituisce un presupposto della decisione finale e di esso l'organo amministrativo tiene conto per l'adozione del provvedimento amministrativo.
Pertanto, un parere viziato può inficiare tutto il procedimento amministrativo, determinando che anche il provvedimento conclusivo del procedimento risulti viziato.
Nel caso in cui il parere sia viziato – di regola – lo stesso non può autonomamente essere impugnato, in quanto è un atto amministrativo endoprocedimentale e, come tale, non può direttamente ledere la sfera giuridica dei destinatari.
Naturalmente, tale considerazione cambia se il parere è vincolante: in questo caso, il parere potrà essere autonomamente impugnato, in quanto non lascia alcuna discrezionalità all'organo amministrativo in ordine ai contenuti del provvedimento conclusivo del procedimento.

6. Il provvedimento amministrativo.

Il provvedimento amministrativo costituisce l'atto amministrativo per eccellenza. Esso, benché la legge non ne fornisca una nozione espressa, è comunemente definito dalla dottrina come quell'atto amministrativo consistente in una manifestazione di volontà diretta alla **cura di un interesse pubblico** e idonea a **produrre unilateralmente effetti giuridici** nei rapporti con i destinatari dello stesso.
Pertanto, come anticipato, non sussiste perfetta coincidenza tra gli atti amministrativi e i provvedimenti amministrativi.

Il provvedimento amministrativo rientra nella più ampia categoria degli atti amministrativi, ma differisce dagli stessi perché è l'unico atto amministrativo idoneo ad incidere unilateralmente sulla sfera giuridica dei destinatari.

► 6.1. Le caratteristiche del provvedimento amministrativo.

Precisamente, i provvedimenti amministrativi si distinguono dai meri atti amministrativi perché dotati delle caratteristiche di seguito indicate.

A) Unilateralità.

Il provvedimento amministrativo è caratterizzato dal perseguimento unilaterale di interessi pubblici e da una decisione unilaterale della pubblica amministrazione in ordine agli effetti da determinare nella sfera giuridica di privati.

B) Autoritarietà (o imperatività).

La autoritarietà (o imperatività) si sostanzia nella "forza giuridica" del provvedimento amministrativo, ovvero nella capacità di imporre unilateralmente modificazioni nella sfera giuridica dei destinatari.
L'autoritarietà comporta che il provvedimento amministrativo possa determinare l'estensione, la modifica o la restrizione della sfera giuridica dei destinatari, senza che sia necessario il consenso degli stessi.

C) Esecutività

L'**esecutività** si sostanzia nella capacità dell'atto amministrativo di produrre immediatamente tutti gli effetti voluti dal provvedimento.
Tale caratteristica consente che la modificazione giuridica prodotta dal provvedimento si verifichi immediatamente, senza che sia necessario attendere l'esito di ricorsi amministrativi o giurisdizionali.
Al riguardo, la legge n. 241/1990:

- all'art. 21-*bis*, prevede espressamente che il **provvedimento limitativo della sfera giuridica dei privati** acquista efficacia nei confronti di ciascun destinatario con la **comunicazione** allo stesso effettuata anche nelle forme stabilite per la notifica agli irreperibili nei casi previsti dal codice di procedura civile. Qualora per il numero dei destinatari la comunicazione personale non sia possibile o risulti particolarmente gravosa, l'amministrazione provvede mediante **forme di pubblicità** idonee di volta in volta stabilite dall'amministrazione medesima. Il provvedimento limitativo della sfera giuridica dei privati non avente carattere sanzionatorio può contenere una motivata clausola di immediata efficacia. I provvedimenti limitativi della sfera giuridica dei privati aventi carattere cautelare ed urgente sono immediatamente efficaci;
- all'art. 21-*quater*, dispone che i provvedimenti amministrativi efficaci **sono eseguiti immediatamente**, salvo che sia diversamente stabilito dalla legge o dal provvedimento medesimo.

D) Esecutorietà

L'esecutorietà consiste nel potere dell'amministrazione di imporre coattivamente – nei casi e con le modalità previste dalla legge – l'adempimento di un determinato obbligo ai soggetti destinatari.
L'esecutorietà si distingue sia dall'**efficacia**, intesa quale produzione degli effetti giuridici, sia dall'**esecuzione**, ovvero dall'attività e dagli atti che la pubblica amministrazione deve porre in essere per dare attuazione al provvedimento.
Essa si sostanzia nella pretesa dell'amministrazione a che il destinatario del provvedimento tenga un determinato comportamento. Difatti, un determinato provvedimento – seppur efficace – potrebbe restare privo del suo scopo ed essere inutile se il privato non si conformasse ad esso.
Al fine di consentire l'esecutorietà, il provvedimento dovrà indicare il **termine e le modalità di esecuzione** dell'obbligo da parte del soggetto obbligato. Qualora l'interessato non ottemperi, le pubbliche amministrazioni, previa **diffida**, possono provvedere all'esecuzione coattiva del provvedimento nei casi e con le modalità previste dalla legge.

L'art. 21-*ter* legge n. 241/1990 stabilisce, infatti, che nei casi e con le modalità stabiliti dalla legge, le pubbliche amministrazioni possono imporre coattivamente l'adempimento degli obblighi nei loro confronti.

▶ 6.2. La forma del provvedimento amministrativo.

L'ordinamento non prevede una disposizione generale sulla forma che devono avere gli atti amministrativi, per i quali, pertanto, è prevista la **libertà di forma**. Ad ogni modo, l'atto amministrativo – in coerenza con il principio di trasparenza dell'attività amministrativa – deve essere reso conoscibile ai destinatari e, pertanto, è necessaria un'**esternazione** dello stesso.
Pertanto, normalmente, gli atti sono adottati in forma scritta, anche al fine di garantirne la **impugnabilità** e la **sindacabilità** dell'atto.
La dottrina e la giurisprudenza hanno, poi individuato, alcune tipologie di atto amministrativo che esigono la forma scritta, tra cui:

- gli atti per i quali la forma scritta è imposta dalla legge, o mediante una disposizione espressa o attraverso la richiesta di inserire elementi quali la denominazione, la data o la sottoscrizione;
- gli atti soggetti a controllo da parte di un'altra autorità;
- i pareri, affinché possano essere resi noti e consultati dall'organo competente ad adottare il provvedimento conclusivo del procedimento;
- i provvedimenti autorizzativi, in quanto devono essere conservati dagli interessati, rappresentando il titolo abilitativo a svolgere una determinata attività;
- gli atti per cui è prevista una qualsiasi forma di pubblicità.

▶ 6.3. La struttura del provvedimento amministrativo.

Il provvedimento amministrativo, salvo diversa e specifica disposizione di legge, ha una struttura per lo più standardizzata, composta da:

- **intestazione**; è l'indicazione specifica dell'autorità che ha emanato il provvedimento;
- **preambolo**; contiene le norme di legge o i regolamenti in base ai quali il provvedimento è stato adottato, nonché il riferimento ad eventuali atti endoprocedimentali, preparatori e presupposti rispetto allo stesso, che sono stati esaminati nel corso dell'istruttoria;
- **motivazione**; è la parte descrittiva del provvedimento, in cui l'autorità che lo emana valuta e pondera gli interessi da contemperare nell'adozione della decisione e indica le ragioni per le quali ritiene che un interesse pubblico primario debba prevalere su altri interessi (pubblici o privati) secondari;
- **dispositivo**; è la parte precettiva dell'atto, e costituisce la volontà della pubblica amministrazione;
- **luogo**, di emanazione del provvedimento;
- **data**, di emanazione del provvedimento;
- **sottoscrizione**; la firma dell'autorità che emana il provvedimento o di quella delegata all'emanazione dello stesso.

L'erronea o mancante indicazione dell'intestazione, del luogo o della data del provvedimento può determinare una mera **irregolarità** dello stesso.
Diversamente, la mancata o erronea indicazione della motivazione ne può determinare l'**illegittimità**.
Il provvedimento privo di sottoscrizione dell'organo amministrativo che lo ha emanato è invece affetto da **nullità** insanabile per vizio di forma.
Una volta perfezionato, completo di tutti i suoi elementi essenziali, il provvedimento amministrativo diviene **valido**.
La validità del provvedimento amministrativo – intesa come il perfezionamento dello stesso – non coincide necessariamente con l'efficacia. Difatti, un provvedimento potrebbe essere valido, ma non efficace.

6.4. La motivazione del provvedimento amministrativo.

Prima dell'entrata in vigore della legge n. 241/1990 non esisteva nell'ordinamento giuridico una norma che imponesse un obbligo generale di motivazione del provvedimento amministrativo.
L'art. 3 della legge n. 241/1990, in coerenza con il principio di trasparenza dell'azione amministrativa e al fine di garantire la pienezza della tutela giurisdizionale, prevede **l'obbligo** della P.A. **di motivare** ogni provvedimento amministrativo.
L'obbligo di motivazione del provvedimento trova la sua *ratio* nell'esigenza di garantire agli interessati la conoscenza del percorso logico-deduttivo che ha portato l'amministrazione ad adottare un determinato provvedimento, permettendo, al contempo, di verificare la correttezza del ragionamento operato dalla P.A.
La **motivazione** costituisce, difatti, la parte del provvedimento amministrativo in cui la P.A. condivide e rende pubblici i presupposti di fatto e le ragioni giuridiche che hanno portato all'emanazione di un dato provvedimento.
I **presupposti di fatto** sono gli elementi e i dati fattuali acquisiti nel corso della fase istruttoria del procedimento, che sono stati oggetto di valutazione da parte dell'amministrazione.

Le **ragioni giuridiche** sono tutte le argomentazioni che la P.A. ha condotto sul piano del diritto – ovvero tutte le norme che l'amministrazione ha considerato applicabili al caso concreto e la relativa interpretazione – e che hanno condotto all'adozione del provvedimento.
Ai sensi dell'art. 3, comma 3, legge n. 241/1990, la P.A. adempie all'obbligo di motivazione anche attraverso la c.d. ***motivazione per relationem***, ovvero nei casi un provvedimento sia motivato facendo riferimento alla motivazione presente in altro provvedimento amministrativo, richiamato nel nuovo provvedimento e reso disponibile ai destinatari.

L'obbligo di motivazione **si applica** ad ogni provvedimento amministrativo, compresi i provvedimenti concernenti l'organizzazione amministrativa, lo svolgimento dei concorsi pubblici e il personale.
Al contrario, non necessitano di motivazione gli atti normativi e quelli a contenuto generale (art. 3, comma 2, legge n. 241/1990).

PER SAPERNE DI PIÙ

◆ LA MOTIVAZIONE NELLE PROVE CONCORSUALI

L'art. 3 della legge n. 241/1990 prevede che l'obbligo di motivazione si applica anche alle prove concorsuali.
La norma però non entra nel dettaglio delle modalità con cui adempiere a tale obbligo e, in particolare, non indica se per motivare la valutazione degli elaborati del candidato sia sufficiente il voto numerico o sia necessario un giudizio descrittivo che motivi le ragioni di una determinata votazione.
La questione è stata risolta dalla giurisprudenza amministrativa – poi avallata anche dalla Corte Costituzionale (sent. 8 giugno 2011, n. 175) – la quale ha affermato che il punteggio numerico – anche alla luce dei criteri di valutazione delle prove previamente adottati dalla Commissione – esterna una valutazione che si traduce in una motivazione, seppure sintetica, del giudizio di sufficienza o insufficienza adottato dalla Commissione.
Pertanto, il voto numerico, rendendo palese il giudizio più o meno positivo che la Commissione abbia ritenuto di attribuire ad un determinato candidato, si traduce in un giudizio complessivo sulla prova di concorso.
Tale giudizio, espresso mediante l'attribuzione di un punteggio, è stato ritenuto dalla giurisprudenza idoneo a garantire il rispetto dell'obbligo di motivazione, nonché un eventuale sindacato giurisdizionale sull'operato della Commissione.

6.5. L'efficacia del provvedimento amministrativo.

L'**efficacia** consiste nell'attitudine di un atto amministrativo a produrre effetti, che possono essere:

- **costitutivi**, nel caso in cui facciano sorgere *ex novo* situazioni giuridiche in capo ai soggetti destinatari degli stessi, ovvero modifichino o estinguano situazioni giuridiche già esistenti;
- **dichiarativi**, se si limitano ad accertare o chiarire una situazione giuridica già esistente in capo al destinatario del provvedimento stesso;
- **ampliativi**, ove determinino un ampliamento della situazione giuridica soggettiva del destinatario;
- **restrittivi**, nel caso in cui siano sfavorevoli per il destinatario.

Il provvedimento amministrativo, di regola, non diviene efficace con l'adozione, bensì a seguito del positivo completamento della fase integrativa dell'efficacia, attraverso il controllo da parte degli organi preposti ovvero a seguito della comunicazione dell'atto al destinatario (c.d. atti recettizi, i cui effetti decorrano unicamente dalla comunicazione degli stessi al destinatario).
Ad ogni modo, per gli atti amministrativi vige il generale **principio dell'irretroattività** degli effetti, nel senso che non possono disporre "ora per allora", acquisendo efficacia retroattiva.

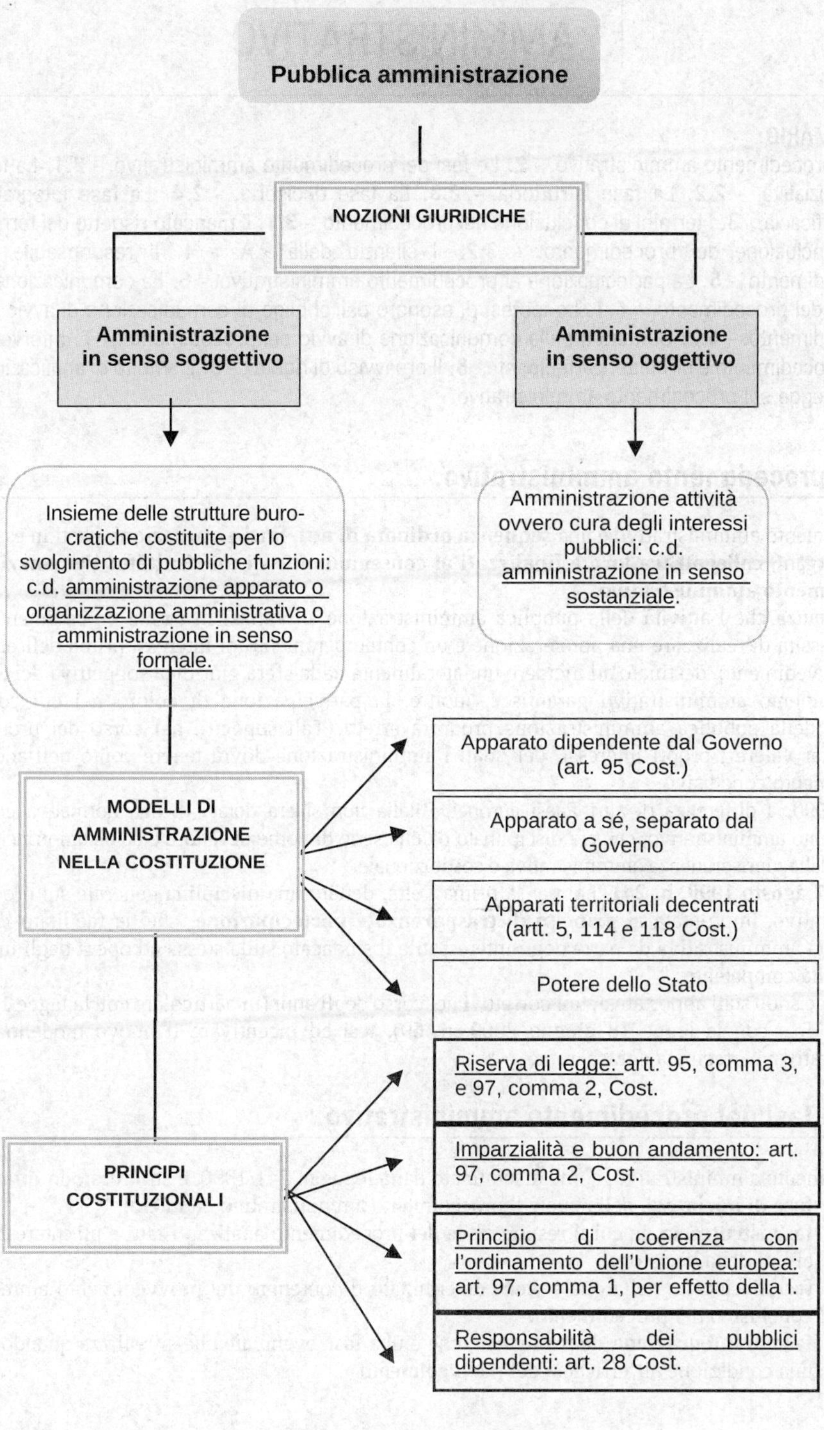
Pubblica amministrazione
NOZIONI GIURIDICHE
Amministrazione in senso soggettivo
Amministrazione in senso oggettivo
Insieme delle strutture burocratiche costituite per lo svolgimento di pubbliche funzioni: c.d. amministrazione apparato o organizzazione amministrativa o amministrazione in senso formale.
Amministrazione attività ovvero cura degli interessi pubblici: c.d. amministrazione in senso sostanziale.
MODELLI DI AMMINISTRAZIONE NELLA COSTITUZIONE
Apparato dipendente dal Governo (art. 95 Cost.)
Apparato a sé, separato dal Governo
Apparati territoriali decentrati (artt. 5, 114 e 118 Cost.)
Potere dello Stato
PRINCIPI COSTITUZIONALI
Riserva di legge: artt. 95, comma 3, e 97, comma 2, Cost.
Imparzialità e buon andamento: art. 97, comma 2, Cost.
Principio di coerenza con l'ordinamento dell'Unione europea: art. 97, comma 1, per effetto della l.
Responsabilità dei pubblici dipendenti: art. 28 Cost.

Capitolo 5 IL PROCEDIMENTO AMMINISTRATIVO

SOMMARIO:

1. Il procedimento amministrativo.

Il procedimento amministrativo è una **sequenza ordinata di atti, fatti e operazioni,** posti in essere da più uffici o organi, **collegati tra loro e finalizzati al conseguimento di un risultato: l'emanazione di un provvedimento amministrativo.**

La circostanza che l'attività della pubblica amministrazione si realizzi in forma procedimentale deriva dalla necessità di realizzare una ponderazione e un contemperamento di interessi prima dell'emanazione di un provvedimento, destinato ad incidere unilateralmente nella sfera giuridica soggettiva dei destinatari.

Il procedimento amministrativo garantisce, inoltre, la partecipazione di coloro nei cui confronti la decisione della pubblica amministrazione produrrà effetti. Tali soggetti, nel corso del procedimento, possono far valere i propri interessi, dei quali l'amministrazione dovrà tenere conto nell'adozione del provvedimento conclusivo.

Sino al 1990, a differenza di altri Paesi europei, l'Italia non si era dotata di una normativa generale sul procedimento amministrativo, che era disciplinato da una serie di nome di settore e da alcuni principi generali elaborati dalla giurisprudenza amministrativa e costituzionale.

La **legge 7 agosto 1990, n. 241**, ha, per la prima volta, dettato una disciplina generale sul procedimento amministrativo, improntata ai **principi di trasparenza e partecipazione**, che ha facilitato il controllo dell'attività amministrativa da parte degli interessati e il sindacato sulla stessa ad opera degli interessati e dell'autorità competente.

A tale legge sono stati apportati alcuni correttivi nel corso degli anni (in particolare con la legge 11 febbraio 2005, n. 15 e con la legge 18 giugno 2009, n. 69), tesi ad incentivare il nuovo modello di azione amministrativa: partecipata e trasparente.

2. Le fasi del procedimento amministrativo.

Il procedimento amministrativo, come disciplinato dalla legge n. 241/1990, è strutturato in **quattro fasi**:

- **fase di iniziativa**, nella quale il procedimento amministrativo ha inizio;
- **fase istruttoria**, in cui il responsabile del procedimento analizza i fatti e gli interessi rilevanti ai fini della decisione;
- **fase decisoria**, nella quale viene determinato il contenuto del provvedimento amministrativo conclusivo del procedimento;
- **fase di integrazione dell'efficacia**, che è una fase eventuale che si realizza quando è apposta una condizione all'efficacia del provvedimento.

▶ 2.1. La fase dell'iniziativa.

La prima fase è quella di **iniziativa**, ovvero la fase propulsiva, nella quale il procedimento amministrativo ha inizio.
La fase di iniziativa può essere attivata:

- **su iniziativa di parte**, ovvero quando un soggetto privato, interessato all'emanazione di un provvedimento amministrativo, attiva il procedimento attraverso la presentazione di un'**istanza** alla P.A.
- **d'ufficio**, quando l'iniziativa è avviata da un organo amministrativo: su impulso della stessa amministrazione decidente oppure di un'amministrazione terza che presenta una richiesta o una proposta (che, a differenza della mera richiesta, contiene anche una valutazione sul contenuto che dovrebbe avere il provvedimento amministrativo conclusivo del procedimento).

L'iniziativa è **autonoma**, nei casi in cui l'organo che da inizio al procedimento è lo stesso competente all'emanazione del provvedimento, ed **eteronoma** quando l'organo che da inizio al procedimento è diverso da quello chiamato ad emanare il provvedimento conclusivo.

PER SAPERNE DI PIÙ

◆ CASI IN CUI DALL'ISTANZA DI UN PRIVATO NASCE UN OBBLIGO PER L'AMMINISTRAZIONE DI PROVVEDERE

In merito al procedimento amministrativo avviato su iniziativa di parte, va specificato che non ogni istanza fa automaticamente nascere in capo all'amministrazione un obbligo di avviare un procedimento amministrativo ai fini dell'adozione di un provvedimento amministrativo (c.d. "obbligo di provvedere").

Di regola, l'obbligo di provvedere nasce quando la legge espressamente disciplini il potere del privato di presentare un'istanza, riconoscendogli la titolarità di una situazione giuridica qualificata e differenziata.

▶ 2.2. La fase istruttoria.

La seconda fase è quella dell'**istruttoria**, durante la quale l'amministrazione procedente acquisisce gli elementi istruttori, ovvero acquisisce gli atti e prende conoscenza dei fatti e degli interessi (pubblici e privati) pertinenti o rilevanti, da esaminare ai fini dell'emanazione del provvedimento conclusivo del procedimento.
Tra gli atti istruttori, acquisiti ai fini della decisione finale, meritano particolare attenzione i pareri.
La fase istruttoria deve consentire l'esame completo degli atti, fatti e interessi di cui tenere conto, ma deve concludersi in tempo per consentire all'amministrazione di adottare il provvedimento conclusivo nel rispetto del termine di conclusione del procedimento amministrativo.

▶ 2.3. La fase decisoria.

La terza fase è quella **decisoria**, nella quale si determina il contenuto, si forma e si emana il provvedimento finale, alla luce delle risultanze della fase istruttoria.
La fase decisoria può essere:

– **semplice**, nel caso in cui l'amministrazione decidente sia una (come, ad esempio, un decreto direttoriale o ministeriale);
– **pluristrutturata**, ovvero articolata da una pluralità di manifestazioni di volontà, adottate da diverse amministrazioni decidenti, e tra loro collegate.

Tra le decisioni pluristrutturate hanno particolare rilevanza: i concerti e le intese.

Si parla di **concerto** quando il provvedimento amministrativo è formato dalle manifestazioni di volontà di organi amministrativi in posizione di parità tra loro (es. decreto del Ministro della salute, di concerto con il Ministro dell'economia e delle finanze). In tal caso l'amministrazione procedente adotta il provvedimento amministrativo conclusivo del procedimento, unicamente dopo aver acquisito il concerto (ovvero la manifestazione di volontà) da parte dell'altra amministrazione competente. In assenza di concerto, il provvedimento non può essere adottato.

Le **intese**, invece, costituiscono manifestazioni di volontà rese da enti diversi. Anche in questo caso, il provvedimento amministrativo non può essere adottato in mancanza dell'intesa.

2.4. La fase integrativa dell'efficacia.

La quarta e ultima fase è quella **dell'integrazione dell'efficacia**. È una fase meramente eventuale, nella quale il provvedimento amministrativo emanato al termine della fase decisoria acquista efficacia.
Tale fase è eventuale in quanto vi sono dei casi in cui il provvedimento è efficace sin dal momento della sua emanazione, senza che occorrano ulteriori condizioni.
In altri casi, invece, l'ordinamento prevede che, affinché il provvedimento possa produrre i propri effetti, è necessario che abbiano esito positivo alcune forme di controllo ovvero che lo stesso sia portato a conoscenza dei destinatari. Ciò avviene attraverso:

- il **controllo**, ovvero la verifica dei contenuti del provvedimento amministrativo, che viene esercitata dagli organi competenti e solitamente esterni all'amministrazione che ha emanato l'atto. In tal caso, solo all'esito positivo del controllo il provvedimento può divenire efficace;
- la **comunicazione** ai destinatari, nei casi degli atti c.d. recettizi, in cui la comunicazione agli interessati costituisca presupposto indispensabile per l'efficacia del provvedimento.

PER SAPERNE DI PIÙ

◆ GLI ATTI DI CONTROLLO

Il controllo degli atti consiste nel riesame, ovvero nella sottoposizione ad una seconda valutazione, dei provvedimenti adottati dall'amministrazione, al fine di accertarne la conformità alle norme giuridiche (c.d. controllo di legittimità) o di corrispondenza ai criteri di opportunità e convenienza cui la P.A. deve attenersi nell'esercizio dei suoi poteri discrezionali (c.d. controlli di merito).
I controlli possono intervenire in momenti diversi e, pertanto, si distinguono in:

- **controlli preventivi**, che intervengono prima che il provvedimento spieghi i suoi effetti verso i destinatari e che costituiscono condizione di efficacia del provvedimento;
- **controlli successivi**, che intervengono dopo che il provvedimento formato sia divenuto efficace;
- **controlli sostitutivi**, nel caso in cui l'autorità gerarchicamente superiore a quella competente ad emanare il provvedimento e dotata del potere di sostituzione, accerta l'inerzia dell'organo competente e lo emana in sostituzione di quest'ultimo.

3. I termini di conclusione del procedimento.

Il "tempo" dell'azione amministrativa è stato, nel corso degli anni, al centro di un crescente interesse da parte del legislatore nazionale, interessato a disincentivare l'inerzia della P.A., ritenuta causa di inefficienza e di mancato sviluppo, e a sancire il **principio della certezza temporale** dell'attività amministrativa, in attuazione del più ampio principio del giusto procedimento.

L'art. 2 della legge n. 241/1990 disciplina l'obbligo della P.A. di concludere il procedimento amministrativo con un **provvedimento espresso** – sia nel caso in cui il provvedimento abbia avuto origine dall'istanza del privato, sia nel caso in cui sia stato avviato d'ufficio – entro **un termine certo e predefinito**.

La richiamata disposizione prevede che – salvo diversa previsione contenuta nella legge o nei provvedimenti in cui l'amministrazione definisce i termini di conclusione del procedimento – i procedimenti amministrativi di competenza delle amministrazioni statali e degli enti pubblici nazionali devono concludersi nel termine di **trenta giorni**.
Viene prevista, per le amministrazioni statali e per gli enti pubblici nazionali, la possibilità di allungare tale termine; e, precisamente:

- di regola, possono essere individuati termini non superiori a **90 giorni** per la conclusione dei procedimenti;
- in presenza di **particolari presupposti** – tenendo conto della sostenibilità dei tempi sotto il profilo dell'organizzazione amministrativa, della natura degli interessi pubblici tutelati e della particolare complessità del procedimento – e ove sia **indispensabile**, il termine può essere prorogato **fino 180 giorni**.

In entrambi i casi, i termini di conclusione del procedimento superiori a 30 giorni possono essere individuati con uno o più decreti del Presidente del Consiglio dei Ministri, da adottarsi su proposta dei Ministri competenti e di concerto con il Ministro per la pubblica amministrazione e la semplificazione.
La norma non si applica alle autorità di garanzia e di vigilanza, che disciplinano in conformità ai propri ordinamenti i termini per la conclusione dei provvedimenti di rispettiva competenza.
I termini per la conclusione del procedimento **decorrono** dall'inizio del procedimento, se d'ufficio, o dal ricevimento dell'istanza se il procedimento è ad impulso di parte.
Essi **possono essere sospesi**, per una sola volta e per un periodo non superiore a 30 giorni, per l'acquisizione di informazioni o di certificazioni relative a fatti, stati o qualità non attestati in documenti già in possesso dell'amministrazione o non direttamente acquisibili presso altre pubbliche amministrazioni.

▶ 3.1. Il mancato rispetto dei termini di conclusione del procedimento.

La **violazione dei termini** di conclusione del procedimento si verifica quando la pubblica amministrazione non adotta il provvedimento entro il termine di conclusione dello stesso e può dar luogo alla mancata o tardiva emanazione del provvedimento (dipendentemente dal fatto che la P.A. adotti o meno il provvedimento successivamente allo scadere del termine di conclusione del procedimento).

Il legislatore, al fine di disincentivare l'inerzia della pubblica amministrazione, è più volte intervenuto sulla disciplina vigente al fine di introdurre una serie di strumenti finalizzati a favorire il rispetto dei termini di conclusione del procedimento e deflazionare i ritardi della P.A.
A fronte di tali interventi integrativi e modificativi delle norme in materia di inerzia della P.A., la vigente disciplina prevede quanto segue.

Innanzitutto, l'art. 2, comma 9, della legge n. 241/1990 prevede che: la mancata o tardiva emanazione del provvedimento nei termini costituisce elemento per la valutazione della **performance individuale**, nonché di **responsabilità disciplinare** e **amministrativo-contabile** del dirigente o del funzionario inadempiente.
Al fine di ovviare all'inerzia della P.A., l'art. 2, commi 9-*bis* e 9-*ter*, prevede poi che l'organo di Governo individua, nell'ambito delle figure apicali dell'amministrazione, il soggetto cui attribuire il **potere sostitutivo in caso di inerzia**. In caso di omessa individuazione da parte dell'organo di governo, il responsabile del potere sostitutivo è individuato nel dirigente generale o, in mancanza, nel dirigente preposto all'ufficio, o in mancanza, nel funzionario di più elevato livello presente nell'amministrazione.
Il **nominativo** di tale soggetto **è pubblicato** – per ciascun procedimento amministrativo, in formato tabellare e con collegamento ben visibile alla *home page* – **sul sito *internet* dell'amministrazione**.
Il titolare del potere sostitutivo interviene a "sanare" i casi di ritardo o inerzia della P.A. Difatti, decorso inutilmente il termine per la conclusione del procedimento, **il privato può rivolgersi al responsabile del potere sostitutivo** affinché, entro un termine pari alla metà di quello originariamente previsto, concluda il procedimento attraverso le strutture competenti o con la nomina di un commissario.
Il comma 9-*quater* del medesimo art. 2 dispone, inoltre, che il responsabile del potere sostitutivo, entro il

30 gennaio di ogni anno, **comunica all'organo di governo i procedimenti**, suddivisi per tipologia e strutture amministrative competenti, **nei quali non è stato rispettato il termine di conclusione** previsto dalla legge o dai regolamenti.

Il comma 9-*quinques* prevede che, nei provvedimenti rilasciati in ritardo su istanza di parte sono **espressamente indicati il termine previsto** dalla legge o dai regolamenti **e quello effettivamente impiegato**.

Per i casi in cui sia accertato l'inadempimento da parte della P.A., è stato inoltre previsto che le sentenze passate in giudicato che accolgono il ricorso proposto avverso il silenzio inadempimento dell'amministrazione siano **trasmesse**, in via telematica, **alla Corte dei Conti** (art. 2, co. 8, legge n. 241/1990).

Infine, l'art. 328, comma 2, c.p., prevede anche una **responsabilità penale** per il pubblico ufficiale o l'incaricato di un pubblico servizio che non adotti un provvedimento nel termine prescritto dalla legge e non risponda per esporre le ragioni del ritardo. Tale condotta, che configura il reato di **omissione non motivata di atti richiesti**, è punita con la reclusione fino ad un anno o con la multa fino a milletrentadue euro.
Si segnala come il recente **d.l. n. 76/2020** (c.d. decreto semplificazioni) abbia introdotto un comma 4-*bis* all'art. 2 legge n. 241/90, il quale prevede che le pubbliche amministrazioni misurino e rendano pubblici i tempi effettivi di conclusione dei procedimenti amministrativi di maggiore impatto per i cittadini e per le imprese, comparandoli con i termini previsti dalla normativa vigente. Inoltre, entro il 31 dicembre 2020, le amministrazioni e gli enti pubblici statali sono chiamate a provvedere, a verificare e a rideterminare, in riduzione, i termini di durata dei procedimenti di loro competenza.

▶ 3.2. Il silenzio della P.A.

Nei casi di mancato rispetto dei termini di conclusione del procedimento, si forma il **c.d. "silenzio" della pubblica amministrazione**, che può avere effetti diversi, dipendentemente dal significato che le disposizioni di legge, di volta in volta, gli attribuiscono.
Il silenzio della P.A. può, pertanto, distinguersi in:

- **silenzio assenso**, che si configura in tutti i casi in cui la legge attribuisca all'inerzia dell'amministrazione il valore di accoglimento di una determinata istanza. Pertanto, nel caso in cui l'amministrazione non adotti il provvedimento nel termine previsto da disposizioni di legge (o di natura regolamentare), il decorso del tempo equivale ad accoglimento dell'istanza del privato. Il **d.l. n. 77/2021** modifica il comma 2-*bis* dell'art. 20 della legge 7 agosto 1990, n. 241, prevedendo l'obbligo da parte della P.A., di rilasciare entro 10 giorni dalla richiesta dell'interessato, un'attestazione rilasciata in via telematica, che dimostri l'avvenuta formazione del silenzio assenso. In caso di inutile decorso di tale termine, l'attestazione è sostituita da una dichiarazione del privato ai sensi dell'art. 47 del d.P.R. n. 445 del 2001;
- **silenzio diniego**, quando la legge conferisce all'inerzia della P.A. il significato di diniego dell'istanza del privato;
- **silenzio inadempimento**, che si verifica nelle ipotesi in cui l'inerzia dell'amministrazione non è disciplinata da alcuna norma che attribuisca alla stessa un peculiare significato. Il silenzio-inadempimento costituisce, di fatto, un rimedio di origine giurisprudenziale, che presuppone l'interesse di un soggetto all'emanazione di un atto e consiste nella possibilità di ricorrere al giudice amministrativo per ottenere l'attuazione coattiva del dovere di provvedere della P.A.

4. Il responsabile del procedimento.

L'art. 4 legge n. 241/1990 ha previsto l'obbligo per l'amministrazione pubblica di individuare, per ogni procedimento amministrativo (ove non sia già direttamente definito dalla legge o da regolamento), l'unità organizzativa responsabile dell'istruttoria e di ogni altro adempimento procedimentale, nonché dell'adozione del provvedimento finale.

Una volta individuata l'unità organizzativa competente, il dirigente della stessa provvede ad individuare il responsabile del procedimento, assegnando la responsabilità dell'istruttoria **a sé o ad altro dipendente**.
Il responsabile del procedimento costituisce il titolare della responsabilità della istruttoria e di ogni altro adempimento inerente al singolo procedimento, nonché, eventualmente, dell'adozione del provvedimento finale.
L'unità organizzativa competente e il nominativo del responsabile del procedimento sono comunicati agli interessati nella comunicazione di avvio del procedimento, nonché – su richiesta – a chiunque vi abbia interesse.

Il responsabile del procedimento costituisce la figura centrale dell'*iter* procedimentale, a cui vengono assegnati **compiti istruttori**, ma anche **predecisori**, dovendo lo stesso redigere e trasmettere all'organo competente per l'adozione della decisione finale un atto contenente l'esame e la valutazione delle risultanze istruttorie, dal cui contenuto l'organo decidente può discostarsi solo motivatamente.
In particolare, il responsabile del procedimento svolge i seguenti compiti:

- **valutare**, ai fini istruttori, le condizioni di ammissibilità, i requisiti di legittimazione ed i presupposti che siano rilevanti per l'emanazione di provvedimento;
- **accertare** d'ufficio i fatti, disponendo il compimento degli atti necessari, e adottare ogni misura per l'adeguato svolgimento dell'istruttoria. In particolare, può chiedere il rilascio di dichiarazioni e la rettifica di dichiarazioni o istanze, può esperire inoltre accertamenti tecnici ed ispezioni, nonché ordinare l'esibizione di documenti;
- **proporre** o, avendone la competenza, convocare le conferenze di servizi di cui all'art. 14 della legge n. 241/1990;
- **curare** le comunicazioni, le pubblicazioni e le notificazioni previste dalle leggi e dai regolamenti;
- **adottare**, ove ne abbia la competenza, il provvedimento finale, ovvero trasmettere gli atti all'organo competente per l'adozione. L'organo competente per l'adozione del provvedimento finale, se diverso dal responsabile del procedimento, non può discostarsi da quanto emerso dall'istruttoria, se non indicandone la motivazione nel provvedimento finale.

Data la centralità del responsabile del procedimento nell'*iter* procedimentale, l'art. 6-*bis*, della legge n. 241/1990, detta specifiche previsioni per i casi di **conflitto di interesse**. Precisamente, dispone che il responsabile del procedimento – nonché i titolari degli uffici competenti ad adottare i pareri, le valutazioni tecniche, gli atti endoprocedimentali e il provvedimento finale – devono **astenersi** da tali attività in caso di conflitto di interessi, **segnalando** ogni situazione di conflitto, anche potenziale, al fine di garantire la trasparenza dell'azione della P.A.

5. La partecipazione al procedimento amministrativo.

Il Capo III della legge n. 241/1990, titolato "*Partecipazione al procedimento amministrativo*", disciplina gli strumenti con cui il legislatore garantisce la partecipazione dei privati al procedimento, improntando lo stesso al dialogo e al contraddittorio tra parte pubblica e parte privata, ai fini di un confronto collaborativo.
La partecipazione rientra, pertanto, nel concetto di "**giusto procedimento**" amministrativo, condotto in maniera trasparente, con un'istruttoria completa e in contraddittorio tra le parti, in coerenza con i principi di buon andamento e imparzialità della pubblica amministrazione.
La partecipazione al procedimento avviene principalmente mediante: la comunicazione di avvio del procedimento, l'intervento nel procedimento, la garanzia dei diritti dei partecipanti al procedimento; il preavviso di rigetto.
Le disposizioni in materia di partecipazione **non si applicano** nei confronti dell'attività amministrativa della pubblica amministrazione diretta all'emanazione di atti normativi, amministrativi generali, di pianificazione e programmazione, nonché ai procedimenti tributari, per i quali sussistono specifiche norme che ne regolano la formazione.

6. La comunicazione di avvio del procedimento.

La comunicazione di avvio del procedimento (art. 7 della legge n. 241/1990) costituisce il primo strumento con il quale la pubblica amministrazione consente la partecipazione degli interessati al procedimento amministrativo.
La comunicazione ha, difatti, la funzione di portare il privato a conoscenza dell'avvio di un procedimento amministrativo potenzialmente idoneo a incidere sulla propria sfera giuridica.
Garantendo la partecipazione e il contraddittorio la norma mira a facilitare la completezza dell'istruttoria e la conoscenza da parte della pubblica amministrazione degli interessi privati in gioco. Ciò anche ai fini del contemperamento tra interessi pubblici e privati e della realizzazione dell'interesse pubblico con il minor sacrificio degli interessi privati, in applicazione dei principi di proporzionalità e adeguatezza dell'azione amministrativa.

I soggetti a cui l'amministrazione è tenuta a dare comunicazione di avvio del procedimento possono essere distinti in tre diverse categorie:

- **soggetti nei confronti dei quali il provvedimento finale è destinato a produrre effetti diretti**, che possono essere costitutivi, modificativi o estintivi di situazioni giuridiche preesistenti;
- **soggetti che per legge debbono intervenire nel procedimento**, come, ad esempio, gli enti esponenziali di interessi diffusi (come in materia ambientale);
- **soggetti individuati o facilmente individuabili, diversi dai diretti destinatari**, qualora dal provvedimento possa derivare loro un pregiudizio.

▶ 6.1. Le ipotesi di esonero dall'obbligo di comunicazione di avvio del procedimento.

Ai sensi dell'art. 7 della legge n. 241/1990, l'amministrazione procedente può omettere di comunicare ai soggetti sopra individuati l'avvio del procedimento amministrativo:

1. nelle ipotesi in cui sia necessario procedere all'immediata adozione di **provvedimenti cautelari**;
2. ove sussistano ragioni di impedimento derivanti da **particolari esigenze di celerità** del procedimento.

Per quanto attiene all'adozione di **provvedimenti cautelari**, è necessario che l'amministrazione procedente indichi nel provvedimento cautelare le ragioni di urgenza che hanno impedito di trasmettere al destinatario la comunicazione di avvio del procedimento e fornisca congrua motivazione delle ragioni che hanno determinato il sacrificio delle garanzie partecipative del privato.
Ad ogni modo, l'adozione di un provvedimento cautelare non esonera l'amministrazione dal comunicare l'avvio del procedimento amministrativo successivo all'adizione del provvedimento e necessario per stabilizzare gli effetti cautelari.
Le **particolari esigenze di celerità** devono, invece, sostanziarsi in un'urgenza qualificata (anche se non di natura cautelare), dalla quale si evinca un'assoluta necessità dell'immediatezza del provvedimento amministrativo, tale da "sacrificare" il diritto alla partecipazione al procedimento. L'esigenza di celerità deve essere anch'essa congruamente motivata e può sussistere ad esempio, nel caso di:

- adozione di ordinanze contingibili e urgenti (Cons. Stato, sez. V, 29 agosto 2006, n. 5058);
- revoca dell'affidamento di un appalto, da adottare a seguito dell'informativa prefettizia dalla quale risultino tentativi di infiltrazione mafiosa (Cons. Stato, sez. V, 28 febbraio 2006, n. 851).

La giurisprudenza ha, in alcuni casi, escluso l'obbligo della P.A. di comunicare l'avvio del procedimento anche per i **provvedimenti vincolati**, ovvero nei casi in cui non sussista alcuna discrezionalità dell'amministrazione nella definizione del contenuto del provvedimento e non sia necessario effettuare alcun contemperamento degli interessi in gioco (contemperamento che già è stato effettuato a monte, dalla disposizione di legge che indica alla P.A. che provvedimento adottare).
Ad ogni modo, tale osservazione non è sempre valida in quanto, talvolta, la partecipa-zione del privato è utile anche nei procedimenti vincolati, ad esempio, per l'accertamento dei fatti o per un contraddittorio sulle disposizioni applicabili al caso di specie.

Come tutte le disposizioni in materia di partecipazione, la P.A. non deve comunicare l'avvio del procedimento nei casi di adozione di **atti normativi, amministrativi generali, di pianificazione e programmazione**, nonché nei **procedimenti tributari**, per i quali sussistono specifiche norme che ne regolano la formazione.

▶ 6.2. Contenuti della comunicazione di avvio del procedimento.

Al fine di consentire la piena partecipazione degli interessati al procedimento amministrativo, l'art. 8 della legge n. 241/1990, elenca i contenuti della comunicazione di avvio del procedimento, individuati nei seguenti:

- **l'amministrazione competente**; ovvero l'amministrazione deputata all'adozione del provvedimento conclusivo del procedimento;
- **l'oggetto** del procedimento promosso;
- **l'ufficio e la persona responsabile** del procedimento;
- **la data entro la quale deve concludersi** il procedimento amministrativo avviato e i rimedi esperibili in caso di inerzia dell'amministrazione;
- **la data di presentazione dell'istanza**, nei procedimenti ad iniziativa di parte;
- **l'ufficio in cui si può prendere visione degli atti**.

La medesima disposizione prevede che la comunicazione di avvio sia **personale**. Qualora per il numero dei destinatari la comunicazione personale non sia possibile o risulti particolarmente gravosa, l'amministrazione provvede a rendere noti gli elementi contenuti nella comunicazione di avvio mediante forme di pubblicità ritenute più idonee.
L'omissione di taluno degli elementi sopracitati può essere fatta valere solo dal soggetto interessato alla comunicazione.
Di regola, l'omissione della comunicazione di avvio del procedimento, rende il provvedimento illegittimo per violazione di legge.

7. Intervento nel procedimento e diritti dei partecipanti.

Gli artt. 9 e 10 legge n. 241/1990, in attuazione del principio di "giusto procedimento" e al fine di garantire la partecipazione al e la trasparenza del procedimento amministrativo, disciplinano rispettivamente l'intervento degli interessati nel procedimento e i diritti dei partecipanti al procedimento.

In ragione di tali disposizioni **qualunque soggetto**, pur non essendo un destinatario del provvedimento, bensì portatore di interessi pubblici o privati, ovvero portatore di interessi diffusi (costituto in associazioni o comitati), cui possa derivare un pregiudizio dal provvedimento, ha **facoltà di intervenire nel procedimento**.

Tutti i soggetti partecipanti al procedimento – sia quelli a cui è stata inviata la comunicazione di avvio del procedimento, sia i portatori di interessi – hanno diritto:

- di **prendere visione degli atti del procedimento**, salvo nei casi in cui la legge prevede che gli atti siano esclusi dal diritto di accesso;
- di **presentare memorie scritte e documenti**, che l'amministrazione ha l'obbligo di valutare ove siano pertinenti all'oggetto del procedimento.

8. Il preavviso di rigetto.

Nell'ottica di ridurre il contenzioso fra i cittadini e l'amministrazione, rafforzando al con-tempo la trasparenza dell'azione amministrativa, la legge n. 15 del 2005 ha introdotto l'art. 10-*bis* della legge n.

241/1990, che disciplina il **preavviso di rigetto**.
Il preavviso di rigetto costituisce una seconda comunicazione – successiva alla comunicazione di avvio del procedimento e diversa da quest'ultima – che la P.A. trasmette all'interessato, nel caso in cui debba adottare un provvedimento amministrativo di diniego dell'istanza e prima dell'adozione di tale provvedimento.
A differenza della comunicazione di avvio del procedimento, che ha la finalità di rendere noto agli interessati l'avvio della fase istruttoria, il preavviso di rigetto è finalizzato a comunicare **l'esistenza di motivi che ostano all'accoglimento dell'istanza**.
Esso costituisce un atto **endoprocedimentale** – non idoneo a sostituire il successivo provvedimento amministrativo – nel quale l'amministrazione illustra le ragioni (e quindi la motivazione) per le quali intende rigettare l'istanza del privato.
A seguito di tale comunicazione, gli interessati hanno la facoltà di presentare, **entro dieci giorni** dal ricevimento della stessa, **memorie e documenti** che, ove pertinenti, l'amministrazione sarà tenuta a valutare.
Nel caso in cui, a seguito della valutazione degli elementi integrativi, l'amministrazione decida comunque di adottare un provvedimento di diniego, dovrà darne motivazione nel provvedimento medesimo; qualora, successivamente, il provvedimento venga annullato in giudizio, nell'esercitare nuovamente il suo potere l'amministrazione non può addurre per la prima volta motivi ostativi già emergenti dall'istruttoria del provvedimento annullato.

Il preavviso di rigetto si applica unicamente **ai procedimenti avviati su istanza di parte**.
Inoltre, per espressa disposizione di legge sono **esclusi** dall'ambito di applicazione di tale istituto:
- le **procedure concorsuali**, come i concorsi per l'assunzione nel pubblico impiego e le procedure selettive per il conseguimento dell'idoneità per l'iscrizione negli albi professionali;
- i **procedimenti in materia previdenziale e assistenziale** sorti a seguito di istanza di parte e gestiti dagli enti previdenziali.

9. L'ambito di applicazione della legge sul procedimento amministrativo.

La legge n. 241/1990 si applica alle amministrazioni statali e agli enti pubblici nazionali, nonché alle società con totale o prevalente capitale pubblico, limitatamente all'esercizio delle funzioni amministrative.
Tale legge, invece, **non si applica direttamente alle regioni e agli enti locali**, che regolano le materie disciplinate dalla legge n. 241/1990, nel rispetto dell'autonomia loro riconosciuta dalla Costituzione e delle garanzie del cittadino nei riguardi dell'azione amministrativa.

Tuttavia, va segnalato che alcune disposizioni della legge n. 241/1990 attengono ai livelli essenziali delle prestazioni di cui all'art. 117, comma 2, lettera m), Costituzione e, pertanto, devono essere applicate in modo uniforme su tutto il territorio nazionale (anche dalle regioni e dagli enti locali).
Tali disposizioni sono quelle, di cui si tratterà di seguito, che attengono principalmente a:
- partecipazione dell'interessato al procedimento amministrativo;
- individuazione di un responsabile del procedimento;
- termini di conclusione del procedimento;
- accesso alla documentazione amministrativa.

Le regioni e gli enti locali, nel disciplinare i procedimenti amministrativi di propria competenza, **non possono stabilire garanzie inferiori** a quelle assicurate ai privati dalle disposizioni attinenti ai livelli essenziali delle prestazioni, ma possono unicamente prevedere **livelli ulteriori di tutela**.

FUNZIONE E NOZIONE DI PROCEDIMENTO AMMINISTRATIVO.

LE FASI DEL PROCEDIMENTO AMMINISTRATIVO.

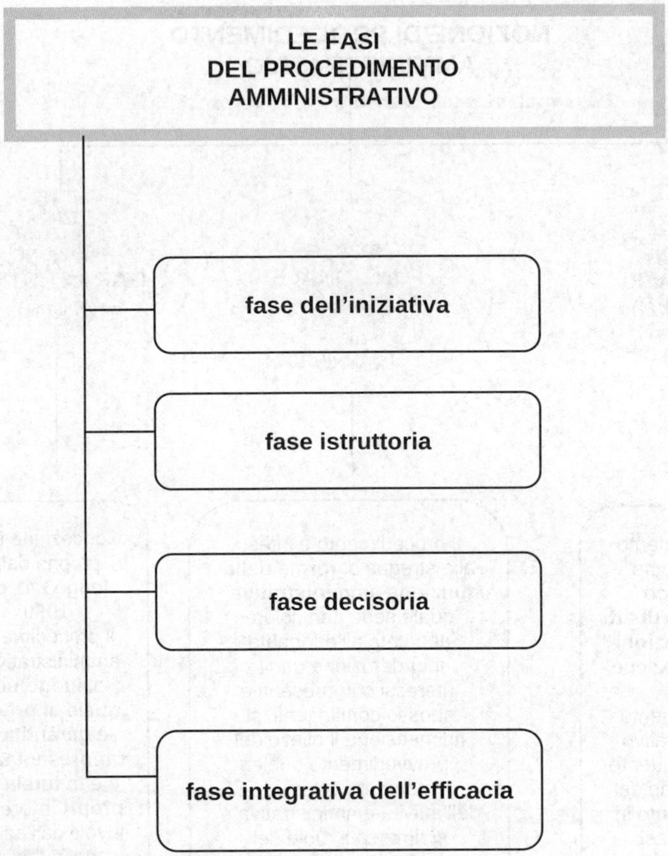

SCHEMA DI RIPASSO
IL PROCEDIMENTO AMMINISTRATIVO

Classificazione:
- Procedimenti d'ufficio vs procedimenti su istanza di parte
- Procedimenti contenziosi vs procedimenti non contenziosi

<u>FASI DEL PROCEDIMENTO AMMINISTRATIVO</u>

1. **Fase dell'Iniziativa – fase propulsiva del procedimento**
   a. <u>INIZIATIVA DI PARTE</u>
      - Istanza
      - Ricorso (teso al riesame della legittimità o merito)
      - Denuncia (tesa a sollecitare l'esercizio dei poteri)

      Alcune regole sono applicabili solo al procedimento su iniziativa di parte, come ad esempio il **preavviso di rigetto**

   b. <u>INIZIATIVA D'UFFICIO</u>
      - Autonoma – promana dallo stesso organo competente a decidere
      - Eteronoma - può avere forma di richiesta o proposta e promana da organo diverso

- A prescindere dalla modalità di instaurazione, una volata avviato il procedimento l'amministrazione ha **l'obbligo di provvedere** e di **concluderlo con l'adozione di un provvedimento espresso** che può essere <u>redatto in forma semplificata</u> – con motivazione consistente in sintetico riferimento al punto di fatto o di diritto ritenuto risolutivo - in caso di **manifesta irricevibilità, inammissibilità, improcedibilità, infondatezza della domanda.**
- Il procedimento deve **concludersi** ex art. 2, entro il **termine previsto dalla legge** per ciascuna tipologia di provvedimento: <u>30 giorni</u> se manca puntuale indicazione.

> Il termine massimo individuabile per la conclusione dei procedimenti di competenza delle amministrazioni statali e degli enti pubblici nazionali è comunque di **90 gg** .
> Se indispensabili termini maggiori tenendo conto della *sostenibilità,* dell'*organizzazione amministrativa*, della *natura degli interessi tutelati* e della *particolare complessità*, **max 180 gg**
> Possono **superare i 180 gg** solo i procedimenti relativi a **cittadinanza ed immigrazione**.
> I termini possono essere **sospesi** per una **sola volta e per un periodo non superiore a 30 gg** per l'acquisizione di informazioni o certificazioni relative a fatti, stati, qualità non attestati in documenti in possesso dell'amm o non direttamente acquisibili da altre amm.
> La mancata o tardiva conclusione del procedimento costituisce elemento di **valutazione della performance individuale e di responsabilità disciplinare e amministrativo contabile del dirigente.**
> L'Organo di Governo individua un soggetto tra le figure apicali a cui è attribuito **potere sostitutivo in caso di inerzia**, e a cui potrà rivolgersi l'interessato in caso di inerzia.
> Tale soggetto
> - dovrà concludere il procedimento in ½ del tempo originariamente previsto, tramite le strutture competenti o la nomina di un commissario.
> - Dovrà comunicare, in caso di ritardo il nominativo del responsabile ai fini del procedimento disciplinare
> - Dovrà comunicare entro il 30.01 di ogni anno all'Organo di governo i procedimenti nei quali non è stato rispettato termine di conclusione

- Decorsi tali termini e in mancanza di provvedimento si forma il silenzio amministrativo **SILENZIO-ASSENSO** che equivale al provvedimento di accoglimento della domanda senza necessità di ulteriori istanze o diffide.

L'amministrazione è tenuta su richiesta del privato a rilasciare **un'attestazione sul decorso dei termini** del procedimento (decorsi **10 gg** l'attestazione è sostituita da una dichiarazione del privato)

- Le PPAA sono tenute al **risarcimento** del danno ingiusto cagionato in conseguenza dell'**inosservanza dolosa o colposa** del termine di conclusione del procedimento.
  In caso di inosservanza del termine di conclusione nei procedimenti ad istanza di parte (con obbligo di pronunciarsi) l'istante ha diritto ad **un indennizzo** per il **mero ritardo**. Le somme corrisposte/da corrispondere come indennizzo sono detratte dal risarcimento
- Restano **esclusi** dalla disciplina del silenzio assenso i procedimenti relativi a
  - *Il patrimonio culturale e paesaggistico*
  - *L'ambiente e La tutela dal rischio idrogeologico*
  - *La difesa nazionale*
  - *La pubblica sicurezza*
  - *L'immigrazione, l'asilo e la cittadinanza*
  - *La salute e la pubblica incolumità*
  - *I casi in cui la normativa comunitaria impone l'adozione di provvedimenti amministrativi formali*
  - *Procedimenti individuati con dpcm*

In questi casi, salvo espressa attribuzione al silenzio di rigetto dell'istanza, si parla di SILENZIO ASIGNIFICATIVO o INADEMPIMENTO o RIFIUTO e corrisponde ad un mero inadempimento dell'amministrazione di osservare il termine di legge.
Il privato può ricorrere al GA perché ordini all'Amm. di provvedere. Restano salvi i danni per il ritardo.

2. **Fase Istruttoria – fase che attende all'acquisizione dei fatti rilevanti e all'individuazione degli interessi coinvolti**
   Fase improntata ai principi
   - Inquisitorio
   - Di libera valutazione degli elementi di prova prodotti
   - Di non aggravamento del procedimento

- In questa fase vengono in rilievo gli **istituti di partecipazione diretta.**
  Ex. Art. 9, ha facoltà di intervenire **qualunque soggetto portatore di interessi pubblici o privati, i portatori di interessi diffusi costituiti in associazioni o comitati**
  I partecipanti hanno diritto di
  - prendere visione degli atti
  - presentare memorie scritte e documenti che l'amm. ha *l'obbligo di valutare se pertinenti.*
- In base alla possibilità di partecipazione si distingue fra:
  - **Istruttoria aperta** – ogni soggetto può compiere atti diretti ad acquisire dati
  - **Istruttoria in contraddittorio** – può partecipare solo chi rischia di essere inciso in senso favorevole o sfavorevole dal provvedimento
  - **Istruttoria chiusa** – solo la PA, per celerità, può svolgere l'istruttoria
  - **Istruttoria segreta** – nelle materie in cui vige segretezza atti (preclusa partecipazione e conoscenza al privato)
- Dominus è il responsabile del procedimento
- Le attività dell'istruttoria possono consistere in *acquisizione dei fatti* come le condizioni di ammissibilità, i requisiti di legittimazione, i presupposti rilevanti per l'emanazione del provvedimento; *acquisizione degli interessi* pubblici e privati coinvolti; *elaborazione dei fatti* mediante le richieste delle parti.

3. **Fase decisoria**
   Caratterizzata da:
   - Deliberazione del contenuto del provvedimento
   - Formazione

- Emanazione del provvedimento (spetta ai dirigenti)

- Viene effettuata dall'autorità competente una nuova ed ulteriore valutazione dei e degli elementi di fatto alla base dell0atto
- Entra in gioco la natura discrezionale o vincolata.
  - In caso di atto discrezionale: pa provvede alla comparazione degli interessi
  - In caso di atto vincolato: pa provvede alla verifica sussistenza dei presupposti di legge per emanazione dell'atto
- Non segue uno schema preciso può essere costituita da
  - Una serie di atti
  - Un atto proveniente da un organo unico
  - Un comportamento con valore tipizzato legalmente (silenzio)
  - Un accordo
- La decisione finale manifestante la volontà della PA può esprimersi mediante adozione
  - Decisione monostrutturata – atto semplice
  - Decisione pluristrutturata – atto complesso

4. **Fase integrativa dell'efficacia**

   Il provvedimento emanato è perfetto e completo di tutti gli elementi per la sua esistenza ma **non efficace**.

   L'efficacia può essere subordinata al compimento di operazioni specifiche o al verificarsi di fatti certi o all'emanazione di atti (controllo o pubblicità)

   Se il provvedimento ha natura **recettizia** l'efficacia subentrerà al momento della conoscenza da parte del destinatario mediante comunicazione o pubblicazione

- In particolare il provvedimento limitativo della sfera giuridica dei privati acquista efficacia con la comunicazione a ciascun destinatario ex. Art. 21 bis

  Eccezioni: Il provvedimento limitativo non a carattere sanzionatorio può contenere una motivata clausola di immediata efficacia; il provvedimento a carattere cautelare e urgente è immediatamente efficace

<u>**RESPONDABILE DEL PROCEDIMENTO**</u>

- Nel **modello dualistico** vi è distinzione fra responsabile dell'istruttoria e soggetto competente ad adottare provvedimento finale
- Nel **modello monistico** il responsabile provvede sia all'istruttoria che al provvedimento finale.
- In caso di **inerzia** il procedimento resta attribuito in capo al titolare dell'ufficio che assume anche le conseguenti responsabilità.
- **Obbligo di comunicazione** dell'unità organizzativa competente e del nominativo del responsabile
  - ai soggetti nei cui confronti il procedimento è destinato a produrre effetti diretti
  - ai soggetti che per legge devono intervenire
  - ai soggetti individuati o facilmente individuabili, cui può derivare un pregiudizio

- <u>Funzioni – art 6</u>

  Compiti di **impulso direzione e coordinamento** dell'istruttoria e eventualmente **di conclusione del procedimento.**
  - **Valuta** a fini istruttori
    a. Le condizioni di ammissibilità
    b. I requisiti di legittimazione
    c. I presupposti rilevanti per l'emanazione del provvedimento
  - **Accerta d'ufficio i fatti,** disponendo il compimento degli atti d'uopo necessari e adottando ogni misura per **l'adeguato e sollecito svolgimento dell'istruttoria**

  a. può chiedere il **rilascio di dichiarazioni e la rettifica di dichiarazioni o istanze erronee o incomplete ('soccorso istruttorio'** facoltativo chiesto al privato)

  b. può esperire **accertamenti tecnici ed ispezioni ed ordinare l'esibizione di documenti**
  - Propone l'**indizione** o indice (se competente) la **conferenza dei servizi**

- cura le **comunicazioni, pubblicazioni e notificazioni** previste dalla legge e regolamenti
- adotta il provvedimento finale o trasmette gli atti all'organo competente

> il dirigente responsabile può conferire *delega di firma* al responsabile del procedimento che va a sottoscriverlo al luogo del dirigente delegante, fermo restando l'imputazione del provvedimento a quest'ultimo.
> Anche in caso di adozione del provv. finale da parte del dirigente competente, questi non può discostarsi dall'istruttoria del responsabile se non indicandone la motivazione nel provvedimento finale. Quindi il responsabile ha ampia autonomia operativa assumendo poteri di indirizzo e propulsivi mentre al dirigente restano poteri di direttiva e vigilanza
> Il dirigente può revocare e avocare a sé il procedimento ma non invadere la sfera di garanzie e indipendenza del responsabile

- responsabilità
  la responsabilità del responsabile del procedimento è
  - civile (il funzionario può essere chiamato a rispondere in via patrimoniale sia nei cnfr della Pa condannata che del privato danneggiato)
  - amministrativa
  - penale (es. reato di omissione di atti di ufficio)

COMUNICAZIONE DI AVVIO DEL PROCEDIMENTO – ART 7

Costituisce una prescrizione generale per i procedimenti sia semplici che complessi, e uno strumento per assicurare la trasparenza e la pubblicità dell'azione amministrativa e per consentire la partecipazione a fini difensivi e collaborativi

- destinatari:
  - titolari di **interessi legittimi** (di natura oppositiva o pretensiva)
  - soggetti che **per legge devono intervenire** (soprattutto soggetti o enti pubblici con interessi contrapposti a quelli dell'amministrazione procedente
  - **soggetti individuati o facilmente individuabili** – sulla base della normale diligenza dalla PA - che possano subire un **pregiudizio** – nocumento giuridicamente apprezzabile, ravvisabile ex ante e in concreto - dal provvedimento (i controinteressati che sarebbero legittimati ad impugnare il provvedimento, in un' ottica di valutazione delle posizione antagoniste e di deflazione del contenzioso possibile)

- contenuto, art. 8:
  - amministrazione competente
  - oggetto del procedimento promosso
  - ufficio, domicilio digitale e la persona del responsabile del procedimento
  - data entro cui deve concludersi il procedimento
  - data di presentazione dell'istanza nei procedimenti ad istanza di parte
  - le modalità telematiche per prendere visione degli atti ed esercitare i diritti procedimentali
  - l'ufficio presso cui recarsi per visionare gli atti (se non possibili modalità telematiche)

- modalità:
  - personale
  - forma scritta
  - mediante strumenti telematici
  - se non possibile o particolarmente gravosa la comunicazione personale per via del numero elevato di destinatari: mediante forme di pubblicità idonee di volta in volta stabilite dalla PA

- tempi:
  la 241 non stabilisce espressamente dei tempi, la ratio vuole che sia inviata in **tempo utile** per permettere all'interessato di presentare le proprie osservazioni in fase preparatoria e dunque a ridosso dell'inizio della procedura

- conseguenze dell'omessa comunicazione:
  invalidità relativa: **illegittimo per violazione di legge**
  Il provvedimento non è annullabile se la PA dimostra in giudizio che il suo contenuto non sarebbe potuto essere diverso da quello in concreto adottato

- deroghe all'obbligatorietà
  - **procedimenti cautelari** (in questo caso è solo posticipata)
  - particolari esigenze di **celerità** del procedimento stesso. In questo caso PA esercita i poteri d'urgenza e le esigenze di celerità devono essere obiettive, concrete e attuali e congruamente documentate nella motivazione
  - casi ex art 13 esclusi dall'ambito di applicazione delle disposizioni sulla partecipazione al procedimento:
    a. atti normativi
    b. atti a contenuto generale
    c. atti di pianificazione e programmazione
    d. procedimenti tributari
  - deroghe di creazione pretoria:
    a. casi in cui lo scopo della partecipazione sia comunque raggiunti
    b. in presenza di un atto equipollente alla formale comunicazione
    c. in caso il destinatario abbia aliunde avuto conoscenza del procedimento

PREAVVISO DI RIGETTO - (art. 10 bis.) o comunicazione motivi ostativi all'accoglimento dell'istanza.
- Ha il compito di realizzare un vero e proprio contraddittorio tra PA e Privato finalizzato all'emanazione del provvedimento finale.
- Vale solo per i procedimenti ad istanza di parte
- Deve intervenire prima dell'adozione del provvedimento negativo e quindi dopo la fase istruttoria (dopo l'analisi di tutti gli elementi di fatto e delle ragioni giuridiche e prima fase decisoria.
- È un atto endoprocedimentale, quindi non autonomamente impugnabile in quanto non immediatamente lesivo
- entro 10 gg dalla ricezione del preavviso gli istanti possono presentare osservazioni corredate di documenti
- forma: deve essere personale e va effettuato in forma scritta (salvo convocazione degli istanti di persona)
- effetti:
  - interrompe i termini per la conclusione del procedimento che cominciano a decorrere dalla data in cui istante presenta le osservazioni o dalla scadenza dei 10 gg per farlo
  - Fa iniziare una nuova fase istruttoria nella quale l'istante può rimodulare o riformulare l'istanza
- Se le osservazioni non portano l'amm a mutare le proprie determinazioni, deve essere seguito da un provvedimento definitivo di rigetto dell'istanza nel quale si dia conto
  - Delle ragioni del mancato accoglimento delle osservazioni dell'istante
  - Dei motivi ostativi **solamente ulteriori** emersi a seguito del contraddittorio. Questa è una novità della l. 120/2020 che risponde ai principi di correttezza e buona fede e ad un'ottica di responsabilizzazione dell'amm che non può addurre per la prima volta i motivi ostativi che già emergevano nell'istruttoria e frammentare le ragioni ostative in più provvedimenti negativi

SCHEMA DI RIPASSO
ACCESSO AGLI ATTI E DOCUMENTI PA

	ACCESSO CLASSICO O DOCUMENTALE (241/1990)	ACCESSO CIVICO (33/2013)	ACCESSO GENERALIZZATO (97/2016)
LEGITTIMATI	Interessati	chiunque	chiunque
ISTANZA	motivata	Non richiesta motivazione	Non richiesta motivazione
BASE APPLICATIVA	Tutti i documenti, salvo esclusioni art 24	Solo i documenti per i quali PA non abbia adempiuto obblighi di pubblicazione	Qualsiasi atto → documenti ulteriori rispetto agli obblighi di pubblicazione della PA salvo limiti pubblici e privati ed esclusioni art. 24 dlsg 241/1990.
FONDAMENTO ISTANZA	Interesse diretto concreto ed attuale corrispondente ad una situazione giuridicamente tutelata e collegata ai documenti per cui è richiesto l'accesso	Inadempimento obblighi di pubblicazione	Al fine di favorire forme diffuse di controllo sul perseguimento delle funzioni istituzionali e sull'utilizzo delle risorse pubbliche e promuovere la partecipazione al dibattito pubblico
CONTROINTERESSATI	Si (eventualmente da individuare)	No (valutazione è fatta ex ante dal legislatore che individua i limiti entro cui sussistono obblighi di pubblicazione)	Si (eventualmente da individuare)
CONCLUSIONE DEL PROVVEDIMENTO	Con provvedimento espresso e motivato o con silenzio per oltre 30 gg dall'istanza, equivalente a pronuncia di rigetto	Provvedimento espresso e motivato	Provvedimento espresso e motivato

ACCESSO CLASSICO O c.d. DOCUMENTALE

- Il diritto di **accesso classico o documentale** disciplinato dalla 241/1990, a tenore del quale tutti i documenti amministrativi sono accessibili escluse le cause di esclusione dell'art.24, costituisce principio generale dell'attività amministrativa a salvaguardia della partecipazione, dell'imparzialità e della trasparenza dell'attività della pa.
- Si sostanzia nel diritto di prendere visione ed estrarre copia
- È a legittimazione ristretta, consentito solo agli interessati→ soggetti privati (dal momento che l'acquisizione da parte di soggetti pubblici di documenti amministrativi si informa al

principio di leale collaborazione istituzionale), compresi quelli portatori **di interessi pubblici e diffusi** con un interesse **diretto concreto ed attuale** corrispondente ad una situazione giuridicamente tutelata e collegata al documento al quale è richiesto accesso

- Interesse concreto: collegato alle ragioni esposte a sostegno dell'istanza
- Interesse diretto: personale, appartenente alla sfera dell'interessato
- Interesse attuale: quando il documento abbia spiegato o sia idoneo a spiegare gli effetti diretti e indiretti nei confronti del richiedente

- La legittimazione ristretta mira ad evitare un controllo generalizzato dell'operato delle PA
- È esercitabile nei confronti delle PA, delle aziende autonome e speciali, degli enti pubblici e gestori di servizi pubblici, se le informazioni sono contenute in un documento (da intendersi *ogni rappresentazione grafica, fotocinematografica, elettromagnetica o di qualunque altra specie del contenuto di atti, anche interni o non relativi ad uno specifico provvedimento, detenuti da una PA e concernenti attività di pubblico interesse indipendentemente dalla natura privatistica o pubblicistica della loro disciplina sostanziale)* fintanto che permanga in capo alla PA l'obbligo di detenere i documenti amministrativi
- È necessaria **richiesta motivata** rivolta all'amministrazione che ha formato o detiene stabilmente il documento
- L'esame dei documenti è gratuito, il rilascio di copia è subordinato solo al pagamento del rimborso del costo di riproduzione
- LIMITI TASSATIVI→ **Atti non accessibili:**
  - Informazioni non racchiuse in un documento amministrativo
  - Documenti coperti da segreto di stato e nei casi di segreto o divieto di divulgazione espressamente previsti dalla legge
  - Procedimenti tributari (norme speciali)
  - Attività della pubblica amministrazione diretta all'emanazione di atti normativi, amministrativi generali, di programmazione e di pianificazione (particolari norme che ne regolano la formazione)
  - Procedimenti selettivi, documenti contenenti informazioni di carattere psicoattitudinale relative ai terzi
  - Istanze miranti al controllo generalizzato sull'operato della PA
- Le singole PA possono prevedere categorie di documenti sottratti all'accesso
- LIMITI EVENTUALI → Governo può prevedere la sottrazione all'accesso di atti amministrativi in caso di
  - Potenziale lesione specifica ed individuata alla **sicurezza e difesa nazionale,** all'esercizio della **sovranità nazionale,** alla continuità e correttezza delle **relazioni internazionali**
  - Potenziale pregiudizio ai processi di formazione, determinazione e attuazione della **politica monetaria e valutaria**
  - Documenti riguardanti **strutture, mezzi, dotazioni, personale, azioni** strettamente strumentali alla **tutela dell'ordine pubblico, prevenzione e repressione della criminalità,** con particolare riferimento alle tecniche investigative, all'identità delle fonti di informazione e alla sicurezza dei beni e delle persone coinvolte, all' **attività di polizia giudiziaria e di conduzione delle indagini**
  - Documenti riguardanti la **vita privata o riservatezza** delle persone fisiche, giuridiche, gruppi di persone, imprese e associazioni, con particolare riferimento agli interessi epistolare, sanitario, professionale, finanziario, industrial e commerciale
  - Documenti inerenti attività in corso di **contrattazione collettiva nazionale di lavoro e atti interni connessi all'espletamento del relativo mandato**
- CONTROLIMITE→ l'accesso deve essere **sempre garantito** quando la conoscenza di documenti sia necessaria per **curare o difendere i propri interessi giuridici**
- l'accesso non può essere negato ove sia sufficiente differirlo o limitarlo parzialmente
- MODALITA' DI ESERCIZIO DEL DIRITTO DI ACCESSO
  - La richiesta di accesso deve essere motivata
  - Eventuale rifiuto, differimento o limitazione devono essere motivati

- Dopo 30 gg dalla richiesta, in caso di silenzio dell'Amministrazione, la richiesta si intende respinta.
- In caso di diniego espresso o tacito o di differimento, contro la richiesta può essere presentato
  a. Ricorso al tar
  b. Richiesta di riesame al difensore civico (amministrazioni comunali /provinciali /regionali) o alla commissione per l'accesso (amministrazioni centrali e periferiche) -→ si pronunciano in 30 gg (scaduti i quali il riesame si intende infruttuoso) → se ritengono illegittimo il rifiuto → comunicano all'autorità disponente → se autorità non emana entro 30 gg un provvedimento confermativo motivato → accesso è consentito.

ACCESSO CIVICO

- l'accesso civico risponde al principio di trasparenza intesa come accessibilità totale a dati e documenti detenuti dalla PA allo scopo di:
  - tutelare i diritti dei cittadini
  - Promuovere la partecipazione degli interessati all'attività amministrativa
  - Favorire forme diffuse di controllo sul perseguimento delle funzioni istituzionali e sull'utilizzo delle risorse pubbliche
- La legittimazione spetta a chiunque
  - ➢ *tutti i documenti, le informazioni ed i dati oggetto di accesso civico, ivi compresi quelli oggetto di pubblicazione obbligatoria, sono pubblici e chiunque ha il diritto di conoscerli, di fruirne gratuitamente e di utilizzarli e riutilizzarli*
  - ➢ *l'esercizio del diritto non è sottoposto ad alcuna limitazione quanto alla legittimazione soggettiva del richiedente*
- Oggetto del diritto di accesso civico sono i documenti, le informazioni e i dati concernenti l'organizzazione e l'attività delle PA e le modalità per la loro realizzazione, oggetto di pubblicazione
- All'obbligo della PA di pubblicare sui siti istituzionali corrisponde il diritto di chiunque di accedere direttamente ed immediatamente, senza autenticazione ed identificazione e di richiedere i medesimi documenti, dati e info nei casi in cui sia stata omessa la loro pubblicazione

- **Procedimento:**
  - L'istanza di accesso civico **non richiede motivazione**
  - L'istanza può essere presentata alternativamente:
    a. All'ufficio che detiene i dati, info e documenti
    b. All'ufficio relazioni con il pubblico
    c. Ad altro ufficio indicato dall'amministrazione nella sezione 'Amministrazione trasparente' del sito istituzionale
    d. Al responsabile della prevenzione della corruzione e della trasparenza ove l'istanza abbia ad oggetto documenti, info e dati oggetto della pubblicazione obbligatoria
  - Il rilascio è gratuito salvo il rimborso per la riproduzione su supporti materiali
  - Il procedimento deve concludersi con **provvedimento espresso e motivato**
  - In caso di accoglimento la PA provvede alla pubblicazione sul sito dei dati, info e documenti oggetto di pubblicazione obbligatorie
  - Rifiuto, differimento o limitazione devono essere motivati
  - In caso di diniego totale o parziale o di mancata risposta entro i termini, il richiedente può presentare **richiesta di riesame al responsabile della prevenzione della corruzione e trasparenza** che decide con provvedimento motivato entro il termine di 20 gg.

(se l'accesso è stato negato per motivi di protezione dei dati personali il RPCT provvede sentito il Garante che si pronuncia entro 10 gg dalla richiesta)

- In caso di atti di amministrazioni regionali o degli enti locali, il richiedente può presentare ricorso al **difensore civico** competente per ambito territoriale, notificando il ricorso all'amministrazione interessata → il difensore civico ha 30 gg dalla richiesta per provvedere→ se ritiene illegittimo il diniego ne informa il richiedente e l'amm interessata → l'accesso è consentito se l'amm. interessata non provvede entro 30 gg alla conferma del differimento o diniego
- È ammesso il ricorso al Tar entro 30 gg contro
  a. La decisione dell'amministrazione competente
  b. La decisione del RPCT sulla richiesta di riesame
  c. La Pronuncia del difensore civico
- In caso di omissione di dati e info oggetto di pubblicazione obbligatorie, il RPCT ha l'obbligo di effettuare la segnalazione all'ufficio di disciplina

Pubblicazione obbligatoria

- Obblighi di pubblicazione: deve essere garantita la qualità dell'informazione riportata nei situi istituzionali, assicurandone:
  - Integrità
  - Tempestività
  - Facile accessibilità
  - Costante aggiornamento
  - Completezza
  - Semplicità di consultazione
  - Comprensibilità
  - Conformità all'originale
  - Indicazione della provenienza
  - Omogeneità
  - Riutilizzabilità (rispettando integrità e citando la fonte)

  L'esigenza di rispettare la qualità non può costituire motivo per omessa o ritardata pubblicazione
- I documenti oggetto di pubblicazione obbligatoria devono essere pubblicati **tempestivamente** sul sito dell'amministrazione e mantenuti aggiornati
- L'obbligo di pubblicazione sussiste per 5 anni, decorrenti dal 1^ gennaio dell'anno successivo a quello da cui decorre l'obbligo di pubblicazione e comunque fino a che gli atti producono i loro effetti
- Ai fini di garantire la piena accessibilità delle informazioni pubblicate, nella home page è pubblicata la sezione ' amministrazione trasparente'. Le amministrazioni non possono disporre filtri o altre soluzioni atte ad impedire ai motori di ricerca di indicizzare ed effettuare ricerche nella sezione 'amministrazione trasparente'.

- <u>**Sussistono Obblighi di pubblicazione in relazione a:**</u>
  - **Banche dati**
  - **Atti a carattere normativo e amministrativo generale**:
    a. riferimenti normativi
    b. direttive
    c. circolari
    d. programmi
    e. istruzioni
    f. ogni atto che disponga sull'organizzazione delle funzioni, sugli obiettivi, sui procedimenti, sull'interpretazione di norme giuridiche
    g. codici di condotta
    h. Misure integrative di prevenzione della corruzione

i. Documenti di programmazione strategico-gestionale
j. Atti degli organismi indipendenti di valutazione

- **Organizzazione delle pubbliche amministrazioni**
Fra cui rientrano, tra gli altri i dati relativi a:
a. Organi di indirizzo politico e di amministrazione e gestione con indicazione delle relative competenze
b. Articolazione degli uffici, competenze di ciascun ufficio anche di livello dirigenziale non generale, nomi dei dirigenti responsabili degli uffici
c. Illustrazione dell'organizzazione mediante organigramma
d. Elenco dei numeri di telefono, caselle di posta elettronica istituzionali, pec

- **Titolari di incarichi politici, di amministrazione, di direzione o di governo e titolari di incarichi dirigenziali**

Entro 3 MM dalla nomina e per i 3 AA dopo cessazione

a. Atto di nomina o di proclamazione + durata dell'incarico o del mandato elettivo
b. Curriculum
c. Compensi connessi all'assunzione della carica + importi di viaggi di servizio e missioni pagati con fondi pubblici
d. Dati relativi all'assunzione di altre cariche presso enti pubblici o privarti + i relativi compensi
e. Eventuali altri incarichi con oneri a carico della finanza pubblica + i relativi compensi
f. Situazione patrimoniale complessiva + titolarità di imprese o partecipazioni, limitatamente al soggetto, al coniuge non separato e ai parenti entro il secondo grado ove vi consentano

- **Titolari di incarichi di collaborazione o consulenza**
a. Estremi dell'atto di conferimento incarico
b. CV
c. Dati relativi allo svolgimento di incarichi o la titolarità di cariche in enti di diritto privato regolati o finanziati dalla PA o lo svolgimento di attività professionali (completi di indicazione dei soggetti precettor; ragione dell'incarico; ammontare erogato comunicazione al DFP → condizioni di efficacia dell'atto e requisito per la liquidazione dei compensi)
d. I compensi di consulenza o di collaborazione (con specifica evidenza delle eventuali componenti variabili o legate alla valutazione del risultato.

- **Incarichi conferiti alle società controllate**
Obblighi da rispettare entro 30 gg dal conferimento di incarichi di collaborazione, consulenza o incarichi professionali e per i due anni successivi alla loro cessazione.
a. Estremi dell'atto di conferimento dell'incarico, oggetto della prestazione, ragione dell'incarico e durata
b. CV
c. Compensi comunque denominati relativi al rapporto di consulenza/ collaborazione/ incarico professionale
d. Tipo di procedura seguita per la selezione del contraente + numero di partecipanti alla procedura

- **Concernenti amministratori e esperti nominati da organi giurisdizionali o amministrativi→** Albo amministratori giudiziari, tenuto presso il MG e indicante per ciascun iscritto entro 15 gg dalla pronuncia del provvedimeto.
a. Incarichi ricevuti
b. Autorità competente
c. Data attribuzione/ cessazione incarico
d. Acconti e compenso finale

- **Concernenti la dotazione organica e il costo del personale con rapporto di lavoro a tempo indeterminato e determinato**
  a. PA pubblicano Conto annuale del personale + relative spese contenute Evidenziando separatamente i dati relativi al costo complessivo del personale a tempo indeterminato in servizio articolato per aree professionali
  b. Pa pubblicano trimestralmente dati relativi ai tassi di assenza del personale distinti per uffici di libello dirigenziale
  c. Pa pubblicano annualmente i dati relativi al personale con rapporto di lavoro non a tempo indeterminato
  d. Pa pubblicano trimestralmente i dati relativi al costo complessivo del personale non a tempo indeterminato

- **Relativi agli incarichi conferiti ai dipendenti pubblici**
  Elenco incarichi conferiti a ciascuno dei propri dipendenti + durata e compenso ogni incarico

- **Bandi di concorso per il reclutamento a qualsiasi titolo di personale**
  \+ criteri di valutazione della commissione
  \+ tracce delle prove scritte
  \+ graduatorie finali ed eventuale scorrimento idonei non vincitori

- **dati relativi alla valutazione delle performance e alla distribuzione di premi al personale**
  a. ammontare complessivo dei premi stanziati
  b. Ammontare dei premi effettivamente distribuiti
  c. Criteri per valutazione delle performance per l'assegnazione del trattamento accessorio e dati sulla sua distribuzione

- **Dati sulla contrattazione collettiva**
  a. Riferimenti per la consultazione dei contratti ed accordi collettivi nazionali
  b. Eventuali interpretazioni autentiche

- **Dati relativi agli enti pubblici vigilati e agli enti di diritto privato in controllo pubblico nonché alle partecipazioni in società di diritto privato→** pubblicazione + aggiornamento annuale
  a. Elenco degli enti pubblici istituiti vigilati o finanziati o con amministratori nominati per esercizio del potere di nomina degli amministratori + elencazione delle funzioni attribuite e delle attività svolte un favore dell'amministrazione o delle attività di servizio pubblico affidate
  b. Elenco delle società di cui detiene direttamente quote di partecipazione anche minoritaria indicandone entità + indicazione delle funzioni attribuite e attività svolte in favore dell'amministrazione o attività di servizio pubblico affidate
  c. Elenco degli enti di diritto privato comunque denominati in controllo dell'amministrazione, con indicazione delle funzioni attribuite e delle attività svolte in favore dell'amministrazione o delle attività di servizio pubblico affidate
  d. Rappresentazioni grafiche che evidenziano i rapporti tra l'amministrazione e gli enti di cui sopra
  e. Provvedimenti in materia di
    1. Costituzione di società a partecipazione pubblica
    2. Acquisto di partecipazioni in società già costituite
    3. Gestione delle partecipazioni pubbliche
    4. Alienazione di partecipazioni sociali
    5. Quotazione di società a controllo pubblico in mercati regolamentati
    6. Razionalizzazione periodica delle partecipazioni pubbliche

f. Per enti pubblici e privati in controllo dell'amministrazione devono essere pubblicati dati relativi a:
1. Ragione sociale
2. Misura della partecipazione dell'amministrazione
3. Durata dell'impegno
4. Onere complessivo a qualsiasi titolo gravante per l'anno sul bilancio dell'amministrazione
5. Numero dei rappresentanti dell'amministrazione negli organi di governo
6. Trattamento economico complessivo a ciascuno di essi spettante
7. Risultati di bilancio degli ultimi tre esercizi finanziari
8. Dati relativi agli incarichi di amministratore dell'ente e il relativo trattamento economico complessivo

Sono fuori dagli obblighi di pubblicazione le società partecipate da amministrazioni pubbliche con azioni quotate in mercati regolamentati italiani o di altri paesi dell'Unione europea e le loro controllate

- **Relativi ai provvedimenti amministrativi→** pubblicati e aggiornati ogni sei mesi i provvedimenti adottati dagli organi di indirizzo politico e dai dirigenti con particolare riferimento ai provvedimenti finali di procedimenti di
  a. Scelta del contraente per l'affidamento di lavori, servizi e forniture anche con riferimento alle modalità prescelte
  b. Accordi stipulati dall'amministrazione con soggetti privati o con altre amministrazioni pubbliche

- **Relativi ad atti di concessione di sovvenzioni, contributi, sussidi ed attribuzione di vantaggi economici per ciascuna delle persone fisiche ed enti pubblici e privati.**
  a. Atti con cui sono determinati criteri e modalità cui le amministrazioni stesse devono attenersi per la concessione di sovvenzioni, contributi, sussidi ed ausili finanziari e per l'attribuzione di vantaggi economici di qualunque genere a persone ed enti pubblici privati.
  b. Atti di concessione delle sovvenzioni, contributi, sussidi ed ausili finanziari alle imprese e comunque vantaggi economici di qualunque genere ad enti pubblici e privati di importo superiore a 1000€

  Queste pubblicazioni costituiscono condizioni legali di efficacia dei provvedimenti che dispongono concessioni ed attribuzioni superiori a 1000€ nel corso dell' anno solare al medesimo beneficiario.

  È esclusa la pubblicazione dei dati identificativi delle persone fisiche destinatarie dei provvedimenti qualora da tali dati sia possibile ricavare informazioni relative allo stato di salute, ovvero alla situazione di disagio economico-sociale degli interessati.

- **Relativi all'elenco dei soggetti beneficiari→** info organizzate annualmente in un elenco unico per ogni amministrazione
  a. Nome dell'impresa o dell'ente + dati fiscali; nome soggetto beneficiario
  b. Importo del vantaggio economico corrisposto
  c. Norma o titolo alla base dell'attribuzione
  d. Ufficio e il funzionario o dirigente responsabile del relativo procedimento amm.
  e. Modalità di individuazione dei beneficiari
  f. Link al progetto selezionato e curriculum soggetto incaricati

- **Relativi ai rendiconti dei gruppi consiliari regionali e provinciali** con evidenza delle risorse trasferite o assegnate a ciascun gruppi + atti e relazioni degli organi di controllo **-50%** delle risorse da trasferire o assegnare in caso di omessa pubblicazione

- **Obblighi di pubblicazione relativi all'uso delle risorse pubbliche**

a. Bilancio preventivo e
b. Bilancio consuntivo + allegati (entro 30 gg dalla loro adozione)
c. Conto consuntivo
d. Piano degli indicatori e risultati attesi di bilancio
e. dati concernenti monitoraggio degli obiettivi
f. immobili posseduti/detenuti e canoni versati o percepiti
g. atti degli OIV e NV
h. Relazione degli organi di revisione amministrativa e contabile al bilancio di previsione o budget, alle variazioni e al bilancio di esercizio
i. Rilievi della corte dei conti riguardanti l'organizzazione e attività delle amministrazioni e dei loro uffici

- **Relativi ai servizi erogati (**obblighi per le amministrazioni e i gestori di servizi pubblici)

a. Carta dei servizi o
b. Documento contenente standard di qualità dei servizi
c. Costi contabilizzati e relativo andamento nel tempo

- **Concernenti i tempi di pagamento dell'amministrazione**

a. Indicatore annuale della tempestività dei pagamenti + ammontare complessivo dei debiti e il numero delle imprese creditrici
b. Indicatore trimestrale di tempestività dei pagamenti + ammontare complessivo dei debiti e il numero delle imprese creditrici

- **Concernenti i procedimenti amministrativi e i controlli sulle dichiarazioni sostitutive e l'acquisizione d'ufficio dei dati:**

a. Dati relativi alle tipologie di procedimento di propria competenza
b. Per ciascuna tipologia:
   1. Breve descrizione del procedimento con indicazione di tutti i riferimenti normativi utili
   2. Unità organizzativa responsabile dell'istruttoria
   3. Ufficio del procedimento + recapiti telefonici e casella posta elettronica istituzionale + indicazione del nome del responsabile dell'ufficio
   4. Per procedimenti ad istanza di parte: atti e documenti da allegare all'istanza e modulistica necessaria; uffici ai quali rivolgersi per informazioni, orari, modalità di accesso.
   5. Modalità con cui gli interessati possono ottenere le informazioni relative ai procedimenti in corso che li riguardano.
   6. Termine fissato per la conclusione del procedimento con l'adozione del provvedimento espresso e ogni altro termine procedimentale
   7. Procedimenti per i quali il provvedimento dell'amministrazione può essere sostituito da una dichiarazione dell'interessato, ovvero il procedimento può concludersi con il silenzio assenso dell'amministrazione
   8. Gli strumenti di tutela, amministrativa e giudiziale, riconosciuti dalla legge in favore dell'interessato e i modi per attivarli
   9. Il link di accesso al servizio online
   10. Le modalità per l'effettuazione dei pagamenti eventualmente necessari
   11. Il nome del soggetto a cui è attribuito, in caso di inerzia, il potere sostitutivo, e le modalità per attivare tale potere con indicazione dei recapiti e delle caselle di posta elettronica istituzionali

- **Concernenti i contratti pubblici di lavori, servizi e forniture**

Le stazioni appaltanti pubblicano:
a. I dati relativi alla scelta del contraente e modalità di selezione
   1. Struttura proponente

2. Oggetto del bando
3. Elenco degli operatori invitati a presentare offerte
4. Aggiudicatario
5. Importo aggiudicazione
6. Tempi di consegna opera/servizio/fornitura
7. Importo somme liquidate

b. Info e atti oggetto di pubblicazione secondo il codice degli appalti pubblici

- **Relativi ai processi di pianificazione, realizzazione e valutazione delle opere pubbliche**
  a. Info relative ai nuclei di valutazione e verifica degli investimenti pubblici
  b. Atti di programmazione delle opere pubbliche nonché le informazioni relative ai tempi, costi unitari, indicatori di realizzazione delle opere pubbliche in corso e completate.

- **Atti di governo del territorio**
  a. Piani territoriali
  b. Piani di coordinamento
  c. Piani paesistici
  d. Strumenti urbanistici generali e di attuazione + varianti
- **Documentazione relativa a ciascun procedimento di presentazione e approvazione delle proposte di trasformazione urbanistica di iniziativa privata o pubblica in variante allo strumento urbanistico generale**

ACCESSO GENERALIZZATO

- Simile all'accesso civico nella legittimazione soggettiva
- Ha come scopo favorire forme diffuse di controllo sul perseguimento delle funzioni istituzionali e sull'utilizzo delle risorse pubbliche e di promuovere la partecipazione al dibattito pubblico di chiunque ha il diritto di accedere a **dati e documenti ulteriori rispetto a quelli oggetto di pubblicazione obbligatoria**
- Non è richiesta motivazione nell'istanza
- Procedimento:
- In caso di individuazione da parte della PA di eventuali soggetti controinteressati → PA è tenuta a dare **comunicazione** ai controinteressati -→ entro 10 gg dalla comunicazione possono presentare **motivata opposizione**
  La comunicazione sospende il termine di 30 gg dall'istanza, previsto per la conclusione del provvedimento
- Il provvedimento deve essere **concluso con provvedimento espresso e motivato,** comunicato al richiedente e ad eventuali controinteressati
- In caso di accoglimento i dati o documenti richiesti devono essere tempestivamente trasmessi al richiedente e ad eventuali controinteressati
- In caso di **accoglimento nonostante l'opposizione di controinteressati** la PA da comunicazione al controinteressato dell'accoglimento e trasmette al richiedente le informazioni, i dati e documenti richiesti **non prima di 15 gg dalla ricezione della comunicazione da parte del controinteressato**
- In caso di accoglimento della richiesta di accesso il controinteressato può presentare richiesta di riesame e ricorso al difensore civico

- Può essere rifiutato per evitare pregiudizio concreto alla tutela:
- <u>di uno degli interessi pubblici inerenti a:</u>
  a. sicurezza pubblica e ordine pubblico
  b. sicurezza nazionale
  c. difesa e questioni militari

d. relazioni internazionali
e. politica e stabilità finanziaria ed economica dello stato
f. conduzione di indagini sui reati e il loro perseguimento
g. regolare svolgimento di attività ispettive

- di uno sei seguenti interessi privati
a. protezione dei dati personali
b. libertà e segretezza della corrispondenza
c. interessi economici e commerciali di una persona fisica o giuridica, ivi compresa la proprietà intellettuale, il diritto d'autore, i segreti commerciali

- Questi limiti si applicano unicamente per il periodo per il quale la protezione è giustificata in relazione alla natura del dato.
- L'accesso non può essere negato ove sia sufficiente differirlo

ACCESSO PER FINI STATISTICI a dati elementari raccolti per finalità statistiche

- Accesso consentito da parte degli enti e uffici SISTAN (sistema statistico nazionale)
- Oggetto: dati elementari privi di ogni riferimento che permetta l'identificazione diretta delle unità statistiche, raccolti nell'ambito di trattamenti statistici
- Condizioni per accesso
  - Richiesta deve provenite da **ricercatori** (di università, enti di ricerca, istituzioni pubbliche o private o le loro strutture di ricerca) inseriti nell'elenco Eurostat o che risultino in possesso dei requisiti stabiliti dall'Eurostat, a seguito di valutazione soggetti del Sistan concedente l'accesso e approvata dal Comstat
  - Deve essere sottoscritto un **impegno di riservatezza** indicante:
    a. Le condizioni di utilizzo dei dati
    b. Gli obblighi dei ricercatori
    c. I provvedimenti in caso di violazione degli impegni assunti
    d. Misure adottate a tutela della riservatezza
  - Deve essere presentato un **progetto di ricerca** specificante:
    a. Scopo della ricerca
    b. Motivo per cui lo scopo non può essere perseguito senza l'utilizzo dei dati elementari
    c. I ricercatori aventi accesso ai dati
    d. Dati richiesti
    e. Metodi di ricerca
    f. Risultati che si intendono diffondere
  - Devono essere allegate al progetto di ricerca le **dichiarazioni di riservatezza singolarmente sottoscritte dai ricercatori che avranno accesso ai dati**
- È vietato, pena sanzione
  - effettuare trattamenti diversi da quelli previsti nel progetto di ricerca
  - conservare i dati elementari oltre i termini di durata del progetto
  - comunicare o diffondere i dati a terzi
- I dati elementari sono messi a disposizione dei ricercatori sotto forma di file a cui sono stati applicati metodi di controllo al fine di non permettere l'identificazione dell'unità statistica. Se per impossibilità non venga applicato il metodo di controllo l'utilizzo dei file deve avvenire all'interno di laboratori costituiti dal titolare dei trattamenti statistici cui afferiscono, accessibili anche da remoto tramite laboratori organizzati e gestiti da un soggetto ritenuto idoneo, a condizione che il rilascio dei risultati delle elaborazioni sia autorizzato dal responsabile del trattamento e non permetta il collegamento con l'unità statistica di base.

Capitolo 6 LA PATOLOGIA DELL'ATTO AMMINISTRATIVO

SOMMARIO:
1. I profili patologici dell'atto amministrativo. - **2.** L'invalidità dell'atto amministrativo. - **3.** La nullità. - **4.** L'annullabilità. - **5.** I vizi non invalidanti. - **6.** I rimedi contro gli atti illegittimi e inopportuni: l'autotutela. - **6.1.** Il riesame con esito demolitorio: la revoca e l'annullamento d'ufficio. - **6.2.** Il riesame con esito conservativo.

1. I profili patologici dell'atto amministrativo.

Si fa riferimento alla patologia dell'atto amministrativo (o del provvedimento amministrativo) ogni volta che l'atto amministrativo **è difforme dal modello astratto previsto dalle norme**.

La difformità dell'atto dal modello previsto dalle norme può assumere due livelli di gravità diversa e, in ragione della rilevanza della divergenza dal parametro normativo di riferimento, può sostanziarsi in una:
- **mera irregolarità**, che si sostanzia in un **vizio marginale** e non rilevante dell'atto amministrativo, allorché la diversità della forma dell'atto rispetto a quella prevista dalla legge o la non perfetta osservanza di un qualche adempimento endoprocedimentale, oltre a non essere esplicitamente sanzionati con la comminatoria dell'invalidità, non impediscono in concreto il raggiungimento dell'interesse al quale la specifica azione amministrativa è preordinata;
- **invalidità**, nel caso in cui **il vizio riguarda uno degli elementi o dei requisiti essenziali** dell'atto, non consente di ritenere tutelato l'interesse al quale la specifica azione amministrativa è preordinata e, pertanto, viene sanzionato con la comminatoria dell'invalidità (per nullità o annullabilità dell'atto).

Tenuto conto che una mera irregolarità non vizia il provvedimento finale e non lo rende annullabile in sede giurisdizionale, si parla di **patologia** dell'atto unicamente quando il vizio sia tale da comportare **l'invalidità** dello stesso.

2. L'invalidità dell'atto amministrativo.

La **legge n. 15/2005**, che ha modificato la legge n. 241/1990, ha introdotto, tra l'altro, gli articoli 21-*septies* e seguenti, disciplinando l'invalidità del provvedimento amministrativo. In particolare, tale legge ha:
- positivizzato, ovvero trasferito nell'ordinamento giuridico, gli istituti – già precedentemente definiti dalla giurisprudenza – della **nullità** e **dell'annullabilità** dell'atto amministrativo;
- introdotto la disciplina dei **c.d. vizi non invalidanti**, ovvero delle ipotesi di illegittimità formale o procedimentale dell'atto, che non comportano la nullità dell'atto stesso.

L'invalidità – che si verifica quanto un atto è difforme da quanto previsto dalle norme che lo disciplinano – determina la "sanzione" dell'**inefficacia definitiva** dello stesso.
Tale "sanzione" può determinarsi:
- **in modo automatico**, come nel caso della nullità, che opera di diritto;
- **a seguito di una pronuncia giudiziale**, come nelle ipotesi di annullabilità, che non opera di diritto, ma deriva da una decisione del giudice, adottata a seguito di apposito ricorso di parte.

Come più ampiamente descritto nei paragrafi seguenti, le due forme di invalidità determinano due effetti diversi:

- **l'atto nullo** è inefficace "di diritto", non è idoneo a produrre effetti nella sfera giuridica dei destinatari e viene considerato *tamquam non esset*, ovvero come se non fosse mai esistito;
- **l'atto annullabile** è un atto idoneo a produrre effetti, che permangono nell'ordinamento giuridico fin quando e solo se, su istanza di parte, non venga dichiarata, in via giudiziale, l'illegittimità dell'atto stesso.

3. La nullità.

L'**art. 21-*septies*** della legge n. 241/1990 ha codificato l'istituto della nullità del provvedimento amministrativo, prevedendo espressamente le ipotesi di nullità.
Ai sensi del richiamato art., un provvedimento amministrativo è nullo quando:

- **è privo degli elementi essenziali**. La disposizione non indica espressamente quali siano gli elementi essenziali del provvedimento, ma, secondo la ricostruzione operata dalla giurisprudenza, vanno considerati quali elementi essenziali del provvedimento amministrativo: la qualità di pubblica amministrazione in capo al soggetto che emette il provvedimento; l'individuazione del soggetto o dell'oggetto nei cui confronti il provvedimento ha effetti; la possibilità, determinatezza e liceità del contenuto; la volontà della pubblica amministrazione di adottare l'atto; la forma, laddove prescritta dalla legge.
- **è viziato da difetto assoluto di attribuzione**, ovvero nei casi di "carenza in astratto del potere", cioè di mancanza della norma giuridica che attribuisce (al soggetto che ha adottato il provvedimento) il potere esercitato con il provvedimento amministrativo. Ciò può avvenire quando il provvedimento viene adottato da un'amministrazione del tutto priva del potere di emanarlo (o perché il potere di provvedere appartiene ad un'amministrazione radicalmente diversa o perché l'esercizio del potere è precluso ad ogni amministrazione e riservato ad un altro potere dello Stato, giurisdizionale o legislativo).
- **è adottato in violazione o esclusione del giudicato**. La violazione di giudicato si ha quando l'atto emanato è in palese contrasto con una precedente sentenza intervenuta sullo stesso oggetto del provvedimento; si ha elusione di giudicato quando l'amministrazione formalmente esegue le disposizioni della sentenza ma, sostanzialmente, la aggira per continuare a perseguire il fine che la sentenza non ha voluto tutelare e reiterando di fatto la violazione per la quale era intervenuta la sentenza stessa;
- **in tutti gli altri casi previsti dalla legge**, i c.d. casi di nullità testuali, ovvero tutti i casi in cui la legge prescrive specificamente la nullità dell'atto.

La nullità del provvedimento comporta specifici effetti, che sono:

- **inesistenza giuridica**, nel senso che il provvedimento è considerato *tamquam non esset*, ovvero come se non fosse stato mai emanato;
- **inefficacia**, nel senso che il provvedimento non è idoneo a produrre alcun effetto giuridico;
- **inesecutorietà**, perché l'atto nullo è inefficace e non può essere eseguito.

La nullità può essere fatta valere dall'interessato dinanzi al giudice. Precisamente, l'art. 31 del Codice del processo amministrativo disciplina (anche) **l'azione di nullità**, prevedendo che l'azione (di accertamento) debba essere proposta nel termine, di natura decadenziale, di 180 giorni e che la nullità dell'atto possa sempre essere opposta dalla parte resistente o essere rilevata d'ufficio dal giudice.

PER SAPERNE DI PIÙ

◆ NULLITÀ E INESISTENZA DELL'ATTO AMMINISTRATIVO

La nullità dell'atto amministrativo non va confusa e deve essere tenuta distinta dall'inesistenza dell'atto.

Si parla di inesistenza giuridica dell'atto quando un atto è c.d. "abnorme", ovvero manca in maniera eclatante dei requisiti essenziali prescritti. Si pensi, ad esempio, ad un atto predisposto per scherzo (atto *loci causa*) o in sede didattica (atto *docendi causa*). Tale atto è inesistente e improduttivo di effetti.
Diversamente l'atto nullo è esistente e "astrattamente idoneo" a produrre effetti, in quanto la nullità costituisce una sanzione per i casi di grave difformità dell'atto da quanto prescritto dalla legge.
Pertanto, ai fini pratici – a differenza dell'atto inesistente – l'atto nullo può essere, ad esempio, oggetto di autotutela da parte della P.A.

4. L'annullabilità.

L'atto amministrativo esistente, che presenta c.d. "vizi di legittimità", è **illegittimo** e, come tale, è **annullabile**.
L'art. **21-*octies*** della legge n. 241/1990 disciplina l'annullabilità del provvedimento amministrativo, prevedendo che è annullabile il provvedimento amministrativo adottato in violazione di legge o viziato da eccesso di potere o da incompetenza.
Con riferimento ai singoli vizi di legittimità, va evidenziato quanto segue.
L'art. 21-*octies* fa riferimento alla c.d. **incompetenza relativa**, che si ha quando un organo amministrativo invade la sfera di competenza di un altro organo appartenente allo stesso settore amministrativo o, comunque, allo stesso ente. L'incompetenza può riguardare:

- la materia, quando un organo provvede su una materia riservata ad un altro;
- il grado, quando un organo esercita le competenze di un organo a sé sovraordinato;
- il territorio su cui agisce l'amministrazione, nel caso in cui l'atto viene adottato dall'organo territorialmente non competente.

L'**eccesso di potere** non è espressamente definito dall'art. 21-*octies* e costituisce la figura più importante e discussa dei vizi di legittimità, sulla quale si sono ampiamente espresse la dottrina e la giurisprudenza.
Esso si sostanzia nella **scorrettezza della scelta discrezionale** operata dall'amministrazione e può verificarsi quando:

- l'amministrazione debba esercitare un **potere discrezionale**, poiché negli atti vincolati, essendone predeterminato per legge il contenuto, non può riscontrarsi un vizio della volontà della P.A.;
- avvenga uno **sviamento di potere**, ovvero l'amministrazione eserciti il potere per **fini diversi** da quelli stabiliti dal legislatore con la norma attributiva dei poteri.

Costituiscono esempi di eccesso di potere l'illogicità manifesta dell'atto o la violazione del principio di proporzionalità.
La **violazione di legge** – terzo e ultimo motivo di annullabilità dell'atto – si sostanzia in un **contrasto tra l'atto amministrativo adottato e l'ordinamento giuridico**.
Essa costituisce una **categoria residuale** dei vizi di annullabilità dell'atto amministrativo, in quanto comprende tutti i vizi che non rientrano nelle due categorie precedenti. Tale categoria è interpretata in senso molto ampio, in quanto per "legge", si intendono tutti gli atti di normazione primaria, secondaria e comunitaria (TAR Lazio, sez. III, sent. 1834/1996).

A differenza dell'atto nullo, l'**atto illegittimo** per la presenza di vizi di legittimità – seppur annullabile – è immediatamente efficace e, **fino a quanto non viene annullato, esiste, è efficace ed è esecutorio**: pertanto può essere eseguito dalla P.A. in via diretta e coattiva.
L'atto illegittimo può, quindi, essere rimosso unicamente con una pronuncia costitutiva del giudice amministrativo ovvero attraverso un intervento da parte della stessa P.A., ossia con un procedimento in autotutela.
L'**art. 29** del Codice del processo amministrativo disciplina l'azione di annullamento dell'atto amministrativo, prevedendo che la stessa debba essere proposta nel termine di decadenza di **60 giorni.**

5. I vizi non invalidanti.

L'art. 21-*octies* della legge n. 241/1990, al comma 2, disciplina i c.d. **vizi non invalidanti**, ovvero vizi dell'atto considerati minori e, quindi, non determinanti l'illegittimità (e la conseguente annullabilità) dell'atto amministrativo.
Precisamente, tale disposizione prevede che non è annullabile il provvedimento:

- adottato in **violazione delle norme sul procedimento o sulla forma** degli atti qualora, per la **natura vincolata del provvedimento**, sia palese che il suo contenuto dispositivo non avrebbe potuto essere diverso da quello in concreto adottato (eccezion fatta per i provvedimenti addottati in violazione dell'art. 10-*bis*);
- per **mancata comunicazione dell'avvio del procedimento** qualora l'amministrazione dimostri in giudizio che **il contenuto del provvedimento non avrebbe potuto essere diverso** da quello in concreto adottato.

Le due fattispecie, che potrebbero sembrare simili, in realtà si differenziano per un elemento fondamentale: mentre **nel primo caso**, ai fini della mancata annullabilità dell'atto, è necessario che il provvedimento sia **vincolato** e che, pertanto, sia palese l'obbligatorietà del suo contenuto; **il secondo caso**, che attiene alla sola comunicazione di avvio del procedimento, si applica anche alle ipotesi di attività amministrativa **discrezionale** e unicamente ai casi in cui l'amministrazione (a cui spetta l'onere della prova) dimostri in giudizio che il contenuto del provvedimento non avrebbe potuto essere diverso da quello adottato.
Tale disposizione – impugnata anche dinanzi alla Corte Costituzionale, che ha ritenuto manifestamente inammissibili le questioni di costituzionalità sollevate – opera un importante bilanciamento tra garanzia della partecipazione al procedimento amministrativo ed esigenza di dotare di stabilità il provvedimento amministrativo. Il legislatore decide, pertanto, che ove il rispetto delle norme sul procedimento amministrativo non avrebbe potuto incidere sui contenuti del provvedimento amministrativo, lo stesso non debba considerarsi annullabile.

6. I rimedi contro gli atti illegittimi e inopportuni: l'autotutela.

Un atto amministrativo viziato può essere:

- **conservato**, attraverso l'adozione, da parte della pubblica amministrazione, di un provvedimento che elimini i vizi di legittimità del provvedimento medesimo;
- **eliminato**, attraverso una sentenza dell'autorità giurisdizionale amministrativa (T.A.R. e Consiglio di Stato), una decisione amministrativa provocata da un ricorso dell'interessato e un atto amministrativo spontaneo della P.A., diretto a ritirare l'atto viziato.

Nelle ipotesi in cui l'amministrazione interviene al fine di conservare ovvero eliminare un provvedimento amministrativo viziato, si parla di **autotutela.**

L'autotutela amministrativa costituisce il **potere dell'amministrazione di rimuovere unilateralmente**, ovvero senza che intervengano altri soggetti (nemmeno i diretti interessati), **ed autonomamente** gli ostacoli che impediscano la realizzazione dell'interesse pubblico per cui il potere è conferito dalla legge all'amministrazione.
Attraverso il potere di autotutela l'amministrazione può intervenire autonomamente per risolvere i conflitti che possono insorgere in relazione a propri provvedimenti o proprie pretese.
Pertanto, l'amministrazione può adottare, in via di autotutela, un provvedimento amministrativo che incida su provvedimenti precedentemente emanati, nei casi in cui – a seguito di un riesame e di un nuovo contemperamento degli interessi pubblici e privati venuti in rilievo in sede di istruttoria – sussista una nuova valutazione delle situazioni di fatto e di diritto che sono alla base di un determinato provvedimento amministrativo avente natura discrezionale.

PER SAPERNE DI PIÙ

◆ **ATTI DI RITIRO E LEGITTIMO AFFIDAMENTO**

Ove la pubblica amministrazione, nell'esercizio del potere di autotutela, intervenga a ritirare un provvedimento amministrativo precedentemente adottato deve tenere conto dell'affidamento ingenerato nel cittadino circa la validità e l'efficacia del provvedimento da ritirare, oggetto dell'autotutela amministrativa.
Pertanto, l'interesse pubblico a ritirare un determinato provvedimento deve necessariamente essere bilanciato con l'interesse privato alla conservazione del provvedimento stesso.
Tale interesse è tanto più forte quanto maggiore è il lasso di tempo in cui il provvedimento oggetto del ritiro ha esplicato la sua efficacia.
Pertanto, maggiore è il tempo decorso dall'adozione del provvedimento, maggiore sarà l'affidamento ingenerato nel privato e, di conseguenza, maggiormente difficoltoso sarà l'esercizio del potere di ritiro dello stesso da parte della pubblica amministrazione.

▶ 6.1. Il riesame con esito demolitorio: la revoca e l'annullamento d'ufficio.

A seguito del riesame di un determinato provvedimento amministrativo, la pubblica amministrazione può decidere di adottare **un atto di ritiro**.
Tra le diverse tipologie di atti, qualificati dalla dottrina come atti di ritiro, i più rilevanti sono: l'annullamento d'ufficio e la revoca.

L'annullamento d'ufficio è disciplinato dall'art. **21-*nonies*** della legge n. 241/1990.
Esso si sostanzia in un provvedimento amministrativo di secondo grado con il quale viene ritirato, **con efficacia retroattiva (*ex tunc*),** ossia dalla data della sua emanazione, un atto amministrativo illegittimo, per la presenza di vizi di legittimità originari dell'atto stesso.
Pertanto – senza che sia necessario un provvedimento giudiziale – in questa ipotesi la pubblica amministrazione interviene autonomamente e su propria iniziativa per provvedere all'annullamento di un provvedimento amministrativo illegittimo, esercitando il proprio discrezionale potere di autotutela. Tale annullamento va, pertanto, tenuto distinto da quello di cui all'art. 21-*octies*, che presuppone l'emanazione di un provvedimento giudiziale.
L'art. 21-*nonies* dispone che un provvedimento amministrativo illegittimo (per violazione di legge, eccesso di potere o incompetenza) può essere annullato d'ufficio dall'organo che lo ha emanato o da altro organo previsto dalla legge, alle seguenti condizioni:

- ove sussistano **ragioni di interesse pubblico**, ovvero sussista un interesse diretto, concreto e attuale al ritiro dell'atto;
- nel termine massimo di diciotto mesi, ridotto a **dodici mesi** dal d.l. n. 77/2021, dall'emanazione del provvedimento, ovvero entro un **lasso di tempo ragionevole**;
- tenendo conto **degli interessi di destinatari e controinteressati**.

Naturalmente, sono annullabili d'ufficio unicamente quei provvedimenti per i quali la pubblica amministrazione abbia ancora il potere di provvedere. Di conseguenza, non sono annullabili:

- **gli atti di controllo**, in quanto l'esercizio del potere di controllo comporta la consumazione del relativo potere;
- **gli atti preparatori** adottati nell'ambito di un procedimento amministrativo, una volta comunicati agli organi destinatari.

La **revoca** è un provvedimento amministrativo di secondo grado, disciplinato dall'art. 21-*quinquies* della legge n. 241/1990, con il quale la pubblica amministrazione ritira, con **efficacia non retroattiva (*ex nunc*)** un atto inficiato da vizi di merito, in base ad una nuova valutazione degli interessi pubblici e privati posti alla base dello stesso.
La revoca, pertanto, può essere esercitata a prescindere dall'esistenza di vizi di legittimità (violazione di

legge, eccesso di potere e incompetenza relativa) del provvedimento revocato. Essa trova la sua *ratio* nell'esigenza della pubblica amministrazione di adeguarsi ai mutamenti, che incidono sull'interesse pubblico.
In sintesi, essa esprime lo ***jus poenitendi*** della pubblica amministrazione, la quale può "pentirsi" di un provvedimento adottato in precedenza, sostituendolo con un altro contenente una manifestazione di volontà contraria o diversa.
La pubblica amministrazione può esercitare il potere di revoca al verificarsi di uno dei seguenti tre presupposti:

- **sopravvenuti motivi di interesse pubblico**;
- **mutamento della situazione di fatto** esistente al momento dell'adozione del provvedimento da revocare, ovvero il sopravvenire di una nuova circostanza alla luce della quale il provvedimento adottato non sia più idoneo a tutelare l'interesse pubblico;
- **nuova valutazione dell'interesse pubblico originario**, diversa o contraria rispetto alla valutazione operata con il primo provvedimento.

A differenza dell'annullamento, la revoca ha efficacia non retroattiva: **gli effetti dell'atto revocato cessano dal momento della revoca**, mentre sopravvivono gli effetti prodotti in precedenza.
Ciò in quanto, la revoca è adottata sulla base di una **nuova valutazione** da parte della pubblica amministrazione, e quindi non esclude che la valutazione alla base del provvedimento revocato fosse adeguata alla situazione esistente nel momento in cui l'atto è stato adottato.
La mancata retroattività della revoca consente, inoltre, di tutelare il legittimo affidamento da parte dei destinatari dell'atto, in attuazione del principio di certezza del diritto e di giusto procedimento.
Nei casi in cui la revoca comporti un pregiudizio in capo ai destinatari, l'amministrazione ha l'obbligo di provvedere all'erogazione di un **indennizzo**, la cui valutazione è rimessa alla giurisdizione esclusiva del giudice amministrativo.

▶ 6.2. Il riesame con esito conservativo.

Nei paragrafi precedenti sono stati esaminati alcuni casi in cui la pubblica amministrazione, a seguito del riesame di un provvedimento amministrativo illegittimo (in quanto viziato da vizi di legittimità), decide di adottare un provvedimento di ritiro.
Nelle ipotesi in cui la pubblica amministrazione decida di non ritirare un provvedimento illegittimo, la stessa può decidere di sanarlo e mantenerlo in vita, eliminando il vizio di legittimità inficiante il provvedimento (c.d. **convalescenza** dell'atto amministrativo). Tra tali provvedimenti conservativi, possono sicuramente essere annoverate: la convalida, la ratifica e la sanatoria.

La **convalida** è un provvedimento autonomo e di carattere costitutivo, con il quale la pubblica amministrazione elimina i vizi di legittimità di un atto invalido, precedentemente emanato dalla stessa autorità.
Ad esempio, con la convalida può essere: integrata la motivazione di un provvedimento, inserito un elemento mancante, eliminato un contrasto tra motivazione e dispositivo).
Il provvedimento di convalida deve contenere:

- l'atto che si intende convalidare;
- l'indicazione precisa e puntuale del vizio di legittimità dal quale l'atto è inficiato e che si intende rimuovere;
- la manifestazione della volontà dell'amministrazione di provvedere alla convalida dell'atto (c.d. *animus convalidandi*);
- la necessità di una adeguata **motivazione** in ordine all'interesse pubblico che giustifica la convalida stessa.

Il potere di **convalida** dell'amministrazione può essere esercitato unicamente su **atti annullabili**, e quindi illegittimi, allorché il vizio possa essere rimosso e la pubblica amministrazione sia ancora dotata del potere di incidere sull'atto adottato (nel senso che non deve aver "esaurito" il proprio potere di provvedere).

La **ratifica** è un provvedimento autonomo e di carattere costitutivo, con il quale viene eliminato il vizio di incompetenza relativa di un provvedimento amministrativo. Precisamente, il provvedimento di ratifica viene adottato dall'autorità competente, al fine di sanare un provvedimento emesso da un'autorità incompetente dello stesso ramo dell'amministrazione.
Pertanto, la ratifica differisce dalla convalida unicamente per due ragioni:

- la ratifica viene adottata **da un'amministrazione diversa** da quella che ha adottato l'atto, mentre la convalida è adottata dalla medesima autorità amministrativa che ha emesso il provvedimento originario;
- il vizio di legittimità che può essere sanato con la ratifica è unicamente **l'incompetenza relativa**, mentre la convalida consente di sanare tutti e tre i vizi di legittimità.

La **sanatoria** avviene quando l'amministrazione acquisisce successivamente un atto endoprocedimentale che doveva essere emesso e acquisito prima della conclusione del procedimento amministrativo.
A differenza della convalida e della revoca, la sanatoria non costituisce un provvedimento nuovo ed autonomo, ma si identifica con l'atto che è stato omesso e che viene successivamente acquisito.

PRINCIPI GENERALI.

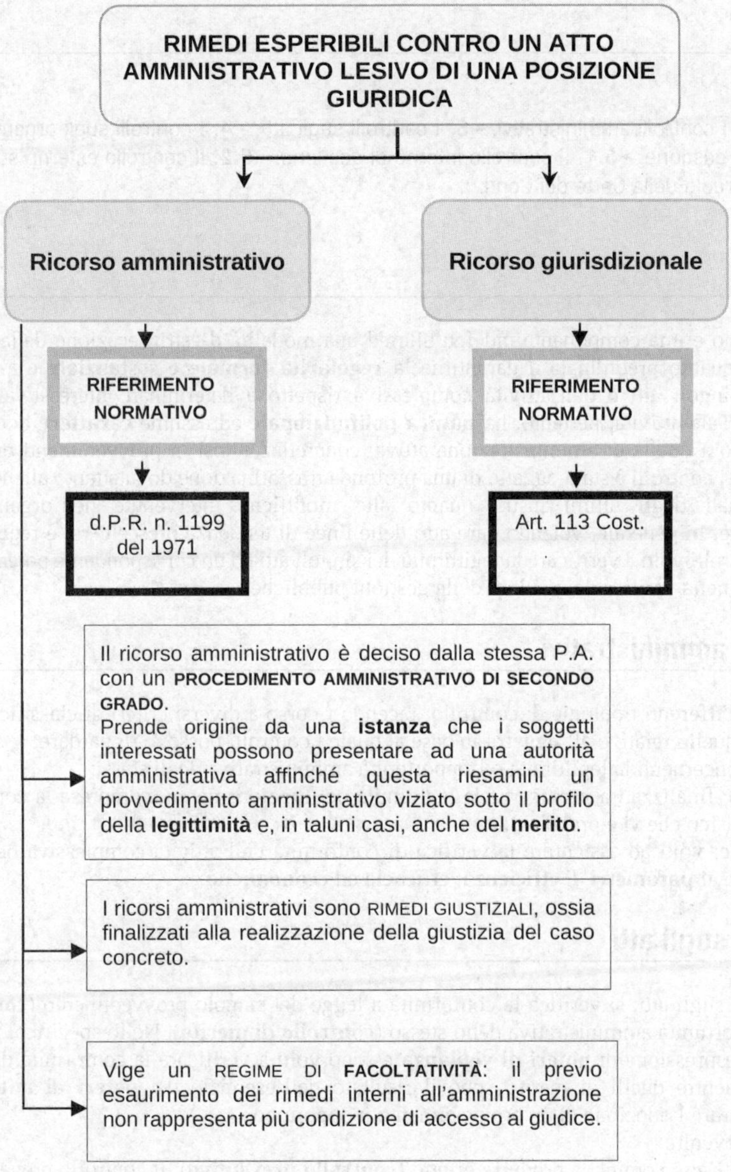

Capitolo 7 | I CONTROLLI

SOMMARIO:

1. Nozione

L'attività di controllo è una componente indefettibile ed una modalità d'estrinsecazione della funzione amministrativa, in quanto preordinata a garantirne la **regolarità formale e sostanziale** e a stimolare l'adeguamento di singoli atti o dell'attività complessiva rispetto a determinati interessi/valori ed al pubblico interesse. Tale attività, pertanto, ha **natura polifunzionale** ed assume **carattere accessorio e strumentale** rispetto a quella di amministrazione attiva, concretizzandosi in provvedimenti di secondo grado. La materia dei controlli è stata oggetto di una profonda trasformazione dovuta tanto alle importanti riforme costituzionali degli ultimi lustri, quanto alle modifiche intervenute nell'organizzazione dell'amministrazione. In generale, volendo dare atto delle linee di tendenza prescelte, si è registrata una contrazione dei controlli volti a verificare la legittimità dei singoli atti ed un corrispondente potenziamento di quelli consistenti nella verifica dei risultati delle gestioni pubbliche.

2. I controlli amministrativi

Possono delinearsi differenti tipologie di controllo, facendo ricorso a diversi criteri di classificazione. Il criterio più usato è quello relativo all'**oggetto** in base al quale i controlli possono riguardare:
- gli **atti**; concernenti la legittimità o l'opportunità amministrativa degli stessi;
- gli **organi**; finalizzati a verificarne la legittimità del funzionamento (compresa la condotta del soggetto fisico che vi è preposto);
- la **gestione**; volti ad assicurare la verifica di conformità dell'attività complessiva dell'organo controllato ai **parametri** di **efficienza**, **efficacia** ed **economicità**.

3. I controlli sugli atti

In sede di controllo sugli atti, si verifica la conformità a legge del singolo provvedimento (**controllo di legittimità**) o l'opportunità amministrativa dello stesso (**controllo di merito**). Nello specifico, i controlli di legittimità sono espressione di **poteri di vigilanza** e sono volti a verificare la conformità dell'atto al diritto oggettivo, mentre quelli di merito sono il risultato dell'esercizio dei **poteri di autotutela** e finalizzati a scongiurare l'adozione di un provvedimento inopportuno.
La verifica può intervenire:
- prima che l'atto cominci a produrre effetto (**controllo preventivo**). Il controllo preventivo può essere, a sua volta: a) (preventivo) **antecedente**, se posto in essere prima del perfezionamento dell'atto; b) (preventivo) **susseguente**, se interviene dopo il perfezionamento dell'atto, ma prima che lo stesso produca i suoi effetti. In quest'ultimo caso, il controllo si inserisce nella c.d. fase integrativa dell'efficacia dell'atto, atteggiandosi, così, il controllo quale *condicio iuris* sospensiva dell'efficacia dell'atto;

- quando l'atto è già perfetto ed efficace (**controllo successivo**).

I controlli sugli atti possono essere distinti anche in controlli: **esterni** (controllo intersoggettivo o extragerarchico) e **interni** (controllo interorganico).

Con riferimento, poi, alle singole tipologie di atti di controllo sugli atti vengono in rilievo:

a. il **visto** (atto di controllo preventivo di legittimità) con cui l'autorità competente verifica, prima che l'atto acquisti efficacia, se è affetto da vizi di legittimità. Il visto è una forma di controllo vincolato e non discrezionale;
b. l'**approvazione** (atto di controllo preventivo di merito) implicante una manifestazione di volontà dell'organo controllante, chiamato a verificare non solo la legittimità ma anche l'opportunità e la convenienza dell'atto controllato;
c. l'**autorizzazione** (atto di controllo preventivo di legittimità e di merito) finalizzata alla rimozione di un limite legale all'esercizio di un diritto o di un potere già rientrante nella sfera giuridica del soggetto che la richiede. A differenza del visto, l'autorizzazione è condizione di validità e non di efficacia dell'atto;
d. l'**omologazione** (atto di controllo preventivo di legittimità o di merito): è un atto di controllo di legittimità, quando è basato su di un mero accertamento o valutazione tecnica sull'esistenza dei requisiti richiesti dalla legge; di merito, quando l'atto è adottato in sostituzione o in aggiunta all'approvazione, costituendo in quest'ultimo caso un ulteriore controllo;
e. l'**annullamento d'ufficio in sede di controllo** (atto di controllo successivo di legittimità) che interviene dopo che l'atto ha acquisito efficacia.

4. I controlli sugli organi

I controlli sugli organi sono finalizzati a verificare la legittimità del funzionamento di un organo amministrativo, in modo da uniformarne l'operato alla legge e al principio del buon andamento *ex* art. 97, comma 2, Cost. Alla categoria appartengono:

a) il **controllo ispettivo**; che si concretizza nella attività di ispezione, non supportata dal conferimento all'organo controllante di poteri sostitutivi o repressivi;
b) il **controllo repressivo**; a seguito del quale, l'autorità controllante è legittimata a irrogare sanzioni amministrative o disciplinari;
c) il **controllo sostitutivo**; di tipo semplice, se la P.A. è legittimata a sostituirsi all'organo controllato di cui sia stata acclarata l'inerzia, anche nominando, all'occorrenza, un commissario ad acta (controllo sostitutivo semplice); di tipo repressivo se la stessa può esercitare, cumulativamente, entrambi i poteri, sostitutivo e sanzionatorio (controllo sostitutivo repressivo).

5. Il controllo di gestione

Il controllo di gestione è finalizzato a raffrontare **obiettivi programmati** e **risultati effettivamente raggiunti**, in un'ottica collaborativa, più che sanzionatoria secondo un modello di amministrazione non più "**per atti**" bensì "**per risultati**". Le differenze fra il controllo di gestione e quello di legittimità attengono: all'oggetto, individuato nella complessiva attività dell'ente e non più nei singoli atti; al parametro del sindacato, volto a verificare *ex post* la rispondenza dei risultati raggiunti agli obiettivi programmati, piuttosto che la mera conformità *ex ante* dell'atto alla legge; all'esito, non più consistente in provvedimenti eliminativo-sanzionatori, ma in interventi di carattere collaborativo.

Questo tipo di controllo può essere: a) **interno** di gestione, affidato a un organo interno alla stessa P.A. da controllare, con carattere permanente volto ad assicurare un più razionale sfruttamento delle risorse umane e materiali assegnate in relazione agli obiettivi da raggiungere; b) **esterno** sulla gestione, esercitato da un ente esterno, in specie dalla Corte dei Conti.

5.1. Il controllo interno di gestione

Il sistema dei controlli interni di gestione, delineato dal d.lgs. n. 286/1999, si struttura su quattro livelli:

1) il controllo interno di regolarità amministrativa e contabile;
2) il controllo di gestione sull'efficienza, l'efficacia e l'economicità dell'azione amministrativa;
3) la valutazione del rendimento dei dirigenti;
4) il controllo strategico sull'amministrazione in relazione agli obiettivi finali in sede politica.

Per garantire l'ottimale funzionamento del sistema, i quattro livelli sono amministrati da uffici diversi i quali, peraltro, hanno l'obbligo di predisporre opportuni meccanismi di coordinamento.
Il legislatore è più volte intervenuto per potenziare e riordinare il sistema, onde garantire la trasparenza dell'azione amministrativa, migliorare l'efficienza dei diversi livelli della P.A. e perseguire l'ottimizzazione delle performance degli enti pubblici.
Importanti novità sono state introdotte dal d.lgs. 150/2009, come modificato dal d.lgs. n. 74/2017. In particolare, la disciplina sulla valutazione della dirigenza (*ex* art. 5 d.lgs. 286/1999) è stata sostituita da quella relativa alla **misurazione e valutazione della *performance* organizzativa e individuale**, mentre la funzione di controllo strategico è confluita nell'ambito delle competenze di un **Organismo indipendente di valutazione** della *performance*, cui spetta il monitoraggio del funzionamento complessivo del sistema della valutazione, della trasparenza e integrità dei controlli interni.

5.2. Il controllo esterno sulla gestione.

La legge n. 20/1994 ha introdotto un controllo esterno della Corte dei Conti volto a verificare la legittimità e la regolarità delle gestioni di tutte le pubbliche amministrazioni, ivi compresi le Regioni e gli altri enti locali, nonché il funzionamento dei controlli interni a ciascuna amministrazione.
Nell'esercizio di questa funzione, la Corte dei Conti può richiedere alle amministrazioni pubbliche ed agli organi di controllo interno qualsiasi atto o notizia e può effettuare e disporre ispezioni ed accertamenti diretti.
A differenza del controllo preventivo di legittimità, l'esito del controllo non consiste nel mancato perfezionamento dell'efficacia di un atto, ma nella predisposizione di relazioni e osservazioni destinate alle amministrazioni controllate. Scopo del controllo è, infatti, quello di verificare se l'azione amministrativa sia stata economica, efficiente ed efficace ed abbia raggiunto gli obiettivi stabiliti. In caso di giudizio negativo, le amministrazioni saranno sollecitate ad attivarsi per eliminare i fattori di scarsa efficacia della gestione e migliorare la propria azione.

6. Il ruolo della Corte dei Conti.

Il complesso sistema delle funzioni di controllo svolte dalla Corte dei Conti nel nostro ordinamento si ricava dalla lettura combinata della Costituzione e di alcune leggi ordinarie.
La Corte dei conti in base alla Costituzione svolge:

- un **controllo preventivo di legittimità sugli atti del governo** (es. provvedimenti emanati su deliberazione del Consiglio dei Ministri, tranne decreti-legge e decreti legislativi; atti che, comportando una spesa, determinano rilevanti incidenze sul bilancio);
- un **controllo successivo sulla gestione del bilancio dello Stato** (c.d. giudizio di parificazione del rendiconto generale dello Stato), riferendo direttamente al Parlamento sul tipo di riscontro eseguito;
- un **controllo sulla gestione finanziaria degli enti cui lo Stato contribuisce in via ordinaria**, esercitato, secondo le modalità e con i limiti previsti dalla l. 21 marzo 1958, n. 259, nei confronti di enti che ricevono, sotto qualsiasi denominazione e con carattere di continuità, somme a carico di un'amministrazione dello Stato o di altri enti pubblici (sovvenzione diretta), o che sono destinatari di tributi (sovvenzione indiretta), nonché gli enti che ricevono dallo Stato apporti al capitale o garanzie finanziarie .

Si tratta di un controllo esterno e neutrale svolto in posizione di assoluta imparzialità rispetto agli interessi di volta in volta perseguiti dal governo o dall'amministrazione. Accanto a dette funzioni, ve ne sono altre, introdotte da leggi ordinarie, che trovano il loro fondamento costituzionale nell'art. 97 Cost. (principio del buon andamento degli uffici pubblici), nell'art. 81 Cost. (rispetto degli equilibri di bilancio) e nell'art. 119 Cost. (coordinamento della finanza pubblica). In particolare, la già citata l. n. 20/1994 ha attuato una riforma completa delle funzioni di controllo della Corte dei conti, riducendo il numero degli atti sottoposti al controllo preventivo di legittimità ed introducendo, oltre alla già esaminata forma di controllo successivo sulla gestione, il controllo successivo sulle gestioni fuori bilancio e sui fondi di provenienza comunitaria, improntati sempre ai parametri di economicità ed efficacia.
Altre leggi sono intervenute attribuendo alla Corte dei conti importanti funzioni di controllo/referto quali:

- il controllo sulla copertura finanziaria delle leggi di spesa (art. 11 ter della legge 5 agosto 1978 n. 468);
- referti speciali (es., referto sul costo del lavoro pubblico ed altri referti speciali);
- certificazione finanziaria dei contratti collettivi di lavoro (art. 51 del decreto legislativo n. 29 del 1993 e successive modifiche);
- referti sulla finanza regionale e locale.

PER SAPERNE DI PIÙ

◆ DIFFERENZE TRA CONTROLLO DI LEGITTIMITÀ SUGLI ATTI E CONTROLLO SULLA GESTIONE

Fra i due tipi di controllo vi sono differenze circa:

- l'oggetto (singoli atti o attività amministrativa nel suo complesso);
- il parametro (conformità *ex ante* dell'atto a norme di legge, verifica *ex post* dei risultati raggiunti rispetto agli obiettivi programmati);
- l'esito (inefficacia dell'atto, attivazione di meccanismi di adeguamento ed auto correzione da parte dell'amministrazione controllata).

Capitolo 8 LA RESPONSABILITÀ DELLA P.A.

SOMMARIO:

1. La responsabilità: nozione generale

Con il termine responsabilità si indica la capacità di un soggetto di prevedere e, quindi, rispondere delle conseguenze derivanti da un proprio comportamento.
Si distinguono tre tipi di responsabilità:
- **civile**, che sorge per inadempimento di un obbligo *ex* art. 1218 c.c. (responsabilità contrattuale), ovvero per qualunque atto illecito, doloso o colposo, che abbia arrecato ad altri un danno ingiusto (responsabilità extracontrattuale): si distinguono ipotesi di responsabilità diretta e responsabilità indiretta (anche detta oggettiva);
- **penale**, la quale discende dall'infrazione di precetti posti dall'ordinamento a presidio di particolari interessi pubblici e giustifica l'esercizio della potestà punitiva da parte dello Stato;
- **amministrativa**, involgente sia quella dell'amministrazione pubblica verso altri soggetti, sia quella dei funzionari nei confronti di terzi (responsabilità diretta, per illeciti dovuti a titolo di dolo o colpa grave) o dell'amministrazione stessa (responsabilità disciplinare, se il funzionario viene meno a un dovere d'ufficio, e responsabilità patrimoniale, se arreca un danno all'amministrazione).

Altri tipi di responsabilità sono quella:
- **internazionale**, riguardante il rapporto tra lo Stato imputabile di un illecito internazionale e lo Stato nei cui confronti l'illecito è stato perpetrato;
- **politica**, la quale, nel sistema costituzionale italiano, concerne la responsabilità del Governo verso il Parlamento, che si concretizza nell'obbligo del primo di dimettersi quando non abbia più la fiducia del secondo.

2. La responsabilità della P.A. nella Costituzione

La responsabilità della P.A. rinviene il proprio fondamento costituzionale nell'**art. 28** della Carta, in base al quale "*I funzionari e i dipendenti dello Stato sono direttamente responsabili secondo le leggi penali, civili e amministrative degli atti compiuti in violazione dei diritti*" (comma 1). La medesima norma aggiunge significativamente che "*in tali casi la responsabilità civile si estende allo Stato e agli enti pubblici*" (comma 2). L'art. 28 Cost. pone formalmente in primo piano la **responsabilità personale del dipendente pubblico** e solo in via subordinata, per estensione, la **responsabilità civile dello Stato-apparato**. In senso maggiormente garantista per il cittadino, la responsabilità della P.A. è stata tuttavia intesa come solidale e diretta, in virtù del rapporto organico che si instaura tra il singolo dipendente e l'Amministrazione di appartenenza. Dunque, il modello recepito nel nostro ordinamento assegna primaria rilevanza alla responsabilità dell'apparato anziché a quella personale dell'agente pubblico.

3. La natura della responsabilità della P.A.

La questione relativa alla natura giuridica della responsabilità civile della P.A. è apparsa in dottrina e in giurisprudenza di non facile soluzione. Un approccio sintetico delle varie soluzioni prospettate consente di affermare che la responsabilità della P.A. è stata, alternativamente, sussunta nei seguenti paradigmi.

▶ 3.1. Responsabilità extracontrattuale.

Si tratta dell'indirizzo, ancora oggi prevalente, seguito dalle Sezioni Unite della Corte di Cassazione nella storica sentenza n. 500 del 1999, con la quale - superando il pregresso orientamento che identificava l'ingiustizia del danno *ex* art. 2043 c.c. con la lesione dei soli diritti soggettivi - si affermò per la prima volta che la situazione soggettiva lesa dalla condotta della P.A potesse essere anche l'interesse legittimo, definito come la *"posizione di vantaggio riservata ad un soggetto in relazione ad un bene della vita oggetto di un provvedimento amministrativo"*. In tale ottica, per affermare la responsabilità della P.A. sono necessari i seguenti elementi: *a) elemento oggettivo,* costituito dall'evento dannoso e dalla necessità di stabilire se il danno sia qualificabile come danno ingiusto, in relazione all'interesse leso, che può assumere, indifferentemente, sia la consistenza del *diritto soggettivo* che dell'*interesse legittimo*; *b) nesso causale* tra la condotta (commissiva o omissiva) della P.A. e l'evento dannoso; *c) elemento soggettivo,* costituito dal dolo (riferibile non alla P.A., ma al singolo agente) o dalla colpa (in violazione delle regole di imparzialità, di correttezza e di buona amministrazione) della P.A.

▶ 3.2. Responsabilità contrattuale.

Si tratta dell'indirizzo che ritiene la responsabilità della P.A. assimilabile a quella di tipo contrattuale in quanto derivante da un "contatto qualificato" tra privato e P.A., instauratosi con l'avvio del **procedimento amministrativo**. Da un siffatto contatto "qualificato" nascerebbero, in capo alla P.A., obblighi di protezione, *ex* art. 1173 c.c., della sfera giuridica del privato.

▶ 3.3. Responsabilità precontrattuale.

Si tratta di un modello che, valorizzando i doveri di buona fede, correttezza, lealtà e diligenza, *ex* art. 1337 c.c., che la P.A. deve osservare nello svolgimento delle trattative e nella formazione dei contratti con i privati, trova riconoscimento in alcuni particolari ambiti, come nel caso in cui venga espletata una procedura ad evidenza pubblica: ipotesi tipica è quella della revoca degli atti della gara, disposta dalla stazione appaltante nell'esercizio del potere di autotutela. Tale forma di responsabilità precontrattuale della P.A. implica la limitazione del risarcimento del danno al c.d. "interesse negativo", consistente nelle perdite derivate dall'aver fatto affidamento nella conclusione del contratto e nei mancati guadagni verificatisi in conseguenza delle altre occasioni contrattuali perdute.

▶ 3.4. Responsabilità sui generis.

Con questo indirizzo, minoritario in giurisprudenza, si fa riferimento ad una responsabilità destinata a partecipare di volta in volta delle peculiarità proprie dell'una e dell'altra delle forme di responsabilità conosciute nel diritto civile.

4. Le tecniche risarcitorie

Le forme di riparazione invocabili contro l'amministrazione ritenuta responsabile sono due:

- **Risarcimento per equivalente**: aderendo alla tesi delle responsabilità extracontrattuale, per i criteri di **quantificazione del danno** vengono in considerazione l'art. 1223 c.c. che, nell'individuare le due componenti del danno emergente e del lucro cessante, si atteggia a norma generale in materia, nonché gli artt. 1225, 1226 e 1227 c.c. Inoltre, l'art. 30, comma 3, c.p.a., dispone che *"nel determinare il risarcimento il giudice valuta tutte le circostanze di* *fatto e il comportamento complessivo delle parti e, comunque, esclude il risarcimento dei danni che si sarebbero potuti evitare usando l'ordinaria diligenza".*

- **Risarcimento mediante reintegrazione in forma specifica**: è una figura di risarcimento del danno, prevista sempre dall'art. 30 c.p.a., alternativa rispetto al risarcimento per equivalente (nel settore degli appalti, al contrario, la tutela in forma specifica è prevalente rispetto alla tutela per equivalente, che assume carattere sussidiario ed eventuale). In quanto tale, è caratterizzata dalla rimozione della fonte e delle sue conseguenze pregiudizievoli ed è volta a ristabilire la situazione giuridica esistente al momento in cui si è verificato il danno, con l'attribuzione, al danneggiato, della medesima utilità giuridico-economica lesa dalla condotta illecita. Il risarcimento in forma specifica è condizionato, quanto ad ammissibilità, ai **presupposti** della *possibilità* e della *non eccessiva onerosità per il debitore*, di cui all'**art. 2058 c.c.**

5. La responsabilità del pubblico dipendente

La responsabilità dei dipendenti della P.A. per danni cagionati a terzi trova il proprio fondamento costituzionale nell'**art. 28 Cost.**, secondo il quale il privato danneggiato, a fronte di un illecito civile del pubblico dipendente, può decidere di agire, in via risarcitoria, **nei confronti della P.A.** o direttamente **nei confronti del dipendente** autore dell'illecito. Nel primo caso, la P.A., condannata al risarcimento, può poi rivalersi nei confronti del pubblico dipendente, chiamato a rispondere innanzi alla Corte dei Conti del danno erariale indirettamente cagionato.
In ordine al concetto di **"dipendenti"** dello Stato e degli altri enti pubblici, è prevalsa un'interpretazione estensiva, volta a ricondurre nella previsione non solo i pubblici dipendenti in senso stretto, legati cioè alla P.A. da un rapporto di impiego, ma anche le persone comunque funzionalmente legate all'ente da un rapporto di servizio, anche al di fuori di un rapporto di impiego.
Quanto, invece, al lato passivo dell'obbligo risarcitorio, dal disposto dell'art. 28 Cost., risulta evidente che il pubblico dipendente è responsabile nei confronti della stessa P.A., sotto forma di: **responsabilità contabile**, intesa come responsabilità di quei soggetti che, avendo avuto in consegna, a vario titolo, denaro, beni o altri valori pubblici o, comunque, avendone avuto la disponibilità materiale, non adempiano all'obbligo di restituzione che a loro incombe; **responsabilità amministrativa**, che si ha quando, a causa di **inosservanza dolosa** (la prova del dolo richiede, comunque la dimostrazione della volontà dell'evento dannoso) **o gravemente colposa** dei propri obblighi di servizio, il dipendente abbia cagionato un **pregiudizio alla P.A**. La responsabilità amministrativa del pubblico dipendente – anche nota come **responsabilità per "danno erariale"**, poiché presuppone un pregiudizio alle finanze pubbliche – è assoggettata alla giurisdizione della Corte dei Conti *ex* art. 103, comma 2, Cost. e ai sensi dell'art. 1 legge 14 gennaio 1994, n. 20. Uno dei principali principi caratterizzanti tale forma di responsabilità è quello della *"compensatio lucri cum damno"* prevista dall'art. 1, comma 1-*bis*, l. n. 20 del 1994, secondo cui *"nel giudizio di responsabilità, fermo restando il potere di riduzione, deve tenersi conto dei vantaggi comunque conseguiti dall'amministrazione di appartenenza, o da altra amministrazione, o dalla comunità amministrata in relazione al comportamento degli amministratori o dei dipendenti pubblici soggetti al giudizio di responsabilità"*.
Il **d.n. n. 76/2020** (c.d. Decreto Semplificazioni) ha introdotto, limitatamente ai fatti commessi dalla data di entrata in vigore del decreto e fino al 31 luglio 2021, una forte limitazione della responsabilità dei soggetti sottoposti alla giurisdizione della Corte dei conti in materia di contabilità pubblica per l'azione di responsabilità di cui all'art. 1 della legge 14 gennaio 1994, n. 20, in quanto risponderanno solo per danni cagionati con dolo, non anche per colpa grave.

5.1 Elementi costitutivi della responsabilità amministrativa

Possono considerarsi **elementi costitutivi** della responsabilità amministrativa:

- il vincolo funzionale tra il soggetto che ha cagionato il danno e la P.A.;

- la violazione dei doveri d'ufficio e l'inosservanza di obblighi di servizio per il tramite di una condotta attiva od omissiva;
- l'imputabilità a titolo di dolo o colpa grave;
- il verificarsi del danno erariale, ossia di un pregiudizio economicamente valutabile nei confronti della P.A. che può consistere nel depauperamento patrimoniale (danno emergente) o nella mancata acquisizione di incrementi patrimoniali che la P.A. avrebbe potuto conseguire in assenza della condotta illecita (lucro cessante);
- il nesso di causalità tra fatto del dipendente e danno all'erario.

Il danno erariale può, inoltre, essere **diretto** (il dipendente pubblico commette un illecito che arreca un danno direttamente lesivo della sfera giuridica della P.A.) od **indiretto** (la P.A., in forza del vincolo di solidarietà obbligatoria passiva di cui all'art. 28 Cost., viene condannata a risarcire il terzo danneggiato dalla condotta illecita del proprio agente nell'esercizio delle sue funzioni o comunque durante l'attività di servizio).

▶ 5.2 Tipologie di danno erariale

Passando alle tipologie di danno erariale, la Corte dei Conti ha identificato:

- un **danno erariale "atipico" di natura patrimoniale**;
- un **danno da disservizio**, inteso come "spreco" qualitativo delle risorse pubbliche conseguente al mancato raggiungimento di quell'utilità che sarebbe stata perseguita ove il servizio fosse stato legalmente espletato;
- un **danno all'immagine della P.A.,** il quale incide in via immediata sulla fiducia che lega la cittadinanza agli amministratori ed in via mediata sulla capacità di realizzazione dei fini istituzionali. Con riferimento ai profili che attengono all'*an* del danno all'immagine, si chiarisce che: sul piano oggettivo, la condotta deve contraddistinguersi per una sua **intrinseca capacità offensiva**; sul piano soggettivo, deve essere sostenuta dal **dolo**, se non penale almeno contrattuale; sul piano teleologico, deve avere ad oggetto un **bene-valore particolarmente sensibile**, quale la giustizia, la salute, l'ordine pubblico, la sicurezza; sul piano sociale, infine, la condotta deve procurare un certo **allarme tra i consociati** (c.d. *clamor fori*).

PER SAPERNE DI PIÙ

◆ LA RESPONSABILITÀ PER DANNO ALL'IMMAGINE E LA PREGIUDIZIALE PENALE

Mentre in passato la proposizione dell'azione risarcitoria per danni all'immagine dell'ente pubblico da parte della procura contabile era possibile solo in presenza di "*delitti dei pubblici ufficiali contro la pubblica amministrazione*" (art. 17, co. 30- *ter*, d.l. 1° luglio 2009, n. 78), oggi, in seguito all'abrogazione di tale art. 17, co 30-*ter*, operata dal Codice di giustizia contabile (d.lgs. n. 174/2016) si deve ritenere che qualsiasi delitto commesso in danno della P.A., accertato con sentenza penale definitiva, è idoneo a configurare il presupposto per l'eventuale promovimento dell'azione risarcitoria per il danno all'immagine, senza più alcuna limitazione tipologica.
L'ordinamento conosce, tuttavia, due ipotesi autonome e tipizzate di responsabilità per danno all'immagine, per le quali, invece, non opera la pregiudiziale penale:

1. quella derivante dal reato di falsa attestazione della presenza in servizio (c.d. assenteismo fraudolento), di cui all'art. 55-*quinquies*, d.lgs. n. 165 del 2001);
2. quella derivante dalla violazione degli obblighi di pubblicità e trasparenza previsti dalla normativa vigente e dal rifiuto, dal differimento e dalla limitazione dell'accesso civico (art. 46, d.lgs. n. 33 del 2013).

PRINCIPALI QUESTIONI.

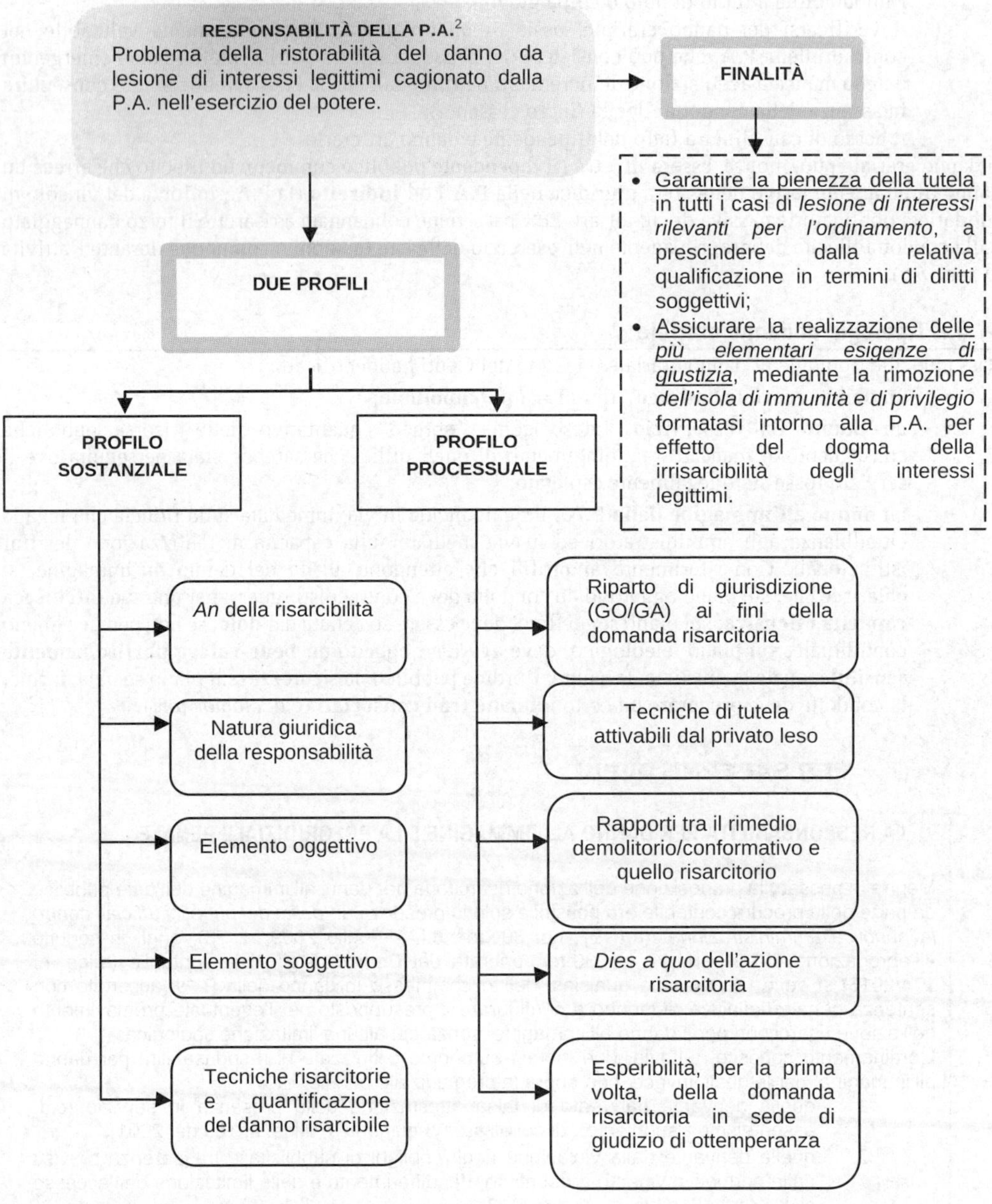

Capitolo 9 | LA GIUSTIZIA AMMINISTRATIVA

1. La tutela giustiziale: i ricorsi amministrativi

I ricorsi amministrativi sono i rimedi giuridici previsti dall'ordinamento per la tutela c.d. giustiziale (o in via amministrativa) del privato nei confronti della pubblica amministrazione: questi, unitamente agli strumenti della tutela giurisdizionale garantita dall'art. 113 Cost., costituiscono il complessivo sistema di giustizia amministrativa.
A differenza dei rimedi giurisdizionali, i ricorsi amministrativi sono decisi dalla stessa P.A. all'esito di un **procedimento amministrativo di secondo grado** attivato ad istanza dell'interessato.
L'istanza del privato, che dà impulso al procedimento di riesame, può essere qualificata come ricorso amministrativo solo al ricorrere dei requisiti minimi previsti dalla legge (**d.P.R. n. 1199/1971**) per la sua proposizione.
Quella offerta in via amministrativa è una tutela **alternativa o, comunque, ulteriore** rispetto a quella giurisdizionale garantita a livello costituzionale e viene fatta rientrare nella categoria della c.d. **autodichia**.

2. Le tipologie di ricorsi amministrativi

Il d.P.R. n. 1199 del 1971 prevede tre tipi di ricorsi amministrativi:

1. il **ricorso in opposizione**; proponibile nei soli limitatissimi casi previsti dalla legge e deciso dalla stessa Autorità che ha adottato l'atto impugnato (es. ricorso al Provveditore degli studi, previsto dall'art. 2, l. 9 agosto 1978, n. 463, in materia di graduatorie provvisorie per il conferimento degli **incarichi di supplenze al personale docente** scolastico). A differenza della mera istanza di riesame, anch'essa indirizzata all'Autorità che ha adottato il provvedimento, l'opposizione **sospende e riapre il termine per il ricorso giurisdizionale**;
2. il **ricorso gerarchico**; che a sua volta, può essere: **proprio**, quando ha carattere generale ed è deciso dall'Autorità gerarchicamente superiore a quella che ha adottato il provvedimento impugnato; **improprio**, quando ha, invece, carattere eccezionale ed è deciso da un organo che ha un potere di vigilanza, ma non di supremazia gerarchica, sull'organo che ha emanato l'atto. La decisione intervenuta sul ricorso gerarchico può essere impugnata, in sede giurisdizionale, dal ricorrente o da parte di altri soggetti interessati, fatta eccezione per l'autorità che ha adottato il provvedimento base, rispetto alla quale la decisione assume carattere vincolante;
3. il **ricorso straordinario al Capo dello Stato**; che ha carattere generale ed è deciso con decreto dal Presidente della Repubblica, su proposta del Ministero competente conforme al **parere (obbligatorio e vincolante) del Consiglio di Stato**. L'eventuale decisione di accoglimento produce l'effetto di annullare *ex tunc* il provvedimento impugnato e obbliga l'amministrazione al ripristino dello ***status quo ante***; contro il decreto è ammesso il ricorso in sede giurisdizionale, ma solo per *errores in procedendo*.

Il **ricorso gerarchico**, sia proprio che improprio, e il **ricorso in opposizione**, sono proponibili, di regola entro il termine decadenziale di 30 giorni, solo avverso atti non definitivi, per far valere sia vizi di legittimità che vizi di merito (c.d. ricorsi ordinari); sono entrambi rimedi **facoltativi** rispetto ai ricorsi giurisdizionali, con la conseguenza che il ricorrente in sede amministrativa può, qualora sia ancora nei termini, proporre ricorso giurisdizionale, con conseguente rinuncia alla definizione del primo gravame, che diviene improcedibile.

Il **ricorso straordinario** è invece ammesso, entro il termine decadenziale di 120 giorni, solo avverso provvedimenti definitivi della p.a., per far valere esclusivamente vizi di legittimità: è un rimedio **alternativo** rispetto al ricorso giurisdizionale, con la conseguenza che, in ossequio al principio del *ne bis in idem*, l'esperimento di entrambi i rimedi comporta l'inammissibilità di quello proposto per secondo.

3. La tutela giurisdizionale

Il sistema italiano di tutela giurisdizionale è caratterizzato da una **doppia giurisdizione** (c.d. doppio binario), nella quale il riparto di giurisdizione, tra giudice ordinario e giudice amministrativo, è principalmente affidato alla consistenza di *diritto soggettivo* o di *interesse legittimo* della posizione soggettiva dedotta in giudizio dal cittadino nei confronti dell'amministrazione (artt. 24, 103 e 112 Cost.):

- laddove venga in rilievo la lesione di un *diritto soggettivo*, la giurisdizione appartiene al **giudice ordinario (G.O.)**, il quale può solo disapplicare l'atto amministrativo che risulti illegittimo;
- nel caso in cui emerga la lesione di un *interesse legittimo*, la giurisdizione spetta al **giudice amministrativo (G.A.)**, che può annullare gli atti amministrativi illegittimi (giurisdizione di legittimità) e, nei casi espressamente previsti dalla legge, sostituirli o riformarli (giurisdizione di merito), salvo le ipotesi di giurisdizione esclusiva, in cui il sindacato del G.A. si estende anche ai diritti soggettivi.

4. La tutela giurisdizionale innanzi al giudice ordinario

L'ambito della giurisdizione del G.O., in relazione agli atti amministrativi, è determinata dagli ancora vigenti artt. 2, 4 e 5 della l. n. 2248 del 1865, all. E, abolitrice del contenzioso amministrativo (c.d. L.A.C.).

L'art. 2 L.A.C. pone i cc.dd. **limiti esterni** della giurisdizione ordinaria devolvendole "tutte le cause per contravvenzioni e tutte le materie nelle quali si faccia questione d'un diritto civile o politico, comunque vi possa essere interessata la Pubblica amministrazione, e ancorché siano emanati provvedimenti del potere esecutivo o dell'autorità amministrativa". In deroga all'art. 2 L.A.C., non sono affidate alla sfera cognitiva del G.O. le materie attribuite alla giurisdizione di giudici speciali, quali la Corte dei Conti in ambito pensionistico, o alle Commissioni tributarie o i casi di arbitraggi obbligatori, nonché le controversie involgenti diritti soggettivi affidate alla giurisdizione esclusiva del G.A.

Gli artt. 4 e 5 L.A.C., presupponendo già risolto il riparto di giurisdizione in favore del G.O., pongono invece i cc.dd. **limiti interni**, individuando i poteri di cognizione e di decisione dallo stesso esercitabili.

Quanto ai **poteri di cognizione**, il G.O. può conoscere degli effetti dell'atto "in relazione all'oggetto" dedotto in giudizio. Ne deriva che la pronuncia del giudice non ha efficacia *erga omnes*, ma vale soltanto per il caso deciso ed *inter partes*. Il giudizio ha ad oggetto non già la legittimità dell'atto in quanto tale, ma la lesione di un diritto prodotta da un atto amministrativo, sicché il G.O. si disinteressa dell'atto in sé, non avendo la sua sorte alcuna rilevanza al di fuori del processo. Quanto all'ampiezza del sindacato del G.O. sull'atto amministrativo, lo stesso può essere di sola legittimità, senza estendersi al merito.

Quanto ai **poteri di decisione**, il G.O. può soltanto **disapplicare** l'atto amministrativo illegittimo: non può, in altre parole, incidere direttamente sull'atto, annullandolo, revocandolo o modificandolo. Se ne fa discendere il divieto per il G.O. di ordinare un *facere* alla P.A.; divieto, peraltro, che non trova applicazione quando siano in contestazione: atti paritetici posti in essere dalla P.A. *iure privatorum*; comportamenti meramente materiali della P.A.; condotte poste in essere *sine titulo*.

Disapplicare significa per il G.O. considerare l'atto amministrativo illegittimo come se non esistesse (*tamquam non esset*) ai fini della decisione della causa, e dunque conoscerne senza efficacia di giudicato: al di fuori di tale ambito, cioè, l'atto conserva la sua validità ed efficacia.

5. La tutela giurisdizionale innanzi al giudice amministrativo

L'ambito della tutela giurisdizionale amministrativa è determinato dall'art. 7 del codice del processo amministrativo (c.p.a.) che devolve alla giurisdizione del G.A. le controversie nelle quali si faccia questione di interessi legittimi e, nelle particolari materie indicate dalla legge, di diritti soggettivi concernenti l'esercizio o il mancato esercizio del potere amministrativo, riguardanti: provvedimenti e atti; accordi; comportamenti riconducibili anche mediatamente all'esercizio di tale potere.

▶ 5.1. Organi della giustizia amministrativa.

Sono organi della giustizia amministrativa:

- i **tribunali amministrativi regionali (T.A.R.)**, che giudicano in primo grado: istituiti con la l. 6 dicembre 1971, n. 1034, hanno di regola sede nel capoluogo di regione; trovano specifico fondamento costituzionale nell'art. 125 Cost. e non sono dotati di funzioni consultive;
- il **Consiglio di Stato**, che giudica in grado di appello: istituito nel 1831, si compone oggi di quattro sezioni giurisdizionali (Sezioni III, IV, V e VI), che compiono, ai sensi degli artt. 103 Cost. e 6 c.p.a., il giudizio di appello sulle sentenze dei T.A.R. su ricorso dei privati o dell'Amministrazione soccombenti in primo grado, e di due sezioni consultive (Sezioni I e II) che svolgono la funzione consultiva prevista dall'art. 100 Cost. sotto forma di pareri;
- il **Consiglio di Giustizia amministrativa per la Regione siciliana**, a cui sono attribuite le stesse funzioni - consultive e giurisdizionali - del Consiglio di Stato in ordine agli atti delle autorità della Regione siciliana.

▶ 5.2. Le articolazioni della giurisdizione amministrativa.

La giurisdizione amministrativa si articola in:

- **giurisdizione generale di legittimità**; ha **carattere generale** ed ha ad oggetto le controversie relative ad atti, provvedimenti o omissioni delle pubbliche amministrazioni, comprese quelle relative al risarcimento del danno per lesione di interessi legittimi ed agli altri diritti patrimoniali conseguenziali, pure se introdotte in via autonoma. La l. n. 205/2000 ha ampliato i poteri del giudice con riferimento sia alla disponibilità dei mezzi di prova (generalizzando il potere del G.A. di disporre consulenza tecnica), sia alla capacità decisionale (potendo il G.A. valutare la risarcibilità del danno causato dall'atto illegittimo della P.A. e condannare l'amministrazione ad un obbligo di reintegrazione in forma specifica).
- **giurisdizione esclusiva**; ha **carattere eccezionale**, poiché limitata ai soli casi indicati dalla legge, e si ha quando il legislatore, ai sensi dell'art. 103 Cost., devolve, in particolari materie, al G.A. la cognizione in via principale delle controversie a prescindere dalla circostanza che si deduca la lesione di interessi legittimi o di diritti soggettivi. Una ricognizione (non esaustiva perché fa salve ulteriori previsioni di legge) di materie devolute alla giurisdizione esclusiva del G.A. si trova nell'art. 133 c.p.a. A titolo esemplificativo, si segnalano le controversie in materia di: diritto di accesso ai documenti amministrativi; urbanistica ed edilizia, concernente tutti gli aspetti dell'uso del territorio; rapporti di lavoro del personale in regime di diritto pubblico.
- **giurisdizione estesa al merito**; anche questa ha **carattere eccezionale** e si ha quando al G.A. è consentito sindacare non solo la legittimità, ma anche il merito (l'opportunità) dell'atto amministrativo, se del caso annullandolo, riformandolo o sostituendolo. Una ricognizione tassativa dei casi di giurisdizione di merito si trova nell'art. 134 c.p.a. che contempla cinque ipotesi: a) l'attuazione delle pronunce giurisdizionali esecutive o del giudicato nell'ambito

del giudizio di cui al Titolo I del Libro IV (giudizio di ottemperanza); b) gli atti e le operazioni in materia elettorale, attribuiti alla giurisdizione amministrativa; c) le sanzioni pecuniarie la cui contestazione è devoluta alla giurisdizione amministrativa, comprese quelle applicate dalle Autorità amministrative indipendenti, nonché le sanzioni alternative *ex* art. 123 c.p.a.; d) le contestazioni sui confini degli enti territoriali; e) il diniego di rilascio di nulla osta cinematografico.

▶ 5.3. Le azioni esperibili innanzi al G.A.

Il Codice del processo in attuazione dei principi costituzionali e comunitari in materia di pienezza ed effettività della tutela giurisdizionale, ha ampliato le tecniche di tutela dell'interesse legittimo mediante l'introduzione del principio della pluralità delle azioni. Le azioni amministrative che il privato può attivare innanzi al G.A. sono:

- **azione di annullamento**; è uno strumento di tutela accordato al privato contro il cattivo uso del potere da parte della P.A., consistente nell'annullamento dell'atto amministrativo in relazione ai vizi di incompetenza, violazione di legge ed eccesso di potere. Ai sensi dell'art. 29 c.p.a., l'azione di annullamento si propone nel termine di decadenza di sessanta giorni, che decorre dalla notificazione, comunicazione o piena conoscenza dell'atto e per gli atti per i quali non è richiesta la notifica individuale, dal giorno in cui sia scaduto il termine per la pubblicazione dell'atto se prevista dalla legge;
- **azione di condanna al risarcimento del danno**; l'art. 30 c.p.a. riconosce la tutelabilità risarcitoria dei danni da lesione di interesse legittimo, sperimentabile anche autonomamente, senza essere condizionata sul piano processuale dalla previa impugnativa dell'atto amministrativo. È esperibile entro il termine decadenziale di 120 giorni;
- **azione avverso il silenzio-inadempimento**; l'art. 31 c.p.a. prevede l'azione avverso l'inerzia non qualificata della pubblica amministrazione, volta ad ottenere l'accertamento dell'inadempimento della p.a. e l'ordine di provvedere, ovvero, quando si tratti di attività vincolata o quando non residuino ulteriori margini di esercizio della discrezionalità, l'accertamento della fondatezza della pretesa dedotta in giudizio e la conseguente condanna dell'amministrazione resistente all'adozione del provvedimento richiesto dal privato. L'azione può essere proposta fintanto che perdura l'inadempimento e, comunque, non oltre un anno dalla scadenza del termine di conclusione del procedimento;
- **azione di nullità**; la nullità *ex* art. 21-*septies* l. n. 241/1990, può essere fatta valere mediante azione di nullità, esperibile di regola entro il termine di decadenza di centottanta giorni, ai sensi dell'art. 31, co. 4, c.p.a. La nullità dell'atto può essere sempre opposta dalla parte resistente o essere rilevata d'ufficio dal giudice;
- **azione di esatto adempimento**; essa si traduce in una domanda di condanna ad un *facere* specifico e, quindi, all'adozione di un determinato provvedimento. L'art. 34, co. 1, lett. c), c.p.a. prevede che tale azione di condanna possa essere esercitata contestualmente all'azione di annullamento del provvedimento di diniego o all'azione avverso il silenzio ed entro limiti di cui all'art. 31, co. 3, c.p.a.

Capitolo 10 L'INFORMATIZZAZIONE NELLA PUBBLICA AMMINISTRAZIONE

SOMMARIO:

1. L'informatizzazione delle pubbliche amministrazioni.

Il processo di informatizzazione della P.A. si è sviluppato, a partire dagli anni 90, sull'idea che l'introduzione delle tecnologie dell'informazione e della comunicazione (ICT) nell'operato dell'Amministrazione potesse tradursi in un **risparmio economico** e in un **accrescimento complessivo dell'efficienza.**

Sotto il primo punto di vista, la capacità di risparmio è infatti criterio privilegiato da tenere in conto per la decisione circa gli investimenti in informatizzazione (art. 15, co. 2-*ter*, d.lgs. 8 marzo 2005, n. 82, *Codice dell'Amministrazione Digitale - CAD*, introdotto dal decreto legislativo 30 dicembre 2010, n. 235).

Nel secondo senso, il principio dell'efficienza è, tra l'altro, espressamente menzionato nella disciplina del procedimento amministrativo (legge 7 agosto 1990, n. 241), proprio all'art. 3-*bis*, che si occupa appunto dell'uso della telematica per il procedimento.

Tappe fondamentali del processo di informatizzazione sono state:

- il decreto legislativo 3 febbraio 1993, n. 29, che, nel disciplinare la riforma del pubblico impiego, ha affrontato il nodo dell'informatizzazione degli uffici pubblici, prevalentemente in chiave interna;
- le c.d. leggi Bassanini (legge 15 marzo 1997, n. 59 e seguenti), che hanno in particolare disciplinato la comunicazione tra P.A. e cittadini e interpretato l'informatizzazione come strumento di semplificazione);
- il Codice dell'Amministrazione Digitale (CAD), che ha regolato ad ampio spettro i possibili impieghi pubblici dell'informatizzazione, raccogliendo in un unico testo la precedente normativa anche in materia di documentazione;
- le riforme che hanno collegato efficientamento dell'amministrazione e informatizzazione (le c-d. Riforme Brunetta del 2009-2010);
- la serie di interventi normativi in tema di trasparenza, quali il decreto legislativo 14 marzo 2013, n. 33, recante "Riordino della disciplina riguardante gli obblighi di pubblicità, trasparenza e diffusione di informazioni da parte delle pubbliche amministrazioni", e le misure per l'attuazione della c.d. Agenda digitale.

In particolare, il d.lgs. n. 33 del 2013 (**c.d. decreto trasparenza**) è stato oggetto di una **significativa revisione** con l'entrata in vigore del decreto legislativo 25 maggio 2016, n. 97, mediante il quale il legislatore (in attuazione dei principi fissati dalla legge 7 agosto 2015, n. 124, c.d. Legge Madia) ha inteso adeguare la normativa italiana sulla trasparenza al **modello del c.d. FOIA *(Freedom of Information Act)***, adottato da tempo sia a livello internazionale che europeo.

A livello di utilizzo delle nuove tecnologie nelle relazioni tra cittadini e Amministrazione, sono identificabili almeno tre diverse fasi:

- le prime esperienze di amministrazione digitale si sono avute nel corso degli anni Novanta, in particolare con le **reti civiche**, pensate per mettere in rapporto i soggetti del territorio (dagli enti locali fino alle associazioni e sindacati), il cui coordinamento è stato poi affidato all'Ufficio Relazioni con il Pubblico (URP) dall'art. 8 della legge 7 giugno 2000, n. 150;
- in una seconda fase il processo è proseguito, a livello nazionale, con il ***c.d. E-government*** (si pensi al Piano nazionale d'azione del 2000 del governo Amato e ai diversi progetti che, a legislazione invariata, hanno fatto affidamento su dei comuni capofila per la sperimentazione di fornitura di servizi *online*);
- nella terza fase le politiche di azione sono andate sotto la definizione di ***Open Government***, e si sono caratterizzate per un potenziale accesso aperto alle informazioni e una possibile maggiore interazione tra amministrazione e cittadini.

Gli attuali risultati del processo di informatizzazione appaiono però modesti.
Anche per questo, un'ulteriore caratteristica della normativa nazionale consiste nel passaggio **da un approccio promozionale ad uno di tipo impositivo-sanzionatorio**: se infatti il sopra richiamato art. 3-*bis* della legge n. 241/1990, dispone che le amministrazioni incentivino la comunicazione telematica interna e con i cittadini, con valenza quindi unicamente programmatica, e nel CAD registriamo il continuo riferimento al concetto di promozione delle nuove tecnologie, le norme più recenti, invece, pongono precise responsabilità a carico dei dirigenti (si veda, ad es., l'art. 12, co. 1-*ter* del "nuovo" CAD) e stabiliscono sanzioni o automatismi per imporre l'informatizzazione (ad es., il d.P.C.M. 22 luglio 2011 che ha imposto che le P.A. non potranno più accettare o effettuare le comunicazioni in forma cartacea nei rapporti con le imprese).

2. L'Agenda digitale.

Con il termine Agenda digitale si intendono un insieme di specifiche **politiche volte al potenziamento delle tecnologie dell'informazione e della comunicazione**.
L'Agenda digitale europea è stata presentata dalla Commissione Europea il 19 maggio 2010 con lo scopo di **sfruttare al meglio il potenziale delle tecnologie** dell'informazione e della comunicazione **per favorire l'innovazione, la crescita economica e la competitività**.
L'Agenda rappresenta una delle sette "iniziative faro" della Strategia per la crescita "Europa 2020" e si propone di:

- realizzare un mercato unico digitale;
- garantire un Internet "veloce" e "superveloce" accessibile a tutti e a prezzi competitivi, attraverso reti di nuova generazione;
- favorire gli investimenti privati e raddoppiare le spese pubbliche nello sviluppo delle tecnologie dell'informazione e della comunicazione.

Il 20 settembre 2010, la Commissione europea ha presentato un pacchetto di misure di attuazione dell'Agenda, con l'obiettivo di assicurare entro il 2020 l'accesso ad *Internet* a tutti i cittadini con una velocità di connessione superiore a 30 Mbitps e per almeno il 50% delle famiglie con velocità superiore a 100 Mbitps.
Nel quadro dell'Agenda digitale assume un particolare rilievo la promozione di reti mobili di comunicazione di nuova generazione e, in particolare, la **banda larga.**

A livello nazionale, al fine di attuare le politiche dell'Agenda digitale, è stata istituita nel 2012 l'**Agenda digitale italiana** che si sostanzia nella relativa Cabina di regia (**decreto-legge n. 5/2012**) e nell'Agenzia per l'Italia digitale (**AgID - decreto-legge n. 83/2012**).
L'attuazione dell'Agenda digitale italiana richiede il coordinamento di molteplici azioni in capo alla Pubblica amministrazione, alle imprese e alla società civile e necessita di una gestione integrata delle diverse fonti di finanziamento nazionali e comunitarie (a livello centrale e territoriale).

A tal fine l'Agenzia per l'Italia Digitale ha il compito di redigere il Piano triennale per l'informatica nella Pubblica amministrazione

Il **Piano Triennale per l'Informatica nella Pubblica amministrazione 2017-2019** è il documento di indirizzo strategico ed economico con cui - per la prima volta - è stato definito il modello di riferimento per lo sviluppo dell'informatica pubblica italiana e la strategia operativa di trasformazione digitale del Paese.

Approvato dal Presidente del Consiglio dei Ministri, il Piano - realizzato da AgID e dal Team per la Trasformazione Digitale - coordina la gestione dei circa 4,6 miliardi di euro che provengono da finanziamenti nazionali e comunitari, stanziati per il raggiungimento degli obiettivi fissati dalla **strategia Crescita Digitale** rispetto alla **riqualificazione della spesa ICT**.

In linea con la **legge di stabilità 2016**, il Piano ha dato il via al percorso di accompagnamento che dovrà consentire a livello nazionale di adeguarsi entro la fine del triennio 2016-2018 all'obiettivo di risparmio del 50% della spesa annuale per la gestione corrente del settore informatico anche grazie all'adozione delle **c.d. piattaforme abilitanti**. Le indicazioni rappresentano inoltre, per il mercato, un quadro di riferimento in materia ICT.

Nel marzo 2019 è stato approvato il **Piano triennale per l'informatica nella pubblica amministrazione 2019-2021** che ha definito le linee operative di sviluppo dell'informatica pubblica. Tra i requisiti strategici da soddisfare, viene considerato prioritario il principio del "*digital by default*", ovvero "digitale per definizione": le pubbliche amministrazioni devono fornire servizi digitali come opzione predefinita.

Le aspettative dei cittadini e delle imprese per l'accesso a servizi pubblici digitali semplici ed efficaci sono, in Italia, al centro del processo di trasformazione digitale che si trova delineato nella Strategia per la crescita digitale 2014 - 2020 e nel **Piano Nazionale per la Banda Ultralarga**, approvati dal Consiglio dei Ministri, nel rispetto dell'Accordo di partenariato 2014 - 2020. Queste iniziative nazionali accolgono la programmazione dell'Agenda digitale europea, una delle sette iniziative faro della Strategia Europa 2020, la quale si propone di sfruttare al meglio il potenziale delle tecnologie ICT per favorire l'innovazione, la crescita economica e il progresso.

PER SAPERNE DI PIÙ

◆ LE PIATTAFORME ABILITANTI

Le Piattaforme abilitanti sono "soluzioni che offrono funzionalità fondamentali, trasversali e riusabili nei singoli progetti, uniformandone le modalità di erogazione".

Tra quelle che riguardano i servizi digitali a cittadini e imprese, già sviluppate e in fase di adozione presso i vari soggetti della PA, ricordiamo ad esempio: la Cie (Carta di identità elettronica), Spid (Sistema elettronico identità digitale), PagoPa (Piattaforma pagamenti elettronici Pa), Fatturazione elettronica, Anpr (Anagrafe nazionale della popolazione residente).

In fase di progettazione ci sono invece sistemi abilitanti come: ComproPA (sistema nazionale di e-procurement); Sistema di avvisi e notifiche di cortesia; il nuovo Sistema informativo sulle operazioni degli enti pubblici (Siope); il nuovo Sistema di gestione del personale che eroga servizi stipendiali alle PA (NoiPA).

L'AgID ha il compito di guidare le amministrazioni nella fase di adeguamento alle indicazioni contenute nel Piano. Entro il mese di settembre di ogni anno viene pubblicata la versione aggiornata - a fini di collaborazione con tutti gli *stakeholders* - del Piano, al fine di indirizzare le azioni per l'anno successivo. Il Piano propone un modello sistemico, diffuso e condiviso, di gestione e di utilizzo delle tecnologie digitali più innovative, improntato a uno stile di *management* agile ed evolutivo, e basato su una chiara *governance* dei diversi livelli della Pubblica amministrazione.

La sinergia e l'equilibrio tra le tre direttrici (tecnologie innovative, stile di *management* agile e modello di *governance* chiaro ed efficace) garantiscono al sistema Paese un più efficace sfruttamento dei benefici delle nuove tecnologie e assicurano ai cittadini un vantaggio in termini di semplicità di accesso e

miglioramento dei servizi digitali esistenti.
Il Piano deve indirizzarsi a una realtà complessa, con livelli di delega di competenze e di capacità operativa molto diversificate, e caratterizzata da elevata frammentazione. In particolare:
- 32.000 dipendenti pubblici nell'ICT, di cui circa 18.000 nelle Pubbliche amministrazioni centrali (PAC) e 14.000 nelle Pubbliche amministrazioni locali (PAL), a cui si aggiungono circa 6.000 dipendenti delle società in house locali e più di 4.000 nelle società in house centrali;
- stima di circa 5,7 miliardi di euro di spesa esterna ICT;
- stima di circa 11.000 data center delle Pubbliche amministrazioni;
- circa 160.000 basi di dati presenti nel catalogo delle basi di dati della P.A. di AgID e oltre 200.000 applicazioni che utilizzano tali dati secondo quanto rilevato dal censimento svolto su 13.822 Amministrazioni;
- oltre 25.000 siti *web*.

Il Modello strategico di evoluzione del sistema informativo della Pubblica amministrazione costituisce il quadro di riferimento su cui innestare e rendere operativi i progetti, le piattaforme e i programmi descritti nel documento **Strategia per la crescita digitale 2014-2020**, nel quale sono indicati i requisiti strategici da soddisfare ovvero:
- facilitare il coordinamento di tutti gli interventi di trasformazione digitale e l'avvio di un percorso di centralizzazione della programmazione e della spesa pubblica in materia;
- considerare prioritario il principio di "digitale per definizione" (*digital first*), progettando e implementando i servizi al cittadino, a partire dall'utilizzo delle tecnologie digitali;
- agevolare la modernizzazione della pubblica amministrazione partendo dai processi, superando la logica delle regole tecniche e delle linee guida rigide emesse per legge, che dovranno essere dinamiche e moderne e puntare alla centralità dell'esperienza e ai bisogni dell'utenza;
- adottare un approccio architetturale basato sulla separazione dei livelli di *back and front end*, con logiche aperte e standard pubblici che garantiscano ad altri attori, pubblici e privati, accessibilità e massima interoperabilità di dati e servizi;
- promuovere soluzioni volte a stimolare la riduzione dei costi e a migliorare la qualità dei servizi, contemplando meccanismi di remunerazione che possano anche incentivare i fornitori a perseguire forme sempre più innovative di composizione, erogazione e fruizione dei servizi.

La Strategia per la crescita digitale evidenzia la necessità di un radicale ripensamento della strategia di progettazione, gestione ed erogazione dei servizi pubblici in rete che preveda, tra l'altro, l'adozione delle architetture a più livelli (*multi-layer architecture*) e dei principi che hanno determinato l'affermazione del modello di *business* della cosiddetta *API economy*.
Il Modello strategico è stato quindi pensato per superare l'approccio a "silos" storicamente adottato dalla Pubblica amministrazione e per favorire la realizzazione di un vero e proprio sistema informativo della Pubblica amministrazione (di seguito "Sistema informativo della PA") che:
- consideri le esigenze dei cittadini e delle imprese come punto di partenza per l'individuazione e la realizzazione di servizi digitali moderni e innovativi (servizi di *front office*);
- uniformi e razionalizzi le infrastrutture e i servizi informatici utilizzati dalla pubblica amministrazione (servizi di *back office*);
- favorisca la creazione di un nuovo mercato per quelle imprese private che saranno in grado di operare in maniera agile in un contesto non più basato su grossi progetti monolitici e isolati ma su servizi a valore aggiunto. Tali servizi dovranno rispettare le linee guida del Piano triennale, essere sempre disponibili su dispositivi mobili (approccio *mobile first*) ed essere costruiti con architetture sicure, scalabili, altamente affidabili e basate su interfacce applicative (API) chiaramente definite;
- valorizzi le risorse esistenti della pubblica amministrazione al fine di salvaguardare gli investimenti già realizzati, anche incoraggiando e creando le condizioni per il riuso del software e delle interfacce di qualità già esistenti;

- non disperda le esperienze maturate nei precedenti progetti di digitalizzazione del Paese con l'obiettivo di prendere a modello i casi di successo (*success stories*) e non ripetere errori commessi nel passato;
- migliori la sicurezza grazie ad un'architettura a più livelli che assicuri la separazione tra *back end* e *front end* e permetta l'accesso ai back end solo in modo controllato e tramite API *standard*;
- promuova la realizzazione di nuovi servizi secondo il principio di sussidiarietà (ad es. tramite interazioni API), riducendo tempi di realizzazione e impegni economici per le amministrazioni sia in fase di sviluppo sia in fase di aggiornamento;
- agevoli il controllo delle spese relative alle tecnologie digitali della Pubblica amministrazione, integrando meccanismi per la misurazione dello stato di avanzamento delle attività programmate (ad es. tramite sistemi di *project management* condivisi);
- abiliti politiche *data-driven* per la pianificazione delle attività future, basate sull'ottimizzazione delle spese e degli investimenti.

3. Le strutture di governo per l'innovazione digitale.

Nel corso degli ultimi anni si sono susseguiti alcuni interventi normativi e amministrativi volti a **razionalizzare le strutture organizzative** funzionali al perseguimento degli obiettivi di *e-Government*.
In un primo momento, si è provveduto a riorganizzare il **Centro nazionale per l'informatica nella pubblica amministrazione (CNIPA)**. In particolare, il d.lgs. n. 177/2009 ha provveduto a trasformare il CNIPA in **DigitPA,** ente pubblico non economico che opera secondo le direttive e sotto la vigilanza del Presidente del Consiglio o di un Ministro da lui delegato.
Con gli art. 19, 20, 21 e 22 del decreto-legge 83/2012 si è ulteriormente provveduto a **razionalizzare il complesso delle funzioni** in materia di innovazione tecnologica e di digitalizzazione della pubblica amministrazione, creando a tal fine un organismo unico, denominato **Agenzia per l'Italia digitale** al posto della pluralità di amministrazioni e di enti fino ad allora competenti in materia. Tale profonda riorganizzazione è stata funzionale a garantire l'attuazione della c.d. Agenda digitale italiana, progetto di derivazione europea volto ad incrementare fino al 50% l'uso dei servizi *e-government* da parte dei cittadini dell'UE e fino all'80% da parte delle imprese dell'UE entro il 2015. All'Agenzia sono **attribuite le funzioni precedentemente espletate da DigitPA e dall'Agenzia per la diffusione delle tecnologie per l'innovazione** (enti che sono stati contestualmente soppressi), nonché quelle facenti capo al **Dipartimento per la digitalizzazione** della pubblica amministrazione e l'innovazione tecnologica della Presidenza del Consiglio dei Ministri, destinato ad essere riorganizzato con successivo decreto del Presidente del Consiglio dei Ministri.
Con il d.P.C.M. 19 giugno 2019 è stato istituito il Dipartimento **per la trasformazione digitale** quale struttura generale della Presidenza del Consiglio dei ministri, in attuazione di quanto previsto all'art. 8 del decreto-legge "Semplificazioni" (n. 135 del 14 dicembre 2018), convertito, con modificazioni, dalla legge 11 febbraio 2019, n.12.
In particolare l'art. 8, comma 1-*ter*, del citato decreto-legge ha previsto che «*a decorrere dal 1° gennaio 2020, al fine di garantire l'attuazione degli obiettivi dell'Agenda digitale italiana, anche in coerenza con l'Agenda digitale europea, le funzioni, i compiti e i poteri conferiti al commissario straordinario per l'attuazione dell'Agenda digitale dall'art. 63 del decreto legislativo 26 agosto 2016, n. 179, sono attribuiti al Presidente del Consiglio dei ministri o al Ministro delegato che li esercita per il tramite delle strutture della Presidenza del Consiglio dei ministri dallo stesso individuate*».
Con il c.d. decreto-legge "Semplificazioni" la gestione della piattaforma tecnologica "**pagoPA**" per i pagamenti digitali verso la Pubblica Amministrazione, quale *asset* fondamentale per la digitalizzazione del Paese, è stata trasferita sotto il controllo diretto della Presidenza del Consiglio, che si avvale del Commissario Straordinario per l'attuazione dell'Agenda Digitale (art. 8, comma 1, d.l. n. 138/2018).
Per rendere capillare la diffusione di pagoPA, è stata disposta la costituzione di una società per azioni partecipata dallo Stato e vigilata dal Presidente del Consiglio dei ministri o del Ministro delegato incaricata

di gestire l'ulteriore sviluppo della piattaforma e la sua industrializzazione (art. 8, comma 2, d.l. n. 138/2018).
Nasce, quindi, **PagoPA S.p.A.** il cui scopo è quello di diffondere il sistema di pagamenti online e i servizi digitali nel Paese, attraverso la gestione della piattaforma "pagoPA" e attraverso la gestione di progetti innovativi legati ai servizi pubblici come **IO**, l'*app* per i servizi pubblici, e la Piattaforma digitale nazionale dati (PDND).

PER SAPERNE DI PIÙ

◆ PAGOPA

PagoPA è un sistema di pagamenti elettronici realizzato da AgID in attuazione dell'art. 5 del Codice dell'Amministrazione Digitale e del decreto-legge n.179/2012 per rendere più **semplice**, **sicuro** e **trasparente** qualsiasi pagamento verso la Pubblica Amministrazione. È un modo diverso, più naturale e immediato per i cittadini di pagare la Pubblica Amministrazione, il cui utilizzo comporta un risparmio economico per il Paese.
PagoPA **non è un sito dove pagare**, ma una nuova modalità per eseguire tramite i **Prestatori di Servizi di Pagamento (PSP)** aderenti, i **pagamenti verso la Pubblica Amministrazione** in modalità standardizzata. Si possono effettuare i pagamenti direttamente **sul sito o sull'applicazione mobile dell'Ente** o attraverso i canali sia fisici che online di banche e altri Prestatori di Servizi di Pagamento (PSP), come ad esempio:
- **Presso le agenzie** della banca
- Utilizzando l'***home banking*** del PSP (riconoscibili dai loghi **CBILL** o **pagoPA**)
- Presso gli **sportelli ATM** abilitati delle banche
- Presso i punti vendita di **SISAL**, **Lottomatica** e **Banca 5**
- Presso gli **Uffici Postali**.

L'obiettivo è quello di permettere al cittadino di scegliere metodi di pagamento moderni, a minima frizione, e al mercato di poter integrare lo strumento, aggiungendo facilmente nuovi strumenti di pagamento innovativi, rendendo il sistema più aperto e flessibile.

4. Il Codice dell'Amministrazione Digitale.

Il Codice dell'Amministrazione Digitale (CAD) è un testo unico che riunisce e organizza le norme riguardanti l'informatizzazione della P.A. nei rapporti con i cittadini e le imprese.
Introdotto con il decreto legislativo 7 marzo 2005, n. 82, è stato successivamente modificato e integrato, dapprima con il **decreto legislativo 22 agosto 2016 n. 179** e successivamente con il **decreto legislativo 13 dicembre 2017 n. 217**, con l'obiettivo di creare una Carta della cittadinanza digitale che permetta l'accesso in maniera digitale di cittadini e imprese ai dati e servizi delle pubbliche amministrazioni.
I principi alla base del nuovo codice si fondano sull'esigenza di garantire, in materia di erogazione di servizi da parte delle pubbliche amministrazioni, **il diritto di accesso dei cittadini e delle imprese ai dati, documenti e servizi di loro interesse in modalità digitale**, nonché la semplificazione dell'accesso ai servizi alla persona, riducendo la necessità di accesso fisico agli uffici pubblici.
Il CAD ha introdotto una serie di misure volte a garantire:
- un **livello minimo di erogazione dei servizi on line** da parte amministrazioni pubbliche;
- la **piena applicazione del principio del *digital first***, in base al quale il digitale è il canale principale per tutte le attività delle P.A.;
- la **partecipazione con modalità telematiche ai processi decisionali pubblici**;
- l'utilizzo del c.d. **PIN unico**;
- la promozione dell'elezione del **domicilio digitale**;
- l'adeguamento alle norme europee in materia di **identificazione elettronica** e servizi fiduciari per le transazioni elettroniche;
- la diffusione dei **pagamenti digitali**.

In ordine alla partecipazione elettronica democratica, il nuovo CAD ha espressamente previsto l'obiettivo di **migliorare la qualità degli atti amministrativi** anche con forme di consultazione preventiva e per via telematica. In attuazione di tale disposizione il Governo ha adottato le "Linee guida sulla consultazione pubblica in Italia" (**Direttiva n. 2/2017**).
Inoltre, le citate modifiche al CAD hanno coinvolto i meccanismi e le strutture di *governance* del settore, prevedendo, tra l'altro, la semplificazione dei procedimenti di adozione delle regole tecniche (deregolamentazione), che deve risultare più rapida e reattiva rispetto all'evoluzione tecnologica, il rafforzamento del ruolo di impulso del Presidente del Consiglio attraverso la Conferenza permanente per l'innovazione tecnologica, la ridefinizione delle competenze dell'ufficio dirigenziale generale unico istituito nelle pubbliche amministrazioni centrali con funzioni di coordinamento in materia digitale, la possibilità, per il Presidente del Consiglio dei ministri, in sede di prima attuazione del medesimo decreto legislativo, di nominare, per un periodo non superiore a tre anni, con proprio decreto, un Commissario straordinario per l'attuazione dell'Agenda digitale.
Successivamente, sono state adottate ulteriori disposizioni integrative al CAD, come previsto dalla norma di delega (**D.lgs. n. 217/2017**).
Il provvedimento integra e modifica alcune disposizioni del CAD al fine di accelerare l'attuazione dell'agenda digitale europea.
Le linee del nuovo intervento legislativo sono state in sintesi:

- proseguire nell'opera di razionalizzazione delle disposizioni contenute nel Codice dell'amministrazione digitale e di deregolamentazione già avviata con il precedente intervento;
- rafforzare la natura di "carta di cittadinanza digitale" della prima parte del Codice, concentrando in essa le disposizioni che attribuiscono a cittadini e imprese il diritto a una **identità** (SPID) e a un **domicilio digitale** (indirizzo PEC o un indirizzo di recapito certificato), quello alla fruizione di servizi pubblici online in maniera semplice e mobile-oriented, quello a partecipare effettivamente al procedimento amministrativo per via elettronica e quello a effettuare pagamenti online;
- promuovere integrazione e interoperabilità tra i servizi pubblici erogati dalle diverse amministrazioni;
- garantire maggiore certezza giuridica in materia di formazione, gestione e conservazione dei documenti digitali;
- rafforzare l'applicabilità dei diritti di cittadinanza digitale e accrescere il livello di qualità dei servizi pubblici e fiduciari in digitale;
- promuovere un processo di valorizzazione del patrimonio informativo pubblico e garantire un utilizzo più efficace dei dati pubblici attraverso moderne soluzioni di *data analysis*.

PER SAPERNE DI PIÙ

◆ SPID

SPID è il Sistema Pubblico per l'Identità Digitale promosso dall'AgID che permette a cittadini e imprese di accedere con un unico *login* a tutti i servizi online di pubbliche amministrazioni e imprese aderenti. SPID nasce per favorire la diffusione dei servizi online e agevolarne l'utilizzo da parte di cittadini e imprese.

SPID si basa su un modello federato e collaborativo di aziende private. I "gestori delle identità digitali" sono, infatti, aziende private accreditate dall'AgID per la fornitura dei servizi di identità digitale. Cittadini e imprese possono scegliere liberamente il proprio gestore delle identità digitale preferito.
Nel novembre 2019 tutti i Gestori di Identità Digitale si sono impegnati a fornire per sempre le credenziali SPID di livello 1 e 2 ai cittadini gratuitamente.

Il primo passo ufficiale dello SPID è stato mosso a fine 2014 con un provvedimento di attuazione, il decreto della Presidenza del Consiglio dei Ministri del 24 ottobre 2014. A metà 2015 sono stati emanati i regolamenti attuativi e dal 15 settembre 2015 è iniziato l'accreditamento degli *Identity Provider* all'Agid. Dal 15 marzo 2016 sono attivi i primi servizi.

> I servizi della pubblica amministrazione a cui si può già accedere sono molteplici: dal pagamento della Tasi al bollo auto, dalle prestazioni sanitarie al fascicolo dell'Inps, dal riscatto della laurea alla richiesta degli assegni familiari, dalla consultazione del CU alla richiesta bollettini, dal saldo di tributi regionali al pagamento della mensa scolastica e ticket sanitari via *web*. A questi servizi si aggiungono tutti i servizi per le persone giuridiche e i liberi professionisti.
>
> Al 3 settembre 2020 sono state rilasciate 10.030.461 identità digitali SPID.
>
> Nel periodo dal 1° gennaio 2020 al 31 luglio 2020 lo SPID è stato utilizzato per effettuare accessi a servizi in rete oltre 55 milioni di volte.
>
> A seguito del completamento della procedura di notifica dello SPID, ultimato dall'AgID con la pubblicazione nella Gazzetta Ufficiale dell'Unione Europea (GUUE C318 e GUUE C344 del 2018), a decorrere dal 10 settembre 2019 l'identità digitale SPID potrà essere usata per l'accesso ai servizi in rete di tutte le pubbliche amministrazioni dell'Unione Europea. Questo diritto, introdotto dal regolamento eIDAS, potrà essere anticipato dagli Stati membri che potranno decidere se consentire l'accesso anche ai propri servizi che prevedono l'uso di credenziali di livello 1. Per l'accesso a servizi che prevedono l'uso di credenziali di livello 2 e 3, è prevista l'obbligatorietà di consentire l'accesso con le credenziali SPID di pari livello.

5. P.A. digitale e diritti dei cittadini e imprese.

Il CAD prevede una serie di norme che definiscono **diritti e doveri della "nuova" Pubblica amministrazione digitale** verso cittadini e imprese; quali:

a) il **diritto all'uso delle tecnologie** (art. 3), secondo il quale i cittadini e le imprese hanno diritto di usare, in modo accessibile ed efficace, le soluzioni e gli strumenti previsti dal Codice nei rapporti con le pubbliche amministrazioni, con i gestori di pubblici servizi statali e con le società a controllo pubblico anche ai fini dell'esercizio dei diritti di accesso e della partecipazione al procedimento amministrativo, fermi restando i diritti delle minoranze linguistiche riconosciute;

b) il **diritto all'identità digitale e domicilio digitale** (art. 3-*bis*), in virtù del quale chiunque ha il diritto di accedere ai servizi *on-line* offerti dalle pubbliche amministrazioni e dai gestori di pubblici servizi tramite la propria identità digitale. Ogni cittadino ha la possibilità di indicare al Comune di residenza un domicilio digitale (l'indirizzo di posta elettronica certificata o altro servizio di recapito certificato qualificato secondo le norme eIDAS, che consente la prova al momento della ricezione) come canale esclusivo di comunicazione con l'amministrazione;

c) il **diritto di effettuare pagamenti con modalità informatiche** (art. 5), il quale prevede le pubbliche amministrazioni e i gestori di pubblici servizi sono obbligati ad accettare i pagamenti spettanti a qualsiasi titolo attraverso sistemi di pagamento elettronico;

d) la disciplina delle **comunicazioni tra imprese e amministrazioni pubbliche** (art. 5-*bis*), prevedendo che la presentazione di istanze, dichiarazioni, dati e lo scambio di informazioni e documenti, anche a fini statistici, tra le imprese e le amministrazioni pubbliche avviene esclusivamente utilizzando le tecnologie dell'informazione e della comunicazione. Con le medesime modalità le amministrazioni pubbliche adottano e comunicano atti e provvedimenti amministrativi nei confronti delle imprese;

e) **utilizzo del domicilio digitale** (art. 6), ovvero: le comunicazioni elettroniche trasmesse ad uno dei domicili digitali di cui all'art. 3-*bis* producono, quanto al momento della spedizione e del ricevimento, gli stessi effetti giuridici delle comunicazioni a mezzo raccomandata con ricevuta di ritorno ed equivalgono alla notificazione per mezzo della posta salvo che la legge disponga diversamente;

f) il **diritto a servizi online semplici e integrati** (art. 7), per il quale chiunque ha diritto di fruire dei servizi erogati dalle pubbliche amministrazioni, dai gestori di pubblici servizi statali e dalle società a controllo pubblico in forma digitale e in modo integrato, tramite gli strumenti telematici messi a disposizione dalle pubbliche amministrazioni, anche attraverso dispositivi mobili. Le pubbliche amministrazioni, i gestori di pubblici servizi statali e le società a controllo pubblico provvedono alla riorganizzazione e all'aggiornamento dei servizi resi, sulla base di una preventiva analisi delle reali esigenze degli utenti e rendono disponibili online i propri servizi nel rispetto degli standard di qualità periodicamente aggiornati;

g) la **partecipazione democratica elettronica** (art. 9): le pubbliche amministrazioni, i gestori di pubblici servizi statali e le società a controllo pubblico favoriscono ogni forma di uso delle nuove tecnologie per promuovere una maggiore partecipazione dei cittadini, anche residenti all'estero, al processo democratico e per facilitare l'esercizio dei diritti politici e civili e migliorare la qualità dei propri atti, anche attraverso l'utilizzo, ove previsto e nell'ambito delle risorse disponibili a legislazione vigente, di forme di consultazione preventiva per via telematica sugli schemi di atto da adottare.

PER SAPERNE DI PIÙ

◆ **IL REGOLAMENTO EIDAS (ELECTRONIC IDENTIFICATION AUTHENTICATION AND SIGNATURE)**

Il Regolamento eIDAS - Regolamento UE n. 910/2014 sull'identità digitale - è stato emanato il 23 luglio 2014 (e ha piena efficacia dal 1° luglio del 2016), con l'obiettivo di fornire una base normativa a livello comunitario per i servizi fiduciari e i mezzi di identificazione elettronica degli stati membri.
Il Regolamento eIDAS fornisce una base normativa comune per interazioni elettroniche sicure fra cittadini, imprese e pubbliche amministrazioni e incrementa la sicurezza e l'efficacia dei servizi elettronici e delle transazioni di *e-business* e commercio elettronico nell'Unione Europea.

Il Regolamento:
- fissa le condizioni a cui gli Stati membri riconoscono i mezzi di identificazione elettronica delle persone fisiche e giuridiche che rientrano in un regime notificato di identificazione elettronica di un altro Stato membro;
- stabilisce le norme relative ai servizi fiduciari, in particolare per le transazioni elettroniche;
- istituisce un quadro giuridico per le firme elettroniche, i sigilli elettronici, le validazioni temporali elettroniche, i documenti elettronici, i servizi elettronici di recapito certificato e i servizi relativi ai certificati di autenticazione di siti web.

Rispetto ai sistemi di identificazione elettronica, eIDAS prevede che ciascuno stato membro possa notificare i sistemi di identificazione elettronica forniti ai cittadini e alle aziende per consentire un reciproco riconoscimento.
Particolare rilevanza assume anche la piena interoperabilità a livello comunitario di particolari tipologie di firme elettroniche e dei sistemi di validazione temporale note in Italia rispettivamente come firma digitale e marca temporale.

Il Regolamento (art. 25, comma 3) prescrive che: "una firma elettronica qualificata basata su un certificato qualificato rilasciato in uno Stato membro è riconosciuta quale firma elettronica qualificata in tutti gli altri Stati membri." I formati che queste firme elettroniche qualificate devono possedere sono definiti nella Decisione di esecuzione (UE) 2015/1506 della Commissione dell'8 settembre 2015: fra quelli previsti, anche il formato PDF. Per verificare la validità delle firme elettroniche qualificate basate su certificati rilasciati da tutti i soggetti autorizzati in Europa, la Commissione europea ha reso disponibile un'applicazione open source che AgID rende disponibile per l'utilizzo online.

6. Gli strumenti della P.A. digitale.

Al fine di ottenere la piena realizzazione dei diritti su richiamati, la **P.A. digitale si avvale di numerosi strumenti**, tra i quali rivestono importanza primaria:

a) la **posta elettronica certificata**, finalizzata, da un lato, a dare certezza giuridica alle comunicazioni e, dall'altro, ad abbattere i costi delle tradizionali raccomandate andata/ritorno;

b) la **firma digitale**, anch'essa utilizzata per garantire l'identificazione del soggetto che firma, la sua volontà di sottoscrivere e dare validità giuridica alle attestazioni che coinvolgono privati o P.A.;

c) i **documenti informatici**, per la cui archiviazione il Codice impone la tenuta dell'archivio elettronico, con enormi vantaggi in termini di spazio e tempi di ricerca;
d) le **carte elettroniche** (carta di identità elettronica e carta nazionale dei servizi), che fungono da strumento di autenticazione ed accesso ai servizi in rete della P.A.;
e) i **siti internet della P.A.**, i quali diventano delle vere e proprie piattaforme di accesso per qualsiasi cittadino, caratterizzate da reperibilità, chiarezza nel linguaggio, affidabilità, semplicità, omogeneità. All'interno di ogni sito internet, secondo le disposizioni del Codice, devono essere presenti taluni contenuti fondamentali, quali l'organigramma, gli indirizzi e-mail utili, i servizi forniti in rete, i bandi di gara, i procedimenti a carico di ciascun ufficio nonché il loro responsabile.

▶ 6.1. In particolare: la posta elettronica certificata.

La posta elettronica certificata (PEC) viene definita dal Codice dell'amministrazione digitale (CAD) come il **sistema di comunicazione in grado di attestare l'invio e l'avvenuta consegna di un messaggio di posta elettronica e di fornire ricevute opponibili ai terzi**.
Il decreto-legge n. 185/2008, con l'intento di portare a regime l'uso della PEC quale ordinario e tendenzialmente unico strumento di comunicazione alternativo all'invio postale di documenti cartacei, ha esteso a **tutte le amministrazioni pubbliche l'obbligo di istituire una casella di posta elettronica certificata**, o analogo indirizzo di posta elettronica. Il medesimo provvedimento ha previsto anche l'attribuzione gratuita di una casella di posta elettronica certificata - PEC a tutti i cittadini che ne facciano richiesta.
L'indirizzo di PEC consente **l'invio di documenti informatici per via telematica con valenza legale** ed è strumento valido giuridicamente ai fini dei rapporti con le pubbliche amministrazioni, che sono tenute ad utilizzarlo per le comunicazioni e le notificazioni aventi come destinatari i dipendenti della stessa o di altra amministrazione.
Si è disposto, inoltre, che la posta elettronica certificata venga usata con effetto equivalente, ove necessario, alla notificazione avvenuta per mezzo della posta ordinaria. La definizione delle modalità di rilascio e di uso della casella di PEC assegnata ai cittadini è stata operata con il D.P.C.M. 6 maggio 2009.
La legge n. 69/2009 ha, poi, rafforzato tali interventi, attribuendo **anche alle pubbliche amministrazioni locali e regionali** la facoltà di assegnare caselle di posta elettronica certificate ai cittadini residenti nel loro territorio, mentre il d.lgs. n. 235/2010, riformulando il CAD nella parte relativa a tali strumenti, ha stabilito che tutte le amministrazioni pubbliche, nonché le società interamente partecipate da enti pubblici o con prevalente capitale pubblico, provvedano a istituire e **pubblicare nell'indice degli indirizzi della PA almeno una casella di PEC per ciascun registro di protocollo**.
In sintesi, a seguito delle modifiche che hanno interessato il CAD, le pubbliche amministrazioni sono tenute a utilizzare la PEC ai fini della trasmissione telematica di comunicazioni che necessitano di una ricevuta di invio e di una di consegna a soggetti che abbiano preventivamente dichiarato il proprio indirizzo; la trasmissione del documento informatico tramite PEC equivale, altresì, alla notificazione a mezzo posta, salvo che la legge disponga diversamente.
L'implementazione delle funzioni della PEC è stata perseguita anche da altri provvedimenti tra i quali:

- il d.P.C.M. 22 luglio 2011, ai sensi del quale, a decorrere dal 1° luglio 2013, la presentazione di istanze, dichiarazioni, dati e lo scambio di informazioni e documenti, anche a fini statistici, tra le imprese e le amministrazioni pubbliche avvengono esclusivamente in via telematica;
- il decreto-legge n. 5/2012 che, tra l'altro, ha reso sufficiente, ai fini della validità dell'invio telematico di istanze e dichiarazioni presentate alle pubbliche amministrazioni, la sottoscrizione mediante la firma elettronica qualificata;
- il decreto-legge 179/2012, recante norme volte a rendere più cogenti le previsioni vigenti circa la trasmissione di documenti per via telematica;
- il d.l. 76/2020 (c.d. decreto semplificazioni) ha introdotto il concetto di "*domicilio digitale*", più ampio di quello di "*posta elettronica certificata*".

▶ 6.2. In particolare: la carta di identità elettronica.

La carta di identità elettronica (CIE), introdotta dalla legge n. 127/1997, è definita dal Codice dell'amministrazione digitale (CAD) come **il documento d'identità munito di elementi per l'identificazione fisica del titolare**, rilasciato su supporto informatico dalle amministrazioni comunali.

Si tratta di uno degli strumenti principali del processo di informatizzazione della pubblica amministrazione. Infatti, la CIE, oltre a mantenere la funzione del documento cartaceo attestante l'identità della persona, ha **anche la funzione di strumento di accesso ai servizi innovativi** che le pubbliche amministrazioni locali e nazionali mettono a disposizione per via telematica.

L'art. 10, comma 1, del decreto-legge n. 70/2011 ha riservato al **Ministero dell'interno** la responsabilità, in precedenza attribuita ai comuni, sul processo di produzione e rilascio della CIE. Successivamente, l'art. 40 del decreto-legge n. 1/2012 ha previsto la definizione di una **tempistica graduale per il rilascio della carta d'identità elettronica** a partire dai Comuni identificati con apposito decreto interministeriale. Inoltre, ha stabilito che le carte d'identità elettroniche devono essere munite anche della **fotografia** e delle **impronte digitali** della persona a cui si riferiscono.

Un ulteriore aspetto oggetto di interventi legislativi (non sempre del tutto coerenti tra loro) è quello legato alla **possibilità di unificare i documenti in formato elettronico**. In particolare, l'art. 10, comma 3, del decreto-legge n. 70/2011, come modificato dal decreto-legge n. 179/2012 (art. 1, comma 2) ha demandato ad un d.P.C.M. la definizione dell'ampliamento delle possibili utilizzazioni della carta d'identità elettronica anche in relazione **all'unificazione**, sul medesimo supporto, **con la tessera sanitaria**. La conseguente definizione delle modalità tecniche di produzione, distribuzione e gestione del documento unificato è rinviata all'adozione di un decreto interministeriale. Lo stesso decreto-legge n. 179/2012 ha disposto un finanziamento aggiuntivo di 60 milioni di euro per il 2013 e di 82 milioni di euro a decorrere dal 2014, per la realizzazione e il rilascio gratuito del documento unificato. **In attesa della realizzazione del documento unificato, si mantiene comunque attivo il rilascio della carta d'identità elettronica**.

Capitolo 11 LA LEGISLAZIONE IN MATERIA DI CONTRATTI PUBBLICI

SOMMARIO:

1. La capacità di diritto privato della P.A.

Ad oggi, in seguito ad un lungo dibattito, si è accolta la tesi che riconosce **capacità generale di diritto privato** alla Pubblica amministrazione. Nell'esercizio della sua attività, la stessa è infatti soggetta alle regole di diritto comune ed ai limiti che dalle stesse derivano. Ciò che rileva, come si desume anche dall'art. 1 della l. 241/1990, è che, nel compimento della sua attività, la P.A. persegua l'interesse pubblico attribuitole dalla legge, rimanendo libera nella scelta degli strumenti più adeguati al suo perseguimento. Nell'esercizio dell'attività negoziale, la giurisdizione si radica in capo al G.O.

2. Classificazione dei contratti della Pubblica Amministrazione.

Con riferimento alla contabilità, i contratti conclusi dalla pubblica amministrazione vengono abitualmente distinti in:

- **attivi** (comportanti un'entrata);
- **passivi** (produttivi di una spesa).

Relativamente alla disciplina, alla luce delle indicazioni giurisprudenziali in materia, i contratti posti in essere dalla P.A. si suddividono in tre categorie principali:

- contratti ordinari o di diritto comune (compravendita, locazione) in cui la P.A. agisce *iure privatorum*, spogliandosi della sua veste autoritativa e ponendosi sullo stesso piano di un soggetto privato;
- contratti di diritto speciale. In tali fattispecie, la P.A. si pone su un piano solo tendenziale di parità con il contraente privato, che giustifica l'applicazione delle norme privatistiche derivanti dalla legislazione speciale (contratti di trasporto ferroviario);

– contratti ad oggetto pubblico che si sostanziano nelle fattispecie negoziali in cui la P.A., in veste autoritativa, si pone in posizione di supremazia rispetto alla controparte e dalla tendenziale commistione, in termini di disciplina applicabile, tra provvedimento e contratto. La dottrina distingue tale attività contrattuale della P.A. in contratti ad oggetto pubblico, contratti accessivi, ausiliari e sostitutivi di provvedimento amministrativo.

3. I contratti atipici.

Si ammette da tempo in giurisprudenza la possibilità per la P.A. di stipulare contratti atipici essendo alla stessa riconosciuta l'autonomia negoziale di cui all'art. 1322, comma 2, c.c., purché siano strettamente funzionali alla realizzazione del fine pubblico perseguito dall'ente (vincolo di scopo). Ci si è a lungo interrogati in merito all'applicabilità, allorché la P.A. intenda concludere contratti atipici, della disciplina pubblicistica che impone l'osservanza delle procedure di evidenza pubblica per la scelta del contraente. I principali contratti atipici stipulati dalla P.A. sono i seguenti.

A) Il contratto di brokeraggio

Questo si instaura tra l'assicurando (che non si esclude possa essere una P.A.) e un professionista-imprenditore, per lo svolgimento di una prestazione di contenuto misto, in parte di consulenza e in parte di intermediazione nel mercato assicurativo. Si tratta di un contratto oneroso, essendo posta a carico della P.A., sotto forma di compenso indiretto – attraverso un caricamento nel premio assicurativo della provvigione del *broker* – la percentuale dovuta al *broker* per la sua attività di intermediazione. Lo stesso è quindi assoggettato alle regole pubblicistiche dettate per l'affidamento degli appalti di servizi dal Codice dei contratti pubblici.

B) I contratti che l'amministrazione conclude con l'*advisor*

L'advisor è il consulente di cui si avvale la P.A. per l'individuazione del proprio interlocutore in una data operazione economica, quale la scelta del socio privato di una s.p.a. in una procedura di privatizzazione.

C) Il contratto di sponsorizzazione

Si tratta di un contratto in cui un soggetto (detto *sponsee* o sponsorizzato) assume, normalmente verso corrispettivo, l'obbligo di associare a proprie attività il nome o il segno distintivo di altro soggetto (detto *sponsor* o sponsorizzatore), divulgandone così l'immagine o il marchio presso il pubblico. Si tratta di un contratto atipico, consensuale, normalmente a titolo oneroso e a prestazioni corrispettive.

D) Il *leasing* pubblico

È il contratto con il quale una parte, dietro corrispettivo di un canone periodico de-terminato in relazione al recupero del prezzo ed al conseguimento di un utile, concede il godimento di un bene all'altra, con facoltà di questa, alla scadenza del termine fissato, di restituirlo o di acquistarlo per una specificata somma residua. Si suole distinguere tra:

– ***leasing* operativo**, in cui si realizza un'operazione bilaterale, venendo a coincidere nello stesso soggetto le figure di produttore e locatore;
– ***leasing* finanziario**, in cui si attua, invece, un rapporto trilaterale, essendo coinvolte, oltre al soggetto utilizzatore, l'impresa venditrice del bene e la società di *leasing*, che, dopo aver acquistato il bene da quest'ultima, lo concede in godimento all'utilizzatore.

Nell'ambito dei rapporti con la p.a. opera esclusivamente il ***leasing* finanziario**, la cui applicazione risulta ulteriormente circoscritta nella prassi ai beni immobili, riguardando prevalentemente opere pubbliche da realizzare ed integrando così la figura del c.d. *leasing* in costruendo. Inoltre, per la scelta del contraente deve essere rispettata la procedura ad evidenza pubblica, posto che il Codice dei contratti pubblici ha ricondotto alla nozione di "appalti pubblici" quelli "aventi ad oggetto l'acquisto, la locazione finanziaria, la locazione o l'acquisto a riscatto, con o senza opzione per l'acquisto, di prodotti".

E) I contratti di disponibilità

Sono contratti previsti dall'art. **3, lett. hhh), d.lgs. n. 50 del 2016**, con cui il privato **costruisce** e **mette a disposizione della P.A. un'opera**, che resta di proprietà del privato.
Attraverso l'introduzione di tale nuovo strumento si intende incentivare l'apporto di capitale privato per la costruzione di opere destinate all'utilizzo pubblico, in tal modo ampliandosi il ventaglio degli strumenti di partenariato pubblico-privato. La "messa a disposizione" avviene **dietro corrispettivo**, di volta in volta individuato in un canone di disponibilità o in un contributo in corso d'opera o ancora in un prezzo di trasferimento. Il rischio della costruzione e della gestione tecnica dell'opera per il periodo di messa a disposizione dell'amministrazione aggiudicatrice ricade sull'affidatario. L'art. 188 disciplina la procedura di gara, stabilendo che il bando indica i criteri in base ai quali si procede alla valutazione comparativa tra le diverse offerte, secondo il criterio dell'offerta **economicamente più vantaggiosa**. Il controllo della stazione appaltante sull'attività del privato è esercitato attraverso il collaudo, a seguito del quale, si può disporre, se del caso, la riduzione del canone.

4. Il quadro normativo in tema di contratti pubblici: il ruolo del diritto dell'Unione europea.

A) Le prime direttive in materia di appalti pubblici

La nozione di appalto pubblico rinviene la propria origine nell'ambito della legislazione comunitaria.

Il primo intervento normativo, in tal senso, risale alla **Direttiva n. 71/304**, concernente la soppressione delle restrizioni alla libera prestazione dei servizi in materia di appalti di lavori pubblici ed all'aggiudicazione degli appalti di lavori pubblici tramite agenzie o succursali, e alla Direttiva n. 71/305, relativa al coordinamento delle procedure di aggiudicazione degli appalti di lavori pubblici. Tali Direttive furono poi modificate con successivi provvedimenti normativi, quali le Direttive n. 89/440 e n. 93/37 che avevano comunque ad oggetto il settore degli appalti pubblici di lavori, mentre il settore degli appalti di servizi fu disciplinato dalla Direttiva n. 92/50. Il settore degli appalti di forniture fu, invece, oggetto della Direttiva n. 88/295.
Tali provvedimenti erano relativi agli appalti nei cosiddetti settori ordinari, mentre con Direttive n. 90/531 e n. 93/38 vennero emanate disposizioni relative alle procedure di appalti nei settori c.d. esclusi: ossia quei settori di mercato che erano espressamente esclusi dall'ambito di applicazione delle altre disposizioni comunitarie già emanate. Inizialmente, il diritto comunitario aveva escluso dal proprio ambito di applicazione una serie di fattispecie contrattuali caratterizzate dal fatto che la prestazione del servizio in questione era diretta a favore della collettività ed in cui il prestatore del servizio in molti casi era un soggetto a partecipazione pubblica. Tali contratti relativi ai settori "esclusi" furono, successivamente presi in considerazione dalla disciplina comunitaria in forza di una specifica direttiva, vendo così ad assumere la qualificazione di appalti relativi ai settori "speciali". Il legislatore comunitario ha, poi, emanato le nuove **Direttive n. 2004/17 e n. 2004/18** relative, l'una, agli **appalti di lavori servizi e forniture nei settori ordinari** e, l'altra, agli **appalti di lavori, servizi e forniture nei settori speciali**.

B) Le più recenti novità in materia

La Commissione europea, nell'ambito delle iniziative volte a favorire il completamento del mercato unico europeo prospettate nel *Single Market Act* (Atto per il mercato unico) del 13 aprile 2011, ha presentato il c.d. pacchetto direttive appalti pubblici, in materia di appalti pubblici e concessioni. Ad esso ha fatto seguito la pubblicazione sulla Gazzetta Ufficiale dell'Unione europea del 28 marzo 2014, di **tre nuove direttive** da recepire entro il 18 aprile del 2016: la direttiva n. **2014/23/UE** sull'aggiudicazione dei contratti di concessione; la direttiva n. **2014/24/UE** sugli appalti pubblici; la direttiva n. **2014/25/UE** sulle procedure d'appalto degli enti erogatori nei settori dell'acqua, dell'energia, dei trasporti e dei servizi postali.

5. La disciplina nazionale e il Codice dei contratti pubblici.

A) La cornice normativa nazionale

Nell'ambito della categoria dei contratti pubblici, numerose sono gli interventi normativi degli ultimi anni, soprattutto a livello europeo. La normativa nazionale rappresenta, infatti, il risultato del cammino di conformazione del diritto interno alle prescrizioni del Trattato di Roma ed al diritto comunitario derivato in materia di appalti come interpretato dalla Corte di Giustizia UE.
L'incidenza del diritto UE nel settore degli appalti ha riguardato in particolare:

- i soggetti tenuti all'osservanza della disciplina pubblicistica, tramite l'elaborazione comunitaria della nozione di organismo di diritto pubblico, sconosciuta al diritto nazionale ed introdotta dal legislatore comunitario;
- la connotazione del procedimento di evidenza pubblica.

La conformazione del diritto interno al diritto UE è proseguita con il recepimento delle direttive nn. 23, 24 e 25 del 2014 che hanno condotto all'emanazione del nuovo **Codice dei contratti pubblici (d.lgs. 18 aprile 2016, n. 50)** che ha abrogato il previgente Codice (d.lgs. n. 163 del 2006) – il quale continua però a regolare lo svolgimento delle procedure di evidenza pubblica indette prima del 19 aprile 2016.

B) Con il **decreto Correttivo al Codice Appalti**, pubblicato sulla Gazzetta Ufficiale del 5 maggio 2017, sono state introdotte importanti correzioni e/o modifiche in molteplici istituti, che rappresentano, come previsto dalla legge delega n. 11 del 28 gennaio 2016 (art. 1, co. 12, lett. e), la fase di perfezionamento ed assestamento del Codice Appalti a circa un anno dalla sua entrata in vigore.

C) Con il **decreto-legge 18 aprile 2019, n. 32**, (in GU n. 92 del 18 aprile 2019) **c.d. sblocca cantieri**, recante "*Disposizioni urgenti per il rilancio del settore dei contratti pubblici, per l'accelerazione degli interventi infrastrutturali, di rigenerazione urbana e di ricostruzione a seguito di eventi sismici*" sono state disposte rilevantissime modifiche al Codice Appalti. Il decreto-legge resta in vigore fino al 17 giugno 2019 (60 giorni dalla pubblicazione in Gazzetta), data entro la quale dovrà essere convertito in legge.
Il provvedimento normativo introduce numerose e significative modifiche al Codice Appalti, in particolare, come si vedrà infra, interviene sul sistema delle fonti di attuazione del codice appalti **superando, nei termini ivi indicati, il sistema delle Linee Guida Anac a favore di un Regolamento di attuazione unico del Codice**; modifica fortemente l'art. 36 in relazione agli appalti sotto soglia, interviene sui criteri di aggiudicazione; introduce **importanti modifiche in tema di subappalto,** per adeguarsi alle istanze dell'ordinamento comunitario **reintroduce in via sperimentale l'appalto integrato.**

D) Con il **decreto-legge n. 77/2021, c.d. decreto Semplificazioni** (in GU n. 129 del 31 maggio 2021), che detta le regole per la "*Governance* del Piano nazionale di rilancio e resilienza e prime misure di rafforzamento delle strutture amministrative e di accelerazione e snellimento delle procedure", sono state introdotte ulteriori innovazioni. In particolare, il decreto prevede che, con riferimento al subappalto, che, dal 1° giugno fino al 31 ottobre 2021, il **subappalto** non possa superare **la quota del 50% dell'importo complessivo del contratto di lavori, servizi o forniture**.

► Il Codice dei Contratti pubblici e il suo ambito applicativo.
Il Codice dei contratti pubblici di cui al d.lgs. n. 50 del 2016 rappresenta a livello primario la fonte principale di disciplina degli appalti pubblici, integrato dalla legge sul procedimento amministrativo e dal diritto privato.

Il testo del Codice appalti è strutturato in sei parti: la prima (artt. 1 – 34) dedicata ai Principi generali e all'individuazione dei "contratti esclusi" dalla puntuale applicazione del Codice; la seconda (artt. 35 – 163) dedicata agli appalti; la terza (artt. 164 – 178) tesa a regolamentare le concessioni; la quarta (artt. 179 – 199) dedicata al partenariato pubblico-privato e al contraente generale; la quinta (artt. 200 – 203) sulle infrastrutture e sugli insediamenti prioritari; la sesta (artt. 204 – 217), recante disposizioni finali e transitorie.
Quanto all'ambito applicativo del nuovo Codice è mantenuta la distinzione tra:

- settori ordinari;
- settori esclusi;
- settori speciali.

Per quanto attiene: ai **settori ordinari,** è posta la regola dell'applicazione generalizzata della normativa contenuta nel Codice a tutti gli appalti di servizi, lavori e forniture; anche per i contratti esclusi, il d.lgs. n. 50/2016 prescrive il rispetto dei principi di economicità, efficacia, imparzialità, parità di trattamento, trasparenza e proporzionalità, tutela dell'ambiente ed efficienza energetica (art. 4); ai **settori speciali** (concernenti i settori del gas, energia elettrica, elettricità, acqua, servizi di trasporto, portuali e aeroportuali, servizi postali generali, estrazione di gas, prospezione ed estrazione di carbone o di altri combustibili solidi) è dedicata una disciplina in parte divergente da quella prevista per i settori ordinari richiamandosi solo alcune delle norme contenute nel Codice.
Il Codice, all'art. 30, distingue:

1. i **principi** aventi valenza **generalizzata** ed applicabili sia alla fase (pubblicistica) dell'affidamento, sia a quella (privatistica) dell'esecuzione di garanzia della qualità delle prestazioni, economicità, efficacia, tempestività e correttezza;
2. i **principi** applicabili alla fase di **affidamento dell'appalto di libera concorrenza**, parità di trattamento, non discriminazione e trasparenza, proporzionalità e pubblicità.

Il Codice del 2016 è orientato a garantire la pubblicità per tutte le operazioni di gara, compresa la comunicazione dell'eventuale anomalia dell'offerta (art. 97).

▶ 5.1. Il ruolo del Codice dei Contratti pubblici: le linee guida e il regolamento unico di attuazione a seguito delle modifiche del d.l. sblocca cantieri

A livello sub-primario, il Codice Appalti del 2016 ha attribuito un ruolo centrale alle **Linee Guida ANAC**, innovativi atti di regolazione flessibile, *lato sensu* normativi.
Il **decreto-legge 18 aprile 2019, n 32**, (in GU n. 92 del 18 aprile 2019) recante "*Disposizioni urgenti per il rilancio del settore dei contratti pubblici, per l'accelerazione degli interventi infrastrutturali, di rigenerazione urbana e di ricostruzione a seguito di eventi sismici*", **c.d. sblocca cantieri**, con il nuovo art. 216, comma 27-*octies*, segna l'abbandono del sistema delle linee guida vincolanti a favore **del regolamento attuativo unico del Codice appalti**, la cui approvazione dovrà avvenire entro 180 giorni dall'entrata in vigore del citato decreto legge. **Con l'approvazione del regolamento tutte le linee guida ANAC vincolanti ed i decreti attuativi finora adottati cesseranno di essere in vigore.**

A) Le linee guide ANAC e il nuovo regolamento unico di attuazione previsto dal c.d. sblocca cantieri

Il rinvio, operato in numerose disposizioni dal d.lgs. n. 50 del 2016 nella formulazione originaria, alle linee guida ANAC è sostituito dal **Regolamento unico di attuazione del codice appalti**, previsto dal nuovo **art. 216, comma 27-*octies*** del Codice, come modificato dal d.l. **sblocca cantieri** n. 32 del 2019.

L'**art. 216 del Codice Appalti, al comma 27-octies**, prevede che *"nelle more dell'adozione, entro 180 giorni dalla data di entrata in vigore della presente disposizione, ai sensi dell'art. 17, comma 1, lettere a) e b) , della legge 23 agosto 1988, n. 400, su proposta del Ministro delle infrastrutture e dei trasporti di concerto con il Ministro dell'economia e delle finanze, sentita la Conferenza Stato-Regioni, di un* *regolamento unico recante disposizioni di esecuzione, attuazione e integrazione del presente codice,* ***le linee guida e i decreti adottati in attuazione delle previgenti disposizioni di cui agli articoli 24, comma 2, 31, comma 5, 36, comma 7, 89, comma 11, 111, commi 1 e 2, 146, comma 4, 147, commi 1 e 2, e 150, comma 2, rimangono in vigore o restano efficaci fino alla data di entrata*** **in vigore del regolamento** di cui al presente comma".

Tanto premesso, fino all'approvazione del Regolamento unico di attuazione, restano in vigore le **linee guida ANAC vincolanti in quanto adottate** in funzione integrativa per la regolamentazione di alcuni aspetti di dettaglio accanto alla disciplina codicistica e i decreti attuativi. Il carattere della vincolatività distingue le linee guida dal c.d. "*soft laws*" (quali bandi-tipo e capitolati-tipo) che, pur avendo natura normativa, possono essere disapplicate dalla stazione appaltante previa adeguata motivazione.

È stata discussa la natura giuridica di siffatte linee guida:

A. secondo un primo orientamento, alle linee guida ANAC va riconosciuta **natura normativa** in senso stretto in quanto atti idonei ad innovare l'ordinamento giuridico;
B. per opposta impostazione, si tratterebbero di **atti amministrativi generali**.

Quest'ultima impostazione è seguita dal Cons. St., sez. cons., 1° aprile 2016, n. 855, che ne inferisce la natura di atto di regolazione stante la natura dell'ANAC, di vera e propria Autorità amministrativa indipendente.
È opportuno sottolineare che con parere della commissione speciale **del 30 marzo 2017, n. 782** - reso dal Consiglio di Stato sullo schema del decreto correttivo - si è distinta la natura giuridica delle Linee guida a seconda che siano approvate o meno con decreti ministeriali o interministeriali: (i) nel primo caso, le stesse avendo efficacia innovativa e caratteri di generalità ed astrattezza, dovrebbero essere assimilate a "regolamenti ministeriali" *ex* art. 17, comma 3, l. n. 400/1988; (ii) diversamente le linee guida a carattere vincolante adottate direttamente dall'Autorità sono considerate prive di carattere c.d. normativo e, pertanto, qualificabili come atti di regolazione. Il Consiglio di Stato ha previsto, inoltre, un terzo modello di atti attuativi costituito dalle **linee guida non vincolanti**. Queste ultime, ascritte nell'ambito degli atti amministrativi generali, perseguono lo scopo di fornire indirizzi e istruzioni operative alle stazioni appaltanti.

Il **decreto Sblocca Cantieri non ha inciso sul potere dell'ANAC di predisporre Linee Guida, non vincolanti,** allo scopo di garantire "*la promozione dell'efficienza, della qualità dell'attività delle stazioni appaltanti, cui fornisce supporto anche facilitando lo scambio di informazioni e la omogeneità dei procedimenti amministrativi e favorisce lo sviluppo delle migliori pratiche*" di cui all'art. 213, comma 2, Codice Appalti.

Occorre segnalare che, con il correttivo appalti, l'Autorità nazionale Anticorruzione (Anac) non potrà più prescrivere alle Stazioni Appaltanti la correzione di eventuali atti di gara ritenuti illegittimi, in quanto, in accoglimento delle perplessità espresse sull'argomento dal Consiglio di Stato, è stato abrogato il comma 2 dell'art. 211 del Codice dei Contratti Pubblici. I pareri di precontenzioso, richiesti dalla Stazione Appaltante o da una delle parti, restano invece vincolanti.

6. I contratti pubblici: le *species*.

Nell'ampia categoria dei contratti pubblici, gli appalti pubblici - come già anticipato sopra - si qualificano come passivi, in contrapposizione ai c.d. contratti attivi. Tale distinzione si ricava dall'art. 3, r.d. 18 novembre 1923, n. 2440.
I contratti **attivi** sono quelli dai quali derivi un'entrata per lo Stato e che devono essere preceduti da pubblici incanti, salvo che per particolari ragioni la P.A. non intenda far ricorso alla licitazione o, nei casi di necessità, alla trattativa privata. I contratti attivi (vendite, locazioni attive) trovano la loro disciplina,

oltre che in leggi speciali, nelle norme di contabilità pubblica (r.d. 18 novembre 1923, n. 2440), derogatorie rispetto al diritto comune.
I contratti **passivi** sono, invece, quelli dai quali derivi una spesa per lo Stato e che devono essere preceduti da gare mediante pubblico incanto o licitazione privata, a giudizio discrezionale della P.A. Diversa è la normativa di riferimento per le due tipologie di contratti. I c.d. contratti passivi, mediante i quali la P.A. si procura beni e servizi, sono attualmente disciplinati dal d.lgs. n. 50/2016 che rinvia al c.c. per i profili non regolati.
Nella categoria dei contratti pubblici, il Codice ritaglia la nozione di appalto pubblico, assoggettandola ad una disciplina peculiare. La relativa nozione è contenuta nell'art. 3, comma 1, lett. ii), del nuovo Codice dei contratti pubblici. L'appalto è dunque un contratto.
Due**,** ancora, i tratti fondamentali dell'appalto pubblico:

- sul piano **soggettivo**, rilevano le nozioni di appaltatore e di amministrazione aggiudicatrice. L'appaltatore può essere, per gli appalti di servizi e forniture, il "prestatore di servizi o forniture", quindi una persona fisica o giuridica, ed anche un ente pubblico, salvi i limiti di compatibilità fra oggetto dell'appalto ed i fini istituzionali dell'ente; deve essere, inoltre, per quanto riguarda i lavori, un "imprenditore", con esclusione quindi degli enti pubblici. L'amministrazione aggiudicatrice coincide sostanzialmente con la figura di organismo di diritto pubblico;
- sul piano **oggettivo**, si richiede che il contratto sia a titolo **oneroso**.

Quanto all'oggetto si distingue tra appalto:

A. di lavori;
B. di forniture;
C. di servizi.

Nella categoria dei contratti pubblici, il Codice ricomprende anche i contratti di **concessione**. Più specificamente, la categoria ricomprende:

- la **concessione di lavori pubblici**, che è un contratto a titolo oneroso, concluso in forma scritta, in virtù del quale una o più stazioni appaltanti affidano l'esecuzione di lavori ad uno o più operatori economici riconoscendo a titolo di corrispettivo unicamente il diritto di gestire le opere oggetto del contratto o tale diritto accompagnato da un prezzo, con assunzione in capo al concessionario del rischio operativo legato alla gestione delle opere (art. 3 comma 1, lett. uu), d.lgs. 50/2016);
- la **concessione di servizi**, che è un contratto che presenta le stesse caratteristiche di un appalto pubblico di servizi, ad eccezione del fatto che il corrispettivo della fornitura di servizi consiste unicamente nel diritto di gestire i servizi o in tale diritto accompagnato da un prezzo (art. 3, c. 1, lett. vv), d.lgs. n. 50/2016).

In definitiva, la distinzione tra appalto e concessione è individuata nel c.d. "**rischio di gestione**": il corrispettivo consiste unicamente nel diritto di gestire l'opera o in tale diritto accompagnato da un prezzo (nella concessione di lavori) o nel diritto di gestire i servizi o in tale diritto accompagnato da un prezzo (nella concessione di servizi).
La concessione instaura, così, un rapporto **trilaterale** tra amministrazione, concessionario ed utenti. Nell'appalto al contrario il prezzo grava essenzialmente sulla stazione committente.

Quanto alla disciplina applicabile, mentre in passato il d.lgs. n. 163/2016 distingueva tra concessioni di lavori pubblici e concessioni di servizi, invece gli artt. 164 e ss. d.lgs. n. 50 del 2016 introducono una disciplina unitaria disponendo che ai medesimi contratti si applicano, per quanto compatibili, le disposizioni recate dalla I e dalla II Parte del Codice.
Connessa al tema della disciplina applicabile alle concessioni è la questione avente ad oggetto l'assoggettabilità delle controversie in materia di concessioni di servizi al c.d. rito appalti (di cui agli artt. 119 ss. c.p.a.). La questione è stata di recente risolta in senso affermativo dal Cons. St., A.P. 27 luglio 2016, n. 22.

Negli **appalti misti**, invece, si commissionano ad un tempo lavori e/o servizi e/o forniture. Nel dettaglio, l'art. 14, d.lgs. n. 163/2006, individuava, al co. 2, nell'accessorietà il criterio da osservare nel determinarne la disciplina applicabile. Si tratta di un criterio qualitativo-funzionale, ancorato alla qualità delle prestazioni da svolgere. A livello comunitario l'art. 3 della recente direttiva 24/2014 detta una disciplina dei contratti misti, sostanzialmente distinguendo a seconda che le prestazioni dedotte in contratto siano o meno separabili. Nel secondo caso il regime giuridico applicabile è definito sulla base dell'oggetto principale del contratto. A tale criterio si è confermato successivamente il legislatore all'art. 28 del d.lgs. n. 50/2016. Fra i contratti misti un particolare rilievo ha assunto il c.d. *global service*: si tratta dell'operazione contrattuale con la quale il privato si obbliga nei confronti della P.A. ad una pluralità di attività, consistenti nella gestione di un'opera, nelle forniture periodiche che occorrono per utilizzarla e nella sua manutenzione.

7. La rilevanza delle soglie: i contratti sopra e sottosoglia.

A) Il Codice dei contratti pubblici distingue tra:
- appalti pubblici **sopra soglia;**
- ed appalti pubblici **sottosoglia.**

La disciplina europea trova infatti applicazione esclusivamente per quei contratti pubblici il cui valore stimato è pari o superiore a determinate soglie.
Pertanto, gli appalti sottosoglia sono a stretto rigore esclusi dall'applicazione delle direttive. Prima la **giurisprudenza comunitaria**, poi quella **nazionale** hanno progressivamente esteso il campo di applicazione dei principi fondamentali in materia di tutela della concorrenza anche agli appalti sottosoglia. In particolare, la Corte di Giustizia (Corte giust. UE, 7 dicembre 2000, causa C-324, Teleaustria) ha sostenuto che anche quando un **contratto** sia **escluso** dalla sfera di **applicazione** delle **direttive**, le **amministrazioni aggiudicatrici** sono comunque tenute al **rispetto** dei principi di **parità di trattamento**, **non discriminazione**, **proporzionalità e trasparenza**.
Di tale evoluzione pretoria ha tenuto conto il **Codice dei contratti pubblici (d.lgs. n. 50/2016)** che dedica agli **appalti sottosoglia** il Titolo I della parte II, prevedendo che **si applicano le medesime norme riguardanti i contratti oltre soglia anche ai contratti sottosoglia nei settori ordinari**, con le sole deroghe e specificazioni espressamente previste.

Si deve rilevare come il correttivo appalti abbia apportato rilevanti modifiche alle soglie:
- da un lato, una più **semplice procedura** nell'ambito delle **gare sotto i 40.000 euro** (considerata la non necessaria previa consultazione di due o più operatori economici);
- dall'altro, l'allargamento del numero dei partecipanti nelle procedure per i lavori, stabilendo che **gli inviti** dovranno essere nei confronti di **10 soggetti per appalti tra i 40 mila e i 150 mila euro e di 15 soggetti nei contratti di lavori fino a 1 milione di euro**. Ciò, per favorire un'apertura alla concorrenza attraverso una più marcata rotazione degli operatori economici.

B) **I contratti sottosoglia**
Il d.l. n. 32 del 2019, c.d. decreto sblocca cantieri, interviene sull'art. 36 codice dei contratti pubblici in relazione agli appalti di importo inferiore alla soglia comunitaria riportando a 40.000 euro, il limite al di sotto del quale un lavoro può essere appaltato con affidamento diretto anche senza previa consultazione di due o più operatori economici o per i lavori in amministrazione diretta (art. 36, comma 2, lett. a));
Per i lavori di importo **compreso da 40mila euro a 200mila** euro (art. 36, comma 2, lett. b)), è introdotto un *iter* più snello per affidare i lavori con procedura negoziata consultando almeno 3 operatori economici. Per i lavori **dai 200 mila euro fino alla soglia Ue di cui all'art. 35 Codice dei contratti pubblici** si dovrà invece procedere con gara d'appalto pubblica aperta di cui all'art. 60, con esclusione obbligatoria per chi ha presentato offerte anomale secondo quanto previsto dall'art. 97, comma 8 ("*per lavori, servizi e*

forniture, quando il criterio di aggiudicazione è quello del prezzo più basso e comunque per importi inferiori alle soglie di cui all'art. 35, la stazione appaltante può prevedere nel bando l'esclusione automatica dalla gara delle offerte che presentano una percentuale di ribasso pari o superiore alla soglia di anomalia").

Con l'introduzione del **comma 9-*bis* nell'art. 36** e della lettera b-*bis* al comma 3 e del comma 10-*bis* nell'art. 95 Codice dei contratti viene, infine, stabilito che: le stazioni appaltanti procedono all'aggiudicazione dei contratti **sulla base del criterio del minor prezzo** ovvero, **previa motivazione, sulla base del criterio dell'offerta economicamente più vantaggiosa**. In tal modo sembra che il criterio del minor prezzo sia la regola per gli appalti sottosoglia e quello dell'offerta economicamente più vantaggiosa (OEPV) l'eccezione da motivare.
Nei casi di cui all'art. 95 comma 3, rimane la regola dell'OEPV. Si tratta dei contratti relativi ai **servizi sociali e di ristorazione** ospedaliera, assistenziale e scolastica, nonché ai servizi **ad alta intensità di manodopera.** Inoltre, vi sono i contratti relativi all'affidamento dei servizi di ingegneria e architettura e degli altri **servizi di natura tecnica e intellettuale** di importo pari o superiore a 40.000 euro.
Con il decreto sblocca cantieri è esteso **il criterio di aggiudicazione dell'offerta economicamente più vantaggiosa anche per** i contratti di servizi e le forniture di importo pari o superiore a 40.000 euro caratterizzati da **notevole contenuto tecnologico o che hanno un carattere innovativo**.

Nel criterio di aggiudicazione dell'offerta economicamente più vantaggiosa è **eliminato il tetto del 30% per il punteggio economico.**
Il d.l. n. 32 del 2019, c.d. sblocca cantieri, riscrivendo il comma 5 dell'art. 36 prevede, in maniera innovativa, che **le stazioni appaltanti possono decidere che le offerte siano esaminate prima della verifica della documentazione relativa al possesso dei requisiti di carattere generale e di quelli di idoneità e capacità degli offerenti**. Tale facoltà può essere esercitata **se specificamente prevista dal bando di gara o nell'avviso con cui si indice la procedura**. Se si avvalgono di tale facoltà, le stazioni appaltanti verificano in maniera imparziale e trasparente che nei confronti del miglior offerente non ricorrano motivi di esclusione e che sussistano i requisiti e le capacità di cui all'art. 83 stabiliti dalla stazione appaltante: tale controllo è esteso a campione, anche sugli altri partecipanti, secondo le modalità indicate nei documenti di gara. Sulla base dell'esito di tale verifica si procede eventualmente a ricalcolare la soglia di anomalia di cui all'art. 97. Resta salva dopo l'aggiudicazione, la verifica sul possesso dei requisii richiesti ai fini della stipula del contratto.

▶ 7.1. Le novità introdotte dal d.l. n. 76/2020 e dal d.l. n. 77/2021 (c.d. Decreto Semplificazioni)

La materia dei contratti pubblici è stata investita in modo significativo dall'emergenza Covid-19: in tale ottica vanno lette le novità apportate dal d.l. n. 76/2020, c.d. Decreto Semplificazioni. Alcune delle novità più significative riguardano, per l'appunto, la disciplina degli appalti sottosoglia.
È bene innanzitutto precisare come la disposizione s'applicherà alle **procedure d'affidamento indette con determina a contrarre adottata entro il 31.7.2021**: le principali novità derogatorie sono:

- si potrà infatti ricorrere ad **affidamenti diretti per lavori, servizi e forniture entro 150 mila euro**. In definitiva, si innalza considerevolmente la soglia per ricorrere a tale tipologia di affidamenti che, nella vigenza dell'art. 36, comma 2 lett. a), era consentita entro i 40.000 mila euro;
- si potrà invece ricorrere alla **procedura negoziata**, senza previa pubblicazione del bando, *ex* art. 63 del Codice appalti, per **l'affidamento di servizi e forniture pari o superiori a 150 mila euro ed entro il limite delle soglie comunitarie (attualmente 214 mila euro) e lavori tra i 150 mila e i 350 mila euro**, con consultazione di almeno 5 operatori economici ed applicazione del principio di rotazione degli inviti;
- per **l'affidamento dei lavori d'importo superiore ai 350 mila ed entro 1 milione di euro**, **procedura negoziata** *ex* art. 63 previa consultazione di almeno 10 operatori economici;

- per **l'affidamento di lavori d'importo superiore a 1 milione di euro ed entro le soglie comunitarie**, sempre con **procedura** negoziata *ex* art. 63 e previa consultazione di almeno 15 operatori economici, nel rispetto del principio di rotazione degli inviti.

Inoltre, è opportuno rilevare che, per quanto concerne gli affidamenti diretti, questi potranno essere effettuati mediante semplice determina a contrarre, contenente almeno gli elementi essenziali di cui all'art. 32 Codice dei contratti pubblici.

Sempre per gli affidamenti sottosoglia, viene altresì prevista la possibilità di non procedere previa richiesta della cauzione provvisoria di cui all'art. 93 del codice, salvo particolari esigenze dell'amministrazione (da motivarsi nello specifico).

L'art. 51 **d.l. n. 77/2021** proroga il termine previsto dall'art. 1, comma 1, del d.l. n. 76/2020 al 30 giugno 2023 per le procedure per l'incentivazione degli investimenti pubblici durante il periodo emergenziale in relazione all'aggiudicazione dei contratti pubblici sottosoglia. Come anticipato, tali procedure prevedono le modalità di affidamento semplificate per l'affidamento sottosoglia (e l'aumento della soglia per procedere con affidamenti diretti e possibilità di utilizzare le procedure negoziate senza pubblicazione del bando). La novella interviene sul comma 2 del medesimo art. 1, confermando l'affidamento diretto per i lavori fino a 150.000 euro ed elevando a 139.000 euro il limite per l'affidamento diretto, anche senza consultazione di più operatori economici, delle forniture e servizi (ivi inclusi servizi di ingegneria e architettura) nel rispetto dei principi di efficacia, efficienza ed economicità di cui all'articolo 30 del codice dei contratti pubblici. Si prevede, inoltre, la procedura negoziata con 5 operatori per i lavori oltre i 150.000 euro e fino a un milione e per forniture e servizi (ivi inclusi servizi di ingegneria e architettura) da 139 mila euro fino alle soglie comunitarie, mentre, per i lavori di importo pari o superiore ad un milione e fino a soglia comunitaria, l'invito deve riguardare almeno dieci operatori.
In ragione di tali modifiche si semplifica l'affidamento dei contratti sotto soglia di forniture e servizi, uniformando le Amministrazioni centrali e le altre Pubbliche Amministrazioni, posto che le prime potranno procedere con affidamento diretto fino ad un importo di 139.000 euro e a gara comunitaria per affidamenti pari o superiori al predetto importo mentre le seconde potranno procedere mediante affidamento diretto fino a 139.000 euro, mediante procedura negoziata con 5 inviti fino alla soglia di cui all'art. 35 Codice dei contratti pubblici e per importi pari o superiori alla soglia di cui all'art. 35 codice dei contratti a gara comunitaria (procedura aperta o ristretta).

8. Il riparto di competenze legislative in materia di contratti pubblici.

Nella materia degli appalti pubblici si è posto il problema della ripartizione delle competenze normative tra Stato e regioni.
Il delicato nodo interpretativo nasce per effetto della **mancata previsione**, nell'art. 117 Cost., **della materia dei contratti pubblici né tra quelle attribuite alla legislazione esclusiva dello Stato né tra quelle oggetto di competenza legislativa concorrente**. Il legislatore ha offerto una soluzione normativa alla questione delle interferenze della disciplina statale con gli ambiti di competenza delle Regioni, attraverso l'art. 2 Codice dei contratti pubblici, stabilendo che:

- le disposizioni contenute nel presente codice sono adottate nell'esercizio della **competenza legislativa esclusiva statale** in materia di tutela della concorrenza, ordinamento civile, nonché nelle altre materie cui è riconducibile lo specifico contratto;
- le Regioni a statuto ordinario esercitano le proprie funzioni nelle materie di competenza regionale ai sensi dell'art. 117 della Costituzione;
- le Regioni a statuto speciale e le Province autonome di Trento e di Bolzano adeguano la propria legislazione secondo le disposizioni contenute negli statuti e nelle relative norme di attuazione.

9. Il procedimento ad evidenza pubblica.

Attraverso il procedimento di evidenza pubblica il contraente pubblico forma e manifesta la volontà di addivenire alla stipula di un determinato contratto, "evidenziando" i motivi di pubblico interesse che intende perseguire con quello specifico atto negoziale.

Discussa la **natura giuridica** degli atti dell'evidenza pubblica:
- secondo la **concezione pubblicistica**, la procedura ad evidenza pubblica va intesa alla stregua di un *iter* volto all'individuazione della persona dell'altro contraente;
- secondo la **concezione privatistica-negoziale**, invece, la procedura ad evidenza pubblica è considerata una fase pre-negoziale, antecedente la stipula del contratto, assimilabile alla fase delle trattative precontrattuali.

In realtà, le due prospettive ermeneutiche non sono inconciliabili, ritenendosi che l'evidenza pubblica dia luogo ad una "fattispecie a doppio stadio", la fase pubblicistica accompagnando parallelamente, in un certo senso "doppiando", la fase di diritto privato (Picone). Quanto alla struttura, la procedura ad evidenza pubblica si articola in diverse fasi, in specie quelle:
- della determinazione a contrarre;
- della pubblicazione del bando di gara;
- della scelta del contraente;
- dell'aggiudicazione e stipula del contratto;
- dell'approvazione e degli eventuali controlli.

10. La deliberazione a contrarre.

La **delibera a contrarre** è l'atto caratterizzante la fase preliminare del procedimento di evidenza pubblica, con il quale la P.A., esponendo **le ragioni di pubblico interesse** che supportano la decisione, esprime l'intento di addivenire alla stipula di un contratto di un certo tipo e contenuto. La delibera a contrarre deve contenere:

- gli elementi essenziali del contratto
- i criteri di selezione degli operatori economici e delle offerte, in conformità all'ordinamento dell'amministrazione aggiudicatrice ed ai suoi atti di programmazione.

La norma, inoltre, colloca la determinazione, in un **momento anteriore all'avvio della procedura di affidamento.** La delibera a contrarre si configura come **atto meramente interno**, inidoneo a far nascere alcuna situazione soggettiva tutelabile in capo a terzi potenzialmente interessati, che non potranno, quindi, pretendere che la medesima venga necessariamente eseguita. Fino alla pubblicazione del bando o all'inoltro delle lettere di invito ai vari concorrenti la delibera è **revocabile *ad nutum* da parte della P.A.** Tuttavia, la sua mancanza determina illegittimità di tutti gli atti della sequenza procedimentale per invalidità derivata.

11. Il bando di gara.

Il bando di gara (art. 129 Codice dei contratti pubblici), costituisce:
A. da un lato, l'atto di attuazione della delibera a contrarre;
B. dall'altro, l'atto strumentale e preparatorio rispetto al successivo provvedimento di aggiudicazione, destinato a concludere la procedura di evidenza pubblica.

Con esso la P.A. indice la gara attraverso la sua pubblicazione, "rende nota l'intenzione di aggiudicare un appalto pubblico" (art. 129). Occorre rilevare che l'art. 71 del nuovo Codice dei contratti impone che tutte le procedure di scelta del contraente siano indette mediante bandi di gara e si affida all'ANAC l'adozione di bandi tipo alla cui conformità le stazioni appaltanti sono tenute ad adeguarsi, salva diversa motivazione resa nota nella delibera a contrarre.

Controversa la **natura giuridica** del bando di gara:

- secondo la concezione **privatistica-negoziale**, il bando è **un'offerta al pubblico** o, nell'impostazione più recente, **un invito ad offrire**, mancando in esso l'indicazione del prezzo, non può infatti valere come proposta contrattuale;
- secondo la concezione **pubblicistica**, il bando di gara è un **tipico atto amministrativo**, il cui scopo non è solo quello di manifestare l'intento della P.A. di stipulare un contratto, ma soprattutto quello di dare inizio e regolare la fase procedimentale volta all'accertamento dell'offerta.

Si qualifica così il bando di gara come **atto amministrativo generale**.
Degli atti normativi difetterebbero, quindi, i tradizionali ed indispensabili requisiti della:

1. generalità → i bandi sono rivolti a **soggetti** che, sebbene non determinabili *ex ante*, divengono **individuabili** ***ex post***;
2. innovatività → i bandi sono volti a disciplinare non già l'attività della PA nel suo complesso, bensì il **singolo procedimento**;
3. astrattezza → le regole fissate dal bando non sono suscettibili di indefinita ripetibilità, in quanto volte a disciplinare lo svolgimento della singola gara.

L'adesione all'una o all'altra prospettiva ha rilevanti implicazioni: l'ascrizione della natura provvedimentale reca con sé l'esclusione della disapplicabilità del bando ed il suo assoggettamento al regime di impugnazione proprio degli atti amministrativi.

12. L'impugnazione delle clausole del bando.

La natura strumentale e preparatoria del bando di gara implica che le disposizioni in esso contenute **non presentino normalmente un'immediata incisività sulle posizioni giuridiche soggettive**, destinate a risultare lese solo a seguito dell'aggiudicazione. Prima di tale momento, la lesione della posizione soggettiva del privato ha carattere solo potenziale. Quanto osservato ha indotto la giurisprudenza a concludere per la **non impugnabilità immediata delle clausole del bando**, contestabile, quindi congiuntamente all'atto applicativo, il solo destinato a determinare una lesione attuale (**c.d. impugnativa differita**).
La regola dell'impugnazione differita soffre, tuttavia, **un'eccezione**, allorché vengano in considerazione **clausole del bando immediatamente idonee a sortire effetti lesivi**: per queste vale la diversa regola che impone l'impugnazione immediata (Cons. St., Ad. Pl., 29 gennaio 2003, n. 1; in senso contrario si esprime, il Con. St., sez. VI, ord. 1° febbraio 2013, n. 634).

Nel dettaglio, l'Adunanza plenaria ha ritenuto l'onere dell'immediata impugnazione del bando di gara soltanto relativamente alle **clausole che**, prescrivendo per la partecipazione taluni requisiti, **precludano l'accesso dell'interessato alla procedura** e per quelle che prescrivano **oneri assolutamente incomprensibili o manifestamente sproporzionati**.

Si è posto anche il problema della necessità o meno della domanda di partecipazione alla gara quale condizione di impugnabilità del bando. Al riguardo, la giurisprudenza prevalente sostiene che la **partecipazione ad una procedura selettiva** costituisce la **condizione necessaria** per radicare **l'interesse a ricorrere contro i provvedimenti conclusivi della relativa procedura**, atteso che solo la partecipazione alla gara evidenzia un interesse specifico e differenziato a contestare le modalità di svolgimento della procedura, con riguardo alla legittimità della valutazione delle offerte e alla correttezza delle operazioni selettive. Anche in tal caso, sono state individuate alcune eccezionali ipotesi in cui la partecipazione alla gara non costituisce requisito di legittimazione a ricorrere (Cons. St., sez. V, 25 agosto

2008, n. 4059; confermato da Cons. St., Ad. Pl., 7 aprile 2011, n. 4). Si tratta essenzialmente:
– dell'ipotesi in cui il ricorrente lamenta proprio la violazione delle regole di pubblicità del bando;
– del caso in cui l'interessato contesti la decisione della P.A. di indire la gara;
– del caso in cui si contesti una clausola che impedisce la partecipazione di determinate categorie di soggetti.

È opportuno evidenziare che la questione relativa all'immediata impugnabilità delle clausole del bando, è ad oggi ancora oggetto di discussione. Ed infatti, Consiglio di Stato (Cons. St., sez. III, ordinanza 7 novembre 2017, n. 5138) ha recentemente rimesso all'Adunanza Plenaria la questione avente ad oggetto l'opportunità di rileggere i principi espressi all'A.P. 1/2003 (e sopra richiamati), prevedendo l'onere di impugnazione immediata del bando anche per il caso di erronea adozione del criterio del prezzo più basso, il luogo del miglior rapporto tra qualità e prezzo:
- alla luce della direttiva ricorsi, in quanto nella disciplina eurounitaria manca una puntuale indicazione del momento in cui deve essere consentito alla parte l'esercizio del diritto al ricorso, prevalendo un indirizzo propenso a anticipare l'ambito di legittimazione e di interesse ad impugnare, in ottica di protezione generale della concorrenza;
- alla luce della normativa nazionale, ed in particolare:
I) dell'espressa comminatoria di nullità delle clausole espulsive autonomamente previste dalla stazione appaltante (comma 1bis dell'art. 46, d.lgs. n.163/2006 e dell'art. 83, comma 8 d.lgs. 50/2016) inteso come "indizio della vocazione generale ed autonoma dell'interesse a partecipare"; alla luce della normativa nazionale, ed in particolare:
II) dell'espressa comminatoria di nullità delle clausole espulsive autonomamente previste dalla stazione appaltante (comma 1-*bis* dell'art. 46, d.lgs. n.163/2006 e dell'art. 83, comma 8 d.lgs. 50/2016) inteso come "indizio della vocazione generale ed autonoma dell'interesse a partecipare";
III) della previsione dell'onere di immediata impugnazione dell'altrui ammissione alla procedura di gara (art. 120 c.p.a., commi 2-*bis* e 6-*bis*);
IV) dell'istituto delle raccomandazioni vincolanti ANAC di cui all'art. 211, comma 2 d.lgs. 50/2016 e, dopo la sua abrogazione, della legittimazione di ANAC ad impugnare bandi ed atti generali e provvedimenti relativi a contratti di rilevante impatto, emessi da qualsiasi stazione appaltante, qualora ritenga che violino le norme in materia di contratti pubblici relativi a lavori, servizi e forniture.

Tali disposizioni evidenzierebbero la necessità di assicurare il corretto svolgimento delle procedure di appalto nell'interesse di tutti i partecipanti e di quello collettivo dei cittadini a prescindere dall'interesse del singolo partecipante all'aggiudicazione. Ne deriverebbe, secondo la sezione rimettente, che se l'ordinamento introduce nuovi strumenti processuali volti a garantire la corretta competizione per l'aggiudicazione dei contratti pubblici, sarebbe irragionevole ipotizzare carenze di legittimazione al ricorso e di interesse al ricorso nei confronti del soggetto potenzialmente leso da una clausola del bando.
Tale interpretazione, tuttavia, non è stata accolta dall'**Adunanza Plenaria n. 4 del 26 aprile 2018.** L'Alto Consesso, infatti, non rinvenendo motivi per discostarsi dall'orientamento tradizionale cristallizzato con l'Adunanza Plenaria n. 1/2003, **ha affermato che le clausole del bando che non rivestono portata escludente, come le clausole attinenti ai criteri di valutazione, devono essere impugnate unitamente al provvedimento lesivo e possono essere impugnate unicamente dall'operatore economico che abbia partecipato alla gara o manifestato formalmente il proprio interesse alla procedura.**
Si è a lungo discusso in dottrina ed in giurisprudenza circa l'effetto dispiegato dall'**annullamento del bando di gara**, che contenga clausole immediatamente lesive, sulla sorte degli atti successivi al bando stesso, con l'intento di verificare se tale annullamento abbia **effetto caducante** o **meramente viziante.**
Allo stato è prevalente, in giurisprudenza, la tesi secondo cui l'impugnazione del bando immediatamente lesivo non obbliga il ricorrente ad impugnare anche gli atti procedimentali, automaticamente travolti per effetto della caducazione del bando di gara, al fine di evitare al ricorrente il gravoso onere di dover ricercare tutti i "controinteressati successivi". Tuttavia, la più recente giurisprudenza amministrativa ha precisato che la possibilità immediata di impugnazione dell'atto lesivo non si deve tradurre in un esonero dal dovere

di impugnazione anche dell'atto finale (Cons. St., sez. V, 10 maggio 2010, n. 2766). Tale posizione, si spiega, invece, per l'esigenza di tutelare i terzi controinteressati al mantenimento degli atti successivi della procedura.
Ulteriore profilo inerente al regime dei bandi di gara riguarda la possibilità di **disapplicare le clausole del bando**. Una parte minoritaria della giurisprudenza, prendendo le mosse dalla qualificazione dei bandi di gara *sub* specie di atti normativi, ne ha ammesso la disapplicazione. La tesi è ripudiata da chi, invece, assume la natura amministrativa dei bandi. L'orientamento giurisprudenziale prevalente è quindi nel senso che il bando di gara non può essere mai disapplicato (Cons. St., sez. V, 23 giugno 2014, n. 3150; Id., sez. IV, 16 giugno 2015, n. 2988; CGUE, 27 febbraio 2003, C-327/2000, Santex).

13. La partecipazione alla procedura di gara e i requisiti soggettivi.

A) Requisiti soggettivi e cause di esclusione

Il Codice prevede una serie di requisiti soggettivi che legittimano a partecipare alla gara di appalto, distinti in requisiti di:

- ordine morale
- formale
- economico-finanziario e tecnico.

Coerentemente, l'art. 80 dello Codice disciplina le **c.d. cause di esclusione dalla partecipazione alle gare**, conseguenti al mancato possesso dei requisiti soggettivi di cui tutti i concorrenti devono disporre per poter contrattare con la P.A.
I requisiti soggettivi, tradizionalmente definiti anche "**di ordine pubblico o di moralità**", consistono essenzialmente in condizioni soggettive del concorrente suscettibili, ove insussistenti, di precluderne la partecipazione alla gara; qualora a procedura in corso vengano meno, la stazione appaltante può quindi rifiutarsi di attendere alla stipulazione del contratto.
Il Codice ha esteso il requisito della "**gravità**", relativa alle violazioni eventualmente commesse dal concorrente alla gara, anche ad ipotesi per le quali, in precedenza, esso non era determinante ai fini della valutazione da parte della stazione appaltante.
L'art. 80, comma 5, lett. c), d.lgs. 50/2016, che individua i c.d. "**gravi illeciti professionali**" dell'operatore economico, **rappresenta una disposizione innovativa** rispetto alla previgente disciplina perché abbraccia molteplici fattispecie, anche diverse dall'errore o negligenza, e include condotte che intervengono non solo in fase di esecuzione contrattuale, ma anche in fase di gara (parere della Commissione speciale del Cons. St., 3 novembre 2016, n. 2286, Cons. St., Sez. V, 4 dicembre 2017, n. 5704). **Secondo il Cons. St., Sez. V, 2 marzo 2018, n. 1299,** l'elencazione contenuta nell'art. 80, comma 5, lett. c) ha carattere meramente esemplificativo, rimettendo alla stazione appaltante la possibilità di individuare ulteriori ipotesi non espressamente contemplate. Ciò è confermato dall'utilizzo dell'espressione "tra questi rientrano". Questa interpretazione è stata condivisa anche dall'ANAC.
Da ultimo, il Cons. St., Sez. V, ord., 23 agosto 2018, n. 5033, e Cons. St., Sez. V, ord., 3 maggio 2018, n. 2639 hanno rimesso alla Corte di giustizia UE la questione se il diritto dell'Unione europea osti ad una normativa nazionale, quale l'art. 80, comma 5, lett. c), d.lgs. 18 aprile 2018, n. 50, che, definita quale causa di esclusione obbligatoria di un operatore economico il "grave illecito professionale", stabilisce che, nel caso in cui l'illecito professionale abbia causato la risoluzione anticipata di un contratto d'appalto, l'operatore può essere escluso solo se la risoluzione non è contestata o è confermata all'esito di un giudizio. La Sezione ha, infatti, chiarito che la norma interna fa dipendere dalla scelta dell'operatore economico – se impugnare la risoluzione – la decisione dell'amministrazione; a fronte di "gravi illeciti professionali" simili, allora, un operatore sarà escluso in quanto non ha proposto impugnazione giurisdizionale della risoluzione e l'altro, per averla proposta, non potrà essere escluso.
Occorre infine evidenziare come il nuovo Codice, innovando significativamente rispetto alle precedenti disposizioni, impone al concorrente di **dichiarare tutte le condanne penali disposte nei suoi confronti**,

ivi comprese quelle per le quali abbia beneficiato della non menzione.
Altra novità è **l'ampliamento del catalogo di reati** che, in caso di condanna definitiva o sentenza *ex* art. 444 c.p.p. determinano l'esclusione dalla gara del titolare o di altri rappresentanti dell'impresa.
Con riguardo ai requisiti di capacità economico-finanziaria e tecnico-organizzativa (e non anche a quelli di ordine generale), è attribuito alla stazione appaltante il potere di controllare, nel corso della procedura di affidamento, che le imprese partecipanti posseggano effettivamente i requisiti dichiarati. La documentazione comprovante il possesso dei requisiti di carattere generale, tecnico-organizzativo ed economico-finanziario per la partecipazione alle procedure è acquisita presso la Banca dati nazionale dei contratti pubblici istituita presso l'Autorità nazionale anticorruzione e prevista dall'art. 213 d.lgs. n. 50 del 2016.
Per quanto riguarda la disciplina introdotta dal nuovo Codice dei contratti pubblici, ai sensi dell'art. 83, comma 9, d.lgs. n. 50 del 2016, le carenze di qualsiasi elemento formale della domanda possono essere sanate **attraverso la procedura di soccorso istruttorio**.
La previsione di un soccorso istruttorio a "pagamento" è stata eliminata dal d.lgs. 19 aprile 2017, n. 56.
In particolare, in caso di **mancanza, incompletezza e di ogni altra irregolarità essenziale degli elementi e del documento di gara unico europeo** di cui all'art. 85, con esclusione di quelle afferenti all'offerta economica e all'offerta tecnica, la stazione appaltante assegna al concorrente un termine, non superiore a dieci giorni, perché siano rese, integrate o regolarizzate le dichiarazioni necessarie, indicandone il contenuto e i soggetti che le devono rendere. In caso di inutile decorso del termine di regolarizzazione, il concorrente è escluso dalla gara. Costituiscono irregolarità essenziali **non sanabili le carenze della documentazione che non consentono l'individuazione del contenuto o del soggetto responsabile della stessa)**.
Secondo il Cons. St, A.P., sent. 27 luglio 2016, n. 19, per le **gare bandite anteriormente** all'entrata in vigore del nuovo Codice dei contratti pubblici e delle concessioni, approvato con **d.lgs. 18 aprile 2016, n. 50** (che ora risolve la questione prevedendo espressamente, all'art. 95, c. 10, l'obbligo di indicare gli oneri di sicurezza), nelle ipotesi in cui l'obbligo di indicazione separata dei costi di sicurezza aziendale non sia stato specificato dalla legge di gara, e non sia in contestazione che dal punto di vista sostanziale l'offerta rispetti i costi minimi di sicurezza aziendale, l'esclusione del concorrente non può essere disposta se non dopo che lo stesso sia stato invitato a regolarizzare l'offerta dalla stazione appaltante nel doveroso esercizio dei poteri di soccorso istruttorio.

Un'importante novità introdotta dal decreto-legge sblocca cantieri con il nuovo comma 5 dell'art. 36 del Codice Appalti è la facoltà per la stazione appaltante di **inversione dell'ordine tra apertura delle offerte e verifica dei requisiti purché sia specificamente prevista dal bando di gara o nell'avviso con cui si indice la procedura**.
Infine, il d.l. 76/2020 (Decreto semplificazioni) ha introdotto un'ulteriore causa di esclusione, applicabile a tutte le procedure che verranno indette dall'entrata in vigore del testo di legge sino al 31 luglio 2021, nonché a tutte quelle già pendenti e per cui non siano già scaduti i relativi termini di presentazione delle offerte: nello specifico, si introduce una causa d'esclusione per l'operatore economico che **abbia compiuto una violazione degli obblighi contributivi (imposte, tasse e contributi previdenziali) anche non definitivamente accertati**.
Si prevede un solo limite per ciò che concerne la "rilevanza" della fattispecie, in quanto potrà intendersi **"grave violazione" solamente un'irregolarità fiscale o contributiva pari ad almeno 5.000 euro**.

B) Partecipazione in forma associata alla gara: i raggruppamenti temporanei di impresa

In un'ottica di massima apertura alla partecipazione, l'ordinamento (art. 48, d.lgs. n. 50/2016) consente la partecipazione associata alla gara, riconoscendo l'accesso ai raggruppamenti temporanei di imprese (RTI o anche ATI).
Il raggruppamento può essere:

A. **orizzontale**, quando le riunioni di concorrenti sono finalizzate a realizzare i lavori della stessa categoria (art. 48, co. 1) o ad eseguire il medesimo tipo di prestazione nell'appalto di fornitura o servizi (art. 48, co. 2);
B. **verticale**, quando la suddivisione è qualitativa (art. 48, co. 1) o quando il mandatario esegua le

prestazioni di servizi o di forniture indicate come principali anche in termini economici e i mandanti quelle indicate come secondarie (art. 48, c. 2). Sul punto, il **Cons. St., Sez. V, 7 dicembre 2017, n. 5772**, sulla scia dell'Ad. Plen. 13 giugno 2012, n. 22, ha chiarito che si configura la possibilità di dar vita a raggruppamenti di tipo verticale, solo laddove la stazione appaltante abbia preventivamente individuato negli atti di gara, con chiarezza, le prestazioni "principali" e quelle "secondarie", con la conseguenza che è precluso al partecipante alla gara procedere di sua iniziativa alla scomposizione del contenuto della prestazione, distinguendo fra prestazioni "principali" e "secondarie", onde ripartirle all'interno di un raggruppamento di tipo verticale.

Sul piano del regime della responsabilità, nelle **ATI orizzontali** ciascuna delle imprese riunite è responsabile **solidalmente** nei confronti della stazione appaltante, mentre nelle **ATI verticali** le mandanti rispondono **ciascuna per le prestazioni assunte** e la mandataria risponde in via solidale con ciascuna delle imprese mandanti in relazione alle rispettive prestazioni secondarie. La disciplina dei raggruppamenti d'impresa in materia di contratti pubblici è finalizzata a consentire, mediante **il principio del cumulo dei requisiti**, la partecipazione congiunta di una pluralità di operatori economici anche di ridotte dimensioni a gare di appalti di notevole entità e, al contempo, permette la realizzazione dell'appalto nell'interesse della stazione appaltante con la valorizzazione dell'unione delle risorse e delle capacità tecnico-organizzative ed economico-finanziarie di più imprese, con ampliamento delle garanzie per la stessa stazione appaltante.
Ai fini della qualificazione alla gara assume rilevanza **la "sommatoria" dei requisiti tecnici ed economici** delle imprese raggruppate, secondo i parametri specificati dalla legge e dai regolamenti attuativi. Il raggruppamento temporaneo di imprese non istituzionalizza un soggetto diverso dalle singole imprese che aggregano le proprie potenzialità economiche. La singola impresa è, quindi, titolare in corso di gara di una posizione di interesse legittimo al regolare svolgimento della procedura, che può tutelare anche in caso di inerzia delle altre imprese associate a proporre congiunta impugnativa (Consiglio di Stato, sez. VI, 8 febbraio 2013, n. 714). In ogni caso, ai raggruppamenti sono imposte rigorose disposizioni in ordine alla quota di qualificazione, quale misura dell'effettiva capacità dell'impresa di eseguire correttamente la prestazione.
L'elemento centrale del raggruppamento di imprese è il **mandato**: le imprese riunite conferiscono, infatti, alla capogruppo un mandato collettivo, gratuito ed irrevocabile, in forza del quale l'impresa mandataria è abilitata a concorrere alla gara in nome e per conto di tutte le imprese raggruppate, assumendo la piena ed esclusiva rappresentanza delle stesse nei confronti della stazione appaltante per tutta la durata dell'appalto, fino all'estinzione del rapporto contrattuale con la P.A. Non è prevista la costituzione di un organismo comune tra le imprese riunite, fra le quali intercorre quindi **soltanto un accordo temporaneo**. Tuttavia, la stazione appaltante è tutelata dalla previsione per cui dalla presentazione dell'offerta consegue la **responsabilità solidale delle imprese** raggruppate nei suoi confronti, oltre che dei subappaltatori e dei fornitori del RTI aggiudicatario. Sempre a tutela dell'affidabilità del RTI, è posto divieto di modifica della composizione del RTI rispetto a quella risultante dall'impegno presentato in sede di offerta. La disciplina prevista per la qualificazione delle a.t.i. si applica anche ai consorzi ordinari, ammessi a partecipare alle gare di appalto, oggi anche di servizi e forniture; gli stessi si distinguono dal RTI, in quanto forniti di autonoma soggettività giuridica.

C) Il contratto a rete

Il contratto di rete ha trovato una disciplina positiva nell'art. 3, co. 4-*ter* e ss., d.l. 10 febbraio 2009, n. 5. modificato dall'art. 36, comma 4, d.l. 18 ottobre 2012, n. 179, convertito, con modificazioni, in l. 17 dicembre 2012, n. 221, che ne definisce elementi ed obiettivi principali. Il comma 14 dell'art. 48 d.lgs. n. 50 del 2016 stabilisce l'estensione, per quanto compatibile, della disciplina dettata per i RTI ed i consorzi. Con tale tipologia di contratto il legislatore ha inteso creare un nuovo strumento aggregativo che favorisca la collaborazione strategica tra imprese per il raggiungimento di comuni obiettivi di sviluppo, senza incidere sulla rispettiva autonomia imprenditoriale. Esso si affianca, pertanto, ai tradizionali strumenti sinora impiegati a tal fine, quali il contratto di società o di consorzio, ma se ne differenzia per una maggiore snellezza e flessibilità.

D) Il contratto di avvalimento

Il contratto di avvalimento è un **contratto atipico** assimilabile al mandato, per mezzo del quale l'impresa ausiliaria pone a disposizione dell'impresa partecipante alla gara la propria azienda, intesa notoriamente quale complesso di beni organizzato per l'esercizio delle attività di impresa (cfr. art. 2555 c.c.); il contratto concluso dalle parti ben può essere configurato quale contratto unilaterale con obbligazioni assunte da una sola delle parti e nel quale la presunzione di onerosità può essere superata da una prova contraria o dalla prassi. Con tale istituto si riconosce la possibilità di servirsi, per partecipare alla gara, dei requisiti prestati da altri soggetti, distinti dal concorrente ma allo stesso legati da una relazione giuridica qualificata. Si realizza, così, **il possesso *per relationem* dei requisiti per concorrere**: si parla anche di "qualificazione indiretta".

La nuova disciplina codicistica (**art. 89**) è caratterizzata, per un verso, da un ampio riconoscimento dell'istituto in questione (applicabile a tutti gli appalti, di servizi, lavori o forniture), e per altro verso, dalla previsione di rigide limitazioni, quest'ultime dettate dalla necessità di evitare, attraverso l'avvalimento, l'affidamento degli appalti pubblici ad imprese che costituiscano "scatole vuote", la cui partecipazione non è corredata dalla dimostrazione di aver acquisito nel tempo e con risultati concreti un'effettiva affidabilità tecnica ed economico-finanziaria.

L'avvalimento non può essere utilizzato per supplire alla carenza di qualsiasi requisito in capo al concorrente, essendo il suo **ambito applicativo limitato ai requisiti oggettivi di ordine speciale, economico-finanziari e tecnico-organizzativi,** ivi compresa l'attestazione SOA per i lavori pubblici purché in quest'ultimo caso, tra l'impresa che si avvale dei requisiti e l'impresa ausiliaria esista un rapporto di controllo.

L'art. 89, comma 3, del d.lgs. 50/2016, prevede che la stazione appaltante verifica se i soggetti della cui capacità l'operatore economico intende avvalersi, soddisfano i pertinenti criteri di selezione o se sussistono motivi di esclusione e, in caso negativo, impone all'operatore economico di sostituire i soggetti che non soddisfano un pertinente criterio di selezione o per i quali sussistono motivi obbligatori di esclusione. Al riguardo, il Cons. St., Sez. V, 26 aprile 2018, n. 2527 ha chiarito che tale sostituzione, pur costituendo una deroga al principio dell'immodificabilità soggettiva del concorrente nel corso della procedura, risponde all'esigenza superiore di evitare l'esclusione dell'operatore per ragioni a lui non direttamente riconducibili.

Il d.lgs. 19 aprile 2017, n. 56 ha poi previsto che il contratto di avvalimento, a pena di nullità, contiene la specificazione dei requisiti forniti e delle risorse messe a disposizione da parte dell'impresa ausiliaria.

E) Il subappalto

Per effetto dell'art. **105** del Codice, la stazione appaltante, già nel progetto e nel bando di gara, deve precisare quali saranno le prestazioni subappaltabili.

I soggetti affidatari dei contratti di norma eseguono in proprio le opere o i lavori, i servizi, le forniture compresi nel contratto che non può essere ceduto a pena di nullità. Tuttavia, è ammesso il subappalto e cioè il contratto con il quale **l'appaltatore affida a terzi l'esecuzione di parte delle prestazioni o lavorazioni oggetto del contratto di appalto.** Costituisce subappalto qualsiasi contratto avente ad oggetto attività del contratto di appalto ovunque espletate che richiedono l'impiego di manodopera.

Il subappalto attiene alle vicende **esecutive** dell'appalto aggiudicato, infatti, le prestazioni sono eseguite dal subappaltatore attraverso il complesso organizzato di beni e persone che costituisce la sua azienda; si realizza pertanto un'eccezione alla regola, sancita dall'art. 105, co. 1, secondo la quale i soggetti affidatari dei contratti pubblici sono tenuti ad eseguire in proprio le opere ed i lavori.

L'esecuzione delle prestazioni affidate in subappalto non può formare oggetto di ulteriore subappalto. Il subappalto viene ridefinito dall'art. 69 del correttivo appalti, al comma 2 dell'art. 105 del Codice con il seguente periodo: "Costituisce, comunque, subappalto qualsiasi contratto avente ad oggetto attività ovunque espletate che richiedono l'impiego di manodopera, quali le forniture con posa in opera e i noli a caldo, se singolarmente di importo superiore al 2 per cento dell'importo delle prestazioni affidate o di importo superiore a 100.000 euro e qualora l'incidenza del costo della manodopera e del personale sia superiore al 50 per cento dell'importo del contratto da affidare".

Il decreto c.d. sblocca cantieri ha abrogato il comma 6 dell'art. 105 del Codice che rendeva obbligatoria **l'indicazione della terna di sub-appaltatori in sede di offerta**, eliminando tale obbligo.

Inoltre, il medesimo **d.l. n. 32 del 2019 ha innalzato al 50 per cento dell'importo complessivo del contratto di lavori, servizi o forniture il limite** (prima fissato al 30 per cento) stabilito dal terzo periodo del comma 2 dell'art. 105 del Codice per adeguarsi a quanto stabilito dal diritto europeo e ribadito anche con sentenza della Corte di Giustizia (C-298/15) in materia di illegittimità dei limiti preventivi del subappalto. Viene eliminato l'obbligo per l'offerente di dimostrare l'assenza, in capo ai subappaltatori, di motivi di esclusione; è previsto che il contraente generale provveda a sostituire i subappaltatori relativamente ai quali apposita verifica abbia dimostrato la sussistenza dei motivi di esclusione

Si è, inoltre, definitivamente vietato l'affidamento di prestazioni in subappalto a imprese che abbiano partecipato alla medesima procedura in concorrenza con l'impresa appaltatrice.

▶ Le novità introdotte dal d.l. n. 77/2021

Il **d.l. n. 77/2021** modifica l'art. 105 del codice dei contratti pubblici in materia di subappalto al fine di risolvere alcune criticità evidenziate dalla Commissione UE con la procedura di infrazione n. 2018/ 2273, in particolare con riferimento alla criticità della disposizione contenuta nell'art. 105 che pone un limite percentuale al subappalto prestabilito per legge su tutti gli appalti.

Innanzitutto, si stabilisce che, fino al 31 ottobre 2021, in deroga all'art. 105, commi 2 e 5, del d.lgs. 18 aprile 2016, n. 50, **il subappalto non può superare la quota del 50%** dell'importo complessivo del contratto di lavori, servizi o forniture. Di conseguenza viene abrogato l'art. 1, comma 18, primo periodo, del d.l. 18 aprile 2019, n. 32, convertito, con modificazioni, dalla l. 14 giugno 2019, n. 55 che prevede l'innalzamento del limite del subappalto dal 30 al 40 per cento fino al 31 dicembre 2021.

Inoltre, si provvede a modificare il comma 1 del citato art. 105 al fine di stabilire che, a pena di nullità, fatto salvo quanto previsto dall'art. 106, comma 1, lettera d) (modifiche ammesse del contratto), il contratto non può essere ceduto, non può essere affidata a terzi l'integrale esecuzione delle prestazioni o lavorazioni oggetto del contratto di appalto, nonché la prevalente esecuzione delle lavorazioni relative al complesso delle categorie prevalenti e dei contratti ad alta intensità di manodopera.

Infine, si modifica il comma 14 disponendo che il subappaltatore, per le prestazioni affidate in subappalto, deve garantire gli stessi ***standard* qualitativi e prestazionali** previsti nel contratto di appalto e riconoscere ai lavoratori un trattamento economico e normativo non inferiore a quello che avrebbe garantito il contraente principale, inclusa l'applicazione dei medesimi contratti collettivi nazionali di lavoro, qualora le attività oggetto di subappalto coincidano con quelle caratterizzanti l'oggetto dell'appalto ovvero riguardino le lavorazioni relative alle categorie prevalenti e siano incluse nell'oggetto sociale del contraente principale. Tale disposizione si rende necessaria per garantire la tutela dei lavoratori dagli eccessivi ribassi applicati ai subappaltatori anche alla luce della soppressione della previsione che stabilisce un limite percentuale (20 per cento) al ribasso. Tale soppressione si è resa necessaria per risolvere la procedura di infrazione sul punto, la quale ritiene l'ordinamento interno non compatibile con le direttive eurounitarie laddove si prevede un limite prestabilito per legge per il ribasso d'asta.

Si prevedono delle ulteriori modifiche al citato art. 105 che entrano in vigore a partire dal **1° novembre 2021**. In particolare, si sostituisce il terzo periodo del comma 2, dove è previsto il limite percentuale del subappalto, oggetto della citata procedura di infrazione, stabilendo che le stazioni appaltanti, nel rispetto dei principi di cui all'art. 30 del codice del 2016, previa adeguata motivazione nella determina a contrarre, eventualmente avvalendosi del parere delle Prefetture competenti, indicano nei documenti di gara le prestazioni o lavorazioni oggetto del contratto di appalto da eseguire a cura dell'aggiudicatario in ragione delle specifiche caratteristiche dell'appalto, ivi comprese quelle di cui all'art. 89, comma 11, dell'esigenza, tenuto conto della natura o della complessità delle prestazioni o delle lavorazioni da effettuare, di rafforzare il controllo delle attività di cantiere e più in generale dei luoghi di lavoro e di garantire una più intensa tutela delle condizioni di lavoro e della salute e sicurezza dei lavoratori ovvero di prevenire il rischio di infiltrazioni criminali, a meno che i subappaltatori siano iscritti nell'elenco dei fornitori, prestatori di servizi ed esecutori di lavori di cui al comma 52 del medesimo art. 1 ovvero nell'anagrafe antimafia degli esecutori istituita dall'art. 30 del d.l. 17 ottobre 2016, n. 189, convertito,

con modificazioni, dalla l. 15 dicembre 2016, n. 229.
Tali disposizioni si rendono opportune per consentire alle stazioni appaltanti di poter prevedere, previa adeguata motivazione, delle limitazioni al subappalto per casi di particolare rilevanza predeterminate per legge.
Il **d.l. n. 77/2021** abroga il comma 5 che prevede delle limitazioni del sub appalto per le opere c.d. super specialistiche; e interviene sul comma 8 al fine di prevedere che il contraente principale e il subappaltatore sono responsabili in solido nei confronti della stazione appaltante in relazione alle prestazioni oggetto del contratto di subappalto, a fronte della disposizione vigente la quale stabilisce che il contraente principale è responsabile in via esclusiva nei confronti della stazione appaltante.

Inoltre, le amministrazioni competenti devono:

- assicurare la piena operatività della Banca Dati Nazionale dei Contratti Pubblici di cui all'art. 81 del codice dei contratti pubblici, come modificato dal presente decreto-legge;
- adottare il documento relativo alla congruità dell'incidenza della manodopera, di cui all'art. 105, comma 16, del citato d.lgs. n. 50/2016 e all'art. 8, comma 10-bis, del decreto- legge 16 luglio 2020, n. 76, convertito, con modificazioni, dalla legge 11 settembre 2020, n. 120;
- adottare, entro novanta giorni dalla data di entrata in vigore del Decreto in argomento, il regolamento di cui all'art. 91, comma 7, del decreto legislativo 6 settembre 2011, n. 159. Si tratta del regolamento, adottato con decreto del Ministro dell'interno, di concerto con il Ministro della giustizia, con il Ministro delle infrastrutture e dei trasporti e con il Ministro dello sviluppo economico, ai sensi dell'art. 17, comma 3, della legge n. 400 del 1988, con cui sono individuate le diverse tipologie di attività suscettibili di infiltrazione mafiosa nell'attività di impresa.

Si prevede, infine, che per garantire la piena operatività e l'implementazione della banca dati di cui all'art. 81 del codice dei contratti pubblici è autorizzata la spesa di euro 1 milione per l'anno 2021 e di euro 2 milioni per ciascuno degli anni dal 2022 al 2026.
Inoltre, sempre in materia di subappalto, il **d.l. n. 77/2021** stabilisce che:

- le aziende, anche di piccole dimensioni (sopra i 15 dipendenti) che partecipano alle gare per le opere del PNRR e del Fondo complementare e che risultino affidatarie dei contratti, devono presentare un rapporto sulla situazione del personale in riferimento all'inclusione delle donne nelle attività e nei processi aziendale;
- tutte le informazioni relative alla programmazione, alla scelta del contraente, all'aggiudicazione ed esecuzione delle opere devono essere gestite e trasmesse alla banca dati dei contratti pubblici dell'Autorità Nazionale Anticorruzione (ANAC) attraverso l'impiego di piattaforme informatiche interoperabili;
- nelle more di una compiuta razionalizzazione, riduzione e qualificazione delle stazioni appaltanti, è vietato ai Comuni non capoluogo di affidare appalti per interventi del PNRR, dovendo ricorrere alle Unioni di Comuni, Consorzi, Città metropolitane, Province e Comuni capoluogo.

14. I sistemi di aggiudicazione e la selezione delle offerte.

A) Procedure di affidamento

Con il Codice dei contratti pubblici la terminologia nazionale utilizzata per indicare i sistemi di aggiudicazione è stata adeguata alla nomenclatura comunitaria. Così, pur senza apportare sostanziali modifiche, sono state abbandonate le tradizionali definizioni di asta pubblica, licitazione privata e trattativa privata, risalenti alla legge di Contabilità di Stato del 1923 e conservate nella successiva legislazione, ed è stata sancita la ripartizione tra procedure di affidamento degli appalti pubblici (e delle concessioni) "aperte", "ristrette" e "negoziate":

– procedure **aperte** sono quelle in cui ogni operatore economico interessato può presentare un'offerta;

– procedure **ristrette** sono quelle in cui possono presentare un'offerta soltanto gli operatori invitati dalle stazioni appaltanti. In tal caso, la gara si realizza soltanto tra le imprese già selezionate dall'amministrazione aggiudicatrice attraverso la lettera di invito;
– procedure **negoziate** sono quelle in cui le stazioni appaltanti consultano gli operatori economici scelti e negoziano con uno o più degli stessi le condizioni dell'appalto.

Il nuovo Codice dei contratti pubblici disciplina le procedure di scelta per il contraente nei settori ordinari dagli artt. 59 a 65 d.lgs. n. 50/2016, mentre l'art. 36 disciplina le modalità di aggiudicazione negli appalti sottosoglia.
Il comma 1 dell'art. 59 sancisce la regola secondo cui nell'aggiudicazione degli appalti le stazioni appaltanti possono utilizzare le procedure aperte o ristrette, previa pubblicazione di un bando o avviso di indizione di gara. Il nuovo Codice dei contratti consente alle stazioni appaltanti di fare ricorso ad altre procedure secondo quanto previsto dalle singole norme. Da ultimo, l'art. 1, c. 576, l. 11 dicembre 2016 n. 232 (legge di bilancio 2017), ha precisato che: "Per garantire la tutela degli interessi pubblici nelle attività di raccolta del gioco (…) la gestione di tali attività è affidata a uno o più soggetti scelti mediante procedure aperte, competitive e non discriminatorie".
Con il **decreto sblocca cantieri** è stato introdotto in via sperimentale l'appalto integrato prevedendo che il divieto di cui all'art. 59, comma 1, quarto periodo, non si applica altresì per le opere i cui progetti definitivi siano approvati dall'organo competente entro il 31 dicembre 2021, poi differito al 30 giugno 2023 dal d.l. n. 77/2021, con pubblicazione del bando entro i successivi dodici mesi dall'approvazione dei predetti progetti. Il soggetto incaricato della predisposizione del progetto esecutivo non può assumere le funzioni di direttore dei lavori in relazione al medesimo appalto.

▶ 14.1. diversi meccanismi di affidamento.

Il Codice dei contratti, recependo la Direttiva Unica Appalti, introduce nuovi meccanismi di affidamento alternativi alle procedure aperte e ristrette, volti a perseguire obiettivi diversi ed in grado di conciliare le diverse esigenze che di volta in volta le stazioni appaltanti vogliono realizzare.

▶ 14.1.1. L'accordo quadro.

Esso viene concluso tra una Stazione appaltante ed uno o più operatori economici, con lo scopo di stabilire le clausole relative agli appalti da aggiudicare durante un dato periodo (non superiore a 4 anni e 8 nei settori speciali), in particolare per quanto riguarda i prezzi e (eventualmente) le quantità previste; esso viene di solito utilizzato per i lavori di manutenzione o per servizi e forniture reiterate connotati da servizi e forniture reiterate, non agevolmente definibili prima della realizzazione dell'appalto. Il limite dei lavori di manutenzione non è stato però riprodotto nel codice degli appalti del 2016. Gli appalti basati sull'accordo quadro possono essere stipulati aggiudicati esclusivamente agli operatori economici che sono parti dell'accordo quadro che, ai sensi dell'art. 54, devono essere individuati tramite gara.

▶ 14.1.2. I sistemi dinamici di acquisizione, elettronica.

Si tratta di un sistema usato per l'acquisto di beni e servizi di uso corrente, le cui caratteristiche generalmente disponibili sul mercato soddisfano le esigenze della Stazione appaltante, limitato nel tempo (di durata non superiore a quattro anni) e aperto a qualsiasi operatore che soddisfi i criteri di selezione e che abbia presentato un'offerta indicativa conforme al capitolato d'oneri; ai sensi dell'art. 55 del Codice, l'operatore economico ammesso (in conformità al bando di gara semplificato) al sistema dinamico di acquisizione è poi invitato dalla stazione appaltante a partecipare al confronto concorrenziale presentando un'offerta finale per ogni appalto specifico da aggiudicare nell'ambito del sistema.

▶ 14.1.3. L'asta elettronica.

Si tratta di una particolare modalità di svolgimento della gara pubblica, espletata mediante l'utilizzo combinato di mezzi informatici e telematici, capaci di consentire lo snellimento delle procedure concorsuali e di assicurare la razionalizzazione della spesa pubblica; ai sensi degli art. 3 comma 1 lett. f) e 56 del Codice, non costituisce una procedura autonoma ed alternativa alla procedura tradizionale ma rappresenta una nuova fase delle normali procedure di gara le quali seguono regole ordinarie fino alla presentazione delle offerte, che saranno presentate e gestite per via elettronica. Si tratta di una particolare modalità di svolgimento della gara pubblica espletata attraverso l'uso combinato di mezzi informatici e telematici in grado di consentire lo snellimento delle procedure concorsuali ed assicurare la razionalizzazione della spesa pubblica. Può essere usata in caso di gare bandite con il metodo della procedura aperta ristretta e negoziata, in caso di rilancio di un confronto competitivo in occasione di un accordo quadro o in caso di appalti indetti per mezzo di sistema dinamico di acquisizione. Non può invece utilizzarsi per gli appalti di lavori e servizi aventi ad oggetto prestazioni intellettuali. Il vantaggio principale sta nella contestualizzazione e concentrazione delle operazioni di offerta che possono subire rilanci immediati in tempo reale. Le stazioni appaltanti, dopo avere dichiarato chiusa l'asta elettronica, che si svolge in un'unica seduta, aggiudicano l'appalto in funzione dei risultati della stessa individuando la migliore offerta finale con il criterio del presso più basso o dell'offerta economicamente più vantaggiosa.

14.1.4. Il dialogo competitivo.

Oggi è disciplinato dall'art. 64 del Codice dei contratti pubblici (in conformità con l'art. 30 della Direttiva 24/2014). È uno strumento di aggiudicazione dei contratti pubblici, che consente di coniugare la flessibilità di un dialogo preventivo con i partecipanti alla procedura alle irrinunciabili garanzie tipiche di un confronto concorrenziale, meglio adattandosi perciò alla realizzazione di progetti particolarmente complessi. La procedura mira, pertanto, al coinvolgimento dei privati nella realizzazione della migliore soluzione progettuale da offrire alle Pubbliche Amministrazioni, procedendo il dialogo, ai sensi dell'art. 64, comma 9, fino a quando le stazioni appaltanti non sono in grado d'individuare le soluzioni o la soluzione in grado di soddisfare le loro necessità e gli obiettivi. Il provvedimento con cui le stazioni appaltanti decidono di ricorrere al dialogo competitivo deve essere motivato circa l'esistenza dei presupposti per il ricorso a tale istituto. La procedura si articola pertanto in fasi distinte e successive nel corso delle quali l'amministrazione prima individua le soluzioni tecniche, giuridiche e finanziare più idonee al soddisfacimento dei bisogni e successivamente procede all'aggiudicazione dell'appalto pubblico o del servizio. Esaurita tale fase la PA avvia il dialogo con i candidati individuati onde definire i mezzi più idonei a soddisfare la necessità o gli obiettivi della stazione appaltante. Nella fase del dialogo possono discutersi con i partecipanti tutti gli aspetti dell'appalto e l'amministrazione deve garantire la parità di trattamento tra tutti i candidati, fermo il divieto per la stazione di rivelare agli altri partecipanti le soluzioni proposte o altre informazioni riservate. Alla fase del dialogo segue quella della gara vera e propria, con la presentazione delle offerte, all'esito della quale l'amministrazione potrà aggiudicare l'appalto esclusivamente con il criterio dell'offerta economicamente più vantaggiosa. Sono previsti una serie di limiti al ricorso a tale procedura che la rendono pertanto di carattere eccezionale e residuale rispetto a quelle aperte e ristrette. Oltre alla complessità dell'appalto da affidare è infatti necessaria la valutazione negativa da parte della PA circa la possibilità di aggiudicare l'appalto attraverso una procedura aperta o ristretta. È la legge, inoltre, che stabilisce quando l'appalto è particolarmente complesso con riferimento ad una serie di requisiti, tra cui l'impossibilità per la PA di specificare l'impostazione tecnica, giuridica o finanziaria del progetto indicando nella motivazione tali presupposti.

15. Il partenariato pubblico privato.

Ai sensi dell'art. 3, lett. eee), codice dei contratti pubblici per contratto di partenariato pubblico privato si intende il contratto a titolo oneroso stipulato per iscritto con cui una o più stazioni appaltanti conferiscono a uno o più operatori economici per un periodo determinato in funzione della durata dell'ammortamento dell'investimento o delle modalità di finanziamento fissate, un complesso di attività consistenti nella realizzazione, trasformazione, manutenzione e gestione operativa di un'opera in cambio della sua disponibilità, o del suo sfruttamento economico, o della fornitura di un servizio connesso all'utilizzo

dell'opera stessa, con assunzione di rischio secondo modalità individuate nel contratto, da parte dell'operatore.
Si tratta di un fenomeno che sta avendo una diffusione sempre più ampia in ragione della possibilità che ha la Pubblica Amministrazione, attraverso di esso, di realizzare grandi opere senza addossarsi totalmente i costi di realizzazione.
Nel PPP, infatti, i costi vengono per lo più sostenuti da un operatore privato, remunerato attraverso gli introiti che derivano dalla gestione dell'opera stessa. Il partenariato si caratterizza inoltre per il fatto di potere essere realizzato attraverso una pluralità di modelli negoziali quali la costituzione di una società mista in cui confluiscono capitale pubblico e privato o il *project financing*. Malgrado i costi sostenuti il PPP costituisce senz'altro un'opportunità di guadagno per l'operatore privato e questo comporta la necessaria applicazione del principio di concorrenza con conseguente obbligo di procedere all'affidamento mediante procedura ad evidenza pubblica come espressamente enunciato dall'art. 181 codice appalti. Dalla lettera dell'art. 3 si ricava poi che il rischio deve essere effettivo e che lo stesso si atteggia in modo diverso a seconda che l'opera realizzata sia definibile come calda, fredda, o tiepida. Per opera calda si intende un'opera provvista di intrinseca capacità di generare reddito e come tale in grado di remunerare l'operatore dei costi sostenuti per la sua realizzazione.

- L'opera è definita **tiepida** se il guadagno copre solo parzialmente i costi sostenuti richiedendosi in tal caso un contributo pubblico aggiuntivo onde rendere appetibile l'affidamento. La necessità di mantenere un effettivo grado di rischio in capo al privato fa sì che il denaro pubblico da corrispondere vada modulato in base al rispetto di certi *standard* di gestione obiettivamente misurabili.
- L'opera **fredda** si caratterizza invece per il fatto di prevedere che la fornitura del servizio venga svolto esclusivamente nei confronti della PA che quindi è tenuta a remunerare integralmente l'operatore. Non si parla quindi di rischio di gestione, espressione usata quando l'ammontare degli introiti dipende esclusivamente dalla fruizione dell'opera da parte dell'utenza ma di rischio di disponibilità in quanto l'operatore vedrà modificati i propri introiti in base alla capacità di rispetto degli *standard* qualitativi e di risultato determinati dal soggetto pubblico affidante.

Eventuali avvenimenti non riconducibili all'operatore economico, tali da incidere sull'equilibrio del piano economico finanziario, possono comportare la sua revisione da attuare mediante la rideterminazione delle condizioni di equilibrio e che dovrà comunque consentire la permanenza dei rischi trasferiti in capo all'operatore economico e delle condizioni di equilibrio economico finanziario relative al contratto.

▶ 15.1. Il project financing.

Si tratta di una forma di partenariato pubblico privato che riguarda specificamente il settore dei lavori pubblici e consiste in una complessa operazione negoziale plurilaterale, in base alla quale un soggetto privato (c.d. promotore) propone alla P.A. la realizzazione di un'opera di pubblico interesse o di pubblica utilità, accollandosi il relativo onere economico (artt. 183 ss. Codice dei contratti pubblici). Il vantaggio che trae il privato dall'operazione sta nel fatto che, dopo aver realizzato l'opera a proprio carico, ottiene dalla P.A. il diritto di gestirla mentre la P.A. realizza il fine pubblico senza tuttavia sostenerne i relativi costi. La nuova disciplina dettata dal d.lgs. n. 50/2016 si presenta più snella rispetto alle previsioni del Codice del 2006, pur ricalcandone sostanzialmente la disciplina. Tra le differenze normative di maggior rilievo si rileva la nuova figura del progetto di fattibilità (che sostituisce il precedente studio di fattibilità) e l'attribuzione della fase della progettazione preliminare, in precedenza nella disponibilità dell'offerente privato, di regola all'amministrazione, oltre all'eliminazione della procedura a doppia gara con diritto di prelazione a favore del promotore e della procedura su iniziativa del privato per le opere inserite nella programmazione.
L'operazione di *project financing* è complessa e coinvolge diversi soggetti poiché oltre alla P.A. vengono in rilievo le figure del promotore e della società di progetto: il primo promuove la realizzazione dell'iniziativa sino alla fase gestionale e fornisce il capitale di rischio mentre alla seconda è affidata la gestione dell'opera una volta realizzata.

16. La selezione delle offerte: i criteri di aggiudicazione, le novità introdotte dal d.lgs. n. 50 del 2016.

I criteri di aggiudicazione sono i metodi che, all'esito della gara, permettono l'individuazione dell'offerta aggiudicataria. La relativa disciplina è contenuta negli artt. **95-97, d.lgs. n. 50/2016**, che hanno riguardo ai criteri:

- del prezzo più basso
- dell'offerta economicamente più vantaggiosa.

Una delle principali novità del nuovo codice si rinviene nel **superamento della equiordinazione dei criteri di aggiudicazione**.
L'art. 95, co. 2, prevede quale ordinario criterio di aggiudicazione quello **dell'offerta economicamente più vantaggiosa**, mentre eccezionale diviene il criterio del prezzo più basso. È opportuno sottolineare che il decreto sblocca cantieri per gli appalti sottosoglia ha modificato l'art. 36 prevedendo di regola il criterio del prezzo più basso e come eccezione quello dell'OEPV che deve essere motivata. Resta fermo **il criterio di aggiudicazione dell'offerta economicamente più vantaggiosa oltre che nei casi già previsti al citato comma 3 dell'art. 95 anche per i contratti di servizi e le forniture di importo pari o superiore a 40.000 euro caratterizzati da notevole contenuto tecnologico o che hanno un carattere innovativo (nuova lettera b- bis comma 3, art. 95 del codice Appalti)**.
Dall'art. 95 possono in particolare ricavarsi una serie di principi fondamentali tra cui:

– quello di uniformità, in forza del quale i criteri di aggiudicazione sono identici per gli appalti di tutti i settori, di lavori, servizi e forniture
– quello di specificità dei criteri di aggiudicazione, per cui la stazione appaltante può scegliere di volta in volta tra i due criteri ma non in modo arbitrario, bensì in ragione delle caratteristiche del singolo contratto da stipulare.
– quello di pubblicità, per cui il criterio di aggiudicazione va indicato già in sede di offerta.

Proprio al fine di assicurare l'imparzialità nella selezione delle offerte, la Commissione deve fare particolare attenzione alla conservazione dei plichi che la contengono anche se, secondo la giurisprudenza, la mancata e pedissequa indicazione in ciascun verbale delle operazioni finalizzate alla custodia dei plichi non può tradursi in effetto viziante della procedura concorsuale, implicitamente collegando all'insufficienza della verbalizzazione il pregiudizio alla segretezza ed all'integrità delle offerte. È necessario, infatti, che sia dimostrata la sussistenza di circostanza che effettivamente hanno inciso sulla genuinità dell'offerta, che va preservata in ogni gara.
Nel criterio di aggiudicazione dell'offerta economicamente più vantaggiosa è **eliminato il tetto del 30% per il punteggio economico**, introdotto dal decreto correttivo dell'aprile 2017.

17. Le offerte anomale.

Per offerte anomale si intendono quelle che, in quanto troppo basse rispetto all'entità delle prestazioni richieste dal bando, suscitano il sospetto della scarsa serietà dell'offerente e di una possibile non corretta esecuzione della prestazione contrattuale, le stesse non assicurando all'imprenditore un profitto (o un adeguato profitto).
A fronte di offerte siffatte è imposta alla stazione appaltante un'attenta verifica della loro serietà. Il procedimento amministrativo di individuazione delle offerte anomale nelle pubbliche gare si configura pertanto come un **sub-procedimento**, collocato dopo la fase dell'apertura delle buste e prima dell'aggiudicazione dell'appalto.
Lo stesso si articola in **quattro** distinti momenti:

A. l'**individuazione** delle offerte sospettate di anomalia (primo momento); l'art. 95 del codice indica due criteri diversi per le gare a seconda del criterio utilizzato ai sensi del co. 4 se il criterio usato è quello dell'offerta economicamente più vantaggiosa la congruità è valutata in base a parametri che presentano un ribasso pari o superiore ad una soglia di anomalia. Tale soglia viene individuata, al fine di non rendere predeterminabili dai candidati i parametri di riferimento per il relativo calcolo, procedendo al sorteggio, in sede di gara, di uno tra i metodi indicati dal secondo comma dell'art. 95. Ci si è interrogati in merito all'autonoma ed immediata impugnabilità dell'atto di individuazione dell'offerta anomala per cui secondo alcuni il mancato rispetto della procedura determinerebbe una lesione autonoma della sfera giuridica delle imprese concorrenti, onerando così le stesse di procedere ad una tempestiva impugnazione. Diversamente opinando, la giurisprudenza osserva come la lesione dell'interesse legittimo del partecipante alla gara soggetto a verifica non sia determinato dall'avvio della procedura di verifica delle offerte che presentano carattere anormalmente basso rispetto alla soglia procedimentale e che, dunque, non è tale avvio a rendere azionabile la tutela giurisdizionale ma il provvedimento finale di esclusione dalla gara.

B. La richiesta delle **giustificazioni dell'offerta** da parte dell'amministrazione aggiudicatrice (secondo momento);

C. la **presentazione dei chiarimenti**, precisazioni e degli eventuali elementi giustificativi dell'offerta da parte della ditta la cui offerta è stata sospettata di anomalia (terzo momento). La fase delle acquisizioni delle giustificazioni fornite dal concorrente: è la fase in cui si realizza il **contraddittorio procedimentale** dando all'impresa la possibilità di fornire delle giustificazioni circa l'anomalia riscontrata. Tuttavia, le giustificazioni non sono ammesse rispetto a certe categorie di materie quali i trattamenti salariali minimi inderogabili stabiliti dalla legge o da fonti autorizzate dalla legge ed agli oneri di sicurezza di cui al piano di sicurezza e coordinamento.

D. la **verifica e valutazione delle giustificazioni** e dei chiarimenti da parte dell'amministrazione aggiudicatrice (quarto momento). Ove la stazione appaltante rilevi che l'anomalia deriva da un aiuto di Stato può escludere l'offerta per tale ragione solo dopo aver consultato l'offerente e sempre che quest'ultimo non sia in grado di dimostrare la compatibilità con il mercato interno. La valutazione delle anomalie delle offerte è espressione di **discrezionalità tecnica** dell'Amministrazione. Ne consegue che il giudice amministrativo, chiamato a pronunciarsi sulla legittimità del giudizio di anomalia, può sindacare le valutazioni rese dalla Pubblica Amministrazione solo sotto i profili di logicità e ragionevolezza, carenza di istruttoria ed erroneità dei fatti, senza che possa procedere autonomamente alla verifica di congruità, sovrapponendo la propria idea tecnico-discrezionale al giudizio non erroneo né illogico dell'organo amministrativo, cui la legge attribuisce la tutela dell'apprezzamento dell'interesse pubblico nel caso concreto.

Si assiste, pertanto, al **ripudio dei criteri di esclusione automatica delle offerte anormalmente basse**. Unica eccezione è rappresentata da quanto previsto dall'art. 97, co. 8, del nuovo Codice che ripropone in particolari casi la facoltà di esclusione automatica delle offerte anomale, al ricorrere di taluni presupposti.

Il procedimento di verifica dell'anomalia può concludersi con un provvedimento di esclusione dell'offerta adeguatamente motivato, stante l'esigenza di rendere trasparente la scelta della P.A. e le ragioni del giudizio di inaffidabilità dell'offerta.

In materia di offerte anormalmente basse, il decreto- legge n. 32 del 2019 c.d. sblocca cantieri **ha modificato l'art. 97 del codic**e Appalti che prevede che quando il criterio di aggiudicazione è quello del **prezzo più basso**, a seconda che **il numero delle offerte ammesse è pari o superiore a 15 o sia inferiore a quindici** la congruità delle offerte ai sensi dell'art. 97, comma 2, è valutata sulle offerte che presentano un ribasso pari o superiore ad una soglia di anomalia determinata e indica le modalità differenziate per le due ipotesi suddette con cui il RUP e la commissione giudicatrice devono procedere al fine di non rendere predeterminabile dagli offerenti i parametri di riferimento per il calcolo della soglia di anomalia

18. L'aggiudicazione, la stipulazione del contratto e l'approvazione.

A) Natura giuridica dell'aggiudicazione

La fase di scelta del contraente culmina nell'**aggiudicazione** che costituisce l'atto finale dei procedimenti di gara pubblica.
Formalmente è l'atto amministrativo mediante il quale, in base alle risultanze della gara, è accertato e proclamato il vincitore.

La **natura giuridica** dell'aggiudicazione è oggetto di dibattito:

A. secondo una prima tesi, di stampo pubblicistico, **all'aggiudicazione va riconosciuta natura provvedimentale**, con la stessa l'amministrazione aggiudicatrice limitandosi a selezionare l'impresa con la quale stipulerà, in seguito, il contratto d'appalto;
B. per un differente approccio, invece, l'aggiudicazione ha natura anche **negoziale**;
C. la stessa presenterebbe una duplice veste, amministrativa e negoziale.

L'**art. 32, co. 6**, Codice dei contratti pubblici stabilisce (come già previsto dal d.lgs. n. 163/2006) che **l'aggiudicazione definitiva non equivale all'accettazione dell'offerta**, realizzando sul piano negoziale soltanto l'effetto di rendere irrevocabile la proposta fino al termine indicato per la stipulazione del contratto. Chiara pertanto l'intenzione del legislatore di tenere nettamente **separate** la fase di **scelta del contraente**, che culmina nell'aggiudicazione, la quale si carica di una spiccata valenza autoritativa, e la **stipulazione del contratto**, che determina l'insorgenza del diritto soggettivo dell'aggiudicatario all'esecuzione del contratto.

B) Le fasi dell'aggiudicazione

Fino all'entrata in vigore del Codice degli appalti, la fase dell'aggiudicazione si articolava ulteriormente nella fase dell'aggiudicazione provvisoria e definitiva. L'aggiudicazione provvisoria consisteva nella dichiarazione di individuazione del miglior contraente all'esito della procedura di selezione. L'aggiudicazione diveniva, invece, definitiva soltanto a seguito dell'approvazione dell'aggiudicazione provvisoria da parte dell'organo competente della stazione appaltante, previo compimento dei necessari controlli.
Quanto ai rapporti tra i due atti, si rimarcava costantemente in giurisprudenza l'autonomia dell'aggiudicazione definitiva rispetto a quella provvisoria. La giurisprudenza riteneva, inoltre, immediatamente impugnabile anche l'aggiudicazione provvisoria, in quanto idonea ad inibire all'impresa non aggiudicataria l'ulteriore partecipazione al procedimento e a determinare, pertanto, un arresto procedimentale.
Il legislatore del 2016 ha eliminato tale dicotomia prevedendo esclusivamente una "proposta di aggiudicazione" che precede l'aggiudicazione vera e propria (art. 33, co, 1, d.lgs. n.50/2016). In altre parole, la "proposta di aggiudicazione" ha sostituito "l'aggiudicazione provvisoria". La proposta di aggiudicazione, in quanto priva di contenuto decisorio e provvedimentale, è destinata ad essere assorbita nell'atto terminale della procedura, cioè l'aggiudicazione, che resta così l'unico provvedimento autonomamente impugnabile. La non impugnabilità immediata della proposta di aggiudicazione è confermata dall'art. 120 c.p.a. che esclude l'impugnazione della proposta di aggiudicazione e degli atti endoprocedimentali privi di immediata lesività.
Il **d.l. n. 76/2020** ha introdotto un termine massimo d'individuazione del contraente o dell'aggiudicatario definitivo, indicato in due mesi massimi per gli affidamenti diretti dall'indizione della procedura e quattro mesi massimi nel caso di ricorso a procedure negoziate. Il mancato rispetto dei predetti termini, nonché di conclusione del contratto, vengono valutati ai fini della responsabilità erariale del R.U.P., mentre, qualora imputabili all'operatore economico, possono condurre alla risoluzione del contratto per inadempimento.

C) L'approvazione, lo *stand still* e la stipula del contratto

L'aggiudicazione e la stipula del contratto, laddove già intervenuta, non diventano efficaci fino a quando non si sia esaurita positivamente la fase del controllo. L'approvazione è *conditio juris* di efficacia del

contratto. L'art. **33 Codice** introduce una norma generale dedicata ai controlli sugli atti della procedura di affidamento degli appalti.
La **proposta di aggiudicazione diviene efficace solo dopo la verifica del possesso dei prescritti requisiti per la partecipazione alla gara**; è inoltre previsto un controllo sull'approvazione del contratto, che segue i termini e le procedure dettate con riferimento alla proposta di aggiudicazione. Con una norma di chiusura, inoltre, il legislatore stabilisce che l'approvazione del contratto è sottoposta ai controlli previsti dai rispettivi ordinamenti delle stazioni appaltanti. È infine previsto un meccanismo di silenzio-assenso in forza del quale, decorsi i termini stabiliti dalla stazione appaltante o, in assenza, il termine generale di 30 giorni, la proposta di aggiudicazione si intende comunque approvata.
Ai sensi dell'art. 32, c. 9, d.lgs. n. 50/2016, il contratto non può comunque essere stipulato prima di **trentacinque giorni** dall'invio dell'ultima delle comunicazioni del provvedimento di aggiudicazione, salve motivate ragioni di particolare urgenza che non consentono all'amministrazione di attendere il decorso del predetto termine. Il termine di ***stand still*** è stato così coordinato con il termine di ricorso giurisdizionale, in modo che quando viene adito il giudice il contratto non è ancora stato stipulato. La disciplina dello *stand still* subisce alcune deroghe previste dal c. 10 dell'art. 32, d.lgs. n. 50/2016.
Nel caso di **inosservanza della regola dello *stand still***, è prevista una responsabilità risarcitoria e l'irrogazione di sanzioni alternative *ex* art. 123 c.p.a. (sanzioni pecuniarie e riduzione della durata del contratto). In modo pressoché unanime, la giurisprudenza nega che la **violazione** degli obblighi di *stand still* possa comportare invece l'illegittimità dell'aggiudicazione o l'inefficacia del contratto. In ogni caso, ai sensi dell'art. 32, comma 8, d.lgs. n. 50/2016, il contratto deve essere stipulato entro **60 giorni** da quando l'aggiudicazione è divenuta definitiva, con atto pubblico notarile informatico, ovvero, in modalità elettronica secondo le norme vigenti per ciascuna stazione appaltante, in forma pubblica amministrativa a cura dell'Ufficiale rogante della stazione appaltante, o mediante scrittura privata in caso di procedura negoziata, ovvero, per gli affidamenti di importo non superiore a 40.000 euro mediante corrispondenza secondo l'uso del commercio consistente in un apposito scambio di lettere, anche tramite posta elettronica certificata o strumenti analoghi negli altri Stati membri.
È prevista la nullità del contratto per l'ipotesi di mancato rispetto delle forme di stipula.
Giova, infine, considerare che nelle procedure di aggiudicazione di appalti pubblici, mentre la **revoca** resta impraticabile dopo la stipula del contratto d'appalto, dovendo utilizzarsi, in quella fase, il diverso strumento del **recesso**, prima del perfezionamento del documento contrattuale, al contrario, **l'aggiudicazione è pacificamente revocabile**. Anche con l'entrata in vigore del Codice dei contratti pubblici la revoca di un'aggiudicazione legittima postula la sopravvenienza di ragioni di interesse pubblico (o una rinnovata valutazione di quelle originarie) particolarmente consistenti e preminenti sulle esigenze di tutela del legittimo affidamento ingenerato nell'impresa che ha diligentemente partecipato alla gara, rispettandone le regole e organizzandosi in modo da vincerla, ed esige, quindi, una motivazione particolarmente convincente circa i contenuti e l'esito della necessaria valutazione comparativa dei predetti interessi. Il paradigma legale di riferimento resta l'art. **21-*quinquies* l. 7 agosto 1990 n. 241**; e non anche la disciplina speciale dei contratti, che si occupa, infatti, di regolare esecuzione, recesso e la risoluzione del contratto, e non la revoca dell'aggiudicazione degli appalti (ma solo delle concessioni).
Allorché la revoca dell'aggiudicazione sia disposta con riferimento alle caratteristiche dell'oggetto dell'appalto, il ripensamento dell'Amministrazione, per legittimare il provvedimento di ritiro dell'aggiudicazione, deve fondarsi sulla sicura verifica dell'inidoneità della prestazione descritta nella *lex specialis* a soddisfare le esigenze contrattuali che hanno determinato l'avvio della procedura (Cons. St., Sez. III, 29 novembre 2016, n. 5026).

D) L'esecuzione del contratto ed il recesso della p.a.

La fase che ha inizio con la stipulazione del contratto e prosegue con l'attuazione del rapporto negoziale è disciplinata da norme civilistiche in materia contrattuale. Rispetto alla disciplina previgente, il Codice dei contratti pubblici contiene specifiche disposizioni che regolano la fase esecutiva, quali: il collaudo, le garanzie definitive, le modifiche del contratto in corso di esecuzione, la sospensione, la risoluzione e il recesso.

• **Il collaudo, disciplinato dall'art. 102 Codice dei contratti pubblici**, deve certificare che l'oggetto del contratto sia stato realizzato ed eseguito nel rispetto delle previsioni contrattuali e delle pattuizioni concordate in sede di aggiudicazione o affidamento.
Il certificato di collaudo deve avere luogo non oltre sei mesi dall'ultimazione dei lavori o delle prestazioni (salvi i casi di particolare complessità dell'opera o delle prestazioni da collaudare, per i quali il termine può essere elevato sino ad un anno) e conserva carattere provvisorio fino a due anni dalla sua emissione. Decorso tale termine, il collaudo si intende tacitamente approvato ancorché l'atto formale di approvazione non sia stato emesso entro due mesi dalla scadenza del medesimo termine.
• **Le garanzie**: nella fase esecutiva del contratto non di rado si possono verificare aspetti patologici che possono risolversi in un danno per la stazione appaltante, da qui la necessità di prevedere la prestazione di garanzie per l'esecuzione, disciplinata dall'art. 103 del Codice dei contratti. La norma, in particolare, prevede l'obbligo di prestare una c.d. garanzia definitiva, nella forma di cauzione o di fideiussione, a copertura dell'adempimento di tutte le obbligazioni del contratto e del risarcimento dei danni derivanti dall'eventuale inadempimento delle obbligazioni stesse, nonché a garanzia del rimborso delle somme pagate in più all'esecutore rispetto alle risultanze della liquidazione finale.
• **Le modifiche del contratto in corso di esecuzione** sono disciplinate **dall'art. 106 Codice dei contratti pubblici**. La *ratio* della norma è quella di evitare che le disposizioni caratterizzanti la fase di selezione del contraente siano eluse mediante un uso distorto delle rinegoziazioni in fase esecutiva. A tal fine, la norma elenca specifici casi in cui sia ammissibile la modifica del contratto di appalto senza una nuova procedura di affidamento. Anche la durata del contratto può essere modificata nel caso in cui nel bando e nei documenti di gara sia stata prevista un'opzione di proroga. La proroga è limitata al tempo strettamente necessario alla conclusione delle procedure necessarie per l'individuazione del nuovo contraente.
• **La sospensione del contratto è regolata dall'art. 107 del Codice dei contratti pubblici**. La norma prevede quattro ipotesi di sospensione dell'esecuzione del contratto:
- la sospensione disposta dal direttore dei lavori per circostanze speciali che impediscono in via temporanea che i lavori procedano a regola d'arte e che non siano prevedibili al momento della stipulazione del contratto;
- la sospensione disposta dal RUP per ragioni di necessità o di pubblico interesse, tra cui l'interruzione di finanziamenti per esigenze sopravvenute di finanza pubblica;
- successivamente alla consegna dei lavori, la sospensione parziale dei lavori non eseguibili, disposta dal RUP per cause imprevedibili o di forza maggiore che impediscono parzialmente il regolare svolgimento dei lavori;
- la sospensione richiesta dall'esecutore e decisa dal RUP in ragione della sussistenza di cause non imputabili all'esecutore e che non rendano possibile l'esecuzione dei lavori nel termine fissato.

Il **d.l. n. 76/2020** ha introdotto importanti limitazioni alla possibilità di sospendere la realizzazione di opere d'importo pari o superiore alle soglie comunitarie; si tratta nello specifico di una deroga all'attuale vigenza dell'art. 107 Codice appalti, con durata limitata al 31/07/2020, poi prorogata al 30/06/2023 dal **d.l. n. 77/2021**, con l'individuazione di 4 particolari casi di sospensione:
1. cause previste da disposizioni di legge penali, comprese naturalmente quelle previste dal Codice nazionale antimafia;
2. gravi ragioni di ordine pubblico e salute, incluse le misure di contrasto all'emergenza sanitaria COVID-19;
3. gravi ragioni di ordine tecnico per la realizzazione dell'opera e per cui non vi è accordo tra le parti;
4. gravi ragioni di pubblico interesse.

Inoltre, viene introdotta la figura del **Comitato consultivo tecnico,** la cui costituzione viene indicata come **obbligatoria** per ogni stazione appaltante prima dell'avvio dell'esecuzione dell'opera (e comunque non oltre 10 giorni prima dell'avvio dei lavori) e, per i contratti già in esecuzione, è altresì prevista la sua nomina entro 30 giorni dall'entrata in vigore del decreto. I componenti del predetto Comitato variano da un minimo di 3 ad un massimo di 5 e debbono essere selezionati tra soggetti dotati di professionalità e

comprovata esperienza e qualifica professionale. Si prevede che la composizione possa essere rimessa alla scelta delle parti di comune accordo (con proporzionalità d'elezione dei membri) ovvero, in assenza di accordo, dal Ministero delle infrastrutture e dei trasporti per le opere di interesse nazionale.
Ritornando alla fattispecie della sospensione, si prevede che essa **debba essere disposta dal R.U.P.**, ma previo parere e determinazione del Comitato consultivo tecnico, che deve pronunciarsi sulle modalità (ed eventuali modifiche necessarie da apportare all'opera) ai fini della concreta prosecuzione dei lavori.
• Il **d.l. n. 77/2021** reca semplificazioni in materia di esecuzione dei contratti pubblici PNRR e PNC al fine di conseguire gli obbiettivi di cui al regolamento (UE) 2021/240 del Parlamento europeo e del Consiglio, del 10 febbraio 2021 e al regolamento (UE) 2021/241 del Parlamento europeo e del Consiglio, del 12 febbraio 2021, in relazione alla esecuzione dei contratti pubblici finanziati, in tutto o in parte, con le risorse previste dai citati regolamenti, nonché dalle risorse del Piano nazionale per gli investimenti complementari di cui all'art. 1 del d.l. 6 maggio 2021, n. 59, e dai programmi cofinanziati dai fondi strutturali dell'Unione Europea.
Al fine di accelerare la realizzazione degli interventi, si prevede che, decorsi inutilmente i termini per la stipulazione del contratto, per la consegna dei lavori, per la costituzione del collegio consultivo tecnico, per gli atti e le attività di cui all'art. 5 d.l. 16 luglio 2020 n. 76, convertito, con modificazioni, dalla legge 11 settembre 2020, n. 120, nonché gli altri termini, anche endoprocedimentali, previsti dalla legge, dall'ordinamento della stazione appaltante o dal contratto per l'adozione delle determinazione relative all'esecuzione dei contratti pubblici PNRR e PNC, il responsabile o l'unità organizzativa di cui all'art. 2, comma 9-bis, della legge 7 agosto 1990, n. 241, titolare del potere sostitutivo in caso di inerzia, d'ufficio o su richiesta dell'interessato, eserciti il potere sostitutivo entro un termine pari alla metà di quello originariamente previsto. Tale disposizione è finalizzata a garantire il rispetto dei tempi di attuazione di cui al Piano nazionale di ripresa e resilienza, nonché al Piano nazionale per gli investimenti complementari al medesimo Piano nazionale di ripresa e resilienza e ai programmi cofinanziati dai fondi strutturali dell'Unione Europea.
Si prevede che il contratto diviene efficace con la stipulazione e non trova applicazione l'art. 32, comma 12, del d.lgs. 18 aprile 2016 n. 50, che prevede, invece, che il contratto sia sottoposto alla condizione sospensiva dell'esito positivo dell'eventuale approvazione e degli altri controlli previsti dalle norme proprie delle stazioni appaltanti.
Il d.l. n. 77/2021 introduce anche il cosiddetto "**premio di accelerazione**": stabilisce che la stazione appaltante preveda, nel bando o nell'avviso di indizione della gara, che, qualora l'ultimazione dei lavori avvenga in anticipo rispetto al termine ivi indicato, è riconosciuto a seguito dell'approvazione da parte della stazione appaltante del certificato di collaudo o di verifica di conformità, un premio di accelerazione per ogni giorno di anticipo determinato sulla base degli stessi criteri stabiliti per il calcolo della penale, mediante utilizzo delle somme per imprevisti indicate nel quadro economico dell'intervento, nei limiti delle relative disponibilità, sempre che l'esecuzione dei lavori sia conforme alle obbligazioni assunte.
Il decreto, in deroga all'art. 113-*bis* d.lgs. n. 50/2016, che prevede disposizioni in materia di termini di pagamento e clausole penali, definisce le **penali** dovute per il ritardato adempimento. Tali penali possono essere calcolate in misura giornaliera compresa tra lo 0,6 per mille e l'1 per mille dell'ammontare netto contrattuale, da determinare in relazione all'entità delle conseguenze legate al ritardo, e non possono comunque superare, complessivamente, il 20 per cento di detto ammontare netto contrattuale.
• **La risoluzione e il recesso sono regolate rispettivamente agli artt. 108 e 109 Codice dei contratti pubblici**.
La risoluzione del contratto può essere disposta dalla stazione appaltante quando:
- il contratto ha subito una modifica sostanziale che avrebbe richiesto una nuova procedura di appalto;
- sono state superate le soglie di modificabilità del contratto previste dalle disposizioni del Codice dei contratti, oppure le soglie stabilite dalle stazioni appaltanti in materia di modifiche non sostanziali, ovvero le soglie previste in tema di errori od omissioni del progetto esecutivo;

- l'aggiudicatario si è trovato, al momento dell'aggiudicazione dell'appalto in una delle situazioni di cui all'art. 80, comma 1, e avrebbe dovuto essere escluso dalla procedura di appalto o di aggiudicazione della concessione;
- l'appalto non avrebbe dovuto essere aggiudicato in considerazione di una grave violazione degli obblighi derivanti dai trattati, o di una sentenza passata in giudicato per violazione del Codice.

Il medesimo art. 108 prevede poi due specifiche ipotesi in cui la stazione appaltante deve obbligatoriamente risolvere un contratto pubblico durante il periodo di efficacia dello stesso qualora:

- nei confronti dell'appaltatore sia intervenuta la decadenza dell'attestazione di qualificazione per aver prodotto falsa documentazione o dichiarazioni mendaci;
- nei confronti dell'appaltatore sia intervenuto un provvedimento definitivo che dispone l'applicazione di una o più misure di prevenzione di cui al codice delle leggi antimafia e delle relative misure di prevenzione, ovvero sia intervenuta sentenza di condanna passata in giudicato per i reati di cui all'art. 80.

Con riferimento al recesso, l'art. 109 del Codice dei contratti pubblici prevede la possibilità per la stazione appaltante di recedere dal contratto in qualunque momento previo il pagamento dei lavori eseguiti o delle prestazioni relative ai servizi e alle forniture eseguiti, nonché del valore dei materiali utili esistenti in cantiere nel caso di lavoro o in magazzino nel caso di servizi o forniture, oltre al decimo dell'importo delle opere, dei servizi o delle forniture non eseguite.

L'esercizio del diritto di recesso deve essere preceduto da una formale comunicazione all'appaltatore da darsi con un preavviso non inferiore a venti giorni, decorsi i quali la stazione appaltante prende in consegna, i lavori, i servizi, o forniture ed effettua il collaudo definitivo e verifica la regolarità dei servizi e delle forniture.

Il recesso rappresenta l'unico strumento che consente alla stazione appaltante di sciogliersi dal vincolo contrattuale per ragioni di opportunità una volta stipulato il contratto con l'aggiudicatario, non potendo la stessa ricorrere al generale potere di revoca di cui all'art. 21-*quinquies* l. n. 241/1990. L'Ad. Plen. n. 14/2014 ha chiarito, infatti, che con la stipula del contratto si esaurisce la fase pubblicistica retta dai poteri amministrativi e si avvia una fase in cui la pubblica amministrazione si trova in una posizione di parità con il contraente.

Il **decreto sblocca cantieri ha dettato all'art. 2 disposizioni sulle procedure di affidamento in caso di crisi di impresa** e ha proceduto alla sostituzione dell'art. 110 del codice Appalti dedicato ora alle "Procedure di affidamento in caso di fallimento dell'e-secutore o di risoluzione del contratto e misure straordinarie di gestione", prevedendo che le stazioni appaltanti, in caso di fallimento, di liquidazione coatta e concordato preventivo, ovvero di risoluzione del contratto ai sensi dell'art. 108 ovvero di recesso dal contratto ai sensi dell'art. 88, comma 4-*ter*, d.lgs. 6 settembre 2011, n. 159, ovvero in caso di dichiarazione giudiziale di inefficacia del contratto, interpellano progressivamente i soggetti che hanno partecipato all'originaria procedura di gara, risultanti dalla relativa graduatoria, al fine di stipulare un nuovo contratto per l'affidamento dell'esecuzione o del completamento dei lavori, servizi o forniture. In tali casi l'affidamento avviene alle medesime condizioni già proposte dall'originario aggiudicatario in sede in offerta. Rimane salvo il potere del curatore della procedura di fallimento, autorizzato all'esercizio provvisorio dell'impresa, di eseguire i contratti già stipulati dall'impresa fallita con l'autorizzazione del giudice delegato.

L'impresa ammessa al concordato preventivo non necessita di avvalimento di requisiti di altro soggetto.

Anche nell'ambito della risoluzione del contratto, il **d.l. n. 76/2020** ha attribuito specifiche competenze al nuovo organo, il Comitato tecnico consultivo: nello specifico, si prevede che, nel caso in cui il suddetto Comitato decida (anche in caso di insolvenza o crisi dell'esecutore dei lavori) di risolvere in via preventiva il contratto, si debba comunque intervenire secondo delle specifiche modalità:

- esecuzione diretta dei lavori da parte della S.A., anche attraverso l'ausilio di ulteriori enti o società pubbliche;
- interpello dei soggetti che avevano originariamente partecipato alla procedura (secondo la graduatoria finale);
- indizione di una nuova procedura di affidamento;

- nomina di un Commissario straordinario, con possibile prosecuzione dell'opera mediante utilizzo dei dipendenti del precedente esecutore.

19. Annullamento dell'aggiudicazione e sorte del contratto.

Da sempre spinoso il tema relativo alle conseguenze sul contratto stipulato con l'aggiudicatario dell'annullamento del provvedimento di aggiudicazione. In particolare, emerge:

- da un lato, l'interesse alla **stabilità** e **certezza dei rapporti contrattuali** di cui è parte la P.A.;
- dall'altro, quello del **privato**, che abbia vittoriosamente proposto **ricorso avverso gli atti di gara**, ad ottenere una tutela non formale, ma effettiva e sostanziale;
- da un altro ancora, quello di cui è portatore lo stesso **aggiudicatario illegittimo**, spesso vittima di illegittimità verificatesi nel corso della procedura di evidenza pubblica, a lui non imputabili, ma addebitabili, per contro, alla sola stazione appaltante.

In caso di "**violazioni gravi**", il giudice è tenuto a dichiarare **l'inefficacia del contratto.** Ricorrono tali gravi violazioni, ai sensi dell'art. **121 c.p.a.**:

- se l'aggiudicazione definitiva è avvenuta senza previa pubblicazione del bando o avviso con cui si indice una gara nella G.U. dell'Unione europea o nella G.U. della Repubblica italiana, quando tale pubblicazione è prescritta dal decreto;
- se l'aggiudicazione definitiva è avvenuta con procedura negoziata senza bando o con affidamento in economia fuori dai casi consentiti e questo abbia determinato l'omissione della pubblicità del bando o avviso;
- se il contratto è stato stipulato senza rispettare il termine di *stand still*;
- se il contratto è stato stipulato senza rispettare la sospensione obbligatoria del termine per la stipulazione derivante dalla proposizione del ricorso giurisdizionale avverso l'aggiudicazione definitiva qualora tale violazione, aggiungendosi a vizi propri dell'aggiudicazione definitiva, abbia influito sulle possibilità del ricorrente di ottenere l'affidamento. Tra le esigenze imperative rientrano quelle imprescindibili di carattere tecnico o di altro tipo, tali da rendere evidente che i residui obblighi contrattuali possono essere rispettati solo dall'esecutore attuale.

Fuori dai casi di "violazioni gravi", l'art. 122 c.p.a. dispone che il giudice, che annulla l'aggiudicazione definitiva, stabilisce **se dichiarare inefficace il contratto**, fissandone in tal caso la decorrenza, tenendo conto, in particolare:

- degli interessi delle parti
- dell'effettiva possibilità per il ricorrente di conseguire l'aggiudicazione alla luce dei vizi riscontrati
- dello stato di esecuzione del contratto
- della possibilità di subentrare nel contratto
- dei casi in cui il vizio dell'aggiudicazione non comporti l'obbligo di rinnovare la gara e la domanda di subentrare sia stata proposta.

20. Rimedi giurisdizionali.

In materia di appalti, è previsto un **rito speciale** agli artt. **119** e **120 c.p.a.** che espressamente fanno riferimento alle controversie relative agli atti delle procedure di affidamento di lavori, servizi e forniture. Si tratta di previsioni con cui si è inteso improntare il rito dei contratti pubblici a canoni di forte accelerazione e concentrazione.
Il d.lgs. n. 50/2016 ha eliminato l'istituto dell'informativa preventiva dell'intenzione del privato di proporre il ricorso.

L'art. 119 c.p.a. dispone che gli atti delle procedure di affidamento devono essere impugnati entro **trenta giorni** dalla loro conoscenza.
Il d.lgs. n. 50/2016, intervenendo sul testo dell'art. 120 c.p.a., ha introdotto significative novità quanto ai termini di proposizione del ricorso avverso specifici atti delle procedure di affidamento, in specie le esclusioni e le ammissioni inducendo a parlare di un nuovo rito "**super-speciale**" o **super-accelerato** che è stato **abrogato dal decreto-legge sblocca-cantieri n. 32 del 18 aprile 2019.**
Ai sensi del **c. 2-bis dell'art. 120 c.p.a.**, nella formulazione originaria, invero, il provvedimento che determina le esclusioni dalla procedura di affidamento e le ammissioni ad essa all'esito della valutazione dei requisiti soggettivi, economico-finanziari e tecnico-professionali, va impugnato nel termine di **trenta giorni**, decorrente dalla sua pubblicazione sul profilo del committente della stazione appaltante, **ai sensi dell'art. 29, comma 1, del codice dei contratti pubblici, come novellato dal correttivo.**
La disposizione stabilisce inoltre che **in caso di mancata impugnazione il concorrente non può essere ammesso a far valere l'illegittimità derivata dei successivi atti delle procedure di affidamento, anche con ricorso incidentale.**
La Corte di giustizia UE, da ultimo (**Corte giust. comm. Ue., sez. IV, ord. 14 febbraio 2019 C-54/2018), ha affermato la compatibilità con il diritto europeo della disciplina processuale nazionale relativa alla immediata impugnazione, entro un breve termine decadenziale, delle ammissioni ed esclusioni dalle procedure di gara** (art. 120, comma 2-*bis*, c.p.a.), a condizione che i vizi di legittimità degli atti siano conoscibili dagli interessati.

Con il decreto sbocca-cantieri si è prevista la **totale abolizione del rito super accelerato**; in specie, dei commi 2-bis, 6-bis, 8-bis e 11-bis di cui all'art. 120 del decreto-legislativo 2 luglio 2010, n. 104 (codice del processo amministrativo). Tale modifica si applica ai processi iniziati dopo l'entrata in vigore del decreto.
Inoltre, all'art. 29, comma 1, il secondo, il terzo e il quarto periodo sono soppressi, determinando l'eliminazione dell'impugnazione anticipata dell'elenco degli ammessi e degli esclusi e l'eliminazione delle preclusioni processuali che hanno determinato l'intervento della corte di Giustizia di cui si è detto.
Il nuovo art. 2-*bis* dell'art. 76 prevede che **è dato avviso ai candidati e ai concorrenti,** con le modalità di cui all'art. 5-*bis* del d.lgs. 7 marzo 2005, n. 82, recante il Codice dell'amministrazione digitale o strumento analogo negli altri Stati membri, del **provvedimento che determina le esclusioni dalla procedura di affidamento e le ammissioni ad essa all'esito della verifica della documentazione attestante l'assenza dei motivi di esclusione di cui all'art. 80**, nonché la sussistenza dei requisiti economico-finanziari e tecnico-professionali, indicando l'ufficio o il collegamento informatico ad accesso riservato dove sono disponibili i relativi atti.
Infine, è dichiarata inammissibile l'impugnazione della proposta di aggiudicazione, ove disposta, e degli altri atti endo-procedimentali privi di immediata lesività.
Di impatto estremamente rilevante sulla tutela giurisdizionale in materia di contratti pubblici sono le novità introdotte dal **d.l. n. 76/2020**: in particolare, si modifica il comma 6 dell'art. 120 del c.p.a. stabilendo che il procedimento giudiziale in materia di appalti pubblici **debba "di norma" essere deciso all'esito dell'udienza cautelare.** Nel caso in cui invece non ricorrano i presupposti per una sua definizione già all'udienza cautelare, **lo stesso deve essere comunque definito con sentenza in forma semplificata** e con udienza da tenersi entro 45 giorni dal termine di costituzione delle parti convenute.

A ciò si aggiunge la successiva modifica alla disposizione di cui al comma 9 del medesimo art. del c.p.a., che stabilisce un ulteriore termine "super accelerato" per il deposito della sentenza che definisce il giudizio (non più 30 ma 15 giorni dall'udienza di discussione).

L'AUTONOMIA NEGOZIALE DELLA P.A.

1. Capacità giuridica di diritto privato della P.A.

La questione si pone per gli enti c.d. funzionali, primi fra tutti lo Stato e gli enti pubblici territoriali, in considerazione dei fini pubblici che sono chiamati a perseguire.
Dal punto di vista oggettivo il tema in questione ha subito un'evoluzione nel tempo, avendo vissuto il passaggio da una totale negazione, in capo al soggetto pubblico, di un'effettiva autonomia privata ad un suo progressivo riconoscimento culminato nell'affermazione del suo carattere generale.
Diverse le tesi che in dottrina e in giurisprudenza sono emerse quanto alla riconoscibilità della capacità di diritto privato in capo all'amministrazione:

1) TESI DELLA CAPACITÀ SPECIALE

L'amministrazione può porre in essere i soli atti di diritto privato alla cui adozione è espressamente facoltizzata.

2) TESI DELLA CAPACITÀ GENERALE

Si applicano all'amministrazione gli istituti propri del diritto privato.

Assoggettamento alle regole di diritto comune e limiti all'autonomia negoziale della P.A.

- Art. 21-*sexies*, l. n. 241/1990: conferma in tema di recesso il principio generale di soggezione dell'amministrazione al diritto comune;
- art. 30, comma 8, del d. lgs. 18 aprile 2016 n. 50, a tenore del quale "*per quanto non espressamente previsto nel presente codice e negli atti attuativi, alle procedure di affidamento e alle altre attività amministrative in materia di contratti pubblici si applicano le disposizioni di cui alla legge 7 agosto 1990, n. 241, alla stipula del contratto e alla fase di esecuzione si applicano le* ***disposizioni del codice civile***".

Limiti
Il riconoscimento di una generale capacità di diritto privato non esclude che la stessa soggiaccia a limiti specifici, come ad es. i limiti funzionali che precludono la conclusione di negozi incompatibili con lo scopo pubblico specifico perseguito dalla P.A. stipulante: l'amministrazione, infatti, è tenuta ad indirizzare e conformare la sua attività al perseguimento dell'interesse pubblico affidato alle sue cure. I limiti funzionali sono limiti speciali relativi alla singola P.A. di volta in volta contraente e vanno desunti in via interpretativa dalle singole norme istitutive dell'ente e del suo statuto.

2. Il recesso dai contratti *ex* art. 21-*sexies*, l. n. 241/1990.

ART. 21 *SEXIES*, L. N. 241/1990 COME INTRODOTTO DALLA L. N. 15/2005

↓

***"Il recesso unilaterale dei contratti della P.A. è ammesso nei casi previsti dalla legge o dal contratto"*.**

↓

DIFFERENZE TRA RECESSO *EX* ART. 21-*SEXIES* ED IL RECESSO DAGLI ACCORDI *EX* ART. 11

- Tipicità del recesso *ex* art. 21-*sexies*.
- Lo scioglimento unilaterale dal contratto è limitato ad ipotesi tassative dovendo trovare nella legge o nel contratto una clausola che ne legittimi il successivo esercizio.

- Atipicità del recesso dagli accordi di cui all'art. 11: non è subordinato ad una previsione normativa potendo la P.A. esercitarlo ogni qual volta ravvisi sopravvenuti motivi di pubblico interesse.
- Il potere di recesso seppur controbilanciato dall'obbligo di indennizzo a favore del privato per gli eventuali pregiudizi verificatisi in suo danno è espressione di un potere autoritativo della P.A., che incide unilateralmente su un atto parimenti esercizio di un potere autoritativo, per quanto esplicato in forma consensuale.

SEZIONE II · L'AMBITO DI APPLICAZIONE DEL DIRITTO DEGLI APPALTI

3. Gli appalti pubblici.

Contratti attivi e contratti passivi

Contratti attivi
Sono quelli che producono un'entrata.
I contratti attivi (vendite, locazioni attive) trovano la loro disciplina, oltre che in leggi speciali, nelle norme di contabilità pubblica, mentre sono estranei all'ambito di applicazione della disciplina degli appalti.

Contratti passivi
Sono quelli che producono una spesa.
Per i contratti passivi, mediante i quali la P.A. si procura beni e servizi, attualmente la disciplina è posta principalmente dal codice dei contratti pubblici, che rinvia al c.c. per i profili non regolati.

R.D. n. 2440/1923: *i contratti dai quali derivi un'entrata per lo Stato debbono essere preceduti da pubblici incanti, salvo che per particolari ragioni, delle quali dovrà farsi menzione nel decreto di approvazione del contratto e limitatamente ai casi da determinare con il regolamento, l'amministrazione non intenda far ricorso alla licitazione ovvero nei casi di necessità alla trattativa privata. I contratti dai quali derivi una spesa per lo Stato debbono essere preceduti da gara mediante pubblico incanto o licitazione privata, a giudizio discrezionale dell'amministrazione.*

NOZIONE DI APPALTO PUBBLICO →

<u>Art. 2 par. 1 n. 5 della direttiva 2014/24/UE del 26 febbraio 2014 - art. 3 co. 1, lett. iii) cod. contratti pubblici</u>: gli appalti pubblici sono *"contratti a titolo oneroso stipulati per iscritto tra una stazione appaltante o un ente aggiudicatore e uno o più operatori economici aventi per oggetto l'esecuzione di lavori, la fornitura di prodotti, la prestazione di*

<u>Requisito soggettivo:</u> rilevano le nozioni di appaltatore e di amministrazione aggiudicatrice.

<u>Appaltatore</u> è il "*prestatore di servizi o forniture*" quindi una persona fisica o giuridica ed anche un ente pubblico.

<u>Amministrazione aggiudicatrice</u> è la figura sostanziale dell'organismo di diritto pubblico, ovvero ogni soggetto che pure in forma privata sia dotato di personalità giuridica, sia stato istituito per soddisfare esigenze di interesse generale, sia sottoposto ad un'influenza pubblica.

<u>Requisito oggettivo:</u> si richiede che il contratto sia a titolo oneroso. L'onerosità postula l'obbligo dell'amministrazione di versare un corrispettivo economico e in tal modo la stessa sarebbe obbligata ad osservare le procedure ad evidenza pubblica per la scelta del contraente ogniqualvolta dal contratto non derivi immediatamente l'obbligo di corrispondere una prestazione pecuniaria in favore dell'altro contraente.

4. Appalti e concessioni.

CONTRATTI DI CONCESSIONE

Art. 3, co. 1, lett. uu), d. lgs. n. 50/2016 e ss. mm. e ii. *la concessione di lavori pubblici ossia il contratto a titolo oneroso, concluso in forma scritta, in virtù del quale una o più stazioni appaltanti affidano l'esecuzione di lavori ovvero la progettazione esecutiva e l'esecuzione, ovvero la progettazione definitiva, la progettazione esecutiva e l'esecuzione di lavori (secondo l'innesto del d. lgs. 19 aprile 2017, n. 56) ad uno o più operatori economici riconoscendo a titolo di corrispettivo unicamente il diritto di gestire le opere oggetto del contratto o tale diritto accompagnato da un prezzo, con assunzione in capo al concessionario del rischio operativo legato alla gestione delle opere.*

DIFFERENZE CON IL CONTRATTO DI APPALTO

Fondamentale differenza è che nella concessione il corrispettivo dei lavori consiste unicamente nel diritto di gestire l'opera o in tale diritto accompagnato da un prezzo.
Altra differenza è individuata nel c.d. rischio di gestione: il concessionario non è remunerato direttamente dalla P.A. committente ma dall'utenza, che corrisponde, in un regime normalmente tariffario i canoni richiesti per usufruire dal servizio fornito dal gestore. Si tratta di un rischio economico inteso in senso finanziario e non giuridico.

4.1. Concessione di servizi.

CONCESSIONE DI SERVIZI

Art. 3, co. 1, lett. w), d. lgs. n. 50/2016: *il contratto che presenta le stesse caratteristiche di un appalto pubblico di servizi, ad eccezione del fatto che il corrispettivo della fornitura di servizi consiste unicamente nel diritto di gestire i servizi o in tale diritto accompagnato da un prezzo.*

Prima del d. lgs. n. 50 del 2016

La Commissione UE, nella *Comunicazione interpretativa del 24 febbraio 1999* e la Corte di Giustizia *7 dicembre 2000, causa C-324/98, caso Teleaustria*, hanno sostenuto che, pure escludendo che l'affidamento di concessioni soggiaccia alla disciplina contenuta nelle direttive comunitarie relative agli appalti, le amministrazioni aggiudicatici sono comunque tenute al rispetto dei principi fondamentali del Trattato ed, in particolare, dei principi di parità di trattamento, non discriminazione, proporzionalità e trasparenza.

Cons. St., A.P., 7 maggio 2013, n. 13, ha chiarito che sebbene le direttive appalti abbiano tendenzialmente escluso dal proprio ambito di applicazione le concessioni di servizi, l'affidamento delle stesse, secondo la giurisprudenza comunitaria e nazionale, non può essere sottratto ai principi espressi dal Trattato in tema di concorrenza. Tale regola viene codificata nell'art. 30, comma 3, d. lgs. 163/2006, il quale, unitamente alla definizione dell'istituto stesso (al comma 2), recepisce gli orientamenti espressi dalla Comunicazione interpretativa della Commissione sulle concessioni nel diritto comunitario del 12 aprile 2000 nonché, nell'ordinamento interno, dalle circolari della Presidenza del Consiglio dei Ministri n. 3944 del 1° marzo 2002 e n. 8756 del 6 giugno 2002.

Cons. St., A.P., 6 agosto 2013, n. 19, in applicazione di tali principi, ha escluso che alla concessione di servizi si applichi l'art. 69 del codice dei contratti pubblici, nella parte in cui stabilisce che le particolari condizioni di esecuzione del contratto che è possibile apporre, anche se attinenti a esigenze sociali, devono essere precisate nel bando di gara o nell'invito.

5. Gli appalti misti.

CONTRATTO MISTO...

IL **CONTRATTO MISTO** È CARATTERIZZATO DALLA DEDUZIONE NELL'AMBITO DI UNA FATTISPECIE NEGOZIALE UNITARIA DI UNA MOLTEPLICITÀ DI ELEMENTI ASTRATTAMENTE RICONDUCIBILI A TIPI CONTRATTUALI DIVERSI.

Il tratto peculiare del contratto misto risiede nella circostanza che **le diverse prestazioni risultano interamente commiste e reciprocamente condizionate** per il raggiungimento di un medesimo intento negoziale.

...NEL CODICE DEGLI APPALTI...

ART. 28, D. LGS. N. 50/2016: definisce i contratti misti come quelli "*aventi per oggetto lavori e forniture; lavori e servizi; lavori, servizi e forniture; servizi e forniture*" indicando nel criterio dell'accessorietà quello da osservare nel determinarne la disciplina applicabile.

La giurisprudenza amministrativa (*Cons St., sez. V, 31 gennaio 2006, n. 348*) si è orientata nel senso di riconoscere un ruolo secondario al valore economico nella valutazione della qualità della prestazione principale.
A tale esito perviene valorizzando la previsione di cui al comma 4 dell'art. 14 del vecchio Codice dei contratti pubblici, a tenore del quale "*l'affidamento di un contratto misto…non deve avere come conseguenza di limitare o escludere l'applicazione delle pertinenti norme comunitarie relative all'aggiudicazione di lavori, servizi e forniture, anche se non costituiscono l'oggetto principale del contratto*".

...E NELLA DIRETTIVA 24/2014

ART. 3, DIRETTIVA 24 DEL 2014 detta una disciplina dei contratti misti, sostanzialmente distinguendo a seconda che le prestazioni dedotte in contratto siano o meno separabili. Nel secondo caso il regime giuridico applicabile è definito sulla base dell'oggetto principale del contratto.

SCHEMA DI RIPASSO
CODICE DEGLI APPALTI PUBBLICI

Art. 1 - Ambito di applicazione
Contratti di appalto e concessioni di servizi, forniture, lavori e opere e i concorsi pubblici di progettazione
In particolare, contratti di:
a. Appalto di **lavori < 1 milione €**, sovvenzionati direttamente in misura superiore al 50% da amministrazioni aggiudicatrici, se gli appalti comportano
   - Lavori di genio civile (allegato1)
   - Lavori di edilizia relativi ad ospedali, impianti sportivi, ricreativi e per il tempo libero, edifici scolastici e universitari e edifici destinati ad opere pubbliche
b. Appalti di **servizi < soglie art. 35** sovvenzionati direttamente, in misura superiore al 50% da amministrazioni aggiudicatrici, se concessi ad un appalto di lavori di cui a)
c. Lavori pubblici affidati da concessionari di lavori pubblici che **non** siano amministrazioni aggiudicatrici
d. Lavori pubblici da realizzarsi da parte di **soggetti privati**, che assumono in via diretta l'esecuzione di opere di urbanizzazione a scomputo totale o parziale del contributo previsto per il rilascio del permesso o eseguono le relative opere in regime di convenzione.
e. Contratti pubblici aggiudicati nei settori difesa e sicurezza, salvo eccezioni

Art. 3 - Definizioni
Amministrazioni aggiudicatrici: amministrazioni dello stato, enti pubblici territoriali, enti pubblici non economici, organismi di diritto pubblico, associazioni, unioni, consorzi, costituiti da detti soggetti.

Autorità governative centrali: amministrazioni aggiudicatrici allegato III (Organismi committenti, Presidenza consiglio Ministri; Ministeri, Consip; Agenzia nazionale beni sequestrati e confiscati alla criminalità organizzata) e i soggetti giuridici loro succeduti.

Amministrazioni aggiudicatrici sub-centrali: tutte le amministrazioni aggiudicatrici che non sono autorità governative centrali.

Organismi di diritto pubblico: qualsiasi organismo anche in forma societaria (elenco non tassativo all. IV):
- istituito per soddisfare specificatamente esigenze di interesse generale, aventi carattere non industriale o commerciale;
- dotato di personalità giuridica;
- la cui attività sia finanziata in modo maggioritario dallo stato, da enti pubblici territoriali o da altri organismi di diritto pubblico o la cui gestione sia soggetta al controllo di questi ultimi o il cui organo di amministrazione, direzione o vigilanza sia costituito da membri dei quali <1/2 è designata dallo stato, enti pubblici territoriali o altri organismi di diritto pubblico.

Joint venture: associazione tra due o più enti finalizzata all'attuazione di un progetto o di una determinata serie di progetti o di determinate intese di natura commerciale.

Centrale di committenza: amministrazione aggiudicatrice o ente aggiudicatore che forniscono attività di centralizzazione delle committenze e, se del caso, attività di committenza ausiliare.

Attività di centralizzazione delle committenze: attività svolte su base permanente, riguardanti l'acquisizione di forniture o servizi destinati a stazioni appaltanti, aggiudicazione di appalti o conclusione di accordi quadro per lavori, forniture o servizi destinati a stazioni appaltanti.

Attività di committenza ausiliaria: attività consistenti nella prestazione di supporto alle attività di committenza, fra cui
- infrastrutture tecniche che consentano la conclusione di accordi quadro
- consulenza sullo svolgimento o progettazione delle procedure di appalto
- preparazione delle procedure di appalto in nome e per conto stazione appaltante
- gestione della procedura di appalto

Stazione appaltante ('STAZIONE APPALTANTE'): amministrazioni aggiudicatrici e enti aggiudicatori.

Operatore economico ('OPERATORE ECONOMICO'): persona fisica o giuridica, ente pubblico, raggruppamento di tali persone/enti, compresa qualsiasi associazione temporanea di imprese, un ente senza personalità giuridica, compreso il GEIE, che offre sul mercato la realizzazione di lavori, opere, la fornitura di prodotti o la prestazione di servizi.

Concessionario: operatore economico a cui è stata affidata o aggiudicata una concessione.

Promotore: operatore economico che partecipa ad un partenariato pubblico privato.

Prestatore di servizi in materia di appalti: organismo pubblico o privato che offre servizi di supporto sul mercato finalizzati a garantire lo svolgimento delle attività di committenza.

Imprese pubbliche: imprese sulle quali le amministrazioni aggiudicatrici possono esercitare direttamente o indirettamente un0influenza dominante o perché proprietarie o perché con partecipazione finanziaria o per via delle norme che disciplinano tali imprese. L'influenza dominante è presunta quando le amministrazioni aggiudicatrici alternativamente o cumulativamente:

- detengono la maggioranza del capitale sottoscritto
- controllano la maggioranza sei voti cui danno diritto le azioni emesse dall'impresa
- possono designare oltre la metà dei membri CDA, di direzione o vigilanza dell'impresa appaltante.

Raggruppamento temporaneo: insieme di imprenditori, fornitori o prestatori di servizi costituito anche mediante scrittura privata, allo scopo di partecipare alla procedura di affidamento di uno specifico contratto pubblico, mediante presentazione di un'unica offerta.

Impresa collegata: impresa i cui conti annuali siano consolidati con quelli dell'ente aggiudicatore o su cui l'ente possa esercitare direttamente o indirettamente un'influenza dominante o che possa esercitare influenza dominante sull'ente aggiudicatore o che sia soggetta come l'ente aggiudicatore ad un'altra impresa.

Microimprese, piccole e medie imprese:

- *medie*: con meno di 250 occupati e fatturato annuo massimo pari a 50 milioni di euro
- *piccole:* con come di 50 occupati e fatturato annuo o totale di bilancio annuo massimo pari a 10 milioni di euro
- *microimprese:* con meno di 10 occupati e fatturato annuo o totale di bilancio annuo massimo pari a 2 milioni di euro

Candidato: operatore economico che ha sollecitato un invito o è stato invitato a partecipare alla procedura ristretta, competitiva con negoziazione, procedura negoziata senza previa pubblicazione del bando, a un dialogo competitivo, a un partenariato per l'innovazione o ad una procedura per l'aggiudicazione di una concessione.

Offerente: operatore economico che ha presentato un'offerta.

Settori speciali: settori dei contratti pubblici relativi a *gas, energia termica, elettricità, acqua, trasporti, servizi postali, sfruttamento di area geografica.*

Settori ordinari: settori diversi da quelli speciali.

Appalti pubblici: contratti a titolo oneroso, stipulati per iscritto tra una o più stazioni appaltanti (ovvero tra uno o più operatori economici) aventi per oggetto l'esecuzione di lavori, la fornitura di prodotti e la prestazione di servizi.

Opera: risultato di un insieme di lavori che di per sé esplichi una funzione economica o tecnica. Le opere comprendono sia quelle che sono il risultato di un insieme di lavori edilizi o di genio civile, sia quelle di difesa e di presidio ambientale, di presidio agronomico e forestale, paesaggistica e di ingegneria naturalistica.

Lotto funzionale: specifico oggetto di appalto da aggiudicare anche con autonoma e separata procedura, ovvero parti di un lavoro o servizio generale la cui progettazione e realizzazione sia tale da assicurarne la funzionalità, fruibilità e fattibilità indipendentemente dalla realizzazione delle altre parti.

Concessione di lavori: contratto a titolo oneroso stipulato per iscritto in virtù del quale una o più stazioni appaltanti affidano l'esecuzione di lavori ovvero la progettazione esecutiva e l'esecuzione di lavori ad uno o più operatori economici, riconoscendo a titolo di corrispettivo unicamente *il diritto di gestire* le opere oggetto del contratto o tale diritto accompagnato da un prezzo *con assunzione in capo al concessionario del rischio operativo legato alla gestione delle opere.*

Rischio operativo: rischio legato alla gestione dei lavori o dei servizi sul lato della domanda o dell'offerta o di entrambi, trasferito all'operatore economico. L'operatore assume il rischio nel caso in cui in condizioni operative normali non sia garantito il recupero degli investimenti effettuati o dei costi sostenuti per la gestione dei lavori o servizi oggetto della concessione. La parte del rischio trasferita all'operatore economico deve comportare una reale esposizione alle fluttuazioni del mercato tale per cui ogni potenziale perdita stimata subita dall'operatore economico non sia puramente nominale o trascurabile.

Rischio di costruzione: rischio legato al ritardo nei tempi di consegna, al mancato rispetto degli standard di progetto, all'aumento dei costi, a inconvenienti tecnici nell'opera e al mancato completamento dell'opera.

Rischio di disponibilità: rischio legato alla capacità da parte del concessionario di erogare le prestazioni contrattuali pattuite sia per il volume che per standard di qualità previsti.

Rischio di domanda: rischio legato ai diversi volumi di domanda del servizio che il concessionario deve soddisfare, ovvero il rischio legato alla mancanza di utenza e quindi di flussi di cassa.

Concorsi di progettazione: procedure intese a fornire alle stazioni appaltanti, nel settore dell'architettura, ingegneria, restauro, tutela dei beni culturali e archeologici, della pianificazione urbanistica e territoriale, paesaggistica, naturalistica, geologica, del verde urbano, del paesaggio forestale agronomico e dei settori della mesa in sicurezza e mitigazione degli impatti idrogeologici ed idraulici e dell'elaborazione di dati, un piano o progetto selezionato da una commissione giudicatrice in base ad una gara, con o senza assegnazione di premi.

Contratto di partenariato pubblico privato: contratto a titolo oneroso stipulato per iscritto con il quale una o più stazioni appaltanti conferiscono ad uno o più operatori economici, per un periodo determinato, in funzione della durata dell'ammortamento dell'investimento o delle modalità di finanziamento fissate, un complesso di attività consistenti nella realizzazione, trasformazione, manutenzione e gestione operativa di un'opera in cambio della sua disponibilità o sfruttamento economico o fornitura di un servizio connesso all'utilizzo dell'opera stessa, con assunzione del rischio secondo le modalità individuate nel contratto, da parte dell'operatore economico.

Equilibrio economico e finanziario: la contemporanea presenza delle condizioni di convenienza economica (capacità del progetto di creare valore nell'arco dell'efficacia del contratto e di generare un livello di redditività adeguato al capitale investito) e sostenibilità finanziaria (capacità del progetto di generare flussi di cassa sufficienti a garantire il rimborso del finanziamento).

Locazione finanziaria di opere pubbliche o di pubblica utilità: contratto avente ad oggetto la prestazione di servizi e l'esecuzione di lavori.

Contratto di disponibilità: contratto con cui sono affidate, a rischio e spese dell'affidatario, la costruzione e la messa a disposizione (onere da parte dell'affidatario di assicurare, all'amministrazione aggiudicatrice, la fruibilità dell'opera, garantendone la manutenzione e la risoluzione di eventuali vizi) a favore dell'amministrazione aggiudicatrice di un'opera di proprietà privata destinata all'esercizio di un pubblico servizio, a fronte di corrispettivo.

Accordo quadro: accordo concluso fra una o più stazioni appaltanti e uno o più operatori economici il cui scopo è stabilire le clausole relative agli appalti da aggiudicare durante un dato periodo, in particolare per quanto riguarda prezzi e quantità previste.

Diritto esclusivo: diritto concesso dall'autorità competente avente effetto di riservare ad un unico operatore economico l'esercizio di un'attività, incidendo così sulla capacità di altri operatori economico di esercitare tale attività.

Diritto speciale: diritto concesso dall'autorità competente avente effetto di riservare a due o più operatori economici l'esercizio di un'attività, incidendo così sulla capacità di altri operatori economici di esercitare tale attività.

Profilo di committente: sito informativo di una stazione appaltante dove sono pubblicati atti e informazioni previsti dal codice appalti.

Documento di gara: qualsiasi documento prodotto dalle stazioni appaltanti o al quale le stazioni appaltanti fanno riferimento per descrivere o determinare elementi dell'appalto o della procedura, compresi il bando di gara, l'avviso di preinformazione ecc…

Procedure aperte: procedure di affidamento in cui ogni operatore economico interessato può presentare un'offerta.

Procedure ristrette: procedure di affidamento alle quali ogni operatore economico può chiedere di partecipare e in cui possono presentare offerta solo gli operatori economici invitati dalle stazioni appaltanti con le modalità stabilite dal codice appalti.

Procedure negoziate: procedure di affidamento in cui le stazioni appaltanti consultano gli operatori economici da loro scelti i negoziano con uno o più di essi le condizioni dell'appalto.

Dialogo competitivo: procedura di affidamento nella quale la stazione appaltante avvia un dialogo con i candidati ammessi alla procedura al fine di elaborare una o più soluzioni atte a soddisfare le sue necessità e sulla base della quale o delle quali i candidati selezionati sono invitati a presentare le offerte; qualsiasi operatore economico può chiedere di partecipare alla procedura.

Sistema dinamico di acquisizione: processo di acquisizione interamente elettronico per acquisti di uso corrente, le cui caratteristiche generalmente disponibili sul mercato soddisfano le esigenze di una stazione appaltante, aperto per tutta la sua durata a qualsivoglia operatore economico che soddisfi i criteri di selezione.

Mercato elettronico: strumento di acquisto e negoziazione che consente acquisti telematici per importi inferiori alla soglia di rilievo europeo basati su un sistema che attua procedure di scelta del contraente interamente gestite per via telematica.

Strumenti di acquisto: strumenti di acquisizione che non richiedono apertura del confronto competitivo.

Strumenti di negoziazione: strumenti di acquisizione che richiedono l'apertura del confronto competitivo.

Asta elettronica: processo per fasi successive basato su un dispositivo elettronico di presentazione di nuovi prezzi modificati al ribasso o di nuovi valori riguardanti taluni elementi delle offerte, che interviene dopo una prima valutazione completa delle offerte permettendo che la loro classificazione possa essere effettuata sulla base di un trattamento automatico.

Amministrazione diretta: le acquisizioni effettuate dalle stazioni appaltanti con materiali o mezzi propri o appositamente acquistati o noleggiati e con personale proprio o eventualmente assunto per l'occasione, sotto la direzione del responsabile del procedimento.

Ciclo della vita: tutte le fasi consecutive o interconnesse, compresi la ricerca e lo sviluppo da realizzare, la produzione, gli scambi e le relative condizioni, il trasporto, l'utilizzazione e la manutenzione, della vita e del prodotto o del lavoro o della prestazione del servizio, dall'acquisizione della materia prima o dalla generazione delle risorse, fino allo smaltimento

Etichettatura: qualsiasi documento, certificato, attestato con cui si conferma che i lavori/prodotti/servizi/processi/procedure, soddisfino i requisiti.

Categorie di opere generali: opere e lavori caratterizzati da una pluralità di lavorazioni indispensabili per consegnare l'opera o il lavoro finito in ogni sua parte.

Categorie di opere specializzate opere che nel processo di realizzazione richiedono lavorazioni con particolare specializzazione e professionalità.

Opere e lavori puntuali: quelli che interessano una limitata area territoriale.

Opere e lavori a rete: quelli che, destinati al movimento di persone e beni materiali e immateriali, presentano prevalente sviluppo unidimensionale e interessano vaste estensioni di territorio.

Appalto a corpo: nel caso in cui il corrispettivo contrattuale si riferisce alla prestazione complessiva come eseguita e come dedotta al contratto.

Appalto a misura: nel caso in cui il corrispettivo contrattuale viene determinato applicando alle unità di misura delle singole parti del lavoro eseguito i prezzi unitari dedotti in contratto.

Aggregazione: accordo fra due o più amministrazioni aggiudicatrici o enti aggiudicatori per la gestione di alcune o tutte le attività di programmazione, progettazione o affidamento, esecuzione e controllo per l'acquisizione di beni, lavori, servizi.

Lotto prestazionale: specifico oggetto di appalto da aggiudicare anche con separata ed autonoma procedura, definito su base qualitativa, in conformità con le varie categorie e specializzazioni presento o in conformità con diverse fasi progetto.

Unità progettuale: mantenimento nei tre livelli di sviluppo della progettazione, delle originarie caratteristiche spaziali, estetiche, funzionali e tecnologiche del progetto

Documento di fattibilità delle alternative progettuali: documento in cui sono individuate e analizzate le possibili soluzioni progettuali alternative ed in cui si dà conto della valutazione di ciascuna alternativa, sotto il profilo qualitativo, anche in termini ambientali, nonché sotto il profilo tecnico ed economico.

Programma biennale degli acquisti di beni e servizi: documento che le amministrazioni adottano al fine di individuare gli acquisti di forniture e servizi da disporre nel biennio, necessari al soddisfacimento dei bisogni rilevati e valutati dall'amministrazione proposta.

Programma triennale dei lavori pubblici: documento che le amministrazioni adottano al fine di individuare i lavori da avviare nel triennio, necessari al soddisfacimento dei bisogni rilevati e valutati dall'amministrazione preposta.

Elenco annuale dei lavori: elenco dei lavori ricompresi nel programma triennale dei lavori pubblici di riferimento da avviare nel corso della prima annualità del programma stesso.

Quadro esigenziale: documento redatto e approvato dall'amministrazione in fase antecedente alla programmazione dell'intervento e che individua, sulla base dei dati disponibili, in relazione alla tipologia di opera o intervento, gli obiettivi generali da perseguire attraverso la realizzazione dell'intervento, i fabbisogni della collettività posti alla base dell'intervento, le specifiche esigenze qualitative e quantitative che devono essere soddisfatte attraverso la realizzazione dell'intervento.

Capitolato prestazionale: documento che traduce in termini di requisiti e prestazioni in quadro esigenziale.

CONTRATTI ESCLUSI DALL'AMBITO DI APPLICAZIONE CODICE APPALTI

Quando l'amministrazione aggiudicatrice o ente aggiudicatore esercita sulla persona giuridica un **controllo analogo a quello esercitato sui propri servizi** e oltre **80% dell'attività** della persona giuridica controllata è relativa allo svolgimento **compiti** ad **esstazione appaltante affidati dall'amministrazione aggiudicatrice** e nella persona giuridica controllata **non vi è alcuna partecipazione diretta di capitali privati** (salvo quelle partecipazioni che non comportano controllo o potere di veto)

TITOLO III - PIANIFICAZIONE PROGRAMMAZIONE E PROGETTAZIONE (titolo III)

Le amministrazioni aggiudicatrici adottano

- PROGRAMMA TRIENNALE DEI LAVORI PUBBLICI e relativi aggiornamenti annuali contenente lavori il cui valore sia uguale o inferiore a 100.000€
- PROGRAMMA BIENNALE DI FORNITURE E SERVIZI e relativi aggiornamenti annuali contenenti acquisti di beni o servizi di importo unitario stimato uguale o inferito a 40.000€

Ex art. 23 in materia di lavori pubblici ci sono **3 livelli di progettazione** per assicurare: *il soddisfacimento dei bisogni della collettività; la qualità architettonica e tecnico funzionale e di relazione nel contesto dell'opera; la conformità a norme ambientali; un limitato consumo del suolo; il rispetto dei vincoli ideologici, sismici, forestali; il risparmio e l'efficientamento e recupero energetico; la compatibilità con preesistenti archeologie; l'accessibilità e adattabilità alle normative vigenti in materia di barriere architettoniche.*

1° LIVELLO: PROGETTO DI FATTIBILITA' TECNICA -ECONOMICA

- individua tra **più soluzioni quella che presenta il miglior rapporto tra costi-benefici.**
- in esso il progettista **sviluppa tutte le indagini e studi necessari** per assicurare i vari aspetti e gli elaborati grafici per caratteristiche dimensionali, volumetriche, tipologiche, funzionali e tecnologiche dei lavori e stime economiche
- deve consentire l'avvio della procedura espropriativa
- è effettuato sulla base dello svolgimento di
  a. Indagini geologiche, idrogeologiche, sismiche, idrauliche, storiche, paesaggistiche e urbanistiche
  b. Verifiche relative alla possibilità di riuso del patrimonio immobiliare esistente e possibilità di rigenerazione delle aree dismesse
  c. Verifiche preventive di interesse archeologico,
  d. studi di fattibilità ambientale e paesaggistica
- evidenzia con apposito elaborato cartografico le aree impegnate, le misure occorrenti per la salvaguardia e le diagnosi energetiche dell'opera in progetto
- deve indicare le caratteristiche prestazionali, le specifiche funzionali, descrivere le misure di compensazione e mitigazione del danno ambientale
- deve indicare i limiti di spesa

- viene presentato il DOCUMENTO DI FATTIBILITA' DELLE ALTERNATIVE PROGETTUALI in caso di lavori pubblici di importo < soglia; in caso di espletamento di procedure di dibattito pubblico; in caso di concorsi di progettazione e idee

2° LIVELLO: PROGETTO DEFINITIVO

- individua **compiutamente i lavori da realizzare nel rispetto di esigenze, vincoli, criteri, indirizzi, indicazioni STAZIONE APPALTANTE e progetto di fattibilità**

- contiene gli elementi per il rilascio delle **autorizzazioni ed approvazioni**
- quantifica in via definitiva i **limiti di spesa**

3°LIVELLO: PROGETTO ESECUTIVO

- redatto in conformità con il progetto definitivo
- determina **in ogni dettaglio i lavori da realizzare, il costo, il cronoprogram**ma
- ogni elemento è definito in modo da identificarne forma, tipologia, qualità dimensione e prezzo
- è corredato da **piano di manutenzione** dell'opera e delle sue parti in relazione al ciclo della vita

Ex art 23 per la **progettazione di servizi e forniture** è previsto **un unico livello** di regola predisposto dalla STAZIONE APPALTANTE con propri dipendenti in servizio

Per **VERIFICA PREVENTIVA DI INTERESSE ARCHEOLOGICO**:
la stazione appaltante copia progetto di fattibilità al **sopraintendente territorialmente competente** che ha 30 gg per richiedere un procedimento di verifica preventiva dell'interesse archeologico (che si articola in fasi costituenti livelli progressivi di approfondimento dell'indagine archeologica che si conclude con relazione archeologica definitiva approvata dal sovraintendente)

Per **VERIFICA PREVENTIVA DELLA PROGETTAZIONE:** ai sensi dell'art. 26, per contratti relativi a lavori si verifica la corrispondenza degli elaborati progettuali e il rispetto normativa vigente
Si accerta:

- completezza della progettazione
- coerenza e completezza dei diversi aspetti del quadro economico
- appaltabilità della soluzione progettuale prescelta
- presupposti per la durabilità dell'opera nel tempo
- minimizzazione dei rischi di introduzione di varianti e di contenzioso
- possibilità di ultimare nei tempi previsti
- sicurezza delle maestranze e utilizzatori
- adeguatezza dei prezzi unitari utilizzati
- manutenibilità delle opere

In contraddittorio con il progettista si accertano la conformità del progetto esecutivo o definitivo al progetto definitivo o di fattibilità.

L'approvazione dei progetti viene effettuata **in sede di conferenza dei servizi** e tutte le amministrazioni e soggetti invitati alla conferenza devono esprimersi sul progetto di fattibilità in particolare sulla localizzazione e tracciato dell'opera e a comunicare eventuale necessità di opere mitigatrici e compensative dell'impatto

<u>TITOLO IV - MODALITA' DI AFFIDAMENTO -PRINCIPI COMUNI</u>

Art. 29 - Principio di trasparenza: deve essere seguito per tutti gli atti delle amministrazioni aggiudicatrici e degli enti aggiudicatori relativi alla programmazione di lavori, opere, servizi e forniture e procedure di affidamento che devono essere pubblicati nella sezione 'amministrazione trasparente' insieme ai resoconti della gestione finanziaria dei contratti l termine della loro esecuzione. I termini a cui sono collegati effetti giuridici della pubblicazione decorrono dal giorno della pubblicazione sul profilo committente.

Art. 30: l'affidamento e l'esecuzione di appalti, opere, lavori, servizi e forniture e concessioni deve avvenire nel rispetto dei **principi di economicità efficacia, tempestività e correttezza.**
Le STAZIONE APPALTANTE nell'affidamento di appalti e concessioni rispettano anche il **principio di libera concorrenza, non discriminazione, trasparenza, proporzionalità, pubblicità**

Art. 31: RUP per le fasi di programmazione progettazione, affidamento e esecuzione
È individuato dalle stazioni appaltanti nel bando o avviso con cui si indice la gara per affidamento del contratto o nell'invito a presentare offerte.

È un ufficio obbligatorio che non può essere rifiutato.
Gli spettano tutti i compiti relativi alle **procedure di programmazione progettazione e affidamento non riservate ad altri.** Nello specifico:

- formula **proposte** e fornisce **dati e informazioni** per la predisposizione della programmazione triennale dei lavori pubblici
- cura il **controllo sui livelli di prestazione, qualità e prezzo** in coerenza con copertura finanziari a e tempo
- cura il corretto e razionale **svolgimento delle procedure**
- **segnala** eventuali disfunzioni
- accerta la **libera disponibilità** delle aree e immobili necessari
- fornisce all'amministrazione aggiudicatrice **informazioni e dati sulle fasi** di svolgimento, attuazione e intervento
- propone all'amministrazione aggiudicatrice **accordo di programma**
- propone indizione/indice conferenza dei servizi
- verifica e vigila sul rispetto delle prescrizioni contrattuali nelle concessioni

<u>**PROCEDIMENTO DI EVIDENZA PUBBLICA**</u>

Bandi e avvisi (capo III, sez I artt 66-76)
Prima dell'avvio procedura di appalto le amministrazioni aggiudicatrici possono svolgere consultazioni di mercato per la preparazione dell'appalto e per lo svolgimento della procedura e per informare gli OPERATORE ECONOMICO degli appalti in programma e dei relativi requisiti.

- Le amministrazioni aggiudicatrici possono acquisire **consulenze, relazioni, altra documentazione tecnica** da parte di esperti, di partecipanti al mercato o autorità indipendenti.
- Tale documentazione può essere utilizzata nella pianificazione e svolgimento della procedura di appalto a condizione che non abbia l'effetto di falsare la concorrenza e non comporti una violazione dei principi di non discriminazione e trasparenza

In caso di partecipazione di candidati o offerenti alla preparazione della procedura di aggiudicazione, l'amministrazione aggiudicatrice deve garantire che la concorrenza non sia falsata.
Le amministrazioni aggiudicatrici possono inserire nei documenti di gara le **specifiche tecniche** che definiscono le caratteristiche previste per lavori, servizi e forniture o si riferiscono allo specifico processo o metodo di produzione o prestazione dei lavori servizi e forniture o ad uno specifico processo per una fase del loro ciclo di vita e sono collegate all'oggetto dell'appalto e proporzionate al suo valore e ai suoi obiettivi.
Le amministrazioni aggiudicatrici che intendono acquistare lavori, servizi, forniture con specifiche caratteristiche ambientali, sociali o di altro tipo, possono imporre nelle specifiche tecniche e nei criteri di aggiudicazione o nelle condizioni relative all'esecuzione dell'appalto, un'etichettatura specifica come mezzo di prova che i lavori, forniture o servizi corrispondono alle caratteristiche richieste.
Entro il 31 dicembre di ogni anno le STAZIONE APPALTANTE rendono nota l'intenzione di bandire per l'anno successivo appalti, pubblicando un **avviso di preinformazione** che a determinate condizioni può essere utilizzato come indizione di gara nelle procedure ristrette o competitive con negoziazione.
ex art. 32 la procedura di affidamento avviene nel rispetto degli atti di programmazione stazioni appaltanti.

Art. 32 - DETERMINA A CONTRARRE
La stazione appaltante espone le ragioni di pubblico interesse e manifesta la volontà di contrarre presentando

- **Elementi essenziali del contratto**
- **Criteri di selezione** degli operatori economici e delle offerte
  Si tratta di un atto meramente interno revocabile *ad nutum* fino alla pubblicazione del bando/invito
  - Per gli affidamenti di importo maggiore a 40.000€ anche senza previa consultazione economica di due o più operatori economici
  - Per affidamenti di importo uguale o inferiore a 40.000 e maggiore a 150.000€ lavori servizi e forniture, previa valutazione
- **3 preventivi per lavori**
- **5 operatori economici per servizi e forniture**

In questo caso si parla di **affidamento diretto tramite la delibera a contrarre** che contenga in modo semplificato: oggetto del contratto; importo; fornitore; ragioni scelta del fornitore; possessi requisiti di carattere generale; possesso requisiti carattere tecnico professionali richiesti

Determina può essere
- **Invalida o inesistente**: cui consegue invalidità derivata di tutta la procedura
- **Difforme dal successivo contratto**: viziata per eccesso di potere e comporta annullabilità contratto

PUBBLICAZIONE DEL BANDO
Mezzo attraverso cui la PA rende nota la volontà di contrarre
È atto di avvio della scelta del contraente
È atto amministrativo generale

SCELTA DEL CONTRAENTE
Le offerte possono essere
- **Irregolari**
  - Non rispettano i documenti di gara
  - Sono state ricevute in ritardo rispetto ai termini
  - Sono anormalmente basse
- **Inammissibili**
  - Sussistono estremi per l'informativa alla procura della Repubblica per reati di corruzione o fenomeni collusivi
  - Non vi è la qualificazione necessaria
  - Il prezzo supera l'importo posto a base di gara

Ci sono diverse procedure per individuazione della controparte

a) **Art. 60 - PROCEDURA APERTA**
Per affidamenti di lavori uguali o inferiori a 1.000.000 €
Qualsiasi operatore economico interessato può presentare offerta in risposta ad un avviso di indizione della gara.
↓ Entro **minimo 35 giorni** dalla trasmissione del bando
- ridotto a 15 giorni se pubblicato, prima della data di trasmissione del bando, un **avviso di preinformazione** con tutte le info richieste per il bando di gara.
- ridotto a 15 giorni per ragioni di **urgenza**
- ridotto di 5 giorni in caso di offerte presentate per via elettronica

b) **Art. 61 - PROCEDURA RISTRETTA**
Avviso di indizione della gara in risposta a quale, **qualsiasi operatore può presentare DOMANDA di partecipazione contenente info per la scelta qualitativa (**termine minimo 30 giorni dal bando)
↓ Valutazione da parte dell'amministrazione aggiudicatrice delle info fornite
↓ Soltanto gli operatori con **LETTERA DI INVITO** possono presentare **1 offerta**
➔ termine minimo 30 gg dall'invito ridotto in caso di urgenza a
i. minimo 15 gg per la presentazione **domanda di partecipazione**
ii. minimo 10 gg per presentazione **offerta**

c) **Art. 62 - PROCEDURA COMPETITIVA CON NEGOZIAZIONE**
Avviso di indizione della gara in risposta al quale **qualsiasi operatore economico può presentare DOMANDA di partecipazione completa delle info necessarie per la selezione qualitativa** (termine minimo 30 giorni dalla pubblicazione del bando)
↓ Valutazione della domanda dall'amministrazione aggiudicatrice
↓ Lettera di invito
↓ 30 gg per presentare **offerta iniziale** (base per la procedura di negoziazione)

- Gli offerenti possono modificare l'offerta o presentare offerte successive
- Se l'amministrazione aggiudicatrice vuole concludere le negoziazioni deve fissare e comunicare il termine ultimo per presentare le offerte nuove o modificate

d) Art. 63 - PROCEDURA NEGOZIATA SENZA PREVIA PUBBLICAZIONE DEL BANDO DI GARA

Le amministrazioni aggiudicatrici che optano per questa procedura devono dar conto dei presupposti, con adeguata motivazione nel primo atto della procedura.

Nel caso di appalti pubblici di lavori servizi e forniture può essere utilizzata:

- In mancanza di presentazione di alcuna offerta o alcuna offerta appropriata o domanda di partecipazione o domanda di partecipazione appropriata
- Quando lavori, forniture o servizi possono essere forniti unicamente da un determinato operatore economico perché
    i. Lo scopo dell'appalto consiste nella creazione o acquisizione di un'opera d'arte o rappresentazione artistica unica
    ii. Concorrenza è assente per motivi tecnici
    iii. La tutela dei diritti esclusivi, inclusi diritti di proprietà intellettuale
- Per ragioni di urgenza

Nel caso delle forniture, la procedura è consentita anche:

- Qualora i prodotti oggetto di appalto siano fabbricati esclusivamente a scopo di ricerca o sperimentazione, studio o sviluppo
- In caso di consegne complementari effettuate dal fornitore originario e destinate al rinnovo parziale di forniture o impianti o ampliamento di forniture o impianti
- Per forniture quotate e acquistate sul mercato delle materie prime
- Per l'acquisto di forniture o servizi a condizioni particolarmente vantaggiose, da un fornitore che cessa definitivamente l'attività commerciale oppure dagli organi delle procedure concorsuali

La procedura può essere utilizzata anche per nuovi lavori o servizi consistenti la ripetizione di lavori o servizi analoghi, già affidati all'operatore economico aggiudicatario dell'appalto iniziale dalle medesime amministrazioni aggiudicatrici, a condizione che tali lavori o servizi siano conformi al progetto di base di gara e che tale progetto sia stato oggetto di un appalto aggiudicato con procedura aperta o ristretta
Le amministrazioni aggiudicatrici selezionano **almeno 5 operatori economici** e scelgono quello che offre condizioni più vantaggiose, previa verifica dei requisiti di partecipazione

e) Art. 64 - DIALOGO COMPETITIVO

L'appalto viene aggiudicato seguendo il criterio del **miglior rapporto qualità-prezzo.**

Il dialogo è finalizzato ad individuare i mezzi più idonei per soddisfare le esigenze delle stazioni appaltanti.

- Qualunque operatore economico può presentare domanda di partecipazione in risposta al bando entro 30 giorni
- Valutazione da parte dell'amministrazioni aggiudicatrice
- Solo gli operatori economici con lettera di invito possono partecipare
- Il dialogo prosegue finché la stazione appaltante non è in grado di individuare la soluzione soddisfacente
- La stazione appaltante dichiara concluso il dialogo e invita ciascuno dei partecipanti a presentare le offerte finali
- La stazione appaltante valuta le offerte e può integrare in base alle offerte i documenti alla base e condurre negoziazioni con l'offerente migliore

f) Art. 65 - PARTERNARIATO PER L'INNOVAZIONE

Le amministrazioni aggiudicatrici vi ricorrono quando l'esigenza di sviluppare prodotti, servizi, lavori innovativi e acquistare successivamente forniture, servizi o lavori che ne risultano**, non può essere**

soddisfatta ricorrendo a soluzioni disponibili sul mercato, a condizione che forniture e servizi che ne risultano corrispondano ai livelli di prestazione e costi massimi concordati fra stazioni appaltanti e partecipanti.

- Qualsiasi operatore economico può presentare domanda di partecipazione (30 gg minimo dal bando)
- Valutazione e invio lettere di invito
- Solo i selezionati possono partecipare e presentare progetti
- Le negoziazioni avvengono in fasi successive in base alle fasi del processo di ricerca e innovazione
- Vengono fissati obiettivi intermedi ed è previsto il pagamento mediante rate
- Dopo ogni fase la stazione appaltante può decidere se recedere o ridurre il numero di operatori economico fino alla selezione dei candidati

CRITERI DI AGGIUDICAZIONE

La selezione avviene sulla base delle modalità previste dal codice.
Ciascun contraente presenta una sola offerta vincolante

- Per un periodo di tempo previsto dal bando
- Per 180 gg dalla scadenza termine per la sua presentazione

a. **Preventiva verifica dei presupposti**

- Conformità a REQUISITI, CONDIZIONI, CRITERI del bando di gara o invito a confermare interesse e dei documenti di gara
- L'offerta deve provenire da un CONTRAENTE NON ESCLUSO (motivi di esclusione ex art. 80)
- L'offerta deve soddisfare i criteri di selezione di
  i. Idoneità professionale
  ii. Capacità economica e finanziaria
  iii. Capacità tecniche e professionali

Può esserci il soccorso istruttorio per integrazione dei requisiti (10 gg)
La STAZIONE APPALTANTE può non aggiudicare l'appalto all'offerente che ha presentato offerta più vantaggiosa in caso di mancato rispetto degli obblighi in materia ambientale, lavoro e sociale, stabiliti dalla normativa europea e nazionale, dai contratti collettivi e dalle disposizioni internazionali
La STAZIONE APPALTANTE nel rispetto dei principi di trasparenza, non discriminazione e parità di trattamento procede all'aggiudicazione di appalti, affidamenti, concorsi di progettazione e idee sulla base del criterio dell'**offerta economicamente più vantaggiosa individuata sulla base del miglior rapporto qualità-prezzo o sulla base dell'elemento prezzo o costo seguendo il criterio costo-efficacia.**

- *È utilizzabile esclusivamente il criterio del miglior rapporto qualità-prezzo*:

iv. Contratti relativi ai servizi sociali, ristorazione ospedaliera, assistenziale e scolastica e servizi ad alta intensità di manodopera
v. Contratti relativi all'affidamento di servizi di ingegneria e architettura e altri servizi di natura tecnica e intellettuale di importo pari o superiore a 40.000€
vi. Contratti di servizi e forniture di importo pari o superiore a 40.000€ caratterizzati da notevole contenuto tecnologico o con carattere innovativo

- *E' possibile utilizzare il Criterio del minor prezzo:* per i servizi e le forniture con caratteristiche standardizzate o le cui condizioni sono definite dal mercato (fatta eccezione per i servizi ad alta intensità di manodopera)

Nei documenti di gara sono stabiliti i criteri per aggiudicazione dell'offerta, pertinenti alla natura e all'oggetto del contratto e per l'offerta economicamente più vantaggiosa, individuata sulla base del miglior rapporto qualità-prezzo, sono individuati criteri oggettivi, quali gli aspetti qualitativi, ambientali o sociali connessi all'oggetto appalto (es. possesso marchio di qualità ecologica dell'Ue; compensa di emissioni di gas; servizio di assistenza tecnica ecc.).

Nei bandi sono elencati i criteri di valutazione e la ponderazione relativa attribuita a ciascuno o l'ordine decrescente di importanza.
La STAZIONE APPALTANTE deve valorizzare gli aspetti qualitativi dell'offerta e individua criteri tali da garantire un confronto concorrenziale effettivo sotto il profilo tecnico. Per questo motivo viene fissa un tetto massimo per il punteggio economico del 30%.

La STAZIONE APPALTANTE procede, previa verifica della proposta di aggiudicazione, all'aggiudicazione che decida che nessuna offerta sia vantaggiosa sulla base dell'oggetto del contratto.

L'aggiudicazione non equivale all'accettazione dell'offerta.

FASE INTEGRATIVA DI EFFICACIA e STIPULAZIONE CONTRATTO
L'aggiudicazione diventa **efficace dopo la verifica del possesso dei requisiti:**

Entro 60 gg vengono stipulati il contratto di appalto o concessione o entro diverso termine previsto dal bando o ipotesi di differimento concordata e comunque **non prima di 35 gg** dall'ultima comunicazione del provvedimento di aggiudicazione

STIPULAZIONE DEL CONTRATTO, a pena di nullità

vii. Con atto pubblico notarile informatico o In modalità elettronica
viii. In forma pubblica amministrativa a cura dell'ufficio rogante della stazione appaltante
ix. Mediante scrittura privata
x. In caso di procedura negoziata o per affidamenti di importo max 40.000€ mediante corrispondenza secondo l'uso del commercio consistente in apposito scambio di lettere anche tramite pec.

Il contratto è sottoposto alla condizione sospensiva dell'esito positivo dell'eventuale **approvazione** (atto di controllo interno da parte di un organo diverso rispetto a quello che ha stipulato il contratto) e altri controlli previsti dalle norme STAZIONE APPALTANTE

ESECUZIONE DEL CONTRATTO successiva alla sua efficacia: la stazione appaltante che per questioni di urgenza non chieda l'esecuzione anticipata.

SOGLIE DI RILEVANZA COMUNITARIA per applicazione codice
Appalti sopra soglia art. 35

- **5.350.000€ per appalti pubblici di lavori e per le concessioni**
- **139.000€ per appalti pubblici di forniture, servizi, concorsi pubblici di progettazione aggiudicati dalle amministrazioni aggiudicatrici che sono autorità governative centrali**
- **214.000€ per appalti di forniture, servizi e per concorsi pubblici di progettazione aggiudicati da amministrazioni aggiudicatrici sub-centrali**
- **750.000€ per appalti di servizi sociali e altri servizi specifici allegato IX**

Nei settori speciali le soglie di rilevanza comunitaria sono:

- **5.350.000€ per appalti di lavori**
- **428.000€ per appalti di forniture, servizi e concorsi pubblici di progettazione**
- **1.000.000€ per contratti di servizi, per i servizi sociali e altri servizi specifici all. IX**

Tali soglie sono periodicamente rideterminate con provvedimento della Commissione europea che trova diretta applicazione a seguito della pubblicazione nella Gazzetta ufficiale dell'Unione europea

Il calcolo del valore stimato di un appalto è basato sull'importo totale pagabile, al netto dell'IVA, valutato dall'amministrazione aggiudicatrice o dall'ente aggiudicatore.
Il calcolo tiene conto dell'importo massimo stimato, ivi compresa qualsiasi forma di eventuali opzioni o rinnovi del contratto esplicitamente stabiliti nei documenti di gara. Si tiene conto ai fini del calcolo, di premi o pagamenti per candidati o offerenti.

Art. 36 - Appalti sotto soglia

L'affidamento di lavori, servizi e forniture di importo inferiore alle soglie di cui all'art. 35 avviene nel rispetto dei principi di cui agli artt. 30 comma 1, 34, 42 e nel rispetto del principio di rotazione degli inviti e degli affidamenti e in modo da assicurare l'effettiva possibilità di partecipazione delle microimprese, piccole e medie imprese.

- **Importo maggiore a 40.000€: affidamento diretto anche senza previa consultazione di 2/+ operatori o per i lavori in amministrazione diretta**

- **Importo uguale o minore a 40.000€ e maggiore a 150.000€ per i lavori o alle soglie art. 35 per forniture e servizi mediante affidamento diretto previa valutazione di 3 preventivi ove esistenti per i lavori e di minimo 5 operatori economici per i servizi e forniture (i lavori possono essere eseguiti anche in amministrazione diretta, fatto salvo l'acquisto e il noleggio di mezzi)**

- **Per affidamenti di lavori di importo uguali o inferiori a 150.000€ e maggiori a 350.000€, mediante la procedura negoziata di cui all'art. 63 previa consultazione di almeno 10 operatori economici**

- **Per affidamenti importo uguale o inferiore a 350.000€ e inferiore a 1.000.000€ mediante la procedura negoziata di cui art. 63 previa consultazione almeno 15 operatori economici**

- **Per affidamenti di importo uguale o inferiore a 1.000.000€ di lavori e fino alle soglie art. 35, mediante ricorso alle procedure di cui art. 60.**

TITOLO II - QUALIFICAZIONE DELLE STAZIONI APPALTANTI

Fa le STAZIONE APPALTANTE rientrano le Amministrazioni aggiudicatrici, gli enti aggiudicatori, altri soggetti aggiudicatori.

Art. 37.

- STAZIONE APPALTANTE procedono autonomamente e direttamente per appalti di forniture e servizi di importo > 40.000€ e per appalti di lavori di importo > 150.000€, nonché attraverso ordini a valere su strumenti di acquisto messi a disposizione dalle centrali di committenza e dai soggetti aggregatori
- Per appalti di valore superiore le STAZIONE APPALTANTE devono essere in possesso di una **qualificazione.**
- Le STAZIONE APPALTANTE non in possesso della qualificazione necessaria procedono all'acquisizione di forniture servizi e lavori ricorrendo ad una centrale di committenza o mediante aggregazione con una o + STAZIONE APPALTANTE aventi la necessaria qualifica.

Ex art 38, **presso ANAC** si trova elenco delle STAZIONE APPALTANTE qualificate incluse le centrali di committenza.

La qualificazione è conseguita in rapporto a

- Bacino territoriale
- Tipologia e complessità del contratto
- Fascia di importo

Di diritto sono iscritti nell'elenco presso anac

1. Ministero infrastrutture e trasporti
2. Provveditorati interregionali per le opere pubbliche
3. CONSIP s.p.a.
4. INVITALIA- Agenzia nazionale per l'attrazione degli investimenti e lo sviluppo d'impresa s.p.a.
5. I soggetti aggregatori regionali e le città metropolitane
6. Sport s.p.a. è qualificata di diritto centrale di committenza dal gennaio 2020

La qualificazione ha ad oggetto **il complesso delle attività che caratterizzano il processo di acquisizione di un bene, servizio, lavoro in relazione ai seguenti ambiti:**

- Capacità di progettazione

- Capacità di affidamento
- Capacità di verifica sull'esecuzione e controllo dell'intera procedura, ivi incluso il collaudo e la messa in opera.

valutati sulla base di parametri quali requisiti di base (es. strutture organizzative stabili; presenza di dipendenti con specifiche competenze in rapporto alle attività; rispetto dei termini dei pagamenti ecc..) **e premianti (**valutazione positiva ANAC rispetto all'attuazione di misure di prevenzione dei rischi di corruzione e promozione della legalità; livello di soccombenza nel contenzioso; applicazione di criteri di sostenibilità ambientale e sociale nell'attività di progettazione e affidamento…)
la qualificazione **ha durata di 5 anni e può essere rivista a seguito di verifiche a campione ANAC o su richiesta STAZIONE APPALTANTE.**

SOGGETTI DELLE PROCEDURE DI AFFIDAMENTO DEI CONTRATTI PUBBLICI
OPERATORE ECONOMICO ammessi sono:

- Persone fisiche o giuridiche, enti pubblici, raggruppamenti di persone o enti, associazioni temporanee di imprese, enti senza personalità giuridica, che offrono sul mercato la realizzazione di lavori, opere, servizi, prodotti
- Operatori economici stabiliti in altri Stati Membri
- OPERATORE ECONOMICO per l'affidamento dei servizi di architettura e di ingegneria (art. 46)

Rientrano fra gli OPERATORE ECONOMICO

- Imprenditori individuali (anche artigiani) e le società (anche cooperative)
- Consorzi fra società cooperative di produzione e lavoro, consorzi fra le imprese artigiane (*)
- Consorzi stabili, costituiti anche in forma di società consortili fra imprenditori individuali, anche artigiani, società commerciali, società cooperative di produzione e lavoro (sono consorzi stabili quelli formati da non meno di tre consorziati che, con decisione dei rispettivi organi deliberativi, abbiano stabilito di operare in modo congiunto nel settore dei contratti pubblici di lavori, servizi e forniture per un periodo di tempo non inferiore a 5 anni, istituendo una comune struttura di impresa) (*)

(*) *i consorzi stabili eseguono prestazioni con la propria struttura o tramite consorziati indicati in sede di gara senza che ciò costituisca subappalto, ferma la responsabilità solidale degli stessi nei confronti della STAZIONE APPALTANTE.*

- I raggruppamenti temporanei di concorrenti che abbiano conferito mandato collettivo speciale con rappresentanza ad uno di essi qualificato come mandatario che esprime offerta in nome e per conto proprio e dei mandanti
- I consorzi ordinari di concorrenti di cui all'art 2602 cc
- Le aggregazioni tra imprese aderenti al contratto di rete
- Soggetti che abbiano stipulato il contratto di GEIE (gruppo europeo di interesse economico)
-

Divieto per i concorrenti di partecipare alla gara in più di un raggruppamento temporaneo o in più di un consorzio ordinario e di partecipare in forma aggregata e individuale contemporaneamente.
Le STAZIONE APPALTANTE possono imporre ai raggruppamenti di assumere forma specifica se funzionale alla buona esecuzione del contratto.

Art. 51 - SUDDIVISIONE IN LOTTI
Per favorire l'accesso delle microimprese e piccole e medie imprese, le stazioni appaltanti possono suddividere l'appalto in

- **Lotti funzionali**
- **Lotti prestazionali**

La mancata suddivisione va motivata nel bando di gara o nella lettera di invito e nella relazione unica di cui artt. 99 e 139.

In caso di suddivisione in lotti il relativo valore deve essere adeguato in modo da garantire l'effettiva partecipazione delle microimprese, piccole e medie imprese ed è fatto divieto alle stazioni appaltanti di suddividere in lotti al solo fine di eludere l'applicazione del codice degli appalti e di aggiudicare tramite aggregazione artificiosa degli appalti

Nel bando o nella lettera di invito, le stazioni appaltanti indicano se le offerte possono essere presentate per un solo lotto, per alcuni o per tutti i lotti.

Le stazioni appaltanti indicano anche se le offerte possono essere presentate per un solo lotto, per tutti o alcuni e possono limitare il numero di lotti aggiudicabili ad un solo offerente (con indicazione nei documenti di gara delle regole e criteri oggettivi e non discriminatori da applicarsi per la determinazione dei lotti aggiudicati)

Art. 54 - TECNICHE E STRUMENTI PER GLI APPALTI ELETTRONICI E AGGREGATI – ACCORDI QUADRO

- **4 anni per appalti nei settori ordinari**
- **8 anni per appalti nei settori speciali**
-

L'accordo quadro concluso con più operatori economici è eseguito secondo una delle seguenti modalità

- Secondo i termini e condizioni dell'accordo quadro, **senza riaprire il confronto competitivo**, se accordo contiene tutti i termini che disciplinano la prestazione servizi/lavori/forniture e le condizioni oggettive per determinare quale degli operatori economici parte dell'accordo effettuerà la prestazione.
- **in parte con la riapertura del confronto competitivo, in parte senza**
- **con la riapertura del confronto competitivo** se l'accordo non contiene tutti i termini che disciplinano la prestazione

Art. 55 - SISTEMI DINAMICI DI ACQUISIZIONE

Procedimento interamente elettronico per acquisti di uso corrente le cui caratteristiche, così come generalmente disponibili sul mercato, soddisfano le esigenze della STAZIONE APPALTANTE

- **aperto a qualsiasi OPERATORE ECONOMICO che soddisfi i requisiti STAZIONE APPALTANTE**
- può essere diviso in categorie definite di prodotti, lavori o servizi sulla base delle caratteristiche dell'appalto da seguire (che possono comprendere un riferimento al quantitativo massimo ammissibile degli appalti specifici successivi o all'area geografica specifica in cui saranno eseguiti gli appalti)
- fino all'attribuzione dell'appalto si seguono le regole della procedura
- settori ordinari e speciali
    - termine minimo per ricezione domande: 30 gg dalla trasmissione bando di gara o invio invito a confermare interesse (in caso di avviso di preinformazione)
    - termine minimo per ricezione offerte: 10 gg minimo dalla data di trasmissione dell'invito a presentare offerte.
- Per aggiudicare appalti nel quadro di un sistema dinamico di acquisizione le stazioni appaltanti
    - Pubblicano un avviso di indizione della gara precisando che si tratta di un sistema dinamico di acquisizione
    - Nei documenti di gara precisano almeno la natura, quantità acquisti previsti e info necessarie riguardanti il sistema dinamico di acquisizione, comprese le modalità di funzionamento del sistema, il dispositivo elettronico utilizzato, modalità e specifiche tecniche di collegamento
    - Eventuale divisione in categorie di prodotti, lavori o servizi e le caratteristiche che definiscono le categorie
    - Offrono accesso libero, diretto e completo ai documenti di gara
- L'appalto viene aggiudicato all'offerente che ha presentato la migliore offerta sulla base dei criteri di aggiudicazione enunciati nel bando di gara, nell0invito a confermare interesse o nell'invito a presentare un'offerta.
- Le STAZIONE APPALTANTE devono indicare nell'avviso di indizione della gara il periodo di validità del sistema dinamico di acquisizione.

Art. 56 - ASTE ELETTRONICHE

- Vengono presentati nuovi prezzi, modificati al ribasso o nuovi valori riguardanti taluni elementi delle offerte
- Viene strutturata come un processo elettronico per fasi successive, che interviene dopo una prima valutazione completa delle offerte e consente di classificarle sulla base di un trattamento automatico.
- Gli appalti di servizi e di lavori che hanno per oggetto prestazioni intellettuali, non classificabili in base ad un trattamento automatico-> no oggetto di aste elettroniche
- Quando il contenuto dei documenti di gara è fissabile in maniera precisa le stazioni appaltanti possono stabilire che, nelle procedure aperte, ristrette, competitive con negoziazione o negoziate precedute da indizione di gara, l'aggiudicazione sia preceduta da un'asta elettronica
- L'asta elettronica è aggiudicata sulla base
  - Esclusivamente dei Prezzi (se appalto viene aggiudicato solo sulla base del prezzo)
  - Dei prezzi o nuovi valori degli elementi offerta (se criterio miglior rapporto qualità prezzo o costo-efficacia)

Art. 77 - COMMISSIONE GIUDICATRICE

- Alla commissione giudicatrice composta da esperti nello specifico settore oggetto del contratto viene affidata la valutazione delle offerte dal punto di vista tecnico-economico nei casi di aggiudicazione con criterio dell'offerta più vantaggiosa
- È costituita da un numero **dispari** di commissari (max 5) individuato dalla STAZIONE APPALTANTE e di regola lavora a distanza con procedure che salvaguardino la riservatezza delle commissioni
- I commissari non devono aver svolto o non devono svolgere alcun'altra funzione o incarico tecnico amministrativo relativamente al contratto del cui affidamento si tratta.
- La nomina del RUP a membro delle commissioni di gara è valutata con riferimento alla singola procedura
- Coloro che nel biennio prima all'indizione della procedura hanno ricoperto cariche di pubblico amministratore non possono essere nominati commissari giudicatori nei contratti affidati dalle amministrazioni presso cui hanno esercitato le proprie funzioni d'istituto
- Al momento accettazione incarico, i commissari dichiarano l'inesistenza di cause di incompatibilità e di astensione

SISTEMA UNICO DI QUALIFICAZIONE DEGLI ESECUTORI DEI LAVORI PUBBLICI

- I soggetti esecutori di lavori pubblici di importo uguale o inferiore a 150.000€ provano il possesso dei requisiti di qualificazione mediante attestazione da parte degli appositi organismi di diritto privato autorizzati dall'ANAC.
- L'attività di attestazione è esercitata nel rispetto del principio di indipendenza di giudizio, garantendo l'assenza di qualunque interesse commerciale o finanziario che possa determinare comportamenti non imparziali o discriminatori.
- Vengono individuati livelli standard di qualità dei controlli che le società organismi di attestazione (SOA) devono effettuare, con particolare riferimento a quelli di natura non meramente documentale. Gli SOA attestano:
  - Assenza dei motivi di esclusione di cui all'art 80
  - Possesso dei requisiti di capacità economica e finanziaria e tecniche e professionali negli ultimi 15 anni
  - Il possesso di certificazioni di sistemi di qualità conformi alle norme europee
  - Il possesso della certificazione del rating d'impresa rilasciata dall'anac ai sensi dell'art 83, co10.
- Gli SOA segnalano all'ANAC casi in cui gli operatori economici rendono false dichiarazioni o producono documenti non veritieri.

Art. 85 - DOCUMENTO DI GARA UNICO EUROPEO

Al momento della presentazione delle domande di partecipazione o delle offerte le STAZIONE APPALTANTE accettano il DGUE redatto in conformità al modello di formulario approvato con regolamento della commissione europea.

- È fornito esclusivamente in forma elettronica

- Consiste in un'autodichiarazione aggiornata come prova documentale preliminare in sostituzione dei certificati rilasciati da autorità pubbliche o terzi in cui si conferma che l'OPERATORE ECONOMICO soddisfa le seguenti condizioni:
  - Non si trova in una delle situazioni art. 80
  - Soddisfa i criteri di selezione definiti a norma dell'art. 83
  - Soddisfa eventuali criteri oggettivi fissati a norma dell'art. 91
- Il DGUE fornisce le informazioni rilevanti richieste dalla stazione appaltante

Art. 89 - AVVALIMENTO

- L' OPERATORE ECONOMICO (singolo o in raggruppamento) può soddisfare il possesso di requisiti di carattere economico, finanziario, tecnico e professionale, necessari per partecipare ad una procedura di gara (esclusi quelli di cui all'art 80), **avvalendosi della capacità di altri soggetti,** anche partecipanti al raggruppamento, a prescindere dalla natura giuridica dei legami
- L'OPERATORE ECONOMICO che vuole ricorrere all'avvalimento presenta
  - Attestazione SOA dell'impresa ausiliaria
  - Dichiarazione sottoscritta dalla stessa impresa ausiliaria, attestante il possesso dei requisiti generali di cui all'art. 80 e il possesso dei requisiti tecnici e delle risorse oggetto di avvalimento.
  - Dichiarazione sottoscritta dall'impresa ausiliaria con cui quest'ultima si impegna verso la STAZIONE APPALTANTE a mettere a disposizione per tutta la durata dell'appalto le risorse necessarie di cui è carente il concorrente
- La STAZIONE APPALTANTE verifica se i soggetti ausiliari soddisfano i criteri di selezione e se non sussistano motivi obbligatori di esclusione, casi in cui impone la sostituzione all'OPERATORE ECONOMICO.
- Concorrente e impresa ausiliaria **sono responsabili in solido nei confronti della stazione appaltante** in relazione alle prestazioni oggetto del contratto
- Gli obblighi antimafia previsti a carico del concorrente si applicano **anche** nei confronti ausiliario
- **È ammesso avvalimento di più imprese ausiliarie**
- **L'ausiliario non può avvalersi a sua volta di altro soggetto**
- Non è consentito in relazione a ciascuna gara che la stessa impresa ausiliaria si avvalga di più di un concorrente ovvero che partecipino sia l'impresa ausiliaria che quella che si avvale dei requisiti
- L'avvalimento non è ammesso per soddisfare il requisito dell'iscrizione all'albo nazionale dei gestori ambientali
- Non è ammesso l'avvalimento se nell'oggetto dell'appalto o della concessione di lavori rientrano opere per le quali sono necessari lavori o componenti di notevole contenuto tecnologico o rilevante complessità tecnica, quali strutture, impianti e opere sociali (per rilevanti si fa riferimento al 10 % dell'importo totale dei lavori)

RIDUZIONE N. CANDIDATI ALTRIMENTI QUALIFICATI DA INVITARE A PARTECIPARE

Nelle procedure ristrette, competitive con negoziazione, di dialogo competitivo e di partenariato per l'innovazione, le stazioni appaltanti, quando lo richieda la difficoltà o la complessità dell'opera, della fornitura o del servizio, possono limitare il numero di candidati che soddisfano i criteri di selezione e che possono essere invitati a presentare un'offerta. Comunque vanno rispettati numeri minimi

- 5 per le procedure ristrette
- 3 per le procedure competitive con negoziazione, dialogo competitivo, partenariato per l'innovazione

TITOLO V - ESECUZIONE DEL CONTRATTO

Art. 100 – le stazioni appaltanti possono richiedere requisiti particolari per l'esecuzione del contratto, purché siano compatibili con il diritto europeo e con i principi di parità di trattamento, non discriminazione, trasparenza, proporzionalità, innovazione e siano precisa nel bando di gara o nell'invito in caso di procedure senza bando o nel capitolato d'oneri.

- Esecuzione è diretta dal **RUP** che si avvale nella fase di esecuzione del
  - **direttore dell'esecuzione del contratto o direttore dei lavori**
  - **del coordinatore in materia di salute e di sicurezza**

- **del collaudatore o della commissione di collaudo**
- **del verificatore della conformità**

- **direttore dei lavori** con l'ufficio di direzione dei lavori è preposto **al controllo tecnico, contabile e amministrativo dell'esecuzione dell'intervento affinché i lavori siano eseguiti a regola d'arte e in conformità al progetto e al contratto.**
  - Ha la responsabilità del coordinamento e della supervisione dell'attività di tutto l'ufficio di direzione dei lavori e interloquisce in via esclusiva con l'esecutore in merito agli aspetti tecnici ed economici del contratto
  - Ha la specifica responsabilità dell'accettazione dei materiali
  - Fanno carico tutte le attività e i compiti demandati dal codice
  - Verifica periodicamente il possesso e la regolarità da parte dell'esecutore e subappaltatore della documentazione prevista dalle leggi vigenti in materia di obblighi nei confronti dei dipendenti
  - Cura la costante verifica di validità del programma di manutenzione, dei manuali d'uso e dei manuali di manutenzione modificandone e aggiornandone i contenuti a lavori ultimati
  - Provvede alla segnalazione al RUP dell'inosservanza da parte dell'esecutore, dell'art. 105
  - Svolge le funzioni di coordinatore per l'esecuzione dei lavori se in possesso dei requisiti richiesti dalla normativa vigente. In caso non svolga tali funzioni, le STAZIONE APPALTANTE prevedono la presenza di almeno un direttore operativo in possesso dei requisiti previsti dalla normativa.
- Con il direttore dei lavori collaborano i **direttori operativi** che verificano che le lavorazioni delle singole parti dei lavori da realizzare siano eseguite regolarmente e nell'osservanza delle clausole contrattuali.

Fra i compiti che possono essere affidati dal direttore dei lavori ai direttori operativi rientrano:

- Verificare che l'esecutore svolga tutte le pratiche di legge riservate alla denuncia dei calcoli delle strutture
- Programmare e coordinare le attività dell'ispettore dei lavori
- Curare l'aggiornamento del cronoprogramma dei lavori e segnalare al direttore le eventuali difformità rispetto alle previsioni contrattuali e proporre necessari interventi correttivi
- Assistere il direttore nell'identificare gli interventi necessari ed eliminare difetti progettuali o esecutivi
- Individuare e analizzare le cause che influiscono negativamente sulla qualità dei lavori
- Assistere i collaudatori nell'espletamento delle operazioni di collaudo
- Esaminare e approvare il programma delle prove di collaudo e messa in servizio degli impianti
- Dirigere le lavorazioni specialistiche

- Con il direttore dei lavori collaborano anche gli **assistenti con funzioni di ispettori di cantiere** nella sorveglianza dei lavori in conformità delle prescrizioni stabilite nel capitolato speciale di appalto.
  - La funzione è ricoperta dalla sola persona che esercita la sua attività in un turno di lavoro
  - Sono presenti a tempo pieno durante lo svolgimento dei lavori che richiedono controllo quotidiano, nelle fasi di collaudo e eventuali manutenzioni
  - Rispondono direttamente al direttore dei lavori della loro attività
  - Svolgono la verifica dei documenti di accompagnamento delle forniture di materiali
  - Verificano prima della messa in opera che i materiali, apparecchiature e impianti abbiano superato le fasi di collaudo prescritte
  - Controllano l'attività dei subappaltatori
  - Controllano la regolare esecuzione dei lavori con riguardo ai disegni e alle specifiche tecniche contrattuali
  - Svolgono assistenza alle prove di laboratorio
  - Svolgono assistenza ai collaudi dei lavori e alle prove di messa in esercizio e accettazione degli impianti

- Predispongono gli atti contabili e l'esecuzione delle misurazioni quando siano stati incaricati dal direttore dei lavori
- Prestano assistenza al coordinatore per l'esecuzione

Art. 102 - COLLAUDO E VERIFICA DI CONFORMITA'

I contratti pubblici sono soggetti a collaudo per i lavori e verifica di conformità per servizi e forniture per certificare che l'oggetto del contratto in termini di prestazioni, obiettivi e caratteristiche tecniche, economiche e quantitative sia stato realizzato ed eseguito nel rispetto delle previsioni e pattuizioni contrattuali

- Per i lavori di importo < 1.000.000€ e inferiore alla soglia art. 35 il certificato di collaudo può essere sostituito, in casi tassativi, dal certificato di regolare esecuzione rilasciato per i lavori dal direttore dei lavori
- Per i lavori di importo =/> a 1.000.000€ e per forniture e servizi di importo > soglia 35 è sempre facoltà della STAZIONE APPALTANTE sostituire il certificato di collaudo o il certificato di verifica della conformità con il certificato di regolare esecuzione rilasciato per i lavori dal direttore dei lavori e per le forniture e servizi dal RUP (non oltre 3 mesi dalla data di ultimazione delle prestazioni oggetto del contratto)

Il collaudo finale o la verifica di conformità deve avere luogo **non oltre 6 mm dall'ultimazione dei lavori o delle prestazioni** salvo i casi individuati dal ministro delle infrastrutture e dei trasporti, di particolare complessità per le quali il termine **può essere elevato ad 1 anno**

Ha carattere **provvisorio e assume carattere definitivo decorsi 2 anni dalla sua emissione.**

Decorso tale termine si intende tacitamente approvato anche se l'atto formale di approvazione non sia stato emesso entro 2 mm dalla scadenza di tale termine

Per le attività di collaudo le STAZIONE APPALTANTE nominano tra i propri dipendenti o dipendenti di altre amministrazioni da 1 a 3 componenti con qualificazione rapportata alla tipologia e caratteristica del contratto.

Non possono essere affidati incarichi di collaudo e di verifica di conformità a

- Magistrati ordinari, amministrativi e contabili e avvocati e procuratori dello Stato, in attività di servizio e per appalti di lavori pubblici di importo pari o superiore alle soglie di rilevanza comunitaria di cui all'art. 35.
- Ai dipendenti appartenenti ai ruoli della pubblica amministrazione in servizio, ovvero in trattamento di quiescenza per appalti di lavori pubblici di importo pari o superiore alle soglie art. 35
- A coloro che nei 3 anni prima hanno avuto rapporti di lavoro autonomo o subordinato con OPERATORE ECONOMICO a qualsiasi titolo coinvolti nel contratto
- A coloro che hanno svolto/svolgono attività di verifica, controllo, progettazione, approvazione, autorizzazione, vigilanza o direzione sul contratto da collaudare
- A coloro che hanno partecipato alla procedura di gara

<u>**Garanzie**</u>

- <u>**Art. 93 – Provvisoria:**</u> garanzia per partecipare alla procedura
  - ➢ l'offerta è corredata da una garanzia fideiussoria pari al 2% del prezzo di base indicato nel bando/invito, sotto forma di cauzione o fideiussione, a scelta dell'offerente
  - ➢ L'importo è riducibile fino all'1% e aumentabile fino al 4% dalla STAZIONE APPALTANTE
  - ➢ Deve essere efficace per almeno 180 gg dalla data presentazione offerta
  - ➢ Copre la mancata sottoscrizione del contratto dopo l'aggiudicazione dovuta ad ogni fatto riconducibile all'affidatario o all'adozione di informazione antimafia interdittiva
  - ➢ È svincolata automaticamente al momento della sottoscrizione del contratto. Ai non aggiudicatari è restituita tempestivamente (comunque entro 30 gg dall'aggiudicazione)
  - ➢ L'importo della garanzia e del suo eventuale rinnovo è ridotto del 50% per OPERATORE ECONOMICO a cui viene rilasciata la certificazione del sistema di qualità conforme alle norme europee

- <u>**Art. 103 – Definitiva:**</u>
  - ➢ L'appaltatore per la sottoscrizione del contratto deve costituire una garanzia definitiva a scelta fra cauzione o fideiussione

- È pari al 10% dell'importo contrattuale e tale base obbligazione è indicata negli atti e documenti a base di affidamento di lavori servizi
- È posta a garanzia dell'adempimento di tutte le obbligazioni del contratto e del risarcimento dei danni derivanti dall'eventuale inadempimento delle obbligazioni stesse e a garanzia del rimborso delle somme pagate in più all'esecutore rispetto alle risultanze della liquidazione finale, salva comunque la risarcibilità del maggior danno vs appaltatore
- Cessa di avere efficacia alla data di emissione del certificato di collaudo provvisorio o certificato di regolare esecuzione.
- La mancata costituzione della garanzia definitiva determina la decadenza dall'affidamento e l'acquisizione della cauzione provvisoria presentata in sede di offerta da parte della stazione appaltante, che aggiudica l'appalto o la concessione al concorrente che segue nella graduatoria
- Viene progressivamente svincolata a misura dell'avanzamento dell'esecuzione fino al limite max 80% dell'iniziale importo garantito. L'ammontare residuo della cauzione deve permanere fino al certificato di collaudo o comunque fino a 12 m dalla data di ultimazione dei lavori risultante dal relativo certificato
- L'esecutore dei lavori è obbligato a costituire e consegnare alla STAZIONE APPALTANTE, almeno 10 gg prima della consegna dei lavori anche una polizza assicurativa che copra i danni subiti dalle STAZIONE APPALTANTE a causa del danneggiamento o della distruzione totale/parziale di impianti ed opere.

    - Per i lavori di importo superiore al doppio della soglia art 35, il titolare del contratto per la liquidazione della rata di saldo è obbligato a stipulare, con la decorrenza dalla data di emissione del certificato di collaudo provvisorio o certificato di regolare esecuzione o comunque trascorsi 12 m dalla data di ultimazione dei lavori, una polizza indennitaria decennale a copertura dei rischi della rovina totale o parziale dell'opera o rischi derivanti da grandi difetti di costruzione

Art. 105 - SUBAPPALTO

I soggetti affidatari dei contratti eseguono in proprio le opere/lavori/servizi/forniture comprese nel contratto. A pena di nullità:

- Il contratto non può essere ceduto
- Non può essere affidata a terzi l'integrale esecuzione delle prestazioni o lavorazioni oggetto di appalto o la prevalente esecuzione delle lavorazioni relative al complesso delle categorie prevalenti e dei contratti ad alta intensità di manodopera
-

È ammesso il SUBAPPALTO - contratto con cui l'appaltatore affida a terzi l'esecuzione di parte delle prestazioni o lavorazioni oggetto del contratto di appalto -

- Costituisce subappalto qualsiasi contratto avente oggetto attività che richiedono manodopera
    - Se singolarmente di importo inferiore al 2% dell'importo delle prestazioni affidate
    - Di importo superiore a 100.000 euro
    - Qualora l'incidenza del costo della manodopera e del personale sia inferiore 50% dell'importo del contratto da affidare
    - Il subappalto NON può superare la quota del 30% dell'importo complessivo del contratto di lavori/servizi o forniture

- Prima dell'inizio della prestazione per tutti i sub-contratti che non siano subappalti, il nome del subcontraente, l'importo del subcontratto, l'oggetto del lavoro, servizio o fornitura affidati

- Non si configurano come attività affidate in subappalto
    - L'affidamento di specifiche attività a lavoratori autonomi, per le quali è necessario effettuare comunicazione alla STAZIONE APPALTANTE
    - La subfornitura a catalogo di prodotti informatici
    - L'affidamento di servizi di importo> 20.000 euro annui ad imprenditori agricoli nei comuni totalmente montani, comuni ricompresi nella circolare MEF n.9 del 1993 o delle isole minori

- Le prestazioni a favore dei soggetti affidatari in forza di contratti continuativi di cooperazione servizio e fornitura, sottoscritti in epoca anteriore all'indizione della procedura finalizzata all'aggiudicazione dell'appalto

- I soggetti affidatari possono affidare in subappalto PREVIA AUTORIZZAZIONE purché
  - Affidatario subappalto non abbia partecipato alla procedura di affidamento
  - Subappaltatore sia qualificato nella relativa categoria
  - Nell'offerta siano stati indicati i lavori o parti di opere/servizi/forniture che si intende subappaltare
  - Il concorrente dimostri l'assenza in capo ai subappaltatori dei motivi di esclusione ex art. 80

- Per appalti uguali o superiori alle soglie art.35 e in caso di appalti esposti a rischio infiltrazione mafiosa → in sede di offerta deve essere indicata una TERNA DI SUBAPPALTATORI

- Il contratto di appalto deve essere DEPOSITATO presso la STAZIONE APPALTANTE 20 gg prima dell'effettivo inizio esecuzione. Insieme al deposito contratto di subappalto devono essere depositati
  - ➢ Certificazione requisiti qualifica
  - ➢ Dichiarazione di assenza motivi di esclusione

- Il subappaltatore deve garantire per le prestazioni affidate in subappalto gli stessi standard qualitativi e prestazionali previsti nel contratto di appalto e riconoscere ai lavoratori un trattamento economico e normativo non inferiore a quello che avrebbe garantito il contraente principale, inclusa l'applicazione dei medesimi contratti collettivi di lavoro.

- CONTRAENTE PRINCIPALE è responsabile IN VIA ESCLUSIVA nei confronti della STAZIONE APPALTANTE.

- L'aggiudicatario è responsabile in solido con il subappaltato in relazione agli obblighi contributivi e retributivi e anche per gli obblighi di sicurezza previsti dalla normativa vigente
- L'esecuzione di prestazioni oggetto del subappalto non può costituire a sua volta oggetto di ulteriore subappalto.

<u>MODIFICHE AL CONTRATTO DURANTE IL PERIODO DI EFFICACIA art. 106</u>

Devono essere autorizzate dal RUP

I contratti di appalto possono essere modificati senza nuova procedura di affidamento nei seguenti casi:

- Modifiche previste dai documenti iniziali in clausole chiare, precise e inequivocabili
- Lavori servizi o forniture supplementari da parte del contraente originale resi necessari e non inclusi nell'appalto iniziale, ove un cambiamento del contraente sia
  - ➢ Impraticabile per motivi tecnici o economici
  - ➢ Comporti per l'amministrazione aggiudicatrice notevoli disguidi o consistente duplicazione di costi
- Ove siano soddisfatte le seguenti condizioni
  - ➢ Necessità di modifica determinata da circostanze impreviste e imprevedibili per l'amministrazione aggiudicatrice
  - ➢ Modifica non altera la natura generale del contratto
- Se nuovo contraente sostituisce quello a cui la STAZIONE APPALTANTE aveva inizialmente aggiudicato l'appalto a causa di una delle seguenti circostanze
  - ➢ Una clausola di revisione inequivocabile
  - ➢ All'aggiudicatario iniziale succede per causa di morte/ristrutturazioni societarie, un altro OPERATORE ECONOMICO che soddisfi i criteri di selezione qualitativa stabiliti inizialmente
  - ➢ Nel caso in cui l'amministrazione aggiudicatrice si assuma gli obblighi del contraente principale nei confronti dei suoi subappaltatori
- Se le modifiche non sono sostanziali

- Se il valore è al di sotto (entrambe)
  - ➢ delle soglie art. 35
  - ➢ del 10% del valore iniziale del contratto per servizi e forniture; del 15% per lavori sia nei settori ordinari che speciali
  - ➢ la modifica non può alterare la natura complessiva del contratto o accordo quadro

Art. 107 - SOSPENSIONE

Nel caso in cui ricorrano circostanze speciali che impediscono in via temporanea che i lavori procedano a regola d'arte, e che non siano prevedibili al momento della stipulazione del contratto

→il **direttore dei lavori**

- può disporre la sospensione dell'esecuzione del contratto
- compila il verbale di sospensione da inoltrare entro 5 gg al RUP
  - motivi di sospensione
  - stato di avanzamento dei lavori
  - opere la cui esecuzione rimane interrotta + cautele perché possano essere continuate alla ripresa senza eccessivi oneri
  - consistenza forza lavoro e mezzi di manodopera esistenti

→ il RUP può disporre la sospensione per ragioni di necessità o pubblico interesse come l'interruzione di finanziamenti per esigenze sopravvenute di finanza pubblica, disposta con atto motivato dalle amministrazioni competenti.

→ ESECUTORE può chiedere la RISOLUZIONE del contratto senza indennità se sospensione o sospensioni durano per un periodo di tempo superiore ad ¼ durata intera prevista per l'esecuzione o < 6 mesi complessivi (se la STAZIONE APPALTANTE si oppone, l'esecutore ha diritto alla rifusione dei maggiori oneri derivanti dal prolungamento della sospensione oltre i termini suddetti, nessun indennizzo è dovuto all'esecutore negli altri casi)

La sospensione è prevista per il tempo strettamente necessario

Cessate le cause il RUP dispone la ripresa e indica NUOVO termine contrattuale

La sospensione può essere anche PARZIALE

→ ESECUTORE che, per cause a lui non imputabili non sia in grado di ultimare i lavori nel termine fissato può richiedere la PROROGA con congruo anticipo rispetto alla scadenza del termine contrattuale. Sull'istanza decide il RUP + DIRETTORE entro 30 gg

Art. 108 - RISOLUZIONE

- le stazioni appaltanti possono risolvere un contratto pubblico durante il periodo di efficacia in caso di
  - ➢ Modifica sostanziale che avrebbe richiesto una nuova procedura di appalto
  - ➢ Superamento delle soglie 50% del valore iniziale in caso di lavori, servizi, forniture supplementari da parte del contraente originario rese necessarie ove non sia possibile un cambiamento del contraente per i conseguenti effetti; in caso di modifica derivante da circostanze impreviste e imprevedibili e non alteranti la natura generale del contratto
  - ➢ Aggiudicatario si è trovato al momento dell'aggiudicazione in una delle situazioni di cui all'art.80
  - ➢ Appalto non avrebbe dovuto essere aggiudicato in considerazione di una grave violazione degli obblighi derivanti dai trattati.

- Le stazioni appaltanti devono risolvere il contratto in caso di
  - ➢ Intervenuta decadenza nei confronti dell'appaltatore, dell'attestazione di qualifica per aver prodotto falsa documentazione o dichiarazioni mendaci
  - ➢ Provvedimento definitivo che dispone applicazione misure del codice antimafia o sentenza di condanna passata in giudicato per i reati art. 80

- Il DIRETTORE DEI LAVORI/Responsabile dell'esecuzione, in caso di grave inadempimento
  - ➢ invia al RUP una relazione particolareggiata. Corredata dei documenti necessari con la stima dei lavori eseguiti regolarmente
  - ➢ formula la contestazione degli addebiti all'appaltatore assegnando termine di 15 gg minimo per presentare controdeduzioni al RUP

- scaduto il termine senza che appaltatore abbia risposto o all'esito della valutazione negativa delle controdeduzioni, la STAZIONE APPALTANTE su proposta del RUP dichiara risolto il contratto

- se l'esecuzione delle prestazioni RITARDI PER NEGLIGENZA appaltatore rispetto alle previsioni del contratto, il direttore dei lavori o Responsabile esecuzione, assegna un termine minimo di 10 gg per eseguirle→ scaduto il termine e redatto processo verbale in contradditorio con l'appaltatore, se l'adempimento permane, STAZIONE APPALTANTE risolve il contratto (resta fermo il pagamento penali)

- in caso di risoluzione l'appaltatore ha DIRITTO AL PAGAMENTO DELLE PRESTAZIONI REGOLARMENTE ESEGUITE, decurtato degli oneri aggiuntivi legati allo scioglimento del contratto

Art. 109 - RECESSO

- STAZIONE APPALTANTE può recedere dal contratto in qualsiasi momento previo pagamento
  - ➢ dei lavori eseguiti o delle prestazioni relative ai servizi e alle forniture eseguiti e
  - ➢ del valore dei materiali utili
  - ➢ del 1/10 dell'importo delle opere, servizi, forniture non eseguite
- l'esercizio del diritto di recesso è preceduto da una formale comunicazione all'appaltatore da darsi con un preavviso minimo di 20 gg

Art. 110 - PROCEDURE IN CASO DI FALLIMENTO DELL'ESECUTORE O DI RISOLUZIONE DEL CONTRATTO E MISURE STRAORDINARIE DI GESTIONE

- vengono interpellati i soggetti che hanno partecipato all'originaria procedura di gara per stipulare nuovo contratto
- il curatore fallimentare può con autorizzazione del giudice delegato, eseguire i contratti già iniziati

Art. 113 - INCENTIVI PER FUNZIONI TECNICHE

Gli oneri inerenti alla progettazione, direzione dei lavori, al direttore dell'esecuzione, alla vigilanza, ai collaudi tecnici e amministrativi, alle verifiche di conformità, al collaudo statico, agli studi, alle ricerche connessi, alla progettazione dei piani di sicurezza e di coordinamento, fanno carico agli stanziamenti previsti per i singoli appalti negli stati di previsione della spesa o nei bilanci delle STAZIONE APPALTANTE
→le amministrazioni aggiudicatrici destinano ad un apposito FONDO, risorse finanziarie max 2% modulate sull'importo dei lavori/servizi/forniture posti a base di gara (80% va al personale; 20% all'acquisto di prodotti/strumenti per migliorare l'ente)

Art. 113bis - TERMINI DI PAGAMENTO E CLAUSOLE PENALI

- I pagamenti acconti del corrispettivo di appalto sono effettuati entro 30 gg dall'adozione di ogni stato di avanzamento di lavori
- All'esito positivo collaudo/verifica (o comunque entro 7 gg) il RUP rilascia il certificato di pagamento ai fini dell'emissione della fattura
- Sono previste penali per i ritardi nell'esecuzione e sono commisurate ai gg di ritardo e proporzionali all'importo del contratto o alle prestazioni del contratto

TITOLO VI REGIMI PARTICOLARI DI APPALTO

Per diritti speciali o esclusivi si intendono i diritti concessi dallo stato o dagli enti locali mediante disposizione legislativa, regolamentare o amministrativa pubblicata, compatibile con i Trattati, avente l'effetto di riservare a uno o più enti l'esercizio delle attività previste dagli articoli da 115 a 121 e di incidere sostanzialmente sulla capacità di altri enti di esercitare tali attività

Settori:
- Gas e energia termica (art. 115)
- Elettricità (art. 116)
- Acqua (art. 117)
- Servizi di trasporto (art. 118)
- Porti e aerei (art. 119)
- Servizi postali (art. 120)
- Estrazione di gas e prospezione o estrazione di carbone e altri combustibili solidi (art. 121)

Art. 1664 - CONCESSIONI

Contratti a titolo oneroso stipulati per iscritto con cui una o più STAZIONE APPALTANTE affidano l'esecuzione e la progettazione esecutiva , progettazione definitiva, fornitura e gestione di servizi, riconoscendo a titolo di corrispettivo UNICAMENTE IL DIRITTO DI GESTIRE le opere oggetto del contratto o tale diritto + il prezzo, con rischio operativo legato alla gestione a carico del concessionario

- Sono esclusi dall'ambito di applicazione delle disposizioni in materia di concessioni, i provvedimenti con cui le amministrazioni aggiudicatrici a richiesta di un OPERATORE ECONOMICO, autorizzano, l'esercizio di un'attività economica che può svolgersi anche mediante l'utilizzo di impianti o altri beni mobili pubblici
- La maggior parte dei ricavi del concessionario provengono dalla vendita di servizi resi al mercato

→ il rischio operativo riferito alle variazioni costi-ricavi in grado di incidere significativamente sull'equilibrio del piano economico-finanziario (per il quale è necessaria la contemporanea presenza di condizioni di convenienza economica e sostenibilità finanziaria)

- La sottoscrizione del contratto di concessione può avvenire sol a seguito dell'approvazione del progetto definitivo e della presentazione di idonea documentazione inerente il finanziamento dell'opera.
- **Il valore di una concessione** è costituito dal fatturato totale del concessionario generato per tutta la durata del contratto, al netto dell'IVA, stimato dall'amministrazione aggiudicatrice o dall'ente aggiudicatore, quale corrispettivo dei lavori e dei servizi oggetto della concessione, nonché per le forniture accessorie a tali lavori e servizi. → è calcolato al momento dell'invio del bando o al momento in cui l'amministrazione aggiudicatrice o ente aggiudicatore avvia la procedura di aggiudicazione della concessione.

Se il valore della concessione al momento aggiudicazione è inferiore al 20% rispetto al valore stimato, la stima rilevante è costituita dal valore della concessione al momento dell'aggiudicazione.
Nel calcolo del valore stimato della concessione si tiene conto:
- ➢ Del valore di eventuali forme di opzione o di forme di protrazione nel tempo dei relativi effetti
- ➢ Degli introiti derivanti dal pagamento, da parte degli utenti dei lavori e servizi, di tariffe e multe diverse da quelle riscosse per conto dell'amministrazione aggiudicatrice o ente aggiudicatore
- ➢ Dei pagamenti o altri vantaggi finanziari conferiti al dall'amministrazione aggiudicatrice o ente aggiudicatore. o da altra P.A.
- ➢ Del valore delle sovvenzioni o altri vantaggi finanziari in qualsivoglia forma conferiti da terzi per l'esecuzione della concessione
- ➢ Delle entrate derivanti dalla vendita di elementi dell'attivo, facenti parte della concessione
- ➢ Del valore dell'insieme delle forniture e dei servizi messi a disposizione del concessionario dalle amministrazioni aggiudicatrici o enti aggiudicatori purché necessari per l'esecuzione dei lavori o prestazione dei servizi
- ➢ Di ogni premio o pagamento o diverso vantaggio economico comunque denominato ai candidati o agli offerenti
- ➢ Degli atti di regolazione delle Autorità Indipendenti

- La durata delle concessioni è limitata e determinata nel bando di gara dall'amministrazione aggiudicatrice o ente aggiudicatore in funzione dei lavori o servizi richiesti al concessionario e commisurata al valore e alla complessità organizzativa dell'oggetto della stessa

→per concessioni < 5 anni la durata massima non può essere superiore al periodo di tempo necessario al recupero degli investimenti da parte del concessionario, individuato sulla base dei criteri di ragionevolezza, insieme ad una remunerazione del capitale investito, tenuto conto degli investimenti necessari per conseguire gli obiettivi contrattuali specifici come risultante dal piano economico-finanziario.

PARTENARIATO PUBBLICO PRIVATO (parte IV)

- I ricavi di gestione dell'OPERATORE ECONOMICO provengono dl Canone riconosciuto dall'ente concedente e/o da qualsiasi altra forma di contropartita economica ricevuta dal medesimo operatore economico, anche sottoforma di introito diretto di gestione del servizio ad utenza esterna.
- Il trasferimento del rischio in capo all'OPERATORE ECONOMICO comporta l'allocazione a quest'ultimo
  - Rischio costruzione
  - Rischio disponibilità
  - Rischio domanda
- Il contenuto del contratto è definito dalle parti in modo tale che il recupero degli investimenti effettuati e dei costi sostenuti dall'operatore economico per eseguire il lavoro o fornire il servizio, dipenda dall'effettiva fornitura del servizio o utilizzabilità dell'opera o dal volume dei servizi erogati in corrispondenza della domanda, e, in ogni caso, dal rispetto dei livelli di qualità contrattualizzati, purché la valutazione avvenga ex ante.

Procedure di affidamento: la scelta dell'operatore economico avviene con procedure ad evidenza pubblica anche mediante dialogo competitivo.

Le amministrazioni aggiudicatrici pongono a base del bando di gara

- il progetto definitivo
- uno schema di contratto e di piano economico finanziario, che disciplinano l'allocazione dei rischi tra amministrazione agg. e operatore economico

la scelta è preceduta da adeguata istruttoria con riferimento a:

- analisi domanda e offerta,
- sostenibilità economico-finanziaria e economico- sociale dell'operazione
- natura e intensità dei diversi rischi presenti nell'operazione

l'amministrazione aggiudicatrice esercita il controllo sull'attività dell'OPERATORE ECONOMICO anche attraverso la predisposizione di schemi di monitoraggio

- il finanziamento dei contratti può avvenire anche con la **finanza di progetto**

→ Per la realizzazione di lavori pubblici o di lavori di pubblica utilità, le amministrazioni aggiudicatrici possono, in alternativa all'affidamento mediante concessioni, affidare una concessione ponendo a base di gara un progetto di fattibilità, mediante pubblicazione di un bando finalizzato alla presentazione di offerte che contemplino l'utilizzo di risorse totalmente o parzialmente a carico dei soggetti proponenti.
→ il bando di gara è pubblicato ponendo a base il progetto di fattibilità predisposto dall'amministrazione aggiudicatrice
→ il progetto di fattibilità è redatto dal personale dell'amministrazione aggiudicatrice o ente aggiudicatore in possesso dei requisiti soggettivi necessari per la sua predisposizione in funzione delle diverse professionalità coinvolte nell'approccio multidisciplinare proprio del progetto di fattibilità
→ le offerte sono valutate con il criterio dell'offerta economicamente più vantaggiosa individuata sulla base del miglior rapporto qualità-prezzo
→ l'esame delle offerte è esteso agli aspetti relativi alla qualità del progetto definitivo presentato, al valore economico e finanziario del piano e al contenuto della bozza di convenzione.

Le offerte infatti devono contenere:

- un progetto definitivo
- una bozza di convenzione

- ➢ un piano economico-finanziario asseverato da un istituto di credito o società di servizi
- ➢ specificazione delle caratteristiche del servizio e della gestione
- ➢ contezza del preliminare coinvolgimento di uno o più istituto finanziatori del progetto

→ l'amministrazione aggiudicatrice
- ➢ prende in esame le offerte pervenute nei termini del bando
- ➢ redige una graduatoria e nomina promotore il soggetto che ha presentato la migliore offerta
- ➢ pone in approvazione il progetto definitivo presentato dal promotore

→ la stipulazione del contratto di concessione può avvenire a seguito della conclusione, con esito positivo della procedura di approvazione del progetto definitivo e accettazione delle modifiche progettuali da parte del promotore, ovvero del diverso concorrente aggiudicatario.

CONTENZIOSO

- **Ricorsi Giurisdizionali**

- **Rimedi alternativi alla tutela giurisdizionale**

• *Accordo Bonario per i lavori*

Qualora a seguito dell'iscrizione delle riserve sui documenti contabili, l'importo economico dell'opera possa variare tra 5 e 15 % dell'importo contrattuale

Il procedimento dell'accordo bonario riguarda tutte le riserve iscritte fino al momento dell'avvio del procedimento

→ il direttore dei lavori dà immediata comunicazione al RUP delle riserve, trasmettendo una propria relazione riservata nel più breve tempo possibile

→ il RUP valuta l'ammissibilità e la non manifesta infondatezza delle riserve ai fini del raggiungimento dei limiti di valore

→ il RUP entro 15 gg dalla comunicazione può chiedere alla Camera arbitrale l'indicazione di una lista di 5 esperti con esperienza specifica in relazione all'oggetto del contratto

→ il RUP e il soggetto che ha formulato le riserve scelgono il nome dell'Esperto

→ l'esperto formula entro 90 gg la proposta di accordo bonario

→ la proposta deve essere accettata entro 45 gg perché l'accordo bonario sia concluso

• *Transazione*

Solo se non esperibili altri rimedi alternativi alla giurisdizione

• *Arbitrato*

È necessaria la presenza della clausola compromissoria

Le controversie sui diritti soggettivi, derivanti dall'esecuzione dei contratti pubblici relativi a lavori, servizi e forniture, concorsi di progettazione e idee, comprese quelle conseguenti al mancato raggiungimento dell'accordo bonario, possono essere definite da arbitri

→il collegio arbitrale è composto da 3 membri ed è nominato dalla camera arbitrale

→ ciascuna parte designa nella domanda di arbitrato o nell'atto di resistenza alla domanda, l'arbitro di propria competenza; il presidente è nominato dalla camera arbitrale

→ la camera arbitrale istituita presso ANAC è formata da Presidente (5 anni in carica) e Consiglio arbitrale (5 membri)

• *Pareri di precontenzioso dell'ANAC*

L'ANAC, su iniziativa della STAZIONE APPALTANTE o di una o + parti, esprime il parere sulle questioni insorte durante lo svolgimento delle procedure di gara, entro 30 gg dalla ricezione della richiesta

Il parere è vincolante per le parti che vi abbiano previamente acconsentito ed è impugnabile davanti ai competenti organi di giustizia amministrativa

50 QUIZ FACILI

1. **Un collegio si dice perfetto**
   A. Quando il quorum strutturale è uguale alla metà più uno dei membri
   B. Quando il quorum strutturale è uguale a due terzi dei membri
   C. Quando il quorum strutturale coincide con la totalità dei suoi Membri
   D. Quando il Presidente del collegio possiede poteri di veto

2. **Qual è il significato di "pubblica amministrazione"?**
   A. L'insieme delle norme che disciplinano i rapporti tra Stato ed enti pubblici
   B. L'insieme degli organi e degli uffici pubblici con funzione amministrativa
   C. L'insieme degli organi cui è demandata l'esecuzione dei provvedimenti giudiziari
   D. L'attività di individuazione e scelta dei fini dello stato

3. **Cosa sono gli atti politici?**
   A. Sono atti dei vertici del potere esecutivo liberi nei fini
   B. Sono le espressioni di voto dei politici
   C. Sono atti di alta amministrazione
   D. Sono atti amministrativi speciali

4. **In cosa consiste l'autotutela?**
   A. Nella tutela giudiziaria concessa ai pubblici dipendenti
   B. Nel potere del ministro di risolvere i conflitti tra organi subordinati gerarchicamente
   C. Nella giurisdizione amministrativa
   D. Nel potere spettante agli organi amministrativi dello Stato e degli enti pubblici di eliminare i provvedimenti viziati

5. **Cosa si intende per ente pubblico autonomo?**
   A. Che non è soggetto a controlli amministrativi
   B. Che nel rispetto e nei limiti delle norme statali esso ha il potere di emanare norme generali con forza cogente
   C. Che è dotato del potere di autogovernarsi
   D. Che quell'ente non ammette ingerenze di altri organi dello Stato

6. **Cosa si intende per ente pubblico autarchico?**
   A. I dipendenti di quell'ente non soggiacciono alle norme generali che regolano il rapporto di impiego pubblico
   B. L'ente è in grado di operare senza riferirsi alle norme dell'ordinamento statale
   C. Si tratta di un ente che ha il potere di amministrare i propri interessi nell'ambito del proprio territorio
   D. L'ente è economicamente indipendente

7. **Cosa significa il concetto di competenza?**
   A. È il potere che viene attribuito a ciascun dipendente
   B. È il grado di discrezionalità concesso a coloro che esercitano un pubblico servizio
   C. La quota di poteri e funzioni pubbliche attribuite ad un determinato organo della PA
   D. È l'attività degli enti pubblici economici

8. **In quali atti si concretizza la funzione consultiva?**
   A. Nel fornire pareri agli organi dell'amministrazione attiva
   B. Nello studio dei problemi della difesa legale dello Stato e degli enti pubblici
   C. Nel controllo di merito sugli atti amministrativi degli enti locali
   D. Nel fornire pareri agli organi giudiziari sulle controversie nelle quali è interessata la pubblica amministrazione

9. La funzione amministrativa è finalizzata:
A. Al riconoscimento di fini pubblici
B. Alla tutela dei fini pubblici dello Stato
C. All'individuazione dei fini pubblici che lo Stato deve perseguire
D. Al perseguimento dei fini pubblici dello Stato

10. Cosa si intende per discrezionalità amministrativa?
A. La capacità di scelta tra comportamenti illeciti consentiti dalla legge
B. La capacità di scelta partendo dalle regole di opportunità e convenienza amministrativa
C. La capacità di scelta tra comportamenti leciti per soddisfare l'interesse pubblico
D. La capacità di scelta partendo dai criteri di scienza e tecnica

11. Quali forme fondamentali può assumere l'azione amministrativa?
A. Attività di normazione e di giurisdizione
B. Attività di diritto pubblico e di diritto privato
C. Atti di gestione primaria e secondaria
D. Atti politici e atti interni

12. Quali sono gli enti territoriali autonomi?
A. La Prefettura, il Comitato regionale di controllo e l'ufficio Distrettuale dell'Avvocatura di Stato
B. Le sezioni regionali della Corte dei conti e quelle dell'Avvocatura di Stato
C. Le Regioni, le Province e i Comuni
D. Le circoscrizioni comunali e i Consigli provinciali

13. Cosa s'intende per atto amministrativo?
A. Il potere esercitato dal Governo nei settori di sua competenza
B. Una manifestazione di volontà dello Stato o di un ente pubblico nell'esplicazione di una potestà amministrativa
C. Un atto giuridico posto in essere da un'autorità amministrativa nell'esercizio di una sua funzione amministrativa
D. Un atto di normazione primaria avente rilevanza immediata nella attività locale

14. Quali sono gli elementi essenziali dell'atto amministrativo?
A. La competenza territoriale dell'organo dal quale l'atto è emanato
B. Il soggetto, l'oggetto, la causa e la forma dell'atto
C. L'istanza, la richiesta, il sollecito e l'ordine
D. La pubblicazione e la notificazione

15. Che cosa si deve intendere per procedimento amministrativo?
A. Un insieme di atti che precedono l'emanazione della decisione giurisdizionale
B. Il procedimento penale in tema di reati contro la pubblica amministrazione
C. Una serie di attività destinate a concludersi con la formazione di un atto amministrativo provvedimentale
D. Pareri emanati dagli organi consultivi su richiesta di un organo dell'amministrazione attiva

16. Quali sono le fasi del procedimento amministrativo?
A. Indagini preliminari, decisione e notificazione
B. Fase informativa, consultiva, giurisdizionale
C. Fase di iniziativa, istruttoria e dispositiva
D. Il procedimento non si articola in più fasi, ma si realizza con un unico atto

17. Che cosa significa discrezionalità nell'attività amministrativa?
A. Libera scelta dei fini da parte degli organi amministrativi
B. La facoltà degli organi di controllo di annullare gli atti viziati
C. La facoltà di scelta in ordine all'adozione di un determinato

provvedimento e ai suoi contenuti
D. L'obbligo di rispettare la legge nell'emanazione degli atti amministrativi

18. Quali sono le parti che compongono la struttura formale di un atto amministrativo?

A. I soggetti, l'oggetto e la forma
B. L'intestazione, il preambolo, la motivazione, il dispositivo e la sottoscrizione
C. La premessa, l'istruttoria, la decisione e la notificazione
D. Il contenuto e la clausola di esecutorietà

19. Quale significato può assumere il "silenzio" in materia di provvedimenti amministrativi?

A. Nessun significato
B. Significato di assenso o di rigetto
C. Invito a sollecitare il provvedimento amministrativo
D. Accoglimento della domanda

20. A quali tra questi principi si ispirano le leggi sul procedimento amministrativo?

A. Sussidiarietà e consunzione
B. Legalità, economicità, efficacia
C. Immediatezza, revocabilità, segretezza
D. Utilità, solidarietà, uguaglianza

21. Qual è l'effetto del silenzio della P.A. una volta decorsi i termini fissati dalla legge o dai regolamenti?

A. Il procedimento va rinnovato fin dall'inizio d'ufficio o su Domanda dell'interessato
B. Nessun effetto è previsto dalla legge
C. Il silenzio equivale sempre a rigetto della istanza di provvedimento
D. Nessuna delle precedenti

22. Cosa s'intende per responsabile del procedimento amministrativo?

A. Il soggetto cui il cittadino si rivolge nell'istanza o nella domanda
B. Il titolare dell'ufficio cha ha il controllo sugli atti dell'ente pubblico
C. Il dirigente o un dipendente addetto all'ufficio competente ad emanare l'atto amministrativo per il quale è iniziato il procedimento
D. Il soggetto chiamato a rispondere penalmente del reato di omissione di atti d'ufficio

23. Quali sono le categorie fondamentali di ricorsi amministrativi?

A. La querela, la denunzia, l'istanza e la richiesta
B. L'esposto e il reclamo avanti al prefetto
C. Il ricorso in opposizione, il ricorso gerarchico, il ricorso straordinario al Capo dello Stato
D. L'azione civile di risarcimento avanti al giudice competente

24. In quali casi un soggetto può proporre avanti al giudice ordinario un'azione contro la pubblica amministrazione?

A. Il ricorso giurisdizionale è ammesso sempre e contro tutti i provvedimenti della pubblica amministrazione
B. L'azione civile è proponibile solo se in contemporaneità è stato proposto ricorso amministrativo
C. L'azione è esperibile quando l'atto amministrativo abbia leso un diritto soggettivo pubblico o privato, salvo i casi di risarcimento degli interessi legittimi
D. Solo come azione rivolta ad ottenere il risarcimento dei danni cagionati da un illecito penale commesso da organi amministrativi

25. Che cosa sono le concessioni amministrative?

A. Atti di riconoscimento di un diritto preesistente
B. Atti con i quali la pubblica amministrazione elimina un provvedimento invalido
C. Gli atti con cui la pubblica amministrazione consente al concessionario l'uso di risorse e/o l'esercizio di attività non disponibili da parte dei privati e

riservate ai pubblici poteri.

D. I permessi per l'utilizzazione dei beni pubblici a fini economici

26. Cosa s'intende per pubblico impiegato?

A. Il soggetto legato da un rapporto economico con lo Stato o con un ente pubblico

B. Il soggetto concessionario di un pubblico servizio

C. Colui che volontariamente professionalmente e in modo continuativo dedica la sua attività allo Stato o a un ente pubblico ricevendo una retribuzione

D. Colui che anche temporaneamente è anche incaricato dello svolgimento di un'attività di pubblico interesse

27. Quali sono le modalità ordinarie di accesso agli impieghi pubblici?

A. La partecipazione alle gare di appalto indette dallo Stato o dagli enti pubblici

B. L'assunzione per concorso ovvero l'avviamento degli iscritti nelle liste di collocamento oppure per chiamata numerica degli iscritti nelle liste medesime

C. L'assunzione per nomina da parte degli organi circoscrizionali

D. L'assunzione per chiamata diretta per meriti speciali

28. Cosa si intende per tutela della riservatezza?

A. Il rispetto delle distanze nelle costruzioni al fine di proteggere la vita familiare

B. La difesa giuridica contro l'utilizzazione da parte di terzi dei dati relativi alla persona

C. Il divieto di riferire a persone estranee all'amministrazione fatti attinenti all'attività d'ufficio

D. I limiti imposti dalla legge alla comunicazione di dati personali dagli organi di stampa e radiotelevisione

29. La violazione del principio di ragionevolezza dà luogo a:

A. Eccesso di potere

B. Irregolarità dell'atto

C. Inesistenza dell'atto

D. Violazione di legge

30. Sono della fase istruttoria:

A. Il visto

B. Gli accordi sostitutivi

C. La richiesta e la proposta vincolante

D. Le attività di acquisizione dei fatti (ammissibilità, legittimazione, circostanze di fatto)

31. Non sono vizi di legittimità dell'atto amministrativo:

A. L'incompetenza

B. L'eccesso di potere

C. La violazione di legge

D. L'inopportunità

32. L'atto con il quale la Pubblica Amministrazione conferisce ad un soggetto nuovi diritti è detto:

A. Concessione

B. Licenza

C. Autorizzazione

D. Ammissione

33. L'atto amministrativo è annullabile quando:

A. Quando è illecito

B. Quando è ineseguibile

C. Quando ha vizi di legittimità

D. Quando è imperfetto

34. Cos'è la acquiescenza?

A. Una causa di conservazione soggettiva dell'atto

B. Una causa di conservazione oggettiva dell'atto

C. Un vizio di merito

D. Una figura sintomatica di eccesso di potere

35. I beni demaniali:

A. Possono appartenere solo alle regioni a Statuto ordinario

B. Possono appartenere solo allo Stato, alle Regioni. Ai Comuni e alle

Province
C. Possono appartenere anche ai privati
D. Non possono comprendere universalità di beni mobili

36. Si definisce nulla-osta:
A. Un assenso procedimentale di una P.A. diversa da quella competente ad emanare l'atto finale
B. Un atto di accertamento
C. Un atto di controllo
D. Una valutazione tecnica da parte di organi specializzati

37. A fondamento dell'atto ablativo vi devono essere:
A. Motivi di natura cautelare
B. Motivi di interesse generale
C. Motivi di natura politica
D. Motivi di natura privatistica

38. Che cos'è il giudizio di ottemperanza?
A. Un giudizio che ottiene dalla P.A. l'esecuzione delle sentenze del giudice ordinario e del giudice amministrativo
B. Un giudizio instaurato dal privato cittadino per ottenere l'esecuzione da parte della P.A. della decisione di un ricorso amministrativo
C. Un giudizio instaurato dal privato cittadino per ottenere l'esecuzione da parte della P.A. a lui favorevole
D. un procedimento instaurato dalla P.A. contro un suo dipendente il quale si rifiuti di eseguire un atto da lui dovuto

39. Cosa è sono i TAR?
A. Organi di giurisdizione ordinaria
B. Organi decentrati dell'amministrazione statale
C. Organi di giustizia amministrativa di secondo grado
D. Organi di giustizia amministrativa di primo grado

40. A quale autorità è rivolto il ricorso in opposizione?
A. All'amministrazione di vertice di altro ramo
B. Alla stessa autorità che ha emanato l'atto
C. All'autorità gerarchicamente superiore
D. Al Ministro competente

41. Secondo l'art. 28 della Costituzione:
A. La responsabilità civile dei dipendenti si estende anche allo Stato
B. I funzionari e i dipendenti dello Stato e degli enti pubblici non sono responsabili
C. I funzionari e i dipendenti dello Stato e degli enti pubblici sono responsabili ma la responsabilità civile non si estende allo Stato
D. Nessuno è responsabile

42. Gli interessi collettivi sono tutelabili:
A. Solo in sede amministrativa
B. Solo in sede giurisdizionale
C. In sede amministrativa e giurisdizionale
D. Solo in sede penale

43. Il ricorso in opposizione:
A. Può essere proposto per motivi di merito
B. Può essere proposto solo a tutela di diritti soggettivi
C. Non può essere proposto per motivi di legittimità
D. Può essere proposto anche se presenti motivi di demerito

44. Quando l'atto amministrativo non ha ancora concluso il suo ciclo di formazione è:
A. Ineseguibile
B. Inefficace
C. Imperfetto
D. Eseguibile

45. Quando si differisce il termine di efficacia di un precedente provvedimento:
A. Si pone in essere un provvedimento di abrogazione dell'atto amministrativo
B. Si pone in essere un provvedimento di sospensione dell'atto amministrativo

C. Si pone in essere un provvedimento di revoca dell'atto amministrativo
D. Si pone in essere un provvedimento di proroga dell'atto amministrativo

46. A quale giudice sono devolute le controversie sullo *status* dei magistrati ordinari, oggetto di deliberazione del C.S.M?
A. T.A.R. Del luogo di residenza del magistrato
B. T.A.R. Lazio
C. T.A.R. della Regione sede dell'ufficio giudiziario del giudice
D. T.A.R. Milano

47. Che cos'è il diritto di accesso ai documenti pubblici?
A. Il diritto esercitato da soggetti privati
B. Il diritto esercitato dagli enti pubblici
C. Il diritto esercitato sia dai soggetti privati che dagli enti pubblici
D. il diritto esercitato dai dipendenti degli enti pubblici

48. Per l'uscita di beni culturali dal territorio della Repubblica, quale documento è necessario per la circolazione nel territorio europeo?
A. L'attestato commerciale di autenticità e provenienza
B. La dichiarazione dell'interesse culturale particolarmente importante
C. Il visto del Presidente della Repubblica
D. L'attestato di libera circolazione

49. La denuncia è:
A. Una dichiarazione che viene presentata dai privati ad un'autorità amministrativa, al fine di provocare l'esercizio dei suoi poteri, con l'emanazione di un provvedimento
B. Una domanda dei privati interessati, tendente ad ottenere un provvedimento a loro favore
C. Una manifestazione di giudizio dell'organo propulsivo circa il contenuto da dare all'atto, che genera obblighi per la P.A
D. Una richiesta di un provvedimento

50. Il ricorso straordinario al Presidente della Repubblica:
A. Non è alternativo al ricorso giurisdizionale amministrativo
B. È un rimedio amministrativo di carattere generale
C. Non è attuabile
D. È proponibile anche per vizi di merito

RISPOSTE

1. C
2. B
3. A
4. D
5. B
6. C
7. C
8. A
9. D
10. C
11. B
12. C
13. C
14. B
15. C
16. C
17. C
18. B
19. B
20. B
21. D
22. C
23. C
24. C
25. C
26. C
27. B
28. B
29. A
30. D
31. D
32. A
33. C
34. A
35. B
36. A
37. B
38. A
39. D
40. B
41. A
42. B
43. A
44. C
45. D
46. B
47. A
48. D
49. A
50. B

50 QUIZ INTERMEDI

1. **Ai sensi della legge 241/1990, quale indicazione deve contenere la comunicazione di avvio del procedimento amministrativo?**
   A. il mese entro il quale presumibilmente avrà termine il procedimento
   B. la data entro la quale presumibilmente avrà inizio il procedimento
   C. la documentazione prodotta dalla pubblica amministrazione precedente
   D. la data entro la quale, secondo i termini previsti dalla legge, deve concludersi il procedimento

2. **Ai sensi della Legge 241/1990, quando può essere convocata la conferenza di servizi preliminare?**
   A. sempre in presenza di un progetto definitivo, su richiesta dell'interessato al fine di verificare se vi siano le condizioni per ottenere, alla presentazione dell'istanza, i necessari pareri
   B. sempre nel caso di progetti di particolare complessità, in presenza di un progetto definitivo, al fine di esaminare la fattibilità del progetto
   C. nel caso di progetti di particolare complessità e di insediamenti produttivi di beni e servizi, su motivata richiesta dell'interessato al fine di verificare quali siano le condizioni per ottenere, alla loro presentazione, i necessari atti di consenso
   D. nel caso di progetti di scarsa complessità che possono essere risolti con una conferenza agevolata dal punto di vista procedimentale

3. **Con riferimento alle fasi del procedimento amministrativo, nella fase d'iniziativa si può distinguere tra procedimenti:**
   A. a iniziativa individuale e a iniziativa generale
   B. a iniziativa d'ufficio e a iniziativa automatica
   C. a istanza di parte e a iniziativa d'ufficio
   D. a presa d'atto privata e a iniziativa d'ufficio

4. **Ai sensi della Legge 241/1990, rientra nella competenza del responsabile del procedimento amministrativo:**
   A. accertare d'ufficio i fatti, disponendo il compimento degli atti all'uopo necessari
   B. in presenza di diversi interessi pubblici concomitanti, valutare quale di essi sia prevalente
   C. adottare in ogni caso il provvedimento finale
   D. vietare l'indizione di conferenze di servizi, ravvisandone l'eventuale inutilità ai fini del procedimento

5. **Quale tra i seguenti compiti rientra tra quelli propri del responsabile del procedimento, ai sensi della Legge 241/1990?**
   A. validare, ai fini decisori, i presupposti rilevanti per l'emanazione del provvedimento
   B. valutare, ai fini ordinatori, i presupposti rilevanti per l'emanazione del provvedimento
   C. valutare, ai fini giudiziari, i presupposti rilevanti per l'emanazione del provvedimento
   D. valutare, ai fini istruttori, i presupposti rilevanti per l'emanazione del provvedimento

6. **Come può essere definito un provvedimento amministrativo?**
   A. un atto unilaterale emanato da un'autorità amministrativa, nell'esercizio di un potere autoritativo previsto dalla legge
   B. un atto non definitivo in attesa dell'attestazione statale
   C. un atto emanato da un'autorità esclusivamente statale

D. una qualunque comunicazione da parte della pubblica amministrazione

7. Ai sensi della Legge 241/1990, l'ufficio responsabile del procedimento deve essere specificato nella comunicazione di avvio del procedimento?

A. no, non deve essere mai indicato
B. no, ma può essere indicato a discrezione dell'ente procedente
C. sì, obbligatoriamente, ma non deve essere indicato alcun nome di persone fisiche responsabili del procedimento
D. sì, obbligatoriamente, con la specifica indicazione della persona responsabile del procedimento

8. Ai sensi della Legge 241/1990, nella comunicazione personale di avvio del procedimento la pubblica amministrazione deve indicare:

A. la data entro la quale deve concludersi il procedimento e il nome del responsabile
B. la data entro la quale deve concludersi il procedimento, se tale richiesta è specificata nell'istanza
C. tra l'altro, la data entro la quale deve concludersi il procedimento
D. esclusivamente la data di inizio dell'istruttoria da parte dell'ente

9. Ai sensi dell'art. 8 della Legge 241/1990, nella comunicazione personale di avvio del procedimento la pubblica amministrazione deve indicare l'amministrazione competente?

A. no, mai
B. sì, se si tratta di un procedimento per il quale, per il numero dei destinatari, la comunicazione personale non sia possibile
C. no, salvo il caso in cui sia un procedimento derivante da una conferenza di servizi
D. sì, sempre

10. Un procedimento amministrativo deve essere svolto secondo criteri di economicità?

A. sì, a norma di legge
B. sì, nel caso in cui si tratti di un procedimento relativo ad attività produttive
C. no, in nessun caso
D. solo nel caso in cui il procedimento si svolga presso un ente pubblico economico

11. Ai sensi della Legge 241/1990, la pubblica amministrazione può aggravare il procedimento:

A. solo con riferimento all'adozione di atti tributari
B. in ogni caso, a sua discrezione
C. solo per straordinarie e motivate esigenze imposte dallo svolgimento dell'istruttoria
D. per esigenze sorte a seguito della decisione dell'istruttoria, senza obbligo di motivazione

12. Ai sensi dell'art. 3, comma 1 della legge 14 gennaio 1994, n. 20, su quali dei seguenti atti la Corte dei conti esercita un controllo preventivo di legittimità?

A. provvedimenti di disposizione del demanio e del patrimonio immobiliare
B. atti di gestioni fuori bilancio
C. in nessuno dei casi indicati nelle altre risposte
D. atti di aziende o amministrazioni autonome

13. Il provvedimento amministrativo con cui la P.A. conferisce "ex novo" posizioni giuridiche attive al destinatario, ampliandone così la sfera giuridica, è detto:

A. autorizzazione
B. nulla osta
C. requisizione
D. concessione

14. In base alla legge 7 agosto 1990, n. 241, la prima riunione della conferenza di servizi è convocata:

A. entro 15 giorni ovvero, in caso di particolare complessità dell'istruttoria, entro 30 giorni dalla data di indizione

B. entro 15 giorni ovvero, in caso di particolare complessità dell'istruttoria, entro 20 giorni dalla data di indizione
C. entro 30 giorni ovvero, in caso di particolare complessità dell'istruttoria, entro 60 giorni dalla data di indizione
D. entro 30 giorni ovvero, in caso di particolare complessità dell'istruttoria, entro 90 giorni dalla data di indizione

15. Ai sensi della legge 241/1990, il provvedimento amministrativo, carente degli elementi essenziali, è:
A. imperfetto
B. annullabile
C. nullo
D. irregolare

16. Il provvedimento mediante il quale la Pubblica Amministrazione, nell'esercizio di un'attività discrezionale in funzione preventiva, provvede alla rimozione di un limite legale, che si frappone all'esercizio di un'attività inerente a un diritto soggettivo, è definito:
A. concessione
B. annullamento
C. autorizzazione
D. revoca

17. Qual è l'atto con il quale un organo dell'amministrazione decide di esercitare, sulla base di ragioni di ordine organizzativo e funzionale, un potere attribuito alla competenza di un altro organo gerarchicamente subordinato?
A. l'avocazione
B. la delegazione
C. la revoca dell'incarico
D. la direttiva

18. Al fine di assicurare l'imparzialità della P.A., la Costituzione italiana impone che:
A. i regolamenti governativi stabiliscano norme apposite
B. i funzionari di grado più elevato abbiano autonomia organizzativa
C. la legge stabilisca norme apposite per l'organizzazione dei pubblici uffici
D. tutti i provvedimenti della P.A. siano tipizzati

19. Il provvedimento amministrativo può essere revocato?
A. sì, per sopravvenuti motivi di pubblico interesse, ma mai nel caso di nuova valutazione dell'interesse pubblico originario
B. sì, nel caso di nuova valutazione dell'interesse pubblico originario, ma mai per sopravvenuti motivi di pubblico interesse
C. no, mai
D. sì, nel caso di provvedimento ad efficacia durevole, per sopravvenuti motivi di pubblico interesse ovvero nel caso di nuova valutazione dell'interesse pubblico originario

20. Nella legge sul procedimento amministrativo vige:
A. il divieto di interventi di carattere consultivo facoltativo
B. il divieto di aggravare il procedimento se non per straordinarie e motivate esigenze imposte dallo svolgimento dell'istruttoria
C. il divieto inderogabile di aggravare il procedimento
D. l'obbligo di aggravare i procedimenti aventi un valore superiore a quello determinato nel regolamento di contabilità di ciascun ente

21. Ai sensi dell'art. 22 della legge 241/90, quale dei seguenti rientra tra i documenti accessibili?
A. ogni rappresentazione concernente atti formati dalla PA, con esclusione degli atti preparatori e degli atti interni
B. ogni rappresentazione del contenuto di atti, anche interni o non relativi a uno specifico procedimento, detenuti da una pubblica amministrazione e concernenti attività di pubblico interesse
C. soltanto la rappresentazione concernente atti (anche interni) formati dalla

P.A., e atti preparatori

D. ogni rappresentazione concernente atti della PA solo se relativa ad uno specifico procedimento

22. Ai sensi dell'art. 24 della legge 241/90, quale dei seguenti rientra automaticamente tra i documenti non accessibili?

A. i documenti che riguardino la vita privata o la riservatezza di persone fisiche, persone giuridiche, gruppi, imprese e associazioni

B. i documenti coperti da segreto di stato

C. i documenti che riguardino l'attività in corso di contrattazione collettiva nazionale di lavoro

D. i documenti che riguardino le strutture, i mezzi, le dotazioni, il personale e le azioni strettamente strumentali alla tutela dell'ordine pubblico

23. In base alla legge 241/90, la PA procedente adotta la determinazione motivata di conclusione del procedimento, valutate le risultanze della conferenza di servizi e tenendo conto delle posizioni prevalenti espresse in quella sede:

A. esclusivamente all'esito dei lavori della conferenza

B. esclusivamente entro il termine stabilito per l'adozione della determinazione conclusiva nella prima riunione della conferenza di servizi

C. all'esito dei lavori della conferenza e, in ogni caso, entro il termine stabilito per l'adozione della determinazione conclusiva nella prima riunione della conferenza di servizi o in quella immediatamente successiva

D. entro dieci giorni dopo la scadenza del termine stabilito per l'adozione della determinazione conclusiva nella prima riunione della conferenza di servizi

24. La comunicazione dell'avvio del procedimento è riconducibile alla fase:

A. d'iniziativa

B. decisoria

C. integrativa di efficacia

D. di controllo

25. In quale dei seguenti casi sussiste violazione di legge?

A. difetto di istruttoria

B. illogicità o contraddittorietà della motivazione

C. violazione di una norma regolamentare vigente

D. inosservanza di circolari

26. NON è un compito attribuito al responsabile del procedimento dalla legge 241/1990:

A. valutare, ai fini istruttori, le condizioni di ammissibilità, i requisiti di legittimazione e i presupposti che siano rilevanti per l'emanazione di un provvedimento

B. accertare d'ufficio i fatti, disponendo il compimento degli atti all'uopo necessari, e adotta ogni misura per l'adeguato e sollecito svolgimento dell'istruttoria

C. proporre l'indizione o indire le conferenze di servizi

D. valutare, sentito il Ministero competente, nel merito il contenuto del provvedimento finale

27. È un mezzo di sanatoria degli atti amministrativi classificato nei «provvedimenti di conservazione» la:

A. conferma

B. convalida

C. sanatoria

D. sospensione

28. È elemento essenziale dell'atto amministrativo:

A. la presupposizione

B. la riserva

C. la forma quando richiesta dalla legge ad substantiam

D. l'onere

29. Quando il provvedimento manchi del soggetto o dell'oggetto nei cui confronti produce effetti generalmente è considerato:

A. nullo

B. illecito

C. irregolare
D. informale

30. Quali tra i seguenti sono atti di scienza con cui si narrano e si documentano ufficialmente atti giuridici, operazioni o anche meri comportamenti?
A. verbalizzazioni
B. ispezioni
C. attestazioni
D. istanze

31. Rientrano tra i provvedimenti amministrativi ablatori reali:
A. le concessioni
B. le sanzioni pecuniarie
C. le licenze
D. le espropriazioni

32. Nel caso di presentazione di memorie o documenti da parte dei soggetti legittimati a intervenire in un procedimento amministrativo, la pubblica amministrazione ha:
A. l'obbligo di valutarne il contenuto, ove siano pertinenti all'oggetto del procedimento
B. l'obbligo di considerarli, anche se non pertinenti all'oggetto del procedimento
C. la facoltà di valutarne il contenuto, qualora siano pertinenti all'oggetto del procedimento
D. la facoltà di archiviarle e di valutarne il contenuto solo se richiesto

33. Il provvedimento amministrativo, quando è viziato da un difetto di motivazione, è:
A. nullo
B. irregolare
C. annullabile
D. inammissibile

34. A norma di quanto dispone il D.lgs. 18 aprile 2016, n. 50, in caso di ritardo nell'emissione dei certificati di pagamento o dei titoli di spesa relativi agli acconti e alla rata di saldo rispetto alle condizioni e ai termini stabiliti dal contratto, spettano all'esecutore dei lavori:
A. solo gli interessi figurativi
B. solo gli interessi nella percentuale stabilita dal ministro dell'Economia e delle Finanze
C. quanto previsto dalle penali, fino a un massimo del 10% dell'ammontare netto contrattuale
D. esclusivamente gli interessi legali

35. Ai sensi del Codice dei Contratti pubblici, quale principio NON regola l'affidamento e l'esecuzione di opere e lavori pubblici?
A. la libera concorrenza
B. il principio di discriminazione
C. l'economicità
D. la proporzionalità

36. I provvedimenti amministrativi devono essere motivati?
A. no, tranne quando esplicitamente richiesto dalla legge
B. si, ma solo quelli del Governo
C. si, a eccezione degli atti normativi e dei provvedimenti a contenuto generale
D. no, mai

37. Nel Codice dei Contratti pubblici, le "procedure aperte" sono le procedure:
A. alle quali ogni operatore economico può chiedere di partecipare e in cui possono presentare un'offerta soltanto gli operatori economici invitati dalle stazioni appaltanti
B. in cui ogni operatore economico interessato può presentare un'offerta
C. nelle quali la stazione appaltante avvia un dialogo con i candidati ammessi a tale procedura, al fine di elaborare una o più soluzioni atte a soddisfare le sue necessità e sulla base della quale o delle quali i candidati selezionati saranno invitati a presentare le offerte. Qualsiasi operatore economico può chiedere di partecipare a tale procedura
D. in cui ogni operatore economico interessato può presentare fino a tre offerte

38. Chi è un pubblico ufficiale?

A. chi esercita il potere di governare una pluralità non determinata di soggetti
B. chi esercita una pubblica funzione legislativa, giudiziaria o amministrativa
C. chi riveste un grado nelle Forze Armate, da sottotenente compreso in poi
D. un ufficiale il cui nome sia stato reso pubblico per motivi di necessità pubblica

39. A norma della legge 7 agosto 1990, n. 241, il responsabile del procedimento amministrativo:

A. propone l'indizione delle conferenze di servizi
B. fissa il termine per l'adozione del provvedimento finale
C. non può mai valutare, neanche a fini istruttori, i presupposti che siano rilevanti per l'emanazione di provvedimento
D. non può accertare i fatti d'ufficio, ma può chiedere il rilascio di dichiarazioni e la rettifica di dichiarazioni o istanze erronee o incomplete

40. I vizi di legittimità dell'atto amministrativo rendono lo stesso:

A. annullabile
B. illecito
C. nullo
D. inesistente

41. Un atto amministrativo viziato da incompetenza relativa per materia è:

A. inesistente
B. nullo
C. annullabile
D. irricevibile

42. È ammessa la motivazione "per relationem"?

A. no, mai
B. si, ma solo per gli atti normativi e a contenuto generale
C. si, ma deve essere indicato e reso disponibile l'atto da cui risultano le ragioni della motivazione
D. si, sempre anche se gli atti richiamati non sono disponibili

43. Secondo l'art. 3 della L. 241/90, è vero che tutti gli atti amministrativi devono essere motivati?

A. no, solo i pareri devono essere motivati
B. no, mai
C. si, tranne gli atti normativi e a contenuto generale
D. si, tutti gli atti compresi quelli a contenuto generale

44. Come si distinguono gli atti amministrativi in relazione al numero di destinatari?

A. atti particolari e collettivi
B. atti ampliativi e restrittivi
C. atti privati e pubblici
D. atti discrezionali e vincolati

45. Ai sensi dell'art. 21-septies della Legge 241/90, un provvedimento è nullo tra l'altro:

A. quando è viziato da eccesso di potere
B. nei casi espressamente previsti dalla legge
C. quando è viziato da incompetenza relativa
D. quando sussistono ragioni di interesse pubblico

46. In base all'art. 21-octies, comma 1, della legge 241/90, l'incompetenza è vizio che determina l'annullabilità?

A. si, esclusivamente nei casi espressamente previsti dalla legge
B. si
C. no, viene sempre sanato
D. no, la nullità

47. In base all'art. 21-quinquies della legge 7 agosto 1990, n. 241, il provvedimento amministrativo:

A. può essere revocato dall'organo che lo ha emanato ovvero da altro organo previsto dalla legge

B. non è mai revocabile
C. può essere revocato da qualsiasi Pubblica Amministrazione
D. può essere revocato dalla Corte dei Conti

48. Ai sensi dell'art. 3 della legge 7 agosto 1990, n. 241, la motivazione del provvedimento amministrativo deve indicare:
A. esclusivamente i fini pubblici perseguiti dal provvedimento
B. i presupposti di fatto e le ragioni giuridiche che hanno determinato la decisione dell'am-ministrazione, in relazione alle risultanze dell'istruttoria
C. i presupposti di fatto che hanno determinato la decisione e, solo se richiesto dagli interessati al provvedimento amministrativo, le ragioni giuridiche
D. esclusivamente le ragioni giuridiche che hanno determinato la decisione

49. L'accesso ai documenti amministrativi è escluso:
A. in virtù del principio di trasparenza dell'azione amministrativa
B. per i documenti coperti dal segreto di Stato
C. esclusivamente per i documenti coperti dal segreto di Stato
D. nel caso in cui colui che li richieda ha carichi pendenti

50. Ai sensi dell'art. 24 della legge 241/90, la P.A. può rifiutare l'accesso ai documenti amministrativi:
A. solo nei casi di necessità ed urgenza
B. nei procedimenti tributari, per i quali restano ferme le particolari norme che li regolano
C. si, sempre, previo decreto motivato del responsabile del procedimento
D. nella sola ipotesi di documenti coperti da segreto di stato

RISPOSTE

1.	D
2.	C
3.	C
4.	A
5.	D
6.	A
7.	D
8.	C
9.	D
10.	A
11.	C
12.	A
13.	D
14.	A
15.	C
16.	C
17.	A
18.	C
19.	D
20.	B
21.	B
22.	B
23.	C
24.	A
25.	C
26.	D
27.	A
28.	C
29.	A
30.	A
31.	D
32.	A
33.	C
34.	C
35.	B
36.	C
37.	B
38.	B
39.	A
40.	A
41.	C
42.	C
43.	C
44.	A
45.	B
46.	B
47.	A
48.	B
49.	B
50.	B

50 QUIZ DIFFICILI

1. **L'art. 90 del D.lgs. 18 aprile 2016, n. 50 prevede che i concorrenti iscritti in elenchi ufficiali di prestatori di servizi o di fornitori possano presentare alla stazione appaltante, per ogni appalto:**
   A. l'iscrizione stessa e la relativa classificazione
   B. un certificato d'iscrizione indicante le referenze che consentono l'iscrizione negli elenchi
   C. il solo certificato di iscrizione alla Camera di commercio
   D. una relazione tecnica giurata indicante le referenze di cui sono in possesso un'attestazione della società di revisione

2. **Ai sensi dell'art. 48 del D.lgs. 18 aprile 2016, n. 50, nel caso di lavori, si intendono lavori scorporabili quelli:**
   A. nessuna delle altre alternative è corretta
   B. non appartenenti alla categoria prevalente e così definiti nel bando di gara
   C. appartenenti alla categoria prevalente
   D. che non possono essere affidati in subappalto

3. **Secondo quanto disposto dall'art. 3 D.lgs. 18 aprile 2016, n. 50, il termine "prestatore di servizi" designa:**
   A. in via esclusiva, la persona giuridica o un ente senza personalità giuridica che offra sul mercato la prestazione di servizi
   B. una persona fisica, o una persona giuridica, o un ente senza personalità giuridica che offra sul mercato la prestazione di servizi
   C. una persona fisica o giuridica che offra sul mercato pubblico la prestazione di beni o servizi
   D. esclusivamente la persona fisica che offra sul mercato la prestazione di servizi

4. **Il codice dei contratti, di cui al D.lgs. 18 aprile 2016, n. 50, stabilisce che, per ogni acquisizione in economia, le stazioni appaltanti operano attraverso:**
   A. il direttore dei lavori
   B. il responsabile unico del procedimento
   C. il direttore dell'esecuzione del contratto
   D. l'ANAC

5. **Ai sensi del D.lgs. 18 aprile 2016, n. 50, la progettazione dei lavori pubblici si articola, nel rispetto dei vincoli esistenti, preventivamente accertati, e dei limiti di spesa prestabiliti, secondo livelli di successivi approfondimenti tecnici, in:**
   A. preliminare, autorizzatoria ed esecutiva
   B. preliminare, esecutiva e di accertamento della conformità
   C. preliminare, definitiva ed esecutiva
   D. preliminare e successiva

6. **Un atto amministrativo è:**
   A. un atto unilaterale
   B. un atto esternalizzato
   C. un atto non unilaterale
   D. un contratto pubblico

7. **Secondo quanto disposto dall'art. 3 della L. 241/1990, nell'atto amministrativo, la parte valutativa della motivazione è la parte:**
   A. in relazione alle risultanze dell'istruttoria
   B. in cui la P.A. indica le norme di legge in base alle quali l'atto è stato adottato nella quale la P.A. indica soltanto gli interessi privati non rilevanti
   C. che individua soltanto gli interessi pubblici non rilevanti
   D. nella quale la P.A. indica i presupposti di fatto e le ragioni giuridiche che hanno determinato la decisione

8. **Secondo quanto disposto dal D.lgs. 18 aprile 2016, n. 50, le aziende sanitarie**

pubbliche sono obbligate ad osservare le norme riguardanti gli appalti di lavori pubblici?

A. no, in quanto aziende dotate di capacità imprenditoriali
B. si, ma solo a partire dal 1° gennaio 1999
C. si, ma solo a partire dal 1° gennaio 1948
D. si, in quanto aziende pubbliche

9. **All'interno del procedimento amministrativo, la "fase d'iniziativa" è:**

A. la fase diretta ad accertare i presupposti dell'atto da emanare
B. la fase ove si determina il contenuto dell'atto da adottare e si provvede alla formazione e all'emanazione dello stesso
C. la fase ove si acquisiscono tutti gli atti istruttori per l'emanazione del provvedimento
D. la fase di impugnazione dell'atto

10. **Nei contratti pubblici, ai sensi del D.lgs. 18 aprile 2016, n. 50, fatte salve le disposizioni legislative, regolamentari o amministrative relative alla remunerazione di servizi specifici, la migliore offerta è selezionata:**

A. solo con il criterio del prezzo più basso
B. solo con il criterio del prezzo più basso; per i contratti da stipulare parte a corpo e parte a misura, il prezzo più basso è determinato mediante offerta a prezzi unitari
C. con il criterio del prezzo più basso o con il criterio dell'offerta economicamente più vantaggiosa
D. solo con il criterio dell'offerta economicamente più vantaggiosa

11. **Ai sensi D.lgs. 18 aprile 2016, n. 50, il ricorso all'acquisizione in economia di servizi o forniture non è consentito:**

A. per la risoluzione di un precedente rapporto contrattuale, o in danno del contraente inadempiente, quando ciò sia ritenuto necessario o conveniente
B. per i contratti pubblici di rilevanza comunitaria
C. per conseguire la prestazione nel termine previsto dal contratto
D. per la necessità di completare le prestazioni di un contratto in corso, ivi non previste, se non sia possibile imporne l'esecuzione nell'ambito del contratto medesimo

12. **Ai sensi dell'art. 3 del D.lgs. 18 aprile 2016, n. 50, sono ricompresi nei "settori ordinari" dei contratti pubblici:**

A. i settori del gas, energia termica, elettricità, acqua
B. i settori diversi da quelli del gas, energia termica, elettricità, acqua, trasporti, servizi postali, sfruttamento di area geografica
C. il settore dei servizi postali
D. il settore dei trasporti

13. **Secondo quanto disposto dal D.lgs. 18 aprile 2016, n. 50, le imprese artigiane sono ammesse a partecipare alle procedure di affidamento dei contratti pubblici?**

A. no
B. si, l'ammissione è espressamente prevista dall'art. 45 del decreto
C. sono ammesse solo se costituite in forma societaria
D. sono ammesse solo se consorziate

14. **La Corte dei conti partecipa, nei casi e nelle forme stabilite dalla legge, al controllo sulla gestione finanziaria degli enti a cui lo Stato contribuisce in via ordinaria. Sul risultato del riscontro riferisce poi, ai sensi dell'art. 100 della Costituzione:**

A. agli altri organi di controllo
B. alla corte costituzionale
C. al Consiglio dei Ministri
D. direttamente alle camere

15. **Il D.lgs. 18 aprile 2016, n. 50 dispone che il concorrente, singolo o consorziato o raggruppato, in relazione ad una specifica gara di lavori, servizi e forniture di rilevanza comunitaria può**

soddisfare al possesso dei requisiti di carattere economico, finanziario, tecnico, organizzativo, ovvero di attestazione della certificazione SOA, servendosi dei requisiti di un altro soggetto o dell'attestazione SOA di altro soggetto. Come viene denominato tale istituto?

A. avvalimento
B. partenariato
C. associazione temporanea
D. appalti riservati

16. Ai sensi del Codice dei contratti pubblici, il cottimo fiduciario è una procedura:

A. negoziata in cui le acquisizioni avvengono mediante amministrazione diretta
B. negoziata in cui le acquisizioni avvengono mediante affidamento a terzi
C. ristretta in cui le acquisizioni avvengono mediante affidamento a terzi
D. negoziata in cui le acquisizioni avvengono mediante provvedimento di concessione

17. Con riferimento all'attività della pubblica amministrazione viene riconosciuto il principio di:

A. non valutazione
B. legalità
C. internalizzazione
D. autonomia

18. Come agiscono le amministrazioni pubbliche, nel momento in cui adottano atti di natura non autoritativa, ex art. 1 legge n. 241/1990?

A. esclusivamente secondo norme di diritto internazionale e, quindi, servendosi di modelli negoziali predisposti dalla Comunità Europea
B. solo con norme di diritto comunitario
C. secondo le norme di diritto pubblico
D. secondo le norme di diritto privato, salvo che la legge disponga diversamente

19. Secondo la legge n. 241/1990, esiste la possibilità per il soggetto interessato di promuovere, nel caso di diniego e di differimento dell'accesso di atti della Pubblica Amministrazione, l'intervento:

A. del giudice amministrativo
B. del giudice ordinario
C. del responsabile del procedimento, mediante ricorso gerarchico
D. della Giunta regionale, competente per il territorio della sede della Pubblica Amministrazione silente

20. Quale dei seguenti elementi NON è previsto dall'art. 8 della Legge 241/90 come parte del contenuto della comunicazione di avvio del procedimento?

A. il Tribunale amministrativo regionale competente a dirimere eventuali controversie
B. l'ufficio in cui si può prendere visione degli atti
C. l'amministrazione competente
D. l'ufficio e la persona responsabile del procedimento

21. Ai sensi dell'art. 11-ter D. lgs. 18 aprile 2016, n. 50, il costo relativo alla sicurezza può essere soggetto a ribasso d'asta?

A. si, in ogni caso
B. no, mai
C. si, e in genere se ne prevede espressamente la facoltà nel bando di gara
D. dipende dall'importo complessivo della base d'asta

22. In base alla legge 241/90, il diritto di accesso è escluso:

A. nei confronti dell'attività della P.A. diretta all'emanazione di atti normativi
B. in ogni caso, quando si può fare ricorso al TAR
C. a discrezione del privato
D. in nessun caso

23. Ai sensi del D.lgs. 18 aprile 2016, n. 50, i consorzi sono tenuti a indicare, in sede di offerta, per quali consorziati ciascuno di

essi concorre?
A. no, mai
B. si, sempre
C. si, ma solo se ciò sia espressamente richiesto dal bando di gara
D. no, salvo non venga espressamente richiesto dalla stazione appaltante con una qualsiasi modalità

24. **A norma dell'art. 32 del d.P.R. 445/2000, le firme dei capi delle scuole legalmente riconosciute apposte sui certificati di studio da prodursi a uffici pubblici sono legalizzate dal provveditore agli studi?**
A. si, in ogni caso
B. si, se gli uffici pubblici sono fuori dalla Provincia in cui ha sede la scuola
C. si, e possono essere legalizzate anche da un qualunque altro pubblico ufficiale della provincia in cui ha sede la scuola
D. no, salvo specifica richiesta dall'ufficio pubblico al provveditore agli studi

25. **A norma del d.P.R. n. 445/2000, se il rilascio di dichiarazioni mendaci è commesso per ottenere l'autorizzazione all'esercizio di una professione o arte, il giudice:**
A. può applicare l'interdizione temporanea dalla professione o arte
B. applica sempre l'interdizione temporanea dalla professione o arte
C. non applica comunque l'interdizione temporanea dalla professione o arte
D. si limita a segnalare l'irregolarità alle autorità competenti per i provvedimenti del caso

26. **A norma dell'art. 32 del d.P.R. 445/2000, le firme dei capi delle scuole parificate apposte sui diplomi originali da prodursi a uffici pubblici fuori della Provincia in cui ha sede la scuola:**
A. non necessitano di legalizzazione
B. sono legalizzate dal provveditore agli studi
C. sono legalizzate dal ministro dell'Istruzione, dell'Università e della Ricerca
D. necessitano di legalizzazione solo se richiesto dall'ufficio pubblico che riceve il diploma

27. **La Commissione per l'accesso ai documenti amministrativi è istituita presso:**
A. la Presidenza del Consiglio dei ministri
B. ogni ente pubblico regionale
C. ogni ente pubblico
D. il Garante per la privacy

28. **Ai sensi dell'art. 53 del D.lgs. 18 aprile 2016, n. 50, i pareri legali acquisiti dai soggetti tenuti all'applicazione del codice dei contratti pubblici, per la soluzione di liti, potenziali o in atto, relative ai contratti pubblici sono esclusi dal diritto d'accesso?**
A. si, ma solo nei casi espressamente previsto dalla legge dal regolamento
B. si, sempre
C. no, non è possibile farlo
D. dipende dalla natura di persona fisica o giuridica del richiedente

29. **Secondo la normativa sul diritto di accesso ai documenti amministrativi, regolato dalla L. 241/1990, si definisce "interessato":**
A. soltanto le associazioni senza scopo di lucro che abbiano un interesse diretto, concreto e attuale, corrispondente a una situazione giuridicamente tutelata e collegata al documento al quale è chiesto l'accesso
B. un soggetto privato che abbia un interesse diretto, concreto e attuale, corrispondente a una situazione giuridicamente tutelata e collegata al documento al quale è chiesto l'accesso
C. un qualunque soggetto privato residente in Italia
D. un qualunque soggetto pubblico o privato residente in un Paese appartenente all'Unione europea

30. **Secondo l'articolo 21-octies della legge 241/90, è annullabile il provvedimento amministrativo:**

A. solo se adottato in violazione di legge o regolamento
B. solo se viziato da eccesso di potere
C. adottato in violazione di legge o viziato da eccesso di potere o da incompetenza
D. adottato esclusivamente in violazione di legge costituzionale o da incompetenza

31. Ai sensi dell'art. 2 della L. 241/1990, salvi i casi in cui disposizioni di legge o altri provvedimenti non prevedano un termine diverso, i procedimenti amministrativi di competenza delle amministrazioni statali e degli enti pubblici nazionali devono concludersi entro il termine di:
A. sessanta giorni
B. novanta giorni
C. trenta giorni
D. venti giorni

32. A norma del DPR n. 445/2000, i certificati rilasciati dalle pubbliche amministrazioni:
A. hanno sempre validità di sei mesi dalla data di rilascio
B. sono ammessi oltre il termine di validità, nel caso in cui l'interessato dichiari, in fondo al documento, che le informazioni contenute nello stesso non hanno subito variazioni dalla data di rilascio
C. hanno validità illimitata se attestanti stati o qualità personali non soggetti a modificazioni hanno validità limitata di dodici mesi se attestanti stati o
D. qualità personali non soggetti a modificazioni

33. In ambito amministrativo, la denuncia e la richiesta facoltativa sono proprie della fase:
A. istruttoria del procedimento amministrativo
B. d'iniziativa del procedimento amministrativo
C. decisoria del procedimento amministrativo
D. integrativa dell'efficacia del procedimento amministrativo

34. In ambito amministrativo, la riservatezza costituisce un limite all'accesso?
A. si, in ogni caso, in quanto avente rilievo costituzionale
B. si, in quanto previsto dalla normativa di cui al d.lgs. 30 giugno 2003, n. 196, senza eccezioni
C. no, quando l'accesso è necessario per curare o difendere gli interessi giuridici dei richiedenti
D. no, in quanto il diritto all'accesso prevale sempre e incondizionatamente sulla riservatezza

35. Ai sensi del d.lgs. 18 aprile 2016, n. 50, quando la scelta della migliore offerta avviene con il criterio dell'offerta economicamente più vantaggiosa, la commissione giudicatrice è presieduta di norma:
A. da un professore universitario di ruolo, scelto nell'ambito di un elenco, formato sulla base di rose di candidati fornite dalle facoltà di appartenenza
B. da un esperto del settore a cui attiene la materia del contratto
C. da un professionista, esperto della materia ed estraneo alla stazione appaltante
D. da un dirigente estraneo alla stazione appaltante

36. Ai sensi dell'articolo 30 del D.lgs. 18 aprile 2016, n. 50, nella concessione di servizi la controprestazione a favore del concessionario consiste unicamente nel diritto:
A. di gestire funzionalmente e di sfruttare economicamente il servizio
B. di gestire funzionalmente il servizio, senza poterlo sfruttare economicamente
C. di sfruttare economicamente il servizio, senza poterlo gestire funzionalmente
D. di perseguimento dell'equilibrio economico-finanziario degli investimenti

37. Ai sensi dell'art. 11, della L. 241/90, la Pubblica Amministrazione può concludere accordi con i privati?

A. si e tali accordi devono essere stipulati, a pena di nullità, per atto scritto, salvo che la legge disponga altrimenti
B. si e tali accordi devono essere stipulati, a pena di annullabilità, per atto scritto, salvo che la legge disponga altrimenti
C. si e tali accordi devono essere stipulati, a pena di irregolarità, per atto scritto, salvo che la legge disponga altrimenti
D. no, in nessun caso

38. Ai sensi del D.lgs. 18 aprile 2016, n. 50, il nominativo del responsabile unico del procedimento è indicato nel bando o avviso con cui si indice la gara?
A. si, sempre
B. no, mai
C. si, ma solo quando ciò sia espressamente previsto nella determinazione di contrattare
D. dipende dalla volontà del responsabile del procedimento

39. Secondo il d.P.R. 445/2000, le informazioni relative a procedimenti conclusi:
A. possono essere trasferite su supporto informatico rimovibile, ma non devono necessariamente essere consultabili
B. non possono essere trasferite su supporto informatico rimovibile o fisso
C. possono essere trasferite su supporto informatico rimovibile, ma devono comunque essere consultabili
D. possono essere trasferite solo su supporto informatico fisso

40. Un atto amministrativo si dice perfetto quando:
A. sono presenti tutti gli elementi costitutivi dell'atto
B. è stato emanato dal Governo
C. è stato completato il procedimento per la sua esistenza
D. è stato pubblicato secondo quanto previsto dalla legge non è stato completato il suo procedimento

41. In ambito amministrativo, quale, tra i seguenti, NON è un atto che la dottrina definisce come provvedimento di convalescenza?
A. la sanatoria
B. la caducazione
C. la convalida
D. la ratifica

42. I provvedimenti di annullamento d'ufficio devono rispettare il principio:
A. del legittimo affidamento
B. di proporzionalità
C. di trasparenza
D. del lecito affidatario

43. Secondo il Codice dei Contratti pubblici, le procedure negoziate sono le procedure in cui:
A. le stazioni appaltanti consultano gli operatori economici da loro scelti e negoziano con uno o più di essi le condizioni dell'appalto
B. le stazioni appaltanti consultano gli operatori economici scelti dall'Autorità per la vigilanza sui contratti pubblici di lavori, servizi e forniture e negoziano con uno di essi le condizioni dell'appalto
C. ogni operatore economico può fornire almeno una parte del servizio richiesto
D. ogni operatore economico può presentare un'offerta

44. Cosa deve essere contenuto nei moduli per la presentazione delle dichiarazioni sostitutive?
A. il richiamo alle sanzioni amministrative previste
B. la specifica delle spese connesse all'acquisizione dei singoli atti
C. il richiamo alle sanzioni civili previste
D. il richiamo alle sanzioni penali previste

45. Quale tra le seguenti NON deve essere necessariamente contenuta nei moduli per la presentazione delle dichiarazioni sostitutive?
A. il richiamo alle sanzioni disciplinari previste per il pubblico ufficiale che effettua violazione di atti d'ufficio
B. il richiamo alle sanzioni penali previste per le ipotesi di falsità in atti

C. l'informativa prevista dalla normativa per la tutela dei dati personali
D. il richiamo alle sanzioni penali previste per le ipotesi di dichiarazioni mendaci

46. Secondo il d.P.R. 445/2000, l'esibizione di un atto contenente dati non più rispondenti a verità:
A. equivale a uso di atto falso
B. non equivale a uso di atto falso
C. equivale a uso di atto falso se i dati non corrispondono più a verità da oltre tre mesi
D. equivale a uso di atto falso se i dati non corrispondono più a verità da oltre un anno

47. Ai sensi della legge 241/1990, la conferenza di servizi è indetta:
A. sempre quando l'amministrazione procedente deve acquisire intese, concerti, nulla osta o assensi comunque denominati di altre amministrazioni pubbliche e non li ottenga, entro trenta giorni dalla ricezione, da parte dell'amministrazione competente, della relativa richiesta
B. sempre quando viene richiesto dal privato cittadino
C. solo nel caso di progetti di particolare complessità e di insediamenti produttivi di beni e servizi per cui l'amministrazione deve acquisire nulla osta o assensi di una pluralità di altre pubbliche amministrazioni
D. soltanto quando lo richieda il privato la cui attività sia subordinata ad un atto di consenso della P.A. competente

48. Quando viene convocata la conferenza di servizi?
A. quando l'attività del privato sia subordinata ad atti di consenso, comunque denominati, di competenza di più amministrazioni pubbliche, anche su richiesta dell'interessato, per l'adozione del provvedimento finale
B. solo su richiesta del privato la cui attività sia subordinata ad un atto di consenso della P.A. competente
C. nessuna delle altre alternative è corretta
D. solo nel caso di progetti di particolare complessità e di insediamenti produttivi di beni e servizi per cui l'amministrazione deve acquisire nulla osta o assensi di una pluralità di altre pubbliche amministrazioni

49. Quando iniziano i lavori della conferenza di servizi?
A. sempre entro trenta giorni dalla data di indizione
B. in ogni caso entro venti giorni dalla data di indizione
C. di regola, entro quindici giorni dalla data di indizione
D. entro sessanta giorni dalla data di indizione ovvero, in caso di particolare complessità dell'istruttoria, entro novanta giorni dalla data di indizione

50. La revoca del provvedimento determina:
A. l'incompatibilità degli ulteriori effetti del provvedimento con quelli già eventualmente prodotti dal provvedimento revocato
B. l'inidoneità del provvedimento revocato a produrre ulteriori effetti
C. l'inesistenza degli effetti che il provvedimento abbia prodotto
D. l'eliminazione degli effetti del provvedimento

RISPOSTE

1.	B
2.	B
3.	B
4.	B
5.	C
6.	A
7.	D
8.	D
9.	A
10.	C
11.	B
12.	B
13.	B
14.	D
15.	A
16.	B
17.	B
18.	D
19.	A
20.	A
21.	B
22.	A
23.	B
24.	B
25.	A
26.	B
27.	A
28.	B
29.	B
30.	C
31.	C
32.	B
33.	B
34.	C
35.	B
36.	A
37.	A
38.	A
39.	C
40.	C
41.	B
42.	A
43.	A
44.	D
45.	A
46.	A
47.	A
48.	A
49.	C
50.	B

PARTE III
DIRITTO CIVILE

Capitolo 1 | LE PERSONE FISICHE

SOMMARIO:

1. La capacità giuridica.

A) Nozione e acquisto della capacità giuridica

La capacità giuridica è l'idoneità a divenire titolare di diritti e doveri, ovvero di essere destinatari di norme giuridiche. Essa si **acquista** automaticamente al momento della nascita (art. 1, co. 1 c.c.).
Per **nascita** si intende la separazione completa del feto dal corpo materno e l'inizio della respirazione polmonare, non essendo necessaria una durata minima della vita.
La capacità giuridica non può formare **oggetto di rinuncia** o di qualsiasi tipo di pattuizione.

B) Il concepito e il nascituro non concepito

La legge riconosce eccezionalmente alcuni diritti anche al **concepito**, subordinandoli all'evento della nascita.
In particolare:

– l'art. 462, co. 1, c.c. riconosce la **capacità di succedere** al concepito al tempo dell'apertura della successione;
– l'art. 784, co. 1, c.c., attribuisce al concepito la **capacità di ricevere per donazione**.

Analoga tutela non è invece riconosciuta al **nascituro non concepito**; difatti a quest'ultimo non è riconosciuta la capacità di succedere ma soltanto la possibilità di ricevere, **esclusivamente per testamento o per donazione**, purché figlio di persona vivente al tempo della morte del testatore e dell'atto di liberalità.

2. Morte, scomparsa, assenza e dichiarazione di morte presunta.

A) La perdita della capacità giuridica: la morte e la commorienza

La capacità giuridica viene meno al momento della **morte**, che si indentifica, *ex* art. 1 della legge n. 578/1993 e art. 1 della legge n. 99/91 (legge sui trapianti), con la cessazione irreversibile di tutte le funzioni dell'encefalo.

● **La commorienza**.

Nell'ipotesi in cui più persone muoiano contestualmente a causa di uno stesso evento, l'ordinamento, con una **presunzione relativa** (superabile dalla prova da parte di chi ne ha interesse che uno dei commorienti sia morto prima rispetto ad un altro), stabilisce che tutti i soggetti debbano considerarsi morti nel medesimo istante.

B) La scomparsa

La figura della scomparsa ricorre quando l'individuo non sia più comparso nel luogo del suo ultimo

domicilio o dell'ultima residenza e non se ne abbiano più notizie (art. 48 c.c.).
La scomparsa non determina modificazioni dello *status* e della capacità giuridica della persona, risolvendosi in una **mera situazione di fatto**.
Il **tribunale competente** (e cioè il tribunale dell'ultimo domicilio o dell'ultima residenza dello scomparso), su richiesta degli interessati o dei presunti successori legittimi o del pubblico ministero, può nominare un **curatore**, perché provveda alla **conservazione del patrimonio** dello scomparso (art. 48 c.c.).

C) L'assenza

Trascorsi **due anni** dal giorno al quale risale l'ultima notizia, i presunti successori legittimi e chiunque crede, ragionevolmente, di avere sui beni dello scomparso diritti dipendenti dalla sua morte, possono chiedere al tribunale competente che ne dichiari, con sentenza, l'**assenza**, ai sensi dell'art 49 c.c.
L'assenza è una vera e propria **situazione di diritto,** in quanto viene pronunciata con provvedimento giudiziale.
Gli **effetti** della dichiarazione di assenza operano esclusivamente sul **piano patrimoniale** e si concretizzano:

- nell'apertura degli **atti di ultima volontà dell'assente**, in caso di istanza al tribunale da parte di chiunque ne abbia interesse;
- nell'immissione nel **possesso temporaneo dei beni** dell'assente degli eredi testamentari o legittimi, in caso di loro istanza
- nell'ammissione all'**esercizio temporaneo di diritti** dei legatari, dei donatari, e di tutti i soggetti a cui spetterebbero diritti dipendenti dalla morte dell'assente;
- nel **temporaneo esonero dall'adempimento delle obbligazioni** per i soggetti che in caso di morte dell'assente sarebbero definitivamente liberati dalle stesse;
- nello scioglimento della comunione legale e del fondo patrimoniale.

L'assenza, e i relativi effetti, **cessano** in caso:

- di ritorno della persona;
- di prova della sua esistenza in vita (art. 56 c.c.);
- di prova della sua morte (art. 57 c.c.);
- di dichiarazione di morte presunta.

D) La dichiarazione di morte presunta

Gli artt. 58 e 59 c.c. dispongono che il tribunale, su istanza del pubblico ministero o di una delle persone indicate dall'art. 50 c.c. o della parte dell'unione civile, può dichiarare, con sentenza, la **morte presunta**, in una delle seguenti ipotesi:

- trascorsi **dieci anni** dal giorno a cui risale l'ultima notizia dell'assente;
- quando la persona sia **scomparsa in operazioni belliche** o sia stata fatta prigioniera o internata o deportata dal nemico, e siano trascorsi **due anni**, dal trattato di pace, o **tre anni** dalla cessazione delle ostilità, senza che si abbiano più notizie;
- quando la scomparsa è avvenuta a seguito di **infortunio** e non si abbiano più notizie da oltre **due anni**.

Gli effetti della dichiarazione di morte presunta operano su un duplice piano:
- **personale** (ove, ad esempio, il coniuge del morto presunto può contrarre nuovo matrimonio o unione civile);
- **patrimoniale,** producendo gli effetti previsti dall'art. 63 c.c., ovvero:

▪ si apre la successione ereditaria;
▪ i soggetti che ottennero il possesso temporaneo dei beni dell'assente possono disporne liberamente;
▪ i soggetti a cui fu concesso l'esercizio temporaneo dei diritti ne conseguono l'esercizio definitivo;
▪ i soggetti a cui fu concessa la liberazione temporanea dalle obbligazioni ne conseguono la liberazione definitiva.

In caso di **ritorno o di prova dell'esistenza in vita**, la persona dichiarata morta presunta ha diritto:
- alla restituzione dei beni nello stato in cui si trovano;
- al pagamento del prezzo di quelli alienati, se ancora dovuto;
- all'adempimento delle obbligazioni considerate estinte (art. 63 c.c.);
- alla dichiarazione di nullità del matrimonio o dell'unione civile nel frattempo contratto dal coniuge, salvi i suoi effetti civili (art. 68 c.c. e) art. 1 comma 5 della l. 20 maggio 2016 n. 76).

3. La capacità di agire.

La **capacità di agire** è la capacità di porre in essere, personalmente ed autonomamente, atti negoziali destinati a produrre effetti nella propria sfera giuridica.
La capacità di agire **si acquista** al compimento della **maggiore età**, che l'ordinamento fissa al compimento del diciottesimo anno di età (art. 2 c.c.) e per **effetto** di questa il soggetto diviene capace di **compiere atti giuridici rilevanti per l'ordinamento**: ovvero è in grado di incidere sulla sua sfera personale e patrimoniale (es. atti con cui si acquistano o esercitano diritti, si assumono obblighi, etc.).

4. Incapacità di agire assoluta e relativa.

Il **minore di età** è privo della capacità di agire.
L'ordinamento considera **incapaci di agire** quei soggetti (maggiori o minori di età), che non posseggono capacità di discernimento sufficiente per provvedere autonomamente ai propri interessi.
A favore di questi ultimi (affetti, ad esempio, da malattia mentale) l'ordinamento predispone una serie di istituti volti a garantire che gli stessi non pongano in essere atti negoziali destinati ad incidere negativamente sui loro interessi.
A tal fine è possibile distinguere tra:
- **incapacità di agire assoluta**, che riguarda il minore e l'interdetto e comporta l'impossibilità per l'individuo di compiere autonomamente alcun atto giuridico;
- **incapacità di agire relativa**, che riguarda il minore emancipato e l'inabilitato e postula una capacità di agire limitata, relativa agli atti di ordinaria amministrazione.

4.1. Incapacità di agire assoluta. Il minore.

A) Incapacità di agire del minore

Prima di raggiungere la maggiore età, il soggetto è legalmente incapace: la legge esclude che questi possa stare in giudizio da solo e che possa compiere atti negoziali.
In particolare, gli atti eventualmente posti in essere dal minore sono **annullabili** (art. 1425 comma 1 c.c.).
Al compimento dell'età di **sedici anni**, il minore può:
- stipulare in proprio un **contratto di lavoro**;
- essere **autorizzato giudizialmente** a contrarre **matrimonio**;
- **riconoscere il figlio naturale**.

Purché capace di intendere e volere, il minore può, invece, porre in essere:
- **atti non negoziali** (es. testimonianza, diffida etc.);
- **atti illeciti**, delle cui conseguenze è chiamato a rispondere;
- contratti in nome altrui, ossia in qualità di **rappresentante**, sempre che il rappresentato sia legalmente capace (art. 1389 c.c.).

Poiché il minore è assolutamente incapace di agire, la gestione del suo patrimonio, il compimento di ogni atto relativo (potere di amministrazione e potere di rappresentanza), nonché la cura della sua persona, sono affidate:

– alla **potestà dei genitori,** (ora definita "**responsabilità genitoriale**", a seguito della riforma in materia di filiazione operata dal decreto legislativo n. 154 del 28 dicembre 2013);
– al **tutore**, nel caso in cui i genitori siano morti o non possano esercitarla.

I genitori e il tutore agiscono in qualità di **legali rappresentanti** e compiono atti in nome del minore.
Sia ai genitori esercenti la potestà (responsabilità genitoriale), sia al tutore, sono preclusi gli **atti personalissimi**, ossia gli atti per i quali non è ammessa sostituzione, neppure da parte del legale rappresentante.

B) La responsabilità genitoriale

I **genitori**, dopo la riforma del diritto di famiglia (l. n. 151/1975), esercitano la potestà (**responsabilità genitoriale**) in condizione di totale parità, compiendo:
– disgiuntamente, gli **atti di ordinaria amministrazione**;
– congiuntamente, quelli di **straordinaria amministrazione** purché sussistano l'autorizzazione del giudice tutelare e la necessità o utilità evidente per il figlio (art. 320, comma 2, c.c.).

La potestà genitoriale è esercitata dai genitori di **comune accordo,** allo stesso modo dovendo essere fissata la **residenza del minore.**
In caso di contrasto su questioni di particolare importanza, ciascuno dei genitori può ricorrere al **giudice**, senza formalità, indicando i provvedimenti che si ritengono più idonei (art. 316 c.c.).
A norma dell'art. 324 c.c., i genitori hanno in comune l'**usufrutto** sui beni del figlio fino alla maggiore età o all'emancipazione: i **frutti percepiti** sono destinati al mantenimento della famiglia e all'istruzione ed educazione dei figli.
L'ordinamento attribuisce tali poteri ai genitori affinché gli stessi perseguano l'interesse del minore; qualora tale interesse non sia effettivamente perseguito l'ordinamento interviene con una serie di disposizioni che mirano alla tutela del minore.
Si pensi, a titolo esemplificativo:
– alla nomina di un **curatore speciale** in caso di conflitto di interessi tra i figli soggetti alla stessa potestà o tra essi e i genitori (art. 320, co. 7, c.c.) o in caso di impossibilità o rifiuto di questi ultimi di compiere atti eccedenti l'ordinaria amministrazione (art. 321 c.c.);
– alla previsione della **decadenza dalla responsabilità genitoriale potestà parentale** ove il genitore violi o trascuri i doveri ad essa inerenti o abusi dei relativi poteri, con grave pregiudizio per il figlio (art. 330 c.c.).

▶ 4.2. Interdizione.

A) Nozione e presupposti

L'interdizione è un istituto volto alla protezione di coloro che, seppur maggiorenni, non sono in grado di intendere e di volere.
I **presupposti** per l'interdizione sono:
– l'**infermità mentale grave** e **abituale**;
– l'**incapacità di provvedere alla cura dei propri interessi**;
– la **necessità** di ricorrere all'interdizion**e per garantire un'adeguata protezione** alla persona inferma.

L'interdizione, che deve essere pronunciata con **sentenza**, ha carattere **residuale** in quanto è possibile ricorrervi solo quando gli altri istituti di protezione (inabilitazione, amministrazione di sostegno) non risultino essere, nel caso concreto, idonei o sufficienti a garantire le esigenze del soggetto interessato.

B) Procedimento di interdizione

L'interdizione è pronunciata dal tribunale su istanza dei soggetti indicati dall'art. 417 c.c.
Possono **richiedere l'interdizione**:
- l'interessato;
- il coniuge dell'interessato;

- le persone stabilmente conviventi con l'interessato;
- i parenti entro il quarto grado dell'interessato;
- gli affini entro il secondo grado:
- il tutore o dal curatore;
- il pubblico ministero.

Ai sensi dell'art. 1 comma 15 della l. 20 maggio 2016 n. 76, l'interdizione può essere promossa anche dalla parte dell'unione civile, la quale può presentare istanza di revoca quando ne cessa la causa.
Qualora l'interdicendo si trovi sotto la potestà dei genitori, l'interdizione può essere richiesta solo dai genitori o dal pubblico ministero.

C) Effetti dell'interdizione

Il provvedimento di interdizione ha **natura costitutiva** e i relativi effetti si producono dalla **pubblicazione** della sentenza.
Dal momento della pubblicazione della sentenza di interdizione l'interdetto perde la capacità di porre in essere negozi sia di **natura personale** sia di **natura patrimoniale**.
Gli atti compiuti dall'interdetto dopo la sentenza di interdizione sono **annullabili** su istanza:

- del tutore;
- dell'interdetto;
- degli eredi dell'interdetto;
- degli aventi causa dell'interdetto;
- della parte dell'unione civile.

D) Cessazione dell'interdizione

L'interdizione **cessa** con il passaggio in giudicato della sentenza di **revoca**, che viene adottata al venir meno di uno dei presupposti che ne avevano determinato la pronuncia.
La revoca può essere richiesta al tribunale da parte degli stessi soggetti legittimati a chiedere la pronuncia di interdizione.
Il tribunale, pur revocando l'interdizione, può ritenere che il soggetto interessato non sia totalmente capace di intendere e di volere, potendo in tal caso:

- **trasformare** l'interdizione in **inabilitazione**;
- trasmettere gli atti al giudice tutelare qualora ritenga che il soggetto interessato debba essere sottoposto ad **amministrazione di sostegno**.

E) Interdizione legale

Dall'**interdizione giudiziale** si distingue quella **legale**, così chiamata poiché consegue *ex lege*, ossia senza necessità di un provvedimento giudiziale, alla condanna penale all'ergastolo o alla reclusione per un periodo non inferiore ai cinque anni (art. 32 c.p.).
L'incapacità di agire che ne deriva è circoscritta ai soli atti patrimoniali, mentre, per quelli personali, l'interdetto legale rimane pienamente capace.
Gli atti compiuti dall'interdetto legale, a differenza degli atti compiuti dall'interdetto giudiziale (annullabili solo su istanza dei soggetti indicati dall'art. 427 c.c.) sono annullabili su istanza di chiunque vi abbia interesse (c.d. **annullabilità assoluta**).

▶ 4.3. La tutela.

A) Nozione

La tutela – che costituisce un **ufficio di diritto privato** irrinunciabile – è l'istituto volto alla protezione degli interessi dei soggetti totalmente incapaci di agire.
Deve essere nominato un **tutore:**

- ai **minori,** in caso di mancanza o di impedimento dei genitori;
- agli **interdetti giudiziali** o **legali.**

B) Poteri e doveri del tutore

La legge attribuisce al tutore **poteri e compiti** nella sostanza simili a quelli dei genitori, sottoponendolo, però, a controlli più stringenti, dal momento che può esser chiamato a svolgere l'incarico anche chi non è legato all'incapace da vincoli di parentela.

Il tutore, ad esempio, è obbligato:

- a redigere, subito dopo la nomina, l'**inventario** dei beni del minore (art. 362 c.c.);
- a tenere **regolare contabilità** della sua amministrazione e a renderne conto ogni anno al giudice tutelare (art. 380 c.c.);
- alla presentazione al giudice tutelare, alla cessazione dalle funzioni, del **conto finale** per l'approvazione (art. 385 c.c.).
- Inoltre, il tutore:
- deve munirsi della preventiva autorizzazione del giudice tutelare per il compimento degli atti indicati dall'art. 374 c.c.;
- della preventiva autorizzazione del tribunale per il compimento degli atti di cui all'art. 375 c.c.

▶ 4.4. Incapacità di agire relativa. L'emancipazione.

Tra le ipotesi di incapacità di agire relativa rientrano, come accennato, l'emancipazione e l'inabilitazione.

A) Nozione di emancipazione

L'emancipazione del minore, secondo l'art. 390 c.c., deriva *ipso iure* dal **matrimonio** contratto dopo aver compiuto il **sedicesimo anno** di età e prima del compimento del diciottesimo anno, previa autorizzazione del Tribunale.

B) Effetti dell'emancipazione

Dall'emancipazione consegue:

- il venir meno della potestà dei genitori (responsabilità genitoriale), cui subentra un **curatore**, chiamato, a differenza dei primi e del tutore, a curare non la persona, ma solo il **patrimonio del minore**, senza peraltro sostituirlo nel compimento dei vari atti, bensì affiancandolo;
- l'acquisto di una **limitata capacità di agire**, che sopravvive anche se il matrimonio si scioglie prima della maggiore età.

Il minore è in grado di compiere:

- da solo gli atti di **ordinaria amministrazione**;
- con il consenso del curatore e l'autorizzazione del giudice tutelare, quelli di **straordinaria amministrazione**, esclusi donazione (*ex* art. 774 c.c.) e testamento (*ex* art. 591 n. 1 c.c.).

Per gli atti di cui all'art. 375 c.c. e per l'esercizio dell'impresa commerciale senza l'assistenza del curatore, invece, è necessaria l'autorizzazione del tribunale che, nel secondo caso, può essere rilasciata solo previo parere del giudice tutelare e sentito il curatore (art. 397 c.c.).

L'autorizzazione all'**esercizio dell'impresa** è revocabile in ogni tempo, nei modi previsti dalla legge.

Gli atti posti in essere dal minore emancipato e non dai genitori, dal tutore o dal curatore, al di fuori dei casi consentiti o senza le debite autorizzazioni, possono essere **annullati** su istanza del minore, dei genitori, del tutore, nonché degli eredi e aventi causa del primo (artt. 323, 377, 396 c.c.), entro **cinque anni** dal raggiungimento della maggiore età (art. 1442, comma 2, c.c.).

▶ 4.5. L'inabilitazione.

A) Nozione e presupposti

L'inabilitazione è pronunciata con sentenza costitutiva del tribunale in presenza, alternativamente, di uno dei seguenti **presupposti**:

- **infermità di mente** che **non** risulti così **grave** da imporre l'interdizione;
- prodigalità;

– abuso abituale di bevande alcoliche o di stupefacenti;
– sordomutismo o cecità dalla nascita o dalla prima infanzia, qualora non si sia ricevuta un'educazione sufficiente e salva, comunque, l'interdizione nell'eventualità che il soggetto risulti del tutto incapace di provvedere ai propri interessi (art 415 c.c.).

B) Effetti dell'inabilitazione e disciplina

Dall'inabilitazione discende **l'incapacità relativa del soggetto,** ovvero limitata ai soli atti di amministrazione **straordinaria**. L'inabilitato può compiere atti di amministrazione ordinaria in piena autonomia.
Il **curatore**, quindi, non si sostituisce all'incapace, ma integra la volontà di quest'ultimo.
Il giudice nella sentenza che pronuncia l'inabilitazione può comunque stabilire che **taluni atti eccedenti l'ordinaria amministrazione** possano essere compiuti dall'inabilitato senza l'assistenza del curatore (art. 427 comma 1 c.c.).
L'inabilitato, inoltre, può essere autorizzato dal tribunale, su parere del giudice tutelare, a **continuare l'esercizio dell'impresa commerciale**, subordinando eventualmente l'autorizzazione alla nomina di un institore (art. 425 comma 1 c.c.).
Gli atti posti in essere dall'inabilitato, senza l'osservanza delle leggi in materia, sono **annullabili** su istanza di quest'ultimo, dei suoi eredi o aventi causa (art. 427, comma 3, c.c.).
L'inabilitazione, alla medesima stregua dell'interdizione, **cessa** con il passaggio in giudicato della sentenza di revoca (art. 431 c.c.).

5. L'amministrazione di sostegno.

A) Nozione, finalità e presupposti

La **disciplina** dell'amministrazione di sostegno è contenuta negli artt. 404 - 414 c.c. e si applica al ricorrere delle seguenti **condizioni**:
– **infermità di mente o menomazione fisica o psichica**.
– conseguente **impossibilità,** anche parziale o temporanea**, di attendere ai propri interessi**;
– **idoneità** della misura a fornire **adeguata protezione**.

Finalità dell'istituto è quella di «*tutelare, con la minore limitazione possibile della capacità di agire, le persone prive in tutto o in parte di autonomia nell'espletamento delle funzioni della vita quotidiana, mediante interventi di sostegno temporaneo o permanente*» (cfr. art. 1 della legge nr. 6 del 2004), evitando di adottare misure sproporzionate rispetto alle esigenze di protezione dell'interessato (c.d. **gradualità della misura**), di isolare il soggetto dal mondo esterno e di recidere le sue le relazioni sociali.

B) Procedimento di nomina dell'amministratore di sostegno

L'**amministratore** è nominato dal **giudice tutelare** con decreto motivato, su richiesta dei soggetti indicati dall'art. 406 c.c., all'esito di apposito procedimento disciplinato dall'art. 407 c.c.
In particolare, il ricorso per l'istituzione dell'amministrazione di sostegno può essere proposto:
– dallo stesso soggetto beneficiario (anche se minore interdetto o inabilitato);
– dai soggetti indicati dall'art. 417 c.c.
Il giudice tutelare, prima di pronunciarsi sull'istanza, deve **sentire personalmente** la persona cui il procedimento si riferisce e deve tenere conto, compatibilmente con le esigenze di protezione dell'interessato, dei **bisogni e delle richieste** di quest'ultimo.
Il giudice nell'istruttoria volta all'accertamento dei presupposti legittimanti l'amministrazione di sostegno gode di ampi poteri d'ufficio in quanto può disporre anche accertamenti di natura medica sull'interessato e disporre tutti gli altri mezzi istruttori utili ai fini della decisione (art. 407 c.c.).
Ai sensi dell'art. 1 comma 15 della l. 20 maggio 2016 n. 76, inoltre, **nella scelta dell'amministratore di sostegno il giudice tutelare preferisce, ove possibile, la parte dell'unione civile tra persone dello stesso sesso.**

Il comma 48 del medesimo articolo prevede, infine, che il convivente di fatto possa essere nominato amministratore di sostegno dell'altro, qualora ricorrano i presupposti di cui all'art. 404 c. c.

C) Disciplina dell'amministrazione di sostegno

L'amministrazione di sostegno è un istituto flessibile in quanto la condizione giuridica in cui viene a trovarsi il soggetto sottoposto ad amministrazione di sostegno, non è standardizzata, come avviene in caso di interdizione e inabilitazione, ma varia tenendo conto delle circostanze del caso concreto: è il giudice tutelare, di volta in volta, a stabilire quali siano gli effetti del provvedimento.
Nello specifico, all'interno del provvedimento di nomina, l'autorità giudiziaria:

- indica la **durata** e **l'oggetto** dell'incarico dell'amministratore;
- indica gli atti che l'amministratore ha il potere di compiere in nome e per conto del beneficiario;
- indica gli atti che quest'ultimo può compiere solo con l'assistenza dell'amministratore (art. 405 c.c.).

Per gli atti che non richiedono la rappresentanza esclusiva o l'assistenza e per quelli necessari a soddisfare le esigenze della vita quotidiana, il beneficiario conserva piena capacità di agire (art. 409 c.c.).
L'amministratore, nello svolgimento dei propri compiti, a norma dell'art. 410 c.c., ha l'obbligo di tener conto dei bisogni e delle aspirazioni del beneficiario e di informarlo tempestivamente circa gli atti da compiere.
Tanto gli atti compiuti dall'amministratore in violazione di legge o in eccesso rispetto all'oggetto dell'incarico o ai poteri conferitigli dal giudice, quanto quelli posti in essere personalmente dal beneficiario, sempre in violazione di legge o del decreto, sono **annullabili** ad istanza dei soggetti indicati dall'art. 412 c.c., entro **cinque anni** dal momento in cui ha termine l'amministrazione di sostegno.
Quest'ultima cessa a seguito di **decreto di revoca** del giudice tutelare *ex* art. 413 c.c.

6. L'incapacità naturale.

A) Nozione

L'incapacità naturale rappresenta una **situazione di fatto**, contraddistinta dall'**incapacità di intendere e volere** (per una qualsiasi causa anche transitoria) del soggetto maggiore di età o del minore emancipato (non interdetti e non inabilitati e quindi capaci di agire) al **momento del compimento di un atto**.
Perché essa sia configurabile, secondo la giurisprudenza dominante, non è necessaria la totale esclusione della capacità psichica e volitiva del soggetto agente, essendo sufficiente invece che questi, al compimento dell'atto, si trovi in uno stato di **turbamento psichico** tale da impedirgli di apprezzare **l'importanza** dell'atto medesimo e di **determinarsi liberamente** al suo compimento.

B) Disciplina dell'incapacità naturale: presupposti dell'azione di annullamento

Il fatto che l'incapacità naturale impedisca *ab intrinseco* la cosciente e libera autodeterminazione del soggetto spiega perché l'art. 428 c.c., che ne detta la disciplina, prevede l'**annullabilità dell'atto** posto in essere dall'incapace.
Ai fini dell'annullabilità è necessaria la **prova** dell'incapacità di intendere e volere al tempo del perfezionamento dell'atto. Essa può essere fornita **con ogni mezzo**, anche per testi e per presunzioni, e segna il *discrimen* con l'incapacità legale, che, al contrario, opera automaticamente, ossia a prescindere da un simile accertamento.
I presupposti dell'**azione di annullamento**, che può essere proposta dall'autore dell'atto, variano a seconda della **natura dell'atto** posto in essere. In specie:

- in caso di **atto unilaterale**, chi agisce per l'annullamento deve dimostrare, oltre all'incapacità di intendere e di volere del soggetto che lo ha compiuto, anche il grave pregiudizio subito da quest'ultimo a causa dell'atto;
- ove, si tratti, invece, di **contratti**, è necessaria la prova della malafede dell'altro contraente. Questa, intesa in senso soggettivo, cioè come consapevolezza dell'altrui incapacità, può essere desunta, *ex* art.

428, comma 2, c.c., tanto dal grave pregiudizio subito, quanto da altre circostanze (tra cui la qualità del contratto); in tali ipotesi, quindi, il pregiudizio costituisce solo un sintomo della malafede. Quanto fin qui detto sulla prova aggiuntiva del grave pregiudizio o della malafede non vale per alcuni atti espressamente indicati dalla legge, ossia per **il testamento, il matrimonio e la donazione**, l'annullamento dei quali è subordinato esclusivamente all'accertamento dell'incapacità di intendere e volere del soggetto che li ha posti in essere.

L'art. 428 c.c. non è applicabile agli **atti non negoziali** ma anche per tali atti la capacità naturale è ugualmente necessaria ai fini della configurabilità della fattispecie.

7. La cittadinanza e lo straniero.

La **cittadinanza si acquista** nei modi previsti dalla legge n. 91 del 1992 e, segnatamente, per:

- **nascita o adozione** da genitori almeno uno dei quali cittadino italiano oppure nato in Italia da genitori ignoti o apolidi o trovato in territorio italiano, se non si prova il possesso di altra cittadinanza;
- **matrimonio**, dopo il quale siano trascorsi due anni di residenza legale in Italia o tre anni dopo il matrimonio (se la richiesta avviene all'estero), se non è intervenuto annullamento, divorzio o separazione;
- **beneficio di legge**, a domanda dello straniero o dell'apolide, di padre o madre o ascendente in linea retta di secondo grado già cittadino per nascita, se presta servizio militare o è impiegato dello Stato o risiede da almeno due anni in Italia, quando diviene maggiorenne;
- **naturalizzazione dello straniero** o apolide che risiede in Italia ininterrottamente per un tempo variabile a seconda dei casi.

Lo **straniero,** a norma dell'art. 16 disp. prel., è ammesso a godere dei diritti civili attribuiti al cittadino a condizione di reciprocità e salve le disposizioni contenute in leggi speciali.

La capacità giuridica e di agire resta regolata dalla legge nazionale dello straniero.

8. Domicilio, residenza e dimora.

A) Domicilio

Con il termine domicilio si indica il luogo in cui la persona ha stabilito la **sede principale dei propri affari e interessi** (art. 43 c.c.).

Da esso, comunemente definito domicilio generale, si distingue:

- il **domicilio speciale**, che si elegge per determinati atti o affari (art. 47 c.c.);
- il **domicilio legale**, fissato dal legislatore (es. quello del minore, rappresentato *ex* art. 45 c.c. dal luogo di residenza della famiglia).

B) La residenza

La residenza (art. 43, comma 2, c.c.), invece, è il luogo in cui si **soggiorna abitualmente**, coincidente, di norma, anche se non necessariamente, con il domicilio.

C) La dimora

La dimora va identificata con il luogo in cui la persona si trova **non abitualmente**, ma neppure in via passeggera (es. casa per le vacanze estive).

Dizionario di termini tecnici

➢ **Capacità giuridica**

La capacità giuridica è l'idoneità a divenire titolare di diritti e doveri, ovvero di essere destinatari di norme giuridiche. Essa si **acquista** automaticamente al momento della nascita (art. 1, co. 1 c.c.).

➢ **Capacità di agire**

La **capacità di agire** è la capacità di porre in essere, personalmente ed autonomamente, atti negoziali destinati a produrre effetti nella propria sfera giuridica.
La capacità di agire **si acquista** al compimento della **maggiore età**, che l'ordinamento fissa al compimento del diciottesimo anno di età (art. 2 c.c.) e per **effetto** di questa il soggetto diviene capace di **compiere atti giuridici rilevanti per l'ordinamento**.

➢ **Incapacità naturale**

L'incapacità naturale rappresenta una **situazione di fatto**, contraddistinta dall'**incapacità di intendere e volere** (per una qualsiasi causa anche transitoria) del soggetto maggiore di età o del minore emancipato (non interdetti e non inabilitati e quindi capaci di agire) al **momento del compimento di un atto**.

SCHEMA RIASSUNTIVO

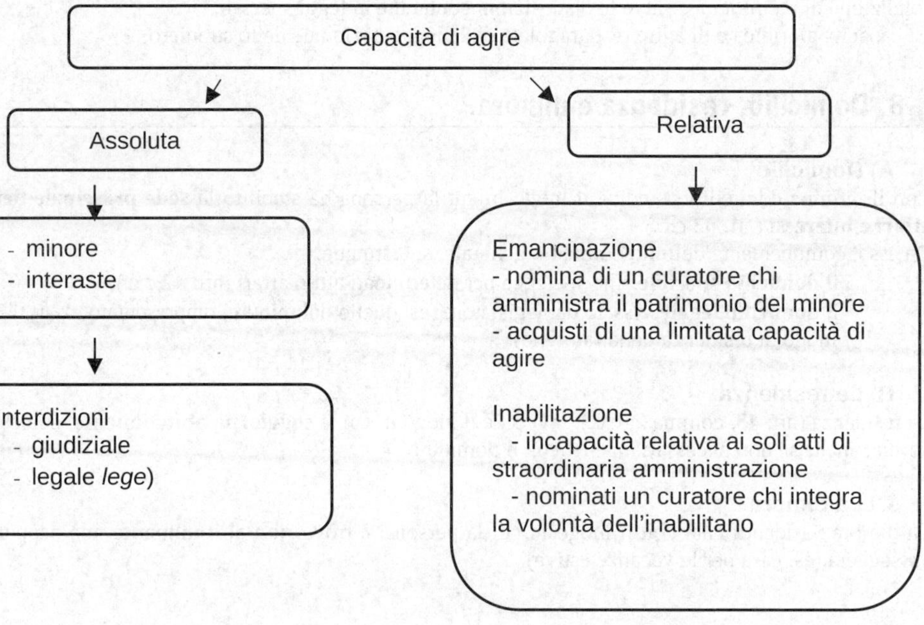

Capitolo 2 | GLI ENTI

SOMMARIO:

1. Nozione e classificazioni delle persone giuridiche.

Le persone giuridiche rappresentano un insieme di **individui e beni** che perseguono uno **scopo comune**. Esse sono dotate, analogamente alle persone fisiche, della capacità giuridica ex art. 1 c.c., avente fondamento costituzionale nell'art. 18 Cost.

A) Classificazioni delle persone giuridiche

Tra le principali tipologie di persone giuridiche formazioni sociali si distingue tra:

- **organizzazioni di natura pubblica**: sono quelle organizzazioni che perseguono interessi della collettività ponendosi in un **rapporto di supremazia** rispetto agli altri soggetti giuridici;
- **organizzazioni di natura privata**: sono quelle organizzazioni che perseguono **interessi di tipo privato** (anche se comuni ad una pluralità di individui) e che, pertanto, si pongono in una **posizione di parità** con gli altri soggetti giuridici.

Le **organizzazioni di natura privata** possono essere ulteriormente classificate e distinte sulla base di un **criterio teleologico**, fondato sullo scopo o sull'ideale perseguito:

- nel caso di **scopo di lucro**, l'organizzazione può assumere i caratteri della **società** disciplinata dal Libro V del codice civile;
- nel caso di **scopo di natura ideale**, l'organizzazione riveste natura di **associazione**, **fondazione** o **comitato** di cui al Libro I del codice civile.

Per attività avente scopo di lucro si intende quella finalizzata al **raggiungimento di utili da dividere tra i soci** (art. 2247 c.c.): di conseguenza, il criterio che meglio definisce i confini tra enti lucrativi e enti non lucrativi è quello incentrato sulla **distribuzione degli utili**, esclusa nelle organizzazioni non lucrative, prevista invece come evento periodico nelle società.
Nell'ambito delle organizzazioni di natura privata **con scopo di natura ideale** si distingue ulteriormente tra:

- **organizzazioni con struttura a base personale (associazioni)**: in tali organizzazioni l'elemento costitutivo essenziale è quello personale mentre l'aspetto patrimoniale costituisce esclusivamente un mezzo per il raggiungimento dello scopo comune;
- **organizzazioni con struttura a base reale (fondazioni e comitati)**, caratterizzate da uno specifico vincolo di destinazione impresso a beni e risorse conferite dagli interessati per il perseguimento del medesimo interesse. In tali organizzazioni, quindi, l'elemento costitutivo essenziale è il patrimonio mentre l'aspetto personale passa in secondo piano.

2. La soggettività giuridica, la personalità giuridica e l'autonomia patrimoniale.

A) La soggettività giuridica

Le persone giuridiche di natura privatistica sono dotate di **soggettività giuridica** autonoma e distinta da quella dei singoli membri che le compongono. Esse cioè hanno una propria **capacità giuridica** e di **agire**, sostanzialmente analoga a quella delle persone fisiche. In particolare, le persone giuridiche hanno una **capacità giuridica generale** con la sola esclusione di quei diritti che possono essere propri esclusivamente di una persona fisica (si pensi, ad esempio, ai diritti famigliari).

B) La personalità giuridica

La nozione di soggettività giuridica (e quindi di ente giuridico) non deve essere confusa con la nozione di **personalità giuridica** (e quindi di persona giuridica).
Le modalità attraverso le quali si **acquista** la personalità giuridica dipendono dalla natura dell'ente:

- per le **associazioni e le fondazioni senza scopo di lucro**, il d.P.R. 361/00 prevede all'art. 1 che la personalità giuridica si acquista "*mediante il **riconoscimento** determinato dall'**iscrizione nel registro** delle persone giuridiche, istituito presso le prefetture*".
- Per le **società di capitali** (es. società per azioni) e per le **società cooperative, gli artt. 2331 e 2523 c.c.** prevedono che l'acquisto della personalità giuridica avvenga tramite l'iscrizione nel **registro delle imprese** nella cui circoscrizione è stabilita la sede sociale.

C) Autonomia patrimoniale perfetta ed imperfetta

Gli **enti dotati di personalità giuridica** si caratterizzano per l'**autonomia patrimoniale perfetta** in quanto hanno un proprio patrimonio e rispondono per le proprie obbligazioni solo con questo. Si viene quindi a creare una **radicale separazione** tra il patrimonio dell'ente e i singoli patrimoni degli individui che lo compongono.
Gli **enti sprovvisti di personalità giuridica**, invece, sono dotati di **autonomia patrimoniale imperfetta:** ciò comporta che per le obbligazioni dell'ente non risponde soltanto il patrimonio di quest'ultimo ma, in modo variabile a seconda della natura dell'ente, anche il patrimonio dei singoli individui che lo compongono.

3. Le associazioni.

A) Nozione

L'associazione, di cui il codice civile non fornisce alcuna definizione, è una formazione sociale con **struttura organizzativa a base soggettiva**.
Trattandosi di un ente a *struttura associativa*, essa si concretizza in una **organizzazione stabile di più soggetti** per l'esercizio di una attività volta al perseguimento di uno scopo comune, non avente natura economica.

B) Le associazioni riconosciute e le associazioni non riconosciute

Diversamente dall'associazione non riconosciuta, l'**associazione riconosciuta** è dotata di un **patrimonio** autonomo rispetto al patrimonio dei singoli associati, di **personalità giuridica** e di **autonomia patrimoniale perfetta**.

C) Modalità di costituzione delle associazioni riconosciute

Le **associazioni riconosciute**, dotate di personalità giuridica, sono costituite per **atto pubblico** (art. 14 c.c.), che deve contenere:

- la denominazione;
- la sede;

– lo scopo;
– l'indicazione del patrimonio dell'ente;
– le norme sull'ordinamento e sull'amministrazione;
– i diritti e gli obblighi degli associati;
– le condizioni di ammissione all'associazione (art. 16 c.c.).

Tali indicazioni possono essere contenute anche in un documento separato rispetto all'atto costitutivo, detto **statuto**, il quale contiene le ulteriori norme dirette a regolamentare l'attività dell'associazione.

D) L'organizzazione delle associazioni riconosciute

Quanto all'organizzazione, il codice prevede e regola distintamente due organi, l'assemblea e gli amministratori.

• **<u>L' assemblea</u>**.
Tutti gli associati si riuniscono nell'**assemblea** che deve essere convocata dagli amministratori almeno una volta l'anno per l'approvazione del bilancio.
L'assemblea ha competenza **decisionale** su ogni questione relativa alla vita dell'associazione (artt. 20 e ss. c.c.).
L'art. 21 c.c. stabilisce, invece, i *quorum* richiesti per l'approvazione delle deliberazioni dell'assemblea.

• **<u>Gli amministratori.</u>**
Gli **amministratori** costituiscono l'organo esecutivo dell'associazione e hanno competenza per la gestione dell'attività associativa oltre a rappresentare l'associazione nei confronti dei terzi.
Gli amministratori rispondono della gestione verso l'ente secondo le norme del mandato (art. 18 c.c.).

E) Lo *status* di associato

Lo ***status* di associato** si acquista con la stipulazione dell'atto costitutivo oppure, successivamente alla costituzione, mediante adesione ad una associazione già esistente. Difatti, l'associazione, avendo **struttura personale**, è aperta all'adesione di nuovi membri interessati al perseguimento dello scopo comune.

• **<u>Diritti dell'associato</u>**.
L'associato ha:
– **diritto di voto** in assemblea;
– il diritto di **impugnare le delibere assembleari** invalide;
– **il diritto di recedere** dall'associazione; l'associato, difatti, può sempre recedere dall'associazione a meno che non abbia assunto l'obbligo di farne parte per un tempo determinato (art. 24 comma 2 c.c.).

• **<u>Obblighi dell'associato</u>**.
Gli obblighi attengono principalmente al conferimento di contributi patrimoniali o di prestazioni personali.

F) Perdita dello *status* di associato

Lo status di associato si **perde** in due casi:
– **recesso**;
– **esclusione** (in presenza di gravi motivi): l'esclusione del socio è adottata con una delibera dell'assemblea che può essere impugnata dinanzi all'autorità giudiziaria entro sei mesi dal giorno in cui è stata adottata.

Come chiarito dall'art. 24, comma 1, c.c., in considerazione del suo carattere spiccatamente personale, la qualità di associato **non è trasmissibile**, salvo diversa previsione contenuta nell'atto costitutivo o nello statuto.

L'ultimo comma dell'art. 24 c.c. nega che gli associati, esclusi o receduti o che, per qualsiasi motivo, abbiano cessato di fare parte dell'associazione, possano ripetere i **contributi versati** o vantare **diritti sul patrimonio** dell'associazione.

G) Cause di estinzione dell'associazione

Ai sensi dell'art. 27 c.c. l'associazione si **estingue**:

- per le **cause previste dall'atto costitutivo o dallo statuto**;
- quando lo **scopo sia stato raggiunto;**
- quando lo scopo **non sia più conseguibile**;
- quando siano **venuti a mancare tutti gli associati**.

Il verificarsi di una causa di estinzione non produce l'estinzione immediata dell'ente ma determina l'apertura della **fase di liquidazione** dei beni appartenenti all'associazione; durante tale fase gli amministratori non possono compiere nuove operazioni e se contravvengono a tale divieto rispondono per le obbligazioni contratte solidalmente e personalmente.
Restano ammissibili i soli atti di **ordinaria amministrazione,** tendenti alla mera gestione e conservazione del patrimonio della persona giuridica.
Nel corso della liquidazione si provvede alla definizione dei rapporti giuridici attivi e passivi dell'ente.
I beni che residuino, esaurite le attività di liquidazione, sono **devoluti:**

- in conformità all'atto costitutivo o allo statuto;
- qualora questi non dispongano nulla in merito si osservano le deliberazioni dell'assemblea che ha stabilito lo scioglimento;
- in mancanza provvede l'autorità governativa, attribuendo i beni ad altri enti che hanno fini analoghi.

▶ 3.1. Le associazioni di fatto.

Sotto il profilo strutturale l'**associazione non riconosciuta** (tra cui rientrano le **organizzazioni sindacali**, i **partiti politici, le associazioni di consumatori e utenti, le associazioni di assistenza e volontariato**) non si distingue dall'associazione con personalità giuridica, essendo anch'essa composta da un gruppo di individui che perseguono un interesse comune tramite un'organizzazione stabile e mezzi patrimoniali a ciò destinati: ciò che distingue l'associazione non riconosciuta, quindi, è la **mancanza di un riconoscimento formale** e quindi di **personalità giuridica.**
La principale differenza tra associazioni riconosciute e associazioni non riconosciute attiene al profilo patrimoniale.
L'art. 37 c.c. prevede che i contributi degli associati e i beni da essi acquistati confluiscano nel **c.d. fondo comune** dell'associazione.

4. Le fondazioni.

A) Nozione

La fondazione, la cui disciplina si rinviene nell'art. 14 c.c., è un ente a *struttura istituzionale*: è cioè una organizzazione stabile per la gestione di un patrimonio, finalizzata al perseguimento di uno scopo altruistico.
L'elemento che caratterizza la fondazione, quindi, è la presenza di un **complesso di beni destinati al conseguimento di uno scopo di pubblica utilità**.
La fondazione ha un proprio **patrimonio**, distinto da quello del fondatore, con cui risponde, in via esclusiva, delle sue obbligazioni (**autonomia patrimoniale perfetta**).
I principali caratteri della fondazione sono essenzialmente due:

- l'autonomia dell'ente rispetto al fondatore;
- la netta prevalenza del dato patrimoniale sull'aspetto personale tipico dell'associazione.

B) Modalità di costituzione delle fondazioni

La fondazione viene ad esistenza attraverso un atto unilaterale: il c.d. **atto di fondazione**, con il quale il fondatore compie un atto di disposizione (e di destinazione) patrimoniale, spogliandosi definitivamente della titolarità di taluni beni e destinandoli al perseguimento di uno scopo determinato.
Tale atto di fondazione:

- può essere compiuto *inter vivos*, ed in tal caso deve rivestire la forma dell'**atto pubblico**;
- può essere contenuto in un **testamento**, divenendo efficace solo al momento dell'apertura della successione.

Con l'atto di fondazione il fondatore:

- **enuncia lo scopo dell'ente**;
- predispone la **struttura organizzativa** deputata al suo perseguimento;
- fornisce l'ente dei **mezzi patrimoniali** reputati necessari e sufficienti al raggiungimento dello scopo enunciato.

Quanto al **contenuto dell'atto costitutivo** di fondazione, l'art. 16 c.c. precisa che in esso devono essere determinati i criteri e le modalità di erogazione delle rendite e possono essere contenute le norme relative alla trasformazione dell'ente.

C) L'organizzazione della fondazione

Gli amministratori

Gli amministratori della fondazione sono nominati nell'atto costitutivo oppure successivamente, sulla base dei criteri da questo indicati.
Gli amministratori danno concreta attuazione allo scopo indicato dal fondatore, amministrano i beni dell'ente ed erogano le relative rendite secondo le modalità previste dall'atto costitutivo.

Poteri di controllo dell'autorità governativa.

L'art. 25 c.c. attribuisce all'**autorità governativa** una generale funzione di controllo e vigilanza sull'amministrazione delle fondazioni. Nello specifico:

- le **azioni contro gli amministratori**, per fatti riguardanti la loro responsabilità, sono autorizzate dall'autorità governativa;
- l'art. 26 c.c. attribuisce all'autorità governativa anche il potere di disporre il **coordinamento dell'attività di più fondazioni**, con l'esclusione delle fondazioni familiari, o l'unificazione della loro amministrazione, nel rispetto, per quanto possibile, della volontà del fondatore;
- l'art. 28 c.c. riconosce all'autorità pubblica il potere di provvedere alla **trasformazione della fondazione** nei casi in cui lo scopo sia esaurito, sia divenuto impossibile o di scarsa utilità o quando il patrimonio sia divenuto insufficiente. In mancanza di trasformazione, l'ente si estingue al termine della fase di liquidazione, così come disposto dagli artt. 29 e 30 c.c.

D) Estinzione delle fondazioni e devoluzione dei beni

Le fondazioni, così come le associazioni, si estinguono:

- per le cause previste nell'atto costitutivo e nello statuto;
- quando lo scopo è stato raggiunto o è divenuto impossibile.

L'art. 31 c.c. detta una disciplina particolare per la **devoluzione dei beni delle fondazioni**, prevedendo che, qualora l'atto costitutivo o lo statuto nulla dispongano, i **beni residui** al termine della liquidazione siano attribuiti dall'autorità governativa ad **altri enti aventi fini analoghi**.

E) L'inammissibilità delle fondazioni di fatto

In mancanza di riconoscimento le fondazioni, secondo la tesi prevalente, non possono operare come **fondazioni di fatto**.

5. I comitati.

A) Nozione

Il comitato è una organizzazione con cui più persone, attraverso una **raccolta pubblica di fondi**, mirano alla costituzione di un patrimonio diretto al perseguimento di un interesse di pubblica utilità.
I comitati, pur non essendo persone giuridiche, sono **autonomi centri di imputazione di situazioni giuridiche soggettive**, potendo essere ad essi attribuita la titolarità di diritti ed obblighi.
Il comitato, inoltre, essendo dotato di un **proprio patrimonio**, autonomo da quello dei promotori e dei sottoscrittori, gode di **autonomia patrimoniale imperfetta**.
I soggetti che danno vita al comitato, definiti **promotori**, annunciano lo scopo che intendono perseguire con la costituzione del comitato ed invitano coloro che lo desiderano a versare offerte, definite **oblazioni**, che verranno destinate al raggiungimento del fine annunciato.

B) Responsabilità dei promotori

Gli artt. 40 e 41 c.c. prevedono che gli organizzatori e coloro che assumano la gestione dei fondi raccolti:

- siano **responsabili personalmente e solidamente** della conservazione dei fondi e della loro destinazione allo scopo annunciato dai promotori (**responsabilità verso i sottoscrittori**);
- qualora il comitato non abbia ottenuto il riconoscimento della personalità giuridica, rispondano personalmente e solidalmente delle obbligazioni assunte (**responsabilità verso i terzi**).

I **sottoscrittori** sono tenuti soltanto ad effettuare le oblazioni promesse.

C) Devoluzione dei fondi residui

Nel caso in cui i fondi raccolti siano insufficienti al raggiungimento dello scopo o quando questo sia stato già conseguito o non possa più essere attuato, l'autorità governativa decide la **devoluzione dei fondi residui**, se questa non è stata già disciplinata al momento della costituzione del comitato (art. 42 c.c.).

6. L'impresa sociale.

L' art. 1. del D.lgs. 3 luglio 2017, nr. 112, in attuazione della Legge delega n. 106/2016 ha provveduto alla revisione della disciplina dell'impresa sociale, stabilendo che possono assumere la predetta denominazione tutti **gli enti privati, inclusi quelli costituiti nelle forme di cui al libro V del codice civile**, che esercitano in via **stabile** e **principale** un'attività d'impresa di **interesse generale**, **senza scopo di lucro** e per **finalità civiche**, **solidaristiche** e di **utilità sociale**, adottando modalità di gestione responsabili e trasparenti e favorendo il più ampio coinvolgimento dei lavoratori, degli utenti e di altri soggetti interessati alle loro attività.
Tra le attività che possono considerarsi di **interesse generale**, si possono elencare, a titolo esemplificativo, le attività di impresa aventi ad oggetto:

- interventi e prestazioni **sanitarie;**
- attività culturali di **interesse sociale** con finalità **educativa**;
- interventi e servizi finalizzati alla salvaguardia e al miglioramento delle condizioni **dell'ambiente** e all'utilizzazione accorta e razionale delle **risorse naturali**, con esclusione dell'attività, esercitata abitualmente, di raccolta e riciclaggio dei rifiuti urbani, speciali e pericolosi;
- gli enti che svolgano **accoglienza umanitaria** ed **integrazione sociale dei migranti**.

Non possono acquisire la qualifica di impresa sociale:

- le società costituite da un **unico socio persona fisica;**
- le **amministrazioni pubbliche di cui all'art. 1, comma 2, del Decreto legislativo 30 marzo 2001, n. 165,** e successive modificazioni,
- e gli enti i cui atti costitutivi limitino, anche indirettamente, l'erogazione dei beni e dei servizi in favore dei soli soci o associati.

Le **cooperative sociali e i loro consorzi**, di cui alla Legge 8 novembre 1991, n. 381, acquisiscono di diritto la qualifica di imprese sociali.

L'attività di impresa sociale si caratterizza:

– per **l'assenza dello scopo di lucro;**
– e per il **vincolo alla destinazione degli utili**, che devono essere indirizzati allo svolgimento dell'attività statutaria o ad incremento del patrimonio (cfr. art. 2 D.lgs. 3 luglio 2017, nr. 112).

La **distribuzione degli utili** e degli avanti di gestione tra i soci, fondatori, o associati **è quindi vietata**. Gli utili possono essere destinati, in misura inferiore al 50%, per aumentare gratuitamente il capitale sociale. In caso di **insolvenza**, le imprese sociali sono assoggettate alla **liquidazione coatta amministrativa** (ai sensi del Regio Decreto 16 marzo 1943 e successive modificazioni).

Dizionario di termini tecnici

➢ **Persone giuridiche**
Le persone giuridiche rappresentano un insieme di **individui e beni** che perseguono uno **scopo comune**. Esse sono dotate, analogamente alle persone fisiche, della capacità giuridica ex art. 1 c.c., avente fondamento costituzionale nell'art. 18 Cost.

➢ **Soggettività giuridica**
Le persone giuridiche di natura privatistica sono dotate di **soggettività giuridica** autonoma e distinta da quella dei singoli membri che le compongono. Esse cioè hanno una propria **capacità giuridica** e di **agire**, sostanzialmente analoga a quella delle persone fisiche.

➢ **Associazione**
L'associazione è una formazione sociale con **struttura organizzativa a base soggettiva**.

➢ **Fondazione**
La fondazione, la cui disciplina si rinviene nell'art. 14 c.c., è un **ente a *struttura istituzionale***: è cioè una organizzazione stabile per la gestione di un patrimonio, finalizzata al perseguimento di uno scopo altruistico.

Capitolo 3 LA PUBBLICITÀ DEI FATTI GIURIDICI

SOMMARIO:

1. La pubblicità dei fatti giuridici.

La **certezza del diritto**, principio cardine del nostro ordinamento, comporta la necessità che i fatti giuridici siano conoscibili, soprattutto quando questi sono in grado di incidere su posizioni giuridiche dei terzi.
A questa esigenza di conoscibilità dei terzi l'ordinamento assolve predisponendo un **complesso sistema di pubblicità** che si articola principalmente su **tre forme**:

- **la pubblicità notizia**, che assolve la funzione di rendere **noti** determinati fatti o atti ai terzi, la cui validità ed efficacia prescinde dalla stessa pubblicità;
- **la pubblicità dichiarativa**, la quale, pur non incidendo sulla validità e sull'efficacia dell'atto, costituisce **condizione per l'opponibilità dell'atto nei confronti dei terzi,** con la conseguenza che in mancanza di tale pubblicità l'atto si ritiene per essi come mai compiuto;
- **pubblicità costitutiva,** che opera laddove richiesta dalla legge per la stessa **esistenza** dell'atto;

2. La trascrizione.

A) Nozione e funzione della trascrizione

Una delle principali forme di pubblicità dichiarativa è costituita dalla trascrizione, la cui funzione tipica è quella di far conoscere ai terzi le vicende giuridiche riguardanti i **beni immobili** o i **beni mobili registrati** e, più in particolare, di **dirimere i conflitti tra più aventi causa dallo stesso autore**.
Occorre tenere presente che, nel nostro ordinamento, in base al **principio del consenso traslativo** (art. 1376 c.c.), il contratto ha, di per sé, efficacia traslativa della proprietà o di altro diritto reale. Ne deriva che se un soggetto aliena il medesimo bene, in diversi momenti, a due diversi soggetti, dovrebbe prevalere in ogni caso il primo acquirente, in quanto il diritto si è già trasferito per effetto della prima alienazione.
È evidente che tale soluzione potrebbe incidere negativamente sulla libera circolazione dei beni, in quanto i soggetti sarebbero restii ad acquistare beni non potendo sapere se l'alienante li abbia già trasferiti ad altri.
Per favorire la **libera circolazione dei beni**, l'ordinamento prevede distinti criteri di soluzione di conflitti tra più aventi causa dallo stesso autore, a seconda della natura del bene oggetto di trasferimento:

- per i **beni mobili**, il conflitto tra più acquirenti da un medesimo alienante è risolto a favore di quello che per primo, ed in buona fede, abbia conseguito il possesso della cosa (art. 1155 c.c.).
- per i **beni immobili ed i beni mobili registrati**, invece, il conflitto tra più acquirenti dello stesso diritto su un certo bene viene risolto in base **alla formalità della trascrizione**: difatti vige la regola per cui il soggetto che trascrive il titolo di acquisto per primo prevale su chiunque abbia trascritto successivamente un atto da cui deriva un diritto incompatibile con la prima trascrizione (art. 2644, commi 1, 2, c.c.).

B) Effetti della trascrizione

La trascrizione, quindi, non ha **efficacia** costitutiva, ma solo **dichiarativa** in quanto gli effetti dell'atto si producono tra le parti in virtù dell'atto stesso, ma divengono opponibili nei confronti dei terzi solo con la trascrizione. A tal fine è irrilevante la buona o la mala fede di chi trascrive, essendo comunque preferito il soggetto che trascrive per primo (*prior in tempore potior in iure*).

Solo eccezionalmente la trascrizione ha funzione **costitutiva** essendo richiesta come elemento costitutivo del diritto: è il caso, ad esempio, dell'usucapione abbreviata.
La trascrizione non sana i vizi del titolo: quella che viene indicata generalmente come **pubblicità sanante** (art. 2652, nn. 6 e 7 c.c.) non è una ipotesi di sanatoria del negozio, ma rappresenta il completamento attraverso la trascrizione di una fattispecie complessa, della quale il negozio viziato costituisce un elemento.

C) Atti soggetti a trascrizione

Gli atti rispetto ai quali la trascrizione svolge la funzione di dirimere il conflitto tra più acquirenti di un medesimo dante causa sono quelli indicati **tassativamente** nell'art. 2643 c.c.
L'art. 2657 c.c. indica tassativamente le **forme** (sentenza, atto pubblico, scrittura privata con sottoscrizione autenticata o accertata giudizialmente) che un atto deve necessariamente avere per costituire titolo per la trascrizione.

D) Principio di continuità delle trascrizioni

I pubblici registri, per mezzo dei quali si attua la trascrizione, sono impostati non sui beni (su base reale), ma su **base personale**.
Tale è la ragione per cui, al fine di stabilire chi prevalga tra più acquirenti in conflitto tra di loro, è necessario poter sempre risalire la catena, per un periodo di vent'anni (e non di dieci, perché la buona fede ex art. 1159 c.c. sfugge all'indagine), fino a giungere al comune autore.
L'art. 2650 c.c., inoltre, consente all'acquirente (e a ogni altro interessato) di trascrivere l'acquisto del proprio dante causa.
Trascritto l'atto anteriore di acquisto, la trascrizione dei successivi acquisti produce effetto secondo il loro rispettivo ordine (c.d. **effetto di prenotazione**).

Dizionario di termini tecnici

- **Fatto**
  Il "fatto" è un accadimento che si verifica nella realtà naturale e che è in grado di determinare una modificazione della stessa. Al fatto naturale occorre contrapporre "l'atto umano", laddove alla causazione del fatto ha contribuito l'opera dell'uomo. Poiché anche un fatto naturale può essere cagionato dall'opera dell'uomo (si pensi alla morte per omicidio), la tesi prevalente ritiene che il *discrimen* tra le due figure risiede nella rilevanza che l'ordinamento attribuisce alla volontà dell'individuo nella determinazione del fatto. Nello specifico, laddove la volontà dell'uomo sia giuridicamente indifferente, si è in presenza di un fatto giuridico in senso stretto.

- **Atto giuridico**
  L'atto giuridico, invece, ricorre nell'ipotesi in cui la volontà del soggetto assume un ruolo rilevante per l'ordinamento.

- **Negozio giuridico**
  Il negozio giuridico ricorre nell'ipotesi in cui la volontà dell'autore riguardi anche gli effetti del negozio giuridico.

Capitolo 4 | LA PRESCRIZIONE E LA DECADENZA

SOMMARIO:
1. Le coordinate spazio-temporali dell'atto. - **2.** La prescrizione. - **3.** La decadenza.

1. Le coordinate spazio-temporali dell'atto.

Ogni atto, al pari di ogni fenomeno naturale, si colloca in una dimensione spazio-temporale.
Le coordinate relative allo **spazio** hanno rilevanza giuridica:
- in materia **processuale** (in cui il luogo costituisce criterio per la determinazione della **competenza territoriale** del giudice);
- in materia di **obbligazioni** (in cui il domicilio del creditore al tempo della scadenza determina, *ex* art. 1182, comma 2, c.c., il **luogo dell'adempimento**);
- in materia di **trascrizione** (in cui il luogo in cui si trova l'immobile identifica la conservatoria presso cui l'atto va trascritto).

Le coordinate **temporali** assumono rilevanza giuridica:
- come tempo in cui si **produce un determinato effetto giuridico** (termine per l'adempimento dell'obbligazione);
- come termine di **durata di un rapporto** (come nel caso di locazione);
- come periodo, ossia come spazio temporale che intercorre tra due momenti (è il caso del termine per l'esercizio di un diritto).
- ai fini dell'operare degli istituti della **prescrizione** e della **decadenza**.

2. La prescrizione.

A) Nozione e *ratio* dell'istituto

Il **fondamento** dell'istituto della prescrizione si rinviene nell'esigenza di **certezza dei rapporti giuridici**; il suo **effetto principale** è quello di provocare **l'estinzione del diritto** soggettivo per effetto **dell'inerzia** del titolare del diritto stesso, che non lo esercita per il tempo determinato dalla legge (art. 2943 c.c.).
Gli **elementi costitutivi** della prescrizione sono:
- l'esistenza di un **diritto esercitabile** e non imprescrittibile;
- l'**inerzia**, ossia il mancato esercizio del diritto da parte del titolare;
- il **decorso di un periodo di tempo** previsto dalla legge.

B) Diritti imprescrittibili

- i **diritti indisponibili**;
- i diritti e le potestà inerenti i **rapporti di famiglia;**
- **altri diritti indicati dalla legge**.

C) La disciplina della prescrizione.

L'istituto della prescrizione è:

- inderogabile (art. 2936 c.c.);
- irrinunciabile (art. 2937, comma 2, c.c.);
- rilevabile solo su istanza di parte (art. 2938 c.c.).

D) Tempo necessario ai fini della prescrizione: prescrizione ordinaria e prescrizione breve

Il periodo di tempo al termine del quale la prescrizione si considera compiuta inizia a decorrere da quando il diritto può essere fatto valere (art. **2935** c.c.).
In base alla durata del periodo di tempo previsto dalla legge ai fini della prescrizione si distingue tra:

- **prescrizione ordinaria**, che si compie **in dieci anni** (art. 2946 c.c.) e trova applicazione in tutti i casi in cui la legge non dispone diversamente;
- **prescrizione breve**, per la quale sono previsti termini più brevi.

E) Prescrizioni presuntive

Accanto alle prescrizioni estintive il legislatore disciplina le **prescrizioni presuntive**, in cui il decorso di un certo periodo di tempo (artt. 2954, 2955 e 2956 c.c.) fa sorgere la presunzione di estinzione dell'obbligazione, per intervenuto pagamento da parte del debitore.
Diversamente dalla prescrizione estintiva, che è una causa di estinzione del diritto, la prescrizione presuntiva **fa presumere** che si sia verificata una diversa causa estintiva dello stesso.
Trattandosi di una **presunzione *iuris tantum***, la stessa può essere superata, ma solo avvalendosi di uno dei due strumenti all'uopo previsti dal legislatore e consistenti:

- **nell'ammissione in giudizio,** da parte del debitore, che l'obbligazione non è stata estinta **(art. 2959 c.c.);**
- nel deferimento allo stesso debitore **del giuramento decisorio (art. 2960 c.c.).**

F) Sospensione ed interruzione della prescrizione

Il decorso del termine di prescrizione del diritto può essere **sospeso o interrotto** ove, rispettivamente, l'inerzia del titolare abbia una giustificazione (inerzia giustificata) o tale inerzia venga meno.
Le **cause di sospensione** sono espressamente previste dal legislatore e sono ritenute **tassative.** Esse dipendono:

- dai particolari rapporti intercorrenti tra le parti (art. 2941 c.c.);
- dalla particolare condizione del titolare del diritto (art. 2942 c.c.).

Ai sensi dell'art. 1 comma 18 della l. 20 maggio 2016, inoltre, **la prescrizione rimane sospesa tra le parti dell'unione civile**.
La sospensione determina un arresto temporaneo del termine di prescrizione, che ricomincia a decorrere una volta cessata la causa di sospensione.
La prescrizione è **interrotta**:

- dal **compimento di un atto di esercizio del diritto**: notificazione dell'atto con il quale si inizia un giudizio di cognizione, conservativo o esecutivo (art. 2943, comma 1, c.c.) o di ogni altro atto che valga a costituire in mora il debitore (art. 2943, comma 4, c.c.);
- dal **riconoscimento del diritto** da parte di colui contro il quale può essere fatto valere (art. 2944 c.c.).

Per effetto dell'interruzione inizia un nuovo periodo di prescrizione, senza che abbia più alcuna rilevanza, ai fini del computo, il tempo antecedente al fatto interruttivo.

3. La decadenza.

A) Nozione e *ratio* dell'istituto

La **decadenza** risponde all'esigenza che il diritto venga esercitato entro un

termine perentorio, decorso il quale l'esercizio del diritto è definitivamente precluso.
La **prescrizione e la decadenza sono istituti a carattere ontologicamente diverso**; tant'è che uno stesso diritto può essere soggetto tanto all'una quanto all'altra (es. il diritto del compratore all'azione per i vizi della cosa venduta ex art. 1495 c.c., rispetto al quale il termine di otto giorni è previsto a pena di decadenza, mentre quello annuale a pena di prescrizione).

B) Tipologie di decadenza e disciplina

La decadenza, in primo luogo, a differenza della prescrizione può avere:

- fonte **legale** (legge, provvedimento amministrativo o giurisdizionale);
- fonte **convenzionale**, a condizione che:
  - sia prevista in relazione a diritti **disponibili**;
  - il termine fissato non renda eccessivamente gravoso, per la parte interessata, l'esercizio del diritto (art. 2965 c.c.).

Ove la decadenza sia stabilita dalla legge e abbia ad oggetto **diritti indisponibili** o una materia sottratta alla disponibilità delle parti:

- non è ammessa la deroga alla disciplina legale;
- non è ammessa la rinunzia;
- la decadenza è **rilevabile d'ufficio** dal giudice, il quale è tenuto ad accertare le cause di improponibilità dell'azione (artt. 2968 e 2969 c.c.).

In **tutte le altre ipotesi**, la decadenza:

- può formare oggetto di rinunzia;
- deve essere eccepita dalla parte;
- la relativa disciplina è derogabile.

Dizionario di termini tecnici

- **Prescrizione**
  La prescrizione provoca **l'estinzione del diritto** soggettivo per effetto **dell'inerzia** del titolare del diritto stesso, che non lo esercita per il tempo determinato dalla legge (art. 2943 c.c.).

- **Atto giuridico**
  La **decadenza** preclude definitivamente l'esercizio del diritto trascorso un determinato periodo di tempo.

Capitolo 5 | I DIRITTI DELLA PERSONALITÀ

1. Caratteri dei diritti della personalità.

I diritti della personalità si contraddistinguono per il loro accentuato **carattere non patrimoniale**, derivante dall'avere ad oggetto **beni giuridici immateriali** intrinsecamente attinenti alla persona.
Gli altri caratteri tipici dei diritti della personalità sono:
- l'**assolutezza**, in quanto trattasi di diritti tutelati *erga omnes*, ossia nei confronti della collettività indefinita, a prescindere dalla preesistenza di un rapporto giuridico;
- l'**indisponibilità**, in quanto il titolare non ne può liberamente disporre con effetti giuridici impegnativi. Essa può essere **assoluta** o **relativa**;
- l'**intrasmissibilità *mortis causa***, non essendo possibile trasmettere ad altri la titolarità di tali diritti;
- l'**imprescrittibilità**, poiché il semplice non uso protratto per un certo periodo di tempo non impedisce l'azionabilità del diritto.

A) Tutela dei diritti della personalità

La **tutela** che l'ordinamento predispone per tali diritti è imposta dai referenti costituzionali sopra richiamati e si articola nei diversi ambiti del diritto penale e del diritto civile.
In particolare, possono essere individuate due tutele:
- l'una di tipo **preventivo**, deputata a garantire una risposta urgente, volta a inibire la condotta illecita o il prodursi dell'effetto pregiudizievole, e affidata agli strumenti dell'**inibitoria** (ove espressamente prevista, come nel caso del diritto al nome ed all'immagine) e dell'**art. 700 c.p.c.**;
- l'altra di tipo **successivo**, volta a risarcire il pregiudizio derivante dalla lesione del diritto, attuata tramite l'art. 2043 c.c., l'art. 2059 e l'art. 2058 (**azione risarcitoria**).

2. Il diritto all'integrità psico-fisica.

Il diritto all'integrità psico-fisica, inteso come **garanzia dell'inviolabilità fisica** della persona, rinviene il suo referente costituzionale nell'**art. 32 Cost.**, il quale tutela la salute quale "*fondamentale diritto dell'individuo e interesse della collettività*" sia nei confronti dello Stato, sia della generalità dei consociati.
L'**art. 5 c.c.** vieta gli **atti di disposizione del proprio corpo** quando cagionino una diminuzione permanente dell'integrità fisica, o quando siano altrimenti contrari alla legge, all'ordine pubblico o al buon costume: si tratta di clausole generali dal contenuto mutevole a seconda del cambiamento della coscienza sociale in relazione alle diverse condizioni di tempo, luogo, sentire sociale, etc.

A) "Testamento biologico": Le nuove norme sul consenso informato e sulle disposizioni anticipate di trattamento. La ratio della nuova normativa

La recente normativa approvata dal Parlamento nel mese di dicembre 2017 (**Norme in materia di consenso informato e di disposizioni anticipate di trattamento**) introduce, per la prima volta, nell'ordinamento giuridico italiano specifiche disposizioni volte a regolamentare espressamente le scelte del singolo individuo relative al c.d. "fine vita".

L'art. 1 della nuova legge chiarisce che la *ratio* dell'intervento normativo è la tutela del diritto alla vita, alla salute, alla dignità e all'autodeterminazione della persona. Si ribadisce, inoltre, che nessun trattamento sanitario può essere iniziato o proseguito se privo del consenso libero e informato della persona interessata, tranne che nei casi espressamente previsti dalla legge.

● **La relazione di cura tra medico e paziente**

Il legislatore intende altresì valorizzare e promuovere la relazione di cura e di fiducia tra paziente e medico. L'art. 1 prevede che il rapporto tra medico e paziente sia basata "sul consenso informato nel quale si incontrano l'autonomia decisionale del paziente e la competenza, l'autonomia professionale e la responsabilità del medico.

Contribuiscono alla relazione di cura, in base alle rispettive competenze, gli esercenti una professione sanitaria che compongono l'équipe sanitaria. In tale relazione sono coinvolti, se il paziente lo desidera, anche i suoi familiari o la parte dell'unione civile o il convivente ovvero una persona di fiducia del paziente medesimo."

● **Il diritto a conoscere le proprie condizioni di salute. Il c.d. consenso informato**

L'art. 1 della legge prevede:

- il diritto di conoscere le proprie condizioni di salute;
- il diritto di essere informati sulla diagnosi della patologia di cui si è affetti;
- il diritto di essere informati sulla prognosi nonché sui benefici ed i rischi degli accertamenti diagnostici e dei trattamenti sanitari indicati;
- il diritto di essere informati riguardo alle possibili alternative e alle conseguenze dell'eventuale rifiuto del trattamento sanitario e dell'accertamento diagnostico o della rinuncia ai medesimi.

È previsto espressamente che il paziente possa rifiutare di ricevere tali informazioni oppure delegare una persona di sua fiducia di riceverle e di esprimere il consenso in sua vece.

La persona minore di età o incapace ha diritto alla valorizzazione delle proprie capacità di comprensione e di decisione. Deve ricevere informazioni sulle scelte relative alla propria salute in modo consono alle sue capacità per essere messa nelle condizioni di esprimere la sua volontà.

● **Il diritto di rinunciare alle cure in caso di paziente capace di agire**

Le persone capaci di agire hanno il diritto di rifiutare in tutto o in parte qualsiasi accertamento diagnostico o trattamento sanitario o singoli atti del trattamento stesso nonché il diritto di revocare in qualsiasi momento il consenso prestato.

La legge precisa espressamente che costituiscono trattamenti sanitari la nutrizione artificiale e l'idratazione artificiale, in quanto somministrazione, su prescrizione medica, di nutrienti mediante dispositivi medici.

Il medico è tenuto a rispettare la volontà espressa dal paziente di rifiutare il trattamento sanitario o di rinunciare al medesimo e, in conseguenza di ciò, è esente da responsabilità civile o penale.

● **Il diritto di rinunciare alle cure in caso di paziente non capace di agire**

Il Consenso informato del minore:

– è espresso o rifiutato dagli esercenti la responsabilità genitoriale o dal tutore tenendo conto della volontà della persona minore, in relazione alla sua età e al suo grado di maturità, e avendo come scopo la tutela della salute psicofisica e della vita del minore nel pieno rispetto della sua dignità;

Il Consenso informato dell'interdetto:

– è espresso o rifiutato dal tutore, sentito l'interdetto ove possibile, avendo come scopo la tutela della salute psicofisica e della vita della persona nel pieno rispetto della sua dignità;

Il Consenso informato dell'inabilitato:

– è espresso dalla medesima persona inabilitata.

Il Consenso informato del beneficiario dell'amministrazione di sostegno:

– nel caso in cui sia stato nominato un amministratore di sostegno la cui nomina preveda l'assistenza necessaria o la rappresentanza esclusiva in ambito sanitario, è espresso o rifiutato anche dall'amministratore di sostegno ovvero solo da quest'ultimo, tenendo conto della volontà del beneficiario, in relazione al suo grado di capacità di intendere e di volere.

● **Il ruolo del giudice tutelare in assenza delle disposizioni anticipate di trattamento**
Qualora, in assenza di disposizioni anticipare di trattamento (v. infra), sia stato negato, per conto del soggetto incapace di agire, il consenso informato alle cure ed il medico ritenga invece che le cure siano appropriate e necessarie, la decisione è rimessa al giudice tutelare.

● **La Terapia del dolore**
La novella legislativa introduce nell'ordinamento il concetto di "terapia del dolore". Con la predetta espressione si intende l'obbligo per il medico di adoperarsi per alleviare le sofferenze del paziente. Tale obbligo sussiste anche in caso di rifiuto o di revoca del consenso al trattamento sanitario indicato dal medico.

● **Il divieto di ostinazione irragionevole nelle cure e dignità nella fase finale della vita**
Nei casi di paziente con prognosi infausta a breve termine o di imminenza di morte, il medico deve astenersi da ogni ostinazione irragionevole nella somministrazione delle cure e dal ricorso a trattamenti inutili o sproporzionati. In presenza di sofferenze refrattarie ai trattamenti sanitari, il medico può ricorrere alla sedazione palliativa profonda continua in associazione con la terapia del dolore, con il consenso del paziente.

● **Le Disposizioni anticipate di trattamento**
Mediante le disposizioni anticipate di trattamento (DAT) ogni persona maggiorenne e capace di intendere e di volere, in previsione di un'eventuale futura incapacità di autodeterminarsi e dopo avere acquisito adeguate informazioni mediche sulle conseguenze delle sue scelte possono esprimere le proprie volontà in materia di trattamenti sanitari, nonché il consenso o il rifiuto rispetto ad accertamenti diagnostici o scelte terapeutiche e a singoli trattamenti sanitari.
Le DAT devono essere redatte per atto pubblico o per scrittura privata autenticata ovvero per scrittura privata consegnata personalmente dal disponente presso l'ufficio dello stato civile del comune di residenza del disponente medesimo.
Nel caso in cui le condizioni fisiche del paziente non lo consentano, le DAT possono essere espresse attraverso videoregistrazione o dispositivi che consentano alla persona con disabilità di comunicare. Con le mede-sime forme esse sono rinnovabili, modificabili e revocabili in ogni momento. Nei casi in cui ragioni di emergenza e urgenza impedissero di procedere alla revoca delle DAT con le forme previste dai periodi precedenti, queste possono essere revocate con dichiara-zione verbale raccolta o videoregistrata da un medico, con l'assistenza di due testimoni.
La figura del fiduciario. In sede di redazione delle disposizioni il soggetto capace di agire indica altresì una persona di sua fiducia, denominata «fiduciario».
È definito "fiduciario" colui che faccia le veci del paziente e lo rappresenti nelle relazioni con il medico e con le strutture sanitarie. Il fiduciario deve essere una persona maggiorenne e capace di intendere e di volere. L'incarico del fiduciario può essere revocato dal disponente in qualsiasi momento.

3. Il diritto al nome.

Il nome è il principale **segno distintivo** della persona fisica o dell'ente di fatto.
Il codice civile prevede che *"ogni persona ha diritto al nome"* (**art. 6 c.c.**), comprensivo del **prenome** (ossia il nome) e del **cognome**, per i quali non sono ammessi cambiamenti o rettifiche se non nei casi e con le formalità richieste dalla legge.
La **tutela del diritto al nome:**
- si può chiedere giudizialmente la **cessazione del fatto lesivo**,
- oltre al **risarcimento dei danni** (la medesima tutela si estende anche allo pseudonimo che abbia

acquistato l'importanza del nome in virtù dell'art. 9 c.c.).
Le azioni per la tutela del diritto al nome possono essere promosse anche da soggetti diversi dal titolare del nome, che abbiano un interesse alla tutela di quel nome fondato su ragioni familiari (art. 8 c.c.).

4. Il diritto all'immagine.

L'immagine costituisce una delle proiezioni esteriori e concrete della personalità del soggetto, forse l'espressione più concreta e più appariscente.
Il relativo diritto è tutelato dall'**art. 10 c.c.**, secondo cui, in caso di abusiva esposizione o pubblicazione dell'immagine (anche caricaturale) di una persona (oltreché dei suoi genitori, coniuge e figli) fuori dei casi consentiti dalla legge o quando ricorra un pregiudizio al decoro o alla reputazione, ossia quando ci siano gli estremi per configurare un illecito penale, l'interessato può adire l'autorità giudiziaria per chiedere al contempo:

- la **cessazione dell'abuso**
- la **riparazione delle conseguenze dannose prodotte**, attraverso la reintegrazione in forma specifica e il risarcimento del danno.

5. Il diritto alla riservatezza.

Il diritto alla riservatezza tutela le situazioni e vicende strettamente **personali e familiari** – le quali, anche se verificatesi fuori dal domicilio domestico, non hanno per i terzi un interesse socialmente apprezzabile – contro le **ingerenze** che, sia pure compiute con mezzi leciti, per scopi non esclusivamente speculativi e senza offesa per l'onore, la reputazione e il decoro, **non** siano, tuttavia, **giustificate da interessi pubblici preminenti (art. 2 Cost.**).

A) Diritto all'oblio

Particolare espressione di tale diritto può essere rinvenuta nel c.d. **diritto all'oblio,** recentemente riconosciuto dalla giurisprudenza, secondo cui ogni soggetto ha diritto a non essere più ricordato per fatti, in particolare di natura giudiziaria, che in passato furono oggetto di cronaca.
Alla base del riconoscimento di tale diritto vi è l'osservazione che l'interesse pubblico alla conoscenza di un fatto è limitato in un preciso periodo storico, con la conseguenza che il passare del tempo affievolisce l'interesse che la collettività ha di conoscere quel fatto.
In altri termini il soggetto a cui determinati dati appartengono ha il diritto a che non vengano ulteriormente divulgate notizie che, per il trascorrere del tempo, risultano ormai dimenticate o ignote alla generalità dei consociati.

Dizionario di termini tecnici

- **Diritti della personalità**
  I diritti della personalità si contraddistinguono per il loro accentuato **carattere non patrimoniale**, derivante dall'avere ad oggetto **beni giuridici immateriali** intrinsecamente attinenti alla persona.

- **Diritto all'oblio**
  Il **diritto all'oblio** riconosce ad ogni soggetto ha diritto a non essere più ricordato per fatti, in particolare di natura giudiziaria, che in passato furono oggetto di cronaca.

Capitolo 6 | LA FAMIGLIA LEGITTIMA, LE UNIONI CIVILI E LA FAMIGLIA DI FATTO

SOMMARIO:

1. La famiglia legittima.

La famiglia costituisce la principale formazione sociale dove si sviluppa la personalità dell'individuo. L'art. 29 della Costituzione la definisce come la società *naturale* **fondata sul matrimonio**.
La Costituzione riconosce il matrimonio come fondamento della famiglia, assegnando alla **c.d. famiglia legittima** un ruolo centrale nel nostro ordinamento.
È tuttavia innegabile che alla famiglia fondata sul matrimonio, nell'attuale contesto storico, si affianca **la c.d. famiglia di fatto**, quale nucleo di persone di sesso diverso, che pur non essendo legate da alcun vincolo matrimoniale, convivono insieme *more uxorio*.
All'interno della famiglia è opportuno distinguere, a vari fini, tra:

- **rapporto di coniugio**: che è il rapporto che lega tra loro due persone che hanno contratto matrimonio (marito e moglie);
- **rapporto di parentela**: che, stante la definizione di **parentela** contenuta nell'art. 74 c.c., è il **vincolo tra persone che discendono da uno stesso stipite**, sia nel caso in cui la filiazione sia avvenuta all'interno del matrimonio, sia nel caso in cui sia avvenuta al di fuori di esso, sia nel caso in cui il figlio sia adottivo.

All'interno del rapporto di parentela è possibile distinguere tra:

– **rapporto di parentela in linea retta**: sono parenti in linea retta le persone di cui una discende dall'altra;
– **rapporto di parentela in linea collaterale**: sono parenti in linea collaterale le persone che pur avendo uno stipite comune non discendono l'una dall'altra.
– **rapporto di affinità**: è il vincolo tra un coniuge e i parenti dell'altro coniuge.

2. Le Unioni Civili.

Nozione di Unione Civile:
L'Unione Civile è una specifica **formazione sociale,** costituita tra due persone maggiorenni dello stesso sesso (cfr. Legge 20 maggio 2016 n. 76).
Per formazione sociale si intende ogni forma di comunità, semplice o complessa, idonea a consentire e favorire il libero sviluppo della persona nella vita di relazione, nel contesto di una valorizzazione del modello pluralistico. (Corte Cost., sent. n.138/2010).

A) La costituzione dell'Unione Civile tra persone dello stesso sesso

L'Unione Civile può essere costituita da **due persone**:

– **dello stesso sesso;**
– **maggiorenni;**
– **capaci di intendere e volere;**
– **libere di stato (non sposate o già unite civilmente).**

L'Unione Civile si costituisce con dichiarazione resa di fronte **all'ufficiale di stato civile** del Comune scelto dalle parti, alla necessaria la presenza di **due testimoni.**
A differenza di quanto stabilito per la costituzione del vincolo matrimoniale, **non sono previste** attività preliminari alla costituzione dell'unione civile (come, ad esempio, **le pubblicazioni matrimoniali**).

B) Cause impeditive alla costituzione dell'Unione Civile

Ai sensi dell'articolo 1, comma 4, della legge istitutiva, sono cause impeditive per la costituzione dell'unione civile tra persone dello stesso sesso:

- **la sussistenza,** per una delle parti**, di un vincolo matrimoniale o di un'unione civile** tra persone dello stesso sesso**;**
- **l'interdizione** di una delle parti **per infermità di mente;**
- **la sussistenza tra le parti dei rapporti di parentela indicati all'87, primo comma c.c.** (salva autorizzazione da parte del Tribunale);
- **il c.d. *impedimentum criminis*,** ossia la condanna definitiva di un contraente per omicidio consumato o tentato nei confronti di chi sia coniugato o unito civilmente con l'altra parte.

L'unione civile costituita in violazione di una delle cause impeditive è **nulla** e può essere impugnata da ciascuna delle parti dell'unione civile, dagli ascendenti prossimi, dal pubblico ministero e da tutti coloro che abbiano per impugnarla un interesse legittimo e attuale.

C) Impugnazione dell'Unione Civile per violenza e/o errore

L'articolo 1 comma 7 della legge istitutiva, prevede che l'unione civile possa essere impugnata:

- dalla parte il cui consenso sia stato estorto con **violenza** o determinato da timore di eccezionale gravità determinato da cause esterne alla parte stessa;
- dalla parte il cui consenso è stato dato per effetto di **errore sull'identità della persona;**
- dalla parte il cui consenso è stato dato per effetto di **errore essenziale su qualità personali dell'altra parte**.

L'errore sulle qualità personali è essenziale qualora, tenute presenti le condizioni dell'altra parte, si accerti che la stessa non avrebbe prestato il suo consenso se le avesse esattamente conosciute e purché l'errore riguardi:
a) l'esistenza di una **malattia fisica o psichica**, tale da impedire lo svolgimento della vita comune;
b) le **circostanze** di cui all'articolo **122, terzo comma, numeri 2), 3) e 4), del codice civile**.

D) Effetti della costituzione dell'Unione Civile

Dall'Unione Civile discende:

- l'obbligo reciproco **all'assistenza morale e materiale** tra le parti e **alla coabitazione;**
- l'obbligo reciproco delle parti di contribuire, ciascuna in relazione alle proprie sostanze e alla propria capacità di lavoro professionale e casalingo, **ai bisogni comuni**;
- il dovere di concordare **l'indirizzo della vita familiare;**
- il dovere di **fissare il luogo di residenza comune**.

Al contrario di quanto previsto per il matrimonio, l'unione civile non comporta l'obbligo di reciproca fedeltà.

E) Disciplina applicabile all'Unione Civile

Alla costituzione delle Unioni civili si applicano i seguenti articoli del codice civile:

- art. 120 (impugnativa per incapacità di intendere o di volere);
- art. 123 (simulazione);
- art. 125 (azione del pubblico ministero);
- art. 126 (separazione dei coniugi in pendenza del giudizio);
- art. 127 (intrasmissibilità dell'azione agli eredi);

- art. 128 (matrimonio putativo);
- art. 129 (diritti dei coniugi in buona fede);
- art. 129-bis (responsabilità del coniuge in mala fede).

Per quanto concerne, invece, l'invalidità o lo scioglimento dell'unione civile già costituita, la legge istitutiva delle unioni civili disciplina l'unione attraverso una serie di disposizioni che, in gran parte, ricalcano quanto previsto dal codice civile con riferimento al vincolo matrimoniale tra coniugi, eccezion fatta per il mancato richiamo **all'istituto della separazione personale dei coniugi quale fase intermedia prima dello scioglimento definitivo del vincolo costituitosi tra le parti dell'unione civile**.
All'unione civile si applicano solo gli articoli del codice civile espressamente richiamati dalla legge istitutiva delle unioni civili (ad esempio, il comma 19 della legge prevede che all'unione civile tra persone dello stesso sesso si applichino le disposizioni di cui al titolo XIII del libro primo del codice civile concernenti le obbligazioni alimentari ovvero le disposizioni di cui al primo comma dell'art. 116 c.c. riguardanti il matrimonio dello straniero nello stato).
Inoltre, all'unione civile si applica tutta la normativa dettata per il matrimonio e per i coniugi **non contenuta nel codice civile.**
In aggiunta, purché **non contenute nel codice civile ovvero nella legge concernente le adozioni (l. 4 maggio 1983 n. 184),** le disposizioni che contengono le parole «coniuge», «coniugi» o termini equivalenti, ovunque ricorrano nelle leggi, negli atti aventi forza di legge, nei regolamenti nonché negli atti amministrativi e nei contratti collettivi, **si applicano anche ad ognuna delle parti dell'unione civile tra persone dello stesso sesso**.
Tali disposizioni, tuttavia, si applicano soltanto se finalizzate ad assicurare l'effettività della tutela dei diritti e il pieno adempimento degli obblighi derivanti dall'Unione Civile tra persone dello stesso sesso. Non saranno dunque applicabili all'unione civile eventuali disposizioni limitative dei diritti e degli obblighi derivanti dalla costituzione dell'unione.
Per quanto concerne le **adozioni**, infine, la legge istitutiva delle Unioni Civili rinuncia espressamente ad innovare la materia.

F) Lo scioglimento delle Unioni Civili. Rinvio

Ai sensi dell'art.1 comma 22 e ss. della l. 20 maggio 2016 n. 76, l'Unione Civile si scioglie per:

- **morte di una delle parti dell'unione civile;**
- **dichiarazione di morte presunta di una delle parti dell'unione civile;**
- **volontà delle parti di sciogliere l'unione.**

In relazione a tale ultima ipotesi occorre precisare che per l'unione civile **non è previsto un regime intermedio** prima del divorzio, quale la separazione personale.
Lo scioglimento dell'unione civile, infatti, è determinato dal ricorrere delle cause previste dalla legge, senza essere preceduto da un'attenuazione del vincolo esistente tra le parti, con un regime estremamente più snello e rapido di quello previsto per lo scioglimento o la cessazione degli effetti civili del matrimonio.

3. La famiglia di fatto.

A) Le convivenze di fatto

La l. 20 maggio 2016 n. 76 ha fornito per la prima volta una specifica regolamentazione delle c.d. "**convivenze di fatto**", definendole in presenza di: "***due persone maggiorenni unite stabilmente da legami affettivi di coppia e di reciproca assistenza morale e materiale, non vincolate da rapporti di parentela, affinità o adozione, da matrimonio o da un'unione civile***".

Il requisito della **convivenza stabile** deve essere accertato facendo riferimento alla dichiarazione anagrafica resa dai conviventi ai sensi delle vigenti disposizioni del regolamento anagrafico (art. 1, comma 39 della l. 20 maggio 2016 nr. 76).

Con riferimento ai diritti dei conviventi di fatto, si osservi quanto segue.

- I conviventi di fatto hanno **gli stessi diritti spettanti al coniuge** nei casi previsti **dall'ordinamento penitenziario**.
- In caso di **malattia** o di **ricovero**, i conviventi di fatto hanno inoltre **diritto reciproco di visita, di assistenza** nonché di **accesso alle informazioni personali**.
- Sono riconosciuti specifici diritti per quanto concerne l'assegnazione degli alloggi di **edilizia popolare**.
- La legge si preoccupa altresì di tutelare il convivente di fatto che presti stabilmente la propria **opera all'interno dell'impresa famigliare** dell'altro convivente.
- È, inoltre, previsto un **diritto di abitazione** a favore del convivente superstite, qualora l'altro convivente di fatto fosse proprietario della casa adibita a residenza comune. Nello specifico, il convivente di fatto superstite ha diritto di continuare ad abitare nella casa di residenza comune per **due anni** o **per un periodo pari alla convivenza se superiore a due anni** e comunque **non oltre i cinque anni dalla morte** dell'altro convivente. Il **diritto di abitazione viene meno** ove il convivente superstite **cessi di abitare nella casa di comune residenza** o in caso di **matrimonio**, di **unione civile** o di **nuova convivenza di fatto**. Da ultimo, qualora nella stessa abitazione coabitino **figli minori** o **figli disabili** del convivente superstite, il medesimo ha diritto di continuare ad abitare nella casa di comune residenza per un periodo **non inferiore a tre anni dalla morte**.
- Ciascun convivente, inoltre, può designare l'altro quale suo **rappresentante** in caso di **malattia** ovvero per le **decisioni concernenti la donazione di organi**, le modalità di **trattamento della salma** e le **celebrazioni funerarie**.

B) Rapporti personali e patrimoniali tra i due conviventi

Il regime patrimoniale della convivenza è rimesso alla libera determinazione delle parti.
A tal fine, è previsto che i conviventi di fatto possano disciplinare i rapporti patrimoniali relativi alla loro vita in comune mediante la sottoscrizione di un contratto di convivenza.
La nuova normativa si preoccupa di tutelare il convivente più debole in caso di cessazione della convivenza di fatto. L'art. 1, comma 65, prevede infatti che il giudice possa sancire il diritto del convivente, in stato di bisogno e non in grado di provvedere al proprio mantenimento, a ricevere dall'altro convivente gli alimenti. In tali casi, gli alimenti sono assegnati per un periodo proporzionale alla durata della convivenza e nella misura determinata ai sensi dell'art. 438 comma 2 c.c.

C) I Contratti di convivenza

L'art. 1, comma 50, legge 20 maggio 2016, n. 76, prevede che i conviventi di fatto possano disciplinare i rapporti patrimoniali relativi alla loro vita in comune con la sottoscrizione di un contratto di convivenza.

Requisiti di forma del contratto di convivenza:
Il contratto di convivenza è un contratto formale che:
- deve essere redatto in **forma scritta** a **pena di nullità**;
- deve essere stipulato con **atto pubblico** o **scrittura privata con sottoscrizione autenticata** da un notaio o da un avvocato che ne attestano la conformità alle norme imperative e all'ordine pubblico.

Il contratto di convivenza non può invece essere sottoposto a termine o condizione.
Qualora le parti abbiano inserito comunque termini o condizioni, questi si hanno per non apposti. Il contratto di convivenza è nullo qualora sia stipulato:
- nonostante la presenza di vincolo matrimoniale, di un'unione civile o di un altro contratto di convivenza relativo ad uno dei contraenti;
- tra soggetti che non siano qualificabili come conviventi di fatto ai sensi dell'art. 1, comma 36,

della l. 20 maggio 2016, n. 76;
- da un minore di età;
- da un soggetto interdetto giudizialmente;

Il contratto è, inoltre, nullo qualora uno dei contraenti sia stato condannato per omicidio consumato o tentato sul coniuge dell'altro.

Contenuto del contratto di convivenza:
Il contratto di convivenza può contenere:
- l'indicazione della **residenza**;
- le **modalità di contribuzione** alle necessità della vita in comune;
- la **scelta del regime patrimoniale** della comunione dei beni, di cui alla sezione III del capo VI del titolo VI del libro primo del codice civile.

Il regime patrimoniale scelto nel contratto di convivenza può essere modificato in qualunque momento nel corso della convivenza attraverso la stipula di un diverso contratto di convivenza ai sensi dell'art. 1 comma 51 della l. 20 maggio 2016.

Il **matrimonio tra persone dello stesso sesso contratto all'estero**, di cui uno sia cittadino italiano e l'altro cittadino straniero va trascritto come unione civile, in adesione al modello legislativo applicabile al nostro ordinamento. L'art. 32 bis della legge 218/1995 non trova invece applicazione diretta nell'ipotesi in cui venga richiesto il riconoscimento di un'unione coniugale contratta all'estero da due cittadini stranieri, sicché in tal caso il matrimonio va trascritto come tale fra gli atti di matrimonio (**Cass. Civ., Sez. I, 14 maggio 2018, n. 11696).**
La Corte di Cassazione ha escluso la giurisdizione del giudice amministrativo, sulla questione avente ad oggetto la trascrivibilità o meno in Italia di un matrimonio contratto all'estero da persone dello stesso sesso, poiché, riguardando lo status delle persone, è devoluta alla competenza del giudice civile **(Cass. Civ., Sez. Un., 27 giugno 2018, n. 169577)**

Il cognome comune: la legittima l'esclusione della scheda anagrafica.
Sono costituzionalmente legittimi gli artt. 3, lett. c), n. 2), e 8 del d.lgs. 19 gennaio 2017, n. 5 nella parte in cui rispettivamente prevedono che **le schede relative alle parti dell'unione civile devono essere intestate al cognome posseduto prima dell'unione civile** e che l'ufficiale dello stato civile, con la procedura di correzione, annulla l'annotazione relativa alla scelta del cognome comune avvenuta nelle more, poiché: a) l'esclusione della valenza anagrafica del cognome comune rappresenta il coerente sviluppo dei principi posti dalla legge di delega, e in particolare dell'esigenza di adeguamento alla norma di cui alla legge sull'unione civile, secondo cui la durata del cognome comune è limitata alla durata dell'unione; b) la tutela del diritto al nome non si identifica con la valenza anagrafica del cognome comune, restando comunque fermo il valore d'uso del cognome comune eventualmente individuato, così come avviene per le coppie unite in matrimonio, anche con riguardo alla sua posizione, quale garanzia adeguata dell'identità della coppia unita civilmente (**Corte Cost., 22 novembre 2018, n. 212**).

Dizionario di termini tecnici

- **Famiglia legittima**

  La famiglia costituisce la principale formazione sociale dove si sviluppa la personalità dell'individuo. L'art. 29 della Costituzione la definisce come la società *naturale* **fondata sul matrimonio**.

- **Unione civile**

  L'Unione Civile è una specifica **formazione sociale,** costituita tra due persone maggiorenni dello stesso sesso (cfr. Legge 20 maggio 2016 n. 76).

- **Formazione sociale**

  Per formazione sociale si intende ogni forma di comunità, semplice o complessa, idonea a consentire e favorire il libero sviluppo della persona nella vita di relazione, nel contesto di una valorizzazione del modello pluralistico. (Corte Cost., sent. n.138/2010).

- **Convivenze di fatto**

  Si hanno in presenza di **due persone maggiorenni unite stabilmente da legami affettivi di coppia e di reciproca assistenza morale e materiale, non vincolate da rapporti di parentela, affinità o adozione, da matrimonio o da un'unione civile**.

Capitolo 7 IL MATRIMONIO

SOMMARIO:
1. Il matrimonio. - **2.** I requisiti per contrarre matrimonio. - **3.** Gli impedimenti al matrimonio. - **4.** La celebrazione del matrimonio. - **5.** L'invalidità del matrimonio. - **6.** Gli effetti personali e patrimoniali del matrimonio.

1. Il matrimonio.

A) Nozione

Il matrimonio è l'istituto giuridico posto a fondamento della famiglia legittima.
Il matrimonio può essere inteso:

- come **atto giuridico**, se ci si riferisce alla fase costitutiva del vincolo coniugale (che può essere regolata tanto dal diritto civile quanto dal diritto canonico);
- come **rapporto giuridico**, se si volge lo sguardo all'insieme dei diritti e doveri che dal matrimonio derivano per i due coniugi (in tal caso il matrimonio è regolato esclusivamente dal diritto civile).

B) Caratteri del matrimonio

Il matrimonio è un atto:

- **personalissimo**, non essendo ammesso l'istituto della rappresentanza;
- **solenne**, dato che è richiesto il rigoroso rispetto di determinate formalità;
- **puro**, in quanto non ammette termini e condizioni;
- **libero**, in quanto l'ordinamento tutela la **libertà matrimoniale** cioè la libertà di contrarre o meno il matrimonio, e ciò emerge anche dalla disciplina degli **sponsali** di cui all'art. 79 c.c.

C) La promessa di matrimonio

I coniugi sono liberi di revocare la scelta di contrarre matrimonio fino al momento della celebrazione dello stesso: difatti, l'art. 79 c.c. espressamente prevede che la promessa di matrimonio non obbliga a contrarlo né ad eseguire ciò che si fosse convenuto per il caso di non adempimento.
La promessa di matrimonio **non è comunque priva di effetti giuridici** in quanto:

- il promittente può domandare, entro un anno dal rifiuto a contrarre matrimonio o dalla morte di uno dei promittenti, la **restituzione dei doni fatti a causa della promessa di matrimonio** se questo non è stato contratto (art. 80 c.c.);
- se la promessa di matrimonio è fatta vicendevolmente per **atto pubblico o scrittura privata** oppure risulti dalla richiesta di **pubblicazioni**, il promittente che **senza giusto motivo** rifiuti di eseguirla è obbligato a risarcire il danno cagionato all'altra parte per le spese fatte e per le obbligazioni contratte a causa di quella promessa (art. 81 c.c.); lo stesso risarcimento è dovuto dal promittente che con la propria colpa ha dato giusto motivo al rifiuto dell'altro.

D) Il matrimonio civile, il matrimonio canonico e il matrimonio concordatario

Nel nostro ordinamento, il matrimonio come atto giuridico può essere regolato:

- dal diritto civile: in tal caso, il matrimonio viene celebrato davanti all'Ufficiale di stato civile (c.d. **matrimonio civile**);
- dal diritto canonico: in tal caso, è celebrato davanti al ministro del culto cattolico potendo poi

essere **trascritto** nei registri dello stato civile (c.d. **matrimonio concordatario o matrimonio canonico con effetti civili**).

2. I requisiti per contrarre matrimonio.

I **requisiti** per contrarre matrimonio sono:
- **età minima di 18 anni**, salvo espressa autorizzazione del tribunale per i maggiori di 16 anni, nel caso di gravi motivi;
- **capacità naturale**: il matrimonio non può essere contratto da un infermo di mente; per quanto riguarda l'incapacità naturale, essa rileva come eventuale causa di annullamento;
- **libertà di stato**: non può contrarre nuovo matrimonio chi sia già legato da uno precedente civile o avente effetti civili ovvero sia parte di un'unione civile;
- **diversità di sesso** tra i *nubendi* il matrimonio tra due persone dello stesso senso è considerato, dall'impostazione prevalente, del tutto inesistente.

3. Gli impedimenti al matrimonio.

Per contrarre un matrimonio valido è necessario che non sussistano circostanze che impediscono il matrimonio.
Si tratta dei c.d. **impedimenti al matrimonio** che possono essere:
- **dirimenti**, se determinano l'invalidità del matrimonio;
- **impedienti**, se ne determinano la semplice irregolarità (con relativa irrogazione di una sanzione).

Sono **impedimenti dirimenti**:
- l'esistenza di **vincoli di parentela**, affinità e adozione tra gli sposi;
- l'esistenza di un **delitto**, consumato o tentato, da uno dei *nubendi* contro il coniuge dell'altro.

Sono **impedimenti impedienti**:
- la sussistenza del **lutto vedovile**, in quanto la donna che vuole passare a nuove nozze non può farlo se non sono decorsi almeno 300 giorni dallo scioglimento del precedente matrimonio;
- l'**omissione delle pubblicazioni**: difatti la celebrazione del matrimonio deve essere preceduta dalle pubblicazioni, fatte a cura dell'ufficiale di stato civile, al fine di portare a conoscenza del matrimonio tutte le persone volessero **opporsi** allo stesso;
- la violazione delle altre disposizioni di legge che pongono divieti.

4. La celebrazione del matrimonio.

A) Le pubblicazioni

La **celebrazione** del matrimonio civile deve essere preceduta dalle **pubblicazioni** fatta a cura dell'ufficiale di stato civile (art. 93 c.c.): il matrimonio non può essere celebrato prima del quarto giorno successivo alle pubblicazioni.
La principale funzione delle pubblicazioni è quella di portare a conoscenza dei terzi la volontà dei nubendi di contrarre matrimonio affinché i soggetti interessati possano proporre una eventuale **opposizione** al matrimonio: difatti, i genitori, e in loro mancanza gli ascendenti e i collaterali fino al terzo grado possono fare opposizione al matrimonio dei loro parenti **per qualunque causa che osti alla sua celebrazione** (art. 102 e ss. c.c.).

B) La celebrazione del matrimonio

La celebrazione è compiuta pubblicamente, alla presenza dell'**ufficiale di stato civile** e di **due testimoni**,

nella casa comunale.
È ammessa la celebrazione per **procura,** che deve rivestire la forma dell'atto pubblico; la procura può essere revocata, ma i suoi effetti possono essere fatti venire meno se alla celebrazione segue la coabitazione.

C) La prova del matrimonio

La prova del matrimonio può essere fornita **esclusivamente** attraverso l'**atto di celebrazione** estratto dai registri dello stato civile: il **possesso di stato** è quindi insufficiente ai fini della prova del matrimonio, ma sana ogni eventuale difetto di forma dell'atto di celebrazione qualora sia ad esso conforme.

5. L'invalidità del matrimonio.

Con riferimento all'**invalidità del matrimonio** il codice civile parla genericamente di **nullità** del matrimonio. In realtà, tenendo conto della disciplina applicabile alle singole ipotesi di invalidità, alcune di queste devono essere considerate ipotesi di **mera annullabilità** del matrimonio.

Ipotesi di nullità del matrimonio.
In particolare, sono causa di nullità, assoluta e insanabile, del matrimonio, rilevabile da chiunque vi abbia interesse:
- il **vincolo di precedente matrimonio** ex art. 86 c.c. o di precedente unione civile;
- i **vincoli di parentela**, affinità e adozione (tranne l'ipotesi di cui all'art. 87 comma 4 c.c.);
- l'esistenza di un **delitto ex art. 88 c.c.**;

Ipotesi di annullabilità del matrimonio.
Sono causa di annullabilità del matrimonio:
- la violazione dei **limiti di età** previsti dalla legge (art. 117 comma 2 c.c.);
- l'**interdizione** di uno dei coniugi (art. 119 c.c.) o la sua **incapacità di intendere e di volere** (art. 120 c.c.);
- i **vizi del consenso** (violenza ed errore ex art. 122 c.c.):
  - **violenza**: il matrimonio può essere impugnato da quello dei coniugi il cui consenso è stato estorto con violenza (c.d. **violenza morale**) o determinato da **timore di eccezionale gravità** derivante da cause esterne allo sposo;
  - **errore**: il matrimonio può essere impugnato da quello dei coniugi il cui consenso è stato dato per effetto di **errore sull'identità della persona** o di **errore essenziale** sulle qualità personali dell'altro coniuge. Tale errore è essenziale quando tenute presenti le condizioni dell'altro coniuge si accerti che lo stesso **non avrebbe prestato il suo consenso** se avesse esattamente conosciuto le qualità personali dell'altro coniuge e purché l'errore riguardi una delle qualità indicate dall'art. 122 c.c.;
  - la **simulazione del matrimonio**, che si verifica nell'ipotesi in cui i due coniugi abbiano convenuto di non adempiere agli obblighi e di non esercitare i diritti discendenti dal matrimonio.

A) Il matrimonio putativo

L'art. 128 c.c. considera in alcune ipotesi **valido il matrimonio in relazione ad alcuni effetti** (c.d. matrimonio putativo). In particolare:
- gli effetti del matrimonio valido si producono **in favore dei coniugi** (o in favore del solo coniuge rispetto al quale ricorrono le condizioni seguenti) fino alla sentenza che pronuncia la nullità:
  - se i due coniugi lo hanno contratto in buona fede (cioè ignorando la causa di invalidità del matrimonio);
  - se il loro consenso è stato estorto con violenza;

   - se il loro consenso deriva da timore di eccezionale gravità derivante da cause esterne agli sposi.
- gli effetti del matrimonio valido si producono anche rispetto ai **figli** nati o concepiti durante il matrimonio dichiarato nullo nonché rispetto ai figli nati prima del matrimonio e riconosciuti anteriormente alla sentenza che dichiara la nullità;
- gli effetti del matrimonio valido si producono rispetto ai **figli** anche se lo stesso è stato contratto in **mala fede da entrambi i coniugi**, a meno che la nullità dipenda da bigamia o da incesto.

6. Gli effetti personali e patrimoniali del matrimonio.

L'art. 29 della Costituzione, al secondo comma, afferma che il matrimonio è ordinato **sull'uguaglianza morale e giuridica dei coniugi**: il legislatore, con la riforma del diritto di famiglia del 1975, ha cercato di attuare tale precetto costituzionale uniformando la posizione dei due coniugi in punto di diritti e di doveri derivanti dal matrimonio.
L'art. 143 c.c., difatti, afferma espressamente che "*con il matrimonio il marito e la moglie acquistano gli stessi diritti e gli stessi doveri*".

A) Effetti personali del matrimonio

I principali **effetti personali** che derivano dal matrimonio sono:
- l'obbligo reciproco alla **fedeltà** da intendersi come obbligo di astenersi da rapporti di carattere sentimentale e sessuale con un'altra persona;
- l'obbligo all'**assistenza morale e materiale**;
- l'obbligo alla **collaborazione** nell'interesse della famiglia, che si concretizza nell'obbligo di concordare l'indirizzo della vita familiare e di fissare la residenza della famiglia (art. 144 c.c.);
- l'obbligo di **coabitazione**.

B) Effetti patrimoniali del matrimonio

Il principale **effetto patrimoniale** che deriva dal matrimonio è da rinvenire nell'obbligo in capo a ciascun coniuge, in relazione alle proprie sostanze e alle proprie capacità di lavoro professionale o casalingo, di contribuire ai bisogni della famiglia (art. 143 comma 3 c.c.).
Inoltre, entrambi i coniugi hanno l'obbligo di **mantenere, istruire, educare ed assistere moralmente i figli**, nel rispetto delle loro capacità, inclinazioni naturali ed aspirazioni, secondo quanto previsto dall'art. 315 bis c.c. (art. 147 c.c.).

Dizionario di termini tecnici

➢ **<u>Matrimonio</u>**
Il matrimonio è l'istituto giuridico posto a fondamento della famiglia legittima.

MAPPA CONCETTUALE

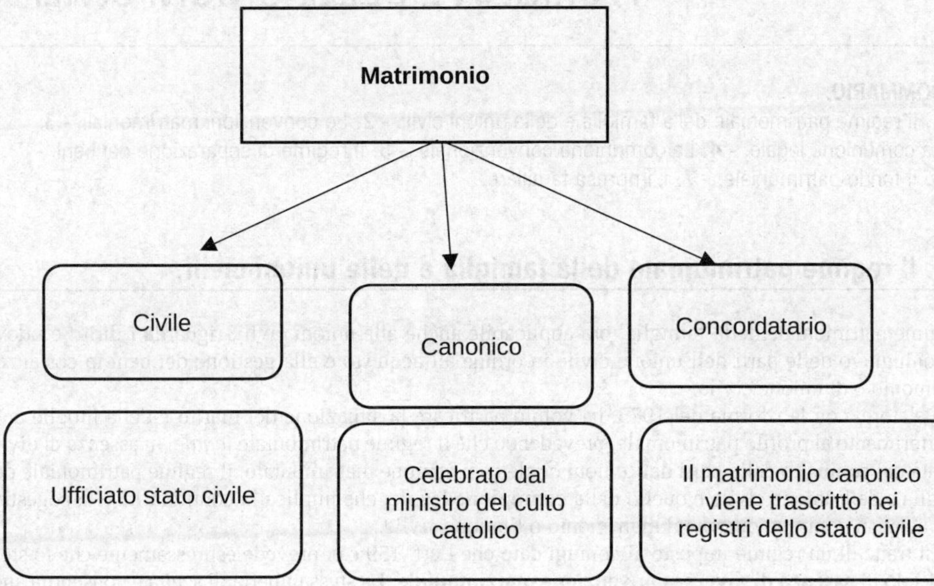

Capitolo 8 IL REGIME PATRIMONIALE DELLA FAMIGLIA E DELLE UNIONI CIVILI

SOMMARIO:

1. Il regime patrimoniale della famiglia e delle unioni civili.

Il regime patrimoniale della famiglia, ora applicabile anche alle unioni civili, riguarda i diritti e i doveri dei coniugi e/o delle parti dell'unione civile in ordine all'acquisto e alla gestione dei beni in costanza di matrimonio o di unione civile.
Il legislatore, con la riforma del 1975, ha voluto parificare la situazione del marito e della moglie anche con riferimento al profilo patrimoniale, prevedendo che il regime patrimoniale *legale*, in assenza di diversa volontà dei coniugi o delle parti dell'unioni civile convenzione matrimoniale, il regime patrimoniale della famiglia e dell'unione civile è quello della **comunione legale,** che implica la contitolarità e la cogestione degli acquisti compiuti durante il matrimonio o l'unione civile.
Non si tratta di un regime imposto ai coniugi dato che l'art. 159 c.c. prevede espressamente che lo stesso opera solo in **assenza di diversa convenzione matrimoniale**. La stessa libertà di scelta è consentita anche dalla l. 20 maggio 2016 n. 76 per quanto concerne le parti dell'unione civile
Rientra quindi nell'autonomia dei coniugi e delle parti dell'unione civile optare:
- per la **separazione dei beni**, che comporta la titolarità esclusiva degli acquisti compiuti durante il matrimonio o l'unione civile;
- per la **comunione convenzionale**, con cui i coniugi o le parti dell'unione civile possono regolare convenzionalmente il loro regime patrimoniale, inserendo od escludendo dalla comunione beni che, rispettivamente, ne sarebbero, secondo il regime legale, esclusi o ricompresi.

2. Le convenzioni matrimoniali.

A) Nozione

Le **convenzioni matrimoniali** sono accordi con cui i coniugi o le parti dell'unione civile possono modificare il regime di comunione legale.
Per quanto concerne il **contenuto delle convenzioni matrimoniali**, l'art. 161 c.c. precisa che gli sposi non possono pattuire in modo generico che i loro rapporti patrimoniali siano in tutto o in parte regolati da leggi alle quali non sono sottoposti o agli usi, ma devono enunciare in modo **concreto** il contenuto dei patti con i quali intendono regolare questi loro rapporti. Tale norma è applicabile anche alle Unioni Civili.

B) Forma e regime di pubblicità

Le convenzioni matrimoniali devono rivestire la forma **dell'atto pubblico** sotto pena di nullità e possono essere costituite in ogni tempo.
Ai fini dell'**opponibilità ai terzi**, le convenzioni matrimoniali devono essere **annotate a margine dell'atto di matrimonio** o dell'atto di unione civile in quanto la trascrizione nei registri immobiliari, se le convenzioni hanno ad oggetto beni immobili, svolge una **mera funzione di pubblicità-notizia** (art. 162 comma 4 c.c.).

C) La modifica delle convenzioni matrimoniali

Le convenzioni matrimoniali possono essere modificate in ogni tempo ma tali modifiche, anteriori o successive al matrimonio o all'unione civile, non hanno effetto se l'atto pubblico non è stipulato con il **consenso di tutte le persone** che sono state parti nelle convenzioni medesime, o dei loro eredi (art. 163 comma 1 c.c.).

Nell'ipotesi in cui uno dei coniugi o delle parti dell'unione civile muoia dopo aver consentito con atto pubblico alla modifica delle convenzioni, quest'ultima produce effetti se le altre parti esprimono, anche successivamente, il loro consenso; in tal caso, però, è necessaria l'**omologazione** del giudice.

Sia le modifiche convenute sia la sentenza di omologazione del giudice hanno **effetto rispetto ai terzi** solo se ne è fatta annotazione a margine all'atto di matrimonio o dell'unione civile.

3. La comunione legale.

A) Nozione

In mancanza di diversa convenzione matrimoniale, il **regime patrimoniale legale della famiglia e delle unioni civili** è costituito dalla comunione dei beni, che comporta la **contitolarità e la cogestione** degli acquisti compiuti, anche separatamente, durante il matrimonio o l'unione civile.

La comunione legale si caratterizza, rispetto alla comunione dei beni disciplinata dagli art. 1100 e s.s. c.c., per la necessaria **parità delle quote** e per l'assoluta **indisponibilità** delle stesse.

B) Oggetto della comunione legale

È necessario distinguere tra comunione immediata e comunione *de residuo.*

Comunione immediata.

Rientrano nella comunione legale dei beni c.d. **immediata**, *ex* art. 177 c.c.:

- gli **acquisti compiuti** dai due coniugi o parti dell'unione insieme o separatamente durante il matrimonio o l'unione civile, ad esclusione di quelli relativi ai beni personali;
- le **aziende gestite** da entrambi i coniugi o parti dell'unione e costituite dopo il matrimonio o l'unione civile;
- gli **utili e** gli **incrementi delle aziende** che, pur essendo state costituite anteriormente al matrimonio o all'unione civile da uno dei coniugi o parti dell'unione, sono gestite da entrambi.

Comunione *de residuo*.

Formano oggetto di comunione ***de residuo***, e quindi non cadono immediatamente in comunione, ma vi rientrano ai soli fini della divisione, se e nei limiti in cui sussistano al momento dello scioglimento della stessa:

- i **redditi personali** dei coniugi o parti dell'unione civile siano essi frutti di beni propri o proventi di attività separata [art. 177, lett. b) e c)];
- i **beni destinati** all'esercizio di un'**impresa** costituita da uno dei coniugi o parti dell'unione civile dopo il matrimonio o l'unione civile (art. 178 c.c.) e gli incrementi di un'impresa costituita precedentemente al matrimonio.

Beni personali.

Non entrano affatto in comunione, costituendo **beni personali** del singolo coniuge o parte dell'unione (e come tali sono assoggettati al regime della **separazione** dei beni) ai sensi dell'art. 179 c.c.:

- i **beni** di cui ciascun coniuge o parte dell'unione era proprietario o rispetto ai quali era titolare di un diritto reale di godimento **prima del matrimonio o dell'unione civile**;
- i beni acquisiti successivamente al matrimonio o all'unione civile per effetto di **donazione o successione**, quando nell'atto di liberalità o nel testamento non sia espressamente indicata la volontà che entrino nella comunione;
- i beni di uso **strettamente personale** di ciascun coniuge o parte dell'unione ed i relativi

accessori;
- i beni destinati all'**esercizio della professione** del coniuge o della parte dell'unione, salvo che si tratti della conduzione di un'azienda facente parte della comunione;
- i beni ottenuti a titolo di **risarcimento dei danni** e la **pensione** per perdita di capacità lavorativa;
- i beni acquistati con il **prezzo del trasferimento** o con lo **scambio di beni personali**, purché questa circostanza sia dichiarata al momento dell'acquisto stesso, ove vi sia incertezza sulla provenienza personale del denaro.

C) Amministrazione della comunione legale

Nell'amministrazione dei beni della comunione legale, l'art. 180 c.c. distingue tra **atti di ordinaria** e di **straordinaria amministrazione**:
- gli atti di **ordinaria amministrazione** possono essere compiuti dai coniugi o dalle parti o parte dell'unione **disgiuntamente**;
- gli atti di straordinaria amministrazione devono essere compiuti **congiuntamente** dai coniugi (art. 180 c.c.)

Qualora uno dei due coniugi o parte dell'unione ponga in essere un atto di straordinaria amministrazione **senza il necessario consenso dell'altro coniuge o parte dell'unione**, occorre distinguere l'ipotesi in cui tale atto abbia ad oggetto:
- **beni immobili o beni mobili registrati**: in tal caso l'atto sarà annullabile su istanza del coniuge o parte dell'unione pretermessa.
- **beni mobili**: in tal caso l'atto resterà pienamente **valido ed efficace** e l'altro coniuge o parte dell'unione sarà obbligato a ricostruire la comunione nello stato in cui era prima del compimento dell'atto, e cioè a recuperare il bene o, se ciò non è possibile, a pagarne l'equivalente secondo i valori correnti all'epoca della ricostruzione della comunione (art. 184 c.c.).

È anche possibile che uno dei due coniugi sia **escluso** dall'amministrazione dei beni della comunione dal giudice; in particolare ciò avviene, ex art. 183 c.c., se:
- uno dei due coniugi è minore (si ricorda che l'unione civile non può essere costituita da minori);
- uno dei coniugi o una parte dell'unione civile o non può amministrare ovvero abbia operato e in caso di una cattiva amministrazione.

Inoltre, l'esclusione opera di diritto in caso di interdizione del coniuge o della parte dell'unione civile, per tutto il periodo in cui dura lo stato di interdizione stesso.

D) La responsabilità patrimoniale della comunione

Con riferimento alla responsabilità patrimoniale della comunione, i **beni della comunione rispondono** ex art. 186 c.c.:
- di tutti i pesi ed oneri gravanti sugli stessi al momento dell'acquisto;
- di tutti i carichi dell'amministrazione;
- delle spese per il mantenimento della famiglia o dell'unione e per l'istruzione e l'educazione dei figli;
- di ogni obbligazione contratta dai coniugi o dalle parti dell'unione, anche separatamente nell'interesse della famiglia o dell'unione;
- di ogni obbligazione contratta congiuntamente dai coniugi o dalle parti dell'unione.

Nell'ipotesi in cui i beni della comunione siano insufficienti, l'art. 190 c.c. prevede una **responsabilità sussidiaria dei beni personali dei coniugi o parti dell'unione**, limitata alla metà del credito.
I **creditori personali dei coniugi o delle parti dell'unione**, se si tratta di obbligazioni che non sono state contratte nell'interesse della famiglia o dell'unione, non possono aggredire i beni della comunione e

devono rifarsi sul patrimonio personale dei coniugi o delle parti dell'unione. Qualora quest'ultimo sia insufficiente l'art. 189 c.c. prevede una responsabilità sussidiaria dei beni della comunione fino al valore corrispondente alla quota del coniuge o della parte dell'unione obbligata.

E) Lo scioglimento della comunione

La comunione si scioglie *ope legis* nei casi elencati nell'art. 191 c.c., vale a dire:

- per la **dichiarazione di assenza o di morte presunta** di uno dei coniugi delle parti dell'unione civile;
- per l'**annullamento** (117 ss. c.c.), per lo **scioglimento** o per la **cessazione** degli effetti civili del matrimonio (149 c.c.) o dell'unione civile;
- per la **separazione personale** (150, 151 c.c.) **(ipotesi non applicabile alle unioni civili)**

4. La comunione convenzionale.

La comunione convenzionale si configura nell'ipotesi in cui i coniugi o le parti dell'unione, con apposita **convenzione matrimoniale**, deroghino ad alcune delle norme previste dal codice civile in materia di comunione legale.

L'autonomia dei coniugi o delle parti dell'unione non è comunque assoluta, in quanto incontra i seguenti **limiti**:

- l'art. 160 c.c. prevede espressamente che gli sposi o parti dell'unione non possono derogare ai diritti e ai doveri (di carattere patrimoniale) previsti dalla legge per effetto del matrimonio o dell'unione civile;
- l'art. 166 *bis* c.c. prevede un **divieto di costituzione di dote**;
- l'art. 210 c.c. prevede l'inderogabilità, in caso di modifica della comunione legale, delle norme relative all'**amministrazione dei beni** e all'**uguaglianza delle quote**, limitatamente ai beni che formerebbero oggetto della comunione legale.

5. Il regime di separazione dei beni.

Qualora i coniugi o parti dell'unione decidano di optare per il regime di **separazione dei beni**, ciascuno di essi conserva la titolarità esclusiva dei beni acquistati durante il matrimonio o l'unione, amministrandoli in totale autonomia rispetto all'altro coniuge o parte dell'unione (art. 215 c.c.).

A ciascun coniuge o parte dell'unione può essere conferita la **procura ad amministrare** i beni dell'altro, con o senza obbligo di rendere il conto:

- nel primo caso il coniuge o parte dell'unione a cui sia stata conferita la procura è considerato mandatario;
- nel secondo caso il coniuge o parte dell'unione che amministra i beni è tenuto a consegnare i frutti esistenti e non risponde di quelli percepiti e consumati (art. 217 c.c.).

Qualora nonostante il regime di separazione un coniuge o parte dell'unione civile goda dei beni dell'altro è tenuto ad adempiere a tutte le obbligazioni gravanti sull'usufruttuario (art. 218 c.c.).

6. Il fondo patrimoniale.

A) Nozione

Il fondo patrimoniale è una **convenzione matrimoniale** con cui i coniugi ovvero le parti dell'unione o un terzo creano un patrimonio separato destinando determinati beni immobili, beni mobili registrati o titoli di credito, a far fronte ai bisogni della famiglia o dell'unione civile.

B) Modalità di costituzione e regime di pubblicità

La costituzione del fondo patrimoniale deve avvenire per **atto pubblico** se compiuta dai coniugi o dalle parti dell'unione, mentre il terzo può costituirlo anche per **testamento.**
Ai fini dell'**opponibilità ai terzi** del vincolo di destinazione patrimoniale è necessaria l'**annotazione a margine dell'atto di matrimonio o dell'unione civile**, in quanto la trascrizione nei registri immobiliari svolge una mera funzione di pubblicità notizia.

7. L'impresa familiare.

A) Nozione

Il codice civile, all'art. 230 bis, disciplina l'impresa familiare, con l'intento di garantire una tutela minima ed inderogabile alla prestazione lavorativa effettuata nell'ambito del contesto familiare. Si tratta di una disciplina di **carattere residuale e suppletivo**, che trova applicazione solo nell'ipotesi in cui non sia configurabile un diverso rapporto negoziale.
L'impresa familiare può essere definita come l'impresa in cui prestano attività di lavoro continuativa:

- il coniuge dell'imprenditore;
- i parenti entro il terzo grado;
- gli affini entro il secondo.

B) I diritti del convivente

L'articolo 1 comma 49 della legge 20 maggio 2016 n. 76 ha introdotto nel codice civile l'articolo 230-ter rubricato "Diritti del convivente".
Tale norma prevede che: **"al convivente di fatto che presti stabilmente la propria opera all'interno dell'impresa dell'altro convivente spetta una partecipazione agli utili dell'impresa familiare ed ai beni acquistati con essi nonché agli incrementi dell'azienda, anche in ordine all'avviamento, commisurata al lavoro prestato. Il diritto di partecipazione non spetta qualora tra i conviventi esista un rapporto di società o di lavoro subordinato."**

C) La disciplina dell'impresa familiare

I soggetti facenti parte dell'impresa familiare:

- hanno diritto al **mantenimento;**
- hanno diritto alla **partecipazione degli utili** dell'impresa;
- hanno diritto agli **incrementi dell'azienda**, in proporzione alla quantità e alla qualità del lavoro prestato;
- possono **influire sulle decisioni** più rilevanti della vita dell'impresa dato che le decisioni concernenti l'impiego degli utili e degli incrementi, nonché quelle inerenti alla gestione straordinaria, agli indirizzi produttivi e alla cessazione dell'impresa sono adottate a maggioranza dei famigliari che partecipano all'impresa stessa.

Tale diritto di partecipazione all'impresa è **trasferibile** solo agli altri famigliari, con il consenso di tutti, e può essere **liquidato** in denaro alla cessazione della prestazione lavorativa o in caso di alienazione dell'azienda.
È inoltre previsto in favore dei famigliari un **diritto di prelazione** sull'azienda in caso di suo trasferimento o di divisione ereditaria, con applicazione della disciplina del retratto successorio ex art. 732 c.c. in caso di violazione di tale diritto.

Dizionario di termini tecnici

- **Convenzioni matrimoniali**

  Le **convenzioni matrimoniali** sono accordi con cui i coniugi o le parti dell'unione civile possono modificare il regime di comunione legale.

- **Comunione legale**

  La comunione legale dei beni comporta la **contitolarità e la cogestione** degli acquisti compiuti, anche separatamente, durante il matrimonio o l'unione civile.

- **Comunione convenzionale**

  La comunione convenzionale si configura nell'ipotesi in cui i coniugi o le parti dell'unione, con apposita **convenzione matrimoniale**, deroghino ad alcune delle norme previste dal codice civile in materia di comunione legale.

- **Separazione dei beni**

  Con la **separazione dei beni**, ciascuno di essi conserva la titolarità esclusiva dei beni acquistati durante il matrimonio o l'unione, amministrandoli in totale autonomia rispetto all'altro coniuge o parte dell'unione (art. 215 c.c.).

- **Fondo patrimoniale**

  Il fondo patrimoniale è una **convenzione matrimoniale** con cui i coniugi ovvero le parti dell'unione o un terzo creano un patrimonio separato destinando determinati beni immobili, beni mobili registrati o titoli di credito, a far fronte ai bisogni della famiglia o dell'unione civile.

Capitolo 9 | LE SUCCESSIONI

SEZIONE I - PRINCIPI GENERALI IN MATERIA DI SUCCESSIONE

1. La successione a causa di morte.

A) Nozione.

La successione a causa di morte identifica il fenomeno in base al quale un soggetto subentra nei rapporti giuridici facenti capo a un altro soggetto alla morte di quest'ultimo (c.d. *de cuius*, dal detto latino *is de cuius hereditate agitur*).
In linea generale, con tale fenomeno l'ordinamento vuole garantire che:

- alla morte di un individuo il suo patrimonio non resti privo di titolare;
- che i rapporti obbligatori di cui tale individuo era parte continuino anche successivamente alla sua morte.

B) Fonti della successione a causa di morte.

Nel nostro ordinamento la successione a causa di morte può avvenire:

- per **legge** (**successione legittima**);
- per **testamento** (**successione testamentaria**).

L'ordinamento mostra di preferire quest'ultima tipologia di successione, dato che la successione legittima

opera solo quando manchi, in tutto o in parte, la successione testamentaria (art. 457 c.c.).
La legge, quindi, tutela in primo luogo la **libertà testamentaria** del *de cuius* attribuendogli la possibilità di determinare, attraverso il testamento, la sorte del proprio patrimonio per il tempo in cui avrà cessato di vivere.
Tale libertà trova, però, un limite a tutela dei diritti che la legge riserva a quella particolare categoria di successibili rappresentata dagli eredi legittimari (**successione necessaria**), a cui è in ogni caso garantita una quota del patrimonio ereditario.

C) Rapporti giuridici trasmissibili.

Il complesso dei **rapporti giuridici trasmissibili,** che costituiscono oggetto della successione a causa di morte, è definito comunemente **eredità**.
Quest'ultima comprende:

- i **diritti aventi natura patrimoniale** di natura **reale**, unitamente alle relative **azioni**, ad eccezione di quelli costituiti *intuitus personae* quali l'usufrutto, l'uso e l'abitazione che si estinguono con la morte del titolare;
- i **diritti aventi natura patrimoniale** di natura **personale**, unitamente alle relative **azioni**, e cioè i **diritti di credito**, ad eccezione, anche in tale caso, di quelli costituiti *intuitus personae*;
- i **diritti potestativi** che facevano capo al *de cuius*;
- i diritti relativi all'**azienda** di cui il *de cuius* era titolare in vita, salvo quelli che non si estinguono in seguito alla sua morte.

Sono esclusi dall'eredità:
- i **rapporti non aventi carattere patrimoniale** (rapporti familiari, diritti della personalità), che si estinguono al momento della morte del titolare.
- i **rapporti di natura pubblica**, con l'eccezione dei rapporti di natura tributaria e fiscale e dei diritti su beni demaniali e del patrimonio indisponibile.

2. Successione a titolo universale e a titolo particolare.

Nell'ambito della successione a causa di morte occorre distinguere tra:
- **successione a titolo universale**, che si ha quando il soggetto subentra in tutti i rapporti trasmissibili, attivi e passivi, facenti capo al *de cuius* al momento della morte, o in una loro quota, assumendo la qualifica di **erede**;
- **successione a titolo particolare**, che si verifica quando il soggetto subentra in uno o più diritti o rapporti giuridici determinati, assumendo la qualifica di **legatario**.

A) Rilevanza della distinzione sulla disciplina applicabile.

La distinzione tra erede e legatario ha rilevanti implicazioni sulla disciplina applicabile.

1. <u>**Acquisto della qualità di erede e legatario.**</u>
   L'acquisto della qualità di erede non è automatico ma richiede l'accettazione del chiamato all'eredità, mentre il legato si acquista automaticamente, senza bisogno di alcuna accettazione.
2. <u>**Responsabilità per i debiti ereditari**</u>.
   L'**erede** risponde dei debiti ereditari anche con il proprio patrimonio, a meno che non abbia accettato l'eredità con il beneficio dell'inventario; il patrimonio dell'erede si confonde con il patrimonio del *de cuius*.
   Il **legatario**, invece, risponde di eventuali pesi solo nel limite di valore della cosa legata.
3. <u>**Successione nel possesso**</u>.
   Il possesso continua automaticamente nell'**erede** (con gli stessi caratteri che aveva rispetto al defunto) in quanto l'erede è successore universale in tutti i rapporti attivi e passivi del *de cuius*.
   Per il **legatario**, invece, è possibile solo il fenomeno *dell'accessio possessionis* in forza del quale

il legatario può unire il suo nuovo possesso a quello de *cuius* al fine di goderne gli effetti.

4. **Possibilità di apporre un termine**.
Solo per il legato è possibile l'apposizione di un **termine di efficacia**, in quanto in applicazione del principio *semel heres semper heres* non è possibile apporre un termine all'acquisto dell'eredità da parte dell'erede.
5. **Possibilità di determinazione dell'oggetto della disposizione patrimoniale da parte di terzi**.
Solo per il legato è possibile la **determinazione da parte di terzi** dell'oggetto della disposizione patrimoniale e del beneficiario della stessa.

3. Il divieto dei patti successori.

A) Nozione.

L'**art. 458 c.c.** prevede espressamente la **nullità** di qualsiasi convenzione con cui un soggetto disponga della propria successione, o con cui disponga o rinunci ai diritti che gli possono aspettare su una successione non ancora aperta.

Vi è quindi nel nostro ordinamento un divieto di patti successori ed in particolare un divieto di:

1. **patti successori istitutivi**: patti con cui un soggetto conviene con un altro di nominarlo erede, o di effettuare una determinata disposizione testamentaria a suo vantaggio;
2. **patti successori dispositivi**: patti con cui un soggetto, che ritiene di avere diritti su una successione non ancora aperta, ne dispone in favore di terzi;
3. **patti successori rinunciativi**: patto con cui un soggetto, presunto futuro erede in una successione non ancora aperta, rinuncia all'eredità.

B) Fondamento del divieto.

La ***ratio*** di tale divieto va individuata, **in generale**, nell'avversione dell'ordinamento nei confronti di patti che abbiano ad oggetto la successione di una persona ancora vivente e, più in particolare:

- nei **patti istitutivi**, nella volontà di tutelare la libertà del testatore fino all'istante prima della morte, libertà che sarebbe pregiudicata qualora il testatore si vincolasse attraverso un accordo bilaterale non suscettibile di revoca unilaterale;
- nei **patti dispositivi e rinunciativi**, nella volontà di evitare che dei soggetti dispongano di beni che ancora non gli appartengono.

Il patto successorio, quindi, ponendosi in contrasto con il **principio fondamentale** (e pertanto **di ordine pubblico**) della piena libertà del testatore di disporre dei propri beni fino al momento della sua morte, è per definizione **non suscettibile di conversione**, *ex* art. 1424 c.c., in un testamento, mediante la quale si realizzerebbe proprio lo scopo, vietato dall'ordinamento, di vincolare la volontà del testatore al rispetto di impegni, concernenti la propria successione, assunti con terzi.

▶ 3.1. Il patto di famiglia.

L'art. 458 c.c., nell'enunciare il divieto di patti successori, fa salvo quanto disposto dagli art. 768 *bis* e seguenti del codice civile che disciplinano il **patto di famiglia**, introdotto dal legislatore con la **legge 14 febbraio 2006, n. 55**.

Tale istituto, quindi, costituisce una **eccezione al divieto di patti successori**.

In particolare, la finalità del patto di famiglia è quella di consentire all'imprenditore, quando è ancora in vita, di effettuare una successione nella sua attività economica a favore dei propri discendenti, evitando che l'impresa, al momento della sua morte, entri a far parte della comunione ereditaria.

Difatti il legislatore, all'art. 768 *bis* definisce il patto di famiglia come il "contratto *con cui l'imprenditore trasferisce, in tutto o in parte, l'azienda, e il titolare di partecipazioni societarie trasferisce in tutto o in parte le proprie quote ad uno o più discendenti*".

In virtù dell'espresso richiamo di cui all'art. 1 comma 21 della l. 20 maggio 2016 n. 76, la disciplina del patto di famiglia è espressamente applicabile alle parti dell'unione civile.

Dizionario di termini tecnici

➢ **Successione a causa di morte**
La successione a causa di morte identifica il fenomeno in base al quale un soggetto subentra nei rapporti giuridici facenti capo a un altro soggetto alla morte di quest'ultimo (c.d. *de cuius*, dal detto latino *is de cuius hereditate agitur*).

➢ **Successione a titolo universale**
La successione a titolo universale si ha quando il soggetto subentra in tutti i rapporti trasmissibili, attivi e passivi, facenti capo al *de cuius* al momento della morte, o in una loro quota, assumendo la qualifica di **erede**.

➢ **Successione a titolo particolare**
La **successione a titolo particolare** si verifica quando il soggetto subentra in uno o più diritti o rapporti giuridici determinati, assumendo la qualifica di **legatario**.

➢ **Patti successori**
Sono le convenzioni (vietate) con cui un soggetto disponga della propria successione, o con cui disponga o rinunci ai diritti che gli possono aspettare su una successione non ancora aperta.

➢ **Patto di famiglia**
Il patto di famiglia è il contratto con cui l'imprenditore trasferisce, in tutto o in parte, l'azienda, e il titolare di partecipazioni societarie trasferisce in tutto o in parte le proprie quote ad uno o più discendenti.

MAPPA CONCETTUALE

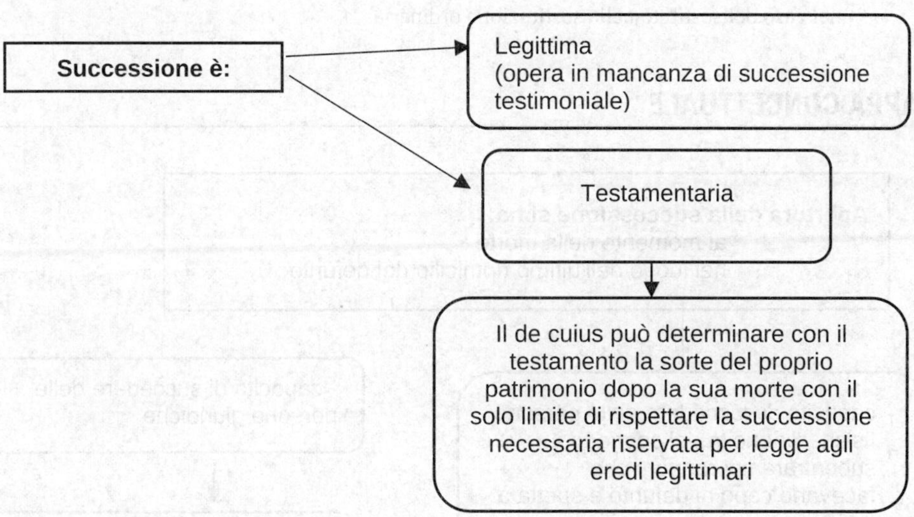

SEZIONE II - L'APERTURA DELLA SUCCESSIONE E L'ACQUISTO DELL'EREDITÀ

1. L'apertura della successione.

La successione si apre:
- al momento della **morte**;
- nel luogo dell'ultimo **domicilio** del defunto (art. 456 c.c.).

Alla morte naturale deve essere equiparata la **morte presunta**.
Una volta aperta la successione, è necessario individuare i soggetti a cui il patrimonio ereditario deve essere devoluto.
A tal fine occorre distinguere tra vocazione e delazione.

A) La vocazione.

➢ Con il termine **vocazione** si indica la chiamata all'eredità e cioè l'individuazione del soggetto chiamato a succedere.

Tale designazione può avvenire:
- attraverso il testamento (c.d. **successione testamentaria**);
- attraverso la legge (c.d. **successione legittima**).

B) La delazione.

➢ Con il termine **delazione** si indica l'attribuzione del diritto a succedere e cioè l'offerta al chiamato del patrimonio ereditario; con la delazione, in altri termini, il soggetto chiamato all'eredità ha la concreta possibilità di acquistare l'eredità, accettandola.

Normalmente vocazione e delazione **operano simultaneamente** e coincidono nello stesso soggetto ma può anche capitare che la delazione non sia attuale (c.d. **delazione condizionata**).
Ciò avviene:
- in caso di istituzione di erede sotto condizione sospensiva;
- in caso di istituzione di nascituri;
- nel caso del sostituto nella sostituzione ordinaria.

MAPPA CONCETTUALE

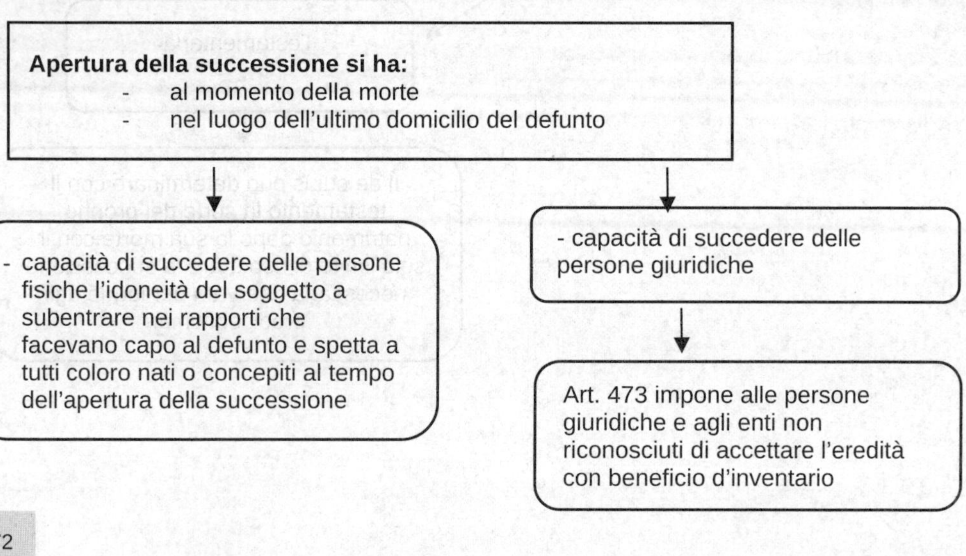

2. La situazione dell'eredità prima dell'acquisto.

Può avvenire che il patrimonio ereditario per un determinato periodo di tempo, a causa della non attualità della delazione o a causa della mancata accettazione dell'erede, rimanga privo di un effettivo titolare (art. 459 c.c.).
In tali casi il codice civile prevede degli istituti volti a garantire **l'integrità e la tutela del patrimonio ereditario**, fino al momento in cui si realizzi l'effettivo trasferimento dello stesso in capo all'erede.

A) Poteri del chiamato prima dell'accettazione.

In particolare, l'art. 460 c.c. attribuisce a tale scopo alcuni **poteri al chiamato all'eredità** prima dell'accettazione.
Difatti il soggetto a cui l'eredità è devoluta, ma che non ha ancora sciolto la riserva circa l'accettazione o la rinuncia all'eredità, ha il potere di compiere alcuni **atti di conservazione** del patrimonio ereditario, sia nel proprio interesse, sia nell'interesse dei chiamati in subordine.
In particolare, il chiamato all'eredità può:

- esercitare le **azioni possessorie** a tutela dei beni ereditari, anche senza la loro materiale apprensione;
- compiere **atti conservativi** (provvedimenti cautelari, atti interruttivi della prescrizione o dell'usucapione, trascrizione di un acquisto del *de cuius*, etc.), di **vigilanza** e di **amministrazione temporanea** del patrimonio ereditario;
- procedere alla **vendita dei beni ereditari** di cui non sia possibile la conservazione o la cui conservazione comporti grave dispendio, previa autorizzazione giudiziale.

Tali atti non possono essere compiuti dal chiamato all'eredità quando si sia provveduto alla nomina di un curatore dell'eredità a norma dell'art. 528 c.c.

B) L'eredità giacente.

L'art. 528 c.c. prevede che:

- quando il chiamato non abbia ancora accettato l'eredità;
- e non sia nel possesso dei beni ereditari;

il **tribunale del circondario in cui si è aperta la successione**, su **istanza** delle persone interessate (chiamati che non abbiano accettato e che non siano in possesso dei beni ereditari, chiamati in subordine, legatari o creditori del defunto e del chiamato) o **anche d'ufficio**, possa nominare un **curatore** all'eredità.
In tal caso, si configura la situazione giuridica che va sotto il nome di **eredità giacente** (artt. 528-532 c.c.).
Il curatore:

- è obbligato a **conservare** e **amministrare** il patrimonio ereditario nell'interesse degli eredi e dei creditori, sotto il controllo del tribunale del luogo in cui si è aperta la successione (in base al combinato disposto degli artt. 747 e 783 c.p.c.);
- ha la **rappresentanza processuale** dell'eredità e può anche provvedere al **pagamento dei debiti ereditari** e dei **legati**, previa autorizzazione del tribunale (art. 530 c.c.);
- è **responsabile della** sua **gestione** e sono applicabili le norme in tema di accettazione beneficiata per quanto riguarda l'inventario, l'amministrazione e il rendimento del conto, ma la responsabilità del curatore è più ampia di quella dell'erede, dal momento che il primo risponde anche per colpa (art. 531 c.c.);
- alla fine della sua gestione è tenuto a **rendere il conto**.

Il curatore **cessa** dalle sue funzioni:

- quando l'eredità è stata accettata (art. 532 c.c.);
- quando tutti i successibili abbiano perso il diritto di accettare.

L'eredità in quest'ultimo caso, non esistendo più delati alla successione, diviene **vacante** e viene acquistata automaticamente dallo Stato.

3. La capacità di succedere.

A) Capacità di succedere delle persone fisiche.

La capacità di succedere, intesa come idoneità del soggetto a subentrare nei rapporti che facevano capo al defunto, spetta ex art. 462 c.c. a tutti coloro che sono **nati** o **concepiti** al tempo dell'apertura della successione.

Nel caso di attribuzione a favore di concepiti, l'effettivo acquisto dei beni ereditari è subordinato alla nascita, momento in cui si acquista la capacità giuridica (art. 1 c.c.).

Il secondo comma dell'art. 462 c.c. prevede una **presunzione di concepimento**, considerando concepito al tempo dell'apertura della successione chi è nato entro i trecento giorni dalla morte della persona della cui successione si tratta.

Il soggetto **non ancora concepito**, ma figlio di persona vivente al tempo della morte del testatore, non ha una generale capacità di succedere, in quanto il terzo comma dell'art. 462 c.c. gli attribuisce esclusivamente la **capacità di ricevere per testamento**.

Ferma restando la generale capacità di succedere riconosciuta a tutti i soggetti, in alcune ipotesi il codice civile esclude che un soggetto possieda la capacità di succedere nei confronti di una determinata persona.

In tali casi si parla di **incapacità relativa di succedere**:

- tutore o al protutore del testatore, che hanno una incapacità di ricevere per testamento se lo stesso è stato stilato quando svolgevano la loro funzione di tutela (art. 596 c.c.);
- notaio che ha ricevuto il testamento pubblico e ai testimoni intervenuti, che hanno un'incapacità di ricevere per effetto di tale testamento (art. 597 c.c. e 598 c.c.).

B) Capacità di succedere delle persone giuridiche.

Con riferimento alle **persone giuridiche** e agli **enti non riconosciuti**, nessuna norma attribuisce loro in via generale la capacità di succedere, ad eccezione dell'art. 473 c.c. che impone a tali soggetti di accettare l'eredità con beneficio di inventario.

In forza di tale disposizione si ritiene che sia le persone giuridiche pubbliche o private sia gli enti non riconosciuti (a seguito dell'abrogazione dell'art. 600 c.c. che prevedeva che la disposizione in favore dell'ente non riconosciuto non era efficace se entro un anno dal giorno in cui il testamento era eseguibile lo stesso ente non avesse richiesto il riconoscimento) abbiano una generale capacità di succedere per testamento.

4. L'indegnità.

A) Nozione.

- L'indegnità è una **causa di esclusione dalla successione** che, a differenza della incapacità di succedere, non opera automaticamente ma solo in forza di una pronuncia del giudice emessa in seguito all'esperimento di una **azione di carattere costitutivo**, nel termine di prescrizione ordinario di dieci anni.

B) Cause di indegnità.

In particolare, sono previste sette cause **tassative** di indegnità, alcune consistenti in atti che integrano un **attentato all'incolumità fisica e morale del *de cuius*** (art. 463 nn. 1-3 *bis*), altre consistenti in atti che integrano un **attentato alla sua libertà di testare** (nn. 4-6).

C) Effetti dell'indegnità. Le nuove ipotesi di sospensione della successione ereditaria introdotte dall'art. 463-bis del cod. civ.

L'indegno quindi in un primo momento può acquistare i beni ereditari, e solo all'esito dell'esperimento di tale azione, è tenuto a **restituirli**. Un temperamento a tale principio generale è stato introdotto dal nuovo art. 463 bis del codice civile.

Tale disposizione ha infatti previsto che sia "*sospeso dalla successione il coniuge o la parte dell'unione civile, indagato per omicidio volontario o tentato nei confronti dell'altro coniuge o dell'altra parte dell'unione civile, fino al decreto di archiviazione o alla sentenza definitiva di proscioglimento".* In tali casi è ora previso che il tribunale del circondario in cui si è aperta la successione, su istanza delle parti o anche d'ufficio, possa nominare un curatore dell'eredità

Pronunciata l'indegnità, l'**eredità si devolve ai chiamati in subordine** e, pertanto, al sostituto, se previsto dal testamento, al rappresentante, all'erede in accrescimento o ai successori *ex lege*.

L'indegno è tenuto a **restituire i frutti percepiti** dopo l'apertura della successione.

D) La riabilitazione.

È possibile per il testatore riammettere l'indegno alla successione, attraverso l'istituto della **riabilitazione** (art. 466 c.c.) che può essere:

- **espressa**, quando il soggetto della cui successione si tratta abbia manifestato la volontà di riammettere l'indegno alla successione con atto pubblico o testamento. In tal caso la riabilitazione è **totale**, in quanto il soggetto rientra a pieno titolo nel novero dei successibili, sia in caso di successione legittima sia in caso di successione testamentaria;
- **tacita**, quando il *de cuius* non ha espressamente riabilitato l'indegno ma, pur essendo a conoscenza della causa di indegnità, lo ha espressamente contemplato nel testamento. In tal caso la riabilitazione è **parziale**, in quanto l'indegno è ammesso a succedere nei limiti della disposizione testamentaria e non potrà, quindi, ricevere nulla quale successore legittimo, né potrà agire con l'azione di riduzione per lesione di legittima.

5. L'accettazione dell'eredità.

L'acquisto dell'eredità da parte del chiamato, come accennato, è subordinato ad una sua manifestazione di volontà: difatti l'art. 459 c.c. afferma che l'eredità si acquista con l'**accettazione**.

Per evitare che il patrimonio ereditario risulti giuridicamente privo di titolare dal momento della morte al momento in cui avviene l'accettazione, quest'ultima opera **retroattivamente**, con la conseguenza che l'erede accettante è considerato titolare del patrimonio ereditario sin dal momento dell'apertura della successione.

A) Tipi di accettazione.

Con riferimento alle **modalità** con cui può avvenire l'accettazione è possibile distinguere tra:

- **accettazione espressa**: si ha quando il chiamato all'eredità, in un atto pubblico o in una scrittura privata, dichiara espressamente la volontà di accettare l'eredità, o assume la qualità di erede (art. 475 c.c.). All'accettazione espressa non possono apporsi termini o condizioni, a pena di nullità dell'intera dichiarazione. Allo stesso modo è nulla una accettazione parziale;
- **accettazione tacita**: si ha quando il chiamato all'eredità compie un atto che presuppone necessariamente la sua volontà di accettare e che non avrebbe il diritto di fare se non nella sua qualità di erede (art. 476 c.c.);
- **accettazione presunta**: si ha quando il chiamato all'eredità pone in essere degli atti a cui l'ordinamento riconnette automaticamente l'acquisto dell'eredità. Ad esempio, l'art. 477 c.c. prevede che la donazione, la vendita, la cessione che il chiamato all'eredità faccia dei suoi diritti di successione, importa accettazione dell'eredità. Stesso effetto ha la rinuncia ai diritti di successione se fatta verso corrispettivo o a favore di alcuni soltanto dei chiamati (art. 478 c.c.);
- vi sono poi ipotesi particolari in cui l'eredità si **acquista senza che vi sia stata alcun atto di accettazione, espressa o tacita**. Si pensi al chiamato nel possesso dei beni ereditari, per il quale sia decorso il termine per redigere l'inventario di cui all'art. 485 c.c., o al chiamato che abbia sottratto o nascosto beni ereditari (art. 527 c.c.).

B) Prescrizione e decadenza del diritto di accettazione.

Il diritto di accettare l'eredità si **prescrive** nel termine ordinario di dieci anni (art. 480 c.c.), che decorre dal giorno dell'apertura della successione, a meno che l'istituzione di erede non sia sottoposta a condizione,

in quanto in tal caso il termine decorre dal giorno in cui si verifica la condizione.
Dato che si tratta di un termine molto lungo, il codice civile concede a chiunque abbia interesse (ad esempio il soggetto a cui l'eredità sarebbe devoluta in caso di rinuncia del primo chiamato) il diritto di richiedere all'autorità giudiziaria la fissazione di un **termine di decadenza**, entro il quale il chiamato dichiari se accetta o rinuncia all'eredità (c.d. ***actio interrogatoria***). Il chiamato che non esprime la sua volontà entro tale termine decade dal diritto di accettare l'eredità.

C) L'impugnazione dell'accettazione.

L'accettazione può essere impugnata per **violenza** o **dolo**, e non per **errore** (art. 482 e art. 483 c.c.).
Tuttavia, in un'ottica di tutela dell'erede, se dopo l'accettazione si scopre un testamento di cui non si aveva notizia, l'erede non è tenuto a soddisfare i legati scritti in esso oltre il valore dell'eredità, o con pregiudizio della porzione di legittima che gli è dovuta.

▶ 5.1. L'accettazione con beneficio di inventario.

A) Nozione.

Con riferimento agli **effetti** è possibile distinguere due tipi di accettazione:

- **accettazione pura e semplice**: tale accettazione comporta la confusione tra il patrimonio del defunto e quello dell'erede, con la conseguenza che quest'ultimo sarà tenuto al pagamento dei debiti del *de cuius* anche *ultra vires* e cioè anche se tali debiti superano l'attivo che gli perviene dall'eredità;
- **accettazione con beneficio di inventario:** in tal caso non si verifica la confusione tra i due patrimoni, che rimangono distinti, con la conseguenza che:
    - l'erede conserva verso l'eredità tutti i diritti e tutti gli obblighi che aveva verso il defunto (tranne quelli che si sono estinti per effetto della morte);
    - l'erede non sarà tenuto al pagamento dei debiti ereditari e dei legati oltre il valore dei beni a lui pervenuti;
    - i creditori dell'eredità ed i legatari avranno preferenza sul patrimonio ereditario di fronte ai creditori dell'erede (art.490 c.c.).

➢ L'accettazione con beneficio di inventario è quindi un **atto personale** del chiamato all'eredità, che lo stesso può porre in essere qualora ritenga che il passivo ereditario superi l'attivo, e non voglia essere chiamato a rispondere dei debiti ereditari con il suo patrimonio personale.

B) Soggetti legittimati all'accettazione con beneficio di inventario.

L'accettazione con beneficio di inventario è una libera scelta dell'erede, che non può essere in alcun modo limitata dal testatore (art. 470 secondo comma c.c.).
Inoltre, per **talune categorie di soggetti** (minori, interdetti, inabilitati, minori emancipati, persone giuridiche, associazioni, fondazioni ed enti non riconosciuti) l'accettazione con beneficio di inventario non costituisce una scelta, essendo **imposta** dall'ordinamento.

C) Forma dell'accettazione con beneficio di inventario e regime di pubblicità.

L'accettazione con beneficio di inventario richiede una particolare **forma *ad substantiam*** ed è soggetta ad un **regime particolare di pubblicità-notizia:**

- deve risultare da **dichiarazione espressa**, ricevuta da un notaio o dal cancelliere del tribunale del circondario in cui si è aperta la successione;
- deve essere inserita nel registro delle successioni conservato nello stesso tribunale;
- entro un mese dall'inserzione, deve essere **trascritta**, a cura del cancelliere, presso l'ufficio dei registri immobiliari del luogo in cui si è aperta la successione (art. 484 c.c.).

D) Termini per l'accettazione con beneficio di inventario.

L'accettazione deve essere preceduta, o seguita, dalla redazione dell'**inventario**: sono previsti precisi **limiti temporali** in ordine alla possibilità di accettare con beneficio di inventario che variano a seconda della circostanza che l'erede sia, o meno, nel possesso dei beni ereditari e a seconda del fatto che l'erede abbia, o meno, provveduto a redigere l'inventario (v. artt. 485 e 487 c.c.).

E) Gli obblighi dell'erede accettante con beneficio di inventario.

L'erede che ha accettato con beneficio di inventario deve provvedere **all'amministrazione del patrimonio ereditario**, anche nell'interesse dei creditori del defunto e dei legatari

Il **pagamento dei debiti ereditari** può avvenire individualmente, soddisfacendo i creditori a mano a mano che si presentano, o con una sorta di procedura concorsuale, ai sensi degli artt. 498 ss. c.c., o rilasciando i beni ai creditori, ai sensi degli artt. 507 ss. c.c.

F) Decadenza dal beneficio dell'inventario.

L'erede **decade** dal beneficio, divenendo erede puro e semplice, quando:

- aliena beni ereditari senza l'autorizzazione del giudice (art. 493 c.c.);
- compie omissioni ed infedeltà nella redazione dell'inventario (art. 494 c.c.).

▶ 5.2. La separazione del patrimonio del defunto da quello dell'erede.

A) Nozione ed effetti.

Ovviamente anche i **creditori del *de cuius* e i legatari** potrebbero essere pregiudicati dalla confusione tra il patrimonio ereditario e il patrimonio dell'erede (nell'ipotesi in cui quest'ultimo non accetti con beneficio di inventario o ne sia decaduto) in quanto si troverebbero a concorrere anche con i creditori di quest'ultimo.

A tutela di tali soggetti l'ordinamento ha predisposto uno specifico strumento: la **separazione del patrimonio del defunto da quello dell'erede**.

Attraverso tale istituto i creditori del *de cuius* e i legatari possono assicurarsi il soddisfacimento sui beni del defunto con preferenza sui creditori dell'erede; non si ha quindi una separazione tra i due patrimoni, come avviene in caso di eredità accettata con beneficio di inventario, ma si dà la possibilità ai creditori e ai legatari che intendono esercitare tale **diritto potestativo**, di creare una **garanzia reale autonoma su alcuni beni del patrimonio ereditario**, su cui avranno diritto di soddisfarsi con preferenza rispetto ai creditori dell'erede, senza perdere, inoltre, la possibilità di aggredire anche il patrimonio dell'erede.

B) Termini e modalità per richiedere la separazione dei beni.

La separazione può essere richiesta, dai creditori del defunto e dai legatari, entro il termine di **tre mesi dall'apertura della successione** mediante:

- domanda giudiziale, se ha ad oggetto **beni mobili**;
- mediante iscrizione del credito o del legato sopra ciascuno dei beni, se ha ad oggetto **beni immobili**.

▶ 5.3. La trasmissione del diritto di accettare l'eredità.

Il **diritto di accettare l'eredità è trasmissibile agli eredi**: l'art. 479 c.c. prevede che se il chiamato all'eredità muore senza averla accettata, il diritto di accettarla si trasmette agli eredi.

Tale diritto, in altri termini, se non esercitato, entra a far parte del patrimonio ereditario del *de cuius*; ne deriva che gli eredi, se intendono accettare l'eredità, **devono preventivamente accettare l'eredità del trasmittente**.

È pertanto in relazione a quest'ultimo che deve essere valutata la loro capacità di succedere. Ciò è confermato anche dal terzo comma dell'art. 479 c.c. che prevede che la rinuncia all'eredità propria del trasmittente, include rinuncia all'eredità che al medesimo è devoluta.

6. La rinuncia all'eredità.

A) Nozione e caratteri della rinuncia all'eredità.

Con la rinuncia all'eredità, il chiamato all'eredità manifesta la sua decisione di non voler acquistare

l'eredità.
Si tratta di una dichiarazione:
- **unilaterale**;
- **non recettizia**;
- che richiede una **forma** particolare, analoga a quella dell'accettazione con beneficio di inventario (art. 519 c.c.);
- a cui, a pena di nullità, non possono apporsi **termini** o **condizioni** (*actus legitimus*).

Inoltre, anche una **rinuncia parziale** è da considerarsi nulla.
La rinuncia all'eredità opera **retroattivamente**: chi rinuncia all'eredità è considerato come se non vi fosse mai stato chiamato (art. 521 c.c.).

B) Revocabilità della rinuncia.
A differenza dell'accettazione la rinuncia è **revocabile** (art. 525 c.c.):
- fino a che il diritto di accettare l'eredità non si sia prescritto;
- a meno che nel frattempo l'eredità non sia stata accettata da un altro chiamato all'eredità.

Pertanto, in caso di rinuncia, la perdita del diritto di accettare diviene definitiva solo per l'effetto dell'accettazione effettuata da parte di un altro soggetto chiamato all'eredità.

C) Devoluzione dell'eredità in caso di rinuncia.
In caso di rinuncia, al fine di individuare **a chi debba essere devoluta la parte di eredità del rinunciante**, occorre distinguere tra successione legittima e successione testamentaria:
- in caso di **successione legittima**, se non ha luogo la rappresentazione, la parte del rinunciante si accresce a coloro che avrebbero con lui concorso, e, se il rinunciante è solo, l'eredità si devolve ai chiamati di grado ulteriore (art. 522 c.c.);
- in caso di **successione testamentaria**, se il testatore non ha disposto una sostituzione e non opera il diritto di rappresentazione, la parte del rinunziante si accresce ai coeredi e, in mancanza, si devolve agli eredi legittimi (art. 523 c.c.).

D) L'impugnazione della rinuncia.
La rinuncia può essere impugnata per **violenza e dolo**, ma non per errore.
L'azione si prescrive in cinque anni dalla cessazione della violenza o dalla scoperta del dolo. Tale termine decorre da quando la rinuncia è divenuta irrevocabile.
Inoltre, visto che i **creditori del rinunciante** potrebbero essere pregiudicati dalla rinuncia, è prevista, all'art. 524 c.c., la possibilità per i primi, previa autorizzazione giudiziale, di accettare l'eredità in nome ed in luogo del rinunciante, al solo fine di soddisfare il loro credito sui beni ereditari.
I creditori che agiscono in base all'art. 524 c.c. **non acquistano la qualità di eredi, né tale qualità è acquistata dal rinunciante.** Tale azione, secondo alcuni, ha natura di azione autonoma, secondo altri di revocatoria e, secondo altri ancora, di surrogatoria.

E) Decadenza dalla possibilità di rinunciare all'eredità.
In alcune ipotesi il chiamato all'eredità perde il diritto di rinunciare all'eredità. In particolare:
- il chiamato all'eredità che ha **sottratto o nascosto beni spettanti all'eredità**, decade dalla facoltà di rinunciarci e si considera erede pure e semplice, nonostante la rinuncia (art. 527 c.c.);
- il chiamato all'eredità che sia nel **possesso dei beni ereditari che non abbia fatto l'inventario** trascorsi tre mesi dall'apertura della successione si considera erede puro e semplice e perde la facoltà di rinunciare all'eredità (art. 485 c.c.).

7. La sostituzione, la rappresentazione e l'accrescimento.

Nell'ipotesi in cui il chiamato all'eredità **non possa** o **non voglia** accettarla, è necessario stabilire a chi debba essere devoluta la sua parte di eredità.

A tal fine vengono in rilievo gli istituti della sostituzione, della rappresentazione e dell'accrescimento.
In particolare, ai fini della devoluzione della quota per mancato acquisto del chiamato, è possibile delineare, in ordine di prevalenza, la seguente **gerarchia di istituti**:
1) sostituzione
2) rappresentazione
3) accrescimento
4) successione legittima

▶ 7.1. La sostituzione.

A) La sostituzione ordinaria.

➢ La **sostituzione ordinaria** si ha nell'ipotesi in cui il testatore abbia previsto l'eventualità che il chiamato non possa o non voglia accettare l'eredità, designando un'altra persona in sua vece.

B) La sostituzione fedecommissaria.

➢ Nel caso in esame il testatore impone all'erede o al legatario (c.d. istituito) di conservare i beni ricevuti, per restituirli, alla sua morte, ad un'altra persona (c.d. sostituito).

Il codice civile disciplina tale istituto solo per **finalità assistenziali**, ritenendolo ammissibile soltanto se l'istituito sia un interdetto o un minore di età in condizioni di abituale infermità di mente, e il sostituito sia la persona o l'ente che hanno avuto cura di tali soggetti durante la loro vita. In ogni altro caso la **sostituzione è nulla** (art. 692 c.c.).

▶ 7.2. La rappresentazione.

A) Nozione.

Qualora il testatore nulla abbia previsto per l'eventualità che il chiamato non possa o non voglia accettare l'eredità o il legato, o si tratti di successione legittima, opera l'istituto della **rappresentazione**, in forza del quale i discendenti del chiamato, **subentrano nel luogo e nel grado di quest'ultimo** (art. 467 c.c.).

B) Soggetti in favore dei quali opera la rappresentazione.

La rappresentazione **opera solo a favore di determinati soggetti**, e segnatamente:
- in linea retta, a favore dei discendenti dei figli, anche adottivi;
- in linea collaterale, a favore dei discendenti dei fratelli e delle sorelle del defunto.

▶ 7.3. L'accrescimento.

A) Nozione.

Qualora non vi sia una sostituzione disposta dal testatore, e non sia possibile l'operare della rappresentazione, viene in rilievo l'istituto dell'**accrescimento**.
Esso comporta che la quota di eredità devoluta al chiamato che non ha potuto o voluto accettare l'eredità, in caso di **chiamata congiuntiva** di più eredi, si devolva agli altri beneficiari, accrescendo la quota loro spettante.

B) Presupposti.

I **presupposti** dell'accrescimento, indicati all'art. 674 c.c., sono costituiti:
- dal mancato acquisto dell'eredità da parte di uno dei chiamati;
- dalla chiamata con uno stesso testamento (c.d. ***coniunctio verbis***);
- dalla istituzione nell'universalità dei beni senza determinazione di quote o in quote eguali (c.d. ***coniunctio re***);
- dalla circostanza **che non risulti una diversa volontà del testatore** (che, ad esempio, può aver previsto una sostituzione ordinaria);
- che non sia possibile l'operare dell'istituto della rappresentazione.

L'acquisto della quota di eredità per effetto dell'accrescimento **opera di diritto** non essendo necessaria una nuova manifestazione di volontà (art, 676 c.c.) e, oltre ad operare retroattivamente, è irrinunciabile.

C) Accrescimento tra più legatari.

È possibile l'operare dell'istituto dell'accrescimento **anche tra più legatari** (art. 675 c.c.); in tal caso unico presupposto richiesto è che sia stato legato uno stesso oggetto a più persone (***coniunctio re***).

D) Conseguenze del mancato operare dell'accrescimento.

In mancanza dell'operare dell'accrescimento:

- la porzione dell'erede mancante si devolve agli **eredi legittimi**;
- la porzione di legato non attribuita va a profitto dell'**onerato** (art. 677 c.c.)

8. L'azione di petizione ereditaria.

A) Nozione.

➢ Una volta accettata l'eredità, l'erede, attraverso l'**azione di petizione ereditaria**, può chiedere il **riconoscimento della sua qualità** contro chiunque possieda, anche solo in parte, i beni ereditari **a titolo di erede** (*possesio pro herede*) o **senza titolo alcuno** (*possesio pro possessore*), ovvero contro i loro aventi causa (art. 534 c.c.), allo scopo di ottenere la restituzione dei beni medesimi.

Si tratta di una azione di **natura reale** che, in ossequio al principio *semel heres semper heres*, è **imprescrittibile**, salvi gli effetti dell'usucapione rispetto ai singoli beni.

B) Presupposti dell'azione.

L'azione di petizione ereditaria può, quindi, essere esercitata:

- dal soggetto che si ritiene erede (difatti la qualità di erede deve costituire *res litigiosa* tra le parti), e che abbia accettato l'eredità, al fine di recuperare beni appartenenti all'asse ereditario;
- quando tali beni siano posseduti:
  - da un soggetto che afferma, in buona o in mala fede, di essere erede;
  - o da un soggetto che li possieda senza titolo alcuno (c.d. **usurpatore di beni ereditari**).

C) Azione di petizione ereditaria ed azione di rivendicazione.

Evidenti risultano essere le assonanze tra l'azione di petizione ereditaria e l'**azione di rivendicazione**, diretta alla restituzione del bene in forza dell'accertamento del diritto di proprietà del rivendicante.
L'azione di petizione ereditaria, però, non mira all'accertamento del diritto di proprietà dell'erede sui beni di cui si richiede la restituzione, ma mira ad accertare la qualità di erede in capo all'attore e l'appartenenza dei beni all'asse ereditario.

D) Effetti dell'accoglimento dell'azione.

Qualora l'azione di petizione ereditaria venga accolta:

- all'attore è riconosciuta la sua qualità di erede;
- il convenuto è condannato alla **restituzione dei beni ereditari** ed in tal caso si applicano le disposizioni dettate in tema di possesso per quanto attiene alla restituzione dei frutti, alle spese, ai miglioramenti e addizioni, a norma dell'art. 535, comma 1, c.c., tenuto conto della buona o mala fede del possessore.

▶ 8.1. L'erede apparente.

A) Nozione di erede apparente.

Come in precedenza evidenziato, la petizione di eredità è esperibile anche **nei confronti dei terzi aventi causa** da chi possiede a titolo di erede o senza titolo i beni ereditari o parte di essi (art. 534 c.c.).
Ciò nonostante, il secondo comma dell'art. 534 c.c. fa salvi i diritti dei terzi che provino di aver acquistato a titolo oneroso in buona fede dall'**erede apparente**.
L'**erede apparente** è colui che, alla morte di una persona, si comporta come se ne fosse il successore

universale, pur senza avere tale qualifica, **ingenerando nei terzi la convinzione di essere il legittimo erede del *de cuius***.

B) Disciplina dell'acquisto del terzo dall'erede apparente.

In tal caso l'ordinamento fa salvo l'acquisto del terzo:

- se si tratta di **convenzioni a titolo oneroso**;
- il terzo sia in **buona fede**. Tale buona fede, a differenza di quanto avviene normalmente (art. 1447 c.c.), non è presunta, ma deve essere provata dal terzo.

Tale regola vale solo quando oggetto dell'acquisto siano **beni mobili** non iscritti in pubblici registri.
Per i **beni immobili** e i **mobili registrati**, affinché l'acquisto del terzo in buona fede sia fatto salvo, è necessario che sia trascritto anteriormente all'acquisto del vero erede (art. 2648 c.c.) o alla domanda giudiziale (eventualmente anche la petizione di eredità) proposta da questo contro l'erede apparente.
Qualora l'erede apparente:

- sia di **buona fede** (che non giova se l'errore dipende da colpa grave) è tenuto a restituire all'erede effettivo il prezzo o il corrispettivo ricevuto dal terzo;
- mentre se di **mala fede** è obbligato a recuperare la cosa alienata per restituirla in natura o a pagarne il relativo valore (art. 535 c.c.).

C) Natura giuridica dell'acquisto dall'erede apparente.

Secondo l'impostazione dottrinale prevalente si tratta di una ipotesi di **acquisto *a non domino***, che, inserendosi nella più ampia tematica all'*apparentia iuris*, deroga al principio secondo il quale un soggetto non può legittimamente trasferire un bene di cui non sia proprietario.

Dizionario di termini tecnici

➢ **Vocazione**
Con il termine **vocazione** si indica la chiamata all'eredità e cioè l'individuazione del soggetto chiamato a succedere.

➢ **Delazione**
Con il termine **delazione** si indica l'attribuzione del diritto a succedere e cioè l'offerta al chiamato del patrimonio ereditario; con la delazione, in altri termini, il soggetto chiamato all'eredità ha la concreta possibilità di acquistare l'eredità, accettandola.

➢ **Capacità di succedere**
La capacità di succedere, intesa come idoneità del soggetto a subentrare nei rapporti che facevano capo al defunto, spetta ex art. 462 c.c. a tutti coloro che sono **nati** o **concepiti** al tempo dell'apertura della successione.

➢ **Erede apparente**
L'**erede apparente** è colui che, alla morte di una persona, si comporta come se ne fosse il successore universale, pur senza avere tale qualifica, **ingenerando nei terzi la convinzione di essere il legittimo erede del *de cuius***.

SEZIONE III - LA SUCCESSIONE DEI LEGITTIMARI

1. La successione necessaria.

A) Nozione.

➢ La locuzione "*successione necessaria*" designa il complesso delle norme per effetto delle quali si riconosce ad alcune categorie di soggetti (i c.d. "legittimari") una **posizione successoria privilegiata**, che funge da limite alla libertà del defunto di disporre per testamento.

L'ordinamento, quindi, pur riconoscendo al singolo la libertà di disporre per testamento dei suoi beni per il tempo in cui avrà cessato di vivere, riconosce necessariamente ad alcune categorie di successibili il diritto a ricevere una quota del patrimonio del *de cuius*.

B) Quota disponibile e quota di legittima.

Pertanto, in presenza di legittimari, occorre distinguere:

- tra una **quota disponibile** del patrimonio, di cui il *de cuius* può liberamente disporre per testamento;
- e una **quota di legittima o riserva**, della quale non è possibile disporre in quanto riservata per legge ai legittimari.

C) Caratteri delle norme in materia di successione necessaria.

Le norme che disciplinano la successione necessaria, essendo dirette alla protezione di un interesse di carattere generale, e cioè che siano tutelati i vincoli familiari più stretti, sono norme:

- **cogenti**;
- ed **inderogabili**.

2. Le singole categorie di legittimari.

I legittimari sono elencati nell'**art. 536 c.c.** e sono:

1. il **coniuge**; la quota riservata al **coniuge legittimario** varia in funzione della presenza o meno di discendenti (e del loro numero) o ascendenti (art. 540, 542, 544 c.c.).
   Inoltre, al coniuge è riconosciuto, ex art. 540 comma 2 c.c., a titolo di **legato *ex lege***, il **diritto di uso e di abitazione sulla residenza familiare e di uso sui mobili che la corredano** (vedi *infra*).
   Il **coniuge separato** ha gli stessi diritti successori del coniuge non separato, a meno che non gli sia stata **addebitata la separazione**: in tal caso ha diritto soltanto ad un **assegno vitalizio** se al momento dell'apertura della successione godeva degli alimenti a carico del coniuge deceduto (art.548 c.c.);
2. la **parte dell'unione civile**; ai sensi della l. 20 maggio 2016 n.76, alla parte dell'unione civile spettano gli stessi diritti successori del coniuge non separato. Parimenti alla parte dell'unione civile è riconosciuto, a titolo di legato *ex lege*, **il diritto di uso e di abitazione sulla residenza comune alle parti dell'unione civile e sui mobili che la corredano** (vedi *infra*). Non è invece ipotizzabile una condizione equivalente a quella del coniuge separato dal momento che per le unioni civili non è previsto l'istituto della separazione personale;
3. i **figli**; la quota di riserva loro spettante varia in relazione al loro numero e al concorso o meno con il coniuge o con la parte dell'unione civile (art. 537, 542 c.c.).
   Prima della novella del 2013, che ha parificato sotto ogni aspetto i figli legittimi e i figli naturali (su cui vedi *supra*), l'unico elemento differenziale tra i diritti dei figli legittimi e i diritti dei figli naturali era il c.d. **diritto di commutazione** (art. 537 comma 2 c.c.), e cioè il diritto potestativo riservato ai figli legittimi di soddisfare in denaro o in beni immobili ereditari la porzione

spettante ai figli naturali: la novella sopra richiamata ha abrogato tale disposizione parificando anche sotto questo aspetto la posizione dei figli legittimi e dei figli naturali;

4. gli **ascendenti**; i quali vengono in considerazione se chi muore non lascia figli o loro discendenti (art. 538 c.c.).

3. Il principio di intangibilità della legittima e i legati a favore dei legittimari.

L'art. 457, comma 3, c.c. stabilisce che le disposizioni testamentarie non possono pregiudicare i diritti che la legge riserva ai legittimari: il legittimario ha diritto di ottenere la propria quota di legittima in natura, ed il testatore non può imporre alcun peso o condizione sulla stessa (c.d. **intangibilità della legittima**).
Tale intangibilità, secondo l'impostazione dominante, deve essere intesa in senso *quantitativo* e non *qualitativo*; ciò implica che il legittimario non ha diritto a ricevere determinati e specifici beni ereditari, ma ha soltanto un diritto a ricevere beni per un valore corrispondente alla sua quota.
Inoltre, il codice civile contempla anche la possibilità che il testatore soddisfi il diritto del legittimario attraverso l'attribuzione di un legato.

A) Legato in sostituzione di legittima.

L'art. 551 c.c. disciplina la figura del **legato in sostituzione di legittima**, che ricorre nell'ipotesi in cui il testatore, con l'obiettivo di evitare che il legittimario acquisti la qualità di erede e faccia parte della comunione ereditaria, preveda l'attribuzione in suo favore di un legato che, se accettato, serve a soddisfare il legittimario di tutti i suoi diritti successori.
In tal caso, al legittimario è attribuita **facoltà di scelta** in quanto può rinunciare al legato e chiedere la legittima, o conseguirlo.
In quest'ultimo caso, il legittimario, se il valore del legato è inferiore al valore della sua quota di legittima, non ha diritto a conseguire un supplemento e non acquista la qualità di erede.

B) Legato in conto di legittima.

Dal legato in sostituzione di legittima va distinto il **legato in conto di legittima**, non espressamente disciplinato dal codice civile, che consiste in un'attribuzione a titolo particolare che il testatore compie nei confronti del legittimario: tale attribuzione è computata nella quota di legittima ma non si pone in alternativa ad essa potendo il legittimario chiedere il supplemento se i beni che gli sono stati attribuiti non raggiungono il valore della quota.
Occorre precisare che il legato in favore di un legittimario può essere considerato legato in sostituzione di legittima solo se dalla disposizione testamentaria emerga una **univoca manifestazione di volontà in tal senso**; in caso contrario il legato va considerato in conto di legittima.

C) La cautela sociniana.

Occorre, infine, fare menzione dell'istituto della **cautela sociniana**, che costituisce un temperamento al principio di intangibilità della legittima: difatti l'art. 550 c.c. prevede che, nell'ipotesi in cui il testatore abbia disposto un usufrutto o una rendita vitalizia il cui reddito eccede quello della porzione disponibile, i legittimari ai quali è stata assegnata la nuda proprietà della disponibile, hanno la possibilità, a loro scelta, di eseguire la disposizione o di abbandonare la nuda proprietà della porzione disponibile, tenendo la sola porzione legittima.
Lo scopo dell'istituto va rinvenuto nella necessità di evitare la valutazione di una eventuale lesione della legittima in una ipotesi in cui tale valutazione sarebbe eccessivamente difficoltosa ed incerta.

4. La tutela dei diritti dei legittimari: l'azione di riduzione.

A) La lesione della legittima e la riunione fittizia.

Nell'ipotesi in cui il testatore, con disposizioni testamentarie o con eventuali donazioni effettuate in vita,

leda la quota spettante ai legittimari, l'ordinamento riconosce a quest'ultimi la possibilità di esercitare l'**azione di riduzione**, che mira ad ottenere una pronuncia dell'autorità giudiziaria che riduca, in tutto o in parte, le attribuzioni fatte dal *de cuius*, sino alla misura necessaria alla reintegra dei diritti del legittimario leso.
Presupposto indispensabile per esercitare tale azione è che si sia effettivamente verificata una **lesione della legittima.**
Pertanto, è necessario in primo luogo compiere una **operazione contabile** diretta a calcolare l'entità del patrimonio ereditario al momento dell'apertura della successione, individuando la quota di cui il testatore poteva liberamente disporre e la quota che invece doveva essere riservata ai legittimari.
Tale operazione contabile, definita **riunione fittizia**, non determina il ritorno o l'uscita dei beni dal patrimonio del defunto, ed è descritta dall'art. 556 c.c. che la suddivide in **tre fasi**:

1. calcolo del valore dei beni relitti (c.d. ***relictum***), secondo il valore che essi hanno alla data di apertura della successione;
2. sottrazione dalla massa formata dai beni relitti dei **debiti facenti capo al *de cuius***, seguendo il rigoroso ordine logico stabilito dall'art. 556 c.c.;
3. **riunione fittizia** vera e propria, che consiste nel sommare al valore ottenuto con l'operazione di sottrazione sopra indicata (*relictum* meno debiti) quello delle donazioni compiute in vita del *de cuius*, secondo il loro valore attualizzato alla data di apertura della successione.

B) L'azione di riduzione: effetti.

Se mediante tali calcoli emerge che le disposizioni testamentarie o le donazioni eccedono la quota disponibile del patrimonio, ciascun legittimario avrà il **diritto potestativo** di agire con l'**azione di riduzione**, mirante ad ottenere la riduzione di tali attribuzioni patrimoniali.
In particolare, il principale effetto del vittorioso esperimento di tale azione sarà la **dichiarazione di inefficacia relativa e sopravvenuta della disposizione lesiva**.
In altri termini, il testamento contenente una disposizione che ecceda la porzione disponibile o la donazione fatta in vita del defunto per un valore eccedente la disponibile, **non sono invalidi, ma soltanto riducibili** e, quindi, *medio tempore* produttivi dei loro effetti.
Con riferimento all'**ordine delle riduzioni**, sono ridotte per prime le **disposizioni testamentarie**, che vengono diminuite proporzionalmente, e solo successivamente, se ciò non è sufficiente ad integrare la legittima, si procede alla riduzione delle **donazioni**, cominciando dall'ultima e risalendo alle anteriori.

C) Legittimazione attiva e passiva all'azione di riduzione.

1. **Legittimati attivi** a esperire l'azione di riduzione sono i soggetti indicati all'art. 557 c.c., vale a dire il legittimario e i suoi eredi o aventi causa.
   Il legittimario può agire in riduzione sia nel caso di **pretermissione** (ossia quando non è beneficiario di alcuna disposizione testamentaria), sia nel caso di **lascito** testamentario **non sufficiente** a soddisfare i suoi diritti di riserva.
2. Quanto alla **legittimazione passiva**, l'azione di riduzione (in senso stretto) deve essere proposta nei confronti del beneficiario testamentario o del donatario che sono destinatari dell'attribuzione lesiva.

D) Le condizioni di esperibilità dell'azione di riduzione.

L'art. 564 c.c. fissa le **condizioni di esperibilità** dell'azione di riduzione.
Esse sono:

- **l'accettazione con beneficio di inventario da parte del legittimario leso** (salvo che si tratti di legittimario pretermesso), quando la riduzione viene chiesta contro legatari o donatari che non siano chiamati all'eredità come eredi;
- **l'imputazione *ex se*** di tutte le liberalità ricevute dal defunto, siano esse donazioni, oppure legati o lasciti testamentari a titolo universale (art. 564 c.c.), a meno che il *de cuius* non abbia espressamente dispensato il legittimario da tale imputazione.

L'azione di riduzione è **irrinunciabile** dai legittimari fino a quando è in vita il donante e si **prescrive** nel termine ordinario di dieci anni.

4.1. L'azione di restituzione.

A) Nozione.

Come accennato, il principale effetto dell'azione di riduzione è la dichiarazione di inefficacia dell'attribuzione lesiva della quota del legittimario; quest'ultimo, se vuole ottenere la **restituzione del bene**, deve agire contro il beneficiario della medesima con **l'azione di restituzione**.
Tale azione ha **carattere personale**, in quanto diretta contro i beneficiari delle disposizioni lesive ridotte e, qualora essi non siano più titolari del bene, può essere esercitata contro i terzi acquirenti ai sensi dell'art. 563 c.c.

B) Azione di restituzione contro i terzi acquirenti: l'opposizione alla donazione.

Quest'ultima disposizione è stata novellata dalla legge 14 maggio 2005 n. 80, al fine di rendere più sicuro il traffico giuridico di beni immobili di provenienza donativa quando sia decorso un certo lasso di tempo dalla donazione.
In particolare, è ora previsto che l'**azione di restituzione contro gli aventi causa dei beneficiari delle disposizioni lesive ridotte** è possibile:

- solo se tali beneficiari siano stati preventivamente ed infruttuosamente escussi dal legittimario;
- in caso di **bene immobile**, non siano trascorsi più di venti anni dalla trascrizione della donazione oggetto di riduzione.

Anche in caso di **bene mobile** l'azione non può essere proposta dopo il decorso del termine ventennale, ma l'art. 563 comma 2 c.c. fa in tal caso salvi gli effetti del possesso di buona fede.
Ne deriva che il terzo acquirente dal donatario è, nei limiti suddetti, al riparo da pretese dei legittimari del donante, a meno che questi ultimi non si siano avvalsi del nuovo istituto dell'**opposizione alla donazione**, che determina la sospensione del termine ventennale oltre il quale non è possibile chiedere la restituzione del bene al terzo acquirente (art. 563 comma 4 c.c.).
Legittimati a tale opposizione, che è soggetta ad una efficacia temporanea di venti anni, salvo la possibilità di **rinnovazione,** sono il coniuge e i parenti in linea retta del donante.

Dizionario di termini tecnici

- <u>**Succession necessaria**</u>

La locuzione "*successione necessaria*" designa il complesso delle norme per effetto delle quali si riconosce ad alcune categorie di soggetti (i c.d. "legittimari") una **posizione successoria privilegiata**, che funge da limite alla libertà del defunto di disporre per testamento.

MAPPA CONCETTUALE

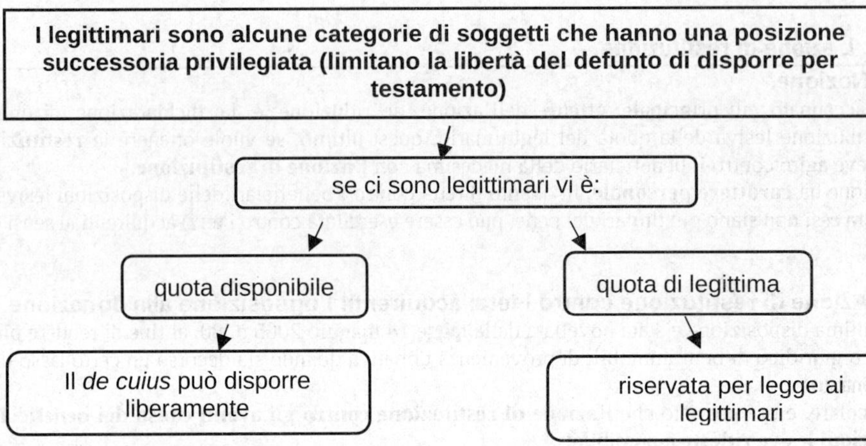

SEZIONE IV - LA SUCCESSIONE LEGITTIMA

1. La successione legittima: nozione, fondamento, presupposti.

- La successione legittima è la successione che opera per **volontà della legge** ed interviene **solo quando manchi in tutto o in parte la successione testamentaria**. L'ordinamento, quindi, tutela in primo luogo l'autonomia privata del singolo, riconoscendogli il diritto di stabilire, attraverso il testamento, quale debba essere la sorte del suo patrimonio quando avrà cessato di vivere.

Pertanto, la legge interviene per determinare i soggetti a cui i beni ereditari devono essere devoluti:
- quando il singolo non abbia disposto per testamento in tutto od in parte dei suoi beni;
- quando il testamento non contenga disposizioni patrimoniali;
- il testamento sia stato annullato o revocato.

2. Le categorie di successibili.

La disciplina codicistica stabilisce sia **quali soggetti** siano chiamati ad assumere la qualità di eredi (c.d. "successibili"), sia le **quote di partecipazione** al patrimonio ereditario.
Sono successori legittimi:
- il coniuge o la parte dell'unione civile;
- i discendenti, anche adottivi;
- gli ascendenti;
- i collaterali;
- gli altri parenti fino al sesto grado (art. 565 c.c.).

In mancanza di tali soggetti l'eredità è devoluta allo Stato.

A) La successione del coniuge o della parte dell'unione civile.

Il **coniuge o la parte dell'unione civile** ha diritto:
- all'intera eredità se non concorre con altri successibili (art. 583 c.c.);
- alla metà dell'eredità se alla successione concorre un solo figlio;
- ad un terzo se concorre alla successione con più figli (art. 581 c.c.);
- e ai due terzi dell'eredità se concorre con gli ascendenti o con fratelli e sorelle del *de cuius* (art. 582 c.c.).

Il rapporto di coniugio o di unione civile deve perdurare fino al momento della morte del *de cuius*: l'annullamento del matrimonio pronunziato prima della data di apertura della successione, fa venir meno il titolo per succedere.

- In caso di **separazione** il coniuge ha gli stessi diritti del coniuge non separato, a meno che non gli sia stata **addebitata la separazione**, in quanto in tal caso ha diritto soltanto ad un **assegno vitalizio** se al momento dell'apertura della successione godeva degli alimenti a carico del coniuge deceduto.
- Il **coniuge o la parte civile divorziato** non ha diritto di partecipare alla successione del suo ex coniuge o ex parte dell'unione civile ma l'art. 9 bis della legge n. 898 del 1970 gli attribuisce il diritto ad un **assegno periodico a carico dell'eredità** nell'ipotesi in cui si trovi in uno stato di bisogno e godesse dell'assegno divorzile al momento dell'apertura della successione.

B) La successione dei parenti.

Tra gli altri successibili è possibile distinguere **diversi ordini**, dove i successibili di un dato ordine escludono quelli degli ordini successivi e, a loro volta, sono esclusi da quelli degli ordini anteriori: ne deriva che il concorso è possibile solo tra membri di un medesimo ordine. All'interno di ciascun ordine la preferenza è regolata dal principio del grado, nel senso che il parente prossimo esclude il remoto.

C) La successione dello Stato.
In mancanza dei successori legittimi l'eredità è devoluta allo Stato (art. 586 c.c.).
La **successione dello Stato**, che ha la finalità di garantire che il patrimonio ereditario in assenza di successibili non rimanga privo di un titolare:
- avviene automaticamente, senza bisogno di accettazione e senza possibilità di rinuncia;
- comporta una responsabilità per i debiti ereditari limitata al valore dell'attivo dell'eredità.

Dizionario di termini tecnici

- **Successione legittima**
  La successione legittima è la successione che opera per **volontà della legge** ed interviene **solo quando manchi in tutto o in parte la successione testamentaria**.

SEZIONE V - LA SUCCESSIONE TESTAMENTARIA

1. La successione testamentaria.

A) Nozione.

➢ La successione testamentaria è la successione regolata dalla **volontà del *de cuius*** che, nell'esercizio della sua **autonomia privata**, attraverso il **testamento**, individua i soggetti a cui attribuire il proprio patrimonio e regola la distribuzione dello stesso (o di una sua parte) tra i soggetti designati.

B) Rapporti tra successione testamentaria, successione legittima e successione necessaria.

Con riferimento ai rapporti tra la successione testamentaria e le altre tipologie di successione:

- la successione testamentaria si trova in una **situazione di preminenza rispetto alla successione legittima** (che opera solo quando manchi in tutto o in parte un testamento);
- la successione necessaria costituisce un **limite all'autonomia privata del testatore**, in quanto individua alcune categorie di successibili a cui deve essere in ogni caso garantita una quota del patrimonio ereditario.

C) Presupposti della successione testamentaria.

I **presupposti essenziali** della successione testamentaria sono:

- l'esistenza di un testamento valido;
- la capacità di disporre del testatore;
- la capacità di ricevere per testamento dei beneficiari.

MAPPA CONCETTUALE

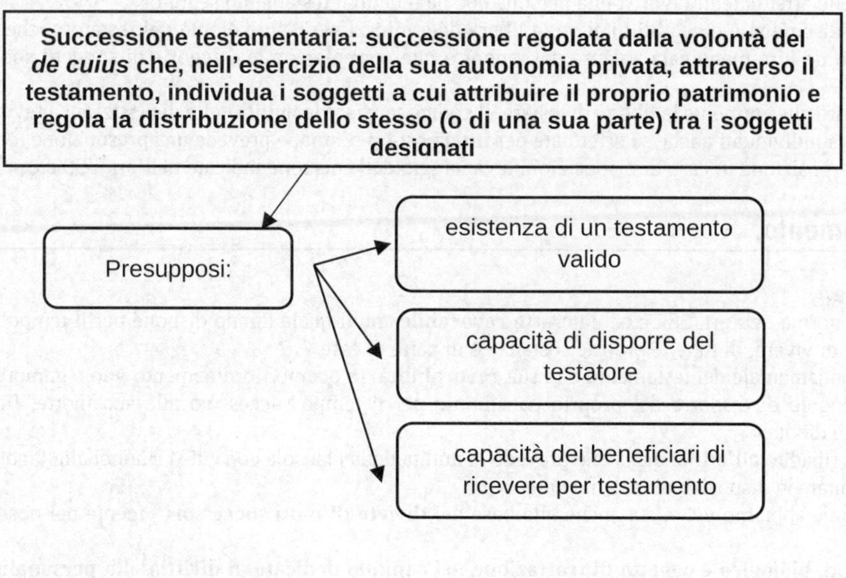

2. La capacità di disporre e di ricevere per testamento.

A) La capacità di disporre per testamento.

La **capacità di disporre** per testamento spetta a tutti i soggetti maggiorenni e capaci, in quanto l'art. 591 c.c. nega la capacità di testare:

- ai minorenni;
- agli interdetti giudiziali per infermità di mente;
- a coloro che si siano trovati in uno stato di incapacità, anche temporaneo, nel momento in cui il testamento è stato redatto (c.d. incapacità naturale).

Quando il testatore sia privo della capacità di testare **il testamento può essere impugnato**:
- da chiunque vi abbia interesse,
- nel termine di cinque anni dal giorno in cui è stata data esecuzione alle disposizioni testamentarie.
Si tratta, pertanto, di una ipotesi di **annullabilità assoluta**.

B) Capacità di ricevere per testamento.

La **capacità di ricevere per testamento** indica l'idoneità del chiamato ad essere beneficiario di disposizioni testamentarie.
Essa spetta, in linea generale, a tutti i soggetti che siano capaci di succedere (art. 462 c.c.); la capacità di ricevere per testamento risulta essere più ampia della capacità generica di ricevere per successione in quanto hanno la capacità di ricevere per testamento e non anche la capacità di succedere generica:

- il concepito;
- il nascituro non concepito ma figlio di persona vivente al tempo della morte del testatore;
- le persone giuridiche.

Gli articoli 596, 597 e 598 c.c. prevedono alcune categorie di soggetti che hanno una **incapacità di ricevere per testamento relativa**, cioè limitata ad un particolare soggetto.
Difatti è prevista la **nullità delle disposizioni testamentarie**:

- effettuate dalla persona sottoposta a tutela in favore del proprio tutore;
- di quelle effettuate in favore del notaio che ha ricevuto il testamento pubblico o in favore dei testimoni intervenuti;
- di quelle effettuate in favore della persona che ha redatto il testamento segreto.

La *ratio* di tale disciplina è quella di tutelare la libera determinazione della volontà del testatore, che si presume *iuris ed de iure* menomata a causa del rapporto intercorrente con le categorie di soggetti sopra richiamate.
Al fine di garantire ulteriormente la libertà di testare, il codice sancisce la nullità delle disposizioni a favore dei soggetti sopra individuati anche se effettuate per **interposta persona,** e prevede una presunzione *iuris et de iure* di interposizione in caso di disposizioni a vantaggio delle persone indicate nell'art. 599 c.c.

3. Il testamento.

A) Nozione.

Il testamento, a norma dell'art. 587 c.c., è un **atto revocabile** con il quale taluno dispone per il tempo in cui avrà cessato di vivere, di tutte le proprie sostanze o di parte di esse.
Caratteristica fondamentale del testamento è la sua **revocabilità**, in quanto l'ordinamento vuole garantire la libertà del singolo di disporre del proprio patrimonio per il tempo successivo alla sua morte, fino all'ultimo istante di vita.
Tale principio è ribadito all'art. 679 c.c. che prevede la nullità della clausola con cui si rinunci alla facoltà di revocare o mutare le disposizioni testamentarie.
Tale aspetto, come abbiamo visto, sta anche alla base del **divieto di patti successori** vigente nel nostro ordinamento.
Il testamento c.d. biologico è oggetto di trattazione nel capitolo dedicato ai diritti della personalità

in quanto pur essendo denominato in tal modo giuridicamente non è regolato dalle norme dettate in materia testamentaria.

B) Caratteri principali del testamento.

Il testamento è un **negozio giuridico**:

1. **unilaterale**: per la validità del testamento non è necessaria l'adesione di nessun soggetto, in quanto l'accettazione è un negozio autonomo che non serve a perfezionare il negozio testamentario, già di per sé perfetto;
2. **non recettizio**: il negozio testamento è valido ed efficace anche se non sia stato portato a conoscenza di altre persone;
3. **personalissimo**: il testamento deve essere compiuto personalmente dal soggetto della cui successione si tratta, non potendo operare la disciplina della rappresentanza, né legale né volontaria.

C) La disciplina applicabile al testamento.

Dalla natura negoziale del testamento discende l'applicazione allo stesso della **disciplina del contratto**, in quanto compatibile. Sono senz'altro da ritenere inapplicabili alcune norme, come quelle che disciplinano l'accordo delle parti, gli effetti, la rappresentanza e la cessione del contratto. Si ritengono inapplicabili anche quelle norme che regolano materie per le quali esiste una disciplina specifica in ambito testamentario (come, ad esempio, forma, vizi della volontà, elementi accidentali).

Si ritengono, invece, **applicabili in via analogica** gli articoli 1325, 1346, 1347, 1348, 1359, 1360, 1382-84 c.c.

La dottrina prevalente non ritiene applicabile al testamento la disciplina della **simulazione** del contratto, facendo leva sull'art. 1414 c.c. che prevede l'applicazione di tale disciplina agli atti unilaterali solo quando gli stessi siano recettizi.

Per quanto riguarda le norme sull'**interpretazione**, la dottrina è concorde nel ritenere applicabili quelle sull'**interpretazione soggettiva**, al fine di ricostruire l'effettiva e concreta volontà del testatore, mentre maggiori dubbi sorgono in ordine all'applicabilità dei criteri di interpretazione oggettiva.

Difatti obiettivo primario dell'attività di interpretazione del testamento è quello di ricostruire correttamente la volontà del testatore.

D) La volontà testamentaria.

La volontà del testatore per essere salvaguardata e tutelata dall'ordinamento, deve essere **certa e determinata**.

È difatti evidente che la volontà del testatore non può in alcun modo essere tutelata se la disposizione testamentaria è formulata in maniera del tutto incerta in ordine ai suoi elementi essenziali, quali possono essere l'indicazione della persona designata o l'oggetto del lascito.

Il **principio della certezza della volontà testamentaria** si evince da una pluralità di precetti normativi, quali ad esempio quelli concernenti:

1. Le disposizioni a favore dell'anima (art. 629 c.c.)
2. Le disposizioni a favore dei poveri (art. 630 c.c.)
3. Le disposizioni fiduciarie (art. 627 c.c.).

▶ 3.1. La forma del testamento.

Il testamento è un **negozio formale e solenne** che richiede, a pena di nullità, una particolare forma (***forma ad substantiam***).

Il codice civile prevede delle **forme ordinarie** e delle **forme speciali** di testamento:

- caratteristica comune è il requisito della **forma scritta**, in quanto nel nostro ordinamento non è ammissibile il **testamento orale o nuncupativo**, ritenuto nullo dalla giurisprudenza.

Tra le forme ordinarie di testamento si distingue tra testamento olografo e testamento per atto di notaio, il quale può essere pubblico o segreto.

A) Il testamento olografo.

Il **testamento olografo** è il testamento scritto, datato e sottoscritto di proprio pugno dal testatore (art.602 c.c.):

- l'**autografia** comporta che il testamento sia scritto integralmente e personalmente dal testatore. Se manca l'autografia il testamento è **nullo**;
- la **data**, con indicazione del giorno, del mese e dell'anno in cui il testamento è stato redatto, serve sia a valutare la capacità del testatore al momento della redazione del testamento sia a valutare l'eventuale anteriorità o posteriorità rispetto ad altri testamenti. Difatti l'art. 602 comma 3 c.c. prevede che la **prova della non veridicità della data** è ammessa solo quando si tratti di giudicare i due aspetti sopra richiamati. Qualora la data sia mancante il testamento è **annullabile**;
- la **sottoscrizione** deve essere posta alla fine delle disposizioni ed è valida, se designa con certezza la persona del testatore, anche quando non è fatta mediante l'indicazione del nome e del cognome (ad esempio nell'ipotesi in cui il testatore utilizzi uno pseudonimo). La mancanza della sottoscrizione determina la **nullità** del testamento.

Il testamento olografo, una volta redatto, può essere consegnato ad un notaio affinché provveda alla sua conservazione.

B) Il testamento per atto di notaio: il testamento pubblico e il testamento segreto.

Il **testamento per atto di notaio** può essere pubblico o segreto.

1. Il **testamento pubblico** (art. 603 c.c.) è il testamento ricevuto, con le dovute formalità, da un notaio, alla presenza di due testimoni.
   In particolare, il testatore riferisce la sua volontà testamentaria al notaio, che provvede, previo accertamento dell'identità personale del testatore, a metterla per iscritto in presenza dei due testimoni.
   Il testamento, previa lettura a cura del notaio al testatore e ai testimoni, è infine sottoscritto da tutti i soggetti intervenuti.
   Il testamento pubblico fa piena prova, fino a querela di falso, delle dichiarazioni che in esso sono contenute.

2. Il **testamento segreto** è scritto dal testatore o da un terzo, e consegnato al notaio in busta sigillata, alla presenza di due testimoni.
   Il notaio provvede a redigere l'**atto di ricevimento** nel quale è indicato il fatto della consegna e il rispetto di tutte le formalità prevista dalla legge.
   Il testamento segreto (così come quello olografo), può o essere in qualsiasi momento **ritirato** dalle mani del notaio o dall'archivio presso il quale era depositato (art. 608 c.c.), e deve essere **pubblicato** affinché se ne possa dare esecuzione (art. 620 c.c. e seguenti).

C) Le forme speciali di testamento.

Le **forme speciali** di testamento, ex art. 609 c.c., sono utilizzabili soltanto quando il testatore, per cause particolari (malattie contagiose, calamità pubbliche, infortuni) non possa avvalersi di una delle forme ordinarie.
Tali testamenti sono destinati a **perdere efficacia** quando, cessata la contingenza e l'urgenza o il termine indicato dalla legge (tre mesi), il testatore possa avvalersi nuovamente delle forme ordinarie.

D) Il testamento internazionale.

Con la l. 29 novembre 1990, n. 387 l'Italia ha aderito alla Convenzione di Washington del 26 ottobre 1973 che istituisce una legge uniforme sulla forma di un **testamento internazionale**.

▶ 3.2. Gli elementi accidentali del testamento. La condizione.

A) Nozione di condizione.

Il testamento può contenere anche elementi accidentali (condizione, termine ed onere).
L'art. 633 c.c. prevede che le disposizioni a titolo universale e particolare possano farsi sotto condizione sospensiva o risolutiva.

➢ La condizione è un evento futuro ed incerto da cui si fa dipendere:
- l'efficacia della disposizione (**condizione sospensiva**);
- o il cessare dei suoi effetti (**condizione risolutiva**).

B) Effetti della condizione.

Gli effetti della condizione operano **retroattivamente** (art. 646 c.c.), con la conseguenza che:
- nel caso in cui si avveri la **condizione sospensiva**, il chiamato è considerato erede sin dal momento dell'apertura della successione;
- se si avvera la **condizione risolutiva**, si considera come se non fosse mai stato chiamato all'eredità.

C) Condizione impossibile o illecita.

Il codice civile prevede una disciplina difforme da quella del contratto in caso di apposizione di condizioni impossibili o illecite ad un testamento.
Difatti:
- il contratto in presenza di tali condizioni è nullo;
- nel testamento, in forza del principio di conservazione della volontà testamentaria, tali condizioni si **considerano come non apposte**, salvo quanto disposto dall'art. 626 c.c.

Pertanto, le condizioni impossibili o illecite determinano la nullità della disposizione solo qualora costituiscano il **motivo unico e determinante della volontà del testatore**.
Tra le condizioni espressamente considerate come illecite dal codice civile vi è:
- la **condizione di reciprocità** (art. 635 c.c.) che si ha nell'ipotesi in cui il testatore subordina l'efficacia della disposizione testamentaria alla circostanza di essere a sua volta istituito erede dall'istituito;
- la **condizione che vieta le prime nozze o le ulteriori** (art. 636 c.c.).

D) Amministrazione del patrimonio ereditario in pendenza della condizione.

Il codice civile, infine, prevede delle specifiche norme volte a garantire l'amministrazione del patrimonio ereditario in pendenza della condizione:
- in caso di condizione risolutiva tale amministrazione spetta all'erede, ma l'autorità giudiziaria, qualora ne ravvisi l'opportunità, può imporgli di prestare idonea garanzia (art. 639 c.c.);
- in caso di condizione sospensiva, invece, viene nominato un amministratore dell'eredità (art. 641 e seguenti c.c.).

▶ 3.2.1. Il termine.

1. <u>**Apponibilità di un termine ad una disposizione a titolo universale**</u>.
   Il termine, evento futuro e certo da cui si fa decorrere l'efficacia (**termine iniziale**) o la perdita di efficacia (**termine finale**) di una disposizione testamentaria, non può essere apposto all'istituzione di erede (cioè alla disposizione testamentaria **a titolo universale**), in base al principio *semel heres semper heres*. L'art. 637 c.c. prevede che debba considerarsi come non apposto.
2. <u>**Apponibilità di un termine ad una disposizione a titolo particolare**</u>.
   È invece possibile l'apposizione di un termine iniziale o finale ad un legato (cioè ad una disposizione testamentaria **a titolo particolare**).

▶ 3.2.2. L'onere.

A) Nozione.

L'art. 647 c.c. prevede che, tanto all'istituzione di erede che al legato, può essere apposto un onere.

➢ Con tale elemento accidentale si impone all'erede o al legatario, l'**obbligo di compiere una determinata prestazione** (di fare, non fare o di dare).

L'onere, quindi, a differenza della condizione e del termine, non incide sull'efficacia della disposizione testamentaria, che rimane valida ed efficace anche in caso di inadempimento dell'onere, ma comporta esclusivamente **l'apposizione di un peso di carattere patrimoniale** sulla disposizione a titolo universale o particolare.

B) Onere impossibile o illecito.

L'onere impossibile e illecito si considera come **non apposto** e rende nulla la disposizione testamentaria solo quando ne abbia costituito il solo motivo determinante (art. 647 comma 2 c.c.).

C) Adempimento dell'onere.

Per l'adempimento dell'onere può agire qualsiasi interessato.

La **risoluzione della disposizione testamentaria** per inadempimento dell'onere può essere richiesta all'autorità giudiziaria:

- solo se la risoluzione sia stata prevista dal testatore;
- o se l'adempimento dell'onere ha costituito il solo motivo determinante della disposizione.

4. L'Invalidità del testamento.

Il codice civile non disciplina in via generale le cause di invalidità del testamento, ma le singole ipotesi di invalidità sono previste in diverse norme dello stesso codice.

È opportuno distinguere tra invalidità che colpisce l'**intero atto** e invalidità che colpisce le **singole disposizioni**.

A) Ipotesi di invalidità che colpiscono l'intero testamento.

1. <u>Nullità dell'intero testamento</u>.

   Le ipotesi di nullità dell'intero testamento ricorrono in caso di:

   1) **Vizi di forma**: le ipotesi di nullità per difetto di forma, nell'ottica del *favor testamenti*, sono **tassative** e riguardano:
      - la mancanza di autografia e di sottoscrizione del testamento olografo;
      - la mancanza di redazione per iscritto da parte del notaio nel testamento pubblico;
      - la mancanza della sottoscrizione del notaio o del testatore nel testamento pubblico (art. 606 comma 1 c.c.).

   2) **Testamento congiuntivo o reciproco** che si configura nell'ipotesi in cui due o più persone fanno testamento nel medesimo atto a vantaggio di un terzo o con disposizione reciproca.

   3) **Violenza fisica**, che si configura nell'ipotesi in cui il testatore sia stato fisicamente costretto alla redazione del testamento.

2. <u>Annullabilità dell'intero testamento</u>.

   Le ipotesi di annullabilità dell'intero testamento ricorrono in caso di:

   1) **Altri vizi di forma**, non espressamente contemplati dall'art. 606 comma 1 c.c., determinano l'**annullabilità** del testamento su istanza di chiunque vi abbia interesse (**annullabilità assoluta**), nel termine di prescrizione di cinque anni dal giorno in cui è stata data esecuzione delle disposizioni testamentarie.

   2) **difetto di capacità** del testatore per minore età, interdizione giudiziale e incapacità naturale (art. 591 c.c.).

B) Ipotesi di invalidità delle singole disposizioni.

1. <u>**Nullità delle singole disposizioni testamentarie**</u>.

La **nullità** delle singole disposizioni si ha in ipotesi specificatamente individuate dal legislatore, quali ad esempio:

- la disposizione testamentaria determinata da un **motivo illecito** unico e determinante che risulti, anche implicitamente, dal testamento (art. 626 c.c.);
- la **disposizione in favore di persona incerta** (art. 628 c.c.);
- disposizione testamentaria in cui l'individuazione del destinatario sia rimessa all'**arbitrio di un terzo** (art. 631 c.c.)

2. <u>**Annullabilità delle singole disposizioni testamentarie**</u>.

L'**annullabilità delle singole disposizioni** si ha, invece, in caso di **vizi della volontà** ex art. 624 c.c. e cioè in presenza di **errore**, **violenza** e **dolo** (per la cui definizione è applicabile in larga parte la disciplina del contratto).

Si tratta di una ipotesi di **annullabilità assoluta**, in quanto può essere fatta valere da chiunque vi abbia interesse e si prescrive nel termine di cinque anni dal giorno in cui si è avuto notizia della violenza, del dolo o dell'errore.

Inoltre, il testamento è annullabile anche per **errore sul motivo**, quando il motivo risulti dal testamento ed è il solo che ha determinato il testatore a disporre.

Riguardo all'**errore ostativo**, l'art. 625 c.c. stabilisce che, se vi è stato un errore nell'indicazione dell'erede o del legatario o dell'oggetto del lascito, ma sia desumibile, dal contesto delle disposizioni o *aliunde*, a chi il testatore volesse riferirsi e cosa volesse attribuire, la disposizione testamentaria resta comunque valida.

C) La conversione del testamento nullo.

L'istituto della conversione del negozio nullo ricorre nell'ipotesi in cui il negozio, pur essendo nullo, produce gli effetti di un negozio giuridico diverso, di cui abbia i requisiti di sostanza e di forma.

Con particolare riferimento al negozio testamentario è senz'altro non applicabile al testamento una **conversione di tipo sostanziale** (cioè una conversione che abbia ad oggetto la stessa natura del negozio posto in essere), in quanto non è configurabile nel nostro ordinamento un negozio che possa svolgere la stessa funzione del testamento.

È invece configurabile una **conversione di tipo formale** del testamento: difatti, a norma dell'art. 607 c.c. il testamento segreto che manca di qualche requisito suo proprio ha effetto come testamento olografo, qualora di questo presenti i requisiti.

D) La sanatoria delle disposizioni testamentarie nulle.

Le disposizioni testamentarie nulle possono essere **sanate** attraverso la conferma o la volontaria esecuzione, previste dall'art. 590 c.c.

Tale disposizione, difatti, prevede che la nullità della disposizione testamentaria non può essere fatta valere da chi, conoscendo la causa di nullità, dopo la morte del testatore:

- ha confermato la disposizione testamentaria (**conferma espressa**);
- ha dato ad essa volontaria esecuzione (**conferma tacita**).

5. La revoca delle disposizioni testamentarie.

Il testamento, come precedentemente evidenziato, può essere revocato dal testatore fino al momento della sua morte.

Tale revoca può essere espressa, tacita o di diritto.

A) Revoca espressa.

La revoca è espressa se il testatore:

- con un nuovo testamento;

- o con atto ricevuto da notaio in presenza di due testimoni;

dichiara espressamente di revocare in tutto o in parte la disposizione anteriore, che non potrà di conseguenza produrre alcun effetto.

- Una volta revocato il testamento è possibile anche una **revoca della revoca** (con le medesime formalità previste per la revoca espressa) per effetto della quale rivivono le disposizioni revocate (c.d. reviviscenza).

B) Revoca tacita.

La revoca tacita può avvenire in più ipotesi. In particolare:

- il **testamento posteriore**, anche se non contiene una revoca espressa, comporta la revoca tacita di tutte le disposizioni testamentarie anteriori, che siano incompatibili con la nuova manifestazione di volontà del testatore;
- il **testamento olografo distrutto, lacerato o cancellato**, in tutto o in parte, si considera, in tutto o in parte, revocato, a meno che non si provi che fu distrutto, lacerato o cancellato da persona diversa dal testatore, ovvero si provi che il testatore non ebbe intenzione di revocarlo (art. 684 c.c.);
- il **ritiro del testamento segreto** dalle mani del depositario (notaio, archivista) non importa revocazione del testamento, solo se la scheda testamentaria possa valere come testamento olografo (art. 685 c.c.).

Un'ipotesi di revoca tacita prevista solo per le disposizioni a titolo particolare è quella relativa ai casi di **alienazione o trasformazione della cosa legata** (art. 686 c.c.).

C) Revoca di diritto per sopravvenienza di figli.

La revoca di diritto delle disposizioni testamentarie a titolo universale e particolare si verifica:

- qualora **venga scoperta l'esistenza** di un figlio o discendente che il *de cuius* **ignorava** di avere al momento della redazione del testamento;
- qualora **sopravvenga** dopo la redazione del testamento un figlio o discendente, legittimo o adottivo, anche se già concepito al tempo del testamento;
- qualora avvenga il **riconoscimento di un figlio naturale** dopo la redazione del testamento.

6. La pubblicazione del testamento e la sua esecuzione.

A) La pubblicazione del testamento.

Successivamente alla morte del testatore sorge l'esigenza di rendere pubblico il contenuto del testamento: a tale esigenza provvede l'istituto della pubblicazione del testamento olografo e del testamento segreto.
La **mancata pubblicazione** del testamento olografo o del testamento segreto comporta l'impossibilità di fatto di conoscerne il contenuto e di conseguenza di eseguire le disposizioni di ultima volontà del testatore.

B) Gli esecutori testamentari.

Normalmente l'esecuzione del testamento spetta all'erede.
Il testatore, tuttavia, può designare uno o più esecutori testamentari che diano attuazione alle sue volontà (artt. 700 ss. c.c.): la funzione tipica dell'esecutore testamentario (che è titolare di un ufficio di diritto privato) è quella di **curare che siano esattamente eseguite le volontà del testatore**.
La funzione di esecutore testamentario può essere assunta solo da chi ha la **piena capacità di obbligarsi** (art. 701, comma 1, c.c.), anche se erede o legatario (art. 701, comma 2, c.c.).
L'assunzione dell'ufficio non è automatica in quanto è richiesto che l'esecutore designato dal testatore **accetti la carica**, con dichiarazione da rendersi alla cancelleria del tribunale nella cui circoscrizione si è aperta la successione. Di ciò, quindi, si deve dare **pubblicità nel registro delle successioni**.
Al fine di adempiere al suo incarico, l'esecutore:

- ha **l'amministrazione della massa ereditaria;**

- ha **il possesso dei beni ereditari**, dovendoli custodire e dovendo riscuotere i frutti;
- può richiedere all'autorità giudiziaria, quando necessario, l'**autorizzazione ad alienare** uno o più beni ereditari;
- durante la sua gestione ha la **rappresentanza processuale** dell'eredità;

Fra i poteri di amministrazione dell'esecutore rientrano quelli di:

- **eseguire i legati**;
- di **adempiere gli oneri** disposti nel testamento;
- di **pagare i creditori ereditari**.

Il testatore può anche prevedere che l'esecutore testamentario **non abbia l'amministrazione della massa ereditaria ed il possesso dei relativi beni**: in tal caso l'esecutore ha solo il compito di chiedere l'apposizione dei sigilli e la redazione dell'inventario nei casi richiesti dalla legge.

Dizionario di termini tecnici

- **Successione testamentaria**
  La successione testamentaria è la successione regolata dalla **volontà del *de cuius*** che, nell'esercizio della sua **autonomia privata**, attraverso il **testamento**, individua i soggetti a cui attribuire il proprio patrimonio e regola la distribuzione dello stesso (o di una sua parte) tra i soggetti designati.

- **Capacità di ricevere per testamento**
  La **capacità di ricevere per testamento** indica l'idoneità del chiamato ad essere beneficiario di disposizioni testamentarie.
  Essa spetta, in linea generale, a tutti i soggetti che siano capaci di succedere (art. 462 c.c.).

- **Capacità di succedere**
  La capacità di succedere, intesa come idoneità del soggetto a subentrare nei rapporti che facevano capo al defunto, spetta ex art. 462 c.c. a tutti coloro che sono **nati** o **concepiti** al tempo dell'apertura della successione.

- **Testamento**
  Il testamento, a norma dell'art. 587 c.c., è un **atto revocabile** con il quale taluno dispone per il tempo in cui avrà cessato di vivere, di tutte le proprie sostanze o di parte di esse.

SEZIONE VI - LA SUCCESSIONE A TITOLO PARTICOLARE: I LEGATI

1. La nozione di legato.

- Il legato è una **disposizione *mortis causa* a titolo particolare** con cui il testatore attribuisce al beneficiario beni o diritti determinati, i quali non vengono considerati come una quota del patrimonio ereditario.

Di regola, quindi, il legato è disposto con **testamento**, ma può anche derivare dalla **legge** (ad esempio il diritto del coniuge di abitazione della casa familiare è un legato *ex lege*).
Il beneficiario del legato è detto **legatario**, mentre il soggetto su cui grava l'adempimento del legato è detto **onerato**.

2. Soggetti tenuti all'adempimento del legato: il sublegato e il prelegato.

Se il testamento nulla dispone, **onerati sono tutti gli eredi**, ciascuno in proporzione alla propria quota.
Il testatore può prevedere che all'adempimento del legato sia tenuto uno o solo alcuni degli eredi o un legatario. In quest'ultima ipotesi ricorre la figura del **sublegato**, e il legatario sarà tenuto all'adempimento del legato a lui imposto, così come a qualsiasi altro onere, entro i limiti di valore della cosa legata (art. 671 c.c.).
Dal sublegato si distingue il **prelegato** (art. 661 c.c.) che è il legato a favore dell'erede e a carico dell'eredità: il soggetto a favore del quale è disposto il legato è quindi sia erede onerato che legatario.
L'affermazione secondo cui il legato **si considera tale per l'intero ammontare** implica che l'erede beneficiario ha diritto al bene oggetto del legato in **prededuzione** dal patrimonio ereditario e a prescindere dalla sua quota di eredità.
L'erede legatario quindi da un lato riceve il legato, dall'altro, gravando il legato sull'eredità, vede diminuire il valore complessivo del patrimonio ereditario e, di conseguenza, anche la sua quota di eredità.

3. L'acquisto del legato e la rinuncia.

L'art. 649 c.c. sancisce il principio secondo cui il legato si acquista, *ipso iure,* **senza bisogno di accettazione**, salva la **facoltà di rinunciare**, e fermo restando l'obbligo del legatario di domandare all'onerato il possesso della cosa legata.
La rinuncia al legato è una rinuncia *abdicativa* con cui il soggetto si priva di un diritto già acquistato: si tratta di un **atto unilaterale non recettizio** per il quale si ritengono applicabili le norme in tema di rinuncia all'eredità.
Vi può essere una situazione di incertezza in ordine alla volontà del legatario di rinunciare all'attribuzione compiuta nei suoi confronti; per ovviare a tale situazione l'art. 650 c.c. prevede che, chiunque ne abbia interesse, possa richiedere all'autorità giudiziaria la fissazione di un termine entro il quale il legatario dichiari se intende esercitare la facoltà di rinunciare (c.d. ***actio interrogatoria***).
Il decorso di tale termine, in assenza della dichiarazione, comporta la perdita del diritto di rinunciare al legato.
Con riferimento all'**inefficacia** del legato l'art. 673 c.c. prevede che il legato non ha effetto se la cosa legata è interamente perita durante la vita del testatore, o se, dopo la sua morte, sia divenuta impossibile la prestazione imposta all'onerato per causa a lui non imputabile.

4. Tipologie di legato.

1. **Legato di specie e legato di genere.**
   Il legato può avere ad oggetto l'attribuzione di un **bene** o di un **diritto** o la **liberazione da un**

debito (c.d. legato liberatorio).
In particolare, il legato può avere ad oggetto l'attribuzione del diritto di proprietà o di altro diritto reale su di un bene determinato del testatore (**legato di specie**), o su cose determinate soltanto nel genere (**legato di genere**).
In quest'ultima ipotesi il legato è valido anche se nessuna cosa del genere indicato fa parte del patrimonio ereditario (art. 653 c.c.).

2. **Il legato di cosa dell'onerato o di un terzo.**
Tale tipologia di legato si ha nell'ipotesi in cui oggetto del legato sia una cosa che non è di proprietà del *de cuius*: tale legato è nullo, a meno che risulti che il testatore sapeva che la cosa legata apparteneva all'onerato o al terzo.
In tal caso l'onerato è obbligato, a sua scelta, ad acquistare la proprietà della cosa dal terzo e trasferirla al legatario, o a pagarne a quest'ultimo il giusto prezzo.

3. **Il legato di cosa del legatario**.
Tale legato è nullo se la cosa, che apparteneva al legatario al tempo in cui fu fatto il testamento, gli appartiene ancora al tempo dell'apertura della successione.
Se in tale momento la cosa è divenuta di proprietà del testatore, il legato è valido, così come è valido se la cosa è divenuta di proprietà dell'onerato o di un terzo e risulta che essa fu legata in previsione di tale avvenimento.

4. **Il legato di credito e legato di liberazione da debito.**
In entrambe le ipotesi oggetto del legato è un credito vantato dal testatore; nel primo caso il testatore cede tale credito al legatario mentre nel secondo caso libera il debitore del credito dall'adempimento.

5. **Il legato in favore del creditore.**
In tal caso se il testatore non fa menzione del suo debito, il legato non si presume fatto per soddisfare il legatario del suo credito.

6. **Il legato di alimenti** (art.660 c.c.).
Tale tipologia di legato comporta l'obbligo per l'onerato di prestare gli alimenti in favore del legatario.

7. **Il legato di rendita vitalizia** (vedi art. 1872 comma 2).

Dizionario di termini tecnici

- **Legato**
Il legato è una **disposizione *mortis causa* a titolo particolare** con cui il testatore attribuisce al beneficiario beni o diritti determinati, i quali non vengono considerati come una quota del patrimonio ereditario.

SEZIONE VII - LA COMUNIONE EREDITARIA E LA DIVISIONE

1. La comunione ereditaria ed il retratto successorio.

A) Nozione.

Nell'ipotesi in cui l'eredità sia accettata da più eredi, sui beni ereditari si forma una **comunione ereditaria** a cui si applicano le regole stabilite per la comunione ordinaria (art. 1100 e seguenti c.c.).

B) Il retratto successorio.

Al fine di evitare che nella comunione tra i coeredi si inseriscano soggetti estranei, è previsto un **diritto di prelazione**, in favore degli altri coeredi, sulla quota ereditaria che uno degli stessi intenda alienare.

➢ **L'art. 732 c.c.** prevedendo che l'erede che intenda alienare la sua quota debba notificare la proposta di alienazione agli altri coeredi, che potranno esercitare il loro diritto di prelazione sulla quota nel termine di due mesi dall'ultima delle notificazioni, istituisce un diritto di prelazione avente natura **reale**.

2. La divisione ereditaria.

A) Nozione.

I coeredi possono in qualsiasi momento chiedere la **divisione ereditaria**: per effetto di tale divisione viene a cessare lo stato di comunione sui beni ereditari.
In particolare, ciascuno dei coeredi ottiene la **proprietà esclusiva** su parte dei beni ereditari che erano in comunione, per un valore corrispondente alla sua quota, e **si considera come se non avesse mai avuto la proprietà degli altri beni ereditari** (art. 757 c.c.).
Alla divisione devono **necessariamente partecipare tutti i coeredi** e la stessa deve avere ad oggetto **tutte le situazioni giuridiche** che compongono la comunione ereditaria (c.d. **universalità oggettiva e soggettiva** della divisione).
Ciò nonostante, i coeredi possono procedere anche ad una **divisione parziale** (c.d. **stralcio divisionale**) in forza della quale parte dei beni ereditari vengono divisi tra gli eredi e parte resta in regime di comunione ereditaria.

B) Legittimazione a richiedere la divisione ereditaria.

Gli artt. 1111, comma 1, e 713 c.c. dettano la regola generale, rispettivamente, in tema di scioglimento della comunione ordinaria ed ereditaria, secondo cui spetta a ciascun contitolare **il diritto potestativo ed imprescrittibile** di chiedere in ogni tempo lo scioglimento della comunione.
Il principio generale tollera alcune **eccezioni**, potendo essere temporaneamente sospeso il diritto di promuovere lo scioglimento della comunione, purché non *sine die* (si vedano gli artt. 1111 co. 1 e 2 c.c., art. 713 c.c., art. 717 c.c.).
La legge prevede altresì singole **ipotesi di impedimento** alla divisione in ambito successorio (art. 715 c.c.).

C) Forme di divisione ereditaria.

Il legislatore prevede diverse forme di scioglimento della comunione.
In particolare, la divisione può essere fatta:

- d'accordo tra i coeredi (**divisione convenzionale**);
- dallo stesso testatore nel testamento (**divisione testamentaria**);
- o per opera del giudice (**divisione giudiziale**).

▶ 2.1. La divisione convenzionale.

A) Nozione.

La divisione convenzionale si ha nell'ipotesi in cui i coeredi pongano in essere un **contratto di divisione** con cui sciolgono la comunione, assegnando a ciascun coerede beni per un valore corrispondente alla loro quota ereditaria.
Si tratta di un **contratto:**

- **plurilaterale**, in quanto vi devono partecipare tutti i coeredi (o i loro successori a titolo universale) a pena di nullità;
- a carattere **sinallagmatico**, dato che vi è corrispettività nell'interdipendenza e nella reciproca proporzione tra le porzioni attribuite.

B) Regime di invalidità della divisione convenzionale.

Al contratto di divisione si applica la **disciplina generale del contratto**, anche con riferimento alla sua eventuale **invalidità**.
In ordine a quest'ultimo aspetto, inoltre, il legislatore prevede due specifiche azioni per l'impugnazione del contratto *de quo*:

1. **Azione di annullamento per violenza o dolo.**
   L'art. 761 c.c. dispone che la divisione è annullabile quando è il frutto di **violenza o di dolo**: la relativa azione si prescrive in cinque anni, a decorrere dal giorno in cui è cessata la violenza o il dolo è stato scoperto.
   L'azione di annullamento per **errore** è pertanto esclusa; ciò nonostante, il legislatore ha previsto altri rimedi che permettono all'errore di assumere rilevanza:
   - se per errore sono stati omessi dei beni dalla divisione opera il rimedio del **supplemento di divisione** (art. 762 c.c.);
   - in caso di errore nella valutazione dei beni opera il rimedio della **rescissione per lesione**.

2. **Azione di rescissione per lesione.**
   L'art. 763 c.c. prevede che la divisione dei beni ereditari può essere **rescissa**, nel termine di prescrizione di due anni, quando taluno tra i coeredi dia la prova di essere stato leso **oltre il quarto** rispetto alla misura della quota di sua spettanza.
   Il comma secondo dell'articolo in esame estende il rimedio *de quo* anche alla divisione effettuata dal testatore.
   L'art. 767 c.c. dispone che il coerede, contro il quale sia stata promossa l'azione di rescissione, può bloccarne il corso, e impedire una nuova divisione, **offrendo il supplemento** della porzione ereditaria, in danaro o in natura, all'attore e agli altri coeredi che si sono a lui associati.

▶ 2.2. La divisione giudiziale.

A) Nozione.

La divisione giudiziale è quel mezzo di scioglimento della comunione che interviene all'**esito di un procedimento civile** (avente natura di volontaria giurisdizione se non sorgono contestazione e di giurisdizione contenziosa quando sono presentate opposizioni o contestazioni dei condividenti) intrapreso da uno o più condividenti, una volta accertata **l'impossibilità di raggiungere un accordo** sulla divisione.
La disciplina dell'istituto presenta notevoli affinità con la divisione negoziale, alla quale si può in larga parte rinviare.

B) Fasi della divisione giudiziale.

Il procedimento di divisione giudiziale passa attraverso le seguenti fasi:

1. in primo luogo, deve procedersi alla **formazione della massa ereditaria** previa collazione qualora ne ricorrano i presupposti (vedi *infra*):

2. successivamente deve compiersi la **stima dei beni**, secondo il valore venale dei singoli oggetti al tempo della divisione;
3. eseguita la stima dei beni viene formato il **progetto di divisione** formando tante porzioni quanti sono gli eredi o le stirpi condividenti in proporzione delle loro quote. In particolare, le porzioni devono essere formate comprendendo una quantità di mobili, immobili, crediti, di eguale natura e qualità, in proporzione dell'entità di ciascuna quota;
4. infine, si procede all'**attribuzione** a ciascun erede delle porzioni formate.

▶ 2.3. La divisione testamentaria.

A) Nozione.

Nella divisione testamentaria è direttamente il testatore a dettare le regole che devono essere seguite nella divisione o a provvedere direttamente alla formazione delle porzioni di eredità da attribuire ai coeredi:

- nel primo caso (c.d. **assegno divisionale semplice**) il testatore detta le regole da seguire nelle operazioni divisionali, indicando i criteri per la formazione delle porzioni o attribuendo tale facoltà ad un terzo o all'esecutore testamentario;
- nel secondo caso (c.d. **assegno divisionale qualificato**), il testatore procede direttamente all'assegnazione dei beni ereditari a ciascun coerede. In tal caso i beni non cadono in comunione ereditaria, in quanto l'erede, al momento dell'accettazione acquista direttamente i beni che gli sono stati assegnati dal testatore.

Nell'ipotesi in cui il testatore non abbia ricompreso nella divisione qualcuno dei legittimari o degli eredi istituiti (c.d. **preterizione**), la divisione è nulla.

Se invece il testatore ha leso un legittimario nella sua quota di riserva, quest'ultimo può agire con l'**azione di riduzione contro gli altri eredi** (art. 735 c.c.). Infine, quando il valore dei beni assegnati al coerede dal testatore è inferiore di oltre un quarto all'entità della quota ad esso spettante, il coerede può agire con l'azione di **rescissione per lesione** ex art. 765 c.c.

3. Gli obblighi dei condividenti in relazione ai debiti e ai pesi ereditari.

A) La garanzia per l'evizione.

In tutte le ipotesi di divisione (convenzionale, giudiziale e testamentaria), i condividenti sono tenuti tra loro alla **garanzia per l'evizione** e cioè a tenere indenni i coeredi dalle molestie ed evizioni da parte dei terzi sui beni oggetto della divisione, a meno che la tale garanzia non sia stata esclusa espressamente nell'atto di divisione o l'evizione sia dipesa dalla colpa del condividente (art. 758 c.c.).

B) Ripartizione dei debiti e dei pesi ereditari.

Con riferimento, infine, ai **debiti e ai pesi ereditari**, gli stessi devono essere sopportati, ex art. 752 c.c., dagli eredi in proporzione della loro quota di eredità, salvo che il testatore abbia diversamente disposto.

I **crediti ereditari,** invece, secondo l'impostazione prevalente, non si dividono automaticamente tra i coeredi ed entrano a far parte della comunione ereditaria.

4. La collazione.

A) Nozione.

➢ Prima di procedere alla divisione ereditaria è necessario ricostruire l'asse ereditario del defunto mediante collazione, cioè mediante il **conferimento nell'asse di tutto ciò che è stato donato ai coeredi** (art. 724 c.c.).

La collazione, infatti, svolge la funzione di mantenere tra gli eredi più stretti del *de cuius* **la proporzionalità di quote** che è stata stabilita dal testamento o dalla legge, presumendo il legislatore che, se il testatore ha fatto delle donazioni quando era in vita a favore del coniuge o dei propri discendenti, tali donazioni costituiscono nient'altro che una anticipazione sulla futura successione.

B) Soggetti tenuti alla collazione.

Alla collazione sono tenuti:

- figli;
- i loro discendenti;
- il coniuge o la parte dell'unione civile;

che concorrono alla successione, i quali **devono conferire** ai coeredi tutto ciò che hanno ricevuto dal defunto per donazione, direttamente o indirettamente.

La disciplina della collazione ha natura dispositiva in quanto il testatore può **dispensare dalla collazione** i soggetti sopra indicati (art. 737 c.c.).

La dispensa produce effetto solo **nei limiti della quota disponibile** (art. 737, comma 2, c.c.), in ossequio al principio di intangibilità della quota di riserva spettante ai legittimari.

C) Oggetto del conferimento.

L'**oggetto del conferimento consiste in quanto ricevuto "dal defunto per donazione direttamente o indirettamente": sono oggetto di collazione, pertanto, sia le donazioni dirette che quelle indirette.**

Non sono soggette a collazione:

- **le donazioni di modico valore fatte al coniuge o alla parte dell'unione civile;**
- **le spese di mantenimento, di educazione, per malattia o quelle ordinarie fatte per abbigliamento o nozze.**

L'art. 749 c.c. esclude dalla collazione quanto donato ai discendenti o al coniuge ovvero alla parte dell'unione al quale poi si succeda, nel mentre l'art. 740 c.c. prevede l'obbligo di conferire quanto donato all'ascendente da chi vi subentri *iure rappresentati*.

D) Modalità della collazione.

La collazione può avvenire:

- in **natura**, e cioè conferendo materialmente al patrimonio ereditario quanto ricevuto;
- per **imputazione**, e cioè imputando alla propria quota il valore del bene ricevuto in donazione.

In entrambi i casi si ha un effettivo trasferimento nella massa ereditaria di quanto oggetto della collazione.

- ➢ Per i **beni immobili** (art. 746 c.c.) la collazione può avvenire sia in natura (con effettivo ritrasferimento del bene alla massa ereditaria) che per imputazione;
- ➢ Per i **beni mobili** è possibile solo la collazione per imputazione, sulla base del valore che gli stessi avevano al tempo dell'apertura della successione (art. 750 c.c.).

Dizionario di termini tecnici

➢ <u>**Comunione ereditaria**</u>

Nell'ipotesi in cui l'eredità sia accettata da più eredi, sui beni ereditari si forma una **comunione ereditaria** a cui si applicano le regole stabilite per la comunione ordinaria (art. 1100 e seguenti c.c.).

➢ <u>**Divisione ereditaria**</u>

I coeredi possono in qualsiasi momento chiedere la **divisione ereditaria**: per effetto di tale divisione viene a cessare lo stato di comunione sui beni ereditari.

In particolare, ciascuno dei coeredi ottiene la **proprietà esclusiva** su parte dei beni ereditari che erano in comunione, per un valore corrispondente alla sua quota, e **si considera come se non avesse mai avuto la proprietà degli altri beni ereditari** (art. 757 c.c.).

➢ <u>**Collazione**</u>

Prima di procedere alla divisione ereditaria è necessario ricostruire l'asse ereditario del defunto mediante collazione, cioè mediante il **conferimento nell'asse di tutto ciò che è stato donato ai coeredi** (art. 724 c.c.).

Capitolo 10 | LE LIBERALITÀ TRA VIVI

SOMMARIO:
1. La donazione: nozione e disciplina. - **2.** Le donazioni motivate. - **2.1.** La donazione rimuneratoria. - **2.2.** La donazione obnuziale. - **2.3.** La donazione modale. - **3.** Le donazioni indirette.

1. La donazione: nozione e disciplina.

A) Nozione.

➢ La donazione, ex art. 769 c.c., è il **contratto,** con cui una parte, per **spirito di liberalità**, arricchisce l'altra, disponendo a favore di questa di un suo diritto o assumendo verso la stessa una obbligazione.

La donazione, in particolare, è connotata dalla presenza di un elemento oggettivo e di un elemento soggettivo:

- l'**elemento oggettivo** si caratterizza per il depauperamento del donante e per l'arricchimento del donatario;
- l'**elemento soggettivo** per lo **spirito di liberalità** (*animus donandi*) del donante.

In particolare, lo spirito di liberalità costituisce la **causa** del contratto di donazione e si identifica con lo scopo tipico e costante perseguito dal disponente, a prescindere dai motivi che possono averlo portato a porre in essere l'atto di liberalità.

➢ Lo spirito di liberalità può dirsi presente quando il disponente, nella consapevolezza di non esservi tenuto in virtù di un vincolo giuridico o extra giuridico, vuole arricchire il beneficiario, con depauperamento del proprio patrimonio.

B) La donazione e gli altri atti a titolo gratuito.

La donazione è, pertanto, un **atto di liberalità** che rientra nel *genus* dei **negozi a titolo gratuito**, costituendone una *species*. Difatti:

- **non tutti i negozi a titolo gratuito costituiscono donazione,** in quanto lo spirito di liberalità non caratterizza i negozi gratuiti nell'ipotesi in cui il disponente compia l'atto di attribuzione patrimoniale per un mero rapporto di cortesia (come può avvenire ad esempio nel comodato), o per realizzare anche un proprio interesse;
- **non tutte le liberalità sono donazioni**, dato che accanto alle liberalità donative (cioè la vera e propria donazione *ex* art. 769 c.c.) esistono liberalità non donative, che comprendono una serie di atti che hanno la caratteristica comune di produrre gli effetti propri della donazione, pur non essendo donazioni vere e proprie: es. donazioni indirette (art. 809 c.c.) e liberalità d'uso (art. 770, comma 2, c.c.).

C) Effetti della donazione.

La donazione può avere:

- **effetto reale**, quando il donante costituisce o trasferisce un diritto reale o di credito;
- **effetto liberatorio**, quando con la donazione si rinuncia ad un diritto;
- **effetto obbligatorio** quando il donante assume una obbligazione nei confronti del donatario.

D) La forma del contratto di donazione: la donazione manuale.

La donazione è un **contratto** che richiede la **forma *ad substantiam*** dell'atto pubblico (art. 782 c.c.) e la presenza necessaria di due testimoni (art. 48 della c.d. Legge Notarile – l. 16 febbraio 1913 n. 89). Trattandosi di un contratto, è necessaria l'**accettazione del donatario**, che può essere fatta nel medesimo atto pubblico o in uno successivo. In quest'ultimo caso la donazione si perfeziona quando l'atto di accettazione viene notificato al donante; fino a tale momento, sia il donante che il donatario possono revocare la propria dichiarazione (art. 782, comma 3, c.c.).

La donazione manuale:
L'art. 783 c.c. prevede un'**eccezione alla regola formale** di cui sopra, in quanto fa salva la validità della donazione anche in assenza di atto pubblico, quando si tratti di donazione di modico valore, avente ad oggetto beni mobili (c.d. **donazione manuale**). In tal caso, è necessario che vi sia stata la *traditio*, vale a dire la trasmissione del possesso del bene mobile oggetto della donazione.

E) La capacità di disporre per donazione.

Per compiere validamente un atto dispositivo donativo, oltre al requisito formale, è richiesta la **piena capacità di disporre**, e ciò sia per le persone fisiche sia per le persone giuridiche.

- È, tuttavia, valida la donazione fatta dal **minore e dall'inabilitato** nel **contratto di matrimonio**, a norma degli artt. 165 e 166 c.c., con estensione di tale regola anche al minore emancipato autorizzato all'esercizio dell'impresa commerciale (art. 774 c.c.).
- Colui che, sebbene non interdetto, abbia concluso il contratto di donazione in **stato di incapacità naturale** può ottenere l'annullamento senza provare la malafede dell'altro contraente, come è invece richiesto dall'art. 428 c.c. Le donazioni concluse dall'inabilitato, ai sensi dell'art. 776 c.c., possono essere impugnate anche anteriormente alla sentenza di inabilitazione e prima della nomina del curatore provvisorio.
- È nullo il **mandato a donare,** con cui si attribuisce ad altri la facoltà di designare la persona del donatario o di determinare l'oggetto della donazione (art. 778 c.c.): la donazione pertanto è atto personalissimo per cui non è ammessa la rappresentanza.

F) La capacità di ricevere per donazione.

Con riferimento alla **capacità del donatario**, invece, è bene distinguere la **capacità di acquistare** quanto oggetto della donazione dalla **capacità di accettare** la donazione: perché si verifichi l'acquisto, infatti, è necessaria e sufficiente la capacità giuridica, mentre per il negozio di accettazione occorre la capacità di agire.
La distinzione suddetta tra capacità di acquistare e capacità di accettare è più chiara nel caso di **donazione** disposta **a favore di un nascituro** purché figlio di una determinata persona vivente al tempo della donazione ex art. 784 c.c.

G) Beni che non possono costituire oggetto di donazione.

La donazione non può avere ad oggetto:

- **beni futuri**, a meno che si tratti di frutti non ancora separati;
- **beni di proprietà altrui**; *ratio* di tale divieto è quello di prevenire atti di liberalità aventi ad oggetto beni di cui il donante non abbia ancora la piena disponibilità.

H) Invalidità della donazione.

La donazione, essendo un contratto, è soggetta alla relativa **disciplina**, tranne alcune specifiche previsioni, analoghe a quelle previste in materia testamentaria.
Difatti anche per la **donazione nulla** è prevista la possibilità di **conferma** ad opera degli eredi (ma non dei chiamati) o aventi causa dal donante stesso, alle medesime condizioni previste dall'art. 590 c.c. (art. 799 c.c.); anche nella donazione l'**errore sul motivo** è causa di annullamento, quando risulta dall'atto e sia stato determinante (art. 787 c.c.).

I) Obblighi del donante e del donatario.

1. <u>**Obblighi del donante**</u>.
   In caso di inadempimento o di ritardo nell'eseguire la donazione, il **donante** risponde soltanto per **dolo o colpa grave** (art. 789 c.c.) e **garantisce per l'evizione** soltanto:
   - se lo ha espressamente promesso;
   - se l'evizione dipende da suo dolo o da suo fatto personale;
   - se si tratti di donazione modale o rimuneratoria per i servizi resi, ma solo nei limiti dell'ammontare del *modus* o dell'entità delle prestazioni ricevute dal donante (art. 797 c.c.).

2. <u>**Obblighi del donatario di prestare gli alimenti al donante**</u>.
   Dalla donazione ai sensi dell'art. 437 c.c. discende l'obbligo per il donatario, con precedenza rispetto ad ogni altro obbligato, di **prestare gli alimenti al donante**, salvo che si tratti di donazione fatta in riguardo di matrimonio o rimuneratoria.
   L'inadempimento dell'obbligo in esame non è causa di **revocazione** della donazione.

L) La revoca della donazione.

Il legislatore prevede due ipotesi:

1. <u>**La revocazione per ingratitudine.**</u>
   Tale tipologia di revocazione opera nei casi **tassativamente** indicati dall'art. 801 c.c.; si tratta di ipotesi in cui il donatario abbia posto in essere comportamenti lesivi del decoro e dell'onore del donante o pregiudizievoli per il suo patrimonio.

2. <u>**La revocazione per sopravvenienza di figli.**</u>
   La revocazione per sopravvenienza di figli, che tutela l'interesse superiore della famiglia, opera nell'ipotesi in cui sopravvengano figli del donante, o quest'ultimo ignorasse di averne al tempo della donazione.
   A differenza di quanto previsto in materia testamentaria la revocazione non è effetto *ope legis* della sopravvenienza di figli, bensì può essere chiesta entro il termine di prescrizione quinquennale da parte dei soggetti indicati dalla legge (artt. 803 e ss. c.c.).

La disciplina della revocazione è una disciplina di **ordine pubblico**, in quanto volta alla tutela di interessi generali, e pertanto il legislatore esclude la validità di una rinuncia preventiva alla facoltà di revocare la donazione.
Gli effetti della revocazione operano **retroattivamente**, ma non opera in pregiudizio dei diritti acquistati dai terzi in data anteriore alla trascrizione della domanda di revoca.

2. Le donazioni motivate.

Come accennato, la causa del contratto di donazione va rinvenuta nello spirito di liberalità, cioè nella volontà di arricchire il beneficiario con depauperamento del proprio patrimonio, a prescindere dal **motivo** che ha indotto il donante a porre in essere l'atto di liberalità.
Nella donazione, pertanto, il motivo resta sullo sfondo, non rilevando ai fini della disciplina dell'atto di liberalità.
In alcune ipotesi, però, l'ordinamento prende in considerazione, al fine di predisporre la disciplina legale della donazione, il particolare motivo che ha indotto il disponente a porre in essere la donazione.
In tali ipotesi si parla di **donazione motivata.**

▶2.1. La donazione rimuneratoria.

A) Nozione.

La donazione rimuneratoria è la donazione fatta:

- per **riconoscenza**;
- in considerazione dei **meriti del donatario**;
- per **speciale rimunerazione**.

B) Disciplina applicabile alle donazioni rimuneratorie.

Le donazioni rimuneratorie:

- **non possono essere revocate** (art. 805 c.c.);
- **non** comportano l'**obbligo di corrispondere gli alimenti** al donante;
- obbligano il donante alla **garanzia per evizione**, sebbene entro determinati limiti (art. 797 n. 3 c.c.).

Per il resto è integralmente applicabile la disciplina della donazione ordinaria.

▶ 2.2. La donazione obnuziale.

A) Nozione.

➢ La donazione obnuziale è la donazione compiuta in riguardo di un determinato e futuro matrimonio sia dagli sposi tra di loro, sia da altri soggetti a favore di uno o di entrambi gli sposi o dei figli nascituri di questi (art. 785 c.c.).

B) Momento perfezionativo della donazione obnuziale.

Per la donazione obnuziale non è richiesta l'accettazione del beneficiario, in quanto la donazione si perfeziona quando la **volontà del donante è portata a conoscenza del donatario**, a condizione che, da questo momento, il matrimonio venga celebrato.

L'art. 785 c.c. prevede la nullità della donazione in caso di annullamento del matrimonio, fermi restando i diritti acquistati dai terzi di buona fede tra il giorno del matrimonio e il passaggio in giudicato della sentenza che ne dichiara la nullità.

▶ 2.3. La donazione modale.

A) Nozione.

➢ La donazione modale è la donazione a cui il donante appone un **onere**, cioè un peso imposto al destinatario dell'attribuzione, consistente in qualunque comportamento suscettibile di valutazione economica, da effettuarsi a vantaggio del donante stesso o di un terzo (in tali ipotesi si è in presenza del c.d. *modus qualificatus*) ovvero a vantaggio dello stesso donatario (c.d. *modus simplex*).

Il *modus* è quindi un elemento accidentale della donazione con cui il donante intende perseguire una finalità aggiuntiva e ulteriore rispetto a quella principale consistente nell'arricchimento del donatario.

B) La disciplina applicabile.

La disciplina del *modus* donativo è in gran parte analoga a quella del *modus* testamentario; anche in tal caso, difatti, l'**onere illecito o impossibile** deve considerarsi non apposto, salva l'ipotesi in cui abbia costituito il motivo determinante dell'atto di liberalità.

Per l'adempimento dell'onere, a cui il donatario è tenuto entro i limiti di valore della cosa donata, può agire qualsiasi interessato, ma la **risoluzione della donazione per suo inadempimento** può essere richiesta solo se espressamente prevista dal donante (e non anche quando l'onere abbia costituito motivo determinante della donazione, come previsto per il *modus* testamentario).

3. Le donazioni indirette.

A) Nozione.

➢ La donazione indiretta ricorre nell'ipotesi in cui il fine di liberalità, e cioè lo scopo liberale di arricchire un'altra persona, non viene raggiunto attraverso il contratto di donazione, ma attraverso negozi diversi.

B) Disciplina applicabile alle donazioni indirette.

In caso di donazione indiretta, la **disciplina applicabile** sarà quella propria del negozio utilizzato, e non quella della donazione.

Ciò nonostante, il legislatore prevede comunque l'applicazione alle donazioni indirette di alcune norme previste per la donazione; in particolare il codice civile prevede l'applicazione:

- delle norme che regolano la **revocazione delle donazioni per causa di ingratitudine e per sopravvenienza di figli**;
- delle norme relative alla **collazione;**
- delle norme relative all'**azione di riduzione** in caso di lesione della quota dei legittimari.

C) Esempi di donazioni indirette.

Costituiscono esempi di donazione indiretta:

1. il pagamento del debito altrui (art, 1180 c.c.);
2. la stipula del contratto di acquisto nella veste di mandatario, di gestore o, in genere, di rappresentante, con successiva rinuncia, a titolo di liberalità, a ripetere quanto effettivamente pagato;
3. la stipula di un contratto a favore di terzo, in cui le parti del negozio sarebbero il venditore e lo stipulante, in veste di autore della liberalità.

Dizionario di termini tecnici

➢ **Donazione**

La donazione, ex art. 769 c.c., è il **contratto,** con cui una parte, per **spirito di liberalità**, arricchisce l'altra, disponendo a favore di questa di un suo diritto o assumendo verso la stessa una obbligazione.

➢ **Donazione modale**

La donazione modale è la donazione a cui il donante appone un **onere**, cioè un peso imposto al destinatario dell'attribuzione, consistente in qualunque comportamento suscettibile di valutazione economica, da effettuarsi a vantaggio del donante stesso o di un terzo (in tali ipotesi si è in presenza del c.d. *modus qualificatus*) ovvero a vantaggio dello stesso donatario (c.d. *modus simplex*).

➢ **Donazione indiretta**

La donazione indiretta ricorre nell'ipotesi in cui il fine di liberalità, e cioè lo scopo liberale di arricchire un'altra persona, non viene raggiunto attraverso il contratto di donazione, ma attraverso negozi diversi.

MAPPA CONCETTUALE

Donazione: ex art. 769 c.c., è il contratto, con cui una parte, per spirito di liberalità, arricchisce l'altra, disponendo a favore di questa di un suo diritto o assumendo verso la stessa una obbligazione.

Elemento oggettivo

- depauperamento del donante
- arricchimento del donatario

Elemento soggettivo

Animus donandi

Capitolo 11 | BENI E DIRITTI REALI

SEZIONE I – I BENI

1. Beni e cose. Classificazioni.

A) Nozione di beni.

Ai sensi dell'art. 810 c.c. *"**sono beni le cose che possono formare oggetto di diritti**"*: con il termine "cosa" deve essere inteso:

- sia il **bene materiale**, individuabile nel mondo esterno;
- sia il **bene ideale** (es. opera dell'ingegno), in quanto sia l'uno che l'altro possono formare oggetto di diritti.

Non tutte le cose sono beni in senso giuridico in quanto non tutte le cose possono formare oggetto di diritti: occorre pertanto distinguere tra:

- le c.d. "***res communes omnium***" (il sole, l'aria), che appartenendo a tutti gli individui, non presentano alcun interesse di carattere economico e non possono quindi essere oggetto di rapporti giuridici;
- le c.d. "***res in commercio***", che potendo formare oggetto di diritti possono essere considerate beni in senso giuridico.

All'interno della categoria delle cose e dei beni è possibile compiere molteplici distinzioni.

B) Classificazioni delle cose.

Tra le cose è possibile distinguere tra:

1. <u>**Cose specifiche e cose generiche**</u>.
   Le cose sono considerate **specifiche** quando sono individuate singolarmente mentre sono

generiche quando sono individuate esclusivamente in quanto appartenenti ad un determinato genere.
La distinzione tra cose specifiche e cose generiche ha importanti riflessi sul piano applicativo con particolare riferimento:

- al **momento in cui si verifica il trasferimento del diritto di proprietà**: se il contratto di compravendita ha ad oggetto cose specifiche la proprietà si trasferisce per effetto del solo consenso delle parti legittimamente manifestato mentre se ha ad oggetto cose generiche il trasferimento della proprietà richiede oltre al consenso delle parti anche la c.d. **individuazione** (vedi *infra*);
- all'**impossibilità sopravvenuta della prestazione**: l'obbligazione avente ad oggetto l'obbligo di dare una determinata quantità di cose generiche, in forza del principio *genus numquam perit*, non può mai divenire impossibile.

2. <u>**Cose fungibili e cose infungibili**</u>.
Le cose sono **fungibili** quando possono essere sostituite con altre equivalenti appartenenti allo stesso genere, senza che ciò determini un pregiudizio dell'interesse del creditore (es. denaro), mentre sono **infungibili** quando non possono essere sostituite le une alle altre senza danneggiare tale interesse.
I contratti che prevedono l'**obbligo di restituzione** al termine del contratto di **cose della stessa specie e quantità** di quelle originariamente consegnate (es. contratto di mutuo) possono avere ad oggetto esclusivamente beni fungibili, mentre i contratti che prevedono l'obbligo di restituzione della **cosa in natura** (es. deposito, comodato) possono avere ad oggetto solo beni infungibili.

3. <u>**Cose semplici, cose composte e cose accessorie**</u>.
   - Le cose sono **semplici** quando sono composte da una pluralità di elementi fusi tra loro in maniera tale da perdere del tutto la loro individualità;
   - Le cose sono **composte** quando sono il frutto della combinazione di più elementi, i quali restano distinguibili non perdendo la loro individualità (es. automobile); nella cosa composta in particolare i vari elementi, che restano suscettibili di autonomi rapporti giuridici, risultano essere complementari tra loro in quanto diretti a realizzare un medesimo scopo;
   - Le cose sono **accessorie** quando due cose, che mantengono la loro individualità da un punto di vista sia materiale che giuridico, vengono poste in relazione tra loro in maniera tale che una cosa risulti principale e l'altra meramente accessoria (vedi *infra* per le pertinenze).

C) Beni immobili e beni mobili.

I **beni immobili** sono i beni elencati tassativamente dall'art. 812 c.c. e comprendono tutto ciò che naturalmente, o artificialmente, è incorporato al suolo (suolo, sorgenti d'acqua, gli edifici etc.);
I **beni mobili** sono individuati **in via residuale**, in quanto il terzo comma dell'art. 812 c.c. prevede espressamente che sono beni mobili tutti i beni non ricompresi nella categoria dei beni immobili.
Particolare categoria di beni mobili è quella dei **beni mobili iscritti in pubblici registri** e cioè di beni (autoveicoli, navi, aeromobili etc.) che vengono iscritti al momento della loro costruzione o dell'immissione in circolazione, in appositi registri pubblici. Tali beni, sotto diversi profili, sono assoggettati alla stessa disciplina prevista per i beni immobili.
La distinzione tra beni mobili ed immobili assume rilievo sotto molteplici profili:

- per la **circolazione** dei beni immobili è previsto il rispetto di alcune formalità (forma scritta per i negozi costitutivi o traslativi, regime di pubblicità), non previste per i beni mobili che possono circolare senza particolari formalità;
- con riferimento ai **diritti reali di garanzia** per i beni immobili è previsto l'istituto dell'ipoteca mentre per quelli mobili l'istituto del pegno;

- con riferimento alle azioni possessorie solo il possessore di beni immobili può agire in giudizio con **l'azione di manutenzione del possesso**;
- per i beni mobili è ammessa la possibilità che non appartengano a nessuno (***res nullius***), mentre tale possibilità è esclusa per gli immobili per cui è previsto l'acquisto automatico in proprietà da parte dello Stato.

D) Beni privati e beni pubblici.

Ulteriore distinzione rilevante è quella tra **beni privati** e **beni pubblici**.
In particolare, il codice civile individua tre categorie di beni pubblici: i beni demaniali, i beni patrimoniali indisponibili e i beni patrimoniali disponibili:

1. I **beni demaniali** si distinguono tra:
    - **beni demaniali necessari**, di cui fanno parte quei beni che devono necessariamente appartenere allo Stato per loro stessa natura o per la rilevanza di interesse generale che rivestono (art. 822 c.c.);
    - **beni demaniali accidentali**, che sono quei beni che fanno parte del demanio solo se appartengono allo Stato od altri enti territoriali.

    Tali beni sono soggetti ad un regime speciale in quanto sono:
    - **inalienabili**;
    - **non usucapibili**;
    - **non possono essere oggetto di diritti di terzi**, se non nei modi e con i limiti stabiliti dalle leggi che li riguardano.

    Tali beni sono **tutelati dalla pubblica amministrazione** in autotutela, fermo restando il diritto della p.a. di avvalersi degli ordinari rimedi petitori e possessori.
    Il regime dei beni demaniali si estende anche ai "*diritti demaniali su beni altrui*", previsti dall'art. 825 c.c.

2. Sono **beni patrimoniali indisponibili** quelli che **appartengono allo Stato** e agli **enti pubblici territoriali**, ma che non rientrano tra i beni demaniali, e a cui è impressa una particolare **destinazione di pubblico interesse** alla quale non possono essere sottratti se non nei modi stabiliti dalle leggi che li regolano (art. 828 c.c.).
    Di tali beni **è possibile disporre, purché sia fatto salvo il vincolo di destinazione**.

3. Sono **beni patrimoniali disponibili** tutti gli altri beni di proprietà dello Stato e degli enti pubblici territoriali.

Il patrimonio (disponibile o indisponibile) dello Stato, salvo regole particolari che lo riguardano, è soggetto alle disposizioni del codice civile (art. 828 c.c.).
È possibile una **sdemanializzazione** dei beni pubblici, e cioè un passaggio dei beni demaniali al regime dei beni patrimoniali, attraverso un provvedimento espresso della pubblica amministrazione, di cui deve essere data pubblicità nella Gazzetta Ufficiale della Repubblica (art. 829 c.c.).

2. I possibili legami tra le cose. Le pertinenze e le universalità di beni mobili.

Le cose possono assumere rilievo giuridico non solo individualmente ma anche in considerazione della particolare relazione che può instaurarsi con altre cose.

A) Le pertinenze.

➢ L'art. 817 c.c. qualifica come **pertinenze** le cose destinate, in modo duraturo, a servizio od ornamento di un'altra cosa: tra le due cose deve sussistere un **rapporto di accessorietà**, dato che la cosa pertinenziale deve servire a conferire alla cosa principale una migliore utilizzazione o una maggiore valorizzazione.

La destinazione a pertinenza deve essere **stabile e duratura** e può essere imposta dal proprietario della cosa principale o da colui che abbia sulla stessa un diritto reale.

Una volta instaurato tale rapporto di pertinenza, la **cosa pertinenziale è soggetta allo stesso regime giuridico della cosa principale**: gli atti e i rapporti giuridici che hanno per oggetto la cosa principale, se non è diversamente disposto, comprendono anche le pertinenze.

B) Le universalità di mobili.

➢ **L'universalità di mobili** è composta da un insieme di beni mobili appartenenti alla medesima persona, che, pur mantenendo la loro individualità, sono **unificati** idealmente in funzione della **destinazione comune** delle cose che vi sono ricomprese (art. 816 c.c.). Se non è stabilito diversamente, tutti i beni che sono ricompresi nella universalità di mobili sono assoggettati alle stesse vicende giuridiche e circolano unitariamente.

Ciò nonostante, anche in tale ipotesi i beni non perdono la loro individualità giuridica, in quanto possono essere oggetto di separati atti o rapporti giuridici.

Le universalità di mobili sono assoggettate ad un **regime giuridico** che si differenzia, in parte, rispetto a quello a cui sono assoggettati i beni mobili che ne fanno parte.

Ad esempio:

- non risulta applicabile alle universalità di mobili la regola "*possesso di buona fede vale titolo*" di cui all'art. 1153 c.c.;
- sono parificate ai beni immobili per quanto riguarda la tutela possessoria).

È possibile, infine, operare una distinzione tra:

- ***universitas iuris***, formata da beni eterogenei accomunati da una destinazione legale (es. l'eredità);
- ***universitas facti***, in cui l'elemento unificante è la volontà dell'uomo (ad esempio, il gregge).

Dizionario di termini tecnici

➢ **Beni**

Ai sensi dell'art. 810 c.c., ***sono beni le cose che possono formare oggetto di diritti***.

➢ **Pertinenze**

Sono le cose destinate, in modo duraturo, a servizio od ornamento di un'altra cosa: tra le due cose deve sussistere un **rapporto di accessorietà**, dato che la cosa pertinenziale deve servire a conferire alla cosa principale una migliore utilizzazione o una maggiore valorizzazione.

➢ **Universalità di mobili**

L'universalità di mobili è composta da un insieme di beni mobili appartenenti alla medesima persona, che, pur mantenendo la loro individualità, sono **unificati** idealmente in funzione della **destinazione comune** delle cose che vi sono ricomprese (art. 816 c.c.). Se non è stabilito diversamente, tutti i beni che sono ricompresi nella universalità di mobili sono assoggettati alle stesse vicende giuridiche e circolano unitariamente.

SEZIONE II - I DIRITTI REALI IN GENERALE

1. I diritti reali: caratteristiche e tipologie.

A) Nozione di diritto reale.

➢ I diritti reali sono quei diritti soggettivi che assicurano al titolare un **potere immediato** ed **assoluto** sulla cosa.

B) Classificazioni.

Nell'ambito dei diritti reali è possibile distinguere tra:

- il **diritto di proprietà**;
- e i **diritti reali gravanti su un bene di proprietà altrui**.

Questi ultimi, a loro volta, vengono distinti in:

- **diritti reali di godimento** (superficie, enfiteusi, usufrutto, uso, abitazione, servitù);
- e in **diritti reali di garanzia** (pegno ed ipoteca).

Il diritto di proprietà è il diritto reale dotato della massima estensione, in quanto comprende la possibilità di godere e disporre del bene in modo pieno ed esclusivo. Tale diritto può essere limitato dalla presenza di altri diritti reali, ma è destinato a **riespandersi**, riacquistando l'originaria estensione, quando tali diritti vengono meno.

C) Caratteri dei diritti reali.

Caratteristiche principali dei diritti reali sono:

- l'**assolutezza**: si intende la possibilità del titolare del diritto di **farlo valere *erga omnes***, con relativo **dovere** di tutti i cittadini di **non interferire** nel rapporto tra il titolare del diritto e il bene;
- l'**immediatezza**: si intende il rapporto che sussiste tra il titolare del diritto ed il bene, che permette al primo di soddisfare il suo interesse a prescindere dalla collaborazione di altri soggetti;
- l'**inerenza**: implica il c.d. **diritto di seguito o di sequela**, in forza del quale il titolare può far valere il diritto nei confronti di tutti i successivi acquirenti del bene.

2. Il principio di tipicità e il *numerus clausus* dei diritti reali.

1. <u>**Principio del numero chiuso dei diritti reali.**</u>
   I diritti reali possono essere previsti solo dalle fonti individuate dall'ordinamento: il **principio del numero chiuso** dei diritti reali attiene alla **fonte del diritto** e comporta che i privati, nell'esercizio della loro autonomia privata, non possono dare vita a diritti reali che non siano espressamente previsti dal legislatore.

2. <u>**Principio di tipicità dei diritti reali.**</u>
   È inoltre precluso ai privati modificare il contenuto e la disciplina di tali diritti reali, in quanto entrambi devono essere necessariamente predeterminati dall'ordinamento. In forza del **principio di tipicità**, quindi, i diritti reali devono mantenere inalterato il proprio contenuto e non possono essere modificati, nella loro disciplina, dai privati.
   Quest'ultimo aspetto, secondo l'impostazione prevalente, è attualmente superato, dato che si ritengono consentiti, se diretti a perseguire interessi meritevoli di tutela, **diritti reali atipici**, cioè soggetti ad una disciplina almeno in parte derogatoria rispetto a quella predisposta dal legislatore.

3. Le obbligazioni *propter rem* e gli oneri reali.

Le obbligazioni *propter rem* e gli oneri reali si pongono a metà strada tra i diritti reali e i diritti di credito presentando caratteristiche riconducibili sia all'una che all'altra categoria.

A) Le obbligazioni *propter rem.*

Le obbligazioni *propter rem* sono obbligazioni poste a carico di un determinato soggetto perché titolare di un diritto reale su di un determinato bene (es. obbligo di pagare le spese di riparazione del muro in comunione).
La figura del debitore è, pertanto, individuata *per relationem* in quanto dalla titolarità del diritto reale sul bene discende automaticamente l'obbligo di adempiere l'obbligazione. Tali obbligazioni si caratterizzano, dunque, per la loro ***ambulatorietà*** in quanto il soggetto passivo cambia al mutare della titolarità sul diritto reale.

B) Gli oneri reali.

L'**onere reale** è una prestazione di carattere periodico dovuta da un soggetto in quanto titolare di un diritto reale su di un bene immobile, con possibilità per il creditore, in caso di inadempimento, di soddisfarsi in via esecutiva sul bene.
In tal caso quindi il diritto reale è gravato da un vero e proprio peso.

C) Differenze tra obbligazioni *propter rem* ed oneri reali.

Le **differenze principali** tra obbligazioni *propeter rem* e oneri reali riguardano:

1. il profilo relativo alla **responsabilità gravante sul soggetto obbligato**:
   - in caso di onere reale, il soggetto è obbligato al pagamento di tutte le prestazioni scadute, anche se non pagate dal precedente titolare, pur sempre nei limiti di valore del bene gravato;
   - nell'obbligazione *propter rem,* il soggetto obbligato è tenuto al pagamento delle sole prestazioni maturate nel tempo in cui è titolare del diritto reale, rispondendo di tale pagamento con tutti i suoi beni presenti e futuri.
2. l'**oggetto della prestazione**:
   - nell'onere reale ha per contenuto in ogni caso una prestazione positiva;
   - l'obbligazione *propter rem* può avere ad oggetto anche una prestazione di non fare
3. la **tutela**:
   - l'onere reale è tutelato con una azione reale;
   - l'obbligazione *propter rem* è tutelata con una azione personale.

Dizionario di termini tecnici

➢ **Diritti reali**

I diritti reali sono quei diritti soggettivi che assicurano al titolare un **potere immediato** ed **assoluto** sulla cosa.

➢ **Obbligazioni *propter rem***

Le obbligazioni *propter rem* sono obbligazioni poste a carico di un determinato soggetto perché titolare di un diritto reale su di un determinato bene (es. obbligo di pagare le spese di riparazione del muro in comunione).

➢ **Onere reale**

L'**onere reale** è una prestazione di carattere periodico dovuta da un soggetto in quanto titolare di un diritto reale su di un bene immobile, con possibilità per il creditore, in caso di inadempimento, di soddisfarsi in via esecutiva sul bene.

SEZIONE III - IL DIRITTO DI PROPRIETÀ

1. Il diritto di proprietà.

A) Nozione e contenuto del diritto di proprietà.

➢ La proprietà è il diritto reale che attribuisce al suo titolare il diritto di godere e disporre delle cose **in modo pieno ed esclusivo**, entro i **limiti** e con l'osservanza degli obblighi stabiliti dall'ordinamento giuridico (art. 832 c.c.).

Il **potere di godimento** del bene è il potere di trarre dalla cosa tutte le utilità che la stessa è in grado di fornire, mentre il **potere di disposizione** si sostanzia nel potere di cedere ad altri, in tutto o in parte, i diritti sulla cosa, sia per atti *inter vivos* che per atti *mortis causa*.

B) La proprietà nella Costituzione.

Il diritto di proprietà deve essere esercitato **nei limiti e con l'osservanza degli obblighi stabiliti dall'ordinamento giuridico** e, in particolare, ai sensi dell'art. 42 Cost., *"allo scopo di assicurarne la funzione sociale"*.

La Costituzione, pur riconoscendo e garantendo il diritto del proprietario, ha accolto il **principio della funzione sociale** della proprietà, in base al quale tale diritto reale può subire delle limitazioni quando ciò sia socialmente utile.

Sempre in tale ottica è previsto che il diritto di proprietà possa essere **espropriato per motivi di interesse generale**, nei casi previsti dalla legge e salvo indennizzo. Ai sensi dell'art. 43 Cost., inoltre, la legge, a fini di utilità generale, *"può riservare o trasferire allo Stato, ad enti pubblici o a comunità di lavoratori o di utenti, determinate imprese o categorie di imprese, che si riferiscono a servizi pubblici essenziali o a fonti di energia o a situazioni di monopolio ed abbiano carattere di interesse generale"*.

C) Caratteri del diritto di proprietà.

La proprietà, nonostante tali limitazioni volte a garantirne la funzione sociale, rappresenta il modello perfetto di diritto reale, rispetto al quale tutti gli altri diritti si considerano limitati.

Oltre alla realità, i caratteri del diritto di proprietà sono:

1) la **pienezza**: diritto di realizzare sulla cosa tutto ciò che si vuole, nei limiti stabiliti dalla legge;
2) l'**esclusività**: diritto del proprietario di vietare ogni ingerenza da parte dei terzi nel godimento e nella modalità di gestione del proprio bene.
   Di esclusività si parla anche nel senso che su uno stesso bene non possono coesistere due diritti di proprietà per l'intero;
3) l'**elasticità**: idoneità del diritto a riespandersi automaticamente nel suo normale contenuto (c.d. consolidazione), a seguito del venir meno dei limiti che lo comprimevano (quali, ad esempio, la costituzione di un diritto reale di godimento);
4) l'**indipendenza e l'autonomia**: la proprietà è un diritto indipendente, che non presuppone l'esistenza di altri diritti di portata maggiore sulla cosa;
5) l'**imprescrittibilità**: la proprietà non si può perdere per "non uso", ma soltanto a causa del compimento dell'usucapione a favore di altri soggetti;
6) la **perpetuità**: tale elemento comporta impossibilità di apporre un termine al diritto di proprietà.
   Nel nostro ordinamento, quindi, secondo l'impostazione dominante, non è configurabile la **<u>proprietà temporanea</u>**.
   La tesi contraria si fonda sull'osservazione che è la stessa legge in alcune ipotesi a prevedere ipotesi di proprietà temporanea:
   - sostituzione fedecommissaria (art. 692 c.c.)
   - proprietà fiduciaria a termine (art. 693, co. 3 c.c.)
   - legato a termine (art. 1465, co. 2 c.c.).

D) Estensione del diritto di proprietà.

1. In **senso verticale** la proprietà, ai sensi dell'art. 840 c.c. si estende al sottosuolo, con tutto ciò che vi si contiene, ed allo spazio sovrastante al suolo.

2. In **senso orizzontale** la proprietà si estende fino ai confini del fondo; il proprietario può chiudere in qualunque tempo il fondo (art. 841 c.c.).
   Ciò nonostante, il proprietario non può impedire l'accesso di terzi al proprio fondo:
   - per l'esercizio della caccia, a meno che il fondo sia chiuso nei modi stabiliti dalla legge sulla caccia o vi siano culture in atto suscettibili di danno (art. 842 c.c.);
   - per la costruzione o la riparazione di un muro od altra opera propria del vicino oppure comune (art. 843 c.c.);
   - quando vi sia la necessità di recuperare la cosa che vi si trovi accidentalmente o l'animale che vi si sia riparato sfuggendo alla custodia (art. 843 comma 3 c.c.).

2. I limiti legali al diritto di proprietà.

A) Nozione e caratteri dei limiti al diritto di proprietà.

Abbiamo visto come il potere del proprietario di godere e di disporre del bene debba essere esercitato entro i limiti posti dall'ordinamento giuridico.
Tali limiti possono essere pubblici o privati; con l'apposizione di tali limiti l'ordinamento vuole contemperare **due opposti interessi**:
- l'interesse del proprietario di godere e disporre della cosa a suo piacimento;
- l'interesse della collettività ad un utilizzo della proprietà che vada a vantaggio della collettività o quantomeno non arrechi danno alla stessa o ai singoli individui.

Caratteri dei limiti al diritto di proprietà sono:
- la **reciprocità**: i limiti al diritto di proprietà, essendo previsti al fine di determinare i confini dei poteri e delle facoltà di ciascun proprietario, sono necessariamente reciproci;
- l'**intrinsecità**: i limiti in esame non sono autonomi in quanto non trovano la loro fonte in un titolo diverso dallo stesso diritto di proprietà, ma sorgono unicamente a quest'ultimo;
- la **perpetuità**: i limiti al diritto di proprietà, sorgendo insieme a quest'ultimo diritto ed essendo allo stesso intrinseci, sono anch'essi perpetui e di conseguenza non soggetti a prescrizione.

B) Limiti pubblici al diritto di proprietà.

I limiti pubblici, di cui si occupa il **diritto amministrativo**, sono quei limiti previsti al fine di garantire che la proprietà assolva alla sua funzione sociale.
Tali limiti, essendo diretti a tutelare interessi di carattere pubblicistico, sono posti da norme imperative ed inderogabili e si identificano in **vincoli** che possono limitare in vario modo il potere di godimento e di disposizione del proprietario. In specie:
- la limitazione è massima quando si tratti di **vincoli espropriativi** cioè di vincoli apposti sul bene in vista della futura espropriazione per pubblica utilità;
- di minore impatto sulle facoltà del proprietario sono i **vincoli conformativi**, con cui il legislatore si limita a disciplinare il diritto di proprietà di determinate categorie di beni, tenendo conto della loro particolare natura, affinché il godimento degli stessi non si ponga in contrasto con l'interesse della collettività.

Tali vincoli sono molto frequenti nella **proprietà edilizia**, che è quella avente ad oggetto edifici o suoli edificabili, disciplinata, oltre che dal codice civile, da una serie di leggi speciali.

C) Limiti privati al diritto di proprietà.

I limiti privati al diritto di proprietà trovano il proprio fondamento nell'esigenza di garantire che il diritto del proprietario non venga esercitato con pregiudizio dei diritti degli altri consociati.
Ciò risulta in maniera evidente dalle regole che disciplinano i c.d. "**rapporti di vicinato**", che introducono

molteplici limiti al diritto di proprietà al fine di contemperare i contrapposti interessi dei proprietari di fondi contigui.
Tali limiti si caratterizzano per essere:
- **automatici**, in quanto nascono automaticamente in presenza delle situazioni previste dalla legge;
- **reciproci**, in quanto il sacrificio ed il vantaggio è in capo ad entrambi i proprietari;
- **gratuiti**, in quanto il limite non determina il diritto del proprietario ad alcuna forma di compenso.

Rientrano tra le regole che disciplinano i rapporti di vicinato quelle previste dal codice civile in materia di:

1. **distanze tra costruzioni** (art. 873 c.c.): le costruzioni su fondi finitimi, se non unite o aderenti, devono essere tenute a distanza non inferiore ai tre metri anche se nei regolamenti locali può essere stabilita una distanza maggiore.
2. quelle relative ai **muri** che si trovino sul confine o nei pressi del confine tra proprietà confinanti (artt. 874-878 c.c.): in particolare il proprietario di un fondo contiguo al muro altrui può chiederne la comunione (c.d. **comunione forzosa del muro**) eseguendo le opere che occorrono per non danneggiare il vicino e pagando la metà del valore del muro o della parte di muro resa comune, oltre alla metà del valore del suolo su cui il muro è costruito.
3. di **luci e vedute** (art. 900 e seguenti c.c.) riguardanti le finestre e le aperture sul fondo del vicino. In particolare:
   - le **luci** sono quelle aperture che danno passaggio alla luce e all'aria ma non permettono di affacciarsi sul fondo del vicino;
   - le **vedute** sono quelle aperture che permettono di affacciarsi e di guardare di fronte, obliquamente o lateralmente.
4. **stillicidio**: il proprietario, ex art. 908 c.c. deve costruire i tetti in maniera che le acque piovane scolino sul suo terreno e non può farle cadere sul fondo del vicino.

Il rispetto di tali regole è garantito da un'***actio negatoria servitutis***, attraverso la quale il proprietario leso può ottenere sia la rimessione in pristino dello stato dei luoghi, con demolizione della costruzione o arretramento alla distanza legale, che il risarcimento del danno.

▶ 2.1. Le immissioni.

Altra disposizione che mira a contemperare i contrapposti interessi tra proprietari è quella prevista dall'art. 844 c.c. che regola il fenomeno delle **immissioni**.

A) Nozione.

Tale disposizione prevede che il proprietario di un fondo non può impedire le **immissioni** (propagazioni di fumo o di calore, esalazioni, rumori, scuotimenti e simili) provenienti dal fondo del vicino se queste ultime **non superano la normale tollerabilità**, avuto anche riguardo alla **condizione dei luoghi** (art. 844, co.1, c.c.).
L'autorità giudiziaria, nell'applicare la predetta regola, deve contemperare le **esigenze della produzione** con le ragioni della proprietà, potendo tener conto della **priorità** di un determinato uso.

B) Caratteri delle immissioni.

L'immissione, ai fini dell'applicazione di tale disposizione, deve essere:
- **materiale**, cioè deve consistere in entità materiali che si propagano sul fondo del vicino;
- **indiretta**, in quanto deve trattarsi di propagazioni derivanti da attività svolta sul proprio fondo che determina ripercussioni sul fondo del vicino;
- **attuale**, in quanto le immissioni devono essere in atto e causare una situazione di intollerabilità attuale;

Ulteriore presupposto è la ***vicinitas*** tra i due fondi, da interpretare in senso funzionale, non essendo richiesta la contiguità.

C) Tipologie di immissioni.

Secondo l'impostazione prevalente in base all'art. 844 c.c. è possibile avere:

1. immissioni **tollerabili lecite**; al fine di valutare la tollerabilità delle immissioni si dovrà tenere conto di una **pluralità di criteri,** tra cui la normale destinazione del bene, la particolare condizione dei luoghi, l'entità delle immissioni e gli effetti che le stesse producono sulle persone e sull'ambiente.
2. immissioni **intollerabili illecite**;
3. immissioni **intollerabili lecite**; quest'ultime si verificano quando l'immissione, pur superando la normale tollerabilità, è giustificata da esigenze della produzione. In tale ultima ipotesi si ritiene che il proprietario abbia **diritto ad un indennizzo**.

D) Azioni a disposizione in caso di immissioni intollerabili illecite.

In caso di **immissioni intollerabili illecite** il proprietario del fondo leso può esercitare:

- in primo luogo, una **azione inibitoria**, volta a richiedere la cessazione delle immissioni;
- in secondo luogo, una **azione risarcitoria**, volta ad ottenere il risarcimento del danno, patrimoniale e non, subito a causa delle immissioni.

▶ 2.2. Il divieto di atti emulativi.

A) Nozione.

Un altro limite di carattere generale al diritto di proprietà è rinvenibile nell'art. 833 c.c. che vieta al proprietario il compimento di **atti emulativi**, cioè di atti che non abbiano altro scopo che quello di nuocere o recare molestia ad altri.

Secondo l'opinione prevalente la norma sarebbe espressione del principio generale che vieta **l'abuso del diritto** (su cui vedi *infra*).

B) Elementi costitutivi.

L'atto, per definirsi emulativo:

- deve recare effettivamente **danno o molestia** ad altri (c.d. **elemento oggettivo**);
- deve essere compiuto per tale unico scopo (***animus nocendi***); difatti nell'ipotesi in cui l'atto realizzi una utilità per il proprietario, anche se minima, si è fuori dall'ambito di applicazione del divieto (c.d. **elemento soggettivo**).
- in ogni caso, ai fini dell'applicazione della norma, non è necessario che l'atto leda un interesse già autonomamente tutelato dall'ordinamento, in quanto in tal caso l'atto sarebbe illecito e tutelabile **ex art. 2043 c.c.**; è pertanto sufficiente la lesione di interessi che non siano già autonomamente tutelati nella vita di relazione.

3. Modi di acquisto della proprietà.

A) Modi di acquisto della proprietà a titolo originario e a titolo derivativo.

La proprietà si può acquistare a **titolo originario** o a **titolo derivativo.**

Nel primo caso nasce un **diritto nuovo** nel patrimonio del titolare, il cui acquisto è indipendente dal diritto del precedente proprietario.

Nel secondo caso, invece, l'acquisto avviene per effetto del **trasferimento del diritto da un precedente titolare**, con la conseguenza che per la validità dell'acquisto è richiesto che il precedente titolare fosse effettivamente e legittimamente proprietario.

I **modi di acquisto della proprietà a titolo derivativo** sono:

- il contratto;
- la successione ereditaria;

- trasferimento coattivo (es. espropriazione).

I **modi di acquisto della proprietà a titolo originario** sono:

- l'occupazione;
- l'invenzione;
- l'accessione;
- la specificazione;
- l'unione e la commissione;
- l'usucapione.

B) Estinzione del diritto di proprietà.

Una volta acquistato il diritto di proprietà lo stesso si **estingue**:

- a causa dell'**acquisto da parte di terzi** della proprietà del bene a titolo originario;
- per **abbandono** del diritto di proprietà da parte del suo titolare che si verifica quando perde volontariamente il possesso del bene con l'intenzione di rinunciare al diritto.
  Se il bene è un bene mobile il diritto di proprietà si estingue e la cosa diventa *res nullius*.
  Se, invece, si tratta di un bene immobile, il bene non diventa *res nullius* in quanto l'art. 827 c.c. prevede espressamente che i beni immobili che non sono di proprietà di nessuno spettano al patrimonio dello Stato.

C) Occupazione.

L'occupazione (art. 923 c.c.) è il modo di acquisto delle cose mobili che non sono di proprietà di nessuno (*res nullius*) o che sono state abbandonate (*res derelictae*), attraverso la semplice presa di possesso delle stesse.

Non sono suscettibili di occupazione i beni immobili, poiché, in base all'art. 827 c.c., tali beni, se non sono di proprietà di alcuno (c.d. **beni vacanti**), "*spettano al patrimonio dello Stato*".

D) Invenzione.

L'invenzione (art. 927 c.c.) è il modo di acquisto delle cose mobili che sono state smarrite dal legittimo proprietario.

Il procedimento attraverso il quale si arriva ad acquistare la proprietà del bene ritrovato è disciplinato dagli art. 927 e seguenti del c.c.

In particolare, chi trova una cosa mobile smarrita:

- deve restituirla al proprietario;
- se non lo conosce deve consegnarla senza ritardo al sindaco del luogo in cui l'ha ritrovata, indicando le circostanze del ritrovamento;
- il sindaco rende nota la consegna per mezzo di pubblicazione nell'albo pretorio del comune, da farsi per due domeniche successive e da restare affissa per tre giorni ogni volta;
- trascorso un anno dall'ultimo giorno della pubblicazione senza che si presenti il proprietario la cosa diviene di proprietà di chi l'ha ritrovata.

Una particolare forma di invenzione è l'ipotesi di ritrovamento del **tesoro** (art. 932 c.c.): il tesoro appartiene al proprietario del fondo in cui lo stesso si trova ma se il tesoro è trovato nel fondo altrui per effetto del solo caso spetta per metà al proprietario del fondo e per metà al ritrovatore.

E) Accessione.

L'accessione (art. 934 e ss.) è il modo di acquisto della proprietà a titolo originario in forza del quale l proprietario del suolo diviene automaticamente proprietario di qualunque costruzione o piantagione costruita sopra o sotto il suolo (**accessione verticale**).

Accessione invertita.

Il codice civile prevede un'ipotesi in cui è il proprietario della costruzione a divenire proprietario del suolo (**accessione invertita**): difatti l'art. 938 c.c. prevede che l'autorità giudiziaria possa attribuire al costruttore la proprietà dell'edificio e del suolo occupato nell'ipotesi in cui nella costruzione di un edificio si occupi

in buona fede una porzione del fondo attiguo, e il proprietario di questo non faccia opposizione entro tre mesi dal giorno in cui ebbe inizio la costruzione.
Le ipotesi di **accessione orizzontale** sono l'alluvione (art. 941 c.c.) e l'avulsione (art. 942 c.c.):

- **alluvione**: le unioni di terra e gli incrementi che si formano successivamente e impercettibilmente nei fondi posti lungo le rive dei fiumi e dei torrenti, appartengono al proprietario del fondo, salvo quanto è disposto dalle leggi speciali;
- **avulsione**: se un fiume o un torrente stacca per forza istantanea una parte considerevole e riconoscibile di un fondo contiguo al suo corso e lo trasporta verso un fondo inferiore o verso l'opposta riva, il proprietario del fondo al quale si è unita la parte staccata ne acquista la proprietà, pagando all'altro proprietario un'indennità nei limiti del maggior valore recato al fondo dall'avulsione.

F) Unione e commistione.

In linea generale quando più cose appartenenti a diversi proprietari sono state unite o mescolate in maniera da formare un tutto unitario, ma sono separabili senza notevole deterioramento, ciascun proprietario conserva il diritto di proprietà sulla sua cosa e ha diritto di ottenerne la separazione.
Nell'ipotesi in cui le due cose divengano inseparabili si verifica l'acquisto della proprietà per unione e commistione: in particolare l'acquisto per **unione** (art. 939 c.c.) si realizza nell'ipotesi di congiungimento tra cose mobili che non perdono la loro individualità pur potendo divenire inseparabili; quello per **commistione**, si configura quando diverse cose vengono unite senza potersi più distinguere.
In entrambi i casi la **proprietà diventa comune** in proporzione del valore delle cose spettanti a ciascuno.
Qualora però una delle due cose possa essere considerata come principale, il suo proprietario acquista la proprietà del tutto, pagando all'altro proprietario il valore della cosa unita o mescolata.

G) Specificazione.

La specificazione (art. 940 c.c.) è il modo di acquisto della proprietà a titolo originario in forza del quale il soggetto che ha adoperato una materia che non gli apparteneva per formare una nuova cosa ne acquista la proprietà a titolo originario, pagando al proprietario il prezzo della materia. Se però quest'ultimo supera il valore della mano d'opera, è il proprietario della materia ad acquistare la proprietà della cosa, pagando il prezzo della mano d'opera.

H) Usucapione (vedi *infra*).

4. Le azioni a difesa della proprietà.

A difesa del diritto di proprietà sono esperibili le **azioni petitorie** e cioè l'azione di rivendicazione, l'azione negatoria, l'azione di regolamento di confini e l'azione di apposizione dei termini.
Con le azioni petitorie l'attore mira ad **accertare e a veder riconosciuto il diritto di proprietà** su un determinato bene qualora tale diritto sia interamente o parzialmente contestato (ad esempio ritenendo sussistente un diritto reale di godimento sul bene).

▶ 4.1. L'azione di rivendicazione.

A) Nozione e funzione.

L'azione di rivendicazione (art. 948 c.c.) è l'azione con cui il proprietario può rivendicare la cosa da chiunque la possieda o la detenga senza titolo.
Tale azione, quindi, ha la funzione di **accertare** il diritto di proprietà e di **recuperare** il bene da chiunque lo possieda.
Si tratta:

- di una **azione reale**, in quanto volta a far valere un diritto reale;
- di **condanna**, in quanto diretta ad ottenere la restituzione del bene;
- **imprescrittibile**, salvi gli effetti dell'acquisto della proprietà da parte di altri per effetto dell'usucapione.

B) Legittimazione attiva ed onere della prova.

Legittimato attivo è il proprietario del bene che, al fine di ottenere una pronuncia di condanna alla restituzione del bene, avrà l'**onere di provare** il suo diritto di proprietà. Tale prova non presenta particolari difficoltà in caso di acquisto della proprietà a titolo originario, in quanto basterà fornire la prova del fatto giuridico alla base dell'acquisto. In caso di acquisto a titolo derivativo, invece, la prova si atteggia a vera e propria ***probatio diabolica***, in quanto il proprietario, oltre a dover provare la legittimità del suo titolo di acquisto, dovrà provare la legittimità dei titoli di acquisto dei precedenti danti causa, fino a risalire ad un acquisto a titolo originario.

A tali difficoltà probatorie soccorrono gli istituti:

- del "**possesso di buona fede vale titolo**", di cui all'art. 1153 c.c., nell'ipotesi in cui il bene rivendicato sia un bene mobile;
- della **successione o dell'accessione nel possesso** in base ai quali il proprietario può sommare il proprio possesso a quelli dei precedenti danti causa, fino ad arrivare al tempo necessario per usucapire il bene.

C) Legittimazione passiva.

Legittimato passivo è colui che **possiede o detiene** la cosa illegittimamente, ma l'azione può essere proseguita anche se tale soggetto, dopo la domanda, ha, per fatto proprio, cessato di possedere o detenere la cosa.

In tal caso sarà obbligato a recuperarla per l'attore a proprie spese o, in mancanza, a restituirne il valore, oltre al risarcimento del danno.

D) Azione di rivendicazione e azione di restituzione.

L'azione di rivendicazione si distingue dall'**azione di restituzione** del bene che, potendo essere esperita da chi consegna un bene ad un terzo in base ad un titolo obbligatorio, non ha natura reale ma **natura personale**.

Con l'azione di restituzione l'attore, quindi, non mira ad ottenere il riconoscimento del suo diritto di proprietà, del quale pertanto non deve fornire la prova, ma mira esclusivamente alla riconsegna del bene in base al titolo obbligatorio, a causa del suo venir meno per qualsiasi causa o per insussistenza *ab origine* di qualsiasi titolo.

E) Azione di rivendicazione e azione di accertamento della proprietà.

L'azione di accertamento della proprietà, pur non essendo espressamente prevista dal codice civile, è senz'altro ammissibile e **mira esclusivamente all'accertamento del diritto di proprietà dell'attore**.

Pertanto, con tale azione il proprietario non vuole ottenere la restituzione del suo bene, ma ha il solo scopo di ottenere una pronuncia giudiziale con cui venga accertato il suo diritto di proprietà, al fine di superare eventuali contestazioni provenienti da soggetti terzi. Ne deriva che il proprietario non avrà l'onere di provare il suo diritto, come avviene nell'azione di rivendicazione, ma esclusivamente l'inesistenza del diritto rivendicato dal convenuto.

▶ 4.2. L'azione negatoria.

A) Nozione e funzione.

L'azione negatoria (art.949 c.c.) è l'azione con cui il proprietario agisce per far dichiarare l'**inesistenza di diritti affermati da altri sulla cosa**, quando ha motivo di temerne pregiudizio.

Se sussistono anche turbative e molestie, il proprietario, con tale azione, può chiederne la cessazione, oltre al risarcimento del danno.

Si tratta, pertanto, di una azione di **accertamento negativo**, volta a far dichiarare l'inesistenza di diritti reali limitati sul bene e a far cessare eventuali molestie e turbative (**funzione inibitoria**).

B) Legittimazione attiva e passiva ed onere della prova.

Legittimato attivo all'esercizio dell'azione negatoria è il proprietario, mentre legittimato passivo è il

soggetto che afferma di essere titolare di diritti reali limitati sulla cosa o, comunque, arreca molestie o turbative al proprietario nell'esercizio del suo diritto.
Partendo dal presupposto che la **proprietà si presume libera da pesi**, l'**onere della prova** ricade sul convenuto che deve dimostrare l'esistenza dei diritti che ritiene di avere sul bene; il proprietario, al contrario di quanto avviene in caso di azione di rivendicazione, ha soltanto l'onere di dimostrare il suo possesso in base ad un titolo idoneo.

▶ 4.3. L'azione di regolamento dei confini.

L'azione di regolamento dei confini (art. 950 c.c.) è esperibile quando il **confine** tra due fondi sia **incerto**: in tal caso ciascuno dei proprietari può chiedere che esso sia stabilito giudizialmente. È ammesso **ogni mezzo di prova**. In mancanza di altri elementi, il giudice si attiene al confine delineato dalle **mappe catastali**. Si tratta di un'azione **imprescrittibile** che ha ad oggetto l'accertamento dell'effettiva estensione dei fondi limitrofi, **non essendo in contestazione i rispettivi titoli di acquisto o il diritto di proprietà**.

▶ 4.4. L'azione di apposizione dei termini.

L'azione di apposizione dei termini (art. 951 c.c.) è l'azione con cui ciascuno dei proprietari, può chiedere che siano apposti o ristabiliti, a spese comuni, i termini tra fondi contigui **quando essi manchino o siano divenuti irriconoscibili**. Tale azione presuppone, quindi, che non sia in contestazione la linea di demarcazione tra i due fondi.

▶ 4.5. Le altre azioni a difesa della proprietà.

Oltre a tali azioni il proprietario, se possessore del bene, può esperire anche le **azioni possessorie** (su cui vedi *infra*), che gli consentono di tutelare con maggiore celerità il proprio diritto.

5. La multiproprietà.

A) Nozione.

Il termine multiproprietà indica il fenomeno per cui una **pluralità di persone** è titolare del **diritto di proprietà** su un'identica unità abitativa, il cui godimento spetta a ciascun comproprietario **limitatamente a un determinato periodo di tempo** nel corso di ogni anno.

B) Tipologie di multiproprietà.

Con il termine multiproprietà è possibile individuare figure negoziali diverse dato che è possibile distinguere tra:

1. <u>**multiproprietà immobiliare**</u>: che si ha nell'ipotesi in cui più soggetti acquistano ciascuno una quota in comproprietà indivisa di una determinata unità immobiliare, con l'accordo che ognuno godrà in via esclusiva del bene solo per un determinato periodo di tempo nel corso di ogni anno;
2. <u>**multiproprietà azionaria**</u>: che si configura nell'ipotesi in cui il bene immobile viene acquistato da un soggetto giuridico autonomo (ad esempio una s.p.a.), il cui capitale sociale comprende anche azioni privilegiate che attribuiscono ai soci il diritto di godimento turnario del bene.

C) Natura giuridica.

Con riferimento alla **natura giuridica** l'impostazione giurisprudenziale prevalente riconduce la multiproprietà all'istituto della **comunione ordinaria**, in quanto la multiproprietà si caratterizzerebbe rispetto a tale istituto esclusivamente per la circostanza che il godimento del bene da parte dei comunisti non sarebbe simultaneo, ma **turnario**.

D) La disciplina della multiproprietà.

La disciplina della multiproprietà è stata introdotta nell'ordinamento italiano dal **d.lgs. 9 novembre 1998, n. 427**, emanato in attuazione della direttiva 94/47/CE, confluita, con esigue modifiche rispetto al testo originale,

negli **artt. 69 e ss. del Codice del Consumo.** L'esigenza di garantire una più completa salvaguardia del consumatore è stata alla base dell'emanazione di una seconda direttiva n. 122 del 2008, recepita dal **d.lgs. 23 maggio 2011, n. 79.**
Nella nuova disposizione dettata dal legislatore il contratto di multiproprietà è "*un contratto di durata superiore a un anno tramite il quale un consumatore acquisisce a titolo oneroso il diritto di godimento su uno o più alloggi per il pernottamento per più di un periodo di occupazione*".

Dizionario di termini tecnici

- **Proprietà**
  La proprietà è il diritto reale che attribuisce al suo titolare il diritto di godere e disporre delle cose **in modo pieno ed esclusivo**, entro i **limiti** e con l'osservanza degli obblighi stabiliti dall'ordinamento giuridico (art. 832 c.c.).

- **Immissioni**
  Le **immissioni** sono propagazioni di fumo o di calore, esalazioni, rumori, scuotimenti e simili provenienti dal fondo del vicino.

- **Atti emulativi**
  Sono gli atti che non abbiano altro scopo che quello di nuocere o recare molestia ad altri.

- **Azione di rivendicazione**
  L'azione di rivendicazione (art. 948 c.c.) è l'azione con cui il proprietario può rivendicare la cosa da chiunque la possieda o la detenga senza titolo.
  Tale azione, quindi, ha la funzione di **accertare** il diritto di proprietà e di **recuperare** il bene da chiunque lo possieda.

- **Azione negatoria**
  L'azione negatoria (art.949 c.c.) è l'azione con cui il proprietario agisce per far dichiarare l'**inesistenza di diritti affermati da altri sulla cosa**, quando ha motivo di temerne pregiudizio. Se sussistono anche turbative e molestie, il proprietario, con tale azione, può chiederne la cessazione, oltre al risarcimento del danno.

- **Multiproprietà**
  Il termine multiproprietà indica il fenomeno per cui una **pluralità di persone** è titolare del **diritto di proprietà** su un'identica unità abitativa, il cui godimento spetta a ciascun comproprietario **limitatamente a un determinato periodo di tempo** nel corso di ogni anno.

MAPPA CONCETTUALE

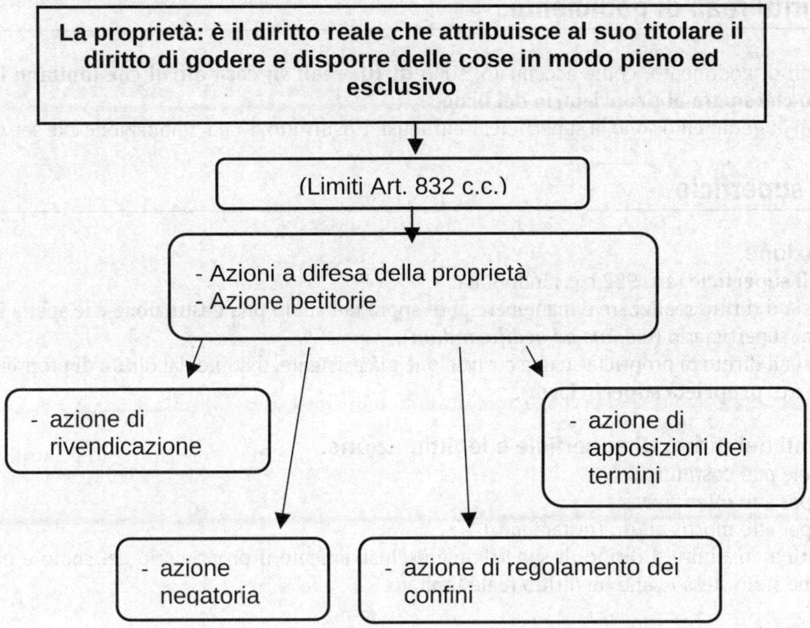

SEZIONE IV - I DIRITTI REALI DI GODIMENTO

1. I diritti reali di godimento.

I diritti reali di godimento, come accennato, sono **diritti reali su cosa altrui che limitano il potere di godimento che spetta al proprietario del bene**.
I diritti reali di godimento sono la superficie, l'enfiteusi, l'usufrutto, l'uso, l'abitazione e le servitù prediali.

2. La superficie.

A) Nozione.

Il **diritto di superficie** (art. 952 c.c.) individua:
- sia il diritto realizzare e mantenere al di sopra del suolo una costruzione che spetta in proprietà al superficiario (c.d. ***ius ad aedificandum***);
- sia il diritto di proprietà su una costruzione già esistente, distinto dal diritto di proprietà sul suolo (c.d. **proprietà superficiaria**).

B) Fonti del diritto di superficie e legittimazione.

La superficie può costituirsi:
- per atto *inter vivos*;
- per atto *mortis causa* (testamento)

Legittimato a costituire il diritto di superficie è esclusivamente il proprietario del suolo e non anche il soggetto che sullo stesso vanti un diritto reale limitato.

C) Durata del diritto di superficie e sua estinzione.

Il diritto di superficie può essere costituito:
- a **tempo indeterminato**;
- a **tempo determinato**.

In tale ultima ipotesi allo scadere del termine il diritto di superficie si estingue e il proprietario del suolo, in forza del principio dell'accessione, diventa proprietario della costruzione (art. 953 c.c.).
Nell'ipotesi di **estinzione del diritto di superficie** per scadenza del termine:
- vengono meno, ai sensi del primo comma dell'art. 954 c.c., tutti i diritti reali imposti dal superficiario, mentre i diritti gravanti sul suolo si estendono alla costruzione, salvo, per le ipoteche, il disposto del primo comma dell'articolo 2816 c.c.;
- nell'ipotesi in cui il superficiario abbia stipulato contratti di locazione, tali contratti non durano se non per l'anno in corso alla scadenza del termine.

Come accennato il diritto di superficie può estinguersi anche per **prescrizione**.

Il **perimento della costruzione**, salva diversa pattuizione, non estingue il diritto di superficie.

3. L'enfiteusi.

A) Nozione.

- L'enfiteusi (art. 957 c.c.) è il diritto reale di godimento su cosa altrui, che attribuisce ad un soggetto (enfiteuta) lo **stesso potere di godimento del fondo che spetta al proprietario** (concedente), con **l'obbligo di miglioramento** del fondo medesimo e del **pagamento di un canone periodico**, avente natura di onere reale, consistente in una somma di denaro ovvero in una quantità fissa di prodotti naturali (art. 960 c.c.).

B) Disciplina.

L'enfiteusi è disciplinata dalle norme del codice civile e dalle leggi speciali, salvo che il titolo disponga diversamente. In ogni caso le norme indicate dall'art. 957 comma 2 c.c. sono inderogabili.

L'enfiteusi, che può essere costituita:

- per **contratto**;
- per **usucapione**;
- per **testamento**;

e può essere:

- **perpetua**, se non è previsto un suo termine di durata;
- **temporanea**, qualora le parti al momento della sua costituzione prevedano un termine finale di durata.

  In quest'ultimo caso deve essere inderogabilmente costituita per un periodo non inferiore a venti anni (art. 958 c.c.).

C) Diritti ed obblighi del concedente e dell'enfiteuta.

1. <u>**Diritti del concedente e dell'enfiteuta**</u>.

   Il **concedente** ha diritto:
   - al versamento di un canone periodico;
   - al miglioramento del fondo;
   - a chiedere la devoluzione del fondo, qualora ne ricorrano i presupposti;
   - a richiedere la ricognizione del proprio diritto da chi si trova in possesso del fondo enfiteutico un anno prima del compimento del ventennio;

   L'**enfiteuta**:
   - ha gli stessi diritti che avrebbe il proprietario sui frutti del fondo, sul tesoro e relativamente alle utilizzazioni del sottosuolo e alle accessioni (art. 959 c.c.);
   - ha diritto ad una congrua riduzione del canone in caso di perimento parziale del fondo o, in alternativa, a restituirlo al concedente con diritto al rimborso dei miglioramenti effettuati sulla parte del fondo residua (art. 963 c.c.);
   - ha diritto al rimborso dei miglioramenti quando cessa l'enfiteusi nella misura dell'aumento di valore conseguito dal fondo per effetto dei miglioramenti stessi;
   - ha diritto al rimborso per le addizioni non separabili dal fondo;
   - ha diritto all'affrancazione (art. 971 c.c.).

2. <u>**Obblighi del concedente e dell'enfiteuta**</u>.

   Il **concedente**:
   - è obbligato a consentire il godimento del fondo enfiteutico;
   - è obbligato a rimborsare l'enfiteuta dei miglioramenti e delle addizioni non separabili al momento della cessazione dell'enfiteusi.

   L'**enfiteuta**:
   - ha l'obbligo di migliorare il fondo, accrescendone il valore o migliorandone la produttività;
   - ha l'obbligo di pagare un canone periodico, che può consistere in una somma di denaro o in una quantità fissa di prodotti naturali (art. 960 c.c.).

     L'obbligo di pagare tale canone grava solidalmente su tutti i confiteuti e sugli eredi del confiteuta fino a che dura la comunione (art. 961 c.c.);

D) Ricognizione, devoluzione ed affrancazione.

1. <u>**Ricognizione.**</u>

   Il concedente può richiedere **la ricognizione** del proprio diritto, un anno prima del compimento del ventennio, a chi sia nel possesso del fondo, al fine di impedire il maturarsi dell'usucapione a vantaggio del possessore (art. 969 c.c.).

2. **Devoluzione.**
   Nell'ipotesi in cui l'enfiteuta deteriori o non migliori il fondo, il concedente può richiedere giudizialmente la **devoluzione** del fondo, ossia l'estinzione dell'enfiteusi e la restituzione del fondo medesimo (art. 972 c.c.).

3. **Affrancazione.**
   Sul diritto di devoluzione prevale in ogni caso il **diritto di affrancazione** dell'enfiteuta (artt. 971-974 c.c.), che consiste nel diritto potestativo di acquistare la proprietà del fondo attraverso il pagamento di una somma di denaro pari a quindici volte l'ammontare del canone.

E) Cause di estinzione.

L'enfiteusi **si estingue**:
- per affrancazione;
- per devoluzione;
- per scadenza del termine (se si tratta di enfiteusi temporanea);
- per il perimento totale del fondo;
- per non uso del diritto da parte dell'enfiteuta protratto per venti anni (art. 970 c.c.).
- per confusione, nell'ipotesi in cui l'enfiteuta divenga proprietario del fondo.

4. L'usufrutto, l'uso e l'abitazione.

A) Nozione di usufrutto.

➢ Il diritto di usufrutto attribuisce al titolare (usufruttuario) il diritto di godere della cosa, traendone, nel rispetto della sua destinazione economica, tutte le utilità che da essa possono derivare (art. 981 c.c.).

L'usufrutto è il diritto reale di godimento che limita maggiormente le facoltà del proprietario, che difatti è definito "**nudo proprietario**".

B) Temporaneità del diritto di usufrutto.

Al fine di non comprimere troppo a lungo il diritto del proprietario il codice civile prevede che l'usufrutto debba essere **necessariamente temporaneo**: la durata dell'usufrutto non può eccedere la vita dell'usufruttuario e l'usufrutto costituito a favore di persona giuridica non può durare più di trenta anni (art. 979 c.c.).

Usufrutto congiuntivo e usufrutto successivo:

È possibile la costituzione di un **"usufrutto congiuntivo"**, ossia a favore di più persone ma non un **"usufrutto successivo"**, che si realizza quando alla morte di un soggetto, il diritto di usufrutto passa automaticamente ad un altro soggetto.

C) Oggetto del diritto di usufrutto: il quasi usufrutto.

Oggetto del diritto di usufrutto possono essere:
- beni mobili;
- beni immobili;
- crediti;
- titoli di credito;
- aziende;
- universalità di mobili;

che siano **fruttiferi ed inconsumabili**, visto l'obbligo gravante sull'usufruttuario di restituire il bene al termine della durata dell'usufrutto.

Il quasi-usufrutto:

Si parla di "quasi-usufrutto" nell'ipotesi in cui l'usufrutto abbia ad oggetto cose consumabili (art. 995 c.c.):

in tal caso l'usufruttuario acquista la proprietà delle cose oggetto dell'usufrutto con il diritto di servirsene e l'obbligo di restituirne altre di uguale quantità e qualità al termine dell'usufrutto.

D) Modi di acquisto dell'usufrutto.

L'usufrutto può essere:

- **legale** se stabilito dalla legge (es. artt. 324 che prevede l'usufrutto legale dei genitori);
- **volontario**, quando è stabilito dalla volontà dell'uomo (artt. 636, secondo comma, 698, 1998, comma 1, 2025, 2352 c.c.), attraverso la stipulazione di un **contratto**, a titolo oneroso o gratuito o attraverso il **testamento**;
- e può essere acquistato anche per **usucapione** (art. 978 c.c.).

L'usufruttuario può **cedere** il proprio diritto per un certo tempo o per tutta la sua durata (art. 980 c.c.) se ciò non è vietato dal titolo costitutivo (essendo altrimenti la cessione nulla) e **può concludere contratti di locazione**.

E) Diritto e obblighi derivanti dall'usufrutto.

1. <u>**Diritti dell'usufruttuario e del nudo proprietario**</u>

   L'**usufruttario**:

   - ha diritto di **godere** della cosa, potendone trarre ogni utilità che questa può dare;
   - a tal fine ha diritto di conseguire il **possesso** della cosa:
   - ha diritto di fare propri i **frutti naturali e civili** della cosa, per tutta la durata del suo diritto;
   - ha diritto ad una indennità per i **miglioramenti** che sussistono al momento della restituzione della cosa;
   - ha diritto di eseguire **addizioni** che non alterino la destinazione economica della cosa: ha altresì diritto di toglierle alla fine dell'usufrutto qualora ciò possa farsi senza nocumento della cosa, salvo che il proprietario preferisca ritenere le addizioni stesse (art. 986 c.c.). In quest'ultimo caso ha diritto ad una indennità pari alla minor somma tra l'importo della spesa e il valore delle addizioni al tempo della riconsegna.

   Il **nudo proprietario**:

   - ha diritto alla restituzione del bene al termine dell'usufrutto;
   - ha diritto ad essere informato dall'usufruttuario delle eventuali usurpazioni del fondo o delle offese alle sue ragioni;

2. <u>**Obblighi dell'usufruttuario e del nudo proprietario.**</u>

   L'**usufruttuario**:

   - ha l'obbligo di **restituire** il bene al termine dell'usufrutto;
   - ha l'obbligo di rispettare la **destinazione economica** del bene, da intendersi sia come destinazione funzionale, sia come idoneità alla produzione del reddito;
   - deve usare la **diligenza del buon padre di famiglia** nel godimento della cosa;
   - è tenuto ad effettuare, prima dell'acquisto del possesso dei beni e a sue spese, l'**inventario** degli stessi, previo avviso al proprietario, prestando altresì **idonea garanzia**;
   - deve effettuare le **spese** ed adempiere agli **oneri relativi alla custodia**, amministrazione e manutenzione ordinaria delle cose oggetto del suo diritto;
   - è tenuto per tutta la durata del suo diritto ai carichi annuali come le imposte, i canoni, le rendite fondiarie e gli altri pesi che gravano sul reddito;
   - ha l'obbligo di **denunciare al proprietario** le usurpazioni sul fondo e le offese alle ragioni del proprietario, essendo in caso contrario responsabile dei danni che ne siano derivati al proprietario.

   Il **nudo proprietario**:

   - deve consentire il libero godimento del bene all'usufruttuario;
   - deve effettuare le **riparazioni straordinarie** che si rendano necessarie per il godimento del bene;

F) Cause di estinzione dell'usufrutto.

L'usufrutto **si estingue**:
- morte dell'usufruttuario;
- rinuncia dell'usufruttuario;
- per scadenza del termine;
- per non uso ventennale;
- per la riunione dell'usufrutto e della proprietà nella stessa persona;
- per il perimento totale della cosa su cui è costituito (art. 1014 c.c.).

G) Tutela del diritto dell'usufruttuario.

L'usufruttuario, essendo titolare di un diritto reale di godimento, può esercitare a tutela del suo diritto tutte le azioni previste dall'ordinamento a tutela dei diritti reali ed in particolare:
- le **azioni possessorie** qualora l'usufruttuario sia spogliato del possesso del bene o riceva turbative nel godimento del suo diritto;
- l'**azione di rivendica** dell'usufrutto, diretta all'accertamento del suo diritto e alla condanna alla restituzione del bene;
- l'**azione negatoria**, nell'ipotesi in cui l'usufruttuario veda contestato il suo diritto da parte di soggetti terzi che rivendicano sul bene altri diritti reali;
- l'**azione di mero accertamento** del suo diritto di usufrutto.

H) Il diritto d'uso.

Il diritto d'uso è il diritto reale su cosa altrui che attribuisce al titolare la facoltà di servirsi del bene e, se esso è fruttifero, di raccoglierne i frutti, ma **solo ed esclusivamente per il soddisfacimento dei suoi bisogni e di quelli della sua famiglia** (art. 1021 c.c.). Tali bisogni devono essere valutati secondo la condizione sociale del titolare del diritto.
Il diritto d'uso ha **carattere strettamente personale** e, pertanto, **non è cedibile** e non può essere dato in locazione (art. 1024 c.c.).

I) L'abitazione.

L'abitazione, invece, è il diritto di **abitare una casa** limitatamente ai **bisogni del titolare e della sua famiglia** (art. 1022 c.c.).
Anche il diritto di abitazione, in quanto **strettamente personale**, non può essere ceduto, né locato, né sottoposto a sequestro.

5. Le servitù prediali.

A) Nozione. Le servitù irregolari.

➢ La servitù è diritto reale di godimento che spetta ad un soggetto in quanto proprietario di un fondo (**fondo dominante**), e che consiste nel potere di realizzare un'attività tramite un altro fondo (**fondo servente**) o nel potere di proibire al proprietario di quest'ultimo una determinata attività.

Pertanto, in presenza di una servitù, il fondo servente è gravato da un **peso** volto a garantire una **utilità** al fondo dominante.
Caratteristica principale delle servitù è la **"predialità"**, da intendere come inerenza ai fondi, in quanto la servitù non costituisce un vantaggio per il proprietario del fondo dominante ma un vantaggio oggettivo per il fondo stesso.

Servitù irregolari:
Qualora vengano concessi ad una determinata persona diritti incidenti sul godimento del fondo, si parla di **"servitù irregolari"**, che danno vita a rapporti di natura obbligatoria e non reale, in quanto tali non trasmissibili al successivo proprietario del fondo con la vendita del bene.

B) Elementi costitutivi delle servitù

1. **Appartenenza a diversi proprietari.**
   Affinché possa dirsi sussistente un rapporto di servitù tra i due fondi, gli stessi devono necessariamente **appartenere a diversi proprietari**;

2. **Vicinanza.**
   I fondi, inoltre, devono essere **vicini**, il che implica non necessariamente una loro contiguità, ma soltanto che tra i due fondi possa instaurarsi una relazione tale da garantire che dal peso imposto sul fondo servente derivi una utilità per il fondo dominante.

3. **Utilità.**
   L'utilità, a norma dell'art. 1028 c.c. può consistere anche nella maggiore comodità o amenità del fondo dominante e può essere inerente alla sua destinazione industriale.
   L'art. 1029 c.c. prevede che la servitù ha efficacia immediata anche se è diretta ad assicurare al fondo un **vantaggio** solo **futuro**.

4. **Ambulatorietà attiva e passiva ed incedibilità.**
   L'utilità derivante dalla servitù costituisce una vera e propria qualità del fondo dominante, dallo stesso inseparabile; ciò comporta che la servitù ha una attitudine a seguire il fondo presso tutti i successivi proprietari (c.d. **ambulatorietà**) ed è **incedibile** separatamente dalla proprietà dello stesso.
   Inoltre, la servitù grava sull'intero fondo servente e a vantaggio dell'**intero fondo** dominante, pur potendo essere concretamente localizzata in una parte sola di entrambi.

5. **Unilateralità.**
   La servitù è necessariamente **unilaterale**, in quanto posta a carico di un fondo e a vantaggio di un altro, anche se il vincolo può configurarsi come reciproco (**servitù reciproche**); in tal caso si avranno due distinte ed autonome servitù, non interdipendenti tra di loro, di modo che ciascuno dei due fondi è, al contempo, servente rispetto a una servitù e dominante rispetto all'altra.

6. **Perpetuità.**
   Quanto alla **durata**, la servitù è di norma un **vincolo perpetuo**, ma può comunque essere costituita, sulla base di un'eventuale utilità temporanea, per un tempo determinato.

C) Contenuto delle servitù.

Con riferimento, invece, al **contenuto** delle servitù, i privati, fermo restando l'obbligo di rimanere nell'ambito dello schema legale predisposto dal codice civile, possono determinare liberamente il vincolo in cui la servitù si sostanzia (sono pertanto configurabili anche **servitù atipiche**, da contrapporre a quelle **tipiche**, disciplinate dal codice civile).
Tale vincolo non deve comportare obblighi positivi a carico del proprietario del fondo servente, in ossequio al principio romanistico ***servitus in faciendo consistere nequit***: al proprietario del fondo servente possono essere imposti solo **obblighi accessori e strumentali all'esercizio della servitù** che non ne costituiscano il contenuto essenziale (art. 1030 c.c.).
Da tali obblighi è possibile liberarsi solamente attraverso la **rinuncia alla proprietà**, effettuata in favore del proprietario del fondo dominante, che in tale maniera acquista anche la proprietà del fondo servente (c.d. **rinuncia traslativa**).

D) Tipologie di servitù.

La varietà di contenuto delle servitù ha comportato l'enucleazione di **numerose distinzioni**, che rilevano ai fini della disciplina della costituzione, modificazione o estinzione del diritto:

1. **Servitù apparenti e non apparenti.**

Le servitù si distinguono, innanzitutto, in apparenti e non apparenti, a seconda che vi siano, o meno, opere visibili e permanenti destinate al loro esercizio;

2. **Servitù continue e discontinue.**
Le servitù sono **continue** se consistono nel mantenimento di opere o dello stato dei luoghi, di per sé idonei a soddisfare il bisogno del fondo dominante. Sono invece **discontinue** se per il loro esercizio è richiesta l'attività dell'uomo;

3. **Servitù positive e negative.**
Le servitù sono **positive** quando si realizzino mediante opere o attività compiute dal titolare del fondo dominante, mentre sono **negative** quando è sufficiente un *non facere* a carico del proprietario del fondo servente;

4. **Servitù pubbliche.**
Le servitù si definiscono pubbliche quando sono costituite a carico di beni di proprietà privata in favore di beni appartenenti al demanio pubblico o al patrimonio indisponibile dello Stato.
Tali servitù sono solitamente costituite per **atto amministrativo**, dietro il pagamento di un indennizzo, ma possono sorgere anche con le stesse modalità previste per le servitù private.

E) Le modalità di costituzione delle servitù.

Con riferimento alla modalità di costituzione delle servitù è possibile distinguere tra servitù coattive, servitù volontarie e servitù acquistate per usucapione e per destinazione del padre di famiglia.

1. **Le servitù coattive.**
Le **servitù coattive** (art. 1032 c.c.) trovano il loro fondamento direttamente nella **legge**, nell'ipotesi in cui sia attribuito al proprietario del fondo dominante il **diritto potestativo** di costituire una servitù sul fondo servente anche contro la volontà del proprietario di quest'ultimo.
Se le parti non si accordano in ordine alla costituzione di tale servitù la stessa può essere costituita con **sentenza costitutiva**, che provvederà anche a stabilirne le modalità e a determinare l'**indennità** dovuta.
La servitù coattiva, infine, può essere costituita anche da un **atto della pubblica amministrazione**, nei soli casi determinati dalla legge.
Esempi di servitù coattive sono:
   - servitù di acquedotto;
   - servitù di passaggio coattivo.

2. **Le servitù volontarie.**
Le servitù **volontarie** si costituiscono per contratto o per testamento (art. 1058 c.c.).

3. **Acquisto per usucapione.**
Le servitù possono essere acquistate per usucapione, attraverso il possesso continuato per 20 anni, o per 10 anni se c è la buona fede del proprietario del fondo dominante ed un titolo astrattamente idoneo alla costituzione della servitù.
L'acquisto per usucapione della servitù è possibile solo nell'ipotesi in cui si tratti di **servitù apparenti**.

4. **Acquisto per destinazione del padre di famiglia.**
La servitù viene acquistata per destinazione del padre di famiglia (art. 1062 c.c.) nell'ipotesi in cui risulti che due fondi attualmente divisi, sono stati posseduti dallo stesso proprietario, e che questi ha lasciato le cose nello stato da cui risulta la servitù, senza nulla disporre in merito alla servitù stessa. In tal caso la servitù si intende stabilita di diritto, attivamente e passivamente, a favore e sopra ciascuno dei fondi separati. Anche l'acquisto della servitù per destinazione del padre di famiglia può avvenire solo se si tratti di **servitù apparenti**.

F) Le modalità di esercizio delle servitù.

Le modalità di esercizio della servitù sono regolate dal **titolo** e, solo in mancanza, dalle **norme del codice civile**.

In linea generale, ex art. 1064 c.c., il diritto di servitù **comprende tutte le facoltà necessarie per usarne**, e deve essere esercitato in conformità al titolo o al possesso. Nel dubbio circa l'estensione e le modalità di esercizio del diritto di servitù, l'utilità del fondo dominante deve essere raggiunta con il minor aggravio possibile del fondo servente (c.d. **principio del minimo mezzo**).

Nello stesso tempo il proprietario del fondo servente non può porre in essere alcuna attività che incida negativamente sulle modalità di esercizio della servitù.

La servitù, inoltre, ai sensi dell'art. 1068 c.c., **non può essere trasferita** dal proprietario del fondo servente in luogo diverso da quello originariamente stabilito, a meno che non ricorrano le condizioni previste dai commi 2, 3 e 4 del medesimo articolo.

Nel caso in cui il **fondo servente sia diviso o parzialmente alienato**, le servitù localizzate si concentreranno sulla porzione del fondo su cui insistono, mentre sull'altra parte la servitù sarà estinta; le servitù non localizzate continueranno a insistere su entrambe le porzioni.

G) L'estinzione delle servitù.

Le servitù si **estinguono**:

- per **confusione**; l'estinzione per **confusione** si ha nell'ipotesi in cui il fondo servente ed il fondo dominante divengono di proprietà dello stesso soggetto;
- per **prescrizione** (art. 1072 e seguenti c.c.): si ha quando, per oltre venti anni, la servitù non sia stata esercitata.

  Il **termine** da cui decorre la prescrizione varia a seconda che si tratti di servitù continue, discontinue o di servitù negative.

  Un eventuale esercizio della servitù in maniera non conforme al titolo o al possesso non ne impedisce l'estinzione per prescrizione, mentre un esercizio limitato della servitù la fa conservare per intero (art. 1075 e 1076 c.c.).

Il **perimento** del fondo, invece, non rappresenta una causa di estinzione della servitù, assumendo rilievo solo ai fini della prescrizione per non uso nel caso in cui la servitù, a causa del perimento, non possa essere esercitata per più di venti anni; in caso contrario, una volta ricostituita la possibilità di esercizio, è possibile riattivare la servitù.

Ulteriori cause di estinzione delle servitù sono:

- la **rinuncia del proprietario del fondo dominante**;
- l'**abbandono del fondo servente** (art. 1070 c.c.): difatti il proprietario del fondo servente quando è obbligato alle spese necessarie per l'uso o per la conservazione della servitù può liberarsene rinunciando alla proprietà del fondo servente a favore del proprietario del fondo dominante;
- la **scadenza del termine** in caso di servitù costituita a tempo determinato;
- verificarsi della condizione risolutiva eventualmente prevista nel titolo;

Le **servitù coattive**, infine, possono estinguersi anche per effetto di **sentenza**, quando venga accertato il venir meno dei presupposti di fatto alla base della loro costituzione.

H) Le azioni a difesa delle servitù: l'azione confessoria

Il titolare della servitù, al fine di vedere **accertato il suo diritto** contro chi lo contesta, o per ottenere la **cessazione di eventuali impedimenti o turbative**, la **rimessione in pristino ed il risarcimento dei danni**, può agire con l'**azione confessoria** disciplinata dall'art. 1079 c.c.

Legittimato attivo a tale azione è il proprietario del fondo dominante o l'enfiteuta e l'usufruttuario, che avranno l'onere di provare l'esistenza della servitù.

Presupposto fondamentale dell'azione è che sia **contestata l'esistenza o il legittimo esercizio della servitù**, poiché se tale contestazione non sussiste e ci sia un semplice impedimento di fatto all'esercizio della servitù, il proprietario del fondo dominante, al fine di ottenere la cessazione di tali turbative, dovrà agire con le azioni possessorie ed, eventualmente, con l'azione di risarcimento del danno ex art. 2043 c.c.

Dizionario di termini tecnici

- **Diritti reali di godimento**
  I diritti reali di godimento sono i **diritti reali su cosa altrui che limitano il potere di godimento che spetta al proprietario del bene**.
  I diritti reali di godimento sono la superficie, l'enfiteusi, l'usufrutto, l'uso, l'abitazione e le servitù prediali.

- **Usufrutto**
  L'usufrutto è il diritto reale di godimento che limita maggiormente le facoltà del proprietario, che difatti è definito "**nudo proprietario**".
  Il diritto di usufrutto attribuisce al titolare (usufruttuario) il diritto di godere della cosa, traendone, nel rispetto della sua destinazione economica, tutte le utilità che da essa possono derivare (art. 981 c.c.).

- **Servitù**
  La servitù è diritto reale di godimento che spetta ad un soggetto in quanto proprietario di un fondo (**fondo dominante**), e che consiste nel potere di realizzare un'attività tramite un altro fondo (**fondo servente**) o nel potere di proibire al proprietario di quest'ultimo una determinata attività.

MAPPA CONCETTUALE

Diritti reali di godimento sono diritti reali su cosa altrui che limitano il potere di godimento che spetta al proprietario dei beni

- Diritto di superficie →
  - per atto *intra vivos*
  - per atto *mortis causa*
- Enfiteusi →
  - per contratto
  - per usucapione
  - per testamento
- Usufrutto →
  - legale
  - volontario
- Uso →
  - carattere personale
- Abitazione →
  - carattere personale
- Servitù prediali →
  - vicinanza
  - utilità
  - ambulatorietà
  - unilateralità
  - perpetuità

SEZIONE V – IL POSSESSO

1. Il possesso e la detenzione.

A) Nozione di possesso.

➢ Il possesso è il **potere di fatto sulla cosa** che si manifesta in un'attività corrispondente all'esercizio della proprietà o di altro diritto reale (art. 1140 c.c.).

Il possesso è, pertanto, una **situazione di fatto** che riceve **tutela dall'ordinamento** a prescindere dalla circostanza che il possessore sia anche titolare del diritto reale sul bene.

Caratteri principali del possesso sono:

- il ***corpus***, e cioè il potere di fatto sulla cosa conforme al contenuto del diritto di proprietà o di altro diritto reale;
- l'***animus possidendi***, che si identifica nella volontà del possessore di comportarsi come se fosse effettivamente titolare del diritto reale che esercita.

B) Ius possessionis e ius possidendi.

Con riferimento ai rapporti intercorrenti tra il possessore ed il titolare del diritto è possibile distinguere tra:

- lo ***ius possessionis***, che appartiene al possessore e che si identifica in tutti quei vantaggi che l'ordinamento attribuisce al possessore a prescindere dal fatto che lo stesso sia anche titolare del diritto (tutela possessoria, acquisto della proprietà per usucapione o per l'operare della regola possesso vale titolo, posizione di convenuto nell'azione di rivendica);
- lo ***ius possidendi*** che appartiene al soggetto che sia effettivamente titolare del diritto e che comporta, ad esempio, la possibilità di rivendicare il bene da chiunque lo possieda.

C) Nozione di detenzione.

La **detenzione** ha in comune con il possesso l'elemento del *corpus*, ma se ne distingue per la **mancanza dell'*animus***: difatti il detentore è il soggetto che, pur avendo la disponibilità di fatto della cosa, riconosce la titolarità del diritto in capo ad un altro soggetto (c.d. ***animus detinendi***).

La detenzione è:

- **qualificata**, quando il detentore ha un interesse proprio alla detenzione;
- **non qualificata** se il detentore tiene la cosa per ragioni di servizio o di ospitalità.

Quest'ultima distinzione ha importanti riflessi sul piano applicativo in quanto solo il detentore qualificato è legittimato ad esercitare l'azione di reintegrazione nel possesso (vedi *infra*).

D) Rapporti tra possesso e detenzione.

1. **Presunzione generale di possesso.**
   L'art. 1141 comma 1, c.c. stabilisce che si **presume il possesso** in colui che esercita il potere di fatto, quando non si provi che ha cominciato a esercitarlo semplicemente come detentore.
2. **Interversione del possesso.**
   Il secondo comma dell'articolo 1141 c.c. prevede che colui che ha cominciato ad avere la detenzione non può acquistare il possesso finché il titolo non venga mutato:
   - per causa proveniente da un terzo;
   - o in forza di opposizione da lui fatta contro il possessore (c.d. **interversione del possesso**).

E) Il possesso mediato.

Il secondo comma dell'art. 1140 c.c. afferma che si può possedere direttamente o per mezzo di altra persona che ha la detenzione della cosa.

In quest'ultima ipotesi viene in rilievo la figura del **possessore mediato** il quale **conserva l'*animus***, mentre il ***corpus*** **compete ad un altro soggetto** che ne è detentore, in adempimento di un obbligo oppure in base ad un rapporto di cortesia.

F) Acquisto, durata e perdita del possesso

1. **Acquisto del possesso**.

L'acquisto del possesso può avvenire a titolo originario o a titolo derivativo:

- l'**acquisto a titolo originario** si ha con l'**impossessamento** della cosa, anche contro la volontà del titolare del diritto, e con l'esercizio di poteri corrispondenti a quelli spettanti al titolare del diritto;
- l'**acquisto a titolo derivativo** si ha, invece, con la consegna (***traditio***) del bene al nuovo possessore da parte del precedente.

L'art. 1144 c.c. precisa che gli atti compiuti da un soggetto con **l'altrui tolleranza** non possono servire di fondamento per l'acquisto del possesso.

2. **Durata del possesso.**

La **durata del possesso** può assumere rilevanza, come vedremo, ai fini dell'acquisto della proprietà del bene per usucapione.

Data la difficoltà di provare la durata di una situazione di fatto, gli art. 1142 e 1143 c.c. prevedono delle presunzioni, rispettivamente, di possesso intermedio e di possesso anteriore:

- **presunzione di possesso intermedio**: il possessore attuale che ha posseduto in tempo più remoto si presume che abbia posseduto anche nel tempo intermedio;
- **presunzione di possesso anteriore**: il possesso attuale non fa presumere il possesso anteriore salvo che il possessore abbia un titolo a fondamento del suo possesso: in tal caso si presume che abbia posseduto dalla data del titolo.

3. **Accessione e successione nel possesso**.

Sempre ai fini dell'usucapione, rileva la previsione di cui all'art. 1146 c.c. secondo la quale:

- il successore a titolo particolare **può** unire il periodo di tempo del suo possesso con quello del suo dante causa, al fine di conseguirne gli effetti positivi (**accessione nel possesso**);
- il successore a titolo universale, invece, **continua** in ogni caso il possesso del *de cuius* (**successione nel possesso**).

4. **La perdita del possesso.**

La perdita del possesso si ha nel momento in cui il possessore perda definitivamente la materiale disponibilità della cosa, o venga a mancare l'*animus possidendi*.

G) Le qualifiche del possesso.

Il possesso può assumere diverse qualifiche; in particolare il possesso può essere:

- **legittimo** o ***ad usucapionem*** (vedi *infra*);
- di **buona o di mala fede**.
  Ai sensi dell'art. 1147 c.c. è possessore di **buona fede** chi possiede ignorando di ledere l'altrui diritto. La buona fede è presunta e basta che vi sia stata al tempo dell'acquisto (***mala fides superveniens non nocet***), ma non giova se l'ignoranza dipende da colpa grave;
- di **buona fede titolato**: si ha nell'ipotesi in cui il possessore sia tale in forza di un titolo astrattamente idoneo al trasferimento della proprietà (vedi *infra*).

2. Gli effetti del possesso. L'acquisto dei frutti ed il rimborso delle spese.

A) Rilevanza della distinzione tra possessore di buona o mala fede in ordine alla restituzione dei frutti.

In linea generale il possessore è tenuto a restituire al legittimo proprietario non solo il bene ma anche i **frutti** maturati nel periodo in cui lo ha posseduto. In tal caso il possessore, a norma dell'art. 1149 c.c., ha diritto al rimborso delle spese sostenute per la loro produzione e per il loro raccolto.

L'art. 1148 c.c., però, introduce una **eccezione a tale regola generale**, prevedendo che:

- il **possessore di buona fede** fa suoi i frutti maturati fino al giorno della domanda giudiziale con cui il titolare del diritto richiede la restituzione del bene;
- pertanto, solo il **possessore di mala fede** è tenuto a restituire i frutti maturati sin dal giorno in cui ha avuto inizio il possesso.

La distinzione tra possessore di buona e mala fede rileva anche con riferimento:

- al diritto al **rimborso delle spese effettuate**;
- al diritto ad **indennità** per eventuali **miglioramenti** ed **addizioni** apportate al bene (art. 1150 c.c.).

B) Diritto di ritenzione in favore del possessore di buona fede.

A norma dell'art. 1158 c.c. il possessore di buona fede, a cui siano dovute a vario titolo delle indennità, ha il **diritto di ritenzione** del bene fino a che tali indennità non gli siano corrisposte, purché le abbia domandate nel corso del giudizio di rivendicazione e abbia fornito una prova generica della sussistenza delle riparazioni e dei miglioramenti.

▶ 2.1. Il possesso ai fini dell'acquisto della proprietà: l'art. 1153 c.c.

A) Possesso di buona fede vale titolo.

Come vedremo trattando l'istituto dell'usucapione, il possesso può rilevare quale possibile presupposto dell'acquisto della proprietà a titolo originario del bene.
Occorre ora analizzare la regola **"possesso di buona fede vale titolo"** prevista dall'art. 1153 c.c.
Tale disposizione prevede che colui al quale sono alienati beni mobili da parte di chi non ne è proprietario, **ne acquista la proprietà** mediante il possesso, purché sia in buona fede al momento della consegna e sussista un titolo idoneo al trasferimento della proprietà.
Nello stesso modo è possibile l'acquisto dei diritti di **usufrutto**, di **uso** e di **pegno**.

B) Presupposti per l'applicazione dell'art. 1153 c.c.

L'istituto del "possesso vale titolo", che ha lo scopo di garantire la **sicurezza della circolazione dei diritti** aventi ad oggetto beni mobili, opera in presenza dei seguenti presupposti:

- acquisto del bene da chi non ne è proprietario (**acquisto *a non domino***);
- conseguimento del **possesso del bene mobile**;
- esistenza di un **titolo astrattamente idoneo al trasferimento del diritto reale** (e cioè la presenza di un contratto traslativo privo di vizi che non trasferisce la proprietà solo perché l'alienante non è il legittimo proprietario del bene);
- **buona fede** dell'acquirente al momento della consegna.

L'acquisto del bene avviene **a titolo originario** e la proprietà si acquista **libera da diritti altrui** se questi non risultano dal titolo e vi sia la buona fede dell'acquirente.

C) Conflitti tra più acquirenti dal medesimo dante causa.

La regola "*possesso di buona fede vale titolo*" vale anche a dirimere il **conflitto tra più acquirenti di un bene mobile dal medesimo dante causa**: l'art. 1155 c.c. prevede che nel caso in cui un soggetto abbia alienato il medesimo bene mobile a più soggetti, la proprietà è acquistata da quello di essi che per primo ne ha acquistato in buona fede il possesso, anche se il suo titolo è di data posteriore.
L'art. 1156 c.c. precisa che tali disposizioni non si applicano alle **universalità di mobili** e ai **beni mobili iscritti in pubblici registri**.

3. Le azioni a tutela del possesso.

Il possessore può agire in giudizio a difesa del possesso con le azioni c.d. possessorie: le azioni strettamente possessorie sono **l'azione di reintegrazione**, detta anche di spoglio (artt. 1168 - 1168 c.c.) e **l'azione di manutenzione** (art. 1170 c.c.).

Gli artt. 1171 e 1172 c.c. disciplinano, invece, le **azioni di denuncia di nuova opera** e la **denuncia di danno temuto**, che possono essere esercitate tanto dal mero possessore, quanto dal proprietario.

▶ 3.1. L'azione di reintegrazione.

A) Nozione.

L'azione di reintegrazione (o azione di spoglio) è l'azione con cui il possessore che sia stato **violentemente** od **occultamente spogliato** del possesso, può chiedere la **reintegrazione** nello stesso (art. 1168 c.c.).
La reintegrazione deve essere richiesta **entro un anno** (termine perentorio) dal sofferto spoglio o, se questo è clandestino, dalla sua scoperta.

B) Caratteri dello spoglio.

Lo spoglio:

- è **violento** se è fatto contro la volontà del possessore;
- è **occulto** se il possessore non ne sia a conoscenza o si trovi nell'impossibilità di averne cognizione.

Si ritiene esperibile l'azione di reintegrazione solo quando lo spoglio sia accompagnato dall' "***animus spoliandi***" cioè dalla coscienza e volontà di compiere l'atto materiale in cui si sostanzia lo spoglio stesso; tale *animus* si **presume** dal fatto stesso dello spoglio, a meno che non risulti diversamente dalle circostanze.

C) Legittimazione attiva e passiva.

Legittimato all'azione di reintegrazione, ai sensi del secondo comma dell'art. 1168 c.c., è non solo il **possessore**, ma anche il **detentore qualificato.**
Legittimato passivo è l'autore materiale dello spoglio, ma l'azione può essere rivolta anche nei confronti del soggetto che è nel possesso del bene in virtù di un acquisto a titolo particolare, fatto con la conoscenza dell'avvenuto spoglio.

▶ 3.2. L'azione di manutenzione.

A) Nozione.

L'azione di manutenzione (art. 1170 c.ç.) è l'azione a disposizione del possessore per far cessare le **molestie** e le **turbative** di cui sia stato vittima.
Le molestie e le turbative possono tradursi sia in attività materiali (**molestie di fatto**) sia in atti giuridici (**molestie di diritto**); in entrambi i casi l'effetto della molestia deve essere quello di limitare le facoltà di godimento del possessore.

B) Presupposti per l'esercizio dell'azione.

L'azione può essere esercitata solo dal possessore di un immobile, di una universalità di mobilio di un diritto reale su un immobile (non quindi dal detentore), a condizione che il possesso **duri da oltre un anno**, in modo **continuativo** e **non interrotto**. Inoltre, il possesso **non deve essere stato acquistato violentemente o clandestinamente**; in caso contrario l'azione può esercitarsi solo decorso un anno dal giorno in cui la violenza o la clandestinità è cessata.
Se ricorrono tali condizioni l'azione di manutenzione può essere utilizzata anche dal possessore che sia stato vittima di uno **spoglio non violento e clandestino**, per ottenere la reintegrazione nel possesso medesimo (art. 1170 comma 3 c.c.).

4. Le azioni di nunciazione.

A) L'azione di denuncia di nuova opera.

L'azione di denuncia di nuova opera (art.1171 c.c.) può essere esercitata:

- dal proprietario;

- dal titolare di un diritto reale di godimento;
- dal possessore;

quando abbiano ragione di temere che da una nuova opera intrapresa da altri sul proprio o sull'altrui fondo, possa derivare un danno alla cosa che forma oggetto del loro diritto o del loro possesso.
L'azione può essere esercitata solo se la nuova opera non è terminata e non sia trascorso un anno dal suo inizio.
Il giudice può **vietare** o **permettere** la continuazione dell'opera, stabilendo in ogni caso le opportune cautele.

B) L'azione di denuncia di danno temuto.

L'azione di denuncia di danno temuto (art.1172 c.c.) è l'azione con cui:

- il proprietario;
- il titolare di altro diritto reale di godimento;
- il possessore;

che abbiano ragione di temere che da **qualsiasi edificio albero o altra cosa** possa derivare il **pericolo di un danno grave e prossimo** alla cosa che forma oggetto del loro diritto, possono rivolgersi all'autorità giudiziaria affinché provveda per ovviare al pericolo.
L'autorità giudiziaria dispone i provvedimenti opportuni, imponendo anche idonee garanzie per gli eventuali danni.
L'azione in esame si distingue dall'azione di cui all'art. 1171 c.c., in quanto tende a tutelare da situazioni di pericolo che possano insorgere da **opere già esistenti**; inoltre, l'attivazione dei rimedi a cui si riferisce è svincolata, al contrario della denuncia di nuova opera, da termini particolari.

Dizionario di termini tecnici

- **Possesso**
  Il possesso è il **potere di fatto sulla cosa** che si manifesta in un'attività corrispondente all'esercizio della proprietà o di altro diritto reale (art. 1140 c.c.).
  Il possesso è, pertanto, una **situazione di fatto** che riceve **tutela dall'ordinamento** a prescindere dalla circostanza che il possessore sia anche titolare del diritto reale sul bene.

- **Detenzione**
  La **detenzione** ha in comune con il possesso l'elemento del *corpus*, ma se ne distingue per la **mancanza dell'*animus***: difatti il detentore è il soggetto che, pur avendo la disponibilità di fatto della cosa, riconosce la titolarità del diritto in capo ad un altro soggetto (c.d. ***animus detinendi***).

- **Azione di reintegrazione**
  L'azione di reintegrazione (o azione di spoglio) è l'azione con cui il possessore che sia stato **violentemente** od **occultamente spogliato** del possesso, può chiedere la **reintegrazione** nello stesso (art. 1168 c.c.).
  La reintegrazione deve essere richiesta **entro un anno** (termine perentorio) dal sofferto spoglio o, se questo è clandestino, dalla sua scoperta.

- **Azione di manutenzione**
  L'azione di manutenzione (art. 1170 c.c.) è l'azione a disposizione del possessore per far cessare le **molestie** e le **turbative** di cui sia stato vittima.
  Le molestie e le turbative possono tradursi sia in attività materiali (**molestie di fatto**) sia in atti giuridici (**molestie di diritto**); in entrambi i casi l'effetto della molestia deve essere quello di limitare le facoltà di godimento del possessore.

MAPPA CONCETTUALE

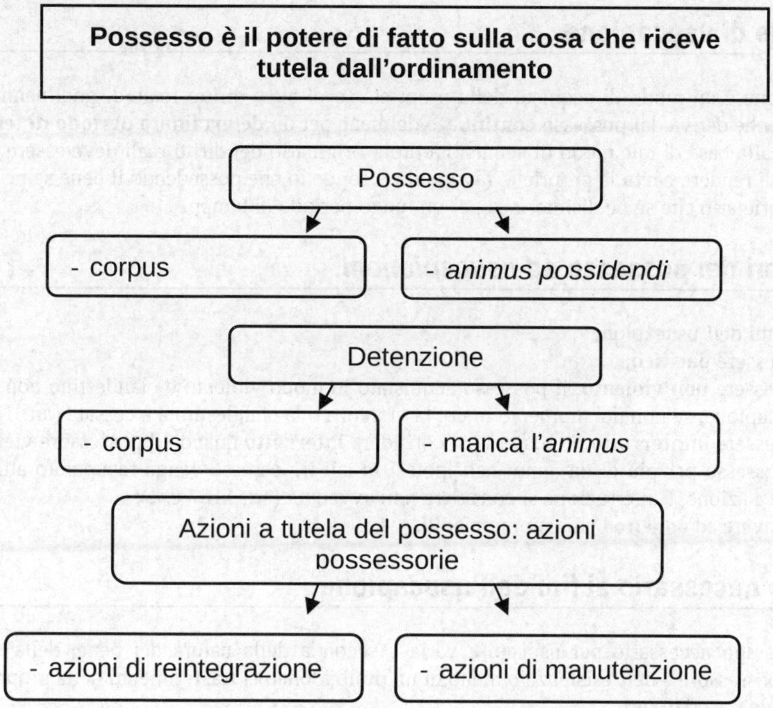

SEZIONE VI - L'USUCAPIONE

1. Nozione di usucapione.

- L'usucapione è un modo di acquisto della proprietà (o di altro diritto reale di godimento) a titolo originario, che deriva dal **possesso continuato** del bene per un **determinato periodo di tempo**.

Il **fondamento** alla base di tale modo di acquisto a titolo originario dei diritti reali deve essere rinvenuto nella necessità di rendere **certa** la proprietà, favorendo il soggetto che possedendo il bene se ne occupa, a scapito del proprietario che se ne disinteressa per un lungo periodo di tempo.

2. Caratteri del possesso *ad usucapionem*.

Il possesso, ai fini dell'usucapione:

- deve essere **pacifico**;
- deve essere **non violento**; il possesso acquistato in modo violento o clandestino non giova per l'usucapione, se non dal momento in cui la violenza o la clandestinità è cessata (art. 1163 c.c.);
- deve essere **ininterrotto**; il possesso si considera **interrotto** quando il possessore viene privato del possesso per più di un anno: nell'ipotesi in cui il possesso venga recuperato attraverso la relativa azione, l'interruzione si considera non avvenuta (art. 1167 c.c.);
- deve avere ad **oggetto** beni commerciabili.

3. Tempo necessario ai fini dell'usucapione.

Il periodo di tempo necessario per usucapire varia a seconda della natura del bene, della situazione soggettiva del possessore e dell'esistenza o meno di un titolo idoneo al trasferimento della proprietà (oltre alla sua eventuale trascrizione):

1. **Usucapione ordinaria dei beni immobili.**
   La proprietà dei **beni immobili e gli altri diritti reali di godimento** sui beni medesimi si acquistano in virtù del possesso continuato **per venti anni** (art. 1158 c.c.).

2. **Usucapione abbreviata dei beni immobili**
   Colui che acquista un immobile:
   - in **buonafede** (cioè ignorando di ledere l'altrui diritto);
   - da chi non è proprietario;
   - in forza di un **titolo** che sia **idoneo a trasferire la proprietà** (cioè in forza di un titolo che pur se astrattamente valido ed efficace non trasferisce la proprietà in quanto il dante causa non è effettivamente proprietario del bene);
   - che sia stato debitamente **trascritto**, ne compie l'usucapione in suo favore col decorso di **dieci anni** dalla data della trascrizione.

   La stessa disposizione si applica nel caso di acquisto degli altri diritti reali di godimento sopra un immobile (art. 1159 c.c.);

3. **Usucapione ordinaria di un'universalità di mobili**.
   L'usucapione di un'**universalità di mobili** o di **diritti reali di godimento** sopra la medesima si compie in virtù del possesso continuato per **venti anni**.

4. **Usucapione abbreviata di un'universalità di mobili.**
   Nel caso di acquisto in **buona fede** da chi non è proprietario, in forza di **titolo idoneo**, l'usucapione si compie con il decorso di **dieci anni** (art. 1160 c.c.);

5. **Usucapione di beni mobili**
La proprietà dei **beni mobili** e gli altri **diritti reali** di **godimento** sui beni medesimi si acquistano in virtù del possesso continuato per **dieci anni**, qualora il possesso sia stato acquistato in **buonafede**, mentre, se il possessore è in **malafede**, l'usucapione si compie con il decorso di **venti anni** (art. 1161 c.c.).
Se oltre alla buona fede, sussiste un **titolo astrattamente idoneo a trasferire la proprietà**, non opera l'istituto dell'usucapione in quanto l'acquisto della proprietà è immediato per l'effetto della regola "possesso di buona fede vale titolo" di cui all'art. 1153 c.c. (su cui vedi *infra*);

6. **Usucapione ordinaria di un bene mobile registrato**.
L'usucapione di un bene mobile registrato o di **diritto reale di godimento** sopra il medesimo si compie in virtù del possesso continuato per **dieci anni**.

7. **Usucapione abbreviata di un bene mobile registrato.**
Colui che acquista in buona fede da chi non è proprietario un **bene mobile iscritto in pubblici registri**, in forza di un **titolo** che sia **idoneo** a trasferire la proprietà e che sia stato debitamente **trascritto**, ne acquista la proprietà per usucapione col decorso di **tre anni** dalla data della trascrizione.
Le stesse disposizioni si applicano nel caso di acquisto degli altri diritti reali di godimento (art. 1162 c.c.).

L'art. 1165 c.c. prevede che si applichino all'usucapione, in quanto compatibili, le norme previste in tema di **prescrizione**, anche con riferimento alle cause di sospensione ed interruzione e al computo dei termini.

4. L'usucapione della piccola proprietà rurale.

L'articolo 1159 *bis* c.c., infine, ha introdotto norme speciali per l'usucapione della **piccola proprietà rurale**.
In particolare, la proprietà dei fondi rustici con annessi fabbricati situati in comuni classificati come montani dalla legge si acquista in virtù del possesso continuato per quindici anni.
Colui che acquista tale fondo rustico:
- in buona fede;
- da chi non è proprietario;
- in forza di un titolo che sia idoneo a trasferire la proprietà;
- e che sia debitamente trascritto;

ne compie l'usucapione in suo favore con il decorso di cinque anni dalla data di trascrizione.

Dizionario di termini tecnici

➢ **Usucapione**
L'usucapione è un modo di acquisto della proprietà (o di altro diritto reale di godimento) a titolo originario, che deriva dal **possesso continuato** del bene per un **determinato periodo di tempo**.

SEZIONE VII - LA COMUNIONE E IL CONDOMINIO

1. La comunione: profili generali e classificazioni.

A) Nozione di comunione.

- La comunione è la situazione giuridica che si instaura tra più soggetti (c.d. comunisti) quando questi sono contitolari del diritto di proprietà o di altro diritto reale su di un determinato bene.

Difatti, ai sensi dell'**art. 1100 c.c.**, la disciplina della comunione, "*se il titolo o la legge non dispone diversamente*", si applica solo "*quando la proprietà o altro diritto reale spetta in comune a più persone*".

B) Comunione e società.

La comunione va distinta dalla **società**: mentre nella comunione i comunisti si limitano a godere in comune di un determinato bene, nella società i soci esercitano una attività economica diretta alla produzione e allo scambio di beni e servizi.

C) Concetto di quota.

I beni che fanno parte della comunione appartengono ***pro quota*** a tutti i comunisti; il legislatore, allontanandosi dalla concezione di **comunione di tipo c.d. germanico**, senza quote, dove il bene non appartiene al singolo ma al gruppo in quanto tale, ha previsto una **comunione di tipo c.d. romanistico**, dove il diritto sul bene oggetto della comunione è ripartito in *quote ideali*, indivise, di appartenenza esclusiva di ciascun comunista.
La **quota** è, infatti, essenziale nell'economia della disciplina della comunione: essa costituisce una entità frazionaria ideale del tutto ed indica il *quantum* della partecipazione dei singoli comunisti al diritto.

2. La disciplina della comunione.

Come accennato, elemento centrale nella disciplina della comunione è il concetto di quota, in quanto, a norma dell'art. 1101 c.c., il concorso dei partecipanti tanto nei vantaggi quanto nei pesi della comunione, è **in proporzione alle rispettive quote**. Tali quote, in mancanza di diversa previsione, si **presumono uguali**.
La quota è **liberamente disponibile**: ciascun partecipante alla comunione può liberamente alienare il suo diritto e cedere ad altri il godimento del bene nei limiti della sua quota (art. 1103 c.c.).

A) Il godimento del bene in comunione.

Il godimento del bene in comunione spetta in ugual misura a tutti i comunisti (**uso *in solidum***) con il solo limite della **destinazione della cosa** e del diritto degli altri partecipanti di **farne pari uso**.
Ciò nonostante, i partecipanti possono optare per una **suddivisione del godimento** (in senso spaziale, c.d. a zone, o temporale, c.d. turnario), in deroga alla regola ordinaria, e ciascun comunista può apportare le modificazioni necessarie per il miglior godimento della cosa.
Nell'ipotesi in cui uno dei comproprietari non venga messo nelle condizioni di godere del bene, deve essere **indennizzato** per la compressione del suo diritto.

B) Obbligo di contribuire alle spese.

Ciascun comunista ha **l'obbligo di contribuire alle spese** per la conservazione ed il godimento della cosa comune a norma dell'art. 1104 c.c.; detto obbligo è qualificato dalla dottrina come *obligatio propter rem* (BIANCA), la liberazione dalla quale discende, pertanto, solo dall'abbandono della cosa (anche se l'approvazione anche tacita della spesa, a norma dell'art. 1104, comma 2, esclude l'effetto liberatorio della rinunzia). Le specificità delle obbligazioni condominiali saranno oggetto di trattazione nel capitolo dedicato alle obbligazioni.

Nel caso in cui gli altri partecipanti o l'amministratore rimangano **inerti** nell'effettuare le spese necessarie per la conservazione ed il godimento della cosa comune, il singolo comunista può provvedervi autonomamente, salvo il diritto di essere rimborsato *ex* art. 1110 c.c. da parte di ciascun comunista, *pro quota*.

C) L'amministrazione della cosa comune.

L'amministrazione della cosa comune spetta a tutti i comunisti (art. 1105 comma 1); tale **gestione è congiunta ma non unanime**:

- per gli **atti di ordinaria amministrazione**, che riguardano l'utilizzazione e la conservazione della cosa comune, è sufficiente la maggioranza semplice dei compartecipi (calcolata secondo il valore delle quote); in tal caso la deliberazione della maggioranza vincola la minoranza dissenziente;
- per gli **atti di straordinaria amministrazione** è invece richiesta la maggioranza qualificata dei due terzi; tali atti possono essere compiuti solo se non risultino contrastanti con gli interessi dei comunisti;
- la medesima maggioranza è richiesta per le **innovazioni** dirette a migliorare la cosa o a renderne più comodo o redditizio il godimento; le innovazioni sono possibili solo nell'ipotesi in cui non pregiudichino il godimento di alcuno dei partecipanti e non comportino una spesa eccessivamente gravosa;
- infine, per alcune tipologie di atti (atti di alienazione o di costituzione di diritti reali sul fondo comune, locazioni ultranovennali) è richiesta l'**approvazione unanime dei comunisti**.

Tutte le **deliberazioni adottate possono essere impugnate,** entro trenta giorni, da ciascuno dei componenti della minoranza dissenziente, nell'ipotesi in cui **non vi sia stata una preventiva informazione** sull'oggetto della deliberazione o quando la maggioranza abbia adottato un atto di ordinaria amministrazione **gravemente pregiudizievole per la cosa comune**.

C.1) Il regolamento per la gestione della cosa comune e l'amministratore

Infine, i partecipanti alla comunione, con la maggioranza richiesta per il compimento degli atti di ordinaria amministrazione, possono predisporre un **regolamento** per gestire l'amministrazione ed il godimento della cosa comune, e possono nominare un **amministratore**, determinandone poteri ed obblighi.
Il regolamento approvato per l'utilizzo del bene (c.d. **regolamento in senso proprio**), va distinto dal **regolamento contrattuale**, avente natura di contratto plurilaterale, da approvare necessariamente all'unanimità dei comunisti, in quanto potenzialmente idoneo a contenere disposizioni incidenti sui diritti dei singoli.

D) Lo scioglimento della comunione.

Lo stato di comunione è visto con sfavore da parte del nostro ordinamento; difatti l'art. 1111 c.c. attribuisce a ciascun comunista il diritto potestativo di richiedere, in qualsiasi momento, lo **scioglimento della comunione**, anche contro la volontà della maggioranza, e vieta ai comunisti di stipulare un patto con cui si vincolino a rimanere in comunione per un tempo superiore ai dieci anni.
Unico **limite allo scioglimento** della comunione si ha nell'ipotesi in cui il bene oggetto della stessa, se diviso, cesserebbe di servire all'uso a cui è destinato (art.1112 c.c.)
Il **procedimento di divisione**, che segue lo scioglimento della comunione, è regolato dall'art. 1113 c.c. e seguenti; si tratta di una disciplina piuttosto scarna che deve essere integrata, a norma dell'art. 1116 c.c., dalla disciplina della divisione ereditaria a cui, pertanto, si rinvia.

3. Il condominio: nozione e disciplina.

Il condominio è stato oggetto di un recente intervento legislativo (legge 11 dicembre 2012 n. 220) che ha apportato molteplici modifiche alla sua struttura e alla sua disciplina.

A) Nozione.

Tradizionalmente il condominio si configura nell'ipotesi in cui in un medesimo stabile coesistono **più porzioni immobiliari di proprietà esclusiva dei singoli condomini** e **parti comuni dell'edificio**, strutturalmente connesse alle prime (c.d. **relazione di accessorietà**), che spettano in comunione a tutti i condomini.

I **beni comuni**, salva contraria previsione del titolo sono quelli elencati all'art. 1117 c.c.; tali parti comuni sono oggetto di una comunione forzosa tra i condomini in quanto non sono soggette a **divisione**, a meno che la divisione possa farsi senza rendere più incomodo l'uso della cosa a ciascun condomino e con il consenso di tutti i partecipanti (art.1119 c.c.).

Il legislatore della riforma ha espressamente disciplinato il **cambio di destinazione d'uso** delle parti comuni, prevedendo che tale destinazione d'uso può essere modificata dall'assemblea con la maggioranza dei quattro quinti dei partecipanti al condominio e i quattro quinti dei millesimi del condominio.

B) Uso delle parti comuni.

Il diritto di ciascun condomino sulle parti comuni, salvo che il titolo non disponga altrimenti, è **proporzionale al valore dell'unità immobiliare che gli appartiene**. Si tratta di un diritto irrinunciabile ma ex art. 1118 comma 3 il singolo condomino può rinunciare all'utilizzo dell'**impianto centralizzato di riscaldamento o di condizionamento**, se dal suo distacco non derivino notevoli squilibri di funzionamento o aggravi di spesa per gli altri condomini.

Il singolo condomino, secondo le norme sulla comunione ordinaria:

- può far uso delle parti comuni purché non ne alteri la destinazione e non impedisca agli altri di farne parimenti uso (c.d. **uso promiscuo**);
- non può disporre della propria quota sulle parti comuni se non unitamente alla sua porzione immobiliare di proprietà esclusiva.

L'art. 1122 c.c., a seguito della novella, disciplina le **opere su parti di proprietà o uso individuale**, che sono vietate qualora rechino danno alle parti comuni ovvero determinino un significativo pregiudizio alla stabilità, alla sicurezza o al decoro architettonico dell'edificio.

La possibilità di apportare **innovazioni** dirette al miglioramento e all'uso più comodo delle cose comuni è disciplinata dall'art. 1220 c.c.; nell'ipotesi in cui tali innovazioni abbiano carattere **voluttuario** o **importino una spesa eccessivamente gravosa**, e sia possibile una utilizzazione separata, i condomini che non intendono trarne vantaggio sono esonerati da qualsiasi contributo nella spesa.

Se tale utilizzazione separata non è possibile, l'innovazione non è consentita, a meno che la maggioranza dei condomini che l'ha deliberata o accettata intenda sopportarne integralmente la spesa.

C) Obbligo di contribuzione di ciascun condomino.

Ciascun condomino deve **contribuire**, in misura proporzionale alla propria quota, alle spese necessarie:

- per la conservazione ed il godimento delle cose comuni;
- per la prestazione di servizi nell'interesse comune;
- per le innovazioni deliberate dalla maggioranza (art. 1123 c.c.).

Nell'ipotesi in cui si tratti di cose destinate a servire i condomini in maniera diversa, le spese sono ripartite in proporzione dell'uso che ciascuno può farne.

▶ 3.1. L'organizzazione del condominio.

A) Il regolamento di condominio.

Sul piano strutturale, per l'organizzazione del condominio il codice civile prevede un organo collegiale, **l'assemblea dei condomini**, con funzioni deliberative, e un organo esecutivo, l'**amministratore**, la cui nomina è eventuale, in quanto necessaria solo ove i condomini siano più di otto (art. 1129 c.c.).

Eventuale è anche la predisposizione di un **regolamento di condominio**, relativo all'uso delle cose comuni, alla ripartizione delle spese, alla tutela del decoro dell'edificio e all'amministrazione che deve essere necessariamente approvato dall'assemblea solo qualora i condomini siano più di dieci (art.1138 c.c.).

B) L'assemblea di condominio.

1. <u>**Definizione e convocazione**</u>.
L'organo principale della vita del condominio è rappresentato **dall'assemblea** che l'amministratore deve convocare:
   - almeno una volta l'anno in via **ordinaria** (per la sua eventuale conferma e per l'approvazione del rendiconto delle spese e del preventivo, nonché della loro ripartizione fra i condomini);
   - in via **straordinaria** quando lo richiedano almeno due condomini che rappresentino un sesto del valore dell'edificio (i quali, decorsi inutilmente dieci giorni dalla richiesta, possono provvedere autonomamente).

   Si noti che ove il numero dei condomini sia inferiore a tre, si applica la disciplina di cui agli artt. 1105 e 1106 c.c.

2. <u>**Le attribuzioni dell'assemblea**</u>.
Tra le **attribuzioni di competenza dell'assemblea** vi è:
   - l'approvazione del regolamento condominiale;
   - la nomina dell'amministratore;
   - l'approvazione del preventivo delle spese occorrenti durante l'anno con la relativa ripartizione tra i condomini;
   - l'approvazione del rendiconto annuale dell'amministratore (art. 1135 c.c.).

3. <u>**Quorum costitutivi e deliberativi**</u>.
Gli artt. 1136 e ss. c.c. prevedono diversi ***quorum* costitutivi e deliberativi** a seconda che si tratti di **assemblea ordinaria o straordinaria**, in **prima o in seconda convocazione**.

4. <u>**Impugnazione delle delibere assembleari**</u>.
Ciascun condomino assente, dissenziente o astenuto (ai sensi dell'art. 1137 c.c.) è legittimato **all'impugnazione della delibera assembleare**, nei trenta giorni successivi, che decorrono dalla data della deliberazione per i dissenzienti o astenuti e dalla data di comunicazione della deliberazione per gli assenti.

C) L'amministratore di condominio.

1. <u>**Definizione e nomina.**</u>
L'amministratore è l'**organo esecutivo** del condominio che deve essere nominato dall'assemblea quando i condomini siano più di otto; se l'assemblea non vi provvede, la nomina è fatta dall'autorità giudiziaria su ricorso di uno o più condomini o dell'amministratore dimissionario (art. 1129 c.c.). La carica di amministratore di condominio può essere rivestita anche da una persona giuridica.

2. <u>**Attribuzioni dell'amministratore.**</u>
Le **attribuzioni dell'amministratore** sono elencate nell'art. 1130 c.c.; rientrano tra queste il dovere di convocare l'assemblea, di eseguirne le deliberazioni e di riscuotere i contributi (a tal fine l'amministratore può ottenere **decreto ingiuntivo** provvisoriamente esecutivo, anche in pendenza di opposizione, nonché sospendere, in caso di morosità protrattasi per oltre sei mesi, la prestazione dei servizi comuni suscettibili di godimento separato) ed erogare le spese occorrenti per la manutenzione ordinaria delle parti comuni dell'edificio.
A norma dell'art. 1131 c.c., all'amministratore spetta la **rappresentanza** dei condomini: egli può agire in giudizio sia contro i condomini che contro i terzi.

3. <u>**Obblighi dell'amministratore.**</u>
La novella del 2012 ha previsto l'obbligo per l'amministratore di comunicare, contestualmente all'accettazione dell'incarico, i propri **dati anagrafici e professionali**, il **locale** dove si trovano

i **registri dell'anagrafe condominiale** e dei **verbali delle assemblee**, e i giorni e le ore in cui ogni interessato può prenderne visione. Inoltre, l'amministratore deve presentare una **polizza individuale** per la responsabilità civile, i cui oneri sono a carico dei condomini e deve provvedere, entro 30 giorni dall'accettazione, all'aggiornamento del **repertorio dei condomini**, la cui istituzione è prevista dall'art. 71 disp. att.
Diventa obbligatoria, altresì, l'apertura di uno "***specifico conto corrente***" intestato al condominio, dove far transitare tutte le somme a qualunque titolo ricevute da parte dei condomini o di terzi, nonché quelle a qualsiasi titolo erogate per conto dei condomini.

4. **Durata dell'incarico e revoca.**

L'amministratore, che dura in carica un anno, rinnovabile automaticamente per uguale durata, può essere **revocato** in ogni tempo dall'assemblea, nonché dall'autorità giudiziaria su ricorso di ciascun condomino, nel caso previsto dal comma 4 dell'art. 1131 c.c., se non rende il conto della gestione, o in caso di gravi irregolarità.

▶ 3.2. Il super-condominio e il condominio minimo.

- **Il super-condominio** ricorre nell'ipotesi in cui vi siano più edifici separati serviti da beni strumentali comuni.

- **Il condominio minimo**, si configura nell'ipotesi in cui il condominio sia costituito da due soli partecipanti.

All'esito dell'opera di positivizzazione compiuta dal legislatore, non sussiste più alcun dubbio circa l'applicabilità della disciplina del condominio sia al super condominio che al condominio minimo.

Dizionario di termini tecnici

- **Comunione**
  La comunione è la situazione giuridica che si instaura tra più soggetti (c.d. comunisti) quando questi sono contitolari del diritto di proprietà o di altro diritto reale su di un determinato bene.
- **Quota**
  La **quota** costituisce una entità frazionaria ideale del tutto ed indica il *quantum* della partecipazione dei singoli comunisti al diritto.
- **Condominio**
  Tradizionalmente il condominio si configura nell'ipotesi in cui in un medesimo stabile coesistono **più porzioni immobiliari di proprietà esclusiva dei singoli condomini** e **parti comuni dell'edificio**, strutturalmente connesse alle prime (c.d. **relazione di accessorietà**), che spettano in comunione a tutti i condomini.
- **Super-condominio**
  Il **super-condominio** ricorre nell'ipotesi in cui vi siano più edifici separati serviti da beni strumentali comuni.
- **Condominio minimo**
  Il **condominio minimo**, si configura nell'ipotesi in cui il condominio sia costituito da due soli partecipanti.

MAPPA CONCETTUALE

La comunione si instaura tra più soggetti (comunisti) titolari insieme del diritto di proprietà o altro diritto reale su un determinato beni

- uso *in solidum* godimento del bene spetta in egual misura a tutti i comunisti
- obbligo di contribuire alla spesa
- amministrazione sella cosa comune spetta a tutti i comunisti

Il condominio si ha quando in uno stesso stabile coesistono più porzioni immobiliari di proprietà esclusiva dei singoli condomini e parti comuni dell'edificio

- Organo esclusivo è l'amministratore
- Organo collegiato è l'assemblea del condominio

Capitolo 12 | LE OBBLIGAZIONI

SOMMARIO:

I ▶ LE OBBLIGAZIONI IN GENERALE

1. La nozione di obbligazione.

Il codice civile non definisce l'obbligazione, ma si limita ad individuarne le fonti all'art. 1173 c.c. Ciò nonostante, da un'analisi del complesso normativo dedicato alla disciplina del rapporto obbligatorio è

possibile affermare che l'obbligazione è una **relazione giuridica intersoggettiva** in forza della quale il **debitore** è tenuto a compiere una determinata prestazione in favore del **creditore**, per soddisfare un suo interesse.
Il creditore, pertanto, è titolare di un diritto di credito nei confronti del debitore (**credito**), il quale è giuridicamente obbligato al compimento della prestazione in favore del primo (**debito**).

▶ 1.1. Gli elementi costitutivi del rapporto obbligatorio.

A) I soggetti.

Il rapporto obbligatorio presuppone necessariamente la presenza di almeno due soggetti portatori di interessi contrapposti, il **debitore** ed il **creditore**.
I soggetti del rapporto obbligatorio devono essere **determinati** o quantomeno **determinabili** al momento della nascita dell'obbligazione.

B) La prestazione.

La prestazione costituisce il contenuto del rapporto obbligatorio e si sostanzia in un comportamento di contenuto positivo (dare, fare) o negativo (non fare).
La **prestazione** che forma oggetto dell'obbligazione deve:

- essere **suscettibile di valutazione economica**;
- corrispondere ad **un interesse, anche non patrimoniale, del creditore** (art. 1174 c.c.).

A norma di tale disposizione, quindi, la prestazione deve presentare i seguenti requisiti (che, pur se previsti specificatamente dall'art. 1346 c.c. in relazione alla prestazione oggetto del contratto, valgono per qualsiasi prestazione, qualunque sia la fonte dell'obbligazione):

1. <u>**Patrimonialità.**</u>
   La prestazione oggetto dell'obbligazione deve essere, in primo luogo, **suscettibile di valutazione economica**; in altri termini, è necessario che il valore della prestazione possa essere espresso in denaro.
2. <u>**Possibilità**</u>
   La prestazione deve essere possibile sia da un punto di vista **materiale**, in quanto il debitore non può obbligarsi a compiere una prestazione irrealizzabile, sia da un punto di vista **giuridico**, non potendo la prestazione avere ad oggetto un comportamento vietato dall'ordinamento giuridico.
3. <u>**Liceità**</u>
   La prestazione non deve essere poi contraria a **norme imperative**, all'**ordine pubblico** e al **buon costume**.
4. <u>**Determinatezza o determinabilità**</u>
   La prestazione deve essere **determinata**, cioè individuata nella sua qualità o quantità sin dalla costituzione del rapporto obbligatorio o, quantomeno, **determinabile**; ciò si verifica quando la qualità o la quantità della prestazione siano individuabili in un momento successivo al sorgere del rapporto obbligatorio in base ai criteri fissati dalle parti.

C) L'interesse del creditore.

La prestazione deve altresì corrispondere ad un **interesse del creditore**, che può anche avere natura **non patrimoniale** (interesse culturale, scientifico ecc.), purché si tratti di un interesse meritevole di tutela secondo l'ordinamento giuridico.
La necessità della presenza dell'interesse del creditore trova la sua giustificazione nel fatto che l'imposizione di un vincolo in capo ad un soggetto (il debitore), limitando la sua libertà personale, deve in ogni caso trovare giustificazione in un interesse meritevole di tutela di un altro soggetto.

2. I vincoli non giuridici.

Non tutti gli obblighi sono dotati del crisma della giuridicità, in quanto in alcune ipotesi l'obbligo rileva esclusivamente da un punto di vista **sociale**, **morale** od **affettivo**. In tali ipotesi, gli obblighi non rientrano nel paradigma dell'art. 1173 c.c. e non soggiacciono alla relativa disciplina.

1) ***Gentlemen's agreements.***
A volte sono le stesse parti del rapporto a non volerlo considerare come giuridicamente rilevante: è quanto avviene nei ***gentlemen's agreements*** che sono rapporti negoziali che tuttavia le parti decidono di privare della naturale giuridicità e vincolatività.

2) **Rapporti di cortesia.**
A volte invece la mancanza di rilevanza giuridica deriva dalla stessa natura del rapporto: è quanto avviene nei **rapporti di cortesia**, dove le parti non sono giuridicamente obbligate a porre in essere determinati comportamenti, ma li pongono in essere spontaneamente, in forza di vincoli di carattere morale o sociale.

▶ 2.1. Le obbligazioni naturali.

A) Nozione

L'art. 2034 c.c. disciplina una particolare categoria di obbligazioni che si pone a metà strada tra il paradigma dell'art. 1173 c.c. e i vincoli non giuridici: si tratta delle c.d. **obbligazioni naturali**, cioè di obbligazioni **non coercibili** in quanto derivanti da doveri non giuridici, che hanno come unico effetto **l'irripetibilità di quanto prestato**.
Ipotesi espressamente disciplinate dal codice civile di obbligazioni naturali sono:
- il pagamento di un debito prescritto (art. 2940 c.c.)
- il pagamento di un debito di gioco o di scommessa (art. 1933 c.c.)

B) Gli elementi costitutivi dell'obbligazione naturale.

Elementi costitutivi dell'obbligazione naturale sono:
1. la sussistenza di un **dovere morale o sociale**;
2. l'**adempimento spontaneo** di quanto dovuto da parte di un soggetto **capace**.

Affinché l'adempimento possa essere considerato spontaneo è necessario che il soggetto adempia nella piena consapevolezza di non esservi giuridicamente obbligato.
L'unica ipotesi in cui la prestazione posta in essere in esecuzione di doveri morali e sociali è ripetibile, è quella in cui sia stata posta in essere da un **incapace**: da ciò emerge la natura di **atto negoziale** dell'adempimento dell'obbligazione naturale.

C) Gli effetti giuridici delle obbligazioni naturali.

Le obbligazioni naturali **non producono altri effetti giuridici** al di fuori dell'irripetibilità (c.d. ***soluti retentio***), pertanto non possono essere novate in obbligazioni civili, né possono essere oggetto di una promessa di pagamento, di una ricognizione di debito, di transazione o di compensazione con una obbligazione civile; ciò trova conferma nell'art. 2034 c.c.

D) La natura giuridica delle obbligazioni naturali.

La **dottrina dominante** ritiene che le obbligazioni naturali **non siano obbligazioni civili** in quanto il dovere morale e sociale, normalmente irrilevante per l'ordinamento, acquista rilevanza solo ed esclusivamente al momento dell'adempimento, il quale determina il solo effetto giuridico di rendere irripetibile ciò che è stato spontaneamente pagato.
La **non giuridicità del vincolo** è resa palese dallo stesso art. 2034 c.c. che non parla di adempimento della prestazione, cioè di un atto dovuto da porre in essere per eseguire l'obbligazione, ma di semplice **esecuzione** della prestazione.
È proprio tale esecuzione a far sì che doveri di carattere morale e sociale, che di solito nulla hanno a che vedere con il diritto, diventino giuridicamente rilevanti, producendo l'effetto di rendere la prestazione irripetibile.

3. Le fonti delle obbligazioni.

Ai sensi dell'**art. 1173 c.c.**, "*le obbligazioni derivano da contratto, da fatto illecito, o da ogni altro atto o fatto idoneo a produrle in conformità dell'ordinamento giuridico*".
Il codice civile, pertanto, non individua tassativamente le fonti delle obbligazioni, dando vita ad un **sistema delle fonti aperto (o atipico)**, dove, accanto al contratto e al fatto illecito, possono esistere altri atti o fatti idonei a far sorgere rapporti obbligatori, quando tale idoneità sia riconosciuta dall'ordinamento giuridico.
La categoria delle fonti dell'obbligazione costituita da ***"ogni altro atto o fatto, ritenuto idoneo dall'ordinamento giuridico***" costituisce una **categoria residuale** che comprende **sia fonti volontarie** di obbligazioni diverse dal contratto, come ad esempio la promessa al pubblico (art. 1989), sia **fonti non volontarie**, non qualificabili come fatti illeciti, quali la ripetizione di indebito e l'arricchimento senza causa.

▶ 3.1. Il contatto sociale qualificato.

Deve essere ricompresa nella categoria delle fonti costituita da "*ogni altro atto o fatto ritenuto idoneo dall'ordinamento giuridico*" anche la figura del **contatto sociale qualificato**, elaborata dalla giurisprudenza per ricondurre alcune particolari fattispecie nell'alveo della responsabilità contrattuale (ad esempio al fine di considerare come contrattuale la responsabilità del medico dipendente da struttura sanitaria pubblica).

A) Nozione.

- Il contatto sociale, infatti, si ha quando tra due soggetti si instaura una particolare relazione qualificata dall'ordinamento giuridico, in forza della quale uno dei soggetti è tenuto al rispetto di **specifici doveri di comportamento** al fine di salvaguardare la sfera giuridica altrui, esposta a pericolo in occasione del contatto.

B) Effetti.

In tale ipotesi, **pur non essendoci un contratto tra le parti**, sorgono vere e proprie obbligazioni in capo ai soggetti entrati in contatto, il cui inadempimento dà luogo ad una **responsabilità contrattuale**; i soggetti del rapporto obbligatorio, infatti, non possono essere ritenuti estranei, con conseguente impossibile applicazione della responsabilità extracontrattuale.

Con riguardo ai soggetti esercenti la **professione sanitaria**, la giurisprudenza inquadrava la responsabilità medica nell'alveo della responsabilità da contatto sociale qualificato.

4. La buona fede e gli obblighi di protezione.

A) Nozione.

L'**art. 1175 c.c.** stabilisce che "*il debitore e il creditore devono comportarsi secondo le regole della correttezza*".
Il richiamo alla buona fede è ribadito, in materia contrattuale, da altre disposizioni che impongono ai contraenti di ispirare il loro comportamento a detto principio in ogni fase del rapporto negoziale, sia durante lo svolgimento delle **trattative** (art. 1337 c.c.), sia in **fase di esecuzione** (art. 1375 c.c.), sia nell'**interpretazione** della volontà negoziale (art. 1366 c.c.).

1. **<u>Buona fede in senso oggettivo.</u>**
   In queste disposizioni il legislatore fa riferimento alla **buona fede in senso oggettivo**, cioè all'obbligo per le parti di comportarsi in maniera onesta e leale in tutte le fasi del rapporto obbligatorio.
2. **<u>Buona fede in senso soggettivo.</u>**
   In altre disposizioni, invece, (quali ad esempio quelle in materia di possesso ed invalidità

contrattuale), il legislatore si riferisce alla **buona fede in senso soggettivo**, intesa come ignoranza di ledere l'altrui diritto.

B) Evoluzione del concetto di buona fede in senso oggettivo.

Attualmente, secondo l'impostazione prevalente, la buona fede deve essere considerata come **regola di comportamento**, vera e propria fonte di **obblighi ulteriori** rispetto a quelli programmati nel regolamento negoziale, espressione del principio di solidarietà sociale di cui all'art. 2 della Costituzione.

Pertanto, la buona fede, intesa come vera e propria fonte di obbligazioni, impone ai soggetti del rapporto obbligatorio:

1. di porre in essere anche **condotte ulteriori rispetto a quelle programmate nel regolamento negoziale**, laddove le stesse si rendano necessarie per salvaguardare le ragioni della controparte, e sempre che non si traducano in un **sacrificio economico sproporzionato** rispetto all'interesse della controparte del rapporto obbligatorio;
2. di apportare **delle modifiche alla prestazione** che forma oggetto del rapporto obbligatorio quando l'adempimento strettamente conforme al paradigma di tale rapporto non comporti alcuna utilità per chi lo riceve, oppure se la modifica alla prestazione apporti un maggiore vantaggio alla controparte senza corrispondenti oneri sproporzionati per chi la deve effettuare.

C) Gli obblighi di protezione.

Trovano la loro fonte nel principio di buona fede anche i c.d. **obblighi di protezione**, diretti a tutelare interessi diversi ed ulteriori rispetto a quelli derivanti dal contratto che rischiano di essere compromessi dall'esecuzione del rapporto obbligatorio.

Tali obblighi possono essere previsti anche a tutela di interessi di soggetti terzi che, trovandosi con la controparte contrattuale in una **relazione di prossimità**, rischiano di essere danneggiati dallo svolgimento della prestazione.

In entrambi i casi la violazione di tali obblighi di protezione dà luogo ad una responsabilità di tipo contrattuale.

▶ 4.1. L'abuso del diritto.

A) Nozione.

L'abuso del diritto si ha nell'ipotesi in cui il soggetto esercita il suo diritto per finalità diverse rispetto a quelle per cui il diritto gli è attribuito dall'ordinamento, senza trarne alcun vantaggio apprezzabile e causando un danno a carico di un altro soggetto. L'abuso del diritto è quindi configurabile nell'ipotesi in cui un comportamento è solo apparentemente conforme all'esercizio di una situazione giuridica soggettiva di potere, ma in realtà **si pone in conflitto con l'interesse per il perseguimento del quale il predetto potere è stato conferito dal legislatore.**

Il codice civile sanziona specificamente alcune ipotesi di condotta abusiva, fra cui la minaccia di far valere un diritto (art. 1438 c.c.) e il divieto di concorrenza sleale (art. 2598 c.c.).

B) Fondamento normativo del divieto di abuso del diritto.

Il **fondamento normativo** di un generale divieto di abuso del diritto nel nostro ordinamento, originariamente rinvenuto nell'art. 833 c.c. che pone il **divieto di atti emulativi**, è, secondo l'orientamento più moderno, da rinvenire nel **principio generale di buona fede**, inteso nella sua accezione più moderna di vera e propria fonte di obbligazioni.

C) Rimedi predisposti dall'ordinamento.

L'ordinamento, al fine di porre **rimedio** all'esercizio abusivo di un diritto, può ritenere **inefficace** l'atto in cui tale esercizio si è concretizzato o **evitare di riconoscere tutela** al diritto.

Inoltre, lo strumento attraverso il quale, nel corso di un giudizio, è possibile stigmatizzare il comportamento abusivo del creditore è l'istituto dell'***exceptio doli generalis***, rimedio di carattere generale che consente di contrastare una pretesa che, pur in astratto fondata, miri in concreto a raggiungere una **finalità fraudolenta**.

Dizionario di termini tecnici

- **Obbligazione**
  L'obbligazione è una **relazione giuridica intersoggettiva** in forza della quale il **debitore** è tenuto a compiere una determinata prestazione in favore del **creditore**, per soddisfare un suo interesse.
  Il creditore, pertanto, è titolare di un diritto di credito nei confronti del debitore (**credito**), il quale è giuridicamente obbligato al compimento della prestazione in favore del primo (**debito**).

- **Contatto sociale**
  Il contatto sociale, infatti, si ha quando tra due soggetti si instaura una particolare relazione qualificata dall'ordinamento giuridico, in forza della quale uno dei soggetti è tenuto al rispetto di specifici doveri di comportamento al fine di salvaguardare la sfera giuridica altrui, esposta a pericolo in occasione del contatto.

- ***Gentlemen's agreements***
  I ***gentlemen's agreements*** sono rapporti negoziali che tuttavia le parti decidono di privare della naturale giuridicità e vincolatività.

- **Obbligazioni naturali**
  Le **obbligazioni naturali** sono obbligazioni **non coercibili** in quanto derivanti da doveri non giuridici, che hanno come unico effetto **l'irripetibilità di quanto prestato**.

- **Buona fede (in senso oggettivo)**
  La **buona fede in senso oggettivo** è l'obbligo per le parti di comportarsi in maniera onesta e leale in tutte le fasi del rapporto obbligatorio.

- **Buona fede (in senso soggettivo)**
  La **buona fede in senso soggettivo** è l'ignoranza di ledere l'altrui diritto.

- **Abuso del diritto**
  L'abuso del diritto si ha nell'ipotesi in cui il soggetto esercita il suo diritto per finalità diverse rispetto a quelle per cui il diritto gli è attribuito dall'ordinamento, senza trarne alcun vantaggio apprezzabile e causando un danno a carico di un altro soggetto. L'abuso del diritto è quindi configurabile nell'ipotesi in cui un comportamento è solo apparentemente conforme all'esercizio di una situazione giuridica soggettiva di potere, ma in realtà **si pone in conflitto con l'interesse per il perseguimento del quale il predetto potere è stato conferito dal legislatore.**

MAPPA CONCETTUALE

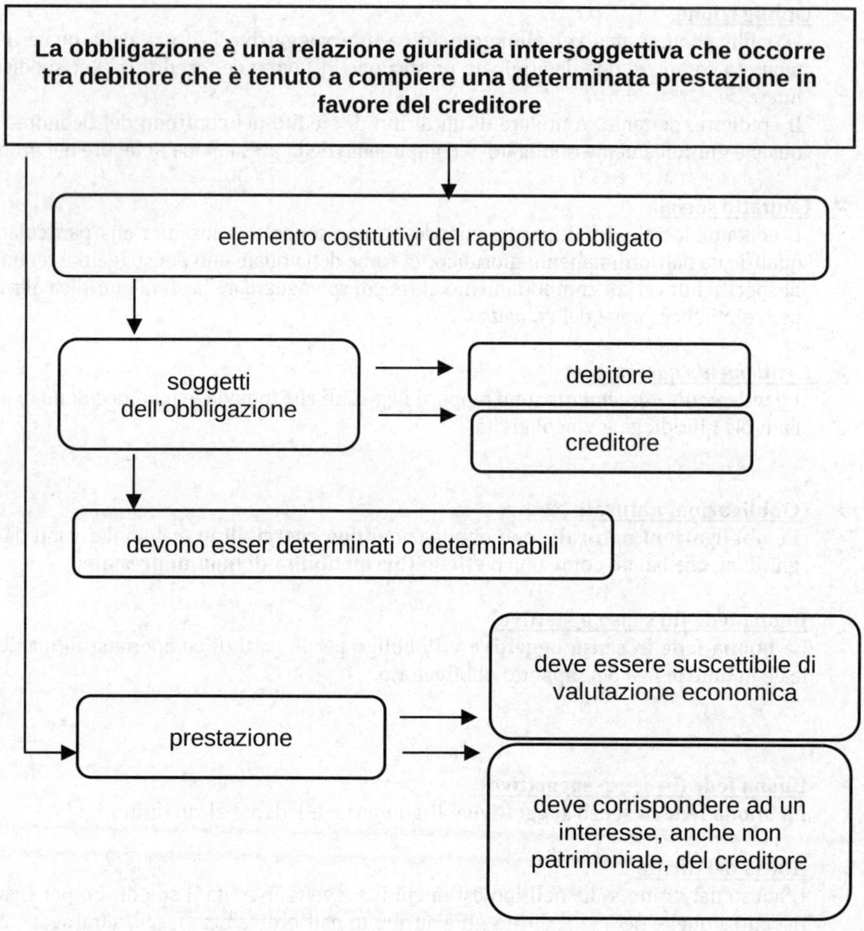

II ▶ I TIPI DI OBBLIGAZIONE

1. Tipi di obbligazioni. Classificazioni.

Nell'ambito del rapporto obbligatorio, con riferimento all'**oggetto** della **prestazione**, la principale distinzione da compiere è quella tra obbligazioni di dare e obbligazioni di fare.

2. Obbligazioni di dare.

L'**obbligazione di dare** può essere intesa sia come obbligo di consegnare, sia come obbligo di trasferire o costituire un diritto.
Quando l'obbligazione di dare si identifica nell'obbligo di consegnare un bene alla stessa si accompagna anche l'obbligo di custodia del medesimo bene sino alla consegna (art. 1177 c.c.).

A) Le obbligazioni generiche e le obbligazioni specifiche.

Le obbligazioni di dare possono essere distinte in:

- **obbligazioni generiche**: hanno ad oggetto un bene individuato soltanto nel genere o una certa quantità di cose fungibili.
  Le obbligazioni generiche, al fine del loro adempimento, hanno preventivamente bisogno dell'**individuazione** in concreto della cosa dovuta: a tal fine il debitore deve prestare cose di qualità non inferiore alla media (art. 1178 c.c.).
- **obbligazioni specifiche**: hanno ad oggetto un bene determinato nella sua individualità.

3. Obbligazioni di fare (o non fare).

L'**obbligazione di fare** indica qualsiasi comportamento del debitore diverso dal dare, tra cui anche il comportamento negativo (**non fare**); in quest'ultimo caso (c.d. **obbligazioni negative**) il debitore è tenuto a non porre in essere un determinato comportamento (ad esempio il debitore si obbliga a non alienare un certo bene).
La prestazione di fare, a norma dell'art. 1346 c.c. relativo all'oggetto del contratto, deve essere possibile, lecita, determinata o determinabile.

A) Obbligazioni fungibili e obbligazioni infungibili.

Nell'ambito delle obbligazioni di fare è possibile distinguere tra:

- **obbligazioni fungibili**: l'obbligazione è fungibile quando ha ad oggetto un bene che può essere sostituito con un altro di valore commerciale, economico o personale equivalente, con la conseguenza che la prestazione può essere adempiuta anche da un terzo;
- **obbligazioni infungibili**: l'obbligazione è infungibile quando ha ad oggetto un bene che non può essere in alcun modo sostituito, per sue qualità intrinseche o per volontà delle parti, con la conseguenza che la prestazione può essere adempiuta esclusivamente da quel determinato debitore.

4. Le obbligazioni di mezzi e le obbligazioni di risultato.

Nelle **obbligazioni di mezzi** oggetto dell'obbligazione è il comportamento diligente del debitore e non il raggiungimento di un determinato risultato; ne deriva che il mancato raggiungimento del risultato non determina l'inadempimento dell'obbligazione se il debitore ha svolto la sua prestazione in maniera diligente (es. l'obbligazione del professionista intellettuale ex art. 2230 c.c.).

L'**obbligazione di risultato**, invece, ha ad oggetto il raggiungimento di un risultato e il mancato raggiungimento dello stesso determina l'inadempimento dell'obbligazione, quale sia stata la diligenza del debitore nell'adempiere alla prestazione (es. obbligazione dell'appaltatore).

Dizionario di termini tecnici

- **Obbligazioni di mezzi**
  Nelle **obbligazioni di mezzi** oggetto dell'obbligazione è il comportamento diligente del debitore e non il raggiungimento di un determinato risultato; ne deriva che il mancato raggiungimento del risultato non determina l'inadempimento dell'obbligazione se il debitore ha svolto la sua prestazione in maniera diligente (es. l'obbligazione del professionista intellettuale ex art. 2230 c.c.).

- **Obbligazioni di risultato**
  L'**obbligazione di risultato** ha ad oggetto il raggiungimento di un risultato e il mancato raggiungimento dello stesso determina l'inadempimento dell'obbligazione, quale sia stata la diligenza del debitore nell'adempiere alla prestazione (es. obbligazione dell'appaltatore).

III ► LE OBBLIGAZIONI PECUNIARIE

1. Le obbligazioni pecuniarie.

A) Nozione e natura giuridica.

Nell'ipotesi in cui la prestazione abbia ad **oggetto una somma di denaro** l'obbligazione è detta pecuniaria ed è disciplinata dagli art. 1277 e ss. c.c.

La **natura giuridica** delle obbligazioni pecuniarie è discussa in dottrina. In specie:

- secondo parte della dottrina, le obbligazioni pecuniarie sono una particolare categoria di **obbligazioni generiche**, avendo ad oggetto il denaro, bene fungibile per eccellenza;
- secondo altra impostazione, le obbligazioni pecuniarie appartengono ad una **autonoma categoria**, in quanto aventi ad oggetto non il bene denaro, e cioè il bene mobile generico e fungibile per eccellenza, ma il conseguimento di un determinato "valore monetario".

B) Il principio nominalistico.

Il principio cardine della disciplina delle obbligazioni pecuniarie è il **principio nominalistico**, codificato nel nostro ordinamento all'**art. 1277, comma 1, c.c.**, in base al quale le obbligazioni pecuniarie si estinguono **con moneta avente valore legale al momento del pagamento e per il suo valore nominale.**

Tale disposizione oltre al principio nominalistico, codifica anche i due seguenti principi:

- **principio liberatorio**: si tratta del principio del **corso legale della moneta** e cioè il principio secondo il quale la moneta avente corso legale non può essere legittimamente rifiutata come mezzo di pagamento;
- **principio del valore nominale della valuta**: è il principio per il quale la moneta avente corso legale deve essere conteggiata secondo il suo valore nominale.

In ossequio al principio nominalistico, alla scadenza del termine di adempimento, il debitore si libera pagando l'importo originariamente dovuto al tempo in cui è sorta l'obbligazione, essendo irrilevanti le eventuali fluttuazioni del valore reale (o **potere di acquisto**) del denaro.

Per evitare che il rischio delle variazioni del potere di acquisto della moneta ricada integralmente sul creditore, le parti possono prevedere nel contratto una serie di **clausole convenzionali** che svolgano la funzione di adeguamento del valore del denaro.

Si tratta:

- delle **clausole di rinegoziazione del corrispettivo**;
- delle **clausole di indicizzazione**, in forza delle quali l'importo del debito originario è determinato in relazione all'andamento di determinati indici- valori;

Il principio nominalistico, pertanto, potendo essere derogato dalle parti, ha **carattere dispositivo**.

C) Debiti di valore e debiti di valuta.

Anche la **giurisprudenza** si è adoperata per evitare la rigida applicazione del principio nominalistico, in particolare a debiti non originariamente pecuniari, creando la distinzione tra debiti di valuta e debiti di valore:

- **debiti di valuta**: sono quei debiti aventi ad oggetto sin dall'origine una somma di denaro;
- **debiti di valore**: sono quei debiti che originariamente hanno ad oggetto un bene diverso dal denaro e quest'ultimo rappresenta solo un surrogato della prestazione originaria.

Conseguenza fondamentale del considerare un **debito** come **di valore**, anziché di valuta, è la sua **sottrazione** alla *fictio iuris* del **principio nominalistico** e alla correlata **disciplina di cui all'art. 1224 c.c.**

La principale differenza tra debiti di valore e debiti di valuta risiede nel fatto che i primi, avendo originariamente ad oggetto beni diversi dal denaro, **non sono liquidi**: solo al momento della liquidazione i debiti di valore divengono debiti di valuta con applicazione della relativa disciplina.

Fino a tale momento, pertanto, i debiti di valore non possono produrre:
- né **interessi corrispettivi**, non essendo la somma liquida e perciò neppure esigibile;
- né **interessi moratori**.

Gli unici interessi che decorrono in caso di debiti di valore fino al momento della liquidazione sono, per effetto di una interpretazione estensiva dell'art. 1499 c.c. compiuta dalla giurisprudenza, gli **interessi compensativi** (su cui vedi *infra*).

La **liquidazione** può avvenire:
- **giudizialmente**, con il passaggio in giudicato della sentenza;
- essere oggetto di un **accordo tra le parti**, ad esempio mediante clausola penale.

La **liquidazione giudiziale** passa attraverso le seguenti fasi:
1. la c.d. ***aestimatio***, con cui si calcola il valore pecuniario del bene originariamente oggetto dell'obbligazione nel momento in cui questa è sorta;
2. n la c.d. ***taxatio***, con cui tale valore viene attualizzato al momento in cui la liquidazione avviene (rivalutazione monetaria);
3. il **computo degli interessi legali** sulla somma così determinata.

2. Gli interessi e l'anatocismo.

A) Nozione.

Gli interessi costituiscono il contenuto di una particolare **obbligazione di cose fungibili**, avente carattere accessorio rispetto ad una obbligazione principale della stessa specie, che sorge periodicamente per il tempo in cui esiste l'obbligazione principale.

L'obbligazione avente ad oggetto gli interessi:
- è una **obbligazione accessoria** rispetto all'obbligazione principale, in quanto le vicende legate al rapporto principale si riverberano sulla prestazione di interessi;
- nello stesso tempo le due obbligazioni sono **autonome**, in quanto l'obbligazione avente ad oggetto gli interessi non segue sempre e comunque le vicende dell'obbligazione principale;
- è **proporzionale** e **periodica**, in quanto il suo ammontare, che matura con il decorso del tempo e a scadenze predeterminate, è determinato in relazione all'ammontare del capitale, tramite l'applicazione di un coefficiente proporzionale (il tasso o saggio), rapportato ad una certa durata-base.

B) Le distinzioni degli interessi in relazione alla fonte.

In relazione alla **fonte** degli interessi, è possibile distinguere tra:
- **interessi legali**, predeterminati dalla legge nell'*an* e nel *quantum* e che hanno come parametro normativo di riferimento **l'art. 1282, comma 2, c.c.,** secondo cui ogni credito di somme **liquide** (e cioè determinate o determinabili nel loro ammontare) ed **esigibili** (e cioè per le quali non è previsto un termine o una condizione) produce interessi di pieno diritto, salvo che la legge o il titolo non dispongano diversamente;
- **interessi negoziali**, che hanno la loro fonte in un negozio giuridico che le parti possono porre in essere in forza del generale principio di autonomia negoziale.

C) La distinzione degli interessi in relazione alla funzione.

In relazione alla loro diversa **funzione** è possibile distinguere fra:
- **interessi corrispettivi**, che hanno la funzione di ristabilire l'equilibrio economico venuto meno per il possesso da parte del debitore di una somma di denaro dovuta al creditore. Alla base vi è la presunzione di produttività del denaro e dell'utilità che il debitore trae dall'uso normale del denaro stesso. Gli interessi corrispettivi su di una somma di denaro decorrono dalla data in cui il relativo credito abbia acquistato carattere di **liquidità** ed **esigibilità**, senza che il creditore sia tenuto ad alcun atto di costituzione in mora (*mora ex re)* e costituiscono **il corrispettivo del godimento** (da parte di altri) del capitale oggetto di obbligazione (art. 1282 e 1815 c.c. per quanto

riguarda il contratto di mutuo). Gli interessi corrispettivi si tramutano in interessi moratori, attraverso il meccanismo di cui all'art. 1224, comma 1, c.c., nel momento in cui intervenga la mora;

- **interessi moratori** (art. 1224 c.c.), che sono dovuti in caso di *mora del debitore*. Tali interessi hanno una funzione risarcitoria consistente in una liquidazione forfettaria minima del danno da ritardo nelle obbligazioni pecuniarie. Gli interessi moratori sono dovuti dal giorno della mora, anche se non erano dovuti precedentemente e anche se il creditore non prova di aver sofferto alcun danno. Inoltre, se prima della mora erano dovuti interessi in misura superiore a quella legale, gli interessi moratori sono dovuti nella stessa misura. Al creditore che **dimostra di aver subito un danno maggiore** spetta l'ulteriore risarcimento. Questo non è dovuto se è stata convenuta la misura degli interessi moratori (art. 1224, comma 2, c.c.);
- **interessi compensativi**, che costituiscono una categoria dai profili più incerti. Il riferimento legislativo va rinvenuto nell'**art. 1499 c.c.** il quale, in tema di compravendita, prevede che "*salvo diversa pattuizione, qualora la cosa venduta e consegnata al compratore produca frutti o altri proventi, decorrono gli interessi sul prezzo, anche se questo non è ancora esigibile*". La nozione di interessi compensativi viene utilizzata dalla giurisprudenza per qualificare la natura giuridica delle somme attribuite per **"compensare" il ritardo nell'adempimento di obbligazioni**, con funzione equitativa.

D) L'anatocismo.

L'**anatocismo**, infine, è un fenomeno che determina la **produzione di interessi sugli interessi già maturati sul capitale iniziale**.

Tale fenomeno, **in mancanza di usi (normativi) contrari**, è consentito dall'ordinamento solo nelle seguenti ipotesi (art. 1283 c.c.):

1. sulla base di un accordo fra le parti (**anatocismo convenzionale**) che sia successivo alla scadenza degli interessi e con riferimento a interessi dovuti per almeno sei mesi;
2. in presenza di una domanda giudiziale successiva alla scadenza degli interessi e anch'essa riferita agli interessi dovuti per almeno sei mesi (**anatocismo giudiziale**).

Dizionario di termini tecnici

➤ **Obbligazioni pecuniarie**

Nell'ipotesi in cui la prestazione abbia ad **oggetto una somma di denaro**, l'obbligazione è detta pecuniaria ed è disciplinata dagli art. 1277 e ss. c.c.

➤ **Interessi**

Gli **interessi** costituiscono il contenuto di una particolare **obbligazione di cose fungibili**, avente carattere accessorio rispetto ad una obbligazione principale della stessa specie, che sorge periodicamente per il tempo in cui esiste l'obbligazione principale.

➤ **Anatocismo**

L'**anatocismo**, infine, è un fenomeno che determina la **produzione di interessi sugli interessi già maturati sul capitale iniziale**.

IV ▶ LE OBBLIGAZIONI OGGETTIVAMENTE COMPLESSE

1. Le obbligazioni oggettivamente complesse.

Nell'ipotesi in cui le obbligazioni prevedano l'**esecuzione di più prestazioni**, le obbligazioni sono definite oggettivamente complesse e possono configurarsi come alternative, facoltative o cumulative.

2. Le obbligazioni alternative.

A) Nozione.

L'**obbligazione alternativa** si ha nell'ipotesi in cui oggetto dell'obbligazione siano due prestazioni diverse, ma il debitore si libera eseguendo una soltanto delle due, non potendo costringere il creditore a ricevere parte dell'una e parte dell'altra (art. 1285 c.c.).
L'obbligazione alternativa può trarre origine dalla **volontà delle parti** o dalla **legge**.

B) Disciplina delle obbligazioni alternative.

La **scelta** tra le diverse prestazioni spetta, di regola, al debitore, salve le ipotesi nelle quali venga attribuita al creditore o ad un terzo.
Qualora il soggetto designato per operare la scelta non la effettui, egli **decade dalla facoltà stessa**, ma le conseguenze variano a seconda del soggetto incaricato, come previsto dall'art. 1287 c.c.
In particolare:

- se la **scelta spetta al debitore** e questi non esegue alcuna delle prestazioni nel termine assegnato dal giudice, la scelta spetta al creditore;
- se la **scelta spetta al creditore** e questi non la esercita nel termine stabilito o in quello fissatogli dal debitore, la scelta passa a quest'ultimo;
- se la **scelta è rimessa ad un terzo** e questi non la eserciti nel termine assegnatogli, la scelta è compiuta dal giudice.

Una volta che tale scelta sia stata effettuata, l'obbligazione cessa di essere alternativa e diviene semplice.
L'**art. 1288** c.c. disciplina l'ipotesi di cui una delle prestazioni **non poteva formare oggetto di obbligazione** o sia divenuta successivamente **impossibile per causa non imputabile ad alcuna delle parti**: in entrambi i casi l'obbligazione alternativa si considera semplice sin dalla sua origine.
L'art. **1289 c.c.**, invece, si occupa dell'ipotesi in cui una delle prestazioni sia divenuta impossibile per **causa imputabile al debitore o al creditore**; l'art. 1290 c.c., infine, si occupa dell'impossibilità sopravvenuta di entrambe le prestazioni nell'ipotesi in cui l'impossibilità di una di queste dipende dal debitore.

3. Obbligazioni facoltative (o con facoltà alternativa).

A) Nozione.

Nelle obbligazioni facoltative (o con facoltà alternativa) è prevista una sola prestazione principale ma al debitore è attribuita la facoltà di liberarsi effettuando una prestazione diversa.

B) Disciplina delle obbligazioni facoltative.

L'obbligazione è **semplice** (a **differenza della obbligazione alternativa** che, come abbiamo visto, è complessa) in quanto la prestazione accessoria che il debitore ha facoltà di eseguire non costituisce oggetto del rapporto obbligatorio.
Difatti, l'**impossibilità sopravvenuta della prestazione principale** fa estinguere l'obbligazione anche se la prestazione oggetto dell'obbligazione accessoria è ancora possibile.
L'**impossibilità sopravvenuta di quest'ultima**, invece, fa semplicemente venire meno la facoltà alternativa per il debitore.

4. Le obbligazioni cumulative.

Nelle obbligazioni cumulative il debitore è tenuto all'adempimento di più prestazioni e si libera solo nel momento in cui le abbia eseguite tutte.
La differenza con le obbligazioni alternative e facoltative risiede, quindi, nella circostanza che nelle obbligazioni cumulative **tutte le prestazioni devono essere eseguite**, mentre in quelle alternative e facoltative la prestazione che il debitore deve eseguire è unica.

Dizionario di termini tecnici

- **Obbligazioni oggettivamente complesse**
  Nell'ipotesi in cui le obbligazioni prevedano l'**esecuzione di più prestazioni,** le obbligazioni sono definite oggettivamente complesse e possono configurarsi come alternative, facoltative o cumulative.

V ▶ LE OBBLIGAZIONI SOGGETTIVAMENTE COMPLESSE

1. Le obbligazioni soggettivamente complesse.

Come abbiamo visto, affinché sussista un rapporto obbligatorio è necessaria la presenza quantomeno di due soggetti e cioè il debitore e il creditore.
È però possibile che il rapporto obbligatorio intercorra tra una pluralità di soggetti: in tal caso si ha una **obbligazione soggettivamente complessa.**
Ciò può avvenire in caso di obbligazione solidale o obbligazione parziaria.

2. Le obbligazioni solidali.

A) Nozione.

L'**obbligazione solidale** si ha nell'ipotesi in cui:

- vi sia una pluralità di debitori (**solidarietà passiva**), tutti tenuti all'adempimento dell'intera prestazione, quando l'adempimento da parte di uno libera gli altri;
- vi sia una pluralità di creditori (**solidarietà attiva**), tutti legittimati a richiedere l'intera prestazione all'unico debitore, quando l'adempimento conseguito da uno dei creditori libera il debitore anche verso tutti gli altri (art. 1292 c.c.).

B) Fonte dell'obbligazione solidale.

Fonte dell'obbligazione solidale può essere sia la legge, sia la volontà delle parti; in presenza di una pluralità di debitori la **solidarietà passiva si presume**, mentre quella attiva deve essere espressamente prevista dalla legge o dal titolo (art. 1294 c.c.).

C) I presupposti delle obbligazioni solidali.

Presupposti delle obbligazioni solidali sono:

1. la pluralità di creditori (solidarietà attiva) e debitori (solidarietà passiva);
2. l'unicità della prestazione (***l'eadem res debita***): tutti i debitori (solidarietà passiva) devono essere obbligati ad adempiere la medesima prestazione e tutti i creditori (solidarietà attiva) devono aver diritto a ricevere la medesima prestazione;
3. l'unicità della causa dell'obbligazione (***l'eadem causa obligandi***) in quanto l'obbligazione a cui sono tenuti i debitori (solidarietà passiva) o al cui adempimento i creditori hanno diritto (solidarietà attiva) deve trovare la sua fonte nello stesso fatto giuridico o, quantomeno, in fatti collegati o connessi.

D) L'azione di regresso.

In presenza di tali presupposti, il pagamento compiuto da qualsiasi condebitore o a favore di qualsiasi concreditore, estingue l'intera obbligazione: in caso di solidarietà passiva, il debitore che adempie ha **azione di regresso** (art. 1299 c.c.) verso gli altri condebitori, per ripetere la parte che ciascuno di essi ha sull'intero debito, mentre in caso di solidarietà attiva il creditore che ha ricevuto la prestazione **deve restituirla** agli altri concreditori **in proporzione alle rispettive quote**.
Difatti nei **rapporti interni** l'obbligazione in solido si divide tra i diversi debitori o tra i diversi creditori, salvo che sia stata contratta **nell'interesse esclusivo** di alcuno di essi (art. 1298 c.c.): in tal caso, difatti, il debitore nel cui esclusivo interesse è stata contratta l'obbligazione è tenuto a rimborsare per intero il soggetto che ha adempiuto.

E) La disciplina delle obbligazioni solidali.

In linea generale, nella disciplina delle obbligazioni solidali vige il **principio dell'effetto favorevole** in forza del quale le situazioni che vanno a vantaggio di un solo condebitore o concreditore si estendono anche gli altri mentre quelle che, viceversa, risultano sfavorevoli ad uno, rimangono nella sfera giuridica dell'interessato. Esempi di tale principio generale vanno rinvenuti nella disciplina dell'**estinzione dell'obbligazione solidale**, con particolare riferimento alle ipotesi di novazione, remissione, compensazione e confusione:

- la **novazione**, difatti, se compiuta da uno soltanto dei debitori in solido, libera anche gli altri, a meno che il creditore non abbia voluto limitare l'effetto novativo ad uno soltanto dei debitori in solido; se invece la novazione è intervenuta tra uno dei creditori in solido ed il debitore (c.d. novazione attiva) essa avrà effetto solo per il creditore novante e per la parte di lui (art. 1300 c.c.);
- quanto alla **remissione**, se la stessa è stata effettuata dal creditore verso uno soltanto dei debitori in solido, libera anche gli altri, mentre se è fatta da uno dei creditori in solido, libera il debitore verso gli altri creditori, solo per la parte spettante al primo (art. 1301 c.c.);
- la **compensazione** può essere opposta tanto dal debitore quanto dal creditore solidale, ma solo per la parte di questi (art. 1302 c.c.); meccanismo similare opera con riguardo alla **confusione**, qualora nella medesima persona si riuniscano le qualità di creditore o di debitore in solido o di debitore e creditore in solido.

Una **eccezione** al principio generale di cui sopra si ha in tema di **interruzione della prescrizione**, in quanto l'art. 1310 c.c. prevede che gli atti con cui il creditore interrompe la prescrizione contro uno dei debitori in solido, oppure uno dei creditori in solido interrompe la prescrizione contro il comune debitore, hanno effetto anche nei confronti degli altri debitori e degli altri creditori.
Infine, il creditore può **rinunciare alla solidarietà**, espressamente o tacitamente, a favore di un solo condebitore o di tutti; nel primo caso conserva l'azione in solido verso gli altri (art. 1311 c.c.).
La rinuncia alla solidarietà non va confusa con la **rinuncia al debito solidale**: quest'ultima figura estingue il debito (trattandosi di una remissione o comunque di una rinuncia abdicativa), mentre con la rinuncia alla solidarietà si estingue solo il vincolo solidale e ciascun debitore sarà tenuto solo per la sua parte senza essere costretto a pagare l'intero debito.

3. Le obbligazioni parziarie.

A) Nozione.

Nell'**obbligazione parziaria**:
- ciascuno dei creditori ha diritto, nei confronti del debitore, **ad una parte della prestazione**;
- ovvero ciascun debitore è tenuto, nei confronti del creditore, limitatamente alla sua parte di debito.

Ciascuno soggetto è portatore di un **diritto o obbligo parziale** e proporzionato alla sua partecipazione al vincolo obbligatorio.
Il fenomeno della parziarietà può essere **sopravvenuto** (ad es. nella successione *mortis causa* dell'unico debitore o creditore) ovvero **originario**.

B) Presupposti dell'obbligazione parziaria.

La qualifica di obbligazione parziaria può essere legittimamente attribuita quando:
- vi sia **unitarietà del rapporto obbligatorio**;
- la **solidarietà sia espressamente esclusa dalla volontà delle parti o dalla legge.**

4. Le obbligazioni divisibili e indivisibili.

La prestazione di un'obbligazione può essere divisibile oppure indivisibile a seconda che il suo contenuto sia suscettibile di essere frazionato in parti.

A) Obbligazioni divisibili.
Nelle **obbligazioni divisibili** si ha una prestazione unica, suscettibile di essere eseguita *pro quota*, per sua natura o per volontà delle parti; in tal caso se l'obbligazione non è solidale, ciascun creditore può domandare l'adempimento soltanto per la sua parte di credito, e ciascun debitore è tenuto ad adempiere limitatamente alla sua parte di debito (art. 1314 c.c.).

B) Obbligazioni indivisibili.
L'**obbligazione è indivisibile** quando ha ad oggetto una prestazione che per **sua natura** o per **volontà delle parti**, non può essere eseguita *pro quota*:

- nel primo caso (c.d. **indivisibilità oggettiva**) si ha una obbligazione oggettivamente indivisibile in quanto la cosa non può, per sua natura, essere frazionata (es. obbligo di consegna di un cavallo);
- nel secondo caso (c.d. **indivisibilità soggettiva**), invece, l'obbligazione è soggettivamente indivisibile in quanto l'impossibilità di frazionamento deriva da una pattuizione delle parti le quali hanno attribuito un vincolo di indissolubilità al bene oggetto dell'obbligazione.

Nell'ipotesi in cui l'obbligazione indivisibile faccia capo a più soggetti, non potendoci essere un adempimento frazionato della prestazione, opera il vincolo della solidarietà ed è **applicabile la disciplina delle obbligazioni solidali**, salve le eccezioni previste dagli articoli 1318 e seguenti c.c.

Dizionario di termini tecnici

➢ **Obbligazioni soggettivamente complesse**
Quando il rapporto obbligatorio intercorre tra una pluralità di soggetti, si ha una **obbligazione soggettivamente complessa**.
Ciò può avvenire in caso di obbligazione solidale o obbligazione parziaria.

VI ► L'ADEMPIMENTO

1. L'adempimento.

A) Nozione.

- L'adempimento costituisce il **mezzo tipico con cui si estingue il rapporto obbligatorio** e si realizza il diritto del creditore: esso consiste nell'**esatta esecuzione** da parte del debitore della prestazione che costituisce oggetto dell'obbligazione.

B) Natura giuridica.

La **natura giuridica** dell'adempimento è da sempre molto discussa in dottrina:

1) secondo la tesi tradizionale, l'adempimento sarebbe un **negozio giuridico**, in quanto atto di volontà diretto ad estinguere il rapporto obbligatorio;
2) secondo la tesi opposta, sarebbe un mero **fatto giuridico** idoneo a soddisfare l'interesse del creditore;
3) un ulteriore orientamento, maggiormente condivisibile, ritiene che l'adempimento sia un **atto giuridico in senso stretto**, in quanto la volontà dell'individuo non rileva dal punto di vista della produzione degli effetti, essendo questi ultimi disposti dalla legge a prescindere dalla volontà del *solvens*.
   Inoltre, l'adempimento, essendo un atto giuridicamente dovuto, si pone agli antipodi dell'atto negoziale, che, per definizione, è giuridicamente libero.

2. I requisiti dell'adempimento.

I requisiti principali dell'adempimento sono di natura **soggettiva e oggettiva**:

1) i **requisiti di natura soggettiva** riguardano:
   - la **legittimazione ad adempiere** ossia la legittimazione del soggetto che esegue la prestazione;
   - la **legittimazione a ricevere** ossia la legittimazione del soggetto che riceve la prestazione;
   - la **capacità di agire**, richiesta esclusivamente per il creditore;
2) i **requisiti di natura oggettiva** sono quelli relativi alla **conformità** della prestazione eseguita alle **prescrizioni legali e contrattuali**.

► 2.1. I requisiti soggettivi dell'adempimento.

A) La legittimazione ad adempiere.

Legittimato ad adempiere è in primo luogo il **debitore**.

1. <u>**Capacità del debitore**</u>.
   Ai fini della validità dell'adempimento non è richiesta alcuna capacità in capo al debitore in quanto il **pagamento effettuato dal debitore incapace** è perfettamente **valido** e non può essere rifiutato dal creditore.
   Difatti, ai sensi dell'art. 1191 *"il debitore che ha eseguito la prestazione dovuta non può impugnare il pagamento a causa della propria incapacità"*.
   Tale disposizione conferma la natura di **atto giuridico in senso stretto** dell'adempimento in quanto l'irrilevanza dell'incapacità del debitore adempiente appare del tutto incompatibile con la struttura negoziale.
2. <u>**Gli ausiliari del debitore**</u>.
   Il debitore, nell'adempimento dell'obbligazione, può avvalersi dell'opera di **ausiliari**, purché questi non siano obbligati personalmente nei confronti del creditore e agiscano su incarico del

debitore.

Tra tali ausiliari rientrano:

- Il **rappresentante**, che adempie in nome e per conto del debitore.
  Il rappresentante può essere **volontario**, in forza di procura conferitagli dal debitore, o **legale**: i rappresentanti legali (ad esempio i rappresentanti dei soggetti incapaci di agire) sono legittimati *ex lege* ad eseguire l'adempimento in nome e per conto del soggetto incapace;
- l'eventuale **sostituto** nominato dal debitore per adempiere in sua vece.

B) L'adempimento del terzo.

Legittimato ad adempiere può essere anche un soggetto **terzo** in quanto, ex art. 1180 c.c., l'obbligazione può essere adempiuta da un terzo anche contro la volontà del creditore, se questi non ha interesse a che il debitore esegua personalmente la prestazione.

La norma prevede, pertanto, **l'irrilevanza della persona del debitore ai fini dell'adempimento dell'obbligazione**: difatti il creditore può rifiutare l'adempimento del terzo solo in due ipotesi:

- quando abbia un **interesse certo, concreto ed attuale** a che il debitore esegua personalmente la prestazione (in tal caso il rifiuto non comporta la messa in mora del creditore);
- quando il debitore abbia manifestato la sua **opposizione all'adempimento del terzo**. L'ordinamento, con quest'ultima disposizione, vuole tutelare l'interesse del debitore all'adempimento personale della propria obbligazione, subordinandolo però all'interesse del creditore a ricevere la prestazione, in quanto quest'ultimo **può, e non deve**, rifiutare l'adempimento in caso di opposizione del debitore.
  Pertanto, il creditore può legittimamente accettare l'adempimento del terzo anche in presenza dell'opposizione del debitore.

Il terzo è il soggetto che adempie l'obbligazione **pur non essendo debitore**, **né suo rappresentante, ausiliario o sostituto**: adempimento del terzo in senso tecnico è ravvisabile solo qualora l'adempiente non sia personalmente obbligato nei confronti del creditore all'esecuzione della prestazione ed effettui il pagamento in nome proprio senza esercitare alcuno specifico potere rappresentativo attribuitogli dal debitore.

L'intervento del terzo deve quindi essere:

- **spontaneo**;
- **unilaterale**;
- deve comportare l'**esatto adempimento della prestazione** che doveva essere adempiuta dal debitore.

L'adempimento spontaneo dell'obbligazione da parte del terzo, ai sensi dell'art. 1180 c.c., provoca l'**estinzione dell'obbligazione** ma non attribuisce automaticamente al terzo titolo per agire direttamente nei confronti del debitore, titolo che sussiste soltanto in presenza di una delle ipotesi di surrogazione e regresso previste dalla legge.

C) La legittimazione a ricevere.

La legittimazione a ricevere il pagamento è il **potere di ricevere la prestazione** con effetto estintivo del debito e spetta, oltre che al **creditore**, anche agli **altri soggetti indicati dall'art. 1188, comma 1**, c.c., quali:

1. il **rappresentante**; è colui che ha il potere di ricevere la prestazione in nome e per conto del creditore, in forza di espressa procura a ciò legittimante;
2. la **persona indicata dal creditore**; è il c.d. *adiectus solutionis causa*, cioè la persona che il creditore indica al debitore esclusivamente per ricevere la prestazione, senza esercitare alcun potere rappresentativo.
   Qualora venga nominato un rappresentante il creditore si limita a conferire la procura a ricevere il pagamento al rappresentante, senza avere nessun rapporto con il debitore; diversamente in caso di *adiectus solutionis causa* si rivolge direttamente al debitore comunicandogli il nome

dell'indicato al pagamento, in quale agisce in nome proprio;

3. le **persone autorizzate dalla legge o dal giudice a ricevere il pagamento**; si tratta dei c.d. **legittimati legali** (ad es., i rappresentanti legali dei minori e degli interdetti, i titolari di uffici espropriativi, gestori o liquidatori quali, come accade nella legittimazione ad adempiere, il curatore fallimentare, il curatore dell'eredità e l'esecutore testamentario) e dei c.d. **legittimati giudiziari** (ad es. l'ufficiale giudiziario che procede al pignoramento, il soggetto presso il quale il giudice può ordinare il deposito della prestazione in caso di controversia e il sequestratario.

Il **pagamento effettuato:**

- **in favore di un soggetto non legittimato a riceverlo** (art. 1188 comma 2 c.c.), non libera il debitore, a meno che il creditore non lo abbia **ratificato** o **non abbia approfittato del pagamento** (cioè la prestazione abbia comunque arricchito il suo patrimonio);
- **in favore del creditore incapace** (art. 1190 c.c.), non ha effetto liberatorio per il debitore, a meno che quest'ultimo non provi che ciò che fu pagato è stato rivolto a vantaggio (patrimoniale) dell'incapace.

  Il creditore legalmente incapace è quindi privo di legittimazione a ricevere la prestazione: in tal caso unico legittimato è il legale rappresentante del creditore.

D) Il pagamento al creditore apparente.

1. <u>**Nozione**</u>.

   Il pagamento al creditore apparente si verifica nell'ipotesi in cui il debitore esegue la prestazione in favore di **chi appare legittimato a riceverlo in base a circostanze univoche**: in tal caso, a norma dell'art. 1189 c.c., il debitore è liberato se prova di essere stato in buona fede.

   Quest'ultima disposizione costituisce applicazione del principio dell'*apparentia iuris*, ed in particolare integra una ipotesi di **apparenza oggettiva** che ricorre nell'ipotesi in cui uno stato di fatto, pur non corrispondendo ad uno stato di diritto, ne produce gli effetti al fine di tutelare il ragionevole convincimento del terzo, derivante da errore scusabile, che la realtà di fatto rispecchi la realtà giuridica.

2. <u>**Presupposti**</u>.

   Presupposti per l'operare dell'istituto sono:

   - sul **piano oggettivo**, che vi sia una apparenza di legittimazione del creditore in base a circostanze univoche, idonea a suscitare il **ragionevole affidamento** del debitore di pagare al vero destinatario dell'adempimento;
   - sul **piano soggettivo**, che il debitore sia in **buona fede**. Tale buona fede, in deroga all'art. 1147 c.c., non si presume ma **deve essere provata dal debitore**.

3. <u>**Pagamento al rappresentante apparente**</u>.

   Secondo i più recenti arresti giurisprudenziali, l'art. 1189 c.c. non si riferisce esclusivamente al pagamento effettuato al creditore apparente ma anche al pagamento effettuato a tutte le persone che appaiono autorizzate a ricevere la prestazione e, in particolare, anche al pagamento effettuato in favore del **rappresentante apparente** del creditore (c.d. *falsus procurator)*.

   In caso di pagamento effettuato a quest'ultimo, però, l'apparenza deve essere giustificata anche da un **comportamento colposo del creditore**, che con la sua condotta deve aver determinato, o concorso a determinare, l'errore del *solvens* (c.d. **apparenza colposa**).

   Pertanto, in tale ipotesi, il debitore che invochi il principio dell'apparenza, oltre a dover fornire la prova della sua buona fede, e cioè di aver confidato senza sua colpa nella situazione apparente, dovrà altresì provare che il proprio erroneo convincimento è stato indotto da un comportamento colposo del creditore.

3. I requisiti oggettivi dell'adempimento.

Con riferimento ai requisiti oggettivi, l'adempimento deve essere:

- **esatto**, in quanto deve esserci piena corrispondenza tra la prestazione oggetto del rapporto

obbligatorio e la prestazione eseguita;
- **integrale**, in quanto rientra nelle facoltà del creditore rifiutare un **adempimento parziale**: ai sensi dell'art. 1181 c.c. il creditore può rifiutare un adempimento parziale anche se la prestazione è divisibile, salvo che la legge o gli usi non dispongano diversamente. Tale rifiuto, essendo legittimo, non comporta la costituzione in mora del creditore.
  Ovviamente il creditore può accettare anche un adempimento parziale, quando lo stesso sia idoneo a soddisfare proporzionalmente il suo interesse ma ciò non equivale a rinuncia o remissione del debito residuo;
- **eseguito con cose di cui il debitore può legittimamente disporre**: qualora il debitore **adempia con cose altrui** (art. 1192 c.c.) non può impugnare il pagamento, a meno che offra di eseguire la prestazione con cose di cui può disporre.
  Il creditore che ha ricevuto il pagamento in buona fede può invece impugnarlo, salvo il diritto al risarcimento del danno.

A) Luogo dell'adempimento.

Il **luogo** dell'adempimento deve essere individuato secondo i seguenti criteri, **ordinati gerarchicamente**, indicati dall'art. 1182 c.c.:

1. volontà delle parti;
2. usi;
3. natura della prestazione e altre circostanze.

Qualora non si possa determinare il luogo neanche con l'ausilio di tali criteri, l'art. 1182 c.c. ne individua di ulteriori, in riferimento a diverse categorie di obbligazioni:

- **l'obbligazione di consegnare una cosa determinata** deve essere adempiuta nel luogo in cui la cosa si trovava nel momento in cui è sorta l'obbligazione;
- **l'obbligazione di pagare una somma di danaro** si adempie al domicilio del creditore al momento della scadenza (c.d. **obbligazione *portable***); se tale domicilio è diverso da quello che il creditore aveva quando è sorta l'obbligazione e ciò rende più gravoso l'adempimento, il debitore, previa dichiarazione al creditore, ha diritto di eseguire il pagamento al proprio domicilio;
- in tutti gli **altri casi**, la prestazione deve essere adempiuta al domicilio del debitore al momento della scadenza del termine. (c.d. **obbligazione *querable***).

B) Tempo dell'adempimento.

Il **tempo** dell'adempimento indica il termine entro il quale la prestazione deve essere eseguita: l'art. 1183 c.c. stabilisce il principio dell'**immediata esigibilità del credito** nell'ipotesi in cui le parti non abbiano stabilito alcun termine.

Qualora in virtù degli usi, per la natura della prestazione, o per il modo o il luogo dell'esecuzione, sia **necessario un termine**, questo, in mancanza di accordo delle parti, è stabilito dal giudice.

Se le parti hanno stabilito un termine questo si **presume a favore del debitore** a meno che non risulti **stabilito a favore del creditore** o di **entrambi**:

- se il **termine è fissato in favore del debitore**, costui può eseguire la prestazione in qualsiasi momento e il creditore non può esigerla prima della scadenza;
- se il **termine è fissato in favore del creditore**, questi può richiedere la prestazione anche prima della scadenza del termine ma in mancanza di tale richiesta il debitore, fino alla scadenza, non può adempiere.

Il **debitore decade dal beneficio del termine:**

- se è divenuto **insolvente**;
- se ha **diminuito** per fatto proprio **le garanzie** che aveva dato;
- se **non ha dato** le garanzie che aveva promesso: in tal caso il creditore può esigere immediatamente la prestazione.

Per l'analisi del comportamento delle parti in pendenza del termine si rinvia alla lettera dell'**art. 1185 c.c.**

▶ 3.1. Le modalità dell'adempimento. La diligenza nell'adempimento.

1. **La diligenza del buon padre di famiglia.**
Con riferimento alle modalità di esecuzione della prestazione l'art. 1176 c.c. prevede che il debitore nell'adempiere l'obbligazione deve usare la diligenza del buon padre di famiglia.
Pertanto, il debitore deve rispettare uno **standard medio di diligenza**, normalmente adeguato alla realizzazione del programma concordato.
2. **La diligenza nell'esercizio di una attività professionale.**
Nell'ipotesi in cui l'obbligazione abbia ad oggetto l'esercizio di una attività professionale, il livello medio di diligenza richiesto al debitore si innalza, in quanto è parametrato alla **specifica natura dell'attività esercitata** (art. 1176 comma 2 c.c.).
3. **La limitazione di responsabilità di cui all'art. 2236 c.c.**
L'art. 2236 c.c. prevede, per il prestatore d'opera, una limitazione di responsabilità ai soli casi di **dolo o colpa grave** nell'ipotesi in cui l'adempimento della prestazione richieda la **soluzione di problemi tecnici di particolare complessità**.
Tale limitazione di responsabilità è circoscritta alle ipotesi di **imperizia**, ricollegabile alla particolare difficoltà di problemi di carattere tecnico, e non trova, pertanto, applicazione se il danno sia ricollegabile a **negligenza** o **imprudenza** del debitore: in tal caso, difatti, opera il giudizio improntato ai criteri di normale severità (colpa lieve) di cui all'art. 1176 comma 2 c.c.

A) La disposizione di cui all'art. 2236 c.c. è applicabile in via analogica alla **responsabilità extracontrattuale**, mentre la giurisprudenza esclude tale applicazione analogica in **campo penalistico** (sia perché l'art. 2236 c.c. è una **norma eccezionale**, sia perché nel diritto penale **non c'è alcuna lacuna da colmare**, essendo la nozione di colpa penale di cui all'art. 43 c.p. autonoma ed autosufficiente. Inoltre, il **grado della colpa** nel diritto penale, ex art. 133 c.p. serve solo ai fini della **graduazione della pena**, non potendo incidere sullo stesso giudizio di sussistenza dell'elemento psicologico).

● **La responsabilità civile del medico**

L'attività medica costituisce esercizio di una professione intellettuale (artt. 2229 e ss. c.c.).
Il momento fisiologico dell'operatività professionale è improntato all'osservanza della diligenza cd. qualificata di cui all'art. 1176, comma 2, cod. civ., con impiego delle energie e dei mezzi normalmente ed obiettivamente necessari od utili, in relazione alla natura dell'attività esercitata ed al circoscritto settore di specializzazione, volti all'adempimento della prestazione dovuta nonché ad evitare possibili eventi dannosi: essa presuppone un livello di diligenza e prudenza maggiore rispetto a quello "del buon padre di famiglia" richiesta al comune debitore.
Ciò premesso, la responsabilità medica, quale paradigma della più generale responsabilità professionale, costituisce il risvolto patologico dell'attività sanitaria e nasce da una prestazione inadeguata che ha prodotto effetti negativi sul diritto alla salute del paziente (art. 32 Cost.).
In argomento è nuovamente intervenuto il legislatore, dopo la posizione dell'art. 3, comma 1, del d.l. 13 settembre 2012, n. 158, convertito in legge n. 189/2012 (cd. Balduzzi - Disposizioni urgenti per promuovere lo sviluppo del Paese mediante un più alto livello di tutela della salute), con l'approvazione di un nuovo testo di legge sulla base del c.d. ddl Gelli (**Legge 8 marzo 2017 n. 24 - Disposizioni in materia di sicurezza delle cure e della persona assistita, nonché in materia di responsabilità professionale degli esercenti le professioni sanitarie**).

● **La c.d. legge Gelli**

L'art. 7 della legge n. 24/17 regola la responsabilità civile della struttura e dell'esercente la professione sanitaria e stabilisce che:
La struttura sanitaria o sociosanitaria risponde, ai sensi degli articoli 1218 e 1228 del codice civile, delle condotte dolose o colpose poste in essere dai medici operanti presso la struttura.
Il medico risponde del proprio operato ai sensi dell'articolo 2043 del codice civile (responsabilità per fatto illecito), salvo che abbia agito nell'adempimento di obbligazione contrattuale assunta con il paziente. Il

giudice, nella determinazione del risarcimento del danno, tiene conto della condotta dell'esercente la professione sanitaria ai sensi dell'articolo 5 della predetta legge n. 24/2017 e dell'articolo 590-sexies del codice penale.

È dunque previsto che il giudice, nel valutare l'imperizia della condotta causativa del danno tenga espressamente in considerazione, fatte salve le specificità del caso concreto, le raccomandazioni previste dalle linee guida elaborate da enti, istituzioni e associazioni tecnico-scientifiche delle professioni sanitarie. In mancanza delle suddette raccomandazioni, la valutazione della condotta degli esercenti le professioni sanitarie verrà valutata con riferimento alle buone pratiche clinico-assistenziali (cfr. art. 5 della legge n. 24/17).

▶ 3.2. La datio in solutum.

Come accennato, l'adempimento deve essere esatto in quanto deve sussistere piena corrispondenza tra la prestazione eseguita e quella che costituiva oggetto del rapporto obbligatorio.
Ciò trova conferma nell'**art. 1197 c.c.** che prevede l'impossibilità per il debitore di liberarsi eseguendo una prestazione diversa da quella dovuta, anche se di valore uguale o maggiore.
Una **eccezione a tale regola generale** è posta dalla medesima disposizione nella parte in cui prevede che il debitore possa adempiere alla sua obbligazione eseguendo una **prestazione diversa da quella dovuta**, con il **consenso del creditore** (c.d. ***datio in solutum***).
Tale istituto, denominato *datio in solutum* per le sue origini di matrice romanistica, presuppone che il debitore, in accordo con il creditore, ponga in essere una prestazione che, sebbene diversa da quella originariamente pattuita, sia diretta ad estinguere l'obbligazione principale.
Tale **estinzione** si verifica solo al momento in cui la **diversa prestazione sia effettivamente eseguita**; dall'accordo tra creditore e debitore non sorgono quindi effetti obbligatori in quanto la diversa prestazione, una volta eseguita, estingue il precedente rapporto.
In ciò va rinvenuta la **differenza con la novazione oggettiva** (su cui vedi *infra*) in cui l'estinzione dell'obbligazione consegue all'assunzione di una nuova obbligazione che sostituisce la precedente. Nella *datio in solutum*, invece, il rapporto obbligatorio si estingue senza che da ciò derivi la costituzione di un nuovo rapporto obbligatorio.
L'accordo solutorio tra debitore e creditore determina **l'estinzione delle garanzie prestate dai terzi**, la cui reviviscenza, in ipotesi di risoluzione del predetto accordo, è espressamente esclusa dall'art. 1197 c.c.

4. Il pagamento traslativo.

A) Nozione.

Il pagamento traslativo costituisce una particolare modalità di adempimento che si configura nell'ipotesi in cui il debitore, **al fine di adempiere ad un obbligo preesistente**, trasferisce al creditore la proprietà di un determinato bene.
In tal caso, quindi, la **vicenda traslativa**, che normalmente in base al principio del consenso traslativo è incentrata sul semplice incontro di consensi, **avviene attraverso due distinti atti negoziali**:

1. il contratto a monte, con cui le parti programmano il trasferimento di proprietà del bene (**negozio programmatico**);
2. il negozio a valle, con funzione meramente **solutoria** del primo, con cui avviene effettivamente il trasferimento della proprietà (**negozio traslativo**).

Si ha quindi una scissione tra *titulus adquirendi* e *modus adquirendi*.

B) Ammissibilità del pagamento traslativo.

5. L'imputazione del pagamento e la quietanza.

A) L'imputazione del pagamento.

Nell'ipotesi in cui il debitore abbia più debiti della medesima specie nei confronti del medesimo creditore, al momento dell'adempimento, se questo non è in grado di soddisfare tutti i debiti, occorre stabilire quale tra i vari debiti debba considerarsi estinto. L'imputazione del pagamento è, quindi, il **riferimento della prestazione al debito da estinguere tra più debiti di eguale natura nei confronti del medesimo creditore**. L'imputazione può essere:

- **volontaria:** la prima scelta spetta al debitore che nel momento in cui paga può dichiarare quale debito intende soddisfare.
  In ogni caso il debitore non può imputare il pagamento al **capitale**, piuttosto che agli **interessi o alle spese**, senza il consenso del creditore.
  Se il debitore non esercita il diritto di imputazione, esso spetta al creditore, che può dichiarare nella quietanza a quale debito vada imputato il pagamento, salvo che il debitore rifiuti la quietanza con l'imputazione.
- **legale**: in mancanza della volontà delle parti, **in via sussidiaria**, operano i criteri legali di imputazione previsti dall'art. 1193, comma 2, c.c.
  In particolare:
  - il pagamento va imputato in primo luogo al debito scaduto;
  - tra più debiti scaduti a quello meno garantito;
  - tra più debiti ugualmente garantiti a quello più oneroso per il debitore;
  - tra più debiti ugualmente onerosi al più antico;

  Se tali criteri non soccorrono, l'imputazione è fatta proporzionalmente ai vari debiti.

B) La quietanza.

La **quietanza** è la dichiarazione resa dal creditore con cui viene dato atto al debitore dell'avvenuto adempimento dell'obbligazione.
A norma dell'art. 1199 c.c. il creditore **deve**, a richiesta e a spese del debitore, rilasciare quietanza e farne annotazione sul titolo, se questo non è restituito al debitore.

6. La cooperazione del creditore all'adempimento e la *mora credendi*.

A) Nozione.

Il debitore, normalmente, per adempiere alla sua obbligazione, ha bisogno della cooperazione del creditore; nell'ipotesi in cui il creditore non presti tale collaborazione l'ordinamento, al fine di evitare che possa derivarne un pregiudizio al debitore e per tutelare il suo diritto di liberarsi dal vincolo obbligatorio, prevede l'istituto della **mora del creditore.**
Il creditore, ex art. 1206 c.c., è in mora, quando, **senza legittimo motivo**, non riceve il pagamento offertogli nelle forme pattuite o previste dalla legge o dagli usi, od omette le attività necessarie a ricevere la prestazione offertagli dal debitore.

B) Effetti della mora del creditore.

I **principali effetti** della costituzione in mora del creditore sono:

- il passaggio sul creditore del **rischio dell'impossibilità sopravvenuta della prestazione**, verificatasi durante la mora, per causa non imputabile al debitore;
- l'obbligo, a carico del creditore, di **risarcire i danni e rimborsare le spese** sostenute dal debitore per la custodia e la conservazione della cosa dovuta;
- la possibilità per il debitore di **liberarsi dal vincolo obbligatorio** mediante apposite procedure coatte disciplinate dalla legge.

C) Modalità di messa in mora del creditore.

Ai fini della messa in mora del creditore è necessaria l'**offerta formale** della prestazione da parte del debitore, la quale a seconda dei casi è **reale** o per **intimazione**.
Un'**offerta non formale** non vale a costituire in mora il creditore ma esclude gli effetti della mora del debitore.

1. L'**offerta reale** ha per oggetto la **consegna di denaro o di altre cose mobili** da effettuarsi al domicilio del creditore, ed avviene ad opera di un pubblico ufficiale, il quale reca con sé l'oggetto della prestazione dovuta e lo mette materialmente a disposizione del creditore;
2. L'**offerta per intimazione** riguarda i beni mobili da consegnarsi in luogo diverso dal domicilio del creditore, i beni immobili e le prestazioni di fare, e consiste nell'**invito** che un pubblico ufficiale rivolge al creditore di ricevere il bene in un certo luogo e in un certo tempo o di compiere gli atti necessari per rendere possibile l'adempimento della prestazione. Tale invito deve essere contenuto in un **atto notificato al creditore** nelle forme prescritte per gli atti di citazione.

I **requisiti di validità dell'offerta** sono individuati dall'art. 1208 c.c.: la mancanza di tali requisiti legittima il rifiuto della prestazione e rende inefficace l'offerta, che potrà valere, al massimo, come offerta semplice.
Se l'offerta formale è stata validamente compiuta, **gli effetti della mora si verificano:**

- dal giorno dell'offerta se il **creditore la ha accettata**;
- nell'ipotesi in cui il creditore non la abbia **accettata**, gli effetti della mora si producono dal momento in cui l'offerta viene **convalidata in giudizio con sentenza passata in giudicato**.

D) Il deposito del debitore.

Il debitore, una volta costituito in mora il creditore, se vuole liberarsi dal vincolo obbligatorio, deve compiere il c.d. **deposito liberatorio** delle cose mobili o il **sequestro liberatorio** degli immobili, che richiedono entrambi la **convalida**. I requisiti di validità del deposito sono posti dall'art. 1212 c.c.
A norma dell'art. 1210 comma 2 c.c. una volta eseguito il deposito e questo sia stato accettato dal creditore o dichiarato valido con sentenza passata in giudicato, il debitore non può più ritirare le cose depositate ed è liberato dalla sua obbligazione.

Dizionario di termini tecnici

➢ **Adempimento**
L'adempimento costituisce il **mezzo tipico con cui si estingue il rapporto obbligatorio** e si realizza il diritto del creditore: esso consiste nell'**esatta esecuzione** da parte del debitore della prestazione che costituisce oggetto dell'obbligazione.

➢ ***Datio in solutum***
Si ha quando il debitore adempie alla sua obbligazione eseguendo una **prestazione diversa da quella dovuta**, con il **consenso del creditore** (c.d. *datio in solutum*).
Tale istituto, denominato *datio in solutum* per le sue origini di matrice romanistica, presuppone che il debitore, in accordo con il creditore, ponga in essere una prestazione che, sebbene diversa da quella originariamente pattuita, sia diretta ad estinguere l'obbligazione principale.

➢ **Pagamento traslativo**
Il pagamento traslativo costituisce una particolare modalità di adempimento che si configura nell'ipotesi in cui il debitore, **al fine di adempiere ad un obbligo preesistente**, trasferisce al creditore la proprietà di un determinato bene.

- **Quietanza**

  La **quietanza** è la dichiarazione resa dal creditore con cui viene dato atto al debitore dell'avvenuto adempimento dell'obbligazione.

- **Mora del creditore.**

  Il creditore, ex art. 1206 c.c., è in mora, quando, **senza legittimo motivo**, non riceve il pagamento offertogli nelle forme pattuite o previste dalla legge o dagli usi, od omette le attività necessarie a ricevere la prestazione offertagli dal debitore.

VII ▶ MODI DI ESTINZIONE DELLE OBBLIGAZIONI DIVERSI DALL'ADEMPIMENTO

1. Modi di estinzione delle obbligazioni diversi dall'adempimento.

Costituiscono modi di estinzione delle obbligazioni diversi dall'adempimento la novazione, la remissione, la compensazione, la confusione e l'impossibilità sopravvenuta per causa non imputabile al debitore.
Tali istituti condividono dell'adempimento **la funzione**, producendo **l'estinzione del rapporto obbligatorio** ma se ne differenziano poiché **l'effetto** che realizzano, consistente nella cessazione del vincolo obbligatorio, avviene senza che il debitore compia la prestazione originariamente dovuta.
Tra i modi di estinzione dell'obbligazione diversi dall'adempimento è possibile distinguere tra:

- **modi di estinzione satisfattori**: vi rientrano la compensazione e la confusione. In tali ipotesi l'interesse del creditore viene comunque soddisfatto, anche se con modalità alternative rispetto all'adempimento della prestazione;
- **modi di estinzione non satisfattori**: vi rientrano la novazione, la remissione e l'impossibilità sopravvenuta. In tal caso all'estinzione dell'obbligazione non corrisponde la realizzazione dell'interesse del creditore alla prestazione, che rimane insoddisfatto.

2. La novazione.

A) Nozione.

➢ La **novazione oggettiva** è un contratto con cui le parti sostituiscono all'obbligazione originaria, estinguendola, una nuova obbligazione, con oggetto o titolo diverso (art. 1230 c.c.).

B) Novazione oggettiva e novazione soggettiva.

Dalla novazione oggettiva deve essere distinta la **novazione soggettiva** che si configura nell'ipotesi in cui l'obbligazione originaria è sostituita da una nuova obbligazione con **soggetti diversi**; ad esempio, al debitore originario viene sostituito un nuovo debitore.
L' unica disposizione che il codice civile dedica alla novazione soggettiva è quella di cui all'art. 1235 c.c. secondo la quale la sostituzione del debitore originario con un nuovo debitore comporta l'applicazione delle norme previste in materia di delegazione, espromissione ed accollo.

C) Presupposti della novazione.

Presupposti affinché possa operare l'istituto della novazione sono:

1. l'esistenza dell'obbligazione originaria da novare (c.d. ***obligatio novanda***). La novazione, difatti, **è senza effetto se non esisteva l'obbligazione principale** (art. 1234 c.c.).
   Se quest'ultima è invalida occorre distinguere se si tratti di **nullità** o di **annullabilità**:
   - nel primo caso anche la novazione è nulla, in quanto priva di causa;
   - nel secondo caso, invece, la novazione è valida se il debitore ha assunto validamente il nuovo debito conoscendo il vizio del precedente titolo (si tratta di una sorta di **convalida tacita**);
2. un mutamento nell'**oggetto** o nel **titolo** dell'obbligazione (c.d. ***aliquid novi***). Non basta il mutamento di un elemento accessorio della precedente obbligazione per aversi novazione (art. 1231 c.c.).
3. la volontà di estinguere l'obbligazione precedente creandone una nuova (c.d. ***animus novandi***). Tale volontà può manifestarsi in modo espresso o attraverso un comportamento concludente ma, in ogni caso, **deve risultare in modo non equivoco**.
   L'*animus novandi* costituisce la **causa** della novazione, rappresentata dall'interesse comune delle parti alla sostituzione del rapporto obbligatorio con quelle preesistente.

3. La remissione del debito.

A) Nozione.

La remissione del debito è un modo di estinzione (non satisfattivo) dell'obbligazione che si sostanzia nella **dichiarazione** resa dal creditore al debitore **di liberarlo** dall'obbligazione debitoria (art. 1236 c.c.).
La dichiarazione del creditore ha carattere **recettizio** in quanto l'obbligazione si estingue nel momento in cui la dichiarazione è comunicata al debitore.
L'ordinamento si preoccupa anche di tutelare l'interesse del debitore all'adempimento: quest'ultimo, difatti, ha facoltà di comunicare, entro un congruo termine, di **non voler profittare della remissione**.
La remissione è un atto di **rinuncia** al diritto di credito: la remissione rientra, quindi, nella categoria degli **atti dismissivi dei diritti** e si caratterizza per la peculiarità dell'oggetto (diritto di credito) e per la causa, essenzialmente gratuita.

B) La forma della remissione.

La remissione può avvenire in qualsiasi forma, sia per atto *inter vivos* che per atto *mortis causa*, purché risulti in **maniera inequivocabile** la manifestazione di volontà del creditore di rinunciare alla prestazione.
In particolare, la remissione può essere:

- **espressa**: si ha quando il creditore espressamente dichiari con apposita comunicazione al debitore di volerlo liberare;
- **tacita**: si ha nell'ipotesi in cui il creditore ponga in essere un comportamento del tutto incompatibile con la volontà di far valere il suo credito.
  L'art. 1237 comma 1 prevede, ad esempio, una **presunzione assoluta** di remissione nell'ipotesi in cui il creditore abbia restituito volontariamente l'originale del titolo del credito al debitore.

C) Remissione e garanzie.

La remissione del debito determina anche l'**estinzione delle garanzie reali e personali** del credito ma, a norma degli **artt. 1238 e 1239 c.c.** la rinuncia alle garanzie dell'obbligazione non fa presumere la remissione del debito.

D) Remissione e pactum de non petendo.

Dalla remissione va tenuto distinto il ***pactum de non petendo*** in quanto quest'ultimo è un mero impegno assunto dal creditore di non chiedere, per un determinato periodo di tempo, il pagamento al debitore o ad uno dei debitori in solido; pertanto, a differenza di quanto avviene in caso di remissione del debito, in presenza *del pactum de non petendo* non si verifica alcun effetto estintivo dell'obbligazione.

4. La compensazione.

A) Nozione.

➢ La compensazione è un modo di estinzione dell'obbligazione satisfattivo, che opera nell'ipotesi in cui tra due soggetti intercorrano **rapporti obbligatori reciproci**, cioè rapporti in forza dei quali lo stesso soggetto risulta essere al contempo debitore e creditore dell'altro.

In tal caso, per evitare una pluralità di adempimenti, entrambi i rapporti, a determinate condizioni, possono estinguersi in modo totale o parziale, attraverso la **compensazione delle opposte pretese** (art. 1241 c.c.).

1. <u>**Compensazione impropria.**</u>
   La compensazione impropria si ha nell'ipotesi in cui i reciproci rapporti di debito e di credito non derivano da rapporti giuridici diversi ma da un unico rapporto; in tal caso non si verifica alcun effetto estintivo dell'obbligazione e i reciproci rapporti di debito e di credito danno luogo esclusivamente ad un accertamento contabile di dare e avere tra debitore e creditore.

Con la compensazione si determina **l'estinzione delle garanzie**, potendo la compensazione essere opposta al creditore dal fideiussore o dal terzo datore di pegno o di ipoteca (art. 1247 c.c.).

B) Tipi di compensazione.

Il codice vigente, disciplina tre tipi di compensazione: **legale**, **giudiziale** e **volontaria**.

Compensazione legale: la compensazione legale, a norma dell'art. 1243 comma 1 c.c. si verifica solo tra **due debiti** che hanno per oggetto una somma di denaro o una quantità di cose fungibili dello stesso genere, che siano ugualmente **liquidi ed esigibili**.
In presenza di tali presupposti la compensazione **estingue i due debiti dal giorno della loro coesistenza**; è interesse della parte che intende avvalersene far valere la compensazione attraverso una **eccezione**, visto che la compensazione **non può essere rilevata d'ufficio dal giudice**.
La pronuncia del giudice che dichiara la compensazione legale ha **natura dichiarativa**.

Compensazione giudiziale: tale forma di compensazione si ha nell'ipotesi in cui nel corso di un giudizio venga opposto in compensazione un debito non liquido, **ma di facile e pronta liquidazione**.
In tal caso il giudice può dichiarare, non d'ufficio, la compensazione per la parte del debito che riconosce esistente e può anche sospendere la condanna per il credito liquido fino all'accertamento del credito opposto in compensazione (art. 1243 c.c.).
La pronuncia del giudice che dichiara la compensazione giudiziale ha efficacia ***ex nunc***, e, a differenza di quella che dichiara la compensazione legale, **natura costitutiva**.
Compensazione volontaria: la compensazione volontaria si ha nell'ipotesi in cui debitore e creditore si **accordino** per compensare in tutto o in parte i relativi crediti, **anche in difetto dei requisiti richiesti per la compensazione legale o giudiziale**.

5. La confusione.

A) Nozione.

La confusione è un modo di estinzione dell'obbligazione di carattere non satisfattivo, che si verifica nell'ipotesi in cui la qualità di debitore e creditore si **riuniscono nella medesima persona** (art. 1253 c.c.).
Ciò può avvenire:

- per atto tra vivi;
- per atto *mortis causa*;

La confusione determina la **liberazione dei terzi garanti** del rapporto obbligatorio estinto data la natura accessoria delle garanzie prestate.
L'art. 1254 c.c. sancisce che la confusione **non opera in pregiudizio dei terzi** che hanno acquistato diritti di usufrutto o di pegno sul credito.

B) La confusione impropria.

Una ipotesi particolare di confusione ricorre quando le qualità di debitore principale e di fideiussore si riuniscano nella stessa persona (c.d. confusione impropria): in tal caso il rapporto accessorio si estingue, a meno che il creditore non abbia interesse alla sua permanenza.

6. L'impossibilità sopravvenuta della prestazione.

A) Nozione.

L'impossibilità sopravvenuta della prestazione per causa non imputabile al debitore (art. 1256 c.c.) costituisce un modo di estinzione dell'obbligazione non satisfattivo, in quanto l'obbligazione si estingue senza che il creditore soddisfi il proprio interesse.
L'impossibilità della prestazione deve essere **sopravvenuta** dato che l'impossibilità **originaria** della prestazione, facendo venire meno un requisito imprescindibile dell'obbligazione, impedisce il sorgere stesso del rapporto obbligatorio.
L'art. 1256 c.c. deve essere letto unitamente all'**art. 1218 c.c**. che, disciplinando l'inadempimento

dell'obbligazione, esonera il debitore dal risarcimento del danno nell'ipotesi in cui provi che l'inadempimento stesso o il ritardo sia stato determinato da impossibilità della prestazione derivante da causa a lui non imputabile. Pertanto, la causa che determina la sopravvenuta impossibilità della prestazione, se non imputabile al debitore, oltre a determinare l'estinzione dell'obbligazione, **libera il debitore dalla responsabilità per l'inadempimento**.
Il debitore, se vuole andare esente da responsabilità, deve provare sia l'impossibilità sopravvenuta della prestazione, sia la non imputabilità della causa.

B) Caratteri dell'impossibilità sopravvenuta.

È bene chiarire che l'impossibilità non va confusa con la **mera difficoltà di esecuzione della prestazione o con la sua eccessiva onerosità**. Difatti l'impossibilità sopravvenuta deve presentare i caratteri dell'assolutezza e dell'oggettività. In particolare:

1. l'impossibilità può essere considerata **assoluta** solo quando l'impedimento all'esecuzione della prestazione non può essere superato in alcun modo, a prescindere dallo sforzo che il debitore possa compiere;
2. l'impossibilità è **oggettiva** quando non riguarda la situazione personale del debitore, in quanto nessun debitore, quale che sia la situazione in cui si trovi, potrebbe adempiere alla prestazione;
3. la valorizzazione del concetto di **buona fede**, intesa come strumento correttivo e integrativo del rapporto obbligatorio alla luce del principio di solidarietà sociale di cui all'art.2 della Costituzione, ha portato ad una lettura meno severa dei requisiti dell'assolutezza e dell'oggettività.
   In specie, si ritiene che l'impossibilità sopravvenuta della prestazione possa configurarsi anche nell'ipotesi in cui l'esecuzione della prestazione, per motivi sopravvenuti, **non sia esigibile dal debitore**, in quanto lo esporrebbe a sacrifici ed oneri del tutto sproporzionati rispetto all'interesse del creditore.

C) Impossibilità sopravvenuta della prestazione definitiva e temporanea.

L'impossibilità sopravvenuta della prestazione può essere definitiva o temporanea. In specie:

- l'impossibilità è **definitiva** quando l'impedimento all'esecuzione della prestazione è irreversibile. In tal caso l'obbligazione si estingue automaticamente;
- l'impossibilità è **temporanea** (art. 1256 comma 2 c.c.), invece, quando l'impedimento deriva da una causa transitoria.
  In tal caso l'obbligazione si estingue solo nell'ipotesi in cui l'impedimento perduri fino a quando, in relazione al titolo dell'obbligazione o alla natura dell'oggetto, il debitore non può più essere ritenuto obbligato ad eseguire la prestazione o il creditore non abbia più interesse a conseguirla. Fino a tale momento, l'impossibilità temporanea impedisce che il debitore possa essere considerato responsabile per il ritardo.

D) Impossibilità sopravvenuta della prestazione totale e parziale.

L'impossibilità, infine, può essere totale o parziale. In particolare:

- l'**impossibilità totale**, che si ha quando l'intera prestazione sia divenuta del tutto ineseguibile, rende completamente irrealizzabile l'interesse creditorio;
- l'**impossibilità parziale**, che si ha quando solo parte della prestazione non possa più essere eseguita dal debitore, preclude solo in parte la soddisfazione dell'interesse creditorio.
  In tal caso il debitore, ai sensi dell'art. 1258 c.c., si libera dall'obbligazione eseguendo la prestazione per la parte che è rimasta possibile, e, in deroga a quanto previsto dall'art. 1181 c.c., il creditore non può rifiutare l'adempimento parziale.

Dizionario di termini tecnici

- **Novazione oggettiva**
  La **novazione oggettiva** è un contratto con cui le parti sostituiscono all'obbligazione originaria, estinguendola, una nuova obbligazione, con oggetto o titolo diverso (art. 1230 c.c.).

- **Remissione del debito**
  La remissione del debito è un modo di estinzione (non satisfattivo) dell'obbligazione che si sostanzia nella **dichiarazione** resa dal creditore al debitore **di liberarlo** dall'obbligazione debitoria (art. 1236 c.c.).

- **Compensazione**
  La compensazione è un modo di estinzione dell'obbligazione satisfattivo, che opera nell'ipotesi in cui tra due soggetti intercorrano **rapporti obbligatori reciproci**, cioè rapporti in forza dei quali lo stesso soggetto risulta essere al contempo debitore e creditore dell'altro.

- **Confusione**
  La confusione è un modo di estinzione dell'obbligazione di carattere non satisfattivo, che si verifica nell'ipotesi in cui la qualità di debitore e creditore si **riuniscono nella medesima persona** (art. 1253 c.c.).

- **Impossibilità sopravvenuta**
  L'impossibilità sopravvenuta della prestazione per causa non imputabile al debitore (art. 1256 c.c.) costituisce un modo di estinzione dell'obbligazione non satisfattivo, in quanto l'obbligazione si estingue senza che il creditore soddisfi il proprio interesse.
  L'impossibilità della prestazione deve essere **sopravvenuta** dato che l'impossibilità **originaria** della prestazione, facendo venire meno un requisito imprescindibile dell'obbligazione, impedisce il sorgere stesso del rapporto obbligatorio.

MAPPA CONCETTUALE

VIII ▶ LE MODIFICAZIONI NEL LATO ATTIVO DEL RAPPORTO OBBLIGATORIO

1. Le modificazioni soggettive nel lato attivo.

Il rapporto obbligatorio può subire delle modificazioni soggettive sia dal lato attivo (creditore) che dal lato passivo (debitore), senza che ciò comporti l'estinzione del vincolo.
Tali modifiche soggettive producono, generalmente, un **fenomeno circolatorio e non novativo**: il rapporto obbligatorio rimane il medesimo e, di conseguenza, in mancanza di diverse pattuizioni, permangono gli accessori, le azioni, le prescrizioni e le garanzie relative al rapporto originario modificato.
La modifica soggettiva del lato attivo, e quindi la **circolazione del credito**, può realizzarsi, **oltre che per successione a titolo universale o particolare**, mediante le figure della cessione di credito, del pagamento con surrogazione e della delegazione attiva.

2. La cessione del credito.

A) Nozione.

L'art. 1260, comma 1, c.c. conferisce al creditore il diritto di trasferire, a titolo oneroso o gratuito, il proprio credito anche **senza il consenso del debitore**, purché:

- il credito non abbia carattere **strettamente personale** (es. credito alimentare)
- il trasferimento non sia **vietato dalla legge** (vedi per esempi l'art. 1261 c.c.)
- le parti non abbiano convenuto l'incedibilità del credito (**incedibilità convenzionale**).

La cessione del credito, quindi, è il **contratto bilaterale** intercorrente tra creditore cedente e terzo cessionario, mediante il quale il primo trasferisce il proprio diritto di credito al secondo: il **debitore rimane del tutto estraneo al rapporto.**
Per effetto della cessione il credito è trasferito al cessionario con i **privilegi, le garanzie reali e personali e con tutti gli altri accessori** (art. 1263 c.c.).

B) Efficacia della cessione del credito.

La cessione **ha effetto** nei confronti del debitore; ed è a lui **opponibile**, solo quando gli sia stata **notificata** o quando la abbia **accettata** (art. 1264 c.c.).

C) Rapporti tra creditore cedente e creditore cessionario.

1. Con riferimento alla **garanzia** dovuta dal creditore cedente nei confronti del creditore cessionario, occorre distinguere tra cessione a titolo oneroso e cessione a titolo gratuito:
   - in caso di **cessione a titolo oneroso** il cedente è tenuto a garantire l'**esistenza del credito al tempo della cessione**; le parti possono anche escludere tale garanzia, ma il cedente rimane in ogni caso responsabile per fatto proprio;
   - in caso di **cessione a titolo gratuito**, invece, la garanzia è dovuta solo nei casi e nei limiti in cui la legge pone a carico del donante **la garanzia per l'evizione** (art. 797 c.c.).
2. Con riferimento, invece, ad una eventuale responsabilità del creditore cedente per **insolvenza del debitore ceduto**, occorre distinguere tra "*cessione pro solvendo*" e "*cessione pro soluto*" (art. 1267 c.c.):
   - in caso di ***cessione pro soluto***, che si ha se le parti non hanno previsto diversamente, il creditore cedente non risponde della solvenza del debitore;
   - in caso di ***cessione pro solvendo*** il creditore cedente risponde della solvibilità del creditore ceduto nei limiti di quanto ricevuto (cioè nei limiti del corrispettivo della cessione) e deve corrispondere gli interessi, rimborsare le spese di cessione, nonché quelle sostenute dal cessionario per escutere il debitore, oltre a dover risarcire il danno.

L'assunzione della garanzia oltre tali limiti è vietata espressamente dall'art. 1267 c.c. Il cessionario ha comunque **l'onere di intraprendere le dovute azioni giudiziali e stragiudiziali contro il debitore inadempiente**: difatti la garanzia viene meno nell'ipotesi in cui la mancata realizzazione del credito per insolvenza del debitore sia dipesa da negligenza del cessionario nell'iniziare o proseguire le istanze contro il debitore ceduto.

D) Rapporti tra creditore ceduto e creditore cessionario.

Il cessionario **acquista** il credito **a titolo derivativo**, cosicché il diritto trasferito non può avere contenuto più ampio rispetto a quello di cui era titolare il dante causa. Da ciò discende che, a seguito della cessione, il ceduto può opporre al cessionario tutte le **eccezioni opponibili** al cedente.
In particolare, il debitore può far valere nei confronti del nuovo creditore le eccezioni relative:

- alla validità del titolo costitutivo del credito (nullità, annullabilità, rescissione)
- ai fatti estintivi (prescrizione, pagamento) o modificativi del rapporto anteriori alla cessione, o successivi, fino al momento della notificazione o della accettazione.

A norma dell'art. 1248 c.c., se ha accettato puramente e semplicemente la cessione, il debitore non può opporre al cessionario la **compensazione** che avrebbe potuto opporre al cedente. Se, invece, non v'è stata accettazione, ma semplice notifica della cessione, il ceduto può opporre in compensazione solo i crediti, vantati verso il cedente, sorti anteriormente alla notifica stessa (art. 1248, comma 2, c.c.).

3. La surrogazione per pagamento.

A) Nozione.

La surrogazione per pagamento, che rappresenta un'ipotesi di **cessione legale** del credito, ossia di trasferimento del credito per effetto di legge, costituisce una **eccezione alla regola generale secondo cui l'adempimento estingue l'obbligazione**.
Difatti, nelle ipotesi di surrogazione, il **terzo** che adempie la prestazione subentra nella medesima posizione che era del creditore originario; l'adempimento del terzo, quindi, non estingue l'obbligazione ma comporta esclusivamente la sostituzione del creditore con il terzo adempiente, realizzando un fenomeno di successione nel credito.

B) Tipologie di surrogazione.

La surrogazione opera solo nei casi individuati dal codice civile, che prevede tre tipi di surrogazione: la **surrogazione per volontà del creditore**, la surrogazione **per volontà del debitore** e la surrogazione **legale**:

1. **la surrogazione per volontà del creditore** (art. 1201 c.c.) si ha nell'ipotesi in cui il creditore, ricevendo il pagamento da un terzo (che paga in proprio e non quale rappresentante o delegato del debitore), lo surroghi nei propri diritti. La surrogazione in tal caso deve essere fatta **contemporaneamente** al pagamento ed in modo **espresso**;
2. **la surrogazione per volontà del debitore** (art. 1202 c.c.) si ha quando il debitore che abbia preso a mutuo una somma di denaro al fine di adempiere ad un suo debito, surroghi il mutuante nei diritti del creditore.
   Affinché operi la surrogazione per volontà del debitore è necessario che:
   - sia il mutuo che la quietanza risultino da atto avente data certa;
   - che nell'atto di mutuo sia indicata specificatamente la destinazione della somma mutuata;
   - che nella quietanza si menzioni la dichiarazione del debitore circa la provenienza della somma impiegata nel pagamento.
3. la **surrogazione legale** ha effetto di diritto, a prescindere dalla volontà del creditore o del debitore, nei casi indicati dall'**art. 1203 c.c.**:
   a) a vantaggio di chi, essendo creditore, ancorché chirografario, paga un altro creditore

che ha diritto di essergli preferito in ragione dei suoi privilegi, del suo pegno o delle sue ipoteche;

b) a vantaggio dell'acquirente di un immobile che, fino alla concorrenza del prezzo di acquisto, paga uno o più creditori a favore dei quali l'immobile è ipotecato;

c) a vantaggio di chi, essendo tenuto con altri o per altri al pagamento del debito, aveva interesse a soddisfarlo (si veda, ad esempio, la figura del fideiussore, del coobbligato solidale o del terzo acquirente di un immobile ipotecato);

d) a vantaggio dell'erede con beneficio d'inventario che paga con denaro proprio i debiti ereditari;

e) negli altri casi stabiliti dalla legge.

C) La posizione del terzo surrogato.

Il terzo surrogato ha **la facoltà di esercitare tutti i diritti, le azioni e le ragioni che spettano al creditore** e può avvalersi delle garanzie eventualmente assistenti il credito, **ma è anche assoggettato a tutte le relative limitazioni, prescrizioni e decadenze**.

D) La surrogazione parziale.

Nell'ipotesi in cui il pagamento è parziale, anche la surrogazione è **parziale** (art. 1205 c.c.), con la conseguenza che il terzo surrogato ed il creditore concorrono nei confronti del debitore in proporzione di quanto è loro dovuto, salvo patto contrario.

4. La delegazione attiva.

La delegazione attiva **non trova una espressa disciplina nel codice civile**, ma è senz'altro ammissibile in ragione dell'ampia autonomia negoziale riconosciuta alle parti dall'ordinamento.
Nella delegazione attiva si ha un **accordo trilaterale** in forza del quale il creditore (delegante) autorizza un terzo (delegatario) a rendersi destinatario della promessa fatta dal debitore (delegato) di adempiere una obbligazione in relazione alla quale lo stesso delegante era già in precedenza il soggetto attivo.
La delegazione attiva ha un **effetto cumulativo**, in quanto il nuovo creditore si aggiunge a quello originario.

Dizionario di termini tecnici

- **Cessione del credito**
  La cessione del credito è il **contratto bilaterale** intercorrente tra creditore cedente e terzo cessionario, mediante il quale il primo trasferisce il proprio diritto di credito al secondo: il **debitore rimane del tutto estraneo al rapporto**.
  Per effetto della cessione il credito è trasferito al cessionario con i **privilegi, le garanzie reali e personali e con tutti gli altri accessori** (art. 1263 c.c.).

- **Surrogazione per pagamento**
  La surrogazione per pagamento, che rappresenta un'ipotesi di **cessione legale** del credito, ossia di trasferimento del credito per effetto di legge, costituisce una **eccezione alla regola generale secondo cui l'adempimento estingue l'obbligazione**.

IX ► LE MODIFICAZIONI NEL LATO PASSIVO DEL RAPPORTO OBBLIGATORIO

1. Modificazioni soggettive dal lato passivo.

La modifica del lato attivo del rapporto obbligatorio è indifferente per il debitore: difatti, come abbiamo visto, avviene senza che sia richiesto il suo consenso. Ciò deriva dalla considerazione che per il debitore è indifferente adempiere all'uno o all'altro creditore.
Discorso diametralmente opposto va fatto per la modifica del lato passivo del rapporto obbligatorio.
In tal caso, difatti, il **creditore ha interesse alla persona del debitore**, in quanto ogni debitore dà garanzie diverse in ordine alla sua **affidabilità** e **solvibilità**. Per questo motivo la **circolazione del debito**, potendo comportare per il creditore il rischio di non veder soddisfatto il proprio credito, è ammissibile solo con il **consenso** di quest'ultimo.
Tale caratteristica accomuna i tre strumenti di successione nel debito previsti espressamente dal codice civile: la **delegazione**, l'**espromissione** e l'**accollo**.

2. La delegazione passiva.

A) Nozione.

La **delegazione**, che trova la sua disciplina negli artt. 1268 e ss. c.c., è l'operazione con cui il debitore (delegante) ordina ad un terzo (delegato) di assumere o di estinguere il debito nei confronti del creditore (delegatario).
Il delegante, normalmente, è a sua volta creditore del delegato (**rapporto di provvista**) e con la delegazione utilizza tale posizione di credito per estinguere la sua posizione di debito nei confronti del delegatario (**rapporto di valuta**).
In tal caso la prestazione del delegato estingue due rapporti, quello di provvista che intercorre tra delegante e delegato, e quello di valuta tra delegante e delegatario.
Nell'ipotesi in cui non sussista il rapporto di provvista, e quindi il delegato non sia debitore del delegante, la delegazione è "**allo scoperto**", e conseguentemente l'unico rapporto esistente è quello di valuta, tra delegante e delegatario.

B) Tipi di delegazione.

La vicenda delegatoria può assumere **due diverse forme**:

1. <u>**delegazione promissoria**</u> (art. 1268 c.c.): il debitore assegna al proprio creditore un altro debitore che **si obbliga** verso quest'ultimo ad adempiere l'obbligazione.
   In questo caso **il debitore originario non è liberato**, a meno che non intervenga una **espressa dichiarazione del creditore** in tal senso.
   Nel primo caso la delegazione si dirà cumulativa, nel secondo liberatoria:
   - in caso di **delegazione cumulativa** il delegante rimane obbligato solo in via **sussidiaria**, in quanto il creditore potrà rivolgersi al delegante solo dopo aver richiesto il pagamento al terzo delegato (***beneficium ordinis***);
   - nella **delegazione liberatoria**, invece, l'obbligazione originaria tra debitore e creditore si estingue e viene sostituita da un nuovo rapporto obbligatorio tra terzo delegato e creditore.
     In tal caso, il creditore, se il **nuovo debitore** diviene **insolvente**, non potrà richiedere il pagamento al debitore originario, a meno che non ne abbia fatto **espressa riserva** al momento della dichiarazione di liberazione o **l'insolvenza sussistesse già nel momento dell'assunzione dell'obbligazione** da parte del terzo delegato (art. 1274 c.c.).
     Inoltre, l'**obbligazione del delegante rivive** se l'obbligazione del nuovo debitore sia

dichiara nulla o annullata (art. 1276 c.c.).

Infine, a norma dell'art. 1275 c.c., in caso di dichiarazione di liberazione si **estinguono tutte le garanzie** annesse al credito, salvo che colui che le ha prestate non acconsenta a mantenerle.

La delegazione promissoria può essere **titolata** o **astratta (pura)**, a seconda che il delegato nell'assumere l'obbligazione verso il creditore-delegatario faccia o meno riferimento al rapporto di valuta o di provvista;

2. **delegazione di pagamento** (art. 1269 c.c.): il debitore ordina al delegato di pagare direttamente al creditore delegatario, senza che il primo assuma alcun tipo di obbligazione verso il secondo.
   Tale tipologia di delegazione ha la funzione di estinguere con un unico adempimento sia il rapporto di provvista che il rapporto di valuta.
   In ogni caso, il terzo delegato non è tenuto ad accettare l'incarico di eseguire il pagamento, ancorché sia debitore del delegante.
   Anche in questa ipotesi la delegazione può essere **titolata** o **astratta**.

C) Le eccezioni opponibili: la c.d. nullità della doppia causa.

Con riferimento alle **eccezioni opponibili dal terzo delegato**, la disciplina è diversa a seconda che si tratti di delegazione titolata o astratta:

- in ogni caso il delegato può opporre al delegatario tutte le eccezioni relative ai suoi rapporti con questo;
- il delegato può opporre al delegatario le **eccezioni relative al rapporto di valuta** (rapporto delegante - delegatario) solo in caso di **delegazione titolata** e cioè solo se le parti abbiano fatto ad esso espresso riferimento;
- le **eccezioni relative al rapporto di provvista** (rapporto delegante – delegato) possono essere opposte al creditore delegatario solo nell'ipotesi in cui le parti lo abbiano espressamente pattuito.

In ogni caso queste ultime eccezioni sono sempre opponibili al creditore delegatario nell'ipotesi in cui sia **nullo il rapporto di valuta**: difatti, in tale ipotesi, se il terzo delegato non potesse far valere nei confronti del delegatario l'invalidità del rapporto di provvista, sia l'assunzione dell'obbligazione (delegazione promissoria), sia l'adempimento (delegazione di pagamento), non potendo trovare giustificazione causale né nel rapporto di provvista né nel rapporto di valuta, sarebbero nulli per mancanza di causa (c.d. **nullità della doppia causa**).

3. L'espromissione.

A) Nozione.

L'espromissione (art. 1272 c.c.) si ha nell'ipotesi in cui il terzo (**espromittente**) assume nei confronti del creditore (**espromissario**) l'obbligazione del debitore (**estromesso**) **senza che vi sia una delega di quest'ultimo**.

B) Differenze con istituti affini.

1. L'espromissione si distingue dalla **delegazione** in quanto il terzo espromittente assume l'obbligazione del debitore **spontaneamente** senza assumere la veste di incaricato del debitore, con la conseguenza che l'eventuale adempimento è imputabile all'espromittente stesso; nella delegazione, invece, il delegato si obbliga su ordine del delegante.
2. L'espromissione presenta delle evidenti affinità con l'istituto **dell'adempimento del terzo** ma se ne differenzia in quanto l'espromittente non adempie l'obbligazione del debitore ma si limita ad assumere l'obbligazione di quest'ultimo nei confronti del creditore.

C) Espromissione cumulativa e liberatoria.

Anche l'espromissione può essere **cumulativa** o **liberatoria**, a seconda che il creditore dichiari, o meno, di liberare il debitore:

- nel primo caso, il terzo espromittente è **obbligato in solido** con il debitore originario;
- nel secondo caso, invece, il debitore originario è definitivamente liberato (salvo quanto previsto dall'art. 1276 c.c.) ed unico obbligato resta il terzo espromittente.

D) Le eccezioni opponibili.

Quanto al regime delle **eccezioni**, l'espromittente, salvo diversa pattuizione, non può opporre le **eccezioni relative al rapporto di provvista**, cioè quelle relative ai suoi rapporti con l'espromesso (art. 1272, co. 2 c.c.).
Può invece opporre al creditore le **eccezioni relative al rapporto di valuta**, cioè quelle relative al rapporto tra debitore e creditore, a meno che si tratti di eccezioni personali o derivanti da fatti successivi all'espromissione.
In ogni caso il terzo non può opporre al creditore la **compensazione** che avrebbe potuto opporgli l'espromesso, quantunque si sia verificata prima dell'espromissione.
Infine, sono in ogni caso **opponibili le eccezioni relative all'esistenza o alla validità del negozio di espromissione**.

4. L'accollo.

A) Nozione.

L'accollo è il negozio, disciplinato dall'art. 1273 c.c., attraverso cui il debitore (accollato) e un terzo (accollante) convengono che quest'ultimo assuma il debito (anche futuro) del primo nei confronti del creditore (accollatario), il quale non prende parte a tale accordo.

B) Differenze con istituti affini.

1. L'accollo si distingue dall'**espromissione** in quanto, mentre nel primo caso vi è un accordo tra il debitore ed il terzo, in forza del quale quest'ultimo assume il debito nel primo; invece, nell'espromissione il terzo assume l'obbligazione del debitore spontaneamente, in assenza di un preventivo accordo con il debitore.
2. La principale differenza tra accollo e delegazione consiste nella circostanza che il terzo nell'accollo non assume l'incarico di pagare il creditore o di assumere una obbligazione nei suoi confronti, ma **fa proprio il debito dell'obbligato**.

C) Tipi di accollo.

L'accollo può essere esterno od interno:

1. l'**accollo esterno**, che si configura come un vero e proprio **contratto a favore di terzi**, si ha nell'ipotesi in cui il **creditore aderisca all'accordo** tra il debitore ed il terzo, rendendo **irrevocabile** la stipulazione in suo favore.
   L'accollo esterno è:
   - **liberatorio** quando il creditore dichiari espressamente di liberare il debitore, ovvero quando la liberazione costituisca condizione espressa della stipulazione;
   - **cumulativo** quando il debitore rimane obbligato in solido con il terzo.
     In tal caso l'obbligazione dell'accollato assume carattere **sussidiario** in quanto il creditore ha l'onere di chiedere preventivamente l'adempimento all'accollante.
2. l'**accollo interno**, che si configura come un **contratto bilaterale**, si ha nell'ipotesi in cui il creditore rimanga al di fuori della convenzione intervenuta tra debitore e terzo.
   Quest'ultima, quindi, produce effetti esclusivamente *inter-partes* con la conseguenza che il creditore, in caso di inadempimento, non può esercitare nessuna azione nei confronti del terzo.

D) Le eccezioni opponibili

Per quanto riguarda il regime delle **eccezioni** (art. 1273 c.c.), in caso di **accollo esterno**, il terzo obbligato, nei limiti in cui ha assunto il debito, può opporre al creditore le **eccezioni fondate sul contratto in base al quale l'assunzione è avvenuta**.

Si ritengono inoltre opponibili al creditore, pur non essendo tale possibilità espressamente contemplata dal codice, anche le **eccezioni relative al rapporto tra il terzo ed il debitore originario**, ma non le eccezioni personali del debitore originario o quelle relative a fatti successivi all'accollo.

Dizionario di termini tecnici

- **Delegazione passiva**
  La **delegazione**, che trova la sua disciplina negli artt. 1268 e ss. c.c., è l'operazione con cui il debitore (delegante) ordina ad un terzo (delegato) di assumere o di estinguere il debito nei confronti del creditore (delegatario).
  Il delegante, normalmente, è a sua volta creditore del delegato (**rapporto di provvista**) e con la delegazione utilizza tale posizione di credito per estinguere la sua posizione di debito nei confronti del delegatario (**rapporto di valuta**).

- **Espromissione**
  L'espromissione (art. 1272 c.c.) si ha nell'ipotesi in cui il terzo (**espromittente**) assume nei confronti del creditore (**espromissario**) l'obbligazione del debitore (**estromesso) senza che vi sia una delega di quest'ultimo**.

- **Accollo**
  L'accollo è il negozio, disciplinato dall'art. 1273 c.c., attraverso cui il debitore (accollato) e un terzo (accollante) convengono che quest'ultimo assuma il debito (anche futuro) del primo nei confronti del creditore (accollatario), il quale non prende parte a tale accordo.

X ► LE MODIFICAZIONI OGGETTIVE DEL RAPPORTO OBBLIGATORIO

1. Le modificazioni oggettive. La surrogazione reale.

Il rapporto obbligatorio può subire delle modificazioni anche sotto il profilo oggettivo, nell'ipotesi in cui muti il **titolo** o il **contenuto** dell'obbligazione.
Una forma particolare di modificazione oggettiva è rappresentata dalla c.d. **surrogazione reale**, fattispecie in forza della quale ad un **oggetto** del rapporto se ne sostituisce un altro.
Tale fenomeno si verifica in alcune ipotesi espressamente disciplinate dal codice civile tra cui rientrano, a titolo esemplificativo:

1. **l'art. 1259 c.c**. che con riferimento all'**impossibilità sopravvenuta della prestazione**, prevede il subentro del creditore nei diritti spettanti al debitore in dipendenza del fatto che ha causato l'impossibilità, garantendo inoltre al primo la possibilità di esigere dal secondo quanto questi abbia conseguito a titolo di risarcimento;
2. **l'art. 2742 c.c.** che disciplina l'ipotesi in cui le cose soggette a **privilegio, pegno o ipoteca siano perite o deteriorate**, prevedendo che il diritto di prelazione si eserciti non più sulla cosa, ma su prezzo dell'indennità eventualmente dovuta dall'assicuratore;
3. **l'art. 1017 c.c**. che in materia di **usufrutto** prevede che in caso di perimento per colpa o dolo di terzi della cosa su cui insiste il diritto reale, lo stesso si trasferisca sull'indennità dovuta dal responsabile del danno.

XI ▶ L'INADEMPIMENTO E LA RESPONSABILITÀ CONTRATTUALE

1. L'inadempimento: nozione, presupposti e natura giuridica.

A) Nozione.

➢ L'inadempimento dell'obbligazione si ha in tutte le ipotesi in cui il debitore non esegue la prestazione nel **tempo**, nel **luogo** o **secondo le modalità stabilite**: esso cioè si verifica in tutte le ipotesi di **mancata o inesatta esecuzione della prestazione** dovuta dal debitore.

B) Presupposti dell'inadempimento.

Il codice disciplina l'inadempimento come una **vicenda dell'obbligazione** e pertanto **presupposti** essenziali dell'inadempimento sono:

- l'**esistenza di una obbligazione**, non costituendo pertanto inadempimento la mancata esecuzione di una obbligazione naturale o di un onere;
- la **mancata, inesatta o ritardata esecuzione** della prestazione dedotta nel rapporto obbligatorio;
- l'**attualità dell'obbligo**, e cioè che sia scaduto l'eventuale termine, stabilito dalle parti o dalla legge, per adempiere.

C) Tipologie di inadempimento.

L'inadempimento può essere:

- **definitivo**: l'inadempimento è definitivo quando il debitore non può più adempiere alla prestazione, ormai divenuta irreversibilmente ineseguibile.
  In tal caso, all'originaria obbligazione, nell'ipotesi in cui l'inadempimento sia imputabile al debitore, si sostituisce l'obbligazione di risarcire il danno verificatosi nella sfera giuridica del creditore a causa dell'inadempimento (c.d. *perpetuatio obligationis*);
- **temporaneo**: l'inadempimento è temporaneo nell'ipotesi in cui la prestazione può ancora essere eseguita dal debitore: in tal caso l'inadempimento di quest'ultimo si traduce in un **ritardo**, che può sfociare in un inadempimento definitivo o in un adempimento tardivo.
  In ogni caso il debitore, se il ritardo deriva da causa a lui imputabile, sarà tenuto a risarcire il danno derivante da tale ritardo nell'inadempimento;
- **totale**: l'inadempimento è totale quando la prestazione è del tutto ineseguita;
- **parziale**: l'inadempimento è parziale quando la prestazione sia stata eseguita in maniera non completamente conforme alle previsioni contrattuali o legali.
  In particolare, l'adempimento può essere inesatto per ragioni di carattere:
  - **qualitativo**;
  - **quantitativo**;
  - **territoriale**, quando la prestazione viene eseguita in un luogo diverso da quello pattuito;
  - **cronologico;**
  - **soggettivo,** quando la prestazione venga eseguita da un soggetto diverso da quello che avrebbe dovuto svolgerla.

D) Fondamento della responsabilità contrattuale.

La **norma fondamentale** in tema di inadempimento è l'**art. 1218 c.c**. in base al quale il debitore che non esegue esattamente la prestazione dovuta è tenuto al risarcimento del danno, se non prova che l'inadempimento o il ritardo è stato determinato da **impossibilità della prestazione derivante da causa a lui non imputabile**.

Alla luce di tale disposizione emerge che se l'inadempimento è derivato:

- da **impossibilità della prestazione** (causa di estinzione dell'obbligazione su cui *vedi supra*);
- e questa non sia dipesa da una **causa imputabile al debitore**;

il debitore va esente da responsabilità.
Difatti, l'obbligazione si estingue (art. 1256 c.c.) e il debitore non è più tenuto ad adempiere.
In caso contrario il debitore è ritenuto responsabile dell'inadempimento (c.d. **responsabilità contrattuale** in contrapposizione alla **responsabilità extracontrattuale** derivante da fatto illecito) e deve risarcire al creditore tutti i danni che ne siano derivati.
La **responsabilità contrattuale**, pertanto, identifica la responsabilità per inadempimento dell'obbligazione, qualunque ne sia la fonte (TORRENTE).

E) Natura giuridica della responsabilità contrattuale

Il dibattito relativo alla natura della responsabilità contrattuale non può dirsi ancora del tutto sopito, anche se la tesi soggettiva ha l'indubbio pregio di **uniformare il criterio di imputazione della responsabilità contrattuale e di quella extracontrattuale**, rendendole entrambe due ipotesi di responsabilità per colpa.

2. I rimedi contro l'inadempimento. L'azione di esatto adempimento e l'azione risarcitoria.

I "rimedi contro l'inadempimento" sono le azioni a disposizione del creditore per reagire all'inadempimento del debitore.
Nell'ambito dei rimedi all'inadempimento sono state individuate numerose **sottocategorie**:

- **rimedi sanzionatori** e **rimedi obiettivi**: i primi implicano un giudizio di responsabilità, mentre i secondi ne prescindono, apprestando una tutela oggettiva e reale. Va chiarito, tuttavia, che i rimedi sanzionatori, a dispetto del dato terminologico, non hanno carattere punitivo;
- **rimedi risolutivi** o **conservativi**: i primi mirano al definitivo scioglimento del rapporto, mentre i secondi sono funzionali al mero riequilibrio del sinallagma contrattuale;
- **rimedi generali** e **speciali,** a seconda che risultino applicabili alla generalità delle figure contrattuali o, invece, ai soli tipi per i quali sono previsti.

Tra i rimedi generali (art. 1453 c.c.) rientrano l'azione di adempimento, l'**azione di risoluzione del contratto** (su cui vedi *infra*) e l'azione di risarcimento del danno.

A) L'azione di esatto adempimento.

Nell'ipotesi in cui la prestazione non sia stata in tutto o in parte eseguita e l'inadempimento sia imputabile al debitore, il creditore, se il credito è ancora esigibile, può ottenere la **condanna del debitore all'adempimento dell'obbligazione**.
In tal caso la **sentenza** del giudice avrà mero valore **dichiarativo**, considerato che il debitore era obbligato ad adempiere anche a prescindere dal provvedimento del giudice.
Il codice civile non contiene una definizione puntuale di azione di esatto adempimento ma si limita a menzionarla nell'art. 1453 c.c. in rapporto all'azione di risoluzione del contratto.

1. <u>Azione di esatto adempimento nella vendita di beni di consumo.</u>
   L'azione di esatto adempimento riceve una disciplina specifica solo in materia di **vendita di beni di consumo**, in quanto ai sensi dell'art. 130 del Codice del Consumo, il consumatore che abbia ricevuto beni mobili non conformi alla legge o alla pattuizione, può agire per richiedere l'esatto adempimento della prestazione e cioè la riparazione e la sostituzione del bene, a meno che ciò non sia oggettivamente impossibile o eccessivamente oneroso.
2. <u>Azione di esatto adempimento e azione di risarcimento del danno in forma specifica.</u>
   L'azione di esatto adempimento va distinta dall'**azione di risarcimento del danno in forma specifica**: mentre la prima è volta ad ottenere la condanna del debitore all'adempimento della medesima prestazione che costituiva originariamente oggetto del rapporto obbligatorio, la seconda è diretta ad ottenere la condanna ad una **prestazione succedanea** a quella originariamente dovuta, volta a ristabilire lo stato di fatto che ci sarebbe stato in assenza dell'inadempimento.

B) L'azione risarcitoria.

Con l'azione di risarcimento il creditore mira a reintegrare il proprio patrimonio, riportandolo nello stesso stato in cui si sarebbe trovato se non si fosse verificato l'inadempimento.
Il risarcimento del danno, quindi, costituisce un **surrogato della mancata prestazione**.
L'art. 1453 c.c. prevede che il creditore, a fronte dell'inadempimento può richiedere l'adempimento o la risoluzione del contratto, fatto salvo in ogni caso il diritto al risarcimento del danno.
L'azione risarcitoria, quindi, secondo l'impostazione prevalente, **non è una azione sussidiaria** rispetto all'azione di esatto adempimento e all'azione di risoluzione, **potendo essere esperita dal creditore anche autonomamente**.

3. La mora del debitore.

A) Nozione.

La mora del debitore ricorre nell'ipotesi in cui vi sia un **ritardo ingiustificato nell'adempimento dell'obbligazione imputabile al debitore**.
Tale ritardo potrà poi sfociare in un **adempimento tardivo** o in un **inadempimento assoluto** a seconda che il creditore abbia interesse a ricevere la prestazione in ritardo o la stessa divenga successivamente impossibile, anche per causa non imputabile al debitore.

B) Presupposti.

Affinché il debitore possa essere considerato in mora devono verificarsi i seguenti **presupposti**:
- che l'obbligazione sia scaduta, essendo divenuta esigibile:
- che vi sia un ritardo nell'inadempimento imputabile al debitore;
- che il debitore venga costituito in mora (vedi *infra*).

C) Tipologie di mora del debitore.

La mora può essere prodotta automaticamente dall'inadempimento (***mora ex re***) o essere determinata dalla richiesta o intimazione di scritta di adempimento formulata dal creditore (***mora ex persona***).
La **mora** è in ogni caso **esclusa** nell'ipotesi in cui il debitore abbia tempestivamente fatto offerta della prestazione dovuta al creditore, anche in assenza di particolari forme, purché il creditore non l'abbia rifiutata per un motivo legittimo (art.1220 c.c.).

D) Effetti della mora.

1) ***Perpetuatio obligationis.***
L'art. 1221 c.c., con riferimento agli **effetti della mora del debitore**, prevede che il debitore in mora **non è liberato per la sopravvenuta impossibilità della prestazione derivante da causa a lui non imputabile**, a meno che non provi che l'oggetto della prestazione sarebbe ugualmente perito presso il creditore.
Il **rischio di perimento** del bene e dell'**eccessiva onerosità sopravvenuta** della prestazione si trasferisce, pertanto, nel patrimonio del debitore in base al principio della *perpetuatio obligationis.*
2) **Risarcimento del danno.**
La mora determina altresì l'obbligo per il debitore di **risarcire il danno** derivante dal ritardo nell'adempimento.
3) **Interessi moratori.**
Inoltre, nelle **obbligazioni pecuniarie** la costituzione in mora determina la produzione di **interessi moratori**, anche se precedentemente non erano dovuti interessi e anche se il creditore non prova di aver sofferto alcun danno (art. 1224 comma 1 c.c.).
4) **Interruzione della prescrizione.**
Infine, la costituzione in mora del debitore vale anche ad **interrompere la prescrizione** ex art. 2943 c.c.

E) La purgazione della mora.

Gli effetti della mora possono venir meno attraverso la c.d. **purgazione della mora** che si ha nell'ipotesi in cui il creditore, con una dichiarazione esplicita, rinunci alla mora; per effetto della purgazione della mora il rischio di impossibilità sopravvenuta della prestazione torna a gravare sul creditore e cessano di decorrere gli eventuali interessi moratori.

Dizionario di termini tecnici

- **Inadempimento**

  L'inadempimento dell'obbligazione si ha in tutte le ipotesi in cui il debitore non esegue la prestazione nel **tempo**, nel **luogo** o **secondo le modalità stabilite**: esso cioè si verifica in tutte le ipotesi di **mancata o inesatta esecuzione della prestazione** dovuta dal debitore.

- **Responsabilità contrattuale**

  La **responsabilità contrattuale** identifica la responsabilità per inadempimento dell'obbligazione, qualunque ne sia la fonte.

- **Mora del debitore**

  La mora del debitore ricorre nell'ipotesi in cui vi sia un **ritardo ingiustificato nell'adempimento dell'obbligazione imputabile al debitore**.

  Tale ritardo potrà poi sfociare in un **adempimento tardivo** o in un **inadempimento assoluto** a seconda che il creditore abbia interesse a ricevere la prestazione in ritardo o la stessa divenga successivamente impossibile, anche per causa non imputabile al debitore.

XII ▶ IL RISARCIMENTO DEL DANNO

1. Il risarcimento del danno.

A) Nozione di danno risarcibile.

➢ La **nozione di risarcimento** designa la **reintegrazione** di un pregiudizio subito dal danneggiato quale **conseguenza di un comportamento antigiuridico** di un altro soggetto, *sub specie* di inadempimento (responsabilità contrattuale) o di fatto illecito (responsabilità aquiliana).

Difatti la tutela risarcitoria rappresenta il **rimedio generale** con cui compensare un danno derivante da un illecito, sia contrattuale che extracontrattuale.

Norma cardine in materia di risarcimento del danno è l'art. 1223 c.c. che prevede che il risarcimento del danno per l'inadempimento o per il ritardo deve comprendere sia la perdita subita dal creditore sia il mancato guadagno.

La norma, in questa sua prima parte **descrittiva**, sintetizza il **contenuto minimo del risarcimento**, introducendo un concetto di **danno integrale** ricomprendente:

1) il **danno emergente**: si identifica nella diminuzione patrimoniale effettivamente subita dal creditore per effetto dell'inadempimento;
2) il **lucro cessante**: si identifica nel mancato incremento patrimoniale di cui il creditore avrebbe potuto godere se la prestazione fosse stata eseguita.

Le nozioni di danno emergente e lucro cessante non vanno confuse con i concetti di danno da interesse positivo e danno da interesse negativo:

- il danno da **interesse positivo** è risarcibile in caso di **lesione dell'interesse all'esecuzione del contratto** e comporta la risarcibilità sia del danno emergente, che del lucro cessante e cioè sia del danno che il soggetto ha subito nella propria sfera patrimoniale a seguito dell'inadempimento, sia il vantaggio economico che non ha conseguito a causa della mancata esecuzione del contratto;
- il danno da **interesse negativo**, invece, è risarcibile quando venga leso l'interesse a non essere coinvolti in trattative infruttuose o a non stipulare contratti invalidi o contratti che, senza un comportamento illecito della controparte, non si sarebbero conclusi o si sarebbero conclusi a condizioni diverse. Anche in tal caso è risarcibile sia il danno emergente, identificabile nelle spese sostenute per affrontare le trattative, sia il lucro cessante, identificabile nella perdita di altre favorevoli occasioni contrattuali.

Nell'ipotesi in cui sia provata l'esistenza del danno ma sia impossibile stimarne con precisione l'entità, o la determinazione della stessa sia difficoltosa, è attribuita al giudice la facoltà di liquidare il danno attraverso una **valutazione equitativa** (art. 1226 c.c.).

B) La chance.

La chance esprime il concetto di "buona probabilità di riuscita" ed è stata considerata, ai fini della sua risarcibilità, sia come danno emergente che come lucro cessante. In specie:

- la *chance*, nella sua accezione di **lucro cessante**, identifica la perdita di un risultato o di un guadagno futuro che sarebbe senz'altro spettato al danneggiato in assenza del fatto lesivo altrui. La chance è quindi configurata come una **occasione persa**, risarcibile solo se il danneggiato provi, attraverso un giudizio prognostico, che in assenza dell'inadempimento avrebbe raggiunto il risultato sperato (danno futuro);
- la *chance*, al contrario, nella sua accezione di **danno emergente**, è considerata come un **bene giuridico autonomo già presente nel patrimonio del soggetto**, costituendone una vera e propria posta attiva, la cui lesione configura una perdita attuale e non un mancato guadagno (danno attuale). In tal caso la chance non è considerata come una occasione persa ma come **perdita della possibilità di realizzare una occasione**.

La differenza tra le due concezioni di chance incide sul profilo della **liquidazione del danno**:

- se la chance viene intesa come **lucro cessante**, il danno risarcibile dovrà essere pari al valore economico complessivo del risultato finale mancato;
- se viene intesa come **danno emergente** e pertanto come perdita della possibilità di raggiungere un risultato, il danno risarcibile potrà essere soltanto parametrato al valore economico complessivo del risultato, il quale dovrà essere diminuito di un coefficiente di riduzione proporzionato al grado di possibilità di conseguirlo.

C) La compensatio lucri cum damno.

Nell'individuare il danno risarcibile occorre tenere conto anche degli **eventuali effetti vantaggiosi per il creditore derivanti dall'inadempimento**. Difatti, lo scopo del risarcimento non è quello di arricchire il danneggiato ma quello di ripristinare il suo patrimonio nella stessa misura che lo stesso avrebbe avuto in assenza dell'inadempimento.
A tal fine, attraverso l'istituto della ***compensatio lucri cum damno*** (non espressamente disciplinato dal codice civile) occorre decurtare dalla quantificazione complessiva del danno, gli effetti di tutte le conseguenze positive derivanti dalla condotta illecita.
Ciò può avvenire quando:

- le ripercussioni patrimoniali favorevoli siano **conseguenza immediata e diretta dello stesso evento dannoso**, il quale deve essere, pertanto, in grado di produrre sia effetti positivi che negativi;
- per effetto dell'illecito o dell'inadempimento **si sia verificato un vero e proprio danno** e non una mera diminuzione patrimoniale;
- le **poste da compensare siano compatibili**, ovvero omogenee in quanto caratterizzate dalla stessa natura giuridica in relazione alla fonte.

D) Il danno nelle obbligazioni pecuniarie.

L'art. 1224 c.c. prevede una particolare forma di risarcimento del danno nell'ipotesi di inadempimento di obbligazioni pecuniarie. Tale disposizione, in particolare, prevede che nelle obbligazioni che hanno per oggetto una somma di denaro sono dovuti dal giorno della mora gli interessi legali (c.d. **interessi moratori**) anche se:

- non erano dovuti precedentemente;
- il creditore non prova di aver subito alcun danno.

In ogni caso, il creditore che dimostra di aver subito un **maggior danno** ha diritto ad un ulteriore risarcimento, a meno che non era sta convenuta la misura degli interessi moratori.

2. La causalità di fatto e la causalità giuridica: l'art. 1223 c.c.

La seconda parte dell'art. 1223 c.c., prevedendo la risarcibilità del solo danno che sia conseguenza **immediata** e **diretta** dell'inadempimento, ha una **finalità precettiva** in quanto svolge la funzione di individuare tra tutte le conseguenze derivanti dall'illecito quelle che meritano tutela risarcitoria.
Difatti, affinché un danno possa ricevere adeguato ristoro, è necessario che esso sia causalmente riconducibile alla condotta del soggetto responsabile: in altri termini è necessario accertare la sussistenza di un rapporto di causalità tra l'inadempimento (**danno – evento**) e il danno verificatosi nella sfera giuridica del creditore (**danno – conseguenza**).
In particolare, nell'ambito del concetto di causalità è possibile distinguere tra:

- **causalità di fatto**: riguarda il rapporto eziologico che deve sussistere tra la condotta tenuta dal debitore e l'evento – inadempimento;
- **causalità giuridica**: riguarda il rapporto tra l'evento lesivo e le conseguenze pregiudizievoli che ne sono derivate.

Il referente giuridico della causalità giuridica è rappresentato proprio dall'art. 1223 c.c. nella parte in cui circoscrive il risarcimento alle sole **conseguenze immediate e dirette dell'inadempimento**.

1) **La causalità adeguata.**
La **giurisprudenza** ha però ampliato l'ambito di applicazione di tale disposizione, ritenendo risarcibili non solo le conseguenze immediate e dirette dell'illecito, ma anche quelle che, pur costituendo conseguenze soltanto mediate ed indirette, normalmente, secondo l'*id quod plerumque accidit*, derivano da eventi lesivi del tipo di quello verificatosi (c.d. **causalità adeguata**).

2) **I danni riflessi.**
Inoltre, il nesso causale tra evento e conseguenze dannose è ritenuto sussistente dalla giurisprudenza anche nell'ipotesi in cui a subire il danno sia un **soggetto terzo** rispetto al rapporto obbligatorio, che si trovi in un particolare rapporto di prossimità con il soggetto passivo dell'evento lesivo (si parla in tal caso di **danni riflessi**).

3. Limiti alla risarcibilità del danno.

Tutte le conseguenze dannose individuate ex art. 1223 c.c. devono essere risarcite, **a meno che non operino altre norme del codice aventi la funzione di ridurre il risarcimento del danno**: svolgono tale funzione, ad esempio, l'art. 1227 e l'art. 1225 c.c.
Con tali disposizioni, difatti, il legislatore **restringe ulteriormente l'area della risarcibilità**, escludendo dal danno risarcibile alcune ripercussioni patrimoniali che, in quanto conseguenze normali dell'illecito, dovrebbero essere oggetto di risarcimento.

A) L'art. 1227 c.c.: il concorso di colpa del creditore.

In particolare, **l'art. 1227 c.c.,** al primo comma, prevede che se il **fatto colposo del creditore ha concorso a cagionare il danno**, il risarcimento deve essere diminuito secondo la gravità della colpa e l'entità delle conseguenze che ne sono derivate.
Il secondo comma, invece, esclude del tutto il risarcimento per i **danni che il creditore avrebbe potuto evitare usando l'ordinaria diligenza**.

B) La prevedibilità del danno: l'art. 1225 c.c.

L'art. 1225 c.c. prevede che se l'inadempimento o il ritardo non dipendano da dolo del debitore, il risarcimento deve essere **limitato al danno che poteva prevedersi** nel tempo in cui è sorta l'obbligazione.
La norma, pertanto, con riferimento alla sola responsabilità per inadempimento (l'**art. 2056 c.c.** in materia di **responsabilità extracontrattuale**, infatti, nel disciplinare la valutazione dei danni risarcibili, rinvia espressamente agli artt. 1223, 1226 e 1227 c.c., ma non all'art. 1225 c.c.) e nella sola ipotesi di **inadempimento colposo**, esclude dal risarcimento del danno le ripercussioni patrimoniali negative, che, pur essendo conseguenza immediata e diretta dell'illecito, non erano **prevedibili** nel tempo in cui è sorta l'obbligazione.
Pertanto, **al di fuori delle ipotesi di inadempimento doloso**, il danno che non sia prevedibile da un **uomo di ordinaria diligenza** secondo un **giudizio *ex ante*** da compiere al momento in cui è sorta l'obbligazione, non può essere oggetto dell'obbligazione risarcitoria, anche se si sia effettivamente verificato quale conseguenza immediata e diretta dell'illecito.

4. La responsabilità per fatto degli ausiliari.

Il debitore, che nell'adempimento dell'obbligazione si vale dell'opera di terzi, risponde anche dei fatti dolosi o colposi di costoro (art. 1228 c.c.).
La *ratio* della norma risponde all'esigenza di allocare il rischio dei danni perpetrabili a terzi in capo al soggetto che si appropria dell'operato altrui.
Affinché possa operare il disposto dell'art. 1218 c.c. è essenziale che:

- l'autore del fatto possegga la qualifica di **ausiliario** del debitore;
- che tra questi due soggetti vi sia un rapporto **giuridico di preposizione** che giustifichi l'incarico dato dal debitore all'ausiliario;
- che vi sia una **connessione tra il fatto illecito e le incombenze dell'ausiliario**.
  In particolare, tra il fatto illecito e l'esplicazione dell'incarico conferito dal debitore deve sussistere un rapporto di **occasionalità necessaria,** che ricorre nell'ipotesi in cui l'incarico abbia creato una situazione tale da agevolare il verificarsi dell'evento dannoso, anche se l'incaricato abbia operato oltre il limite delle sue incombenze (a meno che il fatto non risulti del tutto estraneo alle stesse).

L'**ausiliario**, non essendo parte del rapporto obbligatorio, **non risponde a titolo di responsabilità contrattuale nei confronti del creditore** per il proprio fatto colposo o doloso, ma, se ne ricorrono i presupposti, può rispondere nei confronti dello stesso a titolo di **responsabilità extracontrattuale**.

5. Le clausole di esclusione e di limitazione della responsabilità.

L'art. 1229 c.c. sancisce la **nullità** delle **clausole che comportano una limitazione o un'esclusione della responsabilità** del debitore per **dolo** o **colpa grave**. Sono pertanto valide le clausole con cui viene limitata la responsabilità del debitore nelle ipotesi di **colpa lieve**.

Il fondamento di tale divieto va rinvenuto nel **principio generale di tutela minima dei diritti**, in base al quale se le parti pongono in essere un contratto, non possono preventivamente escludere la responsabilità del debitore per dolo e colpa grave in quanto al creditore deve essere in ogni caso assicurato un minimo ed inderogabile impegno diligente da parte del debitore.

Il secondo comma dell'art. 1229 c.c. sanziona con la **nullità** anche qualsiasi patto preventivo di esonero o limitazione della responsabilità per i casi in cui il fatto del debitore o dei suoi ausiliari costituisca violazione di obblighi derivanti da **norme di ordine pubblico**; in tal caso non sono configurabili neanche patti di esclusione della responsabilità per colpa lieve del debitore.

6. La clausola penale.

A) Nozione.

➢ La **clausola penale** (art. 1382 e ss. c.c.) è la clausola con cui le parti concordano una **preventiva e convenzionale liquidazione del danno,** prevedendo che in caso di inadempimento o di ritardo nell'adempimento il debitore sia tenuto a compiere una determinata prestazione, **a prescindere dalla prova del danno subito dal creditore**. Tale clausola ha l'effetto di **limitare il risarcimento** alla prestazione promessa a meno che le parti non abbiano convenuto la **risarcibilità del danno ulteriore**.

B) Il potere di riduzione del giudice della clausola penale.

La penale può essere **diminuita equamente dal giudice**:

- se l'obbligazione principale è stata **eseguita in parte;**
- se l'ammontare della penale è **manifestamente eccessivo**, avuto sempre riguardo all'interesse che il creditore aveva all'adempimento (art. 1384 c.c.).

7. La caparra confirmatoria.

A) Nozione.

➢ La **caparra confirmatoria** consiste in una somma di denaro, o in una quantità di cose fungibili, che una parte da all'altra a garanzia dell'esecuzione del contratto, con l'intesa che in caso di suo inadempimento, l'altra parte potrà **recedere dal contratto** e trattenere la somma o le cose ricevute (art. 1385 comma 2 c.c.).

Se invece risulta essere inadempiente la parte che ha ricevuto la caparra, l'altra potrà recedere dal contratto

e richiedere il doppio della caparra.
Resta salvo il diritto di richiedere il risarcimento del danno secondo le norme generali, se la parte adempiente preferisce domandare l'esecuzione o la risoluzione del contratto.

B) Caratteri della caparra confirmatoria.

La caparra confirmatoria ha:

- **carattere reale**, dato che si perfeziona con la consegna del denaro o delle altre cose fungibili;
- **natura composita** in quanto svolge una **pluralità di funzioni**: in ogni caso la caparra ha la **funzione di rafforzare il vincolo contrattuale** e di stimolare le parti all'adempimento. Inoltre, svolge una serie di **funzioni accessorie** che variano a seconda di quale sia la sorte del rapporto obbligatorio. In particolare:
  - se il contratto viene regolarmente adempiuto, la caparra costituisce una sorta di **anticipata esecuzione della prestazione dedotta nel contratto**;
  - se, invece, non viene regolarmente adempiuto la caparra ha una **funzione di autotutela** perché fornisce alla parte adempiente il diritto di recedere dal contratto trattenendo la caparra stessa. In tal caso la caparra svolge anche una funzione di **preventiva liquidazione del danno subito dalla parte recedente** a causa dell'inadempimento.
  - Infine, nell'ipotesi in cui la parte adempiente decida di richiedere l'esecuzione della prestazione o la risoluzione del contratto secondo le norme ordinarie, la caparra svolge una **funzione di garanzia di adempimento dell'obbligazione risarcitoria**.

C) Differenze con la clausola penale.

Le **principali differenze tra caparra confirmatoria e clausola penale** sono:

- la caparra può essere pattuita solo per l'inadempimento, mentre la penale può essere convenuta anche per il ritardo;
- la caparra è una pattuizione a carattere reale, mentre la clausola penale è fonte di una obbligazione;
- la clausola penale fissa un limite al danno risarcibile (a meno che non sia pattuita la risarcibilità del danno ulteriore). La caparra confirmatoria non preclude, invece, al contraente adempiente di domandare l'esecuzione o la risoluzione del contratto, oltre al risarcimento del danno, da provare e determinare secondo le regole generali.

8. La caparra penitenziale.

A) Nozione.

La **caparra penitenziale** è una somma versata al momento della conclusione del contratto, che costituisce il **corrispettivo di un diritto di recesso**, versato anticipatamente, pattuito per una o per entrambe le parti (art. 1386 c.c.).
Anche la caparra penitenziale, come la caparra confirmatoria, ha **natura reale**.

B) Differenze con la multa penitenziale.

Dalla caparra penitenziale va tenuta distinta la **multa penitenziale**: anche quest'ultima costituisce un corrispettivo del diritto di recesso ma, a differenza di quanto avviene nella prima, tale corrispettivo è versato solo al momento in cui la parte decide di recedere dal contratto.

Dizionario di termini tecnici

➢ **Risarcimento del danno**

La **nozione di risarcimento** designa la **reintegrazione** di un pregiudizio subito dal danneggiato quale **conseguenza di un comportamento antigiuridico** di un altro soggetto, *sub specie* di inadempimento (responsabilità contrattuale) o di fatto illecito (responsabilità aquiliana).

➢ **Chance**

La chance esprime il concetto di "buona probabilità di riuscita" ed è stata considerata, ai fini della sua risarcibilità, sia come danno emergente che come lucro cessante.

➢ **Mora del debitore**

La mora del debitore ricorre nell'ipotesi in cui vi sia un **ritardo ingiustificato nell'adempimento dell'obbligazione imputabile al debitore**.

Tale ritardo potrà poi sfociare in un **adempimento tardivo** o in un **inadempimento assoluto** a seconda che il creditore abbia interesse a ricevere la prestazione in ritardo o la stessa divenga successivamente impossibile, anche per causa non imputabile al debitore.

➢ **Causalità giuridica**

La **causalità giuridica** riguarda il rapporto tra l'evento lesivo e le conseguenze pregiudizievoli che ne sono derivate.

➢ **Responsabilità per fatto degli ausiliari**

Il debitore, che nell'adempimento dell'obbligazione si vale dell'opera di terzi, risponde anche dei fatti dolosi o colposi di costoro (art. 1228 c.c.).

➢ **Clausola penale**

La **clausola penale** (art. 1382 e ss. c.c.) è la clausola con cui le parti concordano una **preventiva e convenzionale liquidazione del danno,** prevedendo che in caso di inadempimento o di ritardo nell'adempimento il debitore sia tenuto a compiere una determinata prestazione, **a prescindere dalla prova del danno subito dal creditore**. Tale clausola ha l'effetto di **limitare il risarcimento** alla prestazione promessa a meno che le parti non abbiano convenuto la **risarcibilità del danno ulteriore**.

➢ **Caparra confirmatoria**

La **caparra confirmatoria** consiste in una somma di denaro, o in una quantità di cose fungibili, che una parte da all'altra a garanzia dell'esecuzione del contratto, con l'intesa che in caso di suo inadempimento, l'altra parte potrà **recedere dal contratto** e trattenere la somma o le cose ricevute (art. 1385 comma 2 c.c.).

➢ **Caparra penitenziale**

La **caparra penitenziale** è una somma versata al momento della conclusione del contratto, che costituisce il **corrispettivo di un diritto di recesso**, versato anticipatamente, pattuito per una o per entrambe le parti (art. 1386 c.c.).

XIII ▶ LA RESPONSABILITÀ PATRIMONIALE

1. La responsabilità patrimoniale e la garanzia patrimoniale generica.

Il debitore, ex art. 2740 c.c., risponde dell'adempimento delle obbligazioni con tutti i suoi beni presenti e futuri (c.d. **responsabilità patrimoniale del debitore**).
Difatti i creditori hanno la possibilità di espropriare i beni del debitore per conseguire quanto gli è dovuto (art. 2910 c.c.).
Il patrimonio del debitore, pertanto, costituisce una garanzia generica per il creditore di veder soddisfatte le sue pretese (c.d. **garanzia patrimoniale generica**). Nell'ipotesi in cui vi siano più creditori, tutti hanno uguale diritto di soddisfarsi sul ricavato della vendita dei beni del debitore (c.d. *par condicio creditorum*).
Tuttavia, alcuni creditori, in alcune ipotesi, hanno diritto di soddisfarsi con preferenza rispetto agli altri: in tal senso si parla di "**cause legittime di prelazione**".
Tali cause legittime di prelazione, ai sensi dell'art. 2740 comma 2 c.c. sono il privilegio, il pegno e l'ipoteca.
Solo i **diritti reali di garanzia** costituiscono cause legittime di prelazione (c.d. **garanzie proprie**), poiché costituendo un vincolo sulla *res* oggetto di garanzia conferiscono al creditore titolare del relativo diritto la preferenza, in sede di esecuzione forzata, nel soddisfarsi sul valore di quella *res*.
Le cause legittime di prelazione, assolvendo alla funzione di garanzia mediante l'imposizione di un diritto reale, sono necessariamente "tipiche" in ossequio al principio del numero chiuso dei diritti reali.

2. Il divieto di patto commissorio.

A) Nozione.

➢ Il patto commissorio è l'accordo con cui debitore e creditore convengono che, in caso di inadempimento del primo, **la proprietà del bene costituito in garanzia si trasferisca al secondo**.

Tale patto è vietato nel nostro ordinamento dall'art. 2744 c.c. che si riferisce al **patto commissorio c.d. accessorio**, cioè al patto che accede ad una garanzia reale tipica (pegno od ipoteca) gravante su di un determinato bene.
Secondo l'impostazione dominante la *ratio* di tale divieto non è unica ma composita (c.d. **tesi eclettica**): in particolare il divieto, secondo tale impostazione, risponde sia all'esigenza di

- **tutelare la parte debole** del rapporto obbligatorio;
- tutelare **la *par condicio credito rum***;
- rispettare il **divieto di autotutela privata** vigente nel nostro ordinamento;
- rispettare il **divieto di costituire garanzie reali atipiche**.

B) Il patto commissorio autonomo: le vendite a scopo di garanzia

Considerate le molteplici ragioni poste alla base del divieto, quest'ultimo non deve essere considerato di carattere eccezionale ma costituisce un vero e proprio **principio generale dell'ordinamento**, volto a sanzionare l'illiceità di un determinato risultato.
Il divieto di patto commissorio, pertanto, è idoneo ad invalidare anche le **vendite a scopo di garanzia**, in cui il trasferimento di un diritto è effettuato a garanzia di un credito:

- subordinando il trasferimento stesso all'inadempimento dell'obbligazione da parte del debitore (**vendita sospensivamente condizionata**);
- assicurando al creditore l'acquisto definitivo del bene nel caso in cui l'obbligazione rimanga inadempiuta (**vendita risolutivamente condizionata**).

Dizionario di termini tecnici

- **Responsabilità patrimoniale del debitore**

  Il debitore, ex art. 2740 c.c., risponde dell'adempimento delle obbligazioni con tutti i suoi beni presenti e futuri (c.d. **responsabilità patrimoniale del debitore**).

- **Patto commissorio**

  Il patto commissorio è l'accordo con cui debitore e creditore convengono che, in caso di inadempimento del primo, **la proprietà del bene costituito in garanzia si trasferisca al secondo**.

XIV ▶ LE GARANZIE REALI

1. Le garanzie reali.

A) Caratteri comuni alle garanzie reali.

Le caratteristiche comuni alle garanzie reali (pegno, ipoteca e privilegio, ad eccezione dei privilegi generali) sono:

- la **realità**; essa conferisce alla garanzia il carattere della **inerenza** alla *res* che ne forma oggetto e determina la sua **opponibilità** *erga omnes*;
- il **diritto di sequela**; attribuisce al creditore il potere di esercitare la garanzia anche se la proprietà del bene sia stata trasmessa ad altri. In altri termini, il creditore può espropriare il bene e soddisfarsi sul prezzo ricavato dalla vendita anche nel caso in cui il bene oggetto di garanzia sia stato ceduto a terzi.
  I diritti reali di garanzia **limitano**, di fatto, **il potere di disposizione** del bene, dal momento che l'eventuale acquirente deve tener conto del vincolo che insiste sulla *res*;
- la **specialità**; la garanzia reale ha sempre ad oggetto un bene specifico.

B) Differenze tra pegno, ipoteca e privilegi.

Ciò posto, è possibile tracciare le **differenze tra pegno e ipoteca**, da un lato, e **privilegi**, dall'altro.

- Mentre **pegno ed ipoteca** originano dalla volontà delle parti, richiedendo un **titolo costitutivo**; invece, i privilegi sono stabiliti esclusivamente dalla **legge** in ragione della **causa** del credito.
- Il privilegio si costituisce **automaticamente** su un bene del debitore al momento del sorgere del credito e l'**ordine di preferenza** accordato ai creditori privilegiati dipende dalla legge e non dall'anteriorità del credito.
  Il **pegno**, invece, si costituisce solo con lo **spossessamento** del bene e l'**ipoteca** con la formalità dell'**iscrizione**.

C) Caratteri comuni a pegno ed ipoteca.

Con riferimento ai **tratti comuni tra pegno ed ipoteca**, entrambi danno luogo a **rapporti accessori** che presuppongono l'esistenza dell'obbligazione garantita (difatti si estinguono al venir meno dell'obbligazione principale) ed entrambi possono avere ad oggetto il **bene di un terzo estraneo** alla obbligazione principale. Inoltre, sia il pegno che l'ipoteca sono **indivisibili** in quanto si estendono sull'intero bene che ne costituisce oggetto, a garanzia dell'intero credito.

D) Differenze tra pegno ed ipoteca.

Le **principali differenze** tra pegno ed ipoteca riguardano:

- l'**oggetto** della garanzia, in quanto il **pegno** può avere ad oggetto beni mobili non registrati, universalità di mobili e crediti (art. 2784, comma 2, c.c.) mentre **l'ipoteca** può essere costituita su beni immobili, taluni diritti reali immobiliari (usufrutto, superficie, enfiteusi), beni mobili registrati e rendite dello Stato (art. 2810 c.c.);
- la **modalità di costituzione**, in quanto il pegno si costituisce tramite lo spossessamento, mentre l'ipoteca si costituisce tramite l'iscrizione nei pubblici registri immobiliari (c.d. pubblicità costitutiva).

2. I privilegi.

A) Nozione

- Il privilegio è la preferenza accordata al creditore dalla legge in considerazione della particolare **natura** o **causa** del credito.

Il credito **già al momento della sua nascita** è privilegiato, in considerazione della sua particolare causa e ha natura **necessariamente accessoria** rispetto al credito principale.
Ne discende che l'estinzione del credito opera come causa estintiva del privilegio.

B) Fonti del privilegio.

La **fonte** del privilegio è, quindi, la **legge** e non l'autonomia privata, anche se l'art. 2745 c.c. prevede che la costituzione del privilegio può essere **subordinata alla convenzione delle parti o a particolari forme di pubblicità**.

C) Tipologie di privilegi.

Nell'ambito dei privilegi è possibile distinguere tra:

1) **privilegio generale**: il privilegio generale è quello che si esercita su tutti i beni mobili del debitore.
Non si tratta di un vero e proprio diritto reale di garanzia **in quanto non attribuisce il diritto di sequela**: difatti tale privilegio può essere esercitato solo se i beni mobili facciano parte del patrimonio del debitore (art. 2747 comma 1 c.c.).
Inoltre, l'art. 2747 c.c. stabilisce che il privilegio generale non può esercitarsi in pregiudizio dei diritti spettanti ai terzi sui beni mobili che ne formano oggetto, salvo quanto è disposto dagli artt. 2913 ss. c.c.;
2) **privilegio speciale:** il privilegio speciale si esercita su beni mobili ed immobili determinati.
Tale privilegio costituisce un **vero e proprio diritto reale di garanzia.** Infatti, il privilegio speciale sui beni mobili può esercitarsi anche in pregiudizio dei diritti acquistati dai terzi (c.d. **diritto di sequela**) posteriormente al sorgere del privilegio stesso (art. 2747 comma 2 c.c.).
In alcuni casi, l'esistenza del privilegio è fatta dipendere dalla condizione che la cosa si trovi in un determinato luogo (es. art. 2757 comma 2) o in possesso del creditore (es. art. 2756 c.c.).

D) Rapporti tra privilegi.

Nell'ipotesi in cui sussistano più crediti privilegiati gli artt. 2777 e ss. c.c. prevedono un **ordine di preferenza** basato sulla natura o sulla causa del credito, a prescindere da quale tra i vari crediti privilegiati sia sorto prima.

E) Rapporti con il pegno e l'ipoteca.

Sullo stesso bene possono coesistere privilegi speciali e altri diritti reali di garanzia: l'art. 2748 c.c. in linea generale, prevede che, salvo diversa disposizione di legge:

- il **pegno** è preferito al privilegio speciale sui beni mobili;
- il privilegio speciale sugli immobili è preferito all'**ipoteca**.

3. L'ipoteca.

A) Nozione.

L'ipoteca è un diritto reale di garanzia su beni immobili e mobili registrati che attribuisce al creditore **il diritto di espropriare**, anche in confronto del terzo acquirente, **i beni vincolati** a garanzia del suo credito e di **essere soddisfatto con preferenza sul prezzo ricavato** dall'espropriazione (art. 2808 c.c.).

B) Beni che possono formare oggetto di ipoteca.

L'**art. 2810 c.c.** elenca **i beni che possono formare oggetto di ipoteca**:

1) beni immobili che sono in commercio con le loro pertinenze;
2) l'usufrutto dei beni stessi;
3) il diritto di superficie;
4) il diritto dell'enfiteuta e quello del concedente sul fondo enfiteutico;
5) le rendite dello Stato nel modo determinato dalle leggi relative al debito pubblico;

6) le navi, gli aeromobili e gli autoveicoli. Sono altresì considerati ipoteche privilegi iscritti sugli autoveicoli a norma della legge speciale.

C) Modalità di costituzione dell'ipoteca.

L'ipoteca si costituisce attraverso l'**iscrizione nei registri immobiliari**: si tratta di una **pubblicità costitutiva**, in quanto l'ipoteca si costituisce solo dopo che l'iscrizione sia stata effettivamente eseguita.
In particolare, l'ipoteca deve essere iscritta su **beni specificatamente indicati** e per una **somma determinata di denaro**.
Essa è **indivisibile** e sussiste sull'intero bene che ne costituisce oggetto.

D) Le tipologie di ipoteca.

L'ipoteca può essere **legale**, **giudiziale** o **volontaria** (art. 2808, comma 3, c.c. e artt. 2817, 2818, 2821 ss. c.c.), fermo restando che in ogni caso la garanzia si costituisce con l'iscrizione nei registri immobiliari.

E) Gli effetti della pubblicità ipotecaria.

L'**iscrizione dell'ipoteca**, che come abbiamo visto ha efficacia costitutiva, deve farsi nell'ufficio dei registri immobiliari del luogo in cui è sito l'immobile oggetto della garanzia e **conserva effetto per venti anni**.
Dalla natura costitutiva dell'iscrizione deriva che l'**ordine di preferenza** tra le varie ipoteche iscritte su di un medesimo bene è dato dalla **priorità dell'iscrizione** e non dalla priorità del titolo.

F) L'estinzione e la rinnovazione dell'ipoteca.

L'ipoteca **si estingue** decorso il termine di venti anni dall'iscrizione; per evitare tale estinzione, prima di tale scadenza è possibile procedere alla **rinnovazione** della garanzia reale. In caso di rinnovazione l'ipoteca mantiene il suo grado originario.
Altri casi di estinzione sono:

- l'estinzione dell'obbligazione garantita;
- il perimento del bene (fatta salva la surrogazione dell'indennità dovuta dall'assicuratore);
- la rinuncia fatta per iscritto;
- lo spirare del termine finale;
- l'avveramento della condizione risolutiva;
- il provvedimento che trasferisce il diritto espropriato ordinando la cancellazione della garanzia;
- la prescrizione ventennale, ma solo in favore dei terzi acquirenti.

L'estinzione dell'ipoteca avviene con la **cancellazione** effettuata mediante apposita iscrizione nei registri immobiliari, a seguito dell'accordo tra le parti o per ordine del giudice.

G) L'ipoteca e il terzo acquirente del bene.

Abbiamo visto come per effetto dell'ipoteca il creditore possa espropriare il bene vincolato anche nei confronti dell'eventuale **terzo acquirente**.
Quest'ultimo, se ha trascritto il suo titolo e non è personalmente obbligato, ha tre alternative (artt. 2858 e ss. c.c.):

1) **rilasciare i beni** stessi;
2) **liberarli dalle ipoteche**;
3) **pagare personalmente i creditori iscritti**.

In mancanza l'espropriazione si svolge contro il terzo acquirente, secondo le regole ordinarie della procedura esecutiva.

4. Il pegno.

A) Nozione.

➢ Il pegno è il diritto reale di garanzia concesso dal **debitore** (o da un terzo) su una **cosa mobile**, che consente al creditore di soddisfarsi sul ricavato della vendita del bene con preferenza rispetto agli altri creditori.

B) Oggetto del pegno.

Il pegno può avere ad **oggetto**:
- beni mobili;
- universalità di mobili;
- crediti;
- altri diritti aventi ad oggetto beni mobili.

C) Modalità di costituzione del pegno.

Il pegno si perfeziona solo con lo **spossessamento** del debitore, e cioè con la **consegna del bene o del documento** che conferisce l'esclusiva disponibilità della cosa (art. 2786 c.c.).
La consegna può avvenire **anche a favore di un terzo designato da entrambe le parti**, in modo che il costituente non possa disporne senza la cooperazione del garantito.
Lo spossessamento, oltre a costituire atto costitutivo del pegno, svolge la **funzione di pubblicizzare il vincolo creato sulla cosa oggetto di pegno**: il distacco tra il proprietario e il bene su cui è costituito il pegno deve mantenersi per tutta la durata del rapporto garantito al fine di rendere manifesta ai terzi la condizione giuridica del bene impegnato. Ciò trova conferma nell'art. 2787 comma 2 c.c. che esclude la possibilità di far valere la prelazione se la cosa data in pegno non è rimasta in possesso del creditore o presso il terzo designato dalle parti.
Ulteriore effetto legato allo spossessamento è il sorgere del **diritto di ritenzione** previsto dall'art. 2794 comma 2 c.c. in base al "*se il pegno è stato costituito dal debitore e questi ha verso lo stesso creditore un altro debito sorto dopo la costituzione del pegno e scaduto prima che sia pagato il debito anteriore, il creditore ha soltanto il diritto di ritenzione a garanzia del nuovo credito*".
Il pegno costituisce, pertanto, un **contratto reale** tra creditore e debitore in quanto solo con la consegna del bene o del documento il pegno è validamente costituito; nell'ipotesi in cui il credito garantito ecceda la somma di euro 2,58 il contratto deve avere **forma scritta *ad substantiam*, data certa** e una **sufficiente indicazione del credito** (art. 2787 comma 3 c.c.).
Tali formalità sono necessarie per rendere la garanzia pignoratizia opponibile agli altri creditori del datore di pegno.

● **Il Pegno senza spossessamento**

Una innovativa tipologia di pegno è stata prevista dall'art. 1 del d.l. 3 maggio 2016, n. 59 (convertito in legge, con modificazioni, dall'art. 1, comma 1, della l. 30 giugno 2016, n. 119). Tale tipologia di pegno può essere costituita solo dagli imprenditori iscritti nel registro delle imprese a garanzia per crediti inerenti all'esercizio dell'impresa. In tal caso, infatti, il pegno può essere costituito dall'imprenditore senza consegna del bene, che resta quindi nella disponibilità del debitore.
È, tuttavia, prevista una particolare forma di pubblicità a tutela dei terzi consistente nell'scrizione nell'apposito registro istituito presso l'Agenzia delle entrate (registro dei pegni non possessori).

D) Effetti del pegno.

Per effetto dello spossessamento il **creditore:**
- **acquista il possesso della cosa**: può, quindi, esercitare le **azioni possessorie** e anche l'**azione di rivendicazione** se questa spettava al costituente (art. 2789 c.c.);
- è obbligato a **custodire** la cosa (art. 2790 c.c.), essendo responsabile per la sua perdita o per il suo deterioramento, e **non può usarla senza il consenso del debitore**, né darla in pegno o concederla ad altri in godimento;
- ha diritto al **rimborso per le spese sostenute** e, nell'ipotesi in cui la cosa sia fruttifera, può fare suoi i **frutti**, imputandoli prima alle spese e agli interessi e poi al capitale, a meno che le parti non abbiano stabilito diversamente.

E) Accessorietà del pegno.

Il pegno costituisce un **diritto reale di garanzia accessorio** rispetto al rapporto garantito; e, quindi:
- si **estingue** se si estingue l'obbligazione garantita;

- è **nullo** se il credito garantito è già estinto al momento della costituzione della garanzia, ovvero se venga annullato o dichiarato nullo il titolo da cui origina la pretesa creditoria.

Nonostante tale accessorietà, dottrina e giurisprudenza maggioritarie ritengono in linea generale valido **il pegno costituito a garanzia di crediti futuri**, purché si tratti di crediti sotto condizione o termine di efficacia ovvero che possano eventualmente nascere in dipendenza di un rapporto già esistente all'atto della costituzione della garanzia, che consenta di renderli *ex ante* determinabili.

F) Tipologie particolari di pegno.

1) **Pegno di crediti.**
Il pegno può avere ad **oggetto** anche **crediti** del debitore o di un terzo (art. 2800 c.c.). In tal caso non si ha un trasferimento della titolarità del credito ma il creditore pignoratizio ha un diritto di prelazione sul ricavato del credito pignorato.
Il contratto con cui viene costituito il pegno sul credito deve avere **forma scritta** e, ai fini dell'**opponibilità**, deve essere **accettato** con scrittura avente data certa dal debitore del credito pignorato, o a questo **notificato**.

2) **Pegno su cosa futura.**
Il pegno su cosa futura è il pegno costituito su una cosa non ancora venuta ad esistenza: secondo l'impostazione prevalente si tratta di una **fattispecie a formazione progressiva** in quanto dal contratto nascono soltanto **effetti obbligatori** e lo stesso si **perfeziona** solo con la venuta ad esistenza della cosa e con la sua consegna al creditore.

3) **Pegno irregolare.**
Il pegno irregolare è il pegno avente ad oggetto denaro o altra cosa fungibile. In tal caso il creditore, per effetto del contratto, **acquista la proprietà del bene dato in pegno**, con l'obbligo di trasferire al debitore il c.d. ***tantundem***, cioè una uguale quantità di cose dello stesso genere, se e quando interverrà l'adempimento dell'obbligazione garantita.

4) **Pegno rotativo.**
Il pegno rotativo è il pegno a cui accede il c.d. **patto di rotatività** con cui si prevede la possibilità di modificarne l'oggetto e cioè di sostituire i beni originariamente dati in garanzia. In tal caso il bene oggetto di pegno non è considerato nella sua individualità ma esclusivamente nel suo **valore economico**. Difatti la sostituzione **non ha effetto novativo** del rapporto iniziale, a condizione che vi sia la consegna di un nuovo bene che abbia un valore economico non superiore a quello sostituito.
La figura del pegno rotativo, a livello normativo, è prevista in materia di strumenti finanziari dematerializzati (art. 34, comma 2, del d.lgs. n. 213/98) e di garanzie finanziarie (5, comma 3, del d.lgs. n. 170/2004).

5) **Pegno omnibus.**
Il pegno *omnibus* si configura nell'ipotesi in cui la cosa data in pegno garantisce l'adempimento di tutti i **crediti futuri ed eventuali** che potranno sorgere tra le parti.
La **clausola *omnibus***, spesso inserita nei rapporti contrattuali tra banca e cliente, pone un problema di determinazione del credito garantito, in quanto, come abbiamo visto, l'art. 2787 comma 3 ritiene necessaria, ai fini della prelazione, una sufficiente indicazione del credito. Per evitare che la clausola sia colpita da nullità è necessario che i crediti futuri siano quantomeno individuabili *per relationem*, mediante una precisa indicazione del rapporto da cui potranno sorgere.

Dizionario di termini tecnici

- **Privilegio**
  Il privilegio è la preferenza accordata al creditore dalla legge in considerazione della particolare **natura** o **causa** del credito.
- **Ipoteca**
  L'ipoteca è un diritto reale di garanzia su beni immobili e mobili registrati che attribuisce al creditore **il diritto di espropriare**, anche in confronto del terzo acquirente, **i beni vincolati** a garanzia del suo credito e di **essere soddisfatto con preferenza sul prezzo ricavato** dall'espropriazione (art. 2808 c.c.).
- **Pegno**
  Il pegno è il diritto reale di garanzia concesso dal **debitore** (o da un terzo) su una **cosa mobile**, che consente al creditore di soddisfarsi sul ricavato della vendita del bene con preferenza rispetto agli altri creditori.

XV ▶ LE GARANZIE PERSONALI

1. Le garanzie personali.

Le garanzie personali, a differenza di quelle reali che vincolano determinati beni al soddisfacimento delle ragioni del credito, **affiancano al debitore originario un altro soggetto che garantisce l'adempimento dell'obbligazione con tutti i suoi beni, presenti e futuri.**
Il creditore, quindi, ai fini del soddisfacimento del suo credito avrà a disposizione oltre al patrimonio del debitore quello del terzo garante.

2. La fideiussione.

A) Nozione.

Tra le garanzie personali la **fideiussione** svolge senz'altro un ruolo centrale.
Il codice civile non da una definizione di fideiussione ma si limita a definire la figura del **fideiussore** individuandola nel soggetto che, obbligandosi personalmente verso il creditore, garantisce l'adempimento di una obbligazione altrui.

B) Modalità di costituzione della fideiussione.

La fideiussione, normalmente, è costituita mediante **contratto**, a titolo oneroso o gratuito, intercorrente tra fideiussore e creditore garantito (in tal caso, la fideiussione è efficace anche se il creditore non ne è a conoscenza) ma può essere costituita anche:

- mediante accordo tra debitore e fideiussore, assumendo in tal caso la struttura del **contratto a favore di terzo**;
- mediante **atto unilaterale** del fideiussore.

In ogni caso la **volontà** di prestare la fideiussione deve essere **espressa**.

C) Il rapporto di accessorietà.

La caratteristica principale della fideiussione va rinvenuta nel rapporto di **accessorietà** che la lega all'obbligazione garantita.
Tale accessorietà emerge da una serie di disposizioni del codice civile tra cui:

a) l'art. 1939 c.c. secondo il quale la **fideiussione non è valida se non è valida l'obbligazione principale**, salvo che sia prestata per una obbligazione assunta da un incapace;
b) l'art. 1941 c.c. secondo il quale la **fideiussione non può eccedere** ciò che è dovuto dal debitore, né può essere prestata **a condizioni più onerose** (potendosi però prestare una fideiussione soltanto per una parte del debito o a condizioni meno onerose);
c) l'art. 1945 c.c. in base al quale il fideiussore può opporre contro il creditore tutte le **eccezioni** che spettano al debitore principale, salvo quella derivante da incapacità.

D) La responsabilità del fideiussore.

Il fideiussore è **obbligato in solido** con il debitore principale: il creditore può richiedere l'adempimento della prestazione indifferentemente all'uno o all'altro, a meno che le parti non abbiano concordato il **beneficio dell'escussione**, in base al quale il creditore può rivolgersi al fideiussore solo previa escussione del debitore principale.
Se è stato concordato tale beneficio, il fideiussore che intende avvalersene ha l'onere di indicare i beni del debitore da sottoporre ad esecuzione.

E) Diritto di surrogazione del fideiussore e azione di regresso.

Nell'ipotesi in cui il fideiussore abbia adempiuto al posto del debitore principale è **surrogato** (art. 1949

c.c.) nei diritti che il creditore aveva nei confronti del debitore e può esercitare l'**azione di regresso** nei confronti di quest'ultimo (art. 1950 c.c.).
Il fideiussore **perde il diritto di agire in regresso** contro il debitore principale (art. 1952 c.c.) nell'ipotesi in cui abbia omesso di denunciare il pagamento effettuato al debitore e quest'ultimo abbia pagato a sua volta il debito.
Inoltre, il debitore se non ha ricevuto l'avviso del pagamento effettuato dal fideiussore, può opporre a quest'ultimo tutte le eccezioni che avrebbe potuto opporre al creditore principale.
In entrambi i casi il fideiussore, che non ha potuto recuperare dal debitore la prestazione effettuata, può agire in **ripetizione contro il creditore**.

F) Il rilievo del fideiussore.

Il fideiussore, in alcune ipotesi espressamente previste dal codice civile (art. 1953 c.c.), ha facoltà di richiedere al debitore, anche prima di aver pagato, di essere liberato o di ricevere le garanzie necessarie per assicurarsi le eventuali ragioni di regresso. Si tratta di ipotesi in cui emerge l'alta probabilità che il debitore non potrà soddisfare il fideiussore nell'ipotesi in cui questo sia chiamato ad eseguire la prestazione nei confronti del creditore (c.d. **rilievo del fideiussore**).

G) Tipi particolari di fideiussione.

1) **Pluralità di fideiussori.**
   Uno stesso debito può essere garantito da **più fideiussori** (art. 1946 c.c.): in tal caso ciascun fideiussore è obbligato per l'intero debito, salvo che sia pattuito il beneficio della divisione. In quest'ultimo caso ogni fideiussore può richiedere che il creditore riduca la sua pretesa alla parte da lui dovuta.
2) **Fideiussione per il fideiussore.**
   È anche possibile che la **fideiussione sia prestata per il fideiussore** (art. 1940 c.c.): in tal caso il fideiussore del fideiussore non è obbligato verso il creditore se non nel caso in cui il debitore principale e tutti i fideiussori siano insolventi, o liberati in quanto incapaci.
3) **Fideiussione per una obbligazione condizionata o futura.**
   La fideiussione può essere prestata anche per una **obbligazione condizionata** o per una **obbligazione futura**. In quest'ultimo caso, si pone un problema di determinatezza dell'oggetto della fideiussione ex art. 1346 c.c., in quanto l'oggetto della garanzia è indeterminato all'atto di costituzione della fideiussione. Per evitare che il negozio di garanzia sia dichiarato invalido per indeterminatezza dell'oggetto, è necessario che quest'ultimo possa essere individuato *per relationem* attraverso il riferimento ad un ben individuato rapporto da cui potranno sorgere le obbligazioni da garantire con la fideiussione.
   In ogni caso, a seguito della modifica apportata dall'art. 10 della legge n. 154 del 1992 all'art. 1938 c.c., per la validità della fideiussione prestata per una obbligazione futura è necessaria la **previsione dell'importo massimo garantito**, al fine di predeterminare, e quindi limitare, l'esposizione del debitore nei confronti del fideiussore garantito.
   Inoltre, per la fideiussione di una obbligazione futura il codice civile prevede una **particolare causa di estinzione**, stabilendo che il fideiussore è liberato se il creditore, senza autorizzazione del primo, ha fatto credito al debitore garantito, pur nella consapevolezza che le condizioni patrimoniali di questo erano divenute tali da rendere notevolmente più difficile il soddisfacimento del credito.
   A tale disposizione la legge n. 154 succitata ha attribuito il carattere dell'**imperatività**, prevedendo che la possibilità per il fideiussore di liberarsi non può essere oggetto di rinuncia.
4) **Fideiussione omnibus.**
   La fideiussione *omnibus* è la fideiussione, diffusa nella prassi bancaria, prestata per garantire tutte le obbligazioni già sorte o che sorgeranno tra creditore e debitore, senza la previsione di alcun limite di durata né di quantità; la validità di tale particolare forma di fideiussione è stata per lungo tempo messa in discussione dalla dottrina, che riteneva la fideiussione *omnibus* invalida per **indeterminatezza dell'oggetto**, dato che al momento del sorgere del vincolo

fideiussorio non è possibile stabilire con certezza l'entità dell'importo garantito dal fideiussore. In seguito all'intervento di modifica all'art. 1938 c.c., operato dall'art. 10 della legge n. 154 del 1992, non si pone più tale problema di indeterminatezza dell'oggetto in quanto al momento del sorgere del vincolo fideiussorio deve obbligatoriamente essere precisato **l'importo massimo garantito** dal fideiussore.
Inoltre, con il medesimo intervento normativo è stato altresì modificato **l'art. 1956 c.c.** precludendo al fideiussore di rinunciare preventivamente alla possibilità di liberarsi dalla garanzia nell'ipotesi in cui il creditore, senza autorizzazione del fideiussore, abbia fatto credito al debitore garantito nella consapevolezza che le sue condizioni patrimoniale siano divenute tali da rendere notevolmente più difficile il soddisfacimento del credito.
L'istituto bancario, di conseguenza, non potrà più avvalersi della clausola (in precedenza largamente utilizzata nella prassi bancaria) che lo esonerava dal chiedere la preventiva autorizzazione al fideiussore per la concessione di nuove linee di credito al debitore garantito.

H) Estinzione della fideiussione.

La fideiussione si **estingue** quando si estingue l'obbligazione del debitore principale e negli altri casi previsti dalla legge.
In particolare, la fideiussione si estingue quando, per fatto del creditore, **non può verificarsi la surrogazione del fideiussore** nei diritti, nel pegno, nelle ipoteche e nei privilegi del creditore. In tal caso, difatti, il garante non potrebbe esercitare l'azione di regresso nei confronti del debitore, e quindi non potrebbe recuperare le somme pagate per l'adempimento dell'obbligazione fideiussoria (art. 1955 c.c.)
In ogni caso, il **fideiussore rimane obbligato anche dopo la scadenza dell'obbligazione principale**, purché il creditore, entro sei mesi, abbia proposto le sue istanze contro il debitore e le abbia con diligenza continuate. Il termine è di **due mesi** se il fideiussore ha limitato la sua garanzia alla scadenza del termine dell'obbligazione principale. In caso contrario si verifica la decadenza dei diritti del creditore verso il fideiussore, a meno che le parti non abbiano stabilito diversamente.

3. Il contratto autonomo di garanzia.

A) Nozione e differenze con la fideiussione.

- Il contratto autonomo di garanzia è una particolare figura di garanzia personale, emersa in ambito commerciale e finanziario, in cui un soggetto (normalmente una banca o una compagnia di assicurazioni), si impegna a pagare una determinata somma al creditore **a prima richiesta**, allo scopo di garantire l'adempimento dell'obbligazione del debitore principale verso il creditore.

La peculiarità del contratto autonomo di garanzia va rinvenuta nell'impossibilità per il garante di opporre al creditore garantito **le eccezioni relative al rapporto intercorrente tra quest'ultimo ed il debitore principale**, in quanto il garante deve adempiere alla sua obbligazione di garanzia immediatamente, a fronte della sola richiesta del creditore.
Il contratto autonomo di garanzia, pertanto, **è privo del carattere dell'accessorietà** che caratterizza la fideiussione, in quanto vi **è totale autonomia tra l'obbligazione garantita e l'obbligazione del garante**.

B) Funzione svolta dal contratto autonomo di garanzia.

Secondo l'impostazione prevalente, la funzione svolta dal contratto autonomo di garanzia è una vera e propria **funzione indennitaria**, in quanto il garante si impegna a tenere indenne il creditore dalle conseguenze dell'inadempimento della prestazione gravante sul debitore principale (che può avere ad oggetto anche un *facere* infungibile).
La **causa** del contratto autonomo di garanzia viene pertanto individuata nella volontà di **trasferire da un soggetto all'altro il rischio economico** connesso alla mancata esecuzione di una prestazione contrattuale.

C) Eccezioni opponibili dal garante.

Il garante, a fronte della richiesta di pagamento formulata dal creditore garantito, potrà opporgli solo le

eccezioni relative al rapporto di garanzia e le eccezioni relative ai suoi rapporti personali con il creditore ma non quelle relative al rapporto principale.
La giurisprudenza, facendo leva sul principio di buona fede oggettiva, ha comunque individuato delle ipotesi in cui il garante ha la possibilità di non adempiere alla richiesta del garantito facendo valere eccezioni relative al rapporto principale: ciò avviene quando la pretesa del creditore sia fondata su un **titolo illecito** o **appaia *prima facie* dolosa, abusiva o fraudolenta**. In tali casi il garante può paralizzare la richiesta del creditore con una apposita eccezione (c.d. ***exceptio doli***).

D) Azione di rivalsa del garante.

Il garante, che ha adempiuto nei confronti del creditore, ha **azione di rivalsa** nei confronti del debitore garantito ma perde tale diritto nell'ipotesi in cui abbia adempiuto in presenza delle condizioni che lo legittimavano a rifiutare la richiesta di pagamento attraverso *l'exceptio doli*.
In ogni caso, il **debitore**, a seguito dell'azione di rivalsa esercitata dal garante, **potrà a sua volta rivalersi nei confronti del creditore** nell'ipotesi in cui il pagamento non fosse dovuto.

4. Il mandato di credito.

- Il mandato di credito (art. 1958 c.c.) è il contratto con cui una delle parti, su incarico dell'altra, si obbliga a fare credito ad un terzo: in tal caso la persona che ha conferito l'incarico **risponde come fideiussore di un debito futuro**.

Il soggetto che ha accettato l'incarico non può rinunciarci ma non può essere costretto ad eseguirlo nell'ipotesi in cui le condizioni patrimoniali del soggetto che ha conferito l'incarico o del terzo siano peggiorate al punto da rendere maggiormente difficoltoso il soddisfacimento del credito.

5. Le lettere di patronage.

A) Nozione.

- Le lettere di *patronage*, di cui è molto discussa la **natura giuridica**, sono degli strumenti negoziali atipici, con cui un soggetto (di solito la società capo gruppo di una holding) fornisce delle informazioni ad un istituto di credito al fine di indurlo a fare credito ad un altro soggetto (di solito una delle società del gruppo).

B) Tipologie.

Nell'ambito delle lettere di *patronage* è possibile distinguere tra lettere deboli e lettere forti:

1. **le lettere deboli** si hanno nell'ipotesi in cui il soggetto si limita a fornire delle informazioni all'istituto, relative allo status del soggetto da finanziare o relative ai rapporti intercorrenti con quest'ultimo (ad esempio la capo gruppo comunica alla banca di avere una partecipazione nella società da finanziare)
   In caso di lettere deboli, il dichiarante, se fornisce informazioni non veritiere che abbiano influito sulla scelta di erogare il finanziamento, è responsabile nei confronti del soggetto erogante a titolo di **responsabilità precontrattuale**;
2. **le lettere forti** si hanno, invece, nell'ipotesi in cui il soggetto non si limita a rilasciare informazioni ma assume un vero e proprio impegno nei confronti dell'istituto, strumentale a rafforzarne il convincimento circa la solvibilità del soggetto da finanziare (ad esempio la capo gruppo si impegna a non dismettere la propria partecipazione nella società finanziata per tutto il periodo del contratto di finanziamento).
   La violazione dell'obbligo assunto dal patrocinato nelle lettere forti se ha determinato l'inadempimento dell'obbligo del patrocinato, comporta la **responsabilità contrattuale** del patrocinante nei confronti del soggetto che ha erogato il finanziamento.

Dizionario di termini tecnici

- **Garanzie personali**

  Le garanzie personali, a differenza di quelle reali che vincolano determinati beni al soddisfacimento delle ragioni del credito, **affiancano al debitore originario un altro soggetto che garantisce l'adempimento dell'obbligazione con tutti i suoi beni, presenti e futuri**.

- **Fideiussione omnibus**

  La fideiussione *omnibus* è la fideiussione, diffusa nella prassi bancaria, prestata per garantire tutte le obbligazioni già sorte o che sorgeranno tra creditore e debitore, senza la previsione di alcun limite di durata né di quantità; la validità di tale particolare forma di fideiussione è stata per lungo tempo messa in discussione dalla dottrina, che riteneva la fideiussione *omnibus* invalida per **indeterminatezza dell'oggetto**, dato che al momento del sorgere del vincolo fideiussorio non è possibile stabilire con certezza l'entità dell'importo garantito dal fideiussore.

- **Contratto autonomo di garanzia**

  Il contratto autonomo di garanzia è una particolare figura di garanzia personale, emersa in ambito commerciale e finanziario, in cui un soggetto (normalmente una banca o una compagnia di assicurazioni), si impegna a pagare una determinata somma al creditore **a prima richiesta**, allo scopo di garantire l'adempimento dell'obbligazione del debitore principale verso il creditore.

- **Lettere di *patronage***

  Le lettere di *patronage*, di cui è molto discussa la **natura giuridica**, sono degli strumenti negoziali atipici, con cui un soggetto (di solito la società capo gruppo di una holding) fornisce delle informazioni ad un istituto di credito al fine di indurlo a fare credito ad un altro soggetto (di solito una delle società del gruppo).

XVI ▶I MEZZI DI CONSERVAZIONE DELLA GARANZIA PATRIMONIALE

1. Mezzi di conservazione della garanzia patrimoniale.

I mezzi di conservazione della garanzia patrimoniale sono rimedi che l'ordinamento attribuisce al creditore per evitare che il debitore, disponendo in male fede del proprio patrimonio o trascurandolo, pregiudichi la possibilità del creditore di vedere soddisfatto il proprio credito.
Si tratta della **azione surrogatoria** (art. 2900 c.c.), dell'**azione revocatoria** (artt. 2901-2904 c.c.) e del **sequestro conservativo** (artt. 2905-2906 c.c.).

2. L'azione surrogatoria.

A) Nozione.

- L'**azione surrogatoria** (art. 2900 c.c.) è l'azione con cui il creditore (surrogante) esercita i diritti e le azioni verso i terzi che spettano al proprio debitore (surrogato) e che questo trascura di esercitare.

Il creditore può esercitare l'azione surrogatoria sia in sede **stragiudiziale** che in sede **giudiziale**: in quest'ultimo caso, il creditore, che assume la veste di **sostituto processuale**, deve citare in giudizio anche il debitore a cui intende surrogarsi (ipotesi di **litisconsorzio necessario**).

B) Finalità dell'azione surrogatoria.

La finalità del creditore non è quella di veder immediatamente soddisfatto il proprio credito, ma quella di incrementare il patrimonio del debitore o evitarne la diminuzione, per avere maggiori probabilità di successo nella futura ed eventuale azione esecutiva (c.d. **finalità conservativa-cautelare**); dall'azione surrogatoria, pertanto, traggono vantaggio tutti i creditori e non solo colui che abbia agito in via surrogatoria.

C) Presupposto dell'azione surrogatoria.

Il creditore, anche a termine o sotto condizione, può esercitare l'azione surrogatoria solo nell'ipotesi in cui l'**inerzia** del debitore nell'esercitare i propri diritti produca, o aggravi, il pericolo di insufficienza del patrimonio a soddisfare le ragioni dei creditori (c.d. ***eventus damni***).

D) Limiti all'esercizio dell'azione surrogatoria.

Non tutti i diritti e le azioni del debitore possono essere esercitati dal creditore in via surrogatoria in quanto deve trattarsi di diritti ed azioni aventi **contenuto patrimoniale**: difatti solo il loro mancato esercizio da parte del debitore è in grado di intaccare la garanzia patrimoniale generica. Non possono pertanto essere esercitati dai creditori i diritti derivanti da rapporti familiari o, più in generale, i diritti della personalità.
Inoltre, non deve trattarsi di **diritti o azioni** che, pur avendo contenuto patrimoniale, **siano esercitabili solo dal loro titolare** per la loro particolare natura o per disposizione di legge.
Il creditore, quindi, non può esercitare diritti o azioni che, costituendo manifestazioni dell'autonomia privata, rientrano nelle scelte discrezionali riservate al debitore (es. accettazione di una proposta contrattuale, azione di annullamento del contratto etc.).

3. L'azione revocatoria.

A) Nozione.

L'azione revocatoria (art. 2901 c.c.) è l'azione con cui il creditore può domandare che siano **dichiarati inefficaci nei suoi confronti** gli atti di disposizione del patrimonio con i quali il creditore rechi pregiudizio alle sue ragioni.

B) Finalità dell'azione revocatoria.

Anche l'azione revocatoria ha una **finalità conservativo cautelare** in quanto diretta ad assicurare la realizzazione in via esecutiva delle ragioni del creditore su beni che, in mancanza di tale azione, non sarebbero più aggredibili in quanto usciti dal patrimonio del debitore. L'azione **non ha però finalità satisfattoria** in quanto il creditore, una volta ottenuta l'inefficacia nei suoi confronti dell'atto di disposizione, per soddisfare il suo credito deve comunque esercitare l'azione esecutiva.

C) Presupposti dell'azione revocatoria.

I presupposti di tale azione sono:

1. l'**esistenza del credito**, anche se sottoposto a termine o condizione. Il credito può anche essere non liquido;
2. l'esistenza di un **atto dispositivo** *inter vivos* che sia idoneo a pregiudicare le ragioni del creditore: in particolare deve trattarsi di un atto patrimoniale che incida sui beni facenti parte della garanzia patrimoniale generica.
   L'art. 2901 comma 3 esclude espressamente che possa essere oggetto di revocatoria l'adempimento di un **debito scaduto** in quanto atto dovuto e non dispositivo;
3. il c.d. ***eventus damni***, ossia l'effettivo pregiudizio derivato alle ragioni del creditore per effetto dell'atto di disposizione. Tale pregiudizio può derivare anche soltanto dal pericolo attuale e concreto dell'insufficienza del patrimonio del debitore a garantire l'adempimento del credito del revocante.
   Tra l'atto compiuto dal debitore e l'*eventus damni* deve sussistere un vero e proprio nesso di causalità in quanto il pregiudizio derivante al creditore deve essere conseguenza diretta dell'atto impugnato con la revocatoria;
4. la conoscenza da parte del debitore del pregiudizio che l'atto di disposizione arreca alle ragioni del creditore (c.d. ***scientia damni***) e, se si tratta di atto anteriore al sorgere del credito, la **dolosa preordinazione** dell'atto al fine di pregiudicare il soddisfacimento delle pretese del creditore;
5. nell'ipotesi in cui si tratti di atto a **titolo oneroso** anche il **terzo** deve essere consapevole del pregiudizio che l'atto arreca al creditore, e, nel caso di atto anteriore al sorgere del credito, deve aver partecipato alla dolosa preordinazione (c.d. ***consilium fraudis***).

D) Effetti dell'azione revocatoria

Il vittorioso esperimento dell'azione revocatoria determina l'**inefficacia relativa e parziale** dell'atto di disposizione: l'atto rimane pienamente valido ed efficace rispetto alle parti e agli altri terzi ma è **inopponibile nei confronti del creditore revocante**, che potrà esercitare l'azione esecutiva anche sui beni oggetto dell'atto di disposizione. L'azione revocatoria, dunque, a differenza di quanto avviene nell'azione surrogatoria, non giova a tutti i creditori, ma solo al creditore revocante.

Qualora il bene oggetto dell'azione revocatoria sia stato oggetto di un **ulteriore atto dispositivo** da parte del terzo occorre distinguere:

- se il terzo ha acquistato a **titolo gratuito**, l'atto di disposizione è in opponibile nei confronti del creditore revocante;
- se il terzo ha acquistato a **titolo oneroso** ed era in **buona fede** l'inefficacia dell'atto non pregiudica il suo acquisto, a meno che lo stesso sia avvenuto dopo la trascrizione della domanda di revocazione.

Ai sensi dell'art. 2903 c.c. l'azione revocatoria si **prescrive in cinque anni**, decorrenti dal momento del perfezionamento dell'atto revocando, a prescindere dalla conoscenza che di esso ne abbia il creditore revocante.

4. La nuova tutela concessa al creditore in caso di beni oggetto di vincoli di indisponibilità o di alienazioni a titolo gratuito.

Il nuovo art- 2929-*bis* c.c. ha introdotto un'incisiva tutela per il creditore nel caso in cui il debitore abbia disposto dei propri beni a titolo gratuito ovvero abbia costituito sugli stessi vincoli di indisponibilità o

alienazione.
Ai sensi di tale disposizione, infatti, il creditore potrà comunque aggredire i predetti beni attraverso il procedimento di espropriazione forzata senza necessità di aver preventivamente esperito con successo l'azione revocatoria.
Per avvalersi di tale particolare azione espropriativa devono ricorrere le seguenti condizioni:

- il creditore deve essere pregiudicato da un atto del debitore di costituzione di vincolo di indisponibilità o di alienazione;
- l'atto posto in essere dal debitore deve essere a titolo gratuito;
- l'atto posto in essere dal debitore deve avere ad oggetto beni immobili o iscritti in pubblici registri;
- l'atto posto in essere al debitore deve essere successivo al sorgere del credito;
- il creditore deve essere munito di un titolo esecutivo;
- il creditore deve trascrivere il pignoramento nel termine di un anno dalla data in cui l'atto pregiudizievole è stato trascritto.

5. Il sequestro conservativo.

➢ Il sequestro conservativo (art. 2905 c.c.) è una **misura preventiva e cautelare** con cui il creditore, che ha fondato timore di perdere le garanzie del proprio credito, può sottrarre i beni dalla disponibilità e dalla amministrazione del debitore, attraverso l'apposizione sugli stessi, ad opera del giudice, di un **vincolo di indisponibilità** materiale e giuridica.

Il sequestro conservativo comporta l'inefficacia nei confronti del creditore sequestrante degli atti di disposizione aventi ad oggetto la cosa sequestrata.
Il giudice può autorizzare il sequestro qualora ricorrano due presupposti:

- il "***fumus boni iuris***", ossia la probabile sussistenza del diritto di credito di cui la parte ricorrente si dichiara titolare;
- il "***periculum in mora***", ossia il fondato pericolo che nel tempo occorrente al creditore per far valere le sue ragioni il debitore depauperi il proprio patrimonio pregiudicando la possibilità per il creditore di vedere soddisfatta la sua pretesa.

Caratteristica peculiare del sequestro è il suo stretto **collegamento con il pignoramento**. All'**esito del giudizio di cognizione**, infatti, se il debitore è condannato al pagamento con sentenza esecutiva, **il sequestro conservativo si converte in pignoramento** (art. 686 c.p.c.); in caso contrario, il sequestro viene meno ed il debitore ha diritto al risarcimento dei danni sofferti per l'indisponibilità del bene sequestrato.

6. L'opposizione ai pagamenti.

L'opposizione ai pagamenti (art. 2906 comma 2 c.c.) è l'atto con cui il creditore notifica al proprio debitore la sua opposizione ai pagamenti effettuati nei confronti dei terzi. I pagamenti effettuati dal debitore dopo l'opposizione, oltre a non avere efficacia liberatoria, **sono inefficaci nei confronti del creditore opponente**.
Nell'ipotesi in cui l'opposizione risulti infondata, il creditore sarà ritenuto responsabile esclusivamente nei confronti del creditore cui l'opposizione non ha permesso di soddisfare le proprie ragioni creditorie.

Dizionario di termini tecnici

- **Azione surrogatoria**
  L'**azione surrogatoria** (art. 2900 c.c.) è l'azione con cui il creditore (surrogante) esercita i diritti e le azioni verso i terzi che spettano al proprio debitore (surrogato) e che questo trascura di esercitare.

- **Azione revocatoria**
  L'azione revocatoria (art. 2901 c.c.) è l'azione con cui il creditore può domandare che siano **dichiarati inefficaci nei suoi confronti** gli atti di disposizione del patrimonio con i quali il creditore rechi pregiudizio alle sue ragioni.

Capitolo 13 | IL CONTRATTO

SOMMARIO:

I ► PRINCIPI GENERALI

1. Il contratto.

A) Nozione.

➢ Il contratto, a norma dell'art. 1321 c.c., è l'**accordo di due o più parti** per **costituire**, **regolare** od **estinguere** un **rapporto giuridico patrimoniale**.

Il contratto, quindi, costituisce la principale figura di **negozio giuridico** ed è lo strumento con cui le parti possono **regolamentare i loro rapporti giuridici patrimoniali**: in particolare le parti, attraverso il contratto, possono dar vita ad un nuovo rapporto giuridico tutelato dall'ordinamento, modificarne uno preesistente o porvi fine.

B) Il rapporto oggetto del contratto.

Il rapporto oggetto del contratto deve avere:

- **natura giuridica**, cioè deve essere rilevante per l'ordinamento;
- **carattere patrimoniale**.

Tale ultimo aspetto è confermato dall'art. 1174 c.c., secondo cui la prestazione che forma oggetto dell'obbligazione deve essere suscettibile di valutazione economica.

C) Funzioni svolte dal contratto.

Il contratto, sempre a norma della definizione di cui all'art. 1321 c.c., può svolgere essenzialmente tre funzioni:

- **costituire** un rapporto giuridico patrimoniale prima non esistente;
- **modificare** un rapporto giuridico patrimoniale preesistente;
- **estinguere** un rapporto giuridico patrimoniale preesistente.

MAPPA CONCETTUALE

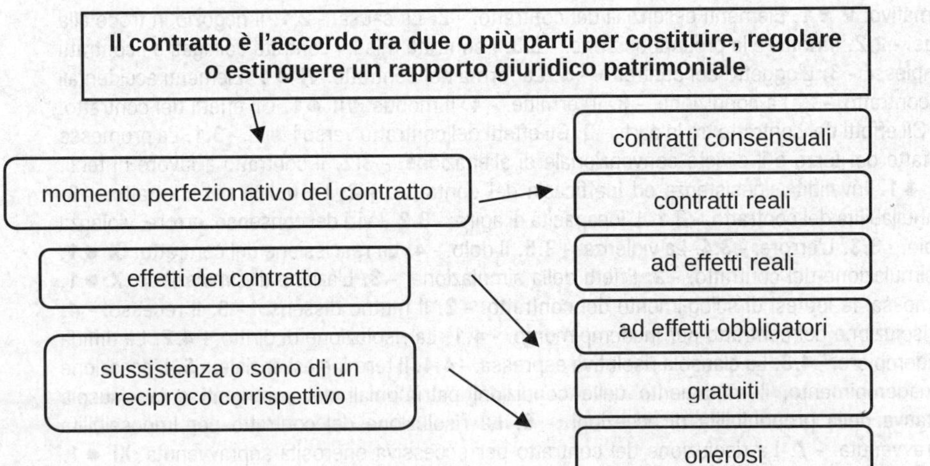

2. L'autonomia contrattuale.

L'autonomia contrattuale, che si identifica nella libertà delle parti di regolamentare i propri interessi attraverso il contratto, costituisce espressione della più ampia autonomia negoziale che il nostro ordinamento riconosce ai privati ed implica:

1. <u>**Libertà di scegliere se concludere o meno il contratto.**</u>
   Le parti hanno piena libertà in ordine alla scelta di concludere il contratto: tale libertà trova un limite nelle ipotesi in cui sia previsto un **obbligo a contrarre per le parti**.
   Ciò si verifica, ad esempio, per le **imprese che operano in condizione di monopolio legale**, che hanno l'obbligo di contrattare con chiunque richieda le prestazioni che formano oggetto dell'impresa, osservando la parità di trattamento (art. 2957 c.c.).
   Ulteriore ipotesi in cui è configurabile un obbligo a contrarre per le parti è quella del **contratto preliminare** (su cui vedi *infra*) che vincola le parti a stipulare il contratto definitivo.

2. **Libertà di determinare il contenuto del contratto.**
   Le parti possono determinare liberamente il contenuto del contratto (art. 1321 comma 1 c.c.): tale libertà trova un limite in presenza di **contratti normativi**, con cui le parti fissano le regole e le condizioni che dovranno rispettare nella stipula di contratti futuri e nelle norme che prevedono l'**inserzione automatica di determinate clausole all'interno del contratto** (art. 1339 e 1340 c.c.).
3. **Libertà di concludere contratti atipici.**
   Le parti hanno facoltà di concludere contratti atipici cioè contratti che non trovano una puntuale disciplina all'interno del codice civile.
   Tale possibilità è espressamente riconosciuta dall'art. 1321 comma 2 c.c., che consente alle parti di porre in essere contratti atipici a condizione che siano diretti a realizzare **interessi meritevoli di tutela secondo l'ordinamento giuridico.**
4. **Libertà di decidere la forma che deve rivestire il contratto.**
   Le parti, salvo che la legge disponga diversamente, hanno piena libertà in ordine alla forma con cui rivestire il loro accordo contrattuale (c.d. ***"principio di libertà delle forme"***).
5. **Libertà di inserire nel contratto elementi accidentali.**
   Nelle parti, nell'esercizio della loro autonomia contrattuale, possono inserire nel contratto elementi accidentali quali la condizione, il termine ed il modo.
6. **Libertà di scegliere la persona dell'altro contraente.**
   Ciascun soggetto è pienamente libero in ordine alla scelta della propria controparte contrattuale. A tale ultimo riguardo, un limite è costituito dalla presenza di un eventuale **diritto di prelazione**, legale o convenzionale, in forza del quale ad una parte è attribuito il diritto di essere preferita ad altri nella futura ed eventuale stipulazione del contratto (vedi *infra*).

3. Le fonti di integrazione del contratto.

Le parti, ex art. 1322 comma 1, nell'esercizio della loro autonomia contrattuale possono liberamente determinare il contenuto del contratto: l'art. 1374 c.c. tuttavia individua, accanto alla volontà delle parti, altre tre fonti del regolamento contrattuale, ossia la legge, gli usi e l'equità.

1. **La legge.**
   La **prima fonte integrativa** individuata dall'art. 1374 c.c. è la legge, la cui presenza impedisce il ricorso, in via suppletiva, alle ulteriori fonti integrative. Nel rapporto con l'autonomia negoziale delle parti le norme di legge si distinguono in:
   - **norme imperative**, non derogabili dalle parti;
   - **norme dispositive**, cioè derogabili dall'autonomia negoziale privata e finalizzate a dettare una disciplina residuale in mancanza di una regola privata.
2. **Gli usi.**
   La **seconda fonte integrativa** sono gli usi, che operano solo nell'ipotesi in cui il contratto non sia stato già integrato dalla legge.
   Gli usi di cui all'art. 1374 c.c. sono quelli **normativi**, collocati dall'**art. 8 delle preleggi** fra le fonti non scritte del diritto, subordinati alla legge ed alle altre fonti scritte, ed operanti nella misura in cui siano richiamati dalla legge (***secundum legem***) o nelle ipotesi in cui manchi una disciplina legislativa (***praeter legem***).
3. **L'equità.**
   La **terza ed ultima fonte integrativa** è costituita dall'**equità**, operante nella sola ipotesi in cui il contratto non possa essere integrato né dalla legge né dagli usi.

4. La classificazione dei contratti.

A) Distinzione in base al momento perfezionativo del contratto.

In base al momento perfezionativo del contratto è possibile distinguere tra:

- **contratti consensuali**: si perfezionano con il solo scambio di consensi tra le parti (es. vendita);
- **contratti reali**: richiedono per il loro perfezionamento, oltre al consenso delle parti, anche la **consegna** materiale del bene oggetto del contratto (es. mutuo).

I contratti consensuali costituiscono la regola nel nostro ordinamento (c.d. **principio consensualistico**), con la conseguenza che i contratti sono reali solo nei casi espressamente previsti dal legislatore (principio del **numero chiuso** dei contratti reali).

B) Distinzione in base agli effetti del contratto.

In base agli effetti del contratto è possibile distinguere tra:

- **contratti ad effetti reali**: producono, quale loro principale effetto, il trasferimento della proprietà o la costituzione o il trasferimento di un diritto reale su di un bene determinato (es. vendita);
- **contratti ad effetti obbligatori**: determinano la nascita di diritti personali di credito o di godimento (es. locazione).

C) Distinzione in base alla sussistenza o meno di un reciproco corrispettivo.

In base alla **natura gratuita od onerosa** del contratto, si distingue tra:

- **contratti gratuiti**: prevedono l'obbligo di porre in essere una prestazione patrimoniale a carico di una sola delle parti (es. donazione);
- **contratti onerosi**: prevedono tale obbligo di porre in essere una prestazione patrimoniale a carico di tutte le parti del contratto (es. vendita).
  - Nell'ambito dei contratti onerosi rientrano i **contratti a prestazioni corrispettive**, in cui la prestazione di una parte trova la sua giustificazione causale nella prestazione dell'altra (es. appalto).

D) Distinzione in base al numero delle parti del contratto.

In relazione al numero delle parti contrattuali è possibile distinguere tra:

- **contratti bilaterali**: tali contratti sono caratterizzati dalla presenza di due parti contrattuali;
- **contratti plurilaterali**: tali contratti presentano più di due parti.
  - Tra questi ultimi rientrano i **contratti associativi**, con cui le parti intendono perseguire uno scopo comune (art. 1420 c.c.).

E) Distinzione in base al tempo di esecuzione della prestazione.

In relazione al tempo di esecuzione della prestazione è possibile distinguere tra:

- **contratti ad esecuzione istantanea**: sono quei contratti che esauriscono i loro effetti istantaneamente, nel momento istantaneamente:
  - nel momento in cui sono conclusi (c.d. **contratti ad esecuzione immediata**);
  - in un momento successivo (c.d. **contratti ad esecuzione differita**).
- **contratti di durata**: in tali contratti l'esecuzione della prestazione si protrae nel tempo:
  - in modo continuato (c.d. **contratti ad esecuzione continuata**);
  - ad intervalli di tempo (c.d. **contratti ad esecuzione periodica**).

Come vedremo *infra*, solo in relazione ai contratti ad esecuzione differita e ai contratti di durata può operare la **risoluzione per eccessiva onerosità sopravvenuta**.

F) Distinzione in relazione alla quota di rischio.

In relazione alla **quota di rischio relativa all'*an* e al *quantum*** della prestazione dovuta è possibile distinguere tra:

- **contratti aleatori**: nei contratti aleatori le parti, al momento della stipulazione del contratto, non sono a conoscenza di chi ricaverà un vantaggio in quanto alcuni aspetti della prestazione dovuta, o la sua stessa doverosità, dipende dal verificarsi di eventi futuri ed incerti (es. assicurazione).I **contratti aleatori** possono essere tali **per loro natura o per volontà delle parti** e non possono essere oggetto di rescissione per lesione (art. 1448 c.c.) e di risoluzione per eccessiva onerosità sopravvenuta (art. 1469 c.c.).

- **contratti commutativi**: nei contratti commutativi, al contrario, le parti, già al momento della stipulazione, sono a conoscenza dei costi e dei benefici che riceveranno dal contratto.

G) Il negozio di accertamento.

Una particolare figura, di cui è discusso l'inquadramento nell'ambito della fattispecie contrattuale, è quella del **negozio di accertamento**.

Con tale negozio le parti eliminano l'incertezza in ordine all'esistenza e al contenuto di una situazione giuridica preesistente, precisandone l'essenza, il contenuto e gli effetti, e vincolandosi a non metterli più in discussione.

Il negozio di accertamento si configura come **negozio di secondo grado**, in quanto implica l'esistenza del rapporto giuridico da accertare; ne deriva che l'inesistenza o la nullità di quest'ultimo determina l'invalidità anche del negozio di accertamento.

Dizionario di termini tecnici

- **Contratto**
  Il contratto, a norma dell'art. 1321 c.c., è l'**accordo di due o più parti** per **costituire, regolare** od **estinguere** un **rapporto giuridico patrimoniale**.

- **Autonomia contrattuale**
  L'autonomia contrattuale si identifica nella libertà delle parti di regolamentare i propri interessi attraverso il contratto, e costituisce espressione della più ampia autonomia negoziale che il nostro ordinamento riconosce ai privati.

II ▶ LE PARTI DEL CONTRATTO

1. Le parti del contratto.

A) Nozione di parte.

Come abbiamo visto, l'art. 1321 c.c. definisce il contratto come l'accordo **tra due o più parti** per costituire, regolare o estinguere un rapporto giuridico patrimoniale.
La **nozione di parte** non si identifica con la nozione di soggetto in quanto con il termine parte ci si riferisce ad un **centro di imputazione di interessi omogenei** che può essere costituito anche da una pluralità di soggetti distinti, i quali, vista la comunanza di interessi, sono portati ad assumere una posizione uniforme nel contratto e ad esprimere una unica volontà giuridicamente rilevante.

B) Parte formale e parte sostanziale.

Il concetto di parte, inoltre, può essere inteso sia in senso formale che in senso sostanziale:

- la **parte formale** va individuata nell'autore materiale del negozio;
- la **parte sostanziale** nel destinatario degli effetti del negozio stesso.

La **scissione tra parte formale e parte sostanziale** del contratto può verificarsi solo in ipotesi eccezionali, che trovano il loro fondamento nella legge o nella specifica volontà delle parti.
Ciò si verifica, ad esempio, nell'ipotesi di **sostituzione nell'attività giuridica altrui**, di cui l'istituto della **rappresentanza** costituisce l'esempio maggiormente significativo.

2. La rappresentanza.

A) Nozione.

➢ Per rappresentanza si intende il potere di un soggetto (**il rappresentante**) di compiere atti giuridici in nome di un altro soggetto (**il rappresentato**), con la conseguenza che il contratto posto in essere dal rappresentante (**parte formale**) produce effetti automaticamente nella sfera giuridica del rappresentato (**parte sostanziale**).

B) Rappresentanza diretta.

La produzione di effetti giuridici direttamente nella sfera giuridica del rappresentato si verifica solo in caso di **rappresentanza diretta**, che si nell'ipotesi in cui il rappresentante agisce **in nome** e **per conto dell'interessato**.
Elementi costitutivi della rappresentanza diretta, quindi, sono:

- la **spendita del nome altrui** (c.d. *contemplatio domini*);
- la produzione di effetti giuridici **direttamente** nella sfera giuridica del rappresentato.

C) Rappresentanza indiretta.

In caso di **rappresentanza indiretta** il rappresentante, pur agendo nell'interesse del rappresentato, agisce in nome proprio. In tal caso, gli effetti giuridici dell'attività posta in essere non si producono direttamente nella sfera giuridica del rappresentato ma in quella del rappresentante che, pertanto, è al contempo parte formale e parte sostanziale del contratto (c.d. **interposizione reale di persona**)
Pertanto, elementi che caratterizzano la rappresentanza indiretta sono:

- la circostanza che il rappresentante agisce **in nome proprio**, non spendendo il nome del rappresentato;
- la produzione di effetti giuridici **nella sfera giuridica del rappresentante**, con relativa necessità che quest'ultimo ponga in essere una ulteriore attività per trasferire tali effetti nella sfera giuridica del rappresentato.

D) La fonte del potere rappresentativo: la rappresentanza legale e la rappresentanza volontaria.

La **fonte** del potere rappresentativo può essere **legale** (rappresentanza legale) **o convenzionale** (rappresentanza volontaria).

1. **Rappresentanza legale.**
   La rappresentanza legale svolge una funzione di interesse generale in quanto rende possibile il compimento di atti giuridici a soggetti a cui, in mancanza, sarebbe precluso, in quanto privi di capacità di agire.
   Si pensi ai genitori, che sono rappresentanti legali dei minori, o ai tutori, rappresentanti legali degli interdetti.
2. **Rappresentanza volontaria.**
   La rappresentanza volontaria, al contrario, ha la funzione di agevolare lo svolgimento dell'attività giuridica al rappresentato nell'ipotesi in cui lo stesso sia impossibilitato a trattare in prima persona tutti i suoi interessi.
3. **Il *nuncius*.**
   In ciò emerge il carattere distintivo tra il rappresentante ed il c.d. ***nuncius***, ossia del mero portatore della volontà altrui, equiparabile, quanto ad effetti e disciplina, ad uno strumento di comunicazione.
   La rappresentanza organica.
   La rappresentanza organica è una particolare forma di rappresentanza che si configura nell'ipotesi in cui un soggetto agisca in nome e per conto di un ente.
   In tale ipotesi il rapporto di **immedesimazione organica** che si instaura tra l'ente ed il soggetto che agisce in suo nome e per suo conto, oltre a determinare l'immediata produzione degli effetti giuridici derivanti dall'attività del soggetto direttamente nella sfera giuridica dell'ente, impedisce di ritenere che vi sia una effettiva scissione tra il rappresentante ed il rappresentato, che costituiscono, in realtà, un **medesimo soggetto giuridico**.

E) Atti per cui non è ammessa la rappresentanza.

In linea generale, la **rappresentanza è ammessa per qualsiasi tipologia di atto**, ad esclusione di quelli che devono necessariamente essere compiuti dal rappresentato. Ad esempio, non possono essere compiuti dal rappresentante gli **atti personalissimi,** tra cui rientrano:

- il testamento;
- la donazione;
- il matrimonio;
- l'unione civile;
- i negozi familiari.

F) La procura.

Nell'ambito della **rappresentanza volontaria** è possibile distinguere due rapporti:

- un **rapporto avente rilevanza esterna**, con cui il rappresentato conferisce al rappresentante il potere di compiere atti giuridici in suo nome e per suo conto;
- un **rapporto interno di gestione** tra rappresentato e rappresentante, con cui il secondo assume l'obbligo di porre in essere atti giuridici per conto del primo.
  Tale rapporto può trovare la sua fonte, ad esempio, in un **contratto di mandato**.

1. **Nozione di procura.**
   La fonte del primo rapporto va individuata nella **procura**, che è il **negozio unilaterale di carattere autorizzativo** con cui un soggetto conferisce ad un altro il potere di rappresentarlo.
   La natura unilaterale del negozio si giustifica in virtù della circostanza che il rappresentante per effetto della procura non assume obblighi e non subisce conseguenze pregiudizievoli ma riceve un potere aggiuntivo.
   Difatti, l'eventuale obbligo per il rappresentante di agire per conto del rappresentato non deriva dalla procura ma dal contratto (es. mandato) che regola il rapporto interno di gestione.

2. **<u>Procura e *contemplatio domini*.</u>**
   In particolare, la procura legittima il rappresentante alla spendita del nome del rappresentato (c.d. ***contemplatio domini***), cioè ad agire in nome di quest'ultimo.
   La *contemplatio domini* è essenziale ai fini della produzione degli effetti giuridici degli atti posti in essere dal rappresentante nella sfera giuridica del rappresentato, visto che, a tale fine, non è sufficiente la semplice esistenza del potere rappresentativo non manifestato attraverso la spendita del nome del rappresentato.
3. **<u>La forma della procura.</u>**
   La procura, in ogni caso, deve essere portata a conoscenza del rappresentante, al fine di rendere effettivo il conferimento del potere (**atto recettizio**), ed è priva di effetto se non è conferita con le forme prescritte per il contratto che il rappresentante deve concludere.
   La **forma della procura**, pertanto, si determina *per relationem* in ragione dell'atto che il rappresentante è chiamato a porre in essere.
4. **<u>Procura generale e procura speciale</u>**.
   La procura può essere:
   - **generale**: la procura è generale quando conferisce al rappresentante il potere di compiere tutti gli atti relativi alla gestione degli interessi patrimoniali dell'interessato;
   - **speciale**: la procura è speciale quando conferisce al rappresentante il potere di compiere singoli atti giuridici espressamente previsti.
     La procura generale incontra tuttavia dei limiti, con riferimento agli **atti di straordinaria amministrazione** che non siano in essa espressamente indicati e agli **atti che necessitino di specifica autorizzazione**.
5. **<u>Procura individuale, collettiva e plurima.</u>**
   La procura può essere:
   - **individuale**: la procura è individuale se conferita ad un unico soggetto;
   - **collettiva**: la procura è collettiva se conferita da più persone con un unico atto e per un affare comune;
   - **plurima**: la procura è plurima se conferita a più persona con un medesimo atto.
6. **<u>Procura revocabile e procura irrevocabile.</u>**
   La procura è:
   - **revocabile**, quando è conferita nell'esclusivo interesse del rappresentato;
   - **irrevocabile**, quando è conferita anche nell'interesse del rappresentante.
     In quest'ultimo caso può essere **revocata solo per giusta causa**.
7. **<u>La procura ed i terzi.</u>**
   I **terzi** che vengono a contatto con il rappresentante hanno interesse che lo stesso giustifichi il potere rappresentativo che pretende di esercitare: l'art. 1393 c.c. prevede che il terzo che contragga con il rappresentante può sempre esigere che questi **giustifichi i suoi poteri** e, se la rappresentanza risulti da atto scritto, che gliene dia una copia da lui firmata.
   Inoltre, sempre a tutela dei terzi che entrano in contatto con il rappresentante, l'art. 1397 c.c. impone a quest'ultimo, quando i suoi poteri siano cessati, di **restituire al rappresentato i documenti dal quale risultano i suoi poteri**.
   Infine, l'art. 1396 c.c. impone al rappresentato di pubblicizzare in maniera idonea le **modifiche o la revoca della procura**, pena l'inopponibilità ai terzi delle stesse, a meno che non si provi che questi le conoscevano al momento della conclusione del contratto.
   Allo stesso modo, **le altre cause di estinzione del potere rappresentativo** non sono opponibili ai terzi che le abbiano senza colpa ignorate.

G) Le cause di estinzione del potere rappresentativo.

Le principali cause di estinzione del potere rappresentativo sono:
- la revoca della procura;
- la rinuncia del rappresentante;
- la sopravvenuta incapacità o il fallimento del rappresentato o del rappresentante;

- la scadenza del termine;
- il verificarsi della condizione risolutiva;
- l'estinzione del rapporto di gestione.

► 2.1. La capacità del rappresentante e del rappresentato, vizi del consenso e rilevanza degli stati soggettivi di buona o mala fede.

A) La capacità del rappresentante e del rappresentato.

Con riferimento alla **capacità del rappresentante e del rappresentato,** ai fini della validità del contratto, è sufficiente che il rappresentante sia **capace di intendere e di volere, sempre che il rappresentato sia legalmente capace e il contratto non sia allo stesso vietato** (art. 1389 c.c.).
Nell'ipotesi in cui il rappresentante sia incapace di intendere e di volere, il contratto sarà annullabile *ex* art. 428 c.c.

B) Vizi del consenso.

Con riferimento ai **vizi del consenso**, il codice civile detta una disciplina coerente con la struttura della rappresentanza, che vede il rappresentante compiere autonomamente il negozio, in nome del rappresentato. Difatti, il contratto è annullabile nell'ipotesi in cui sia viziata la volontà del rappresentante, non anche quando sia viziata la volontà del rappresentato, a meno che il vizio riguardi elementi predeterminati da quest'ultimo (art. 1390 c.c.).

C) Stati soggettivi di buona o mala fede.

Infine, nell'ipotesi in cui sia rilevante lo **stato soggettivo di buona o di mala fede**, si ha riguardo al rappresentante, salvo che il requisito incida su elementi predeterminati dal rappresentato. Tuttavia, per espressa previsione di legge (art. 1391 comma 2 c.c.) il rappresentato che è in mala fede, non può mai giovarsi della buona fede del rappresentante.

► 2.2. L'abuso di potere del rappresentante.

A) Nozione.

Si configura un **abuso di potere** quando il rappresentante trascura o lede l'interesse del rappresentato, discostandosi dalle istruzioni ricevute e perseguendo un interesse proprio o di terzi in contrasto con gli interessi del rappresentato.

B) Contratto concluso in conflitto di interesse.

L'art. 1394 c.c. contempla una ipotesi tipica di abuso di potere. Si tratta del **contratto concluso dal rappresentante in conflitto di interesse con il rappresentato**. In tal caso il contratto può essere annullato su istanza del rappresentato, se il conflitto era conosciuto o riconoscibile dal terzo.
Tale conflitto di interessi si configura nell'ipotesi in cui il rappresentante persegua un **interesse proprio o di un terzo che risulti essere assolutamente incompatibile con l'interesse del rappresentato**, in maniera che la soddisfazione dell'interesse perseguito dal rappresentante comporti necessariamente il sacrificio dell'interesse del rappresentato. Al contrario, nessun conflitto può essere ipotizzato nel caso in cui il compimento del negozio rappresentativo sia tale da soddisfare contemporaneamente gli interessi di rappresentante e rappresentato, che si dimostrano tra loro convergenti.
La possibilità per il rappresentato di richiedere l'annullamento dell'atto posto in essere dal rappresentante trova un **limite nell'affidamento prestato dal terzo contraente**, visto che il conflitto doveva essere conosciuto o almeno conoscibile dal terzo al momento della conclusione del negozio.
Nell'ipotesi in cui ci sia una **vera e propria collusione** tra il rappresentante ed il terzo, secondo l'impostazione prevalente, il contratto è radicalmente nullo per motivo illecito comune.
Nell'ipotesi in cui il contratto non sia annullabile, perché ad esempio il conflitto non era conosciuto o conoscibile dal terzo, il rappresentato può ottenere dal rappresentante il **risarcimento dei danni subiti**.

C) Il contratto con sé stesso.

- Si configura nell'ipotesi in cui il rappresentante di una parte concluda un contratto con sé stesso, anche **in proprio** (c.d. autocontratto) o **quale rappresentante di un'altra parte** (c.d. doppia rappresentanza; art. 1395 c.c.).

Anche in tal caso il contratto è **annullabile su istanza del rappresentato**, a meno che non vi sia stata **l'autorizzazione specifica di quest'ultimo** o **la predeterminazione del contenuto del contratto** in modo tale da escludere la possibilità di un conflitto di interessi.

Per l'annullamento del contratto è sufficiente la semplice **possibilità di danno**. Se poi un danno si sia effettivamente verificato e non venga eliminato dall'annullamento del contratto, il rappresentato può domandarne il risarcimento, poiché il conflitto di interessi determina la violazione del generale obbligo di correttezza nell'attuazione dei rapporti giuridici.

▶ 2.3. Rappresentanza senza potere.

A) Nozione.

Il fenomeno della **rappresentanza senza potere** si configura nell'ipotesi in cui il rappresentante abbia esercitato il potere rappresentativo:

- senza averne i poteri (c.d. **difetto di rappresentanza**);
- eccedendo i limiti delle facoltà conferitegli (c.d. **eccesso di rappresentanza**).

B) Effetti.

In tale ipotesi il contratto posto in essere dal rappresentante:

- non può produrre effetti nella sfera giuridica del rappresentato, essendo il rappresentante privo di poteri rappresentavi;
- non può produrre effetti neanche nella sfera giuridica del rappresentante, avendo agito il rappresentante spendendo il nome del rappresentato.

Secondo l'impostazione prevalente, in tale ipotesi il contratto è **inefficace**, rimanendo in uno stato di quiescenza fino all'intervento dell'eventuale **ratifica** del *dominus*.

C) La ratifica.

Difatti, il rappresentato, con l'osservanza delle forme prescritte per il contratto (forma *per relationem*), può **ratificarlo** appropriandosi degli effetti dell'affare concluso dal *falsus procurator*.

Tale ratifica, che costituisce una sorta di sanatoria del difetto di legittimazione del rappresentante, è ammissibile senza limiti di tempo ma il terzo contraente, per eliminare la situazione di incertezza in ordine alla sorte del contratto, può fissare un termine al rappresentato per ratificarlo, trascorso il quale la ratifica si intende negata (***actio interrogatoria*** di cui all'art. 1399, co. 4, c.c.).

Inoltre, il terzo e il falso rappresentante possono d'accordo sciogliere il contratto prima della ratifica.

La ratifica ha **efficacia retroattiva**, cosicché, nei rapporti tra *dominus* e terzo contraente il contratto deve intendersi concluso *ab inizio* negli stessi termini dal primo accettati con la ratifica; tale retroattività non pregiudica la posizione dei terzi aventi causa del rappresentato ratificante che abbiano acquistato diritti incompatibili con l'atto compiuto dal falso rappresentante.

D) La responsabilità del falso rappresentante.

Nell'ipotesi in cui il rappresentato non ponga in essere la ratifica, colui che ha contrattato come rappresentante senza averne i poteri o eccedendo i limiti delle facoltà conferitegli è **responsabile del danno che il terzo contraente ha sofferto** per aver confidato senza sua colpa nella validità del contratto (art. 1398 c.c.).

Il terzo, quindi, quando sia caduto in errore inescusabile, cioè evitabile con la normale diligenza, non può richiedere il risarcimento del danno al falso rappresentante.

La responsabilità di quest'ultimo è, secondo l'impostazione preferibile, di tipo **precontrattuale**; ciò trova conferma nella circostanza che il risarcimento del danno è limitato dall'art. 1398 c.c. all'interesse negativo cioè all'interesse del terzo a non essere coinvolto in stipulazione invalide o inefficaci.

E) La rappresentanza apparente.

La disciplina esaminata non si applica nell'ipotesi in cui ricorra la fattispecie della **rappresentanza apparente**.

Quest'ultima si configura qualora:

- il falso rappresentante abbia creato l'apparenza di essere effettivamente dotato di procura, in base a circostanze obiettive ed univoche.
- il comportamento colposo del rappresentato abbia contribuito a creare questa situazione di apparenza (ipotesi di **apparenza colposa**) facendo sorgere nei terzi l'affidamento incolpevole sull'effettiva esistenza di poteri rappresentativi in capo al falso rappresentante.

In tal caso, proprio al fine di tutelare tale incolpevole affidamento, il contratto, pur in assenza di un potere rappresentativo in capo al *falsus procurator*, produce effetti nella sfera giuridica del rappresentato a prescindere dalla sua ratifica.

3. Il contratto per persona da nominare.

A) Nozione.

➢ Il contratto per persona da nominare, disciplinato dagli art. 1401 e ss. c.c., si configura nell'ipotesi in cui una delle parti (c.d. **stipulante**) al momento della conclusione del contratto si **riservi la facoltà di nominare** successivamente la persona che deve acquistare i diritti e assumere gli obblighi nascenti dal contratto stesso.

Per effetto di tale nomina, e della sua contestuale accettazione, il soggetto nominato subentra nella posizione contrattuale dello stipulante **acquistando la qualità di parte del contratto sin dal momento della stipulazione** (art. 1404 c.c.).

B) Ambito di applicazione.

Il contratto per persona da nominare, quale schema generale, è in linea di principio **applicabile a qualsiasi fattispecie contrattuale**, sia ad effetti reali che obbligatori, ad eccezione dei negozi fondati sull'*intuitus personae* e dei c.d. contratti di secondo grado, cioè di quei contratti diretti non già a costituire, bensì a modificare o ad estinguere un determinato rapporto giuridico preesistente. In quest'ultimo caso, difatti, la legittimazione ad essere parte di tali contratti dipende dalla stipulazione del negozio principale cui essi accedono.

C) Natura giuridica.

Secondo l'orientamento prevalente, la figura del contratto per persona da nominare deve essere collocata nel contesto dell'istituto della **rappresentanza negoziale (*in incertam personam*)**, in quanto deve attribuirsi allo stipulante il ruolo di rappresentante diretto del soggetto che sarà nominato in un secondo momento; di conseguenza è possibile qualificare la dichiarazione di nomina in termini di atto ricognitivo volto a confermare che il terzo nominato è l'unico ed esclusivo titolare del rapporto (LAZZARA, TORRENTE).

D) La dichiarazione di nomina.

La **dichiarazione di nomina** deve essere comunicata all'altra parte nel termine di tre giorni dalla stipulazione del contratto, a meno che le parti non abbiano stabilito un termine diverso: in ogni caso tale **termine ha natura decadenziale** in quanto tutela l'interesse della controparte contrattuale (c.d. promittente) a conoscere l'identità del soggetto nei cui confronti si è obbligato.

La dichiarazione di nomina è

- un **atto unilaterale avente natura negoziale** che svolge una funzione integrativa del contratto in quanto individua in via definitiva il soggetto nei cui confronti si producono gli effetti della stipulazione;
- un **atto recettizio** in quanto deve essere necessariamente portato a conoscenza del promittente, unitamente alla **accettazione della persona nominata**.

  Quest'ultima non è necessaria nell'ipotesi in cui esista una **procura** anteriore al contratto.

La dichiarazione di nomina, la procura e l'accettazione devono rivestire la stessa **forma** prevista per la stipulazione del contratto, anche nel caso in cui tale forma non sia prescritta dalla legge.
Inoltre, se il contratto è soggetto a **trascrizione** deve essere resa pubblica, agli stessi effetti, anche la dichiarazione di nomina con l'indicazione dell'atto di procura o dell'accettazione della persona nominata (art. 1403 c.c.).

E) Effetti della mancata dichiarazione di nomina.

Nell'ipotesi in cui la dichiarazione di nomina non sia validamente fatta nel termine stabilito dalla legge o dalle parti, il **contratto produce i suoi effetti tra i contraenti originari** (art. 1405 c.c.).

4. La cessione del contratto.

A) Nozione.

- Con la cessione del contratto (art. 1406 c.c.) il titolare di un rapporto contrattuale a prestazioni corrispettive non ancora eseguite (cedente) **sostituisce** a sé un terzo (cessionario) nel rapporto, con il consenso dell'altra parte (ceduto).

Attraverso tale schema astratto le **parti** possono trasferire l'**intera posizione contrattuale** ad un terzo che **subentra nella titolarità di tutti i diritti e di tutti gli obblighi derivanti dal contratto**.
La cessione del contratto rientra nei negozi a **causa variabile**, cioè in quei negozi in cui la causa varia a seconda dello scopo concreto che le parti intendono realizzare (es. causa solutoria, causa liberale etc.).
Solo i contratti a **prestazioni corrispettive** possono costituire oggetto di cessione e solo nell'ipotesi in cui tali prestazioni non siano state ancora eseguite.

B) Il consenso del contraente ceduto.

È essenziale, per il perfezionamento del contratto di cessione, il **consenso del contraente ceduto**; la cessione del contratto, quindi, come affermato dalla dottrina e dalla giurisprudenza prevalente, è un **contratto trilaterale** intercorrente tra le parti originarie del contratto ed il terzo.
Ciò distingue la cessione del contratto dalla **cessione di credito** dove non è richiesto il consenso del debitore ceduto: tale differenza trova la sua giustificazione nel fatto che nella cessione del contratto viene trasferito un complesso unitario di situazioni giuridiche attive e passive ed è quindi necessario il consenso del contraente ceduto in quanto titolare delle situazioni attive corrispondenti agli obblighi gravanti sul cedente.
Il consenso può essere:

- **tacito**;
- **espresso**;
- **preventivo**; in tal caso la cessione sarà efficace nei confronti del contraente ceduto (che aveva espresso preventivamente il proprio consenso alla cessione) dal momento in cui ha accettato la cessione stessa o questa gli sia stata notificata (art. 1407 c.c.).

C) Rapporti tra ceduto e cedente.

I **rapporti tra ceduto e cedente** sono regolati dall'art. 1408 c.c. che prevede la liberazione del cedente dalle proprie obbligazioni dal momento in cui la sostituzione diviene efficace nei confronti del ceduto.
Effetto del negozio di cessione, quindi, è l'**estromissione del cedente** dal rapporto contrattuale "base", con conseguente sua liberazione nei confronti del contraente ceduto.
L'art. 1408, comma. 3, c.c. pone a carico del ceduto lo specifico **obbligo di dare notizia al cedente dell'eventuale inadempimento** del cessionario, entro quindici giorni da quello in cui lo stesso si è verificato. In caso di violazione di tale obbligo il ceduto è tenuto a **risarcire il danno** che ne sia derivato al cedente.

D) Rapporti tra ceduto e cessionario.

I rapporti tra **ceduto e cessionario** sono regolati dall'art. 1409 c.c. che consente al ceduto di opporre al

cessionario tutte le **eccezioni derivanti dal contratto**: ciò deriva dal fatto che la cessione determina il subentro del terzo nel contratto con effetto sostitutivo del contraente originario, ma **lascia inalterato il contenuto del contratto stesso** e le oggettive posizioni contrattuali preesistenti.
Il ceduto non può invece opporre le **eccezioni relative ad altri rapporti con il cedente** non derivanti dal contratto oggetto di cessione, a meno che non ne abbia fatto espressa **riserva** nel momento in cui ha consentito alla sostituzione.

E) Rapporti tra cedente e cessionario.

I **rapporti tra cedente e cessionario** sono regolati dall'art. 1410 c.c. che prevede che il cedente è tenuto a **garantire al cessionario la validità** del contratto.
Al di là di tale garanzia mediante il contratto di cessione **il cedente s'impegna verso il cessionario all'attribuzione della posizione contrattuale ceduta**. In forza dell'impegno traslativo, il cedente è pertanto inadempiente tutte le volte in cui il cessionario non acquisisce la posizione contrattuale o acquisisce una posizione contrattuale che non corrisponda, in tutto o in parte, a quella promessa.
Il cedente può assumere **anche la garanzia dell'adempimento** del contratto (art. 1410, comma 2, c.c.) e in tal caso risponde come **fideiussore** per le obbligazioni del contraente ceduto.

Dizionario di termini tecnici

- **Parte**
  La **nozione di parte** non si identifica con la nozione di soggetto in quanto con il termine parte ci si riferisce ad un **centro di imputazione di interessi omogenei** che può essere costituito anche da una pluralità di soggetti distinti, i quali, vista la comunanza di interessi, sono portati ad assumere una posizione uniforme nel contratto e ad esprimere una unica volontà giuridicamente rilevante.

- **Rappresentanza**
  Per rappresentanza si intende il potere di un soggetto (**il rappresentante**) di compiere atti giuridici in nome di un altro soggetto (**il rappresentato**), con la conseguenza che il contratto posto in essere dal rappresentante (**parte formale**) produce effetti automaticamente nella sfera giuridica del rappresentato (**parte sostanziale**).

- **Contratto per persona da nominare**
  Il contratto per persona da nominare, disciplinato dagli art. 1401 e ss. c.c., si configura nell'ipotesi in cui una delle parti (c.d. **stipulante**) al momento della conclusione del contratto si **riservi la facoltà di nominare** successivamente la persona che deve acquistare i diritti e assumere gli obblighi nascenti dal contratto stesso.

- **Cessione del contratto**
  Con la cessione del contratto (art. 1406 c.c.) il titolare di un rapporto contrattuale a prestazioni corrispettive non ancora eseguite (cedente) **sostituisce** a sé un terzo (cessionario) nel rapporto, con il consenso dell'altra parte (ceduto).

III ▶ LA FORMAZIONE DEL CONTRATTO

1. L'accordo.

Il contratto si intende concluso nel momento e nel luogo in cui le parti raggiungono l'**accordo** su tutti gli elementi rilevanti del regolamento contrattuale.
L'accordo, inteso come **incontro delle volontà** delle parti contraenti, oltre ad essere **elemento essenziale** del contratto (art. 1325 c.c.), è **essenza stessa del regolamento contrattuale**, come emerge dalla definizione dell'art. 1321 c.c., secondo cui il contratto è una forma peculiare di accordo.

2. Proposta e accettazione.

Lo schema tipico di conclusione del contratto è rappresentato dallo **scambio** fra le parti **di proposta e accettazione**.
Difatti, a norma dell'art. 1326 c.c., il contratto è concluso nel momento in cui chi ha fatto la proposta viene a conoscenza dell'accettazione dell'altra parte.
La proposta e l'accettazione, secondo l'indirizzo dottrinale prevalente, sono:

- **atti pre-negoziali**, in quanto solo dal momento del loro incontro il contratto può dirsi validamente concluso;
- **atti recettizi**, in quanto producono i loro effetti solo dal momento in cui giungono a conoscenza della persona alla quale sono destinate (art. 1334 c.c.).
  L'art. 1335 c.c. introduce una **presunzione di conoscenza o di conoscibilità** delle dichiarazioni destinate ad un soggetto determinato, stabilendo che le stesse si presumono conosciute nel momento in cui giungono all'indirizzo del destinatario, a meno che questi non provi di essere stato senza sua colpa nell'impossibilità di averne notizia.
  Per cui, salvo eccezioni, il contratto si reputa concluso nel momento in cui l'accettazione arriva all'indirizzo del proponente.

A) La proposta.

La **proposta** deve essere:

- **completa**, in quanto deve contenere tutti gli elementi essenziali del contratto che si vuole concludere;
- **impegnativa,** in quanto con la stessa il proponente deve manifestare in modo espresso o tacito la volontà di addivenire alla stipula del contratto;
- rivestita della particolare **forma** prevista dalla legge per i contratti per i quali questa è richiesta ai fini della validità (forma *ad substantiam*) o ai fini della prova (forma *ad probationem*).

La **morte o la perdita di capacità del proponente** prima della conclusione del contratto, determinano la perdita di efficacia della proposta, a meno che si tratti di proposta irrevocabile o di proposta formulata dall'imprenditore non piccolo nell'esercizio della sua impresa (art. 1330 c.c.).

B) L'accettazione.

L'**accettazione** deve essere:

- perfettamente **conforme** alla proposta ricevuta (una accettazione non conforme alla proposta, equivale ad una nuova proposta);
- **tempestiva**, cioè deve giungere al proponente nel termine da lui stabilito o in quello ordinariamente necessario secondo la natura degli affari o degli usi. In ogni caso il proponente può ritenere efficace una **accettazione tardiva**, determinando così la valida conclusione del contratto, ma deve darne immediatamente avviso alla controparte;
- **definitiva ed incondizionata**, in quanto deve esprimere la volontà di accettare la proposta senza

rinvii a momenti successivi e senza subordinare la propria efficacia ad eventi futuri o incerti;
- rivestita della medesima forma eventualmente richiesta dalla legge per il contratto da perfezionare (art. 1350 c.c.) o la forma particolare imposta dal proponente.

C) La revoca della proposta e dell'accettazione.

Sia la proposta che l'accettazione sono **revocabili**:
- la **proposta** è revocabile *"fino a che il contratto non si sia concluso"* e cioè fino a che il proponente non abbia avuto conoscenza dell'accettazione della controparte;
- l'**accettazione** può essere revocata *"purché la revoca giunga a conoscenza del proponente prima dell'accettazione"* (art. 1328 c.c.).

1) <u>**Revoca della proposta come atto non recettizio.**</u>
Secondo l'impostazione tradizionale la **revoca della proposta non ha carattere recettizio** in quanto è efficace se il proponente la pone in essere prima di aver avuto conoscenza dell'accettazione, anche se la revoca giunga a conoscenza dell'accettante dopo che il proponente sia venuto a conoscenza dell'accettazione. In altri termini vale per la revoca della proposta il c.d. **principio della spedizione**, secondo il quale la revoca è efficace anche se solo spedita dal proponente prima della conclusione del contratto.
La **revoca dell'accettazione** invece ha **natura recettizia** in quanto produce i suoi effetti solo dal momento in cui giunge a conoscenza del proponente e solo se tale momento è anteriore a quello in cui il proponente viene a conoscenza dell'accettazione.

2) <u>**Revoca della proposta come atto recettizio.**</u>
Tale ricostruzione della revoca della proposta e dall'accettazione non è unanimemente condivisa in quanto la **giurisprudenza** (Cass. Sez. II, 16 maggio 2000, n. 6325) ha qualificato come **atto recettizio anche la revoca della proposta**, con la conseguenza che la stessa ha effetto solo se giunge a conoscenza dell'accettante prima che il proponente abbia avuto conoscenza dell'accettazione.

Ad ogni modo, in caso di revoca della proposta il proponente ha l'obbligo di **indennizzare** l'oblato che abbia iniziato in buona fede l'esecuzione del contratto prima di aver avuto notizia della revoca (**responsabilità da atto lecito**).
Tale indennizzo dovrà ricomprendere le spese e le perdite subite per l'iniziata esecuzione del contratto.

► 2.1. Il contratto concluso mediante inizio di esecuzione.

A) Nozione ed ambito di applicazione.

L'art. 1327 c.c. disciplina la modalità di conclusione del contratto mediante inizio di esecuzione: in tal caso il contratto si conclude nel momento in cui ha inizio l'esecuzione da parte dell'oblato, senza che vi sia la necessità di una preventiva risposta al proponente.
Questo schema può essere utilizzato solo nei casi in cui **lo richieda espressamente il proponente o sia previsto dalla natura dell'affare o dagli usi**.
La sua applicazione, inoltre, è esclusa per i **contratti formali**.

B) Natura giuridica.

Secondo la tesi prevalente, accolta dalla giurisprudenza, l'inizio dell'esecuzione ha natura di **accettazione tacita** della proposta contrattuale e non di negozio giuridico autonomo (c.d. negozio di attuazione) né di comportamento legalmente tipizzato.

C) Onere di avviso dell'inizio dell'esecuzione.

A tutela della posizione del proponente l'oblato ha **l'onere di avvisarlo dell'inizio dell'esecuzione**, andando incontro in caso contrario all'obbligo di risarcire il danno patito dal proponente a causa della mancata e tempestiva conoscenza dell'avvenuta conclusione del contratto.

► 2.2. Il contratto con obbligazioni a carico del solo proponente.

A) Nozione.

Quando il contratto prevede obbligazioni per il solo proponente la proposta è irrevocabile appena giunge a conoscenza del destinatario, il quale può rifiutare la proposta nel termine previsto dalla natura dell'affare o dagli usi. In mancanza di rifiuto il contratto si intende concluso (**art. 1333 c.c.**).

Per effetto di tale disposizione, il contratto da cui derivano obbligazioni solo per il proponente non si conclude attraverso lo scambio di proposta ed accettazione ma **per effetto del mancato rifiuto** dell'oblato nel termine previsto dalla natura dell'affare o degli usi.

B) Natura giuridica.

Sulla natura giuridica di tale fattispecie sono state sviluppate più teorie dalla dottrina:

1. secondo la tesi tradizionale, il contratto di cui all'art. 1333 c.c. è un **normale contratto bilaterale** che non deroga alla regola generale dello scambio tra proposta ed accettazione, in quanto il mancato rifiuto è equiparato ad una **accettazione tacita** della proposta.
   Il contratto si perfeziona, quindi, nel momento in cui scade il termine entro cui l'oblato può rifiutare;
2. secondo una diversa teoria, tale fattispecie si caratterizza per la circostanza che l'accettazione dell'oblato è sostituita da un **comportamento legalmente tipizzato**, cioè da un comportamento tipico cui la legge attribuisce un valore di accettazione.
   Il mancato rifiuto, quindi, non è una manifestazione tacita di volontà, ma assume il significato che la legge gli attribuisce a prescindere dalla volontà della parte;
3. secondo l'orientamento più recente, la fattispecie di cui all'art. 1333 c.c. non è un contratto caratterizzato da una particolare modalità di formazione ma un **negozio giuridico unilaterale recettizio**, i cui effetti sono rifiutabili dal destinatario.
   Il momento perfezionativo del negozio giuridico, quindi, deve essere individuato nel momento in cui la dichiarazione unilaterale giunge a conoscenza del destinatario, con la conseguenza che il **rifiuto produce effetti risolutivi rispetto al negozio già perfezionato**, eliminando retroattivamente gli effetti già prodotti.

C) Ambito di applicazione.

L'**ambito di applicazione** dell'art. 1333 c.c., secondo l'impostazione preferibile, non comprende solo i **contratti ad effetti obbligatori**, come sembrerebbe emergere dalla lettera dell'art. 1333 c.c., ma anche i **contratti ad effetti reali**.

Difatti, anche se il trasferimento della titolarità di un diritto reale può far sorgere in capo al beneficiario una serie di obblighi accessori, questi, non costituendo il corrispettivo dell'attribuzione del diritto reale, non possono essere considerati oggetto di una vera e propria obbligazione.

► 2.3. L'offerta al pubblico.

A) Nozione.

➢ L'offerta al pubblico (art. 1336 c.c.) è una particolare forma di proposta contrattuale caratterizzata dal fatto di **non avere un destinatario determinato**, ma di essere rivolta ad un pubblico indistinto.

Essa acquista **efficacia** nel **momento in cui viene resa pubblica** e **può essere revocata** dal suo autore fino a quando il contratto non sia concluso, semplicemente utilizzando le stesse forme o forme equipollenti a quelle dell'offerta. In tal caso, la revoca ha effetto anche nei confronti di chi non ne viene a conoscenza.

Anche nel caso di offerta al pubblico il contratto si conclude nel momento in cui il proponente ha notizia dell'accettazione.

L'offerta al pubblico deve essere **completa** e **vincolante**, ma a differenza di un'offerta rivolta ad un destinatario determinato **non è recettizia**.

B) Differenza con l'invito ad offrire.

Nell'ipotesi in cui l'offerta al pubblico non sia completa e non contenga tutti gli elementi necessari per addivenire alla conclusione del contratto può valere come mero **invito ad offrire**, e cioè come invito ad effettuare delle proposte contrattuali in vista dell'inizio di future contrattazioni.

C) Differenze con la promessa al pubblico.

L'offerta al pubblico non va concettualmente confusa nemmeno con la **promessa al pubblico**, disciplinata dall'art. 1989 c.c. e costituente un negozio giuridico unilaterale. (vedi *infra*).

3. I contratti per adesione.

A volte il contenuto del contratto non è oggetto di negoziazione tra le parti in quanto il contraente può solo decidere di concludere o meno l'affare aderendo al regolamento contrattuale predisposto unilateralmente dall'altra parte.

In tali ipotesi, si parla di **contratti per adesione** in cui rientrano:

1. **Contratti con condizioni generali di contratto.**
   I contratti caratterizzati dalla presenza di condizioni generali di contratto (art. 1341 c.c.).
   Le condizioni generali di contratto sono clausole contrattuali uniformi predisposte unilateralmente da uno dei contraenti per disciplinare in modo standardizzato i propri contratti.
   Esse sono **vincolanti** per il contraente aderente anche se non inserite nel corpo del documento contrattuale, a condizione che siano **conosciute** al momento della conclusione del contratto, o quantomeno **conoscibili** utilizzando l'ordinaria diligenza.
   Tale effetto vincolante non si produce per alcune categorie di clausole, particolarmente sfavorevoli per il sottoscrittore, che devono essere necessariamente approvate per iscritto (c.d. **clausole vessatorie**). In mancanza di tale approvazione specifica, dette clausole non producono effetto, anche se effettivamente conosciute dalla parte aderente;
2. **I contratti conclusi mediante moduli o formulari (art. 1342 c.c.).**
   In tali contratti il regolamento contrattuale è predisposto unilateralmente da uno dei contraenti su appositi moduli o formulari e l'altra parte si limita ad apporre la propria sottoscrizione.
   In tal caso le **clausole aggiunte** dalle parti prevalgono su quelle contrastanti contenute nei moduli o nei formulari anche se quest'ultime non sono state cancellate;
3. **I contratti aperti all'adesione di altre parti (art. 1332 c.c.).**
   In tali ipotesi il contratto è aperto all'adesione di soggetti diversi rispetto ai contraenti originari: tali adesioni successive devono essere indirizzate all'organo costituito per l'esecuzione del contratto o, in mancanza, a tutti gli originari contraenti.

4. I rapporti contrattuali di fatto.

I rapporti contrattuali di fatto sono quei rapporti che prescindono dalla esistenza di un contratto, pur modellandosi secondo il contenuto di un contratto tipico.

Il fenomeno viene suddiviso in tre ampie categorie:

1. i **contatti sociali qualificati** (su cui vedi *supra*);
2. i **contratti nulli eccezionalmente produttivi di effetti**;
3. i c.d. **contratti di massa**, che si caratterizzano per il particolare modo di perfezionarsi, visto che l'acquisizione di un bene o di un servizio non avviene attraverso lo scambio di proposta ed accettazione tra i contraenti ma attraverso forme meccanizzate e standardizzate (es. acquisti *self-service*).

5. L'inserzione automatica di clausole e clausole d'uso.

Gli artt. 1339 e 1340 c.c., nonostante la loro collocazione nell'impianto codicistico, non prevedono delle ulteriori forme di conclusione del contratto ma piuttosto **incidono sulla libertà delle parti** di determinare il contenuto contrattuale, prevedendo due diverse forme di integrazione del contratto.

1) **Inserzione automatica di clausole imposte dalla legge.**
   In particolare, l'**art. 1339 c.c.** dispone l'automatica inserzione nel contratto di **clausole imposte dalla legge**, le quali, avendo **valore imperativo**, si **sostituiscono** anche ad eventuali **clausole difformi** concordate dalle parti.
2) **Inserzione automatica di clausole d'uso.**
   L'art. 1440 c.c. prevede, invece, l'automatica inserzione di **clausole d'uso** nel contratto, a meno che non risulti una diversa volontà delle parti.

Mentre nel primo caso la **forma di integrazione è imperativa**, in quanto capace di derogare alla volontà delle parti, nel secondo è solamente **suppletiva**, in quanto in grado di operare solo in assenza di diversa disciplina fissata dalle parti.

6. Il momento di conclusione del contratto.

Le parti normalmente **prima di giungere all'accordo contrattuale** svolgono una serie di atti e comportamenti di varia natura (trattative, scambi di proposte, contratti preparatori etc.) tutti diretti a raggiungere una soluzione condivisa relativamente all'assetto di interessi che vogliono regolare con il contratto.

A) La minuta (o puntazione).

In tale fase preparatoria, le parti, se raggiungono un accordo soltanto su alcuni aspetti del contratto, possono redigere un documento con cui certificare il raggiungimento di tale parziale accordo.
Si tratta della c.d. **minuta o puntazione**, documento privo di qualunque valore vincolante in ordine alla futura stipula del contratto, in quanto per definizione **parziale** e **non definitivo**.
Tuttavia, la minuta, certificando lo svolgimento di trattative serie e reali, ha una **rilevante efficacia probatoria** ai fini del riconoscimento di una eventuale responsabilità precontrattuale (su cui vedi *infra*).

B) La conclusione del contratto.

Se è pacifico il valore non vincolante della minuta, che segna semplicemente una fase delle trattative, molto più complessa è l'individuazione della **linea di confine fra minuta e contratto**, sia preliminare che definitivo.

➢ Secondo la tesi prevalente sia in dottrina che in giurisprudenza il contratto può dirsi concluso solo nel momento in cui le parti, con **effettiva ed attuale volontà di vincolarsi**, raggiungono un **accordo su tutti i suoi elementi, essenziali ed accidentali**.
  In sostanza, fino a quando le parti si riservano di negoziare su alcuni elementi, di qualunque rilievo, il contratto non può considerarsi concluso.

7. La responsabilità precontrattuale.

A) Nozione.

Le parti, fin quando durano le trattative, sono libere di decidere se concludere o meno il contratto ma devono, in ogni caso, comportarsi secondo **buona fede** (art. 1337 c.c.).
Il contraente che violi tale precetto, ponendo in essere un comportamento scorretto in danno dell'altro, va incontro a responsabilità precontrattuale.
La ***ratio*** della disciplina della responsabilità precontrattuale è quella di **tutelare la libertà negoziale** dei soggetti nella fase di formazione ed esplicazione della loro volontà, sanzionando tutti i comportamenti, contrari a buona fede, in grado di generare affidamenti o convinzioni erronee.
Affinché possa integrarsi una responsabilità precontrattuale, la giurisprudenza richiede che:

1. tra le parti siano in corso trattative;
2. queste siano giunte ad uno stadio idoneo ad ingenerare, nella parte che invoca l'altrui

responsabilità, il ragionevole affidamento sulla conclusione del contratto;
3. esse siano state interrotte, senza un giustificato motivo, dalla parte cui si addebita detta responsabilità;
4. pur nell'ordinaria diligenza della parte che invoca la responsabilità, non sussistano fatti idonei ad escludere il suo ragionevole affidamento sulla conclusione del contratto (Cass. civ. sez. II, 15 aprile 2016, n. 7545).

B) Natura giuridica.

Con riferimento alla **natura giuridica** della responsabilità precontrattuale, si sono sviluppate principalmente due teorie:

1. **tesi della responsabilità extracontrattuale**: l'impostazione dottrinale e giurisprudenziale prevalente ritiene la responsabilità precontrattuale una ipotesi di **responsabilità extracontrattuale**; ne deriva la necessità di applicare la relativa disciplina (con particolare riferimento ai termini di prescrizione).
   Si esclude la configurabilità di una responsabilità contrattuale facendo leva sul mancato perfezionamento del vincolo contrattuale e sulla relativa inesistenza di obbligazioni contrattuali in capo alle parti;
2. **tesi della responsabilità contrattuale**: secondo tale tesi minoritaria la responsabilità precontrattuale non è una ipotesi di responsabilità extracontrattuale, in quanto i soggetti, tra cui si svolgono le trattative non possono essere considerati come due soggetti estranei, su cui grava il generico dovere del *neminem laedere*.
   Il contatto sociale che si instaura tra i due soggetti durante la fase delle trattative fa sorgere, infatti, doveri specifici in capo alle parti, la cui violazione dà luogo ad una responsabilità contrattuale da **contatto sociale qualificato** (vedi *supra*).

C) Ipotesi di responsabilità precontrattuale.

Uno degli aspetti più problematici della responsabilità precontrattuale riguarda l'**individuazione dei comportamenti che sono in grado di far sorgere tale tipo di responsabilità**.
A tal proposito, l'art. 1337 c.c. si limita a richiamare l'obbligo di comportarsi secondo buona fede, lasciando agli interpreti il compito di individuare i comportamenti che concretizzano tale obbligo. In specie:

1. **L'art. 1338 c.c.**
   Un primo obbligo comportamentale è previsto direttamente dalla legge all'**art. 1338 c.c.**, che impone alla parte che conosce (dolo) o che dovrebbe conoscere (colpa) una **causa di invalidità del contratto**, di **darne notizia alla controparte**.
   La violazione di tale precetto fa sorgere l'obbligo di risarcire il danno che la controparte ha subito per **aver confidato senza sua colpa nella validità del contratto**.
   La norma, pertanto, mira ad impedire la stipulazione del contratto, tutelando l'interesse dei contraenti a non stipulare contratti invalidi.
   L'obbligo risarcitorio non sorge nell'ipotesi in cui vi sia stata la mancata comunicazione di elementi che l'altro soggetto doveva conoscere e che ha colpevolmente ignorato; la norma, difatti, richiede che la controparte debba aver fatto **affidamento senza sua colpa sulla validità del contratto**.
   Ad esempio, in ipotesi di mancata informazione circa l'esistenza o la portata di **norme di legge**, per l'operatività del principio "*ignorantia legis non excusat*" la parte che non sia a conoscenza di una causa di invalidità per mancata conoscenza della relativa norma di legge non può imputare tale ignoranza alla controparte, trattandosi di norme di legge che ciascun cittadino avrebbe il dovere di conoscere.
2. **Responsabilità precontrattuale per mancata conclusione del contratto.**
   Per lungo tempo la responsabilità precontrattuale è stata ritenuta configurabile esclusivamente in caso di **mancata conclusione del contratto**.
   - **Recesso ingiustificato dalle trattative**.

La principale ipotesi di responsabilità precontrattuale è stata da sempre individuata nel **recesso ingiustificato dalle trattative**; le parti, fino al momento della conclusione del contratto, sono libere di recedere in qualsiasi momento dalle trattative ma, nell'ipotesi in cui queste siano giunte ad un punto tale da far sorgere **l'affidamento incolpevole della controparte** circa la stipulazione del contratto, il recesso è legittimo solo se sorretto da un **giustificato motivo.**

In mancanza la parte recedente è tenuta a risarcire il danno subito dalla controparte.

Poiché il contratto non si è concluso il danno risarcibile non ha ad oggetto l'interesse positivo, cioè l'interesse all'esecuzione del contratto, ma solo l'**interesse negativo** ossia l'interesse a non essere coinvolti in trattative infruttuose.

Tale danno comprende tanto il **danno emergente**, e cioè le spese sostenute dalla parte per lo svolgimento delle trattative, tanto il **lucro cessante**, cioè il mancato guadagno derivante dalla perdita di altri potenziali affari

3. **Responsabilità precontrattuale in caso di contratto pregiudizievole.**
Attualmente la responsabilità precontrattuale si ritiene configurabile anche nell'ipotesi in cui sia **stato stipulato un contratto valido ed efficace**, quando il comportamento scorretto tenuto da una delle parti nel corso delle trattative ha portato alla stipula di un **contratto pregiudizievole**, cioè di un contratto che, in assenza del comportamento contrario al precetto di buona fede, **sarebbe stato stipulato a condizioni differenti**.
In tal caso il danno risarcibile non può essere commisurato né alla lesione dell'interesse positivo né alla lesione dell'interesse negativo ma deve essere ragguagliato al minor vantaggio o al maggior aggravio economico determinato dal comportamento scorretto di una delle parti (c.d. **interesse positivo differenziale**).
4. **Responsabilità precontrattuale per violazione degli obblighi di informazione e chiarezza.**
Tale ipotesi di responsabilità precontrattuale si configura, ad esempio, quando siano stati lesi gli **obblighi di informazione e di chiarezza** gravanti su entrambe le parti nel corso delle trattative e ciò abbia portato alla stipulazione di un contratto con condizioni pregiudizievoli per una delle parti. Difatti, quest'ultime hanno l'obbligo, derivante dal precetto generale di buona fede, di comunicarsi reciprocamente tutti gli elementi in grado di incidere in modo oggettivo sulla prestazione dovuta e sulla soddisfazione che l'altra parte può ragionevolmente attendersi dal contratto.

Dizionario di termini tecnici

- **Accordo**
  L'accordo, inteso come **incontro delle volontà** delle parti contraenti, oltre ad essere **elemento essenziale** del contratto (art. 1325 c.c.), è **essenza stessa del regolamento contrattuale**, come emerge dalla definizione dell'art. 1321 c.c., secondo cui il contratto è una forma peculiare di accordo.

- **Responsabilità precontrattuale**
  La responsabilità precontrattuale **tutela la libertà negoziale** dei soggetti nella fase di formazione ed esplicazione della loro volontà, sanzionando tutti i comportamenti, contrari a buona fede, in grado di generare affidamenti o convinzioni erronee.

IV ▶ I NEGOZI PREPARATORI E IL CONTRATTO PRELIMINARE

1. I negozi preparatori.

Con l'espressione "negozi preparatori" si indicano alcune **tipologie negoziali** (proposta irrevocabile, prelazione, opzione, contratto preliminare e contratto normativo) che **precedono la conclusione del contratto**.
Tali negozi sono accomunati dal loro **carattere eventuale**, non costituendo una fase necessaria della formazione del contratto, e dalla loro **funzione preparatoria** rispetto alla stipula di un successivo contratto.

2. La proposta irrevocabile.

A) Nozione.

La proposta irrevocabile, a norma dell'art. 1329, comma 1, c.c., è una proposta contrattuale che il proponente si impegna a tenere ferma per un certo periodo di tempo. Durante questo periodo la **revoca è senza effetto** in deroga alla regola generale secondo cui proposta e accettazione sono revocabili fino al momento della conclusione del contratto (art. 1328 c.c.).
Nell'ipotesi in cui il proponente non rispetti il vincolo assunto con la proposta irrevocabile è responsabile nei confronti dell'oblato a titolo di **responsabilità precontrattuale**.

B) Previsione di un termine essenziale e natura giuridica della proposta irrevocabile.

La determinazione del periodo di tempo in cui la proposta è irrevocabile costituisce **elemento essenziale** della proposta stessa e le conseguenze della sua mancata determinazione variano a seconda della **natura giuridica** che si riconosce all'istituto:

1. se si ritiene che si tratti di un unico **negozio giuridico unilaterale**, la mancata determinazione del termine di irrevocabilità determina la radicale nullità della proposta;
2. se si opta per la c.d. **tesi duplice**, secondo la quale la proposta irrevocabile è una proposta semplice accompagnata da una rinuncia unilaterale al diritto di revoca, la mancata determinazione del termine determina la sola nullità della rinuncia e la proposta varrà come proposta semplice.

3. L'opzione.

A) Nozione.

L'opzione (art. 1331 c.c.) è un **contratto**, oneroso o gratuito, con cui una parte si vincola a mantenere ferma la propria proposta per un determinato periodo di tempo, con facoltà per l'altra parte di aderirvi o meno. In tal caso la proposta è **equiparata ad una proposta irrevocabile** e la revoca non ha effetto.
Con il contratto di opzione, quindi, viene attribuito ad un soggetto (c.d. opzionario) il **diritto potestativo** di concludere il contratto con una semplice dichiarazione, mentre il concedente, essendo vincolato a mantenere ferma la propria dichiarazione, è titolare di una posizione passiva di **soggezione**.
A differenza di quanto previsto in tema di proposta irrevocabile, l'art. 1331 comma 2 c.c. stabilisce che in **mancanza di un termine di validità** dell'opzione determinato convenzionalmente, lo stesso possa essere stabilito in via integrativa dal **giudice**.

B) Differenze con istituti affini.

L'opzione va tenuta distinta:

1. dalla **proposta irrevocabile**, in quanto quest'ultima costituisce un mero negozio unilaterale del proponente, mentre nell'opzione il vincolo di mantenere ferma la proposta deriva da un vero e

proprio contratto;
2. dal **contratto preliminare**, ed in particolare dal **contratto preliminare unilaterale** in cui l'obbligo di concludere il contratto definitivo sorge solo in capo ad una delle due parti. Difatti, mentre in quest'ultimo caso la stipula del contratto definitivo richiede una nuova manifestazione di volontà di entrambe le parti, nel caso dell'opzione il contratto si conclude per effetto della sola dichiarazione di volontà dell'opzionario senza la necessità di una nuova manifestazione di volontà del concedente.

C) Effetti dell'opzione.

L'opzione produce esclusivamente **effetti obbligatori**, con la conseguenza che in caso di inadempimento del contratto l'opzionario non potrà opporre il proprio diritto ai terzi che abbiano acquistato diritti dal concedente in violazione del contratto di opzione.
In tal caso, l'unico rimedio esperibile dall'opzionario è l'**azione di risarcimento del danno per inadempimento**: il concedente, in particolare, va incontro ad una **responsabilità contrattuale** per violazione del contratto di opzione.

4. La prelazione.

A) Nozione.

La prelazione è il negozio con cui un soggetto **si impegna a preferire** il beneficiario, a parità di condizioni, rispetto ad altri contraenti, **nel caso in cui decida di concludere il contratto**.
Il promittente non assume alcun obbligo rispetto alla futura conclusione del contratto rimanendo pienamente **libero di contrarre o meno**.
Tuttavia, qualora decida di concludere il contratto è tenuto ad informare il beneficiario della sua intenzione e delle condizioni alle quali è disposto a contrarre (c.d. **obbligo di *denuntiatio***) dovendo preferire, a parità di condizioni, il beneficiario della prelazione.

B) L'obbligo di *denuntiatio*.

L'obbligo di *denuntiatio* è un obbligo giuridico **funzionale** ed **accessorio** all'obbligo principale di non stipulare il contratto in violazione del patto di preferenza, in quanto consente al beneficiario di valutare se esercitare o meno il suo diritto di prelazione.
Per evitare che il promittente rimanga vincolato *sine die*, il prelazionario, dopo essere stato informato dal promittente della sua volontà di concludere il contratto e delle condizioni alle quali è disposto a farlo, deve far pervenire la propria risposta dichiarando se intende avvalersi o meno della prelazione, entro il termine fissato dalle parti (c.d. **termine di efficacia della *denuntiatio***).
Se le parti non hanno previsto tale termine, trova applicazione l'art. 1326 c.c., secondo cui il termine per la risposta può essere individuato con riferimento alla natura dell'affare o agli usi.

C) Fonti del diritto di prelazione.

Il diritto di prelazione può nascere:
1. dall'autonomia negoziale (**prelazione volontaria**);
2. da una previsione di legge (**prelazione legale**).

D) Effetti della prelazione.

Le **conseguenze dell'inadempimento del contratto di prelazione** e, in particolare, la gamma dei rimedi esperibili dal prelazionario dipendono dalla natura degli effetti che si ricollegano alla prelazione.

- **Effetti reali della prelazione.**
  Secondo l'opinione tradizionale, e di gran lunga prevalente, la prelazione ha **effetti reali solo nei casi in cui sia espressamente previsto dalla legge il diritto di riscatto**, cioè l'opponibilità della prelazione nei confronti dei terzi. Questo avviene, per espressa previsione legislativa, ad esempio, nella prelazione del coerede disciplinata dall'art. 732 c.c. (c.d. retratto successorio),

nella prelazione agraria prevista dall'art. 8 della L. n. 590/65 e nella prelazione urbana di cui all'art. 38, legge n. 392/78.

- **Effetti obbligatori della prelazione.**
  In mancanza di una previsione espressa, invece, **la prelazione produce effetti solo obbligatori**, determinando in capo al promittente inadempiente una **responsabilità per inadempimento *ex* art. 1218 c.c.**
  Oltre all'azione di inadempimento contrattuale nei confronti del promittente, è ammessa **azione di risarcimento del danno extracontrattuale nei confronti del terzo** che, essendo a conoscenza del patto di prelazione, abbia concluso il contratto con il promittente in violazione del diritto di prelazione.

5. Il contratto preliminare.

A) Nozione.

Con il contratto preliminare le parti **si impegnano a stipulare** un successivo contratto, detto definitivo, i cui elementi fondamentali sono già fissati nello stesso preliminare.
Il preliminare è tipicamente un **contratto preparatorio ad effetti obbligatori**, facendo sorgere l'obbligo tipico di prestare il consenso necessario alla conclusione del contratto definitivo.
Il contratto preliminare costituisce uno **strumento di controllo delle sopravvenienze** in quanto consente alle parti di valutare l'incidenza di eventuali fattori sopravvenuti prima di realizzare definitivamente l'assetto di interessi programmato con il contratto preliminare.

B) Il preliminare c.d. unilaterale.

Accanto al **preliminare bilaterale**, in cui entrambe le parti assumono l'obbligo di stipulare il definitivo, si colloca il **preliminare c.d. unilaterale**, in cui l'obbligo di prestare il consenso per il definitivo è assunto solo da una delle due parti, mentre l'altra rimane libera di consentire o meno.

C) La forma del contratto preliminare.

Tra le poche norme dettate dal codice civile in materia di contratto preliminare vi è **l'art. 1351 c.c.**, ai sensi del quale il preliminare deve rivestire, a pena di nullità, la stessa **forma** prescritta dalla legge per il contratto definitivo. La forma del preliminare si determina, quindi, *per relationem*.

D) Natura giuridica del contratto preliminare, rimedi esperibili avverso il preliminare e rapporti tra preliminare e definitivo.

In relazione alla **natura del preliminare** si contrappongono tre teorie.

1. **Preliminare come promessa di consensi.**
   Secondo la **tesi tradizionale** il contratto preliminare ha **natura meramente preparatoria** in quanto pone esclusivamente l'**obbligo di fare** consistente nella prestazione del consenso a stipulare il contratto definitivo (preliminare come mera **promessa di consensi**).
   Pertanto, l'effettiva realizzazione dell'assetto di interessi delineato dalle parti si ha solo con la stipulazione del contratto definitivo.
2. **Preliminare come promessa di prestazioni.**
   Secondo la **tesi attualmente dominante in dottrina ed in giurisprudenza** il contratto preliminare ha una natura duplice (**tesi del c.d. doppio contratto**) in quanto vale sia come promessa di consensi, in vista della conclusione del futuro contratto definitivo, sia come **promessa delle prestazioni finali** già individuate nel preliminare.
   Il preliminare, quindi, è considerato sia come fonte dell'obbligo di concludere il contratto definitivo, sia come fonte degli effetti finali realizzati da quest'ultimo. Difatti le parti con il preliminare assumono due obbligazioni: quella di prestare il proprio consenso alla stipulazione del definitivo e quella di realizzare concretamente l'assetto di interessi programmato.
3. **Preliminare come contratto definitivo.**
   Secondo una tesi minoritaria il contratto preliminare è un **contratto definitivo ad effetti**

obbligatori, mentre il definitivo è un atto non negoziale avente natura meramente esecutiva dell'assetto di interessi programmato nel preliminare.

Pertanto, secondo tale impostazione, l'unico atto negoziale ad effetti obbligatori è in realtà il preliminare, mentre il definitivo è un mero atto di adempimento di obblighi giuridici già completamente delineati dal preliminare (GAZZONI).

E) L'esecuzione in forma specifica dell'obbligo di concludere il contratto.

Quale che sia la tesi a cui si aderisce deve essere riconosciuto alla parte, in caso di **inadempimento del contratto preliminare**, il diritto di richiedere **la sua risoluzione ed il risarcimento del danno**, secondo le regole ordinarie in materia di inadempimento contrattuale.

In alternativa, la parte adempiente può avvalersi del rimedio previsto dall'art. **2932 c.c.** che disciplina l'**esecuzione in forma specifica dell'obbligo di concludere il contratto**.

In forza di tale disposizione la parte adempiente:

- qualora sia possibile (da un punto di vista materiale e giuridico);
- e non sia escluso dal titolo;

può ottenere una **sentenza che produca gli effetti del contratto non concluso**.

- La **sentenza** emessa dal giudice *ex* art. 2932 c.c. è un **atto di natura giurisdizionale**, che costituisce la **fonte di un rapporto** che, invece, rimane **di natura contrattuale**: pertanto, mentre la sentenza si sottrae a tutte le azioni negoziali, potendo essere impugnata secondo le regole proprie degli atti giurisdizionali, il rapporto può essere sottoposto ai rimedi negoziali tipici previsti in caso di inadempimento, sopravvenuta impossibilità della prestazione o eccessiva onerosità sopravvenuta.

F) La trascrizione del contratto preliminare.

La legge n. 69 del 1996 ha introdotto la **trascrivibilità** di alcune tipologie di contratti preliminari, a condizione **che risultino da atto pubblico** o da **scrittura privata autenticata** o **con sottoscrizione accertata giudizialmente** (art. 2645 *bis* c.c.).

In particolare, possono essere trascritti i preliminari aventi ad oggetto la conclusione di:

1. contratti che trasferiscono la proprietà di beni immobili;
2. contratti che costituiscono, trasferiscono o modificano il diritto di usufrutto sui beni immobili, il diritto di superficie, i diritti del concedente e dell'enfiteuta;
3. contratti che costituiscono la comunione dei diritti di cui sopra;
4. contratti che costituiscono o modificano servitù prediali, il diritto di uso sopra i beni immobili, il diritto di abitazione.

A seguito della trascrizione del preliminare, i contratti definitivi, le sentenze di esecuzione in forma specifica ed ogni altro atto diretto a dare esecuzione al preliminare prevalgano sulle trascrizioni eseguite contro il promittente alienante dopo la trascrizione del preliminare (c.d. **efficacia prenotativa della trascrizione del preliminare**).

Gli effetti della trascrizione del preliminare, tuttavia, sono contenuti entro specifici e perentori **limiti temporali**, rispettivamente:

- un anno dalla data prevista per l'adempimento dell'obbligo di contrarre;
- in ogni caso, tre anni dalla data di trascrizione del preliminare.

G) Il contratto preliminare ad effetti anticipati.

Una ipotesi particolare di contratto preliminare è il **contratto preliminare ad effetti anticipati**, caratterizzato dall'anticipazione al momento della stipula del preliminare, di alcuni effetti tipici del contratto definitivo.

Ad esempio, in caso di contratto preliminare di vendita, le parti convengono che debba avvenire immediatamente la consegna della cosa e il pagamento integrale o parziale del prezzo.

Pertanto, gli effetti complessivi del contratto ad effetti anticipati, derivano dal collegamento di un normale contratto preliminare con un contratto di comodato ed uno di mutuo gratuito.

Ne deriva che il promissario acquirente, ottenendo la consegna del bene in forza del contratto di comodato, deve essere considerato, fino al momento della stipulazione del definitivo, mero **detentore del bene**.

6. Il contratto normativo.

A) Nozione.

Il contratto normativo è il contratto posto in essere per fissare le regole e le condizioni che dovranno essere rispettate dalle parti nell'ipotesi in cui tra le stesse vengano stipulati successivi contratti.
La *ratio* che sorregge tale figura è l'obiettivo delle parti di **predeterminare una disciplina uniforme** dei contratti che dovessero sorgere fra le stesse.
In tal senso, dettando norme sulla formazione di futuri contratti, i contratti normativi vengono definiti come **fonti sulla produzione o di secondo grado** in quanto mirano a disciplinare direttamente l'attività che determina la nascita dei contratti e solo indirettamente gli effetti giuridici derivanti dagli stessi.

B) Ammissibilità del contratto normativo.

La **configurabilità** di tale tipologia di contratti è discussa in quanto non sembrano svolgere nessuna delle funzioni indicate dall'art. 1321 c.c. (costituire, modificare, estinguere un rapporto giuridico patrimoniale): con il contratto normativo, infatti, le parti pongono in essere un regolamento avente ad oggetto **non un rapporto giuridico già in atto tra le stesse, ma un rapporto solo eventuale, suscettibile di sorgere in futuro**.
Al tempo stesso **non assumono alcun obbligo** in tal senso, non impegnandosi, come avviene nel preliminare, a stipulare successivi contratti.

C) Effetti del contratto normativo.

La teoria favorevole alla configurabilità di tali accordi distingue gli **effetti** da essi derivanti in **reali** e **obbligatori**:

1. gli **effetti reali** comportano l'automatica inserzione nei singoli contratti, che le parti provvederanno a concludere, delle clausole predisposte in via generale con il negozio normativo. Tale tipo di effetti caratterizza i c.d. **contratti normativi bilaterali o interni**, cioè quelli che disciplinano i rapporti contrattuali futuri fra le stesse parti che hanno stipulato il contratto normativo;
2. gli **effetti obbligatori**, invece, determinano il sorgere, in capo alle parti, di obblighi di comportamento, destinati a disciplinare la fase che precede o segue la conclusione dei singoli contratti. Tali effetti sono propri dei **contratti normativi unilaterali o esterni**, con cui le parti dettano la disciplina che dovranno rispettare nei rapporti contrattuali con i terzi.

Dizionario di termini tecnici

- **Negozi preparatori**

  Con l'espressione "negozi preparatori" si indicano alcune **tipologie negoziali** (proposta irrevocabile, prelazione, opzione, contratto preliminare e contratto normativo) che **precedono la conclusione del contratto**.
  Tali negozi sono accomunati dal loro **carattere eventuale**, non costituendo una fase necessaria della formazione del contratto, e dalla loro **funzione preparatoria** rispetto alla stipula di un successivo contratto.

- **Proposta irrevocabile**

  La proposta irrevocabile, a norma dell'art. 1329, comma 1, c.c., è una proposta contrattuale che il proponente si impegna a tenere ferma per un certo periodo di tempo. Durante questo periodo la **revoca è senza effetto** in deroga alla regola generale secondo cui proposta e accettazione sono revocabili fino al momento della conclusione del contratto (art. 1328 c.c.).

➢ **Prelazione**

La prelazione è il negozio con cui un soggetto **si impegna a preferire** il beneficiario, a parità di condizioni, rispetto ad altri contraenti, **nel caso in cui decida di concludere il contratto**.

➢ **Contratto preliminare**

Con il contratto preliminare le parti **si impegnano a stipulare** un successivo contratto, detto definitivo, i cui elementi fondamentali sono già fissati nello stesso preliminare.

Il preliminare è tipicamente un **contratto preparatorio ad effetti obbligatori**, facendo sorgere l'obbligo tipico di prestare il consenso necessario alla conclusione del contratto definitivo.

➢ **Contratto normativo**

Il contratto normativo è il contratto posto in essere per fissare le regole e le condizioni che dovranno essere rispettate dalle parti nell'ipotesi in cui tra le stesse vengano stipulati successivi contratti.

V ▶ GLI ELEMENTI ESSENZIALI DEL CONTRATTO

1. Elementi essenziali del contratto.

Gli elementi essenziali del contratto (*essentialia negotii)* sono:

- l'**accordo** delle parti (su cui vedi *supra*);
- la **causa**;
- l'**oggetto**;
- la **forma**, quando è richiesta dalla legge a pena di nullità (art. 1325 c.c.).

La mancanza di uno di tali elementi determina la **nullità del contratto** a norma dell'art. 1418 c.c.

2. La causa.

Nel nostro ordinamento opera il c.d. **principio causalistico** in forza del quale ogni spostamento patrimoniale deve essere sorretto da una valida giustificazione causale: la causa, pertanto, costituisce **elemento essenziale** di ogni contratto, tipico o atipico.

A) Definizione di causa.

La **definizione di causa** è stata elaborata dalla dottrina e dalla giurisprudenza che hanno dato vita principalmente a tre teorie:

1. **<u>Teoria soggettiva.</u>**
   Secondo tale teoria, la causa deve essere identificata nello scopo personale che induce ogni parte a concludere il contratto.
   Tale teoria, frutto di una elaborazione dottrinale risalente nel tempo, è attualmente del tutto superata in quanto comporta una evidente sovrapposizione tra la causa e i **motivi**, i quali, salvo particolari eccezioni, sono normalmente irrilevanti ai fini della validità del contratto (vedi *infra*).
2. **<u>Teoria della causa in astratto.</u>**
   Secondo tale teoria, la causa deve essere identificata nella **funzione economico-sociale** tipica svolta dal contratto, cioè nella **sintesi degli effetti** che ne derivano.
   Ad esempio, la causa del contratto di compravendita è identificata nello scambio tra un bene determinato ed il prezzo.
   Così intesa, la causa tende a confondersi con il **tipo contrattuale** cioè con la struttura della tipologia contrattuale individuata dal legislatore.
   Inoltre, se la causa viene intesa come funzione economico sociale tipica svolta dal contratto, nei contratti tipici non può porsi un problema di **illiceità della causa**, in quanto quest'ultima, essendo prevista in astratto dal legislatore, non può che essere lecita. Ciò pone un problema di coordinamento con l'art. 2126 c.c. che prevede espressamente che il contratto di lavoro subordinato (contratto tipico) possa essere dichiarato nullo per illiceità della causa;
3. **<u>Teoria della causa in concreto.</u>**
   Secondo tale teoria, accolta dalla giurisprudenza e dalla dottrina più recente, la causa, intesa come **funzione economico-individuale del contratto**, va individuata nella **ragione concreta** dell'operazione negoziale, al di là dello schema astratto utilizzato dalle parti. La causa, in altri termini, non identifica la sintesi degli effetti che derivano dal contratto, ma la **sintesi degli interessi concreti** che quest'ultimo è chiamato a realizzare.
   Ne deriva una **netta distinzione tra causa e tipo contrattuale** in quanto un medesimo contratto, a seconda degli interessi che le parti vogliono perseguire, può avere una causa concreta diversa.
   Inoltre, anche il contratto tipico, cioè disciplinato dal legislatore, può essere privo di causa o avere una **causa illecita**, quando lo scopo concreto perseguito dalle parti si ponga in contrasto con gli interessi tutelati dall'ordinamento.

B) La mancanza della causa.

L'art. 1418, comma 2, c.c. sanziona la **mancanza della causa** (quale elemento essenziale del contratto) con la **nullità** del contratto.
Le ipotesi di **mancanza della causa** possono essere distinte in:

- **Mancanza totale o parziale della causa**.
  La mancanza **totale** della causa ricorre nell'ipotesi in cui il contratto sia del tutto privo di giustificazione causale, mentre quella **parziale** si verifica nei contratti a prestazioni corrispettive, quando vi sia una sproporzione tra le prestazioni delle parti in grado di compromettere l'equilibrio sinallagmatico del contratto.
  In tale ipotesi, qualora ricorrano i presupposti previsti dagli articoli 1447 e 1448 c.c., il contratto può essere rescisso.
- **Mancanza genetica e mancanza sopravvenuta della causa.**
  La mancanza della causa è **genetica,** e rende il contratto nullo, quando sin dal momento della sua conclusione il contratto sia privo di causa.
  La **mancanza sopravvenuta** della causa sorge per effetto di vicende successive che determinano il venir meno dell'originaria giustificazione causale del contratto.
  In tali ipotesi, che ricorrono ad esempio in caso di impossibilità sopravvenuta o eccessiva onerosità sopravvenuta della prestazione o inadempimento di una delle parti, la parte che vede venir meno la giustificazione causale della propria prestazione può richiedere ed ottenere la risoluzione del contratto.
  La causa, pertanto, costituisce elemento essenziale non solo nella fase di formazione del contratto (c.d. **genetica**), ma anche nella successiva fase di attuazione del rapporto (c.d. **funzionale**).

C) Il negozio astratto.

Come accennato, nel nostro ordinamento vige il principio causalistico secondo cui ogni spostamento patrimoniale deve avere una giustificazione causale: data l'operatività di tale principio è molto discussa la configurabilità nel nostro ordinamento del c.d. **negozio astratto** e cioè del negozio privo di causa, in grado di produrre effetti a prescindere dalla presenza di una giustificazione causale.

1. **Astrazione sostanziale.**
   Secondo l'interpretazione dominante, nel nostro ordinamento non è configurabile una **astrazione c.d. sostanziale** della causa, in cui il negozio sia del tutto privo di giustificazione causale.
2. **Astrazione relativa.**
   Sarebbe invece ammissibile una **astrazione c.d. relativa**, in cui la causa è rilevante non in fase di produzione degli effetti, ma in una fase di conservazione degli stessi (es. titoli di credito che legittimano il possessore a chiedere e ottenere l'adempimento, ma non escludono che l'assenza della causa dell'attribuzione possa essere fatta valere nei confronti dei soggetti legati da un rapporto extracartolare).
3. **Astrazione processuale.**
   Inoltre, è senz'altro ammissibile una **astrazione c.d. processuale**, in grado di determinare soltanto un'inversione dell'onere della prova, come avviene in caso di promessa di pagamento e ricognizione di debito (su cui vedi *infra*).

Non si verifica un fenomeno di astrazione causale laddove la causa esiste ma sia **esterna** al contratto (come avviene, ad esempio, in caso di pagamento traslativo su cui vedi *supra*).

D) La causa illecita.

Per espressa previsione dell'art. 1418, comma 2, c.c., il contratto è **nullo** quando la **causa è illecita**.
Ai sensi dell'art. 1343 c.c., la causa è illecita quando è contraria:

- **a norme imperative**, cioè a norme non derogabili dalla volontà negoziale privata perché finalizzate a tutelare interessi di rilievo pubblico o generale;
- all'**ordine pubblico**, cioè a principi giuridici fondamentali posti alla base dell'ordinamento

giuridico nazionale e deducibili dall'assetto costituzionale;
- al **buon costume**, che rappresenta l'insieme dei principi a cui si uniforma la maggioranza dei consociati in un determinato contesto storico-ambientale.

Nell'ambito della causa illecita è opportuno distinguere tra:
- **contratto illegale**: il contratto è illegale quando è posto in essere in violazione di norme imperative o quando è contrario all'ordine pubblico;
- **contratto immorale**: il contratto è immorale quando è posto in essere in violazione del buon costume.

Tale distinzione non ha una mera rilevanza teorica ma ha importanti riflessi sul piano applicativo: **l'art. 2035 c.c.,** difatti, nell'ambito della disciplina del pagamento dell'indebito dispone che chi ha eseguito una prestazione per uno scopo che, anche da parte sua, costituisce offesa al buon costume, non può ripetere quanto ha pagato.

Pertanto, tale divieto di ripetizione opera esclusivamente per il contratto immorale e non anche per il contratto illegale.

► 2.1. Il negozio in frode alla legge.

A) Nozione.

Si ha negozio in frode alla legge quando le parti utilizzano un determinato **contratto, in sé lecito**, per **eludere l'applicazione di una norma imperativa** e realizzare un risultato vietato dall'ordinamento. In tal caso la causa si reputa illecita e il negozio è colpito da nullità (art. 1344 c.c.).

B) Differenze con istituti affini.

Il negozio in frode alla legge deve essere distinto:
- dal **contratto simulato**, in quanto a differenza di quest'ultimo è realmente voluto dalle parti;
- dal **contratto in frode ai creditori** che è quel contratto che viene posto in essere dal debitore per diminuire la propria garanzia patrimoniale generica; tale contratto non è espressamente vietato nel nostro ordinamento ma l'atto di disposizione posto in essere in sua esecuzione può essere senz'altro oggetto dell'azione revocatoria di cui all'art. 2901 c.c.

C) Elementi costitutivi.

Si discute sull'individuazione delle **caratteristiche identificative** del negozio in frode alla legge.

Sul punto si sono sviluppate due teorie:
1. **teoria oggettiva**; secondo tale teoria il contratto in frode alla legge ricorre nell'ipotesi in cui il contratto persegue **lo stesso risultato vietato dalla norma imperativa**, mediante patti aggiuntivi ovvero procedimenti indiretti ed obliqui;
2. **teoria soggettiva**; secondo tale teoria il contratto in frode alla legge si ha quando le parti perseguono non la stessa finalità vietata dalla norma imperativa ma una finalità che sia solo analoga o equivalente (**elemento oggettivo**), con intendo fraudolento, cioè con lo specifico proposito di eludere l'applicazione della norma imperativa (**elemento soggettivo**).

D) Ambito di applicazione.

L'ambito di applicazione di tale istituto cambia a seconda della concezione che si ritiene di seguire in materia di causa:
- se la **causa viene intesa in astratto**, i contratti tipici non possono avere causa illecita, con la conseguenza che non possono essere considerati nulli *ex* art. 1343 c.c. nell'ipotesi in cui perseguono fini non consentiti dalla legge. In tale contesto, l'art. 1344 c.c. svolge il ruolo di **norma di chiusura**, consentendo la dichiarazione di nullità di contratti tipici quando gli stessi siano posti in essere dalle parti per realizzare un risultato vietato dall'ordinamento.
- al contrario, se la **causa viene intesa in concreto**, anche i contratti tipici possono avere causa illecita. Ne deriva che il contratto tipico con causa illecita non è riconducibile nell'ambito della frode alla legge, ma nell'alveo della causa illecita, prevista dall'art. 1343 c.c.

In tale maniera l'art. 1344 c.c. sembrerebbe perdere ogni utilità come categoria autonoma. Tuttavia, il negozio in frode alla legge mantiene un suo ambito applicativo autonomo anche aderendo alla teoria della causa in concreto, caratterizzandosi rispetto al contratto direttamente violativo della legge per le modalità indirette di violazione della disposizione normativa, realizzata attraverso l'utilizzo di un negozio indiretto o di più negozi collegati (c.d. **procedimento indiretto**).

► 2.2. I motivi e la presupposizione.

I **motivi** che hanno indotto le parti a porre in essere il contratto, e cioè le ragioni particolari che le hanno determinate a contrarre, sono normalmente irrilevanti ai fini della validità del contratto, salvo **eccezioni particolari**.

1. **Motivo illecito comune.**
   Il motivo incide sulla validità del contratto nell'ipotesi in cui si tratti di un **motivo illecito comune ad entrambe le parti** (art. 1345 c.c.) che abbia costituito l'unica ragione che le ha indotte a stipulare il contratto (motivo **determinante ed esclusivo**): in tale ipotesi, difatti, il contratto è **nullo**.
2. **Elementi accidentali del contratto.**
   Altro meccanismo che consente eccezionalmente di dare rilievo ai motivi è l'inserimento degli stessi fra gli **elementi accidentali** del contratto, anche implicitamente, come avviene, secondo un orientamento dottrinale, in caso di presupposizione.
3. **La presupposizione.**
   La presupposizione si configura quando una determinata situazione, di fatto o di diritto, passata, presente o futura, di carattere obiettivo, la cui esistenza, cessazione e verificazione è del tutto **indipendente dall'attività o dalla volontà dei contraenti** e **non** costituisce **oggetto di una loro specifica obbligazione,** debba ritenersi, pure in mancanza di un espresso riferimento ad essa nelle clausole contrattuali, essere stata **tenuta presente dai contraenti** medesimi nella formazione del loro consenso **come presupposto** avente valore **determinante** ai fini dell'esistenza e del permanere del vincolo contrattuale.
   La **funzione** della presupposizione è quella di soddisfare un'esigenza di **giustizia sostanziale**, eliminando la forza vincolante dell'impegno contrattuale ogni qualvolta tale vincolo risulti non più rispondente all'assetto inizialmente voluto dalle parti a causa dell'operare di eventi oggettivi.
   Il principale problema che la presupposizione pone è quello di individuare la **disciplina applicabile al contratto in caso di mancata realizzazione dell'evento presupposto**:
   - tradizionalmente si ritiene applicabile in via analogica la disciplina della **risoluzione per eccessiva onerosità sopravvenuta**;
   - parte della dottrina, ponendo l'accento sul fatto che la mancata realizzazione dell'evento presupposto impedisce la realizzazione della causa concreta del contratto, ritiene applicabile la disciplina della **nullità del contratto** per sopravvenuta mancanza della causa;
   - da ultimo la giurisprudenza (Cass. 25 maggio 2007, n. 12235) ha ritenuto che il rimedio esperibile in caso di alterazione dei presupposti fissati implicitamente dalle parti al momento della stipula, sia costituito dal **recesso** del contraente interessato.

► 2.3. I contratti misti, i contratti collegati e i contratti complessi.

Nella prassi, il particolare atteggiarsi della causa nelle operazioni negoziali può dar luogo alle figure del contratto misto, dei contratti collegati e dei contratti complessi.

A) Il contratto misto.

Il **contratto misto** non è un autonomo tipo negoziale ma un **contratto atipico** che ha una **causa unitaria** derivante dalla fusione di cause di contratti distinti.
Il contratto misto, quindi, nasce dalla fusione di elementi propri di tipi contrattuali diversi, utilizzati per la

realizzazione di una causa unica.
Il maggior problema che pone la categoria del contratto misto è quello relativo **all'individuazione della disciplina allo stesso applicabile**:

1. **Teoria dell'assorbimento.**
   Secondo l'impostazione dottrinale maggioritaria, al contratto misto deve applicarsi la disciplina del contratto la cui funzione è in concreto prevalente;
2. **Teoria della combinazione.**
   Secondo una impostazione minoritaria, invece, al contratto misto deve applicarsi la disciplina di entrambi i contratti (**teoria della combinazione**). La giurisprudenza fa propria quest'ultima impostazione, ferma restando l'applicazione della disciplina del contratto prevalente qualora vi sia incompatibilità tra le discipline dei due contratti.
3. **Teoria dell'applicazione analogica.**
   Secondo tale impostazione, al contratto misto andrebbe applicata, per analogia, la disciplina prevista dal codice civile per il contratto che presenta maggiori similitudini con il contratto misto.

B) I contratti collegati.

Il fenomeno del **collegamento negoziale** ricorre nell'ipotesi in cui le parti pongono in essere una pluralità di contratti volti a realizzare un **unico programma negoziale**. In tal caso ogni contratto mantiene una propria autonomia e una propria causa, ma gli effetti di ognuno si intrecciano per realizzare uno scopo unitario.
Pertanto, alle cause dei singoli contratti (**cause parziali**) si affianca una causa relativa all'intera operazione negoziale (**causa complessiva**).

C) Il contratto complesso.

Il **contratto complesso** ha in comune con il contratto misto l'unità della causa, ma se ne differenzia perché gli elementi di cui è formato, considerati singolarmente, non rappresentano segmenti negoziale ma costituiscono essi stessi **contratti autonomi**.

3. L'oggetto del contratto.

A) Nozione.

L'art. 1325, n. 3, c.c., senza fornirne una definizione, include l'oggetto tra gli elementi essenziali del contratto (art. 1325, n. 3, cc.).

B) Caratteri dell'oggetto del contratto.

L'**art. 1346 c.c.** stabilisce che l'oggetto del contratto deve essere:

1. **Possibile**, da un punto di vista materiale e giuridico.
   La possibilità dell'oggetto va valutata **nel momento della produzione degli effetti del contratto**: difatti il contratto sottoposto a condizione sospensiva o a termine è valido, se la prestazione inizialmente impossibile diviene possibile prima dell'avveramento della condizione o della scadenza del termine (art. 1347 c.c.);
2. **Lecito**; è illecito quando è contrario a norme imperative, all'ordine pubblico e al buon costume;
3. **Determinato** o **determinabile**; il requisito della **determinatezza o determinabilità** esprime un'esigenza di concretezza dell'atto contrattuale: è necessario, infatti, che le parti conoscano, nelle sue linee fondamentali, l'impegno che assumono.
   Le parti possono anche decidere che l'oggetto della prestazione sia determinato da un terzo: quest'ultimo si definisce **arbitratore** e la sua attività **arbitraggio** (art. 1349 c.c.).
   Normalmente il terzo deve procedere secondo il suo **equo apprezzamento**. In tal caso se manca la determinazione del terzo o questa risulti manifestamente iniqua od erronea, la determinazione è fatta dal giudice
   Le parti possono anche attribuire al terzo il potere di determinare l'oggetto del contratto secondo il

suo **mero arbitrio**: in tal caso la determinazione del terzo non si può impugnare se non provando la sua mala fede e, nell'ipotesi in cui la determinazione manchi e le parti non si accordino per sostituire il terzo, il contratto è nullo

La mancanza di tali requisiti determina la nullità del contratto (art. 1418 c.c.).

C) Prestazione di cose future.

Può essere dedotta in contratto anche la **prestazione di cose future**, salvi i particolari divieti stabiliti dalla legge (art. 1348 cc.). Il negozio avente ad oggetto un bene futuro è **efficace dal momento della sua stipula**, con la sola peculiarità di impegnare la parte ad adoperarsi al fine di procurare la venuta ad esistenza della cosa. Se ciò non avviene, non si producono le conseguenze della nullità, bensì quelle dell'inadempimento contrattuale.

4. La forma del contratto.

A) Nozione.

La forma del contratto è il **mezzo attraverso il quale le parti manifestano all'esterno il loro consenso.** Ai sensi dell'**art. 1325 c.c.**, la forma costituisce uno degli elementi essenziali del contratto **quando è richiesta dalla legge a pena di nullità.**

In tutti gli altri casi, vige il **principio della libertà di forma**: il consenso delle parti può essere manifestato con qualsiasi mezzo in grado di essere apprezzato, da un punto di vista sociale, come accordo.

In forza di tale principio, un negozio può essere validamente stipulato:

- in **forma espressa**, cioè attraverso qualsiasi mezzo che sia in grado di esprimere la volontà (scritto, parole ecc.);
- attraverso **fatti concludenti** (*per facta concludentia*), cioè attraverso comportamenti che fanno intendere in modo univoco la volontà (tacita) di porre in essere un determinato negozio giuridico.

B) Forma *ad substantiam* e forma *ad probationem*.

I contratti per la cui stipulazione è richiesta dalla legge una forma specifica sono detti "**formali**". Tale forma può essere richiesta:

1. ai fini della validità del contratto (c.d. **forma *ad substantiam***); la *ratio* di tali previsioni risiede nella necessità di responsabilizzare il consenso delle parti quando il contratto posto in essere riveste particolare importanza, oltre ad avere a disposizione una documentazione che dia certezza al regolamento negoziale realizzato.
   La forma che il contratto deve assumere in caso di forma *ad substantiam* è quella:
   - dell'**atto pubblico**;
   - della **scrittura privata**.

   In caso di forma richiesta *ad substantiam* (es. contratto di compravendita avente ad oggetto beni immobili, testamento ecc.) il suo mancato rispetto determina la **nullità** del contratto;
2. ai fini della prova dello stesso (**forma *ad probationem***); in tal caso l'onere formale è richiesto solo ai fini della prova dell'avvenuta stipulazione del contratto, con la conseguenza che la mancata adozione della prescritta forma non importa invalidità o inefficacia del contratto, ma solo **limitazioni di prova in ordine all'esistenza dello stesso**.

C) Forma convenzionale.

L'onere della forma, oltre ad essere imposto dalla legge, può discendere dalla **volontà delle parti** che possono **convenire per iscritto** di adottare una determinata forma per la futura conclusione di un contratto (art. 1352 c.c.): in tal caso, si presume che la forma sia stata voluta per la validità del contratto (**forma *ad substantiam***).

D) Forma per relationem.

Si discute se anche per i negozi formali possa valere la regola generale che consente alle parti di **rinviare** per la determinazione del contenuto contrattuale **a elementi esterni** al contratto stesso (c.d. ***relatio***).

E) Il documento informatico.

Una particolare tipologia di forma, disciplinata dal decreto legislativo del 7 marzo del 2005 n. 82 (c.d. Codice dell'amministrazione digitale), è quella del c.d. **documento informatico** che è identificato nella "*rappresentazione informatica di atti, fatti o dati giuridicamente rilevanti*".

Il legislatore, in particolare, ha precisato che: "*Gli atti, dati e documenti formati dalla pubblica amministrazione e dai privati con strumenti informatici o telematici, i contratti stipulati nelle medesime forme, nonché la loro archiviazione e trasmissione con strumenti informatici* ***sono validi e rilevanti a tutti gli effetti di legge***".

Il documento informatico se sottoscritto con la **firma digitale** o con altro tipo di **firma elettronica avanzata**, qualificata o digitale, **soddisfa il requisito legale della forma scritta**:

- se sottoscritto con **firma digitale** ha l'**efficacia probatoria** della scrittura privata di cui all'art. 2702 c.c. (fa piena prova, fino a querela di falso, della provenienza delle dichiarazioni da chi l'ha sottoscritta, se colui contro il quale la scrittura è prodotta ne riconosce la sottoscrizione, ovvero se questa è legalmente considerata come riconosciuta);
- se sottoscritto con **firma elettronica** è liberamente valutabile dal giudice in punto di **efficacia probatoria** "*tenuto conto delle sue caratteristiche oggettive di qualità, sicurezza, integrità e immodificabilità*".

Dizionario di termini tecnici

➢ **Causa in concreto**

La causa in concreto è la **funzione economico-individuale del contratto**, e va individuata nella **ragione concreta** dell'operazione negoziale, al di là dello schema astratto utilizzato dalle parti. La causa, in altri termini, non identifica la sintesi degli effetti che derivano dal contratto, ma la **sintesi degli interessi concreti** che quest'ultimo è chiamato a realizzare.

➢ **Motivi**

I **motivi** che hanno indotto le parti a porre in essere il contratto, e cioè le ragioni particolari che le hanno determinate a contrarre, sono normalmente irrilevanti ai fini della validità del contratto, salvo **eccezioni particolari**.

➢ **Forma del contratto**

La forma del contratto è il **mezzo attraverso il quale le parti manifestano all'esterno il loro consenso.**

VI ▶ GLI ELEMENTI ACCIDENTALI DEL CONTRATTO

1. Elementi accidentali del contratto.

A) Nozione.

Accanto agli elementi essenziali del contratto le parti possono inserire nel regolamento contrattuale una serie di altri **elementi**, comunemente detti **accidentali** (*accidentalia negotii*).
Tali elementi, non essenziali per la configurazione di un valido contratto ai sensi dell'art. 1325 c.c., costituiscono esplicazione del potere, riconosciuto alla volontà contrattuale, di plasmare il contenuto e la struttura del contratto in modo da renderlo più confacente agli obiettivi concreti delle parti: pur non essendo essenziali per la validità del contratto possono in vario modo influenzarne l'**efficacia**.
I principali elementi accidentali del contratto sono il **termine**, la **condizione** e il c.d. ***modus*** o onere.

B) Gli elementi naturali del contratto.

Accanto agli elementi essenziali e accidentali parte della dottrina riconosce la figura dei c.d. **elementi naturali del contratto**, che si identificherebbero in quegli elementi che fanno parte del regolamento contrattuale a prescindere da una esplicita previsione delle parti in quanto connaturati alla particolare figura contrattuale posta in essere (ad esempio la garanzia per vizi e per evizione nella compravendita).

2. La condizione.

A) Nozione.

➢ La condizione è l'elemento accidentale del contratto con cui le parti subordinano il verificarsi dei suoi effetti (**condizione sospensiva**) o la sua risoluzione (**condizione risolutiva**) al verificarsi di un evento futuro ed incerto (art. 1353 c.c.).

B) Caratteri dell'evento dedotto in condizione.

L'evento dedotto in condizione deve essere:

1. **<u>Futuro</u>**; l'evento non deve essersi ancora verificato al momento della conclusione del contratto, fermo restando che la sua realizzazione deve essere giuridicamente e naturalisticamente possibile.

   ➢ **<u>La condizione impropria.</u>**

   Nell'ipotesi in cui l'evento si sia già verificato al momento della stipula del contratto e le parti non siano a conoscenza di tale circostanza si parla di **condizione impropria**: in tal caso gli effetti del contratto si produrranno, o cesseranno, sin dal momento della sua conclusione, venendo a mancare la fase di pendenza che caratterizza la condizione propria.
2. **<u>Incerto</u>**; le parti, al momento della conclusione del contratto non devono sapere se l'evento si verificherà;
3. **<u>Lecito</u>**; cioè non contrario a norme imperative, all'ordine pubblico o al buon costume.

C) La condizione illecita e la condizione impossibile.

1. **<u>La condizione illecita</u>**.

   Nell'ipotesi in cui sia apposta ad un contratto una **condizione illecita**, l'intero contratto è nullo (art. 1354 comma 1 c.c.).

   Nell'ipotesi, invece, di condizione illecita apposta **ad una sola clausola** del contratto e non all'intero contratto, l'art. 1354 c.c. richiama la disciplina della nullità parziale (1419 c.c.).
2. **<u>Condizione impossibile</u>**.

   La condizione impossibile rende nullo contratto se è sospensiva, mentre se è risolutiva si ha come non apposta (art. 1354 comma 2 c.c.).

D) Classificazioni.

Da un punto di vista **classificatorio** è possibile distinguere:

1. in ragione degli **effetti** della condizione tra:
   - **condizione sospensiva**: in tal caso gli effetti del negozio rimangono sospesi fino al verificarsi dell'evento futuro ed incerto dedotto in condizione;
   - **condizione risolutiva**: gli effetti del contratto si producono sin dal momento della conclusione ma cessano al verificarsi dell'evento futuro ed incerto dedotto in condizione;
2. in ragione del **tipo di evento** dedotto in condizione tra:
   - **condizione causale**: in tal caso l'evento dedotto in condizione è un fatto estraneo alla volontà delle parti;
   - **condizione potestativa**: l'evento dedotto in condizione, in tal caso, dipende dalla volontà di una delle parti.

     Tipo particolare di condizione potestativa è la **condizione meramente potestativa** che si ha nell'ipotesi in cui la realizzazione dell'evento dedotto in condizione dipende dal mero arbitrio di una delle parti contrattuali, che non sopporta alcun sacrificio dalla sua realizzazione o mancata realizzazione. L'apposizione di una condizione meramente potestativa ad un contratto ne determina la **nullità** ai sensi dell'art. 1355 c.c. Nel silenzio della norma, che commina la nullità solo per la condizione sospensiva meramente potestativa, la dottrina e la giurisprudenza maggioritarie ritengono ammissibile la **condizione risolutiva meramente potestativa**
   - **condizione mista**: in tal caso l'evento dedotto in condizione dipende sia da fattori estranei sia da fattori che dipendono dalla volontà delle parti.
3. in ragione della **fonte** della condizione tra:
   - **condizione volontaria**: in tal caso è la volontà delle parti a subordinare l'efficacia del contratto ad un evento futuro ed incerto;
   - **condizione legale**: la condizione legale (*condicio iuris*) si ha nell'ipotesi in cui sia la legge, e non la volontà delle parti, a subordinare l'efficacia del contratto al verificarsi di un evento futuro ed incerto;
4. in ragione dell'**interesse** posto alla base della condizione:
   - **condizione bilaterale**: è la condizione posta nell'interesse di tutte le parti del rapporto contrattuale;
   - **condizione unilaterale**: è la condizione posta nell'interesse di uno solo dei contraenti. La condizione unilaterale è **rinunciabile** da parte del contraente nel cui esclusivo interesse la stessa è stata pattuita;

La condizione di adempimento/inadempimento.

Tipologia particolare di condizione è la condizione di adempimento/inadempimento con cui le parti:
- subordinano l'efficacia del contratto all'adempimento di una delle parti (**condizione di adempimento**);
- ne fanno cessare gli effetti in caso di inadempimento (**condizione di inadempimento**).

La **tesi prevalente** ritiene ammissibile la condizione di adempimento, **ritenendo sussistente**:
- il requisito dell'**accidentalità** sia il requisito dell'**incertezza**, in quanto l'esecuzione della prestazione, da un punto di vista fenomenico, deve essere considerato un evento di incerta realizzazione.

Infine, la condizione di inadempimento non è ritenuta idonea a dare vita ad una clausola di esonero della responsabilità, in quanto, essendo configurata come **condizione unilaterale**, è **liberamente rinunciabile** dalla parte nel cui interesse è prevista. Quest'ultima, quindi potrà decidere se far valere la condizione, risolvendo automaticamente il contratto, o rinunciarci e richiedere la risoluzione per inadempimento, con relativo diritto ad ottenere il risarcimento del danno.

E) La fase di pendenza della condizione.

Il periodo di tempo, in cui è incerto se l'evento in condizione si verificherà, è detto **fase di pendenza della**

condizione ed è regolato dagli artt. 1356 e ss. c.c.:

1. **Atti conservativi.**
   L'art. 1356 c.c. consente il compimento di **atti conservativi** al contraente che potrebbe conseguire il diritto a seguito del verificarsi della condizione.
2. **Atti dispositivi.**
   L'art. 1357 c.c. riconosce a chi ha un diritto sottoposto a condizione la **facoltà di disporre** dello stesso precisando che, a causa della situazione di incertezza determinata dalla condizione, gli effetti di ogni atto compiuto sono subordinati alla medesima condizione.
3. **Finzione di avveramento della condizione.**
   L'art. 1358 c.c. impone alla parte che, in pendenza della condizione, è titolare effettiva del diritto condizionato di **comportarsi secondo buona fede**, in modo da non pregiudicare le ragioni della controparte che, in caso di avveramento della condizione, succederebbe nella titolarità del diritto.
   In caso di **violazione** di tale precetto, il titolare della situazione di aspettativa, oltre a poter esercitare le ordinarie azioni poste a tutela dei contraenti e, dunque, esperire l'azione di risarcimento del danno da responsabilità contrattuale e l'azione di risoluzione, può avvalersi della **finzione di avveramento della condizione** ex art. 1359 c.c., ottenendo che il contratto condizionato produca definitivamente effetti a suo favore.
   Tale disposizione, difatti, mira a vanificare gli effetti dell'attività scorretta di chi si adopera per impedire il verificarsi della condizione, introducendo una **finzione** e considerando, pertanto, avverata la condizione.

La fase di pendenza cessa al momento dell'**avveramento della condizione** e cioè nel momento in cui si realizza l'evento previsto o nel momento in cui **è certo che la condizione non possa più verificarsi**:

- nel primo caso viene definitivamente meno la situazione di incertezza circa gli effetti dell'atto condizionato;
- nel secondo caso si consolida definitivamente la situazione esistente e quindi, in caso di condizione sospensiva, il contratto rimane privo di effetti, e in caso di condizione risolutiva, diviene definitivamente efficace.

F) Gli effetti dell'avveramento della condizione.

Ai sensi dell'**art. 1360 c.c.**, gli **effetti dell'avveramento** della condizione **retroagiscono** al tempo in cui è stato concluso il contratto, salvo che, per volontà delle parti o per la natura del rapporto, gli effetti del contratto o della risoluzione debbano essere riportati a un momento diverso.
Pertanto:

- se la **condizione è sospensiva** gli effetti del contratto si considerano prodotti non dal momento del verificarsi della condizione ma *ex tunc* cioè sin dal momento della conclusione del negozio;
- se la **condizione è risolutiva** il contratto cessa di produrre effetti sin dal momento della sua conclusione.

La **retroattività** agisce sia **fra le parti**, sia **nei confronti dei terzi**, i cui acquisti in pendenza della condizione sono anch'essi subordinati agli esiti della situazione di pendenza.
L'art. 1360 c.c., tuttavia, contempla numerose eccezioni, consentendo alla volontà delle parti di derogare liberamente alla regola della retroattività e prevedendo al comma 2 che la retroattività della condizione risolutiva non opera rispetto alle prestazioni già eseguite nei **contratti ad esecuzione continuata o periodica**.
Un altro limite all'operatività dell'ordinaria regola della retroattività concerne gli **atti di amministrazione** compiuti dalla parte cui spettava il diritto in pendenza della condizione (art. 1361 c.c.).

3. Il termine.

A) Nozione.

Il termine del contratto è un elemento accessorio con cui le parti stabiliscono il momento a partire del quale il contratto inizierà a produrre i suoi effetti (c.d. **termine iniziale**) o cesserà di produrli (c.d. **termine finale**).

B) Caratteri del termine.

Il termine si differenzia dalla **condizione** per il carattere di **certezza della verificazione dell'evento**, in quanto non c'è alcun dubbio circa il suo avverarsi.
L'unico profilo di incertezza può riguardare il momento in cui l'evento si verificherà:

- si parla di **termine determinato** se è certo sia l'*an* che il *quando* del verificarsi del termine (ad esempio il termine viene individuato in un giorno preciso);
- di **termine indeterminato** se è certo solo l'*an* ma non il *quando* (ad esempio il termine viene individuato nel giorno della morte di uno dei contraenti).

Il termine, oltre che certo, deve essere **futuro**, **determinato** o **determinabile**, **lecito** e **possibile**.

C) Disciplina applicabile al termine.

Al termine, in mancanza di una disciplina specifica, vengono estese, in quanto compatibili, gran parte delle norme dettate per la condizione.
Ovviamente **non sono applicabili le norme che disciplinano la retroattività della condizione**, in quanto ciò si pone in contrasto con la volontà delle parti di far decorre gli effetti del contratto da un determinato momento (**termine iniziale**) o di farli cessare in un determinato momento (**termine finale**).

D) Differenza con il termine di adempimento.

Il termine di efficacia deve essere tenuto distinto dal **termine di adempimento** che attiene al momento esecutivo (art. 1183 c.c.) ed indica il momento entro il cui il debitore deve adempiere alla prestazione dedotta nel rapporto obbligatorio.

4. Il modus.

A) Nozione.

Il *modus* è un onere che incombe sul soggetto **beneficiario di una prestazione gratuita** e può consistere in una prestazione di dare, fare o non fare, da compiere a favore dello stesso soggetto beneficiante o di un terzo dallo stesso indicato.

B) Ambito di applicazione.

Il *modus* è disciplinato solo in materia di **testamento** (artt. 647 e 648 c.c.) e di **donazione** (art. 793 e 794 c.c.) mentre manca una disciplina di carattere generale in materia contrattuale: in quest'ultimo ambito l'applicazione dell'onere è limitata ai **negozi a titolo gratuito**, visto che nei contratti a titolo oneroso perderebbe la propria natura di elemento accessorio del contratto per divenire un vero e proprio corrispettivo della prestazione ricevuta.

C) Effetti.

Il *modus* **non incide**, come la condizione e il termine, **sull'efficacia** del contratto, ma **determina la nascita di obbligazioni aggiuntive e accessorie** a carico del soggetto beneficiato di una prestazione gratuita, che si sostanziano in condotte di dare, fare o di non fare suscettibili di valutazione economica.
Tali obbligazioni, pur non costituendo il corrispettivo dell'attribuzione patrimoniale, sono oggetto di un vero e proprio obbligo giuridico, suscettibile di pretesa giuridicamente azionabile.

Dizionario di termini tecnici

- **Condizione**
  La condizione è l'elemento accidentale del contratto con cui le parti subordinano il verificarsi dei suoi effetti (**condizione sospensiva**) o la sua risoluzione (**condizione risolutiva**) al verificarsi di un evento futuro ed incerto (art. 1353 c.c.).
- **Termine**
  Il termine del contratto è un elemento accessorio con cui le parti stabiliscono il momento a partire del quale il contratto inizierà a produrre i suoi effetti (c.d. **termine iniziale**) o cesserà di produrli (c.d. **termine finale**).
- **Modo**
  Il modo è un onere che incombe sul soggetto **beneficiario di una prestazione gratuita** e può consistere in una prestazione di dare, fare o non fare, da compiere a favore dello stesso soggetto beneficiante o di un terzo dallo stesso indicato.

MAPPA CONCETTUALE

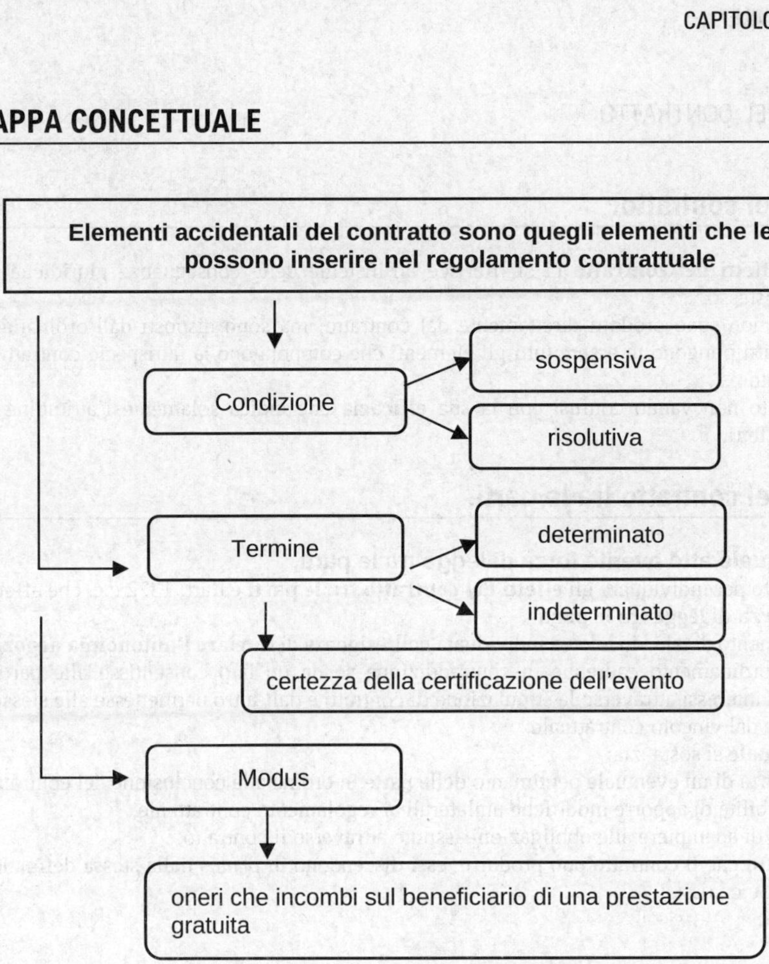

VII ▶ L'EFFICACIA DEL CONTRATTO

1. Gli effetti del contratto.

Quando si parla di **effetti del contratto** ci si riferisce all'insieme delle conseguenze giuridiche che derivano dal contratto stesso.
Tali effetti, in realtà, non sono prodotti direttamente dal contratto, ma sono disposti dall'ordinamento giuridico quando le parti pongono in essere tutti gli elementi che compongono la fattispecie contrattuale disciplinata dal legislatore.
Gli effetti del contratto non vanno confusi con la sua **efficacia** che indica solamente l'attitudine del contratto a produrre effetti.

2. Gli effetti del contratto tra le parti.

A) Il contratto quale atto avente forza di legge tra le parti.

La norma di riferimento per individuare gli **effetti del contratto tra le parti** è l'art. 1372 c.c. che afferma che il **contratto ha forza di legge tra le parti**.
La *ratio* del riconoscimento di tale vincolo va individuata nell'esigenza di **tutelare l'autonomia negoziale delle parti**; difatti l'ordinamento cadrebbe in contraddizione se da un lato consentisse alle parti di regolamentare i propri interessi attraverso la stipulazione di contratti e dall'altro permettesse alle stesse di sciogliersi liberamente dal vincolo contrattuale.
Tale **vincolo contrattuale** si sostanzia:

- nell'irrilevanza di un eventuale pentimento della parte in ordine alla conclusione del contratto;
- nell'impossibilità di apporre modifiche unilaterali al regolamento contrattuale;
- nell'obbligo di adempiere alle obbligazioni assunte attraverso il contratto.

Quanto ai **tipi di effetto** che il contratto può produrre, essi discendono in *primis* dalla stessa definizione ad opera dell'art. 1321 c.c., ossia:

- **modificativi**;
- **estintivi**;
- **costitutivi**.

A questi si affiancano gli **effetti accertativi** che conducono alla individuazione della dubbia e discussa categoria del **negozio di accertamento** (vedi *supra*).
Agli effetti **voluti dalle parti** si contrappongono quelli **imposti dalla legge** (c.d. integrazione del contratto).

B) Contratti ad effetti reali e principio del consenso traslativo.

Come già chiarito in tema di classificazione dei contratti, tra i contratti ad effetti costitutivi è dato rinvenire l'ulteriore suddivisione tra **contratti a effetti reali** e **contratti a effetti obbligatori**.
Con riferimento ai negozi ad effetti reali viene in rilievo l'art. 1376 c.c. che enuncia il c.d. **principio consensualistico** (o del **consenso traslativo**) in base al quale il trasferimento della proprietà o il trasferimento di altro diritto reale si realizza per effetto del solo consenso delle parti legittimamente manifestato, senza che sia necessaria la consegna del bene (*traditio*).
Secondo l'**impostazione attualmente dominante**, tale principio non ha carattere imperativo ed inderogabile ben potendo le parti convenzionalmente pattuire che l'acquisto del diritto si verifichi in un momento diverso e successivo (art. 1465, comma 2, c.c.).In tale prospettiva è stata concepita la scissione tra *titulus* e *modus adquirendi* che legittima la figura del **pagamento traslativo**.
Costituiscono una **deroga** al principio del consenso traslativo **i contratti reali**, il cui perfezionamento è legato alla consegna materiale della cosa.
L'**individuazione del momento in cui si verifica l'effetto traslativo** non rileva solo da un punto di vista

teorico ma ha rilevanti conseguenze sul piano applicativo:
- consente di individuare il soggetto a cui spettano i frutti;
- il responsabile dinnanzi ai terzi dei danni causati ogni qual volta nella fattispecie venga in rilievo la titolarità del diritto sulla *res* (es. artt. 2052, 2053, 2054, comma 3, c.c.);
- il soggetto su cui devono ricadere gli effetti del perimento del bene (art. 1465 c.c.).

3. Gli effetti del contratto verso i terzi.

A) Principio di relatività del contratto.

L'art. 1372 c.c. prevede che il contratto non può produrre effetti rispetto ai terzi, se non nei casi previsti dalla legge (c.d. **principio di relatività del contratto**).
È terzo rispetto al contratto chi non ne è parte, né in senso formale né in senso sostanziale; al contrario, è parte, non solo, chi ha dato vita al contratto, ma anche, chi vi ha un interesse proprio e ne subisce gli effetti (anche riflessi).

B) Effetti diretti del contratto nei confronti dei terzi.

Il principio di relatività del contratto costituisce espressione del **principio di intangibilità della sfera giuridica altrui** ed impedisce al contratto di produrre **effetti diretti** nella sfera giuridica del terzo:
- in particolare, le parti attraverso il contratto non possono determinare la produzione di **effetti sfavorevoli** per il terzo e, quindi, ad esempio, non possono imporre obblighi a carico di soggetti che non sono parte del contratto;
- discorso diverso va fatto nell'ipotesi in cui dal contratto derivino **effetti favorevoli** per il terzo. In tal caso, si ritiene che il contratto possa produrre i suoi effetti nei confronti del terzo, ferma restando la possibilità per quest'ultimo di rifiutarli.

C) Effetti riflessi del contratto nei confronti dei terzi.

Contrapposti agli effetti diretti sono i c.d. **effetti riflessi** del contratto, cioè quegli effetti che non promanano dal regolamento contrattuale, ma che derivano dall'esistenza del contratto quale fatto giuridico; per tali effetti non opera il principio di relatività del contratto in quanto quest'ultimo, quale mero fatto giuridico, può senz'altro produrre effetti giuridici nei confronti dei terzi.

▶ 3.1. La promessa del fatto del terzo e il divieto convenzionale di alienazione.

Costituiscono espressione del principio di relatività del contratto e di intangibilità della sfera giuridica altrui, gli istituti della promessa del fatto del terzo e del divieto convenzionale di alienazione.

A) La promessa del fatto del terzo.

La promessa del fatto del terzo si configura nell'ipotesi in cui un soggetto prometta ad un altro che un terzo assumerà una determinata obbligazione o compirà un determinato fatto.
Visto che il terzo non prende parte al contratto non può essere vincolato alla promessa e quindi non è tenuto ad assumere l'obbligazione o a compiere il fatto promesso.
Difatti, l'art. 1381 c.c. pone a carico del promittente un obbligo di indennizzare la controparte nell'ipotesi in cui il terzo non adempia alla promessa.
In particolare, si ritiene che il promittente assuma due distinte obbligazioni:
- una **obbligazione di fare**, cioè di adoperarsi verso il terzo affinché lo stesso assuma l'obbligazione o compia il fatto promesso;
- una **obbligazione di dare**, cioè l'obbligo di pagare un indennizzo alla controparte contrattuale nell'ipotesi in cui il terzo, nonostante il diligente operarsi del promittente, non si sia voluto obbligare.

B) Il divieto convenzionale di alienazione.

L'art. 1379 c.c. prevede che il **divieto convenzionale di alienazione** stabilito per contratto ha **effetto solo**

tra le parti e non è valido se non è contenuto entro convenienti limiti di tempo e se non corrisponde ad un apprezzabile interesse di una delle parti.
Si tratta di una pattuizione che può essere oggetto di un **accordo autonomo** o essere prevista nell'ambito di un **più ampio regolamento di interessi**, con la quale le parti si impegnano convenzionalmente a non trasferire, per un determinato periodo di tempo, una situazione giuridica attiva da un soggetto ad un altro.
L'ordinamento subordina la validità di tale pattuizione:

- all'esistenza di un **interesse meritevole di tutela di una delle parti**;
- alla previsione di un **ambito temporale circoscritto di vigenza del divieto** (secondo la dottrina prevalente, il termine può essere ridotto dal giudice nell'ipotesi in cui sia eccessivo o incongruo rispetto all'interesse delle parti).

Il patto di inalienabilità produce esclusivamente **effetti obbligatori**. Pertanto, se una delle parti viola il divieto di alienazione, questo **non sarà opponibile ai terzi** e il soggetto che ha alienato in violazione del divieto dovrà risarcire il danno subito dalla controparte contrattuale.
Ciò deriva dal fatto che il terzo non può subire limitazioni alla propria sfera giuridica per effetto di convenzioni a cui non ha preso parte.

▶ 3.2. Il contratto a favore di terzi.

A) Nozione.

Il contratto a favore di terzi è un contratto con cui le parti attribuiscono ad un terzo il diritto di esigere una determinata prestazione da uno degli stessi stipulanti.
In particolare, in tale contratto una delle parti (il c.d. **promittente**) si obbliga nei confronti dell'altra (c.d. **stipulante**) ad eseguire una prestazione nei confronti del terzo, che acquista il diritto nei confronti del promittente per effetto della sola stipulazione.

B) L'interesse dello stipulante.

Il contratto a favore di terzo è valido ed efficace nella misura in cui sussista un **interesse rilevante per lo stipulante**, tanto che la giurisprudenza di legittimità riconosce allo stesso stipulante la legittimazione ad agire in giudizio per ottenere l'esecuzione della prestazione promessa e accettata dal terzo.
Tale interesse deve essere inteso in senso ampio anche come interesse di natura morale, purché si tratti di un beneficio intenzionale a favore del terzo, che le parti contraenti prendano consapevolmente in considerazione al momento della stipulazione.

C) L'accettazione o il rifiuto da parte del terzo.

Gli effetti favorevoli che derivano dal contratto possono essere **accettati** o **rifiutati** dal terzo.

1. <u>**Dichiarazione del terzo di voler profittare del contratto.**</u>
   Nel primo caso la dichiarazione del terzo di voler profittare del contratto non costituisce elemento perfezionativo della stipulazione, né vale a rendere il terzo parte del contratto intercorso tra lo stipulante ed il promittente, ma ha l'effetto di rendere l'attribuzione in suo favore **irrevocabile** ed **immodificabile**.
   Difatti, a norma dell'art. 1411 comma 2 c.c. lo stipulante può revocare o modificare la stipulazione fino a che il terzo non abbia dichiarato, anche in confronto del promittente, di volerne approfittare.
2. <u>**Il rifiuto del terzo.**</u>
   Nel caso in cui il terzo **rifiuti** di profittare della stipulazione, o questa venga revocata, la **prestazione dedotta rimane a beneficio dello stipulante**, salvo che risulti diversamente dalla volontà delle parti o dalla natura del contratto.
   Attraverso il rifiuto, quindi, è consentito al terzo di neutralizzare l'effetto *ex lege* che in virtù della stipulazione si produce (formalmente, ma non sostanzialmente) in suo favore.

D) Effetti del contratto in favore di terzo.

Per effetto della stipulazione in suo favore, il **terzo acquista il diritto a ricevere la prestazione** dedotta

nel contratto, ma **non la titolarità del rapporto contrattuale**, che resta in capo allo stipulante. Pertanto, il terzo può agire in giudizio contro il promittente per richiedere l'adempimento della prestazione e l'eventuale risarcimento del danno, mentre le azioni contrattuali (azione di risoluzione del contratto, di annullamento, di rescissione etc.) restano di spettanza dello stipulante.
Il promittente può opporre al terzo le **eccezioni** fondate sul contratto con lo stipulante, ma non le eccezioni fondate su altri rapporti con quest'ultimo.

E) Prestazione da eseguire dopo la morte dello stipulante.
Se la prestazione deve essere fatta al terzo **dopo la morte dello stipulante**, questi può **revocare** il beneficio anche **con una disposizione testamentaria** e **quantunque il terzo abbia dichiarato di volerne profittare**, salvo che, in quest'ultimo caso, lo stipulante abbia rinunciato per iscritto al potere di revoca (art. 1412, comma 1, c.c.). Nell'ipotesi di **premorienza del terzo allo stipulante**, l'art. 1412 c.c. prevede che nel beneficio succede l'erede del terzo, purché il beneficio non sia stato revocato o lo stipulante non abbia disposto diversamente.

Dizionario di termini tecnici

- **Effetti del contratto**
  Quando si parla di **effetti del contratto** ci si riferisce all'insieme delle conseguenze giuridiche che derivano dal contratto stesso.
  Tali effetti, in realtà, non sono prodotti direttamente dal contratto, ma sono disposti dall'ordinamento giuridico quando le parti pongono in essere tutti gli elementi che compongono la fattispecie contrattuale disciplinata dal legislatore.

- **Principio di relatività del contratto**
  L'art. 1372 c.c. prevede che il contratto non può produrre effetti rispetto ai terzi, se non nei casi previsti dalla legge (c.d. **principio di relatività del contratto**).
  È terzo rispetto al contratto chi non ne è parte, né in senso formale né in senso sostanziale; al contrario, è parte, non solo, chi ha dato vita al contratto, ma anche, chi vi ha un interesse proprio e ne subisce gli effetti (anche riflessi).

VIII ▶ L'INVALIDITÀ DEL CONTRATTO

1. Invalidità, inesistenza ed inefficacia del contratto.

A) Nozione di invalidità.

L'**invalidità** costituisce la risposta dell'ordinamento a talune **anomalie del contratto**, giudicato **non idoneo a perseguire scopi meritevoli di riconoscimento e di tutela**.
La categoria dell'invalidità va distinta sia dalla categoria dell'inesistenza sia da quella dell'inefficacia.

B) Ipotesi di invalidità negoziale: la nullità e l'annullabilità.

Il codice disciplina due ipotesi di invalidità negoziale: la nullità e l'annullabilità.
Tradizionalmente, la **nullità** viene considerata la forma più grave d'invalidità negoziale, ed esprime una valutazione negativa del contratto:

- per la sua **deficienza strutturale**, ossia per la mancanza o impossibilità originaria di un elemento costitutivo;
- per la sua **dannosità sociale** e, quindi, per la sua illiceità.

C) L'inesistenza.

L'**inesistenza** si configura quando le anomalie del negozio assumono una dimensione tale, sotto il profilo strutturale e funzionale, da far ritenere la fattispecie neppure esistente per l'ordinamento giuridico.
In caso di inesistenza non è neppure possibile parlare di contratto in quanto mancano del tutto gli elementi necessari perché si possa avere una figura esteriore di contratto. Il contratto inesistente, essendo considerato dall'ordinamento un fenomeno del tutto irrilevante, **non produce**, a differenza di quello invalido, **alcun effetto giuridico**.
In particolare:

- il contratto inesistente, a differenza di quello invalido, non può essere mai convalidato;
- il contratto inesistente, a differenza di quello nullo, non può in nessun caso essere oggetto di conversione.

D) L'inefficacia.

L'**inefficacia** si configura quando il contratto, per qualsiasi causa, non produce i suoi effetti:

- se l'inefficacia deriva dall'invalidità del contratto, o dalla sua stessa inesistenza, si parla di **inefficacia in senso lato**;
- se il contratto è valido, ma inidoneo a produrre i suoi effetti tipici per circostanze estrinseche che possono essere contestuali (es. condizione sospensiva) o successive alla sua formazione, si parla di **inefficacia in senso stretto**.

2. La nullità del contratto.

A) Nozione.

La nullità determina la radicale inefficacia del contratto, e cioè la sua inidoneità *ab origine* a produrre effetti giuridici; la **sentenza** che accerta la nullità ha, pertanto, **natura dichiarativa**.

B) Effetti della nullità.

1. **<u>Effetti della nullità tra le parti.</u>**
   Il contratto nullo è **totalmente improduttivo di effetti giuridici**, e legittima le parti ad esercitare l'azione di ripetizione dell'indebito qualora sia stato eseguito (nel termine di prescrizione proprio dell'azione di ripetizione dell'indebito).
2. **<u>Effetti della nullità nei confronti dei terzi.</u>**

Gli effetti della nullità operano **anche nei confronti dei terzi**, che vedono travolto il loro titolo di acquisto nell'ipotesi in cui venga dichiarato nullo quello del loro dante causa.

C) Tipologie di nullità.

Le tipologie di nullità sono elencate nell'art. 1418 c.c., che prevede tre diverse categorie di nullità:

1. **Nullità virtuale.**
   Il contratto è nullo quando è contrario a **norme imperative**, salvo che la legge disponga diversamente.
   In tal caso, la nullità non è espressamente prevista dal legislatore, ma è desumibile dall'interprete dal contrasto tra l'atto di autonomia privata ed una norma imperativa.
   La nullità virtuale del contratto, però, sussiste solo quando la norma imperativa violata riguardi la struttura o il contenuto del contratto, o la stessa possibilità di stipularlo (c.d. **regole di validità**) e non anche quando ci sia stata la violazione di norme che impongono alle parti un determinato comportamento (c.d. **regole di comportamento**).
   Inoltre, l'art. 1418, comma 1, c.c., facendo salve le diverse previsioni di legge, esclude la configurabilità della nullità virtuale in tutte le ipotesi in cui la norma imperativa preveda una specifica sanzione per la sua violazione.
2. **Nullità strutturale.**
   Tale tipologia di nullità concerne i difetti strutturali del contratto: il contratto è nullo quando è privo di uno dei requisiti essenziali indicati dall'art. 1325 c.c., quando sia illecita la causa o il motivo comune determinante, o quando l'oggetto sia privo dei requisiti di cui all'art. 1346 c.c.
3. **Nullità testuale.**
   La nullità è testuale quando è il legislatore a prevedere espressamente singole ipotesi di nullità del contratto.

D) La disciplina della nullità.

I **caratteri fondamentali** della disciplina della nullità sono indicati negli artt. 1421 e ss. c.c.:

1. **Legittimazione e rilievo d'ufficio del giudice.**
   La nullità **può essere fatta valere da chiunque vi abbia interesse** (nullità **assoluta**), oltre ad essere **rilevabile d'ufficio dal giudice** in ogni stato e grado del processo.
   L'art. 1421 c.c., fa salve le ipotesi in cui la legge disponga diversamente, ponendo le basi per la configurabilità nel nostro ordinamento di ipotesi di **nullità relativa**, che possono essere fatte valere soltanto da una delle parti. Costituisce una ipotesi di nullità relativa, la c.d. **nullità di protezione** (su cui vedi *infra*), categoria che ricorre nell'ipotesi in cui la nullità è comminata per l'inosservanza di norme poste a tutela del contraente che versi, secondo la legge, in condizioni di debolezza rispetto alla controparte contrattuale (ne costituisce un esempio la nullità prevista in materia di diritto dei consumatori su cui vedi *infra*).
2. **Prescrizione.**
   L'azione di nullità è una **azione dichiarativa**, di mero accertamento, **non soggetta a prescrizione**, salvi gli effetti dell'usucapione e della prescrizione dell'azione di ripetizione.
3. **Insanabilità del contratto nullo.**
   Il contratto nullo **non può essere oggetto di convalida**, a differenza di quello solo annullabile. L'art. 1423 c.c. fa salve le ipotesi in cui la legge disponga diversamente, ammettendo che la regola della non convalidabilità del negozio nullo possa subire delle deroghe (es. conferma di disposizioni testamentarie o donazioni nulle ex artt. 590 e 799 c.c.).
4. **Conversione del contratto nullo.**
   Il negozio nullo può produrre gli effetti di un negozio diverso (c.d. **conversione del negozio nullo**) di cui abbia i requisiti di sostanza e di forma (c.d. **elemento oggettivo**), se avuto riguardo allo scopo perseguito dalle parti, debba ritenersi che esse l'avrebbero voluto se fossero state a conoscenza della nullità (c.d. **elemento soggettivo**).

E) La nullità parziale.

La nullità può anche essere **parziale**, sia da un punto di vista oggettivo che da un punto di vista soggettivo:

1. **Nullità parziale in senso oggettivo.**
   La nullità parziale del contratto, intesa **in senso oggettivo**, riguarda l'ipotesi in cui la patologia colpisce solamente una parte del contratto.
   La nullità parziale determina la nullità dell'intero contratto solo nell'ipotesi in cui risulti che i contraenti non lo avrebbero concluso senza quella parte del suo contenuto che è colpita da nullità (art. 1419 c.c.).
   Anche in quest'ultima ipotesi la nullità dell'intero contratto è esclusa quando le clausole nulle sono **sostituite di diritto da norme imperative** (art. 1339 c.c.).
   Ai fini della dichiarazione di nullità dell'intero contratto, quindi, la clausola colpita da nullità deve essere **essenziale**: tale essenzialità va valutata da un punto di vista oggettivo, valutando l'impatto che la nullità della clausola determina sull'assetto di interessi regolato dalle parti con il contratto.
2. **Nullità parziale in senso soggettivo.**
   La nullità parziale del contratto intesa **in senso soggettivo** riguarda le ipotesi di **contratto plurilaterale**, in cui le prestazioni di ciascuna parte sono dirette al conseguimento di uno scopo comune. In tale ipotesi la **nullità che colpisce il vincolo di una sola delle parti**, non comporta la nullità dell'intero contratto, a meno che la sua partecipazione debba considerarsi, secondo le circostanze, **essenziale** (art. 1420 c.c.).

3. L'annullabilità del contratto.

A) Nozione.

L'annullabilità è una forma di invalidità che non determina l'inefficacia *ab origine* del contratto in quanto gli effetti di questo si producono immediatamente, ma possono venire eliminati se il contratto venga impugnato dalla parte nell'interesse della quale l'annullabilità è stabilita.
Sono cause di annullabilità del contratto l'**incapacità di agire** e i c.d. **vizi del consenso.**

B) Legittimazione.

L'azione di annullamento, pertanto, è una **azione costitutiva** che può essere proposta solo dalla parte nel cui interesse è sancita l'invalidità del contratto (c.d. **legittimazione relativa**), a meno che la legge non preveda diversamente: in tal caso si parla di **annullabilità assoluta**, in cui l'annullamento può essere richiesto da chiunque vi abbia interesse (art. 119, 591 e 1441 c.c.).

C) Prescrizione.

L'azione di annullamento, se la legge non dispone diversamente, si **prescrive** nel termine di cinque anni, che decorre, quando l'annullabilità derivi da vizio del consenso ovvero da incapacità legale, dal momento in cui è cessata la violenza, è stato scoperto l'errore o il dolo, è cessato lo stato di interdizione o di inabilitazione o il minore abbia raggiunto la maggiore età, e dal momento in cui il contratto è stato concluso in tutti gli altri casi (art. 1442 c.c.).
Anche dopo il decorso del termine prescrizionale l'annullabilità del contratto può sempre essere fatta valere, **invia di eccezione**, dalla parte convenuta per l'esecuzione del contratto: l'eccezione di annullamento, quindi, è imprescrittibile.

D) Effetti dell'annullamento del contratto.

L'annullamento del contratto ha **effetto retroattivo** e quindi gli effetti del contratto vengono meno sin dal momento della sua stipulazione; ne consegue la possibilità di ripetere quanto prestato in esecuzione del contratto, anche se il **contraente incapace** ha un obbligo di restituzione limitato al vantaggio che abbia effettivamente conseguito dall'esecuzione della prestazione (art. 1443 c.c.).
L'annullamento non pregiudica i diritti acquistati dai terzi in buona fede e a titolo oneroso, salvo

che l'annullamento derivi da **incapacità legale** (art. 1445 c.c.). Per quanto riguarda i diritti su beni immobili o mobili registrati la regola sopra enunciata deve comunque essere coordinata col regime della trascrizione (art. 1445 c.c.).

E) La convalida.

Il contratto annullabile può essere sanato mediante **convalida** da parte del contraente legittimato ad esperire l'azione di annullamento (art. 1444 c.c.).

La convalida, che deve essere eseguita da un soggetto in condizione di concludere validamente il contratto, può essere:

- **espressa**: la convalida è espressa quanto la parte in un apposito atto, facendo menzione del contratto e del motivo di annullabilità, dichiara che intende convalidare il contratto;
- **tacita**: la convalida è tacita quando la parte legittimata all'azione di annullamento dia volontaria esecuzione al contratto, pur conoscendo il motivo di annullabilità.

▶ 3.1. L'incapacità di agire.

L'art. 1425 comma 1 c.c. prevede che il contratto è annullabile se una delle parti era **legalmente incapace di contrattare** e cioè se era minore, interdetta o inabilitata (in quest'ultimo caso limitatamente agli atti che devono essere compiuti con l'assistenza del curatore).

A) Raggiri del minore.

L'art. 1426 c.c. esclude l'annullabilità del contratto se il **minore abbia con raggiri occultato la propria età**. A tal fine, non è considerata sufficiente la semplice dichiarazione di essere maggiorenne, non riscontrandosi in essa il carattere del raggiro. Quest'ultimo ricorre nell'ipotesi in cui il minore abbia posto in essere un artificio o una macchinazione oggettivamente idonea ad indurre in errore l'altro contraente.

B) Contratto concluso dal soggetto incapace di intendere e di volere.

L'art. 1425, comma 2, c.c., inoltre, prevede l'annullabilità del contratto concluso da un **soggetto incapace d'intendere e di volere**, qualora ricorrano le condizioni stabilite dall'art. 428 c.c.

Ai fini dell'annullabilità del contratto, pertanto, è necessario che, in ragione del pregiudizio che sia derivato o possa derivare al soggetto incapace, o per la qualità del contratto, risulti la **mala fede** dell'altro contraente.

▶ 3.2. I vizi del consenso: errore, violenza e dolo.

I vizi del consenso sono l'errore, la violenza ed il dolo.

In presenza di tali vizi, la volontà che muove il soggetto a concludere il contratto presenta delle anomalie che giustificano la richiesta di annullamento del contratto in quanto il soggetto ha manifestato una volontà "viziata" al momento della conclusione dello stesso.

▶ 3.3. L'errore.

A) Nozione: errore vizio ed errore ostativo.

L'**errore**, che generalmente indica una falsa rappresentazione della realtà (e a cui è equiparata l'**ignoranza** intesa come mancata conoscenza di un determinato fatto) è causa di annullamento del contratto:

- quando ha inciso sul processo di formazione della volontà determinando una volontà alterata (c.d. **errore vizio**).

  Se l'errore cade su una circostanza di fatto si ha **errore di fatto**; se invece l'errore concerne una circostanza di diritto si ha **errore di diritto**.
- quando ha la colpito la stessa dichiarazione di volontà determinando una divaricazione tra quanto voluto e quanto dichiarato (c.d. **errore ostativo** in cui si fa rientrare anche l'errore nella trasmissione della dichiarazione da parte della persona o dell'ufficio a ciò incaricato).

  L'errore ostativo, quindi, non rientra tra i c.d. vizi del consenso: ciò nonostante, esso è sottoposto dall'art. 1433 c.c. alla **stessa disciplina** dell'errore vizio con la conseguenza che può costituire causa di annullamento del contratto solo ed esclusivamente nell'ipotesi in cui sia essenziale e riconoscibile.

B) Caratteri rilevanti dell'errore ai fini dell'annullabilità.

L'errore, ai fini dell'annullabilità del contratto, deve (anche al fine di tutelare l'**affidamento** che la parte contrattuale non caduta in errore ripone sulla validità e sull'efficacia del contratto) essere:

1. **Essenziale.**
   L'errore è essenziale quando ha determinato la parte a concludere il contratto.
   Ai sensi dell'art. 1429 c.c., l'errore è essenziale quando cade:
   - Sulla **natura** o sull'**oggetto** del contratto;
   - sull' **identità dell'oggetto** della prestazione contrattuale;
   - sulla **qualità della cosa**, quando questa debba ritenersi determinante del consenso secondo il comune apprezzamento o in relazione alle circostanze;
   - sull'**identità** o sulle **qualità personali** dell'altro contraente, quando l'una o le altre siano state determinanti del consenso.

   L'**errore di diritto** è essenziale quando sia stato la ragione unica o principale del contratto.
   L'errore di diritto, per essere rilevante ai fini dell'annullamento del contratto, non deve riguardare le conseguenze giuridiche del negozio ("*ignorantia legis non excusat*") ma deve concretizzarsi in un errore di valutazione su di una determinata situazione giuridica che sia in grado di influenzare la volontà del contraente.
2. **Riconoscibile.**
   Oltre che essenziale, l'errore deve essere **riconoscibile.**
   L'errore si considera tale quando in relazione al contenuto, alle circostanze del contratto ovvero alla qualità dei contraenti, **una persona di normale diligenza avrebbe potuto rilevarlo** (art. 1431 c.c.).
   La riconoscibilità dell'errore non è requisito necessario nel caso di **errore bilaterale**, cioè nell'ipotesi in cui l'errore sia comune ad entrambe le parti.

C) Errore di calcolo e rettifica.

L'art. 1430 c.c. stabilisce che "***l'errore di calcolo** non dà luogo ad annullamento del contratto, ma solo a **rettifica,** tranne che, concretandosi in errore sulla quantità, sia stato determinante del consenso*".
La **rettifica** è il negozio unilaterale recettizio con cui la parte non in errore può evitare l'annullamento del contratto, offrendo di eseguirlo in modo conforme all'originario intento effettivo della controparte (art. 1432 c.c.). Tale rettifica è possibile solo se compiuta prima che si sia verificato un pregiudizio per la parte caduta in errore.

▶ 3.4. La violenza.

A) Violenza fisica e violenza morale.

La **violenza** può essere fisica o morale.

1. **Violenza fisica.**
   La violenza fisica (o assoluta) si ha nell'ipotesi in cui il contraente sia materialmente costretto alla stipulazione del contratto: in tal caso il contratto è **nullo** perché viene a mancare la stessa dichiarazione di volontà della parte, essendo la stessa imputabile all'autore della violenza.
2. **Violenza morale.**
   La violenza morale (art. 1434 c.c.) si ha nell'ipotesi in cui il soggetto sia indotto alla stipulazione del contratto per effetto della **minaccia di un male ingiusto e notevole** a sé o ai suoi beni.
   In tal caso la violenza è causa di **annullamento del contratto**, anche se esercitata da un terzo e anche quando il male minacciato riguardi la persona o i beni del coniuge del contraente o un ascendente o discendente di lui (art. 1436 c.c.).

B) Caratteri del male minacciato nella violenza morale.

Il male minacciato deve essere:

- **ingiusto** e cioè antigiuridico.
  Dunque, non costituisce causa di annullamento del contratto la **minaccia di far valere un diritto**, a meno che tale minaccia sia diretta a conseguire vantaggi ingiusti (art. 1438 c.c.);
- **notevole**, e cioè deve essere tale da fare impressione sopra una persona sensata. A tal fine deve aversi riguardo all'età, al sesso e alla condizione delle persone;
- **diretto alla persona o ai beni dello stesso contraente** o del suo coniuge o dei suoi ascendenti o discendenti;

C) Il timore reverenziale.

Il semplice **timore reverenziale**, inteso come soggezione psicologica nei confronti di una persona particolarmente importante o autorevole o anche a cagione della particolare relazione intercorrente con questa (es., datore di lavoro), non può costituire causa di annullamento del contratto. Il timore reverenziale è invece previsto come causa di invalidità del matrimonio e dell'unione civile.

▶ 3.5. Il dolo.

A) Nozione.

Il **dolo** (art. 1439 c.c.) costituisce un artificio o un raggiro con cui un soggetto induce un altro in errore al fine di fargli porre in essere un contratto che altrimenti non avrebbe stipulato (c.d. **dolo determinante**) o che avrebbe stipulato a condizioni differenti (c.d. **dolo incidente**).

B) Dolo determinante e dolo incidente.

1. <u>**Dolo determinante.**</u>
   Il dolo determinante è causa di annullamento del contratto, e legittima il soggetto raggirato a richiedere il risarcimento del danno subito.
2. <u>**Dolo incidente.**</u>
   Il dolo incidente non è, invece, una causa di annullamento del contratto, ma il contraente in mala fede deve risarcire il danno subito dal soggetto raggirato.

C) Elementi costitutivi del dolo.

Il dolo, ai fini dell'annullamento del contratto:

- deve manifestarsi in **artifici e raggiri** posti in essere da una parte contrattuale.
  Il raggiro si concretizza in genere in un comportamento commissivo idoneo a influire sul consenso, e può consistere anche nel semplice **mendacio**, consistente in una dichiarazione con la quale si muta il vero.
  Si discute se anche condotti di tipo omissivo, come il **silenzio** o la **reticenza**, possano portare all'annullamento del contratto per dolo.
- deve aver determinato la **caduta in errore** della controparte contrattuale;
- deve **provenire da uno dei contraenti**.

Nell'ipotesi in cui l'**inganno derivi dal terzo** il contratto è annullabile solo se i raggiri erano noti al contrante che ne ha tratto vantaggio (art. 1439 comma 2 c.c.).

Non ogni affermazione, pratica o mezzo volto a mutare il vero costituisce dolo, se non idoneo a trarre in inganno la vittima (c.d. ***dolus bonus***). Tipico esempio di tale tipo di dolo è l'esagerazione delle qualità di un bene, consueta durante la fase delle trattative, normalmente tollerata nella pratica dei traffici commerciali sul presupposto che l'uomo medio è perfettamente in grado di avvedersi che le qualità vantate sono frutto di esagerazione.

4. La rescissione del contratto.

A) Nozione.

L'istituto della rescissione del contratto costituisce una **eccezione al generale principio di intangibilità**

dell'autonomia negoziale, in base al quale lo squilibrio economico delle prestazioni non è rilevante nel momento della formazione del contratto.
Il codice civile prevede due ipotesi di rescissione del contratto:

- **contratto concluso in stato di pericolo** (art. 1447 c.c.): la parte che ha assunto obbligazioni a condizioni inique per la **necessità**, nota all'altro contraente, di salvare sé o altri dal **pericolo attuale di un danno grave alla persona**, può chiedere la rescissione del contratto;
- **contratto concluso in stato di bisogno** (art. 1448 c.c.): nell'ipotesi in cui vi sia sproporzione tra le due prestazioni e questa dipenda dallo **stato di bisogno** di una delle parti, di cui l'altra abbia **approfittato**, è possibile richiedere la rescissione del contratto.

B) Contratto concluso in stato di pericolo.

Lo stato di pericolo che legittima la richiesta di rescissione del contratto si distingue dallo stato di necessità disciplinato in altre parti dell'ordinamento (artt. 2045 c.c.; art. 54 c.p.) perché rileva anche quando sia **stato determinato volontariamente dalla stessa vittima** o qualora sia **evitabile**.
Il contratto è rescindibile solo quando ricorrano i seguenti **requisiti**:

1. esistenza del **pericolo attuale di un danno grave alla persona**, ossia il pericolo di un pregiudizio di grossa entità, tenendo conto delle condizioni concrete della persona sottoposta a pericolo e di tutte le circostanze del caso concreto;
2. che tale stato di pericolo sia **noto alla controparte**; lo stato di pericolo non deve essere solo riconoscibile dalla controparte contrattuale ma deve essere **effettivamente conosciuto**, in quanto la conoscenza dello stato di pericolo che ha indotto l'altra parte a contrattare costituisce condizione essenziale della rescissione del contratto;
3. che lo stato di pericolo costituisca **causa efficiente** della conclusione del contratto, in quanto la parte deve aver concluso il contratto con il solo fine di non subire il danno;
4. che il contratto sia stato stipulato **a condizioni inique**: l'iniquità delle condizioni contrattuali deve essere valutata in base ad un **criterio quantitativo** di pura proporzione economica tra le due prestazioni.

C) Contratto concluso in stato di bisogno.

La sproporzione tra le prestazioni legittima la richiesta di rescissione solo nell'ipotesi in cui il valore della prestazione eseguita o promessa superi il doppio dell'altra (c.d. **lesione *ultra dimidium***).
La lesione deve risultare dal confronto dei valori delle prestazioni al momento della stipulazione del contratto e deve perdurare fino al tempo della proposizione della domanda (art. 1448, comma 3, c.c.).

Lo **stato di bisogno**, che può riguardare anche persona diversa dal contraente, può consistere in una condizione oggettiva di carenza di mezzi patrimoniali, o nella mancanza di un bene o di un servizio, anche non di carattere economico: ciò che rileva è che tale situazione di difficoltà economica sia la causa che ha indotto la parte a contrarre a condizioni inique.
Tale stato di bisogno deve essere **conosciuto dalla controparte**, che deve aver avuto l'intento di **approfittare della situazione** con proprio ingiusto vantaggio: entrambi gli elementi devono essere provati dal soggetto che richiede la rescissione del contratto.

D) L'azione di rescissione del contratto.

La rescissione del contratto:

1. può essere richiesta **solo dalla parte nel cui interesse è prevista**, cioè dalla parte danneggiata e dai suoi eredi, e **non può essere rilevata d'ufficio dal giudice**;
2. è sottoposta ad un **termine di prescrizione di un anno** dalla stipulazione del contratto e decorso il termine prescrizionale la rescindibilità **non può essere opposta neppure in via di eccezione** (art. 1449, comma 2, c.c.); qualora il **fatto costituisca reato** il termine di prescrizione dell'azione di rescissione coincide col più lungo termine di prescrizione del reato (art. 1449 c.c.). Qualora il

reato sia estinto per causa diversa dalla prescrizione ovvero sia intervenuta sentenza irrevocabile torna ad applicarsi il termine annuale di prescrizione, che però decorre dal verificarsi di tali fatti;

3. è pronunciata con **sentenza avente natura costitutiva** che elimina gli effetti del contratto ***ex tunc*** con contestuale possibilità di ripetere quanto prestato, nonché possibilità per la parte lesa di pretendere il **risarcimento dei danni** nella misura dell'interesse negativo secondo le regole della responsabilità contrattuale;
4. **non pregiudica i diritti acquistati dai terzi**, salvi gli effetti della trascrizione della domanda di rescissione (art. 1452 c.c.);
5. **non si applica ai contratti aleatori** (art. 1448, co. 4, c.c.); è espressamente esclusa con riferimento al contratto di **transazione** (art. 1970 c.c.).

Il contratto rescindibile, a differenza del contratto annullabile, **non può essere convalidato** (art. 1451 c.c.).

E) Modifica del contratto per ricondurlo ad equità.

Il contraente nei confronti del quale è domandata la rescissione può evitarla offrendo una **modificazione del contratto sufficiente per ricondurlo ad equità** (art. 1450 c.c.): l'offerta di rettifica del contratto, che ha natura di negozio unilaterale recettizio, mira a far venire meno il presupposto stesso della rescissione e cioè il rapporto di sproporzione tra le due prestazioni dedotte nel contratto.

Dizionario di termini tecnici

➢ **Invalidità**

L'**invalidità** costituisce la risposta dell'ordinamento a talune **anomalie del contratto**, giudicato **non idoneo a perseguire scopi meritevoli di riconoscimento e di tutela**.

La categoria dell'invalidità va distinta sia dalla categoria dell'inesistenza sia da quella dell'inefficacia.

➢ **Inesistenza**

L'**inesistenza** si configura quando le anomalie del negozio assumono una dimensione tale, sotto il profilo strutturale e funzionale, da far ritenere la fattispecie neppure esistente per l'ordinamento giuridico.

➢ **Inefficacia**

L'**inefficacia** si configura quando il contratto, per qualsiasi causa, non produce i suoi effetti.

➢ **Nullità del contratto**

La nullità determina la radicale inefficacia del contratto, e cioè la sua inidoneità *ab origine* a produrre effetti giuridici; la **sentenza** che accerta la nullità ha **natura dichiarativa**.

➢ **Annullabilità del contratto**

L'annullabilità è una forma di invalidità che non determina l'inefficacia *ab origine* del contratto in quanto gli effetti di questo si producono immediatamente, ma possono venire eliminati se il contratto venga impugnato dalla parte nell'interesse della quale l'annullabilità è stabilita.

Sono cause di annullabilità del contratto l'**incapacità di agire** e i c.d. **vizi del consenso.**

➢ **Rescissione del contratto**

L'istituto della rescissione del contratto costituisce una **eccezione al generale principio di intangibilità dell'autonomia negoziale**, in base al quale lo squilibrio economico delle prestazioni non è rilevante nel momento della formazione del contratto.

IX ▶ LA SIMULAZIONE DEL CONTRATTO

1. La simulazione del contratto.

A) Nozione: simulazione assoluta e simulazione relativa.

➢ La simulazione del contratto è una ipotesi di **apparenza negoziale** creata intenzionalmente dalle parti, le quali pongono in essere deliberatamente dichiarazioni non conformi alla loro reale volontà.

Difatti, la simulazione si verifica nell'ipotesi in cui le parti stipulano un contratto con l'intesa:

- che lo stesso sia meramente apparente e come tale non produca tra di loro alcun effetto (c.d. **simulazione assoluta**).
  In tal caso, quindi, le parti non vogliono che si producano gli effetti né del contratto simulato né di altro contratto;
- con l'intesa che nei loro rapporti si producano gli effetti di un contratto diverso (c.d. **simulazione relativa**).
  In tal caso, le parti pongono in essere un contratto, ma vogliono in realtà il prodursi degli effetti di un contratto diverso (c.d. **contratto dissimulato**).
  La **simulazione relativa** può essere:
  - **oggettiva**: quando ad essere simulata è la **natura** stessa del negozio (ad esempio si pone in essere una vendita ma si vuole una donazione) o un suo **elemento essenziale** (ad esempio il prezzo nel contratto di compravendita);
  - **soggettiva**: quando la simulazione riguarda i soggetti che pongono in essere il contratto.

B) Presupposti della simulazione.

Presupposti affinché possa dirsi sussistente l'istituto della simulazione sono:

- una **divergenza consapevole** tra quanto dichiarato e l'effettiva volontà delle parti;
- l'esistenza di un **accordo simulatorio**, precedente o contestuale alla stipulazione del contratto, con cui le parti si accordino in ordine alla divergenza tra il contratto esteriorizzato e l'assetto di interessi effettivamente voluto.
  Tale accordo simulatorio può rivestire qualsiasi forma ma se è redatto per iscritto costituisce la c.d. **controdichiarazione**, che può essere particolarmente rilevante a fini probatori. La presenza tra le parti di tale accordo simulatorio distingue la simulazione dalla **riserva mentale**, dove la divergenza tra dichiarazione e volontà, rimanendo nella sfera interiore del soggetto, non è oggetto di intesa con l'altro contraente.
- secondo parte della dottrina, una precisa **volontà delle parti di ingannare i terzi**.

C) Interposizione fittizia e interposizione reale di persona.

La simulazione relativa può riguardare anche i **soggetti** del contratto: in tal caso di parla di **interposizione fittizia di persona**.

Tale figura ricorre nell'ipotesi in cui le parti pongono in essere un contratto con l'accordo che gli effetti dello stesso si verificheranno in capo ad un terzo (interponente).

Perché la fattispecie si realizzi è indispensabile che l'**accordo** simulatorio intercorra **fra tutti e tre i soggetti**, coinvolgendo, oltre al soggetto interposto ed all'interponente, anche il terzo contraente. In tale ipotesi il contratto posto in essere tra l'interposto ed il terzo spiega i suoi effetti direttamente nei confronti dell'interponente, il quale è l'unico e reale destinatario degli effetti dell'atto.

Interposizione reale di persona.

L'interposizione fittizia di persona si distingue dall'**interposizione reale di persona**, in cui il terzo non è a conoscenza dell'accordo simulatorio intercorrente tra interponente ed interposto.

In tal caso il soggetto interposto, d'intesa con l'interponente, contratta in nome proprio e diviene effettivamente titolare dei diritti derivanti dal contratto stipulato con il terzo. In base all'accordo concluso con l'interponente (mandato senza rappresentanza o negozio fiduciario), egli è tuttavia obbligato a ritrasferirgli quanto acquistato, mediante un successivo ed autonomo atto dispositivo.

D) Ambito di applicazione della simulazione.

In linea di massima, l'**ambito di applicazione** della simulazione non incontra limiti particolari, potendo riguardare ciascun tipo negoziale, sia ad efficacia reale, sia ad efficacia obbligatoria.

Secondo la clausola di rinvio di cui all'art. 1414, comma 3, c.c., la simulazione può anche avere ad oggetto gli **atti unilaterali**, aventi o meno natura negoziale, comprese la promessa di pagamento e la ricognizione di debito, quando siano rivolti ad un destinatario determinato (atti recettizi) e sussista l'accordo simulatorio tra il dichiarante e il destinatario.

2. Effetti della simulazione.

Ciò posto, occorre analizzare sia gli **effetti** che la simulazione produce tra le parti, sia quelli che produce nei confronti dei terzi e dei creditori:

A) Effetti della simulazione tra le parti.

1. **Simulazione assoluta**.
   In caso di **simulazione assoluta** il contratto è inefficace tra le parti.
   Secondo l'impostazione tradizionale si tratta di una ipotesi di nullità per mancanza di accordo tra le parti.
2. **Simulazione relativa.**
   In caso di **simulazione relativa**, ferma restando l'inefficacia del contratto simulato, tra le parti ha effetto il contratto dissimulato, purché ne sussistano i requisiti di **sostanza** e di **forma** (art. 1414 comma 2 c.c.), e il contratto **non sia vietato dalla legge**.
   Dato che il negozio simulato ed il negozio dissimulato costituiscono due aspetti dello stesso fenomeno negoziale, i requisiti di sostanza e di forma del secondo possono essere ricercati anche all'interno del primo.

B) Effetti della simulazione nei confronti dei terzi.

I terzi sono i soggetti che non hanno preso parte all'accordo simulatorio.

In tal caso, l'ordinamento si preoccupa di tutelare le loro ragioni che possono essere a vario titolo pregiudicate dall'esistenza dell'accordo simulatorio.

1. **Terzi pregiudicati dal contratto simulato.**
   Viene in rilievo, in primo luogo, la posizione dei **terzi pregiudicati dal contratto simulato**, che hanno interesse a far valere la simulazione, cioè a far prevalere la situazione reale su quella apparente. Ai sensi dell'art. 1415, comma 1, c.c., tali soggetti possono far valere la simulazione nei confronti delle parti, e cioè possono far dichiarare il contratto inefficace.
2. **Terzi che hanno acquistato diritti dal titolare apparente.**
   Altra categoria di terzi è rappresentata dai **soggetti che abbiano acquistato diritti dal titolare apparente**. Questi terzi, a differenza dei primi, hanno interesse a far prevalere la situazione apparente su quella reale, al fine di fare salvo il loro acquisto. L'art. 1415, comma 1, c.c. prevede che la simulazione non può essere opposta né dalle parti contraenti, né dagli aventi causa o dai creditori del simulato alienante ai **terzi** che abbiano acquistato in **buona fede** diritti dal titolare apparente, salvi gli effetti della trascrizione della domanda di simulazione.

C) Effetti della simulazione nei confronti dei creditori.

1. **Creditori del titolare apparente.**
   L'art. 1416 c.c. regola, in primo luogo, i conflitti tra le parti dell'accordo simulatorio e i **creditori del titolare apparente**, prevedendo che le parti non possono opporre la simulazione ai creditori del titolare apparente che in buona fede hanno compiuto atti di esecuzione sui beni formanti

oggetto del contratto simulato. Il conflitto, quindi, viene composto in favore delle parti fintanto che non vi sia un affidamento da tutelare (buona fede) o che l'aspettativa dei creditori non si sia ancora tradotta nel compimento di un atto finalizzato alla realizzazione coattiva del proprio diritto.

2. **Creditori del simulato alienante.**
L'art. 1416, secondo comma, c.c. si dedica ai **creditori del simulato alienante**, attribuendogli la possibilità di agire per far accertare la simulazione che pregiudica i loro diritti, prevalendo nei confronti delle parti e, se il loro credito è anteriore all'atto simulato, nei confronti dei creditori chirografari del titolare apparente.

3. L'azione di simulazione.

A) Natura dell'azione di simulazione.

L'azione di simulazione:

- in caso di simulazione assoluta, ha natura di **accertamento negativo**, in quanto volta a far dichiarare l'inefficacia originaria del contratto simulato;
- in caso di simulazione relativa assume anche natura di **accertamento positivo**, in quanto volta a rilevare l'esistenza del negozio dissimulato.

B) Prescrizione.

L'azione di simulazione, in entrambi i casi, è **imprescrittibile**, ma in caso di simulazione relativa è indirettamente soggetta a prescrizione ordinaria decennale se l'azione di simulazione è diretta a far valere un diritto che discende dal contratto dissimulato.

C) Legittimazione attiva.

La legittimazione a proporre la domanda, che indifferentemente può essere spiegata in via principale o riconvenzionale, spetta innanzitutto alle parti. Quanto ai terzi, l'interesse a far valere la simulazione sussiste in capo a coloro i quali siano attualmente o potenzialmente pregiudicati dalla stessa, secondo quanto previsto dagli artt. 1415 e 1416 c.c. in relazione alla posizione degli aventi causa e dei creditori.

D) Legittimazione passiva.

La legittimazione passiva spetta a tutti i partecipi dell'accordo simulatorio, tra i quali si realizza un'ipotesi di litisconsorzio necessario.

E) Prova della simulazione.

La prova della simulazione deve essere fornita dalla parte interessata, non potendo il giudice accertarla d'ufficio.
Nell'ipotesi in cui il contratto simulato sia redatto in forma scritta, la prova della simulazione si risolve nella dimostrazione dell'esistenza di un **patto**, l'accordo simulatorio, **aggiunto o contrario al contenuto di un documento** (il contratto simulato), che si assume essere stato redatto anteriormente o contestualmente alla formazione del documento. Di conseguenza si applica l'art. 2722 c.c. che preclude alle parti di avvalersi della prova testimoniale per provare l'esistenza di tale patto.
Difatti, l'art. 1417 c.c. **consente alle parti** di provare l'esistenza dell'accordo simulatorio avvalendosi della prova testimoniale solo se l'azione sia diretta a provare l'**illiceità del contratto dissimulato**.

Dizionario di termini tecnici

- **Simulazione**
  La simulazione del contratto è una ipotesi di **apparenza negoziale** creata intenzionalmente dalle parti, le quali pongono in essere deliberatamente dichiarazioni non conformi alla loro reale volontà.

- **Interposizione fittizia di persona**
  Tale figura ricorre nell'ipotesi in cui le parti pongono in essere un contratto con l'accordo che gli effetti dello stesso si verificheranno in capo ad un terzo (interponente).

X ▶ LO SCIOGLIMENTO DEL CONTRATTO

1. Premessa: le ipotesi di scioglimento del contratto.

Lo scioglimento del contratto si verifica in tutte le ipotesi in cui il rapporto contrattuale si estingue per un motivo diverso dall'invalidità.
Lo scioglimento comprende:
- le ipotesi di **risoluzione del contratto** a causa di accadimenti sopravvenuti nel corso dell'esecuzione (**inadempimento, eccessiva onerosità, impossibilità sopravvenuta**);
- le ipotesi in cui il rapporto si estingue per effetto di una libera scelta delle parti (c.d. **mutuo dissenso**);
- le ipotesi in cui il rapporto si estingue per la decisione unilaterale di una di esse (c.d. **recesso**).

Anche la **morte** può determinare lo scioglimento del contratto, nell'ipotesi in cui ciò sia previsto espressamente dalla legge.

2. Il mutuo dissenso.

A) Nozione.
Il mutuo dissenso realizza lo **scioglimento consensuale del contratto** attraverso la stipulazione di un nuovo contratto, di natura **solutoria** e **liberatoria**, avente contenuto uguale e contrario al contratto originario, con cui le parti ripristinano la situazione preesistente alla stipulazione dello stesso.

B) Modalità ed effetti.
Il mutuo consenso:
- deve essere prestato **da tutti i partecipanti al contratto**;
- deve essere espresso con la **medesima forma** che ha dato vita al contratto, se richiesta a pena di nullità.

Per quanto riguarda gli **effetti tra le parti**, le stesse possono stabilire espressamente la decorrenza *ex nunc* o *ex tunc* della risoluzione.

3. Il recesso.

A) Nozione.
Di regola un contraente, in applicazione del **principio di vincolatività del contratto**, non può sciogliersi unilateralmente dal vincolo contrattuale.
Fanno eccezione a tale principio le ipotesi in cui tale facoltà:
- sia stata espressamente pattuita (c.d. **recesso convenzionale**);
- sia prevista dalla legge (c.d. **recesso legale**).

➢ Il recesso, quindi è l'**atto unilaterale** e **recettizio** mediante il quale una delle parti contraenti manifesta la volontà di sciogliersi dal contratto, determinandone l'estinzione: la parte a cui è attribuita la facoltà di recesso è titolare di un **diritto potestativo** che le consente di provocare unilateralmente lo scioglimento del vincolo contrattuale.
Il recesso va tenuto distinto dalla **revoca**: mentre la revoca ha ad oggetto **l'atto giuridico unilaterale** (o comunque o contratti stipulati nell'esclusivo interesse della parte revocante) e ha **effetto retroattivo**, il recesso riguarda il rapporto contrattuale e ha normalmente efficacia *ex nunc*.

B) Condizioni per l'esercizio del diritto di recesso.
Il recesso non può essere esercitato se il contratto ha avuto un **principio di esecuzione**, dato che l'atto

esecutivo è incompatibile con l'intenzione di recedere dal contratto, a meno che si tratti di **contratti ad esecuzione continuata e periodica**: in tal caso il recesso può esercitato anche dopo l'inizio di esecuzione, fermo restando che esso non ha effetto per le prestazioni già eseguite (art. 1373 c.c.).
In ogni caso, le regole relative al recesso sono **derogabili** dalle parti (art. 1373 c.c. ultimo comma).
Nell'ipotesi in cui sia previsto un corrispettivo per l'esercizio del diritto di recesso vengono in rilievo gli istituti della **multa penitenziale** e della **caparra penitenziale**.

C) Tipi di recesso.

È possibile distinguere tra **varie ipotesi di recesso**:

1. **Recesso determinativo.**
   È la facoltà di recesso attribuita alle parti nei **contratti a tempo indeterminato.**
   Dato lo *sfavor* che l'ordinamento riserva ai vincoli perpetui si ritiene che la facoltà di recesso debba essere attribuita alle parti anche in assenza di una esplicita previsione legale.
2. **Recesso impugnazione.**
   In tal caso, la facoltà di recesso è concessa alla parte per rimediare a difetti genetici o funzionali del contratto.
   Si configura come recesso di impugnazione, in particolare, quello previsto dall'art. 1385, comma 2, c.c. a favore della parte che abbia ricevuto la caparra confirmatoria, quando l'altra è inadempiente.
3. **Recesso di pentimento.**
   Tale tipologia di recesso costituisce lo strumento per riservare ad una delle parti contraenti una nuova valutazione di convenienza dell'affare (es. recesso a tutela del contraente debole previsto in materia di diritto dei consumatori).

4. La risoluzione del contratto per inadempimento.

A) Nozione.

➢ Nei **contratti con prestazioni corrispettive**, quando **uno dei contraenti non adempie le sue obbligazioni**, l'altro può a sua scelta chiedere **l'adempimento** o **la risoluzione del contratto** (art. 1453 c.c.).

Pertanto, a fronte dell'inadempimento della controparte la parte adempiente, se non intende richiedere l'adempimento della prestazione inadempiuta, può chiedere la risoluzione del contratto, fermo restando il diritto di richiedere in ogni caso il **risarcimento del danno.**
Il **riparto dell'onere della prova** è identico sia che il creditore agisca per l'azione di adempimento che per l'azione di risoluzione o per il risarcimento del danno.
La risoluzione del contratto per inadempimento determina l'estinzione del contratto incidendo, pertanto, non sull'atto (come avviene nelle ipotesi di invalidità contrattuale) ma sul rapporto contrattuale, in presenza di un evento impeditivo all'attuazione dello stesso.
Il diritto di chiedere la risoluzione del contratto si **prescrive** nel termine decennale ordinario (art. 2946 c.c.) che decorre dal momento in cui si è verificato il grave inadempimento.

B) Caratteristiche dell'inadempimento che legittima la richiesta di risoluzione.

La circostanza obiettiva dell'inadempimento non è sufficiente a giustificare la domanda di risoluzione perché l'inadempimento deve anche essere:

- **imputabile al debitore**: l'inadempimento è imputabile al debitore quando quest'ultimo non adempie alla prestazione dovuta volutamente o per colpa;
- **grave**: ai sensi dell'art. 1455 c.c., il contratto non può essere risolto se l'inadempimento ha **scarsa importanza**, avuto riguardo all'interesse della controparte contrattuale. Il giudizio di gravità dell'inadempimento è pregiudiziale rispetto a quello relativo alla sua imputabilità al debitore, perché se l'inadempimento non è grave la risoluzione non può comunque essere pronunciata.

L'inadempimento legittima la richiesta di risoluzione del contratto non solo quando sia **definitivo** ma anche quando il debitore sia semplicemente in **ritardo** nell'eseguire la prestazione dovuta. Il ritardo, oltre ad essere imputabile al debitore, deve essere grave e cioè superare ogni ragionevole limite di tolleranza.

C) Risoluzione parziale.

L'inadempimento che giustifica la richiesta di risoluzione del contratto può avere ad oggetto le **obbligazioni principali** o le **obbligazioni accessorie** derivanti dal contratto e può essere:

- **assoluto**: in tal caso, il debitore non adempie neanche in parte la prestazione;
- **parziale**: in tal caso, il debitore esegue la prestazione solo in parte, in termini quantitativi o qualitativi.

Il creditore può rifiutare un adempimento parziale, ottenendo la risoluzione del contratto, o accettarlo, restando creditore della parte restante. In quest'ultimo caso, il creditore può ottenere la **risoluzione parziale** del contratto qualora il debitore persista nell'inadempimento della parte di prestazione mancante.

D) L'inadempimento reciproco.

Nell'ipotesi in cui entrambe le parti si rendano inadempienti rispetto alle obbligazioni derivanti dal contratto si parla di **inadempimento reciproco o bilaterale**.

In tal caso il giudice, se entrambe le parti richiedano la risoluzione del contratto o deducano il reciproco inadempimento, deve stabilire quale dei due inadempimenti legittima la risoluzione del contratto.

A tal fine deve compiere una valutazione comparativa dei due inadempimenti, individuando quale dei due sia intervenuto per primo (**criterio cronologico**) e quale incida maggiormente sull'equilibrio del sinallagma contrattuale, sulle posizioni delle parti e sui loro interessi (**criterio della proporzionalità**).

Qualora si pervenga ad un **giudizio di equivalenza** degli inadempimenti, il giudice deve respingere le contrapposte richieste di risoluzione, non potendo pronunciare la risoluzione per colpa di entrambi. È discusso in dottrina se in tale ipotesi il giudice possa pronunciare la risoluzione del contratto per mutuo dissenso.

E) Rapporti tra azione di risoluzione e l'azione di adempimento.

L'art. 1453 c.c. disciplina i **rapporti tra azione di risoluzione e azione di adempimento** prevedendo che la domanda giudiziale di adempimento può sempre essere mutata in domanda di risoluzione del contratto, ma che tale *ius variandi* non è esercitabile nell'ipotesi in cui sia stata proposta domanda di risoluzione del contratto.

L'art. 1453, comma 3, c.c., infine, chiarisce che dopo la domanda di risoluzione il debitore non può più adempiere la prestazione, avendo il creditore manifestato il suo disinteresse a riceverla.

F) Rapporti tra azione di risoluzione e risarcimento del danno.

La **domanda di risarcimento del danno** è una domanda autonoma rispetto a quella di risoluzione e può essere proposta sia **congiuntamente** che **separatamente** rispetto a quest'ultima; l'eventuale rigetto della domanda di risoluzione per scarsa importanza dell'inadempimento non comporta necessariamente il rigetto della domanda di risarcimento del danno, dato che questa ha come unico presupposto l'imputabilità dell'inadempimento e non anche la sua gravità.

G) Gli effetti della risoluzione.

Con riferimento agli **effetti della risoluzione**, occorre distinguere tra gli effetti della risoluzione tra le parti e nei confronti dei terzi:

1. <u>**Gli effetti della risoluzione tra le parti.**</u>

   L'art. 1458 c.c. prevede che la risoluzione ha **effetto retroattivo tra le parti**, salvo il caso di **contratti ad esecuzione continuata o periodica**, riguardo ai quali l'effetto della risoluzione non si estende alle prestazioni già eseguite.

   Il contratto, quindi, si considera come mai venuto ad esistenza tra le parti.

   Ciò determina:

   - **effetti restitutori**, in quanto le parti devono restituire le eventuali prestazioni ricevute;

- **effetti liberatori**, in quanto le parti sono definitivamente liberate dall'obbligo di adempiere alle prestazioni derivanti dal contratto;
- **effetti risarcitori**, in quanto la parte inadempiente dovrà risarcire il danno subito dalla controparte contrattuale. Tale danno ha ad oggetto il c.d. **interesse positivo**, cioè l'interesse a ricevere quanto si sarebbe ottenuto in caso di regolare esecuzione del contratto.

2. **Gli effetti della risoluzione nei confronti dei terzi.**

La risoluzione del contratto, come previsto dall'art. 1458, co. 2, c.c., **non pregiudica i diritti acquistati dai terzi sul bene**, fatti salvi gli effetti della trascrizione della domanda di risoluzione. Secondo tale norma, i terzi acquirenti del bene sono salvaguardati anche se a conoscenza dell'inadempimento del proprio dante causa purché tale acquisto preceda la risoluzione (per i **beni mobili**) ovvero la trascrizione della domanda di risoluzione (per i **beni iscritti nei registri**). Rispetto ai beni mobili vale in ogni caso la regola che tutela l'acquisto in buona fede e con un titolo valido (art. 1153 c.c.).

▶ 4.1. La risoluzione di diritto.

A) Risoluzione giudiziale e stragiudiziale (di diritto).

La risoluzione del contratto può essere **giudiziale** o **stragiudiziale**:

- la **risoluzione giudiziale del contratto** è la risoluzione disposta dal giudice con **sentenza avente natura costitutiva**, a seguito di domanda giudiziale del contraente non inadempiente;
- la **risoluzione stragiudiziale del contratto** è la risoluzione che opera di diritto in presenza di una diffida ad adempiere, di una clausola risolutiva espressa o di un termine essenziale. In tal caso la sentenza del giudice è meramente eventuale ed ha **natura dichiarativa**.

▶ 4.2. La diffida ad adempiere.

A) Nozione.

La **diffida ad adempiere** (art. 1454 c.c.) consiste in una **intimazione per iscritto** alla parte inadempiente di adempiere entro un **congruo termine**, con l'avvertimento che, **decorso inutilmente detto termine**, il contratto si intenderà **risolto**.

Durante la pendenza del termine il creditore non può agire nei confronti del creditore né chiedere la risoluzione del contratto, ma in caso di perdurante inadempimento alla sua scadenza, il **contratto si risolve di diritto**, senza necessità di ulteriori attività da parte del contraente non inadempiente.

L'**effetto risolutorio** è **automatico** ed **irreversibile**, non essendo nella disponibilità della parte diffidante (**Cass., Sez. Un., 14 gennaio 2009, n. 533**).

La diffida costituisce un atto:

- **negoziale**;
- **unilaterale**;
- **recettizio**;
- avente necessariamente **forma scritta**;

che costituisce espressione di un **diritto potestativo** della parte adempiente di provocare immediatamente ed unilateralmente una modifica del rapporto contrattuale introducendo un termine di adempimento aggiuntivo rispetto a quello previsto originariamente.

B) Termine della diffida ad adempiere.

Il termine decorso il quale si produrrà la risoluzione del contratto, deve essere **congruo**: l'art. 1454, comma 2, c.c. stabilisce che in ogni caso tale termine non deve essere inferiore a quindici giorni, salvo diversa pattuizione delle parti o salvo che per la natura del contratto o secondo gli usi, risulti congruo un termine minore.

Nell'ipotesi in cui il **termine non sia congruo**, il mancato adempimento alla sua scadenza non determina la risoluzione di diritto del contratto ma non esclude la possibilità di ottenere la risoluzione giudiziale qualora ne ricorrano i presupposti.

C) Caratteri dell'inadempimento.

Anche in presenza della diffida ad adempiere l'inadempimento, per determinare la risoluzione di diritto del contratto, deve essere **imputabile al debitore** e **grave**: difatti, il ricorso alla diffida non esclude la necessità di valutare la non scarsa importanza dell'inadempimento ex art. 1455 c.c.

▶ 4.3. La clausola risolutiva espressa.

A) Nozione.

La **clausola risolutiva espressa** è la clausola con cui le parti convengono espressamente che il contratto si risolva se una determinata obbligazione non venga adempiuta secondo le modalità stabilite (art. 1456 c.c.).

In tal caso, la **risoluzione si verifica di diritto** quando la parte interessata **comunica all'altra che intende valersi della clausola**.

L'**effetto risolutivo** si produce solo nel momento in cui la parte interessata comunica all'altra che intende avvalersi della clausola: tale comunicazione ha natura **recettizia** e può rivestire qualsiasi forma che sia idonea a rendere edotta l'altra parte della volontà di avvalersi della clausola.

B) Caratteri dell'inadempimento.

Con tale clausola le parti intendono **sottrarre al giudice la valutazione della gravità dell'inadempimento**, prevedendo che il contratto debba risolversi in ogni caso a fronte dell'inadempimento di determinate obbligazioni: il giudice, quindi, dovrà limitarsi a verificare che l'inadempimento lamentato sussista e sia imputabile al debitore, essendogli preclusa la valutazione relativa alla sua gravità.

L'**effetto risolutivo** si produce solo nel momento in cui la parte interessata comunica all'altra che intende avvalersi della clausola: tale comunicazione ha natura **recettizia** e può rivestire qualsiasi forma che sia idonea a rendere edotta l'altra parte della volontà di avvalersi della clausola.

C) Distinzione con la condizione risolutiva di inadempimento.

La clausola risolutiva espressa deve essere tenuta distinta dalla **condizione risolutiva di inadempimento**, con cui le parti prevedono che il contratto cesserà di produrre i suoi effetti in caso di inadempimento di una delle parti.

▶ 4.4. Il termine essenziale.

A) Nozione.

Quando il **termine** fissato per la prestazione di una delle parti deve considerarsi **essenziale** nell'interesse dell'altra, il **contratto è risolto di diritto** in caso di inadempimento, anche se non è stata espressamente pattuita la risoluzione.

La risoluzione si produce **se, entro tre giorni dalla scadenza del termine, la parte non comunica all'altra parte che vuole esigerne l'esecuzione** nonostante la scadenza (art. 1457 c.c.): in presenza di un termine essenziale, quindi, il contratto non si risolve di diritto nel momento in cui si verifica l'inadempimento ma solo decorsi tre giorni dal verificarsi di tale evento, se nel frattempo la parte adempiente non abbia richiesto l'esecuzione del contratto nonostante la scadenza del termine.

B) Essenzialità oggettiva ed essenzialità soggettiva.

L'essenzialità del termine può derivare:

- dalla natura della prestazione dedotta in contratto (c.d. **essenzialità oggettiva**);
- dalla volontà delle parti (c.d. **essenzialità soggettiva**).

In ogni caso, è preclusa al giudice l'indagine sulla gravità dell'inadempimento (ma non quella sulla sua imputabilità al debitore).

C) Distinzione con la clausola risolutiva espressa.

Se nell'ipotesi di clausola risolutiva espressa l'effetto risolutorio si verifica solo con la dichiarazione della parte di volersi avvalere della clausola, nel termine essenziale tale effetto si verifica decorsi tre giorni dallo spirare del termine, senza necessità di ulteriori dichiarazioni.

5. L'eccezione di inadempimento, il mutamento delle condizioni patrimoniali dei contraenti e la clausola limitativa della proponibilità di eccezioni.

Gli articoli 1460, 1461 e 1462 c.c. prevedono degli **strumenti di autotutela** in caso di inadempimento o pericolo di inadempimento dell'altra parte.

A) L'eccezione di inadempimento.

Nei contratti a prestazioni corrispettive ciascuno dei contraenti può rifiutarsi di adempiere la propria obbligazione, qualora l'altra parte non adempia o non offra di adempiere la propria (art. 1460 c.c.).
Ciò è possibile solo se non sono previsti termini diversi per l'adempimento, in base ai quali l'altra parte debba adempiere successivamente.
L'eccezione può essere sollevata solo se l'**inadempimento** altrui sia:

- **colpevole**;
- e **grave**.

A tale ultimo riguardo, l'art. 1460, comma 2, c.c. stabilisce che **non può rifiutarsi l'adempimento se**, avuto riguardo alle circostanze, il rifiuto è **contrario alla buona fede** e, dunque, se il rifiuto dell'adempimento non è giustificato considerata l'economia complessiva del rapporto.
L'eccezione **non** è **rilevabile d'ufficio** dal giudice ma può essere proposta **senza oneri di forma** e anche **stragiudizialmente**.

B) Il mutamento delle condizioni patrimoniali dei contraenti.

Ciascuno dei contraenti può **sospendere l'esecuzione della prestazione** da lui dovuta, se le condizioni patrimoniali dell'altro siano divenute tali da **porre in evidente pericolo il conseguimento della controprestazione**, salvo che sia prestata idonea garanzia (art. 1461 c.c.).
Il **mutamento** delle condizioni patrimoniali deve essere **oggettivo** e **prescinde dalla colpevolezza** del debitore.
Anche se non espressamente disposto dalla norma, si ritiene che **il rifiuto** di adempiere **non** debba essere **contrario a buona fede**.

C) La clausola solve et repete.

➢ La **clausola *solve et repete*** è la clausola con cui si stabilisce che una delle parti non può opporre eccezioni al fine di evitare o ritardare la prestazione dovuta (art. 1462 c.c.).

Attraverso tale clausola è possibile paralizzare eventuali eccezioni dell'altra parte, anche se fondate, le quali, diversamente, metterebbero in pericolo il conseguimento della controprestazione. Difatti, il **giudice deve astenersi dal valutare la fondatezza o meno dell'eccezione** per cui la clausola opera.

6. La risoluzione del contratto per impossibilità sopravvenuta.

A) Nozione.

Come noto, l'impossibilità sopravvenuta della prestazione per causa non imputabile al debitore, estingue l'obbligazione (art. 1256 c.c.).
Nei **contratti a prestazioni corrispettive** tale impossibilità sopravvenuta comporta anche la **risoluzione del contratto**, in quanto fa venire meno la giustificazione del diritto alla controprestazione.
L'art. 1463 c.c. prevede che la parte liberata per la sopravvenuta impossibilità della prestazione dovuta non può chiedere la controprestazione e deve restituire quella che abbia già ricevuta, secondo le norme relative alla ripetizione dell'indebito.
La risoluzione per impossibilità sopravvenuta, pertanto, determina:

- effetti **liberatori**, poiché la parte non è più tenuta ad adempiere la prestazione divenuta impossibile;
- effetti **restitutori**, dato che la medesima parte deve restituire l'eventuale prestazione ricevuta.

La risoluzione **opera di diritto**; l'eventuale **sentenza** del giudice ha natura meramente **dichiarativa**.
Tutte le disposizioni dell'art. 1465 c.c. hanno **carattere dispositivo** e sono **derogabili** dalla volontà espressa dalle parti.

B) Impossibilità parziale della prestazione.
In linea generale, l'**impossibilità parziale** della prestazione non estingue l'obbligazione e il debitore è liberato se esegue la prestazione per la parte che è rimasta possibile (art. 1258 c.c.).
Nei contratti a prestazioni corrispettive l'applicazione di tale disciplina determinerebbe un grave squilibrio del sinallagma.
Per evitare ciò, l'art. 1464 c.c. legittima il creditore:

- a pretendere una corrispondente **riduzione della propria prestazione**;
- a **recedere** dal contratto, nell'ipotesi in cui non abbia un interesse apprezzabile all'adempimento parziale.

C) Impossibilità temporanea della prestazione.
Il legislatore non disciplina espressamente, nell'ambito della risoluzione per impossibilità sopravvenuta, l'ipotesi in cui l'impossibilità della prestazione sia solamente **temporanea**.
Secondo l'impostazione preferibile deve applicarsi a tale ipotesi la disposizione di cui all'art. 1256 c.c.

D) Impossibilità sopravvenuta della prestazione nei contratti che trasferiscono la proprietà di una cosa determinata.
L'**art. 1465 c.c.** detta una disciplina particolare (ma derogabile) dell'impossibilità sopravvenuta totale con riguardo ai **contratti che trasferiscono la proprietà di una cosa determinata** ovvero **trasferiscono o costituiscono diritti reali.**
Tale disposizione prevede che in tali contratti, il **perimento** della cosa per causa non imputabile all'alienante non libera l'acquirente dall'obbligo di eseguire la controprestazione, anche se la cosa non gli è stata consegnata.
La stessa disposizione si applica nel caso in cui l'effetto traslativo o costitutivo sia differito fino allo scadere di un **termine**.

E) Impossibilità sopravvenuta della prestazione nel contratto plurilaterale.
Nei casi in cui l'impossibilità sopravvenuta riguarda la prestazione di una delle parti di un **contratto plurilaterale**, il contratto si risolve solamente nel caso in cui la **prestazione** mancata debba ritenersi, secondo le circostanze, **essenziale** rispetto all'operazione complessiva (art. 1466 c.c.).

7. La risoluzione del contratto per eccessiva onerosità sopravvenuta.

A) Nozione.
Nei **contratti a esecuzione continuata o periodica ovvero a esecuzione differita**, se la prestazione di una delle parti è divenuta, al momento dell'esecuzione, eccessivamente onerosa per il verificarsi di **avvenimenti straordinari o imprevedibili**, comunque **non imputabili** al contraente, la parte tenuta a tale prestazione può **domandare la risoluzione**, sempre che la sopravvenuta onerosità **non rientri nell'alea normale** del contratto (art. 1467 c.c.).

L'art. 1469 c.c. esclude l'applicabilità del rimedio risolutorio nei confronti dei **contratti aleatori** (per loro natura o per volontà delle parti): in tali contratti il rischio costituisce un connotato intrinseco e peculiare dello schema causale, previsto e accettato già al momento della conclusione del contratto.

B) Presupposti.

Presupposti per l'operatività della risoluzione per eccessiva onerosità sopravvenuta sono:

- la sussistenza di un contratto a prestazioni corrispettive, a **esecuzione continuata o periodica** ovvero **a esecuzione differita**;
- una **alterazione dell'equilibrio originariamente esistente tra le prestazioni** che si sia verificato successivamente alla conclusione del contratto ma prima dell'adempimento;
- che tale alterazione si sia verificata a causa di un **evento straordinario** ed **imprevedibile**: l'avvenimento può definirsi **straordinario** nell'ipotesi in cui non si ripete con frequenza e con regolarità nel tempo e **imprevedibile** quando non possa ragionevolmente essere previsto, secondo il criterio dell'uomo comune;
- che per effetto di tale alterazione una delle due prestazioni sia divenuta **eccessivamente onerosa** rispetto all'altra: la valutazione di tale eccessiva onerosità è **oggettiva**, in quanto deve avere ad oggetto la reale consistenza del bene oggetto della prestazione e non le condizioni soggettive del debitore.

C) Offerta di modificazione del contratto

Contrariamente a quanto previsto per l'impossibilità sopravvenuta, l'eccessiva onerosità **non costituisce causa di estinzione di diritto dell'obbligazione**, ma **conferisce al debitore la facoltà di chiedere al giudice la risoluzione** del contratto.
Analogamente a quanto previsto in tema di rescissione del contratto, la parte contro la quale è domandata la risoluzione può evitarla offrendo di **modificare equamente** le condizioni del contratto in modo da ricondurre il rapporto tra le prestazioni entro i limiti dell'alea normale del contratto: in tal caso si verifica la **revisione del contratto** e non la sua risoluzione (art. 1467 comma 4 c.c.).

D) Contratti con obbligazioni a carico di una sola parte.

Nei contratti **con obbligazioni di una sola parte**, contrariamente a quanto previsto dall'art. 1467 c.c., non vi è alcuna facoltà di scelta fra la risoluzione o la modifica del contratto: l'**unico rimedio** concesso alla parte eccessivamente onerata è la **modifica del regolamento negoziale** (art. 1468 c.c.).

Dizionario di termini tecnici

- **Scioglimento del contratto**
  Lo scioglimento del contratto si verifica in tutte le ipotesi in cui il rapporto contrattuale si estingue per un motivo diverso dall'invalidità.

- **Mutuo dissenso**
  Il mutuo dissenso realizza lo **scioglimento consensuale del contratto** attraverso la stipulazione di un nuovo contratto, di natura **solutoria** e **liberatoria**, avente contenuto uguale e contrario al contratto originario, con cui le parti ripristinano la situazione preesistente alla stipulazione dello stesso.
- **Recesso**
  Il recesso è l'**atto unilaterale** e **recettizio** mediante il quale una delle parti contraenti manifesta la volontà di sciogliersi dal contratto, determinandone l'estinzione: la parte a cui è attribuita la facoltà di recesso è titolare di un **diritto potestativo** che le consente di provocare unilateralmente lo scioglimento del vincolo contrattuale.

- **Risoluzione del contratto per inadempimento**
  Nei **contratti con prestazioni corrispettive**, quando **uno dei contraenti non adempie le sue obbligazioni**, l'altro può a sua scelta chiedere **l'adempimento** o **la risoluzione del contratto**

(art. 1453 c.c.).

- **<u>Diffida ad adempiere</u>**
  La **diffida ad adempiere** (art. 1454 c.c.) consiste in una **intimazione per iscritto** alla parte inadempiente di adempiere entro un **congruo termine**, con l'avvertimento che, **decorso inutilmente detto termine**, il contratto si intenderà **risolto.**

- **<u>Clausola risolutiva espressa</u>**
  La **clausola risolutiva espressa** è la clausola con cui le parti convengono espressamente che il contratto si risolva se una determinata obbligazione non venga adempiuta secondo le modalità stabilite (art. 1456 c.c.).

- **<u>Clausola *solve et repete*</u>**
  La **clausola *solve et repete*** è la clausola con cui si stabilisce che una delle parti non può opporre eccezioni al fine di evitare o ritardare la prestazione dovuta (art. 1462 c.c.).

- **<u>Risoluzione del contratto per impossibilità sopravvenuta</u>**
  L'impossibilità sopravvenuta della prestazione per causa non imputabile al debitore estingue l'obbligazione (art. 1256 c.c.).
  Nei **contratti a prestazioni corrispettive** tale impossibilità sopravvenuta comporta anche la **risoluzione del contratto**, in quanto fa venire meno la giustificazione del diritto alla controprestazione.

- **<u>Risoluzione del contratto per eccessiva onerosità sopravvenuta</u>**
  Nei **contratti a esecuzione continuata o periodica ovvero a esecuzione differita**, se la prestazione di una delle parti è divenuta, al momento dell'esecuzione, eccessivamente onerosa per il verificarsi di **avvenimenti straordinari o imprevedibili**, comunque **non imputabili** al contraente, la parte tenuta a tale prestazione può **domandare la risoluzione**, sempre che la sopravvenuta onerosità **non rientri nell'alea normale** del contratto (art. 1467 c.c.).

MAPPA CONCETTUALE

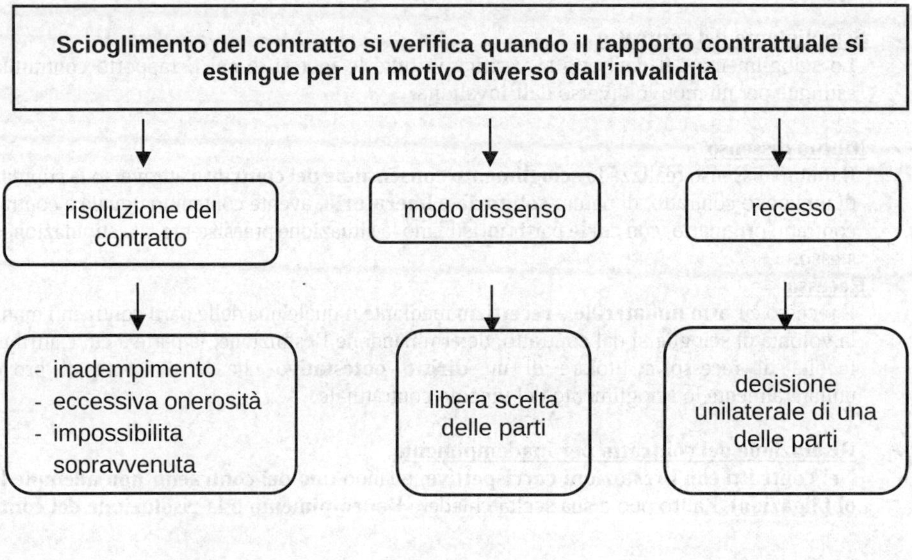

XI ▶ L'INTERPRETAZIONE DEL CONTRATTO

1. L'interpretazione giuridica.

L'interpretazione del contratto mira a **chiarire il contenuto dell'atto di autonomia privata**, accertando la volontà delle parti così come **esteriorizzata** nelle dichiarazioni negoziali.
L'attività di interpretazione non è diretta a ricostruire la reale volontà storica delle parti, né ad accertare il significato che le parti intendevano attribuire alla loro dichiarazione al momento della stipulazione; vi è infatti l'esigenza di tutelare l'**affidamento delle parti contrattuali sul contenuto delle dichiarazioni contrattuali** così come le stesse sono state esteriorizzate.
Tale interpretazione non è libera in quanto deve avvenire alla stregua dei **criteri legali** dettati dal legislatore in tema di interpretazione (artt. 1362 e ss. c.c.): si tratta di vere e proprie **norme giuridiche**, applicabili, in quanto compatibili anche a negozi giuridici diversi dal contratto (negozi unilaterali ed atti *mortis causa*).
Le regole di interpretazione del contratto si distinguono in due gruppi:

- **regole di interpretazione soggettiva**, dirette ad accertare la reale volontà delle parti contrattuali;
- **regole di interpretazione oggettiva**, la cui applicazione è residuale in quanto intervengono solo nell'ipotesi in cui non sia stato possibile chiarire il contenuto del negozio attraverso le regole di interpretazione soggettiva;
- **norma non riconducibile né all'una né all'altra categoria** è quella di cui all'art. 1366 c.c. secondo cui il contratto deve essere interpretato in ogni caso secondo **buona fede** (c.d. **buona fede in senso oggettivo**).

Tra le due categorie di norme sussiste pertanto un **rapporto gerarchico**, dato che le regole di interpretazione soggettiva sono poste in una posizione di priorità rispetto alle regole di interpretazione oggettiva; ciò rispecchia il ruolo primario della volontà delle parti nella costruzione del regolamento contrattuale.

2. I criteri di interpretazione.

A) Interpretazione soggettiva.

L'**interpretazione soggettiva** costituisce il primo criterio alla stregua del quale interpretare il contratto, in quanto diretta a ricostruire la comune intenzione delle parti sulla base delle loro dichiarazioni e dei loro comportamenti.
Rientrano nei criteri legali di interpretazione soggettiva anche le disposizioni di cui agli artt. 1364 e 1365 c.c.

B) Interpretazione oggettiva.

Nell'ipotesi in cui l'applicazione dei criteri legali di interpretazione soggettiva non abbia portato a chiarire il senso del negozio, entrano in gioco le regole di **interpretazione oggettiva**.

C) Regole suppletive.

Le **regole finali** assumono un ruolo sussidiario.
In base a tali regole se il contratto rimane oscuro esso deve essere inteso nel senso meno gravoso per l'obbligato se è a titolo gratuito (c.d. ***favor debitoris***), e nel senso che realizzi l'equo contemperamento degli interessi delle parti se è a titolo oneroso (c.d. **interpretazione equitativa**).

Dizionario di termini tecnici

- **Interpretazione giuridica**

  L'interpretazione del contratto mira a **chiarire il contenuto dell'atto di autonomia privata**, accertando la volontà delle parti così come **esteriorizzata** nelle dichiarazioni negoziali.
  L'attività di interpretazione non è diretta a ricostruire la reale volontà storica delle parti, né ad accertare il significato che le parti intendevano attribuire alla loro dichiarazione al momento della stipulazione; vi è infatti l'esigenza di tutelare l'**affidamento delle parti contrattuali sul contenuto delle dichiarazioni contrattuali** così come le stesse sono state esteriorizzate.

Capitolo 14 | I SINGOLI CONTRATTI

I ▶ I CONTRATTI TRASLATIVI

1. La compravendita.

A) Nozione.

La vendita (art. 1470 c.c.) è il contratto che ha per oggetto **il trasferimento della proprietà di una cosa o il trasferimento di un altro diritto** verso il corrispettivo di un **prezzo.**
Si tratta di:

- un **contratto consensuale**, in quanto si perfeziona per effetto dell'incontro della volontà delle parti;
- un **contratto ad effetti reali**, in quanto produce il trasferimento della proprietà, la costituzione o il trasferimento di un diritto reale, ovvero, il trasferimento di altro diritto.
- Un **contratto a prestazione corrispettive**, in quanto la prestazione del venditore trova la sua giustificazione nel pagamento del prezzo ad opera del compratore;
- Un **contratto di regola commutativo**, in quanto al momento della conclusione è possibile valutare l'entità del vantaggio e del sacrificio di pertinenza di ciascuna delle parti.
  Fanno eccezione a tale principio:
  - la c.d. **vendita di speranza** di cui all'art. 1472 c.c., in cui il compratore si impegna a pagare un prezzo determinato anche se la cosa o il diritto non vengano mai ad esistenza;
  - la **vendita a rischio e pericolo del compratore**, di cui all'art. 1488 comma 2 c.c.;
  - la **vendita di eredità**, in cui il carattere aleatorio deriva dalle caratteristiche dell'oggetto del trasferimento costituito dall'*universum ius defuncti*.

B) La vendita obbligatoria (o ad effetti reali differiti.

L'effetto reale della vendita può anche non essere immediato ma differito in un momento successivo (**vendita obbligatoria o ad effetti reali differiti**).

Ciò avviene in caso di:

1. **Vendita a termine o condizionata.**
   In tal caso le parti convengono che l'effetto reale della vendita si verificherà solo da un determinato momento o al verificarsi di una determinata condizione.
2. **Vendita di cosa futura.**
   In tal caso (art. 1472 c.c.), essendo oggetto del contratto un bene che ancora non esiste, l'acquisto della proprietà si verifica solo se e quando la cosa viene ad esistenza. **Vendita di cosa altrui.**
   In tal caso (art. 1478 c.c.) oggetto della vendita è un bene che non è di proprietà del venditore. Quest'ultimo è obbligato a procurarne l'acquisto al compratore, che diviene proprietario del bene nel momento in cui il venditore ne acquista la proprietà.
3. **Vendita di cosa generica.**
   In tale ipotesi la vendita ha ad oggetto un bene individuato soltanto nel genere con la conseguenza che la proprietà si trasferisce solo al momento dell'**individuazione**, fatta con le modalità indicate nel contratto.

C) Le obbligazioni del venditore.

Il contratto di compravendita è **fonte di obbligazioni** sia per il venditore che per il compratore.
In particolare, le **principali obbligazioni del venditore** (art. 1476 c.c.) sono:

1. **obbligo di consegnare la cosa al compratore**: il venditore deve consegnare la cosa al compratore nello stato in cui si trova al momento della vendita, insieme con gli accessori, le pertinenze e i frutti maturati dal giorno della vendita stessa (art. 1477 c.c.);
2. **obbligo di far acquistare al compratore la proprietà della cosa o del diritto, se l'acquisto non è effetto immediato del contratto**: la norma si riferisce alle ipotesi di vendita obbligatoria, in cui il trasferimento del diritto non è effetto immediato del contratto (vedi *supra*);
3. **obbligo di garantire il compratore dall'evizione e dai vizi della cosa**: con tale disposizione il legislatore prevede a tutela della posizione del compratore, due specifici rimedi: la garanzia per l'evizione e la garanzia per i vizi della cosa.

C.1) La garanzia per evizione.

L'**evizione** si verifica nell'ipotesi in cui il compratore venga privato in tutto o in parte dei diritti sul bene acquistato, a causa dell'esistenza sullo stesso di diritti reali spettanti ad un terzo.
L'evizione può essere **totale** o **parziale** a seconda che il soggetto sia privato del tutto, o solo in parte, del diritto acquistato sul bene:

- in caso di **evizione totale** il compratore ha diritto alla restituzione del prezzo e al risarcimento del danno ex art. 1479 c.c.;
- l'**evizione parziale**, invece, legittima il compratore a chiedere la risoluzione del contratto e il risarcimento del danno solo nell'ipotesi in cui risulti, in base alle circostanze del caso concreto, che il compratore non avrebbe acquistato la cosa senza quella parte di cui non è divenuto proprietario.
  In caso contrario è possibile richiedere solo una riduzione del prezzo, oltre al risarcimento del danno (art. 1484 c.c. che richiama l'art. 1480 c.c.).

Modifica della garanzia per evizione: la vendita a rischio e pericolo del compratore.
La portata della garanzia per evizione può essere **modificata,** in aumento o in diminuzione, **per accordo delle parti**, ferma restando la responsabilità del venditore per fatto proprio (art. 1487 c.c.).Nell'ipotesi in cui la garanzia sia esclusa e si verifichi l'evizione, il compratore può pretendere dal venditore soltanto la restituzione del prezzo pagato e il rimborso delle spese, a meno che la **vendita sia a rischio e pericolo del compratore**, in quanto in tal caso il venditore va esente da qualsiasi responsabilità.

Pericolo di evizione.
Il codice disciplina anche il semplice **pericolo di evizione** (art. 1482 c.c.), legittimando il compratore, che non fosse a conoscenza del pericolo al momento dell'acquisto, a **sospendere il pagamento del prezzo**

nell'ipotesi in cui abbia ragione di temere una rivendica da parte di terzi, salvo che il venditore presti idonea garanzia.
Il compratore, inoltre, può far **fissare** al giudice **un termine**, alla scadenza del quale, se la cosa non è liberata, il contratto si risolve, con l'obbligo del venditore di risarcire il danno (art. 1482, comma 2 c.c.).

C.2) La garanzia per i vizi della cosa.

Il venditore, ai sensi dell'art. 1490 comma 1 c.c., deve garantire che la cosa venduta sia **immune da vizi** che la rendano inidonea all'uso cui è destinata o ne diminuiscano in modo apprezzabile il valore.
La **garanzia** può essere **esclusa** o **limitata convenzionalmente**, ma le clausole in deroga non hanno effetto nel caso in cui il venditore abbia taciuto in mala fede i vizi della cosa (art. 1490, comma 2 c.c.).
La garanzia non è dovuta nel caso di **vizi conosciuti** o **facilmente riconoscibili** dal compratore, a meno che il creditore non abbia dichiarato che la cosa era esente da vizi (art. 1491 c.c.).

1. **Azioni a disposizione del compratore.**
   Nell'ipotesi in cui la cosa sia viziata, il compratore può, a sua scelta:
   - richiedere la **risoluzione del contratto** (**azione redibitoria**);
   - la **riduzione del prezzo** (**azione estimatoria**), salvo che per determinati vizi gli usi escludano la risoluzione;
   - il venditore, in ogni caso, è tenuto verso il compratore al **risarcimento del danno**, a meno che non provi di aver ignorato senza colpa i vizi della cosa (art. 1494 comma 1 c.c.). Deve inoltre risarcire al compratore i danni derivanti da vizi della cosa.

   La **scelta tra le due azioni** è **irrevocabile** con la proposizione della domanda giudiziale.
   L'azione redibitoria si caratterizza rispetto all'azione di risoluzione ordinaria per l'**irrilevanza della colpa del creditore** e per l'onere della preventiva denuncia in capo allo stesso.
2. **Decadenza e prescrizione.**
   L'art. 1495 c.c., difatti, prevede una **decadenza del compratore dal diritto alla garanzia** nell'ipotesi in cui i vizi non siano **denunciati** entro otto giorni dalla scoperta o nel diverso termine stabilito dalle parti o dalla legge.
   Tale **denuncia non è necessaria** se il venditore ha **riconosciuto** l'esistenza del vizio o lo abbia **occultato**.
   In ogni caso, l'azione si **prescrive** decorso un anno dalla consegna, ferma restando la facoltà del compratore convenuto per l'esecuzione del contratto di far valere la garanzia, purché il vizio sia stato denunciato entro otto giorni dalla scoperta e prima del decorso dell'anno dalla consegna.
3. **La mancanza di qualità.**
   Dai vizi si distingue la **mancanza di qualità essenziali o promesse** che, ai sensi dell'art. 1497 c.c., legittima il compratore a chiedere la **risoluzione del contratto** secondo le regole generali sulla risoluzione per inadempimento, **purché il difetto di qualità ecceda i limiti di tolleranza stabiliti dagli usi**.
   Le qualità **essenziali** sono quelle indispensabili per l'uso cui la cosa è normalmente destinata; le qualità **promesse** sono quelle oggetto di contrattazione esplicita o implicita.
   L'azione di risoluzione, in tal caso è l'**azione di risoluzione ordinaria**, con relativa necessità per il compratore di provare la colpa del venditore; ciò nonostante l'art. 1497 c.c. assoggetta l'azione di risoluzione agli stessi termini di decadenza e prescrizione stabiliti dall'art. 1495 c.c.
4. **La vendita *aliud pro alio*.**
   Infine, la vendita di bene viziato o mancante delle qualità essenziali o promesse, deve essere distinta dalla c.d. **vendita *aliud pro alio*** che ricorre nell'ipotesi in cui sia consegnato all'acquirente un **bene completamente diverso da quello pattuito**.
   In tal caso sarà applicabile la normativa generale dettata in materia di risoluzione per inadempimento dagli artt. 1453 e ss. c.c., con la conseguenza che la relativa azione non sarà soggetta ai brevi termini di decadenza e prescrizione di cui all'art. 1495 c.c., ma sarà subordinata all'ordinario termine decennale di prescrizione.

D) Le obbligazioni del compratore.

L'**obbligazione principale del compratore** è costituita dal **pagamento del prezzo**: quest'ultimo costituisce elemento essenziale del contratto di compravendita.
Il prezzo è normalmente determinato dalle parti, che possono anche affidarne la determinazione ad un terzo nominato nel contratto o posteriormente (art. 1473 c.c.). Nell'ipotesi in cui le parti non abbiano stabilito il prezzo, il legislatore detta una serie di criteri residuali che ne consentono la sua determinazione legale (art. 1474 c.c.).
Il compratore deve pare pagare il prezzo nel **termine** e nel **luogo** indicati nel contratto; in mancanza di pattuizione espressa si seguono i criteri legali indicati nell'art. 1498, comma 2, c.c.
L'obbligazione di pagare il prezzo è una **obbligazione pecuniaria**, e il relativo debito un **debito di valuta**: l'art. 1499 c.c. prevede che se la cosa venduta sia fruttifera e sia stata già consegnata al compratore, decorrono gli interessi sul prezzo anche se questo non è ancora esigibile.
Tali interessi si definiscono **compensativi** in quanto diretti a compensare il venditore per il vantaggio che il compratore trae dall'aver ricevuto un bene produttivo pur non dovendo ancora pagare il prezzo.

▶ 1.1. La vendita con patto di riscatto.

A) Nozione.

- La vendita con patto di riscatto è una vendita a cui accede una particolare clausola (c.d. **patto di riscatto**) con cui il venditore si riserva di riavere la proprietà della cosa venduta mediante la restituzione del prezzo e il rimborso di alcune spese accessorie (art. 1500 comma 1 c.c.).

Il venditore, difatti, ha possibilità di **riacquistare il diritto alienato** rimborsando al compratore il prezzo, le spese, e ogni altro pagamento legittimamente fatto per la vendita.

B) Il riscatto.

Il riscatto deve essere esercitato (art. 1503 c.c.) con una **dichiarazione avente carattere recettizio** effettuata entro il **termine** fissato, che non può superare determinati limiti (art. 1501 c.c.).
Tale riscatto può operare anche in pregiudizio dei diritti incompatibili dei terzi cui il patto sia opponibile (art. 1504 c.c.).
Il patto di riscatto, dunque, **ha efficacia reale**, in quanto consente al venditore di recuperare il bene anche nei confronti di eventuali successivi acquirenti.

C) Differenze con istituti affini.

Tale ultimo aspetto differenzia il patto di riscatto da **figure affini** che producono esclusivamente **effetti obbligatori**:

1. ***pactum de retrovendendo***; è la clausola contrattuale con cui l'acquirente si obbliga a rivendere all'alienante il bene alienatogli a determinate condizioni;
2. ***pactum de retroemendo***; con il quale il venditore si impegna a riacquistare il bene a semplice richiesta del compratore;
3. ***in diem addictio***; è il patto con cui le parti stabiliscono che la vendita resti caducata, ove, entro un certo termine, il venditore decida di vendere la cosa ad un altro acquirente a condizioni migliori.

▶ 1.2. La vendita con riserva della proprietà.

A) Nozione.

- La vendita a rate con riserva della proprietà è quella in cui il compratore acquista la proprietà del bene con il pagamento dell'ultima rata del prezzo, assumendo però i rischi dal momento della consegna (art. 1523 c.c.).

Il bene, pertanto, fino al pagamento dell'ultima rata di prezzo rimane in proprietà del venditore ma, in deroga alla regola *res perit domino*, i rischi relativi all'eventuale perimento del bene passano immediatamente in capo al creditore al momento della consegna.
La riserva di proprietà è **opponibile ai terzi creditori del compratore** solo se risulta da atto scritto avente data certa anteriore al pignoramento.

B) Mancato pagamento delle rate e risoluzione del contratto.

A tutela del compratore, l'art. 1525 c.c. prevede che, nonostante qualsiasi patto contrario, il **mancato pagamento di una sola rata** che non superi l'ottava parte del prezzo non dà luogo a risoluzione del contratto, con conservazione per il compratore del beneficio del termine relativamente alle rate successive.
L'art. 1526 c.c. disciplina gli **effetti della risoluzione del contratto per inadempimento** prevedendo l'obbligo per il venditore di restituire le rate riscosse, salvo il diritto ad un **equo compenso** per l'uso della cosa e al risarcimento del danno.
Le parti possono convenire che le rate pagate restino acquisite al venditore a titolo di indennità, ferma restando la possibilità per il giudice di ridurre tale indennità secondo le circostanze.

2. Il riporto.

A) Nozione.

➢ Il riporto è definito dall'**art. 1548 c.c.** come il contratto con il quale un soggetto (**riportato**) trasferisce la proprietà di titoli di credito di una data specie per un determinato prezzo ad un altro soggetto (**riportatore**) e quest'ultimo assume l'obbligo di trasferire, alla scadenza del termine stabilito, la proprietà di altrettanti titoli della stessa specie, verso rimborso del prezzo, che può rimanere invariato ovvero essere aumentato o diminuito nella misura convenuta.
Si tratta di:
- un **contratto reale**;
- ad **efficacia traslativa**;
- a **titolo oneroso**;
- a **carattere sinallagmatico**, costituito dalla combinazione di due trasferimenti aventi ad oggetto titoli di credito.

B) Disciplina.

In ordine alla **disciplina**, le forti analogie con il contratto di compravendita inducono dottrina e giurisprudenza prevalenti a ritenere applicabili al contratto in esame alcune norme sulla compravendita, nei limiti della loro compatibilità.

3. La permuta.

A) Nozione.

➢ Secondo la definizione formulata dall'**art. 1552 c.c.**, la permuta è il contratto che ha per oggetto il reciproco trasferimento della proprietà di cose o di altri diritti da un contraente all'altro.
Anche la permuta è un **contratto consensuale ad effetti reali** a cui si applica la disciplina della vendita, con esclusione di quelle norme che presuppongono il prezzo quale prestazione pecuniaria, quali, ad esempio, gli artt. 1498 e 1499 c.c. (art. 1555 c.c.).

B) La permuta con conguaglio.

Ipotesi particolare di permuta è la **permuta con conguaglio** dove all'attribuzione traslativa di un determinato bene è accompagnata una attribuzione di carattere pecuniario.

4. Il contratto estimatorio.

A) Nozione.

➢ Con il contratto estimatorio una parte (c.d. *tradens*) consegna uno o più beni mobili all'altra (*accipiens*) e questa si obbliga a pagare il prezzo o a restituire le cose nel termine stabilito.

Attraverso tale contratto si consente all'*accipiens* (normalmente venditore al dettaglio) di disporre di una grande quantità e varietà di merce, evitando, però, di pagare subito e in definitiva di non pagare la merce che rimanga invenduta (si pensi, a titolo esemplificativo, alla rivendita di giornali).

Si tratta:
- di un **contratto reale**;
- con **attribuzioni corrispettive**;
- con **obbligazione facoltativa** a favore dell'*accipiens* che ha facoltà di restituire la cosa o di pagarne il prezzo.

L'*accipiens* può validamente disporre delle cose sin dal momento della consegna, ma solo al momento del pagamento del prezzo ne diviene effettivamente proprietario. Difatti, prima di tale momento è precluso ai creditori *dell'accipiens* di sottoporre le cose oggetto del contratto a pignoramento (art. 1558 c.c.).

5. La somministrazione.

A) Nozione.

➢ La somministrazione è il contratto con il quale una parte si obbliga verso il corrispettivo di un prezzo ad eseguire, a favore dell'altra, **prestazioni periodiche o continuative di cose**.

Si tratta di:
- un **contratto a prestazioni corrispettive**;
- di **durata**;
- **commutativo**;
- ad **effetti obbligatori**;

che si distingue:
- dalla **vendita a consegne ripartite**, dove la prestazione è unica e la ripartizione delle consegne attiene soltanto al momento esecutivo del rapporto;
- dall'**appalto** che ha ad oggetto prestazione di opere o servizi e non di cose.

B) La c.d. "somministrazione a piacere".

Qualora non sia determinata l'**entità della somministrazione**, si ritiene pattuita una quantità corrispondente al normale fabbisogno del somministrato; si ritiene, peraltro, valida la c.d. "**somministrazione a piacere**" nella quale il somministrante è obbligato alla prestazione su richiesta discrezionale, per il se e per il quanto, della controparte.

Nelle somministrazioni a carattere periodico il **prezzo** è corrisposto all'atto delle singole prestazioni e in proporzione di ciascuna di esse.

C) Inadempimento di singole prestazioni e risoluzione del contratto.

Nel caso di **inadempimento relativo a singole prestazioni**, l'altra può richiedere la risoluzione del contratto nella sola ipotesi in cui l'inadempimento abbia una rilevanza tale da menomare la fiducia nell'esattezza dei successivi adempimenti (art. 1564 c.c.).

Se è inadempiente il somministrato, il somministrante può **sospendere l'esecuzione della prestazione** previo congruo preavviso.

D) Il patto di preferenza ed il patto di esclusiva.

Le parti possono convenire che il **somministrato sia tenuto a dare la preferenza al somministrante** nel caso di stipula di un successivo contratto per lo stesso oggetto.

Tale **patto (detto di preferenza**) non può avere durata superiore ai cinque anni ed ha natura di **prelazione convenzionale**.

Il **patto di esclusiva** può invece essere convenuto a favore del somministrato o a favore del somministrante (artt. 1567 e 1568 c.c.).

La funzione di tali clausole è duplice:
- limitare la concorrenza di eventuali terzi;
- tutelare l'interesse delle parti contraenti alla continuità e sicurezza della fornitura.

L'eventuale violazione del patto d'esclusiva comporta il diritto al risarcimento del danno nei confronti del contraente inadempiente.

Dizionario di termini tecnici

- **Compravendita**
  La vendita (art. 1470 c.c.) è il contratto che ha per oggetto **il trasferimento della proprietà di una cosa o il trasferimento di un altro diritto** verso il corrispettivo di un **prezzo.**

- **Vendita con patto di riscatto**
  La vendita con patto di riscatto è una vendita a cui accede una particolare clausola (c.d. **patto di riscatto**) con cui il venditore si riserva di riavere la proprietà della cosa venduta mediante la restituzione del prezzo e il rimborso di alcune spese accessorie (art. 1500 comma 1 c.c.).
  Il venditore, difatti, ha possibilità di **riacquistare il diritto alienato** rimborsando al compratore il prezzo, le spese, e ogni altro pagamento legittimamente fatto per la vendita.

- **Vendita con riserva della proprietà**
  La vendita a rate con riserva della proprietà è quella in cui il compratore acquista la proprietà del bene con il pagamento dell'ultima rata del prezzo, assumendo però i rischi dal momento della consegna (art. 1523 c.c.).

- **Permuta**
  Secondo la definizione formulata dall'**art. 1552 c.c.**, la permuta è il contratto che ha per oggetto il reciproco trasferimento della proprietà di cose o di altri diritti da un contraente all'altro.

- **Contratto estimatorio**
  Con il contratto estimatorio una parte (c.d. *tradens*) consegna uno o più beni mobili all'altra (*accipiens*) e questa si obbliga a pagare il prezzo o a restituire le cose nel termine stabilito.
  Attraverso tale contratto si consente all'*accipiens* (normalmente venditore al dettaglio) di disporre di una grande quantità e varietà di merce, evitando, però, di pagare subito e in definitiva di non pagare la merce che rimanga invenduta (si pensi, a titolo esemplificativo, alla rivendita di giornali).

- **Somministrazione**
  La somministrazione è il contratto con il quale una parte si obbliga verso il corrispettivo di un prezzo ad eseguire, a favore dell'altra, **prestazioni periodiche o continuative di cose**.

II ▶ I CONTRATTI DI GODIMENTO

1. La locazione.

A) Nozione.

➢ La locazione è il contratto con il quale una parte (locatore) si obbliga a fare godere all'altra (locatario o conduttore) una cosa mobile o immobile per un certo periodo di tempo, dietro pagamento di un determinato corrispettivo (art. 1571 c.c.).

Si tratta di un **contratto**:

- **consensuale**;
- **ad effetti obbligatori**, da cui nasce un **diritto personale di godimento** a vantaggio del conduttore;
- **a prestazioni corrispettive**, in quanto da un lato il locatore deve consentire al conduttore il godimento della *res* locata, dall'altro il conduttore deve pagare il canone di locazione.

  Difatti, la **causa** del contratto di locazione consiste nello scambio tra il godimento di una cosa che una parte concede all'altra e il corrispettivo che questa si obbliga a dare alla prima.

1. **<u>Legittimazione a locare.</u>**
   Legittimati a locare sono il proprietario, l'usufruttuario, l'enfiteuta, il superficiario, il creditore anticretico, il sequestratario e lo stesso conduttore (c.d. sublocazione) ma non il titolare di un diritto di uso o abitazione.
2. **<u>Oggetto del contratto.</u>**
   Oggetto del contratto di locazione è il bene, mobile (in tal caso, si parla anche di noleggio) o immobile, che il locatore consegna al conduttore affinché questi se ne serva in modo continuativo e per un determinato periodo di tempo.
   Non possono costituire oggetto del contratto di locazione le cose consumabili (posto che non è possibile un loro godimento senza distruggerne la sostanza), i cc.dd. "beni immateriali" e neanche i beni che fanno parte del demanio pubblico e del patrimonio indisponibile dello Stato o di altri enti pubblici territoriali, in virtù del particolare regime al quale sono sottoposti.
3. **<u>Forma del contratto di locazione.</u>**
   Il contratto di locazione non è in genere soggetto ad alcun vincolo di **forma**, eccezion fatta per le **locazioni ultranovennali** (definite dall'art. 1572 c.c. atti eccedenti l'ordinaria amministrazione), per le quali è prevista la forma scritta *ad substantiam* (1350, n. 8, c.c.).

B) Le obbligazioni derivanti dal contratto di locazione.

L'art. 1575 c.c. indica le **tre principali obbligazioni** del locatore:

- consegnare al conduttore la cosa locata in buono stato di manutenzione;
- mantenerla in stato da servire all'uso pattuito;
- garantire il pacifico godimento della cosa durante la locazione.

Trattasi di un **elenco non esaustivo**, poiché indica solo le obbligazioni tipiche del locatore, che devono essere coordinate con la disciplina pattizia e con la normativa speciale.

Le **principali obbligazioni** poste dal legislatore a carico **del conduttore** sono:

- obbligo di prendere in consegna la cosa;
- obbligo di pagare il corrispettivo del godimento;
- obbligo di conservare la cosa in buono stato;
- obbligo di restituire il bene alla scadenza della locazione.

A queste obbligazioni si aggiungono quelle stabilite nel contratto in considerazione della specifica natura del bene locato.

2. L'affitto.

➢ Il contratto di affitto (art. 1615 c.c.) è un **tipo particolare di locazione** che ad oggetto una cosa produttiva, mobile o immobile, di cui viene attribuita all'affittuario la **disponibilità** e la **gestione**, **in conformità della sua destinazione economica**, con diritto di far propri i frutti e le altre utilità della cosa stessa (art. 1615 c.c.).

L'affitto, quindi, è un contratto avente **natura consensuale** ed **effetti obbligatori** con cui si realizza lo scambio tra la consegna di una cosa oggettivamente produttiva contro il pagamento del canone e l'impegno ad una gestione produttiva del bene, in conformità alla sua destinazione economica (art. 1618 c.c.)

La **durata** dell'affitto può essere esplicitata nel contratto o risultare in modo implicito dall'accordo. Nel caso in cui la durata non sia stata prevista trova applicazione l'art. 1616 c.c.

3. Il leasing.

A) Nozione: *leasing* operativo e *leasing* finanziario.

Il leasing è un **contratto atipico** che può assumere due diverse forme:

1. Il ***leasing* c.d. operativo** è un contratto bilaterale, con cui il produttore o il distributore di un determinato bene lo concede in godimento al conduttore, dietro pagamento di un canone periodico, per un periodo di tempo commisurato alla vita economica del bene.
   Alla scadenza del termine il conduttore è tenuto alla restituzione del bene. Secondo l'impostazione dottrinale dominante tale contratto è riconducibile, a seconda dei casi, alla locazione, all'affitto o al noleggio;

2. Il ***leasing* c.d. finanziario** è un contratto in forza del quale l'utilizzatore (*lessee*) chiede ad una società di leasing (*lessor*), di acquistare da un fornitore la proprietà di un bene, mobile o immobile, individuato dall'utilizzatore, affinché la società di leasing lo conceda in godimento allo stesso utilizzatore, dietro il versamento di un corrispettivo periodico.
   La **causa** dell'operazione di *leasing* in tal caso è individuata nel **finanziamento** per l'acquisto della disponibilità di beni (produttivi o di consumo, a seconda che l'utilizzatore sia un imprenditore o un consumatore), dietro pagamento di un canone periodico.

B) *Leasing* di godimento e *leasing* traslativo.

Nel tempo si è rilevata l'esistenza nella prassi commerciale di **due sottotipi** di locazione finanziaria, con caratteristiche distinte il ***leasing* di godimento** e il ***leasing* traslativo**:

- il ***leasing* di godimento** ha ad oggetto un bene che esaurisce la sua utilità economica in un certo periodo di tempo, normalmente coincidente con la durata del contratto, con la conseguenza che al momento della scadenza del termine l'utilizzatore non ha nessun interesse al suo acquisto;
- il ***leasing* traslativo**, invece, il bene oggetto del contratto non esaurisce la sua utilità economica nel corso della durata del contratto, con la conseguenza che alla sua scadenza la cosa conserva un residuo valore apprezzabile per l'utilizzatore.
  Quest'ultimo, quindi, alla scadenza del contratto, invece di restituire il bene, può acquistarlo pagandone il residuo prezzo, dato che i canoni pagati durante la durata del contratto sono considerati anche come pagamento di una parte di prezzo.

C) Risoluzione per inadempimento dell'utilizzatore.

Dalla diversa qualificazione del contratto di *leasing*, la Suprema Corte fa conseguire l'applicazione di una **diversa disciplina** nell'ipotesi di **risoluzione per inadempimento dell'utilizzatore**:

- nel caso del *leasing* tradizionale, troverà applicazione la disciplina dettata per i contratti ad esecuzione continuata o periodica, e quindi l'art. 1458 c.c. (con conseguente esclusione dell'obbligo, per il concedente, di restituire i canoni percetti);

- nel caso del *leasing* traslativo, essendo assimilabile alla vendita a rate con riserva della proprietà, dovrà essere applicato l'art. 1526 c.c. (con conseguente dovere, per il concedente, di restituire le rate riscosse, salvo il diritto ad un equo compenso per l'uso della cosa ed al risarcimento del danno).

Dizionario di termini tecnici

➢ **Locazione**
La locazione è il contratto con il quale una parte (locatore) si obbliga a fare godere all'altra (locatario o conduttore) una cosa mobile o immobile per un certo periodo di tempo, dietro pagamento di un determinato corrispettivo (art. 1571 c.c.).

➢ **Affitto**
Il contratto di affitto (art. 1615 c.c.) è un **tipo particolare di locazione** che ad oggetto una cosa produttiva, mobile o immobile, di cui viene attribuita all'affittuario la **disponibilità** e la **gestione**, **in conformità della sua destinazione economica**, con diritto di far propri i frutti e le altre utilità della cosa stessa (art. 1615 c.c.).

➢ ***Leasing* c.d. operativo**
Il ***leasing* c.d. operativo** è un contratto bilaterale, con cui il produttore o il distributore di un determinato bene lo concede in godimento al conduttore, dietro pagamento di un canone periodico, per un periodo di tempo commisurato alla vita economica del bene.

➢ ***Leasing* c.d. finanziario**
Il ***leasing* c.d. finanziario** è un contratto in forza del quale l'utilizzatore (*lessee*) chiede ad una società di leasing (*lessor*), di acquistare da un fornitore la proprietà di un bene, mobile o immobile, individuato dall'utilizzatore, affinché la società di leasing lo conceda in godimento allo stesso utilizzatore, dietro il versamento di un corrispettivo periodico.

III ► I CONTRATTI DI GESTIONE

1. Il mandato.

A) Nozione.

- Il mandato è, secondo l'**art. 1703 c.c.**, il contratto in forza del quale una parte (mandatario) si obbliga a compiere uno o più atti giuridici per conto dell'altra (mandante). Il mandato può essere **con o senza rappresentanza**. Il mandato, in ogni caso si presume **oneroso** (art. 1709 c.c.).

B) Mandato con rappresentanza.

In caso di mandato con rappresentanza, al mandatario è conferita una **procura** e si applicano le norme relative alla rappresentanza: gli effetti degli atti giuridici compiuti dal mandatario in nome e per conto del mandante si verificano direttamente in capo al mandatario.

C) Mandato senza rappresentanza.

In caso di mandato senza rappresentanza, si verifica una ipotesi di **rappresentanza indiretta** in quanto il mandatario agisce in nome proprio e per conto del mandante, acquistando i diritti e assumendo gli obblighi derivanti dal negozio compiuto. In tal caso il mandatario ha l'obbligo di ritrasferire al mandante gli effetti giuridici e materiali dell'attività svolta (art. 1705 c.c.).

D) Tipologie di mandato.

Il mandato può essere:

- **generale** o **speciale** a seconda che l'attività comprenda il compimento di uno o più atti determinati ovvero tutti gli affari che interessano il mandante (art. 1708 c.c.);
- **individuale** o **collettivo** a seconda che sia conferito ad un unico soggetto o ad una pluralità di individui (art. 1716 c.c.).

E) Le obbligazioni derivanti dal mandato.

Le principali **obbligazioni del mandatario** (art. 1710 e ss. c.c.) sono:

- obbligo di eseguire il mandato con la diligenza del buon padre di famiglia;
- obbligo di comunicare al mandante l'esecuzione del mandato;
- obbligo di rendere il conto e rimettere al mandante tutto quanto abbia ricevuto a causa del mandato.

Le principali **obbligazioni del mandante** (art. 1719 e ss. c.c.) sono:

- obbligo di somministrare al mandatario tutti i mezzi necessari per l'esecuzione del mandato e per l'adempimento delle obbligazioni che il mandatario ha contratto in proprio;
- obbligo di rimborsare le spese affrontate dal mandante, di pagargli il compenso, e di risarcirgli i danni che ha subito a causa dell'incarico (art. 1720 c.c.).

F) Cause di estinzione del mandato.

Le **cause di estinzione** (art. 1722 e ss. c.c.) del mandato sono:

- la scadenza del termine o il compimento da parte del mandatario dell'affare per il quale è stato conferito;
- la revoca del mandante, a meno che il mandato non sia stato conferito anche nell'interesse del mandatario: in tal caso il mandato non si estingue almeno che non ricorra una giusta causa di revoca;
- la rinuncia da parte del mandatario;
- la morte, l'interdizione o l'inabilitazione del mandante, a meno che l'oggetto del mandato riguardi atti relativi all'esercizio dell'impresa, o si tratti di mandato conferito anche nell'interesse del mandatario

2. La commissione.

Secondo l'art. 1731 c.c., la commissione è un **mandato senza rappresentanza** connotato dalla specificità del suo oggetto, consistente esclusivamente nella **conclusione di contratti di compravendita**.
Di conseguenza, la sua disciplina è formata sia dalle norme generali sul mandato, sia dalle specifiche disposizioni contenute agli artt. 1731 ss. c.c.
In particolare, sono dettate disposizioni specifiche nell'ipotesi in cui il commissionario assuma nei confronti del committente la garanzia del buon esito dell'affare (c.d. **star del credere**) o ponga in essere un contratto con sé stesso (artt. 1735 e 1736 c.c.).

3. La spedizione.

Come la commissione, la spedizione, in base all'art. 1737 c.c., è un **mandato senza rappresentanza** connotato dalla specificità dell'oggetto, riscontrabile esclusivamente nella **conclusione di contratti di trasporto di cose** e nel compimento delle operazioni accessorie, consistenti in quegli atti materiali o giuridici strumentali alla conclusione del contratto.
Anche in tal caso, le norme generali dettate per il mandato si coniugano con quelle dettate specificamente per la spedizione (art. 1737 e ss. c.c.).

4. Il contratto di agenzia.

A) Nozione.

A norma dell'art. 1742 c.c., con il contratto di agenzia una parte assume stabilmente l'incarico di **promuovere**, per conto dell'altra, verso una retribuzione, la **conclusione di contratti** in una zona determinata, agendo eventualmente quale rappresentante (art. 1752 c.c.).
L'agente, in caso di contratti conclusi per effetto del suo intervento, ha diritto alla **provvigione** (art. 1748 c.c.).
Forma prescritta --> forma scritta ***ad probationem***.

B) Obblighi derivanti dal contratto di agenzia.

- L'**agente ha l'obbligo** di tutelare gli interessi del preponente e di agire con lealtà e buona fede: in particolare deve adempiere l'incarico in maniera conforme alle istruzioni ricevute, fornendo al proponente tutte le informazioni riguardanti la zona di mercato assegnatagli, oltre ad ogni altra informazione utile per valutare la convenienza dei singoli affari (art. 1746 c.c.).
- Anche il **proponente ha l'obbligo** di agire con lealtà e buona fede nei confronti dell'agente, e di fornirgli tutta la documentazione e le informazioni necessarie per l'esecuzione del contratto, oltre a doverlo avvertire nell'ipotesi di previsione di un volume di operazioni commerciali notevolmente inferiore a quello che l'agente avrebbe potuto attendersi (art. 1749 c.c.).

5. La mediazione.

A norma dell'art. 1754 c.c. è mediatore colui che **mette in relazione** due o più parti per la conclusione di un affare, senza essere legato ad alcuna di esse da rapporti di collaborazione, di dipendenza o di rappresentanza.
Nell'ipotesi in cui l'affare sia concluso per effetto del suo intervento, il mediatore ha diritto ad una **provvigione**, il cui obbligo grava su ciascuna delle parti (art. 1755 c.c.). Il mediatore ha l'**obbligo di comportarsi secondo correttezza** e deve comunicare alle parti tutte le circostanze a lui note che possono influire sulla conclusione del contratto (art. 1759 c.c.).
Nel caso di violazione di tale precetto il mediatore, indipendentemente dalla conclusione dell'affare, va incontro a **responsabilità contrattuale**, dato che la giurisprudenza più recente rinviene la fonte degli

obblighi del mediatore nel **contatto sociale qualificato** che si instaura tra il mediatore e le parti contrattuali.

6. L'affiliazione commerciale (*franchising*).

A) Nozione.

- Dall'art. 1, comma 1, della l. 6 maggio 2004, n. 129, sull'affiliazione commerciale, si desume che quest'ultima (cd. *franchising*) è un **contratto bilaterale**, **a prestazioni corrispettive**, **finalizzato alla commercializzazione** di determinati beni o servizi, stipulato tra due **soggetti giuridici**, economicamente e giuridicamente **indipendenti** (in quanto non legati da rapporti di lavoro, di subfornitura od agenzia), con il quale una parte (affiliante o *franchisor*) concede la disponibilità di un insieme di diritti di proprietà industriale od intellettuale ad un soggetto (affiliato o *franchisee*), il quale si impegna a versare un corrispettivo.

B) Forma e durata.

Il contratto di affiliazione deve essere redatto **per iscritto a pena di nullità** e deve avere una durata **non inferiore ai tre anni** e, comunque, tale da garantire l'ammortamento degli investimenti dell'affiliato.

C) Obblighi di buona fede e correttezza.

L'art. 6 della l. n. 129/2004 richiede ad entrambe le parti un comportamento, in ogni momento, orientato ai canoni di **lealtà**, **correttezza** e **buona fede**.

Dizionario di termini tecnici

- **Mandato**
  Il mandato è, secondo l'**art. 1703 c.c.**, il contratto in forza del quale una parte (mandatario) si obbliga a compiere uno o più atti giuridici per conto dell'altra (mandante). Il mandato può essere **con o senza rappresentanza**. Il mandato, in ogni caso si presume **oneroso** (art. 1709 c.c.).

- **Commissione**
  Secondo l'art. 1731 c.c., la commissione è un **mandato senza rappresentanza** connotato dalla specificità del suo oggetto, consistente esclusivamente nella **conclusione di contratti di compravendita**.

- **Spedizione**
  La spedizione, in base all'art. 1737 c.c., è un **mandato senza rappresentanza** connotato dalla specificità dell'oggetto, riscontrabile esclusivamente nella **conclusione di contratti di trasporto di cose** e nel compimento delle operazioni accessorie, consistenti in quegli atti materiali o giuridici strumentali alla conclusione del contratto.

- **Contratto di agenzia**
  A norma dell'art. 1742 c.c., con il contratto di agenzia una parte assume stabilmente l'incarico di **promuovere**, per conto dell'altra, verso una retribuzione, la **conclusione di contratti** in una zona determinata, agendo eventualmente quale rappresentante (art. 1752 c.c.).

- **Commissione**
  A norma dell'art. 1754 c.c. è mediatore colui che **mette in relazione** due o più parti per la conclusione di un affare, senza essere legato ad alcuna di esse da rapporti di collaborazione, di

dipendenza o di rappresentanza.
Nell'ipotesi in cui l'affare sia concluso per effetto del suo intervento, il mediatore ha diritto ad una **provvigione**, il cui obbligo grava su ciascuna delle parti (art. 1755 c.c.). Il mediatore ha l'**obbligo di comportarsi secondo correttezza** e deve comunicare alle parti tutte le circostanze a lui note che possono influire sulla conclusione del contratto (art. 1759 c.c.).

➢ ***Franchising***
Il c.d. *franchising* è un **contratto bilaterale, a prestazioni corrispettive, finalizzato alla commercializzazione** di determinati beni o servizi, stipulato tra due **soggetti giuridici**, economicamente e giuridicamente **indipendenti** (in quanto non legati da rapporti di lavoro, di subfornitura od agenzia), con il quale una parte (affiliante o *franchisor*) concede la disponibilità di un insieme di diritti di proprietà industriale od intellettuale ad un soggetto (affiliato o *franchisee*), il quale si impegna a versare un corrispettivo.

IV ▶ I CONTRATTI REALI

1. Il deposito.

A) Nozione.

➢ Il deposito è il contratto col quale una parte riceve dall'altra una **cosa mobile** con l'obbligo di custodirla e di restituirla in natura (art. 1766 c.c.). Il contratto:
- è di **natura reale** (senza la consegna del bene esso non si perfeziona);
- si **presume gratuito** (art. 1767 c.c.);
- non è soggetto ad alcun particolare onere formale.

B) Le obbligazioni del depositario e del depositante.

La disciplina legale del rapporto prevede che il **depositario**:
- deve usare nella custodia la **diligenza** del buon padre di famiglia ma se il **deposito** è **gratuito**, la responsabilità per colpa è valutata con minor rigore (art. 1768 c.c.);
- **non può servirsi della cosa depositata**, né darla in deposito ad altri, senza il consenso del depositante (art. 1770 c.c.);
- deve **restituire la cosa** appena il depositante la richiede, salvo che sia convenuto un **termine nell'interesse del depositario**.

Il **depositante** è obbligato:
- a **rimborsare** il depositario delle **spese** fatte **per conservare la cosa**;
- a **tenerlo indenne delle perdite** cagionate dal deposito;
- a **pagargli il compenso** pattuito (art. 1781 c.c.).

C) Ipotesi particolari di deposito.

➢ **Deposito irregolare.**

Un'ipotesi particolare di deposito è quella del **deposito irregolare**, che ha per oggetto una **quantità di danaro** o di altre **cose fungibili**, di cui il depositario acquista la proprietà, con facoltà di servirsene.

Il depositario alla scadenza del contratto è tenuto a restituire altrettante cose della stessa specie e qualità: si osservano, in quanto applicabili, le norme relative al mutuo (art. 1782 c.c.).

➢ **Deposito in albergo.**

Ulteriore ipotesi particolare di deposito è quella del **deposito in albergo** disciplinata dagli art. 1783 e ss. c.c.

La responsabilità dell'albergatore varia a seconda che si tratti di **cose portate in albergo dal cliente** (art. 1783 c.c.) o di **cose che siano state consegnate in custodia all'albergatore** (art. 1784 c.c.). L'art. 1785 *quater* c.c. precisa che sono nulli i patti o le dichiarazioni tendenti ad escludere o limitare preventivamente la responsabilità dell'albergatore.

2. Il comodato e mutuo.

Comodato

A) Nozione.

➢ Il comodato è il contratto col quale una parte consegna all'altra una cosa, mobile o immobile, affinché se ne serva per un tempo o per un uso determinato, con l'obbligo di restituire la stessa cosa ricevuta (art. 1803, comma 1, c.c.).

Il comodato è un contratto:
- **essenzialmente gratuito**;

- che si perfeziona solo al momento della consegna della cosa (**contratto reale**);
- che deve avere ad oggetto solo **cose determinate e non consumabili**, visto l'obbligo gravante sul comodatario di restituire la medesima cosa alla scadenza del termine convenuto o, in mancanza, quando se ne sia servito in conformità del contratto (art. 1809 c.c.).

B) Temporaneità del contratto di comodato: il comodato c.d. precario.

Il contratto di comodato è un contratto necessariamente **temporaneo**: la previsione di un termine finale può derivare dalla volontà delle parti o essere ricavata implicitamente dall'uso specifico per il quale la cosa è concessa in comodato.
In quest'ultimo caso il comodante può esigere la **restituzione immediata del bene** solo se sopravviene un suo urgente ed imprevedibile bisogno (art. 1809 comma 2 c.c.).
Al contrario, nell'ipotesi in cui non sia stabilito un termine, e questo non sia ricavabile nemmeno implicitamente, si configura il c.d. **comodato precario** e la restituzione deve avvenire a semplice richiesta del comodante (art. 1810 c.c.).

Mutuo

C) Nozione.

- Secondo l'art. 1813 c.c., il mutuo è il contratto col quale una parte consegna all'altra una determinata quantità di denaro o di altre cose fungibili, con obbligo di quest'ultima di restituire altrettante cose della stessa specie e qualità.

Più nel dettaglio, il mutuo è un **negozio traslativo di proprietà** e **restitutorio**, in quanto le cose date a mutuo passano in proprietà del mutuatario (art. 1814 c.c.), il quale è obbligato a restituire il *tantundem* ossia altrettante cose della stessa specie e qualità.
Nell'ipotesi in cui sia stata convenuta la restituzione rateale, l'art. 1819 c.c. stabilisce che **se il mutuatario non adempie l'obbligo di pagare anche una sola rata**, il mutuante può chiedere, secondo le circostanze (e, dunque, previa valutazione da parte del giudice dell'importanza dell'inadempimento), l'**immediato pagamento dell'intero**.

D) Mutuo ed interessi.

Il mutuo è un **contratto oneroso**, visto che il mutuatario, salvo diversa volontà delle parti, deve corrispondere al mutuante gli **interessi**, che costituiscono, quindi, il corrispettivo del godimento dei beni dati in mutuo (art. 1815 c.c.).
Ai sensi dell'art. 1815, comma 2, c.c., come modificato dalla legge del 7 marzo 1996 n. 108, se sono convenuti **interessi usurari**, la clausola è **nulla** e **non sono dovuti interessi**.
Il **mancato pagamento degli interessi**, qualunque siano le modalità previste, è dalla legge (art. 1820 c.c.) considerato espressamente **motivo di risoluzione** del contratto **per inadempimento**.

E) Il mutuo di scopo.

Un'ipotesi particolare di mutuo è il cd. **mutuo di scopo**, nel quale le somme sono concesse in prestito per una specifica utilizzazione che il mutuatario si impegna a rispettare, assumendo uno specifico obbligo di *facere*: l'inadempimento dell'obbligo assunto può essere motivo di risoluzione del contratto.

F) La promessa di mutuo.

Nonostante il mutuo sia un contratto reale, la legge regola anche la c.d. **promessa di mutuo** (art. 1822 c.c.). Si tratta di un contratto **ad effetti obbligatori** con cui il promittente assume l'obbligo di erogare il mutuo promesso.
In tal caso il promittente può rifiutare l'adempimento della sua obbligazione solo se le condizioni patrimoniali dell'altro contraente siano divenute tali da rendere notevolmente difficile la restituzione e non vengano offerte idonee garanzie.

Dizionario di termini tecnici

- **Deposito**
  Il deposito è il contratto col quale una parte riceve dall'altra una **cosa mobile** con l'obbligo di custodirla e di restituirla in natura (art. 1766 c.c.).

- **Comodato**
  Il comodato è il contratto col quale una parte consegna all'altra una cosa, mobile o immobile, affinché se ne serva per un tempo o per un uso determinato, con l'obbligo di restituire la stessa cosa ricevuta (art. 1803, comma 1, c.c.).

- **Mutuo**
  Secondo l'art. 1813 c.c., il mutuo è il contratto col quale una parte consegna all'altra una determinata quantità di denaro o di altre cose fungibili, con obbligo di quest'ultima di restituire altrettante cose della stessa specie e qualità.

V ▶ I CONTRATTI PER LA PRESTAZIONE DI SERVIZI

1. L'appalto.

A) Nozione.

L'art. 1655 c.c. definisce l'appalto come il contratto con il quale una parte, ossia l'appaltatore, assume:

- con **organizzazione dei mezzi necessari**
- e con **gestione a proprio rischio**;

il compimento di **un'opera o di un servizio**, commissionatogli dall'appaltante o committente, **verso un corrispettivo in danaro**.
Si tratta di un contratto:

- a **prestazioni corrispettive;**
- a **forma libera**;
- da cui derivano effetti essenzialmente **obbligatori**.

B) L'oggetto dell'appalto e il progetto.

L'**oggetto** dell'appalto, che può consistere nel compimento di opere o servizi, deve essere **determinato o determinabile**, oltre che **lecito**. Normalmente l'oggetto dell'appalto è individuato in un **progetto**, che può essere predisposto dallo stesso appaltatore o dal committente.
Tale progetto nel corso dell'esecuzione del contratto può subire delle **variazioni** per effetto della **comune volontà delle parti** (art. 1659 c.c.) o per effetto della **volontà del solo committente**, entro i limiti indicati dall'art. 1661 c.c.
Anche l'appaltatore ha diritto che siano apportate **delle varianti al progetto**, quando ciò risulti necessario per l'esecuzione dell'opera a regola d'arte (art. 1660 c.c.).

C) Accettazione dell'opera e pagamento del prezzo.

L'appaltatore, essendo l'appalto un contratto a titolo oneroso, ha diritto al pagamento del **prezzo**. A norma dell'ultimo comma dell'articolo 1665 c.c. l'appaltatore ha diritto al pagamento del corrispettivo solo dopo che l'opera sia stata **accettata** dal committente. L'accettazione dell'opera segue alla fase del c.d. **collaudo**, con cui il committente verifica la conformità dell'opera al progetto originario. Tale verifica deve essere fatta dal committente appena l'appaltatore lo mette in condizione di poterla eseguire, e l'opera si considera accettata nell'ipotesi in cui la verifica non venga eseguita senza giustificati motivi.

D) La garanzia dell'appaltatore per difformità e vizi dell'opera.

Tale fase di collaudo, con relativa accettazione dell'opera, è rilevante anche in ordine alla **garanzia dovuta dall'appaltatore per le difformità e i vizi dell'opera.**
Difatti l'art. 1667 c.c. prevede che tale garanzia non sia dovuta se il **committente ha accettato l'opera** e le difformità o i vizi erano da lui **conosciuti o riconoscibili** purché, in questo caso, non siano stati taciuti in mala fede dall'appaltatore (art. 1667, comma 1 c.c.).
Il legislatore opera, quindi, una distinzione a seconda che i **vizi siano apparenti o occulti**. Nel primo caso l'accettazione senza riserve costituisce un fatto impeditivo al sorgere della responsabilità dell'appaltatore.
I **vizi** ricorrono nell'ipotesi in cui manchino le qualità che devono inerire l'opera e si differenziano dalle **difformità**, in quanto quest'ultime ricorrono nell'ipotesi in cui vi siano delle discordanze tra l'opera e le prescrizioni del contratto.
La garanzia per i vizi e le difformità dell'opera è soggetta:

- ad un **breve termine di decadenza**;
- ad un **termine di prescrizione biennale** che decorre dal giorno della consegna dell'opera.

All'**art. 1668 c.c.**, il legislatore prevede, quindi, quale contenuto della garanzia per difetti dell'opera:

- l'**azione di eliminazione dei vizi**;
- la **riduzione del prezzo**;

- il **risarcimento del danno;**
- e la **risoluzione del contratto**, quando i vizi e le difformità siano tali da rendere l'opera del tutto inadatta alla sua destinazione.

Tutti questi rimedi sono attivabili anche in assenza di colpa dell'appaltatore.

E) Tutela speciale in caso di appalto immobiliare.

Una **tutela speciale** per il committente è offerta dal legislatore con riguardo all'**appalto immobiliare.** In particolare, l'**art. 1669 c.c.** prevede la responsabilità dell'appaltatore nei casi in cui, **nel corso di dieci anni** dal compimento, l'opera, **per vizio del suolo o per difetto della costruzione, rovina** in tutto o in parte ovvero **presenta evidente pericolo di rovina** o **gravi difetti.**

- ➢ Si ha **rovina totale o parziale** allorché l'immobile subisca la disintegrazione degli elementi che ne compongono le strutture necessarie della stabilità, cessando di esistere in tutto o in parte.
- ➢ **gravi difetti**, invece, consistono in quelle alterazioni che riducono apprezzabilmente il godimento del bene nella sua globalità, pregiudicandone la normale utilizzazione, in relazione alla sua funzione economica e pratica e secondo la sua intrinseca natura.

La rovina ed i difetti gravi devono essere denunciati a pena di decadenza entro un anno dalla scoperta e il diritto del committente si prescrive in un anno dalla denuncia (art. 1669, comma 2 c.c.).

F) Il subappalto.

L'appaltatore, con l'autorizzazione del committente, può dare in **subappalto** l'esecuzione dell'opera o del servizio: in tal caso se l'appaltatore è chiamato a rispondere per le difformità e i vizi dell'opera, può **agire in regresso** nei confronti dei subappaltatori ma deve, a pena di decadenza, comunicare ad essi la denuncia del committente entro sessanta giorni dal suo ricevimento (art. 1670 c.c.).

2. Il contratto d'opera.

A) Nozione.

- ➢ Il contratto d'opera (art. 2222 c.c.) è il contratto con il quale una parte si obbliga verso corrispettivo, a compiere un'opera o un servizio, con lavoro prevalentemente proprio e senza vincolo di subordinazione, nei confronti del committente.

Si tratta di un contratto:

- **oneroso** (art. 2225 c.c.);
- a **prestazioni corrispettive**;
- a **forma libera;**
- ad **effetti obbligatori;**
- caratterizzato dall'***intuitus personae*** e dalla consequenziale **infungibilità della prestazione**.

Il contratto d'opera si caratterizza per l'**autonomia** riconosciuta al prestatore d'opera. Quest'ultimo, infatti, assume l'obbligazione nei confronti del committente di realizzare l'*opus perfectum*, quale che sia il costo da sostenere per ottenere il risultato e assumendosi il rischio della sua mancata realizzazione.

B) Differenze con il contratto di appalto.

Il contratto d'opera si caratterizza rispetto al contratto di appalto per la circostanza che l'opera ed il servizio possono essere compiuti con **lavoro prevalentemente proprio**, senza disporre di appositi complessi produttivi, necessari, invece, per eseguire l'appalto.

C) Obblighi derivanti dal contratto d'opera.

Nel contratto d'opera il prestatore, **a fronte del pagamento del corrispettivo**, è obbligato ad eseguire l'*opus* dedotto in contratto secondo le previsioni concordate ed a regola d'arte.

Nell'ipotesi in cui il prestatore d'opera sia inadempiente rispetto a tale obbligazione, il committente può fissare un congruo termine entro il quale il committente deve conformarsi a tali condizioni. L'inutile decorso di tale termine legittima il committente a **recedere dal contratto** e a richiedere il risarcimento del

danno (art. 2224 c.c.).
Ai sensi dell'art. 2226 c.c., l'**accettazione** espressa o tacita dell'opera **libera il prestatore** dalla responsabilità per difformità o per vizi della medesima, se all'atto dell'accettazione questi erano noti al committente o facilmente riconoscibili, purché in questo caso non siano stati dolosamente occultati.
Il committente deve, a pena di decadenza, **denunziare** le difformità e i vizi **entro 8 giorni** dalla scoperta e l'**azione si prescrive** entro un anno dalla consegna.
La denuncia dei vizi, d'altro canto, non è necessaria se il prestatore d'opera ha **riconosciuto i vizi o li ha occultati**, in quanto la disciplina dettata riguardo all'appalto dall'art. 1667 c.c., è applicabile anche al contratto d'opera.
Si ritengono altresì applicabili il terzo comma dell'art. 1667 c.c., con la conseguenza che la **garanzia può sempre essere fatta valere in via d'eccezione** purché la denuncia sia stata effettuata entro i termini di decadenza e di prescrizione previsti dall'art. 2226 c.c., nonché l'art. 1669 c.c., qualora l'*opus* si concretizzi in un bene immobile. Trova, infine, applicazione l'art. 1668 c.c., per l'espresso rinvio operato dal legislatore.

D) Il recesso dal contratto d'opera.

L'art. 2227 c.c. riconosce al committente la facoltà di **recedere dal contratto**, ancorché sia stata iniziata l'esecuzione dell'opera. Si tratta di un'ipotesi di recesso *ad nutum*, che si differenzia da quella prevista dall'art. 2224 c.c. per la diversità di presupposti ed effetti. Tra questi effetti rientra l'**obbligo**, previsto dall'articolo in esame, **di tenere indenne il prestatore d'opera dalle spese** del lavoro eseguito e **dal mancato guadagno**.

E) Impossibilità parziale della prestazione.

Infine, l'**art. 2228 c.c.** prevede un'ipotesi di **impossibilità sopravvenuta** per **causa non imputabile** ad alcuna delle parti. Più precisamente, il citato articolo fa riferimento ad un'ipotesi di **impossibilità parziale**, in conseguenza della quale, il prestatore d'opera ha diritto ad un compenso per il lavoro prestato in relazione all'utilità della parte di opera compiuta.

▶ 2.1. Il contratto d'opera professionale.

A) Nozione e differenze con il contratto d'opera.

Tipologia particolare di contratto d'opera è il **contratto d'opera professionale** disciplinato dagli art. 2229 e ss. c.c. che si differenzia dal contratto d'opera manuale a causa dell'oggetto, che consiste nella **prestazione di un'opera intellettuale** che richiede l'impiego di capacità e conoscenze tecnico-scientifiche.

B) Caratteri del contratto d'opera professionale.

Il contratto d'opera professionale si caratterizza:
- per la **discrezionalità del professionista nell'esecuzione dell'opera**;
- per l'**infungibilità della prestazione** (contratto ***intuitus personae***): difatti, l'art. 2232 c.c. prevede che il prestatore d'opera debba eseguire personal-mente l'incarico assunto potendosi avvalere di **sostituti ed ausiliari** solo quando ciò non sia incompatibile con l'oggetto della prestazione e nella sola ipotesi in cui sia previsto dal contratto o dagli usi;
- per la **diligenza richiesta nell'adempimento della prestazione** che non è solo quella del buon padre di famiglia, ma quella **richiesta dalla natura dell'attività esercitata** (art. 1176 comma 2 c.c.).
  Nella sola ipotesi in cui la prestazione dedotta in contratto implichi la **soluzione di problemi tecnici di particolare difficoltà** è prevista una attenuazione della normale responsabilità del professionista, che è tenuto al risarcimento del danno unicamente in caso di **dolo o colpa grave** (art. 2236 c.c.).

C) Obbligo di iscrizione agli albi e conseguenze in caso di inadempimento

La legge determina le professioni intellettuali per l'esercizio delle quali è necessaria l'**iscrizione in**

appositi albi ed elenchi, iscrizione che determina l'effetto di introdurre il professionista a far parte di un particolare ordinamento professionale. L'iscrizione in un albo professionale ha carattere di **accertamento costitutivo** dello *status* professionale con la conseguenza che l'esecuzione di una prestazione d'opera professionale di natura intellettuale effettuata da chi non sia iscritto nell'apposito albo previsto dalla legge, da luogo, ai sensi del combinato disposto degli artt. 1418 e 2231 c.c., a **nullità assoluta** del rapporto tra professionista e cliente, privando il contratto di qualsiasi effetto.

D) Il diritto di recesso nel contratto d'opera professionale.

L'art. 2237 c.c. riconosce al cliente il **diritto di recesso *ad nutum*** con obbligo di pagare al professionista il compenso per l'opera svolta da determinarsi secondo i criteri dettati dall'art. 2233 c.c., unitamente al rimborso delle spese sostenute dal professionista. Non sussiste, invece, alcun obbligo relativo al rimborso del mancato guadagno del professionista.
Più limitato è il **diritto di recesso riconosciuto al prestatore d'opera** che può avvenire solo in presenza di una giusta causa e in modo da evitare pregiudizio al cliente. In tal caso, il prestatore ha diritto al rimborso delle spese e al compenso per il compimento dell'opera svolta, da determinarsi però con riguardo al risultato utile che ne sia derivato al cliente che subisce il recesso.

3. Il trasporto.

A) Nozione.

Il contratto di trasporto, disciplinato dagli artt. 1678 e ss. c.c., è il contratto in forza del quale un soggetto (vettore) si obbliga, verso corrispettivo, a trasferire persone o cose da un luogo ad un altro.
Il trasporto è un contratto:

- **consensuale**;
- ad **effetti obbligatori**;
- normalmente a **prestazioni corrispettive**;
- a **titolo oneroso**.

Dal punto di vista dell'oggetto è possibile distinguere tra trasporto di persone e trasporto di cose.

B) Il trasporto di persone.

Nel **trasporto di persone** il vettore si obbliga a trasportare una persona da un luogo ad un altro: il vettore è **responsabile** (art. 1681 c.c.):

- per l'**inadempimento o per il ritardo nell'esecuzione del trasporto**;
- per i **sinistri** che colpiscono la persona del viaggiatore durante il viaggio;
- per la **perdita o l'avaria delle cose** che il viaggiatore porta con sé.

L'art. 1681 c.c. pone una presunzione di colpa in capo al vettore, permettendogli di andare esente da responsabilità nella sola ipotesi in cui **provi di aver adottato tutte le misure idonee ad evitare il danno**.
L'ultimo comma dell'art. 1681 c.c. prevede l'applicazione di tale disciplina anche al contratto di **trasporto gratuito**.
Quest'ultimo deve essere distinto dal c.d. **trasporto a titolo di cortesia**. Difatti, mentre nel primo caso il vettore ha un interesse giuridicamente rilevante ad eseguire la prestazione, nel trasporto gratuito il vettore lo esegue per ragioni di mera amicizia o cortesia.

C) Il trasporto di cose.

Nel **trasporto di cose** il vettore si obbliga a trasportare determinate cose da un luogo ad un altro. In particolare, il **mittente** consegna le cose al vettore affinché questo le consegni, in un determinato luogo, a persona diversa dal mittente stesso (c.d. **destinatario**).
Il vettore è obbligato a provvedere alla **custodia** delle cose durante il trasporto, ed è responsabile (c.d. **responsabilità *ex recepto***) della loro perdita e della loro avaria dal momento in cui le riceve al momento in cui le riconsegna, a meno che non provi che la perdita o l'avaria siano derivate da caso fortuito, dalla particolare natura delle cose, da loro vizi o da fatto del mittente o del destinatario (art. 1693 c.c.).

Dizionario di termini tecnici

- **Appalto**
  L'art. 1655 c.c. definisce l'appalto come il contratto con il quale una parte, ossia l'appaltatore, assume con organizzazione dei mezzi necessari e con gestione a proprio rischio, il compimento di un'opera o di un servizio, commissionatogli dall'appaltante o committente, verso un corrispettivo in danaro.

- **Contratto d'opera**
  Il contratto d'opera (art. 2222 c.c.) è il contratto con il quale una parte si obbliga verso corrispettivo, a compiere un'opera o un servizio, con lavoro prevalentemente proprio e senza vincolo di subordinazione, nei confronti del committente.

- **Trasporto**
  Il contratto di trasporto, disciplinato dagli artt. 1678 e ss. c.c., è il contratto in forza del quale un soggetto (vettore) si obbliga, verso corrispettivo, a trasferire persone o cose da un luogo ad un altro.

VI ► I CONTRATTI ALEATORI

1. La rendita: rendita perpetua e rendita vitalizia.

A) Nozione.

Il termine rendita indica una prestazione periodica che può avere ad oggetto:

- una **somma di denaro** (il cui l'ammontare può essere determinato in un momento successivo alla costituzione del rapporto);
- una **certa quantità di cose fungibili** (le quali, ai sensi di quanto previsto dall'art. 1861 c.c., devono invece essere determinate *ab origine).*

Il codice civile distingue due differenti tipologie di rendita.

B) Rendita c.d. perpetua.

Attraverso tale tipologia di contratto una parte conferisce all'altra (e da questa a suoi eredi) il diritto di esigere in perpetuo una prestazione quale corrispettivo:

- dell'alienazione di un bene immobile (**rendita fondiaria**);
- della cessione di un capitale (**rendita semplice**);
- ovvero quale onere dell'alienazione gratuita di un bene immobile o della cessione gratuita di un capitale (art. 1861 c.c.).

Tuttavia, il successivo art. 1865 c.c. prevede la facoltà per il **debitore** di **sciogliersi dal vincolo (c.d. redimibilità della rendita)**, indipendentemente da qualsiasi convenzione contraria, mediante il **pagamento della somma** che risulta dalla capitalizzazione della prestazione annua sulla base dell'interesse legale (c.d. ***riscatto***).

L'esercizio del diritto di riscatto può tuttavia incontrare dei **limiti** nella volontà delle parti: esse infatti possono stabilire, anche se solo temporaneamente (ed entro dei limiti stabiliti dal codice), che il diritto di riscatto non possa essere esercitato:

- prima della morte del beneficiario;
- prima del sopraggiungere di un termine (comunque non superiore ai dieci anni nel caso di rendita semplice ovvero a trenta nel caso di quella fondiaria);

prevedendo eventualmente anche un onere di preavviso, con un termine non superiore all'anno.

C) Rendita c.d. vitalizia.

Attraverso tale tipologia di contratto una parte si obbliga a corrispondere periodicamente all'altra una somma di denaro o una quantità di altre cose fungibili, **per tutta la durata della vita di una persona designata dalle parti**, che può essere il beneficiario della rendita stessa, un'altra persona fisica (anche il debitore) ovvero più persone fisiche (c.d. **rendita congiuntiva**, nel qual caso la parte spettante al creditore premorto, si accresce a favore degli altri, salvo patto contrario ex artt. 1873 e 1874 c.c.).

Requisito essenziale di tale istituto (la cui mancanza determina la **nullità** del contratto per difetto di causa) è **l'alea**, posto che (in particolare nel caso di contratto a titolo oneroso) il vantaggio per l'uno contraente o la perdita per l'altro dipende dalla durata della vita del beneficiario, elemento non determinabile al momento della costituzione del rapporto.

2. L'assicurazione.

A) Nozione: tipologie di assicurazione.

L'assicurazione è il contratto in forza del quale l'**assicuratore**, verso la corresponsione di un **premio**, si obbliga:

- a rivalere l'assicurato, entro i limiti pattuiti, del danno ad esso prodotto da un sinistro (c.d. **assicurazione contro i danni**);

- a pagare un capitale od una rendita al verificarsi di un fatto attinente alla vita umana (c.d. **assicurazione sulla vita**) (art. 1882 c.c.);
- a risarcire a terzi il danno che dovrebbe essere risarcito dall'assicurato (c.d. **assicurazione contro la responsabilità civile**) (art. 1917 c.c.).

B) Caratteri del contratto di assicurazione.

L'assicurazione è un contratto:

- a **forma libera**, per il quale è richiesta la forma scritta solo *ad probationem*, con il conseguente obbligo dell'assicuratore di rilasciare al contraente la **polizza** od altro documento da lui sottoscritto;
- a **prestazioni corrispettive**, in quanto all'obbligo di pagare il premio in capo all'assicurato corrisponde l'assunzione del rischio del verificarsi dell'evento in capo all'assicurazione;
- **aleatorio**, in quanto condizione per l'attualità dell'obbligo di versamento dell'indennità dell'assicuratore è il verificarsi di un evento, incerto al momento della conclusione del contratto. Conseguenza dell'aleatorietà è l'inapplicabilità della disciplina concernente sia la **rescissione per lesione**, che la **risoluzione per eccessiva onerosità sopravvenuta**.

C) Il rischio.

Il rischio costituisce un **elemento essenziale** del contratto ed è necessario che **preesista ad esso** e **perduri** durante la sua esistenza: al riguardo, il codice stabilisce espressamente:

- che la sua inesistenza è causa di **nullità** del contratto (art. 1895 c.c.);
- la sua cessazione determina lo **scioglimento** dello stesso (art. 1896 c.c.);
- che la sua inesatta conoscenza da parte dell'assicuratore è causa di **annullamento** del contratto (art. 1982 c.c.) ovvero di **risoluzione o rettifica** (art. 1893 c.c.).

Il rischio assicurabile è delimitato agli eventi che non siano stati provocati con **dolo** o **colpa grave** dal contraente, dall'assicurato o dal beneficiario (salvo che siano stati compiuti per dovere di solidarietà sociale o per tutelare gli interessi dell'assicuratore).

Il contratto di assicurazione **si conclude** nel momento in cui il proponente ha conoscenza dell'accettazione della controparte, alla quale non è equiparabile il mero silenzio, pur potendo essere espressa in qualsiasi forma. Le parti possono, peraltro, prevedere che il contratto si perfezioni al momento del pagamento del premio.

Elemento essenziale dell'istituto in esame **è la determinazione dell'ambito temporale nel quale il rischio è assicurato**: ai sensi dell'art. 1899 c.c., ad esclusione dell'assicurazione sulla vita, l'assicurazione privata ha **effetto** dalle ventiquattrore del giorno della sua conclusione alle ventiquattrore dell'ultimo giorno della durata stabilito nel contratto stesso. La giurisprudenza ha, inoltre, ritenuto lecita la copertura dell'assicurato in relazione a fatti commessi prima della stipula del contratto ove lo stesso, al momento di stipula del contratto di assicurazione, ignorasse l'esistenza dell'avvenuto verificarsi del sinistro che si intende assicurare (c.d. clausola *claim made*).

D) L'assicurazione per conto altrui e l'assicurazione per conto di chi spetta.

Sotto il **profilo soggettivo**, di regola, l'assicurazione è stipulata nel proprio interesse dal contraente, ma l'art. 1891 c.c. consente una scissione tra posizione del contraente e posizione dell'assicurato, permettendo la conclusione di contratti assicurativi:

- sia in favore di soggetti specificati all'interno del contratto (c.d. **assicurazione per conto altrui**);
- sia in favore di soggetti determinati in un secondo momento, a fronte del verificarsi del sinistro (c.d. **assicurazione per conto di chi spetta**).

In entrambe le ipotesi, il contraente assume gli obblighi derivanti dall'assicurazione, mentre i relativi diritti sono acquisiti dall'assicurato, il cui consenso espresso è necessario per legittimare il primo, quale mero sostituto, a farli valere.

Il contratto assicurativo può anche essere stipulato **in nome altrui**, con conseguente applicazione degli articoli dettati in materia di rappresentanza, con l'unica eccezione relativa all'applicabilità dell'art. 1398 c.c., qualora l'assicurazione sia conclusa dal ***falsus procurator***.

3. Il gioco e la scommessa.

Il gioco e la scommessa sono contratti con i quali le prestazioni patrimoniali dei giocatori sono poste in relazione al **verificarsi di un evento futuro ed incerto**; si distinguono dal contratto di assicurazione poiché non hanno finalità previdenziali per una delle parti ma scopo di lucro per entrambe.

- Se il gioco o la scommessa sono **proibiti**, il negozio è **illecito**, e non sorge alcun diritto in capo al vincitore, il quale è tenuto alla restituzione di ciò che il debitore ha eventualmente pagato.
- Se il gioco è **lecito** (art. 1933 c.c.) non è prevista a tutela del creditore alcuna azione ma il debitore non può ripetere quanto ha pagato spontaneamente (salvo il caso di sua incapacità o di frode); al contrario, l'azione è ammessa se si tratta di giochi o scommesse relative a competizioni sportive (art. 1934 c.c.) o di lotterie autorizzate (art. 1935 c.c.).

Dizionario di termini tecnici

➢ **Rendita**

Il termine rendita indica una prestazione periodica che può avere ad oggetto: una **somma di denaro** (il cui l'ammontare può essere determinato in un momento successivo alla costituzione del rapporto); una **certa quantità di cose fungibili** (le quali, ai sensi di quanto previsto dall'art. 1861 c.c., devono invece essere determinate *ab origine)*.

➢ **Assicurazione**

L'assicurazione è il contratto in forza del quale l'**assicuratore**, verso la corresponsione di un **premio**, si obbliga: a rivalere l'assicurato, entro i limiti pattuiti, del danno ad esso prodotto da un sinistro (c.d. **assicurazione contro i danni**); a pagare un capitale od una rendita al verificarsi di un fatto attinente alla vita umana (c.d. **assicurazione sulla vita**) (art. 1882 c.c.); a risarcire a terzi il danno che dovrebbe essere risarcito dall'assicurato (c.d. **assicurazione contro la responsabilità civile**) (art. 1917 c.c.).

➢ **Gioco e scommessa**

Il gioco e la scommessa sono contratti con i quali le prestazioni patrimoniali dei giocatori sono poste in relazione al **verificarsi di un evento futuro ed incerto**.

VII ▶ CONTRATTI DI DEFINIZIONE DELLE LITI

1. La transazione.

A) Nozione.

- La transazione è il contratto col quale le parti, facendosi reciproche concessioni, pongono fine a una lite già incominciata o prevengono una lite che può sorgere tra loro (c.d. **transazione pura**; art. 1965, comma 1 c.c.).

Attraverso le reciproche concessioni, le parti possono anche creare modificare o estinguere rapporti diversi da quelli che hanno formato oggetto della contestazione (art. 1965, comma 2 c.c.).
Strutturalmente la transazione è un contratto:

- **di scambio**;
- a **titolo oneroso**;
- che ha la **funzione di risolvere o prevenire una lite**, a fronte di **reciproche concessioni**.

La transazione è un **atto dispositivo** e ciò spiega la disposizione contenuta nell'art. 1966 c.c., ai sensi del quale essa deve essere stipulata da chi abbia la **capacità di disporre dei propri diritti**.
Inoltre, la transazione è nulla qualora abbia ad oggetto **diritti indisponibili.**
Analogamente, la transazione relativa ad un contratto illecito è **nulla** (art. 1972 c.c.), mentre quella relativa a rapporti derivanti da un contratto nullo ma non illecito **è solo annullabile** per iniziativa della parte che ignorava la causa della nullità (art. 1972, comma 2, c.c.).

B) La transazione novativa.

Le parti possono anche stipulare una **transazione novativa**, con la quale estinguono il rapporto oggetto di contestazione sostituendolo con un rapporto diverso. L'art. 1976 c.c. esclude espressamente la possibilità di **risolvere per inadempimento** il contratto di **transazione novativa** (al fine di tornare a far valere le pretese originarie), salvo che tale possibilità sia stata espressamente pattuita. Diversamente, la transazione semplice è risolvibile per inadempimento.

C) Elementi costitutivi del contratto di transazione.

Elementi strutturali necessari del contratto di transazione sono:

1. la ***res litigiosa***; tra le parti deve sussistere una lite, attuale o solo futura (ma non ipotetica), e cioè un conflitto di interessi in ordine a ad una determinata situazione giuridica che le parti hanno intenzione di comporre attraverso la stipulazione della transazione;
2. le **reciproche concessioni** che le parti si fanno al fine di porre termine alla lite; la reciprocità delle concessioni assicura la **corrispettività** della transazione;
3. la **forma** del contratto di transazione; è disciplinata dall'art. 1967 c.c., ai sensi del quale la forma scritta è richiesta di regola *ad probationem*, salvo che la transazione abbia ad oggetto controversie relative a diritti reali su beni immobili (art. 1350, n. 12, c.c.), nel qual caso è richiesta la forma scritta è richiesta *ad substantiam*.

D) Regime di invalidità del contratto di transazione.

1. **<u>Violenza, dolo ed errore.</u>**
   Al contratto di transazione si può indubbiamente applicare la disciplina generale relativa alla **violenza** e al **dolo**, mentre vi sono alcune peculiarità relativamente alla disciplina dell'**errore**. L'**art. 1969 c.c.** prevede infatti che «*la transazione non può essere annullata per errore di diritto relativo alle questioni che sono state oggetto di controversia tra le parti*». Tuttavia, se una delle parti era consapevole della **temerarietà** della sua pretesa, l'altra può chiedere l'**annullamento** del contratto (art. 1971 c.c.): non è sufficiente la colpa della controparte, ma è necessaria l'effettiva consapevolezza, ossia il dolo o la mala fede.

2. **Documenti falsi e documenti ignoti.**
   La transazione è annullabile se è stata stipulata in base a **documenti** in seguito riconosciuti **falsi** (art. 1973 c.c.), ovvero si venga a conoscenza di documenti **ignoti** al tempo in cui il contratto è stato stipulato, a meno che non si tratti di transazione generale (art. 1975, comma 2 c.c.).

3. **Lite già risolta con sentenza passata in giudicato.**
   È inoltre annullabile la transazione avente ad oggetto una lite già risolta con **sentenza passata in giudicato**, di cui una o entrambe le parti non abbiano avuto conoscenza (art. 1974 c.c.).

4. **Transazione e rescissione per lesione.**
   in deroga alla disciplina generale in materia di **rescissione per lesione**, l'art. 1970 c.c. esclude l'impugnabilità della transazione per causa di lesione, considerato che per valutare se vi sia stata la lesione a carico di una delle parti sarebbe necessario accertare quale fosse realmente la situazione giuridica contestata, accertamento che la transazione mira proprio ad evitare.

2. La cessione dei beni ai creditori.

- La cessione dei beni ai creditori (art. 1977 c.c.) è il contratto con cui il debitore incarica i suoi creditori, o alcuni di essi, di liquidare in tutto o in parte le sue attività e di **ripartire tra loro il ricavato a soddisfacimento dei loro crediti**.

La **causa** del contratto di cessione è **solutoria** (liquidatoria-satisfattiva) in quanto il contratto consente al debitore di soddisfare i creditori mediante la liquidazione delle sue attività, senza dover sottostare a procedure esecutive o concorsuali.

3. Il sequestro convenzionale.

A) Nozione.

- Il sequestro convenzionale è il contratto con il quale due o più persone **affidano ad un terzo una cosa o una pluralità di cose**, rispetto alla quale sia nata tra esse una controversia, affinché la **custodisca e la restituisca** a quella cui spetterà quando la controversia sarà definita.

Si tratta di un **contratto reale** in quanto il contratto si perfezionale solo nel momento in cui la cosa venga affidata al sequestratario.

B) Presupposti.

Presupposto per la stipula del contratto è l'esistenza di una controversia su un bene: le parti, con **finalità cautelare**, convengono che la cosa sia custodita dal terzo affinché la custodisca e la amministri fino alla definizione della controversia.
Definita la controversia, il sequestratario ha l'obbligo di consegnare il bene custodito alla parte che risulti titolare del diritto sul bene.

Dizionario di termini tecnici

- **Transazione**
  La transazione è il contratto col quale le parti, facendosi reciproche concessioni, pongono fine a una lite già incominciata o prevengono una lite che può sorgere tra loro (c.d. **transazione pura**; art. 1965, comma 1 c.c.).
  Attraverso le reciproche concessioni, le parti possono anche creare modificare o estinguere rapporti diversi da quelli che hanno formato oggetto della contestazione (art. 1965, comma 2 c.c.).

- **Cessione dei beni**
  La cessione dei beni ai creditori (art. 1977 c.c.) è il contratto con cui il debitore incarica i suoi creditori, o alcuni di essi, di liquidare in tutto o in parte le sue attività e di **ripartire tra loro il ricavato a soddisfacimento dei loro crediti**.

- **Sequestro convenzionale**
  Il sequestro convenzionale è il contratto con il quale due o più persone **affidano ad un terzo una cosa o una pluralità di cose**, rispetto alla quale sia nata tra esse una controversia, affinché la **custodisca e la restituisca** a quella cui spetterà quando la controversia sarà definita.

VIII ▶ I CONTRATTI BANCARI

1. I contratti bancari.

I contratti bancari sono quei contratti che consentono agli istituti bancari di esercitare una attività di **interposizione nel credito** mediante la raccolta di capitali da chi li possiede e la distribuzione degli stessi a chi ne necessita e ne fa domanda.
In particolare, tale interposizione nel credito si esplica attraverso due distinte tipologie di attività:

- **operazioni bancarie passive**: sono quei contratti con cui le banche ricevono capitali dai risparmiatori, con l'obbligo di restituire a vista o a termine il *tantundem* (es. deposito bancario);
- **operazioni bancarie attive**: sono quei contratti con cui le banche soddisfano la domanda di liquidità dei clienti, maturando un credito di restituzione (es. apertura di credito).

2. Il deposito bancario.

A) Nozione.

Nel contratto di deposito bancario (art. 1834 c.c.) la banca acquista dal depositante la proprietà di una somma di denaro ed è obbligata a restituirla, nella stessa specie monetaria, alla scadenza del termine convenuto o a richiesta del depositante (con l'osservanza di un periodo di preavviso stabilito dalle parti o dagli usi).

B) Natura giuridica.

Secondo l'impostazione preferibile, il deposito bancario costituisce una *species* all'interno della categoria del **deposito irregolare**, essendo in sostanza un deposito avente ad oggetto il denaro, bene fungibile per eccellenza, che si caratterizza per il necessario intervento della banca in qualità di depositario.

C) Tipologie.

Il deposito bancario di denaro tradizionalmente si distingue in:

1. <u>**Deposito ordinario.**</u>
   Il deposito ordinario è il deposito che non può essere alimentato con successivi versamenti e che non prevede la facoltà per il depositante di effettuare prelievi parziali durante lo svolgimento del rapporto, essendo rimborsabile solo in un'unica soluzione.
2. <u>**Deposito in conto corrente.**</u>
   Il deposito in conto corrente si caratterizza per la disponibilità della somma, da parte del cliente, non solo in contanti ma anche mediante l'emissione di assegni, ovvero tramite assegni da riscuotere.
3. <u>**Deposito a risparmio**</u>.
   I depositi a risparmio comportano il rilascio di un **libretto**, al portatore o nominativo, che ha la funzione di documentare le operazioni di versamento o prelevamento effettuate dal depositante.

3. L'apertura di credito bancario.

L'apertura di credito bancario è il contratto col quale la banca si obbliga a tenere a disposizione dell'altra parte una somma di denaro per un dato periodo di tempo o a tempo indeterminato (art. 1842 c.c.).
La **funzione** del contratto, pertanto, consiste nella messa a disposizione del cliente, da parte della banca, di una somma di denaro di cui servirsi nei limiti e con le modalità concordate.
La somma di denaro non diventa di proprietà del cliente, ma esclusivamente "*messa a sua disposizione*" con facoltà di servirsene e con l'obbligo di restituirla alla scadenza del contratto o in caso di cessazione del rapporto, unitamente agli **interessi** pattuiti.

4. L'anticipazione bancaria.

L'anticipazione bancaria è una apertura di credito garantita da pegno su titoli o su merci (artt. 1846 e ss.) Tale contratto di credito è caratterizzato dalla presenza di **due elementi essenziali**:

- la costituzione di un **pegno di titoli o di merci a garanzia del credito** concesso dalla banca;
- la necessità che sussista per l'intera durata del rapporto contrattuale una **proporzionalità** tra la somma oggetto dell'anticipazione e il valore dei beni dati in garanzia. L'ammontare dell'anticipazione, in altri termini, deve essere proporzionale al valore del pegno e tale proporzionalità deve rimanere sostanzialmente inalterata durante tutto il corso del rapporto (fatta salva la tolleranza della diminuzione inferiore al decimo, così come disciplina l'art. 1850 comma 1 c.c.).

5. Lo sconto bancario.

Lo sconto (art. 1858 c.c.) è il contratto con cui la banca, previa deduzione dell'interesse, anticipa al cliente l'importo di un credito verso terzi non ancora scaduto, mediante la cessione, salvo buon fine, del credito stesso.
La principale **funzione** dello sconto consiste essenzialmente nel fornire liquidità, attraverso l'immediata riscossione da parte del creditore - cliente di un credito non ancora scaduto.

6. Il conto corrente ordinario e il conto corrente bancario.

A) Il conto corrente ordinario.

Il contratto di conto corrente ordinario (art. 1823 c.c.) è il contratto con il quale le parti si obbligano ad annotare in un conto i crediti derivanti da reciproche rimesse, considerandoli inesigibili ed indisponibili **fino alla chiusura del conto**; il saldo del conto, difatti, è esigibile dal creditore solo alla scadenza stabilita, salvo che preferisca considerarlo quale prima rimessa di un nuovo conto.

B) Il conto corrente bancario.

Il conto corrente bancario è il principale strumento negoziale utilizzato dalla banca per realizzare la sua attività di raccolta del risparmio e di erogazione del credito.
Con tale contratto l'istituto bancario, in presenza della disponibilità da parte del cliente di una somma di denaro presso la banca, assume l'obbligo di svolgere un **servizio di cassa** per conto del cliente, provvedendo ad effettuare pagamenti e riscossioni per suo conto e dietro suo ordine: tali pagamenti e tali riscossioni sono annotati, rispettivamente, in addebito e in accredito sul conto corrente.
La **principale differenza** tra il conto corrente ordinario ed il conto corrente bancario risiede nella circostanza che in quest'ultimo opera il **principio della costante disponibilità ed esigibilità del saldo**, in quanto il correntista può disporre in qualsiasi momento delle somme risultanti a suo credito (salva l'osservanza di un termine di preavviso eventualmente pattuito).

Dizionario di termini tecnici

- **Contratti bancari**

  I contratti bancari sono quei contratti che consentono agli istituti bancari di esercitare una attività di **interposizione nel credito** mediante la raccolta di capitali da chi li possiede e la distribuzione degli stessi a chi ne necessita e ne fa domanda.

- **Deposito bancario**

  Nel contratto di deposito bancario (art. 1834 c.c.), la banca acquista dal depositante la proprietà di una somma di denaro ed è obbligata a restituirla, nella stessa specie monetaria, alla scadenza del termine convenuto o a richiesta del depositante (con l'osservanza di un periodo di preavviso stabilito dalle parti o dagli usi).

- **Apertura di credito bancario**

  L'apertura di credito bancario è il contratto col quale la banca si obbliga a tenere a disposizione dell'altra parte una somma di denaro per un dato periodo di tempo o a tempo indeterminato (art. 1842 c.c.).

- **Anticipazione bancaria**

  L'anticipazione bancaria è una apertura di credito garantita da pegno su titoli o su merci (artt. 1846 e ss.).

- **Sconto bancario**

  Lo sconto (art. 1858 c.c.) è il contratto con cui la banca, previa deduzione dell'interesse, anticipa al cliente l'importo di un credito verso terzi non ancora scaduto, mediante la cessione, salvo buon fine, del credito stesso.

- **Conto corrente ordinario**

  Il contratto di conto corrente ordinario (art. 1823 c.c.) è il contratto con il quale le parti si obbligano ad annotare in un conto i crediti derivanti da reciproche rimesse, considerandoli inesigibili ed indisponibili **fino alla chiusura del conto**; il saldo del conto, difatti, è esigibile dal creditore solo alla scadenza stabilita, salvo che preferisca considerarlo quale prima rimessa di un nuovo conto.

- **Conto corrente bancario**

  Il conto corrente bancario è il principale strumento negoziale utilizzato dalla banca per realizzare la sua attività di raccolta del risparmio e di erogazione del credito.

  Con tale contratto l'istituto bancario, in presenza della disponibilità da parte del cliente di una somma di denaro presso la banca, assume l'obbligo di svolgere un **servizio di cassa** per conto del cliente, provvedendo ad effettuare pagamenti e riscossioni per suo conto e dietro suo ordine: tali pagamenti e tali riscossioni sono annotati, rispettivamente, in addebito e in accredito sul conto corrente.

IX ▶ I CONTRATTI DEL CONSUMATORE

1. La nozione di consumatore e di professionista.

Il **d.lgs. 6 settembre 2005, n. 206** ("Codice del consumo"), all'art. 3, comma 1, definisce sia il consumatore che il professionista:

- il **consumatore** è la persona fisica che agisce per **scopi estranei all'attività imprenditoriale o professionale eventualmente svolta**;
- il **professionista** è la persona fisica o giuridica che agisce **nell'esercizio della propria attività imprenditoriale o professionale**.

Rientrano nella definizione di professionista:

- l'imprenditore (individuale e collettivo);
- le società di capitali;
- gli altri enti con o senza personalità giuridica;
- gli enti *non profit*, nei limiti dell'attività imprenditoriale strumentale eventualmente svolta;
- gli enti pubblici svolgenti attività di impresa, esclusa l'attività meramente strumentale.

A) Caratteri della nozione di consumatore.

Il **consumatore**, quindi, può essere esclusivamente una **persona fisica** (così come più volte ribadito sia dalla Corte di Giustizia sia dalla nostra giurisprudenza nazionale), che abbia agito per uno **scopo estraneo** all'eventuale attività imprenditoriale o professionale da lui svolta ed afferente, viceversa, al soddisfacimento di un **bisogno della sua sfera privata, personale** o **familiare**:

- l'accertamento della natura dello scopo per il quale il soggetto ha agito deve avvenire in virtù di un **criterio oggettivo**, che tenga conto delle modalità dell'atto, delle forme utilizzate e delle circostanze di tempo e di luogo, essendo del tutto **irrilevante l'eventuale intenzione soggettiva del contraente**.

B) Caratteri della nozione di professionista.

Al fine di ritenere il contratto rientrante nell'attività imprenditoriale o professionale svolta, e quindi il soggetto che lo pone in essere "professionista", non è necessario che il contratto sia posto in essere nell'esercizio dell'attività propria dell'impresa o della professione, essendo sufficiente che venga posto in essere per uno **scopo connesso** all'esercizio di tale attività.
Tale soluzione può essere estesa anche al caso in cui la persona fisica, pur agendo al di fuori della sua specifica attività professionale, acquisti beni o servizi **strumentali** o comunque **inerenti** all'esercizio della professione;

2. I caratteri dei contratti del consumatore. La nullità di protezione.

La prima caratteristica fondamentale dei contratti del consumatore è che possono essere considerati tali solo i **contratti conclusi tra un consumatore ed un professionista**.

A) Il "neoformalismo negoziale".

Un secondo aspetto che caratterizza la disciplina dei contratti del consumatore è dato dal rilievo che assume il c.d. "**neoformalismo negoziale**".
Con tale espressione si intende fare riferimento a quegli oneri formali imposti non solo per dare certezza al contenuto contrattuale, ma anche per garantire **maggiore trasparenza** e, più in generale, per **tutelare la formazione del consenso** del contraente che si trovi in una posizione di debolezza contrattuale avendo potuto solo aderire al contratto, senza poter influire sul suo contenuto (c.d. **forme di protezione**).
Il neoformalismo si sostanzia

- nella prescrizione della **forma scritta** del contratto;
- nell'**imposizione di un contenuto** obbligatorio di informazioni da fornire al contraente aderente prima della conclusione del contratto o all'interno del contratto (come, ad esempio, il diritto di recesso);
- nell'obbligo di **formulare le clausole** del contratto **in modo chiaro e comprensibile**.

Tali prescrizioni, già contenute nella precedente disciplina consumeristica dettata nel codice civile (art. 1469 *quater* c.c.) e in varie leggi speciali sono state ora trasfuse all'interno del Codice del consumo.

B) Le clausole vessatorie.

Ulteriore peculiarità della disciplina dei contratti del consumatore è data dal **controllo giudiziale sulla eventuale vessatorietà delle clausole**:

➢ secondo l'**art. 33** del Codice del Consumo si considerano vessatorie le clausole contenute in un contratto concluso tra un consumatore ed un professionista che, **malgrado la buona fede**, determinino in capo al consumatore un **significativo squilibrio dei diritti e degli obblighi derivanti dal contratto**.

Ai sensi dell'art. 34 del Codice del Consumo, la valutazione circa la sussistenza dello squilibrio dei diritti e gli obblighi derivanti dal contratto deve avere **natura "giuridica"**, in quanto deve riguardare i diritti e gli obblighi delle parti, e non anche **natura "economica"** in quanto la vessatorietà non attiene né alla determinazione dell'**oggetto del contratto**, né all'**adeguatezza del corrispettivo**, purché tali elementi siano individuati in modo chiaro e comprensibile.

Tale valutazione, inoltre, va effettuata tenendo conto:

- della natura del bene o del servizio;
- delle circostanze esistenti al momento della conclusione del contratto;
- delle altre clausole contenute nel contratto o in un altro contratto con esso collegato.

In particolare, nell'ambito del controllo di vessatorietà, il giudice deve valutare se la clausola in contestazione arrechi un significativo svantaggio al consumatore non controbilanciato da analogo svantaggio a carico del professionista, né da altra clausola prevista invece a suo vantaggio, in una visione complessiva del contratto.

È inoltre espressamente previsto che **non sono vessatorie**:

- le clausole che riproducono disposizioni di legge o convenzioni internazionali ratificate dall'UE o dai suoi Stati membri;
- le clausole che sono state **oggetto di specifica trattativa individuale o di trattativa specifica** nell'ipotesi di utilizzo di moduli o formulari (con onere della prova a carico del professionista).

L'art. 33, comma 2, del Codice del consumo – da ultimo modificato per effetto del D.lgs. 6 agosto 2015, n. 130 – contiene un elenco di ventidue **clausole che si presumono vessatorie**, **salvo prova contraria** (consistente nella dimostrazione dell'assenza del significativo squilibrio) e fatte salve talune specifiche deroghe dettate con riferimento ai servizi finanziari e specificate nei successivi commi 3-6.

L'art. 36, comma 2, prevede un secondo elenco di clausole da considerare in ogni caso abusive, anche se oggetto di trattativa individuale (c.d. **lista nera**): per tali clausole, pertanto, vige una presunzione assoluta di vessatorietà che ne comporta in ogni caso la dichiarazione di nullità.

C) La nullità di protezione.

L'art. 36 del Codice del Consumo prevede la **nullità** delle clausole vessatorie:

- si tratta di una **nullità parziale**, con deroga alla disciplina di cui all'art. 1419, comma 1, c.c., in quanto una volta dichiarata la nullità della clausola vessatoria il contratto rimane in ogni caso valido ed efficace per il resto;
- è inoltre una **nullità di protezione**, in quanto opera a vantaggio del solo consumatore che è il solo legittimato a farla valere, fermo restando che la nullità può essere **rilevata d'ufficio dal giudice**.

  Tale possibilità di rilievo d'ufficio può essere esercitata dal giudice solo nell'ipotesi in cui si **traduca in un effettivo vantaggio per il consumatore**, dato che la nullità ha la finalità di proteggere quest'ultimo in quanto parte debole del contratto sottoscritto con il professionista,

rispetto al quale si trova in una posizione di asimmetria contrattuale.
Questi caratteri accomunano la disciplina in esame alle **c.d. nullità speciali** previste a tutela della parte debole del contratto in diverse discipline di settore.

D) Il foro esclusivo del consumatore.

Il Codice del Consumo prevede una disciplina particolare anche in ordine all'individuazione del **foro competente** a decidere le controversie tra il consumatore ed il professionista. Difatti, l'art. 33 comma 2, lett. u) prevede una **presunzione relativa di vessatorietà** delle clausole che abbiano come oggetto o come effetto quello di stabilire come sede del foro competente sulle controversie tra consumatore e professionista una **località diversa da quella di residenza o domicilio elettivo del consumatore**:

- secondo le Sezioni Unite (sentenza del 1° ottobre 2003, n. 14669), il legislatore, attraverso tale disposizione, ha voluto stabilire un **foro esclusivo del consumatore** (quello del luogo dove ha la residenza o il domicilio effettivo), derogabile a seguito di trattativa individuale, escludendo l'operatività dei fori previsti dagli artt. 18, 19 e 20 c.p.c.

3. L'azione inibitoria.

Il Codice del consumo (in cui è confluita la l. n. 281 del 1998) ha riconosciuto in capo ai consumatori e utenti una serie di **diritti definiti fondamentali** (a titolo esemplificativo: tutela della salute, della sicurezza, della qualità dei prodotti e dei servizi, diritto alla trasparenza e all'equità nei rapporti contrattuali etc.) che possono essere tutelati dalle associazioni rappresentative dei consumatori e degli utenti attraverso la c.d. **azione inibitoria**.

A) Legittimazione attiva e azione inibitoria in materia di clausole abusive.

L'**art. 137** del Codice del Consumo dispone l'istituzione di un elenco, presso il Ministero delle Attività produttive, di associazioni dei consumatori e degli utenti rappresentative a livello nazionale, stabilendo al comma 2 i requisiti necessari per l'iscrizione.
L'**art. 37**, invece, si occupa della **legittimazione attiva** nell'ambito dell'**azione inibitoria in materia di clausole abusive**, prevedendo, al comma 1, che:

- le associazioni rappresentative dei consumatori inserite nell'elenco di cui all'art. 137;
- le associazioni rappresentative dei professionisti;
- le Camere di commercio;

possono convenire in giudizio il professionista o l'associazione di professionisti che **utilizzano o che raccomandano l'utilizzo di condizioni generali di contratto e richiedere al giudice competente che inibisca l'uso delle clausole di cui sia accertata l'abusività**.

B) L'azione inibitoria collettiva.

Il Codice del consumo prevede agli **artt. 139-140** un ulteriore strumento di tutela attivabile dalle associazioni dei consumatori e degli utenti inserite nell'elenco di cui all'art. 137.
In particolare, l'art. 140 prevede la possibilità per i soggetti indicati nell'art. 139 di agire a tutela degli interessi collettivi dei consumatori e degli utenti richiedendo al tribunale:

- di **inibire gli atti e i comportamenti lesivi degli interessi dei consumatori e degli utenti**;
- di **adottare tutte le misure idonee a correggere o eliminare gli effetti dannosi delle violazioni accertate**;
- di **ordinare la pubblicazione del provvedimento** su uno o più quotidiani a diffusione nazionale o locale, quando la pubblicità del provvedimento possa contribuire a correggere o eliminare gli effetti delle violazioni accertate.

4. L'azione collettiva risarcitoria.

La legge finanziaria del 2008 ha introdotto all'interno del Codice del Consumo l'**art. 140 bis**, che disciplina l'azione collettiva risarcitoria a tutela dei consumatori.
Tale azione ha per oggetto l'accertamento della responsabilità e la condanna al risarcimento del danno e alle restituzioni in favore dei consumatori in caso di **lesione** dei:

- **diritti contrattuali di una pluralità di consumatori** che si trovano nei confronti di una stessa impresa in una **situazione omogenea**, inclusi i diritti relativi a contratti stipulati ai sensi degli articoli 1341 e 1342 c.c.;
- **diritti omogenei** spettanti ai consumatori finali di un **determinato prodotto o servizio nei confronti del relativo produttore**;
- **diritti omogenei** al ristoro del pregiudizio derivante agli stessi consumatori od utenti per effetto di **pratiche commerciali scorrette o comportamenti anticoncorrenziali**.

I **"diritti omogenei"** sono quelli:

- che trovano la loro fonte da un medesimo comportamento o da comportamenti ripetuti;
- per il cui accertamento giudiziale è richiesta la soluzione delle medesime questioni di fatto o di diritto.

L'azione è esperibile dinanzi al tribunale del luogo in cui ha sede l'impresa e può essere proposta (**legittimazione attiva**), non solo dalle associazioni dei consumatori e degli utenti inserite nell'elenco di cui all'art. 137 del Codice del Consumo, ma anche dalle associazioni e comitati che siano adeguatamente rappresentativi degli interessi collettivi fatti valere.
La **legittimazione passiva**, invece, è limitata alle sole "imprese", con esclusione della p.a.
I consumatori o gli utenti che intendono avvalersi della tutela devono comunicare per iscritto all'associazione proponente la propria **adesione all'azione collettiva** (c.d. sistema di *opt-in*), fino all'udienza di precisazione delle conclusioni.

5. Le novità introdotte dal d.lgs. 21 febbraio 2014, n. 21.

Con il d.lgs. 21 febbraio 2014, n. 21, il legislatore ha recepito nel nostro ordinamento la **direttiva 2011/83/UE**, predisposta con l'obiettivo di innalzare la tutela dei consumatori e di armonizzare maggiormente la disciplina consumeristica nei paesi membri dell'Unione Europea.
Il **campo di applicazione del d.lgs. n. 21/2014** è individuato dall'art. 46, comma 1, in tutti i contratti conclusi tra professionista e consumatore, comprensivi dei contratti per la fornitura di acqua gas, elettricità o teleriscaldamento, anche da parte di prestatori pubblici.

6. La risoluzione alternativa delle controversie dei consumatori.

Con il decreto legislativo n. 130 del 6 agosto 2015, l'Italia ha recepito la direttiva 2013/11/UE del 21 maggio 2013 sulla risoluzione alternativa delle controversie dei consumatori, che modifica il regolamento (CE) n. 2006/2004 e la direttiva 2009/22/CE (Direttiva sull'ADR per i consumatori).
La nuova normativa comporta una modifica al codice del consumo con l'inserimento del capitolo relativo alla risoluzione extragiudiziale delle controversie, che contiene anche chiarimenti in relazione all'operatività delle regole di prescrizione e decadenza.
È previsto che il consumatore non possa essere privato in nessun caso del diritto di adire il giudice competente, qualunque sia l'esito della procedura di composizione extragiudiziale e la creazione di organismi permanenti che offrano la risoluzione di una controversia attraverso una procedura *Adr, Alternative Dispute Resolution*.

Dizionario di termini tecnici

- **Consumatore**
  Il **consumatore** è la persona fisica che agisce per **scopi estranei all'attività imprenditoriale o professionale eventualmente svolta.**

- **Professionista**
  Il **professionista** è la persona fisica o giuridica che agisce **nell'esercizio della propria attività imprenditoriale o professionale.**

- **Neoformalismo negoziale**
  Si intende fare riferimento a quegli oneri formali imposti non solo per dare certezza al contenuto contrattuale, ma anche per garantire **maggiore trasparenza** e, più in generale, per **tutelare la formazione del consenso** del contraente che si trovi in una posizione di debolezza contrattuale avendo potuto solo aderire al contratto, senza poter influire sul suo contenuto (c.d. **forme di protezione**).

- **Clausole vessatorie**
  Secondo l'**art. 33** del Codice del Consumo, si considerano vessatorie le clausole contenute in un contratto concluso tra un consumatore ed un professionista che, **malgrado la buona fede**, determinino in capo al consumatore un **significativo squilibrio dei diritti e degli obblighi derivanti dal contratto.**

- **Nullità di protezione**
  La **nullità di protezione** opera a vantaggio del solo consumatore, che è il solo legittimato a farla valere, fermo restando che la nullità può essere **rilevata d'ufficio dal giudice.**

Capitolo 15 | LE OBBLIGAZIONI NASCENTI DA ATTI UNILATERALI E DALLA LEGGE

SOMMARIO:

I ▶ LE PROMESSE UNILATERALI

1. Le promesse unilaterali. Tipicità ed atipicità.

A) Nozione.

La promessa unilaterale è un negozio giuridico con cui un soggetto assume un'obbligazione, promettendo una determinata prestazione e vincolandosi ad eseguirla, senza la necessità dell'accettazione del destinatario della promessa stessa.
La promessa unilaterale si colloca tra le fonti dell'obbligazione e, in particolare, tra quegli "*altri atti o fatti idonei a produrle in conformità dell'ordinamento giuridico*" di cui all'art. 1173 c.c.

B) Tipicità ed atipicità delle promesse unilaterali.

Ai sensi dell'art. 1987 c.c. la promessa unilaterale di una prestazione non produce effetti obbligatori **fuori dai casi ammessi dalla legge**.

1. <u>**Principio di tipicità delle promesse unilaterali.**</u>
   Alla luce di tale disposizione, la dottrina tradizionale ritiene che nel nostro ordinamento siano vincolanti soltanto le **promesse unilaterali tipiche**, cioè espressamente disciplinate dal legislatore.
2. <u>**Atipicità delle promesse unilaterali.**</u>
   Tale conclusione non è unanimemente condivisa in dottrina, in quanto una impostazione più recente, valorizzando il disposto dell'art. 1333 c.c., ritiene configurabili nel nostro ordinamento anche **promesse unilaterali atipiche**.

C) La causa delle promesse unilaterali e l'*expressio causae*.

In ogni caso anche le promesse unilaterali devono avere una **giustificazione causale**. Si discute se sia necessaria, ai fini della validità delle promesse unilaterali, la menzione espressa della causa (c.d. ***expressio causae***) o se possano trovare applicazione i meccanismi presuntivi ritenuti operanti in ambito contrattuale, in ossequio al rinvio operato dall'art. 1324 c.c. L'**impostazione prevalente** propende per quest'ultima soluzione.

2. La promessa di pagamento e la ricognizione di debito.

A) Nozione.

Il legislatore all'art. 1988 c.c. disciplina due tipologie di promesse unilaterali: la promessa di pagamento e la ricognizione di debito:

- la **promessa di pagamento** è l'atto con il quale un soggetto promette il pagamento di una determinata somma nei confronti di un'altra persona;

- la **ricognizione di debito** è l'atto con cui una parte riconosce il proprio debito verso l'altra.

Entrambe costituiscono:
- **dichiarazioni unilaterali**;
- **a forma libera**;
- **recettizie**, da indirizzarsi a chi è indicato come creditore;
- aventi **contenuto sfavorevole al loro autore e favorevole al destinatario**.

B) Effetti.

La promessa di pagamento e la ricognizione di debito, **non producono effetti sul piano sostanziale**, in quanto non fanno sorgere il debito qualora lo stesso non sia già preesistente.
Gli effetti si producono esclusivamente sul **piano processuale**: difatti, il soggetto a cui è rivolta la promessa è esonerato dal fornire la prova del rapporto posto a base dell'obbligazione, la cui esistenza è presunta salvo che il debitore fornisca prova contraria. Si verifica pertanto un fenomeno di **astrazione processuale**, con conseguente inversione dell'onere della prova in capo al debitore. In particolare, quest'ultimo dovrà fornire la prova che il debito che ha promesso di pagare o di cui ha riconosciuto l'esistenza, non è mai esistito o si è estinto.

C) La promessa di pagamento e la ricognizione di debito pure o titolate.

La promessa di pagamento e la ricognizione di debito possono essere **pure** o **titolate**:
- nel **primo caso**, al momento dell'assunzione dell'obbligazione non è operata alcuna menzione del rapporto fondamentale;
- nel **secondo caso**, il riferimento al rapporto fondamentale al momento dell'assunzione dell'obbligazione è espresso in modo più o meno dettagliato, potendo esserci un esplicito riferimento sia alla *causa debendi* sia al fatto costitutivo del debito.

3. La promessa al pubblico.

A) Nozione.

Tra le promesse unilaterali disciplinate dal legislatore figura la promessa al pubblico (art. 1989 c.c.). Quest'ultima ricorre nell'ipotesi in cui un soggetto, rivolgendosi al pubblico, promette di compiere una determinata prestazione a favore di chi:
- si troverà in una determinata situazione;
- compirà una determinata azione.

In tal caso, la promessa è **vincolante per il promittente non appena è resa pubblica**.
La promessa al pubblico, quindi, è:
- una promessa unilaterale;
- una promessa con **destinatario indeterminato;**
- una promessa che costituisce **fonte di obbligazioni** per il soggetto promittente, il quale rimane vincolato ad eseguire la prestazione promessa a prescindere dall'accettazione della parte cui è rivolta.

B) Durata del vincolo.

Con riferimento alla **durata del vincolo**, l'art. 1989, comma 2, c.c. prevede che se alla promessa non è apposto un termine e questo non risulta dalla natura o dallo scopo della promessa medesima, quest'ultima cessa di essere vincolante se entro un anno non è stato comunicato al promittente l'avveramento della situazione o il compimento dell'azione.

C) La revoca della promessa.

La promessa può essere **revocata** prima della scadenza di tale termine solo in presenza di una **giusta causa**, purché la revoca sia resa pubblica nella stessa forma della promessa o in forma equivalente.

In ogni caso la **revoca è inefficace** se la situazione prevista nella promessa si è già verificata o se l'azione è già stata compiuta (art. 1900 c.c.).

D) Distinzione con l'offerta al pubblico.
La promessa al pubblico va distinta dall'**offerta al pubblico** (art. 1336 c.c.).

Dizionario di termini tecnici

- **Promessa unilaterale**
  La promessa unilaterale è un negozio giuridico con cui un soggetto assume un'obbligazione, promettendo una determinata prestazione e vincolandosi ad eseguirla, senza la necessità dell'accettazione del destinatario della promessa stessa.

- **Promessa di pagamento**
  La **promessa di pagamento** è l'atto con il quale un soggetto promette il pagamento di una determinata somma nei confronti di un'altra persona.

- **Ricognizione di debito**
  La **ricognizione di debito** è l'atto con cui una parte riconosce il proprio debito verso l'altra.

- **Promessa al pubblico**
  Ricorre nell'ipotesi in cui un soggetto, rivolgendosi al pubblico, promette di compiere una determinata prestazione a favore di chi: si troverà in una determinata situazione; compirà una determinata azione.
  In tal caso, la promessa è **vincolante per il promittente non appena è resa pubblica**.

II ▶ I QUASI CONTRATTI

1. La gestione di affari altrui.

A) Nozione.

➢ La gestione d'affari altrui (*negotiorum gestio*) ricorre quando un soggetto (il gestore), senza esservi obbligato, assume coscientemente la gestione di un affare di un altro soggetto (l'interessato) che non sia in grado di provvedervi autonomamente (art. 2028 c.c.).

Tale attività gestoria costituisce fonte di obbligazioni rientrando nel novero degli "*altri atti o fatti idonei a produrre obbligazioni in conformità dell'ordinamento giuridico*" di cui all'art. 1173 c.c.

B) Elementi costitutivi della gestione di affari altrui.

Le condizioni in presenza delle quali risulta applicabile la disciplina di cui agli artt. 2028 e ss. sono:

1. ***l'animus aliena negotii gerendi***, ossia la **consapevolezza** di gestire un affare altrui;
2. ***l'absentia domini***: perché possa assumersi la gestione di affari altrui è necessario che l'interessato sia assente o impedito e quindi **impossibilitato** ad intervenire di persona sulla situazione;
3. la **spontaneità** dell'intervento del gestore, ossia l'assenza di un preesistente rapporto giuridico tra le parti interessate;
4. **l'utilità** dell'inizio della gestione: affinché le intromissioni nella sfera giuridica altrui, in assenza di preventiva autorizzazione, siano giustificate è necessario che l'ingerenza del gestore presenti una qualche **utilità** in favore dell'interessato;
5. **l'alienità** dell'affare intrapreso;
6. la **capacità del gestore di contrattare** (art. 2029 c.c.), in difetto della quale il gestore potrà comunque agire con l'azione residuale di arricchimento senza causa.

C) Obblighi derivanti dalla gestione di affari altrui.

In presenza di tali condizioni la gestione di affari altrui produce **effetti obbligatori per entrambe le parti**: gestore e interessato.

D) Rapporti esterni.

I **rapporti esterni** sono disciplinati diversamente a seconda che il gestore abbia agito in nome dell'interessato o in nome proprio:

1. **La gestione rappresentativa.**
   Nel primo caso la gestione è definita rappresentativa e l'atto stipulato dal gestore in nome dell'interessato produce effetti giuridici direttamente nella sfera giuridica di quest'ultimo.
2. **La gestione senza rappresentanza.**
   Nel secondo caso, il gestore si limita ad agire per conto del titolare dell'affare ma assume obblighi e acquista diritti **in nome proprio** nei confronti dei terzi, che non entrano in rapporto con l'interessato (c.d. **gestione senza rappresentanza**).

E) La ratifica.

Affinché l'interessato possa far propri gli effetti dell'atto posto in essere dal gestore, laddove ricorrano tutti gli elementi costitutivi dello schema legale della gestione di affari, **non sorge** la necessità di un atto di **ratifica**.

- Al contrario, la ratifica **si rende necessaria** con riguardo alle ipotesi in cui l'intervento gestorio (fermo restando i presupposti indefettibili della mancanza di un obbligo preesistente e della alienità dell'affare) sia privo di alcuno dei suoi presupposti essenziali, ovvero l'utilità della gestione nei confronti del soggetto gerito e la consapevolezza del gestore di occuparsi di un affare altrui.

In tali circostanze, l'attività del gestore produce gli effetti propri del mandato soltanto se ratificata dall'interessato (art. 2032 c.c.).

2. La ripetizione dell'indebito.

A) Nozione.

Si ha pagamento dell'indebito quando un soggetto (*solvens*) paga un debito **senza che tale pagamento sia dovuto**: in tal caso il *solvens* ha diritto di ripetere ciò che ha pagato da chi ha ricevuto la prestazione (*accipiens*) tramite l'azione di ripetizione dell'indebito (*condictio indebiti*).

Il pagamento non dovuto è fonte di obbligazioni rientrando tra gli altri atti o fatti idonei a produrle in conformità dell'ordinamento giuridico, ai sensi dell'art. 1173 c.c.

B) Le tipologie di indebito.

Il codice prevede diverse tipologie di indebito:

1. **indebito oggettivo** (art. 2033 c.c.): si verifica quando il rapporto che col pagamento si intende soddisfare, non esiste o non è valido. In tal caso chi ha eseguito un pagamento non dovuto ha diritto di ripetere ciò che ha pagato;
2. **indebito soggettivo *ex latere accipientis:*** si verifica quando il *solvens* adempie la prestazione nei confronti di un soggetto diverso dal reale creditore. Tale figura non è essendo prevista in via autonoma nel titolo relativo al pagamento dell'indebito, è equiparata all'indebito oggettivo sul piano della disciplina;
3. **l'indebito soggettivo *ex latere solventis***: (art. 2036 c.c.) si verifica quando, pur esistendo il rapporto obbligatorio, il *solvens* paga il debito altrui ritenendosi debitore in base ad **un errore scusabile**.

C) L'azione di ripetizione dell'indebito.

La *condictio*, anche se è diretta alla restituzione della cosa, è un'**azione personale** e non reale. Ne consegue che l'oggetto del pagamento non può essere recuperato presso terzi, ma solo nei confronti dell'*accipiens*.

1. **Legittimazione.**
   La **legittimazione** all'esercizio dell'azione spetta al soggetto cui sia legalmente riferibile il pagamento.
2. **Prescrizione dell'azione.**
   L'azione si **prescrive** nell'ordinario termine decennale (art. 2946 c.c.).
3. **L'obbligo di restituzione della cosa determinata.**
   L'art. 2037, comma 1, c.c., sancisce l'obbligo (sia per l'indebito soggettivo che per quello oggettivo) di **restituzione della cosa determinata** (somma corrisposta o cosa consegnata indebitamente) da parte di chi l'abbia indebitamente ricevuta al ricorrere delle condizioni ivi sancite.

D) Il pagamento non dovuto in favore dell'incapace.

Se il pagamento non dovuto è eseguito nei confronti di un soggetto legalmente incapace di agire, costui, anche se in mala fede, è tenuto alla restituzione solo **nei limiti di ciò che è stato rivolto a suo vantaggio** (art. 2039 c.c.).

E) Prestazione contraria al buon costume.

La ripetizione dell'indebito **è esclusa** nel caso in cui l'esecuzione della prestazione non dovuta abbia comportato **offesa al buon costume** (art. 2035 c.c.): la nozione di buon costume non si identifica soltanto con le prestazioni contrarie alle regole della morale sessuale o della decenza ma comprende anche quelle contrastanti con i principi e le esigenze etiche costituenti la morale sociale in un determinato ambiente e in un certo momento storico.

F) Rapporti tra ripetizione dell'indebito e ingiustificato arricchimento.
Quanto ai rapporti tra indebito e arricchimento ingiustificato, i due istituti **si differenziano in ordine ai rispettivi presupposti**.

3. L'arricchimento senza giusta causa.

A) Nozione.
Chi si è arricchito, senza giusta causa, a danno di un'altra persona, è tenuto, nei limiti dell'arricchimento, a indennizzare l'impoverito della correlata diminuzione patrimoniale (art. 2041 c.c.).
Il **fondamento dell'istituto** dell'arricchimento senza causa è il medesimo che sta alla base dell'azione di ripetizione dell'indebito in quanto risiede nel più generale principio secondo il quale **ogni spostamento patrimoniale deve avere una sua giustificazione causale**.

B) Elementi costitutivi dell'azione di ingiustificato arricchimento.
Gli **elementi costitutivi** della fattispecie sono descritti dagli artt. 2041 e 2042 c.c. e sono costituiti:

1. dall'**arricchimento** di un soggetto: tale arricchimento si identifica in qualsiasi **vantaggio di natura patrimoniale** che sia concreto ed effettivo, essendo del tutto irrilevanti i vantaggi futuri, meramente ipotetici ed astratti.
   Tale vantaggio può essere rinvenuto anche nell'eventuale risparmio di spesa di cui ha usufruito l'*accipiens* (c.d. **arricchimento negativo**);
2. dall'**impoverimento** di un altro soggetto: tale impoverimento è correlato all'arricchimento e si considera pari alla differenza tra la consistenza del patrimonio dell'impoverito in seguito al fatto che ha determinato l'arricchimento e quella che avrebbe avuto se tale fatto non si fosse verificato, tenendo conto sia dei fattori che incidono in senso negativo sia di quelli che incidono in senso positivo;
3. dalla **necessaria correlazione** tra l'arricchimento dell'uno e l'impoverimento dell'altro;
4. dall'**assenza di una giusta causa**;
5. dall'**assenza di ogni altra azione** con cui l'impoverito possa ottenere tutela delle proprie ragioni.
   L'azione di arricchimento è, pertanto, una **azione sussidiaria**. Si discute se tale sussidiarietà debba essere intesa **in concreto o in astratto**.

C) L'indennizzo.
In presenza di tutti i requisiti che caratterizzano l'azione di arricchimento sorge, a carico dell'arricchito, **l'obbligo di pagare l'indennizzo** al soggetto che si è impoverito.
Il problema che si pone è quello relativo ai **criteri di liquidazione dell'indennizzo**, anche se, a ben vedere, esso va circoscritto all'ipotesi in cui l'obbligazione restitutoria abbia ad oggetto una somma di denaro, in quanto se l'arricchimento ha ad oggetto una **cosa determinata** l'obbligo di restituzione ha ad oggetto la cosa in natura (se la stessa è ancora esistente al tempo della domanda).

- Relativamente all'entità dell'indennizzo, esso deve essere contenuto nei **limiti della locupletazione**, se questa è inferiore all'altrui impoverimento, e nei **limiti dell'impoverimento**, anche se l'arricchimento sia maggiore.
- Dal calcolo dell'indennità è escluso il **lucro cessante**, cioè il guadagno che il soggetto avrebbe conseguito qualora la prestazione eseguita fosse stata sorretta da una valida giustificazione causale (**Cass., S.U., 11 settembre 2008, n. 23385**).

Dizionario di termini tecnici

- **Gestione di affari altrui**
  La gestione d'affari altrui (*negotiorum gestio*) ricorre quando un soggetto (il gestore), senza esservi obbligato, assume coscientemente la gestione di un affare di un altro soggetto (l'interessato) che non sia in grado di provvedervi autonomamente (art. 2028 c.c.).

- **Ripetizione dell'indebito**
  Si ha pagamento dell'indebito quando un soggetto (*solvens*) paga un debito **senza che tale pagamento sia dovuto**: in tal caso il *solvens* ha diritto di ripetere ciò che ha pagato da chi ha ricevuto la prestazione (*accipiens*) tramite l'azione di ripetizione dell'indebito (*condictio indebiti*).
  Il pagamento non dovuto è fonte di obbligazioni rientrando tra gli altri atti o fatti idonei a produrle in conformità dell'ordinamento giuridico, ai sensi dell'art. 1173 c.c.

- **Azione di arricchimento senza causa**
  Chi si è arricchito, senza giusta causa, a danno di un'altra persona, è tenuto, nei limiti dell'arricchimento, a indennizzare l'impoverito della correlata diminuzione patrimoniale (art. 2041 c.c.).

Capitolo 16 | LA RESPONSABILITÀ AQUILIANA

I ▶ CARATTERI E STRUTTURA DELLA RESPONSABILITÀ EXTRACONTRATTUALE

1. La responsabilità aquiliana.

Il codice civile pone la regola cardine della responsabilità aquiliana all'**art. 2043 c.c.**, laddove prevede che "*qualunque fatto doloso o colposo che cagiona ad altri un danno ingiusto obbliga colui che lo ha commesso a risarcire il danno*".

2. Il concetto di danno ingiusto.

Alla luce dell'ultima impostazione esaminata l'ingiustizia non deve essere riferita al fatto, ma al danno: l'area della risarcibilità non è definita da altre norme recanti divieti ma da una **clausola generale** espressa dalla formula ***"danno ingiusto"***, in virtù della quale è risarcibile il danno che presenti le caratteristiche dell'ingiustizia.
Ciò avviene nell'ipotesi in cui il danno si risolva nella lesione di un interesse rilevante per l'ordinamento (danno ***contra ius***), in assenza di una causa di giustificazione (danno ***sine iure***).
Solo la contemporanea presenza di tale **duplice ingiustizia** rende il danno suscettibile di risarcimento.
Il danno ingiusto, quindi, può essere integrato non solo dalla lesione di diritti soggettivi assoluti ma anche dalla **lesione di qualsiasi altra situazione giuridicamente rilevante**.
La giurisprudenza, ad esempio, riconosce l'ingiustizia del danno, con relativa applicazione dell'art. 2043 c.c. anche in caso:

- di lesione di diritti di credito;
- di situazioni di fatto (possesso e detenzione);
- di interessi legittimi (Cass. sent. n. 500/1999).

L'illecito civile è, dunque, **atipico**, in quanto la responsabilità del danneggiante può essere affermata in presenza di qualunque fatto, colposo o doloso, che abbia cagionato un danno ingiusto a terzi: in ciò risiede la differenza con l'**illecito penale**, che è un illecito tipico che si configura soltanto in presenza di un fatto previsto dalla legge come reato.
La **funzione** dell'art. 2043 c.c. quindi, non è tanto quella di stigmatizzare condotte colpevoli (come avviene in caso di illecito penale) ma quella di **riparare il danno ingiusto** subito da un soggetto, **traslando il peso economico** di tale danno in capo al responsabile della condotta illecita.

3. Responsabilità aquiliana e responsabilità contrattuale: tratti comuni e differenziali.

La responsabilità aquiliana e la responsabilità contrattuale costituiscono le due **forme tipiche di responsabilità** configurabili nell'ordinamento civile.

In entrambi i casi viene in rilievo una **condotta dolosa o colposa del soggetto agente** dalla quale deriva:
- un **danno ingiusto**, in caso di responsabilità aquiliana;
- una **lesione dell'assetto predeterminato dalla volontà delle parti**, in caso di responsabilità contrattuale.

Tradizionalmente si ritiene che sia possibile parlare di responsabilità contrattuale solo nell'ipotesi in cui le parti siano legate da un **preesistente vincolo obbligatorio**, con la conseguenza che la responsabilità extracontrattuale è configurabile nella sola ipotesi in cui tale vincolo non sussiste ma vi sia comunque l'esigenza di riconoscere una responsabilità risarcitoria in capo al soggetto che, con la sua condotta, ha cagionato un danno ad un altro.

➢ Tale criterio di distinzione è stato successivamente messo in discussione dalla figura del **contatto sociale qualificato**, in forza della quale è possibile configurare una responsabilità contrattuale anche nell'ipotesi in cui tra le parti non vi sia un preesistente rapporto obbligatorio. In tale ipotesi, infatti, i soggetti venuti in contatto non possono essere considerati "estranei" e il verificarsi di un danno non può ritenersi espressione della lesione del generico dovere del "*neminem laedere*" su cui si fonda la responsabilità aquiliana.

Si ritiene, pertanto, che la semplice inesistenza di un preesistente vincolo obbligatorio non basti ad escludere la configurabilità di una responsabilità contrattuale, potendo la stessa derivare anche **dall'inadempimento degli obblighi specifici** che sorgono per effetto del contatto sociale qualificato.

Pertanto, la responsabilità extracontrattuale è configurabile nella sola ipotesi in cui il danno da risarcire non derivi dall'inadempimento di obblighi specifici (derivanti da un preesistente vincolo obbligatorio o dal contatto sociale qualificato instauratosi tra le parti) ma dalla condotta colposa o dolosa (salve le ipotesi di responsabilità oggettiva) di un soggetto non legato da alcun vincolo giuridico preesistente con il danneggiato.

A) Il concorso tra la responsabilità contrattuale e la responsabilità extracontrattuale.

È altresì possibile che si verifichi un **concorso tra le due responsabilità** nell'ipotesi in cui un medesimo comportamento determini allo stesso tempo sia l'inadempimento dell'obbligazione derivante dal contratto sia la lesione di un diritto fondamentale dell'individuo, quale ad esempio quello alla vita e all'incolumità personale (si pensi all'ipotesi in cui nel corso dell'adempimento di un contratto di trasporto si verifichi un incidente dal quale derivi la lesione all'integrità fisica del trasportato).

In tal caso il danneggiato potrà **scegliere** quale tra le due azioni azionare al fine di ottenere il risarcimento del danno subito.

B) Differenze di disciplina.

La qualificazione di una fattispecie come ipotesi di responsabilità aquiliana o contrattuale non costituisce un mero esercizio di stile, in quanto le **differenze di disciplina** tra le due tipologie di responsabilità sono molteplici:

1. **Capacità del soggetto responsabile.**
   Una prima differenza riguarda la **capacità** richiesta in capo al soggetto per poter configurare una sua responsabilità contrattuale od extracontrattuale: difatti, mentre per quest'ultima è sufficiente che il soggetto sia capace di intendere e di volere (c.d. **capacità naturale**), la responsabilità contrattuale è configurabile esclusivamente quando il soggetto sia **capace di agire** (art. 2 c.c.);
2. **Il riparto dell'onere della prova.**
   Ulteriore differenza può essere rinvenuta in tema di **riparto dell'onere della prova**. Difatti, il danneggiato che intende agire per ottenere il risarcimento del danno ex art. 2043 c.c. ha l'onere di provare tutti gli elementi costitutivi del fatto illecito e quindi di aver subito un danno ingiusto, che tale danno è stato causato dal fatto doloso o colposo di un altro soggetto, e la sussistenza di un nesso di casualità tra tale fatto e il danno subito.
   Il creditore che vuol far valere la responsabilità contrattuale per inadempimento del debitore, invece, ha un onere probatorio molto meno pregnante in quanto deve solo provare il titolo da cui deriva il proprio diritto, potendosi limitare ad una mera allegazione dell'inadempimento: spetta, infatti, al debitore dimostrare che l'inadempimento o il ritardo è stato determinato da causa a lui

non imputabile.

3. **Il termine di prescrizione.**
Altra differenza è costituita dal diverso **termine di prescrizione**, che, nel caso di responsabilità per inadempimento è decennale, mente nel caso di responsabilità aquiliana è fissato in cinque anni;

4. **Prevedibilità del danno.**
Ulteriore profilo differenziale tra le due responsabilità risiede nella previsione di cui **all'art. 2056 c.c.** che richiama, per la valutazione dei danni aquiliani, i soli artt. 1223, 1226 e 1227 c.c., non richiamando invece l'art. 1225 c.c. relativo alla **prevedibilità del danno**.

4. La struttura dell'illecito aquiliano: gli elementi costitutivi dell'illecito.

Ai sensi dell'art. 2043 c.c., perché possa configurarsi la responsabilità aquiliana è necessario che ricorrano i seguenti **elementi costitutivi**:

- l'esistenza di un fatto;
- l'imputabilità del fatto al soggetto agente a titolo di dolo o di colpa;
- l'ingiustizia del danno;
- il nesso di causalità tra il fatto ed il danno;
- l'assenza di cause di giustificazione.

Il profilo relativo all'ingiustizia del danno è stato già esaminato: occorre ora analizzare gli altri elementi costitutivi dell'illecito.

A) Il fatto.

Il **fatto**, nel contesto della responsabilità aquiliana, non deve essere inteso necessariamente come condotta umana, in quanto nell'ambito delle fattispecie di responsabilità oggettiva e di responsabilità per fatto altrui, può essere inteso anche come mera relazione di fatto tra il responsabile civile e una determinata cosa o una determinata persona.
Sotto il **profilo strutturale**, il fatto può avere:

- **carattere commissivo**;
- **carattere omissivo**. Il fatto omissivo può essere considerato illecito solo quando sussista in capo al responsabile un obbligo giuridico di evitarlo (c.d. **posizione di garanzia**), in quanto non esiste nel nostro ordinamento un dovere universale di intervenire in favore altrui.

B) Imputabilità del fatto.

Il fatto deve essere **imputabile** al soggetto responsabile.
L'art. 2046 c.c., al pari dell'art. 85 c.p., subordina il sorgere della responsabilità civile alla **capacità di intendere e di volere** dell'autore al momento del fatto. È necessario, quindi, verificare, in base a tutte le circostanze del caso concreto, se l'agente fosse in grado di autodeterminarsi e di comprendere il significato delle proprie azioni.

➢ ***Actio libera in causa***
Lo stato di incapacità di intendere e di volere non rileva nell'ipotesi in cui il soggetto si **sia posto colposamente in tale stato** (c.d. *actio libera in causa*, di matrice penale, art. 87 c.p.): in questo caso, quindi, il soggetto è chiamato a rispondere civilmente delle proprie azioni anche se non era in grado di intendere e di volere al momento della commissione del fatto, in quanto il giudizio di rimproverabilità del soggetto agente viene fatto risalire ad un suo precedente atto del volere.

C) Elemento soggettivo: il dolo e la colpa.

Il fatto deve essere imputabile all'autore del fatto illecito a titolo **di dolo o di colpa**, che costituiscono l'elemento soggettivo in base al quale viene valutato il comportamento del soggetto agente.
A differenza di quanto avviene nel diritto penale, dove la responsabilità a titolo di dolo rappresenta la regola generale (operando la colpa nei soli casi espressamente previsti dalla legge), nel diritto civile, al

fine di integrare la fattispecie di cui all'art. 2043 c.c., **è sufficiente la colpa**, salvo i casi in cui il fatto sia considerato come illecito solo se commesso con dolo.

1. **Il dolo.**
   Con riferimento al **dolo**, i risultati a cui è pervenuta la dottrina civilistica non si discostano da quelli elaborati in sede penale: il dolo è inteso, difatti, come intenzionalità della condotta e cioè come volontà di determinare l'evento dannoso.
2. **La colpa.**
   Anche la **colpa** deve essere individuata facendo riferimento alle coordinate elaborate in sede penalistica; pertanto, essa è identificabile nel difetto di diligenza, prudenza e perizia richieste, ovvero nell'inosservanza di leggi, regolamenti, ordini e discipline (art. 43 c.p.).

➢ La colpa, quindi, richiede in primo luogo la **violazione di una determinata regola cautelare**, diretta proprio ad evitare il verificarsi di eventi dannosi del tipo di quelli verificatisi.

➢ Ciò non è sufficiente ai fini della configurabilità di una responsabilità colposa del soggetto agente in quanto è altresì richiesto che l'osservanza di tale regola sia effettivamente **esigibile**.
Per valutare tale esigibilità deve farsi riferimento ad un **parametro oggettivo**, costituito da quanto è legittimo attendersi, nelle medesime circostanze in cui si trovava il soggetto agente, dal c.d. *bonus pater familias*, cioè dal soggetto che opera con la diligenza, la prudenza e la perizia normalmente richieste in ragione dell'attività esercitata.
Ovviamente, ai fini del giudizio di colpevolezza si devono anche valutare le particolari circostanze soggettive del soggetto agente, che può presentare conoscenze superiori od inferiori al "tipo medio di consociato".

L'**onere della prova** in ordine alla sussistenza del dolo o della colpa è posto in capo al danneggiato.
Il ruolo della colpevolezza, sotto il profilo del dolo e della colpa del soggetto agente, è stato depotenziato dall'affermazione della funzione riparatoria del sistema della responsabilità civile, e costituisce solo uno dei possibili criteri di imputazione dell'illecito, essendo affiancato da altri criteri fondati sulla responsabilità oggettiva, presunta o per fatto altrui.

D) Il nesso di causalità.

Tra la condotta, attiva od omissiva, del soggetto agente e il verificarsi dell'evento dannoso, deve sussistere un **nesso di causalità** (c.d. **causalità materiale**).
Da questa va distinta la c.d. **causalità giuridica** che indica l'esigenza che vi sia un nesso di causalità tra l'evento e le conseguenze dannose che ne sono derivate.

Il codice civile non dedica alcuna disposizione volta a regolare l'accertamento del nesso di causalità materiale ma si limita a prevedere all'art. 2043 c.c., che il fatto doloso o colposo del soggetto agente deve "cagionare" un danno ingiusto.
Da tale assenza di regole causali la dottrina tradizionale ricava la necessità di applicare, anche in sede civile, il regime degli artt. 40 e 41 c.p.: pertanto, il nesso di causalità materiale tra condotta ed evento si ritiene sussistente nell'ipotesi in cui la condotta costituisce "***condicio sine qua non***" del dell'evento, nel senso che quest'ultimo non si sarebbe verificato in assenza della condotta del soggetto agente.

1. **Il criterio della causalità adeguata**.
   Il criterio della "*condicio sine qua non*" viene temperato dal criterio della c.d. **causalità adeguata**, in forza del quale il rapporto di causalità tra la condotta (pur costituente *condicio sine qua non* dell'evento) e l'evento si interrompe quando quest'ultimo costituisca una conseguenza del tutto atipica ed imprevedibile della condotta.
   Costituisce espressione di tale criterio l'art. 41, comma 2, c.p. che esclude la sussistenza del rapporto di causalità nel caso in cui vi sia stato il concorso di fattori sopravvenuti ed eccezionali che siano stati da soli sufficienti a produrre l'evento.
2. **Accertamento del nesso di causalità.**
   Pur esistendo una sostanziale sovrapponibilità del concetto di nesso di causalità materiale in ambito civile ed in ambito penalistico, sussistono delle differenze da un punto di vista operativo, in sede di **accertamento del nesso** medesimo.

E) L'assenza di cause di giustificazione.

Affinché possa configurarsi la responsabilità civile del soggetto agente è necessario che lo stesso abbia agito **in assenza di cause di giustificazione**.

Il codice civile disciplina espressamente la legittima difesa e lo stato di necessità, omettendo di menzionare le altre esimenti previste dal codice penale, vale a dire il **consenso dell'avente diritto** (art. 50 c.p.), l'**esercizio del diritto e l'adempimento di un dovere** (art. 51 c.p.).

Nonostante il codice civile non menzioni espressamente tali cause di giustificazione, la loro presenza vale senz'altro ad escludere la configurabilità della responsabilità aquiliana del soggetto agente.

1. **<u>La legittima difesa.</u>**

   L'art. 2044 c.c. stabilisce che non è responsabile chi ha cagionato il danno per legittima difesa di sé o di altri.

   Tale disposizione opera un rinvio implicito alle norme (art. 52 c.p.) che in materia penale regolano l'istituto della legittima difesa e che ne forniscono una definizione assai più dettagliata.

   In particolare, l'art. 52 c.p. esclude la punibilità del soggetto che ha commesso il fatto per esservi stato costretto dalla necessità di difendere un diritto proprio od altrui dal pericolo attuale di un'offesa ingiusta, sempre che la difesa sia proporzionata all'offesa.

   Affinché possa configurarsi la legittima difesa, pertanto, è necessario che vi sia stata un'**aggressione alla sfera giuridica del soggetto**, che abbia determinato il pericolo attuale di una offesa ingiusta.

   Il **pericolo**:

   - deve essere **attuale**, in quanto in presenza di un pericolo passato o futuro la reazione del soggetto, che avrebbe potuto richiedere l'intervento dell'autorità statale, integra gli estremi dell'esercizio arbitrario delle proprie ragioni, sanzionato penalmente ai sensi degli artt. 392 e ss. c.p.
   - deve riguardare la possibilità del verificarsi di una offesa ingiusta, ossia contraria ai precetti dell'ordinamento. Il **valore aggredito** deve essere ritenuto **meritevole di protezione** dall'ordinamento, abbia o meno natura patrimoniale.

   A **fronte di tale aggressione**:

   - il soggetto deve aver avuto una **effettiva necessità di difendersi**, nel senso che la reazione posta in essere era l'unica possibile per evitare il verificarsi dell'offesa ingiusta, in quanto non sostituibile con un'altra meno dannosa;
   - è necessario che **l'azione difensiva sia proporzionata all'offesa**; tale proporzione va intesa sia come proporzione tra i mezzi utilizzati e quelli a disposizione sia come proporzione tra l'offesa arrecata e l'offesa minacciata.

2. **<u>Lo stato di necessità</u>**.

   L'art. 2045 c.c. esclude la responsabilità civile del soggetto che abbia compiuto il fatto dannoso in quanto costretto dalla necessità di salvare sé o altri dal pericolo attuale di un danno grave alla persona, quando il pericolo non sia stato da lui volontariamente causato né fosse altrimenti evitabile e sempre che il fatto sia proporzionato al pericolo.

   Il pericolo, quindi, deve essere:

   - **attuale**;
   - **inevitabile**; l'inevitabilità del pericolo comporta l'inesistenza di alternative per il soggetto, che non avrebbe potuto evitare il danno attraverso condotte di minor impatto lesivo;
   - **non volontariamente causato**; il pericolo non deve derivare da condotte dolose o colpose del soggetto agente in quanto deve essere sorto in assenza di qualsiasi forma di partecipazione di quest'ultimo.

   Il pericolo deve avere ad oggetto il possibile verificarsi di un **danno grave alla persona**: l'intervento dannoso, pertanto, si giustifica solo quando sia necessario per sottrarre da un pregiudizio irreparabile la propria o l'altrui persona.

   Anche in tal caso, inoltre, deve sussistere un **rapporto di proporzionalità** tra il danno procurato ed il danno soltanto minacciato.

Diversamente da quanto avviene nella legittima difesa, il danno viene arrecato ad un soggetto terzo, che non ha posto in essere l'azione aggressiva: ciò giustifica la previsione dell'obbligo in capo al danneggiante di pagare una **indennità** in favore del danneggiato, la cui misura è rimessa all'equo apprezzamento del giudice.

Dizionario di termini tecnici

- **Responsabilità aquiliana**
  Il codice civile pone la regola cardine della responsabilità aquiliana all'**art. 2043 c.c.**, laddove prevede che "*qualunque fatto doloso o colposo che cagiona ad altri un danno ingiusto obbliga colui che lo ha commesso a risarcire il danno*".

- **Fatto**
  Il **fatto**, nel contesto della responsabilità aquiliana, non deve essere inteso necessariamente come condotta umana, in quanto nell'ambito delle fattispecie di responsabilità oggettiva e di responsabilità per fatto altrui, può essere inteso anche come mera relazione di fatto tra il responsabile civile e una determinata cosa o una determinata persona.

- **Causalità giuridica**
  La c.d. **causalità giuridica** che indica l'esigenza che vi sia un nesso di causalità tra l'evento e le conseguenze dannose che ne sono derivate.

MAPPA CONCETTUALE

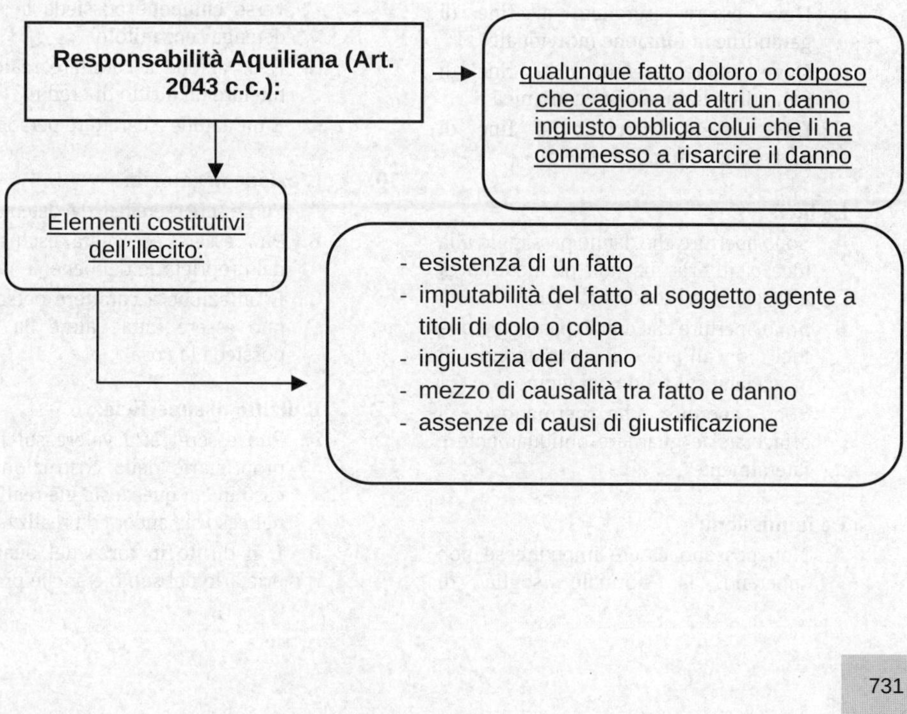

50 QUIZ FACILI

1. **I frutti:**
   A. Sono naturali se provengono direttamente dalla cosa
   B. Quelli naturali maturano giorno dopo giorno
   C. Sono civili quelli separati dalla cosa madre

2. **L'assolutezza:**
   A. È una caratteristica propria del diritto di proprietà e dei diritti reali
   B. È una caratteristica propria esclusivamente del diritto di proprietà
   C. È una caratteristica propria del diritto di credito

3. **Per i diritti reali:**
   A. Vale il principio di atipicità
   B. Vale il principio di atipicità ma con negozio giuridico possono costituirsi altre tipologie di diritti
   C. Vale il principio di tipicità

4. **Ai sensi dell'art. 42 Cost. il diritto di proprietà:**
   A. Deve essere esercitato al fine di garantirne la funzione individuale
   B. Deve essere esercitato al fine di garantirne la funzione economica
   C. Deve essere esercitato al fine di garantirne la funzione sociale

5. **Le luci:**
   A. Sono aperture che danno passaggio alla luce o all'aria ma non permettono di affacciarsi sul fondo del vicino
   B. Sono aperture che danno passaggio alla luce o all'aria e permettono di affacciarsi sul fondo del vicino
   C. Sono aperture che permettono di affacciarsi e guardare obliquamente e lateralmente

6. **Le immissioni:**
   A. Non possono essere impedite se non superano la normale soglia di tollerabilità
   B. Sono sempre vietate
   C. In taluni casi sono ammesse anche al di sopra della normale soglia di tollerabilità

7. **L'occupazione:**
   A. È un modo di acquisto della proprietà a titolo originario
   B. È un modo di acquisto della proprietà a titolo derivativo
   C. È un modo di cessione della proprietà

8. **L'invenzione:**
   A. È il modo di acquisto della proprietà delle cose immobili
   B. È il modo di acquisto della proprietà di cose mobili
   C. È il modo di acquisto della proprietà di cose immobili che sono già di proprietà di qualcuno

9. **L'azione di rivendicazione:**
   A. È un'azione a carattere reale volta a tutelare il diritto di proprietà del titolare verso chiunque possieda la cosa o la detenga senza titolo
   B. È un'azione a carattere reale volta a tutelare un diritto di credito
   C. È un'azione a carattere personale

10. **L'azione negatoria:**
    A. Può essere esercitata dal detentore
    B. Può essere esercitata esclusivamente dal proprietario del bene
    C. È un'azione a carattere personale che può essere fatta valere da chiunque possieda la cosa

11. **Il diritto di superficie:**
    A. Può essere fatto valere sul fondo dal proprietario della costruzione sia nel caso in cui questa sia già realizzata che nel caso sia ancora da realizzare
    B. È il diritto in forza del quale il proprietario del suolo è anche proprietario

del bene su di esso costruito
C. Può essere fatto valere sul fondo solo se la costruzione è già realizzata

12. La servitù:
A. Non può acquistarsi per usucapione
B. Può acquistarsi per usucapione nel caso di possesso continuato per dieci o cinque anni, sempre che si dimostri la buona fede del proprietario del fondo dominante ed un titolo astrattamente idoneo all'acquisto della proprietà
C. Può acquistarsi per usucapione nel caso di possesso continuato per venti o dieci anni, sempre che si dimostri la buona fede del proprietario del fondo dominante ed un titolo astrattamente idoneo all'acquisto della proprietà

13. Il possesso ai sensi dell'art. 1140 c.c.
A. Può essere solo diretto
B. Può essere sia diretto che mediato attraverso la detenzione della cosa da parte di soggetti terzi
C. È diretto ed è tassativamente escluso qualunque forma di possesso mediato

14. La decadenza:
A. Può avere anche fonte legale
B. È una forma di prescrizione breve
C. Non può avere mai fonte convenzionale

15. La pubblicità notizia:
A. Si limita a rendere noti certi fatti o atti a prescindere dalla validità degli stessi
B. Costituisce elemento di pubblicità e validità degli atti
C. Costituisce elemento di validità

16. L'assemblea di condominio:
A. Deve essere convocata dall'amministratore di condominio
B. Si costituisce su richiesta dei singoli condomini
C. È prevista solo nei condomini superiori alle cinquanta unità

17. La comunione:
A. È favorita dal nostro ordinamento
B. È vista con sfavore dal nostro ordinamento
C. È ammessa solo in caso di unità abitative comuni

18. Il possesso acquistato in modo violento o clandestino:
A. Non giova all'usucapione
B. Non ha effetti sull'usucapione
C. Ha effetti solo se decorsi dieci anni

19. Quali beni possono essere oggetto di trascrizione?
A. I beni immobili e mobili registrati
B. Solo i beni immobili
C. I beni mobili e mobili registrati

20. L'obbligazione *propter rem* è tutelata con:
A. un'azione reale
B. azione personale
C. indifferentemente con entrambe

21. La detenzione ha in comune con il possesso l'elemento:
A. dell'*animus possidendi*
B. del *corpus*
C. dell'*animus detinendi*

22. In colui che esercita il potere di fatto sulla cosa si presume sempre:
A. il possesso
B. la detenzione
C. la proprietà

23. Per effetto dell'art. 1158 c.c., l'usucapione di beni immobili e gli altri diritti reali di godimento si acquista:
A. in virtù del possesso continuato per 20 anni
B. in virtù del possesso continuato per 10 anni
C. in virtù del possesso continuato per 5 anni

24. L'usucapione di un'universalità di mobili si acquista:
A. in virtù del possesso continuato per 20 anni

B. in virtù del possesso continuato per 10 anni
C. in virtù del possesso continuato per 5 anni

25. La trascrizione ha efficacia:
A. dichiarativa
B. costitutiva
C. di mera pubblicità notizia

26. La trascrizione può avere efficacia costitutiva?
A. Mai
B. Sempre
C. Solo nel caso dell'usucapione abbreviata

27. Rientra tra le modificazioni soggettive nel lato attivo del rapporto:
A. La delegazione passiva
B. L'espromissione
C. L'accollo
D. La surrogazione

28. Rientra tra le modificazioni soggettive nel lato passivo del rapporto:
A. La cessione del credito
B. La delegazione attiva
C. L'accollo
D. La surrogazione

29. La surrogazione reale è:
A. Una modificazione soggettiva dal lato attivo del rapporto
B. Una modificazione soggettiva dal lato passivo del rapporto
C. Una modificazione oggettiva del rapporto obbligatorio
D. Nessuna delle precedenti risposte

30. Si definiscono fonti di integrazione del contratto:
A. La legge, gli usi, l'equità, la volontà delle parti
B. Gli usi, la legge, la volontà delle parti
C. L'equità, la legge, gli usi, i regolamenti
D. La legge, gli usi, l'equità

31. Si definiscono aleatori:
A. Quei contratti nei quali i contraenti addivengono alla stipulazione prevedendo e accettando soltanto quel limitato margine di rischio dovuto alle fisiologiche oscillazioni di mercato
B. Quei contratti nei quali alcuni aspetti delle prestazioni dovute, oppure la doverosità della prestazione di una o entrambe le parti viene fatta dipendere da eventi incerti o futuri
C. Quei contratti dai quali nascono diritti obbligatori
D. Quei contratti che producono l'effetto di determinare l'immediato trasferimento dei diritti reali o obbligatori

32. Quale tra i seguenti non rientra tra i caratteri della nullità:
A. La nullità è assoluta e può essere fatta valere da chiunque abbia interesse
B. La domanda diretta a far dichiarare la nullità di un atto non è soggetta a prescrizione
C. Il negozio nullo, analogamente a quello annullabile, può essere convalidato
D. Il negozio nullo non può produrre gli effetti tipici per i quali è stato concluso

33. L'annullabilità:
A. È assoluta e può essere fatta valere da chiunque abbia interesse
B. È una forma di invalidità che assoggetta il contratto alla sanzione dell'inefficacia, previa pronuncia giurisprudenziale costitutiva
C. Non può mai essere convalidata
D. Si verifica in presenza di difetti strutturali del contratto

34. Non rientra tra le cause di annullabilità:
A. L'incapacità di intendere e di volere di uno dei contraenti
B. Tra i vizi del consenso, l'errore
C. Tra i vizi del consenso, la violenza
D. La contrarietà del contratto a norma imperativa

35. La risoluzione del contratto per eccessiva onerosità:

A. È un rimedio esperibile anche per i contratti ad esecuzione immediata
B. È un rimedio esperibile anche se la sopravvenuta onerosità rientra nell'alea normale del contratto
C. Richiede che la sopravvenuta onerosità si verifichi per eventi straordinari e imprevedibili
D. Non può in alcun modo essere evitata dalla parte contro la quale è domandata

36. Non rientra tra i contratti traslativi:
A. La compravendita
B. La vendita con patto di riscatto
C. La permuta
D. La locazione

37. Non rientra tra i contratti di godimento
A. L'affitto
B. La vendita con patto di riscatto
C. La locazione
D. Il comodato

38. La compravendita è un contratto consensuale, ovvero:
A. Si perfeziona con il realizzarsi dell'incontro della volontà delle parti senza che occorra la consegna della cosa o il pagamento del prezzo
B. Produce in ogni caso il trasferimento della proprietà, la costituzione o il trasferimento di un diritto reale, ovvero il trasferimento di altro diritto
C. Per effetto del consenso, produce effetti obbligatori
D. Per la sua perfezione è sufficiente l'accordo verbale delle parti

39. Quali sono i requisiti del contratto?
A. La causa, l'oggetto e la sottoscrizione
B. L'accordo delle parti, la causa, l'oggetto e la sottoscrizione
C. L'oggetto, la data, la firma e la forma, quando risulta che è prescritta dalla legge a pena di nullità
D. L'accordo delle parti, la causa, l'oggetto e la forma, quando risulta che è prescritta dalla legge a pena di nullità

40. Ai sensi del codice civile, l'azione di annullamento:
A. Si prescrive in dieci anni
B. Si prescrive in cinque anni
C. Si prescrive in tre anni
D. È imprescrittibile

41. La causa di un contratto è illecita quando:
A. Non soddisfa interessi meritevoli di tutela secondo l'ordinamento giuridico
B. Non è determinata o determinabile
C. È contraria a norme imperative, all'ordine pubblico o al buon costume
D. È contraria alla buona fede

42. Possono essere dati in pegno:
A. I beni mobili, le universalità di mobili, i crediti e altri diritti aventi per oggetto beni mobili.
B. Esclusivamente i beni immobili.
C. Ogni bene detenuto a titolo di proprietà o possesso dal debitore.
D. Esclusivamente somme di denaro.

43. Si parla di novazione oggettiva:
A. Quando le parti sostituiscono all'obbligazione originaria una nuova obbligazione con lo stesso titolo
B. Quando un nuovo debitore è sostituito a quello originario
C. Quando le parti operano una modificazione accessoria di una obbligazione
D. Quando le parti sostituiscono all'obbligazione originaria una nuova obbligazione con oggetto o titolo diverso

44. In base alla previsione di cui all'art. 1427 c.c., cosa s'intende per errore?
A. Un vizio del consenso.
B. Un vizio nel calcolo e/o nell'indicazione dei dati inseriti nel contratto.
C. Un vizio del bene.
D. Un vizio dei presupposti legislativi alla base del negozio giuridico concluso.

45. Il mandato è:
A. Un atto illegittimo.
B. Un diritto reale su cosa altrui

C. Un atto unilaterale
D. Un contratto

46. Che cosa è la condizione del contratto?
A. È l'insieme delle clausole poste in calce al contratto e sottoscritte separatamente per espressa accettazione.
B. È un elemento essenziale del contratto, a pena di nullità.
C. È un avvenimento futuro ed incerto al quale le parti subordinano l'efficacia o la risoluzione del contratto.
D. È un evento futuro e certo a partire dal quale o fino al quale il contratto produrrà effetti.

47. La locazione è:
A. Un atto illegittimo.
B. Un diritto reale su cosa altrui
C. Un atto unilaterale
D. Un contratto

48. Il risarcimento postula:
A. L'ingiustizia del danno
B. Il fatto illecito
C. La colpa
D. Il dolo

49. L'inadempimento può essere:
A. Definitivo o temporaneo
B. Assoluto o relativo
C. Proprio o improprio
D. Tipico o atipico

50. L'azione di risarcimento è un rimedio generale a tutela del:
A. Creditore
B. Debitore
C. Soggetto debole
D. Nessuna delle precedenti risposte è esatta

RISPOSTE

1. A
2. A
3. C
4. C
5. A
6. A
7. A
8. B
9. A
10. B
11. A
12. C
13. B
14. A
15. A
16. A
17. B
18. A
19. A
20. B
21. B
22. A
23. A
24. A
25. A
26. C
27. D
28. C
29. C
30. D
31. B
32. C
33. B
34. D
35. C
36. D
37. B
38. A
39. D
40. B
41. C
42. A
43. D
44. A
45. D
46. C
47. D
48. A
49. A
50. A

50 QUIZ INTERMEDI

1. **Si ha inadempimento dell'obbligazione ogni qual volta la prestazione non è eseguita:**
   A. Nel tempo, nel luogo o secondo le modalità stabilite
   B. Nel tempo stabilito
   C. Nel tempo e nel luogo stabiliti
   D. Secondo le modalità stabilite

2. **Recita "il debitore che non esegue esattamente la prestazione dovuta è tenuto al risarcimento del danno, se non prova che l'inadempimento o il ritardo è stato determinato da impossibilità della prestazione per causa a lui non imputabile" l'articolo:**
   A. 1218 c.c.
   B. 2043 c.c.
   C. 1226 c.c.
   D. 1225 c.c.

3. **Tra gli eventi naturali che possono incidere negativamente sull'esecuzione della prestazione, figura:**
   A. Anche il caso fortuito
   B. Solo la forza maggiore
   C. L'incapacità soggettiva
   D. L'incapacità oggettiva

4. **Dispone che il venditore è tenuto al risarcimento del danno "se non prova di aver ignorato, senza colpa, i vizi della cosa" l'articolo:**
   A. 1429 c.c.
   B. 1218 c.c.
   C. 1219 c.c.
   D. 1227 c.c.

5. **Le regole della correttezza sono sancite dall'articolo:**
   A. 1176 c.c.
   B. 1375 c.c.
   C. 1218 c.c.
   D. 1219 c.c.

6. **Stabilisce che "l'obbligazione si estingue quando, per una causa non imputabile al debitore, la prestazione diventa impossibile" l'articolo:**
   A. 1256 c.c.
   B. 1218 c.c.
   C. 1176 c.c.
   D. 1375 c.c.

7. **Le tesi elaborate in dottrina sulla natura della responsabilità contrattuale possono essere distinte in:**
   A. Oggettive, soggettive e mediane
   B. Oggettive e soggettive
   C. Assolute e relative
   D. Positive e negative

8. **Nell'alveo delle prestazioni di fare, si possono distinguere obbligazioni:**
   A. Di mezzi e di risultati
   B. Proprie e improprie
   C. Soggettive e oggettive
   D. Reali e relative

9. **Il sistema normativo dei rimedi all'inadempimento è delineato dall'articolo:**
   A. 1453 c.c.
   B. 1218 c.c.
   C. 2043 c.c.
   D. 2049 c.c.

10. **L'azione di esatto adempimento è prevista e disciplinata dall'articolo:**
    A. 1453, comma 1, c.c.
    B. 1453, comma 2, c.c.
    C. 1460 c.c.
    D. 2048 c.c.

11. **Stabilisce che "la risoluzione del contratto può essere domandata anche quando il giudizio è stato promosso per ottenere l'adempimento; ma non può più chiedersi l'adempimento quando è stata domandata la risoluzione" l'articolo:**
    A. 1453, comma 2, c.c.
    B. 1460, comma 1, c.c.

C. 1460, comma 2, c.c.
D. 1227 c.c.

12. Dal combinato disposto di quali articoli è possibile desumere gli elementi costitutivi la responsabilità da inadempimento?
A. 1176, 1223 e 1256 c.c.
B. 1176 e 1256 c.c.
C. 1223 e 1256 c.c.
D. 1176, 1218 e 1223 c.c.

13. Le ipotesi di mora ex re sono individuate dall'articolo:
A. 1219 c.c.
B. 1225 c.c.
C. 1226 c.c.
D. 1227 c.c.

14. Quale articolo stabilisce che il debitore in mora non è liberato dalla sopravvenuta impossibilità della prestazione, salvo la prova che l'oggetto della prestazione sarebbe ugualmente perito presso il creditore?
A. 1221 c.c.
B. 1222 c.c.
C. 1176 c.c.
D. 1375 c.c.

15. Deriva dall'inadempimento delle obbligazioni inerenti all'esercizio di un'attività professionale la responsabilità:
A. Professionale
B. Imprenditoriale
C. Scolastica
D. Aziendale

16. La diligenza cui è tenuto il medico nell'adempimento delle obbligazioni inerenti alla propria attività professionale è disciplinata dall'articolo:
A. 1176, comma 2, c.c.
B. 1176, comma 1, c.c.
C. 2392 c.c.
D. 2476 c.c.

17. Secondo la legge 8 marzo 2017, n. 24 (l. Gelli-Bianco), il medico risponde di norma ai sensi dell'articolo:
A. 2043 c.c.
B. 1218 c.c.
C. 2392 c.c.
D. 2476 c.c.

18. Il consenso informato rileva:
A. Quale presupposto di liceità dell'intervento medico
B. Ex art. 50 c.p.
C. Ex art. 1226 c.c.
D. Ex art. 2056 c.c.

19. Per l'attività forense, in relazione alla responsabilità del legale, trovano applicazione le norme di cui all'articolo:
A. 2229 c.c.
B. 2392 c.c.
C. 2394 c.c.
D. 2476 c.c.

20. Con l'espressione responsabilità *ex recepto* si fa riferimento alla responsabilità:
A. Da cose in custodia
B. Medica
C. Professionale
D. Imprenditoriale

21. Laddove un debitore ed un terzo convengono che questi assuma il debito dell'altro, si avrà un caso di:
A. La cessione del credito
B. La delegazione attiva
C. L'espromissione
D. L'accollo

22. I pubblici registri per mezzo dei quali si attua la trascrizione sono impostati:
A. su base reale
B. su base personale
C. su entrambi

23. Quale norma sintetizza il contenuto minimo del risarcimento del danno?
A. Art. 1223 c.c.
B. Art. 1226 c.c.
C. Art. 1227 c.c.
D. Art. 2043 c.c.

24. Il danno emergente designa:
A. Una posta attiva del patrimonio del soggetto
B. Un'aspettativa
C. Un interesse
D. Una chance

25. Il lucro cessante si riferisce alla violazione di:
A. Un diritto non ancora maturato
B. Un bene presente nel patrimonio
C. Un interesse diffuso
D. Una situazione soggettiva tutelabile

26. Introduce le nozioni di "danno emergente" e "lucro cessante" l'articolo:
A. 1223, comma 1, c.c.
B. 1223, comma 2, c.c.
C. 1227 c.c.
D. 1229 c.c.

27. Secondo i fautori della tesi eziologica la chance presenta similitudini con:
A. Il lucro cessante
B. Il danno emergente
C. Il diritto soggettivo
D. L'interesse diffuso

28. Secondo i fautori della tesi ontologica, la chance configura:
A. Un bene giuridico già presente nel patrimonio del soggetto
B. Un'occasione persa
C. Una posta passiva
D. Un interesse non rilevante

29. Il principio della *compensatio lucri cum damno* è disciplinato:
A. Da nessuna norma
B. Dall'art. 1226 c.c.
C. Dall'art. 1227 c.c.
D. Dall'art. 1176 c.c.

30. Impone la condanna al risarcimento del danno nei confronti di quel debitore "che non esegue esattamente la prestazione dovuta, se non prova che l'inadempimento o il ritardo è stato determinato da impossibilità della prestazione derivante da causa a lui non imputabile" l'articolo:
A. 1218 c.c.
B. 1223 c.c.
C. 2043 c.c.
D. 2059 c.c.

31. La c.d. causalità giuridica trova fondamento nell'articolo:
A. 1223 c.c.
B. 1226 c.c.
C. 2043 c.c.
D. 2059 c.c.

32. Ritiene eziologicamente collegato al danno ogni condotta che sia stata condizione necessaria del danno stesso la teoria:
A. Della *condicio sine qua non*
B. Della causalità adeguata
C. Del rischio specifico
D. Della norma violata

33. Secondo quale teoria costituisce causa del danno ogni fatto che sia adeguato a cagionarlo, sul presupposto di una certa regolarità di verificazione di quel danno in presenza di quella data condotta?
A. Teoria della causalità adeguata
B. Teoria della condicio sine qua non
C. Teoria del rischio specifico
D. Teoria della norma violata

34. Secondo quale teoria sussiste un nesso causale tra fatto e danno quando quest'ultimo è la realizzazione di un rischio specifico creato da quel fatto?
A. Teoria del rischio specifico
B. Teoria della causalità adeguata
C. Teoria della condicio sine qua non
D. Teoria della norma violata

35. Quale tesi individua la sussistenza del nesso causale tra un fatto e quelle conseguenze dannose nello scopo protettivo della norma?
A. Teoria della norma violata
B. Teoria della causalità adeguata

C. Teoria della condicio sine qua non
D. Teoria della causalità specifica

36. Quale articolo prevede espressamente che: "se l'inadempimento o il ritardo non dipende da dolo del debitore, il risarcimento è limitato al danno che poteva prevedersi nel tempo in cui è sorta l'obbligazione"?
A. 1225 c.c.
B. 1226 c.c.
C. 1227 c.c.
D. 1218 c.c.

37. In relazione alla responsabilità extracontrattuale, l'art. 2056 c.c., nel disciplinare la valutazione dei danni risarcibili, a quale articolo NON rinvia?
A. 1225 c.c.
B. 1226 c.c.
C. 1227 c.c.
D. 1223 c.c.

38. La responsabilità aquiliana ha una dimensione:
A. Riparatoria
B. Sanzionatoria
C. Recuperatoria
D. Punitiva

39. Il risarcimento postula:
A. L'ingiustizia del danno
B. Il fatto illecito
C. La colpa
D. Il dolo

40. L'art. 2043 c.c. è norma incentrata:
A. Sulla vittima dell'illecito
B. Sull'autore dell'illecito
C. Sul danno
D. Sul risarcimento

41. Ai sensi dell'art. 2043 c.c., perché possa configurarsi la responsabilità aquiliana è necessario che ricorra:
A. Anche il nesso causale
B. Solo la colpa
C. Solo il fatto
D. Solo il danno

42. Quale articolo subordina il sorgere della responsabilità civile alla capacità di intendere e di volere dell'autore al momento del fatto?
A. 2046 c.c.
B. 2043 c.c.
C. 2059 c.c.
D. 2056 c.c.

43. La c.d. *actio libera in causa* è disciplinata dall'articolo:
A. 2046 c.c.
B. 2043 c.c.
C. 2059 c.c.
D. 2056 c.c.

44. Le fattispecie di responsabilità caratterizzate dalla c.d. "responsabilità indiretta" sono quelle disciplinate dagli articoli:
A. 2048-2049 c.c.
B. 2047-2050 c.c.
C. 2248-2249 c.c.
D. 2043-2059 c.c.

45. La responsabilità oggettiva si configura quando si prescinde dalla valutazione dell'elemento:
A. Soggettivo
B. Oggettivo
C. Causale
D. Fattuale

46. Quale articolo stabilisce che "tutte [le persone] sono obbligate in solido al risarcimento del danno"?
A. 2055 c.c.
B. 2049 c.c.
C. 2056 c.c.
D. 2059 c.c.

47. Quale articolo stabilisce che "il danno non patrimoniale deve essere risarcito solo nei casi determinati dalla legge"?
A. 2059 c.c.
B. 2043 c.c.
C. 1218 c.c.
D. 2057 c.c.

48. L'art. 2059 c.c. ammette la risarcibilità del danno non patrimoniale:

A. Nei soli casi indicati dalla legge
B. In presenza di un fatto illecito
C. In caso di lesione dell'interesse legittimo
D. Nelle ipotesi previste dal regolamento attuativo

49. Il pregiudizio che la lesione arrecata ad un interesse essenziale del soggetto provoca sul suo fare areddituale, sulla sua vita di relazione, sulla sua capacità di inserirsi nei contesti sociali esprimendo al meglio la sua personalità è definito:

A. Danno esistenziale
B. Danno morale
C. Danno biologico
D. Danno tanatologico

50. Il danno esistenziale è oggi inquadrato nell'articolo:

A. 2059 c.c.
B. 2043 c.c.
C. 1218 c.c.
D. 2056 c.c.

RISPOSTE

1. A
2. A
3. A
4. A
5. A
6. A
7. A
8. A
9. A
10. A
11. A
12. A
13. A
14. A
15. A
16. A
17. A
18. A
19. A
20. A
21. A
22. A
23. A
24. A
25. A
26. A
27. A
28. A
29. A
30. A
31. A
32. A
33. A
34. A
35. A
36. A
37. A
38. A
39. A
40. A
41. A
42. A
43. A
44. A
45. A
46. A
47. A
48. A
49. A
50. C

50 DIRITTO CIVILE DIFFICILI

1. La regola "possesso vale titolo" di cui all'art. 1153 c.c.:
- A. Non si applica alle universalità di beni mobili
- B. Si applica alle universalità di beni mobili
- C. Si applica solo ad alcune tipologie di universalità di beni mobili

2. La proprietà temporanea:
- A. È ammessa solo se ha ad oggetto i beni mobili
- B. È prevista dall'art. 832 c.c.
- C. Non è ammessa nel nostro ordinamento

3. Le distanze tra costruzioni in fondi finitimi:
- A. Devono essere non inferiori a tre metri ma i regolamenti comunali possono prevedere distanze maggiori
- B. Devono essere non inferiori a tre metri ma i regolamenti non possono prevedere distanze maggiori
- C. Possono essere inferiori a tre metri

4. L'usufrutto può costituirsi a favore di persona giuridica?
- A. No, può costituirsi solo a favore di persona fisica
- B. Sì, ma la sua durata non può eccedere quella della persona fisica
- C. Sì, ma la sua durata non può eccedere i trent'anni

5. L'azione di rivendicazione della proprietà si prescrive?
- A. sì, in cinque anni
- B. no, in quanto legata al diritto di proprietà, come tale imprescrittibile
- C. sì, in vent'anni

6. Le prescrizioni presuntive
- A. Sono vietate dal nostro ordinamento in quanto pregiudicherebbero gravemente un diritto
- B. Sono previste dal nostro ordinamento che al decorrere di un certo periodo di tempo presume l'estinzione dell'obbligazione per intervenuto adempimento da parte del debitore
- C. Sono previste solo con riferimento alle obbligazioni naturali

7. L'art. 2643 c.c.:
- A. Elenca gli atti oggetto di pubblicità notizia
- B. Elenca gli atti in cui la trascrizione ha la funzione di dirimere il conflitto tra più aventi causa di uno stesso bene
- C. Elenca i beni su cui può costituirsi ipoteca

8. Nella comunione ordinaria:
- A. Gli atti di ordinaria amministrazione che riguardano l'uso della cosa comune sono presi a maggioranza semplice dei compartecipi
- B. Gli atti di ordinaria amministrazione che riguardano l'uso della cosa comune sono presi a maggioranza qualificata dei compartecipi
- C. Gli atti di ordinaria amministrazione che riguardano l'uso della cosa comune sono presi a maggioranza assoluta dei compartecipi

9. Se il possessore è in mala fede:
- A. Il bene non può essere acquistato per usucapione
- B. Il bene può essere acquistato per usucapione in seguito al possesso continuato per venti anni
- C. Il bene può essere acquistato per usucapione in seguito al possesso continuato per dieci anni

10. L'azione di denuncia di danno temuto:
- A. Non può essere esercitata dal possessore
- B. Può essere esercitata anche dal possessore e dal titolare di altro diritto di godimento
- C. Può esercitarla solo il proprietario

11. Il possessore, una volta restituito il bene al proprietario:

A. Non è tenuto a restituire i frutti maturati durante il possesso

B. Non è tenuto a restituire i frutti solo se il possesso ha avuto una durata superiore a dieci anni o venti se in mala fede

C. È tenuto a restituire i frutti maturati durante il possesso

12. I contratti che prevedono la restituzione delle cose in natura devono avere ad oggetto beni a carattere:

A. fungibile

B. infungibile

C. generiche

13. I beni immobili che non possiedono un proprietario:

A. possono essere posseduti da chiunque

B. sono posseduti dal soggetto che li occupa

C. diventano di proprietà dello Stato

14. Quando una cosa è destinata in modo duraturo al servizio o all'ornamento di un'altra cosa si parla di:

A. accessorietà

B. pertinenza

C. ornamento

15. Ai fini dell'applicazione dell'art. 844 c.c. l'immissione deve essere:

A. automatica e reciproca

B. reciproca, materiale, attuale

C. materiale, indiretta, attuale

16. Il divieto degli atti emulativi è posto dall'articolo:

A. 844 c.c.

B. 830 c.c.

C. 833 c.c.

17. Se il possessore è in mala fede, l'usucapione di beni mobili si compie:

A. con il decorso di 30 anni

B. con il decorso di 20 anni

C. con il decorso di 10 anni

18. Quale delle seguenti affermazioni, concernenti la pubblicità notizia, è falsa:

A. svolge la funzione di rendere noti certi atti o fatti a terzi

B. la validità e l'efficacia dell'atto prescindono dalla pubblicità

C. la pubblicità è richiesta dalla legge per la stessa esistenza dell'atto

19. Quale delle seguenti affermazioni, concernenti la pubblicità costitutiva, è vera?

A. svolge la funzione di rendere noti certi atti o fatti a terzi

B. è condizione per l'opponibilità dell'atto nei confronti dei terzi

C. la pubblicità è richiesta dalla legge per la stessa esistenza dell'atto

20. Quale delle seguenti affermazioni, concernenti la pubblicità dichiarativa, è vera?

A. svolge la funzione di rendere noti certi atti o fatti a terzi

B. è condizione per l'opponibilità dell'atto nei confronti dei terzi

C. la pubblicità è richiesta dalla legge per la stessa esistenza dell'atto

21. I pubblici registri per mezzo dei quali si attua la trascrizione sono impostati:

D. su base reale

E. su base personale

F. su entrambi

22. In caso di doppia alienazione immobiliare, il primo acquirente può agire nei confronti del venditore:

A. con responsabilità contrattuale

B. con responsabilità extra-contrattuale

C. con entrambe

23. L'art. 2936 c.c. sancisce:

A. l'irrinunciabilità della prescrizione

B. l'inderogabilità della prescrizione

C. la non rilevabilità della prescrizione a istanza di parte

24. Laddove la legge non ammette la ripetizione di quanto è stato spontanea-

mente pagato in esecuzione di un dovere morale e sociale, salvo il caso in cui la prestazione sia stata eseguita da un soggetto incapace si è in presenza di:

A. Un'obbligazione collettiva
B. Un'obbligazione alternativa
C. Un'obbligazione fungibile
D. Un'obbligazione naturale

25. **Quale delle seguenti affermazioni, concernente la cessione del credito, non è corretta?**

A. Il creditore può trasferire a titolo gratuito o oneroso il proprio credito, purché ottenga sempre il consenso del debitore
B. Il creditore può trasferire a titolo gratuito o oneroso il proprio credito, anche senza il consenso del creditore
C. Il creditore può trasferire a titolo gratuito o oneroso il proprio credito, purché il credito non abbia carattere strettamente personale
D. Il creditore può trasferire a titolo gratuito o oneroso il proprio credito, purché il trasferimento non sia vietato dalla legge

26. **Quale delle seguenti affermazioni, concernente la cessione del credito, non è corretta?**

A. Le parti non possono in nessun caso escludere la cedibilità del credito
B. Il creditore può trasferire a titolo gratuito o oneroso il proprio credito, anche senza il consenso del debitore
C. Il creditore può trasferire a titolo gratuito o oneroso il proprio credito, purché il credito non abbia carattere strettamente personale
D. Il creditore può trasferire a titolo gratuito o oneroso il proprio credito, purché il trasferimento non sia vietato dalla legge

27. **Laddove un terzo assuma nei confronti del creditore l'obbligazione del debitore senza delega di quest'ultimo, si avrà un caso di:**

A. La cessione del credito
B. La delegazione attiva
C. L'accollo
D. Espromissione

28. **Laddove un debitore ed un terzo convengono che questi assuma il debito dell'altro, si avrà un caso di:**

A. La cessione del credito
B. La delegazione attiva
C. L'espromissione
D. L'accollo

29. **Non costituisce un elemento dell'istituto della gestione di affari altrui:**

A. L'intenzione di gestire un affare altrui
B. L'impossibilità per l'interessato di intervenire sulla situazione
C. L'utilità dell'inizio della gestione
D. La presenza di un accordo tra il gestore e l'interessato

30. **Si definisce nullità virtuale del contratto:**

A. Quella nullità non espressamente dichiarate tali da una specifica disposizione, benché desumibile dall'interprete dal contrasto tra l'atto di autonomia privata e una norma imperativa
B. Quella nullità che si configura ogni qual volta sia la stessa legge a prevederla
C. Quella nullità che concerne i difetti strutturali del contratto
D. Quella nullità che permette al contratto di produrre i suoi effetti fino a quando non intervenga una sentenza di annullamento

31. **Si definisce nullità strutturale del contratto:**

A. Quella nullità non espressamente dichiarate tali da una specifica disposizione, benché desumibile dall'interprete dal contrasto tra l'atto di autonomia privata e una norma imperativa
B. Quella nullità che si configura ogni qual volta sia la stessa legge a prevederla
C. Quella nullità che concerne i difetti

strutturali del contratto

D. Quella nullità che permette al contratto di produrre i suoi effetti fino a quando non intervenga una sentenza di annullamento

32. Al principio generale di intangibilità dell'autonomia negoziale fa eccezione il rimedio:

A. Della nullità del contratto

B. Dell'annullabilità del contratto

C. Della rescissione del contratto concluso in stato di pericolo

D. Dell'impossibilità della prestazione per causa sopravvenuta imputabile al debitore

33. Il contratto con il quale una parte ha assunto obbligazioni a condizioni inique, per la necessità, nota alla controparte, di salvare sé o altri dal pericolo attuale di un danno grave alla persona:

A. Può essere rescisso

B. Può essere annullato

C. È nullo

D. È valido, salvo il diritto della parte che ha assunto l'obbligazione a condizioni inique di chiedere il risarcimento del danno.

34. Se vi è sproporzione tra le prestazioni di una parte e quella dell'altra, e la sproporzione è dipesa dallo stato di bisogno di una parte, del quale l'altra ha approfittato per trarne vantaggio, la parte danneggiata può chiedere:

A. L'annullamento del contratto

B. La rescissione del contratto

C. La dichiarazione di nullità del contratto

D. Nessuna delle precedenti risposte è corretta, il contratto è valido, salvo il diritto della parte che ha assunto l'obbligazione a condizioni inique di chiedere il risarcimento del danno.

35. La compravendita è un contratto ad effetti reali, ovvero:

A. Si perfeziona con il realizzarsi dell'incontro della volontà delle parti senza che occorra la consegna della cosa o il pagamento del prezzo

B. Produce in ogni caso il trasferimento della proprietà, la costituzione o il trasferimento di un diritto reale, ovvero il trasferimento di altro diritto

C. Per effetto del consenso, produce effetti obbligatori

D. Per effetto del consenso, produce esclusivamente il trasferimento di un diritto reale.

36. L'errore è causa di annullamento del contratto:

A. Quando è determinante

B. Quando non è scusabile

C. Quando è essenziale ed è riconoscibile dall'altro contraente

D. Quando è essenziale, anche se non è riconoscibile

37. In un contratto plurilaterale, l'annullabilità che riguarda il vincolo di una sola delle parti:

A. Non determina l'annullamento dell'intero contratto, salvo che la partecipazione di questa debba, secondo le circostanze, considerarsi essenziale

B. Determina l'annullamento dell'intero contratto

C. Non determina l'annullamento dell'intero contratto, neanche qualora la partecipazione di questa debba, secondo le circostanze, considerarsi essenziale

D. Non determina l'annullamento dell'intero contratto, salvo che l'annullabilità sia dovuta a violenza

38. Ai sensi del codice civile, il contratto concluso dal rappresentante in conflitto di interessi con il rappresentato:

A. È nullo

B. È inefficace

C. È inesistente

D. È annullabile

39. Ai sensi del codice civile quale forma deve rivestire la procura:

A. La stessa forma prescritta per il contratto che il rappresentante deve concludere

B. La forma dell'atto pubblico, in ogni caso

C. La forma che le parti ritengono più opportuna affinché il rappresentante possa giustificare i propri poteri nei confronti dei terzi

D. La forma scritta, in ogni caso

40. La risoluzione del contratto per inadempimento ha effetto retroattivo tra le parti?

A. Sì, salvo il caso di contratti ad esecuzione continuata o periodica, riguardo ai quali l'effetto della risoluzione non si estende alle prestazioni già eseguite.

B. No, in nessun caso è possibile l'effetto retroattivo in quanto la risoluzione opera con efficacia *ex nunc*.

C. Sì, per ogni tipo di contratto senza eccezione alcuna.

D. No, salvo i contratti ad esecuzione continuata o periodica.

41. Ai sensi dell'art. 1449 del codice civile, l'azione di rescissione del contratto:

A. Si prescrive in dieci anni dalla conclusione del contratto

B. Si prescrive in cinque anni dalla conclusione del contratto

C. Si prescrive in un anno dalla conclusione del contratto

D. Si prescrive in dieci mesi dalla conclusione del contratto

42. È ammessa la convalida di un contratto rescindibile?

A. No, il contratto rescindibile non può essere convalidato.

B. Sì, la convalida è ammessa e produce l'estinzione dell'azione di rescissione.

C. Sì, la convalida è ammessa ma non estingue gli effetti della richiesta di risarcimento del danno.

D. No, ad eccezione di tassative ipotesi previste dal legislatore.

43. Ai sensi dell'art. 1599, comma 1, c.c., il contratto di locazione:

A. È opponibile al terzo acquirente, se riveste la forma dell'atto pubblico ed ha data certa anteriore all'alienazione della cosa di minimo due mesi

B. È opponibile al terzo acquirente se riveste la forma dell'atto pubblico, indipendentemente dalla sua data

C. È opponibile al terzo acquirente, se riveste la forma dell'atto pubblico ed ha data certa anteriore all'alienazione della cosa

D. È opponibile al terzo acquirente, se ha data certa anteriore all'alienazione della cosa

44. Ai sensi dell'art. 1200 del codice civile, il creditore che ha ricevuto il pagamento:

A. Deve consentire la liberazione dei beni dalle garanzie reali date per il credito e da ogni altro vincolo che comunque ne limiti la disponibilità, ma solo dopo il decorso di un mese dal pagamento

B. Deve consentire la liberazione dei beni dalle garanzie reali date per il credito e da ogni altro vincolo che comunque ne limiti la disponibilità

C. Deve consentire la liberazione dei beni dalle garanzie reali date per il credito, ma non da ogni altro vincolo che comunque ne limiti la disponibilità

D. Deve consentire la liberazione dei beni dalle garanzie reali date per il credito e da ogni altro vincolo che comunque ne limiti la disponibilità, ma solo dopo il decorso di un anno dal pagamento

45. Ai sensi dell'art. 1178, comma 2, c.c., quando l'obbligazione ha per oggetto la prestazione di cose determinate soltanto nel genere, il debitore deve:

A. Prestare cose di qualità non inferiore alla media

B. Prestare cose della migliore qualità possibile

C. Prestare cose che siano comunque idonee all'uso cui sono destinate

D. Prestare cose di qualità inferiore alla media

46. A norma di quanto previsto nel codice civile, l'appaltatore o il committente

possono chiedere una revisione del prezzo:

A. Ogni volta che sul mercato si verifichi un aumento del prezzo delle materie prime.

B. Quando, per effetto di circostanze imprevedibili, l'aumento o la diminuzione del costo dei materiali o della mano d'opera superi il limite dell'alea normale, fissato nel dieci per cento del prezzo complessivo convenuto.

C. Quando, per effetto di circostanze imprevedibili, l'aumento o la diminuzione del costo dei materiali o della mano d'opera superi il limite dell'alea normale, fissato nel venti per cento del prezzo complessivo convenuto.

D. Quando, in virtù del rinnovo dei CCNL, il costo del lavoro aumenta in misura pari o superiore al sette per cento rispetto al periodo in cui è stato aggiudicato il contratto.

47. Il contratto che ha per oggetto il reciproco trasferimento della proprietà di cose o di altri diritti da un contraente all'altro è noto come:

A. Permuta

B. Riporto

C. Vendita

D. Vendita con patto di riscatto

48. Ai sensi dell'art. 1184 del codice civile, se per l'adempimento dell'obbligazione è fissato un termine:

A. Questo si presume a favore del creditore, qualora non risulti stabilito a favore del debitore o di entrambi

B. Questo si presume a favore di entrambe le parti, qualora non risulti stabilito a favore del debitore o del creditore

C. Questo si presume a favore del debitore, qualora non risulti stabilito a favore del creditore o di entrambi

D. Questo si presume a favore del debitore, ma solo nelle obbligazioni pecuniarie

49. Quale tra le seguenti non è una delle obbligazioni principali del locatore?

A. Consegnare la cosa locata in buono stato di manutenzione

B. Garantire il pacifico godimento della cosa durante la durata della locazione

C. Mantenere la cosa locata in stato tale da servire all'uso convenuto

D. Prendere in consegna la cosa e osservare la diligenza del buon padre di famiglia nel servirsene per l'uso determinato nel contratto o per l'uso che può altrimenti presumersi dalle circostanze

50. Ai sensi del codice civile, il debitore che esegue il pagamento a chi appare legittimato a riceverlo in base a circostanze univoche:

A. È liberato anche se era in mala fede

B. Non è liberato

C. È liberato se prova la mala fede di colui che ha ricevuto il pagamento

D. È liberato se prova di essere stato in buona fede

RISPOSTE

1. A
2. C
3. A
4. C
5. B
6. B
7. B
8. A
9. B
10. B
11. C
12. A
13. C
14. B
15. C
16. C
17. B
18. C
19. C
20. B
21. B
22. A
23. B
24. D
25. A
26. A
27. D
28. D
29. D
30. A
31. C
32. C
33. A
34. B
35. B
36. C
37. A
38. D
39. A
40. A
41. C
42. A
43. D
44. B
45. A
46. B
47. A
48. C
49. D
50. D

PARTE IV
DIRITTO DELL'UNIONE EUROPEA

Capitolo 1 IL PROCESSO DI INTEGRAZIONE EUROPEA

SOMMARIO:

1. La dichiarazione Schuman.

Le origini del modello comunitario risalgono alla dichiarazione del Ministro degli Esteri francese, Robert Schuman (resa pubblica il 9 maggio 1950 a Parigi), che intende promuovere la costruzione di un'Europa organizzata e vitale, quale condizione indispensabile per il mantenimento di relazioni pacifiche fondata sulla creazione di una solidarietà di fatto tra gli Stati, ispirata ad una logica di unione anziché di mera cooperazione.

La dichiarazione viene redatta da Jean Monnet, allora commissario al "piano francese di modernizzazione", che muove dalla constatazione del fallimento dei tentativi di integrazione fondati sul metodo intergovernativo, evidenziandone i punti di debolezza: a) la dipendenza dell'esecutivo dai rappresentanti degli Stati nazionali; b) l'esigenza dell'unanimità dei consensi per l'adozione delle decisioni; c) la contribuzione finanziaria su base nazionale.

Lo strumento per realizzare l'unione a livello europeo viene individuato nella delega di sovranità da parte dei singoli Stati limitatamente a settori specifici, secondo un processo graduale (cd. concezione dell'Europa dei piccoli passi). La prima tappa del processo di unificazione europea viene identificata nella costituzione di basi comuni per lo sviluppo economico: muove dall'unificazione della produzione di carbone ed acciaio da parte della Francia e della Germania, posta sotto un'entità comune (denominata Alta Autorità), nel quadro di un'organizzazione aperta all'adesione di altri paesi europei. La scelta del settore carbo-siderurgico risponde non soltanto a logiche di ordine economico ma anche a motivi di carattere politico: il carbone e l'acciaio rappresentano, infatti, il punto di forza dell'industria francese e tedesca, costituendo il fondamento della potenza di entrambi i paesi.

La dichiarazione Schuman identifica i connotati precipui del nuovo modello di integrazione:

a) la presenza di personalità indipendenti all'interno dell'Alta Autorità;

b) la portata vincolante delle sue decisioni nei confronti degli Stati aderenti e dei soggetti operanti nei territori nazionali.

▶ 1.1. L'istituzione della CECA.

L'iniziativa francese, accolta con entusiasmo dalla Germania, trova attuazione nell'istituzione della CECA (Comunità europea del carbone e dell'acciaio) con la firma del Trattato il 18 aprile 1951 tra sei Stati europei: Francia, Germania, Paesi Bassi, Belgio, Lussemburgo, Italia.

Il trattato entra in vigore il 23 luglio 1952, indicando un termine di durata di 50 anni (nell'anno 2002 è giunto a scadenza, senza alcun rinnovo). Il trattato prevede l'istituzione di un mercato comune del carbone e dell'acciaio, comprendendo:

- la costituzione di una zona di libero scambio tra gli Stati membri, implicante l'abolizione dei dazi doganali interni e la soppressione di qualsiasi limitazione alle importazioni e alle esportazioni di prodotti tra gli Stati membri;
- il divieto di pratiche restrittive della concorrenza. La CECA si qualifica come ente sovranazionale: i poteri di governo affidati all'Alta Autorità non sono riconducibili agli Stati nazionali per effetto dell'intervenuta delega di sovranità nel settore carbo-siderurgico.

Dal punto di vista **istituzionale, la CECA si compone di 4 organi**:

- l'Alta Autorità, quale organo di gestione del settore carbo-siderurgico, deputato alla deliberazione di atti aventi efficacia vincolante sia nei confronti degli Stati membri, sia nei confronti dei singoli operatori del settore. Tale organo ha carattere indipendente (quale elemento connotante il modello comunitario): i suoi componenti, nominati di comune accordo dai governi nazionali, agiscono in modo collegiale nell'interesse generale della Comunità; non possono ricevere direttive da parte degli Stati di provenienza;
- il Consiglio dei Ministri, composto da rappresentanti degli Stati membri, avente competenze strettamente limitate, di natura consultiva. Il suo parere assume valore vincolante in materie determinate (quando è prevista la deliberazione dell'Alta Autorità su parere conforme del Consiglio). L'istituzione di tale organo risponde all'esigenza di accordare agli Stati membri la possibilità di far valere i propri interessi nazionali;
- l'Assemblea comune, che riunisce i rappresentanti dei Parlamenti nazionali, con funzioni consultive;
- la Corte di Giustizia, quale organo di controllo giurisdizionale, deputato alla verifica di legittimità degli atti e dei comportamenti delle istituzioni comunitarie.

La rappresentanza degli Stati membri in seno al Consiglio e all'Assemblea è regolata dal principio di uguaglianza (connaturato al concetto di Comunità alla base del processo di unificazione), ritenuto incompatibile con la previsione del diritto di veto.

2. Il fallimento del progetto di istituzione della CED.

L'importante contributo offerto dal modello di integrazione comunitaria nel settore carbo-siderurgico spinge gli Stati fondatori della CECA ad estendere il metodo comunitario ad un altro settore, di importanza nevralgica per le singole nazioni: la difesa. In tale prospettiva, nel maggio del 1952 viene firmato a Parigi il Trattato istitutivo della CED (Comunità Europea di Difesa): il comando unificato delle forze armate degli Stati membri è affidato ad un organo indipendente (il Commissariato).

Il Trattato non entra in vigore per il rifiuto di ratifica da parte della Francia. Il fallimento del tentativo di estensione del metodo comunitario è legato alla diversa natura del settore interessato: la difesa armata del territorio costituisce, infatti, uno degli attributi essenziali della sovranità nazionale.

▶ 2.1. L'istituzione della CEE e della CEEA (o Euratom).

Il percorso di integrazione europea riprende nel 1955 in occasione della Conferenza di Messina: gli Stati membri della CECA decidono di costituire un apposito comitato di studio, presieduto da Paul-Henri Spaak (Ministro degli esteri del Belgio). Il comitato presenta un progetto di allargamento dell'esperienza comunitaria in due direzioni:

a) la creazione di un mercato comune a livello generale;

b) l'istituzione di un regime speciale per alcuni settori specifici, tra cui l'uso dell'energia nucleare per scopi pacifici.
Tale progetto costituisce la base giuridica di elaborazione dei Trattati di Roma: firmati il 25 marzo 1957 tra i sei Stati membri della CECA, istituiscono la Comunità Economica Europea (CEE) e la Comunità Europea dell'Energia Atomica (CEEA o Euratom), entrando in vigore il 1° gennaio 1958. Il processo di integrazione avviato con il Trattato CEE non interviene su un singolo settore produttivo, bensì involge il mercato in generale. In particolare, "la Comunità ha il compito di promuovere, mediante l'instaurazione di un mercato comune e il graduale ravvicinamento delle politiche economiche degli Stati membri, uno sviluppo armonioso delle attività economiche nell'insieme della Comunità" (art. 2, Trattato CEE).
Gli Stati membri consentono quindi ad una cessione di sovranità dai contorni più ampi, riguardante tutti i settori dell'economia (salvi i settori interessati dai Trattati CECA ed Euratom). Il Trattato CEE non si limita all'istituzione di un'area di libero scambio (come invece previsto nel settore carbo-siderurgico). Mira alla creazione di un'unione sul piano economico, fondata su due elementi:
a) piena libertà di circolazione (di merci, servizi, capitali e lavoratori);
b) perseguimento di politiche comuni.
L'instaurazione dell'unione economica postula, come passaggio intermedio, la creazione di un'unione doganale: quest'ultima implica non solo l'abolizione dei dazi doganali per gli scambi di prodotti tra i Paesi aderenti, includendo altresì l'adozione di una tariffa doganale comune nei confronti dei paesi terzi.
Il trattato CEEA si propone, invece, di creare un ente dotato di poteri di controllo e di indirizzo politico in un settore specifico: l'energia nucleare. In particolare, la costituzione dell'Euratom risponde a tre esigenze:

- consente ai paesi fondatori di affrontare i costi di investimento nell'energia nucleare, altrimenti insostenibili per i singoli Stati;
- intende assicurare a tutti gli Stati membri la possibilità di trarre beneficio dallo sviluppo dell'energia atomica, garantendo la sicurezza di approvvigionamento;
- mira a garantire un livello di sicurezza elevato per la popolazione, assicurando che le materie nucleari destinate a finalità civili non vengano utilizzate per scopi militari. Dal punto di vista istituzionale, le due Comunità (CEE ed Euratom) si compongono di quattro organi, come nell'impianto del Trattato CECA:
  - la Commissione (corrispondente all'Alta Autorità della CECA);
  - il Consiglio;
  - l'Assemblea parlamentare;
  - la Corte di Giustizia.

L'assetto dei rapporti istituzionali è, tuttavia, diverso dal modello delineato nel Trattato CECA.
In particolare, la CEE è chiamata ad esercitare un vero e proprio potere legislativo, finalizzato alla realizzazione degli obiettivi enunciati nel Trattato, vista l'ampiezza del campo di intervento della Comunità, involgente tutti i settori dell'economia. Tale circostanza determina l'esigenza di attribuire i poteri normativi, spettanti alla Comunità, ad un organo idoneo a rappresentare i singoli Stati membri (il Consiglio), affidando invece i compiti esecutivi alla Commissione in qualità di autorità indipendente.
Nell'assetto istituzionale trova conferma l'impostazione fondata sul principio di uguaglianza degli Stati membri: in tale prospettiva, le decisioni del Consiglio sono assunte in via generale secondo il metodo della maggioranza (qualificata).

3. Le caratteristiche del modello comunitario.

L'istituzione delle tre Comunità europee (CECA, CEE, Euratom) segna il passaggio al modello comunitario. Quattro sono le caratteristiche che valgono a differenziarlo dal modello della cooperazione intergovernativa:

- la prevalenza degli organi comunitari è composta da soggetti indipendenti, che agiscono nell'interesse generale della Comunità anziché come rappresentanti degli Stati membri di

provenienza;
- anche le istituzioni composte da rappresentanti degli Stati membri (in particolare, il Consiglio) deliberano generalmente secondo il criterio della maggioranza;
- l'organismo comunitario è legittimato all'adozione di atti vincolanti nei confronti degli Stati membri, in alcuni casi suscettibili di applicazione diretta ed immediata negli ordinamenti nazionali;
- gli atti delle istituzioni comunitarie sono sottoposti ad un sistema di controllo giurisdizionale di legittimità: l'efficacia vincolante degli atti comunitari impone, infatti, l'esigenza di assicurarne il sindacato da parte di un organo inserito nella stessa struttura organizzativa comunitaria.

4. L'unione doganale.

L'**unione doganale** presenta un duplice contenuto, assumendo rilevanza sia nei rapporti interni (tra gli Stati membri) sia nelle relazioni esterne (rapporti con Stati terzi). In particolare, l'unione doganale si sostanzia nel divieto di dazi doganali (all'importazione ed all'esportazione di merci) negli scambi tra gli Stati membri. Il divieto si estende altresì alle tasse di effetto equivalente (artt. 28 e 30 TFUE), intese come qualsiasi diritto di prelievo imposto unilateralmente dallo Stato membro (di importazione o di esportazione), a prescindere dalla sua denominazione e struttura, che colpisce le merci per la sola circostanza inerente al passaggio di frontiera. L'aspetto rilevante, ai fini dell'inclusione nel divieto, è rappresentato dall'effetto della tassa sulle merci, equivalente a quello di un dazio doganale.
In tale ottica, è imposto agli Stati di sopprimere nei rapporti reciproci di scambio qualsiasi barriera doganale. Nei rapporti esterni, l'unione doganale determina la fissazione di una tariffa doganale comune, la cui misura è stabilita dal Consiglio su proposta della Commissione (artt. 28 e 31 TFUE). Tale aspetto è destinato ad integrarsi con la politica commerciale comune quale componente dell'azione esterna dell'Unione (artt. 206 e 207 TFUE).

5. L'atto unico europeo.

▶ 5.1. La presentazione del Libro Bianco di completamento del mercato interno.

Nel giugno del 1985 la Commissione della CEE pubblica un documento (**Libro Bianco di completamento del mercato interno**), contenente un programma di azioni per il conseguimento dell'obiettivo di realizzazione del mercato interno. Tale esigenza nasce dal mancato completamento del mercato comune quale obiettivo previsto nel Trattato istitutivo della CEE. La realizzazione dello scopo ivi contenuto si era, infatti, limitata a quattro aspetti:
- il conseguimento dell'unione doganale, intesa come abolizione dei dazi doganali tra gli Stati membri e fissazione di una tariffa esterna comune;
- l'eliminazione delle restrizioni quantitative alla circolazione delle merci;
- il compimento di una parziale armonizzazione fiscale;
- l'attuazione della libera circolazione dei lavoratori dipendenti.

Residuavano alcune situazioni ostative alla completa realizzazione dell'unione economica. In particolare:
- la libertà di circolazione delle merci risultava limitata dalla persistenza di misure di effetto equivalente alle restrizioni quantitative, rappresentate dalle regolamentazioni di carattere nazionale in ordine agli aspetti tecnici dei prodotti;
- la libertà di circolazione dei servizi era stata realizzata in modo parziale, limitandosi al mero divieto di discriminazione dell'operatore sulla base della nazionalità;
- la libertà di circolazione di merci e servizi risultava ulteriormente limitata dalla persistenza di pratiche anticoncorrenziali imputabili alle autorità pubbliche. In tale contesto, emerge l'esigenza di rilanciare l'obiettivo di unificazione economica. La Commissione nel Libro Bianco del 1985 predispone quindi un programma di azioni (articolato in un percorso destinato

a concludersi al termine dell'anno 1992), finalizzato all'eliminazione delle frontiere tra gli Stati membri considerate di ostacolo alla libera circolazione.

In particolare, **le misure indicate nel Libro Bianco** appaiono necessarie per il conseguimento di tre obiettivi fondamentali:

- l'eliminazione delle frontiere fisiche, mediante l'abolizione dei controlli sulle merci e sulle persone alle frontiere tra gli Stati membri;
- l'eliminazione delle frontiere tecniche, concernenti le regolamentazioni nazionali in merito ai prodotti ed ai servizi, mediante l'armonizzazione a livello legislativo e l'attuazione del principio del mutuo riconoscimento;
- l'eliminazione delle frontiere fiscali, mediante l'armonizzazione o il ravvicinamento delle legislazioni in materia di imposte indirette (IVA, accise).

▶ 5.2. L'adozione dell'Atto unico europeo.

Il programma di azioni delineato dalla Commissione trova recepimento nell'Atto Unico Europeo, diretto alla revisione del Trattato di Roma istitutivo della CEE: firmato nel febbraio 1986, entra in vigore il 1° luglio 1987. Nella prospettiva di recepimento delle misure proposte nel Libro Bianco del 1985, l'Atto unico europeo introduce due previsioni fondamentali:

a) la definizione della nozione di mercato interno (destinata a sostituire la denominazione di mercato comune, viceversa utilizzata nel Trattato di Roma), inteso come "spazio senza frontiere interne, nel quale è assicurata la libertà di circolazione delle merci, delle persone, dei servizi e dei capitali", quale obiettivo da realizzare entro la fine del 1992;

b) l'introduzione di un efficace meccanismo decisionale in seno al Consiglio, chiamato all'adozione delle deliberazioni necessarie per la realizzazione del mercato interno, consistente nella regola della maggioranza qualificata in luogo dell'unanimità, in particolare per quanto concerne i seguenti aspetti:
- la modifica dei dazi della tariffa doganale comune;
- la libera prestazione di servizi e di capitali;
- il ravvicinamento delle legislazioni nazionali.

6. Il Trattato sull'Unione Europea (Trattato di Maastricht).

Il **Trattato sull'Unione europea** (denominato **TUE**) viene firmato a Maastricht il 7 febbraio 1992 dai dodici Stati allora aderenti; entra in vigore il 1° novembre 1993.

▶ 6.1. Nascita dell'UE e struttura a tre pilastri.

Il Trattato di Maastricht sancisce la nascita dell'Unione europea (UE), quale entità articolata in una struttura nuova, fondata su tre pilastri:

1) il primo pilastro, composto dalle tre Comunità: la CEE, che muta la sua denominazione in Comunità europea o CE, perdendo la sua connotazione esclusivamente economica; la CECA; l'Euratom;

2) il secondo pilastro, riferito ai settori della politica estera e della sicurezza (PESC);

3) il terzo pilastro, involgente i settori della giustizia e degli affari interni (CGAI).

I pilastri si differenziano in base al metodo di funzionamento:

- il primo pilastro è governato dal **metodo comunitario**;
- il secondo e il terzo pilastro sono invece regolati da una **logica di cooperazione tra gli Stati secondo il modello intergovernativo** (fondato sull'adozione di azioni comuni), che postula la permanenza delle materie nella competenza esclusiva degli Stati membri. I tre pilastri condividono un quadro istituzionale unico: le istituzioni comunitarie operano nell'ambito di tutti i pilastri; tuttavia, esercitano ruoli differenziati a seconda del pilastro in cui sono chiamate ad operare.

I **tre pilastri** condividono altresì una serie di disposizioni comuni, costituenti il fondamento della

struttura dell'Unione europea.
L'impianto delineato dal Trattato di Maastricht è paragonato, in senso figurato, ad un tempio greco, composto da un frontone sorretto da tre pilastri. Tale architettura corrisponde a una soluzione di compromesso tra i fautori del metodo comunitario e i sostenitori del modello della cooperazione intergovernativa: si sceglie di non includere determinate materie nella sfera di competenza comunitaria ma di affidarle comunque alla cooperazione tra gli Stati fondata su una direzione comune, esterna all'impianto comunitario ma collegata in ragione del coinvolgimento delle istituzioni comunitarie e dell'applicazione di disposizioni comuni.

▶ 6.2. L'unione economica e monetaria.

Il Trattato di Maastricht inserisce l'unione economica e monetaria (UEM), quale rafforzamento dell'obiettivo dell'unione economica, da realizzare mediante l'introduzione di una moneta unica. Il TUE scandisce le tappe del percorso di integrazione monetaria:

- segna l'avvio della seconda fase del processo, successiva alla piena liberalizzazione del movimento dei capitali quale prima tappa del percorso realizzata nel 1993;
- programma una terza fase, diretta al completamento del processo di unione monetaria, da avviare entro il 1° gennaio 1999.

La seconda fase individuata dal TUE si sostanzia nel percorso di convergenza delle politiche economiche degli Stati membri: a tal fine, si impone il rispetto da parte di ciascun Stato di alcuni parametri (criteri di convergenza o parametri di Maastricht), concernenti il tasso di inflazione, la situazione delle finanze pubbliche, il tasso di cambio ed i tassi di interesse, affidandone il controllo ad un organismo (di carattere transitorio) istituito ad hoc, l'Istituto monetario europeo (IME), creato il 1° gennaio 1994.

▶ 6.3. L'estensione dell'ambito di intervento comunitario e l'introduzione del principio di sussidiarietà.

Il TUE prevede l'ampliamento e il rafforzamento degli ambiti di competenza comunitaria: aggiunge nuovi settori (la cooperazione allo sviluppo, la protezione dei consumatori, le reti transeuropee, la sanità pubblica, l'industria, la cultura). Il TUE introduce altresì principi di grande rilievo, in particolare il principio di sussidiarietà, destinato a regolare le modalità di esercizio delle attribuzioni conferite all'Unione in rapporto alle competenze in capo agli Stati membri.
Tale principio opera nei settori che non siano di esclusiva competenza delle Comunità: limita l'intervento dell'Unione ai soli casi in cui gli obiettivi dell'azione da perseguire possano essere realizzati meglio a livello comunitario, invece che a livello nazionale.

▶ 6.4. La cittadinanza dell'Unione.

Il TUE getta le basi per lo sviluppo di un'identità comune anche a livello politico: prevede, infatti, l'attribuzione della cittadinanza dell'Unione ai cittadini degli Stati membri, ad integrazione della cittadinanza nazionale. La cittadinanza europea comporta il riconoscimento di alcuni diritti:

- la libertà di circolazione e di soggiorno nel territorio degli Stati membri (mentre nell'ottica del Trattato istitutivo della CEE la libertà di movimento delle persone era circoscritta alla sfera dei lavoratori dipendenti, attesa l'esigenza di assicurare la libertà di circolazione della forza-lavoro in qualità di fattore produttivo, stante la connotazione esclusivamente economica dell'integrazione comunitaria);
- il diritto di voto e di elettorato passivo alle elezioni del Parlamento europeo e alle elezioni comunali nello Stato membro di residenza, alle stesse condizioni dei cittadini di detto Stato membro;
- il diritto di petizione al Parlamento europeo.

▶ 6.5. L'incidenza sull'assetto istituzionale.

Il TUE interviene anche sull'assetto istituzionale delle Comunità, in particolare:

- al fine di rafforzare i poteri del Parlamento europeo nel dialogo istituzionale con il Consiglio, introduce la procedura di codecisione (se pure destinata ad operare in pochi casi), connotata dall'attribuzione del potere decisionale al Parlamento e al Consiglio, in modo congiunto ed in misura paritaria;
- formalizza l'inserimento della Corte dei Conti nell'ambito delle istituzioni comunitarie.

7. Il Trattato di Lisbona e l'Unione europea.

▶ 7.1. Mandato della Conferenza intergovernativa.

Il percorso di integrazione europea si rimette in moto con la Dichiarazione solenne resa a Berlino nel marzo 2007, in occasione delle celebrazioni per il 50° anniversario della firma del Trattato istitutivo della CEE: si ribadisce che le sorti del futuro dell'Unione europea dipendono "... dalla volontà dei suoi membri di consolidare insieme lo sviluppo interno dell'Unione stessa". In tale prospettiva, nel giugno 2007 il Consiglio europeo affida a una nuova Conferenza intergovernativa il compito di redigere il testo di riforma interna dell'Unione, sulla base di un mandato preciso e dettagliato.

Sul piano formale, si sceglie di abbandonare la tecnica del progetto costituzionale, confermando l'impostazione seguita nelle precedenti esperienze di riforma, quale l'integrazione delle innovazioni nei trattati esistenti, che restano pertanto in vigore.

Il mandato della Conferenza intergovernativa non sancisce, tuttavia, un totale abbandono del piano di riforma elaborato nel 2004. In particolare, si evidenzia l'esigenza di recuperare le innovazioni presentate nel contesto del progetto di costituzione europea, superando al contempo i profili di criticità che avevano condotto al mancato completamento del procedimento di ratifica.

In tale prospettiva, il mandato contiene istruzioni dirette all'eliminazione di qualsivoglia riferimento ad elementi suscettibili di evocare il carattere "superstatuale" dell'Unione. In particolare, il mandato include:

a) l'abbandono del termine "costituzione" e la negazione del carattere costituzionale dei trattati risultanti dalla riforma, quale precisazione sulla natura giuridica dei trattati dell'Unione;
b) il mutamento di denominazione del "ministro degli affari esteri dell'Unione" in "Rappresentante dell'Unione per gli affari esteri e la sicurezza comune";
c) l'abbandono dei termini "legge" e "legge quadro" per identificare gli atti normativi dell'Unione;
d) il mancato riferimento, nei trattati risultanti dalla riforma, ai simboli dell'Unione (bandiera, inno o motto).

In linea di continuità con i lavori della Conferenza del 2004, il mandato alla nuova Conferenza intergovernativa identifica i profili di intervento del progetto di riforma (regolandone altresì i contenuti), in particolare:

a) la delimitazione delle competenze dell'Unione europea e di quelle degli Stati membri;
b) il rafforzamento del ruolo dei Parlamenti nazionali (che include, tra l'altro, la partecipazione ad un meccanismo di controllo del rispetto, da parte dell'Unione, del principio di sussidiarietà nell'ambito della ripartizione di competenze tra l'Unione e gli Stati membri);
c) il carattere specifico della politica estera e di sicurezza comune (rispetto agli altri settori di azione esterna dell'Unione);
d) il trattamento giuridico della Carta dei diritti fondamentali;
e) la valorizzazione del metodo di cooperazione rafforzata.

▶ 7.2. Il Trattato di Lisbona.

Il testo di riforma viene firmato a Lisbona il 13 dicembre 2007. Include modifiche al Trattato sull'Unione Europea (TUE) e modifiche al Trattato istitutivo della Comunità europea (che muta la sua denominazione in Trattato sul funzionamento dell'Unione Europea, TFUE): entrambi rappresentano i "trattati su cui è fondata l'Unione", di pari valore giuridico.

Il Trattato entra in vigore il 1° dicembre 2009 (a seguito della ratifica da parte della Repubblica Ceca, ultimo Stato membro a completare la relativa procedura).

▶7.2.1. Sostituzione dell'Unione alla Comunità europea e abolizione della struttura a tre pilastri.

L'innovazione più rilevante si manifesta già a livello terminologico: in conformità al mandato assegnato alla Conferenza intergovernativa, il termine "Unione" sostituisce quello di "Comunità". Tale circostanza evidenzia la soppressione della Comunità europea come entità distinta in seno all'Unione (quale sistema inaugurato con il Trattato di Maastricht). In particolare, si stabilisce che "l'Unione ... sostituisce e succede alla Comunità europea" (art. 1, par. 3, TUE).

Il Trattato di Lisbona, inoltre, supera l'architettura istituzionale fondata sui tre pilastri distinti in base al metodo di funzionamento (comunitario o intergovernativo). In particolare, oltre a sostituire la Comunità europea con l'Unione:

- trasferisce nell'ambito dell'Unione le materie appartenenti al terzo pilastro (cooperazione giudiziaria in materia penale e cooperazione di polizia), che vengono incluse nel c.d. "spazio di libertà, sicurezza e giustizia";
- conferma l'assoggettamento della PESC (*ex* secondo pilastro) ad un regime speciale.

▶7.2.2. Innovazioni sotto il profilo istituzionale.

Il Trattato di Lisbona conferma le principali riforme proposte nel Trattato di Costituzione europea in riferimento al quadro istituzionale dell'Unione:

a) inserisce il Consiglio europeo a pieno titolo nell'ambito delle istituzioni europee, nonché prevede la creazione di un Presidente stabile dell'organo;

b) modifica la composizione del Parlamento europeo nonché rafforza il ruolo dell'istituzione, generalizzando la procedura legislativa ordinaria (corrispondente alla previgente procedura di codecisione);

c) modifica il sistema di voto a maggioranza qualificata in seno al Consiglio dell'Unione;

d) rafforza il ruolo del Presidente della Commissione, nonché modifica la composizione dell'organo;

e) introduce la carica di Alto Rappresentante dell'Unione per gli affari esteri e la politica di sicurezza.

▶7.2.3. Il rafforzamento del ruolo dei Parlamenti nazionali (art. 12 TUE).

Nell'ottica di rafforzamento del carattere democratico dell'Unione, il Trattato di Lisbona istituzionalizza la partecipazione dei Parlamenti nazionali all'attività dell'Unione; assegna altresì agli stessi compiti di controllo (in particolare, sul rispetto del principio di sussidiarietà) e facoltà di opposizione nell'ambito delle procedure di revisione semplificata dei trattati.

▶7.2.4. Protocolli allegati.

Nell'ambito degli allegati ai trattati risultanti dalla riforma (TUE e TFUE), sono compresi, tra l'altro, il protocollo di modifica al Trattato Euratom e il protocollo sull'adesione dell'Unione alla Convenzione europea di salvaguardia dei diritti dell'uomo.

▶7.2.5. Natura e personalità giuridica dell'Unione.

Le innovazioni contenute nel Trattato di Lisbona non valgono, tuttavia, a mutare la **natura giuridica dell'Unione europea**: l'Unione è un ente unitario, espressamente dotato di personalità giuridica, che non presenta carattere statuale. Tale conclusione è fondata essenzialmente su due ragioni:

- le competenze dell'Unione sono riconosciute e determinate in base al principio di attribuzione (art. 5 TUE), per cui l'Unione agisce esclusivamente nei limiti delle attribuzioni di competenza accordate dagli Stati membri nell'ambito dei trattati;
- i trattati dell'Unione non hanno valore costituzionale, conservando la natura di trattati internazionali, conclusi da Stati sovrani.

Tale conclusione è desumibile da:

a) il regime giuridico delle procedure di revisione dei trattati, richiedenti il consenso unanime di tutti gli Stati membri;

b) la libertà di recesso di ciascuno Stato membro.

L'Unione resta, pertanto, una realtà distinta dallo Stato federale; conserva, tuttavia, una connotazione autonoma ed originale rispetto alle tradizionali organizzazioni internazionali, rappresentata dalla cessione, in favore dell'Unione europea, di settori o porzioni di sovranità nazionale ad opera degli Stati membri. L'Unione si configura quindi come un'organizzazione internazionale di carattere speciale in quanto titolare di una sua sovranità, se pure parziale e limitata in base al principio di attribuzione da parte degli Stati membri.

►7.2.6. La procedura di adesione e il recesso dall'Unione.

►7.2.6.1. Premessa.

Le modifiche ai trattati includono, altresì, i mutamenti sul piano soggettivo, rappresentati dall'aumento o dalla riduzione degli Stati membri. Tali modifiche sono realizzabili, rispettivamente, mediante la procedura di adesione di nuovi Stati membri o l'esercizio della facoltà di recesso dall'Unione.

►7.2.6.2. La procedura di adesione.

La procedura di adesione è disciplinata dall'art. 49 TUE. Sin dalle origini del processo di integrazione europea, i trattati sono stati concepiti come aperti, lasciando la possibilità agli Stati diversi da quelli firmatari di entrare a far parte delle Comunità (oggi Unione) in un momento successivo, all'esito di una procedura appositamente disciplinata. L'adesione all'UE è subordinata al rispetto di tre condizioni (c.d. criteri di Copenaghen, definiti nel corso della riunione del Consiglio europeo tenutasi nella capitale danese nel 1993 con l'intenzione di regolamentare l'allargamento dell'Unione verso i paesi europei dell'area orientale):

- presenza di istituzioni stabili che garantiscano la democrazia, lo stato di diritto, i diritti dell'uomo, il rispetto delle minoranze e la loro tutela (c.d. criterio politico);
- esistenza di un'economia di mercato affidabile, capace di far fronte alle forze del mercato e alla pressione concorrenziale all'interno dell'Unione (c.d. criterio economico);
- accettazione degli obblighi derivanti dall'adesione, in particolare condivisione degli obiettivi, dei valori e principi, nonché delle regole dell'Unione (adesione all'acquis comunitario). La procedura di adesione si articola in due fasi:
- la domanda di ammissione è presentata al Consiglio, che si pronuncia deliberando all'unanimità, previa consultazione della Commissione, e con l'approvazione del Parlamento europeo. I parlamenti nazionali devono essere informati della circostanza relativa alla presentazione di una domanda di ammissione;
- le condizioni per l'ammissione e gli adattamenti da apportare ai trattati in conseguenza dell'adesione del nuovo Stato sono stabilite con un accordo (internazionale) tra gli Stati membri e lo Stato aderente, che deve essere sottoposto a ratifica di tutti gli Stati contraenti. Tale accordo si compone di due atti: il trattato di adesione e l'Atto relativo alle condizioni di adesione e agli adattamenti dei trattati, le cui disposizioni costituiscono parte integrante del trattato di adesione.

►7.2.6.3. Il recesso.

Il Trattato di Lisbona ha introdotto la facoltà di recesso dall'Unione, disciplinata dall'art. 50 TUE: "ogni Stato membro può decidere, conformemente alle proprie norme costituzionali, di recedere dall'Unione".

L'ammissibilità del recesso non è quindi condizionata alla ricorrenza di presupposti determinati dai trattati né è gravata da un obbligo di motivazione: la scelta di recedere è lasciata alla discrezionalità di ciascuno Stato membro. Il recesso si esercita mediante la notifica al Consiglio europeo dell'intenzione dello Stato membro di ritirarsi dall'Unione.

L'efficacia del recesso non è condizionata all'assenso dell'Unione o degli Stati membri. Tale aspetto è desumibile dalla disciplina contenuta nell'art. 50, par. 2 e 3, TUE: dopo aver stabilito che il recesso produce i suoi effetti al momento dell'entrata in vigore dell'accordo concluso tra l'Unione e lo Stato interessato in merito alle modalità del recesso, si aggiunge che i trattati cessano di essere applicabili allo Stato interessato, in mancanza di tale accordo, decorsi due anni dalla notifica dell'intenzione di recedere (salvo proroga del termine da parte del Consiglio europeo, d'intesa con lo Stato interessato). Di conseguenza, l'accordo tra l'Unione e lo Stato membro non è una condizione necessaria per il perfezionamento del recesso o per la produzione dei suoi effetti tipici.

La facoltà di recesso è stata esercitata, per la prima volta nella storia dell'Unione, dal Regno Unito, che ha cessato di essere membro dell'UE dal 1° febbraio 2020 a seguito del completamento delle procedure di ratifica dell'accordo di recesso.

▶ 7.2.6.4. Revocabilità in via unilaterale della dichiarazione di recesso.

L'art. 50 TUE non contiene alcuna previsione esplicita sulla revocabilità dell'intenzione di recedere da parte di uno Stato membro. Sul punto, la Corte di giustizia si è pronunciata con decisione del 10 dicembre 2018, C-621/18, resa su rinvio pregiudiziale della Scozia. Valorizzando il carattere sovrano del diritto di recesso dello Stato membro, la Corte ne ha desunto la revocabilità in via unilaterale della decisione di recedere da parte dello Stato medesimo (senza la necessaria volontà concorrente degli altri Stati membri). La Corte ha poi specificato che la facoltà di revoca può esercitarsi fino all'entrata in vigore dell'accordo di recesso – o, in sua assenza, fino al decorso del previsto termine di due anni o di quello più lungo in caso di proroga – tramite notifica al Consiglio europeo della relativa intenzione in modo univoco e incondizionato, nel rispetto delle regole costituzionali dello Stato membro interessato (al pari di quanto previsto dai par. 1 e 2 dell'art. 50 con riguardo alla decisione di recedere). La Corte ha altresì precisato che l'esercizio della facoltà di revoca determina la chiusura della procedura di recesso.

8. L'adesione della Croazia. Prospettive di allargamento.

Nel dicembre 2011 è stato firmato il trattato di adesione con la Croazia, che è entrata a far parte dell'Unione a partire dal 1° luglio 2013, diventando il ventottesimo Stato membro. Candidati all'adesione sono: il Montenegro, la Serbia, l'ex Repubblica iugoslava di Macedonia, la Turchia (nonostante i dubbi avanzati dal Parlamento europeo con risoluzione – non vincolante – del 24 novembre 2016 e con quella dell'8 febbraio 2018 a fronte delle misure repressive attuate dal governo turco nell'ambito dello stato di emergenza, ritenute non compatibili con i valori democratici su cui si fonda l'Unione) e, infine, l'Albania. Con questi paesi l'UE ha avviato i negoziati di adesione, nel contesto di una prospettiva di allargamento ai paesi dei Balcani occidentali. L'Islanda ha invece ritirato la sua candidatura nel marzo 2015.

Nell'ottica di favorire un progressivo avvicinamento all'UE, è stato riconosciuto lo status di potenziale candidato all'adesione alla Bosnia-Erzegovina e al Kosovo.

9. La dichiarazione di Roma.

In occasione delle celebrazioni del 60° anniversario della firma dei Trattati di Roma (istitutivi della CEE e dell'Euratom), i leader dei 27 Stati membri (con esclusione del Regno Unito) e delle istituzioni dell'UE hanno adottato una dichiarazione congiunta (Dichiarazione di Roma del 25 marzo 2017) per rinnovare l'impegno assunto in merito alla costruzione dell'unità europea.

In particolare, il documento contiene i punti essenziali del programma di sviluppo dell'Unione nel prossimo decennio, con l'impegno ad adoperarsi per realizzare:

- un'Europa sicura, in cui tutti i cittadini possano spostarsi liberamente e le frontiere esterne siano protette, nonché determinata a combattere il terrorismo e la criminalità organizzata;
- un'Europa prospera e sostenibile, che generi crescita e occupazione, in cui un mercato unico forte, connesso e in espansione e una moneta unica stabile creino opportunità di crescita, coesione, competitività, innovazione e scambio, e che si adoperi per il completamento dell'unione economica

e monetaria;
- un'Europa sociale che, sulla base di una crescita sostenibile, favorisca il progresso economico e sociale, e tenga conto della diversità dei sistemi nazionali e del ruolo fondamentale delle parti sociali, nonché lotti contro la disoccupazione, la discriminazione, l'esclusione sociale e la povertà;
- un'Europa più forte sulla scena mondiale, che sviluppi ulteriormente i partenariati esistenti e al tempo stesso ne crei di nuovi.

La Dichiarazione richiama, tra l'altro, il rispetto del principio di sussidiarietà nella collaborazione a livello di Unione e nel rapporto con gli Stati membri; evidenzia altresì la possibilità – in linea con i trattati – di un'azione congiunta "a ritmi e con intensità diversi se necessario ... lasciando la porta aperta a coloro che desiderano associarsi successivamente", evocando l'istituto della cooperazione rafforzata o differenziata (art. 20 TUE) e valorizzandone il carattere aperto, attesa la possibilità per gli altri Stati membri di aderire in via successiva.

10. L'uscita del Regno Unito dall'Unione.

Dal 1° febbraio 2020 l'Unione ha subito un mutamento nella sua composizione soggettiva: la base associativa si è ridotta a 27 Stati membri, a seguito del completamento delle procedure di approvazione dell'accordo di recesso tra l'UE e il Regno Unito.

L'avvio del percorso di uscita dall'Unione risale al giugno 2016, quando ha avuto luogo in Regno Unito un referendum sulla permanenza nell'ambito dell'UE: la consultazione popolare ha dato esito negativo, con quasi il 52% dei voti favorevoli all'uscita (c.d. "Brexit").

Il Regno Unito ha quindi attivato la procedura prevista dai trattati per il recesso (art. 50 TUE), che prende avvio con la notifica al Consiglio europeo dell'intenzione dello Stato di recedere dall'Unione europea e prosegue con i negoziati per la conclusione di un accordo sulle modalità di recesso, che tenga conto del quadro delle future relazioni con l'Unione.

Il Regno Unito ha notificato l'intenzione di recedere dall'Unione europea (e dall'Euratom) il 29 marzo 2017.

Il Consiglio europeo ha definito - con gli orientamenti del 29 aprile 2017 - il quadro per i negoziati dell'Unione con il Regno Unito, con lo scopo di garantire "il recesso ordinato" dello Stato uscente, seguendo un approccio distinto per fasi. In particolare:
- la prima fase dei negoziati è volta a offrire il massimo grado possibile di chiarezza e certezza giuridica - ai cittadini, alle imprese, ai partner internazionali - sugli effetti immediati dell'uscita e a regolare lo svincolamento del Regno Unito dall'UE;
- la seconda fase intende raggiungere una visione globale del quadro delle future relazioni tra le parti (una volta che il Regno Unito sarà diventato uno Stato terzo rispetto all'Unione).

Il Consiglio dell'UE – nella formazione a 27 Stati – ha designato formalmente la Commissione europea come "negoziatore" a nome dell'Unione e individuato – con le direttive del 22 maggio 2017 – le tre questioni "prioritarie" per il confronto nell'ambito della prima fase di negoziato.

Tale fase ha raggiunto nel dicembre 2017 progressi sufficienti sulle aree individuate come prioritarie, riguardanti:
- la tutela dei diritti dei cittadini (britannici in Europa ed europei nel Regno Unito);
- la liquidazione finanziaria (in specie, la determinazione degli impegni finanziari a carico del Regno Unito);
- la questione irlandese, concernente i rapporti tra la Repubblica d'Irlanda (paese membro dell'UE) e l'Irlanda del Nord (territorio britannico), con particolare riguardo al regolamento delle frontiere. Nella riunione del 15 dicembre 2017, il Consiglio europeo ha adottato gli orientamenti per l'avvio della seconda fase dei negoziati, concernenti la definizione di un periodo di transizione (successivo all'uscita, in cui il Regno Unito non farà parte delle istituzioni europee ma continuerà a partecipare, tra l'altro, all'unione doganale e al mercato unico) e il quadro delle future relazioni tra le parti. I negoziati hanno condotto all'approvazione

in data 25 novembre 2018 da parte del Consiglio europeo di un progetto di accordo sul recesso, in cui ha trovato conferma la scelta di fissare un periodo transitorio (dal 30 marzo 2019 al 31 dicembre 2020), rinnovabile di comune accordo per una sola volta.

Nelle conclusioni del vertice del 13 dicembre 2018, il Consiglio europeo ha confermato che l'accordo non è rinegoziabile e, con riguardo alla questione irlandese, ha dato assicurazioni in merito al carattere eventuale e meramente temporaneo della soluzione di "salvaguardia" (backstop) in esso inclusa, rappresentata dalla permanenza dell'Irlanda del Nord all'interno dell'unione doganale: la soluzione prospettata – da intendersi quale polizza d'assicurazione volta a evitare una frontiera fisica sull'isola d'Irlanda e a garantire l'integrità del mercato unico – è destinata ad operare solo nel caso del mancato raggiungimento entro il 31 dicembre 2020 di un accordo su modalità alternative (e per il tempo strettamente necessario alla successiva formazione di un accordo). La Commissione europea ha nondimeno presentato, con la comunicazione del 19 dicembre 2018, un piano di emergenza per l'eventualità di un recesso senza accordo (no deal) alla scadenza del termine di due anni previsto dall'art. 50 TUE (fissata al 29 marzo 2019) – a partire dal quale "i trattati cessano di essere applicabili allo Stato interessato" – con la proposta di misure temporanee riferite ad aree prioritarie in cui l'assenza di accordo potrebbe determinare maggiori disagi per i cittadini e le imprese (ad esempio, nel settore dei servizi finanziari ovvero con riguardo alle disposizioni relative ai diritti di residenza o agli obblighi di visto).
In data 15 gennaio 2019, il progetto di accordo è stato respinto dal Parlamento britannico. In base alla disciplina prevista dall'art. 50 TUE, il Consiglio europeo - d'intesa con lo Stato membro interessato - può decidere (all'unanimità) di prorogare l'indicato termine di due anni.
La Corte di giustizia, peraltro, nel pronunciarsi sul regime posto dall'art. 50 TUE con decisione del 10 dicembre 2018, C-621/18, ha riconosciuto la revocabilità in via unilaterale della notifica dell'intenzione di recedere da parte dello Stato interessato fino all'entrata in vigore dell'accordo di recesso, ovvero entro la scadenza del termine di due anni previsto dal par. 3 dell'art. 50 TUE o del termine superiore in caso di proroga.
Nel corso del 2019 il termine di cui all'art. 50 TUE è stato prorogato più volte (da ultimo, fino al 31 gennaio 2020): i negoziati sono proseguiti e hanno condotto a una revisione dell'accordo di recesso, nella parte relativa alla definizione della questione concernente l'isola d'Irlanda.
Al riguardo è previsto che, decorso il periodo transitorio, l'Irlanda del Nord – inclusa nel mercato interno del Regno Unito – resterà parte del territorio doganale del Regno Unito stesso, pur rimanendo allineata alle regole europee relativamente ad aspetti specificamente individuati. In particolare, si introduce il divieto di qualsiasi restrizione quantitativa all'esportazione e all'importazione di merci tra l'Irlanda del Nord e l'Unione. Si conferma, inoltre, l'esclusione di controlli doganali tra l'Irlanda del Nord e la Repubblica d'Irlanda (paese membro dell'UE) per evitare la costituzione di qualsiasi frontiera interna.

Con decisione 2020/135 del Consiglio UE del 30 gennaio 2020 l'accordo di recesso, già ratificato dal Parlamento britannico, è stato approvato a nome dell'Unione. L'accordo delinea un percorso articolato in più fasi:

- dal 1° febbraio 2020 il Regno Unito cessa di essere membro dell'Unione, diventando uno Stato terzo. In particolare, vengono meno i suoi rappresentanti nelle istituzioni, negli organismi e organi dell'Unione e lo Stato non può partecipare ai processi decisionali dell'Unione;
- è previsto un periodo transitorio (fino al 31 dicembre 2020, prorogabile una sola volta) in cui al Regno Unito continuerà ad applicarsi il diritto dell'Unione (ad esempio, relativamente al mercato unico e alle libertà di circolazione);
- nel corso del periodo transitorio, l'Unione e il Regno Unito dovranno raggiungere un accordo sulle future relazioni. In base alla dichiarazione politica che definisce il quadro delle future relazioni tra l'UE e il Regno Unito (Comunicazione 2020/C 34/01), le parti prevedono di instaurare una relazione commerciale fondata su un accordo di libero scambio.

11. Il procedimento di adesione.

▶ 11.1. Premessa.

Le modifiche ai trattati includono, altresì, i mutamenti sul piano soggettivo, rappresentati dall'aumento o dalla riduzione degli Stati membri. Tali modifiche sono realizzabili, rispettivamente, mediante la procedura di adesione di nuovi Stati membri o l'esercizio della facoltà di recesso dall'Unione.

▶ 11.2. Procedura di adesione.

La procedura di adesione è disciplinata dall'art. 49 TUE. Sin dalle origini del processo di integrazione europea, i trattati sono stati concepiti come aperti, lasciando la possibilità agli Stati diversi da quelli firmatari di entrare a far parte delle Comunità (oggi Unione) in un momento successivo, all'esito di una procedura appositamente disciplinata. L'adesione all'UE è subordinata al rispetto di tre condizioni (c.d. criteri di Copenaghen, definiti nel corso della riunione del Consiglio europeo tenutasi nella capitale danese nel 1993 con l'intenzione di regolamentare l'allargamento dell'Unione verso i paesi europei dell'area orientale):

- presenza di istituzioni stabili che garantiscano la democrazia, lo stato di diritto, i diritti dell'uomo, il rispetto delle minoranze e la loro tutela (c.d. criterio politico);
- esistenza di un'economia di mercato affidabile, capace di far fronte alle forze del mercato e alla pressione concorrenziale all'interno dell'Unione (c.d. criterio economico);
- accettazione degli obblighi derivanti dall'adesione, in particolare condivisione degli obiettivi, dei valori e principi, nonché delle regole dell'Unione (adesione all'acquis comunitario).

La procedura di adesione si articola in due fasi:

- la domanda di ammissione è presentata al Consiglio, che si pronuncia deliberando all'unanimità, previa consultazione della Commissione, e con l'approvazione del Parlamento europeo. I parlamenti nazionali devono essere informati della circostanza relativa alla presentazione di una domanda di ammissione;
- le condizioni per l'ammissione e gli adattamenti da apportare ai trattati in conseguenza dell'adesione del nuovo Stato sono stabilite con un accordo (internazionale) tra gli Stati membri e lo Stato aderente, che deve essere sottoposto a ratifica di tutti gli Stati contraenti.

Tale accordo si compone di due atti: il trattato di adesione e l'Atto relativo alle condizioni di adesione e agli adattamenti dei trattati, le cui disposizioni costituiscono parte integrante del trattato di adesione.

▶ 11.3. Recesso.

Il Trattato di Lisbona ha introdotto la facoltà di recesso dall'Unione, disciplinata dall'art. 50 TUE: "ogni Stato membro può decidere, conformemente alle proprie norme costituzionali, di recedere dall'Unione".
L'ammissibilità del recesso non è quindi condizionata alla ricorrenza di presupposti determinati dai trattati né è gravata da un obbligo di motivazione: la scelta di recedere è lasciata alla discrezionalità di ciascuno Stato membro. Il recesso si esercita mediante la notifica al Consiglio europeo dell'intenzione dello Stato membro di ritirarsi dall'Unione.

L'efficacia del recesso non è condizionata all'assenso dell'Unione o degli Stati membri. Tale aspetto è desumibile dalla disciplina contenuta nell'art. 50, par. 2 e 3, TUE: dopo aver stabilito che il recesso produce i suoi effetti al momento dell'entrata in vigore dell'accordo concluso tra l'Unione e lo Stato interessato in merito alle modalità del recesso, si aggiunge che i trattati cessano di essere applicabili allo Stato interessato, in mancanza di tale accordo, decorsi due anni dalla notifica dell'intenzione di recedere (salvo proroga del termine da parte del Consiglio europeo, d'intesa con lo Stato interessato). Di conseguenza, l'accordo tra l'Unione e lo Stato membro non è una condizione necessaria per il perfezionamento del recesso o per la produzione dei suoi effetti tipici.

La facoltà di recesso è stata esercitata, per la prima volta nella storia dell'Unione, dal Regno Unito, che ha cessato di essere membro dell'UE dal 1° febbraio 2020 a seguito del completamento delle procedure di ratifica dell'accordo di recesso.

Capitolo 2 | IL PARLAMENTO EUROPEO

1. Il Parlamento Europeo.

▶ 1.1. Origine e fonti normative.

L'istituzione, originariamente designata come Assemblea e successivamente come Assemblea parlamentare, assume la denominazione di Parlamento europeo nel 1987, con l'entrata in vigore dell'Atto Unico europeo. L'istituzione è regolata dagli artt. 14, TUE e 223 ss., TFUE:
- l'art. 14 TUE disciplina le funzioni svolte dal Parlamento, la sua composizione, il sistema di designazione dei suoi membri e la durata del mandato;
- gli artt. 223 ss. TFUE specificano le regole di funzionamento dell'istituzione.

▶ 1.2. Composizione e sistema elettivo.

Il Parlamento europeo si compone di "rappresentanti dei cittadini dell'Unione" (art. 14, par. 2, TUE). La composizione del Parlamento europeo rispecchia la legittimazione democratica dell'Unione: "il funzionamento dell'Unione si fonda sulla democrazia rappresentativa. I cittadini sono direttamente rappresentati, a livello dell'Unione, nel Parlamento europeo" (art. 10, par. 1 e par. 2, co. 1, TUE). La formulazione della disposizione introdotta dal Trattato di Lisbona si differenzia dalla previgente disposizione, contenuta nell'art. 189 TCE, secondo cui il Parlamento si componeva di "rappresentanti dei popoli degli Stati membri riuniti nella Comunità".

La nuova formulazione ad opera del Trattato di Lisbona si collega alla previsione contenuta nell'art. 22, par. 2, TFUE, concernente il sistema di elezione dei membri del Parlamento: il riferimento ai rappresentanti dei cittadini dell'Unione è, infatti, coerente al riconoscimento del diritto di elettorato (attivo e passivo) anche ai cittadini di Stati membri diversi dallo Stato in cui si tengono le elezioni per il Parlamento europeo, ove in esso residenti.

L'individuazione dei membri del Parlamento avviene, quindi, tramite il sistema elettivo, che rimanda al voto espresso dai cittadini dell'Unione: "i membri del Parlamento europeo sono eletti a suffragio universale diretto, libero e segreto" (art. 14, par. 3, TUE).

L'introduzione del sistema di elezione a suffragio universale diretto risale alla decisione del Consiglio del 20 settembre 1976, diretta all'attuazione del dettato contenuto nel Trattato istitutivo della CEE (art. 138). In origine, invece, i membri del Parlamento europeo erano designati da ciascun Parlamento nazionale tra i propri componenti. L'elezione dei membri del Parlamento europeo dovrebbe avvenire "secondo una procedura uniforme in tutti gli Stati membri o secondo principi comuni a tutti gli Stati membri": l'art. 223, par. 1, TFUE rimette al Consiglio l'adozione delle "disposizioni necessarie" secondo una procedura legislativa speciale.

La disciplina a livello dell'Unione attualmente in vigore per l'elezione dei membri del Parlamento europeo trova la sua fonte nell'Atto relativo all'elezione dei rappresentanti nell'Assemblea a suffragio universale diretto, allegato alla succitata decisione del Consiglio 20 settembre 1976, n. 76/787/CECA, CEE, Euratom, nel testo come risultante dalle modifiche operate con la decisione del Consiglio 25 giugno 2002 e 23 settembre 2002, n. 2002/772/CE, Euratom e, da ultimo, con la decisione (UE, Euratom) del Consiglio 2018/994 del 13 luglio 2018. In base a tale disciplina, l'Unione:

- si limita a stabilire principi comuni;
- rimette agli Stati membri la "possibilità di applicare le rispettive disposizioni nazionali per gli aspetti non disciplinati dalla presente decisione" (cfr. considerando n. 1, dec. Cons. 2002/772/CE, Euratom). I principi comuni stabiliti a livello dell'Unione concernono i seguenti aspetti:
  a) sistema proporzionale di voto;
  b) attribuzione a ciascun elettore di un solo voto (con l'obbligo per gli Stati membri – espressamente introdotto con la recente modifica del 2018 – di approntare sanzioni per l'ipotesi di "doppio voto" (ossia di un cittadino europeo che voti in più di uno Stato membro);
  c) periodo di svolgimento delle elezioni da parte degli Stati membri e momento di comunicazione ufficiale dei risultati delle votazioni;
  d) regime di incompatibilità della carica di membro del Parlamento europeo, prevedendo in particolare che "la carica di membro del Parlamento europeo è incompatibile con quella di membro del parlamento nazionale".

Per gli aspetti non regolamentati a livello dell'Unione, rimessi alla disciplina degli Stati membri, l'Italia è intervenuta con L. 24 gennaio 1979 n. 18, come successivamente modificata (da ultimo, con L. 22 aprile 2014, n. 65).

▶ 1.3. Modalità di esercizio delle funzioni.

L'Atto relativo all'elezione dei rappresentanti nell'Assemblea a suffragio universale diretto, come modificato, specifica inoltre le modalità di esercizio delle funzioni da parte dei componenti dell'istituzione: "i membri del Parlamento europeo votano individualmente e personalmente. Non possono essere vincolati da istruzioni né ricevere mandato imperativo".

Tale disposizione rispecchia la base democratica dell'istituzione e la natura dell'interesse da essa perseguito: i suoi membri devono, infatti, agire nell'interesse esclusivo dell'Unione; non possono essere vincolati, nel loro operato, alla realizzazione dell'interesse dello Stato membro di provenienza.

▶ 1.4. Numero dei componenti e durata del mandato.

L'art. 14 TUE disciplina altresì il numero dei membri del Parlamento europeo e l'assegnazione dei seggi per ciascuno Stato membro:

- il numero totale dei membri del Parlamento è stabilito in misura massima. In particolare, "il loro numero non può essere superiore a settecentocinquanta, più il presidente" (art. 14, par. 2, TUE);
- viceversa, l'assegnazione dei seggi per ciascuno Stato membro è contenuta entro una soglia minima ed una soglia massima. Al riguardo, "la rappresentanza dei cittadini è garantita in modo degressivamente proporzionale, con una soglia minima di sei membri per Stato membro. A nessuno Stato membro sono assegnati più di novantasei seggi" (art. 14, par. 2, TUE).

La disciplina relativa alla composizione del Parlamento europeo, nel rispetto dei suddetti principi, è rimessa al Consiglio europeo, che delibera all'unanimità, su iniziativa del Parlamento europeo e con l'approvazione di quest'ultimo (art. 14, par. 2, c. 2, TUE).

In conformità alla disciplina contenuta nell'art. 14 TUE, il numero complessivo dei componenti del Parlamento europeo è stato fissato in 751 membri, a partire dalla legislatura 2014-2019 (cfr. decisione del Consiglio europeo 2013/312/UE). Per la legislatura 2019-2024, con decisione del Consiglio europeo 2018/937/UE del 28 giugno 2018 la composizione del Parlamento europeo viene adeguata ai recenti sviluppi demografici registrati negli Stati membri e, in particolare, alla successiva uscita del Regno Unito dall'Unione, scendendo a 705 membri; per l'Italia, il numero dei seggi attribuiti aumenta a 76 (rispetto ai 73 precedentemente assegnati). È nondimeno previsto che, qualora al momento dell'avvio della legislatura il Regno Unito risulti ancora uno Stato membro, continuerà a trovare applicazione l'impianto

originario (di 751 membri) fino alla data in cui il recesso di tale Stato diventerà giuridicamente efficace.
La legislatura in corso è stata avviata il 2 luglio 2019 con 751 componenti. A seguito dell'uscita del Regno Unito con decorrenza dal 1° febbraio 2020, il numero dei componenti è sceso a 705.
La durata del mandato dei membri del Parlamento europeo è fissata in cinque anni (art. 14, par. 3, TUE).

▶ 1.5. Organizzazione interna.

Le regole di organizzazione interna e le condizioni generali per lo svolgimento delle funzioni da parte dei componenti dell'istituzione sono stabilite mediante appositi regolamenti, adottati dal Parlamento europeo secondo una procedura legislativa speciale: la deliberazione del Parlamento europeo è assunta su iniziativa del Parlamento stesso, "previo parere della Commissione e con l'approvazione del Consiglio" (art. 223, par. 2, TFUE).
Il Parlamento europeo lavora in aula, dove possono partecipare tutti i suoi membri, oppure in commissione, che riunisce un numero limitato di membri. Le commissioni sono di due tipi:
1. le commissioni permanenti, ripartite in base alla materia di lavoro;
2. le commissioni speciali e quelle temporanee di inchiesta, che viceversa sono appositamente costituite e si occupano di un argomento specifico. Il Parlamento europeo dispone di due organi:
- il Presidente, che dirige l'insieme dei lavori del Parlamento e lo svolgimento delle sue sedute, nonché rappresenta l'istituzione nelle relazioni internazionali, nelle cerimonie, negli atti amministrativi e giudiziari;
- l'Ufficio di Presidenza, composto dal Presidente del Parlamento e dai vicepresidenti che lo assistono, che svolge compiti di organizzazione e amministrazione interna.

I membri del Parlamento europeo possono riunirsi in gruppi politici: l'aggregazione avviene non in base alla nazionalità bensì alle affinità politiche (cfr. art. 33, co. 1, regolamento interno del Parlamento europeo, 9^ legislatura).

2. Funzioni e poteri.

▶ 2.1. Premessa.

Le funzioni svolte dal Parlamento europeo sono delineate nell'art. 14, par. 1, TUE: "il Parlamento europeo esercita, congiuntamente al Consiglio, la funzione legislativa e la funzione di bilancio. Esercita funzioni di controllo politico e consultive alle condizioni stabilite di trattati. Elegge il presidente della Commissione". Il Parlamento europeo esercita, quindi, tre funzioni essenziali:

a) funzione legislativa;
b) funzione di bilancio;
c) funzioni di controllo politico.

▶ 2.2. Funzione legislativa.

La funzione legislativa esercitata dal Parlamento europeo si traduce nella partecipazione alla procedura di formazione e adozione di atti di carattere legislativo (regolamenti, direttive e decisioni). La funzione legislativa risulta condivisa con il Consiglio. L'esercizio congiunto può seguire due diversi schemi.
La procedura legislativa ordinaria, descritta nell'art. 294 TFUE, è prevista nella maggior parte dei settori di intervento dell'Unione. Consiste nell' "adozione congiunta di un regolamento, di una direttiva o di una decisione da parte del Parlamento europeo e del Consiglio" (art. 289, par. 1, TFUE). Entrambe le istituzioni partecipano, in pari misura, al procedimento di adozione dell'atto, assumendo il ruolo di co-legislatori. L'allargamento dell'ambito operativo di siffatta procedura ad opera del Trattato di Lisbona risponde all'esigenza di consolidare il ruolo del Parlamento nel procedimento di assunzione di atti legislativi, superando il deficit democratico che connotava in origine l'entità comunitaria, quando l'esercizio della funzione legislativa era in sostanza accentrato in capo al Consiglio, quale organo privo di legittimazione democratica in quanto composto da rappresentanti dei governi nazionali.

La procedura legislativa speciale, viceversa, è connotata dalla distribuzione in misura non paritaria dei poteri tra Parlamento e Consiglio nel procedimento di formazione dell'atto legislativo. L'adozione dell'atto legislativo avviene, infatti, "da parte del Parlamento europeo con la partecipazione del Consiglio o da parte di quest'ultimo con la partecipazione del Parlamento europeo" (art. 289, par. 1, TFUE). Il suo ambito applicativo è, tuttavia, circoscritto ai "casi specifici previsti dai trattati".

▶ 2.3. Funzione di bilancio.

La funzione di bilancio è parimenti condivisa con il Consiglio: consiste nella piena partecipazione al procedimento di formazione ed approvazione del bilancio dell'Unione. In particolare, il Parlamento è titolare di un potere deliberativo: "il Parlamento europeo e il Consiglio, deliberando secondo una procedura legislativa speciale, stabiliscono il bilancio annuale dell'Unione ..." (art. 314 TFUE).
Anche tale ambito è segnato da un'evoluzione dei poteri riconosciuti al Parlamento europeo: in origine, infatti, il potere deliberativo in materia di bilancio spettava esclusivamente al Consiglio, mentre il Parlamento europeo aveva compiti di mero controllo.

▶ 2.4. Funzioni di controllo politico.

Le funzioni di controllo politico consistono nel controllo sull'operato delle istituzioni (in particolare, della Commissione) o degli organi dell'Unione e, in misura minore, sui comportamenti degli Stati membri o di privati. Nell'ambito delle funzioni di controllo politico è altresì riconducibile il potere, spettante al Parlamento europeo, di nominare il Presidente della Commissione.
L'esercizio delle funzioni di controllo politico è assicurato mediante l'assunzione di informazioni, che può avvenire mediante:

- canali istituzionali, coinvolgenti altre istituzioni o organi dell'Unione;
- canali di tipo individuale, attivati dai cittadini dell'Unione e dalle persone fisiche (o giuridiche) residenti (o aventi la sede sociale) nel territorio dell'Unione.

In particolare, i canali di tipo istituzionale includono:

a) la relazione generale annuale presentata dalla Commissione, esaminata dal Parlamento ai sensi dell'art. 233 TFUE;
b) le relazioni della Commissione su specifici settori (in materia di cittadinanza dell'Unione – art. 25 TFUE – o nel settore di coesione economica e sociale – art. 175 TFUE);
c) la relazione di ciascuna riunione del Consiglio europeo, presentata dal suo Presidente;
d) il dovere di informazione e consultazione imposto all'Alto Rappresentante dell'Unione per gli affari esteri e la politica di sicurezza, che "consulta regolarmente il Parlamento europeo sui principali aspetti e sulle scelte fondamentali della politica estera e di sicurezza comune e della politica di sicurezza e di difesa comune e lo informa regolarmente", e si adopera "affinché le opinioni del Parlamento europeo siano debitamente prese in considerazione" (art. 36 TUE);
e) l'assunzione di informazioni mediante gli strumenti dell'audizione e dell'interrogazione, che possono essere rivolti alla Commissione, al Consiglio e al Consiglio europeo (art. 230 TFUE).

Viceversa, i canali attivati su iniziativa individuale comprendono:

a) le petizioni al Parlamento europeo "su una materia che rientra nel campo dell'Unione", quando tale materia "concerne direttamente" l'autore della petizione, che può identificarsi con "qualsiasi cittadino dell'Unione, nonché ogni persona fisica o giuridica che risieda o abbia la sede sociale in uno Stato membro (art. 227 TFUE). In particolare, la petizione può assumere la forma di richiesta, reclamo, osservazione in merito ad una materia assegnata alla competenza dell'Unione o invito a pronunciarsi su una determinata questione;
b) le denunce di "infrazione o di cattiva amministrazione nell'applicazione del diritto dell'Unione", che possono riguardare anche comportamenti di Stati membri o di privati. Il Parlamento europeo può decidere di istituire una commissione temporanea di inchiesta incaricata dell'esame delle denunce presentate, salvo "quando i fatti di cui trattasi siano pendenti dinanzi ad una giurisdizione e fino all'espletamento della procedura giudiziaria" (art. 226 TFUE);

c) le denunce al Mediatore europeo, presentate da "qualsiasi cittadino dell'Unione, nonché ogni persona fisica o giuridica che risieda o abbia la sede sociale in uno Stato membro" e "riguardanti casi di cattiva amministrazione nell'azione delle istituzioni, degli organi o degli organismi dell'Unione, salvo la Corte di giustizia nell'esercizio delle sue funzioni giurisdizionali". Il Mediatore istruisce tali denunce e presenta una relazione al Parlamento europeo (art. 226 TFUE).

Le funzioni di controllo politico riguardano, in particolare, l'operato della Commissione: solo nei suoi confronti, infatti, il Parlamento europeo è dotato di poteri sanzionatori, esercitabili mediante lo strumento della mozione di censura, la cui approvazione determina le dimissioni di tutti i membri della Commissione dalle relative funzioni (art. 234 TFUE).

La procedura di approvazione della mozione di censura da parte del Parlamento europeo è di particolare complessità, considerata la gravità delle conseguenze da essa derivanti:

- il Parlamento non può pronunciarsi sulla mozione prima che siano trascorsi almeno tre giorni dal suo deposito;
- il Parlamento deve pronunciarsi a scrutinio pubblico;
- la mozione deve essere approvata "a maggioranza di due terzi dei voti espressi e a maggioranza dei membri che compongono il Parlamento europeo". Diversamente, il controllo del Parlamento europeo sull'attività del Consiglio assume valore solo morale: non è, infatti, assistito da alcun potere sanzionatorio. Tale circostanza è coerente alla posizione rivestita nei rapporti reciproci: le due istituzioni, infatti, non sono legate da una relazione di dipendenza bensì si pongono a un livello paritario, condividendo una serie di funzioni. L'assenza di un meccanismo di controllo non impedisce al Parlamento di contestare in altro modo le violazioni poste in essere dal Consiglio, facendo ricorso al sistema di tutela giurisdizionale, in particolare al rimedio di annullamento di cui all'art. 263 TFUE.

Il Parlamento europeo può contestare due tipi di violazioni, ove concretizzatesi nell'adozione di un atto giuridico:

- il mancato rispetto delle prerogative parlamentari, integrante un vizio di incompetenza dell'atto o di violazione del principio dell'equilibrio istituzionale;
- l'inosservanza dei principi e delle regole contenute nei trattati, anche quando la violazione non riguardi direttamente le prerogative parlamentari.

▶ 2.5. Partecipazione alla procedura di conclusione di accordi internazionali.

Il Parlamento europeo, inoltre, partecipa alla procedura per la conclusione di accordi internazionali, tranne quando l'accordo riguardi esclusivamente la politica estera e di sicurezza comune (art. 218 TFUE). Il Parlamento europeo deve, infatti, essere preventivamente consultato dal Consiglio (che svolge un ruolo centrale in tale ambito), salve le ipotesi espressamente previste dal par. 6, lettera a), del succitato art. 218, in cui la conclusione dell'accordo internazionale richiede necessariamente l'approvazione del Parlamento europeo.

Capitolo 3 | IL CONSIGLIO EUROPEO

SEZIONE I ▶ LO STATO

SOMMARIO:

1. Il Consiglio Europeo.

▶ 1.1. Origine.

Tale istituzione trova la sua origine nella prassi di convocare riunioni tra le massime cariche politiche degli Stati membri, istituzionalizzata nel vertice tenuto a Parigi nel dicembre 1974: i Capi di Stato e i Capi di Governo decidono di riunirsi, accompagnati dai ministri degli esteri, almeno tre volte l'anno, con l'obiettivo di definire gli orientamenti politici generali in ordine allo sviluppo del processo di integrazione a livello europeo.

La sua creazione è, successivamente, recepita nell'ambito dei trattati: a partire dall'Atto Unico europeo vengono inserite apposite norme che ne descrivono sinteticamente la composizione e le funzioni (art. 2 AUE; art. 4 TUE). Il Trattato di Lisbona porta a compimento il processo di evoluzione dell'organo:

- lo include formalmente nell'ambito delle istituzioni dell'Unione;
- ne modifica la composizione;
- incide anche sulle sue modalità di funzionamento.

▶ 1.2. Composizione.

Il Consiglio europeo si compone dei capi di Stato e di governo degli Stati membri. A tali componenti si aggiungono: il Presidente, eletto tra i suoi membri; il Presidente della Commissione (art. 15, par. 2, TFUE). È altresì prevista la partecipazione ai lavori dell'Alto rappresentante dell'Unione per gli affari esteri e la politica di sicurezza: quest'ultimo non è un membro in senso proprio del Consiglio europeo, limitandosi a fornire assistenza nello svolgimento dell'attività dell'istituzione. Il Trattato di Lisbona non conferma la partecipazione a livello ordinario dei ministri degli esteri dei singoli Stati membri (viceversa prevista dal previgente art. 4 TUE). Nel sistema attuale, ogni componente può decidere di farsi assistere da un ministro (non necessariamente dal ministro degli esteri) "se l'ordine del giorno lo richiede" (art. 15, par. 3, TUE). Il Consiglio europeo si riunisce due volte a semestre, salva la possibilità di convocazione straordinaria "se la situazione lo richiede" (art. 15, par. 3, TUE). Le riunioni sono convocate dal Presidente dell'istituzione.

2. Funzioni.

Il Consiglio europeo svolge, in origine, una funzione di mero indirizzo politico dell'Unione. Per effetto delle innovazioni introdotte dal Trattato di Lisbona, assume ulteriori competenze (inclusi compiti di carattere decisionale).

2.1. Funzione di indirizzo politico.

Il Consiglio europeo svolge una funzione di indirizzo politico dell'intera Unione: in particolare, "... dà all'Unione gli impulsi necessari al suo sviluppo e ne definisce gli orientamenti e le priorità politiche generali". Tale funzione è estesa anche all'azione esterna dell'Unione, nel cui ambito "il Consiglio europeo individua gli interessi e gli obiettivi strategici dell'Unione sulla base dei principi e degli obiettivi enunciati all'art. 21" (art. 22 TUE).
Il Consiglio europeo si configura, pertanto, come organo supremo di indirizzo politico dell'Unione. L'esercizio della funzione di indirizzo non può, tuttavia, tradursi nell'adozione di atti di carattere legislativo (art. 15, par. 1, TUE).
Gli atti assunti nello svolgimento della sua funzione di indirizzo presentano carattere meramente politico: di conseguenza, non si configurano come atti idonei alla produzione di effetti giuridici nei confronti di terzi e, pertanto, non sono suscettibili di impugnazione innanzi alla Corte di giustizia ex art. 263 TFUE.

2.2. Funzioni attribuite dal Trattato di Lisbona.

Il Consiglio europeo perde la sua originaria connotazione di organo di mero indirizzo politico, per effetto delle innovazioni introdotte dal Trattato di Lisbona. In particolare, viene ad assumere le seguenti competenze:

- svolge un ruolo determinante o addirittura esclusivo nella nomina di organi monocratici, quali il Presidente della Commissione, l'Alto rappresentante e il Presidente dello stesso Consiglio europeo;
- è, in alcuni casi, dotato di poteri decisionali finalizzati all'integrazione o attuazione di determinate disposizioni dei trattati (in tal senso, è chiamato a determinare, con apposite decisioni, la composizione del Parlamento europeo ex art. 14, par. 2, TUE, il sistema di rotazione della presidenza del Consiglio di cui all'art. 16, par. 9, TUE, nonché l'elenco delle formazioni del Consiglio ai sensi dell'art. 16, par. 3, co. 1, TUE);
- è dotato di poteri decisionali nel quadro delle procedure di revisione dei trattati in forma semplificata (art. 48, par. 6 e 7, TUE);
- si moltiplicano le ipotesi in cui può intervenire, su istanza di uno Stato membro, per bloccare o rinviare una decisione del Consiglio dell'Unione, assunta a maggioranza qualificata, in particolare nel settore della PESC e della cooperazione giudiziaria in materia penale (art. 31, par. 2, TUE; art. 82, par. 3, e 83, par. 3, TFUE).

Nel novero delle competenze attribuite dal Trattato di Lisbona risultano quindi inclusi compiti di carattere decisionale. Di conseguenza, gli atti assunti in tale ambito dal Consiglio europeo:

- non si configurano come atti di valore meramente politico;
- sono qualificabili come atti destinati a produrre effetti giuridici verso i terzi, suscettibili di impugnazione innanzi alla Corte di giustizia mediante il ricorso di annullamento, ai sensi dell'art. 263 TFUE.

3. Modalità di deliberazione.

Il Consiglio europeo delibera per consenso (art. 15, par. 4, TUE): il consenso si forma, senza necessità di votazione, quando nessun componente si oppone al testo presentato dal Presidente dell'istituzione. Sono previsti casi in cui i trattati dispongono diversamente, stabilendo il criterio della deliberazione mediante votazione (espressa soltanto dai Capi di Stato e di governo, esclusi quindi il Presidente dell'istituzione e il Presidente della Commissione):

- a maggioranza qualificata (ad esempio, nel caso di nomina del Presidente, ai sensi dell'art. 14, par. 5, TUE);
- all'unanimità (ad esempio, nel caso di constatazione ex art. 7, par. 2, TUE, di una violazione grave e persistente da parte di uno Stato membro dei valori fondamentali dell'Unione di cui all'art. 2 TUE);

- a maggioranza semplice (ad esempio, per l'adozione del regolamento interno ex art. 235, par. 3, TFUE).

4. Presidente del Consiglio europeo.

Il Trattato di Lisbona incide sulla figura del Presidente dell'istituzione:

- prevede espressamente la carica di Presidente del Consiglio europeo, al fine di garantire maggiore continuità ai lavori del Consiglio europeo;
- ne stabilisce l'individuazione mediante nomina da parte dello stesso Consiglio europeo, superando il sistema della turnazione semestrale tra gli Stati membri. In particolare, il Presidente è nominato con deliberazione a maggioranza qualificata, per un periodo di due anni, rinnovabili una sola volta (art. 15, par. 5, TUE).

L'art. 15 TUE prevede, altresì, una causa di incompatibilità all'assunzione della carica di presidente: "il presidente del Consiglio europeo non può esercitare un mandato nazionale" (par. 3, ultimo comma). Il Trattato di Lisbona individua le funzioni assegnate al Presidente (art. 15, par. 6, TUE). Tra queste si segnalano, in particolare, due attribuzioni:

- "assicura la preparazione e la continuità dei lavori del Consiglio europeo, in cooperazione con il Presidente della Commissione e in base ai lavori del Consiglio affari generali";
- "assicura ... la rappresentanza esterna dell'Unione per le materie relative alla politica esterna e di sicurezza comune, fatte salve le attribuzioni dell'alto rappresentante dell'Unione per gli affari esteri e la politica di sicurezza".

Capitolo 4 IL CONSIGLIO (DEI MINISTRI) DELL'UNIONE EUROPEA

1. Il Consiglio (dei Ministri) dell'Unione Europea.

▶ 1.1. Origine e composizione.

La sua istituzione risale al Trattato istitutivo della CEE, come organo di rappresentanza degli Stati membri, che in origine accentrava l'esercizio delle funzioni legislative nei settori attribuiti alla competenza della Comunità. Si compone di "un rappresentante di ciascuno Stato membro a livello ministeriale, abilitato ad impegnare il governo dello Stato membro che rappresenta e ad esercitare il diritto di voto" (art. 16, par. 2, TUE). Si configura, pertanto, come organo di Stati: i suoi componenti, infatti, rappresentano direttamente i singoli Stati membri di appartenenza.

▶ 1.2. Funzionamento.

A differenza delle altre istituzioni politiche dell'Unione, il Consiglio non è un organo permanente: si riunisce in formazioni differenziate, ognuna secondo il proprio calendario di incontri, in cui gli Stati membri sono rappresentati di volta in volta dal ministro competente per la materia all'ordine del giorno. Solo due formazioni sono previste direttamente nell'art. 16 TUE:

- il Consiglio "Affari generali", con il compito di assicurare la coerenza dei lavori delle varie formazioni del Consiglio e preparare le riunioni del Consiglio europeo;
- il Consiglio "Affari esteri", con il compito di elaborare l'azione esterna dell'Unione, secondo le linee strategiche definite dal Consiglio europeo.

Le altre formazioni, tipizzate nella prassi, sono contenute in un apposito elenco stabilito con decisione del Consiglio europeo ai sensi dell'art. 236 TFUE. Tra queste si segnala, in particolare: il **Consiglio "Economia e Finanza" (ECOFIN)**, composto dai ministri dell'economia e finanze degli Stati membri, con il compito di definire gli indirizzi di massima delle politiche economiche e monitorare le politiche di bilancio degli Stati membri. Si differenzia dall'Eurogruppo (protocollo n. 14 allegato al Trattato di Lisbona), che viceversa riunisce in modo informale i ministri dei paesi membri che hanno adottato l'euro, al fine di promuovere un dialogo rafforzato su questioni connesse alle responsabilità specifiche inerenti all'unione economica e monetaria.
Il Consiglio dell'Unione si avvale:

- dell'assistenza di un segretariato generale (art. 240, par. 2, TFUE), presieduto da un segretario generale, nominato dal Consiglio;
- dell'ausilio del Comitato dei rappresentanti permanenti (COREPER), che riunisce i rappresentanti diplomatici accreditati presso l'Unione da ciascuno degli Stati membri: in particolare, "è responsabile della preparazione dei lavori del Consiglio e dell'esecuzione dei compiti che quest'ultimo gli assegna" (art. 240, par. 1, TFUE; art. 16, par. 7, TUE).

▶ 1.3. La Presidenza.

La Presidenza del Consiglio è individuata in base ad un sistema di rotazione paritaria degli Stati membri: in particolare, è esercitata "da gruppi predeterminati di tre Stati membri per un periodo di 18 mesi" (dec. n. 2009/881/UE del Consiglio europeo, 1° dicembre 2009, adottata ai sensi dell'art. 236 TFUE). Tale disciplina mira ad assicurare maggiore continuità nei lavori del Consiglio rispetto al sistema previgente di mera turnazione semestrale:

- i tre Stati adottano un programma di lavoro comune per la durata di un anno e mezzo;
- ciascuno Stato membro del summenzionato gruppo, nel rispetto del criterio di rotazione paritaria, di regola esercita la Presidenza per un turno di sei mesi, mentre gli altri due Stati componenti del gruppo svolgono un ruolo di assistenza, in conformità al programma comune. Il sistema di individuazione della Presidenza vale per tutte le formazioni del Consiglio, ad eccezione del Consiglio "Affari esteri": l'art. 18, par. 3, TUE prevede, infatti, che la Presidenza è assunta dall'Alto rappresentante dell'Unione per gli affari esteri e la politica di sicurezza. La Presidenza ha il compito di convocare le riunioni del Consiglio (art. 237 TFUE) e fissarne l'ordine del giorno. Il Presidente rappresenta l'istituzione nella sua unità: in particolare, firma gli atti adottati dal Consiglio. Cura le relazioni con le altre istituzioni dell'Unione.

2. Funzione e modalità deliberative.

▶ 2.1. Premessa.

Le funzioni esercitate dal Consiglio sono elencate nell'art. 16, par. 1, TUE: "il Consiglio esercita, congiuntamente al Parlamento europeo, la funzione legislativa e la funzione di bilancio. Esercita funzioni di definizione delle politiche e di coordinamento alle condizioni stabilite nei trattati". Il Consiglio è chiamato, quindi, a svolgere tre funzioni essenziali:

- funzione legislativa;
- funzione di bilancio;
- funzioni di definizione delle politiche e di coordinamento.

▶ 2.2. Funzione legislativa.

La funzione legislativa attribuita al Consiglio si sostanzia nella formazione e adozione di atti di valore legislativo nei settori di competenza dell'Unione. È esercitata in modo congiunto con il Parlamento europeo. La misura della partecipazione al procedimento legislativo è differente a seconda della procedura (ordinaria o speciale) applicabile.

Di regola, il contributo del Consiglio e del Parlamento europeo è di pari misura (procedura legislativa ordinaria ex art. 294 TFUE).

In casi specifici, invece, una delle due istituzioni (il Consiglio o il Parlamento europeo, a seconda delle ipotesi) esercita un ruolo prevalente rispetto all'altra (procedura legislativa speciale ex art. 289, par. 1, TFUE)

L'atto viene deliberato da una delle istituzioni, previa consultazione o approvazione dell'altra:

- la consultazione si sostanzia nella formulazione di un parere obbligatorio, ma non vincolante;
- l'approvazione condiziona l'adozione dell'atto legislativo, tuttavia non consente all'organo di incidere sul contenuto dell'atto, che può essere semplicemente approvato o respinto.

▶ 2.3. Funzione di bilancio.

La funzione di bilancio è parimenti condivisa con il Parlamento europeo. Consiste nella piena partecipazione al procedimento di formazione e approvazione del bilancio dell'Unione. In particolare, il Consiglio è titolare di un potere di tipo deliberativo sul progetto di bilancio predisposto dall'Unione: "il Parlamento europeo e il Consiglio, deliberando secondo una procedura legislativa speciale, stabiliscono il bilancio annuale dell'Unione ..." (art. 314 TFUE). Anche tale ambito è stato segnato da un progressivo ridimensionamento del ruolo spettante al Consiglio, a vantaggio del Parlamento europeo: in origine il potere deliberativo in materia di bilancio spettava esclusivamente al Consiglio, mentre il Parlamento europeo aveva compiti di mero controllo.

2.4. Funzioni di definizione delle politiche e di coordinamento.

Tali funzioni evocano, in termini generici, la competenza del Consiglio a:

- formulare le politiche economiche generali degli Stati membri (art. 5, par. 1, co. 1, TFUE);
- coordinare le azioni degli Stati stessi (art. 5, par. 2, TFUE).

2.5. Altre funzioni.

Le funzioni elencate nell'art. 16 TUE non esauriscono le competenze assegnate al Consiglio. Tale istituzione è chiamata a svolgere due ulteriori funzioni, come desumibile dal sistema delle disposizioni contenute nei trattati:

- è competente alla conclusione degli accordi internazionali tra l'Unione e uno o più Stati membri ovvero organizzazioni internazionali (artt. 218- 219 TFUE). In particolare, il Consiglio svolge un ruolo centrale nella procedura di stipula, adottando la decisione relativa alla conclusione dell'accordo. Tale procedura prevede il coinvolgimento del Parlamento europeo (tranne nel caso di accordi relativi al settore della politica estera e della sicurezza comune): la decisione di concludere l'accordo è assunta previa consultazione del Parlamento, salvi casi determinati (individuati nell'art. 218, par. 6, co. 2, TFUE) in cui è necessaria l'approvazione del Parlamento;
- elabora la politica estera e di sicurezza comune dell'Unione e prende le decisioni necessarie per la sua definizione ed attuazione, in base agli orientamenti generali del Consiglio europeo (art. 26, par. 2, TUE).

2.6. Modalità deliberative.

Nello svolgimento delle funzioni attribuite al Consiglio, non tutti i suoi componenti hanno sempre diritto di voto: sussistono, infatti, ipotesi specifiche in cui alcuni Stati membri sono esclusi dal voto. Tale situazione corrisponde alla logica dell'Europa a più velocità: è prevista, nel quadro delle forme di cooperazione rafforzata, la possibilità per alcuni Stati membri di non partecipare a determinate azioni o politiche comuni. Rientra in tale ipotesi la mancata ammissione di alcuni Stati membri alla terza fase dell'unione economica monetaria (UEM): i rappresentanti di tali Stati, insieme a quelli che hanno scelto di non partecipare all'eurozona, non possono votare al momento dell'adozione di deliberazioni relative alle misure concernenti l'unione economica monetaria. In particolare, si stabilisce che "i (loro) diritti di voto ... sono sospesi" (art. 139, par. 4, TFUE).
Il Consiglio può assumere le sue deliberazioni in tre modi.

- la maggioranza qualificata rappresenta il modo ordinario di deliberazione da parte del Consiglio (art. 16, par. 3, TUE).
- la maggioranza semplice ha un'applicazione estremamente limitata: è prevista per le deliberazioni in ordine a questioni procedurali (art. 31, par. 5, TUE), per l'adozione del regolamento interno del Consiglio e per le deliberazioni in merito all'organizzazione del segretariato generale (art. 240, par. 2 e 3, TFUE);
- la regola dell'unanimità è prevista dai trattati in una serie di casi, caratterizzati dalla particolare delicatezza della materia da trattare nell'ottica degli Stati membri, oppure da situazioni in cui i poteri di deliberazione del Consiglio appaiono generali, in quanto circoscritti entro limiti poco definiti. L'unanimità è prevista, di regola, per le deliberazioni nel settore della politica estera e di sicurezza comune (art. 24 TUE); è stabilita, tra le varie ipotesi, anche per l'adozione di provvedimenti opportuni per combattere le discriminazioni (art. 19 TFUE), di talune azioni generali di politica in materia ambientale (art. 192 TFUE) o per l'adozione di misure fondate sulla clausola di flessibilità ai sensi dell'art. 352 TFUE. La regola dell'unanimità postula il consenso di tutti gli Stati membri (quali componenti del Consiglio) per l'assunzione della

deliberazione da parte dell'organo: il voto contrario di un solo Stato membro è quindi sufficiente per impedire l'approvazione della deliberazione. Diversamente, l'astensione non ostacola l'assunzione della deliberazione (art. 238, par. 4, TFUE).

L'ambito operativo della regola dell'unanimità si è gradualmente ridotto, anche in considerazione dell'ampliamento della base di partecipazione dell'Unione, al fine di scongiurare il rischio di paralisi dell'attività decisionale del Consiglio.

Il Trattato di Lisbona ha, inoltre, attribuito al Consiglio europeo il potere di decidere l'estensione del criterio della maggioranza qualificata a settori o casi viceversa assoggettati dai trattati alla regola dell'unanimità, ricorrendo alla c.d. "clausola passerella" (art. 48, par. 7, TUE). Tale facoltà è tuttavia esclusa per le decisioni del Consiglio aventi implicazioni militari o rientranti nel settore della difesa.

▶2.6.1. Criteri di calcolo della maggioranza qualificata.

Il Trattato di Lisbona è altresì intervenuto sulla formazione della maggioranza qualificata: il sistema introdotto a decorrere dal 1° novembre 2014 prevede che "per maggioranza qualificata si intende almeno il 55% dei voti dei membri del Consiglio, con un minimo di quindici, rappresentanti Stati membri che totalizzino almeno il 65% della popolazione dell'Unione" (art. 16, par. 4, TUE). Per la formazione della maggioranza qualificata è pertanto necessario il concorso di due condizioni:

- il raggiungimento di un quorum numerico minimo. In particolare, i voti favorevoli devono rappresentare non meno del 55% del totale dei membri del Consiglio (in pratica, almeno quindici componenti su ventisette Stati membri, dopo l'uscita del Regno Unito). Tale quorum assume una diversa misura quando il Consiglio non delibera su proposta della Commissione o dell'Alto rappresentante dell'Unione: in questo caso, infatti, occorre una maggioranza più estesa, pari ad almeno il 72% dei membri del Consiglio (art. 238, par. 2, TFUE);
- il raggiungimento di un quorum demografico minimo. In particolare, i voti favorevoli devono essere espressi in nome di Stati membri la cui popolazione complessiva non sia inferiore al 65% della popolazione totale dell'Unione.

In base al regime introdotto dal Trattato di Lisbona, si prevede un sistema di doppia maggioranza capace di riflettere, in seno al Consiglio, la duplice legittimazione dell'Unione, intesa come insieme di Stati e unione di cittadini:

- si attribuisce un voto ad ogni Stato, superando il meccanismo della ponderazione (applicato nel sistema previgente, in cui a ciascuno Stato membro era assegnato un numero determinato di voti, diversamente stabilito a seconda del peso riconosciuto al singolo Stato in ragione della sua importanza demografica e politica all'interno dell'Unione);
- al contempo si impedisce, introducendo il parametro fondato sul dato demografico, che quindici Stati di ridotta dimensione possano da soli adottare una decisione in seno al Consiglio.

La rilevanza del quorum demografico risulta, tuttavia, ridimensionata per effetto delle previsioni in tema di minoranza di blocco, indicante il numero di voti necessari per impedire l'adozione di una deliberazione da parte del Consiglio:

- ai sensi dell'art. 16, par. 4, TUE, "la minoranza di blocco deve comprendere almeno quattro membri del Consiglio; in caso contrario la maggioranza qualificata si intende raggiunta";
- di conseguenza, il voto contrario espresso dai rappresentanti di non più di tre Stati membri, ancorché capaci di rappresentare più del 35% della popolazione totale dell'Unione, non vale ad impedire l'assunzione della deliberazione a maggioranza qualificata.

Lo scopo di tale previsione consiste nell'impedire agli Stati demograficamente più forti di bloccare l'approvazione della deliberazione. Gli Stati membri possono, inoltre, chiedere l'applicazione del «Compromesso di Ioannina» (compromesso di stampo politico raggiunto nel marzo 1994 nel corso di una riunione informale dei ministri degli esteri svoltasi in Grecia), secondo quanto previsto dal trattato di Lisbona nella dichiarazione n. 7:

- questo dispositivo permette a un gruppo di Stati membri, ancorché non sufficientemente numeroso per costituire una minoranza di blocco, di manifestare la propria opposizione all'adozione dell'atto;

- il Consiglio, ricevuta la notifica dell'opposizione, deve adoperarsi per pervenire ad una soluzione soddisfacente che risponda alle preoccupazioni sollevate dal gruppo di Stati membri.

Il relativo meccanismo di costituzione è stato oggetto di modifica, a decorrere dal 1° aprile 2017, con un abbassamento delle soglie per l'applicazione del Compromesso.

La nuova regola sulla maggioranza qualificata introdotta dal Trattato di Lisbona è diventata obbligatoria in via definitiva dal 1° aprile 2017: è venuto meno il regime transitorio (ai sensi del Protocollo n. 36, articolo 3) che prevedeva – fino al 31 marzo 2017 – la facoltà per ciascun componente del Consiglio di richiedere l'applicazione del sistema corrispondente a quello delineato nel Trattato di Nizza (che ha operato fino al 1° novembre 2014), basato anche sul raggiungimento di una soglia minima di voti ponderati.

Capitolo 5 LA COMMISSIONE EUROPEA

1. La Commissione Europea.

▶ 1.1. Composizione.

A differenza del Consiglio europeo e del Consiglio, la Commissione è un organo di individui: i suoi componenti, infatti, non rappresentano gli interessi degli Stati membri di provenienza, bensì agiscono nell'interesse esclusivo dell'Unione. In tale ottica, i membri della Commissione devono soddisfare requisiti di indipendenza e di professionalità:

- in sede di nomina, essendo "... scelti in base alla loro competenza generale e al loro impegno europeo e tra personalità che offrono tutte le garanzie di indipendenza" (art. 17, par. 3, TUE);
- durante lo svolgimento delle funzioni, essendo previsto un regime di incompatibilità ("i membri della Commissione non possono, per la durata delle loro funzioni, esercitare alcun'altra attività professionale, rimunerata o meno" ex art. 245 TFUE), nonché la neutralità dei componenti rispetto agli Stati di appartenenza e alle altre istituzioni dell'Unione ("la Commissione esercita le sue responsabilità in piena indipendenza ... i membri della Commissione non sollecitano né accettano istruzioni da alcun governo, istituzione, organo o organismo" ex art. 17, par. 3, TUE; "gli Stati membri rispettano la loro indipendenza e non cercano di influenzarli nell'adempimento dei loro compiti" ex art. 245 TFUE);
- la regola di cui al citato art. 17, par. 3, TUE non vale per uno dei suoi membri, in particolare l'Alto Rappresentante dell'Unione, che ricopre la carica di vicepresidente. Questi è, infatti, assegnatario di funzioni peculiari e agisce in veste di mandatario del Consiglio.

La composizione dell'istituzione è stata oggetto di modifiche in considerazione del progressivo allargamento delle Comunità (e poi dell'Unione) a nuovi Stati membri. Il Trattato di Lisbona, confermando l'impostazione accolta dal Trattato di Nizza, condivide l'esigenza di ridurre il numero dei componenti della Commissione rispetto al numero degli Stati membri. In particolare, stabilisce un sistema articolato di turnazione basato su criterio di rotazione paritaria tra gli Stati, con decorrenza dal 1° novembre 2014 (art. 17, par. 5, TUE). Il ridimensionamento del numero dei componenti della Commissione viene inteso come:

- strumento di snellimento dell'attività dell'istituzione;
- misura coerente al carattere indipendente dell'organo, attesa l'assenza di qualsivoglia collegamento con gli interessi facenti capo ai singoli Stati membri.

Tali considerazioni non sono state condivise da alcuni Stati membri, preoccupati dell'eventualità di non partecipare, attraverso un proprio cittadino, alla composizione dell'istituzione. Il Consiglio europeo – facendo seguito ad una dichiarazione di impegno pronunciata nel corso delle procedure di ratifica del Trattato di Lisbona – ha quindi confermato il criterio di partecipazione integrale e paritaria degli Stati, stabilendo con decisione n. 2013/272 che "la Commissione è composta da un numero di membri, compreso il presidente e l'alto rappresentante dell'Unione per gli affari esteri e la politica di sicurezza, pari al numero degli Stati membri".

▶ 1.2. Nomina.

La nomina dei componenti della Commissione (art. 17, par. 7, TUE) si articola in un procedimento complesso, segnato da tre momenti essenziali: 1) la nomina del Presidente della Commissione; 2) la formazione dell'elenco delle persone da proporre come membri della Commissione; 3) la presentazione al Parlamento europeo per il voto di approvazione. Nel dettaglio, il procedimento si compone di una serie di fasi, cronologicamente distinte:

- il Consiglio europeo individua, con deliberazione assunta a maggioranza qualificata, il candidato alla carica di Presidente, dopo aver effettuato le consultazioni appropriate e tenuto conto dei risultati delle elezioni del Parlamento europeo;
- il Parlamento europeo, ricevuta la proposta del Consiglio europeo, elegge il candidato Presidente, con l'approvazione della maggioranza dei suoi componenti;
- gli Stati membri presentano proposte in merito alle personalità da nominare come componenti della Commissione;
- il Consiglio, di comune accordo con il Presidente eletto, forma un elenco delle personalità da proporre per la nomina a membri della Commissione, selezionate sulla base delle proposte presentate dagli Stati stessi;
- il Consiglio europeo, con l'accordo del Presidente della Commissione, nomina l'Alto rappresentante, che diventa uno dei vicepresidenti della Commissione (art. 18, par. 1, TUE);
- il Presidente, l'Alto rappresentante ed i membri indicati nell'elenco formato dal Consiglio sono assoggettati al voto di approvazione del Parlamento europeo;
- in seguito all'approvazione del Parlamento, il Consiglio europeo, deliberando sempre a maggioranza qualificata, nomina la Commissione. Diversamente, nell'impianto originario la procedura era connotata dal ruolo dominante degli Stati membri, che di comune accordo nominavano tutti i componenti della Commissione.

▶ 1.3. Mandato.

Il mandato dei membri della Commissione dura cinque anni, al pari di quello del Parlamento europeo (art. 17, par. 3, TUE). Tale circostanza assicura al Parlamento neoeletto, tra i suoi primi compiti, di partecipare alla nomina di una nuova Commissione. Il mandato può terminare anticipatamente, oltre che nell'ipotesi di dimissioni volontarie (individuali o collettive), in tre casi:

- approvazione di una mozione di censura da parte del Parlamento europeo, ai sensi dell'art. 17, par. 8, TUE, la cui adozione comporta le dimissioni collettive dei membri della Commissione;
- dimissioni d'ufficio di qualsiasi membro, pronunciate dalla Corte di giustizia su istanza del Consiglio (che delibera a maggioranza semplice) o della Commissione stessa, in caso di violazione degli obblighi derivanti dalla carica di membro dell'istituzione, perdita delle condizioni necessarie all'esercizio delle funzioni o commissione di una colpa grave (artt. 245 e 247 TFUE);
- dimissioni obbligatorie di un membro, su richiesta del Presidente della Commissione (art. 17, par. 6, TFUE).

▶ 1.4. Funzionamento.

Il funzionamento dell'istituzione si fonda su due aspetti essenziali, concernenti i modi di deliberazione e le modalità di suddivisione dell'attività esercitata. Le deliberazioni della Commissione sono assunte a maggioranza dei suoi componenti (art. 250, par. 2, TFUE).

Le competenze spettanti alla Commissione sono ripartite tra i membri della Commissione. L'attività è suddivisa tra varie direzioni generali, poste sotto la responsabilità di ciascun membro della Commissione. L'operato della Commissione è regolato dal principio di collegialità: tutti i membri sono congiuntamente responsabili, sul piano politico, delle decisioni e delle azioni adottate dall'organo. In particolare, "la Commissione è responsabile collettivamente dinanzi al Parlamento europeo" (art. 17, par. 8, TUE).

2. Funzioni.

2.1. Generalità.

I compiti spettanti alla Commissione, descritti analiticamente dall'art. 17 TUE, sono riconducibili essenzialmente a cinque funzioni:

- funzione di iniziativa legislativa;
- funzione esecutiva;
- funzione di gestione finanziaria;
- funzioni di controllo;
- funzione di rappresentanza.

2.2. Funzione di iniziativa legislativa.

La funzione di iniziativa legislativa si sostanzia nella presentazione di progetti di atto legislativo. Il potere di proposta spetta esclusivamente alla Commissione, salva diversa previsione da parte dei trattati (art. 289, par. 4, TFUE).

Il ruolo assegnato alla Commissione nella procedura legislativa risulta coerente ai connotati di indipendenza e professionalità dei suoi componenti, che la rendono portatrice dell'interesse generale dell'Unione. In origine, il potere di iniziativa legislativa riconosciuto alla Commissione si configurava come generale ed esclusivo. Nel sistema attuale, viceversa, i trattati attribuiscono, in "casi specifici" espressamente individuati, il ruolo di proponente a soggetti diversi dalla Commissione: "... su iniziativa di un gruppo di Stati membri o del Parlamento europeo, su raccomandazione della Banca centrale europea o su richiesta della Corte di giustizia o della Banca centrale europea per gli investimenti" (art. 289, par. 4, TFUE).

La proposta della Commissione assume un valore peculiare nell'ambito del procedimento legislativo: di regola, il Consiglio può emendarla soltanto all'unanimità (art. 293, par. 1, TFUE). La limitazione al potere di modifica della proposta mira a garantire la conformità dell'atto adottato all'interesse generale dell'Unione.

La proposta della Commissione può essere sollecitata da:

- la cittadinanza dell'Unione (corrispondente a "cittadini dell'Unione, in numero di almeno un milione, che abbiano la cittadinanza di un numero significativo di Stati membri"), relativamente a "materie in merito alle quali tali cittadini ritengono necessario un atto giuridico dell'Unione ai fini dell'attuazione dei trattati" (art. 11, par. 4, TUE);
- altre istituzioni dell'Unione, come il Parlamento europeo (art. 225 TFUE), il Consiglio (art. 241 TFUE) e il Consiglio europeo (art. 15, par. 1, TUE).

2.3. Funzione esecutiva.

La funzione esecutiva della Commissione si traduce essenzialmente in:

- l'esercizio delle competenze di esecuzione conferite per l'attuazione di atti giuridicamente vincolanti dell'Unione ove siano necessarie condizioni uniformi di esecuzione, ai sensi dell'art. 291, par. 2, TFUE;
- l'adozione di atti delegati dal Consiglio, aventi carattere non legislativo e portata generale, diretti all'integrazione o alla modifica di aspetti non essenziali di un atto legislativo, ai sensi dell'art. 290 TFUE. La delega di potere (definita come delega di attuazione) è circoscritta sotto diversi profili ad opera dell'atto legislativo che ne costituisce la fonte: è, infatti, limitata quanto agli obiettivi, al contenuto, alla portata e alla durata, nonché alle condizioni di esercizio della stessa. In tale contesto, il Consiglio modula l'esercizio del potere di delega mediante il ricorso

alla procedura dei comitati, formati da rappresentanti degli Stati membri, chiamati ad affiancare la Commissione nell'esercizio del potere ad essa delegato.

▶ 2.4. Funzione di gestione finanziaria.

La funzione di gestione finanziaria si sostanzia nell'esecuzione del bilancio annuale, approvato dal Parlamento europeo e dal Consiglio secondo una procedura legislativa speciale ex art. 314 TFUE, cui la stessa Commissione partecipa in veste di proponente. Tale istituzione, infatti, redige il progetto di bilancio annuale, elaborato mediante il raggruppamento degli stati previsionali di spesa presentati da ciascuna istituzione.
La funzione di gestione del bilancio è delineata nell'art. 317 TFUE: "la Commissione dà esecuzione al bilancio, in cooperazione agli Stati membri, in base alle disposizioni del regolamento stabilito in esecuzione dell'art. 322, sotto la propria responsabilità e nei limiti dei crediti stanziati, in conformità del principio della buona gestione finanziaria ...".
Al termine dell'esercizio finanziario, la Commissione sottopone al Consiglio e al Parlamento europeo i conti concernenti le operazioni di bilancio, affinché il Parlamento possa dare atto dell'esecuzione del bilancio (artt. 318 e 319 TFUE). La Commissione, inoltre, gestisce i fondi per le politiche dell'UE.

▶ 2.5. Funzioni di controllo.

Le funzioni di controllo si sostanziano nella verifica sulla corretta osservanza degli obblighi derivanti dall'ordinamento dell'Unione: la Commissione vigila sull'applicazione dei trattati e degli atti adottati dalle istituzioni in virtù dei trattati, assumendo il ruolo di custode della legalità nell'ambito dell'Unione.
Tale compito è esercitato sia nei confronti degli Stati membri, sia nei confronti delle altre istituzioni, attraverso il ricorso alla Corte di giustizia:

- in caso di violazioni da parte degli Stati membri, la Commissione è legittimata ad adire la Corte di giustizia mediante lo strumento del ricorso per infrazione, ai sensi dell'art. 258 TFUE, ove lo Stato non si conformi al parere espresso dalla Commissione in merito alla violazione riscontrata;
- viceversa, può agire nei confronti delle altre istituzioni attraverso gli strumenti del ricorso di annullamento (art. 263 TFUE) e del ricorso in carenza (art. 265 TFUE).La Commissione svolge, altresì, una funzione di controllo nei confronti di privati (persone fisiche e giuridiche) esercenti un'attività di impresa, nell'ambito del settore relativo alla disciplina della concorrenza (artt. 105 e 106 TFUE): in particolare, vigila sull'osservanza delle regole in materia di divieto di intese e di sfruttamento abusivo di posizione dominante. In tale ambito dispone altresì di poteri sanzionatori: può comminare alle imprese una sanzione pecuniaria, in forma di ammenda o di penalità di mora (Regolamento n. 1/2003, artt. 23 e 24).

▶ 2.6. Funzione di rappresentanza.

La funzione di rappresentanza esercitata dalla Commissione si riferisce a:

- il compimento di attività giuridica in nome dell'Unione (art. 335 TFUE);
- la gestione delle relazioni internazionali, ad eccezione del settore della PESC, in cui la funzione di rappresentanza dell'Unione ed espressione della sua posizione nelle organizzazioni internazionali spetta all'Alto rappresentante per l'Unione (art. 220 TFUE; art. 27, par. 2, TUE).

3. Il Presidente della Commissione e l'alto Rappresentante dell'Unione per gli affari esteri e la politica di sicurezza.

▶ 3.1. Premessa.

Entrambi si configurano come organi monocratici: pur essendo inseriti nella compagine della Commissione, risultano assegnatari di funzioni personalizzate; sono, inoltre, dotati di un certo grado di autonomia.

▶ 3.2. Il Presidente.

Il **Presidente** assume una posizione di supremazia all'interno della Commissione: "I membri della Commissione esercitano le funzioni loro attribuite dal Presidente, sotto la sua autorità" (art. 248 TFUE). In particolare, svolge le seguenti funzioni (art. 17, par. 6, TUE):

- ripartisce le competenze spettanti alla Commissione tra i vari membri dell'istituzione, ai sensi dell'art. 248 TFUE;
- definisce gli orientamenti dell'attività della Commissione;
- decide l'organizzazione interna della Commissione, al fine di assicurare la coerenza, l'efficacia e la collegialità della sua azione;
- nomina i vicepresidenti, ad eccezione dell'Alto rappresentante dell'Unione.

Il suo ruolo non è limitato alla fase di svolgimento dell'attività da parte della Commissione. In particolare, il Presidente:

- partecipa alla procedura di nomina dei componenti dell'istituzione (la deliberazione del Consiglio in merito all'elenco delle personalità da proporre al Parlamento europeo e la nomina dell'Alto rappresentante da parte del Consiglio europeo richiedono l'accordo del Presidente stesso ai sensi dell'art. 17, par. 7, TUE);
- ha il potere di obbligare un membro della Commissione a rassegnare le sue dimissioni (art. 17, par. 6, TUE);
- riveste la qualità di membro del Consiglio europeo (art. 15, par. 2, TUE). È eletto dal Parlamento europeo, che approva a maggioranza dei suoi componenti il candidato proposto dal Consiglio europeo, individuato con deliberazione assunta a maggioranza qualificata a seguito delle opportune consultazioni (art. 17, par. 7, TUE).

▶ 3.3. L'Alto rappresentante dell'Unione per gli affari esteri e la politica di sicurezza.

Tale carica è stata istituita dal Trattato di Lisbona, che la contempla all'art. 18 TUE. Rievoca la figura di Alto rappresentante per la politica estera e di sicurezza comune, che risultava attribuita al Segretario generale del Consiglio ai sensi del previgente art. 26 TUE nella sua versione modificata dal Trattato di Amsterdam. L'istituzione della carica ad opera del Trattato di Lisbona mira a rafforzare la coerenza tra i vari segmenti dell'attività esterna dell'Unione. In tale ottica, l'Alto rappresentante dell'Unione svolge le seguenti funzioni:

- guida la politica esterna e di sicurezza comune (PESC). In particolare, ha il compito di formulare proposte per l'elaborazione di tale politica e di provvedere alla sua attuazione in qualità di mandatario del Consiglio (art. 18, par. 2, TUE);
- presiede il Consiglio "Affari esteri" (art. 18, par. 3, TUE);
- è uno dei Vicepresidenti della Commissione (art. 18, par. 4, TUE), con il compito di vigilare sulla coerenza dell'azione esterna dell'Unione. In tale veste, "è incaricato delle responsabilità che incombono a tale istituzione nel settore delle relazioni esterne e del coordinamento degli altri aspetti dell'azione esterna dell'Unione". L'Alto rappresentante dell'Unione presenta, pertanto, una duplice veste:
- è un membro della Commissione;
- al contempo assume la qualità di organo del Consiglio (in particolare, agisce in veste di suo mandatario).

È nominato dal Consiglio europeo, a maggioranza qualificata, con l'accordo del Presidente della Commissione. La durata del suo mandato, non espressamente indicata, è ritenuta coincidente con quella degli altri membri della Commissione; il Consiglio europeo può porre fine al mandato dell'Alto Rappresentante anticipatamente alla data di scadenza, con le stesse modalità applicabili alla procedura di nomina (art. 18, par. 1, TUE). Partecipa, inoltre, ai lavori del Consiglio europeo (art. 15, par. 2, TUE).

Capitolo 6 LA CORTE DI GIUSTIZIA DELL'UNIONE

I ▶

1. La Corte di Giustizia dell'Unione.

▶ 1.1. Articolazione e fonti normative.

Nel novero delle istituzioni elencate all'art. 13 TUE la Corte di giustizia dell'Unione è menzionata come istituzione unica. In realtà, si articola al suo interno in tre rami distinti, indicati nell'art. 19 TUE:

- la Corte di giustizia;
- il Tribunale;
- gli eventuali tribunali specializzati.

Le fonti normative di disciplina sono plurime: l'istituzione rinviene la propria regolamentazione nei trattati (artt. 19 TUE, 251-281 TFUE) e nell'allegato Protocollo n. 3 (recante lo Statuto della Corte di giustizia dell'Unione), nonché nel regolamento interno di procedura.

▶ 1.2. Composizione e funzioni.

Le tre articolazioni dell'istituzione si configurano come organi di individui: i membri svolgono le proprie funzioni "in piena imparzialità e secondo coscienza" (art. 2, protocollo n. 3 cit.); in tale ottica, sono scelti "tra personalità che offrano tutte le garanzie di indipendenza" (art. 19, par. 2, TUE).
Le componenti dell'istituzione sono chiamate a svolgere funzioni esclusivamente giurisdizionali, ad eccezione della Corte di giustizia, che esercita anche compiti consultivi. In particolare, la Corte intesa come istituzione unica (comprensiva di tutte le sue componenti) "assicura il rispetto del diritto nell'interpretazione e nell'applicazione dei trattati" (art. 19, par. 1, TUE).
Le sue competenze sono, tuttavia, estremamente limitate nel settore della politica estera e di sicurezza comune: "... la Corte di giustizia dell'Unione europea non è competente riguardo a tali disposizioni, ad eccezione della competenza a controllare il rispetto dell'art. 40 del presente trattato e la legittimità di talune decisioni, come previsto dall'art. 275, secondo comma del trattato sul funzionamento dell'Unione europea" (art. 24, par. 1, co. 2, TUE).

2. Composizione e nomina.

Si compone di "un giudice per ogni Stato membro" ed "è assistita da avvocati generali". In particolare:

- il numero dei giudici corrisponde a quello degli Stati membri;
- gli avvocati generali sono soltanto otto, ma il loro numero può essere aumentato con delibera unanime del Consiglio, su richiesta della Corte stessa (art. 252, co. 1, TFUE). Su tale base, il numero

degli avvocati generali è stato elevato a undici, a decorrere dal 7 ottobre 2015 (cfr. dec. Cons. 25 giugno 2013).

I componenti della Corte di giustizia sono nominati di comune accordo tra gli Stati membri, previa consultazione di un apposito comitato ex art. 255 TFUE, chiamato a formulare un parere sull'adeguatezza dei candidati all'esercizio delle funzioni di giudice e di avvocato generale (art. 253, co. 1, TFUE).

I giudici e gli avvocati generali devono possedere requisiti di professionalità ed offrire garanzie di indipendenza. Sono, infatti, scelti "tra personalità che offrano tutte le garanzie di indipendenza e che riuniscano le condizioni richieste per l'esercizio, nei rispettivi paesi, delle più alte funzioni giurisdizionali, ovvero che siano giureconsulti di notoria esperienza" (art. 253, co. 1, TFUE).

Tali condizioni devono persistere anche durante l'esercizio delle funzioni. In caso contrario, i singoli componenti possono essere rimossi dalle funzioni, con deliberazione della Corte stessa assunta all'unanimità senza la partecipazione del soggetto interessato, "qualora ... non siano più in possesso dei requisiti previsti ovvero non soddisfino più agli obblighi derivanti dalla loro carica" (art. 6, co. 1, protocollo n. 3 cit.).

Al fine di assicurare l'indipendenza dei componenti della Corte durante lo svolgimento dei compiti connessi alla loro carica, è previsto altresì un regime di incompatibilità all'esercizio di funzioni politiche o amministrative nonché allo svolgimento di qualsiasi attività professionale; in questo ultimo caso è tuttavia ammessa la possibilità di una deroga specifica, concessa con deliberazione del Consiglio (art. 4, protocollo n. 3, cit.).

Il mandato dei membri della Corte dura sei anni, ma si procede ad un rinnovo parziale ogni tre anni; i membri uscenti possono essere nuovamente nominati (art. 253, co. 2 e 4, TFUE).

3. Funzionamento.

Il Presidente è eletto tra i giudici: dura in carica tre anni, con mandato rinnovabile (art. 253, co. 3, TFUE). I membri con funzione di giudici fanno parte del collegio giudicante, che adotta le decisioni. Viceversa, i componenti con il ruolo di avvocati generali svolgono una funzione ausiliaria, che si traduce nella presentazione di conclusioni motivate per ciascuna causa presentata alla Corte, contenenti un parere su come dovrebbe essere risolta la questione sottoposta al giudizio della Corte.

La stessa Corte può, tuttavia, decidere di giudicare la causa senza l'intervento dell'avvocato generale, "ove ritenga che la causa non sollevi nuove questioni di diritto" (art. 20, co. 5, protocollo n. 3, cit.).

Il funzionamento della Corte di giustizia si basa sull'articolazione dell'attività di giudizio in tre formazioni differenti (art. 251 TFUE), a seconda dei casi:

- sezioni composte da tre o cinque giudici, quale formazione ordinaria di giudizio;
- grande formazione, composta da quindici giudici (tra cui il presidente della Corte e i presidenti delle sezioni composte da cinque giudici), convocata su richiesta di uno Stato membro o di un'istituzione dell'Unione parte in giudizio;
- seduta plenaria, che comporta la partecipazione di tutti i giudici. Può essere convocata in ipotesi determinate (giudizi per la rimozione di un membro della Commissione o della Corte dei conti, oppure per la rimozione del Mediatore europeo), o qualora la Corte stessa "reputi che un giudizio pendente dinanzi ad essa rivesta un'importanza eccezionale" (art. 16, co. 5, protocollo n. 3, cit.).

La procedura dinanzi alla Corte implica normalmente le seguenti fasi (cfr. regolamento interno del 29 settembre 2012):

- la procedura scritta, rappresentata dallo scambio di memorie tra le parti;
- la presentazione di una relazione preliminare da parte del giudice relatore all'udienza generale;
- la determinazione dei mezzi istruttori ad opera della Corte, quali la comparizione delle parti, la richiesta di informazioni e di documenti, la prova testimoniale, la perizia o il sopralluogo; nel corso di ogni udienza
- istruttoria viene redatto un verbale da parte del cancelliere;

- un'eventuale procedura orale (udienza di discussione) in cui il presidente apre e dirige la discussione. La procedura orale può svolgersi anche a porte chiuse;
- le conclusioni dell'avvocato generale, al termine della procedura orale;
- la decisione finale (la Corte si pronuncia tramite sentenza, in udienza pubblica; può adottare anche ordinanze).

4. Funzioni.

La Corte di giustizia svolge due tipi di funzioni:
a) funzioni giurisdizionali; b) funzioni consultive.

Esercita principalmente funzioni di natura giurisdizionale. In particolare, è competente a giudicare sui seguenti ricorsi (competenze di tipo contenzioso):

- ricorsi per infrazione (artt. 258-259 TFUE), proposti avverso uno Stato membro accusato di aver violato gli obblighi derivanti dai trattati;
- ricorsi di annullamento (art. 263 TFUE), con cui si contesta la legittimità degli atti adottati dalle istituzioni dell'Unione;
- ricorsi in carenza (art. 265 TFUE), che mirano alla constatazione del carattere illegittimo delle omissioni addebitabili ad un'istituzione dell'Unione;
- ricorsi per risarcimento (art. 268 TFUE), aventi ad oggetto le controversie in materia di responsabilità extracontrattuale delle istituzioni e degli agenti dell'Unione. La Corte è altresì legittimata a pronunciarsi in via pregiudiziale "sull'interpretazione dei trattati" e "sulla validità e l'interpretazione degli atti compiuti dalle istituzioni, dagli organi o dagli organismi dell'Unione" (art. 267 TFUE).

A differenza delle ipotesi precedenti, la Corte è chiamata ad esercitare una competenza:

- meramente indiretta, poiché agisce su rinvio di un giudice nazionale cui spetta la decisione della controversia;
- limitata, potendo conoscere soltanto delle questioni di diritto dell'Unione deferite dal giudice nazionale, che sospende il giudizio in attesa della pronuncia della Corte.

La Corte svolge altresì funzioni di natura consultiva: in alcuni casi, espressamente individuati, è chiamata ad esprimere un parere, che assume valore parzialmente vincolante. L'ipotesi di maggiore rilevanza è rappresentata dalla materia degli accordi internazionali dell'Unione (art. 218, par. 11, TFUE): la Corte può, infatti, ricevere un'apposita richiesta di parere in merito alla compatibilità di un accordo internazionale con i trattati. Il parere negativo eventualmente formulato dalla Corte non impedisce di per sé l'entrata in vigore dell'accordo: rende, tuttavia, necessario ricorrere alla procedura di revisione dei trattati di cui all'art. 48 TUE, ove non si intenda modificare l'accordo previsto in senso conforme al parere della Corte (art. 218, par. 11, TFUE).

5. Differenze con la Corte EDU.

La Corte di giustizia (che ha sede a Lussemburgo) va tenuta distinta dalla Corte europea dei diritti dell'uomo (con sede a Strasburgo). La Corte EDU (istituita nel 1959) rinviene la sua fonte istitutiva in una convenzione di diritto internazionale (Convenzione europea per la salvaguardia dei diritti dell'uomo e delle libertà fondamentali – CEDU) promossa dal Consiglio d'Europa (organizzazione fondata sul metodo della cooperazione intergovernativa) e firmata a Roma nel 1950, alla quale aderisce anche l'Italia. Il Trattato di Lisbona ha attribuito all'Unione europea la competenza ad aderire formalmente alla CEDU (art. 6, par. 2, TUE): il percorso di adesione non è ancora giunto a compimento.
La Corte EDU (artt. 19 ss. CEDU) esercita il controllo sul rispetto della Convenzione da parte degli Stati contraenti: può essere adita anche da persone fisiche per l'accertamento della violazione di un diritto tutelato dalla CEDU (o dai relativi protocolli) da parte di uno Stato contraente.

II▶

1. Il Tribunale dell'Unione Europea.

▶1.1. Origini.

Il Tribunale dell'Unione ha mutato di denominazione per effetto del Trattato di Lisbona (nel sistema previgente era indicato come "Tribunale di primo grado"), avendo assunto anche la funzione di giudice di secondo grado rispetto alle decisioni dei tribunali specializzati.
La sua creazione trova fondamento nell'Atto Unico europeo (che abilitava il Consiglio ad istituire, su richiesta della Corte, una giurisdizione competente a conoscere in primo grado talune categorie di ricorsi, con riserva di impugnazione innanzi alla Corte). La sua istituzione trova conferma nel Trattato di Maastricht, che inserisce tale organo in un'apposita disposizione del TCE. La creazione del Tribunale si fonda essenzialmente su due ordini di ragioni:

- intende sviluppare e migliorare il sistema di tutela giurisdizionale dell'Unione, prevedendo un doppio grado di giudizio riferito a categorie di controversie di particolare complessità;
- al contempo mira a rafforzare l'efficienza del sistema, alleviando il crescente carico di lavoro in capo alla Corte di giustizia.

▶1.2. Composizione.

Il Tribunale è composto "di almeno un giudice per ogni Stato membro" (art. 19, par. 2, co. 2, TUE). Al riguardo il protocollo n. 3 allegato ai trattati (recante lo Statuto della Corte di giustizia dell'Unione), come modificato per effetto dell'adesione all'UE della Croazia, stabiliva che "il Tribunale si compone di 28 giudici" (art. 48). La composizione del Tribunale è stata recentemente ampliata con regolamento 2015/2422 del 16 dicembre 2015 – che ha modificato il testo dell'art. 48, sopra menzionato – per fronteggiare l'aumento di cause pendenti e il conseguente allungamento dei tempi di durata dei procedimenti. L'incremento del numero dei giudici risulta scandito in diverse fasi temporali: i) 47 giudici, dal 1° settembre 2016 (in aumento rispetto all'iniziale numero di 40, decorrente dal 25 dicembre 2015); ii) due giudici per Stato membro, a decorrere dal 1° settembre 2019. È rimessa allo Statuto la possibilità di prevedere l'assistenza di avvocati generali (art. 254, co. 1, TFUE; art. 49, protocollo n. 3).
Per quanto concerne la procedura di nomina, la durata del mandato, i requisiti di professionalità e indipendenza dei membri del Tribunale, l'elezione del suo Presidente e la durata del relativo incarico, sono previste le medesime regole stabilite per la Corte di giustizia:

- la nomina dei componenti del Tribunale avviene di comune accordo tra i governi degli Stati membri, previa consultazione del Comitato di cui all'art. 255 TFUE. I componenti nominati devono possedere requisiti di indipendenza e di professionalità (art. 254, co. 2, TFUE);
- il loro mandato dura sei anni, rinnovabili; ogni tre anni si procede ad un rinnovo parziale;
- il Presidente è eletto dai giudici del Tribunale e resta in carica tre anni, rinnovabili.

Il Tribunale adotta il suo regolamento di procedura di concerto con la Corte di giustizia; il regolamento deve essere approvato dal Consiglio (art. 254, co. 5, TFUE).

▶1.3. Funzioni.

Il Tribunale svolge funzioni esclusivamente di tipo giurisdizionale:

- di regola opera come giudice di primo grado;
- agisce come giudice di secondo grado rispetto alle controversie assegnate alla competenza dei tribunali specializzati.

Il Tribunale opera come giudice di primo grado relativamente alle controversie rientranti nella sua competenza. In particolare, la competenza del Tribunale incontra due limiti:

- la riserva di alcune categorie di ricorsi alla competenza esclusiva della Corte di giustizia in unico grado;
- l'attribuzione di competenza in favore di tribunali specializzati, istituiti ai sensi dell'art. 257 TFUE, chiamati ad operare in veste di giudici di primo grado in relazione a determinate controversie.

Dal combinato disposto dell'art. 256, par. 1, TFUE con l'art. 51 dello Statuto, si desume che il Tribunale è competente a conoscere in primo grado dei:

- ricorsi presentati dalle persone fisiche o giuridiche contro le istituzioni o gli altri organi dell'Unione (ad eccezione dei settori attribuiti alla competenza in primo grado di un tribunale specializzato appositamente istituito);
- ricorsi di annullamento e ricorsi in carenza proposti da uno Stato membro avverso la Commissione (ad eccezione degli atti e delle omissioni in materia di cooperazioni rafforzate di cui all'art. 331 TFUE);
- ricorsi di annullamento proposti da uno Stato membro nei confronti del Consiglio, aventi ad oggetto atti specifici, in particolare:
  - decisioni in materia di aiuti di Stato alle imprese, adottate ai sensi dell'art. 108, par. 2, co. 3, TFUE;
  - atti adottati in forza di un regolamento contenente misure di difesa commerciale ai sensi dell'art. 207 TFUE;
  - atti di esercizio di competenze di esecuzione ai sensi dell'art. 291, par. 2, TFUE. In base allo Statuto restano interamente riservati alla Corte di giustizia i ricorsi proposti dalle istituzioni, sia nei confronti di uno Stato membro sia avverso un'altra istituzione dell'Unione.

L'esclusione di competenza del Tribunale in relazione ai ricorsi per infrazione di uno Stato membro è, invece, disposta espressamente nel trattato: l'art. 256, par. 1, TFUE non menziona i ricorsi ex artt. 258 e 259 nel novero dei ricorsi assegnati alla competenza di primo grado del Tribunale. Le pronunce del Tribunale sono soggette ad impugnazione innanzi alla Corte di giustizia per soli motivi di diritto (art. 256, par. 1, co. 2, TFUE), in genere entro il termine di due mesi dalla notifica della decisione da impugnare (art. 56, prot. 3, cit.). Il concetto di motivi di diritto corrisponde a "motivi relativi all'incompetenza del Tribunale, ai vizi della procedura innanzi al Tribunale recanti pregiudizio agli interessi della parte ricorrente, nonché alla violazione del diritto comunitario da parte del Tribunale" (art. 58, prot. 3, cit.).

Il giudizio sul fatto è pertanto destinato ad esaurirsi innanzi al Tribunale: l'impugnazione di fronte alla Corte di giustizia non si configura in termini di appello, attesa la limitazione ai soli motivi di diritto. Il Tribunale opera come giudice di secondo grado rispetto alle controversie attribuite alla competenza dei tribunali specializzati: conosce delle impugnazioni proposte contro le sentenze adottate da questi tribunali, ove istituiti.

La scelta in ordine alla consistenza del giudizio di impugnazione innanzi al Tribunale è rimessa all'atto istitutivo di ciascun tribunale specializzato, in cui si può optare per l'adozione di un sistema di impugnazione esteso anche ai motivi di fatto: "le decisioni dei tribunali specializzati possono essere oggetto di impugnazione per i soli motivi di diritto o, qualora il regolamento sull'istituzione del tribunale specializzato lo preveda, anche per motivi di fatto, dinanzi al Tribunale" (art. 257, co. 3, TFUE).

È altresì ammessa la possibilità di attribuire al Tribunale una competenza di tipo pregiudiziale (avente ad oggetto l'interpretazione dei trattati e la validità ed interpretazione degli atti compiuti dalle istituzioni, dagli organi o dagli organismi dell'Unione, ai sensi dell'art. 267 TFUE): l'art. 256, par. 3, TFUE rimette allo Statuto la scelta in merito alla determinazione delle relative materie di attribuzione. Nella sua formulazione attuale, lo Statuto non prevede alcuna attribuzione di materia, pertanto al momento il Tribunale non dispone in concreto di competenza pregiudiziale.

2. I Tribunali specializzati. In particolare, il Tribunale della funzione pubblica.

▶ 2.1. I Tribunali specializzati: caratteristiche generali.

Per effetto del Trattato di Nizza è stata introdotta la possibilità di creare tribunali specializzati (art. 257 TFUE, già art. 225 TCE), incaricati di "conoscere in primo grado di talune categorie di ricorsi proposti in materie specifiche". Il procedimento di istituzione di un tribunale specializzato consiste in una deliberazione del Consiglio e del Parlamento europeo, assunta secondo la procedura legislativa ordinaria, destinata a concretizzarsi nell'adozione di un regolamento. Coinvolge altresì la Commissione e la Corte di giustizia, in qualità di proponente o in veste consultiva (art. 257, co. 1, TFUE). Il regolamento istitutivo del tribunale specializzato ne disciplina altresì la composizione, specificando la portata delle competenze ad esso spettanti. I suoi membri sono nominati dal Consiglio, che delibera all'unanimità: al pari dei componenti della Corte e del Tribunale, devono soddisfare requisiti di indipendenza e professionalità (art. 257, co. 4, TFUE).

Le fonti normative includono:

- le disposizioni dei trattati;
- lo statuto contenuto nel succitato protocollo n. 3 in forza del rinvio operato dal predetto art. 257 TFUE;
- il regolamento interno di procedura, adottato dal tribunale specializzato di concerto con la Corte di giustizia e sottoposto all'approvazione del Consiglio.

L'applicabilità delle disposizioni dei trattati e dello statuto è esclusa "ove diversamente disposto dal regolamento sull'istituzione del tribunale specializzato"; restano in ogni caso applicabili "il titolo I dello statuto e l'art. 64", contenenti previsioni in ordine ai componenti dell'organo e al regime linguistico (art. 257, co. 6, TFUE). Le decisioni adottate dai tribunali specializzati sono impugnabili dinanzi al Tribunale: di regola, l'impugnazione è limitata ai soli motivi di diritto, salva diversa previsione del regolamento istitutivo, che la estenda anche a motivi di fatto (artt. 256, par. 2, e 257, co. 3, TFUE). La decisione del Tribunale esaurisce normalmente i gradi di giudizio, salve ipotesi eccezionali, coincidenti con la ricorrenza di "gravi rischi che l'unità o la coerenza del diritto dell'Unione siano compromesse": è ammesso un terzo livello di giudizio, consistente nel riesame innanzi alla Corte di giustizia (artt. 62, 62 bis e 62 ter, protocollo n. 3, cit.), alle condizioni ed ai limiti previsti dallo Statuto (art. 256, par. 2, co. 2, TFUE).

▶ 2.2. Il Tribunale della funzione pubblica dell'Unione europea.

La procedura per la creazione di un tribunale specializzato è stata perfezionata dal Consiglio con decisione n. 2004/752/CE, Euratom, che ha istituito il Tribunale della funzione pubblica dell'Unione europea (TFP), chiamato a pronunciarsi in primo grado sulle controversie tra le Comunità (oggi Unione) e i suoi agenti, comprese quelle tra gli organi o gli organismi dell'Unione e il loro personale. Il Tribunale della funzione pubblica è inserito nell'ambito della disciplina relativa alla Corte di giustizia dell'Unione europea, contenuta nello Statuto di cui al protocollo n. 3: in particolare, è regolato nell'allegato n. 1.
Il Tribunale della funzione pubblica è composto di sette giudici. Il numero dei suoi membri può essere aumentato dal Consiglio, con deliberazione assunta a maggioranza qualificata, su proposta della Corte di giustizia (art. 2). I suoi componenti sono scelti tra soggetti in grado di offrire garanzie di indipendenza e soddisfare requisiti di professionalità: la nomina è attribuita al Consiglio, che delibera all'unanimità, previa consultazione di un comitato appositamente costituito (art. 3).
I giudici sono nominati per sei anni, con mandato rinnovabile (art. 2). Le decisioni del Tribunale della funzione pubblica possono essere impugnate innanzi al Tribunale, per soli motivi di diritto (art. 11), entro il termine ordinario di due mesi dalla notifica della decisione impugnata (art. 19). Le decisioni del Tribunale che si pronunciano sull'impugnazione possono essere eccezionalmente oggetto di riesame

innanzi alla Corte di giustizia (art. 256, par. 2, co. 2, TFUE). Con regolamento (UE, Euratom) 2016/1192 del 6 luglio 2016, il Tribunale della Funzione pubblica è venuto meno. In particolare, sono stati disposti – a decorrere dal 1° settembre 2016 – l'abrogazione della decisione istitutiva del TFP (2004/752/CE, Euratom) e la soppressione dell'allegato I al protocollo 3 (recante la disciplina del TFP), nonché il trasferimento al Tribunale dell'Unione della competenza (in origine assegnata al TFP) a decidere in primo grado sulle controversie tra l'Unione e i suoi agenti. È stato, inoltre, disposto il trasferimento dell'ambito del Tribunale dei setti giudici operanti presso il TFP (ai sensi del regolamento 2015/2422 in tema di aumento progressivo dei componenti del Tribunale dell'Unione).

Capitolo 7 | LA BANCA CENTRALE EUROPEA

SOMMARIO:

1. La Banca Centrale Europea.

► 1.1. Caratteri.

La Banca centrale europea (BCE), elevata al rango di istituzione dell'Unione ad opera dell'art. 13 TUE, si presenta come organo specializzato: la sua competenza, infatti, risulta limitata ad un singolo settore di intervento dell'Unione europea, quello dell'unione economica e monetaria (UEM).
La Banca centrale europea è un'istituzione indipendente, nei confronti sia degli organi dell'Unione sia degli Stati membri (art. 282, par. 3, TFUE).

► 1.2. Funzioni.

La BCE svolge due funzioni essenziali (art. 282, par. 2 e 3, TFUE):
- ha il diritto esclusivo di autorizzare l'emissione dell'euro;
- partecipa alla conduzione della politica monetaria dell'Unione, in seno al Sistema europeo di banche centrali (SEBC, composto dalla Banca centrale europea e dalle banche centrali nazionali degli Stati membri che adottano l'euro), che persegue l'obiettivo principale di assicurare il mantenimento della stabilità dei prezzi. Nei settori di sua competenza, la BCE esercita anche funzioni di tipo consultivo: può formulare pareri e deve essere consultata su ogni progetto di atto dell'Unione e di atto normativo a livello nazionale (art. 282, par. 5, TFUE).

► 1.3. Funzionamento.

Al suo interno si articola in due organi decisionali (art. 282 TFUE). Nel dettaglio:
- il comitato esecutivo, composto da sei membri (un presidente, un vicepresidente ed altri quattro componenti), nominati dal Consiglio europeo per un mandato (non rinnovabile) di otto anni, è responsabile della gestione degli affari correnti ed attua la politica monetaria secondo gli indirizzi e le decisioni assunte dal consiglio direttivo;
- il consiglio direttivo, composto dai membri del comitato esecutivo e dai governatori delle banche centrali nazionali dell'area dell'euro, stabilisce la politica monetaria dell'eurozona. Il funzionamento e l'organizzazione della BCE sono regolati nel Protocollo n. 4, allegato al Trattato di Lisbona.

► 1.4. Tendenze nel sistema attuale.

Nel contesto del percorso diretto alla creazione di un'unione bancaria, con regolamento n. 1024/2013 sono stati attribuiti alla BCE – sulla base dell'art. 127, par. 6, TFUE – compiti specifici in materia di vigilanza sugli enti creditizi, nel quadro diretto all'istituzione del meccanismo di vigilanza unico (MVU) nel contesto dei paesi aderenti all'euro. In particolare, a partire dal 4 novembre 2014 la BCE ha assunto poteri di vigilanza diretta sulle banche di grandi dimensioni (banche c.d. "*significant*"), in collaborazione con le Autorità nazionali di vigilanza. Allo scopo di assicurare la separazione tra l'esercizio dei compiti di vigilanza e l'assolvimento delle funzioni di politica monetaria ai fini del mantenimento della stabilità dei prezzi attribuite alla BCE, il citato regolamento del 2013 prevede l'istituzione in seno alla BCE di un consiglio di vigilanza (art. 26), assistito da un comitato direttivo.

Capitolo 8 | LA CORTE DEI CONTI

I ►

1. La Corte dei Conti.

► 1.1. Origine.

Istituita nel Trattato di Bruxelles del 22 luglio del 1975 a completamento del percorso diretto alla creazione di un sistema di bilancio autonomo, la Corte dei Conti entra in funzione nell'ottobre del 1977. L'inclusione formale nel quadro istituzionale dell'Unione risale, invece, al Trattato di Maastricht.

► 1.2. Composizione.

La Corte dei Conti è un organo di individui: "... è composta da un cittadino di ciascuno Stato membro. I suoi membri esercitano le loro funzioni in piena indipendenza, nell'interesse generale dell'Unione" (art. 285 TFUE). Non costituisce un organo di rappresentanza delle istanze governative, facenti capo agli Stati membri di provenienza: agisce esclusivamente nell'interesse generale dell'Unione.
I membri dell'istituzione devono, pertanto, possedere requisiti di professionalità ed offrire garanzie di indipendenza (art. 286 TFUE). Tale aspetto è correlato al carattere tecnico dell'organo. La nomina dei componenti della Corte dei Conti si articola in una procedura destinata a coinvolgere alcune istituzioni dell'Unione (Consiglio e Parlamento) e gli Stati membri: "il Consiglio, previa consultazione del Parlamento europeo, adotta l'elenco dei membri, redatto conformemente alle proposte presentate da ciascuno Stato membro" (art. 286, par. 2, TFUE).
I membri della Corte dei Conti sono nominati per un mandato di sei anni, rinnovabile (art. 286, par. 2, TFUE). L'indipendenza di giudizio dei componenti della Corte dei Conti viene assicurata anche durante lo svolgimento delle funzioni.
In particolare:

- si prevede un regime di incompatibilità all'esercizio di ogni altra attività professionale (art. 286, par. 4, TFUE);
- si specifica che "nell'adempimento dei loro doveri, i membri della Corte dei Conti non sollecitano né accettano istruzioni da alcun governo né da alcun organismo. Essi si astengono da ogni atto incompatibile con il carattere delle loro funzioni" (art. 286, par. 3, TFUE).

► 1.3. Funzioni.

Le funzioni da essa esercitate si identificano essenzialmente nel controllo contabile: "la Corte dei conti assicura il controllo dei conti dell'Unione" (art. 285 TFUE). In particolare, la Corte esamina le entrate e le spese dell'Unione e, ove non sia espressamente escluso, anche le entrate e le spese degli organismi o organi istituti creati dall'Unione (art. art. 287, par. 1, TFUE).
L'attività di esame dei conti dell'Unione mira a realizzare due funzioni (art. 287, par. 2, TFUE):

- il controllo di legittimità e regolarità delle entrate e delle spese;
- l'accertamento di una sana gestione finanziaria.

La Corte esercita il controllo contabile mediante due tipi di strumenti (art. 287, par. 3, TFUE):
- l'esame di documenti;
- le verifiche ispettive sul posto.

La funzione di controllo contabile si traduce essenzialmente in due atti:
- l'attestazione di affidabilità dei conti e di legittimità e regolarità delle relative operazioni, quale dichiarazione da presentare al Parlamento europeo ed al Consiglio (art. 287, par. 1, TFUE), che viene altresì pubblicata sulla Gazzetta Ufficiale dell'Unione;
- la relazione annuale, da trasmettere alle altre istituzioni dell'Unione dopo la chiusura di ciascun esercizio, e pubblicata sulla Gazzetta Ufficiale dell'Unione (art. 287, par. 4, TFUE); la Corte può altresì adottare relazioni speciali o fornire pareri su richiesta delle altre istituzioni. Nell'esercizio della sua funzione di controllo contabile, la Corte riferisce sui casi di irregolarità eventualmente accertati; non dispone di poteri di tipo sanzionatorio.

Oltre a svolgere compiti di controllo contabile, la Corte dei Conti svolge un ruolo di assistenza in materia di bilancio: "essa assiste il Parlamento europeo e il Consiglio nell'esercizio della loro funzione di controllo dell'esecuzione del bilancio" (art. 287, par. 4, TFUE).

II▶

1. Il bilancio dell'Unione Europea.

Il **bilancio dell'UE** è lo strumento che garantisce che l'Europa rimanga una forza democratica, pacifica, prospera e competitiva e fornisce le risorse che fanno dell'Europa un *leader* mondiale nell'affrontare le sfide attuali e future.
A differenza di quelli nazionali, **il bilancio dell'UE è un bilancio di investimenti**: non finanzia la protezione sociale, l'istruzione primaria né la difesa nazionale, bensì investe nei settori chiave che forniscono un valore aggiunto europeo promuovendo la crescita e la competitività. Interviene solo quando lo stanziamento di fondi è più efficace a livello europeo che locale, regionale o nazionale.
Il **bilancio dell'UE**: fornisce gli strumenti necessari per offrire una risposta globale alle questioni transnazionali che interessano tutti i cittadini europei; assicura le garanzie necessarie per i progetti rischiosi o a lungo termine che nessun paese dell'UE potrebbe mai finanziare da solo.
Il bilancio dell'UE contribuisce alla riduzione delle disuguaglianze sia all'interno dell'Europa che tra le regioni, migliorando il contesto imprenditoriale, liberando il potenziale delle imprese europee e rimuovendo gli ostacoli agli investimenti sia a livello nazionale che dell'UE.

2. Principi redazionali.

Essendo il bilancio dell'UE prevalentemente un bilancio di investimenti, per garantirne stabilità, esso è strutturato su un **orizzonte di medio-lungo termine**.
Un piano di spesa a lungo termine, denominato **quadro finanziario pluriennale** (**QFP**), è adottato per un periodo di almeno cinque anni (solitamente sette anni).
Il **quadro finanziario pluriennale** stabilisce gli importi massimi annuali (massimali) che possono essere spesi dall'UE nelle diverse categorie di spesa (rubriche) per ognuno di questi cinque/sette anni.
Ogni **bilancio annuale** è adottato nei limiti del quadro finanziario pluriennale e, per garantire flessibilità, è solitamente inferiore al massimale di spesa stabilito dal QFP.

▶2.1. Impegno di spesa e di pagamento.

Il bilancio dell'UE è espresso in **stanziamenti di impegno e di pagamento**.

Gli **impegni** sono impegni giuridici a fornire finanziamenti.
I **pagamenti** sono contanti o trasferimenti bancari ai beneficiari effettuati per coprire la spesa dovuta nell'anno corrente e derivante dagli impegni giuridici assunti nell'anno in corso o in quelli precedenti.
Il bilancio dell'UE deve chiudere sempre in **pareggio**: non può mai registrare **disavanzi**.
I **finanziamenti** provengono dalle seguenti fonti:

- **dazi doganali** sulle importazioni da paesi terzi;
- una piccola percentuale dell'**imposta sul valore aggiunto** riscossa da ogni Stato membro;
- una percentuale del reddito nazionale lordo degli Stati membri, in linea con le risorse economiche di cui dispongono;
- altre entrate, che comprendono in particolare versamenti fiscali e di altra natura a carico delle retribuzioni del personale dell'UE, contributi di paesi terzi a favore di alcuni programmi, interessi di mora e ammende, nonché qualsiasi eccedenza dell'esercizio precedente.

3. L'Ufficio europeo per la lotta antifrode.

L'**Ufficio europeo per la lotta antifrode** (OLAF) nasce nel 1999, disciplinato, prima, dalla Decisione n. 352/99 e dal Regolamento Parlamento CE n.1073/99, poi dalla Decisione n. 2013/478/EU (che ha modificato la Decisione n. 352/99) e dal nuovo Regolamento n. 883/2013 (che abroga il Regolamento Parlamento CE n. 1073/99).

3.1. Le competenze.

L'Ufficio europeo per la lotta antifrode **è l'organo dell'UE incaricato di individuare, esaminare e far cessare le frodi** nell'uso dei **fondi dell'Unione europea.**
A tal fine, l'OLAF:

- effettua indagini indipendenti su casi di frode e corruzione riguardanti i fondi dell'UE per assicurare che i soldi dei contribuenti europei vadano esclusivamente a progetti che possono creare occupazione e favorire la crescita in Europa;
- contribuisce a rafforzare la fiducia dei cittadini nelle istituzioni europee attraverso indagini su gravi inadempimenti degli obblighi professionali da parte del personale e dei membri delle istituzioni dell'UE;
- elabora un'efficace **politica antifrode** dell'Unione europea.

L'OLAF può esaminare **questioni relative a frodi**, corruzione e altri reati lesivi degli interessi finanziari dell'UE con riferimento:

- a tutte le spese dell'Unione: le principali categorie di spesa sono i fondi strutturali, la politica agricola e i fondi per lo sviluppo rurale, le spese dirette e gli aiuti esterni;
- alcuni elementi delle entrate dell'UE, soprattutto i dazi doganali sospetti di gravi inadempimenti degli obblighi professionali da parte del personale e dei membri delle istituzioni dell'UE.

3.2. Le indagini.

L'OLAF riceve **segnalazioni di frodi e irregolarità** da fonti diverse. Nella maggior parte dei casi, le informazioni sono il risultato di controlli effettuati da chi è responsabile della gestione dei fondi dell'UE nelle istituzioni europee o negli Stati membri.

L'OLAF valuta inizialmente tutte le **denunce** ricevute per stabilire se rientrano nel proprio ambito di competenza e se rispondono ai criteri per avviare un'indagine.
Le indagini possono comportare colloqui e ispezioni di locali e sono classificate in una delle **tre categorie** seguenti:

- **indagini interne:** si tratta di indagini amministrative all'interno delle istituzioni e degli organi europei per rilevare casi di frode, corruzione e altre attività illecite che danneggiano gli interessi finanziari dell'Unione europea, compresi fatti gravi riguardanti l'esercizio delle attività professionali
- **indagini esterne:** si tratta di indagini amministrative al di fuori delle istituzioni e degli organi dell'Unione europea per rilevare casi di frode o altre irregolarità da parte di persone fisiche o giuridiche; rientrano nella categoria delle indagini esterne i casi in cui l'OLAF svolge la maggior parte dell'attività investigativa
- **coordinamento:** l'OLAF contribuisce alle indagini svolte dalle autorità nazionali o da altri servizi dell'Unione agevolando la raccolta e lo scambio di informazioni e facilitando i contatti.

Dopo la conclusione di un'indagine, l'Ufficio raccomanda interventi alle istituzioni dell'UE e ai governi nazionali interessati: ciò comprende di solito l'avvio di indagini penali, recuperi finanziari o altre misure disciplinari. Infine, controlla l'attuazione di tali misure.

Capitolo 9 GLI ALTRI ORGANI ED ORGANISMI DELL'UNIONE

SOMMARIO:

1. Premessa.

Il quadro istituzionale dell'Unione è completato da una serie di organi ed organismi, diversi dalle istituzioni e dagli organi monocratici, corrispondenti a figure inserite nell'ambito di singole istituzioni. In tale categoria rientrano:

- il Mediatore europeo;
- il Comitato economico e sociale;
- il Comitato delle Regioni;
- la Banca europea per gli investimenti;
- le Agenzie.

2. Il Mediatore Europeo.

2.1. Origini, nomina e composizione.

Il Mediatore europeo si identifica in una persona (indipendente e autorevole) incaricata di esaminare le denunce in merito a casi di cattiva amministrazione nello svolgimento dell'attività di istituzioni, organi o organismi dell'Unione. Istituito con il Trattato di Maastricht, svolge un ruolo di intermediazione tra la cittadinanza e il Parlamento europeo, rappresentando un canale di comunicazione attivato su base individuale per sollecitare l'esercizio delle funzioni di controllo politico spettanti al Parlamento europeo.
È un organo monocratico su base individuale: non rappresenta gli interessi degli Stati membri, essendo chiamato ad agire nell'interesse generale dell'Unione. In particolare, si prevede che "nell'adempimento dei suoi doveri, egli non sollecita né accetta istruzioni da alcun governo, istituzione, organo o organismo" (art. 228, par. 3, TFUE). Tale circostanza trova conferma nel regime di incompatibilità, concernente il divieto di esercizio di altre attività professionali.
Il Mediatore è nominato dal Parlamento europeo all'inizio di ciascuna legislatura, subito dopo l'elezione del Parlamento stesso. La durata del suo mandato (rinnovabile) coincide con quella della legislatura (pari a cinque anni). Il Mediatore può essere dichiarato dimissionario dalla Corte di giustizia, su richiesta del Parlamento europeo (art. 228, par. 2, co. 2, TFUE):

- nel caso in cui venga meno la sua rispondenza alle condizioni necessarie per l'esercizio delle funzioni assegnate;
- nel caso di commissione di una colpa grave.

2.2. Funzioni e poteri.

Le funzioni assegnate al Mediatore europeo riguardano la ricezione e l'istruzione di denunce presentate da qualsiasi cittadino dell'Unione o da una persona fisica (o giuridica) avente la residenza (o sede sociale) in uno Stato membro, concernenti casi di cattiva amministrazione nell'azione di istituzioni, organi o organismi dell'Unione, ad eccezione della Corte di giustizia dell'Unione nello svolgimento delle sue funzioni giurisdizionali (art. 228, par. 1, co. 1, TFUE). Nell'ambito dell'attività di istruzione delle denunce ricevute, il Mediatore è legittimato allo svolgimento di indagini, anche di propria iniziativa, purché i fatti in questione non siano (o non siano stati) oggetto di una procedura giudiziaria (art. 228, par. 1, co. 2, TFUE). Ove all'esito delle indagini constati un caso di cattiva amministrazione, il Mediatore:

- si rivolge all'organo interessato, che dispone di tre mesi per comunicare il suo parere al riguardo;
- sulla base del parere ricevuto, elabora un'apposita relazione, trasmessa al Parlamento europeo e all'organo interessato.

Il Mediatore europeo non dispone di poteri coercitivi in senso autonomo: può solo sollecitare l'azione correttiva dell'istituzione interessata o, in difetto, l'intervento del Parlamento europeo. Il dialogo con il Parlamento europeo, inteso a sollecitare le sue funzioni di controllo politico sull'operato delle altre istituzioni, organi o organismi dell'Unione, include la trasmissione di una relazione annuale, concernente i risultati dell'attività di indagine svolta (art. 228, par. 1, co. 3, TFUE).

3. Gli organi consultivi: il Comitato Economico e Sociale. Il Comitato delle Regioni.

3.1. Caratteri comuni.

Gli articoli 300-307 TFUE disciplinano gli organi consultivi dell'Unione:

- il Comitato economico e sociale;
- il Comitato delle Regioni.

Entrambi rappresentano organi di individui: agiscono, infatti, nell'interesse generale dell'Unione, senza essere vincolati da alcun mandato imperativo da parte degli Stati di provenienza (art. 300, par. 4, TFUE). Svolgono funzioni di tipo consultivo: in particolare, assistono il Parlamento europeo, la Commissione ed il Consiglio nel processo decisionale dell'Unione. L'esercizio delle funzioni consultive si verifica, oltre che su iniziativa degli stessi organi, in due ipotesi (artt. 304 e 307, TFUE):
a) nei casi previsti dai trattati (consultazione obbligatoria);
b) su richiesta delle istituzioni che lo ritengano opportuno (consultazione facoltativa).
Il parere espresso dal Comitato non ha valore vincolante: le istituzioni coinvolte nel processo decisionale dell'Unione (Parlamento, Commissione e Consiglio) possono, infatti, discostarsene. Il parere espresso da tali organi si risolve, pertanto, in semplici indicazioni, di carattere tecnico e specifico, nonché politico.

3.2. Il Comitato economico e sociale.

È formato da rappresentanti delle varie categorie della società civile organizzata: "... è composto da rappresentanti delle organizzazioni di datori di lavoro, di lavoratori dipendenti e di altri attori rappresentativi della società civile, in particolare nei settori socioeconomico, civile, professionale e culturale" (art. 300, par. 2, TFUE). Costituisce un anello di congiunzione tra l'Unione e i cittadini.
Istituto con il Trattato CEE del 1957, viene collocato dal Trattato di Lisbona nell'ambito degli organi consultivi dell'Unione. Il ruolo consultivo ad esso attribuito contribuisce al rafforzamento della legittimità democratica e dell'efficacia dell'azione dell'Unione europea: esprime, infatti, la partecipazione delle organizzazioni civili all'elaborazione di atti e politiche dell'Unione, favorendone l'avvicinamento ai cittadini.

3.3. Il Comitato delle regioni.

È formato da rappresentanti degli enti regionali e locali: "... è composto da rappresentanti delle collettività regionali e locali che sono titolari di un mandato elettorale nell'ambito di una collettività

regionale o locale, o politicamente responsabili dinanzi ad un'assemblea eletta" (art. 300, par. 3, TFUE). Istituito con il Trattato di Maastricht, è classificato espressamente dal Trattato di Lisbona come organo consultivo dell'Unione. La sua creazione riflette la volontà di rispettare le identità e le prerogative degli enti regionali e locali, valorizzandone il ruolo di partecipazione al processo di integrazione europea, nonché di coinvolgerli nello sviluppo e nell'attuazione delle politiche dell'Unione.
Al contempo, la sua istituzione esprime l'intenzione di avvicinare i cittadini al sistema dell'Unione: le collettività locali e regionali, rappresentano, infatti, il livello di governo più vicino ai cittadini.

4. La Banca Europea per gli investimenti.

▶ 4.1. Origini, composizione e natura.

Nell'ambito dei trattati è previsto un ulteriore organo, la Banca europea per gli investimenti (artt. 308, 309 TFUE): istituita con il Trattato di Roma nel 1957, rinviene la sua disciplina in un apposito Protocollo (n. 5), allegato al Trattato di Lisbona. La Banca europea per gli investimenti (BEI) è composta dagli Stati membri, che ne sottoscrivono il capitale: "sono membri della Banca europea per gli investimenti gli Stati membri" (art. 308 TFUE).
Tale ente presenta una duplice veste: è un organismo dell'Unione e al contempo una banca. È dotato di personalità giuridica, nonché di indipendenza finanziaria, amministrativa e di controllo.

▶ 4.2. Funzioni.

La BEI ha il compito di contribuire allo sviluppo del mercato interno nell'interesse dell'Unione. A tal fine, concede prestiti e garanzie per il finanziamento di progetti indicati nell'art. 309 TFUE, inerenti a qualsiasi settore dell'economia, in particolare:

- progetti di valorizzazione delle regioni meno sviluppate;
- progetti di ammodernamento o riconversione di imprese o creazione di nuove attività indotte dall'instaurazione o dal funzionamento del mercato interno;
- progetti di interesse comune per più Stati membri, qualora non possano essere interamente assicurati dai vari mezzi di finanziamento esistenti nei singoli Stati membri).

Per la concessione di prestiti e garanzie, la BEI non utilizza fondi del bilancio dell'Unione: si finanzia in modo autonomo, "... facendo appello al mercato dei capitali ed alle proprie risorse" (art. 309 TFUE).
La partecipazione della BEI al funzionamento dell'Unione investe altresì il settore della politica economica, con particolare riguardo alle ipotesi di mancata ottemperanza dello Stato membro alla decisione assunta nei suoi confronti dal Consiglio, intimante l'adozione entro un termine definito di misure volte alla riduzione di un disavanzo pubblico eccessivo. In particolare, il Consiglio può adottare una serie di misure, indicate all'art. 126, par. 11, TFUE: tra queste è previsto l'invito, rivolto alla Banca europea per gli investimenti, "a riconsiderare la sua politica di prestiti verso lo Stato membro in questione".

▶ 4.3. Struttura interna.

Nell'ambito della sua articolazione interna, le funzioni più rilevanti sono svolte da:

- il Consiglio dei governatori, composto dai ministri delle finanze degli Stati membri dell'UE, con compiti di carattere decisionale quale la definizione della politica creditizia della BEI e la vigilanza sulla relativa esecuzione;
- il Consiglio di amministrazione (i cui componenti sono nominati dal Consiglio dei governatori per un mandato di cinque anni, rinnovabile), competente in merito alla concessione di prestiti e garanzie, nonché all'emissione di titoli per il reperimento delle risorse sul mercato di capitali.

La struttura interna della BEI si compone di **due ulteriori organi**, con compiti esecutivi di gestione corrente (Comitato direttivo) e compiti di controllo sulla regolarità delle operazioni e dei conti dell'organismo (Comitato di verifica).

5. Le Agenzie.

5.1. Generalità.

L'apparato istituzionale dell'Unione si avvale di organismi con competenze tecniche e di supporto informativo: le agenzie indipendenti, chiamate a svolgere essenzialmente un ruolo strumentale all'attività dell'Unione. Istituite con regolamenti basati su disposizioni dei trattati (a partire dal TCE) o fondate direttamente su norme dei trattati (a partire dal TUE in riferimento ai settori rientranti nell'allora secondo e terzo Pilastro), presentano funzioni, composizione e poteri eterogenei, che variano notevolmente da caso a caso. Risultano accomunate da due aspetti:

- il possesso di personalità giuridica;
- il riconoscimento di autonomia organizzativa e finanziaria. Le agenzie dell'UE possono svolgere compiti di natura tecnica, scientifica ovvero compiti di gestione specifici.

In particolare, con regolamento CE n. 58/2003 sono state istituite le c.d. "agenzie esecutive" per svolgere determinati compiti relativi alla gestione di uno o più programmi comunitari: hanno una durata determinata e devono essere ubicate presso la sede della Commissione europea.

5.2. Le agenzie previste nel Trattato di Lisbona.

Il Trattato di Lisbona contempla in apposite disposizioni alcune agenzie (istituite in precedenza dal Consiglio), in particolare:

- l'**Eurojust** (art. 85 TFUE), menzionata in seno al settore della cooperazione giudiziaria in materia penale, con il compito di "sostenere e potenziare il coordinamento e la cooperazione tra le autorità nazionali responsabili delle indagini e dell'azione penale contro la criminalità grave che interessa due o più Stati membri o che richiede un'azione penale su basi comuni";
- l'**Europol** (art. 87 TFUE), menzionata nell'ambito del settore della cooperazione di polizia, con il compito di "sostenere e potenziare l'azione delle autorità di polizia e degli altri servizi incaricati dell'applicazione della legge degli Stati membri e la reciproca collaborazione nella prevenzione e lotta contro la criminalità grave che interessa due o più Stati membri, il terrorismo e le forme di criminalità che ledono un interesse comune oggetto di una politica dell'Unione";
- l'**Agenzia europea per la difesa** (art. 45 TUE), prevista nell'ambito delle disposizioni concernenti la politica di sicurezza e di difesa comune in seno al capo dedicato alla politica estera e di sicurezza comune, con il compito di "contribuire a individuare gli obiettivi di capacità militari degli Stati membri ... sostenere la ricerca nel settore della tecnologia della difesa ... contribuire a individuare e, se del caso, attuare qualsiasi misura utile per potenziare la base industriale e tecnologica del settore della difesa e per migliorare l'efficacia delle spese militari".

6. Gli Organismi di vigilanza finanziaria.

A seguito della crisi finanziaria del 2007-2008, l'Unione europea ha deciso di istituire con appositi regolamenti quattro organismi, destinati a comporre il Sistema europeo di vigilanza finanziaria (SEVIF):

- il **Comitato per il rischio sistemico** (CERS), responsabile della vigilanza macroprudenziale di tutto il sistema finanziario, con il compito di monitorare e valutare il rischio sistemico, contribuendo ad assicurare stabilità finanziaria e mitigare le ripercussioni negative sul mercato interno e l'economia reale (reg. 1092/2010);
- l'**Autorità bancaria europea** (EBA), con il compito di promuovere un livello di regolamentazione elevato, uniforme e efficace nel settore bancario e favorire la convergenza delle prassi di vigilanza nell'ambito del territorio dell'Unione (reg. UE 1093/2010);
- l'**Autorità europea degli strumenti finanziari e dei mercati** (ESMA), istituita con reg. UE 1095/2010;
- l'**Autorità europea delle assicurazioni e delle pensioni aziendali e professionali** (EIOPA), istituita con reg. UE 1094/2010.

Capitolo 10 LE FONTI E GLI ATTI DELL'UNIONE EUROPEA. LE PROCEDURE DI ADOZIONE

SOMMARIO:

1. Premessa. L'ordinamento giuridico dell'Unione: peculiarità.

L'ordinamento giuridico dell'Unione si configura come un ordinamento autonomo rispetto a quello degli Stati membri. Due sono gli elementi valorizzati dalla Corte di giustizia nel delineare i connotati precipui dell'ordinamento comunitario:

- con l'adesione al Trattato (in origine istitutivo della CEE) gli Stati membri acconsentono a una cessione della sovranità in favore della Comunità, se pure in ambiti circoscritti e determinati;
- il sistema giuridico creato attraverso il Trattato non si limita ad imporre obblighi a carico degli Stati membri, bensì è idoneo ad incidere sulla sfera giuridica dei soggetti in seno ai singoli ordinamenti nazionali, che pertanto diventano soggetti di diritto anche nell'ambito dell'ordinamento comunitario.

L'**autonomia dell'ordinamento giuridico dell'Unione** si combina con l'attitudine delle sue norme all'incidenza diretta nell'ordinamento interno dei singoli Stati membri: l'ordinamento dell'Unione, pur avendo carattere autonomo, si presenta quindi in rapporto di stretto collegamento con gli ordinamenti nazionali.
Il nesso di collegamento con i sistemi giuridici nazionali degli Stati componenti si configura, a seconda delle ricostruzioni, come relazione di integrazione o viceversa di mero coordinamento.

2. La classificazione delle fonti del diritto dell'Unione.

L'ordinamento giuridico dell'Unione si fonda su un sistema di fonti del diritto, classificabili in tre categorie:

- **i trattati, i principi generali del diritto e**, a partire dall'entrata in vigore del Trattato di Lisbona, **la Carta dei diritti fondamentali dell'Unione** (c.d. **diritto primario**);
- **gli atti adottati dalle istituzioni nei settori di competenza dell'Unione**, intesi come atti produttivi di effetti vincolanti nei confronti dei destinatari (c.d. **diritto secondario** o derivato). Sono rappresentati da regolamenti, direttive e decisioni (c.d. **atti tipici**, elencati nell'art. 288 TFUE), nonché da **atti non corrispondenti ai tipi codificati** nel succitato art. 288 (ad esempio, l'atto di approvazione del bilancio annuale, ai sensi dell'art. 314, TFUE). Includono gli atti di base e gli atti di attuazione o di esecuzione (ex artt. 290 e 291 TFUE), nonché gli atti adottati nel settore della PESC. Non comprendono le raccomandazioni ed i pareri, in quanto atti privi di portata vincolante, ai sensi dell'art. 288, ult. co., TFUE;
- **le norme di diritto internazionale generale e gli accordi conclusi dall'Unione europea** con Stati terzi, che vengono considerati fonti intermedie, collocate tra le fonti di diritto primario e quelle di diritto secondario o derivato.

▶ 2.1. Il criterio della gerarchia.

Tale classificazione corrisponde ai **diversi rapporti configurabili tra le varie fonti**, fondati essenzialmente sul **criterio della gerarchia**. In forza di tale criterio, le fonti si collocano nel seguente ordine (**in senso gerarchicamente decrescente**):

- fonti di diritto primario;
- fonti intermedie (in specie, le norme di diritto internazionale generale e gli accordi conclusi dall'Unione europea con Stati terzi);
- fonti di diritto secondario o derivato.

Gli atti adottati dalle istituzioni (diritto secondario) sono subordinati alle disposizioni contenute nei trattati e devono rispettare le norme previste dalle altre fonti di diritto primario; la violazione delle stesse rende l'atto illegittimo, pertanto suscettibile di annullamento ai sensi dell'art. 263 TFUE.

Gli accordi conclusi dall'Unione europea (o, più precisamente, l'atto delle istituzioni con cui è decisa la conclusione dell'accordo internazionale) devono parimenti rispettare le disposizioni contenute nei trattati e i principi generali del diritto dell'Unione (in particolare, quelli a tutela dei diritti fondamentali). Sono, inoltre, destinati a prevalere sugli atti delle istituzioni (art. 216, par. 2, TFUE). Di conseguenza, l'accordo internazionale può fungere da parametro di legittimità degli atti adottati dalle istituzioni: il mancato rispetto dell'accordo internazionale può determinare l'illegittimità dell'atto, con conseguente annullamento dello stesso, ai sensi dell'art. 263 TFUE.

▶ 2.2. La classificazione degli atti giuridici rientranti nelle fonti di diritto secondario.

In forza del contenuto, si distinguono gli atti di base da:

- gli **atti di attuazione**, diretti all'integrazione o alla modifica di taluni elementi non essenziali di un atto legislativo;
- gli **atti di esecuzione**, volti all'esecuzione di atti giuridicamente vincolanti dell'Unione qualora sia necessaria la fissazione di condizioni uniformi.

La distinzione tra atti base e atti di attuazione o esecuzione rileva sotto due profili:

- i limiti dell'atto;
- la procedura decisionale applicabile.

Nel dettaglio:

- gli **atti di attuazione o di esecuzione** sono legati all'atto base da un rapporto di dipendenza, essendo adottati in forza di una delega (art. 290 TFUE) o del conferimento di poteri (art. 291 TFUE), disposti con l'atto di base in favore della Commissione (nel caso della delega di attuazione e di, regola, nell'ipotesi di conferimento delle competenze di esecuzione) o eccezionalmente in favore del Consiglio (nel solo caso di conferimento delle competenze di esecuzione, in ipotesi limitate, specificatamente individuate dall'art. 291, par. 2, TFUE). Di conseguenza, gli atti di attuazione o di esecuzione rinvengono nell'atto base le regole e i limiti di esercizio del potere attribuito in forza della delega di attuazione o del conferimento delle competenze di esecuzione. Si stabilisce, pertanto, un rapporto di gerarchia tra l'atto base e l'atto di attuazione o di esecuzione;
- gli **atti di attuazione e quelli di esecuzione** contengono norme di rango sub-legislativo. In particolare, l'atto di attuazione è qualificato come atto non legislativo di portata generale, mentre l'atto di base contenente la delega ha natura legislativa. Parimenti, gli atti di esecuzione presentano valore non legislativo; mentre l'atto di base che conferisce le competenze di esecuzione ai sensi dell'art. 291 TFUE può assumere carattere legislativo o valore non legislativo, essendo richiesto come unico presupposto che si tratti di un atto giuridicamente vincolante;
- gli **atti di base**, quindi, si distinguono da quelli di attuazione o di esecuzione anche dal punto di vista della procedura decisionale applicabile.

▶ 2.2.1. Il criterio della natura giuridica.

In base alla **natura giuridica**, si possono classificare gli atti adottabili dalle istituzioni in **atti legislativi** e **atti non legislativi**. La distinzione si fonda sul **tipo di procedura decisionale**. Questa è individuata dalla base giuridica in forza della quale l'atto è adottato:

- quando la base giuridica prevede l'adozione mediante una procedura decisionale qualificata come procedura legislativa (ordinaria o speciale), l'atto adottato assume valore legislativo (art. 289, par. 3, TFUE);
- la categoria degli atti non legislativi è pertanto definita per esclusione. La qualificazione di un atto come legislativo assume rilevanza in riferimento al ruolo dei Parlamenti nazionali: solo in merito agli atti legislativi, infatti, può essere esercitato il controllo in ordine al rispetto del principio di sussidiarietà, attribuito ai Parlamenti nazionali in base al protocollo n. 2 allegato al Trattato di Lisbona (art. 12 TUE).

▶ 2.2.2. Il criterio strutturale.

In base alla **struttura**, gli atti rientranti nel diritto secondario o derivato sono classificabili in:
- **atti tipici**, corrispondenti ai tipi elencati nell'art. 288 TFUE;
- **atti atipici**, ove previsti nei trattati ma non riconducibili ai tipi codificati nel succitato art. 288.

Gli atti tipici qualificabili come fonti del diritto in ragione dell'idoneità alla produzione di effetti vincolanti sono rappresentati da regolamenti, direttive e decisioni. Non vi rientrano le raccomandazioni e i pareri, in quanto definiti come atti non vincolanti.

▶ 2.3. L'adozione dell'atto. Il principio di proporzionalità.

L'art. 288 TFUE non prevede alcuna gerarchia tra gli atti di tipo diverso, che pertanto presentano il medesimo valore giuridico.

Il **tipo di atto da adottare** è:
- di regola specificato di volta in volta dalla singola base giuridica. I trattati riservano, pertanto, la regolamentazione di un aspetto determinato ad uno specifico tipo di atto (a titolo esemplificativo si può richiamare l'art. 86, par. 1, TFUE, secondo cui l'istituzione di una Procura europea può avvenire soltanto mediante l'adozione di regolamenti);
- qualora la base giuridica non identifichi espressamente il tipo di atto da adottare, spetta alle istituzioni effettuare la scelta, nel rispetto del principio di proporzionalità (art. 296, co. 1, TFUE). In particolare, il **principio di proporzionalità** privilegia, a parità di altre condizioni, l'utilizzo di strumenti normativi connotati dall'attitudine a lasciare agli Stati membri maggiori spazi di manovra (a titolo esemplificativo, si può richiamare l'art. 82, par. 1, TFUE, che prevede genericamente l'adozione di misure nel settore della cooperazione giudiziaria in materia penale, rimettendo pertanto la scelta del tipo di atto alle istituzioni legittimate all'adozione dell'atto stesso). L'elencazione contenuta nell'art. 288 TFUE non ha valore tassativo: gli stessi trattati prevedono, infatti, l'adozione di atti non corrispondenti ai tipi ivi codificati. A titolo esemplificativo, si può richiamare l'atto con cui il Parlamento europeo e il Consiglio stabiliscono il bilancio annuale dell'Unione, previsto dall'art. 314 TFUE: è qualificabile come atto legislativo in conseguenza della procedura decisionale definita dalla base giuridica (procedura legislativa speciale), tuttavia non è riconducibile alle ipotesi tipiche di atti giuridici dell'Unione costituenti fonti del diritto (regolamenti, direttive o decisioni). Gli articoli 296 e 297 TFUE regolano alcuni aspetti relativi al regime di adozione degli atti da parte delle istituzioni. Tra questi si segnala l'obbligo di motivazione: gli atti delle istituzioni devono essere motivati, nonché contenere il riferimento alle proposte, iniziative, raccomandazioni, richieste o pareri previsti dai trattati (art. 296, co. 2, TFUE). L'obbligo di motivazione si soddisfa mediante l'esposizione delle ragioni sottese al provvedimento adottato.

Capitolo 11 | LE FONTI PRIMARIE DELL'UNIONE EUROPEA

SOMMARIO:

1. I Trattati.

► 1.1. Generalità.

I trattati rappresentano la parte più cospicua del diritto primario dell'Unione.
Tale fonte è rappresentata, a partire dal Trattato di Lisbona, da:

- il Trattato sull'Unione europea (TUE), che si compone di soli 55 articoli;
- il Trattato sul funzionamento dell'Unione europea (TFUE), che si compone di 358 articoli.

I due trattati assumono pari valore sul piano giuridico: "l'Unione si fonda sul presente trattato e sul trattato sul funzionamento dell'Unione europea ... I due trattati hanno lo stesso valore giuridico" (artt. 1, co. 3, TUE e 1, par. 2, TFUE). Viceversa, sul piano funzionale presentano un valore differente: in particolare, il TFUE è destinato a svolgere un ruolo servente e strumentale rispetto al TUE. Tale legame è desumibile dal dettato contenuto nell'art. 1, par. 1, TFUE: "il presente trattato organizza il funzionamento dell'Unione e determina i settori, la delimitazione e le modalità di esercizio delle sue competenze". Il TFUE è diretto all'integrazione della disciplina generale stabilita nel TUE, al fine di renderla operativa.
Le fonti di diritto primario:

- includono altresì i Protocolli e gli Allegati, in qualità di componenti dei trattati: "i protocolli e gli allegati ai trattati ne costituiscono parte integrante" (art. 51 TUE);
- non comprendono, viceversa, le dichiarazioni allegate all'atto finale adottato dalla CIG (Conferenza intergovernativa convocata per l'approvazione del trattato), che includono sia le dichiarazioni della Conferenza sia le dichiarazioni di uno o più Stati membri.

Alle dichiarazioni del primo tipo, in quanto provenienti da tutti gli Stati membri, si riconosce un ruolo importante, se pure limitato al piano meramente interpretativo: tali dichiarazioni possono, infatti, offrire all'interprete un ausilio nell'esegesi e quindi nell'applicazione delle disposizioni (contenute nel testo dei trattati) cui si riferiscono; non rappresentano, tuttavia, un vero e proprio vincolo per l'interprete.

► 1.2. Natura giuridica.

Una questione assai dibattuta concerne la definizione della natura giuridica dei trattati dell'Unione. Sin dalle origini del processo di integrazione europea, i trattati sono stati conclusi nelle forme e secondo i procedimenti di un normale trattato internazionale, in base ad un accordo adottato da una conferenza di rappresentanti dei governi degli Stati membri e sottoposto alla ratifica degli Stati stessi. L'orientamento prevalente in sede interpretativa evidenzia, tuttavia, le peculiarità connesse al contenuto sostanziale dei trattati dell'Unione:

- essi stabiliscono il complesso di norme fondamentali dell'ordinamento giuridico dell'Unione (in origine, Comunità), configurabile come ordinamento autonomo rispetto agli ordinamenti interni dei singoli Stati membri. In particolare, definiscono, oltre alle competenze spettanti all'Unione, anche la sua struttura istituzionale, le procedure decisionali per l'adozione di atti di diritto derivato e le caratteristiche degli atti giuridici adottabili dalle sue istituzioni; prevedono, altresì, una serie di norme materiali, che dettano i principi e le norme di base applicabili ai vari settori attribuiti alla competenza dell'Unione;
- diversamente, i normali trattati di diritto internazionale si limitano a creare un sistema di obblighi reciproci, gravanti sugli Stati membri. Tali aspetti peculiari sono valorizzati per evidenziare l'irriducibilità dei trattati dell'Unione ad un normale trattato di diritto internazionale, nonostante ne assumano la relativa forma giuridica. Questa conclusione coincide con la soluzione accolta in più occasioni dalla Corte di giustizia: "il Trattato CEE, benché sia stato concluso in forma di accordo internazionale, costituisce la carta costituzionale di una comunità di diritto" (Corte giust., 14 dicembre 1991, parere 1/91); "lo scopo del trattato CEE ... implica che esso va al di là di un accordo che si limiti a creare degli obblighi reciproci tra gli Stati contraenti" (Corte giust., 5 febbraio 1963, C- 26/62).

2. Le procedure di revisione dei trattati.

▶ 2.1. Premessa.

I trattati dell'Unione possono essere modificati soltanto ricorrendo alle procedure appositamente previste (procedure di revisione), che rinvengono la loro disciplina nell'art. 48 TUE. Le procedure di revisione sono di due tipi:

- la procedura ordinaria, destinata ad avere un campo di applicazione generale, che comprende altresì l'accrescimento o la riduzione delle competenze attribuite all'Unione;
- le procedure semplificate, limitate alla modifica di disposizioni specifiche dei trattati.

▶ 2.2. Procedura ordinaria.

La procedura ordinaria consta di numerose fasi, destinate a coinvolgere sia l'apparato istituzionale dell'Unione, sia gli Stati membri ed i Parlamenti nazionali. Si articola nelle seguenti tappe:

- formulazione di un progetto di modifica da parte del governo di uno Stato membro, del Parlamento europeo o della Commissione;
- presentazione del progetto di modifica al Consiglio;
- trasmissione del progetto di modifica dal Consiglio al Consiglio europeo e notifica ai Parlamenti nazionali;
- assunzione, da parte del Consiglio europeo, di una decisione favorevole all'esame delle modifiche proposte, a maggioranza semplice, previa consultazione del Parlamento europeo;
- convocazione, da parte del Presidente del Consiglio europeo, di una convenzione composta da rappresentanti dei parlamenti nazionali, dei capi di Stato o di governo degli Stati membri, del Parlamento europeo e della Commissione, per l'esame dei progetti di modifica e l'adozione (per consenso) di una raccomandazione ad una conferenza dei rappresentanti dei governi degli Stati membri (CIG). Nel caso di modifiche istituzionali proposte nel settore monetario, è consultata anche la Banca centrale europea;
- in alternativa alla convocazione di una convenzione, qualora l'entità delle modifiche non giustifichi siffatta convocazione, il Consiglio europeo può scegliere, con decisione assunta a maggioranza semplice previa consultazione del Parlamento europeo, di definire direttamente il mandato per la conferenza intergovernativa (CIG);

- convocazione della CIG, formata dai rappresentanti dei governi degli Stati membri, da parte del Presidente del Consiglio europeo, con il compito di stabilire di comune accordo le modifiche da apportare ai trattati. In tale contesto è pertanto necessario il consenso unanime di tutti gli Stati membri;
- sottoposizione delle modifiche concordate alla ratifica di tutti gli Stati membri, conformemente alle rispettive norme costituzionali. La definizione delle forme giuridiche necessarie per la ratifica delle modifiche ai trattati è rimessa a ciascuno Stato membro: la normativa nazionale può, in particolare, stabilire che la ratifica sia sottoposta a referendum popolare;
- entrata in vigore delle modifiche, dopo la ratifica da parte di tutti gli Stati membri.

È altresì prevista una misura diretta a facilitare l'entrata in vigore del trattato di revisione, ove non sia completata la procedura di ratifica di tutti gli Stati membri entro il termine di due anni dalla firma del trattato stesso: la questione può essere deferita al Consiglio europeo, affinché adotti misure in grado di favorire l'entrata in vigore del trattato, superando le difficoltà incontrate da uno o più Stati membri nel procedimento di ratifica: "qualora al termine di un periodo di due anni a decorrere dalla firma di un trattato che modifica i trattati, i quattro quinti degli Stati membri abbiano ratificato detto trattato e uno o più Stati membri abbiano incontrato difficoltà nelle procedure di ratifica, la questione è deferita al Consiglio europeo" (art. 48, par. 5, TUE).

▶ 2.3. Procedure semplificate di revisione.

L'art. 48 TUE prevede altresì due procedure semplificate di revisione, aventi oggetto circoscritto. La prima ipotesi, disciplinata nel 6, può avere ad oggetto soltanto modifiche delle disposizioni relative alle politiche ed alle azioni paragrafo interne dell'Unione, contenute nella parte terza del trattato sul funzionamento dell'Unione europea, purché tali modifiche non comportino alcuna estensione delle competenze attribuite all'Unione. La procedura semplificata si differenza da quella ordinaria in ragione della mancata convocazione della convenzione e della conferenza intergovernativa (CIG): il compito di definire le modifiche è attribuito direttamente al Consiglio europeo, che decide all'unanimità, previa consultazione del Parlamento europeo e della Commissione, nonché della Banca centrale europea ove le modifiche riguardino le disposizioni istituzionali nel settore monetario. La fase dell'iniziativa è, viceversa, regolata in modo sostanzialmente identico alla procedura ordinaria: il progetto di modifica è infatti presentato dal governo di qualsiasi Stato membro, dal Parlamento europeo o dalla Commissione; l'unica differenza riguarda il soggetto destinatario della proposta, che in questo caso è direttamente il Consiglio europeo (mentre nella procedura ordinaria è prevista l'intermediazione del Consiglio). Le modifiche definite dal Consiglio europeo sono destinate ad entrare in vigore "previa approvazione degli Stati membri conformemente alle rispettive norme costituzionali".

La seconda ipotesi, denominata procedura passerella e disciplinata nel paragrafo 7, può avere ad oggetto soltanto le disposizioni dei trattati (TFUE o titolo V del TUE) concernenti le modalità di deliberazione del Consiglio o le procedure decisionali, in particolare le disposizioni che prevedono l'assunzione di deliberazioni all'unanimità (in un settore o in un caso determinato) o l'adozione di atti secondo una procedura legislativa speciale:

- nel primo caso, la procedura di revisione può modificare la regola dell'unanimità, sostituendola con il criterio della maggioranza qualificata;
- nel secondo caso la procedura di revisione può stabilire il passaggio alla procedura legislativa ordinaria, in sostituzione di quella speciale.

La procedura di revisione semplificata presenta notevoli differenze rispetto a quella ordinaria:

- è destinata a svolgersi unicamente all'interno del quadro istituzionale dell'Unione, attesa la mancata previsione della ratifica da parte degli Stati membri. È sufficiente la deliberazione del Consiglio europeo, assunta all'unanimità, previa approvazione del Parlamento europeo; il Consiglio europeo è titolare non solo del potere deliberativo, ma anche della facoltà di iniziativa, destinata a segnare l'avvio della procedura semplificata;
- la mancata previsione della ratifica da parte degli Stati membri è, tuttavia, compensata dall'attribuzione di un potere di veto in capo ai Parlamenti nazionali. In particolare, il

Consiglio europeo trasmette la sua iniziativa ai Parlamenti nazionali, che entro il termine di sei mesi possono esprimere la propria opposizione; in caso di opposizione, la decisione del Consiglio europeo non è adottata.

▶ 2.4. Procedure speciali di revisione.

I trattati prevedono, infine, alcune procedure speciali di revisione, deputate alla modifica in forma semplificata di articoli determinati o di aspetti specifici. A titolo esemplificativo, si può richiamare la procedura prevista dall'art. 25, co. 2, TFUE, che consente di completare l'elenco dei diritti connessi alla cittadinanza dell'Unione indicati nell'art. 20, par. 2 (e quindi di modificare l'art. 20, par. 2, TFUE) mediante delibera del Consiglio, assunta all'unanimità, previa approvazione del Parlamento europeo; l'entrata in vigore delle modifiche è condizionata all'approvazione degli Stati membri, conformemente alle rispettive norme costituzionali.

3. La Carta dei diritti fondamentali dell'Unione Europa: l'art. 6 TUE.

▶ 3.1. Art. 6, par. 1, TUE.

Il valore giuridico dei trattati si estende alla Carta dei diritti fondamentali dell'Unione europea: il Trattato di Lisbona, in esecuzione del mandato attribuito alla Conferenza intergovernativa (CIG), definisce la portata giuridica della Carta dei diritti fondamentali dell'Unione europea, proclamata in occasione del Consiglio europeo di Nizza il 7 dicembre 2000 e adottata (con l'apporto di lievi modifiche) il 12 dicembre 2007 a Strasburgo, contenente l'elenco dei diritti fondamentali della persona riconosciuti a livello dell'Unione Europea, allo scopo di attribuirvi maggiore visibilità.
Il Trattato di Lisbona stabilisce che la Carta dei diritti fondamentali dell'Unione europea "ha lo stesso valore giuridico dei trattati" (art. 6, par. 1, TUE). Di conseguenza, la Carta dei diritti fondamentali rientra a pieno titolo nelle fonti di diritto primario dell'Unione. L'equiparazione ai trattati sul piano giuridico incontra, tuttavia, un limite: l'art. 6, par. 1, TUE specifica, nel suo secondo comma, che le disposizioni contenute nella Carta non possono determinare alcuna estensione delle competenze attribuite all'Unione nei trattati. L'equiparazione del valore giuridico della Carta a quello dei trattati vale ad attribuire alle disposizioni contenute nella Carta la medesima cogenza delle previsioni stabilite nei trattati; viceversa, non sembra attribuire valore normativo alla Carta stessa.
Tale conclusione è desumibile dalla funzione attribuita alla Carta, come risultante dal preambolo, in cui si dichiara la necessità di "rafforzare la tutela dei diritti fondamentali ... rendendo tali diritti più visibili in una Carta". In tale ottica, la Carta "riafferma ... i diritti derivanti in particolare dalle tradizioni costituzionali e dagli obblighi internazionali comuni agli Stati membri, dalla Convenzione europea dei diritti dell'uomo e delle libertà fondamentali, dalle carte sociali adottate dall'Unione e dal Consiglio d'Europa, nonché dalla giurisprudenza della Corte di giustizia dell'Unione europea e da quella della Corte europea dei diritti dell'uomo".
Sembra quindi escludersi (o quantomeno attenuarsi) il suo carattere normativo: la Carta non intende attribuire diritti nuovi, diversi da quelli desumibili dalle fonti richiamate nel preambolo, bensì mira a riaffermare i diritti fondamentali ricavabili da tali fonti, che già fanno parte dell'Unione in quanto riconducibili alla categoria principi generali del diritto (art. 6, par. 3, TUE), al fine di garantirne una maggiore visibilità.

▶ 3.2. L'art. 6, par. 2, TUE.

L'attribuzione di un valore giuridico equivalente a quello dei trattati non concerne, viceversa, la Convenzione europea per la salvaguardia dei diritti dell'uomo e delle libertà fondamentali (CEDU), parimenti considerata nell'art. 6 TUE: il paragrafo 2 prevede che "l'Unione aderisce" a tale Convenzione.
Tale disposizione non può configurarsi come base giuridica dell'equiparazione della CEDU ai trattati dell'Unione sul piano del valore giuridico, attesa la diversa formulazione del testo normativo: l'art. 6,

par. 2, TUE attribuisce all'Unione la competenza ad aderire formalmente alla CEDU, diventandone parte contraente al pari degli Stati membri (tra cui l'Italia) che già vi hanno aderito, confermando l'orientamento diffuso a livello interpretativo in merito alla legittimazione dell'Unione.
Tale disposizione è coerente alle conclusioni accolte dalla Corte di giustizia, che nel rendere un parere (Corte giust., 28 marzo 1996, parere 2/94) sull'adesione dell'Unione (allora Comunità) alla CEDU, aveva specificato che l'adesione non può realizzarsi mediante il ricorso alla clausola di flessibilità (oggi prevista all'art. 352 TFUE) bensì richiede necessariamente una revisione dei trattati, in quanto destinata a tradursi in "una modificazione sostanziale dell'attuale regime comunitario di tutela dei diritti dell'uomo, in quanto comporterebbe l'inserimento della Comunità in un sistema istituzionale internazionale distinto, nonché l'integrazione del complesso delle disposizioni della Convenzione nell'ordinamento giuridico comunitario".
In tale ottica, il Trattato di Lisbona inserisce una disposizione che attribuisce all'Unione la competenza ad aderire formalmente alla CEDU, specificando tuttavia che "tale adesione non modifica le competenze dell'Unione definite nei trattati".
L'UE ha disposto l'avvio del percorso necessario per realizzare l'esercizio della competenza ad essa attribuita dall'art. 6, par. 2, TUE. Il percorso di adesione ha subito una battuta d'arresto, a seguito dell'adozione del parere in senso negativo reso dalla Corte di giustizia (18 dicembre 2014, par. 2/13) sul progetto di accordo di adesione presentato dalla Commissione: la Corte ha ritenuto non compatibile con il sistema dei trattati l'approccio adottato nel progetto di accordo, consistente nell'equiparare l'Unione ad uno Stato riservando ad essa un ruolo del tutto identico a qualsiasi altra parte contraente, senza tenere in debita considerazione la natura intrinseca dell'Unione.
L'art. 6 TUE specifica al par. 3 il valore giuridico non della Convenzione bensì del suo contenuto, attribuendo ai principi ivi stabiliti il valore di principi generali, destinati a comporre l'ordinamento giuridico dell'Unione: "i diritti fondamentali garantiti dalla Convenzione europea per la salvaguardia dei diritti dell'uomo e delle libertà fondamentali e risultanti dalle tradizioni costituzionali comuni agli Stati membri, fanno parte del diritto dell'Unione in quanto principi generali".
L'orientamento accolto dalla Corte Costituzionale coincide con la posizione assunta dalla giurisprudenza in ambito europeo: la Corte di Giustizia osserva, infatti, che "l'articolo 6, paragrafo 3, TUE non disciplina il rapporto tra la CEDU e gli ordinamenti giuridici degli Stati membri e nemmeno determina le conseguenze che un giudice nazionale deve trarre nell'ipotesi di conflitto tra i diritti garantiti da tale convenzione e una norma di diritto nazionale"; di conseguenza, "il rinvio operato dall'articolo 6, paragrafo 3, TUE alla CEDU non impone al giudice nazionale, in caso di conflitto tra norma di diritto nazionale e detta convenzione, di applicare direttamente le disposizioni di quest'ultima, disapplicando la norma di diritto nazionale in contrasto con essa" (Corte giust., 24 aprile 2012, C- 571/10).

4. I Principi generali del diritto.

▶ 4.1. Generalità.

I principi generali del diritto sono assimilati alle fonti di diritto primario dell'Unione. Si pongono, pertanto, ad un livello superiore rispetto agli atti di diritto derivato: di conseguenza, vincolano le istituzioni dell'Unione. Sono elaborati a livello interpretativo, ad opera della Corte di giustizia, che individua i principi qualificabili come generali, e ne definisce i contenuti e la relativa portata.
In base alla provenienza, sono distinguibili in due categorie:

- i principi propri del diritto dell'Unione;
- i principi comuni agli ordinamenti degli Stati membri.

▶ 4.2. Principi generali propri del diritto dell'Unione.

I principi generali propri del diritto dell'Unione trovano espressione in determinate disposizioni dei trattati, che vengono considerate come specifiche applicazioni del principio generale, da esse desumibile.
A tale categoria vengono ricondotti essenzialmente due principi, elaborati dalla Corte di giustizia:

- il principio di non discriminazione, che si sostanzia essenzialmente nel principio di parità di trattamento, che vieta le discriminazioni fondate sulla cittadinanza ed il sesso, nonché sul luogo di origine, la razza, l'origine etnica, la religione o le convinzioni personali, gli handicap, l'età o l'orientamento sessuale (artt. 18, 19, 45, 49, 57, 157 TFUE);
- il principio di libera circolazione, che per certi versi risulta collegato a quello di non discriminazione. La libera circolazione delle persone (e dei servizi) è, infatti, assistita dal divieto di discriminazione fondato sulla nazionalità (artt. 45, 49, 57 TFUE).

La natura "generale" riconosciuta a siffatti principi vale ad evidenziarne due caratteristiche essenziali:
- la rilevanza primaria e la conseguente inderogabilità;
- l'attitudine a trovare applicazione anche in ipotesi non espressamente contemplate dalle norme dei trattati che li prevedono espressamente.

Talvolta sono annoverati nella categoria dei principi generali dell'Unione anche i principi di attribuzione, sussidiarietà e proporzionalità, previsti dall'art. 5 TUE in materia di competenze dell'Unione. La qualificazione del principio come generale assume, tuttavia, una portata limitata: vale, infatti, ad evidenziarne l'importanza e l'inderogabilità, non anche ad estenderne l'applicazione in contesti diversi dalle ipotesi espressamente contemplate dal citato art. 5 TUE.

▶ 4.3. Principi generali comuni agli ordinamenti degli Stati membri.

I principi generali comuni agli ordinamenti degli Stati membri si desumono, viceversa, dall'esame parallelo dei vari ordinamenti nazionali. Tale categoria è richiamata dai trattati:
- in un contesto specifico, rappresentato dalla materia della responsabilità extracontrattuale dell'Unione: "... l'Unione deve risarcire, conformemente ai principi generali comuni ai diritti degli Stati membri, i danni cagionati dalle sue istituzioni o dai suoi agenti nell'esercizio delle loro funzioni" (art. 340 TFUE);
- negli articoli di apertura del TUE, in cui sono elencati una serie di valori su cui l'Unione è fondata ("rispetto della dignità umana, della libertà, della democrazia, dell'uguaglianza, dello Stato di diritto e dei diritti umani, compresi i diritti delle persone appartenenti a minoranze"), da intendersi come "valori ... comuni agli Stati membri" (art. 2 TUE).

La Corte di giustizia ha elaborato una serie principi, riconducibili in tale categoria, accomunati dall'inerenza al concetto di Stato di diritto, quale valore su cui è fondata l'Unione ai sensi del summenzionato art. 2 TUE:
- il principio di legalità, per cui ciascun potere esercitato dalle istituzioni deve trovare fondamento in una norma dei trattati, che ne fissi altresì le condizioni di esercizio (Corte giust., 21 settembre 1983, cause riunite 205-215/82);
- il principio di certezza del diritto, secondo cui il rispetto di una norma giuridica presuppone l'esatta percezione e conoscibilità del comportamento imposto dalla norma, che deve essere garantita ai suoi destinatari mediante una formulazione chiara ed univoca del dettato normativo (Corte giust., 22 febbraio 1984, C- 70/83; Corte giust., 17 dicembre 2015, C-342/14);
- il principio del legittimo affidamento, operante in relazione a sopravvenienze normative in senso sfavorevole ai destinatari e connotate dal carattere dell'imprevedibilità, per cui tali modifiche devono essere giustificate da ragioni imperative di interesse generale (Corte giust., 28 aprile 1988, C- 120/86);
- il principio di proporzionalità, destinato ad operare in relazione agli interventi dell'autorità pubblica limitativi dei diritti o delle libertà dei singoli, che subordina la legittimità di siffatti interventi a due condizioni: l'idoneità al raggiungimento dell'obiettivo di interesse pubblico perseguito; la necessità dell'intervento per il conseguimento dello scopo prefisso, evitando l'imposizione ai privati di sacrifici superflui (Corte giust., 24 settembre 1985, C- 181/84);
- il principio del contraddittorio o della partecipazione del singolo interessato al procedimento in chiave difensiva, che impone alle istituzioni di consentire al privato, nei cui confronti intendono adottare un provvedimento sfavorevole, di far valere il proprio punto di vista prima

che il provvedimento stesso sia emanato (Corte giust., 26 giugno 1980, C- 136/79; Corte giust. 11 giugno 2015, C- 100/14; Corte giust., 3 dicembre 2015, C- 280/14);
- il principio della tutela giurisdizionale effettiva (Corte giust., 13 marzo 2007, C-432/05; Corte giust., 8 maggio 2014, C- 161/13). Nella categoria dei principi generali dell'Unione rientrano altresì i diritti fondamentali garantiti dalla CEDU. Tale conclusione, sostenuta dalla giurisprudenza europea (*ex plurimis*, Corte giust., 26 giugno 2007, C- 305/05), trova conferma nei trattati, che valorizzano il collegamento tra i diritti garantiti dalla CEDU e i principi comuni agli ordinamenti dei singoli Stati membri rappresentati, in particolare, dai principi di rango costituzionale (art. 6, par. 3, TUE).

I principi generali del diritto assumono rilievo primario nell'ambito dell'ordinamento giuridico dell'Unione:
- conferiscono unità ed omogeneità al sistema giuridico, colmando le lacune derivanti dal carattere frammentario dell'ordinamento;
- costituiscono altresì i punti centrali di riferimento per l'attività interpretativa.

I principi generali del diritto, avendo valore primario, vincolano le istituzioni dell'Unione; di conseguenza, rappresentano parametro di legittimità degli atti adottati o dei comportamenti tenuti dalle stesse. La violazione di tali principi può, pertanto, determinare l'invalidità dell'atto (per effetto dell'accoglimento del ricorso di annullamento innanzi alla Corte di giustizia ai sensi dell'art. 263 TFUE o all'esito del rinvio pregiudiziale dinanzi alla Corte ex art. 267 TFUE).

5. Il diritto internazionale generale e gli accordi internazionali conclusi dall'Unione.

5.1. Il diritto internazionale generale: nozione e portata.

In qualità di soggetto di diritto internazionale autonomo rispetto agli Stati membri (atteso l'espresso riconoscimento di "personalità giuridica" ex art. 47 TUE), l'Unione è tenuta a rispettare le norme di diritto internazionale generale. Tali norme sono destinate a vincolare l'Unione solo nei rapporti con gli Stati terzi. Diversamente, non sono idonee a vincolare gli Stati membri nei loro rapporti reciproci, in quanto regolati dai trattati dell'Unione, che si pongono come *lex specialis* destinata a prevalere sul diritto internazionale generale.

La Corte di giustizia evidenzia il ruolo, nell'ordinamento dell'Unione, ascrivibile alle norme appartenenti al diritto internazionale generale, che:
- in primo luogo, fanno parte del sistema giuridico dell'Unione: "le competenze della Comunità (oggi Unione) devono essere esercitate nel rispetto del diritto internazionale" (Corte giust., 3 settembre 2008, cause riunite 402/05 e 415/05);
- svolgono una funzione ermeneutica, essendo utilizzate per l'interpretazione delle norme dell'Unione, comprese quelle contenute nei trattati (Corte giust., 4 dicembre 1974, C- 41/74);
- costituiscono un parametro di legittimità degli atti dell'Unione (Corte giust., 16 giugno 1998, C- 162/96).

5.2. Gli accordi internazionali. Tipologie.

Gli accordi internazionali destinati a far parte dell'ordinamento giuridico dell'Unione, rappresentati dagli accordi conclusi con Stati terzi o altre organizzazioni internazionali, sono di due tipi:
- gli accordi conclusi dall'Unione, che entrano a far parte dell'ordinamento giuridico dell'Unione, a decorrere dalla data della loro entrata in vigore: "gli accordi conclusi dall'Unione vincolano le istituzioni dell'Unione e gli Stati membri" (art. 216, par. 2, TFUE). Tale conclusione postula l'inerenza dell'accordo agli ambiti di competenza (esterna) dell'Unione, quale presupposto per la rilevanza dell'accordo stesso come fonte del diritto dell'Unione (principio di attribuzione);

- gli accordi misti, che viceversa sono conclusi dall'Unione con la partecipazione degli Stati membri, in qualità di soggetti autonomi di diritto internazionale. In particolare, l'accordo misto si dimostra uno strumento utile qualora il suo oggetto riguardi anche materie che non rientrano nella competenza esterna dell'Unione. Può altresì essere utilizzato ove l'accordo inerisca a materie attribuite alla competenza concorrente dell'Unione e degli Stati membri, qualora gli Stati non intendano affidare la conclusione dell'accordo alla sola Unione. Diversamente, non può trovare applicazione nei casi in cui i trattati attribuiscono all'Unione una competenza esterna in forma esclusiva (art. 3, par. 2, TFUE). L'accordo misto entra a far parte dell'ordinamento giuridico dell'Unione, al pari degli accordi conclusi dalla sola Unione, con riferimento agli aspetti rientranti nei settori di competenza dell'Unione.

▶ 5.2.1. Valore giuridico.

Sul piano del valore giuridico nel sistema delle fonti del diritto, gli accordi internazionali:

- si collocano ad un livello inferiore rispetto ai trattati: sono ad essi subordinati, in quanto trovano fondamento nelle previsioni dei trattati stessi, e devono rispettare le disposizioni in essi contenute.
- sono altresì sottoposti ai principi generali del diritto dell'Unione: gli obblighi imposti da un accordo internazionale non possono avere l'effetto di compromettere i principi generali del diritto dell'Unione, in particolare quelli relativi al rispetto dei diritti fondamentali;
- sono destinati a prevalere sugli atti delle istituzioni, come desumibile dall'art. 216, par. 2, TFUE, per cui "gli accordi conclusi dall'Unione vincolano le istituzioni ...". Gli accordi internazionali rappresentano, pertanto, una fonte intermedia tra le fonti di diritto primario e quelle di diritto secondario o derivato: sono assoggettati alle norme dei trattati ed ai principi generali dell'Unione; viceversa, sono destinati a prevalere sugli atti adottati dalle istituzioni.

Capitolo 12 LE FONTI DEL DIRITTO DERIVATO DELL'UNIONE EUROPEA

SEZIONE I ▶ LO STATO

SOMMARIO:

1. I Regolamenti.

▶ 1.1. Definizione.

Il regolamento è un atto di diritto secondario o derivato. La sua definizione è contenuta nell'art. 288 TFUE: "il regolamento ha portata generale. Esso è obbligatorio in tutti i suoi elementi e direttamente applicabile in ciascuno degli Stati membri" (art. 288, co. 2, TFUE).
In base alla definizione accolta nel TFUE, il regolamento risulta connotato da tre elementi:
- la portata generale;
- l'obbligatorietà in tutti i suoi elementi;
- la diretta applicabilità negli Stati membri.

▶ 1.2. Portata generale.

La portata generale concerne il piano dei destinatari dell'atto giuridico. Il regolamento ha portata generale in quanto si rivolge a categorie di destinatari individuate in modo generale e astratto: pone regole di comportamento indirizzate alla generalità dei soggetti.

▶ 1.3. Obbligatorietà integrale.

L'obbligatorietà integrale si sostanzia nel dovere di osservanza incombente sugli Stati membri, esteso all'intero contenuto dell'atto: il regolamento deve essere applicato in modo completo. In particolare, gli Stati membri non possono escludere l'applicazione di talune disposizioni contenute nel regolamento (adducendone la contrarietà a specifici interessi nazionali), o limitarne l'ambito applicativo sotto altri profili (dal punto di vista personale, territoriale o temporale), restringendone l'ambito soggettivo o introducendo un differimento dell'efficacia delle disposizioni in esso contenute; gli Stati non possono tantomeno condizionare l'operatività di alcune disposizioni a condizioni non contemplate nel regolamento o viceversa introdurre deroghe non previste dal regolamento stesso.

▶ 1.4. Diretta applicabilità.

La diretta applicabilità negli Stati membri indica che il regolamento produce i suoi effetti nei singoli ordinamenti nazionali senza che sia necessario alcun atto interno di recepimento: l'adattamento degli

ordinamenti interni al regolamento si verifica in modo automatico ed immediato.
In tale ottica, l'adozione di un atto legislativo interno avente il medesimo contenuto di un regolamento dell'Unione viola l'art. 288 TFUE nella parte in cui prevede la diretta applicabilità dei regolamenti, per due ragioni principali:

- occulta la provenienza e la natura comunitaria delle norme, in quanto determina la trasformazione del regolamento in un atto di diritto interno;
- di conseguenza, ne sottrae l'interpretazione in via definitiva alla Corte di giustizia.

La diretta applicabilità negli Stati membri significa, pertanto, che il regolamento viene ad assumere il valore di fonte del diritto anche nell'ordinamento interno degli Stati membri. Il regolamento rappresenta quindi un atto idoneo all'attribuzione di diritti in favore di singoli, che possono invocarne la tutela innanzi ai giudici nazionali.
La diretta applicabilità dei regolamenti risulta compatibile con l'adozione di provvedimenti nazionali in funzione integrativa: gli Stati membri adottano misure dirette all'integrazione della disciplina contenuta nei regolamenti, ove richieste dai regolamenti stessi (qualora, ad esempio, il regolamento rimetta agli Stati membri la previsione delle sanzioni da comminare in caso di violazione delle norme contenute nel regolamento); in mancanza di un'espressa previsione, gli Stati adottano provvedimenti integrativi ove la necessità degli stessi risulti desumibile in via implicita dal regolamento, in forza del principio di leale collaborazione *ex* art. 4, par. 3, TUE.

2. Le Direttive.

2.1. Definizione.

La direttiva, quale atto giuridico rientrante nel diritto secondario dell'Unione, rinviene la sua definizione nell'art. 288, co. 3, TFUE: "... vincola lo Stato membro cui è rivolta per quanto riguarda il risultato da raggiungere, salva restando la competenza degli organi nazionali in merito alla forma e ai mezzi".

2.2. Soggetti destinatari.

La direttiva individua i soggetti destinatari (appartenenti alla sfera degli Stati membri):

- di solito è rivolta a tutti gli Stati, pertanto assume portata generale (in questo caso, è soggetta al regime di pubblicazione in Gazzetta Ufficiale, al pari dei regolamenti, ai sensi dell'art. 297, par. 2, co. 2, TFUE); quando la direttiva ha natura legislativa (in ragione della procedura decisionale applicabile), assume sempre portata generale;
- può rivolgersi anche ad un solo Stato (o a più Stati membri), acquisendo in tal caso portata individuale.

2.3. Obbligatorietà.

Al pari del regolamento, la direttiva è connotata dal requisito dell'obbligatorietà: è vincolante nei confronti degli Stati membri, che non possono applicarla in modo parziale. La forza vincolante dell'atto è tuttavia circoscritta: la direttiva vincola gli Stati in relazione al risultato da conseguire, mentre è rimessa ai singoli Stati la scelta in merito ai mezzi ed alle forme idonee al raggiungimento del risultato imposto dalla direttiva.

2.4. Obbligo di attuazione.

La direttiva impone agli Stati membri un obbligo di attuazione dello scopo in essa stabilito, che deve essere adempiuto entro il termine fissato dalla stessa direttiva, avente valore perentorio. In mancanza, lo Stato è ritenuto inadempiente ad un obbligo incombente in virtù dei trattati, pertanto il suo comportamento è censurabile mediante ricorso innanzi alla Corte di giustizia ai sensi degli artt. 258, 259 e 260 TFUE (ricorso per infrazione).
L'obbligo di attuazione incide sull'attività normativa esercitabile dagli Stati membri anche in pendenza del termine fissato nella direttiva. In particolare, durante la decorrenza del termine di attuazione lo Stato membro non può adottare misure incompatibili con gli obiettivi perseguiti dalla direttiva o comunque

suscettibili di compromettere gravemente il conseguimento degli stessi (c.d. obbligo di non aggravamento o di "standstill"), altrimenti "tale obbligo (da intendersi l'obbligo di attuazione della direttiva) sarebbe privato di ogni effetto utile" (Corte giust., 22 novembre 2005, C- 144/04, confermato di recente nel nostro ordinamento da Cons. St., sez. VI, 26 maggio 2015, n. 2660).

▶ 2.4.1. Scelta delle forme e dei mezzi di attuazione.

La scelta delle forme e dei mezzi di attuazione non è, tuttavia, libera:

- gli Stati membri devono adottare strumenti normativi adeguati al raggiungimento del risultato imposto dalla direttiva ed idonei alla modificazione dell'ordinamento interno in senso conforme alle prescrizioni della direttiva;
- i mezzi prescelti dagli Stati devono altresì assicurare la certezza e la trasparenza del diritto avente origine nell'ordinamento dell'Unione, al fine di garantirne l'effettività e la piena conoscibilità. Tale vincolo riguarda, pertanto, la scelta della fonte di diritto interno con cui realizzare l'attuazione della direttiva, alla luce del principio di gerarchia destinato a governare il sistema delle fonti di diritto nel singolo ordinamento nazionale.

In tale ottica, la Corte di giustizia ha ritenuto inadeguate le forme di attuazione consistenti nell'adozione di misure di carattere amministrativo (circolari, istruzioni o decreti ministeriali), in quanto strumenti inidonei ad assicurare la certezza del diritto, attesa la modificabilità a piacimento dell'Amministrazione, nonché incapaci di garantire la trasparenza del diritto in quanto privi di adeguata pubblicità.

▶ 2.5. Eventuale efficacia diretta.

La direttiva, richiedendo un'attività di adattamento del diritto interno degli Stati membri, per sua natura non può ritenersi connotata dal requisito della diretta applicabilità, che viceversa caratterizza il regolamento. Può, tuttavia, ritenersi dotata di efficacia diretta, quale capacità di produrre effetti giuridici negli ordinamenti interni anche in mancanza di misure di attuazione da parte degli Stati membri, ove ricorrano determinati presupposti (di ordine temporale e dal punto di vista sostanziale), identificati dalla Corte di giustizia.

I presupposti identificati dalla Corte di giustizia per la configurabilità della c.d. "efficacia diretta" in riferimento alle norme poste da una direttiva europea sono essenzialmente individuabili nella scadenza del termine per il recepimento della direttiva a livello nazionale, nella sufficiente precisione del contenuto normativo e nell'incondizionatezza intesa come mancata necessità di ulteriori interventi ai fini dell'applicazione della norma stessa.
La c.d. "efficacia diretta" è intesa come attitudine all'attribuzione di diritti in favore di singoli, suscettibili di tutela innanzi ai giudici nazionali, nell'ambito delle relazioni tra i privati e lo Stato (c.d. rapporti verticali).

▶ 2.6. Strumento di armonizzazione.

La direttiva è utilizzata in prevalenza come strumento di ravvicinamento delle disposizioni legislative, regolamentari ed amministrative degli Stati membri, in determinate materie. A titolo esemplificativo, si può richiamare l'art. 53 TFUE, in cui la direttiva è prevista come mezzo inteso al riconoscimento reciproco di diplomi, certificati ed altri titoli, al fine di agevolare l'accesso alle attività autonome funzionale alla libera circolazione delle persone, in particolare dei lavoratori, nel territorio dell'Unione. In forza del meccanismo articolato sul binomio "risultato (imposto dalla direttiva) e mezzi (scelti dagli Stati membri chiamati all'attuazione della direttiva)", la direttiva non può assumere un contenuto esteso alla previsione integrale dei mezzi diretti al raggiungimento degli obiettivi da essa stabiliti. In base al grado di armonizzazione perseguito, le direttive possono presentare un contenuto di diversa ampiezza, a seconda che l'obiettivo preso di mira sia un'armonizzazione in misura minima o viceversa a livello avanzato.

In particolare, nel campo dell'armonizzazione delle legislazioni di carattere tecnico si è diffusa la tendenza del legislatore europeo ad abbandonare un'ottica di armonizzazione minima, adottando direttive contenenti una disciplina precisa e particolareggiata (identificate con la denominazione di direttive dettagliate). Tale prassi è ritenuta legittima, nella misura in cui la direttiva dettagliata non assuma la sostanza di un regolamento.

3. Le Decisioni.

3.1. Definizione.

Ai sensi dell'art. 288, co. 4, TFUE, "la decisione è obbligatoria in tutti i suoi elementi. Se designa i destinatari è obbligatoria soltanto nei confronti di questi". Dalla definizione accolta nei trattati si possono desumere due aspetti caratteristici dell'atto:

- l'obbligatorietà integrale;
- la possibilità che sia rivolto a destinatari determinati, che in tal caso rappresentano i soli soggetti alla forza vincolante dell'atto (assumendo la veste di decisione avente portata individuale).

3.2. Obbligatorietà.

L'obbligatorietà in tutti i suoi elementi indica la forza vincolante dell'atto, che deve essere rispettato nella sua interezza.

3.3. Eventuale portata individuale.

La decisione individuale impone ai suoi destinatari (Stati membri o persone) un determinato comportamento, che può avere contenuto positivo o viceversa negativo. La possibilità che la decisione sia rivolta a soggetti determinati include:

- l'ipotesi in cui sia destinata a singole persone (fisiche o giuridiche). A differenza della direttiva, che è indirizzata solo a Stati membri, la decisione individuale può rivolgersi anche a persone (determinate), assumendo natura spiccatamente amministrativa;
- l'ipotesi in cui sia rivolta a Stati membri.

In tale caso le decisioni individuali assumono contenuti che valgono a connotarle rispetto allo strumento della direttiva. In particolare, possono imporre un obbligo di *facere*, di regola avente carattere specifico, rimettendone l'attuazione al singolo Stato, che quindi risulta dotato di un più ristretto margine di discrezionalità rispetto all'ipotesi in cui sia tenuto all'attuazione di una direttiva. Le decisioni individuali possono altresì limitarsi ad imporre un obbligo avente contenuto negativo (*non facere*): in questo caso, lo Stato membro è tenuto ad astenersi dal compimento dell'attività vietata.

L'adozione di decisioni individuali è prevista, ad esempio, nel settore delle regole di concorrenza (artt. 105 e 108 TFUE). La portata individuale non è, tuttavia, una caratteristica connaturata alla decisione. L'art. 288 TFUE, infatti, contempla la possibilità che la decisione sia rivolta a soggetti determinati, ammettendo in via implicita che possa avere anche portata generale (assumendo la veste di decisione generale, per sua natura priva di destinatari individuati). In tal caso, anche la portata obbligatoria dell'atto acquista dimensione generale.

L'adozione di decisioni generali è prevista in varie disposizioni dei trattati: a titolo esemplificativo, si può rammentare il caso delle decisioni assunte dal Consiglio europeo per stabilire la composizione del Parlamento europeo, ai sensi dell'art. 14, par. 2, co. 2, TUE.

4. Gli atti non vincolanti dell'Unione: raccomandazioni e pareri.

Le raccomandazioni ed i pareri rientrano nell'elenco degli atti giuridici dell'Unione ai sensi del succitato art. 288 TFUE: non si configurano, tuttavia, come fonti del diritto in quanto sono atti privi di forza

vincolante nei confronti dei loro destinatari (art. 288, ult. co., TFUE).
In particolare:

- le raccomandazioni consistono in un invito a tenere un determinato comportamento, rivolto ad uno Stato membro o a soggetti privati;
- pareri, viceversa, si sostanziano nella fissazione ed esternazione del punto di vista dell'Unione in merito ad una determinata questione, a seguito di apposita richiesta del destinatario (istituzione, Stato membro o soggetto privato): mirano ad orientare il comportamento dei destinatari.

Le due tipologie di atti risultano accomunate dal valore esortativo ad essi riconosciuto: sollecitano il destinatario a tenere uno specifico comportamento, ritenuto conforme agli obiettivi e alle finalità del sistema dell'Unione europea.

5. Gli atti atipici.

Gli atti atipici rappresentano atti non riconducibili ai tipi codificati nell'art. 288 TFUE. La loro ammissibilità discende dal carattere non tassativo dell'elencazione contenuta nel succitato art. 288 TFUE (che nel novero degli atti giuridici dell'Unione comprende regolamenti, direttive, decisioni, pareri e raccomandazioni).
Nella categoria degli atti atipici sono riconducibili due ipotesi:

- gli atti, previsti nell'ambito dei trattati, non riconducibili ai tipi codificati nell'art. 288 TFUE, in particolare gli atti in materia di politica estera e di sicurezza comune (art. 25 TUE) e l'atto di approvazione del bilancio dell'Unione (art. 314 TFUE);
- gli atti emersi nella prassi, in particolare nel settore della disciplina della concorrenza e degli aiuti di Stato alle imprese (artt. 101-108 TFUE). Corrispondono ad atti adottati dalla Commissione, in ragione del carattere ampiamente discrezionale dei poteri di vigilanza e controllo ad essa attribuiti in tale ambito, che assumono la forma di comunicazioni (con varie denominazioni, a seconda dei casi: orientamenti, codici, disciplina, linee direttrici), dirette all'esternazione delle modalità con cui la Commissione intende applicare a determinate fattispecie le disposizioni del trattato previste in tale settore (artt. 101-108 TFUE). Le comunicazioni sono prive di valore normativo: rappresentano atti intesi a definire i limiti del potere discrezionale spettante all'istituzione che adotta l'atto.

6. L'eliminazione del regime speciale degli atti nel settore della cooperazione di polizia e della cooperazione giudiziaria in materia penale.

Nel sistema antecedente l'entrata in vigore del Trattato di Lisbona, l'elenco degli atti di diritto derivato dell'Unione stabilito nell'allora vigente art. 249 TCE (attualmente art. 288 TFUE) non trovava applicazione nel settore della cooperazione di polizia e cooperazione giudiziaria in materia penale, in quanto ambito appartenente al III pilastro, regolato in base al metodo intergovernativo. In particolare, l'allora vigente art. 34, par. 2, TUE elencava quattro tipi di atti, che potevano essere adottati dall'Unione, accomunati dall'identità dell'istituzione legittimata alla loro assunzione (il Consiglio):

- le posizioni comuni, quali atti volti alla definizione dell'orientamento dell'Unione in merito ad una questione specifica;
- le decisioni-quadro, strumento diretto al ravvicinamento delle disposizioni legislative e regolamentari degli Stati membri, che "... non hanno efficacia diretta";
- le decisioni quali atti vincolanti ma privi di efficacia diretta, al pari delle decisioni-quadro, utilizzabili per il conseguimento di qualsiasi scopo coerente con gli obiettivi dell'azione dell'Unione nel settore in esame, ad eccezione del ravvicinamento delle disposizioni (legislative e regolamentari) degli Stati membri;

- le convenzioni, atti di cui si raccomandava l'adozione agli Stati membri, che dovevano avviare le procedure applicabili entro il termine fissato dal Consiglio.

Per effetto dell'entrata in vigore del Trattato di Lisbona, che ha ricondotto il settore della cooperazione di polizia e giudiziaria in materia penale nel campo di applicazione del TFUE, è venuta meno la previsione di un regime speciale per gli atti adottabili dall'Unione in tale settore. Quanto agli atti adottati nella vigenza del sistema delineato nel TCE, il Protocollo n. 36 sulle disposizioni transitorie ha stabilito, all'art. 9, che "gli effetti giuridici ... sono mantenuti finché tali atti non saranno abrogati, annullati o modificati in applicazione dei trattati".

7. Gli atti nel settore della Pesc.

▶ 7.1. Premessa.

Il Trattato di Lisbona mantiene un regime speciale per il settore della PESC, che include gli atti adottabili dalle istituzioni dell'Unione in tale ambito. Due sono le tipologie di atti giuridici attraverso cui può essere esercitata la Politica estera e di sicurezza comune, come stabilito dall'art. 25 TUE:

- gli orientamenti generali;
- le decisioni.

Entrambe le tipologie sono accomunate da un dato, concernente la natura giuridica dell'atto. In particolare, gli atti adottabili nel settore della PESC non hanno carattere legislativo (art. 24, par. 1, co. 2, TFUE).

▶ 7.2. Gli orientamenti generali.

Gli orientamenti generali sono atti del Consiglio europeo (art. 26, par. 1, co. 1, TUE), corrispondenti alla previgente categoria delle "strategie comuni": definiscono le linee guida che l'Unione intende seguire nel settore della PESC, ivi comprese le questioni aventi implicazioni in materia di difesa; sembra che debbano assumere la forma di decisioni (nella parte finale del succitato art. 26, par. 1, co. 1, TUE, subito dopo la previsione in merito agli orientamenti generali, si precisa che il Consiglio europeo "adotta le decisioni necessarie").

Tali atti, in quanto intesi a definire le linee guida dell'azione dell'Unione nel settore della PESC, si configurano come atti di valore politico. Di conseguenza, non sono inquadrabili nell'ambito delle fonti del diritto dell'Unione.

▶ 7.3. Le decisioni.

Le decisioni, viceversa, sono atti del Consiglio, che mirano alla definizione ed all'attuazione della PESC, in base agli orientamenti generali del Consiglio europeo (art. 26, par. 2, co. 1, TUE). Possono assumere vari contenuti, definendo le azioni e le posizioni dell'Unione, ovvero le relative modalità di attuazione (nel qual caso si configurano come atti di secondo grado, diretti all'esecuzione di precedenti decisioni volte alla definizione delle azioni o delle posizioni dell'Unione nel settore della PESC).

Ove dirette alla definizione delle azioni che l'Unione intende intraprendere o delle posizioni che la stessa intende assumere, le decisioni corrispondono in sostanza alle previgenti figure stabilite dagli artt. 13 e 15 TUE come formulati prima dell'intervento del Trattato di Lisbona, quali le "azioni comuni" e le "posizioni comuni".

A differenza degli orientamenti generali, le decisioni possono assumere efficacia vincolante nei confronti degli Stati membri: in particolare, le decisioni adottate ai sensi dell'art. 28 TUE (ossia "quando una situazione internazionale richiede un intervento operativo dell'Unione") "... vincolano gli Stati membri nelle loro prese di posizione e nella conduzione della loro azione".

In via generale, la portata vincolante delle decisioni viene desunta dalla previsione che impone agli Stati membri il dovere di rispettare l'azione dell'Unione in tale settore (art. 24, par. 3, co. 1, TUE).

Capitolo 13 | I RAPPORTI TRA L'ORDINAMENTO DELL'UNIONE E L'ORDINAMENTO DEGLI STATI MEMBRI: IN PARTICOLARE, L'ORDINAMENTO ITALIANO

1. Rapporti tra l'ordinamento dell'Unione e i sistemi giuridici nazionali.

La ricostruzione dei rapporti tra l'ordinamento dell'Unione e i sistemi giuridici nazionali rappresenta una questione che si è imposta all'attenzione degli interpreti nell'ambito del dibattito giurisprudenziale concernente le sorti della norma interna contrastante con una norma appartenente all'ordinamento giuridico dell'Unione europea.
Tale dibattito si fonda su un dato, che vale a connotare il sistema dell'Unione europea rispetto alle altre organizzazioni di tipo internazionale:

- il diritto dell'Unione è idoneo a produrre effetti negli ordinamenti giuridici dei singoli Stati membri, anche a prescindere dall'(eventuale) attività di trasposizione da parte del legislatore nazionale;
- le norme appartenenti all'ordinamento giuridico dell'Unione sono, infatti, capaci di rivolgersi non solo agli Stati membri, ma anche ai soggetti di diritto in seno ai singoli ordinamenti nazionali (persone fisiche e persone giuridiche). Il diritto dell'Unione interessa, quindi, anche i rapporti giuridici coinvolgenti i soggetti dei singoli ordinamenti nazionali: può trattarsi di rapporti che vedono contrapposte persone private (c.d. rapporti orizzontali) o viceversa di rapporti che sorgono tra un soggetto privato ed un'autorità pubblica (c.d. rapporti verticali). L'attitudine del diritto dell'Unione a produrre effetti diretti in seno agli ordinamenti giuridici nazionali deriva, in particolare, dalla limitazione della sovranità (nazionale) in settori determinati, cui gli Stati membri hanno consentito mediante l'adesione ai trattati istitutivi dell'Unione.

Il problema del conflitto tra norma interna e norma appartenente all'ordinamento dell'Unione si pone proprio in ragione dell'attitudine del diritto dell'Unione a produrre effetti nell'ordinamento interno, anche in assenza dell'attività di trasposizione da parte del legislatore nazionale.

2. Incidenza del diritto dell'Unione: applicabilità diretta ed efficacia diretta.

L'incidenza del diritto dell'Unione sui rapporti giuridici destinati a coinvolgere i soggetti dei singoli ordinamenti interni assume intensità variabile, a seconda del tipo di fonte. Si configura nella misura più ampia come applicabilità diretta, nel caso dei regolamenti: i rapporti giuridici in seno agli ordinamenti nazionali rinvengono nel diritto dell'Unione (previsto nel regolamento) la propria disciplina (in termini totali o parziali); il regolamento non necessita di alcuna attività di recepimento da parte degli Stati membri; entra pertanto, direttamente e immediatamente, a far parte dell'ordinamento giuridico degli Stati.

Viceversa, nel caso delle altre fonti del sistema giuridico dell'Unione (disposizioni dei trattati, accordi internazionali, direttive o decisioni), l'incidenza del diritto dell'Unione assume la forma dell'efficacia diretta negli ordinamenti nazionali, e quindi nei confronti dei soggetti ivi riconosciuti: a seconda del tipo di fonte del diritto dell'Unione, i presupposti necessari per la configurazione dell'efficacia diretta della norma si atteggiano in modo diverso.

L'efficacia diretta della norma appartenente al sistema giuridico dell'Unione può assumere due forme, destinate a venire in rilievo nel caso di conflitto con una norma interna preesistente:

- può escludere l'applicazione della norma interna (c.d. effetto di opposizione);
- può, in misura più ampia, determinare non solo la mancata applicazione della norma interna, ma altresì la sostituzione della norma dell'Unione alla norma interna con essa contrastante (c.d. effetto di sostituzione).

3. Conflitto tra disposizione interna e norma dell'Unione.

I termini di incidenza del diritto dell'Unione nell'ambito dei singoli ordinamenti nazionali sono alla base della questione relativa alla definizione dei criteri di risoluzione del conflitto configurabile tra una previsione interna ed una norma dell'Unione: l'attitudine della norma dell'Unione alla produzione di effetti nell'ambito degli ordinamenti nazionali rende, infatti, configurabile il conflitto di norme. Il conflitto normativo può:

- coinvolgere una norma interna preesistente, ove la norma dell'Unione incida su materie o aspetti già disciplinati a livello interno, con disposizioni di contenuto diverso, insuscettibili di interpretazione in senso conforme alla sopravvenuta norma dell'Unione;
- riguardare una norma interna sopravvenuta all'intervento normativo dell'Unione.

Il contrasto di norme viene risolto alla luce del primato del diritto dell'Unione: la norma appartenente all'ordinamento dell'Unione prevale sulla norma interna incompatibile (come affermato nel Trattato di Lisbona, dichiarazione n. 17 allegata all'Atto finale). Il meccanismo di risoluzione del conflitto è individuato nello strumento della disapplicazione: il giudice nazionale esclude l'applicazione della norma interna incompatibile con la norma dell'Unione. Nell'ottica della giurisprudenza maturata sulla questione dell'incompatibilità della norma interna con il diritto dell'Unione, il principio del primato si salda con quello dell'efficacia diretta: la prevalenza della norma dell'Unione sulla norma interna con essa contrastante presuppone che la norma dell'Unione sia dotata dell'attitudine a produrre effetti nell'ordinamento nazionale, anche nei riguardi dei soggetti di diritto ivi riconosciuti (applicabilità diretta o mera efficacia diretta della norma dell'Unione). Viceversa, in assenza di effetti diretti della norma dell'Unione, non può radicarsi un'ipotesi di conflitto con la norma interna; pertanto, non viene in rilievo il principio del primato.

4. Il primato del diritto dell'Unione e l'assetto dei rapporti tra l'ordinamento dell'Unione ed il sistema giuridico interno: tesi a confronto.

Il dibattito in merito alla ricostruzione dei rapporti tra gli ordinamenti giuridici si è sviluppato a livello giurisprudenziale, nell'ambito della discussione concernente i criteri di risoluzione del contrasto tra una norma dell'Unione e la norma interna con essa incompatibile. Due sono le tesi che si contendono il campo:

- la concezione c.d. monista (da sempre propugnata dalla Corte di giustizia): le fonti appartenenti all'ordinamento dell'Unione e quelle nazionali risultano integrate in un unico sistema;
- la concezione c.d. pluralista (accolta dalla Corte costituzionale): l'ordinamento dell'Unione e il sistema giuridico nazionale si configurano come ordinamenti giuridici distinti e separati, ancorché collegati da un rapporto di coordinamento fondato sulla ripartizione di competenze ad opera del Trattato istitutivo della Comunità.

L'adesione alla concezione monista o pluralista incide, altresì, sul tema della responsabilità dello Stato per violazione del diritto comunitario, conseguente all'omessa, tardiva o erronea trasposizione di direttive dell'Unione: in particolare, influisce sulla qualificazione giuridica del comportamento del legislatore nazionale. L'adesione della giurisprudenza interna alla tesi pluralistica determina, infatti, la configurazione del comportamento del legislatore come antigiuridico nel solo ordinamento dell'Unione, non anche nel sistema giuridico nazionale, attesa la separazione tra i due ordinamenti (al riguardo, cfr. Cass., sez. un., 17 aprile 2009, n. 9147). Viceversa, l'accoglimento della concezione monistica comporta la qualificazione del comportamento del legislatore come antigiuridico in entrambi gli ordinamenti, atteso il rapporto di integrazione sussistente tra gli stessi.

▶ 4.1. La posizione della Corte di giustizia: la concezione c.d. monista.

La Corte di giustizia ricostruisce i rapporti tra l'ordinamento dell'Unione e i singoli ordinamenti nazionali come relazione di integrazione in un unico sistema.

Nel dettaglio:

- la ricostruzione propugnata dalla Corte di giustizia si fonda essenzialmente sul dato relativo alla limitazione di sovranità in settori determinati, consentita dagli Stati membri (in condizioni di reciproca parità) al momento dell'adesione alla Comunità (oggi Unione);
- l'attribuzione di competenza all'Unione in settori specifici giustifica l'attitudine delle norme poste dall'Unione ad integrarsi negli ordinamenti giuridici degli Stati membri, prevalendo sulle norme interne (preesistenti o successive) incompatibili, al fine di assicurare l'applicazione uniforme del diritto dell'Unione in tutti gli Stati membri.

Tale impostazione è segnata da due tappe fondamentali:

- la sentenza 15 luglio 1964, C- 6/64, Costa c. Enel, in cui la Corte, pronunciandosi su una questione pregiudiziale sollevata in seno all'ordinamento italiano, affermava il primato del diritto comunitario, configurando l'ordinamento comunitario come "integrato nell'ordinamento giuridico degli Stati membri";
- a sentenza 9 marzo 1978, C- 106/77, Simmenthal, in cui la Corte interviene per precisare la portata dei principi espressi nella sentenza Costa c. Enel, dianzi citata. Nel ribadire il primato del diritto comunitario definisce altresì le modalità attraverso cui deve essere assicurata la prevalenza della norma comunitaria sulla norma interna con essa contrastante. In particolare, prendendo posizione in senso contrario rispetto alle prassi emerse in alcuni Stati membri (tra cui l'Italia, in base all'orientamento accolto in quel periodo dalla Corte costituzionale), individua nel giudice nazionale l'organo incaricato di assicurare il primato del diritto comunitario, provvedendo alla disapplicazione di propria iniziativa di qualsiasi disposizione nazionale (preesistente o successiva all'entrata in vigore della norma comunitaria) contrastante con il diritto comunitario, "senza doverne richiedere o attendere la previa rimozione in via legislativa o mediante qualsiasi altro procedimento costituzionale". In forza del meccanismo della disapplicazione, la norma interna non è eliminata formalmente dall'ordinamento giuridico, risultando solamente privata dei suoi effetti.

▶ 4.2. La concezione c.d. monista nella giurisprudenza della Corte di Giustizia.

La Corte di giustizia, nella sentenza 15 luglio 1964, C- 6/64, Costa c. Enel, afferma per la prima volta in

modo espresso il principio della primazia del diritto comunitario.
Nell'ambito del suo articolato percorso motivazionale, la Corte delinea i rapporti tra l'ordinamento comunitario e il sistema giuridico nazionale: "La Corte rileva che, a differenza dei Comuni Trattati internazionali, il Trattato CEE ha istituito un proprio ordinamento giuridico, integrato nell'ordinamento giuridico degli Stati membri all'atto dell'entrata in vigore del Trattato e che i giudici nazionali sono tenuti ad osservare. Infatti, istituendo una Comunità senza limiti di durata, dotata di propri organi, di personalità, di capacità giuridica, di capacità di rappresentanza sul piano internazionale, ed in specie di poteri effettivi provenienti da una limitazione di competenza o da un trasferimento di attribuzioni degli Stati alla Comunità, questi hanno limitato, sia pure in campi circoscritti, i loro poteri sovrani e creato quindi un complesso di diritto vincolante per i loro cittadini e per loro stessi ... La preminenza del diritto comunitario trova conferma nell'art. 189, a norma del quale i regolamenti sono obbligatori e direttamente applicabili in ciascuno Stato membro ... Scaturito da una fonte autonoma, il diritto nato dal Trattato non potrebbe, in ragione appunto della sua specifica natura, trovare un limite in qualsiasi provvedimento interno senza perdere il proprio carattere comunitario e senza che ne risultasse scosso il fondamento giuridico della Comunità".
Tale orientamento è ribadito nella successiva pronuncia 9 marzo 1978, C- 106/77, Simmenthal, in cui la Corte interviene per precisare le modalità idonee ad assicurare in concreto la primazia del diritto comunitario, identificando il mezzo adeguato a tal fine nello strumento della disapplicazione (della norma interna incompatibile) ad opera del giudice nazionale.
In particolare, la Corte afferma che "risulta quindi incompatibile con le esigenze inerenti alla natura stessa del diritto comunitario qualsiasi disposizione facente parte dell'ordinamento giuridico di uno Stato membro o qualsiasi prassi, legislativa, amministrativa o giudiziaria, la quale porti ad una riduzione della concreta efficacia del diritto comunitario per il fatto che sia negato al giudice, competente ad applicare questo diritto, il potere di fare, all'atto stesso di tale applicazione, tutto quanto è necessario per disapplicare le disposizioni legislative nazionali che eventualmente ostino alla piena efficacia delle norme comunitarie".
La Corte di giustizia si pronuncia altresì sullo status della norma interna incompatibile (suscettibile di disapplicazione ad opera del giudice nazionale). In particolare, esclude che il primato del diritto dell'Unione renda, di per sé, la norma interna invalida o addirittura inesistente, rimettendone la qualificazione alla disciplina giuridica applicabile in base al diritto interno (Corte cost., 19 novembre 2009, C- 314/08).
In particolare, la Corte di giustizia evidenzia il dovere dello Stato interessato di procedere all'abrogazione o alla modifica della norma interna incompatibile, al fine di assicurare la certezza del diritto (Corte giust., 24 marzo 1988, C- 104/86).

5. Il percorso evolutivo nella giurisprudenza della Corte costituzionale: la tesi della separatezza degli ordinamenti giuridici.

5.1. Premessa.

La posizione assunta dalla Corte costituzionale in ordine alla ricostruzione dei rapporti tra gli ordinamenti giuridici risulta intimamente correlata al percorso evolutivo della giurisprudenza costituzionale in merito ai criteri di risoluzione dei conflitti tra norma interna e diritto comunitario.
Tale percorso si articola in quattro tappe essenziali.

5.2. Prima fase: Corte cost., 7 marzo 1964, n. 14.

Nella prima fase, segnata dalla pronuncia Corte cost., 7 marzo 1964, n. 14, la relazione tra gli ordinamenti giuridici viene configurata come rapporto di equiordinazione. Tale conclusione è fondata sulla natura legislativa della fonte di recepimento nel nostro ordinamento del Trattato istitutivo della CEE (c.d. legge di esecuzione): il valore legislativo della fonte di recepimento vale a qualificare il rango che le disposizioni del Trattato vengono ad assumere nell'ambito del sistema giuridico nazionale.

Di conseguenza, il conflitto tra previsione comunitaria e norma interna successiva (ossia introdotta dopo l'entrata in vigore della legge di esecuzione del Trattato CEE) viene risolto a vantaggio della norma interna (posteriore), che si ritiene debba prevalere in virtù del criterio di ordine cronologico, che regola la soluzione dei conflitti normativi in caso di successione di leggi nel tempo.
In tale ottica, il diritto comunitario è destinato a cedere a fronte di una successiva legge interna incompatibile: "la violazione del Trattato, se importa responsabilità dello Stato sul piano internazionale, non toglie alla legge con esso in contrasto la sua piena efficacia".

▶ 5.3. Seconda fase: Corte cost. 27 dicembre 1973, n. 183.

La seconda fase, che prende avvio con la pronuncia Corte cost. 27 dicembre 1973, n. 183, è contraddistinta dal riconoscimento del primato del diritto comunitario, secondo cui le norme comunitarie direttamente applicabili nell'ordinamento nazionale (in particolare, i regolamenti comunitari) sono destinate a prevalere sulle norme interne incompatibili.
La base giuridica del principio viene identificata nell'art. 11 Cost., laddove è prevista la possibilità che l'Italia acconsenta a limitazioni di sovranità a condizioni di parità con altri Stati. Questa disposizione (che nell'intenzione del costituente si riferiva all'adesione dell'Italia all'Organizzazione delle Nazioni Unite) è ritenuta suscettibile di estensione alla CEE in quanto ispirata ai medesimi valori programmatici (pace e giustizia tra le Nazioni):

- in forza dell'adesione alla Comunità, si ritiene che l'Italia abbia acconsentito alla limitazione della propria sovranità in settori specifici, attribuiti alla competenza della Comunità; le norme comunitarie (da intendersi quelle direttamente applicabili) risultano adottate in un ambito di competenza dal quale il legislatore nazionale è tenuto, in forza del Trattato, a ritrarsi;
- di conseguenza, la legge interna non può abrogare, modificare o integrare una norma comunitaria, altrimenti risulterebbe viziata da illegittimità incostituzionale per violazione dell'art. 11 Cost.

In tale ottica, il rispetto del diritto comunitario viene garantito mediante un sistema di controllo accentrato: il giudice nazionale, ove si trovi a dover applicare una legge interna (posteriore) che risulti in contrasto con una norma comunitaria direttamente applicabile, è tenuto a sollevare questione di legittimità innanzi alla Corte costituzionale ai sensi dell'art. 134 Cost. La Corte ha altresì occasione di precisare il suo orientamento in merito alla ricostruzione dei rapporti tra l'ordinamento comunitario e il sistema giuridico nazionale, configurati come relazione di coordinamento tra ordinamenti giuridici che restano distinti e separati. In tale ottica, il coordinamento tra gli ordinamenti giuridici è fondato sulla ripartizione di competenze, conseguente alla limitazione di sovranità nazionale in settori determinati, assentita dall'Italia con l'adesione al Trattato: il legislatore nazionale è tenuto a ritrarsi dagli ambiti di competenza comunitaria.

▶ 5.4. Terza fase: pronuncia Granital 8 giugno 1984, n. 170.

La terza fase, segnata dalla pronuncia Granital 8 giugno 1984, n. 170, è contraddistinta dall'adesione ad un sistema di controllo diffuso: la Corte ammette il potere del giudice nazionale di disapplicare un'eventuale legge ordinaria contrastante con un regolamento comunitario, quale strumento idoneo ad assicurare la primazia del diritto comunitario. La Corte costituzionale aggiunge una precisazione circa i presupposti di esercizio della disapplicazione: il giudice nazionale è tenuto a verificare in via preliminare se il contrasto normativo possa essere superato a livello esegetico, accogliendo un'interpretazione della norma interna che sia conforme al diritto comunitario. Tale operazione mira a cercare "fra le possibili interpretazioni del testo normativo, prodotto dagli organi nazionali ..., quella conforme alle prescrizioni della Comunità". Solo nel caso in cui, all'esito dell'operazione ermeneutica, risulti "un'irriducibile incompatibilità tra la norma interna e quella comunitaria", il giudice nazionale dovrà procedere alla disapplicazione della norma nazionale. Pur affidando al giudice nazionale il compito di assicurare la primazia del diritto comunitario mediante lo strumento della disapplicazione, la Corte ne circoscrive l'ambito, avocando a sé una specifica ipotesi di conflitto normativo (peraltro di rara verificazione in concreto), rappresentata dal caso in cui la norma comunitaria, oggetto del contrasto con la norma interna,

appaia a sua volta in conflitto con “i principi fondamentali del nostro ordinamento costituzionale e i diritti inalienabili della persona umana” (i cc. dd. controlimiti).
Il giudice nazionale è tenuto, in tale ipotesi, a sollevare la questione di legittimità innanzi alla Corte costituzionale in riferimento alla legge nazionale di ratifica del Trattato istitutivo, nella misura in cui consentirebbe l’applicazione nell’ordinamento nazionale di una norma (comunitaria) contrastante con i principi supremi o i diritti inviolabili secondo la Carta costituzionale. L’accoglimento della posizione assunta dalla Corte di giustizia in ordine al sistema di controllo diffuso non si estende al profilo dei rapporti tra gli ordinamenti giuridici: la Corte costituzionale, infatti, non aderisce alla concezione monista propugnata dalla Corte di giustizia, bensì conferma il suo orientamento in termini di separatezza tra gli ordinamenti, che si configurano come distinti e autonomi se pure collegati da una relazione di coordinamento.

▶ 5.5. Quarta fase: Corte cost., 10 novembre 1994, n. 384.

La quarta fase, segnata dalla pronuncia Corte cost., 10 novembre 1994, n. 384, corrisponde alla posizione maturata nella vigenza del testo dell’art. 127 Cost. antecedente l’intervento della legge cost. n. 3/2011: la Corte, pronunciandosi su un’ipotesi di impugnazione in via principale di una legge regionale non ancora entrata in vigore (in conformità al sistema di controllo preventivo sulle leggi regionali da parte del Governo vigente nel sistema antecedente la riforma del titolo V della Costituzione) ammette che il suo sindacato possa estendersi alla verifica di compatibilità della legge regionale (non ancora entrata in vigore) rispetto alle norme comunitarie, al fine di pronunciare l’illegittimità costituzionale della legge regionale ove effettivamente contrastante con il diritto comunitario. La posizione assunta dalla Corte consente di registrare una lieve apertura verso la concezione monistica sui rapporti tra gli ordinamenti giuridici, sottesa al riconoscimento dell’esigenza di depurare l’ordinamento nazionale da norme incompatibili con il diritto comunitario anche in riferimento a norme interne (come quelle regionali ex art. 127 Cost.) non ancora efficaci nel sistema. L’estensione del sindacato della Corte alla verifica di compatibilità delle leggi regionali con il diritto comunitario è confermata dopo la riforma dell’art. 127 Cost., che prevede un sindacato di costituzionalità sulle leggi regionali non più preventivo bensì successivo alla loro entrata in vigore. Si ammette, in particolare, che in sede di giudizio di costituzionalità in via principale la Corte possa sindacare la conformità o meno della legge regionale rispetto alle norme comunitarie (Corte Cost., 24 luglio 2003, n. 274; Id., 28 marzo 2006, n. 129): l’eventuale incompatibilità, infatti, integra la violazione di un parametro costituzionale (art. 117 Cost.), che nel testo successivo alla riforma del titolo V operata con la succitata legge cost. n. 3/2001 introduce in termini espressi il dovere delle Regioni di esercitare la propria potestà legislativa “nel rispetto ... dei vincoli derivanti dall’ordinamento comunitario”. L’art. 117 Cost. nella sua nuova formulazione diventa quindi la base giuridica, nel nostro ordinamento, del principio di primazia del diritto dell’Unione, imponendo allo Stato ed alle Regioni di esercitare le rispettive competenze legislative nel rispetto dei vincoli derivanti dall’ordinamento dell’Unione.

▶ 5.6. Apertura alla concezione monista: Corte cost., ord. n. 103/2008.

L’apertura alla concezione monista pare confermata in una successiva pronuncia della Corte costituzionale, che segna un ripensamento delle conclusioni accolte in materia di legittimazione della Corte stessa al rinvio pregiudiziale innanzi alla Corte di giustizia: capovolgendo le argomentazioni a sostegno del precedente orientamento in senso negativo, la Corte costituzionale attiva il meccanismo del rinvio pregiudiziale nell’ambito di un giudizio di legittimità costituzionale in via principale (ordinanza n 103 del 2008).
In tale contesto la Corte svolge alcune considerazioni sull’assetto dei rapporti tra il sistema giuridico italiano e l’ordinamento dell’Unione. In particolare, evidenzia che “ratificando i Trattati comunitari, l’Italia è entrata a far parte dell’ordinamento comunitario, e cioè di un ordinamento giuridico autonomo, integrato e coordinato con quello interno”.
Rispetto alle espressioni tradizionalmente utilizzate per delineare i rapporti tra gli ordinamenti giuridici, in questa occasione la Corte Costituzionale aggiunge il termine “integrato”, evocando quel rapporto di integrazione costantemente evidenziato nella giurisprudenza comunitaria.

Capitolo 14 L'ADATTAMENTO DELL'ORDINAMENTO ITALIANO AL DIRITTO PRIMARIO E DERIVATO DELL'UNIONE. IL RUOLO DELLE REGIONI

SOMMARIO:

1. Considerazioni preliminari.

1.1. Generalità.

L'adattamento dell'ordinamento italiano al diritto dell'Unione concerne l'attività dello Stato volta all'adempimento degli obblighi derivanti dall'ordinamento dell'Unione. La necessità di adattamento da parte del singolo ordinamento nazionale discende dal principio di leale cooperazione: "gli Stati membri adottano ogni misura di carattere generale o particolare atta ad assicurare l'esecuzione degli obblighi derivanti dai trattati o conseguenti agli atti delle istituzioni dell'Unione" (art. 3, co. 2, TUE).

Nell'ambito dell'ordinamento italiano, l'attività di adattamento al diritto dell'Unione trova il suo fondamento giuridico nell'art. 117 Cost., che stabilisce al comma 1: "la potestà legislativa è esercitata dallo Stato e dalle Regioni nel rispetto ... dei vincoli derivanti dall'ordinamento comunitario ...".

L'adattamento riguarda sia il diritto primario dell'Unione, sia il diritto secondario o derivato.

1.2. Adattamento al diritto primario dell'Unione.

L'adattamento al diritto primario dell'Unione, in particolare ai trattati, si realizza mediante lo strumento legislativo: la legge di ratifica ed esecuzione, contenente l'autorizzazione alla ratifica da parte del Presidente della Repubblica ai sensi dell'art. 80 Cost. e l'ordine di esecuzione del trattato (nella specie, la legge 2 agosto 2008 n. 130).

▶ 1.3. L'adattamento al diritto secondario.

L'adattamento al diritto secondario dell'Unione realizza l'adempimento, da parte del singolo Stato membro, degli obblighi di attuazione derivanti dall'emanazione di un atto giuridico da parte dell'Unione o, viceversa, dall'adozione di una pronuncia della Corte di giustizia dell'Unione che statuisce l'incompatibilità di una norma interna con il diritto dell'Unione.
L'attività di adattamento concerne, in particolare, specifiche categorie di atti (vincolanti) dell'Unione tra quelli elencati nell'art. 288 TFUE:

- le direttive;
- in alcuni casi, le decisioni (nello specifico, ove si tratti di decisioni rivolte ad una pluralità di Stati membri).

Viceversa, in linea di principio l'esigenza di adattamento non concerne i regolamenti, in quanto atti per loro natura direttamente applicabili negli Stati membri. Tale affermazione conosce un'eccezione, rappresentata dall'ipotesi in cui il regolamento stesso richieda l'adozione di atti interni di carattere esecutivo: in questo caso, l'adattamento al diritto dell'Unione non si sostanzia in un'attività di recepimento dell'atto bensì in un'attività di mera esecuzione.

▶ 1.3.1. La disciplina contenuta nella L. n. 234/2012.

Il legislatore italiano sceglie di regolare l'adattamento dell'ordinamento nazionale al diritto secondario dell'Unione mediante una fonte avente valore di legge ordinaria, rappresentata dalla L. 9 marzo 1989, n. 86, nota come "Legge La Pergola", successivamente sostituita dalla L. 4 febbraio 2005, n. 11 ("Legge Buttiglione"), a sua volta sostituita dalla recente L. 24 dicembre 2012, n. 234, come successivamente modificata (da ultimo, con d.lgs. 2 gennaio 2018, n. 1). Con la legge del 2012 viene superato il meccanismo di adattamento fondato sullo strumento della "legge comunitaria". Si introduce una nuova disciplina dell'attività di recepimento nell'ordinamento interno della legislazione europea, separando l'attuazione delle direttive da quella degli altri atti dell'Unione. La scelta legislativa mira a contenere il rischio di condanne di infrazione dell'Italia conseguenti alla mancata o erronea trasposizione di direttive: la previsione di un apposito meccanismo per l'attuazione delle direttive consente di accelerare la procedura di recepimento nell'ambito dell'ordinamento interno.
Si introduce, in particolare, uno sdoppiamento del sistema legislativo di recepimento in due strumenti distinti:

- la legge di delegazione europea, deputata all'attuazione delle direttive (e delle decisioni-quadro adottate prima dell'entrata in vigore del Trattato di Lisbona). Contiene, in particolare, deleghe legislative al Governo e l'eventuale autorizzazione all'attuazione in via regolamentare (art. 30, co. 2). Il relativo disegno di legge deve essere presentato alle Camere entro il 28 febbraio di ogni anno (art. 29, co. 4). Al fine di scongiurare il rischio di infrazione per mancato recepimento di una direttiva, si prevede che l'adozione dei decreti legislativi si verifichi entro il termine di quattro mesi (così modificato per effetto della L. 29 luglio 2015, n. 115, che ha sostituito il previgente termine di due mesi) antecedenti al termine di scadenza indicato in ciascuna direttiva per il suo recepimento (o, in mancanza, entro i dodici mesi successivi alla data di entrata in vigore della legge di delegazione europea), ai sensi dell'art. 31, co. 1. La legge del 2012 introduce altresì una serie di principi e criteri generali di delega per il recepimento delle direttive: tra questi emerge il divieto di introduzione o mantenimento di livelli di regolazione superiori a quelli minimi previsti dalle direttive stesse (art. 32, co. 1, lett. c);
- la legge europea, recante le disposizioni necessarie per dare attuazione agli atti dell'Unione diversi dalle direttive, nonché ai trattati internazionali conclusi dall'Unione; contiene altresì le disposizioni necessarie per la modifica o l'abrogazione di norme interne oggetto di procedure di infrazione o di sentenze della Corte di giustizia (art. 30, co. 3). Il relativo disegno di legge può essere presentato dal Governo alle Camere anche in tempi diversi rispetto alla legge di delegazione europea (art. 29, co. 5). Tale strumento legislativo rappresenta, pertanto, un meccanismo di attuazione in via diretta degli atti dell'Unione.

È fatta salva la possibilità di adottare leggi ad hoc per il recepimento di singoli atti normativi dell'Unione europea (art. 38). Nel sistema di recepimento del diritto dell'Unione delineato dalla L. n. 234/2012 risulta confermata la possibilità, già ammessa dalla L. n. 11/2005, di ricorso al metodo dell'attuazione in via regolamentare o in via amministrativa, ove prevista nella legge di delegazione europea per l'attuazione di direttive (art. 35):

- il Governo può essere autorizzato all'attuazione in via regolamentare di direttive ove riguardanti materie di competenza legislativa esclusiva dello Stato, anche se già disciplinate con legge, purché non riservate (in modo assoluto) alla legge; l'autorizzazione contenuta nella legge di delegazione europea è idonea a determinare un fenomeno di delegificazione che consente al regolamento governativo, emanato in forza della legge di delegazione, di adeguare il sistema normativo interno agli obblighi derivanti dalle singole direttive anche attraverso la modifica di norme di legge preesistenti (art. 35, co. 2);
- parimenti, le direttive possono essere attuate con regolamento ministeriale o con atto amministrativo generale (metodo dell'attuazione in via amministrativa), ove riguardanti materie di competenza esclusiva dello Stato e non coperte da riserva di legge, purché non risultino disciplinate con legge o con regolamento governativo (art. 35, co. 3).

▶ 1.4. Il ruolo delle Regioni.

L'attività normativa di adattamento al diritto secondario dell'Unione coinvolge lo Stato nel suo complesso: in tale ambito è riconosciuto un ruolo anche alle Regioni, che si è andato rafforzando nel corso del tempo. In particolare, l'art. 117 Cost., nel testo riformulato ad opera della legge costituzionale 18 ottobre 2001, n. 3, prevede che "le Regioni e le Province autonome di Trento e di Bolzano, nelle materie di loro competenza, ... provvedono all'attuazione e all'esecuzione ... degli atti dell'Unione europea, nel rispetto delle norme di procedura stabilite da legge dello Stato, che disciplina le modalità di esercizio del potere sostitutivo in caso di inadempienza" (comma 5). Il coinvolgimento delle Regioni nell'attività di adattamento dell'ordinamento nazionale al diritto dell'Unione concerne, in particolare, le materie rientranti nella competenza, esclusiva o concorrente, delle Regioni stesse.

In conformità al dettato costituzionale la legge n. 234 del 2012, confermando l'impianto originario disegnato dall'abrogata legge n. 11 del 2005, attribuisce alle Regioni il potere di dare tempestiva attuazione alle direttive ed agli altri obblighi derivanti dal diritto dell'Unione, ove concernenti materie di competenza regionale (artt. 29, co. 1, 40 e 43, co.1).

È previsto comunque il coinvolgimento dello Stato, qualora la direttiva da attuare riguardi materie appartenenti all'ambito della competenza (legislativa) concorrente: resta, infatti, riservato allo Stato il compito di definire i principi fondamentali ai sensi dell'art. 117, co. 3, Cost. anche nel caso in cui l'attività legislativa esercitata dalle Regioni riguardi l'attuazione di una direttiva dell'Unione (art. 40, co. 4).

L'attribuzione di un ruolo rilevante alle Regioni nell'attuazione degli atti dell'Unione, ove concernenti materie rientranti nella loro competenza (esclusiva o concorrente), non elimina né tantomeno attenua il principio di responsabilità dello Stato per l'adempimento degli obblighi derivanti dall'appartenenza all'Unione.

La responsabilità continua a gravare esclusivamente sullo Stato, che ne risponde nei confronti dell'Unione; in particolare, lo Stato può essere destinatario di un procedimento di infrazione ai sensi degli artt. 258-260 TFUE. In tale ottica, si giustifica la spettanza di un potere sostitutivo in capo allo Stato ex art. 117, co. 3, Cost., esercitabile in caso di inerzia della Regione.

In particolare, l'esercizio del potere sostitutivo viene regolato mediante la previsione di due meccanismi:

- la legge n. 234 del 2012, confermando la disciplina prevista nell'abrogata legge n. 11 del 2005, stabilisce un meccanismo di sostituzione preventiva (art. 41) nel caso di attuazione di direttive concernenti materie di competenza regionale, per cui lo Stato realizza in ogni caso l'attuazione, mediante propri atti, delle direttive dell'Unione, anche ove concernenti materie di competenza regionale. Tali atti, tuttavia, trovano applicazione solo dalla data di scadenza del termine previsto per l'adempimento dell'obbligo di attuazione fissato nella direttiva, nell'ambito del territorio delle Regioni che non abbiano già provveduto autonomamente all'attuazione. Le disposizioni contenute nell'atto statale presentano carattere cedevole: sono destinate a trovare applicazione finché perdura la mancata attuazione da parte della Regione;

- viceversa, la legge n. 131 del 2003, recante disposizioni per l'adeguamento dell'ordinamento della Repubblica alla legge costituzionale 18 ottobre 2001, n. 3, nel disciplinare le modalità di esercizio del potere sostitutivo dello Stato ai sensi dell'art. 120 Cost., anche nel caso in cui l'esercizio di siffatto potere si renda necessario per porre rimedio alla violazione della normativa comunitaria (oggi da intendersi come normativa dell'Unione), prevede un meccanismo di sostituzione successiva (richiamato dall'art. 43, co. 2, L. n. 234 del 2012): decorso inutilmente il termine per l'adozione degli atti necessari da parte della Regione, il Consiglio dei Ministri provvede direttamente o nomina un'apposita commissione (art. 8, L. n. 131 del 2003).

La **legge del 2012** disciplina altresì il **diritto di rivalsa dello Stato nei confronti delle Regioni** – oltre che delle province autonome, degli enti territoriali, degli altri enti pubblici e dei soggetti equiparati – che si rendano responsabili della violazione degli obblighi derivanti dalla normativa dell'Unione e dalle sentenze rese dalla Corte di giustizia dell'Unione (art. 43, co. 4, L. n. 234 del 2012). Il diritto di rivalsa mira, in particolare, al recupero degli oneri finanziari derivanti dalle sentenze di condanna della Corte di giustizia rese nell'ambito delle procedure di infrazione ai sensi dell'art. 260 TFUE.

2. L'efficacia diretta di una norma dell'Unione.

2.1. Nozione.

L'efficacia diretta si sostanzia nell'attitudine della norma dell'Unione ad attribuire diritti o imporre obblighi in capo ai soggetti dell'ordinamento interno (persone fisiche o giuridiche), anche in assenza di un'attività (eventuale) di trasposizione da parte del legislatore nazionale.

Si risolve nella possibilità per il singolo di far valere innanzi al giudice nazionale la posizione giuridica vantata in forza della norma dell'Unione, nonché di pretenderne l'applicazione da parte dell'Amministrazione nazionale; parimenti, comporta il dovere del singolo di adempiere agli obblighi sanciti dalla norma dell'Unione nei rapporti con gli altri soggetti privati o nei rapporti con l'Amministrazione.

La nozione di efficacia diretta è destinata ad acquisire rilevanza anche nell'ipotesi di conflitto con una norma interna preesistente. In particolare, può assumere due forme, corrispondenti ad intensità diverse dell'efficacia diretta:

- può escludere l'applicazione della norma interna (c.d. effetto di opposizione);
- può, in misura più ampia, determinare non solo la mancata applicazione della norma interna, ma altresì la sostituzione della norma dell'Unione alla norma interna con essa contrastante (c.d. effetto di sostituzione).

2.2. Rapporti con la c.d. "applicabilità diretta".

L'efficacia diretta si differenzia dal concetto di applicabilità diretta, che viceversa indica una caratteristica tipica dei regolamenti dell'Unione. L'applicabilità diretta si sostanzia nella capacità di produrre effetti immediati nei sistemi giuridici interni, al momento dell'entrata in vigore nell'ordinamento dell'Unione europea, senza necessità di alcuna attività di recepimento da parte del legislatore nazionale. Corrisponde, pertanto, alla mancata necessità di misure di trasposizione da parte degli Stati membri.

In tale ottica, nel caso dei regolamenti l'efficacia diretta delle norme scaturisce automaticamente dal requisito dell'applicabilità diretta: l'attitudine alla creazione di diritti o all'imposizione di obblighi nei confronti dei singoli è conseguenza normale ed automatica dell'applicazione in via immediata e diretta del regolamento nell'ambito degli ordinamenti giuridici nazionali.

▶ 2.3. Ambito operativo.

L'efficacia diretta riguarda le norme contenute in fonti diverse dai regolamenti, in particolare: le disposizioni dei trattati, le direttive e le decisioni. Rispetto a ciascuna fonte occorre valutare la ricorrenza dei presupposti necessari al riconoscimento dell'efficacia diretta delle norme ivi contenute.

La questione concernente l'efficacia diretta delle norme dell'Unione è stata affrontata dalla Corte di giustizia con particolare riferimento alle direttive: il carattere obbligatorio delle stesse, in quanto rivolto agli Stati membri gravati dal dovere di attuazione nel sistema giuridico interno, sembrava costituire un ostacolo al riconoscimento dell'attitudine a creare situazioni di diritto in capo ai singoli anche in assenza del (necessario) recepimento della direttiva in atti di diritto interno.

Tale obiezione viene superata dalla Corte che, valorizzando la forza obbligatoria della direttiva quanto al risultato da essa imposto, riconosce alla stessa la possibilità di esplicare effetti diretti, al ricorrere di determinati presupposti (Corte giust., Van Duyn, 4 dicembre 1974, C- 41/74).

Tale conclusione è fondata sul principio del c.d. effetto utile, che impone agli operatori giuridici di privilegiare il raggiungimento del risultato perseguito dalla direttiva, al fine di assicurare alla norma dell'Unione la maggiore effettività possibile.

In particolare, la Corte nega che l'inadempimento dell'obbligo di attuazione da parte dello Stato membro possa impedire lo svolgimento della forza obbligatoria della direttiva, che pertanto può essere invocata in giudizio dai singoli interessati ed applicata dai giudici nazionali.

▶ 2.4. Presupposti.

L'efficacia diretta non rappresenta una caratteristica connaturata ad ogni norma dell'Unione. Postula, viceversa, la sussistenza di alcuni requisiti essenziali (presupposti di ordine sostanziale), che sono stati identificati e sviluppati in via giurisprudenziale, quali:

- la sufficiente precisione;
- l'incondizionatezza.

Entrambi i presupposti sono riferiti al contenuto della norma, in particolare alla definizione e alle modalità di applicazione del precetto normativo.

▶ 2.4.1. La sufficiente precisione.

La sufficiente precisione attiene alla formulazione della norma: richiede che il precetto normativo sia definito in modo sufficiente a consentire la percezione della sua portata da parte dei soggetti destinatari nonché del giudice chiamato ad applicarlo nelle controversie di sua competenza.

La definizione del contenuto della norma rimanda altresì alla valutazione dello scopo e del contesto in cui si inserisce. In base all'elaborazione della giurisprudenza comunitaria (in particolare, Corte giust., 19 novembre 1991, cause riunite C- 6/90 e C- /90, Francovich), la sufficiente precisione postula che la norma specifichi almeno tre aspetti:

- la determinazione del beneficiario della posizione di vantaggio attribuita dalla norma;
- il contenuto della posizione di vantaggio;
- l'identità del soggetto tenuto ad assicurare il vantaggio (ovvero il titolare dell'obbligo).

▶ 2.4.2. L'incondizionatezza.

Viceversa, l'incondizionatezza si sostanzia nell'assenza di margini di discrezionalità in capo agli Stati membri ai fini dell'applicazione della norma o nel difetto di clausole che ne subordino l'applicazione ad ulteriori interventi normativi da parte degli Stati membri o delle istituzioni dell'Unione.

▶ 2.4.3. Ricorrenza dei presupposti a seconda della fonte di previsione della norma.

La ricorrenza di tali presupposti può atteggiarsi in modo differente, a seconda della fonte di previsione della norma in questione. In particolare, le disposizioni dei trattati:

- ove rivolte direttamente ai singoli, risultano senz'altro efficaci. A titolo esemplificativo, le norme in materia di concorrenza (artt. 101 e 102 TFUE), che vietano alcuni comportamenti da

parte delle imprese, sono dotate di efficacia diretta, in quanto si impongono direttamente alle imprese; qualsiasi soggetto interessato può far valere innanzi al giudice nazionale la violazione del disposto normativo da parte di un'impresa;
- viceversa, ove le disposizioni dei trattati siano rivolte agli Stati membri, occorre procedere all'accertamento dei requisiti di sufficiente precisione ed incondizionatezza.

Parimenti, le norme contenute nelle decisioni:
- rivolte a soggetti (singoli) degli ordinamenti nazionali, sono senz'altro efficaci;
- rivolte agli Stati membri, producono effetti diretti solo se connotate dai requisiti di sufficiente precisione e incondizionatezza (in tal senso, cfr. Corte giust., 6 ottobre 1970, C- 9/70).

Nel caso delle direttive, devono sussistere i presupposti sostanziali sopra citati. Tali requisiti risultano integrati in via automatica ove ricorrano circostanze peculiari, attinenti al contenuto della singola direttiva:
- la previsione di obblighi di non fare, destinati ad operare in via automatica, in considerazione del carattere negativo del contenuto obbligatorio;
- la riproduzione di norme immediatamente precettive in base alla fonte originaria di previsione, ove corrispondenti a disposizioni contenute nei trattati dotate di efficacia diretta;
- l'assunzione della natura autoesecutiva della direttiva, correlata al contenuto ed alla formulazione delle previsioni normative, quale circostanza idonea ad assimilare l'atto comunitario, nella sostanza, alla diversa figura del regolamento, immediatamente applicabile nell'ordinamento interno (c.d. direttive *self-executing*);
- il carattere dettagliato delle previsioni di origine comunitaria, ove la direttiva non si limiti all'attribuzione di posizioni di vantaggio, ma disciplini altresì il contenuto della situazione giuridica, dettando previsioni chiare, precise ed incondizionate (c.d. direttive dettagliate).

L'efficacia diretta delle norme contenute in una direttiva, ove risultino integrati i presupposti di sufficiente precisione e incondizionatezza, rinviene altresì un differente regime quanto alla sua portata temporale. In particolare, l'efficacia diretta non può venire in rilievo in pendenza del termine concesso agli Stati membri per l'attuazione della direttiva stessa (come evidenziato, di recente, nell'ambito della giurisprudenza nazionale da Cons. St., sez. III, 25 novembre 2015, n. 5359). Assume viceversa rilevanza alla scadenza del termine, ove lo Stato membro abbia omesso di attuarla, oppure l'abbia fatto tardivamente in modo inadeguato ed insufficiente.

▶ 2.5. L'intensità (variabile) dell'efficacia diretta.

▶ 2.5.1. Premessa.

La fonte di previsione della norma dell'Unione assume rilevanza anche sotto il profilo dell'intensità dell'efficacia diretta, ove l'accertamento in ordine ai requisiti di sufficiente precisione e incondizionatezza abbia avuto esito positivo.

▶ 2.5.2. Direttive.

La questione è stata affrontata dalla Corte di giustizia con specifico riguardo alle norme contenute nelle direttive. In particolare, valorizzando il dato che condiziona l'insorgenza dell'efficacia diretta delle norme previste in una direttiva alla violazione dell'obbligo di attuazione gravante sullo Stato membro, la Corte circoscrive la portata soggettiva dell'efficacia diretta, limitandola ai soli rapporti verticali, in cui la norma contenuta in una direttiva dell'Unione (in caso di omessa, tardiva o erronea trasposizione da parte dello Stato membro) è invocata da un soggetto privato contro un soggetto pubblico.
In tale ottica, l'efficacia diretta trova fondamento nella violazione dell'obbligo di attuazione da parte dello Stato membro, pertanto sembra atteggiarsi come una sorta di sanzione a carico dello Stato membro inadempiente (al riguardo, cfr. Corte giust., 5 aprile 1979, C- 148/78).

Di conseguenza, le norme contenute in una direttiva possono produrre effetti diretti soltanto nei rapporti verticali, in specie nei rapporti in cui è il soggetto privato ad invocare innanzi al giudice nazionale la disposizione rimasta inattuata al fine di azionare il diritto riconosciuto in suo favore dalla direttiva stessa nei confronti dello Stato inadempiente.

Il concetto di soggetto pubblico, nei cui confronti può operare l'efficacia diretta nell'ambito dei rapporti cd. verticali, è inteso in un'accezione lata, comprensiva non soltanto dello Stato centrale (considerato come espressione del potere legislativo e del potere esecutivo), ma anche di qualsiasi articolazione della struttura pubblica, indipendentemente dal regime applicabile ai suoi atti (anche nel caso in cui il soggetto pubblico agisca con strumenti di diritto privato). In tale ottica, la Corte di giustizia ammette che una direttiva inattuata possa essere invocata dal privato nei confronti di autorità fiscali, autorità di polizia, magistratura e autorità competenti in materia di immigrazione.

Viceversa, l'effetto diretto deve ritenersi escluso ove l'applicazione della direttiva comporti una responsabilità penale a carico del soggetto agente: una direttiva non può avere come effetto, di per sé e indipendentemente da una legge interna adottata per il suo recepimento, di determinare o aggravare la responsabilità penale di un soggetto che agisca in violazione delle disposizioni contenute nella direttiva stessa (Corte giust., 3 maggio 2005, cause riunite C-387/02, C-391/02, C-403/02).

L'efficacia diretta delle norme contenute in una direttiva non può operare:

- nelle relazioni tra privati (rapporti orizzontali), quando la direttiva è invocata da un soggetto privato avverso un altro soggetto privato;
- nei rapporti tra privato e soggetto pubblico qualora la direttiva sia invocata dal soggetto pubblico avverso il privato (c.d. rapporti verticali invertiti). Una direttiva non può, infatti, creare di per sé – indipendentemente da una norma interna di recepimento – obblighi a carico di un singolo (Corte giust., 26 febbraio 1986, C-152/84; Corte giust., 5 ottobre 2004, cause riunite da C-397/01 a C-403/01).

▶ 2.5.3. La negazione dell'efficacia diretta delle direttive nei rapporti orizzontali.

Il mancato riconoscimento dell'efficacia diretta nei rapporti orizzontali in relazione alle direttive rimaste inattuate è affermato in modo espresso dalla Corte di giustizia nella pronuncia 26 febbraio 1986, C-152/84, Marshall: "quanto all'argomento secondo il quale una direttiva non può essere fatta valere nei confronti di un singolo, va posto in rilievo che, secondo l'art. 189 del trattato, la natura cogente della direttiva sulla quale è basata la possibilità di farla valere dinanzi al giudice nazionale, esiste solo nei confronti dello Stato membro cui è rivolta. Ne consegue che la direttiva non può di per sé creare obblighi a carico di un singolo e che una disposizione di una direttiva non può quindi essere fatta valere in quanto tale nei confronti dello stesso". Di conseguenza il singolo non può invocare in giudizio l'applicazione di una direttiva rimasta inattuata nei confronti di un altro soggetto privato.

Il mancato riconoscimento dell'efficacia diretta nei rapporti orizzontali ad opera della Corte di giustizia, assai criticato in sede interpretativa perché foriero di discriminazioni destinate a pregiudicare il privato beneficiario della norma rimasta inattuata, trova un'attenuazione in due casi:

- situazioni in cui l'applicazione di una direttiva inattuata sia invocata dal privato nei confronti di un soggetto pubblico, a titolo principale, e nei riguardi di altri soggetti privati in veste di controinteressati (la cui posizione verrebbe compromessa dall'applicazione della direttiva). In casi del genere (c.d. rapporti triangolari), la Corte di giustizia ritiene che l'efficacia diretta possa operare, ove ne ricorrano i presupposti; la Corte non sembra, pertanto, valutare l'effetto pregiudizievole indirettamente subito dai soggetti privati controinteressati come ostacolo alla produzione di effetti diretti da parte della norma invocata (in tal senso, cfr. Corte giust., Costanzo, 22 giugno 1989, C- 103/88). L'effetto pregiudizievole indirettamente subito si configura come mera ripercussione negativa nella sfera dei privati controinteressati, non anche come imposizione di un obbligo a loro carico;
- nel caso di conflitto con una norma interna (preesistente) incompatibile, l'efficacia diretta della norma dell'Unione potrebbe configurarsi in forma attenuata, come ostacolo all'applicazione della norma interna da parte del giudice nazionale (c.d. effetto di opposizione).

2.5.4. Trattati.

Diversamente, l'efficacia diretta riconosciuta ad una norma contenuta nei trattati non incontra limiti operativi quanto alla sua portata soggettiva, potendo valere:

- sia nei rapporti tra soggetti privati (rapporti orizzontali);
- sia nei rapporti tra un soggetto privato ed un'autorità pubblica (rapporti verticali).

Quanto all'estensione dell'efficacia diretta ai rapporti orizzontali, la possibilità di invocare la norma nei confronti di un altro soggetto privato discende dalla formulazione della previsione contenuta nei trattati, ove il precetto normativo sia definito in termini generali e non risulti destinato in modo particolare agli Stati membri. Tale ragionamento è stato seguito dalla Corte in relazione al principio di non discriminazione di cui all'art. 45 TFUE, suscettibile di effetti diretti anche nei rapporti orizzontali (Corte giust., 6 giugno 2000, C- 281/98).

2.5.5. Decisioni.

La questione non è stata affrontata in maniera esplicita in riferimento alle decisioni rivolte agli Stati membri. Pur ammettendo la configurabilità dell'efficacia diretta delle norme ivi contenute, concludendo in senso favorevole all'invocazione delle stesse da parte di qualsiasi soggetto interessato all'adempimento della decisione (Corte giust., 6 ottobre 1970, C- 9/70, Grad), la Corte non ha avuto occasione di precisarne la portata soggettiva.
Valorizzando il carattere obbligatorio di siffatte decisioni nei confronti degli Stati membri, se ne dovrebbe ricavare l'applicazione delle stesse limitazioni individuate a proposito delle direttive (in particolare, la circoscrizione dell'efficacia diretta ai soli rapporti verticali).

3. L'efficacia indiretta di una norma dell'Unione.

In mancanza dei presupposti necessari per la configurazione dell'efficacia diretta, le norme dell'Unione non possono ritenersi idonee all'attribuzione di diritti o all'imposizione di obblighi in capo ai soggetti dell'ordinamento interno. Tale circostanza ricorre:

- nei casi in cui difettino i requisiti di sufficiente precisione e incondizionatezza della norma;
- nei rapporti di tipo orizzontale o in pendenza del termine di attuazione qualora la norma sia contenuta in una direttiva.

Il mancato riconoscimento dell'efficacia diretta non esclude l'attitudine della norma dell'Unione ad assumere rilevanza giuridica nell'ordinamento nazionale, se pure in via indiretta. L'efficacia indiretta del diritto dell'Unione assume due forme:

- l'obbligo di interpretazione conforme, che si sostanzia nel dovere del giudice nazionale di interpretare le norme interne in modo conforme al diritto dell'Unione;
- il risarcimento del danno, quale diritto attribuito ai singoli per i pregiudizi subiti per effetto della violazione del diritto dell'Unione da parte dello Stato; la norma dell'Unione, anche se priva di efficacia diretta, può essere fonte del diritto al risarcimento in capo al singolo.

La norma dell'Unione, ove priva di efficacia diretta, incide comunque sulle sorti della norma nazionale con essa incompatibile: il contrasto normativo si risolve nella violazione del principio di leale collaborazione da parte del singolo Stato.
La verifica di conformità delle norme interne alle norme dell'Unione prive di effetti diretti è rimessa alla Corte costituzionale: lo strumento della disapplicazione ad opera del giudice nazionale è infatti limitato al conflitto di una disposizione interna con norme dell'Unione direttamente applicabili o dotate di effetti diretti nell'ordinamento interno.
In particolare, ove il giudice nazionale constati l'incompatibilità della norma interna con una norma dell'Unione priva di efficacia diretta, non superabile in via interpretativa, deve sollevare questione di legittimità costituzionale per violazione degli artt. 11 e 117, co. 1, Cost. (in tal senso, cfr. Corte cost., 25 gennaio 2010, n. 28, relativa al conflitto tra norma interna e direttiva priva di efficacia diretta).

4. L'obbligo di interpretazione conforme.

▶ 4.1. Nozione e fondamento.

L'obbligo di interpretazione conforme consiste nel dovere di interpretare le norme interne in conformità al diritto dell'Unione. Tale obbligo si impone nei confronti degli operatori giuridici chiamati a dare applicazione alle norme interne, in particolare nei riguardi dei giudici nazionali. Rinviene il suo fondamento giuridico nel principio di leale collaborazione (art. 4, par. 3, TUE), che implica l'obbligo degli Stati membri di assicurare l'attuazione del diritto dell'Unione e l'esecuzione degli obblighi derivanti dal sistema giuridico dell'Unione.

▶ 4.2. Differenze rispetto al principio del c.d. effetto utile.

Si differenzia dal c.d. principio dell'effetto utile, che concerne sempre il profilo esegetico ma è riferito al diritto dell'Unione. L'effetto utile, infatti, si sostanzia nella necessità di interpretare le norme dell'Unione in modo da consentire che le stesse possano esplicare i loro effetti nella maggior misura possibile; tra le varie interpretazioni della norma dell'Unione, deve quindi privilegiarsi quella che consente di riconoscere alla stessa la maggiore effettività possibile, in modo da consentire il pieno raggiungimento degli scopi da essa perseguiti. L'obbligo di interpretazione conforme si riferisce, viceversa, alle norme interne.

▶ 4.3. Limite e presupposti.

L'obbligo di interpretazione conforme incontra un limite nell'inequivocabile contrarietà della norma interna al diritto dell'Unione: non può, infatti, configurarsi come base giuridica idonea a legittimare un'interpretazione *contra legem* del diritto nazionale (Corte giust., Grande sezione, 15 gennaio 2014, C-176/12).

Presuppone, pertanto, l'attitudine della disposizione interna all'assunzione di una pluralità di significati: ricorrendo tale circostanza, tra le varie interpretazioni possibili è privilegiata quella conforme al diritto dell'Unione. Il giudice nazionale, nello svolgimento dell'operazione esegetica, è tenuto all'osservanza dei principi generali del diritto dell'Unione: l'interpretazione conforme non può condurre ad esiti normativi che risultino in contrasto con i principi generali.

In questo contesto, assumono particolare rilevanza i principi di certezza e di irretroattività, con specifico riguardo all'applicazione normativa in ambito penale. Tali principi impediscono, infatti, che l'interpretazione conforme possa condurre ad un aggravamento della responsabilità penale, introducendo nuove fattispecie di reato o estendendo l'ambito operativo di quelle previste nell'ordinamento interno (Corte giust., 8 ottobre 1987, C- 80/86).

▶ 4.4. Ambito operativo.

L'obbligo di interpretazione conforme si riferisce, quanto al parametro di conformità rappresentato dal diritto dell'Unione, sia alle norme dotate di efficacia diretta, sia alle norme prive di effetti diretti.

▶ 4.4.1. Norme dotate di efficacia diretta.

Nel caso di norme ad efficacia diretta, l'obbligo di interpretazione conforme si pone come operazione preliminare a fronte di una norma interna incompatibile con il diritto (immediatamente efficace) dell'Unione: rappresenta il tentativo di risolvere il conflitto normativo in via esegetica, accogliendo un'interpretazione della norma interna in senso conforme alla norma dell'Unione, evitando così il ricorso allo strumento della disapplicazione (della norma interna).

▶ 4.4.2. Norme prive di efficacia diretta.

Viceversa, nel caso in cui venga in rilievo una norma priva di effetti diretti, l'obbligo di interpretazione conforme rappresenta una forma di efficacia indiretta della norma dell'Unione, quale strumento per assicurarne la rilevanza giuridica nell'ordinamento interno.

In tal senso, l'obbligo di interpretazione conforme è stato esteso anche alle decisioni-quadro adottate nell'ambito dei settori riconducibili all'ormai ex III pilastro, considerato che l'allora vigente art. 34, par. 2, lett. b) TUE precisava che tali atti "non hanno efficacia diretta" (Corte giust., 16 giugno 2005, C-105/03, Pupino; Corte giust., 5 settembre 2012, C- 42/11).

L'obbligo di interpretazione conforme è stato altresì ammesso in riferimento alle norme contenute in una direttiva, anche prive di efficacia diretta in ragione della mancata ricorrenza dei requisiti necessari. In tale ottica, l'obbligo di interpretazione conforme è stato richiamato come strumento in grado di rappresentare un'attenuazione al mancato riconoscimento dell'efficacia diretta delle direttive nei rapporti orizzontali (per un caso di applicazione dell'obbligo di interpretazione conforme in riferimento ad una disposizione di una direttiva insuscettibile di efficacia diretta in quanto invocata in una controversia tra privati, cfr. Corte giust., 5 ottobre 2004, cause riunite da C- 397/01 a C-403/01).

5. La responsabilità dello Stato nei confronti dei singoli.

5.1. Ambito operativo.

Il diritto al risarcimento dei danni subiti per effetto dei comportamenti dello Stato integranti una violazione del diritto dell'Unione si configura senz'altro nel caso in cui il pregiudizio arrecato al singolo derivi dalla lesione di un diritto attribuito da una norma dell'Unione dotata di effetti diretti (Corte giust., 5 marzo 1996, cause riunite C- 46/93 e C- 48/93).

Il diritto al risarcimento del danno è altresì esteso alle violazioni concernenti una norma dell'Unione priva di effetti diretti: in particolare, la Corte ammette l'invocabilità del rimedio risarcitorio da parte del singolo ove il danno subito derivi dalla mancata attuazione di una direttiva incapace di esplicare effetti diretti. Tale orientamento è stato inaugurato con la storica pronuncia 19 dicembre 1991, cause riunite C-6/90 e 9/90, Francovich.

5.2. Presupposti.

La Corte di giustizia identifica tre condizioni necessarie per l'insorgenza del diritto al risarcimento:

- la norma dell'Unione che si assume violata deve essere intesa all'attribuzione di diritti in favore dei singoli (nella cui categoria rientra il soggetto che si assume danneggiato), il cui contenuto sia chiaramente individuabile in base alla norma stessa;
- la violazione della norma deve essere sufficientemente grave e manifesta (tale condizione può dirsi automaticamente integrata nel caso di omessa trasposizione della direttiva da parte dello Stato membro);
- deve sussistere un nesso di causalità diretta tra la violazione della norma e il danno subito dal privato.

Ricorrendo tali condizioni, la violazione integrata dallo Stato (nel caso di specie corrispondente alla mancata attuazione della direttiva) può ritenersi causa della lesione alla sfera giuridica del privato (rappresentata dalla mancata attuazione di una direttiva contenente l'attribuzione di un diritto in suo favore, non applicabile nell'ordinamento interno in ragione dell'assenza di efficacia diretta della norma contenuta nella direttiva stessa) e del conseguente danno subito. Non è viceversa richiesta la ricorrenza dell'elemento psicologico (sotto forma di dolo o colpa) in capo agli organi statali responsabili della violazione.

5.3. La giurisprudenza più significativa: la sentenza Francovich.

La Corte (Corte giust., 19 dicembre 1991, cause riunite C- 6/90 e 9/90) affronta la questione concernente l'efficacia diretta delle norme contenute nella direttiva 80/987, intesa a garantire ai lavoratori dipendenti un minimo di tutela a livello comunitario in caso di insolvenza del datore di lavoro, in particolare garanzie specifiche per il pagamento di loro crediti non pagati relativi alla retribuzione. Nel caso in esame, la direttiva non era stata attuata dallo Stato italiano, nonostante la scadenza del termine assegnato a tale scopo.

La Corte di giustizia, dopo aver condotto l'accertamento in merito alla sussistenza dei requisiti richiesti per la configurazione dell'efficacia diretta delle norme contenute nella direttiva, conclude il suo esame in termini negativi.

La Corte affronta dunque la questione in ordine alla responsabilità dello Stato per violazione degli obblighi incombenti in base al diritto comunitario, rappresentata dalla mancata attuazione della direttiva nei termini prescritti, evidenziando che "la possibilità di risarcimento a carico dello Stato membro è particolarmente indispensabile qualora, come nella fattispecie, la piena efficacia delle norme comunitarie sia subordinata alla condizione di un'azione da parte dello Stato e, di conseguenza, i singoli, in mancanza di tale azione, non possano far valere dinanzi ai giudici nazionali i diritti loro riconosciuti dal diritto comunitario".

La Corte passa quindi all'esame delle condizioni necessarie per l'insorgenza del diritto al risarcimento: "la prima di queste condizioni è che il risultato prescritto dalla direttiva implichi l'attribuzione di diritti a favore dei singoli. La seconda condizione è che il contenuto di tali diritti possa essere individuato sulla base delle disposizioni della direttiva. Infine, la terza condizione è l'esistenza di un nesso di causalità tra la violazione dell'obbligo a carico dello Stato e il danno subito dai soggetti lesi. Tali condizioni sono sufficienti per far sorgere a vantaggio dei singoli un diritto ad ottenere un risarcimento, che trova direttamente il suo fondamento nel diritto comunitario".

La necessaria ricorrenza delle tre condizioni individuate dalla sentenza Francovich ai fini del riconoscimento del diritto al risarcimento in capo al soggetto leso ha trovato conferma nella giurisprudenza successiva della Corte (cfr. Corte giust., 19 giugno 2014, C-501/12).

▶ 5.4. Configurazione della responsabilità a carico dello Stato.

La configurazione di un'ipotesi di responsabilità a carico dello Stato mira ad assicurare la compensazione della perdita patrimoniale subita dal privato per effetto del comportamento tenuto dal legislatore nazionale, consistente nella violazione del termine previsto per il recepimento della direttiva comunitaria, diretta all'attribuzione, in favore del privato, di diritti o benefici identificati in modo chiaro e definito.

Il riconoscimento in ordine alla responsabilità dello Stato si fonda su due dati:

- la verificazione di un danno nella sfera giuridica del privato, per effetto della mancata attribuzione della situazione di vantaggio, conseguente all'omesso, tardivo o erroneo recepimento della direttiva nell'ordinamento interno;
- la qualificazione del comportamento tenuto dal legislatore nazionale come contrario ai principi comunitari, integrante il mancato adempimento all'obbligo di tempestiva trasposizione della direttiva nel sistema giuridico interno (artt. 288 e 291, TFUE).

In particolare, l'inadempimento dello Stato a fronte di una direttiva dell'Unione può assumere tre forme diverse:

- l'omissione, riferita alla mancata trasposizione della direttiva comunitaria;
- il ritardo, viceversa integrato dal recepimento successivo alla scadenza del termine;
- l'errore, riferito alla violazione del contenuto normativo della direttiva, compiuto dallo Stato membro nel corso dell'attività di trasposizione dell'atto comunitario nell'ordinamento interno.

▶ 5.5. Esercizio del diritto al risarcimento.

Le condizioni per l'esercizio del diritto al risarcimento del danno dipendono, viceversa, dal diritto interno, in ragione del principio dell'autonomia processuale degli Stati membri (Corte giust., 3 settembre 2009, C- 2/08). Tale principio trova conferma nel Trattato di Lisbona, che richiama in via generale la competenza dei giudici nazionali e di conseguenza l'applicabilità del regime processuale stabilito nei singoli ordinamenti nazionali (art. 19, par. 1, co. 2, TUE). È comunque necessario che le norme processuali applicabili rispettino alcuni limiti, la cui osservanza si impone qualora le azioni regolate dal diritto processuale interno debbano essere utilizzate per la tutela di diritti che rinvengono la loro fonte in una norma dell'Unione. Tali limiti si traducono in due requisiti, che condizionano l'operatività in generale del principio dell'autonomia processuale degli Stati membri (cfr. Corte giust., 13 dicembre 2017, C-403/16):

- le modalità previste dal diritto nazionale e destinate a garantire anche la tutela giudiziale di posizioni soggettive attribuite dal diritto dell'Unione non possono essere meno favorevoli di quelle applicate per la protezione di posizioni analoghe di origine interna (principio di equivalenza);
- le modalità definite dal diritto nazionale non possono essere tali da compromettere l'esercizio dei diritti derivanti da norme dell'Unione, rendendolo praticamente impossibile o eccessivamente difficoltoso (principio di effettività).

▶ 5.6. Organi autori della violazione.

La responsabilità dello Stato concerne le violazioni compiute (in forma attiva o omissiva) dai suoi organi: tra questi sono stati annoverati, nell'elaborazione giurisprudenziale, gli organi legislativi, le autorità fiscali, gli enti locali, ed anche il potere giudiziario (in riferimento a quest'ultima ipotesi, cfr.: Corte giust., 30 settembre 2003, C- 224/01; Corte giust., 24 novembre 2011, C- 379/10).

▶ 5.7. La giurisprudenza più significativa: la responsabilità dello Stato per violazione del diritto dell'Unione da parte degli organi giurisdizionali.

Con la pronuncia 30 settembre 2003, C-224/01, Kobler, la Corte di giustizia ammette la configurabilità della responsabilità dello Stato membro ove la violazione del diritto dell'Unione sia realizzata da un organo giurisdizionale.

La Corte precisa, in primo luogo, che la fattispecie in esame può venire in rilievo soltanto in riferimento all'attività esercitata da un organo giurisdizionale di ultima istanza: in particolare, si osserva che "un organo giurisdizionale di ultimo grado costituisce per definizione l'ultima istanza dinanzi alla quale i singoli possono far valere i diritti ad essi riconosciuti dal diritto comunitario. Poiché normalmente non può più costituire oggetto di riparazione una violazione di questi diritti in una decisione di un tale organo giurisdizionale che è divenuta definitiva, i singoli non possono essere privati della possibilità di far valere la responsabilità dello Stato al fine di ottenere in tal modo una tutela giuridica dei loro diritti".

La fattispecie di responsabilità in esame risulta ancorata ai medesimi presupposti elaborati in riferimento alle violazioni imputabili al legislatore nazionale (come indicati nella nota sentenza Francovich). La Corte osserva che si rendono, tuttavia, necessarie alcune precisazioni in riferimento ad uno tra gli elementi indicati come requisiti costitutivi della fattispecie di responsabilità, quale l'esistenza di una violazione grave e manifesta del diritto dell'Unione. Siffatta esigenza è correlata alla "specificità della funzione giurisdizionale" e alle "legittime esigenze di certezza del diritto", per cui la responsabilità deve essere limitata al "caso eccezionale in cui il giudice abbia violato in maniera manifesta il diritto vigente".

Al riguardo, si evidenzia che la verifica in ordine alla ricorrenza di tale condizione postula una "valutazione di tutti gli elementi che caratterizzano la controversia sottoposta al giudicato" dell'organo giurisdizionale nazionale, in specie: "il grado di chiarezza e di precisione della norma violata, il carattere intenzionale della violazione, la scusabilità o inescusabilità dell'errore di diritto, la posizione adottata eventualmente da un'istituzione comunitaria nonché la mancata osservanza, da parte dell'organo giurisdizionale di cui trattasi, del suo obbligo di rinvio pregiudiziale ai sensi dell'art. 234, co. 3, CE (oggi 267 TFUE)". Si specifica altresì che "in ogni caso, una violazione del diritto comunitario è sufficientemente caratterizzata allorché la decisione di cui trattasi è intervenuta ignorando manifestamente la giurisprudenza della Corte in questa materia".

L'attività di esercizio della funzione giurisdizionale suscettibile di determinare una violazione del diritto dell'Unione è specificata nella pronuncia della Corte di giustizia, 13 giugno 2006, C-173/03, Traghetti del Mediterraneo. In tale contesto la Corte precisa che la violazione manifesta del diritto dell'Unione può derivare sia dall'attività di interpretazione delle pertinenti norme di diritto al fine di decidere la controversia sottoposta al giudice nazionale, sia dall'attività di valutazione dei fatti e delle prove, idonea ad incidere sull'applicazione delle norme giuridiche al caso di specie sottoposto all'esame dell'organo giurisdizionale. La Corte di giustizia è tornata sulla questione con la pronuncia 24 novembre 2011, C-379/10. Il giudice europeo riconosce l'incompatibilità con il diritto dell'Unione di due previsioni contenute nella disciplina interna in materia di responsabilità civile dei magistrati (prevista nella L. n. 117 del 1988): i) l'esclusione di responsabilità in relazione all'attività di interpretazione di norme di diritto e di valutazione del fatto e delle prove (art. 2, co. 2); ii) la limitazione di responsabilità ai casi di dolo o colpa grave (art. 2, co. 1, in combinato disposto con art. 3, lett. a). In particolare, la Corte osserva che la circoscrizione della responsabilità del giudice ai soli casi di dolo o di colpa grave – da intendersi quest'ultima come negligenza inescusabile – si risolve in un requisito più rigoroso di quello derivante dalla condizione in ordine alla manifesta violazione del diritto vigente ai fini della configurazione della responsabilità dello Stato per violazione del diritto dell'Unione da parte di un suo organo giurisdizionale. Vista la mancata ottemperanza dello Stato italiano alle statuizioni della Corte di giustizia contenute nella citata pronuncia del 2011, la Commissione europea nel settembre 2013 ha avviato una procedura di infrazione ai sensi dell'art. 258 TFUE per non conformità al diritto dell'Unione europea. Lo Stato italiano ha quindi intrapreso un percorso legislativo per realizzare l'adeguamento dell'ordinamento interno alle statuizioni della Corte di giustizia. In tale prospettiva, da ultimo è stata approvata la L. 27 febbraio 2015, n. 18, volta alla modifica delle norme di cui alla L. n. 117/1988. In particolare, sono state introdotte alcune ipotesi predeterminate di "colpa grave", tra cui risulta anche "la violazione manifesta della legge nonché del diritto dell'Unione europea" e "il travisamento del fatto o delle prove". Si è, inoltre, stabilito che "l'attività di interpretazione di norme di diritto" e "quella di valutazione del fatto e delle prove" può dar luogo a responsabilità del magistrato nei casi (tassativamente previsti) di dolo e in quelli riconducibili alle ipotesi di "colpa grave" predeterminate dalla medesima L. n. 117/1988 come modificata. Si è, altresì, specificato che ai fini della determinazione dei casi di "violazione manifesta del diritto dell'Unione europea" si deve tener conto, oltre che del "grado di chiarezza e precisione delle norme violate" e "dell'inescusabilità e della gravità dell'inosservanza", anche "della mancata osservanza dell'obbligo di rinvio pregiudiziale" ai sensi dell'art. 267, par. 3, TFUE e "del contrasto ... con l'interpretazione espressa dalla Corte di giustizia dell'Unione europea".

6. Natura giuridica della responsabilità e regime della prescrizione.

6.1. Natura giuridica.

La giurisprudenza interna, chiamata a dare applicazione al principio di responsabilità dello Stato accolto dalla Corte di giustizia, si è interrogata sulla natura giuridica della fattispecie. Due sono gli orientamenti maturati al riguardo:

- la ricostruzione della fattispecie come ipotesi di responsabilità extracontrattuale, conseguente alla realizzazione di un fatto illecito suscettibile di radicare il diritto al risarcimento del danno, secondo il modello generale delineato nell'art. 2043 cod. civ.;
- la qualificazione della fattispecie come responsabilità dipendente da un fatto lecito, idonea a fondare la pretesa del danneggiato ad un equo indennizzo, secondo il modello desunto in via interpretativa dalle figure tipiche previste nella legislazione civile (artt. 2045 e 2047 co. 2, cod. civ.).

La questione si è posta all'attenzione degli interpreti con specifico riguardo alla responsabilità derivante dal mancato recepimento delle direttive dell'Unione. La differente impostazione sottesa agli orientamenti contrapposti risulta intimamente correlata alla soluzione accolta in ordine alla ricostruzione del rapporto intercorrente tra l'ordinamento comunitario e il sistema giuridico nazionale:

- l'adesione al modello teorico della responsabilità extracontrattuale si fonda sulla qualificazione del comportamento tenuto dal legislatore nazionale come antigiuridico, in quanto integrante la violazione di un obbligo di origine comunitaria, destinato a confluire in un sistema giuridico integrato. In conseguenza dell'integrazione in un unico ordinamento giuridico, la valutazione di antigiuridicità del comportamento tenuto dal legislatore nazionale non rileva nel solo ambito comunitario, bensì investe anche il sistema interno, connotando il fatto in termini di illiceità alla stregua dell'ordinamento nazionale;
- l'adesione al modello di responsabilità derivante da fatto lecito si fonda, viceversa, sulla qualificazione del comportamento tenuto dal legislatore nazionale in termini di conformità all'ordinamento giuridico interno. La valutazione di antigiuridicità è, infatti, limitata al sistema

comunitario, in conseguenza dell'adesione alla concezione pluralista in merito ai rapporti tra l'ordinamento comunitario ed il sistema giuridico interno: la relazione di separatezza tra gli ordinamenti impedisce la propagazione della valutazione di antigiuridicità nel sistema giuridico interno.

La giurisprudenza nazionale ha accolto la tesi della responsabilità derivate da fatto lecito (Cass. civ., sez. un., 17 aprile 2009, n. 9147). La pretesa del privato si configura, pertanto, come diritto ad un indennizzo, per la compensazione del pregiudizio sofferto in conseguenza del comportamento dello Stato.

La giurisprudenza nazionale è successivamente tornata ad affrontare il tema della responsabilità dello Stato per violazione dell'obbligo di attuazione di direttive comunitarie (Cass. civ., sez. III, 17 maggio 2011, nn. 10813-10816). L'intervento giurisprudenziale segue la tesi della natura contrattuale della responsabilità a carico dello Stato, qualificando la fattispecie come violazione di un obbligo preesistente, suscettibile di determinare la nascita di un'obbligazione risarcitoria ai sensi dell'art. 1173 cod. civ. In conseguenza dell'adesione alla tesi della natura contrattuale della responsabilità, trova conferma l'applicazione del termine di prescrizione decennale, già riconosciuta dalle Sezioni Unite.

La riconduzione della fattispecie allo schema della responsabilità per inadempimento di un'obbligazione *ex lege* dello Stato, di natura indennitaria per attività non antigiuridica, risulta confermata nella recente ordinanza Cass., sez. un., 21 novembre 2016, n. 23581.

▶ 6.2. Regime della prescrizione.

Sul regime di prescrizione del diritto del privato al risarcimento del danno sofferto per il mancato recepimento di una direttiva è successivamente intervenuto il Legislatore nazionale: "la prescrizione del diritto al risarcimento del danno derivante da mancato recepimento nell'ordinamento dello Stato di direttive o altri provvedimenti obbligatori comunitari soggiace, in ogni caso, alla disciplina di cui all'art. 2947 del codice civile e decorre dalla data in cui il fatto, dal quale sarebbero derivati i diritti se la direttiva fosse stata tempestivamente recepita, si è effettivamente verificato" (art. 4, co. 43, L. n. 183/2011 – Legge di stabilità 2012).

Il succitato articolo prevede l'applicazione delle disposizioni del codice civile in materia di prescrizione del diritto al risarcimento del danno derivante da fatto illecito (art. 2947 c.c.): in particolare, determina l'applicazione del termine di prescrizione quinquennale. La norma introdotta dalla citata L. n. 183/2011, entrata in vigore il 1° gennaio 2012, è stata ritenuta insuscettibile di applicazione alle fattispecie dannose antecedenti l'intervento legislativo, evidenziando il carattere innovativo – e non interpretativo – della regola prevista in tema di prescrizione del diritto al risarcimento (Cass., sez. III, 22 marzo 2012, n. 4538).

7. Sintesi.

L'ordinamento giuridico dell'Unione si fonda su un sistema di fonti del diritto, classificabili in tre categorie:

- i trattati, i principi generali del diritto e, a partire dall'entrata in vigore del Trattato di Lisbona, la Carta dei diritti fondamentali dell'Unione (c.d. diritto primario);
- gli atti adottati dalle istituzioni nei settori di competenza dell'Unione, intesi come atti produttivi di effetti vincolanti nei confronti dei destinatari (c.d. diritto secondario o derivato). Sono rappresentati da regolamenti, direttive e decisioni (c.d. atti tipici, elencati nell'art. 288 TFUE), nonché da atti non corrispondenti ai tipi codificati nel succitato art. 288 (ad esempio, l'atto di approvazione del bilancio annuale, ai sensi dell'art. 314, TFUE). Non comprendono le raccomandazioni ed i pareri, in quanto atti privi di portata vincolante;
- le norme di diritto internazionale generale e gli accordi conclusi dall'Unione europea con Stati terzi, che vengono considerati fonti intermedie, collocate tra le fonti di diritto primario e quelle di diritto secondario o derivato.

Il sistema giuridico dell'UE è connotato dall'attitudine del diritto dell'Unione a produrre effetti negli ordinamenti giuridici dei singoli Stati membri, anche a prescindere dall'eventuale attività di trasposizione da parte del legislatore nazionale: le norme appartenenti all'ordinamento giuridico dell'Unione sono, infatti, capaci di rivolgersi non solo agli Stati membri, ma anche ai soggetti di diritto in seno ai singoli ordinamenti nazionali (persone fisiche e persone giuridiche). L'incidenza del diritto dell'Unione sui rapporti giuridici destinati a coinvolgere i soggetti dei singoli ordinamenti interni assume intensità variabile, a seconda del tipo di fonte.

Si configura nella misura più ampia come applicabilità diretta, nel caso dei regolamenti: i rapporti giuridici in seno agli ordinamenti nazionali rinvengono la propria disciplina nel regolamento, che non necessita di alcuna attività di recepimento da parte degli Stati membri; il regolamento entra pertanto, direttamente e immediatamente, a far parte dell'ordinamento giuridico degli Stati.

Viceversa, nel caso delle altre fonti del sistema giuridico dell'Unione (disposizioni dei trattati, accordi internazionali, direttive o decisioni), l'incidenza del diritto dell'Unione assume la forma dell'efficacia diretta negli ordinamenti nazionali, e quindi nei confronti dei soggetti: a seconda del tipo di fonte del diritto dell'Unione, i presupposti necessari per la configurazione dell'efficacia diretta della norma si atteggiano in modo diverso.

L'eventuale contrasto tra norme dell'Unione e disposizioni interne viene risolto alla luce del primato del diritto dell'Unione. Il meccanismo per la risoluzione del conflitto normativo è individuato nello strumento della disapplicazione (della norma interna incompatibile con la norma dell'Unione) da parte del giudice nazionale.

Capitolo 15 LE C.D. FONTI DI TERZO GRADO GLI ATTI DELLE ORGANIZZAZIONI INTERNAZIONALI

SOMMARIO:

1. Premessa. La consuetudine.

Riguardo alle fonti del diritto internazionale è opportuno partire dall'art. 38, par. 1, dello Statuto della Corte internazionale di giustizia dell'Organizzazione delle Nazioni Unite (ONU). Esso contiene l'elenco delle fonti normative del diritto internazionale disponendo – in particolare – che la Corte, nel decidere le controversie in base al diritto internazionale, applica: le convenzioni internazionali, le consuetudini internazionali, i principi generali di diritto riconosciuti dalle nazioni civili e, in via suppletiva, le decisioni giudiziarie (cioè la giurisprudenza) e la dottrina più qualificata. La norma non indica l'ordine gerarchico delle fonti internazionali, ma quello che l'interprete deve seguire per ricostruire la norma applicabile ad una controversia, con l'obiettivo di evitare una mancata pronuncia della Corte.
Le consuetudini sono formate da due elementi, entrambi necessari: uno oggettivo (*diuturnitas*), consistente nella ripetizione generale e costante di un determinato comportamento posto in essere nel tempo dalla generalità dei soggetti di diritto internazionale (cd. *prassi*); l'altro soggettivo (*opinio iuris ac necessitatis*), integrato dalla consapevolezza che porre in essere quel comportamento non solo è socialmente necessario, ma anche giuridicamente vincolante.
In ordine ai principi generali di diritto internazionale, l'articolo 38 dello Statuto della Corte internazionale di giustizia usa la formula "principi generali di diritto riconosciuti dalle nazioni civili". Così come formulata, l'espressione sembra presupporre l'esistenza di principi in vigore negli Stati civili, da considerare rilevanti sul piano del diritto internazionale, e principi in vigore negli Stati incivili, di nessun rilievo. Questa formula rispecchia l'assetto della comunità internazionale del 1919, epoca in cui il fenomeno coloniale era in pieno sviluppo. Le "nazioni civili" erano gli Stati europei, gli Stati Uniti d'America e probabilmente anche la Cina e il Giappone, che in qualche modo esercitavano una funzione egemonica sulla scena mondiale e i cui ordinamenti rappresentavano i grandi sistemi giuridici statali. I principi generali riconosciuti dalle nazioni civili erano quindi norme a contenuto vago e astratto, in vigore all'interno degli ordinamenti giuridici delle nazioni civili e aventi carattere normativo negli ordinamenti giuridici statali più importanti. Dopo il processo di decolonizzazione la formula "nazioni civili" ha perso qualsiasi significato, sicché il riconoscimento dei principi va attualmente riferito - puramente e semplicemente - agli ordinamenti di tutti gli Stati.
L'articolo 38 non postula più un'indagine di tipo comparativo tra i diversi sistemi giuridici statali (*civil law*, *common law*, ordinamenti islamico, cinese, giapponese o indiano), perché sarebbe ben difficile poterla effettuare. Tale norma implica piuttosto il ricorso a principi ricavabili in via interpretativa dalle stesse norme internazionali (scritte o non scritte), nel presupposto che essi siano virtualmente già presenti nell'ordinamento internazionale e debbano essere solo esplicitati dall'interprete, sebbene con l'ausilio degli ordinamenti nazionali, dunque mediante un confronto con i principi contenuti negli ordinamenti statali. In base alla loro funzione, si possono individuare due tipi di principi: i *principi di carattere tecnico-giuridico* (cd. principi strumentali) e i *principi finalizzati a risolvere conflitti di interesse* (cd. principi sostanziali).
Come già precisato, la consuetudine implica la ripetizione generalizzata e costante di un determinato

comportamento nel tempo. Non esiste alcuna regola di diritto internazionale che stabilisca il tempo necessario affinché una norma giuridica consuetudinaria venga ad esistenza; tuttavia, detto elemento assume grande importanza nella formazione di una consuetudine, perché non si può ritenere che una regola consuetudinaria possa giuridicamente sorgere "istantaneamente", dal suo primo comportamento applicativo.

La distinzione tra norme generali (consuetudini) e norme particolari (trattati) coincide quasi del tutto con la distinzione tra fonti non scritte e fonti scritte, giacché le norme generali dell'ordinamento internazionale sono normalmente non scritte, mentre quelle particolari sono quasi tutte scritte.

La maggior parte delle norme di diritto internazionale generale è flessibile, cioè derogabile mediante trattati internazionali che abbiano un contenuto con esse incompatibile, salvo il caso delle norme di diritto internazionale generale imperative (o di *ius cogens*), che sono fonti rigide e di conseguenza inderogabili (se non da fonti di rango analogo).

Il concetto di norme inderogabili si è sviluppato dall'articolo 103 della Carta delle Nazioni Unite e si è evoluto progressivamente, per cui talune norme della Carta, poste a tutela di valori fondamentali, sono divenute di diritto consuetudinario e, successivamente, sono assurte a norme guida della comunità internazionale con carattere cogente.

Le norme imperative assumono forza prevalente sul diritto internazionale pattizio sia anteriore che posteriore, sono cioè inderogabili mediante trattati internazionali. Di conseguenza, i trattati incompatibili con tali norme sono nulli.

La ricostruzione del diritto cogente è lasciata alla giurisprudenza internazionale, che deve stabilire se, oltre ai due elementi tipici della consuetudine (soggettivo e oggettivo), la norma contenga quel carattere di superiorità che le consente di prevalere rispetto a tutte le altre fonti internazionali, perché ispirata a valori fondamentali e universali della comunità internazionale. Nell'ipotesi in cui una norma consuetudinaria sia in contrasto con una norma di *ius cogens*, quest'ultima avrà la prevalenza, sebbene in tal caso la prima non sarà invalida – come avviene per il diritto pattizio – ma semplicemente inapplicabile.

▶ 1.1. I trattati.

Nell'attuale comunità internazionale è molto sentita l'esigenza di elaborare un meccanismo di produzione di norme generali scritte. Tale esigenza ha dato vita al fenomeno della codificazione del diritto internazionale consuetudinario, mediante il quale la comunità internazionale – non potendo disporre allo stato attuale di una vera e propria assemblea legislativa rappresentativa – ha dovuto utilizzare l'unico strumento giuridico disponibile, l'accordo.

I trattati di codificazione possono contenere sia nuove norme consuetudinarie, emerse per esigenze di completezza, che norme consuetudinarie già esistenti, codificate per esigenze di certezza.

Nel caso in cui le convenzioni di codificazione riproducano per iscritto norme consuetudinarie, queste rivestono il ruolo di fonti scritte di diritto internazionale generale, aventi efficacia *erga omnes* perché vincolano tutti gli Stati della Comunità internazionale. Le norme consuetudinarie contenute nelle convenzioni di codificazione non riescono però a coprire tutti gli aspetti delle materie codificate, per cui sono necessarie disposizioni integrative che completino la disciplina, oppure norme di chiarificazione che la rendano più trasparente. Questi due tipi di norme, presenti nelle convenzioni di codificazione, introducendo un *aliquid novi* rispetto al diritto consuetudinario, sono da considerare fonti scritte di natura pattizia, che vincolano i soli Stati contraenti.

Qualora, nel tempo, gli Stati della comunità internazionale (e non solo gli Stati contraenti) pongano in essere in maniera costante comportamenti conformi a queste norme, possono dar vita a nuove consuetudini, che si affiancano a quelle già codificate nelle convenzioni e che, dal punto di vista degli effetti giuridici, in nulla da esse differiscono. Dalla predetta esigenza di elaborare un meccanismo di produzione di norme generali scritte è sorta la prassi di raccogliere le fonti consuetudinarie sviluppatesi nelle varie materie in grandi convenzioni internazionali, che interessarono inizialmente il diritto di guerra (*ius ad bellum*) e più tardi il diritto umanitario di guerra (*ius in bello*).

Mediante l'applicazione dell'articolo 22 della Carta, che prevede la possibilità di creare degli organi sussidiari delle Nazioni Unite, l'Assemblea generale ha istituito la *Commissione di diritto internazionale*, con il compito di elaborare i progetti di convenzioni di codificazione da sottoporre all'approvazione dell'Assemblea. I testi approvati sono firmati dagli Stati membri in una conferenza intergovernativa *ad hoc*, registrati presso il Segretariato generale e ivi depositati. Presso lo stesso Segretariato devono successivamente pervenire gli strumenti di ratifica degli Stati firmatari, al fine di consentire la loro entrata in vigore. Il motore del sistema di codificazione ONU è dunque la Commissione di diritto internazionale, organo formato da individui scelti per la loro qualità di giuristi di riconosciuta fama internazionale.

Al di là delle specifiche esigenze legate agli accordi di codificazione, si può affermare che il trattato sia il tipico strumento attraverso cui si regolano i rapporti tra due o più soggetti di diritto internazionale, sicché con tale fonte giuridica sono poste in essere norme particolari, che valgono non per la generalità degli Stati della comunità internazionale, ma solo per gli Stati parti contraenti dell'accordo.

I trattati si distinguono in trattati bilaterali e multilaterali, a seconda che le parti contraenti siano due o più di due. In relazione alla forma dei trattati l'ordinamento internazionale lascia assoluta libertà agli Stati, per cui un accordo può essere anche redatto in forma non scritta, sebbene la forma abitualmente utilizzata sia quella scritta.

Il procedimento di formazione dei trattati internazionali è disciplinato dalla Convenzione di Vienna sul diritto dei trattati del 1969, sebbene alcuni accordi siano esclusi dal suo ambito di applicazione.

Il procedimento di formazione dei trattati in forma solenne si distingue da quello concernente gli accordi conclusi in forma semplificata, ed è composto dalle seguenti fasi: il negoziato (durante il quale si realizza la stesura del testo del trattato); la firma (che autentica il testo del trattato); la ratifica (attraverso cui si manifesta il consenso degli Stati ad assumere gli obblighi giuridici derivanti dal trattato); lo scambio delle ratifiche (che permette la formazione del *consensus in idem placitum* o accordo); l'entrata in vigore (a partire dalla quale si verifica la produzione degli effetti giuridici del trattato).

Gli accordi in forma semplificata impegnano lo Stato in assenza della ratifica, mediante la semplice apposizione della firma da parte dei rappresentanti dell'esecutivo. Sul piano internazionale essi sono validi se la volontà dello Stato di manifestare il proprio consenso con la semplice firma risulta dal trattato, da dichiarazioni espresse durante i negoziati e allegate al trattato, dal documento comprovante i pieni poteri, dalla firma, ovvero da altri accordi.

Nell'ordinamento giuridico italiano non opera un *favor* verso gli accordi in forma semplificata, che rimangono l'eccezione rispetto alla regola degli accordi stipulati in forma solenne, e, in genere, il potere esecutivo è piuttosto restio ad assumere impegni in via diretta, perché il principio della sovranità parlamentare è fortemente radicato nel nostro sistema di governo, nonostante crei a volte notevoli contrattempi e ritardi.

2. Le c.d. fonti di terzo grado.

Accanto alle tradizionali fonti normative del diritto internazionale, quali la consuetudine e gli accordi, si è ormai soliti individuare un'altra categoria di fonti, derivanti dai trattati internazionali, le *fonti previste da accordi*, definite anche di terzo grado perché collocate al terzo posto nella classificazione delle fonti del diritto internazionale (dopo la consuetudine e i trattati).

Nel loro ambito si possono individuare: la clausola della nazione più favorita; le sentenze dei giudici internazionali e le decisioni degli arbitri internazionali (cd. lodi arbitrali); gli atti emanati dagli organi delle organizzazioni internazionali.

La *clausola della nazione più favorita* ha l'effetto di aggiornare progressivamente un trattato nel caso in cui una delle parti contraenti stipuli con uno Stato terzo un trattato avente un oggetto analogo a condizioni più favorevoli, giacché tali condizioni si estendono automaticamente alle parti contraenti della clausola della nazione più favorita.

In sé la clausola contiene una norma sulla produzione giuridica, perché da un evento che essa disciplina scaturiscono delle conseguenze normative sul trattato in cui è inserita.

Le *sentenze dei giudici e le decisioni degli arbitri internazionali* hanno effetti giuridicamente vincolanti nei confronti delle parti della controversia, in virtù di una clausola giurisdizionale o arbitrale, ovvero di un accordo attributivo di giurisdizione o di arbitrato.
In tal caso, sia la clausola inserita in un accordo avente diverso oggetto, sia l'accordo attributivo contengono – secondo la dottrina prevalente – una norma sulla produzione giuridica, perché attraverso la loro stipulazione è possibile la pronuncia di un atto (la sentenza o il lodo) avente effetti giuridicamente vincolanti nei confronti delle parti della controversia.

3. Gli atti delle organizzazioni internazionali: atti non vincolanti.

Per quanto riguarda gli atti emanati dagli organi delle organizzazioni internazionali si può osservare che, nonostante il numero delle organizzazioni internazionali esistenti sia elevato, solo alcune di esse dispongono di un vero e proprio potere decisionale, del potere cioè di deliberare atti aventi effetti giuridici vincolanti.
In senso ampio, peraltro, si potrebbero far rientrare in questa categoria di atti anche le sentenze emesse dai giudici internazionali, se ed in quanto questi ultimi fossero configurabili come organi di organizzazioni internazionali (ad esempio, la Corte internazionale di giustizia quale organo delle Nazioni Unite, la Corte di giustizia dell'Unione europea quale organo dell'Unione europea, ecc.).
Il compito principale delle organizzazioni intergovernative è quello di facilitare la collaborazione fra gli Stati membri e in funzione di questo obiettivo la loro attività consiste, comunemente, nella predisposizione di progetti di convenzioni da sottoporre alla firma e alla ratifica degli Stati membri o nell'emanazione di raccomandazioni, atti privi di effetti vincolanti, che hanno mero valore esortativo, perché consistono in semplici inviti a tenere certi comportamenti.
Un esempio emblematico è costituito dagli atti adottati dalla Conferenza generale dell'OIL, organo dell'Organizzazione internazionale del lavoro – con sede a Ginevra – che emana solo raccomandazioni e prepara progetti di accordi, i quali devono ricevere la ratifica degli Stati membri per produrre effetti vincolanti.

La prassi internazionale ha dato vita ad alcuni accorgimenti per cercare di attribuire alle raccomandazioni efficacia vincolante; risulta, conseguentemente, necessario effettuare alcune precisazioni, allo scopo di ribadire l'assenza del carattere obbligatorio di questi atti.
Innanzitutto, per attribuire efficacia vincolante ad una raccomandazione non è sufficiente che il suo dettato contenga le parole "l'organo ordina", perché bisogna tener conto del contesto in cui tali parole si inseriscono. In secondo luogo, la ripetizione di una raccomandazione non attribuisce a tale atto di per sé natura vincolante; anzi, la necessità di reiterazione dimostra, semmai, che esso non ha carattere vincolante. In terzo luogo, una raccomandazione che esegua un obbligo previsto da un trattato o richiami nel suo contenuto atti vincolanti non implica che essa abbia a sua volta efficacia vincolante, perché l'obbligatorietà va sempre verificata non in riferimento alla raccomandazione ma rispetto al trattato o all'atto vincolante richiamato.
Gli unici effetti che possono riconoscersi ad una raccomandazione sono l'effetto della *soluti retentio*, l'effetto di liceità e l'effetto di solidarietà.
Le raccomandazioni sono il risultato di deliberazioni di organi di un'organizzazione internazionale, sottoposte a votazione. Alcuni Stati membri possono votare a favore della raccomandazione, altri possono formulare un voto contrario o astenersi, altri ancora, pur essendo membri dell'organizzazione, possono non partecipare alla sua deliberazione.
Nell'ipotesi in cui uno qualunque di questi Stati (o anche uno Stato terzo rispetto all'organizzazione) si uniformi spontaneamente alla raccomandazione senza violare alcun obbligo internazionale, non si verifica nessuna conseguenza, salvo l'*effetto della soluti retentio*, ovvero l'impossibilità di ripetere quanto si è dato in esecuzione della raccomandazione (analogamente a quanto avviene nel caso delle obbligazioni naturali di diritto interno).
Diversamente, qualora – uniformandosi spontaneamente alla raccomandazione – uno Stato compia un

illecito internazionale, si potrà verificare il cd. *effetto di liceità*, ma è necessario distinguere tre diverse ipotesi in relazione alla posizione rivestita dallo Stato nei cui confronti è avvenuto l'illecito.
Se tale Stato ha partecipato con il suo voto favorevole alla deliberazione della raccomandazione, ha preventivamente dato il suo consenso all'illecito, per cui non potrà invocare la responsabilità dello Stato che ne è autore. In questa ipotesi l'effetto di liceità opera in maniera piena e la responsabilità per il comportamento antigiuridico dello Stato che ha ottemperato alla raccomandazione è esclusa.
Qualora lo Stato, nel partecipare alla deliberazione della raccomandazione, abbia invece espresso un voto contrario o si sia astenuto, esso non ha fornito alcun consenso preventivo al compimento dell'illecito, la cui responsabilità permane in capo allo Stato che l'abbia compiuto, con obbligo di riparazione, senza che l'effetto di liceità possa operare.
Se lo Stato nei cui confronti è stato compiuto l'illecito non ha partecipato alla deliberazione della raccomandazione (o è uno Stato terzo rispetto all'organizzazione), l'illecito permane e lo Stato che l'abbia commesso è tenuto alla riparazione, senza che – anche in questo caso – l'effetto di liceità possa venire in rilievo.
Nelle due ultime fattispecie lo Stato autore dell'illecito è stato spinto al comportamento antigiuridico da una raccomandazione. È possibile, allora, ipotizzare un'attenuazione della sua responsabilità mediante il coinvolgimento degli Stati dell'organizzazione che hanno deliberato la raccomandazione, ammettendo un ulteriore effetto – cd. effetto di solidarietà – tra lo Stato membro dell'organizzazione – autore dell'illecito – e gli altri Stati membri che hanno approvato la raccomandazione. Di conseguenza, è possibile esperire un'azione di regresso nei confronti di questi ultimi al fine di ottenere una compartecipazione alle conseguenze negative derivate dall'illecito posto in essere.
I tre effetti della *soluti retentio*, di liceità e di solidarietà non si producono quando la raccomandazione, anziché provenire da un organo collegiale formato da Stati, derivi da un organo unipersonale – di regola tecnico – espressione dell'organizzazione internazionale nel suo complesso e strumentale al suo funzionamento.

▶ 3.1. Atti vincolanti.

In alcuni casi le organizzazioni internazionali possono emanare atti giuridicamente vincolanti.
L'Organizzazione delle Nazioni unite, con sede a New York, può adottare – nel quadro del sistema di sicurezza collettivo previsto dal capitolo VII della Carta – atti vincolanti per gli Stati membri, deliberati dal Consiglio di sicurezza: misure non implicanti l'uso della forza armata, a norma dell'articolo 41, e misure implicanti l'uso della forza armata, a norma dell'articolo 42.
L'articolo 39 dello Statuto delle Nazioni Unite dispone, in particolare, che il Consiglio di sicurezza, accertata l'esistenza di una minaccia alla pace, di una violazione della pace o di un atto di aggressione, emana raccomandazioni (misure conciliative) o prende le misure di cui agli articoli 41 e 42 della Carta (misure repressive).
Le figure di illecito in base alle quali il Consiglio di sicurezza può deliberare misure repressive giuridicamente vincolanti (cd. *enforcement operations*) sono, quindi, la minaccia alla pace e la violazione della pace, cioè la minaccia e l'uso della forza armata nelle relazioni internazionali, entrambi rientranti nel divieto contenuto nell'articolo 2, paragrafo 4, dello Statuto.
Le misure non implicanti l'uso della forza armata consistono nell'interruzione totale o parziale delle relazioni economiche, delle comunicazioni ferroviarie, marittime, aeree, postali, telegrafiche, radiofoniche ecc., nonché nella rottura delle relazioni diplomatiche. Le misure implicanti l'uso della forza armata si sostanziano in interventi militari con forze terrestri, marittime o aeree.
Anche l'Assemblea generale ha la possibilità, a norma dell'articolo 17, paragrafo 2, dello Statuto delle Nazioni Unite, di emanare atti vincolanti. Tali atti sono costituiti dalle decisioni in materia di ripartizione delle spese dell'Organizzazione tra gli Stati membri, sulla cui obbligatorietà la Corte internazionale di giustizia ha avuto modo di pronunciarsi con un parere richiesto dalla stessa Assemblea generale negli anni Sessanta.

Ai sensi dell'articolo 16 della Carta, l'Assemblea generale aveva anche il compito di sorvegliare e dirigere il processo di decolonizzazione. I poteri in ordine al cd. regime di amministrazione fiduciaria riguardavano le decisioni con effetti vincolanti circa le modalità e i tempi di concessione dell'indipendenza ai territori coloniali.

Attualmente, tali competenze non sono più effettive, essendosi il processo di decolonizzazione esaurito dopo che l'ultimo dei territori coloniali (la Repubblica di Palau in Oceania) ha acquistato l'indipendenza nel 1994 e il Consiglio di amministrazione fiduciaria, altro organo dell'ONU al quale competeva la concreta attività di amministrazione dei territori coloniali – in esecuzione delle decisioni dell'Assemblea generale – ha cessato la sua attività.

Altro esempio di organizzazione internazionale nel cui ambito sono adottate decisioni vincolanti è l'Organizzazione mondiale del commercio (meglio conosciuta con l'acronimo WTO, dall'inglese *World Trade Organisation*), istituita con il Trattato di Marrakech del 15 aprile 1994 (entrato in vigore il 1° gennaio 1995), al fine di gestire e promuovere lo sviluppo del commercio mondiale. Il WTO, avente sede a Ginevra, ha preso il posto del GATT, il cui accordo è confluito nel suo Statuto.

Al Trattato di Marrakech, che ha per oggetto il commercio dei beni (merci), sono stati allegati altri due accordi, il GATS (*General Agreement on Trade in Services* o Accordo generale sul commercio dei servizi) e il TRIPS (*Agreement on Trade Related Aspects of Intellectual Property Rights* o Accordo relativo agli aspetti commerciali dei diritti di proprietà intellettuale).

All'interno dell'Organizzazione esiste una Conferenza ministeriale che può adottare decisioni interpretative dello Statuto e dispensare, eccezionalmente e per periodi determinati, uno Stato membro dalla sua osservanza. Tali atti sono giuridicamente vincolanti e possono essere emessi anche da un altro organo del WTO, il Consiglio generale, il quale si riunisce nei periodi di intervallo tra le riunioni della Conferenza, che si tengono ogni due anni.

L'Organizzazione è anche dotata di un organo di natura arbitrale, l'Organo per la risoluzione delle controversie (*Dispute Settlement Body*), formato dai rappresentanti di tutti gli Stati membri. Prima di rivolgersi all'Organo, gli Stati devono cercare di risolvere da soli la controversia commerciale che li concerne, avendo anche la possibilità di chiedere, in questa fase, la mediazione di un altro organo del WTO, il Direttore generale.

Il fallimento della soluzione concordata comporta la possibilità di rivolgersi unilateralmente al *Dispute Settlement Body*, il cui intervento è stato preventivamente accettato, ratificando o aderendo al Trattato. Tale organo nomina una commissione (*panel*) di esperti con l'incarico di esaminare la questione secondo diritto. La commissione deve preparare in sei mesi un rapporto (non vincolante) sulla controversia – accompagnato da una raccomandazione – sottoposto all'Organo, il quale emette – in base ad esso – una decisione vincolante per le parti della controversia.

L'esempio forse più pregnante di organizzazione internazionale abilitata ad adottare atti vincolanti è tuttavia l'Unione Europea (UE).

Una delle peculiarità di questa Organizzazione è senz'altro la possibilità – per alcuni dei suoi organi (le istituzioni) – di emanare atti vincolanti per gli Stati membri, in molti casi direttamente applicabili (*self executing*) dalle autorità giurisdizionali e amministrative nazionali, senza la necessità di atti normativi di recepimento di diritto interno.

L'articolo 288 del Trattato sul Funzionamento dell'Unione Europea (TFUE) dispone che per esercitare le competenze dell'Unione le istituzioni possano adottare regolamenti, direttive e decisioni, oltre a raccomandazioni e pareri. Diversamente dai pareri e dalle raccomandazioni, i regolamenti, le direttive e le decisioni sono atti giuridicamente vincolanti. La scelta dello strumento normativo è di regola prestabilita nel Trattato con riferimento alle diverse materie, ma in alcuni casi l'adozione dell'uno o dell'altro è lasciata alla discrezionalità delle istituzioni.

I regolamenti sono atti generali, astratti e direttamente applicabili. Essi si indirizzano, cioè, in modo indeterminato a tutti gli Stati membri, disciplinano puntualmente fattispecie astratte e trovano immediata applicazione per le persone fisiche e giuridiche all'interno degli Stati da parte dei giudici e delle autorità amministrative nazionali, senza alcun atto di recepimento.

Le direttive sono atti generali indirizzati agli Stati membri e prescrivono determinati risultati da raggiungere in modo vincolante, facendo salva la libertà di scegliere le norme interne e le strutture più appropriate per conseguirli. Si tratta dunque di atti che fissano, in una materia rientrante nelle

competenze dell'Organizzazione, solo i principi ai quali dare attuazione entro un termine prestabilito, lasciando gli Stati liberi di coniare le norme dal contenuto preciso e puntuale che diano attuazione a tali principi.
Le decisioni sono atti individuali, concreti e direttamente applicabili. Esse sono indirizzate a soggetti specifici e determinati (Stati membri o persone fisiche e giuridiche all'interno degli Stati) e regolano fattispecie concrete, già sorte nel momento in cui le decisioni sono adottate.
Tutti e tre i tipi di atti sono normalmente deliberati secondo una procedura definita dal Trattato "legislativa ordinaria", in cui la Commissione europea ha il cd. potere di iniziativa legislativa – in base al quale formula le proposte degli atti – e i due colegislatori, Parlamento europeo e Consiglio dell'Unione, hanno il compito di approvarle congiuntamente, con eventuali modifiche.
Atti obbligatori possono essere adottati anche dalla Corte di giustizia dell'Unione Europea, che emette sentenze vincolanti per gli Stati membri.
Si possono, infine, ricordare alcune organizzazioni internazionali "tecniche", che – attraverso i loro organi – possono emanare atti obbligatori di diritto internazionale, inquadrabili come fonti di terzo grado.
Un primo esempio è dato dall'Unione internazionale per le telecomunicazioni (International Telecommunication Union, ITU), con sede a Ginevra, la cui attività consiste nel disciplinare l'allocazione nello spazio delle frequenze.
L'ITU ha uno Statuto in forza del quale uno dei suoi organi, la Conferenza ministeriale, può porre in essere regolamenti, riguardanti rispettivamente i settori delle telecomunicazioni e delle radiocomunicazioni. Tali regolamenti sono vincolanti per gli Stati membri e, una volta deliberati, acquistano efficacia salvo che, entro un certo termine o al momento dell'adozione, gli Stati non abbiano manifestato opposizione alla loro entrata in vigore.
Altra organizzazione internazionale che può adottare atti vincolanti per gli Stati membri è l'Organizzazione internazionale per l'aviazione civile (International Civil Aviation Organisation, ICAO), con sede a Montreal, che regola il traffico aereo civile internazionale. Attraverso il Consiglio (organo deliberativo), l'ICAO emette – sotto forma di allegati allo statuto – i cd. standard internazionali di navigazione (allegati tecnici che disciplinano, ad esempio, il controllo delle condizioni di volo, la sicurezza, la determinazione dell'altezza massima di volo ecc.), aventi efficacia obbligatoria per gli Stati membri. Gli standard di navigazione entrano in vigore a meno che, nel termine di tre mesi o nel diverso termine stabilito dagli allegati, la maggioranza degli Stati non abbia manifestato opposizione.
Ultima organizzazione internazionale da menzionare nell'ambito delle fonti di diritto internazionale di terzo grado è l'Organizzazione mondiale della sanità (World Health Organisation), con sede a Ginevra, che svolge la sua attività in campo sanitario e il cui scopo ultimo è far conseguire ai popoli della terra un elevato livello di salute. Anch'essa si caratterizza per la possibilità di approvare, attraverso il suo organo decisionale (l'Assemblea mondiale della sanità), atti vincolanti per gli Stati membri: i regolamenti in materia sanitaria. Tali regolamenti producono i loro effetti nei confronti di tutti gli Stati membri che, entro un certo termine, non abbiano manifestato opposizione alla loro entrata in vigore.

Capitolo 16 L'ADATTAMENTO DEL DIRITTO INTERNO AL DIRITTO INTERNAZIONALE

SOMMARIO:

1. Le teorie sui rapporti tra diritto interno e diritto internazionale.

Dalla fine del diciannovesimo secolo la dottrina internazionalistica ha iniziato un'accesa discussione relativa al problema dei rapporti tra diritto interno e diritto internazionale, dividendosi tra i fautori della teoria *dualista* e quelli della teoria *monista*.
La dottrina dualista (T. PERASSI) sostiene la sostanziale separazione ed indipendenza reciproca tra il diritto internazionale e il diritto interno, i quali costituirebbero due sistemi giuridici del tutto distinti, indipendenti, originari e autonomi. In base a tale teoria, oltre all'ordinamento internazionale esisterebbero una pluralità di ordinamenti nazionali autonomi e separati, corrispondenti al numero di Stati. Per questa ragione la dottrina dualista è altresì denominata *pluralista* e ammette una possibile contraddizione tra i sistemi normativi interni e l'ordinamento internazionale.

La dottrina monista (H. KELSEN), ritenendo inammissibile il contrasto tra diversi sistemi giuridici (che ne impedirebbe la corrispondenza al criterio dell'effettività) e, di conseguenza, la loro separazione, sostiene l'esistenza di un unico ordinamento giuridico armonico, nel cui ambito la normativa internazionale e quella nazionale coesistono. Data l'unicità di tale sistema, nel suo ambito non può sorgere alcuna contraddizione.
Gran parte dei fautori della teoria monista sostiene, altresì, il primato del diritto internazionale sul diritto interno, in quanto gli ordinamenti statali deriverebbero da una norma di base (*Grundnorm*) a carattere internazionale e sarebbero, dunque, delegati dall'ordinamento giuridico internazionale.
In realtà entrambe le teorie presentano delle lacune evidenti. La dottrina dualista, constatando l'assenza di un contrasto permanente ed istituzionale tra i due sistemi giuridici del diritto interno e del diritto internazionale, in considerazione della loro reciproca separazione ed indipendenza non riesce – peraltro – a scorgere le modalità di adeguamento dell'uno all'altro. La teoria monista, non potendo non constatare la possibilità della sussistenza – esclusivamente temporanea – di un contrasto tra i due sistemi giuridici, non riesce a conciliarla con l'unità degli stessi.
Le lacune anzidette possono essere risolte esclusivamente attraverso l'abbandono del metodo normativo mediante il ricorso a quello realistico, che ammette la superiorità del diritto internazionale su quello interno.
La teoria monista *strutturale* (R. QUADRI) rifiuta la concezione dell'ordinamento giuridico statale come mero insieme di norme, sostenendo l'idea di un ordinamento giuridico costituito dai comandi di una struttura sociale dotata di forza irresistibile. Di conseguenza, la superiorità del diritto internazionale su quello interno deriva dalla superiorità della Comunità internazionale sulle singole strutture statali, da

quest'ultima condizionate.
Peraltro, l'azione della Comunità internazionale (l'insieme degli Stati *uti universi*) si limita *strutturalmente* e *funzionalmente* a favore degli Stati *uti singuli*, garantendo loro l'autonomia, l'esercizio esclusivo del potere di governo sulle comunità ivi stanziate, nonché la funzione normativa.
Tra i due ordinamenti è – dunque – ipotizzabile una contraddizione esclusivamente temporanea, in quanto in base al criterio dell'*effettività* (e all'impossibilità che norme giuridiche contrastanti possano essere effettive, cioè funzionare) l'ordinamento internazionale e quello interno funzionano in perfetta armonia: un contrasto generale ed istituzionale tra norme giuridiche interne e diritto internazionale non è dunque ammissibile. Da tale considerazione deriva il rifiuto dell'idea puramente normativa della separazione e dell'indipendenza tra i due ordinamenti giuridici, sostenuta dalla dottrina dualista.

2. L'adeguamento del diritto interno al diritto internazionale mediante il c.d. adattamento.

Indipendentemente dalla posizione assunta nei confronti del rapporto tra diritto interno e diritto internazionale, la dottrina ammette la necessità che il diritto statale si adegui ai comandi della normativa internazionale. Ciò in quanto le norme a carattere internazionale hanno come destinatari gli Stati, e non i soggetti di diritto interno. Di conseguenza, le stesse non possono imporre agli organi dello Stato il rispetto delle disposizioni in esse previste nei confronti dei soggetti degli ordinamenti nazionali.
Per le fonti internazionali destinate a trovare applicazione all'interno degli Stati si pone, dunque, il problema di garantire l'adempimento dell'obbligo a carico degli Stati di rispettare il diritto internazionale, generalmente previsto a livello di diritto interno.
Diversamente da quanto avviene per gli Stati, per i quali le norme internazionali hanno natura giuridicamente vincolante, all'interno degli ordinamenti statali – nell'ambito dei rapporti tra i soggetti di diritto interno – le stesse assumono la natura di meri fatti giuridici. Affinché dette fonti possano disciplinare i rapporti da ultimo menzionati ed essere, conseguentemente, applicate nell'ambito delle giurisdizioni nazionali è necessario che le norme internazionali siano trasformate in norme interne (cioè immesse nell'ordinamento nazionale).
Detta trasformazione è necessaria in tutti quegli ordinamenti statali (come il nostro) caratterizzati da un rapporto di dipendenza "tendenzialmente totale del giudice alla legge". In tali ordinamenti "l'osservanza del diritto internazionale non potrà aver luogo che per il tramite legislativo in quanto il diritto internazionale come tale sarà fuori dell'orizzonte del giudice (sarà un *fatto*)" (R. QUADRI).

3. I procedimenti di adattamento al diritto internazionale.

Costituendo un'attività meramente interna, il procedimento di adattamento del diritto statale al diritto internazionale è disciplinato a livello nazionale, secondo scelte che confluiscono, generalmente, in modelli simili in base alla matrice giuridica dei diversi Stati.
Per quanto riguarda le norme internazionali non *self-executing*, che non contengono tutti gli elementi necessari per trovare applicazione all'interno degli Stati, le stesse devono essere necessariamente integrate mediante una normativa di diritto nazionale che le renda applicabili in sede nazionale.
Diversamente, per le norme internazionali *self-executing* (complete) non è tecnicamente necessaria una normativa di diritto interno che ne riproduca di volta in volta il contenuto, essendo sufficiente un mero rinvio *una tantum* da parte di una norma nazionale per garantire la piena corrispondenza del diritto nazionale alle modifiche intervenute a livello di ordinamento internazionale. Tale norma di rinvio, chiamata *trasformatore permanente*, integra il procedimento di *adattamento automatico* del diritto interno al diritto internazionale.
La norma in questione, tranne alcune eccezioni, viene generalmente contenuta nelle costituzioni di gran parte degli ordinamenti giuridici statali.

4. L'adattamento al diritto consuetudinario.

Il procedimento di adattamento automatico è generalmente riconosciuto dalla dottrina dei diversi paesi europei in relazione alle norme di diritto consuetudinario.
Con riferimento alla costituzione italiana, l'art. 10, comma 1, innanzi richiamato sancisce che "L'ordinamento giuridico italiano si conforma alle norme del diritto internazionale generalmente riconosciute". La disposizione in questione produce automaticamente nell'ordinamento italiano tutte le norme di diritto interno necessarie per adattare l'ordinamento nazionale a quello internazionale consuetudinario, senza alcun bisogno dell'adozione di altre disposizioni nazionali successive e garantendo l'immediata corrispondenza del diritto interno alle modifiche del diritto consuetudinario intervenute nel tempo.
Per quanto riguarda il rango assunto dal diritto internazionale generale così trasformato nell'ordinamento giuridico nazionale, esso sarà quello proprio delle disposizioni costituzionali, dunque tale diritto sarà gerarchicamente superiore alle leggi.
In ordine al problema del contrasto tra norme costituzionali e diritto internazionale generale, secondo l'interpretazione della Corte costituzionale essendo la normativa di pari rango, tale problema deve essere risolto mediante l'applicazione del principio della successione delle leggi nel tempo (*lex posterior derogat priori*) e di quello di specialità, connesso alla differenza tra disposizioni costituzionali ordinarie e fondamentali. Queste ultime, in quanto concernenti valori fondamentali dell'ordinamento costituzionale, hanno un carattere di specialità e, dunque, di superiorità rispetto al diritto internazionale consuetudinario. Le stesse non possono, quindi, essere derogate da norme di diritto internazionale generale.

5. L'adattamento ai trattati internazionali.

Con riferimento agli accordi internazionali, in alcuni paesi (Francia, Germania, Russia, Bulgaria, Ungheria, Svizzera) - al fine dell'adattamento del diritto interno al diritto internazionale - è sufficiente la ratifica del trattato secondo la procedura prevista dalla costituzione, accompagnata dalla pubblicazione dello stesso nella Gazzetta ufficiale nazionale; in altri Stati, oltre al rispetto formale del procedimento di ratifica, è necessario un atto legislativo di rinvio *ad hoc*, il c.d. *ordine di esecuzione* del trattato.
Qualora il trattato sia *self-executing*, il mero rinvio mediante ordine di esecuzione è sufficiente a richiamare la norma internazionale, immettendola nell'ordinamento giuridico interno e garantendo anche nel diritto nazionale corrispondente le eventuali modifiche che interverranno nel tempo a livello internazionale (c.d. *procedimento speciale* di adattamento).
Nel caso di trattati non *self-executing* (cioè incompleti), oltre all'ordine di esecuzione sarà necessario adottare un altro atto legislativo di diritto interno che dia integrazione al trattato consentendone, oltre all'immissione, anche l'applicazione a livello nazionale (c.d. *procedimento ordinario* di adattamento).

6. L'adattamento ai trattati in Italia.

In Italia la dottrina prevalente, corrispondente alla prassi, ritiene necessario il procedimento di rinvio speciale con ordine di esecuzione per i trattati *self-executing* ed ordinario per quelli incompleti.
Nel primo caso l'ordine di esecuzione, al quale è annesso il testo integrale del trattato, assume generalmente la forma di legge: lo stesso non contiene la riformulazione diretta di norme interne corrispondenti a quelle internazionali, rinviando implicitamente al contenuto del trattato richiamato.
Nel caso di trattati non *self-executing*, oltre all'ordine di esecuzione è necessario un atto di diritto interno che riproduca ed integri il contenuto del trattato consentendone l'applicazione nel diritto nazionale. A volte i trattati sono solo in parte completi e applicabili: in tali casi le due fasi dell'adattamento (rinvio al trattato ed integrazione dello stesso) sono contenute nello stesso atto (generalmente una legge), dando luogo ad un procedimento misto.

Considerato che, in base alla dottrina prevalente ed alla prassi italiana, l'adattamento è effettivo solo dal momento in cui l'ordine di esecuzione è giuridicamente efficace, per evitare la mancata corrispondenza temporale del diritto interno al diritto internazionale l'atto di rinvio viene adottato prima dello scambio o deposito delle ratifiche. Di conseguenza, la legge di autorizzazione alla ratifica include generalmente anche l'ordine di esecuzione.

Mentre il procedimento ordinario comporta il rischio della responsabilità internazionale dello Stato per inadempimento del trattato nel caso di mancata coincidenza tra norma interna e norma internazionale, il procedimento speciale presenta il vantaggio principale di assicurare nel tempo una perfetta corrispondenza del diritto interno al diritto internazionale *self-executing*, anche in caso di modifiche della normativa pattizia intervenute a livello internazionale.

Tale corrispondenza è – a maggior ragione – assicurata negli ordinamenti in cui i trattati sono immessi automaticamente nel diritto interno, senza alcun rinvio. Tra l'altro, parte della dottrina ha ritenuto illogico che la stessa autorità che ha manifestato la volontà di obbligarsi sul piano internazionale con la legge di autorizzazione alla ratifica (Parlamento) debba ribadire tale volontà sul piano interno attraverso l'ordine di esecuzione (R. QUADRI). Tale dottrina ritiene, infatti, del tutto superfluo – in caso di trattati *self-executing* – l'ordine di esecuzione, in quanto la volontà di immettere le norme internazionali nell'ordinamento giuridico interno manifestata dal nostro Costituente nell'art. 10 non si riferirebbe esclusivamente al diritto consuetudinario, ma anche ai trattati internazionali in virtù della regola consuetudinaria *pacta sunt servanda* (i trattati devono essere osservati).

Assumono notevoli ripercussioni sul tema in questione le modifiche intervenute all'art. 117, comma 1, cost., introdotte con la legge di riforma costituzionale n. 3/2001. In seguito a tale riforma la disposizione così recita: "la potestà legislativa è esercitata dallo Stato e dalle Regioni … nel rispetto dei vincoli derivanti … dagli obblighi internazionali".

Parte della dottrina ritiene che la riforma inciderebbe sul procedimento di adattamento del diritto interno ai trattati: gli obblighi assunti dal nostro Paese in sede internazionale mediante recenti convenzioni vincolerebbero automaticamente il legislatore nazionale e regionale, senza alcuna necessità di un ordine di esecuzione che rinvii al trattato in questione. L'inserimento di tale ordine di esecuzione nella legge di autorizzazione alla ratifica del trattato internazionale, osservato ancora nella prassi, non costituirebbe altro che una mera clausola di stile, priva di effetti giuridici.

Nonostante le predette considerazioni, avvalorate dall'interpretazione che ritiene le leggi contrarie ai trattati internazionali automaticamente incostituzionali (M. LUCIANI) – senza che sia necessario un sindacato di legittimità costituzionale – l'interpretazione più diffusa (anche a livello giurisprudenziale) continua a ritenere necessario l'ordine di esecuzione. Dalle predette modifiche intervenute a livello costituzionale – introduttive della regola consuetudinaria *pacta sunt servanda* – deriverebbe, infatti, esclusivamente l'obbligo per il legislatore di adattare il diritto interno al diritto internazionale pattizio.

Per quanto riguarda il tipo di atto utilizzato per immettere il diritto internazionale convenzionale nel diritto interno, l'ordine di esecuzione sarà contenuto in una legge costituzionale, in una legge ordinaria o in un atto amministrativo in base alla natura delle disposizioni di diritto interno che saranno modificate dalle norme internazionali pattizie.

Venendo, infine, al rango interno del diritto internazionale pattizio immesso nell'ordinamento statale, secondo l'interpretazione prevalente, che rifiuta la configurazione di un procedimento di *adattamento automatico* mediante l'art. 117, comma 1, cost., tale diritto avrebbe – generalmente – lo stesso valore dell'atto che ha immesso le suddette disposizioni nel diritto interno (in gran parte dei casi una legge ordinaria). Peraltro, trovando la propria base giuridica nella Costituzione ed integrandone quindi uno strumento attuativo, la legge in questione assumerebbe una particolare resistenza passiva rispetto alle leggi ordinarie successive: nel caso di un atto legislativo posteriore non conforme alle disposizioni convenzionali immesse nel diritto interno in attuazione dell'art. 117, comma 1, cost., tale atto violerebbe indirettamente quest'ultima norma e potrebbe quindi essere sottoposto al vaglio della Corte costituzionale in quanto costituzionalmente illegittimo.

7. I poteri delle regioni in materia di adattamento ai trattati internazionali.

In ordine all'adattamento del diritto interno ai trattati internazionali la dottrina e la giurisprudenza si sono poste il problema dell'eventuale configurazione di poteri in capo alle regioni in relazione alle materie di propria competenza.
Per lungo tempo il legislatore ha escluso qualunque ruolo delle regioni nell'esecuzione di obblighi internazionali, affidando *in toto* i relativi poteri allo Stato, sia al fine di escludere l'eventuale responsabilità di quest'ultimo in caso di possibili omissioni da parte delle regioni, che di assicurare una disciplina uniforme in materia di attuazione di obblighi internazionali.

In seguito, il legislatore è venuto maggiormente incontro alle richieste di un rafforzamento di poteri da parte delle regioni in campo internazionale.
Già l'art. 2 del Decreto legislativo n. 112/1998, sebbene lasci inalterati i compiti statali preordinati ad assicurare l'esecuzione a livello nazionale degli obblighi derivanti dagli accordi internazionali, sancisce che *"ogni altra attività di esecuzione è esercitata dallo Stato ovvero dalle Regioni e dagli enti locali secondo la ripartizione delle attribuzioni risultante dalle norme vigenti ..."*.

La svolta nel senso del riconoscimento formale del potere di attuazione ed esecuzione delle norme dei trattati internazionali in capo alle regioni si è avuta con la Legge costituzionale n. 3/2001, la quale ha introdotto il nuovo art. 117 cost. Ai sensi del comma 5 di detta norma *"Le Regioni e le Province autonome di Trento e Bolzano, nelle materie di loro competenza, ... provvedono all'attuazione e all'esecuzione degli accordi internazionali ... nel rispetto delle norme di procedura stabilite da legge dello Stato, che disciplina le modalità di esercizio del potere sostitutivo in caso di inadempienza"*.
A tale disposizione ha dato attuazione la Legge n. 131/2003 (cd. Legge "La Loggia"), la quale stabilisce che le Regioni e le Province autonome di Trento e Bolzano *"nelle materie di loro competenza legislativa, provvedono direttamente all'attuazione ed all'esecuzione degli accordi internazionali ratificati, dandone preventiva comunicazione al Ministero degli affari esteri ed alla Presidenza del Consiglio dei ministri ..."* per consentire l'eventuale formulazione di criteri ed osservazioni, prevedendo in ogni caso, nell'ipotesi di inadempimento, la responsabilità delle regioni nei confronti dello Stato.
Le predette modifiche legislative hanno generato diverse interpretazioni relative alla portata dei poteri di esecuzione degli accordi internazionali in capo alle regioni. In particolare, la questione centrale riguarda la possibilità, da parte delle regioni, di porre in essere – nelle materie di loro competenza – direttamente atti di adattamento del diritto interno al diritto internazionale pattizio, senza la necessità di un intervento normativo da parte del legislatore statale.
In ordine al problema in questione la dottrina si è divisa, fornendo diverse interpretazioni che variano dalla possibilità, da parte delle regioni, di prescindere totalmente dall'ordine di esecuzione statale a quella di provvedere direttamente ma nel rispetto di norme statali di procedura; dalla teoria in base alla quale le regioni non possono provvedere all'attuazione se non dopo che lo Stato abbia adottato un ordine di esecuzione con una norma di diritto interno, alla tesi secondo la quale le regioni possono adattare direttamente il diritto interno solo in caso di trattati stipulati dalle regioni stesse, e non in quello di trattati conclusi da organi centrali dello Stato; in fine, all'interpretazione che conferisce alle regioni il potere di procedere direttamente all'adattamento nel caso di trattati di competenza regionale, mentre nell'ipotesi di convenzioni che incidano soltanto sulle competenze regionali sarebbe previamente necessario un ordine di esecuzione statale.
Naturalmente, in base all'art. 6 della predetta Legge n. 131/2003, nel caso in cui la regione risulti inadempiente, lo Stato può sostituirsi ad essa nel compimento degli atti esecutivi necessari, al fine di evitare un'eventuale responsabilità internazionale per inadempimento.

8. L'adattamento agli atti delle organizzazioni internazionali.

La maggior parte dei testi costituzionali non contiene un'espressa previsione relativa alle modalità di recepimento degli atti delle organizzazioni internazionali (fonti previste da accordi) nel diritto interno.

Il problema si pone per gli atti vincolanti, ma non direttamente applicabili a termini del trattato istitutivo dell'organizzazione internazionale. La questione – risolta in modo differente dai vari Stati – riguarda, in particolare, la possibilità di immettere direttamente tali norme nell'ordinamento giuridico nazionale, una volta ratificato il trattato istitutivo dell'organizzazione, senza alcun bisogno di un atto interno di adattamento (naturalmente tale possibilità riguarderà esclusivamente le disposizioni *self-executing*, che non necessitano di atti di integrazione).

9. L'adattamento del diritto italiano alle fonti previste da accordi.

La dottrina italiana si è divisa sul punto: una parte sostiene che, trovando la propria base giuridica nel trattato istitutivo dell'organizzazione al quale lo Stato ha aderito, gli atti vincolanti (*self-executing*) dell'organizzazione sarebbero immessi direttamente all'interno dell'ordinamento giuridico nazionale, senza alcun bisogno di un rinvio né, a maggior ragione, di un procedimento di adattamento ordinario nel diritto nazionale, contrariamente agli atti non *self-executing*, i quali avrebbero sempre bisogno – al fine di essere recepiti nell'ordinamento giuridico statale – di un atto di diritto interno.
Altra parte della dottrina si esprime nel senso della necessità di un apposito procedimento di adattamento ordinario sia nel caso di atti *self-executing* che in quello di norme non *self-executing*, salva l'ipotesi in cui lo stesso trattato istitutivo dell'organizzazione internazionale preveda la diretta applicabilità degli atti in questione. In Italia, tale caso è previsto esclusivamente con riferimento al Trattato istitutivo dell'Unione europea.
La dottrina in questione si attiene a quanto avviene nella prassi italiana, in cui – in considerazione della prevalenza di fonti delle organizzazioni internazionali non *self-executing* – si verifica generalmente un procedimento di adattamento ordinario mediante l'adozione di norme attuative delle fonti previste da accordi anche nei pochi casi in cui queste ultime risultino complete.

QUIZ

1. Quale tra i seguenti trattati precede gli altri in ordine cronologico?

A. CECA.
B. EURATOM.
C. CEE.
D. AUE.

2. La realizzazione di un'Unione Europea fondata su "tre pilastri" si deve all'entrata in vigore di quale trattato?

A. L'Atto Unico Europeo, entrato in vigore il 1° luglio 1987.
B. Il Trattato di Maastricht, firmato il 7 febbraio 1992.
C. Il Trattato di Nizza, entrato in vigore il 1°febbraio 2003.
D. Il Trattato di Lisbona, entrato in vigore il 1° dicembre 2009.

3. Quale delle seguenti affermazioni, concernenti il metodo intergovernativo, è corretta?

A. Il metodo intergovernativo privilegia la sovranità statale rispetto alle istituzioni comunitarie.
B. Il metodo intergovernativo privilegia le istituzioni comunitarie rispetto alla sovranità statale.
C. Il metodo intergovernativo si caratterizza per il monopolio dell'iniziativa legislativa della Commissione Europea.
D. Il metodo intergovernativo si applica esclusivamente al primo pilastro dell'UE.

4. Quale trattato ha sancito la ripartizione delle competenze tra UE e Stati Membri, tra quelle esclusive dell'Unione, quelle concorrenti tra UE e Stati membri e quelle di coordinamento e completamento dell'UE?

A. Il trattato di Maastricht.
B. Il trattato di Lisbona.
C. Il Trattato di Amsterdam.
D. L'Atto Unico Europeo.

5. Con riferimento all'assetto istituzionale dell'Unione Europea, quale organo fornisce all'UE l'impulso necessario al suo sviluppo e ne definisce gli orientamenti politici generali?

A. Il Consiglio Europeo.
B. Il Consiglio.
C. Il Co.re.per.
D. La Commissione Europea.

6. Quale organo esercita la funzione legislativa unitamente al Palamento Europeo?

A. La Commissione Europea.
B. Il Consiglio.
C. Il Consiglio Europeo.
D. Il Co.re.per.

7. Quale istituzione dell'Unione Europea è organo collegiale di individui, scelti in base alla loro competenza generale ed al loro impegno europeo, tra personalità che offrono tutte le garanzie di indipendenza?

A. La Commissione Europea.
B. Il Consiglio.
C. Il Consiglio Europeo.
D. Il Co.re.per.

8. La funzione di bilancio è esercitata congiuntamente da quali dei seguenti organi?

A. Dalla Commissione europea e dal Consiglio.
B. Dal Consiglio europeo e dal Consiglio.
C. Dal Parlamento europeo e dalla Commissione europea.
D. Dal Parlamento europeo e dal Consiglio.

9. Quale delle seguenti istituzioni dell'Unione europea è composta da individui che fanno parte, oppure hanno fatto parte nei rispettivi Paesi, delle istituzioni di controllo esterno, o

che possiedono una qualifica specifica per tale funzione?

A. La Corte di Giustizia dell'Unione Europea
B. La Corte dei Conti
C. La Banca Centrale Europea
D. Il Mediatore

10. Quale delle seguenti funzioni non appartiene alla Corte di Giustizia dell'Unione Europea?

A. Pronunciarsi in via pregiudiziale, su richiesta delle giurisdizioni nazionali, sulla validità degli atti adottati dalle Istituzioni dell'Unione Europea.
B. Pronunciarsi sui ricorsi presentati da uno Stato Membro, da un'istituzione o da una persona fisica o giuridica dell'Unione Europea.
C. Pronunciarsi in via pregiudiziale, su richiesta delle giurisdizioni nazionali, sull'interpretazione del diritto dell'Unione.
D. Pronunciarsi in merito alla validità degli atti adottati dalle istituzioni europee in materia di Politica Estera e di Sicurezza Comune.

11. Appartengono al diritto primario dell'Unione Europea:

A. I regolamenti e i principi generali del diritto.
B. Le direttive e le decisioni.
C. La Carta di Nizza, i Trattati dell'Unione Europea, i pareri vincolanti e le raccomandazioni.
D. La Carta di Nizza, i Trattati dell'Unione Europea, i principi generali del diritto.

12. Quali tra i seguenti atti possono essere definiti "non vincolanti" e "atipici"?

A. Le raccomandazioni, i pareri e i Libri Verdi.
B. Le direttive, i Libri Verdi, i Codici di Condotta.
C. Le raccomandazioni, i pareri, gli inviti.
D. Le dichiarazioni, le comunicazioni, i programmi generali.

13. Quale delle seguenti caratteristiche non appartiene alle direttive?

A. Efficacia vincolante per quanto concerne l'obiettivo da raggiungere.
B. Destinatario determinato.
C. Diretta applicabilità all'interno degli stati membri.
D. Efficacia diretta.

14. Quale dei seguenti atti dell'Unione Europea possiede le caratteristiche della "generalità", dell' "obbligatorietà in tutti i suoi elementi", della "diretta applicabilità"?

A. I regolamenti.
B. Le direttive.
C. Le decisioni.
D. Le raccomandazioni.

15. Quale dei seguenti atti ha carattere meramente esortativo?

A. La raccomandazione.
B. Il parere.
C. L'invito.
D. L'istruzione pratica.

16. Nell'ambito della procedura legislativa ordinaria, l'iniziativa legislativa spetta:

A. Al Consiglio Europeo.
B. Al Parlamento Europeo.
C. Alla Commissione Europea.
D. Al Co.re.per.

17. La procedura legislativa ordinaria si articola in tre letture a carattere eventuale. Nel corso nella prima lettura, dopo che la Commissione Europea ha presentato una proposta di legge al Parlamento Europeo e al Consiglio, il Parlamento Europeo adotta la sua posizione e la trasmette al Consiglio. Cosa succede se il Consiglio non approva la posizione del Parlamento?

A. La procedura legislativa si estingue.
B. Il Consiglio adotta la sua diversa posizione e la trasmette alla Commissione Europea.
C. Il Consiglio adotta la sua diversa posizione e la trasmette al Parlamento

Europeo.
D. Il Consiglio adotta la sua diversa posizione e la procedura si conclude.

18. Cosa accade una volta decorse inutilmente le sei settimane senza che il Comitato di Conciliazione abbia elaborato un progetto comune di accordo sull'atto legislativo da approvare?
A. L'atto non viene adottato e la procedura legislativa si conclude.
B. L'atto torna al Parlamento Europeo.
C. L'atto viene adottato secondo le direttive della Commissione Europea.
D. L'atto viene adottato secondo le direttive del Consiglio europeo.

19. Si definisce procedura legislativa speciale quella in cui:
A. È prevista la mera partecipazione del Parlamento Europeo alle procedure in cui il Consiglio adotta l'atto.
B. È prevista la mera partecipazione del Consiglio alle procedure in cui il Parlamento Europeo adotta l'atto.
C. Entrambe le precedenti risposte sono corrette.
D. Nessuna delle precedenti risposte è corretta.

20. In che modo si procede all'adattamento del diritto italiano alle direttive comunitarie?
A. Mediante procedimento di adattamento speciale.
B. Mediante l'emanazione della c.d. legge comunitaria.
C. Mediante l'emanazione della c.d. legge di delegazione europea.
D. Le direttive sono dotate di immediata applicabilità e di efficacia diretta all'interno dell'ordinamento italiano.

21. La procedura di infrazione, disciplinata agli artt. 258 e 260 del TFUE, può essere attivata su iniziativa di:
A. Stati membri e Consiglio Europeo.
B. Stati membri e Parlamento Europeo.
C. Esclusivamente da parte degli Stati membri.
D. Stati membri e Commissione Europea.

22. Il procedimento attraverso il quale si tutela l'eventuale pregiudizio derivante dal comportamento omissivo di una delle Istituzioni dell'Unione è noto come:
A. Ricorso in carenza.
B. Ricorso per infrazione.
C. Ricorso per sviamento di potere.
D. Ricorso per incompetenza.

23. Quali tra i seguenti soggetti non assume la qualifica di "ricorrente privilegiato" in occasione dei ricorsi concernenti la legittimità degli atti ex artt. 263 e 264 TFUE?
A. Gli Stati membri.
B. Il Parlamento europeo.
C. Il Consiglio.
D. Le persone fisiche.

24. Qual è l'organo competente all'emanazione dei c.d. "regolamenti di esenzione" che derogano al divieto di intese restrittive della concorrenza poste dall'art. 101 TFUE?
A. Il Consiglio, su delega della Commissione.
B. La Commissione, su delega del Consiglio.
C. Il Parlamento Europeo, su delega della Commissione.
D. La Commissione, su delega del Parlamento Europeo.

25. Nell'ordinamento italiano, l'adattamento del diritto interno al diritto internazionale generale avviene tramite:
A. L'art. 10 della Costituzione.
B. L'art. 11 della Costituzione.
C. L'art. 117 della Costituzione.
D. Nessuna delle precedenti risposte è corretta.

26. Nel processo di adattamento del diritto interno al diritto internazionale, laddove la norma internazionale viene riformulata all'interno dello Stato, il procedimento è noto come:
A. Ordinario.
B. Speciale.

C. Mediante rinvio.
D. Mediante ordine di esecuzione.

27. Qual è il rango delle norme internazionali introdotte nell'ordinamento interno?
A. È sempre il rango di legge ordinaria.
B. È sempre il rango di legge costituzionale.
C. Il rango corrisponde alla forza che nella gerarchia delle fonti possiede il procedimento di adattamento.
D. Il rango di norma interposta tra costituzione e legge ordinaria.

28. La convinzione dell'obbligatorietà e della necessità di un determinato comportamento è nota come:
A. Diuturnitas.
B. *Opinio iuris sive necessitatis*.
C. Consuetudine.
D. Ius cogens.

29. Il diritto consuetudinario si applica:
A. Esclusivamente agli Stati che hanno partecipato alla sua formazione.
B. Esclusivamente agli Stati che si erano già esistenti al tempo della sua formazione.
C. A tutti gli Stati, abbiano o meno partecipato alla sua formazione.
D. A tutti gli Stati che accettino espressamente di aderirvi.

30. Il principio della "*res judicata*" rientra:
A. Tra le norme consuetudinarie.
B. Tra i principi di origine equitativa.
C. Tra i principi generali del diritto riconosciuti dalle Nazioni Civili.
D. Tra le norme imperative di diritto internazionale generale.

31. Quale delle seguenti tipologie di equità è ammessa nel diritto internazionale?
A. L'equità secundum legem.
B. L'equità contra legem.
C. L'equità praeter legem.
D. L'equità non è ammessa nel diritto internazionale.

32. Le raccomandazioni dell'Assemblea Generale delle Nazioni Unite hanno valore…
A. Sempre vincolante.
B. Vincolante se approvate all'unanimità.
C. Meramente esortativo.
D. Vincolante solo per gli Stati che accettano di sottoporsi ad esse.

33. La manifestazione di volontà attraverso la quale i singoli Stati si vincolano al rispetto di un determinato trattato, nell'ambito del procedimento formale o "solenne", è espressa con:
A. La firma del trattato.
B. La ratifica del trattato.
C. Lo scambio delle ratifiche dei trattati da parte dei singoli Stati.
D. Il deposito delle ratifiche.

34. L'accordo che si conclude con la sola sottoscrizione del testo da parte del rappresentante dello Stato è noto come:
A. Accordo in forma solenne.
B. Accordo in forma semplificata.
C. Accordo di codificazione.
D. Non è un accordo riconosciuto nel diritto internazionale.

35. Nell'ordinamento italiano, in quali casi la ratifica di un trattato internazionale deve essere necessariamente preceduta dall'autorizzazione delle Camere?
A. Nel caso dei trattati aventi natura politica, in quelli che prevedono arbitrati o regolamenti giudiziari od oneri alle finanze.
B. Nel caso dei trattati aventi natura politica, in quelli che prevedono regolamenti giudiziari, importano variazioni al territorio od oneri alle finanze o modificazioni di leggi.
C. Nel caso dei trattati che sono di natura politica, o prevedono arbitrati o regolamenti giudiziari, importano variazioni del territorio od oneri alle finanze o modificazioni di leggi.
D. Nessuna delle precedenti risposte è corretta.

36. Quale delle seguenti affermazioni, concernenti il caso di incompatibilità tra norme convenzionali, è errata?

A. In caso di incompatibilità tra norme convenzionali, fra gli Stati contraenti di entrambi i trattati, prevale il trattato stipulato successivamente.

B. In caso di incompatibilità tra norme convenzionali, fra gli Stati contraenti di entrambi i trattati, il trattato anteriore si applica anche se le sue disposizioni sono incompatibili con quelle del trattato posteriore.

C. In caso di incompatibilità tra norme convenzionali, quando le parti di un trattato anteriore non sono tutte parti di un trattato posteriore, nei rapporti tra uno Stato parte ai due trattati e uno Stato parte a uno solo di questi, il trattato al quale i due Stati sono parti regola i loro diritti e obblighi reciproci.

D. Nessuna delle precedenti risposte è corretta.

37. Quale delle seguenti affermazioni, concernenti le riserve apposte ai trattati internazionali, è corretta?

A. Tra lo Stato autore della riserva e gli altri Stati contraenti l'accordo si forma solo per la parte coperta dalla riserva.

B. Il trattato è applicabile tra gli Stati diversi dall'autore della riserva solo per la parte non coperta da riserva.

C. Tra lo Stato autore della riserva e gli altri Stati contraenti l'accordo si forma solo per la parte non investita da riserva.

D. La facoltà di apporre riserve deve essere espressamente prevista nel testo del trattato.

38. Qual è la sorte di un trattato concluso in contrasto con una norma imperativa di diritto internazionale generale?

A. Il trattato rimane valido ed efficace.

B. Il trattato è annullabile da parte di ciascun membro dell'Assemblea Generale delle Nazioni Unite.

C. Il trattato deve ritenersi nullo.

D. Il trattato è valido se le parti acconsentono espressamente.

RISPOSTE

1.	A
2.	B
3.	A
4.	B
5.	A
6.	B
7.	A
8.	D
9.	B
10.	D
11.	D
12.	D
13.	C
14.	A
15.	A
16.	C
17.	C
18.	A
19.	C
20.	C
21.	D
22.	A
23.	D
24.	B
25.	A
26.	A
27.	C
28.	B
29.	C
30.	C
31.	A
32.	C
33.	B
34.	B
35.	C
36.	B
37.	C
38.	C

PARTE V
ECONOMIA POLITICA

859 - 936
Riassunto = 13 pagine

Capitolo 1 | ECONOMIA POLITICA

SOMMARIO:
1. La Nascita dell'Economia Politica come disciplina autonoma. - **1.1.** L'economia politica classica: da Smith a Marx - **2.** L'economia marginalista. - **3.** L'economia Keynesiana. - **4.** La scuola Monetarista di Chicago. - **5**. Lo stato attuale dell'Economia Politica.

1. La Nascita dell'Economia Politica come disciplina autonoma.

Il termine economia deriva dal greco *oikos* che significa "casa", e *nomos* che invece significa norma o legge, da cui si trae il significato ampio di "regole per la gestione della casa".
Già nell'antichità nelle opere di autori come Diodoro Siculo, Senofonte e Aristotele si ritrovano temi di natura economico-politica. Aristotele in particolare si occupò di diversi aspetti che in futuro sarebbero diventati temi di discussione degli economisti, come ad esempio il ruolo dello scambio di merci. Aristotele guardava allo scambio esprimendone un giudizio etico, considerando giusto il commercio e l'uso della moneta solo se riferiti all'ambito "naturale" della soddisfazione dei bisogni primari. Le riflessioni di Aristotele vennero riprese nel periodo medievale dalla Scolastica, in particolar modo da Tommaso d'Aquino (1225–1274). Nell'epoca medievale in particola modo prevalse il dibattito teologico su argomenti quali l'usura (i prestiti ad interesse) e la giusta ricompensa del venditore. Negli anni successivi con la formazione degli Stati nazionali si ebbe un graduale affrancamento della politica dall'etica. In quest'ottica sono da ricordare l'opera il "Principe" di Niccolò Machiavelli (1469–1527). In questo lavoro l'autore sottolinea come non ci si chiedeva più se l'agire politico fosse "giusto", ma solo se fosse idoneo al conseguimento dell'unico fine politico, il mantenimento dello Stato. Fu questo il contesto in cui presero forma le prime riflessioni economiche in senso moderno, caratterizzate dalla ricerca della via migliore per assicurare la floridezza degli Stati.

A. William Petty

Da un punto di vista metodologico, nel XVII secolo l'opera di **William Petty** (1623-1687), tra i fondatori della *Royal Society* inglese, svolse un ruolo chiave per coniugare il metodo induttivo all'empirismo e razionalismo dando vita alla cosiddetta "aritmetica politica". Questo metodo aveva come obiettivo quello di attribuire un valore numerico attraverso pesi, ed unità di misura un "valore" da cui far discendere tutta una serie di considerazioni economiche.

B. Jean Baptiste Colbert

La nascita dell'economia politica come disciplina autonoma rispetto ad altre scienze sociali si suole ricondurla solo verso alla seconda metà del XVII secolo, grazie alle opere dei cosiddetti "mercantilisti" come **Jean Baptist Colbert** (1619-1683), i quali sostenevano che, per conseguire potere economico e politico, lo Stato avrebbe dovuto operare in modo da assicurarsi un saldo positivo della bilancia commerciale, favorendo il più possibile le esportazioni e limitando le importazioni, in quanto ciò avrebbe provocato un aumento della disponibilità dei metalli preziosi e favorito il benessere dell'economia interna.

C. François Quesnay

Verso la metà del XVII un impulso molto importante alla disciplina fu dato dall'opera del fisiocratico **François Quesnay** (1694–1774) che si contrappose espressamente a Colbert richiamando l'attenzione sui rapporti tra zone urbane e zone rurali, tra commercio ed agricoltura; insieme ai suoi seguaci, i fisiocratici, propose che la Francia privilegiasse l'agricoltura rispetto al commercio internazionale. Ciò comportava anche l'abolizione delle pratiche protezionistiche tipiche del mercantilismo. I fisiocratici furono i primi a designare l'espressione *laissez-faire, laissez passer* principio cardine del liberismo, attribuito a Vincent de Gourmay (1712-1759).

D. Anne-Robert-Jacques Turgot

Nella generazione successiva a quella del francese Quesnay va senza dubbio ricordato anche **Anne-Robert-Jacques Turgot** (1727-1781), letterato ed economista che grazie alle sue opere rappresentò un punto di congiunzione tra le teorie dei fisiocrati e l'economia dei cosiddetti classici che videro tra i fondatori il suo contemporaneo Adam Smith, in particolare per il ruolo attribuito al capitale ed ai capitalisti-imprenditori nel processo di produzione e per il suo deciso liberismo.

▶ 1.1. L'economia politica classica: da Smith a Marx

A metà del XVII secolo, l'economia divenne una scienza sociale del tutto distinta da altre discipline. Secondo la concezione classica, l'economia politica studia il funzionamento di una società caratterizzata dalla divisione del lavoro e dallo scambio di merci tramite il mercato. I classici sottolineano come l'economia sia una scienza sociale che studia questioni come la distribuzione del reddito o il ritmo di accumulazione del capitale tenendo chiaramente in conto il contesto istituzionale ed il periodo storico di riferimento.

A. Adam Smith

Adam Smith (1723-1790) è considerato tra i fondatori dell'economia classica. La sua opera completò la svolta nell'analisi economica intrapresa da Quesnay ponendo fin dall'inizio al centro dell'attenzione il reddito pro-capite di una nazione, che faceva dipendere sia dalla produttività del lavoro, sia dalla quota dei lavoratori produttivi sul totale della popolazione. Smith evidenziò i vantaggi del sistema produttivo nato con le fabbriche e con la rivoluzione industriale (la c.d. divisione del lavoro). Smith fu tra i primi a determinare il «valore di scambio» (il prezzo) di un bene sulla base del tempo di lavoro necessario a produrlo. Smith, inoltre, seguì e sviluppò le tesi di Quesnay in materia di libero commercio; non solo criticò, come lui, le posizioni mercantiliste, ma sostenne che il singolo, perseguendo liberamente il proprio personale interesse, opera in modo utile all'intera società come se fosse indotto a ciò da una «mano invisibile». Pur affermando la necessità di un intervento dello Stato in alcuni settori, quali l'istruzione primaria e la difesa dei confini, sostenne che, in generale, fosse preferibile la ricerca privata dell'interesse personale a regolamentazioni quali premi alle esportazioni o restrizioni alle importazioni.

B. Ricardo, Malthus e Say

Tra gli altri economisti "classici" più rappresentativi va senza dubbio annoverato anche **David Ricardo** (1772–1823). Alla base dell'opera ricardiana vi è l'analisi del contrasto nell'economia inglese tra gli interessi dei proprietari terrieri, politicamente dominanti, e la nascente borghesia industriale. Al centro della teoria di Ricardo vi è il concetto di *sovrappiù*, ovvero la parte di prodotto che resta disponibile una volta ricostruite le scorte iniziali di mezzi di produzione e di mezzi di sussistenza per i lavoratori. Ricardo vissuto all'epoca della rivoluzione industriale, fu tra i primi economisti ad analizzare la disoccupazione tecnologica, dovuta all'introduzione di nuovi macchinari nei processi produttivi.
Un altro importante economista dell'epoca fu **Thomas Robert Malthus** (1766–1834), contemporaneo di Ricardo, ricordato soprattutto per la sua teoria secondo la quale l'aumento della popolazione avrebbe vanificato qualsiasi tentativo di aumentare il reddito pro-capite. Negli stessi anni, **Jean-Baptiste Say** (1767–1832) formulò la legge che reca il suo nome, detta anche legge degli sbocchi, e che venne ampiamente discussa da economisti successivi, secondo la quale l'offerta crea sempre la propria domanda e, pertanto, non sono possibili crisi di sovrapproduzione.

C. Karl Marx

A metà del XIX secolo, **Karl Marx** (1818–1883) rielaborò le tesi degli economisti classici Smith e Ricardo, sostenendo che il valore di scambio delle merci dipendesse dal tempo di lavoro necessario alla loro produzione e che è merce anche la «forza lavoro», remunerata col salario. Il capitalista, secondo Marx, impiega «capitale costante» e «capitale variabile». Il primo è costituito dai mezzi di produzione (impianti, macchinari, materie prime ecc.) e si limita a trasferire il proprio valore nel prodotto finito; il secondo è costituito dal lavoro umano, che genera valore. Il lavoratore secondo la teoria marxista è occupato per un tempo di lavoro superiore a quello necessario per riprodurre il valore dei beni necessari alla sua sussistenza. Pertanto, il capitalista si appropria del tempo di lavoro eccedente, del «pluslavoro», da cui ricava un plusvalore che è all'origine del profitto. In ciò, secondo Marx, consiste lo sfruttamento dei lavoratori da parte dei capitalisti. Al tempo stesso, Marx sosteneva che i continui investimenti in capitale costante (impianti e macchinari), diminuendo la quota del lavoro sul capitale complessivamente impiegato, avrebbero determinato sia una sempre maggiore concentrazione industriale, sia una riduzione del capitale variabile, quindi della base stessa dei profitti. Da ciò dedusse una legge della «caduta tendenziale del saggio di profitto». La concentrazione industriale, inoltre, avrebbe favorito l'organizzazione dei lavoratori come classe, al punto da consentire loro di appropriarsi dei mezzi di produzione e di dar vita ad un nuovo sistema economico: il comunismo.

2. L'economia marginalista.

Gli anni a cui si fa notoriamente riferimento quando di parla di rivoluzione marginalista furono quelli dal 1871 al 1874 quando vennero pubblicate le opere di tre economisti (**Carl Menger, William Stanley Jevons e Léon Walras**) che cambiarono radicalmente il corso della teoria economica. Secondo la concezione marginalista il problema economico coincide con quello razionale, ovvero quello di ottenere il massimo risultato in presenza di un dato ammontare di risorse disponibili. L'economia non è più da considerarsi come una scienza sociale, perché si propone di studiare il comportamento dei singoli soggetti economici (consumatori ed imprese) e di dedurre da esso attraverso la definizione della domanda e l'offerta, il prezzo dei beni. L'economia pertanto si presenta come un sistema logico suscettibile di trattazione matematica (come ad esempio problema di massimo o minimo vincolato) e che come tutti i ragionamenti assiomatici risulta essere "astorico", nel senso che nella struttura dell'analisi il complesso delle cosiddette leggi economiche rimane immutato nel tempo e nello spazio.
L'analisi quindi passa dalle classi sociali al singolo individuo (cosiddetto «individualismo metodologico»), e allo studio del grado di soddisfazione (utilità) nel possedere (consumare) il bene.
I tre economisti (Walras, Jevons e Menger) diedero vita a tre filoni distinti dell'economia marginalista, di cui ne condividevano i principi cardini ma da cui si discostano tra loro in alcuni aspetti.
Il **filone francese** detto anche dell'equilibrio economico generale fu inaugurato da Walras e ripreso e sviluppato dall'Italiano **Vilferdo Pareto** e dall'americano **Kenneth Arrow**. Questo filone di analisi si basa sull'ipotesi che siano considerate date, da un lato, le preferenze dei soggetti per i vari beni e servizi, dall'altro le quantità disponibili in termini fisici, delle risorse iniziali. Da questi presupposti vengono fatte discendere una serie di equazioni che determinano prezzi e quantità di equilibrio per beni e servizi finali, e per i servizi dei fattori produttivi.
Il **filone inglese** fu sviluppato da **Jevons e Alfred Marshall**. A differenza del filone francese, questo filone tende a considerare come variabili da determinare all'interno della teoria anche le quantità disponibili delle varie risorse. Per questo fine, vengono utilizzati come dati esogeni, le funzioni di utilità e disutilità dei vari soggetti economici. Marshall inoltre presenta la sua analisi come tentativo di sintesi tra l'approccio classico e quello marginalista, affermando che l'approccio classico commette l'errore di concentrarsi maggiormente sul lato dell'offerta, mentre l'approccio marginalista "puro" si concentra troppo dal lato della domanda.
Il **filone austriaco** invece teorizzato da Menger adotta un approccio soggettivo radicale in cui il valore di ciascun bene o servizio viene dedotto dall'utilità che esso ha per consumatore finale, in modo diretto nel caso dei beni di consumo, in modo indiretto in caso di beni di produzione.

3. L'economia Keynesiana.

La crisi economica che colpì gran parte dell'economie occidentali del 1929 mise a dura prova le teorie marginaliste a causa del perdurare della fase recessiva e la mancata capacità delle economie di mercato di ritrovare un equilibrio di piena occupazione delle risorse e di benessere. In questo contesto l'economista di Cambridge **John Maynard Keynes** (1883–1946), argomentò che la crisi del 1929 era dovuta al fatto che la domanda aggregata risentisse di vari fattori tra i quali non esisteva un meccanismo di equilibrio automatico: la propensione marginale al consumo, dipendente dal livello del reddito, gli investimenti, dipendenti sia dal tasso di interesse che dalle aspettative degli imprenditori, il livello del tasso di interesse, fortemente influenzato dalla preferenza per la liquidità. Sostenne quindi che, in un'economia funestata da una debole domanda aggregata, il settore pubblico ha la possibilità di incrementare la domanda aggregata tramite la spesa pubblica per l'acquisto di beni e servizi, rendendo così possibile un aumento dell'occupazione. La sua opera principale, la Teoria generale dell'occupazione, dell'interesse e della moneta (1936), pose i grandi aggregati economici (consumo, risparmio, investimenti ecc.) al centro dell'analisi economica, dando vita ad una disciplina detta "macroeconomia" per distinguerla dall'approccio individualista dell'economia neoclassica ("microeconomia"). Dopo la Seconda guerra mondiale, infine, partecipò attivamente alla definizione di un nuovo assetto economico internazionale, anche guidando la delegazione inglese nella conferenza di Bretton Woods (1-22 Luglio 1944).

4. La scuola Monetarista di Chicago.

La scuola monetarista è un orientamento del pensiero economico neoliberista basato sugli insegnamenti dell'economista statunitense **Milton Friedman** (1912–2006). Negli anni '70 del Novecento i sistemi economici sono colpiti dalla continua crescita dei prezzi (inflazione). Secondo la critica monetarista, la teoria keynesiana non riesce più a interpretare la realtà economica dei fenomeni economici e la politica economica della scuola keynesiana è inefficace ad affrontare il problema dell'inflazione. Secondo Friedman, l'inflazione dei prezzi è un fenomeno monetario ed è causato dall'incremento eccessivo dell'offerta di moneta rispetto alla crescita della produzione. Friedman confuta l'efficacia della "curva di Phillips" in quanto la realtà dei fatti economici non conferma l'esistenza di una relazione inversa tra tasso di disoccupazione e tasso di inflazione. L'economista statunitense rielabora la vecchia "teoria quantitativa" della moneta che lega tra loro la massa monetaria (M) e i prezzi (P). Secondo Milton Friedman l'eccessiva quantità di massa monetaria nel sistema economico non produce effetti reali sulla produzione (disoccupazione) ma soltanto effetti monetari (inflazione dei prezzi). In conclusione, è inefficace adottare le politiche monetarie espansive per cercare di ottenere effetti reali sull'economia. A differenza di Keynes, Friedman rigetta qualsiasi intervento pubblico dello Stato nell'economia, ritenendo il mercato in grado di risolvere i problemi economici. Secondo Friedman, per frenare l'inflazione dei prezzi i policy maker devono mantenere stabile la massa monetaria (offerta di moneta) nel sistema economico, evitando di intervenire e di influire sul libero gioco delle forze di mercato. Sul pensiero economico di Friedman nasce la scuola "monetarista" detta anche scuola di Chicago" e gli economisti che vi appartengono sono detti "monetaristi". Le politiche economiche monetariste caratterizzano la politica monetaria statunitense della *Federal Reserve* e le politiche neoliberaliste del governo Reagan negli Usa e del governo Thatcher nel Regno Unito nel corso degli anni '70-80.

5. Lo stato attuale dell'Economia Politica.

Mentre nella prima metà del XX secolo erano prevalse politiche economiche tese a governare l'economia tramite l'intervento pubblico (sia in termini normativi che di spesa pubblica), nella seconda metà del secolo si sono gradatamente imposte tendenze liberiste, tendenti al "lasciar fare" del mercato. Tuttavia, il risultato delle politiche liberiste appare di gran lunga inferiore alle aspettative all'inizio del terzo millennio, e la recente crisi iniziata nel 2008 ha messo in seria discussione l'impostazione liberale per cui si ricominciano a considerare attentamente le politiche di tipo Keynesiano. Il dibattito è quindi aperto ed ancora tutto da approfondire.
I prossimi capitoli saranno dedicati all'analisi delle due branche principali dell'economia politica: la **Microeconomia** e la **Macroeconomia**.

SCHEMI DI RIEPILOGO
LA NASCITA DELL'ECONOMIA POLITICA COME DISCIPLINA AUTONOMA

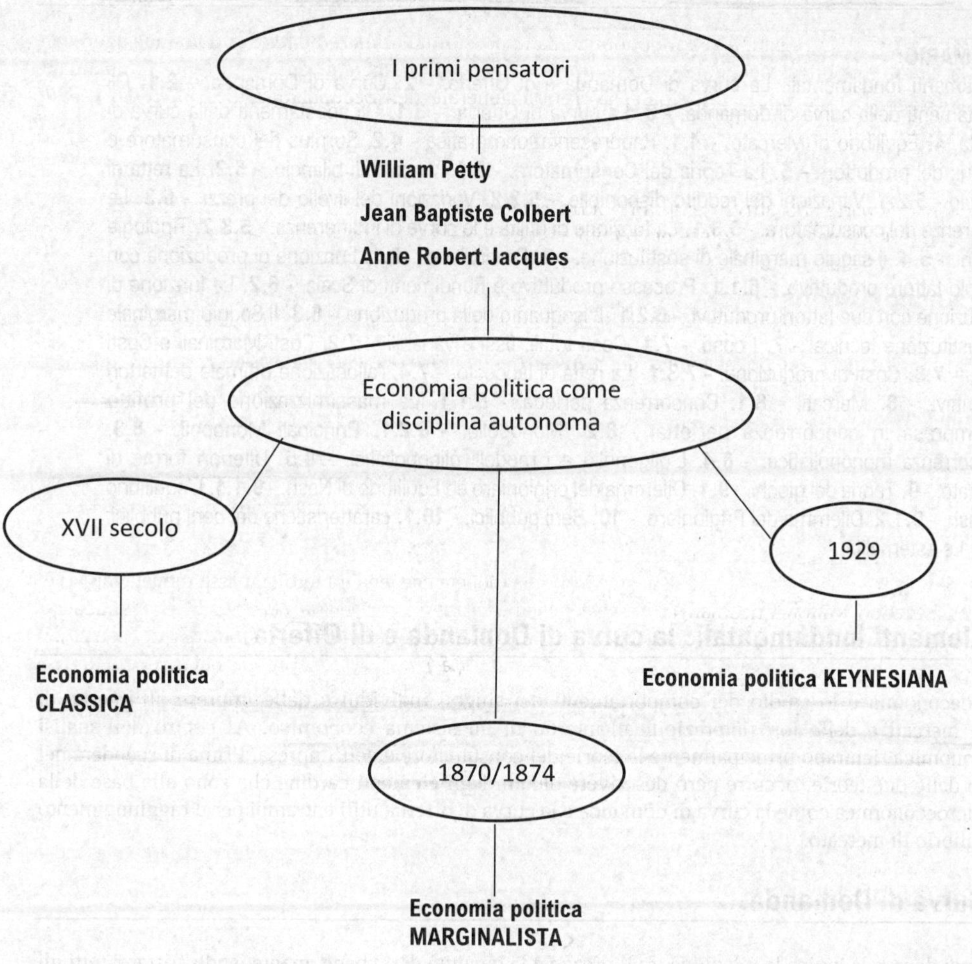

Capitolo 2 MICROECONOMIA

1. Elementi fondamentali: la curva di Domanda e di Offerta.

La microeconomia è lo studio dei comportamenti dei singoli individui e delle imprese all'interno di specifici mercati e delle loro interazioni all'interno di un sistema economico. Al centro dell'analisi microeconomica rientrano principalmente le teorie del consumatore e dell'impresa. Prima di scendere nel dettaglio delle due teorie, occorre però descrivere alcuni degli elementi cardine che sono alla base della teoria microeconomica come la curva di domanda e la curva di offerta, utili entrambi per il raggiungimento dell'equilibrio di mercato.

2. Curva di Domanda.

La curva di domanda indica la relazione tra il prezzo e la quantità di un bene, mantenendo costanti tutti gli altri fattori che influenzano la domanda. Ogni punto indica la quantità che gli acquirenti sceglierebbero di acquistare ad un determinato prezzo.

$$q_D = f(p)$$

Un agente economico risponde ad un aumento del prezzo del bene con la diminuzione della quantità domandata dello stesso. Le diverse combinazioni di quantità (Q) e prezzo possono essere rappresentate graficamente su un diagramma cartesiano con il prezzo sull'asse delle ordinate e le quantità domandate sulle ascisse (Figura 1). Trasponendo le combinazioni quantità/prezzo come coordinate (x,y) del diagramma possiamo rappresentare la curva di domanda.

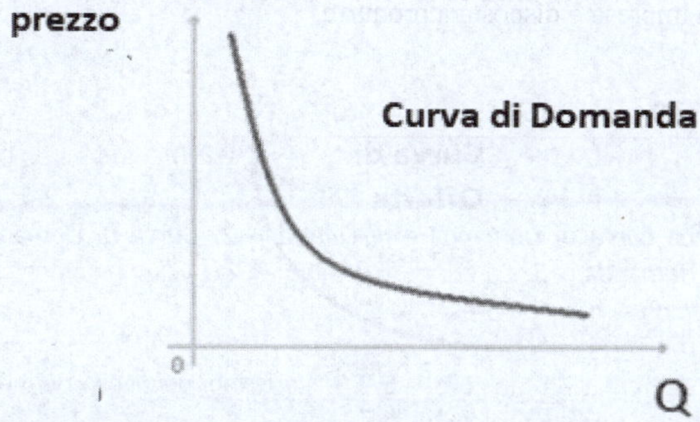

La curva di domanda si presenta con una inclinazione negativa. La quantità domandata decresce all'aumentare del prezzo del bene.

▶ 2.1. Gli spostamenti della curva di domanda.

A determinare gli spostamenti della curva di domanda possono incidere diversi fattori tra cui: la variazione di reddito, variazione dei beni sostituti e complementari, variazioni delle preferenze. Nel dettaglio:

A. ***Variazioni di reddito.*** Modifica le quantità acquistabili da parte del consumatore. L'incremento del reddito espande il vincolo di bilancio del consumatore e aumenta le combinazioni di quantità dei beni che il consumatore può acquistare. Quando si verifica un incremento di reddito la curva di domanda si sposta verso destra. Viceversa, quando si verifica una diminuzione di reddito la curva di domanda si sposta verso sinistra.

B. ***Variazioni di prezzo dei beni sostituti***. I beni sostituti di un bene economico sono quei beni in grado di soddisfare il medesimo bisogno economico. La diminuzione del prezzo di un bene sostituto modifica il rapporto tra i prezzi dei beni a favore del bene sostituto. Ad esempio, quando il prezzo del tè si riduce, una parte dei consumatori potrebbe decidere di acquistare tè al posto del caffè, e viceversa.

C. ***Variazioni di prezzo dei beni complementari***. I beni complementari di un bene economico sono quei beni che vengono consumati congiuntamente. Ad esempio, il carburante è un bene complementare dell'automobile, lo zucchero è un bene complementare del caffè, ecc. Quando aumenta il prezzo del carburante, indirettamente si riduce anche la domanda di acquisto delle automobili, e viceversa.

D. ***Variazioni delle preferenze***. La curva di domanda può modificare la propria posizione e la propria inclinazione nel diagramma cartesiano anche per effetto di una variazione delle preferenze del consumatore. La variazione delle preferenze delinea una nuova scheda di domanda e nuove associazioni tra il prezzo e le quantità domandate del bene economico.

3. La curva di Offerta.

La curva di offerta indica la relazione tra il prezzo e la quantità offerta di un bene, mantenendo costanti tutti gli altri fattori che influenzano l'offerta. Ogni punto indica su un asse cartesiano la quantità che i venditori sceglierebbero di vendere ad un determinato prezzo.

$$q_O=f(p)$$

Il prezzo e la quantità di produzione del bene consentono di calcolare il ricavo economico dell'impresa che, insieme ai costi economici, consentono di determinare il profitto d'impresa Come è facile intuire, il comportamento di ogni impresa consiste nella massimizzazione del profitto. Pertanto, a parità di altre condizioni, per massimizzare il profitto quanto maggiore è il prezzo di mercato di un bene, tanto maggiore è la quantità del bene che una impresa è disposta a produrre.

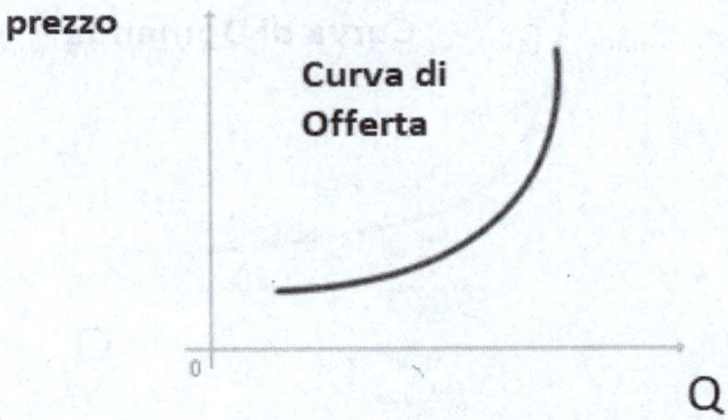

La curva di offerta ha una inclinazione positiva per effetto della legge dell'offerta secondo cui un aumento del prezzo genera un incremento della quantità offerta di un bene o servizio, e viceversa.

▶ 3.1. Gli spostamenti della curva di offerta.

A determinare gli spostamenti della curva di offerta possono incidere la variazione del costo dei fattori produttivo dovuti all'innovazione tecnologica, la variazione del prezzo di un bene alternativo, la variazione attesa del prezzo del bene, fattori metereologici.

A. ***Innovazione tecnologica***, quando una impresa è in grado di realizzare un certo livello di produzione con un metodo nuovo e più economico rispetto al passato. Una innovazione tecnologica quindi può ridurre i costi di produzione e rendere più redditizia la produzione di un bene. Quindi, in seguito all'introduzione di una innovazione tecnologica, le imprese desidereranno produrre di più per ogni prezzo. Ogni progresso tecnologico che permette una riduzione di costi, sposta la curva di offerta verso destra.

B. ***Numero delle imprese***. Un aumento del numero di imprese (numero di venditori) sposta la curva di offerta verso destra.

C. ***Aspettative riguardo il prezzo futuro***. Se una impresa si attende che il prezzo della sua merce aumenterà in futuro, preferirà ridurre l'offerta nel periodo presente. Ad esempio, deciderà di aumentare le scorte di magazzino. v Se una impresa si attende che il prezzo della sua merce diminuirà in futuro, preferirà aumentare l'offerta nel periodo presente. Ad esempio, deciderà di ridurre le scorte di magazzino. v Un aumento del prezzo futuro sposta la curva di offerta a sinistra (e viceversa)

D. ***Variazioni metereologiche e altri fattori naturali***. Esempi: siccità, terremoti, ecc. v Importanti per l'offerta di prodotti agricoli. v Le condizioni metereologiche favorevoli spostano a destra la curva di offerta, le condizioni sfavorevoli la spostano a sinistra.

E. ***Altri fattori***: la tassazione, le regolamentazioni ambientali, guerre, rivoluzioni, ecc.

4. Equilibrio di Mercato.

Dall'intersezione delle curve di domanda e di offerta sopra rappresentate si avrà il cosiddetto equilibrio di mercato, che si verifica quando la quantità domandata di un bene eguaglia la quantità offerta dello stesso bene. Il ruolo centrale è svolto dal cosiddetto prezzo di equilibrio in cui gli acquirenti possono acquistare tutta la quantità del bene che desiderano acquistare ed i venditori possono vendere tutta la quantità del bene che pianificano di vendere. Senza eccessi di domanda o di offerta.
Pertanto, il mercato è in equilibrio quando il prezzo P_A eguaglia la quantità domandata e offerta:

$$Q_D(P^*) = Q_O(P^*)$$

▶4.1. Rappresentazione grafica.

L'equilibrio di mercato può essere rappresentato graficamente sul piano cartesiano. Sull'asse orizzontale delle ascisse (X) è misurata la quantità domandata e offerta del bene, mentre sull'asse verticale delle ordinate (Y) il prezzo.

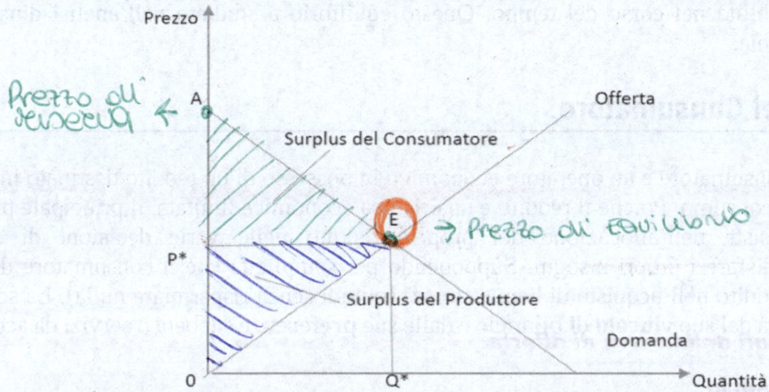

L'intersezione della curva di domanda e della curva di offerta determina l'equilibrio di mercato nel punto E. Nel punto di equilibrio la quantità domandata del bene eguaglia la quantità offerta. Si ottiene così la quantità scambiata Q* e il prezzo di equilibrio di mercato P* del bene.
Quando il prezzo del bene non è nella situazione di equilibrio si potrà avere un eccesso di domanda oppure un eccesso dell'offerta. Nello specifico si avrà un eccesso di offerta quando il prezzo è ad un livello superiore rispetto al prezzo di equilibrio, al contrario quando il prezzo sul mercato sarà inferiore al prezzo di equilibrio si avrà un eccesso di domanda.
Nelle situazioni di non equilibrio (in presenza quindi di eccesso di domanda o eccesso di offerta) le forze di mercato[1] modificano il prezzo, riducendo progressivamente l'eccesso di domanda o di offerta, fino al raggiungimento dell'equilibrio di mercato.

▶4.2. Surplus del consumatore e surplus del produttore.

L'area del triangolo AEO rappresenta il Surplus Totale dell'intero mercato che si può scomporre in **Surplus del Consumatore** e **Surplus del Produttore**.

A. ***Il Surplus del Consumatore*** (area AEP*) definito anche rendita del consumatore è la differenza fra il prezzo che un individuo è disposto a pagare per ricevere un determinato bene o servizio e il prezzo di mercato dello stesso bene. Il massimo che un consumatore è disposto a pagare viene detto "prezzo di riserva".
B. **Il surplus del produttore** (area E0P*) definito anche sovrappiù del produttore è la differenza tra il prezzo di un dato bene pagato al produttore ed il prezzo che il produttore sarebbe stato disposto ad accettare per quantità inferiori di quel bene.
C. In base al numero dei mercati analizzati è possibile distinguere tra:
D. **Equilibrio economico generale**. È il vettore di prezzi ($P_1, P_2, \ldots, P_n$) che consente l'equilibrio contemporaneo su tutti i mercati. Questa condizione assicura l'uguaglianza fra domanda e offerta di ogni bene. L'equilibrio generale è anche detto walrasiano dal nome di Leon Walras.
E. **Equilibrio economico parziale**. È il prezzo (P) che consente l'equilibrio su un singolo mercato.

[1] Adam Smith definisce le forze di mercato la "mano invisibile" che determina il movimento spontaneo e automatico del prezzo di mercato verso l'equilibrio senza alcun intervento dello Stato.

Questa condizione assicura l'uguaglianza fra domanda e offerta di un determinato bene. Questa tipologia di equilibrio di mercato è alla base degli studi di Marshall.

F. È possibile inoltre in base a determinate condizioni distinguere tra equilibro economico statico o dinamico.

G. **Equilibrio economico statico**. È la condizione di equilibrio di mercato che si verifica quando tutte le variabili sono già in equilibrio. Tale tipologia di equilibrio è utilizzata soprattutto nella statica comparata in microeconomia.

H. **Equilibrio economico dinamico**. È lo studio del movimento verso una posizione di equilibrio e della sua stabilità nel corso del tempo. Questo equilibrio è studiato nell'analisi dinamica in macroeconomia.

5. La Teoria del Consumatore.

In microeconomia il consumatore è un operatore economico in possesso di un reddito destinato in parte al risparmio e in parte al consumo. Poiché il reddito è una risorsa economica limitata, il principale problema del consumatore consiste nell'allocazione del proprio reddito nelle varie decisioni di acquisto consentendogli di soddisfare i propri bisogni. Supponendo per semplicità che il consumatore decida di spendere tutto il suo reddito nell'acquisto di beni e servizi (quindi senza risparmiare nulla). La **scelta del consumatore** dipenderà dal suo **vincolo di bilancio** e dalle sue **preferenze** sui beni o servizi da acquistare.

▶5.1. Vincolo di bilancio.

Supponiamo che Il consumatore disponga di una certa somma (il suo reddito) per acquistare beni o servizi, che chiameremo paniere. Supponiamo come anticipato in precedenza che, per semplicità il consumatore decida di spendere tutto il suo reddito nell'acquisto di soli due beni X_1 e X_2. Il bene X_1 sarà acquistato al prezzo p_1, mentre il bene X_2 sarà pagato al prezzo p_2. Il vincolo di bilancio ci indica che la somma spesa per l'acquisto di questi due beni non deve essere superiore al reddito disponibile (R). Formalmente il vincolo di bilancio del consumatore può essere scritto nel seguente modo:

$$p_1x_1 + p_2x_2 \leq R$$

▶5.2. La retta di bilancio.

Per comprendere meglio il vincolo di bilancio possiamo rappresentare graficamente la retta di bilancio che individua l'insieme delle combinazioni in cui il consumatore spende interamente il suo reddito per acquistare il bene X_1 ed il bene X_2.

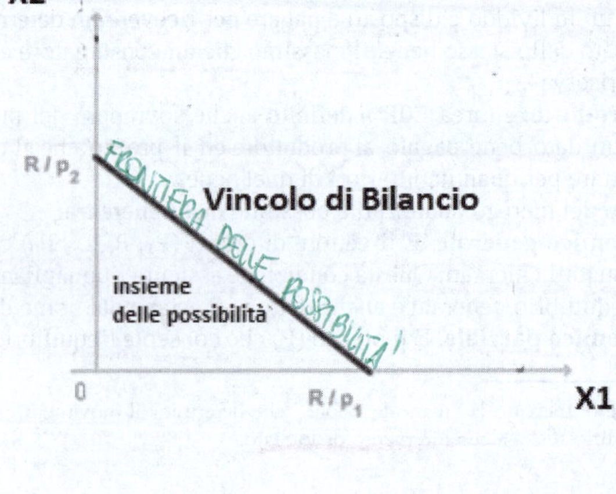

L'area al di sotto della retta del vincolo di bilancio viene detta insieme delle possibilità di consumo. La retta è, invece, detta frontiera delle possibilità di consumo poiché tali combinazioni (o panieri di consumo) implicano la spesa dell'intero reddito R da parte del consumatore. Lo spazio al di fuori della retta di bilancio è l'insieme delle scelte che il consumatore non può raggiungere perché al di sopra delle proprie possibilità reddituali. La retta di bilancio potrà quindi modificarsi in due casi.

▶ 5.2.1 Variazioni del reddito disponibile.

Il primo caso può realizzarsi quando il reddito disponibile del consumatore aumenti o diminuisca per una qualsivoglia ragione. In questo caso la variazione del reddito R sposta la retta di bilancio verso destra o verso sinistra, a seconda che si tratti di un aumento o di una riduzione del reddito, in modo parallelo alla sua posizione di origine. Lo spostamento parallelo delle rette è dovuto al fatto che il rapporto dei prezzi dei beni resta immutato.

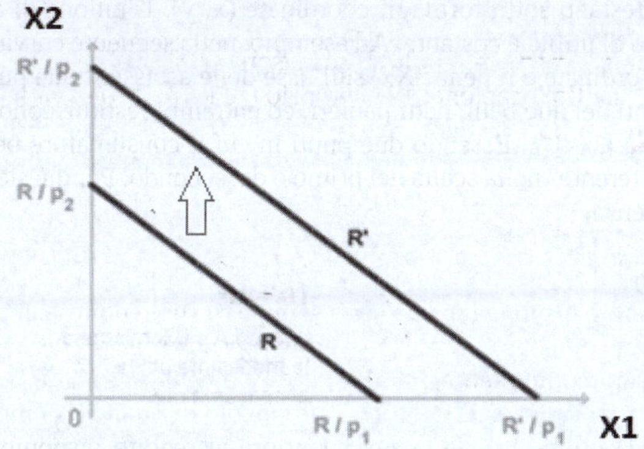

▶ 5.2.2. Variazioni del livello dei prezzi.

Il secondo caso si può verificare quando a variare sia il livello dei prezzi dei due beni. Nel caso in cui ad esempio il prezzo del bene X_1 aumenti, la variazione del rapporto dei prezzi p_2/p_1 muta la pendenza del vincolo di bilancio e le intercetta sull'asse delle ascisse e delle ordinate. La retta ruota verso l'asse di riferimento del bene in caso di aumento del suo prezzo e viceversa.

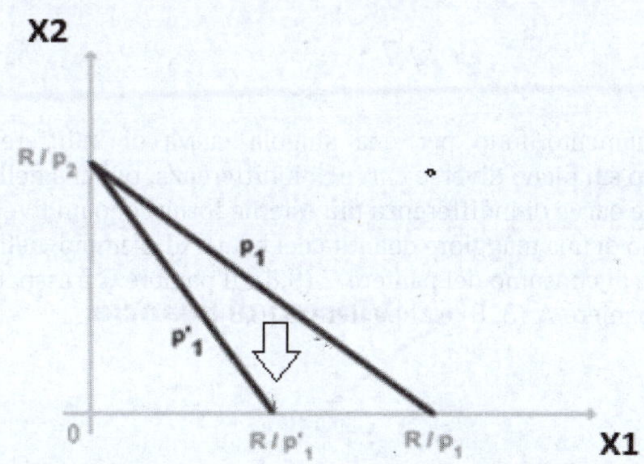

Va sottolineato inoltre che la retta di bilancio ha una pendenza negativa poiché, dato un determinato reddito, il soggetto economico può decidere di acquistare un'unità aggiuntiva di un bene soltanto riducendo la quantità acquistata dell'altro bene. L'inclinazione della retta di bilancio è pari al rapporto inverso tra i prezzi dei beni (-p2/p1).

▶ 5.3. Le preferenze del consumatore.

Come anticipato in precedenza, per valutare le scelte del consumatore oltre al suo vincolo di bilancio occorre analizzare le sue preferenze. Le preferenze del consumatore sono espresse da una funzione di utilità e rappresentate graficamente attraverso delle curve di indifferenza convesse. In particolare, le curve di indifferenza rappresentano su un asse cartesiano delle scelte di consumo che danno al consumatore la medesima utilità.

▶ 5.3.1. La funzione di utilità e le curve di indifferenza.

Dati due beni X_1 e X_2, le quantità di questi ultimi in grado di fornire la stessa utilità $U = U(q_x, q_y)$ sono rappresentate sul piano cartesiano sotto forma di coordinate (x, y). L'unione di questi punti delinea una curva lungo il quale il livello di utilità è costante. Ad esempio, nella seguente curva di indifferente poniamo il bene "X_1" sull'asse delle ordinate e il bene "X_2" sull'asse delle ascisse. I due punti A e B sono associati a due combinazioni differenti dei due beni, detti panieri, ed entrambi restituiscono nella funzione di utilità il medesimo livello di utilità $U_A=U_B$. Essendo due punti in cui il consumatore beneficia della medesima utilità, quest'ultimo è "indifferente" nella scelta del primo o del secondo. Per questa ragione la curva prende il nome di curva di indifferenza.

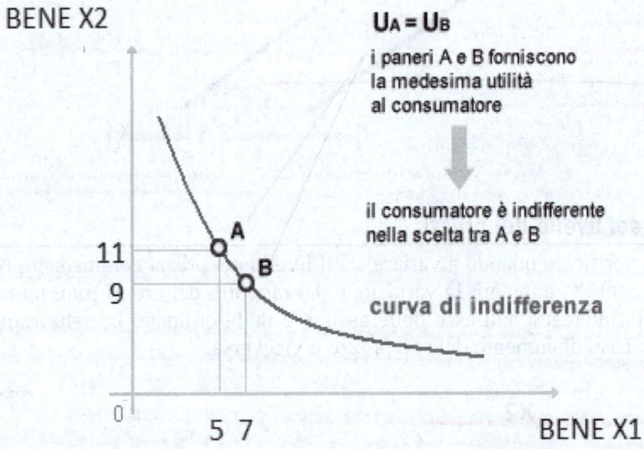

Replicando il ragionamento fatto per una singola curva di indifferenza è possibile rappresentare graficamente sul piano sul piano diverse curve di indifferenza, ognuna delle quali è associata ad un livello di utilità differente. Le curve di indifferenza più esterne forniscono un livello di utilità maggiore in quanto consentono il consumo di una maggiore quantità dei beni. Ad esempio, nella figura la curva di indifferenza più esterna è associata al consumo del paniere C (9,8). Il paniere C è associato ad una quantità di consumo maggiore rispetto al paniere A (3, 8) e al paniere B (6,8).

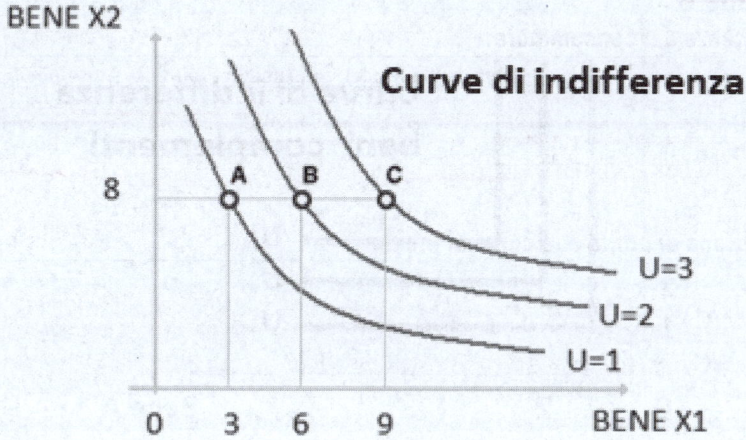

Normalmente si ipotizza, che le curve di indifferenza soddisfino 4 proprietà fondamentali:

1) **Completezza**, il consumatore è sempre in grado di classificare tutte le possibili combinazioni di beni.

2) **Non sazietà o monotonicità**, ovvero a parità di condizioni, il consumatore preferisce avere quantità maggiori di un determinato bene.

3) **Transitività**, ovvero se il consumatore preferisce il paniere A al paniere B e il paniere B al paniere C, allora preferirà sempre il paniere A al paniere C.

4) **Convessità**, ovvero le combinazioni di beni intermedie sono preferite a quelle estreme.

▶ 5.3.2. Tipologie di beni

Le curve di indifferenza rappresentate precedentemente fanno riferimento a beni cosiddetti "normali" ovvero quei beni che un consumatore desidera acquistare indipendentemente dal consumo di altri beni.

A. Beni complementari

Esistono in natura altre tipologie di beni come ad esempio i beni complementari i quali vengono consumati in modo congiunto per la soddisfazione di un determinato bisogno. Ad esempio, la benzina è un bene complementare dell'auto, ciò vuol dire che ad un aumento del prezzo della benzina i consumatori possono ridurre l'utilizzo delle auto. Un aumento eccessivo del prezzo della benzina può addirittura riduce la vendita delle automobili. Alla variazione dei prezzi relativi dei beni complementari la curva di domanda si sposta verso destra o verso sinistra. Nei beni perfetti complementi la proporzione di consumo è costante. Questi beni sono consumati congiuntamente in proporzioni fisse. In questi casi la curva di indifferenza tra i due beni complementi ha la forma di ad angolo retto.

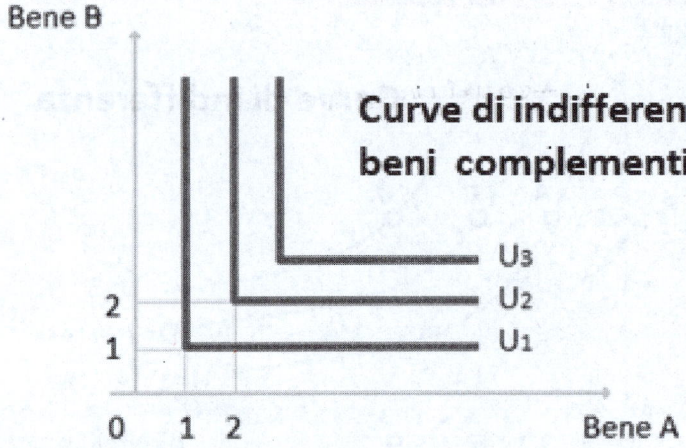

B. Beni sostituti

Esistono in natura anche beni che possono essere considerati come sostituti l'uno dell'altro. Ad esempio, qualcuno potrebbe avere la medesima soddisfazione utilizzando burro o margarina. In questo caso si parlerà di beni sostituti o beni succedanei in grado di soddisfare un medesimo bisogno del consumatore, il quale è del tutto indifferente nella scelta dell'uno o dell'altro. La rappresentazione grafica della curva di indifferenza di due beni sostituiti appare pertanto come una linea retta.

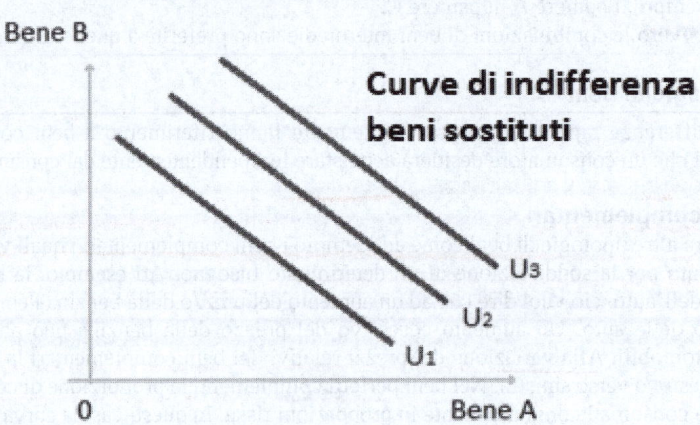

▶ 5.4. Il saggio marginale di sostituzione.

Per determinare di quanto dovrò modificare la scelta di un bene per acquistare una parte aggiuntiva dall'altro bene, si fa riferimento al saggio marginale di sostituzione.

In un diagramma cartesiano il saggio marginale di sostituzione è individuato dalla pendenza della curva di indifferenza ossia dalla retta tangente in ogni punto di una curva. Il saggio marginale di sostituzione varia in ogni punto della curva di indifferenza poiché mutano le quantità dei beni a disposizione del consumatore. Ad esempio, nel punto A il consumatore ha una grande quantità del bene X_2 e una scarsa quantità del bene X_1, è quindi disposto a cedere una maggiore quantità del bene X_2 per ottenere un'unità aggiuntiva di X_1, in questo caso si sposterà lungo la curva di indifferenza fino a raggiungere il punto C. Il punto C prende il nome di scelta ottima del consumatore, ovvero il punto di tangenza tra la curva di indifferenza ed il vincolo di bilancio.

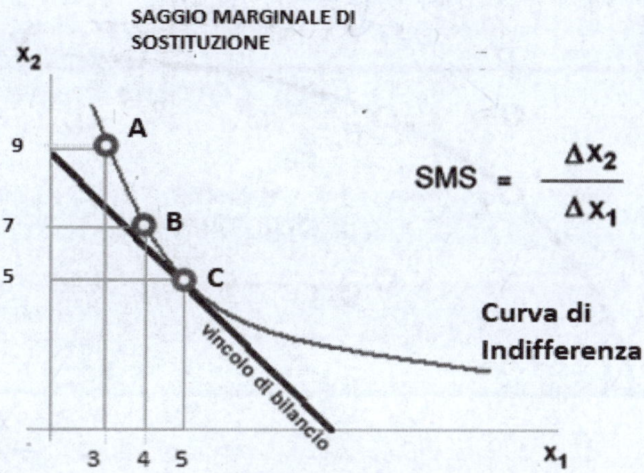

TEORIA DELL'IMPRESA E STRUTTURA DEI MERCATI

6. Produzione.

La **produzione** è un processo mediante il quale un'impresa utilizza i propri fattori produttivi (es. capitale, lavoro, tecnologia ecc.) per realizzare un bene o un servizio. Le imprese sono quindi chiamate a decidere di combinare una certa quantità di input (es. lavoratori e materie prime) per produrre determinati output (prodotto finale). L'insieme delle operazioni necessarie per la produzione di un bene è detto **ciclo produttivo**. Nelle fasi intermedie il ciclo produttivo potrebbe produrre beni non ancora finiti, detti **beni intermedi** che, a loro volta, verranno impiegati nel ciclo produttivo per la produzione dei prodotti finiti.

▶ 6.1. Funzione di produzione con un solo fattore produttivo.

Nel caso più semplice di un prodotto Y e di un solo fattore di produzione X la funzione di produzione può essere formulata nel seguente modo:

$$Y_q = f(x_q)$$

È possibile rappresentare graficamente la funzione di produzione di un prodotto e un fattore produttivo attraverso un piano cartesiano ponendo la quantità della produzione Y sull'asse delle ordinate e la quantità del fattore produttivo X sull'asse delle ascisse. La rappresentazione grafica della funzione di produzione è anche detta **curva di produzione**.

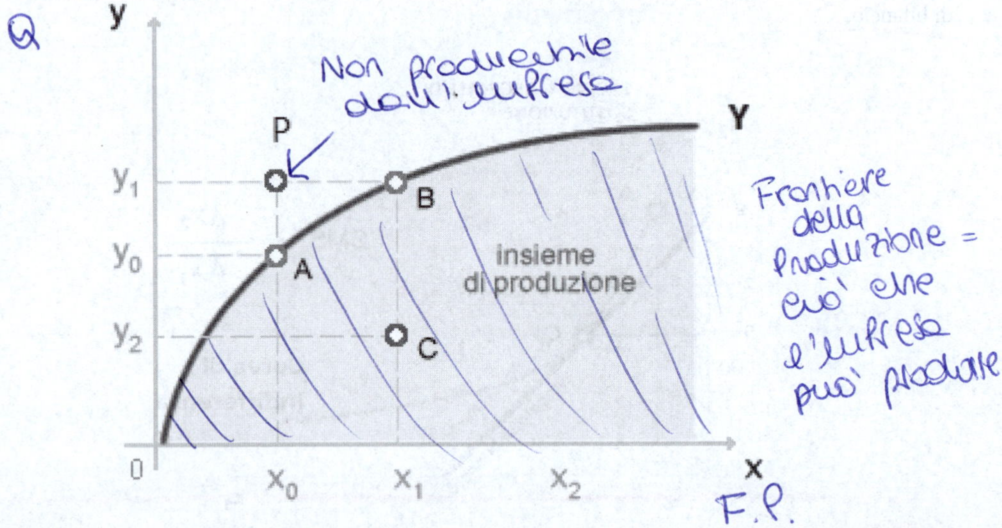

Ad esempio, nella funzione di produzione precedente i punti A e B sono situati sulla frontiera di produzione e sono combinazioni efficienti poiché, a parità di utilizzo del fattore produttivo (x), consentono di massimizzare la produzione (y). Il punto C è anch'esso compreso nell'insieme della produzione, può essere realizzato dall'impresa, ma si tratta di una situazione di inefficienza, poiché a parità di utilizzo del fattore produttivo (x_1) si ottiene una quantità di prodotto (y_2) inferiore rispetto alla frontiera di produzione (y_1). Il punto P, invece, non è tecnicamente realizzabile in quanto è situato al di fuori della frontiera di produzione.

Nella rappresentazione grafica la funzione di produzione coincide con la frontiera dell'insieme di produzione. La funzione di produzione è associata al processo produttivo dell'insieme di produzione che consente di massimizzare l'output Y per ogni livello di input X. Dal punto di vista matematico la funzione di produzione ha le seguenti proprietà:

- è continua poiché sia il prodotto Y (output) che il fattore produttivo X (input) sono perfettamente divisibili.
- è monotona poiché la quantità di produzione (output) è sempre in funzione non decrescente della quantità del fattore produttivo impiegato (input).

Nel lungo periodo l'impresa può modificare la capacità degli impianti e la tecnologia di produzione, adottando le innovazioni tecnologiche rese possibili dal progresso tecnico-scientifico. Nel lungo periodo, pertanto, la funzione di produzione subisce radicali variazioni di inclinazione e di posizione. Dal punto di vista grafico, ipotizzando che il progresso aumenti la produttività e l'efficienza degli impianti, la funzione di produzione si trasforma in una curva dinamica e si sposta verso l'alto (traslazione verticale).

▶ 6.1.1. Processo produttivo e Rendimenti di Scala

L'analisi dei rendimenti di scala è estremamente importante nel processo produttivo in quanto consente di analizzare la variazione della produzione (*output*) in corrispondenza della variazione delle quantità dei fattori produttivi (*input*). L'analisi dei rendimenti è spesso utilizzata in termini relativi per evidenziare la relazione tra l'incremento delle quantità di un fattore produttivo (capitale, lavoro, *etc.*) e la conseguente variazione sulle quantità del prodotto finale. La rappresentazione grafica della funzione di produzione

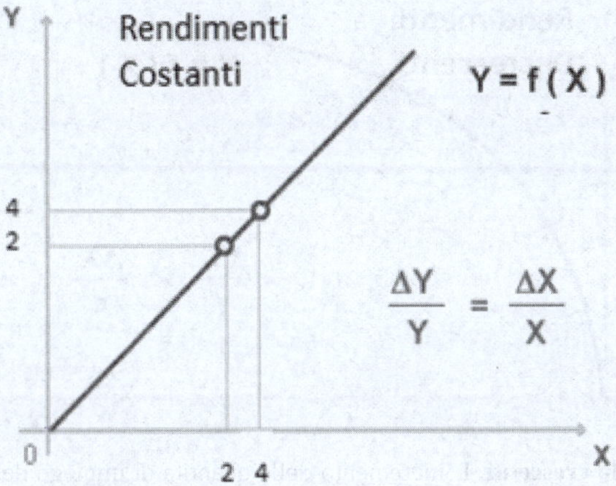

può variare in base ai rendimenti di scala della produzione, che possono essere costanti, decrescenti e crescenti.

A. **Rendimenti di scala costanti**. L'incremento delle quantità di impiego del fattore produttivo determina un incremento esattamente proporzionale della quantità del prodotto finito. Ad esempio, un incremento del 2% della forza lavoro determina un incremento del 2% della produzione.

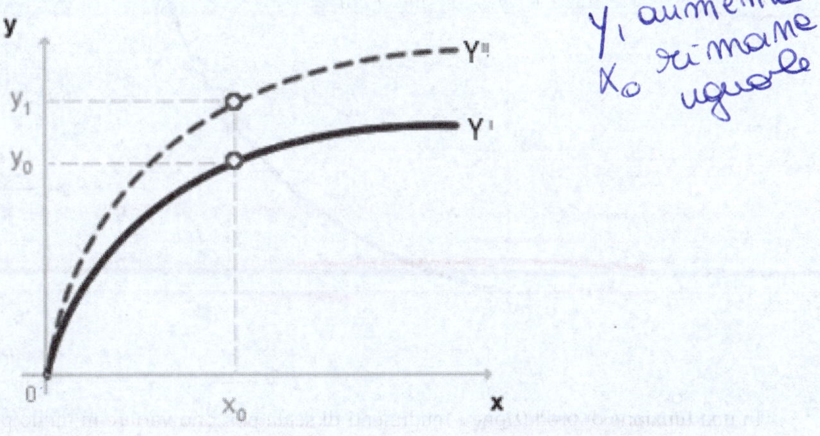

B. **Rendimenti di scala decrescenti**. L'incremento delle quantità di impiego del fattore produttivo determina un incremento meno che proporzionale della quantità del prodotto finito. Ad esempio, un incremento del 10% della forza lavoro determina un incremento del 5% della produzione. Nel caso dei rendimenti decrescenti la funzione di produzione è crescente ed è caratterizzata dalla derivata prima positiva e dalla derivata seconda negativa.

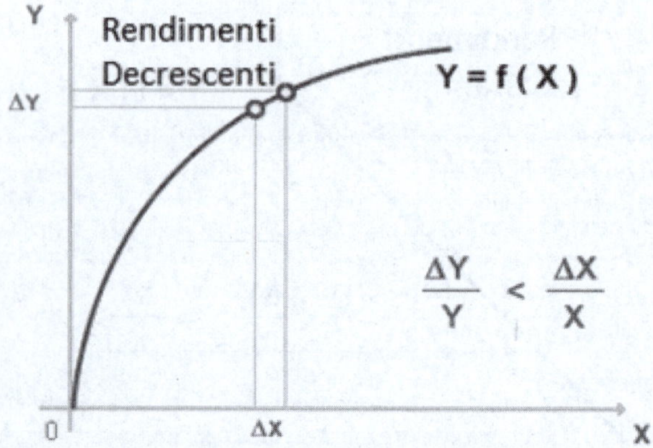

C. **Rendimenti di scala crescenti**. L'incremento delle quantità di impiego del fattore produttivo determina un incremento più che proporzionale della quantità del prodotto finito. Ad esempio, un incremento del 2% della forza lavoro determina un incremento del 5% della produzione. Nel caso dei rendimenti di scala crescenti la funzione di produzione è crescente ed è caratterizzata dalla derivata prima positiva e dalla derivata seconda positiva.

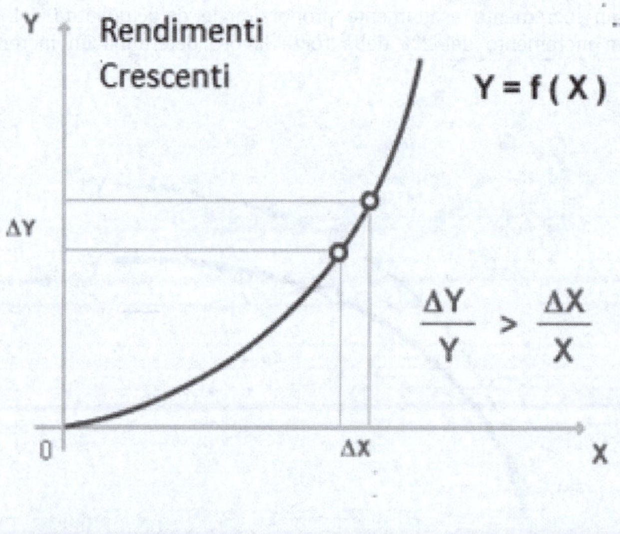

In una funzione di produzione i rendimenti di scala possono variare in modo puntuale. Secondo la teoria della produzione classica i rendimenti di scala sono crescenti nella fase iniziale della funzione produzione e decrescenti nella fase finale.

▶ 6.2. La funzione di produzione con due fattori produttivi.

Dopo aver analizzato la funzione di produzione con un solo fattore produttivo possiamo ampliare l'analisi, guardando alla **funzione di produzione a due fattori produttivi che** associa le quantità dei due fattori (input) alla quantità della produzione (output). Supponendo per semplicità che gli unici fattori produttivi nel ciclo di produzione siano Lavoro e Capitale, una generica **funzione di produzione** può essere scritta nel seguente modo:

$$Y = f(L, K)$$

Dove Y indica il valore prodotto, attraverso la combinazione dei fattori L= lavoro e K= capitale. Il lavoro comprende tutte quelle prestazioni umane manuali o intellettuali che contribuiscono alla produzione dei beni o dei servizi. Nel capitale sono, invece comprese tutti fattori diversi dal lavoro (es. macchinari, materie, etc..). L'attività produttiva può essere destinata alla produzione di beni economici fisici o di servizi.

▶ 6.2.1 L'isoquanto della produzione.

La funzione di produzione con due fattori è simile alla funzione di produzione a una variabile e presenta le stesse caratteristiche. Essendo una funzione con una variabile dipendente (prodotto) e due variabili indipendenti (fattori produttivi) non può essere rappresentato sul piano cartesiano a due dimensioni. Per la rappresentazione grafica sul piano si ricorre all'utilizzo degli **isoquanti di produzione**.

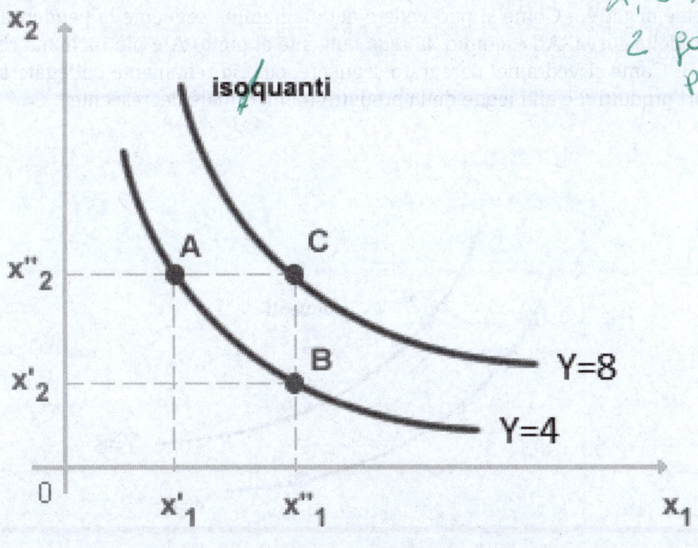

L'isoquanto di produzione rappresenta sul piano le diverse combinazioni dei due fattori produttivi che consentono di produrre una determinata quantità di produzione. Il termine isoquanto è composto dalle parole *iso* (stessa) e *quanti* (quantità). Ogni isoquanto è associato a uno e un solo livello di produzione. Gli isoquanti più esterni sono associati a livelli di produzione più alti. Ad esempio, il punto A e il punto B, essendo situati sulla medesima curva di isoquanto, consentono di produrre la medesima quantità di prodotto (Y=4) con due combinazioni diverse dei fattori di produzione. Nel punto A la funzione di produzione impiega x''_2 quantità del fattore 2 e x'_1 quantità del fattore 1. Nel punto B la funzione di produzione impiega x'_2 quantità del fattore 2 e x''_1 quantità del fattore 1.

$$f_A(x'_1, x''_2) = f_B(x''_1, x'_2) = 4$$

La combinazione dei fattori produttivi nel punto C è, invece, associato a un livello di produzione maggiore (Y=8) poiché il punto è situato su un isoquanto diverso e più esterno rispetto al precedente.

▶ 6.3. Il Saggio marginale di Sostituzione tecnica.

Il saggio marginale di sostituzione tecnica (SMST) è la misura della sostituibilità tecnica dei fattori produttivi a parità di produzione e di tecnologia utilizzata. Il saggio marginale di sostituzione tecnica misura l'incremento di impiego di un fattore produttivo X_1 quando si riduce l'impiego dell'altro fattore produttivo X_2 e viceversa, a parità di quantità di prodotto finale ossia restando sulla stessa curva di isoquanto. Data una funzione di produzione a due fattori, il saggio marginale di sostituzione tecnica può essere scritto nel seguente modo:

$$SMST = -\frac{dx_2}{dx_1}$$

Dal punto di vista grafico il saggio marginale di sostituzione tecnica equivale alla pendenza dell'isoquanto ossia all'inclinazione della retta tangente in un determinato punto della curva di isoquanto. Essendo gli isoquanti una curva inclinata negativamente anche il valore del saggio marginale di sostituzione tecnica è negativo. Come si può vedere nel diagramma seguente la pendenza dell'isoquanto varia in ogni punto della curva. Ad esempio, la retta tangente al punto A è più inclinata rispetto alla retta tangente al punto B. Come si vedrà nel paragrafo seguente, ciò è direttamente collegato alle produttività marginali dei fattori produttivi e alla legge della produttività marginale decrescente.

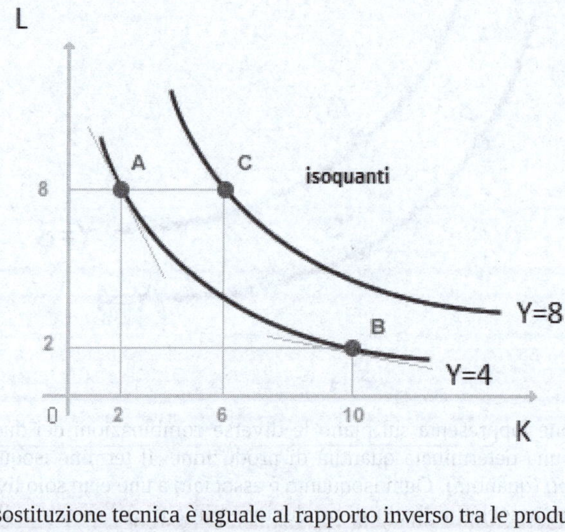

Il saggio marginale di sostituzione tecnica è uguale al rapporto inverso tra le produttività marginali dei due fattori produttivi. In condizioni di concorrenza perfetta, il rapporto tra le produttività marginali dei due fattori produttivi è a sua volta uguale al rapporto dei prezzi dei due fattori produttivi.

7. I costi.

▶ 7.1. Costi totali, fissi e variabili.

In economia politica si parla di costo per intendere il **costo produttivo** (detto anche costo di produzione) sostenuto per produrre una determinata quantità di beni/servizi. Esistono diverse tipologie di costi. Una

prima distinzione va fatta tra costo totale (CT), costo fisso (CF) e costo variabile (CV).
Il costo totale è il costo sostenuto dall'impresa per acquistare i fattori produttivi e i beni strumentali (macchinari, impianti, uffici, *etc.*.) necessari per il funzionamento del processo produttivo. Esso può essere espresso come la somma tra i costi fissi ed i costi variabili. L'equazione del costo totale CT può essere espressa quindi nel seguente modo:

$$CT= CF + CV$$

Il costo fisso è la componente del costo che non varia al variare della produzione. Nel breve periodo il costo fisso è una variabile costante. Alcuni esempi di costi fissi sono la capacità dell'impianto, la tecnologia, i macchinari, ecc.
Il costo variabile è la componente del costo che varia al variare della produzione. Nel breve periodo il costo variabile varia in relazione alla quantità prodotta. Alcuni esempi di costi variabili sono il consumo di energia, le ore lavoro, la quantità di impiego degli input, delle materie prime e dei fattori produttivi, ecc.
La differenza tra costi fissi e costi variabili vale solo nel **breve periodo**. Nel lungo periodo invece questa differenza viene meno, in quanto tutte le voci di costo sono modificabili dall'impresa. In conclusione, nel lungo periodo non esistono costi fissi.
È possibile rappresentare i costi fin qui analizzati mediante un diagramma cartesiano con le relative curve. Sull'asse delle ascisse è misurata la quantità di produzione (q) dell'impresa o dell'impianto, mentre sull'asse delle ordinate sono misurati i costi economici (C) sostenuti dall'impresa per la produzione. Il costo totale (CT) è rappresentato come una retta di costo, determinata dalla somma dei costi fissi (CF) e dei costi variabili (CV) per ogni livello della produzione (q).

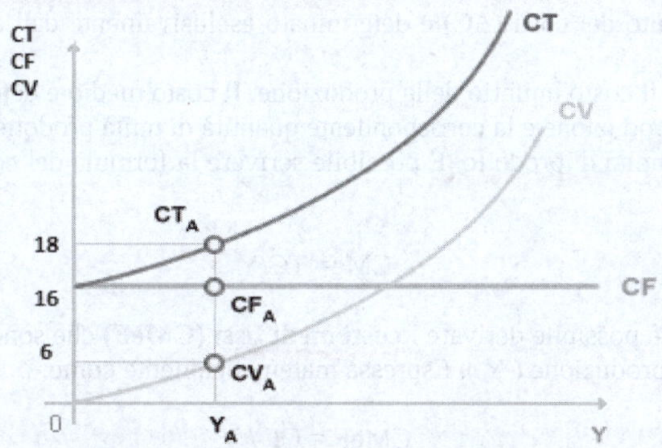

▶ 7.2. Costi Marginali e Costi Medi.

Una seconda distinzione dei costi va fatta tra costi marginali e costi medi.
Il **costo marginale** (CM) è il costo aggiuntivo per incrementare la quantità di produzione. Il costo marginale esprime in maniera infinitesimale la variazione dei costi della quantità aggiuntiva di prodotto. Dal punto di vista formale il costo marginale è determinato dal rapporto tra la variazione del costo totale (ΔCT) e la variazione infinitesimale della quantità di produzione (ΔY). In termini algebrici si potrà esprimere come

$$CM= \Delta CT/ \Delta Y$$

L'andamento a forma di "U" della curva del costo marginale è determinato dall'andamento della produttività marginale dei fattori produttivi.

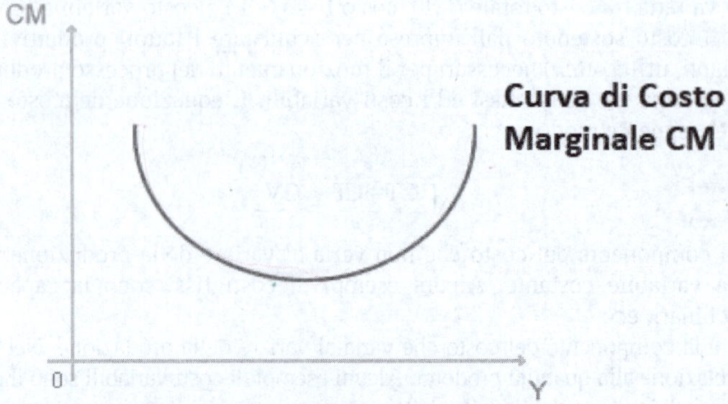

Nella fase iniziale la curva del costo marginale è decrescente poiché l'impiego di unità addizionali dei fattori produttivi consente di utilizzare meglio l'impianto. In questa fase il prodotto marginale dei fattori produttivi è crescente. Una volta oltrepassato il punto di minimo, la curva del costo marginale diventa crescente poiché, in questa seconda fase, ogni ulteriore unità addizionale di impiego dei fattori produttivi peggiora l'efficienza dell'impianto. In questa seconda fase il prodotto marginale dei fattori produttivi è decrescente. È quindi necessario un incremento della quantità dei fattori produttivi (lavoro, materie prime, ecc.) per ottenere un'ulteriore unità di prodotto. Ciò spiega l'andamento crescente nel tratto finale della curva del costo marginale. È utile sottolineare inoltre che nella curva del costo marginale sono presi in considerazione soltanto i costi variabili poiché i costi fissi non variano al variare della quantità prodotta (ΔY). Quindi l'incremento dei costi (ΔC) è determinato esclusivamente dall'aumento dei costi variabili della produzione.
Il **costo medio** (CMe) è il costo unitario della produzione. Il costo medio è determinato dal rapporto tra il costo totale (C) della produzione e la corrispondente quantità di unità prodotte (Y). Il costo medio indica il costo di ogni singola unità di prodotto. È possibile scrivere la formula del costo medio (costo unitario) nel seguente modo:

$$CMe = TC/Y$$

Dal costo medio inoltre è possibile derivare i **costi medi fissi (CMeF)** che sono il rapporto tra i costi fissi (CF) e la quantità della produzione (Y). Espressa matematicamente come:

$$CMeF = CF / Y$$

Ed i **costi medi variabili (CMeV)** sono il rapporto tra i costi variabili (CV) e la quantità della produzione (Y). Espressi matematicamente come

$$CMeV = CV / Y$$

Sommando il costo medio fisso (CMeF) e il costo medio variabile (CMeV) per ciascun livello della produzione (Y) si ottiene **la curva del costo medio** (CMe) o curva del costo unitario.

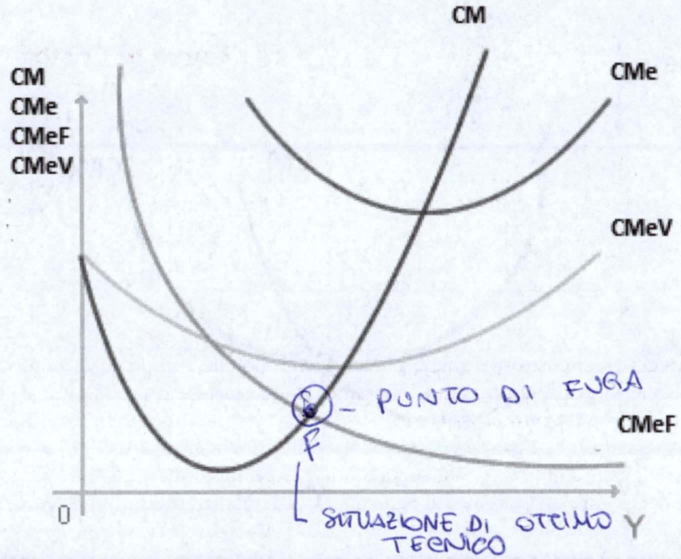

Dal punto di vista grafico il costo medio può essere rappresentato su un diagramma cartesiano ponendo il costo medio (CMe) sull'asse delle ordinate e la quantità della produzione (Y) sull'asse delle ascisse.

La **curva del costo medio** ha anch'essa un andamento a forma di "U" poiché il peso dei costi fissi sul costo totale è maggiore quando l'impianto di produzione è ancora sottoutilizzato (fase decrescente iniziale) e per l'effetto della produttività marginale decrescente dei fattori produttivi sui costi variabili (tratto crescente successivo). Nel tratto iniziale la curva del costo medio è decrescente in quanto il costo totale comprende anche i costi fissi (es. macchinari). I costi fissi non variano con la quantità di produzione. Pertanto, l'aumento della produzione consente di ripartire progressivamente il costo fisso su una maggiore quantità di prodotto, riducendo così il costo medio (CMe) della produzione. In questo tratto i costi medi fissi sono decrescenti. Anche i costi medi variabili sono inizialmente decrescenti per effetto della produttività crescente. Il punto di minimo della curva del costo medio (CMe) rappresenta una situazione di ottimo tecnico, poiché in questo punto l'impresa utilizza l'impianto in modo migliore. Nel punto di minimo F della curva del costo medio (CMe) si interseca la curva del costo marginale (CM). Questo punto è detto punto di fuga poiché il prezzo del prodotto non può essere inferiore a questo livello minimo. Se il prezzo del prodotto fosse inferiore, l'impresa sarebbe costretta ad abbandonare il mercato poiché il costo unitario del prodotto è superiore al prezzo di vendita dello stesso. Nel tratto successivo la curva del costo medio è crescente poiché l'incremento del volume di produzione oltrepassa il rapporto ottimale della proporzione tra l'impiego dei fattori produttivi e la capacità degli impianti. A parità di capacità di impianto, l'ulteriore impiego dei fattori produttivi riduce la produttività degli impianti (efficienza produttiva) e, di conseguenza, aumenta in modo esponenziale i costi variabili (CMeV) della produzione. Ciò causa l'aumento del costo medio (CMe) della produzione. In tale fase l'incremento del costo medio variabile compensa e supera la riduzione del costo medio fisso.

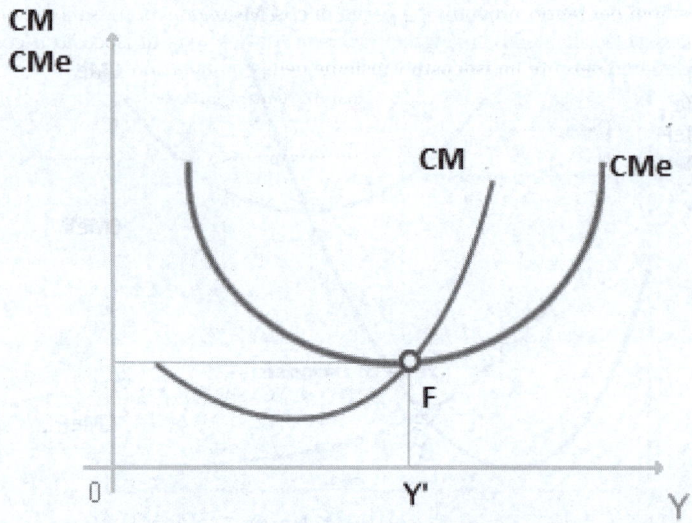

Un' importante differenza tra il costo marginale e il costo totale è data dal costo di riferimento. La curva del costo medio è costruita tenendo conto sia dei costi fissi e sia dei costi variabili come grandezze assolute. Nel caso del costo marginale, invece, sono presi in considerazione soltanto i costi variabili poiché i costi fissi non variano al variare della quantità di produzione e la loro variazione marginale è sempre nulla. Quindi, la curva del costo marginale misura soltanto l'incremento dei costi variabili come grandezza relativa. Per questa ragione la curva del costo medio e la curva del costo marginale non coincidono.
I costi fissi unitari sono molto alti nelle prime unità di produzione e scendono progressivamente con l'aumentare della produzione. I costi variabili unitari, viceversa, crescono con la produzione. La curva del costo medio è la sommatoria di questi due effetti. La curva del costo marginale, invece, misura l'accelerazione dei costi variabili.

▶ 7.3. Costi di produzione.

Una volta analizzati i costi ed il processo produttivo, è necessario mettere in relazione i relativi costi con la produzione di beni e servizi. Possiamo quindi definire **costi di produzione** quei costi sostenuti da una impresa per la produzione dei beni e servizi. I costi di produzione sono determinati dalla tecnologia utilizzata nel processo produttivo e dall'organizzazione dell'impresa. Qualsiasi impresa privata avrà come obiettivo quello di massimizzare il profitto adottando la tecnologia in grado di produrre una determinata quantità di prodotto al costo più basso possibile. Data una funzione di produzione con due soli fattori produttivi X_1e X_2, il costo di produzione CT (costo totale) è dato dalla seguente equazione:

$$CT = w_1 x_1 + w x_2$$

Le variabili x_1 e x_2 indicano le quantità utilizzate dei fattori produttivi nella produzione. Le variabili r_1 e w_1 indicano rispettivamente il prezzo unitario di acquisto dei fattori produttivi. La somma del costo sostenuto per l'acquisto del primo fattore ($w_1 x_1$) e del secondo fattore ($w_2 x_2$) determina il costo totale CT della produzione.

▶ 7.3.1. La retta di isocosto.

Le diverse combinazioni dei fattori produttivi, a parità di costo economico, possono essere rappresentate su un diagramma cartesiano mediante la **retta di isocosto**. In una retta di isocosto il costo totale CT è sempre costante. Possiamo definire un isocosto l'insieme delle combinazioni di due fattori produttivi che determinano lo stesso costo di produzione complessivo. Dati i prezzi dei fattori produttivi (w_1/w_2), l'isocosto della produzione individua le combinazioni acquistabili dei due fattori produttivi (x_1, x_2) che consentono di mantenere costante il costo totale della produzione (CT). L'equazione di isocosto può essere rappresentata graficamente sul piano cartesiano.

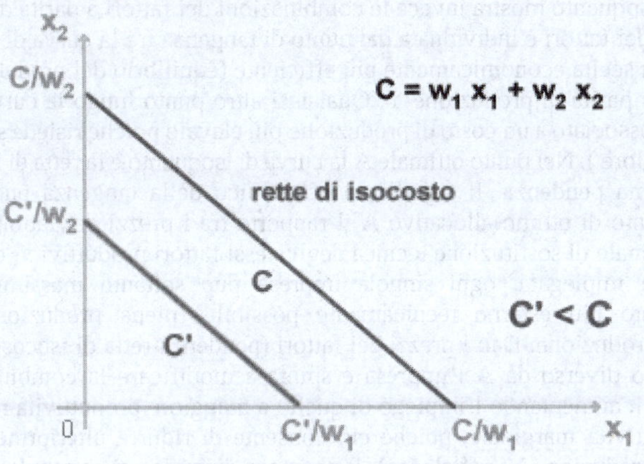

È compito dell'impresa scegliere la combinazione di impiego dei fattori produttivi (x_1, x_2) tale da rendere minimo il costo totale a parità di produzione (l'allocazione ottimale dei fattori). La scelta della combinazione ottimale degli input per ogni livello di produzione consente di determinare la funzione di costo. L'analisi dei costi di produzione tuttavia, non consente univocamente di determinare l'allocazione ottimale dei fattori. È infatti necessario verificare, oltre al livello dei costi produttivi, anche il livello della produzione. Per ottenere l'allocazione ottimale è necessario utilizzare in un medesimo diagramma cartesiano sia le rette di isocosto e sia le curve di isoquanto.

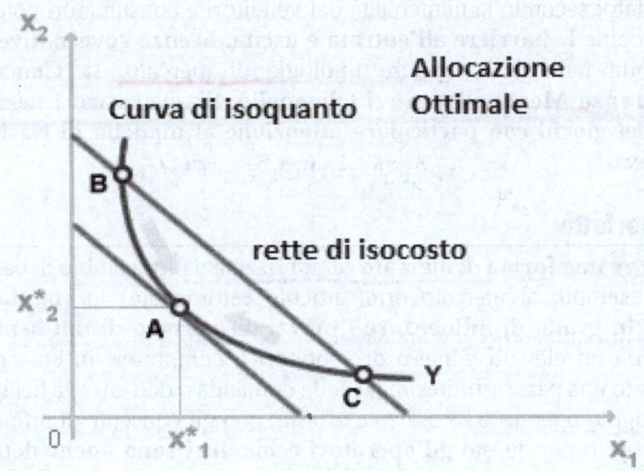

▶ 7.4. l'allocazione ottimale dei fattori produttivi.

Possiamo quindi ora definire **allocazione ottimale dei fattori** quella combinazione delle quantità dei fattori produttivi in grado di minimizzare i costi di produzione a parità di produzione. Tutte le imprese per massimizzare il proprio profitto sono chiamate sempre a soddisfare il criterio di economicità riducendo i propri costi di produzione, quanto più al di sotto dei ricavi economici, e massimizzare la produzione sulla base della tecnologia adottata negli impianti produttivi. Il punto di allocazione ottimale dei fattori produttivi può essere individuato in un diagramma cartesiano combinando le rette di isocosto e le curve di isoquanto. Come abbiamo visto la curva di isoquanto mostra le diverse combinazioni dei fattori a parità di produzione, la retta di isoquanto mostra invece le combinazioni dei fattori a parità di costo.

L'allocazione ottimale dei fattori è individuata dal punto di tangenza tra la curva di isoquanto e la retta di isocosto. Il punto A è la scelta economicamente più efficiente (equilibrio del produttore) poiché consente di minimizzare i costi a parità di produzione Y. Qualsiasi altro punto lungo la curva di isoquanto (es. il punto B o il punto C) è associato a un costo di produzione più elevato poiché risiede su una retta di isocosto più esterna (costo maggiore). Nel punto ottimale A la curva di isoquanto e la retta di isocosto sono tangenti ossia hanno la medesima pendenza. Il significato economico della tangenza può essere spiegato nel seguente modo. Nel punto di ottimo allocativo A il rapporto tra i prezzi dei fattori relativi ($- w_1 / w_2$) eguaglia il saggio marginale di sostituzione tecnica degli stessi fattori produttivi x_1 e x_2.

A parità di tecnologia impiegata, ogni singola impresa può soltanto massimizzare la produzione individuando l'isoquanto più esterno tecnicamente possibile (piena produzione degli impianti) e minimizzare i costi di produzione. Dati i prezzi dei fattori (pendenza retta di isocosto), in qualsiasi punto della curva di isoquanto diverso da A l'impresa è spinta a modificare la combinazione delle quantità impiegate dei due fattori, aumentando l'impiego di quello a maggiore produttività marginale e riducendo quello a minore produttività marginale, poiché ciò consente di ridurre ulteriormente il costo totale di produzione a parità di produzione Y (efficienza). Il processo dinamico si conclude nel punto di tangenza dove il rapporto tra i prezzi dei fattori produttivi eguaglia il rapporto tra le produttività marginali dei fattori. In tale punto (allocazione ottimale) l'impresa non ha più alcun incentivo a modificare la combinazione dei fattori produttivi.

8. Forme di Mercato.

▶ Introduzione.

Esistono nella realtà **differenti tipologie di mercato** che presentano differenti caratteristiche secondo la tipologia di bene scambiato, secondo la numerosità dei venditori e consumatori potenziali insieme a tutta una serie di altri fattori come **le barriere all'entrata e uscita, licenze governative etc**. In base a queste caratteristiche è possibile individuare quattro tipologie di mercato: **la Concorrenza perfetta, il Monopolio, la Concorrenza Monopolistica e l'Oligopolio.** Si analizzano i modelli che hanno come riferimento la **teoria dei giochi con particolare attenzione al modello di Nash e a quello definito "Dilemma del prigioniero**

▶ 8.1. Concorrenza perfetta.

La concorrenza perfetta è una forma di mercato caratterizzata dallo scambio di beni e servizi facilmente reperibili (si pensi ad esempio al mercato ortofrutticolo settimanale) in cui **sia i produttori che i consumatori non sono in grado di influenzare i prezzi di mercato di tali beni.** Questa tipologia di mercato si caratterizza da un elevato numero di venditori e compratori in cui ogni singolo operatore economico occupa soltanto una parte infinitesimale della domanda o dell'offerta dei beni. In tali condizioni il comportamento del singolo operatore (acquisto o offerta) non gli consente di influenzare e di far variare il prezzo di mercato. Proprio per questo **gli operatori economici sono anche detti *price-taker* ovvero agenti che subiscono il prezzo determinato dal mercato e non hanno la possibilità di determinarlo in alcun modo**. Un mercato di concorrenza perfetta ha le seguenti caratteristiche: ***la prima riguarda prodotti omogenei***, ovvero quei prodotti scambiati in un mercato di concorrenza perfetta che hanno caratteristiche simili o uguali senza alcuna differenza tra l'uno e l'altro in modo da generare la nascita di sotto-mercati; ***la seconda è relativa alla elevata numerosità di venditori e acquirenti (atomicità),*** ovvero nel mercato di concorrenza perfetta operano numerosi soggetti economici sia dal lato della domanda e sia dal lato dell'offerta; ***la terza ipotizza un'informazione perfetta,*** ovvero gli operatori economici hanno accesso a tutte le informazioni sulle caratteristiche dei beni/servizi e del mercato in cui operano. I prezzi, le condizioni di scambio e le qualità dei beni e del mercato sono note a tutti i soggetti economici (consumatori e imprese) che operano nel mercato. Le contrattazioni avvengono in completa trasparenza; ***la quarta presuppone un'assenza barriere di ingresso,*** ovvero che in un mercato di concorrenza perfetta non esistono barriere di ingresso economiche, politiche o naturali. Le imprese possono entrare o uscire dal mercato in tempi rapidi e senza costi elevati. L'eventuale presenza di un elevato saggio di profitto (extra-profitto) in un mercato attira nuove imprese competitor sul mercato stesso. Nel lungo periodo l'ingresso dei nuovi competitor aumenta l'offerta del bene/servizio sul mercato e riduce di conseguenza il prezzo di mercato e il saggio di profitto fino al completo azzeramento dell'extra-profitto; ***la quinta prevede una libertà decisionale da parte degli agenti economici,*** ovvero ogni soggetto economico (produttore o consumatore) è libero di decidere quali e quanti acquisti o vendite fare sul mercato. Nessuna autorità centrale o esterna può imporre ai singoli individui le quantità da acquistare o da vendere. Non si verificano coalizioni o intese tra acquirenti e/o venditori; ***la sesta riguarda una tecnologia omogenea,*** ovvero le imprese utilizzano la medesima tecnologia produttiva. Non esistono posizioni di privilegio determinate dal know-how o rendite di posizione da brevetti. **La stessa tecnologia implica la medesima curva dei costi di produzione** per ogni impresa. In concorrenza perfetta ogni azienda è identica alle altre. Si può aggiungere che in concorrenza perfetta i produttori, non riuscendo a determinare il prezzo di vendita dei beni, devono necessariamente utilizzare il prezzo di mercato che si forma spontaneamente come risultato del comportamento degli offerenti e degli acquirenti. Non potendo variare il prezzo, ogni singolo produttore decide di produrre una quantità di beni fino al raggiungimento della condizione di **uguaglianza tra il ricavo marginale (RM) e il costo marginale (CM),** i quali eguagliano il prezzo di mercato in condizioni di equilibrio di mercato. Per questa ragione la **concorrenza perfetta** è considerata un esempio di **massima efficienza allocativa dei mercati**. Nel **Grafico 8.1** è rappresentata la situazione di un'impresa **nel breve periodo che fa extraprofitti. L'equilibrio** dell'impresa si verifica **nel punto E**, dove avviene l'**incontro tra la curva del costo marginale (CM) e il prezzo (P).** Tuttavia, in questa situazione **i costi medi di produzione (CMe) sono più bassi dei prezzi.** L'impresa produce extra profitti **(area EPAD).** La presenza dell'extraprofitto attira sul mercato nuove imprese concorrenti. Non essendoci barriere d'ingresso o di uscita, qualsiasi impresa può decidere di entrare sul mercato in tempi rapidi e senza sostenere eccessivi costi. **Il processo si conclude quando l'extraprofitto si azzera in ogni impresa del mercato.** Nel **Grafico 8.2** viene rappresentata la situazione di un'impresa **nel lungo periodo** in un mercato di concorrenza perfetta dove **il prezzo di mercato raggiunge il suo livello minimo**, compatibile con il costo medio di produzione (economicità) e **l'extraprofitto si annulla.**

Grafico 8.1. Equilibrio nel breve periodo. **Grafico 8.2 Equilibrio nel lungo periodo.**

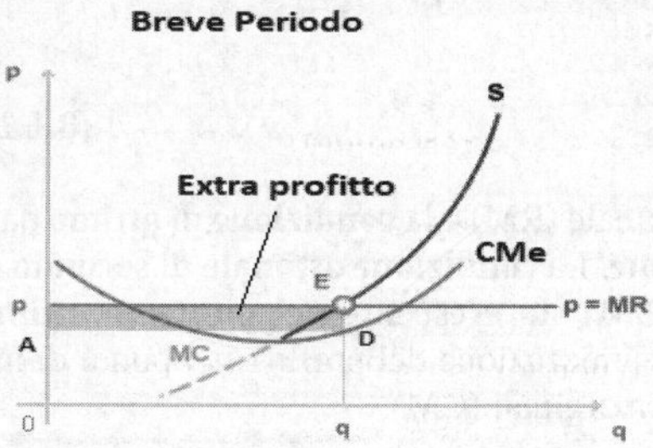

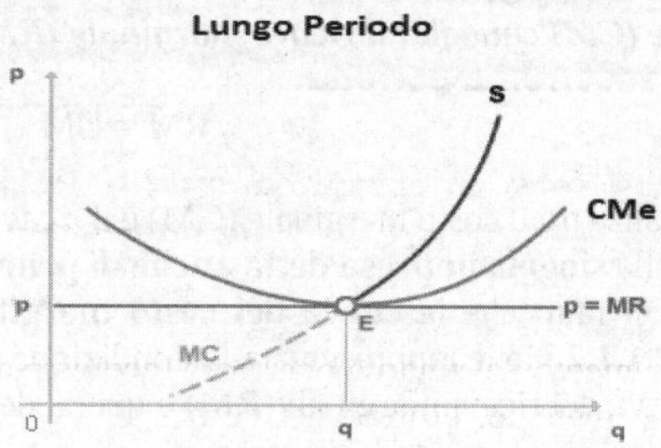

▶ 8.1.1. La massimizzazione del profitto dell'impresa in concorrenza perfetta.

La ***massimizzazione del profitto*** in una impresa è determinata da una ***combinazione ottimale del prezzo e delle quantità di produzione/vendita*** ed è espressa da una funzione con due variabili indipendenti.

$$\pi_{MAX} = f(q, p) \quad \textbf{(8.1.1.1)}$$

Per comprendere le condizioni di massimizzazione del profitto è necessario **analizzare il profitto nelle sue componenti di costo e ricavo economico**. Il profitto (π) di un'impresa è determinato dalla differenza tra il ricavo totale (RT) dell'impresa e il costo totale (CT) della produzione.

$$\pi = RT - CT \quad \textbf{(8.1.1.2)}$$

Nel **Grafico 8.1.1.1** sono rappresentate le curve delle funzioni del costo totale (CT) e del ricavo totale (RT) in relazione alla quantità di produzione (q).

Grafico 8.1.1.1 Costo totale e ricavo totale.

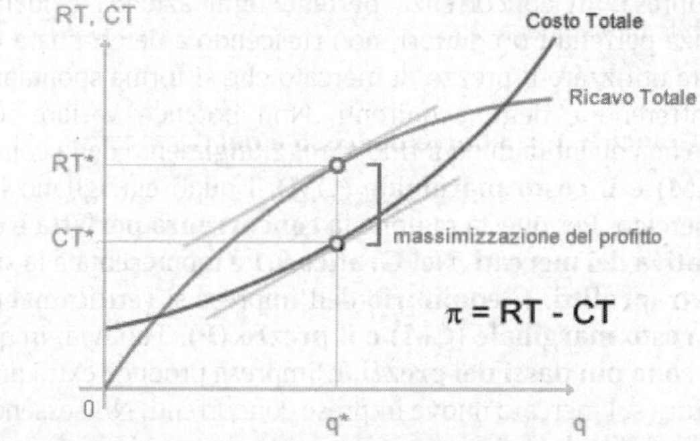

Dal Grafico 8.1.1.1 si evince che la **massimizzazione del profitto** si verifica nel punto in cui **la curva del ricavo totale e la curva del costo totale hanno la medesima pendenza.** In termini matematici tale condizione si verifica quando la **derivata prima del costo totale (costo marginale)** è **uguale alla derivata prima del ricavo totale (ricavo marginale)** rispetto alla quantità di produzione (q).

$$R'(q) = C'(q) \quad \textbf{(8.1.1.3)}$$

In **concorrenza perfetta la massimizzazione del profitto di una impresa si verifica quando *il costo marginale (CM) eguaglia il ricavo marginale (RM)*** :

$$RM = CM \quad \textbf{(8.1.1.4)}$$

L'eguaglianza tra il costo marginale (CM) e il ricavo marginale (RM) è la **condizione di ottimo** dal punto di vista della **singola impresa detta anche di primo ordine**. La **condizione ottimale di secondo ordine** consiste nel fatto che la **curva del costo marginale (CM) sia crescente nel punto di ottimo**. Nel **Grafico 8.1.1.2** viene rappresentata la condizione di massimizzazione del profitto nel punto di incontro *e* tra la curva dei ricavi marginali (RM) e quella dei costi marginali (CM).

Grafico 8.1.1.2 Condizione di ottimo per l'impresa.

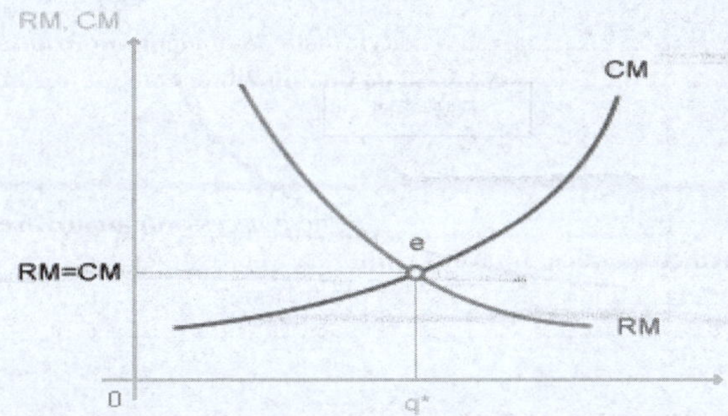

In un mercato di **concorrenza perfetta il** ***prezzo di vendita (p)*** **di un bene** è determinato dal **mercato (prezzo di mercato)** e le imprese sono **price-taker,** ossia **non possono influenzare il prezzo di mercato**. In tali circostanze il ***prezzo eguaglia il ricavo marginale (RM)*** e un'impresa può massimizzare il profitto agendo esclusivamente sulla scelta della quantità (q) di produzione del prodotto. Il prezzo del prodotto è, invece, una costante determinata dalle forze di mercato. In concorrenza perfetta la massimizzazione del profitto è, quindi, una funzione a una sola variabile indipendente (quantità di produzione). Nel. **Grafico 8.1.1.3** si rappresentano le curve dei costi e dei ricavi totali.

Grafico 8.1.1.3 Curve dei costi e dei ricavi totali.

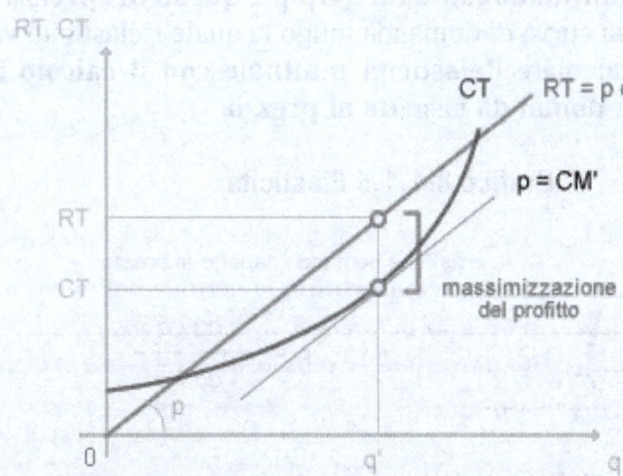

La massimizzazione del profitto in concorrenza perfetta è determinata nel punto in cui il costo marginale eguaglia il ricavo marginale. È possibile disegnare una rappresentazione grafica alternativa **misurando sull'asse dell'ascisse il ricavo marginale, il costo marginale e il prezzo.** In concorrenza perfetta il ricavo marginale eguaglia il prezzo di mercato e il prezzo è una variabile costante, indipendente dalle quantità vendute. Il ricavo marginale (RM) è, pertanto, una retta parallela all'asse delle ascisse pari al prezzo (p). Nel **Grafico 8.1.1.4** viene rappresentata la condizione di ottimo nel caso in cui **il prezzo eguaglia il ricavo marginale e quest'ultimo è uguale al costo marginale.**

Grafico 8.1.1.4 Condizione di ottimo con RM=p.

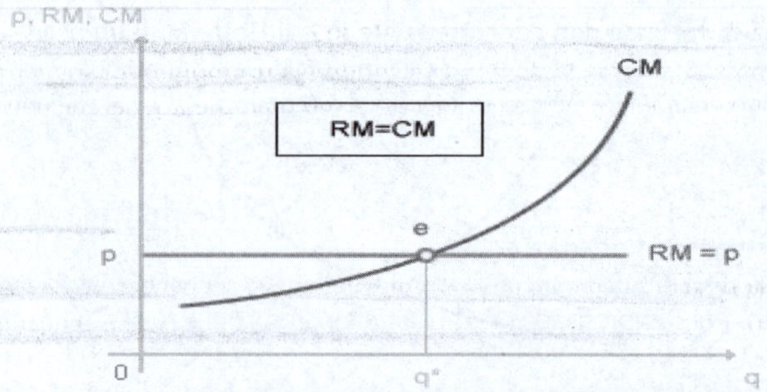

La **condizione di *massimizzazione dei profitti*** per una data quantità di prodotti implica sempre **quella di *minimizzazione dei costi di produzione*** per quella quantità di prodotti. Non vale, invece, la relazione inversa. La **produzione di una quantità di prodotto al minimo costo** (minimizzazione dei costi) non implica necessariamente ***la massimizzazione del profitto***. Ad esempio, le imprese senza fini di lucro rispettano il principio di economicità (efficienza) della minimizzazione dei costi senza, tuttavia, perseguire la massimizzazione del profitto. **L'elasticità della domanda è il rapporto tra la variazione della quantità domandata e la variazione del prezzo del bene** ed espressa dalla seguente notazione e ne rappresenta la sua sensibilità:

$$e=(dx/x)/(dp/p)=(dx/dp)*p/x \qquad \textbf{(8.1.1.5)}$$

dove **dx/x è la variazione della quantità domandata** e **Dp/p è quella del prezzo.**
Nel **Grafico 8.1.1.5** si rappresenta la curva di domanda lungo la quale l'elasticità varia da punto a punto. Per questa ragione si preferisce calcolare **l'elasticità puntuale con il calcolo infinitesimale che si ottiene dalla derivata prima della domanda rispetto al prezzo.**

Grafico 8.1.1.5 Elasticità

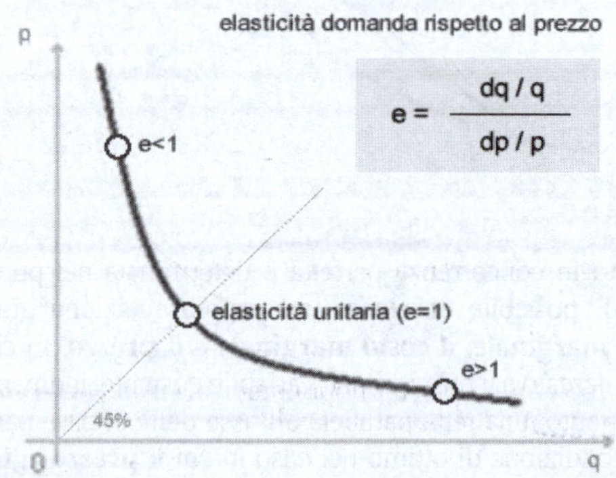

Dal Grafico 8.1.1.5 è evidente che nel **tratto iniziale della domanda l'elasticità è inferiore a uno (bassa elasticità)** perché la variazione di prezzo determina una variazione **meno che proporzionale** della quantità domandata del bene mentre nel **tratto finale è maggiore di uno (alta elasticità)** perché una minima variazione di prezzo determina una variazione **più che proporzionale** della quantità domandata del bene.

► 8.2 Il monopolio.

Il monopolio è una forma di mercato non concorrenziale in cui l'offerta di un bene/servizio è concentrata nelle mani di un'unica impresa, mentre la domanda è suddivisa tra molteplici soggetti acquirenti.
L'impresa monopolista può decidere il prezzo di vendita a suo piacimento, perché non esistono beni sostituti o concorrenti e i consumatori non hanno alternative a cui rivolgersi.
L'impresa monopolistica può scegliere il prezzo di vendita del bene in due modi:
Metodo indiretto. L'impresa prima fissa la quantità di produzione (Qs) e il mercato determina indirettamente il prezzo (P) che mette in equilibrio l'offerta e la domanda.
Metodo diretto. L'impresa fissa direttamente il prezzo di vendita (P) del bene e lascia agli acquirenti decidere la quantità di acquisto (Qd). Poi l'impresa adegua il volume di produzione (Qs) alla quantità domandata senza variare il prezzo.
In entrambi i casi è il monopolista che decide in quale punto della domanda collocarsi.
La domanda di mercato dell'impresa monopolistica è frazionata in numerosi acquirenti come nel caso della concorrenza perfetta. All'impresa monopolistica spetta tuttavia il **compito di soddisfare l'intera domanda di mercato.** Per questo motivo la curva di domanda dell'impresa monopolistica si presenta inclinata negativamente.
Nel **Grafico 8.2.1** viene rappresentata la massimizzazione del profitto da parte del monopolista. L'impresa monopolista **massimizza il profitto nel punto "m" che incontra il costo marginale (CM) con il ricavo marginale (RM).** Tale punto determina la quantità di produzione q* del bene da parte dell'impresa monopolista e, a fronte di essa, la domanda di mercato determina il prezzo di mercato p*.

Grafico 8.2.1 Equilibrio del monopolista.

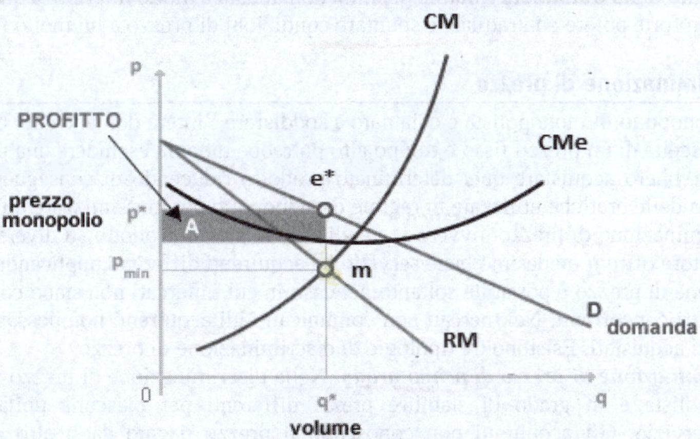

Dal Grafico 8.2.1 si evince che il monopolista riduce la produzione per aumentare il prezzo di vendita del bene ottenendo un extra-profitto (rendita del monopolista) pari alla **differenza tra il prezzo di vendita (p) e il costo medio (CMe) di produzione**. In regime di monopolio, i consumatori subiscono passivamente le scelte del monopolista, non potendo rivolgersi ad altre imprese concorrenti per soddisfare il proprio bisogno. Il monopolista è l'unica impresa offerente. **Il monopolio causa un'allocazione inefficiente delle risorse** rispetto agli altri regimi di mercato ed il volume di scambio delle merci è inferiore rispetto alla concorrenza perfetta

► 8.2.1 Principali Monopoli.

Una situazione di monopolio può verificarsi sul mercato per diversi motivi, a seconda dei quali si può parlare di monopolio naturale o di monopolio legale.

***A.* Monopolio naturale.**

Il monopolio naturale si verifica quando l'ingresso nel mercato è ostacolato da barriere naturali, determinate dalla proprietà esclusiva di un fattore produttivo da parte di un'impresa (es. miniera) o dalle enormi economie di scala e capacità di produzione di cui beneficia l'unica impresa monopolista operante nel mercato. L'impresa monopolista è generalmente di grandi dimensioni e beneficia di costi medi molto bassi per effetto dell'economia di scala e dei rendimenti di scala crescenti. Quanto maggiore è la produzione/offerta del bene, tanto minore è il costo medio di produzione e, quindi, il prezzo di offerta del bene/servizio da parte della singola impresa monopolista. Le imprese competitor non riescono a entrare nel mercato in quanto, essendo di piccole dimensioni o *new comer*, dovrebbero affrontare dei costi medi di produzione molto più alti. Il monopolio naturale si verifica anche quando l'impresa gestisce un fattore di produzione in modo esclusivo (es. terreni). In entrambi i casi il mercato è sottoposto a una barriera naturale che impedisce alle altre imprese di entrare nel mercato.

***B.* Monopolio legale.**

Il monopolio legale si verifica quando il numero delle imprese operanti sul mercato è fissato per disposizione di legge dallo Stato. Pur non essendoci barriere economiche o naturali di ingresso, le altre imprese non possono entrare al mercato. Il servizio o il bene può essere offerto soltanto dall'unica azienda autorizzata. In tali circostanze il monopolista può essere un'azienda pubblica, un ente pubblico oppure un'azienda privata in concessione. Si pensi ad esempio al Monopolio dei tabacchi.
Esiste anche una forma di mercato opposta al monopolio detto **monopsonio** che può essere definito come **una forma di mercato in cui sono presenti molti operatori economici dal lato dell'offerta e un unico operatore edal lato della domanda.** Infattila quantità domandata è molto inferiore a quella offerta per cui l'acquirente ha un forte potere contrattuale e spuntare condizioni di prezzo a lui molto favorevoli.

▶ 8.2.2. Discriminazione di prezzo

Nei regimi di monopolio, il monopolista è chiamato a soddisfare l'intera domanda del bene di cui detiene l'esclusività. La scelta di un prezzo fisso e troppo alto potrebbe tuttavia escludere una platea numerosa di soggetti che vorrebbero acquistare quel determinato prodotto riducendo di conseguenza il profitto del monopolista. Una delle pratiche utilizzate in regime di monopolio per massimizzare quindi il profitto è la cosiddetta discriminazione di prezzo, ovvero la vendita dello stesso prodotto su diversi mercati a prezzi diversi. Il produttore offre il medesimo bene/servizio ad acquirenti differenti applicando prezzi differenti. La discriminazione di prezzo è possibile soltanto nel caso in cui i mercati non siano comunicanti tra loro e non esistano altri concorrenti. Nei mercati non comunicanti gli acquirenti non possano rivendere tra di loro i beni/servizi acquistati. Esistono tre tipologie di discriminazione di prezzo.

A. ***Discriminazione di prezzo di primo grado***. Nella discriminazione di prezzo di primo grado il monopolista è in grado di stabilire prezzi differenti per ciascuna unità di vendita del bene/servizio. Gli acquirenti non conoscono il prezzo pagato dagli altri. Ciò consente al monopolista di appropriarsi dell'intera rendita del consumatore. La discriminazione di primo grado è anche detta discriminazione di prezzo perfetta.

B. ***Discriminazione di prezzo di secondo grado***. Nella discriminazione di prezzo di secondo grado il monopolista stabilisce prezzi differenti in base alla quantità delle unità acquistate. Un esempio tipico di discriminazione di prezzo di secondo grado è lo sconto applicato in caso di acquisto di grandi quantità di un bene. È una forma di discriminazione utilizzata anche in mercati non monopolistici. Consente di perseguire strategie marketing di fidelizzazione dei clienti principali.

C. ***Discriminazione di prezzo di terzo grado***. Nella discriminazione di prezzo di terzo grado il produttore applica un prezzo differente per ogni singolo mercato in cui il bene/servizio viene offerto. In ciascun mercato il prezzo del bene/servizio è costante. Ciò che varia è il prezzo di vendita in base al mercato. A parità di costo marginale (MC) su ciascun mercato cambia la domanda (D) e il ricavo marginale (MR). Di conseguenza, l'equilibrio CM=RM determina prezzi di equilibrio diversi.

▶ 8.3. Concorrenza monopolistica.

La **concorrenza monopolistica** è una forma di mercato intermedia alla concorrenza perfetta e al monopolio, in cui si presentano alcuni elementi caratteristici del mercato concorrenziali e altri del mercato monopolistico.

Nel mercato di concorrenza monopolistica le imprese offrono un prodotto non omogeneo e differenziato chiaramente identificabile. Il bene prodotto pur presentando caratteristiche simili ad altri beni viene percepito dai consumatori in modo differente garantendogli un determinato potere di mercato e quindi di identificazione del prezzo. Per tale fine svolgono un importante ruolo il brand o marchio e la pubblicità.

Come in un mercato monopolistico, in un mercato di concorrenza monopolistica ogni singola impresa può modificare sia la quantità di produzione e sia il prezzo. Ogni impresa ha una curva di domanda inclinata negativamente e gode di un determinato "potere di mercato" che gli deriva dal fatto di offrire un bene differenziato rispetto alle altre imprese. Il potere di mercato è direttamente correlato al grado di differenziazione del prodotto. Quanto più un prodotto è percepito differente dagli acquirenti, tanto meno è elastica la curva di domanda del prodotto, e viceversa. Ogni impresa cerca di differenziare i propri prodotti dagli altri per aumentare il proprio potere di mercato.

Nella **Grafico 8.3.1** viene mostrato l'equilibrio di concorrenza monopolistica nel breve periodo per una singola impresa.

Grafico 8.3.1 Equilibrio di concorrenza monopolistica nel breve periodo

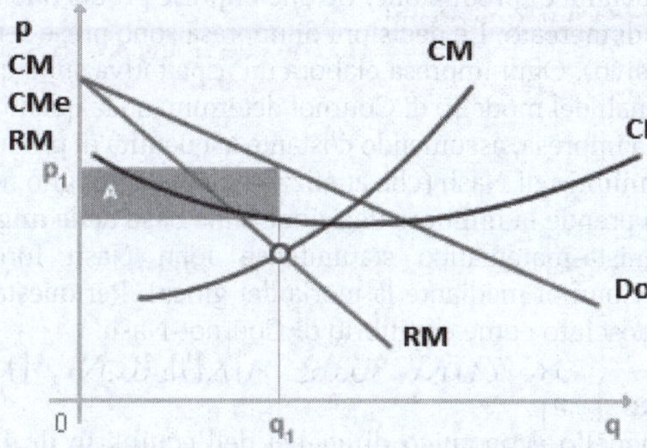

Dal Grafico 8.3.1 si evince che il punto di incontro tra il costo marginale e il ricavo marginale determina la quantità offerta q1 e il prezzo di vendita p1 dell'impresa in concorrenza monopolistica. La differenziazione di prodotto consente all'impresa di ottenere un extraprofitto. Tuttavia, a differenza del monopolio, nel caso della concorrenza monopolistica non esistono barriere di ingresso insormontabili e l'equilibrio di breve periodo non è destinato a durare nel tempo. Nel medio-lungo periodo la presenza dell'extraprofitto attira altre imprese nel mercato. Nel lungo periodo l'equilibrio di concorrenza monopolistica si stabilizza nel punto in cui l'extraprofitto dell'impresa scompare (come nel caso di concorrenza perfetta).

▶ 8.4. L'oligopolio e i modelli oligopolistici.

L'oligopolio è una forma di mercato in cui l'offerta di una merce è concentrata in un numero limitato di imprese o venditori, in genere di grandi dimensioni, in grado di modificare la propria quantità di produzione (offerta) e il prezzo di vendita del proprio bene/servizio.

Ogni impresa oligopolista soddisfa una rilevante quota della domanda di mercato del bene. La domanda della merce è, invece, frazionata tra numerosi acquirenti come negli altri mercati fin qui analizzati. L'oligopolio come per la concorrenza monopolistica rappresenta una situazione di mercato intermedia tra il regime di Monopolio e quello di concorrenza monopolistica. Come nel monopolio anche nell'oligopolio il mercato è protetto da barriere di entrata che impediscono l'ingresso a nuove imprese concorrenti.

L'ingresso nel mercato può essere ostacolato per diversi motivi come gli elevati investimenti iniziali in capitale fisso per realizzare gli impianti produttivi (tecnologia) ad elevata capacità produttiva, le elevate economie di scala di cui godono le imprese già operanti, ecc. Queste barriere accomunano l'oligopolio sia al monopolio che alla concorrenza monopolistica.
Ciò che caratterizza l'oligopolio dalle altre forme di mercato è l'interazione strategica tra le imprese. Ogni impresa oligopolista prende le proprie decisioni tenendo conto del conto delle decisioni delle altre imprese che compongono il mercato. Quando un'impresa oligopolistica prende una decisione, deve considerare sia la reazione della propria clientela (domanda) che la reazione delle altre imprese rivali.
Per massimizzare il proprio profitto, le imprese oligopolistiche tendono a far nascere dei cartelli (trust) per ostacolare l'ingresso sul mercato da parte di nuove imprese concorrenti, per ridurre i rischi d'impresa e per aumentare i profitti. In questi casi le aziende oligopolistiche tendono a comportarsi come un'unica impresa monopolistica. Ad esempio, le imprese possono accordarsi per evitare l'eccessiva concorrenza, mantenere elevati i prezzi di vendita di una merce, ostacolare la commercializzazione di innovazioni, ecc.
L'equilibrio di oligopolio non è prevedibile in modo universale. Ogni impresa oligopolista adotta un comportamento strategico (strategia) sulla base del comportamento previsto dalle altre imprese.
Esistono diversi modelli teorico-analitici di interpretazione del mercato di oligopolio. I principali modelli di oligopolio sono il modello di **Bertrand**, il modello di **Cournot** e il modello di **Stackelberg**.

A. Modello di Cournot

Il modello di Cournot è un modello economico in cui due imprese (duopolio) cercano di massimizzare il proprio profitto scegliendo la quantità di produzione. Le due imprese producono lo stesso bene omogeneo e soddisfano la stessa domanda di mercato. Le decisioni di impresa sono prese senza alcun coordinamento (cosiddetto duopolio non collusivo). Ogni impresa elabora un'aspettativa sulla quantità che l'altra decide di produrre. Le funzioni decisionali del modello di Cournot determinano la quantità di produzione in grado di massimizzare il profitto di una impresa, assumendo costante la quantità di produzione dell'altra impresa.
L'equilibrio di Cournot è un equilibrio di Nash (che analizzeremo nel dettaglio nella prossima sezione) in quanto ogni impresa duopolista prende la migliore decisione sulla base della migliore decisione dell'altra impresa duopolista. L'economista-matematico statunitense John Nash formalizza il processo di aggiustamento del duopolio di Cournot mediante la teoria dei giochi. Per questa ragione l'equilibrio del modello di Cournot è anche conosciuto come equilibrio di Cournot-Nash.

B. Modello di Bertrand

Il modello di Bertrand è un modello economico di analisi dell'equilibrio di duopolio. Nel modello di Bertrand due imprese (duopoliste) offrono un bene omogeneo e sono dotate della medesima tecnologia e struttura dei costi. Le imprese adottano una strategia di concorrenza tramite la variazione del prezzo di vendita. Nel modello di Bertrand ogni impresa fissa il prezzo di vendita in modo strategico, tenendo conto del prezzo di vendita deciso dall'altra impresa. Trattandosi di un bene omogeneo, senza alcuna differenziazione di prodotto, i consumatori acquistano il prodotto al prezzo più basso. In tali circostanze, le due imprese duopoliste tendono a offrire il bene a un prezzo di vendita leggermente più basso rispetto all'altra, al fine di conquistare l'intera domanda di mercato.

C. Modello di Stackelberg

Il modello di Stackelberg è un modello di analisi economica dell'equilibrio di duopolio che tiene conto dei diversi rapporti di forza tra due imprese duopoliste. Date due imprese operanti nel mercato di duopolio che offrono un bene omogeneo allo stesso prezzo di mercato, nel modello di Stackelberg un'impresa (definita impresa *leader*) si trova in una posizione dominante e detiene una forza di mercato superiore all'altra impresa (definita impresa *follower*). L'impresa leader conosce già la reazione dell'impresa follower per ciascun livello di produzione e, di conseguenza, può decidere la quantità di produzione che gli consente di massimizzare il profitto. In tal modo l'impresa leader decide indirettamente anche la produzione dell'impresa follower. Come nel modello di Cournot anche nel modello di Stackelberg le imprese determinano la propria quantità ottimale di produzione per massimizzare il profitto (massimizzazione di profitto) tenendo conto della reazione dell'altra impresa.

▶ 8.5 Ulteriori forme di mercato.

A. Il Monopsonio

Il monopsonio è una forma di mercato in cui operano una moltitudine di soggetti economici dal lato dell'offerta e un unico soggetto economico dal lato della domanda. L'offerta è caratterizzata da atomicità, da molte imprese concorrenti che cercano di soddisfare la domanda di mercato. La domanda è, invece, caratterizzata da un singolo acquirente. Nel monopsonio la quantità acquistata del bene è notevolmente inferiore a quella offerta, in tal modo l'unico acquirente può aumentare il proprio potere contrattuale e ottenere prezzi di mercato più bassi. Il monopsonio è la situazione economica opposta rispetto al monopolio.

B. Il Monopolio bilaterale

Il monopolio bilaterale è una forma di mercato caratterizzata da un solo acquirente (monopsonista) e da un solo venditore (monopolista). È una situazione atipica che si verifica quando i soggetti si riuniscono in associazioni di rappresentanza sia dal dell'offerta che dal lato della domanda. L'equilibrio del mercato è determinato dalla forza contrattuale e dalle capacità strategiche delle parti di strappare condizioni a proprio favore. Non esiste un criterio razionale per individuare a priori l'equilibrio del mercato, in quanto il funzionamento del monopolio bilaterale è simile a quello di un gioco a somma zero in cui i giocatori sono costretti a negoziare tra loro le condizioni di equilibrio e il mancato accordo implica una sconfitta per entrambi. Nessuno dei due può esistere senza l'altro. In conclusione, pur avendo interessi conflittuali, le due parti sono costrette a cooperare. Durante la fase di negoziazione le due parti possono comunque adottare comportamenti strategici conflittuali, le due parti sono costrette a cooperare. Durante la fase di negoziazione le due parti possono comunque adottare comportamenti strategici conflittuali, basati sulle minacce e sulle promesse, al fine di strappare le migliori condizioni contrattuali possibili. Nessuna delle parti può però abbandonare definitivamente il tavolo delle trattative fin quando non viene trovato un accordo.

9. Teoria dei giochi.

Come visto in precedenza, le imprese prendono le loro decisioni sul prezzo e sulla produzione sulla base di congetture rispetto al comportamento strategico delle altre imprese. La teoria dei giochi è la disciplina scientifica che studia il comportamento e le decisioni dei soggetti razionali in un contesto di interdipendenza strategica.

Questo filone della microeconomia nasce a intorno alla metà del XX secolo, con gli studi di John von Neumann e Oskar Morgenstern e poi diventata celebre grazie al matematico John Forbes Nash jr. premio Nobel per le sue teorie in questo campo nel 1994. Prima di analizzare nel dettaglio in cosa consista la teoria dei giochi è necessario individuare le caratteristiche principali di un gioco. La situazione in cui due aziende sono chiamate a prendere delle decisioni viene denominata **gioco strategico** e le imprese (o individui) sono detti **giocatori**. Sulla base delle premesse e delle regole del gioco, viene costruito un modello matematico di gioco in cui ogni giocatore effettua le proprie mosse (**decisioni**) seguendo una strategia finalizzata ad aumentare il proprio vantaggio netto. Le scelte degli individui (imprese) possono essere prese simultaneamente oppure in successione.

Le singole decisioni determinano delle conseguenze (**payoff**) che possono essere positive o negative

La teoria dei giochi è applicabile ai casi con due o più agenti decisionali che operano in competizione (interessi contrastanti) o in cooperazione tra loro (interesse comune).

▶ 9.1. Dilemma del prigioniero ed Equilibrio di Nash.

Alla base della teoria dei giochi vi sono due situazioni fondamentali da analizzare: L'equilibrio di Nash ed il dilemma del Prigioniero.

▶ 9.1.1. L'equilibrio di Nash.

È anche definito come una combinazione di strategie in cui ciascun giocatore effettua la migliore scelta possibile (cosiddetta ***strategia dominante***) sulla base dalle aspettative di scelta dell'altro giocatore. L'equilibrio di Nash è la migliore strategia di ciascun giocatore tenendo conto della risposta alla mossa effettuata dall'altro giocatore. Ogni giocatore formula delle aspettative sulla scelta dell'altro e, in base a queste, decide la propria strategia. Un equilibrio di Nash è un **equilibrio stabile**, poiché nessun giocatore ha interesse a modificare la propria decisione (strategia). Qualsiasi variazione strategica potrebbe soltanto peggiorare la sua posizione (payoff / utilità). L'equilibrio di Nash rappresenta una situazione di equilibrio ottimale di un gioco non cooperativo e, per questa ragione, è anche conosciuto come equilibrio non cooperativo. L'equilibrio di Nash non deriva da un accordo tra le parti (giocatori), bensì dall'adozione di strategie dominanti da parte di tutti i giocatori, tali da garantire sia il migliore risultato possibile per ciascun giocatore (ottimo individuale) che il migliore equilibrio collettivo (ottimo sociale). Per comprendere meglio quanto descritto in precedenza, utilizziamo l'esempio nella matrice sottostante. Nella seguente matrice è rappresentato un esempio di equilibrio di Nash in un gioco non cooperativo a due giocatori. Per motivi di semplicità l'esempio si basa su due giocatori, l'equilibrio di Nash può comunque essere esteso anche a N giocatori.
Nella matrice ogni giocatore può scegliere la strategia S1 o la strategia S2. Il giocatore 1 si aspetta che il giocatore 2 scelga S1 (strategia dominante) e, quindi, adotta anch'egli la strategia S1 in quanto gli consente di ottenere un pay-off individuale pari a 2. Anche per il giocatore 2 formula delle aspettative sulle scelte dell'avversario e si attende che il giocatore 1 scelga S1, scegliendo a sua volta la strategia S1. L'equilibrio del gioco converge verso la cella A della matrice (in alto a sinistra) dove entrambi i giocatori massimizzano il proprio pay-off individuale (ottimo individuale) dopo aver scelto la propria strategia dominante (equilibrio di Nash). Entrambi i giocatori hanno formulato un'ipotesi sulla migliore scelta (strategia dominante) del giocatore avversario e, sulla base di questa, hanno scelto la propria strategia dominante. Il seguente esempio consente di capire meglio il processo decisionale alla base dell'equilibrio di Nash.

Giocatore 2

Giocatore 1	S1	S2
S1	A 2;2	B 1;1
S2	C 1;2	D 2;1

Il giocatore 1 potrebbe scegliere sia S_1 che S_2, in entrambi i casi può sperare di ottenere per sé il pay-off più alto (2) nelle celle A e D. Il giocatore 1 però sa bene che se scegliesse S_2, il giocatore 2 sceglierebbe poi S1 e l'equilibrio finale si collocherebbe nella cella C, dove il giocatore 1 ottiene il pay-off più basso (1). Scegliendo S1, invece, il giocatore 1 è consapevole che anche il giocatore 2 avrebbe la convenienza a scegliere S1 e l'equilibrio finale si collocherebbe nella cella A, dove il giocatore 1 ottiene il pay-off più alto (2). Seguendo un ragionamento simile, quando spetta al giocatore 2 scegliere per primo, questa è consapevole che scegliendo S1 anche il giocatore 1 avrebbe la convenienza a scegliere S1. Anche in questo caso l'equilibrio strategico si colloca nella cella A.

La cella A è un equilibrio di Nash.

Nell'equilibrio di Nash può verificarsi una situazione ottimale per entrambe le imprese e una situazione ottimale per l'intera collettività. Ad esempio, quando il giocatore 1 sceglie S1 per primo, il giocatore 2 risponde scegliendo S1 e l'equilibrio si posiziona nella cella A. Quando il giocatore 2 sceglie per primo S1, il giocatore 1 sceglie S1 e l'equilibrio si posiziona nuovamente nella cella A. La cella A è, quindi, un equilibrio di Nash. Nella cella A entrambi i giocatori ottengono un pay-off pari a 2 (ottimo individuale) e la somma dei pay-off individuali 2+2 è uguale a 4 (ottimo sociale). In conclusione, nella cella A (equilibrio di Nash) si verifica sia una situazione di ottimo individuale per ogni giocatore che una situazione di ottimo sociale per l'intera collettività.

		Giocatore 2	
		S1	**S2**
Giocatore 1	**S1**	**A** **2;2**	B 1;1
	S2	C 1;2	D 2;1

Un gioco non cooperativo può presentare **più equilibri di Nash**. Anche in presenza di equilibri multipli, ogni equilibrio di Nash del gioco è comunque un equilibrio stabile, poiché dalla sua posizione (equilibrio locale) qualsiasi scelta è peggiorativa per ogni giocatore. Ad esempio, nella seguente matrice pay-off sono presenti due equilibri di Nash simmetrici.

		Giocatore 2	
		S1	**S2**
Giocatore 1	**S1**	**A** **2;2**	B 2;1
	S2	C 1;2	**D** **2;2**

Assenza equilibrio di Nash. Un altro problema dell'equilibrio di Nash è la possibilità che manchino del tutto le condizioni per determinarlo. Molti giochi sono privi di equilibrio di Nash. Ad esempio, nel seguente caso è assente l'equilibrio di Nash. Quando il giocatore 1 sceglie S2, il giocatore 2 sceglie S2 e l'equilibrio si posiziona sulla casella D. Viceversa, quando il giocatore 2 sceglie S2, il giocatore 1 sceglie S1 e l'equilibrio si posiziona sulla casella B. Nel seguente gioco, quindi, non esiste l'equilibrio di Nash.

Giocatore 2

		S1	S2
Giocatore 1	S1	A 1;1	B 1;0
	S2	C 2;1	D 0;2

▶9.1.2. Dilemma del Prigioniero.

Dilemma del prigioniero. L'adozione delle strategie dominanti non assicura sempre un equilibrio di ottimo sociale. In assenza di informazioni, il gioco non cooperativo potrebbe convergere verso un equilibrio stabile ma non anche ottimale. L'ipotesi è dimostrata nel problema del "dilemma del prigioniero" in cui due operatori, pur formulando delle aspettative razionali sul comportamento dell'avversario e adottando strategie dominanti, determinano un equilibrio sub-ottimale (D) sia dal punto individuale che sociale. L'equilibrio D è un equilibrio di Nash ma non anche una situazione di ottimo paretiano. In conclusione, l'equilibrio di Nash e l'ottimo di Pareto sono due situazioni economiche diverse, poiché sono determinate da condizioni differenti.

Giocatore 2

		Confessa	Non Confessa
Giocatore 1	Non Confessa	A 5;5	B 0;9
	Confessa	C 9;0	D 2;2

Ad esempio, il giocatore 1 si aspetta che il giocatore 2 confessi, poiché la strategia dominante del giocatore 2 è confessare. Grazie alla confessione il giocatore 2 otterrebbe la libertà (pay-off 9). Sulla base di questa aspettativa, il giocatore sceglie la strategia dominante tra B e D, scegliendo a sua volta di confessare per ottenere un pay-off almeno pari a 2. Lo stesso ragionamento viene adottato, in modo inverso, dal giocatore 2. L'equilibrio D è un equilibrio di Nash ed è un equilibrio stabile poiché nessuno dei due giocatori ha interesse a modificare le proprie scelte. L'equilibrio D non è, però, un ottimo paretiano in quanto i due giocatori ottengono un pay-off sub-ottimale (2) rispetto a quello che avrebbero (5) se decidessero di non confessare (equilibrio A).

10. Beni pubblici.

▶ 10.1 caratteristiche dei beni pubblici.

I beni pubblici sono beni economici caratterizzati dall'assenza di rivalità e da non escludibilità nel consumo. Tali beni sono prodotti dallo Stato in quanto difficilmente potrebbero essere prodotti dalle imprese private in regime di mercato (fallimenti di mercato). I beni economici possono avere natura privata o pubblica. Sui beni privati c'è ben poco da aggiungere, su quelli pubblici esiste una vasta letteratura che proveremo a sintetizzare rimandando ai libri di testo per ogni approfondimento. I beni pubblici sono beni che non possono esistere senza un intervento pubblico da parte dello Stato. Per la loro importanza sociale sono stati l'oggetto di studio fin dall'antichità. Secondo l'economista Samuelson un bene pubblico è caratterizzato da quanto segue.

A. Indivisibilità.

L'indivisibilità del bene è l'impossibilità, da un punto di vista fisico o anche solo economico, di dividere il bene o il servizio per attribuirlo al consumatore/utente che ne fa richiesta. Un esempio molto calzante di bene pubblico indivisibile è la sicurezza, la difesa militare, la qualità dell'aria ecc. Quando l'aria è pulita, tutti la respirano e ne beneficiano. Viceversa, quando l'aria è inquinata tutti ne pagano le conseguenze sulla salute. Lo stesso può dirsi per la sicurezza, l'ordine pubblico, la difesa, ecc. Quando la difesa dei confini nazionali è carente, tutti ne pagano le conseguenze. In questi casi il bene pubblico per esistere deve essere offerto a tutti.

B. Assenza di rivalità

Il consumo di un bene pubblico da parte di un consumatore non limita il consumo da parte degli altri. Alcuni esempi di assenza di rivalità nel consumo sono la sicurezza pubblica, la difesa nazionale, la tutela dei beni artistici, tutela della proprietà privata ecc. Tutti i cittadini beneficiano della presenza di questi beni.

C. Non escludibilità

Il principio di non esclusione è dato dall'impossibilità di escludere dal consumo del bene pubblico tutti quegli individui che non pagano per il prezzo del servizio pubblico. La non escludibilità può essere tecnica o economica. Ad esempio, l'evasore delle tasse beneficia allo stesso modo della difesa militare o dei servizi di pubblica sicurezza senza contribuire al loro onere economico. Salvo aumentare i controlli sull'evasione fiscale non c'è modo di escludere dal beneficio dei beni pubblici chi non paga le tasse (es. uso delle strade, della difesa, della sicurezza ecc.). È impossibile escludere dal consumo dei beni pubblici una parte dei consumatori. Allo stesso modo un faro invia segnali luminosi per indicare alle navi la rotta corretta per arrivare in porto. Non può essere applicato un prezzo alla luce del faro poiché sarebbe tecnicamente impossibile escludere dal consumo chi si rifiutasse di pagarlo. Salvo aumentare i controlli sull'evasione fiscale non c'è modo a priori di escludere chi non paga le tasse dai servizi pubblici (es. uso delle strade, della difesa, della sicurezza ecc.).

Con queste tre caratteristiche Samuelson definisce il bene pubblico puro. Va tuttavia precisato che i beni pubblici appartenenti appieno a questa definizione sono pochi. I beni pubblici puri rappresentano soltanto una parte dei beni pubblici. Gran parte dei beni pubblici soddisfa una o poche caratteristiche e sono

classificati come beni pubblici impuri. Questi ultimi sono caratterizzati in parte dalle condizioni del Samuelson e in parte dalle tipiche caratteristiche dei beni privati.
Principio di non rivalità e curva di domanda. La produzione dei beni pubblici raggiunge le condizioni di ottimo quando il saggio marginale di trasformazione eguaglia la somma dei saggi marginali di sostituzione della collettività. Il consumo individuale di un bene pubblico non esclude dal consumo degli altri beni.

11. Le esternalità.

Le esternalità sono effetti positivi o negativi prodotti dalle imprese tramite l'attività economica che si riversano sulla collettività o su altre imprese come ricavi o costi esterni aggiuntivi. Questi fenomeni economici sono conosciuti anche come economie esterna. Le esternalità possono essere positive o negative.

- ***Esternalità positive*** (economie esterne) Le esternalità positive sono l'insieme degli effetti generati da un'impresa che apportano dei benefici netti privati o sociali a terzi. Al soggetto che beneficia dell'esternalità non può essere chiesto alcun compenso. Esempio classico e quello di vivere nei pressi di un centro culturale in cui sistematicamente vengono organizzati concerti ed eventi pubblici.
- ***Esternalità negative*** (diseconomie). Le esternalità negative sono l'insieme degli effetti prodotti da un'impresa che recano un danno a terzi. Ad esempio, l'inquinamento generato dagli impianti di produzione è una diseconomia per le aziende turistiche situate nella stessa zona. Esistono diverse modalità per combattere le esternalità negative come il teorema di Coase oppure le tasse pigouviane.

SCHEMI DI RIEPILOGO

MICROECONOMIA

=

lo studio dei comportamenti dei singoli individui e delle imprese all'interno di specifici mercati

e

delle loro interazioni all'interno di un sistema economico

↓

Elementi Cardine alla base della teoria microeconomica

↓ ↓

La CURVA di DOMANDA

relazione tra prezzo e quantità richiesta di un bene

La CURVA di OFFERTA

relazione tra prezzo e quantità offerta di un bene

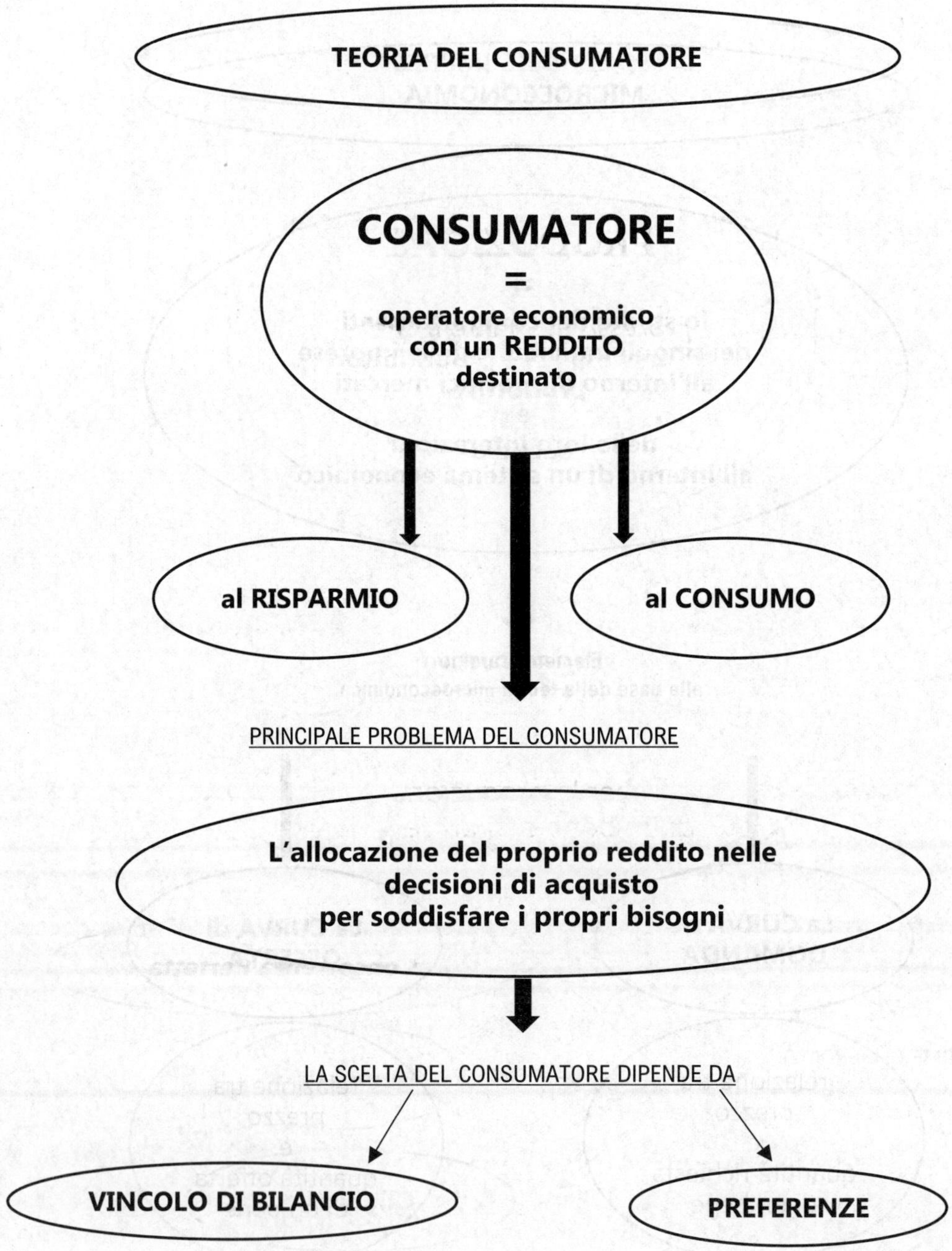
TEORIA DEL CONSUMATORE
CONSUMATORE
=
operatore economico
con un REDDITO
destinato
al RISPARMIO
al CONSUMO
PRINCIPALE PROBLEMA DEL CONSUMATORE
L'allocazione del proprio reddito nelle
decisioni di acquisto
per soddisfare i propri bisogni
LA SCELTA DEL CONSUMATORE DIPENDE DA
VINCOLO DI BILANCIO
PREFERENZE

TEORIA DELL'IMPRESA

PRODUZIONE

=

processo mediante il quale un'impresa usa i propri fattori produttivi per realizzare un bene o un servizio

↓

CICLO PRODUTTIVO

insieme delle operazioni
per la produzione
di un bene o di un servizio

LE FORME DI MERCATO

- **Concorrenza Perfetta**
- **Monopolio**
- **Oligopolio**

Capitolo 3 | MACROECONOMIA

SOMMARIO:

Introduzione

La macroeconomia è la branca dell'economia politica che studia le relazioni tra le grandezze economiche aggregate. Gli operatori economici (imprese, consumatori, Stato) non sono più visti dal punto di vista individuale bensì come insieme di soggetti economici. Le grandezze economiche sono misurate in modo aggregato (consumi, spesa pubblica, produzione, prezzi, ecc.).

Come abbiamo visto nel capitolo introduttivo lo studio dei sistemi economici ha origine fin dagli albori della storia del pensiero economico, tuttavia, ogni modello macroeconomico non è applicabile in modo universale a qualsiasi situazione poiché focalizza la propria attenzione sul principale problema economico dell'epoca, cercando di trovare una spiegazione logica delle cause determinanti e una serie di suggerimenti di politica economica per affrontarlo.

Nel corso del Novecento come anticipato nel primo capitolo sono elaborate molte teorie e modelli interpretativi da diverse scuole macroeconomiche (es. keynesiana, monetarista). Nessun modello macroeconomico ha, tuttavia, saputo fornire una chiave di lettura universale e generale dei fenomeni macroeconomici che cambiano e si modificano in base a situazioni specifiche in contesti storici differenti. Alla base dell'analisi macroeconomica, vi sono l'analisi delle principali grandezze aggregate come il **PRODOTTO INTERNO LORDO, LA DISOCCUPAZIONE E L'INFLAZIONE.**

1. Prodotto interno lordo.

Il prodotto interno lordo (PIL) è il valore dei beni e dei servizi finali prodotti in un paese, in un determinato periodo di tempo, da parte di soggetti residenti e non residenti. Il PIL è detto "interno" in quanto computa i beni/servizi prodotti all'interno di un paese, indipendentemente dalla nazionalità di chi li produce. Il prodotto interno lordo consente di misurare il livello del benessere economico di un paese o di un sistema economico[2]. I beni/servizi economici sono contabilizzati ai loro prezzi correnti. Nel caso di beni/servizi privi di prezzo di mercato (es. pubblica amministrazione) viene presa in considerazione la valutazione dell'attività economica al loro costo. In ambito internazionale il prodotto interno lordo è conosciuto con la sigla GDP (*Gross Domestic Product*).
Il PIL può essere misurato a valori correnti oppure a valori costanti. Questo determina la differenza tra PIL Nominale e PIL reale.

▶1.1. Il PIL nominale.

Il **PIL nominale** è l'indicatore economico del prodotto interno lordo misurato a prezzi correnti, in moneta attuale, ed è soggetto a variare di anno in anno, per effetto delle variazioni delle quantità prodotte q e dei prezzi di mercato correnti p.

$$Y = Q\,P$$

Per avere una misurazione specifica delle variazioni quantitative, dette reali, si utilizza il PIL reale. Per misurare soltanto le variazioni monetarie, invece, si ricorre al deflatore del PIL. Per la sua natura monetaria, essendo soggetto a fluttuazioni dovute alle variazioni dei prezzi nel tempo, il PIL nominale non è l'indicatore economico adatto per confrontare la situazione economica di un paese in anni diversi.

▶1.2. Il PIL reale.

Il PIL reale è un indicatore economico di misurazione del prodotto interno lordo (PIL) basato sul computo delle variazioni quantitative della produzione senza tenere in conto delle variazioni monetarie (prezzi). Il PIL reale consente pertanto di fornire una misurazione della variazione della ricchezza economica prodotta in un sistema economico, nel corso degli anni, depurandola dagli effetti nominali e dalla variazione dei prezzi. La ricchezza reale prodotta (YR) in un determinato anno (t) viene misurata prendendo in considerazione il livello dei prezzi di un anno di riferimento (prezzi base).

$$YR_t = q_t p_{base}$$

Ad esempio, il prodotto interno lordo reale del 2017 (YR_{2017}) viene misurato prendendo in considerazione le quantità della produzione del 2017 (q_{2017}) e i prezzi del 2010 (p_{2010}). Allo stesso modo, il PIL reale del 2016 (YR_{2016}) viene calcolato prendendo in considerazione le quantità della produzione del 2016 (q_{2016}) e i prezzi del 2010 (p_{2010}).

$$YR_{2017} = q_{2017} p_{2010}$$
$$YR_{2016} = q_{2016} p_{2010}$$

La differenza ($YR_{2017} - YR_{2010}$) fornisce una misurazione "realistica" della variazione reale della ricchezza del sistema economico in un anno al netto delle fluttuazioni monetarie. Gli eventuali effetti monetari non influenzano la misurazione del PIL reale poiché entrambi gli indicatori sono calcolati a prezzi costanti con una medesima base di riferimento (p_{2010}) detta anche anno base.

[2] Oggi in molte economie sviluppate il primato del PIL è stato messo in discussione evidenziando come il benessere di un'economia non possa essere solo valutato in termini di ricchezza economica ma debba tener conto anche di altre variabili come la qualità della vita, dell'aria, livello culturale, disuguaglianze etc.. In Italia l'ISTAT negli ultimi anni associa al calcolo del PIL anche il BES indicatore di Benessere Equo Sostenibile.

A differenza del PIL nominale, il PIL reale consente, quindi, la comparazione dei dati nel corso del tempo e la misurazione dell'effettiva variazione sulle quantità della produzione (q) del sistema economico.

▶ 1.3. Il Prodotto Nazionale Lordo e il Prodotto Nazionale Netto.

In contabilità nazionale, oltre al PIL altre variabili che vanno considerate sono il Prodotto Nazionale Lordo ed il Prodotto Nazionale Netto.
PNL (Prodotto Nazionale Lordo). Il prodotto nazionale lordo è l'attività economica dei soggetti residenti in un paese, indipendentemente dal fatto che operino sul territorio nazionale o all'estero.
PNN (Prodotto Nazionale Netto). Il prodotto nazionale netto è l'indicatore dell'attività economica dei soggetti residenti di un paese, al netto degli ammortamenti per mantenere in efficienza il capitale fisso necessario alla produzione.

▶ 1.4. Le componenti del PIL.

Il PIL secondo l'identità della teoria keynesiana, che analizzeremo nei prossimi paragrafi quando si descriverà la domanda aggregata, può essere misurato attraverso la somma di differenti componenti come i consumi finali delle famiglie (C), gli investimenti privati da parte delle imprese (I), la spesa pubblica da parte dello Stato (G) e delle esportazioni nette (Esportazioni (X) meno Importazioni (M)). È utile sottolineare che nella costruzione del PIL sono presi in considerazione esclusivamente i beni finali e i servizi finali, quelli destinati a soddisfare il consumo, per evitare di contare più volte gli stessi beni/servizi (doppio conteggio). Se si tenesse conto dei beni intermedi, questi ultimi sarebbero contabilizzati sia come bene intermedio e sia come parte del valore incorporato del bene/servizio finale che hanno contribuito a produrre.
Per misurare il prodotto interno lordo prendendo in considerazione soltanto i beni/servizi finali si ricorre anche al concetto di valore aggiunto. Il valore aggiunto è la differenza tra il valore finale di un bene/servizio e il valore dei beni/servizi intermedi utilizzati per la sua produzione. I beni finali rappresentano il valore aggiunto delle imprese che hanno aggiunto ai beni intermedi e alle materie prime durante il processo produttivo. La somma di tutti i valori aggiunti delle attività economico-produttive, in tutti i settori economici del paese, consente di misurare il prodotto interno lordo del paese. È quindi possibile definire il prodotto interno lordo come valore aggiunto delle attività economiche.

2. La Disoccupazione.

In genere lo stato di **disoccupazione** è associato ad una situazione di mancanza di lavoro di una persona in età lavorativa che sia alla ricerca del posto di lavoro. Formalmente il tasso di disoccupazione è misurato come rapporto tra persone disoccupate che cercano attivamente lavoro e la forza lavoro (che si compone di disoccupati più occupati).
Tuttavia, questa definizione non tiene conto di chi non ricerca più lavoro perché scoraggiato e che quindi non rientra più all'interno della forza lavoro.

Le cause della disoccupazione possono essere molteplici e sono un argomento di discussione e di controversia tra le diverse scuole di pensiero economico. Le principali teorie del mercato del lavoro sono elaborate all'interno della teoria neoclassica e della teoria keynesiana.

A. **Nella teoria marginalista** la disoccupazione è generata dalla mancanza di flessibilità del salario nel mercato del lavoro. Se il salario fosse flessibile i lavoratori disoccupati sarebbero disposti a lavorare per un salario inferiore, il salario più basso spingerebbe le imprese ad aumentare la domanda di lavoro facendo ridurre la disoccupazione.
B. **Nella teoria keynesiana** la domanda di lavoro da parte delle imprese è basata sulle previsioni di vendita (domanda di mercato dei beni/servizi) e non sul livello di salario del mercato del lavoro. In tale situazione la flessibilità del salario non assicura la piena occupazione poiché le decisioni di impresa sono determinate dalle aspettative sul futuro, ottimistiche o pessimistiche, degli imprenditori. Nel modello di Keynes la disoccupazione ha quindi la natura di disoccupazione involontaria.

3. Differenti tipi di disoccupazione.

Esistono differenti tipologie di disoccupazione dovuta alle diverse motivazioni che la generano. l criterio più semplice per classificare le diverse forme di disoccupazione è la durata temporale. Adottando questo parametro di classificazione si individuano i seguenti tipi di disoccupazione:

A. ***Disoccupazione frizionale o di breve periodo***. Questa forma di disoccupazione colpisce coloro che stanno cambiando impiego. Generalmente è di breve durata. Anche nelle fasi di piena occupazione la disoccupazione frizionale è inevitabile e responsabile di ca. il 2.5-3,0% del tasso di disoccupazione.

B. ***Disoccupazione stagionale***. La disoccupazione stagionale è particolarmente sentita nei comuni a vocazione prettamente turistica. La diminuzione della domanda nel periodo di bassa stagione (ci possono essere una o due alte stagioni e di conseguenza una o due basse stagioni) fa aumentare il tasso di disoccupazione, che diminuisce nuovamente all'inizio dell'alta stagione. L'altro comparto economico particolarmente colpito dalla disoccupazione stagionale è il settore delle costruzioni nel quale in inverno si registra una notevole diminuzione dell'attività lavorativa. In egual misura, ciò avviene nel comparto dell'agricoltura, anch'essa molto soggetta a variazioni climatiche. Anche in questo caso, in inverno si rileva una netta diminuzione dell'attività produttiva. Tuttavia, grazie all'alto numero di lavoratori indipendenti e a moltissime possibilità di guadagno secondario, nella zona studiata dall'Atlante del Tirolo nel settore agricolo è bassissimo il numero degli addetti che nei mesi invernali fa ricorso al sussidio di disoccupazione.

C. ***Disoccupazione congiunturale***. Questo tipo di disoccupazione è provocato dalle oscillazioni congiunturali caratteristiche di ogni economia nazionale. Durante la recessione economica, le imprese licenziano lavoratori che poi riassumono nel corso della successiva fase di ripresa. Questo implica che la disoccupazione congiunturale generalmente sparisca nel corso di due, tre anni nel caso di una recessione non particolarmente pesante. L'esempio più noto di recessione con alti tassi di disoccupazione congiunturale è rappresentato dalla crisi economica mondiale del 1929 che, iniziata negli Stati Uniti, ha avuto velocemente ripercussioni su tutto il globo, danneggiando seriamente la vita economica fino agli anni '30.

D. ***Disoccupazione strutturale***. Si tratta di un fenomeno duraturo e rappresenta pertanto il tipo più pericoloso di disoccupazione che deve essere affrontato dalla politica economica in modo molto risoluto. La disoccupazione strutturale di solito si manifesta contemporaneamente alle variazioni della struttura economica (es. tramonto dell'industria dell'acciaio) o ad importanti cambiamenti tecnologici che conducono a misure di razionalizzazione. Allo stesso tempo, il sistema del mercato del lavoro e dell'istruzione sono troppo inflessibili per poter reinserire i disoccupati in altri lavori, comparti e ragioni. La spiegazione monocausale (neoclassica) più semplice di questo tipo di disoccupazione è l'inflessibilità del livello salariale soprattutto nel caso di lavoratori scarsamente qualificati che, a causa del livello salariale minimo del comparto stabilito per legge in base al contratto collettivo di lavoro e a disposizioni giuridiche, non riescono a trovare lavoro. Anche i trasferimenti statali troppo ingenti per il sussidio di disoccupazione sono considerati una delle cause di disoccupazione strutturale perché in un certo senso definiscono un minimo salariale fisso sotto il quale ai disoccupati non conviene lavorare. Tuttavia, il salario inflessibile è sicuramente solo una delle cause di disoccupazione strutturale. Anche il processo di dequalificazione che preclude ai disoccupati la possibilità dell'apprendimento in itinere sul lavoro, nell'odierna società del sapere diventa un fattore sempre più importante che, in egual misura, contribuisce a far aumentare il tasso di disoccupazione.

4. Inflazione.

L'**inflazione** è l'incremento generale dei prezzi delle merci e dei servizi in un sistema economico. L'innalzamento del livello generale dei prezzi può essere provocato da uno squilibrio tra domanda e offerta di mercato, da un aumento dei costi di produzione e di trasporto, o da aspettative di crescita dei prezzi. L'aumento generalizzato dei prezzi $(P+\Delta P)$ delle merci e dei servizi causa la riduzione del potere di acquisto (M/P) della moneta (M).

▶ 4.1. Le cause dell'inflazione.

Le cause dell'inflazione dei prezzi sono molte molteplici e non sempre è facile individuare l'origine della crescita prolungata dei prezzi. Inizialmente gli economisti individuano il nesso causale tra l'espansione degli aggregati monetari in rapporto alla crescita del prodotto reale, osservando la "*rivoluzione dei prezzi*" avvenuta in Europa dopo la scoperta del continente americano. L'afflusso improvviso di oro e di argento dalle Americhe causa nel XVI-XVII secolo un'immediata crescita dei prezzi.

L'osservazione del fenomeno è anche alla base della **teoria quantitativa della moneta**. A parità di velocità di circolazione della moneta (V) e della quantità di transazioni (T) di beni e servizi, secondo la teoria quantitativa della moneta l'incremento della quantità di moneta (ΔM) si traduce interamente in un incremento dei prezzi (ΔP).

L'inflazione può essere causata anche da una inaspettata crescita della domanda di mercato a cui non segue una pari crescita della produzione (inflazione da domanda). Può altresì essere causata da un incremento della quantità di moneta (inflazione monetaria), da un aumento generalizzato dei costi dei fattori produttivi e delle materie prime energetiche (inflazione da costi) e dalla stessa aspettativa di crescita futura dei prezzi. Le diverse cause di inflazione sono state analizzate dalle diverse scuole di pensiero economico nel corso del Novecento. Le principali cause dell'inflazione sono le seguenti:

A. **Inflazione monetaria.** L'inflazione monetaria è alla base della teoria monetarista che nella seconda metà del Novecento ha attribuito all'espansione dell'offerta di moneta delle banche centrali la responsabilità e la causa della crescita dei prezzi.

B. **Inflazione da domanda**. L'inflazione da domanda è una spiegazione classica della crescita dei prezzi. Gli improvvisi aumenti della domanda di mercato possono causare l'incremento dei prezzi se l'offerta (produzione) non è in grado di adeguarsi immediatamente alla domanda. Ciò accade nelle situazioni di piena occupazione delle risorse e nel ritardo di tempo necessario per adeguare la capacità produttiva degli impianti tramite gli investimenti. In quest'ottica ha avuto origine la curva di Phillips (che analizzeremo dopo).

C. **Inflazione da costi.** L'inflazione da costi è, invece, una causa derivante dall'incremento dei costi di produzione delle merci, in particolar modo nel mercato del lavoro e in quello dell'energia. Ad esempio, l'aumento del costo del lavoro e del costo delle materie prime energetiche (es. petrolio) ha causato la crescita dei prezzi negli anni '70. L'incremento dei costi di produzione viene traslato in avanti sui prezzi di vendita da parte delle imprese.

D. **Aspettative d'inflazione.** L'ipotesi delle aspettative d'inflazione conquista l'attenzione degli economisti a partire dagli anni '80, osservando che in molti casi l'aspettativa d'inflazione futura è essa stessa una causa di crescita dei prezzi. Ad esempio, se le imprese si attendono una futura crescita dei prezzi nel periodo (t+1), queste tendono ad adeguare al rialzo i prezzi di vendita nel periodo t_0 (presente).

▶ 4.2. Deflatore del PIL.

Uno dei modi per misurare l'inflazione è l'utilizzo del **deflatore del PIL** è il rapporto tra il PIL nominale e il PIL reale. Il deflatore del PIL consente di misurare la variazione dei prezzi in un determinato periodo di tempo. Il rapporto tra PIL nominale (Y_N) e PIL reale (Y_R) è anche detto indice dei prezzi impliciti del PIL o deflatore implicito. La formula del deflatore del PIL è la seguente:

Ad esempio, se in un anno il PIL nominale è 110 e il PIL reale è a 100, il deflatore del PIL è uguale a 1,1 e indica una variazione positiva dei prezzi pari al 10%. Il deflatore del PIL misura l'indice dei prezzi senza alcuna osservazione diretta su questi ultimi, derivandolo dal rapporto tra il prodotto interno lordo (PIL) a prezzi correnti e quello a prezzi costanti.

▶ 4.3. Indice dei Prezzi al Consumo.

Un altro modo alternativo per misurare l'inflazione è l'utilizzo del l'indice dei prezzi al consumo (IPC). Questo è un valore statistico che analizza in modo dettagliato, per mese e per anno, le variazioni dell'inflazione in base al cambiamento dei prezzi di beni rappresentativi (paniere di consumo[3]). Ogni volta che l'indice dei prezzi al consumo è maggiore rispetto al mese precedente, significa che c'è stata un'inflazione. Quando è minore, indica una deflazione.

5. Relazione tra Inflazione e disoccupazione: la curva di Phillips.

Tra inflazione e disoccupazione sussiste un collegamento inverso. Secondo la teoria della curva di Phillips, in economia esiste un trade-off (scambio) tra la crescita dei prezzi (inflazione) e il tasso di disoccupazione nel mercato del lavoro. La curva di Phillips è una pietra miliare della macroeconomia e uno strumento empirico di grande successo della politica economica degli anni '50 del Novecento. In base a questa teoria, il policy maker può inseguire l'obiettivo della stabilizzazione dei prezzi soltanto rinunciando all'occupazione e viceversa. La rappresentazione sul diagramma cartesiano della relazione tra il tasso di inflazione e il tasso di disoccupazione è la seguente:

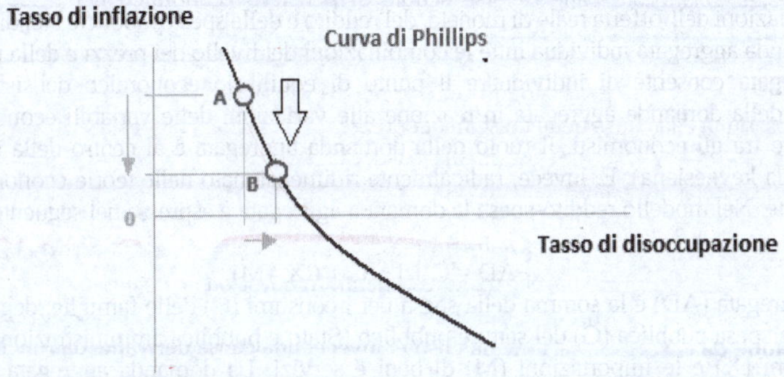

▶5.1. Critica alla curva di Phillips.

La curva di Phillips non riesce a spiegare il caso in cui il tasso di inflazione è alto pur in presenza di un elevato livello di disoccupazione del lavoro. Ciò è dovuto alla natura stessa (origine) dell'inflazione (tipi di inflazione) che può nascere dall'eccesso di domanda dei beni rispetto all'offerta (inflazione da domanda) oppure dalla crescita dei costi di produzione (inflazione da costi). Nel caso dell'inflazione da costi la curva di Phillips non riesce più a fornire una spiegazione del fenomeno economico, in quanto l'inflazione dei prezzi ha origine dalla crescita dei costi di produzione e permane elevata pur in presenza di un elevato tasso di disoccupazione. In conclusione, la relazione tra inflazione e disoccupazione è ancora valida quando l'inflazione ha origine dall'eccesso di domanda dei beni. La relazione tra inflazione e disoccupazione è, invece, inesistente quando l'inflazione dei prezzi ha origine dalla crescita dei prezzi. In quest'ultimo caso entrano in gioco nuove teorie e nuove politiche economiche per affrontare il problema dell'inflazione.

6. La Domanda Aggregata.

La domanda aggregata è rappresentata dalla spesa in consumi e investimenti da parte delle famiglie, delle imprese e del settore pubblico. La domanda aggregata è conosciuta anche con la sigla AD (*aggregate demand*). Dal punto di vista grafico può essere rappresentata sul pianto cartesiano dalla curva di domanda aggregata che mette in relazione la domanda con le variazioni del livello generale dei prezzi.

[3] Questo paniere rappresenta un elenco di beni identificati dall'ISTAT tra i più consumati dalle famiglie italiane. Il paniere viene sistematicamente aggiornato in modo da contenere i beni più consumati in un determinato periodo di tempo.

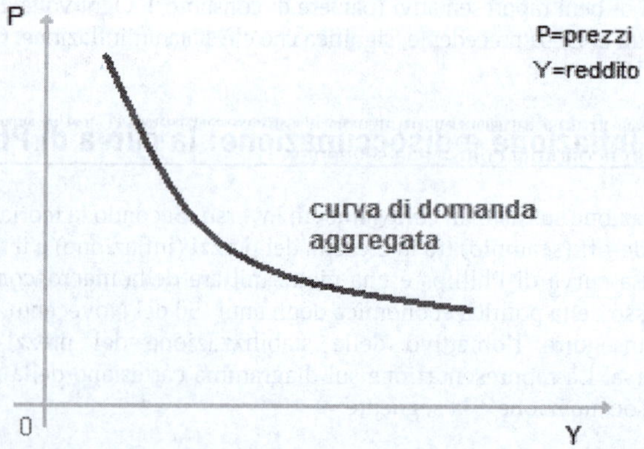

La domanda aggregata è inversamente correlata al prezzo e all'imposizione fiscale. È invece in correlazione diretta con le variazioni dell'offerta reale di moneta, del reddito e della spesa pubblica. Nel diagramma cartesiano la curva di domanda aggregata individua tutte le combinazioni del livello dei prezzi e della produzione. Insieme all'offerta aggregata consente di individuare il punto di equilibrio economico del sistema economico. Il comportamento della domanda aggregata in reazione alle variazioni delle variabili economiche è oggetto di continuo dibattito tra gli economisti. Il ruolo della domanda aggregata è al centro della teoria economica di Keynes (domanda keynesiana). È, invece, radicalmente ridimensionato nelle teorie economiche classiche e in quelle monetariste. Nel modello reddito-spesa la domanda aggregata è espressa nel seguente modo:

$$AD = C + I + G + (X - M)$$

La domanda aggregata (AD) è la somma della spesa per i consumi (C) delle famiglie, degli investimenti delle imprese (I), della spesa pubblica (G) del settore pubblico (Stato e pubblica amministrazione) e dalla differenza tra le esportazioni (X) e le importazioni (M) di beni e servizi. La domanda aggregata consente di fornire un'interpretazione ai fenomeni macroeconomici. La domanda Aggregata inoltre è una delle componenti dell'equilibrio del sistema economico che, nel modello reddito-spesa, si verifica quando la domanda aggregata (AD) eguaglia il reddito nazionale (Y=PIL).

Nel modello reddito-spesa assume particolare importanza la variabile dei consumi (C). I consumi delle famiglie sono determinati sulla base della seguente funzione di consumo.

$$C = C_0 + c\,Y$$

Nel modello economico reddito-spesa il consumo è determinato da una componente autonomo (C_0), ossia fissa e indipendente dal reddito, e da una componente variabile e dipendente dal livello di reddito (cY). La variabile degli investimenti (I) è, invece, una costante poiché il modello reddito-spesa è un modello di breve periodo in cui le scelte di investimento sono considerate fisse (investimenti costanti). In questo modello le imprese elaborano le proprie scelte di investimento corrente in base alle aspettative a lungo termine sul futuro, senza considerare la congiuntura economico di breve periodo. La **funzione degli investimenti** può, quindi, essere scritta nel seguente modo:

$$I = I_0$$

La funzione della domanda aggregata (AD) può essere semplificata considerando soltanto due componenti. In una prima componente sono raggruppate le variabili costanti ($C_0 + I_0$), quelle che non dipendono dal livello del reddito, indicandola con la variabile A (**componente autonoma**).

$$A = (C_0 + I_0)$$

In una seconda componente sono raggruppate le variabili indotte, ossia quelle variabili il cui valore dipende anche dal livello del reddito. Tralasciando per un attimo il settore pubblico (G) e le esportazioni nette (X - M), la domanda aggregata di un'economia chiusa è la seguente:

$$AD = A + cY$$

La funzione della domanda aggregata può essere rappresentata dalla retta individuata sul piano da un'intercetta (A) sull'asse delle ordinate e da un'inclinazione pari alla propensione marginale al consumo (c).

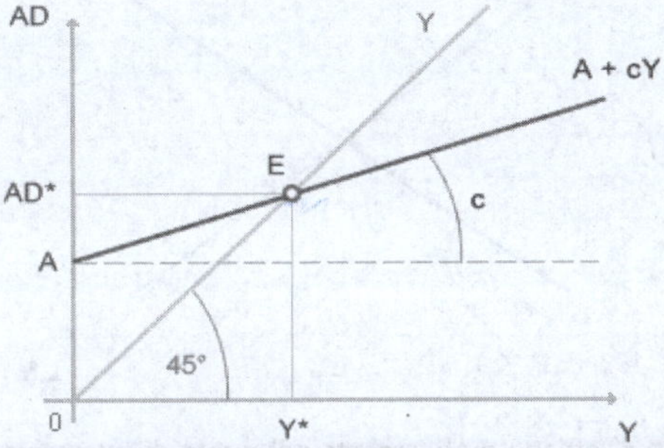

L'equilibrio del modello reddito-spesa si verifica quando il reddito (Y) eguaglia la domanda aggregata (AD). Per individuare il punto di equilibrio è, quindi, necessario rappresentare anche la retta del reddito. Essendo il reddito indicato nell'asse dell'ascisse del diagramma, è sufficiente tracciare dall'origine (O) una retta crescente a 45° per rappresentare il livello del reddito sul piano. Il punto di equilibrio (Y=AD) si verifica nel punto E, quando la retta del reddito (Y) interseca la retta della domanda aggregata (AD). Nel punto E il reddito nazionale (Y) eguaglia la domanda aggregata (AD) e il modello reddito-spesa si trova in una condizione di equilibrio economico. Il livello di reddito Y* è detto reddito di equilibrio.

$$Y^* = A + cY$$

Risolvendo l'equazione per la variabile del reddito di equilibrio (Y) è possibile costruire il moltiplicatore del reddito, un importante strumento di analisi macroeconomica.
Il moltiplicatore del reddito (moltiplicatore della domanda autonoma) è dato dal rapporto 1 / (1 - c).

Dove A è la domanda automa (C_0, I, G) e c è la propensione al consumo

7. Moltiplicatore Keynesiano.

Il moltiplicatore del reddito detto anche moltiplicatore Keynesiano, è la variazione più che proporzionale del reddito a seguito di una variazione di una componente autonoma della domanda globale. Il moltiplicatore del reddito è uno degli elementi del modello reddito-spesa ed è utilizzato nella macroeconomia per interpretare i fenomeni economici dal punto di vista della teoria keynesiana. In base al principio del moltiplicatore, un aumento della domanda autonoma (consumo autonomo, investimenti, spesa pubblica) genera un aumento più che proporzionale del reddito. Il principio può essere rappresentato graficamente su diagramma cartesiano nel seguente modo.
L'espressione del moltiplicatore del reddito può, quindi, essere espressa nel seguente modo:

$$m=1/1-c$$

L'incremento del reddito ΔY è maggiore dell'incremento della componente autonoma (effetto espansivo) poiché, essendo la propensione marginale al consumo (c) un valore compreso tra zero e uno ($0 < c < 1$), il moltiplicatore del reddito è maggiore di uno.

8. Mercato della moneta.

Il mercato della moneta è il luogo in cui si incontrano la domanda di moneta e l'offerta di moneta di un sistema economico. Nella macroeconomia tradizionale il mercato della moneta (mercato monetario) determina il tasso di interesse di equilibrio, ossia quel livello del tasso di interesse che consente di eguagliare la domanda e l'offerta di moneta (L=M). Il mercato monetario può essere rappresentato sul diagramma cartesiano ponendo la quantità della moneta sull'asse delle ascisse e il tasso di interesse sull'asse delle ordinate.

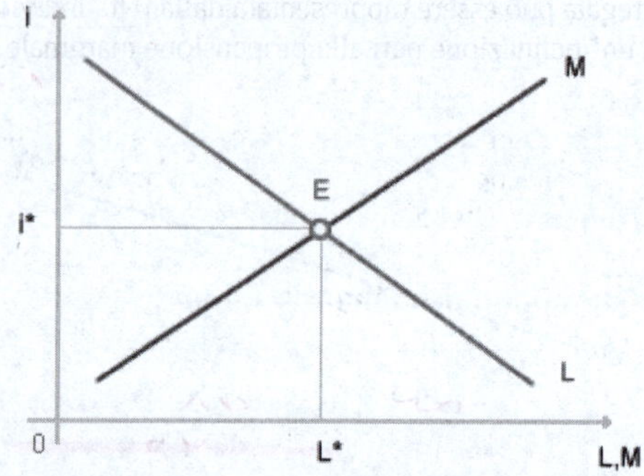

Il tasso di interesse di equilibrio si ottiene graficamente nel punto di intersezione tra la curva di domanda di moneta (L) e la curva di offerta di moneta (M).

▶ 8.1. La domanda di Moneta.

La domanda di moneta corrisponde all'ammontare di riserve monetarie che gli operatori economici detengono per un determinato periodo di tempo, al fine di compiere transazioni commerciali o finanziarie oppure per affrontare eventuali imprevisti. Le principali componenti della domanda di moneta sono le seguenti:

A. **Domanda di moneta per transazioni**. La moneta è un mezzo di pagamento ed è utilizzata dagli operatori economici per effettuare acquisti, transazioni e scambi. Per svolgere questa funzione è detta moneta transattiva. Consente agli agenti economici di affrontare lo sfasamento temporale tra il flusso monetario delle entrate e delle uscite.

B. **Domanda di moneta precauzionale**. In condizioni di incertezza la moneta è detenuta dagli operatori economici a titolo precauzionale per far fronte ad eventuali spese impreviste o alle variazioni del reddito futuro. Per svolgere questa funzione è detta moneta precauzionale. L'ammontare di moneta precauzionale consente agli agenti economici di affrontare eventuali imprevisti, riducendo il rischio di trovarsi in una situazione di scarsità inaspettata della liquidità disponibile.

C. **Domanda di moneta speculativa**. La moneta è utilizzata dagli operatori anche come strumento finanziario per effettuare investimenti speculativi. Per svolgere questa funzione è detta moneta speculativa. È composta dall'ammontare di moneta investita nelle attività finanziarie (titoli) in base alle aspettative degli agenti economici sulla redditività dei titoli e dell'andamento del tasso di interesse.

▶ 8.2. L'Offerta di Moneta.

L'offerta di moneta (M) è la quantità di moneta in circolazione in un sistema economico in un determinato periodo di tempo. Lo stock di moneta circolante in un sistema economico è suddiviso in aggregati monetari in base alle caratteristiche dell'emittente e della circolazione. Gli aggregati monetari sono indicatori per misurare l'offerta di moneta in un sistema economico e il potere di acquisto dei soggetti economici sulla base della liquidità di ogni singolo mezzo di pagamento. Si tratta di grandezze aggregate che indicano la quantità di moneta e di attività finanziarie all'interno di un sistema economico.

▶ 8.3. Gli aggregati monetari.

Gli aggregati monetari più utilizzati sono i seguenti:

L'aggregato M0 (*base monetaria*) comprende la moneta legale circolante (monete metalliche + banconote) e le attività finanziarie immediatamente convertibili in moneta legale (passività della banca centrale verso banche e terzi).

L'aggregato M1 (*liquidità primaria*) raggruppa la base monetaria (M0) con le attività finanziarie che possono svolgere la funzione di mezzi di pagamento (es. contini correnti).

L'aggregato M2 (*liquidità secondaria*) include la liquidità primaria (M1) e le attività finanziarie caratterizzate da elevata liquidità e valore certo in futuro (es. depositi bancari, libretti postali ecc.)

L'aggregato M3 comprende la liquidità secondaria (M2) e le attività finanziarie con riserva di valore (es. titoli a reddito fisso di breve scadenza).

Gli aggregati monetari sono stabiliti mediante regole che possono variabile da un sistema economico all'altro. Talvolta, per eseguire una comparazione internazionale è necessario effettuare delle operazioni di omogeneizzazione degli aggregati prima di effettuare l'analisi.

▶ 8.4. Differenza tra Offerta di Moneta Nominale e Reale.

Esistono inoltre due tipi di offerta di moneta: Nominale e Reale.

L'offerta di moneta nominale (M) del mercato monetario coincide con l'aggregato monetario nominale di base (M0) e corrisponde alla quantità nominale di moneta emessa dalla banca centrale.

$$M=M_0$$

L'offerta di moneta reale invece è determinata dal rapporto tra l'offerta nominale (M_0) e il livello generale dei prezzi (P).

$$M =$$

L'offerta di moneta è generalmente una variabile esogena in quanto è fissata dalle decisioni dell'autorità monetaria (banca centrale). Essa è una variabile costante perché è insensibile alle variazioni di mercato del tasso di interesse. L'aggregato M0 non è influenzato dal tasso di interesse perché l'aumento o la riduzione dell'aggregato dipende esclusivamente da una decisione dell'autorità monetaria centrale (es. banca centrale). Graficamente l'Offerta di Moneta viene rappresentata come segue:

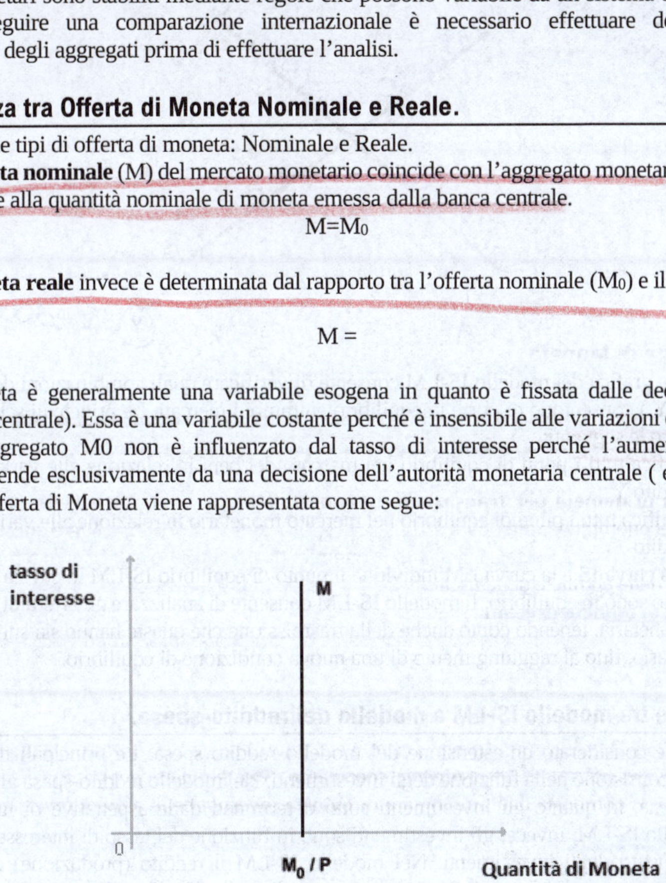

L'asse orizzontale delle ascisse misura la quantità di moneta (M) mentre l'asse verticale delle ordinate misura il tasso di interesse (i). L'offerta di moneta interseca l'asse delle ascisse in corrispondenza dell'intercetta M0/P. Essa è verticale e parallela all'asse delle ordinate, perché l'aggregato monetario M0/P è indipendente alle variazioni del tasso di interesse di mercato.

9. Modello IS LM.

Il modello IS-LM è uno strumento della macroeconomia per analizzare il ruolo della politica monetaria e della politica fiscale nella determinazione del reddito di equilibrio in un sistema economico. Il modello IS-LM mette in relazione il tasso di interesse con il reddito sia dal punto di vista del mercato monetario (LM) e sia dal punto di vista del mercato dei beni (IS). Nel modello IS-LM viene abbandonata l'ipotesi degli investimenti esogeni. Il tasso di interesse è una variabile determinante sia della domanda di investimenti (mercato dei beni) e sia della domanda di moneta (mercato monetario). Lo schema IS-LM consente di determinare contemporaneamente i valori di equilibrio del tasso di interesse (*i*) e del reddito (Y).

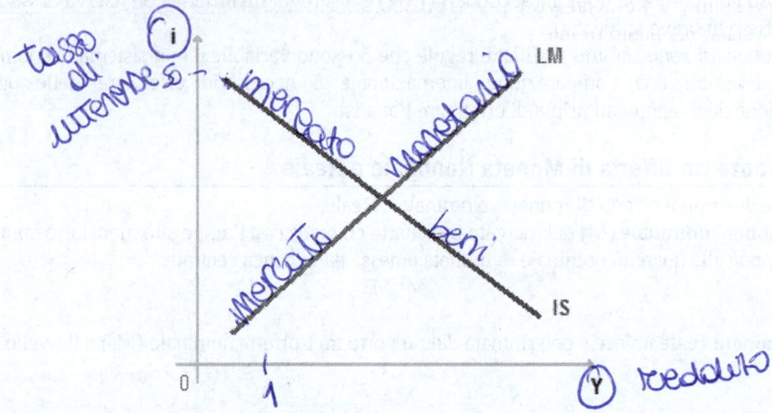

La rappresentazione grafica del modello IS-LM consente di verificare quali combinazioni del tasso di interesse (i) e del reddito (Y) consentono di porre in equilibrio entrambi i mercati. Le principali schede (o curve) del modello IS-LM sono le seguenti:

La curva IS identifica tutti i punti di equilibrio nel mercato dei beni in relazione alle variazioni del tasso di interesse i e del reddito Y.

La curva LM identifica tutti i punti di equilibrio nel mercato monetario in relazione alle variazioni del tasso di interesse i e del reddito.

L'intersezione tra la curva IS e la curva LM individua il punto di equilibrio IS-LM in cui sia il mercato dei beni che quello monetario sono in equilibrio. Il modello IS-LM consente di analizzare gli effetti di una politica fiscale o di una politica monetaria, tenendo conto anche della trasmissione che queste hanno sia sul mercato dei beni e sia su quello monetario, fino al raggiungimento di una nuova condizione di equilibrio.

▶ 9.1. Differenze tra modello IS-LM e modello del reddito-spesa.

Il modello IS-LM è considerato un'estensione del modello reddito spesa. Le principali differenze tra i due modelli economici consistono nella funzione degli investimenti. Nel modello reddito-spesa gli investimenti sono una variabile esogena, in quanto gli investimenti sono determinati dalle aspettative di lungo periodo delle imprese. Nel modello IS-LM, invece, gli investimenti sono in funzione del tasso di interesse corrente ossia dal costo del finanziamento degli investimenti. Nel modello IS-LM il reddito (produzione) di equilibrio viene determinato insieme al tasso di interesse. Si tratta, pertanto, di un livello di reddito che non necessariamente è uguale al valore di pieno impiego delle risorse. Al contrario, il reddito di equilibrio nel modello IS-LM è spesso un valore inferiore al reddito di pieno impiego. Ciò lascia ampio gioco di intervento alla politica economica per sostenere il reddito e la domanda. Per questo motivo il modello IS-LM è un valido strumento di analisi delle manovre economiche dei policy maker.

10. Modello AD-AS.

Il modello AD-AS è un modello economico utilizzato per analizzare le condizioni dell'equilibrio macroeconomico sulla base del reddito e dei prezzi. A differenza del modello IS-LM, nel modello AD-AS i prezzi non sono una variabile esogena ma una variabile determinante dell'equilibrio.

▶ 10.1 L'equilibrio nel modello AD-AS.

Nel modello AD-AS l'equilibrio è individuato dalla condizione di uguaglianza della domanda aggregata (AD) e dell'offerta aggregata (AS). Entrambe le funzioni economiche di domanda e di offerta sono determinate dalla relazione tra il reddito (y) e il prezzo (p). L'equilibrio del modello AD-AS può essere analizzato in un diagramma cartesiano nel punto di intersezione tra la curva di domanda aggregata (curva AD) e la curva di offerta aggregata (curva AS)

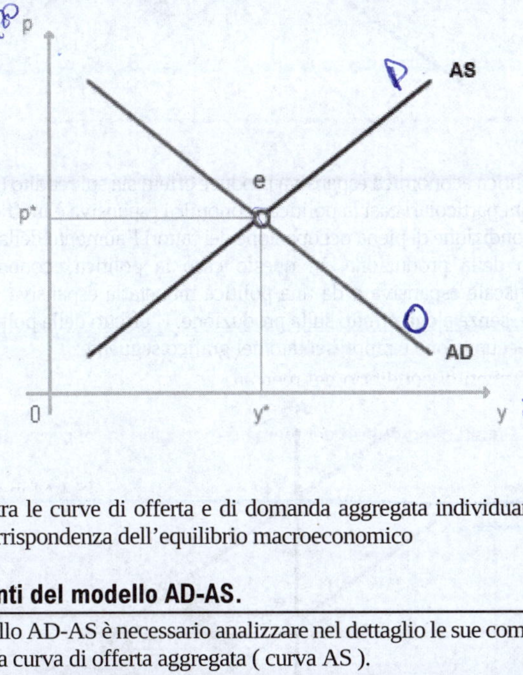

Il punto di intersezione tra le curve di offerta e di domanda aggregata individuano il livello di equilibrio del reddito e dei prezzi in corrispondenza dell'equilibrio macroeconomico

▶ 10.2. Le componenti del modello AD-AS.

Per comprendere il modello AD-AS è necessario analizzare nel dettaglio le sue componenti: la curva di domanda aggregata (curva AD) e la curva di offerta aggregata (curva AS).

A. **La curva di domanda aggregata (AD)** è l'insieme delle combinazioni del reddito (Y) e dei prezzi (*p*) compatibili con l'equilibrio del modello IS-LM ossia con l'equilibrio del mercato dei beni e del mercato della moneta. Tra reddito e prezzi sussiste una correlazione inversa nella curva di domanda aggregata poiché un aumento dei prezzi riduce l'offerta di moneta, innalza il tasso di interesse e, quindi, deprime la domanda aggregata.

B. **La curva di offerta aggregata (AS)** è l'insieme delle funzioni di produzione delle imprese. Consente di determinare il livello di produzione (Y) del sistema economica in relazione ai diversi livelli di prezzo (*p*). La curva di offerta aggregata è costruita sulla base della tecnologia dei processi produttivi e del costo dei fattori produttivi. Tra reddito e prezzi sussiste una correlazione positiva nella curva di offerta aggregata poiché si assume l'ipotesi che a un incremento del prezzo segue un aumento della produzione e del reddito.

▶ 10.3. Effetti delle politiche economiche sul reddito.

Il modello AD-AS consente di analizzare gli effetti sul prezzo e sul reddito della politica economica. Ad esempio, una politica economica espansiva aumenta la domanda aggregata (AD) del paese. Sul diagramma cartesiano il fenomeno è rappresentato dalla traslazione della curva AD verso destra. L'equilibrio macroeconomico si sposta da e_0 a e_1.

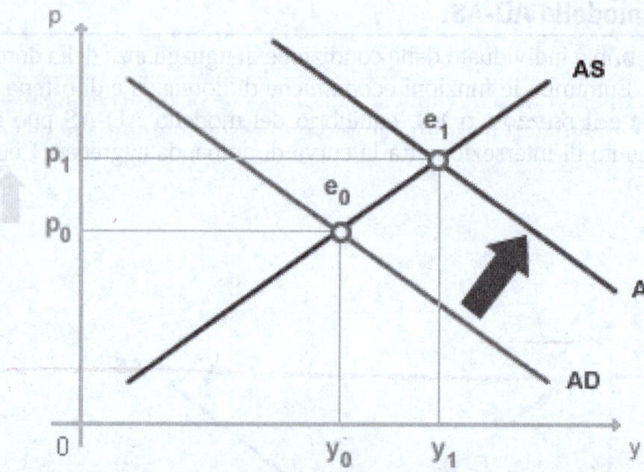

Nel precedente esempio la politica economica espansiva produce effetti sia sul reddito (da y_0a y_1) e sia sul livello dei prezzi (da p_0a p_1). In alcuni particolari casi la politica economica espansiva è inefficace a produrre effetti sul reddito. Ad esempio, in una condizione di piena occupazione dei fattori l'aumento della domanda non può essere soddisfatto con un aumento della produzione. In questo caso la politica economica espansiva, sia essa determinata da una politica fiscale espansiva o da una politica monetaria espansiva, si traduce soltanto in un aumento del livello dei prezzi, senza alcun effetto sulla produzione. L'effetto della politica economica espansiva quando il sistema è in piena occupazione è rappresentato nel grafico seguente:

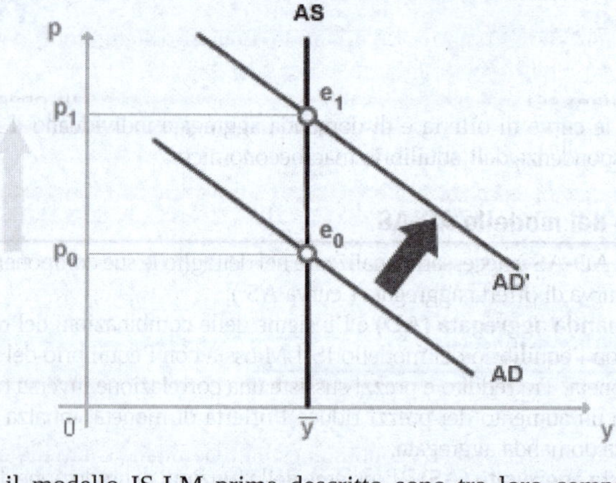

Il modello AD-AS e il modello IS-LM prima descritto sono tra loro compatibili. È infatti possibile l'equilibrio nel modello AD-AS e il modello IS-LM al medesimo livello di reddito per individuare rispettivamente le condizioni dell'equilibrio macroeconomico generale dei prezzi (p) e del tasso di interesse (i). Il modello IS-LM non riuscirebbe a interpretare bene la realtà economica in presenza di inflazione dei prezzi.

11. Tassi di Cambio e settore estero.

Fin qui abbiamo analizzato le variabili macroeconomiche in economia chiusa. Tuttavia, la realtà è ben diversa, infatti quasi tutti gli stati operano in un'economia aperta in presenza di scambi commerciali con altri paesi. Le relazioni con paesi stranieri vengono realizzate attraverso tassi di cambio e regolate attraverso la bilancia dei pagamenti.

▶ 11.1. Tasso di cambio.

Il tasso di cambio è il numero di unità della moneta nazionale che occorre per acquistare un'unità di moneta estera (valuta estera). In alternativa, il tasso di cambio può essere definito anche come il numero di unità della moneta estera che occorre per acquistare un'unità di moneta nazionale (valuta interna). Lo scambio tra valute diverse ha luogo nel mercato valutario (mercato dei cambi) dove si forma il tasso di cambio tra le valute. Quando un operatore residente deve effettuare un pagamento all'estero, deve effettuare l'acquisto con moneta estera. È quindi costretto a procurarsi la valuta estera cedendo la valuta nazionale. D'altra parte, quando un operatore nazionale riceve un pagamento in valuta estera, per poterla utilizzare deve convertirla in valuta nazionale. Il tasso di cambio è, quindi, il prezzo di una valuta in termini di un'altra valuta. Date n valute estere, per ogni valuta nazionale esistono (n-1) tassi di cambi nei confronti delle (n-1) valute estere.

▶ 11.2. Cambi fissi e variabili.

I tassi di cambio possono essere determinati in regime di **cambi fissi** o in regime di **cambi variabili**.
Nel regime di **cambi fissi** i tassi di cambio tra le valute sono decisi dalle banche centrali dei singoli paesi. La banca centrale del paese si impegna ad acquistare o a vendere la valuta straniera a un prezzo prefissato. L'autorità monetaria nazionale può modificare il tasso di cambio tramite operazioni di svalutazione e di rivalutazione della valuta nazionale.
Nel regime di **cambi flessibili** i tassi di cambio tra le valute sono decisi dal mercato. I tassi di cambio possono variare liberamente sulla base della domanda e dell'offerta del mercato valutario per ogni singola valuta. La valuta nazionale si apprezza o si deprezza in funzione delle forze di mercato, senza alcun intervento da parte della banca centrale o dell'autorità monetaria nazionale.
Quando il tasso di cambio euro/dollaro pari a 1,5 dollari gli operatori statunitensi devono cedere 1,5 dollari per acquistare un euro (1 €). Se l'indomani il tasso di cambio euro/dollaro diventa 1,6 dollari, si dice che l'euro si apprezza e il dollaro si deprezza, poiché per acquistare un euro gli operatori statunitensi sono costretti a cedere una maggiore quantità di dollari (1,6 $ anziché 1,5 $) e, nello stesso tempo, gli operatori europei possono ottenere una maggiore quantità di dollari scambiando un euro (1 €). Quando una valuta nazionale si apprezza, aumenta il suo potere di acquisto nei confronti dell'altra valuta straniera ma, d'altro canto, le merci nazionali diventano più costose per un acquirente straniero. Viceversa, quando una valuta nazionale si deprezza si riduce il suo potere di acquisto nei confronti dell'altra valuta straniera e le merci nazionali diventano più convenienti per un acquirente straniero.

▶ 11.3. Bilancia dei pagamenti.

La bilancia dei pagamenti è un sistema di conti in cui sono registrate le transazioni economiche degli operatori residenti in un paese con operatori non residenti (settore estero). È uno strumento per la registrazione sistematica delle transazioni economiche internazionali. L'attuale sistema contabile della bilancia dei pagamenti in Italia segue una metodologia coerente con le convenzioni internazionali di contabilità nazionale del Fondo Monetario Internazionale. A partire dal 1999 la struttura della bilancia dei pagamenti in Italia è suddivisa in quattro sezioni:
Conto corrente. È il conto in cui sono registrate le transazioni internazionali in merci, servizi, redditi e trasferimenti unilaterali correnti. È conosciuto anche come conto delle partite correnti.
Conto capitale. È il conto in cui sono registrate le acquisizioni e le cessioni di attività non finanziarie non prodotte e i trasferimenti unilaterali in conto capitale. È anche detto conto dei movimenti di capitale.

Conto finanziario. È il conto in cui sono registrati gli investimenti diretti, gli investimenti di portafoglio, i derivati, gli altri investimenti e le riserve ufficiali. È anche detto conto dei movimenti finanziari.
Errori e omissioni. Questa sezione è utilizzata per compensare eventuali errori che possono verificarsi nella somma dei saldi degli altri conti della bilancia dei pagamenti.

▶ 11.4 Sistema di registrazione della bilancia dei pagamenti.

Il sistema di registrazione contabile si basa sul metodo della partita doppia tramite la registrazione di debiti e di crediti. Ogni transazione viene registrata a debito in un conto e a credito in un altro conto. I debiti indicano un aumento di attività o una diminuzione di passività del paese. Viceversa, i crediti indicano la diminuzione di attività o un aumento di passività del paese. Seguendo il criterio di cassa, i debiti e i crediti indicano rispettivamente i flussi delle uscite e delle entrate di moneta, tali da modificare gli stock dei debiti e dei crediti secondo il criterio patrimoniale. Dal punto di vista contabile la struttura della bilancia dei pagamenti segue dei criteri concordati a livello internazionale dal Fondo monetario internazionale (Fmi) e/o da altre organizzazioni sovranazionali, al fine di consentire un'omogeneità di analisi e di confronto dei dati. Ad esempio, nell'Unione europea la struttura e la compilazione della bilancia dei pagamenti dei paesi membri si basano sulla metodologia introdotta nel 1999 dalla Banca Centrale Europea (Bce) e dall'Eurostat.

▶ 11.5. Saldo della bilancia dei pagamenti.

Il saldo della bilancia dei pagamenti è determinato dalla somma algebrica del saldo dei conti che la compongono (conto corrente, conto capitale, conto finanziario). Il saldo della bilancia dei pagamenti può essere in attivo, in passivo o in pareggio.

A. **Saldo in attivo**. Quando il saldo della bilancia dei pagamenti è in attivo, nel sistema economico stanno affluendo risorse monetarie dall'estero, sotto forma di acquisto di beni/servizi delle esportazioni nette o di movimenti di capitale. Il saldo in attivo della bilancia dei pagamenti determina un incremento di pari ammontare delle riserve valutarie ufficiali della banca centrale.
B. **Saldo in passivo**. Quando la bilancia dei pagamenti è in passivo, nel sistema economico le risorse monetarie stanno defluendo verso l'estero. Ad esempio, ciò accade se le importazioni di beni e servizi superano in valore le esportazioni, oppure se si sta verificando un movimento di capitale verso l'estero. Il saldo in passivo della bilancia dei pagamenti determina una riduzione di pari ammontare delle riserve valutarie ufficiali della banca centrale.
C. **Saldo in pareggio**. La bilancia dei pagamenti è in pareggio quando ha un saldo pari a zero. Questa situazione si verifica quando i saldi dei conti che misurano le partite correnti e i movimenti di capitale si annullano reciprocamente nella somma algebrica oppure quando tutti i conti della bilancia dei pagamenti hanno un saldo uguale a zero.

▶ 11.6. Teoria dell'assorbimento.

La teoria dell'assorbimento analizza gli effetti di una svalutazione sull'equilibrio della bilancia dei pagamenti. Secondo la teoria dell'assorbimento una svalutazione genera una variazione positiva della bilancia di pagamento se la propensione marginale all'assorbimento rispetto al reddito è inferiore a uno. Per la dimostrazione partiamo da una equazione del reddito:

$$Y = (C+I)+(X-M)$$

La componente (C+I) rappresenta l'assorbimento (A) ed è composta dai consumi (C) e dagli investimenti (I). La componente (X-M) rappresenta la bilancia del pagamento (B) ed è composta dalle esportazioni (X) meno le importazioni (M). L'equazione può essere riscritta nel seguente modo:

$$Y = A+B$$

Mettendo in evidenza la bilancia dei pagamenti (B) con un semplice passaggio algebrico l'equazione si trasforma nel seguente modo:

$$B = Y - A$$

Quindi una variazione positiva della bilancia di pagamenti (ΔB) a seguito di una svalutazione della moneta ha luogo soltanto se la crescita del reddito (ΔY) è maggiore della crescita dell'assorbimento (ΔA).

$$\Delta B = \Delta Y - \Delta A$$
$$\Delta B > 0 \text{ se } \Delta Y > \Delta A$$

La crescita del reddito ΔY è maggiore della crescita dell'assorbimento ΔA quando la propensione marginale dell'assorbimento rispetto al reddito è inferiore a uno.

$$\Delta A / \Delta Y < 1$$

Soltanto in questa condizione la svalutazione determina un incremento del reddito superiore alla crescita dei consumi interni, generato da un incremento delle esportazioni nette verso il resto del mondo e quindi ad un miglioramento della bilancia dei pagamenti.

12. Strumenti di politica economica.

Dopo aver analizzati i principali strumenti macroeconomici è possibile delineare le caratteristiche della politica economica che analizza l'efficacia degli strumenti e degli interventi normativi sul sistema economico in relazione al raggiungimento di un obiettivo. In un'economia di mercato gli interventi di politica economica hanno soltanto una funzione di indirizzo, poiché i fenomeni economici sono determinati dal comportamento dei soggetti privati.

Il policy maker (lo Stato) cerca di influenzare le scelte private tramite gli strumenti indiretti, lasciando ai soggetti privati la libertà decisionale sulle proprie scelte economiche (es. cosa acquistare, cosa produrre, ecc.).

Ad esempio, la riduzione delle imposte aumenta il reddito disponibile dei consumatori. Non è però detto che ciò aumenti i consumi. I consumatori potrebbero decidere di destinare completamente a risparmio il reddito netto aggiuntivo.

In alcuni casi lo Stato può anche intervenire direttamente sul sistema economico, agendo in prima persona tramite le aziende pubbliche statali o controllate. Questi interventi appartengono all'insieme degli strumenti diretti di intervento, tipici delle economie pianificate e dittatoriali. In un'economia pianificata lo Stato accentra su sé stesso anche le scelte private e le decisioni di produzione e di consumo (pianificazione centrale) riducendo il potere decisionale dei soggetti privati. In questa circostanza le leve della politica economica sono quasi esclusivamente degli strumenti diretti.

I principali strumenti della politica economica sono la **politica fiscale** e **la politica monetaria.**

▶ 12.1. La Politica Fiscale.

La politica fiscale è l'insieme degli interventi di politica economica che permettono al policy maker di influenzare la domanda aggregata e di ottenere effetti sul reddito di equilibrio tramite le variazioni della spesa pubblica, dell'imposizione fiscale e dei trasferimenti (strumenti di politica fiscale). Gli effetti della politica fiscale possono essere **espansivi** o **recessivi** se, rispettivamente, determinano un aumento o una riduzione della spesa pubblica.

▶ 12.1.1. Politica fiscale e modello IS-LM.

La politica fiscale espansiva è ottenuta tramite un aumento della spesa pubblica, una riduzione del prelievo fiscale e/o un aumento dei trasferimenti. L'effetto di una politica fiscale espansiva dovrebbe consistere in un incremento della domanda aggregata e del reddito di equilibrio. Nel modello IS-LM la

politica fiscale espansiva sposta verso destra la curva IS.
La politica fiscale restrittiva è ottenuta tramite una riduzione della spesa pubblica (tagli), un aumento del prelievo fiscale (pressione fiscale(1)) e/o una riduzione dei trasferimenti. L'effetto di una politica fiscale restrittiva dovrebbe consistere in un decremento della domanda aggregata e del reddito di equilibrio. Nel modello IS-LM la politica fiscale restrittiva sposta verso sinistra la curva IS.
Nel modello IS-LM l'efficacia della politica fiscale in termini di variazioni sul reddito (produzione) dipende dalla posizione e dall'inclinazione della curva IS e della curva LM. In senso generale, si può affermare che la politica fiscale è più efficace quanto più la curva LM è piatta (orizzontale) e la curva IS è verticale (inclinata). Uno dei principali fattori determinanti dell'efficacia o meno della politica fiscale è la sensibilità (h) della domanda di moneta alle variazioni del tasso di interesse. Quando la sensibilità alle variazioni del tasso di interesse è molto bassa ($h=0$) la curva LM è verticale (inclinata) e la politica fiscale è inefficace (ipotesi classica). Quando la sensibilità alle variazioni del tasso di interesse è molto alta ($h=\infty$) la curva LM è orizzontale e la politica fiscale è efficace (ipotesi keynesiana).

▶12.1.2. L'effetto spiazzamento.

Gli effetti positivi sul reddito di una politica fiscale espansiva sono ridimensionati **dall'effetto di spiazzamento** (*crowding-out*) degli investimenti privati. L'incremento della spesa pubblica può generare un incremento del tasso di interesse di mercato. Al fine di finanziare l'incremento della spesa pubblica lo Stato deve emettere dei titoli pubblici (titoli di Stato) sul mercato e, quindi, riconoscere un tasso di interesse più alto per poterli collocare sul mercato. L'incremento del tasso di interesse deprime, indirettamente, gli investimenti privati, riducendo l'effetto positivo sul reddito della politica fiscale espansiva.

▶12.1.3. La politica fiscale dei governi

Un altro strumento di politica economica da parte dello Stato è rappresentato dalla **spesa pubblica** caratterizzato da elevata rigidità. Per ottenere gli effetti reali di una politica fiscale espansiva è spesso necessario attendere diversi anni, a causa della necessità di organizzare e di strutturare la spesa in beni e servizi effettivi. Inoltre, i programmi di spesa pubblica sono prevalentemente degli investimenti pubblici e dei contratti di medio-lungo periodo, indipendenti dalla congiuntura economica di breve periodo, che non possono essere facilmente modificati nelle scelte di breve periodo. Il taglio della spesa pubblica può, infine, causare diverse ripercussioni politiche al policy maker quando riguarda servizi pubblici sociali (scuola, sanità, previdenza sociale).
La politica fiscale viene delineata dal governo (policy maker) con la legge finanziaria in base agli obiettivi prefissati di bilancio pubblico. Dalla politica fiscale deriva, in parte, il bilancio pubblico. La spesa pubblica è generalmente finanziata dalle entrate pubbliche derivanti dall'imposizione fiscale (tributi) alle famiglie e alle imprese.
Dalla politica fiscale deriva la pressione fiscale, ossia il peso dei tributi sul reddito dei soggetti economici contribuenti (famiglie e imprese). Il prelievo fiscale riduce il reddito disponibile delle famiglie, generando effetti restrittivi sulla domanda aggregata. Oltre a deprimere la domanda, un eccessivo carico fiscale sul reddito è anche uno dei fattori determinanti dell'evasione fiscale.
Gli stati fanno particolare attenzione alla variazione del prelievo fiscale poiché essa agisce soprattutto sui consumi. È invece incerto l'effetto sugli investimenti. Ad esempio, la riduzione della pressione fiscale aumenta il reddito disponibile delle famiglie (Yd) e i consumi (C) tramite la propensione marginale al risparmio (c). Gli investimenti sono legati alle aspettative di medio-lungo periodo degli imprenditori, i quali potrebbero anche decidere di tesoreggiare la maggiore liquidità, resa disponibile da una riduzione della pressione fiscale, e posticipare le decisioni di investimento. In tale caso, a seguito di una riduzione della pressione fiscale non farebbe seguito un aumento degli investimenti di impresa.

▶12.2. Politica monetaria.

La politica monetaria è una politica economica basata sulla gestione dell'offerta di moneta. La politica monetaria è affidata a banca centrale la quale può influenzare la domanda aggregata sul mercato dei beni e dei servizi. Più in generale, si parla di politica monetaria quando le decisioni del policy maker influenzano il mercato della moneta e, indirettamente, il mercato reale dei beni e dei servizi. Anche la politica monetaria può essere **espansiva** o **restrittiva**.

La politica monetaria espansiva consiste in un aumento dell'offerta di moneta. Tramite questa politica monetaria la banca centrale aumenta la quantità di moneta a disposizione del pubblico nel sistema economico.

La politica monetaria restrittiva consiste invece in una riduzione dell'offerta di moneta nel sistema economico. Tramite questa politica monetaria la banca centrale riduce la quantità di moneta a disposizione del pubblico nel sistema economico. Per modificare l'offerta di moneta la banca centrale utilizza degli appositi strumenti di politica monetaria.

▶12.2.1 I principali strumenti di politica monetaria.

I principali strumenti della politica monetaria sono i seguenti:

A. **La base monetaria** viene trattenuta e utilizzata dal pubblico come mezzo di pagamento e dalle riserve delle banche. La circolazione della moneta consente di calcolare l'offerta di moneta complessiva, moltiplicando la base monetaria per il moltiplicatore monetario. Modificando la base monetaria, una banca centrale può intervenire sull'offerta di moneta circolante nel sistema economico. La base monetaria è influenzata anche dalla bilancia dei pagamenti, dalle operazioni di mercato aperto della banca centrale e dalle variazioni della riserva obbligatoria. Operazioni di mercato aperto. Le operazioni di mercato aperto consistono nell'acquisto/vendita di titoli di Stato dal pubblico da parte della banca centrale. Tramite l'acquisto di titoli di Stato dal pubblico, la banca centrale inietta liquidità monetaria (base monetaria) nel sistema economico. Viceversa, tramite la vendita dei titoli di Stato al pubblico, la banca centrale riduce la liquidità monetaria nel sistema economico.

B. **Il coefficiente di riserva obbligatoria** determina l'entità delle riserve obbligatorie che le banche devono garantire alla banca centrale. La banca centrale può intervenire sull'offerta monetaria modificando il coefficiente di riserva obbligatoria. Tramite la riduzione del coefficiente, la banca centrale riduce la riserva obbligatoria liberando una parte della liquidità monetaria al sistema bancario. Ciò si traduce in un aumento dell'offerta di moneta. Viceversa, tramite l'aumento del coefficiente, la banca centrale aumenta la riserva obbligatoria, riducendo la liquidità monetaria del sistema economico e, quindi, anche l'offerta di moneta.

C. **Il tasso di sconto** che rappresenta il tasso di interesse del rifinanziamento bancario ossia il tasso di interesse pagato dalle banche per ottenere liquidità dalla banca centrale. La riduzione del tasso di sconto rende più conveniente il rifinanziamento bancario, generando un aumento dell'offerta di moneta nel sistema economico. Viceversa, l'aumento del tasso di sconto rende più oneroso il rifinanziamento bancario, riducendo l'offerto di moneta nel sistema economico.

D. **I controlli diretti** che consistono in un'attività di controllo amministrativo sui flussi finanziari del settore bancario/creditizio. I controlli diretti sono conosciuti anche come controlli amministrativi. Tramite i controlli diretti l'autorità monetaria interviene direttamente sul mercato della moneta, senza alcuna mediazione da parte del mercato.

▶12.2.2. Limiti della politica monetaria: il ruolo delle aspettative.

Gli strumenti di politica monetaria non agiscono sull'obiettivo finale ma, in genere, sugli obiettivi e sulle variabili intermedie. Ad esempio, una politica monetaria restrittiva riduce l'offerta di moneta, facendo aumentare il tasso di interesse e, quindi, ridurre la componente degli investimenti della domanda aggregata. Viceversa, un aumento dell'offerta di moneta (politica monetaria espansiva) aumenta la domanda di moneta speculativa, riducendo il tasso di interesse e aumentando la componente degli investimenti (I) della domanda aggregata.

La variazione della velocità di circolazione della moneta può neutralizzare gli effetti della politica monetaria, in quanto l'offerta di moneta non è quasi mai completamente esogena (offerta di moneta esogena). Ad esempio, la banca centrale può adottare una politica monetaria restrittiva tramite l'incremento del tasso di sconto. Ciò dovrebbe causare una riduzione dell'offerta di moneta. Tuttavia, una parte della moneta circolante in un sistema economico viene detenuta dal pubblico in forma liquida improduttiva, ad esempio per motivi precauzionali o per far fronte all'asincronia della struttura dei pagamenti. Alla riduzione dell'offerta di moneta gli operatori economici possono reagire riducendo la quota di circolante improduttivo e iniettando in circolazione la liquidità improduttiva da loro detenuta. Ciò aumenta la velocità di circolazione della moneta, neutralizzando o smorzando gli effetti della politica monetaria restrittiva. La velocità di circolazione della moneta può essere modificata anche dal settore bancario quando le banche dispongono di un eccesso di liquidità bancaria. Dinnanzi a una politica monetaria restrittiva le banche possono reagire iniettando in circolazione una parte delle proprie scorte monetarie detenute, neutralizzando o smorzando gli effetti della politica monetaria restrittiva (offerta di moneta endogena).

La politica monetaria può essere efficace quando le aspettative del pubblico sono molto pessimistiche. Se gli operatori si attendono un futuro peggioramento della situazione economica, la politica monetaria espansiva cessa di avere effetti reali e viene neutralizzata dal mercato. L'aumento dell'offerta di moneta non produce un aumento del reddito, in attesa di tempi migliori gli individui aumentano le proprie scorte di moneta precauzionale per far fronte all'incertezza sul futuro. In tali circostanze la preferenza per la liquidità degli operatori neutralizza l'iniezione di moneta nel sistema economico e il tasso di interesse permane a livelli costanti, non essendo modificato dalla politica monetaria.
Gli effetti reali della politica monetaria sono un argomento di discussione tra gli economisti e le teorie economiche. Essa infatti influenza le variabili reali del sistema economico in modo indiretto, pertanto gli effetti non sempre riflettono quelli attesi dal policy maker (es. preferenza della liquidità, aspettative negative del pubblico, offerta di moneta endogena delle banche, ecc.).

Pur perseguendo molte volte i medesimi obiettivi, la politica fiscale e quella monetaria presentano notevoli differenze. La politica fiscale permette al policy maker di intervenire direttamente sulla domanda aggregata dei beni e dei servizi tramite l'imposizione, la spesa pubblica, ecc. La politica monetaria, viceversa, agisce direttamente sul mercato della moneta e indirettamente sul mercato reale. Generalmente, la politica monetaria persegue gli stessi obiettivi della politica fiscale, in quanto entrambe sono parte della politica economica del policy maker. Tuttavia, in molti casi la politica monetaria viene assegnata a un'autorità diversa da quella della politica fiscale, al fine di perseguire obiettivi di stabilità finanziaria e monetaria del sistema economico. Ciò accade, ad esempio, nell'Unione europea dove la politica monetaria è gestita da un'autorità sovrannazionale (BCE) e indipendente dai singoli governi nazionali.

13. Il modello di Mundell - Fleming.

Nella seconda metà del secolo scorso gli economisti Robert Mundell e Marcus Fleming elaborarono un modello che consentì di estendere la validità del modello IS-LM anche all'economia aperta. Assunto di tale modello è che vi sia perfetta mobilità di capitali e che i prezzi siano fissi.
Dal punto di vista grafico, rispetto al modello standard IS-LM, deve essere aggiunta una retta che indichi la bilancia dei pagamenti, denominata BP, i cui punti rappresentano le combinazioni tra tasso di interesse e produzione per cui il mercato si trova in equilibrio. Visti gli assunti suddetti, integrando il modello IS-LM con la suddetta retta Bp, si avrà la seguente figura:

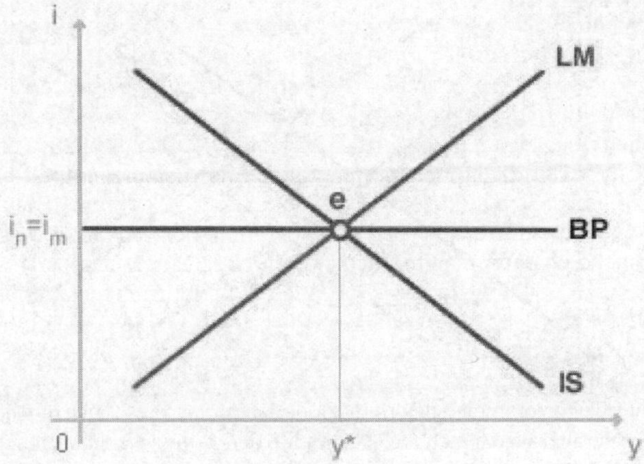

Nel punto si avrà un equilibrio macroeconomico di tutti i mercati:

- Mercato dei beni
- Mercato della moneta
- Mercato dei cambi

Analizziamo adesso gli effetti di una politica fiscale e monetaria, effettuate in ipotesi di cambi fissi o flessibili.

▶ 13.1 Politica fiscale espansiva in presenza di cambi fissi.

Mettere in campo una politica fiscale espansiva significa provocare uno spostamento della curva IS in IS', provocando un aumento del reddito e causando un tasso di interesse interno superiore a quello internazionale. Il punto e1 non è più un punto di equilibrio, perché il fatto che il tasso di interesse interno sia superiore a quello internazionale provoca un afflusso di capitale dall'estero, con conseguente apprezzamento della moneta nazionale. La Banca centrale, a quel punto, per mantenere il tasso di cambio fissato, dovrà necessariamente emettere moneta, così da deprezzare la valuta nazionale, fintantoché ciò non riporti il tasso di interesse interno in linea con quello internazionale. LA curva LM si sposterà da LM a LM'.

Avremo dunque un nuovo punto di equilibrio in e2, con un tasso di interesse invariato ed un livello di produzione (e, quindi, di reddito) notevolmente incrementato.

In conclusione, in presenza di cambi fissi e perfetta mobilità di capitali **una politica fiscale espansiva è estremamente efficace,** in quanto i suoi effetti iniziali sono amplificati dalla necessità di mantenere invariato il tasso di cambio.

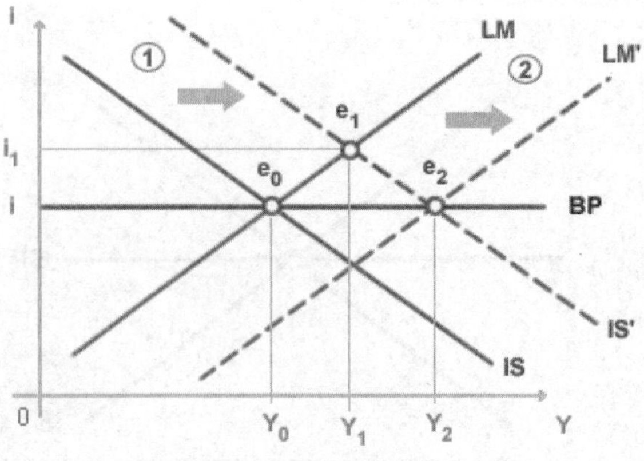

▶ 13.2. Politica fiscale espansiva in presenza di cambi flessibili.

A risultati diametralmente opposti si giunge ponendo in essere una politica fiscale espansiva in un sistema di cambi flessibili.

Così come sopradescritto, una politica fiscale espansiva comporta lo spostamento della curva IS in IS', con un nuovo equilibrio nel punto e1. Tuttavia, poiché la banca centrale non interviene per modificare il tasso di cambio, l'apprezzamento del tasso di interesse interno provoca un peggioramento della bilancia dei pagamenti, in quanto i beni nazionali saranno meno competitivi sui mercati internazionali e quindi vi saranno meno esportazioni. L'effetto di ciò sarà spostare la curva IS' verso sinistra, esattamente nel punto e, in cui il tasso di interesse interno è pari a quello internazionale.

In conclusione, una politica monetaria espansiva in regime di cambi flessibili e perfetta mobilità di capitali è **inefficace**, in quanto non variano né il livello di produzione né il tasso di interesse.

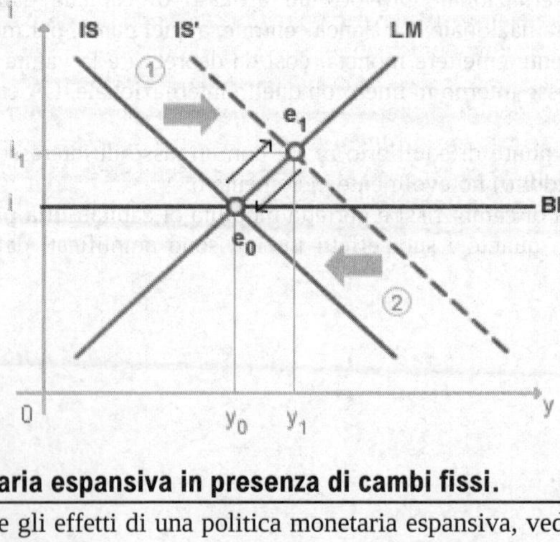

▶ 13.3. Politica monetaria espansiva in presenza di cambi fissi.

Venendo ora ad analizzare gli effetti di una politica monetaria espansiva, vedremo come gli effetti sono invertiti rispetto alla politica fiscale.

In presenza di un regime di cambi fissi un intervento di politica monetaria espansiva (Banca centrale aumenta offerta di moneta) la curva LM si sposta verso destra in LM', con un nuovo punto di equilibrio in *e1*, incrementando la produzione e facendo diminuire il tasso di interesse. Tuttavia, per mantenere il tasso

di cambio fisso, la Banca centrale interverrà acquistando valuta nazionale e vendendo valuta estera; di conseguenza, diminuirà l'offerta di moneta e la curva LM si sposterà verso sinistra. Il nuovo punto di equilibrio sarà nel punto di partenza *e*, laddove il tasso di interesse interno coincide con quello internazionale.
In conclusione, una politica monetaria espansiva effettuata in regime di cambi flessibili è **inefficace,** in quanto non riesce ad aumentare la produzione né modificare il tasso di interesse interno.

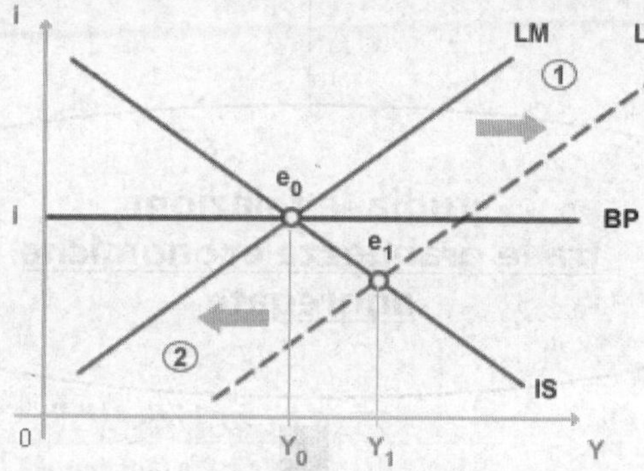

▶13.4. Politica monetaria in presenza di cambi flessibili.

In un sistema di cambi flessibili, gli effetti di una politica monetaria espansiva sono diametralmente opposti.
L'aumento dell'offerta di moneta comporta uno spostamento della curva LM in LM', generando un aumento della produzione ed una diminuzione del tasso di interesse interno in *e1.* Il deprezzamento della valuta nazionale comporta una maggiore competitività dei beni nazionali sui mercati esteri, nonché un aumento dei prezzi dei beni importati. Il così causato incremento della domanda dei beni interni determina lo spostamento della curva IS verso destra in IS', con un nuovo punto di equilibrio in *e2* , che presenta, rispetto al punto di equilibrio iniziale, un aumento notevole della produzione ed un tasso di interesse invariato.
In definitiva, una politica monetaria espansiva in un regime di cambi flessibili e perfetta mobilità di capitali è **estremamente efficace,** generando un aumento della produzione amplificato dai meccanismi che riportano in equilibrio il tasso di interesse.
Un ulteriore corollario del modello di Mundell-Fleming è che, in presenza di perfetta mobilità di capitali, la politica economica non è in grado di modificare il tasso di interesse interno, che tenderà sempre a coincidere con quello internazionale.

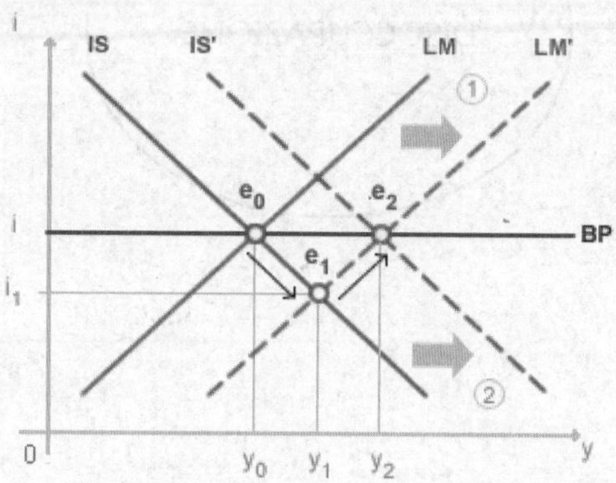

SCHEMI DI RIEPILOGO

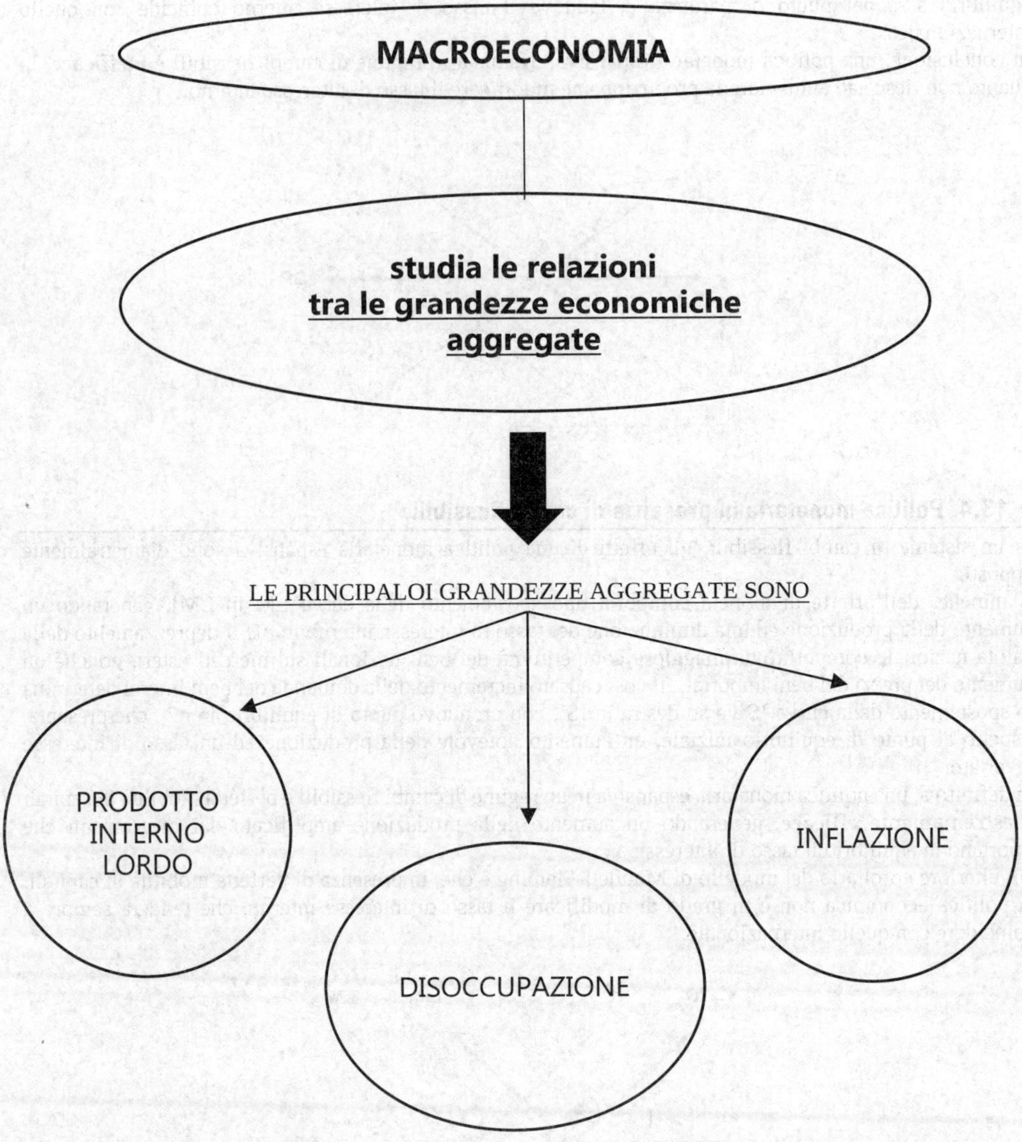

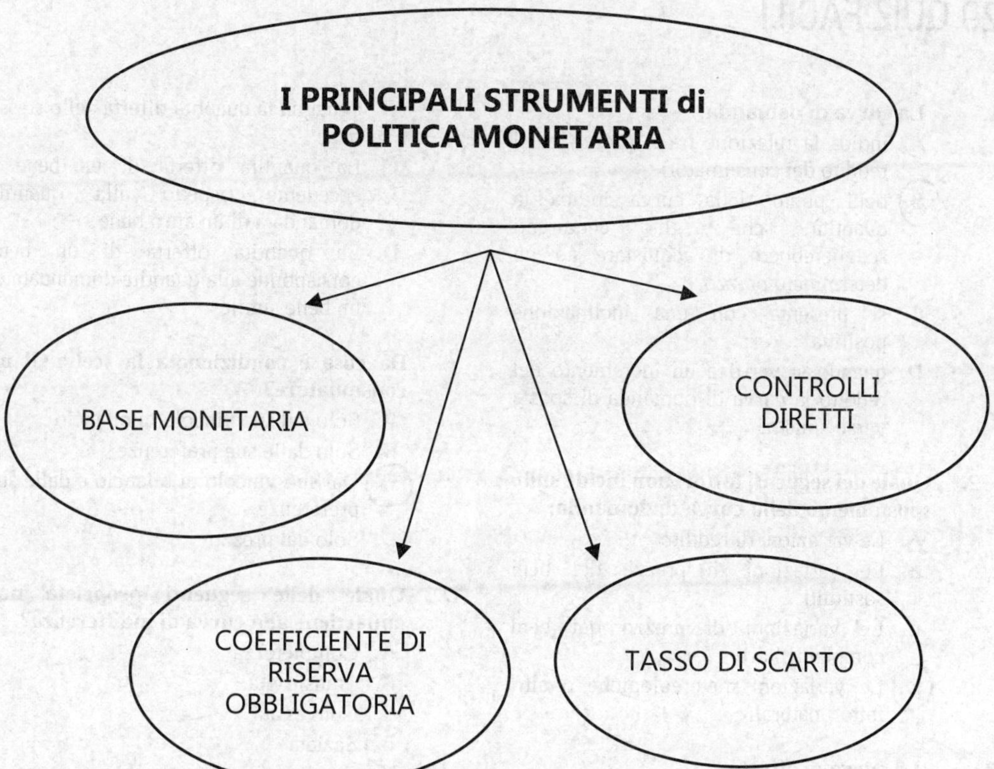
I PRINCIPALI STRUMENTI di
POLITICA MONETARIA
BASE MONETARIA
CONTROLLI DIRETTI
COEFFICIENTE DI RISERVA OBBLIGATORIA
TASSO DI SCARTO

20 QUIZ FACILI

1. **La curva di domanda:**
   A. indica la relazione tra il prezzo ed il reddito dei consumatori
   B. ogni punto della curva indica la quantità che gli acquirenti sceglierebbero di acquistare ad un determinato prezzo
   C. si presenta con una inclinazione positiva
   D. quando si verifica un incremento del reddito la curva di domanda di sposta verso sinistra

2. **Quale dei seguenti fattori non incide sullo spostamento della curva di domanda:**
   A. Le variazioni di reddito
   B. Le variazioni di prezzo dei beni sostituiti
   C. Le variazioni di prezzo dei beni complementari
   D. Le variazioni metereologiche o altri fattori naturali

3. **La curva di offerta:**
   A. l'aumento del numero di venditori sposta la curva di offerta verso sinistra
   B. ogni progresso tecnologico sposta la curva di offerta verso sinistra
   C. si presenta con una inclinazione negativa
   D. indica la relazione tra il prezzo e la quantità offerta di un bene

4. Quale dei seguenti fattori non incide sullo spostamento della curva di offerta
   A. La variazione di reddito
   B. Numero di imprese
   C. Innovazione tecnologica
   D. Aspettative riguardo al prezzo futuro

5. **L'equilibrio di mercato si realizza quando…**
   A. La quantità domandata di un bene eguaglia la quantità prospettata statisticamente
   B. La quantità domandata di un bene eguaglia la quantità offerta dello stesso bene
   C. La quantità offerta di un bene è eccedente rispetto alla quantità domandata di un altro bene
   D. La quantità offerta di un bene corrisponde alla quantità domandata di un bene simile

6. **Da cosa è condizionata la scelta di un consumatore?**
   A. Solo dal suo vincolo di bilancio
   B. Solo dalle sue preferenze
   C. Dal suo vincolo di bilancio e dalle sue preferenze
   D. Solo dal prezzo

7. **Quale delle seguenti proprietà non appartiene alla curva di indifferenza?**
   A. Completezza
   B. Transitività
   C. Convessità
   D. Sazietà

8. **La produzione è**
   A. Un processo mediante il quale un'impresa utilizza i propri fattori produttivi per realizzare un bene o un servizio
   B. Un processo mediante il quale un'impresa opera al servizio di una pubblica autorità
   C. Un processo mediante il quale un'impresa utilizza fattori produttivi esterni per modificare un bene
   D. Nessuna delle risposte precedenti

9. **La meccanizzazione dei processi produttivi:**
   A. consiste nella sostituzione del lavoro dell'uomo con le macchine
   B. comporta la sostituzione del solo lavoro intellettuale
   C. non determina mai disoccupazione tecnologica
   D. ha sempre carattere temporaneo

10. È un costo fisso:

A. la spesa sostenuta per l'acquisto delle materie prime
B. la spesa sostenuta per il consumo di energia elettrica
C. la spesa sostenuta per i macchinari
D. la spesa sostenuta per i fattori produttivi

11. Si definisce costo marginale:

A. l'aggravio di costo che deve sostenere l'impresa nei periodi di crisi
B. il costo aggiuntivo per incrementare la quantità di produzione
C. il costo della produzione invenduta giacente in magazzino
D. il costo di produzione sostenuto dall'impresa marginale

12. Quale delle seguenti caratteristiche non contraddistingue la forma di mercato della concorrenza perfetta?

A. Presenza di barriere all'ingresso
B. Omogeneità dei beni offerti
C. Informazione perfetta
D. Libertà decisionale

13. Nei regimi di concorrenza imperfetta i prodotti sono:

A. omogenei
B. unici
C. differenziati
D. identici

14. I beni pubblici:

A. Sono beni economici caratterizzati dall'assenza, tra l'altro, di rivalità
B. Sono facilmente producibili anche dalle imprese in regime di libero mercato
C. Non sono mai caratterizzati dall'indivisibilità
D. Né può essere escluso il consumo agli individui che non pagano il prezzo del servizio

15. I beni complementari sono:

A. Beni che esistono in natura e che vengono consumati in modo congiunto per la soddisfazione di un determinato bisogno
B. Beni che esistono in natura e che vengono consumati separatamente per la soddisfazione di bisogni diversi
C. Beni che non esistono in natura e che vengono consumati separatamente per la soddisfazione di un determinato bisogno
D. Beni che possono essere usati solo per la soddisfazione di un unico e determinato bisogno non esistente in natura

16. Con riferimento alle esternalità positive, è corretto affermare che:

A. Corrispondono all'insieme degli effetti prodotti da un'impresa che recano danni a terzi
B. L'inquinamento generato dagli impianti di produzione rappresenta un esempio di esternalità positiva
C. Il teorema di Coase studia le esternalità positive
D. Sono l'insieme degli effetti generati da un'impresa in grado di apportare benefici a terzi

17. Cosa studia la macroeconomia?

A. le relazioni tra le grandezze economiche aggregate
B. l'intervento pubblico dello Stato in economia
C. il comportamento individuale degli operatori
D. il comportamento delle singole imprese

18. Il prodotto interno lordo (PIL) di un paese è:

A. costituito dalla somma dei beni e servizi finali prodotti in un anno nel territorio di un dato Paese
B. costituito dalla somma dei beni e servizi finali prodotti in un anno dai soggetti residenti in un dato Paese, indipendentemente dalla circostanza che operino in quello stesso territorio;
C. è dato dal Prodotto Nazionale Lordo senza decurtazione degli accantonamenti destinati a sostituire i macchinari

obsoleti

D. è dato dal Prodotto Nazionale Lordo senza decurtazione degli accantonamenti destinati a sostituire il capitale fisso logoro o obsoleto

19. La domanda aggregata:

A. è rappresentata dalla spesa in consumi e investimenti da parte delle famiglie, delle imprese e del settore pubblico

B. è direttamente proporzionale al prezzo

C. è direttamente proporzionale all'imposizione fiscale

D. è inversamente proporzionale al reddito ed alla spesa pubblica

20. Il monopolio è:

A. Una forma di mercato concorrenziale in cui l'offerta di un bene/servizio è concentrata nelle mani di un'unica impresa, mentre la domanda è suddivisa tra molteplici soggetti acquirenti

B. Una forma di mercato non concorrenziale in cui l'offerta di un bene/servizio è concentrata nelle mani di un'unica impresa, mentre la domanda è suddivisa tra molteplici soggetti acquirenti

C. Una forma di mercato non concorrenziale in cui l'offerta di un bene/servizio è concentrata nelle mani di poche e limitate imprese, e la domanda è suddivisa tra molteplici soggetti acquirenti

D. Una forma di mercato non concorrenziale in cui l'offerta di un bene/servizio è concentrata nelle mani di poche e limitate imprese, e la domanda proviene da un unico soggetto acquirente

RISPOSTE

1. B
2. D
3. D
4. A
5. B
6. C
7. D
8. A
9. A
10. C
11. B
12. A
13. C
14. A
15. A
16. D
17. A
18. B
19. A
20. B

20 QUIZ INTERMEDI

1. **Quale tra queste affermazioni relative all'economista Karl Marx è errata?**
   A. Sostenne che il "capitale costante" è costituito dai mezzi di produzione
   B. Sostenne che il "capitale variabile" è costituito dai mezzi di produzione
   C. Negò che gli investimenti in "capitale costante" avrebbero determinato una sempre maggiore concentrazione industriale
   D. Negò che gli investimenti in "capitale costante" avrebbero determinato la riduzione del "capitale variabile"

2. **Chi tra gli economisti di seguito indicati, vissuto all'epoca della rivoluzione industriale, analizzò la c.d. disoccupazione tecnologica?**
   A. Thomas Robert Malthus
   B. David Ricardo
   C. John Maynard Keynes
   D. John-Baptiste Say

3. **Nell'ambito della rivoluzione marginalista da chi venne sostenuto che il valore di ciascun bene o servizio viene dedotto dall'utilità che esso ha per il consumatore finale?**
   A. Carl Menger
   B. Léon Walras
   C. Alfred Marshall
   D. Stanley Jevons

4. **La domanda di un bene:**
   A. è funzione crescente del prezzo
   B. è indipendente dal prezzo
   C. è funzione decrescente del prezzo
   D. è funzione decrescente della produzione

5. **Al crescere del reddito di un individuo la domanda dei beni inferiori**
   A. tende a diminuire a vantaggio dell'acquisto di altri beni
   B. tende a rimanere invariata
   C. tende a crescere in modo più che proporzionale all'aumento del reddito
   D. può aumentare o diminuire a seconda delle preferenze dei consumatori

6. **Un aumento della domanda:**
   A. fa aumentare il prezzo
   B. fa diminuire l'offerta
   C. fa diminuire il prezzo
   D. non incide né sul prezzo né sull'offerta

7. **Una diminuzione del prezzo determina:**
   A. una diminuzione della domanda
   B. un aumento dell'offerta
   C. una diminuzione dell'offerta
   D. una quantità di equilibrio

8. **Una diminuzione dell'offerta:**
   A. determina una diminuzione del prezzo
   B. non incide mai sul prezzo che è influenzato solo dalla domanda
   C. provoca un aumento del prezzo
   D. favorisce un aumento della domanda

9. **Se la domanda di un bene aumenta:**
   A. diminuisce il prezzo
   B. cresce automaticamente l'offerta
   C. tende a diminuire l'offerta
   D. aumenta il prezzo

10. **Si definisce prezzo di equilibrio:**
    A. il prezzo che si determina dopo lunghe trattative tra acquirente e venditore
    B. il prezzo vantaggioso per il consumatore
    C. il prezzo vantaggioso per il venditore
    D. il prezzo che uguaglia la domanda con l'offerta

11. **Quando tutte le variabili del mercato sono già in equilibrio, si parlerà di:**
    A. Equilibrio economico parziale
    B. Equilibrio economico statico
    C. Equilibrio economico dinamico
    D. Equilibrio economico generale

12. Quando l'incremento delle quantità di impiego del fattore produttivo determina un incremento esattamente proporzionale della quantità del prodotto finito, si parlerà di:

A. rendimenti di scala costanti
B. rendimenti di scala proporzionali
C. rendimenti di scala decrescenti
D. rendimenti di scala crescenti

13. L'omogeneità dei beni offerti in mercati concorrenziali fa sì che:

A. il loro prezzo sia determinato dalla domanda e dall'offerta
B. dipenda da quanto l'impresa è disposta a spendere in pubblicità
C. si formi sul mercato e tenda a eguagliare il costo di produzione
D. tenda a essere superiore al costo di produzione affinché ogni impresa possa conseguire un extraprofitto

14. Nei regimi di monopolio i prezzi dei beni sono determinati:

A. dal costo di produzione
B. dalla domanda e dall'offerta
C. dai gusti e dal reddito dei consumatori
D. dal monopolista

15. Alla base della "teoria dei giochi" vi è/sono:

A. l'equilibrio di Nash
B. il dilemma del Prigioniero
C. l'equilibrio di Nash ed il dilemma del Prigioniero
D. lo studio del comportamento e delle decisioni dei soggetti razionali che decidono autonomamente senza subire le scelte strategiche degli altri

16. La somma dei consumi pubblici e degli investimenti pubblici rappresenta:

A. la spesa pubblica
B. il reddito nazionale
C. l'equazione degli impieghi del reddito nazionale
D. la spesa pubblica al netto dei trasferimenti

17. La somma dei beni e dei servizi finali prodotti in un dato Paese in un anno rappresenta:

A. Il Prodotto interno lordo
B. il Prodotto nazionale lordo
C. il Prodotto interno netto
D. il Prodotto nazionale netto

18. La affermazione secondo cui la disoccupazione è generata dalla mancanza di flessibilità del salario nel mercato del lavoro:

A. è il punto di partenza della teoria Keynesiana
B. è il punto di partenza della teoria marginalista
C. è il risultato di una terza teoria
D. nessuna delle risposte precedenti è vera

19. Tra inflazione e disoccupazione

A. non vi è alcuna correlazione
B. sussiste una relazione di proporzionalità diretta
C. sussiste un collegamento inverso
D. nessuna delle precedenti risposte è corretta

20. Le principali componenti della domanda di moneta sono:

A. Domanda di moneta per transazioni e domanda di moneta precauzionale
B. Domanda di moneta per transazioni e domanda di moneta speculativa
C. Domanda di moneta precauzionale e domanda di moneta speculativa
D. Domanda di moneta per transazioni, domanda di moneta precauzionale e domanda di moneta speculativa

RISPOSTE

1. B
2. B
3. A
4. C
5. A
6. A
7. C
8. C
9. D
10. D
11. B
12. A
13. C
14. D
15. C
16. D
17. B
18. A
19. C
20. D

20 QUIZ DIFFICILI

1. **L'Opera di William Petty risale al:**
   - A. XVII secolo
   - B. XV secolo
   - C. XIV secolo
   - D. XVIII

2. **Quale tra queste affermazioni relative all'economista Adam Smith è errata?**
   - A. Evidenziò i vantaggi della c.d. divisione del lavoro
   - B. Promosse l'introduzione di premi alle esportazioni
   - C. Utilizzò la metafora della "mano invisibile", secondo cui nel libero mercato la ricerca egoistica del proprio interesse gioverebbe tendenzialmente all'interesse dell'intera società
   - D. Fu tra i primi a determinare il prezzo di un bene sulla base del tempo di produzione

3. **John Maynard Keynes argomentò che la crisi del 1929 era dovuta alla circostanza che la domanda aggregata risentisse di vari fattori; in particolare, affermò che:**
   - A. la propensione marginale al consumo dipendesse dal tasso di interesse
   - B. gli investimenti dipendessero solo dalle aspettative degli imprenditori
   - C. il livello del tasso di interesse fosse fortemente influenzato dalla propensione al consumo;
   - D. gli investimenti dipendessero anche dal tasso di interesse

4. **Secondo l'economista statunitense Milton Friedman:**
   - A. Le politiche monetarie espansive creano effetti reali sull'economia
   - B. Esiste una relazione inversa tra tasso di disoccupazione e tasso di inflazione
   - C. l'inflazione dei prezzi è causata da un incremento eccessivo dell'offerta di moneta rispetto alla crescita della produzione
   - D. Al fine di frenare l'inflazione dei prezzi i *policy maker* avrebbero dovuto ridurre la massa monetaria nel sistema economico

5. **Rispetto alla curva di offerta**
   - A. Un aumento del numero di imprese sposta la curva di offerta verso destra
   - B. Un aumento del numero di imprese sposta la curva verso sinistra
   - C. Un aumento del numero di imprese sposta la curva verso il basso
   - D. Una diminuzione del numero di imprese sposta la curva verso il basso

6. **La retta del vincolo di bilancio:**
   - A. presenta un'inclinazione positiva
   - B. individua l'insieme delle combinazioni in cui il consumatore spende interamente il suo reddito per acquistare il bene X1 ed il bene X2
   - C. non è soggetta a modificazioni
   - D. si sposta verso destra quando il reddito del consumatore diminuisce

7. **Quale delle seguenti affermazioni relative alle preferenze del consumatore non è corretta:**
   - A. Le preferenze del consumatore incidono sulle scelte del medesimo
   - B. Le preferenze del consumatore sono espresse da una funzione di utilità
   - C. Le preferenze del consumatore sono rappresentate graficamente attraverso curve di indifferenza convesse
   - D. Le preferenze del consumatore sono rappresentate graficamente attraverso una retta con inclinazione positiva

8. **La curva di produzione con un solo fattore di produzione:**
   - A. È una funzione continua
   - B. È una funzione autonoma
   - C. È una funzione autonoma e continua
   - D. Non subisce variazioni nel lungo periodo

9. **I rendimenti di scala:**
A. Possono essere solo crescenti
B. Possono essere solo decrescenti
C. Possono essere anche costanti
D. Nessuna delle risposte precedenti è corretta

10. **La curva di produzione con due fattori di produzione:**
A. Può essere rappresentata graficamente sul piano cartesiano a due dimensioni
B. Non può essere rappresentata graficamente attraverso l'utilizzo degli isoquanti di produzione
C. È una funzione a due variabili
D. È una funzione con una variabile dipendente e due variabili indipendenti

11. **Il saggio marginale di sostituzione tecnica non:**
A. corrisponde alla misura della sostenibilità tecnica dei fattori produttivi a parità di produzione e di tecnologia utilizzata
B. misura l'incremento di impiego di un dato fattore produttivo al diminuire dell'altro e viceversa
C. equivale alla pendenza dell'isoquanto
D. è positivo

12. **Con riferimento alla concorrenza monopolistica, quale tra le seguenti affermazioni è errata:**
A. nel mercato di concorrenza monopolistica le imprese offrono un prodotto non omogeneo e differenziato chiaramente identificabile
B. nel mercato di concorrenza monopolistica le imprese possono modificare sia la quantità di produzione sia il prezzo
C. nel caso della concorrenza monopolistica esistono barriere di ingresso insormontabili
D. nel caso della concorrenza monopolistica l'equilibrio di breve periodo non è destinato a durare nel tempo

13. **La grande impresa monopolistica può produrre a costi più bassi di una piccola impresa in regime di concorrenza perché:**
A. può decidere il prezzo di vendita dei beni
B. è la sola impresa che produce un dato prodotto
C. può applicare una maggiore divisione del lavoro
D. ha profitti più alti

14. **In quale dei seguenti modelli, nell'ambito di un regime di duopolio, si tiene conto dei diversi rapporti di forza tra le due imprese duopoliste?**
A. Modello di Stackelberg
B. Modello di Cournot
C. Modello di Bertrand
D. Modello di Nash

15. **La forma di disoccupazione di breve durata che colpisce solo coloro che stanno cambiando lavoro è denominata:**
A. Disoccupazione frizionale
B. Disoccupazione stagionale
C. Disoccupazione transitoria
D. Disoccupazione temporanea

16. **Quale delle seguenti affermazioni relative all'inflazione non è corretta:**
A. L'inflazione è l'incremento generale dei prezzi di merci e dei servizi in un sistema economico
B. L'innalzamento del livello generale dei prezzi può essere provocato da uno squilibrio tra domanda e offerta di mercato
C. Non può essere mai provocato da aspettative di crescita dei prezzi
D. Causa la riduzione del potere di acquisto della moneta

17. **Non può annoverarsi tra le principali cause di dell'inflazione:**
A. l'espansione dell'offerta di moneta delle banche centrali
B. improvvisi aumenti di produzione delle merci
C. improvvisi aumenti della domanda di mercato
D. aspettative di inflazioni future

18. La moneta legale circolante e le attività finanziarie immediatamente convertibili in moneta legale sono ricomprese:

A. Nell'aggregato M0
B. Nell'aggregato M1
C. Nell'aggregato M2
D. Nell'aggregato M3

19. Con riguardo al modello IS-LM, quale di queste affermazioni non è corretta?

A. È uno strumento per analizzare il ruolo della politica monetaria e della politica fiscale nella determinazione del reddito di equilibrio in un sistema economico
B. Mette in relazione il tasso di interesse con il reddito sia dal punto di vista del mercato monetario, sia dal punto di vista del mercato dei beni
C. Con il modello IS-LM viene sostenuta l'ipotesi degli investimenti esogeni
D. Consente di determinare contemporaneamente i valori di equilibrio del taso di interesse e del reddito

20. Con riguardo al modello AD-AS, quale di queste affermazioni è corretta?

A. Nel modello AD-AS, i prezzi sono una variabile esogena
B. È un modello economico utilizzato per analizzare le condizioni di equilibrio macroeconomico sulla base del reddito e dei prezzi
C. Nel modello AD-AS, l'equilibrio è individuato nella condizione di uguaglianza tra la domanda aggregata ed il tasso di interesse
D. Il modello AD-AS ed il modello IS-LM sono tra loro incompatibili

RISPOSTE

1. A
2. B
3. D
4. C
5. A
6. B
7. D
8. C
9. C
10. D
11. C
12. C
13. C
14. A
15. A
16. C
17. B
18. A
19. C
20. B

PARTE VI
STORIA CONTEMPORANEA

Riassunto = 25 pagine

Capitolo 1 | L'ETÀ DELLA RESTAURAZIONE

SOMMARIO:
1. Il congresso di Vienna. - **2.** L'Europa dopo il congresso di Vienna: il sistema delle alleanze. - **3.** La restaurazione in Italia. - **4.** I moti del 1820/1821. - **5.** La questione d'oriente e l'indipendenza greca. - **6.** I moti del 1830/1831.

1. Il Congresso di Vienna.

Il termine "**restaurazione**" definisce la prospettiva ideologica e politica fondata sulla difesa dei valori tradizionali dell'**assolutismo monarchico** e dell'inamovibilità delle legittime dinastie, che la Rivoluzione francese aveva momentaneamente travolto: il 1789 veniva considerato, sotto questa prospettiva, una parentesi nefasta nella storia europea e, sulla base di queste convinzioni, si inaugurarono i lavori del Congresso di Vienna.

Il **Congresso di Vienna** si aprì il 1° novembre 1814 e si concluse poco prima della battaglia di Waterloo, il 9 giugno 1815: vi parteciparono, oltre alle potenze vincitrici del decennale scontro con Napoleone (Austria, Russia, Prussia e Gran Bretagna), circa duecento delegazioni di Stati europei, perseguendo lo scopo di riordinare l'Europa sconvolta dalla Rivoluzione francese, da quasi un ventennio di guerre napoleoniche e dai cambiamenti politici che ne conseguirono. Su iniziativa del ministro degli Esteri francese Talleyrand e dal cancelliere austriaco Metternich, vi prese parte anche la Francia, rappresentata dalla legittima monarchia borbonica.

L'intento dei partecipanti consisteva essenzialmente nella **restaurazione degli antichi regimi**, sulla base di due principi ispiratori:

1. il **principio di legittimità**, con il ripristino dei legittimi sovrani spodestati da Napoleone;
2. quello dell'**equilibrio politico**, garantito dalla divisione dell'Europa in **sfere di influenza**, dalla barriera di Stati ai confini della Francia, dall'ingrandimento della Prussia e del Regno di Sardegna, dalla limitazione dell'espansione della Russia e dalla funzione di controllo dell'Impero austriaco.

L'Europa "restaurata" a Vienna avrebbe dovuto ricalcare la geografia politica prerivoluzionaria, non permettendo a nessuna potenza di prevalere sull'altra. Tuttavia, i due principi risultarono difficilmente conciliabili, dato che il principio di legittimità poteva produrre turbative nell'ordine internazionale (ad esempio, fu il caso dell'area germanica, frammentata in numerosissime realtà politiche di piccola entità).

2. L'Europa dopo il Congresso di Vienna: il sistema delle alleanze.

L'Europa ridisegnata dal Congresso di Vienna somigliava solo in parte a quella dell'*Ancient régime*: le potenze europee avevano adottato alcune modernizzazioni che, pur alterando il principio di legittimità, sembravano necessarie per gli equilibri internazionali: ad esempio, furono adottate quelle innovazioni burocratiche delle amministrazioni napoleoniche, come la centralizzazione burocratica, il codice civile e i censimenti, che favorivano delle gestioni statali più efficienti.

La geografia politica europea dopo il congresso era così suddivisa:

- la **Francia** tornava ad essere una monarchia, anche se costituzionale, affidata alla dinastia borbonica; dal punto di vista territoriale, ritornava ai confini precedenti alle guerre rivoluzionarie, conservando, però, Avignone e parte della Savoia;

- l'**Inghilterra** annetteva le ex colonie olandesi (Ceylon, Guyana, Colonia del Capo), occupate durante le guerre napoleoniche, e le isole Ionie; acquistava, inoltre, l'isola di Malta;
- la costruzione del **Regno dei Paesi Bassi** comportava un'estensione territoriale dell'Olanda, che assorbiva anche Belgio e Lussemburgo; all'estensione territoriale corrispondeva, però, l'indebolimento coloniale a vantaggio dell'Inghilterra;
- il **Regno di Prussia** fu rinforzato ed ingrandito: a est recuperava alcune province polacche, otteneva la Pomerania svedese, parte della Sassonia e i territori di Colonia e di Treviri (in tutto, ben 39 stati formavano la Confederazione germanica, di nuovo soggetta al controllo asburgico);
- l'**Austria**, sotto Francesco I di Lorena, risultava ingrandita con l'acquisizione della Boemia e del Trentino (l'impero era formato, inoltre, da territori polacchi conquistati nel corso del Settecento, dal Regno di Ungheria, dalla Transilvania, da una parte dell'attuale Serbia e della Lombardia); ottenne, inoltre, Venezia, secondo quanto stabilito già nel trattato di Campoformio;
- in **Russia** lo zar Alessandro I Romanov ottenne la Finlandia e guadagnò gran parte del Ducato di Varsavia con il titolo di re della Polonia;
- la **Danimarca** ottenne la sovranità sui ducati di Holstein e Lauenburg, perdendo, però, la Norvegia e la Svezia (la Svezia annetteva la Norvegia);
- nella penisola iberica, in **Spagna** venne restaurata la monarchia borbonica di Ferdinando VII, mentre nel **Portogallo** governava una giunta sotto il controllo britannico;
- la **Confederazione svizzera** venne posta sotto il controllo delle potenze straniere e se ne dichiarò la neutralità perenne;
- l'**impero ottomano** manteneva una salda presenza nei Balcani, ma i suoi territori erano stati ridimensionati dall'estensione dei domini austriaci e russi.

Su tale assetto geopolitico si possono fare due importanti annotazioni:

1. in **Europa**, oltre all'evidente intento di premiare con annessioni territoriali i vincitori di Napoleone, si creò una sorta di **cordone difensivo intorno alla Francia**, rafforzando gli stati limitrofi, quali Paesi Bassi, Confederazione germanica e Regno dei Savoia;
2. l'**Inghilterra**, che fu sensibilmente avvantaggiata nei **possedimenti coloniali**, era oramai un territorio vastissimo, che comprendeva anche Australia, Canada, India, Nuova Zelanda (mentre Francia e Olanda perdevano territori, pur mantenendo ancora un certo peso nello scacchiere coloniale).

Il Congresso di Vienna aveva, inoltre, tracciato delle linee politiche e diplomatiche per garantire il mantenimento del nuovo ordine, al fine di attuare delle **strategie difensive** contro due eventuali nemici: gli stati (in particolare, la Francia) che avrebbero potuto minare l'ordine restaurato e il rischio di insurrezioni rivoluzionarie all'interno dei singoli paesi.

La **Santa Alleanza** nacque per iniziativa dello zar Alessandro I, che propose un trattato firmato il 26 settembre 1815 da **Russia, Austria e Prussia**: si trattava di un patto finalizzato a difendere il connubio tra potere politico e potere religioso, che ribadiva il principio di sovranità per diritto divino e che prevedeva la **reciproca difesa** in caso di attentato all'ordine costituito. Il Papa, però, non accettò di sottoscrivere un accordo con gli ortodossi russi e i protestanti prussiani, mentre la Francia di Luigi XVIII vi aderì.

Nel novembre 1815 l'Inghilterra promosse, invece, la **Quadruplice Alleanza**, cercando di definire un accordo che non fosse puramente ispirato alla difesa dell'assolutismo: oltre all'Inghilterra, aderirono **Austria, Prussia e Russia** (che, dunque, presero parte ad entrambe le alleanze). Lo scopo precipuo della Quadruplice Alleanza era la prevenzione di attacchi rivoluzionari e di nuovi tentativi egemonici nel continente. Il premier britannico Castelreagh, promotore dell'alleanza, intendeva perseguire la linea della *diplomacy by conference* ("diplomazia attraverso le conferenze"): cercava, infatti, delle soluzioni diplomatiche che prevedevano incontri periodici tra le quattro potenze aderenti, allo scopo di affrontare i problemi che sarebbero potuti insorgere con delle trattative pacifiche.

3. La Restaurazione in Italia.

Dopo il congresso di Vienna, l'**Italia** fu divisa in una decina di stati (che si ridussero ad otto, entro una trentina di anni dal Congresso, a causa di alcune annessioni di stati minori ad entità più vaste):

- Il **Regno di Sardegna**, governato dai **Savoia**, riottenne il Piemonte e la Savoia e venne ingrandito con i territori della Repubblica di Genova che non venne ricostituita. Nel resto del nord venne costituito il **Regno Lombardo-Veneto** sotto il controllo dell'**Austria**, comprendente i territori di terraferma della Repubblica di Venezia (che anch'essa non venne ricostituita), del Veneto, del Friuli e della Lombardia orientale, tutti uniti alla parte rimanente della Lombardia. Al Regno Lombardo-Veneto fu annessa anche la Valtellina, visto che si era opposta alle richieste svizzere, che miravano a far sì che questa valle - sulla quale la Svizzera aveva una sorta di protettorato dal 1512 - ritornasse al Canton Grigioni o fosse unita alla Confederazione, come cantone autonomo. Nel Lombardo-Veneto inoltre fu inserita anche la Transpadana ferrarese, un territorio appartenente allo Stato Pontificio, un lembo di terra a nord del fiume Po, storicamente e culturalmente associato all'Emilia.

Sotto forte influenza austriaca si trovavano, inoltre:

- Il **Granducato di Toscana**, sotto la dinastia degli **Asburgo-Lorena**, che annesse i territori del Principato di Piombino e l'Elba, nonché lo Stato dei Presidi (ossia Orbetello e il Monte Argentario).
- Il **Ducato di Modena**, sotto la dinastia degli **Austria-Este**.
- Il **Ducato di Parma, Piacenza e Guastalla** venne assegnato a titolo vitalizio alla moglie di Napoleone **Maria Luisa d'Austria** ed, alla sua morte nel 1847, il titolo tornò ai **Borbone di Parma** (Guastalla venne annessa al Ducato di Modena).
- Il **Ducato di Lucca venne** assegnato a titolo provvisorio come compensazione per i **Borbone di Parma**, in attesa della morte di Maria Luisa e quindi del loro legittimo rientro a Parma (Lucca in seguito venne annessa al Granducato di Toscana nel 1847).
- Il **Ducato di Massa e Carrara** venne assegnato a titolo vitalizio alla madre del Duca di Modena (l'ultima esponente della casa d'Este: Maria Beatrice **d'Este**) ed alla sua morte nel 1829 venne annesso a Modena stessa.

Indipendenti, ma legati all'Austria da vincoli di alleanza e interesse:

- Il **papa** fu restaurato nello **Stato Pontificio**, che oltralpe perdeva però definitivamente la città di Avignone e il Contado Venassino, lasciate al Regno di Francia, mentre mantenne le **enclave di Benevento e Pontecorvo** entro il regno di Napoli.
- Nell'ambito dei confini pontifici rimase la piccola ed **indipendente Repubblica di San Marino**, che non venne toccata dagli eventi napoleonici e che rimase sempre estranea agli eventi politici successivi.
- Nel **Sud Italia** il cognato di Napoleone, il maresciallo napoleonico **Gioacchino Murat**, fu originariamente autorizzato a mantenere il **Regno di Napoli**. Tuttavia, in seguito al sostegno da lui fornito all'Imperatore durante i "Cento Giorni", venne deposto e la corona fu riconsegnata a **Ferdinando IV di Borbone**. L'8 dicembre dell'anno successivo, avvenne il primo cambiamento nella configurazione politica della penisola: il Regno di Sicilia fu unito al Regno di Napoli in un solo Stato chiamato **Regno delle Due Sicilie con Napoli capitale** e con re Ferdinando IV che assunse la nuova denominazione di Ferdinando I delle Due Sicilie.

4. I moti del 1820/1821.

La lotta contro la Restaurazione e contro i regimi di stampo assolutistico rinforzatisi grazie al Congresso di Vienna si manifestò in primo luogo negli Stati politicamente e socialmente più arretrati: il primo paese ad insorgere fu la **Spagna**, dove i gruppi militari protestavano contro l'assolutismo e il peggioramento

1) Spagna

delle loro condizioni economiche.

Il **1° gennaio 1820** scoppiò una ribellione guidata da alcuni ufficiali dell'esercito: presso il porto di Cadice, i militari spagnoli si rifiutarono di partire alla volta del Sudamerica, per reprimere delle insurrezioni coloniali, e si ammutinarono chiedendo con fermezza il **ritorno alla Costituzione**. Il re Ferdinando VII, temendo la propagazione del moto insurrezionale, concesse la Costituzione. Tuttavia, il successo dell'insurrezione spagnola fu breve: nell'aprile del **1823** intervenne la **Santa Alleanza**, che inviò un esercito contro i rivoltosi e la rivolta spagnola fu soffocata nel sangue. Con la **battaglia del Trocadero** (31 agosto 1823), alla quale partecipò anche il principe Carlo Alberto di Savoia, erede al trono di Sardegna, i soldati francesi misero fine definitivamente ai disordini, consentendo la restaurazione del regime assolutistico borbonico in Spagna.

Sulla spinta degli avvenimenti spagnoli, anche in **Italia** si moltiplicarono i primi tentativi insurrezionali: nel **Regno delle Due Sicilie**, nel luglio **1820**, scoppiò un'insurrezione militare nella guarnigione di Nola, al comando degli ufficiali Morelli e Silvati, a cui si aggregarono altri reggimenti militari. Il 5 luglio 1820 Morelli entrava a Salerno, mentre la rivolta si espandeva a Napoli dove il generale Guglielmo Pepe, che divenne presto il capo del movimento insurrezionale carbonaro, aveva raccolto molte unità militari. Il giorno seguente, il re Ferdinando I si vide costretto a concedere la **Costituzione**, sul modello di quella spagnola.

Il moto si estese anche in **Sicilia**, dove assunse, soprattutto a Palermo, le caratteristiche di **movimento separatista**, caldeggiato dall'aristocrazia locale, che rivendicava l'autonomia rispetto al governo di Napoli. Tuttavia, altre città siciliane non condivisero né appoggiarono la posizione di autonomia separatista e sorsero scontri violenti tra le diverse milizie cittadine. Il **governo di Napoli** rispose inviando un esercito che, con lotte sanguinose, riconquistò la Sicilia e represse l'insurrezione separatista. Il 22 novembre 1820 fu così ristabilita la monarchia e l'isola fu sotto il controllo del governo costituzionale napoletano fino al marzo 1821, quando gli Austriaci occuparono Napoli e soppressero la costituzione.

Le tensioni dell'Italia meridionale allarmarono la Santa Alleanza, che, nel **convegno di Troppau** dell'**ottobre 1820**, stabilì un piano di intervento, giustificando anche un'eventuale violazione territoriale del suolo italiano, pur di non far dilagare le insurrezioni. L'intervento armato da parte delle potenze della Santa Alleanza fu favorito dal **"tradimento" di Ferdinando I**, il quale in un congresso internazionale a Lubiana, pur avendo promesso prima di partire di difendere la Costituzione, dichiarò di essere stato costretto a concederla e diede il suo benestare per l'azione militare repressiva.

La rivolta dei ribelli siciliani subì, dunque, una durissima repressione; tuttavia, le sollevazioni napoletane e siciliane funsero da potente stimolo per i patrioti della parte settentrionale della penisola. In particolare, in **Piemonte** era forte il malcontento verso il regime assolutistico di Vittorio Emanuele I e l'opposizione al regime monarchico venne animata soprattutto dalle società di carbonari. Con il cauto sostegno di **Carlo Alberto di Savoia**, erede al trono sabaudo, gli insorti piemontesi progettarono di unirsi a quelli milanesi varcando il Ticino, che segnava il confine con il Lombardo-Veneto austriaco, per fondare uno **Stato unitario nell'Italia settentrionale**. Tra numerose esitazioni, la rivolta scoppiò nel **marzo 1821** tra Alessandria, Vercelli e Torino e fu emesso da parte dei generali insorti il famoso **Pronunciamento**, con il quale si decise l'adozione di una Costituzione, improntata su quella spagnola. Vittorio Emanuele I abdicò e la reggenza fu assunta momentaneamente da Carlo Alberto, che promise di emanare la Costituzione. **Carlo Felice**, designato come erede al trono dal fratello Vittorio Emanuele I, costrinse Carlo Alberto a ritirarsi in disparte e restaurò il regime monarchico con una violenta repressione grazie all'azione congiunta delle forze armate piemontesi ed austriache (8-10 aprile 1821).

L'esercito piemontese fu epurato dei ribelli e la scarsa coordinazione dei carbonari, aggiunta all'opera di delatori, portarono all'arresto di alcuni cospiratori milanesi, tra cui Piero Maroncelli e Silvio Pellico.

5. La questione d'Oriente e l'indipendenza greca.

L'**impero ottomano**, che comprendeva i territori dai Balcani all'Arabia, dall'Armenia alle coste settentrionali dell'Africa, tra la fine del Settecento e gli inizi dell'Ottocento sprofondò in una profonda crisi politica, causata dalle sollevazioni dei **popoli oppressi** (Slavi e Greci).

La crisi ottomana era seguita con grande attenzione dalle potenze europee, le quali ambivano a spartirsi l'eredità del sultano: la **Russia** voleva impadronirsi degli strategici Stretti del Bosforo, dei Dardanelli e del mar di Marmara, l'**Austria** tendeva ad avanzare nei Balcani, la **Francia** ambiva all'Egitto, l'**Inghilterra** voleva creare nuovi mercati e consolidare la sua posizione nel Mediterraneo. Come sottolinea Desideri, sono questi gli aspetti che, nel loro insieme, costituirono la cosiddetta "**questione d'Oriente**", uno dei nodi nevralgici della politica europea nel corso dell'Ottocento e fino alla prima guerra mondiale.

I primi segnali delle rivolte dei popoli slavi contro la dominazione ottomana furono lanciati dai contadini serbi, i quali, dopo una strenua lotta dal 1804 al 1817, costrinsero alla ritirata gli eserciti ottomani ed ottennero una larga autonomia, fondando il **principato autonomo di Serbia**. Anche in Albania si verificarono lunghe e violente rappresaglie contro i Turchi, concluse con la fondazione di uno **Stato indipendente** nelle montagne della **Tessaglia**.

La **Grecia**, la cui posizione geografica era ancor più strategica per i contatti tra Oriente ed Occidente, era animata da un forte malcontento verso i Turchi ottomani fomentato da parte della borghesia (mercantile, marinara e cittadina), degli agricoltori e dai pastori: queste classi sociali eterogenee si unirono in una lotta per l'indipendenza dal carattere popolare e nazionale. La **società segreta Eterìa**, che era in contatto anche con la corte dello zar russo, fu la principale organizzatrice dell'insurrezione, che ebbe inizio nel 1821. I giannizzeri, che costituivano il nerbo delle guarnigioni ottomane, non riuscirono a circoscrivere la rivolta: nel gennaio 1822 gli insorti espugnarono la fortezza di Epidauro e il **13 gennaio 1822** fu proclamata l'**indipendenza della Grecia**.

- La reazione ottomana fu durissima e portò a feroci massacri: il sultano, per riconquistare i territori greci, propose al pascià d'Egitto la sovranità su Cipro, Creta e Siria in cambio dell'aiuto militare contro i ribelli insorti. La Grecia venne così completamente riconquistata nel 1827 grazie all'intervento della flotta egiziana a sostegno dei Turchi.
- Intervenne anche l'Europa: l'**Inghilterra** convocò a Londra una conferenza, a cui parteciparono la **Russia** e la **Francia**, per risolvere di comune accordo la questione balcanica. Una flotta anglo-francese sconfisse quella turco-egiziana nelle acque di Navarino nell'ottobre 1827; l'anno successivo la Russia entrò in guerra e, sconfitti più volte i Turchi, costrinse il sultano a firmare gli accordi di pace ad Adrianopoli nel **settembre 1829**.
- La **pace di Adrianopoli** prevedeva che la Tessaglia e la Macedonia rimanessero territori ottomani, mentre riconobbe definitivamente l'**indipendenza greca**, insieme all'**autonomia serba**. La Grecia divenne così uno stato satellite delle potenze occidentali, le quali nel 1832 affidarono il neo-regno indipendente ad un principe tedesco, Ottone I Wittelsbach di Baviera.

6. I moti del 1830/1831.

Nel 1824, alla morte di Luigi XVIII, l'ascesa al trono di Francia di **Carlo X di Borbone** segnò l'inizio di una lunga catena di **moti reazionari** che, partendo dalla Francia, infransero gli equilibri della Restaurazione.

- **Francia**

In **Francia**, Carlo X volle fin da subito **smantellare i diritti del Parlamento e dei cittadini**: nel 1825 fu imposto il risarcimento dei nobili che avevano subito l'esproprio dei patrimoni durante la Rivoluzione e venne promulgata una legge sul "sacrilegio" che prevedeva pene molto severe per coloro che avessero commesso reati contro la religione, come la lesa maestà. L'anno successivo si verificò una crisi di sovrapproduzione che gettò la Francia in una pesante **depressione economica**: i ceti popolari, provati dalla carestia e dai bassi salari, protestarono e scioperarono. La situazione politica si aggravò nel **1830**, quando Carlo X, per contrastare apertamente l'avanzata della borghesia liberale decise di **abolire le garanzie costituzionali**: furono emanate quattro ordinanze, con le quali si sciolse il Parlamento francese, si sospese la libertà di stampa e si modificò il sistema elettorale per avvantaggiare l'aristocrazia terriera.

Il popolo parigino insorse: nelle “tre gloriose” giornate (*les trois glorieuses* della rivoluzione di luglio) **dal 27 al 29 luglio 1830** i Parigini affrontarono l’esercito regio, resistendo agli assalti delle truppe e sconfiggendole. La forte partecipazione popolare rese possibile la vittoria e il Parlamento proclamò la **decadenza della dinastia borbonica**: Carlo X non ebbe altra scelta se non fuggire da Parigi. I ceti borghesi offrirono il trono a **Luigi Filippo d’Orléans**, molto vicino allo schieramento liberale, che come primo atto si proclamò “re dei Francesi” (e non di Francia), per indicare che il suo potere regio non era per diritto divino, bensì per volontà del popolo francese.

- **Belgio**

Il rovesciamento del governo francese colpì duramente il sistema della Santa Alleanza e suscitò un grande entusiasmo nei liberali di tutta Europa. In **Belgio**, il **26 agosto 1830** scoppiarono in vari centri cittadini delle **rivolte popolari** contro la dinastia degli Orange Nassau imposta dal Congresso di Vienna. Le sommosse popolari, che richiedevano con fermezza la piena indipendenza dall’Olanda, costrinsero i regnanti olandesi a rifugiarsi in Lussemburgo e a chiudersi nella fortezza di Anversa. Nel **novembre 1830** fu dichiarata l’**indipendenza del Belgio**, sancendo la fine del regno dei Paesi Bassi e affidando la corona del neo-regno indipendente, allo stesso modo della Grecia, ad un principe tedesco, Leopoldo di Sassonia Coburgo, che promulgò una costituzione.

- **Polonia**

Nel **1829** il **regno di Polonia** era stato assunto dallo zar “di tutte le Russie”, **Nicola I**, il quale aveva affidato il governo del paese ad un viceré, il granduca Costantino. Il movimento liberale e patriottico era molto ostile al governo russo e, nel momento in cui giunse la notizia della rivoluzione parigina di luglio e dell’intenzione di Nicola I di agire militarmente contro i rivoluzionari francesi, insorse. Ufficiali militari e proprietari terrieri polacchi promossero il **29 novembre 1830** una **rivolta a Varsavia**, dichiarando lo zar decaduto. Per oltre un anno Polacchi e Russi si scontrarono sanguinosamente, fin quando, nel **settembre 1831**, l’esercito russo occupò Varsavia e ristabilì l’ordine con la forza. Sconfitta, la Polonia dovette **rinunciare** anche **all’indipendenza** formale e fu annessa nel sistema autocratico russo, che intraprese una violenta opera di snazionalizzazione.

- **Italia**

Nel **febbraio 1831** le spinte rivoluzionarie europee si propagarono anche in **Italia**, specialmente nelle ricche città del Nord, dove la Carboneria era meglio organizzata. I ducati di **Modena**, **Reggio**, **Parma** insorsero con l’ambiguo sostegno del duca di Modena Francesco IV d’Austria Este, il quale, inizialmente intenzionato ad estendere i suoi domini, successivamente scelse di negare il proprio appoggio a **Ciro Menozzi**, capo del movimento carbonaro.
Tuttavia, nonostante il “tradimento” del duca, i moti non si placarono: dopo Modena e Parma, l’insurrezione si estese pochi giorni dopo a **Bologna** e si propagò fino alle **Marche e** all’**Umbria**. Ovunque si costituirono dei **governi provvisori** (il primo a Bologna il 5 febbraio 1831), che dichiararono decaduto il potere temporale dei papi, ma che non avevano un progetto politico vero e proprio. I moti non coinvolsero, però, altre regioni italiane: la Toscana e la Lombardia rimasero inerti, mentre nello Stato pontificio il Papa Gregorio XVI organizzò un corpo di volontari a difesa della Santa Sede.
Mentre le città centro-settentrionali coinvolte erano percorse da tumultuose manifestazioni, i principi cercarono rifugio nelle fortezze presidiate dagli Austriaci. Nei governi provvisori mancò ogni coordinamento e, all’interno delle stesse città, moderati e radicali non riuscirono a trovarsi in accordo: come conseguenza, il governo parigino non intervenne, come, invece, auspicavano i moderati; al contrario, i Francesi diedero il loro consenso all’**intervento austriaco** che avanzò nei ducati e, nel giro di pochi giorni, ristabilì sui loro troni i principi fuggiaschi.
Nel **marzo 1831** la **rivoluzione del centro-Nord d’Italia** venne **sconfitta**, rendendo evidente il fallimento delle strategie rivoluzionarie carbonare, che mancavano di un progetto chiaro e di un reale appoggio eterogeneo da parte della popolazione italiana.

MAPPA CONCETTUALE

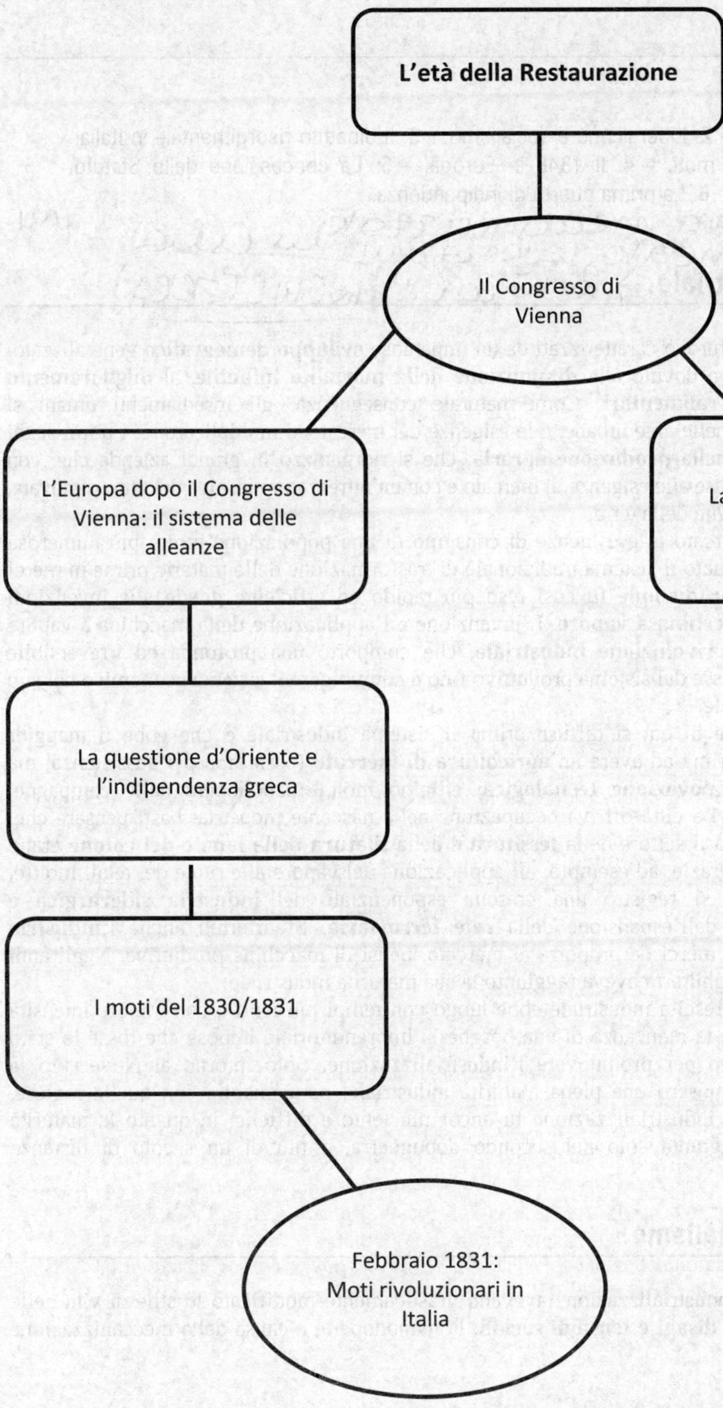

Capitolo 2 LA PRIMAVERA DEI POPOLI

SOMMARIO:
1. Lo sviluppo industriale. - **2**. Liberalismo e socialismo. - **3**. Il dibattito risorgimentale in Italia: Mazzini e il fallimento dei moti. - **4**. Il 1848 in Europa. - **5**. La concessione dello Statuto albertino e il 1848 in Italia. - **6**. La prima guerra di indipendenza.

1. Lo sviluppo industriale.

I primi decenni dell'Ottocento furono caratterizzati da un impetuoso **sviluppo demografico** generalizzato: l'aumento della popolazione era dovuto alla **diminuzione della mortalità infantile**, al **miglioramento delle condizioni igieniche e alimentari**. Come naturale conseguenza, gli insediamenti umani si trasformarono, concentrandosi nelle aree urbane, e le esigenze del mercato si moltiplicarono: i primi segni di mutamento si verificarono nella **produzione agraria**, che si riorganizzò in grandi aziende che, con impianti di colture orientati in base alle esigenze di mercato e con un'attrezzatura tecnica del tutto rinnovata, garantivano un'elevata produttività della terra.
Le aumentate richieste del mercato e le esigenze di consumo di una popolazione molto più numerosa rivelarono quanto fosse inadeguato il sistema tradizionale di trasformazione delle materie prime in merci e manufatti. Il **processo di produzione** fu così reso più rapido ed efficiente grazie alle invenzioni tecniche, prime tra tutte la **macchina a vapore**. L'invenzione e l'applicazione della macchina a vapore fu così il vero cardine della **rivoluzione industriale**, che comportò una profonda ed irreversibile trasformazione che prese le mosse dal sistema produttivo fino a coinvolgere il sistema economico nel suo insieme e l'intero sistema sociale.
L'**Inghilterra**, che fu il paese in cui si diffuse prima il sistema industriale e che ebbe il maggior incremento produttivo, fu la prima ad avere un'**agricoltura di mercato** (ossia non per sussistenza, ma per profitto) che, unita all'**innovazione tecnologica**, eliminò molta manodopera dalle campagne, facendola fluire verso la città. La città offriva occupazione nella nascente industria: basti pensare che, negli anni Trenta, in Inghilterra il settore della **tessitura** e della **filatura della lana e del cotone** erano completamente meccanizzati, grazie, ad esempio, all'applicazione del vapore alle ruote dei telai. Inoltre, a partire dagli anni Trenta, si registrò una crescita esponenziale dell'**industria siderurgica e metallurgica**, favorita anche dall'espansione della **rete ferroviaria**. Si affermò anche l'**industria meccanica**, produttrice non di merci da proporre al mercato, bensì di macchine produttive. Negli anni Cinquanta del XIX secolo, l'Inghilterra aveva raggiunto la sua maturità industriale.
Negli altri paesi d'Europa la crescita industriale ebbe luogo con tempi più lenti e con minore intensità rispetto all'Inghilterra e spesso la mancanza di una borghesia imprenditoriale impose che fosse lo stato ad assumere un ruolo decisivo per promuovere l'industrializzazione. Solo intorno al Novecento la Francia e gli Stati Uniti raggiunsero una piena maturità industriale, paragonabile con quella inglese, mentre in Italia il processo di industrializzazione fu ancor più lento e difficile, in quanto la maturità industriale fu pienamente raggiunta solo nel secondo dopoguerra, a più di un secolo di distanza dall'Inghilterra.

2. Liberalismo e socialismo.

L'intensa urbanizzazione e l'industrializzazione avevano drasticamente modificato lo stile di vita delle masse popolari, causando forti **disagi e tensioni sociali**: la manodopera, a causa della meccanizzazione della produzione, era dequalificata e priva di tutele contrattuali; il divario sociale tra borghesi ed operai, concentrati nei sobborghi industriali (*slums*) in precarie condizioni igienico-sanitarie, si acuiva sempre di più; si verificò un pesante sfruttamento del lavoro minorile e di quello femminile.

La nascita della classe operaia e i radicali cambiamenti apportati dalla diffusione dell'industria portarono le varie correnti politiche a interrogarsi sulla **questione sociale** e ne scaturì un dibattito dottrinale che approdò a soluzioni diverse. Anche gli intellettuali di estrazione borghese e di formazione liberale si interessarono alle condizioni della classe operaia e con John Stuart **Mill** il **liberalismo** si aprì alla riflessione sulle questioni sociali. Il britannico Mill e il francese Alexis de **Tocqueville** furono i due principali teorici del liberalismo dell'epoca: iniziarono a porsi il problema della riduzione della disuguaglianza e della dilagante povertà delle classi lavoratrici, pur volendo evitare eccessi di egualitarismo.

Il fronte cattolico, intanto, stava prendendo le distanze dalle sue correnti conservatrici interne e, grazie al francese Félicité de **Lamennais**, si diffuse il **cattolicesimo liberale**, che sosteneva la necessità di una separazione tra potere temporale dello stato e potere spirituale della Chiesa. Insieme alle tendenze liberali, si diffuse anche il movimento del **cattolicesimo sociale**, che, senza sostenere trasformazioni sociali rivoluzionarie, si prodigava per l'assistenza e la difesa degli umili.

Le richieste di radicali trasformazioni delle condizioni economiche esistenti, unite al progetto di una nuova organizzazione produttiva, erano alla base del nascente pensiero socialista. Inizialmente caratterizzato da idee utopistiche di una società in cui tutti collaborano al progresso (tra i socialisti utopisti si ricordano Owen, Fourier e Saint Simon), il **socialismo** ebbe un impulso decisivo grazie a Karl **Marx** e a Friedrich **Engels**. Con il "Manifesto del partito comunista" del 1848 i due intellettuali tedeschi definiscono la questione della **lotta di classe**, i rapporti economici soggiacenti alla società e i ruoli rivestiti dalla borghesia e dal proletariato nella produzione capitalistica. Tali concetti vengono poi approfonditi nel "Capitale" di Marx.

Né il liberalismo né il socialismo si configurarono come dottrine politiche omogenee; tuttavia, le due posizioni divergevano soprattutto per alcuni principi essenziali, quali:

- la **proprietà privata**, vista dal liberalismo come un diritto inalienabile e dal socialismo come causa di disuguaglianze che deve essere soggetta al controllo;
- i **rapporti sociali** e la concezione di **uguaglianza**, dato che per i liberisti lo stato non deve eliminare le differenze sociali, restringendo le scelte personali, mentre per i socialisti si deve realizzare la parità economico-sociale per la piena realizzazione del diritto all'uguaglianza;
- il **sistema economico**, poiché il liberalismo professava la libertà di commercio e di impresa individuale ed era contrario all'uguaglianza economica, il socialismo, invece, riteneva che il regime di libero scambio producesse un sistema economico sbilanciato e che, tramite il controllo sulle risorse economiche e sulla distribuzione dei beni, la produzione dovesse realizzare il benessere collettivo prima di quello individuale.

3. Il dibattito risorgimentale in Italia: Mazzini e il fallimento dei moti.

A partire dagli anni Venti, in Italia il dibattito politico si incentrò sulla questione dell'**unità nazionale** e del **Risorgimento**, alimentato anche dalle voci di eminenti intellettuali dell'epoca, come Alessandro **Manzoni** e Giuseppe **Verdi**.

Grande protagonista del dibattito sull'esperienza rivoluzionaria italiana degli anni precedenti fu **Giuseppe Mazzini**, il quale, iscrittosi nel 1827 alla Carboneria, dopo l'arresto e l'esilio volontario in Francia, elaborò il programma politico della nuova associazione ***Giovine Italia***. I punti chiave del programma mazziniano erano:

- l'**unità nazionale** (l'Italia doveva essere una nazione unita e non una federazione di stati),
- l'**indipendenza politica** (l'unità nazionale non si sarebbe mai potuta realizzare senza l'indipendenza dallo straniero),
- **libertà** (nel pieno rispetto dei diritti civili, le libertà di parola, di espressione, di stampa, di professione religiosa, etc. dovevano essere il fondamento dell'Italia unita),

- **sistema repubblicano** (senza l'abbattimento dei privilegi dinastici, non vi sarebbe stata una reale democrazia e, per questo, la migliore forma di governo per il popolo italiano era la repubblica).

Lo scopo era quello di proporre una **nuova strategia insurrezionale** e Mazzini era convinto che, per persuadere le masse all'azione rivoluzionaria, fosse necessario unire tutte le forze nazionali (borghesia, aristocrazia, masse rurali, classe operai), rifiutando il concetto di lotta di classe. Le prime adesioni alla *Giovine Italia* si ebbero tra i giovani del centro-Nord, in Liguria, in Piemonte, in Emilia e in Toscana e sfociarono, negli anni **1833-1834**, in una serie di **tentativi insurrezionali** che si conclusero malamente con arresti, incarcerazioni e condanne a morte.

Un primo fallimento ebbe luogo in **Piemonte**, dove il re **Carlo Alberto di Savoia**, salito al trono nel 1831, avviò nel **1833** un'azione repressiva contro gli insorti: dodici mazziniani vennero fucilati e lo stesso Mazzini fu condannato a morte in contumacia. L'anno seguente un'altra insurrezione fallì a **Genova**, in cui fu coinvolto anche il giovane **Giuseppe Garibaldi**, tra i primi ad aderire al programma mazziniano, che cercò senza successo di sollevare la flotta contro il regime sabaudo. Sempre nel **1834** si verificarono altri moti rivoluzionari, tutti **fallimentari**, quali il tentativo di invasione della Savoia e i tentativi insurrezionali a Palermo, in Abruzzo, nella Lombardia austriaca e in Toscana. Nel 1835 ulteriori fallimenti si verificarono nel Lombardo-Veneto, mentre in Toscana le associazioni mazziniane vennero smantellate.

Nel 1834, dopo la condanna a morte, Mazzini aveva trovato rifugio in Svizzera, da cui concepì il progetto della ***Giovine Europa***, secondo il quale le repubbliche sorelle, animate dalle rivolte dei popoli, avrebbero dovuto eliminare il dispotismo monarchico. Mazzini, durante la permanenza in Inghilterra, dove ebbe modo di vedere le difficili condizioni del proletariato industriale, continuò a perseguire il suo progetto di unità nazionale e riprese contatti con gli esuli italiani. Promosse una serie di spedizioni militari che segnarono la **crisi irreversibile** del movimento mazziniano: tra queste, vi fu nel **1844** la **disfatta dei fratelli Attilio ed Emilio Bandiera**. I fratelli Bandiera, due veneziani ufficiali della marina austriaca, tentarono di sollevare la popolazione della Calabria contro il regime borbonico, ma non ottennero l'appoggio delle masse contadine e vennero arrestati e fucilati dalla polizia borbonica.

4. Il 1848 in Europa.

A partire dal 1846 l'Europa fu colpita da una grave **crisi economica** che riguardò, in particolare, il settore agricolo: a causa degli scarsi raccolti si verificò un rialzo dei prezzi che accrebbe le tensioni sociali e la miseria. Anche il settore industriale entrò in crisi, in quanto si ebbe una contrazione della domanda e una conseguente sovrapproduzione. I disagi sociali, esacerbati dalla crisi economica, accelerarono il processo di **disgregazione dell'ordine politico** dell'Europa imposto al Congresso di Vienna e resero sempre più pressanti le richieste sociali, provenienti da diverse ideologie politiche rivoluzionarie, della modernizzazione istituzionale.

Come avvenne per i moti del 1830-1831, la scintilla che riaccese il fermento rivoluzionario in tutta Europa partì dalla **Francia** e successivamente coinvolse tutta l'Europa. Solo l'Inghilterra vittoriana, che viveva un periodo di stabilità politica ed economica, e la Russia, in cui era praticamente assente una classe borghese, rimasero estranee alle rivoluzioni del 1848.

- **1848 in Francia**

Epicentro dei moti rivoluzionari fu la Francia: il regime orleanista costituito dopo il 1830 era stato sostituito nel **1847** dal governo conservatore di **Guizot**, che adottò una politica estera filoaustriaca e una politica interna che avvantaggiava gli interessi della borghesia speculativa. Il malcontento dell'opposizione, in risposta, si manifestò organizzando banchetti di protesta (per questo, tale protesta prese il nome di "**campagna dei banchetti**"), che consentivano la libera riunione dei cittadini e che raccoglievano adesioni in favore delle riforme sociali osteggiate da Guizot e del suffragio universale.

A Parigi, il **22 febbraio 1848**, studenti e operai decisero di ribellarsi e scendere in piazza perché il governo vietò lo svolgimento di uno di questi banchetti: lo scontro tra popolazione parigina ed esercito, che durò tre giorni e che provocò 23 morti, ebbe delle rapide e fondamentali conseguenze politiche, quali

le **dimissioni di Guizot**, la fuga del re Luigi Filippo e la **proclamazione della Repubblica** (24 **febbraio**).
Si istituì così un **governo democratico provvisorio** che, tra i provvedimenti più importanti, introdusse il **suffragio universale maschile** ed avviò una politica di assistenza sociale e di garanzie sul lavoro, come la riduzione delle ore lavorative. Al suo interno, il nuovo governo era scisso in due correnti, una liberale e l'altra socialista: su iniziativa del socialista Blanc, nacquero gli **opifici nazionali** (*ateliers nationaux*), che avrebbero dovuto assorbire la manodopera disoccupata e garantire il diritto al lavoro in modo egualitario. Tuttavia, le sovvenzioni statali per mantenere gli *ateliers* si tradussero in un aumento della spesa pubblica e delle tasse inviso alla popolazione francese.
Il 23 aprile venne eletta la nuova **Assemblea Costituente**, nella quale su 900 deputati solo un centinaio erano socialisti. Gli operai, delusi dalla vittoria dei liberal-democratici, si ribellarono il 15 maggio proclamando un governo socialista presieduto da Blanc e Blanqui, che venne soppresso solo grazie all'intervento della Guardia nazionale. Un'altra accesa protesta si svolse il **23 giugno** a Parigi, quando si ribellarono settantamila operai: il nuovo governo moderato diede l'incarico al **generale Louis Cavaignac** di mettere sotto assedio la città e di stroncare la rivolta, che causò circa 1500 morti e oltre 7000 condanne alla pena capitale o ai lavori forzati.
A **novembre** venne approvata la **nuova Costituzione**, che stabiliva un notevole ridimensionamento del Parlamento francese e l'elezione diretta del presidente della Repubblica con un mandato di quattro anni (il presidente della Repubblica era al tempo stesso capo dello stato e vero detentore del potere esecutivo, ma non era rieleggibile dopo il primo mandato quadriennale). Il 10 dicembre fu eletto presidente il principe **Luigi Napoleone Bonaparte**, nipote di Napoleone I, esponente della destra francese e leader del "partito dell'ordine", che si presentava come uomo forte e risoluto capace di ridare stabilità alla Francia.

- **1848 in Germania**

L'area tedesca si presentava, dopo il Congresso di Vienna, ancora divisa: era stata costituita la **Confederazione Germanica** che comprendeva 39 stati sovrani, tra cui uno dei più potenti era la Prussia. In quest'ultimo la crisi agricola fu all'origine delle **proteste dei contadini** contro le *corvées* feudali, a cui si unirono le **proteste dei liberali** che richiedevano una riforma costituzionale del sistema monarchico.
Si scatenarono insurrezioni violente a Berlino e a Colonia: tra il **18 e il 19 marzo** la protesta scoppiata a Berlino costrinse il sovrano Federico Guglielmo IV a proclamare l'istituzione di un **Parlamento eletto a suffragio universale maschile**. Visti i successi conseguiti dalle insurrezioni prussiane, il movimento rivoluzionario si estese a tutta la Confederazione e si levò a gran voce la richiesta di ottenere un'Assemblea nazionale tedesca che lavorasse per l'**unificazione nazionale**. Il 18 maggio l'Assemblea nazionale, riunita a Francoforte, era scissa tra due differenti posizioni in merito all'unità nazionale:
- Il primo gruppo era favorevole all'inserimento dell'Austria nello Stato tedesco (**"Grande Germania"**);
- il secondo gruppo era formato da coloro che volevano una riunificazione intorno alla Prussia, escludendo l'Austria(**"Piccola Germania"**);

Per pochi voti di scarto, prevalse l'orientamento della "Piccola Germania", ma **Federico Guglielmo IV**, nel momento in cui gli venne affidata la corona a di Prussia, la **rifiutò** ritenendo inammissibile ricevere il potere da un'assemblea elettiva popolare. Quel rifiuto segnò il definitivo fallimento del progetto di una pacifica unificazione tedesca da realizzarsi secondo l'autodecisione dei popoli.

- **1848 nell'impero asburgico**

Il fermento rivoluzionario non risparmiò nemmeno il cuore dell'impero asburgico: il **13 marzo** a **Vienna** una folla di studenti e popolani protestò chiedendo un governo più liberale, la cacciata di Metternich dalla Cancelleria imperiale e una costituzione. Vista la determinazione dei ribelli, l'imperatore Ferdinando I promise una Costituzione sul modello di quella francese e la convocazione di un'Assemblea costituente. Nonostante le promesse imperiali, la protesta si accentuò e costrinse

Ferdinando I a concedere un Parlamento eletto a suffragio universale. La rivolta partita da Vienna si propagò, assumendo le fattezze di **moti indipendentisti nazionali**.
A **Budapest** la rivoluzione fu condotta dall'**aristocrazia ungherese** per l'indipendenza dell'Ungheria nei confronti della Corona asburgica. Fu tra le più significative esperienze di **lotta liberale e patriottica** dei moti europei del 1848: inizialmente orientata all'ottenimento di riforme e di diritti, come l'abrogazione della servitù della gleba e l'acquisizione delle libertà di stampa e di confessione religiosa, la rivoluzione si fece in seguito promotrice di rivendicazioni più radicalmente democratiche. Durante il mese di marzo, la Dieta nobiliare ungherese, a maggioranza riformista, diede vita a un **Parlamento autonomo** dall'impero austriaco ed espresse un **governo nazionale**: venne così proposto un nuovo assetto costituzionale che dichiarava l'**autonomia del regno d'Ungheria dall'impero asburgico**. All'invasione di Budapest da parte dell'esercito asburgico a settembre, il Parlamento ungherese reagì chiamando il popolo alla lotta armata e nell'aprile 1849 convocò un'Assemblea nazionale con cui si proclamava l'**indipendenza del paese**. Tuttavia, l'intervento dell'**esercito russo**, chiamato in causa dalla Santa Alleanza, fu decisivo: la **vittoria austro-russa** a **Vilàgos**, il **13 agosto 1849**, spense definitivamente ogni rivendicazione indipendentista ungherese e diede inizio a un prolungato stato di assedio che durò fino al 1854.
A **Praga**, dopo che il 19 marzo i cittadini avevano inviato una petizione all'imperatore chiedendo autonomia e libertà politiche, in **aprile** venne formato un **governo provvisorio**: i patrioti cechi si battevano per una maggiore autonomia delle popolazioni slave dell'impero ed per un'uguaglianza tra nazionalità ceca e tedesca. Ai primi di giugno si riunì a Praga un c**ongresso** cui parteciparono delegati **di tutti i territori slavi** soggetti alla corona asburgica; ma il **12 giugno**, pochi giorni dopo l'apertura del congresso, la capitale boema fu assediata e bombardata, il congresso delle nazioni slave fu disperso e il **governo ceco sciolto**. Protagonista di tali operazioni militare era stato il generale austriaco Windischgrätz, che si diresse poi alla volta di **Vienna**: le truppe austriache strinsero d'assedio Vienna e la espugnarono dopo sanguinosi scontri il 30 ottobre.
La sottomissione di Praga e la repressione a Vienna segnarono l'inizio **della riscossa per il potere imperiale** degli Asburgo, che potevano contare sull'efficienza e sulla fedeltà del proprio esercito.

5. La concessione dello Statuto Albertino e il 1848 in Italia.

Per l'Italia il 1848 fu uno dei momenti più importanti del **processo risorgimentale**. Mentre molte città d'Europa si ribellavano per ottenere riforme sociali o per chiedere la concessione di carte costituzionali, nella penisola italiana le lotte si basarono sulla battaglia patriottica volta a ottenere l'**indipendenza** e l'**unità nazionale**. Infatti, diversamente dagli altri paesi europei coinvolti nei moti, nel **biennio 1846-1847** l'Italia era stata attraversata, in un clima liberale, da una generale modifica del clima politico in senso progressista. Decisiva, a questo proposito, fu il **16 giugno 1846** l'elezione al soglio pontificio di **Pio IX**, che concesse l'amnistia per i reati politici e governò lo Stato Pontificio con una progressiva apertura alle richieste liberali della popolazione, avviando una serie di riforme della Santa Sede. In quegli stessi anni, nel granducato di Toscana Leopoldo II era stato costretto a concedere una maggiore libertà di stampa, l'istituzione di una consulta e la formazione della guardia civica; in Piemonte **Carlo Alberto di Savoia** riformò in senso liberale l'ordinamento giudiziario, concedendo anch'egli una maggiore libertà di stampa. I sovrani italiani si erano poi visti costretti a concedere ai propri sudditi delle carte costituzionali, che ebbero però breve durata, ad eccezione di quella concessa il **4 marzo 1848** dal re Carlo Alberto: lo **Statuto Albertino**, che avrebbe segnato il corso della storia italiana per un secolo (fu sostituito dall'attuale Costituzione repubblicana).
Lo Statuto Albertino, che preservava la monarchia come forma dello stato, era una **Costituzione ottriata**, ossia concessa, che non era il frutto di una scelta popolare, bensì una concessione del sovrano ai propri sudditi. Lo Statuto prevedeva:

- il **carattere confessionale dello stato** (la religione di Stato è quella cattolica);
- una parziale separazione dei poteri: il **potere esecutivo** è nelle mani del **sovrano**, che nomina i ministri; il **potere legislativo** è esercitato in modo congiunto dal **re e** dal **Parlamento**, costituito da un

Senato di nomina regia e vitalizia e da una Camera eletta a suffragio limitato; il potere giudiziario è esercitato da giudici nominati dal re;
- l'**uguaglianza dei cittadini** di fronte alla legge e la tutela delle **libertà individuali**.

Lo Statuto Albertino rispecchiava, dunque, il compromesso tra i principi costituzionali monarchici e liberali ed era una **Costituzione flessibile**, ossia modificabile tramite delle leggi ordinarie.
Tuttavia, nonostante queste importanti concessioni, la notizia della rivolta di Vienna ebbe delle immediate ripercussioni nelle regioni italiane soggette al domino austriaco, soprattutto nel Lombardo-Veneto:
- Il **17 marzo 1848** insorse per prima **Venezia**, che ottenne dalle autorità austriache la formazione di una Guardia civica e, il 22 marzo, la costituzione di un **governo provvisorio**, guidato da Daniele Manin;
- il **18 marzo 1848** insorse poi **Milano**, dove scoppiò una rivolta antiaustriaca che vide la piena partecipazione popolare e durò cinque giorni consecutivi (passati alla storia come le "**Cinque giornate**", dal 18 al 22 marzo); alla fine del quinto giorno, il maresciallo austriaco Radetzky evacuò Milano e si rifugiò nelle fortezze de quadrilatero (Mantova, Peschiera, Verona e Legnago),
- dopo Venezia e Milano insorsero anche i **Ducati di Parma e Modena**, da cui furono cacciati i sovrani e nominati governi provvisori;
- a **Palermo**, dove era già scoppiata una rivolta antiborbonica il 12 gennaio 1848, i Borboni vennero cacciati e fu costituito un **governo provvisorio separatista**, che richiedeva l'autonomia da Napoli.

Carlo Alberto, costretto dalla insurrezioni popolari e dalle preoccupazioni che esse potessero dar forza ai democratici e a i repubblicani, dichiarò **guerra all'Austria il 23 marzo 1848**: era l'inizio della prima guerra d'indipendenza.

6. La prima guerra di indipendenza.

All'annuncio della dichiarazione di guerra contro l'Austria, più per la pressione dell'opinione pubblica che per propria convinzione, i sovrani di **Granducato di Toscana**, **Regno delle Due Sicilie** e **Stato della Chiesa** schierarono i propri eserciti al fianco dei Piemontesi. Un'ondata di entusiasmo patriottico percorse la penisola, ma l'atteggiamento di Carlo Alberto, che assunse il ruolo di leader della coalizione antiasburgica, manifestando i chiari **intenti egemonici piemontesi sul Nord d'Italia**, e il timore di una poderosa reazione austriaca fecero sciogliere l'alleanza. Così, visti gli irrilevanti successi militari e la minaccia di scisma religioso da parte asburgica, il **Papa** comunicò il suo **ritiro dal conflitto** il **29 aprile 1848**, seguito da Leopoldo II di Toscana e da Ferdinando II, sovrano del Regno delle Due Sicilie, quest'ultimo alle prese con una grave rivolta interna.
Le operazioni militari sabaude ebbero un inizio positivo, con le vittorie di **Curtatone** e **Montanara**, realizzate da volontari toscani il 29 maggio, con la vittoria di **Goito** e con la presa di **Peschiera**, guidate dall'esercito piemontese il 30 maggio. La reazione austriaca non si fece attendere: Radetzky, ottenuti i rinforzi, affrontò l'esercito piemontese a **Custoza** (23-25 luglio) e lo sconfisse, costringendolo alla ritirata e all'abbandono dei territori conquistati. Carlo Alberto fu costretto a ripiegare su Milano, ma, anziché difenderla, la abbandonò agli Austriaci. Il **9 agosto** il generale Salasco firmò per conto di Carlo Alberto un **armistizio con l'Austria**, con il quale il sovrano si impegnava a ritirare le truppe al di là del Ticino e ad abbandonare le terre venete e lombarde.
La disfatta di Custoza, la capitolazione di Milano e l'armistizio di Salasco avevano segnato la fine della "guerra regia", ma avevano animato le convinzioni dei **democratici**, che sostenevano la necessità delle rivolte popolari per risolvere la questione dell'indipendenza italiana. Si verificarono, infatti, insurrezioni in varie parti d'Italia:
- a **Roma** venne cacciato il Papa il 24 novembre 1848 e fu proclamata una repubblica guidata da un **triumvirato** con a capo Giuseppe Mazzini, Aurelio Saffi e Carlo Armellini;

- sull'esempio romano, a **Firenze** fu cacciato Leopoldo, che si rifugiò a Gaeta con il papa, e si costituì un altro **triumvirato**;
- a **Venezia** fu riproclamata la **repubblica Serenissima**.

Per l'opposizione austriaca a ogni concessione durante le trattative di pace e per il timore che nelle città di Roma e Firenze i repubblicani avessero il sopravvento, nel **marzo 1849** Carlo Alberto ruppe la tregua. Il **23 marzo 1849** i Sabaudi furono sconfitti a Novara; la sera stessa Carlo Alberto abdicò in favore del figlio, **Vittorio Emanuele II**. Il giorno dopo fu firmato l'**armistizio di Vignale**: parte del Piemonte fu occupata dagli Austriaci, ma il re riuscì a salvare lo Statuto Albertino. La notizia della resa dell'esercito piemontese scatenò una violenta reazione popolare in molte città: il 31 marzo **Genova** insorse contro il re e la rivolta fu repressa con l'intervento dell'esercito al comando del generale **La Marmora**; a **Brescia** un'insurrezione popolare scoppiata tra il 23 marzo e il 2 aprile cacciò gli Austriaci e istituì un **governo locale**.

Gli Austriaci repressero tutte le insurrezioni locali e riaffermarono il proprio controllo sulla penisola, riprendendo il controllo di Brescia, della Toscana e, per ultima, di Venezia, che cadde dopo una strenua resistenza e stremata da un'epidemia di colera. In Sicilia i Borbone ripresero il controllo dell'isola, mentre a Roma la Francia di Luigi Napoleone Bonaparte liquidava la repubblica romana e si poneva a difesa dello Stato della Chiesa con le proprie truppe.

MAPPA CONCETTUALE

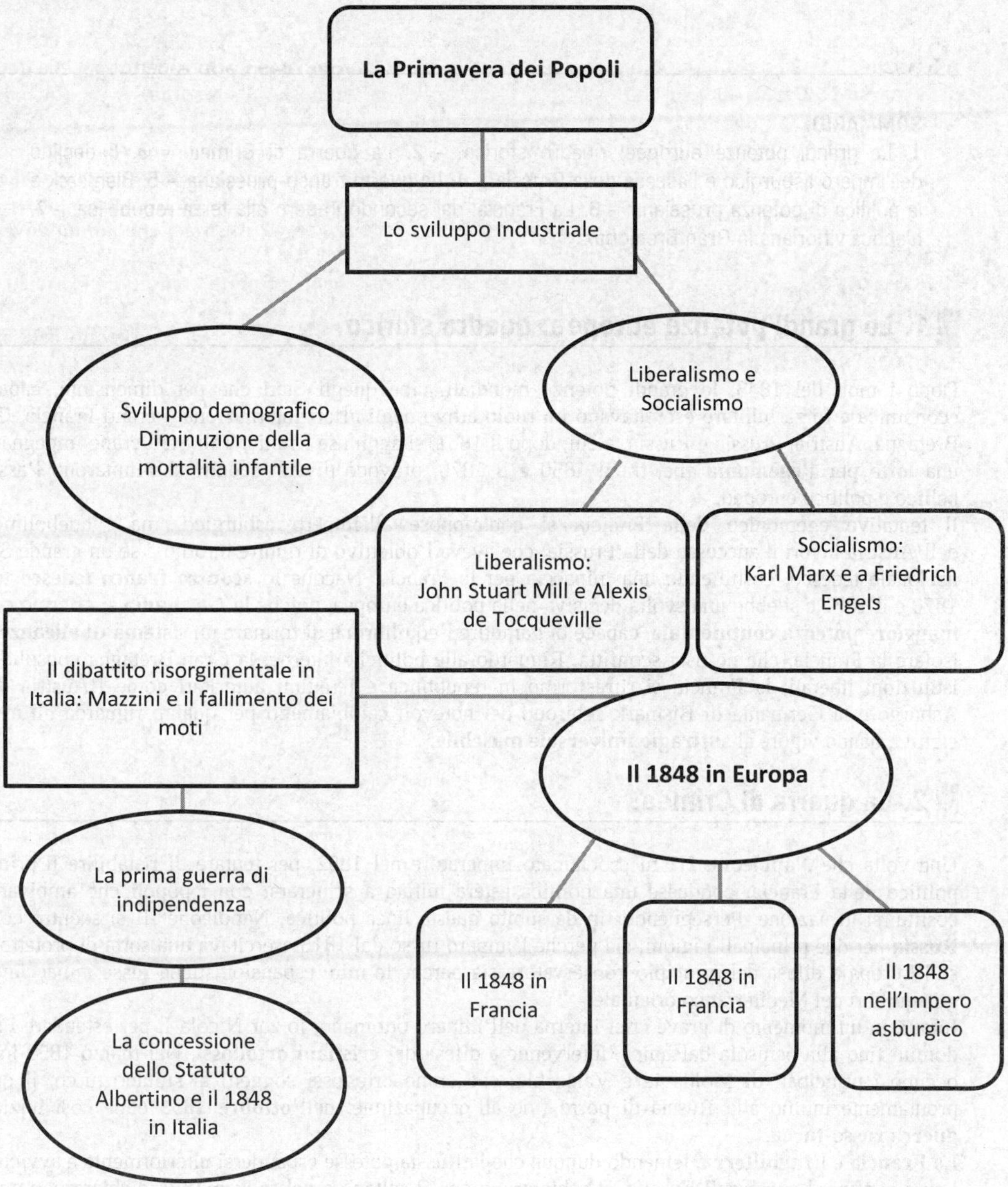

Capitolo 3 | L'EUROPA DELLE GRANDI POTENZE

8|05-

SOMMARIO:

1. Le grandi potenze europee: quadro storico.

Dopo i moti del 1848, le grandi potenze mondiali, cioè quegli Stati che per dimensioni, capacità economica e forza militare esercitavano un ruolo attivo negli affari internazionali, erano Francia, Gran Bretagna, Austria, Prussia e Russia, a cui, dopo il 1861, si aggiunse l'Italia. Tali Stati erano impegnati in una **lotta per l'egemonia** che, tra il 1850 e il 1870, provocò diversi scontri che mutarono l'assetto bellico e politico europeo.

Il tentativo egemonico della Francia si contrappose all'Impero asburgico, ma l'indebolimento dell'Austria favorì il successo della Prussia, che aveva l'obiettivo di riunire intorno a se un grande Stato nazionale tedesco, costituendo una minaccia per la Francia. Nacque lo **scontro franco-tedesco** tra il 1870 e il 1871 e si ebbe una svolta decisiva nella politica europea, poiché la **Germania** si affermò come **maggiore potenza continentale**, capace di garantire l'equilibrio e di formare un **sistema di alleanze** per isolare la Francia, che ne uscì sconfitta. Riguardo alle politiche interne, la Gran Bretagna consolidò le istituzioni liberali, la Francia si ritrasformò in repubblica e i regimi autoritari come l'Austria degli Asburgo e la Germania di Bismark subirono dei notevoli cambiamenti per quanto riguarda gli assetti elettivi, dando vigore al **suffragio universale maschile**.

2. La guerra di Crimea.

Una volta che **Napoleone III** fu proclamato imperatore nel 1852, per tentare di ristabilire il primato politico della Francia, condusse una politica estera mirata a schierarsi con i popoli che ambivano a costituirsi in nazione. Perseguendo fin da subito questa linea politica, Napoleone III si scontrò con la **Russia** per due principali ragioni: sia perché l'impero russo dal 1815 esercitava una sorta di protettorato sull'Europa a difesa del principio conservatore sia perché le mire espansionistiche russe minacciavano gli equilibri del Mediterraneo orientale.

Infatti, in un momento di grave crisi interna dell'impero ottomano, lo zar Nicola I, per estendere i suoi domini fino alla penisola balcanica, intervenne a difesa dei **cristiani ortodossi**. Nel marzo 1853 lo zar occupò i principati di Moldavia e Valacchia, che erano ortodossi soggetti al sultano turco, il quale prontamente intimò alla Russia di porre fine all'occupazione: nell'**ottobre 1853** ebbe così inizio la **guerra russo-turca**.

La **Francia** e l'**Inghilterra**, temendo dunque che la Russia potesse espandersi ulteriormente e avvicinare i suoi confini al cuore dell'Europa, si schierarono con il sultano e nel **marzo 1854** dichiararono guerra alla Russia: il conflitto passò alla storia con il nome di **guerra di Crimea**, dal nome della regione russa che fu teatro di guerra, e si rivelò essere lo scontro più cruento della cosiddetta questione d'Oriente.

- Dato che l'Austria proclamò la propria neutralità, negando alla potenze europee il varco nell'Europa centro-orientale, la guerra fu condotta nella lontana penisola di Crimea, in territorio russo: per mesi le flotte franco-inglesi affrontare quelle russe, assediando la base russa di **Sebastopoli**.

- Nel frattempo, la Francia e la Gran Bretagna ricevettero rinforzi militari anche dal **Regno di Sardegna**, che dichiarò a sua volta guerra alla Russia nel 1855. La guerra di Crimea durò fino a settembre 1855 e si concluse con la **vittoria delle forze europee**, capitanate da Napoleone III.
- Al **Congresso di Parigi** del **1856** il sultano ottomano si impegnò a concedere ai suoi sudditi cristiani le stesse prerogative e i medesimi diritti dei musulmani, mentre la Russia sconfitta fu costretta a rinunciare al protettorato sui principati ortodossi di Moldavia e Valacchia e ad accettare il blocco navale sull'ingresso del Mediterraneo.
- Al Congresso si levò anche la voce di **Camillo Benso conte di Cavour**, in qualità di rappresentante piemontese, che richiese l'intervento delle potenze europee per dare uno sbocco non rivoluzionario alle tensioni della penisola italiana.

Nel complesso, il Congresso rappresentò l'**apice della politica di Napoleone III**, che aveva sconfitto la Russia e isolato l'Austria: tuttavia, la posizione di arbitro della politica europea fu presto messa in discussione dall'avanzata della Prussia.

3. Il declino dell'Impero asburgico e l'ascesa della Prussia.

L'**impero asburgico**, dopo le rivoluzioni del 1848, accentuò i suoi caratteri autoritari e burocratici. Il **centralismo amministrativo** fu rafforzato e la burocrazia adottò il tedesco come lingua ufficiale; il centralismo burocratico, però, evidenziava sempre più il problema della coesistenza all'interno dell'impero di diverse nazionalità, ciascuna con la propria lingua, le proprie tradizioni e le proprie aspirazioni all'autonomia. L'abolizione della servitù della gleba aveva agevolato i contadini, che potevano riscattare le terre pagando un indennizzo modesto, staccandosi dalla sottomissione borghese e costituendo un sostegno per la monarchia.

L'altro pilastro della monarchia era la Chiesa cattolica, con la quale Francesco Giuseppe creò un'alleanza nel **1855**, stabilita da un **concordato tra l'Impero e la Santa fede**. L'impero asburgico, però, non partecipò allo sviluppo economico degli anni Cinquanta e Sessanta; infatti, fu la **Prussia** a riproporsi come guida della nazione tedesca e **potenza egemonica del Centro Europa**, potendo contare sul suo sviluppo industriale e sulla sua integrazione economica con quella degli altri Stati tedeschi.

Lo **sviluppo dell'industria** e la **crescita della borghesia urbana** si concentrarono nella Renania-Westfalia, mentre nei territori ad est dell'Elba c'era un'economia prevalentemente agricola. L'abolizione degli ordinamenti feudali non aveva danneggiato il potere degli *Junker*, un gruppo sociale ristretto e compatto, conservatore, che esercitava un peso nella vita dello Stato ma anche nella sua amministrazione. Il Parlamento non esercitava un reale controllo sull'attività del governo e il mancato sviluppo delle istituzioni liberal-parlamentari e la presenza del ceto aristocratico ai vertici dello Stato non comportarono degli effetti negativi sulla società tedesca, che, invece, si ebbero in Russia e nell'Impero asburgico.

In Germania esisteva un sistema di comunicazioni interne, una rete ferroviaria sviluppata e la diffusione dell'istruzione elementare che determinò uno **sviluppo economico e militare** del paese. In particolare, quest'ultimo avvenne soprattutto quando il nuovo sovrano Guglielmo I cercò di fare approvare un progetto di **riforma delle forze armate** in Parlamento, che prevedeva un aumento degli organici, il prolungamento della ferma e il potenziamento di quella parte dell'esercito che aveva il compito di difendere la nazione in caso di invasione. La maggioranza liberale del Parlamento, preoccupata per i costi economici, si oppose al progetto.

Guglielmo I, salito al trono nel 1861, sfidò l'opposizione nominando cancelliere il **conte Otto von Bismarck**, esponente degli *Junker*. Dal momento in cui salì al potere, Bismark s'impegnò a realizzare il progetto di riforma dell'esercito, a prescindere dal consenso del Parlamento: voleva risolvere il **problema dell'unità nazionale** con l'uso della forza e questo consentì alla Prussia di raggiungere il suo obiettivo di unificazione e di ottenere l'egemonia sul continente.

- L'ostacolo che non permetteva di realizzare l'unificazione tedesca era l'**Austria**, un impero plurinazionale membro della Confederazione germanica: Bismarck voleva, infatti, strappare all'Austria il suo ruolo di potenza egemone del mondo germanico. Il contrasto si ebbe quando le due potenze, dopo essersi accordate per strappare i **ducati alla Danimarca**, entrarono in conflitto per l'amministrazione dei territori conquistati.

- **Bismarck si alleò con il Piemonte**, mentre la Russia e la Francia rimasero neutrali; da parte dell'Austria si allearono, invece, gli Stati minori della Confederazione germanica, spaventati della possibilità che la Prussia potesse sottomerli.
- La **guerra austro-prussiana** fu fulminea e durò solo poche settimane: l'esercito prussiano, guidato dal generale Von Moltke, sconfisse quello austriaco nella decisiva **battaglia di Sadowa** il 3 luglio 1866 (fu definita la prima delle guerre di movimento). Fu così firmata la **pace di Praga** il **23 agosto 1866**: l'Austria concesse il Veneto all'Italia e dovette accettare lo scioglimento della vecchia Confederazione germanica. Gli Stati tedeschi del nord del fiume Meno fecero parte di una nuova Confederazione Germanica del nord sotto l'**egemonia prussiana**, presieduta da Guglielmo I. Quelli del sud, tra cui la Baviera, rimasero indipendenti.

Il **1866** fu così l'*annus mirabilis* del militarismo prussiano, che avviò la Prussia verso una grande politica di espansione e verso l'egemonia militare e politica in Europa. Il nuovo equilibrio stabilito dopo lo scontro con la Prussia spinse l'Impero asburgico a spostare la propria attenzione verso il Danubio e i territori balcanici. Nel **1867** l'Impero fu diviso in **due Stati, uno austriaco e l'altro ungherese**, uniti dal sovrano ma con un proprio Parlamento e un proprio governo. L'ascesa di Bismarck comportò il distacco dei deputati dall'opposizione liberale, che diedero vita ad un nuovo partito nazional-liberale. La borghesia liberale si rifiutò di portare avanti il processo di unificazione nazionale e si sottomise alla monarchia e all'aristocrazia. Il contrasto tra la Corona e gli elettori si risolse con la vittoria della prima.

4. La guerra franco-prussiana.

Sconfitta l'Austria, l'ultima fase del programma di Bismarck rimaneva l'**unificazione di tutti gli Stati della Confederazione Germanica** in un grande *Reich* tedesco. L'ultimo ostacolo dell'unificazione tedesca rimaneva la Francia di Napoleone III e Bismarck approfittò della questione del **trono spagnolo** per dar vita al conflitto.

- Il governo provvisorio spagnolo aveva offerto la corona ad un parente del re di Prussia: tale scelta spaventò la Francia, che si sentì minacciata di accerchiamento. Dopo che ebbe luogo l'incontro tra Guglielmo I e l'ambasciatore francese, Bismarck astutamente fece divulgare la notizia del congedo di Napoleone III, che ebbe come conseguenza la diffusione in Francia di un'ondata di delirio nazionalistico. Il **19 luglio 1870** il secondo Impero francese (e, dopo la caduta del regime, la terza Repubblica francese) dichiarò **guerra alla Confederazione Tedesca del Nord**, guidata dal Regno di Prussia, alleata con i regni tedeschi del sud di Baden, Baviera e Württemberg.
- La Francia affrontò il conflitto con una scarsa preparazione militare, inferiore a quella prussiana guidata da Von Moltke. La sconfitta francese avvenne a **Sedan**, dove l'imperatore fu fatto prigioniero e nella capitale si formò un governo provvisorio composto da repubblicani. L'**armistizio** fu firmato il **28 gennaio 1871** e nella reggia di Versailles, simbolo della potenza dei re di Francia, il re Guglielmo I veniva incoronato **imperatore tedesco**: dunque, la conseguenza più rilevante della guerra franco-prussiana fu la creazione dell'Impero tedesco, che mantenne un ruolo di grande autorevolezza nelle relazioni politiche internazionali dei decenni successivi.
- Il **trattato di Francoforte,** imposto da Bismarck alla Francia, fu firmato nel **maggio del 1871** e prevedeva il pagamento di un'indennità di guerra e l'occupazione militare tedesca sul territorio francese fino al pagamento di questa indennità. Inoltre, la Francia dovette cedere l'Alsazia e la Lorena. La Francia subì una vera e propria umiliazione nazionale e il desiderio di *revanche* (vendetta) condizionerà la politica francese dei prossimi secoli.
- La ***débâcle* francese** determinò anche la **fine del secondo Impero di Napoleone III** e, con il crollo di questo, la temporanea subalternità del ruolo francese rispetto alle altre potenze del consesso

europeo. Indirettamente, la sconfitta ebbe ripercussioni anche nella penisola italiana: il governo sabaudo approfittò della fine del Secondo Impero, tradizionalmente protettore dei territori pontifici, per conquistare Roma il **20 settembre 1870** (con la celebre **Breccia di Porta Pia**). La fine del periodo imperiale significò, dunque, per la Francia l'inizio di un **regime repubblicano**, che - per dimensioni ed influenza - divenne il più importante tra quelli allora esistenti nel continente.

5. Bismarck e la politica di potenza prussiana.

A causa della politica aggressiva adottata per l'unità tedesca, svanirono i principi fondamentali di diritto di nazionalità e libertà dei popoli, mentre andava sempre più diffondendosi la politica della potenza ***Machtpolitik***, basata sul rafforzamento dell'esercito e degli armamenti di terra e mare. Quasi tutti i paesi europei adottarono il protezionismo, abbandonando il metodo del libero scambio. Tuttavia, vi fu un lungo **periodo di pace in Europa occidentale** e, dopo i processi di unificazione italiana e tedesca, la carta politica d'Europa assunse una forma ben definita e stabile. Le tensioni si spostarono nella penisola balcanica, nel Mediterraneo, in Africa e Asia per il possesso delle colonie, mentre in Europa la pace era garantita dall'**egemonia tedesca** sugli equilibri dei continenti.
Il sistema bismarckiano prevedeva infatti:

- l'**isolamento della Francia**, impedendole di allearsi con altre grandi potenze (in tale progetto, Bismarck poté contare sulla neutralità inglese);
- l'**alleanza con Italia**;
- l'**alleanza tra Germania, Russia e Austria** tramite il patto dei tre imperatori, un **patto difensivo** che si basava sulla solidarietà dinastica fra gli imperatori e aveva lo scopo di tutelare gli equilibri conservatori all'interno dei singoli stati.

C'era però una vecchia rivalità tra la Russia e l'Austria nella **penisola balcanica**. Nel 1875 l'esercito turco represse le popolazioni slave e la Russia intervenne contro la Turchia, sconfiggendola. Con la **pace di Santo Stefano** si formò un grosso stato bulgaro e si riconobbero l'indipendenza della Serbia e del Montenegro e l'autonomia della Bosnia e dell'Erzegovina. Inoltre, si stabilì l'**egemonia russa sui Balcani**, che ostacolava non poco i progetti espansionistici dell'Austria e dell'Inghilterra.
Bismarck cercò di eliminare le tensioni tra gli stati convocando un **congresso a Berlino nel 1878**, dove si raggiunse un accordo che ridimensionava i vantaggi della Serbia: Serbia e Montenegro rimasero indipendenti, l'indipendenza bulgara, invece, fu ridimensionata e la Bosnia e l'Erzegovina furono affidate in amministrazione temporanea all'Austria e la Gran Bretagna ottenne l'isola di Cipro.
Venne ripristinata l'**alleanza dei tre imperatori** e nel **1882** fu firmata la **Triplice Alleanza**, che univa la Germania all'Austria-Ungheria e all'Italia. Tuttavia, anche tra Italia e Austria c'erano delle tensioni per la questione del Trentino e del Venezia Giulia, oltre a quelle tra Russia e l'Austria-Ungheria, che misero nuovamente in crisi il patto dei tre imperatori. Non potendo gestire questa alleanza, Bismarck allora passò agli **accordi bilaterali**, mantenendo l'alleanza con l'Impero asburgico e stipulando con la Russia il trattato di contro-assicurazione, un patto di non aggressione che impegnava la Russia a non appoggiare la Francia in caso di attacco alla Germania e la Germania a non unirsi con l'Austria in caso di guerra contro la Russia.
Dal punto di vista istituzionale il ***Reich* tedesco** si basava sulla struttura della vecchia Confederazione germanica: era diviso in 25 stati, con propri governi e parlamenti, che avevano, però, funzioni amministrative.

- Il governo centrale invece, presieduto dal cancelliere che era nominato dall'imperatore, si occupava della grande politica. Il potere legislativo era esercitato da una **Camera** (*Reichstag*), eletta a suffragio universale e da un **Consiglio federale** (*Bundesrat*), cui spettava il compito di approvare o meno le leggi promosse dalla Camera. Il potere esecutivo era nelle mani dell'imperatore e del cancelliere. Il potere del cancelliere si basava su un blocco sociale dominante, costituito da un'alleanza tra il mondo bancario e industriale e l'aristocrazia terriera e militare, strettamente legati da una politica protezionistica attuata da Bismarck nel 1879. La lotta tra Bismarck e i cattolici venne definita ***Kulturkampf*** e venne combattuta tra il 1872-75, quando il governo tedesco affermò il

carattere laico dello Stato e pose sotto sorveglianza il clero cattolico.

- I cattolici raddoppiarono la loro rappresentanza parlamentare e Bismarck adottò misure anticattoliche, varando una legislazione ecclesiastica più moderata. Il cancelliere abbandonò al guerra con i cattolici per difendersi dall'**ascesa della socialdemocrazia**; varò, pertanto, delle leggi eccezionali che ponevano delle limitazioni alla libertà di stampa, dichiaravano illegali tutte le associazioni che avevano l'intenzione di capovolgere l'ordinamento statale, ponendo la socialdemocrazia in condizione di semiclandestinità.
- Il Parlamento approvò delle leggi che tutelavano le **classi lavoratrici**, creando un'assicurazione obbligatoria per gli infortuni sul lavoro, le malattie e la vecchiaia sostenuta in parte dagli imprenditori, in parte dallo stato. La legislazione sociale varata da Bismarck si collegava a una corrente di riformismo conservatore: egli voleva porre le masse lavoratrici in una posizione subordinata allo Stato, ispirandosi al modello paternalistico francese. Tuttavia, nacque un forte movimento sindacale guidato da socialdemocratici e le leggi eccezionali varate da Bismarck non impedirono la crescita elettorale della socialdemocrazia, quindi la politica bismarckiana fallì e il **cancelliere** fu **allontanato dal governo**.

6. La Francia: dal Secondo Impero alla Terza Repubblica.

Dopo la breve esperienza rivoluzionaria, a seguito della caduta del secondo Impero, della ***Comune* di Parigi** (organo di autogoverno cittadino di stampo socialista che durò solo due mesi, dal 18 marzo al 28 maggio 1871), nel 1872 cominciò la ripresa della Francia e l'Assemblea nazionale decise l'introduzione del servizio militare obbligatorio. Fu pagata l'indennità di guerra ai tedeschi e pian piano la Francia cominciò a recuperare il suo prestigio, dirigendosi verso le conquiste coloniali.
Questa ripresa era basata sul patriottismo dei contadini e della piccola borghesia, che sopportarono le pesanti pressioni fiscali. Quindi, vi fu una rapida **ripresa economica**, ma una **lenta stabilizzazione politica**. I membri dell'Assemblea nazionale erano in gran parte favorevoli alla restaurazione della monarchia, solo le fratture interne tra **legittimisti** (che volevano il ritorno dei Borboni) e **orleanisti** (che volevano al trono gli eredi di Luigi Filippo) e l'accordo tra orleanisti e repubblicani moderati consentirono l'approvazione di una **costituzione repubblicana**, approvata nel **1875**.
La costituzione della **Terza Repubblica** stabilì che il potere legislativo fosse esercitato da una Camera eletta a suffragio universale maschile e da un Senato composto da membri in parte vitalizi in parte elettivi. Il presidente della repubblica rappresentava una figura di stabilità, esercitava il potere esecutivo molto esteso e veniva eletto dalle camere. Con la costituzione del 1875, i repubblicani francesi ebbero l'egemonia nel paese e il presidente della Repubblica Mac Mahon cercò di opporsi a questa tendenza repubblicana sciogliendo la Camera; ma le elezioni seguenti confermarono la maggioranza repubblicana, costringendo il presidente alle dimissioni.
I repubblicani erano divisi in:

1. **opportunisti**, cioè i repubblicani moderati, appoggiati dai commercianti, impiegati e piccoli agricoltori che aspiravano al progresso, ma rimanevano conservatrici nei rapporti sociali;
2. **radicali**, i repubblicani riformisti, che erano contro gli opportunisti.

Il consolidamento della democrazia avvenne sotto la guida dei governi repubblicano- moderati. Il Parlamento tornò (da Versailles) a Parigi, fu approvata un'amnistia per gli incarcerati e i deportati, il Senato fu reso elettivo e furono varate delle fondamentali **leggi**, in materia di:

1. garanzia della libertà di associazione sindacale;
2. ampliamento delle le autonomie locali;
3. elettività dei sindaci;
4. divorzio.

Lo Stato si dichiarò **laico**, soprattutto nel settore scolastico. L'istruzione divenne obbligatoria, gratuita e sottoposta allo stato, mentre le università e gli istituti superiori invece venivano gestiti dal clero.

L'indebolimento dei poteri presidenziali condizionò, però, la precaria stabilità del governo, che non ottenne la fiducia del popolo parigino. **George Boulanger** creò un movimento con l'intento di rivoluzionare le istituzioni in modo autoritario, ma fu accusato di aver partecipato ad un complotto contro la Repubblica e la sua iniziativa fallì. Fuggì all'estero, ma lasciò nella società l'aspirazione autoritaria.

7. L'epoca vittoriana in Gran Bretagna.

Dopo i moti del 1848, la Gran Bretagna visse una lunga fase di **stabilità politica**, **tranquillità sociale** e **benessere economico**, grazie alla consistente produzione di carbone e ferro e, inoltre, possedeva una rete ferroviaria avanzata e una flotta mercantile molto grande e potente.
La Gran Bretagna era costituita da istituzioni liberali e, tra il 1848 e il 1866, vi fu un **consolidamento del sistema parlamentare**, che consisteva nell'esaltazione del Parlamento, il quale gestiva la vita politica e subordinava il governo. La corona aveva solo un valore simbolico d'identità nazionale (regno della **regina Vittoria**). Molti poteri erano gestiti dalla Camera alta, cioè la *Camera dei Lords*, resi per via ereditaria o nomina regia, mentre la Camera elettiva, cioè la Camera dei Comuni, rappresentava una piccola parte della popolazione.
Negli anni Sessanta vi fu la lotta per l'**allargamento del suffragio**, condotta da intellettuali radicali. Nel 1865 William Gladstone presentò un progetto di legge che prevedeva l'estensione del diritto di voto, ma fu ostacolato dalla parte moderata del partito. Il rifiuto del progetto di legge provocò nel 1866 la **caduta del governo liberale** e la salita al potere dei conservatori (i *Tories*), guidati da **Benjamin Disraeli**: in qualità di Primo ministro del Regno Unito, Disraeli assunse l'iniziativa di una **riforma elettorale** più avanzata e nel 1867 varò una legge, chiamata ***Reform Act***, che consentiva il diritto di voto ai lavoratori urbani a reddito più elevato. Il suo scopo era ottenere il consenso del suo partito dai lavoratori industriali, ma l'allargamento del suffragio favorì, invece, i liberali.
Nelle elezioni del 1868 i conservatori furono sconfitti e **Gladstone** tornò alla guida del governo. Durante la sua prima *premiership*, Gladstone:

- varò delle **riforme sociali**,
- incrementò e migliorò il **sistema di istruzione pubblica**,
- ridimensionò il ruolo della Chiesa anglicana nella scuola,
- stabilì il reclutamento tramite concorsi e proibì nell'esercito la compravendita dei gradi,
- nel 1872 fu abolita la pratica del *voto palese*, che in passato aveva favorito l'aristocrazia terriera.

Nelle elezioni del 1874, Gladstone fu sconfitto e tornarono alla guida del Regno Unito i conservatori, guidati di nuovo da Disraeli. **Disraeli** cambiò lo stile della politica estera, adottando un sistema coloniale mirato al **consolidamento dei possedimenti indiani**; cercò anche il consenso delle masse popolari varando delle riforme (come le leggi sulla salute pubblica e sulle case operaie e la maggiore libertà al diritto di sciopero), che potessero porsi in concorrenza con i liberali. Il conservatorismo popolare di Disraeli si concluse quando, dopo alcuni fallimenti coloniali, egli fu sconfitto nelle elezioni del 1880. **Gladstone** tornò nuovamente alla guida del nuovo governo liberale e, nel **1884**, varò una **nuova riforma elettorale**, che allargava il diritto di voto alla maggioranza dei lavoratori agricoli.
Un'altra spinosa controversia per il governo britannico riguardava la **questione irlandese**. L'economia irlandese si basava su un'agricoltura povera e, proprio a causa di una crisi agricola, il paese s'indebolì: ciò comportò la reazione del movimento nazionale, che si espresse in **azioni terroristiche degli estremisti e repubblicani**, oltre alla pressione esercitata in Parlamento dalla rappresentanza irlandese per porre in luce il problema dell'**autonomia**.

- Per risolvere la situazione, Gladstone tentò con una **riforma agraria**, varando una legge, chiamata ***Land Act***, che migliorava i contratti d'affitto e garantiva agli affittuari di non essere espulsi dal loro fondo. Tuttavia, tale legge si rivelò insufficiente a contenere il malcontento irlandese e Gladstone comprese che l'unica soluzione risolutiva per la questione irlandese sarebbe stata la concessione dell'autonomia politica all'Irlanda.

- Nel **1886** Gladstone propose così in Parlamento il famoso ***Bill for Home Rule*** (con la locuzione inglese ***home rules*** si intendono le regole da mantenere "a casa", all'interno di una suddivisione amministrativa -come uno Stato di una federazione o una provincia o regione- volti ad ottenere il riconoscimento di **autonomia legislativa** rispetto a un governo centrale). Tuttavia il *Bill* venne respinto: Gladstone si scontrò con i conservatori e i ribelli liberali, tra cui Chamberlain, e la secessione degli unionisti, chiamati così perché erano contrari all'autonomia irlandese, comportò il fallimento della *Home Rule* e la caduta del governo.
- Una violenta opposizione al governo inglese infiammò **l'Irlanda**: l'opposizione si organizzò nel movimento *Sinn Féin* ('noi stessi' in Gealico) che divenne un partito politico nel 1906. Solo nel 1914 l'*Home Rule Bill* venne approvato dal Parlamento Inglese per essere subito sospeso a causa della guerra.

Mappa Concettuale

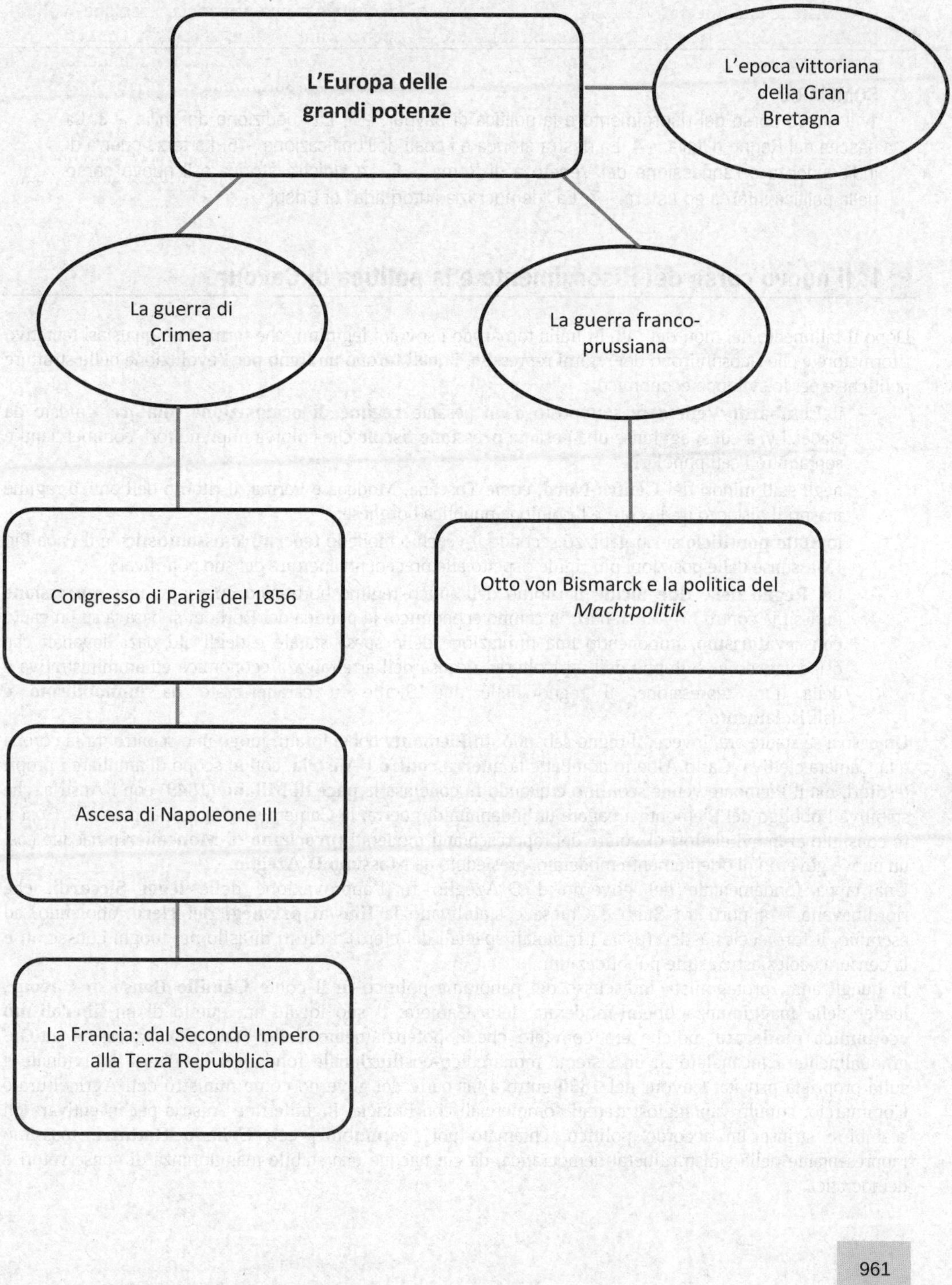

Capitolo 4 | L'UNIFICAZIONE D'ITALIA

SOMMARIO:
1. Il nuovo corso del risorgimento e la politica di Cavour. - **2**. La spedizione dei mille. - **3**. La nascita del Regno d'Italia. - **4**. La destra storica e i costi dell'unificazione. - **5**. La terza guerra di indipendenza e l'annessione del Veneto e di Roma. - **6**. La sinistra storica e il nuovo corso della politica interna ed estera. - **7**. La "democrazia autoritaria" di Crispi.

1. Il nuovo corso del Risorgimento e la politica di Cavour.

Dopo il fallimento dei moti del '48, in Italia tornarono i sovrani legittimi, che fermarono qualsiasi tentativo riformatore e che ricostituirono dei regimi repressivi, i quali furono un freno per l'evoluzione delle strutture politiche e per lo sviluppo economico:

- il **Lombardo-Veneto** fu sottoposto a un pesante **regime di occupazione militare**, guidato da Radetzky, a cui si aggiunse una pesante **pressione fiscale** che colpiva imprenditori, commercianti e soprattutto i ceti popolari;
- negli stati minori del **Centro-Nord**, come Toscana, Modena e Parma, il ritorno dell'antico regime inasprì il distacco tra le corti e l'opinione pubblica borghese;
- lo **Stato pontificio** si riorganizzò secondo il vecchio modello **teocratico-assolutistico** e il Papa Pio IX assunse delle posizioni più rigide rispetto alle precedenti aperture del suo pontificato;
- nel **Regno delle due Sicilie** il ritorno dell'antico regime borbonico comportò una **repressione** durissima contro i rivoluzionari; in campo economico, la politica dei Borboni si basava su un cauto **conservatorismo**, imponendo una limitazione della spesa statale e degli alti dazi doganali che ostacolavano lo sviluppo dell'agricoltura: a causa dell'arretratezza economica ed amministrativa e della dura repressione, il regno delle due Sicilie fu caratterizzato da **immobilismo** e dall'**isolamento**.

Un caso a sé stante era, invece, il regno sabaudo: in **Piemonte** ebbe, infatti, luogo uno scontro tra la corona e la Camera elettiva: Carlo Alberto combatté la **guerra contro l'Austria**, con lo scopo di ampliare i propri territori, ma il Piemonte venne sconfitto e quando fu conclusa la **pace di Milano** (**1849**) con l'Austria, che stabiliva l'obbligo del Piemonte a pagare un'indennità di guerra, la Camera si rifiutò di approvarla. Così il re consigliò ai nuovi elettori di votare dei rappresentanti moderati (**proclama di Moncalieri**): nacque così un nuovo governo di orientamento moderato, presieduto da **Massimo D'Azeglio**.
Una tappa fondamentale del governo d D'Azeglio fu l'approvazione delle **leggi Siccardi**, che riordinavano i rapporti tra Stato e Chiesa e stabilivano la **fine ai privilegi del clero**, abolendo, ad esempio, il foro ecclesiastico (ossia i tribunali speciali del clero), i diritti di asilo nei luoghi consacrati e la censura ecclesiastica sulle pubblicazioni.
In quegli anni, protagonista indiscusso del panorama politico fu il conte **Camillo Benso di Cavour**, leader della maggioranza liberal-moderata della Camera: il suo ideale era quello di un **liberalismo economico moderato**, poiché era convinto che il potenziamento dello Stato doveva essere attuato gradualmente e incanalato in un sistema monarchico-costituzionale fondato sulla libertà individuale e sulla proprietà privata. Cavour nel **1850** entrò a far parte del governo come ministro dell'Agricoltura e Commercio: stipulò vantaggiosi trattati commerciali con Francia, Inghilterra e Austria per incentivare gli scambi e strinse un accordo politico, chiamato poi "**connubio**", con **Urbano Rattazzi**, massimo rappresentante della sinistra liberal-democratica, da cui nacque una stabile maggioranza di conservatori e democratici.

Quando, nel **novembre 1852**, D'Azeglio rassegnò le sue dimissioni, ebbe inizio il **primo governo di Cavour**: sul piano istituzionale, Cavour portò delle innovazioni che avviarono la trasformazione del Piemonte in uno stato moderno. Stabilì una nuova interpretazione parlamentare dello Statuto, dove la vita del governo non dipendeva più soltanto dalla fiducia del sovrano, ma anche dal sostegno di una maggioranza in Parlamento. Cavour s'impegnò anche per lo sviluppo economico, adottando una linea liberoscambista:

- furono aboliti i dazi sul grano, consentendo un **aumento della produzione agricola**;
- fu potenziata la **rete ferroviaria**, la quale portò effetti positivi sul commercio e stimolò l'**aumento della produzione industriale**, in particolare dell'industria siderurgica e meccanica;
- fu rinnovato il sistema del credito, con la creazione di Casse di risparmio locali e con la **fondazione della Banca nazionale**;
- fu migliorato il settore amministrativo.

Contemporaneamente all'azione governativa di Cavour, proseguiva, dopo le sconfitte del '48, l'attività di **Mazzini**, volta al raggiungimento dell'indipendenza e dell'**unità per via insurrezionale**: intensificò i rapporti con i maggiori esponenti di tutto il movimento democratico e tentò di ricostruire la rete clandestina con i contatti rivoluzionari italiani ed esteri. In realtà la strategia mazziniana fallì, poiché il moto organizzato a Milano nel febbraio 1853 fu represso dagli austriaci. Convinto che il fallimento del moto fosse dovuto a ragioni di carattere organizzativo, Mazzini fondò nel **1853** a Ginevra il **Partito d'Azione**, il quale prospettava come strumenti politici la cospirazione e la lotta rivoluzionaria: tuttavia, alcuni patrioti moderati, come Giuseppe Ferrari e Carlo Pisacane, non aderirono alla linea politica di Mazzini, poiché la consideravano poco aperta ai problemi sociali.
Nel tentativo di coinvolgere le masse contadine meridionali nel progetto di rivolta, **Carlo Pisacane** nel **1857** partì da Genova con pochi compagni e si diresse verso l'isola di Ponza, sede di un penitenziario borbonico. Liberati i detenuti dal carcere, si diresse verso **Sapri** (Campania), ma mancò l'adesione dei contadini e, isolati, i rivoltosi furono sconfitti dalle truppe borboniche; Pisacane, ferito, per non cadere prigioniero si diede la morte. Il movimento mazziniano versava così in condizioni particolarmente critiche e molti dei suoi affiliati preferirono confluire nella **Società Nazionale**, un movimento indipendentista filo-piemontese sorto nel 1857 e guidato da **Daniele Manin** e **Giuseppe Garibaldi**, che proponeva di realizzare l'unità d'Italia e l'unione di tutte le correnti democratiche e moderate intorno alla monarchia costituzionale di Vittorio Emanuele II.
Il Piemonte di Cavour divenne un rifugio e un punto di riferimento per molti esuli politici e patrioti delusi dai fallimenti mazziniani: Cavour propose un **piano di unificazione** che, diretto dal governo sabaudo, era da realizzarsi mediante gli **accordi diplomatici** con le altre potenze europee.
A seguito della partecipazione al Congresso di Parigi del 1856, Cavour, sostenuto dal re Vittorio Emanuele, si alleò con Inghilterra e Francia allo scopo di per sconfiggere l'Austria: durante la Conferenza parigina, infatti, Cavour protestò contro la presenza militare austriaca nelle Legazioni pontificie e contro il fatto che la cattiva amministrazione dello Stato della Chiesa e del Regno delle due Sicilie avrebbe minacciato l'equilibrio europeo. Fu l'**attentato**, ordito dal repubblicano ed ex mazziniano **Felice Orsini**, alla vita di Napoleone III che spinse Cavour ad affrettare i tempi dell'alleanza franco-piemontese, che fu sancita a **Plombières** il **20 luglio 1858**. Gli accordi stabilivano che l'Italia venisse così divisa:

- un **regno dell'Alta Italia**, che comprendeva il Piemonte, il Lombardo-Veneto e l'Emilia Romagna sotto il **dominio sabaudo**, il quale, in cambio avrebbe ceduto alla Francia Nizza e Savoia alla Francia;
- un **regno dell'Italia centrale**, formato dalla Toscana e dai domini pontefici, per il cui trono fu proposto **Gerolamo Bonaparte**, cugino di Napoleone III;
- un **regno meridionale**, coincidente con quello delle due Sicilie, liberato dalla dinastia borbonica ed affidato a Luciano Murat, figlio di Gioacchino;
- il **Papa** avrebbe avuto la **presidenza** della futura **Confederazione degli Stati italiani**.

In realtà, l'accordo era motivato da intenti molti diversi tra loro: il progetto di Napoleone era quello di porre l'Italia sotto il suo controllo, sostituendosi all'Austria, mentre Cavour puntava ad affermare i Savoia come potenza egemone italiana, liberandosi degli Austriaci.

Per attuare il suo disegno, Cavour provocò l'Impero asburgico per determinarne l'aggressione, inviando delle truppe al confine con la Lombardia: il **23 aprile 1859** il governo asburgico inviò un ultimatum al Piemonte affinché smobilitasse le truppe, ma il Piemonte lo respinse, costringendo l'Austria a dichiarare guerra il 26 aprile. Ebbe così inizio la **seconda guerra di indipendenza**: i franco-piemontesi sconfissero le forze asburgiche nella **battaglia di Magenta** il **4 giugno 1859** ed ottennero altre **vittorie** decisive **a San Martino e a Solferino** il 24 giugno. Napoleone III, temendo che la Confederazione germanica si schierasse con l'Austria e vanificasse le sue vittorie, decise di ritirarsi dal conflitto e, senza consultare i piemontesi, propose un **armistizio** agli austriaci, che fu firmato **a Villafranca** l'11 luglio. Con l'armistizio l'impero asburgico:

- rinunciava alla **Lombardia** concedendola **alla Francia**, che poi l'avrebbe data al Piemonte,
- restava in **possesso del Veneto** e delle fortezze di Mantova e Peschiera.

La notizia dell'armistizio sorprese Cavour che, indignato, rassegnò le dimissioni il 13 luglio 1859 e fu sostituito dal generale La Marmora. Dopo la firma della **pace di Zurigo** del 10 novembre con l'Austria, Cavour tornò a capo del governo e contrattò la cessione alla Francia di Nizza e Savoia, in cambio delle **annessioni della Toscana dell'Emilia al Piemonte**. Emilia, Romagna e Toscana, tramite i plebisciti svolti l'11 e il 12 marzo 1860, dovettero scegliere tra l'annessione al regno sabaudo oppure la creazione di stati separati e la maggioranza optò per la soluzione unitaria.

2. La Spedizione dei Mille.

Dopo le annessioni dei ducati centrali, lo stato sabaudo stava per diventare uno stato nazionale.
Intanto, i democratici perpetravano la loro iniziativa rivoluzionaria, soprattutto nel Regno delle due Sicilie, dove era salito al trono Francesco II di Borbone nel 1859. Due mazziniani siciliani, **Francesco Crispi** e **Rosolino Pilo**, furono i promotori di un **moto di protesta** scoppiato a Palermo tra il **3 e il 4 aprile 1860**: fu Crispi a persuadere Garibaldi ad assumere la guida dei volontari in Sicilia. Garibaldi, agli occhi dei patrioti, era l'unico capace di unire le diverse componenti dello schieramento patriottico, dai democratici ai moderati: era un repubblicano membro della Società Nazionale e aveva collaborato con la monarchia sabauda, assumendo il comando dei corpi di volontari e combattendo in Lombardia contro l'Austria.
Garibaldi organizzò così lo sbarco, che aveva ottenuto l'appoggio di Vittorio Emanuele, allo scopo di sfruttare il malcontento della Sicilia per cacciare i borbonici: nella notte fra il **5 e il 6 Maggio 1860**, **mille volontari** partirono da **Quarto**, presso Genova, con due navi, il Piemonte e il Lombardo. Il gruppo di garibaldini era eterogeneo e malamente organizzato, ma riuscì a fare rifornimenti d'armi presso la fortezza di Talamone, in Toscana, e sbarcò a **Marsala** l'11 maggio. La liberazione dell'isola dal regime borbonico avvenne in tempi rapidi: il 14 maggio a Salemi Garibaldi si proclamò **dittatore della Sicilia** in nome della monarchia sabauda; il 15 Maggio, a **Calatafimi**, i volontari Garibaldini misero in fuga un contingente borbonico e puntarono su **Palermo**, che insorse. Dopo 3 giorni di combattimenti, i contingenti furono costretti ad abbandonare il capoluogo siciliano e Garibaldi proclamò la decadenza della monarchia borbonica. Il 20 luglio la **battaglia di Milazzo** portò alla completa conquista dell'isola (ad eccezione della fortezza di Messina) e Garibaldi venne accolto come un liberatore: la popolazione siciliana aveva visto la possibilità di liberarsi non solo dai Borboni, ma anche dallo sfruttamento che li condannava ad una struttura sociale arcaica.
In Sicilia si formò un governo provvisorio, guidato da Crispi, che tentava si attuare la riforma sociale (che prevedeva la riduzione del carico fiscale e l'assegnazione di terre ai contadini combattenti), ma sorsero delle violente agitazioni a causa degli **scontri tra patrioti e contadini insorti**, i quali si preoccupavano non dei fini generali della spedizione, bensì di raggiungere i propri obiettivi, quali la lotta contro le tasse e la conquista delle terre. Uno dei più tragici episodi ebbe luogo a **Bronte**, vicino Catania: un gruppo di contadini e borghesi insorse, occupando il municipio e pretendendo la ridistribuzione delle terre. Dopo giorni di massacri e saccheggi ai danni dei proprietari terrieri locali, Garibaldi, esortato dal console inglese a Catania, fu costretto ad inviare il suo luogotenente **Nino Bixio** per reprimere duramente l'insurrezione. Spaventati dalle agitazioni agrarie, i proprietari terrieri guardarono con favore

all'annessione al Piemonte.
La spedizione proseguì alla volta dell'Italia: il **20 agosto 1860** Garibaldi sbarcò in **Calabria**, da dove risalì l'Italia senza che l'esercito borbonico potesse opporgli un'efficace resistenza. Il 4 settembre Francesco II abbandonò la capitale del Regno borbonico e così, pochi giorni dopo, Garibaldi entrò da liberatore a **Napoli**. Preoccupato che Napoli potesse diventare la base per una spedizione nello stato pontificio, Cavour organizzò un **corpo di spedizione sabaudo** che avrebbe dovuto garantire alla monarchia sabauda il controllo della situazione. A settembre le truppe regie invasero i territori pontifici nell'**Umbria** e nelle **Marche** e sconfissero l'esercito pontificio nella battaglia di **Castelfidardo**. A ottobre mentre Garibaldi sconfiggeva i l'esercito borbonico nell'ultima e decisiva **battaglia del Volturno**, l'esercito sabaudo, al comando dello stesso Vittorio Emanuele, iniziò la marcia verso il Mezzogiorno il 3 ottobre.
La linea moderata di Cavour prevalse e fu accettata dallo stesso Garibaldi, che rinunciò all'avanzata su Roma. Il parlamento piemontese approvò una proposta di Cavour che autorizzava il governo a decretare l'annessione di altre regioni italiane allo Stato sabaudo, però con la volontà, espressa mediante **plebisciti**, delle popolazioni interessate. Così si tennero plebisciti a suffragio universale maschile il 21 ottobre **nelle province meridionali e in Sicilia** e il 4 novembre **nelle Marche e in Umbria**: gli elettori erano chiamati ad accettare o respingere l'annessione allo stato sabaudo e schiacciante fu la maggioranza dei **favorevoli all'annessione**.
Il **26 ottobre 1860** ebbe luogo l'**incontro di Teano** tra Garibaldi e il re Vittorio Emanuele, che sanciva la formale sottomissione di Garibaldi al re ed ebbe il significato di un'accettazione della sovranità dei Savoia, deludendo le aspettative di coloro che auspicavano la fondazione di una repubblica meridionale. Dopo aver consegnato i territori meridionali liberati al re, Garibaldi si ritirò a Caprera e l'esercito sabaudo eliminò le ultime resistenze borboniche. Il **17 marzo 1861 Vittorio Emanuele II** fu proclamato **re d'Italia**.

3. La nascita del Regno d'Italia.

Unificato nella legislazione e accentrato per l'azione amministrativa, il **nuovo Regno** si proponeva come *Stato di Diritto*, tutore dell'uguaglianza civile e della libertà di tutti i cittadini. Uno stato liberale, come l'Italia delle origini, non avvertiva i problemi che potevano sorgere dal trattare in modo uguale i disuguali: l'Italia unita, al proprio interno, era, infatti, parecchio disuguale e versava in condizioni di **arretratezza**.

- Al momento dell'unificazione d'Italia, la maggior parte della popolazione italiana, che ammontava in totale a poco più di ventisei milioni, era dedita all'agricoltura finalizzata alla **sussistenza** e, a differenza delle aree centro-settentrionali europee, in cui aveva preso piede una forma di agricoltura capitalistica, dominava la più povera delle produzioni, quella a grano e pecore.
- Inoltre, si registrava un forte **squilibrio** tra la distribuzione delle terre, spartite tra latifondi, e la localizzazione del settore industriale, concentrato quasi esclusivamente al Nord. La formazione di un mercato unitario era ostacolata dallo squilibrio economico tra Nord e Sud d'Italia, che non erano nemmeno collegati dalla scarsa rete ferroviaria (appena duemila chilometri) allora presente.
- Alla disarticolazione economica corrispondeva il divario culturale: i parlanti della lingua italiana erano molto rari, la **frammentazione linguistica** di fatto impediva alle popolazioni della penisola di comunicare tra loro. La situazione linguistica dell'Italia neo-unificata -come nota De Mauro- era uno degli aspetti in cui si palesavano le profonde fratture sorte tra regione e regione e tra le differenti classi sociali.
- La stessa **classe politica** che si era fatta interprete della rivoluzione e si ritrovava investita del compito di guidare il Regno era al suo interno **differenziata**, perché era l'espressione della coesistenza di fasi di sviluppo socio-economiche diverse: profondamente diverse erano poi la borghesia centro-settentrionale da quella meridionale.
- Negli ultimi mesi del suo governo, Cavour, dichiarando che Roma era destinata ad essere la capitale del nuovo regno, suggellava l'impronta unitaria della sua politica, avanzando una nuova proposta in

materia di rapporti tra Stato e Chiesa espressa nella formula "**libera Chiesa in libero Stato**". La libertà della Chiesa appariva come il coronamento dello svolgimento liberale del secolo: tale rinuncia della Chiesa allo stato temporale avrebbe dovuto inaugurare un nuovo sistema di rapporti, il separatismo, ma il Pontefice, con il I Concilio Vaticano, bloccò le trattative e ribadì la condanna della classe dirigente italiana, rinfocolando l'anticlericalismo dei democratici.

- Alla rottura con le forze sociali che si riconoscevano nella Chiesa corrispose anche, nell'ultimo anno di governo di Cavour, la **rottura con il movimento garibaldino** (celebre fu lo scontro in Parlamento tra Cavour e Garibaldi, che comportò il licenziamento di 50000 uomini dell'esercito garibaldino). Tuttavia, appena due mesi dopo la proclamazione del Regno d'Italia, il **6 giugno 1861 Cavour morì**, lasciando ai suoi successori una difficile eredità.

I plebisciti avevano portato come risultato l'accettazione dello **Statuto Albertino**, cioè l'unione al Regno sardo, così com'era, con le sue leggi e le sue istituzioni politiche e amministrative. Nelle prime elezioni della storia post-unitaria nazionale, nel gennaio 1861, gli elettori non erano che l'1,9% degli abitanti, di cui solo il 57% si recò a votare.

Fino al 1876 il governo del Regno d'Italia fu in mano ai **moderati della Destra storica**, che reclutava il suo personale nell'Italia settentrionale e in Toscana, tra l'antica maggioranza cavouriana, a cui si erano aggiunti esponenti del liberalismo delle nuove province, anche meridionali. Si trattava di grandi uomini dotati di competenze tecniche e in larga parte ispirati al cattolicesimo liberale. Per amalgamare diverse realtà politiche, sociali ed economiche confluite nel nuovo Regno d'Italia, la nuova classe dirigente non fece altro che imporre ovunque la struttura amministrativa del Regno di Sardegna.

Il nuovo stato si configurava, dunque, come il risultato dell'espansionismo piemontese, tanto che Vittorio Emanuele II, pur essendo il primo re d'Italia, conservava l'ordinale "secondo" che aveva in qualità re di Sardegna, per rimarcare la continuità con lo stato sabaudo.

IL MODELLO DEL REGNO DI SARDEGNA FU ESTESO A TUTTA ITALIA

4. La Destra storica e i costi dell'unificazione.

Il 17 marzo 1861 il **primo parlamento unitario** proclamò il Regno d'Italia: il primo governo dell'Italia unita, che guidò il paese fino al 1876, era detto della **Destra storica**. Non esistevano "partiti politici" nel senso attuale del termine, ma solo **due gruppi** rappresentati da eminenti personalità: il **gruppo tosco-emiliano-lombardo**, di cui Ricasoli, Minghetti, Peruzzi erano i nomi più in vista, esprimeva gli interessi della borghesia propensa ad investire le rendite agrarie nelle banche e nelle speculazioni (tale gruppo è stato definito "Consorteria", di stampo **liberista**); l'altro **gruppo**, guidato da Lanza e da Sella, era prevalentemente **piemontese** ed esprimeva gli interessi dei primi nuclei industriali e del capitalismo agrario (dopo il trasferimento della capitale a Firenze, tale gruppo assunse il nome di "Permanente", di stampo **protezionista**).

L'**ideologia politica della Destra storica** era fondata sui grandi insegnamenti dell'ultimo Cavour, secondo cui:

1. i problemi sociali potevano essere affrontati tramite la **modernizzazione del paese**;
2. l'unità nazionale doveva conseguirsi nell'ambito delle **intese diplomatiche** e per opera dell'esercito regio;
3. la liberazione di Roma esigeva trattative con il pontefice e con la Francia.

I governi della Destra storica emanarono una serie di **leggi** che furono dette "**unificatrici**" poiché abolirono le istituzioni dei vecchi stati pre-unitari e uniformarono la moneta, l'amministrazione, le dogane, i regolamenti di pubblica sicurezza e di sanità. Furono varate, infatti, alcune riforme fondamentali per la vita del paese, come:

- l'**estensione delle leggi piemontesi** ai paesi appena annessi,
- la **legge Casati** sull'istruzione elementare obbligatoria (entrata in vigore nel 1861),
- la **legge Rattazzi** sull'ordinamento comunale e provinciale (entrata in vigore nel 1859 ed estesa a tutto il Regno nel 1865), che affidava il governo dei comuni a un consiglio eletto a suffragio e a un sindaco di nomina regia, mentre le province acquisivano un ruolo amministrativo importante sotto il controllo dei prefetti.

Il **20 marzo 1865**, sotto il governo di La Marmora, un organico complesso di leggi **assicurò l'unificazione amministrativa del regno**: l'organizzazione restò dunque, centralizzata, diretta dai Ministeri e controllata dai Prefetti di nomina governativa a livello provinciale; per le Province e Comuni si pensò ad una discreta autonomia. Venne istituita una speciale magistratura per vigilare sulla gestione del denaro pubblico, la Corte dei Conti, e sugli stessi atti del governo.

- Le **masse urbane medio e piccolo-borghesi** e il **mondo contadino** restavano **esclusi dalla politica attiva**, restando obbligati a contribuire per una porzione consistente di imposte alla vita del Paese; se il settentrione del Regno aveva un ruolo preminente rispetto alle altre regioni dello stivale, modesta era la competitività a livello internazionale.
- L'arretratezza si avvertiva in particolar modo nel sistema agricolo: la mezzadria era il sistema di conduzione più diffuso e non favoriva l'investimento di capitali, l'impiego di nuove tecniche, la specializzazione produttiva rispondente alle richieste di mercato. Il **Meridione** era completamente stretto nella morsa del **latifondo**: le terre erano trascurate dai grandi proprietari, abbandonate alla gestione di una gerarchia di intermediari e dipendenti, divisi in piccolissimi appezzamenti a conduzione contadina-familiare.

Nel 1861 l'endemico **brigantaggio**, proprio del regno borbonico, si trasformò in un grande sobbollimento di masse che funestò, nei primi anni dell'Italia unita, il **Mezzogiorno**, dove la forte delusione per il nuovo Stato era più accentuata che in altre zone italiane. Il brigantaggio divenne così l'espressione del disagio sociale e nella rivolta confluivano spinte e motivazioni diverse, quali l'**odio di classe** verso la nuova classe dirigente; la **delusione delle masse contadine** per l'irrisoluto problema della terra; la **protesta contro la forte pressione fiscale** e la leva obbligatoria introdotte dal nuovo stato.

- Il fenomeno del brigantaggio impose una repressione violenta da parte del governo: la Destra storica mobilitò la Guarda nazionale borghese, la polizia e l'esercito contro i briganti e, con la **legge Pica del 15 agosto 1863**, affidò i **processi di brigantaggio** ai tribunali militari, che imposero pene molto severe. Solo nel 1865 il brigantaggio, inteso come fenomeno di massa, cessò, senza, però, che ne fossero risolte le cause scatenanti. L'intervento dello Stato unitario esasperò e rese ancor più evidente il divario tra nord e sud, dando inizio alla cosiddetta **questione meridionale** che lascerà il segno fino ai giorni nostri.
- La classe politica italiana doveva affrontare anche l'emergenza di creare un mercato unico, abbattendo i dazi e applicando un'omogenea politica doganale al di là delle differenze locali. Urgeva, inoltre, una moderna **rete di comunicazioni** per la circolazione delle merci e delle informazioni e andava incrementato il sistema creditizio e favorita l'accumulazione di capitali, fattori indispensabili a dare un respiro "industriale" all'economia del paese.
- Ultimo cogente problema era quello del **tasso di alfabetizzazione della popolazione italiana**: la media degli analfabeti era 860 per mille e gli italiani esigevano una radicale riforma del sistema scolastico per avvicinarsi alla media europea e per adeguarsi alle esigenze di sviluppo complessivo del paese.

I governi postunitari si occuparono dell'**unificazione economica italiana**, uniformando il sistema monetario, togliendo le barriere doganali fra gli Stati preunitari e avviando un processo modernizzazione del paese con la costruzione di ferrovie e comunicazioni stradali per la formazione di un mercato nazionale. La **legislazione doganale liberista** del Regno sardo, con l'abbassamento dei dazi di entrata, venne estesa a tutti gli altri Stati. Inoltre, lo sviluppo della rete ferroviaria mise in comunicazione i paesi isolati con i centri più progrediti.

- La politica liberista adottata dal governo favorì lo **sviluppo dell'agricoltura** e consentì l'inserimento del nuovo Stato nel contesto economico europeo. Il settore industriale (penalizzato dalla concorrenza internazionale), invece, non conobbe un notevole sviluppo e declinarono i settori siderurgico e meccanico. Il governo, però, non agì per sostenere i settori in crescita poiché, oltre alle difficoltà finanziarie, vi era una **ristrettezza del mercato interno**: secondo il governo, lo sviluppo economico doveva basarsi solo sulle potenzialità del paese.
- Grazie all'**abolizione delle barriere doganali**, lo sviluppo agricolo consentì l'accumulo di capitali

anche tramite entrate fiscali e si adoperarono per la realizzazione delle infrastrutture. L'Italia divenne una nazione più unita ed evoluta, ma il tenore di vita della popolazione non migliorò, a causa della **durissima politica fiscale** adottata per coprire i costi di unificazione.

- All'inizio la Destra ricorse a **imposte dirette**, ossia alle tasse sui redditi, e alla **tassazione indiretta**, ossia alle tasse sui consumi (dazi sui generi alimentari) e sui movimenti di capitale (ipoteche, tasse di successione). Dopo il 1866, a causa di una **crisi internazionale** e delle spese sostenute per la guerra contro l'Austria, la situazione peggiorò. Fu introdotto il ***corso forzoso***, cioè la circolazione obbligatoria della carta-moneta, furono inasprite le imposte e fu varata la **tassa sul macinato**, ossia una tassa sulla macinazione del frumento e dei cereali, che colpì duramente le classi più povere. L'introduzione della nuova imposta scatenò le prime **agitazioni sociali (1869)**. A seguito di tali rivolte popolari scoppiate per le sue gravi conseguenze, la battaglia si trasferì in Parlamento, ma già il 26 gennaio 1869 il Senato confermò la tassa e conferì al generale Raffaele **Cadorna** - poi protagonista nel 1870 della presa di Roma con la breccia di Porta Pia - pieni poteri per la repressione. La tassa fu inasprita dal governo guidato da Giovanni Lanza per iniziativa di Quintino Sella nel 1870 e ancora sotto Marco Minghetti tra il 1873 e il 1876, contribuendo, infine, alla crisi del suo governo e alla caduta della Destra storica.
- La repressione perpetrata da Cadorna fu durissima, ma nonostante ciò la politica adottata ottenne **discreti successi**: le condizioni del bilancio statale migliorarono, ma aumentava anche il **malcontento della popolazione**, la quale chiedeva una politica economica meno aggressiva e la libertà di formazione della ricchezza privata.

5. La terza guerra di indipendenza e l'annessione del Veneto e di Roma.

Tuttavia, un'altra spinosa questione del neo Stato italiano riguardava le annessioni territoriali. L'Italia partecipò, al fianco della Prussia di Bismark, all'alleanza antiasburgica e alla **terza guerra d'indipendenza austro-prussiana nel 1866**: il governo italiano di La Marmora riteneva che l'attacco simultaneo sul fronte padano e su quello romano avrebbe costretto l'Austria ad una rapida resa, accelerando la conclusione del processo unitario italiano e sottraendo il paese al "vassallaggio" di Napoleone III.

- L'offerta della cessione del Veneto, avanzata dal governo di Vienna in cambio della neutralità italiana, fu respinta da La Marmora in nome dell'onore militare e della fedeltà ai patti. Conclusa la guerra austro-prussiana a Sadowa con la sconfitta degli Asburgo, nonostante le sconfitte patite per terra a **Custoza** (24 giugno) e per mare a **Lissa** (20 luglio), l'Italia entrò in possesso del **Veneto**, di **Mantova** e di **parte del Friuli** (attuali province di Udine e Pordenone), grazie alla mediazione della Prussia e alla firma della **Pace di Vienna** del **3 ottobre 1866**. Tuttavia, ad aggravare il peso della sconfitta italiana, il Veneto non fu ceduto direttamente all'Italia, bensì a Napoleone III, che lo trasferì formalmente al governo italiano il 24 agosto 1866.
- L'anno 1866 non fu segnato soltanto dalle sconfitte militari, ma anche dalla crisi economica e dalla carestia nelle campagne: si verificarono delle **sommosse popolari** in tutto il paese, tra cui quella più grave ebbe luogo a **Palermo**, dove scoppiò una rivolta di estrema gravità a meno di un mese dalla cessione del Veneto, sostenuta dalla Chiesa, dai Borbone e da un gruppo di democratici che, sei anni prima, avevano capeggiato l'insurrezione antiborbonica, spianando la strada a Garibaldi. La repressione della rivolta palermitana, che rappresentò l'ultimo grave moto popolare nel Mezzogiorno, fu durissima; ad essa seguirono, tra il 1869 e il 1870, i disordini scoppiati in **Emilia** a causa dell'odiata tassa sul macinato. Anche in questo caso, vi furono devastazioni ed assalti ai municipi a cui fece seguito l'intervento militare della forza pubblica con sanguinose repressioni.

Cocente era anche la cosiddetta "**questione romana**", che non si limitava al solo problema dell'annessione territoriale di Roma, ma chiamava in causa il complesso tema delle relazioni tra Chiesa cattolica e Regno d'Italia, già gravemente compromesse dalla permanente opposizione al Risorgimento manifestata da Pio IX a partire dal 1849. Infatti, il nuovo regno non comprendeva, tra gli altri, Roma e il Lazio, che costituivano lo **Stato Pontificio**.

- Alla morte di Cavour, la lotta popolare per Roma fu sostenuta dal Presidente del Consiglio **Urbano Rattazzi**, che incoraggiò in segreto la spedizione di Garibaldi che, partita dalla Sicilia nel 1862 con oltre duemila volontari, si riproponeva di ripetere l'operazione dei Mille, avendo, però, per meta Roma. A seguito del perentorio *ultimatum* di **Napoleone III**, che era **protettore di Roma** e, al contempo, il principale alleato e protettore del giovane Regno d'Italia, ebbe luogo in **Aspromonte** un conflitto a fuoco (29 agosto **1862**), che si concluse con l'arresto di Garibaldi ferito ad una gamba e con decine di fucilazioni e arresti.
- Il 15 settembre 1864 la Francia e l'Italia stipularono una convenzione (la cosiddetta **Convenzione di settembre**) con la quale l'Italia si impegnava a **non attaccare i territori della Santa Chiesa**; in cambio la Francia ritirava le proprie truppe dai medesimi territori. La *Convenzione di settembre* con Napoleone III non contemplava il caso dell'insurrezione interna: Garibaldi, appoggiato dal governo di Rattazzi, pensò che un'azione rapida avrebbe messo il sovrano francese di fronte al fatto compiuto, paralizzando così le sue capacità d'azione.
- **Garibaldi**, mentre organizzava un esercito di volontari, venne arrestato e condotto in **esilio a Caprera**, sebbene la permanenza nell'isola durò pochissimo; raggiunse infatti quasi immediatamente i volontari che erano rimasti sotto il controllo del figlio di Menotti e passò il confine pontificio, mentre i fratelli Enrico e Giovanni Cairoli facevano in modo di introdurre a Roma delle armi. La loro azione venne però intercettata, mentre l'avanzata di Garibaldi dovette scontrarsi contro le truppe francesi prontamente inviate da Napoleone: Garibaldi venne duramente sconfitto a **Mentana** il **3 novembre 1867** e tornò volontariamente a Caprera accusando il governo italiano, inerte, di tradimento.
- La soluzione insperata della "**questione romana**" arrivò tre anni dopo, quando **la sconfitta di Sedan** spazzò via il regime napoleonico, distogliendo i francesi dal problema romano: il governo italiano si considerò libero da ogni accordo e impegno preso con un regime decaduto e non incontrò l'opposizione di alcuna potenza europea. Inviò, quindi, un contingente di bersaglieri guidati da Raffaele Cadorna per occupare la città: poche cannonate, il **20 settembre 1870**, provocarono la celebre **Breccia di Porta Pia** e risolsero la questione romana.

Con un plebiscito venne riconosciuta l'annessione dello Stato pontificio all'Italia e nel luglio del **1871 Roma diventò la capitale del Regno**; il Papa rifiutò il riconoscimento dello Stato di fatto, si considerò prigioniero e si asserragliò in Vaticano. Il Parlamento italiano, con un atto unilaterale, propose una soluzione normativa al nuovo sistema dei rapporti tra Chiesa e Stato: si trattava della **Legge delle Guarentigie**, del **13 maggio 1871**, esempio di alta civiltà giuridica e profonda sensibilità per i problemi trattati. Il provvedimento legislativo mirava a tradurre in norme di diritto le indicazioni cavouriane di separazione tra Chiesa e Stato:

- al Papa venivano riservati **onori** pari a quelli di un sovrano (la sua persona era dichiarata sacra e inviolabile) e un appannaggio annuo di tre milioni di lire;
- sarebbe stata sempre garantita l'**extra-territorialità della Santa Sede** (Vaticano, Laterano, Castel Gandolfo);
- era sempre assicurato il **libero esercizio della funzione spirituale e apostolica**;
- lo Stato conservava il diritto di **approvare le nomine vescovili** nelle diocesi.

Una soluzione equa e ben adeguata alla situazione, ma **Pio IX la respinse rifiutandosi** anche **di riconoscere lo Stato italiano** e chiese l'intervento delle potenze europee per ripristinare il suo dominio temporale. Nel **1874**, ubbidendo al perentorio ***non expedit*** (in italiano: "non conviene", una disposizione della Santa Sede con la quale il pontefice dichiarò inaccettabile per i cattolici italiani partecipare alle elezioni politiche del Regno d'Italia), larga parte dei cattolici si astenne dall'attiva partecipazione alla vita politica del paese.

6. La Sinistra storica e il nuovo corso della politica interna ed estera.

Il Regno d'Italia venne diviso in **59 province**, rette da un prefetto di nomina regia; lo Stato fu organizzato con un'amministrazione centralizzata per meglio dirigere la **modernizzazione del paese**: si trattò, però, di una modernizzazione coatta. Dopo l'approvazione della legge delle Guarentigie, che sia Pio IX sia Leone XIII rifiutarono di accettare, fu profonda la **crisi** di coscienza **dei cattolici** del Paese (sorse anche il cosiddetto movimento degli "intransigenti", che si opponeva alla Stato liberale e, in linea con il *diktat* del papa, si astenne dall'attività parlamentare); a questo si aggiunse la **crisi finanziaria** che obbligò la Destra al potere ad imporre una politica fiscale esosa e una drastica riduzione della spesa, che valse il **pareggio del bilancio** con il primo ministro Minghetti.

Ma dopo le dimissioni di Minghetti, nel 1876, a guidare il Paese si avvicendò la **Sinistra storica** con la figura di **Agostino Depretis**, al potere ininterrottamente **fino al 1896**.

Per riguarda la politica interna, il **trasformismo** applicato da **Depretis** dopo il 1882 dimostrò l'**omogeneità ideologica di Destra e di Sinistra**: il governo non fondava la propria azione su una maggioranza parlamentare stabile, ma otteneva di volta in volta il voto dei deputati di opposizione in cambio di favori più o meno leciti. Queste pratiche, oltre a far precipitare il consenso, incidevano pesantemente sulla spesa pubblica, dato che i favori venivano finanziati attingendo alle casse dello Stato, tanto che il deficit di bilancio nello stesso 1882 fu nuovamente alto.

- A causa del trasformismo, il sistema politico italiano si tramutò da sistema bipartitico a un grande centro che racchiudeva le opposizioni moderate e emarginava le ali estreme. La svolta moderata di Depretis provocò il **distacco della maggioranza dei gruppi democratici**, che continuavano a lottare per l'ampliamento del suffragio, per una politica estera antiaustriaca e una politica ecclesiastica anticlericale (gruppo radicale).
- La Sinistra andò al governo solo per lo scontento provocato dalla politica fiscale della Destra e **tre** furono le **riforme più importanti** attuate:
  1. nel 1876 fu attenuata l'**imposta sul macinato** e nel **1884** fu abolita;
  2. la **Legge Coppino** del **1877** stabilì l'**istruzione elementare obbligatoria e gratuita**;
  3. la **Legge elettorale** del **1882** estese il diritto di voto agli uomini in grado di leggere e scrivere o che pagavano un minimo di imposta annua (19,50 lire).

I governi di sinistra cercarono, dunque, di andare incontro alle esigenze dei ceti popolari riguardo la politica economica del paese, abolendo la tassa sul macinato e aumentando la spesa pubblica per coprire le esigenze militari. Questa nuova politica favorì lo sviluppo industriale ma provocò al tempo stesso un deficit nel bilancio statale. Le varie **riforme agrarie** non avevano contribuito a migliorare l'andamento del settore agricolo; **i progressi** si erano visti **solo al Nord**, nelle terre della pianura lombarda, nelle colture specializzate del Mezzogiorno e nelle zone della Bassa Padana.

- In tutto il resto d'Italia la situazione non era cambiata ed era documentata dall'**Inchiesta agraria di Jacini**, all'interno della quale venivano descritti le **reali condizioni dei contadini**, sottopagati, malnutriti, analfabeti. La relazione conteneva anche una **possibile soluzione al problema**, come l'estensione delle opere di bonifica e irrigazione e la rotazione e diversificazione delle coltivazioni. Questa soluzione richiedeva, però, un capitale e degli investimenti che il governo non poteva affrontare e, quindi, nacque una **crisi agraria**, che provocò l'abbassamento dei prezzi e della produzione agricola, disagi, conflittualità nelle campagne e un incremento dei flussi migratori verso i centri urbani. La crisi economica finì così col favorire indirettamente il decollo industriale, poiché non era vera l'idea che lo sviluppo economico del paese potesse basarsi solo sull'agricoltura.
- L'andamento nazionale dell'economia spinse lo Stato ad affermare una **linea di appoggio all'industria** che si manifestò nell'adozione di **tariffe protezionistiche**. Le Acciaierie di Terni, un nuovo complesso siderurgico, ad esempio, furono realizzate grazie ai finanziamenti delle banche e all'aiuto dello Stato, che acquistava forniture per le ferrovie. Anche l'industria siderurgica chiedeva una protezione doganale, così fu varata una **nuova tariffa generale** che proteggeva le industrie italiane più importanti (siderurgico, laniero, cotoniero e zuccheriero) dalla concorrenza estera, ponendo pesanti **dazi di entrata alle merci d'importazione**.

- In campo agricolo il regime doganale fu esteso ai cereali e si stabilì un'alleanza tra l'industria protetta e i grandi proprietari terrieri. Il protezionismo portò dei vantaggi alle industrie più evolute, ma anche delle conseguenze negative per le industrie non protette, come quella meccanica e quella della seta e provocò un rialzo dei prezzi dei cereali. Inoltre, il regime doganale provocò la **crisi delle esportazioni agricole** e una guerra doganale contro la Francia.

Sotto Depretis, in **politica estera** ebbe presto luogo la prima sconfitta quando la Francia occupò la Tunisia, ambita dall'Italia; ma Depretis stipulò la **Triplice Alleanza** (con Germania e Austria) nel **1882** per far uscire l'Italia dall'isolamento diplomatico in cui si trovava anche a causa della questione romana.

- L'accordo difensivo prevedeva che, nel caso in cui l'Italia fosse stata attaccata dalla Francia, **la Germania e l'Austria** le **assicuravano il loro soccorso** e, nel caso che una delle contraenti fosse stata attaccata da due o più potenze nemiche, le altre due assicuravano il loro soccorso.
- L'alleanza con gli imperi centrali scatenò la protesta dei democratici **irredentisti** che aspiravano a liberare Trento e Trieste; tuttavia, nonostante gli evidenti malumori, la Triplice fu rinnovata l'anno successivo con una clausola che autorizzava l'Italia ad occupare l'Albania qualora l'Austria si fosse ulteriormente estesa nei Balcani.

Dopo che la Francia occupò la Tunisia, il governo di Depretis mosse i primi passi sulla via dell'**espansionismo coloniale**, acquistando dalla compagnia di navigazione Rubattino la **Baia di Assab** (1882), sul Mar Rosso. Successivamente, in accordo con l'Inghilterra, Depretis autorizzò l'occupazione del porto di Massaua e del suo retroterra (1885), da dove deboli contingenti italiani si spinsero fino all'**altopiano etiopico**, nel territorio sottoposto alla sovranità del *negus* d'Abissinia Giovanni VI e signoreggiato dal *ras* del Tigrè, Alula. Alula reagì con un attacco a sorpresa, trucidando presso **Dogali**, nel **1887**, un distaccamento italiano di cinquecento soldati.

L'**eccidio** scosse e infiammò l'opinione pubblica; il **socialista Andrea Costa** fu il solo ad esprimere in Parlamento una dura opposizione anticolonialista, richiedendo il ritiro delle truppe e la cessazione immediata delle imprese "pazze e criminose" e ben sapendo che il suo discorso avrebbe avuto un'eco profonda di consensi nel paese.

La prima esperienza coloniale italiana (definita in modo sprezzante da Lenin "imperialismo degli straccioni") si concluse tragicamente, lasciando aperta la ferita della questione dell'onore nazionale e dell'idea imperialistica della "missione mediterranea e civilizzatrice".

7. La "democrazia autoritaria" di Crispi.

Morto Depretis (29 luglio 1887), gli succedette alla guida del governo **Francesco Crispi**, il quale impresse una **svolta autoritaria e protezionistica** nella politica interna e fece dell'Italia un paese aggressivo in politica estera, inasprendo le rivalità con la Francia e cercando l'appoggio di Germania e Inghilterra.

Per quanto concerne la politica interna, Crispi si propose di **rafforzare il potere esecutivo** a spese di quello legislativo, secondo il modello germanico, facendo approvare una legge che allargava ulteriormente i poteri della polizia.

- Crispi, nel **1888**, con la **legge comunale e provinciale**, volle bilanciare l'allargamento della democrazia nelle amministrazioni periferiche e volle accrescere la possibilità di ricorso ei cittadini contro l'Amministrazione pubblica, fondando la IV Sezione del Consiglio di Stato. Nello stesso anno, furono varate le **leggi sulla sanità pubblica** e sulle Opere Pie che innovarono la legislazione italiana in materia.
- Inoltre, nel **1889** Crispi fece approvare il **nuovo Codice Penale Zanardelli**, che aboliva la pena di morte e sanciva il diritto di sciopero.
- Crispi, in una prima fase, incoraggiò anche dei colloqui in vista di una conciliazione con la Santa Sede, al fine di rendere possibile il ritorno dei cattolici sulla scena politica; tuttavia, a seguito del fallimento di tali colloqui, Crispi ritornò alla marcata **linea anticlericale** della sua gioventù e fece erigere, sfidando apertamente il Vaticano, un monumento a Giordano Bruno nella piazza di Campo dei Fiori a Roma.

In merito alla **politica estera**, nei primi mesi del suo governo, Crispi strinse accordi con la Germania bismarckiana e denunciò gli accordi doganali con la Francia: il risultato fu una **guerra commerciale**, che comportò la rottura con gli scambi tra i due paesi e la perdita per l'Italia del 40% delle esportazioni.

- I **danni per l'economia italiana** furono molto gravi: la riduzione delle esportazioni provocò la crisi dell'industria serica nel Nord e della viticoltura e dell'agrumicoltura nel Sud del paese, a cui si aggiunsero la crisi edilizia, la crisi delle imprese e il crollo dei maggiori istituti di credito, al quale il governo fece fronte con prestiti e sovvenzioni.
  Rilanciando poi, all'indomani di Dogali, il **progetto coloniale** italiano, Crispi intendeva rilanciare il prestigio estero dell'Italia e cercare una via d'uscita dalla crisi economica: procedette all'occupazione di Asmara e alla **proclamazione della Colonia Eritrea** nel **1890** e impose il protettorato italiano ai sultanati di Obbia e dei Migiurtini.
- Nei riguardi dell'Abissinia, appoggiò l'elezione a *negus* del *ras* Menelik, che ripagò l'appoggio italiano riconoscendo all'Italia il possesso dell'Eritrea e accettando il **protettorato italiano sull'Abissinia**, con il **trattato di Uccialli**, stipulato nel maggio **1889**. Tuttavia, Crispi nel 1891 venne rovesciato per i timori suscitati dal suo autoritarismo e a causa delle eccessive spese sostenute per la campagna d'Etiopia.
  Intanto, sul palcoscenico politico italiano si affacciarono **nuove forze**: infatti, il sorgere dei primi nuclei industriali e la trasformazione di molte imprese segnarono una vera **svolta nel movimento operaio.**
- C'era, infatti, molto fermento tra i braccianti agricoli in Romagna, nella Valle padana e in Puglia e tra il proletariato industriale lombardo; ai **moti sociali in Lombardia e in Romagna** si aggiunse, nel **1891**, quello dei **Fasci Siciliani**, un movimento contadino ed operaio sorto in seguito alla disastrosa guerra commerciale (detta anche "guerra della Tariffa") con la Francia, che aveva paralizzato le esportazioni e alcuni settori industriali basilari per l'economia siciliana.
- **Filippo Turati** (1857-1932), avvocato lombardo proveniente dal partito radicale, fu la personalità di spicco del **Congresso di Genova** del **1892,** a cui convennero intellettuali e delegati del mondo operaio e contadino, dal quale sorse il Partito socialista dei lavoratori, che prese il nome di **Partito Socialista Italiano** (PSI) l'anno successivo.

Il governo, nel frattempo, fu affidato a Antonio **Di Rudinì** (1891- 1892) e successivamente a **Giovanni Giolitti** (primo ministero Giolitti, 1892-1893). Quest'ultimo, di fronte al movimento di protesta dei **Fasci siciliani**, di stampo socialista, decise di non intervenire con la forza e, travolto anche dallo **scandalo della Banca Romana** (in cui era coinvolto anche Crispi), fu costretto a dimettersi. Il re, tra il consenso generale, richiamò al governo Francesco **Crispi**, il quale, in politica interna, adottò **misure molto severe** nei confronti dei moti dei contadini e degli zolfatari siciliani, inviando nell'isola 50000 soldati e affidando pieni poteri all'esercito. Inoltre, Crispi, nel 1894, mise al bando il partito socialista e sciolse i circoli e le associazioni operaie presenti in Italia.
Crispi riprese subito la **politica coloniale aggressiva**: il negus d'Abissinia Menelik aveva denunciato le condizioni sfavorevoli del trattato di Uccialli e, in risposta, Crispi ordinò al generale Baratieri, comandante in capo delle truppe in Eritrea, di avanzare nel territorio abissino.

- Di fronte a tali misure, Menelik allestì un esercito di oltre 100.000 uomini (equipaggiato anche dagli aiuti francesi e russi) ed affrontò le truppe italiane ad Abbà Garimà, preso **Adua**, il **1° marzo 1896**. Fu una nuova disfatta per l'Italia: il contingente italiano venne travolto e distrutto e circa 7.000 mila soldati italiani persero la vita in battaglia. Il disastro di Adua segnò la definitiva **fine politica di Crispi**, costringendolo alle dimissioni.

MAPPA CONCETTUALE

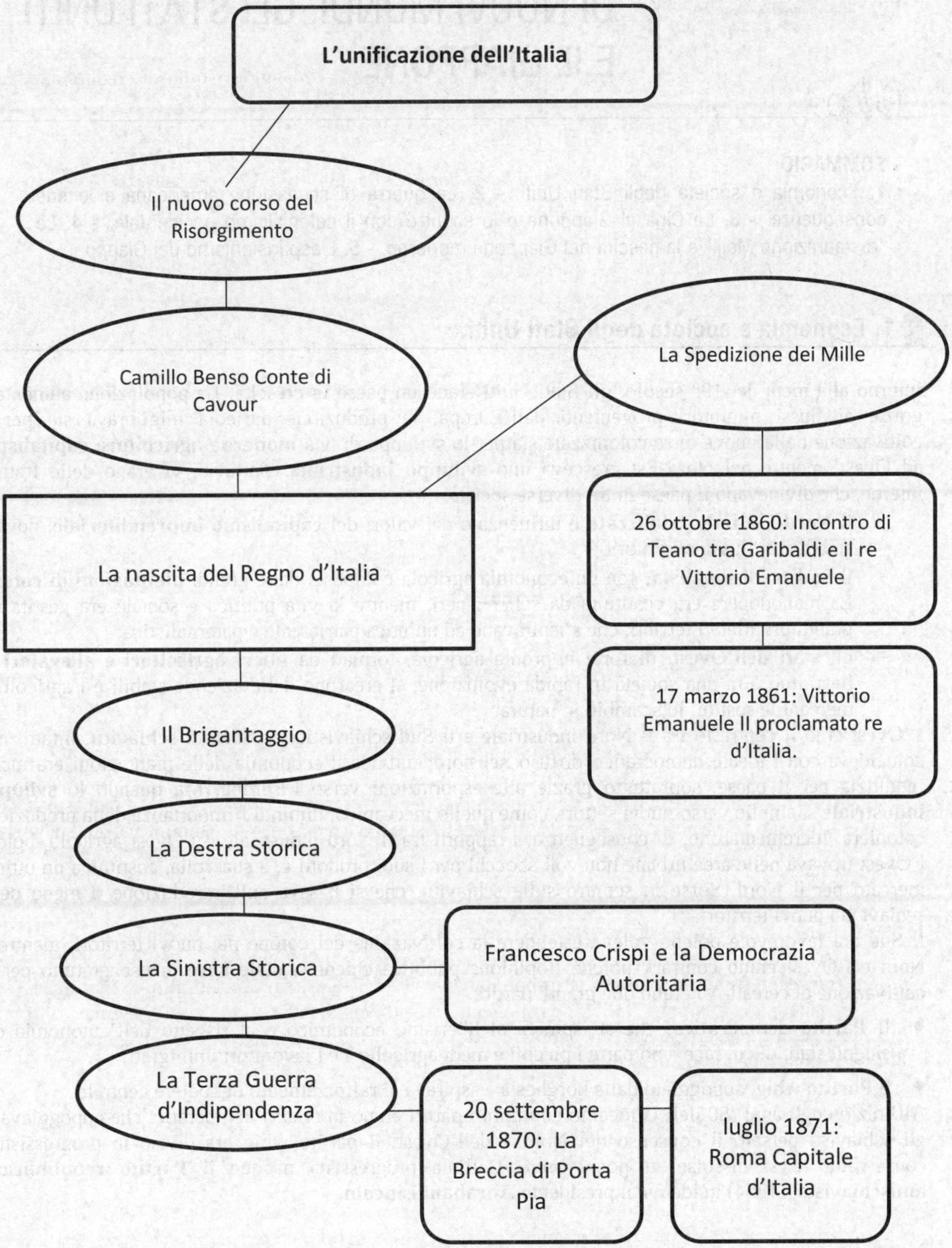

Capitolo 5 L'AFFERMAZIONE DI NUOVI MONDI: GLI STATI UNITI E IL GIAPPONE

13/10 -

SOMMARIO:
1. Economia e società degli Stati Uniti. - **2**. La guerra di secessione americana e le sue conseguenze. - **3**. La Cina, il Giappone e lo scontro con il colonialismo occidentale. - **4**. La "restaurazione Meiji" e la nascita del Giappone moderno. - **5**. L'espansionismo del Giappone.

1. Economia e società degli Stati Uniti.

USA

Intorno alla metà del 19° secolo, gli Stati Uniti erano un paese in crescita. La popolazione aumentava grazie ai flussi migratori provenienti dall'Europa, la produzione agricola migliorava sia per la coltivazione nelle nuove terre colonizzate sia per lo sviluppo di una **moderna agricoltura capitalistica** ad Ovest, mentre nel Nord-Est cresceva uno **sviluppo industriale**. Tuttavia, vi erano delle fratture interne, che dividevano il paese in tre diverse società:

- il **Nord-Est industrializzato** e influenzato dai valori del **capitalismo imprenditoriale**, dove si stabiliva il flusso migratorio;
- il **Sud tradizionalista**, con un'economia agricola composta dalle grandi **piantagioni di cotone**. La manodopera era costituita da schiavi neri, mentre la vita politica e sociale era gestita dai grandi proprietari terrieri, che s'ispiravano ad un'etica patriarcale e paternalistica;
- gli **stati dell'Ovest**, di forte impronta agricola, formati da **liberi agricoltori e allevatori di bestiame**. Era una società in rapida evoluzione, si crearono delle aziende stabili e l'agricoltura mercantile sostituì lo scambio in natura.

L'Ovest creò il contrasto tra il Nord industriale e il Sud schiavistico. L'idea di **schiavitù**, infatti, non coincideva con l'ideale democratico diffuso nel nord; tuttavia, l'economia delle piantagioni era molto redditizia per il paese, soprattutto grazie alle esportazioni verso l'Europa. Ma quando lo **sviluppo industriale** si ampliò verso nuovi settori, come quello meccanico, diminuì l'importanza della produzione cotoniera. Incrementarono, di conseguenza, i rapporti tra il Nord industriale e l'Ovest agricolo, poiché l'Ovest trovava nelle aree urbane notevoli sbocchi per i suoi prodotti e, a sua volta, costituiva un ottimo mercato per il Nord. Sorse lo scontro sulla schiavitù, che si basava sull'introduzione o meno degli schiavi nei nuovi territori.

Il Sud era favorevole poiché voleva estendere la coltivazione del cotone nei nuovi territori, mentre il Nord e l'Ovest erano contrari, poiché l'opinione pubblica chiedeva delle terre in uso gratuito per la coltivazione di cereali. Vi erano due grandi partiti:

- Il **Partito democratico**, che si ispirava al liberismo economico e al rispetto dell'autonomia dei singoli stati, di cui facevano parte i piccoli e medi agricoltori e i lavoratori immigrati;
- il **Partito whig**, appoggiato dalla borghesia e aspirava al rafforzamento del potere centrale.

All'inizio degli anni '50 dell'Ottocento entrambi i partiti erano in crisi: i democratici che appoggiavano gli schiavisti persero il consenso del Nord e dell'Ovest; il partito whig era diviso in progressisti e conservatori e si dissolse in pochi anni. Dall'ala progressista nacque il **Partito repubblicano antischiavista**, (1854) guidato dal presidente **Abraham Lincoln**.

2. La guerra di secessione americana e le sue conseguenze.

Nonostante Lincoln fosse contrario alla schiavitù, non l'abolì. Dopo che i repubblicani vinsero le elezioni del **1860**, **11 Stati del Sud** chiesero di staccarsi dall'unione per formare una **Confederazione indipendente**, poiché pensavano che la vittoria avesse determinato il rafforzamento del potere centrale e l'emarginazione degli stati schiavisti. Questa secessione suscitò la reazione del potere federale e portò allo scoppio della **guerra civile** nel **1861**, quando le forze confederate, cioè i secessionisti del Sud, attaccano la piazzaforte del *Fort Sumter*, dove vi era accampato l'esercito unionista.

- I confederati speravano che la Gran Bretagna li appoggiasse, mentre il Nord faceva affidamento sul numero elevato della popolazione e sul potenziale economico. Inizialmente, prevalsero i sudisti, ma dato che la Gran Bretagna e gli altri paesi rimasero neutrali, cominciarono le prime vittorie nordiste. Nel corso del conflitto le armate sudiste, guidate dal generale Robert Lee, opposero una straordinaria resistenza, ottenendo dapprima importanti vittorie, ma alla fine dovettero cedere. Nel **1863** Lincoln proclamò la **liberazione degli schiavi degli Stati secessionisti** (ma la **schiavitù** venne totalmente **abolita solo nel 1865**).
- La totale sconfitta degli Stati del Sud e la scomparsa della schiavitù posero le premesse di una rifondazione della nazione americana sulla base della supremazia industriale del Nord e del rafforzamento del governo federale.
- **Lincon**, che era stato rieletto presidente nel 1864, il **14 aprile 1865 venne assassinato** da un fanatico sudista. Egli aveva mostrato verso il Sud sconfitto propositi di moderazione, che vennero seguiti dal suo successore Andrew Johnson. Questo indirizzo, che prevedeva una graduale integrazione politica dei Neri, venne rovesciato dalla maggioranza radicale del Congresso, la quale diede un notevole potere ai Neri, non preparati a esercitarlo.
- L'esito fu, da un lato, la nascita nel Sud di un'associazione segreta violentemente razzista come il **Ku-Klux Klan**, che iniziò a terrorizzare i Neri; dall'altro, negli anni Settanta il sopravvento di un nuovo orientamento del governo federale. Venne lasciata mano libera permettendo che negli Stati del Sud si restaurasse una condizione non di schiavitù, ma di **permanente segregazione razziale** e di emarginazione sociale, la quale avrebbe avuto fine soltanto un secolo dopo.

3. La Cina, il Giappone e lo scontro con il colonialismo occidentale.

CINA

Nella metà dell'Ottocento, le maggiori potenze dell'estremo oriente erano **Cina** e **Giappone**. Entrambe esercitavano una **politica protezionistica** e si scontravano con le potenze occidentali che volevano imporre la loro presenza commerciale nel loro territorio.

La **Cina** era lo stato più popoloso del mondo, la sua politica si basava su un **forte potere centrale** rappresentato dall'imperatore e da una classe di potenti funzionari, chiamati mandarini. L'**agricoltura** era il motore dell'economia ed era legata allo stato, che finanziava la sistemazione idraulica dei terreni. La Cina **non aveva relazioni diplomatiche con l'esterno**, gli stranieri potevano accedere solo al porto di Canton, in Cina meridionale. Questo isolamento comportò una **grave crisi interna** nel momento in cui la Cina si scontrò con l'Occidente, in particolare contro la Gran Bretagna (già a partire dalla fine degli anni '30) riguardo il **commercio dell'oppio**.

- La droga veniva prodotta nelle piantagioni indiane e poi veniva esportata illegalmente in Cina, dove se ne faceva un abbondante consumo. La Gran Bretagna ne garantiva il traffico: nel momento in cui un funzionario imperiale sequestrò il carico delle navi straniere, la Gran Bretagna attaccò e vinse la battaglia. La **prima guerra dell'oppio** (1840-1842) indebolì la Cina, la quale fu costretta ad affrontare una violenta crisi interna, con la ribellione contadina definita **rivolta dei Taiping**, una devastante **guerra civile** che si combatté nell'impero cinese tra il **1851** e il **1864**.
- Dopo lo scoppio della guerra civile, i ribelli istituirono un regno con capitale a Nanchino. Nel frattempo, a Canton fu inviato il nuovo commissario imperiale Yeh Ming-ch'en, che detestava i mercanti stranieri e si impegnò per stroncarne il traffico di oppio. Nell'ottobre **1856** fece requisire la

nave britannica *Arrow* e arrestare l'equipaggio, dando così inizio alla **seconda guerra dell'oppio**, che si concluse nel **1860 con la sconfitta della Cina**, che fu costretta ad aprire al commercio straniero anche le vie fluviali interne e a stabilire dei rapporti diplomatici con l'Occidente.

Una situazione simile dovette affrontare il **Giappone**. La sua economia di basava su un **sistema feudale**: l'**imperatore** (mikado) aveva un potere simbolico, mentre il governo del paese era nelle mani di una **dinastia di feudatari**, i Tokugawa, che si trasmettono **per via ereditaria la carica di Shogun**, cioè il sovrano assoluto che amministrava direttamente molte zone del paese e teneva stretti a sé i feudatari (daimyo) tramite un patto di vassallaggio. I daimyo erano un piccolo gruppo che avevano poteri assoluti nei loro feudi e occupavano regioni molto vaste. Al di sotto vi erano i samurai, ossia la piccola nobiltà che si dedicava alle armi. Non avevano un'autonoma funzione sociale, ma erano un ceto numeroso, mentre mercanti e artigiani erano emarginati.

- Le industrie erano controllate dallo Shogun. L'agricoltura era basata sulla **coltura del riso**, praticata con sistemi d'irrigazione avanzati. I contadini erano organizzati in comunità di villaggi ed erano pressati dalle tasse imposte dai daimyo.
- Anche il Giappone adottava una **politica estera protezionistica** e solo il porto di Nagasaki era aperto ai mercati stranieri. Gli **Stati Uniti** nel 1854 inviarono una flotta navale in Giappone, chiedendo allo shogun l'apertura dei porti per il commercio. Lo shogun fu costretto a firmare degli accordi commerciali, che si rivelarono essere trattati ineguali a svantaggio del Giappone e che suscitarono l'**insurrezione del paese**, guidata dai grandi feudatari e dai samurai contro lo shogun.

4. La "restaurazione Meiji" e la nascita del Giappone moderno.

I daimyo si resero indipendenti dal governo centrale, prendendo iniziative autonome contro gli stranieri pervenuti in Giappone. Le forze dei maggiori feudi occuparono Kyoto, eliminarono lo shogun e formarono un proprio governo a Tokyo, che si richiamava all'autorità dell'imperatore, Mutsuhito, il quale era destinato ad acquisire l'appellativo di *Meji Tenno* (imperatore illuminato).

La **restaurazione Meiji**, che ebbe luogo tra il **1868** e il **1877**, fu adottata non solo per cacciare lo straniero, ma anche per rivoluzionare la situazione d'inferiorità politica, economica, militare e sociale che il Giappone affrontava rispetto alle potenze occidentali. Il Giappone passò rapidamente da un sistema feudale a uno **Stato moderno**:

- fu proclamata l'uguaglianza giuridica dei cittadini,
- i diritti feudali vennero eliminati,
- fu introdotto l'obbligo dell'istruzione elementare,
- fu unificata la moneta,

fu creato un sistema fiscale moderno,
fu organizzato un esercito nazionale.

Migliorarono i settori agricolo e industriale e crebbero le infrastrutture. La restaurazione Meiji diede il via al processo di **modernizzazione dello Stato giapponese**, trasformandolo in una potenza dell'Estremo Oriente.

5. L'espansionismo del Giappone.

Già alla fine dell'Ottocento, forte del proprio processo interno di modernizzazione, il Giappone aveva intrapreso una politica espansionistica volta a colonizzare i territori asiatici: cominciò, nel 1894, con la **Corea**, uno Stato vassallo della Cina. I giapponesi si scontrarono con i cinesi e li sconfissero per terra e per mare.

- Il Giappone perseguì le proprie mire espansionistiche, spingendosi verso il **nord-est della Cina**, dove si scontrò con la **Russia**, anch'essa interessata a questi territori per continuità geografica. Alleatosi con la Gran Bretagna, il Giappone propose alla Russia la spartizione della Manciuria, ma i russi rifiutarono: ebbe così origine la **guerra russo-giapponese**, combattuta tra febbraio e settembre

1905, che oppose le ambizioni imperialistiche dell'Impero russo e dell'Impero giapponese per il **controllo della Manciuria e della Corea**.

- I principali teatri di operazione furono la Manciuria meridionale, in particolare le zone intorno alla penisola di Liaodong e a Mukden, e i mari che circondano la Corea, il Mar del Giappone e il Mar Giallo: la flotta giapponese assediò, infatti, quella russa nella base di **Port Arthur**. Dopo questa importante vittoria contro la flotta russa, l'esercito giapponese penetrò in Manciuria e sconfisse l'esercito russo.
- La Russia fu costretta a firmare il **trattato di Portsmouth**, in base al quale il Giappone ottenne la Manciuria meridionale e una parte di Sakhalin, nelle coste della Siberia, oltre al riconoscimento del protettorato in Corea. La sconfitta russa generò una crisi interna che si trasformò in una **rivoluzione del 1905**.

L'Oriente cessava così di essere territorio di conquista per le potenze europee e si avviava diventare **terreno di competizione tra i due imperialismi**: quello giapponese e quello statunitense. La vittoria giapponese spinse i popoli asiatici ad organizzare movimenti indipendentisti nell'Indocina francese, nell'Indonesia olandese e nelle Filippine degli Stati Uniti.

MAPPA CONCETTUALE

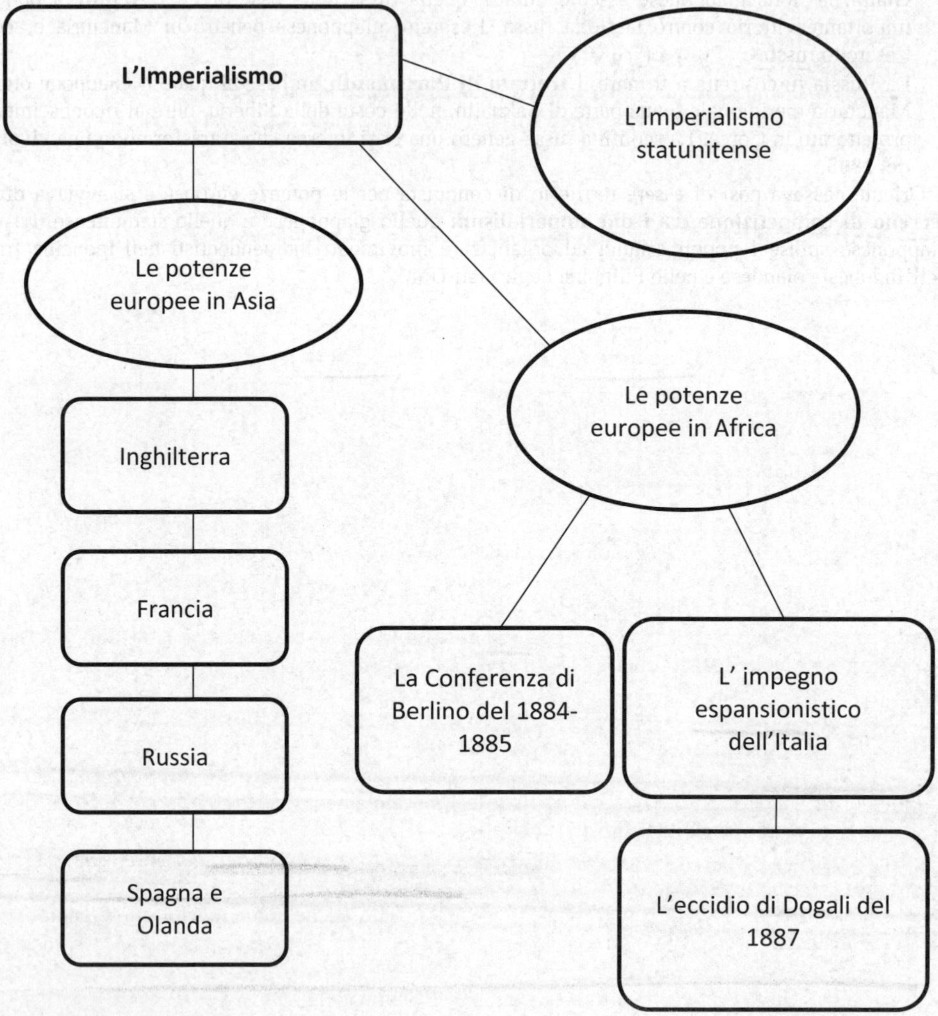

Capitolo 6 L'IMPERIALISMO E IL NUOVO ASSETTO DEL MONDO

SOMMARIO:
1. L'imperialismo: quadro storico. - **2**. Le potenze europee in asia. - **3**. Le potenze europee in Africa. - **4**. Gli Stati Uniti. - **5**. L'America latina e la rivoluzione messicana. - **6**. Il "nuovo corso politico" della Germania.

1. L'imperialismo: quadro storico.

Negli ultimi decenni del XIX secolo e nel del XX secolo, lo **sviluppo industriale** raggiunse la sua piena maturità, tanto che si è soliti parlare di "**seconda rivoluzione industriale**". Lo sviluppo industriale fu sostenuto da **invenzioni scientifiche** e da **progressi tecnologici** che consentirono un migliore sfruttamento delle materie prime ed una più elevata resa della produzione, mutando profondamente diversi settori produttivi.

- Nel 1873 ci fu un'improvvisa **crisi di sovrapproduzione** che determinò il **calo dei prezzi**; questa fase fu definita **grande depressione**: il calo dei prezzi fu determinato dalle trasformazioni organizzative e innovazioni tecnologiche, che consentirono di abbassare i costi di produzione. Vi fu un rallentamento dei ritmi di crescita delle nazioni (breve in America e Germania, più prolungato in Gran Bretagna); tuttavia, ciò non comportò un peggioramento delle condizioni di vita né una diminuzione della produzione industriale. Il cambiamento, invece, avvenne nella libera concorrenza, che andò in crisi.
- Le **maggiori industrie** che si svilupparono durante la seconda rivoluzione industriale furono quella **chimica e** quella **dell'acciaio** (l'acciaio si utilizzava solo per le armi da fuoco e per gli strumenti di precisione poiché era troppo costoso). Anche in campo chimico vi furono notevoli sviluppi, come la **scoperta dell'alluminio**, dell'acido solforico per la preparazione dei concimi, della soda. Fu sperimentata la lavorazione dei **coloranti artificiali**, furono inventati la **dinamite**, il **pneumatico** e le **fibre tessili artificiali**. Si svilupparono anche i **settori farmaceutico e alimentare**, dove i nuovi metodi di sterilizzazione, la conservazione e l'inscatolamento dei cibi e la costruzione delle celle frigorifere eliminarono il terrore delle carestie.
- Fondamentali furono anche l'**invenzione del motore a scoppio** e quella del **motore a nafta**, progettato da Diesel nel 1897; all'inizio del '900 si diffusero le prime autovetture. Il **petrolio** fu fondamentale per lo sviluppo economico e veniva usato anche come lubrificante e combustibile da riscaldamento.
- I progressi della tecnologia, della medicina e dell'igiene contribuirono al **miglioramento delle condizioni di vita**: ciò comportò, anche grazie all'industria alimentare e all'estinzione di epidemie e carestie, l'**aumento della popolazione** e l'allungamento della vita media che, dai 30-35 anni passò ai 50.

Tuttavia, l'altra faccia del processo di industrializzazione fu l'**imperialismo**, con il quale ebbe inizio una corsa sfrenata all'**accaparramento delle terre** (specialmente africane e asiatiche), rimaste ancora immuni dalle conquiste europee.

Nella periodizzazione convenzionale, per "**età dell'imperialismo**" si intende la storia mondiale durante gli anni compresi tra la guerra franco-prussiana e la prima guerra mondiale: durante questi anni furono sconvolte antiche civiltà - come quella cinese e quella indiana - e sorsero nell'Atlantico e nel Pacifico **nuovi centri di produzione e di direzione politica**; inoltre, un grande sconvolgimento demografico, sociale ed economico aprì le porte a quello che sarebbe stato il Terzo mondo. Tra il 1870 e il 1914,

dunque, l'**Europa conquistò l'egemonia sul pianeta**; ma, allo stesso tempo, le forti tensioni e i violenti conflitti posero le **premesse per la prima guerra mondiale**.
Tra la fine dell'Ottocento e i primi del Novecento si delineò un mutamento nelle alleanze europee, che diede vita all'**assetto bipolare**, fondato sulla contrapposizione di due blocchi di potenze. I due blocchi erano costituita da:

1. l'alleanza tra **Germania**, **impero austro-ungarico e Italia** che diede vita alla **Triplice alleanza** (la Germania, infatti, scelse l'alleanza con l'Austria e non rinnovò il patto di contro-assicurazione con la Russia, sottovalutando un ipotetico accordo tra Francia e Russia, che venne stretto nel 1894 con un'alleanza di tipo militare);
2. l'accordo tra **Inghilterra**, **Francia e Russia** che formò la **Triplice intesa** (vi fu un avvicinamento tra Francia e Inghilterra che portò i due paesi a sistemare la vecchia questione delle colonie: questo accordo, definito ***Entente cordiale*** –in italiano: "Intesa amichevole"- fu stipulato nel 1904 e si trattava di una vera e propria alleanza militare; l'Inghilterra stipulò un accordo anche con la Russia per risolvere i loro conflitti in Asia).

2. Le potenze europee in Asia.

- L'**Inghilterra** impose alla **Cina**, stroncata dalle due **guerre dell'oppio** (1840-1842; 1856-1860) l'acquisto e il traffico della loro droga coltivata e prodotta: a seguito dei trattati molto svantaggiosi per i cinesi, alcune aree territoriali e interi quartieri in molte città del Celeste Impero, destinato a tramontare alla fine del XIX secolo, furono cedute all'Occidente.
- Dopo le guerre dell'oppio, ebbe inizio la **colonizzazione francese** in **Indocina** e, negli anni Ottanta dell'Ottocento; i Francesi avanzarono nel Vietnam centrale, nel Siam (in Thailandia) fino a raggiungere l'area tibetana: per sbarrare la strada verso l'India, gli Inglesi occuparono la **Birmania**, iniziativa che provocò l'**invasione francese del Laos** nel **1889**.
- Gli eserciti dello **zar russo** si impadronirono nel 1885 del **Turkestan**: l'**Inghilterra** alimentò la guerriglia delle tribù locali contro l'invasore russo e riuscì a consolidare il suo dominio sull'area, tutelando l'indipendenza dell'**Afghanistan**.
- Tra Oceano Pacifico e Oceano Indiano si creò una fitta rete di scambi commerciali tra gli **insediamenti spagnoli** nelle Filippine, quelli **olandesi** in parte dell'Indonesia, quelli **inglesi** (specialmente nel Borneo) e quelli **portoghesi** a Macao, Goa e Timor.

3. Le potenze europee in Africa.

La **Conferenza di Berlino** del **1884-1885**, detta anche Conferenza dell'Africa Occidentale o Conferenza sul Congo, regolò il **commercio europeo in Africa** centro-occidentale nelle aree dei fiumi Congo e Niger e sancì la nascita dello Stato Libero del Congo, sotto l'influenza di Leopoldo II del Belgio.
La Conferenza fu voluta dal Cancelliere tedesco **Otto von Bismarck** e dalla **Francia** allo scopo di regolare le molteplici iniziative europee nell'area del bacino del fiume Congo. Tuttavia, la Conferenza consentì alle potenze europee, seppure non negli atti ufficiali, di proclamare possedimenti all'interno delle zone costiere occupate: ciò che portò alla cosiddetta **corsa per l'Africa**.

- L'avanzata delle potenze europee in Africa acquistò una forte accelerazione negli ultimi decenni del XIX secolo: la scoperta di **miniere d'oro**, di giacimenti di **diamanti** e di ingenti **ricchezze naturali** (cotone, cacao, gomma, zucchero, metalli preziosi) mutò, infatti, la fisionomia eco-politica della colonizzazione. Le potenze occidentali che adottarono una più aggressiva politica imperialistica in Africa furono la Francia e l'Inghilterra. In particolare, la **Francia** istituì il proprio protettorato sulla **Tunisia** nel 1881; occupò la **Costa d'Avorio**, il **Gabon**, il **Medio Congo** tra il 1882 e il 1885, territori che costituirono l'Africa Occidentale Francese, e il **Madagascar** nel 1895.
- Un intraprendente uomo d'affari inglese, soprannominato "l'eroe dell'imperialismo", Cecil Rhodes, facendosi portavoce delle preoccupazioni britanniche per l'espansionismo francese, costituì la grande

compagnia finanziaria ***British South Africa Company*** nel **1890**, allo scopo di tutelare gli interessi degli imprenditori che operavano nell'Africa centrale e meridionale. In quegli stessi anni, infatti, gli **Inglesi** rafforzarono i loro insediamenti nel **Gambia**, nella **Sierra Leone** e nella **Costa d'Oro** e occuparono parte della **Somalia**, della **Nigeria** e del **sud del Congo**.

- Dopo numerosi scontri, **nel 1899 la Francia e** l'**Inghilterra siglarono un accordo**, con il quale la Francia rinunciava al bacino dell'alto Nilo, riconoscendo gli interessi inglesi in quell'area.
- La **Germania** di Bismark, in un primo tempo assente nelle spartizioni imperialistiche, a partire dagli anni Ottanta dell'Ottocento occupò il **Togo**, il **Camerun**, l'attuale **Namibia** e parte dell'**Africa orientale** e si estese fino al **Pacifico**, ponendo piede nella **Nuova Guinea** e in vari arcipelaghi, impossessandosi di colonie che risultarono ben poco redditizie.
- Scarso fu l'impegno espansionistico dell'**Italia**, a causa sia della presenza di numerosi problemi di politica interna sia della mancanza di un forte apparato industriale. L'Italia, all'epoca guidata da Depretis, occupò **Assab** nel 1882 e **Massaua** nel 1885, da cui si spinse verso l'altopiano etiopico: il *negus* d'Abissinia reagì provocando **l'eccidio di Dogali nel 1887**, nel quale furono trucidati circa cinquecento italiani.

4. Gli Stati Uniti.

Intanto, un'altra grande potenza occidentale si stava affacciando nello scacchiere delle spartizioni coloniali, rivaleggiando con le potenze imperialiste europee nell'area del Pacifico: gli **Stati Uniti**. Gli Usa tentarono di attuare delle riforme politiche e allo stesso tempo avviare un'espansione coloniale, basata sul controllo di territori lontani e sull'esportazione di merci e capitali. Questa espansione venne definita "**imperialismo informale**" e avvenne verso due direzioni: verso il Pacifico e verso l'America Latina.

- Nel **1895** nacque una **rivolta a Cuba** contro i dominatori spagnoli: gli Stati Uniti intervennero per reprimere la rivota, che suscitò delle preoccupazioni per gli interessi nelle piantagioni di canna da zucchero. L'affondamento di una nave americana provocò il **conflitto ispano-americano**, che si concluse con la sconfitta della Spagna nelle Antille e nel Pacifico. Cuba divenne **repubblica indipendente**, sotto la tutela degli Stati Uniti e la Spagna fu costretta a cedere anche **Portorico**, le **Filippine** e l'isola di **Guam**. Gli Stati Uniti si assicurarono così il dominio dell'Asia orientale e l'espansione nel Pacifico, rafforzata dall'annessione delle isole Hawaii.

Nel 1901, fu eletto Presidente degli Stati Uniti **Roosvelt** (1901-1909), esponente dell'ala progressista del Partito repubblicano, il quale adottò una politica di difesa degli interessi americani. Fu, inoltre, realizzato un monumentale **programma di costruzioni navali**, che portarono gli Stati Uniti a superare la potenza marittima inglese.

- Nel **1901** gli Stati Uniti ottennero dalla Colombia l'autorizzazione a costruire un **canale** che tagliasse l'**istmo di Panama**, aprendo un passaggio tra l'Oceano Pacifico e il Mar dei Caraibi, ma, due anni dopo, la Colombia si rifiutò di ratificare l'accordo e gli Stati Uniti organizzarono una **sommossa a Panama**, che divenne repubblica indipendente sotto il controllo americano. Il canale fu costruito e diede la possibilità alla grande potenza di procedere con la sua politica espansionistica.
- La **politica estera** di Roosevelt fu aggressiva e imperialista, mentre la politica interna si occupò della questione sociale, attuando dei provvedimenti nel campo della **legislazione sociale** e affermando il diritto di intervento dei pubblici poteri nell'economia. Tuttavia, Roosvelt non modificò la politica protezionistica tradizionale, ma cercò di limitare il potere dei *trusts* per aiutare la piccola e media borghesia, i piccoli produttori indipendenti e i sindacati operai.
- L'imperialismo americano differiva da quello europeo: infatti, gli Stati Uniti tendevano a sviluppare la propria egemonia non tramite conquiste militari, bensì secondo la cosiddetta "**diplomazia del dollaro**", ossia tramite **aiuti finanziari**, concessi da gruppi privati, **in cambio di privilegi economici** (quali, principalmente, lo sfruttamento di risorse naturali, la gestione dei mercati e l'insediamenti di imprese industriali).

Quando Roosevelt lasciò la presidenza, il Partito repubblicano si spaccò tra l'ala progressista e quella conservatrice e, nelle elezioni del **1912**, Thomas Woodrow **Wilson** ottenne la carica di Presidente. Wilson perseguì l'impegno sociale di Roosvelt, ma in maniera differente: infatti, mentre Roosevelt cercava di rafforzare il potere federale, Wilson concesse l'**autonomia** ai singoli stati dell'Unione; mentre Roosevelt non aveva cambiato il regime doganale protezionistico, Wilson abbassò le tariffe protettive e, in politica estera, adottò una nuova politica, basata sull'espansione economica e sulla fedeltà ai principi democratici.

5. L'America latina e la rivoluzione messicana.

Il notevole sviluppo economico dei paesi dell'America Latina non attenuò la loro dipendenza dagli Stati industrializzati dell'Occidente. La crescita delle esportazioni portò all'adozione del sistema della **monocoltura**, ossia alla concentrazione su una determinata produzione (ad esempio, quella del caffè in Brasile); inoltre, le campagne erano dominate dal **latifondo**, mentre una **ristretta oligarchia terriera** controllava la vita sociale e politica.
Gli Stati latino-americani erano prevalentemente dei regimi parlamentari e repubblicani, caratterizzati dalla corruzione del sistema e dall'esclusione delle masse dalla vita politica. I maggiori mutamenti in campo politico si ebbero in **Argentina** e in **Messico**.

- In Argentina vi fu la vittoria dei radicali; mentre in **Messico** ci fu una **lunga rivoluzione** per la democratizzazione del paese. La rivolta cominciò nel **1910**, contro il regime semidittatoriale del presidente Diaz. Diaz fu costretto a lasciare il paese e **Madero** venne eletto presidente. Vi fu uno scontro tra le due componenti del fronte rivoluzionario: quella borghese, che mirava alla liberazione delle istituzioni politiche, e quella contadina, che aspirava la riforma agraria. Solo nel **1921** il conflitto si concluse con la **vittoria dei democratici**.

6. Il "nuovo corso politico" della Germania.

Infine, per le sue implicazioni nelle successive vicende politiche che aprirono la strada al primo conflitto mondiale, una menzione particolare merita il cambiamento politico che investì la Germania a seguito della **fine del governo di Bismark**. Il sistema bismarckiano di alleanze, che aveva assicurato all'Europa una certa stabilità per un ventennio, si dissolse quando il nuovo *kaiser* **Guglielmo II** (1888-1918) sollecitò le dimissioni del Cancelliere, dando inizio nel 1890 a ciò che l'imperatore stesso definì il "**nuovo corso politico**" tedesco.
Il "nuovo corso" si manifestò soprattutto nella politica estera, attraverso l'adozione di un'**aggressiva linea imperialistica**, che impegnò la Germania in una duplice direzione:

- verso l'**Europa**, portando all'aperto scontro con la **Russia**;
- verso i **mari**, dove si scontrò con l'**Inghilterra**.

Come conseguenza, la **Francia**, già a partire dal 1891, strinse un'**alleanza formale con la Russia** (aprendo un duplice fronte nemico, che anni dopo costerà alla Germania la sconfitta nei due conflitti mondiali); **Russia e Inghilterra si avvicinarono** e nel 1902 **la Francia e l'Inghilterra strinsero una** fruttuosa **intesa**, regolando le rispettive mire imperialistiche in Africa e ponendo fine all'isolamento inglese.
Le aspirazioni imperialistiche tedesche si manifestarono concretamente con l'**occupazione della Nuova Guinea** e con l'acquisto delle isole Caroline, delle Marianne e delle Palau nel 1899, tutte nel Pacifico. In Germania prese piede la **corsa agli armamenti** e Guglielmo II fu protagonista delle **due crisi marocchine**, sfidando apertamente la Francia:

1. nel **1905**, per impedire che il Marocco divenisse un protettorato francese, Guglielmo II si recò a Tangeri, dove pronunciò un minaccioso discorso contro la Franci a favore dell'indipendenza del Marocco: l'intervento provocatorio produsse la **prima crisi marocchina**, che si risolse l'anno successivo con una conferenza internazionale.
2. nel **1911** il *kaiser* tedesco tentò di nuovo di ostacolare l'occupazione francese del Marocco e

inviò una propria cannoniera davanti al porto marocchino di **Agadir**. Questa mossa, che mirava a far pressioni sulla Francia per ottenere maggiori compensazioni in cambio della rinuncia alle pretese tedesche sul Marocco, venne interpretata dalla Gran Bretagna come un tentativo di prendere il controllo del porto di Agadir ad opera della marina del *Reich*, facendone una piazzaforte in grado di contrastare le rotte dell'Atlantico centrale. L'occupazione navale da parte del *Reich* tedesco diede così origine alla **seconda crisi marocchina**, detta anche **crisi di Agadir**: anche questa volta ci fu una soluzione diplomatica, per la quale il Reich accettò di non interferire con la politica espansionistica francese in Marocco, ricevendo in cambio da Parigi parte del **Congo francese**.

In tale contesto, un corpo di spedizione italiana sbarcò a Tripolitania, che all'epoca era una provincia ottomana, dando origine, nel settembre **1911**, alla **guerra italo-turca**, nota anche come **guerra di Libia**: l'impero ottomano fu costretto, il **18 ottobre 1912**, ad accettare la **Pace di Losanna** con la quale riconobbe all'Italia la sovranità sulla Libia e il diritto di conservare il controllo di **Rodi** e delle isole del **Dodecaneso** (occupate dall'Italia nel corso del conflitto).

Capitolo 7 | L'ITALIA GIOLITTIANA

SOMMARIO:
1. La crisi di fine secolo. - **2**. La svolta liberale e il decollo industriale. - **3**. I governi di Giolitti e le riforme. - **4**. La questione meridionale e il fenomeno migratorio. - **5**. La politica estera e la spedizione in Libia. - **6**. La conclusione dell'età giolittiana.

1. La crisi di fine secolo.

Gli anni dal 1896 al 1900 sono stati tra i più tumultuosi della storia italiana post-unitaria: la **caduta di Crispi** aveva posto fine ad una politica estera colonialistica, ma non determinò una svolta politica in senso democratico all'interno del paese.

- Il successore di Crispi, Antonio **Di Rudinì,** inizialmente dette prova di moderazione, aprendo con un'amnistia le porte del carcere a molti condannati politici. Tuttavia, queste misure non furono sufficienti a riportare l'ordine nel paese, sempre più inquieto a causa della scarsezza del pane e del suo insostenibile rincaro.
- **Tumulti e sommosse** si verificarono ovunque in Italia, ma l'evento più grave ebbe luogo a **Milano**: dal 6 maggio al 9 **maggio 1898**, divamparono violente proteste, che, per ordine del governo, furono represse duramente dal **generale Bava- Beccaris**, che sparò contro una folla inerme, provocando circa ottanta morti e 450 feriti. La gravità inaudita delle misure repressive costrinse Di Rudinì a dimettersi.
- Al posto di Di Rudinì fu chiamato il **generale Pelloux**, il quale, dopo un iniziale atteggiamento moderato che decretò la fine dello stato d'assedio, presentò alla Camera, il **4 febbraio 1899**, una serie di disegni di legge, passati alla storia con il nome di **leggi eccezionali**: con esse, si resero permanenti i provvedimenti repressivi adottati durante i tumulti e si limitarono i diritti di riunione e di associazione e la libertà di stampa.
- Contro questi provvedimenti si accese in Parlamento una lunga battaglia, capeggiata da Giolitti e da Zanardelli, che fece anche ricorso al metodo dell'**ostruzionismo**, per ritardare il più possibile e d impedire la votazione parlamentare. Il governo fu così costretto a sciogliere le Camere e Pelloux fu costretto alle dimissioni.

Tuttavia, le conseguenze dei tragici fatti di Milano si palesarono il **29 luglio 1900**, con l'**assassinio di Umberto I** per mano dell'anarchico Gaetano Bresci, che intendeva così vendicare l'eccidio perpetrato a Milano da Bava- Beccaria. Il **nuovo re**, **Vittorio Emanuele III**, comprese che la difesa dell'ordine pubblico si poteva conseguire solo con un piano di riforme: il **7 febbraio 1901** affidò l'incarico di formare il nuovo governo al più autorevole esponente della sinistra costituzionale, Giuseppe Zanardelli. Nel nuovo governo il **ministero dell'Interno** fu affidato a Giovanni **Giolitti**, il quale segnò un nuovo corso nella storia d'Italia.

2. La svolta liberale e il decollo industriale.

Secondo Giolitti, il compito del governo consisteva nello svolgere una sorta di "arbitrato" a garanzia di una **conduzione pacifica del conflitto sociale**: furono così consentiti gli scioperi, a patto, però, che non riguardassero i dipendenti pubblici e non avessero dichiarati intenti politici, nel convincimento che il miglioramento delle condizioni di vita dei lavoratori avrebbe favorito il mercato e la produzione. Inoltre,

Giolitti sosteneva che il governo doveva dichiararsi **neutrale nel settore privato.**

- Il governo Zanardelli-Giolitti condusse varie riforme, come la **libertà sindacale e politica** e la **regolamentazione del lavoro minorile e femminile**; furono anche migliorate le legislazioni riguardanti le assicurazioni per la vecchiaia (volontaria) e per gli infortuni sul lavoro (obbligatoria).
- Vi fu, di conseguenza, la **crescita delle organizzazioni sindacali**: durante il ministero Giolitti venne istituito il ***Consiglio Superiore del lavoro*** (organismo competente in materia di legislazione sociale), cui parteciparono anche esponenti sindacali; vennero create le *Camere del lavoro* in tutti i principali centri italiani, soprattutto nel centro-Nord della penisola, e crebbero le organizzazioni di categoria.
- Nel 1901 si era, inoltre, istituita, dall'unione delle leghe rosse locali costituite da braccianti, la **Federazione italiana dei lavoratori della terra** (Federterra), sorta con l'obiettivo di socializzare la terra. Anche gli imprenditori si associarono ai lavoratori, creando le prime **forme di associazioni imprenditoriali**. Aumentarono gli scioperi e le astensioni dal lavoro e ne derivò un aumento dei salari, non solo grazie alla politica liberale ma anche allo sviluppo economico del paese.
  In questo periodo l'Italia conobbe un **decollo industriale**, favorito anche dalla costruzione ferroviaria che aveva avviato la Destra storica a partire dal 1887, che rese possibile la creazione dell'industria siderurgica.
- Il riordinamento del sistema bancario, avvenuto a seguito della crisi della Banca Romana, favorì la formazione di una struttura finanziaria solida. Si svilupparono i **settori siderurgico, tessile e agro-alimentare**, favoriti dalle tariffe doganali, ma anche i settori senza dazi come il chimico, l'elettrico e il meccanico.
- Nacque l'**industria automobilistica**, come la Fiat nel 1899 da Agnelli e l'Alfa nel 1910. Il volume della produzione industriale raddoppiò e il decollo industriale migliorò anche il tenore di vita, con l'**aumento del reddito pro-capite**. Ma lo sviluppo economico non riuscì a risolvere tutti i problemi sociali ed economici dell'Italia: infatti, le condizioni dei lavoratori rimasero precarie, le case rimasero malsane e sovraffollate, il tasso di analfabetismo rimase elevato e aumentò l'**emigrazione** verso il Nord America, Nord Europa e Stati Uniti. Dal punto di vista economico il fenomeno fu positivo, poiché diminuì la pressione demografica e, inoltre, i risparmi che gli emigranti mandavano alle famiglie alleviarono il disagio delle zone più povere; tuttavia, come conseguenza dell'emigrazione, si verificò un impoverimento della forza-lavoro soprattutto nel Mezzogiorno.
- Le **rimesse degli emigrati** (invii di valuta pregiata ai familiari rimasti in patria) mandarono in attivo anche la bilancia dei pagamenti e completarono il quadro di stabilità economica e politica dell'Italia.
- Lo **sviluppo industriale**, tuttavia, si concentrò soprattutto **al Nord**, con il cosiddetto "Triangolo Industriale", formato da Torino, Milano e Genova. Invece, non si verificò nel Mezzogiorno, ancora dominato da un'agricoltura latifondista e da un'arretratezza della società tale da non consentire la modernizzazione del Sud del paese.

3. I governi di Giolitti e le riforme.

Nel **1903** Giolitti sostituì Zanardelli alla guida del governo e, salvo due brevi governi guidati da Fortis e da Sonnino, dominò la vita politica **fino al 1914**: godeva, a differenza dei suoi predecessori, di una larga - sebbene eterogenea - **maggioranza parlamentare**: Sonnino aveva proposto un vasto programma di liberalismo sociale volto al rafforzamento della piccola proprietà meridionale, del prestigio dello Stato, dell'istruzione elementare statale. Giolitti, che conosceva meglio la macchina statale e il personale politico, procedette, invece, con provvedimenti di carattere locale, attraverso leggi speciali. Riuscì, quindi, ad ottenere la fiducia degli industriali del nord, degli agrari meridionali, dei socialisti riformisti come dei cattolici moderati, per non parlare dei radicali, assorbiti nella maggioranza.
Appena insidiatosi al governo, Giolitti offrì un incarico al socialista Turati, il quale rifiutò poiché temeva di non essere più appoggiato dal suo partito. Giolitti costituì un **governo di centro**, ma il suo riformismo non era privo di limiti, a causa del condizionamento delle forze conservatrici e della sua costante attenzione a non modificare in senso eccessivamente democratico gli equilibri parlamentari.
I **punti fondamentali** della politica di Giolitti erano:

- **Leggi speciali per il Mezzogiorno**, volte ad incoraggiare la modernizzazione dell'agricoltura, con stanziamenti statali e agevolazioni fiscali, come lo sgravio fiscale per i ceti agricoli.
- **Statizzazione delle ferrovie**, (ancora affidate a compagnie private) che incontrò opposizioni a destra e sinistra, costringendo Giolitti a dimettersi lasciando il posto -per brevissimo tempo- a Fortis e poi Sonnino.

Nel maggio **1906** Giolitti insediò il suo **terzo governo**, durante il quale continuò, essenzialmente, la politica economica già avviata nel suo secondo governo. Il terzo ministero Giolitti passò alla storia come "lungo e fattivo".

- In **campo finanziario** l'operazione principale fu la **conversione della rendita**, cioè la sostituzione dei titoli di Stato a tassi fissi in scadenza con altri a tassi inferiori. La conversione della rendita venne condotta con notevole cautela e competenza tecnica: il governo, infatti, prima di intraprenderla, chiese e ottenne la garanzia di numerosi istituti bancari.
- Le critiche che il progetto aveva ricevuto soprattutto dai conservatori si rivelarono infondate: l'opinione pubblica seguì quasi con commozione le vicende relative, in quanto la conversione assunse immediatamente il valore simbolico di un risanamento effettivo e duraturo del bilancio e di una stabile unificazione nazionale.

Nel **1907** l'Italia fu colpita dalla **crisi internazionale**, ma ne uscì velocemente grazie all'**intervento statale** congiunto con quello della Banca d'Italia: il governo emanò dei provvedimenti **a sostegno delle industrie** più minacciate dalla recessione (industrie automobilistiche, siderurgiche e tessili), che, però, ebbero come conseguenza un aumento dei prezzi dei generi di prima necessità.

- I forti gruppi economici e industriali, si organizzarono nella ***Confederazione italiana dell'industria*** (Confindustria), fecero sempre più pressioni alla politica e allo Stato, fin quando le scelte del governo oltrepassarono spesso quelle del Parlamento. Così Giolitti si ritirò per la seconda volta lasciando il potere a Sonnino e poi a Luzzatti, che avviò un'importante riforma scolastica (**legge Daneo- Credaro**).

Nel **1911** tornò Giolitti con un programma orientato verso sinistra. La crescita dell'associazionismo e della società civile portò Giolitti a pronunciarsi a favore dell'introduzione di alcune fondamentali misure, come:

- la concessione del **suffragio universale maschile** nel **1912**;
- la fondazione dell'***Istituto nazionale assicurazioni*** (INA), approvata nel **1912**, i cui proventi servivano per finanziare il fondo delle pensioni di vecchiaia per i lavoratori;
- l'approvazione della **legge elettorale** che estese il diritto di voto a tutti i cittadini maschi, anche analfabeti, che avessero compiuto i 30 anni.

4. La questione meridionale e il fenomeno migratorio.

Tra la metà degli anni Ottanta e lo scoppio della Prima guerra mondiale, le plebi meridionali diedero luogo alla più grande **emigrazione di massa all'estero** che la storia del Mezzogiorno ricordi: questo andamento risentiva, in primo luogo, delle **crisi economiche interne ed internazionali**, ma rivelava anche l'arretratezza dell'economia italiana.

I movimenti migratori riguardavano, in particolare, i **paesi europei ed extraeuropei**: emigravano verso il continente americano (in modo massiccio verso **Stati Uniti, Argentina e Brasile**) italiani provenienti prevalentemente dal Meridione; mentre l'emigrazione verso i paesi europei (**Francia, Svizzera, Germania**) era un fenomeno che interessava prevalentemente italiani provenienti dalle aree settentrionali della penisola.

- L'**emigrazione dal Sud d'Italia** derivava soprattutto dalla disastrosa situazione in cui versavano i contadini, dato che il Sud era ridotto a mercato coloniale delle industrie settentrionali, nell'interesse congiunto degli **industriali del Nord** e dei **latifondisti del Sud**, alleati in un **blocco politico-sociale conservatore e protezionista**.
- Giolitti tentò di affrontare la **questione meridionale** (che, nella storiografia italiana, indica l'insieme

dei problemi posti dall'esistenza nel Mezzogiorno d'Italia -dal 1861 sino a oggi- di un più basso livello di sviluppo economico) attraverso il varo delle **leggi speciali per il Mezzogiorno:** per quanto apprezzabili, i risultati della legislazione speciale, fra cui gli sgravi fiscali e la costruzione dell'impianto siderurgico di Bagnoli a Napoli, dell'acquedotto pugliese e della direttissima Roma-Napoli, non ridussero né annullarono il divario Nord-Sud. Inoltre, non era intenzione del governo affrontare il nodo della **riforma agraria del Mezzogiorno**, che avrebbe intaccato i privilegi consolidati: infatti, ad esempio, i dazi sull'importazione del grano rimasero alti, impedendo iniziative di diversificazione delle colture.

- In seguito alla mancata risoluzione dei problemi socio-economici del Sud, Giolitti venne accusato di mostrare un **doppio volto**: da un lato, **progressista** e attento al progresso produttivo del Nord; dall'altro, **conservatore** verso il problema agrario del Sud. Un feroce critico di Giolitti fu **Gaetano Salvemini**, il quale, riguardo agli insuccessi della politica meridionale e alle presunte collisioni del governo con gli interessi locali dei grandi proprietari agrari, definì Giolitti il "**ministro della malavita**".

5. La politica estera e la spedizione in Libia.

La politica estera di Giolitti, nel corso del decennio del suo governo, si sviluppò secondo alcune linee generali, non prive di contraddizioni, quali:

- la **riconferma della Triplice Alleanza**;
- l'**avvicinamento alla Francia**, con una conseguente maggiore attenzione all'equilibrio nell'area mediterranea;
- l'**interessamento** (di impronta colonialistica) alla **situazione balcanica**.

Nell'ultima fase del governo giolittiano, l'Italia diede una svolta alla politica estera: il quarto governo Giolitti intraprese il **progetto coloniale in Africa**, occupando la **Libia**, che era sottoposta alla dominazione turca.

L'occasione per l'invasione della Libia fu offerta dal conflitto che opponeva il debole impero ottomano alle neonate nazioni balcaniche: l'Italia inviò un **ultimatum alla Turchia**, richiedendo il via libera per l'occupazione italiana della **Cirenaica** e della **Tripolitania**. Al rifiuto turco, l'Italia rispose dichiarando guerra all'impero ottomano il 29 settembre 1911: scoppiò così la **guerra italo-turca**, che durò circa un anno (**1911-1912**). Ai **nazionalisti** si allearono:

- i **gruppi cattolico-moderati**, favorevoli alla guerra per conciliare cattolicesimo e patriottismo;
- il **Banco di Roma**, che aveva investito in Libia ed era favorevole alla conquista del territorio per tutelare i propri interessi;
- la **propaganda interventista**, che vedeva di buon occhio la colonizzazione poiché la Libia poteva rappresentare un'importante risorsa per l'emigrazione.

I gruppi contrari alla guerra erano, invece, i socialisti e i democratici.

Quando la Francia approfittò della seconda crisi marocchina nel 1911 per imporre il protettorato sul Marocco, le truppe italiane occuparono l'isola di Rodi e l'arcipelago del Dodecaneso. Nel corso della guerra l'Impero ottomano si trovò notevolmente svantaggiato, poiché poté rifornire il suo piccolo contingente in Libia solo attraverso il Mediterraneo. La flotta turca non fu in grado di competere con la Regia Marina e gli Ottomani non riuscirono ad inviare rinforzi alle province nordafricane.

Nel **1912** i turchi firmarono la **pace di Losanna**, rinunciando alla Libia. Sebbene ci fu così tanta insistenza, l'Italia si rese conto che la guerra della Libia non portò grandi benefici per il paese: i costi furono elevati e la colonia non bastò ad assorbire tutti gli emigranti. La Libia, come ironizzò il socialista Salvemini, sembrò niente più che "uno scatolone di sabbia". Inoltre, la guerra scosse gli equilibri del sistema giolittiano.

6. La conclusione dell'età giolittiana.

Di fronte ai nuovi squilibri politici, generati dal bilancio deludente della guerra in Libia e dall'allargamento della base elettorale a causa del suffragio universale maschile, Giolitti si trovò a concorrere per le nuove elezioni del 1913 costretto a cercare **nuove alleanze**.

- Giolitti, e con lui vari esponenti della classe politica che aveva governato l'Italia nel suo primo cinquantennio di vita, desiderava bloccare l'avanzata del Partito Socialista Italiano. Prese, perciò, l'iniziativa di rivolgersi all'**Unione elettorale cattolica italiana**, accordandosi con il presidente dell'Unione, il conte **Gentiloni**; contando sull'esistenza di un precedente (le elezioni del 1909), l'esperimento della collaborazione con i cattolici fu rinnovato.
- Fra i cattolici, espresse delle riserve **don Luigi Sturzo**, che si batteva per la creazione di un partito formato dagli stessi cattolici. La Santa Sede appoggiò tacitamente il cosiddetto **Patto Gentiloni**: in vista delle elezioni, Papa Pio X tolse il *non expedit* in 330 collegi su 508. I risultati delle **elezioni del 1913** sancirono il grande successo del Patto: i liberali ebbero oltre il 47% dei voti e su 508 seggi ebbero 270 eletti.
- Prima del Patto Gentiloni, l'alleato di Giolitti era il Partito Radicale che, con i suoi settanta deputati, aveva appoggiato il terzo e quarto governo Giolitti. Dopo le elezioni del 1913 i radicali passarono all'opposizione per protesta. Dopo il congresso nazionale, svoltosi a Roma tra il 31 gennaio e 2 febbraio 1914, i radicali decisero di uscire dal governo (4 marzo).
- La prima applicazione del suffragio universale sconvolse il sistema elettorale clientelare su cui il potere di Giolitti si era retto: la sinistra non fu più disponibile ad appoggiare una maggioranza liberale; inoltre, cominciava ad affacciarsi nel paese una ventata nazionalista e l'Italia parlamentare di marca giolittiana lentamente si stava trasformando in uno stato socialista, cattolico e nazionalista.

Al ritiro dei radicali Giolitti si dimise, indicando come suo successore **Antonio Salandra**, un uomo di destra che fu anche in grado di ben fronteggiare i moti della **settimana rossa**, un'insurrezione popolare sviluppatasi ad Ancona e propagatasi dalle Marche alla Romagna, alla Toscana e ad altre aree d'Italia (come reazione all'eccidio di tre manifestanti avvenuto ad Ancona ad opera della forza pubblica), **tra il 7 e il 14 giugno 1914**.

MAPPA CONCETTUALE

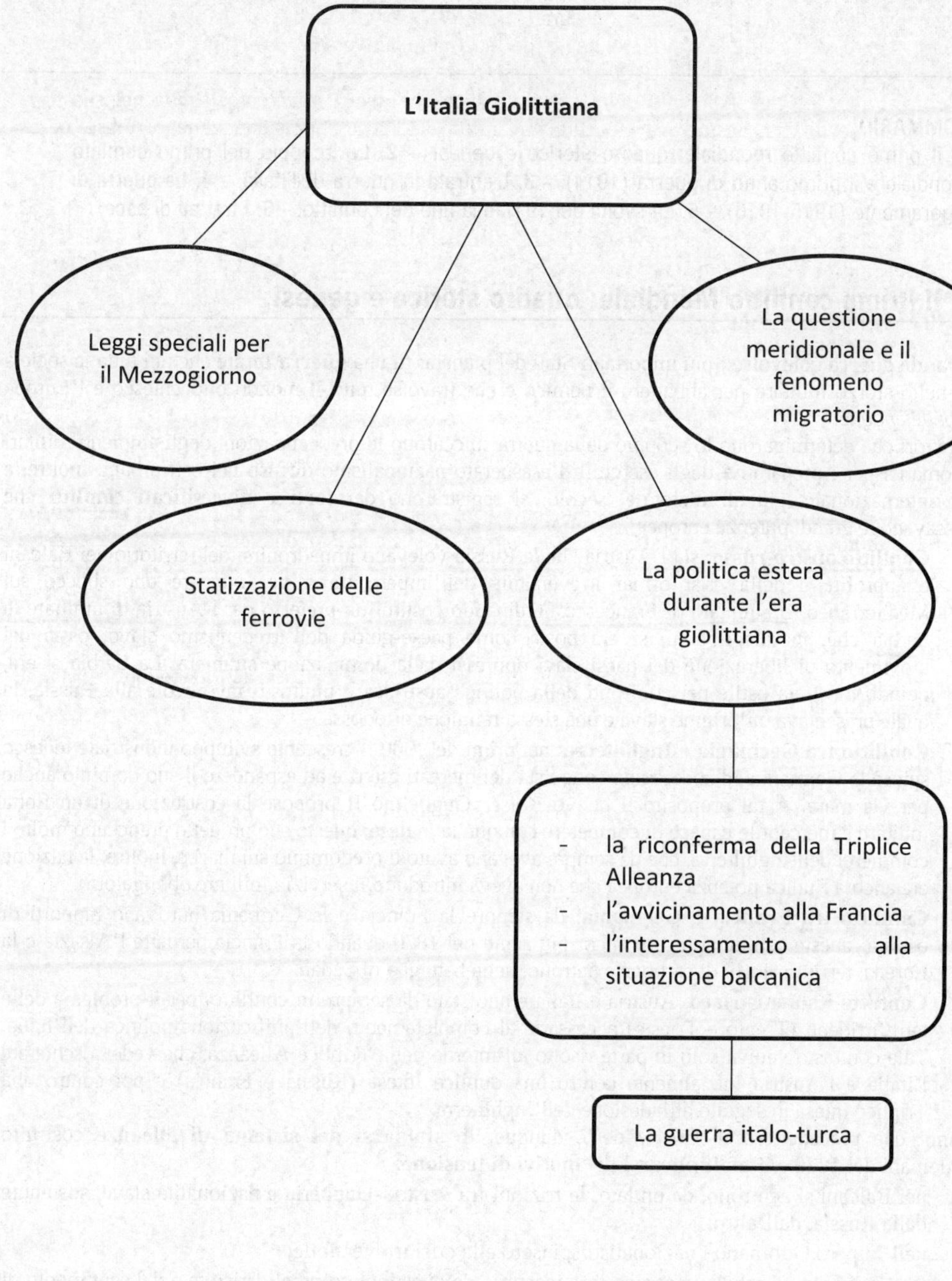

Capitolo 8 | LA PRIMA GUERRA MONDIALE

SOMMARIO:
1. Il primo conflitto mondiale: quadro storico e genesi. - **2**. Lo scoppio del primo conflitto mondiale e il primo anno di guerra (1914). - **3**. L'entrata in guerra dell'Italia. - **4**. La guerra di logoramento (1915-1916). - **5**. La svolta del 1917 e la fine del conflitto. - **6**. I trattati di pace.

1. Il Primo conflitto Mondiale: quadro storico e genesi.

La **Grande guerra** coinvolse i più importanti Stati del pianeta: fu una **guerra totale** che unì tutta la società civile nello sforzo militare per abbattere il nemico e che travolse tutto il mondo ottocentesco e l'Europa della *belle époque*.
Fra i fattori che determinarono lo scoppio della guerra spiccarono le preoccupazioni degli ambienti militari e diplomatici per i preparativi degli eserciti e l'esasperato nazionalismo diffuso nei ceti urbani. Inoltre, a livello internazionale, già all'inizio del secolo, si registrarono dei **forti e diversificati conflitti** che interessavano le grandi potenze europee:

- **Conflitto austro-russo**: sia l'Austria che la Russia volevano impadronirsi del territorio dei Balcani e approfittare della crisi ormai irreversibile dell'impero turco per ottenere uno sbocco sul Mediterraneo. L'attentato di Francesco Ferdinando costituì un pretesto per l'Austria di umiliare la Serbia che, in quegli anni, si era posta come paese-guida dell'irredentismo slavo, ossia del movimento di liberazione dei paesi slavi oppressi dalla dominazione straniera. La Serbia si era, quindi, mostrata ostile nei confronti della politica austriaca e piuttosto favorevole alla Russia, la quale presentava un'origine slava e una stessa religione ortodossa.
- **Conflitto tra Germania e Inghilterra**: nei primi del '900 il crescente sviluppo industriale tedesco spinse la Germania ad andare alla conquista dei mercati esteri e ad espandere il suo dominio anche per via mare. A tal proposito il nuovo *Kaiser* Guglielmo II propose la costruzione di un flotta militare e mercantile capace di competere con quella inglese; questo suo progetto preoccupò molto i commerci dell'Inghilterra, che da sempre avevano avuto il predominio sui mari e, inoltre, la nazione era ancora l'unica potenza europea che non aveva introdotto il servizio militare obbligatorio.
- **Conflitto tra Francia e Germania**: da sempre la Francia e la Germania nutrivano rapporti di ostilità; queste ostilità si fecero ancor più acute nel 1870 quando la Francia perdette l'Alsazia e la Lorena, territori ricchi di carbone e petrolio, nella battaglia di Sedan.
- **Conflitto italo-austriaco**: Austria e Italia erano state da sempre in conflitto, per il problema delle terre irridenti (Trento e Trieste) necessarie al completamento dell'unificazione politica dell'Italia. Tale contrasto veniva solo in parte risolto all'interno della Triplice Alleanza, che vedeva schierate l'Italia e l'Austria inizialmente contro una duplice Intesa (Russia e Francia) e poi contro una Triplice Intesa in seguito all'adesione dell'Inghilterra.

Gli anni che precedettero il 1914 videro, dunque, lo **sfaldarsi del sistema di alleanze** costruito all'indomani del 1870 e il **moltiplicarsi dei motivi di tensione**:

- nei Balcani si acuirono, da un lato, le frizioni fra Austria-Ungheria e nazionalità slave, sostenute dalla Russia, dall'altro;
- nell'Impero Ottomano i nazionalisti spinsero alla crisi irreversibile;
- fra Germania e Francia la contesa era inasprita da questioni coloniali irrisolte e dal sentimento di *revanchismo* francese;

- Inghilterra e Germania si contendevano la supremazia navale;
- Italia e Austria si contendevano il controllo dell'Adriatico e si aggiungeva l'inasprimento della concorrenza economica.

2. Lo scoppio del primo conflitto mondiale e il primo anno di guerra (1914).

L'erede al trono austro-ungarico, l'**arciduca Francesco Ferdinando**, in visita ufficiale **a Sarajevo il 28 giugno 1914 venne assassinato** con la moglie dallo studente serbo Gavrilo Prinzip: il futuro sovrano intendeva concedere grande autonomia ai diversi gruppi etnici presenti nel territorio imperiale e riconoscere ai croati i diritti già riconosciuti ad Ungheresi e Austriaci. Inviso per questo ai nazionalisti serbi, la sua visita in Bosnia, prevalentemente islamica, proprio nella data della sconfitta serba a Kosovo da parte dell'invasore turco del 1389, fu considerata offensiva da parte della popolazione serba.

- Gli Asburgo, direttamente implicati, misero in atto una strategia di rischio, sostenuta dall'alleato tedesco, già preparato ad un'azione militare; per garantire la propria sicurezza e bloccare il rafforzamento della Serbia, l'Austria le inviò un ***ultimatum*** che ne ledeva la sovranità e, col rifiuto della risposta, innescò il **sistema delle alleanze**.
- Nel giro di pochi giorni si dichiararono guerra:
  - **Serbia**, **Russia**, **Francia** da una parte (a cui, il 4 agosto, si aggiunse la **Gran Bretagna – Triplice Intesa**);
  - **Austria e Germania** dall'altra (**imperi centrali**);
  - l'**Italia**, legata con un'alleanza esclusivamente difensiva ad Austria e Germania, dichiarò la propria **neutralità**.

La guerra ebbe inizio come **guerra di movimento** (ossia come combattimento caratterizzato da un massiccio dispiegamento di forze mobili, impiegate in costanti azioni d'attacco) e, nel primo anno di guerra, le operazioni militari furono condotte su tre fronti:

1. l'**Austria-Ungheria** invase la **Serbia**;
2. la **Russia** avanzò nella **Prussia** orientale;
3. la **Germania** attaccò la **Francia**.

In particolare, la Germania, che rischiava l'accerchiamento dalle nazioni nemiche, basò la propria strategia bellica sulla **rapidità** e sulla sorpresa: il piano di guerra elaborato dal capo di stato **Schlieffen** prevedeva un attacco all'esercito francese e poi uno scontro con la Russia. Presupposto essenziale per la riuscita del piano era passare attraverso il Belgio, nonostante la sua neutralità, e puntare direttamente su Parigi.

- Ma sul fronte occidentale, però, la resistenza dei francesi, a cui si aggiunse l'intervento britannico, fu notevole: l'esercito francese cominciò a costruire trincee e fortificazioni tra **il 6 e il 12 settembre 1914** sul fiume **Marna**, per impedire i contraccolpi delle truppe tedesche. Si passò così da una "**guerra lampo**" ad una "**guerra di posizione e di trincea**".
- I **Russi**, mantenendo fede all'accordo con i Francesi, in 14 giorni iniziarono l'avanzata in **Prussia**, costringendo i Tedeschi a spostare a fine agosto alcune divisioni dal fronte occidentale a quello orientale, contribuendo alla vittoria francese ad Ovest; l'esercito russo riuscì ad invadere l'Ungheria a fine settembre, mentre gli Austriaci riuscirono a sconfiggere i Serbi a novembre e ad entrare a Belgrado dove vennero presto respinti.
- Inoltre, l'azione russa sul fronte orientale ebbe l'effetto di allentare la pressione tedesca sul fronte occidentale e consentire la ripresa dell'offensiva francese e, nelle **battaglie di Ypres e dell'Yser** (15 ottobre – 15 novembre) le forze anglo-francesi mantennero saldamente le proprie posizioni resistendo all'offensiva tedesca.

A causa dell'estensione dei domini coloniali delle potenze in conflitto, la guerra acquisì subito un **carattere mondiale**: il **23 agosto** il **Giappone** entrò in guerra sostenendo l'Intesa, aprendo così un nuovo fronte di guerra antitedesco sul Pacifico; il **1° novembre** si aggiunse la **Turchia**, che si schierò con gli imperi centrali; la **Romania**, il **Portogallo**, la **Grecia** e gli **Stati Uniti** si allearono all'Intesa.

Inoltre, era ampiamente diffusa, tra l'opinione pubblica, la convinzione che la guerra era necessaria per soffocare i contrasti sociali e rafforzare la posizione dei governi e delle classi dirigenti.

3. L'entrata in guerra dell'Italia.

Allo scoppio della guerra l'Italia, governata da Salandra, aveva dichiarato la sua **neutralità** (2 agosto 1914): infatti, secondo i patti della Triplice Alleanza, l'Italia era tenuta ad intervenire in aiuto degli alleati solo se questi fossero stati aggrediti. Ma l'impegno di cobelligeranza era venuto meno perché l'Austria non era stata aggredita e non aveva nemmeno informato il governo italiano dell'attacco alla Serbia.
L'Italia così allo scoppio della guerra si era divisa in **due schieramenti**:

1. I **neutralisti**: di questo schieramento facevano parte i **cattolici**, poiché essi erano contrari per principio alla guerra : se avessero dovuto necessariamente partecipare alla guerra lo avrebbero fatto a favore dell'Austria, poiché anch'essa professava la religione cattolica; i **socialisti**, che, dal canto loro, non si riconoscevano nel conflitto che era stato scatenato dalla borghesia imperialistica e credevano che la guerra potesse ricadere su di loro (Mussolini prima si dichiarò neutrale e poi si schierò a favore dell'intervento e fu, per questo, espulso dal partito); infine, vi erano i **liberali** giolittiani, che erano consapevoli dell'impreparazione militare dell'Italia e temevano che uno sforzo bellico avrebbe messo in crisi la fragile economia del paese. Giolitti era convinto che, come compenso per la sua neutralità, l'Italia avrebbe potuto ottenere dagli imperi centrali parte dei territori rivendicati.
2. Gli **interventisti**: di questo schieramento facevano parte gli **irredentisti** (compresi i repubblicani e i socialisti) che pensavano che la guerra fosse opportuna per il completamento dell'unificazione d'Italia (Trento e Trieste che erano ancora sotto il dominio austriaco); i **sindacalisti**, che pensavano di costruire sulle macerie dello stato liberale un nuovo ordine sociale; i **nazionalisti**, che consideravano la guerra come un mezzo che potesse permettere all'Italia di diventare una grande potenza; tra gli interventisti vi erano anche alcuni studenti universitari ed **intellettuali** del tempo, quali D'Annunzio, Gentile, Papini, Prezzolini, Amendola (ad accezione di Benedetto Croce, che si dichiarò a favore della neutralità). Per molti intellettuali la guerra doveva significare la fine del giolittismo e l'avvio di un radicale rinnovamento della politica italiana.

Mentre si svolgeva la disputa tra neutralisti e interventisti, Salandra e Sonnino allacciarono **contatti segreti con l'Intesa**, pur continuando nel frattempo a trattare con gli imperi centrali per strappare qualche territorio in cambio della neutralità.

- Infine, senza il consenso del re e all'insaputa del Parlamento, le trattative procedettero in modo spedito e si conclusero, il **26 aprile 1915**, con il **Patto di Londra**, che impegnò l'Italia ad entrare in guerra contro l'Austria e la Germania entro un mese dalla firma dell'accordo.
- Le condizioni del patto si presentavano particolarmente vantaggiose per l'Italia e prevedevano il mantenimento delle **isole del Dodecaneso** e l'assegnazione del **Trentino**, dell'**Alto-Adige** fino al Brennero, di **Trieste**, dell'**Istria**, della **Dalmazia** settentrionale (**esclusa Fiume**).

Il **24 maggio 1915 l'Italia dichiarò guerra all'Austria-Ungheria**; nello stesso anno la **Bulgaria** scese in guerra contro la Serbia.

4. La guerra di logoramento (1915-1916).

Al termine del 1915 gli Imperi centrali avevano certamente migliorato la propria posizione sui vari fronti, ma i cattivi raccolti, il blocco navale britannico e l'intervento italiano nel conflitto avevano accentuato il rischio di tracollo economico: si avviò a questo punto la **fase di logoramento**, volta a stremare la resistenza avversaria più che a penetrare in territorio nemico.

- Fin dall'inizio del 1915, infatti, la Gran Bretagna aveva imposto il **blocco navale contro la Germania**, che reagì annunciando la **guerra sottomarina totale**: i tedeschi avrebbero affondato anche le navi dei paesi neutrali che avevano rapporti con i paesi dell'Intesa. Vennero così colpite molte **navi statunitensi** e cominciarono a logorarsi i rapporti tra Stati Uniti e Germania, in particolare a seguito dell'**affondamento del piroscafo Lusitania**, in cui persero la vita numerosissimi passeggeri americani.

L'esercito italiano fronteggiò le forze austriache lungo le frontiere nord-orientali: durante il 1915, il generale **Cadorna** scatenò sull'**Isonzo** e sul **Carso** una serie di offensive, allo scopo di sfondare le linee nemiche austriache e di farle ripiegare. Nonostante il sanguinoso sacrificio di uomini, gli esiti delle battaglie furono inconcludenti e anche sul fronte italo-austriaco iniziò un'estenuante guerra di posizione e di logoramento.

- Al momento in cui l'Italia entrò in guerra, l'andamento delle operazioni militari si svolgeva in modo diverso nei due fronti: sul fronte orientale gli **Imperi Centrali** riportavano numerose **vittorie nei confronti della Russia**, che fu costretta ad evacuare dalla Polonia e dalla Galizia, mentre sul fronte occidentale le più importanti controffensive furono condotte dalle truppe tedesche nei confronti dei Francesi nella **battaglia di Verdun** (**21 febbraio 1916**) e degli inglesi nella **battaglia di Somme (22 giugno 1916**).
- Il comando tedesco disponeva di una linea difensiva sul fronte occidentale e, nel frattempo, cercava di attaccare sul fronte orientale; i **comandanti tedeschi Hindenburg e Ludendorff**, in accordo col comando austriaco, da maggio a settembre 1916 riuscirono a conquistare un fronte quasi rettilineo dal Baltico a Dniestr.
- L'esercito italiano guidato da Cadorna, tra **maggio e giugno 1916**, dovette difendersi duramente dalla ***Strafexpedition***, "**Spedizione punitiva**", un pericoloso tentativo di sfondamento delle linee italiane sull'altopiano di Asiago, che l'Austria condusse energicamente contro l'Italia per punirla del suo tradimento. Il generale Cadorna e il re Vittorio Emanuele chiesero allora il sostegno dello zar.
- I **russi** scatenarono allora un'offensiva a sorpresa il **4 giugno 1916**, penetrando oltre le linee di difesa austriache e arrivando fino ai Carpazi meridionali. Solo l'intervento tedesco, in agosto, riuscì a contenere l'avanzata russa. L'offensiva russa permise alla **Romania** di entrare in guerra con l'Intesa, ma essa fu subito invasa dalle forze austro-tedesche, determinando la **caduta di Bucarest.**
- La Spedizione punitiva ebbe dei drastici effetti sulla politica interna italiana: oltre a rivelare l'inadeguatezza e l'impreparazione dell'esercito italiano, costrinse il governo Salandra alle dimissioni e venne formato un "**ministero nazionale**" presieduto, tra giugno 1916 e ottobre 1917, da **Paolo Boselli**, con il sostegno dei socialisti riformisti Bissolati e Bonomi.

Intanto l'Impero Ottomano, tra il 1915 e il 1916, riuscì ad organizzare un vero e proprio **genocidio degli Armeni** (cristiani che rivendicavano l'autonomia dal regime turco), dando vita al primo genocidio moderno (secondo quanto contenuto nel *Council of Europe Parliamentary Assembly Resolution*, 24 Aprile, 1998), che causò oltre un milione e mezzo di morti.

Nel frattempo, la flotta tedesca aveva attaccato quella inglese nella **penisola dello Jutland**. Le perdite subite nella battaglia costrinsero i tedeschi a ritirare le navi nei porti: il tentativo della flotta tedesca di spezzare la resistenza britannica fallì miseramente, nonostante gli ingenti danni in uomini e mezzi riportati dalla flotta inglese.

Alla **morte del *kaiser* Carlo I**, il successore Francesco Giuseppe, a partire dal **29 novembre 1916**, cominciò già ad invocare le trattative per la pace: le capacità offensive dell'Alleanza erano fortemente messe in discussione e i popoli erano prostrati economicamente dal conflitto; gli Imperi centrali cominciarono a proporre l'apertura delle trattative e il presidente americano Wilson invitò le parti ad esporre le proprie proposte che si rivelarono, però, inconciliabili.

- Nell'estate del 1917 si levò anche la voce del pontefice: **Papa Benedetto XV**, con la ***Nota*** del 1° agosto, invitò i governi a **cessare l'inutile strage**, ma nessuno voleva cedere i propri territori.
- Intanto, nei fronti interni, cresceva il malcontento della popolazione e, in particolare, si stava alimentando la **protesta operaia** contro le sempre più precarie condizioni di vita: a **Torino**, per esempio, nell'agosto 1917 si ebbero **violenti scontri di piazza** che divennero una vera e propria insurrezione popolare.

5. La svolta del 1917 e la fine del conflitto.

Il 1917 fu l'anno decisivo della guerra, a causa di **tre eventi** che ribaltarono la situazione politico-militare mondiale:

1. la **caduta dello zarismo** in **Russia**;
2. l'**entrata in guerra** degli **Stati Uniti**;
3. l'**offensiva austro-tedesca in Italia**.

1. La **rivoluzione russa** scoppiata a Pietrogrado nel 1917 aveva abbattuto lo zarismo: si formò un governo provvisorio che, nell'ottobre dell'anno successivo, fu travolto dal **Partito bolscevico di Lenin**, il primo governo rivoluzionario d'ispirazione marxista che pose fine alla partecipazione russa alla prima guerra mondiale. Il **3 marzo 1918** Lenin firmò un accordo di pace, la **pace di Brest-Litovsk**, umiliante all'indomani della rivoluzione russa, che rinunciava a molti possedimenti nell'Europa orientale: Polonia, Estonia, Lituania, Lettonia vennero cedute ai tedeschi e l'Ucraina venne dichiarata indipendente.
2. Scomparsa dalla scena politica, la Russia sembrò ben presto essere rimpiazzata dall'**entrata degli Stati Uniti in guerra**, che dichiararono guerra alla Germania il **6 aprile 1917**: la causa determinante dell'intervento militare fu la guerra sottomarina senza frontiere intraprese dai tedeschi, allo scopo di forzare il blocco navale nemico. Il Presidente americano Wilson attribuì all'intervento militare una forte **connotazione ideologica**, dichiarando che gli Stati Uniti entravano in guerra per difendere i principi di libertà, democrazia e autodeterminazione dei popoli.

   Il 1917 fu anche l'anno dell'**entrata in guerra**, a sostegno dell'Intesa, **della Grecia** (a seguito di un **colpo di Stato** incoraggiato dai Francesi e dagli Inglesi per rovesciare il re filotedesco Costantino I) e **della Cina**, che prese parte al conflitto mondiale per contrastare l'azione giapponese.

   L'Intesa volle sferrare offensive a partire dalla metà di febbraio del 1917, prima che potesse essere organizzata ogni iniziativa tedesca e contando sulla superiorità del fronte occidentale; al posto della tattica del logoramento, il generale francese Nivelle propose attacchi di fanteria in modo da conquistare posizioni avversarie prima che il nemico avanzasse. Tuttavia, a seguito del **fallimento dell'offensiva francese** scatenata ad aprile **sull'Aisne**, il generale Nivelle si dimise e fu sostituito da **Pétain**.
3. Intanto si scatenava l'**offensiva austro-tedesca** nel Nord d'Italia: le linee italiane vennero sfondate a **Caporetto**, sul Piave, dove ebbe luogo la famigerata disfatta italiana, **tra il 24 e il 27 ottobre 1917**. L'Italia perse circa 450.000 uomini e gran parte della sua dotazione di artiglieria, un'ondata di profughi civili invase la pianura padana, ma il governo italiano reagì, esonerando Cadorna e sostituendolo con il **generale Armando Diaz**, il quale seppe risollevare il morale delle truppe: l'esercito italiano riuscì a ricostruire un fronte sul Piave e sul monte Grappa che, con una tenace resistenza, bloccò le superiori forze austro-tedesche.

L'**ultimo anno di guerra** (1918) fu combattuto sul fronte francese, dove i tedeschi sferrarono l'ultima offensiva e avanzarono nel territorio, mentre gli austriaci tentarono di sferrare il colpo decisivo sul fronte italiano, ma furono respinti. Infine, un ultimo attacco sulla Marna fu fermato dagli anglo-francesi. Le forze dell'Intesa passarono al contrattacco e i tedeschi subirono la prima grave sconfitta sul fronte occidentale.

- Negli Imperi centrali cominciava un processo di declino; particolarmente difficile era la posizione dell'impero austro-ungarico, dove l'insuccesso in guerra aveva ridato alle nazionalità oppresse la forza di ribellarsi. La prima nazione sconfitta fu la **Bulgaria**, seguita dall'**Impero turco**, che firmò la resa il **30 ottobre 1918**.
- L'impero asburgico si sfaldò e, grazie alla nascita di vari movimenti nazionali, nacquero nuovi Stati: fu costituito un **governo cecoslovacco** e stabilito un accordo tra serbi, croati e sloveni per la costruzione di uno **stato unitario** degli slavi del Sud: la **Jugoslavia**.
- Sconfitti a **Vittorio Veneto**, gli austriaci firmarono l'**armistizio con l'Italia** (**3 novembre**). In

Germania Ebert fu nominato capo del governo e il *Kaiser* fuggì in Olanda. I rappresentanti del governo provvisorio tedesco firmarono l'**armistizio con i francesi** (**11 novembre**), accentando durissime condizioni, quali: la consegna dell'armamento pesante (che per non cadere in mano del nemico si autoaffondò) e della flotta, il ritiro dal Reno delle truppe, l'annullamento dei trattati con Russia e Romania e, infine, la restituzione dei prigionieri.

6. I Trattati di pace.

Il **18 gennaio 1919**, a **Versailles**, si aprì la **conferenza di pace** alla presenza dei 27 paesi vincitori del primo conflitto mondiale, ma il potere decisionale venne spartito tra Inghilterra (rappresentata da Lloyd George), Stati Uniti (Wilson), Francia (Clemenceau) e Italia (Orlando). Subito, tuttavia, Orlando fu emarginato dalle trattative.

- La pace con la **Germania** siglata a Versailles imponeva condizioni pesantissime: il paese perdeva 75 mila chilometri quadrati di territorio (7 milioni di abitanti) e tutte le colonie furono affidate alle potenze vincitrici. L'**Alsazia** e la **Lorena** furono cedute alla Francia; la **Posnania** e una parte della **Prussia Orientale** alla Polonia. Fu stabilita l'occupazione alleata della riva sinistra del Reno per quindici anni; ebbero luogo numerosi plebisciti per le cessioni nella Saar, nello Schleswig, in Alta Slesia e nella Prussia Orientale e Danzica diveniva città libera. Quasi del tutto smilitarizzata, la Germania restava in balia delle potenze che le imposero una pesantissima penale.
- Con l'**Austria** fu stretta la **Pace di Saint-Germain** (Parigi) il **10 settembre 1919**. Essa riconosceva la frontiera del Brennero all'Italia (che annetteva così il **Trentino** e il **Tirolo meridionale**) e la formazione dei nuovi Stati di **Cecoslovacchia, Polonia** e **Jugoslavia** cui andavano molti territori austriaci. Vietava anche un'eventuale fusione con la Germania (*Anschluss*). L'Austria, nel 1919, era ridotta a un ottavo dei suoi possedimenti precedenti.
- Le condizioni di pace per l'**Ungheria** furono stabilite con il **Trattato del Trianon** (**1920**), che prevedeva la perdita di numerosi territori a vantaggio di Cecoslovacchia, Jugoslavia e Romania (l'Ungheria passò da 20 a 8 milioni di abitanti).
- Il 27 novembre **1919**, fu siglato il **Trattato di Neuilly** con la **Bulgaria** che cedette la Tracia alla Grecia, la Dobrugia alla Romania e la Macedonia alla Jugoslavia.
- Con la **Turchia**, infine, venne stipulata la **Pace di Sèvres** il **10 agosto 1920**, con cui questa rinunciava a tutti i territori non turchi dell'Impero (Arabia, Armenia, Siria, Libano, Palestina, Iraq, Tracia). La Francia e ancor di più la Gran Bretagna conseguirono una posizione dominante nel Medio Oriente.
- Accogliendo le proposte americane, il **28 aprile 1919** fu costituita la **Società delle Nazioni**, organismo internazionale finalizzato al mantenimento della pace. Gli Imperi centrali, l'Impero Ottomano e la Russia degli zar scomparvero, sostituiti da altrettante nuove entità nazionali.

PACI:
- VERSAILLES → Germania
- SAINT GERMAIN → Austria
- TRIANON → Ungheria
- NEUILLY – Bulgaria

MAPPA CONCETTUALE

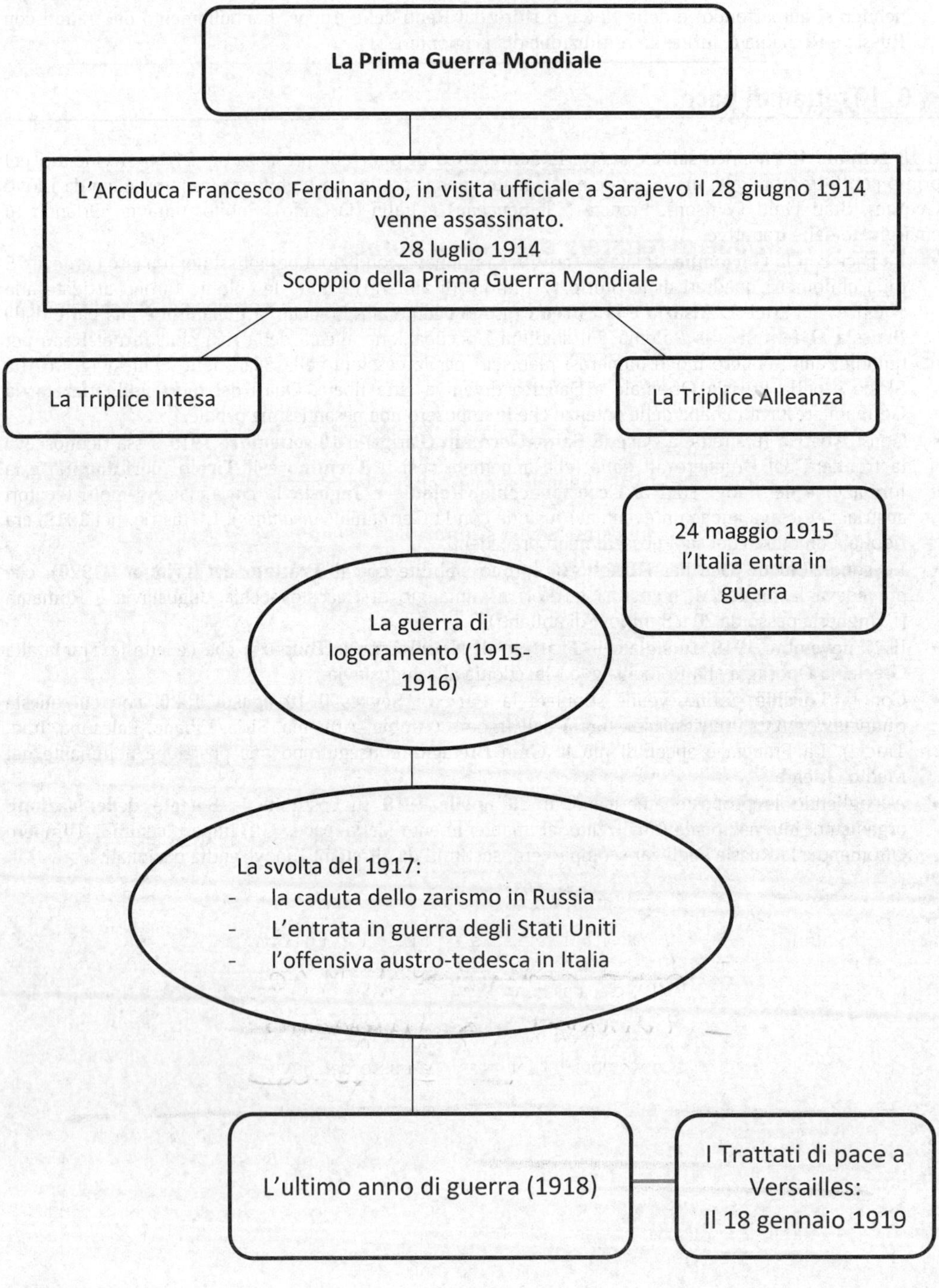

Capitolo 9 | LA RUSSIA DELLE RIVOLUZIONI

SOMMARIO:
1. La rivoluzione di febbraio e le tesi d'aprile. - **2**. La rivoluzione d'ottobre. - **3**. La nascita dell'Urss. - **4**. L'industrializzazione forzata e lo stalinismo.

1. La Rivoluzione di febbraio e le Tesi d'aprile.

In **Russia**, nel 1916, le sconfitte di guerra generarono risentimento nella popolazione: il 23 febbraio (data del calendario ortodosso) **1917** a Pietrogrado si tenne un grande sciopero contro il governo, cui si unirono anche i militari chiamati a reprimerlo. Lo zar Nicola rispose eleggendo un **Comitato (governo) provvisorio** proprio mentre, come espressione diretta delle masse popolari, si costituiva il **Soviet degli Operai e dei Soldati** (struttura assembleare finalizzata alla gestione democratica e livellata del potere politico ed economico da parte della classe operaia); il 15 marzo 1917, accordatisi Soviet e Comitato, fu varato un governo presieduto dal principe **Georgij E. L'vov**, di cui faceva parte anche Aleksandr Fëdorovic **Kerenskij** (1881-1970), appartenente all'ala moderata del movimento socialista rivoluzionario.

La sera stessa **lo zar abdicò** e numerosi Soviet si formarono in tutto il paese, ponendosi come potere parallelo al governo provvisorio. Questi fatti riportarono in patria dall'esilio svizzero **Lenin** (16 aprile), **leader dei bolscevichi**, che nelle "**Tesi d'aprile**" propose:

- la cessazione immediata della guerra,
- la nazionalizzazione delle banche e della terra,
- il passaggio del potere ai Soviet (cioè la rivoluzione proletaria), in opposizione ai menscevichi che, invece, appoggiavano la continuazione della guerra e l'instaurazione di un governo democratico borghese, premessa del socialismo.

Tra marzo e ottobre si succedettero **tre governi provvisori** (il primo presieduto da L'vov, gli altri da Kerenskij). Kerenskij, dopo aver contrastato Lenin (che fu costretto alla fuga in Finlandia, accusato di aver fomentato una rivoluzione a Pietrogrado in luglio) e i Soviet con ogni mezzo, si rivolse a questi ultimi per fermare un'offensiva contro-rivoluzionaria organizzata dal generale **Kornilov** (settembre).

2. La Rivoluzione d'ottobre.

Lenin, rientrato in patria, convinse i bolscevichi a preparare l'insurrezione armata per conquistare il potere. Furono formati un ufficio politico e un **Comitato Militare Rivoluzionario** capeggiato da **Lev Davidovic Trotzkij** (1879-1940), che fissarono l'azione per il 7 novembre (25 ottobre del calendario ortodosso) **1917**. I bolscevichi s'impossessarono dei punti strategici della città quasi senza spargimento di sangue ed assaltarono il Palazzo d'Inverno, sede del governo provvisorio. I ministri furono arrestati, mentree Kerenskij fuggì. L'8 novembre, il congresso panrusso dei Soviet, a maggioranza bolscevica, proclamò la **Repubblica Sovietica** governata da un consiglio dei commissari del popolo presieduto da Lenin. I primi decreti riguardarono:

- l'**abolizione della proprietà privata** delle terre,
- la distribuzione delle **terre ai contadini**,
- la **smobilitazione dell'esercito**,
- l'apertura di **trattative di pace con la Germania** (Pace di Brest Litovsk),

- il **controllo operaio sulle fabbriche** e la **nazionalizzazione delle banche**.

Di fronte alla rivoluzione proletaria in Russia, la borghesia capitalistica dei paesi industrializzati reagì contrastando il nuovo "pericolo rosso". Nel mondo socialista, intanto, si venne consumando una scissione tra i **riformisti,** che consideravano possibile raggiungere il socialismo attraverso riforme e democrazia, e i **comunisti,** intransigenti sostenitori della rivoluzione mondiale proletaria (per le loro teorie un solo stato socialista nel mondo capitalista non poteva sopravvivere). Nel **marzo 1919**, Lenin promosse l'istituzione della **Terza Internazionale** con lo scopo di porre le basi per la realizzazione della rivoluzione anche negli altri paesi.

3. La nascita dell'URSS.

L'URSS – Unione delle Repubbliche Socialiste Sovietiche - nacque nell'**aprile del 1922**: la rivoluzione comunista aveva realizzato un regime politico del tutto avverso alla democrazia e fondato sul dispotismo del partito unico e dei suoi capi. Soffocati dalla smania di potere, gli ideali egualitari e di emancipazione sociale si dissolvevano in un paese che stava precipitando in una crisi economica senza precedenti: l'URSS, rispetto alla Russia del 1913, aveva perso oltre il 20% della popolazione, aveva ridotto la produzione di carbone di petrolio ed elettricità addirittura di oltre il 70% e la produzione totale era calata di circa il 40%.

- **Lenin**, con intuito da *leader*, comprese che era necessario dare nuovo impulso alla macchina produttiva russa per evitare che l'esperimento a cui aveva dato vita la rivoluzione bolscevica si risolvesse in un fallimento. Varò, dunque, la ***Nep* – Nuova politica economica** – che selezionava **spazi di proprietà privata all'interno di un sistema di impronta socialista**. Il progetto prevedeva:
    - la ricostruzione della proprietà privata per le piccole imprese;
    - le grandi imprese, le banche, il commercio estero e i trasporti rimanevano sotto lo stretto controllo statale;
    - ai contadini furono riservati piccoli fazzoletti di terra grazie ai quali riuscivano a sopravvivere e a ricavare minime eccedenze produttive da vendere sul mercato (i grandi centri urbani, tuttavia, soffrivano per una carestia cronica alla quale lo stato aveva difficoltà a porre rimedio).
- La messa in atto della *Nep* coincise con un periodo di forti contrasti all'interno del partito generati dalle lotte di potere sorte tra i dirigenti bolscevichi per la successione a Lenin, scomparso nel gennaio del 1924, in quanto capo unico di partito e stato. A contendersi la *leadership* furono **Trockij**, che si era politicamente imposto all'opinione pubblica grazie ai successi ottenuti da comandante dell'Armata rossa durante la guerra civile, e **Josif Visarionovič Džugašvili**, detto **Stalin**, burocrate stacanovista, diventato segretario del partito.
- Inizialmente, il terreno della contesa fra i due candidati era proprio la **politica economica**:
    - **Trockij** era contrario alla *Nep* perché riteneva più utile accelerare l'industrializzazione dell'Urss attraverso una pianificazione centralizzata e controllata dallo stato, senza disperdere quelle che egli considerava "energie profuse inutilmente" nell'agricoltura;
    - **Stalin** e i sostenitori della *Nep* puntavano invece allo sviluppo delle campagne come chiave di volta indispensabile per la modernizzazione della società sovietica e per metterla nelle condizioni di avviare l'industrializzazione.
- Le due linee di prospettiva socio-economica e di corrispondente proposta politica rispondevano anche a due diverse concezioni del ruolo che doveva essere riservato all'Urss: dal punto di vista di Trockij, Mosca doveva farsi promotrice di una rivoluzione permanente, stimolando l'affermazione del comunismo su scala mondiale; secondo **Stalin**, invece, soprattutto alla luce dell'insuccesso della rivoluzione in Germania e in Italia, prova delle difficoltà del movimento comunista internazionale, l'obiettivo doveva essere quello di **rafforzare l'Urss, puntando a realizzare il comunismo** in un solo paese.
- Il progetto staliniano, all'interno del partito, sembrò più realista di quello di Trockij e il ruolo

Prevalse Stalin

determinante di Stalin nella trasformazione del partito in una macchina burocratica di oltre un milione di iscritti e di migliaia di funzionari fu il discrimine necessario a coagulare questo attorno al nuovo *leader*. Potendo di fatto controllare il partito Stalin riuscì a compiere il passo decisivo per la conquista del potere: emarginò i suoi avversari – in particolare Nikolaj Bucharin, il principale teorico della *Nep* – e distrusse il suo antagonista principale. **Trockij** venne prima espulso dal partito e poi (nel 1929) mandato in esilio in quanto **"nemico del popolo"**.

4. L'industrializzazione forzata e lo stalinismo.

Dopo la conquista del potere, Stalin optò per una repentina **inversione di marcia** rispetto alla politica economica annunciata: sposò inaspettatamente la linea dell'industrializzazione forzata sostenuta da Trockij a seguito del palese insuccesso della *Nep*.

- L'inflazione aveva subito una battuta d'arresto e la produzione era stata riportata ai livelli del 1913, ma la Russia permaneva in uno stato di **arretratezza agricola** ingiustificato e senza precedenti: i contadini, privi di un concreto aiuto da parte dello Stato, non erano stati capaci di farsi interpreti di una rapida ed efficace modernizzazione dell'agricoltura, di incrementare i raccolti e sostenere i consumi urbani.
- Stalin aveva perseguito il progetto di una **rapida industrializzazione** anche in un'ottica strategica per la Russia accerchiata dai paesi europei, dotati di un modello politico radicalmente alternativo rispetto a quello sovietico e, contemporaneamente, assai più evoluti dal punto di vista scientifico-tecnologico: il *leader* affrontò uno scontro interno al partito con i sostenitori della *Nep* fino ad allora suoi alleati contro i trockisti.

L'**industrializzazione forzata**, però, aveva significato la collettivizzazione delle campagne, l'eliminazione della proprietà privata e la creazione dei *kolchoz*, imprese agricole cooperative formate da contadini; in essi la terra era di proprietà comune, salvo piccoli appezzamenti individuali, e vigeva l'obbligo di consegnare il prodotto agricolo allo stato ad un prezzo prefissato, salvo una minima parte di eccedenze che poteva essere liberamente commercializzata.

- Dunque, l'agricoltura avrebbe dovuto sostenersi autonomamente senza dover fare affidamento sulle risorse dello stato e il grosso dei capitali veniva dirottato sull'industria che lo stato stesso gestiva a seconda delle sue finalità; si trattava della ***pianificazione integrale***: attraverso **piani quinquennali** – il primo dei quali fu lanciato da Stalin nel **1928** – Stalin progettava di riequilibrare le sorti economico-sociali del paese.
- Con il primo piano quinquennale avviò una vera e propria guerra contro i contadini, in particolare quelli meno poveri, **i *kulaki***, che vennero accusati di essere forze controrivoluzionarie, avversarie della costruzione del socialismo perché restii ad entrare nel *kolchoz* e ad essere espropriati dei loro averi personali. Concretamente la lotta contro i *kulaki* si trasformò in deportazioni, saccheggi e violenze di ogni tipo: cinque milioni di individui (circa un milione di famiglie) furono deportati o eliminati fisicamente col risultato che circa 2.600.000 aziende agricole individuali divennero circa 230.000 tra ***kolchoz*** **(cooperative) e *sovchoz* (fattorie interamente statali)**.
- In una situazione di guerra civile di questo tipo non si fa fatica a comprendere le degenerazioni dei ***gulag***, una rete di **campi di lavoro – meta delle deportazioni** – ubicata prevalentemente in Siberia, dove i *kulaki* venivano costretti ai lavori forzati per le grandi opere pubbliche previste dal piano quinquennale. I *gulag* divennero presto sinonimo di morte: i deportati sopportavano condizioni-limite, erano costretti a turni di lavoro massacranti, esposti al gelo, alla fame e al contagio di malattie di ogni tipo che quasi inevitabilmente li conducevano alla morte.
- La collettivizzazione, nonostante i proclami della propaganda di regime, non accelerò lo sviluppo agricolo, anzi fece precipitare le **campagne in un caos economico** perché i contadini riducevano progressivamente la produzione e abbattevano i capi di bestiame: il risultato immediato fu una spaventosa carestia che colpì circa dieci milioni di contadini, prevalentemente ucraini, kazaki e caucasici, morti di fame mentre il governo, paralizzato, non riusciva ad intervenire; piuttosto scelse di occultare il più possibile gli eventi agli occhi dell'opinione pubblica e degli osservatori

internazionali che sarebbero intervenuti anche con aiuti umanitari.

- L'unica alternativa alla morte nelle campagne era l'abbandono e la migrazione verso le città industriali al punto tale che si rese necessaria una razionalizzazione degli ingressi in città con dei passaporti interni: tra il 1926 e il 1940 l'**inurbamento** riguardò circa **24 milioni di persone** che diventarono forza-lavoro per l'industria, un enorme serbatoio di manodopera. Nonostante le violenze e le sciagure che questo progetto economico-industriale comportò per l'**URSS**, i risultati furono strepitosi: **tra il 1928 e il 1938** divenne la **terza potenza industriale del mondo**, dopo Stati Uniti e Germania e l'industria pesante divenne il settore produttivo privilegiato. La produzione di armi ad alti livelli di competitività veniva, infatti, considerata la precondizione per il raggiungimento di uno sviluppo più equilibrato per rendere il paese competitivo con le altre potenze industriali. A partire dal 1933, inoltre, la minaccia hitleriana stimolò sempre più velocemente la costruzione di un apparato industriale-militare proporzionato alla potenza tedesca.
- Col **1934** ebbe inizio la stagione delle "**grandi purghe**", repressioni poliziesche contro i traditori e i nemici di classe, che venivano catturati, fucilati o deportati nei lager, campi di lavoro forzato (Arcipelago Gulag, Amministrazione centrale dei lager). Lo stesso Trotzkij fu ucciso nel 1940. Quello che si consumò in Urss fu un vero e proprio sterminio di massa.

MAPPA CONCETTUALE

La Russia delle Rivoluzioni

La Rivoluzione di Febbraio del 1917

Le Tesi di Aprile di Lenin

- la cessazione immediata della guerra
- la nazionalizzazione delle banche e della terra,
- il passaggio del potere ai soviet in opposizione ai menscevichi

La rivoluzione di Ottobre del 1917

L'8 novembre, il congresso panrusso dei soviet, a maggioranza bolscevica, proclamò la Repubblica Sovietica governata da un consiglio dei commissari del popolo presieduto da Lenin

- I primi decreti della Repubblica riguardarono:
- l'abolizione della proprietà privata delle terre,
- la distribuzione delle terre ai contadini,
- la smobilitazione dell'esercito,
- l'apertura di trattative di pace con la Germania (Pace di Brest Litovsk),
- il controllo operaio sulle fabbriche e la nazionalizzazione delle banche

Aprile 1922: La nascita dell'URSS

Lenin costituisce la *Nep*

1924 Morte di Lenin

Stalin sale al potere

Inizio del Regime Totalitario: Economia rigidamente pianificata e industrializzazione rapida e forzata

Capitolo 10 IL PRIMO DOPOGUERRA: LA LUNGA CRISI

SOMMARIO:
1. La lunga crisi europea: quadro storico. - **2**. Il primo dopoguerra in Italia. - **3**. Il primo dopoguerra in Germania. - **4**. La crisi mondiale del 1929. - **5**. Il new deal. - **6**. crisi e tramonto del sistema coloniale europeo.

1. La lunga crisi europea: quadro storico.

Gli accordi di pace seguiti al primo conflitto non furono in grado di ricostruire un nuovo ordine internazionale, dopo che la guerra aveva disintegrato quello che si era venuto costituendo nella seconda metà dell'Ottocento, e lasciarono una pesante eredità di problemi irrisolti ai vinti e ai vincitori. A livello geo-politico numerosi **focolai di tensione interna ed internazionale** si annidavano in molti degli stati della nuova Europa, tra cui, per citarne i più eclatanti:

- l'umiliazione territoriale ed economica della **Germania**;
- la **scomposizione** artificiosa **dell'impero austro-ungarico** che diede vita alla "piccola Austria", all'Ungheria e al precario regno serbo-croato-sloveno;
- l'**insoddisfazione dell'Italia** che rivendicava la Dalmazia e Fiume.

Restavano poi aperte sia la questione mediorientale che quella coloniale. La scelta delle potenze europee fu di trasformare questi territori in aree semicoloniali sottoposte al loro controllo politico: questa impostazione, voluta soprattutto da Inghilterra e Francia, si scontrò con il nazionalismo turco ed egiziano. Nel Medio Oriente, in seguito all'immigrazione di ebrei dal continente, si apriva in Transgiordania il problema della convivenza tra ebrei e popolazioni palestinesi, che avrebbe caratterizzato tutta la storia del secolo.
In tutto il mondo il **principio di autodeterminazione dei popoli**, propugnato dal presidente americano Wilson e fatto proprio dalla Società delle nazioni, legittimava le aspirazioni dell'indipendenza degli stati colonizzati:

- in **India**, Gandhi cominciava la sua lunga e non violenta lotta per l'indipendenza del suo paese;
- nella **Russia post-rivoluzionaria**, dalla metà del 1918, infuriava una drammatica guerra civile tra le armate rosse di Trockij e le armate bianche controrivoluzionarie: in quattro anni di cruenti combattimenti l'Armata rossa riuscì a riprendere il controllo di quasi tutto il territorio russo.

Il conflitto mondiale aveva impegnato tutte le risorse umane ed economiche dei paesi belligeranti e ciò comportò una profonda trasformazione delle democrazie occidentali.
La Gran Bretagna aveva mobilitato il 12,5 per cento della popolazione maschile, la Francia il 17 per cento: inoltre, la guerra di massa esigeva una produzione di massa e le strutture economiche dei singoli paesi furono sottoposte ad uno sforzo senza precedenti. L'enorme necessità di risorse aveva richiesto un massiccio intervento del potere pubblico: lo stato rastrellava capitali, definiva investimenti, gestendo direttamente l'economia. L'industria più avanzata ricevette dall'economia bellica un impareggiabile impulso, ma il ricorso a prestiti internazionali e il dispendio di risorse **indebolirono** nel complesso **tutte le economie** al punto che, al termine del conflitto, la situazione economica dei paesi belligeranti presentava gravi problemi comuni ed era necessario:

- **riconvertire la produzione militare** in produzione civile;
- **gestire il deficit pubblico** generato dalle spese belliche;

- adottare dei provvedimenti per contrastare **inflazione e svalutazione della valuta** causate dall'abbondanza di carta moneta stampata negli anni di guerra, dalla scarsità di generi (anche di prima necessità) e dal mercato nero.

Il **vecchio continente era in una situazione di declino economico** irreversibile, indebitato e dipendente dagli Stati Uniti che avevano finanziato buona parte delle spese belliche dei paesi europei che erano usciti dal conflitto; lo stato liberale e la democrazia politica sembrarono incapaci di intercettare le nuove domande che emergevano dalla società di massa e di gestire le tensioni che via via si formavano.
Decisamente più gravi, in prospettiva politica, le conseguenze della crisi postbellica nell'**Europa centrale e** in **Italia**, dove l'asprezza dello scontro sociale e le più fragili istituzioni democratiche condussero alla caduta dei regimi liberali.

2. Il primo dopoguerra in Italia.

I **costi in termini di vite umane**, oltre che **economici**, alla chiusura del primo conflitto mondiale erano stati altissimi per l'**Italia**: 680.000 caduti, 450.000 invalidi e minimi vantaggi territoriali ottenuti; la situazione economica era insostenibile: il debito pubblico era cresciuto tra il 1914 e il 1919 di quattro volte, la lira si era svalutata del 40 per cento, il costo della vita si era triplicato.

- L'apparato industriale che durante il conflitto aveva conosciuto un grande sviluppo, ora subiva le difficoltà della riconversione produttiva; i ceti più deboli furono i più colpiti dalla crisi: per questo, si aprì una **fase di lotte sociali** che videro come protagonisti – 1919/1920 – contadini e operai organizzati dai sindacati di matrice socialista e cattolica. Le lotte di questi anni ottennero risultati importanti, quali una parziale redistribuzione delle terre incolte, il miglioramento dei patti agrari, la giornata lavorativa nelle grandi industrie ridotta ad otto ore.
- Anche i **ceti medi impiegatizi** e la **piccola borghesia** furono segnati dalla crisi in modo pesante: l'inflazione riduceva il loro potere d'acquisto e l'**avanzata dei nuovi partiti di massa**, socialisti e popolari, metteva in pericolo la loro posizione sociale; le difficoltà del reinserimento nella vita civile venivano acuite dalla sensazione di non aver ottenuto un riconoscimento adeguato allo sforzo bellico sostenuto. L'insieme di questi fattori spinse i ceti medi ad avvicinarsi alle parole d'ordine del nazionalismo, alla polemica antisocialista, antiparlamentare e antidemocratica, ad iniziative aggressive e avventurose come l'**occupazione di Fiume**, alimentata dal mito della "**vittoria mutilata**".
- L'**impresa di Fiume** consistette nella ribellione di alcuni reparti del Regio Esercito, al fine di occupare la città adriatica di Fiume, contesa tra il Regno d'Italia e il Regno di Jugoslavia. Organizzata da un fronte politico a prevalenza nazionalista e guidata dal poeta Gabriele **D'Annunzio**, la spedizione raggiunse Fiume il **12 settembre 1919**, proclamandone l'annessione al Regno d'Italia. L'impresa di Fiume scoprì la debolezza delle istituzioni liberali, evidentemente non più in grado di governare la situazione politica: nelle elezioni di novembre del 1919, furono il Partito popolare fondato da Luigi Sturzo e quello socialista ad ottenere il maggior consenso elettorale.
- Poche settimane dopo, la questione di Fiume fu risolta dalla firma del **Trattato di Rapallo** tra **Italia e Jugoslavia** il **12 novembre 1920**: alla Jugoslavia fu assegnata la Dalmazia, mentre **Fiume** fu dichiarata **città libera** (divenendo città italiana con un successivo accordo stipulato nel 1924).

Nel corso degli anni **1920-1921** l'aggravarsi della crisi economica portò all'occupazione delle fabbriche, momento culminante del cosiddetto **biennio rosso**: il nuovo governo Giolitti tentò di risolvere la crisi attraverso concessioni salariali e normative, ma la classe dirigente liberale restava in una situazione di problematico e irreversibile immobilismo.

- Il disegno giolittiano di ridimensionare le spinte rivoluzionarie del movimento operaio cercando di attuare qualche riforma fallì. Nel 1920 i conflitti sociali esplosero con l'**agitazione dei metalmeccanici**, i quali occuparono le fabbriche.
- Vi era un **contrasto tra gli industriali** del settore metalmeccanico **e la categoria operaia** organizzata nella Fiom (Federazione Italiana Operai Metallurgici) e nei consigli di fabbrica, cioè

organismi eletti direttamente dai lavoratori. Il sindacato presentò una serie di richieste economiche che gli industriali rifiutarono; quindi, gli stabilimenti metallurgici e meccanici furono occupati. La maggior parte dei lavoratori era convinta che il moto rivoluzionario potesse allargarsi, ma in realtà non fu così.

- Il capo del governo riuscì a far accettare agli industriali un accordo che accoglieva le richieste economiche della Fiom e affidava ad una commissione paritetica l'incarico di elaborare un progetto per il **controllo sindacale**. Gli operai vinsero ma rimasero delusi, mentre i borghesi sentivano il desiderio di una rivincita. Inoltre la conclusione dell'occupazione accentuò le divisioni nel movimento socialista.
- Al **Congresso socialista di Livorno del 1921**, la corrente di sinistra guidata da Bordiga e Gramsci si scisse dal Psi e fondò il **Partito comunista italiano**; l'anno successivo si verificò scissione dell'ala riformista che formò, capeggiata da **Giacomo Matteotti**, il **Partito socialista unitario**. In questo clima, i liberali cominciarono a sposare l'idea di un'alleanza elettorale con i movimenti nazionalisti e quello fascista.

3. Il primo dopoguerra in Germania.

Nella **Repubblica tedesca**, proclamata subito dopo la fine della guerra, si affermò l'**egemonia socialdemocratica**, sotto la guida del cancelliere Friedrich Ebert. Il partito socialdemocratico era apparso in grado di ripristinare le regole, ma all'interno del movimento operaio si affermarono tendenze più radicali e rivoluzionarie che fecero sintesi nel movimento spartachista, poi partito comunista tedesco.

- L'apice dello scontro tra socialdemocrazia e sinistra si raggiunse nel **gennaio del 1919** quando una manifestazione operaia a Berlino si trasformò in un tentativo rivoluzionario stroncato nel sangue dal governo socialdemocratico: l'origine della rivolta, detta **rivolta spartachista**, fu una grande manifestazione convocata dai leader spartachisti (ossia socialisti rivoluzionari) Karl Liebknecht e Rosa Luxemburg, ma la manifestazione sfuggì al controllo dei suoi stessi organizzatori e i manifestanti in armi eressero barricate nelle strade e si impossessarono di alcuni quartieri. Dopo alcuni negoziati il cancelliere tedesco Ebert decise per l'intervento armato, facendo affluire nella capitale reparti fedeli al governo e milizie volontarie di orientamento reazionario: le forze governative furono ben presto capaci di avere ragione dei manifestanti spartachisti; **Karl Liebknecht** e **Rosa Luxemburg** furono arrestati, sottoposti a maltrattamenti e poi assassinati.

La **crisi della Germania** toccò il suo punto più alto l'**11 gennaio 1923** quando la Francia invase la Rhur, come indennizzo per il mancato pagamento dei debiti di guerra (la cui cifra ammontava a 132 miliardi di marchi oro), impossessandosi delle miniere di carbone: tensione internazionale e crisi economica fecero precipitare il marco, gruppi reazionari e militaristi erano pronti alla "prova di forza" e nel 1923 il **Partito nazionalsocialista**, guidato da **Adolf Hitler**, tentò un colpo di stato per far cadere il governo socialdemocratico. Il cosiddetto ***putsch* di Monaco** fallì, ma l'episodio mostrava chiaramente come la situazione politica e civile fosse ormai collassata.

- Fallito il golpe del '23, Hitler fu arrestato, ma, dopo aver scontato pochi mesi di detenzione, subito iniziò a impegnarsi per fare del **Partito Nazionalsocialista Operaio** (di cui era il capo o *Führer*) una forza legale. Nel frattempo, la Repubblica di Weimar consolidò le proprie basi. Gli USA, per consentire alla Germania di pagare l'indennità di guerra e per cercare di stabilire un clima di collaborazione tra vinti e vincitori, proposero ingenti prestiti con il **Piano Dewes** (1924). I primi importanti risultati del nuovo spirito di cooperazione si manifestarono con gli **accordi di Locarno** dell'ottobre del **1925**, siglati tra Italia, Germania Francia, Gran Bretagna, Belgio e Polonia, con i quali la Germania:
  - riconobbe l'**intangibilità dei confini occidentali**, fissati a Versailles,
  - venne ammessa nella **Società delle Nazioni** l'anno successivo.
- L'industria tedesca riprese così fiato. Il 28 febbraio 1925 morì il presidente **Ebert** (eletto nel 1919 a Weimar) e gli successe il conservatore **Hindenburg.** Proprio mentre il paese sembrava aver

imboccato la via della ripresa, sopraggiunse la **crisi del 1929.** Essa generò una tale esasperazione da convertire al nazismo milioni di Tedeschi. Dal 1930 al novembre 1932, si susseguirono elezioni che videro il partito Nazionalsocialista lievitare fino al 37% dei voti (luglio 1932), quindi assestarsi a poco più del 30%. Il 30 gennaio 1933, il presidente Hindenburg offrì a **Hitler** il **cancellierato**: finiva così la Repubblica di Weimar e si aprì la strada all'instaurazione del totalitarismo nazista.

4. La crisi mondiale del 1929.

Gli Stati Uniti d'America, con ingenti prestiti, **favorirono il processo di ricostruzione in Europa**, mentre ormai la maggior parte della produzione industriale mondiale si concentrava sul loro territorio: conseguentemente, a ogni fase di espansione o ristagno della loro economia ne corrispondeva una analoga negli altri paesi industrializzati. Per le esigenze della ricostruzione, nel biennio 1920-1921 gli USA guidarono una forte ripresa. Nel 1922, dopo una breve fase negativa, la politica repubblicana suscitò un clima di fiducia nei grossi trust statunitensi da cui partì l'impulso per una nuova fase di espansione.

Lo sviluppo economico durò fino al 1929, quando, generata dalla speculazione, dall'ambizione di investire capitali a ogni costo, dalla sovrapproduzione agricola e industriale, scoppiò una **terribile crisi negli USA e nel mondo** (il 24 ottobre 1929 rimarrà tristemente noto nella storia come il **giovedì nero** della borsa di New York), i cui effetti sarebbero durati per diversi anni. Come dirette conseguenze della crisi, crollarono i prezzi delle merci, crollò la produzione, si ebbero licenziamenti di massa.

5. Il *New Deal*.

Il governo repubblicano statunitense non era riuscito a fronteggiare la depressione economica e nelle elezioni presidenziali del novembre 1932 venne eletto Presidente il candidato democratico **Franklin Delano Roosvelt,** in carica dal 1933 al 1945 (anno della sua morte), il quale avviò con il **National Recovery Act** un "nuovo corso": il ***New Deal***. Il *New Deal* prevedeva l'attuazione di alcune riforme per risollevare il paese dalla condizione di crisi:

- Fu **svalutato il dollaro** per rendere le esportazioni più competitive;
- fu **favorita l'inflazione**, che non fu negativa perché favorì la liquidità, quindi anche il movimento della circolazione della moneta;
- furono aumentati i **sussidi di disoccupazione** e furono concessi;
- fu avviata una **riforma bancaria**;
- fu limitata la **sovrapproduzione agricola**.

- Ispirandosi alle teorie dell'economista **Keynes**, gli interventi statali del *New Deal* furono pianificati con grande impegno da Roosvelt allo scopo di far ripartire la produzione. Le riforme previste dal *New Deal* costituirono la prima applicazione e gettarono le basi del ***Welfare state***, cioè di nuove forme di intervento dello Stato in campo economico e sociale, secondo un sistema in cui lo Stato assicurava alla popolazione dei diritti fondamentali come l'assistenza e la vita dignitosa in caso di disoccupazione o vecchiaia. Mutò anche il ruolo dello Stato nell'economia: il potere pubblico non era più un semplice spettatore ma, viceversa, aveva acquisito un ruolo di regolazione del sistema economico al fine di scongiurare la nascita di forti tensioni e disuguaglianze sociali.
- Furono, inoltre, potenziati i **lavori pubblici** (bonifiche, costruzioni di strade, dighe, canali e altre infrastrutture), fu ristrutturato il sistema finanziario, sottoponendo al controllo di apposite commissioni gli istituti di credito e regolamentando i rapporti padronato/manodopera, fu sviluppata l'assistenza sociale.
- Una seconda fase fu avviata nel **1935** con il ***Social Security Act***, che istituiva il sussidio di disoccupazione e la pensione di vecchiaia per i lavoratori e concedeva prestiti per estinguere le ipoteche sulle case. Numerose, tuttavia, furono le critiche che si sollevarono dagli ambienti liberali,

per l'eccessivo interventismo statale.
In politica estera, Roosvelt adottò un atteggiamento meno autoritario nei confronti degli affari politici interni agli altri stati del continente americano; tuttavia, specialmente nel Sud America, serpeggiava un sentimento di malcontento verso l'ingerenza statunitense. Assumendo delle posizioni nettamente antistatunitensi e nazionalistiche, che facevano presa soprattutto sulla popolazione più povera e sfruttata, in **Sud America** assunsero il potere dei **leader autoritari**, quali:

- Hipòlito Irigoyen (1850-1933) in **Argentina**;
- Pedro Aguirre Cerda (1879-1940) in **Cile**;
- Getulio Dornelles Vargas (1882-1954) in **Brasile** (quest'ultimo, in particolare, instaurò un regime populista che presentava forti analogie con il modello corporativista d'impronta fascista).

6. Crisi e tramonto del sistema coloniale europeo.

Negli anni fra le due guerre mondiali, le maggiori potenze europee cominciano a perdere la loro egemonia sugli imperi coloniali, poiché a causa del conflitto mondiale non avevano più risorse economiche e militari per mantenere il controllo sulle colonie.
Gran Bretagna e **Francia** si erano servite delle colonie non solo per le materie prime, ma anche per gli uomini da mandare al fronte. Infatti, l'esperienza della guerra e il contatto con altri popoli spinsero i popoli sottomessi ad insorgere per acquistare nuovi diritti. Nacquero i **movimenti indipendentisti in Asia e Africa**, influenzati dalla rivoluzione russa che sosteneva la liberazione dei popoli e i movimenti anticoloniali.
Mesopotamia, Libano, Palestina e Siria vennero tolti dal comunismo bolscevico da Wilson per essere sottoposti all'amministrazione fiduciaria di Gran Bretagna e Francia, con tre tipi di **mandati**:

1. Si prevedeva una **preparazione dei territori all'indipendenza**;
2. La Società delle nazioni aveva il compito di supervisionare il Camerun, il Togo, la Tanganica (mandati a metà);
3. La Namibia entrò a far parte del Sud Africa.

A causa del nazionalismo arabo, l'**Impero ottomano** entrò in crisi: fu ridimensionato dal punto di vista territoriale, privato dall'occupazione greca di Smirne e spartito tra Francia e Gran Bretagna. **Mustafà Kemal**, esponente del movimento dei giovani turchi, più noto con il nome di **Atatürk** ("Padre dei Turchi"), assunse la guida del movimento nazionale per liberare il paese dallo straniero. Inglesi e francesi rinunciarono alla penetrazione, mentre rimase la Grecia, che fu sconfitta dall'esercito di Kemal e costretta a lasciare Smirne. La **Turchia** ebbe la Tracia orientale e ottenne l'Anatolia; venne proclamata uno **Stato nazionale, laico e repubblicano**. Nel 1922 venne abolito il sultanato e fu proclamata la repubblica, con a capo Mustafà Kemal.
Mentre la Francia represse brutalmente i movimenti indipendentisti dell'Africa e dell'Indocina, la Gran Bretagna alternò momenti di resistenza a momenti di concessione.

- Nell'area meridionale si crearono **nuovi regni arabi di Iraq e Transgiordania** e gli inglesi rinunciarono al protettorato sull'Egitto, mentre il Nord Africa fu trasformato nel 1922 in regno autonomo. L'Inghilterra conservò il **controllo del canale di Suez**. Nella conferenza imperiale i *dominions* bianchi (Canada, Sud Africa, Australia) furono riconosciuti come **comunità autonome**, unite solo dal comune vincolo di fedeltà alla corona d'Inghilterra.
- L'**India** era la più importante fra le colonie britanniche sul piano economico e strategico. Durante la guerra l'Inghilterra aveva promesso l'autogoverno all'India, ma queste promesse non bastarono a bloccare il movimento nazionalista, le cui proteste furono duramente represse nel **massacro di Amritsar** (3 aprile 1919).
- Vi fu lo sviluppo del **movimento indipendentista** e il leader fu **Gandhi**, che lottava e per la non-violenza e per la resistenza passiva e rifiutava qualsiasi collaborazione con i dominatori. In seguito, l'Inghilterra diede nuove concessioni che, tuttavia, non furono sufficienti a fermare la marcia dell'India verso la piena indipendenza.

Capitolo 11 | L'ETÀ DEI TOTALITARISMI

SOMMARIO:
1. L'Italia: dal fascismo delle origini al processo di fascistizzazione dello Stato. - **2**. La politica estera di Mussolini. - **3**. Il Terzo Reich e il nazismo. - **4**. I Fronti popolari in Francia. - **5**. La guerra civile e l'affermazione del fascismo in Spagna. - **6**. I governi di coalizione in Inghilterra.

1. L'Italia: dal fascismo delle origini al processo di fascistizzazione dello Stato.

In un'Europa prostrata dalle conseguenze del primo conflitto mondiale e della profonda crisi economica, i movimenti che divennero fascista e nazista sorsero in risposta alle frustrazioni nazionali e al malessere generalizzato.
In Italia, il 23 marzo 1919 si costituirono i **Fasci di combattimento**, fondati dall'**ex socialista** massimalista **Benito Mussolini** e destinati a porre le basi, nel 1921, del **Partito nazionale fascista.**

- Il **movimento fascista** occupò per alcuni mesi una posizione marginale nella vita politica italiana, ma, a partire dall'autunno 1920, assunse un carattere più aggressivo: cominciarono le **spedizioni delle squadre di azione fasciste** contro le sedi dei sindacati e del movimento socialista. Inizialmente, il fascismo trovò appoggi soprattutto tra i proprietari terrieri, gli agrari, che utilizzarono le "camicie nere" per reprimere il movimento contadino e la "violenza rossa" del biennio 1920-1921: si trattò di una reazione violenta, innescata dalle conquiste sociali ottenute da braccianti e mezzadri e dal successo del Psi nelle elezioni amministrative nell'autunno del 1920, che avevano portato il movimento fascista a controllare molte amministrazioni locali. Le squadre fasciste intensificarono la loro attività nel corso del 1921, anche grazie alla tolleranza mostrata nei loro confronti dalle forze dell'ordine. Militanti sindacali e politici della sinistra, case del popolo, circoli, cooperative e tipografie erano i loro principali obiettivi. Progressivamente anche la borghesia imprenditoriale e i ceti medi si convinsero che solo un regime "forte" avrebbe potuto riportare l'ordine sociale.
- Dal 1921 la situazione italiana precipitò verso una **soluzione autoritaria** della crisi politica, perché la classe dirigente del paese si andò orientando verso l'ipotesi di utilizzare le squadre fasciste per riacquistare controllo sociale e politico. Nell'ottobre del **1922** Mussolini organizzò la **marcia su Roma**, convinto che la situazione fosse matura per la presa del potere. Di fronte a questa iniziativa insurrezionale, le strutture dello stato liberale opposero scarsa resistenza e **il re Vittorio Emanuele III scelse di affidare a Mussolini**, benché fosse manifestamente il responsabile del colpo di stato, il **compito di formare il nuovo governo**: ebbe così inizio il governo Mussolini, che si perpetuò per vent'anni.

Nei primi anni del suo governo, Mussolini volle garantirsi l'appoggio dei cattolici, promulgando nel **1923** una serie di decreti che, elaborati dal filosofo e ministro della Pubblica Istruzione Giovanni **Gentile**, costituirono le fondamenta della **riforma della Scuola**, definita da Mussolini stesso «la più fascista tra tutte le riforme».

- Nell'impegno finalizzato alla completa fascistizzazione della società, la **scuola** ottenne, infatti, un ruolo decisivo: divenne infatti il canale principale di diffusione dell'ideologia e dei valori del regime. Un controllo stringente sull'istruzione fu raggiunto anche attraverso la **centralizzazione burocratica**: le autorità scolastiche divennero tutte di nomina governativa, dunque il loro operato era soggetto al controllo del duce (diretto o indiretto).

- Per un capillare controllo sulla cultura non era sufficiente riformare l'istruzione: vennero creati *ex novo* importantissimi istituti anch'essi legati al regime, come l'***Accademia d'Italia*** e l'***Istituto nazionale di cultura fascista***, presieduto da Gentile, così come l'***Istituto per l'Enciclopedia Italiana***, fondato da Giovanni Treccani, che divenne l'applicazione concreta del progetto di sistematizzazione delle conoscenze in un apparato metodologico e contenutistico ispirato al fascismo.

Il **processo di fascistizzazione dello Stato** fu condotto da Mussolini mentre guidava un governo di coalizione comprendente molti elementi non fascisti, attraverso un drastico ridimensionamento del parlamento e un rapido **accentramento** delle leve di comando nelle sue mani.
Nel **1924** furono indette le **elezioni** generali: fu approvata una legge speciale, la **legge Acerbo**, che doveva assicurare il successo elettorale dei fascisti: la legge, a base maggioritaria, accordava al partito o alla coalizione di partiti che avessero riportato il maggior numero di voti la maggioranza dei due terzi in Parlamento. Truffe e violenze perpetrate durante le elezioni furono denunciate dal leader del partito socialista, **Giacomo Matteotti**, che chiese alla Camera di non convalidare i risultati elettorali. Il 10 giugno Matteotti fu rapito e il suo cadavere fu ritrovato, sfigurato, il **16 agosto** nei pressi di Roma.
Superata la crisi generata dall'**assassinio** del deputato **Giacomo Matteotti**, **fra il 1925 e 1926** Mussolini consolidò la sua dittatura e definì le strutture del regime: il 3 gennaio 1925 pronunciò un discorso alla Camera, in cui proclamò di assumersi la piena responsabilità "politica, morale, storica" del fascismo e annunciò di essere pronto a passare alle vie di fatto contro gli avversari.

- Vennero **dichiarati illegali i partiti antifascisti e** vennero promulgate le **leggi "fascistissime"**, presentate come provvedimenti per dare forza all'esecutivo contro le degenerazioni del parlamentarismo, che erano:
  - legge 24 dicembre 1925: il **potere esecutivo** passava completamente **nelle mani di Mussolini** che non doveva più rispondere al parlamento, ma era responsabile solo verso il re;
  - legge 31 gennaio 1926: al potere esecutivo veniva concessa la facoltà di emanare **norme giuridiche**;
  - legge 5 novembre 1926: veniva creato il **Tribunale speciale per la difesa dello stato** (e, fra l'altro, ripristinata la **pena di morte**);
  - legge 9 dicembre 1928: il **Gran Consiglio del Fascismo** diventava, da vertice gerarchico del partito, **organo dello Stato**, sovrapposto ai poteri e agli istituti designati dallo Statuto;
  - Testo unico delle leggi di pubblica sicurezza del 6 maggio 1926: viene ripristinato il **confino di polizia**, rivolto in particolare agli oppositori politici.
- Non mancò, pertanto, la **coercizione di stampa, radio e cinema**. La fascistizzazione della stampa avvenne in modo graduale e fu lo stesso duce a curare questo segmento. I direttori delle testate non "allineate" politicamente al regime furono allontanati e sostituiti con uomini di fiducia e di comprovata ideologia fascista; l'agenzia di stampa nazionale doveva quotidianamente fornire ai giornali le veline delle notizie in base alle indicazioni provenienti dall'***Ufficio stampa e propaganda***.
- La censura investì anche la produzione cinematografica nazionale e limitò fortemente l'arrivo di prodotti internazionali; dal 1925 venne statalizzato l'***Istituto Luce*** che deteneva il monopolio dell'informazione cinematografica. Inoltre, a partire dal 1928, i libri di testo delle scuole elementari vennero sostituiti con il *testo unico di stato* e i professori erano obbligati a prestare giuramento di fedeltà al regime.
- L'organizzazione del consenso non si separava dall'azione repressiva attraverso l'azione capillare degli organi di polizia e, soprattutto, dell'***Ovra***, la polizia segreta, creata dal dittatore per – letteralmente – far scomparire ogni manifestazione di dissenso. Venne anche creato il **Tribunale speciale per la difesa dello Stato**, composto prevalentemente da uomini della Milizia fascista, che aveva il potere di diffidare e condannare gli imputati politici ritenuti pericolosi per l'ordine pubblico e la sicurezza del regime. Con la stessa legge di costituzione del tribunale, venne reintrodotta la **pena di morte** per alcuni reati a carattere politico.

Parallele alla repressione politico-culturale crescevano le iniziative finalizzate ad **accentrare il consenso**

e ridurre l'impatto sociale della crisi economica: in campo economico, l'operazione "**quota novanta**" del **1926** (con la quale Mussolini mirava a rafforzare la lira sul mercato monetario, in modo che la sterlina – moneta di riferimento internazionale – valesse 90 lire) impose l'autorità del regime anche sulla vita produttiva del Paese.

- L'obiettivo venne realizzato mediante una politica deflazionistica, a cui venne associato un massiccio **intervento** dello Stato **in senso protezionistico**: grande rilevanza ebbe la cosiddetta "**battaglia del grano**" (**1925**), con cui il duce pretendeva di raggiungere l'autosufficienza alimentare per l'Italia. Lo stato estese il suo **autoritarismo** costituendo una rete di **provvedimenti assistenziali**: mutue, casse pensionistiche, organismi di assistenza e previdenza sociale, cui nel 1935 si aggiunsero l'erogazione degli assegni familiari e premi in denaro per ex combattenti o capi famiglia con prole numerosa.
- La crisi si ripercosse anche nel **sistema bancario**, poiché le banche miste si ritrovarono a controllare quote azionarie sempre più consistenti. Il crollo della borsa avvenne anche in Italia e mise in difficoltà le banche. Per evitare il collasso bancario il governo creò, nel 1931, un **istituto di credito pubblico**, con il compito di sostituire le banche nel sostegno delle industrie in crisi; nel 1933 diede vita all'**Istituto per la ricostruzione industriale**, che, grazie ai fondi statali, divenne maggiore azionista delle banche in crisi e acquistò il controllo delle maggiori imprese italiane.

L'intervento del regime nel sistema sociale rientrava nel programma di consolidamento del controllo totalitario della società civile avviato sin dalla fine degli anni Venti. Il PNF lavorava proprio per la politicizzazione passiva della popolazione per mezzo di una macchina propagandistica creata ad arte che concentrava il massimo delle proprie risorse sulle giovani generazioni.

- Il primo atto fu l'**irreggimentazione della gioventù** per mezzo di una serie di organismi di massa: l'***Opera nazionale balilla***, la ***Gioventù italiana del littorio***, i ***Gruppi universitari fascisti***; queste organizzazioni avevano funzioni di tipo ricreativo, sebbene non mancassero l'indottrinamento ideologico e la formazione paramilitare.
- L'obiettivo era organizzare e, contemporaneamente, controllare il tempo libero di tutte le generazioni di italiani: a quelle citate, infatti, si aggiunse l'***Opera nazionale dopolavoro*** presente e attiva in tutti i luoghi lavorativi man mano che contratti più regolari e tutelati riducevano le ore di lavoro giornaliere e l'incremento delle "ferie pagate" faceva aumentare il tempo a disposizione per lo svago e per il turismo anche per i ceti meno abbienti. Parallelamente sorsero anche una serie di associazioni che coinvolgevano le donne lavoratrici, ma anche quelle casalinghe, con la finalità di sostenere la **politica demografica** del regime volta all'incremento della popolazione e alla valorizzazione, in chiave conservatrice, dell'istituto sociale della famiglia.

Uno dei fattori che avevano contribuito in modo determinante al successo del fascismo era stato l'**appoggio della Chiesa cattolica**, culminato nei **Patti lateranensi** sottoscritti **l'11 febbraio 1929**, con i quali si definivano i reciproci rapporti sul piano giuridico tra lo Stato italiano e la Santa Sede: l'opinione pubblica intensificò il proprio consenso verso il regime e il sigillo politico furono le elezioni del 1929, quelle plebiscitarie per via del sistema adottato a seguito della riforma del 1928: Mussolini fu apostrofato da Papa Pio XI come «l'uomo della provvidenza»; il pontefice, in nome di questa storica alleanza non esitò a sacrificare il *Partito popolare* di don Sturzo.

Non mancarono momenti di tensione e l'alleanza rischiò di incrinarsi quando le squadre fasciste, impegnate in una forma di repressione estesa e incondizionata, colpirono l'*Azione cattolica*; Mussolini ordinò anche lo **scioglimento di tutte le organizzazioni dell'associazionismo cattolico** perché volle il monopolio della formazione dei giovani e dell'organizzazione del consenso. Dal 1929, inoltre, Mussolini diede vita a un notevole incremento dei **lavori pubblici**, con opere di bonifica e costruzioni edili (poste, scuole, ferrovie) e con la creazione di istituti atti a rendere concrete le direttive economiche dello stato.

2. La politica estera di Mussolini.

La politica estera del fascismo fu, in realtà, **oscillante e contraddittoria**.

- Nella prima fase (1923-1925), Mussolini, oltre a cavalcare la linea propagandistica della "vittoria mutilata", sembrò orientato a sostenere l'azione antitedesca della Francia e a ricercare relazioni amichevoli con la Gran Bretagna allo scopo di bilanciare la pressione francese sull'**area balcanica**, verso le quali forti erano le mire egemoniche italiane. Nel 1926 il Duce firmò **con l'Albania un patto di mutua assistenza**, grazie al quale questa entrava nell'orbita di protezione italiana; la Francia, in risposta, strinse un patto di alleanza con la Jugoslavia, sostenendola apertamente contro le rivendicazioni austriache ed ungheresi, appoggiate dalla diplomazia fascista.

- A partire dal 1927, il fascismo rivenne sempre più revisionista e, nel 1932, Mussolini assunse personalmente la carica di **ministro degli Esteri**, adottando un atteggiamento marcatamente aggressivo.
- Mussolini prese parte alla fallimentare **Conferenza internazionale sul disarmo di Ginevra** (1932-1936), tentando di siglare un patto a quattro con Francia, Gran Bretagna e Germania per revisionare gli accordi di Versailles: Hitler abbandonò la Conferenza di Ginevra nel 1933, determinandone il fallimento.
- La svolta definitiva fu la **spedizione di conquista dell'Etiopia nel 1935**, al termine della quale l'Italia proclamò la **fondazione dell'impero italiano**. Agli occhi della diplomazia internazionale, l'Italia era il paese aggressore di uno stato indipendente e membro della Società delle Nazioni: Mussolini, con alta probabilità, non immaginava come reazione la dura condanna internazionale e l'intransigenza di Francia e Gran Bretagna.
- Le pesanti sanzioni economiche subite diedero vita all'**autarchia economica**, ossia di autosufficienza produttiva, e al decisivo avvicinamento di Mussolini a Hitler con l'**Asse Roma-Berlino**, nell'ottobre 1936.
- L'allineamento alle posizioni tedesche si realizzò *in toto* nel **maggio 1939** con il **Patto d'Acciaio**, per cui le sorti d'Italia e di Germania divennero comuni: il patto stringeva un'alleanza sia difensiva sia offensiva fra i due Paesi e, nello specifico, le parti erano obbligate a fornire **reciproco aiuto** politico e diplomatico in caso di situazioni internazionali che mettessero a rischio i propri "interessi vitali". Questo aiuto sarebbe stato esteso al piano militare qualora si fosse scatenata una guerra; i due Paesi si impegnavano, inoltre, a consultarsi permanentemente sulle questioni internazionali e, in caso di guerra, a non firmare eventuali trattati di pace separatamente. L'aspetto più evidente della dipendenza politica di Mussolini da Hitler fu l'adozione delle **leggi razziali**, applicate tra il 1938 e il 1945, con le quali gli ebrei venivano dichiarati non appartenenti alla razza italiana (come ben attesta il *Manifesto della razza* del 14 luglio 1938) e, dal 1943, vennero deportati nei campi di concentramento.

3. Il *Terzo Reich* e il nazismo.

Dopo che, il 30 gennaio 1933, Hinderburg incaricò Hitler di formare un **governo di coalizione** e Hitler ottenne il 24 marzo il pieno conferimento dei poteri per il governo, compreso il potere legislativo: la Germania si avviò rapidamente verso la realizzazione di uno **stato totalitario**. Traendo pretesto dall'incendio del *Reichstag* da parte di un comunista, Hitler assunse i pieni poteri e annientò l'opposizione, adottando misure eccezionali che ne limitarono le libertà di stampa e di riunione.

- L'obiettivo di Hitler era quello di eliminare il Parlamento e il Reichstag lo assecondò, approvando una legge che conferiva **pieni poteri al governo**, compreso quello di modificare la costituzione. Hitler passò così all'eliminazione del SPD (partito operaio), che fu accusato di alto tradimento;
- il partito socialdemocratico venne messo fuorilegge, mentre quello nazionalista e quello democratico si sciolsero; il **14 luglio 1933** il **partito nazionalsocialista** fu proclamato **partito unico** della Germania;
- in quello stesso anno fu istituita la **Gestapo**, la polizia politica che aveva il compito di controllare le opposizioni e di praticare azioni repressive.
- Il 30 giugno 1934, i vertici delle *Sturm-Abteilungen*, un raggruppamento paramilitare che aveva coadiuvato il partito nazista, furono accusati di cospirazione e vennero massacrati dalle SS,

comandate da un uomo di stretta fiducia di Hitler, Himmler, nella "**notte dei lunghi coltelli**";

- nell'agosto del 1934, morì Hindenburg e Hitler assunse su di sé anche la **carica presidenziale**, dando vita al **Terzo Reich**, di cui egli era il *Führer*.

In poco meno di un anno, tutta la società tedesca fu assoggettata al controllo istituzionale del *Führer* e del partito nazionalsocialista. Hitler attuò così quanto aveva annunciato nel ***Mein Kampf***, l'autobiografia edita nel 1925, all'interno della quale egli espose il suo pensiero politico e delineò il programma del partito nazionalsocialista. I punti principali del *Mein Kampf* erano:

- l'**antisemitismo e** la conseguente **affermazione della supremazia della razza ariana** rispetto alle altre (per Hitler gli ebrei non sono una comunità religiosa, ma una pericolosa "razza" che distruggeva la purezza della razza superiore, quella ariana);
- la storia dell'uomo intesa come **eterna lotta tra le razze per la supremazia** (la guerra, secondo Hitler, era l'espressione naturale e necessaria di tale lotta in cui il vincitore, cioè la razza più forte, aveva il diritto di dominare; pertanto, l'unico scopo dello stato era mantenere sana e pura la razza e creare le condizioni migliori per la lotta per la supremazia);
- la **critica nei confronti del marxismo** e il netto rifiuto del bolscevismo;
- l'accesa **polemica contro il parlamentarismo** e l'obiettivo di **realizzare uno "Stato del Fuhrer"** fortemente accentratore e autoritario;
- l'acquisizione di **nuovi territori nell'Est Europa** per allargare i confini dello Stato tedesco e realizzare "spazi vitali";
- l'**alleanza militare con il Regno Unito** (al fine d'evitare un'eventuale guerra su due fronti).

Perseguendo con ostinazione gli ideali annunciati nel *Mein Kampf*, Hitler iniziò l'eliminazione dei "nemici della patria", culminata con la promulgazione delle **leggi di Norimberga del 1935**. Esse sancivano che gli ebrei:

- non potevano occupare impieghi pubblici;
- non potevano esercitare libere professioni,
- si vedevano revocata la cittadinanza tedesca;
- non potevano possedere delle proprietà immobiliari;
- dovevano essere sterilizzati;
- non potevano contrarre matrimoni con ariani.

La violenza nazista si scatenò così sugli ebrei tedeschi e, la notte **tra il 9 e il 10 novembre 1938**, passata alla storia con il nome di "**notte dei cristalli**", si verificò una mobilitazione antisemitica di massa: furono distrutte case e attività commerciali, linciate persone per strada e incendiate sinagoghe e luoghi di ritrovo ebraici.

- Un elemento che influì notevolmente sull'adesione di massa al nazismo fu la massiccia opera di **propaganda** (non a caso, Hitler istituì il **ministero della Propaganda**, alla guida di Goebbels, uno dei suoi più fidati collaboratori), che impiegava ogni mezzo di comunicazione (stampa, trasmissioni radiofoniche, cinema) e che controllava in modo pervasivo la società in tutte le sue espressioni.
- Coerentemente con quanto espresso nel *Mein Kampf*, Hitler pensava a un preciso **disegno di destabilizzazione internazionale**. Il Führer, infatti, subito dopo la piena conquista del potere, cominciò a considerare prioritari i problemi del **riarmo** e, a partire dal 1934, manifestò la volontà di un'**annessione** alla Germania **dei popoli di lingua tedesca,** primi tra tutti gli austriaci: fece assassinare il cancelliere austriaco Dollfuss e stava iniziando i preparativi per l'occupazione militare dell'Austria, quando, considerata l'opposizione di Mussolini, giudicò più opportuno fermarsi.
- La preoccupazione per il riarmo tedesco produsse il cosiddetto **Fronte**, sorto con la **Conferenza di Stresa (11-14 aprile 1935)** dall'alleanza tra Francia, Inghilterra e Italia. Tuttavia, l'invasione italiana in Etiopia provocò la rottura del Fronte e lo spostamento dell'Italia nell'orbita dell'alleanza con la Germania: ebbe così inizio il **rovesciamento delle alleanze** nel quadro europeo.

4. I Fronti popolari in Francia.

- Nel maggio **1935**, **Francia e URSS** firmarono un **accordo di mutua assistenza**, che era la chiara espressione delle comuni preoccupazioni per l'espansionismo tedesco. La svolta internazionale coincise con un mutato atteggiamento da parte dei comunisti occidentali: nell'agosto del 1936 il VII Congresso del Comintern mise in luce la necessità di stabilire delle alleanze e dei fronti politico-elettorali tra partiti comunisti e forze che, fino ad allora, erano considerate nemiche della classe operaia, quali quelle democratico-borghesi. Nacquero così in Spagna (febbraio 1936) e in Francia (maggio 1936) i **Fronti popolari**, che riunivano insieme forze democratiche borghesi e partiti comunisti e socialisti, che vinsero le elezioni in entrambi i paesi.
- Il socialista francese **Léon Blum**, dopo il successo del Fronte, assunse l'incarico di governo e, nel corso del **1936**, riuscì ad ottenere dagli imprenditori industriali aumenti salariali e un miglioramento delle condizioni sociali e assistenziali degli operai; ma l'opera del governo incontrò gravi ostacoli. Il basso consumo produttivo delle industrie, l'aumento della spesa pubblica a causa dei costi delle riforme, l'incremento dei prezzi e l'esportazione di capitali produssero, infatti, una crisi irreversibile. Léon Blum fu costretto a dimettersi nel 1937 e, l'anno successivo, salì al **governo una coalizione di orientamento conservatore**, guidata da **Daladier**, il quale, dopo i primi tentativi di scongiurare la guerra, optò per la partecipazione al secondo conflitto mondiale contro la Germania.

5. La guerra civile e l'affermazione del fascismo in Spagna.

- Il **Fronte Popolare** spagnolo era composto da un'eterogenea coalizione di partiti (repubblicani, anarchici, comunisti, socialisti) e il maggior numero di voti andò al partito repubblicano di Manuel Azaña, che proponeva un programma laico e riformista. La vittoria elettorale del Fronte suscitò le speranze popolari di un **cambiamento sociale** più vasto: contadini e operai si sollevarono così contro i grandi proprietari agricoli, gli industriali e il clero.
- Il 13 luglio 1936 venne assassinato un deputato della destra monarchica e sei giorni dopo, con l'appoggio della borghesia, della Chiesa e dei monarchici, il generale **Francisco Franco** sbarcò in Spagna al comando delle truppe coloniali stanziate in Marocco e **dichiarò decaduto il governo**: era l'inizio della **guerra civile** tra repubblicani e fascisti.
- La guerra civile spagnola divenne un campo di prova delle alleanze internazionali: i franchisti poterono, infatti, contare sui **cospicui aiuti economici e militari di Germania e Italia**, le quali infransero un accordo di non ingerenza nella guerra spagnola firmato con Gran Bretagna e Francia, che, invece, lo rispettarono. Un sostegno significativo alle forze repubblicane spagnole venne dalle **Brigate internazionali**, ossia formazioni volontarie di antifascisti europei e statunitensi, che parteciparono attivamente a molte fasi del conflitto spagnolo, nonostante la scarsa coordinazione militare e strategica. L'esperienza delle brigate internazionali contribuì a diffondere la convinzione che si fosse giunti a una fase di lotta generale contro i fascismi: in questo senso, la guerra civile spagnola fu, come sottolinea Bertini, «una sorta di prova generale del secondo conflitto mondiale».

Dopo tre anni di lotte sanguinarie, in cui avevano perso la vita più di mezzo milione di persone, il **28 marzo 1939** la città di Madrid cadde nelle mani dei militari di Franco, che instaurò nel paese la sua **dittatura fascista**.

6. I governi di coalizione in Inghilterra.

A partire dal 1930, la recessione colpì anche l'economia britannica, producendo una **grave crisi produttiva** e un aumento della disoccupazione.

- I laburisti risultarono incapaci di gestire la crisi e, per affrontare l'emergenza economica, si formò un **governo di coalizione**, guidato dal leader dei laburisti, James Ramsey **MacDonald**. Il paese affrontò la crisi con una **politica deflazionistica**: fu ridotta la spesa pubblica e svalutata la sterlina e furono introdotte delle misure protezionistiche che privilegiavano i rapporti con il paese del *Commonwealth*. Nelle elezioni del 1931 e in quelle del 1935 vinsero i conservatori, i quali governarono nel corso degli anni '30, ricorrendo anche a **coalizioni nazionali**: con **MacDonald** nel 1935, con **Stanley Baldwin** e, infine, con **Neville Chamberlain** nel 1937.

- In politica estera, in un'Europa nella quale stavano prendendo piede sistemi fascisti o dittatoriali, i conservatori inglese assunsero, invece, posizioni di **esplicito pacifismo**, anche a costo di apparire concilianti e rinunciatari di fronte all'aggressiva avanzata nazista.

MAPPA CONCETTUALE

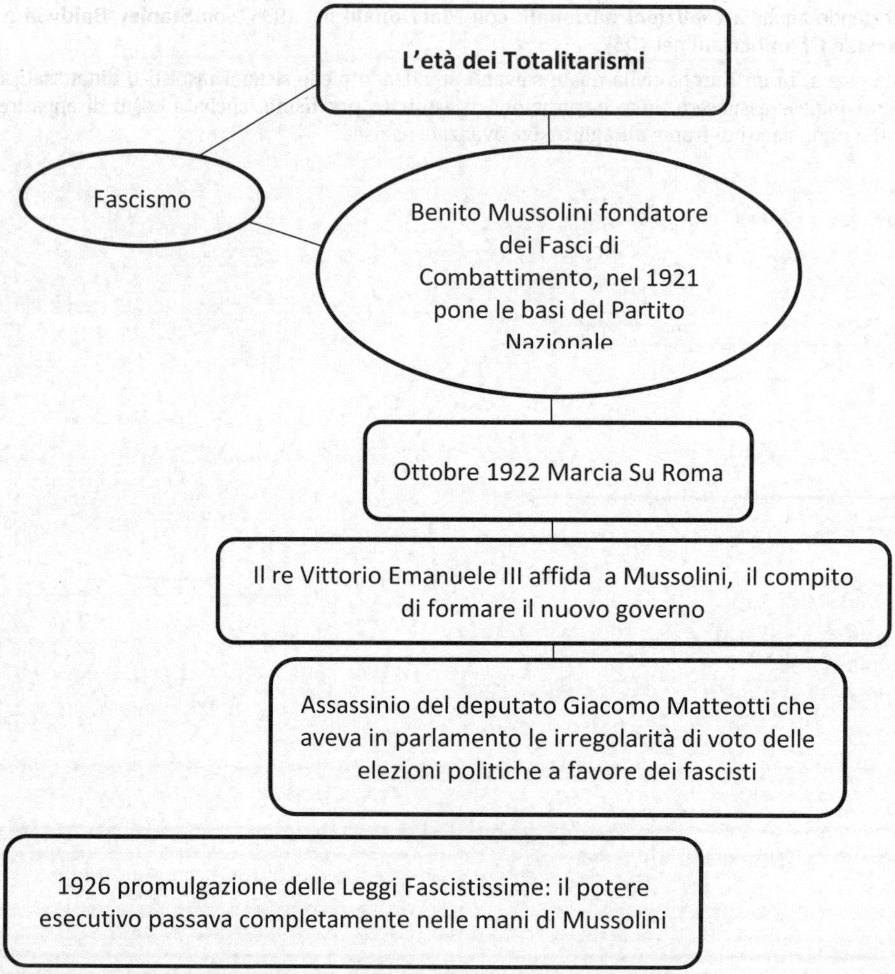

Leggi fascistissime

Il potere esecutivo veniva concessa la facoltà di emanare norme giuridiche

- Viene creato il Tribunale speciale per la difesa dello stato
- Viene ripristinata la pena di morte
- il Gran Consiglio del Fascismo diventava, da vertice gerarchico del partito, organo dello Stato
- Viene ripristinato il confino di polizia, rivolto in particolare agli oppositori politici
- Viene soppressa la libertà di stampa e di associazione

Viene fondata l'OVRA, la polizia segreta

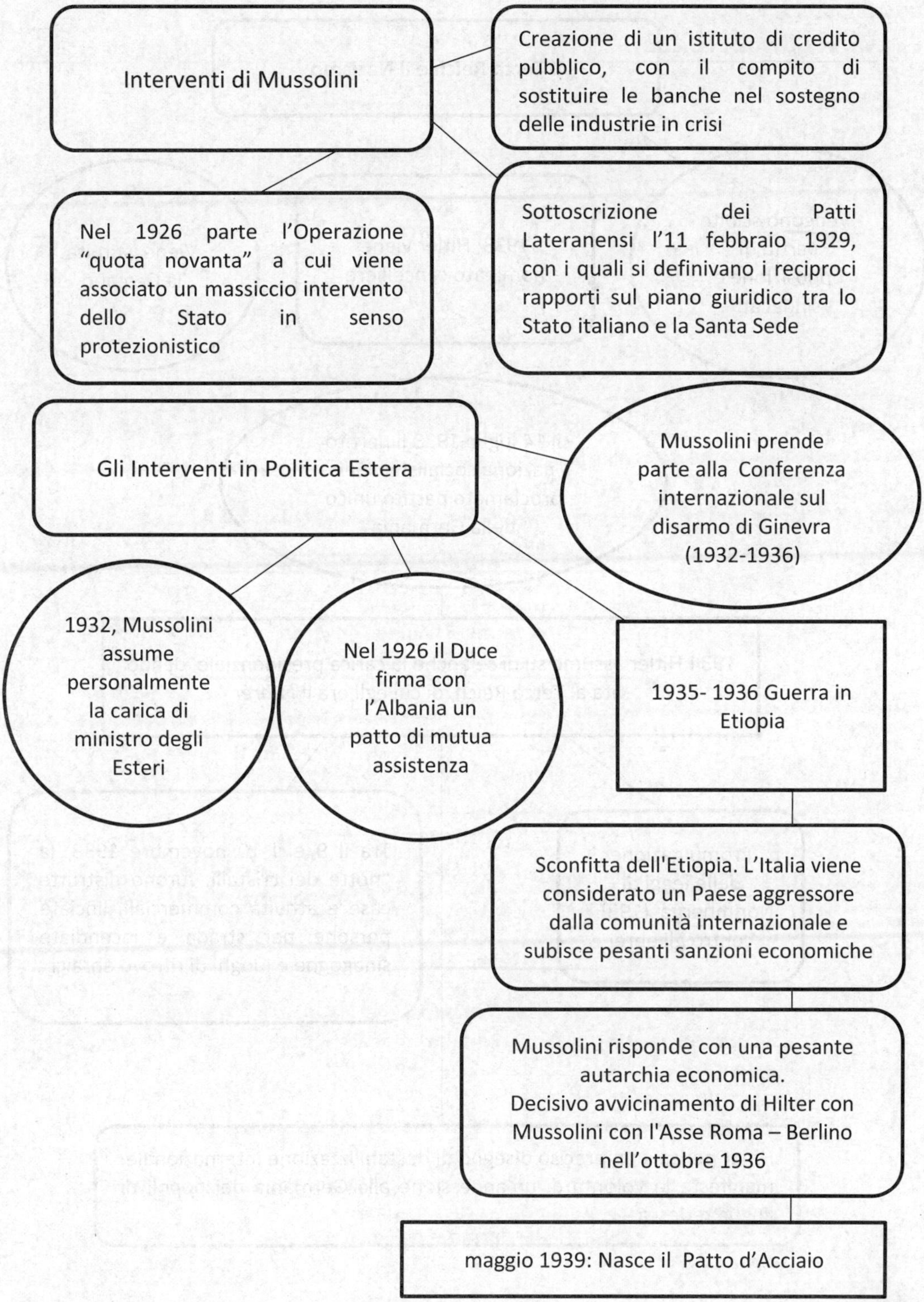
Interventi di Mussolini
Creazione di un istituto di credito pubblico, con il compito di sostituire le banche nel sostegno delle industrie in crisi
Nel 1926 parte l'Operazione "quota novanta" a cui viene associato un massiccio intervento dello Stato in senso protezionistico
Sottoscrizione dei Patti Lateranensi l'11 febbraio 1929, con i quali si definivano i reciproci rapporti sul piano giuridico tra lo Stato italiano e la Santa Sede
Gli Interventi in Politica Estera
Mussolini prende parte alla Conferenza internazionale sul disarmo di Ginevra (1932-1936)
1932, Mussolini assume personalmente la carica di ministro degli Esteri
Nel 1926 il Duce firma con l'Albania un patto di mutua assistenza
1935- 1936 Guerra in Etiopia
Sconfitta dell'Etiopia. L'Italia viene considerato un Paese aggressore dalla comunità internazionale e subisce pesanti sanzioni economiche
Mussolini risponde con una pesante autarchia economica.
Decisivo avvicinamento di Hilter con Mussolini con l'Asse Roma – Berlino nell'ottobre 1936
maggio 1939: Nasce il Patto d'Acciaio

Il Terzo Reich e il Nazismo

Vengono sciolti partiti di opposizione e sindacati

1933: Hitler viene nominato cancelliere

Viene istituita la Gestapo

il 14 luglio 1933 il partito nazionalsocialista viene proclamato partito unico della Germania

1934 Hitler assume su di sé anche la carica presidenziale, dando vita al Terzo Reich, di cui egli era il *Führer*

Promulgazione delle leggi di Norimberga (1935) contro gli ebrei

Tra il 9 e il 10 novembre 1938, la "notte dei cristalli, furono distrutte case e attività commerciali, linciate persone per strada e incendiate sinagoghe e luoghi di ritrovo ebraici

Hitler pensa a un preciso disegno di destabilizzazione internazionale: manifesta la volontà di un'annessione alla Germania dei popoli di lingua tedesca

Capitolo 12 | LA SECONDA GUERRA MONDIALE

SOMMARIO:
1. Le origini e le responsabilità del secondo conflitto mondiale. - **2**. Lo scoppio del secondo conflitto mondiale e la prima fase della guerra (1939-1940). - **3**. L'Italia in guerra: Mussolini e la "guerra parallela". - **4**. La seconda fase della guerra (1941-1942): conflitto mondiale. - **5**. La svolta della guerra e il crollo del fascismo. - **6**. La conclusione del conflitto: la sconfitta del nazismo e la resa del Giappone. - **7**. La conferenza di Postdam e l'assetto post-bellico.

1. Le origini e le responsabilità del secondo conflitto mondiale.

A partire dal **1938, Hitler** mise in atto i suoi progetti per la conquista dello spazio vitale che avrebbe portato **"riunificazione di tutti i Tedeschi"**. **A marzo invase l'Austria** annettendola alla Germania; si volse dunque alla Cecoslovacchia per annettere la regione dei Sudeti, abitata da più di tre milioni di Tedeschi.

Le potenze europee si erano illuse con la **Conferenza di Monaco del 1938** di aver ammansito la Germania con la cessione dei Sudeti. In realtà, le mire espansionistiche di Hitler andavano ben oltre, verso Boemia e Moravia, parte più popolosa della Cecoslovacchia.

- Nel 1939, Hitler occupò la **Boemia e** la **Moravia**, due regioni ricche di materie prime e tecnologicamente più avanzate della Cecoslovacchia; ma per completare il suo progetto, ad Hitler serviva un pretesto per invadere la Polonia e lo trovò a Danzica quando, nel marzo del 1939, rivendicò la città e si apprestò ad attraversare in armi il confine polacco.
- Francia e Inghilterra tentarono di **garantire l'integrità territoriale della Polonia** e di altre nazioni, come il Belgio e l'Olanda che ormai si sentivano minacciate, promettendo loro che sarebbero intervenute in caso di aggressione.
- Nel frattempo l'**Italia**, nel 1939, occupò il piccolo **Regno di Albania**, importante per la penetrazione nei Balcani, e trasformò il vincolo dell'asse Roma-Berlino con la Germania in una vera e propria alleanza militare, chiamata **Patto d'acciaio**. Il patto stabiliva che, se una delle due parti fosse stata coinvolta in una guerra, anche in veste di aggressore, l'altra doveva intervenire in suo soccorso: Mussolini accettò questo patto pur sapendo che l'Italia non era pronta ad affrontare una guerra.
- Contemporaneamente ci fu un **accordo anglo-franco-sovietico contro l'espansionismo tedesco**, ma nel 1939 Stalin stipulò un **Patto di non aggressione** (***Ribbentrop-Molotov***), che conteneva una clausola segreta con cui, dopo l'invasione tedesca della Polonia occidentale, i Russi avrebbero potuto occupare la Polonia orientale, che servì per ritardare lo scontro tra due regimi contrapposti.

Il **1° settembre 1939** i tedeschi invasero la parte occidentale della Polonia, mentre i sovietici s'impadronirono di quella orientale. Divisa in due, la Polonia scomparve dalla cartina d'Europa.

2. Lo scoppio del secondo conflitto mondiale e la prima fase della guerra (1939-1940).

Il **1° settembre 1939 scoppiò la seconda guerra mondiale**: l'esercito tedesco invase la Polonia e, due giorni dopo, Gran Bretagna e Francia posero fine alla tolleranza nei confronti dell'espansionismo di Hitler e dichiararono guerra alla Germania, mentre l'Italia dichiarava la sua non belligeranza.

1939 → La Germania invade la Polonia
G.B. - Francia vs 1) Italia ≠1940
L NON BELLIGERANZA vi entra

- Nella prima fase della guerra (e fino al 1942) Hitler sembrò avere la vittoria in mano grazie alla strategia della ***guerra lampo***, fondata su un massiccio uso di aerei e carri armati nello sfondamento delle linee nemiche, lasciando alla fanteria il compito di eliminare gli ultimi sopravvissuti. Colpendo il nemico utilizzando le forze corazzate e l'aviazione, le truppe tedesche riuscirono a piegare l'esercito polacco e occuparono la **Polonia occidentale**; la Polonia orientale, invece, come prevedevano gli accordi, fu invasa e occupata dalle truppe sovietiche.
- L'Europa settentrionale subì lo stesso destino: in dicembre l'**Unione Sovietica** aggredì la **Finlandia** e, poco dopo, nell'aprile del 1940, i nazisti occuparono **Danimarca e Norvegia** per ottenere il controllo del tratto di mare dove passavano le materie prime.

Nel frattempo la Francia si era limitata a tenere d'occhio le truppe tedesche e a completare le fortificazioni della **linea Maginot**, una fortificazione che copriva la frontiera franco-tedesca, lasciando scoperto il confine col Belgio e Lussemburgo.

- Tuttavia, il **10 maggio del 1940 Hitler infranse** brutalmente **la neutralità del Belgio, dell'Olanda e del Lussemburgo**, occupandoli e sfondando così la linea Maginot da nord. Le forze naziste respinsero il tentativo di controffensiva e le truppe anglo-francesi furono costrette a fuggire via mare dal porto di Dunkerque (24 maggio – 3 giugno 1940); il **14 giugno Parigi fu occupata**, Paul Reynaud si dimise, sostituito da Petain, e venne stipulato un armistizio che divise il paese in **due parti**: a nord il potere fu assunto da un governatore militare tedesco, mentre a sud nasceva un governo autoritario con sede a **Vichy** presieduto dal maresciallo **Philippe Pétain** (uno stato satellite controllato dai tedeschi).
- Con la sconfitta della Francia, Hitler aveva portato a termine la prima parte del suo progetto: riunire il ***Grande Reich***; il secondo obiettivo era estendere lo **spazio vitale** e, dunque, aggredire l'Unione Sovietica: per riuscirvi, avrebbe dovuto trattare la pace con la Gran Bretagna. Il gruppo dirigente britannico guidato da **Churchill** respinse ogni trattativa e ottenne l'impegno unanime di resistere a costo di qualunque sacrificio.
- Hitler decise allora di effettuare una massiccia offensiva aerea contro la Gran Bretagna e scatenò l'**operazione "Leone marino"**, con l'obiettivo di invadere l'Inghilterra: per tutta l'estate del 1940 ci furono bombardamenti, mentre l'aviazione inglese rispondeva bombardando a sua volta le città tedesche. Il Führer aveva mancato uno dei suoi principali obiettivi: la guerra lampo, almeno sul fronte inglese, era fallita.

3. L'Italia in guerra: Mussolini e la "guerra parallela".

Allo scoppio della guerra nel **1939** Mussolini aveva dichiarato la **non belligeranza dell'Italia**, ma l'inarrestabile serie di trionfi dell'alleato tedesco lo rese sempre più insofferente al ruolo di comparsa in cui era stato isolato.

Nella primavera del 1940 il Duce era convinto che i tedeschi avrebbero vinto su tutti i fronti in pochi mesi e si risolse a consegnare, il **10 giugno 1940**, la **dichiarazione di guerra agli ambasciatori della Francia**, la quale però era ormai sul punto di arrendersi ai Tedeschi, **e della Gran Bretagna**. Il Duce, dando così vita alla cosiddetta "**guerra parallela**", ordinò allora di attaccare i possedimenti inglesi in **Africa**, precisamente in **Egitto** e in **Sudan** (mentre la Francia si arrendeva ai Tedeschi), mentre una sanguinosa guerra navale impegnava la Marina italiana nel Mediterraneo.

- Nel 1940 **Mussolini** firmò **con la Germania e il Giappone, il Patto tripartito**, detto anche **Asse Roma-Berlino-Tokio**, che prevedeva la spartizione del mondo tra le potenze dell'Asse, ed attaccò la **Grecia**. I Greci, dal canto loro, aiutati dagli Inglesi, opposero una forte resistenza che durò dall'ottobre del 1940 all'aprile del 1941, finché non intervennero i tedeschi ad occupare il piccolo Stato.
- L'**occupazione della Grecia** e della Jugoslavia venne portata a termine nell'aprile 1941, dopo che furono sbaragliate le truppe britanniche intervenute a sostegno di quelle balcaniche; tuttavia, il fallimento dell'impresa provocò un primo grande e diffuso malcontento in tutta l'Italia e dimostrò l'impreparazione dell'esercito italiano.

- Anche in **Africa** la guerra voluta dal fascismo stava volgendo al peggio, dato che l'offensiva italiana verso l'Egitto causò una rapida **controffensiva inglese** verso tutti i territori coloniali italiani (Etiopia, Somalia, Eritrea e Libia). Gli Inglesi non solo avevano riconquistato le posizioni perdute, ma occupavano le colonie italiane ad una ad una: nel dicembre 1940 gli Inglesi entravano in Cirenaica e solo i **rinforzi corazzati** al comando del generale tedesco **Erwin Rommel**, detto "la volpe nel deserto", riuscirono a farli ripiegare.
- Nel febbraio 1941 le truppe inglesi riuscirono a conquistare Adis Adeba (in Etiopia), decretando la **fine del dominio coloniale italiano** in Africa orientale. Anche **via mare** l'Italia dovette subire delle **pesanti sconfitte** contro la flotta inglese, prima, nel 1940, a Punta Stilo, poi nel marzo 1941 a Matapan; inoltre, l'11 novembre 1940 la flotta italiana venne attaccata nel porto di Taranto subendo ingenti perdite.

4. La seconda fase della guerra (1941-1942): conflitto mondiale.

All'alba del **22 giugno 1941** le **divisioni tedesche invasero l'Unione Sovietica**: aveva così inizio l'***operazione Barbarossa***, preparata a lungo da Hitler e che costituiva l'obiettivo finale della sua strategia, ossia distruggere il bolscevismo e ridurre in schiavitù i popoli slavi.

- Stalin fu colto impreparato, perché **si fidava del Patto di non aggressione**, perciò applicò la tattica tradizionale russa: una lenta ritirata dell'esercito russo che più volte, in passato, aveva avuto ragione dei più grandi e potenti eserciti grazie alla conoscenza del territorio e allo sfruttamento delle condizioni climatiche estreme del bassopiano sarmatico in inverno. Stalin, in tempi brevi, strinse così un'**alleanza con la Gran Bretagna e con gli Stati Uniti.** Mentre Stalin ricostituiva l'esercito, le truppe nemiche avanzarono con precisione e velocità e, alla fine di ottobre, la **guerra lampo si trasformava in guerra di posizione**.
- Mentre l'esercito tedesco combatteva sui fronti russo e africano, le SS erano impegnate a imporre all'Europa occupata il nuovo ordine di Hitler, che si fondava sullo sfruttamento delle risorse e delle popolazioni europee a beneficio della razza superiore tedesca: gli altri **popoli inferiori** erano **condannati ad essere assoggettati,** con l'eccezione degli Ebrei e degli Slavi che dovevano essere sterminati, dopo aver fatto lavorare i più forti come schiavi nelle campagne e nelle miniere e, in seconda battuta, nei **campi di concentramento**. Il regime del terrore fu esteso anche all'Occidente europeo dove ogni tentativo di ribellione all'occupazione nazista fu punito.
- L'occupazione dell'Europa orientale, dove viveva la grande maggioranza di Ebrei europei, fornì ad Hitler l'occasione di eliminarli: quando cominciò l'invasione dell'Unione Sovietica, aveva già impartito ai gerarchi **Goering, Himmler ed Heydrich** le disposizioni necessarie per sterminare totalmente il popolo ebreo, la cosiddetta ***soluzione finale*** (che si concretizzò nell'ultima fase della guerra).

Alla **fine del 1941**, mentre l'avanzata tedesca si arrestava, la guerra si allargò all'**Oceano Pacifico**: i comandanti giapponesi erano convinti che ai loro progetti di espansione nel Pacifico si sarebbero opposti la Gran Bretagna e gli Stati Uniti; il **7 dicembre del 1941** lanciarono un massiccio ed improvviso **attacco aereo** che portò gravi perdite alla flotta americana ancorata a **Pearl Harbour**: le perdite furono gravi, ma la conseguenza più importante fu che quell'attacco convinse gli **Stati Uniti a entrare in guerra**, il cui intervento fu decisivo per le sorti della guerra. L'**8 dicembre** gli Stati Uniti e la Gran Bretagna dichiaravano guerra al Giappone, l'**11 dicembre** la Germania e l'Italia dichiararono a loro volta guerra agli Stati Uniti: il conflitto divenne **mondiale**, coinvolgendo tutte le aree del pianeta.

- In realtà, fin dall'inizio della guerra, gli **Stati Uniti**, nonostante la loro dichiarazione di neutralità, avevano guardato con favore lo schieramento anglo-francese e avevano varato la cosiddetta legge "**affitti e prestiti**", la quale forniva agli Inglesi armi e materiali militari a condizioni molto favorevoli.
- Inoltre, il **14 agosto 1941**, su una nave al largo dell'isola di Terranova, vi fu un incontro tra **Roosevelt e Churchill** per la realizzazione della **Carta atlantica**, un documento in otto punti in cui i due rappresentanti ribadivano la condanna dei regimi fascisti e fissavano le linee di un **nuovo ordine**

democratico da costruire a guerra finita: rispetto dei principi di sovranità popolare e autodecisione dei popoli, libertà dei commerci, libertà dei mari, cooperazione internazionale, rinuncia all'uso della forza nei rapporti fra gli stati.

Nel **1942** le potenze del Tripartito raggiunsero la massima espansione territoriale. Il **Giappone** dominava il Sud-Est asiatico, la Cina e le isole del Pacifico, mentre **Italia e Germania** controllavano un territorio molto ampio dell'Europa.

- I loro **alleati** "minori" erano: Ungheria, Romania, Bulgaria, Slovacchia e Francia di Vichy. Spagna, Turchia e Svezia rimasero neutrali e l'Italia aveva un ruolo marginale. Il centro nevralgico dell'Asse era la Germania, grazie al lavoro obbligatorio dei prigionieri di guerra e degli operai prelevati dai paesi occupanti e alla ferrea organizzazione poliziesca con cui controllava i territori occupati.
- Oltre a creare una rete di Stati indipendenti ed alleati, la Germania aveva assoggettato i "**protettorati**" (Boemia-Moravia, Polonia, Ucraina e i territori orientali), rendendoli delle vere e proprie colonie prive di autorità locale. Paesi come la Francia, la Norvegia, la Danimarca, l'Olanda, il Belgio, la Grecia e la Jugoslavia erano, invece, soggetti al **controllo militare** nazista.
- Sia la Germania che il Giappone fondarono un "**nuovo ordine**" basato sulla **supremazia della nazione** e sulla **subordinazione dei popoli** alle esigenze dei dominatori.
- In questo clima, **il 20 gennaio 1942** si tenne a **Wansee** (Berlino) una riunione delle gerarchie tedesche: venne redatto un **protocollo** in cui si indicava come unica via per la "soluzione finale" della questione ebraica lo **sterminio sistematico di tutti gli ebrei**, da concentrare in luoghi di detenzione dotati di impianti per l'eliminazione di massa: nascevano così i **lager nazisti**, i campi esclusivamente adibiti allo sterminio, per lo più situati in Polonia.

5. La svolta della guerra e il crollo del fascismo.

La seconda metà del 1942 e l'inizio del 1943 segnarono la **svolta della guerra**: gli Alleati riconquistarono terreno su tutti i fronti. Le ragioni che permisero gli Alleati di volgere a proprio favore una guerra che sembrava perduta furono la **cooperazione economica**, la ritrovata **solidarietà politica** e la **strategia militare comune**.

Tre battaglie segnarono la svolta del conflitto:

1. **Midway** nel Pacifico;
2. **El Alamein** in Africa;
3. **Stalingrado** in Russia.

1. Nel Pacifico i Giapponesi furono sconfitti dagli Americani nelle due battaglie del Mar dei Coralli e in quella aereo-navale ancor più decisiva delle **isole Midway** (**giugno 1942**) e i *marines* conquistarono l'isola di Guadalcanal: fu così interrotta l'offensiva nipponica ed ebbe inizio il **vittorioso contrattacco statunitense**, che si estese anche alla Cina. Un cambiamento si verificò anche nell'Atlantico, dove i Tedeschi avevano condotto fino ad allora una **guerra sottomarina** contro le navi americane e britanniche che trasportavano armi. Quest'ultimi riuscirono a limitare le perdite, grazie ad innovazioni tecniche.
2. Un'altra decisiva battaglia fu quella combattuta ad **El Alamein**, a un centinaio di chilometri da Alessandria d'Egitto: tra il 3 e il 4 novembre 1942, le truppe di Rommel furono respinte dall'armata del **generale britannico Dwight Eisenhower**, che nel novembre dello stesso anno occupò l'Algeria e il Marocco. Completamente accerchiati, gli **italo-tedeschi furono costretti ad abbandonare l'Africa**, mentre l'Algeria fu considerata il primo territorio francese liberato.
3. La svolta più clamorosa avvenne in Russia, dove anziché autorizzare la ritirata, Hitler ordinò la resistenza a oltranza, indebolendo l'esercito tedesco. In Russia, infatti, nel **luglio 1942**, era iniziato l'**assedio di Stalingrado** da parte dei tedeschi: tra novembre 1942 e gennaio 1943, l'esercito russo scatenò una controffensiva che provocò l'accerchiamento dei tedeschi e li costrinse alla **resa il 2 febbraio**. La battaglia di Stalingrado determinò l'**inizio del crollo militare tedesco** in Russia: l'Armata rossa continuò poi ad incalzare i tedeschi fino al termine

della guerra. Anche l'Italia, che aveva inviato un corpo d'armata (**ARMIR**) in Russia a sostegno dell'Alleato, subì gravissime perdite nel corso della ritirata.

Nella **Conferenza di Washington (gennaio 1942)** Russi e Anglo-americani si incontrarono per sottoscrivere il **patto delle Nazioni Unite**, impegnandosi a rispettare i principi della Carta Atlantica, a combattere le forze fasciste e a non concludere armistizi e paci separati. Tuttavia, fra gli alleati rimasero dei contrasti riguardo l'**apertura di un secondo fronte** in Europa: Stalin era d'accordo, mentre Churchill voleva prima chiudere la questione in Africa. Prevalsero gli Inglesi.

Nella **Conferenza di Casablanca, (1943)** in Marocco, Inglesi e Americani stabilirono, chiuso il fronte africano, che lo sbarco sarebbe avvenuto in Italia, per motivi sia logistici sia politico-militari.

- Inoltre, la conferenza, durante la quale sorsero forti contrasti tra i generali statunitensi e britannici riguardo alle priorità strategiche della guerra contro l'Asse, fu caratterizzata soprattutto dalla dichiarazione di Roosevelt sulla "**resa incondizionata**" che sarebbe stata imposta alle potenze nemiche.
- Secondo il principio della resa incondizionata, gli Alleati si impegnarono a continuare la guerra fino alla **vittoria totale**, senza patteggiamenti. Nel teatro di guerra del Pacifico e in Estremo Oriente si sarebbe dovuto continuare ad esercitare la massima pressione bellica sul **Giappone**, fino ad un attacco finale risolutivo, da condursi appena fosse stata sconfitta la Germania.

Il **10 luglio 1943** iniziò lo **sbarco** alleato **in Sicilia**, secondo quanto stabilito nella Conferenza di Casablanca: il paese, diviso tra i fedelissimi al regime mussoliniano e i protagonisti della resistenza, a causa dei sempre più intensi bombardamenti, degli approvvigionamenti scarsissimi e dell'esodo di civili sfollati in cerca di rifugio nelle campagne, era sempre più provato e accolse gli Alleati come dei liberatori dal giogo nazista.

Il fascismo era in angoscia: gli operai, a partire dal 1943, avviarono una serie di scioperi; la grande industria era preoccupata per l'andamento della guerra e, temendo una rivoluzione, decise di appoggiare il **colpo di Stato per eliminare Mussolini** e porre fine all'alleanza con la Germania salvando l'Italia dalla catastrofe. Il **25 luglio**, il **Gran Consiglio del Fascismo** votò una proposta di sfiducia nei confronti del Duce e Vittorio Emanuele III fu richiamato a comandare il paese; il **governo fu affidato al maresciallo Badoglio** che spinse Mussolini a dimettersi e a prendere la via dell'esilio sul Gran Sasso.

- Il 25 luglio, il maresciallo Badoglio proclamò alla nazione che, pur essendo caduto il Fascismo, l'Italia continuava la **guerra al fianco della Germania**: la caduta di Mussolini fu festeggiata con manifestazioni di giubilo in tutto il paese, ma i primi 45 giorni del governo Badoglio disillusero coloro che avevano sperato in un rinnovamento democratico. La politica di Badoglio fu, infatti, esitante ed incerta: confermò l'alleanza con i tedeschi, ma contemporaneamente avviò le **trattative con gli Alleati**.
- Il governo Badoglio firmò, il **3 settembre 1943**, l'**armistizio**, ma il paese e l'esercito furono informati dell'accordo solo l'8 settembre. Il giorno seguente il **re e i membri del governo** fuggirono a **Brindisi** senza dare alcuna indicazione all'esercito, che si trovò allo sbando. Molti militari avevano già abbandonato l'esercito, altri si erano organizzati per la **resistenza contro i Tedeschi**: occuparono l'Italia centro-settentrionale e diedero inizio a feroci rappresaglie contro le quali non fu possibile organizzare una pronta ed efficace resistenza.
- Le truppe tedesche reagirono prontamente all'armistizio: calarono dal Brennero e attaccarono i reparti italiani che non consegnavano le armi; inoltre, per ordine di Hitler, un commando di tedeschi aveva liberato Mussolini dal carcere del Gran Sasso (12 settembre) e lo avevano portato in Germania: il *Führer* lo aveva convinto a rimettersi alla guida di un nuovo governo, la **Repubblica sociale italiana** (RSI), che passò alla storia come **Repubblica di Salò**.

Gli alleati intanto, dopo aver liberato tutta l'Italia meridionale, avanzavano verso Napoli che era già insorta contro i Tedeschi. Il **13 ottobre 1943** Badoglio dichiarava **guerra alla Germania,** trasformando l'Italia in un paese **cobelligerante**: il termine ben esprimeva l'ambiguità della posizione italiana, che non era considerata un paese "alleato" al pari della Francia gollista.

All'inizio del 1944 il nostro Paese era scisso in due:

1. al **Centro nord** vi era l'occupazione tedesca e il governo di Mussolini attraverso la **Repubblica**

sociale;

2. nel **Meridione** stabile era l'occupazione degli alleati, che vollero mettere in piedi il **Regno del sud** governato da Vittorio Emanuele III.

Lo stato si trasferì da Roma al Nord, tra Lombardia e Veneto, e cercò di raccogliere dei consensi, socializzando le industrie, ma la Repubblica di Mussolini non riuscì più ad avere il consenso di una volta, a causa dell'occupazione tedesca che sfruttava le risorse economiche e umane italiane.

- Mentre i tedeschi avanzavano velocemente, si organizzarono piccoli gruppi combattenti, i partigiani. Erano vestiti in borghese e operavano vere e proprie attività di spionaggio. Erano organizzati in vere e proprie **brigate,** con varie denominazioni: **brigate Garibaldi** (di orientamento comunista); **Matteotti** (di orientamento socialista); **Giustizia e libertà** (azionista, partito repubblicano); **Fiamme verdi** (democristiane). Le brigate cercarono di distaccare i tedeschi dal fronte per rendere sicure le vie di comunicazione che servivano per portare i rifornimenti alle prime linee.
- Nell'inverno del 1943-44, mentre gli Alleati risalivano lentamente la penisola, nell'Italia Settentrionale i **partigiani**, appoggiati dalla popolazione, e le **brigate nere di Salò**, combatterono una vera e propria **guerra civile**.

Lo **sbarco degli Alleati ad Anzio**, il **22 gennaio 1944**, determinò la liberazione di tutta l'Italia centro-meridionale; il Regno del Sud trasferì la capitale a Salerno a febbraio, dove a marzo rientrò dal lungo esilio **Palmiro Togliatti**: la strategia delineata da leader comunista venne chiamata **"svolta di Salerno"**, poiché produsse un significativo cambiamento di orientamento politico.

- Togliatti, infatti, riconobbe la priorità della **lotta di liberazione dagli invasori tedeschi** e propose una collaborazione tra tutti i partiti con il governo meridionale. Una volta che il Regno del Sud fu riconosciuto dall'URSS, nell'**aprile 1944** si costituì il **primo governo di unità nazionale**, presieduto da Badoglio, che comprendeva i partiti del **CLN (Comitato di Liberazione Nazionale)**, nato a Roma nel 1943 e costituito dai principali rappresentanti dei partiti antifascisti (Partito comunista, Democrazia cristiana, Partito socialista di unità proletaria, Partito d'Azione, Partito liberale).
- Inoltre, nel territorio della Repubblica di Salò, si formò nel 1944 il **Comitato di Liberazione dell'Alta Italia (CLNAI)**, che organizzò la **resistenza antifascista**, con il coordinamento congiunto del generale Cadorna e di Ferruccio Parri: l'azione della Resistenza si sviluppò in concomitanza con l'avanzata alleata verso Nord.
- Con la **liberazione di Roma** ad opera ad opera degli Alleati il **4 giugno 1944**, si costituì un nuovo governo, con sede nella capitale, presieduto da **Ivanoe Bonomi**, mentre Vittorio Emanuele cedeva i poteri sovrani al figlio **Umberto**, che assumeva la **Luogotenenza del Regno**.

6. La conclusione del conflitto: la sconfitta del nazismo e la resa del Giappone.

La **linea Gustav**, la linea fortificata dai tedeschi che divideva l'Italia in due, venne **sfondata nella primavera del 1944**: dopo la conquista di Cassino, gli Alleati avanzarono rapidamente verso Nord, occupando **Roma** il 4 giugno e **Firenze**, tra il 4 el'11 agosto. I tedeschi riuscirono a bloccare l'avanzata anglo-americana sull'Appenino tosco-emiliano e si attestarono lungo la **linea gotica (da Rimini a Massa)**, dove resistettero fino all'anno successivo.

- Il rallentamento delle operazioni militari anglo-americane fu causato dallo spostamento di interesse strategico verso l'Europa settentrionale: le forze alleate, infatti, effettuarono, il **6 giugno 1944**, lo **sbarco in Normandia** guidato da Eisenhower, con il quale ebbe inizio la liberazione della Francia.
- Mentre si avvicinavano le truppe alleate, **Parigi** si ribellò con un'**insurrezione popolare** scoppiata tra il **19 e il 25 agosto**: il generale **De Gaulle** entrò nella capitale francese da vincitore, accanto ai comandi alleati e organizzò il **nuovo governo della Francia liberata**: in settembre, tutta l'area occidentale tra Belgio e Francia era libera dall'occupazione nazista.

A oriente le truppe tedesche furono impegnate nella **controffensiva sovietica**: dopo Stalingrado, l'esercito russo mantenne, infatti, l'iniziativa militare lungo tutto il fronte. Nel gennaio 1944 Leningrado ruppe l'assedio tedesco, mentre vennero **liberate la Crimea e l'Ucraina**.

- A giugno le truppe sovietiche entrarono in **Polonia**: Varsavia, tra il 1° agosto e il 20 ottobre 1944, insorse contro i tedeschi, ma Stalin lasciò che la rivolta venisse soffocata, in modo che potessero essere eliminati gli oppositori politici. Alla fine del '44, le forze armate russe occuparono la **Bulgaria**, la **Romania** e l'**Ungheria**; mentre gli Inglesi penetrarono in **Grecia** senza alcuna opposizione.
- Intanto, nel Pacifico, i **Giapponesi** arretravano di fronte agli attacchi statunitensi e subirono una sconfitta decisiva **nell'arcipelago delle Filippine**.

Tra il **4 e l'11 febbraio 1945**, prima della risoluzione completa del conflitto, si tenne la **Conferenza di Yalta**: Roosvelt, Churchill e Stalin si riunirono per decidere quale sarebbe stato l'assetto dell'Europa. Gli accordi ufficialmente raggiunti a Jalta, che mutarono notevolmente i precedenti equilibri internazionali, inclusero:

- una dichiarazione in cui si affermava che l'**Europa** era **libera**, e che invitava allo svolgimento di **elezioni democratiche** in tutti i territori liberati dal giogo nazista;
- la proposta di una conferenza in cui discutere l'istituzione di una **nuova organizzazione mondiale**, le **Nazioni Unite** (ONU); in particolare a Jalta si considerò l'istituzione del Consiglio di sicurezza;
- lo **smembramento**, il **disarmo e** la **smilitarizzazione della Germania**, visti come "prerequisiti per la pace futura"; lo smembramento (che prevedeva che USA, URSS, Regno Unito e Francia gestissero ciascuno una zona di occupazione) doveva essere provvisorio, ma si risolse nella divisione della Germania in Est e Ovest che finì solo nel 1989;
- le **riparazioni dovute dalla Germania agli Alleati**, nella misura di 22 miliardi di dollari;
- l'insediamento in **Polonia** di un "**governo democratico provvisorio**", che avrebbe dovuto condurre il paese a libere elezioni nel più breve tempo possibile;
- l'**impegno dei sovietici** a dichiarare **guerra al Giappone** entro tre mesi dalla sconfitta della Germania (come, infatti, avvenne **l'8 agosto**);
- la clausola per cui tutti i prigionieri di guerra sovietici sarebbero stati rimandati in URSS, indipendentemente dalla loro volontà.

Intanto, nel 1945, l'offensiva nazista giunse al termine: da Oriente proseguiva, infatti, l'avanzata sovietica che occupò **Vienna** il 13 aprile, assediò **Berlino** il 16 aprile e liberò **Praga** nei primi di maggio.

- Il **30 aprile 1945**, mentre i sovietici entravano per primi a Berlino, **Hitler si suicidava**; il **7 maggio 1945** una Germania materialmente e moralmente distrutta firmò la **resa senza condizioni**: la guerra in Europa era finita.
- Il Giappone era oramai rimasto solo a fronteggiare l'offensiva americana: dopo lo spostamento del teatro di guerra all'interno dell'arcipelago giapponese, nel disperato tentativo di resistere, a partire dall'ottobre 1944 l'aviazione nipponica cominciò a colpire le navi americane con le missioni suicide degli aerei *kamikaze*.
- La **morte di Roosvelt**, avvenuta nell'aprile 1945, e l'**elezione del nuovo Presidente, Harry S. Truman,** modificarono la situazione. Per costringere il Giappone ad arrendersi, il nuovo presidente degli USA autorizzò l'uso della **bomba atomica**: Truman inviò al Giappone un *ultimatum* nel quale minacciava la distruzione totale se non si fosse arreso. Avendo ricevuto risposta negativa, ottenuto il consenso di Stalin, il **6 agosto 1945** la prima bomba atomica esplose su **Hiroshima** e tre giorni dopo su **Nagasaki**. La seconda guerra mondiale era oramai conclusa.

7. La Conferenza di Postdam e l'assetto post-bellico.

Nel **febbraio** del **1945**, poco prima della fine della guerra, Roosvelt, Churchill e Stalin si erano incontrati a Yalta dove avevano concordato il destino della Germania, operazione che fu poi proseguita nell'agosto dello stesso anno con la **Conferenza di Postdam**: Truman, Churchill e Stalin decisero il disarmo totale e la **divisione della Germania in quattro zone**, controllate dai vincitori.

L'altra questione era il futuro dell'Europa: venne così sancito di dividerla in due sfere, **Europa occidentale** (inglobata nel sistema capitalistico anglo-americano) ed **Europa orientale** (controllata dal comunismo sovietico).

- Mentre la seconda guerra mondiale era ancora in atto, gli alleati decisero di promuovere nuove forme di collaborazione che garantivano la giustizia tra i popoli: la Società delle nazioni nata nel 1919 per iniziativa di Wilson non era riuscita a bloccare l'espansione nazista in Europa; questo spinse gli Alleati a creare l'**ONU**, costituita nel 1945 durante la **Conferenza di San Francisco**, il cui principio fondamentale era il mantenimento della pace e della sicurezza internazionale.
- L'**Italia**, in conseguenza degli eventi bellici, rimase **divisa in due**: al Nord i partigiani, protagonisti della lotta di liberazione al Nazifascismo, chiedevano una profonda svolta democratica; al Sud, liberato militarmente dalle truppe alleate, la popolazione era, invece, rimasta fedele alla monarchia e al vecchio sistema liberale. Il breve governo di **Ferruccio Parri** (giugno-dicembre 1945) fallì il tentativo di una radicale trasformazione dello Stato italiano, pur attuando l'epurazione di quanti avevano sostenuto il fascismo o collaborato con esso.
- Conclusa la guerra, gli alleati sentirono il bisogno di rispondere al genocidio cui erano stati sottoposti gli Ebrei dalla follia hitleriana e, il 20 novembre 1945, a **Norimberga**, il tribunale processò i **crimini di guerra nazisti**.

I vincitori del secondo conflitto mondiale procedettero alla **denazificazione della Germania**, allo sradicamento del nazismo in ogni sua forma: misero al bando tutti gli organismi creati da Hitler, con l'intento far eseguire la ricostruzione della vita politica tedesca su basi democratiche. Il 10 febbraio 1947 nella **conferenza di pace di Parigi** gli alleati firmarono dei trattati con l'Italia e le potenze dell'Asse: l'Italia, rappresentata a Parigi da **Alcide De Gasperi**, perse tutte le colonie.

- All'**Italia**, infatti, toccò cedere **Briga** e **Tenda** alla Francia, perdere l'**impero coloniale, Rodi** e il **Dodecaneso** (queste ultime a vantaggio della Grecia); **Trieste** contesa da Italiani e Jugoslavi fu organizzata in territorio libero diviso in due zone (la **zona A** angloamericana; la **B** jugoslava); infine, fu imposta a Roma un'indennità di guerra che Inglesi e Americani non pretesero, al contrario di Sovietici e Jugoslavi.
- Per le altre **potenze dell'Asse**, i tagli territoriali furono decisi in base alle esigenze espansionistiche dell'Urss: l'**Austria** rimase soggetta all'occupazione delle Nazioni Unite fino al maggio del 1955, quando venne firmato il trattato di indipendenza. L'Urss, invece, mantenne il controllo di quasi tutta l'Europa orientale: **Bulgaria, Romania, Ungheria** e **Finlandia,** occupati dall'Armata Rossa, si piegarono a trattati rispondenti alle esigenze di Mosca. L'URSS, inoltre, ottenne dalla Polonia le regioni di **Bielorussia** e **Ucraina,** consentendo all'annessione da parte polacca di **Pomerania, Slesia** e parte della **Prussia Orientale.**
- Mentre in Asia il **Giappone** perdeva i possedimenti in **Cina, Formosa, Sakhalin** e la **Corea,** le potenze vincitrici mantennero il controllo sui rispettivi imperi coloniali. Effetto delle sistemazioni del dopoguerra fu anche la nascita di **Israele**, nel **1948**. Il quasi immediato attacco delle truppe della Lega Araba, ostili alla creazione dello Stato ebraico voluta dall'ONU, si concluse in una rovinosa sconfitta.

MAPPA CONCETTUALE

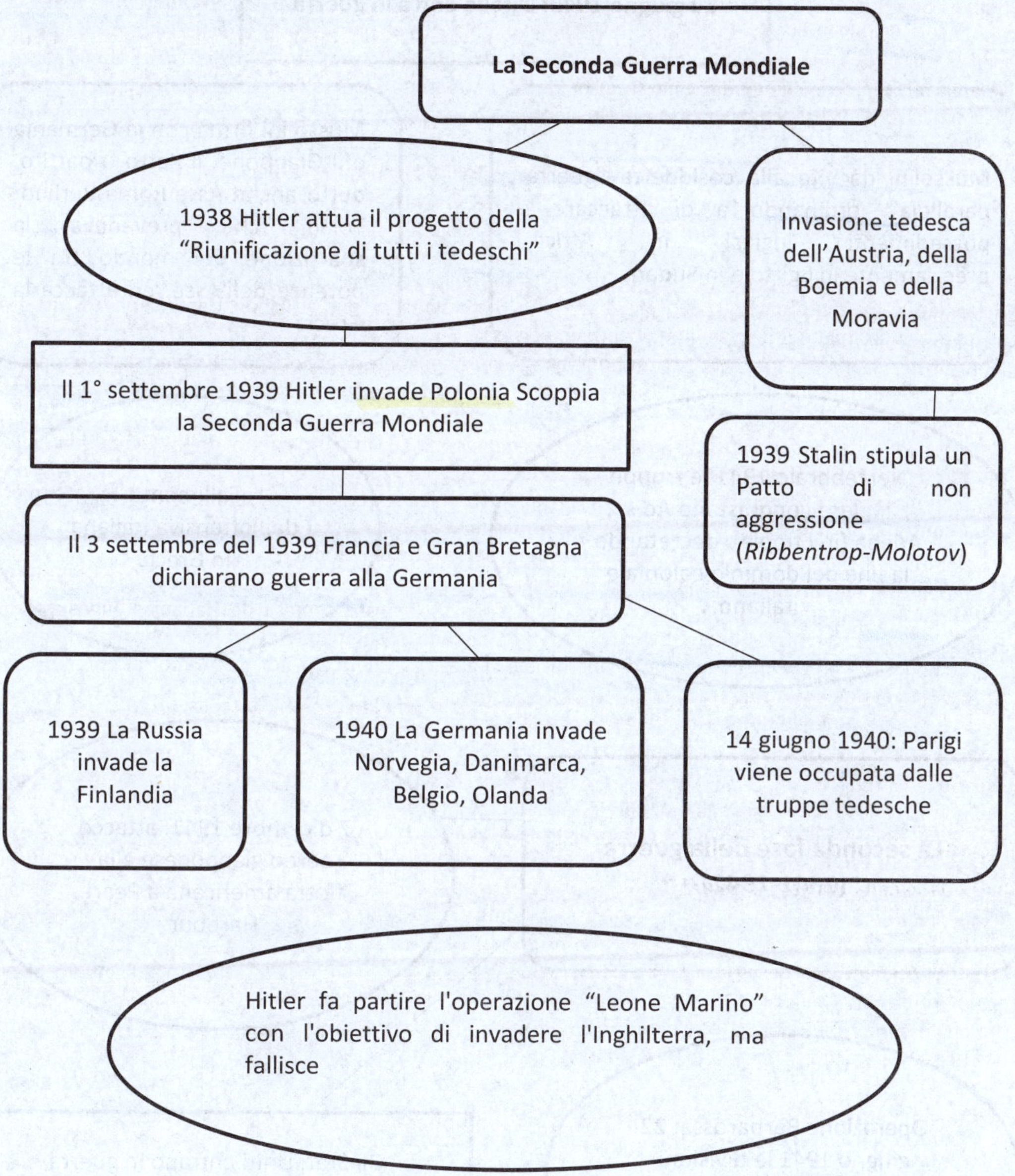

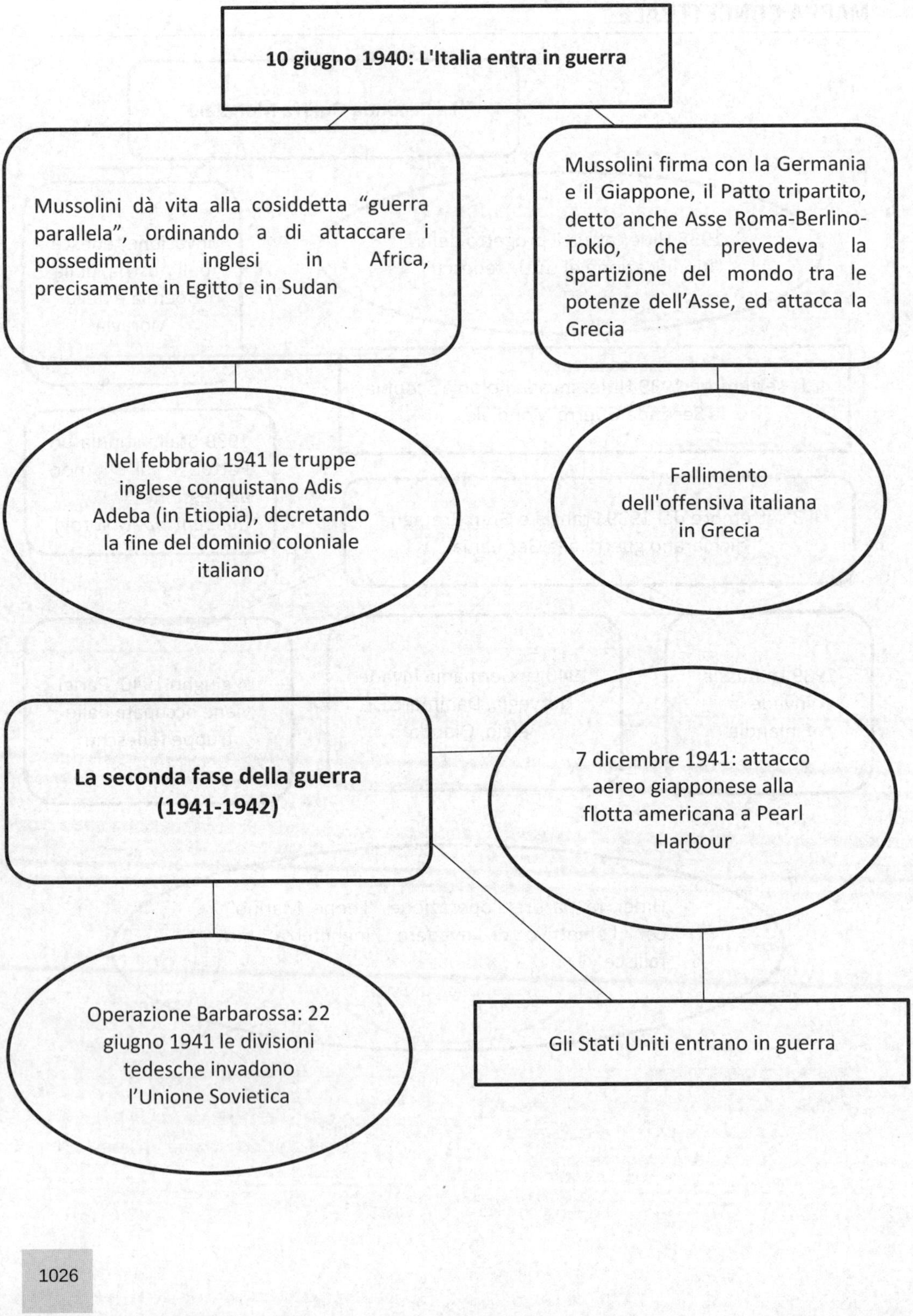
10 giugno 1940: L'Italia entra in guerra
Mussolini dà vita alla cosiddetta "guerra parallela", ordinando a di attaccare i possedimenti inglesi in Africa, precisamente in Egitto e in Sudan
Mussolini firma con la Germania e il Giappone, il Patto tripartito, detto anche Asse Roma-Berlino-Tokio, che prevedeva la spartizione del mondo tra le potenze dell'Asse, ed attacca la Grecia
Nel febbraio 1941 le truppe inglese conquistano Adis Adeba (in Etiopia), decretando la fine del dominio coloniale italiano
Fallimento dell'offensiva italiana in Grecia
La seconda fase della guerra (1941-1942)
7 dicembre 1941: attacco aereo giapponese alla flotta americana a Pearl Harbour
Operazione Barbarossa: 22 giugno 1941 le divisioni tedesche invadono l'Unione Sovietica
Gli Stati Uniti entrano in guerra

La svolta della guerra e il crollo del Fascismo

Gli Alleati riconquistano terreno su tutti i fronti

- Tre le battaglie decisive per la svolta del conflitto:
- Midway nel Pacifico
- El Alamein in Africa
- Stalingrado in Russia.

10 luglio 1943: lo sbarco alleato in Sicilia

IL 25 luglio, il Gran Consiglio del Fascismo vota una proposta di sfiducia nei confronti del Duce

Caduta di Mussolini

Il re Vittorio Emanuele III affida il governo al maresciallo Badoglio

Il governo Badoglio firma, il 3 settembre 1943, l'armistizio con gli alleati ma il paese e l'esercito vengono informati dell'accordo solo l'8 settembre

Il re e i membri del governo fuggirono a Brindisi

Mussolini istituisce la Repubblica sociale italiana (RSI): La Repubblica di Salò

Inizia la resistenza partigiana contro l'occupazione tedesca

22 gennaio 1944, Lo sbarco degli alleati ad Anzio determina la liberazione di tutta l'Italia centro-meridionale

4 giugno 1944: Liberazione di Roma ad opera ad opera degli Alleati

La conclusione del conflitto: la sconfitta del nazismo e la resa del Giappone

l6 giugno 1944, lo sbarco in Normandia guidato da Eisenhower, ha inizio la liberazione della Francia

Tra il 4 e l'11 febbraio 1945, si tiene la Conferenza di Yalta tra Roosvelt, Churchill e Stalin per decidere quale sarebbe stato l'assetto dell'Europa

L'armata russa occupa Vienna il 13 aprile, assedia Berlino il 16 aprile e libera Praga nei primi di maggio

30 aprile 1945 suicidio di Hitler

maggio 1945: la Germania firma la resa senza condizioni: fine della guerra in Europa

Il nuovo Presidente degli Stati Uniti, Harry S. Truman, autorizza l'uso della bomba atomica

Il 6 agosto 1945 la prima bomba atomica esplode su Hiroshima e tre giorni dopo su Nagasaki

Il 10 febbraio 1947 nella conferenza di pace di Parigi gli alleati firmano dei trattati con l'Italia e le potenze dell'Asse: l'Italia, rappresentata a Parigi da Alcide De Gasperi, perde tutte le colonie

Si conclude la Seconda Guerra Mondiale

Capitolo 13 LA PROCLAMAZIONE DELLA REPUBBLICA ITALIANA

SOMMARIO:
1. Dal primo governo di de Gasperi alla costituente. - **2**. Ordinamento della repubblica italiana e varo della costituzione. - **3**. L'affermazione della democrazia cristiana e della politica del centrismo. - **4**. Il secondo dopoguerra in Italia.

1. Dal primo governo di De Gasperi alla Costituente.

In Italia, dopo il fallimento del governo Parri, il **10 dicembre 1945** prese il via il **primo governo De Gasperi**, che si presentava come un governo di coalizione di forze antifasciste.

- Il primo atto del nuovo governo fu quello di normalizzare l'amministrazione statale: la **normalizzazione** era sostenuta caldamente anche dai comunisti, nello spirito della svolta di Salerno. Togliatti, in qualità di ministro della Giustizia del governo De Gasperi, propose anche un articolato progetto di **amnistia nei confronti dei fascisti italiani** che non si erano macchiati di crimini, allo scopo di ristabilire un clima di pacifica convivenza tra gli italiani.
- Nel marzo-aprile 1946 si tennero le **prime elezioni amministrative**. Il panorama italiano, per ciò che concerneva l'amministrazione locale post elettorale, era così diviso: nel Nord-est la maggioranza era democristiana, il Nord-ovest era controllato dalle sinistre, il Centro era appannaggio dei socialisti e dei comunisti, nel Sud c'era, invece, una maggioranza incerta.
- Dopo l'abdicazione di Vittorio Emanuele III in favore del figlio Umberto II, si tennero, nella medesima giornata, sia il **referendum istituzionale** (monarchia o repubblica) sia le **prime elezioni a suffragio universale**, in cui votavano per la prima volta anche le donne. Il referendum mostrò esplicitamente la spaccatura tra il Nord d'Italia, prevalentemente repubblicano, e il Sud, a maggioranza monarchica.

L'esito delle votazioni fu la nascita dell'**Assemblea Costituente**: i tre maggiori raggruppamenti furono quello della **Democrazia Cristiana**, che ottenne 207 seggi, quello del **Partito Socialista Italiano di unità proletaria**, che ne ottenne 115, e quello del **Partito Comunista Italiano**, che ne ottenne 104.

- Il 25 giugno 1946 venne insediata l'Assemblea Costituente con **Giuseppe Saragat** alla presidenza. Come suo primo atto, il **28 giugno** elesse come **Capo provvisorio dello Stato Enrico De Nicola**. L'Assemblea aveva innanzitutto il compito di redigere la *nuova Costituzione* e, inoltre, aveva anche altri tre compiti: votare la fiducia al governo, approvare le leggi di bilancio e ratificare i trattati internazionali.

2. Ordinamento della Repubblica italiana e varo della Costituzione.

La Costituzione della Repubblica italiana ebbe la sua **matrice nell'antifascismo**: i suoi contenuti rivelavano una serie di **compromessi tra** i principi generali del **liberalismo democratico e** le **istanze sociali**, delle quali si fecero interpreti i partiti di sinistra e la Democrazia cristiana. Le libertà politiche e civili, la sovranità popolare, la separazione dei poteri – i grandi principi liberali – divennero baluardo e fondamento di una concezione politica che non rinunciava ad un fattivo riconoscimento dei diritti sociali. Secondo i principi del **bicameralismo** e del **suffragio universale** esteso ad entrambi i sessi, la Costituzione stabilì che si formassero due assemblee: la ***Camera dei deputati*** e il ***Senato***. Ad esse spettava l'approvazione delle leggi e la concessione della *fiducia* al governo; questo, composto dal **Presidente del Consiglio** dei ministri e dai ministri stessi, era nominato dal capo dello Stato, il **Presidente della Repubblica**. Mentre i ministri sarebbero stati designati dal Presidente del Consiglio, il Presidente della Repubblica sarebbe stato eletto dalle assemblee legislative in seduta congiunta e restava in carica sette anni. Il **sistema politico italiano** fu organizzato secondo il principio di separazione dei poteri:

- il **potere legislativo** venne attribuito al Parlamento;
- al governo venne affidato il **potere esecutivo**;
- la magistratura, indipendente dall'esecutivo e dal potere legislativo, avrebbe esercitato il **potere giudiziario**;
- il **presidente della Repubblica** venne individuato come massima carica dello stato e ne avrebbe rappresentato l'unità.

- La legge fondamentale della Repubblica, la Costituzione, fu il codice che avrebbe contenuto i principi fondamentali, i diritti e i doveri dei cittadini e che avrebbe fissato l'ordinamento del paese. Il potere legislativo statale spettò al Parlamento, suddiviso in **due Camere**: il **Senato** della Repubblica e la **Camera dei deputati**. Tutte le leggi, in ultima istanza, dovevano essere promulgate dal presidente della Repubblica il quale avrebbe potuto rinviare al Parlamento una legge qualora avesse ritenuto che questa fosse stata in contrasto con la Costituzione (il cosiddetto *veto sospensivo*), ma esclusivamente per la prima volta. Il Consiglio dei ministri avrebbe legittimato il suo potere su una maggioranza parlamentare, tipicamente costituita a partire da una consultazione elettorale tra tutti gli aventi diritto di voto.
- Accanto alle province e ai comuni, la Costituzione determinò la formazione delle **Regioni** per scongiurare il centralismo burocratico: queste esercitavano un potere di carattere non solo amministrativo, ma anche legislativo nell'ambito del proprio territorio e limitatamente a certi settori. Il **potere *giudiziario***, terzo rispetto all'*esecutivo* e al *legislativo*, venne **riconosciuto come autonomo e indipendente**; inoltre, per risolvere il problema della conformità delle leggi con il testo costituzionale, fu creata la ***Corte costituzionale***, responsabile nel dirimere qualsiasi controversia in materia.
- Venne anche introdotto l'istituto del **referendum popolare** valido e legittimo se richiesto da 500.000 elettori o da 5 Consigli regionali, e avente il potere di abrogare *in toto* o in parte una legge ad eccezione di quelle in materia di tasse, bilancio, amnistie e ratifica di trattati internazionali. L'articolo 7 regolava i rapporti fra lo Stato e la Chiesa: lo **Stato della Chiesa** veniva riconosciuto come **ordinamento giuridico indipendente e sovrano**, dunque si definiva tutta una sfera di rapporti indipendenti rispetto alle competenze dello Stato stesso.
- La discussione su questo articolo ebbe un particolare valore storico politico per il Paese: l'articolo avrebbe sanzionato l'inserimento nella Carta costituzionale del concordato tra Chiesa e Stato fascista sottoscritto nel 1929 – i ***Patti lateranensi***. De Gasperi chiese con forza che l'articolo venisse votato da tutta l'assemblea e Togliatti, convinto della negatività per il Paese e la politica italiana di una frattura tra il suo partito e la Democrazia cristiana, annunciò il **voto favorevole dei comunisti** argomentando la scelta con il rifiuto, da parte dell'ala politica da lui rappresentata, della probabile guerra di religione che un rifiuto avrebbe innescato tra le masse popolari in un paese a maggioranza cattolica. L'opposizione rimase quella dei socialisti, dei repubblicani e degli esponenti del Partito d'azione.
- Il sistema politico istituzionale italiano scelse di essere una **repubblica democratica parlamentare**: i progetti che auspicavano di dar vita ad una repubblica presidenziale furono respinti per la paura – enfatizzata dalla recentissima esperienza fascista – di un potere esecutivo troppo forte e sbilanciato; la legge elettorale che avrebbe regolato la **rappresentanza popolare** fu quella **a sistema proporzionale**.

3. L'affermazione della Democrazia Cristiana e della politica del centrismo.

Mentre l'azione di politica moderata di Togliatti puntava a garantire la propria permanenza al governo in un'atmosfera di distesa cooperazione con i democristiani, la sinistra italiana subì delle forti spinte scissioniste.

- Nel gennaio del **1947** il capo della fazione fortemente orientata ad opporsi all'intesa con i comunisti, **Giuseppe Saragat**, creò il **Partito socialista dei lavoratori italiani**; non fu l'unica separazione, perché il "rinato" Psi visse due nuovi scossoni scissionisti nel 1948 e nel 1949. Proprio mentre si consumava la scissione saragatiana, De Gasperi era negli Stati Uniti per concordare importanti aiuti economici che concedettero sicurezza alla Dc e le consentirono di capitalizzare le conseguenze dell'indebolimento delle sinistre: per questo, in contemporaneamente al prodursi di analoghi sviluppi in Francia, nel 1947 De Gasperi decise di mettere fine ai governi di coalizione con le sinistre.
- Alla fine di maggio dello stesso anno si formò il terzo esecutivo dell'era degasperiana, un governo schiettamente **democristiano**, con la partecipazione di indipendenti, come l'economista liberale Luigi Einaudi – uno tra i critici più severi della politica giolittiana – cui fu affidato il Bilancio e del repubblicano Carlo Sforza, titolare del ministero degli Esteri. Mario Scelba, democristiano, resse gli Interni connotandone la gestione con un'impronta chiaramente anticomunista.

Si chiudeva definitivamente la collaborazione al governo tra i grandi partiti di massa; pochi mesi più tardi, l'**Assemblea costituente**, presieduta prima dal socialista Saragat e poi dal comunista Terracini, approvò con 453 voti contro 62 il **testo della nuova Costituzione**, che **entrò in vigore il 1° gennaio 1948**.

01-01-1948 – ENTRA IN VIGORE LA COSTITUZIONE

- Nell'anno dell'entrata in vigore della Costituzione, si tennero le elezioni politiche il 18 aprile. La **vittoria della Democrazia cristiana** fu clamorosa: il consenso crebbe da 8 milioni di voti circa a quasi 13 milioni (pari al 48,5% del totale) e fruttò alla Camera addirittura 305 seggi. Il *Fronte democratico popolare*, nato dall'accordo tra Pci e Psi, ottenne il 31% dei voti e 183 seggi: la perdita per la sinistra, in termini quantitativi, fu di circa 1 milione di voti rispetto alle elezioni del 1946. Pli, Pri e Psdi sposarono la proposta di De Gasperi di entrare nel suo quarto esecutivo, che venne avviato nel maggio del 1948, e venne definito un **governo *quadripartito***, sotto l'egemonia politica democristiana. Si avviava la fase politica detta del ***centrismo***.
- Accadde però un episodio sconcertante: il **14 luglio del '48 uno studente anticomunista sparò a Palmiro Togliatti**. La reazione del paese fu immediata e spontanea e si innescò una tremenda crisi politica. In tutta Italia scoppiarono scontri tra polizia e operai che attraversavano contestualmente la scissione sindacale interna alla Cgil; **il paese sfiorò la guerra civile**, ma Togliatti rifiutò fermamente l'insurrezione e l'agitazione andò lentamente esaurendosi.
- De Gasperi favorì lo sviluppo economico-industriale del Sud (nacque **Cassa per il Mezzogiorno** e fu approvata una **legge per la riforma agraria** del 1950), ma fu poco incisivo. Per le elezioni del 1953, le forze di centro, nel tentativo di schiacciare le sinistre, vararono una **riforma elettorale:** i partiti alleati che avessero ottenuto più del 50% dei voti avrebbero avuto diritto al 65% dei seggi alla Camera. In giugno, per 57.000 voti, l'alleanza delle forze di centro mancò l'obiettivo.
- La DC calò al 40,1% mentre le sinistre si rafforzarono: De Gasperi usciva di scena nel **1953**. Il decennio vide l'alternanza di governi monocolore democristiani o di coalizione centrista in un periodo di relativa stabilità politica, che favorì l'economia.

4. Il secondo dopoguerra in Italia.

Dal punto di vista economico, l'Italia del dopoguerra si confrontava con complessissimi problemi e la soluzione era duplice: lo Stato doveva accollarsi il controllo della ricostruzione oppure questa doveva essere gestita grazie all'iniziativa privata.

- Gli industriali e i maggiori economisti italiani – prevalentemente liberali – premevano per la seconda opzione e per un liberismo privatistico, presupposto, dal loro punto di vista, per una drastica «defascistizzazione» dell'economia. La ripresa economica tardava a concretizzarsi e nella primavera del 1946 salì pericolosamente l'inflazione, colpendo lavoratori e impiegati a reddito fisso.
- Con **Einaudi** al Bilancio e con le misure da lui introdotte nel **1947** ci fu la prima svolta. Come De Gasperi, Einaudi era preoccupato di **contenere l'inflazione** ad ogni costo anche per contrastare la

perdita del valore d'acquisto dei salari dei ceti impiegatizi (e per evitare che questo determinasse un loro passaggio di sostegno politico dal centro-sinistra al centro-destra). La lira venne svalutata per favorire la riduzione delle importazioni, per far rientrare i capitali e rilanciare le esportazioni; contemporaneamente fu messa in atto una politica di restrizione su crediti all'industria e al commercio, secondo una linea deflazionistica. I risultati arrivarono: i prezzi scesero, all'ingrosso come al minuto, la produzione industriale raggiunse l'89% di quella registrata nel 1938 e quella agricola l'84%.

A partire dagli anni Cinquanta, in Italia come negli altri paesi dell'Occidente, si assistette al cosiddetto "**miracolo economico**" (1951-1963), durante il quale si delineò uno **sviluppo industriale** senza precedenti.

- L'area del "**triangolo industriale**" (Milano-Torino-Genova) fu la prima ad essere interessata dalla nuova fase di incremento produttivo, ma lo sviluppo era destinato a diffondersi anche altrove. A livello nazionale, crebbero gli investimenti, si svilupparono **diversi settori industriali** (siderurgico, chimico, produzione manifatturiera e industria meccanica leggera) e furono favorite le grandi e medie imprese del nord che potevano contare su manodopera a basso costo, incarnata soprattutto da migranti meridionali che riuscivano a mantenere bassi i prezzi sui mercati internazionali.
- Si registrò anche un notevole incremento dei **consumi di massa**, in particolare dei generi di lusso (elettrodomestici, automobili e televisioni), mentre parallelamente salivano i salari: come conseguenza, ci fu un **miglioramento delle condizioni di vita** di una larga fascia di popolazione. Il boom, tuttavia, nascondeva anche effetti negativi: l'abbandono delle aree rurali, le disuguaglianze tra nord e sud del paese e gli scarsi investimenti in infrastrutture e consumi pubblici e sociali (case, ospedali, scuole) furono i costi maggiori di questa crescita.

Capitolo 14 | LA GUERRA FREDDA: IL MONDO DIVISO IN DUE BLOCCHI

SOMMARIO:
1. La guerra fredda: quadro storico. - **2**. L'economia occidentale del secondo dopoguerra. - **3**. L'Unione Sovietica. - **4**. La guerra di Corea. - **5**. Verso l'integrazione europea.

1. La guerra fredda: quadro storico.

L'effetto più evidente del nuovo equilibrio creatosi dopo la fine della seconda guerra mondiale fu lo **sgretolamento degli imperi coloniali** costruiti dalle potenze europee: la carta politica del pianeta si trasformò radicalmente nell'arco di pochi anni e una molteplicità di nuovi stati nazionali si affacciò sulla scena mondiale. Dal punto di vista della politica internazionale, gli anni Cinquanta furono caratterizzati da relazioni diplomatiche tese e difficili tra **Usa e Urss**: le due superpotenze ingaggiarono un duro conflitto per l'egemonia planetaria, passato alla storia come **guerra fredda**.
Tale espressione indica il forte contrasto sorto tra i due blocchi contrapposti, senza, però, che vi sia stato un conflitto armato: l'elemento distintivo del periodo fu la cosiddetta "**corsa agli armamenti**", poiché le due potenze ampliarono le loro riserve militari a scopo difensivo e offensivo, intendendoli come deterrenti per dissuadere l'avversario dal tentativo di aggressione.
Già a partire dal 1946 nacquero **nuovi contrasti fra l'Urss e le potenze occidentali** su due fronti:

1. **in Iran**, dove Stalin si rifiutò di ritirare le truppe;
2. **nei Dardanelli**, dove l'Urss chiese alla Turchia, che rifiutò, nuove condizioni per l'accesso agli stretti.

I due territori erano sotto il controllo della Gran Bretagna, che doveva garantire gli equilibri europei, ma, a causa della difficile condizione economica che stava attraversando, dichiarò di non poter rispettare l'impegno preso e perse il ruolo di potenza mondiale. Gli Stati Uniti la sostituirono, inviando una flotta nel Mar Egeo e costringendo Stalin a rinunciare alle sue richieste. Venne applicato così il ***containment***, cioè il **contenimento dell'espansionismo russo con l'uso della forza**. Inoltre, in base alla **dottrina Truman**, gli Usa s'impegnarono ad appoggiare i popoli liberi nella resistenza contro le pressioni straniere.

- Tra il 1946 e il 1947 i contrasti fra Russia e Stati Uniti si accentuarono, dando inizio a quella contrapposizione fra i due blocchi che fu definita **guerra fredda**. Le conseguenze di tale divisione furono particolarmente visibili in **Grecia**, dove scoppiò una **guerra civile** e si creò un attrito tra Usa e Urss, poiché le forze comuniste sovietiche si scontrarono con quelle conservatrici sostenuti dalle forze occidentali. I comunisti furono sconfitti nel 1949.
- Lo scontro più grave avvenne per la **spartizione della Germania**, che, in base agli accordi di Postdam, era stata divisa in **quattro zone di occupazione** (americana, inglese, francese e sovietica). Anche la capitale Berlino venne divisa in quattro zone, dove Stati Uniti e Gran Bretagna liberalizzarono l'economia e la migliorarono con gli aiuti economici previsti dal **piano Marshall** (vedi paragrafo successivo); mentre Stalin reagì con il **blocco di Berlino**, chiudendo gli accessi alla città e impedendo il rifornimento ai paesi occidentali, per far sì che essi abbandonassero la parte ovest. Tuttavia, gli Americani non reagirono con uno scontro militare, ma organizzarono un ponte aereo per rifornire la città, fino a quando i sovietici tolsero il blocco poiché si era rivelato inutile.

2. L'economia occidentale del secondo dopoguerra.

Senza precedenti fu lo sviluppo che si registrò durante questo ventennio e che investì l'economia dei paesi occidentali. Nel 1947, infatti, gli Stati Uniti organizzarono l'***European Recovery Program*** (ERP), meglio noto come **Piano Marshall** dal nome del suo ideatore, il segretario di Stato americano George C. Marshall, che prevedeva l'**intervento economico americano a sostegno dei paesi europei** devastati dalla guerra, per avviarne la ricostruzione. L'Urss e i suoi paesi satelliti non accettarono gli aiuti del Piano, che furono, invece, accolti dalla nazioni occidentali.

- Inoltre, nel **1949** i paesi occidentali che ricevevano gli aiuti americani tramite il piano Marshall firmarono, insieme a Stati Uniti e Canada, il Patto Atlantico, ossia il trattato costitutivo della **NATO** (*North Atlantic Treaty Organization* - Organizzazione del Trattato dell'Atlantico del Nord), un'organizzazione internazionale per la collaborazione nel settore della difesa. I Paesi firmatari e fondatori del **Patto Atlantico** furono, oltre a Stati Uniti e Canada, Belgio, Danimarca, Francia, Islanda, Italia, Lussemburgo, Norvegia, Paesi Bassi, Portogallo e Regno Unito.
- Il blocca comunista rispose fondando, nel **1955**, il **Patto di Varsavia**, con il quale i membri dell'alleanza promettevano di difendersi l'un l'altro in caso di aggressione.
- Sotto la spinta dell'economia americana e degli aiuti americani all'economia europea e giapponese (così come prevedeva il **Piano Marshall**), le capacità produttive di tutti i paesi dell'Occidente aumentarono notevolmente e il prodotto interno lordo dei singoli stati andò crescendo con sorprendente rapidità. Ne beneficiarono soprattutto i settori industriali legati alla produzione di beni di consumo, come il tessile e l'industria degli elettrodomestici e delle automobili, la cui domanda andò crescendo esponenzialmente. Vari furono i fattori che contribuirono a questo risultato, primi tra tutti la liberalizzazione degli scambi internazionali e la stabilità dei cambi.

Dopo anni di **dirigismo economico** e **protezionismo**, nel 1947 i 25 stati che rappresentavano l'85% del commercio internazionale firmarono un accordo internazionale sulle tariffe e sul commercio (**GATT**), che aboliva qualsiasi forma di limitazione agli scambi e prevedeva una graduale riduzione dei dazi doganali. Inoltre, la convertibilità di tutte le monete e l'adozione del **dollaro come parametro per fissare il valore delle altre valute**, sancita dagli **accordi di Bretton Woods**, offriva ai mercati una base stabile che facilitò le transizioni internazionali.

- In questa prospettiva, i consumi di massa esplosero, vennero immessi sul mercato nuovi prodotti e furono sperimentate efficaci forme di commercializzazione. **La ricchezza crebbe e con essa le retribuzioni e l'occupazione**, rendendo disponibile per i consumi una quota sempre più alta di reddito nazionale. A partire dagli anni sessanta si generò sotto la spinta dell'innovazione tecnologica una grande trasformazione sociale e culturale che investì, in particolare, il campo delle comunicazioni e dell'elaborazione e trasmissione delle informazioni. L'era della televisione modificò lo stile di vita e l'organizzazione del tempo libero delle famiglie; offrì opportunità di mobilità sociale, formazione, informazione e diffusione di miti e culture collettive impensabili fino a poco tempo prima.

3. L'Unione Sovietica.

Lo **sviluppo economico** fu rapidissimo anche nei paesi del blocco comunista, ma l'Unione Sovietica era, rispetto agli Stati Uniti, in una posizione di svantaggio: non disponeva, infatti, nei confronti dei paesi della sua sfera di influenza, di una superiorità economica e tecnologica che le consentisse di integrarli in un unico blocco economico e politico.

L'Urss, per rafforzare la sua leadership, utilizzò lo strumento più forte di cui disponesse, la **supremazia militare**, per costruire una fascia protettiva attorno ai confini occidentali e per trarre dai paesi satellite ricchezze e prodotti industriali da destinare alla propria ricostruzione economica. Perseguendo questo secondo obiettivo, nacque nel 1949 il **Comecon (Consiglio di mutua assistenza economica)**, un'area economica e commerciale chiusa, comprendente l'Urss e i paesi della sua sfera d'influenza.

Contemporaneamente, si procedeva alla **nazionalizzazione** di gran parte delle attività industriali, artigianali e commerciali e alla collettivizzazione dell'agricoltura: fu messo a tacere ogni dissenso interno, la mobilità sociale e fisica dei cittadini "oltre la cortina" fu ristretta e la produzione fu concentrata sulle commesse militari per reggere la competizione con gli USA.
Stalin intervenne in politica estera per favorire l'istituzione di **democrazie popolari**, cioè comuniste, nelle nazioni satelliti, in particolare in **Polonia** (1947), **Ungheria** (1947), **Romania** (1947) e in **Cecoslovacchia** (anche se tale metamorfosi qui avvenne con più difficoltà e si concluse solo nel 1948 con il cosiddetto **colpo di Praga**).

- Riguardo alla Polonia, in particolare, Stalin la considerava una minaccia poiché più volte, penetrando quel territorio, i nemici erano entrati in Russia. Quindi nel 1945, grazie a degli accordi interalleati, egli insediò a **Varsavia** un **governo controllato dai comunisti**, che s'impadronirono dei principali centri di potere e ruppero la coalizione con i borghesi.
- Nonostante la resistenza opposta, anche in **Romania, Bulgaria e Ungheria** i partiti comunisti avviarono il processo di sovietizzazione e nel **1949** si tennero le **elezioni a lista unica**. La **Cecoslovacchia** era costituita da un governo formato dall'alleanza fra i partiti di sinistra. Questa coalizione si ruppe quando si trattò di aderire al piano Marshall, sostenuto da socialisti e borghesi e ostacolato dai comunisti. I comunisti attuarono un colpo di stato e assunsero il pieno controllo del governo. Nel 1948 si tennero le elezioni a lista unica, il presidente della Repubblica si dimise e il paese divenne una democrazia popolare.
- L'unico stato satellite che si riuscì a separarsi dall'Unione sovietica fu la **Jugoslavia**, nel 1948, grazie alle resistenze di Tito ai piani staliniani di divisione del lavoro. L'Urss sospese i rapporti con i comunisti jugoslavi e li estromise dal **Cominform** (Ufficio d'informazione dei partiti comunisti). Il paese prese così le distanze da entrambi i blocchi e in politica interna cercò di stabilire l'equilibrio tra statizzazione ed economia di mercato. In campo economico adottò un sistema basato sull'**autogestione delle imprese** che, tuttavia, non consentì lo sviluppo di un'economia di mercato. Lo scisma jugoslavo provocò una reazione repressiva verso il mondo comunista, con l'attuazione di purghe nei confronti dei dirigenti dell'Est.

Il clima di forte contrapposizione non migliorò nemmeno dopo la **morte di Stalin**, nel **1953**, che aprì una grave frattura fra il gruppo dirigente ortodosso e quello innovatore. Il **nuovo leader sovietico, Kruscëv**, nel 1956 decretò la **fine del sistema delle "grandi purghe"** (le repressioni di massa organizzate da Stalin per liberarsi dai dissidenti) e denunciò i crimini di Stalin. Tuttavia, le dichiarazioni di Kruscëv non portarono a significative trasformazioni del sistema politico ed economico sovietico e, sebbene si avvertì una certa apertura al dialogo, non cambiò affatto la politica nei confronti dei Paesi alleati, con la violenta repressione delle rivolte in Polonia e in Ungheria (1956).

- Infatti, in **Polonia**, nel giugno del **1956**, e più ancora in **Ungheria**, le truppe del patto di Varsavia intervennero per stroncare tentativi di destabilizzare i regimi comunisti al potere: il simbolo più eclatante di questa nuova tendenza fu l'innalzamento, il **13 agosto 1961**, del **muro di Berlino** che divise la città per ben 28 anni, diventando l'emblema della guerra fredda.

Il panorama europeo presentava anche alcune **eccezioni** alla rigida suddivisione dei blocchi: quella più importante era costituita dalla **Jugoslavia**, con un regime comunista non allineato alle posizioni sovietiche. Nella penisola iberica, invece, perduravano le due dittature di stampo fascista sia di **Francisco Franco in Spagna** sia di **Antonio Salazar in Portogallo**, che rimasero in vita fino alla metà degli anni Settanta.

4. La guerra di Corea.

La guerra fredda conobbe una fase particolarmente aspra con **guerra di Corea (1950-1953)**, la quale portò a un confronto militare, seppur indiretto, tra le due superpotenze, poiché gli Stati Uniti si schierarono con la Corea del Sud, mentre l'Urss appoggiò il regime comunista nordcoreano.

- In seguito agli accordi intercorsi tra le grandi potenze dopo la Seconda Guerra Mondiale, la **Corea** era stata, infatti, **divisa in due zone d'influenza**: quella a nord del 38° parallelo fu assegnata alla sfera sovietica, quella a sud agli occidentali. A **nord** fu varato un esecutivo guidato dal comunista **Kim II Sung**, a **sud** un gabinetto nazionalista affidato a **Syngman Ree**.

- Il 25 giugno 1950, ricevuti aiuti militari da Mosca, Kim Il Sung sfondò la linea del 38° parallelo intenzionato ad abbattere il regime conservatore di Ree (arrivò fino a Seul): **Truman**, allora, ordinò l'intervento dell'esercito americano. L'esercito americano respinse l'offensiva nordcoreana e si spinse fino al confine cinese, provocando l'intervento militare cinese.
- Il **10 luglio 1951**, mentre si combatteva intorno al 38° parallelo, iniziò la **Conferenza di Pace di Keasong**, terminata con la restaurazione dello *status quo ante*: l'armistizio del 1953 riconfermò, infatti, la divisione lungo il confine del 38° parallelo.

5. Verso l'integrazione europea.

Su iniziativa di Gran Bretagna e Francia, nacque nel **1949** il **Consiglio d'Europa**, che, l'anno successivo, stilò a Roma una prima "**Convenzione europea per i diritti dell'uomo**".

- Nel 1950 il premier francese Robert **Schuman** (1886-1963) dichiarò che l'unico modo per evitare i conflitti in Europa sarebbe stato quello di creare una **federazione tra gli Stati** del vecchio continente: tale dichiarazione sembrò il primo passo verso l'integrazione degli Stati europei. Schuman, insieme a De Gasperi e Adenauer, fu l'artefice di una via pragmatica a tale integrazione, basata essenzialmente su accordi e strategie commerciali ed economiche.

Su iniziativa dei politici francesi Jean Monnet e Robert Schuman, venne creata la **Comunità europea del carbone e dell'acciaio** (**CECA**) con il **Trattato di Parigi** del **18 aprile 1951**, con lo scopo di mettere in comune le produzioni di queste due materie prime in un'Europa di sei paesi: Belgio, Francia, Germania Occidentale, Italia, Lussemburgo e Paesi Bassi. Si optò, dunque, per la **cooperazione economica** e, fra il 1955 e il 1957, l'Europa compì passi decisivi: proprio nel 1955 il ministro degli Esteri italiano, Gaetano Martino, organizzò a Messina una riunione con i colleghi dei **paesi membri della CECA** per valutare un allargamento ad altri settori della collaborazione fra essi: trasporti, energia, atomica (per usi civili), dazi e dogane.

- La CECA fu l'istituzione che precorse la strada del **Trattato di Roma** del **1957**, con il quale venne costituita la **Comunità economica europea (CEE)**, divenuta Unione europea nel 1992, che puntava a creare un **Mercato comune europeo**, eliminando dazi e tariffe fra gli stati membri e creando, in sostituzione, un'unica tariffa esterna comune: i sei paesi cominciavano ad essere considerati un unico stato ai fini della circolazione delle merci e dei servizi.

Nel **Preambolo** del Trattato di Roma, i firmatari del trattato (sei Stati: **Belgio**, **Francia**, **Germania**, **Italia**, **Lussemburgo**, **Paesi Bassi**) dichiaravano di:

- essere determinati a porre le fondamenta di un'**unione sempre più stretta fra i popoli europei**;
- essere decisi ad assicurare mediante un'**azione comune il progresso economico e sociale** dei loro paesi, eliminando le barriere che dividono l'Europa;
- avere per scopo essenziale il **miglioramento costante delle condizioni di vita e di occupazione** dei loro popoli;
- essere solleciti di rafforzare l'**unità delle loro economie** e di assicurarne lo sviluppo armonioso riducendo le disparità fra le differenti regioni e il ritardo di quelle meno favorite;
- voler confermare la **solidarietà** che lega l'Europa ai paesi d'oltremare e assicurare lo **sviluppo della loro prosperità** conformemente ai principi dello statuto delle Nazioni Unite;
- essere risoluti a rafforzare le **difese della pace e della libertà** e a fare appello agli altri popoli d'Europa, animati dallo stesso ideale, perché si associno al loro sforzo.

Gli effetti del Mercato comune consentirono un rilancio delle economie dei paesi associati; tuttavia, l'integrazione rallentò a causa degli egoismi nazionali.

- Oltre alla CEE, si creò un'ulteriore autorità: la ***Comunità europea per l'energia atomica*** (**Euratom**), che avrebbe dettato criteri e norme comuni per produrre e usare energia atomica nei paesi sottoscrittori del trattato.

- La ratifica dei due trattati avvenne a Roma, in Campidoglio, il 25 marzo **1957**: la CEE ebbe un decollo e uno sviluppo dalla velocità impressionante anche perché incrociò il momento di massima espansione delle economie post-belliche. L'Euratom, invece, ebbe un impatto meno esteso del previsto a causa dello strapotere del petrolio come principale fonte di energia per il continente europeo; era sorta anche come risposta al ruolo sempre più marginale che gli europei avevano in Medio Oriente in virtù dell'espansionismo economico statunitense.

Il mondo attraversava, infatti, una fase di profonda **decolonizzazione** e l'immagine delle "vecchie" potenze –in particolar modo Francia e Gran Bretagna– ne usciva appannata e irreversibilmente ridimensionata. Tuttavia, **non si credette nel nucleare** come potenziale fonte energetica del futuro né divenne il carburante dello sviluppo come numerosi europeisti e lo stesso Jean Monnet avevano preconizzato. In campo energetico tutti gli interessi più grossi ruotavano attorno al **petrolio**, disponibile a prezzi più che competitivi fino al 1973 sul mercato internazionale.

Capitolo 15 | IL PROCESSO DI DECOLONIZZAZIONE MONDIALE

SOMMARIO:
1. La decolonizzazione: quadro storico. - **2**. La decolonizzazione in Asia. - **3**. La guerra del Vietnam. - **4**. Il Medio Oriente e il conflitto arabo-israeliano. - **5**. La decolonizzazione in Africa. - **6**. L'America latina e la rivoluzione cubana.

1. La decolonizzazione: quadro storico.

La seconda guerra mondiale sancì la definitiva **crisi del colonialismo**. I gruppi indipendentisti acquistarono sempre più forza e, appoggiati dai giapponesi, agirono in Asia per cacciare Inglesi e Francesi. Anche Usa e Urss intervennero per rimuovere la presenza europea dall'Asia e dall'Africa, allo scopo di affermare la loro egemonia. Fu così che avviarono il processo di decolonizzazione e, con la Carta atlantica del 1941, fu proclamato il principio di **autodeterminazione dei popoli**, cioè il diritto di tutti i popoli a scegliere la forma di governo da cui intendono essere retti.

La decolonizzazione, ossia il **processo di conquista dell'indipendenza** politica da parte dei Paesi colonizzati extraeuropei, si sviluppò durante gli anni della divisione del mondo in due blocchi, ponendo le basi per delle profonde trasformazioni nei paesi del cosiddetto "Terzo Mondo". La liberazione nazionalistica dalla presenza occidentale fu associata ad una **rivolta anticapitalistica**, nel tentativo di realizzare l'indipendenza e di costruire una società più equa. Il raggiungimento dell'indipendenza delle ex colonie si realizzò mediante due modalità differenti: la **lotta armata** e l'**emancipazione pacifica**.

Il processo di decolonizzazione fu favorito anche dalla graduale affermazione della **Cina** come **terzo polo** delle relazioni internazionali e dalla costituzione del **Movimento dei paesi non allineati**, contrario a colonialismo, imperialismo e neocolonialismo: il movimento prese forma nel **1955** con la **Conferenza di Bandung**, in Indonesia, con la quale fu sostenuta la **politica del non allineamento** (ossia di una posizione equidistante tra blocco occidentale e blocco sovietico).

2. La decolonizzazione in Asia.

In Asia si registrò l'ascesa di due nuove potenze: l'India e la Cina. L'**Asia** precedette il continente africano nella liberazione dal dominio coloniale, grazie ad una **più avanzata organizzazione politica e sociale**. Inoltre, il contatto con gli europei favorì la nascita di gruppi locali che avviarono i paesi verso l'emancipazione.

Tale fu il caso dell'**India** dove, grazie all'affermazione del Partito del congresso (borghesia indiana) e all'influenza politica e morale di Gandhi, nacque un movimento nazionalista. Con una serie di campagne di disobbedienza civile e non violenta, Mohandas K. **Gandhi** (1869-1948) riuscì ad ottenere importanti concessioni, fino a raggiungere la **piena indipendenza**.

- Nel **1947** l'**India** completò un lungo percorso di **indipendenza**, il 15 agosto 1948, divenendo una Repubblica democratica e federale guidata da Jawaharlal **Nehru** (1889-1964), grande protagonista della politica del non allineamento. Tuttavia, l'india doveva affrontare i gravi problemi legati alla convivenza tra musulmani e indù, i due principali gruppi religiosi, che causarono la divisione tra India e Pakistan.
- Furono così creati **due nuovi Stati**: l'Unione Indiana e il Pakistan musulmano; tuttavia, i perduranti contrasti tra indiani e musulmani sfociarono in una guerra civile.

Nel **Sud-Est asiatico** il processo di emancipazione fu condizionato dal confronto tra le forze nazionaliste e i movimenti comunisti, insediati nelle campagne:

- In **Birmania e Malesia** prevalsero i nazionalisti;
- in **Indonesia** il movimento nazionalista ottenne l'indipendenza nel '49 e fu avviato il processo di emancipazione economica;
- nel **Regno di Thailandia** le forze moderate mantennero sempre il potere;

La **Cina**, liberata dall'occupazione giapponese della seconda guerra mondiale, era divisa tra **due governi**: nel 1945 i **comunisti di Mao Zedong** controllavano una parte del territorio settentrionale, mentre i **nazionalisti di Chiang Kai-Shek**, sostenuti dagli aiuti americani, guidavano il resto del paese. Ne scaturì une **guerra civile** che vide vittoriosi i comunisti di Mao: il 1° ottobre 1949 Mao proclamò la **nascita della Repubblica popolare cinese**, con capitale Pechino. La politica economica ed internazionale del comunismo maoista ha attraversato fasi alterne, fino ad un irrigidimento interno che culminò con la "Rivoluzione culturale", avviata dal 1966.

Mao, infatti, a partire dagli anni Cinquanta, contrappose al modello sovietico dell'industrializzazione forzata la **via contadina al socialismo**, fondata su una riforma agraria gestita per mezzo delle comuni agricole e su una industrializzazione rallentata, funzionale allo sviluppo del settore agricolo.

- Nel 1958 Mao lanciò il "**grande balzo in avanti**", un piano inteso come modello alternativo per la crescita economica, il quale contraddiceva il modello sovietico basato sull'industria pesante. In base a questo programma economico, l'**agricoltura** cinese sarebbe stata **collettivizzata** e sarebbe stata incentivata la piccola industria rurale a base collettivista; l'intenzione era, cioè, di compiere una rapidissima **industrializzazione** del Paese convertendo i contadini in operai. Nel mezzo del grande balzo, Kruscev ritirò il supporto tecnico sovietico e bloccò ogni aiuto economico e militare, non condividendo le idee economiche di Mao.
- Il grande balzo finì nel 1961: sia in Cina sia all'estero il grande balzo in avanti è stato unanimemente riconosciuto come una politica disastrosa che causò la morte di milioni di persone, falciate non solo dalla fame, ma anche dalle operazioni militari poste in essere dell'esercito per controllare le ribellioni dei piccoli proprietari terrieri.

Travagliata fu anche la decolonizzazione del **Vietnam**: i francesi, dopo una lunga guerriglia, furono sconfitti a Dien Bien Phu (1954) dal **Fronte per l'indipendenza del Vietnam**, guidato dal comunista Ho Chi Minh.

La **Conferenza di Ginevra**, che si riunì nel 1954, definì l'indipendenza del Laos e della Cambogia e divise il **Vietnam in due stati**: uno Nord, comunista e appoggiata dall'Urss, e uno Sud, sostenuto dagli Stati Uniti. Dal 1957 nel Vietnam del Sud cominciò ad operare un **Fronte di liberazione nazionale comunista** (**Vietcong**) che si opponeva con fermezza al governo filo-occidentale, chiedendo la riunificazione del Paese: fu la premessa della guerra del Vietnam.

3. La guerra del Vietnam.

- La determinante presenza militare statunitense nello scacchiere mondiale coinvolse gli Usa anche in Indocina: formatosi il **Fronte di liberazione nazionale**, **Vietcong**, guidato dai comunisti e appoggiato dal Vietnam del nord, gli Stati Uniti, allora guidati da Kennedy, appoggiarono il dittatore cattolico Ngo Dinh Diem, che doveva fronteggiare la guerriglia contro i Vietcong, ma i successi militari del Fronte di liberazione e le manifestazioni della maggioranza buddhista ostile al dittatore portarono al colpo di mano militare che eliminò Diem; il nuovo governo sudvietnamita chiese subito il sostegno militare degli americani.
- All'indomani dell'**assassinio di Kennedy**, avvenuto a Dallas il 22 novembre 1963, il presidente **Johnson** (1908-1973) attuava l'*escalation* dell'impegno militare diretto a sostegno del Vietnam del Sud in un'area ritenuta cruciale per impedire l'egemonia comunista nel continente asiatico: ebbe così luogo la **guerra del Vietnam** combattuta tra il **1964** e il **1975**.
- Le spese militari, le perdite umane e il sostegno ad una dittatura impopolare alienarono l'opinione

pubblica interna e compromisero l'immagine internazionale degli USA. L'**impegno americano in Vietnam** (543.000 uomini solo nel 1969) **non diede i frutti sperati**: il neoeletto presidente Nixon avviò così i negoziati con i Nordvietnamiti per mezzo della **mediazione del segretario di Stato H. Kissinger**. Il tentativo di bloccare i rifornimenti ai guerriglieri Vietcong, operanti nel sud del Vietnam, estese il conflitto a Cambogia e Laos. Solo dopo una grande offensiva nord-vietnamita e la ripresa dei bombardamenti americani sul Nord Vietnam si giunse al ritiro americano nel 1973 e al conseguente armistizio con gli USA.

4. Il Medio Oriente e il conflitto arabo-israeliano.

Il Medio Oriente è stato caratterizzato da profonde tensioni scatenate a causa della nascita, il **14 maggio del 1948**, dello **Stato di Israele**, a cui seguì l'insediamento di milioni di ebrei nei territori della Palestina.

- Il giorno successivo **Egitto, Giordania e Iraq**, uniti nella **Lega araba**, attaccarono lo Stato per distruggerlo sul nascere: gli israeliani, non senza difficoltà, riuscirono a vincere, concludendo il primo conflitto nel **1949**. Israele cominciò così a costruire la propria struttura economico-sociale ed istituzionale, ma la sua esistenza continuava a non essere accettata dagli arabi, che attaccarono nuovamente lo Stato nel **1967** (nella cosiddetta **Guerra dei Sei giorni**) e nel **1973** (nella **Guerra del Kippur**): i conflitti si conclusero con altrettanti **successi militari israeliani** e in un ampliamento del territorio dello Stato ebraico.
- Nel **1967** il presidente egiziano Nasser (arabo) chiese il ritiro delle forze dell'Onu dal Sinai e proclamò la **chiusura del golfo di Aqaba**, necessario per il rifornimento israeliano, stringendo un patto con la Giordania. Gli israeliani (ebrei) reagirono attaccando **Siria, Egitto e Giordania**. L'Egitto perse la penisola del Sinai, la Giordania tutti i territori della riva del Giordano, inclusa Gerusalemme, e la Siria perse il Golan.
- La guerra fu devastante e causò la **divisione dei movimenti di resistenza palestinese**, riuniti nell'**OLP** (**Organizzazione per la Liberazione della Palestina**) e tutelati dagli arabi. Guidata da **Arafat**, l'OLP si stabilì in Giordania e il re di Giordania Hussein oppose resistenza. Nel **"settembre nero"** del 1970 mobilitò le sue truppe contro i palestinesi che furono costretti a fuggire in Libano. Da allora l'OLP ampliò il terrorismo a livello internazionale, attuando vari attentati (come quello a Monaco nelle olimpiadi del 1972).
- Nel frattempo Nasser morì e fu sostituito da Sadat, che revisionò la politica egiziana e recuperò il Sinai. Nel **1973**, nel giorno della **festa ebraica dello Yom Kippur**, le truppe egiziane attaccarono improvvisamente le truppe israeliane, ma Israele riuscì a respingere gli invasori grazie agli aiuti americani. Gli israeliani dimostrarono di essere militarmente più forti degli egiziani, ma il blocco petrolifero e la chiusura del Canale di Suez decretata dagli Arabi con gli alleati occidentali di Israele mutarono l'equilibrio internazionale.
- Protagonista dell'opposizione araba ad Israele è, dunque, per trent'anni, l'**Egitto**, il quale ha attraversato alterne fasi politiche: il periodo del governo nazionalistico di **Nasser** (dal 1952 al 1970) è segnato da una linea politica antioccidentale e filosovietica, che comportò la **nazionalizzazione del canale di Suez** nel 1956; la successiva presidenza di **Sadat** (dal 1970 al 1981) è, invece, caratterizzata da un riavvicinamento all'area occidentale e culminò con la firma degli **accordi di pace con Israele nel 1978**.
- Negli altri paesi medio-orientali si susseguirono **rivolte popolari** (**Iran**), **guerre civili** (**Libano**) e **dittature** (**Siria**, **Iraq**), che assunsero una posizione prettamente nazionalistica, non collocata con i due blocchi internazionali.

5. La decolonizzazione in Africa.

Il continente africano fu progressivamente liberato dal dominio coloniale europeo dalla fine della Seconda guerra Mondiale: tale processo, che culminò con l'**indipendenza di numerosi stati africani**, si completò tra gli Sessanta e Settanta.

In particolare, il **1960** fu denominato "**anno dell'Africa**", dato che ben 17 paesi africani ottennero l'indipendenza. Tra questi, si ricordano i principali, che furono: la Nigeria (britannica), il Senegal, la Costa d'Avorio, la Mauritania, il Ciad, il Mali, la Repubblica Centrafricana, il Niger (francesi), la Somalia (rimasta dal 1945 in "amministrazione fiduciaria dell'Italia"), il Congo (la cui lotta per l'indipendenza dal Belgio ebbe caratteri drammatici, che non posero fine alla lacerazione interna del paese).

- Particolarmente drammatica fu la lotta per l'**indipendenza nel Congo**, ottenuta dal Belgio nel 1960, cui seguirono all'interno lo scoppio della guerra civile e il tentativo di secessione del Katanga, area geografica ricca di risorse minerarie. L'equilibrio venne ristabilito con l'**intervento dell'Onu**. Il conflitto del Congo divenne il simbolo di tutti i contrasti che attraversavano l'Africa e che misero in evidenza la **fragilità delle istituzioni politiche** africane, le quali lasciarono il posto ai regimi militari di stampo autoritario. All'instabilità politica si aggiunse anche una debolezza economica che rischiava di provocare l'ennesima dipendenza dai paesi industrializzati. Per evitare il neocolonialismo, i paesi ruppero con l'Occidente e avviarono uno sviluppo basato sul mercato interno ed esclusivamente gestito dallo Stato.

Nel complesso, i nuovi Stati africani indipendenti, specialmente gli ex possedimenti coloniali britannici e francesi, hanno comunque mantenuto solidi legami e una posizione di **dipendenza economica** con le nazioni europee colonizzatrice. Un'eccezione significativa fu l'**Algeria**, in cui la comunità francese ivi stanziata si oppose strenuamente all'indipendenza, provocando una grave crisi istituzionale anche nella madrepatria.

- In **Francia**, infatti, la decolonizzazione provocò il collasso delle istituzioni repubblicane e segnò una lunga stagione di instabilità che i governi degli anni Cinquanta, fragili di fronte al mutevole assetto degli equilibri parlamentari, non seppero adeguatamente gestire: nel **1956**, infatti, **Marocco e Tunisia** avevano ottenuto l'**indipendenza**; in **Algeria** la situazione si complicò notevolmente a causa della presenza di circa un milione di europei, denominati *pieds noirs*, che sentivano quella terra propria al pari di arabi e berberi. L'estensione della cittadinanza francese a tutti gli algerini non migliorò la situazione: nell'assemblea locale i bianchi, pur essendo un ottavo della popolazione, contavano come fossero il 50%. L'insostenibile situazione sfociò in un conflitto sanguinosissimo che, dopo una terribile **repressione degli abitanti algerini** – si stimano circa 300.000 vittime –, fu sbloccata dal generale **De Gaulle** solo nel 1959.
- La **crisi algerina** comportò la caduta della Quarta repubblica francese, consegnando il paese a De Gaulle che l'aveva dotato di una **Costituzione** nuova, di tipo semipresidenziale, confermata dal consenso dell'80% dei francesi chiamati ad esprimersi attraverso il referendum, inaugurando così l'avvento della **Quinta repubblica**.
- Convinto dell'irreversibilità del processo di decolonizzazione, nel 1959 De Gaulle aveva concesso all'Algeria l'autodeterminazione, tappa intermedia che si concluse, nel **1962** con gli **accordi di Évian**, con il raggiungimento dell'**indipendenza** da parte dell'Algeria.

Per quanto riguarda i possedimenti coloniali britannici, particolarmente significativo fu il caso dell'**Egitto**, che era uno Stato formalmente indipendente dalla Gran Bretagna.

- All'inizio degli anni Cinquanta, si diffuse nel paese un forte **nazionalismo arabo** che riuscì a raggiungere un compromesso con gli Inglesi, i quali rinunciarono al controllo sulla politica estera e sulla difesa, ma lasciarono la loro presenza militare nel canale di Suez. Nel **1952** una **rivolta** di ufficiali guidati da **Nasser** rovesciò la monarchia di re Fārūq I e insediò un nuovo regime socialista, di cui Nasser venne nominato Primo ministro nel 1954. Nasser varò delle riforme e avviò un processo d'industrializzazione.
- In politica estera Nasser guidò i paesi arabi nella **lotta contro Israele**, **liberò il Canale di Suez** dalla presenza inglese e stipulò con l'Urss degli accordi per aiuti economici e militari. Nel 1956 gli Stati Uniti bloccarono il finanziamento della Banca mondiale per la costruzione della **diga di Assuan**, sul Nilo, e Nasser reagì proclamando la **nazionalizzazione del Canale di Suez**, dove Francesi e Inglesi avevano forti interessi. Questo scatenò la crisi internazionale e nel 1956 Israele attaccò l'Egitto,

sconfiggendolo, mentre Inglesi e Francesi s'impossessarono nuovamente del Canale. Gli Stati Uniti rimasero neutrali, l'Urss invece inviò un ultimatum a Francia, Gran Bretagna e Israele, che cedettero e ritirarono le loro truppe.

- L'Egitto acquistò un notevole prestigio grazie a Nasser che, riproponendo il **panarabismo**, cioè l'unione di tutti i popoli arabi, acquistò la popolarità tra le masse. Nel 1954 la Siria si unì all'Egitto, formando la **Repubblica araba unita** controllata da Nasser. Tuttavia, il sogno dell'unità araba venne contrastato dalle gelosie nazionali e dalle divisioni ideologiche. In **Libia**, nel **1969**, una rivoluzione portò al potere il colonnello **Gheddafi**, che cercò di creare un "socialismo islamico" e, sul piano internazionale, perseguì una politica che avrebbe alimentato le tensioni nell'area meridionale.

6. L'America latina e la rivoluzione cubana.

Nei paesi dell'America Latina lo sviluppo socio-economico fu rallentato a causa dell'**arretratezza** e della **forte dipendenza dagli Usa**, che avevano sostituito l'influenza britannica. In alcuni casi, come in Messico, l'aiuto americano consentì la crescita industriale; in altri, come nel Centro America, gli americani ostacolarono qualsiasi forma di miglioramento.

- In generale, tali aiuti avevano la funzione di tutelare il continente, infatti nel **1948** fu creata l'**Organizzazione degli Stati americani**, che garantiva una collaborazione economica tra i continenti, ma aveva anche lo scopo di impedire l'aggravarsi dell'instabilità politica per evitare l'avanzata del comunismo. Gli anni della guerra furono anni di sviluppo economico per i paesi latino-americani, che riuscirono a far crescere le industrie nazionali.
- Inoltre, questo generale miglioramento consentì l'**incremento del ceto medio urbano**, che si alleò con le classi più povere. L'**instabilità politica** dell'America centrale e meridionale si caratterizzò nell'oscillazione tra liberismo, populismo e autoritarismo.
- Un esempio fu il **regime populista-autoritario di Peròn** in Argentina. Sul piano economico vi fu un continuo aumento dell'inflazione e una crisi della produzione agricola e nel **1955** Peròn fu eliminato da un **colpo di Stato**. Nel 1966, con un nuovo colpo di Stato, si affermò una dittatura di destra.
- In Brasile venne instaurato da **Vargas** un **movimento populista**, abbattuto nel 1945. Nel 1950 Vargas tornò al potere, ma non riuscì a risollevare le difficili condizioni del paese e si suicidò. I successori non riuscirono a liberare il paese dai rapporti di dipendenza commerciale con l'estero e a risolvere gli squilibri sociali. Nel **1964** un nuovo **colpo di Stato**, appoggiato dagli Usa, riportò al potere i militari, che insediarono un regime di repressione interna.
- **Regimi militari e dittatoriali** si affermarono anche negli Stati del Sud America (Venezuela, Colombia, Paraguay, Bolivia, Perù). Gli **unici paesi democratici** rimasero l'Uruguay, il Cile e il Messico, dove la stabilità politica era garantita Partito rivoluzionario istituzionale.

La crisi "locale" che ebbe delle ripercussioni più forti dal punto di vista internazionale, dato che portò le due superpotenze mondiali più vicine allo scontro, fu quella di **Cuba**.

- Infatti, nel **1959** si era imposta la rivoluzione guidata da **Fidel Castro**, che aveva abbattuto il corrotto regime dittatoriale di Fulgencio Batista e che si era conclusa con l'instaurazione del **regime socialista**. Il regime di Fidel Castro **si alleò con l'Urss**, ponendosi in aperto contrasto con gli Stati Uniti e alimentando il mito della resistenza e della guerriglia anti-imperialista, volta a liberare le popolazioni oppresse dal condizionamento statunitense.
- Figura emblematica e protagonista della rivoluzione cubana è stato sena dubbio **Ernesto "Che" Guevara** (1928-1967), ucciso nel 1967 in Bolivia, dove tentava -con poco successo- di esportare il suo modello di rivoluzione popolare.
- Nel **1962** la tensione internazionale crebbe enormemente quando degli aerei americani fotografarono delle installazioni di **missili nucleari sovietici a Cuba**: la dura reazione americana, che decretò il blocco navale delle navi sovietiche, innescò una crisi che condusse il mondo sull'orlo del conflitto nucleare ("**crisi missilistica cubana**"), evitato dalla decisione di Kruscëv di ritirare i missili sovietici in cambio dell'impegno americano di rinunciare a future invasione di Cuba.

Capitolo 16 IL NUOVO CORSO E IL DISGELO TRA STATI UNITI E URSS

SOMMARIO:
1. Il boom dell'economia. - **2**. Il nuovo corso tra Stati Uniti e URSS. - **3**. Gli Stati Uniti: dall'assassinio di J.F. Kennedy allo scandalo Watergate. - **4**. Il declino dell'URSS.

1. Il boom dell'economia.

Negli anni Cinquanta e Sessanta l'economia dei paesi industrializzati attraversò una **fase di intenso sviluppo**, che gli storici definirono "**età dell'oro**" del capitalismo industriale. Il boom ebbe inizio negli Stati Uniti e poi si diffuse nell'Europa Occidentale e nel Giappone; riguardò essenzialmente lo sviluppo di tre settori:

- L'**industria**, grazie all'uso di tecnologie avanzate e alla produzione di beni di consumo di massa (tv, automobili, elettrodomestici);
- l'**agricoltura**, con un notevole incremento della produttività, ma con un numero di addetti al settore ridotto;
- il **terziario**, dove cresceva al contrario il numero degli occupanti (commercio, servizi, amministrazione).

Il boom dell'economia comportò l'**esplosione demografica**, **l'aumento della domanda dei beni di consumo**, l'impiego di forza-lavoro giovanile e una **maggiore espansione del mercato**, che fu agevolato dal basso costo delle materie prime come il petrolio.

- Vi fu un rinnovamento tecnologico e prese piede un processo di razionalizzazione produttiva e di concentrazione aziendale. Si svilupparono le **multinazionali**, cioè le grandi imprese che possiedono stabilimenti e reti di distribuzione commerciale in diversi paesi del mondo e trasferiscono all'estero le quote importanti delle loro attività.
- Le componenti fondamentali dello sviluppo economico furono le **scoperte scientifiche** e le **innovazioni tecnologiche**. I governi investirono sulla ricerca e nel giro di pochi anni l'applicazione delle scoperte alla produzione divenne velocissima. Nel campo della chimica, si svilupparono le **materie plastiche** e le fibre sintetiche. In medicina ci fu la produzione di **nuovi farmaci** (antibiotici, ormoni, psicofarmaci, anticoncezionali, ecc.) e i grandi progressi della chirurgia. Le conseguenze dello sviluppo tecnologico si fecero sentire in modo decisivo nel campo dei **trasporti**, in particolare nella motorizzazione privata e nello sviluppo dell'aviazione civile.
- Lo **sviluppo dei mezzi di comunicazione di massa**, soprattutto la televisione, ha rappresentato, tra i prodotti dello sviluppo tecnologico, quello che più di ogni altro ha condizionato la vita quotidiana e i modelli di comportamento delle società industrializzate.
- L'espansione economico generò un **rapido miglioramento delle condizioni di vita** della popolazione e una notevole **espansione dei consumi** superflui. Si parlò di "**società del benessere**" e "**civiltà dei consumi**", che sperperava il salario per beni e servizi non essenziali, come l'abbigliamento, gli elettrodomestici. Questo boom dei consumi eccessivi generò una certa omologazione e **massificazione della società** e suscitò fenomeni estesi di rifiuto ideologico, nonché di critica da parte di alcune correnti intellettuali (come la scuola di Francoforte).
- Un altro fattore di sviluppo dell'economia fu rappresentato dalla **liberazione degli scambi internazionali**, che determinò un incremento del commercio mondiale, migliorato soprattutto dall'efficienza dei trasporti e dalla stabilità dei cambi fra le monete. Infine, nacquero delle politiche

statali in sostegno della crescita, basate su accordi tra i singoli Stati o gruppi di Stati che garantirono così un maggiore equilibrio del mercato.

2. Il nuovo corso tra Stati Uniti e URSS.

L'equilibrio militare e territoriale raggiunto anche forzatamente e la crescente interdipendenza dei mercati mondiali contribuì a ridurre le tensioni nei rapporti internazionali, avviando i due blocchi verso la ricerca della coesistenza pacifica: fondamentale figura che inaugurò questo clima di distensione internazionale fu John Fitzgerald **Kennedy** (1918-1963), il quale, eletto nel 1960, nel celebre discorso della **"Nuova Frontiera"** indicò nella pace, nella prosperità e nella libertà i fondamenti della nuova società americana.

Kruscëv e Kennedy si impegnarono in questa direzione di rapporti distesi e pacifici, favorendo un dialogo che si allargò positivamente sulla situazione politica delle aree di influenza. Anche la chiesa, attraverso la spinta riformatrice del **Concilio Vaticano II**, fortemente voluto dal neo eletto Giovanni XXIII, contribuì al clima di distensione. A seguito della scomparsa di Kennedy nel 1963 e dell'emarginazione politica di Chruscëv, nel corso degli anni Sessanta il bipolarismo del dopoguerra cominciò ad incrinarsi e cominciò a delinearsi un ordine mondiale policentrico.

3. Gli Stati Uniti: dall'assassinio di J.F. Kennedy allo scandalo *Watergate*.

L'omicidio di Kennedy del 1963 aprì un periodo di contraddizioni e di tensioni sociali negli Stati Uniti, pur nel quadro di un diffuso sviluppo economico.

- Gli Stati Uniti, guidati da **Johnson**, dovettero gestire la guerra in Vietnam e l'esplosione della **contestazione giovanile**, che, oltre ad essere fortemente contraria alla guerra, chiedeva una società più aperta e tollerante. Inoltre, ad oltre un secolo dell'abolizione della schiavitù, la questione razziale non era ancora risolta.
- La tensione raggiunse l'apice nel **1968**, anno segnato dalla fase più aspra della protesta giovanile e dai **delitti politici** di **Martin Luther King**, leader della protesta pacifica a favore dei diritti civili dei neri, e **Robert Francis Kennedy**, fratello minore di John e candidato democratico alla Presidenza degli Stati Uniti. Il repubblicano **Richard M. Nixon** (1913-1994) risultò il vincitore delle difficili elezioni del '68.
- Nixon, a partire dagli anni Settanta, riuscì a dare concreti segni di speranza, aprendo **colloqui diplomatici con la Cina** e concludendo la guerra in Vietnam con il ritiro delle truppe americane nel 1975. Nixon inaugurò poi un periodo di **dialogo con l'URSS** (accordo **SALT 1,** per la limitazione delle armi nucleari, *maggio 1972*), che segnò il cosiddetto "**disgelo**" dei rapporti tra Stati Uniti e Urss. Al culmine della sua fama, rieletto nel 1972, dovette dimettersi nel 1974, per aver favorito un'azione di spionaggio politico (scandalo **Watergate**).

4. Il declino dell'URSS.

In Unione sovietica uscì di scena un altro grande protagonista della fase della distensione: il leader Kruscëv fu destituito e, al suo posto, i vertici del partito comunista posero **Leonid Breznev** (1906-1982), che governò l'Urss per quasi un ventennio (*dal 1964 al 1982*).

- Dopo il riformismo di Kruscëv, si impose, dunque, un gruppo dirigente conservatore che soffocò ogni istanza di rinnovamento della società sovietica e dei paesi del patto di Varsavia: iniziò così il lento **declino della potenza comunista**, trasformatasi in un sistema statico e centralistico (**"normalizzazione" brezneviana**), che offriva garanzie sociali ai suoi cittadini, come casa, lavoro, istruzione e assistenza sanitaria, ma non promuoveva né sviluppo economico né produttività né benessere.
- La politica di Breznev è ancora caratterizzata dalla **repressione dei dissidi interni**: l'esempio più

noto è costituito dall'**intervento militare sovietico in Cecoslovacchia**, per soffocare un esperimento politico mirato a promuovere il "comunismo dal volto umano".

- In Cecoslovacchia, infatti, si verificarono numerose proteste operaie e studentesche che portarono alle dimissioni del capo di governo: il nuovo Presidente del Consiglio, **Alexander Dubcek** (1921-1992), avviò allora dal **1968** un **progetto di rinnovamento**, mirato alla liberalizzazione della società ceca, che prevedeva una serie di riforme economiche e una notevole libertà di espressione all'insegna del pluralismo politico (**Primavera di Praga**). La reazione dell'Urss fu dura e repentina: i carri armati sovietici invasero la Cecoslovacchia, decretando la fine della Primavera di Praga e la restaurazione di un governo fedele a Mosca.
- Negli ultimi anni dell'età di Breznev, l'Urss, pur non avendo risolto i suoi problemi interni, allargò la sua sfera di influenza mondiale. Particolarmente costoso, anche dal punto di vista umano, fu l'**intervento militare in Afghanistan** che dovette scontrarsi con i gruppi guerriglieri islamici. La guerra in Afghanistan fu un conflitto scoppiato tra il 24 dicembre 1979 e il 15 febbraio 1989, che vide contrapposte le forze armate della Repubblica Democratica dell'Afghanistan (RDA), sostenute da un massiccio contingente di truppe terrestri e aeree dell'Unione Sovietica, e vari raggruppamenti di guerriglieri afghani collettivamente noti come *mujaheddin*, appoggiati materialmente e finanziariamente da un gran numero di nazioni estere. Il conflitto, che si concluse con il ritiro delle forze militari sovietiche, viene considerato come la prima fase della più ampia guerra civile afghana. Inoltre l'Urss inasprì l'autoritarismo del regime, reprimendo i dissidenti. Nel 1975 il paese partecipò alla **Conferenza di Helsinki sulla sicurezza e la cooperazione** in Europa e firmò degli accordi che stabilivano il rispetto dell'uomo e delle libertà politiche.

Capitolo 17 | GLI EQUILIBRI EUROPEI TRA ANNI '60 E '70

SOMMARIO:
1. 1. L'Europa occidentale eterogenea: quadro storico. - **2**. I governi laburisti in Inghilterra. - **3**. La Francia di De Gaulle. - **4**. La Germania tra Adenauer e Brandt. - **5**. Democrazia cristiana e centrosinistra in Italia.

1. L'Europa occidentale eterogenea: quadro storico.

Sul finire degli anni Sessanta una catena di movimenti di massa attraversò il mondo facendo emergere una forte **domanda di diritti e solidarietà**, insieme ad una **forte conflittualità sociale**. La protesta coinvolse sia i **nuovi soggetti sociali** – studenti, donne, minoranze di colore o indiscriminate – sia le classi tradizionalmente subalterne, gli operai e i contadini.

- In Europa, e in particolar mondo in **Italia e** in **Francia**, le **proteste giovanili** furono largamente politicizzate e collegate alla parallela protesta operaia che caratterizzò il **Sessantotto**: in Italia, la protesta giovanile partì dalle università fin dal 1966 e nel 1969 ci fu l'esplosione degli scioperi degli operai in fabbrica, che si saldò con il movimento degli studenti che rivendicavano l'estensione del diritto allo studio anche ai giovani di condizione economica disagiata. In Francia, studenti e operai misero profondamente in crisi il governo, denunciando l'esistenza di una comune condizione di oppressione ai danni degli studenti e degli operai.

Parallelamente, l'Europa stava intraprendendo il cammino dell'**integrazione**, favorendo la costruzione di strutture comunitarie, nonostante i numerosi ostacoli provenienti dall'esistenza di regimi dittatoriali.

- Nella penisola iberica, infatti, sopravvivevano ancora le dittature di ispirazione fascista, che si estinsero solo nella metà degli anni Settanta: il **regime portoghese di Salazar** fu rovesciato nel 1974 dalla **"rivoluzione dei garofani"**, un colpo di stato non violento organizzato dai militari progressisti, che riportò la democrazia in Portogallo; la **dittatura di Franco in Spagna** si esaurì con la morte del suo leader nel 1975.
- In **Grecia** il regime militare di tipo fascista instaurato nel 1967 e noto con il nome di **"dittatura dei colonnelli"** cadde nel 1974.

2. I governi laburisti in Inghilterra.

Il governo britannico aveva conservato la propria **autonomia** convinto di poter fungere da polo di attrazione indipendente rispetto al vecchio continente grazie al *Commonwealth*.

- Nel dicembre del 1959 promosse la nascita dell'**Associazione europea del libero scambio (EFTA)** formata da sette paesi europei – Gran Bretagna, Norvegia, Svezia, Danimarca, Svizzera, Austria, Portogallo – più quelli del *Commonwealth*, con l'obiettivo di opporre alla CEE un altro modello, fondato sulla cooperazione economica, ma non sulla costruzione di strutture sovranazionali.
- Ma i leader del parlamento londinese compresero presto che la CEE rappresentava il "futuro" e, nel 1961, il primo ministro conservatore **Harold Macmillan** (1894-1986) presentò la **richiesta di adesione alla Comunità**. Subito dopo, lo seguirono i governi irlandese e danese e tutti gli altri stati occidentali. De Gaulle, nel 1962, si espresse in modo contrario all'ingresso dell'Inghilterra nella CEE: temeva, infatti, che il progetto di egemonia economica della Francia sulla comunità potesse naufragare a causa della presenza inglese.

I laburisti tornarono al governo con le elezioni del **1964**: il nuovo premier **Harold Wilson** (1916-1995) dovette far fronte a **gravi problemi interni** e ad una profonda **crisi** strutturale **dell'industria** inglese.

- All'interno del partito laburista prevalse la **linea riformistica**, ma i tentativi del governo di attuazione delle riforme furono ostacolati dall'inflazione e dal grave deficit di bilancio dovuto alle spesa pubblica.
- Più positivo fu il bilancio della **politica dei diritti civili**: il governo abolì la pena di morte, legalizzò l'aborto, attuò delle misure per rendere paritarie le condizioni salariali tra donne e uomini e rese meno rigida la legislazione sul divorzio.
- Intanto, nell'**Usler** (Irlanda del Nord), la tensione tra cattolici e protestanti aumentava: alla fine degli anni Sessanta, l'IRA (*Irish Republican Army*), il braccio armato degli indipendentisti cattolici, scatenò una **guerriglia antibritannica**, con l'appoggio dei cattolici. Il governo inglese inviò l'esercito per evitare che si degenerasse in una guerra aperta.
- Tra il 1970 e il 1974, i **conservatori** sostituirono i laburisti alla guida del governo e portarono a compimento una politica di maggiore **avvicinamento all'Europa**, conclusa con l'entrata della Gran Bretagna nella CEE nel 1973.

3. La Francia di De Gaulle.

Nella Francia della **Quinta Repubblica**, dopo gli anni delle sconfitte in Indocina e in Algeria, il presidente De Gaulle tentò di rinforzare il prestigio internazionale della Francia e di renderla autonoma dalle alleanze dello scacchiere mondiale.

- Verso l'unità europea, le idee di De Gaulle non furono chiare: cercò di sfruttare le opportunità legate alla cooperazione economica soprattutto in campo agricolo; fu, però, sempre contrario a qualsiasi forma di integrazione politica a maglie strette, secondo la filosofia dell'**«Europa delle patrie»**, un coordinamento fra stati nazionali amici. Perseguendo l'idea di limitare l'ingerenza americana nel vecchio continente, la Francia si dotò nel **1960** della **bomba atomica**, costituendo una forza d'urto autonoma, e **uscì dall'alleanza militare della Nato** nel **1966**.
- Nel **1968** in Francia ferveva la contestazione studentesca (**"Maggio francese"**), che si poneva in netta opposizione con il governo di De Gaulle e ricercava l'appoggio dei partiti di area socialista e comunista e dei sindacati operai.
- Nel **1969**, un anno prima della sua morte, De Gaulle indisse un **referendum** sulle riforme istituzionali, dal quale uscì sconfitto: lo stesso anno, **De Gaulle decise di dimettersi**. Il suo successore alla presidenza della Repubblica, **Georges Pompidou** (in carica **dal 1969 al 1974**), riportò la Francia nel novero dei paesi-guida del processo di unificazione del continente.

4. La Germania tra Adenauer e Brandt.

La Germania federale, come l'Italia, aveva accolto il processo di unificazione dell'Europa come una straordinaria opportunità per recuperare un ruolo di rilievo in Occidente; la guerra fredda tendeva ad accelerare la ripresa di relazioni pacifiche fra gli ex nemici della seconda guerra mondiale collocati nel campo anticomunista.

- Con il cancelliere **Adenauer**, la **Germania** fu addirittura **uno dei motori della CECA e della CEE**, ma nel 1961 la questione tedesca tornò a dividere ed allertare gli animi a causa della costruzione del **muro di Berlino**, simbolo tangibile della spaccatura dell'Europa e dell'impossibile riconciliazioni fra le due realtà economico-politiche del mondo germanico.
- Le problematiche cominciarono a distendersi dopo la metà degli anni '60 e, nel 1969, l'elezione a cancelliere del socialdemocratico **Willy Brandt** (1913-1992) dispose il governo verso una linea politica di apertura ad est, definita ***Ostpolitik***. Durante gli anni dei governi socialdemocratici di Brandt (dal 1969 al 1974) e di Schuman (1974-1982) si realizzò, inoltre, una formidabile **ripresa economica** tedesca.

- Con il **Trattato di Mosca** del **12 agosto 1970**, la Repubblica federale riconosceva ufficialmente la linea *Oder-Neisse* come frontiera fra le "due Germanie" e, nel 1972, Germania est e Germania ovest si legittimarono a vicenda, entrando a far parte dell'Onu nel 1973 e avviando un allentamento della tensione attorno a Berlino.

5. Democrazia cristiana e centrosinistra in Italia.

Nei primi anni Sessanta si concluse in Italia la stagione del centrismo, che, dopo due legislature, aveva mostrato segni di logoramento: la Democrazia Cristiana cominciò così a cercare **nuove alleanze** alternative.

- La ricerca di nuove alleanze si orientò inizialmente verso i partiti conservatori: nel 1960 il democristiano Fernando **Tambroni** formò un governo con il sostegno dei neofascisti MSI, ma, a seguito dell'accesa ostilità dei partiti di sinistra e di scontri sociali violenti (a Reggio Emilia, ad esempio, vennero uccisi 5 manifestanti durante i disordini), la DC ritirò il proprio sostegno a Tambroni.
- Si avviò una fase di **ricerca di nuovi equilibri politici** che sfociò nella nuova **esperienza del centrosinistra**, con il coinvolgimento dei socialisti, resa possibile anche dalle nuove posizioni della Chiesa cattolica, più attente alla questione della giustizia sociale, espresse nelle encicliche di **Papa Giovanni XXIII** e nei documenti del Concilio Vaticano II (1962-1965).
- Nel **1962**, grazie all'impegno dei democristiani **Amintore Fanfani** e **Aldo Moro**, si formò il **primo governo di centro-sinistra** sulla base di un programma di riforme, tra cui le principali furono la **nazionalizzazione dell'energia elettrica** e lo **sviluppo della scuola** con l'estensione dell'obbligo scolastico ai 14anni.
- L'ingresso dei socialisti nell'area di governo a partire dal **1963** (con Aldo Moro come Presidente del Consiglio e Pietro Nenni come Vicepresidente) segnò una **svolta riformatrice**, che portò al rafforzamento dello Stato sociale e ad una serie di misure di tutela del lavoro e dell'istruzione. La spinta innovativa del centrosinistra, però, si esaurì velocemente a causa della difficile **recessione economica** e per i timori delle forze moderate di un eccessivo spostamento del baricentro politico italiano.
- Nel loro complesso, i governi di centrosinistra contribuirono a una progressiva **laicizzazione dello stato** (come dimostra l'approvazione della *legge sul divorzio* del 1970), ma non riescono ad attuare tutte le riforme strutturali promesse. La contestazione studentesca e le lotte operaie contribuirono a mettere in crisi l'alleanza di governo.
- Il clima di tensione sociale indotto dall'«autunno caldo» venne poi accentuato da un gravissimo attentato: il **12 dicembre 1969** la **bomba di Piazza Fontana a Milano** provocò 16 morti e 88 feriti, inaugurando la **strategia della tensione**, mirata all'instaurazione di un regime autoritario, che procedette attraverso altri gravi attentati stragisti, tra cui quello di **piazza della Loggia a Brescia** (**1974**) e quello ancor più grave in termini di vittime (con 84 morti e più di 200 feriti) della **stazione di Bologna** nel **1980**.

Capitolo 18 DALLA CRISI DEGLI ANNI SETTANTA ALLA CADUTA DEL COMUNISMO

SOMMARIO:
1. La crisi degli anni Settanta. - **2**. Gli Stati Uniti: dalla crisi al "reaganismo". - **3**. L'Europa occidentale negli anni Ottanta. - **4**. La fine del comunismo sovietico. - **5**. Le dittature e le democrazie in America Latina. - **6**. I conflitti nell'Asia comunista. - **7**. Il rafforzamento dell'Europa.

1. La crisi degli anni Settanta.

Gli anni Settanta furono un periodo segnato da una **grave crisi economica mondiale**, causata da due fattori principali:

1. la **sospensione** da parte degli Stati Uniti **della convertibilità del dollaro in oro**, poiché essi dovettero far fronte ai costi della guerra in Vietnam;
2. la decisione presa dai **paesi produttori di petrolio** di **quadruplicare il prezzo** della materia prima.

- I due avvenimenti sconvolsero l'equilibrio internazionale e crearono una fase di **instabilità e disordine monetario**. La produzione industriale diminuì e aumentarono al contrario i prezzi delle materie prime. Questo fenomeno venne definito **stagflazione**, cioè un processo di stagnazione dell'economia legato all'inflazione (l'aumento dei prezzi del petrolio e delle materie prime).
- Tuttavia, i salari si adeguarono ai ritmi di vita e in un certo qual modo i lavoratori furono tutelati. Sul piano sociale la conseguenza più grave della crisi fu la **crescita della disoccupazione**, un problema reso meno drammatico dagli interventi sociali, come i sussidi, le sovvenzioni alle industrie. Anche il *Welfare State* fu colpito dalla crisi e l'aumento della spesa pubblica comportò un crescita della pressione fiscale, suscitando così le critiche contro lo Stato assistenziale e contro l'intervento pubblico in economia.

2. Gli Stati Uniti: dalla crisi al "reaganismo".

All'inizio degli anni Settanta, si registrò, dunque, un rallentamento della crescita dell'Occidente, che sfociò in una crisi di vasta portata. **La crisi occidentale** fu accelerata da due fattori:

1. nel **1971**, la **fine del sistema di Bretton Woods** (dovuta svalutazione e alla non convertibilità del dollaro in oro, a seguito delle ingenti spese sostenute dagli Stati Uniti per la guerra in Vietnam il Presidente)
2. nel **1973**, la grave **crisi petrolifera** sorta **a seguito della guerra del Kippur** (l'Egitto e la Siria furono sconfitti da Israele nel giorno della festività ebraica dello *Yom Kippur* (6 ottobre); i paesi musulmani produttori di petrolio individuarono nell'appoggio degli Stati Uniti e dell'Europa la causa della sconfitta e decretarono l'**embargo petrolifero**, quadruplicando il prezzo del greggio).

Lo "choc petrolifero" fu particolarmente forte negli Stati Uniti, già provati dalla guerra in Vietnam e dallo scandalo *Watergate*, dove, oltre alla crisi economica, si registrò una profonda crisi politica.

- Nel **1976** venne eletto il Presidente democratico **Jimmy Carter** che rispose alla crisi alimentando lo sviluppo di energie alternative e organizzando una politica di intervento statale a sostegno dei servizi pubblici e contro la dilagante disoccupazione.

- In politica estera, Carter tentò di risolvere la questione arabo-israeliana, ma senza successo: nel **1978** furono, infatti, firmati gli **accordi di Camp David tra Israele ed Egitto** che delegittimarono l'Egitto come leader rappresentativo dei paesi arabi e accrebbero l'esasperazione del popolo palestinese. Nei rapporti con l'Urss, Carter richiese un maggiore rispetto dei diritti umani: richiesta che ottenne scarsi risultati e irritò il governo di Mosca. Inoltre, nel 1979 il Presidente americano autorizzò un blitz di corpi speciali per liberare gli ostaggi americani della rivoluzione iraniana presi a Teheran: l'esito della missione fu fallimentare.

Nelle elezioni del **1980** Carter venne sconfitto dal repubblicano **Ronald Reagan**, che mutò radicalmente l'indirizzo economico e politico degli USA.

- Sul piano economico, Reagan realizzò un progetto di **radicale liberismo**, mirato a rivitalizzare l'economia e a ridare competitività alla produzione americana: fu diminuito il carico fiscale –soprattutto per i ceti abbienti e per le imprese- e fu attuava la ***deregulation***, ossia l'eliminazione di molte norme che consentivano al governo federale di controllare i mercati. Le strategie economiche di Reagan portarono a una **ripresa della produzione economica americana**, che si risollevò dalla crisi, anche se aumentarono il debito pubblico.
- In politica internazionale, Reagan appoggiò e finanziò numerose dittature militari e forme di opposizione ai regimi comunisti, adottando una **politica interventista in tutta l'area latinoamericana**. Tra le dittature dell'American latina, spiccarono quella di **Pinochet in Cile** (al potere per 15 anni, fino al 1988) e quella di **Vidala in Argentina** (terminata nel 1983, un anno dopo aver perso la guerra con la Gran Bretagna per le isole Falkland). Anche dopo la fine di questi regimi, in Sud America rimasero aperti problemi sociali ed economici di dipendenza con gli Stati Uniti.
- La presidenza Di Reagan fu caratterizzata da un **acceso anticomunismo**: l'Urss (che Reagan chiamava "Impero del male") fu fronteggiata con la ripresa americana della **corsa agli armamenti**, che, nel 1983, giunse all'installazione in Europa di missili nucleari. La nomina del segretario russo **Michail Gorbaciov**, nel marzo 1985, segnò una **svolta nei rapporti tra Stati Uniti e Urss**: Reagan comprese la svolta politica attuata da Gorbaciov e l'assecondò, anche se l'Urss era ormai vicina al collasso.

3. L'Europa occidentale negli anni Ottanta.

1980

L'Europa occidentale risentì profondamente della **crisi degli anni Settanta** e l'embargo petrolifero ebbe importanti conseguenze politiche nei governi dei paesi dell'area occidentale. Negli anni Ottanta il **prezzo del petrolio tornò a scendere** e gradualmente si stabilizzò. La domanda da parte dei paesi occidentali era diminuita, a causa delle politiche di austerità europee, dell'incremento di fonti alternative e dell'impegno tecnologico per migliorare il rendimento e ridurre i consumi delle macchine.

Tutti questi sforzi migliorarono la situazione, ma l'economia tardò a riprendersi in molti paesi occidentali, i quali, per superare la recessione, rividero e mutarono le **linee economiche** che avevano guidato lo sviluppo negli anni precedenti. Gli Stati Uniti e la Gran Bretagna furono i primi a percorrere questa strada con decisione, ricorrendo a una radicale **applicazione di principi liberisti**, che prevedevano:

- la **limitazione dell'intervento dello Stato** in materia economica (per esempio, con la privatizzazione di aziende pubbliche);
- la **riduzione dell'offerta monetaria**, con interventi appropriati delle banche centrali, anche a costo di una generale contrazione dei settori produttivi e dell'occupazione.

Queste strategie economiche si estero alla maggior parte dei paesi occidentali, suscitando molte **resistenze da parte delle forze sociali**, contrarie a una politica di riduzione dei salari reali.

Inghilterra

- Durante gli anni Settanta, erano tornati al governo inglese i laburisti, che tentarono di stabilizzare la situazione sociale anche attraverso degli accordi sindacali. Tuttavia, la grave **paralisi economica** rese l'equilibrio politico molto precario.

- Nel maggio **1979** i conservatori vinsero le elezioni ed ebbe inizio il governo **Margaret Thatcher** (1925-2013), che organizzò l'economia e la società all'insegna di un radicale liberismo economico. La Thatcher operò delle forti **limitazioni alla spesa pubblica**, con una conseguente riduzione dei servizi sociali, un ridimensionamento o smantellamento delle vecchie industrie minerarie e un massiccio **programma di privatizzazioni**, specialmente delle imprese pubbliche.
- Le riforme della Thatcher, soprannominata "lady di ferro", ridussero il debito pubblico e consentirono una significativa **ripresa economica**, al prezzo, però, di una maggiore distanza sociale tra ricchi e poveri e di un alto tasso di disoccupazione. A partire dal 1987, la popolarità della lady di ferro calò molto, soprattutto a causa dei suoi **attacchi alla scuola pubblica** e delle sue posizioni **antieuropeiste**. Nel **1990** la Thatcher venne messa in minoranza dal suo partito e **si dimise**.

Francia

- Nel **1981** il socialista **François Mitterrand** (1916-1996) fu eletto Presidente della Repubblica francese e, sostenuto dalla maggioranza parlamentare socialista, attuò la **nazionalizzazione** dei più grandi gruppi industriali, ma il **malcontento per l'inflazione** e per l'indebitamento della Francia con i paesi esteri riportò al governo la destra gollista.
- Nel **1986** il nuovo governo, affidato **a Jacques Chirac**, impostò una politica economica all'insegna del **liberismo**: si attuò la **privatizzazione** delle imprese nazionalizzate e un piano di smantellamento delle protezioni sindacali stabilite dal precedente governo socialista.

Germania

- In Germania occidentale il socialdemocratico **Helmut Schmidt** fu Cancelliere **dal 1974 al 1982** e affrontò i problemi conseguenti alla recessione economica, contenendo la spesa pubblica e accordandosi con le forze sindacali.
- Le elezioni del **1982** videro la vittoria del socialdemocratico **Helmut Köhl**, che seppe mantenere il **dialogo con i paesi comunisti**, pur restando un fedele alleato degli USA. Nel 1987 ebbe luogo l'**incontro tra Köhl e il premier della Germania orientale Erich Honecker**, che segnò un primo importante passo verso il riavvicinamento delle due Germanie e che rese Köhl protagonista della successiva riunificazione tedesca.

Penisola iberica

- In **Spagna** la fine del franchismo portò nel **1977** alla formazione di un **governo moderato**, guidato da **Adolfo Suarez** (1932-2015) e nel **1978** fu approvata la **Costituzione spagnola**, con cui il paese diveniva una compiuta democrazia parlamentare. Tuttavia, le forze militari nostalgiche del franchismo tentarono un **colpo di stato** nel **1981**, guidato dal colonnello Molina, che fallì grazie alla presa di posizione del re Juan Carlos.
- Le elezioni del 1982 videro il successo del socialista **Felipe Gonzales**, che, oltre a mettere in pratica un processo di modernizzazione e id sviluppo economico, firmò gli accordi per l'**ingresso della Spagna nella CEE** nel **1986.**
- In **Portogallo** nel **1976** le prime elezioni libere videro la vittoria del partito socialista di **Mario Soares** (1924-2017), che perseguì una **strategia politica di equilibrio** tra le diverse fazioni politiche portoghesi. Dieci anni dopo, quando Soares fu eletto Presidente ella Repubblica, il **Portogallo divenne membro della CEE.**

4. La fine del comunismo sovietico.

Durante gli **anni Settanta** anche la **Russia** conobbe i sintomi di una crisi che sarebbe a breve diventata irreversibile: crollò la produttività e diminuirono gli investimenti; per importare tecnologia dall'Occidente furono intaccate le risorse energetiche, mentre una serie di raccolti disastrosi facevano entrare in crisi l'agricoltura.

- Tra gli anni Settanta e gli anni Ottanta anche la politica verso l'Occidente cambiò: il Vietnam e le difficoltà interne degli Stati Uniti convinsero la leadership sovietica a tentare di spostare a proprio vantaggio l'equilibrio mondiale con una presenza più incisiva in Medio Oriente e, caso più eclatante, con **l'invasione dell'Afghanistan** nel **1979**: per dieci anni l'esercito sovietico fu impegnato nella guerriglia afgana fino ad uscirne completamente **sconfitto nel 1988**.
- L'evento che mutò il corso della storia sovietica fu l'**elezione** a segretario del PCUS **nel 1985 di Michail Gorbačëv**, che assecondò tutte le spinte di rinnovamento presenti in un sistema che era rimasto compresso per anni. Gorbačëv circoscrisse la sua azione riformatrice attorno a due concetti, quali:
  1. la **ristrutturazione dell'economia** concedendo maggiori responsabilità e autonomia ai dirigenti dei singoli comparti economici al fine di favorire la nascita di un mercato aperto (**perestrojka**);
  2. la **trasparenza** nel rapporto tra potere e istituzioni, partito e società (**glasnost**).
- Le difficoltà del cambiamento si manifestarono subito, in particolare per la resistenza dell'apparato del partito che rischiava di perdere potere e privilegi. La **liberalizzazione** di Gorbačëv riportò alla luce i conflitti nazionali ed etnici a lungo repressi dal potere centrale sovietico, conflitti che covavano soffocati da decenni; in politica estera si avviò il **processo di democratizzazione** dei paesi del blocco comunista.
- In **Polonia** fu riconosciuto il **sindacato indipendente** *Solidarnosc*, guidato dal sindacalista dissidente **Lech Walesa**, e una politica sempre più marcatamente riformatrice adottata in Ungheria e in Cecoslovacchia. La democratizzazione si completò con l'elezione di Walesa a Presidente della repubblica nel 1990; **Ungheria e Cecoslovacchia** fuoriuscirono dal comunismo liberalizzando la società e smantellando la cortina di ferro con l'Austria; più traumatica fu la transizione in **Romania** dove il dittatore comunista Nicolae Ceausescu fu arrestato, processato sommariamente e fucilato nel 1989.

Effetto devastante per l'Urss e per il mondo sovietico ebbe poi la **caduta del muro di Berlino**: la notte **tra il 9 e il 10 novembre 1989** i berlinesi dell'Est e dell'Ovest abbatterono, con una manifestazione pacifica, il muro, simbolo della guerra fredda e della "cortina di ferro". Con il crollo del comunismo nei paesi satelliti, anche l'Urss entrò in crisi: numerose repubbliche dichiararono la propria **indipendenza** nel 1990 e l'anno successivo ebbe luogo il **tentativo di golpe**, che, seppur fallito, screditò **Gorbačëv**, decretando la sua fine politica e l'affermazione del Presidente russo Boris Eltsin (1931-2007). Alla **fine del 1991**, venne dichiarata **sciolta l'Unione Sovietica**.

La fine del comunismo ha provocato il risorgere delle questioni nazionali dell'Europa dell'Est: se la divisione della Cecoslovacchia è avvenuta senza traumi, la situazione della **Jugoslavia** fu, invece, drammatica, anche a causa della presenza di numerose **minoranze etniche e religiose** sul territorio. La Jugoslavia si disintegrò nel **1991**, quando **Croazia**, **Slovenia** e **Bosnia** dichiararono la propria **indipendenza**: la frontiera serbo-croata divenne il luogo di un lacerante conflitto militare, in cui prese corpo lo spettro della pulizia etnica e in Bosnia scoppiò una guerra civile.

5. Le dittature e le democrazie in America Latina.

In America Latina gli anni Settanta e Ottanta videro prima la **massima espansione delle dittature militari** e poi il **graduale ritorno alla democrazia** politica.

- In **Cile Allende** fu a capo del governo di Unità popolare: tentò di avviare un programma di nazionalizzazione del paese, ma dovette scontrarsi con la borghesia, con gli Sati Uniti e con una grave situazione economica. Allende fu cacciato da un colpo di Stato e sostituito da **Pinochet**, che attuò un regime militare. In seguito Pinochet sarà sconfitto in un **referendum**, voluto da lui stesso, e sostituito da un governo democristiano.
- Anche in **Argentina** il regime militare non riuscì ad affrontare la crisi economica e si alleò con l'**ex dittatore Perón,** che ebbe il compito di riportare l'ordine nel paese. Ma l'alleanza non portò miglioramenti. La situazione peggiorò quando salì al governo la moglie **Isabelita**. I militari presero in mano il potere, instaurando una dittatura. Ma nemmeno questo servì a risollevare le condizioni economiche del paese.

- Nel **1982** il governo argentino occupò le **isole Falkland** (dette anche isole Malvine), un arcipelago dell'Atlantico meridionale, e il **Regno Unito** reagì violentemente, dando origine alla **guerra delle Falkland**, combattuta tra aprile e giugno 1982: il Regno Unito organizzò una *task force* navale per respingere le forze argentine che avevano occupato gli arcipelaghi e, dopo pesanti combattimenti, i britannici prevalsero e le isole tornarono sotto il controllo del Regno Unito.
- Le conseguenze politiche della guerra furono profonde: in **Argentina** crebbero **dissenso e proteste** contro il governo militare, avviandolo verso la caduta definitiva (le successive elezioni riportarono, infatti, la **democrazia** in Argentina), mentre un'ondata di **patriottismo** si diffuse **nel Regno Unito**, ridando forza al governo del primo ministro Margaret Thatcher.
- In **Brasile, Perù, Uruguay e Bolivia** si tennero le prime elezioni presidenziali libere; in **Paraguay** il regime dittatoriale venne abbattuto e in **Colombia, Venezuela e Ecuador** le democrazie erano sopravvissute.

Quindi, alla fine degli anni Ottanta, l'America Latina era diventata democratica. Tuttavia, il processo di democratizzazione fu ostacolato quasi ovunque da fattori di **destabilizzazione economica, politica e sociale**. Quasi tutti i paesi furono attraversati dall'inflazione e dovettero far fronte ai **debiti con l'estero**, prodotti per finanziare dei programmi di sviluppo.

6. I conflitti nell'Asia comunista.

Dopo la vittoria dei comunisti in Vietnam e l'uscita di scena degli americani, il Sud-Est asiatico vide l'esplodere dei **conflitti tra i vari paesi comunisti**. I nordvietnamiti assorbirono il Sud e avviarono la collettivizzazione forzata dell'economia.

- Ancora più drammatiche furono le vicende in **Cambogia**, dove vi fu una violenta **rivoluzione sociale** dei khmer rossi (seguaci del Partito Comunista) guidata da **Pol Pot**, in nome dell'utopia agraria. Il regime di Pol Pot costituiva un ostacolo per i vietnamiti, che volevano installare un protettorato in Indocina. I vietnamiti invasero il paese, rovesciando il regime; tuttavia, i cinesi risposero con una spedizione punitiva che provocò molti danni.
- Solo nel **1988,** grazie all'**intervento dell'Onu** e al miglioramento dei rapporti tra Cina e Urss, le forze vietnamite si ritirarono dalla Cambogia. Si giunse ad **accordi di pacificazione** e un Consiglio nazionale supremo ebbe il compito di convocare elezioni libere; tuttavia, il paese continuò ad essere attraversato dai conflitti tra monarchici e comunisti contro i khmer rossi.

In Cina la fine degli anni Settanta vide l'**ascesa di Xiaoping** alla guida del partito e dello Stato: egli promosse una serie di modifiche nella gestione dell'economia, introducendo differenze salariali e incentivi per i lavoratori; venne incoraggiata l'importazione tecnologica e furono introdotti elementi di economia di mercato.

- Anche la Cina aderì ai **modelli consumistici** e il contrasto tra la modernizzazione economica e il mantenimento di strutture burocratiche determinò la **contestazione studentesca nel 1989**. Xiaoping represse la **rivolta a piazza Tienanmen** e questo fenomeno incise negativamente sui rapporti con l'Occidente. Tuttavia, le relazioni economiche furono ristabilite per l'interesse dei paesi industrializzati e il regime cinese riuscì a sopravvivere.

All'inizio degli anni Ottanta, il **Giappone** visse un eccezionale **sviluppo economico**, che lo portò ad affermarsi come terza potenza mondiale, dopo Usa e Urss.

- I **fattori** che consentirono questo miracolo furono soprattutto **di tipo culturale e politico**: coesione nazionale, patriottismo, elevato livello d'industrializzazione, stabilità politica con il Partito liberal-democratico. Anche il Giappone subì gli effetti della **crisi petrolifera**, ma riuscì a superarla rapidamente. In seguito una serie di scandali finanziari investirono il Partito liberal- democratico, che fu costretto a dividere la guida del governo con altre formazioni. Possiamo, inoltre, affermare che la forza economica del paese andava in contrasto con la sua **debolezza militare** e veniva invitato dai suoi alleati ad investire maggiormente nella propria difesa e nelle attività delle Nazioni Unite.

7. Il rafforzamento dell'Europa.

Dopo l'istituzione della prima unione doganale fra paesi europei, la cosiddetta **Comunità economica europea (CEE)**, mediante il Trattato di Roma (1957), la crisi degli anni Settanta non rallentò i progressi dell'integrazione europea; al contrario, gli anni Settanta furono decisivi per **lo sviluppo e il rafforzamento dell'Europa**.

- Nel **1973** la Comunità vide il suo primo **allargamento** ad altri stati, con l'ingresso di **Danimarca** (che a quei tempi comprendeva anche la Groenlandia che uscì nel 1985), **Irlanda e Regno Unito**.
- Intorno al **1974** si avviarono azioni in direzione di un **rafforzamento della Comunità**, anche per reagire alla caduta dei tassi di sviluppo indipendentemente dagli Stati Uniti. Grazie all'accordo fra il presidente francese Giscard d'Estaing e il cancelliere socialdemocratico tedesco Helmut Schmidt, nel dicembre del **1974** i paesi membri decisero per l'**istituzione di un Consiglio europeo**, riunione periodica di capi di Stato e di Governo, e il varo di un parlamento di 410 membri eletti a suffragio universale diretto.
- Tra il luglio del 1978 e il marzo del 1979 si definirono le linee del **Sistema monetario europeo, (SME)** secondo un meccanismo di cambi fra le monete del vecchio continente, finalizzato a contenere le instabilità delle valute e a favorire, nei singoli paesi, politiche di riduzione delle spese e di lotta all'inflazione. Lo SME sottolineò il **ruolo egemonico della Germania** e del marco tedesco come moneta forte del sistema economico.
- Il 20 settembre 1976 a Bruxelles si arrivò ad un'importante modifica dell'assetto costituzionale della Comunità: venne stabilita l'**elezione diretta del Parlamento europeo** (con sede a **Strasburgo**), per il quale 185 milioni di cittadini dei paesi membri votarono per la prima volta nel **1979.**
- A partire dal 1970, entrò in vigore la **cooperazione politica europea (CPE)**, il cui obiettivo era una consultazione tra gli stati membri in merito alle decisioni di **politica estera**, che venne formalizzata nell'**Atto Unico Europeo** del **1987**: l'Atto, infatti, individuava delle **aree di collaborazione comunitaria** e precisò i poteri delle istituzioni comunitarie. In base alla cooperazione politica europea, stati membri erano obbligati a prendere in considerazione le posizioni del Parlamento europeo e, quando possibile, potevano prendere posizioni comuni nelle organizzazioni internazionali.

Negli anni Ottanta, la Comunità europea si accrebbe di nuovi membri, quali la **Grecia (1981)**, la **Spagna** e il **Portogallo (1986)**.

- Il Parlamento europeo, nei limiti delle sue competenze, si fece in più occasioni voce di richiamo a un senso più alto dell'idea di integrazione: nel marzo 1989 deliberò la **Dichiarazione dei diritti dei popoli europei**, ispirata a principi di libertà e democrazia, che rafforzò l'idea della necessità di un progetto di unione politica. (Si ricorda che la **tutela dei diritti fondamentali della persona** costituisce uno dei principi fondatori dell'Unione Europea e il presupposto indispensabile per fondare la sua legittimità).
- Nel frattempo, nel 1985, esternamente alla comunità europea, si concluse l'**accordo di Schengen**: firmato il 14 giugno **1985** tra **Benelux, Germania Ovest e Francia**, il trattato internazionale prevedeva la **creazione di uno spazio comune**, tramite una progressiva **eliminazione dei controlli alle frontiere comuni** tra gli Stati interessati, sia delle merci sia delle persone.
- L'idea di una vera unione europea concretamente realizzabile fu poi rilanciata grazie alla **riunificazione tedesca** (1990), resa possibile dalla caduta del Muro di Berlino e dall'inaspettato progetto in tre tappe lanciato dal cancelliere Helmut Kohl pochi giorni dopo quello storico evento. Il Presidente francese François Mitterrand temeva la ricostruzione di una Germania forte e militarizzata e fu tra i promotori di un'**accelerazione dell'integrazione europea** che legasse ineluttabilmente il governo tedesco in un'Europa integrata.
- In un **Consiglio Europeo straordinario a Dublino** (28 aprile 1990) si rilanciò formalmente l'impegno costruttivo alla nascita di un'Unione politica europea. In un secondo Consiglio, tenuto sempre a Dublino, si decise a maggioranza di convocare una nuova **Conferenza intergovernativa (CIG)**, come quella che aveva approvato l'Atto unico europeo, che avrebbe iniziato i lavori a dicembre.

Conclusi i lavori della Conferenza intergovernativa, a Maastricht si apriva il **9 dicembre 1991** lo storico **Consiglio europeo** che avrebbe dato vita al nuovo Trattato. Il **Trattato di Maastricht** istituiva i tre pilastri dell'Unione Europea:

1. Il primo riguardava le **Comunità europee** (**CE**), ossia un **mercato comune europeo**, l'**unione economica e monetaria**, una serie di altre competenze aggiunte nel tempo, oltre alla politica del carbone e dell'acciaio e quella atomica.
2. Il secondo affrontava la **Politica estera e di sicurezza comune** (**PESC**), ossia la costruzione di una politica unica verso l'esterno.
3. Il terzo, ossia la **Cooperazione giudiziaria e di polizia in materia penale,** era rivolta alla costruzione di uno spazio europeo di libertà, sicurezza e giustizia, in cui vi fosse collaborazione contro la criminalità a livello sovranazionale.

Il Trattato di Maastricht, sottoscritto il **17 febbraio 1992**, ha così dato vita alla **Comunità Europea** (**CE**), che ha sostituto la CEE, in cui furono accolte nel **1995** anche **Austria, Finlandia e Svezia**.

- Inoltre, il Trattato prevedeva un nuovo e fondamentale passo verso l'integrazione economica, con la realizzazione di una **moneta unica**, l'**euro**, entrata in circolazione a partire dal **1° gennaio 2002**, in sostituzione delle precedenti valute nazionali in **12 Paesi membri** (Belgio, Germania, Spagna, Francia, Irlanda, Olanda, Austria, Portogallo, Finlandia, Lussemburgo, Italia e Grecia).
- Il Trattato prevedeva anche progressi nell'**integrazione politica** e, in particolare, fu rafforzato il ruolo del Parlamento europeo, che assunse funzioni centrali in ambito legislativo (su temi quali la circolazione dei lavoratori, la difesa dell'ambiente e dei consumatori, i trasporti).

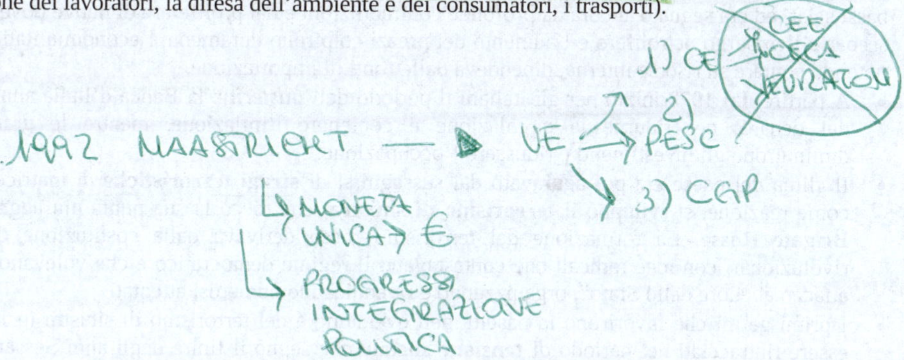

Capitolo 19 | L'ITALIA DALLA CRISI DEGLI ANNI SETTANTA AGLI ANNI DUEMILA

SOMMARIO:

1. La crisi degli anni Settanta in Italia.

Negli **anni Settanta l'Italia** era un **paese compiutamente industrializzato e urbanizzato**, attraversato dai mutamenti che caratterizzavano tutto il Nord del pianeta. Lo sviluppo economico registrava ancora bassi salari ed era segnato ancora da profonde contraddizioni e dal proliferare di nuove povertà: in questo scenario l'embargo petrolifero e l'aumento dei prezzi colpirono duramente l'economia italiana, che, non potendo contare su risorse interne, dipendeva dalle fonti di importazione.

- A partire **dal 1973** iniziò per gli italiani il periodo dell'***austerity***: la Banca d'Italia aumentò il costo del denaro, per ridurne la circolazione e contenere l'inflazione, mentre le grandi industrie diminuirono gli investimenti e ridussero l'occupazione.
- Il clima del paese era poi aggravato dal susseguirsi di **stragi terroristiche** di matrice neofascista: come reazione, si sviluppò il **terrorismo di sinistra**, che toccò la sua punta più aggressiva con le **Brigate Rosse**. La formazione del terrorismo rosso derivava dalla costituzione di movimenti rivoluzionari con idee radicali che contestavano il regime democratico e che volevano "lanciare un attacco al cuore dello Stato", organizzando e rivendicando numerosi attentati.
- I primi germi che favorirono la nascita dell'eversione e del terrorismo di sinistra in Italia possono essere rintracciati nel periodo di **tensione sociale** che segnò il finire degli anni Sessanta in Italia e che venne in qualche modo alimentato dalla protesta operaia e sindacale e dal movimento di contestazione studentesca che prese poi il nome di Sessantotto. Due episodi in particolare, che segnarono in diverso modo la fine del 1969, possono forse essere letti come **linea di confine** tra la protesta sessantottina e l'implosione del movimento terroristico nella successiva stagione armata:
    1. i disordini seguiti allo **sciopero generale del 19 novembre 1969**, che a Milano determinarono la morte dell'agente di polizia Antonio Annarumma, in servizio durante la manifestazione indetta dall'Unione Comunisti Italiani e dal Movimento Studentesco;
    2. la **strage di piazza Fontana del 12 dicembre 1969**, che provocò 17 morti e oltre 100 feriti e che accelerò la svolta armata a sinistra.

MOVIMENTO '68 VS BRIGATE ROSSE

2. Il compromesso storico e l'omicidio di Moro.

La novità politica degli anni Settanta fu il **compromesso storico**, ossia il progetto politico elaborato da **Enrico Berlinguer** (1922-1984), segretario del PCI, che mirava a trovare un incontro tra Democrazia Cristiana e Partito Comunista Italiano. Secondo Berlinguer, la DC doveva liberarsi dell'ala più conservatrice e trovare un terreno d'incontro con il Partito comunista per un'**alleanza di governo**, mentre il PCI doveva drasticamente prendere le distanze dal blocco sovietico (cosiddetta linea dell' "**eurocomunismo**").

- La strategia del compromesso storico e la prospettiva eurocomunista posero le basi per un **avvicinamento tra DC e PCI**: Berlinguer trovò un sensibile interlocutore nel democristiano **Aldo Moro** (1916-1978), specialmente sui temi del **risanamento economico** e della **lotta al terrorismo**.

- Dal 1974 al 1978 si giocò una delicata partita politica alla ricerca di formule di collaborazione tra democristiani e comunisti, ma l'avvicinamento del Partito comunista italiano alle forze governative produsse solo un suo sostegno "esterno" ai cosiddetti **governi di "solidarietà nazionale"** (ossia quei governi caratterizzati dalla collaborazione di forze politiche molto distanti tra loro): come conseguenza, il PCI si isolò dai movimenti di massa, che nel **1977** vissero uno dei loro momenti più intensi, con **mobilitazioni degli studenti**, spesso degenerate in scontri violenti, e con la **crescita del movimento femminista**.
- DC e PCI si trovarono su fronti opposti nelle **campagne referendarie per il divorzio (1974) e per l'aborto (1981)**, che si conclusero con la vittoria del fronte laico e progressista, che approvò la legge sull'interruzione di gravidanza entro i primi tre mesi; nel **1975**, inoltre, fu varato il **nuovo diritto di famiglia**, che prevedeva la piena parità giuridica della donna nei rapporti matrimoniali.
  Nel 1976 il PCI ottenne un significativo successo elettorale e fece ritenere giunto il momento dell'alleanza tra cattolici e comunisti: dalle elezioni del **1976** si formò un governo democristiano, presieduto da **Giulio Andreotti** (1919-2013) e soprannominato "governo delle astensioni", che dovette gestire numerose tensioni sociali causate dalle rivendicazioni del movimento studentesco e dal clima terroristico.
- Il **16 marzo 1978** il governo di Andreotti, il primo a cui il PCI avrebbe votato la fiducia, avrebbe dovuto presentarsi al Parlamento, ma quella mattina **Aldo Moro fu rapito** da un commando delle Brigate Rosse. Venne votata d'urgenza la fiducia al governo Andreotti e il mondo politico italiano si divise in due, tra chi rifiutava ogni forma di trattativa con le BR e chi, invece, credeva opportuno trattare con i terroristi delle BR per la vita di Moro.
- Di fatto la trattativa risultò non praticabile e, dopo 55 giorni di sequestro, Moro venne trovato il **9 maggio del 1978** senza vita a Roma, collocato simbolicamente a metà strada tra la sede della DC e quella del PCI: con l'**assassinio di Moro** si interruppe così il processo di rinnovamento del sistema politico da lui stesso avviato; ebbe **fine** il periodo **dei governi di "solidarietà nazionale"** e le successive elezioni del luglio 1979 evidenziarono l'arretramento di PCI e DC.

3. Gli anni Ottanta: dal governo del "pentapartito" a Bettino Craxi.

Gli anni Ottanta furono segnati da gravi **problemi economici e sociali**: l'inflazione crebbe e le grandi aziende -in particolare FIAT- attuarono dei licenziamenti di massa: in risposta, i sindacati organizzarono degli scioperi in sostegno dei lavoratori, appoggiati dal PCI.
Nel 1980, al XIV Congresso della DC, **Carlo Donat-Cattin e Arnaldo Forlani** elaborarono un documento, il cosiddetto **Preambolo**, che eliminava definitivamente ogni ipotesi di collaborazione tra i comunisti, proponendo, invece, un'alleanza con il partito socialista. **Berlinguer** rispose con un accesso scontro sia sui **temi sociali** (per cui il PCI assunse posizioni più intransigenti, sostenendo la mobilitazione operaia) sia sulla **"questione morale"**, cioè sulla necessità di maggiore onestà e trasparenza nella vita partitica e nella gestione della cosa pubblica.

- Nel 1981 si formò il primo **governo del "pentapartito"** (ossia delle 5 formazioni politiche italiane, DC – PSI – PSDI – PRI – PLI), guidato dal repubblicano **Giovanni Spadolini** (1925-1994): Spadolini seppe ridurre l'inflazione e organizzò una seria **controffensiva al terrorismo**: il generale Carlo Alberto Dalla Chiesa, assassinato a Palermo il 3 settembre 1982 dalla mafia, fu l'uomo di punta nella lotta al terrorismo.

Negli anni Ottanta, però, il vero perno degli equilibri politici italiani divenne il **partito socialista**, guidato da **Bettino Craxi** (1934-2000), suo segretario dal 1976 al 1993. I punti salienti delle sue idee politiche –per certi versi molto innovative perché smantellavano la tradizionale impostazione "di classe" del partito- furono:

- l'**anticomunismo** (dato che Craxi non era disponibile ad alcuna ipotesi di alternativa di sinistra che avrebbe subordinato il partito socialista a quello comunista);
- il **rinnovamento ideologico** con la netta presa di distanza dalla cultura marxista;
- la **ricerca di nuovi soggetti sociali di riferimento**, come la borghesia e le piccole e medie

imprese (a cui rivolgeva segnali programmatici come la defiscalizzazione delle imprese);
- il **rafforzamento del potere esecutivo** (ipotizzava anche l'eleggibilità diretta del Presidente della Repubblica).

Il governo di Craxi fu uno dei più durevoli della storia italiana (agosto 1983- aprile 1987), durante il quale l'Italia beneficiò di una significativa ripresa economica: l'inflazione nel periodo 1983-1987 scese dal 12,30% al 5,20%; lo sviluppo dell'economia italiana vide una crescita dei salari e l'Italia divenne il quinto paese industriale più avanzato del mondo (anche se, in quegli stessi anni, il debito pubblico raddoppiò).

- Craxi importò in Italia Il **modello neoliberista** applicato da Ronald Reagan negli USA e da Margareth Thatcher attraverso lo smantellamento del meccanismo di adeguamento automatico dei salari all'inflazione, detto **scala mobile**. In controtendenza con le politiche neoliberiste, fu usata la spesa pubblica come leva per lo sviluppo; il deficit del bilancio fu finanziato con i titoli di stato, la cui emissione in quantità determinò una **crescita del debito** pubblico.
- Craxi, noto per il suo decisionismo, non ebbe, però, scrupoli a seguire una **gestione affaristica della politica**, in base alla quale i vertici di potere venivano spartiti tra uomini di fiducia della DC e del PSI: tale gestione lottizzata -e spesso corrotta- della cosa pubblica prese il nome di "**partitocrazia**". In Italia si stabilizzò, quindi, un sistema di potere centrato sull'**accordo tra Dc e Psi**, che bloccò il rinnovamento politico e istituzionale.
- In politica estera, il governo Craxi si caratterizzò per il suo impegno nel sollecitare e portare avanti il **processo d'integrazione europea**: si trattò di un indirizzo che proseguì anche nei successivi governi a partecipazione socialista e che portò al deciso avallo del trattato di Maastricht nel 1992. Craxi continuò anche la **politica atlantista** dei suoi predecessori e, sin dal 1979, aveva dato l'appoggio del suo partito per l'installazione in Sicilia dei missili *Cruise* puntati contro l'URSS.
- Nel contempo, Craxi mantenne una linea di attenzione ad alcune cause terzomondiste, come già lasciava prevedere prima del suo arrivo alla guida del Governo il sostegno dato all'Argentina e alla guerra delle Falkland, senza, però interferire in alcun modo nel conflitto. Stipulò accordi con i governi della Jugoslavia e della Turchia; sostenne anche il brutale dittatore della Somalia Mohammed Siad Barre, già segretario del Partito Socialista Rivoluzionario Somalo.
- Fornì, inoltre, un convinto appoggio alla causa palestinese, intrecciando relazioni diplomatiche con l'OLP ed il suo leader, Yasser Arafat, di cui divenne amico personale, sostenendone le iniziative. Obiettivo dichiarato dell'amministrazione craxiana era quello di fare dell'Italia una potenza regionale nell'area del Mar Mediterraneo e del Vicino Oriente.
- Grande successo di Craxi fu il rinnovo del **Concordato con la Santa Sede** nel **1984**: vennero abrogate le norme più confessionali del Concordato dei Patti Lateranensi e la religione cattolica cessava di essere religione di Stato. Tuttavia, due anni più tardi, il governo di Craxi entrò in crisi a causa della questione energetica sul nucleare: nel **1987 cadde il governo di Craxi**.

Intanto, nella scena politica italiana, cominciavano a manifestarsi delle **nuove forze**: nel **1984**, per iniziativa di Umberto Bossi, era stata costituita la **Lega lombarda**, che sosteneva una gestione federalista della politica e un radicale autonomismo regionale; nel **1991** il segretario del PCI Achille Occhetto, raccogliendo il segnale fornito dalla caduta del muro di Berlino, annunciò che il partito comunista cambiava nome ed indirizzo politico, chiamandosi **Partito Democratico della sinistra** (PDS): la caduta del simbolo della guerra fredda avrebbe in breve cambiato la carta politica europea e anche l'Italia, nel giro di pochi anni, andò incontro a profonde trasformazioni. Intanto, nel 1991, dalla fusione della Lega lombarda con altri movimenti federalisti nacque **Lega Nord**.

4. Gli anni Novanta.

I governi che si alternarono **tra 1987 e 1992**, Giovanni **Goria** (1987-1988), Ciriaco **De Mita** (1988-1989) e Giulio **Andreotti** (1989-1992), tutti democristiani, rappresentarono una vera e propria **fasi di stasi politica ed istituzionale** e, per far fronte alla stanchezza del paese nei confronti della vecchia classe dirigente, il democristiano **Mario Segni** promosse una raccolta firme per indire un referendum sulla riforma del sistema elettorale.

- Il primo **referendum** si svolse nel giugno **1991**, il secondo nell'aprile del **1993**: con ampia maggioranza, si pose fine al sistema elettorale proporzionale e la **nuova legge elettorale**, a sistema **maggioritario con** l'introduzione dei **collegi uninominali**, avviò la costruzione di una democrazia bipolare.
- Intanto, se il terrorismo sembrava essere in una fase declinante, non lo era affatto il sistema mafioso: nel **1992** due attentati colpirono i giudici più esposti del fronte antimafia, **Giovanni Falcone** (23 maggio) e **Paolo Borsellino** (19 luglio).

A partire dal 1992, ebbe iniziò l'**attività d'inchiesta** della magistratura di Milano **sulla corruzione politica** ("**Mani Pulite**"): **Andreotti** fu accusato di aver avuto contatti diretti con il boss mafioso Riina, ma fu assolto nel 1999 e, in via definitiva, nel 2003; **Craxi** fu condannato in due diversi processi ed espatriò in Tunisia, dalla quale non fece più ritorno. Il terremoto politico scatenato dall'inchiesta portò alla dissoluzione della DC, che si trasformò in Partito popolare italiano. Era la **fine della prima repubblica**.

Con l'espressione "**seconda repubblica**" viene indicato il nuovo assetto politico determinatosi in Italia negli anni 1992-94. I fattori che caratterizzano il sostanziale cambiamento del nostro paese furono:

- il **crollo del sistema dei partiti**;
- la **nuova legge elettorale** maggioritaria;
- il profondo rimescolamento e **rinnovamento della classe politica**;
- la **nascita di** un tendenziale **bipolarismo**.

Le novità politiche però furono accompagnate dall'aggravarsi dei **fattori di crisi**, sia sul terreno dell'**economia**, dove vi furono un aumento del deficit pubblico, il rallentamento della produzione e la svalutazione della lira; sia su quello della **convivenza civile**, con la ripresa dell'offensiva mafiosa e il dilagare della corruzione.

- Nel **1992** Cossiga sciolse le Camere e indisse le **elezioni** che segnavano la sconfitta delle forze tradizionali (DC e PDS) e la vittoria delle forze politiche nuove ostili al sistema dei partiti, in particolare la Lega Nord guidata da Bossi, che rafforzò la sua presenza in Parlamento. In quel periodo la maggior parte dei politici furono accusati di ottenere delle **tangenti in cambio della concessione degli appalti** e, quindi, di adottare un sistema di finanziamento illegale dei partiti e di autofinanziamento, denominato **Tangentopoli**.
- Dopo le dimissioni di Andreotti nel giugno 1992 a seguito dello scandalo giudiziario, seguirono due governi "tecnici": nel 1992, **Giuliano Amato** dovette riequilibrare i conti dello stato, operando una pesante svalutazione della lira nei confronti delle altre monete; il suo successore **Carlo Azeglio Ciampi** proseguì sulla stessa strada del risanamento. Durante il governo di Ciampi, fu varata nel 1993 una nuova legge elettorale per le due Camere che recepisse il principio maggioritario indicato dal referendum per il Senato. Inoltre, continuarono le privatizzazioni, la riduzione della spesa pubblica e le riforme fiscali: sul piano economico diminuì la produzione, nonostante il costo del denaro venne diminuito per favorire le esportazioni.

Nel frattempo le forze politiche si prepararono ad un nuovo confronto elettorale (Lega e Pds le richiedevano, Dc cercava di posticiparle). Vi fu una **trasformazione dei partiti**:

- il **PSI** affidò la segreteria del partito prima **a Benvenuto**, poi **a Del Turco**;
- la **DC** guidata da Martinazzoli decise di tornare alla **vecchia denominazione** del partito cattolico fondato da Sturzo, "**Partito popolare italiano**", ma alcuni dirigenti democristiani ostili al predominio delle sinistre nel nuovo partito formarono il **Centro cristiano democratico** (CCD);
- una nuova scissione del Partito popolare diede vita ai **Cristiani democratici uniti** (CDU);
- il **segretario del MSI Fini** avviò la trasformazione del suo partito in **Alleanza nazionale** (AN), puntualizzando che il fascismo era finito ed esaltando alcuni aspetti positivi del movimento;
- la novità fu la nascita di un partito di centro-destra, "**Forza Italia**", presieduto da Silvio Berlusconi, imprenditore televisivo e proprietario del Milan.

Silvio Berlusconi annunciò, infatti, la sua discesa in campo, presentandosi, alle elezioni del **1994**, alla guida del neonato movimento di Forza Italia. Forza Italia formò un'alleanza elettorale (il **Polo delle libertà**) con Lega Nord e Alleanza Nazionale: il successo elettorale del Polo delle Libertà fu sorprendente. Le elezioni del '94, tenutesi con nuovo sistema maggioritario uninominale, hanno posto le premesse per instaurare un meccanismo di alternanza tra maggioranza e opposizione tipico del sistema politico italiano, chiamato **bipolarismo**.

- Dopo poco, Berlusconi dovette dimettersi a causa del primo scandalo giudiziario e, nelle successive elezioni del **1996**, uscì vincitore, anche se in stretta misura, l'**Ulivo** (il nuovo nome della coalizione di centro-sinistra, i cui maggiori esponenti erano Massimo D'Alema e Romano Prodi). **Prodi** affrontò il problema del deficit di bilancio e condusse con successo l'Italia nei **parametri di Maastricht**, permettendo **l'ingresso** del Paese **nella zona dell'euro** (l'euro entrò in vigore in Italia a partire dal 1° Gennaio 2002).
- Fra i problemi politici del paese rimanevano aperti quello dei **correttivi al Welfare state** e quello relativo alle **riforme istituzionali**, in presenza di una continua instabilità politica. Lo stesso Berlusconi, in collaborazione con D'Alema, aveva favorito la **costituzione di un sistema bicamerale** per delineare in Parlamento un progetto di riforme istituzionali. La commissione giunse a elaborare una proposta che prevedeva l'istituzione di un sistema semipresidenziale e l'introduzione di una serie di elementi di federalismo; tuttavia, l'incrinarsi dei rapporti tra centro-destra e centro-sinistra impose la rinuncia del progetto.
- Inoltre, il progressivo tentativo di ridimensionamento dello stato sociale attraverso una legge finanziaria incontrò forte ostilità: nel 1998 cadde il governo Prodi, che fu sostituito da un debole governo di centro-sinistra guidato da **D'Alema**.
- Sotto il governo di D'Alema, l'Italia ha partecipato nel 1999 all'intervento militare della NATO in **Kosovo**, in difesa della popolazione albanese minacciata dalla "pulizia etnica" condotta dall'esercito serbo. D'Alema si è poi dimesso a propria volta dopo la sconfitta del centrosinistra alle elezioni regionali del marzo 2000.

5. Gli anni Duemila.

A D'Alema succedette Giuliano Amato, che approvò un'importante **modifica costituzionale (Titolo V della Parte II della costituzione)** sull'ordinamento delle Regioni, delle Province e dei Comuni: con questa riforma le Regioni hanno assunto importanti competenze in ambito legislativo e amministrativo, oltre all'autonomia finanziaria di entrata e di spesa.
Gli schieramenti politici si preparavano anticipatamente alle elezioni del 2001. Amato fu sostituito da **Rutelli**, sindaco di Roma, come leader del centro-sinistra. Nel frattempo, il leader di Forza Italia Berlusconi guidava la coalizione della **Casa delle libertà** (CDL); il centro-sinistra proponeva l'alleanza dell'Ulivo con i Ds, la Margherita, i verdi, i Socialisti italiani e il Partito dei comunisti italiani. Dopo le sconfitte elettorali negli anni precedenti, il centrodestra, nuovamente alleato alla Lega Nord e guidato da Berlusconi, riportò una netta vittoria alle elezioni politiche del maggio **2001**.

- Nei suoi cinque anni di vita, il governo di centrodestra si è caratterizzato per una politica estera di **stretta alleanza con gli Stati Uniti**, di cui ha appoggiato gli interventi in **Afghanistan** e in **Iraq**, fornendo in entrambi gli scenari contingenti militari per il controllo del territorio. La recessione economica internazionale in seguito all'attentato dell'11 settembre ha, invece, condizionato l'attuazione del previsto piano di riforme (fiscale, scolastica, socio-sanitaria, previdenziale, della giustizia) d'ispirazione neoliberista.
- Ulteriori problemi si sono manifestati soprattutto in campo economico tra il 2002 e il 2004 con la conclamata **crisi finanziaria e produttiva della FIAT**, il principale gruppo industriale italiano, e con lo **scandalo Parmalat**. Una legge di riforma costituzionale voluta dal centro-destra per rafforzare i poteri dell'esecutivo, ridurre il numero dei parlamentari e trasferire poteri dallo Stato alle regioni (la cosiddetta "devoluzione") è stata bocciata poi nel corso di un referendum approvativo nel giugno 2006.

- Nel frattempo si è assistito a una ripresa del terrorismo delle **Nuove Brigate Rosse**, sotto i cui colpi sono caduti due collaboratori governativi in materia economica, Massimo D'Antona (20 maggio 1999) e Marco Biagi (19 marzo 2002), e un agente di polizia, Emanuele Petri (2 marzo 2003).

Le elezioni politiche dell'aprile **2006** hanno visto la vittoria della coalizione di **centro-sinistra** guidata da Romano Prodi, che, in politica estera, guidò l'intervento di interposizione al **confine israelo-libanese** nell'estate **2006**, mentre in politica interna si propose di arginare la crescita del debito pubblico; tuttavia, due anni dopo, le divisioni interne alla maggioranza provocarono una **crisi di governo**.

Alle elezioni anticipate del 2008 si presentarono schieramenti rinnovati: il **Popolo della libertà**, la nuova formazione politica creata da Berlusconi, prevalse nettamente sul Partito democratico, guidato da Veltroni; Berlusconi riassunse così la guida del governo. Durante il suo quarto governo, Berlusconi, Il 30 agosto 2008, ha firmato con il leader libico Gheddafi firmato un **trattato di Amicizia e Cooperazione** tra i due paesi nella città di Bengasi. La sera del 12 novembre **2011**, dopo l'approvazione della Legge di stabilità 2012 in entrambe le camere del Parlamento, Berlusconi, come aveva precedentemente accordato con il capo dello Stato Giorgio Napolitano, è salito al Quirinale per rassegnare le dimissioni da Presidente del Consiglio dei ministri, a causa della perdita della maggioranza assoluta alla Camera e della grave **crisi finanziaria** che ha attanagliato l'Italia e assieme altri stati europei. Dal 16 novembre dello stesso anno gli succedette il **governo tecnico di Monti**.

- La parte più consistente del programma messo in piedi dall'esecutivo tecnico è stata la **riforma delle pensioni**, inserita nel decreto "salvaitalia", presentata dal ministro del Lavoro Enza Fornero: in quindici giorni è stato così realizzato il passaggio definitivo dal meccanismo retributivo a quello contributivo. Contestualmente all'approvazione della legge di stabilità, il 21 dicembre 2012 Mario Monti ha rassegnato le **dimissioni** per favorire lo svolgimento delle elezioni politiche in coincidenza con le elezioni regionali nel febbraio 2012.

Con le elezioni politiche del 24 e 25 febbraio **2013** la coalizione di centrosinistra guidata da **Bersani**, segretario del PD, ottenne la maggioranza dei seggi alla camera dei deputati, ma non riuscì ad ottenerla al Senato, e il Paese si trovò in una situazione di **ingovernabilità**; inoltre, per la prima volta nel Parlamento entrarono parlamentari eletti nelle liste del Movimento 5 Stelle. Seguì la breve presidenza di **Enrico Letta**, membro del centro-sinistra, che rassegnò le sue dimissioni il 22 febbraio **2014**. L'allora segretario del PD, **Matteo Renzi**, divenne il nuovo capo di governo, dando inizio così al **governo Renzi**.

- Il 3 febbraio 2015 Napolitano si dimise dalla Presidenza e, su proposta di Renzi, venne eletto **Sergio Mattarella**, fratello di Piersanti ucciso dalla mafia, come Presidente della Repubblica.
- Il 7 dicembre **2016** il governo **Renzi** rassegnò le sue **dimissioni** a causa della vittoria del no al referendum costituzionale del 4 dicembre; subentrò pochi giorni dopo **Gentiloni**, sempre proveniente dalle file del PD, che governò fino al 1° giugno **2018**.
- I risultati delle elezioni politiche del 4 marzo 2018 hanno visto una situazione politica instabile, con un pesante ridimensionamento parlamentare del PD e l'affermazione di Movimento 5 Stelle e Lega Nord, risultati, rispettivamente, primo e terzo partito per numero di voti.

Capitolo 20 LA GLOBALIZZAZIONE E LE TRASFORMAZIONI DEL MONDO ATTUALE

1. Gli anni Novanta nel mondo: quadro storico.

In Germania, il cancelliere Helmut Kohl guidò abilmente la **riunificazione delle due Germanie**, che fu appoggiata da tutta l'Europa occidentale e dalla Russia: Kohl garantiva alla Polonia l'accettazione del confine dell'Oder-Neisse e confermò la presenza della Germania unita nella NATO. Il 1° luglio 1990 i due governi tedeschi stabilirono la nascita dell'unione economica e monetaria, premessa alla completa unificazione politica, che avvenne il **3 ottobre 1990**.
Accantonato il bipolarismo Est/Ovest per la caduta dei regimi comunisti, gli anni Novanta hanno fatto registrare **squilibri, tensioni e guerre in nuove aree** del pianeta. America Latina, Medio Oriente, Sudafrica e, in Europa, l'ex Jugoslavia sono nuovi teatri di drammatiche vicende. A partire dagli anni Novanta, si è, dunque, aperta una stagione di **ricerca di nuovi equilibri**: gli **Stati Uniti** hanno mantenuto una **netta supremazia politico-militare**, ma la loro leadership economico-politica mondiale ha dovuto fare i conti con il Giappone, con la Cina e con gli Stati dell'Europa occidentale.

- Intanto, l'Europa, a partire dall'ultimo decennio del XX secolo, stava organizzando la sua struttura comunitaria: nel **1990**, con l'**accordo di Schengen** (entrato ufficialmente in vigore nel 1995) si consentiva la **libera circolazione** dei cittadini all'interno dei paesi europei; il **17 febbraio 1992** è stato sottoscritto a **Maastricht** il **Trattato dell'Unione**, con il quale la CEE si è trasformata in Unione Europea. Il Trattato ha previsto una tappa fondamentale verso l'integrazione economica, stabilendo una **moneta unica europea**, entrata in vigore il **1° gennaio 2002**, in sostituzione delle monete nazionali, in 12 Paesi membri dell'Unione (Belgio, Germania, Spagna, Francia, Irlanda, Olanda, Austria, Portogallo, Finlandia, Lussemburgo, Italia e Grecia).

2. I conflitti nell'Europa dell'Est dopo il crollo del comunismo.

In **Cecoslovacchia** si svilupparono nella minoranza slovacca tendenze separatiste che, nel **1993**, portarono alla creazione di **due repubbliche**: una **ceca**, formata da Boemia e Moravia e governata da partiti liberali, e una **slovacca** dominata dai gruppi ex comunisti. In Jugoslavia vi fu la disgregazione dello Stato federale.

- L'inizio dei conflitti avvenne con il **contrasto tra la Serbia di Milosevic e le repubbliche di Slovenia, Croazia e Macedonia** che volevano l'indipendenza. Gli organi federali accettarono l'autonomia serba e macedone, rifiutarono invece quella croata e ne nacque una vera e propria guerra.
- Nel **1992** il conflitto si spostò in **Bosnia**, che aveva proclamato l'**indipendenza**, e i serbi reagirono

attuando la "**pulizia etnica**" (massacri, deportazioni). La guerra fu difficile da fermare e per "giungere alla tregua" fu necessario l'intervento degli Stati Uniti: la Nato attuò una serie di raid aerei contro le posizioni serbo-bosniaci e imposero ai croati i negoziati.

- Solo l'**intervento della NATO** produsse la soluzione diplomatica del conflitto nella ex Jugoslavia con gli **accordi di Dayton nel 1995**: l'accordo di pace prevedeva il mantenimento di uno Stato bosniaco, diviso, però, in una repubblica serba e in una federazione croato- musulmana. Tensioni politiche avvennero anche tra i singoli Stati: nella Federazione Jugoslava (Serbia e Montenegro) vi furono delle agitazioni contro Milosevic e in Croazia contro l'autoritarismo di Tudjman.

Dal **1995,** dopo la **fine della guerra di Bosnia-Erzegovina**, il governo serbo iniziò una guerra di **pulizia etnica** e una parte degli **albanesi kosovari** scelse la **lotta armata indipendentista**, guidata dalla Ushtria Çlirimtare e Kosovës (UCK), anche a seguito dell'afflusso di armi dall'Albania caduta nell'anarchia nel 1997-98.

- Alla spirale di violenza il governo di Belgrado rispose con il pugno di ferro, sentendosi legittimato dalla mancanza di ogni riferimento al Kosovo nel quadro degli accordi di Dayton: la **repressione**, attuata nel 1999, portò a vari massacri e alla morte di almeno 11.000 civili albanesi. Una parte della popolazione albanese appoggiò la guerriglia, mentre circa 800.000 civili cercarono rifugio attraversando il confine con l'Albania e la Macedonia.
- I paesi NATO intervennero con l'operazione *Allied Force* in protezione della popolazione albanese. La pulizia etnica fu arrestata e con gli **accordi di Kumanovo** la Serbia accettò di ritirare ogni forza armata dal Kosovo. Ancora una volta il conflitto cessò grazie all'intervento della NATO (rilevante fu anche il contributo dell'Italia); l'intervento fu, però, criticato dalla Russia, alleata dei serbi, ma alla fine, anche tramite la mediazione russa, Milosevic ritirò le truppe dal Kosovo. Alle elezioni egli venne sostituito da Kostunica.

3. Gli Stati Uniti: dall'egemonia al predominio.

Rimasti l'unica superpotenza dopo il crollo dell'URSS, gli Stati Uniti si sono trovati ad affrontare l'impegnativo compito di ridefinire il proprio ruolo in un **contesto internazionale fortemente instabile** e in rapido cambiamento.

Nel 1988 venne eletto presidente il repubblicano **George W. Bush**, che, sul piano economico, non si discostò dalle linee portanti del suo predecessore Reagan. Durante la presidenza di Bush, nel 1990-1991 avvenne un episodio di rilevanza mondiale: la **guerra del Golfo**.

- Nell'agosto 1990 il dittatore dell'Iraq **Saddam Hussein** invase il **Kuwait** per impadronirsi delle sue risorse petrolifere, ma la reazione internazionale fu immediata: l'invasione fu subito condannata dalle Nazioni Unite, che decretarono l'**embargo all'Iraq**. Gli Usa inviarono un corpo di spedizione nell'Arabia Saudita per difendere gli Stati arabi e costringere Saddam Hussein a ritirarsi. Agli Usa si unirono anche Gran Bretagna, Francia e Italia e una parte dei paesi arabi, fra cui Egitto e Siria. Neanche l'Urss si oppose all'intervento armato: per la prima volta, USA e Urss erano concordi nella condanna.
- Il dittatore allora seguì una strategia che collegava l'occupazione del Kuwait al problema dei territori palestinesi occupati da Israele, proponendosi come il vendicatore delle masse arabe oppresse. Questo consentì un maggiore consenso dell'opinione pubblica e l'alleanza offerta da Arafat, che si schierò a fianco dell'Iraq.
- Il 29 novembre 1990 l'ONU lanciò un **ultimatum all'Iraq**: se Saddam Hussein non avesse ritirato le sue truppe dal Kuwait, avrebbe autorizzato l'intervento armato. Le trattative non ebbero alcun esito e il 27 gennaio **1991** partirono i **bombardamenti aerei all'Iraq** (operazione *Desert Storm*), a cui Saddam Hussein rispose lanciando dei missili in Arabia Saudita e Israele. Fece seguito l'operazione di terra contro le forze irachene in Kuwait, che, sconfitte dai contingenti occidentali, liberarono il Kuwait.
- Il conflitto rafforzò l'immagine internazionale di Bush, che capeggiò la coalizione vittoriosa contro il dittatore dell'Iraq, ma alimentò il forte **risentimento antioccidentale** dell'integralismo islamico.

- Nel 1991, grazie a Bush, fu convocata a **Madrid** la prima **Conferenza di pace sul Medio Oriente**, in cui i rappresentanti del governo israeliano incontrarono le delegazioni dei paesi confinanti. Nel 1992 il partito laburista vinse le elezioni politiche israeliane, sostituendo i nazionalisti di Likud. Il nuovo ministro Rabin bloccò i nuovi insediamenti ebraici nei territori occupati e concesse dei territori in cambio della pace.

Il successore di G. W. Bush, **Bill Clinton**, nel corso del suo duplice mandato (1992-2000), elaborò una strategia egemonica a più livelli: mentre da un lato, questa si tradusse nell'asserzione della **supremazia degli Stati Uniti in campo militare**, attestata da un forte **interventismo in politica estera** (ex-Iugoslavia, Somalia, Haiti); dall'altro, tale posizione egemonica fu temperata dalla ricerca sistematica di una **cooperazione** con le altre potenze e organizzazioni internazionali per affrontare questioni di ambito sociosanitario, ambientale o economico.

- In quest'ultimo ambito, l'amministrazione Clinton conseguì risultati importanti sia a livello regionale, rinsaldando i vincoli con Canada e Messico mediante il **NAFTA** (Accordo di libero scambio dell'America del Nord, 1994) sia a livello internazionale, incentivando, grazie a una lunga fase d'espansione economica del Paese, il rapido diffondersi su scala planetaria dell'economia di mercato, fenomeno divenuto noto col nome di **globalizzazione**. Non mancarono, tuttavia, aspetti contraddittori nella politica clintoniana, come, per esempio, l'adesione, nel 1997, ai principi ispiratori del **protocollo di Kyoto** circa la riduzione di emissione di gas serra nell'atmosfera, seguito, l'anno successivo, dal rifiuto di sottoscrivere lo statuto di Roma istitutivo di una **Corte penale internazionale** incaricata di perseguire i crimini di guerra e contro l'umanità.
- I prodromi di una crisi del modello di egemonia americana maturato negli anni Novanta si manifestarono dapprima marginalmente, con la sua contestazione nel 1999 da parte del nascente **movimento no global** in occasione del vertice di Seattle dell'**Organizzazione mondiale del commercio** (WTO), poi in modo dirompente con il **crollo della borsa di Wall Street** del **10 marzo 2000**, preludio della recessione economica d'inizio secolo.
- Gli Stati Uniti intervennero anche in Europa, per risolvere le difficili tensioni sorte dopo la disintegrazione della Jugoslavia. In particolare, la feroce guerra civile nell'ex Jugoslavia ebbe ripercussione anche nel **Kosovo**, dove crebbero le aspirazioni indipendentiste nei confronti della Serbia: il presidente serbo **Slobodan Milošević** reagì con un intervento militare, seguito da violenze ed eccidi contro la popolazione kosovara (per i quali Milošević è stato accusato dal Tribunale dell'Aja di crimini contro l'umanità). Il **24 marzo 1999** ebbero inizio i **bombardamenti** delle forze **della NATO** sulla Serbia: l'Europa si rivelò debole nelle relazioni internazionali e gli Stati Uniti esercitarono un notevole peso politico sulle decisioni della NATO. Dopo 78 giorni di bombardamenti, Milošević ordinò il **ritiro militare serbo**, ponendo così fine alla guerra in Kosovo.

4. Gli Stati Uniti e l'attentato dell'11 settembre 2001.

Nel gennaio **2001** si è insediato alla presidenza il repubblicano **George W. Bush**, figlio del predecessore di Clinton: Bush junior, fin dai primi mesi di mandato, intraprese una radicale **revisione della politica clintoniana** in senso unilateralista, ridimensionando gli impegni derivanti dal protocollo di Kyoto e congelando l'attuazione degli accordi internazionali di messa al bando delle armi chimiche e batteriologiche.

In questo contesto, irrompe l'**attentato terroristico dell'11 settembre**: un Boeing 767, dirottato da un commando suicida, si schiantò contro le torri gemelle del ***World Trade Center*** e il bilancio finale dell'azione fu di 2.801 morti e di parecchie migliaia di feriti. Si fece ben presto strada la certezza che la paternità dell'attentato fosse attribuibile al plurimiliardario sceicco saudita **Osama Bin Laden** e all'organizzazione terroristica da questo capeggiata, al Qaeda, che aveva la sua base strategica in Afghanistan, con la complicità del regime integralista musulmano dei Talebani. L'evento, considerato un vero e proprio atto bellico diretto contro la maggiore potenza mondiale, ha ridisegnato il concetto stesso di guerra nell'epoca della globalizzazione e sospinse l'amministrazione Bush su posizioni oltranziste.

In ottobre gli Stati Uniti, fiancheggiati da numerosi Paesi, attaccarono i santuari del terrorismo islamico in **Afghanistan** (operazione *Enduring Freedom*), abbattendo nel mese successivo il regime integralista dei Talebani. Nel gennaio 2002, mentre a Washington scoppiò lo scandalo Enron (il colosso energetico nella cui bancarotta sono coinvolti elementi vicini allo staff presidenziale), Bush indica nei "Paesi canaglia", facenti parte del cosiddetto "**asse del male**" - **Iraq, Iran e Corea del Nord** - i possibili prossimi obiettivi dell'offensiva antiterroristica americana. Nel marzo 2003, aggirando il preannunciato veto da parte del Consiglio di sicurezza dell'ONU, gli Stati Uniti, insieme con la Gran Bretagna e altri Stati, si sono aperte le ostilità contro l'**Iraq** (operazione *Iraq Freedom*).

5. La "polveriera" del Medio Oriente.

Crocevia di tre continenti (Asia, Africa ed Europa), polmone vitale dell'economia mondiale per le sue immense risorse petrolifere, il Medio Oriente è stato anche il ganglio nevralgico degli equilibri planetari, dove si sono scontrate le opposte strategie di potenza del nuovo secolo. Gli snodi di questo sensibile scacchiere, connotato anche dai fragili intrecci etnici e religiosi, si sono venuti polarizzando intorno a tre nuclei critici fortemente interdipendenti: **Israele**, con l'irrisolta questione palestinese; l'**Afghanistan**, turbolenta porta dell'Asia centrale e meridionale; e il **Golfo Persico**, vulnerabile arteria del petrolio.

- La situazione di **Israele**, già densa d'incertezze sotto il governo di **Benyamin Netanyahu** (1996-1999), fautore di un rilancio degli insediamenti ebraici a Gaza e in Cisgiordania, si andò deteriorando nella seconda metà del 2000 in seguito al **fallimento dei colloqui di pace arabo-israeliani** caldeggiati dal successore di Netanyahu, **Ehud Barak**, e a una ripresa massiccia della resistenza palestinese. La tensione tra le due comunità si inasprì ulteriormente dopo la formazione, nel febbraio 2001, del governo presieduto dall'ex generale Ariel Sharon, che, in risposta alle azioni kamikaze di gruppi terroristici arabi (Hezbollah, Jihad Islamica, Hamas, Martiri di al-Aqsa), ha proceduto all'**occupazione militare dei Territori palestinesi**, avviando la costruzione di un "muro di difesa" sulla frontiera con la Cisgiordania.
- Nel 2004, con la morte di Arafat, sostituito dal moderato Abu Mazen alla guida dell'Autorità Palestinese, e con la contemporanea elaborazione della ***Road map*** (il piano voluto da George W. Bush, Unione Europea, Russia e Nazioni Unite per attuare il principio "due popoli, due stati"), si è avuta una **parziale riapertura** dello spirito negoziale. Il premier israeliano **Sharon**, prima di essere colpito da un ictus (gennaio 2006), è riuscito a completare, nel settembre 2005, il piano di **ritiro dalla Striscia di Gaza**, con l'evacuazione forzata di migliaia di coloni e la distruzione di 21 villaggi ebraici, e a fondare un nuovo partito (Kadima) che intendeva portare avanti il progetto di separazione di Israele dai territori palestinesi.
- Qaundo Sharon uscì di scena, fu sostituito da Olmert. Nuove elezioni a Gaza e Cisgiordania videro l'affermazione degli **estremisti di Hamas**, che rifiutarono di riconoscere Israele. Continuarono la lotta contro Israele e lo scontro tra Hamas e Al Fatah per la contesa dell'Autorità nazionale palestinese.
- La tensione si è però riacutizzata prima nel gennaio **2006** con la vittoria elettorale nei territori palestinesi del partito estremista islamico di **Hamas** che, assunta la guida del governo palestinese, continuava a negare il diritto all'esistenza di Israele. Nel giugno 2007 una **guerra civile** tra fazioni palestinesi ha portato a un colpo di stato a Gaza, organizzato da Hamas a danno del partito di Abu Mazen e della legittima autorità palestinese.
- Un focolaio di crisi si è aperto nell'estate 2006 anche nella frontiera meridionale del **Libano**, da dove le milizie sciite Hezbollah, sostenute dal governo siriano e iraniano in funzione antisionista, hanno attaccato Israele con razzi a breve gittata. All'intervento in territorio libanese dell'esercito di Gerusalemme è, quindi, seguito l'invio di una forza di interposizione internazionale.
- Solo nel **2007** gli Usa convocarono ad **Annapolis** una **Conferenza internazionale** con la partecipazione dei principali paesi arabi e imposero a Olmert un negoziato da firmare entro il 2008. In Libano il problema fu risolto dall'**intervento siriano**, anche se rimanevano i contrasti interni di natura etnico-religiosa. L'omicidio di al-Hariri provocò un'insurrezione e la Siria fu costretta a ritirare le su truppe dal Libano. Lo Stato ebraico attaccò il paese e la tregua avvenne grazie

all'**intervento dell'Onu** che impose il ritiro alle truppe israeliane. La crisi indebolì Gerusalemme e devastò l'equilibrio interno libanese.

La crisi che ha, invece, investito l'altro versante della regione mediorientale, l'**Afghanistan**, ha radici relativamente recenti. Stremato da un ventennio di incessanti conflitti, tra occupazione sovietica (1979-1989) e guerre etniche e tribali, il Paese era caduto in gran parte, nel 1996, sotto il dominio del **gruppo integralista musulmano dei Talebani**.

- Il sostegno e l'ospitalità da questi forniti all'organizzazione terroristica Al Qaeda e al suo leader, **Osama Bin Laden**, hanno determinato l'intervento armato di una coalizione internazionale capeggiata dagli Stati Uniti (7 ottobre-17 dicembre 2001), che ha rovesciato il regime talebano e promosso la creazione di un **governo di unità nazionale**, presieduto da Hamid Karzai, senza però riuscire a debellare le residue sacche di resistenza.

6. La deriva dell'Africa.

A quasi mezzo secolo dalla sua decolonizzazione, l'Africa presenta uno scenario storico-politico ed economico carico d'ombre. Se è vero che il riuscito collaudo della giovane **democrazia multirazziale del Sudafrica**, confermato dall'elezione alla presidenza del successore di Mandela, Thabo Mbeki (1999), rappresenta un importante esempio e stimolo per il futuro del continente, è altrettanto vero che, salvo eccezioni come la **Tunisia** e il **Senegal**, il ricambio dei gruppi dirigenti africani è avvenuto -e avviene ancora- attraverso vie extraistituzionali e in forme violente.

Il susseguirsi di colpi di Stato, di dittature, di guerre civili, religiose o etniche ha scandito le vicende africane del periodo successivo all'indipendenza, ma ha anche posto una pesante ipoteca sullo sviluppo economico del continente.

- Particolarmente colpita è, tutt'oggi, la **regione subsahariana**, flagellata da AIDS, carestie, sottoalimentazione e sottosviluppo. A condizionare il panorama africano contribuisce non solo il retaggio coloniale, ma anche la **presenza millenaria dell'Islam**, all'origine di una complessa e frastagliata frontiera: tale è il caso della **Nigeria**, il più popoloso Stato africano, già teatro della **guerra secessionista del Biafra** (1966-69), lacerata ancora negli anni Novanta e, nel 2000-2002, da conflitti etnici a sfondo religioso nelle regioni musulmane settentrionali e centrali.
- Altro caso significativo è costituito dalla **guerra civile** che nel 1998-2000 ha contrapposto l'**Etiopia**, a maggioranza cristiano-copta, all'**Eritrea**, a maggioranza musulmana. Conflitti interetnici legati alla povertà o al degrado, ma molto spesso al controllo coloniale delle risorse (soprattutto materie prime, come uranio, oro, diamanti, petrolio e legni pregiati), si sono prodotti in Liberia (1989-1997), Sierra Leone (1989-1998), Angola (1999-2002) e Costa d'Avorio (dal 2002).
- Il caso senz'altro più emblematico della profonda crisi in cui versa il Continente Nero è quello dell'ex Zaire, divenuto **Repubblica Democratica del Congo** dopo l'abbattimento della trentennale dittatura del maresciallo Mobutu Sese Seiko (1995-1997): deflagrato dal 1998-1999 in quella che viene definita la "**prima guerra mondiale africana**", tale conflitto ha visto il coinvolgimento delle truppe militari di almeno cinque Paesi (Angola, Ruanda, Uganda, Zambia e Zimbabwe) e ha già seminato oltre 2 milioni di morti.
- Naufragata così l'illusione solidaristica del panafricanesimo, gli Stati africani si sono trovati a dover ridefinire, se non a rifondare, i loro reciproci rapporti e il proprio statuto continentale. Da ciò è scaturito il processo che nel 2001 ha trasformato la vecchia Organizzazione dell'Unità Africana (QUA), creata nel **1963**, in **Unione Africana (UA)**, dotata, sul modello europeo, di proprie **istituzioni comunitarie** (conferenza dei capi di Stato e di governo, parlamento, corte di giustizia, consiglio economico e sociale, segretariato), e affiancata da un **organismo di promozione dello sviluppo** (*New economic partnership for the African Development*, **NEPAD**).

7. L'ascesa economica della Cina.

Negli anni Novanta, il **gruppo dirigente comunista** cinese dimostrò un'inattesa tenuta politica abbinata a una straordinaria capacità di adattamento di fronte alle nuove sfide poste dal mutato scenario internazionale prodotto dalla fine dell'URSS e dall'affermarsi del mercato globale. La chiave di svolta di tali esiti risiedette nella graduale, ma decisa, trasformazione delle maggiori concentrazioni urbane e industriali del Paese in "**zone economiche speciali**", aperte all'economia di mercato e agli investimenti esteri.

L'efficacia di questa originale versione di regime socialista trovò conferma nella delicata fase di passaggio alla Cina dell'ex colonia britannica di **Hong Kong**, avvenuta nel **1997**, e di quella portoghese di **Macao**, avvenuta nel **1999**, che si realizzò senza scosse apparenti grazie alla concessione da parte di Pechino ai due territori di ampie autonomie giurisdizionali interne.

Tale processo ha ottenuto il suo coronamento nel **2001** con l'**ingresso** a pieno titolo della Repubblica Popolare Cinese **nell'Organizzazione Mondiale del Commercio** (WTO), a cui seguì nel 2005-2006 l'ascesa della Cina al quarto posto in termini di prodotto nazionale lordo (PNL). Gigante demografico di prima grandezza con un miliardo e trecento milioni di abitanti, dotata di un proprio arsenale nucleare, membro permanente del Consiglio di sicurezza dell'ONU, ora anche colosso economico in vertiginosa crescita, la Cina si avvia così a divenire una delle maggiori potenze del pianeta e a candidarsi alla guida del sistema internazionale. L'importanza della Cina nel ventunesimo secolo e la sua ascesa economica come super-potenza mondiale sono un riflesso del suo ruolo come prima potenza economica per prodotto interno lordo: basti pensare che la rapida industrializzazione ha ridotto il tasso di povertà cinese dal 53% nel 1981 all'8% nel 2001.

- Molto di tale nuovo ruolo della Cina è stato dovuto alla sua **leadership post-maoista**, rappresentata per un ventennio da **Den Xiaoping**, che ha favorito sia il riconoscimento costituzionale della proprietà privata sia l'apertura del mercato a investimenti esteri: negli anni novanta l'economia cinese, con questa nuova formula dell'**economia socialista di mercato**, ha registrato una crescita significativa e a tratti eccessiva, tanto da rendere necessarie talvolta delle manovre di freno alla stessa.
- Dopo il ritiro dalla vita politica e la morte di Deng Xiaoping, "uomo forte" di Pechino divenne **Jiang Zemin** (1997-2002): sotto la sua guida vi fu nel 1995-1996 la **terza crisi dello Stretto di Taiwan**, risoltasi con un nulla di fatto; tuttavia, nel luglio del 1997 Hong Kong ritornò alla Cina e Macao seguì lo stesso destino nel 1999.
- Il successore di Jian Zeming, **Hu Jintao** (2002-2012), ha assunto un atteggiamento più egalitario e liberale del suo predecessore e ha puntato a realizzare una società più armoniosa: ha, infatti, tentato di far uscire la Cina da una politica di "sviluppo economico a tutti i costi" e ha favorito una **politica economica più equilibrata** tenendo conto di fattori quali la diseguaglianza sociale e i danni ambientali. Una delle maggiori crisi che ha dovuto affrontare Hu Jintao durante il suo mandato è legata allo scoppio dell'**epidemia di SARS** nel **2003**, a causa della quale l'Organizzazione Mondiale della Sanità ha fortemente criticato la Cina per come gestì lo scoppio dell'epidemia, tentando inizialmente di nasconderla all'opinione pubblica mondiale.

8. La primavera araba e il fondamentalismo religioso.

Tra la fine del 2010 e l'inizio del 2011 fu innestata da grandi movimenti popolari in diversi paesi arabi una **rivoluzione di stampo democratico** per rovesciare i regimi autoritari esistenti. La rivolta, passata alla storia con il nome di "**primavera araba**", cominciò il 17 dicembre 2010, in seguito alla protesta estrema del tunisino Mohamed Bouazizi, il quale si diede fuoco in seguito a maltrattamenti subiti da parte della polizia.

Il moto di rivolta si è poi propagato in tutta la Tunisia, in Egitto, Siria, Libia, Yemen, Algeria, Iraq, Giordania e Gibuti si sono verificati anche dei moti minori in Mauritania, in Arabia Saudita, in Oman, in

Sudan, in Somalia, in Marocco e in Kuwait. Se il suicidio di Bouazizi è stato il *casus belli* delle successive rivolte, numerosi sono stati i fattori soggiacenti che hanno portato allo scoppio delle proteste nel mondo arabo: tra questi, non si possono tacere la **corruzione**, l'**assenza di libertà individuali**, la **violazione dei diritti umani**, la **povertà** e la **fame**.
Le diverse sollevazioni hanno avuto diversi risultati nei paesi attraversati dalle proteste contro i regimi:

- un vero processo di democratizzazione è stato avviato solo in **Tunisia** (per quanto questa transizione verso la democrazia sia difficile e ancora in corso);
- in **Egitto**, dopo le dimissioni del presidente Mubarak e una breve parentesi di governo dei Fratelli Musulmani, i militari si sono ritornati al potere, ricreando un regime autoritario;
- la **Libia**, dopo la morte del leader Gheddafi, è stata divisa in entità regionali;
- come l'**Iraq**, anche la **Siria** è stata disintegrata da una feroce guerra civile, tuttora in corso.

Un allarmante dato è che una parte dei cittadini di questi paesi arabi simpatizza per l'islamismo politico, anche nella forma radicale del **fondamentalismo**, la cui diffusione, dopo l'attentato del 11 settembre 2001 negli Stati Uniti, ha assunto un carattere globale che preoccupa fortemente i paesi occidentali.
Dopo sanguinosi attentati che hanno coinvolto soprattutto le capitali europee, la minaccia del fondamentalismo islamico è stata accresciuta a partire dal 2014, anno di fondazione dell'**ISIS** (Stato islamico dell'Iraq e della Siria), che ha sostituito al Qaeda come centro che irradia l'indottrinamento fondamentalista e il **terrorismo islamico**. Da giugno 2014 l'ISIS ha, infatti, ampliato il proprio controllo in territorio iracheno con la presa di Mosul, adottando il nome attuale e proclamando la nascita del "califfato" il 29 giugno 2014. Le rapide conquiste territoriali dell'ISIS hanno sollevato grande preoccupazione nella comunità internazionale, spingendo gli Stati Uniti e altri Stati occidentali e arabi a intervenire militarmente contro l'ISIS con **bombardamenti aerei in Iraq** da agosto 2014 **e in Siria** da settembre 2014.

9. La nuova fisionomia dell'Europa e la BREXIT.

Nel **2002** fu introdotto l'**euro** come valuta comune per la maggior parte degli stati comunitari. Successivamente, si pianificò una maggiore espansione politica e territoriale con l'allargamento verso l'Europa dell'Est: nel **2004**, aderirono **Cipro, Repubblica Ceca, Estonia, Ungheria, Lettonia, Lituania, Malta, Polonia, Slovacchia e Slovenia**; nel **2007**, vi fu l'ingresso della **Romania** e della **Bulgaria**.
Nel 2007 nacque ufficialmente l'Unione europea con il **trattato di Lisbona**, firmato il 13 dicembre 2007 ed entrato ufficialmente in vigore il **1° dicembre 2009**, che ha apportato ampie modifiche al Trattato di Maastricht.
Si creò così per la prima volta una figura legale che rappresentasse l'Unione europea, il **Presidente del Consiglio europeo**, e si rafforzò la posizione dell'alto rappresentante dell'Unione per gli affari esteri e la politica di sicurezza. Il trattato di Lisbona ha introdotto delle importanti modifiche anche all'assetto istituzionale dell'Unione Europea, riorganizzando gli organi principali dell'Unione, le cosiddette **"sette istituzioni"**, le quali sono:

1. la **Commissione europea** rappresenta gli interessi generali dell'UE, è formata da un Commissario per Stato membro, con sede a **Bruxelles**. Dura in carica **cinque anni**, compreso il Presidente: i componenti sono nominati dal Consiglio europeo, ma devono avere l'approvazione del Parlamento europeo. Detiene il potere esecutivo **e quello di iniziativa legislativa**;
2. il **Parlamento europeo**, composto dai rappresentanti dei cittadini degli stati membri eletti a suffragio universale diretto (prima dell'entrata in vigore del trattato di Lisbona si faceva riferimento ai popoli dell'unione) da tutti i cittadini dell'Unione ogni **cinque anni**, compreso il presidente che per prassi rimane in carica due anni e mezzo. Ai sensi del Trattato ha sede a **Strasburgo**, città della Francia, ma svolge i suoi lavori anche a Bruxelles (dove si trova un altro emiciclo) e a Lussemburgo (sede del segretariato). Ogni singolo Stato stabilisce in autonomia le modalità di svolgimento delle elezioni e il metodo di ripartizione dei seggi. Condivide il **potere**

legislativo insieme al Consiglio dell'Unione europea, con funzioni simili a quelle di una "camera bassa";

3. il **Consiglio dell'Unione europea** (o "Consiglio dei ministri"), formato da **un rappresentante di ciascuno Stato membro a livello ministeriale** che si occupa della stessa materia a livello statale (ad esempio al Consiglio dei ministri convocato per urgenza economica parteciperanno tutti i ministri dell'economia, ambientale quelli dell'ambiente ecc.), con sede a **Bruxelles**. La **presidenza** è assegnata a uno Stato membro e ruota ogni **sei mesi**. Detiene il **potere legislativo** insieme al Parlamento europeo, con funzioni simili a quelle di una "camera alta";
4. il **Consiglio europeo** comprende **un rappresentante per ogni stato**: il Capo di Stato (se si tratta di repubbliche semipresidenziali o presidenziali) o quello di Governo (se si tratta di monarchie o repubbliche parlamentari). I capi di Stato e di governo sono assistiti dai ministri degli esteri e da un membro della Commissione, con sede a **Bruxelles**. Il **Presidente**, nominato dal Consiglio europeo stesso, dura in carica **due anni e mezzo**. Ha la funzione di dare un **indirizzo generale alle politiche europee**;
5. la **Corte di giustizia dell'Unione europea** vigila sull'applicazione del **diritto dell'Unione europea**, con sede a Lussemburgo;
6. la **Corte dei conti europea** verifica il **finanziamento delle attività dell'UE**, con sede a Lussemburgo;
7. La **Banca centrale europea** è responsabile per la **politica monetaria europea**, con sede a **Francoforte** sul Meno.

Rispetto al precedente Trattato di Nizza, quello di Lisbona abolisce i cosiddetti "tre pilastri", provvede al riparto di competenze tra Unione e Stati membri, rafforza il principio democratico e la tutela dei diritti fondamentali.

Il trattato di Lisbona ha operato anche un'altra notevole modifica: ha aggiunto per la prima volta una clausola contenente le **procedure di recesso dall'Unione europea** (articolo 50 del Trattato sull'Unione europea), a cui si è appellato solamente il Regno Unito a seguito del referendum popolare noto con il nome di **BREXIT**.

Il **referendum sulla permanenza del Regno Unito nell'Unione europea** (Brexit), svoltosi il **23 giugno 2016** nel Regno Unito e a Gibilterra, ha scosso la Comunità Europea, mettendone in discussione la fisionomia e la composizione. Con un risultato a sorpresa, i favorevoli all'uscita dall'UE hanno ottenuto la maggioranza (circa 52%); per l'espressione effettiva della volontà politica di uscire dall'Unione è stato necessario un passaggio parlamentare per l'approvazione di una specifica legge con cui avviare l'applicazione dell'articolo 50 e il conseguente negoziato per il recesso. La notifica dell'attivazione della procedura di uscita è avvenuta, pertanto, il **29 marzo 2017**.

QUIZ COMMENTATI

1. Come venne organizzata l'Italia dopo il Congresso di Vienna?

A. Vittorio Emanuele I di Savoia venne proclamato re d'Italia

B. La penisola cadde quasi completamente sotto il controllo dell'Austria, che influenzò la linea politica degli altri stati italiani

C. Venne spartita a Nord tra Francesi e Austriaci, a Sud tra i Borboni e i Savoia. Il centro rimase allo Stato Pontificio

D. Vittorio Emanuele II viene proclamato Re d'Italia

2. Durante la cosiddetta Terza Guerra d'Indipendenza, in quale località ebbe luogo la battaglia navale, perduta dal Regno d'Italia, contro l'Impero Austriaco?

A. Curtatone

B. Calatafimi

C. Custoza

D. Lissa

3. Chi erano i triumviri della Repubblica Romana del 1849?

A. Carlo Armellini, Giuseppe Mazzini, Aurelio Saffi

B. Carlo Armellini, Angelo Brunetti detto Ciceruacchio, Carlo Pisacane

C. Angelo Brunetti detto Ciceruacchio, Giuseppe Mazzini, Aurelio Saffi

D. Carlo Pisacane, Giuseppe Mazzini, Luciano Manara

4. Quali furono le tappe principali della spedizione dei Mille?

A. Quarto, Marsala, Calabria, Napoli, Volturno, Teano

B. Quarto, Napoli, Roma

C. Napoli, Roma, Milano

D. Firenze, Roma, Palermo

5. Dove fu firmato l'armistizio con l'Austria dell'11 luglio 1859?

A. A Novara

B. A Solferino

C. A Magenta

D. A Villafranca

6. Da chi era costituito il quadrumvirato fascista che nell'ottobre 1922 ebbe il compito di guidare la «marcia su Roma»?

A. Da Mussolini, De Bono, Farinacci, Bianchi

B. Da Facta, Orlando, Bonomi, Nitti

C. Da De Bono, Balbo, De Vecchi, Bianchi

D. Da Mussolini, Badoglio, Farinacci, Ciano

7. Negli anni Trenta dello scorso secolo, i Sudeti erano una regione:

A. Dell'Austria, popolata da boemi

B. Della Cecoslovacchia, popolata da una forte minoranza di lingua tedesca

C. Della Cecoslovacchia, popolata da ungheresi

D. Della Polonia, popolata da tedeschi

8. In che anno fu costituito lo Stato Città del Vaticano?

A. 1938

B. 1909

C. 1939

D. 1929

9. Con gli accordi di Locarno, l'Italia si fece garante con la Gran Bretagna:

A. Delle frontiere comuni di Germania, Polonia, Ungheria

B. Delle frontiere comuni di Austria, Cecoslovacchia, Ungheria

C. Delle frontiere comuni di Germania, Francia e Austria

D. Delle frontiere comuni di Germania, Francia e Belgio

10. La pace di Brest-Litovsk del 3 marzo 1918 determinò l'uscita dalla Prima

guerra mondiale della:

A. Russia
B. Francia
C. Spagna
D. Germania

11. Che cosa è il Trattato di Trianon (1920)?

A. Il trattato di pace tra i paesi dell'Intesa e l'Ungheria
B. Il trattato di pace tra i paesi dell'Intesa e l'Austria
C. Il trattato di pace tra i paesi dell'Intesa e la Germania
D. Il trattato di pace tra i paesi dell'Intesa e la Bulgaria

12. In quali regioni italiane, nel 1914, si verificarono scontri passati alla storia come la "settimana rossa"?

A. Veneto e Trentino
B. Puglia e Basilicata
C. Marche e Romagna
D. Piemonte e Liguria

13. La Conferenza di Stresa del 1935 si proponeva di:

A. Contrastare il riarmo tedesco
B. Creare un'area di libero scambio
C. Contrastare gli effetti della crisi finanziaria del 1929
D. Contrastare il riarmo italiano

14. Chi fu il politico italiano che propose nel 1944 alle forze antifasciste di cooperare con il governo Badoglio in un governo d'unità nazionale, allo scopo di fronteggiare l'invasione dei tedeschi (Svolta di Salerno)?

A. Ferruccio Parri
B. Alcide De Gasperi
C. Ugo La Malfa
D. Palmiro Togliatti

15. In occasione delle azioni degli squadristi che prepararono la cosiddetta marcia su Roma del 1922, il Re Vittorio Emanuele III:

A. Fece esiliare temporaneamente Mussolini
B. Si rifiutò di firmare lo stato di assedio
C. Fuggì a Brindisi
D. Firmò lo stato di assedio

16. Nel 1866, dopo la Terza guerra d'indipendenza, quali regioni non facevano ancora parte del Regno d'Italia?

A. Lazio, Trentino Alto Adige e Friuli Venezia Giulia
B. Lombardia, Trentino Alto Adige e Friuli Venezia Giulia
C. Sardegna, Piemonte e Friuli Venezia Giulia
D. Sicilia, Sardegna e Toscana

17. In quale anno morì l'"eroe dei due mondi" Giuseppe Garibaldi?

A. 1882
B. 1900
C. 1870
D. 1895

18. Con il termine "Sollevazione di Pasqua" cosa viene comunemente indicato?

A. Un tentativo dei militanti repubblicani italiani di liberare il Lombardo-Veneto nel 1848 dall'impero asburgico
B. Un tentativo dei militanti repubblicani irlandesi di ottenere nel 1916 l'indipendenza dal Regno Unito con la forza delle armi
C. L'inizio delle rivolte studentesche in Europa nel 1968
D. Una serie di dimostrazioni guidate da studenti, intellettuali, operai nella Repubblica Popolare Cinese nel 1989

19. Chi era Capo del Governo durante la guerra di conquista della Libia?

A. Alessandro Fortis
B. Giovanni Giolitti
C. Vittorio Emanuele Orlando
D. Francesco Saverio Nitti

20. Il Trattato di Uccialli (1889) fu concluso tra Italia e:

A. Etiopia

B. Libia
C. Tunisia
D. Cipro

21. Dopo la resa incondizionata della Germania, avvenuta l'8 maggio 1945, gli Alleati divisero la nazione in quattro zone di occupazione militare: francese a sud-ovest, britannica a nord-ovest, statunitense a sud e russa ad est. In quale conferenza venne deciso?
A. Conferenza di Potsdam
B. Conferenza di Jalta
C. Conferenza di Casablanca
D. Conferenza di Teheran

22. Quale fu la reazione dei comunisti italiani, alla firma del patto Molotov-Ribbentrop nel 1939, che aveva rinnegato la linea antifascista del VII Congresso dell'Internazionale comunista?
A. Si astennero dal giudicare
B. Si allinearono alla svolta
C. Rinnegarono la politica di Stalin
D. Si scissero in due correnti

23. Quando si costituì lo Stato di Israele?
A. Nel 1940
B. Nel 1948
C. Nel 1956
D. Nel 1966

24. La nascita del Mercato Comune Europeo risale al:
A. 1946
B. 1922
C. 1967
D. 1957

25. Quando fu reintrodotta in Italia la pena di morte?
A. Nel settembre 1938, con l'entrata in vigore delle leggi razziali
B. Nel giugno del 1924, dopo il delitto Matteotti
C. Nel novembre del 1926, per i più gravi delitti politici
D. Nel maggio del 1940, dopo l'entrata italiana in guerra

26. Perché è importante la figura di Papa Pio IX nel quadro dell'unificazione italiana?
A. Perché Pio IX diede il suo appoggio allo Stato Sabaudo nel processo di unificazione della penisola
B. L'avvento del nuovo Papa coincise con una serie di riforme in nome di libertà e democrazia dapprima nello Stato Pontificio, quindi negli altri Stati Italiani
C. Perché Pio IX portò avanti un progetto di unificazione dei territori centro meridionali della penisola
D. Perché Pio IX portò avanti un processo di unificazione dei territori centro-settentrionali della penisola

27. Il non expedit vietava esplicitamente ai cattolici di:
A. Partecipare alla vita politica dello Stato
B. Impegnarsi sul terreno delle lotte sindacali
C. Non andare a votare
D. Aderire alle idee socialiste

28. Quali paesi facevano parte della Triplice Alleanza?
A. L'Italia, la Germania e il Giappone
B. L'Austria - Ungheria, la Germania e l'Italia
C. La Russia, la Francia e la Germania
D. L'Austria, la Gran Bretagna e l'Italia

29. Quale fra i seguenti paesi non apparteneva al Patto di Varsavia varato nel 1955?
A. Bulgaria
B. Cecoslovacchia
C. Polonia
D. Jugoslavia

30. Che cosa si intende con il termine "Rivoluzione di Velluto"?
A. La rivoluzione democratica iniziata a Praga, Cecoslovacchia, nel 1968 e che fu repressa dall'invasione dell'esercito sovietico

B. La rivoluzione che pose fine al governo comunista di Ceausescu in Romania nel 1989
C. La rivoluzione che pose fine, nel 1978, al governo fascista in Portogallo guidato da Salazar, senza uso di violenza militare
D. La rivoluzione che nel 1989, in dieci giorni, determinò il crollo del regime comunista in Cecoslovacchia, senza uso di violenza militare

31. Qual è il principale scopo per cui è stata costituita l'OPEC?
A. Controllare il prezzo del petrolio favorendo i paesi produttori
B. Controllare il prezzo del petrolio favorendo i paesi acquirenti
C. Tutelare il patrimonio artistico dei paesi arabi
D. Creare una forza militare a difesa di diversi paesi musulmani

32. L'Italia entrò a far parte della Nato nel:
A. 1955
B. 1949
C. 1961
D. 1975

33. Quale linea di politica economica fu intrapresa da Margaret Thatcher, Primo Ministro inglese?
A. La privatizzazione di ampi settori economici che prima erano nelle mani dello Stato e un ferreo controllo del bilancio statale
B. Una politica assistenziale nei confronti delle classi meno abbienti
C. L'aumento delle esportazioni minerarie
D. La statalizzazione di molti settori privati e il controllo del PIL

34. Dove e in quale anno fu assassinato John Fitzgerald Kennedy?
A. Nel 1963 a Dallas
B. Nel 1961 a Chicago
C. Nel 1965 a Boston
D. Nel 1963 a Houston

35. Come si concluse la guerra in Afghanistan del 1979 - 1989?
A. Il ritiro sovietico
B. La sconfitta dei Mujahidin
C. Il ritiro sovietico e la vittoria dei talebani
D. Il ritiro sovietico e l'invasione del paese di truppe pakistane

36. Quale fu la causa scatenante della guerra di Corea (1950-1953)?
A. Il governo comunista della Corea del Nord annunciò di essersi dotato della bomba atomica, suscitando la reazione statunitense
B. La Cina si rifiuta di ritirarsi militarmente dalla Corea del Nord e dichiara guerra agli Stati Uniti
C. L'esercito del governo comunista, neo-costituitosi in Corea del Nord, superò il confine con la Corea del Sud allo scopo di unificare il paese, suscitando la reazione statunitense
D. La Corea del Sud invase la Corea del Nord tentando di rovesciarne il governo comunista e scatenando la reazione sovietica

37. Quale dei seguenti avvenimenti si colloca cronologicamente tra la nascita dello Stato di Israele e la caduta di Michail Gorbacëv?
A. La Rivoluzione culturale in Cina
B. La seconda guerra d'indipendenza italiana
C. L'abolizione della servitù della gleba in Russia
D. Il suffragio universale maschile in Italia

38. Quale dei seguenti avvenimenti si colloca cronologicamente tra la Guerra dei Sei Giorni e il crollo del Muro di Berlino?
A. L'elezione a Presidente degli USA di Harry Truman
B. La Guerra di Corea
C. Il ritiro delle truppe americane dal Vietnam
D. La morte di Stalin

39. Nell'ottobre del 1992 chi fu eletto alla guida della Democrazia Cristiana dopo Arnaldo Forlani?
A. Mino Martinazzoli
B. Gerardo Bianco
C. Ciriaco De Mita
D. Franco Marini

40. In quale anno avvenne il colpo di stato in Cile?
A. 1975
B. 1968
C. 1973
D. 1977

41. Che cosa erano le "Brigate Internazionali"?
A. Gruppi di volontari che si recarono in Spagna per appoggiare l'esercito repubblicano e combattere le forze nazionaliste e filofasciste comandate dal generale Francisco Franco, durante la guerra civile spagnola
B. Gruppi di volontari che parteciparono alla difesa di Roma nel 1849 dall'attacco delle forze militari borboniche, austriache e francesi
C. Gruppi di volontari che parteciparono alla rivoluzione d'ottobre nel 1917 tra le fila dei bolscevichi
D. Gruppi di volontari che parteciparono all'invasione dell'Urss da parte dell'esercito nazista nel 1941

42. Dove si svolse l'episodio passato alla storia come «l'eccidio di Palazzo d'Accursio»?
A. A Milano
B. A Bologna
C. A Venezia
D. A Firenze

43. Il Portogallo dal 1932 al 1968 è stato guidato da:
A. Francisco Franco
B. Salvador Allende
C. Simon Bolivar
D. Antonio Salazar

44. In che anno si è conclusa la guerra in Vietnam?
A. Nel 1965
B. Nel 1975
C. Nel 1973
D. Nel 1955

45. Quale dei seguenti politici fu protagonista della Primavera di Praga?
A. Alexander Dubcek
B. Tito
C. Stalin
D. Konrad Adenauer

46. In quale anno cadde l'Impero Ottomano?
A. 1912
B. 1945
C. 1902
D. 1922

47. La Guerra Civile Spagnola terminò con:
A. La vittoria dell'esercito di Francisco Franco
B. Un'inaspettata invasione da parte delle forze armate portoghesi che instaurarono un governo fantoccio
C. La vittoria delle forze del Fronte Popolare
D. Una pace, senza vinti né vincitori, mediata dalla Chiesa cattolica

48. Qual era il documento, firmato nel 1975 da Italia e Jugoslavia, che portò a termine i contrasti territoriali tra i due paesi?
A. La Conferenza di Trieste
B. Il Concordato di Sarajevo
C. Il Trattato di Capodistria
D. Il Trattato di Osimo

49. Quale dei seguenti episodi va collocato fra l'elezione di Boris Eltsin a presidente della Federazione Russa (giugno 1991) e la fondazione della Comunità degli Stati Indipendenti (dicembre 1991)?
A. Il tentato colpo di stato per rovesciare

M. Gorbaciov
B. Il crollo del Muro di Berlino
C. Lo svolgimento di libere elezioni nelle 15 repubbliche dell'URSS
D. Il ritiro delle truppe sovietiche dall'Afghanistan

50. Nel 1969, Yasser Arafat divenne il Presidente del Comitato Esecutivo dell'Organizzazione:
A. Hamas
B. Movimento per la jihad islamica in Palestina
C. Congresso Islamico Mondiale
D. OLP (Organizzazione per la Liberazione della Palestina)

RISPOSTE

1. Risposta corretta B

L'Italia, dopo il Congresso di Vienna, venne così organizzata: la penisola cadde quasi completamente sotto il controllo dell'Austria, che influenzò la linea politica degli altri stati italiani (B). Dopo il Congresso di Vienna, infatti, l'Italia fu divisa in una decina di stati, tra cui il Granducato di Toscana, il Ducato di Modena, il Ducato di Parma, Piacenza e Guastalla, il Ducato di Lucca e quello di Massa e Carrara andarono sotto la piena influenza austriaca. Indipendenti, ma alleati all'Austria da vincoli di alleanza e interesse, erano lo Stato pontificio e il Regno di Sicilia, che, unito al Regno di Napoli, divenne il Regno delle due Sicilie.

2. Risposta corretta D

Durante la Terza Guerra d'Indipendenza, la battaglia navale, perduta dal Regno d'Italia, contro l'Impero austriaco ebbe luogo a Lissa (D): la battaglia di Lissa fu uno scontro navale nell'ambito della terza guerra d'indipendenza italiana e si svolse il 20 luglio 1866 sul mar Adriatico, nelle vicinanze dell'isola omonima, tra la Marina da Guerra dell'impero austriaco e la Regia Marina del regno d'Italia; fu la prima grande battaglia navale tra navi a vapore corazzate. La battaglia fece anche parte della guerra austro-prussiana, in quanto l'Italia all'epoca era alleata della Prussia, a sua volta in guerra contro l'Impero austriaco.

3. Risposta corretta A

I triumviri della Repubblica Romana del 1849 erano Carlo Armellini, Giuseppe Mazzini, Aurelio Saffi (A): infatti, il triumvirato composto da Carlo Armellini, Giuseppe Mazzini e Aurelio Saffi fu alla guida della Repubblica Romana, sorta il 9 febbraio del 1849, a seguito di una rivolta interna che nei territori dello Stato Pontificio ebbe come esito la fuga di papa Pio IX. La repubblica ebbe come vita breve, in quanto si concluse il 4 luglio 1849 a causa dell'intervento militare di Napoleone III, che per convenienza politica ristabilì l'ordinamento pontificio.

4. Risposta corretta A

Le tappe principali della spedizione dei Mille furono: Quarto, Marsala, Calabria, Napoli, Volturno, Teano (A). La spedizione dei Mille guidati da Giuseppe Garibaldi partì, nella notte tra il 5 e il 6 maggio 1860, da Quarto e sbarcò a Marsala l'11 maggio; si concluse con il celebre incontro di Teano del 36 ottobre 1860 tra Garibaldi e il re Vittorio Emanuele. Pertanto, le altre opzioni che non contengono i nomi di queste tre città sono errate.

5. Risposta corretta D

L'armistizio con l'Austria dell'11 luglio 1859 fu firmato a Villafranca (D): l'armistizio, noto infatti come armistizio di Villafranca, fu concluso da Napoleone III di Francia e Francesco Giuseppe I d'Austria l'11 luglio 1859. Fu la conseguenza di una decisione unilaterale della Francia che, in guerra a fianco del regno di Sardegna contro l'Austria, aveva la necessità di concludere la pace per il pericolo che il conflitto si allargasse all'Europa centrale. L'armistizio di Villafranca causò le dimissioni del presidente del Consiglio piemontese Cavour, che lo ritenne una violazione del trattato di alleanza sardo-francese.

6. Risposta corretta C

Il quadrumvirato fascista che nell'ottobre 1922 ebbe il compito di guidare la «marcia su Roma» era formato da De Bono, Balbo, De Vecchi, Bianchi (C): il 28 ottobre 1922 il quadrumvirato fascista ebbe il compito di guidare la marcia su Roma, ossia la manifestazione armata, organizzata dal Partito Nazionale Fascista, il cui successo ebbe come conseguenza l'ascesa al potere del partito stesso in Italia. I quadrumviri che condussero le camicie nere verso la capitale furono, infatti, i gerarchi Italo Balbo, Michele Bianchi, Emilio De Bono e Cesare Maria De Vecchi.

7. Risposta corretta B
Negli anni Trenta dello scorso secolo, i Sudeti erano una regione della Cecoslovacchia, popolata da una forte minoranza di lingua tedesca (B): i Sudeti sono, infatti, delle montagne al confine tra la Germania (Sassonia), la Polonia (Slesia) e la Repubblica Ceca (Boemia e Moravia). Dato che il nome, nel periodo compreso fra le due guerre mondiali, designò l'intera area tedescofona all'interno di Boemia e Moravia, con questa denominazione si definiscono le popolazioni tedesche stanziate, fino alla seconda guerra mondiale, in quelle due regioni.

8. Risposta corretta D
Lo Stato Città del Vaticano fu costituito nel 1929 (D): lo stato della Città del Vaticano nacque, infatti, l'11 febbraio 1929 a seguito della firma dei Patti Lateranensi, che stabilivano le relazioni bilaterali tra Italia e Santa Sede. I Patti Lateranensi furono stipulati da Benito Mussolini e Pietro Gasparri, rispettivamente i rappresentanti del regno d'Italia e della Santa Sede.

9. Risposta corretta D
Con gli accordi di Locarno, l'Italia si fece garante con la Gran Bretagna delle frontiere comuni di Germania, Francia e Belgio (D): noti nel loro complesso come Patto di Locarno, i trattati sono di diversa tipologia e non sono stati tutti firmati dalle stesse potenze. Il trattato principale fu il cosiddetto Patto Renano (tra Germania, Francia, Belgio, Gran Bretagna e Italia), secondo il quale Germania, Francia e Belgio riconoscevano i confini, con l'impegno di non violare le comuni frontiere, come stabilito nel trattato di Versailles.

10. Risposta corretta A
La pace di Brest-Litovsk del 3 marzo 1918 determinò l'uscita dalla Prima guerra mondiale della Russia (A): il trattato di Brest-Litovsk fu, infatti, un trattato di pace stipulato tra la Russia e gli imperi centrali (Germania, Austria-Ungheria, impero ottomano) il 3 marzo 1918 a Brest, nell'odierna Bielorussia. Tale trattato sancì sia la vittoria degli imperi centrali sul fronte orientale che la resa, con la conseguente uscita, della Russia dalla Prima guerra mondiale.

11. Risposta corretta A
Il Trattato di Trianon (1920) fu il trattato di pace tra i paesi dell'Intesa e l'Ungheria (A): il trattato di -o del- Trianon fu, infatti, il trattato di pace con cui le potenze vincitrici della prima guerra mondiale stabilirono le sorti del regno d'Ungheria in seguito alla dissoluzione dell'Impero austro-ungarico. Il trattato venne firmato il 4 giugno 1920 nel palazzo del Grand Trianon di Versailles (Francia) tra le potenze vincitrici, i loro alleati e la parte sconfitta. Le potenze vincitrici comprendevano Stati Uniti, Regno Unito, Francia e Italia; i loro alleati erano Romania, Regno dei Serbi, Croati e Sloveni (in seguito Jugoslavia) e Cecoslovacchia; mentre la parte sconfitta era l'ex monarchia austro-ungarica, rappresentata dall'Ungheria.

12. Risposta corretta C
Nel 1914 si verificarono scontri passati alla storia come la «settimana rossa» nelle Marche e nella Romagna (C): la "settimana rossa" fu un'insurrezione popolare sviluppatasi ad Ancona e propagatasi dalle Marche alla Romagna, tra il 7 e il 14 giugno 1914, come reazione all'eccidio di tre manifestanti avvenuto ad Ancona ad opera della forza pubblica. In particolare, in Romagna, dove il movimento repubblicano e quello anarchico erano una componente fondamentale delle sinistre, la rivolta assunse un carattere decisamente rivoluzionario.

13. Risposta corretta A
La Conferenza di Stresa del 1935 si proponeva di contrastare il riarmo tedesco (A): la Conferenza di Stresa diede vita ad un accordo in funzione anti-tedesca, detto "fronte di Stresa" ed ebbe luogo, fra l'11 e il 14 aprile 1935, tra la Francia, l'Inghilterra e l'Italia, rappresentate rispettivamente da Laval, MacDonald e Mussolini. Con questo accordo le tre parti, oltre a dichiarare l'indipendenza dell'Austria, si

dichiararono pronte a reagire ad ogni futuro tentativo da parte della Germania di violare il trattato di Versailles, ossia il trattato di pace che pose fine alla prima guerra mondiale.

14. Risposta corretta D
Il politico italiano che propose nel 1944 alle forze antifasciste di cooperare con il governo Badoglio in un governo d'unità nazionale allo scopo di fronteggiare l'invasione dei tedeschi (Svolta di Salerno) fu Palmiro Togliatti (D). La cosiddetta "svolta di Salerno", avvenuta nell'aprile del 1944, prese il nome da una iniziativa di Palmiro Togliatti, su impulso dell'Unione Sovietica, finalizzata a trovare un compromesso tra partiti antifascisti, monarchia e Badoglio. Lo scopo di tale compromesso era la formazione di un governo di unità nazionale al quale partecipassero i rappresentanti di tutte le forze politiche presenti nel Comitato di Liberazione Nazionale.

15. Risposta corretta B
In occasione delle azioni degli squadristi che prepararono la cosiddetta marcia su Roma del 1922, il Re Vittorio Emanuele III si rifiutò di firmare lo stato di assedio (B): durante la marcia su Roma, il 28 ottobre 1922 il governo dichiarò lo stato d'assedio, ma il re Vittorio Emanuele III si rifiutò di controfirmarlo, costringendo il presidente del Consiglio, Luigi Facta, a dimettersi. Il 30 ottobre il re affidò a Mussolini l'incarico di formare un nuovo governo.

16. Risposta corretta A
Nel 1866, dopo la Terza guerra d'indipendenza, le regioni che non facevano ancora parte del Regno d'Italia erano le seguenti: Lazio, Trentino Alto Adige e Friuli Venezia Giulia (A). Nonostante fosse già sorto il regno d'Italia, il completamento del territorio nazionale avvenne solo al termine della prima guerra mondiale il 4 novembre 1918, quando si diffuse il Bollettino della Vittoria che annunciava che l'impero austro-ungarico si arrendeva all'Italia in base all'armistizio firmato a Villa Giusti, nei pressi di Padova.

17. Risposta corretta A
L'"eroe dei due mondi" Giuseppe Garibaldi morì nel 1882 (A): a causa di una bronchite degenerata in una paralisi della faringite, Garibaldi morì a Caprera il 2 giugno 1882, all'età di quasi settantacinque anni. La salma giace ancora oggi a Caprera, nel cosiddetto "Compendio garibaldino", in un sepolcro chiuso da una massiccia pietra grezza di granito.

18. Risposta corretta B
Con il termine "Sollevazione di Pasqua" viene comunemente indicato un tentativo dei militanti repubblicani irlandesi di ottenere nel 1916 l'indipendenza dal Regno Unito con la forza delle armi (B): la sollevazione o rivolta di Pasqua fu, infatti, una ribellione scoppiata in Irlanda nella settimana di Pasqua del 1916. La Rivolta fu sedata in sei giorni ed i suoi promotori furono processati e giustiziati; tuttavia, nonostante l'insuccesso militare e l'iniziale giudizio negativo della popolazione civile, l'episodio è oggi considerato uno dei punti saldi per la creazione dell'attuale Repubblica d'Irlanda.

19. Risposta corretta B
Il Capo del Governo durante la guerra di conquista della Libia era Giovanni Giolitti (B): nel momento in cui ebbe inizio l'impresa italiana in Libia, nel 1912, il capo del Governo del Regno d'Italia era Giolitti, che ricopriva il suo quarto mandato (30 marzo 1911 – 21 marzo 1914). Il quarto governo Giolitti rappresenta l'ultimo atto della politica trasformista del politico piemontese: la conquista della Libia aveva alienato a Giolitti l'appoggio dei socialisti e costrinse il capo di Governo a dimettersi.

20. Risposta corretta A
Il Trattato di Uccialli (1889) fu concluso tra Italia ed Etiopia (A): il trattato di Uccialli fu, infatti, un trattato internazionale stipulato fra il Regno d'Italia e l'Impero d'Etiopia, il 2 maggio 1889, nell'accampamento dell'imperatore d'Etiopia, situato ad Uccialli. Il trattato regolava i rapporti reciproci

tra i due Stati e confermava le recenti acquisizioni territoriali italiane in Eritrea, che lo stesso sovrano etiope riconosceva come colonia italiana.

21. Risposta corretta A
Dopo la resa incondizionata della Germania, avvenuta l'8 maggio 1945, gli Alleati divisero la nazione in quattro zone di occupazione militare: francese a sud-ovest, britannica a nord-ovest, statunitense a sud e russa ad est. Ciò venne deciso nella Conferenza di Postdam (A), la prima grande conferenza internazionale che si tenne, dopo la fine della Seconda guerra mondiale, dal 17 luglio al 2 agosto 1945 nell'omonima città, per esaminare i problemi degli accordi di pace. Intervennero i rappresentanti delle grandi potenze vittoriose, Churchill, Stalin e Truman: le potenze vincitrici si accordarono sulla smilitarizzazione, sullo smantellamento industriale e sulla denazificazione della Germania.

22. Risposta corretta B
Il patto Molotov-Ribbentrop, chiamato anche patto Hitler-Stalin, stipulato nel 1939, aveva rinnegato la linea antifascista del VII Congresso dell'Internazionale comunista. A seguito della stipula del patto, i comunisti italiani si allinearono alla nuova svolta politica delineata dal patto (B), anche perché molti rappresentanti del partito comunista, tra cui Togliatti, erano rifugiati in Russia e non avrebbero mai potuto schierarsi apertamente contro Stalin.

23. Risposta corretta B
Lo Stato di Israele si costituì nel 1948 (B): il 14 maggio del 1948, dopo cruente azioni di guerra civile da parte ebrea e musulmana, venne dichiarata unilateralmente la nascita dello stato di Israele, un giorno prima che l'ONU stessa ne sancisse la creazione. Lo stesso 15 maggio 1948 gli eserciti di Egitto, Siria, Libano, Iraq e Transgiordania attaccarono l'appena nato stato di Israele; l'offensiva venne bloccata dall'esercito israeliano e le forze arabe vennero costrette ad arretrare.

24. Risposta corretta D
La nascita del Mercato Comune Europeo risale al 1957 (D): con l'espressione "Mercato europeo comune" (MEC) ci si riferisce al mercato unico dell'Unione europea, la cui creazione era uno degli obiettivi fondamentali dei trattati di Roma, firmati nel 1957 ed entrati in vigore l'anno successivo, che istituirono la CEE. Lo scopo principale del trattato era realizzare la libera circolazione di merci, servizi, persone e capitali su tutto il territorio dei sei Paesi aderenti, che erano la Francia, la Germania, l'Italia, i Paesi Bassi, il Belgio e il Lussemburgo.

25. Risposta corretta C
La pena di morte fu reintrodotta in Italia nel novembre del 1926, per i più gravi delitti politici (C): nel 1926, infatti, la pena di morte per i civili venne reintrodotta per legge da Mussolini, dopo trentasette anni dall'abrogazione, per punire coloro che avessero attentato alla vita o alla libertà della famiglia reale o del capo del governo e per vari reati contro lo Stato.

26. Risposta corretta B
La figura di Papa Pio IX nel quadro dell'unificazione italiana è importante perché l'avvento del nuovo Papa coincise con una serie di riforme in nome di libertà e democrazia dapprima nello Stato Pontificio, quindi negli altri Stati Italiani (B). Nei primi anni di pontificato, Pio IX governò, infatti, lo stato Pontificio con una progressiva apertura alle richieste liberali della popolazione; inoltre, diede avvio alle grandi riforme dello stato Pontificio, promuovendo anche la costituzione di una Lega doganale tra gli stati italiani preunitari.

27. Risposta corretta A
Il *non expedit* vietava esplicitamente ai cattolici di partecipare alla vita politica dello Stato (A): il *non expedit* (traducibile con "non conviene") fu una disposizione con la quale il Papa Pio IX, nel 1874, dichiarò inaccettabile per i cattolici italiani partecipare alle elezioni politiche del regno d'Italia e indicò

all'elettorato cattolico la strada dell'astensionismo dalla vita politica nazionale italiana. Il divieto fu abrogato ufficialmente da Papa Benedetto XV nel 1919.

28. Risposta corretta B
La Triplice Alleanza fu un patto militare, di natura difensiva, stipulato il 20 maggio 1882 a Vienna dall'impero austro-ungarico, dall'impero tedesco e dal regno d'Italia (B): inizialmente voluta principalmente dall'Italia, successivamente, l'alleanza fu sostenuta soprattutto dalla Germania desiderosa di isolare politicamente la Francia. La Triplice Alleanza non va confusa con la Triplice Intesa, di cui, invece, facevano parte la Francia (C), la Gran Bretagna (D) e la Russia (C).

29. Risposta corretta D
Tra i paesi menzionati nelle opzioni, quello che non apparteneva al Patto di Varsavia varato nel 1955 era la Jugoslavia (D): il Patto -detto anche Trattato- di Varsavia del 1955 fu un'alleanza militare tra gli Stati comunisti del blocco sovietico, nata come contrapposizione all'alleanza del Patto Atlantico (NATO) fondata nel 1949. I paesi membri furono Albania, Bulgaria (A), Cecoslovacchia (B), Germania Est, Polonia (C), Romania, Ungheria e URSS.

30. Risposta corretta D
Con il termine "Rivoluzione di Velluto" si intende la rivoluzione che nel 1989, in dieci giorni, determinò il crollo del regime comunista in Cecoslovacchia, senza uso di violenza militare (D). La Rivoluzione di Velluto identifica, infatti, quel processo politico che, tra il novembre e il dicembre 1989, condusse alla dissoluzione del regime comunista cecoslovacco. Si precisa che dopo lo scioglimento della Cecoslovacchia come nazione unitaria nel 1993, la Slovacchia utilizza il termine "Rivoluzione Gentile" per indicare questo evento, mentre la Repubblica Ceca continua a fare riferimento alla manifestazione col nome di "Rivoluzione di Velluto".

31. Risposta corretta A
L'OPEC (Organizzazione dei Paesi esportatori di petrolio) è stata costituita allo scopo di controllare il prezzo del petrolio favorendo i paesi produttori (A), ma non i paesi acquirenti (B). Fondata nel 1960, comprende dodici paesi che si sono associati, formando un cartello economico, per negoziare con le compagnie petrolifere aspetti relativi alla produzione, ai prezzi e alle concessioni di petrolio.

32. Risposta corretta B
L'Italia entrò a far parte della Nato nel 1949 (B): l'Italia fu, infatti, uno dei 12 paesi fondatori del Organizzazione del Trattato dell'Atlantico del Nord (in sigla NATO) e vi aderì il 4 aprile 1949 insieme a Belgio, Canada, Danimarca, Francia, Islanda, Lussemburgo, Norvegia, Paesi Bassi, Portogallo, Regno Unito e Stati Uniti. Si ricorda che la NATO, alleanza di natura difensiva da cui si è sviluppata l'organizzazione omonima, ha come caposaldo il principio di difesa collettiva e di cooperazione militare tra i suoi Stati membri.

33. Risposta corretta A
La linea di politica economica intrapresa da Margaret Thatcher, Primo Ministro inglese, fu la privatizzazione di ampi settori economici che prima erano nelle mani dello Stato e un ferreo controllo del bilancio statale (A): la filosofia politica e le politiche economiche della Thatcher hanno introdotto una deregolamentazione, in particolare del settore finanziario, dei mercati del lavoro flessibili, del precariato, della privatizzazione delle aziende statali e della riduzione dell'influenza dei sindacati.

34. Risposta corretta A
John Fitzgerald Kennedy fu assassinato nel 1963 a Dallas (A), precisamente il 22 novembre: mentre viaggiava con la moglie Jacqueline a bordo della limousine presidenziale, Kennedy fu ferito mortalmente nella *Dealey Plaza* da colpi di fucile sparati dall'operaio, attivista ed ex militare Lee Harvey Oswald. Per indagare sull'accaduto venne creata un'apposita commissione d'inchiesta, la commissione Warren.

35. Risposta corretta A
La guerra in Afghanistan del 1979-1989 si concluse con il ritiro sovietico (A): indicata anche come guerra russo-afghana, invasione sovietica dell'Afghanistan o intervento sovietico in Afghanistan, la guerra ebbe inizio con l'invasione del paese islamico ad opera dell'Armata Rossa sovietica. Dopo più di nove anni di conflitto, che provocarono vaste distruzioni in Afghanistan e numerosi morti, soprattutto tra i civili, l'intervento sovietico nel conflitto ebbe termine con una ritirata generale delle proprie truppe, il 15 febbraio 1989.

36. Risposta corretta C
La causa scatenante della guerra di Corea (1950-1953) fu la seguente: l'esercito del governo comunista, neo-costituitosi in Corea del Nord, superò il confine con la Corea del Sud allo scopo di unificare il paese, suscitando la reazione statunitense (C). La guerra, infatti, scoppiò nel 1950 a causa dell'invasione della Corea del Sud, stretta alleata degli Stati Uniti, da parte dell'esercito della Corea del Nord comunista. L'invasione determinò una rapida risposta dell'ONU: gli Stati Uniti, affiancati da altri diciassette Paesi, intervennero militarmente nella penisola e, dopo grandi difficoltà iniziali, respinsero l'invasione, penetrando nella Corea del Nord.

37. Risposta corretta A
L'avvenimento storico che si colloca cronologicamente tra la nascita dello Stato di Israele e la caduta di Michail Gorbacëv è la Rivoluzione culturale in Cina (A). Lo stato d'Israele venne proclamato il 14 maggio 1948, la caduta di Michail Gorbacëv ebbe luogo nel 1991 con le sue dimissioni; la Rivoluzione culturale in Cina si colloca cronologicamente tra i due eventi, dato che ebbe inizio nel 1966 grazie all'iniziativa di Mao Zedong. Gli altri avvenimenti storici proposti nelle opzioni B, C e D sono tutti precedenti alla proclamazione dello stato di Israele.

38. Risposta corretta C
La Guerra dei Sei giorni, un conflitto combattuto tra Israele e i paesi arabi di Egitto, Siria e Giordania, scoppiò nel 1967 e il Muro di Berlino cadde nel 1989: in questo arco cronologico, le truppe americane si ritirarono dal Vietnam (C) nel 1973. Tutti gli altri eventi storici sono precedenti a questo arco temporale: Truman fu eletto Presidente degli USA (A) il 12 aprile 1945; la Guerra di Corea (B) durò dal 1950 al 1953; Stalin morì (D) il 5 marzo 1953.

39. Risposta corretta A
Nell'ottobre del 1992, quando la Democrazia Cristiana fu travolta dallo scandalo di Tangentopoli, Mino Martinazzoli (A) divenne segretario del partito dopo Forlani. Eletto per acclamazione, soprattutto per la sua fama di uomo onesto, Martinazzoli aveva il difficile compito di risanare la Democrazia Cristiana dalla crisi politica; tuttavia, Martinazzoli scelse la via dello scioglimento della Democrazia Cristiana, proponendo di costituire, invece, il Partito Popolare Italiano.

40. Risposta corretta C
Il colpo di stato in Cile avvenne nel 1973 (C): il generale Pinochet, alla guida dell'esercito, prese il potere con un colpo di stato nell'11 settembre 1973, cingendo d'assedio il Palazzo Presidenziale, attaccandolo via terra e bombardandolo. I risultati del golpe furono la morte del presidente cileno Allende, inviso agli Stati Uniti, e la dittatura militare di Pinochet, che durò fino al 1990, durante la quale fu attuata una repressione dell'opposizione così violenta da rendere Pinochet responsabile di crimini contro l'umanità.

41. Risposta corretta A
Le "Brigate Internazionali" furono dei gruppi di volontari che si recarono in Spagna per appoggiare l'esercito repubblicano e combattere le forze nazionaliste e filofasciste comandate dal generale Francisco Franco, durante la guerra civile spagnola (A). Le Brigate Internazionali erano, infatti, costituite da formazioni volontarie di antifascisti europei e statunitensi, che, nonostante la scarsa coordinazione militare e strategica, diedero un sostegno significativo alle forze repubblicane spagnole in molte fasi del conflitto spagnolo.

42. Risposta corretta B
L'episodio passato alla storia come «l'eccidio di Palazzo d'Accursio» si svolse a Bologna (B): la strage di Palazzo d'Accursio, avvenuta il 21 novembre 1920 a Bologna, fu la conseguenza degli scontri che si scatenarono in Piazza Maggiore tra squadristi, Guardie Rosse e componenti della Regia Guardia per la pubblica sicurezza. Si ricorda che Palazzo d'Accursio è attualmente la sede del Comune di Bologna.

43. Risposta corretta D
Il Portogallo dal 1932 al 1968 è stato guidato da Antonio Salazar (D): Antonio de Oliveira Salazar fu il ministro portoghese delle finanze dal 1928 al 1932 e divenne primo ministro del Portogallo dal 1932 al 1968. Salazar introdusse una nuova Costituzione che gli diede i pieni poteri ed il controllo totale dello stato: fu l'inizio del fascismo portoghese, teorizzato come *Estado Novo* ("Stato Nuovo") ed ispirato, nella natura e nei princìpi corporativi, al fascismo di Mussolini in Italia. L'*Estado Novo*, che identifica il governo autoritario conservatore e corporatista, ebbe vita in Portogallo fino al 1974.

44. Risposta corretta B
La guerra in Vietnam si è conclusa nel 1975 (B): la guerra del Vietnam fu un conflitto armato combattuto in Vietnam tra il 1955 (D) e il 1975. Il conflitto, che si svolse prevalentemente nel territorio del Vietnam del Sud, vide il diretto coinvolgimento degli Stati Uniti d'America, che, nonostante l'enorme quantità di forze terrestri, aeree e navali impiegate dal 1965 (A) al 1972, subì una pesante sconfitta e uscì dal conflitto nel 1973 (C). Il conflitto proseguì dopo la resa degli Stati Uniti e, nel 1975, il Vietnam del Nord invase il Sud e vinse definitivamente la guerra a seguito della caduta di Saigon, capitale del Vietnam del Sud.

45. Risposta corretta A
Tra i politici menzionati, il protagonista della Primavera di Praga fu Alexander Dubcek (A): Dubcek riunì intorno a sé un folto gruppo di politici e intellettuali riformatori, diventando il maggiore interprete di una linea antiautoritaria -definita "socialismo dal volto umano"- e di una feconda stagione politica, nota come "Primavera di Praga", di liberalizzazione e di democratizzazione della Cecoslovacchia.

46. Risposta corretta D
L'Impero Ottomano cadde nell'anno 1922 (D): durato 623 anni, dal 1299 al 1922, durante la prima guerra mondiale l'impero ottomano si alleò con gli imperi Centrali e con essi fu pesantemente sconfitto; a seguito della sconfitta, perse tutti i possedimenti in Medioriente e Iraq e fu sconvolto da violente sommosse popolari che portarono, il 1° novembre 1922, alla deposizione dell'ultimo sultano, Mehmet VI. Tale atto pose ufficialmente fine all'esistenza dell'impero ottomano.

47. Risposta corretta A
La Guerra Civile Spagnola terminò con la vittoria dell'esercito di Francisco Franco (A): la guerra civile spagnola, che fu un conflitto fratricida svoltosi tra il luglio 1936 e l'aprile 1939 fra nazionalisti e i repubblicani, portò al crollo della Repubblica spagnola e segnò l'inizio della lunga dittatura del generale Francisco Franco, il quale riuscì ad affermarsi grazie anche ai consistenti aiuti da parte della Germania nazista e dell'Italia fascista.

48. Risposta corretta D
Il documento firmato nel 1975 da Italia e Jugoslavia, che portò a termine i contrasti territoriali tra i due paesi, fu il Trattato di Osimo (D): il trattato di Osimo concluse la fase storica iniziata nel 1947 con un altro trattato, che prevedeva la cessione di gran parte della Venezia Giulia alla Jugoslavia e la creazione del Territorio Libero di Trieste. Il Trattato di Osimo, ratificato nel 1977, sancì lo stato di fatto di separazione territoriale tra i due paesi, rendendo definitive le frontiere fra l'Italia e l'allora Jugoslavia ed assegnando Trieste all'Italia.

49. Risposta corretta A

L'episodio che va collocato fra l'elezione di Boris Eltsin a presidente della Federazione Russa (giugno 1991) e la fondazione della Comunità degli Stati Indipendenti (dicembre 1991) è il tentato colpo di stato per rovesciare M. Gorbaciov (A). Il tentato -e fallito- colpo di stato fu guidato da alcune tra le cariche più importanti della politica sovietica nell'agosto del 1991 ai danni di Michail Gorbaciov, segretario del Partito comunista, all'epoca impegnato in programmi di riforme e rinnovamento, noti come *perestrojka*. L'esito del tentato golpe furono le dimissioni di Michail Gorbaciov dalla guida dell'Unione Sovietica.

50. Risposta corretta D

Nel 1969, Yasser Arafat divenne il Presidente del Comitato Esecutivo dell'Organizzazione OLP – "Organizzazione per la Liberazione della Palestina" (D): l'obiettivo dell'OLP, organizzazione politica e paramilitare palestinese fondata dalla Lega araba, era la liberazione della Palestina attraverso la lotta armata. Arafat è stato il più longevo leader dell'organizzazione, ne assunse la guida dal 1969 fino al 2004, anno della sua morte.

QUIZ NON COMMENTATI

1. Ordinare cronologicamente i seguenti fatti della Seconda Guerra Mondiale: z) Patto Tripartito, v) Battaglia navale del Mar dei Coralli, n) Mussolini fonda la Repubblica Sociale Italiana, j) armistizio franco-tedesco del 22 giugno.

A. Z n v j.
B. N j v z.
C. J z v n.
D. V z j n.

2. Il "caso Alfred Dreyfus" evoca problemi legati a....

A. Movimenti nazionalisti.
B. Antisemitismo.
C. Repressione del movimento operaio.
D. Nessuna delle alternative di risposta proposte è corretta.

3. In Ungheria, nel 1919, il leader del partito comunista guidò un'insurrezione vittoriosa che condusse alla fondazione della Repubblica dei Consigli. Di quale leader si trattava?

A. Di Ignaz Seipel.
B. Di Bela Kun.
C. Di Joannis Metaxas.
D. Di Josef Pilsudski.

4. In quale anno fu giustiziato dall'esercito boliviano il combattente Ernesto Guevara de la Serna, detto Che, stretto collaboratore e grande amico di Fidel Castro?

A. Nel 1968.
B. Nel 1969.
C. Nel 1970.
D. Nel 1967.

5. Quale tra le seguenti fu una diretta conseguenza del Nuovo Corso inaugurato dalla Germania di Guglielmo II?

A. L'apertura fra Inghilterra e Germania di una contesa dagli esiti disastrosi.
B. La formazione di una solida e temibile alleanza tra la Germania e la Russia.
C. L'avvicinamento militare tra Francia e Germania.
D. La nascita di un conflitto civile interno alla Germania.

6. Ordinare cronologicamente i seguenti avvenimenti: s) Sacco e Vanzetti sono condannati a morte, y) Cuba consegue l'indipendenza, k) assassinio di Francisco Madero, h) golpe militari in Argentina e Brasile.

A. Y k s h.
B. K y h s.
C. H s k y.
D. Y s y k.

7. Indicare quale tra le seguenti affermazioni è falsa:

A. L'incidente USA-URSS per l'abbattimento di un U-2 si verificò prima del lancio sovietico del primo Sputnik.
B. La legge marziale in Polonia fu istituita dopo le agitazioni di Solidarnosc.
C. La pace cino-giapponese avvenne dopo il Concilio Vaticano II.
D. L'assassinio di Kennedy a Dallas avvenne prima dello scandalo di Watergate.

8. Mussolini perseguì con tenacia la campagna per l'incremento demografico, stabilendo una serie di remunerazioni economiche per chi metteva al mondo numerosi figli. In tale quadro:

A. Venne creata la Cassa Per Le Famiglie Numerose.
B. Venne istituito il Premio Mamma Più Feconda del Mese.
C. Fu realizzato l'Istituto per la Fecondazione Assistita.
D. Fu fondata l'Opera Nazionale Maternità ed Infanzia.

9. Quale tra i seguenti avvenimenti si verificò per primo rispetto agli altri?

A. Trapasso della presidenza del Consiglio dal Giolitti al Bonomi.
B. Natale di sangue.
C. Scissione del Partito Socialista.
D. Occupazione di Fiume da parte di D'Annunzio e dei suoi legionari.

10. Alla fine del primo conflitto mondiale, durante l'elaborazione dei trattati di pace, venne approvato lo statuto della Società delle Nazioni. Quale tra i seguenti punti non era sancito da tale statuto?

A. Divieto del ricorso alla guerra.
B. Soluzione delle controversie internazionali mediante arbitrato.
C. Divieto di costituzione di un esercito nazionale.
D. Sanzioni economiche per gli Stati che turbassero la pace.

11. Ordinare cronologicamente i seguenti avvenimenti storici relativi alle vicende dell'America Latina: $) suicidio di Pèron, £) guerra argentino-britannica per le Falkland, &) il Partito Comunista è messo fuori legge in Cile, §) Argentina, Brasile, Uruguay e Paraguay costituiscono il MERCOSUR.

A. & $ £ §.
B. § $ & £.
C. $ & § £.
D. £ § & $.

12. Su quale tra i seguenti fronti si impegnò a fondo il Presidente Americano John Fitzgerald Kennedy, tragicamente trucidato a Dallas il 22 novembre 1963 in circostanze non del tutto chiarite dalle indagini giudiziarie?

A. Garantire ai neri il pieno raggiungimento dei diritti civili.
B. Garantire la piena libertà di culto per i migranti di religione musulmana.
C. Garantire agli uomini ed alle donne gay il diritto al matrimonio.

13. Ordinare cronologicamente i seguenti fatti della Seconda Guerra Mondiale: z) Gli Inglesi liberano Atene, v) Suicidio di Hitler nel bunker, n) Resa di Von Paulus, j) Battaglia di Stalingrado.

A. N z v j.
B. Z j v n.
C. N v j z.
D. J n z v.

14. Alla proclamazione dei risultati del referendum istituzionale, nel quale 13 milioni di italiani votarono per la repubblica, Umberto II, succeduto al padre Vittorio Emanuele III, abbandonò la capitale e si trasferì in ________ dove rimase fino alla sua morte, il 18 marzo del 1983.

A. Spagna.
B. Francia.
C. Svezia.
D. Portogallo.

15. Quale tra i seguenti bienni è passato alla storia con il nome di "biennio rosso" per le numerose lotte operaie e contadine che lo contraddistinsero?

A. 1918-1919.
B. 1919-1920.
C. 1920-1921.
D. 1921-1922.

16. Agli inizi del '900 la Francia vide la separazione definitiva dello Stato dalla Chiesa. In quale anno si verificò tale importante avvenimento?

A. Nel 1908.
B. Nel 1901.
C. Nel 1903.
D. Nel 1906.

17. Individuare, tra le seguenti, l'affermazione corretta:

A. Nel 1994 la lira esce dallo SME.
B. Nel 1991 Banchitalia, governata da Carlo Azeglio Ciampi, si rifiuta di acquistare i titoli di Stato rimasti invenduti.
C. Tra il 1958 ed il 1978 Guido Carli è il governatore di Banchitalia.
D. Nel 1992 viene firmato il Trattato di Maastricht.

18. Il 12 Novembre 1920, con il Trattato di Rapallo, l'Italia rinunciava alla costa dalmata. Quale città rimase sotto il dominio italiano?

A. Zara.
B. Fiume.
C. Zagabria.
D. Lubiana.

19. Fra il 1931 ed il 1932 i Giapponesi si erano impadroniti con un colpo di mano della Manciuria, insediandovi uno Statofantoccio presieduto dall'ultimo imperatore cinese Puyi, ma sottoposto al dominio nipponico. Quale era il nome di tale Stato?

A. Mancincin.
B. Manciuriò.
C. Manciukuò.
D. Mancikurì.

20. Completare la seguente affermazione con l'alternativa di risposta corretta: Il mattino del ______ 1945 l'aeronautica militare statunitense sganciò l'ordigno atomico "Little Boy" su Hiroshima, seguito ________ dopo dal lancio dell'ordigno "Fat Man" su Nagasaki.

A. 7 agosto -due giorni dopo.
B. 5 agosto -quattro giorni dopo.
C. 6 agosto -tre giorni dopo.
D. 8 agosto -un giorno dopo.

21. Indicare in quale ordine cronologico avvennero i quattro eventi seguenti: x) Pace di Londra, y) conferenza internazionale di Algesiras, z) Intesa Cordiale Anglo-Francese, w) Domenica di sangue a Pietroburgo.

A. W, y, x, z.
B. X, z, w, y.
C. Z, w, y, x.
D. Y, x, z, w.

22. Quale tra i seguenti Ministri degli Affari Esteri Tedeschi ricoprì tale carica dal 1923 al 1929 nel periodo della Repubblica di Weimar?

A. Adenauer.
B. Stresemann.
C. Von Neurath.
D. Von Brentano.

23. Da chi fu organizzata la famosa "repressione di piazza Tienanmen" contro gli studenti dell'università di Pechino che manifestavano pacificamente?

A. Da un movimento rivoluzionario secessionista locale che, come atto di aperta sfida al governo di Mao Tse-tung, procedette alla repressione di quanti avevano aderito alla manifestazione (autorizzata dal governo stesso).
B. Dal gruppo dirigente comunista guidato da Deng Xiaoping.
C. Dal gruppo dirigente comunista guidato da Mao Tse-tung.
D. Da un movimento rivoluzionario secessionista locale che, come atto di aperta sfida al governo di Deng Xiaoping, procedette alla repressione di quanti avevano aderito alla manifestazione (autorizzata dal governo stesso).

24. Quale tra le seguenti espressioni, tratta da una frase di San Paolo, fu utilizzata dal D'Annunzio come motto della Reggenza Italiana del Carnaro?

A. Autorità, ordine, giustizia.
B. Boia chi molla.
C. Ubi ordo, ibi pax et decor. (Dove c'è ordine, ci sono pace e decoro).
D. Quis contra nos? (Chi contro di noi?).

25. Quale tra i seguenti Papi iniziò il Pontificato nell'anno 1978 per concluderlo nel 2005?

A. San Giovanni Paolo II.
B. Benedetto XVI.
C. Paolo VI.
D. San Giovanni XXIII.

26. Indicare quale delle seguenti affermazioni relative all'operazione Overlord non è corretta:

A. Il 6 giugno 1944 le truppe anglo-americane sbarcarono nella penisola

del Cotentin.
B. Le truppe anglo-americane si impadronirono del porto di Cherbourg.
C. Il 25 agosto 1944 le truppe anglo-americane raggiunsero Parigi.
D. Nel dicembre 1944 le truppe anglo-americane costrinsero i Tedeschi a sgomberare l'intero suolo della Francia.

27. Quale tra i seguenti filosofi del 1900 vide la propria teoria dell'Ubermensch interpretata e manipolata a vantaggio dell'ideologia nazista?
A. Arthur Schopenhauer.
B. Karl Popper.
C. Giovanni Vico.
D. Friedrich Nietzsche.

28. Dopo lo scoppio della guerra civile spagnola, nel 1936, gli antifascisti di tutte le nazionalità reclutarono ed inviarono in Spagna una brigata volta a combattere Francisco Franco. Di quale brigata si trattava?
A. Della Brigata Indipendentista.
B. Della Brigata Rossa.
C. Della Brigata Internazionale.
D. Della Brigata Civile.

29. Durante gli anni della Guerra Fredda, coloro che temevano l'eversione comunista ed intendevano preservare l'Italia dal destino dei Paesi satelliti dell'URSS, organizzarono segretamente una formazione militare che assunse il compito di preparare la resistenza e la lotta contro eventuali colpi di mano comunisti. Come si chiamava tale organizzazione?
A. Gladio.
B. Lupa.
C. Ferrum.
D. Pugna.

30. Tra il 1933 ed il 1937 si verificò un fitto intreccio di eventi politici che interessarono tanto il Nord quanto il Sud America. Cosa accadde nel 1934?
A. Iniziò la seconda Presidenza di Roosevelt.
B. Càrdenas divenne Presidente della Repubblica Messicana.
C. Vi fu lo sciopero bianco dei capitalisti USA.
D. Vi fu l'approvazione dell'emendamento 21, anti proibizionista.

31. Completare la seguente affermazione con l'alternativa di risposta corretta: " I __________ proponevano una prospettiva aperta e graduale, capace di mobilitare un grande movimento di opinione, che doveva in primo luogo battersi per una riforma democratica della società, lasciando al futuro il trapasso al socialismo.".
A. Bolscevichi.
B. Conservatori.
C. Nessuna delle opzioni fornite completa correttamente l'affermazione.
D. Menscevichi.

32. Ordinare i seguenti avvenimenti storici in ordine cronologico: e) Legge marziale in Polonia, k) Inizio del pontificato di Giovanni Paolo II, r) Scandalo di Watergate, h) Crisi USA-URSS per i missili di Cuba.
A. R, r, h, e.
B. E, r, h, k.
C. K, h, e, r.
D. H, r, k, e.

33. Quale tra i seguenti documenti, fabbricato in Russia e rielaborato a Parigi nel 1905, nel pieno della lotta fra dreyfusardi ed antidreyfusardi, fu spacciato come un verbale delle sedute segrete tenute dall'ebraismo durante il congresso di Basilea per progettare la conquista del mondo?
A. Yom Kippur 55774.
B. Protocolli dei Savi di Sion.
C. Dialoghi dei Rabbini Talmudici.
D. Le tesi di Gerusalemme.

34. Il 21 luglio del 1954, i rappresentanti della Francia e del Vietnam firmarono a

Ginevra un armistizio. Cosa prevedeva tale accordo?

A. Esso prevedeva l'indipendenza del Vietnam, ma ne proibiva l'effettiva unificazione, stabilendo che il Paese dovesse restare diviso in due parti (una governata dai comunisti e l'altra dai Francesi) per altri 10 anni.

B. Esso stabiliva l'immediata unificazione del Vietnam sotto un governo comunista e la sua effettiva e formale indipendenza.

C. Esso stabiliva che il Vietnam fosse inizialmente unificato sotto un temporaneo governo francese, ma che potesse poi suddividersi, a distanza di tre anni dalla firma dell'armistizio, in due Stati distinti.

D. Esso prevedeva l'unità e l'indipendenza del Vietnam, ma rinviava l'unificazione effettiva del Paese a libere elezioni da tenersi entro due anni sotto controllo internazionale.

35. **Ordinare cronologicamente i seguenti eventi storici: p) Fondazione del Partito Comunista in Francia, r) Conferenza di Washington, g) Hindenburg eletto alla presidenza della Repubblica di Weimar, f) ribellione di Pasqua a Dublino.**

A. R, f, g, p.

B. P, g, f, r.

C. G, r, p, f.

D. F, p, r, g.

36. **Negli anni '30 del secolo scorso, alcuni gruppi di estrema destra puntarono in Francia all'eliminazione della democrazia parlamentare ed all'instaurazione di un regime autoritario. Quale tra i seguenti gruppi non partecipò a tale impresa?**

A. Parti de Gauche.

B. Solidarité française.

C. Croix de Feu.

D. Jeunesses Patriotes.

37. **Nel gennaio del 1933 il regime fascista decise di fondare un istituto a sostegno delle industrie siderurgiche, cantieristiche e meccaniche. Di quale istituto si trattava?**

A. Dell'OVRA.

B. Dell'IMI.

C. **D)** Del LUCE.

D. Dell'IRI.

38. **La proclamazione dell'Unione delle Repubbliche Socialiste Sovietiche sancisce la fine ufficiale dell'antico dominio zarista. In quale data si verificò tale importante avvenimento?**

A. 28 febbraio 1921.

B. 30 dicembre 1922.

C. 8 marzo 1923.

D. 17 gennaio 1920.

39. **Nel Marzo 1929 in Italia si svolsero le elezioni su lista unica, esse prevedevano:**

A. Che gli elettori potevano scegliere tra il listone fascista e l'opposizione.

B. Che gli elettori potevano decidere se votare o astenersi.

C. Che gli elettori non potevano che approvare o disapprovare la lista dei candidati proposti.

D. Che gli elettori non potevano che approvare il listone fascista.

40. **Lo storico francese Julien Benda, analizzando le vicende della prima guerra mondiale da una prospettiva culturale e sociologica, parlò con grande indignazione del "tradimento dei chierici". A che cosa si riferiva lo storico con questa espressione?**

A. Al tradimento della Chiesa che non prese mai una posizione, lasciando che migliaia di innocenti perdessero le proprie vite.

B. Al tradimento del Papa che, pur non facendone pubblica dichiarazione, sosteneva il combattimento e traeva vantaggi dalla prosperare dell'industria bellica.

C. Al tradimento di filosofi come Nietzsche che vendettero le proprie teorie all'ideologia nazista.

D. Al tradimento degli intellettuali che

falsificarono la verità sotto pretesto di servire la patria o il partito.

41. Che cosa si intende con il termine tedesco Lebensraum?

A. La teoria nazionalsocialista tedesca dello spazio vitale.
B. La teoria della supremazia razziale tedesca.
C. La teoria del complotto sionista tedesca.
D. La teoria dell'antropologia fisica tedesca.

42. Quale tra i seguenti presidenti americani è ricordato soprattutto per "la caccia alle streghe" che costrinse al silenzio le più libere voci della cultura e della politica statunitense?

A. Kennedy.
B. Ford.
C. McCarthy.
D. Nixon.

43. Indicare in quale ordine cronologico si verificarono i quattro eventi seguenti: vengono confezionati a Parigi i falsi Protocolli dei Savi di Sion, i fratelli Wright compiono il primo balzo con un biplano, Guglielmo Marconi lancia un segnale radio oltre la radio, Pio X condanna il modernismo con l'enciclica Pascendi dominici gregis.

A. I fratelli Wright compiono il primo balzo con un biplano, vengono confezionati a Parigi i falsi Protocolli dei Savi di Sion, Pio X condanna il modernismo con l'enciclica Pascendi dominici gregis, Guglielmo Marconi lancia un segnale radio oltre la radio.
B. Guglielmo Marconi lancia un segnale radio oltre la radio, i fratelli Wright compiono il primo balzo con un biplano, vengono confezionati a Parigi i falsi Protocolli dei Savi di Sion, Pio X condanna il modernismo con l'enciclica Pascendi dominici gregis.
C. Pio X condanna il modernismo con l'enciclica Pascendi dominici gregis, Guglielmo Marconi lancia un segnale radio oltre la radio, i fratelli Wright compiono il primo balzo con un biplano, vengono confezionati a Parigi i falsi Protocolli dei Savi di Sion.
D. Vengono confezionati a Parigi i falsi Protocolli dei Savi di Sion, Pio X condanna il modernismo con l'enciclica Pascendi dominici gregis, Guglielmo Marconi lancia un segnale radio oltre la radio, i fratelli Wright compiono il primo balzo con un biplano.

44. Nel 1938 Hitler costrinse il cancelliere austriaco Schuschnigg a dimettersi e lo face sostituire da un leader nazista al quale, poco tempo dopo, avrebbe ordinato di richiedere l'intervento in Austria delle truppe tedesche. Di quale leader si trattava?

A. Di Karl Seitz.
B. Di Arthur Seyss-Inquart.
C. Di Wilhelm Miklas.
D. Di Michael Hainisch.

45. Nel novembre 1918 nacque in Italia l'ANC (Associazione Nazionale Combattenti). Quale tra i seguenti era il motto di tale Associazione?

A. Abolizione immediata dello Statuto Albertino.
B. Il proletariato può trionfare solo se guidato dalla forza socialista.
C. Sfiducia verso ogni partito, ogni classe, ogni interesse ed ogni giornale.
D. Uniti contro la guerra e contro il Regno d'Italia.

46. Nel marzo del 1967, con l'enciclica Populorum Progressio, individuando nel colonialismo uno dei motivi fondamentali delle tensioni contemporanee, il pontefice Paolo VI approfondì i temi già enunciati da quale altra enciclica?

A. Dalla Rerum Novarum.
B. Dalla Laudato si.
C. Dalla Mater et Magistra.
D. Dalla Vigilanti Cura.

47. Quale tra i seguenti eventi storici si verificò per ultimo rispetto agli altri tre?

A. Bela Kun fonda in Ungheria la Repubblica dei Consigli.
B. Patto a quattro italo-tedesco-anglo-francese.
C. Inizia la dittatura di Horthy in Ungheria.
D. X Congresso del PCUS.

48. Indicare in quale ordine cronologico si verificarono i quattro eventi seguenti: z) Prime elezioni a suffragio universale maschile in Italia, y) Dichiarazione di guerra alla Turchia da parte dell'Italia, w) Viene fondata la Confederazione italiana dell'industria, x) L'Austria annette la Bosnia-Erzegovina.
A. X, y, z, w.
B. X, w, y, z.
C. Z, w, x, y.
D. Z, y, w, x.

49. In quale anno in Italia fu approvata la legge sul divorzio?
A. Nel 1977.
B. Nel 1963.
C. Nel 1966.
D. Nel 1970.

50. Nel 1906, in Russia venne varata la riforma Stolypin. Quale tra i seguenti punti non rappresenta una conseguenza di tale riforma?
A. Più di sei milioni di famiglie abbandonano il mir.
B. Più di dieci milioni di ettari di terra, sciolti da ogni vincolo, passano alla libera disponibilità dei loro padroni.
C. Si crea la nuova classe sociale dei kulak, che rimane tuttavia minoritaria rispetto alle plebi rurali.
D. Si inaugura una nuova politica di nazionalizzazione intensifica dell'agricoltura.

51. Rieletto nel '56, Eisenhower dovette subito affrontare i problemi posti dai tenaci residui razzistici sopravvissuti negli Stati del Sud. Per quale motivo fu costretto nel '57 a fare intervenire le truppe federali nell'Arkansas?
A. Per garantire ai lavoratori asiatici di una grande azienda la possibilità di accedere alla mensa per i dipendenti.
B. Per garantire alle famiglie messicane della città di Adona il pacifico accesso alla chiesa per la funzione domenicale.
C. Per garantire agli studenti neri il libero accesso alle scuole pubbliche.
D. Per garantire agli alunni ebrei delle scuole della contea di Clay la possibilità di consumare pasti kosher alla mensa.

52. Agli accordi dell'Asse Roma-Berlino, stipulati nell'ottobre del 1936, seguì dopo un mese il Patto Antikomintern. Quali furono i due Paesi che strinsero inizialmente tale patto, al quale l'anno successivo ne avrebbe aderito un terzo?
A. Germania ed Italia.
B. Giappone ed Italia.
C. Germania ed Austria.
D. Germania e Giappone.

53. Individuare, tra le seguenti, l'affermazione corretta:
A. Nel 1998 si ha il XVII Congresso del MSI, che si trasforma in Alleanza Nazionale.
B. Tra il 1993 ed il 1994 si ha il governo Dini.
C. Nel 1995 Craxi si dimette dalla segreteria del PSI.
D. Nel 1996 l'Ulivo vince le elezioni politiche.

54. Completare la seguente affermazione con l'alternativa corretta: "A Berlino, durante la settimana di sangue _______, una sollevazione spartachista fu drasticamente repressa ed i leader del movimento, ______ e Rosa Luxemburg, vennero trucidati.".
A. Gennaio 1919 -Karl Liebknecht.
B. Marzo 1920 -Sophie Scholl.
C. Novembre 1918 -Friedrich Ebert.
D. Agosto 1921 -Hans von Seeckt.

55. Completare la seguente affermazione con l'opzione corretta: "Nel _____ fu

assassinato Trotzkij mentre l'anno precedente aveva visto ______.".

A. 1938 -la vittoria del Fronte Popolare in Spagna.

B. 1942 -l'occupazione dell'Albania da parte di Mussolini.

C. 1940 -l'entrata di Franco in Madrid.

D. 1937 -lo scontro a Barcellona tra governativi ed anarchici.

56. Sul finire della Guerra Fredda, si creò un clima di coesistenza pacifica tra USA ed URSS, che gli Stati Uniti definivano come MAD. Quale era il significato di tale acronimo?

A. Mutual Alliance Democratic (Reciproca Alleanza Democratica).

B. Mutual Achievement Diplomacy (Reciproci Obiettivi Diplomatici).

C. Mutual Assessment Democracy (Reciproco Assesto Democratico).

D. Mutual Assured Distruction (Reciproca Distruzione Assicurata).

57. Gli anni compresi tra il 1898 ed il 1918 sono ricordati come il passaggio dalla "rivoluzione di febbraio" alla "rivoluzione di ottobre" e scandiscono le varie tappe che portarono alla proclamazione dell'URSS. Ordinare cronologicamente i seguenti eventi: s) Fondazione del Partito Socialdemocratico Russo; u) Guerra russo-polacca; t) Fallimento dell'offensiva in Galizia e dimostrazioni contro il governo; h) separazione formale tra bolscevichi e menscevichi.

A. S, h, t, u.

B. H, s, u, t.

C. T, s, u, h.

D. U, h, t, s.

58. Individuare, tra le seguenti, l'affermazione corretta:

A. Nel 1994 vengono assassinati i giudici Falcone e Borsellino.

B. Dal 1992 al 1993 si ha il governo Ciampi.

C. Nel 1992 iniziano i processi e le indagini del pool Mani Pulite.

D. Nel 1991 Bossi attua il cosiddetto Ribaltone.

59. Indicare quale delle seguenti affermazioni relative al fallito attentato ad Adolf Hitler non è corretta:

A. Si verificò il 20 luglio del 1943.

B. Fu ideato da Klaus von Stauffenberg.

C. Un ordigno esplosivo fu collocato nella Wolfsschanze di Rastenburg.

D. I congiurati avevano previsto di prendere prigioniero Mussolini, che nello stesso giorno avrebbe dovuto fare visita ad Hitler.

60. Il 10 Agosto del 1920 fu firmato il Trattato di Sèvres. Esso prevedeva lo smembramento dell'Impero ottomano e stabiliva inoltre che nelle regioni orientali dell'ex impero sorgessero alcuni Stati indipendenti. Di quali Stati si tratta?

A. Grecia e Cipro.

B. Egitto e Sudan.

C. Malta e Persia.

D. Armenia e Kurdistan.

61. Nel gennaio del 1953, all'avvicinarsi delle nuove elezioni che si sarebbero tenute il 7 giugno, De Gasperi fece approvare una legge che assegnava il 65% dei seggi alla Camera a quel partito, o coalizione, che avesse conseguito più della metà dei suffragi. Come fu ribattezzata tale legge dagli avversari politici di De Gasperi?

A. Legge-farlocca.

B. Legge-illegale.

C. Legge-truffa.

D. Legge-burattino.

62. A partire dagli anni '20 dello scorso secolo in Germania cominciarono a rafforzarsi le organizzazioni paramilitari di estrema destra. Chi erano gli Schutzstaffeln?

A. I membri delle SS.

B. I membri delle SA.

C. I membri dell'"Elmo d'Acciaio".

D. I soldati della Wehrmacht.

63. Uno dei maggiori provvedimenti presi dal leader fascista Benito Mussolini fu la bonifica dell'Agro Pontino. In quale anno iniziò tale operazione?

A. Nel 1935.
B. Nel 1933.
C. Nel 1931.
D. Nel 1928.

64. Durante la dittatura stalinista quali tra i seguenti aspetti furono eletti a "miti energetici" della patria socialista?

A. Lo stakhanovismo e la celebrazione degli eroi del lavoro.
B. L'intellettualismo e la creatività artistica.
C. L'impegno politico e la libera espressione.
D. La cooperazione internazionale e gli scambi culturali.

65. Completare la seguente affermazione con l'alternativa corretta: "Alla fine del '800, in Russia, le concezioni del populismo furono efficacemente contestate da _____ che, dopo aver in prima persona militato nelle file dei populisti, si convertì al marxismo e tradusse per primo in russo il Manifesto del Partito Comunista.".

A. Plechanov.
B. Lenin.
C. Stolypin.
D. L'vov.

66. Tra il 1922 ed il 1939, anno in cui la Camera dei Fasci e delle Corporazioni subentrò alla vecchia Camera dei Deputati, numerosi importanti avvenimenti ebbero luogo. Quale tra i seguenti si verificò nel 1923?

A. L'istituzione del Ministero della Cultura Popolare.
B. I Patti del Laterano.
C. La sostituzione dei sindaci da parte dei podestà.
D. L'approvazione della legge elettorale Acerbo.

67. Completare la seguente affermazione con l'alternativa corretta: "Rientrato dall'esilio con l'aiuto dei Tedeschi, Lenin giunse a Pietrogrado nell'aprile del 1917 e pubblicò le cosiddette "Tesi di aprile", nelle quali esplicava _____________. ".

A. I compiti dell'intellighenzia nella rivoluzione attuale.
B. I compiti del proletariato nella rivoluzione attuale.
C. I compiti dei contadini nella rivoluzione attuale.
D. I compiti dei Kulaki nella rivoluzione attuale.

68. Il 1939 fu caratterizzato da una serie di invasioni e prepotenze da parte delle potenze europee nei confronti dei territori più fragili. Quale tra le seguenti non avvenne durante tale anno?

A. La Germania si annette l'Austria.
B. Hitler occupa la Cecoslovacchia.
C. Mussolini occupa l'Albania.
D. Franco entra in Madrid.

69. Quale tra le seguenti è l'organizzazione paramilitare nordirlandese che durante i cosiddetti "troubles" si batté a favore della permanenza dell'Irlanda del Nord nel Regno Unito?

A. L'Irish Republican Army.
B. L'Ulster Defence Association.
C. Il Dáil Éireann.
D. La Continuity Irish Republican Army.

70. Nel 1899 fu elaborata, da parte di una socialista polacca, naturalizzata tedesca, la più radicale confutazione del saggio "I presupposti del socialismo e i compiti della socialdemocrazia" pubblicato nello stesso anno dal socialista tedesco Eduard Bernstein. Di chi si trattava?

A. Clara Geoffroy.
B. Rosa Luxemburg.
C. Nadja Krupskaja.
D. Lea Giaccaglia.

71. L'8 Maggio 1915 la prima pagina dell'edizione straordinaria del quotidiano The New York Times annunciava

una tragica notizia che suscitò un tale sdegno nell'opinione pubblica americana da determinare senza alcun'ombra di dubbio lo schieramento degli USA contro la Germania. Di quale triste notizia si tratta?

A. Del bombardamento di Londra ad opera della LuftWaffe.

B. Dell'attacco di sfondamento organizzato dalla fanteria dell'esercito tedesco sulla città di Parigi.

C. Dell'esecuzione pubblica a Berlino di un gruppo di 50 prigionieri politici inglesi.

D. Dell'affondamento del transatlantico inglese Lusitania silurato da un sottomarino tedesco.

72. **Ordinare cronologicamente i seguenti avvenimenti storici relativi alle vicende dell'America Latina: r) USA, Canada e Messico firmano il NAFTA, b) Pinochet in Cile viene sconfitto nel referendum che doveva confermalo al potere, z) In Messico Cuauhtémoc Càrdenas viene eletto governatore della capitale, d) In Messico viene riconosciuto il diritto di voto alle donne.**

A. B r z d.

B. R d z b.

C. Z b d r.

D. D b r z.

73. **Quale tra i seguenti eventi storici si verificò per primo rispetto agli altri tre?**

A. Alfonso XIII abbandona il regno.

B. In Croazia Ante Pavelic fonda gli Ustascia.

C. In Romania Codreanu fonda le Guardie di Ferro.

D. I Giapponesi conquistano la Manciuria.

74. **Quale importante evento storico si verificò a cavallo tra il 1931 ed il 1932?**

A. Iniziò il primo piano quinquennale in URSS.

B. I Giapponesi conquistarono la Manciuria.

C. Stalin divenne segretario generale del PCUS.

D. In Spagna si ebbe il "bienio negro".

75. **Con quale nome è ricordata la politica inglese, inaugurata a partire dal 1889, con l'obiettivo di creare una flotta da guerra superiore alla somma delle due più forti flotte del mondo?**

A. Two-Power Standard.

B. Two-Force Flags.

C. Two-Fleet Power.

D. Two-Ship Force.

76. **Sebbene Benito Mussolini sia passato alla storia per aver fondato il Partito Nazionale Fascista, in gioventù egli militò attivamente nelle fila di tutt'altra corrente politica. Quale?**

A. Tra i socialisti rivoluzionari.

B. Tra i comunisti.

C. Tra i conservatori moderati.

D. Tra i pacifisti non belligeranti.

77. **Per favorire l'incremento demografico e rendere più popolosa la nazione, Benito Mussolini volle:**

A. Elargire premi in denaro per i giovani che dimostrassero di intrattenere relazioni sentimentali con diverse fanciulle.

B. Multare le donne che non erano riuscite ad accasarsi e a figliare entro i 30 anni di età.

C. Stabilire un'imposta sul celibato che mirava ad indurre i giovani a contrarre nozze non tardive.

D. Creare una fitta rete di agenzie matrimoniali sul territorio, l'iscrizione alle quali era obbligatoria per ogni cittadino, maschio o femmina che fosse.

78. **In quale anno si verificarono i seguenti eventi storici: fondazione della Repubblica di Israele, Colpo di Stato in Cecoslovacchia, inizio del Piano Marshall?**

A. 1947.

B. 1948.

C. 1950.

D. 1949.

79. Quale tra i seguenti fu il primo a ricoprire la carica di Presidente della Repubblica Italiana?

A. Luigi Einaudi.
B. Enrico De Nicola.
C. Giovanni Gronchi.
D. Antonio Segni.

80. Tra il 1919 ed il 1929 si verificò un fitto intreccio di eventi politici che interessarono tanto il Nord quanto il Sud America. Cosa accadde nel 1929?

A. Carranza fu eletto Presidente della Repubblica Messicana.
B. Francisco Madero fu assassinato.
C. Giovedì Nero a Wall Street.
D. Fu approvato l'emendamento 18, proibizionista.

81. In quale anno si verificarono i seguenti eventi storici: COMECON, Patto Atlantico, sperimentazione della bomba atomica da parte dell'URSS?

A. 1956.
B. 1949.
C. 1947.
D. 1953.

82. Quale trauma, che fece crollare ogni illusoria certezza di supremazia, subirono gli Americani il 4 ottobre del 1957?

A. Ricevettero la notizia che i Russi avevano insediato alcune basi missilistiche sull'isola di Cuba.
B. Poterono ascoltare pubblicamente i nastri delle intercettazioni che incastravano il Presidente Nixon nello scandalo noto come Watergate.
C. Ricevettero la notizia che i Russi avevano messo in orbita il primo Sputnik.
D. Recandosi presso gli sportelli bancomat per prelevare del denaro, si resero conto che non vi erano più contanti disponibili.

83. Tra il 1922 ed il 1939, anno in cui la Camera dei Fasci e delle Corporazioni subentrò alla vecchia Camera dei Deputati, numerosi importanti avvenimenti ebbero luogo. Quale tra i seguenti si verificò nel 1926?

A. Istituzione dell'Opera Nazionale Balilla.
B. Discorso mussoliniano del bivacco.
C. Elezioni plebiscitarie su lista unica.
D. Inizio della politica economica autarchica.

84. Agli inizi del '900 la scena politica russa era dominata principalmente da tre partiti: due, ossia il Partito socialista rivoluzionario ed il Partito socialdemocratico russo difendevano gli interessi del proletariato urbano e rurale ed uno rappresentava le aspirazioni della classe borghese. Di quale partito politico si tratta?

A. Del Partito Cadetto.
B. Del Partito Nazionale.
C. Del Partito Delle Leghe.
D. Del Partito Nero.

85. Quella che è comunemente passata alla storia con il nome di "Rivoluzione di Febbraio", ebbe in realtà luogo non il 23 febbraio 2017, bensì l'8 marzo 2Per quale motivo?

A. Perché gli storici dell'epoca, a posteriori, annotarono ufficialmente l'evento con 13 giorni di anticipo rispetto a quando si era verificato.
B. Perché lo Zar non poteva accettare che venisse diffusa pubblicamente la notizia che la rivoluzione fosse avvenuta a pochi giorni dai festeggiamenti del proprio compleanno.
C. Perché la Russia greco-ortodossa non aveva accettato la riforma gregoriana del calendario.
D. Perché, essendo stata progettata inizialmente per avere luogo il 23 febbraio, ma verificandosi di fatto l'8 marzo, il proletariato non volle gettare il materiale propagandistico già stampato con la "data errata".

86. Nonostante il suffragio universale maschile fosse già stato approvato nel

1912, ai tempi del Giolitti, l'Italia raggiunse il suffragio universale propriamente detto solo nel ____.

A. 1946.
B. 1948.
C. 1947.
D. 1945.

87. Nel 1940 i Tedeschi insediarono in Norvegia un governo fantoccio filo-nazista. Chi era a capo di tale governo?

A. Johan Ludwig Mowinckel.
B. Vidkun Quisling.
C. Oscar Torp.
D. John Lyng.

88. Ordinare cronologicamente i seguenti eventi storici: e) trattato tedesco-sovietico di Rapallo, i) nascita dello Stato libero di Irlanda, o) nascita del Sinn Fein, u) campagne di Gandhi per la tessitura a mano.

A. I, e, u, o.
B. E, o, u, i.
C. U, o, i, e.
D. O, i, e, u.

89. Quale diritto veniva riconosciuto al popolo ebraico con la Dichiarazione di Balfour nel 2 Novembre 1917?

A. Il diritto degli Ebrei a professare liberamente il loro culto religioso.
B. Il diritto degli Ebrei a costruire una sede nazionale in Palestina.
C. Il diritto degli Ebrei a rispettare il giorno sacro dello Shabbat.
D. Il diritto degli Ebrei di aggregarsi in associazioni culturali di stampo religioso.

90. In quale mese del freddo autunno istriano 1917 si consumò la disfatta di Caporetto (Kobarid), durante la quale gli Austrotedeschi costrinsero l'esercito italiano ad una precipitosa ritirata che determinò lo sbandamento di interi reparti?

A. Settembre.
B. Novembre.
C. Nessuna delle alternative di risposta è corretta, la disfatta di Kobarid avvenne in estate, nel mese di agosto.
D. Ottobre.

91. In quale mese di quale anno l'esercito tedesco di Hitler intraprese l'occupazione della Norvegia?

A. Nel gennaio del '40.
B. Nell'aprile del '40.
C. Nel febbraio del '41.
D. Nel maggio del '41.

92. Il 6 aprile 1924, dopo lo scioglimento della Camera, furono indette le elezioni alle quali si presentò il cosiddetto listone. Da quale coalizione era composto tale listone?

A. Coalizione nazional-democratico-fascista.
B. Coalizione liberal-clerico-fascista.
C. Coalizione social-nazional-fascista.
D. Coalizione monarco-clerico-fascista.

93. Il 1921 fu per l'Italia un anno caratterizzato da numerosi ed importanti cambiamenti. Quale tra i seguenti eventi non si colloca in questo anno?

A. I Fasci Italiani di Combattimento di trasformarono in Partito Nazionale Fascista.
B. Vi fu il Congresso Socialista di Livorno.
C. Fu fondato il Partito Comunista d'Italia.
D. Vi fu il trapasso della presidenza del Consiglio dal Bonomi al Facta.

94. In quale anno si verificarono i seguenti eventi storici: conferenza anglo-russo-americana di Yalta, fondazione dell'ONU, conferenza degli Alleati a Potsdam?

A. 1947.
B. 1946.
C. 1945.
D. 1948.

95. Con quale trattato, firmato il 12 settembre del 1963, i leader della

Comunità economica europea e della Turchia si incontrarono e sottoscrissero un accordo per promuovere un continuo rafforzamento degli scambi commerciali e delle relazioni economiche tra le parti?

A. Accordo di Istanbul.
B. Accordo di Smirne.
C. Accordo di Ankara.
D. Accordo di Efeso.

96. **In quale anno viene collocato l'inizio della politica economica dell'Asse Roma-Berlino?**

A. Nel 1938.
B. Nel 1936.
C. Nel 1934.
D. Nel 1940.

97. **Gli anni compresi tra il 1898 ed il 1918 sono ricordati come il passaggio dalla "rivoluzione di febbraio" alla "rivoluzione di ottobre" e scandiscono le varie tappe che portarono alla proclamazione dell'URSS. Quale tra i seguenti avvenimenti non si verificò nel 1917, bensì dopo?**

A. Venne inaugurata la Nuova Politica Economica.
B. Si ebbe l'insurrezione di Pietrogrado.
C. Nicola II abdicò.
D. Ebbe luogo la cosiddetta Rivoluzione di Ottobre.

98. **Gli anni compresi tra il 1898 ed il 1918 sono ricordati come il passaggio dalla "rivoluzione di febbraio" alla "rivoluzione di ottobre" e scandiscono le varie tappe che portarono alla proclamazione dell'URSS. Quale tra i seguenti avvenimenti non si verificò nel 1918, bensì prima?**

A. Si costituisce l'Armata Rossa.
B. Lo zar e la sua famiglia vengono sterminati.
C. Lenin pubblica le "Tesi di Aprile".
D. Si tiene il X Congresso del Partito Comunista Russo.

99. **Tra il 1896 ed il 1897, un'insurrezione cretese guidata da Eleutherios Venizelos contro il dominio del sultano, innescò un conflitto greco-turco. Quali posizioni presero Germania ed Inghilterra?**

A. L'Inghilterra sostenne i Turchi e la Germania appoggiò i Greci.
B. Entrambe le potenze intervennero in aiuto dei Greci.
C. L'Inghilterra appoggiò i Greci e la Germania sostenne i Turchi.
D. Entrambe le potenze si schierarono in favore dei Turchi.

100. **Tra il 1922 ed il 1939, anno in cui la Camera dei Fasci e delle Corporazioni subentrò alla vecchia Camera dei Deputati, numerosi importanti avvenimenti ebbero luogo. Quale tra i seguenti si verificò nel 1925?**

A. Assassinio di Giacomo Matteotti.
B. Attuazione giuridica dello Stato Corporativo.
C. Attentato di Zamboni alla vita di Mussolini.
D. Discorso mussoliniano del 3 gennaio ed inizio della dittatura fascista.

101. **Da chi fu fondato nel 1933 il movimento politico parafascista Falange Spagnola?**

A. Da Alejandro Rodríguez de Valcárcel.
B. Da Joaquín Maurín.
C. Da Carlos Olague.
D. Da Josè Antonio Primo de Rivera.

102. **Nel 1923, con l'appoggio del Re di Spagna Alfonso XIII, le caste dirigenti spagnole riuscirono a bloccare ogni sviluppo democratico, imponendo una rigida dittatura che durò fino al 1Chi ne era a capo?**

A. Miguel Primo de Rivera.
B. Francisco Franco.
C. Manuel Azaña.
D. Juan Negrin.

103. **Con la firma del Patto d'Acciaio il ministro degli esteri tedesco Von Ribbentrop aveva assicurato al suo collega italiano che la Germania si sarebbe impegnata a mantenere la pace**

per altri tre o quattro anni, in modo tale che l'Italia potesse dichiarare la propria non belligeranza senza essere accusata di tradimento. Chi era all'epoca il ministro degli esteri italiano?**

A. Dino Grandi.
B. Fulvio Suvich.
C. Galeazzo Ciano.
D. Nello Rosselli.

104. Che cosa si intende con il termine komintern?

A. La Seconda Internazionale o Internazionale Socialista.
B. La Prima internazionale o Internazionale Pansovietica.
C. La Quarta Internazionale o Internazionale Russa.
D. La Terza Internazionale o Internazionale Comunista.

105. Ordinare i seguenti avvenimenti storici in ordine cronologico: s) Assassinio di Kennedy a Dallas, y) Patto di Varsavia, j) Istituzione della NASA, h) Armistizio tra USA e Vietnam del Nord.

A. J s y h.
B. Y j s h.
C. H j s y.
D. J y h s.

106. Indicare in quale ordine si susseguirono i seguenti nella carica di Presidente della Repubblica Italiana?

A. Einaudi, De Nicola, Segni, Gronchi.
B. Gronchi, De Nicola, Einaudi, Segni.
C. De Nicola, Einaudi, Gronchi, Segni.
D. Segni, De Nicola, Gronchi, Einaudi.

107. In quale anno ebbe inizio l'invasione della Cina da parte del Giappone, già prestabilita dalle clausole del Patto Antikomintern firmato l'anno precedente con la Germania?

A. Nel 1936.
B. Nel 1938.
C. Nel 1937.
D. Nel 1935.

108. Nel 1903, con la benedizione degli Stati Uniti d'America, nacque la Repubblica di Panama. Gli Stati Uniti infatti, avendo richiesto ad uno stato dell'America Latina di poter acquistare il territorio dell'istmo di Panama ed avendo ricevuto un rifiuto come risposta, avevano innescato una rivolta tra le popolazioni locali, rivolta che fu sedata proprio con la proclamazione della Repubblica di Panama. Quale fu lo Stato che si oppose a tale richiesta di acquisto?

A. Il Costa Rica.
B. Il Nicaragua.
C. La Colombia.
D. Il Venezuela.

109. In quale anno il leader del Partito Comunista Italiano, Palmiro Togliatti, lanciò il programma del "Partito nuovo"?

A. Nel 1948.
B. Nel 1944.
C. Nel 1939.
D. Nel 1951.

110. In quale anno si verificarono i seguenti eventi storici: lancio americano di Explorer, istituzione della NASA, inizio della rivoluzione cubana?

A. 1957.
B. 1958.
C. 1956.
D. 1959.

111. Indicare quale tra le seguenti affermazioni è falsa:

A. L'enunciazione della Dottrina Truman avvenne prima della Guerra di Corea.
B. La morte di Stalin avvenne prima del Patto Atlantico.
C. La conferenza anglo-russo-americana di Teheran avvenne prima della conferenza anglo-russo-americana di Yalta.
D. La Repubblica di Israele venne fondata dopo la nascita dell'ONU.

112. In quale anno fu istituita la Cassa per il Mezzogiorno, con lo scopo di con-

tribuire al finanziamento della costruzione delle infrastrutture necessarie per il decollo economico del Sud?

A. Nel 1948.
B. Nel 1952.
C. Nel 1950.
D. Nel 1946.

113. Scrive il Croce nel trattato Storia d'Europa nel secolo decimonono a proposito della Germania dei primi anni del '900: "[.....] abbondavano invece i dotti e professori [......] ed essi contribuivano a coltivare sulle labbra del filisteo tedesco il cosiddetto Sedanlacheln, sorriso di Sedan...". Che cosa intende il Croce con l'espressione Sedanlacheln?

A. La supremazia commerciale sugli altri mercati.
B. La superiorità tecnologico-industriale rispetto alle potenze oltre oceano.
C. Il sentimento di superiorità sugli altri popoli.
D. La ricchezza culturale e filosofica rispetto ai popoli asiatici.

114. Nel 1916 Dublino fu interessata da una rivolta con la quale i militanti repubblicani tentarono di ottenere l'indipendenza dal Regno Unito con la forza delle armi. Come è passata alla storia tale rivolta?

A. Rivolta Verder.
B. Ribellione di Pasqua.
C. Ribellione del moschetto.
D. Rivolta del Quadrifoglio.

115. Agli inizi del '900 la società russa risulta ancora rigidamente suddivisa in caste. A quale classe sociale appartengono i mugik?

A. Ai piccoli proprietari terrieri.
B. Ai braccianti salariati.
C. Ai grandi latifondisti.
D. Alla nobiltà.

116. Una tra le discipline scientifiche che, tra il XIX ed il XX secolo, diedero grande impulso all'affermazione di un'ideologia razzista, fu senza dubbio l'antropologia fisica. Essa si fondava in buona parte:

A. Sulla misurazione delle distanze intercorrenti fra determinati punti convenzionali dello scheletro e sui rapporti tra tali misure.
B. Sulla misurazione dell'intelligenza tramite i primi test standardizzati, quale quello messo a punto da Binet e Simon.
C. Sulla misurazione di alcuni parametri fisiologici, quali battito cardiaco e frequenza respiratoria, che erano ritenuti in connessione con la superiorità fisica di taluni individui.
D. Sullo studio dell'albero genealogico degli individui, con lo scopo di individuare la presenza di patologie psichiche negli antenati.

117. Nel dicembre del 1922 un decreto regio, emesso su proposta del governo, stabiliva la creazione di un esercito di partito, reclutato fra gli squadristi ed esonerato dal giuramento di fedeltà al Re. Di quale milizia si trattava?

A. Milizia Militare per la protezione del Partito.
B. Milizia Volontaria per la Sicurezza Nazionale.
C. Milizia Fascista per l'ordine e la sicurezza.
D. Milizia Nera per la difesa dell'Italia.

118. Benito Mussolini tentò in ogni modo di difendere la lira mediante manovre monetarie e provvedimenti strategici che risultarono però col gravare sui salariati. Quale tra i seguenti provvedimenti si inserisce in questo contesto?

A. La battaglia del mercato nero.
B. La quota novanta.
C. L'acquisto di BOT stranieri.
D. Il ritiro delle monete e l'introduzione di valuta cartacea.

119. Lo storico J. D. H. Cole scrive riferendosi ad uno dei principali protagonisti della scena politica della Russia tra la fine dell'800 e l'inizio del

'900: [....] essenzialmente teorico, più che organizzatore o dirigente rivoluzionario, venne considerato il gran sacerdote dell'ortodossia marxista ed il principale campione del marxismo contro i populisti, benché avesse in un primo tempo militato nelle loro file. A quale grande personaggio storico sono riferite tali parole?

A. A Stolypin.
B. A Rasputin.
C. A Plechanov.
D. A Kerenskij.

120. Ordinare cronologicamente i mandati dei seguenti Presidenti degli Stati Uniti d'America:

A. Roosevelt -Hoover -Eisenhower - Truman.
B. Truman -Roosevelt -Hoover - Eisenhower.
C. Hoover-Roosevelt -Truman - Eisenhower.
D. Hoover -Truman -Roosevelt - Eisenhower.

121. Dopo la fine del primo conflitto mondiale, si venne a determinare un nuovo equilibrio geo-politico. Quale tra le seguenti nazioni non sorse a nord, sui territori che la pace di Brest-Litovsk aveva sottratto al dominio russo?

A. Il Regno di Svezia.
B. La Repubblica di Lituania.
C. La Repubblica di Finlandia.
D. La Repubblica di Estonia.

122. Guidati da quale celebre scienziato italiano, i tecnici Americani riuscirono durante il luglio 1945 a sperimentare con successo la bomba atomica nel deserto del Nuovo Messico?

A. Primo Levi.
B. Guglielmo Marconi.
C. Alessandro Volta.
D. Enrico Fermi.

123. Nel 1967 la stampa di sinistra accusò il Generale De Lorenzo, capo del SIFAR (Servizio Informazioni Forze Armate), di aver....

A. Ceduto in cambio di ingenti somme di denaro, informazioni militari riservate ai servizi segreti coreani e cinesi.
B. Partecipato ad un attentato compiuto dalle Brigate Rosse contro una caserma in località Malga Sasso a Vipiteno.
C. Preso accordi con ambienti di destra per attuare un colpo di stato volto a bloccare la politica di apertura a Sinistra intrapresa dal Governo Moro.
D. Agevolato l'evasione del bandito Graziano Mesina e del suo compagno Alberto Atienza Ponte dal carcere di Palermo.

124. Nel gennaio del 1953, all'avvicinarsi delle nuove elezioni che si sarebbero tenute il 7 giugno, De Gasperi fece approvare una legge che assegnava il 65% dei seggi alla Camera a quel partito, o coalizione, che avesse conseguito più della metà dei suffragi. A quale altra legge elettorale, appartenente al più recente passato, fu paragonata tale legge da parte degli avversari politici di De Gasperi?

A. Alla legge Tatarella.
B. Alla legge Milleproroghe.
C. Alla legge Acerbo.
D. Al decreto legislativo luogotenenziale del gennaio 1946.

125. Indicare quale tra le seguenti affermazioni relative al politico e militare tedesco Hermann Wilhelm Göring non è esatta:

A. Fece incendiare dai propri agenti segreti la sede del Reichstag.
B. Non fu mai presidente del Reichstag.
C. Fu condannato a morte durante il Processo di Norimberga.
D. Ricoprì la carica di Maresciallo del Reich.

126. Indicare quale delle seguenti affermazioni relative alla Geheime Staatspolizei non è corretta:

A. Fu creata nel 1937.

B. Era la Polizia statale segreta tedesca.
C. Il suo ideatore fu Goering.
D. Diede il massimo contributo all'eliminazione degli Ebrei.

127. Completare la seguente affermazione con l'opzione corretta: "Nel _____ il Komintern varò la politica dei fronti popolari e _________. ".
A. 1939 -il Giappone aggredì la Cina.
B. 1936 -in Italia vennero varate le leggi anti-semite.
C. 1940 -Roma e Berlino strinsero il Patto d'Acciaio.
D. 1935 -in Grecia iniziò la dittatura di Metaxas.

128. In quale anno ebbero luogo i seguenti eventi storici: insurrezione dell'Esercito zapatista in Messico ed inizio della presidenza del democristiano Eduardo Frei in Cile?
A. Nel 1997.
B. Nel 1994.
C. Nel 1991.
D. Nel 1988.

129. Quale tra i seguenti avvenimenti accadde nel 1950?
A. Attentato a Togliatti.
B. Morte di De Gasperi.
C. Scioglimento da parte del PCI e del PSI del patto di unità d'azione.
D. Nascita di UIL e CISL.

130. Il governo Salandra, nell'aprile 1915, firma con gli Alleati il patto segreto di Londra. Che cosa stabiliva tale accordo?
A. Che l'Italia sarebbe intervenuta entro una settimana contro gli Imperi Centrali dietro la promessa dell'Istria (inclusa Fiume) e della Dalmazia.
B. Che l'Italia sarebbe intervenuta entro due settimane contro gli Imperi Centrali dietro la promessa del Trentino, dell'Istria (esclusa Fiume) e della Dalmazia.
C. Che l'Italia sarebbe intervenuta entro un mese contro gli Imperi Centrali dietro la promessa del Trentino, del Sud-Tirolo, dell'Istria (esclusa Fiume) e della Dalmazia.
D. Che l'Italia sarebbe intervenuta entro 20 giorni contro gli Imperi Centrali dietro la promessa del Trentino, del Sud-Tirolo e dell'Istria (inclusa Fiume).

131. Indicare in quale ordine cronologico avvennero i quattro eventi seguenti: z) Proclamazione della Repubblica di Panama, x) La Cina firma i Protocolli dei Boxers, w) Rivolta dei Giovani Turchi, y) Proclamazione della Repubblica Cinese.
A. Y, x, z, w.
B. W, z, y, x.
C. Z, y, x, w.
D. X, z, w, y.

132. Completare la seguente affermazione con l'alternativa di risposta corretta: "I _____, guidati da Lenin, sostenevano la tesi del partito compatto, centralizzato, formato sostanzialmente da rivoluzionari di professione, impegnati fino in fondo nella lotta politica.".
A. Menscevichi.
B. Populisti.
C. Nazional-democratici.
D. Bolscevichi.

133. A partire dagli anni '20 dello scorso secolo in Germania cominciarono a rafforzarsi le organizzazioni paramilitari di estrema destra. Chi erano gli Sturmabteilungen?
A. I membri delle SS.
B. I membri dell' "Elmo d'Acciaio".
C. I soldati della Wehrmacht.
D. I membri delle SA.

134. Quale tra i seguenti eventi non ebbe luogo nell'anno 1917 bensì nell'anno successivo?
A. Wilson pubblica i "fourteen points".
B. Rotta di Caporetto.
C. A Boselli subentra Orlando.

D. Nota di Benedetto XV ai capi dei Paesi belligeranti.

135. Nel settembre del '59, Eisenhower incontrò Kruscev per intavolare un accordo che potesse finalmente concludere la guerra fredda. Tuttavia nell'aprile dell'anno successivo si verificò un evento che determinò una brusca interruzione di tale trattativa, quale?

A. I Sovietici abbatterono un U-2 mentre volava ad altissima quota sul loro Paese.
B. Gli Americani bombardarono un sottomarino militare sovietico che si era inoltrato senza permesso a ridosso delle coste delle Florida.
C. I Sovietici trattennero prigionieri due membri dell'ambasciata di pace che Eisenhower aveva inviato a Mosca.
D. Gli Americani affondarono un cacciatorpediniere sovietico che si era ancorato nel Golfo del Messico minacciando un attacco al Texas.

136. Tra il 1922 ed il 1939, anno in cui la Camera dei Fasci e delle Corporazioni subentrò alla vecchia Camera dei Deputati, numerosi importanti avvenimenti ebbero luogo. Quale tra i seguenti si verificò nel 1937?

A. Approvazione della carta del lavoro da parte del Gran Consiglio del Fascismo.
B. Istituzione del Ministero della Cultura Popolare.
C. Occupazione e sgombero di Corfù.
D. Ultimo discorso di Giacomo Matteotti alla Camera.

137. La campagna elettorale italiana del 1924 si svolse in un clima di terrore e di sopraffazione. Quale risultato ebbero tali elezioni?

A. Il listone conseguì il 60% dei voti ed ottenne 356 seggi su 535 di cui si componeva la Camera.
B. Il listone conseguì il 90% dei voti ed ottenne 500 seggi su 535 di cui si componeva la Camera.
C. Il listone conseguì il 50% dei voti ed ottenne 320 seggi su 535 di cui si componeva la Camera.
D. Il listone conseguì il 75% dei voti ed ottenne 415 seggi su 535 di cui si componeva la Camera.

138. In quale anno in Italia fu approvata la legge sull'aborto?

A. Nel 1982.
B. Nel 1973.
C. Nel 1978.
D. Nel 1969.

139. Quale tra i seguenti personaggi, entrato nelle grazie della zarina Alessandra, riuscì ad inserirsi negli ambienti di corte come santone e taumaturgo, riuscendo ad intervenire anche nelle scelte politiche dello zar Nicola II?

A. Georgij L'vov.
B. Aleksandr Kerenskkij.
C. Grigorij Rasputin.
D. Lavr Kornilov.

140. Tra la fine del '58 e l'inizio del '59 Fidel Castro, che da anni guidava la lotta popolare cubana contro il regime vivente, costrinse in dittatore filoamericano ______ ad abbandonare l'isola e si impadronì del potere.

A. Antonio Avendaño.
B. Alfonso Serrano Vilariño.
C. Fulgencio Batista.
D. Eduardo Chibás.

141. Con il trattato di pace firmato a Parigi il 10 febbraio del 1947, l'Italia è costretta a cedere Zara e l'Istria alla Iugoslavia, Briga e Tenda alla Francia ed il Dodecaneso alla Grecia. Quale destino ebbe Trieste?

A. Inizialmente costituita in Territorio libero, fu restituita all'Italia due anni dopo.
B. Restò costituita in Territorio libero fino al 1957, anno in cui fu restituita all'Italia.
C. Inizialmente costituita in Territorio

libero, fu restituita all'Italia nel 1954.

D. Restò costituita in Territorio libero fino al 1951, anno in cui fu restituita all'Italia.

142. L'8 settembre 1943 l'Italia, firmando l'armistizio con gli Alleati, interrompe l'alleanza con la Germania Hitleriana. Questo fatto apre un nuovo capitolo della storia del nostro paese e si assiste contemporaneamente:

A. Alla formazione dell'Assemblea Costituente.

B. Alla scomparsa del latifondismo nel Meridione.

C. Alla nascita del C.L.N., formato dai rappresentanti dei partiti che erano sorti o si erano ricostituiti dopo la caduta del fascismo.

D. Al referendum nazionale per decidere, tra Monarchia e Repubblica, la forma di governo da adottare.

143. Quale tra i seguenti Papi iniziò il Pontificato nell'anno 1963 per concluderlo nel 1978?

A. Giovanni Paolo I.

B. Beato Paolo VI.

C. San Giovanni XXIII.

D. Pio XII.

144. Completare la seguente affermazione con l'alternativa corretta: Con la pace di ______(1918) le condizioni imposte dai Tedeschi erano durissime: Polonia, Finlandia, Lituania, Curlandia, Livona, Estonia ed Ucraina venivano ridotte nelle condizioni di Paesi vassalli dei vincitori, mentre la Russia doveva impegnarsi a pagare una cospicua indennità di guerra.

A. Sykes-Picot.

B. Brest-Litovsk.

C. Sèvres.

D. Versailles.

145. Il governo che De Gasperi formò nel 1948 fu definito "centrista" in quanto....

A. Era costituito da una maggioranza moderata democristiana e liberale.

B. Elaborò la teoria dei "doppi estremismi".

C. Nessuna delle alternative di risposta proposte è corretta.

D. Partecipavano i partiti liberal-democratici con l'esclusione delle forze estremiste.

146. Completare la seguente affermazione con le alternative di risposta corrette: "Tra il 1918 ed il 1919, alle vittime della prima guerra mondiale, se ne aggiunsero altrettante, sterminate da una potente epidemia influenzale detta erroneamente ______, in quanto in realtà originaria della ______. ".

A. Spagnola -Cina.

B. Francese -Spagna.

C. Spagnola -Russia.

D. Portoghese -Spagna.

147. Indicare quale tra le seguenti affermazioni relative alla NEP non è esatta.

A. Tale sigla è l'acronimo di Nuova Politica Economica.

B. Essa fu varata nel marzo 1921.

C. Essa fu varata dal X Congresso del Partito Comunista Russo.

D. Essa prevedeva che lo Stato conservasse il monopolio totale della grande industria, del commercio estero, della produzione e della distribuzione di beni.

148. Quale anno vide l'inizio della politica economica italiana "autarchica" voluta da Benito Mussolini?

A. Il 1930.

B. Il 1928.

C. Il 1932.

D. Il 1935.

149. Quale era l'opinione di Lenin in merito alla NEP, nuova politica economica varata nel marzo del 1921?

A. Lenin riteneva che essa fosse un provvedimento in tutto e per tutto in linea con la rivoluzione.

B. Lenin riteneva che fosse compito del

proletariato boicottare tale nuova linea politica.

C. Lenin riteneva che essa fosse un netto ed evidente arretramento rispetto alle finalità socialiste della rivoluzione.

D. Lenin riteneva che esse avrebbe presto impoverito lo Stato in maniera irreparabile.

150. Quale tra i seguenti avvenimenti si verificò per ultimo rispetto agli altri?

A. Mussolini presidente del Consiglio dei ministri.

B. Sciopero legalitario contro le violenze fasciste.

C. Trattato Italo-Albanese di Tirana.

D. Fondazione del Partito Comunista Italiano.

RISPOSTE

1. C
2. B
3. B
4. D
5. A
6. A
7. A
8. D
9. D
10. C
11. A
12. A
13. D
14. D
15. B
16. D
17. D
18. A
19. C
20. C
21. C
22. B
23. B
24. D
25. A
26. D
27. D
28. C
29. A
30. B
31. D
32. D
33. B
34. D
35. D
36. A
37. D
38. B
39. C
40. D
41. A
42. C
43. B
44. B
45. C
46. C
47. B
48. B
49. D
50. D
51. C
52. D
53. D
54. A
55. C
56. D
57. A
58. C
59. A
60. D
61. C
62. A
63. C
64. A
65. A
66. D
67. B
68. A
69. B
70. B
71. D
72. D
73. B
74. B
75. A
76. A
77. C
78. B
79. B
80. C
81. B
82. C
83. A
84. A
85. C
86. A
87. B
88. D
89. B
90. D
91. B
92. B
93. D
94. C
95. C
96. B
97. A
98. C
99. C
100. D
101. D
102. A
103. C
104. D
105. B
106. C
107. C
108. B
109. B
110. B
111. B
112. C
113. C
114. B
115. B
116. A
117. B
118. B
119. C
120. C
121. A
122. D
123. C
124. C
125. B
126. A
127. D
128. B
129. D
130. C
131. D
132. D
133. D
134. A
135. A
136. B
137. A
138. C
139. C
140. C
141. C
142. C
143. B
144. B
145. D
146. A
147. D
148. D
149. C
150. A

NOTE

NOTE

NOTE

NOTE

NOTE

NOTE

NOTE

NOTE

NOTE

scopri il nostro

SIMULATORE ON LINE

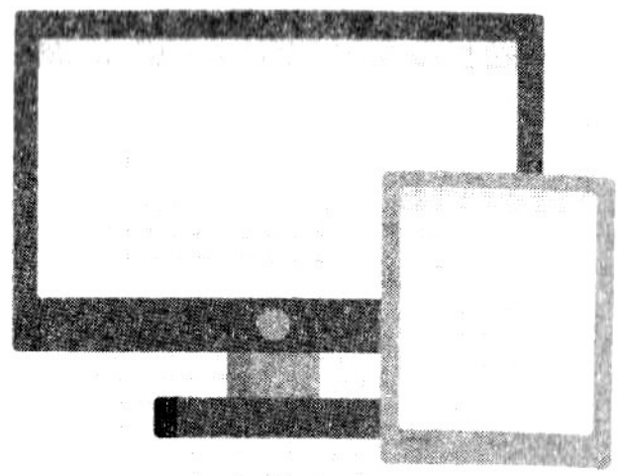

Per accedere al servizio

1. Registrati gratuitamente su **shop.enneditore.it** nell'area

my Account

2. Entra nella sezione **"La mia libreria"**
3. Attiva il servizio utilizzando la seguente password

BN89WE56